Giuseppe **RAGAZZINI**
Giancarlo **GAGLIARDELLI**

nuovissimo
DIZIONARIO COMMERCIALE
INGLESE · ITALIANO
ITALIANO · INGLESE

Mursia

Prima edizione: 1976
Ristampa della prima edizione: 1977

© Copyright 1976/1977 U. Mursia editore
Proprietà letteraria riservata - *Printed in Italy*
1843/AC/II - U. Mursia editore - Via Tadino, 29 - Milano

PREFAZIONE

Questo dizionario tecnico dei linguaggi settoriali dell'economia, del commercio, e di varie discipline affini, si propone di soddisfare una sentita esigenza nel campo della lessicografia inglese in Italia. Infatti, non esiste ancora nel nostro Paese un dizionario commerciale bilingue che sia di valido aiuto non solo agli studenti ma anche agli studiosi di quelle discipline, e che rappresenti un sicuro punto di riferimento per coloro che operano nelle facoltà umanistiche « non letterarie » o che vivono nel mondo del lavoro e dell'industria.

Come si può vedere scorrendo la lista delle abbreviazioni delle materie trattate (pag. VIII), il lessico registrato spazia dalle assicurazioni ai trasporti, coprendo l'intera gamma di una trentina di microlingue (bancaria, borsistica, finanziaria, giuridica, doganale, ecc.). A parte le definizioni giuridiche e le locuzioni standardizzate (clausole contrattuali, costumanze commerciali, ecc.), la fraseologia presentata, sia sotto l'aspetto di frasi a senso compiuto (sentences) sia nella veste di locuzioni speciali e idiomatiche (phrases), è tutta aggiornata, nuova e di prima mano, essendo il frutto di un attento ed esauriente spoglio di numerose riviste specializzate inglesi e italiane nonché di varie relazioni di organismi internazionali del settore economico-commerciale. Gli autori confidano che, in un mondo che si va facendo sempre più piccolo con l'infittirsi degli scambi commerciali e l'intensificarsi dei rapporti economici fra le varie nazioni (si consideri che l'entrata della Gran Bretagna nella CEE, pur così importante, non è che una tappa di questo processo), il materiale da essi raccolto, elaborato e ordinato nelle due sezioni del dizionario possa rivelarsi utile tanto nelle aziende e nelle fabbriche quanto nelle scuole e nelle università italiane.

Inoltre, e forse per la prima volta in Italia, le due sezioni dell'opera si rispecchiano fedelmente l'una nell'altra, sia nei lemmi sia nei traducenti, per quanto è consentito dalla diversità d'istituti e procedure nei due Paesi. Per un corretto uso del dizionario, si rimandano i fruitori alla « guida alla consultazione » (pagg. IX-XVI). Quanto alla divisione del lavoro fra i due autori, Giuseppe Ragazzini ha curato i seguenti linguaggi settoriali: amministrazione, assicurazioni, banche, Borsa Valori, commercio estero, credito, diritto, dogane, economia, finanza, marketing, pubblicità e sindacalismo; Giancarlo Gagliardelli ha trattato le seguenti microlingue: comunicazioni, cronotecnica, giornalismo, elaboratori elettronici, macchine e attrezzature per ufficio, matematica, organizzazione aziendale, personale, ragioneria, ricerca operativa, statistica, trasporti e turismo.

Da ultimo, gli autori desiderano ringraziare calorosamente gli amici della Facoltà di Economia e Commercio dell'Università di Bologna che sono stati prodighi di segnalazioni e consigli, la dott. Francesca Carabelli, che ha svolto il lavoro di « editing », e la prof. Giovanna Mascellani, segretaria della redazione bolognese. Ovviamente essi saranno assai grati a chiunque vorrà in seguito segnalare eventuali, e forse inevitabili, inesattezze e omissioni. Esprimono infine la loro riconoscenza all'Editore, senza i cui lodevoli sforzi, finanziario e organizzativo, l'opera non avrebbe mai visto la luce.

G. R. e G. G.

LISTA DELLE ABBREVIAZIONI DELLE CATEGORIE GRAMMATICALI E VARIE

a. = aggettivo, aggettivale
abbr. = abbreviazione, abbreviato
art. = articolo, articolato
attr. = attributo, attributivo
avv. = avverbio, avverbiale
card. = cardinale
cfr. = confronta
collett. = collettivo
cong. = congiunzione
contraz. = contrazione
def. = definizione, definito
deriv. = derivato, derivati
determ. = determinativo
difett. = difettivo
ecc. = eccetera
es. = esempio
escl. = esclamazione, esclamativo
espress. = espressione
etc. = etcetera
f. = femminile
fam. = familiare
fig. = figurato
G. B. = Gran Bretagna
generalm. = generalmente
impers. = impersonale
indef. = indefinito
ingl. = inglese, anglismo
inter. = interiezione
inv. = invariabile
irr. = irregolare
ital. = italiano
locuz. = locuzione, locuzioni
m. = maschile
n. = nome, nominale
neg. = negazione, negativo
neol. = neologismo
n. f. = nome femminile
n. m. = nome maschile

n. pl. = nome plurale
n. pr. = nome proprio
num. = numerale
ord. = ordinale
part. = participio
pass. = passato
pers. = persona, personale
p. es. = per esempio
pl. = plurale
poss. = possessivo
pred. = predicato, predicativo
pref. = prefisso
prep. = preposizione
pres. = presente
pron. = pronome, pronominale
q. = qualcuno
qc. = qualcosa
q. V. = quem Vide
recipr. = reciproco
reg. = regolare
relat. = relativo
rif. = riferito
rifl. = riflessivo
scozz. = scozzese
sim. = simile, simili
sing. = singolare
sost. = sostantivo, sostantivato
specialm. = specialmente
suff. = suffisso
USA = americano, americanismo
U.S.A. = Stati Uniti d'America
v. = verbo
V. = Vedi
verb. = verbale
v. i. = verbo intransitivo
v. recipr. = verbo reciproco
v. rifl. = verbo riflessivo
v. t. = verbo transitivo

SIMBOLI

// = inizio dei composti e delle locuzioni
~ = simbolo sostitutivo del lemma
* = rimando alla parte inglese-italiano

N.B. L'asterisco (*) è stato usato, quando necessario, soltanto per i traducenti dei lemmi inglesi. Esso, inoltre, non è stato apposto ai verbi **be** e **have**, le cui forme sono ben note.

LISTA DELLE ABBREVIAZIONI DEI LINGUAGGI SETTORIALI

amm. = amministrazione, amministrativo
ass. = assicurazione, assicurativo
ass. mar. = assicurazioni marittime
attr. uff. = attrezzature per ufficio
banca = attività bancaria
Borsa = Borsa Valori
comm. est. = commercio estero
comun. = comunicazioni
cred. = credito, creditizio
cronot. = cronotecnica
dog. = dogana
econ. = economia
elab. elettr. = elaboratori elettronici
fin. = finanza, finanziario; fisco, fiscale
giorn. = giornalismo
leg. = legale
macch. uff. = macchine per ufficio
market. = marketing
mat. = matematica
org. az. = organizzazione aziendale
pers. = personale
pubbl. = pubblicità
rag. = ragioneria
ric. op. = ricerca operativa
sind. = sindacalismo, rapporti di lavoro
stat. = statistica
trasp. = trasporti
trasp. aer. = trasporti aerei
trasp. aut. = trasporti automobilistici
trasp. ferr. = trasporti ferroviari
trasp. mar. = trasporti marittimi
tur. = turismo

GUIDA ALLA CONSULTAZIONE

account¹, *n.* ❶ resoconto, relazione, descrizione, esposto. ❷ tornaconto, vantaggio. ❸ (*Borsa*) periodo di quindici giorni (*alla Borsa Valori di Londra*). ❹ (*Borsa*) liquidazione, termine (*alla Borsa Valori di Londra*). ❺ (*econ.*) bilancia. ❻ (*rag.*) conto. ❼ (*rag.*) esercizio. ❽ **accounts**, *pl.* (*rag.*) scritture contabili, contabilità. ❾ **accounts**, *pl.* (*rag.*) inventario, rendiconto. △ ❶ **Please send me an ~ of the transaction** favorite inviarmi un resoconto dell'operazione; ❷ **In Italy, an « agente di cambio » (stockbroker) is not allowed to operate for his own ~** in Italia, un agente di cambio non può fare operazioni per conto proprio; ❺ **The long-term capital ~, which showed a surplus for 1969, closed with a slight deficit in 1970** la bilancia dei capitali a lungo termine, eccedentaria nel 1969, si è saldata nel 1970 con un lieve passivo; ❻ **Accounts are wrong** i conti non tornano; **Your ~ has been overdrawn by £ 200** il vostro conto presenta uno scoperto di 200 sterline; « **Received 100 pounds on ~ of my disbursements** » « ricevute 100 sterline in conto dei miei esborsi »; ❽ **The accounts were presented by the directors** la contabilità fu presentata dagli amministratori; **That's the best system of national accounts** questo è il miglior sistema di contabilità nazionale. // **~ book** (*rag.*) libro contabile, registro contabile; **~ books** (*rag.*) libri contabili; **~ current** (*banca*) conto corrente; **~ current with interest** (*banca*) conto corrente fruttifero; **~ day** (*Borsa*) giorno di liquidazione; **~ days** (*Borsa*) giorni di liquidazione, ultimi giorni prima del giorno di liquidazione; **accounts department** (*org. az.*) reparto contabilità; **~ executive** (*pubbl.*) funzionario d'un'agenzia pubblicitaria il quale mantiene i contatti con i clienti; **~ holder** (*banca*) titolare d'un conto; **accounts of the business** (*rag.*) conti aziendali; **~ of expenses** (*rag.*) nota delle spese; **~ of goods purchased** (*rag.*) conto d'acquisto; **~ of proceedings** (*rag.*) resoconto; **accounts payable** (*banca*) cambiali in pagamento; (*rag.*) debiti a breve scadenza; « **~ payee only** » (*banca*) « non trasferibile »; **accounts receivable** (*banca*) cambiali all'incasso; (*rag.*) crediti a breve scadenza; **accounts receivable department** ufficio esazioni, ufficio incassi; **accounts receivable insurance** (*ass.*) assicurazione sull'incasso dei crediti; **~ rendered** conto presentato (*al debitore*) per l'approvazione; « **~ rendered** » (*rag.*) « saldo a nuovo »; **~ settled** conto saldato; **~ stated** conto approvato (*dal debitore*); « **~ stated** » (*rag.*) « conto liquidato »; **accounts variance** (*rag.*) discrepanza contabile; **by way of ~** (*cred., rag.*) come acconto; **for one's own ~** per proprio conto; **Italy's « accounts » with the rest of the world** la situazione « contabile » dell'Italia nei confronti del resto del mondo; **on ~** (*cred., rag.*) in conto, in acconto: **We were requested to pay $ 500 on ~** ci fu richiesto di versare $ 500 in acconto.

account², *v. t.* considerare. △ **In English law, a man is accounted innocent until he is proved guilty** secondo la legge inglese, si è considerati innocenti finché la colpevolezza non sia stata provata. // **to ~ for** spiegare, rendere conto di: **This situation accounts for the fact that a great deal of reliance was placed on monetary action in 1966** questa situazione spiega il motivo per cui, nel 1966, si è fatto ampio ricorso alla politica monetaria; **You shall ~ for every penny you spend** dovrai renderci conto di ogni soldo che spendi.

accountable, *a.* ❶ (*leg.*) responsabile. ❷ (*rag.*) contabile. △ ❶ **You will be held ~ for the whole sum of money** sarete ritenuti responsabili dell'intera somma di denaro. // **~ document** lettera contabile; **~ receipt** ricevuta ufficiale.

~ -rooms (*trasp. mar.*) bagagliere (*compartimento riservato al deposito dei bagagli*).

bagman, *n.* (*pl.* **bagmen**) (*pers.*) commesso viaggiatore.

bail¹, *n.* ❶ (*leg.*) cauzione. ❷ (*leg.*) garanzia, fideiussione. ❸ (*leg.*) garante. △ ❶ **The judge refused ~** il giudice non concesse la libertà provvisoria sotto cauzione; **The judge released him on ~** il giudice lo mise in libertà provvisoria sotto cauzione; ❸ **I'll go ~ for that** (*fam.*) me ne rendo garante io. ∥ **~ -bond** (*leg.*) cauzione; **~ -out** (*fin.*) pagamento di alti dividendi sui fondi d'una società (*per evitare una forte tassazione*); **to be out on ~** (*leg.*) essere in libertà provvisoria (*dopo aver pagato la cauzione*); **release on ~** (*leg.*) rilascio sotto cauzione.

bail², *v. t.* ❶ (*leg.*) cauzionare. ❷ (*leg.*) depositare (*merci: a garanzia*). ∥ **to ~ sb. out** (*leg.*) ottenere la scarcerazione di q. sotto cauzione; (*slang USA*) aiutare finanziariamente q. (*che si trova nei guai*).

bailee, *n.* ❶ (*leg.*) depositario (*di merci: a garanzia*). ❷ (*leg.*) comodatario.

bailer, *n.* ❶ (*leg.*) depositante (*di merci: a garanzia*). ❷ (*leg.*) comodante.

bailiff, *n.* ❶ fattore (*d'una grande tenuta*). ❷ (*leg.*) ufficiale giudiziario. ❸ (*pers.*) usciere di tribunale.

bailment, *n.* ❶ (*leg.*) cauzione, garanzia. ❷ (*leg.*) deposito a garanzia (*in genere*). ❸ (*leg.*) pegno di merci, denaro o altri valori. ❹ (*leg.*) comodato.

bailor, *n.* ❶ (*leg.*) depositante (*di merci: a garanzia*). ❷ (*leg.*) comodante.

bailsman, *n.* (*pl.* **bailsmen**) (*leg.*) garante (*chi offre cauzione per q.*).

balance¹, *n.* ❶ equilibrio. ❷ (*econ., fin.*) bilancia. ❸ (*fin., rag.*) bilancio, ragguaglio. ❹ (*fin., rag.*) pareggio. ❺ (*fin., rag.*) conguaglio, saldo, differenza a saldo. ❻ (*fin., rag.*) rimanenza, resto. ❼ (*fin., rag.*) sbilancio (*somma iscritta in bilancio per pareggiare il dare e l'avere*). △ ❷ **The ~ is in favour of a Country when the amount of its exports exceeds that of its imports** la bilancia d'un Paese è attiva quando le esportazioni superano le importazioni; ❸ **In the trial ~, the total of the debit balances should balance that of the credit balances** nel bilancio di verifica, il totale dei saldi a debito deve bilanciare quello dei saldi a credito; ❺ **The ~ is to be paid within ten days** il saldo deve effettuarsi entro dieci giorni; **Your account shows a ~ of $ 2,000 to your credit** il vostro conto presenta un saldo di 2.000 dollari in vostro favore. ∥ **~ account** conto collettivo; **~ at (*o* in) bank** saldo in banca; **~ book** (*rag.*) libro dei saldi, libro dei bilanci di verifica; **~ brought forward (*o* down)** (*rag.*) saldo riportato, riporto; **~ brought forward from last account** (*rag.*) saldo riportato dall'esercizio precedente, saldo dell'esercizio precedente; **~ «can remain»** «saldo (da effettuare) in seguito»; **~ carried forward (*o* down)** (*rag.*) saldo da riportare, saldo a conto nuovo, riporto; **~ (carried forward) to next account** (*rag.*) saldo a nuovo; **~ due** (*rag.*) saldo debitore; **~ from last account** (*rag.*) saldo dell'esercizio precedente; **~ in cash** (*rag.*) saldo in contanti; **~ in (*o* on) hand** (*rag.*) saldo (*o* rimanenza) in cassa; **~ medium-term loans** (*fin.*) saldo prestiti a medio termine; **~ method** (*rag.*) metodo amburghese (*per il calcolo degli interessi dei conti correnti fruttiferi*); **the ~ of an account** (*rag.*) il saldo d'un conto; **~ of indebtedness** (*fin., rag.*) bilancio economico, bilancia dei conti; **the ~ of international payments** (*fin.*) la bilancia dei pagamenti internazionali; **~ of payments** (*fin.*) bilancia dei pagamenti, conti con l'estero:

Italy's ~ of payments continues to show wide monthly changes i conti dell'Italia con il resto del mondo proseguono attraverso oscillazioni mensili anche rilevanti; the ~ of powers l'equilibrio delle forze (politiche); ~ of profits carried forward to next account (*rag.*) saldo degli utili riportato a nuovo sull'esercizio seguente; ~ of trade (*econ., fin.*) bilancia commerciale; saldo degli scambi; For 1966 as a whole, the Italian ~ of trade still showed a comfortable surplus per tutto l'arco del 1966, il saldo degli scambi dell'Italia si mantenne fortemente eccedentario; the ~ on current account (*fin., rag.*) la bilancia delle operazioni correnti; ~ on purchase or sale of securities at settlement date (*banca*) saldo liquidazione titoli; ~ -sheet (*rag.*) bilancio (*prospetto del dare e dell'avere*), stato patrimoniale, bilancio annuale, bilancio commerciale; The ~ -sheet is a general statement of all the assets and liabilities of a firm at a given time il bilancio è un prospetto generale di tutte le attività e le passività d'un'impresa in un dato momento; In an English ~ -sheet, assets appear on the right-hand side of the sheet, and liabilities are shown on the left-hand side in un bilancio inglese, le attività appaiono sul lato destro del foglio, e le passività su quello sinistro; ~ -sheet and schedules (*rag.*) inventario (*bilancio, conto profitti e perdite, conto d'esercizio, ecc.*); ~ -sheet as at 31st December 1970 bilancio chiuso al 31 dicembre 1970; ~ -sheet book (*rag.*) libro dell'inventario; ~ -sheet items (*rag.*) capitoli di bilancio; ~ -sheet made up to (*o* as at) December 31st 1972 bilancio (chiuso) al 31 dicembre 1972; ~ -sheet value (*fin., rag.*) valore di bilancio; ~ -sheets (*fin., rag.*) bilanci finanziari; on ~ (*fig.*) tutto considerato, tutto sommato.

balance², *v. t.* ❶ (*rag.*) chiudere, pareggiare, saldare. ❷ (*rag.*) bilanciare, equilibrare, conguagliare, ragguagliare. *v. i.* ❶ (*fin., rag.*) conguagliarsi, equilibrarsi, chiudere in pareggio. ❷ (*rag.*) quadrare. △ *v. i.* ❶ The Italian budget will ~ this year il bilancio dello Stato italiano chiuderà in pareggio quest'anno; ❷ My accounts ~ i miei conti quadrano. // to ~ an account (*rag.*) chiudere un conto, saldare un conto, bilanciare un conto; to ~ accounts (*rag.*) ragguagliare le partite, pareggiare il bilancio; to ~ the books for the year (*rag.*) fare il bilancio dei libri contabili per l'anno d'esercizio; to ~ the budget (*fin., rag.*) pareggiare il bilancio pubblico; to ~ each other bilanciarsi, compensarsi; The two items ~ each other le due voci si bilanciano (*o* si compensano); to ~ the ordinary budget (*fin., rag.*) equilibrare il bilancio ordinario; to ~ up bilanciare.

balanced, *a.* ❶ equilibrato. ❷ (*rag.*) chiuso, saldato. △ ❶ In order to achieve a ~ economic development of the less developed regions, the Government has concentrated support on areas with inadequate infrastructure and redundant farmworkers al fine di promuovere un'equilibrata espansione economica delle regioni meno sviluppate, il Governo ha concentrato gli sforzi d'incentivazione su zone caratterizzate da una infrastruttura insufficiente e da una eccedenza della popolazione agricola; In France, the national budget was more or less ~ in 1965 in Francia, il bilancio dello Stato nel 1965 fu più o meno in equilibrio. // ~ development sviluppo equilibrato; ~ expansion espansione equilibrata; a ~ growth uno sviluppo equilibrato, uno sviluppo coordinato; ~ investment fund (*fin.*) fondo d'investimento con portafoglio equamente costituito da azioni e obbligazioni.

bale¹, *n.* balla, collo. △ Cloth is packed in bales i tessuti vengono imballati.

tariff quotas (*dog.*) preferenze tariffarie generalizzate.
gentleman, *n.* (*pl.* **gentlemen**) gentiluomo, signore. // **a ~'s agreement** un accordo sulla parola, un accordo leale; **a ~ at large** (*slang USA*) un disoccupato.
    genuine, *a.* genuino.
    geographic, **geographical**, *a.* geografico. // **~ coding** (*elab. elettr.*) codificazione geografica; **~ coverage** (*giorn., pubbl.*) copertura geografica.
    geography, *n.* geografia.
    geometric, **geometrical**, *a.* geometrico. // **~ mean** (*mat., stat.*) media geometrica; **~ progression** (*mat.*) progressione geometrica.
    geometry, *n.* geometria.
    Germany, *n.* Germania.
    get, *v. t.* (*pass. e part. pass.* **got**) ❶ ottenere, ricevere. ❷ procurarsi, comprare. ❸ guadagnare. ❹ convincere, persuadere, far (*fare qc. a q.*). *v. i.* diventare, divenire, farsi. △ *v. t.* ❷ **We must ~ the money before the credit squeeze reaches our Country** dobbiamo procurarci il denaro prima che la stretta creditizia raggiunga il nostro Paese; ❹ **You ought to ~ them to sign the document as soon as possible** dovreste far loro firmare il documento al più presto. // **to ~ an advance of money** (*cred., market.*) ottenere un anticipo di denaro; **to ~ afloat** (*trasp. mar.*) disincagliare, disincagliarsi; (*fig.*) fondare e avviare, lanciare: **to ~ a business afloat** (*market.*) lanciare una azienda; **It's hard to ~** (*o* **to set**) **a company afloat nowadays** oggigiorno è difficile fondare e avviare una società; **to ~ the air** (*slang USA*) essere licenziato; **to ~ along** tirare avanti, farcela: **We can't ~ along without financial backing** non possiamo tirare avanti senza aiuti finanziari; **to ~ the ax** (*pers., slang USA*) essere licenziato, farsi licenziare; **to ~ st. back** riottenere qc., farsi restituire qc.; **to ~ a bill discounted** (*banca, cred.*) farsi scontare una cambiale; **to ~ the boot** (*slang USA*) essere licenziato, farsi licenziare; **to ~ dearer** (*market.*) diventare più caro, diventare più costoso, rincarare: **Money is getting dearer and dearer every day** ogni giorno il denaro diventa più caro; **to ~ one's degree** laurearsi; **to ~ the gate** (*pers., slang USA*) essere licenziato, farsi licenziare; **to ~ a good position** (*o* **job**) ottenere un buon impiego; **to ~ in** entrare, introdursi; arrivare; **to ~ in on the ground floor** (*slang USA*) comprare al prezzo minimo; **to ~ in touch with sb.** mettersi in contatto con q., entrare in relazione con q., contattare q. (*neol.*); **to ~ into** entrare, introdursi, penetrare; **to ~ into arrears** (*cred.*) essere in ritardo (*con un pagamento*), diventare moroso; **to ~ into debt** (*cred.*) indebitarsi, contrarre debiti; **to ~ a job** trovar lavoro, impiegarsi; **to ~ one's money back** farsi restituire il proprio denaro; **to ~ on in the world** far fortuna; **to ~ orders** (*market.*) procurarsi ordinazioni; **to ~ st. out of** ottenere qc. da, ricavare qc. da: **We got much more than we expected out of that property** da quella proprietà ottenemmo molto più di quanto ci si aspettava; **to ~ out of debt** (*cred.*) liberarsi dai debiti; **to ~ st. out of pawn** disimpegnare qc. (*dal monte dei pegni*); **to ~ out of the red** (*banca, cred.*) tornare in attivo, tornare « a galla », sdebitarsi; **to ~ rich** arricchire; **to ~ the sack** (*pers., fam.*) essere licenziato, farsi licenziare; **to ~ a situation** (*pers.*) ottenere un impiego; **to ~ a situation for sb.** (*pers.*) ottenere un impiego per q., procurare un impiego a q.; **to ~ through** (*leg.*) far approvare, far varare (*un disegno di legge, un provvedimento, ecc.*); **to ~ time** (*cred.*) ottenere una dilazione (*di pagamento*); **to ~ under way** (*trasp. mar.*) salpare.

assalto, *n. m.* ❶ (*banca, fin., market., fig.*) run. ❷ (*leg.*) assault. ❸ (*leg.*) (*rapina*) hold-up. △ ❶ **Ci sarà un assalto agli sportelli** (*da parte dei clienti che verranno a ritirare i loro risparmi*) there will be a run on the bank; ❸ **C'è stato un ~ alla banca stamattina** there has been a bank hold-up this morning.

asse, *n. m.* (*mat.*) axis* // ~ **delle x** (*mat.*) x-axis, x-coordinate; ~ **delle y** (*mat.*) y-axis, y-coordinate; ~ **di comunicazione** (*trasp.*) communication axis; ~ **ereditario** (*leg.*) heritage; estate left by the deceased; ~ **patrimoniale** (*leg.*) estate.

assegnabile, *a.* ❶ assignable. ❷ allottable. ❸ awardable (*V.* assegnare).

assegnamento, *n. m.* ❶ assignment. ❷ (*attribuzione*) allotment, allowance. ❸ (*aggiudicazione*) award. ❹ (*affidamento, fiducia*) reliance (*V. anche* assegnare).

assegnare, *v. t.* ❶ to assign. ❷ (*attribuire*) to allot, to allow. ❸ (*aggiudicare*) to award. ❹ (*dare*) to give*. ❺ (*dotare*) to endow. ❻ (*ripartire*) to apportion, to portion out. ❼ (*fin.*) (*destinare fondi, ecc.*) to direct. ❽ (*fin., rag.*) to allocate, to appropriate. ❾ (*leg.*) (*beni, diritti, proprietà*) to grant, to vest. ❿ (*leg.*) (*un contratto*) to let*. △ ❶ **Questa stanza è stata assegnata a me** this room has been assigned to me; **Carlo è stato assegnato a un altro ufficio** Carlo has been assigned to another office; ❷ **Mi assegneranno mansioni nuove nella ditta** they will allot me new duties in the firm; **Mi assegnarono un quarto dell'asse ereditario** I was allotted one fourth of the heritage; **Ha deciso d'assegnarmi 10 dollari al giorno** he has decided to allow me 10 dollars a day; ❸ **Il giudice mi assegnò 100 sterline come risarcimento di danni** the judge awarded me £ 100 as damages; ❹ **Mi fu assegnato un grave compito** I was given a heavy task; ❼ **Molte industrie assegnano parte dei loro profitti a fondi per borse di studio accademiche** many industries direct part of their earnings to academic scholarship funds; ❾ **L'atto assegnava l'intera proprietà ai suoi tre figli maschi** the deed vested the whole estate in his three sons; ❿ **Le offerte sono aperte prima che il contratto venga assegnato** bids are open before the contract is let. // ~ **a una classe** to class; ~ **a** (*una lettera, un documento, ecc.*) **una data anteriore alla vera** to foredate; ~ **compiti a un impiegato** (*anche*) to allocate duties to a clerk; ~ **compiti diversi nei vari giorni della settimana** to apportion different duties each day of the week; ~ **un compito a q.** to task sb.; ~ **una pensione** to assign a pension; ~ **una pensione a q.** to pension sb.; ~ **tutte le azioni sottoscritte** to allot the shares in full; **non assegnato** (*fin.*) (*di fondo*) unappropriated.

assegnatario, *n. m.* (*leg.*) assignee, allottee, grantee. // ~ **d'un appezzamento di terreno demaniale** (*leg.*) homesteader (*USA*).

assegnazione, *n. f.* ❶ (*di persone a un lavoro, ecc.*) assignment. ❷ (*attribuzione*) allotment, allowance. ❸ (*aggiudicazione*) award. ❹ (*dotazione*) endowment. ❺ (*ripartizione*) apportionment. ❻ (*fin., rag.*) allocation, appropriation. ❼ (*leg.*) (*di beni, diritti, proprietà*) grant. ❽ (*org. az., pers.*) (*del lavoro*) allocation. // ~ **degli incarichi** (*org. az.*) task setting; ~ **degli introiti derivati da una specifica tassa o imposta a un preciso programma** (*di costruzioni, finanziamenti, aiuti, ecc.*) (*fin.*) dedicating of revenues; ~ **di quote** (*econ., fin.*) allocation of quotas; ~ **di tutte le azioni sottoscritte** (*fin.*) allotment in full; ~ **testamentaria** (*leg.*) devise.

assegno, *n. m.* ❶ (*banca, cred.*) cheque; check (*USA*). ❷ (*pers.*) allowance. △ ❶ **Vi saremo grati se**

xiii

vorrete inviarci un ~ your remittance of a cheque will oblige; **Questo ~ reca la dicitura « non negoziabile »** this cheque contains the words « not negotiable »; ❷ **Il direttore riceve un ~ per le spese di rappresentanza** the director has an entertainment allowance. // **~ a vuoto** (*banca, cred.*) dishonoured check; bad cheque, bouncing cheque; dud cheque (*fam.*); **~ al portatore** (*banca, cred.*) cheque to bearer, bearer cheque; bearer check (*USA*); **~ all'ordine** (*banca, cred.*) cheque to order; **~ annuale** annuity; **~ bancario** (*banca, cred.*) cheque, bank cheque; check, bank check (*USA*): **L'~ bancario è un titolo di credito** a cheque is an instrument of credit; **~ bancario all'ordine** (*banca, cred.*) order cheque; **~ bancario di cui la banca garantisce la copertura** (*banca, USA*) certified check; **assegni bancari e altri titoli di credito tratti su depositi bancari** (*e usati come mezzi di scambio*) (*banca, cred.*) deposit currency; **un ~ bancario non sbarrato e senza girate** (*banca, cred.*) an open cheque; **assegni bancari pagabili presso le agenzie londinesi o le filiali di banche che non aderiscono alla stanza di compensazione** (*banca, ingl.*) walks; **~ « cabriolet »** (*fam.*) kite; flash check (*USA*); **~ circolare** (*banca, cred.*) « assegno `circolare » (*nell'uso, ma non nella forma, corrisponde all'ingl.* « *bank draft* » *o* « *banker's draft* »); circular note; cashier's check (*USA*): **Sebbene in pratica l'~ circolare corrisponda all'inglese « bank draft », esso viene emesso in forma di pagherò e non di tratta come il titolo inglese** though in practice the « assegno circolare » corresponds to the English bank draft, it is issued as a promissory note and not in the form of draft like the English instrument; **~ con annesso talloncino di versamento** (*banca, cred.*) cheque with receipt form attached; **~ con annotazione degli estremi della fattura** (*banca, cred.*) voucher cheque; **~ con sbarratura generale** (*banca, cred.*) cheque crossed generally; **~ con sbarratura qualificata** (*banca, cred.*) cheque crossed specially; **assegni d'invalidità** (*pers.*) disability benefits; **~ d'invalidità (o di malattia)** (*pers.*) injury benefit; **~ dono in tagli fissi** (*venduto dagli uffici postali*) (*fin., ingl.*) gift token; **~ emesso da una società in favore d'un azionista** (*per l'importo che gli compete quale dividendo sulle azioni possedute*) (*fin.*) dividend warrant; **~ falso** stumer (*fam., ingl.*); stiff (*slang USA*); **assegni familiari** (*pers.*) family allotment cheques; family allowance (*sing.*); child bounty (*fam.*); **~ in bianco** (*banca, cred.*) blank cheque; **un ~ non girato** (*banca, cred.*) an unendorsed cheque, an unindorsed cheque; **~ paga** (*pers.*) paycheck (*USA*); **~ per accreditamento** (*banca, cred.*) cheque to be credited (to sb.'s account); **~ sbarrato** (*banca, cred.*) crossed cheque, « for deposit only » cheque: **Un ~ sbarrato può essere presentato per il pagamento soltanto da un banchiere** a crossed cheque can only be presented for payment by a banker; **~ sbarrato con la dicitura « non negoziabile »** (*banca, cred.*) cheque crossed « not negotiable »; **~ scoperto** (*banca, cred.*) V. **~ senza copertura**; **~ senza copertura** (*banca, cred.*) uncovered cheque; kite (*fam.*); flash check (*fam., USA*); **~ senza valore** stumer, stumour (*fam., ingl.*); **~ turistico** (*cred.*) traveller's cheque; **un ~ vecchio** (*emesso da più di sei mesi e non ancora incassato*) (*banca, cred.*) a stale cheque; **assegni vistati** (*banca*) marked cheques; ● **vitalizio** (*ass.*) straight life annuity; **contro ~** cash on delivery, collection on delivery: **Vi spediremo il libro contro ~** we'll send you the book cash on delivery.

assemblaggio, *n. m.* assembly. // **~ selettivo** (*org. az.*) selective assembly.

assemblea, *n. f.* assembly, meeting; convention

bevànda, *n. f.* drink. // ~ **alcoolica** alcoholic drink, strong drink; ~ **analcolica** soft drink; **bevande spiritose** (*market.*) spirits.

bianco, *a.* ❶ white. ❷ (*non scritto*) blank. △ ❷ **Ci sono molte pagine bianche in questo libro** there are lots of blank pages in this book. // ~ **e volta** (*pubbl.*) face and reverse side; **in** ~ in blank, blank: **Questo è un assegno in** ~ this is a blank cheque; **Questa è una girata in** ~ this is a blank endorsement.

biasimare, *v. t.* to blame, to reprove.

biàsimo, *n. m.* blame, censure.

bibliobus, *n. m.* (*market.*) bookmobile.

bidone, *n. m.* ❶ can, bin. ❷ (*fig., fam.*) (*imbroglio*) swindle.

bigliettaio, *n. m.* ❶ (*pers., trasp.*) (*nelle stazioni*) booking-clerk. ❷ (*pers., trasp.*) (*di treno, tram, o autobus*) conductor. ❸ (*pers., trasp. ferr.*) ticket-collector, collector.

bigliettario, *n. m. V.* bigliettaio.

biglietteria, *n. f.* (*trasp.*) booking office, ticket-office.

biglietto, *n. m.* ❶ card, note, ticket. ❷ (*trasp.*) ticket. △ ❶ **Mi diede il suo** ~ **di visita** he gave me his (visiting) card; **Gli ho scritto un** ~ I've written him a note; **Tutto in biglietti da dieci sterline, prego** all in ten-pound notes, please; ❷ **Tutti i biglietti ferroviari saranno rimborsati ai partecipanti** all railway tickets will be refunded to the participants // ~ **a riduzione per bambini** (*trasp.*) child's half-fare ticket; ~ **a tariffa ridotta** (*trasp.*) reduced-rate ticket; ~ **a tariffa ridotta del 50%** (*trasp.*) half-fare ticket; ~ **circolare** (*banca*) circular note; (*trasp.*) circular ticket; ~ **collettivo** (*trasp. ferr.*) party ticket; ~ **combinato** (*trasp.*) combined ticket; ~ **cumulativo** (*trasp. ferr.*) party ticket, through ticket, transfer ticket, transfer; ~ **da cento dollari** hundred-dollar bill; bill (*slang USA*); ~ **da cinque dollari** five-dollar bill; Abe's cabe (*slang USA*); ~ **da dieci dollari** ten-dollar bill; ten (*fam., USA*); ~ **da dieci sterline** ten-pound note; ten (*fam.*); ~ **da mille dollari** thousand-dollar bill; big one (*slang USA*); ~ **da visita** *V.* ~ **di visita**; ~ **d'abbonamento** (*trasp.*) commutation ticket; ~ **d'aereo** aeroplane ticket, air ticket; ~ **d'andata** (*trasp.*) single ticket, single; ~ **d'andata e ritorno** (*trasp., ingl.*) return ticket, return; round-trip ticket (*USA*); ~ **di banca** bank-note, treasury note, note; bank bill, bill (*USA*); **biglietti di banca** (*fin.*) paper currency, paper money, paper (*sing.*); ~ **d'entrata** entrance ticket, admission ticket, card of admission; ~ **di favore** complimentary ticket; ~ **d'ingresso** admission ticket, entrance ticket; ~ **d'invito** invitation card; ~ **di libera circolazione** (*trasp. ferr.*) free pass; **un** ~ **di prima classe** (*trasp.*) a first-class ticket; **un** ~ **di ringraziamento** a note of thanks; **un** ~ **di seconda classe** (*trasp.*) a second-class ticket; **biglietti di Stato a corso forzoso** (*fin.*) currency notes; **biglietti di viaggio** (*tur.*) travel tickets; ~ **di visita** visiting card, business card, ticket; calling-card (*USA*); ~ **ferroviario** (*trasp. ferr.*) railway ticket; ~ **ferroviario valido un solo giorno** (*trasp. ferr.*) day ticket (*ingl.*); ~ **gratuito** (*trasp.*) pass; ~ **natalizio** Christmas card; ~ **per posta aerea** (*comun.*) air letter; ~ **postale** (*pieghevole, e che non abbisogna di busta*) letter sheet; **un** ~ **turistico** (*trasp., tur.*) a tourist ticket.

bilància, *n. f.* ❶ (*lo strumento*) weighing machine; scales (*pl.*); pair of scales. ❷ (*econ., fin.*) balance, account. △ ❷ **La** ~ **d'un Paese è attiva quando le esportazioni superano le importazioni** the balance is in favour of a Country when the amount of its exports exceeds that of its imports; **La** ~ **dei capitali a lungo**

termine, eccedentaria nel 1969, si saldò nel 1970 con un lieve passivo the long-term capital account, which showed a surplus for 1969, closed with a slight deficit in 1970. // ~ **commerciale** (*econ.*, *fin.*) balance of trade, trade balance, trading balance, current account: **La ~ commerciale italiana si chiuse con un saldo passivo di circa tremila miliardi di lire** Italy's trade balance closed with a deficit of about three thousand billion lire; **La ~ commerciale è nettamente peggiorata a causa della pressione esercitata sulle risorse disponibili** the current account has suffered distinctly from the pressure on available resources; **una ~ commerciale attiva** (*econ.*, *fin.*) an active balance of trade, a favourable balance of trade; **una ~ commerciale deficitaria** (*econ.*, *fin.*) an adverse trade balance, an unfavourable balance of trade; **una ~ commerciale passiva** (*econ.*, *fin.*) a passive balance of trade, an adverse trade balance; **~ dei conti** (*econ.*, *fin.*) balance of indebtedness; **~ dei conti correnti** (*econ.*, *fin.*) (*bilancia dei pagamenti, incluse le partite invisibili, ma esclusi i movimenti di capitale*) current balance; **~ dei pagamenti** (*econ.*, *fin.*) balance of payments: **A differenza della ~ commerciale, la ~ dei pagamenti comprende non solo le operazioni internazionali d'un Paese, in un certo periodo, relative ai movimenti di merci ma anche quelle relative ai servizi nonché i movimenti dei capitali e dell'oro** unlike the balance of trade, the balance of payments includes not only the international commodity transactions of a Country over a certain period of time but also its service transactions and the capital and gold movements; **la ~ dei pagamenti internazionali** (*econ.*, *fin.*) the balance of international payments; **la ~ della giustizia** (*fig.*) the scales of justice; **la ~ delle operazioni** (*o* **dei pagamenti**) **correnti** (*econ.*, *fin.*) the current account; the balance on current account: **D'altro canto, la ~ dei pagamenti correnti peggiorò lievemente in Italia, abbastanza sensibilmente in Francia e Belgio, e considerevolmente nei Paesi Bassi** on the other hand, the current account deteriorated slightly in Italy, fairly appreciably in France and Belgium, and steeply in the Netherlands; **la ~ delle partite correnti** (*econ.*, *fin.*) the current account.

bilanciare, *v. t.* ❶ (*tenere in equilibrio*) to balance. ❷ (*compensare*) to balance, to countervail, to offset*. ❸ (*fin.*, *rag.*) to balance, to balance up. ❹ (*rag.*) to cancel out, to close out. △ ❷ **I profitti non bilanciano le perdite** the profits do not balance the losses; **Per ~ l'esiguità del suo stipendio, Carlo deve fare molte economie** in order to offset his small salary, Carlo must live very economically. // **~ un conto** (*fin.*, *rag.*) to balance an account; (*rag.*) to close out an account; **essere bilanciata** (*trasp. mar.*) (*di nave*) to trim.

bilanciarsi, *v. recipr.* ❶ (*fin.*, *rag.*) to balance each other. ❷ (*rag.*) to cancel each other, to cancel out. △ ❶ **Le due voci si bilanciano** the two items balance each other.

bilancio, *n. m.* ❶ (*fin.*, *rag.*) balance. ❷ (*fin.*, *rag.*) (*di previsione*; *specialm. quello dello Stato*) budget. ❸ (*rag.*) (*prospetto del dare e dell'avere*) balance-sheet. △ ❸ **Il ~ è un prospetto generale di tutte le attività e le passività di un'impresa in un dato momento** the balance-sheet is a general statement of all the assets and liabilities of a firm at a given time; **In un ~ inglese, le attività appaiono sul lato destro del foglio, e le passività su quello sinistro** in an English balance-sheet, assets appear on the right-hand side of the sheet, and liabilities are shown on the left-hand side. // **~ annuale**

xvi

ENGLISH - ITALIAN

A

a, *art. indeterminativo* ❶ un, uno; una. ❷ (*misura*) a; il, lo; la. △ ❷ **This material costs 10 dollars a yard** questa stoffa costa 10 dollari la iarda (*o* alla iarda).

abacus, *n.* (*pl.* **abaci** *o reg.*) abaco, pallottoliere.

abaft, *avv.* (*trasp. mar.*) a poppa.

abandon, *v. t.* ❶ abbandonare, lasciare per sempre, rinunziare a. ❷ (*ass. mar., trasp. mar.*) abbandonare. ❸ (*leg.*) abbandonare, desistere da. // to ~ **an option** rinunziare a un'opzione; to ~ **prosecution** (*leg.*) abbandonare un'azione, desistere da un'azione; to ~ **an undertaking (a ship, etc.)** abbandonare un'impresa (una nave, ecc.).

abandonee, *n.* (*ass. mar.*) cessionario dei diritti di proprietà (*assicuratore marittimo cui è ceduta la nave, il relitto, o il carico ricuperato in un naufragio*).

abandonment, *n.* ❶ abbandono, rinunzia. ❷ (*ass. mar., trasp. mar.*) abbandono. ❸ (*leg.*) abbandono, desistenza. △ ❷ ~ **is the option to the insured to claim the whole amount of the sum insured in consideration of the transfer to the insurer of the property of the thing insured in the state in which the casualty left it** l'abbandono è la facoltà che ha l'assicurato di esigere l'intero ammontare del capitale assicurato, mediante la cessione all'assicuratore della proprietà della cosa assicurata nello stato in cui essa è venuta a trovarsi in seguito al sinistro. // ~ **of action** (*leg.*) abbandono d'un'azione, desistenza da un'azione; ~ **of goods in customs** (*dog.*) abbandono della merce in dogana; ~ **of insured property** (*ass.*) abbandono di cosa assicurata; **the ~ of an option** la rinunzia a un'opzione; **the ~ of a ship** (*ass. mar.*) l'abbandono d'una nave.

abate, *v. t.* ❶ annullare. ❷ ribassare, ridurre. // to ~ **prices** ribassare i prezzi.

abated suit, *n.* (*leg.*) causa annullata.

abatement, *n.* ❶ annullamento. ❷ riduzione, ribasso. ❸ abbattimento (*di prezzi*). ❹ (*leg.*) sospensione. // ~ **and revival** (*leg.*) sospensione d'una causa (*che può essere ripresa con un atto di riassunzione*); ~ **at law** (*leg.*) annullamento di causa; ~ **of gift (of legacy, etc.)** (*leg.*) riduzione di donazione (di legato, ecc.); **an ~ of prices** un ribasso dei prezzi; **an ~ of taxes** (*fin.*) una riduzione delle imposte.

abbreviate, *v. t.* abbreviare.

abbreviated address, *n.* indirizzo telegrafico.

abbreviation, *n.* abbreviazione.

A.B.C. method, *n.* (*econ.*) metodo A.B.C. (*per analizzare la distribuzione dei fenomeni quantitativi in funzione di un dato parametro*).

abdicate, *v. i.* abdicare. *v. t.* ❶ rinunziare a. ❷ (*leg.*) diseredare. // to ~ **a right** (*leg.*) rinunziare a un diritto.

abduction, *n.* (*leg.*) rapimento, ratto.

Abe's cabe, *n.* (*slang USA*) biglietto da cinque dollari.

abeyance, *n.* ❶ (*leg.*) sospensiva. ❷ (*leg.*) vacanza (*d'eredità*). // **in ~** in sospeso; (*leg.*) in sospensiva: **The matter is in ~** la questione è in sospeso; **This law is in ~** questa legge è in sospensiva.

abide, *v. i.* (*pass. e part. pass.* **abode** *o reg.*) dimorare.

// **to ~ by** aderire a, attenersi a: **to ~ by the award of the arbitrators** aderire alla sentenza degli arbitri (al lodo arbitrale).

abiding, *n.* dimora. // ~ **place** luogo di dimora.

ability, *n.* abilità, capacità. // ~ **test** test di capacità, test attitudinale; ~ **theory** (*econ.*) teoria della capacità contributiva (*teoria secondo la quale i tributi dovrebbero essere riscossi dai cittadini a seconda della capacità di questi di pagarli*); ~ **to change domicile** mobilità geografica; ~ **to change occupation** mobilità professionale; ~ -**to-pay principle of taxation** (*fin.*) principio secondo il quale le imposte devono essere commisurate alla capacità contributiva (*e non ai benefici ricevuti dallo Stato*).

able, *a.* abile, capace, in grado di. // ~ -**bodied seaman** (*trasp. mar.*) marinaio scelto; **to be ~ to** essere capace di, essere in grado di, potere: **He is ~ to meet all his obligations** è in grado di far fronte a tutti i suoi impegni.

abnormal, *a.* anormale.

aboard, *avv.* (*trasp.*) a bordo. *prep.* (*trasp.*) a bordo di. △ *prep.* **The goods were loaded ~ the ship** la merce fu caricata a bordo della nave.

abode, *n.* abitazione, dimora.

abolish, *v. t.* abolire, sopprimere. // **to ~ a customs duty** abolire un dazio doganale, sopprimere un dazio doganale; **to ~ distortions of competition** sopprimere le distorsioni di concorrenza.

abolition, *n.* abolizione, soppressione. △ **I am in favour of the total ~ of market frontiers** sono favorevole all'apertura totale dei mercati. // ~ **of customs duties** (*dog.*) soppressione dei dazi doganali.

abortion, *n.* (*slang USA*) articolo di qualità scadente.

about, *avv.* ❶ circa, all'incirca, press'a poco. ❷ in circolazione. *a. attr.* approssimativo. △ *avv.* ❶ **Please buy a hundred shares at ~ such a price** favorite acquistare cento azioni press'a poco a questo prezzo; ❷ **There is plenty of money ~** c'è molto denaro in circolazione; *a.* **On the London Stock Exchange, orders given at an ~ price may lead to disputes** alla Borsa Valori di Londra, gli ordini conferiti a un prezzo approssimativo possono dare luogo a contestazioni. // ~ -**face** voltafaccia: **The administration has been forced to make another economic ~ -face** l'amministrazione si è vista obbligata a operare un altro voltafaccia economico; ~ **a hundred** un centinaio; ~ **one** addosso, con sé: **I have no money ~ me** non ho denaro con me; ~ **one thousand** un migliaio; ~ **ten** una decina; ~ **to be born** nascituro; ~ **twenty** una ventina.

above, *avv. e prep.* sopra. *a. attr. e pron.* suddetto. △ *pron.* **The ~ is the owner of the truck** il suddetto è il proprietario dell'autocarro. // ~ -**the-average income** (*fin.*) reddito sopra la media; **the ~ clause** la suddetta clausola; ~ -**line** (*fin.*) V. ~ -**the-line**; ~ -**the-line** (*fin.*) (*di capitolo d'entrata o spesa di bilancio*) corrente, ordinario; ~ -**the-line payments and receipts** (*fin.*) entrate e spese ordinarie (*voci del bilancio del Governo britannico*); ~ -**the-line surplus** (*fin.*) residuo attivo delle

abrasion

partite correnti; ~ **-mentioned** summenzionato, sopraccennato, sopraindicato, precitato, sopraddetto, surriferito; ~ **-named** sunnominato; ~ **par** (*Borsa*) sopra la pari; ~ **-said** suddetto; ~ **-stated** surriferito; to be ~ **par** (*Borsa*) fare aggio.

abrasion, *n.* abrasione (*di monete metalliche*).

abridge, *v. t.* ❶ limitare, ridurre. ❷ abbreviare, riassumere. // to ~ **sb.'s rights** (*leg.*) limitare i diritti di q.

abridg(e)ment, *n.* ❶ riduzione, abbreviazione. ❷ riassunto, sunto. ❸ (*leg.*) restrizione. // ~ **of rights** (*leg.*) restrizione di diritti.

abroad, *avv.* ❶ all'estero. ❷ sui mercati stranieri. △ ❶ **The firm is well known** ~ la ditta è assai nota all'estero.

abrogate, *v. t.* (*leg.*) abrogare.

abrogation, *n.* (*leg.*) abrogazione. // ~ **of the law** abrogazione della legge.

abscissa, *n.* (*mat.*) ascissa.

abscond, *v. i.* (*leg.*) rendersi latitante, rendersi irreperibile, darsi alla latitanza. *v. t.* (*leg.*) rendere irreperibile. // to ~ **from justice** (*leg.*) rendersi latitante, darsi alla latitanza.

absconder, *n.* (*leg.*) latitante.

absconding, *a.* (*leg.*) latitante.

absence, *n.* ❶ assenza, mancanza. ❷ (*leg.*) contumacia. // ~ **of consideration** (*cred.*) mancanza di copertura; ~ **of consideration for a bill** mancanza di fondi per una cambiale; ~ **of news of a ship** (*trasp. mar.*) mancanza di notizie d'una nave; ~ **to appear** (*leg.*) mancata comparizione in giudizio, contumacia; ~ **to avoid arrest** (*leg.*) latitanza; in the ~ **of contrary evidence** (*leg.*) in mancanza di prova contraria; in the ~ **of further instructions** in mancanza d'ulteriori istruzioni.

absent, *a.* assente. // ~ **heir** (*leg.*) erede assente; ~ **-mindedness** distrazione.

absentee, *n.* assente (*abituale*). // ~ **landlord** proprietario terriero che non risiede nella sua tenuta e che la trascura.

absenteeism, *n.* (*econ., sind.*) assenteismo. // ~ **from the assembly line** (*sind.*) assenteismo alla catena di montaggio.

absent oneself, *v. rifl.* assentarsi.

absolute, *a.* assoluto. // ~ **advantage** vantaggio assoluto; ~ **contraband** (*leg.*) contrabbando assoluto; ~ **liability** (*leg.*) responsabilità incondizionata; ~ **majority** (*leg.*) maggioranza assoluta; ~ **monopoly** (*econ.*) monopolio perfetto; ~ **right** (*leg.*) diritto incontestabile; ~ **title** (*leg.*) diritto di proprietà assoluto; ~ **value** valore assoluto.

absolution, *n.* (*leg.*) assoluzione.

absolve, *v. t.* assolvere, liberare.

absolve oneself, *v. rifl.* liberarsi. // to ~ **from further liability** liberarsi da ogni ulteriore responsabilità.

absorb, *v. t.* assorbire. △ **It seems that the markets of most Member Countries are unable to** ~ **all the butter produced** a quanto pare, nella maggior parte degli Stati Membri il mercato non è in grado di assorbire la totalità della produzione di burro.

absorption, *n.* assorbimento. // ~ **potential of a market** (*econ.*) possibilità di assorbimento d'un mercato.

abstinence, *n.* (*econ.*) astinenza. // ~ **theory of interest** (*econ.*) teoria secondo la quale l'interesse è un premio corrisposto al capitalista perché si astenga dal consumo.

abstract[1], *a.* (*mat.*) astratto.

abstract[2], *n.* ❶ compendio, estratto, riassunto, sommario. ❷ (*leg.*) estratto di documento. // ~ **of account** (*banca*) estratto (di) conto; ~ **of record** estratto di verbale; ~ **of statistics** (*stat.*) compendio statistico; ~ **of title** (*leg.*) estratto di certificato di proprietà.

abstract[3], *v. t.* ❶ riassumere. ❷ (*leg.*) sottrarre. ❸ (*rag.*) rilevare. △ ❷ **The dishonest cashier abstracted securities from the safe** il cassiere disonesto sottrasse titoli dalla cassaforte. // to ~ **the results of an account** rilevare i risultati di un conto.

abstraction, *n.* (*leg.*) sottrazione. // ~ **of books** (*leg.*) sottrazione dei libri contabili; ~ **of documents** (*o* **of papers**) (*leg.*) sottrazione di documenti.

abundance, *n.* abbondanza.

abundant, *a.* abbondante.

abuse[1], *n.* ❶ abuso. ❷ (*leg.*) abuso. // ~ **of blank cheque** (*leg.*) abuso di assegno in bianco; ~ **of blank signature** (*leg.*) abuso di bianco segno; ~ **of confidence** (*leg.*) abuso di fiducia; ~ **of power** (*leg.*) abuso d'autorità; ~ **of right** (*leg.*) abuso d'un diritto.

abuse[2], *v. t.* abusare di. // to ~ **one's office** (*leg.*) prevaricare; to ~ **one's power** abusare della propria autorità.

abusive, *a.* (*leg.*) abusivo.

accede, *v. i.* acconsentire, aderire. // to ~ **to an estate** (*leg.*) entrare in possesso d'un bene immobile; to ~ **to a proposal** aderire a una proposta.

acceding, *a.* aspirante, candidato. // the ~ **Countries (to the European Community)** i Paesi candidati (alla Comunità Europea).

accelerate, *v. t. e i.* accelerare.

accelerated, *a.* celere. // ~ **depreciation** (*econ.*) deprezzamento accelerato; ~ **service** (*trasp.*) servizio-celere.

accelerating premium, *n.* (*sind.*) premio d'accelerazione.

acceleration, *n.* accelerazione. // ~ **premium** (*sind.*) premio di produttività; ~ **principle** (*econ.*) principio d'accelerazione.

accelerator, *n.* (*econ.*) acceleratore.

accept, *v. t.* accettare, accogliere, gradire. △ ~ **my compliments** vogliate accogliere i miei ossequi; Please ~ **our best thanks** vogliate gradire i nostri migliori ringraziamenti; **The proposal of the insured has been accepted by the insurer** la proposta dell'assicurato è stata accettata dall'assicuratore. // to ~ **sb.'s apologies** accettare le scuse di q.; to ~ **a bill of exchange** (*cred.*) accettare una cambiale; to ~ **a composition** accettare un concordato; to ~ **firm commitments** accettare impegni precisi; to ~ **full liability for an expenditure** assumere integralmente a proprio carico una spesa; to ~ **in custody** ricevere in custodia; to ~ **a part of the risk to be covered** (*ass.*) accettare una parte del rischio da coprire; to ~ **a suggestion** accettare un suggerimento; to ~ **sb.' terms** accettare le condizioni di q.

acceptability, *n.* accettabilità.

acceptable, *a.* accettabile.

acceptableness, *n.* accettabilità.

acceptance, *n.* ❶ accettazione. ❷ (*banca, cred.*) accettazione (*nel senso di cambiale recante la dicitura «accettato»*), cambiale accettata. // ~ **against documents** accettazione contro documenti; ~ **bill** tratta documentaria contro accettazione, tratta documentaria; ~ **credit** credito d'accettazione; ~ **for honour** accettazione per intervento; ~ **house** (*fin.*) istituto di accettazione bancaria (*caratteristico del mercato monetario londinese*): ~ **houses are institutions specializing in financing foreign trade by allowing the use of their names as drawees in bills of exchange** le «acceptance houses» sono istituti specializzati nel finanziamento del commercio estero mediante la concessione del loro nome ai trattari nelle cambiali estere; **A comparatively unknown dealer in London importing goods from abroad may go to an ~ house and get it to accept the bill of exchange drawn on it by the exporter** un operatore londinese, relativamente poco noto, può rivolgersi a una « acceptance house » e ottenere che essa accetti la cambiale emessa dall'esportatore straniero; ~ **of a bid** (*comm.*) accettazione di un'offerta d'appalto; ~ **of a bill** (*cred.*) accettazione cambiaria; ~ **of a bill by a bank** (*banca, cred.*) accettazione bancaria; ~ **of a judgement** (*leg.*) accettazione di una sentenza; ~ **on account of a customer** accettazione per conto di un cliente (*da parte di una banca*); ~ **qualified as to time** (*banca, cred.*) accettazione condizionata quanto al tempo; ~ **supra protest** (*cred.*) accettazione per intervento; ~ **under protest** (*cred.*) accettazione per intervento; **non-~** (*banca, cred.*) mancata accettazione.

acceptation, *n.* ❶ accettazione, accoglimento. ❷ accezione. △ ❷ **I am using this term in its common ~** uso questo termine nella accezione comune.

accepted, *a.* ❶ accettato. ❷ « **accepted** » « accettato » (*formula di accettazione d'una cambiale*). △ ❶ **An ~ bill of exchange is called an acceptance** una cambiale che è stata accettata dicesi anche « accettazione ».

accepting, *a.* accettante. // ~ **house** (*fin.*) istituto di accettazione bancaria (*caratteristico del mercato monetario londinese*): ~ **houses form a peculiar feature of the London money market** le « accepting houses » sono istituti finanziari tipici del mercato monetario londinese; ~ **officer** (*comun.*) addetto all'accettazione (*di raccomandate, telegrammi, ecc.*).

acceptor, *n.* (*banca, cred.*) accettante. // ~ **for honour** accettante per intervento; ~ **supra protest** accettante per intervento.

access, *n.* accesso, adito. △ **The auditors have a right of ~ at all times to the books of the company** i sindaci hanno il diritto di prendere visione dei libri della società in qualsiasi momento. // ~ **to the market** accesso al mercato.

accessary, *a.* e *n.* V. **accessory**.

accessible, *a.* (*trasp. aut.*) accessibile.

accession, *n.* accessione. // ~ **number (of a book, etc.)** numero di matricola (d'un volume, ecc.); ~ **to an estate** (*leg.*) entrata in possesso d'un bene immobile; ~ **to office** entrata in carica.

accessorial, *a.* ❶ accessorio. ❷ (*leg.*) di complice, di complicità. △ ❶ ~ **services included sorting and packing** i servizi accessori comprendevano la cernita e l'imballaggio. // ~ **crime** (*leg.*) reato di complicità; ~ **guilt** (*leg.*) colpevolezza di complice.

accessory, *a.* e *n.* accessorio. *n.* (*leg.*) complice. // ~ **action** (*leg.*) causa accessoria; **the accessories of a motor-car** gli accessori d'un'automobile; ~ **to a crime** (*leg.*) complice in un delitto.

accident, *n.* (*ass.*) incidente, infortunio, sinistro. *a. attr.* infortunistico. // **an ~ at sea (o of the sea)** (*trasp. mar.*) un incidente marittimo; ~ **insurance** assicurazione infortuni; **an ~ of navigation** (*trasp. mar.*) un incidente di navigazione; ~ **prevention** (*pers.*) antinfortunistica.

accidental, *a.* accidentale, casuale, fortuito. // ~ **collision** (*trasp.*) collisione accidentale; ~ **damage** (*leg.*) danno accidentale; ~ **loss** (*ass. mar., trasp. mar.*) perdita accidentale; ~ **stranding** (*ass. mar., trasp. mar.*) arenamento accidentale.

acclamation, *n.* acclamazione.

accommodate, *v. t.* ❶ adattare. ❷ agevolare, favorire. ❸ (*tur.*) accogliere, ospitare, sistemare. △ ❷ **Banks endeavour to ~ their customers** le banche si sforzano di agevolare i loro clienti; ❸ **This ship can ~ 700 passengers** questa nave può accogliere 700 passeggeri; **We can ~ the whole party** possiamo ospitare l'intero gruppo. // **to ~ a cargo ship for the carriage of emigrants** (*trasp. mar.*) adattare una nave da carico per il trasporto di emigranti; **to ~ a quarrel** (*leg.*) comporre una lite.

accommodating movements, *n. pl.* (*fin.*) trasferimenti d'oro e di valuta all'estero (*per sanare il deficit della bilancia dei pagamenti*).

accommodation, *n.* ❶ accomodamento, adattamento. ❷ agevolazione, facilitazione. ❸ (*tur.*) ricettività, sistemazione. ❹ **accommodations**, *pl.* attrezzatura. △ ❶ **The ~ of a port with a view to tourist traffic can be difficult** l'adattamento d'un porto a scopi di traffico turistico può presentare delle difficoltà; ❸ **We must improve hotel ~** dobbiamo migliorare la ricettività degli alberghi; **This liner has splendid ~ for 1,000 passengers** questo transatlantico offre una magnifica sistemazione a 1.000 passeggeri. // ~ **acceptance** (*banca, cred.*) accettazione di comodo; ~ **bill** (*banca, cred.*) cambiale di comodo, effetto di comodo, cambiale di favore; ~ **endorsement** (*banca, cred.*) girata di comodo (*o di favore*); ~ **endorser** (*banca, cred.*) girante di comodo; ~ **facilities** (*tur.*) esercizi (*alberghieri ed extra-alberghieri*); ~ **for payment** facilitazioni di pagamento; ~ **ladder** (*trasp. mar.*) barcarizzo; ~ **note** (*banca, cred.*) cambiale di comodo; ~ **paper** (*banca, cred.*) cambiale di comodo; ~ **train** (*trasp. ferr., USA*) treno accelerato, treno locale.

accompanied luggage, *n.* (*trasp.*) bagaglio appresso.

accompany, *v. t.* accompagnare. // **to ~ sb. in an advisory capacity** accompagnare q. con funzioni di consulente.

accomplice, *n.* (*leg.*) complice, connivente.

accomplish, *v. t.* ❶ compiere. ❷ perfezionare. ❸ esaurire (*nel senso di « utilizzare »*).

accomplished, *a.* ❶ compiuto. ❷ perfetto, perfezionato. ❸ esaurito (*nel senso di « utilizzato »*). ❹ (*pers.*) esperto, « finito ». // **an ~ fact** un fatto compiuto; **an ~ typist** una dattilografa perfetta; « **five original bills of lading, each of this tenor and date, one of which being ~, the others to stand null and void** » (*trasp. mar.*) « cinque polizze di carico originali, tutte dello stesso tenore e data, una delle quali esaurita, le altre resteranno nulle o di nessun valore ».

accomplishment, *n.* ❶ compimento. ❷ dote, qualità.

accord[1], *n.* accordo. // ~ **and satisfaction** (*leg.*) mutuo consenso.

accord[2], *v. t.* accordare, concedere. △ **The law accords special rights to parents** la legge accorda diritti speciali ai genitori.

accordance, *n.* conformità, concordanza. // **in ~ with** (*o* **under**) **the Articles** a norma dello statuto societario.

accordingly, *avv.* conformemente, in conformità, di conseguenza, perciò. △ **We will act ~** agiremo in conformità.

according to, *prep.* secondo, a seconda di. // ~ **circumstances** secondo il caso, a seconda dei casi; ~ **a fixed scale** in base a un criterio di ripartizione fisso; ~ **the law** in base alla legge, a norma di legge, ai sensi (*o* a termini) di legge; ~ **usage** secondo le consuetudini; ~ **your instructions** secondo le vostre istruzioni, come da vostre istruzioni.

account¹, *n.* ❶ resoconto, relazione, descrizione, esposto. ❷ tornaconto, vantaggio. ❸ (*Borsa*) periodo di quindici giorni (*alla Borsa Valori di Londra*). ❹ (*Borsa*) liquidazione, termine (*alla Borsa Valori di Londra*). ❺ (*econ.*) bilancia. ❻ (*rag.*) conto. ❼ (*rag.*) esercizio. ❽ **accounts**, *pl.* (*rag.*) scritture contabili, contabilità. ❾ **accounts**, *pl.* (*rag.*) inventario, rendiconto. △ ❶ **Please send me an ~ of the transaction** favorite inviarmi un resoconto dell'operazione; ❷ **In Italy, an «agente di cambio» (stockbroker) is not allowed to operate for his own ~** in Italia, un agente di cambio non può fare operazioni per conto proprio; ❸ **The long-term capital ~, which showed a surplus for 1969, closed with a slight deficit in 1970** la bilancia dei capitali a lungo termine, eccedentaria nel 1969, si è saldata nel 1970 con un lieve passivo; ❹ **Accounts are wrong** i conti non tornano; **Your ~ has been overdrawn by £ 200** il vostro conto presenta uno scoperto di 200 sterline; «**Received 100 pounds on ~ of my disbursements**» «ricevute 100 sterline in conto dei miei esborsi»; ❺ **The accounts were presented by the directors** la contabilità fu presentata dagli amministratori; **That's the best system of national accounts** questo è il miglior sistema di contabilità nazionale. // ~ **book** (*rag.*) libro contabile, registro contabile; ~ **books** (*rag.*) libri contabili; ~ **current** (*banca*) conto corrente; ~ **current with interest** (*banca*) conto corrente fruttifero; ~ **day** (*Borsa*) giorno di liquidazione; ~ **days** (*Borsa*) giorni di liquidazione, ultimi giorni prima del giorno di liquidazione; **accounts department** (*org. az.*) reparto contabilità; ~ **executive** (*pubbl.*) funzionario d'un'agenzia pubblicitaria il quale mantiene i contatti con i clienti; ~ **holder** (*banca*) titolare d'un conto; **accounts of the business** (*rag.*) conti aziendali; ~ **of expenses** (*rag.*) nota delle spese; ~ **of goods purchased** (*rag.*) conto d'acquisto; ~ **of proceedings** (*rag.*) resoconto; **accounts payable** (*banca*) cambiali in pagamento; (*rag.*) debiti a breve scadenza; «~ **payee only**» (*banca*) «non trasferibile»; **accounts receivable** (*banca*) cambiali all'incasso; (*rag.*) crediti a breve scadenza; **accounts receivable department** ufficio esazioni, ufficio incassi; **accounts receivable insurance** (*ass.*) assicurazione sull'incasso dei crediti; ~ **rendered** conto presentato (*al debitore*) per l'approvazione; «~ **rendered**» (*rag.*) «saldo a nuovo»; ~ **settled** conto saldato; ~ **stated** conto approvato (*dal debitore*); «~ **stated**» (*rag.*) «conto liquidato»; **accounts variance** (*rag.*) discrepanza contabile; **by way of** ~ (*cred., rag.*) come acconto; **for one's own** ~ per proprio conto; **Italy's «accounts» with the rest of the world** la situazione «contabile» dell'Italia nei confronti del resto del mondo; **on** ~ (*cred., rag.*) in conto, in acconto: **We were requested to pay $ 500 on** ~ ci fu richiesto di versare $ 500 in acconto.

account², *v. t.* considerare. △ **In English law, a man is accounted innocent until he is proved guilty** secondo la legge inglese, si è considerati innocenti finché la colpevolezza non sia stata provata. // **to ~ for** spiegare, rendere conto di: **This situation accounts for the fact that a great deal of reliance was placed on monetary action in 1966** questa situazione spiega il motivo per cui, nel 1966, si è fatto ampio ricorso alla politica monetaria; **You shall ~ for every penny you spend** dovrai renderci conto di ogni soldo che spendi.

accountable, *à.* ❶ (*leg.*) responsabile. ❷ (*rag.*) contabile. △ ❶ **You will be held ~ for the whole sum of money** sarete ritenuti responsabili dell'intera somma di denaro. // ~ **document** lettera contabile; ~ **receipt** ricevuta ufficiale.

accountancy, *n.* (*rag.*) ragioneria. △ **The art of bookkeeping has by now made way for the science of ~** l'arte della tenuta dei libri ha ormai ceduto il passo alla scienza della ragioneria.

accountant, *n.* ragioniere. △ **The ~ organizes, advises, and directs, while the bookkeeper performs the work under the former's directions** il ragioniere ha il compito d'organizzare, consigliare e dirigere; mentre il contabile non è che un esecutore materiale delle sue istruzioni. // ~ **and Comptroller General** Ragioniere Generale dello Stato.

accounting, *n.* (*rag.*) contabilità. // ~ **data** dati contabili; ~ **date** data di registrazione; ~ **department** (*org. az., rag.*) amministrazione (*d'ufficio*); ~ **machine** (*macch. uff.*) macchina contabile; ~ **offices** (*org. az.*) uffici contabili; ~ **period** (*rag.*) esercizio: **The company's year comprises two half-yearly ~ periods** l'anno finanziario della società comprende due esercizi semestrali; ~ **position** (*rag.*) posizione contabile; ~ **system** (*rag.*) sistema di contabilità; **from an ~ standpoint** (*rag.*) da un punto di vista contabile.

accredit, *v. t.* (*cred.*) accreditare.
accredited, *a.* accreditato. // ~ **banker** (*fin.*) banchiere accreditato; **the ~ party** (*leg.*) l'accreditato.
accreditee, *n.* accreditato, persona accreditata.
accretion, *n.* accrescimento. // ~ **among co-heirs** (*leg.*) accrescimento fra coeredi; ~ **by alluvion** (*leg.*) accrescimento per alluvione.
accrual, *n.* accumulazione. // ~ **basis method** (*rag.*) metodo di rilevazioni contabili secondo il quale la registrazione è effettuata al momento della previsione o dell'impegno; **on an ~ basis** (*rag.*) col criterio della competenza economica.
accrue, *v. i.* ❶ accumularsi, cumularsi, maturare. ❷ decorrere. △ ❷ **Interest accrues from the 1st September** gli interessi decorrono dal 1° settembre.
accrued, *a.* accumulato, maturato. // ~ **dividends** (*fin.*) dividendi accumulati; ~ **expenses** (*rag.*) ratei passivi; ~ **incomes** (*rag.*) ratei attivi; ~ **interest** (*fin.*) interessi maturati; ~ **liability** (*rag.*) rateo passivo; «~ **taxes**» (*rag.*) «fondo tasse».
accruing interest, *n.* interessi da maturare.
accumulate, *v. t.* accumulare. *v. i.* accumularsi. △ *v. t.* **We must clear the correspondence accumulated over the weekend** dobbiamo evadere la corrispondenza accumulatasi durante la fine settimana. // **to ~ losses** accumulare perdite (su perdite); **to ~ wealth** accumulare ricchezze.
accumulated, *a.* accumulato. // ~ **depreciation** deperimento accumulato; ~ **profit** (*fin.*) utile reinvestito; ~ **surplus value** (*econ.*) plusvalore accumulato.
accumulating society, *n.* società mutualistica con organizzazione centralizzata.
accumulation, *n.* ❶ accumulazione. ❷ (*fin.*) aumento, crescita del capitale (*con il concorso dell'interesse capitalizzato o degli utili reinvestiti*).
accumulative, *a.* ❶ cumulativo. ❷ avido. ❸ (*fin.*) capitalizzato, reinvestito. // ~ **dividends** (*fin.*) dividendi reinvestiti; ~ **judgment** (*o* **sentence**) (*leg.*) cumulo di pene.
accuracy, *n.* accuratezza, esattezza.
accurate, *a.* accurato, esatto. // **an ~ calculation** un calcolo esatto.
accurately, *avv.* accuratamente, esattamente.
accusable, *a.* (*leg.*) accusabile, incriminabile.
accusation, *n.* (*leg.*) accusa, incriminazione.
accusatorial, *a.* (*leg.*) accusatorio.

accuse, *v. t.* (*leg.*) accusare, incriminare.
accused confessed guilty, *n.* (*leg.*) reo confesso.
accused person, *n.* (*leg.*) imputato, querelato.
ace, *n.* (*slang USA*) banconota da un dollaro. // ~ **in the hole** (*slang USA*) risparmi, malloppo.
acetate proof, *n.* (*pubbl.*) trasparente.
achievement test, *n.* (*pers.*) test di profitto, esame nozionistico.
acid test, *n.* prova con la cartina al tornasole, prova dell'acidità; prova del fuoco (*fig.*). // ~ **ratio** (*rag.*) rapporto fra l'ammontare di cassa, conti e valore di mercato dei titoli e l'ammontare delle passività correnti in bilancio.
acknowledge, *v. t.* riconoscere, ammettere. △ **Please ~ receipt** favorite inviarci un cenno di riscontro. // **to ~ a claim** riconoscere la validità d'un reclamo; **to ~ receipt** accusare ricevuta.
acknowledgement, *n.* V. acknowledgment.
acknowledgment, *n.* riconoscimento. // **the ~ of a debt** il riconoscimento di un debito; ~ **of delivery** ricevuta (*d'una raccomandata, ecc.*); ~ **of receipt** « accusa » di ricevuta.
acquaint, *v. t.* informare, mettere al corrente, rendere edotto. // **to be acquainted with** essere a conoscenza di, conoscere: **He is very well acquainted with the latest techniques** conosce alla perfezione gli ultimi ritrovati della tecnica.
acquaintance, *n.* ❶ conoscenza. ❷ conoscente.
acquaint oneself with, *v. rifl.* familiarizzarsi con (*qc.*).
acquire, *v. t.* acquisire, acquistare. // **to ~ (st.) by prescription** (*leg.*) usucapire.
acquisition, *n.* acquisto, acquisizione. // **public ~ offer** (*Borsa*) offerta pubblica d'acquisto.
acquit, *v. t.* (*leg.*) assolvere, liberare, prosciogliere, sciogliere. // **to ~ sb. from an obligation** sciogliere q. da un obbligo; **to ~ sb. of a charge** assolvere q. da un'accusa; **to ~ under amnesty** assolvere per amnistia.
acquit oneself well, *v. rifl.* comportarsi bene, assolvere bene un compito.
acquittal, *n.* ❶ (*leg.*) assoluzione, proscioglimento, liberazione (*da un capo d'accusa*). ❷ (*leg.*) scioglimento (*da un obbligo*). // ~ **of the accused person** (*leg.*) proscioglimento dell'imputato; ~ **of a defendant** (*leg.*) assoluzione d'un imputato, proscioglimento d'un imputato.
acquittance, *n.* quietanza.
acquitted, *a.* ❶ (*leg.*) assolto, prosciolto (*da una accusa*). ❷ (*leg.*) sciolto (*da un obbligo*).
acre, *n.* acro.
across, *prep.* attraverso. // ~ **-the-board policy** (*econ.*) politica salariale che prevede l'aumento uniforme delle retribuzioni per tutti i dipendenti di una unità produttiva; ~ **-the-board tariff cuts** (*dog.*) riduzioni generali delle tariffe doganali (*applicate ai dazi su un insieme di molti prodotti*); ~ **-the-board wage policy** (*sind.*) politica salariale di aumenti indiscriminati; ~ **the (English) Channel** oltremanica; ~ **the Iron Curtain** oltrecortina; ~ **the ocean** oltreoceano.
act[1], *n.* ❶ atto. ❷ (*leg.*) legge (*del Parlamento*). // **acts and judicial proceedings** (*leg.*) atti processuali; ~ **of bankruptcy** (*leg.*) « atto di fallimento » (*ogni cessazione dei pagamenti da parte del debitore, sia egli un commerciante o no*): **There is a very long list of acts of bankruptcy according to English law; but the most common of them is the failure to comply, within seven days, with a bankruptcy notice** secondo il diritto inglese, c'è una lista lunghissima di atti fallimentari; ma di essi il più comune è la mancata ottemperanza, entro sette giorni, a un preavviso di fallimento; **acts of God** casi di forza maggiore; ~ **of oblivion** (*leg.*) indulto; ~ **of Parliament** legge parlamentare; ~ **of a prince** atto di un sovrano; **acts of war** atti di guerra; **by ~ or fault of the insured** (*ass.*) per atto o colpa dell'assicurato; **in the ~** (*leg.*) sul fatto, in flagrante.
act[2], *v. t. e i.* agire, fungere, fare funzione di, fare le veci di. △ **He was appointed by the chairman to ~ for him** fu nominato dal presidente ad agire in suo nome. // **to ~ as an agent** fare il rappresentante; **to ~ as an agent for sb.** rappresentare q.; **to ~ as chairman** presiedere; **to ~ from base motives** agire per bassi motivi; **to ~ in bad faith** agire in malafede; **to ~ on behalf of sb.** agire per conto di q.
acting, *a.* facente funzione di. △ **You'll serve in an ~ capacity** presterai servizio come interino. // ~ **for account of whom it may concern** agendo per conto di chi di dovere; agendo per conto di chi possa esservi interessato; ~ **manager** (*pers.*) facente funzione di direttore; ~ **partner** socio accomandatario.
action, *n.* ❶ azione. ❷ (*leg.*) causa. // **at law** (*leg.*) azione legale, querela; ~ **barred by lapse of time** (*leg.*) azione intempestiva per decorrenza del termine; ~ **for avoidance of contract** (*leg.*) azione per annullamento di contratto; ~ **for breach of contract** (*leg.*) causa per violazione di contratto; ~ **for damages** (*leg.*) causa per danni; ~ **for deceit** (*leg.*) causa per truffa; ~ **for ejectment** (*leg.*) causa di esproprio; ~ **for enforcement of contract** (*leg.*) causa per esecuzione di contratto; ~ **for libel** (*leg.*) querela per diffamazione; ~ **for recovery** (*leg.*) azione di regresso (*o di rivendica*); ~ **of covenant** (*leg.*) azione d'indennizzo per inadempienza contrattuale; ~ **ultra vires** (*leg.*) eccesso di potere; ~ **upon a bill** (*leg.*) azione cambiaria.
actionable, *a.* (*leg.*) perseguibile (*a termini di legge*).
activate, *v. t.* attivare, animare.
activation research, *n.* (*market.*) ricerca di marketing tendente a stabilire gli effetti d'un'azione pubblicitaria sulle vendite, in un dato periodo.
active, *a.* ❶ attivo, vivace. ❷ effettivo. // ~ **account** (*banca*) conto attivo; **an ~ balance of trade** (*econ.*) una bilancia commerciale attiva; **an ~ bank account** (*banca*) un conto bancario attivo; ~ **change** (*rag.*) variazione attiva; ~ **circulation** (*econ., fin.*) circolazione effettiva; **the ~ farming population** il numero degli addetti all'agricoltura; **an ~ market** (*econ.*) un mercato attivo; ~ **partner** socio effettivo, gerente; accomandatario, socio accomandatario; ~ **population** popolazione attiva; **to be in ~ service** (*pers.*) essere in attività di servizio.
actively, *avv.* attivamente, vivacemente.
activism, *n.* attivismo.
activist, *n.* attivista.
activity, *n.* attività. // ~ **sampling** (*cronot.*) campionamento delle attività; ~ **variance** (*rag.*) scostamento dovuto a incapacità organizzativa.
actual, *a.* effettivo, reale. △ **The ~ value of a share may be higher than, equal to, or lower than the nominal value** il valore effettivo d'un'azione può essere superiore al suo valore nominale, oppure uguale, o anche inferiore; **We must determine the ~ value of the goods at the time of the loss** dobbiamo stabilire il valore reale della merce al momento della perdita. // ~ **coercion** (*leg.*) coercizione fisica; ~ **hours of direct labour** (*cronot.*) ore dirette lavorate; ~ **inflation** (*econ.*) inflazione effettiva; ~ **loss** (*ass.*) perdita effettivamente subita; ~ **possession** (*leg.*) possesso effettivo; ~ **prices** (*econ.*)

actuality

prezzi reali; ~ **tare** tara reale; ~ **total loss** (*ass. mar.*) perdita totale effettiva; ~ **value** (*mat.*) valore attuale.

actuality, *n.* attualità.

actually, *avv.* effettivamente, realmente.

actuarial, *a.* (*mat.*) attuariale. // ~ **reserve** (*ass.*) riserva tecnica; ~ **science** scienze attuariali.

actuarially, *avv.* (*mat.*) attuarialmente.

actuary, *n.* (*mat.*) attuario. // **actuaries' tables** (*stat.*) tavole di mortalità (*fino al 1901*).

ad, *n.* (*abbr. di* **advertisement**) (*pubbl.*) annuncio pubblicitario, inserzione. // ~ **writer** (*pubbl., slang USA*) (agente) pubblicitario, scrittore di testi pubblicitari.

adapt, *v. t.* adattare, adeguare, rimaneggiare.

adaptability, *n.* adattabilità.

adaptable, *a.* adattabile.

add, *v. t.* ❶ aggiungere. ❷ (*mat.*) addizionare, sommare. // to ~ **back** aggiungere; to ~ **freight to the value of the goods** aggiungere il nolo al valore della merce; to ~ **a postscript to a letter** aggiungere un poscritto a una lettera; to ~ **st. to the purchase price to cover one's expenses** maggiorare il prezzo d'acquisto per coprire le spese; to ~ **up** (*mat.*) addizionare; **to ~ up a column of figures** addizionare una colonna di cifre.

addable, *a.* addizionabile.

added value, *n.* (*econ., fin.*) valore aggiunto.

adder, *n.* (*macch. uff.*) addizionatrice.

addible, *a.* addizionabile.

adding, *n.* (*mat.*) addizione. // ~ **machine** (*macch. uff.*) addizionatrice; ~ **-subtracting machine** (*macch. uff.*) addizionatrice-sottrattrice; ~ **up** (*mat.*) addizione.

addition, *n.* ❶ aggiunta. ❷ (*fin.*) addizionale. ❸ (*mat.*) addizione, somma. // ~ **mark** (*o* **sign**) segno di addizione.

additional, *a.* addizionale, supplementare. // ~ **assessment** (*fin.*) imposizione addizionale; ~ **charge** spesa supplementare; addizionale (*spesa addizionale*); supplemento di prezzo; (*fin.*) soprattassa; ~ **clause** (*leg.*) clausola addizionale, aggiuntiva (*a un atto*); ~ **codicil to a will** (*leg.*) codicillo aggiunto a un testamento; ~ **freight** (*trasp. mar.*) supplemento di nolo; ~ **information** ulteriori informazioni; ~ **premium** (*ass.*) supplemento di premio; ~ **proof** (*leg.*) prova accessoria; ~ **tax** (*fin.*) addizionale (*imposta addizionale*); sovraimposta, sovrimposta, soprattassa; ~ **taxation** (*fin.*) imposizione addizionale; ~ **worker** (*pers.*) operaio in aggiunta, «extra».

additionally, *avv.* in aggiunta.

add-lister, *n.* (*macch. uff.*) registratore di cassa.

add-on unit, *locuz. n.* (*elab. elettr.*) unità addizionatrice.

address[1], *n.* ❶ indirizzo, recapito. ❷ discorso ufficiale, allocuzione. ❸ (*trasp. mar.*) raccomandazione (*in un contratto di noleggio*). // ~ **book** indirizzario; ~ **card** scheda con indirizzo; ~ **clause** (*trasp. mar.*) clausola di raccomandazione (*in un contratto di noleggio*); ~ **code** numero codice; ~ **commission** (*trasp. mar.*) commissione di raccomandazione (*in un contratto di noleggio*); ~ **label** etichetta con indirizzo; ~ **side** lato dell'indirizzo (*in una busta*).

address[2], *v. t.* ❶ indirizzare. ❷ rivolgersi a, rivolgere la parola a, parlare a (*q.*). ❸ (*trasp. mar.*) affidare, raccomandare (*una nave*). △ ❶ **The letter was wrongly addressed** l'indirizzo della lettera era sbagliato; ❷ **Please ~ your complaints to the manager** per qualsiasi reclamo, favorite rivolgervi al direttore; **He addressed me in French** mi rivolse la parola in francese; **The chairman will ~ the meeting tomorrow** il presidente parlerà ai convenuti domani; ❸ **The ship was addressed to an agent** la nave fu affidata a un raccomandatario. // to ~ **a letter to sb.** indirizzare una lettera a q.

addressee, *n.* destinatario (*d'una lettera e sim.*).

addresser, *n.* ❶ chi scrive indirizzi. ❷ (*attr. uff.*) targhettatrice, «adrema» (*macchina per stampare indirizzi*).

addressing machine, *n.* (*attr. uff.*) targhettatrice, «adrema» (*macchina per stampare indirizzi*).

addressograph, *n.* (*attr. uff.*) targhettatrice (*macchina per stampare indirizzi*).

address oneself, *v. rifl.* indirizzarsi, rivolgere la parola (*a q.*).

adequacy, *n.* adeguatezza.

adequate, *a.* adeguato, congruo.

adequately, *avv.* adeguatamente.

adhesive, *a.* adesivo. // ~ **stamp** francobollo adesivo; ~ **tape** nastro adesivo.

adhocracy, *n.* (*econ., neol.*) «adhocrazia» (*sistema di strutture amministrative temporanee e non perenni, contrapposto a una burocrazia tecnologica, onnicomprensiva, «orwelliana»*).

adjacent, *a.* adiacente, confinante. // ~ **angle** (*mat.*) angolo adiacente; ~ **owner** (*leg.*) proprietario confinante.

adjourn, *v. t.* rimandare, rinviare, differire, aggiornare, posporre. *v. i.* ❶ togliere la seduta, sospendere i lavori, aggiornarsi. ❷ essere tolto. ❸ (*leg.*) (*della Corte*) ritirarsi. △ *v. i.* ❷ **The meeting adjourned at six o' clock** la seduta fu tolta alle sei. // to ~ **a case** (*leg.*) rinviare una causa; to ~ **the hearing** (*o* **the sitting**) (*leg.*) rinviare (*o* sospendere) l'udienza; **adjourned meeting** riunione rinviata.

adjournable, *a.* differibile, rinviabile.

adjournment, *n.* rinvio, aggiornamento. // ~ **by the Court** (*leg.*) rinvio d'ufficio; **the ~ of a suit** (*leg.*) il rinvio d'una causa.

adjudge, *v. t.* aggiudicare, accordare. // to ~ **legal damages to sb.** accordare un indennizzo a q.

adjudicate, *v. t.* aggiudicare, dichiarare. // to ~ **sb. bankrupt** (*leg.*) dichiarare q. fallito.

adjudication, *n.* ❶ aggiudicazione. ❷ (*leg.*) dichiarazione di fallimento. // ~ **of** (*o* **in**) **bankruptcy** (*leg.*) dichiarazione (*o* sentenza dichiarativa) di fallimento; ~ **order** (*leg.*) sentenza dichiarativa di fallimento.

adjust, *v. t.* ❶ correggere, adattare, adeguare, assestare, rettificare. ❷ (*ass. mar.*) liquidare. ❸ (*fin., rag.*) conguagliare. // to ~ **the balance of payments** (*econ., fin.*) giocare sulla bilancia dei pagamenti; to ~ **fundamental imbalances** (*econ., fin.*) correggere squilibri fondamentali; **adjusted price** (*Borsa*) prezzo corretto; **adjusted selling price** (*market.*) prezzo di vendita rettificato.

adjustable, *a.* (*ass. mar.*) liquidabile. // **an ~ peg system** (*fin.*) un sistema a parità adeguabili; **general average ~ according to York-Antwerp rules** avaria generale da liquidarsi in base ai regolamenti di York e Anversa.

adjuster, *n.* (*ass. mar.*) liquidatore.

adjustment, *n.* ❶ adattamento, adeguamento, assestamento, rettifica; taratura (*di strumenti, ecc.*). ❷ (*ass. mar.*) liquidazione. ❸ (*econ.*) allineamento. ❹ (*fin., rag.*) conguaglio. ❺ **adjustments**, *pl.* (*rag.*) scritture di verifica. △ ❶ **A system of ~ of quotas linked with the prices of various types of coffee was instituted** fu istituito un sistema d'adeguamento dei contingenti collegato ai prezzi dei diversi tipi di caffè; ❷ **The ~ of general average is based on a principle of justice which requires that any sacrifice in the common interest**

should be supported by all those who have profited by this sacrifice la liquidazione dell'avaria generale è basata su un principio di giustizia secondo il quale qualsiasi sacrificio affrontato nell'interesse di tutti deve essere sostenuto da tutti coloro che ne hanno tratto vantaggio. // ~ **account** (*rag.*) conto generale; ~ **of average** (*ass. mar.*) liquidazione d'avaria; ~ **of balance statements** (*rag.*) rettifica dei valori iscritti a bilancio; ~ **of creditors' claims** (*leg.*) concordato con i creditori; ~ **of prices** (*econ.*) allineamento dei prezzi; ~ **tax on imports** (*fin.*) imposta di conguaglio per le importazioni; « ~ **value date** » (*banca*) « rettifica di valuta ».

adman, *n.* (*pl.* **admen**) ❶ (*pubbl.*) agente pubblicitario. ❷ (*pubbl., slang USA*) inserzionista.

administer, *v. t.* amministrare. // **to ~ justice** (*leg.*) amministrare la giustizia; **to ~ an oath** (*leg.*) deferire un giuramento.

administered, *a.* amministrato. // ~ **price** (*econ.*) prezzo predeterminato, praticato in condizioni di oligopolio (*secondo Keynes*); ~ **-price inflation** (*econ.*) inflazione da costi, dovuta all'azione di monopoli e oligopoli (*che aumentano i prezzi*); ~ **prices** (*econ.*) prezzi di monopolio (*secondo Keynes*).

administration, *n.* ❶ amministrazione, gestione. ❷ direzione operativa. // ~ **expenses** (*rag.*) spese d'amministrazione; ~ **of a bankrupt's estate** (*leg.*) curatela d'un fallimento; **the ~ of justice** l'amministrazione della giustizia; ~ **of an oath** (*leg.*) deferimento, delazione di giuramento; ~ **procedure** procedura di gestione.

administrative, *a.* amministrativo. // ~ **cost** (*rag.*) costi d'amministrazione; ~ **director** (*pers.*) direttore amministrativo; ~ **expenses** (*fin., rag.*) spese amministrative, spese d'amministrazione; ~ **inflation** (*econ.*) V. **administered-price inflation**; ~ **law** (*leg.*) diritto amministrativo.

administratively, *avv.* amministrativamente.

administrator, *n.* ❶ amministratore. ❷ (*leg.*) curatore. ❸ (*leg.*) esecutore testamentario. // ~ **for a disabled person** (*leg.*) curatore d'un interdetto; ~ **for an insane person** (*leg.*) curatore d'un alienato; ~ **for vacant succession** (*leg.*) curatore d'eredità giacente.

Admiralty, *n.* Ammiragliato (*Ministero della Marina*). // ~ **law** (*leg.*) diritto della navigazione.

admissibility, *n.* ammissibilità.

admissible, *a.* ammissibile. △ **Evidence to the contrary is ~ by law** la prova contraria è ammissibile per legge.

admission, *n.* ❶ ammissione. ❷ entrata, ingresso. ❸ (*leg.*) confessione (*in cause civili, salvo quelle di divorzio*). // ~ **of evidence** (*leg.*) ammissione di prova; ~ **of proofs** (*leg.*) ammissione di credito insinuato al fallimento; ~ **tax** diritto d'autore, tassa sul biglietto d'ingresso (*a uno spettacolo: computata in percentuale del prezzo*); ~ **temporaire** (*dog.*) ammissione temporanea (*di merci da riesportare dopo lavorazione parziale*); ~ **ticket** biglietto d'ingresso; ~ **to quotation (of stocks and shares)** (*Borsa*) ammissione alla quotazione (di titoli).

admit, *v. t. e i.* ammettere, riconoscere. △ **This undertaking admits of no delay** questa impresa non ammette indugi; **We have admitted as general average the damage done to the ship and her cargo** abbiamo riconosciuto come avaria generale il danno arrecato alla nave e al suo carico. // **to ~ a claim** accogliere un reclamo; (*leg.*) accogliere un ricorso; **to ~ of** ammettere; **to ~ proof of debt in a bankruptcy** (*leg.*) ammettere un credito al passivo d'un fallimento.

admittance, *n.* ammissione, ingresso. △ « **No ~** » « vietato l'ingresso ».

admitted, *a.* ammesso.

admittedly, *avv.* per riconoscimento generale.

adopt, *v. t.* adottare, prendere. // **to ~ a balance** approvare un bilancio; **to ~ a resolution** prendere una decisione; **to ~ strict measures** adottare severi provvedimenti.

adopted son, *n.* figlio adottivo.

adoptee, *n.* (*leg.*) adottato.

adopter, *n.* (*leg.*) adottante.

adoption, *n.* (*leg.*) adozione. // ~ **of a child (of an orphan boy)** adozione d'un bambino (d'un orfano).

adoptive, *a.* (*leg.*) adottivo. // ~ **father** (*leg.*) padre adottivo; ~ **fatherhood** paternità legale; ~ **son** figlio adottivo.

ad referendum, *n.* ❶ compromesso. ❷ (*leg.*) « ad referendum » (*clausola con cui si rinvia ogni decisione su taluni punti contrattuali*).

adsmith, *n.* (*pubbl., slang USA*) scrittore di testi pubblicitari.

adulterate, *v. t.* adulterare, contraffare, falsificare, sofisticare, manipolare. // **to ~ the coinage** (*leg.*) falsificare la moneta; **to ~ foodstuffs and drinks** adulterare (*o fatturare*) cibi e bevande.

adulterated, *a.* adulterato, falsificato.

adulteration, *n.* adulterazione, contraffazione, falsificazione, sofisticazione, manipolazione. // ~ **of the coinage** (*leg.*) falsificazione della moneta.

adulterator, *n.* (*leg.*) sofisticatore.

adulterer, *n.* adulteratore, contraffattore, falsificatore.

ad valorem duty, *locuz. n.* (*dog.*) dazio ad valorem.

ad valorem element, *n.* elemento ad valorem.

ad valorem stamp, *n.* bollo ad valorem.

advance[1], *n.* ❶ acconto. ❷ aumento, rialzo. ❸ progresso. ❹ (*banca, cred.*) anticipazione, anticipo, prestito. △ ❷ **There has been a year-long ~ in stock prices** c'è un aumento dei prezzi dei titoli (*di Borsa*) che dura da un anno. // ~ **against security** (*banca*) anticipazione su garanzia; ~ **-decline line** (*Borsa*) linea dei rialzi e dei ribassi; ~ **freight** (*trasp. mar.*) nolo anticipato; ~ **in price** aumento di prezzo, rincaro; ~ **note** (*banca, cred.*) buono d'anticipazione; **the ~ of industrial techniques** il progresso delle tecniche industriali; **advances on consignment of goods** acconti sulla consegna delle merci; ~ **on current account** (*banca*) anticipo in conto corrente; ~ **on loan account** (*banca*) anticipo in conto prestito; **advances on securities** (*banca*) prestiti su titoli; ~ **refunding** (*fin.*) rimborso anticipato; ~ **repayments of public debts** (*fin.*) rimborsi anticipati di debiti pubblici; **in ~** in anticipo.

advance[2], *v. t. e i.* ❶ aumentare, avanzare, crescere. ❷ favorire, far progredire. ❸ far avanzare, promuovere. ❹ (*banca, cred.*) anticipare. ❺ (*leg.*) accampare (*diritti, ecc.*). △ ❶ **As wages advanced, so did the cost of living** con l'aumento dei salari, aumentò anche il costo della vita; **Government securities are advancing steadily** i titoli di Stato sono in continuo aumento; ❸ **He was advanced to the position of general manager** fu promosso alla qualifica di direttore generale. // **to ~ a claim** avanzare una pretesa; (*leg.*) accampare un diritto; **to ~ an employee a week's pay as a loan** anticipare a un dipendente una settimana di salario come prestito; **to ~ in price** aumentare di prezzo; **to ~ money to sb.** anticipare denaro a q.; **to ~ the price of petrol** aumentare il prezzo della benzina; **to ~ rents unfairly** aumentare gli affitti in modo iniquo.

advanced freight, n. (trasp. mar.) nolo anticipato.

advanced notes, n. pl. (trasp. mar.) anticipi sotto forma di tratte sull'armatore (dati dal capitano della nave in partenza ai membri dell'equipaggio per sopperire ai bisogni delle famiglie).

advancement, n. (pers.) avanzamento, promozione.

advantage¹, n. vantaggio, beneficio, profitto, tornaconto, utile.

advantage², v. t. avvantaggiare. // **to be advantaged by st.** essere avvantaggiato da qc.

advantageous, a. vantaggioso.

adventure, n. ❶ avventura. ❷ speculazione. ❸ (ass. mar., trasp. mar.) rischio marittimo. ❹ (trasp. mar.) viaggio.

adverse, a. sfavorevole, ostile. // **an ~ trade balance** (econ.) una bilancia commerciale deficitaria, una bilancia commerciale passiva.

advert, n. (pubbl., slang USA) annuncio pubblicitario.

advertisable, a. (pubbl.) propagandabile, cui si può fare la pubblicità.

advertise, v. t. e i. (pubbl.) fare pubblicità, fare inserzioni (su un giornale), propagandare, pubblicizzare, reclamizzare, annunziare (un prodotto nuovo). // **to ~ for a clerk** fare inserzioni per un posto d'impiegato, cercare un impiegato mediante inserzioni; **to ~ in the lost-and-found column** mettere un annunzio nella rubrica degli oggetti smarriti; **to ~ in a newspaper** fare la pubblicità su un giornale; **to ~ a new product** lanciare un nuovo prodotto; **to ~ on the radio** fare pubblicità alla radio; **to ~ on television** fare pubblicità alla televisione; **to ~ a product as widely as possible** fare la più vasta propaganda possibile a un prodotto.

advertisement, n. (pubbl.) annunzio pubblicitario, avviso pubblicitario, inserzione (su un giornale). △ **He has put an ~ in a newspaper** ha messo un annunzio su un giornale. // **~ canvasser** (comm.) produttore di pubblicità; **~ curtain** sipario ricoperto di avvisi pubblicitari (a teatro, al cinema, ecc.); **~ for bids** (comm.) avviso d'appalto; **~ hoarding** tabellone pubblicitario; **the ~ of a sale** l'annuncio d'una vendita; **~ rates** tariffe pubblicitarie; **~ required by law** (leg.) annunzio giudiziario; **by ~ in the London Gazette** (leg.) mediante pubblicazione sul Giornale degli Annunzi Legali.

advertiser, n. (pubbl.) utente della pubblicità, inserzionista.

advertising, a. (pubbl.) pubblicitario. n. (pubbl.) pubblicità, propaganda, réclame. // **~ agency** (pubbl.) agenzia di pubblicità; **~ agent** (pubbl.) agente di pubblicità, agente pubblicitario; **~ budget** (org. az.) stanziamento pubblicitario; **~ bureau** (pubbl.) agenzia di pubblicità; **~ campaign** (pubbl.) campagna pubblicitaria; **~ contractor** (pubbl.) appaltatore di pubblicità, impresario di pubblicità; **~ director** (giorn.) direttore della pubblicità; **~ expenses** (org. az., rag.) spese di pubblicità; **~ man** (pubbl.) agente pubblicitario; **~ manager** (pers.) direttore della pubblicità; **~ media** (pubbl.) mezzi pubblicitari; **~ office** (pubbl.) studio di pubblicità; **the ~ pages** (giorn.) le pagine della pubblicità; **~ research** (pubbl.) ricerche pubblicitarie; **~ standard authority** (pubbl.) organismo che fissa livelli qualitativi per la pubblicità.

advertize, v. t. e i. e derivati V. **advertise** e derivati.

advice, n. collett. ❶ consiglio, consigli; parere. ❷ avviso. // **~ boat** (trasp. mar.) nave avviso; **~ note** (trasp. ferr.) avviso, lettera d'avviso; **the ~ of the counsel** (leg.) il parere dell'avvocato; **~ of deal** (Borsa) avviso d'operazione compiuta; **~ of delivery** (trasp.) avviso di consegna; **~ of payment** avviso di pagamento; **~ of receipt** avviso di ricevuta; **~ of shipment** (trasp.) avviso di spedizione; **~ on production for export** (comm. est.) informazioni economiche di fonte ministeriale (per lo più gratuite) ad uso degli esportatori; **as per ~** come da avviso.

advisable, a. consigliabile, opportuno, raccomandabile.

advise, v. t. ❶ consigliare. ❷ avvisare. △ ❶ **This article was written to inform, not to ~** questo articolo è stato scritto per dare informazioni, non per consigliare. // **to ~ with sb.** consultare q.

adviser, n. (amm., org. az.) consigliere, consulente.

advisor, n. (amm., org. az.) consulente, consigliere.

advisory, a. consultivo. // **~ body** organismo consultivo; **an ~ bulletin** un bollettino d'informazioni; **~ committee** (org. az.) comitato consultivo; **~ opinion** parere consultivo.

advocacy, n. (leg.) avvocatura (in Scozia).

advocate¹, n. ❶ propugnatore, sostenitore, fautore. ❷ (leg.) avvocato (in Scozia; cfr. **barrister** e **solicitor**). // **an ~ of dirigisme** (econ.) un dirigista; **an ~ of Free Trade** un fautore del liberismo.

advocate², v. t. propugnare, perorare la causa di. // **to ~ a fiscal reform** perorare la causa d'una riforma tributaria.

aerial, a. aereo. n. antenna (di radio). // **~ navigation** (trasp. aer.) navigazione aerea.

aerogram, n. (comun.) aerogramma.

aeronautic, a. aeronautico.

aeronautical, a. aeronautico. // **~ equipment** (trasp. aer.) materiali aeronautici.

aeronautics, n. pl. (col verbo al sing.) aeronautica.

aeroplane, n. (trasp. aer.) aeroplano. // **~ ticket** biglietto d'aereo.

affair, n. (di solito al pl.) affare.

affect, v. t. ❶ incidere su, influire su, riflettersi su, avere effetto su. ❷ avere un effetto deleterio su, nuocere a, colpire, danneggiare, pregiudicare. ❸ concernere, toccare. △ ❶ **The rise in prices affected all classes of society** il rialzo dei prezzi fece sentire i suoi effetti su tutte le classi sociali; **The intense competition of the last few years on the home markets of domestic appliances continues to ~ the prices of these products** l'intensa concorrenza manifestatasi da qualche anno su tutti i mercati di attrezzature domestiche ha continuato a incidere sui prezzi di detti prodotti; ❸ **The changes in taxation will not ~ them personally** i mutamenti in campo fiscale non li toccheranno personalmente. // **to ~ sb.'s health** nuocere alla salute di q.

affidavit, n. (leg.) « affidavit »; attestazione ufficiale, asseverazione con giuramento, deposizione giurata, dichiarazione giurata.

affiliate¹, n. ❶ socio. ❷ società affiliata.

affiliate², v. t. affiliare. // **to ~ with sb.** associarsi con q.

affiliated, a. ❶ affiliato. ❷ affine, connesso. // **~ company** società affiliata; **~ firm** società affiliata; **~ member** socio.

affiliation, n. affiliazione.

affirm, v. t. ❶ affermare, asserire. ❷ confermare, ratificare.

affirmation, n. ❶ affermazione, asserzione. ❷ conferma, ratifica. // **~ of contract** (leg.) accettazione (espressa o tacita) d'un contratto; **the ~ of a decision** (leg.) la conferma d'un giudizio.

affirmative, a. affermativo. n. (leg.) affermativa.

affirmatively, *avv.* affermativamente.

affix, *v. t.* ❶ attaccare. ❷ apporre. // to ~ **a seal** apporre un sigillo; to ~ **one's signature to a document** apporre la firma a un documento; to ~ **a stamp** attaccare un francobollo.

affixing, *n.* apposizione. // the ~ **of seals to a legal document** l'apposizione dei sigilli a un documento legale.

affluence, *n.* (*econ.*) benessere economico, opulenza.

affluent, *a.* (*econ.*) benestante, opulento, ricco. // the ~ **society** la società del benessere.

affreight, *v. t.* (*trasp. mar.*) noleggiare (*una nave intera o parte di essa; cfr.* to **charter** *e* to **hire**).

affreighter, *n.* (*trasp. mar.*) trasportatore marittimo (*di merci*); noleggiatore, noleggiante (*di nave*).

affreightment, *n.* (*trasp. mar.*) trasporto marittimo (*delle merci*); noleggio (*d'una nave o di parte di essa; cfr.* **charter party** *e* **bill of lading**). △ **When a shipowner undertakes to carry goods in his ship for a money consideration, the contract of carriage is known as « contract of ~ »** quando un armatore s'impegna a trasportare merci sulla sua nave, il contratto di trasporto si chiama « contratto di trasporto marittimo delle merci »; **The contract of ~ for goods on a ship carrying cargo for a number of persons is evidenced by a document called « bill of lading »** il contratto di trasporto di merci su di una nave che porta un carico frazionato è comprovato da un documento detto « polizza di carico »; **When the contract of ~ refers to the hiring of a given ship, it is called « charter party »** quando il contratto di trasporto marittimo delle merci si riferisce a una data nave, esso va sotto il nome di « contratto di noleggio ». // ~ **by bill of lading** (*trasp. mar.*) trasporto marittimo con polizza di carico; ~ **by charter** (*trasp. mar.*) noleggio dell'intera nave; ~ **by charter party** (*trasp. mar.*) trasporto marittimo con nave noleggiata totalmente (*o per gran parte di essa*).

affront, *n.* ingiuria.

afloat, *avv.* ❶ a galla. ❷ in mare. ❸ a bordo (*d'una nave*). ❹ (*banca*) (*di effetti*) in circolazione, in sofferenza. △ ❷ **All the ships are still** ~ tutte le navi sono ancora in mare; ❸ **A large quantity of coal is still** ~ una grande quantità di carbone è ancora a bordo.

aforementioned, *a.* summenzionato.

aforenamed, *a.* sunnominato.

aforesaid, *a.* suddetto.

aft, *avv.* (*trasp. mar.*) dietro. // ~ **draught** pescaggio a poppa.

after, *prep.* ❶ dopo. ❷ dietro. // ~ **careful consideration** dopo attento esame; ~ **date** (*banca*) (*di cambiali*) a certo tempo data; ~ **hold** (*trasp. mar.*) stiva di poppa; ~ **hours** (*Borsa*) dopoborsa: **price** ~ **hours** prezzo del dopoborsa; ~ -**sales service** (*market.*) assistenza alla clientela; ~ **sight** (*banca*) (*di cambiali*) a certo tempo vista; **at thirty days** ~ **date** (*banca*) (*di cambiali*) a trenta giorni dalla data.

aftermath, *n.* conseguenza, strascico. // **the aftermaths of an economic crisis** (*econ.*) gli strascichi d'una crisi economica.

afternoon, *n.* pomeriggio. // ~ **shift** (*org. az., pers.*) turno pomeridiano.

afterwards, *avv.* dopo.

against, *prep.* ❶ contro. ❷ in cambio di, per. △ ❷ **The free-market rate** ~ **dollars was 625 lire** il cambio del mercato libero era di 625 lire per dollaro. // « ~ **all risks** » (**a.a.r.**) (*ass.*) « contro tutti i rischi »; ~ **delivery** (*Borsa*) salvo consegna.

age[1], *n.* ❶ età. ❷ epoca. // ~ **groups** (*stat.*) gruppi d'età; **to be of** ~ (*leg.*) essere maggiorenne; **to be under** ~ (*leg.*) essere minorenne; **to come of** ~ (*leg.*) diventare maggiorenne.

age[2], *v. i.* invecchiare.

ag(e)ing, *n.* invecchiamento.

agency, *n.* ❶ agenzia, rappresentanza, mandato di rappresentanza. ❷ (*USA*) ente governativo, organismo. △ ❶ ~ **is a type of employment in which a person is employed for the purpose of bringing another person into contractual relationship with third parties** la rappresentanza è un tipo d'impiego in cui una persona è impiegata allo scopo di mettere un'altra persona in rapporti contrattuali con terzi; **The ~ has been withdrawn** è stato revocato il mandato di rappresentanza; ❷ **Market support agencies are very useful** gli organismi d'intervento sono molto utili. // ~ **account** (*rag.*) conto d'un'agenzia; ~ **agreement** (*leg.*) contratto di rappresentanza; ~ **bill** (*comm. est.*) cambiale spiccata sulle filiali londinesi di banche estere e da esse accettata; ~ **branch** succursale d'agenzia; ~ **commission** compenso d'agenzia; ~ **contract** (*leg.*) contratto di rappresentanza; ~ **marketing** (*fin.*) collocamento sul mercato di emissioni azionarie o obbligazionarie da parte d'una società finanziaria, la quale tuttavia non assume in proprio né garantisce l'emissione stessa; ~ **of necessity** (*leg.*) azione intrapresa in stato di necessità (*quando una persona agisce per conto d'un'altra senza l'espressa autorizzazione di quest'ultima, per tutelarne gli interessi*); ~ **shop** (*sind., USA*) fabbrica in cui il sindacato rappresenta gli interessi anche dei lavoratori non iscritti (*dai quali percepisce l'equivalente dei contributi sindacali mediante trattenuta sul salario*); ~ **trade** commercio di rappresentanza; **by the ~ of** per opera di, con l'aiuto di: **He obtained a good position by the ~ of friends** ottenne un buon posto per l'aiuto di amici; **through the ~ of** per il tramite di: **Insurance business is generally carried on through the ~ of brokers** l'attività assicurativa si svolge in genere per il tramite di agenti.

agenda, *n.* ordine del giorno.

agent, *n.* agente, rappresentante, mandatario. △ **An ~ is a person empowered to act on behalf of another person, called principal** il rappresentante (*o* mandatario) è una persona autorizzata ad agire per conto di un'altra persona, detta rappresentato (*o* mandante); **This firm acts as an ~ for leading foreign companies** questa ditta rappresenta primarie società straniere. // ~ **'s lien** (*leg.*) privilegio generale o speciale per gli agenti e i rappresentanti con deposito (*in forza del quale essi possono far valere i loro crediti, per spese e provvigioni, sulle merci che hanno in deposito*); **the agents of production** (*econ.*) i fattori della produzione; ~ **'s tort** (*leg.*) illecito d'agenzia (*atto illecito commesso da un agente nell'esercizio delle sue funzioni*); **to be an** ~ fare il rappresentante.

aggravating circumstance, *n.* (*leg.*) circostanza aggravante.

aggravation, *n.* aggravamento. // **the ~ of the risk** (*ass.*) l'aggravamento del rischio.

aggregate, *a.* complessivo, globale, totale. *n.* ❶ insieme, complesso. ❷ (*mat.*) aggregato. ❸ (*rag.*) consuntivo. △ *a.* **The ~ balance of payments of the Common Market Countries has been decidedly in surplus since 1958** la bilancia dei pagamenti del complesso dei Paesi del Mercato Comune è stata contrassegnata, dal 1958 in avanti, da eccedenze considerevoli; *n.* ❶ **Our statistical data are aggregates** i dati statistici riguardano il complesso delle transazioni. // ~ **amount** totale complessivo; ~ **deficit** (*rag.*) disavanzo complessivo: **The ~ deficit of the local authorities rose from Lit. 1,190,000 million in 1965 to Lit. 1,312,000 million in 1966** quanto agli enti locali, il loro disavanzo complessivo passò dai 1.190 miliardi di lire del 1965 ai 1.312 miliardi nel 1966; ~ **demand** (*econ.*) domanda globale, domanda complessiva (*di capitali o beni di consumo: su un dato mercato*); ~ **demand function** (*econ.*) funzione di domanda complessiva; ~ **rebate** (*market.*) abbuono globale; ~ **supply** (*econ.*) offerta globale, offerta complessiva (*di capitali o beni di consumo: su un dato mercato*); ~ **supply function** (*econ.*) funzione d'offerta complessiva; **in the ~ in complesso, in totale.**

aggregation, *n.* aggregazione.

agio, *n.* (*fin.*) aggio. // ~ **theory of interest** (*econ.*) *V.* **abstinence theory of interest.**

agiotage, *n.* (*Borsa*) aggiottaggio, speculazione.

agistment, *n.* (*leg.*) soccida.

agony column, *n.* (*giorn., slang USA*) rubrica per la ricerca di dispersi, ecc.

agrarian, *a.* agricolo, agrario. // ~ **reform programme** (*econ.*) programma di riforma agraria.

agree, *v. i.* ❶ essere d'accordo, concordare. ❷ mettersi d'accordo, accordarsi. ❸ convenire, stabilire. ❹ corrispondere. *v. t.* (*fin., rag.*) accordare (*una dichiarazione, un conto, ecc.*). △ *v. i.* ❶ **The books do not ~** le scritturazioni non concordano; ❷ **We hope that the two experts will ~** confidiamo che i due periti si metteranno d'accordo; **We agreed on a fair division of the profits** ci accordammo per un'equa divisione degli utili; ❸ **It is agreed by both parties that ...** si conviene da entrambe le parti che ...; **It is understood and agreed that ...** resta stabilito e inteso che ...; ❹ **The amount in words does not ~ with the amount in figures** la somma espressa in parole non corrisponde a quella in cifre; *v. t.* **I hope that the Inspector of Taxes will ~ my return of income** spero che l'Ufficio delle Imposte accetti la mia denuncia dei redditi. // **to ~ on** accordarsi su: **to ~ on a price** accordarsi su un prezzo; **to ~ to** accedere a, accettare: **to ~ to an arbitration** (*leg.*) accettare un arbitrato; **to ~ to an arrangement** (*leg.*) accettare un concordato; sottoscrivere un accordo; **to ~ to a concession** accordarsi su una concessione; **to ~ to a loan** concedere un prestito; **to ~ to a sale** acconsentire a vendere; **I cannot ~ to your proposal** non posso accettare la vostra proposta; **to ~ upon** accordarsi su, stipulare; **as agreed upon** secondo quanto convenuto, secondo gli accordi presi.

agreeable, *a.* ❶ che è d'accordo, consenziente. ❷ conforme. △ ❶ **He is fully ~ to your plan** è perfettamente d'accordo sul vostro progetto; ❷ **Your theory is not quite ~ to the most recent conceptions** la tua teoria non è conforme ai concetti più recenti. // ~ **to in** conformità con; ~ **to the laws of the Country** in conformità con le leggi del Paese; **to be ~ to a proposal** accettare una proposta.

agreeably, *avv.* in modo confacente o conforme, conformemente. // ~ **to in** conformità con: ~ **to repeated instructions** in conformità con le istruzioni ripetutamente impartite.

agreed, *a.* convenuto, pattuito, stabilito. // ~ **consideration** compenso forfettario; **the ~ price** il prezzo pattuito; ~ **rate** tariffa concordata; **the ~ sum** la somma convenuta; ~ **upon** (*leg.*) stabilito per accordo, stipulato, convenzionale; ~ **valuation clause** (*ass. mar.*) clausola del valore stabilito; **the ~ value of the subject matter of an insurance** (*ass.*) il valore concordato della cosa assicurata; **at an ~ price (*o* sum)** per un prezzo forfetario, per un compenso forfettario.

agreeing, *n.* accertamento △ **In case of transfer, the deposit will be repaid to the trasferor after ~ the account** in caso di cessione, il deposito sarà rimborsato al cedente, previo accertamento dell'importo.

agreement, *n.* ❶ accordo, convenzione, stipula, stipulazione, contratto, intesa, patto, trattato. ❷ concordanza. ❸ (*leg.*) composizione (*d'una vertenza*); compromesso arbitrale. △ ❶ **The Commission's proposals do not imply priority for ~ on freight rates** le proposte della Commissione non implicano che sia data alcuna priorità a un accordo sulle tariffe dei noli; ❷ **There is no ~ between the ledger and the journal** non c'è concordanza fra il mastro e il libro giornale. // ~ **clause** (*leg.*) clausola contrattuale; ~ **for sale** (*leg.*) contratto di vendita; ~ **in writing** (*leg.*) contratto scritto; **agreements on aggregated rebates** intese per il cumulo delle basi di sconto; ~ **to sell** (*leg.*) patto di futura vendita, promessa di vendita; « compromesso » (*fam.*); ~ **with crew** (*trasp. mar.*) contratto d'ingaggio di marittimi.

agribusiness, *n.* (*econ.*) l'insieme della produzione agricola, della fabbricazione e distribuzione degli attrezzi agricoli, nonché la commercializzazione di tutti i prodotti dell'agricoltura o ad essa collegati (*macchine, fertilizzanti, carne in scatola, ecc.*).

agricultural, *a.* agricolo, agrario, fondiario. // ~ **bank** banca dell'agricoltura; ~ **credit** credito agrario; ~ **credit bank** banca di credito agricolo; ~ **implements** attrezzi agricoli; ~ **industry** attività agricola; ~ **Mortgage Corporation** (*fin.*) Istituto di Credito Ipotecario per l'Agricoltura; ~ **paper** (*fin.*) titolo di credito agrario; ~ **policy** (*econ.*) politica agraria; ~ **prices** prezzi agricoli; ~ **produce** (*econ.*) prodotti agricoli; ~ **producers' groups** associazioni di produttori agricoli; ~ **products** (*econ.*) prodotti agricoli; ~ **research** ricerca agronomica; **the ~ revolution** la rivoluzione agricola (*in Inghilterra, nel XVIII secolo; V.* **enclosure**); ~ **show** esposizione agricola, mostra dell'agricoltura; ~ **support subsidies** (*econ.*) sussidi all'agricoltura; ~ **trade** commercio dei prodotti agricoli; **in the ~ sector** in campo agricolo.

agriculture, *n.* agricoltura. △ ~ **is not a self-contained economic sector** l'agricoltura non è un settore economico isolato.

agrimotor, *n.* trattore agricolo.

aground, *avv.* (*trasp. mar.*) in secco.

aid[1], *n.* ❶ aiuto, assistenza, contributo, concorso, sussidio. ❷ **aids,** *pl.* (*fin.*) erogazioni. △ ❶ **The ~ will be paid out according to the criteria and conditions for eligibility laid down by the Council** il contributo sarà corrisposto secondo i criteri e le condizioni d'imputabilità fissati dal Consiglio; ❷ **In order to offset the effect of this policy on domestic liquidity, the Central Bank stepped up its aids to other banks, mainly in the form of advances** per compensare l'incidenza di tale politica sulla situazione della liquidità interna, la Banca Centrale ha accresciuto le sue erogazioni alle banche, soprattutto sotto forma di anticipi. // ~ **disbursement** (*fin.*) aiuto finanziario; **aids for exports** (*comm. est.*) aiuti alle esportazioni; « ~ **granted** » (*fin.*) « contributo concesso »; ~ **package** (*econ.*) « pacchetto » di aiuti; ~ **policy** (*econ.*) politica degli aiuti; ~ **system** (*econ.*) regime di aiuti; ~ **to agriculture** (*econ.*) sovvenzioni all'agricoltura; ~ **to developing Countries** (*econ.*) aiuti ai Paesi in via di sviluppo; **aids to individual industries** (*econ.*) aiuti settoriali; **with ~ granted by the Guidance Fund** con il concorso del Fondo Orientamento.

aid², *v. t.* aiutare, assistere.
aide-de-press, *n.* (*pubbl., slang USA*) pubblicista.
aim, *n.* fine, scopo.
air, *n.* aria. // ~ **bill** (*abbr. di* **air waybill**) (*trasp. aer.*) bolletta di trasporto aereo; ~ **cargo** (*trasp. aer.*) carico trasportato su di un aereo; ~ **carrier** (*trasp. aer.*) vettore aereo; ~ **-conditioned** provvisto d'aria condizionata; ~ **-conditioning** (sistema) d'aria condizionata; ~ **consignment note** (*trasp. aer.*) bolletta di trasporto aereo; ~ **-crash** (*trasp. aer.*) disastro aereo; ~ **fee** (*comun.*) soprattassa per posta aerea; ~ **freighter** (*trasp. aer.*) aereo da trasporto; ~ **-hostess** hostess, assistente di volo; ~ **journey** viaggio aereo; ~ **letter** (*comun.*) biglietto per posta aerea; ~ **-lift** (*trasp. aer.*) ponte aereo; ~ **-line pilot** (*trasp. aer.*) pilota di linea; ~ **navigation** (*trasp. aer.*) navigazione aerea; ~ **parcel** (*trasp. aer.*) pacco spedito per via aerea; ~ **parcel service** servizio di pacchi per via aerea; ~ **pilot** pilota d'aereo; ~ **-pocket** vuoto d'aria; ~ **-pollution regulations** regolamenti antinquinamento atmosferico; ~ **route** via aerea; ~ **service** servizio aereo; ~ **station** (*trasp. aer.*) stazione aeroportuale; ~ **ticket** biglietto d'aereo; ~ **traffic** (*trasp. aer.*) traffico aereo; ~ **transport** trasporto aereo; ~ **transportation** trasporti aerei; ~ **waybill** (*trasp. aer.*) bolletta di trasporto aereo; **by** ~ **dispatch** (*comun.*) per posta pneumatica.
airborne, *a.* (*trasp. aer.*) aerotrasportato.
airbrush¹, *n.* (*pubbl.*) aerografo.
airbrush², *v. t.* (*pubbl.*) dipingere con l'aerografo.
aircraft, *n.* ❶ (*trasp. aer.*) aeroplano, aereo, velivolo. ❷ (*trasp. aer.*) aeroplani (*collett.*). // ~ **cargo insurance** (*ass.*) assicurazione del vettore aereo per merci; ~ **carrier** portaerei; ~ **passenger insurance** (*ass.*) assicurazione del vettore aereo per passeggeri.
airdrome, *n.* (*trasp. aer., USA*) aerodromo.
airfield, *n.* (*trasp. aer.*) campo d'aviazione.
airgraph, *n.* (*comun.*) lettera microfilmata, spedita per aereo.
airline, *n.* (*trasp. aer.*) linea aerea.
airliner, *n.* (*trasp. aer.*) aereo di linea.
airmail¹, *n.* (*comun.*) posta aerea. // ~ **correspondence** (*comun.*) corrispondenza per via aerea; ~ **fee** soprattassa per posta aerea; ~ **letter** lettera per posta aerea; ~ **remittance** (*cred.*) rimessa per via aerea; **by** ~ per posta aerea, per via aerea.
airmail², *v. t.* (*comun.*) spedire (*lettere e sim.*) per posta aerea.
airman, *n.* (*pl.* **airmen**) aviatore, pilota.
airplane, *n.* (*trasp. aer., USA*) aeroplano.
airport, *n.* (*trasp. aer.*) aeroporto. // ~ **of delivery** aeroporto d'arrivo (*per merci*); ~ **of lading** aeroporto di partenza (*per merci*).
airship, *n.* (*trasp. aer.*) dirigibile.
airstrip, *n.* (*trasp. aer.*) campo d'atterraggio.
airtight, *a.* (*trasp.*) impermeabile all'aria.
airway, *n.* ❶ (*trasp. aer.*) via aerea. ❷ (*trasp. aer.*) linea aerea.
airworthiness, *n.* (*trasp. aer.*) attitudine alla navigazione aerea, navigabilità.
airworthy, *a.* (*trasp. aer.*) atto alla navigazione aerea, navigabile.
alcoholic contents, *n. pl.* (*market.*) gradazione alcoolica.
aleatory, *a.* aleatorio.
alfalfa, *n.* (*slang USA*) piccola quantità di denaro.
algebra, *n.* (*mat.*) algebra.
algebraic, *a.* (*mat.*) algebrico. // **an** ~ **equation** un'equazione algebrica.

ALGOL, *n.* (*elab. elettr.*) linguaggio algoritmico.
alibi, *n.* (*leg.*) alibi.
alien, *a.* e *n.* straniero. *a.* estraneo. // ~ **corporation** (*fin., USA*) società straniera (*che opera in un dato Paese*).
alienability, *n.* (*leg.*) alienabilità.
alienable, *a.* (*leg.*) alienabile.
alienate, *v. t.* (*leg.*) alienare.
alienation, *n.* ❶ (*leg.*) alienazione. ❷ (*pers.*) « disaffezione ». // **cases of entrepreneurial** ~ fenomeni di « disaffezione » nel mondo imprenditoriale.
alienee, *n.* (*leg.*) cessionario.
alienor, *n.* (*leg.*) cedente.
align, *v. t.* allineare.
alignment, *n.* allineamento.
align oneself, *v. rifl.* allinearsi. // **to** ~ **on the common customs tariff** (*dog.*) allinearsi sulla tariffa doganale comune.
alimony, *n.* (*leg.*) alimenti (*in una causa di separazione o divorzio*).
alive, *a.* vivo.
all, *a.* e *pron.* tutto. // ~ **-around** (*USA*) globale; « ~ **communications are to be addressed to the secretary** » « ogni comunicazione va rivolta alla segreteria »; ~ **day (long)** tutto il giorno; ~ **in** tutto compreso; ~ **-in cost** (*econ., market.*) costo complessivo; ~ **-in price** (*market.*) prezzo tutto incluso; ~ **-inclusive** tutto compreso; « ~ **rights reserved** » (*leg.*) « tutti i diritti riservati », « con riserva di tutti i diritti »; ~ **risks policy** (*ass.*) polizza comprensiva di tutti i rischi; ~ **-round** globale; ~ **-round price** (*econ., market.*) prezzo globale, prezzo tutto incluso; « ~ **sailing subject to change with or without notice** » (*trasp. mar.*) « tutte le partenze sono soggette a variazioni con o senza preavviso »; « ~ **sailing subject to change without notice** » (*trasp. mar.*) « tutte le partenze sono soggette a variazioni senza preavviso »; ~ **the same** ciononostante, lo stesso; ~ **-time high** (*econ., fin.*) rialzo massimo; ~ **-time low** (*econ., fin.*) ribasso massimo; ~ **-up service** (*comun.*) servizio di spedizione della posta ordinaria per via aerea; ~ **-up weight** (*trasp. aer.*) peso a pieno carico (*di un aereo*); ~ **the year (round)** tutto l'anno.
allegation, *n.* ❶ asserzione, dichiarazione. ❷ allegazione.
allege, *v. t.* ❶ asserire, dichiarare. ❷ addurre, allegare. // **to** ~ **a decision of the Court** (*leg.*) allegare una sentenza del tribunale; **to** ~ **one's good faith** dichiarare la propria buona fede; **to** ~ **illness as a reason for not going to work** addurre motivi di salute per non andare a lavorare.
alleged, *a.* presunto, preteso. // **the** ~ **mistakes** i pretesi errori; **the** ~ **thief** (*leg.*) il presunto ladro.
alleviate, *v. t.* alleviare.
alleviation, *n.* alleviamento.
alliance, *n.* alleanza.
allocate, *v. t.* ❶ (*fin., rag.*) stanziare, assegnare. ❷ (*fin., rag.*) accantonare. ❸ (*mat.*) ripartire. // **to** ~ **duties to a clerk** assegnare compiti a un impiegato; **to** ~ **funds to education** stanziare fondi per la pubblica istruzione; **to** ~ **materials for a project** accantonare materiali per un progetto; **to** ~ **a sum of money among several persons** ripartire una somma di denaro fra varie persone; **to** ~ **sums** destinare stanziamenti.
allocation, *n.* ❶ (*fin., rag.*) stanziamento, assegnazione, ripartizione, somma stanziata. ❷ (*fin., rag.*) accantonamento, somma accantonata. ❸ (*fin., rag.*) riporto, quota. ❹ (*org. az., pers.*) assegnazione (*del lavoro*). // ~ **card** (*pers.*) scheda di posizione; ~ **of assets and liabili-**

allocatur

ties (*fin.*, *rag.*) valutazione dell'attivo e del passivo; ~ **of profits** (*fin.*, *rag.*) ripartizione degli utili; ~ **of quotas** (*econ.*, *fin.*) assegnazione di quote.

allocatur, *n.* (*amm.*, *fin.*) certificato d'ammissione di spese in esenzione fiscale.

allonge, *n.* ❶ foglio di prolungamento (*d'un documento*). ❷ (*banca*, *cred.*) allunga, coda (*di cambiale*).

allot, *v. t.* ❶ assegnare, aggiudicare. ❷ (*fin.*) ripartire (*azioni o obbligazioni*). // to ~ **the shares in full** assegnare tutte le azioni sottoscritte.

allotment, *n.* ❶ assegnazione, aggiudicazione. ❷ (*fin.*) ripartizione (*d'una sottoscrizione azionaria o obbligazionaria*). // ~ **in full** (*fin.*) assegnazione di tutte le azioni sottoscritte; ~ **letter** (*fin.*) avviso di ripartizione (*di una sottoscrizione azionaria o obbligazionaria*); ~ **money** (*fin.*) versamento di ripartizione (*di azioni o obbligazioni*).

allottable, *a.* ❶ aggiudicabile, assegnabile. ❷ (*fin.*) ripartibile.

allottee, *n.* (*leg.*) assegnatario, aggiudicatario.

allow, *v. t.* ❶ permettere, consentire, lasciare. ❷ accordare, concedere, dare. ❸ accogliere. ❹ ammettere. ❺ abbonare, bonificare, dedurre. △ ❶ **We do not want to ~ the bill to be protested** non vogliamo lasciar andare in protesto la cambiale; ❷ **We can ~ 5% for cash payment** possiamo accordare uno sconto del 5% per pagamento in contanti; **He allows his son 20 pounds a year for books** dà 20 sterline all'anno a suo figlio per comprare libri; ❸ **The judge allowed his claim** il giudice accolse la sua richiesta. // a **claim** accogliere un reclamo; to ~ **closer co-ordination** consentire un maggior coordinamento; to ~ **a discount of** 3% **on the amount of an invoice** concedere uno sconto del 3% sull'importo di una fattura; to ~ **for** tener conto di: **You must ~ for the delay due to strikes** dovete tener conto del ritardo dovuto agli scioperi; to ~ **a gallon for leakage** abbonare un gallone per colaggio; to ~ **of** ammettere: **This rùle does not ~ of exceptions** questa regola non ammette eccezioni; to ~ **a short delay** concedere una breve dilazione; to ~ **6% interest on deposits** accordare l'interesse del 6% sui depositi.

allowable, *a.* ❶ che si può accordare, che può essere concesso. ❷ detraibile, deducibile. // **an ~ claim** una richiesta che si può accogliere; ~ **income tax deductions** detrazioni ammesse nella denuncia dei redditi.

allowance, *n.* ❶ permesso, autorizzazione. ❷ assegnazione, concessione, somma di denaro (*per un certo scopo*). ❸ abbuono, bonifico, deduzione, detrazione, sconto. ❹ tolleranza. ❺ indennizzo. ❻ (*fin.*) sgravio. ❼ (*leg.*) alimenti. ❽ (*pers.*) gratifica, assegno, indennità, sussidio. ❾ (*pers.*) razione alimentare. ❿ (*pers.*) pensione. △ ❷ **The term « net » indicates that there is no ~ of discount** il termine « netto » indica che non c'è alcuna concessione di sconto; ❹ **An ~ of** 2% **of the weight is made, for wastage in transit, on the weight of wet or dry goods** è ammessa una tolleranza del 2% sul peso di merci secche o liquide per perdita o calo durante il trasporto; ❾ **We were put on short ~** fummo messi a razioni ridotte; **We must make ~ for his lack of experience** dobbiamo tener conto della sua mancanza d'esperienza. // ~ **agreed in case of delay** indennizzo concordato in caso di ritardo; ~ **for bad debts** (*rag.*) fondo svalutazione crediti; ~ **for depreciation** (*rag.*) fondo d'ammortamento; ~ **for difference of quality** abbuono per scarto di qualità; ~ **for dubious accounts** (*rag.*) fondo svalutazione crediti; ~ **for expenses** detrazione per spese; ~ **for necessaries** pensione alimentare; ~ **for** **separate maintenance** (*leg.*) alimenti a seguito di separazione legale; ~ **for tare** abbuono per tara; **cost-of-living ~** (*pers.*) (indennità di) carovita.

allowed, *a.* ❶ permesso, consentito. ❷ ammesso. ❸ concesso, accordato. // ~ **costs** (*leg.*) spese di causa ripetibili; ~ **times** (*cronot.*) tempi ufficiali; **not ~ costs** (*leg.*) spese di causa non ripetibili.

allow oneself, *v. rifl.* permettersi.

alloy, *n.* lega (*di metalli*).

alluvion, *n.* (*leg.*) alluvione.

almost, *avv.* quasi.

along, *prep.* lungo.

alongside, *prep.* ❶ a fianco di, a lato di, vicino a. ❷ (*trasp. mar.*) sotto bordo. △ ❷ **The clause « free ~ ship » (FAS) means that the price includes all charges until the goods are delivered alongside the vessel within reach of its loading tackle at the port of shipment** la clausola « franco sotto bordo » significa che il prezzo comprende tutte le spese finché la merce non sia consegnata lungo la fiancata della nave, alla portata dei paranchi, nel porto di partenza.

alongside-date, *n.* (*trasp. mar.*) data di attracco.

alphabetic, *a.* alfabetico. // ~ **code** codificazione alfabetica.

alphabetical, *a.* alfabetico. // ~ **index** indice alfabetico.

already, *avv.* già, di già.

also, *avv.* anche, pure.

alter, *v. t.* ❶ alterare, cambiare, modificare, mutare, svisare. ❷ correggere. △ ❶ **The ship altered course** la nave mutò rotta; **Altered documents are not accepted** non si accettano documenti alterati. // to ~ **an entry** (*rag.*) alterare una scrittura contabile; to ~ **one's plans** modificare i propri progetti.

alteration, *n.* ❶ alterazione, cambiamento, modifica, mutamento. ❷ correzione. ❸ (*fin.*) aggiustamento. △ ❸ **They are studying possible alterations in the parity between the various currencies** stanno studiando eventuali aggiustamenti nella parità tra le diverse monete. // **an ~ in the articles of association** (*leg.*) una modifica allo statuto (*d'una società commerciale*); **the ~ of a deed** (*leg.*) l'alterazione d'un atto ufficiale; **the ~ of an entry** (*rag.*) l'alterazione d'una scrittura contabile.

alternate[1], *a.* ❶ alternato, alterno. ❷ (*USA*) sostituto. // ~ **director** (*pers.*) consigliere supplente (*in una « limited company »*); ~ **manager** (*pers.*) facente funzione di direttore; ~ **shift** (*pers.*) turno alternato; **on ~ days** a giorni alterni.

alternate[2], *v. t.* alternare, avvicendare. *v. i.* alternarsi, avvicendarsi. △ *v. t.* **Farmers usually ~ crops** di solito gli agricoltori alternano i raccolti.

alternating, *a.* che s'alterna, s'avvicenda, ecc. (*V.* **alternate**[2]). // ~ **current** corrente alternata.

alternation, *n.* avvicendamento.

alternative, *a.* alternativo, surrogabile. *n.* alternativa. △ *n.* **There is no ~ to my proposal** non c'è alternativa alla mia proposta. // ~ **choice** scelta alternativa; ~ **commodity** (*econ.*) bene surrogabile; ~ **cost** (*rag.*) costo alternativo; ~ **obligation** obbligazione alternativa; **an ~ offer** un'offerta alternativa.

alternatively, *avv.* alternativamente.

always, *avv.* sempre. // « ~ **afloat** » (*trasp. mar.*) « sempre in mare » (*riferito a nave, in un contratto di noleggio: la clausola esonera l'armatore dal toccare porti in cui la nave a pieno carico possa correre il rischio di arenarsi per insufficiente profondità dell'acqua*).

amalgamate, *v. t.* (*econ.*) fondere, concentrare, in-

corporare. *v. i.* (*econ.*) fondersi, concentrarsi, incorporarsi. △ *v. i.* **A number of smaller companies have amalgamated to form a new concern** alcune società di minore importanza si sono fuse per formare una nuova impresa.

amalgamated union, *n.* (*sind.*) sindacato che deriva dalla fusione di vari sindacati minori.

amalgamating, *n.* (*econ.*) processo di concentrazione (di fusione, d'incorporazione).

amalgamation, *n.* (*econ.*) fusione, concentrazione, incorporazione. △ **There is a strong case for amalgamations which increase productivity without impairing workable competition** sono auspicabili quelle concentrazioni che contribuiscono ad aumentare la produttività senza essere d'ostacolo a una concorrenza effettiva. // ~ **agreement** (*econ., fin.*) accordo di fusione; **the ~ of companies** la fusione di società commerciali.

amass, *v. t.* accumulare. // **to ~ riches** accumulare ricchezze.

ambiguous, *a.* ambiguo, equivoco.

amenable, *a.* ❶ (*di persona*) trattabile. ❷ (*leg.*) passibile.

amend, *v. t.* ❶ emendare, rettificare. ❷ (*leg.*) riformare (*una sentenza*). // **to ~ an account** (*rag.*) rettificare un conto; **to ~ a law** (*leg.*) modificare una legge; **to ~ a resolution** emendare una risoluzione; **to ~ one's ways** emendarsi; **amended budget** (*rag.*) bilancio rettificativo; **an amended invoice** una fattura rettificata.

amendable, *a.* emendabile, rettificabile.

amendment, *n.* rettifica, emendamento, riforma. // **the ~ of a judgment** (*leg.*) la riforma d'una sentenza; ~ **sheets** fogli mobili d'aggiornamento; **amendments to entries** (*rag.*) rettifiche di scritture contabili.

amends, *n. pl.* (*col. v. al sing.*) riparazione, ammenda. // ~ **for a tort** (*leg.*) riparazione d'un'ingiustizia; **to make ~ for st.** fare ammenda di qc.

American selling price, *n.* (*dog.*) « prezzo di vendita americano » (*clausola per cui, in U.S.A., i diritti doganali per certi prodotti sono applicati in base al valore di prodotti similari venduti sul mercato interno anziché in base al valore dichiarato in dogana*).

amicable, *a.* amichevole. // **an ~ discussion** una discussione amichevole; **an ~ settlement** un accordo amichevole.

among, *prep.* fra, tra (*tre o più persone o cose*).

amortise, *v. t. V.* **amortize.**

amortizable, *a.* (*rag.*) ammortabile, ammortizzabile.

amortization, *n.* (*rag.*) ammortizzazione, ammortamento. // **the ~ of a loan (a debt, etc.)** l'ammortamento di un prestito (d'un debito, ecc.); ~ **of workers' housing** (*fin., rag.*) ammortamento case operaie.

amortize, *v. t.* (*rag.*) ammortare, ammortizzare. // **to ~ a debt (a loan, etc.)** ammortare un debito (un prestito, ecc.).

amortizement, *n.* (*rag.*) ammortamento, ammortizzamento.

amount[1], *n.* ❶ ammontare, somma, cifra, importo. ❷ quantità, quantitativo. ❸ quota. ❹ importanza. △ ❶ **The amounts written off are shown in red** le cifre di deprezzamento appaiono in rosso; **The ~ of the policy is 20,000 dollars** la polizza ammonta a 20.000 dollari; **Payment can be made in one ~ or by instalments** il pagamento può essere effettuato in un'unica soluzione o a rate; ❸ **An ~ shall be appropriated out of profits to form the reserve fund** una quota dovrà essere prelevata dagli utili per costituire il fondo di riserva; ❹ **The information is of little ~** questa informazione ha poca importanza. // ~ **at risk** (*ass.*) differenza fra il capitale assicurato e il valore di riserva (*in una polizza d'assicurazione sulla vita*); ~ **brought forward (o down)** (*rag.*) somma riportata, riporto; ~ **carried forward (o down)** (*rag.*) somma riportata, riporto; **the ~ column** la colonna delle cifre; « **amounts differ** » (*banca*) « le cifre non coincidono con le lettere » (*motivazione del mancato pagamento d'un assegno in cui l'importo in cifre non coincide con quello in lettere*); ~ **entered twice** (*rag.*) partita registrata due volte, doppia registrazione; **the ~ invoiced** l'importo fatturato; **the ~ of an invoice** l'importo d'una fattura; **an ~ of money** una somma di denaro; **the ~ of money invested** il capitale investito; ~ **paid in advance** importo pagato in anticipo; ~ **paid on account** (*banca*) somma versata in conto; **amounts to be made good** (*rag.*) valori creditizi, valori attivi; ~ **written off** (*rag.*) cifra di deprezzamento, ammortamento per deprezzamento; ~ **written off premises** (*rag.*) ammortamento per deprezzamento di immobili; **in one ~** in un'unica somma, in una sola volta, in soluzione unica; **to the ~ of** fino all'ammontare di, per un ammontare di, fino alla concorrenza di; **up to the ~ of** fino alla concorrenza di: **Please open a credit in favour of Messrs X. Y. & Co. up to the ~ of 10,000 dollars** favorite aprire un credito a favore della Ditta X. Y. e C. fino alla concorrenza di 10.000 dollari.

amount[2], *v. i.* ammontare, ascendere, sommare. △ **His debts ~ to 5,000 pounds** i suoi debiti ammontano a 5.000 sterline; **The expenses ~ to one million dollars** le spese ascendono a un milione di dollari; **It amounts to saying that...** è come dire che... // **to ~ to a crime (o to an offence)** (*leg.*) costituire reato.

amounting to, *a.* che ammonta a, per un ammontare di.

ampersand, *n.* (*giorn., pubbl.*) segno tipografico &.

an, *art.* indeterminativo *V.* **a.**

analise, *v. t. V.* **analyse.**

analizable, *a. V.* **analysable.**

analize, *v. t. V.* **analyse.**

analog, *n.* (*USA*) *V.* **analogue.**

analogic, *a.* analogico.

analogical, *a.* analogico.

analogue, *a.* analogico. // ~ **computer** (*elab. elettr.*) calcolatore analogico; ~ **transducer** (*elab. elettr.*) trasduttore analogico.

analysable, *a.* analizzabile.

analyse, *v. t.* analizzare. // **to ~ an account (a transaction, etc.)** analizzare un conto (un'operazione commerciale, ecc.); **to ~ the causes of one's failure** analizzare le cause del proprio insuccesso; **to ~ the economic trend** analizzare l'evoluzione economica; **to ~ a set of observations on one variable** (*stat.*) elaborare una serie di dati rispetto a una variabile; **by analysing a sample** (*market.*) sulla base d'un'analisi per campionamento.

analysis, *n.* (*pl.* **analyses**) analisi. // ~ **of circulation** (*giorn., pubbl.*) analisi della diffusione; ~ **of the cost price into its chief components** (*market.*) scomposizione del prezzo di costo nei suoi principali elementi; ~ **of customer acceptance of a new product** (*market.*) analisi dell'accettazione d'un prodotto nuovo; **the ~ of economic policy problems** l'analisi dei problemi di politica economica; **the ~ of expense items** l'analisi dei capitoli di spesa; ~ **of market size** (*market.*) analisi delle dimensioni di mercato.

analyst, *n.* analista, analizzatore.

analytic, *a.* analitico. // ~ **geometry** (*mat.*) geometria analitica.

analytical, *a.* analitico. // ~ **table** tabella analitica.
analytically, *avv.* analiticamente.
analyzable, *a.* analizzabile.
analyze, *v. t.* V. **analyse**.
analyzer, *n.* analizzatore.
anarchism, *n.* anarchia.
anarchy, *n.* anarchia.
anchor[1], *n.* (*trasp. mar.*) àncora. // **to be** (*o* **to lie**, *o* **to ride**) **at ~** (*trasp. mar.*) essere alla fonda.
anchor[2], *v. t.* (*trasp. mar.*) ancorare. *v. i.* (*trasp. mar.*) ancorarsi.
anchorage, *n.* ❶ (*trasp. mar.*) ancoraggio, fonda. ❷ (*trasp. mar.*) diritti di ancoraggio.
anchoring, *n.* (*trasp. mar.*) ancoraggio.
ancillary, *a.* accessorio, ausiliare, sussidiario. // ~ **occupations** professioni ausiliari; **ancillaries to trade** attività ausiliari del commercio (*assicurazioni, banche, trasporti, ecc.*).
« **and reduced** », *n.* (*leg.*) formula apposta al nome d'una società nella quale, in seguito a riorganizzazione, il capitale è stato ridotto.
angaria, *n.* (*trasp. mar.*) angaria.
angle, *n.* (*mat.*) angolo.
animated, *a.* animato. // ~ **cartoons** (*pubbl.*) disegni animati, cartoni animati; ~ **display** (*pubbl.*) elemento mobile di richiamo (*per la vetrina d'un negozio*).
animation, *n.* ❶ animazione. ❷ (*pubbl.*) animazione.
announce, *v. t.* ❶ annunciare, annunziare, comunicare, notificare, proclamare, bandire, indire. ❷ (*pubbl.*) presentare (*un programma radio-TV*). // **to ~ an auction sale** notificare una vendita all'asta; **to ~ the payment of a coupon** annunziare il pagamento d'un tagliando.
announcement, *n.* annuncio, annunzio, comunicazione, notifica. // **an ~ of marriage** un annunzio di matrimonio; **the ~ of a sale** la notifica d'una vendita.
announcer, *n.* annunciatore, presentatore.
annual, *a.* annuo, annuale. *n.* annuario. // **an ~ bost in income** un aumento annuale dei redditi; ~ **convention** raduno annuale; ~ **general meeting** assemblea generale annuale; ~ **income** (*econ.*) reddito annuo; ~ **premium** (*ass.*) premio annuale; ~ **report** (*fin., rag.*) resoconto annuale; ~ **return** (*fin., rag.*) riepilogo annuale (*della situazione d'una società commerciale*); ~ **wage** salario annuo.
annually, *avv.* annualmente.
annuitant, *n.* beneficiario d'un vitalizio, redditiere.
annuity, *n.* ❶ annualità. ❷ assegno annuale. ❸ rendita. ❹ pensione. // ~ **in redemption of a debt** annualità a rimborso d'un debito; ~ **premium** (*ass.*) premio di vitalizio.
annul, *v. t.* ❶ annullare, revocare. ❷ (*leg.*) rescindere, risolvere (*un contratto*). // **to ~ an appointment** revocare una nomina; **to ~ a contract** (*leg.*) risolvere un contratto; **to ~ a marriage** annullare un matrimonio.
annullable, *a.* ❶ annullabile, revocabile. ❷ (*leg.*) rescindibile, risolvibile.
annulled, *a.* (*leg.*) annullato, estinto, perento.
annulment, *n.* ❶ annullamento, revoca. ❷ (*leg.*) rescissione, risoluzione (*d'un contratto*). // ~ **of contract** rescissione di contratto; ~ **of marriage** annullamento di matrimonio.
annum, *n.* anno. // **per ~** (**p. a.**) all'anno: **Salary: £ 5,000 per ~ stipendio:** 5.000 sterline all'anno.
answer[1], *n.* risposta; (*comun.*) riscontro. △ **We have had no ~ to our letter** non abbiamo ricevuto risposta (*o* riscontro) alla nostra lettera. // « ~ **prepaid** » (*comun.*) con risposta pagata; **in ~ to your letter of June 10th** in risposta alla vostra lettera del 10 giugno.
answer[2], *v. t. e i.* rispondere a, corrispondere alle aspettative di. △ **This instrument does not ~ my purpose** questo strumento non risponde al mio scopo; **This plan has not answered** questo progetto non ha corrisposto alle nostre aspettative. // **to ~ for st.** rispondere di qc., essere responsabile di qc., farsi garante di qc.: **I will ~ for it** ne rispondo io; **I cannot ~ for his honesty** non posso farmi garante della sua onestà; **to ~ in the affirmative** rispondere affermativamente; **to ~ a letter (a question, etc.)** rispondere a una lettera (a una domanda, ecc.); **to ~ a telephone call** (*comun.*) rispondere a una chiamata telefonica; **to ~ to sb. for st.** rispondere di qc. a q.; **not to ~ the helm** (*trasp. mar.*) non rispondere al timone.
answerable, *a.* ❶ responsabile. ❷ cui si può rispondere. // **to be ~ to sb. for st.** rispondere di qc. a q., essere responsabile di qc. verso q.
antagonism, *n.* antagonismo.
antagonist, *n.* antagonista.
antagonistic, *a.* antagonistico. // ~ **co-operation** collaborazione antagonistica.
ante, *v. t.* (*slang USA*) finanziare (*un'impresa*). // **to ~ up** (*USA*) pagare la propria quota; (*slang USA*) V. ~.
antedate[1], *n.* antidata.
antedate[2], *v. t.* antidatare, retrodatare. // **to ~ a bankruptcy at the earliest act of bankruptcy** (*leg.*) retrodatare un fallimento al primo atto d'insolvenza; **to ~ a contract** (*leg.*) antidatare un contratto; **an antedated deed** (*leg.*) un atto retrodatato.
antedating, *n.* retrodatazione, l'antidatare.
anti, *pref.* anti. // ~ -**accident campaign** campagna per la prevenzione degli infortuni; ~ -**dumping** (*econ.*) « anti-dumping »; ~ -**dumping duty** (*dog.*) dazio doganale « anti-dumping » (*V.* **dumping**); ~ -**inflationary** (*econ.*) antinflazionistico; ~ -**inflationary measures** (*econ.*) provvedimenti antinflazionistici; ~ -**inflationary policy** (*econ.*) politica antinflazionistica; ~ -**recession measures** (*econ.*) misure anticongiunturali; ~ -**trust** (*econ.*) « anti-trust », contro i monopoli, antimonopolistico; ~ -**trust act** (*econ., leg.*) legge contro i monopoli: **The Sherman ~ -Trust Act forbade all combinations in restraint of interstate trade** la legge Sherman contro i monopoli proibì tutte le concentrazioni che potevano limitare i traffici fra gli Stati (*dell'Unione*); ~ -**trust laws** (*econ., leg.*) leggi antimonopolistiche, legislazione antimonopolistica; ~ -**trust legislation** (*econ., leg.*) legislazione antimonopolistica.
anticipate, *v. t.* ❶ anticipare. ❷ spendere in anticipo. ❸ prevedere. ❹ prevenire. ❺ pregustare. △ ❶ **The bank cannot ~ payment** la banca non può anticipare il pagamento; ❷ **Don't ~ your income (salary, etc.)** non spendere in anticipo il tuo reddito (il tuo stipendio, ecc.)! // **to ~ the enemy's movements** prevedere le mosse del nemico; **to ~ sb.'s needs** prevenire i bisogni di q.; **to ~ an obligation** pagare un debito in anticipo.
anticipated, *a.* ❶ previsto. ❷ presunto. // ~ **liabilities** (*rag.*) ratei passivi; ~ **profit** (*fin., rag.*) utile presunto.
anticipation, *n.* ❶ anticipo. ❷ lo spendere in anticipo. ❸ aspettativa, previsione. △ ❶ **I thank you in ~** nell'attesa vi ringrazio; ❸ **We look forward with ~ to meeting you as soon as possible** restiamo in viva attesa d'incontrarvi il più presto possibile. // **the ~ of a payment** l'anticipo d'un pagamento; ~ **rate** (*market.*)

sconto supplementare per pagamento anticipato; ~ **survey** (*market.*) indagine previsionale.

anticipatory account, *n.* (*rag.*) bilancio di previsione.

anticyclical, *a.* (*econ.*) anticiclico.

antidumping, *a. V.* **anti-dumping.**

antitrust, *a. V.* **anti-trust.**

anxiety, *n.* ansia, inquietudine.

any, *a.* e *pron. indef.* qualunque, qualsiasi. // «~ **other business** » (*rag.*) eventuali e varie.

apathy, *n.* apatia.

apologize, *v. i.* scusarsi. △ **We must ~ to you for the delay in the delivery of the goods** dobbiamo scusarci con voi per il ritardo nella consegna della merce. // to ~ **for doing st.** scusarsi d'aver fatto qc.

apology, *n.* scusa. △ **This is an ~ for a letter** questa è una lettera che fa pietà (*fig.*).

apparatus, *n.* apparato.

apparel, *n.* ❶ abbigliamento. ❷ (*trasp. mar.*) attrezzature della nave (*alberi, vele, ancore, ecc.*).

apparent, *a.* ❶ apparente. ❷ evidente. ❸ (*leg.*) apparente. // **an ~ damage (defect, etc.)** un danno (un difetto, ecc.) evidente.

apparently, *avv.* apparentemente.

appeal[1], *n.* ❶ richiamo. ❷ (*leg.*) appello, ricorso. // ~ **for mercy** (*leg.*) ricorso in grazia; **an ~ from a decision** (*leg.*) l'appello contro una sentenza; **Court of ~** (*leg.*) Corte d'Appello.

appeal[2], *v. i.* ❶ fare appello (*a*), essere un richiamo (*per*). ❷ (*leg.*) appellarsi, presentare appello, interporre appello, ricorrere. △ ❶ **Bright colours ~ to our customers** i colori vivaci sono un richiamo per i nostri clienti; ❷ **The Government appealed to public credit** il Governo fece appello al credito pubblico. // to ~ **a case** (*leg.*) appellarsi perché una causa sia assegnata a un tribunale di grado superiore; to ~ **from a judgement** (*leg.*) appellarsi contro una sentenza; to ~ **to** attirare; rivolgersi a; (*leg.*) fare appello a; to ~ **to one's customers' tastes** (*market.*) incontrare i gusti della clientela; to ~ **to a higher Court** appellarsi all'autorità giudiziaria superiore.

appealability, *n.* (*leg.*) appellabilità.

appealable, *a.* (*leg.*) appellabile.

appear, *v. i.* ❶ apparire, sembrare, parere. ❷ (*leg.*) comparire, presentarsi. ❸ (*rag.*) figurare, risultare. △ ❶ **There appears to have been a mistake** sembra ci sia stato un errore; **The office appeared (to be) deserted** l'ufficio sembrava essere stato abbandonato da tutti; **He appears to be better off now** pare che ora si trovi in condizioni finanziarie migliori; ❷ **The defendant failed to ~ before the Court** il convenuto non comparve in giudizio; ❸ **This item appears among the liabilities on the balance sheet** questa voce figura al passivo in bilancio; **Two suppliers ~ as creditors in the books** due fornitori risultano creditori dai libri contabili. // to ~ **at the Bar** (*leg.*) comparire in giudizio; to ~ **before the Court** (*leg.*) comparire in giudizio, costituirsi in giudizio, presentarsi alla sbarra; to ~ **for sb.** (*leg.*) rappresentare q. in giudizio.

appearance, *n.* ❶ apparenza. ❷ evidenza. ❸ apparizione, comparizione, comparsa. ❹ presenza (*aspetto fisico*). △ ❸ **The ~ of this new computer has revolutionized bookkeeping** l'apparizione di questo nuovo calcolatore elettronico ha rivoluzionato la contabilità. // ~ **before the Court** (*leg.*) comparizione in giudizio, costituzione in giudizio; **by** (*o* **to**) **all appearance(s)** secondo ogni evidenza; **non ~** (*leg.*) mancata comparizione in giudizio.

appearer, *n.* (*leg.*) comparente.

appearing party, *n.* (*leg.*) comparente.

appellant, *n.* (*leg.*) appellante (*chi ricorre in appello*).

appellate, *a. attr.* (*leg.*) di appello. // ~ **Court** (*leg.*) Corte d'Appello; ~ **jurisdiction** (*leg.*) giurisdizione d'appello.

appellee, *n.* (*leg.*) appellato.

append, *v. t.* ❶ apporre, aggiungere (*per iscritto*). ❷ allegare. // to ~ **a clause to a treaty** aggiungere una clausola a un trattato; to ~ **a seal to a document** apporre il sigillo a un documento; to ~ **one's signature** apporre la firma; **with all documents appended** con tutti i documenti allegati.

appending, *n.* apposizione (*della firma, ecc.*).

applicability, *n.* applicabilità.

applicable, *a.* applicabile.

applicant, *n.* ❶ aspirante, candidato, concorrente, postulante, richiedente. ❷ (*fin.*) sottoscrittore (*di azioni*). △ ❶ **There are several applicants for the position** ci sono vari aspiranti al posto; **Applicants must fill up an application form** i candidati devono riempire un modulo d'assunzione.

application, *n.* ❶ applicazione, assiduità. ❷ domanda (*scritta*), richiesta. ❸ (*fin.*) sottoscrizione (*d'azioni*). ❹ (*leg.*) istanza. ❺ (*rag.*) imputazione (*d'una spesa, ecc.*). △ ❶ **This work requires close ~** questo lavoro richiede una grande applicazione; ❷ **There are several unsatisfied applications for jobs** ci sono diverse domande di lavoro non soddisfatte; ❹ **We'll make an ~ to the Court for an inquiry** faremo istanza al tribunale perché sia aperta un'inchiesta. // ~ **and allotment sheet** (*fin.*) foglio di sottoscrizione e di ripartizione (*di azioni*); ~ **blank** (*pers.*) modulo d'assunzione; **applications for aid** (*fin.*) domande di concorso (*di contributo*); **an ~ for employment** (*pers.*) una domanda d'impiego; ~ **for legal aid** istanza di gratuito patrocinio; ~ **for quotation** richiesta di quotazione (*d'un prezzo di listino oppure in Borsa*); **applications for reimbursement** domande di rimborso; **an ~ for a situation** (*pers.*) una domanda d'impiego, una domanda d'assunzione; **an ~ for tax discharge** (*fin.*) una domanda di sgravio fiscale; ~ **form** (*fin.*) modulo di sottoscrizione (*di azioni*); (*pers.*) modulo di domanda, modulo d'assunzione; (*fin.*) versamento all'atto della sottoscrizione; **the ~ of a new process to the textile industries** l'applicazione d'un nuovo procedimento alle industrie tessili; **the ~ of a treaty** (*leg.*) l'applicazione d'un trattato; ~ **receipt** (*fin.*) ricevuta d'una sottoscrizione (*di azioni*); ~ **rights** (*fin.*) diritto di sottoscrizione (*di azioni*); ~ **to a bid** (*comm.*) domanda di partecipazione a una gara d'appalto; **an ~ to establish the jurisdiction of a Court** (*leg.*) un'istanza per determinazione di competenza d'un tribunale; **on ~** (*market.*) a domanda, su richiesta.

applied, *a.* applicato. // ~ **chemistry** chimica applicata; ~ **economics** economia applicata; ~ **psychology** psicologia applicata; ~ **research** ricerca applicata.

apply, *v. t.* ❶ applicare. ❷ (*rag.*) imputare (*una spesa, ecc.*). *v. i.* rivolgersi, indirizzarsi, ricorrere (*a q.*). △ *v. i.* ~ **within!** rivolgersi qui! (*per informazioni, ecc.*); **For any information please ~ to our agent** per qualsiasi informazione favorite rivolgervi al nostro rappresentante; **You may ~ in person or by letter** potete andare di persona o scrivere una lettera. // to ~ **a brake on the economy** (*fin.*) applicare un freno all'economia; to ~ **for an agency** fare domanda di rappresentanza; to ~ **for a certificate** richiedere un certificato; to ~ **for a job (for a scholarship, etc.)** fare domanda per un impiego (per una borsa di studio, ecc.); to ~ **for shares** (*fin.*) sottoscrivere azioni: to ~ **for so many shares in a company** sottoscrivere un certo numero di azioni di una società; to ~ **the rules to a new case** applicare il regolamento a un caso nuovo; to ~ **to the Court** (*leg.*) fare istanza al tribunale; to ~ **to sb.** (*leg.*) fare istanza a q.; to ~ **to sb. for st.** rivolgersi a q. per ottenere qc.

applying, *a*. richiedente.

apply oneself, *v. rifl.* applicarsi, dedicarsi. // to ~ **to business** dedicarsi agli affari.

appoint, *v. t.* ❶ nominare. ❷ designare, fissare. ❸ ordinare, stabilire. △ ❶ **They appointed Mr X. Y. (to be) manager** nominarono direttore Mr X. Y.; ❷ **The time appointed for the meeting is 9 A.M.** l'ora fissata per la riunione è le 9 di mattina; ❸ **He appointed that the order should be cancelled** ordinò che fosse annullata l'ordinazione. // to ~ **an arbitrator (a liquidator, etc.)** (*leg.*) nominare un arbitro (un liquidatore, ecc.); to ~ **as proxy** (*leg.*) nominare procuratore; to ~ **a committee (the directors of a company, etc.)** nominare un comitato (il consiglio d'amministrazione d'una società, ecc.); to ~ **a day for a meeting** stabilire una data per una riunione; to ~ **sb. heir** (*leg.*) nominare, istituire q. erede; **a newly appointed official** un funzionario di nuova nomina; **a well appointed office** un ufficio ben attrezzato, un ufficio arredato bene.

appointee, *n*. incaricato.

appointing, *n*. nomina.

appointment, *n*. ❶ designazione, nomina. ❷ appuntamento. ❸ impiego, posto, ufficio. ❹ **appointments**, *pl*. attrezzature, arredi, mobilia. △ ❶ **He received the ~ of ambassador** ricevette la nomina ad ambasciatore; ❸ **He has a good ~ in a big concern** ha un buon posto in una grande azienda. // **an ~ as manager** la nomina a direttore; ~ **book** agenda; **the ~ of an heir** (*leg.*) la designazione d'un erede; « **by ~ to H. M. the Queen** (*o* **H. M. the King**) » « fornitore (*o* fornitori) della Casa Reale ».

apportion, *v. t.* ❶ assegnare, distribuire, ripartire. ❷ lottizzare (*terreni*). // to ~ **different duties each day of the week** assegnare compiti diversi nei vari giorni della settimana; to ~ **direct Federal taxes among the various States** (*fin., USA*) ripartire le imposte dirette federali fra i vari Stati; to ~ **a sum of money among several persons** distribuire una somma di denaro a varie persone; **apportioned tax** (*fin.*) tributo ripartito (*p. es., riscosso in U.S.A. da una contea e poi ripartito fra le altre contee dello Stato*).

apportionable, *a*. distribuibile, ripartibile.

apportionment, *n*. ❶ distribuzione, ripartizione. ❷ lottizzazione (*di terreni*). △ ❶ **Only general average gives rise to ~ of losses among the parties interested** soltanto l'avaria generale dà luogo alla ripartizione dei danni fra le parti interessate. // **the ~ of dividends** (*fin.*) la distribuzione dei dividendi; **the ~ of landed property** la lottizzazione di terreni; **the ~ of lands among settlers** la distribuzione delle terre ai coloni.

appraisable, *a*. periziabile, stimabile, valutabile.

appraisal, *n*. perizia, stima, valutazione. // ~ **interview** (*pers.*) intervista di valutazione.

appraise, *v. t.* periziare, stimare, valutare, accertare il valore di (*qc.*). // to ~ **the ability of one's employees** valutare le capacità dei propri impiegati; to ~ **again** (*rag.*) rivalutare; to ~ **damages** (*ass.*) fare la stima dei danni; to ~ **property for taxation** (*fin.*) accertare il valore d'una proprietà agli effetti fiscali.

appraisement, *n*. perizia, stima, valutazione.

appraiser, *n*. stimatore, perito stimatore, valutatore. // **a group of appraisers** un collegio di periti.

appreciable, *a*. ❶ apprezzabile, stimabile, valutabile. ❷ notevole, cospicuo, sensibile. // **an ~ difference in pay** una notevole differenza di paga; **an ~ increase** un cospicuo aumento; **an ~ rise in price** un sensibile aumento di prezzo.

appreciably, *avv*. notevolmente, sensibilmente.

appreciate, *v. t.* ❶ apprezzare, stimare, valutare, riconoscere il valore di (*qc.*). ❷ rendersi conto (*di qc.*). ❸ (*rag.*) rivalutare. *v. i.* ❶ aumentare di prezzo. ❷ (*fin., rag.*) aumentare di valore. △ *v. t.* ❶ **Your help would be greatly appreciated** vi saremmo assai grati se vo- leste offrirci il vostro aiuto; **An early reply would be greatly appreciated** ci farete cosa gradita se vorrete inviarci una sollecita risposta; ❷ **I hope you will ~ that we cannot possibly accept the goods** confido vi renderete conto che non possiamo assolutamente accettare la merce; *v. i.* ❷ **Certain stocks have appreciated greatly in the last few days** negli ultimi giorni, certe azioni hanno avuto un notevole aumento di valore.

appreciated, *a*. apprezzato, gradito.

appreciated surplus, *n*. (*econ., rag.*) plusvalore.

appreciation, *n*. ❶ apprezzamento, stima, valutazione, riconoscimento (*del valore di qc.*). ❷ (*fin., rag.*) aumento di valore. ❸ (*rag.*) rivalutazione. △ ❶ **This is a sincere ~ of your valuable help** è un sincero apprezzamento del vostro valido aiuto. // ~ **of assets** (*econ., rag.*) plusvalore dell'attivo.

apprentice[1], *n*. (*pers.*) apprendista, praticante, tirocinante.

apprentice[2], *v. t.* (*sind.*) collocare (*q.*) come apprendista. △ **He was apprenticed to a tailor** fu collocato come apprendista presso un sarto.

apprenticeship, *n*. (*pers.*) apprendistato, noviziato, tirocinio.

appro, *n*. (*abbr. di* **approval**) approvazione. // **on ~** (*market.*) salvo vista e verifica.

approach[1], *n*. ❶ approccio, punto di vista. ❷ impostazione (*d'un problema*). // **a new ~ to foreign trade** una nuova filosofia degli scambi; **a new industrial ~** un nuovo indirizzo di politica industriale.

approach[2], *v. t.* avvicinare, avvicinarsi a. △ **I want to ~ my employer about an increase in salary** voglio avvicinare il mio datore di lavoro per chiedere un aumento di stipendio; **He is rather difficult to ~** è piuttosto scorbutico.

approachable, *a*. accessibile.

approbation, *n*. ❶ approvazione. ❷ (*leg.*) omologazione.

appropriate[1], *a*. ❶ appropriato, adatto, adeguato. ❷ competente. △ ❶ **Letters should be written in a style ~ to their subject** le lettere devono essere scritte in uno stile adatto all'argomento trattato; ❷ **We shall obtain fuller information on this problem through direct consultation of the ~ administrations** ci procureremo maggiori informazioni su questo problema mediante una consultazione diretta delle amministrazioni competenti.

appropriate[2], *v. t.* ❶ assegnare, destinare. ❷ (*fin., rag.*) stanziare. ❸ (*fin., rag.*) accantonare. ❹ (*fin., rag.*) prelevare. ❺ (*leg.*) appropriarsi di, impadronirsi di; incamerare (*beni*). △ ❷ **90,000 dollars have been appropriated for the new school building** sono stati stanziati 90.000 dollari per il nuovo edificio scolastico; ❸ **The board has decided the amount of the reserves to be appropriated out of profits** il consiglio d'amministrazione ha stabilito quale percentuale degli utili sia da accantonare come riserva. // to ~ **a certain amount to a special fund for depreciation** stanziare una certa somma per un fondo speciale d'ammortamento; to ~ **funds for the redemption of an annuity** destinare fondi al riscatto d'un'annualità; to ~ **money for the navy** stanziare somme di denaro per la marina da guerra; to ~ **so much out of one's savings** prelevare un tanto dai propri risparmi; to ~ **a sum of money (to oneself)** (*leg.*) appropriarsi d'una somma di denaro.

appropriated, *a.* (*fin., rag.*) (*di fondo*) stanziato.

appropriation, *n.* ❶ assegnazione, destinazione. ❷ (*fin., rag.*) stanziamento. ❸ (*fin., rag.*) accantonamento. ❹ (*fin., rag.*) prelievo. ❺ (*leg.*) appropriazione, incameramento (*di beni*). ❻ (*rag.*) impegno di spesa. ❼ (*rag.*) ripartizione. // ~ **account** (*rag.*) bilancio consuntivo; ~ **bills** (*amm., fin.*) disegni di legge per stanziamenti in bilancio; ~ **-in-aid** (*fin., rag.*) stralcio del budget (*riferito a un particolare settore o ufficio della pubblica amministrazione, e che contempli previsioni di entrate per la vendita di beni o servizi*); **the ~ of lost property** (*leg.*) l'appropriazione di oggetti smarriti; **the ~ of the net profit** (*fin.*) la ripartizione dell'utile netto.

approval, *n.* ❶ approvazione, benestare. ❷ (*leg.*) omologazione, ratifica (*d'una sentenza*). △ ❶ **Your plan has my ~** il tuo progetto ha la mia approvazione; ❷ **There has been ~ of the composition by the Court of bankruptcy** c'è stata l'omologazione del concordato da parte del tribunale fallimentare. // ~ **of the Court** (*leg.*) omologazione del tribunale; **in ~** in segno d'approvazione; **on ~** (*market.*) salvo vista e verifica, salvo prova; in esame, in visione.

approve, *v. t. e i.* ❶ approvare. ❷ (*leg.*) omologare, ratificare. △ ❶ **The minutes of the meeting were read and approved** i verbali della riunione furono letti e approvati. // to ~ **of** approvare: **We cannot support a monetary policy of which we have never approved** non possiamo appoggiare una politica monetaria che non abbiamo mai approvato; to ~ **a proposal** approvare una proposta; **approved place (for a bonded warehouse)** località fissata (per un magazzino doganale).

approximate[1], *a.* approssimato, approssimativo. // ~ **calculation** (*mat.*) calcolo approssimativo; ~ **value** valore approssimativo.

approximate[2], *v. t.* ravvicinare. △ **We must make an effort to ~ the prices for milk products** dobbiamo compiere uno sforzo per ravvicinare i prezzi dei prodotti lattiero-caseari.

approximately, *avv.* approssimativamente, pressappoco, press'a poco.

approximation, *n.* ❶ approssimazione. ❷ ravvicinamento. // **the ~ of prices** (*econ.*) il ravvicinamento dei prezzi.

appurtenances, *n. pl.* (gli) annessi; annessi e connessi.

appurtenant, *a.* annesso.

aptitude, *n.* attitudine.

Arab, *n.* (*slang USA*) venditore ambulante.

Arabic figures (o numerals), *n. pl.* (*mat.*) numeri arabi.

arable, *a.* arabile, lavorativo.

arbiter, *n.* arbitro.

arbitrage, *n.* (*Borsa*) arbitraggio. // ~ **dealer** (*Borsa*) V. **arbitrager**; ~ **share** titolo d'arbitraggio; ~ **syndicate** sindacato d'arbitraggio.

arbitrager, *n.* (*Borsa*) operatore in arbitraggi.

arbitrageur, *n.* (*Borsa*) operatore in arbitraggi.

arbitraging, *n.* (*Borsa*) arbitraggio.

arbitragist, *n.* (*Borsa*) operatore in arbitraggi.

arbitral, *a.* arbitrale.

arbitrarily, *avv.* arbitrariamente.

arbitrary, *a.* arbitrario. // **an ~ action** (*leg.*) un atto arbitrario; ~ **assessment** (*fin.*) accertamento d'ufficio; **an ~ price** (*market.*) un prezzo arbitrario.

arbitrate, *v. t. e i.* arbitrare, fare da arbitro, sottoporre ad arbitrato. △ **I was asked to ~ between the employers and their workers** mi fu chiesto di fare da arbitro fra i datori di lavoro e i loro dipendenti. // to ~ **between the parties to a suit** (*leg.*) fare da arbitro fra le parti in causa; to ~ **a labour dispute** (*sind.*) sottoporre ad arbitrato una vertenza sindacale; to ~ **a quarrel** (*leg.*) decidere una lite mediante arbitrato; to ~ **upon** sottoporre ad arbitrato: **The damages can be arbitrated upon** la questione dei danni può essere sottoposta ad arbitrato; **arbitrated par of exchange** (*fin.*) pari di cambio proporzionale, pari di cambio politico.

arbitration, *n.* (*leg., sind.*) arbitrato, arbitramento, arbitraggio; compromesso arbitrale. △ **The dispute between management and labour will be submitted for ~** la vertenza fra i lavoratori e le imprese sarà sottoposta ad arbitrato. // ~ **agreement** (*leg.*) patto arbitrale; clausola compromissoria; ~ **award** (*leg.*) lodo arbitrale; ~ **board** (*leg.*) collegio arbitrale; ~ **bond** (*leg.*) patto arbitrale; ~ **clause** (*leg.*) clausola arbitrale, clausola compromissoria; ~ **Court** (*leg.*) tribunale arbitrale; ~ **fees** (*leg.*) diritti d'arbitrato; ~ **of exchange** (*fin.*) arbitraggio; ~ **proceedings** (*leg.*) procedura arbitrale.

arbitrator, *n.* (*leg., sind.*) arbitro. △ **When two arbitrators cannot agree, they often appoint an umpire who settles the dispute** quando due arbitri non riescono ad accordarsi, spesso nominano un arbitro unico che decide la vertenza.

arbitrators, *n. pl.* (*leg.*) collegio arbitrale.

architect, *n.* architetto.

archives, *n. pl.* archivio di Stato.

archivist, *n.* archivista.

arch-opponent, *n.* concorrente temibile.

are, *n.* ara (*misura di superficie*).

area, *n.* ❶ area, superficie. ❷ zona. △ ❷ **The products covered by the agreement are not in competition with like products in the ~ concerned** i prodotti oggetto del contratto non si trovano in concorrenza con prodotti consimili nella zona contrattuale. // ~ **of control** area di controllo; ~ **of jurisdiction** (*leg.*) circoscrizione giudiziaria; ~ **sales manager** (*pers.*) direttore alle vendite di zona; ~ **sample** (*stat.*) campione di zona; ~ **sampling** (*stat.*) campionamento su un'area; ~ **test** (*market.*) prova di mercato (*eseguita su un'area ristretta ma rappresentativa*).

argue, *v. i.* argomentare, discutere, disputare, ragionare. // to ~ **sb. into doing st.** persuadere q. a fare qc.; to ~ **sb. out of doing st.** dissuadere q. dal fare qc.

argument, *n.* ❶ argomento, ragionamento. ❷ dibattito, discussione, disputa. ❸ **arguments**, *pl.* argomentazioni.

argumentation, *n.* argomentazione.

arise, *v. i.* (*pass.* **arose**, *part. pass.* **arisen**) ❶ sorgere, presentarsi. ❷ derivare. △ ❶ **A new difficulty has arisen** è sorta una nuova difficoltà; **When the occasion arises ...** quando si presenterà l'occasione ...; ❷ **Serious obligations may ~ from the proposed clause** possono derivare obblighi pesanti dalla clausola che si vorrebbe introdurre.

aristocracy, *n.* aristocrazia.

aristocratic, *a.* aristocratico.
arithmetic, *a.* aritmetico. // ~ **element** (*elab. elettr.*) elemento calcolatore; ~ **mean** (*stat.*) media aritmetica; ~ **progression** (*mat.*) progressione aritmetica; ~ **unit** (*elab. elettr.*) organo calcolatore.
arithmetical, *a.* aritmetico. // ~ **discount** (*mat.*) sconto razionale; ~ **progression** (*mat.*) progressione aritmetica.
arithmetically, *avv.* aritmeticamente.
arithmetician, *n.* aritmetico.
arithmetics, *n. pl.* (*col verbo al sing.*) aritmetica.
armed robbery, *n.* (*leg.*) rapina a mano armata.
around, *avv.* e *prep.* intorno, attorno.
arrange, *v. t.* ❶ sistemare, accomodare, disporre, riordinare. ❷ fissare, stabilire. ❸ provvedere, dare disposizioni. △ ❶ Before leaving, he arranged his business affairs prima di partire, sistemò i suoi affari; ❷ The meeting has been arranged for to-morrow la riunione è stata fissata per domani; ❸ We cannot ~ for everything non possiamo provvedere a tutto; I have arranged for a car to meet you at the station ho dato disposizioni perché vi sia un'automobile ad attendervi alla stazione. // to ~ **beforehand** prestabilire; to ~ **differences** appianare divergenze; to ~ **a dispute** (*leg.*) comporre una vertenza; to ~ **a meeting** predisporre un incontro; to ~ **one's papers** riordinare le proprie carte; to ~ **a treaty** preparare un trattato; **at an arranged price** a un prezzo stabilito.
arrangement, *n.* ❶ accordo, accomodamento, sistemazione. ❷ **arrangements,** *pl.* disposizioni, preparativi. △ ❷ I will make arrangements for somebody to meet you at the airport darò disposizioni affinché ci sia qualcuno a ricevervi all'aeroporto; I have made arrangements for my journey ho fatto i preparativi per il mio viaggio. // **arrangements for implementing regulations** modalità d'applicazione delle norme d'un regolamento; ~ **for importing** (*comm. est.*) regime d'importazione: the ~ for importing petroleum into France il regime d'importazione del petrolio in Francia; ~ **with creditors** (*leg.*) concordato con i creditori; ~ **with the Revenue Office** (*fin.*) concordato fiscale.
arrearage, *n.* ❶ l'essere in arretrato (*con i pagamenti, ecc.*), morosità. ❷ **arrearages,** *pl.* arretrati.
arrears, *n. pl.* ❶ arretrati. ❷ (*fin.*) decimi. ❸ **in payments** arretrati dei pagamenti; ~ **of correspondence** corrispondenza in arretrato; ~ **of rent** affitto in arretrato; ~ **of wages** (*pers.*) salario in arretrato; to be in ~ (*cred., leg.*) essere moroso; to be in ~ **with the rent** essere in arretrato con l'affitto.
arrest[1], *n.* (*anche leg.*) arresto. // **to be** (*o* **to be held**) **under** ~ essere in stato d'arresto; **to be put** (*o* **placed**) **under** ~ esser messo in stato d'arresto.
arrest[2], *v. t.* (*anche leg.*) arrestare, fermare. △ The police arrested the shop-lifter la polizia arrestò il taccheggiatore. // to ~ **sb. on a warrant** arrestare q. su mandato di cattura.
arrestment, *n.* (*scozz.*) *V.* **attachment,** def. 3.
arrival, *n.* ❶ arrivo. ❷ **arrivals,** *pl.* (*tur.*) arrivi. △ ❶ We are waiting for the ~ of news siamo in attesa dell'arrivo di notizie; ❷ There are new arrivals at the hotel ci sono nuovi arrivi all'albergo. // ~ **platform** (*trasp. ferr.*) marciapiede d'arrivo; ~ **station** (*trasp. ferr.*) stazione d'arrivo.
arrive, *v. i.* (*anche fig.*) arrivare. △ I believe that a man who has not arrived by forty will never ~ credo che un uomo che all'età di quarant'anni non è ancora « arrivato » non avrà mai successo. // « **to** ~ » (*market.*,

trasp. mar.) « salvo arrivo »: When the clause is « to ~ », the delivery of the goods will take place on arrival of the ship on which the goods have been shipped quando la clausola è « salvo arrivo », la consegna della merce avrà luogo all'arrivo della nave sulla quale la merce stessa è stata spedita; to ~ **at a conclusion** giungere a una conclusione; to ~ **at a decision** raggiungere una decisione; to ~ **at a port** (*o* **in harbour**) arrivare in un porto (*o* in porto); to ~ **safely** (*di persona*) arrivare sano e salvo; (*di merce*) arrivare in buone condizioni.
arrogate, *v. i.* (*di solito,* to ~ **to oneself**) arrogarsi.
arson, *n.* (*ass., leg.*) incendio doloso.
art, *n.* arte. // ~ **director** (*pers.*) direttore artistico (*d'un'agenzia pubblicitaria*); direttore artistico (*di teatro*); ~ **editor** (*pers.*) direttore artistico (*di giornale*); ~ **of navigation** (*trasp. mar.*) nautica.
article[1], *n.* ❶ articolo, clausola. ❷ (*giorn.*) articolo, « pezzo », servizio. ❸ **articles,** *pl.* apprendistato, tirocinio, pratica. ❹ **articles,** *pl.* contratto d'arrolamento. // ~ **of accusation** (*leg.*) capo d'accusa; **articles of apprenticeship** accordo d'apprendistato; **articles of association** (*leg.*) statuto (*d'una società di capitali*): The powers of the board are defined by the company's articles i poteri del consiglio d'amministrazione sono definiti dallo statuto della società; **articles of clothing** articoli di vestiario; **an** ~ **of the Constitution** (*leg.*) un articolo della Costituzione; **articles of everyday consumption** (*market.*) articoli di consumo corrente; **articles of incorporation** (*leg., USA*) statuto (*d'una società di capitali*); **articles of partnership** (*leg.*) statuto (*d'una società di persone*); ~ **of (the ship's) gear** (*trasp. mar.*) attrezzo.
article[2], *v. t.* impegnare con contratto (*specialm. come apprendista*).
articled clerk, *n.* praticante, giovane di studio.
artificial, *a.* artificiale. // ~ **silk** seta artificiale.
artisan, *n.* artigiano. // ~ **production** (*econ.*) produzione artigianale.
artist, *n.* artista.
as, *avv.* come. // ~ **agreed upon** secondo gli accordi; ~ **and when required** a mano a mano che si presenterà la necessità; « ~ **at** » (*Banca*) « valuta » (*scadenza*); (*rag.*) « chiuso » (*di bilancio*): We have debited your account with $ 5,000 ~ at October 1st abbiamo addebitato il vostro conto di 5.000 dollari, valuta 1° ottobre; ~ **the case may be** a seconda del caso; ~ **customary** come di consueto; ~ **far** ~ fino a (*di luogo*); ~ **fast** ~ **steamer can deliver according to the custom of the port** (*trasp. mar.*) con la maggior celerità con cui il piroscafo può scaricare secondo le consuetudini del porto; ~ **follows** come segue; ~ **for** circa, quanto a; ~ **instructed** secondo le istruzioni; ~ **long** ~ finché, per tutto il tempo che; ~ **per** come da: ~ **per advice** come da avviso; ~ **per sample** come da campione; ~ **per your instructions** come da vostre istruzioni; ~ **per your invoice** come da vostra fattura; ~ **regards** per quanto riguarda, quanto a: ~ **regards your proposal** quanto alla vostra proposta; ~ **requested** come da richiesta; ~ **required** quando sarà necessario; ~ **a rule** di regola; ~ **soon** ~ appena, tosto che; ~ **soon** ~ **possible** il più presto possibile; ~ **suggested by you** secondo la vostra proposta; ~ **to** circa, quanto a; ~ **well** anche, pure.
ascend, *v. t.* e *i.* ascendere, salire.
ascendance, *n.* ascendente.
ascending, *a.* ascesa.
ascent, *n.* ascesa.
ascertain, *v. t.* accertare, accertarsi di, constatare.

// to ~ **the extent of the damage** (*ass.*) accertare l'entità del danno; to ~ **the facts** accertare i fatti; to ~ **what really happened** accertarsi di come sono andate le cose.

ascertainable, *a*. accertabile.
ascertainment, *n*. accertamento, constatazione.
ascribable, *a*. ascrivibile.
ascribe, *v. t.* ascrivere.
ashore, *avv*. (*trasp. mar.*) a riva, sulla spiaggia, a terra, in secco. △ **The ship was driven ~** la nave fu spinta sulle secche.
ask[1], *n*. (*Borsa, fin.*) prezzo di vendita. // ~ **for bids** (*comm.*) bando (*o* concorso) di gara d'appalto.
ask[2], *v. t. e i*. ❶ chiedere, domandare. ❷ invitare. △ ❶ ~ **for the manager** chiedi del direttore!; **Did you** ~ **the price?** hai chiesto il prezzo?; **You are asking too much for this article** per questo articolo chiedete troppo; **He asked me $ 1,000 a month as rent for the office building** mi chiese 1.000 dollari al mese di affitto per l'edificio adibito a uffici. // to ~ **sb. about st** chiedere a q. informazioni su qc.; to ~ **after sb.** chiedere notizie di q.; to ~ **a favour of sb.** chiedere un favore a q.; to ~ **for** chiedere: to ~ **(for) advice** chiedere consiglio; to ~ **for references** chiedere referenze; to ~ **for sick-leave** (*pers.*) mettersi in mutua; to ~ **for treatment by one's panel doctor** (*pers.*) mettersi in mutua; to ~ **for trouble** andare in cerca di guai; to ~ **sb. in** invitare q. a entrare; to ~ **a question** fare una domanda (*orale*); to ~ **sb. to lunch (to dinner, etc.)** invitare q. a colazione (a pranzo, ecc.); to ~ **too high a price** (*market.*) chiedere un prezzo troppo alto, esagerare nel prezzo.
aspect, *n*. aspetto.
aspiring, *a*. aspirante.
assault[1], *n*. aggressione, assalto. // ~ **and battery** (*leg.*) vie di fatto.
assault[2], *v. t.* assaltare.
assay[1], *n*. saggio, assaggio (*di metalli preziosi, ecc.*). // ~ **-master** assaggiatore (*chi determina l'ammontare d'oro e d'argento nelle monete*); ~ **office** banco di saggio.
assay[2], *v. t.* saggiare (*metalli preziosi, ecc.*).
assemblage, *n*. (*org. az.*) montaggio.
assemble, *v. t.* ❶ riunire, adunare. ❷ montare (*i pezzi d'una macchina, ecc.*). *v. i.* riunirsi, adunarsi.
assembly, *n*. ❶ assemblea, adunanza, riunione. ❷ montaggio, assemblaggio. // ~ **hall** sala di montaggio; ~ **line** catena di montaggio; ~ **-line technique** tecnica della catena di montaggio; ~ **program** programma d'assemblaggio; ~ **room** sala di riunione; ~ **shop** officina di montaggio.
assent[1], *n*. assenso, approvazione, consenso. // **with one** ~ all'unanimità.
assent[2], *v. i.* assentire, approvare, acconsentire. // to ~ **to a proposal** approvare una proposta.
assert, *v. t.* asserire, affermare, asseverare. // to ~ **a claim** sostenere un diritto; to ~ **one's innocence** (*leg.*) affermare la propria innocenza.
assertion, *n*. asserzione, affermazione, asseverazione. // ~ **under oath** (*leg.*) asseverazione con giuramento.
assert oneself, *v. rifl.* farsi valere, affermarsi, imporsi.
assess, *v. t.* ❶ determinare, stimare, valutare. ❷ (*ass. mar.*) ripartire (*perdite*). ❸ (*fin.*) stabilire il valore imponibile di (*beni mobili o immobili*); censire (*a scopo fiscale*). ❹ (*fin.*) accertare (*un reddito*). ❺ (*fin.*) applicare, fissare (*un'imposta, una multa, ecc.*); tassare. △ ❶ **Damages were assessed at £ 400** i danni furono valutati in 400 sterline; ❺ **The profits of the concern will be assessed under the schedule of income from trade** gli utili dell'azienda saranno tassati come redditi derivanti da attività commerciali; **Each member will be assessed $ 50** ogni socio sarà tassato per 50 dollari. // to ~ **the amount of damages** (*ass.*) determinare l'ammontare dei danni; to ~ **damages after an accident** (*ass.*) accertare i danni dopo un incidente; to ~ **a property** (*fin.*) accertare il reddito derivante da una proprietà; censire una proprietà; **assessed taxes** (*fin.*) imponibile accertato; **assessed value** (*fin.*) valore imponibile.
assessable, *a*. (*fin.*) accertabile, applicabile, determinabile, imponibile, tassabile. // ~ **income** (*fin.*) imponibile; censo (*raro*).
assessment, *n*. ❶ determinazione, stima, valutazione. ❷ giudizio. ❸ (*ass. mar.*) ripartizione (*di perdite*). ❹ (*fin.*) accertamento, estimo. ❺ (*fin.*) imponibile (*fiscale*). ❻ (*fin.*) imposta. ❼ (*fin., USA*) richiamo dei decimi (*sulle azioni sottoscritte*). ❽ **book** (*fin.*) ruolo delle imposte; **an** ~ **of damages** (*ass.*) una stima dei danni; **the** ~ **of a loss** (*ass.*) il regolamento d'un sinistro; (*ass. mar.*) la ripartizione d'una perdita; ~ **on income** (*fin.*) accertamento dei redditi; imposta sul reddito; ~ **on landed property** (*fin.*) imposta fondiaria; **provisional** ~ **of harvests and stocks** bilancio previsivo dei raccolti e delle scorte.
assessor, *n*. ❶ perito, stimatore, valutatore. ❷ funzionario del fisco, agente delle imposte.
asset, *n*. ❶ bene, dono (*fig.*). ❷ qualità, dote (*fig.*). ❸ **assets**, *pl*. (*leg.*) beni. ❹ **assets**, *pl*. (*rag.*) attivo, attività, « avere ». △ ❶ **Health is a great** ~ la salute è un gran dono; ❹ **In English balance-sheets, the assets appear on the right-hand side of the sheet and the liabilities on the left-hand side** nei bilanci inglesi, le attività sono registrate sul lato destro e le passività sul lato sinistro; **In these two years official assets in other forms were reduced** in questi due anni è intervenuta una riduzione degli averi ufficiali sotto altre forme. // **assets and liabilities** (*rag.*) attivo e passivo; **assets brought in** (*fin.*) apporto (*dato a un'azienda*); **assets brought into a business** (*fin.*) apporto a un'azienda; **the assets side** (*rag.*) la colonna delle attività; la parte dell'« avere »; **assets transferred to a company** (*fin.*) apporto a un'azienda; ~ **value** (*Borsa, fin.*) contenuto patrimoniale d'una società (*riferito a un titolo*).
assiduity, *n*. assiduità.
assiduous, *a*. assiduo.
assign[1], *n*. ❶ (*leg.*) avente causa, avente diritto. ❷ (*leg.*) cessionario.
assign[2], *v. t.* ❶ assegnare, attribuire, devolvere. ❷ fissare, stabilire. ❸ incaricare, nominare. ❹ (*leg.*) cedere, trasferire, trasmettere. △ ❷ **Has a day been assigned for the meeting?** è stato fissato il giorno della riunione?; ❹ **The bankrupt must also** ~ **all of his patents to the temporary trustee** il fallito deve pure cedere tutti i suoi brevetti al curatore « ad interim » del fallimento. // to ~ **a bond by endorsement** (*cred., fin.*) trasferire un titolo mediante girata; to ~ **counsel to a defendant** (*leg.*) nominare il difensore d'ufficio per un imputato; to ~ **a day for trial** (*leg.*) fissare il giorno del processo; to ~ **limit** stabilire un limite; to ~ **a pension** assegnare una pensione.
assignable, *a*. ❶ assegnabile, attribuibile. ❷ (*leg.*) cedibile, trasferibile, trasmissibile. △ ❷ **The bill of exchange is par excellence an** ~ **instrument** la cambiale è per eccellenza un titolo di credito trasferibile. // ~ **to several causes** attribuibile a diverse cause.
assignee, *n*. ❶ (*leg.*) avente diritto, avente causa.

assignment

❷ (*leg.*) assegnatario, cessionario, mandatario. // ~ **in bankruptcy** (*leg.*) amministratore dei beni d'un fallito, curatore d'un fallimento.

assignment, *n.* ❶ assegnazione, assegnamento, attribuzione. ❷ compito, incarico, nomina. ❸ (*leg.*) cessione, trasmissione, trasferimento. ❹ (*org. az.*) destinazione (*d'un impiegato a un compito*). // ~ **clause** (*ass.*) clausola di cessione (*per la quale l'assicurato può cedere ad altri i propri diritti verso l'assicuratore*); ~ **of counsel to a defendant** (*leg.*) nomina del difensore d'ufficio per un imputato; ~ **of credit** cessione di credito; ~ **of interest** (*leg.*) cessione d'usufrutto; ~ **of a patent** cessione d'un brevetto; ~ **of property to creditors** (*leg.*) cessione di beni ai creditori; ~ **of share** cessione di quota; ~ **of shares** (*fin.*) trasferimento di azioni.

assignor, *n.* (*leg.*) cedente, mandante.
assimilate, *v. t.* assimilare.
assimilation, *n.* assimilazione.
assist, *v. t.* assistere, aiutare, soccorrere. // to ~ **sb. in doing st.** aiutare q. a fare qc.; to ~ **a ship in distress** soccorrere una nave in pericolo; to ~ **sb. with a task** assistere q. in un lavoro.

assistance, *n.* assistenza, aiuto, contributo, concorso, soccorso. △ **Can I be of any ~ to you?** posso esserLe di aiuto? // ~ **to a ship in distress** soccorso a una nave in pericolo.

assistant, *n.* (*pers.*) assistente, collaboratore. // ~ **accountant** (*pers.*) aiuto contabile; ~ **cashier** (*pers.*) cassiere in sott'ordine; ~ **editor** (*giorn., pers.*) vicedirettore; ~ **executive editor** (*giorn., pers.*) vice redattore capo; ~ **manager** (*pers.*) vicedirettore; ~ **manageress** (*pers.*) vicedirettrice; ~ **member of a committee** membro aggiunto di un comitato; ~ **secretary** (*pers.*) vicesegretario, vicesegretaria; ~ **station master** (*pers., trasp. ferr.*) vicecapostazione; ~ **to the managing director** (*pers.*) assistente del consigliere delegato.

assizes, *n. pl.* (*leg.*) assise. // **the Assize Court of London** l'Assise di Londra.

associate[1], *a.* associato. // ~ **editor** (*giorn., pers.*) condirettore; ~ **in business** collaboratore in affari; ~ **judge** (*leg.*) giudice «a latere»; ~ **professor** professore associato.

associate[2], *v. t.* associare. *v. i.* associarsi. // to ~ **oneself with sb. in a business undertaking** associarsi con q. in un'impresa commerciale.

associated, *a. e n.* collegato. // ~ **company** (*fin.*) società collegata (*società che ha in comune con un'altra tutti i membri del consiglio d'amministrazione o parte di essi*); ~ **in business** che collabora in affari.

association, *n.* ❶ associazione. ❷ collegamento. // ~ **agreements** accordi d'associazione; **the ~ of fashion with industrial reality** (*market.*) il collegamento della moda con la realtà industriale.

assorted, *a.* assortito.
assortment, *n.* (*market.*) assortimento.
assume, *v. t.* ❶ assumere, presumere, supporre, accettare. ❷ fingere, pretendere. △ ❶ **He was assumed as a partner** fu accettato come socio; **I cannot ~ his innocence before hearing the evidence against him** non posso presumere la sua innocenza prima d'aver udito le prove a suo carico; **assuming this to be true ...** supponendo che ciò sia vero ... // to ~ **a debt** assumere un debito; to ~ **the direction of a business** assumere la direzione d'un'azienda; to ~ **a new name** assumere un nome nuovo; to ~ **office** assumere una carica; to ~ **personal responsibility** assumersi la responsabilità; to ~ **a right** (*leg.*) arrogarsi un diritto.

assuming, *a.* presuntuoso.
assumption, *n.* ❶ assunzione, presunzione, supposizione, accettazione. ❷ finzione, pretesa. △ ❶ **There has been a delay in the ~ of his new position** c'è stato un ritardo nell'assunzione della sua nuova carica; **Your ~ has proved wrong** la tua supposizione s'è dimostrata errata. // **the ~ of an obligation** l'accettazione di un obbligo; ~ **of ownership** (*leg.*) entrata in possesso (*d'un bene*); **the ~ of power** l'assunzione del potere; ~ **of risks** (*ass.*) assunzione di rischi; **with an ~ of indifference** con un'aria d'indifferenza.

assurable, *a.* (*USA, o sulla vita*) assicurabile.
assurance, *n.* ❶ assicurazione. ❷ certezza, sicurezza. ❸ (= **self-assurance**) sicumera. ❹ (*ass.*) assicurazione (*USA o, per lo più, sulla vita*). // ~ **company** (*ass.*) compagnia d'assicurazioni; ~ **of manner** sicurezza di modi; ~ **policy** (*ass.*) polizza d'assicurazione.

assure, *v. t.* ❶ assicurare. ❷ rassicurare. ❸ (*ass.*) assicurare (*USA o, per lo più, sulla vita*). △ ❶ **I tried to ~ him that there was no danger** cercai di rassicurarlo che non c'era alcun pericolo. // to ~ **one's life** fare un'assicurazione sulla vita.

assured, *a.* ❶ assicurato. ❷ sicuro. ❸ (*ass.*) assicurato. **the ~**, *n.* l'assicurato (*USA o, per lo più, sulla vita*). // **an ~ income** un reddito sicuro.

assure oneself, *v. rifl.* assicurarsi.
assurer, *n.* (*ass.*) assicuratore (*specialm. USA*).
astern, *avv.* ❶ (*trasp. mar.*) a poppa. ❷ (*trasp. mar.*) indietro.

astute, *a.* astuto.
at, *prep.* ❶ (*stato in luogo e tempo*) a. ❷ (*prezzo*) a. △ ❶ **The goods will be ~ Milan station tomorrow ~ 11 A.M.** la merce sarà alla stazione di Milano domani mattina alle 11; ❷ **This article sells ~ £ 10** questo articolo si vende a 10 sterline. // ~ **large** (*leg.*) latitante.

Atlantic liner, (*trasp. mar.*) transatlantico.
attach, *v. t. e i.* ❶ attaccare. ❷ allegare, accludere. ❸ annettere, attribuire. ❹ decorrere, aver effetto. ❺ (*leg.*) sequestrare, pignorare. △ ❶ **No suspicion attaches to you** siete al di sopra di ogni sospetto; **It is understood that no responsibility attaches to us for the information herein contained** resta inteso che ci riteniamo sollevati da ogni responsabilità per le informazioni qui contenute; ❹ **The insurance has ceased to ~** l'assicurazione ha cessato d'avere effetto; **An ancient law attached in that case** in quel caso aveva effetto un'antica disposizione di legge; ❺ **Part of his salary was attached by his creditors** una parte del suo stipendio fu pignorata dai suoi creditori. // to ~ **demurrage** (*trasp. mar.*) far decorrere le controstallie; to ~ **a document to a letter** allegare un documento a una lettera; to ~ **much importance to st.** attribuire grande importanza a qc.; to ~ **the price tags on each article** attaccare a ogni articolo il cartellino del prezzo; to ~ **to** riferirsi a, essere attribuito a.

attachable, *a.* (*leg.*) sequestrabile, pignorabile.
attaché, *n.* addetto (*nella carriera diplomatica*). // ~ **case** borsa per documenti.
attached, *a.* (*comm.*) accluso, annesso.
attachment, *n.* ❶ attaccamento, legame. ❷ attacco (*di un apparecchio*). ❸ (*leg.*) decorrenza. ❹ (*leg.*) pignoramento, sequestro conservativo. ❺ (*trasp. mar.*) talloncino (*allegato a una polizza di carico*). △ ❶ **The ~ of the insurance has ceased** l'assicurazione ha cessato d'avere effetto; ❺ **The ~ stuck on a bill of lading is related to a special clause** il talloncino incollato su una polizza di carico si riferisce a una clausola speciale. // ~ **of real property** (*leg.*) sequestro immobiliare; ~

of the risk (*ass.*) decorrenza della copertura del rischio; ~ **to one's firm** (*pers.*) attaccamento alla propria ditta.

attack[1], *n.* attacco, penetrazione. △ **In refrigerators and washing-machines there has been a strong Italian ~ on the markets of the other Member Countries** nel settore dei frigoriferi e delle lavatrici c'è stata una penetrazione italiana sui mercati degli altri Paesi Membri. // **a strong ~ on the board's policy** un poderoso attacco alla politica del consiglio d'amministrazione.

attack[2], *v. t.* attaccare. // **to ~ the chairman's proposals** attaccare le proposte del presidente.

attain, *v. t.* conseguire, raggiungere. // **to ~ one's object** (*o* **end** *o* **purpose**) raggiungere il proprio scopo (*o* fine); **to ~ objectives** raggiungere gli obiettivi.

attainable, *a.* conseguibile.

attainment, *n.* ❶ conseguimento, raggiungimento. ❷ **attainments**, *pl.* preparazione, cognizioni. △ ❷ **He is a man of the highest attainments** è un uomo che ha una grande preparazione. // **the ~ of an internal market** (*econ.*) l'attuazione d'un mercato interno.

attempt, *n.* tentativo, sforzo.

attend, *v. t. e i.* ❶ frequentare, presenziare, intervenire a (*una riunione, ecc.*). ❷ curare, provvedere, occuparsi di. △ ❶ **The meeting was well attended** c'era molta gente alla riunione. // **to ~ a board meeting** presenziare a una riunione del consiglio d'amministrazione; **to ~ secondary school** frequentare la scuola secondaria; **to ~ strictly to business** occuparsi solo d'affari; **to ~ to a case** (*leg.*) occuparsi d'una causa; **to ~ to the collection of a bill** (*cred.*) curare l'incasso d'una cambiale; **to ~ to the correspondence** occuparsi della corrispondenza; **to ~ to sb.'s orders with the utmost care** curare le ordinazioni di q. con la massima attenzione; **to ~ to the wants of customers** provvedere alle necessità dei clienti; **to ~ to what sb. is saying** ascoltare quello che q. dice; **to ~ to one's work** badare al proprio lavoro; **to ~ a trial** assistere a un processo.

attendance, *n.* frequenza, presenza (*sul posto di lavoro, ecc.*). // ~ **at school** frequenza scolastica; ~ **book** registro delle presenze; ~ **-check** (*pers.*) gettone di presenza; ~ **fee** (*pers.*) gettone di presenza (*il compenso*); ~ **in Court** (*leg.*) comparizione in giudizio; ~ **money** (*sind.*) salario corrisposto a personale con mansioni non continuative; ~ **sheet** (*pers.*) foglio delle presenze.

attendant, *n.* ❶ addetto, inserviente. ❷ accompagnatore. ❸ **attendants**, *pl.* personale (*d'un negozio, ecc.*). *a.* connesso (*con*), inerente (*a*). // ~ **of call office** (*comun., pers.*) telefonista.

attention, *n.* attenzione. △ **We recommend our draft to your ~** vogliate riservare una buona accoglienza alla nostra tratta. // « ~ **of Mr X. Y.** » all'attenzione di Mr X. Y. ».

attentive, *a.* attento.

attenuate, *v. t.* attenuare.

attenuation, *n.* attenuazione.

attest, *v. t.* ❶ attestare. ❷ (*leg.*) autenticare, vidimare. // **to ~ a fact** attestare un fatto; **to ~ a signature** (*leg.*) autenticare una firma; **attested copy** copia vidimata, copia autentica (*d'un documento*).

attestable, *a.* attestabile.

attestation, *n.* attestazione.

attested, *a.* (*leg.*) autentico. // ~ **affidavit** (*leg.*) atto notorio (*o* di notorietà).

attitude, *n.* atteggiamento. △ **We must maintain a firm ~** dobbiamo mantenere un atteggiamento fermo. // ~ **survey** (*pers.*) rilevazione degli atteggiamenti (*dei dipendenti di un'azienda*); sondaggio di morale aziendale.

attorney, *n.* ❶ (*leg.*) procuratore, mandatario. ❷ (*leg., USA*) avvocato (*cfr. ingl.* **solicitor**). // ~ **-at-law** (*leg.*) procuratore legale, avvocato; ~ **General** Procuratore Generale; (*USA*) Procuratore Generale (*Ministro della Giustizia*); ~**'s office** (*leg.*) procura (*ufficio di procuratore*).

attract, *v. t.* attrarre, attirare. △ **The first step in advertising is to ~ the attention of the prospective customer** la prima fase del processo pubblicitario è d'attirare l'attenzione del probabile cliente.

attraction, *n.* attrazione.

attributable, *a.* attribuibile.

attribute[1], *n.* attributo.

attribute[2], *v. t.* attribuire.

attribution, *n.* attribuzione.

attrition, *n.* (*econ.*) attrito (*anche fig.*).

auction[1], *n.* asta pubblica, incanto, licitazione. △ **The ~ is withdrawn** l'asta è rientrata. // ~ **room** sala delle vendite all'asta; ~ **-sale** vendita all'asta, licitazione, incanto.

auction[2], *v. t.* vendere all'asta. // **to ~ st. off** vendere all'asta qc.; (*leg., USA*) appaltare qc.

auctioneer, *n.* banditore (*di vendita all'asta*).

audience, *n.* ❶ uditorio, pubblico (*di lettori o ascoltatori*). ❷ udienza. △ ❶ **A radio advertisement may have an ~ of tens of millions** un programma pubblicitario radiofonico può avere un uditorio di decine di milioni di persone. // ~ **hall** sala delle udienze.

audimeter, *n.* (*pubbl.*) audimetro.

audio-visual means, *n. pl.* (*pubbl.*) mezzi audiovisivi.

audit[1], *n.* (*amm., org. az., rag.*) controllo, revisione, verifica dei conti, revisione contabile. // ~ **board** commissione di controllo dei conti; ~ **committee** comitato di controllo dei conti.

audit[2], *v. t.* (*amm., org. az., rag.*) controllare, verificare (*i conti*). △ **In Britain, all the accounts prepared by the various Departments are audited by the Comptrolier and Auditor-General** in Gran Bretagna, tutta la contabilità dei vari Dicasteri è controllata e verificata dal « Controllore e Revisore Generale dei Conti ». // **to ~ an account** (*fin., leg.*) verificare un conto e certificarne l'esattezza; **to ~ the cash in hand** (*rag.*) fare un controllo di cassa.

auditing, *n.* ❶ (*amm., rag.*) revisione contabile (*dei conti d'un ente pubblico, d'un ministero, ecc.*). ❷ (*org. az., rag.*) revisione contabile (*dei conti d'un'azienda*: eseguita da professionisti specializzati che svolgono le funzioni attribuite in Italia al collegio dei sindaci). △ ❶ **In the U.S.A., the ~ of the Federal accounts is in the charge of the office of the Comptroller General** negli Stati Uniti, la revisione dei conti del Governo federale è affidata all'ufficio del « Controllore Generale »; **In Italy, the body charged with the final ~ of the public accounts is called « Corte dei Conti »** in Italia l'organismo incaricato, in ultima istanza, della revisione della contabilità pubblica si chiama Corte dei Conti.

auditor, *n.* ❶ uditore. ❷ (*amm., org. az., rag.*) controllore dei conti, revisore contabile, verificatore, sindaco. // **auditors' committee** collegio dei revisori contabili; ~ **-General** (*amm., rag.*) « Revisore Generale dei Conti » (*in G.B.*); ~ **opinion on fairness of balance-sheet presentation** (*org. az., rag.*) certificazione di bilancio; **auditors' report** relazione dei revisori contabili.

auditorial, *a.* (*fin.*) (*di sindaco di società*) sindacale.

auditorship, *n.* (*amm., org. az., rag.*) ufficio di revisore dei conti.

augment, *v. t. e i.* aumentare, accrescere, crescere.

augmentation

// to ~ **one's income by working overtime** aumentare le proprie entrate facendo del lavoro straordinario.

augmentation, *n.* aumento.

austerity, *n.* (*econ.*) austerità. // ~ **programme** programma d'austerità.

autarchic, *a.* (*econ.*) autarchico.

autarchical, *a.* (*econ.*) autarchico.

autarchy, *n.* (*econ.*) autarchia.

autarky, *n.* (*econ.*) autarchia.

authentic, *a.* autentico. // **an ~ signature** una firma autentica.

authenticate, *v. t.* (*leg.*) autenticare, legalizzare, vidimare. // to ~ **a certificate** (*leg.*) autenticare un certificato; to ~ **a signature** legalizzare una firma; **authenticated copy of a document** copia autentica d'un documento.

authentication, *n.* (*leg.*) autenticazione, legalizzazione, vidimazione.

authenticity, *n.* autenticità.

author, *n.* autore. // ~'s **lending right** tassa corrisposta agli autori dalle biblioteche circolanti per i libri dati in lettura (*in sostituzione del mancato introito per diritti d'autore*).

authoritative, *a.* ❶ autorevole. ❷ autoritario. // **from an ~ source** da fonte autorevole.

authority, *n.* ❶ autorità, potere, facoltà. ❷ autorizzazione. ❸ ente (*pubblico o parastatale*). △ ❶ **Only the treasurer has ~ to make payments** soltanto il tesoriere ha la facoltà d'effettuare pagamenti; ❷ **He has my ~ to do it** ha la mia autorizzazione a fare ciò; ❸ **Each of the States has its own local authorities** ognuno degli Stati (*in U.S.A.*) ha i suoi propri enti locali. // **the Atomic Energy ~** l'Ente per l'Energia Atomica (*Euratom*); **by ~** d'autorità; **the health authorities** il servizio d'igiene; **to be in ~** comandare: **Who is in ~ here?** chi comanda qui?; **the (public) authorities** i pubblici poteri; **the Tennessee Valley ~** l'Ente per la Vallata del Tennessee.

authorization, *n.* autorizzazione. // ~ **for the duty-free reimport of returned goods** (*dog.*) autorizzazione delle reimportazioni in franchigia di merci in precedenza esportate; ~ **to proceed** (*leg.*) autorizzazione a procedere.

authorize, *v. t.* ❶ autorizzare. ❷ autorizzare la spesa di. △ ❶ **$ 1,000,000 was authorized for the new bridge** fu autorizzata la spesa d'un milione di dollari per il nuovo ponte. // to ~ **the payment of travelling expenses** autorizzare il pagamento delle spese di viaggio; to ~ **the spending of £ 100,000 on new premises** autorizzare la spesa di 100.000 sterline per una nuova sede.

authorized, *a.* autorizzato. // ~ **act** atto autorizzato; atto d'ordinaria amministrazione; ~ **capital** (*fin.*) capitale nominale; ~ **clerk** (*Borsa*) impiegato autorizzato a entrare nei locali della Borsa (*ma che non può trattare titoli nei recinti riservati agli agenti e ai « jobbers »*); ~ **share capital** (*fin.*) V. ~ **stock**; ~ **stock** (*fin.*) capitale massimo emissibile da una società per azioni (*parte delle azioni può essere emessa anche in seguito alla costituzione della società*).

auto-, *pref.* auto-. // ~ **-rally** autoraduno.

autograph, *n.* autografo. // ~ **book** (*banca*) libro delle firme (*dei clienti*).

automat, *n.* ristorante « automatico ».

automate, *v. t.* (*org. az.*) automatizzare. // to ~ **production lines** (*org. az.*) automatizzare le catene di produzione.

automatic, *a.* automatico. // ~ **balance** equilibrio automatico; ~ **bookkeeping machine** (*macch. uff.*) macchina contabile automatica; ~ **check-off** (*sind.*) trattenuta automatica (*dei contributi sindacali: sulla paga*); ~ **computer** (*elab. elettr.*) calcolatore automatico; ~ **control** (*elab. elettr.*) comando automatico; ~ **controller** (*elab. elettr.*) apparecchio di comando automatico; ~ **coverage** (*ass.*) copertura automatica (*in base alla quale il capitale assicurato varia col variare del valore dei beni assicurati*); ~ **data processing** (*elab. elettr.*) elaborazione automatica dei dati; ~ **exchange** (*comun.*) centralino automatico; ~ **pay increase** (*pers.*) aumento automatico del salario, scatto di stipendio; ~ **programming** programmazione automatica; ~ **saving** risparmio automatico (*fatto da un percettore di alti redditi*); ~ **selling** vendita mediante distributori automatici; ~ **stabilizer** (*econ.*) stabilizzatore automatico; ~ **termination of cover** (*ass. mar.*) cessazione automatica della copertura (*clausola per cui la copertura rischi viene automaticamente a cessare in caso di guerra: introdotta dal Lloyd di Londra nel 1959*); ~ **vendor** distributore automatico; ~ **wage adjustment** (*econ., org. az.*) aggiustamento automatico dei salari.

automatically, *avv.* automaticamente.

automation, *n.* automazione.

automatism, *n.* automatismo.

automatization, *n.* automatizzazione.

automatize, *v. t.* automatizzare.

automaton, *n.* (*pl.* **automata** *e reg.*) automa.

automobile, *n.* (*USA*) automobile. // ~ **mechanic** meccanico (*d'automobili*).

autonomous, *a.* autonomo. // ~ **investment** (*fin., rag.*) investimento autonomo; ~ **variable** (*mat.*) variabile autonoma.

autonomy, *n.* autonomia.

auxiliary, *a.* ausiliario, ausiliare, strumentale. // ~ **boat** (*trasp. mar.*) imbarcazione con motore ausiliare; ~ **capital** (*econ., fin.*) capitale strumentale; ~ **goods** (*econ., fin.*) beni strumentali.

avail[1], *n.* utile netto.

avail[2], *v. i.* essere utile, servire (*a qc.*). △ **Money does not ~ on a desert island** il denaro non serve a nulla in un'isola deserta.

availability, *n.* ❶ disponibilità. ❷ validità. // ~ **of capital** (*fin.*) disponibilità di capitali; ~ **of finance** (*fin.*) possibilità finanziarie; **the ~ of return tickets** la validità dei biglietti d'andata e ritorno.

available, *a.* ❶ disponibile, utilizzabile. ❷ valevole, valido. ❸ (*trasp.*) (*di posto a sedere*) libero. △ ❶ **This credit is ~ up to June 30th 1974** questo credito è utilizzabile fino al 30 giugno 1974; ❷ **This ticket is ~ for a week** questo biglietto è valido per una settimana. // **the ~ assets** (*rag.*) le disponibilità; ~ **audience** (*pubbl.*) ascoltatori potenziali; ~ **funds** fondi disponibili, fondi liquidi; **the ~ funds** (*rag.*) le disponibilità; ~ **machine time** (*cronot.*) tempo disponibile di macchina; ~ **stocks** (*market.*) giacenze disponibili.

availment, *n.* utilizzazione; utilizzo (*d'un credito*).

avail oneself of, *v. rifl.* valersi di, approfittare di (*qc.*). // to ~ **every opportunity to advertise one's goods** approfittare d'ogni occasione per fare pubblicità alla propria merce; to ~ **a right** (*leg.*) valersi di un diritto.

average[1], *a.* medio. *n.* ❶ (*ass. mar.*) avaria. ❷ (*mat., stat.*) media. △ *n.* ❶ **In marine insurance, the proportionate contribution to be made by all parties concerned – the shipowner, the cargo-owner and the charterer – is known as « ~ »** nell'assicurazione marittima, il contributo proporzionale da effettuarsi da parte di tutti gli interessati – l'armatore, il proprietario del carico e il noleggiatore – è noto come « avaria »; **The following goods are warranted free from ~, unless gen-**

eral, or the ship be stranded si stipula che le seguenti merci sono libere da avaria, a meno che si tratti di avaria generale, o che la nave si areni; **All other goods, also the ship and freight, are warranted free from ~ under five pounds per cent, unless general, or the ship be stranded** tutte le altre merci sono dichiarate libere da avaria (*cioè, scoperte*) al di sotto del 5%, e così pure la nave e il nolo, salvo il caso d'avaria generale, o che la nave s'areni. ∥ ~ **adjuster** (*ass. mar.*) liquidatore d'avaria; ~ **adjustment** (*ass. mar.*) liquidazione d'avaria; ~ **adjustor** (*ass. mar.*) liquidatore d'avaria; ~ **age** età media; ~ **annual increase** (*stat.*) incremento medio annuo; ~ **bill** (*ass. mar.*) conteggio d'avaria; ~ **bond** (*ass. mar.*) buono (*o* obbligazione) d'avaria; ~ **clause** (*ass. mar.*) clausola d'avaria; ~ **cost** (*econ.*) costo medio; ~ **damage** (*ass. mar.*) danni d'avaria; ~ **due date** (*rag.*) data media nella quale pagamenti a scadenze diverse possono essere liquidati; ~ **error** errore medio; ~ **expenses** (*ass. mar., trasp. mar.*) spese d'avaria; ~ **income** (*econ.*) reddito medio; **the** ~ **life** la vita media; ~ **payment** (*ass. mar., trasp. mar.*) dividendo d'avaria; ~ **price** (*econ.*) prezzo medio; ~ **statement** (*ass. mar.*) certificato (di liquidazione) d'avaria, liquidazione d'avaria; ~ **stater** (*ass. mar.*) liquidatore d'avaria; ~ **stock** (*market.*) giacenza media; ~ **surveyor** (*ass. mar.*) perito d'avaria; ~ **taker** (*ass. mar.*) liquidatore d'avaria; ~ **tare** tara media; **above the** ~ sopra la media; **below the** ~ sotto la media; **on an** ~ in media; **up to the** ~ pari alla media.

average^2, *v. t. e i.* ❶ (*mat., stat.*) fare la media di. ❷ (*mat., stat.*) fare una media. ❸ (*mat., stat.*) ammontare a una media di. ❹ (*rag.*) ripartire in modo proporzionale. △ ❶ **If you** ~ **4, 5 and 9, you get 6** se fate la media di 4, 5 e 9, ottenete 6; ❷ **There are people who** ~ (*o* ~ **up**) **after a sharp rise or a heavy fall in the price of shares** vi sono persone che fanno una media dopo un forte rialzo o un grave ribasso del prezzo delle azioni; ❸ **Losses will** ~ **£ 10,000 a year** le perdite ammonteranno in media a 10.000 sterline l'anno. ∥ **to** ~ **eight hours a day** fare in media otto ore al giorno (*di lavoro, di studio, ecc.*); **to** ~ **a loss** (*ass. mar.*) ripartire una perdita in modo proporzionale; **to** ~ **out** essere in media: **The gain averaged out to 15 per cent** il guadagno medio fu del 15 per cento; **to** ~ **purchases** fare una media del prezzo degli acquisti; **to** ~ **sales** fare una media del prezzo delle vendite; **to** ~ **300 miles a day** fare in media 300 miglia al giorno.

averager, *n.* (*Borsa, market.*) chi fa una media.

averaging, *a.* che fa una media di. *n.* ❶ (*Borsa, market.*) acquisto o vendita (*in un momento d'andamento svantaggioso dei prezzi*) al fine di rendere minime le perdite. ❷ (*rag.*) ripartizione proporzionale. ∥ ~ **account** (*rag.*) conto di ripartizione.

aviation, *n.* aviazione.

aviator, *n.* aviatore.

avoid, *v. t.* ❶ evitare, sottrarsi a, sfuggire a. ❷ (*fin.*) evitare (*le tasse*); sottrarsi a (*il fisco*). ❸ (*leg.*) rescindere, annullare. ∥ **to** ~ **an accident** evitare un incidente; **to** ~ **arrest** (*leg.*) sfuggire all'arresto; **to** ~ **a contract** (*leg.*) rescindere un contratto.

avoidable, *a.* ❶ evitabile. ❷ (*leg.*) annullabile, rescindibile. △ ❷ **A marriage under compulsion is** ~ un matrimonio sotto costrizione è annullabile. ∥ ~ **delay** ritardo evitabile.

avoidance, *n.* ❶ l'evitare. ❷ (*leg.*) annullamento, rescissione. ∥ ~ **clause** (*leg.*) clausola risolutiva; ~ **of taxation** (*fin.*) l'evitare di pagare le tasse.

avoirdupois, *n.* « avoirdupois » (*sistema di pesi inglesi, la cui unità è la libbra*).

await, *v. t.* attendere. △ **I am awaiting your instructions** resto in attesa di vostre istruzioni; **awaiting your kind reply ...** in attesa d'una vostra cortese risposta ...; **awaiting to hear from you as soon as possible ...** in attesa d'un vostro sollecito riscontro ... ∥ « **to** ~ **arrival** » (*comun.*) « fermo posta ».

awaited, *a.* atteso.

award^1, *n.* ❶ aggiudicazione, assegnazione. ❷ (*leg.*) sentenza d'un arbitro, giudizio arbitrale, lodo arbitrale. ❸ (*leg.*) sentenza d'un giudice. ∥ **the** ~ **of a contract** l'aggiudicazione d'un contratto.

award^2, *v. t.* assegnare, aggiudicare. △ **The judge awarded me £ 100 as damages** il giudice mi assegnò 100 sterline come risarcimento di danni. ∥ **to be awarded a prize** (*pers.*) ricevere un premio.

awardable, *a.* assegnabile, aggiudicabile.

away, *avv.* via.

ax, *n.* (*slang USA*) licenziamento.

axis, *n.* (*pl.* **axes**) (*mat.*) asse.

B

babbitt, *n.* (*slang USA*) tipico uomo d'affari americano.
baby, *n.* bambino. // ~ **bond** (*fin., USA*) obbligazione del valore nominale di 10, 25 o 50 dollari; ~ **boom** (*stat.*) boom delle nascite; ~ **car** automobile utilitaria.
back[1], *n.* dorso, schiena, retro, tergo, verso, spalle (*fig.*). *a. attr.* ❶ posteriore. ❷ arretrato. ❸ scaduto. *avv.* indietro. △ *n.* **The endorsement is put on the ~ of the bill** la girata s'effettua sul dorso della cambiale; **See on the ~** vedasi a tergo; **He knows that he has the manager at his ~** egli sa bene d'avere il direttore alle sue spalle (*cioè, d'essere appoggiato dal direttore*). // ~ **-bond** (*leg.*) ipoteca; ~ **copy of a newspaper** (*giorn.*) copia arretrata d'un giornale; ~ **door** porta posteriore, porta di servizio; ~ **-door financing** (*fin.*) finanziamento d'attività del Governo Federale (*in U.S.A.*), fatto senza passare attraverso la trafila delle autorizzazioni del Congresso; ~ **-door trade** (*leg.*) commercio illegale; ~ **file** (*attr. uff.*) archivio degli arretrati; ~ **freight** (*trasp. mar.*) spese di nolo impreviste, soprannolo: **The additional expenses incurred when the consignee fails to take delivery of the goods at the port of destination are known as «~ freight»** le spese aggiuntive che s'incontrano quando il ricevitore non prende in consegna la merce al porto di destinazione vanno sotto il nome di « soprannolo »; ~ **number** (*giorn.*) numero arretrato; **the ~ of a bill of exchange** il verso d'una cambiale; **the ~ of a cheque (of a bill of lading, etc.)** il verso d'un assegno (di una polizza di carico, ecc.); **the ~ of an envelope** il verso di una busta; ~ **office** (*org. az.*) ufficio privato; ~ **order** ordinazione inevasa; ~ **pay** (*org. az., pers.*) arretrati (*del salario*); ~ **rent** affitto arretrato; ~ **-shop** (*market.*) retrobottega; ~ **-shunt** (*trasp. ferr.*) regresso; ~ **spread** (*fin.*) (*nelle operazioni d'arbitraggio*) condizione che si verifica quando la differenza di prezzo per la stessa merce o per lo stesso titolo in due mercati è minore del normale; ~ **-to-work injunction** (*sind.*) ingiunzione di riprendere il lavoro.
back[2], *v. t.* ❶ appoggiare. ❷ (*cred.*) sostenere. ❸ (*leg.*) patrocinare. ❹ (*leg.*) avallare, garantire. // **to ~ a bill** avallare una cambiale, garantire una cambiale; **to ~ down** (*leg.*) recedere, rinunziare a un diritto; **to ~ out of a bargain** ritirarsi da un affare; **to ~ a plan** sostenere un progetto; **to ~ sb. up** appoggiare q.
backdate, *v. t.* retrodatare.
backed, *a.* (*cred.*) avallato, garantito. // ~ **bills** (*cred.*) cambiali avallate; ~ **currency** (*econ., fin.*) moneta garantita; ~ **-note** (*trasp. mar.*) permesso d'imbarco.
backer, *n.* ❶ sostenitore. ❷ (*cred.*) avallante. // **the ~ of a bill of exchange** l'avallante d'una cambiale.
background, *n.* ❶ ambiente. ❷ (= **economic background**) congiuntura. △ ❷ **In France and in Italy the ~ of budget operations was different from that in the Benelux Countries and Germany** in Francia e in Italia, le operazioni di bilancio s'inquadravano in una congiuntura differente da quella dei Paesi del Benelux e della Germania. // **the ~ in a business report** i precedenti in una relazione d'affari.

backing, *n.* ❶ appoggio, seguito. ❷ (*fin.*) copertura (*d'un'emissione di banconote*).
backlog, *n.* ❶ arretrato (*di lavoro o affari*). ❷ ordinazioni inevase. ❸ (*slang USA*) fondo di riserva. // ~ **of demand** (*econ.*) riserva di domanda; ~ **of unfilled orders** elenco delle ordinazioni inevase.
backsliding, *n.* (*Borsa*) scivolata, scivolamento.
backtracking, *n.* (*sind.*) politica in base alla quale, quando si deve ridurre la manodopera, si preferiscono tenere i dipendenti con maggiore anzianità.
backward, *a.* arretrato. // ~ **call** (*trasp. mar.*) scalo (fatto da una nave durante il viaggio) di ritorno; **a ~ Country** un Paese arretrato; ~ **economies** economie arretrate; ~ **industries** (*econ.*) industrie arretrate; ~ **method** (*rag.*) metodo retrogrado o indiretto (*usato per il calcolo degli interessi dei conti correnti fruttiferi*); ~ **shifting of tax** (*fin.*) traslazione dell'imposta a un fornitore o a un dipendente, traslazione all'indietro.
backwardation, *n.* (*Borsa, fin.*) deporto, premio del deporto. // ~ **fee** tasso del deporto; ~ **rate** tasso del deporto.
backwardization, *n.* (*Borsa, fin.*) deporto.
backwardized, *a.* (*Borsa, fin.*) a deporto. // ~ **stock** (*o* **shares**) titoli a deporto.
backwards, *avv.* all'indietro. // **«~ and/or forwards»** (*trasp. mar.*) « indietro e/o avanti » (*clausola che consente alla nave di fare scalo in qualsiasi porto intermedio*).
bad, *a.* brutto, cattivo, grave. *avv.* male. △ *avv.* **Business is ~** gli affari vanno male. // **a ~ accident** un incidente grave; **a ~ blunder** un grosso errore; **a ~ business** (*fam.*) un brutto affare; **a ~ certificate** un certificato irregolare; **a ~ cheque** un assegno a vuoto; **a ~ coin** una moneta falsa; **a ~ debt** (*cred.*) un credito inesigibile, un credito di dubbia esigibilità; ~ **debts reserve** (*rag.*) ammortamento dei crediti inesigibili; ~ **delivery of the goods** consegna della merce in cattivo stato; ~ **faith** (*leg.*) malafede; **a ~ job** (*fam.*) un brutto affare; **a ~ mistake** un grave errore; ~ **news** cattive notizie; **a ~ speculation** (*fin.*) una cattiva speculazione; ~ **standing** basso tenore di vita; ~ **stowage** (*trasp. mar.*) stivaggio difettoso; **a ~ title** (*leg.*) un titolo di proprietà non valido; ~ **weather** brutto tempo, tempo cattivo, intemperie, maltempo; **to be in a ~ way** essere a mal partito; **to the ~** in perdita; (*rag.*) in passivo: **As the result of the deal, I am £ 200 to the ~** nell'affare ci ho rimesso 200 sterline.
badly, *avv.* ❶ male. ❷ molto. // **a ~ made article** un articolo confezionato male; **to be ~ off** passarsela male (*finanziariamente*), essere giù a quattrini.
baffling wind, *n.* (*trasp. mar.*) vento variabile.
bag, *n.* sacco, borsa. // ~ **and baggage** (*fig.*) armi e bagagli; **bags of money** (*fig.*) soldi a palate; **in the ~** (*fam.*) nel sacco, sicuro: **His nomination is in the ~** la sua nomina è sicura.
baggage, *n.* (*trasp., USA*) bagaglio. // ~ **-check** (*trasp.*) scontrino del bagaglio; ~ **-rack** (*trasp. ferr., USA*) portabagagli (*arnese per appoggiarvi valigie, ecc.*);

~ -rooms (*trasp. mar.*) bagagliere (*compartimento riservato al deposito dei bagagli*).

bagman, *n.* (*pl.* **bagmen**) (*pers.*) commesso viaggiatore.

bail[1], *n.* ❶ (*leg.*) cauzione. ❷ (*leg.*) garanzia, fideiussione. ❸ (*leg.*) garante. △ ❶ **The judge refused** ~ il giudice non concesse la libertà provvisoria sotto cauzione; **The judge released him on** ~ il giudice lo mise in libertà provvisoria sotto cauzione; ❸ **I'll go** ~ **for that** (*fam.*) me ne rendo garante io. ∥ ~ **-bond** (*leg.*) cauzione; ~ **-out** (*fin.*) pagamento di alti dividendi sui fondi d'una società (*per evitare una forte tassazione*); **to be out on** ~ (*leg.*) essere in libertà provvisoria (*dopo aver pagato la cauzione*); **release on** ~ (*leg.*) rilascio sotto cauzione.

bail[2], *v. t.* ❶ (*leg.*) cauzionare. ❷ (*leg.*) depositare (*merci: a garanzia*). ∥ **to** ~ **sb. out** (*leg.*) ottenere la scarcerazione di q. sotto cauzione; (*slang USA*) aiutare finanziariamente q. (*che si trova nei guai*).

bailee, *n.* ❶ (*leg.*) depositario (*di merci: a garanzia*). ❷ (*leg.*) comodatario.

bailer, *n.* ❶ (*leg.*) depositante (*di merci: a garanzia*). ❷ (*leg.*) comodante.

bailiff, *n.* ❶ fattore (*d'una grande tenuta*). ❷ (*leg.*) ufficiale giudiziario. ❸ (*pers.*) usciere di tribunale.

bailment, *n.* ❶ (*leg.*) cauzione, garanzia. ❷ (*leg.*) deposito a garanzia (*in genere*). ❸ (*leg.*) pegno di merci, denaro o altri valori. ❹ (*leg.*) comodato.

bailor, *n.* ❶ (*leg.*) depositante (*di merci: a garanzia*). ❷ (*leg.*) comodante.

bailsman, *n.* (*pl.* **bailsmen**) (*leg.*) garante (*chi offre cauzione per q.*).

balance[1], *n.* ❶ equilibrio. ❷ (*econ., fin.*) bilancia. ❸ (*fin., rag.*) bilancio, ragguaglio. ❹ (*fin., rag.*) pareggio. ❺ (*fin., rag.*) conguaglio, saldo, differenza a saldo. ❻ (*fin., rag.*) rimanenza, resto. ❼ (*fin., rag.*) sbilancio (*somma iscritta in bilancio per pareggiare il dare e l'avere*). △ ❷ **The** ~ **is in favour of a Country when the amount of its exports exceeds that of its imports** la bilancia d'un Paese è attiva quando le esportazioni superano le importazioni; ❸ **In the trial** ~, **the total of the debit balances should balance that of the credit balances** nel bilancio di verifica, il totale dei saldi a debito deve bilanciare quello dei saldi a credito; ❺ **The** ~ **is to be paid within ten days** il saldo deve effettuarsi entro dieci giorni; **Your account shows a** ~ **of $ 2,000 to your credit** il vostro conto presenta un saldo di 2.000 dollari in vostro favore. ∥ ~ **account** conto collettivo; ~ **at** (*o* **in**) **bank** saldo in banca; ~ **book** (*rag.*) libro dei saldi, libro dei bilanci di verifica; ~ **brought forward** (*o* **down**) (*rag.*) saldo riportato, riporto; ~ **brought forward from last account** (*rag.*) saldo riportato dall'esercizio precedente, saldo dell'esercizio precedente; ~ « **can remain** » « saldo (da effettuare) in seguito »; ~ **carried forward** (*o* **down**) (*rag.*) saldo da riportare, saldo a conto nuovo, riporto; ~ (**carried forward**) **to next account** (*rag.*) saldo a nuovo; ~ **due** (*rag.*) saldo debitore; ~ **from last account** (*rag.*) saldo dell'esercizio precedente; ~ **in cash** (*rag.*) saldo in contanti; ~ **in** (*o* **on**) **hand** (*rag.*) saldo (*o* rimanenza) in cassa; ~ **medium-term loans** (*fin.*) saldo prestiti a medio termine; ~ **method** (*rag.*) metodo amburghese (*per il calcolo degli interessi dei conti correnti fruttiferi*); **the** ~ **of an account** (*rag.*) il saldo d'un conto; ~ **of indebtedness** (*fin., rag.*) bilancio economico, bilancia dei conti; **the** ~ **of international payments** (*fin.*) la bilancia dei pagamenti internazionali; ~ **of payments** (*fin.*) bilancia dei pagamenti, conti con l'estero: **Italy's** ~ **of payments continues to show wide monthly changes** i conti dell'Italia con il resto del mondo proseguono attraverso oscillazioni mensili anche rilevanti; **the** ~ **of powers** l'equilibrio delle forze (politiche); ~ **of profits carried forward to next account** (*rag.*) saldo degli utili riportato a nuovo sull'esercizio seguente; ~ **of trade** (*econ., fin.*) bilancia commerciale; saldo degli scambi: **For 1966 as a whole, the Italian** ~ **of trade still showed a comfortable surplus** per tutto l'arco del 1966, il saldo degli scambi dell'Italia si mantenne fortemente eccedentario; **the** ~ **on current account** (*fin., rag.*) la bilancia delle operazioni correnti; ~ **on purchase or sale of securities at settlement date** (*banca*) saldo liquidazione titoli; ~ **-sheet** (*rag.*) bilancio (*prospetto del dare e dell'avere*), stato patrimoniale, bilancio annuale, bilancio commerciale: **The** ~ **-sheet is a general statement of all the assets and liabilities of a firm at a given time** il bilancio è un prospetto generale di tutte le attività e le passività d'un'impresa in un dato momento; **In an English** ~ **-sheet, assets appear on the right-hand side of the sheet, and liabilities are shown on the left-hand side** in un bilancio inglese, le attività appaiono sul lato destro del foglio, e le passività su quello sinistro; ~ **-sheet and schedules** (*rag.*) inventario (*bilancio, conto profitti e perdite, conto d'esercizio, ecc.*); ~ **-sheet as at 31st December 1970** bilancio chiuso al 31 dicembre 1970; ~ **-sheet book** (*rag.*) libro dell'inventario; ~ **-sheet items** (*rag.*) capitoli di bilancio; ~ **-sheet made up to** (*o* **as at**) **December 31st 1972** bilancio (chiuso) al 31 dicembre 1972; ~ **-sheet value** (*fin., rag.*) valore di bilancio; ~ **-sheets** (*fin., rag.*) bilanci finanziari; **on** ~ (*fig.*) tutto considerato, tutto sommato.

balance[2], *v. t.* ❶ (*rag.*) chiudere, pareggiare, saldare. ❷ (*rag.*) bilanciare, equilibrare, conguagliare, ragguagliare. *v. i.* ❶ (*fin., rag.*) conguagliarsi, equilibrarsi, chiudere in pareggio. ❷ (*rag.*) quadrare. △ *v. i.* ❶ **The Italian budget will** ~ **this year** il bilancio dello Stato italiano chiuderà in pareggio quest'anno; ❷ **My accounts** ~ i miei conti quadrano. ∥ **to** ~ **an account** (*rag.*) chiudere un conto, saldare un conto, bilanciare un conto; **to** ~ **accounts** (*rag.*) ragguagliare le partite, pareggiare il bilancio; **to** ~ **the books for the year** (*rag.*) fare il bilancio dei libri contabili per l'anno d'esercizio; **to** ~ **the budget** (*fin., rag.*) pareggiare il bilancio pubblico; **to** ~ **each other** bilanciarsi, compensarsi: **The two items** ~ **each other** le due voci si bilanciano (*o* si compensano); **to** ~ **the ordinary budget** (*fin., rag.*) equilibrare il bilancio ordinario; **to** ~ **up** bilanciare.

balanced, *a.* ❶ equilibrato. ❷ (*rag.*) chiuso, saldato. △ ❶ **In order to achieve a** ~ **economic development of the less developed regions, the Government has concentrated support on areas with inadequate infrastructure and redundant farmworkers** al fine di promuovere un'equilibrata espansione economica delle regioni meno sviluppate, il Governo ha concentrato gli sforzi d'incentivazione su zone caratterizzate da una infrastruttura insufficiente e da una eccedenza della popolazione agricola; **In France, the national budget was more or less** ~ **in 1965** in Francia, il bilancio dello Stato nel 1965 fu più o meno in equilibrio. ∥ ~ **development** sviluppo equilibrato; ~ **expansion** espansione equilibrata; **a** ~ **growth** uno sviluppo equilibrato, uno sviluppo coordinato; ~ **investment fund** (*fin.*) fondo d'investimento con portafoglio equamente costituito da azioni e obbligazioni.

bale[1], *n.* balla, collo. △ **Cloth is packed in bales** i tessuti vengono imballati.

bale[2], *v. t.* (*trasp.*) imballare.
baler, *n.* ❶ (*org. az.*) imballatrice (*la macchina*). ❷ (*pers.*) imballatore.
baling, *n.* imballaggio, imballatura.
ball, *n.* ❶ palla. ❷ gomitolo. ❸ sfera. // ~ **-bearing** cuscinetto a sfere; **a ~ of string (of wool, etc.)** un gomitolo di cordone (di lana, ecc.); ~ **-pen** penna a sfera; ~ **-point pen** penna a sfera.
ballast[1], *n.* (*trasp. mar.*) zavorra. // ~ **passage** (*trasp. mar.*) viaggio in zavorra; **in** ~ (*trasp. mar.*) scarico.
ballast[2], *v. t.* (*trasp. mar.*) zavorrare.
ballasting, *n.* (*trasp. mar.*) zavorramento.
ballooning, *n.* (Borsa, slang USA) aumento dei prezzi.
ballot[1], *n.* ❶ pallina (*per votazioni*). ❷ scheda (*per votazioni*). ❸ scrutinio segreto. ❹ votazione (*a scrutinio segreto*). // ~ **-paper** scheda (*per votazioni*).
ballot[2], *v. i.* votare (*a scrutinio segreto*). *v. t.* scegliere mediante votazione. // **to ~ for a candidate** votare per un candidato.
balloting, *n.* ❶ scrutinio. ❷ votazione (*a scrutinio segreto*).
bally, *n.* (*slang USA*) pubblicità.
ballyhoo, *n.* (*slang USA*) pubblicità.
Baltic, *a.* Baltico. **the Baltic**, *n.* ❶ il (Mar) Baltico. ❷ V. ~ **Mercantile and Shipping Exchange**. // **the ~ Exchange** (*trasp. mar.*) V. ~ **Mercantile and Shipping Exchange**; ~ **Mercantile and Shipping Exchange** (*trasp. mar.*) Borsa dei Noli Marittimi e dei Cereali (*a Londra*); **a ~ port** un porto del Baltico; **the ~ Sea** il Mar Baltico.
ban[1], *n.* (*leg.*) divieto. // ~ **on prospecting for customers** divieto di pubblicità.
ban[2], *v. t.* (*leg.*) bandire, proscrivere, interdire. // **to ~ from holding public offices** (*leg.*) interdire dai pubblici uffici.
banco, *a.* (*storico*) banco. // **a XIX century Swedish shilling ~** uno scellino « banco » svedese dell'Ottocento.
band, *n.* banda, fascia. // **bands of fluctuation** (*fin.*) fasce di oscillazione; ~ **within** ~ (*fin.*) fascia entro fascia.
bang, *v. t. e i.* battere violentemente, sbattere. // **to ~ the market** (*fin.*) buttar giù il mercato (*provocando un forte ribasso dei prezzi*).
banish, *v. t.* (*leg.*) bandire (*mettere al bando*).
bank[1], *n.* ❶ (*cred.*) banca, istituto di credito. ❷ **the Bank** (*fin.*) la Banca d'Inghilterra. ❸ (*trasp.*) riva. ❹ (*trasp. mar.*) banco (*di sabbia, ecc.*), secca. △ ❶ **A ~ is an institution which receives deposits and extends credit in order to facilitate exchange, stimulate production and store up capital** la banca è un istituto che riceve depositi e concede crediti allo scopo di facilitare gli scambi, stimolare la produzione e accumulare capitali; **English banks can be classified as follows: the Bank of England, incorporated by Royal Charter; the commercial banks; the merchant banks; the discount houses (or discount banks); the savings banks; and the trustee savings banks** le banche inglesi possono essere classificate come segue: la Banca d'Inghilterra, costituita per Decreto Reale; le banche commerciali; le banche d'affari; gli istituti (o banche) di sconto; le casse di risparmio; e le casse di risparmio fiduciario; **If an English businessman wants to borrow money from a ~, he usually will apply to a merchant ~** se un uomo d'affari inglese vuole prendere a prestito denaro da una banca, di solito si rivolgerà a una banca d'affari; **The « Banca d'Italia » is the central ~ in Italy** in Italia, la banca centrale è la Banca d'Italia;

❸ **There are a lot of wharves along either ~ of the river** c'è un gran numero di moli su ambo le rive del fiume. // ~ **acceptance** tratta su un banchiere; ~ **account** conto di (o in) banca; ~ **annuities** (*fin.*) titoli del debito consolidato; ~ **balance** saldo in banca; ~ **bill** (*USA*) biglietto di banca, banconota; **Bank bill** cambiale scontabile presso la Banca d'Inghilterra (*e che reca la firma di due « accepting houses »*); ~ **bills** effetti bancari; ~ **book** libretto di banca; (*USA*) libretto per i versamenti; ~ **branch** filiale d'una banca; ~ **call** (*fin., USA*) richiesta a una banca (*da parte d'un funzionario governativo*) di consegnare le scritture di bilancio; ~ **charges** spese bancarie, commissioni bancarie; ~ **check** (*USA*) assegno bancario; ~ **cheque** assegno bancario; ~ **clearance** benestare bancario; ~ **clerk** (*pers.*) impiegato di banca, bancario; ~ **commission** commissione bancaria, provvigione bancaria; ~ **credit** credito bancario; ~ **credit inflation** (*econ., fin.*) inflazione del credito bancario; ~ **deposit** deposito bancario; ~ **disclosure** informazione data da una banca sulla situazione del conto corrente d'un cliente (*su richiesta di un tribunale*); ~ **discount** sconto bancario; ~ **draft** « bank draft » (*nell'uso, ma non nella forma, corrisponde al nostro assegno circolare; V. fraseologia sotto* **banker's draft**); ~ **examiner** (*fin., USA*) pubblico ufficiale che controlla periodicamente i conti delle banche soggette alla sua giurisdizione; ~ **guarantee** garanzia bancaria (*rilasciata, dalla banca d'un importatore, sulla solvibilità di quest'ultimo*); ~ **guaranty** assicurazione sui depositi bancari (*contro perdite derivanti da fallimento, ecc.*); ~ **holiday** giorno festivo legale; ~ **holidays are in England as follows: Good Friday, Easter Monday, Whit Monday, the first Monday in August, Christmas Day and Boxing Day** queste sono le « bank holidays » inglesi: il Venerdì Santo, il lunedì dell'Angelo, il lunedì di Pentecoste, il primo lunedì d'agosto, il giorno di Natale e il giorno di Santo Stefano (26 di dicembre); **In the U.S.A., any weekday on which banks are closed is called a « ~ holiday »** negli Stati Uniti d'America, ogni giorno infrasettimanale nel quale le banche siano chiuse viene chiamato « bank holiday »; ~ **loans** (*fin.*) prestiti bancari; ~ **manager** direttore di banca; ~ **money** (*fin.*) titoli di credito; ~ **-note** biglietto di banca, banconota; **the Bank of America** la Banca d'America (*una delle poche banche americane che operi col sistema delle filiali*); ~ **of circulation** banca d'emissione; **a ~ of clouds** un banco di nuvole; ~ **of commerce** banca del commercio; ~ **of deposit** banca di deposito; ~ **of discount** (*fin.*) banca di sconto; **the Bank of England** la Banca d'Inghilterra; **the Bank of International Settlements (B.I.S.)** la Banca dei Regolamenti Internazionali (*B.R.I.*); ~ **of issue** banca d'emissione; **the ~ of State** la banca dello Stato; ~ **overdraft** emissione allo scoperto (*d'assegni*); (*cred.*) « scoperto » di conto corrente con fido bancario; ~ **paper** (*cred.*) effetto bancario; (*fin.*) moneta cartacea; ~ **pass-book** libretto di deposito vincolato, libretto di risparmio; ~ **rate** (*fin.*) tasso ufficiale di sconto: **In England, the ~ rate is the official minimum rate of discount that the Bank of England charges for discounting approved bills of exchange** in Inghilterra, il tasso ufficiale di sconto è il tasso di sconto minimo che la Banca d'Inghilterra applica per le operazioni di sconto delle cambiali approvate; ~ **rate of discount** (*fin.*) tasso ufficiale di sconto; ~ **reserve** riserva bancaria; ~ **return** rendiconto della situazione d'una banca; **Bank return** estratto conto settimanale della Banca d'Inghilterra; ~ **shares** (*fin.*) azioni bancarie; ~ **statement** estratto conto (*mandato dalla banca a un cliente*); rendiconto della situazione d'una banca; ~ **stocks** (*fin.*) bancari; ~ **transfer** trasferimento bancario.

bank[2], *v. i.* ❶ essere cliente d'una banca. ❷ tenere denaro alla banca. *v. t.* ❶ mettere in banca; depositare, versare (*denaro*) in banca. ❷ presentare (*titoli*) all'incasso. △ *v. i.* ❶ **Our company banks at the National Provincial** la nostra società effettua le sue operazioni presso la National Provincial Bank; **Whom do you ~ with?** di quale banca ti servi?; *v. t.* ❶ **I wonder how he manages to ~ one fourth of his salary each month** non so proprio com'egli faccia a mettere in banca un quarto del suo stipendio ogni mese. // **to ~ one's money** versare il proprio denaro in banca.

bankable, *a.* bancabile. // ~ **bills** (*cred.*) effetti bancabili.

banker, *n.* banchiere. // ~**'s acceptance** (*cred.*) accettazione bancaria; **the bankers' bank** la « banca delle banche » (*la banca centrale*); **bankers' clearing house** (*banca, cred.*) stanza di compensazione; **bankers' deposits** (*fin.*) depositi delle banche commerciali presso la Banca d'Inghilterra (*pari al 50% delle riserve liquide*); **bankers' discount** (*cred.*) sconto bancario; ~**'s draft** (*cred.*) « banker's draft », credenziale (*nell'uso, ma non nella forma, corrisponde al nostro assegno circolare*): A ~'s **draft is an unconditional order payable on demand, drawn by a bank upon itself or upon a correspondent** il « banker's draft » è una tratta, pagabile a vista, spiccata da una banca su se stessa o su di una banca corrispondente; **Though in practice the ~'s draft corresponds to the Italian « assegno circolare », it is issued in the form of a draft, and not as a promissory note like the Italian instrument** sebbene in pratica il « banker's draft » corrisponda all'assegno circolare italiano, esso viene emesso in forma di tratta, e non di pagherò come il titolo italiano; ~**'s references** referenze bancarie; ~**'s ticket** conto delle spese bancarie (*su di una cambiale protestata*).

banking, *a.* bancario. *n.* attività bancaria. △ *n.* ~ **is trade in money** l'attività bancaria consiste nel commercio dei capitali. // ~ **account** conto di (o in) banca; ~ **business** attività bancaria; ~ **company** istituto bancario; ~ **concern** azienda bancaria; ~ **customs** prassi bancaria; ~ **establishment** istituto bancario; ~ **firm** istituto bancario; ~ **hours** orario di banca; ~ **hours: 10 A.M. to 3 P.M.** orario delle banche: dalle 10 antimeridiane alle 3 del pomeriggio (*in Inghilterra*); ~ **house** istituto bancario; ~ **operations** operazioni bancarie; ~ **principle** (*econ., fin.*) principio bancario; **the ~ profession** la professione bancaria; **the ~ school** la scuola bancaria; ~ **services** servizi bancari; ~ **system** sistema bancario; ~ **technique** tecnica bancaria; ~ **transactions** operazioni bancarie.

bankroll[1], *n.* (*fin.*) disponibilità finanziarie.
bankroll[2], *v. t.* (*slang USA*) finanziare.
bankrupt[1], *a.* e *n.* (*leg.*) fallito. △ **The ~ was discharged by the Court** il fallito fu riabilitato dal tribunale; **In England, a debtor may be insolvent without being a ~** in Inghilterra, un debitore può essere insolvente senza per questo essere dichiarato fallito. // ~**'s certificate** (*leg.*) certificato che autorizza il fallito a riprendere la sua attività; **the ~'s estate** la massa fallimentare; ~**'s indebtedness** debito complessivo del fallito.

bankrupt[2], *v. t.* (*leg.*) far fallire.
bankruptcy, *n.* (*leg.*) fallimento (*in senso proprio*). △ ~ **is the status of a debtor who has been declared by judicial process to be unable to pay his debts** il fallimento è lo stato di un debitore che è stato dichiarato, mediante procedimento giudiziario, incapace di far fronte ai suoi obblighi; **In Italy, ~ can be declared only where there is insolvency, but any amount of debt is sufficient** in Italia, il fallimento può essere dichiarato soltanto nei casi in cui ci sia insolvenza, ma è sufficiente un debito di qualsiasi entità. // ~ **act** (*leg.*) atto fallimentare; ~ **adjudication** (*leg.*) sentenza dichiarativa di fallimento; ~ **assets** (*leg.*) attivo del fallimento; ~ **Court** (*leg.*) tribunale fallimentare: **In Italy, only traders can pass through the ~ Court** in Italia, soltanto i commercianti possono essere portati davanti al tribunale dei fallimenti; ~ **estates account** conto speciale (*presso la Banca d'Inghilterra*) dove il curatore del fallimento deposita i realizzi in denaro del fallimento stesso; ~ **judge** giudice fallimentare; ~ **law** (*leg.*) legge sul fallimento; diritto fallimentare; ~ **liabilities** (*leg.*) passivo fallimentare; ~ **notice** (*leg.*) preavviso di fallimento: **A ~ notice is a notice, given by a creditor who has obtained an order for payment by his debtor, calling upon the latter to pay or compound for the debt to the satisfaction of the creditor or the Court** il preavviso di fallimento è una notifica, data da un creditore che ha ottenuto un'ingiunzione di pagamento per il suo debitore, mediante la quale quest'ultimo viene invitato a pagare o a concordare il debito a soddisfacimento del creditore o del tribunale; **In England, a ~ notice may even be founded on an order to pay a water rate** in Inghilterra, un preavviso di fallimento può esser persino basato sull'ingiunzione di pagamento della bolletta dell'acqua; ~ **petition** (*leg.*) istanza fallimentare: **Since proof of insolvency is not required in England either when a debtor files a voluntary petition in ~ or when his creditors, in their ~ petition, allege that he has committed certain acts of ~, so in either case a debtor may become a bankrupt without being insolvent** poiché la prova dell'insolvenza non è necessaria in Inghilterra sia quando è il debitore che presenta istanza di fallimento sia quando i creditori, nella loro istanza, affermano che egli ha commesso certi atti fallimentari, in ambo i casi un debitore può far fallimento senza essere insolvente; ~ **proceedings** (*leg.*) procedura fallimentare.

bankster, *n.* (*slang USA*) banchiere.
banner headline, *n.* (*giorn.*) titolo a tutta pagina.
« **banque d'affaires** », *n.* (*francese*) banca d'affari.
bar[1], *n.* ❶ barra (*alla foce d'un fiume*). ❷ verga, lingotto. ❸ impedimento, ostacolo. ❹ (*leg.*) preclusione. ❺ **the Bar** (*leg.*) l'avvocatura, la professione forense; l'ordine degli avvocati. ❻ (*leg.*) sbarra. ❼ (*leg.*) sospensione (*d'un'azione giudiziaria*). *avv.* eccetto. // **the ~ Association** (*leg.*) l'Ordine degli Avvocati; ~ **chart** (*stat.*) diagramma a barre; ~ **depot** (*fin.*) deposito in contanti; ~ **gold** oro in verghe; ~ **none** nessuno eccettuato; ~ **of division** (*mat.*) linea di frazione; ~ **of the statute of limitations** (*leg.*) prescrizione (*V. anche* statute); ~ **to action** (*leg.*) impedimento procedurale; **the Bench and the Bar** la Magistratura e il Foro.

bar[2], *v. t.* ❶ sbarrare. ❷ ostacolare. ❸ impedire, precludere, vietare. ❹ eccettuare, escludere. ❺ (*leg.*) sospendere. △ ❺ **The counsel for the defence introduced a plea to ~ the action** l'avvocato difensore oppose un'eccezione intesa a far sospendere l'azione. // **to ~ sb. from a competitive exam** escludere q. da un esame di concorso; **to be barred by limitation** (*leg.*) essere prescritto; **to be barred by statute of limitations** (*leg.*) essere prescritto, prescriversi.

bare, *a.* ❶ nudo. ❷ mero, puro, semplice. ❸ privo, spoglio, vuoto. △ ❸ **The corn market is ~ of stocks** il mercato del granturco è privo di scorte. // **~ contract** (*leg.*) contratto di comodato, contratto a titolo gratuito; **the ~ minimum of subsistence** il livello minimo di sussistenza; **the ~ necessities of life** il puro necessario (*per vivere*); **~ office premises** una sede spoglia; **the ~ subsistence level** il minimo vitale; **a house ~ of all comforts** una casa priva d'ogni comodità.

bareboat charter, *n.* (*trasp. mar.*) contratto di noleggio della sola nave.

barely, *avv.* appena, a mala pena, a stento. △ **I know them li conosco appena.** // **a ~ furnished room** una stanza con pochi mobili.

bargain¹, *n.* ❶ affare, negozio. ❷ buon affare, affare favorevole. ❸ (*market.*) « offerta speciale », « occasione ». ❹ **bargains**, *pl.* (*Borsa*) affari conclusi alla Borsa Valori di Londra. // **~ basement** (*market.*) reparto al piano interrato (*di grande magazzino, ecc.*) per le « offerte speciali »; **~-book** (*Borsa*) libro dei contratti; **~ campaign** (*market.*) campagna di vendita speciale; **bargains done** (*alla Borsa Valori*) corsi praticati; **a ~ for the account** (*Borsa*) un affare (*o* un contratto) a termine; **a ~ for cash** un affare per contanti; **~ lot** (*market.*) merce d'occasione; **bargains market** (*Borsa*) lista giornaliera degli affari conclusi alla Borsa Valori di Londra, pubblicata dal « Times »; **~ price** prezzo di liquidazione, prezzo d'occasione; **a ~ sale** una vendita delle rimanenze, una vendita speciale; **into the ~** per giunta, per sovrammercato.

bargain², *v. i.* contrattare, mercanteggiare, tirare sul prezzo, stiracchiare.

bargaining, *n.* ❶ contrattazione, mercanteggiamento, stiracchiamento. ❷ (*sind.*) trattativa sindacale. // **~ agent** (*sind.*) rappresentante sindacale; **~ leverage** (*sind.*) potere contrattuale; **~ power** (*sind.*) potere contrattuale; **~ procedure** (*sind.*) procedura delle trattative.

barge, *n.* (*trasp. mar.*) chiatta, barcone. // **~ hire** (*trasp. mar.*) noleggio di chiatte.

bargee, *n.* (*trasp. mar.*) chiattaiolo.

bargeman, *n.* (*pl.* **bargemen**) (*trasp. mar.*) chiattaiolo.

bark, *n.* ❶ (*trasp. mar.*) brigantino a palo. ❷ (*slang USA*) denaro.

barley, *n.* orzo.

barometer, *n.* barometro. // **~ stock** (*Borsa, fin.*) « titolo-barometro » (*titolo il cui prezzo di mercato indica l'andamento generale del mercato*).

baron, *n.* (*slang*) « re » (*d'un prodotto, ecc.*), magnate. △ **He's known all over the world as the coal ~** è conosciuto in tutto il mondo come il « re » del carbone.

barque, *n.* (*trasp. mar.*) brigantino a palo.

barratry, *n.* ❶ (*leg.*) baratteria (*atto o comportamento doloso di chi ha la responsabilità di un trasporto marittimo*). ❷ (*leg.*) dolo. ❸ (*leg.*) litigiosità, istigazione alle liti. // **~ of the master and mariners** baratteria del capitano e dell'equipaggio; **~ risk** (*ass. mar.*) rischio di baratteria.

barred credit, *n.* (*cred.*) credito prescritto.

barrel, *n.* ❶ barile. ❷ « barrel » (*misura inglese di capacità per liquidi, pari a litri 163,45*). ❸ canna (*d'arma da fuoco*). // **~ bulk** (*trasp. mar.*) misura di capacità per noli, pari a 5 piedi cubici o 1/8 di tonnellata.

barren, *a.* infecondo, sterile.

barrier, *n.* barriera.

barring, *avv.* a meno di, salvo. △ **I shall arrive at 10 o'clock ~ accidents** arriverò alle 10 salvo incidenti. // **~ by limitation** (*leg.*) prescrizione (*V. anche* statute).

barrister, *n.* (*leg.*) avvocato patrocinante. △ **A ~ is a specialist in any one field of law who pleads the cases before the judge in the superior Courts of law** il « barrister » è uno specialista in qualsivoglia campo del diritto il quale discute le cause davanti al giudice nei tribunali di grado superiore (*V.* solicitor). // **~-at-law** (*leg.*) avvocato patrocinante.

barter¹, *n.* baratto, scambio, permuta.

barter², *v. t.* barattare, scambiare, cedere (*qc.*) in cambio. // **to ~ wheat for machinery** cedere grano in cambio di macchinari.

bascule, *n.* bilico. // **~ barrier** (*trasp. ferr.*) sbarra a bilico (*di passaggio a livello*); **~ bridge** ponte levatoio.

base¹, *n.* ❶ (*anche mat.*) base. ❷ (*Borsa*) punto d'arresto (*nella diminuzione di valore d'un titolo*). a. basso, vile. // **a ~ coin** una moneta vile; **~ date** (*rag.*) data d'inizio (*nel calcolo degli interessi dei conti correnti fruttiferi*); **the ~ metals** i metalli vili; **~ pay** (*pers.*) « paga-base » (*stipendio o salario non comprensivo di straordinari, gratifiche o premi*); **~ period** (*econ., stat.*) periodo base; **~ price** (*market.*) prezzo base; **~ rate** (*pers.*) paga base; **~ salary** (*pers.*) stipendio base; **~ time** (*cronot.*) tempo base.

base², *v. t.* basare, fondare. // **to be based** basarsi: **Direct taxation is usually based upon income** l'imposta diretta di solito si basa sul reddito.

base oneself, *v. rifl.* (*detto di persona*) basarsi, fondarsi.

basic, *a.* basilare, di base. // **~ abatement** (*fin.*) abbattimento alla base (*d'un reddito imponibile*); **~ abilities method** (*pers.*) metodo delle attitudini di base; **~ capital goods** (*econ.*) beni strumentali essenziali; **~ crop** (*econ.*) raccolto fondamentale; **~ duty** dazio di base; **~ element time** (*cronot.*) tempo elementare; **~ English** l'inglese basilare; **~ income** (*econ., sind.*) reddito minimo; **~ industry** industria di base; **~ intervention price** (*econ.*) prezzo d'intervento di base; **~ materials** prodotti di base; **~ quota** quota di base; **~ rate** (*pers.*) salario base; **~ research** ricerca di base; **~ yield** (*econ.*) rendita annuale (*espressa in percentuale*) d'un ipotetico investimento non rischioso.

basin, *n.* (*trasp. mar.*) bacino. // **~ trials** (*trasp. mar.*) prove in bacino.

basis, *n.* (*pl.* **bases**) base, fondamento. △ **Your claim is founded on a solid ~** il vostro reclamo è fondato (*o* si basa) su solide fondamenta. // **the ~ of assessment** (*fin.*) la base dell'accertamento (*dell'imponibile*); **the ~ of a contract** (*leg.*) la base d'un contratto; **~ price** (*market.*) prezzo base; **~ rate** (*market.*) tariffa base.

basket, *n.* ❶ canestro, cesta, cesto, paniere. ❷ (*fin.*) paniere (*monetario*).

batch¹, *n.* ❶ mucchio, complesso (*di cose*). ❷ lotto, partita (*di merce*). ❸ gruppo, infornata (*fig.*). // **a ~ of letters to be answered** un mucchio di lettere inevase; **a ~ of new employees** un'infornata di nuovi assunti; **~ processing** (*elab. elettr.*) elaborazione di massa; **~ production** (*econ.*) produzione in lotti.

batch², *v. t.* raggruppare.

batching, *n.* raggruppamento.

battery, *n.* ❶ batteria. ❷ (*leg.*) percosse. // **~-chicken** pollo d'allevamento; **a ~ of ovens** una batteria di forni.

battle, *n.* battaglia.

bazaar shares, *n. pl.* (*Borsa*) titoli immaginari.

be, *v. i.* (*pass.* was, *part. pass.* been) ❶ essere, esistere. ❷ stare. ❸ toccare. ❹ costare. △ ❶ **He is the**

best boss that ever was è il miglior padrone che sia mai esistito; ❷ How are you? come state (*di salute*)?; I shan't ~ long starò via poco; ❸ It is up to you to decide spetta a te decidere; Whose turn is it? a chi tocca?; It is my turn tocca a me; ❹ This book is ten shillings questo libro costa dieci scellini; It may ~ so può darsi; It cannot ~ è impossibile; It can't ~ true non può essere vero. // to ~ badly off star male (*a quattrini*); to ~ behind schedule essere in ritardo (*con le consegne, ecc.*); to ~ a certain percent off (*market.*) essere in regresso d'un tanto per cento; to ~ ill star male (*di salute*); to ~ in essere dentro, essere di moda; to ~ in business essere in affari; to ~ in conference essere in riunione; to ~ in the employee roll (*pers.*) essere di ruolo; to ~ in funds essere provvisto di denaro; to ~ in the red (*banca, cred.*) essere «in rosso» (*fig.*), essere in passivo, essere in deficit; to ~ into sb. for an amount of money (*slang USA*) dovere una somma di denaro a q.; to ~ late essere in ritardo; to ~ off partire: He is off to Paris è partito per Parigi; to ~ on the market (*market.*) essere in commercio (*d'un articolo*); to ~ on the regular staff (*pers.*) essere di ruolo; to ~ on the road to completion essere in via di realizzazione; to ~ on sale (*market.*) essere in commercio (*d'un articolo*); to ~ out essere fuori, essere fuori moda; to ~ out of work (*sind.*) essere disoccupato; to ~ to dovere, potere: At what time am I to be there? a che ora devo esser là?; I am to inform you that... devo informarvi che...; The document was not to ~ found anywhere il documento non si poteva trovare (non si riusciva a trovarlo) da nessuna parte; to ~ well stare bene (*di salute*); to ~ well off stare bene (*a quattrini*); for the time being per il momento; a would-be banker uno che pretende d'essere un banchiere.

beach[1], *n.* spiaggia.

beach[2], *v. t.* (*trasp. mar.*) arenare, far arenare. *v. i.* (*trasp. mar.*) arenarsi. △ *v. t.* They beached the ship in order to avoid total loss fecero arenare la nave per evitare la perdita totale.

beaching, *n.* (*trasp. mar.*) arenamento.

beacon, *n.* ❶ (*trasp. mar.*) faro. ❷ (*trasp. mar.*) boa luminosa, gavitello luminoso. // ~ fire falò.

beaconage, *n.* (*trasp. mar.*) diritto di faro.

beak, *n.* (*slang USA*) avvocato.

bear[1], *n.* ❶ (*Borsa*) ribassista, giocatore al ribasso, speculatore al ribasso. ❷ bears, *pl.* (*Borsa*) scoperto. *a. attr.* (*Borsa*) ribassista. // ~ account (*Borsa*) scoperto, posizione di ribasso; ~ campaign (*Borsa*) campagna al ribasso, campagna ribassista; ~ panic (*Borsa*) panico dei ribassisti; ~ position (*Borsa*) posizione di ribasso; ~ raid (*Borsa*) corsa al ribasso, attacco dei ribassisti, manovra al ribasso; ~ run (*Borsa*) (tendenza al) ribasso; ~ sale (*Borsa*) vendita allo scoperto; ~ seller (*Borsa*) venditore allo scoperto; ~ squeeze (*Borsa*) stretta ribassista; ~ stampede (*Borsa*) corsa alle vendite; ~ transaction (*Borsa*) operazione allo scoperto, operazione al ribasso.

bear[2], *v. t.* (*pass.* bore, *part. pass.* born e borne) ❶ portare, reggere, sostenere. ❷ serbare, tenere. ❸ dare, produrre. ❹ sopportare. △ ❶ It bears no signature non porta firma; All charges shall be borne by the buyer tutte le spese saranno sostenute dal compratore; ❸ These bonds ~ a five per cent interest questi buoni del Tesoro danno il cinque per cento d'interesse; Our capital will ~ interest il nostro capitale produrrà interessi. // to ~ enquiry uscire indenne da un'indagine: Their business won't ~ enquiry i loro affari non possono uscire indenni da un'indagine; to ~ false witness (*leg.*) deporre il falso; to ~ hard on oppprimere, gravare: This kind of taxation bears hard on the poor questo tipo di tassazione grava sui non abbienti; to ~ heavily on st. incidere su qc.; to ~ a loss sopportare una perdita; to ~ off (*trasp. mar.*) prendere il largo; to ~ out confermare: Their statement bears out what the police told us la loro dichiarazione conferma quel che ci disse la polizia; to ~ witness (*leg.*) testimoniare, deporre; to be borne by essere sostenuto da.

bear[3], *v. i.* (*Borsa*) giocare, speculare al ribasso. // to ~ the market (*Borsa*) vendere allo scoperto.

bearer, *n.* portatore; latore (*d'una lettera, d'una missiva, e sim.*). // ~ bond (*fin.*) obbligazione al portatore, titolo al portatore; ~ certificate (*fin.*) titolo al portatore; ~ check (*banca, USA*) assegno al portatore; ~ cheque (*banca*) assegno al portatore; ~ debenture (*fin.*) obbligazione al portatore; the ~ of a draft (*cred.*) il presentatore d'una tratta; the ~ of a letter il latore di una lettera; ~ scrip (*fin.*) titolo al portatore; ~ security (*fin.*) titolo al portatore; ~ shares (*fin.*) azioni al portatore; ~ stock (*fin.*) titolo al portatore; ~ warrant (*fin.*) titolo al portatore.

bearing, *n.* ❶ portata, influenza. ❷ rapporto, relazione. ❸ aspetto. ❹ (*trasp. mar.*) rilevamento. *a. attr.* producente, produttivo. △ *n.* ❶ The new policy is having a strong ~ on trade la nuova politica ha una forte influenza sul commercio; ❷ Their evidence has no ~ on this case la loro testimonianza non ha rapporto alcuno con la causa.

bearish, *a.* (*Borsa*) di (*o* da) ribassista; orientato al ribasso, tendente al ribasso. // ~ tendency (*Borsa*) tendenza al ribasso; ~ transaction (*Borsa*) operazione al ribasso.

bearishness, *n.* (*Borsa*) (tendenza al) ribasso.

beat[1], *n.* battuta.

beat[2], *v. t.* (*pass.* beat, *part. pass.* beat e beaten) battere, sconfiggere, vincere. △ The economic activity is beating all records of the previous year l'attività economica sta battendo tutti i primati dell'anno scorso. // to ~ the competition vincere la concorrenza; to ~ down schiacciare, abbattere; to ~ down a price ottenere il ribasso d'un prezzo; to ~ down a seller ridurre un venditore a più miti pretese; to ~ a record battere un primato.

beating, *n.* battuta.

become, *v. i.* (*pass.* became, *part. pass.* become) diventare, divenire, farsi. *v. t.* addirsi a, convenire a. // to ~ applicable (*leg.*) entrare in applicazione; to ~ bankrupt (*leg.*) fallire, far fallimento; to ~ due (*cred.*) scadere; to ~ familiar with sb. familiarizzarsi con q.; to ~ final (*leg.*) passare in giudicato; to ~ irritated urtarsi (*fig.*); to ~ naturalized (*leg.*) naturalizzarsi; to ~ obsolete (*org. az.*) invecchiare; to ~ res judicata (*leg.*) passare in giudicato; to ~ sanded up insabbiarsi; to ~ surety for sb. (*leg.*) rendersi garante per q.; to ~ vacant (*pers.*: *d'un posto, d'un impiego*) liberarsi.

bed, *n.* ❶ letto. ❷ giacimento.

beeswax, *n.* (*slang USA*) affari.

beewy, *n.* (*slang USA*) denaro.

before, *avv.* e *prep.* prima (di), davanti (a). // ~ hours (*Borsa, fin.*) avamborsa.

beforehand, *avv.* anticipatamente, in anticipo. // ~ retirement (*pers.*) pensionamento anticipato.

beg, *v. t.* pregare, chiedere, domandare.

begin, *v. i.* (*pass.* began, *part. pass.* begun) cominciare, incominciare, iniziare.

beginning, *n.* inizio, principio. // the ~ of the new fiscal year l'inizio del nuovo esercizio sociale.

behalf (*soltanto nelle locuz.* **on, in behalf of**) ❶ a nome di, per conto di. ❷ a favore di, nell'interesse di. △ ❶ **The letter was signed by the manager on ~ of the firm** la lettera fu firmata dal direttore a nome della ditta. // **on ~ of a third party** (*leg.*) per conto terzi.

behave, *v. i.* comportarsi.

behaviour, *n.* (*market., ric. op.*) comportamento.

behavioural model, *n.* (*market., ric. op.*) modello di comportamento.

behind, *avv. e prep.* ❶ dietro, di dietro, indietro. ❷ in arretrato. // **to be ~ time** essere in ritardo.

behindhand, *avv.* ❶ in ritardo. ❷ in arretrato. △ ❶ **We are ~ with our payments** siamo in ritardo coi pagamenti.

belga, *n.* (*fin.*) belga (*unità monetaria belga nelle operazioni di cambio*).

Belgian, *a.* belga. // **~ franc** (*fin.*) franco belga.

believable, *a.* credibile.

believableness, *n.* credibilità.

believe, *v. i.* credere.

bell-boy, *n.* (*pers.*) ragazzo d'albergo.

bell-ringer, *n.* (*slang USA*) rappresentante, commesso viaggiatore, piazzista.

bell-shaped curve, *n.* (*econ., stat.*) curva a campana, funzione « gaussiana ».

belong, *v. i.* appartenere. △ **All ships must ~ to a port, which is called port of registry** tutte le navi devono appartenere a un compartimento, che è chiamato porto d'immatricolazione.

belonging, *n.* appartenenza.

below, *avv. e prep.* ❶ sotto, sotto a. ❷ al disotto di, meno di. ❸ in calce, a piè di pagina. ❹ oltre. △ ❷ **He owed me fifty pounds, but I got ~ thirty** mi doveva cinquanta sterline, ma ne ricevetti meno di trenta. // **~ the average** al disotto della media; **~ the center fold** (*pubbl.*) metà di sotto; **~ cost** (*market.*) sotto costo; **~ -the-line** (*econ.*) (*di capitolo d'entrata o spesa di bilancio*) straordinario; **~ -the-line payments and receipts** (*fin.*) entrate e spese straordinarie (*voci del bilancio del Governo britannico*); **~ par** (*fin.*) sotto la pari; **~ price** (*market.*) sottoprezzo; **to be ~ the mark** essere di qualità scadente.

belt, *n.* cintura.

bench, *n.* ❶ banco. ❷ **the Bench** (*leg.*) la magistratura. △ ❷ **He was raised to the ~** entrò a far parte della magistratura.

bencher, *n.* (*leg.*) membro anziano d'uno dei quattro « Inns of Court ».

bend, *n.* curva.

benefice, *n.* (*leg.*) beneficio (*ecclesiastico*).

beneficial, *a.* che dà benificio, benefico, vantaggioso. // **~ association** (*leg.*) società di mutuo soccorso; **~ interest** (*leg.*) diritti d'un beneficiario; **~ owner** (*leg.*) beneficiario.

beneficiary, *n.* chi trae profitto (*da qc.*); beneficiario. △ **The main ~ of these movements was the United States** questi movimenti sono andati essenzialmente a profitto degli Stati Uniti. // **the ~ of an insurance policy** (*ass.*) beneficiario d'una polizza d'assicurazione.

benefit[1], *n.* ❶ vantaggio, utile. ❷ (*leg.*) beneficio. ❸ (*pers., sind.*) indennità, sussidio. // **~ club** società di beneficienza; **~ fund** (*org. az.*) fondo utili; **~ of the doubt** (*leg.*) beneficio del dubbio; « **~ of a fall** » **clause** (*leg.*) clausola di parità; **~ society** (*leg.*) società di mutuo soccorso.

benefit[2], *v. i.* beneficiare, trarre profitto (*da qc.*).

benign, *a.* benigno, benevolo; favorevole. // **~ neglect** (*econ.*) benevolo disinteresse.

bequeath, *v. t.* (*leg.*) legare per testamento, lasciare in eredità.

bequeather, *n.* (*leg.*) testatore di beni immobili.

bequest, *n.* (*leg.*) legato, lascito testamentario.

berry, *n.* (*slang USA*) dollaro.

berth[1], *n.* ❶ (*fig.*) impiego, posto. ❷ (*trasp. mar.*) luogo d'approdo o d'ancoraggio (*di una nave*); attracco, posto di ormeggio. ❸ (*trasp. mar.*) cabina. ❹ (*trasp. mar.*) cuccetta. // **~ freighting** (*trasp. mar.*) nolo a cuccetta; **~ terms** (*trasp. mar.*) clausola (*su una polizza di carico*) secondo la quale il consegnatario s'impegna a ritirare quel quantitativo di merce che il capitano è in grado di consegnargli giornalmente; **two-berths compartment** (*trasp. ferr.*) scompartimento a due letti.

berth[2], *v. t.* (*trasp. mar.*) ancorare, attraccare, ormeggiare. *v. i.* (*trasp. mar.*) ancorarsi, attraccare.

berthage, *n.* (*trasp. mar.*) diritto d'ancoraggio, diritto d'ammaraggio.

berthing, *n.* (*trasp. mar.*) attracco.

bespeak, *v. t.* (*pass.* **bespoke**, *part. pass.* **bespoken**) ordinare (*merci*); prenotare.

bespoke, *a.* ordinato in anticipo, su misura. // **~ boots** (*market.*) scarpe fatte su misura.

best, *a.* (il) migliore. *pron.* (la) cosa migliore, (il) meglio. // **~ profit equilibrium** (*econ.*) punto d'incontro dei costi e dei ricavi marginali; **~ quantity** (*org. az.*) quantità ottimale; **at ~** al meglio (*detto d'una vendita*); **to sell at ~** (*fin.*) vendere al meglio.

bestow, *v. t.* ❶ conferire. ❷ (*leg.*) estendere (*un provvedimento e sim.*).

bet[1], *n.* scommessa.

bet[2], *v. t. e i.* (*pass. e part. pass.* **bet**) scommettere.

beta, *n.* beta. // **~ plus** (*market.*) (*di un articolo*) di qualità intermedia fra la seconda e la prima.

better[1], *a.* migliore. *avv.* meglio. // **~ -quality** di qualità migliore; **~ -quality oils** le qualità migliori d'olio.

better[2], *v. t. e i.* migliorare, far migliorare, diventare migliore. △ **Your idea would ~ our financial situation** la tua idea migliorerebbe la nostra posizione finanziaria.

bettering, *n. V.* **betterment**.

betterment, *n.* miglioramento, miglioria.

between, *prep.* fra, tra (*due cose, persone o gruppi*).

beyond, *prep.* oltre, di là di. *avv.* in eccesso. △ *prep.* **These means are often ~ the control of the EEC monetary authorities** questi mezzi sfuggono spesso al controllo delle autorità monetarie della CEE. // **~ the intention** (*leg.*) preterintenzionale; **~ the sea** oltremare; **to be ~ sb.'s control** sfuggire al controllo di q.

bid[1], *n.* ❶ proposta. ❷ offerta (*a una vendita all'asta*); licitazione. ❸ offerta d'appalto. ❹ (*Borsa, fin.*) quotazione d'acquisto. ❺ (*leg.*) somma offerta (*specialm. a un'asta*). ❻ (*leg.*) offerta d'iscrizione a una società. △ ❷ **There were plenty of bids for Lord Rutherford's china collection at Sotheby's yesterday** ci sono state numerose offerte per acquistare la collezione di porcellane di Lord Rutherford all'asta di Sotheby ieri. // **~ -and-ask spread** (*Borsa, fin.*) margine dell'operatore di Borsa; **~ bond** cauzione per concorrere a una licitazione (*o a una gara d'appalto*); **~ price and offer price** (*fin.*) denaro e lettera.

bid[2], *v. t.* (*pass. e part. pass.* **bid**) ❶ offrire, fare un'offerta. ❷ (*USA*) licitare, fare un'offerta d'appalto. △ ❶ **I suggest that we ~ him 500 dollars and not one dollar more** propongo di offrirgli 500 dollari e non un dollaro di più. // **to ~ at an auction-sale** fare offerte a una vendita all'asta; **to ~ for** cercare d'ottenere, d'assicurarsi, di vincere (*un contratto d'appalto, ecc.*); **~ -for**

company (*fin.*) società da rilevare; to ~ **in** fare salire il prezzo (*a un'asta*); to ~ **up** fare un'offerta superiore (*a un'asta*).

bidder, *n.* ❶ offerente (*a un'asta*); partecipante a un'asta; astante. ❷ concorrente, offerente (*a una gara di appalto*). // **to the highest** ~ al miglior offerente.

bidding, *n.* offerta (*a un'asta*). *a.* offerente. △ *n.* ~ **is brisk** le offerte sono vivaci. // ~ **company** (*fin.*) società offerente.

big, *a.* grande, grosso, importante. // **the** ~ **board** (*Borsa, slang USA*) la Borsa di New York; ~ **business** (*fin.*) grossi affari; grandi imprese industriali, commerciali o finanziarie; **a** ~ **fall** (*market.*) una forte diminuzione (*di prezzi*); **the Big Five** (*fin., storico*) le cinque grandi banche inglesi (*Barclays, Lloyds, Midland, National Provincial e Westminster*); ~ **one** (*slang USA*) biglietto da mille dollari; **a** ~ **rise** (*market.*) un forte aumento (*di prezzi*); **the** ~ **slump** (*econ.*) il grande crollo; ~ **steel** (*fin., USA*) le grandi compagnie produttrici d'acciaio (*negli Stati Uniti*); ~ **supermarket** (*econ., market.*) ipermercato (*più grande e meglio attrezzato d'un supermercato*); ~ **thing** (*market.*) articolo che va moltissimo, oggetto di gran moda: **Tweed is the** ~ **thing this winter** il tweed è di gran moda quest'inverno; **the Big Three** (*fin., USA*) le tre grandi società produttrici di automobili negli Stati Uniti (*General Motors, Ford, Chrysler*).

bigness, *n.* grandezza.

bilateral, *a.* bilaterale. // ~ **agreement** accordo bilaterale; ~ **contract** (*leg.*) contratto bilaterale, contratto sinallagmatico; ~ **licensing agreements** contratti bilaterali di licenza; ~ **monopoly** (*econ.*) monopolio bilaterale; ~ **swapping** (*fin.*) «swap» bilaterale; ~ **trade policies** (*comm. est.*) politiche commerciali bilaterali.

bill[1], *n.* ❶ effetto, cambiale, tratta. ❷ fattura, conto, specifica. ❸ (*dog.*) bolla, bolletta. ❹ (*leg.*) disegno di legge, progetto di legge. ❺ (*pubbl.*) programma di spettacolo, locandina teatrale. ❻ (*pubbl.*) cartellone pubblicitario, manifesto (*murale*). ❼ (*USA*) banconota. ❽ (*slang USA*) biglietto da cento dollari. ❾ **bills,** *pl.* denaro in banconote. // **bills and notes** (*cred.*) strumenti negoziabili; ~ **at sight** (*cred.*) cambiale a vista; ~ **board** (*pubbl.*) cartellone pubblicitario; ~ **book** (*rag.*) registro delle fatture, scadenzario; ~ **-broker** (*fin.*) agente di sconto; ~ **case** (*banca, rag.*) portafoglio effetti; ~ **clerk** (*pers.*) impiegato addetto alla fatturazione; ~ **collection** (*rag.*) incasso di fatture; ~ **collector** (*pers.*) esattore; **bills department** (*banca*) portafoglio; ufficio portafoglio; servizio portafoglio-effetti; ~ **diary** (*rag.*) scadenzario delle fatture; ~ **file** (*org. az.*) archivio delle fatture; ~ **-filing clerk** (*pers.*) impiegato addetto alla fatturazione; ~ **for collection** (*banca*) effetto all'incasso; **bills for collection account** (*rag.*) conto effetti da esigere; ~ **form** modulo per cambiale; ~ **head** (*rag.*) intestazione di fattura; ~ **heading** (*rag.*) intestazione di fattura; **bills in hand** (*banca, fin.*) portafoglio; ~ **in a set** (*rag.*) fattura in una serie d'esemplari; **bills in a set** (*cred.*) cambiali in copia; ~ **noted for non-acceptance** (*cred.*) tratta con annotazione per mancata accettazione; ~ **of costs** parcella d'avvocato; (*leg.*) nota di spese giudiziarie; ~ **of debt** (*leg.*) riconoscimento di un debito; ~ **of entry** (*dog.*) bolletta d'entrata doganale; ~ **of exchange** (*cred.*) cambiale, tratta, effetto: **A** ~ **of exchange is an unconditional order in writing, issued by a person on another person, to pay a sum certain in money at a specified future time to the person mentioned in it, or to his order, or to bearer** la cambiale è un ordine scritto incondizionato, dato da una persona a un'altra, di pagare una precisa somma di denaro, in una data futura specificata, alla persona in essa menzionata, o al suo ordine, o al portatore; **bills of exchange** (*banca*) portafoglio, portafoglio-effetti; ~ **of health** (*trasp. mar.*) patente (*o* certificato) di sanità; certificato sanitario; ~ **of lading** (*trasp. mar.*) polizza di carico; ~ **of lading accompanied by draft and insurance policy** (*trasp. mar.*) polizza di carico più tratta e polizza d'assicurazione; ~ **of lading attached to the following documents ...** (*trasp. mar.*) polizza di carico annessa ai seguenti documenti ...; ~ **of lading clause** (*trasp. mar.*) clausola della polizza di carico; ~ **of lading form** (*trasp. mar.*) modulo di polizza di carico; ~ **of lading signed by captain as presented without prejudice to charter party** (*trasp. mar.*) polizza di carico firmata dal capitano della nave come gli viene presentata, senza pregiudizio per il contratto di noleggio; ~ **of lading stamp** (*trasp. mar.*) bollo sulla polizza di carico; ~ **of lading to bearer** (*trasp. mar.*) polizza di carico al portatore; ~ **of lading to hand, but not in order** (*trasp. mar.*) (ci è) pervenuta la polizza di carico, ma non è regolare; ~ **of lading to order** (*trasp. mar.*) polizza di carico all'ordine; ~ **of quantities** preventivo di costruzione; ~ **of sight** (*dog.*) certificato d'ispezione, richiesta di visita preventiva; ~ **of store** (*comm. est.*) certificato d'esportazione temporanea; ~ **of sufferance** (*dog.*) lettera di esenzione doganale, lettera di esenzione dal dazio; ~ **of victualling** (*dog.*) ordine (*emesso dalla dogana inglese*) per la spedizione o il ritiro da un magazzino doganale delle provviste di bordo (*necessarie in viaggio all'equipaggio e ai passeggeri*); ~ **on demand** (*cred.*) cambiale a vista; **bills payable** (*rag.*) effetti passivi; **bills payable account** (*banca, rag.*) conto effetti passivi; **bills payable book** (*rag.*) registro degli effetti passivi; **bills payable journal** (*rag.*) giornale degli effetti passivi; **a** ~ **payable thirty days after sight** una cambiale pagabile a trenta giorni vista; ~ **payable to bearer** (*cred.*) cambiale pagabile al portatore; ~ **-posting** (*pubbl.*) affissione di manifesti; **bills receivable** (*rag.*) cambiali attive, effetti attivi; **bills receivable account** (*rag.*) conto effetti attivi; **bills receivable book** (*rag.*) registro degli effetti attivi; **bills receivable journal** (*rag.*) giornale degli effetti attivi; **bills received register** (*banca*) registro d'entrata degli effetti; ~ **stamp** bollo cambiario; ~ **to drawer** (*cred.*) cambiale a favore del traente; **bills unpaid** (*banca*) effetti non pagati.

bill[2], *v. t.* ❶ fatturare. ❷ (*USA*) inviare fatture a (*q.*).

billed, *a.* (*rag.*) fatturato.

biller, *n.* (*pers.*) impiegato addetto alla fatturazione.

billing, *n.* ❶ (*rag.*) fatturazione. ❷ (*rag.*) fatturato. // ~ **clerk** (*pers.*) impiegato addetto alla fatturazione; ~ **department** (*org. az.*) reparto fatturazione; ~ **machine** (*macch. uff.*) macchina per fatturazione, fatturatrice.

billion, *n.* ❶ (*ingl.*) seconda potenza d'un milione (*un 1 seguito da 12 zeri*; *corrisponde dunque a un nostro trilione*). ❷ (*USA*) bilione, miliardo.

billionaire, *n.* (*USA*) miliardario.

billow, *n.* (*trasp. mar.*) onda grossa.

bimetalism, *n. V.* bimetallism.

bimetalist, *n. V.* bimetallist.

bimetalistic, *a. V.* bimetallistic.

bimetallic, *a.* (*econ., fin.*) bimetallico.

bimetallism, *n.* (*econ., fin.*) bimetallismo.

bimetallist, *n.* (*econ., fin.*) bimetallista.

bimetallistic, *a.* (*econ., fin.*) bimetallista.

bimonthly, *a.* (*giorn.*) bimestrale. *n.* (*giorn.*) pubblicazione bimestrale. *avv.* ogni due mesi.

binary, *a.* (*elab. elettr., mat.*) binario. // ~ **code** codice binario; ~ **decimal code** codice binario decimale; ~ **digit** cifra binaria; ~ **mode** sistema binario; ~ **notation** numerazione binaria, sistema binario; ~ **point** (*elab. elettr.*) virgola binaria; ~ **representation** sistema binario; ~ **-to-decimal converter** convertitore binario-decimale.

bin card, *n.* (*org. az.*) scheda posizione.

bind, *v. t.* (*pass. e part. pass.* **bound**) ❶ legare. ❷ obbligare, impegnare, vincolare. ❸ essere obbligatorio, vincolante per (*q.*). ❹ consolidare. ❺ rilegare. ❻ allogare (*come apprendista*). △ ❷ **Both the seller and the buyer are bound by a firm bargain** tanto il venditore quanto il compratore sono impegnati da un contratto confermato. // to ~ **a contract** (*leg.*) ratificare un contratto; to ~ **out** (*pers.*) vincolare con contratto di apprendistato; to ~ **over** (*leg.*) obbligare legalmente: **I was bound over to appear** fui obbligato a comparire in giudizio; to ~ **a person by oath** (*leg.*) vincolare una persona con giuramento.

binder, *n.* ❶ caparra. ❷ (*ass.*) polizza provvisoria.

binding, *a.* obbligatorio, impegnativo, vincolante, obbligante. *n.* rilegatura. // ~ **offer** offerta vincolante.

bind oneself, *v. rifl.* impegnarsi, obbligarsi, vincolarsi. // to ~ **jointly and severally** (*fin.*) obbligarsi in solido.

binomial, *a.* (*mat.*) binomiale. *n.* (*mat.*) binomio. // ~ **distribution** distribuzione binomiale.

bipartite, *a.* bipartito. // ~ **board** (*org. az., sind.*) comitato paritetico.

biquadrate, *n.* (*mat.*) biquadrato.

biquadratic, *a.* (*mat.*) biquadratico. // ~ **equation** (*mat.*) equazione biquadratica.

birth, *n.* nascita. // ~ **certificate** atto (*o* certificato) di nascita; estratto d'atto di nascita; fede di nascita; ~ **control** (*econ., stat.*) controllo delle nascite; ~ **rate** (*econ., stat.*) indice di natalità, tasso di natalità.

birthplace, *n.* luogo di nascita.

bit, *n.* (*elab. elettr.*) « bit », cifra binaria.

bi-weekly, *a.* ❶ (*giorn.*) quindicinale. ❷ (*giorn.*) bisettimanale. *n.* (*giorn.*) pubblicazione quindicinale.

bi-yearly, *a.* (*giorn.*) semestrale. *avv.* (*giorn.*) semestralmente.

biz, *n.* (*slang USA*) affari. // ~ **man** (*slang USA*) commerciante.

black, *a.* ❶ nero. ❷ tetro, truce, orribile. *n.* negro. // to ~ **-ball** votare contro, « bocciare » (*un provvedimento*); ~ **-coat worker** (*pers.*) impiegato; ~ **face** (*giorn., pubbl.*) neretto; **Black Friday** (*fin.*) venerdì nero (*panico finanziario*); ~ **interest** (*rag.*) interessi neri, interessi passivi; ~ **list** lista nera; (*cred., fin.*) lista delle persone o ditte insolvibili o comunque non raccomandabili per rapporti commerciali, lista dei fallimenti, bollettino dei protesti; (*trasp. mar.*) lista dei disastri marittimi; ~ **market** mercato nero, borsa nera; ~ **money** (*fin.*) denaro « sporco »; ~ **products** (*rag.*) numeri neri; to **be in the** ~ (*slang USA*) avere successo negli affari.

blackleg, *n.* (*sind.*) crumiro.

blame[1], *n.* ❶ biasimo, censura, rimprovero. ❷ colpa, responsabilità. △ ❷ **On whom does the** ~ **lie for our failure?** di chi è la colpa del nostro insuccesso?

blame[2], *v. t.* ❶ biasimare. ❷ dare la colpa a, incolpare. △ ❷ **Strikers are to** ~ **for our delay in delivering** è colpa degli scioperanti se siamo in ritardo con le consegne.

blank, *a.* bianco, in bianco, vuoto. *n.* ❶ spazio in bianco, lacuna. ❷ modulo. ❸ (*giorn.*) tratto lungo (*equivale ai nostri puntini di sospensione*). // ~ **acceptance** (*banca, cred.*) accettazione in bianco; ~ **bill** (*banca, cred.*) cambiale in bianco; ~ **cheque** (*banca, cred.*) assegno in bianco; ~ **credit** (*banca, cred.*) credito in bianco, credito libero, credito allo scoperto; ~ **deal** (*banca, cred.*) operazione in bianco; ~ **endorsement** (*banca, cred.*) girata in bianco; ~ **form** modulo in bianco; ~ **paper** carta bianca; ~ **signature** firma in bianco; ~ **space** spazio in bianco; ~ **transaction** operazione in bianco; ~ **transfer** (*leg.*) trasferimento a titolo di garanzia; **in** ~ in bianco.

blanket[1], *n.* coperta. *a. attr.* che copre tutti o la maggior parte dei casi. // ~ **insurance policy** (*ass.*) polizza (d'assicurazione) generale; ~ **mortgage** (*leg.*) ipoteca generale.

blanket[2], *v. t.* (*fin.*) livellare, applicare in modo uniforme (*tasse, regolamenti, ecc.*).

bleach, *v. t.* candeggiare, imbiancare.

bleacher, *n.* candeggiante, candeggiatore.

bleed[1], *a. attr.* (*giorn.*) al vivo. // ~ **advertisement** (*giorn.*) inserzione al vivo; ~ **page** (*giorn.*) pagina al vivo.

bleed[2], *v. i.* (*pass. e part. pass.* **bled**) (*anche fig.*) sanguinare. *v. t.* (*anche fig.*) salassare.

bleeding, *n.* (*anche fig.*) salasso.

blend[1], *n.* miscela. // **a** ~ **of the best tobacco(e)s** una miscela dei migliori tabacchi.

blend[2], *v. t.* miscelare, mescolare, fondere.

blending, *n.* ❶ mescolatura. ❷ miscela.

blind test, *n.* (*market.*) prova del paraocchi, prova di preferenza del consumatore su due prodotti diversi ma presentati in confezioni identiche.

blip, *n.* (*slang USA*) moneta da cinque cent.

bloc, *n.* (*francese*) (*econ., fin.*) blocco (*politico, economico finanziario*). // **en** ~ in blocco.

block[1], *n.* ❶ blocco, lotto, pacco. ❷ (*giorn.*) zoccolo (*del cliché*). ❸ (*giorn.*) cliché, zincotipia. ❹ (*trasp.*) ingorgo (*del traffico*). // ~ **diagram** (*mat.*) diagramma a blocchi; ~ **exemption** (*fin.*) esenzione per categorie: **If the agreement contains additional undertakings in restraint of competition, it does not qualify for** ~ **exemption** se l'accordo contiene altri impegni di restrizione della concorrenza, non si può applicare al contratto l'esenzione per categorie; ~ **letters** (*giorn.*) stampatello; ~ **of shares** (*Borsa*) partita di titoli; ~ **of stock** (*Borsa*) pacchetto d'azioni; ~ **offer** offerta in blocco; **in** ~ **form** (*di una lettera commerciale*) a paragrafi spaziati, ma senza rientri a capolinea; **to be on the** ~ essere messo all'asta; essere in vendita.

block[2], *v. t.* ❶ bloccare. ❷ ostacolare. // to ~ **an account** (*banca, cred.*) bloccare un conto; to ~ **the traffic** (*trasp. aut.*) bloccare il traffico.

blockade, *n.* blocco, assedio.

blocked account, *n.* (*banca*) conto bloccato.

blocked sterling, *n.* (*fin.*) unità monetaria con cui gli stranieri possono acquistare titoli in Gran Bretagna.

bloomer, *n.* (*slang USA*) affare andato male, fiasco.

blotter, *n.* ❶ (*rag.*) prima nota. ❷ (*rag.*) brogliaccio.

blotting case, *n.* (*attr. uff.*) tampone di carta assorbente.

blotting dabber, *n.* (*attr. uff.*) tampone di carta assorbente.

blotting pad, *n.* (*attr. uff.*) tampone di carta assorbente.

blotting paper, *n.* (*attr. uff.*) carta assorbente.

blue, *a.* ❶ blu, azzurro. ❷ triste, severo. // ~ **book** (*fin.*) pubblicazione ufficiale del governo britannico (*in genere, rapporto di una commissione d'inchiesta*); ~ **button** (*Borsa, slang USA*) impiegato non autorizzato a entrare nei locali della Borsa; ~ **chips** (*fin.*) azioni sicure e di tutta tranquillità, titoli a largo flottante, valori d'élite; ~ **collar** (*sind.*) operaio, uomo di fatica; ~ **-collar worker** (*pers.*) operaio; ~ **-collar workers** ceto operaio; ~ **cross** (*pers., USA*) mutua (*per l'assistenza medica*); ~ **law** (*leg.*) legge severa; ~ **pencil** (*attr. uff.*) matita blu; ~ **print** (*giorn.*) copia cianografica; ~ **riband** (*attr. uff.*) nastro azzurro; ~ **ribbon** (*attr. uff.*) nastro azzurro; ~ **-sky laws** (*fin., leg., slang USA*) leggi a tutela di chi, mancando di esperienza, vuole investire in titoli; ~ **train** (*trasp. ferr.*) treno azzurro.

bluff[1], *n.* bluff.
bluff[2], *v. i.* bluffare.
bluffer, *n.* bluffatore.
board[1], *n.* ❶ bordo (*di nave*). ❷ cartellone pubblicitario. ❸ (*amm., org. az.*) ufficio. ❹ (*amm., org. az.*) comitato. ❺ (*amm., org. az.*) ministero. ❻ (*amm., org. az.*) consiglio superiore. ❼ (*amm., org. az.*) ente. ❽ (*tur.*) vitto. △ ❶ **The goods have been loaded on ~ the ship** le merci sono state caricate a bordo della nave. // ~ **and lodging** (*tur.*) vitto e alloggio, pensione; ~ **-chairman** (*org. az.*) presidente del consiglio d'amministrazione; ~ **foot** unità di misura per cataste di legna (*equivale a 144 pollici cubici*); ~ **meeting** (*org. az.*) adunanza del consiglio d'amministrazione; ~ **minutes** (*org. az.*) verbale d'adunanza; ~ **of arbitrators** (*sind.*) collegio arbitrale; ~ **of Customs and Excise** Ministero dei Dazi e delle Dogane; ~ **of directors** (*org. az.*) consiglio d'amministrazione; ~ **of Inland Revenue** Ministero dei Tributi Diretti e Indiretti; ~ **of inquiry** (*amm., leg.*) comitato d'inchiesta; ~ **of management** (*org. az.*) direzione (*di una fabbrica*); ~ **of trade** (*USA*) associazione d'uomini d'affari; ~ **of Trade** Ministero del Commercio; ~ **wages** (*pers.*) supplemento di salario per spese di vitto non corrisposto; **bed and** ~ vitto e alloggio; **free on** ~ franco a bordo; **on** ~ (*trasp. aer., trasp. mar.*) a bordo, a bordo di; **on** ~ **bill of lading** (*trasp. mar.*) polizza di carico controfirmata dal capitano della nave o dal suo incaricato e attestante che le merci sono state effettivamente caricate a bordo.

board[2], *v. t.* ❶ (*trasp. mar.*) abbordare. ❷ (*trasp. mar.*) salire a bordo di (*una nave*). *v. i.* (*trasp. mar.*) bordeggiare. // **to ~ a ship** imbarcarsi.

boarding-house, *n.* (*tur.*) pensione.
boarding school, *n.* collegio.
boat, *n.* ❶ (*trasp. mar.*) barca, imbarcazione, battello. ❷ (*trasp. mar.*) nave, naviglio. // ~ **deck** (*trasp. mar.*) ponte (*d'un'imbarcazione*); ~ **train** (*trasp. ferr., ingl.*) treno in coincidenza con un battello (*che attraversa la Manica*).
bob, *n.* (*pl. inv.*) ❶ (*slang*) scellino. ❷ (*slang USA*) dollaro. ❸ (*slang USA*) denaro. △ ❶ **It cost ten ~** costava dieci scellini.
body, *n.* ❶ corpo. ❷ (*amm., org. az.*) ente. ❸ (*giorn.*) corpo (*dei caratteri di stampa*). ❹ (*trasp.*) carrozzeria (*d'autoveicolo*). ❺ (*trasp. mar.*) scafo (*di nave*). // ~ **builder** (*trasp. aut.*) carrozziere, carrozzaio; ~ **corporate** (*leg.*) persona giuridica, ente morale; ~ **of creditors** (*leg.*) massa dei creditori; ~ **of laws** (*leg.*) corpo di leggi, raccolta di leggi; ~ **of a letter** contesto di una lettera; ~ **responsible for unemployment benefits** (*sind.*) Cassa Integrazione Guadagni.
boffo, *n.* (*slang USA*) dollaro.
boff out, *v. t.* (*slang USA*) essere privo di fondi.
bogie, *n.* (*trasp. ferr.*) carrello ferroviario, carrello di vagone.
bogus, *a.* falso, finto, contraffatto.
boiler, *n.* ❶ bollitore. ❷ caldaia. // ~ **room** (*fin., slang USA*) stanza in cui si vendono febbrilmente (*per lo più per telefono*) titoli di scarso o nessun valore.

boldface, *n.* (*giorn.*) neretto.
bolt, *n.* ❶ rotolo (*di carta*). ❷ misura lineare usata talvolta per i tessili (*corrispondente a 40 iarde*).
bona fide, *locuz. avv.* (*leg.*) in buona fede. *a. attr.* ❶ (*leg.*) che è in buona fede. ❷ (*leg.*) fatto in buona fede. // ~ **holder** (*leg.*) detentore in buona fede, terzo di buona fede; ~ **purchaser** (*leg.*) acquirente in buona fede; **to act ~** (*leg.*) agire in buona fede.
bonanza, *n.* ❶ fortuna. ❷ prosperità. ❸ fonte di grandi guadagni. // **to be in ~** avere un periodo di buona fortuna.
bond[1], *n.* ❶ (*anche fig.*) legame, obbligo, vincolo. ❷ (*dog.*) cauzione, garanzia, dichiarazione di cauzione. ❸ (*fin.*) titolo del debito pubblico, buono del Tesoro. ❹ (*fin., USA*) obbligazione. ❺ (*fin.*) cauzione, garanzia. // ~ **issue** (*fin., USA*) emissione obbligazionaria, aumento gratuito di capitale; ~ **note** (*dog.*) bolletta di cauzione; ~ **paper** carta uso bollo; ~ **to bearer** (*fin.*) obbligazione al portatore; ~ **yield** (*fin., USA*) reddito obbligazionario; **in** ~ (*dog.*) in magazzino doganale, soggetto a vincolo doganale, da sdoganare.
bond[2], *v. t.* ❶ (*leg.*) assumere un impegno scritto per (*q.*). ❷ (*leg.*) ipotecare. ❸ (*leg.*) cauzionare. ❹ (*trasp.*) porre (*merci*) in magazzino doganale.
bonded, *a.* ❶ (*fin.*) (*di debito*) garantito da obbligazioni. ❷ (*leg.*) vincolato. // ~ **goods** (*dog.*) merce in deposito nei magazzini doganali; ~ **shed** (*dog.*) capannone doganale; ~ **store** (*dog.*) magazzino doganale; ~ **warehouse** (*dog.*) magazzino doganale (*in regime di punto franco*), deposito doganale, deposito franco, punto franco: **These are the terms under which goods from non-member Countries may be stored in customs warehouses other than ~ warehouses or in free ports** queste sono le condizioni per la sosta delle merci di Paesi terzi in magazzini doganali che non siano i depositi o nei porti franchi; **The preparatory studies to work out common rules on ~ warehouses are almost completed** sono quasi terminati i lavori preliminari per elaborare norme comuni in materia di depositi doganali.
bonder, *n.* depositante (*di merci: nei magazzini doganali*).
bondholder, *n.* ❶ (*fin.*) possessore di buoni del Tesoro. ❷ (*fin., USA*) obbligazionista.
bonding, *n.* (*dog.*) deposito (*di merci: nei magazzini doganali*).
bone, *n.* (*slang USA*) dollaro.
bonnet, *n.* (*trasp. aut.*) cofano.
bonus, *n.* ❶ (*fin.*) dividendo extra (*agli azionisti*). ❷ (*pers., sind.*) pagamento straordinario, gratifica, premio. ❸ (*pers., sind.*) indennità, buonuscita. // ~ **issue** (*fin.*) emissione riservata gratuita (*d'azioni*); ~ **shares** (*fin.*) azioni gratuite; ~ **systems** (*org. az., pers.*) sistemi di abbuoni sul salario (*per rendimento, ecc.*); **Christmas ~** (*org. az., pers.*) gratifica natalizia.
book[1], *n.* ❶ libro. ❷ blocchetto (*di biglietti, buoni, ecc.*). ❸ (*banca, ecc.*) libretto. ❹ (*Borsa*) posizione. ❺ (*rag.*) registro. ❻ **books**, *pl.* (*rag.*) libri contabili. // ~ **-cover** sopraccoperta (*di libro, ecc.*); ~ **credit** (*rag.*) partita a credito; ~ **debit** (*rag.*) partita a debito; ~ **debt** (*leg., rag.*) credito chirografario, debito attivo; ~ **-ends** (*attr. uff.*) fermalibri; ~ **entry** (*rag.*) scrittura contabile; ~ **fair** (*market.*) fiera del libro; ~ **-jacket** V. ~ **-cover**; **books of account** (*rag.*) libri contabili; ~ **of accounts** (*rag.*) registro contabile; ~ **of entries** (*rag.*) libro giornale; ~ **of original entry** (*rag.*) libro giornale; ~ **profits** (*rag.*)

utili contabili; ~ **ticket** (*trasp.*) libretto di biglietti; ~ **token** (*market.*) buono per acquisto di libri; ~ **trade** editoria; ~ **value** · (*rag.*) valore contabile; (*fin., rag.*) valore di bilancio, valore d'inventario, valore di carico: **We sold the stock at more than double its ~ value** abbiamo venduto i titoli a un prezzo più che doppio rispetto a quello di carico; **on the books** (*rag.*) registrato.

book[2], *v. t.* ❶ registrare. ❷ annotare, elencare (*per iscritto*). ❸ (*rag.*) mettere a libro, registrare (*una partita*). ❹ (*tur.*) prenotare, fissare. // **to ~ a room in a hotel** prenotare una stanza all'albergo; **to ~ a telephone call** prenotare una telefonata; **to ~ a transaction** (*rag.*) registrare un'operazione.

bookcase, *n.* (*attr. uff.*) armadietto per libri, libreria.
booketeria, *n.* (*market.*) libreria self-service.
bookie, *n.* (*slang*) allibratore.
booking, *n.* ❶ (*rag.*) registrazione. ❷ (*tur.*) prenotazione. △ ❷ **The ~ was cancelled before departure** la prenotazione fu annullata prima della partenza. // ~ **clerk** (*pers., trasp.*) impiegato alla biglietteria, bigliettaio; ~ **fee** (*leg.*) tassa di registrazione; ~ **hall** (*trasp. ferr.*) atrio-biglietteria; ~ **office** (*trasp.*) ufficio prenotazioni; biglietteria.
bookkeeper, *n.* (*pers.*) contabile, computista.
bookkeeping, *n.* (*rag.*) contabilità, computisteria, tenuta dei libri. // ~ **difficulties** (*rag.*) difficoltà contabili; ~ **machine** (*macch. uff.*) macchina contabile; ~ **voucher** (*rag.*) pezza giustificativa contabile.
booklet, *n.* (*pubbl.*) libretto, opuscolo.
bookmaker, *n.* allibratore.
bookmaking, *n.* attività d'allibratore.
bookmobile, *n.* (*market.*) bibliobus.
bookseller, *n.* libraio. // ~ **'s order form** cedola di commissione libraria.
bookshop, *n.* (*market.*) libreria.
boom[1], *n.* ❶ (*econ.*) boom, congiuntura assai favorevole, congiuntura alta; improvviso e rapido aumento d'attività. ❷ (*econ., market.*) rialzo dei prezzi. ❸ (*slang USA*) aumento dei prezzi (*in Borsa*). // ~ **town** (*econ.*) città divenuta importante per un improvviso fiorire di traffici; ~ **year** (*fin.*) esercizio finanziario eccezionalmente prospero.
boom[2], *v. i.* espandersi, fiorire, prosperare, andare a gonfie vele. *v. t.* ❶ far espandere, far prosperare. ❷ (*pubbl.*) lanciare, far la pubblicità a (*un articolo*). △ *v. i.* **Business is booming** gli affari vanno a gonfie vele; *v. t.* ❶ **War boomed the heavy industry** la guerra ha fatto prosperare l'industria pesante; ❷ **We are trying to ~ a new product** stiamo cercando di lanciare un nuovo prodotto.
boomflation, *n.* (*econ.*) boom associato a inflazione (è il contrario di « stagflation »).
booming, *a.* (*econ.*) fiorente, dinamico.
boon, *n.* beneficio, dono, manna, vantaggio. △ **Our new washing-machine is a real ~ for large families** la nostra nuova lavatrice è una vera manna per le famiglie numerose.
boost[1], *n.* ❶ spinta. ❷ aiuto. ❸ (*econ.*) spinta (*al rilancio*). ❹ (*market.*) lancio pubblicitario. ❺ (*pubbl.*) aumento di valore (*che un prodotto acquista in seguito a un lancio pubblicitario*). ❻ (*slang USA*) aumento dei prezzi (*in Borsa*). // ~ **given to consumption** (*econ.*) spinta impressa ai consumi.
boost[2], *v. t.* ❶ gonfiare (*fig.*). ❷ (*market.*) lanciare (*un prodotto*). // **to ~ the value of a share** (*fin.*) gonfiare il valore di una azione.
booster, *n.* (*pubbl., slang USA*) pubblicitario.

booster measures, *n. pl.* (*econ.*) pacchetto anticongiunturale.
boot[1], *n.* ❶ scarpa alta, stivale, scarpa. ❷ pedata, calcio. ❸ (*sind.*) licenziamento. ❹ (*trasp. aut.*) bagagliaio, baule. // **to get the ~** (*sind.*) essere licenziato; **to give the ~** (*sind.*) licenziare; **to ~ per giunta, per soprammercato**.
boot[2], *v. t.* (*sind.*) licenziare.
bootlegger, *n.* ❶ (*slang USA*) contrabbandiere di liquori. ❷ (*slang USA*) spacciatore clandestino di liquori.
bootlegging, *n.* ❶ (*slang USA*) contrabbando di liquori. ❷ (*slang USA*) spaccio clandestino di liquori, commercio illegale d'alcoolici (per lo più, al dettaglio).
border[1], *n.* confine, frontiera. // ~ **-line** linea di confine.
border[2], *v. i.* confinare.
bordereau, *n.* (*pl.* **bordereaux**) borderò, « bordereau ».
borough, *n.* (*amm.*) città che gode di autonomia amministrativa (*concessa con « royal charter »*).
borrow, *v. t.* ❶ prendere a prestito, mutuare. ❷ plagiare. ❸ (*Borsa*) prendere a riporto, riportare. △ ❷ **He has borrowed my idea** ha plagiato la mia idea.
borrower, *n.* ❶ (*cred.*) chi prende a prestito, mutuatario. ❷ (*cred.*) emittente. △ ❷ **Few foreign borrowers were admitted to the capital markets of the Member States in which exchange restrictions still exist** l'ammissione degli emittenti stranieri al mercato dei capitali degli Stati Membri ove esistano ancora restrizioni di cambio è stata concessa solo in misura assai limitata.
borrowing, *a.* (*cred.*) mutuatario. *n.* (*cred.*) assunzione di prestito. // ~ **abroad by an Italian resident** assunzione di prestiti all'estero effettuata da un residente italiano; ~ **company** (*fin.*) società mutuataria; ~ **rate (of interest)** (*fin.*) tasso passivo; (*banca*) tasso di raccolta; ~ **short to lend long** (*cred.*) incorrere in passività a breve per acquistare attività a lungo termine; ~ **transactions** (*banca*) operazioni passive.
borrowings, *n. pl.* (*banca, fin.*) indebitamento.
boss[1], *n.* (*slang*) capo, capufficio, dirigente, padrone. // ~ **man** (*sind., slang USA*) capo, capufficio, padrone.
boss[2], *v. t.* ❶ (*slang*) farla da padrone in (*un'azienda, un lavoro, ecc.*). ❷ (*slang*) dare ordini a (*q.*). ❸ (*slang*) comandare (*q.*) a bacchetta. // **the bosses and the bossed** chi dirige e chi è diretto.
both, *a.* e *pron. pl.* entrambi. // ~ **ends** (*trasp. mar.*) entrambe le fasi (*cioè, caricazione e discarica*).
bother[1], *n.* incomodo.
bother[2], *v. t.* incomodare.
bottleneck, *n.* ❶ strozzatura, strettoia (*anche stradale*). ❷ (*org. az.*) strozzatura.
bottom[1], *n.* ❶ fondo. ❷ (*trasp. mar.*) carena (*di nave*). ❸ (*trasp. mar.*) nave. *a. attr.* il più basso; l'ultimo. △ *n.* ❸ **Those goods were imported in a British ~** quelle merci furono importate su una nave britannica; *a.* **This is our ~ price** questo è il prezzo più basso che possiamo fare. // ~ **left-hand corner** angolo inferiore sinistro; ~ **price** (*Borsa*) prezzo minimo; ~ **right-hand corner** angolo inferiore destro; **at ~** in calce.
bottom[2], *v. i.* toccare il fondo. △ **The prices have bottomed** i prezzi hanno toccato il fondo.
bottomry, *n.* (*trasp. mar.*) cambio marittimo, prestito a cambio marittimo. // ~ **bond** (*leg.*) contratto di prestito a cambio marittimo, ipoteca su di una nave, contratta dal capitano per far fronte a spese impreviste; ~ **loan** (*trasp. mar.*) prestito a cambio marittimo.
bought, *a.* acquistato, comprato. // ~ **account** (*rag.*)

conto d'acquisto (*a provvigione*); ~ **book** (*rag.*) libro acquisti; ~ **contract** (*banca, fin.*) borderò d'acquisto, corso acquisto, corso denaro; (*Borsa*) distinta d'acquisto; ~ **day book** (*rag.*) registro giornaliero degli acquisti; ~ **for the account** (*Borsa*) acquistato a termine; ~ **journal** (*rag.*) registro acquisti; ~ **ledger** (*rag.*) mastro acquisti; ~ **note** (*anche Borsa*) nota di compra; (*Borsa*) fissato bollato; (*market.*) conto acquisti (*a provvigione*), distinta d'acquisto.

bounce, *v. t.* (*sind.*) licenziare.

bouncing cheque, *n.* (*banca*) assegno a vuoto.

bound, *a.* ❶ legato. ❷ obbligato, impegnato, tenuto, vincolato. ❸ consolidato. ❹ rilegato. ❺ allogato (*come apprendista*). △ ❷ **He is ~ to pay his partner's debts** è tenuto a pagare i debiti del socio. // **a ~ book** un libro rilegato; ~ **for** (*trasp. mar.*) diretto a: **This ship is ~ for Genoa** questa nave è diretta a Genova; ~ **under oath** (*leg.*) sotto il vincolo del giuramento.

bounty, *n.* ❶ premio. ❷ ricompensa. ❸ (*sind.*) premio d'incoraggiamento. // ~ **on export** (*fin.*) premio all'esportazione; ~ **on production** (*sind.*) premio per la produzione.

bourbon, *n.* bourbon (*whisky distillato dal granoturco e dalla segala*).

bourgeois, *n.* (*giorn.*) corpo 9.

bourgeoisie, *n.* borghesia.

bourse, *n.* (*francese*) Borsa Valori.

bow, *n.* (*trasp. mar.*) prua, prora. // **at the ~** (*trasp. mar.*) a prora.

box[1], *n.* ❶ scatola. ❷ cassa. ❸ baule. ❹ cofano. ❺ dono, mancia, regalia. ❻ (*fin.*) portafoglio. ❼ (*leg.*) banco della giuria. ❽ (*leg.*) banco dei testimoni. ❾ (*trasp. ferr.*) cabina di segnalazione. ❿ (*trasp. ferr.*) cassoncino (*di carro merci*). // ~ **car** (*trasp. ferr., USA*) vagone merci (*chiuso*); ~ **-office** bottheghino (*di teatro*): **An excellent ~ -office musical** una commedia musicale che costituisce un buon successo di cassetta; ~ **wagon** (*trasp. ferr.*) vagone merci (*chiuso*).

box[2], *v. t.* (*anche* **to box up**) mettere in scatole o casse, imballare (*in casse*), incassare, inscatolare.

boxing, *n.* imballaggio (*in casse*), inscatolamento. // ~ **machine** inscatolatrice.

Boxing day, *n.* (*in G.B.*) il 26 dicembre (*Santo Stefano*).

boy, *n.* ❶ ragazzo, giovane, fattorino. ❷ (*trasp. mar.*) mozzo.

boycott[1], *n.* boicottaggio.

boycott[2], *v. t.* boicottare.

boycotting, *n.* boicottaggio.

bracket, *n.* ❶ (*econ.*) forcella. ❷ (*stat.*) sottoclasse; gruppo o categoria (*di persone o cose*). // **the target price ~ of the two producing Member States** la forcella dei prezzi indicativi dei due Stati Membri produttori.

Bradshaw, *n.* (*trasp. ferr.*) (*in G.B.*) orario ferroviario generale (*dal nome del primo stampatore*).

brain, *n.* cervello. // ~ **drain** (*econ.*) fuga dei cervelli; ~ **storming** (*org. az.*) battaglia dei cervelli.

brainwashing, *n.* (*market., pubbl.*) lavaggio del cervello (*per mezzo della propaganda, ecc.*).

brake[1], *n.* freno.

brake[2], *v. t.* frenare.

braking effect, *n.* (*econ.*) effetto frenante. △ **All in all, intra-Community trade has expanded less than in previous years, notably because of the ~ of the economic situation in Germany** nel complesso, gli scambi intracomunitari hanno segnato un aumento meno rapido rispetto agli anni precedenti, a motivo soprattutto dell'effetto frenante dell'evoluzione congiunturale della Germania.

branch[1], *n.* ❶ ramo, ramificazione. ❷ (*elab. elettr.*) salto del programma. ❸ (*org. az.*) filiale, succursale. // ~ **account** (*org. az.*) conto succursale; ~ **banking** sistema bancario consistente in poche banche che operano attraverso filiali (*come in Italia e in Inghilterra*); ~ **house** (*org. az.*) succursale; ~ **manager** (*org. az., pers.*) direttore di filiale; **the branches of industry** (*econ.*) i rami dell'industria; ~ **office** (*org. az.*) filiale, succursale; ~ **post-office** succursale d'ufficio postale.

branch[2], *v. i.* ramificarsi. *v. t.* ramificare. // **to ~ out** (*market.*) ampliare il proprio giro d'affari; iniziare una nuova attività.

brand[1], *n.* ❶ marchio. ❷ marca. ❸ qualità, tipo. △ ❷ **That is the best ~ you can get** quella è la marca migliore che si può ottenere. // ~ **loyalty** (*market.*) fedeltà alla marca; ~ **manager** (*market., org. az.*) direttore di marca, direttore di prodotto; ~ **name** (*market.*) marca; ~ **-new** nuovo di zecca; ~ **-position analysis** (*market.*) analisi della posizione concorrenziale.

brand[2], *v. t.* (*market.*) marcare.

branded goods, *n. pl.* articoli di marca.

branded pharmaceuticals, *n. pl.* specialità farmaceutiche.

brandy, *n.* brandy (*acquavite di vino*).

brass, *n.* ottone. // ~ **nuts** (*slang USA*) direttore.

brassage, *n.* ❶ costo del conio d'una moneta. ❷ (*fin.*) imposta governativa sul conio d'una moneta.

breach, *n.* ❶ (*leg.*) infrazione, rottura, violazione. ❷ (*leg.*) inadempimento. // ~ **of the conditions** (*leg.*) infrazione alle condizioni; ~ **of contract** (*leg.*) inadempimento di contratto, inadempienza contrattuale, rottura di contratto; ~ **of the peace** (*leg.*) turbamento dell'ordine pubblico; ~ **of promise** (*leg.*) rottura di promessa; ~ **of the provisions of the law** (*leg.*) infrazione alle disposizioni di legge; ~ **of regulations** (*leg.*) infrazione ai regolamenti; ~ **of trust** (*leg.*) abuso di fiducia; ~ **of warranty** (*leg.*) violazione di garanzia.

bread, *n.* ❶ pane. ❷ (*slang USA*) denaro. // ~ **and butter bread** pane e burro; (*market.*) mezzi di sussistenza; (*slang USA*) spese vive; ~ **-winner** chi guadagna il pane per sé e la famiglia.

breadth, *n.* larghezza.

break[1], *n.* ❶ rottura. ❷ guasto. ❸ interruzione. ❹ intervallo, pausa, sosta. ❺ (*econ., market.*) diminuzione, calo (*di prezzi, ecc.*). ❻ (*pubbl.*) ultima riga. ❼ (*pubbl.*) puntini di sospensione. △ ❹ **We'll have a survey of breaks allowed in selected firms in this branch** faremo un'inchiesta sui regimi delle pause praticate nelle imprese scelte in questo ramo. // ~ **-down** crollo; (*org. az.*) scomposizione (*di grandi gruppi*) in sottoclassi (*più agevolmente trattabili*); (*trasp. mar.*) avaria; ~ **-even chart** (*econ.*) diagramma del punto di rottura; ~ **-even point** (*econ.*) punto di rottura, punto di pareggio, punto d'un grafico nel quale si ha l'incontro fra la funzione delle vendite e quella dei costi variabili; **line V. ~**, *def.* 6; ~ **of bulk** (*trasp. mar.*) inizio della discarica; ~ **of continuity** soluzione di continuità; ~ **of a journey** interruzione d'un viaggio; ~ **of professional secrecy** (*leg.*) violazione del segreto professionale; ~ **-up** svendita, realizzo; ~ **-up value** (*market.*) valore di realizzo.

break[2], *v. t.* (*pass.* **broke**, *part. pass.* **broken**) ❶ rompere, spezzare. ❷ cambiare (*una banconota o moneta: per avere denaro spicciolo*); spicciolare. ❸ (*leg.*) infrangere, violare, venir meno a. *v. i.* ❶ andare in rovina.

❷ (*leg.*) fallire. △ *v. i.* **❷ When the bank broke, lots of merchants were ruined** quando la banca fallì, molti commercianti andarono in rovina. // **to ~ an agreement** (*leg.*) rompere un contratto, violare un patto, non rispettare un accordo; **to ~ an appointment** non mantenere un appuntamento, non andare a un appuntamento; **to ~ bulk** (*trasp. mar.*) cominciare a scaricare, cominciare lo scarico; **to ~ a contract** (*leg.*) rompere un contratto; **to ~ an engagement** (*leg.*) non tener fede a un impegno; **to ~ st. in** (*giorn.*) inserire qc. (*p. es.*, *un'illustrazione*) nel testo; **to ~ one's journey** (*trasp.*) interrompere il viaggio; **to ~ off** interrompere; **to ~ off one's career** (*pers.*) lasciare la carriera; **to ~ off connections** sospendere le relazioni; **to ~ open** (*leg.*) forzare; **to ~ a record** battere un primato; **to ~ a set** (*market.*) dividere una merce in partite (*da vendere separatamente*); **to ~ up** frazionare; cessare l'attività; liquidare (*un'azienda*); **to ~ one's word** mancare alla parola data.

breakable, *a.* fragile.

breakage, *n.* rottura. // **~ risk** (*ass.*, *trasp.*) rischio di rottura.

breakdown, *n.* ❶ rottura, guasto. ❷ interruzione. ❸ ripartizione. ❹ (*stat.*) quota. // **~ car** (*trasp. aut.*) carro attrezzi; **the ~ of negotiations** l'interruzione dei negoziati; **the ~ of public expenditure by economic sector** la ripartizione delle spese pubbliche fra i settori economici cui sono destinate; **the ~ of State enterprise on total** (*stat.*) la quota delle imprese pubbliche rispetto al totale.

breaker, *n.* (*leg.*) violatore.

breaking, *n.* rottura. // **~ bulk** suddivisione delle partite (*operata da un grossista*: *per soddisfare le richieste dei dettaglianti*); **~ -in** (*trasp. aut.*) rodaggio; **~ of seals** (*leg.*) violazione di sigilli; **~ -off of diplomatic relations** rottura delle relazioni diplomatiche; **the ~ -out of a fire (of war, etc.)** lo scoppio d'un incendio (*d'una guerra*, ecc.); **~ the stowage** (*trasp. mar.*) scaricamento (*d'una nave*); **the ~ -up of an old boat** la demolizione d'una vecchia imbarcazione; **the ~ -up of a voyage** (*trasp.*) l'interruzione di un viaggio.

breakthrough, *n.* importante passo avanti (*scientifico*, *tecnologico*, *ecc.*).

breed, *v. t.* (*pass.* e *part. pass.* **bred**) allevare.

breeding, *n.* allevamento.

breeze, *n.* (*slang USA*) denaro preso a prestito.

Bretton Woods Agreement, *n.* (*econ.*) Accordo di Bretton Woods.

brew[1], *n.* processo di fermentazione della birra.

brew[2], *v. t.* fabbricare (*la birra e altre bevande fermentate*).

brewer, *n.* ❶ fabbricante di birra. ❷ birraio.

bribe[1], *n.* (*leg.*) dono; somma di denaro per corrompere; « bustarella ».

bribe[2], *v. t.* (*leg.*) corrompere, « comprare », subornare.

briber, *n.* (*leg.*) subornatore.

bribery, *n.* (*leg.*) corruzione (*a mezzo di denaro*, *doni*, *ecc.*), subornazione.

bridge[1], *n.* (*trasp. mar.*) ponte di comando, plancia. // « **~ law** » (*econ.*) « legge-ponte ».

bridge[2], *v. t.* superare. // **to ~ a gap** (*econ.*) superare uno squilibrio.

brief[1], *a.* breve, corto. *n.* ❶ riassunto, compendio. ❷ (*leg.*) difesa giudiziaria, comparsa. ❸ (*leg.*, *USA*) conclusioni presentate alla Corte. ❹ (*leg.*, *USA*) verbale d'un processo. // **~ -bag** borsa da legale, cartella.

brief[2], *v. t.* ❶ riassumere. ❷ (*anche leg.*) dare istruzioni a (*q.*).

briefcase, *n.* cartella (*per documenti*).

briefing, *n.* (*org. az.*) istruzioni per lo svolgimento d'una attività (*date nel corso d'una riunione*). // **~ session** (*org. az.*) conferenza informativa.

bright, *a.* ❶ brillante, lucente. ❷ (*Borsa*, *market.*) (*dell'attività commerciale*) vivace. // **~ tone** (*pubbl.*) tono brillante.

brightness, *n.* (*Borsa*, *market.*) buon andamento, vivacità. // **the ~ of a share** il buon andamento di un'azione.

brilliant, *n.* (*giorn.*) corpo 3 e mezzo.

bring, *v. t.* (*pass.* e *part. pass.* **brought**) ❶ portare, prendere con sé. ❷ (*leg.*) addurre, produrre (*argomenti*, *prove*). ❸ provocare, causare, determinare: **The fall in prices was brought about by the German decisions** la diminuzione dei prezzi fu provocata dalle decisioni tedesche; **to ~ about sb.'s failure** dissestare q.; **to ~ about a ship** (*trasp. mar.*) invertire la rotta d'una nave; **to ~ the accounts up to date** (*rag.*) aggiornare i conti; **to ~ an action against sb.** (*leg.*) far causa a q., intentare causa (*o* lite) contro q.; **to ~ a charge against sb.** (*leg.*) muovere un'accusa contro q.; **to ~ down** (*market.*) abbassare, far calare; (*rag.*) portare (*in diminuzione*): **The abolition of customs duties brought down the price of rubber** l'abolizione dei dazi doganali fece calare il prezzo della gomma; **to ~ evidence** (*leg.*) fornire prove; **to ~ forward** (*rag.*) riportare (*p. es.*, *un totale dal fondo della pagina precedente*); **to ~ in** apportare; fruttare, rendere; (*trasp. mar.*) portare in porto: **The share of profit is proportional to what you ~ in** la parte di utile è proporzionata a quanto uno apporta; **Those stocks ~ in 7% per annum** quelle azioni fruttano il 7% annuo; **His work brings in eight thousand dollars a year** il suo lavoro gli rende ottomila dollari all'anno; **to ~ in capital** apportare capitali; **to ~ inflation under control** (*econ.*, *fin.*) tenere l'inflazione sotto controllo; **to ~ the interested parties together** mettere in contatto gli interessati; **to ~ into** apportare; **to ~ into account** (*rag.*) mettere in conto; **to ~ into force** (*leg.*) mettere in vigore; **to ~ off a coup on the stock exchange** (*Borsa*) fare un colpo in Borsa; **to ~ out** (*market.*) lanciare (*p. es.*, *titoli sul mercato*); **to ~ out a company** (*fin.*) lanciare una società; **to ~ the rates to level time** (*market.*) portare i prezzi a un livello normale; **to ~ the rates to the same level** (*market.*) livellare i prezzi; **to ~ a ship into a port** (*trasp. mar.*) condurre una nave in porto; **to ~ a task off** portare a termine un incarico; **to ~ up** (*fin.*, *market.*) aumentare, far crescere (*prezzi*, *ecc.*); **to ~ st. up to date** aggiornare qc.

bringing forward, *n.* (*rag.*) riporto.

bringing out, *n.* (*market.*) lancio (*p. es.*, *sul mercato*).

bringing up to date, *n.* aggiornamento; il mettere al corrente.

brink, *n.* bordo, orlo.

brinkmanship, *n.* politica « del rischio calcolato ».

brisk, *a.* attivo, intenso, vivace. △ **Trade is ~** l'attività commerciale è intensa.

briskness, *n.* animazione, vivacità.

British Broadcasting Corporation (BBC), *n.* (*comun.*) Ente Radiofonico Britannico.

British European Airways (BEA), *n. pl.* Linee Aeree Britanniche per l'Europa.

British National Export Council, *n.* Organismo Cooperativo Nazionale Inglese (*fondato nel 1964 per guidare e assistere gli esportatori*).

broad, *a.* largo. // **~ market** (*Borsa*) periodo nel quale gli scambi azionari e delle obbligazioni sono particolarmente vivaci.

broadcast¹, n. (*comun.*) trasmissione (*per radio*), programma, radiodiffusione.

broadcast², a. ❶ (*comun.*) radiodiffuso. ❷ (*comun.*) radiofonico.

broadcast³, v. t. (*pass. e part. pass.* **broadcast**) (*comun.*) trasmettere (*per radio*); diffondere (*una notizia*); radiodiffondere.

broadcasting, a. (*comun.*) emittente. n. (*comun.*) emissione (*via radio*), radiodiffusione. // ~ **station** (*comun.*) stazione radiotrasmittente, stazione d'emissione, emittente.

broadside, n. ❶ (*pubbl.*) pieghevole. ❷ (*trasp. mar.*) fiancata.

brochure, n. (*pubbl.*) fascicolo, opuscolo, pieghevole.

broke¹, a. ❶ (*slang*) fallito, rovinato. ❷ (*slang*) destituito, licenziato, silurato. // to go ~ (*slang*) andare in rovina, far fallimento.

broke², v. i. (*ingl.*) fare il mediatore.

brokee, n. (*slang USA*) persona (*o ditta*) fallita.

broken, a. infranto, rotto, spezzato. // ~ **money** (denari) spiccioli; ~ **numbers** (*mat.*) numeri fratti, frazioni; ~ **time** (*org. az., sind.*) riduzione dell'orario (dovuta a interruzioni); ~ **up** (*giorn.*) in piedi (*di composizione tipografica*); ~ **week** settimana interrotta da una festa.

broker, n. ❶ intermediario, mediatore, sensale. ❷ (*Borsa*) (= **stockbroker**) agente di cambio. ❸ (*leg.*) chi ha mandato di vendere o stimare beni pignorati. △ ❷ **The ~ is an agent who acts on behalf of his clients; he may be considered as a general agent, owing to the wide range of securities he may have to deal in** l'agente di cambio è un agente che agisce per conto dei clienti: lo si può considerare un agente generale, in quanto egli può trattare una gamma di titoli assai vasta; **The distinction between brokers and jobbers exists in no other Stock Exchange but the London Exchange** la distinzione fra « broker » (*agente di cambio*) e «jobber» (*operatore di Borsa*) esiste soltanto nella Borsa Valori di Londra. // ~ **'s account** (*Borsa*) conto di liquidazione; **brokers' account** (*Borsa*) conto di liquidazione; ~ **'s contract** (*Borsa*) contratto di commissione; ~ **'s contract note** bolletta del contratto di mediazione; ~ **'s note** distinta di senseria.

brokerage, n. ❶ mediazione, senseria. ❷ provvigione.

broking, n. lavoro di mediatore, attività di sensale.

« brought forward », a. (*rag.*) « riporto ».

brow, n. (*trasp. mar.*) passerella da sbarco.

brown, a. bruno, marrone, castano scuro, giallo scuro. // ~ **paper** carta da pacchi; ~ **sugar** zucchero scuro; ~ **ware** terraglie comuni.

brush off, v. t. (*sind.*) licenziare.

bubble, n. ❶ (*fin.*) bolla di sapone, progetto che si risolve in nulla. ❷ (*fin.*) gonfiatura, montatura. ❸ (*fin., leg.*) frode, truffa.

buck, n. ❶ (*slang*) secchio. ❷ (*slang USA*) dollaro. // ~ **-passing** (*org. az.*) « scaricabarile »; palleggiamento delle responsabilità; **to be in the bucks** (*slang USA*) essere in soldi.

bucket shop, n. (*Borsa, slang USA*) agenzia di cambio illegale.

bucking coil, n. (*elab. elettr.*) memoria intermedia.

budge, v. i. (*econ.*) muoversi (*di prezzi*).

budget¹, n. ❶ (*fin., rag.*) bilancio (*di previsione*); *specialm.* quello dello Stato), preventivo. ❷ (*pubbl.*) stanziamento pubblicitario. // ~ **committee** (*fin., org. az.*) comitato del bilancio; ~ **deficit** (*fin., rag.*) disavanzo di bilancio, deficit di bilancio: **The ~ deficit tends to expand** il deficit di bilancio accusa tendenze all'aumento; ~ **estimate** (*fin., rag.*) previsione di bilancio; ~ **matters** (*fin., rag.*) problemi di bilancio; ~ **policy** (*econ., rag.*) politica di bilancio: **The main lines of ~ policy contemplated by the Governments will be discussed tomorrow** le linee direttrici della politica di bilancio progettata dai Governi saranno discusse domani; ~ **policy remained very distinctly expansionary even in those Countries where costs and prices were rising sharply** la politica di bilancio ha presentato una netta tendenza all'espansione persino nei Paesi ove si è verificato un forte rialzo dei costi e dei prezzi; **the ~ Policy Committee** il Comitato di Politica di Bilancio; **a ~ showing a deficit (o a loss)** (*fin., rag.*) un bilancio deficitario; ~ **surplus** (*fin., rag.*) avanzo di bilancio; ~ **target** (*econ., fin.*) obiettivo di bilancio; ~ **variance** (*fin., rag.*) scostamento dalle cifre di bilancio.

budget², v. t. ❶ (*econ., rag.*) mettere in bilancio, programmare. ❷ (*fin., rag.*) stanziare (*una somma*) in bilancio. v. i. (*econ., rag.*) impostare un bilancio. // **to ~ for an above-the-line surplus** (*econ.*) programmare in vista dell'ottenimento d'un residuo attivo delle partite correnti (*a fini antinflazionistici*); **to ~ for a deficit** (*econ.*) programmare in vista dell'ottenimento d'un deficit (*del bilancio dello Stato*); **to ~ for an overall surplus** (*econ.*) programmare in vista dell'ottenimento d'un residuo attivo globale.

budgetary, a. (*fin., rag.*) pertinente a bilancio, « buggetario », « budgetario », di bilancio « budgetario ». // ~ **control** (*fin., rag.*) controllo a bilancio, controllo « budgetario »; ~ **deficit** (*fin., rag.*) V. **budget deficit**; **the ~ powers of the European Parliament** le competenze del Parlamento europeo in materia di bilancio; ~ **surplus** (*fin., rag.*) V. **budget surplus**.

budgeted, a. (*fin., rag.*) iscritto nel « budget » (*q.V.*). // ~ **(standard) prices** capitoli di spesa iscritti nel « budget ».

budgeting, n. (*fin., rag.*) preparazione del bilancio (*di previsione*); « budgeting ». // ~ **control** (*fin., rag.*) V. **budgetary control**.

budlaing, n. V. **budla operation**.

budla operation, n. (*Borsa, fin.*) operazione di vendita a contanti contro riacquisto a termine.

buffalo head, n. (*slang USA*) moneta da cinque centesimi di dollaro.

buffer, n. (*fin.*) stock di riserva. // ~ **stock** (*econ.*) « stock-tampone »; ~ **store** (*elab. elettr.*) memoria intermedia.

build, v. t. (*pass. e part. pass.* **built**) costruire, erigere, fabbricare. // **to ~ up** costruire, costruirsi; **to ~ up a fortune** farsi una fortuna; **to ~ up reserves (stock)** costituire riserve (scorte).

builder, n. costruttore. // ~ **'s certificate** (*leg.*) licenza di costruttore.

building, n. ❶ costruzione, edificio, fabbricato, fondo urbano, immobile. ❷ edilizia. // ~ **contractor** imprenditore edile; ~ **industry** (*econ.*) edilizia; ~ **land** terreno da costruzione; ~ **-lease** (*leg.*) affitto di terreno con obbligo di costruzione; ~ **-lot** area fabbricabile; ~ **port** (*trasp. mar.*) porto per costruzioni navali; **the ~ sector** il settore edilizio; ~ **-site** area fabbricabile; ~ **society** (*fin.*) società di finanziamento per l'acquisto o la costruzione di case; ~ **trade** (*econ.*) industria delle costruzioni, edilizia; ~ **workers** lavoratori dell'edilizia; ~ **yard** cantiere edile.

build-up, n. (*pubbl.*) lancio pubblicitario.
built, a. costruito. // ~ **-in flexibility** (*fin.*) flessibilità automatica (*dei tassi di cambio*); ~ **-in stabilizers** (*econ.*) stabilizzatori automatici: ~ **-in stabilizers should be allowed to play their normal part** dovrebbe essere permesso il gioco normale degli stabilizzatori automatici.
bulge, n. ❶ (*stat.*) punta (*di diagramma statistico*). ❷ (*slang USA*) aumento dei prezzi (*in Borsa*).
bulk, n. ❶ massa, quantità, volume. ❷ (*trasp. mar.*) stiva. ❸ (*trasp. mar.*) carico. △ ❸ **The ~ is not equal to sample** il carico non è conforme al campione. // ~ **buying** (*market.*) acquisto in massa; ~ **load** (*trasp. mar.*) carico alla rinfusa; ~ **selling** (*market.*) vendita all'ingrosso; ~ **supply tariff** (*comm. est.*) tariffa preferenziale per merce alla rinfusa; **in** ~ (*trasp. mar.*) alla rinfusa.
bulkhead, n. (*trasp. mar.*) paratia.
bulky, a. ingombrante.
bull[1], n. (*Borsa*) rialzista, giocatore al rialzo. *a. attr.* (*Borsa*) rialzista. // ~ **account** (*Borsa*) posizione al rialzo; ~ **campaign** (*Borsa*) campagna al rialzo, campagna rialzista; ~ **head** (*slang USA*) moneta da cinque centesimi di dollaro; ~ **point** (*Borsa*) punto a favore dei rialzisti; ~ **purchase** (*Borsa*) acquisto allo scoperto; ~ **run** (*Borsa*) (tendenza al) rialzo; ~ **transaction** (*Borsa*) operazione al rialzo.
bull[2], v. i. (*Borsa*) giocare, speculare al rialzo. // **to ~ the market** (*Borsa*) comprare allo scoperto.
bulldog, n. ❶ (*cane*) bulldog. ❷ (*giorn.*, *slang USA*) prima edizione del mattino (*d'un quotidiano*). // ~ **edition** (*giorn.*) edizione domenicale d'un quotidiano (*caratteristica per la grossa mole*).
bulletin, n. bollettino.
bullion, n. (*fin.*) oro o argento in verghe, lingotti, ecc. // ~ **point** (*fin.*) punto dell'oro, punto metallico; ~ **reserve** (*fin.*) riserva metallica; ~ **trade** (*fin.*) commercio dell'oro e dell'argento.
bullionism, n. (*econ.*, *fin.*) bullionismo.
bullionist, n. (*econ.*, *fin.*) fautore del bullionismo.
bullish, a. (*Borsa*) di, da rialzista, orientato al rialzo; tendente al rialzo. // ~ **inclination** (*Borsa*) intenzione di giocare la carta della ripresa; ~ **tendency** (*Borsa*) tendenza al rialzo; ~ **transaction** (*Borsa*) operazione al rialzo.
bullishness, n. (*Borsa*) tendenza al rialzo. △ **The stock market reacted to this news by recovering some of the ~ it had lost in the summer** il mercato azionario ha reagito a queste notizie ricuperando in parte quella tendenza al rialzo che aveva perso durante l'estate. // **eleven consecutive days of ~** (*Borsa*) undici sedute consecutive di rialzo.
bummaree, n. ❶ (*slang*) mediatore (*al mercato del pesce di Londra*). ❷ (*slang*) facchino (*al mercato della carne di Londra*).
bump[1], n. urto.
bump[2], v. t. battere, urtare.
bumper, n. ❶ (*slang*) cosa di eccezionale grandezza o abbondanza. // **a ~ crop** (*slang*) un raccolto eccezionale; **a ~ sale** (*market.*) una vendita straordinaria.
bumping, n. V. **backtracking**.
bunch, n. mazzo.
bunco, n. (*slang USA*) imbroglio, truffa.
bundle, n. ❶ fascio, involto. ❷ mucchio, grande quantità.
bungle, v. t. (*trasp.*) maneggiare grossolanamente (*merce*).
bunker, n. ❶ (*trasp. mar.*) carbonile. ❷ **bunkers**, *pl.* (*trasp. mar.*) carbone per piroscafo. // ~ **coal** (*trasp. mar.*) carbone per piroscafo.

bunkering, n. (*trasp. mar.*) caricamento dei carbonili. // ~ **station** (*trasp. mar.*) stazione di rifornimento.
buoy[1], n. (*trasp. mar.*) boa, gavitello. // ~ **dues** (*trasp. mar.*) diritti di gavitello.
buoy[2], v. t. appoggiare, incoraggiare, sostenere.
buoyancy, n. ❶ spinta dinamica (*di natante*), galleggiabilità. ❷ (*fin.*) elasticità, esuberanza, capacità di ricupero. ❸ (*market.*) slancio, tendenza al rialzo. △ ❸ **There's a good market ~** c'è una tendenza del mercato a salire.
burden[1], n. ❶ peso, onere. ❷ (*trasp. mar.*) stazza, stazzatura, tonnellaggio. // ~ **of proof** (*leg.*) onere della prova; ~ **of proving** (*leg.*) onere' della prova; ~ **of taxation** (*fin.*) carico tributario; ~ **sharing** (*econ.*) divisione del fardello.
burden[2], v. t. ❶ gravare, oberare. ❷ tassare. △ ❶ **We are burdened with heavy taxes** siamo gravati di forti tasse.
burdened estate, n. (*leg.*) proprietà con vincolo della prova.
bureau, n. ❶ (*org. az.*) ufficio. ❷ (*org. az.*) agenzia. // ~ **of the Budget** (*USA*) Ufficio del Bilancio.
bureaucracy, n. burocrazia, apparato amministrativo.
bureaucrat, n. burocrate.
bureaucratic, a. burocratico.
burglar, n. ladro, scassinatore.
burglary, n. ❶ (*leg.*) furto con scasso (*o con effrazione*). ❷ (*leg.*) violazione di domicilio. // ~ **insurance** (*ass.*) assicurazione contro furto e scasso.
burlap, n. tela da sacchi.
bursar, n. (*pers.*) economo, tesoriere. // ~ **'s office** economato (*l'ufficio*).
bursarship, n. economato (*la carica*).
bursting of boilers, locuz. n. (*trasp. mar.*) scoppio delle caldaie.
burthen, n. V. **burden**.
bus, n. (*trasp.*) autobus, torpedone.
bushel, n. staio (*misura di capacità per aridi*; pari a litri 36,36).
business, n. ❶ affare, affari. ❷ compito, funzione. ❸ commercio. ❹ lavoro, occupazione. ❺ azienda, compagnia, ditta, impresa. △ ❶ ~ **is ~** gli affari sono affari; ❷ **The primary ~ of the English commercial banks is the receipt, transfer and encashment of deposits (both on current account and on deposit account)** la funzione principale delle banche commerciali inglesi è di ricevere, trasferire e incassare depositi (sia i depositi in conto corrente sia quelli in conto vincolato); ❸ **He's in the wool ~** s'occupa del commercio della lana; ❹ **What is his ~?** qual è il suo lavoro (la sua occupazione)?; **This is the ~ of the meeting** questo è l'ordine del giorno della riunione. // ~ **address** indirizzo d'ufficio, recapito; ~ **agent** (*pers.*) agente (*o rappresentante*) di commercio; ~ **assistance** (*banca*, *comm.*) assistenza negli affari; ~ **barometer** (*econ.*) indice generale dell'andamento dell'economia (*media ponderata di differenti indici economici*); ~ **card** biglietto di visita; ~ **centre** (*fin.*) centro d'affari; ~ **climate** (*econ.*) situazione congiunturale: **The ~ climate in Italy is now relatively settled** la situazione congiunturale in Italia è relativamente calma; ~ **combine** (*econ.*) concentrazione, fusione d'aziende; ~ **connections** relazioni d'affari, rapporti d'affari; ~ **consultant** commercialista; ~ **corporation** (*fin.*, *USA*) società commerciale; ~ **correspondence** corrispondenza commerciale; ~ **cycle** (*econ.*) ciclo dell'attività commerciale; ciclo economico; ciclo congiunturale; ~ **day** (*org.*

az.) giorno lavorativo; ~ **deal** transazione commerciale; **a ~ dip** (*econ., USA*) una lieve recessione; «~ **done** » (*Borsa*) « corsi praticati »; ~ **economics** (*econ.*) economia aziendale; ~ **English** (lingua) inglese commerciale; ~ **enterprise** impresa commerciale; ~ **executive** (*pers.*) dirigente commerciale; ~ **field** (*econ.*) settore d'attività; ~ **game** (*org. az.*) gestione simulata; ~ **games** (*org. az.*) giochi d'affari; ~ **hours** (*org. az.*) ore d'ufficio; ~ **house** casa commerciale; ~ **letter** lettera d'affari; ~ **man** uomo d'affari; ~ **management** economia aziendale: This is a good method for evaluating the effects of amalgamations on ~ management questo è un buon metodo per valutare le ripercussioni delle concentrazioni sull'economia aziendale; ~ **manager** (*org. az.*) direttore commerciale; ~ **mathematics** (*rag.*) computisteria; ~ **name** nome dell'azienda, ragione sociale; ~ **papers** incartamenti d'affari; ~ **premises** (*comm.*) locali; ~ **quarter** quartiere commerciale; ~ **recovery** (*econ.*) ripresa dell'attività commerciale; ~ **reply card** (*comun.*) cartolina con risposta pagata; ~ **report** informazioni commerciali; ~ **school** scuola commerciale; ~ **survey** (*econ., market.*) indagine congiunturale, inchiesta congiunturale; ~ **transaction** transazione commerciale; ~ **trends** (*econ.*) evoluzione della congiuntura: ~ **trends varied from Country to Country last year despite the appreciable progress made in the interpenetration of the Member Countries' markets** l'anno scorso ci sono state nette divergenze da un Paese all'altro nell'evoluzione della congiuntura, nonostante i sensibili progressi compiuti nell'interpenetrazione dei mercati degli Stati Membri; ~ **trip** viaggio d'affari; ~ **unionism** (*sind.*) sindacalismo « sano » (*tendente a migliorare le condizioni di lavoro degli iscritti, e che ripudia la* « *conflittualità permanente* »); the ~ **world** il mondo degli affari; ~ **year** (*rag.*) anno sociale, esercizio; **in** ~ in affari: He's no longer in ~ non è più in affari; **on** ~ per affari.

businessman, *n.* (*pl.* **businessmen**) uomo d'affari.
businesswoman *n.* (*pl.* **businesswomen**) donna d'affari.
bust, *n.* (*econ.*) stasi dell'attività economica.
busy, *a.* impegnato, occupato.
butt, *n.* ❶ matrice. ❷ grossa botte (*di 600 litri circa*).
butter, *n.* burro. // ~ **-making** fabbricazione del burro.
buttock, *n.* (*trasp. mar.*) giardinetto.
button[1], *n.* bottone.
button[2], *v. t.* eseguire (*un'ordinazione*).
buy[1], *n.* ❶ acquisto, compera, compra, spesa. ❷ cosa in vendita. △ ❶ This is really a good ~ questo è proprio un buon acquisto. // ~ **order** (*Borsa*) ordine di acquisto.
buy[2], *v. t.* (*pass. e part. pass.* **bought**) acquistare, comprare. // to ~ **and sell on commission** comprare e vendere su commissione; to ~ **st. at an auction** comprare qc. a una vendita all'asta; to ~ **at best** (*fin.*) comprare al meglio; to ~ **back** riacquistare, ricomprare; to ~ **cash** comprare a contanti; to ~ **cheap** comprare a buon mercato; to ~ **for forward delivery** comprare per futura consegna; to ~ **in** riscattare; comprare a un'asta per conto del venditore (*tenendo così alti i prezzi*); to ~ **into a company** (*fin.*) comprare titoli d'una società; to ~ **off** corrompere (*col denaro o con doni*); to ~ **on credit** comprare a credito; to ~ **on easy terms** comprare a rate; to ~ **on instalment** (*o* **on the instalment plan**, *o* **by instalments**) acquistare a rate; to ~ **on a shoestring** (*slang USA*) comprare pagando un piccolo anticipo; to ~ **on term** (*Borsa*) comprare a termine; to ~ **out** rilevare (*un negozio, un'azienda e sim.*); (*fin.*) comprare (*un intero pacchetto azionario*), acquistare il pacchetto di maggioranza di (*una società*); to ~ **out a partner** rilevare la parte d'un socio; to ~ **over** corrompere (*col denaro o con doni*); to ~ **a season ticket** (*trasp.*) abbonarsi; to ~ **through loans** effettuare acquisti mediante mutui; to ~ **up** accaparrare, incettare, fare incetta di: **to ~ up goods in anticipation of a big rise in prices** accaparrare merce in previsione d'un forte aumento dei prezzi; to ~ **wholesale** (*market.*) comprare all'ingrosso.

buyable, *a.* acquistabile, comprabile.
buyer, *n.* ❶ acquirente, compratore, committente. ❷ (*pers.*) direttore dell'ufficio acquisti. // ~ **Countries** (*econ.*) Paesi acquirenti; ~ **'s labour market** (*econ.*) mercato della manodopera favorevole agli imprenditori; **buyers' market** (*econ.*) mercato al ribasso; ~ **'s monopoly** (*econ.*) monopsonio (*monopolio del compratore*); ~ **of a call option** (*Borsa*) compratore d'un « dont »; ~ **of a put option** (*Borsa*) venditore d'un premio indiretto; ~ **'s option** (*Borsa*) premio per il compratore; ~ **'s option to double** (*Borsa*) opzione del doppio; ~ **'s option to quadruple** (*Borsa*) opzione quadrupla; ~ **'s option to treble** (*Borsa*) opzione tripla; « **buyers over** » (*Borsa*) « eccedenza di compratori »; **buyers' strike** (*market.*) ostruzionismo dei clienti, sciopero di consumatori (*in attesa d'una diminuzione dei prezzi*); ~ **-up** accaparratore, incettatore; **at (the) ~ 's risk** (*leg.*) a rischio (e pericolo) del compratore.
buying, *a.* acquirente. *n.* compera, acquisto. // ~ **and selling** (*market.*) compravendita; ~ **back** riacquisto; ~ **brokerage** mediazione per acquisti; ~ **commission** provvigione per acquisti; ~ **habit** (*market.*) abitudine di acquisto; ~ **in and selling out** (*Borsa*) transazione in Borsa; ~ **in or selling out** (*Borsa*) transazione in Borsa; ~ **-in price** prezzo di riacquisto; ~ **interest** (*Borsa*) interessamento del pubblico: ~ **interest has now centered on real estate stocks** l'interessamento del pubblico s'è ora concentrato sugli immobiliari; ~ **offices** (*comm. est.*) uffici d'acquisto; ~ **order** ordine di acquisto; ~ **out a partner** rilevamento della parte d'un socio; ~ **policy** (*org. az.*) politica degli acquisti; ~ **power** (*econ.*) potere d'acquisto; (*market.*) potenziale d'acquisto; ~ (*o* **purchasing**) **agent** agente per gli acquisti; ~ **rate** (*banca*) cambio d'acquisto (*al quale la banca è disposta ad acquistare divise*); ~ **syndicate** (*fin.*) « sindacato » di compratori (*a costituzione volontaria*); ~ **-up** (*econ., market.*) accaparramento, incetta.
by, *prep.* ❶ (*agente*) da. ❷ (*mezzo, o distributivo*) a. ❸ (*mezzo, o distributivo*) per. ❹ per mezzo di. // ~ **Act of Parliament** (*ingl.*) per legge; ~ **air** (*trasp. aer.*) per via aerea; ~ **air mail** (*comun.*) per via aerea; ~ **banker** a mezzo banca; ~ **the day** (*org. az.*) a giornata; ~ **description** (*market.*) su descrizione; ~ **direct steamer** (*trasp. mar.*) tramite vapore diretto; ~ **the dozen** a dozzine; ~ **goods train** (*trasp. ferr.*) a piccola velocità; ~ **hand** a mano: Are these goods made ~ hand or ~ machinery? questi articoli sono fatti a mano o a macchina?; ~ **the hour** (*org. az.*) a ore: They work ~ the hour lavorano a ore; ~ **land** (*trasp.*) per terra; ~ **means of** per mezzo di; ~ **measure** (*market.*) sciolto, sfuso; ~ **order of the board** per ordine del consiglio d'amministrazione; ~ **passenger train** (*trasp. ferr.*) a grande velocità; ~ **post** per posta; ~ **the pound** (*market.*) a libbre; ~ **proxy** (*leg.*) per procura; ~ **rail** (*trasp. ferr.*) per ferrovia; ~ **return of mail** a stretto giro di posta;

~ **right** (*leg.*) di diritto, secondo giustizia; ~ **sample** (*market.*) su campione; ~ **sea** (*trasp. mar.*) per mare; ~ **show of hands** per alzata di mano.

by-bidder, *n.* chi fa salire i prezzi (*a un'asta*) con offerte fittizie.

by-bidding, *n.* offerte all'asta (*d'accordo col banditore*) per raggiungere prezzi elevati.

by-business, *n.* attività collaterale.

bye, *n.* cosa di scarsa importanza, cosa secondaria. // ~ **-law** (*leg.*) *V.* by-law.

by-law, *n.* ❶ (*leg.*) leggina. ❷ (*leg.*) regolamento. ❸ (*leg.*) statuto.

by-pass, *n.* (*trasp. aut.*) tangenziale.

by-product, *n.* (*org. az.*) sottoprodotto.

C

cab, *n.* (*trasp.*) tassì, carrozza di piazza. // ~ -stand posteggio di tassì.
cabbage, *n.* (*slang USA*) denaro. // ~ **leave** (*slang USA*) banconota.
cabin, *n.* (*trasp. aer., trasp. mar.*) cabina. // ~ **accommodation** (*trasp. mar.*) sistemazione in cabina; ~ **baggage** (*trasp.*) bagaglio di cabina; ~ **boy** (*trasp. mar.*) mozzo; ~ **class** (*trasp. mar.*) seconda classe; ~ **passenger** (*trasp.*) passeggero di cabina.
cabinet, *n.* ❶ (*amm.*) Gabinetto (*ministero*). ❷ (*attr. uff.*) armadietto, stipo. ❸ (*org. az.*) gabinetto. // ~ **bonds** (*Borsa, USA*) (le) obbligazioni meno attive (*e che formano la maggioranza del listino*); ~ **edition** (*market.*) edizione corrente; **the** ~ **Office** la Presidenza del Consiglio.
cable¹, *n.* ❶ (*comun.*) cablogramma. ❷ (*cred.*) rimessa telegrafica. ❸ (*trasp. mar.*) cavo, fune, gomena. ❹ (*trasp. mar.*) unità di misura equivalente a 608 piedi (*per misurare la profondità dei cavi sottomarini*). △ ❷ **New York cables are dealt in at ...** le rimesse telegrafiche su New York sono quotate a ... // ~ **address** (*comun.*) indirizzo cablografico; ~ **company** (*comun.*) società per cablogrammi; ~ **'s length** (*trasp. mar.*) misura di lunghezza pari a 608 piedi; ~ **transfer** (*comun., cred.*) bonifico telegrafico, rimessa telegrafica.
cable², *v. t. e i.* ❶ (*comun.*) cablografare, cablare, trasmettere (*qc.*) con un telegramma. ❷ (*comun.*) mandare un telegramma. ❸ (*comun.*) informare (*q.*) con un telegramma.
cablegram, *n.* (*comun.*) cablogramma, cablo.
caboose, *n.* ❶ (*trasp. ferr., USA*) vagone del personale viaggiante (*in un treno merci*). ❷ (*trasp. mar.*) cambusa, cucina di bordo.
cabotage, *n.* (*trasp. mar.*) cabotaggio.
ca'canny, *locuz.* (*scozz.*) sii prudente!; procedi con cautela! // ~ **business methods** metodi assai cauti di condurre gli affari; ~ **policy** (*sind.*) tattica del tirar tardi; ~ **strike** (*sind.*) sciopero bianco.
cadaster, *n.* V. **cadastre.**
cadastral, *a.* catastale. // ~ **estimate** (*leg.*) stima catastale; ~ **survey** rilievo catastale, stima catastale.
cadastre, *n.* catasto.
caddis, *n.* tessuto di lana grezza.
caddy, *n.* (*market.*) barattolo per il tè.
cadres, *n. pl.* (*pers.*) quadri.
cafeteria, *n.* ❶ tavola calda; ristorante in cui i clienti si servono da soli. ❷ (*org. az.*) mensa aziendale.
cage, *n.* gabbia. // ~ **man** (*slang USA*) cassiere; ~ **woman** (*slang USA*) cassiera.
cake, *n.* pezzo, tavoletta. // **a** ~ **of chocolate** (*market.*) una tavoletta di cioccolata; **a** ~ **of soap** (*market.*) un pezzo di sapone, una saponetta.
calculable, *a.* ❶ (*mat.*) calcolabile, computabile. ❷ (*mat.*) numerabile.
calculate, *v. t. e i.* ❶ (*mat.*) calcolare, computare, fare calcoli, fare conti. ❷ (*rag.*) valutare.
calculating, *a. attr.* calcolatore. // ~ **machine** (*macch. uff.*) (macchina) calcolatrice.

calculation, *n.* ❶ opinione. ❷ previsione. ❸ (*mat.*) calcolo, conteggio. △ ❸ **We have made a mistake in our** ~ abbiamo sbagliato i calcoli.
calculator, *n.* ❶ (*attr. uff.*) prontuario per fare i calcoli. ❷ (*macch. uff.*) (macchina) calcolatrice. ❸ (*pers.*) computista.
calculus, *n.* (*pl.* **calculi** e *reg.*) (*mat.*) calcolo.
calendar¹, *n.* ❶ calendario. ❷ (*attr. uff.*) annuario. ❸ (*attr. uff.*) registro. ❹ (*org. az.*) lista. // ~ **day** giorno del calendario; ~ **month** mese solare; ~ **variation** (*market.*) variazione stagionale; ~ **year** anno solare.
calendar², *v. t.* ❶ (*org. az.*) registrare. ❷ (*org. az.*) ordinare, schedare (*documenti, ecc.*). ❸ (*org. az.*) includere in un elenco o in una lista.
calender¹, *n.* calandra, pressa.
calender², *v. t.* calandrare.
calendered paper, *n.* (*pubbl.*) carta calandrata.
call¹, *n.* ❶ chiamata, telefonata. ❷ ordine, richiesta di pagamento. ❸ (*econ.*) richiesta. ❹ (*fin.*) richiamo dei decimi (*sulle azioni sottoscritte*). ❺ (*trasp. ferr.*) fermata (*di treno*). ❻ (*trasp. mar.*) scalo (*di nave*). △ ❸ **The main result of the reduced calls for manpower being made by German firms has been a decline in the net immigration of foreign workers** la minor richiesta di manodopera da parte delle imprese tedesche ha portato soprattutto alla diminuzione dell'immigrazione netta di lavoratori stranieri. // ~ **-back pay** (*sind.*) paga extra (*data ai dipendenti quando sono richiamati al posto di lavoro per un'emergenza dopo la fine della giornata lavorativa*); ~ **-box** (*comun.*) cabina telefonica; ~ **charge** (*comun.*) importo d'una conversazione telefonica; ~ **for bids** (*o* **for tenders**) concorso d'appalto, bando di gara d'appalto; ~ **for funds** (*fin.*) richiesta di fondi; ~ **for manpower** (*econ.*) offerta di lavoro; **calls for public tender** (*fin.*) offerte per un appalto pubblico; ~ **letter** (*fin.*) lettera di domanda di pagamento di decimi; ~ **-loan** (*banca*) prestito bancario rimborsabile a vista, col preavviso d'un giorno; ~ **money** (*banca*) prestito rimborsabile a domanda; controvalore oggetto d'un prestito; (*cred.*) credito esigibile in qualsiasi momento; (*fin.*) denaro investito a brevissima scadenza (*per pochi giorni, specialm. in operazioni di Borsa*); ~ **number** (*comun.*) numero telefonico; (*rag.*) numero di schedario; ~ **of a meeting** (*org. az.*) convocazione d'un'assemblea; ~ **of more** (*Borsa*) diritto d'aggiunta, diritto d'ulteriore acquisto allo stesso prezzo; contratto con il quale il compratore acquista il diritto – contro il pagamento di un premio – di richiedere alla scadenza il doppio del quantitativo di titoli pattuito; ~ **of three times more** (*Borsa*) diritto d'aggiunta tripla; ~ **of twice more** (*Borsa*) diritto d'aggiunta doppia; ~ **office** (*comun.*) cabina telefonica, telefono pubblico; ~ **office attendant** (*pers.*) gerente di posto telefonico pubblico; ~ **on the guarantor** (*leg.*) chiamata in garanzia; ~ **price** (*Borsa*) prezzo del contratto « dont »; ~ **receipt** (*cred.*) ricevuta di versamento per una richiesta di fondi; **calls risk** (*ass. mar.*) rischio negli scali; ~ **sign** (*trasp. mar.*) nominativo; ~ **-slip** (*market.*) tagliando che con-

ferma l'avvenuta visita d'un piazzista a un cliente; ~ **stock** (*fin.*) azione redimibile; **at** ~ a semplice richiesta; « **no calls** » (*trasp. mar.*) « senza scali intermedi »; **on** ~ (*cred.*) pagabile a richiesta.

call², *v. t.* ❶ convocare, indire (*una riunione, ecc.*). ❷ chiamare. ❸ dare nome a, nominare. ❹ proclamare. *v. i.* ❶ venire (*nel senso di « far visita », « passare »*). ❷ (*trasp. mar.*) fare scalo. △ *v. t.* ❷ **They called me from Boston** mi chiamarono (per telefono) da Boston; *v. i.* ❶ **Has anybody called?** è venuto nessuno?, mi ha cercato nessuno?. // **to** ~ **at** andare, passare da (*un luogo*); (*trasp. mar.*) fare scalo a; **to** ~ **at intermediate ports** (*trasp. mar.*) fare scalo in porti intermedi; **to** ~ **at a named port** (*trasp. mar.*) fare scalo in un porto nominato: **The ship called at Genoa** la nave fece scalo a Genova; **to** ~ **sb.'s attention to st.** richiamare l'attenzione di q. su qc.: **We would like to** ~ **your attention to the following points** vorremmo richiamare la vostra attenzione sui punti seguenti; **to** ~ **bonds** (*fin.*) rimborsare delle obbligazioni; **to** ~ **a case** (*leg.*) fissare un'udienza; **to** ~ **the exchange** (*comun.*) chiamare il centralino (*telefonico*); **to** ~ **for bids** (*leg.*) fare un'offerta cauzionale per un'aggiudicazione; **to** ~ **for subscribed capital** (*fin.*) richiamare i decimi; **to** ~ **for tenders** bandire (*o* indire) una gara d'appalto (*o* una licitazione); **to** ~ **in** ritirare; richiedere il pagamento di; (*cred.*) richiedere (*denaro prestato*); **to** ~ **off** disdire, revocare: **The meeting was called off** l'assemblea fu disdetta; **to** ~ **off a strike** (*sind.*) revocare uno sciopero; **to** ~ **on** far appello a; **to** ~ **on sb.** passare da q., fare una breve visita a q.; **to** ~ **on domestic savings** ricorrere al risparmio interno; **to** ~ **on a guarantee** (*leg.*) far appello a una garanzia; **to** ~ **the operator** (*comun.*) chiamare la centralinista; **to** ~ **out** proclamare; **to** ~ **out a strike** (*sind.*) proclamare uno sciopero; **to** ~ **the roll** (*pers.*) fare l'appello; **to** ~ **a strike** (*sind.*) proclamare uno sciopero; **to** ~ **to revictual** (*trasp. mar.*) far scalo per rifornirsi di vettovaglie; **to** ~ **up** (*comun.*) chiamare al telefono; « **to be called for at railway station** » (*trasp. ferr.*) « fermo stazione »; **to be called to the Bar** (*leg.*) essere ammesso all'esercizio della professione forense: **He was called to the Bar** venne iscritto all'albo degli avvocati; **to be called within the Bar** essere nominato « King's (*o* Queen's) Counsel », (*q.V.*).

callable bond, *n.* (*fin.*) obbligazione redimibile.

called bond, *n.* (*fin.*) obbligazione rimborsata, obbligazione estratta.

called-up capital, *n.* (*fin.*) capitale richiamato, capitale richiesto.

caller, *n.* visitatore.

calling, *n.* ❶ convocazione. ❷ chiamata. ❸ invito. ❹ proclamazione. ❺ visita. ❻ (*trasp. mar.*) il fare scalo. // **-card** (*USA*) biglietto di visita; ~ **clause** (*trasp. mar.*) clausola relativa agli scali; ~ **for orders bill of lading** (*trasp. mar.*) polizza di carico all'ordine; ~ **on the underwriters to take up shares** (*fin.*) invito ai sottoscrittori a ritirare le azioni; ~ **ship** (*trasp. mar.*) nave che fa scalo; ~ **together** convocazione: ~ **the shareholders together** convocazione degli azionisti; ~ **-up** richiamo: ~ **-up of the final instalment** richiamo dell'ultimo versamento; ~ **upon the underwriters** (*fin.*) invito ai sottoscrittori.

calm¹, *n.* calma, tranquillità.

calm², *v. t.* calmare. // **to** ~ **down** calmarsi.

caloric, *a.* calorico.

calorie, *n.* caloria.

calorific, *a.* calorifico.

calory, *n.* caloria.

cambist, *n.* ❶ (*fin.*) cambista, cambiavalute. ❷ (*fin., trasp.*) manuale per la conversione di misure, pesi e valute di differenti Paesi.

camera, *n.* ❶ macchina fotografica. ❷ macchina cinematografica. ❸ macchina da ripresa televisiva. ❹ (*leg.*) ufficio (*di un giudice*). // **in** ~ (*leg.*) nell'ufficio di un giudice, a porte chiuse.

cameralism, *n.* (*econ.*) cameralismo.

campaign, *n.* campagna (*militare, politica, pubblicitaria*). // ~ **planning** (*pubbl.*) pianificazione d'una campagna pubblicitaria.

can¹, *n.* ❶ barattolo, bidone, recipiente, scatola (*specialm. di latta*). ❷ (*market., USA*) scatoletta (*di generi alimentari conservati*). ❸ (*slang USA*) prigione.

can², *v. t.* ❶ (*market., USA*) mettere (*generi alimentari*) in scatola (*di latta*); inscatolare. ❷ (*USA*) registrare (*musica*) su dischi. ❸ (*slang USA*) licenziare.

canal, *n.* canale (*in molti sensi*; *cfr.* **channel**). // ~ **boat** (*trasp.*) chiatta; ~ **harbour** (*trasp. mar.*) porto canale; ~ **service dues** (*trasp.*) diritti di canale; ~ **toll** (*trasp.*) diritto da pagarsi per la navigazione su canali.

cancel¹, *n.* (*giorn.*) contrordine.

cancel², *v. t.* ❶ cancellare (*facendo una croce o tirando un frego*). ❷ disdire, revocare, annullare (*un impegno, un'ordinazione, ecc.*). ❸ (*leg.*) rescindere (*un contratto*). ❹ (*leg.*) abrogare (*una legge*). ❺ (*mat.*) elidere (*fattori comuni*). ❻ (*pubbl.*) omettere, sopprimere. △ ❷ **The meeting was cancelled** la riunione fu disdetta. // **to** ~ **an action from the cause list** (*leg.*) cancellare una causa dal ruolo; **to** ~ **an agreement** annullare un accordo; **to** ~ **a cause from the cause list** (*leg.*) cancellare una causa dal ruolo; **to** ~ **a charter party** (*leg.*) annullare un contratto di noleggio; **to** ~ **a contract** (*leg.*) annullare un contratto; **to** ~ **the customs duty on st.** (*dog.*) sgravare qc. dei diritti doganali; **to** ~ **a deed** (*leg.*) annullare un atto (*legale, notarile, ecc.*); **to** ~ **each other** (*rag.*) annullarsi, bilanciarsi; **to** ~ **an order** stornare (*o* annullare) un'ordinazione; **to** ~ **out** (*rag.*) bilanciare, neutralizzare; bilanciarsi, annullarsi; **to** ~ **a revenue stamp** annullare una marca da bollo.

cancelable, *a. V.* **cancellable**.

cancelation, *n. V.* **cancellation**.

canceling stamp, *n. V.* **cancelling stamp**.

cancellable, *a.* annullabile, risolvibile, rescindibile.

cancellation, *n.* ❶ cancellazione, cancellatura; annullamento (*d'un impegno, ecc.*); revoca (*d'un'ordinazione, ecc.*). ❷ (*leg.*) annullamento (*di contratto o atto*). ❸ (*leg.*) risoluzione, rescissione (*d'un contratto*). ❹ (*leg.*) abrogazione (*d'una legge*). ❺ (*market.*) annullamento di disdetta (*d'un ordine*). ❻ (*pubbl.*) omissione. // ~ **clause** (*leg.*) clausola di rescissione; ~ **date** data d'annullamento; ~ **of a debt** (*cred.*) estinzione d'un debito; ~ **of a licence** (*leg.*) ritiro d'una patente (*o* d'una licenza); ~ **of an order** storno (*o* annullamento) d'un ordine.

cancelling price, *n.* (*leg.*) indennità di rescissione (*d'un contratto, ecc.*).

cancelling stamp, *n.* timbro d'annullamento.

candidacy, *n.* (*USA*) candidatura.

candidate, *n.* (*pers.*) candidato; concorrente (*a un posto, ecc.*). // **to be a** ~ **for listing on the stock market** (*Borsa*) essere quotabile in Borsa: **This company is a** ~ **for listing on the Italian stock market** questa società è quotabile sul mercato azionario italiano.

candidature, *n.* candidatura.

candle, *n.* candela. // ~ **-auction** asta basata sul consumo d'una candela.

candy, *n.* ❶ candito. ❷ (*USA*) caramella. ❸ (*USA*) confetto. // ~ **-store** (*USA*) negozio di caramelle, cioccolatini, ecc.

canister, *n.* scatola metallica (*per tè, caffè, tabacco, ecc.*).

canned food, *n.* (*market., USA*) generi alimentari in scatola.

canned goods, *n. pl.* (*market., USA*) scatolame.

canned music, *n.* musica riprodotta.

cannery, *n.* stabilimento per la produzione d'alimenti in scatola.

canning, *n.* (*market., USA*) inscatolamento. // ~ **industry** industria conserviera; ~ **machine** inscatolatrice.

canny, *a.* cauto, circospetto, guardingo.

canteen, *n.* (*org. az.*) posto di ristoro, bar, mensa aziendale.

canvas, *n.* canovaccio, tela (*da tende, vele, ecc.*).

canvass, *v. t.* ❶ discutere minutamente, esaminare a fondo. ❷ (*market.*) sollecitare (*ordinazioni commerciali, ecc.*). *v. i.* ❶ (*market.*) fare propaganda, fare il piazzista. ❷ (*pubbl.*) propagandare in modo capillare. // **to ~ the town** (*market.*) battere la piazza.

canvasser, *n.* ❶ (*pers.*) piazzista. ❷ (*pubbl.*) propagandista « capillare ».

canvassing, *n.* ❶ (*market.*) attività di piazzista. ❷ (*pubbl.*) propaganda (fatta in modo) capillare.

capability, *n.* ❶ capacità, facoltà (*di fare qc.*). ❷ idoneità. ❸ possibilità.

capable, *a.* ❶ abile; (*di persona*) capace. ❷ (*di cosa*) suscettibile. △ ❶ **Minors are not ~ of contracting** i minori sono incapaci di contrarre; i minori non hanno capacità giuridica; ❷ **Those shares are ~ of being quoted** quelle azioni possono essere quotate (*alla lettera: sono suscettibili di*) essere quotate in Borsa.

capacitance transducer, *n.* (*elab. elettr.*) trasduttore a capacitanza.

capacity, *n.* ❶ capacità. ❷ capienza. ❸ funzione, posizione, qualità, ufficio, veste (*fig.*). ❹ (*leg.*) capacità, potere. ❺ (*org. az.*) capacità (*degli impianti*), rendimento, massima capacità produttiva (*d'uno stabilimento, ecc.*). △ ❸ **He acted in the ~ of adviser** agì in qualità di consigliere; ❺ **Our production is at ~ levels** la nostra produzione ha raggiunto il massimo livello (*consentito dagli impianti*). // ~ **costs** (*rag.*) costi fissi; ~ **of a computer** (*elab. elettr.*) capacità di un calcolatore; ~ **of the U.S. economy** potenzialità dell'economia statunitense; ~ **test** (*pers.*) test attitudinale; ~ **to act** (*leg.*) capacità d'agire; ~ **to contract** (*leg.*) capacità di contrarre, capacità giuridica; ~ **-utilization rate** (*org. az.*) indice di utilizzazione della capacità (*degli impianti*); ~ **variance** (*rag.*) scostamento dalle cifre iscritte nel budget per quanto riguarda la capacità produttiva; **in the ~ of** (*leg.*) in veste di.

capital, *a.* (*giorn.*) maiuscolo. *n.* ❶ (*econ.*) capitale. ❷ (*rag.*) capitale. △ *n.* ❶ **Capitals which do not circulate yield nothing** i capitali che non circolano, non rendono. // ~ **account** (*rag.*) conto capitale; ~ **and reserves** (*ass.*) capitale e riserve patrimoniali; ~ **appropriation** (*rag.*) impegno di capitale; ~ **asset** (*econ.*) attività capitale; ~ **assets** (*rag.*) capitale fisso, capitale immobilizzato; ~ **at venture** (*fin.*) capitale a fondo perduto; ~ **bearing 4% interest** (*fin.*) capitale che frutta un interesse del 4%; ~ **bearing no interest** (*fin.*) capitale non fruttifero; ~ **budget** (*rag.*) budget del fabbisogno di capitali; ~ **charges** (*rag.*) spese di capitale; ~ **coefficient** (*fin.*) V. ~ **-output ratio**; ~ **consumption allowance** (*econ.*) ammortamento degli investimenti; ~ **contribution** (*fin.*) versamento alla massa sociale; ~ **duty** (*fin.*) diritto di costituzione, tassa di bollo pagata su ogni azione emessa da una società; ~ **equipment** (*rag.*) capitale investito (*in impianti e macchinari*), capitale immobilizzato; ~ **expenditure** (*rag.*) investimento di capitali, immobilizzazioni; ~ **expenditure account** (*rag.*) conto immobilizzazioni; ~ **export restrictions** (*fin.*) restrizioni alle esportazioni di capitali; ~ **flight** (*econ., fin.*) fuga di capitali; ~ **flows** (*fin.*) movimenti di capitali: **This is the established pattern of ~ flows between the U.S.A. and Europe** questa è la struttura dei movimenti tradizionali di capitali fra gli U.S.A. e l'Europa; ~ **fully paid up** (*fin.*) capitale interamente versato; ~ **gain** utile di capitale, plusvalenza; ~ **gains** (*econ., fin.*) utili di capitale, incrementi di capitale; maggiorazioni del valore di Borsa dei capitali investiti; ~ **gains tax** (*fin.*) imposta sulle plusvalenze, cedolare, ritenuta d'acconto; ~ **gearing** (*fin.*) rapporto fra i diversi tipi di capitale nella stessa società; ~ **good** (*econ.*) bene capitale (*qualunque bene economico materiale, a esclusione dei terreni, usato per produrre ricchezza*); ~ **goods** (*econ.*) beni capitali, beni strumentali, beni d'investimento; ~ **increase** (*fin., rag.*) aumento di capitale; ~ **inflation** (*econ.*) inflazione da capitali; **a ~ injection** (*fin.*) un'iniezione di capitale; ~ **invested** (*fin.*) capitale investito; ~ **letter** (*giorn.*) lettera maiuscola. ~ **levy** (*fin.*) imposta patrimoniale, imposta sul patrimonio; ~ **lying idle** (*fin.*) capitale infruttifero; ~ **market** (*fin.*) mercato dei capitali, mercato finanziario: **The barriers between national ~ markets remain considerable** i mercati finanziari nazionali restano rigidamente separati; ~ **movements** (*econ.*) movimenti di capitali: ~ **movements to and from abroad are now very frequent** i movimenti di capitali con l'estero sono ora assai frequenti; ~ **offence** (*leg.*) reato passibile di pena capitale; ~ **operations** (*fin.*) operazioni di capitale; ~ **-output ratio** (*fin.*) rapporto tra il capitale investito negli impianti e il valore lordo della produzione; ~ **owned** (*rag.*) capitale netto; ~ **partly paid up** (*fin.*) capitale parzialmente versato; ~ **profit** (*fin.*) utile derivante dalla vendita d'attività che non erano state acquistate per essere rivendute; ~ **recovery** (*rag.*) ricupero di capitale; ~ **redemption reserve fund** (*fin.*) fondo di riserva per i rimborsi di capitale, fondo costituito col valore nominale delle azioni quando la società riscatta azioni privilegiate; ~ **reserve** (*rag.*) riserva statutaria; ~ **shares** (*fin.*) capitale azionario; ~ **stock** (*fin., USA*) capitale azionario; ~ **structure** (*fin.*) struttura finanziaria, struttura del capitale (*tipo e numero delle azioni emesse o da emettere*); ~ **sum** (*rag.*) capitale; ~ **surplus** (*fin., USA*) « surplus » di capitale (*ammontare pagato dagli azionisti in eccedenza al valore nominale delle azioni*); ~ **transactions** (*fin.*) operazioni di capitale; ~ **transfer** (*fin.*) trasferimento di capitali, trasferimento finanziario: ~ **transfers between the firms of non-member Countries and their subsidiaries in the Community may be made simply by book entries** i trasferimenti finanziari fra imprese di Paesi terzi e le rispettive filiali nella Comunità possono venir effettuati mediante semplici artifizi contabili; ~ **value** (*rag.*) valore in capitale.

capitalism, *n.* (*econ.*) capitalismo.

capitalist, *n.* (*econ.*) capitalista.

capitalistic, *a.* (*econ.*) capitalistico. // ~ **system** (*econ.*) sistema capitalistico.

capitalizable, *a.* (*rag.*) capitalizzabile.

capitalization, *n.* ❶ (*giorn.*) uso delle maiuscole. ❷ (*rag.*) capitalizzazione. ❸ (*rag.*) capitale complessivo (*d'una società*). // ~ **/deposit ratio** (*banca*) rapporto tra capitalizzazione e depositi; ~ **issue** (*fin., rag.*) aumento gratuito di capitale; ~ **of interests** (*fin.*) capitalizzazione degli interessi; ~ **of profits** (*fin.*) capitalizzazione degli utili; ~ **of reserves** (*rag.*) capitalizzazione delle riserve.

capitalize, *v. t.* ❶ (*cred., fin.*) finanziare (*un'impresa*). ❷ (*giorn.*) scrivere maiuscolo (*o* in maiuscolo). ❸ (*rag.*) capitalizzare. ❹ (*rag.*) immobilizzare. ❺ (*rag.*) valutare il capitale complessivo (*d'una società*). ❻ (*rag.*) calcolare il valore attuale di (*un'annualità, una rendita, ecc.*). ❼ (*rag.*) realizzare il valore attuale di (*un'annualità, una rendita, ecc.*). // to ~ **on st.** trarre vantaggio da qc., volgere a proprio profitto qc.

capitalized value, *n.* (*rag.*) valore capitalizzato.

capitation, *n.* (*leg.*) pagamento « pro capite », testatico. // ~ **tax** (*fin.*) imposta personale.

caps, *n. pl.* (*pubbl.*) maiuscole, maiuscolo.

capsizal, *n.* (*trasp. mar.*) capovolgimento, ribaltamento.

capsize, *v. t.* (*trasp. mar.*) capovolgere, ribaltare. *v. i.* (*trasp. mar.*) capovolgersi, ribaltarsi.

capsizing, *n.* (*trasp. mar.*) capovolgimento, ribaltamento.

captain, *n.* (*pers., trasp. mar.*) capitano. // ~ **'s copy** (*trasp. mar.*) copia del capitano (*d'una polizza di carico*); ~ **'s entry** (*trasp. mar.*) dichiarazione del capitano (*della nave*) per la dogana; ~ **of foreign-going vessel** (*trasp. mar.*) capitano di lungo corso; ~ **'s protest** (*trasp. mar.*) testimoniale d'avaria, prova di fortuna, protesta del capitano (*della nave*) per danni subiti dalla nave o dal carico (*prende la forma d'una dichiarazione ufficiale*); ~ **'s report** (*trasp. mar.*) rapporto del capitano.

captainship, *n.* ❶ comando, guida. ❷ (*trasp. mar.*) grado di capitano, ufficio di capitano. △ ❶ **He assumed the ~ of the enterprise** egli assunse la guida dell'impresa.

captation, *n.* (*leg.*) captazione.

caption, *n.* ❶ (*leg.*) parte iniziale (*d'un documento legale*). ❷ (*leg., scozz.*) arresto, cattura. ❸ (*pubbl.*) didascalia, sottotitolo.

captive, *a.* prigioniero. // ~ **market** (*fin.*) mercato « prigioniero » (*mercato in cui un fornitore di beni o servizi si trova in posizione monopolistica*); ~ **shop** (*org. az.*) impianto produttore di semilavorati (*che vengono assorbiti da una fabbrica dello stesso proprietario e quindi*) immessi in un processo produttivo integrato.

capture[1]**,** *n.* ❶ cattura, presa di possesso. ❷ (*leg.*) arresto, cattura.

capture[2]**,** *v. t.* ❶ catturare, impadronirsi di (*qc.*). ❷ (*leg.*) catturare, arrestare. // to ~ **the market** (*econ.*) conquistare il mercato.

car, *n.* ❶ carro. ❷ (*trasp.*) (= **motor-car**) automobile, auto, macchina, vettura. ❸ (*trasp. ferr., USA*) vagone ferroviario, carrozza. // ~ **card** (*pubbl.*) manifesto per tram, autobus, metropolitana; ~ **hire** (*trasp.*) noleggio d'automobili; ~ **-maker** costruttore d'automobili; ~ **park** (*trasp. aut.*) parcheggio, posteggio; ~ **park attendant** (*trasp. aut.*) posteggiatore; ~ **rental** (*trasp.*) *V.* ~ **hire**; ~ **sticker** (*pubbl.*) contrassegno di riconoscimento per automobile; ~ **stylist** carrozziere, carrozzaio.

carat, *n.* carato (*unità di misura usata in gioielleria ed equivalente a 2 decigrammi*).

caravan, *n.* (*trasp.*) roulotte.

carbon, *n.* ❶ carbonio. ❷ copia carbone. ❸ (*attr. uff.*) foglio di carta carbone. // ~ **copy** copia su carta carbone, copia carbone; ~ **paper** (*attr. uff.*) carta carbone.

card, *n.* ❶ biglietto, cartolina, cartoncino. ❷ cartellino, tessera. ❸ scheda (*per ufficio, biblioteca*). ❹ (*elab. elettr.*) scheda. ❺ (*pers.*) libretto (*di marche assicurative*). ❻ (*pubbl.*) contrassegno di riconoscimento. ❼ (*stat.*) scheda. // ~ **compiler** (*pers.*) schedatore; ~ **-file** (*attr. uff.*) schedario; ~ **-format** (*elab. elettr.*) tracciato scheda; ~ **-holder** (*attr. uff.*) schedario; ~ **index** (*attr. uff.*) schedario « cardex » (*mobili e sistema per la conservazione e la schedatura dei documenti*); ~ **-index cabinet** (*attr. uff.*) schedario; ~ **indexing** (*stat.*) schedatura; ~ **-layout** (*elab. elettr.*) tracciato scheda; ~ **-ledger** (*attr. uff.*) partitario a fogli mobili; ~ **money order** (*cred.*) mandato di pagamento; ~ **of admission** biglietto d'entrata, invito; ~ **-programmed calculator** (*elab. elettr.*) calcolatore a programma su schede; ~ **-vote** (*sind.*) voto per delega.

cardboard, *n.* ❶ cartone. ❷ (*pubbl.*) cartoncino. // ~ **box** scatola di cartone.

cardinal, *a.* e *n.* (*mat.*) cardinale. // ~ **number** numero cardinale.

care[1]**,** *n.* cura, attenzione, cautela. △ **The office is under the ~ of Mr Smith** Mr. Smith ha la responsabilità dell'ufficio. // ~ **of** presso (*negli indirizzi*): **Mr John Smith ~ of** (*abbr.* **c/o**) **Charles Brown** a Mr John Smith, presso Charles Brown; « ~ **of general delivery** » (*USA*) « fermo (in) posta »; « **with** ~ » (*scritto su una cassa*) « (fare) attenzione », « fragile ».

care[2]**,** *v. i.* importare (*impers.*). △ **I don't ~** non me ne importa.

careen[1]**,** *n.* (*trasp. mar.*) sbandata.

careen[2]**,** *v. t.* ❶ (*trasp. mar.*) carenare, abbattere in carena. ❷ (*trasp. mar.*) far sbandare. *v. i.* (*trasp. mar.*) sbandare.

careenage, *n.* (*trasp. mar.*) (spese di) carenaggio.

careening, *n.* ❶ (*trasp. mar.*) carenamento. ❷ (*trasp. mar.*) carenaggio. ❸ (*trasp. mar.*) sbandamento.

career, *n.* carriera. // ~ **brief** (*pers.*) profilo professionale; ~ **-girl** arrivista (*ragazza*); ~ **-man** (*USA*) carrierista; ~ **opportunity** (*pers.*) possibilità di carriera; ~ **-woman** arrivista (*donna*).

careerism, *n.* carrierismo, arrivismo.

careerist, *n.* carrierista, arrivista.

careful, *a.* accurato, attento, diligente. // to be ~ badare, fare attenzione.

carefully, *avv.* accuratamente, attentamente, diligentemente.

carefulness, *n.* cautela, diligenza.

careless, *a.* incurante.

caret, *n.* (*giorn.*) segno d'omissione ($\wedge$).

caretaker, *n.* (*pers.*) guardiano, custode, sorvegliante. // ~ **Cabinet** Governo d'affari.

cargo, *n.* (*pl.* **cargoes** e *reg.*) ❶ (*trasp. mar.*) carico (*d'una nave*). ❷ (*trasp. mar.*) cargo, nave mercantile. // ~ **and passenger steamer** (*trasp. mar.*) piroscafo per il trasporto di merci e passeggeri; ~ **and passenger vessel** (*trasp. mar.*) nave per il trasporto di merci e passeggeri; ~ **boat** (*trasp. mar.*) nave da carico; ~ **book** (*org. az.*) registro dei carichi; ~ **in bulk** (*trasp. mar.*) carico alla rinfusa; ~ **insurance** (*ass. mar.*) assicurazione marittima sulle merci; ~ **liner** (*trasp. mar.*) nave mercantile; **a ~ of timber** (*trasp. mar.*) un carico di legname; ~ **passage** (*trasp. mar.*) traversata su nave da carico; ~ **-plane** (*trasp. aer.*) aereo da carico; ~ **policy** (*ass. mar.*) polizza marittima sulle merci; ~ **service** (*trasp. mar.*) servizio su navi da carico; ~ **-ship** (*trasp. mar.*) nave da carico; ~ **steamer** (*trasp. mar.*) vapore da carico, nave da carico; ~ **summary** (*trasp. mar.*) manifesto di bordo; ~ **under-writer** (*ass. mar.*) assicuratore del carico; ~ **vessel** (*trasp. mar.*) nave da carico.

carman, *n.* (*pl.* **carmen**) (*pers.*) camionista. // ~ 's **delivery sheet** (*trasp. aut.*) nota di consegna a domicilio.

carnet, *n.* (*dog.*) permesso temporaneo d'importazione (*d'un automezzo: in esenzione di dazio*).

carriage, *n.* ❶ trasporto (*di cose e persone*). ❷ porto, spese di trasporto. ❸ (*attr. uff.*) carrello (*di macchina da scrivere o contabile*). ❹ (*trasp.*) carrozza, vettura. ❺ (*trasp. ferr.*) carrozza ferroviaria. // ~ **by land** (*trasp.*) trasporto terrestre; ~ **by rail** (*trasp. ferr.*) trasporto per ferrovia; ~ **by sea** (*trasp.*) trasporto marittimo; ~ **charges** (*trasp.*) spese di trasporto; ~ **company** (*trasp.*) società di trasporti; ~ **-entrance** passo carraio; ~ **forward** spese (di trasporto) a carico del destinatario, porto assegnato, pagabile alla consegna; ~ **free** franco di porto, ~ **lever** (*attr. uff.*) leva d'interlinea (*o di spaziatura*); ~ **note** (*trasp. aut.*) bolletta di spedizione, bolletta di trasporto; ~ **paid** spese (di trasporto) a carico del mittente, porto pagato; franco di porto, porto franco; ~ **rates** (*trasp.*) tariffe dei trasporti; ~ **truck** (*trasp. ferr.*) vagone ferroviario per il trasporto di autoveicoli; «~ **way**» (*trasp. aut.*) passo carraio.

carriageable, *a.* (*trasp. aut.*) rotabile.

carried forward, *locuz. v.* (*rag.*) a riportare.

carrier, *n.* ❶ (*trasp.*) imprenditore di trasporti, spedizioniere. ❷ (*trasp.*) corriere, vettore, trasportatore. // ~ 's **risk rate** (*trasp. ferr.*) tariffa a rischio del vettore, tariffa generale.

carry¹, *n.* (*mat.*) riporto. // ~ **-back** (*fin., USA*) perdita o utile inutilizzato (*d'un esercizio passato*) detraibile dall'imponibile; ~ **over** residuo, rimanenza; (*Borsa*) riporto; (*fin.*) riporto; (*rag.*) riporto: **The** ~ **over is £ 80** il riporto è di £ 80; **These measures regulate the** ~ **-over of stocks** questi provvedimenti regolano le modalità di riporto delle scorte; ~ **-over day** (*Borsa*) primo giorno (dei riporti); ~ **-over of securities** (*banca*) riporto; ~ **-over rate** (*Borsa*) tasso del riporto, premio di riporto.

carry², *v. t.* ❶ portare, trasportare. ❷ (*leg.*) approvare, far passare. ❸ (*market.*) trattare, vendere, essere fornito di (*una merce*). ❹ (*mat.*) riportare. △ ❷ **The resolution was carried unanimously** la mozione fu approvata all'unanimità; **They will succeed in carrying the bill** riusciranno a far passare il progetto di legge; ❸ **Our shop will** ~ **rubber goods** il nostro negozio sarà fornito di articoli di gomma; ❹ **I write down 9 and** ~ **2** scrivo 9 e porto 2. // **to** ~ **forward** (*rag.*) riportare a nuovo, riportare (*in fin di pagina*); **to** ~ **forward the balance of the profit and loss account** (*rag.*) riportare a nuovo il saldo del conto profitti e perdite; **to** ~ **the goods to the place of their destination** (*trasp. mar.*) trasportare le merci a destino; **to** ~ **interest** (*rag.*) dare interesse, essere fruttifero; **to** ~ **on** condurre, mandare avanti (*un'azienda*); esercitare (*un mestiere, un commercio*), svolgere (*un commercio*); **to** ~ **on trade** esercitare il commercio: **They** ~ **on their father's business** mandano avanti l'azienda paterna; **They** ~ **on an extensive trade in wine** svolgono un vasto commercio in vini; **to** ~ **out** portare a termine, compiere (*qc.*); eseguire (*un lavoro, un'ordinazione*); condurre a buon fine (*un piano, ecc.*); **to** ~ **out the balance of interest in the principal column** (*rag.*) riportare il saldo interessi nella colonna capitali; **to** ~ **out a contract in good faith** (*leg.*) eseguire un contratto in buona fede; **to** ~ **out one's engagements** adempiere ai propri impegni; **to** ~ **out an enterprise** dar corso a un'impresa; **to** ~ **out a negotiation** concludere una trattativa; **to** ~ **out an order** (*market.*) dar corso a un'ordinazione; eseguire, evadere un ordine; **to** ~ **over** (*Borsa*) fare un riporto; (*fin.*) riportare; (*rag.*) portare a nuovo, riportare (*una cifra ad altra colonna, pagina, libro*); **to** ~ **over a total** (*rag.*) riportare un totale; **to** ~ **a piece of news** (*giorn.*) riportare una notizia; **to** ~ **a resolution** adottare una deliberazione; **to** ~ **stock** (*Borsa*) riportare titoli, prendere titoli a riporto; **to** ~ **a sum of money about oneself** portare con sé una somma di denaro; **to** ~ **to account** (*rag.*) mettere in conto.

carrying, *n.* ❶ trasporto. ❷ (*leg.*) approvazione (*di una legge, ecc.*). ❸ (*rag.*) immobilizzo. // ~ **capacity** (*trasp. mar.*) capacità di carico, portata; ~ **charges** (*rag.*) costi d'immobilizzo; ~ **costs** (*rag.*) spese d'immobilizzo; ~ **forward** (*rag.*) riporto; ~ **out** esecuzione, evasione (*d'un'ordinazione, ecc.*); ~ **over** (*rag.*) riporto: **the** ~ **over of losses to subsequent years** il riporto delle perdite.

cart¹, *n.* (*trasp.*) carro, carretta. // ~ **note** (*dog.*) lasciapassare.

cart², *v. t.* (*trasp.*) trasportare con un carro.

cartage, *n.* ❶ (*trasp.*) trasporto (*a mezzo di carro*). ❷ (*trasp.*) spese di trasporto. // ~ **contractor** (*trasp.*) spedizioniere; ~ **note** (*trasp.*) bolletta di trasporto con carri; ~ **service** (*trasp.*) servizio di trasporto a domicilio.

cartel, *n.* (*econ.*) « cartello », consorzio; accordo per sostenere prezzi o ripartire mercati. // **a** ~ **of banks** (*fin.*) un cartello bancario.

cartelization, *n.* (*econ.*) formazione d'un « cartello ».

cartelize, *v. t.* e *i.* (*econ.*) formare un « cartello ».

carter, *n.* carrettiere.

cartful, *n.* carrettata.

carting, *n. V.* **cartage**.

cartload, *n.* (*trasp.*) carrettata, (un) carro (*di qc.*).

carton, *n.* (*market.*) scatola di cartone, « cartone ».

cartoon, *n.* (*pubbl.*) cartone animato, disegno animato, vignetta, « fumetto ».

carve, *v. t.* incidere, intagliare. // **to** ~ **up** suddividere.

carve-up, *n.* (*market.*) spartizione del mercato, suddivisione delle zone d'influenza.

case¹, *n.* ❶ cassa (*da imballaggio*). ❷ caso. ❸ (*leg.*) causa, processo. ❹ (*leg.*) argomentazioni e prove, tesi. ❺ (*pubbl.*) cassa (*di caratteri di stampa*). △ ❸ **Our** ~ **will be tried tomorrow** la nostra causa verrà discussa domani; ❹ **The** ~ **for the defendant is a weak one** la tesi del convenuto è debole. // **the** ~ **at bar** (*leg.*) la causa in discussione; ~ **discussion** (*pers., sind.*) discussione di casi; ~ **-dough** (*slang USA*) piccola quantità di denaro (*da usare, p. es., in una circostanza imprevista*); ~ **for counsel** (*leg.*) consulenza legale; ~ **history** (*pers.*) caso; ~ **-law** (*leg.*) giurisprudenza; ~ **note** (*slang USA*) dollaro; ~ **of need** (*cred.*) bisogno (*per una cambiale*); ~ **-study method** (*pers.*) metodo dei casi, casistica; **in** ~ **of inevitable accidents** in casi di forza maggiore; **in** ~ **of need** (*banca, cred.*) al bisogno, occorrendo: **In** ~ **of need, apply to Mr C. Parish** in caso di bisogno, presso Mr C. Parish (*avviso su una cambiale*); **in** ~ **of rescission** (*leg.*) in caso di rescissione.

case², *v. t.* mettere in una cassa, in un astuccio, ecc.

cash¹, *n.* ❶ denaro contante, contanti, denaro liquido, finanze, numerario. ❷ (*rag.*) cassa, contanti. *avv.* e *a. attr.* in contanti, per contanti. △ *n.* ❶ **I have no** ~ **on me** non ho denaro con me. // ~ **account** (*rag.*) conto cassa; ~ **accounting** (*rag.*) contabilità in contanti; ~ **adjustment** (*rag.*) conguaglio in contanti; **a** ~ **advance** un anticipo in contanti; ~ **against documents** pagamento contro documenti; ~ **-and-carry** pagamento in contanti; ~ **assets** (*rag.*) attivo liquido, attivo facilmente liquidabile; ~ **at the bank** (*fin.*, *rag.*) liquido in banca; ~ **balance** (*rag.*) rimanenza di cassa, saldo di cassa; ~ **basis method** (*rag.*) metodo di rilevazione contabile in cui la registrazione viene effettuata nel momento in cui si verifica la manifestazione numeraria; ~ **bid** (*fin.*) offerta pubblica d'acquisto in contanti; ~ **bond** (*fin.*) buono di cassa; ~ **book** (*rag.*) libro (di) cassa, cassa; ~ **bookkeeping** (*rag.*) contabilità in contanti; ~ **box** cassetta per il (denaro) contante; ~ **budget** (*rag.*) preventivo di cassa; ~ **capital** (*rag.*) capitale in contanti; ~ **-clerk** (*pers.*) cassiere; ~ **column** (*rag.*) colonna di cassa; ~ **control** (*amm.*) controllo di cassa; ~ **-credit** (*banca*) apertura di credito; (*rag.*) credito di cassa, credito allo scoperto; ~ **deal** operazione in contanti; ~ **deficit** (*fin.*, *rag.*) disavanzo di cassa: **The ~ deficit on Government budget transactions showed little change last year** il disavanzo di cassa delle operazioni di bilancio dello Stato non ha quasi subito variazioni lo scorso anno; ~ **department** (*org. az.*) ufficio cassa, cassa; ~ **desk** (*org. az.*) cassa, sportello di cassa; ~ **difference** (*rag.*) differenza di cassa; ~ **discount** sconto per contanti, sconto di cassa; ~ **distribution** (*fin.*) conguaglio in contanti; ~ **distribution plan** (*pers.*, *sind.*) partecipazione agli utili con distribuzione in contanti; ~ **down** per denaro contante, pronta cassa; ~ **-down sale** vendita in (o per) contanti; ~ **drawings** prelievi di cassa; ~ **flow** (*rag.*) movimento di cassa; ~ **flow statement** (*rag.*) relazione sui movimenti di cassa; ~ **forecast** (*rag.*) previsione di cassa; ~ **grant** (*fin.*, *rag.*) sovvenzione; ~ **holdings** (*econ.*, *fin.*) liquidità; ~ **in hand** giacenza (*o* disponibilità) di cassa; liquido (*o* denaro) in cassa, fondo di cassa; ~ **inspection** (*rag.*) verifica di cassa; ~ **instructions** (*fin.*) istruzioni per l'incasso; ~ **journal** (*rag.*) giornale di cassa, libro cassa; ~ **market** (*fin.*) mercato a contanti; ~ **on account** (*rag.*) contanti in conto; ~ **on delivery** (*market.*) contro assegno; pagamento alla consegna, pagamento contro assegno; ~ **on delivery fee** tassa per spedizione contro assegno; ~ **on delivery parcel** pacco contro assegno; ~ **on delivery sale** vendita contro assegno; ~ **on hand** V. ~ **in hand**; ~ **outlay** (*rag.*) esborso; ~ **payment** pagamento in contanti, pagamento a pronti; ~ **price** prezzo per contanti; ~ **ratio** (*rag.*) rapporto di cassa (rapporto fra disponibilità di cassa e crediti esigibili e passività correnti); ~ **receipts and payments** (*rag.*) entrate e uscite di cassa; ~ **register** (*macch. uff.*) registratore di cassa, quietanzatrice; ~ **requirement** (*banca*) previsione di cassa; ~ **sale** (*market.*) vendita per contanti; ~ **settlement** regolamento in contanti; ~ **shorts and overs** (*rag.*) ammanchi ed eccedenze di cassa; ~ **statement** (*rag.*) situazione di cassa; ~ **supply** scorta di contanti, dotazione di cassa; ~ **tender** (*fin.*, *USA*) offerta pubblica d'acquisto in contanti; ~ **to balance** contanti per il saldo; «~ **value**» (*banca*) «valuta in contanti»; ~ **voucher** buono di cassa, scontrino di cassa; ~ **warrant** mandato di riscossione; ~ **with bank** (*rag.*) capitali in banca; ~ **with order** pagamento all'ordinazione; **for** ~ in contanti, per contanti, a pronti; **in** ~ in contanti, per contanti; **on a** ~ **basis** (*rag.*) col criterio per cassa.

cash², *v. t.* incassare, riscuotere, introitare, convertire in denaro. △ **The ideal investment should be safe, profitable and easily and quickly cashed, which is impossible** l'investimento ideale dovrebbe essere sicuro, vantaggioso, e di facile e pronto realizzo: condizioni, queste, che sono insieme impossibili. // to ~ **a bill** (*cred.*) incassare una tratta; to ~ **a cheque** (*cred.*) incassare un assegno; to ~ **in one's chips** (*slang USA*) ritirarsi dagli affari dopo avere realizzato i propri crediti; to ~ **in on st.** ricavare un profitto da qc.

cashable, *a.* incassabile, riscuotibile, esigibile.

cashed, *a.* (*cred.*) incassato.

cashier, *n.* (*pers.*) cassiere, cassiera. // ~ **and bookkeeper** (*pers.*) cassiere contabile; ~ **'s check** (*cred.*, *USA*) assegno circolare; ~ **'s desk** (*org. az.*) ufficio cassa, cassa; ~ **'s office** (*org. az.*) ufficio cassa, cassa.

cask, *n.* ❶ fusto (*di legno*). ❷ barile. ❸ botte.

cassation, *n.* (*leg.*) cassazione, annullamento (*d'una sentenza*).

cast¹, *n.* ❶ getto, lancio, tiro. ❷ (*mat.*) calcolo, computo. ❸ (*mat.*) addizione, somma. // ~ **of mind** «forma mentis»: **He has a mind of commercial** ~ ha una «forma mentis» commerciale.

cast², *v. t.* (*pass. e part. pass.* **cast**) ❶ buttare, gettare, lanciare. ❷ (*mat.*) calcolare. ❸ (*mat.*) addizionare, sommare. *v. i.* fare conti. // to ~ **anchor** (*trasp. mar.*) gettare l'ancora; to ~ **away** (*trasp. mar.*) buttare a mare; to ~ **a column of figures** (*mat.*) addizionare una colonna di cifre; to ~ **off** (*pubbl.*) calcolare lo spazio occupato da (*un testo*) dopo la sua composizione in tipografia; (*trasp. mar.*) levare l'ancora, salpare; to ~ **overboard part of the cargo** (*trasp. mar.*) buttare a mare una parte del carico; to ~ **up** (*mat.*) addizionare; to ~ **a vote** dare un voto.

casting vote, *n.* voto decisivo (*in caso di parità, ecc.*); voto preponderante.

casual, *a.* ❶ casuale, accidentale, incerto. ❷ temporaneo. // ~ **labour** (*sind.*) lavoro temporaneo; ~ **parameter** (*mat.*) parametro casuale; ~ **profit** provento incerto; ~ **sample** (*market.*) campione casuale; ~ **vacancy** (*pers.*) vacanza accidentale; ~ **worker** (*sind.*) lavoratore avventizio, avventizio.

casualty, *n.* ❶ disastro. ❷ (*ass.*) incidente, sinistro. ❸ (*ass.*) responsabilità civile «diversi» (*R.C. diversi*). // ~ **insurance** (*ass.*) assicurazione contro i sinistri, assicurazione infortuni; ~ **list** elenco dei morti e dei feriti.

catalog¹, *n.* (*USA*) catalogo.

catalog², *v. t.* (*USA*) catalogare.

cataloging, *n.* (*USA*) catalogazione.

catalogue¹, *n.* catalogo.

catalogue², *v. t.* catalogare, mettere in catalogo.

cataloguing, *n.* catalogazione.

catch¹, *n.* presa. // ~ **-phrase** (*pubbl.*) motto pubblicitario, slogan; ~ **-up** (*econ.*) ripresa.

catch², *v. t.* (*pass. e part. pass.* **caught**) prendere, afferrare. // to ~ **in the act** (*leg.*) cogliere in flagrante; to ~ **up** (*econ.*) riprendere, far registrare una ripresa; to **be caught short** essere colto di sorpresa; (*Borsa*) essere allo scoperto.

catching-up, *n.* (*fin.*) ripresa.

catchword, *n.* (*pubbl.*) motto pubblicitario o propagandistico, slogan.

categories of expenditure, *n. pl.* (*fin.*) categorie di spese.

categories of income, *n. pl.* (*fin.*) categorie di entrate.

catenary, *n.* (*mat.*) catenaria.

cats and dogs, *n. pl.* (*Borsa*, *slang USA*) titoli di scarso valore.

cattle, *n.* bestiame (*specialm. bovini*). // ~ **-breeder** allevatore di bestiame; ~ **-dealer** negoziante di bestiame; ~ **-feeder** macchina per alimentare il bestiame a dosi costanti; ~ **market** mercato del bestiame; ~ **prices** prezzi delle carni bovine; ~ **-show** esposizione di bestiame; ~ **stocks** patrimonio bovino; ~ **truck** (*trasp.*) vagone bestiame; ~ **wagon** (*trasp.*) vagone bestiame.

cattleman, *n.* (*pl.* **cattlemen**) ❶ bovaro. ❷ (*USA*) allevatore di bestiame.

causa proxima, *n.* (*trasp. mar.*) causa immediata.

causa remota, *n.* (*trasp. mar.*) causa remota.

cause[1], *n.* ❶ causa, motivo, ragione. ❷ (*leg.*) causa, processo. // ~ **beyond control** forza maggiore; ~ **-effect relationship** (*org. az.*) rapporto causa-effetto; ~ **-list** (*leg.*) elenco delle cause a ruolo; ~ **of action** (*leg.*) diritto posto a fondamento della propria azione.

cause[2], *v. t.* causare, produrre, provocare. // **to ~ to retire** (*pers.*) mettere in pensione, porre in quiescenza; **to ~ to vary** far variare.

causeless, *a.* (*leg.*) senza causa.

caution, *n.* ❶ cautela, prudenza. ❷ (*leg.*) cauzione. // « ~ — **level crossing** » (*trasp. aut.*) « attenzione — passaggio a livello »; ~ **money** (*leg.*) cauzione, garanzia; pegno (*di buona condotta*).

cautious, *a.* cauto, guardingo.

caveat, *n.* (*leg.*) ammonimento, avvertimento, diffida, intimazione.

cease, *v. i.* cessare, smettere. *v. t.* sospendere. △ *v. t.* The bank has ceased payment la banca ha sospeso i pagamenti.

cede, *v. t.* ❶ cedere. ❷ (*leg.*) cedere (*un diritto, un territorio, ecc.*).

ceiling, *n.* ❶ soffitto. ❷ quota massima. ❸ (*fin.*) livello massimo (*di prezzi, salari, ecc.*). ❹ (*fin.*) cielo (*del tunnel monetario*). △ ❷ Production in excess of the ~ cannot be marketed within the Community and will not qualify for export refunds la produzione che superi la quota massima non può essere collocata sul mercato interno della Comunità e non beneficia di restituzioni. // ~ **price** (*econ., fin.*) prezzo massimo; calmiere.

celebrated, *a.* celebre.

cell, *n.* cella.

cellar, *n.* cantina, sotterraneo.

cement, *n.* cemento.

censor[1], *n.* censore.

censor[2], *v. t.* censurare.

censorship, *n.* censura, censura di corrispondenza, censura di stampa.

censurable, *a.* censurabile, sindacabile.

censure[1], *n.* censura, biasimo.

censure[2], *v. t.* censurare, sindacare.

census[1], *n.* (*stat.*) censimento. // ~ **of population** (*stat.*) censimento della popolazione; ~ **of production** (*econ., stat.*) censimento della produzione; ~ **paper** (*market.*) modulo per censimenti; ~ **taker** (*stat.*) censitore; ~ **tract** (*market., USA*) settore d'area urbana di 4.000 abitanti circa.

census[2], *v. t.* (*stat.*) censire.

cent, *n.* centesimo (*di dollaro*). // **per** ~ percentuale (*a.*).

centage, *n.* percentuale.

centare, *n.* centiara.

centesimal, *a.* centesimale.

centigrade, *a.* centigrado.

centigram(me), *n.* centigrammo.

centime, *n.* centesimo (*di franco, di lira, ecc.*).

centimeter, *n.* V. **centimetre**.

centimetre, *n.* centimetro.

centiminute, *n.* (*cronot.*) centesimo di minuto.

central[1], *a.* centrale. // ~ **bank** (*fin.*) banca centrale; ~ **European time** ora dell'Europa Centrale; ~ **heating** termosifone; ~ **processing unit** (*elab. elettr.*) unità centrale d'elaborazione; ~ **rate (of exchange)** (*fin.*) parità di riferimento (fra cambi); ~ **recording** (*org. az.*) registrazione centralizzata; ~ **Statistics Office** Istituto Centrale di Statistica (*ISTAT*).

central[2], *n.* ❶ (*USA*) centrale telefonica, centralino. ❷ (*USA*) telefonista di centralino, centralinista.

centralization, *n.* (*org. az.*) accentramento, centralizzazione.

centralize, *v. t.* (*org. az.*) accentrare, centralizzare.

centralized, *a.* (*org. az.*) centralizzato. // ~ **files** (*org. az.*) archivio centralizzato; ~ **planning** (*econ.*) pianificazione coercitiva.

centrally-planned economy, *n.* (*econ.*) economia dirigista.

centre, *n.* centro. // ~ **line** (*trasp. aut.*) mezzeria; ~ **of production** (*market.*) centro di produzione.

century, *n.* (*slang USA*) cento dollari.

cereals, *n. pl.* (*market.*) cereali, granaglie.

certain, *a.* ❶ certo, sicuro, indubbio. ❷ certo, alcuno, qualche. △ ❷ ~ **expenditure items were underestimated** alcune spese sono state sottovalutate. // ~ **exchange** (*fin.*) cambio certo; **at a ~ rate** (*banca, cred.*) a un certo tasso.

certainly, *avv.* certamente.

certifiable, *a.* certificabile, attestabile.

certificate[1], *n.* ❶ certificato, attestato, diploma. ❷ (*fin.*) cartella (*d'azioni, d'obbligazioni, ecc.*). ❸ (*fin.*) titolo. // ~ **as to means** certificato di povertà; ~ **book** registro dei certificati, registro degli attestati; ~ **company** (*fin.*) società finanziaria che rilascia certificati pagabili a rate mensili o annuali, per dieci o vent'anni (*allo scadere dei quali il sottoscrittore riceverà il capitale più gli interessi maturati*); ~ **for more than one share** (*fin.*) cartella multipla; ~ **for one share** (*fin.*) cartella unitaria; ~ **of airworthiness** (*trasp. aer.*) certificato di navigabilità; ~ **of analysis** (*comm. est.*) certificato d'analisi; ~ **of clearing inwards** (*dog.*) certificato d'arrivo; ~ **of clearing outwards** (*dog.*) certificato d'uscita; ~ **of damage** (*ass. mar.*) certificato d'avaria; ~ **of deposit** (*banca, fin.*) certificato di denaro depositato in una banca ed esigibile a termine; ~ **of good character** (*leg.*) certificato di buona condotta; ~ **of incorporation** (*fin.*) certificato attestante l'esistenza legale d'una società, certificato di « registrazione » (*d'una società anonima*); ~ **of insurance** (*ass.*) certificato d'assicurazione; ~ **of issue** (*cred.*) ricevuta di versamento (*d'un vaglia postale*); ~ **of measurement** (*trasp. mar.*) certificato di stazzatura; ~ **of a notary public** (*leg.*) certificato notarile; ~ **of origin** (*comm. est.*) certificato d'origine; ~ **of posting** (*ingl.*) certificato rilasciato da un ufficio postale e attestante che una lettera è stata effettivamente impostata; ~ **of pratique** (*dog.*) certificato d'ispezione doganale; ~ **of registry** (*trasp. mar.*) certificato d'immatricolazione (*d'una nave*); ~ **of satisfaction** (*leg.*) certificato di radiazione (*d'un'ipoteca*); ~ **of seaworthiness** (*trasp. mar.*) certificato di navigabilità; ~ **of shipment** (*trasp. mar.*) certificato d'imbarco; ~ **of survey** (*trasp. mar.*) certificato d'avaria; ~ **to commence business** certificato che autorizza l'inizio delle attività sociali (*d'una società anonima*).

certificate[2], *v. t.* ❶ certificare, attestare. ❷ (*leg.*) autorizzare per mezzo di certificati. ❸ (*leg.*) abilitare.

certification, *n.* ❶ certificazione, attestazione. ❷ (*leg.*) autentificazione, legalizzazione, vidimazione. // ~ **mark** (*market.*) marchio d'origine.

certified, *a.* ❶ autenticato, attestato. ❷ (*leg.*) legalizzato, autenticato, vidimato. // ~ **advertisement** (*pubbl.*)

annuncio pubblicitario riguardante la ricerca di personale o l'offerta di lavoro; ~ **broker** sensale autorizzato; ~ **check** (*banca, USA*) assegno bancario di cui la banca garantisce la copertura; ~ **copy** (*leg.*) copia legalizzata, copia autentica; ~ **copy of a deed** (*leg.*) copia autenticata d'un atto; ~ **public accountant** (*pers., USA*) revisore contabile; ragioniere iscritto all'albo; ragioniere (*che esercita la professione secondo le leggi dello Stato che gli ha rilasciato autorizzazione con certificato*); ~ **transfer of stock** (*fin.*) cessione documentata di titoli; ~ **true copy** (*leg.*) copia autentica conforme all'originale, copia conforme.

certify, *v. t.* ❶ certificare, attestare. ❷ (*leg.*) autenticare, legalizzare, vidimare. ❸ garantire (*un assegno, ecc.: da parte di una banca*). // to ~ **a copy of a deed** (*leg.*) legalizzare la copia d'un atto; to ~ **a deed** (*leg.*) legalizzare un atto.

certiorari, *n.* (*leg.*) richiesta degli atti d'un processo, fatta da una Corte di giustizia superiore a quella dinanzi alla quale il processo s'è svolto, allo scopo di riesaminare gli stessi.

certitude, *n.* certezza, attendibilità.

cessation, *n.* cessazione, pausa, arresto. // ~ **from work** (*sind.*) sospensione del lavoro.

cesser, *n.* (*leg.*) cessazione.

cession, *n.* (*leg.*) cessione. // ~ **of property** (*leg.*) cessione di proprietà.

cessionary, *n.* (*leg.*) cessionario.

chaffer[1], *n.* mercanteggiamento, stiracchiamento.

chaffer[2], *v. i.* mercanteggiare, tirare sul prezzo, stiracchiare.

chaffering, *n.* mercanteggiamento, stiracchiamento.

chain, *n.* ❶ catena. ❷ misura lineare usata in topografia (*equivalente a 1/10 di furlong o 20 metri circa*). // ~ **-reaction** reazione a catena; ~ **rule** (*mat., rag.*) regola catenaria, regola congiunta; ~ **store** (*market., USA*) grande negozio (*appartenente a una « catena »*), grande « magazzino », grandi magazzini.

chair[1], *n.* ❶ sedia. ❷ seggio (*presidenziale, ecc.*). ❸ **the chair** (*slang USA*) (*per* **chairman**) presidente. // **to be in the** ~ (*org. az.*) avere la presidenza, presiedere.

chair[2], *v. t.* ❶ (*org. az.*) scegliere come presidente. ❷ (*org. az.*) insediare, installare.

chairman, *n.* (*pl.* **chairmen**) (*org. az.*) presidente. // ~ **of the board** (*org. az.*) presidente del consiglio d'amministrazione; ~ **of directors** (*org. az.*) presidente del consiglio d'amministrazione.

chairmanship, *n.* (*org. az.*) presidenza.

chairwoman, *n.* (*pl.* **chairwomen**) (*org. az.*) presidentessa.

chalk up, *v. t.* (*fin.*) conseguire, ottenere. △ **Our firm will ~ enormous profits** la nostra ditta conseguirà profitti enormi. // to ~ **a gain of three marks** (*Borsa*) guadagnare tre punti.

challenge[1], *n.* ❶ (*leg.*) eccezione, opposizione. ❷ (*leg.*) ricusa, ricusazione. // ~ **of a juror** (*leg.*) ricusazione d'un giurato.

challenge[2], *v. t.* ❶ (*leg.*) fare opposizione a, impugnare. ❷ (*leg.*) ricusare.

chamber, *n.* ❶ (*leg.*) ufficio di giudice (*presso il tribunale*). ❷ (*leg.*) studio d'avvocato. // ~ **counsel** (*leg.*) avvocato che tiene ufficio di consulente, ma non esercita in tribunale; ~ **of Commerce** Camera di Commercio; ~ **of Shipping** (*trasp. mar.*) ente che tutela gli interessi degli armatori britannici.

chambers, *n. pl.* ❶ gabinetto, studio. ❷ (*leg.*) studio d'avvocato. ❸ (*leg.*) ufficio privato del giudice. // ~ **of a barrister** studio d'un avvocato.

chance, *n.* ❶ caso, sorte, fortuna. ❷ probabilità, possibilità. ❸ (*ric. op.*) incertezza. *a. attr.* casuale, fortuito. // ~ **constraint** (*ric. op.*) regime d'incertezza.

Chancellor of the Exchequer, *n.* (*ingl.*) Cancelliere dello Scacchiere.

chancery division, *n.* (*leg.*) « chancery division » (*delle tre divisioni di cui è composta la « High Court of Justice »* è quella che ha la competenza in materia di trust, vendita e ipoteche di immobili, fallimenti, società, diritti d'autore, brevetti, ecc.).

change[1], *n.* ❶ cambiamento, cambio, mutamento, modifica, alterazione, trasformazione, variazione. ❷ moneta spicciola, spiccioli, resto. ❸ **'change** (*Borsa, fam.*) Borsa Valori; seduta di Borsa. ❹ (*rag.*) variazione. ❺ (*slang USA*) denaro. △ ❷ **I haven't got any ~** non ho spiccioli; **Here's your ~** ecco il vostro resto; ❸ **There were two transactions during the same 'change** ci sono state due operazioni durante la stessa seduta di Borsa; **Give me ~ for five pounds, please** mi cambi cinque sterline, per favore. // ~ **for the better** (*Borsa*) cambiamento al rialzo; ~ **for the worse** (*Borsa*) cambiamento al ribasso; ~ **in the bank rate** (*fin.*) cambiamento del tasso ufficiale di sconto; ~ **in currency exchange rates** (*fin.*) modifica d'una parità di cambio; ~ **in demand and supply** (*econ.*) variazione nella domanda e nell'offerta; ~ **in gearing** (*fin.*) mutamento della composizione del portafoglio; ~ **of address** cambio d'indirizzo; ~ **of class** (*trasp. ferr.*) cambio di classe; ~ **of course** (*trasp. mar.*) V. ~ **of route**; ~ **of investments** (*fin.*) arbitraggio (di portafogli); ~ **of route** (*trasp. mar.*) cambiamento di rotta, dirottamento; ~ **of venue** (*leg.*) rinvio (*per incompetenza*) di una causa a un altro tribunale; **on the 'change** (*Borsa, fam.*) alla Borsa Valori, in Borsa.

change[2], *v. t.* ❶ cambiare, mutare, modificare, alterare, trasformare, variare. ❷ cambiare (*denaro, banconote, ecc.*). △ ❶ **We have changed the name of the account** abbiamo cambiato l'intestazione del conto. // to ~ **one's course** (*o* **one's route**) (*trasp. mar.*) cambiare rotta, dirottare; to ~ **hands** (*fin.*) passare in altre mani, essere venduto: **The whole lot changed hands at 20 p. per lb.** tutta la partita fu venduta a 20 pence la libbra; to ~ **investments** (*fin.*) arbitrare; to ~ **one stock for another** (*fin.*) cambiare un titolo contro un altro; to ~ **trains** (*trasp. ferr.*) cambiare treno, trasbordare; to ~ **U.S. dollars into liras** cambiare dollari in lire.

changer, *n.* (*fin.*) cambiavalute.

changing scales, *n. pl.* (*mat.*) tavole di riduzione.

channel, *n.* ❶ (*elab. elettr.*) canale. ❷ (*pubbl.*) canale (della televisione). ❸ (*ric. op.*) stazione. ❹ (*trasp. mar.*) canale (*passaggio naturale marittimo*). // ~ **of distribution** (*market.*) canale di distribuzione.

Channel port, *n.* porto sulla Manica.

Channel tunnel, *n.* tunnel sotto la Manica.

chapman, *n.* (*pl.* **chapmen**) venditore ambulante.

chapter, *n.* capitolo.

charabanc[1], *n.* (*trasp.*) giardiniera, torpedone.

char-a-banc[2], *n.* V. **charabanc**.

character, *n.* ❶ carattere, condotta, moralità, reputazione. ❷ (*elab. elettr.*) carattere. ❸ (*pers.*) attestato di servizio; benservito (*per un domestico*). ❹ (*pubbl.*) carattere di stampa, segno tipografico. ❺ (*trasp. mar.*) classe (*d'una nave*). △ ❶ **The proprietors are considered people of a questionable ~** i titolari sono considerati gente di dubbia moralità.

characteristic, *a.* caratteristico. *n.* caratteristica.

// ~ **curve** (*mat.*) curva caratteristica; ~ **equation** (*mat.*) equazione caratteristica; ~ **function** (*mat.*) funzione caratteristica.

characterize, *v. t.* caratterizzare.

chare, *n.* lavoro fatto quando capita, lavoro a giornata.

charge[1], *n.* ❶ carico, onere, dovere, obbligo, impegno, incarico. ❷ custodia, cura. ❸ costo, prezzo, prezzo richiesto, spesa. ❹ (*banca*) fascio (*di biglietti o buoni*); plico. ❺ (*leg.*) accusa, capo d'accusa, addebito, incriminazione, imputazione. ❻ (*leg.*) privilegio, privilegio speciale (*su un bene*). ❼ (*rag.*) addebito, conteggio, imputazione. △ ❶ **Carriage is to our ~** il trasporto è a nostro carico; ❺ **The ~ of protectionism sometimes laid at the Community's door is wholly unjustified** l'accusa di protezionismo mossa talvolta alla Comunità è del tutto ingiustificata; **Who is in ~ of this department?** chi è il responsabile di questo reparto? // ~ **-account** (*market.*) conto aperto presso un negozio (*e utilizzabile per acquisti*); ~ **-account customer** (*market.*) cliente che utilizza un « charge-account »; ~ **and discharge** (*rag.*) carico e scarico; ~ **for call** (*comun.*) prezzo per una chiamata telefonica; **charges for carriage** (*trasp.*) spese di trasporto; ~ **for collection** (*trasp. ferr.*) tariffa per ritiro a domicilio; **charges for custody of securities** (*banca*) diritti di custodia per titoli; ~ **for delivery** (*trasp. ferr.*) tariffa per consegna a domicilio; **charges for freight** (*trasp. mar.*) spese di nolo; ~ **for redirection** (*comun.*) tassa di rispedizione (postale); **charges for telephone calls** (*comun.*) spese per comunicazioni telefoniche; **the ~ for a three minutes' conversation** (*comun.*) la tariffa per tre minuti di conversazione; **charges forward** spese assegnate, pagamento posticipato delle spese; **charges in closing a current account** (*banca*) competenze di chiusura; **charges levied on imports** (*fin.*) imposizioni all'importazione; ~ **of costs** (*leg.*) addebito di spese giudiziali; **charges on crediting bills value at maturity date** (*banca*) competenze per accreditamenti valuta alla scadenza; **charges on discount of bills** (*banca*) competenze per sconto d'effetti; ~ **-sheet** (*leg.*) elenco delle cause a ruolo; **at one's own ~** a proprie spese; **to be in ~** (*leg.*) essere in stato d'arresto; **without charges** (*banca, cred.*) senza spese.

charge[2], *v. t.* ❶ caricare. ❷ incaricare. ❸ affidare. ❹ attribuire, ascrivere (*ad altri*)! ❺ far pagare, addebitare, mettere in conto, conteggiare. ❻ (*fin.*) tassare. ❼ (*leg.*) accusare, imputare, incolpare, incriminare. ❽ (*rag.*) imputare. ❾ (*rag.*) considerare (*qc.*) come perdita, mettere al passivo. △ ❺ **We ~ 1% commission** addebitiamo una commissione dell'1%; **The account will be charged with the interest** sul conto saranno addebitati gli interessi; **Excess luggage is charged as follows: ...** per il bagaglio eccedente il peso si deve pagare come segue: ...; ❼ **The accountant was charged with embezzlement** il contabile venne accusato di appropriazione indebita; ❽ **We charged part of the amount to the previous month's trading** imputammo una parte della somma all'esercizio del mese precedente; **They have charged against the cost the percentage of overhead expenses properly applicable thereto** hanno imputato al costo la percentuale delle spese generali ad esso spettanti. // **to ~ an account** (*rag.*) imputare a un conto, addebitare un conto; **to ~ an account with interest** (*rag.*) caricare interessi su un conto; **to ~ by the pound** (*fin.*) tassare a un tanto per libbra; **to ~ the postage to the customer** addebitare al cliente le spese postali; **to ~ a price** chiedere un prezzo; **to ~ to sb.'s account** segnare sul conto di q.; **to ~ with customs duty** (*dog.*) tassare di dazio doganale.

chargeable, *a.* ❶ affidabile. ❷ ascrivibile, attribuibile. ❸ addebitabile, conteggiabile. ❹ (*fin.*) imponibile, tassabile. ❺ (*leg.*) incriminabile, imputabile. ❻ (*rag.*) imputabile. △ ❻ **That loss is ~ against the year** la perdita è imputabile all'annata; **The duty is ~ to the buyer** il dazio è a carico del compratore. // ~ **lands** (*fin.*) terreni tassabili; ~ **with duty** (*dog.*) tassabile, soggetto a dazio; **to be ~ to sb.** (*market., rag.*) essere a carico di q.

charged, *a.* (*leg.*) accusato.

charging, *n.* ❶ (*fin.*) prelievo. ❷ (*fin.*) tassazione. ❸ (*leg.*) imputazione. ❹ (*rag.*) imputazione, addebito, conteggio. △ ❹ **You should rectify the errors in the ~ of expenses** dovreste correggere gli errori d'imputazione delle spese. // ~ **order** (*leg.*) ordine di sequestro (*dei beni di un debitore*).

charitable, *a.* caritatevole, filantropico. // ~ **donations** beneficenza; ~ **institution** (*leg.*) opera pia.

charities, *n. pl.* opere di beneficenza.

charity, *n.* (*leg.*) opera pia.

chart, *n.* ❶ foglio con diagramma, quadro (*per informazioni*), tabella. ❷ (*org. az.*) diagramma, grafico, schema. ❸ (*stat.*) diagramma, grafico. ❹ (*trasp. mar.*) carta nautica. // ~ **of accounts** (*rag.*) piano dei conti.

charter[1], *n.* ❶ carta, documento di concessione (*governativa o reale*), concessione esclusiva, privilegio, privativa, statuto. ❷ (*leg.*) carta costitutiva (*d'una società*), atto istitutivo, statuto (*d'una società*). ❸ (*trasp. mar.*) contratto di noleggio, nolo. // ~ **broker** (*trasp. mar.*) sensale di noli; ~ **flight** (*trasp. aer.*) volo charter, volo su richiesta di chi ha noleggiato l'apparecchio; ~ **market** (*trasp. mar.*) mercato dei noli; ~ **-party** (*trasp. mar.*) contratto di nolo, contratto di noleggio, noleggio; ~ **service** (*trasp.*) servizio noleggio; **by Royal ~** (*leg.*) per decreto reale.

charter[2], *v. t.* ❶ (*di Governo, sovrano, ecc.*) concedere uno statuto, concedere un documento, concedere un privilegio, concedere un'esenzione. ❷ (*trasp.*) noleggiare (*navi o aerei*).

charterage, *n.* (*trasp. mar.*) nolo.

chartered, *a.* che gode di certi privilegi (*come concessioni esclusive, ecc.*). // ~ **accountant** ragioniere professionista, ragioniere iscritto all'Ordine, ragioniere membro dell'« Institute of Accountants »; ~ **company** (*fin.*) società commerciale istituita (*in G.B.*) con statuto reale, società commerciale che gode di speciali privilegi conferiti dal sovrano o dal Parlamento; ~ **freight** (*trasp. mar.*) nolo stabilito per contratto; ~ **public accountant** (*org. az., pers.*) ragioniere iscritto all'albo; ~ **vessel** (*trasp. mar.*) nave noleggiata.

charterer, *n.* (*trasp.*) noleggiatore (*di navi o d'aerei*), noleggiante.

chartering, *n.* (*trasp. aer., trasp. mar.*) nolo, noleggio. // ~ **agent** (*trasp. mar.*) mediatore di noli marittimi (*che cerca navi per il carico*); ~ **market** (*trasp. mar.*) V. **charter market**.

chase, *n.* (*giorn., pubbl.*) telaio tipografico.

chaser, *n.* V. **chase**.

chassis, *n.* (*trasp. aut.*) telaio (*d'automobile*).

chattel mortgage, *n.* (*leg., USA*) ipoteca su beni mobili, ipoteca sui beni reali di proprietà personale, con esclusione di case e terreni.

chattels, *n. pl.* (*leg.*) beni principali. // ~ **personal** (*leg.*) beni mobili; ~ **real** (*leg.*) beni immobili.

chauffeur, *n.* (*pers.*) autista, conducente.

chauffeuse, *n.* (*pers.*) conducente (*d'auto*; *donna*).

cheap, *a.* ❶ a buon mercato, di poco prezzo, poco costoso, economico, dozzinale. ❷ conveniente (*di un prezzo*). ❸ (*di negoziante, negozio*) che vende a basso prezzo. *avv.* a buon prezzo, a basso prezzo, economicamente. // ~ **and nasty** di basso costo e di cattiva qualità; ~ **Jack** (*fam.*) venditore ambulante; ~ **money** (*econ.*) denaro a buon mercato; (*fin.*) credito facile: **In England, « ~ money » used to mean 2½ per cent bank rate** in Inghilterra, per « denaro a buon mercato » s'intendeva il tasso di sconto del 2½%; ~ **sale** (*market.*) vendita a buon mercato; ~ **stuff** (*market.*) roba a buon mercato; **on the** ~ in modo da spendere poco, economicamente.

cheapen, *v. t.* diminuire il prezzo di (*qc.*), deprezzare. *v. i.* calare, diminuire (*di prezzo*).

cheapish, *a.* piuttosto a buon mercato, abbastanza conveniente, alquanto dozzinale.

cheaply, *avv.* a buon mercato, a buon prezzo.

cheapness, *n.* basso prezzo; convenienza (*d'una merce, d'un articolo*); modicità.

cheat[1], *n.* ❶ frode, imbroglio, inganno, truffa. ❷ imbroglione, truffatore, truffaldino.

cheat[2], *v. t.* imbrogliare, ingannare, truffare. // **to ~ with false pretence** (*leg.*) truffare con raggiri.

check[1], *n.* ❶ freno, impedimento. ❷ controllo, esame, verifica, riscontro. ❸ segno (*col quale si « spuntano » le varie voci d'un conto, ecc.*). ❹ contrassegno, contromarca, scontrino. ❺ (*banca, USA*) V. **cheque**. ❻ (*USA*) conto (*di trattoria, ecc.*). ❼ (*slang USA*) dollaro. *a. attr.* di controllo. // ~ **-book** (*banca, USA*) libretto d'assegni; ~ **certifier** (*banca, macch. uff.*, *USA*) stampigliatrice per certificare la copertura di un assegno bancario (*che acquista così la validità d'un assegno circolare*); ~ **-circuit** (*elab. elettr.*) circuito di controllo; ~ **clerk** (*pers.*) revisore; ~ **code word** parola convenzionale di controllo (*nei telegrammi*); ~ **-digit** (*elab. elettr.*) cifra di controllo; ~ **endorsing machine** (*macch. uff.*) macchina per effettuare la girata di assegni bancari (*con matrici speciali, per prevenire contraffazioni della firma*); ~ **-in clerk** (*trasp. aer.*) « cecchinaro » (*addetto alle operazioni di controllo dei passeggeri in partenza*); ~ **-ins** (*tur.*) arrivi (*in un albergo*); ~ **list** (*org. az.*) lista di controllo; ~ **-list method** (*pers.*) metodo delle liste di controllo; ~ **number** numero di controllo; ~ **on delivery** controllo alla consegna; ~ **on ledger postings** (*rag.*) controllo delle registrazioni a mastro; ~ **-out counter** (*market.*) cassa (*di supermercato e sim.*); ~ **-out time** (*tur.*) ora in cui si deve lasciar libera una camera (*in albergo, ecc.*): ~ **-out time is at 12 noon** le stanze devono essere libere alle 12; ~ **-outs** (*tur.*) partenze (*in un albergo*); ~ **perforator** (*attr. uff.*) pinza per perforare gli assegni bancari; ~ **protector** (*macch. uff.*) macchina per stampare le cifre di un assegno bancario; ~ **-room** (*USA*) deposito bagagli; ~ **signer** (*macch. uff.*) macchina per firmare assegni bancari (*mediante matrici speciali, per prevenire la contraffazione della firma*); ~ **survey** (*org. az.*) perizia di controllo; ~ **-till** (*macch. uff.*) registratore di cassa; ~ **-up** (*rag.*) verifica dei conti; ~ **-weigher** verificatore del peso; ~ **weighing** pesatura di verifica.

check[2], *v. t.* ❶ frenare, impedire. ❷ controllare, esaminare, verificare, spuntare, riscontrare, sindacare. ❸ contrassegnare. ❹ (*USA*) depositare (*bagagli, ecc.*). *v. i.* ❶ concordare. ❷ (*banca, USA*) emettere un assegno bancario. △ *v. t.* ❷ **We must ~ the reliability of the interviewers** dobbiamo controllare l'attendibilità degli intervistati; ❹ **Have you checked your baggage?** avete depositato il vostro bagaglio?; *v. i.* ❶ **The accounts** ~ i conti tornano. // **to ~ an account** (*rag.*) controllare un conto; **to ~ competition** (*market.*) frenare la concorrenza; **to ~ expenditure** (*fin.*) moderare le spese; **to ~ facts** (*leg.*) verificare i fatti; **to ~ in** (*tur.*) registrare; registrarsi, registrarsi presso il « receptionist » (*d'un albergo*); (*trasp. ferr.*) depositare il bagaglio alla stazione; **to ~ the luggage** (*trasp. ferr.*) depositare il bagaglio; **to ~ off** spuntare; **to ~ off items** spuntare articoli; **to ~ out** (*tur.*) lasciare libera una stanza (*in albergo*); saldare il conto (*d'un albergo*) e andarsene.

checkable deposit, *n.* (*banca, USA*) deposito traibile.

checker, *n.* ❶ chi controlla, esamina, verifica, ecc. ❷ (*pers.*) cassiera (*di supermercato*).

checking, *n.* controllo, verifica. // ~ **account** (*banca, USA*) conto corrente; ~ **copy** (*pubbl.*) giustificativo pubblicitario; ~ **slip** (*Borsa*) impegno.

checkoff, *n.* (*sind.*) trattenuta.

checkout, *n.* (*slang USA*) articolo che si vende bene.

checkwriter, *n.* V. **check protector**.

cheerful, *a.* allegro, lieto. // **to have a ~ aspect** (*Borsa, fin.*) avere una buona disposizione, avere un andamento favorevole: **The market is assuming a ~ aspect** il mercato sta assumendo un andamento favorevole.

cheese, *n.* (*slang USA*) denaro.

chemical, *a.* chimico. // ~ **manipulations** (*market.*) manipolazioni chimiche.

chemist, *n.* ❶ chimico. ❷ (*in G.B.*) farmacista. // ~ **'s shop** farmacia.

chemistry, *n.* chimica.

chemurgy, *n.* (*econ.*) chemiurgia (*chimica applicata all'utilizzazione industriale delle materie prime organiche*).

cheque, *n.* (*banca*) assegno bancario. △ **A ~ is an instrument of credit** l'assegno bancario è un titolo di credito; **The ~ has been covered** è stata fornita la copertura per l'assegno; **This ~ contains the words « not negotiable »** questo assegno reca la dicitura « non negoziabile ». // ~ **book** (*banca*) libretto d'assegni; ~ **crossed generally** (*banca*) assegno con sbarratura generale; ~ **crossed « not negotiable »** (*banca*) assegno sbarrato con la dicitura « non negoziabile »; ~ **crossed specially** (*banca*) assegno con sbarratura qualificata; ~ **form** (*banca*) modulo d'assegno; ~ **perforator** (*attr. uff.*) pinza per perforare gli assegni bancari; ~ **protector** (*macch. uff.*) macchina per stampare le cifre d'un assegno bancario; ~ **stamp** (*banca*) bollo dell'assegno; ~ **to be credited (to sb.'s account)** (*banca, cred.*) assegno per accreditamento; ~ **to bearer** assegno al portatore; ~ **to order** assegno all'ordine; **cheques unpaid** (*banca*) effetti non pagati; ~ **with receipt form attached** assegno con annesso talloncino di versamento.

chicanery, *n.* (*leg.*) cavillo.

chicken, *n.* pollo. // ~ **-feed** (*slang USA*) somma di denaro trascurabile, spiccioli.

chief, *a.* ❶ principale, più importante, primo (*per importanza*). ❷ più elevato (*in grado*). *n.* ❶ capo. ❷ (il) principale. // ~ **accountant** (*pers.*) ragioniere capo; ~ **clerk** (*pers.*) capoufficio, capufficio; ~ **creditor** creditore principale; ~ **exception** (*leg.*) eccezione principale; ~ **executive officer** (*pers.*) direttore generale; ~ **inspector** (*pers.*) ispettore generale; ~ **justice** (*leg.*) giudice che presiede una corte suprema; ~ **of the advertising department** (*pers.*) direttore della pubblicità.

child, *n.* (*pl.* **children**) bambino. // ~ **bounty** (*sind.*) assegni familiari; ~ **'s half-fare ticket** (*trasp.*) biglietto a riduzione per bambini.

chip, n. ❶ (*elab. elettr.*) microcircuito. ❷ (*slang ingl.*) moneta metallica.

chipboard, n. (*pubbl.*) cartone di legno.

chirographary, a. (*leg.*) chirografario. // ~ **credit** credito chirografario; ~ **creditor** creditore chirografario; ~ **debenture** obbligazione chirografaria; ~ **debt** V. ~ **credit**.

choice, n. ❶ scelta, assortimento. ❷ (*ric. op.*) scelta. △ ❶ This ~ **would not be consistent with our strategy** questa scelta sarebbe incompatibile con la nostra strategia. // ~ **goods** merce scelta, merce di prima scelta; ~ **paper** (*banca*) effetti di prim'ordine.

choke, n. (*elab. elettr.*) bobina d'arresto.

choose, v. t. (*pass.* **chose**, *part. pass.* **chosen**) scegliere.

choosy, a. difficile da accontentare, esigente.

choses in action, n. pl. (*leg.*) beni mobili di cui non si ha il possesso ma ripetibili con una causa.

choses in possession, n. pl. (*leg.*) beni mobili di cui si ha il possesso.

Christian name, n. nome di battesimo.

Christmas card, n. biglietto natalizio.

Christmas presents, n. pl. (*market.*) strenne natalizie.

chronic, a. cronico. // ~ **inflation** (*econ.*) inflazione cronica; ~ **unemployment** (*sind.*) disoccupazione cronica.

chronometer, n. (*trasp. mar.*) cronometro.

chunnel, n. (*trasp.*) (*parola composta di* **channel** *e* **tunnel**) tunnel sotto la Manica.

cine film, n. (*pubbl.*) pellicola pubblicitaria.

cipher[1], n. ❶ cifra. ❷ cifrario. ❸ (*mat.*) zero. // ~ **code** codice cifrato; ~ **-key** chiave di cifra, cifrario; ~ **language** linguaggio cifrato.

cipher[2], v. t. cifrare. // to ~ **out** calcolare; to ~ **out a sum** calcolare una somma.

circle, n. ❶ circolo, ambiente. ❷ (*trasp.*) circolare. // ~ **line** (*trasp.*) circolare.

circuit, n. circuito.

circuitous, a. indiretto, tortuoso.

circular, a. e n. circolare. // ~ **integration** (*org. az.*) integrazione circolare (*d'aziende che operano nello stesso settore, pur non essendo in concorrenza fra loro*); ~ **letter** (*pubbl.*) circolare; ~ **letter of credit** (*banca*) lettera di credito circolare; ~ **note** (*banca*) assegno circolare; biglietto circolare; lettera circolare di credito (*simile al « travellers' cheque »*); ~ **organization chart** (*org. az.*) organigramma radiale; ~ **ticket** (*trasp.*) biglietto circolare; ~ **tour ticket** (*trasp.*) libretto di biglietti per un viaggio circolare.

circularize, v. t. mandare circolari a (*q.*).

circulate, v. i. circolare. v. t. far circolare. △ v. i. **Money circulates freely in our Country** il denaro circola liberamente nel nostro Paese. // to ~ **capital** (*fin.*) far circolare capitali.

circulating, a. circolante. // ~ **assets** (*fin.*) capitali circolanti, capitali fluttuanti, capitali mobili, capitali mobiliari; ~ **capital** (*fin.*) capitale circolante; ~ **capitals** (*fin.*) capitali circolanti, capitali mobili, capitali fluttuanti, capitali mobiliari; ~ **medium** (*fin.*) moneta corrente, circolante.

circulation, n. ❶ circolazione, movimento. ❷ (*econ.*) circolazione. ❸ (*fin.*) corso. ❹ (*pubbl.*) tiratura. △ ❹ **Advertisement rates of newspapers are proportional to their** ~ le tariffe degli annunci pubblicitari sui giornali dipendono dalla loro tiratura. // ~ **audit** (*pubbl.*) controllo della diffusione; ~ **controller** (*giorn.*) controllore della circolazione; ~ **director** (*giorn.*) direttore della circolazione; ~ **manager** (*giorn.*) responsabile per la diffusione; ~ **of funds** (*rag.*) giro di capitali; ~ **of money** (*fin.*) circolazione monetaria; ~ **of paper** (*fin.*) circolazione cartacea.

circulator, n. (*mat.*) numero periodico.

circulatory, a. circolatorio.

circumstance, n. ❶ circostanza, evenienza. ❷ condizione finanziaria. △ ❷ **He is in easy circumstances** è in buone condizioni finanziarie; **He is in reduced circumstances** è in ristrettezze. // **circumstances permitting** salvo imprevisti.

circumstantial, a. ❶ circostanziato, particolareggiato. ❷ (*leg.*) indiziario. // ~ **evidence** (*leg.*) indizi di prova, prove indiziarie; **a** ~ **report** un rapporto circostanziato.

citation, n. ❶ (*anche leg.*) citazione. ❷ (*leg.*) ordine di comparizione.

cite, v. t. ❶ (*anche leg.*) citare. ❷ (*leg.*) chiamare in giudizio.

citizenship, n. cittadinanza (*l'esser cittadino*).

city[1], n. città. // ~ **boundary** cinta daziaria; ~ **clerk** (*pers.*) segretario comunale; ~ **council** consiglio municipale; ~ **desk** (*giorn.*) redazione dei servizi di cronaca (*la sede*); ~ **editor** (*giorn., USA*) capocronista; ~ **employee** (*pers.*) impiegato comunale; ~ **-owned enterprise** (*econ.*) azienda municipalizzata; ~ **-plan** piano regolatore; ~ **planner** urbanista; ~ **-planning** urbanistica.

City[2], n. ❶ (*fin.*) centro economico e finanziario di una grande città. ❷ **the City** (*fin.*) il centro economico e finanziario di Londra. // ~ **editor** (*giorn.*) caporedattore della pagina finanziaria; redattore finanziario (*d'un quotidiano o d'un settimanale*); ~ **man** (*fin.*) banchiere, commerciante, uomo d'affari della City (*del centro bancario e commerciale di Londra*).

civic, a. ❶ civico. ❷ civile. // ~ **centre** quartiere in cui hanno sede uffici e pubbliche istituzioni.

civil, a. civile. // ~ **action** (*leg.*) causa civile; ~ **code** (*leg.*) codice civile; ~ **commotion** movimento popolare, insurrezione; ~ **Court** (*leg.*) tribunale civile; ~ **death** (*leg.*) perdita dei diritti civili, morte civile; ~ **division** (*leg.*) sezione civile; ~ **engineer** (*pers.*) ingegnere civile; ~ **law** (*leg.*) diritto civile, diritto privato; ~ **proceedings** (*leg.*) procedura civile; ~ **rights** (*leg.*) diritti civili; ~ **servant** (*pers.*) impiegato statale, funzionario statale; ~ **service** amministrazione statale, burocrazia; ~ **suit** (*leg.*) causa civile, azione civile; ~ **year** anno civile (*365 giorni*).

civilian, a. e n. civile. n. (*leg.*) civilista. // ~ **public goods** (*econ.*) beni prodotti dal settore pubblico a fini civili; ~ **spending** (*fin.*) investimenti civili.

civilist, n. (*leg.*) civilista.

civilly, avv. (*leg.*) civilmente, secondo il diritto civile. // ~ **liable** (*leg.*) responsabile civilmente.

clacker, n. (*slang USA*) dollaro.

claim[1], n. ❶ domanda, domanda d'indennizzo, richiesta, pretesa. ❷ rivendicazione, reclamo. ❸ credito. ❹ (*ass.*) indennità, indennizzo. ❺ (*leg.*) affermazione (*d'un diritto*); domanda (*di riconoscimento d'un diritto*); diritto (*di cui si chiede il riconoscimento*); cosa rivendicata (*di cui s'afferma il diritto di proprietà*). ❻ (*leg.*) eccezione, istanza, ricorso. △ ❶ **The claims of that seller are exorbitant** le pretese di quel venditore sono esorbitanti; ❷ **Have you forwarded your** ~? avete inoltrato il vostro reclamo?; **You must send in a** ~ dovete presentare un reclamo; **No** ~ **was incurred** non ci furono reclami; **The** ~ **will be compromised** si addiverrà ad una transazione per quanto riguarda il reclamo; **No** ~

to be made by the underwriters for freight nessun reclamo può essere fatto da parte degli assicuratori per il nolo; ❸ This ~ is not enforceable questo credito non è esigibile; ❹ We will fix the ~ at the amount of the damage fisseremo l'indennità in una somma pari all'importo del danno; Settlement of the ~ is to take place within three months of the accident la liquidazione degli indennizzi deve avvenire entro tre mesi dalla data del sinistro; ❺ They have no ~ to the property non hanno alcun diritto sulla proprietà; I will enforce my claims farò valere i miei diritti; ❻ We insured against a third party ~ ci assicurammo contro il ricorso dei terzi. // claims (against a business) (rag.) partite di debito; ~ agent (ass. mar., trasp. mar.) commissario d'avaria; claims and defences (leg.) azioni ed eccezioni; claims book registro dei reclami; ~ for damages (leg.) reclamo per danni, domanda di danni; ~ for discharge (fin.) domanda di sgravio; ~ for indemnity domanda d'indennizzo; ~ for losses or damage (trasp. mar.) reclamo per perdita o avaria; ~ for relief (fin.) domanda di sgravio; ~ for repayment of duties (dog.) ricorso per rimborso di dazio; ~ form modulo per ricorsi; claims reserve (ass.) riserva per sinistri da liquidare; ~ secured by bond (leg.) credito privilegiato; ~ secured by mortgage (leg.) credito garantito da ipoteca.

claim[2], v. t. ❶ affermare, asserire, sostenere (d'aver fatto qc.). ❷ chiedere, pretendere, reclamare. ❸ (leg.) reclamare, rivendicare, esigere (il riconoscimento d'un diritto, la restituzione di qc., ecc.). △ ❷ I ~ my due pretendo ciò che mi spetta; I ~ a compensation in case of dismissal pretendo un indennizzo in caso di licenziamento. // to ~ back reclamare, pretendere la restituzione di, ripetere: to ~ back an important paper pretendere la restituzione d'un documento importante; to ~ damages (ass.) pretendere il risarcimento dei danni; to ~ a right (leg.) rivendicare un diritto.

claimable, a. esigibile, rivendicabile.
claimant, n. ❶ chi fa un ricorso (per ottenere qc.); ricorrente; rivendicatore. ❷ (leg.) attore (in giudizio).
claimer, n. V. claimant.
claiming back, n. reclamo, ripetizione.
clam, n. (slang USA) dollaro.
clamping, n. (elab. elettr.) bloccaggio.
clandestine, a. clandestino. // ~ **trade** commercio clandestino.
clarendon, n. (pubbl.) neretto.
clash[1], n. conflitto, disaccordo, scontro, urto. // a ~ of interests un conflitto d'interessi.
clash[2], v. i. essere in contrasto, scontrarsi; urtarsi (fig.). △ Our interests ~ with theirs i nostri interessi sono in contrasto coi loro.
class[1], n. ❶ classe, categoria. ❷ (trasp.) classe. // ~ **magazine** (pubbl.) rivista specializzata; ~ **struggle** (sind.) lotta di classe.
class[2], v. t. ❶ classificare, assegnare a una classe. ❷ (market.) cernere. // « **not classed** » (nelle mostre) « fuori concorso ».
classical economics, n. pl. (col v. al sing.) (econ.) economia classica.
classification, n. ❶ classificazione, classifica. ❷ (org. az.) classificazione. ❸ (pers.) graduatoria. ❹ (rag.) imputazione. // ~ **certificate** (trasp. mar.) certificato di classifica; ~ **clause** (trasp. mar.) clausola di classifica; ~ **of goods** classificazione delle merci; ~ **of ships** (trasp. mar.) classificazione delle navi; ~ **register** (trasp. mar.) registro di classificazione.

classified advertisement, n. (giorn.) inserzione fatta in una rubrica di giornale.
classified advertisements, n. pl. (giorn.) piccola pubblicità.
classify, v. t. ❶ classificare. ❷ (rag.) imputare.
classing, n. classificazione, classifica.
clause, n. ❶ clausola, articolo. ❷ (leg.) clausola. // **clauses governing a sale** condizioni di vendita; ~ **of quiet enjoyment** (leg.) clausola di pacifico godimento; ~ **of a will** (leg.) disposizione testamentaria.
claused bill of lading, n. (trasp. mar.) polizza di carico recante girate.
claw, v. t. ❶ artigliare. ❷ afferrare. // to ~ **back** (Borsa) ricuperare.
clawing back, n. (Borsa) ricupero.
clean[1], a. pulito. // ~ **acceptance** (banca, cred.) accettazione incondizionata; ~ **bill** (banca, cred.) cambiale « netta », tratta libera, tratta non documentata; ~ **bill of health** (trasp. mar.) certificato sanitario « pulito »; ~ **bill of lading** (trasp. mar.) polizza di carico « pulita » (esente da eccezioni e/o riserve); ~ **charter** (trasp. mar.) contratto di noleggio senza riserva; ~ **copy** bella copia, buona copia; ~ **credit** (banca, cred.) credito non documentario; (rag.) credito per elasticità di cassa; ~ **printing proof** (pubbl.) bozza di stampa pulita (senza o con poche correzioni); ~ **ship** (trasp. mar.) nave indenne; ~ **-up** (slang USA) svendita per cessazione d'esercizio.
clean[2], v. t. pulire. // to ~ **up** (slang USA) guadagnare molto e in breve tempo; to ~ **up a balance-sheet** (rag.) risanare un bilancio (con l'eliminazione di crediti inesigibili, ecc.).
clear[1], a. ❶ chiaro, evidente. ❷ libero, non lavorativo. ❸ netto. △ ❸ We earned a ~ **one thousand pounds** guadagnammo mille sterline nette; **We were given five ~ days' notice** ci fu dato un preavviso di cinque giorni netti. // ~ **-cut revival** (econ.) netta ripresa; ~ **days** (leg.) giorni effettivi (in un contratto, ecc.), escluso il primo e l'ultimo; ~ **of ice** (trasp. mar.) libero dai ghiacci; ~ **profit** (rag.) utile netto; ~ **system of accounts** (rag.) contabilità chiara; ~ **title** (leg.) titolo incontestabile.
clear[2], v. t. ❶ chiarire, chiarificare. ❷ liberare, sgombrare. ❸ fare un guadagno netto di (una somma). ❹ (dog.) svincolare, sdoganare (merce). ❺ (elab. elettr.) azzerare. ❻ (fin.) passare (un assegno, ecc.) alla stanza di compensazione. ❼ (leg.) prosciogliere. ❽ (trasp. mar.) dare via libera a (una nave). v. i. ❶ (fin.) effettuare operazioni di compensazione. ❷ (trasp. mar.) salpare. ❸ (trasp. mar.) entrare in porto (dopo le formalità doganali). △ v. t. ❸ **They succeeded in clearing a hundred pounds** riuscirono a fare un guadagno netto di cento sterline; ❹ **We will ~ the goods as soon as we get the documents** sdoganeremo la merce appena ci farete avere i documenti; **The stock is cleared** lo stock è esaurito. // to ~ **a bill** (banca, cred.) ritirare una cambiale; to ~ **a connection** (comun.) dare il segnale di fine di una conversazione telefonica; to ~ **correspondence** (comun.) evadere la corrispondenza; to ~ **a debt** (cred.) liberarsi da un debito (pagandolo); to ~ **the dial of a calculating machine** (macch. uff.) azzerare il quadrante d'una calcolatrice; to ~ **expenses** rifarsi delle spese; to ~ **the line** (trasp. ferr.) dare via libera; to ~ **off the correspondence** sbrigare la corrispondenza; to ~ **oneself from a debt** (cred.) liberarsi da un debito; to ~ **out** (dog., trasp. mar.) spedire (una nave) in dogana; to ~ **outwards** (dog., trasp. mar.) spedire (una nave) in dogana; to ~ **a parcel of goods** liquidare una partita di merci; to ~ **a ship inwards** (dog.) fare l'entrata in

dogana d'una nave; to ~ **through the customs** (*dog.*) sdoganare; to ~ **up the affairs of a bankrupt** (*leg.*) chiarire la posizione d'un fallito; **to be cleared out** (*fam.*) essere al verde, non avere il becco d'un quattrino.

clearance, *n.* ❶ (*dog.*) sdoganamento (*di merce*), svincolo. ❷ (*dog.*) pratica di sdoganamento (*di nave: per entrare in porto o salpare*). ❸ (*fin.*) compensazione (*di debiti e crediti: con scambio d'assegni, ecc.*). ❹ (*trasp. mar.*) libera pratica. △ ❹ **No vessel may leave port without** ~ nessuna nave può salpare senza libera pratica. // ~ **house** (*fin.*) stanza di compensazione; ~ **inwards** (*dog., trasp. mar.*) dichiarazione d'entrata, lasciapassare; ~ **papers** (*dog.*) documenti di sdoganamento, documenti di libera pratica, lasciapassare; ~ **sale** (*market.*) vendita di realizzo, (vendita di liquidazione, svendita; ~ **through the customs** (*dog.*) sdoganamento.

cleared, *a.* (*dog.*) sdoganato, sdaziato, svincolato.

clearer, *n.* (*fam.*) V. **clearing bank.**

clearing, *n.* ❶ il liberare, lo sgombrare. ❷ liquidazione. ❸ (*banca*) operazione di compensazione. ❹ (*dog.*) sdoganamento, svincolo. ❺ (*fin.*) compensazione. ❻ (*rag.*) giro di partita, storno. // ~ **account** (*rag.*) partita di giro; ~ **agent** (*banca, fin.*) « agente » di compensazione: **The Bank of England is an important** ~ **agent** la Banca d'Inghilterra è un importante elemento del sistema della compensazione; ~ **bank** (*banca, fin.*) « clearing bank »; banca che partecipa al sistema della compensazione (*aderendo alla stanza di compensazione di Londra*); ~ **banker** (*banca, fin.*) banca che aderisce alla stanza di compensazione; ~ **department** (*banca, fin.*) ufficio delle compensazioni (*della Banca d'Inghilterra*); ~ **house** (*Borsa*) cassa di liquidazione; (*fin.*) stanza di compensazione; ~ **-house clerk** (*pers.*) impiegato (*addetto alle operazioni*) della stanza di compensazione; ~ **in book** (*fin.*) registro degli effetti attivi (*alla stanza di compensazione*); ~ **inwards** (*dog., trasp. mar.*) dichiarazione d'entrata; ~ **-out book** (*fin.*) registro degli effetti passivi (*alla stanza di compensazione*); ~ **sheet** (*Borsa*) foglio di liquidazione; ~ **transaction** (*rag.*) partita di giro; ~ **-up sale** (*market.*) liquidazione delle rimanenze, liquidazione.

clearness, *n.* chiarezza.

clerical, *a.* relativo a un impiegato o scrivano; d'ufficio, impiegatizio. // ~ **duties** (*pers.*) mansioni d'impiegato; ~ **error** errore dovuto a uno scrivano (*errore di copiatura, svista, ecc.*); ~ **staff** (*pers.*) impiegati, personale; ~ **work** (*org. az.*) lavoro d'ufficio, lavoro impiegatizio.

clerk, *n.* ❶ (*pers.*) impiegato. ❷ (*USA*) commesso, commessa. // ~ **of the Court** (*leg.*) cancelliere di tribunale; ~ **of the works** (*pers.*) sovrintendente ai lavori.

clerkdom, *n.* ❶ ceto impiegatizio. ❷ lavoro d'impiegato. ❸ (*USA*) lavoro di commesso (*di negozio*).

clerkship, *n.* (*leg.*) ufficio di cancelliere (*di tribunale*).

client, *n.* ❶ cliente. ❷ (*leg.*) cliente (*di avvocato*). ❸ **clients,** *pl. collett.* clientela. // ~ **industries** (*econ.*) settori utilizzatori; **clients' ledger** (*rag.*) libro mastro dei clienti.

clientage, *n.* clientela.

clientèle, *n.* clientela.

cliff, *n.* (*trasp. mar.*) scoglio.

climate, *n.* (*anche fig.*) clima.

clipped coin, *n.* moneta tosata.

clipping, *n.* (*giorn., pubbl.*) ritaglio di stampa. // ~ **bureau** (*giorn., pubbl.*) ufficio che fornisce ritagli di giornali relativi a una persona, a un prodotto, ecc.

clique, *n.* cricca.

cloak room, *n.* (*trasp. ferr.*) deposito bagagli. // ~ **fee** (*trasp. ferr.*) tariffa per il deposito dei bagagli; ~ **ticket** (*trasp. ferr.*) scontrino di deposito.

clock, *n.* orologio da muro, orologio a pendolo. // ~ **card** (*org. az.*) cartellino di presenza, cartellino segnatempo, cartellino d'entrata e uscita degli operai.

clock in (*o* on), *v. i.* (*pers.*) timbrare il cartellino (*di presenza*) all'entrata.

clock out (*o* off), *v. t.* (*pers.*) timbrare il cartellino (*di presenza*) all'uscita.

close¹, *a.* ❶ chiuso, stretto. ❷ fitto. ❸ (*fin.*) difficile (*a ottenersi*); scarso. *n.* ❶ fine, conclusione. ❷ (*Borsa*) chiusura. *avv.* vicino. △ *n.* ❷ **Rubber shares strengthened at the** ~ le azioni della gomma si rafforzarono in chiusura. // ~ **case** (*market.*) cassa piena (*non a gabbia*); ~ **corporation** (*fin., USA*) società per azioni a costituzione simultanea (*cfr. ingl.* **private limited company**); ~ **-cut price** (*market.*) prezzo ristrettissimo; ~ **inspection** attento esame; ~ **of the fiscal year** (*fin., rag.*) chiusura dell'anno finanziario, chiusura dell'esercizio; ~ **of navigation** (*trasp. mar.*) chiusura della navigazione; ~ **-out sale** vendita di liquidazione per cessazione d'esercizio; ~ **port** (*trasp.*) porto interno, porto fluviale; ~ **price** (*market.*) prezzo ristretto; ~ **-up** (*pubbl.*) primo piano; **at the** ~ (*Borsa, fin.*) in chiusura.

close², *v. t.* chiudere. *v. i.* ❶ chiudersi. ❷ finire. △ *v. i.* ❶ **Mayo shares closed at 20 p.** le azioni Mayo erano a 20 pence in chiusura. // **to** ~ **an account** (*rag.*) chiudere un conto; **to** ~ **one's accounts once a year** (*rag.*) chiudere i conti una volta all'anno; **to** ~ **a bankruptcy** (*leg.*) chiudere un fallimento; **to** ~ **a bargain** concludere un contratto; **to** ~ **a current account** (*banca, cred.*) chiudere un conto corrente; **to** ~ **doors** (*banca*) chiudere gli sportelli; **to** ~ **a letter** chiudere una lettera; **to** ~ **the meeting** togliere la seduta; **to** ~ **out an account** (*rag.*) bilanciare un conto; **to** ~ **the sitting** (*leg.*) togliere l'udienza; **to** ~ **a transaction** (*Borsa*) liquidare un'operazione; **to** ~ **up shop** chiudere bottega (*fig.*); **to** ~ **with an arrangement** accordarsi, mettersi d'accordo; **to** ~ **with a heavy deficit** (*fin., rag.*) accusare un disavanzo notevole.

closed, *a.* chiuso. △ **Credit is** ~ **nowadays** oggigiorno trovar credito è difficile. // ~ **company** (*fin.*) società a carattere familiare; ~ **corporation** (*fin.*) società a carattere familiare; **a** ~ **-door session** (*leg.*) una seduta a porte chiuse; ~ **economy** (*econ.*) economia chiusa; ~ **-end fund** (*fin.*) fondo « chiuso » (*cioè, a capitale fisso*); ~ **-end investment fund** (*fin.*) fondo d'investimento « chiuso » (*cioè, a capitale fisso*); ~ **-end trust** (*fin.*) fondo comune d'investimento di tipo « chiuso »; ~ **indent** (*comm. est.*) ordinazione (*a un commissionario estero*) con istruzioni dettagliate sulle modalità d'acquisto e sul fornitore; ~ **shop** (*sind.*) stabilimento in cui possono essere assunti solo gli appartenenti a un certo sindacato; ~ **system** (*econ.*) sistema economico chiuso; ~ **union** (*sind.*) sindacato che richiede ai propri aderenti il possesso di determinati requisiti professionali; **behind** ~ **doors** (*leg.*) a porte chiuse.

closely, *avv.* ❶ da vicino. ❷ in sommo grado. △ ❷ **He is** ~ **connected with the union** è legato a triplo filo al sindacato.

closest price, *n.* ultimo prezzo.

closing, *n.* ❶ chiusura. ❷ (*Borsa*) liquidazione, realizzazione. ❸ (*rag.*) chiusura (*di conti*). // ~ **balance** (*rag.*) bilancio di chiusura; ~ **entry** (*rag.*) scrittura di chiusura; ~ **of the application list** (*fin.*) chiusura della sottoscrizione; ~ **price** (*Borsa*) prezzo di chiusura; ~ **quotation** (*Borsa*) quotazione di chiusura; ~ **rate** (*Borsa*) corso di chiusura, cambio di chiusura; ~ **speech** discorso di chiusura; ~ **stock** (*org. az.*) giacenza finale;

(*rag.*) stock computato alla chiusura dell'esercizio; ~ **time** ora di chiusura (*di negozi, ecc.*); «~ **time!** » « si chiude! ».

closure[1], *n.* ❶ chiusura. ❷ conclusione (*di una discussione in un'adunanza, ecc.*).

closure[2], *v. t.* votare la sospensione di (*un dibattito*).

cloth, *n.* panno, stoffa, tela, tessuto. // ~ **bags** sacchi di tela; ~ **-binding** rilegatura in tela.

clothier, *n.* ❶ fabbricante di stoffe. ❷ merciaio.

clothing, *n.* abbigliamento, vestiario. // ~ **trade** commercio di articoli di vestiario: The ~ **trade, which was favourably influenced by a better situation in the textile sector, and trade in footwear made good progress in the last year** gli scambi di articoli di vestiario, che hanno beneficiato d'una congiuntura più favorevole nel settore tessile, e quelli delle calzature hanno conosciuto nello scorso anno un vivace sviluppo.

club[1], *n.* associazione, circolo, società. // ~ **car** (*trasp. ferr., USA*) carrozza salone; ~ **trading** (*market.*) vendita a rate con piccoli versamenti mensili (*da parte di persone considerate quasi come soci d'un circolo*).

club[2], *v. t.* dare, offrire (*denaro o altro: per un fine comune*). // ~ **to** ~ **together** associarsi (*per raccogliere fondi o promuovere determinate attività*).

clue, *n.* indizio. △ **Your letter gives us no ~ about delivery** la vostra lettera non ci fornisce alcun indizio circa la consegna.

clumsy, *a.* goffo, malfatto. // **a ~ distribution system** (*econ.*) un sistema distributivo poco efficiente.

coach[1], *n.* ❶ (*pers.*) istruttore. ❷ (*trasp.*) corriera, torpedone. ❸ (*trasp. ferr.*) carrozza ferroviaria, vagone, vettura. ❹ (*trasp. ferr., USA*) carrozza ferroviaria del tipo meno costoso e meno comodo. // ~ **-builder** carrozziere; ~ **repairer** carrozziere.

coach[2], *v. t.* (*pers.*) istruire, addestrare.

coachbuilder, *n.* carrozziere. // ~ **'s shop** carrozzeria (*l'officina*).

coachbuilding, *n.* lavori di carrozzeria.

coaching, *n.* (*pers.*) addestramento, formazione.

coaction, *n.* (*leg.*) coazione, coercizione.

coactive, *a.* (*leg.*) coattivo.

coadjutor, *n.* coadiutore, collaboratore.

coadventurer, *n.* (*leg.*) cointeressato.

coal[1], *n.* carbone (*specialm. fossile*). // « ~ **and wagon** » « carbone franco vagone a destinazione »; ~ **-bed** giacimento di carbone; ~ **bunker** (*trasp. mar.*) carbonile; ~ **dock** (*trasp. mar.*) magazzino portuale per il deposito del carbone; ~ **exchange** (*fin.*) Borsa del carbone; ~ **-field** bacino carbonifero; ~ **-mine** miniera di carbone; ~ **-pit** miniera di carbone; ~ **port** (*trasp. mar.*) porto carbonifero; ~ **shares** (*fin.*) azioni carbonifere; ~ **ship** (*trasp. mar.*) nave carboniera; ~ **strike** (*sind.*) sciopero dei minatori di carbone; ~ **-tar** catrame di carbon fossile; ~ **truck** (*trasp. ferr.*) vagone per il trasporto del carbone; ~ **wagon** (*trasp. ferr.*) vagone per il trasporto del carbone; ~ **wharf** (*trasp. mar.*) molo per il caricamento e lo scaricamento del carbone; ~ **-whipper** (*trasp. mar.*) macchina per sollevare il carbone (*dalla stiva d'una nave*); ~ **yard** cantiere carbonifero.

coal[2], *v. t.* (*trasp. mar.*) rifornire (*una nave, ecc.*) di carbone. *v. i.* (*trasp. mar.*) rifornirsi di carbone, far carbone.

coaler, *n.* ❶ commerciante di carbone. ❷ (*trasp. ferr.*) vagone per il trasporto del carbone. ❸ (*trasp. ferr.*) ferrovia per il trasporto del carbone. ❹ (*trasp. mar.*) carboniera.

coaling, *n.* (*trasp. mar.*) rifornimento di carbone. // ~ **station** (*trasp. mar.*) scalo per rifornimento di carbone.

coalition, *n.* coalizione.

coalmining, *n.* attività carbonifera.

coast[1], *n.* costa, litorale. // ~ **-defence ship** (*trasp. mar.*) nave guardacoste; ~ **-guard** guardia costiera di finanza; ~ **line** (*trasp. mar.*) linea costiera; ~ **police** polizia costiera; ~ **port** (*trasp. mar.*) porto costiero; ~ **-waiter** funzionario di dogana in servizio costiero.

coast[2], *v. t. e i.* ❶ (*trasp. mar.*) costeggiare. ❷ (*trasp. mar.*) fare il commercio costiero, fare il piccolo cabotaggio.

coaster, *n.* (*trasp. mar.*) nave costiera, nave di cabotaggio.

coastguards, *n. pl.* guardacoste (*nucleo di polizia addetto alla sorveglianza costiera*).

coasting, *n.* (*trasp. mar.*) cabotaggio. // ~ **cargo** (*trasp. mar.*) carico di cabotaggio, merce di cabotaggio; ~ **manifest** (*trasp. mar.*) manifesto di cabotaggio; ~ **navigation** (*trasp. mar.*) navigazione costiera; ~ **port** (*trasp. mar.*) porto di cabotaggio; ~ **ship** (*trasp. mar.*) nave da cabotaggio; ~ **trade** (*trasp. mar.*) commercio costiero, commercio di piccolo cabotaggio, cabotaggio; ~ **vessel** (*trasp. mar.*) nave di cabotaggio; ~ **voyage** (*trasp. mar.*) viaggio di cabotaggio.

coastways, *avv. e a.* V. **coastwise**.

coastwise, *avv. e a.* (*trasp. mar.*) lungo la costa. // ~ **navigation** (*trasp. mar.*) navigazione costiera, navigazione di cabotaggio; ~ **trade** (*trasp. mar.*) V. **coasting trade**.

coat[1], *n.* ❶ giacca. ❷ strato di rivestimento, strato superficiale, mano (*di vernice, ecc.*).

coat[2], *v. t.* ricoprire, rivestire.

coated paper, *n.* (*pubbl.*) carta patinata.

coating, *n.* ❶ stoffa da giacche. ❷ rivestimento, strato, mano (*di vernice, ecc.*).

cocontractant, *n.* (*leg.*) contraente in solido.

cocontracting, *a.* (*leg.*) contraente in solido.

cocreditor, *n.* (*leg.*) creditore in solido.

cod, *n.* merluzzo. // **the ~ war** (*econ.*) la guerra del merluzzo.

code[1], *n.* ❶ codice (*in ogni senso, eccetto quello di manoscritto antico*); cifrario, cifra. ❷ (*elab. elettr.*) codice. // ~ **address** (*comun.*) indirizzo convenuto; ~ **checking** (*elab. elettr.*) controllo della codificazione; ~ **convertor** (*elab. elettr.*) convertitore di codice; ~ **language** linguaggio cifrato; ~ **number** (*comun.*) numero di codice; prefisso (*telefonico*), indicativo interurbano; ~ **of conduct** codice di etica professionale, deontologia; ~ **of ethics** codice di etica professionale, deontologia; ~ **telegram** (*comun.*) telegramma in cifra, telegramma cifrato, telegramma in codice; ~ **word** (*comun.*) parola in codice, parola cifrata.

code[2], *v. t.* codificare, mettere in cifra.

codebtor, *n.* (*leg.*) debitore in solido.

co-defendant, *n.* (*leg.*) coimputato.

codicil, *n.* (*leg.*) codicillo.

codicillary, *a.* (*leg.*) codicillare.

codification, *n.* (*elab. elettr., leg.*) codificazione.

codifier, *n.* (*leg.*) codificatore.

codify, *v. t.* (*elab. elettr., leg.*) codificare.

coding, *n.* (*elab. elettr.*) codificazione, redazione in linguaggio cifrato.

co-director, *n.* (*pers.*) condirettore.

coefficient, *n.* (*mat.*) coefficiente. // ~ **of acceleration** (*econ.*) coefficiente d'accelerazione; ~ **of correlation** (*econ.*) coefficiente di correlazione; ~ **of elasticity** (*econ.*) coefficiente d'elasticità; ~ **of variation** (*stat.*) coefficiente di variabilità.

coemption, *n.* (*market.*) accaparramento.

coercion, n. ❶ (leg.) coercizione, coazione. ❷ (sind.) coercizione.

coercitive, a. (leg.) coercitivo, coattivo.

coffer, n. ❶ cassa, forziere. ❷ **coffers,** pl. (fin.) riserve (di valuta o di preziosi). // **the coffers of the State** le casse dello Stato.

cog, n. ❶ ingranaggio; dente (di ruota). ❷ (fig.) ruota, rotella. △ ❷ **Tom is an important ~ in our business** Tom è una rotella importante nell'ingranaggio della nostra azienda.

cognizable, a. (leg.) soggetto alla giurisdizione di un dato tribunale.

cognizance, n. ❶ cognizione, conoscenza. ❷ (leg.) competenza, giurisdizione. △ ❷ **It falls within our ~** è di nostra competenza. // **~ of the subject matter** (leg.) competenza sulla questione in discussione; **~ ratione loci** (leg.) competenza territoriale; **~ ratione materiae** (leg.) competenza per materia.

cognizant, a. ❶ che è al corrente (di qc.). ❷ (leg.) competente.

cognomen, n. ❶ cognome. ❷ soprannome.

cognovit, n. (leg.) dichiarazione scritta con la quale il « convenuto » riconosce il buon diritto dell'« attore ».

coheir, n. (leg.) coerede (uomo).

coheiress, n. (leg.) coerede (donna).

cohesion, n. coesione.

coil, n. (elab. elettr.) bobina. // **~ side** (elab. elettr.) lato di bobina.

coin[1], n. moneta (metallica); denaro. △ **All coins will be withdrawn from circulation** tutte le monete saranno ritirate dalla circolazione; **Silver coins are being called in** si stanno ritirando dalla circolazione le monete d'argento. // **coins and currency** (rag.) denaro liquido; **~ holder** (attr. uff.) portamonete, portaspiccioli; **~ no longer in circulation** moneta fuori corso; **~ wrapper** (banca) fascetta sagomata (di carta) per avvolgere monete; **in ~** in contanti, effettivo.

coin[2], v. t. ❶ coniare. ❷ (econ., fin.) monetare. // **to ~ money** coniar monete, batter moneta; (fig.) far danaro a palate, arricchire alla svelta.

coinable, a. monetabile.

coinage, n. ❶ coniazione, coniatura, conio. ❷ sistema monetario in corso. ❸ denaro, valuta. ❹ (econ., fin.) monetazione. // **~ offence** (leg.) reato di falsificazione di moneta.

coincide, v. i. coincidere.

coincidence, n. coincidenza.

coincident, a. coincidente. // **~ indicator** (econ.) indice con andamento analogo a quello economico generale.

coincidental, a. casuale. // **~ telephone method** (pubbl.) metodo di indagine telefonica per il calcolo degli indici di gradimento dei programmi radiotelevisivi.

coiner, n. ❶ coniatore. ❷ falsario.

coining, n. (econ., fin.) monetazione.

coinsurance, n. (ass.) coassicurazione.

coinsured, a. e n. (ass.) coassicurato, assicurato in solido.

cold, a. freddo. // **~ store** magazzino frigorifero, cella frigorifera.

colessee, n. (leg.) coprenditore, prenditore in solido.

collaborate, v. i. collaborare.

collaboration, n. collaborazione.

collaborator, n. collaboratore.

collaction, n. ❶ confronto. ❷ (leg.) collazione.

collapsable, a. V. **collapsible.**

collapse[1], n. tracollo, caduta, collasso (di prezzi, ecc.). // **~ of prices** (econ.) crollo dei prezzi.

collapse[2], v. i. cadere, crollare (di prezzi, ecc.).

collapsible, a. ❶ che può crollare. ❷ sgonfiabile. // **~ corporation** (USA) tipo di società che si scioglie prima della distribuzione degli utili (strumento di evasione fiscale).

collar-and-tie worker, n. (sind., slang USA) impiegato.

collate, v. t. ❶ comparare, confrontare. ❷ (leg.) collazionare.

collateral, a. ❶ collaterale, aggiuntivo. ❷ (leg.) garantito (con ipoteca). n. collett. (cred., fin.) garanzie reali. // **~ evidence** (leg.) prove aggiuntive; **~ loan** (banca, cred.) prestito garantito; **~ relation** (leg.) linea collaterale; **~ security** (banca, cred.) garanzia aggiuntiva, garanzia collaterale; garanzia reale.

collator, n. (elab. elettr.) inseritrice, intercalatrice.

colleague, n. (pers.) collega.

collect, v. t. ❶ raccogliere. ❷ ritirare, ricuperare. ❸ riscuotere, incassare. △ ❷ **The goods are to be collected at our warehouse** le merci devono essere ritirate al nostro magazzino. // **to ~ bad debts** ricuperare crediti inesigibili; **to ~ a cheque** (banca, cred.) incassare un assegno; **to ~ a debt** riscuotere un credito; **to ~ a dividend** (fin.) riscuotere un dividendo; **to ~ an outstanding credit** esigere un credito in sospeso; **to ~ taxes** (fin.) riscuotere le imposte.

collectable, a. ❶ ritirabile. ❷ esigibile, riscuotibile, incassabile, ricuperabile. // **~ credit** credito esigibile.

collected, a. incassato, esatto.

collectible, a. V. **collectable.**

collecting bank, n. banca esattrice.

collecting clerk, n. (pers.) esattore.

collecting department, n. (banca) ufficio incassi.

collection, n. ❶ collezione, raccolta. ❷ ricupero. ❸ levata (delle lettere dalle cassette). ❹ riscossione, incasso, esazione. △ ❸ **The last ~ is at 12 o'clock** l'ultima levata (della posta) è alle 12. // **~ at residence** (trasp.) presa a domicilio; **~ at the source** (fin.) esazione alla fonte; **~ charges** (banca, rag.) spese d'incasso; **~ department** (org. az.) ufficio incassi; **~ of debts** esazione di crediti; **a ~ of letters** un carteggio; **~ of taxes** (fin.) esazione delle imposte; **~ on delivery** pagamento alla consegna, contro assegno; **~ order** (rag.) reversale; **~ voucher** (rag.) reversale.

collective, a. collettivo. n. collettivo. // **~ bargaining** (sind.) contrattazione collettiva, trattative sindacali collettive; **~ bargaining agreement** (sind.) contratto collettivo di lavoro; **~ farm** (econ.) fattoria collettiva; **~ goods** (econ.) beni pubblici; **~ labour agreement** (sind.) contratto collettivo di lavoro; **~ ownership** (econ.) proprietà collettiva; **~ training** (pers.) tirocinio collettivo; **~ wage agreements** (sind.) contratti collettivi.

collector, n. ❶ collezionista. ❷ (pers.) esattore, ricevitore. ❸ (trasp. ferr.) bigliettaio. // **~ of customs** (dog.) ricevitore delle dogane; **~ of taxes** (fin.) esattore delle imposte; **~'s office** esattoria.

collectorate, n. ❶ (fin.) ufficio di esattore delle imposte. ❷ (fin.) distretto di esattore delle imposte.

collectorship, n. V. **collectorate.**

college, n. ❶ istituto di studi superiori (annesso a un'università). ❷ (USA) piccola università. ❸ (USA) facoltà universitaria. **~ graduate** (pers.) laureato.

collide, v. i. (trasp. mar.) venire in collisione, scontrarsi, urtarsi. // **to ~ with another ship** (trasp. mar.) venire in collisione con un'altra nave.

colliding ship, n. (trasp. mar.) nave investitrice.

collier, *n.* ❶ minatore (*di carbone*). ❷ (*trasp. mar.*) (*nave*) carboniera.

collision, *n.* ❶ collisione. ❷ conflitto (*d'interessi, ecc.*). ❸ (*trasp. mar.*) abbordo, abbordaggio, scontro, urto. // ~ **clause** (*trasp. mar.*) clausola d'abbordaggio, clausola relativa alle collisioni; ~ **regulations** (*trasp. mar.*) regolamenti intesi a prevenire le collisioni (*delle navi*); ~ **risk** (*trasp. mar.*) rischio d'abbordaggio.

collusion, *n.* (*leg.*) collusione.

collusive, *a.* (*leg.*) collusivo. // ~ **tendering** (*leg.*) collusione in una gara d'appalto.

collusively, *avv.* (*leg.*) collusivamente.

collusory, *a. V.* **collusive**.

cologarithm, *n.* (*mat.*) cologaritmo.

colonial, *a.* coloniale. // ~ **produce** (*market.*) prodotti coloniali; ~ **trade** commercio coloniale.

colony, *n.* colonia.

colophon, *n.* (*pubbl.*) marchio d'editore; logotipo d'editore.

color, *n.* e *composti* (*USA*) *V.* **colour** e *composti*.

colour, *n.* colore, tinta, vernice. // ~ **addition** (*pubbl.*) mescolanza di colori; ~ **coding** (*elab. elettr.*) codificazione cromatica; ~ **matching** (*pubbl.*) armonizzazione cromatica; ~ **scale** (*pubbl.*) scala di colori; ~ **separation** (*pubbl.*) selezione cromatica; ~ **slide** (*pubbl.*) diapositiva a colori; ~ **tone** (*pubbl.*) tono di colore; ~ **transparency** (*pubbl.*) fotocolor.

coloured ink, *n.* (*pubbl.*) inchiostro colorato.

column, *n.* ❶ colonna. ❷ (*giorn.*) rubrica. // ~ **inch** (*pubbl.*) millimetro colonna; ~ **of advertisements** (*pubbl.*) colonna di annunci pubblicitari; ~ **of figures** (*mat.*) colonna di cifre; **the** ~ **of tens** (*mat.*) la colonna delle decine.

columnar, *a.* a colonne. // ~ **cash book** (*rag.*) libro cassa a colonne.

columnist, *n.* (*giorn.*) giornalista titolare di rubrica, articolista.

combat, *v. t.* combattere. // to ~ **inflation** (*econ.*) combattere (*o* lottare contro) l'inflazione.

combination, *n.* ❶ combinazione. ❷ associazione, lega. ❸ (*econ., fin.*) fusione, concentrazione, incorporazione (*d'aziende, ecc.*). ❹ (*econ., fin.*) *V.* **combine**, *def. 3.* ❺ (*leg.*) associazione per delinquere. ❻ (*pubbl.*) inserimento (*di testo scritto: in un cliché a mezza tinta*). // ~ **analysis** (*mat.*) calcolo combinatorio; ~ **in plain language, code and/or cipher** (*comun.*) linguaggio misto formato da parole comuni e/o cifrate (*per telegrammi*); ~ **in restraint of trade** (*econ., fin.*) accordo (*illegale*) per la restrizione del commercio; ~ **of workers** (*sind.*) lega operaia; ~ **offer** (*market.*) offerta a premio; ~ **premium offer** (*market.*) offerta a premio abbinata (*di due o più prodotti*).

combine[1], *n.* ❶ accordo. ❷ coalizione, lega, unione. ❸ (*fin.*) raggruppamento, concentrazione, incorporazione (*d'aziende*); cartello, trust, sindacato. △ ❸ **Business combines may assume various forms, such as cartels, trusts, syndicates, etc.** le concentrazioni d'aziende possono assumere varie forme, quali quelle d'un cartello, d'un trust, d'un sindacato, ecc.; **In spite of the anti--trust laws, business combines soon reappeared in the U.S.A. in the form of holding companies** nonostante le leggi antimonopolistiche, i raggruppamenti di aziende ricomparvero tosto negli U.S.A. nelle vesti di holding finanziarie.

combine[2], *v. t.* ❶ combinare, unire. ❷ coalizzare. ❸ (*econ., fin.*) concentrare, incorporare, fondere. *v. i.* ❶ accordarsi. ❷ coalizzarsi, unirsi. ❸ (*econ., fin.*) fondersi, concentrarsi, incorporarsi. △ *v. i.* ❷ **The Ministry of Labour and the IRI management combined to raise wages in the petrochemical industry** il Ministero del Lavoro e la direzione dell'IRI si coalizzarono per aumentare i salari nell'industria petrolchimica; ❸ **According to the latest rumour, the two banks will ~ in the near future** secondo le ultime voci, le due banche si fonderanno nel prossimo futuro.

combined, *a.* combinato. // ~ **demand and supply curve** (*econ.*) curva combinata della domanda e dell'offerta; ~ **entry** (*rag.*) articolo composto; ~ **journal and ledger** (*rag., USA*) giornale americano; ~ **rate** (*trasp.*) tariffa combinata; ~ **report** (*amm.*) sintesi; ~ **ticket** (*trasp.*) biglietto combinato.

come[1], *n.* (*nei composti*). // ~ **-again** proroga, rinvio; ~ **-back** ritorno in auge; ~ **-down** « crollo », rovina, rovescio finanziario.

come[2], *v. i.* (*pass.* came, *part. pass.* come) ❶ venire, giungere, arrivare. ❷ provenire, derivare. ❸ pervenire. ❹ riuscire, venir bene. ❺ venire a costare, ammontare (a). △ ❺ **It comes expensive** viene caro; **That comes high** viene a costare molto. // to ~ **about** (*trasp. mar.*) virare di bordo; to ~ **alongside** (*trasp. mar.*) accostare, accostarsi, affiancarsi; to ~ **back into fashion** (*market.*) tornare di moda; to ~ **by a large fortune** entrare in possesso d'una vasta fortuna; to ~ **down** calare (*di prezzi, ecc.*); to ~ **in** rientrare (*di denaro*); to ~ **into collision with another ship** (*trasp. mar.*) entrare in collisione con un'altra nave; to ~ **into conflict** urtarsi (*fig.*); to ~ **into force** (*leg.*) entrare in vigore; to ~ **into operation** essere applicato; to ~ **into value** cominciare ad avere valore; (*fin.*) diventare fruttifero; to ~ **of age** (*leg.*) uscire di minorità, diventare maggiorenne; to ~ **on demurrage** (*trasp. mar.*) incorrere nelle controstallie; to ~ **on offer** essere offerto: **Falcon shares came on offer at 2 against 2¼** le azioni Falcon furono offerte a 2 contro 2¼; to ~ **out** uscire; (*giorn., pubbl.*) venire fuori, essere pubblicato; to ~ **to** ammontare a, costare: **The bill comes to ten dollars** il conto ammonta a dieci dollari; to ~ **to an agreement** raggiungere un accordo, mettersi d'accordo, transigere; to ~ **to anchor** (*trasp. mar.*) ancorarsi; to ~ **to an arrangement** venire a un accordo: **We'll ~ to an arrangement with our creditors** giungeremo a un accordo con i nostri creditori; to ~ **to sb.'s assistance** venire in aiuto di q.; to ~ **to a conciliation** addivenire a una riconciliazione; to ~ **to a conclusion** venire a una conclusione; to ~ **to an end** finire, terminare; to ~ **to the point** venire al sodo; to ~ **to terms** venire a patti, mettersi d'accordo, addivenire a un accordo; to ~ **under sb.'s jurisdiction** (*leg.*) rientrare nell'ambito della giurisdizione di q.; to ~ **within** rientrare in: **It doesn't ~ within our duties** non rientra nei nostri doveri, non è di nostra competenza.

comfort[1], *n.* conforto.

comfort[2], *v. t.* confortare.

comfortable, *a.* ❶ confortevole, comodo. ❷ adeguato, bastevole, soddisfacente. △ ❷ **That's a ~ salary** è uno stipendio adeguato.

comics, *n. pl.* (*pubbl.*) fumetti.

comic strip, *n.* (*pubbl.*) fumetto.

coming, *a.* entrante, futuro, venturo. *n.* venuta. // ~ **alongside** (*trasp. mar.*) accostamento; **the ~ campaign** (*pubbl.*) la campagna futura; ~ **down** discesa, calo (*di prezzi*); ~ **of age** (*leg.*) raggiungimento dell'età maggiore; ~ **out** (*Borsa*) emissione; ~ **-out price** (*fin.*) prezzo di emissione (*di nuove azioni*); **the ~ season** la stagione entrante; **the ~ thing** la cosa di domani (*che si sta affermando*), la cosa di moda.

comma, *n.* virgola.

command[1], *n.* comando, padronanza. △ **A good secretary must have a good ~ of at least two languages** una buona segretaria deve avere una buona padronanza di almeno due lingue. // **~ directed economy** (*econ.*) economia dirigistica; **~ directing** (*econ.*) dirigismo; **~ paper** (*leg.*) documento presentato al Parlamento per ordine della Corona.

command[2], *v. t.* comandare, intimare.

commander, *n.* ❶ comandante. ❷ (*trasp. mar.*) comandante (*di una nave, ecc.*).

commandment, *n.* comandamento.

commence, *v. t. e i.* ❶ cominciare, incominciare, iniziare. ❷ (*leg.*) intentare (*una causa*). // **to ~ proceedings against a debtor** (*leg.*) intentare un'azione contro un debitore.

commencement, *n.* inizio. // **~ and end of a risk** (*ass.*) inizio e fine d'un rischio; **~ of bankruptcy** (*leg.*) inizio d'un fallimento.

commencing salary, *n.* (*pers.*) stipendio iniziale.

commend, *v. t.* ❶ affidare. ❷ raccomandare.

commensurate, *a.* proporzionato.

comment[1], *n.* commento, osservazione.

comment[2], *v. t.* commentare. // **to ~ on st.** commentare qc., fare commenti su qc.: **Mr Brown will also ~ on the monetary situation in Europe** Mr Brown farà anche i suoi commenti sulla situazione monetaria in Europa.

commentary, *n.* commento.

commerce, *n.* commercio (*in generale, o fatto su larga scala, o fra città o Paesi lontani*). // **~ technique** tecnica commerciale.

commercial, *a.* commerciale, mercantile. *n.* (*pubbl.*) « stacco » pubblicitario (*alla radio o alla televisione*); carosello pubblicitario. △ *a.* **A ~ letter should be clear and concise** una lettera commerciale dev'essere chiara e concisa. // **~ artist** (*pubbl.*) disegnatore pubblicitario; **~ attaché** addetto commerciale; **~ bank** (*banca*) banca commerciale; banca di credito ordinario; **~ bookkeeping** (*rag.*) contabilità commerciale; **~ code** (*leg.*) codice commerciale; **~ concern** impresa commerciale; **~ correspondence** corrispondenza commerciale; **~ Court** (*leg.*) tribunale commerciale; **~ credit** credito commerciale; **~ credit company** (*fin.*) società finanziaria specializzata nell'acquisto di contratti di vendita rateale, nello sconto di cambiali e nel ricupero di crediti; **~ defence** difesa commerciale; **~ directory** indicatore commerciale; **~ envelope** (*attr. uff.*) busta commerciale; **~ farm** (*econ.*) azienda agricola; (*USA*) fattoria che opera con sistemi organizzativi di tipo industriale e commerciale; **~ house** casa di commercio; **~ intelligence** informazioni commerciali; **~ intelligence department** ente ministeriale britannico che ha il compito di fornire informazioni ai commercianti (*è un organo del « Board of Trade »*); **~ law** (*leg.*) diritto commerciale; **~ lira** (*econ., fin.*) lira commerciale: **The ~ lira was the commercial exchange rate for trading transactions** la lira commerciale era il tasso di cambio per le operazioni commerciali; **~ marine** (*trasp. mar.*) marina mercantile; **~ mark** marchio commerciale; **~ par** (*fin.*) pari commerciale: **The ~ par is the cost of the coin** la pari commerciale è il costo della moneta (*il prezzo del metallo più le spese di coniazione*); **~ policy** politica commerciale; **~ sale rooms** (*fin.*) Borsa merci di Londra (*vi si trattano, in particolare, generi coloniali, caffè, tè e zucchero*); **~ trav-**

eller (*market., pers.*) commesso viaggiatore, rappresentante di commercio, viaggiatore di commercio, piazzista; **~ treaty** trattato commerciale; **~ usage** uso commerciale; **~ vehicles** autoveicoli industriali; **the ~ world** il mondo degli affari.

commercialism, *n.* mercantilismo (*comportamento o spirito da mercante*).

commercialist, *n.* affarista.

commerciality, *n.* carattere commerciale.

commercialization, *n.* commercializzazione.

commercialize, *v. t.* commercializzare, rendere commerciale.

commercially, *avv.* commercialmente.

commersh, *a.* (*slang USA*) commerciale.

comminate, *v. t.* (*leg.*) comminare.

commination, *n.* (*leg.*) comminazione.

comminatory, *a.* (*leg.*) comminatorio.

commissary, *n.* commissario. // **~ store** (*org. az.*) spaccio aziendale.

commission[1], *n.* ❶ commissione, provvigione. ❷ incarico, mandato. ❸ (*Borsa*) rimessa. ❹ (*leg.*) autorizzazione; autorità, potere (*di fare qc.*). ❺ (*leg.*) strumento che conferisce autorità. ❻ (*leg.*) commissione, esecuzione, perpetrazione (*d'un reato, ecc.*). ❼ (*org. az.*) commissione, comitato. △ ❶ **We sell on ~** vendiamo a provvigione; ❹ **I must act within the limits of my ~** devo agire entro i limiti dei miei poteri. // **~ account** conto provvigioni; **~ agent** (*market.*) agente commissionario, commissionario; **~ contract** (*leg.*) contratto di commissione; **~ day** (*leg.*) giorno d'apertura d'una corte d'assise; **~ for collection of bills** (*banca*) provvigione per l'incasso d'effetti; **~ house** casa commissionaria; **~ manufacturer** industriale che produce su commissione, chi fabbrica per conto altrui; **~ merchant** (*market.*) commissionario; **~ note** lettera di garanzia di commissione; **~ of inspection** (*leg.*) commissione di vigilanza (*nel fallimento*), delegazione di sorveglianza; **~ of peace** (*leg.*) autorità conferita ai giudici di pace; **~ on contangoes** (*Borsa*) provvigione sui riporti; **~ on purchases** provvigione sugli acquisti; **~ on sales** provvigione sulle vendite; **~ order** copia commissioni; **~ order form** copia commissioni; **~ rates** tariffe di mediazione; **in ~** (*di persona*) autorizzato, delegato; **out of ~** (*trasp. mar.*) in disarmo: **This ship is out of ~** questa nave è in disarmo.

commission[2], *v. t.* ❶ commissionare, ordinare. ❷ autorizzare, delegare, incaricare. *v. i.* dare una commissione, fare un'ordinazione. △ *v. t.* ❷ **I have commissioned my bank to pay my taxes** ho delegato alla banca il pagamento delle mie imposte. // **to ~ a ship** (*trasp. mar.*) passare in armamento una nave.

commissionaire, *n.* ❶ (*comm. est.*) commissionario. ❷ (*ingl.*) fattorino.

commissioner, *n.* ❶ (*leg.*) membro d'una commissione, commissario. ❷ (*leg.*) sovrintendente. // **~ of audit** (*leg.*) consigliere referendario della Corte dei Conti; **~ of customs** (*dog.*) sovrintendente alle dogane; **commissioners of customs** (*dog.*) direzione generale delle dogane; **the Commissioners of Inland Revenue** (*fin.*) il Fisco.

commissoria lex, *n.* (*leg.*) clausola commissoria.

commit, *v. t.* ❶ commettere, perpetrare. ❷ rinviare (*un progetto di legge*) a una commissione parlamentare. // **to ~ a crime** (*leg.*) commettere (*o consumare*) un delitto; **to ~ sb. for trial** (*leg.*) rinviare q. a giudizio; **to ~ a fraud** (*leg.*) frodare; **to ~ money to a bank** depositare denaro in banca; **to ~ an offence** (*leg.*) com-

mettere una colpa (*o* un reato); to ~ **to memory** affidare alla memoria; to ~ **to writing** mettere per iscritto.
commitment, *n.* ❶ impegno. ❷ (*leg.*) rinvio (*d'un progetto di legge*) a una commissione parlamentare. ‖ ~ **for trial** (*leg.*) detenzione preventiva.
commit oneself, *v. rifl.* compromettersi, assumere un impegno.
committally, *avv.* in modo impegnativo. ‖ **non ~** senza impegno.
committee[1], *n.* ❶ comitato. ❷ (*leg.*) comitato, commissione. △ ❷ **The ~ has been appointed** la commissione è stata nominata; **The bill is in ~** il progetto di legge è all'esame della commissione. ‖ ~ **of creditors** (*leg.*) comitato dei creditori; delegazione (di sorveglianza) dei creditori; **the ~ of Governors of the Central Banks** (*USA*) il Comitato dei Governatori delle Banche Centrali; ~ **of inquiry** (*amm., leg.*) commissione d'inchiesta; ~ **of inspection** (*leg.*) commissione di vigilanza; delegazione di sorveglianza (*delle operazioni fallimentari*); ~ **of ways and means** (*fin.*) commissione che esamina le entrate di bilancio e provvede ai mezzi per fronteggiare le spese già votate in parlamento; ~ **of the whole** (*org. az.*) seduta plenaria d'un'assemblea (*che la effettua con i regolamenti delle sedute di commissione*); ~ **on credentials** commissione per la verifica dei poteri.
committee[2], *n.* (*leg.*) persona che ha l'incarico della custodia di q. o di qc.
committing, *n.* (*leg.*) perpetrazione.
commodatum, *n.* (*pl.* **commodata**) (*leg.*) comodato.
commodity, *n.* ❶ prodotto (agricolo), derrata. ❷ merce, articolo (*in genere*). ❸ prodotto di base, materia prima, risorsa. ‖ ~ **credits** crediti commerciali; ~ **-currency** (*fin.*) valuta in natura; ~ **dollar** (*econ.*) dollaro-merce (*moneta neutra che si sgancerebbe dalle fluttuazioni nel livello generale dei prezzi*); ~ **Exchange** (*fin.*) Borsa Merci; **commodities intended for home consumption** prodotti destinati al consumo interno; ~ **market** mercato delle materie prime, mercato dei prodotti di base: **The problem of the instability of ~ markets was also mentioned** fu sollevato anche il problema della instabilità dei mercati dei prodotti di base; ~ **paper** (*banca, cred.*) cambiale (*o* tratta) derivante da transazioni commerciali; ~ **prices** corsi commerciali.
common, *a.* ❶ comune, ordinario. ❷ (*Borsa*) ordinario. *n.* ❶ terreno di proprietà comune. ❷ (*leg.*) servitù. ‖ ~ **average** (*ass. mar.*) avaria particolare; ~ **carrier** (*trasp.*) corriere, vettore; agenzia di trasporti; (*trasp. aut.*) autotrasportatore; ~ **consumer products** prodotti di grande consumo; ~ **customs tariff** (*dog.*) tariffa doganale comune; ~ **denominator** (*mat.*) denominatore comune; ~ **European Fund** (*econ., fin.*) Fondo Comune Europeo; ~ **external tariff of the Community** tariffa comune nei confronti dei Paesi terzi; ~ **language** (*elab. elettr.*) linguaggio semplificato; ~ **law** (*leg.*) diritto « comune » (*non esiste in Italia*); legge non scritta; ~ **logarithm** (*mat.*) logaritmo decimale (*o* volgare); ~ **plea** (*leg.*) causa civile; ~ **pleas** (*leg.*) cause comuni (*generalm. in azioni civili*); ~ **policy** (*ass.*) polizza tipo; **a ~ price level** (*market.*) un livello comune dei prezzi; ~ **pricing market** (*market.*) allineamento dei prezzi (*fra venditori concorrenti*); ~ **stock** (*fin., USA*) azione ordinaria, azioni ordinarie; (*fin.*) titoli ordinari; ~ **stock ratio** (*fin., USA*) rapporto tra il valore delle azioni ordinarie e quello di tutte le azioni emesse da una società; **by ~ consent** di comune accordo.

commonly, *avv.* comunemente.
Commons (the), *n. pl.* (la) Camera dei Comuni.
Commonwealth (the), *n.* (il) « Commonwealth » (*libera associazione di Paesi indipendenti, di lingua ufficiale inglese*). ‖ ~ **Office** Ministero per le Relazioni con i Paesi del « Commonwealth »; ~ **preference Countries** (*comm. est.*) Paesi beneficiari delle preferenze del « Commonwealth ».
communal, *a.* ❶ comunale, pertinente a un comune. ❷ della comunità, pubblico. ‖ ~ **estate** (*leg.*) comunità di beni tra coniugi; ~ **land** suolo pubblico; ~ **tenure** (*leg.*) godimento in comune.
communicate, *v. t.* e *i.* comunicare, informare. ‖ **to ~ one's approval to the seller of the goods** comunicare il proprio benestare al venditore della merce; **to ~ by telephone** comunicare per telefono.
communication, *n.* comunicazione. ‖ ~ **axis** (*trasp.*) asse di comunicazione; ~ **theory** (*ric. op.*) teoria delle informazioni.
communiqué, *n.* ❶ comunicato. ❷ bollettino (*ufficiale*).
community, *n.* ❶ comunità. ❷ **the Community** la Comunità (*Economica Europea*). ❷ *attr.* comunitario. △ *a.* **The ~ 's visible trade balance showed no important change on the preceding year** la bilancia commerciale comunitaria non ha subito variazioni notevoli rispetto allo scorso anno. ‖ ~ **financing** finanziamento comunitario; ~ **food aid** aiuti alimentari della Comunità; **the ~ Fund** il Fondo Comunitario; ~ **law** (*leg.*) diritto comunitario, ordinamento giuridico comunitario; ~ **of interests** comunità d'interessi; ~ **refunds** (*comm. est.*) restituzioni comunitarie; ~ **relations** (*pubbl.*) rapporti con la cittadinanza; ~ **workers** lavoratori comunitari.
commutable, *a.* commutabile. ‖ ~ **punishment** (*leg.*) pena commutabile.
commutation, *n.* commutazione (*di pena, di forma di pagamento, ecc.*). ‖ ~ **of penalty** (*leg.*) commutazione della pena; ~ **of sentence** (*leg.*) commutazione di sentenza; ~ **ticket** (*trasp.*) biglietto d'abbonamento, abbonamento ferroviario.
commutative, *a.* commutativo. ‖ ~ **contract** (*leg.*) contratto commutativo, contratto bilaterale.
commute, *v. t.* commutare. *v. i.* (*trasp. ferr.*) fare il pendolare, fare la spola, viaggiare con un abbonamento ferroviario. ‖ **to ~ a death sentence into life imprisonment** (*leg.*) commutare la pena di morte nell'ergastolo; **to ~ a life annuity into a lump sum** (*ass., mat.*) commutare un vitalizio in una somma in contanti.
commuter, *n.* (*trasp. ferr.*) pendolare; abbonato ferroviario.
comodate, *n.* (*leg.*) comodato.
compact, *a.* compatto. *n.* accordo, alleanza, convenzione, patto. ‖ ~ **car** automobile di piccole dimensioni.
company, *n.* ❶ compagnia, impresa, società. ❷ (*leg.*) persona giuridica, società legalmente riconosciuta. ❸ (*leg.*) società di capitali. ❹ (*leg.*) (= **limited company**) società per azioni. ❺ (*trasp. mar.*) equipaggio, ciurma. △ ❶ **Within the several Member States companies are free to combine under the appropriate national rules** nell'ambito dei singoli Stati Membri le imprese sono libere di fondersi in base alle rispettive norme nazionali. ‖ **companies act** (*leg.*) legge sulle società per azioni; ~ **'s assets** (*rag.*) attivo sociale; ~ **bid for** (*fin.*) società da rilevare; ~ **bookkeeping** (*rag.*) contabilità sociale; **the ~ 's books** (*fin., rag.*) i

libri sociali; ~ 's capital (*fin.*) capitale sociale; ~ 's cash on hand (*fin.*) cassa sociale; ~ climate (*sind.*) clima aziendale; ~ deeds atti della società, atti sociali; ~ director (*pers.*) amministratore d'una società; ~ economist (*econ.*) economista aziendale; ~ 's fiscal year anno sociale, esercizio sociale; ~ goal (*org. az.*) obiettivo aziendale; ~ growth (*org. az.*) sviluppo aziendale; ~ hierarchy (*pers.*) gerarchia aziendale; ~ income tax (*fin.*) imposta sul reddito delle società per azioni; ~ law (*leg.*) legge sulle società, legislazione sulle società; diritto delle società, diritto societario; ~ loyalty (*pers.*) fedeltà all'azienda; ~ policy (*pers.*) politica aziendale; ~ profits tax (*fin.*) V. ~ tax; ~ promoter (*fin.*) fondatore di società per azioni, socio promotore, socio fondatore; companies' register office ufficio del registro per le società per azioni; ~ report (*rag.*) relazione di bilancio; ~ 's risk (*trasp.*) rischio a carico del vettore; ~ size (*org. az.*) dimensione dell'azienda; ~ tax (*fin.*) imposta societaria (*o* sulle società); ~ title (*amm.*) ragione sociale; ~ union (*sind.*) sindacato dipendente dall'impresa, sindacato giallo; ~ with liability limited by guarantee società a responsabilità limitata « da garanzia » (*non ha equivalente in Italia*); ~ with liability limited by shares società a responsabilità limitata dalle azioni (*corrisponde alla « società per azioni » italiana*).

comparability, *n.* comparabilità.
comparable, *a.* comparabile, paragonabile.
comparative, *a.* ❶ comparativo. ❷ comparato. // ~ advantages (*econ.*) vantaggi comparati; ~ balance (*rag.*) bilancio comparato; ~ cost method (*econ.*) metodo del calcolo della convenienza economica; ~ studies of competitive products (*market.*) studi comparativi di prodotti concorrenziali; ~ study studio comparativo: A ~ study of the European markets (*market.*) uno studio comparativo dei mercati europei; ~ table tabella comparativa.
comparator, *n.* (*elab. elettr.*) comparatore.
compare, *v. t.* ❶ comparare, confrontare, paragonare. ❷ (*leg.*) collazionare. △ ❶ We have compared this year's expenses with last year's abbiamo confrontato le spese di questo esercizio con quelle dell'esercizio passato. // to ~ copies with the originals confrontare copie con gli originali.
comparing, *n.* ❶ confronto, paragone, raffronto. ❷ (*leg.*) collazione.
comparison, *n.* ❶ comparazione, confronto, paragone. ❷ (*elab. elettr.*) comparazione. △ ❶ The result of the ~ between the gross profit and the amount of the sales was astonishing il risultato del confronto fra l'utile lordo e l'ammontare delle vendite fu sorprendente. // beyond ~ senza confronti; past ~ senza confronti; without ~ senza confronti.
compartment, *n.* ❶ compartimento, scompartimento. ❷ (*trasp. ferr.*) scompartimento.
compass, *n.* (*trasp. mar.*) bussola. // ~ compensation (*trasp. mar.*) compensazione della bussola.
compatibility, *n.* compatibilità.
compatible, *a.* compatibile. △ That is not ~ with our interests ciò non è compatibile coi nostri interessi.
compel, *v. t.* costringere, forzare, obbligare. △ We shall be compelled to cancel the order saremo obbligati ad annullare l'ordinazione.
compendium, *n.* compendio, sunto, specchietto.
compensate, *v. t.* ❶ compensare, ricompensare. ❷ indennizzare, risarcire. △ ❶ The profits will ~ the losses i profitti compenseranno le perdite; ❷ They will ~ us for the loss ci risarciranno per la perdita; They compensated the owner of the land taken for public use, indennizzarono il proprietario del terreno espropriato per pubblica utilità.
compensating error, *n.* (*rag.*) errore di compensazione, sbaglio compensativo.
compensating feedback, *n.* (*elab. elettr.*) retroazione a compensazione.
compensation, *n.* ❶ compensazione. ❷ compenso, ricompensa. ❸ risarcimento, indennizzo, indennità. ❹ (*pers.*) retribuzione. △ ❷ We were offered a ~ ci fu offerto un compenso. // ~ for accident (*ass.*) indennità per sinistro; ~ for damages (*ass.*) risarcimento di danni; ~ for disability (*ass.*) risarcimento per invalidità; ~ for loss -of office (*pers.*) indennità di buonuscita (*data a un amministratore che lascia una società*); ~ in case of delay (*trasp.*) indennizzo in caso di ritardo; ~ in case of dismissal (*sind.*) indennità (in caso) di licenziamento; ~ on retirement (*pers.*) indennità per cessazione d'attività; ~ stock (*fin.*) obbligazioni usate come mezzo d'indennizzo per i possessori d'azioni di società nazionalizzate (*in G.B.*); ~ trade commercio in compensazione.
compensational, *a.* ❶ di (*o* per) compensazione. ❷ (*pers.*) retributivo.
compensatory, *a.* compensativo. // ~ amounts (*comm. est., econ.*) importi compensativi; ~ measure provvedimento compensativo.
compete, *v. i.* competere, far concorrenza, concorrere. // to ~ for concorrere per: to ~ for an issue of shares (*fin.*) concorrere per un'emissione d'azioni; to ~ for a vacancy (*pers.*) concorrere a un posto vacante; to ~ with far concorrenza a (*qc.*), sostenere la concorrenza di (*q.*): Foreign goods should be prevented from competing with home products si dovrebbe impedire che le merci estere facciano concorrenza ai prodotti nazionali; to ~ with one another farsi concorrenza.
competence, *n.* ❶ competenza, capacità. ❷ mezzi di sussistenza. ❸ (*leg.*) competenza (*di giudice, di pubblico ufficio, ecc.*). ❹ (*leg.*) capacità (*di testimoniare, di testare*). ❺ (*leg.*) ammissibilità (*di prova*). ❻ (*rag.*) entrata, rendita. △ ❸ That is beyond the ~ of the Court ciò non rientra nelle competenze del tribunale. // ~ clause (*leg.*) clausola di giurisdizione; ~ of evidence (*leg.*) capacità necessaria per testimoniare; ~ of persons (*leg.*) capacità civile delle persone.
competent, *a.* ❶ competente, capace, qualificato. ❷ adeguato. ❸ (*leg.*) competente. △ ❸ He is ~ to make a will egli ha la capacità di testare. // ~ Court (*leg.*) tribunale competente; ~ judge (*leg.*) giudice competente; ~ understanding of the law (*leg.*) adeguata comprensione della legge.
competing, *a.* concorrente, concorrenziale. // ~ goods prodotti in concorrenza; ~ industries industrie concorrenti.
competish, *n.* (*slang USA*) concorrenza.
competition, *n.* ❶ competizione, concorso, gara. ❷ concorrenza. △ ❶ We must adapt firms to the requirements of a big market largely open to international ~ dobbiamo adeguare le imprese alle esigenze d'un grande mercato molto aperto alla competizione internazionale; ❷ The ~ between cinema and television is very keen nowadays la concorrenza fra il cinema e la televisione è molto aspra attualmente; In the electronics industry, European firms must meet very lively international ~ nel settore dell'industria elettronica, le industrie europee devono far fronte a una

vivace concorrenza internazionale. // ~ **among the majors** (*econ.*) lotta oligopolistica; ~ **law** (*comm.*, *leg.*) diritto della concorrenza; ~ **policy** (*econ.*) politica della concorrenza; **not for** ~ fuori concorso.

competitive, *a.* ❶ concorrenziale, competitivo. ❷ in concorrenza. △ ❷ **As long as we live in a world of ~ Countries and price-cutting national currencies, it is unsafe to let our inflation rip faster than other peoples'** finché viviamo in un mondo di Paesi in concorrenza e di monete nazionali che favoriscono l'abbattimento dei prezzi, è imprudente lasciare che la nostra inflazione si sviluppi più rapidamente di quella degli altri popoli. // ~ **advertising** (*pubbl.*) pubblicità concorrenziale (*pubblicità commerciale diretta a controbattere l'azione pubblicitaria dei concorrenti*); ~ **demand** (*econ.*) domanda concorrenziale; ~ **exam** (*pers.*) esame di concorso; ~ **firms** ditte in concorrenza; **a ~ framework** un quadro concorrenziale; ~ **market** mercato concorrenziale; **a ~ position** una situazione concorrenziale; **the ~ position of the company products** (*market.*) la posizione concorrenziale dei prodotti dell'azienda; ~ **price** (*market.*) prezzo concorrenziale; ~ **products** (*market.*) prodotti concorrenziali; ~ **supply** (*econ.*) offerta concorrenziale, offerta competitiva; ~ **system** (*econ.*) sistema concorrenziale.

competitiveness, *n.* competitività, capacità concorrenziale.

competitor, *n.* ❶ concorrente, competitore. ❷ **competitors**, *pl.* (la) concorrenza. △ ❷ **Competitors quote lower prices** la concorrenza fa prezzi inferiori.

compilation, *n.* compilazione.

compile, *v. t.* compilare.

compiler, *n.* compilatore.

compiling routine, *n.* (*elab. elettr.*) programma compilatore.

complain, *v. i.* ❶ dolersi, lamentarsi, lagnarsi, reclamare. ❷ (*leg.*) far causa, muovere querela. △ ❶ **Our customers ~ of the poor quality of the goods** la nostra clientela si lamenta per la scadente qualità della merce.

complainant, *n.* ❶ chi reclama, reclamante, ricorrente. ❷ (*leg.*) querelante, attore, parte civile. △ ❶ **No further action was taken on the complaints, the complainants having desisted** le denunzie sono state archiviate perché i ricorrenti hanno rinunciato alla prosecuzione della procedura.

complaint, *n.* ❶ lagnanza, rimostranza. ❷ reclamo, protesta. ❸ disturbo. ❹ (*leg.*) querela, denuncia. △ ❷ **It is a trivial ~** è un reclamo senza importanza. // **complaints expressed by the customers** lagnanze manifestate dalla clientela; ~ **letter** lettera di reclamo.

complement, *n.* ❶ (*mat.*) complemento. ❷ (*trasp. mar.*) numero totale delle persone che formano l'equipaggio d'una nave.

complementary, *a.* complementare. // ~ **angle** (*mat.*) angolo complementare; ~ **colours** (*pubbl.*) colori complementari; ~ **commodity** (*econ.*) bene complementare; ~ **demand** (*econ.*) domanda complementare; ~ **goods** (*econ.*) beni complementari.

complete[1], *a.* completo, integrale, perfetto.

complete[2], *v. t.* completare, finire, portare a termine, ultimare. // **to ~ a work** ultimare un lavoro.

completely, *avv.* completamente, integralmente.

completion, *n.* completamento, compimento, perfezionamento, ultimazione. △ **We are nearing ~ of the work** stiamo avvicinandoci al completamento del lavoro; **We shall let you know upon ~ of our investigations** vi faremo sapere non appena saranno completate le indagini; **The new scheme is already well on the road to ~** il nuovo progetto è già in via di realizzazione. // ~ **of mandate** (*leg.*) termine del mandato.

complex, *a.* complesso, composto, complicato. △ **That is a very ~ matter** è una faccenda assai complicata. // ~ **fraction** (*mat.*) frazione complessa; ~ **number** (*mat.*) numero complesso.

complexity, *n.* complessità.

compliance, *n.* conformità, osservanza, obbedienza, acquiescenza. // **in ~ with the law** (*leg.*) in osservanza alla legge; **in ~ with the provisions of Italian law** (*leg.*) in conformità alle disposizioni della legge italiana; **in ~ with your orders** in osservanza dei vostri ordini.

complicated, *a.* complicato.

complicity, *n.* (*leg.*) complicità.

compliment[1], *n.* ❶ complimento. ❷ omaggio. // «**compliments of the manager**» «omaggio del direttore»; «**with the compliments of the firm**» «con gli omaggi della ditta».

compliment[2], *v. t.* complimentare. // **to ~ sb. on st.** complimentarsi con q. per qc.; **to ~ sb. with st.** fare omaggio a q. di qc.

complimentary, *a.* d'omaggio, in omaggio, di favore. // ~ **close** (**of a business letter**) chiusura con i convenevoli (d'una lettera commerciale); ~ **copy** copia in omaggio (d'un libro, ecc.); ~ **ticket** biglietto di favore.

comply, *v. i.* ❶ conformarsi (*a una disposizione, ecc.*), attenersi (*a una regola, ecc.*), osservare (*una legge, ecc.*). ❷ accondiscendere; aderire (*a una richiesta*). △ ❶ **You must ~ with the legal formalities** dovete attenervi alle formalità di legge. // **to ~ with certain common rules as regards production and marketing** conformarsi a un certo numero di norme comuni di produzione e commercializzazione; **to ~ with the clauses of an agreement** (*leg.*) rispettare le clausole d'un contratto; **to ~ with the conditions required by the articles of association** conformarsi alle condizioni previste dallo statuto sociale; **to ~ with the law** (*leg.*) conformarsi alla legge; **complying with your request** aderendo alla vostra richiesta.

component, *a. e n.* componente. // ~ **part** elemento (*d'un tutto*); pezzo (*staccato: di macchina, ecc.*).

compose, *v. t.* ❶ comporre. ❷ (*sind.*) comporre (*una vertenza, ecc.*).

composing stick, *n.* (*pubbl.*) compositoio.

composite, *a.* composito, composto. // ~ **carriage** (*trasp. ferr.*) carrozza mista; ~ **credit appraisal** (*banca*) valutazione del fido concedibile; ~ **demand** (*econ.*) domanda composta (*si ha quando un prodotto è richiesto per usi diversi*); ~ **office** (*ass.*) ufficio che garantisce diversi rami assicurativi; ~ **train** (*trasp. ferr.*) treno misto (*passeggeri e merci*); ~ **vessel** (*trasp. mar.*) nave composita (*di legno e ferro*).

composition, *n.* ❶ composizione, accomodamento, accordo. ❷ (*leg.*) concordato, transazione. ❸ (*pubbl.*) composizione (*tipografica*). ❹ (*pubbl.*) inquadratura. ❷ **He came to a ~ with his creditors** venne a una transazione coi suoi creditori. // ~ **before bankruptcy** (*leg.*) concordato preventivo (*al fallimento*); ~ **deed** (*leg.*) atto di concordato (*tra debitore e creditori*); ~ **for stamp duty** (*fin.*) abbonamento al bollo; **a ~ of so much in the pound** (*cred.*) un concordato d'un tanto per cento; **a ~ of 10 cents in the dollar** (*cred.*) un accordo sulla base di 10 centesimi per dollaro; ~ **with creditors** (*leg.*) concordato fallimentare.

compositor, *n.* (*pers.*) compositore (*tipografo*).

compound[1], *a.* composto. *n.* composto, preparato.

// ~ **arbitrage** (*fin.*) arbitraggio indiretto; arbitraggio composto; ~ **fraction** (*mat.*) frazione composta; ~ **interest** (*mat.*, *rag.*) interesse composto; ~ **number** (*mat.*) numero composto; ~ **ratio** (*mat.*, *rag.*) proporzione composta, rapporto composto; **the** ~ **rule of three** (*mat.*) la regola del tre composto.

compound[2], *v. t.* ❶ comporre. ❷ saldare (*un debito: concordando un pagamento inferiore*). ❸ (*leg.*) transigere (*una lite*). *v. i.* ❶ venire a un accomodamento, accordarsi. ❷ (*leg.*) venire a una transazione, fare un concordato. △ *v.t.* ❷ **They compounded their debts for 40 p. in the £** saldarono i loro debiti sulla base di 40 pence per sterlina. // **to** ~ **for stamp duty** (*fin.*) abbonarsi al bollo; **to** ~ **with one's creditors** (*cred.*) accordarsi coi propri creditori.

comprehend, *v. t.* comprendere.
comprehension, *n.* comprensione.
comprehensive, *a.* ❶ comprensivo. ❷ completo, globale. ❸ esauriente. △ ❷ **We shall send you a** ~ **set of samples** vi invieremo un campionario completo. // **a** ~ **competition policy** una politica globale di concorrenza; ~ **policy** (*ass.*) polizza mista.
compressibility, *n.* comprimibilità.
compressible, *a.* comprimibile.
compression, *n.* compressione.
comprise, *v. t.* comprendere, contenere, includere. △ **The anticipated profit is not comprised in the insurance** l'utile previsto non è compreso nell'assicurazione.

compromise[1], *n.* compromesso, convenzione, transazione. △ **We prefer a** ~ **to a lawsuit** preferiamo un compromesso a un processo.

compromise[2], *v. t.* compromettere, accomodare, comporre (*una vertenza*), risolvere (*una questione*) con un compromesso. *v. i.* venire a un compromesso, venire a una transazione. △ *v. t.* **Eventually the matter was compromised** alla fine la faccenda fu accomodata; *v. i.* **They are not willing to** ~ non sono disposti a venire a una transazione. // **to** ~ **one's share in a transaction** rinunciare alla propria parte in un affare.

compromise oneself, *v. rifl.* compromettersi.
comptometer, *n.* (*macch. uff.*) macchina calcolatrice.
comptroller, *n.* (*pers.*) controllore. // ~ **general** (*pers.*) controllore generale.
compulsion, *n.* coercizione, costrizione, obbligo.
compulsoriness, *n.* obbligatorietà.
compulsory, *a.* coattivo, coercitivo, forzato, forzoso, obbligatorio. △ **No** ~ **contribution will be forced on anyone** a nessuno verrà imposto un contributo obbligatorio. // ~ **administration** (*leg.*) amministrazione coattiva; ~ **arbitration** (*leg.*) arbitrato coercitivo, arbitrato stabilito da statuti di società; (*sind.*) arbitrato forzato, arbitrato obbligatorio (*imposto dalla legge*); ~ **purchase** (*econ.*) espropriazione per pubblica utilità; ~ **reserve** (*fin.*) riserva obbligatoria; ~ **sale** vendita forzosa; (*leg.*) liquidazione forzata (*di merce*); ~ **settlement** (*leg.*) liquidazione coattiva; «~ **thoroughfare**» (*trasp. aut.*) «senso obbligatorio»; ~ **winding up** (*leg.*) liquidazione forzata (*d'una società*), liquidazione disposta dall'autorità giudiziaria.

computable, *a.* computabile, calcolabile.
computation, *n.* computo, calcolo, stima.
compute, *v. t.* computare, calcolare, stimare. // **to** ~ **an arbitrage** (*Borsa*) calcolare un arbitraggio; **to** ~ **a bill** (*banca*) calcolare la scadenza d'una cambiale.
computed tare, *n.* tara convenuta.
computer, *n.* ❶ (*elab. elettr.*) calcolatore, elaboratore (*elettronico*). ❷ (*macch. uff.*) calcolatore, computatore; computatrice (*macchina calcolatrice*). // ~ **-backed** assistito da elaboratori elettronici; **a** ~ **-backed tax system** (*fin.*) un sistema fiscale assistito da elaboratori elettronici; ~ **code** (*elab. elettr.*) codice di calcolatore; ~ **control** (*elab. elettr.*) *V.* **computing control**.

computerization, *n.* (*elab. elettr.*, *org. az.*) computerizzazione.
computerize, *v. t.* (*elab. elettr.*, *org. az.*) computerizzare.
computerized, *a.* (*elab. elettr.*, *org. az.*) computerizzato. // ~ **financial modelling** (*elab. elettr.*) modellistica finanziaria computerizzata; ~ **models** (*elab. elettr.*) modelli computerizzati; **a** ~ **process** (*elab. elettr.*) un procedimento computerizzato; ~ **tax register** (*fin.*) anagrafe tributaria computerizzata.
computing control, *n.* (*elab. elettr.*) sistema di controllo (*della produzione*) per mezzo di calcolatori elettronici.

con[1], *avv.* e *n.* (il) contro. △ **Let's weigh the pros and cons of the situation** soppesiamo il pro e il contro della situazione!
con[2], *n.* (*slang USA*) truffa, truffa all'americana. // ~ **man** (*o* **artist**) truffatore, truffaldino.
conceal, *v. t.* ❶ nascondere, celare, dissimulare, occultare (*prove, ecc.*). ❷ sopprimere, sottrarre (*prove, ecc.*). ❸ sottacere (*fatti*).
concealer, *n.* (*leg.*) occultatore.
concealment, *n.* ❶ occultamento, dissimulazione. ❷ soppressione, sottrazione (*di prove, ecc.*). ❸ reticenza. △ ❸ **This insurance was null due to the** ~ **of material facts by the insured** l'assicurazione fu considerata nulla per la reticenza dell'assicurato su fatti concreti. // ~ **of assets** (*leg.*) sottrazione d'attività (*in un fallimento*); ~ **of profits** (*leg.*) occultamento di utili.
concede, *v. t.* ❶ concedere. ❷ accogliere. ❸ ammettere. // **to** ~ **claims** accogliere reclami; **to** ~ **a right** (*leg.*) concedere un diritto.
conceivable, *a.* concepibile.
conceive, *v. t.* concepire, ideare.
concentrate, *v. t.* concentrare. *v. i.* concentrarsi.
concentration, *n.* concentrazione (*anche di società, ecc.*).
concentric, *a.* concentrico. // ~ **organization chart** (*org. az.*) organigramma radiale.
concern[1], *n.* ❶ azienda, ditta, impresa, società. ❷ interesse, cointeressenza, partecipazione. ❸ preoccupazione, sollecitudine. △ ❶ **A trust is a pool of concerns which controls the market** un trust è una combinazione di grosse aziende che tiene il mercato sotto il proprio dominio; ❷ **We have a** ~ **in their firm** abbiamo una cointeressenza nella loro azienda.
concern[2], *v. t.* concernere, riguardare, vertere. △ **That matter does not** ~ **us at all** quella faccenda non ci riguarda affatto; **As far as our production is concerned, there are a couple of things we would like you to consider** per quanto riguarda la nostra produzione, c'è un paio di cose che vorremmo consideraste. // **to** ~ **oneself with st.** interessarsi di qc.: **They concerned themselves with export licences** si interessavano di licenze d'esportazione; «**To whom it may concern**» «a chi di spettanza», «a tutti gli interessati».
concerning, *a.* concernente, riguardante. *prep.* riguardo a. // ~ **employers** (*org. az.*, *sind.*) datoriale (*relativo ai datori di lavoro*); ~ **industrial accidents** (*leg.*) infortunistico; ~ **a patent** (*leg.*) brevettuale.
concert, *n.* ❶ concerto. ❷ accordo, concerto.

△ **❷ They acted in ~ with us** agirono di concerto con noi.

concessible, *a.* concedibile. // **~ lands** terreni da dare in concessione.

concession, *n.* ❶ concessione, facilitazione. ❷ accoglimento. ❸ ammissione. △ ❶ **As a ~ to the strike of the filling station keepers, the Government reduced the tax on petrol** per fare una concessione ai benzinai in sciopero, il Governo ridusse la tassa sulla benzina; **They have an oil ~ in the Middle East** hanno una concessione petrolifera in Medio Oriente. // **concessions to exporters' associations** facilitazioni alle associazioni d'esportatori.

concessionaire, *n.* concessionario.

concessionary, *a.* concessionario, relativo a una concessione. *n.* (*leg.*) concessionario. // **~ company** società concessionaria.

concessioner, *n.* (*leg.*) concessionario.

concessive, *a.* concessivo.

conciliate, *v. t.* conciliare.

conciliation, *n.* conciliazione, conciliamento, riconciliazione.

conciliator, *n.* (*sind.*) arbitro.

concise, *a.* conciso.

conclude, *v. t.* concludere. *v. i.* concludersi. // **~ a bargain** concludere un affare.

conclusion, *n.* conclusione, chiusa. // **~ by judgement** (*leg.*) decisione giudiziaria.

conclusive, *a.* ❶ conclusivo, decisivo, finale. ❷ perentorio. // **~ evidence** (*leg.*) prova conclusiva, prova decisiva, prova perentoria.

concrete, *a.* concreto, solido. *n.* cemento, calcestruzzo. // **~ ship** (*trasp. mar.*) nave in cemento.

concur, *v. i.* ❶ concorrere. ❷ coincidere.

concurrence, *n.* ❶ concorso (*di fattori, ecc.*). ❷ coincidenza. // **~ of circumstances** (*leg.*) concorso di circostanze.

concurrent, *a.* ❶ concomitante. ❷ coincidente, coesistente. ❸ simultaneo. *n.* fattore concomitante. // **~ fire insurance** (*ass.*) coassicurazione contro l'incendio; «**~ with discharge**» (*trasp. mar.*) clausola secondo la quale il nolo deve essere pagato in proporzione della quantità di merce scaricata di volta in volta, fino al completamento delle operazioni di scaricamento.

concuss, *v. t.* (*leg.*) intimidire.

concussion, *n.* (*leg.*) concussione.

condemn, *v. t.* condannare, censurare. // **to ~ for default** (*leg.*) condannare in contumacia; **to ~ in costs** (*leg.*) condannare alle spese (giudiziali); **to ~ a ship** (*trasp. mar.*) dichiarare una nave inservibile, radiare una nave.

condemnation, *n.* (*leg.*) condanna, sentenza di condanna. // **~ by default** (*leg.*) condanna in contumacia.

condensed, *a.* condensato, sintetico. // **~ balance** (*rag.*) bilancio sintetico; **~ balance-sheet** (*rag.*) bilancio sintetico; **~ type** (*pubbl.*) carattere stretto.

condition[1], *n.* ❶ condizione, stato. ❷ (*leg.*) clausola condizionale (*in un contratto*). △ ❶ **The goods have reached their destination in good ~** le merci sono giunte a destinazione in buone condizioni; **The goods are in apparent good order and ~** la merce è apparentemente in buon ordine e in buone condizioni; **We must stick to these conditions** dobbiamo attenerci rigorosamente a queste condizioni. // **the conditions of a contract** (*leg.*) le condizioni d'un contratto; **the ~ of the market** la condizione (lo stato) del mercato: **The conditions of the market have not been conducive to building up stocks** le condizioni del mercato non hanno favorito la formazione di scorte; **The conditions of the market are favourable to your product** le condizioni del mercato sono favorevoli al vostro prodotto; **conditions of sale** (*market.*) condizioni di vendita; **~ precedent** (*leg.*) condizione sospensiva; **~ subsequent** (*leg.*) condizione risolutiva; **on ~ that ...** a condizione che ..., a patto che...

condition[2], *v. t.* ❶ condizionare, regolare. ❷ pattuire, stabilire, stipulare. ❸ esaminare, verificare la condizione di (*una merce*). △ ❶ **Our income conditions our expenditure** le nostre entrate regolano le nostre spese.

conditional, *a.* ❶ condizionale. ❷ condizionato. // **~ acceptance** (*banca, cred.*) accettazione condizionata; **~ amnesty for tax-evaders** (*fin.*) condono fiscale; **~ clause** (*leg.*) clausola restrittiva; **~ currency** (*fin.*) valuta soggetta a certe limitazioni; **~ discharge** (*leg.*) libertà provvisoria; **~ provision** (*leg.*) clausola sotto condizione; **~ sale** (*market.*) vendita condizionata; **~ sale agreement** (*leg.*) patto di riservato dominio; **~ upon the deposit of the bills in advance** (*cred.*) subordinato al deposito preliminare degli effetti.

conditionally, *avv.* condizionalmente, subordinatamente. // **~ to delivery being made within the end of the season** subordinatamente al fatto che la consegna sia eseguita prima della fine della stagione.

condonation, *n.* condono.

condone, *v. t.* condonare.

conducive to, *a.* che contribuisce a, che determina, che favorisce, che promuove, tendente a. △ **International conditions were not ~ building up reserves** le condizioni internazionali non favorirono la formazione di riserve.

conduct[1], *n.* ❶ condotta, comportamento. ❷ modo di condurre (*affari, ecc.*); gestione. // **~ of business** gestione degli affari.

conduct[2], *v. t.* ❶ condurre, dirigere, guidare. ❷ amministrare, gestire (*un'azienda, ecc.*). // **to ~ one's affairs in conformity with the laws of the Country** condurre i propri affari in conformità con le leggi del Paese; **to ~ business** occuparsi d'affari; **to ~ a business** trattare un affare; dirigere un'azienda; **to ~ a case** (*leg.*) trattare una causa; **to ~ the correspondence of a firm** sbrigare la corrispondenza d'una ditta.

conductor, *n.* ❶ (*pers.*) conduttore, controllore. ❷ (*pers.*) guida. ❸ (*pers.*) bigliettaio, bigliettario (*di treno, tram o autobus*). ❹ (*pers., USA*) controllore ferroviario. ❺ (*pers., USA*) capotreno.

confection, *n.* (*market.*) confezione (*abito bell'e fatto*).

confederacy, *n.* confederazione.

confederation, *n.* confederazione.

confer, *v. t. e i.* conferire. // **to ~ a degree on sb.** laureare q.; **to ~ full powers** conferire pieni poteri; **~ title** (*leg.*) conferire diritti: **All written agreements capable of conferring title are liable to stamp duty** tutti gli accordi per iscritto intesi a conferire diritti sono soggetti alla tassa sul bollo; **to ~ with one's lawyer** conferire col proprio avvocato.

conference, *n.* ❶ conferenza, convegno. ❷ consultazione. ❸ discussione. ❹ (*org. az.*) riunione. ❺ (*pers.*) discussione libera. ❻ (*pers.*) discussione guidata. // «**Conference Lines**» (*trasp. mar.*) associazione fra le compagnie di navigazione commerciale, per l'osservanza di noli uniformi di tariffa; **~ room** sala riunioni.

conferment, *n.* conferimento. // **~ of a right** (*leg.*) conferimento d'un diritto.

confession, *n.* (*anche leg.*) confessione.

confide, *v. t. e i.* ❶ confidare, aver fiducia. ❷ affidare. △ ❷ **The execution of the plan has been confided to the new manager** l'esecuzione del progetto è stata affidata al nuovo direttore.

confidence, *n.* confidenza, fiducia. △ **He won their ~ and got the job** conquistò la loro fiducia e ottenne il posto; **They will not deceive our ~** non deluderanno la nostra fiducia; **He filled a position of ~** occupava un posto di fiducia. // **~ coefficient** (*market.*) coefficiente di fiducia; **~ crisis** (*econ.*) crisi di fiducia: **There have been recurring sterling ~ crises** ci sono state ripetute crisi di fiducia nella sterlina; **~ crook** (*leg.*) truffatore; **~ game** (*leg.*) truffa all'americana; **~ man** (*leg.*) truffatore; **~ trick** (*leg.*) truffa all'americana.

confident, *a.* confidente, fiducioso. *n.* confidente, amico intimo. △ *a.* **The market has not a ~ tone** il mercato non ha un tono fiducioso.

confidential, *a.* confidenziale, riservato, segreto. // **~ clerk** (*pers.*) segretario particolare, segretario privato; **~ data** dati riservati; **~ information** informazioni riservate; **~ report** informazioni confidenziali, informazioni riservate: **We are supposed to hand them a strictly ~ report** siamo tenuti a presentare loro un rapporto riservatissimo.

confidentially, *avv.* confidenzialmente, in confidenza.

confiding, *a.* confidente, fiducioso.

configuration, *n.* configurazione (*del suolo, ecc.*).

configure, *v. t.* configurare.

confine[1], *n.* (*di solito, al pl.*) confine, frontiera.

confine[2], *v. t.* ❶ confinare, limitare. ❷ relegare. // **to ~ oneself to sb.'s instructions** limitarsi alle istruzioni ricevute.

confined, *a.* limitato, ristretto.

confinement, *n.* ❶ limitazione, restrizione. ❷ relegazione.

confirm, *v. t.* ❶ confermare, convalidare, omologare. ❷ approvare, ratificare. ❸ (*leg.*) confermare (*una sentenza, ecc.*), sancire (*una norma, ecc.*). △ ❶ **We ~ our instructions** confermiamo le nostre istruzioni; ❷ **The minutes must be read and confirmed** il verbale deve essere letto e approvato; **His appointment has been confirmed** la sua nomina è stata ratificata; **The resolution of the meeting has been confirmed** la decisione dell'assemblea è stata ratificata. // **to ~ in writing** confermare per iscritto; **to ~ an order** confermare un'ordinazione; **to ~ a telegram** confermare un telegramma.

confirmation, *n.* ❶ conferma. ❷ approvazione, convalida, ratifica. ❸ (*leg.*) omologazione. △ ❶ **We have received no ~ as yet** non abbiamo ricevuto finora alcuna conferma. // **~ of an act** (*leg.*) convalida d'un atto; **~ of a bankruptcy composition** (*leg.*) omologazione d'un concordato fallimentare; **~ of a judgment** (*leg.*) conferma d'una sentenza; **~ of the news** conferma delle notizie.

confirmative, *a.* confermativo.

confirmed, *a.* ❶ confermato. ❷ approvato, ratificato. // **~ banker's credit** (*banca*) credito bancario confermato, credito all'esportazione; **~ credit** (*cred.*) credito confermato, apertura di credito autorizzata; **~, irrevocable banker's credit** (*banca, cred.*) credito bancario confermato e irrevocabile; **~ letter of credit** (*cred.*) lettera di credito confermata: **Payment will be effected by ~ letter of credit** il pagamento sarà effettuato mediante lettera di credito confermata; **~ opening of credit** (*cred.*) apertura di credito autorizzata.

confirming, *n.* (*comm. est., fin.*) «confirming» (concessione d'un finanziamento a un operatore economico sulla base degli ordinativi da lui ricevuti).

confiscable, *a.* (*leg.*) confiscabile, requisibile, sequestrabile.

confiscate, *v. t.* (*leg.*) confiscare, requisire, sequestrare. △ **The smuggled goods were confiscated** la merce di contrabbando fu confiscata.

confiscation, *n.* (*leg.*) confisca, requisizione, sequestro. // **~ of falsely entered goods** (*leg.*) confisca di merci registrate in base a falsa dichiarazione; **~ of property** (*leg.*) confisca di beni.

conflict, *n.* ❶ conflitto. ❷ (*sind.*) conflittualità. // **~ of interests** (*leg.*) conflitto d'interessi; **~ of jurisdiction** (*leg.*) conflitto di giurisdizione; **~ of powers** (*leg.*) conflitto d'attribuzioni; **~ situation** (*ric. op.*) situazione concorrenziale.

conform, *v. t.* conformare, adattare, uniformare. *v. i.* conformarsi, adeguarsi, uniformarsi. △ *v. i.* **One must ~ to the law** ci si deve conformare alla legge. // **to ~ to the provisions of the law** attenersi alle disposizioni di legge.

conformable, *a.* conforme.

conforming entry, *n.* (*rag.*) registrazione conforme.

conformity, *n.* conformità. // **in ~ with** in conformità di, conformemente a; ai sensi di: **I will act in ~ with your suggestion** mi comporterò conformemente al vostro consiglio.

confront, *v. t.* ❶ essere di fronte a. ❷ mettere a confronto, raffrontare. ❸ affrontare. △ ❶ **After the latest devaluation we were confronted with great problems** dopo l'ultima svalutazione ci trovammo di fronte a gravi problemi.

confrontation, *n.* raffronto. // **the ~ of economic budgets** il raffronto dei bilanci economici.

confusion, *n.* confusione. // **~ of goods** (*leg.*) confusione di beni; **~ of rights** (*leg.*) confusione di diritti.

congest, *v. t.* congestionare.

congestion, *n.* congestione. // **~ of the wharves** (*trasp. mar.*) congestione delle banchine.

conglobate, *v. t.* conglobare.

conglobation, *n.* conglobamento.

congratulate, *v. t.* congratularsi con, felicitarsi con (*q.*). △ **We must ~ you on your recent success** dobbiamo congratularci con voi per il vostro recente successo.

congratulations, *n. pl.* congratulazioni, felicitazioni.

congress, *n.* ❶ congresso. ❷ **the Congress** il Congresso (*degli U.S.A.*).

conjecture[1], *n.* congettura.

conjecture[2], *v. i.* congetturare.

conjointly, *avv.* congiuntamente.

conjunction, *n.* congiunzione, unione. // **in ~ with** d'accordo con: **They want to act in ~ with us** vogliono agire d'accordo con noi.

connect, *v. t.* ❶ congiungere, collegare, unire. ❷ associare. ❸ mettere in comunicazione (*al telefono*), mettere in linea. ❹ (*trasp.*) (*di treno, ecc.*) essere in coincidenza con. △ ❷ **They are connected with the biggest importers** sono in rapporto coi più grossi importatori; ❸ **Please, ~ me with Rome** mi metta in comunicazione con Roma, prego; ❹ **Our train connects with the Liverpool train at London** il nostro treno è in coincidenza a Londra con quello per Liverpool.

connected, *a.* connesso, congiunto. // ~ **with the current economic situation** (*econ.*) congiunturale.

connecting link, *n.* anello di congiunzione.

connection, *n.* ❶ connessione, collegamento. ❷ corrispondenza, corrispondente, relazione, rapporto. ❸ clientela. ❹ (*trasp.*) coincidenza. △ ❷ **We have a ~ in Paris** abbiamo un corrispondente a Parigi; **We hope to enter into business connections with you** speriamo di stabilire relazioni d'affari con voi; ❸ **We have built up a steady ~** ci siamo formati una clientela solida; ❹ **I missed the ~** ho perso la coincidenza. // **in ~ with** a proposito di; **in this ~** a questo proposito.

connexion, *n. V.* **connection.**

connivance, *n.* (*leg.*) connivenza.

connive, *v. i.* (*leg.*) essere connivente.

conniver, *n.* (*leg.*) connivente.

conniving, *a.* (*leg.*) connivente.

connoisseur, *n.* intenditore.

conquer, *v. t.* conquistare.

consanguinity, *n.* (*leg.*) consanguineità.

conscience money, *n.* (*fin.*) pagamento anonimo d'una somma dovuta al fisco da un contribuente che si pente d'una precedente evasione (*il termine non trova riscontro nella lingua italiana*).

conscientious, *a.* coscienzioso.

conscientiously, *avv.* coscienziosamente.

consecutive, *a.* consecutivo, successivo. // **on ~ days** in giorni successivi.

consecutively, *avv.* progressivamente. △ **Enclosures have been numbered ~** gli allegati sono stati numerati progressivamente.

consensual, *a.* (*leg.*) consensuale. // **~ contract** (*leg.*) contratto consensuale.

consent¹, *n.* consenso, accordo, adesione. // **~ in writing** consenso per iscritto, consenso scritto; **~ of the Court** (*leg.*) omologazione del tribunale; **~ of the parties** (*leg.*) consenso delle parti; **~ to contract** (*leg.*) consenso nel contratto; **with one ~** all'unanimità, unanimemente.

consent², *v. i.* consentire, acconsentire, essere d'accordo. // **to ~ to an arrangement** (*leg.*) acconsentire a un accomodamento; **to ~ to a proposal** acconsentire a una proposta; **to ~ to a purchase** acconsentire a un acquisto.

consenting, *a.* consenziente.

consequence, *n.* conseguenza.

consequential, *a.* consequenziale; che consegue, che deriva (*da qc.*). // **~ damage** (*leg.*) danno emergente; **~ damages** (*ass.*) danni indiretti.

conservancy, *n.* (*trasp. mar.*) commissione di controllo (*d'un porto, ecc.*).

conservation, *n.* conservazione.

conservatism, *n.* (*econ.*) conservatorismo.

conservative, *a.* conservativo, moderato, prudenziale. *n.* (*econ.*) conservatore. // **a ~ estimate** (*rag.*) un cauto preventivo.

conservator, *n.* (*leg.*) tutore.

conservatory act, *n.* (*leg.*) atto conservativo.

conservatory seizure, *n.* (*leg.*) sequestro conservativo.

consider, *v. t.* ❶ considerare, esaminare, stimare. ❷ deliberare su (*qc.*). *v. i.* riflettere. △ *v. t.* ❶ **We should have considered all the pros and cons of this transaction** avremmo dovuto considerare tutti i pro e i contro di questo affare; **We must ~ and, if thought fit, pass the resolution** dobbiamo esaminare e, se del caso, approvare la deliberazione; **Your idea is worth considering** la vostra idea è degna di considerazione;

❷ **We have to ~ the following agenda** dobbiamo deliberare sul seguente ordine del giorno.

considerable, *a.* considerevole, degno di considerazione, notevole, cospicuo, ragguardevole. // **a ~ proposal** una proposta degna di considerazione; **a ~ sum of money** una notevole somma di denaro.

consideration, *n.* ❶ considerazione. ❷ importanza, interesse. ❸ compenso, indennità, retribuzione, provvigione. ❹ corrispettivo (*in un contratto*). ❺ (*fin.*) copertura. ❻ (*fin.*) prezzo d'acquisto d'un titolo azionario, esclusa la tassa di bollo e la mediazione. ❼ (*leg.*) beneficio, vantaggio. ❽ (*leg.*) causa, causale. △ ❷ **This is a matter of great ~** questa è una faccenda di grande importanza; ❸ **An agreed ~ of three per cent is fixed by a clause of the contract** un'indennità forfettaria del tre per cento è prevista da una clausola contrattuale; ❽ **The ~ for the insurance must be legal** la causa dell'assicurazione deve essere lecita; **A bill of exchange should state the ~ of its creation** una cambiale dovrebbe indicare la causa della sua creazione; **The acceptance of a bill implies ~** l'accettazione di una tratta ne presuppone la causa; **Accommodation bills have no commercial transaction as ~** le cambiali di favore non hanno per causale alcuna operazione commerciale. // **~ for sale** prezzo di vendita; **~ forfeited** (*sind.*) buonuscita; **~ money** prezzo, rimunerazione, indennità; **~ money for a transfer** (*fin.*) prezzo d'un trasferimento (*di titoli*); **in ~ of** mediante: **in ~ of the payment of a small sum** mediante il pagamento d'una piccola somma; **under ~** in esame: **Your proposal is still under ~** la vostra proposta è ancora in esame; **without ~** a titolo gratuito.

considering, *avv.* considerando, dato, visto (*che*); in considerazione di. // **~ the small amount of capital at his disposal** ai modesti capitali a sua disposizione.

consign, *v. t.* ❶ consegnare, affidare, rilasciare. ❷ spedire. ❸ spedire in conto deposito. △ ❷ **The goods will be consigned by rail** la merce sarà spedita per ferrovia. // **to ~ goods to an agent** spedire merce a un agente in conto deposito (*perché ne curi la vendita*); **to ~ a ship to the charterer's agents** (*trasp. mar.*) appoggiare una nave presso i raccomandatari di un noleggiatore.

consignation, *n.* ❶ pagamento (*di una somma di denaro*) all'incaricato della riscossione. ❷ (*raro*) consegna. // **to the ~ of** all'indirizzo di.

consignee, *n.* ❶ consegnatario, depositario. ❷ destinatario (*di merci*). // **~ of a cargo** (*trasp. mar.*) consegnatario d'un carico; **~ of the ship** (*trasp. mar.*) consegnatario della nave; **~ who calls at the station to collect his goods** (*trasp. ferr.*) destinatario che si presenta alla stazione per rilevare la merce; **at the ~'s risk** (*trasp.*) a rischio del destinatario.

consigner, *n.* ❶ chi invia merce in conto deposito, committente. ❷ mittente (*di merce*).

consignment, *n.* ❶ invio, spedizione, rimessa. ❷ consegna in conto deposito. ❸ merce spedita, partita (*di merce*). ❹ merce inviata in conto deposito. ❺ (*trasp. mar.*) carico (*d'una nave*). △ ❶ **The package forms part of the ~** il collo fa parte della spedizione; ❷ **We shall send you a small ~ of our cotton** vi invieremo una piccola partita del nostro cotone in conto deposito; ❸ **Consignments may be sent on approval** le partite di merce possono essere spedite salvo prova; **Your last ~ was not up to sample** la vostra ultima partita di merce non era conforme al campione; ❺ **This ship has arrived free of ~** la nave è arrivata senza impegni. // **~ account** conto

consegna; conto della merce spedita in deposito; ~ **note** nota di consegna; (*trasp. ferr.*) lettera di vettura, bollettino di spedizione, distinta di carico; ~ **sale** vendita in commissione; **on** ~ (*di merce*) in deposito; **on** ~ **basis** in conto deposito.

consignor, *n. V.* **consigner**.

consist, *v. i.* ❶ consistere. ❷ concordare, essere compatibile, essere in armonia (*con*). △ ❶ **Single entry consists in entering up items without any contra** la partita semplice consiste nella registrazione degli articoli senza alcuna contropartita; **Our previous order consisted of the following articles** la nostra ordinazione precedente era formata dalle seguenti voci; ❷ **Your information consisted with the intelligence we had received** le vostre informazioni concordavano con quelle che avevamo ricevuto.

consistency, *n.* ❶ consistenza, solidità. ❷ concordanza, compatibilità, coerenza, accordo. △ ❷ **There is no** ~ **in these accounts** non c'è concordanza in questi conti.

consistent, *a.* ❶ consistente, solido. ❷ coerente, costante. ❸ compatibile, congruo. // ~ **behaviour** condotta coerente; **a** ~ **economic policy** una coerente politica economica.

consociate[1], *a.* consociato, associato. *n.* consocio, socio.

consociate[2], *v. t.* consociare, associare. *v. i.* consociarsi, associarsi.

consociation, *n.* consociazione, associazione.

consol, *n.* ❶ (*fin.*) prestito consolidato. ❷ (*fin.*) titolo del (prestito) consolidato.

console, *n.* (*elab. elettr.*) tavolo di comando; « consolle » (*tastiera d'elaboratore o altro apparecchio elettronico*).

consolidate, *v. t.* ❶ consolidare, rafforzare. ❷ (*econ., fin.*) fondere, unificare. *v. i.* consolidarsi, rafforzarsi. // **to** ~ **banks** (*fin.*) fondere banche; **to** ~ **a debt** (*fin.*) unificare un debito pubblico.

consolidated, *a.* (*fin., rag.*) consolidato, unificato. // ~ **annuities** (*fin.*) titoli del debito pubblico, titoli consolidati, (il) consolidato; ~ **balance** (*rag.*) bilancio consolidato; ~ **balance-sheet** (*rag.*) bilancio unico (*d'una società madre e delle affiliate*); ~ **debt** (*fin.*) debito consolidato; ~ **Fund** (*fin.*) fondo del Tesoro (*presso la Banca d'Inghilterra*); ~ **loan** (*fin.*) prestito consolidato; ~ **stock** (*fin.*) *V.* **consols**.

consolidation, *n.* ❶ consolidamento, rafforzamento. ❷ (*econ., fin.*) fusione, unificazione, concentrazione (*di aziende, ecc.*). ❸ (*fin.*) consolidazione (*del debito pubblico*). ❹ (*leg.*) riunione (*d'azioni giudiziarie*). // ~ **act** (*leg.*) legge coordinata (*del Parlamento britannico*); testo unico; ~ **of agricultural holdings** ricomposizione fondiaria; ~ **of the floating debt** (*fin.*) consolidamento del debito fluttuante.

consols, *n. pl.* (*fin.*) titoli del debito pubblico consolidato, titoli del (prestito) consolidato; prestito consolidato; titoli consolidati, (il) consolidato.

consortium, *n.* (*pl.* **consortia**) ❶ (*market.*) consorzio. ❷ (*market.*) attività consortile.

conspicuous consumption, *n.* (*econ.*) consumi intesi come mezzo per ostentare una ricchezza inesistente.

constable, *n.* guardia, poliziotto.

constant, *a.* costante. *n.* (*mat.*) costante. // ~ **costs** (*econ.*) costi costanti; ~ **dollars** (*econ., fin.*) dollari costanti.

constituency, *n.* ❶ collegio elettorale (*gli elettori e il distretto*). ❷ gruppo di sostenitori. ❸ abbonati (*a un giornale, ecc.*).

constituent meeting, *n.* (*fin., org. az.*) riunione costitutiva.

constitute, *v. t.* ❶ costituire, fondare. ❷ comporre, formare, dare un ordinamento a (*un'assemblea*). ❸ eleggere, nominare. ❹ (*leg.*) costituire. △ ❸ **We will** ~ **him our spokesman** lo nomineremo nostro portavoce; ❹ **Twelve people** ~ **a jury** dodici persone costituiscono una giuria. // **to** ~ **a committee** costituire un comitato; **to** ~ **a company** (*leg.*) formare una società (*di capitali*).

constitute oneself, *v. rifl.* costituirsi.

constitution, *n.* ❶ costituzione, fondazione. ❷ composizione, formazione. ❸ nomina. ❹ (*leg.*) costituzione.

constitutional, *a.* ❶ costituzionale. ❷ (*leg.*) costituzionale. // ~ **law** (*leg.*) diritto costituzionale.

constitutive, *a.* costitutivo.

constraint, *n.* (*ric. op.*) limitazione, necessità operativa.

construct, *v. t.* costruire. // **to** ~ **a mathematical model** (*ric. op.*) costruire un modello matematico.

constructed, *a.* costruito.

construction, *n.* ❶ costruzione. ❷ (*leg.*) interpretazione, spiegazione, senso. △ ❷ **This text admits of two constructions** questo testo può avere due interpretazioni; **This sentence does not bear such a** ~ questa frase non comporta un'interpretazione simile.

constructional, *a.* di costruzione, di struttura. // ~ **defect** difetto di costruzione.

constructive, *a.* ❶ costruttivo, di costruzione. ❷ concreto, efficace. ❸ dedotto, implicito, presunto. ❹ (*leg.*) indiziario. // ~ **denial** (*leg.*) diniego implicito; ~ **industry** (*econ.*) industria edile; ~ **measures** provvedimenti efficaci; ~ **possession** (*leg.*) possesso relativo; ~ **suggestions** proposte concrete; ~ **total loss** (*ass. mar.*) perdita totale relativa, perdita totale presunta; ~ **value** (*rag.*) valore presunto.

constructor, *n.* costruttore.

construe, *v. t.* interpretare.

consuetudinary, *a.* consuetudinario. // ~ **law** (*leg.*) diritto consuetudinario.

consul, *n.* console. // ~ **general** console generale.

consulage, *n.* (*comm. est.*) diritti consolari (*che si pagano per ottenere l'emissione d'un fattura consolare*).

consular, *a.* consolare. // ~ **agent** (*pers.*) agente consolare; ~ **charges** diritti consolari; ~ **declaration** (*comm. est.*) dichiarazione consolare; ~ **invoice** (*comm. est.*) fattura consolare; ~ **regulations** disposizioni consolari; ~ **report** rapporto consolare.

consulate, *n.* consolato.

consult, *v. t. e i.* ❶ consultare, interpellare. ❷ deliberare. // **to** ~ **a counsel** (*leg.*) consultare un avvocato; **to** ~ **a lawyer** (*leg.*) consultare un avvocato; **to** ~ **a notary** (*leg.*) consultare un notaio; **to** ~ **one's own interests** perseguire il proprio interesse; **to** ~ **a price list** consultare un listino prezzi.

consultant, *n.* ❶ consulente, esperto. ❷ (*giorn.*) collaboratore esterno. ❸ (*pers.*) consulente. △ ❶ **He's the best** ~ **on record keeping systems** è il miglior consulente di sistemi di registrazione meccanografica.

consultation, *n.* ❶ consultazione. ❷ consulenza. ❸ consulto.

consultative, *a.* consultivo, consultativo.

consulting counsel, *n.* (*leg.*) avvocato consulente.

consulting management engineer, *n.* (*org. az.*) consulente in organizzazione.

consumable, *a.* consumabile.

consumables, *n. pl.* ❶ (*market.*) beni di consumo. ❷ (*market.*) derrate alimentari.

consume, *v. t.* consumare. △ **Our Country produces less than it consumes** il nostro Paese produce meno di quanto consumi.

consumer, *n.* ❶ consumatore, utente. ❷ (*market.*) consumatore. △ ❶ **Consumers should buy directly from producers** i consumatori dovrebbero acquistare direttamente dai produttori. // ~ **behaviour research** (*market.*) ricerca del comportamento del consumatore; ~ **contest** (*pubbl.*) concorso a premi; ~ (*o* **consumers'**) **co-operative** (*market.*) cooperativa di consumo; ~ **Council** Comitato dei Consumatori (*ente costituito nel 1963 dal Governo britannico allo scopo di tutelare i diritti dei consumatori*); ~ **Country** Paese consumatore; ~ **credit** (*fin.*) credito al consumatore; ~ **durables** (*econ.*) beni di consumo durevoli; ~ **finance company** (*fin.*) società finanziaria specializzata in prestiti personali d'importo modesto; ~ **goods** (*econ.*) beni di consumo; (*market.*) articoli di largo consumo; ~ **'s** (*o* **consumers'**) **goods** (*econ.*) beni di consumo; ~ **groups** associazioni di consumatori; ~ **index** (*market.*) barometro delle marche; ~ **inventory** (*market.*) barometro delle marche; ~ **jury** (*market.*) giuria dei consumatori; ~ **-led boom** (*econ.*) boom alimentato dall'espansione dei consumi; **consumers' organizations** (*market.*) organizzazioni dei consumatori; ~ **panel** (*market.*) comitato di consumatori-pilota; ~ **preference** (*market.*) preferenze del consumatore; ~ **price index** (*econ., USA*) indice mensile del costo della vita compilato dall'« U.S. Bureau of Labor Statistics »; ~ **prices** prezzi al consumo; ~ **resistance** (*market.*) apatia del cliente potenziale; ~ **spending** spese di consumo: **The rather better mean annual growth of** ~ **spending in most of the Member Countries was also reflected in a slightly accelerated development of trade in finished consumer products** anche l'incremento leggermente maggiore, nella media annua, delle spese di consumo nella maggior parte dei Paesi Membri s'è tradotto in un'espansione lievemente più rapida del commercio dei prodotti finiti di consumo; ~ **subsidies** sovvenzioni al consumo: **At the single market stage, it will no longer be possible for the Member States to grant** ~ **subsidies for processed cereals** la possibilità per gli Stati Membri di concedere sovvenzioni al consumo per i cereali trasformati non è più prevista nella fase del mercato unico; ~ **'s surplus** (*econ.*) rendita del consumatore; **consumers' survey** (*market.*) indagine congiunturale presso i consumatori; ~ **trading area** (*market.*) area commerciale; ~ **trends** (*market.*) dinamica dei consumi; **consumers' union** (*market.*) unione dei consumatori.

consumerism, *n.* (*market.*) consumismo.

consuming Country, *n.* Paese consumatore.

consumption, *n.* ❶ consumo. ❷ (*econ.*) consumo. △ ❶ **The daily** ~ **of milk is increasing** il consumo quotidiano di latte è in aumento. // ~ **goods** (*econ.*) beni di consumo; ~ **tax** (*fin.*) imposta sui consumi.

consumptive, *a.* (*econ.*) del consumo; relativo al consumo (*o* ai consumi).

contact[1], *n.* ❶ contatto. ❷ (*mat.*) punto d'incontro (*di linee, ecc.*). ❸ (*pers.*) persona alla quale è affidata la rappresentanza d'una ditta (*nei contatti ad alto livello*); (*pubbl.*) « contact man ».

contact[2], *v. t.* ❶ mettersi in contatto con (*q.*); contattare. ❷ rivolgersi a (*q.*), interpellare. △ ❶ **Don't forget to** ~ **the manager** non dimenticare di metterti in contatto col direttore; **We suggest you should** ~ **Mr Johnson, our agent in Milan** vi consigliamo di mettervi in contatto con Mr Johnson, il nostro agente a Milano.

contain, *v. t.* ❶ contenere, comprendere, includere. ❷ contenere, frenare, reprimere. △ ❶ **The bill contains first class signatures** la cambiale contiene firme di prim'ordine; **A bill of lading contains the following particulars ...** una polizza di carico contiene i seguenti particolari ...

container, *n.* ❶ contenitore, recipiente. ❷ (*trasp.*) « container » (*grande cassone di misura standard*). // ~ **terminal** (*trasp.*) « terminal-container ».

containment, *n.* contenimento.

contango[1], *n.* ❶ (*Borsa*) riporto, contratto di riporto, operazione di riporto. ❷ (*fin.*) riporto, interesse di riporto, premio di riporto. △ ❶ **To lend money on** ~ **means making a temporary investment for a fortnight or a month, secured by the stock taken in** mettere capitali a riporto significa effettuare un investimento temporaneo a quindici o trenta giorni, garantito dai titoli presi a riporto. // ~ **day** (*Borsa*) giorno di riporto, giorno dei riporti (*il primo giorno dei tre dedicati alle transazioni in Borsa*); ~ **operation** (*fin.*) operazione a riporto; ~ **rate** (*Borsa*) tasso di riporto: **The** ~ **rate is even** il tasso di riporto è alla pari.

contango[2], *v. t. e i.* (*Borsa*) fare un riporto, riportare. △ **The broker who contangoes lends on deposit of stock** l'agente di cambio che riporta impresta contro deposito di titoli. // **to** ~ **a book from one settlement to the next** (*Borsa*) riportare una posizione da una liquidazione alla successiva.

contangoable, *a.* (*Borsa*) riportabile. // ~ **stocks** (*Borsa*) titoli riportabili.

contangoing, *n.* (*Borsa*) riporto. △ **In** ~ **the lender is secured by a stock** nel riporto, il mutuante è garantito da un titolo.

contemplate, *v. t.* ❶ contemplare. ❷ aver in animo di (*fare qc.*); considerare, progettare. △ ❷ **We are contemplating the transferral of the offices** stiamo progettando il trasferimento degli uffici. // **to** ~ **a journey** progettare un viaggio.

contempt, *n.* disprezzo. // ~ **of Court** (*leg.*) « disprezzo della Corte », oltraggio alla giustizia; inosservanza delle disposizioni dell'autorità giudiziaria.

contend, *v. i. e t.* contendere, gareggiare, litigare, lottare. // **to** ~ **for a market** disputarsi un mercato; **to** ~ **for a prize** (*pers.*) essere in lizza per un premio.

contending, *a.* contendente, litigante. // ~ **parties** (*leg.*) parti litiganti (*in giudizio*).

content, *n.* contenuto; tenore (*d'una lettera, ecc.*).

contention, *n.* ❶ contesa, controversia, disputa. ❷ contestazione, reclamo. △ ❷ **They admitted the justice of our** ~ hanno riconosciuto la fondatezza del nostro reclamo.

contentious, *a.* ❶ controverso. ❷ (*leg.*) contenzioso. // ~ **clause in a contract** clausola controversa in un contratto; ~ **jurisdiction** (*leg.*) il contenzioso; ~ **matter** faccenda controversa; ~ **procedure** (*leg.*) il contenzioso; ~ **proceedings** (*leg.*) meccanismi contenziosi.

contents, *n. pl.* contenuto, tenore (*d'una lettera, ecc.*). △ **We have inspected the** ~ **of the package** abbiamo esaminato il contenuto del collo; **We were able to understand it from the** ~ **of their letter** fummo in grado di capirlo dal tenore della loro lettera. // ~ **of a bill of exchange** importo d'una cambiale; ~ **slip** (*org. az.*) tagliando di controllo; « ~ **unknown** » (*trasp. mar.*) « contenuto ignoto » (*in una polizza di carico*).

contest[1], *n.* ❶ contesa, controversia, disputa. ❷ contestazione. ❸ competizione, concorso, gara. ❹ (*leg.*) impugnazione. ❺ (*pubbl.*) concorso (*a premi, ecc.*). △ ❺ **Contests may help in launching a product** i concorsi possono essere d'aiuto nel lancio d'un prodotto.

contest[2], *v. t.* e *i.* ❶ contendere, contrastare, disputare. ❷ contestare. ❸ (*leg.*) impugnare. △ ❸ **He is going to ~ his father's will** ha intenzione d'impugnare il testamento paterno. // **to ~ a claim** (*leg.*) contestare un diritto; **to ~ a contract** (*leg.*) contestare un contratto; **to ~ a will** (*leg.*) contestare un testamento.

contestable, *a.* contestabile.

contestation, *n.* ❶ contesa, controversia, disputa. ❷ contestazione, discussione. // **in ~** in discussione.

context, *n.* contesto.

continent, *n.* continente.

continental, *a.* continentale.

contingence, *n.* V. **contingency**.

contingency, *n.* ❶ contingenza, congiuntura, circostanza, evenienza. ❷ eventualità, possibilità. ❸ caso, occasione. △ ❶ **In the present international situation one must be ready for any ~** nell'attuale situazione internazionale si deve essere pronti per ogni evenienza; **One must provide for contingencies** bisogna far fronte alle circostanze impreviste. // **~ budget** (*rag.*) bilancio di riserva; **~ fund** (*rag.*) fondo di previdenza; **~ fund for « bad debts »** (*fin., rag.*) accantonamento « crediti incerti »; **~ method** (*stat.*) metodo della contingenza; **~ reserve** (*rag.*) riserva di previdenza.

contingent, *a.* ❶ contingente. ❷ aleatorio, casuale, eventuale, fortuito. ❸ (*leg.*) soggetto a condizione, condizionato, vincolato. // **~ annuity** (*mat.*) annualità contingente; **~ assets** (*rag.*) sopravvenienze attive; **~ damages** (*ass.*) danni contingenti; **~ fee** (*leg.*) parcella condizionata (*al buon esito della causa patrocinata*); **~ liabilities** (*rag.*) sopravvenienze passive; **~ order** (*Borsa*) ordine vincolato; **~ profit** (*rag.*) utile aleatorio; **~ reversibility** reversibilità contingente.

contingently, *avv.* eventualmente, aleatoriamente.

continuable, *a.* (*Borsa*) riportabile. // **~ stocks** titoli riportabili.

continual, *a.* continuo. // **~ conflict** (*sind.*) conflittualità permanente; **~ labor unrest** (*sind.*) conflittualità permanente.

continuance, *n.* ❶ durata. ❷ permanenza (*in carica*). ❸ (*leg.*) proroga, rinvio.

continuation, *n.* ❶ continuazione, prosecuzione. ❷ (*Borsa*) riporto. ❸ (*fin.*) riporto. ❹ (*leg.*) proroga, rinvio, aggiornamento. // **~ account** (*Borsa*) riporto; **~ clause** (*ass. mar.*) clausola che prevede una proroga della validità dell'assicurazione fino al raggiungimento del porto di destino quando la cosa assicurata si trova ancora in mare allo scadere della polizza; **~ contract** (*Borsa*) contratto di riporto; **~ day** (*Borsa*) giorno dei riporti; **~ on foreign exchanges** (*fin.*) riporti su divise; **~ rate** (*Borsa*) prezzo del riporto, tasso del riporto, corso del riporto.

continue, *v. i.* e *t.* ❶ continuare, proseguire. ❷ (*Borsa*) fare un riporto, riportare. ❸ (*leg.*) prorogare, rimandare, rinviare, aggiornare. // **to ~ sb. in office** mantenere q. in carica; « **to be continued (in our) next issue** » (*giorn.*) « il seguito al prossimo numero ».

continuing partner, *n.* socio che manda avanti un'azienda (*dopo che gli altri si sono ritirati*).

continuous, *a.* continuo, ininterrotto. // **~ activity** (*pers.*) attività continuata; **~ discharge** (*trasp. mar.*) scarico senza interruzione; **~ process** (*pers.*) processo di produzione a ciclo continuo, lavorazione a catena; **~ reading stopwatch** (*cronot.*) cronometro a lettura volante.

contra[1], *n.* contropartita. // **~ account** (*rag.*) conto di contropartita, giroconto; **~ entry** (*rag.*) scrittura inversa; registrazione per storno; **as per ~** (*rag.*) V. **per ~**; **per ~** (*rag.*) a fianco, a storno, in contropartita: **The accounts have been credited per ~** i conti sono stati accreditati in contropartita.

contra[2], *v. t.* (*rag.*) annullare, stornare. // **to ~ an entry** (*rag.*) stornare una registrazione, stornare una scrittura.

contraband, *n.* contrabbando. // **~ goods** merce di contrabbando.

contrabandist, *n.* contrabbandiere.

contract[1], *n.* ❶ contratto, convenzione, patto, trattato. ❷ appalto. *a. attr.* per contratto, a forfait, forfettario. △ *n.* ❶ **The ~ will expire next week** il contratto scadrà la settimana prossima; **Our ~ is binding till the end of the year** il nostro contratto è impegnativo fino alla fine dell'anno; **Examine the terms of ~ carefully** esaminate attentamente le condizioni contrattuali. // **~ and non-~ rate system** (*trasp. mar.*) sistema delle tariffe differenziate (*fra quelli che hanno un contratto con la « Conferenza » e quelli che non l'hanno*); **contracts concluded with commercial agents** contratti di rappresentanza commerciale; **~ freight** (*trasp. mar.*) nolo contrattuale; nolo a tariffa ridotta; **~ labour** (*sind.*) manodopera contrattuale; manodopera temporanea; **~ limitation of liability** (*leg.*) limitazione contrattuale di responsabilità; **~ note** (*Borsa*) nota di contratto; (*fin.*) fissato bollato; (*market.*) modulo di contratto, distinta di compravendita; **~ of affreightment** (*trasp. mar.*) contratto di trasporto marittimo delle merci; **~ of carriage** (*trasp.*) contratto di trasporto; **~ of employment** (*pers.*) contratto di lavoro; **~ of indemnity** contratto d'indennizzo; **~ of marine insurance** (*ass. mar.*) contratto d'assicurazione marittima; **~ of sale** contratto di vendita; **~ of trust** (*leg.*) contratto di procura; **~ price** prezzo forfettario; **~ stamp** (*fin.*) bollo del fissato; **~ system of wage payment** (*sind.*) sistema di pagamento per lavori a cottimo; **~ under seal** (*leg.*) contratto mediante atto pubblico; **~ void and null** (*leg.*) contratto nullo, contratto senza valore; **~ work** lavoro a contratto; (*amm.*) lavoro d'appalto; **under ~** (*leg.*) sotto contratto.

contract[2], *v. t.* (*leg.*) contrarre. *v. i.* contrarsi. △ *v. t.* **Insurance contracted after arrival of the ship is null** l'assicurazione contratta dopo l'arrivo della merce è nulla; **The person who accepts a bill of exchange contracts the obligation to pay it** chi accetta una cambiale contrae l'obbligo di pagarla. // **to ~ debts** (*cred.*) contrarre debiti; **to ~ a loan** (*cred.*) contrarre un mutuo; **to ~ (oneself) out of an engagement** svincolarsi da un impegno.

contractable, *a.* (*leg.*) contraibile.

contractant, *n.* (*leg.*) contraente.

contracting, *a.* (*leg.*) contraente. // **the ~ parties** le parti contraenti; **~ party** parte contraente, parte in causa.

contraction, *n.* contrazione.

contractor, *n.* ❶ contraente (*in un contratto*). ❷ imprenditore, impresario. ❸ appaltatore; aggiudicatario di un appalto. △ ❷ **J.R. Carpenter & Sons, Builders and Contractors, are the best in town** l'impresa edile J.R. Carpenter & Sons è la migliore della città.

contractual, *a.* (*leg.*) contrattuale. // **~ liability insurance** (*ass.*) assicurazione contro i danni derivanti dalle proprie inadempienze contrattuali; ~ **obligation** obbligo contrattuale.

contractually, *avv.* ❶ contrattualmente. ❷ a forfait.

contradict, *v. t.* contraddire.

contradiction, *n.* contraddizione. // ~ **of interests** (*leg.*) conflitto d'interessi.

contradict oneself, *v. rifl.* contraddirsi.

contradictor, *n.* contraddittore.

contradictory, *a.* contraddittorio.

contraing, *n.* (*rag.*) annullamento, storno.

contrary, *a.* contrario. // ~ **evidence** prova contraria; (*leg.*) controprova: The ~ **evidence is admitted by law** la prova contraria è ammessa dalla legge; ~ **to** contrariamente a: ~ **to customs** contrariamente alle consuetudini; ~ **to our agreements** contrariamente ai nostri accordi; **to the** ~ in (senso) contrario: **We shall ship on Tuesday unless you write us to the** ~ imbarcheremo martedì a meno che non ci scriviate in contrario; **unless advised to the** ~ salvo contrario avviso; **unless we hear to the** ~ salvo contrordini; **unless instructions to the** ~ **be given** salvo contrarie istruzioni.

contrast¹, *n.* contrasto. // ~ **of shade** (*pubbl.*) contrasto (*di colori*).

contrast², *v. i.* e *t.* contrastare.

contravene, *v. t.* contravvenire a, violare. // **to** ~ **a custom** (*leg.*) contravvenire a una costumanza; **to** ~ **a law** (*leg.*) trasgredire una legge.

contravention, *n.* (*leg.*) contravvenzione, infrazione, violazione. △ **Any** ~ **shall be liable to a penalty of 50 dollars** qualsiasi contravvenzione sarà passibile di una penalità di 50 dollari.

contributable, *a.* contribuibile, pagabile come contributo.

contribute, *v. i.* ❶ contribuire. ❷ collaborare. *v. t.* apportare. △ *v. i.* ❶ **Everybody shall** ~ **to the loss** ognuno dovrà contribuire a far fronte alla perdita; **We will** ~ **to the expenses** contribuiremo alle spese; *v. t.* **Limited partners are liable only up to the amount they have contributed** i soci accomandanti sono responsabili soltanto fino alla quota di capitale apportato. // **to** ~ **an amount of money to a partnership** (*fin.*) conferire una somma di denaro a una società; **to** ~ **one third** contribuire per un terzo; **to** ~ **towards the costs** (*leg.*) contribuire alle spese processuali.

contributing, *a.* ❶ contribuente, che contribuisce. ❷ che collabora. // ~ **editor** (*giorn.*) direttore aggiunto; ~ **interests and values** (*ass. mar.*) massa debitrice, massa passiva; ~ **values** (*ass. mar.*) massa debitrice, massa passiva.

contribution, *n.* ❶ contribuzione, elargizione, contributo, apporto. ❷ quota, quota-parte. ❸ (*econ.*) differenza tra il valore delle vendite e il costo marginale delle stesse. ❹ (*fin.*) concorso, conferimento (*di capitali*). ❺ (*giorn.*) collaborazione. ❻ (*pers.*) contributo previdenziale (o sociale). △ ❶ **Our fund was formed by voluntary contributions** il nostro fondo è stato costituito per mezzo di contributi volontari. // ~ **in general average** (*ass. mar.*) contributo in avaria comune; ~ **margin** (*rag.*) margine lordo; ~ **of capital** (*fin.*) apporto di capitale; ~ **to the expenses** (*leg.*) contributo alle spese.

contributive, *a.* contributivo.

contributor, *n.* ❶ collaboratore. ❷ (*giorn., pubbl.*) collaboratore.

contributory, *a.* ❶ che contribuisce. ❷ basato sul contributo, contributivo. ❸ concomitante. *n.* (*leg.*) contributario (*chi è tenuto a contribuire al pagamento dei debiti d'una società per azioni in liquidazione*). // ~ **cause** (*leg.*) causa concomitante; ~ **mass** (*ass. mar.*) massa debitrice, massa passiva; ~ **negligence** (*leg.*) concorso di colpa; ~ **pension plans** (*sind.*) piani di pensionamento che prevedono contributi da parte sia del datore di lavoro sia dei dipendenti; ~ **scheme of insurance** (*ass.*) progetto d'assicurazioni sociali basato sul contributo degli assicurati.

contrivance, *n.* ❶ espediente, artificio. ❷ macchinazione,

control¹, *n.* ❶ controllo, dominio. ❷ (*elab. elettr.*) controllo, comando. ❸ (*org. az.*) controllo. △ ❶ **The domestic situation must be kept under** ~ la situazione interna deve essere tenuta sotto controllo; **They have lost** ~ **of the market** hanno perduto il dominio del mercato; **That was due to reasons beyond our** ~ ciò fu dovuto a motivi indipendenti dalla nostra volontà. // ~ **account** (*rag.*) conto sintetico; ~ **area** (*elab. elettr.*) superficie di controllo; (*org. az.*) area di controllo; ~ **console** (*elab. elettr.*) tavolo di comando; ~ **current** (*elab. elettr.*) corrente di comando; ~ **cut-off switch** (*elab. elettr.*) interruttore di comando; ~ **element** (*elab. elettr.*) elemento di comando; ~ **equipment** (*elab. elettr.*) apparecchiatura di controllo; ~ **gear** (*elab. elettr.*) meccanismo di controllo; ~ **knob** (*elab. elettr.*) bottone di comando, manopola di comando; ~ **light** (*elab. elettr.*) luce di controllo; ~ **number** (*org. az.*) numero di controllo; ~ **of the cash** (*rag.*) controllo della cassa; ~ **panel** (*elab. elettr.*) quadro di controllo; ~ **scheme** (*econ.*) regime vincolistico; ~ **section** (*elab. elettr.*) sezione di controllo; ~ **servomotor** (*elab. elettr.*) servomotore di controllo; ~ **survey** (*leg.*) perizia in contraddittorio.

control², *v. t.* controllare, tenere sotto il proprio dominio, dominare. △ **Their industry is controlled by a trust** la loro industria è controllata da un consorzio. // **to** ~ **by regulations** (*leg.*) regolamentare; **to** ~ **expenditures** contenere le spese.

controllable, *a.* controllabile.

controlled, *a.* controllato. // ~ **circulation** (*pubbl.*) diffusione guidata; ~ **floating** (*econ., fin.*) fluttuazione controllata (*d'una moneta*); ~ **rents** affitti bloccati.

controller, *n.* ❶ (*org. az.*) controllore. ❷ (*pers.*) controllore. ❸ (*pers.*) chi controlla spese; chi rivede conti; economo. ❹ (*pers., USA*) direttore amministrativo. // ~ **general** (*pers.*) controllore generale; ~ **of the Mint** (*fin.*) controllore della Zecca.

controlling, *a.* di controllo. // ~ **account** (*rag.*) conto di controllo; ~ **corporation** (*fin., USA*) società dominante; ~ **group** (*econ., fin.*) gruppo di controllo; ~ **interest** (*fin.*) partecipazione di maggioranza; ~ **syndicate** (*econ., fin.*) sindacato di controllo.

controversial, *a.* controverso.

controversy, *n.* ❶ controversia. ❷ (*leg.*) vertenza. // **beyond** ~ indiscutibilmente.

controvertible, *a.* controvertibile.

contumacious, *a.* (*leg.*) contumace.

contumacy, *n.* (*leg.*) contumacia.

conurbation, *n.* conurbazione.

convene, *v. t.* ❶ convocare, adunare. ❷ (*leg.*) convenire, citare (*q.*) in giudizio. *v. i.* convenire, adunarsi. // **to** ~ **an assembly** convocare un'assemblea; **to** ~ **sb. before the Court** (*leg.*) citare q. davanti al tribunale; **to** ~ **a meeting** convocare un'assemblea.

convenience, *n.* convenienza, interesse, utilità. // ~ **goods** (*market.*) prodotti di comodo; ~ **sample** (*market.*) campione scelto sulla base della sua comodità e disponibilità; **at your earliest** ~ con cortese urgenza, il più presto possibile, non appena potete; **for internal** ~ per ragioni d'ordine interno.

convenient, *a.* conveniente, convenevole, comodo, adatto. △ **This is the most ~ means of payment** questo è il mezzo di pagamento più comodo. // **not ~** sconveniente.

convening, *n.* convocazione (*d'assemblea, ecc.*).

convention, *n.* ❶ convenzione. ❷ raduno. ❸ (*USA*) convegno, congresso, assemblea. ❹ **conventions**, *pl.* convenzioni (*sociali*).

conventional, *a.* convenzionale. // **~ compliments** convenevoli; **~ management** (*org. az.*) organizzazione tradizionale.

conventionally, *avv.* convenzionalmente.

conversant, *a.* ❶ che ha dimestichezza (*con q.*). ❷ al corrente (*di qc.*); pratico (*di qc.*). △ ❷ **He is not yet ~ with the new rules** non è ancora al corrente dei nuovi regolamenti.

conversation, *n.* conversazione.

conversion, *n.* ❶ conversione, trasformazione. ❷ (*elab. elettr.*) conversione. ❸ (*fin.*) conversione. ❹ (*leg.*) appropriazione indebita. △ ❶ **A ~ plan is being studied** è allo studio un progetto di conversione. // **~ costs** (*econ.*) costi di trasformazione (*dalla materia prima al prodotto finito*); **~ factors** (*econ., stat.*) fattori di conversione; **~ into cash** (*fin., rag.*) realizzo, realizzazione in contanti; **~ loan** (*cred.*) prestito di conversione; **the ~ of a firm** (*fin.*) la trasformazione d'un'azienda; **~ of a gold currency** (*fin.*) conversione d'una valuta aurea; **~ of goods** conversione di beni; **~ of public money to one's own use** (*leg.*) peculato; **~ of registered securities to bearer** (*fin.*) conversione di titoli nominativi in titoli al portatore; **~ of securities into cash** (*fin.*) realizzazione di titoli in contante; **~ period** (*elab. elettr.*) periodo di conversione; **a ~ project** un progetto di riconversione; **~ right** (*fin.*) diritto di convertire obbligazioni in azioni (*entro una certa data*); **~ stock** (*fin.*) titoli del debito pubblico, emessi per sostituirne altri già giunti a scadenza.

convert, *v. t.* ❶ convertire, trasformare. ❷ (*fin.*) convertire. ❸ (*leg.*) appropriarsi indebitamente di (*qc.*). // **to ~ a bank-note into cash** spicciolare un biglietto di banca; **to ~ into cash** (*fin.*) realizzare.

converter, *n.* ❶ (*elab. elettr.*) convertitore. ❷ (*pers.*) convertitore.

convertibility, *n.* (*fin.*) convertibilità. △ **Our Countries are going to adopt a bilateral ~ of currencies** i nostri Paesi adotteranno la convertibilità bilaterale delle monete.

convertible, *a.* (*fin.*) convertibile. △ **Bank-notes should be ~ into gold** i biglietti di banca dovrebbero essere convertibili in oro. // **~ debenture** (*fin.*) obbligazione convertibile; **~ into cash** (*fin.*) convertibile in contanti, realizzabile; **~ loan stock** (*fin.*) obbligazioni convertibili (*in azioni*); prestito obbligazionario convertibile (*in azioni*); **the ~ market** (*fin.*) il mercato delle convertibili; **~ preference shares** (*fin.*) azioni privilegiate convertibili (*in azioni ordinarie, della stessa società, a condizioni prefissate*); **~ securities** (*fin.*) titoli convertibili; **~ value** (*rag.*) valore di riscatto.

convey, *v. t.* ❶ trasportare, portare, convogliare. ❷ (*fin.*) trasferire, cedere. ❸ (*leg.*) cedere, trasmettere, trasferire (*proprietà ad altri*). // **to ~ goods by rail** trasportare merci per ferrovia; **to ~ goods to a common pool** conferire merci all'ammasso; **to ~ the goods to the place of their destination** trasportare la merce al luogo di destinazione.

conveyance, *n.* ❶ trasporto. ❷ mezzo di trasporto. ❸ (*fin.*) trasferimento, cessione. ❹ (*leg.*) cessione, trasferimento, passaggio, trapasso (*di proprietà*). ❺ (*leg.*) atto di trasmissione, atto di cessione (*di proprietà*). // **~ by motor lorries** (*trasp. aut.*) trasporto a mezzo di autocarri; **~ by sea** trasporto marittimo; **~ duty** (*leg.*) diritti di trapasso; **~ of actual chattels** (*leg.*) apporto effettivo; **~ of goods to a common pool** conferimento di merci all'ammasso; **~ of a patent** (*leg.*) cessione d'un brevetto; **~ of property** (*leg.*) passaggio di proprietà; **through ~** (*trasp.*) trasporto cumulativo.

conveyancer, *n.* (*leg.*) legale che prepara i documenti per un trasferimento di proprietà.

conveyancing, *n.* (*leg.*) compilazione degli atti e dei documenti necessari per un passaggio di proprietà.

conveyer, *n.* ❶ chi trasporta, trasportatore. ❷ mezzo di trasporto. ❸ latore. ❹ (*org. az.*) trasportatore (*macchina per il trasporto di materiali*).

conveying, *n.* (*leg.*) trapasso.

conveyor, *n. V.* conveyer.

convict[1], *n.* (*leg.*) detenuto, condannato.

convict[2], *v. t.* (*leg.*) condannare.

conviction, *n.* ❶ convinzione. ❷ (*leg.*) condanna.

convince, *v. t.* convincere.

convincing, *a.* convincente, probante. // **~ evidence** (*leg.*) prova convincente.

convocation, *n.* convocazione.

convoke, *v. t.* convocare.

convoy[1], *n.* ❶ (*trasp.*) convoglio. ❷ (*trasp.*) convoglio di scorta, scorta. // **under ~** (*trasp.*) sotto scorta.

convoy[2], *v. t.* (*trasp.*) scortare.

convoying, *n.* ❶ (*trasp.*) convoglio. ❷ (*trasp.*) scorta.

cool, *v. t.* raffreddare.

cooling, *n.* raffreddamento. // **~ off** (*econ.*) flessione (*p. es., nella domanda*); **~ -off period** (*sind., USA*) periodo in cui (*per effetto d'un'ingiunzione governativa prevista da una legge speciale*) i lavoratori devono astenersi dallo sciopero e i datori di lavoro dalla serrata.

coop[1], *n. V.* co-op.

co-op[2], *n.* (*econ.*) cooperativa. // **~ advertising** (*pubbl.*) pubblicità a nome del venditore; **~ share** azione d'una cooperativa.

co-operate, *v. i.* ❶ cooperare, collaborare. ❷ (*sind.*) collaborare. // **to ~ in an enterprise** cooperare a un'impresa.

co-operation, *n.* ❶ cooperazione, collaborazione. ❷ (*ric. op.*) coalizione, alleanza. ❸ (*sind.*) collaborazione.

co-operative, *a.* ❶ cooperativo. ❷ (*amm.*) cooperativo. *n.* (*econ.*) cooperativa. // **~ advertising** (*pubbl.*) pubblicità a nome del rivenditore; **~ association** (*econ.*) società cooperativa; **~ bank** (*banca*) banca cooperativa; **~ marketing** (*market.*) catena d'acquisti; **the ~ movement** (*econ.*) il movimento cooperativo, la cooperazione; **~ society** (*econ.*) società cooperativa; **~ store** (*market.*) cooperativa di consumo, spaccio cooperativo.

co-operator, *n.* ❶ collaboratore. ❷ (*pers.*) cooperatore.

co-opt, *v. t.* cooptare, eleggere per cooptazione. // **to ~ a director** eleggere un amministratore per cooptazione.

co-optate, *v. t. V.* co-opt.

co-optation, *n.* ❶ cooptazione. ❷ elezione (*d'un nuovo membro*).

co-option, *n. V.* co-optation.

co-ordinate[1], *n.* (*mat.*) coordinata.

co-ordinate[2], *v. t.* coordinare.

co-ordination, *n.* ❶ coordinamento. ❷ (*org. az.*) coordinamento, coordinazione. // **the ~ of national regional policies** il coordinamento delle politiche regionali dei singoli Paesi.

co-owner, *n.* ❶ contitolare. ❷ (*fin., leg.*) comproprietario.

copartner, *n.* ❶ consocio, socio, cointeressato, associato. ❷ lavoratore compartecipe degli utili aziendali.

copartnership, *n.* ❶ consociazione. ❷ compartecipazione (*agli utili*).

cope with, *v. i.* sopportare, far fronte a (*una situazione difficile, ecc.*). △ **These measures will enable us to ~ the tariff reductions which will be made** queste misure ci consentiranno di sopportare le riduzioni tariffarie che verranno decise.

copier, *n.* ❶ imitatore. ❷ amanuense. ❸ (*pers.*) copista.

copper, *n.* ❶ rame. ❷ moneta di bronzo (*un tempo, di rame*). ❸ (*slang USA*) centesimo di dollaro. // **~ coin** moneta di rame, moneta di bronzo; **~ etching** (*pubbl.*) acquaforte; **the ~ market** (*fin.*) il mercato del rame; **~ or nickel coin** moneta di rame o di nickel; **~ ore** minerale di rame; **~ plate printing** (*pubbl.*) incisione su rame; **~ shares** (*fin.*) azioni delle miniere di rame, azioni cuprifere.

coppers, *n. pl.* ❶ monete di rame; spiccioli. ❷ (*fin.*) *V.* **copper shares**.

coproprietor, *n.* comproprietario.

copy[1], *n.* ❶ copia, esemplare, imitazione, riproduzione, trascrizione. ❷ (*giorn., pubbl.*) redazione (*di testi pubblicitari*). ❸ (*giorn., pubbl.*) testo. ❹ (*giorn., pubbl.*) manoscritto (*da stampare*). △ ❶ **We have collated the ~ with the original document** abbiamo collazionato la copia col documento originale; **We are sending you herewith ~ of the letter we received from our customer** vi trasmettiamo qui unita copia della lettera inviataci dal nostro cliente; **A bill of lading is drawn up in three or four copies** una polizza di carico è redatta in tre o quattro copie. // **~ deadline** (*pubbl.*) data di « chiusura » del testo; **~ fitting** (*pubbl.*) riduzione del testo (*alle dimensioni disponibili in un annuncio pubblicitario*); **~ holder** (*attr. uff.*) copialettere; **~ letter book** (*attr. uff.*) libro copialettere; **~ of memorandum of satisfaction (of a mortgage)** (*leg.*) certificato di cancellazione (d'un'ipoteca); **~ testing** (*pubbl.*) controllo dell'efficacia di testi pubblicitari; **~ typist** (*pers.*) dattilografo (*che copia da manoscritti o da stampe ma non da appunti stenografici*); **~ -writer** (*pubbl.*) redattore di testi pubblicitari.

copy[2], *v. t.* ❶ copiare, imitare, riprodurre, trascrivere. ❷ (*pubbl.*) redigere (*testi pubblicitari*). // **to ~ a letter (a document, etc.)** copiare una lettera (un documento, ecc.).

copyhold, *n.* ❶ (*leg.*) proprietà d'un terreno, basata su una copia di antichi documenti di concessione feudale. ❷ (*leg.*) terreno posseduto per antica concessione feudale.

copyholder, *n.* (*leg.*) proprietario di terreno per antica concessione feudale.

copying, *a. attr.* copiativo. *n.* copiatura, trascrizione. // **~ clerk** (*pers.*) copista; **~ ink** inchiostro copiativo; **~ pencil** (*attr. uff.*) matita copiativa; **~ press** (*attr. uff.*) copialettere, torchio per copialettere; **~ ribbon** (*attr. uff.*) nastro copiativo (*per macchine da scrivere*).

copyist, *n.* (*pers.*) copista, scrivano, scritturale, trascrittore.

copyright[1], *n.* ❶ (*leg.*) proprietà letteraria riservata. ❷ (*leg.*) diritto d'autore, diritti d'autore, diritto di riproduzione. *a. attr.* (*leg.*) tutelato da diritto d'autore. // **~ office** (*leg.*) ufficio per la tutela dei diritti d'autore.

copyright[2], *v. t.* (*leg.*) tutelare (*un libro, ecc.*) in base alle leggi sui diritti d'autore.

copywriter, *n.* (*pubbl.*) copywriter, « creativo » (*chi dirige un testo pubblicitario, chi inventa uno slogan, ecc.*).

cord, *n.* misura inglese di volume, corrispondente a 3,60 metri cubi circa.

cordial, *a.* cordiale.

cordially, *avv.* cordialmente. // « **~ Yours** » Vostro cordialmente (*in chiusura d'una lettera commerciale, soprattutto americana*).

co-respondent, *n.* (*leg.*) correo, coimputato.

corn[1], *n.* ❶ cereali, granaglie. ❷ grano, frumento. ❸ (*USA*) granoturco, frumentone, mais. // **~ -dealer** grossista in granaglie; **~ Exchange** (*Borsa*) Borsa dei cereali; **~ -factor** commerciante in granaglie; **~ market** (*market.*) mercato dei cereali.

corn[2], *v. t.* conservare sotto sale, salare.

corned beef, *n.* carne di manzo conservata.

corner[1], *n.* ❶ accaparramento, incetta. ❷ (*leg.*) imboscamento (*di merce*). // **~ man** accaparratore, incettatore.

corner[2], *v. t.* ❶ accaparrare (*merce*); accaparrarsi; incettare, fare incetta di (*qc.*). ❷ mettere in difficoltà, mettere con le spalle al muro. ❸ (*leg.*) imboscare (*merce*). △ ❶ **They are trying to ~ all the wool** cercano di accaparrarsi tutta la lana; ❷ **The bears have been cornered** i ribassisti sono stati messi con le spalle al muro. // **to ~ the market** accaparrarsi il mercato.

cornerer, *n. V.* **corner man**.

cornering, *n.* incetta; imboscamento (*di merci*). // **~ the market** (*market.*) accaparramento.

coroner, *n.* (*leg.*) « coroner » (*magistrato inquirente nei casi di morte non naturale*). // **~ 's jury** giuria che assiste il « coroner » (*e che decide se vi sia causa a procedere in giudizio*).

corporate, *a.* ❶ collegato, unito. ❷ costituito (*in corporazione, società o ente pubblico*). ❸ (*USA*) sociale, societario. △ ❸ **The ~ action of the shareholders is rather limited** l'azione sociale degli azionisti è piuttosto limitata. // **~ body** società costituita, persona giuridica, ente giuridico; **the ~ books** (*fin., rag., USA*) i libri sociali; **~ capital** (*fin., USA*) capitale sociale; **~ cash generation** (*fin., USA*) autofinanziamento (d'una società); **~ charter** (*fin., USA*) atto costitutivo di società; **~ climate** (*sind., USA*) clima aziendale; **~ financial planning** (*fin., USA*) elaborazione di piani di finanziamento per le imprese; **~ franchise** (*fin., USA*) concessione governativa per la costituzione d'una società commerciale; **~ goal** (*org. az., USA*) obiettivo aziendale; **~ growth** (*org. az., USA*) sviluppo aziendale; **~ image** (*pubbl., USA*) immagine aziendale; **~ income tax** (*fin., USA*) imposta sul reddito delle società per azioni; **~ law** (*leg., USA*) diritto delle società, diritto societario; **~ merger** (*fin., USA*) fusione d'imprese; **~ name** (*leg., USA*) nome sociale, ragione sociale; **~ policy** (*org. az., USA*) politica aziendale; **~ profitability** (*econ., USA*) profittabilità delle imprese; **~ profits** (*econ., USA*) utili delle imprese; **~ property** proprietà d'una corporazione (*d'un ente, ecc.*); **~ purpose** (*leg., USA*) scopo della società, oggetto sociale; **~ responsibility** responsabilità collegiale; **~ saving** (*fin., USA*) autofinanziamento; **~ seal** (*leg., USA*) sigillo sociale; **~ secretary** (*org. az., USA*) segretario del consiglio d'amministrazione; **~ size** (*org. az., USA*) dimensione dell'azienda; **~ stock** (*fin., USA*) azioni sociali; ~ **structure** (*org. az., USA*) organizzazione aziendale; ~ **symbol** (*pubbl., USA*) marchio (*d'una società*); ~ **tax** (*fin., USA*) imposta sulle società, imposta societaria.

corporation, *n.* ❶ consiglio municipale. ❷ (*storico*) corporazione. ❸ (*leg.*) ente morale, ente giuridico, ente pubblico; società di servizi pubblici. ❹ (*leg., USA*) società legalmente costituita; persona giuridica. ❺ (*leg., USA*) compagnia, società di capitali. ❻ (*leg., USA*) società per azioni. // ~ **aggregate** (*fin., USA*) persona giuridica (*costituita da più individui*); ~ **image** (*pubbl., USA*) immagine aziendale; ~ **net-income tax** (*fin., USA*) imposta sulle società; ~ **school** (*sind., USA*) scuola interna (*aziendale*); ~ **sole** (*fin., USA*) ente morale costituito da una sola persona; ~ **stocks** (*fin.*) titoli di prestito municipali; ~ **tax** (*fin., USA*) imposta sulle società, imposta societaria.

corporatism, *n.* (*econ.*) corporativismo.

corporatist, *a.* (*econ.*) corporativistico. // **a ~ doctrine** una dottrina corporativistica.

corporative, *a.* corporativo. // ~ **state** (*econ.*) stato corporativo.

corporativism, *n.* (*econ.*) corporativismo.

corpus delicti, *n.* (*leg.*) corpo del reato.

correct[1]**,** *a.* corretto, esatto.

correct[2]**,** *v. t.* correggere, rettificare. △ **No corrected bills are accepted** non si accettano cambiali recanti correzioni.

correcting, *a.* rettificativo, di rettifica, di verifica. // ~ **entry** (*rag.*) registrazione di verifica, scrittura di verifica.

correction, *n.* correzione, rettifica. // ~ **of an account** (*rag.*) rettifica d'un conto; ~ **of assessed income** (*fin.*) rettifica del reddito accertato; ~ **of prices** (*Borsa*) rettifica dei corsi.

corrective, *a.* correttivo. // ~ **maintenance** (*org. az.*) manutenzione correttiva; ~ **measures** misure correttive.

correctly, *avv.* correttamente, esattamente. △ **Letters must be ~ stamped** le lettere devono essere affrancate esattamente.

correctness, *n.* correttezza, esattezza.

corrector, *n.* ❶ correttore. ❷ censore, critico. // ~ **of the press** (*giorn.*) correttore di bozze.

correlate, *v. t.* correlare.

correlation, *n.* correlazione. // ~ **coefficient** (*mat.*) coefficiente di correlazione.

correspond, *v. i.* corrispondere. △ **The totals did not ~** i totali non corrispondevano. // **to ~ with a firm** corrispondere con una ditta.

correspondence, *n.* corrispondenza. △ **All ~ must be filed** tutta la corrispondenza deve essere archiviata; **We are carrying on an extensive ~** manteniamo una vasta corrispondenza; **The boss is going through his ~** il capo sta esaminando la corrispondenza. // ~ **clerk** (*pers.*) addetto alla corrispondenza, corrispondente; ~ **department** (*org. az.*) reparto corrispondenza.

correspondent, *a.* e *n.* (*pers.*) corrispondente. *n.* (*giorn.*) inviato. △ *n.* **Foreign correspondents are badly needed nowadays** al giorno d'oggi c'è un gran bisogno di corrispondenti in lingue estere; **English correspondents are well paid** i corrispondenti per l'inglese sono pagati bene. // ~ **bank** (*fin.*) banca corrispondente.

corresponding, *a.* corrispondente, conforme. // ~ **clerk** (*pers.*) corrispondente; ~ **member** socio corrispondente; ~ **period** periodo corrispondente; ~ **secretary** (*pers.*) segretario incaricato della corrispondenza.

corridor, *n.* corridoio. // ~ **carriage** (*trasp. ferr.*) carrozza con corridoio.

corroborate, *v. t.* corroborare, avvalorare.

corroborating evidence, *n.* (*leg.*) prove sufficienti (*ad avvalorare un sospetto*).

corrugated, *a.* ondulato. // ~ **cardboard** cartone ondulato; ~ **plates** lamiere ondulate.

corrupt, *v. t.* corrompere.

corruption, *n.* corruzione.

cosignatory, *n.* (*leg.*) cofirmatario (*firmatario insieme con altri*).

cosine, *n.* (*mat.*) coseno.

cosmopolitan, *a.* cosmopolita. // ~ **wealth** (*econ.*) beni che sono patrimonio comune di tutte le nazioni (*termine usato da A. Marshall*).

cost[1]**,** *n.* ❶ costo, onere, spesa. ❷ (*econ.*) prezzo. ❸ (*rag.*) costo. ❹ **costs,** *pl.* (*leg.*) spese processuali. △ ❶ **Everyone is trying to lower costs** tutti cercano di diminuire i costi; ❹ **He was ordered to pay the costs of the action** fu condannato a pagare le spese processuali; « **Each side bears its own costs** » « spese compensate fra le parti ». // ~ **account** (*rag.*) conto (relativo al) costo di lavorazione; ~ **accountant** (*pers.*) analizzatore dei costi (*in un'azienda*); ~ **accounting** (*rag.*) analisi dei costi, contabilità (relativa ai) costi di lavorazione, contabilità industriale; ~ **allocation** (*rag.*) distribuzione dei costi, imputazione dei costi; ~ **analysis** (*rag.*) analisi dei costi; **costs and fees** (*leg.*) spese e competenze (*d'una causa*); ~ **and freight** (*trasp. mar.*) costo e nolo; ~ **benefit analysis** (*org. az.*) analisi della convenienza d'un nuovo investimento, basata sulla valutazione del reddito che si presume possa produrre; ~ **-book** (*rag.*) libro contabile dei profitti e delle perdite; ~ **center** (*org. az., USA*) V. ~ **centre;** ~ **centre** (*org. az.*) centro di costo, centro di responsabilità; **costs charged to the loser** (*leg.*) spese a carico della parte soccombente; ~ **clerk** (*pers.*) V. ~ **accountant;** ~ **control** (*org. az.*) controllo dei costi; ~ **control account** (*rag.*) conto relativo al controllo dei costi di lavorazione; ~ **control by exception** (*org. az.*) controllo dei costi per eccezioni; ~ **curve** (*econ.*) curva dei costi; ~ **cutting** (*org. az.*) riduzione dei costi, riduzione delle spese; ~ **estimating** (*rag.*) preventivo delle spese; ~ **free** franco di spese; « ~, **freight, and insurance** » (*trasp. mar.*) « costo, assicurazione e nolo »; ~ **-induced inflation** (*econ.*) inflazione indotta dai costi; ~ **inflation** (*econ.*) inflazione da (eccessivo aumento dei) costi; « ~, **insurance and freight, port of discharge** » (*trasp. mar.*) « costo, assicurazione e nolo al porto d'arrivo »; « ~, **insurance, freight** » (*trasp. mar.*) « costo, assicurazione e nolo »; **the costs of the action** (*leg.*) le spese processuali; ~ **of labour** (*rag.*) costo della manodopera; ~ **of living** (*econ.*) costo della vita; ~ **-of-living adjustment** (*econ.*) adeguamento (*dei salari*) al costo della vita (*secondo i punti della* « *contingenza* »); ~ **-of-living allowance** (*pers.*) (indennità di) carovita, (indennità di) contingenza; ~ **-of-living bonus** (*pers.*) (indennità di) carovita, (indennità di) contingenza; ~ **-of-living figure** (*stat.*) indice del costo della vita; ~ **-of-living index** (*econ.*) indice del costo della vita; ~ **-of-living wage escalator** (*econ., sind.*) scala mobile (*che attua un aggancio fra salari e costo della vita*); ~ **of the premises** (*rag.*) costo dei locali (*d'un'azienda*); ~ **of upkeep and repairs** (*rag.*) spese di manutenzione e riparazione; ~ **per page per thousand circulation** (*pubbl.*) costo per mille (*costo di ogni pagina pubblicitaria riferito a mille lettori primari di una pubblicazione*); ~ **plus** quotazione basata sul prezzo d'acquisto, più una percentuale (*spesso determinata da regolamentazioni governative*); ~ **price** (*rag.*) prezzo di costo, prezzo d'acquisto, valore d'acquisto, corso d'acquisto; ~ **push** (*econ.*) spinta dei prezzi, dei costi; ~ **-push inflation** (*econ.*) inflazione da costi; ~ **-push inflation is largely a product of the wage-boosting power of trade unions** l'inflazione da costi è in larga misura determinata dal potere dei sindacati d'ottenere grossi aumenti salariali; ~ **reduction** (*rag.*) riduzione dei costi, riduzione delle spese; ~ **-revenue balance** (*econ.*) equilibrio costi-ricavi; ~ **unit** (*rag.*) unità di costo; **at** ~ al costo, a prezzo di costo: **The only thing we can do is to sell at** ~ vendere al costo è l'unica cosa che possiamo fare; **below** ~ sotto costo; « **with costs** » (*leg.*) « condannato alle spese » (*quando la parte soccombente in una causa legale è condannata alle spese di giudizio*).

cost², *v. i.* (*pass. e part. pass.* cost) ❶ costare. ❷ (*rag.*) determinare, valutare i costi. *v. t.* ❶ stabilire il costo di (*qc.*). ❷ preventivare il costo di (*una merce, un articolo, ecc.*).

costing, *n.* (*rag.*) determinazione dei costi, valutazione dei costi.

costly, *a.* costoso, caro, dispendioso, « salato ».

cosurety, *n.* (*leg.*) garante in solido.

cot, *n.* (*mat.*) cotangente.

cotangent, *n.* (*mat.*) cotangente.

cotenant, *n.* (*leg.*) coaffittuario.

cottage industry, *n.* (*econ.*) lavoro a domicilio (*nelle campagne*).

cotton, *n.* cotone. // **the** ~ **Belt** (*USA*) la zona del cotone; **the** ~ **Exchange** (*fin.*) la Borsa del Cotone; **the** ~ **market** (*market.*) il mercato del cotone, il mercato cotoniero.

coulisse, *n.* (*fin.*) Borsa non ufficiale; fuoriborsa; « mercatino », borsino (*fam.*).

council, *n.* consiglio (*adunanza di persone*). // ~ **-chamber** camera di consiglio; ~ **hall** sala del consiglio; ~ **house** (*ingl.*) casa popolare; ~ **-man** (*USA*) consigliere; ~ **of associated stock exchanges** (*fin., ingl.*) associazione che rappresenta gli interessi di 21 Borse Valori situate in talune città inglesi (*eccettuata la Borsa Valori di Londra*); **the** ~ **of the Bar** (*leg.*) il Consiglio dell'Ordine degli Avvocati; ~ **of Economic Advisers** (*USA*) Consiglio dei Consulenti Economici; **the** ~ **of Europe** il Consiglio d'Europa; ~ **of judges** (*leg.*) consiglio giudiziario; ~ **of Mutual Economic Assistance** Comecon.

councillor, *n.* consigliere (*membro d'un consiglio*).

counsel¹, *n.* ❶ consiglio, parere. ❷ consultazione, consulenza. ❸ (*leg.*) consulente legale, avvocato patrocinante, patrocinatore, patrono. ❹ (*leg.*) consiglio degli avvocati. // ~ **'s advice** (*leg.*) parere legale; ~ **appointed by the Court** (*leg.*) difensore d'ufficio; ~ **'s fees** (*leg.*) parcella d'avvocato; ~ **for the defence** (*leg.*) avvocato difensore; ~ **for the defendant** (*leg.*) avvocato del convenuto, avvocato difensore; ~ **for the plaintiff** (*leg.*) avvocato della parte lesa, avvocato di parte civile; ~ **'s opinion** (*leg.*) parere legale.

counsel², *v. t.* consigliare. *v. i.* consultarsi (*con q.*).

counsellor, *n.* ❶ consigliere. ❷ consulente. ❸ (*leg.*) esperto legale che non esercita la professione nei tribunali, ma dà pareri ai clienti. ❹ (*leg., USA*) avvocato patrocinante, patrono. // ~ **appointed by the Court** (*leg., USA*) difensore d'ufficio; ~ **-at-law** (*leg., USA*) avvocato patrocinante, patrono.

count¹, *n.* ❶ conto, calcolo, conteggio, enumerazione. ❷ (*leg.*) capo d'accusa. ❸ (*leg.*) fatto a sostegno d'un'azione civile. // ~ **of indictment** (*leg.*) capo d'accusa.

count², *v. t.* contare, calcolare, conteggiare, enumerare. △ **In telegrams, signs of punctuation** ~ **as words** nei telegrammi i segni d'interpunzione contano come parole. // **to** ~ **down** (*org. az.*) fare il conto alla rovescia; **to** ~ **from** con decorrenza da, a partire da: **to** ~ **from the first of this month** con decorrenza dal primo del mese in corso; **to** ~ **on** contare su, fare assegnamento su; **to** ~ **up** contare, enumerare; **to** ~ **upon** contare su, fare affidamento su.

countdown, *n.* (*org. az.*) conto alla rovescia.

counter¹, *avv.* contro, in senso contrario, in opposizione (a). *a. attr.* contrario, opposto. △ *avv.* **He acted** ~ **to our wishes** agì in opposizione ai nostri desideri. // ~ **-action** (*leg.*) azione riconvenzionale; ~ **-charge** (*leg.*) domanda riconvenzionale; ~ **-claim** controrichiesta, contropretesa; (*leg.*) domanda riconvenzionale, riconvenzione, controquerela; ~ **-cyclical action** (*econ.*) azione anticiclica; ~ **-declaration** (*leg.*) controdichiarazione; ~ **-form** duplicato di modulo; ~ **-instructions** (*amm.*) controistruzioni, contromandato; ~ **-letter** duplicato di lettera; ~ **-list** duplicato d'elenco; ~ **-offer** controfferta; ~ **-order** contrordine; ~ **-proof** (*leg.*) controprova; ~ **-proposal** controproposta; ~ **-proposition** controproposta; ~ **-security** (*cred.*) controgaranzia, cauzione sussidiaria; ~ **-surety** (*cred.*) controgaranzia, cauzione sussidiaria.

counter², *n.* ❶ contatore (*l'apparecchio*). ❷ gettone (*per giochi, ecc.*). ❸ (*di macch. uff.*) totalizzatore. ❹ (*pers.*) contatore, chi conta. △ ❹ **A cashier is not merely a** ~ **of money** un cassiere non è solamente uno che conta denaro.

counter³, *n.* ❶ banco (*di negozio*). ❷ sportello (*di banca, ecc.*). ❸ cassa. △ ❷ **You can exchange your notes over** (*o* **at**) **that** ~ potete cambiare le banconote a quello sportello. // ~ **cash book** (*banca*) brogliaccio di cassa; ~ **displays** (*pubbl.*) elementi di richiamo per banco di vendita; **over the** ~ al banco; alla cassa; in un ufficio privato; (*market.*) al dettaglio: **They sell stock over the** ~ vendono titoli in un ufficio privato (*anziché alla Borsa*); **over-the-** ~ **sales** (*market.*) vendite al banco, vendite al dettaglio, vendite al minuto; **under the** ~ sottobanco; **under-the-** ~ **goods** roba di sottobanco.

counter⁴, *v. t.* ❶ controbattere; agire in opposizione, opporsi a (*q.*). ❷ difendersi da, respingere (*un attacco, ecc.*). // **to** ~ **inflation** difendersi dall'inflazione.

counteract, *v. t.* ❶ controbattere, contrastare. ❷ rimediare a, neutralizzare. △ ❷ **We must** ~ **the effects of the delay in applying the common market organization in certain sectors** dobbiamo rimediare agli effetti del ritardo verificatosi nella messa in atto dell'organizzazione comune dei mercati in taluni settori.

counteraction, *n.* ❶ antagonismo, resistenza. ❷ rimedio, neutralizzazione. ❸ (*leg.*) azione d'opposizione.

counterbalance, *v. t.* controbilanciare. // **to** ~ **each other** controbilanciarsi.

counterbond, *n.* (*cred.*) controgaranzia.

countercharge, *n.* (*leg.*) contraccusa.

counterclaim¹, *n.* (*leg.*) domanda riconvenzionale.

counterclaim², *v. i.* (*leg.*) presentare una domanda riconvenzionale.

counterfeit¹, *a.* (*leg.*) contraffatto, falsificato, simulato. *n.* (*leg.*) contraffazione, falsificazione. // ~ **banknotes** banconote false; ~ **bill** (*cred., leg.*) cambiale falsa; ~ **coin** moneta falsa.

counterfeit², *v. t.* (*leg.*) contraffare, falsificare, simulare. // **to** ~ **a signature** (*leg.*) falsificare una firma.

counterfeiter, *n.* (*leg.*) contraffattore, falsificatore, falsario.

counterfeiting, *n.* (*leg.*) contraffazione, falsificazione.

counterfoil, *n.* matrice, « madre » (*di registro, libretto, ecc.*). // ~ **book** libro (*o* registro) a « madre » e « figlia »; **the ~ of a cheque book** (*banca*) la matrice di un libretto d'assegni; ~ **of receipt** matrice di ricevuta.

countermand[1], *n.* ❶ annullamento, revoca (*d'un ordine*). ❷ contrordine. // ~ **of payment** (*banca, cred.*) revoca dell'ordine di pagamento.

countermand[2], *v. t. e i.* ❶ annullare, revocare (*un ordine*). ❷ dare un contrordine.

countermark, *n.* contromarca, contrassegno, segno aggiuntivo.

countermeasure, *n.* contromisura.

counterpart, *n.* ❶ copia, duplicato. ❷ « figlia » (*opposto a* « madre », matrice). ❸ controparte; (*leg.*) controparte (*nell'*« indenture », *q.V.*). ❹ contropartita. // ~ **of a deed** (*leg.*) duplicato d'un atto; ~ **sample** (*market.*) controcampione.

countersign[1], *n.* ❶ contrassegno. ❷ controfirma, firma d'autenticazione. ❸ (*leg.*) legalizzazione (*d'un documento, ecc.*).

countersign[2], *v. t.* ❶ controfirmare, autenticare. ❷ (*leg.*) legalizzare (*un documento, ecc.*). △ ❶ **The duplicate must be countersigned as evidence of acceptance** il duplicato dev'essere controfirmato come prova d'accettazione.

countersignature, *n.* ❶ controfirma. ❷ (*leg.*) firma di legalizzazione, firma d'autenticazione.

countervail, *v. t.* ❶ controbilanciare, bilanciare. ❷ essere di compensazione a, compensare, equilibrare.

countervailing charge, *n.* (*fin.*) tassa di compensazione. △ **The level of reference prices for sweet oranges did not give rise to the imposition of a ~** il livello dei prezzi di riferimento per le arance dolci non diede luogo all'instaurazione d'una tassa di compensazione.

countervailing credit, *n.* (*cred.*) controcredito.

countervailing duty, *n.* ❶ (*dog.*) dazio doganale protettivo; ritorsione doganale. ❷ (*econ.*) diritto compensatore.

countervalue, *n.* controvalore. // ~ **of securities applied for** (*banca*) controvalore dei titoli sottoscritti.

counterweigh, *v. t.* controbilanciare.

counterweight, *n.* contrappeso.

counting, *n.* ❶ conto, calcolo, computo. ❷ conteggio, enumerazione. // ~ **from** con decorrenza da, a decorrere da, a datare da; ~ **house** (*org. az.*) ufficio amministrativo; (*rag.*) (ufficio di) contabilità, (ufficio di) ragioneria; **the ~ of words in a telegram** (*comun.*) il conteggio delle parole in un telegramma; ~ **room** (*rag., USA*) (ufficio di) contabilità, (ufficio di) amministrazione (ufficio di) ragioneria.

countless, *a.* innumerevole.

country, *n.* ❶ campagna. ❷ nazione, Paese, regione, Stato. *a. attr.* di Paese, di provincia, provinciale. // ~ **bank** banca di provincia; (*fin., ingl.*) banca che non ha filiali a Londra; (*fin., USA*) banca che non ha sede in una città dove esiste un ufficio del « Federal Reserve System »; ~ **branch** (*org. az.*) filiale di provincia; ~ **estate** fondo rustico; **Countries with excess production** (*econ.*) Paesi eccedentari.

countryside, *n.* campagna.

county, *n.* contea. // ~ **clerk** (*pers.*) segretario di contea; ~ **council** (*amm.*) consiglio amministrativo di contea; ~ **Courts** (*leg.*) tribunali locali di contea; ~ **stocks** (*fin.*) titoli emessi da una contea.

coup, *n.* colpo maestro, mossa brillante. // **a ~ on the Stock Exchange** (*Borsa*) un colpo in Borsa.

coupon, *n.* ❶ buono, scontrino, tagliando. ❷ (*fin.*) cedola, tagliando. ❸ (*pubbl.*) buono. △ ❶ **When I asked for my railway ticket I was given a small book of coupons** quando chiesi il biglietto ferroviario mi fu dato un libretto di tagliandi; ❷ **Coupons are cut off from the sheet and presented for payment** le cedole vengono staccate dalla cartella e presentate per il pagamento; ❸ **Send in the ~ to day!** inviate il buono oggi stesso! // ~ **bond** (*fin.*) obbligazione al portatore; ~ **in arrear** (*fin.*) cedola scaduta; ~ **sheet** (*fin.*) cartella di cedole: **The last portion of a ~ sheet is called « talon »** l'ultima parte d'un foglio di cedole è detta « mantello »; **ex ~ stock** (*fin.*) titolo secco (*senza cedola*); « **your coupons paid** » (*banca*) « vostre cedole pagate ».

course, *n.* ❶ corso, direzione, procedimento. ❷ indirizzo, linea di condotta, condotta. ❸ direttiva. ❹ (*trasp. mar.*) rotta. △ ❶ **The law must take its ~** la legge deve seguire il suo corso; **Foreign trade is changing its ~** il commercio estero sta cambiando direzione; **We consider that ~ to be a departure from our usual practice** pensiamo che un procedimento del genere deroghi alle nostre consuetudini; ❹ **The ship is resuming her ~** la nave sta riprendendo la rotta; **We are trying to adopt a middle ~** stiamo cercando di adottare una via di mezzo; **Our plan is in ~ of execution** il nostro progetto è in fase d'esecuzione. // ~ **of exchange** (*fin.*) corso del cambio; ~ **of prices** (*market.*) andamento dei prezzi; **in the ~ of** nel corso di, durante; **in the ~ of one or two years** nel corso d'un anno o due.

court, *n.* ❶ (*leg.*) Corte, Corte di giustizia, tribunale. ❷ (*leg.*) palazzo di giustizia. ❸ (*leg.*) autorità giudiziaria, magistratura. △ ❶ **This ~ is cognizant of the offence** questo tribunale è competente a giudicare il reato; ❸ **They have taken the case to ~** hanno sottoposto il caso alla magistratura. // ~ **of Admiralty** (*leg.*) Tribunale dell'Ammiragliato; ~ **of Appeal** (*leg.*) Corte d'Appello; ~ **of Appeals** (*leg., USA*) Corte d'Appello; ~ **of arbitration** (*leg.*) collegio arbitrale; ~ **of Assize** (*leg.*) Corte d'Assise; ~ **of bankruptcy** (*leg.*) tribunale fallimentare; ~ **of Cassation** (*leg., ingl.*) Corte di Cassazione; ~ **of common pleas** (*leg.*) tribunale per processi comuni; ~ **of conciliation** (*leg.*) ufficio d'un giudice conciliatore; ~ **of equity** (*leg.*) tribunale civile; ~ **of inquiry** (*leg.*) consiglio d'inchiesta; ~ **of Justice** (*leg.*) Corte di Giustizia; ~ **of records** (*leg.*) tribunale di giurisdizione; ~ **record** (*leg.*) verbale d'un processo; **out of ~** (*leg.*) in via amichevole; stragiudiziale: **We shall settle the dispute out of ~** comporremo la causa in via amichevole.

covenant[1], *n.* ❶ accordo solenne, convenzione, patto. ❷ (*leg.*) contratto solenne, contratto formale. ❸ (*leg.*) garanzia. // ~ **of quiet enjoyment** (*leg.*) garanzia di pacifico godimento.

covenant[2], *v. t. e i.* convenire, accordarsi, pattuire.

covenanted, *a.* legato a una convenzione, legato da un contratto. // ~ **subscription** (*ingl.*) tipo di donazione che si effettua in rate annuali per almeno sette anni a favore di enti o istituzioni senza scopo di lucro (*è esente da imposte*).

cover[1], *n.* ❶ copertina (*di libro*). ❷ busta (*di lettera*). ❸ involucro (*di pacco*), plico. ❹ (*anche ass.*) copertura. ❺ (*Borsa, fin.*) margine. ❻ (*fin.*) rapporto fra gli utili d'una società e quelli distribuiti. ❼ (*leg.*) cauzione, garanzia, somma depositata in garanzia. ❽ (*pubbl.*) copertina. ❾ (*slang USA*) polizza d'assicurazione. △ ❷ **We are sending the invoice under separate ~** inviamo la fattura in busta a parte; ❹ **An amount of money has been remitted him by way of ~** gli è stata rimessa una somma a titolo di copertura; ❺ **Our stockbroker requires a ~ of 20% in cash** il nostro agente di cambio esige un margine del 20% in contanti. // **~ for the day** (*banca*) previsione di cassa; **~ for documentary credit** (*banca*) copertura di credito documentato; **~ girl** (*pubbl.*) cover girl (*ragazza la cui foto appare sulle copertine dei periodici*); **~ note** (*ass.*) certificato di copertura (*del rischio*); (*ass. mar.*) polizza provvisoria; **~ note** (*banca, cred.*) nota di copertura; **~ photo** (*giorn.*) foto di copertina; **~ ratio** (*fin.*) tasso di copertura; **with ~** (*fin.*) con copertura, al coperto; **without ~** (*fin.*) senza copertura, allo scoperto: **We don't accept any transaction without ~** non accettiamo alcuna operazione allo scoperto.

cover², *v. t. e i.* ❶ (*anche ass.*) coprire, proteggere. ❷ (*fin.*) fornire la copertura di; ricoprirsi. ❸ (*giorn.*) fare la cronaca completa di (*qc.*), riferire per esteso. ❹ (*leg.*) depositare (*a cauzione, in garanzia, a titolo di caparra*); garantire. ❺ (*trasp.*) percorrere (*una certa distanza, un numero di miglia, ecc.*). △ ❶ **We ~ risks which ordinary policies leave uncovered** copriamo rischi che sono lasciati scoperti dalle polizze ordinarie; **This policy covers the risk of total loss of the ship** questa polizza copre il rischio di perdita totale della nave; **The policy covers the whole period** la polizza copre tutto il periodo; **The application is covered when the number of shares applied for is equal to the number of shares offered** una sottoscrizione è coperta quando il numero delle azioni sottoscritte è uguale a quello delle azioni offerte; ❸ **The reporter covered the riots** il cronista riferì per esteso la cronaca dei disordini; ❺ **The distances covered on the sea are expressed in nautical miles** le distanze percorse sul mare s'esprimono in miglia marine; **The invoice covers the goods you ordered** la fattura si riferisce alla merce da voi ordinata. // **to ~ one's expenses** coprire le spese; **to ~ goods against sea risks** (*ass. mar.*) coprire la merce contro i rischi del mare; **to ~ oneself** (*Borsa*) coprirsi; **to ~ oneself by buying back** (*Borsa*) mettersi al coperto tramite ricompera; **to ~ one's requirements** coprire il proprio fabbisogno; **to ~ a short account** (*Borsa*) coprire uno scoperto; **to ~ a small order** evadere un piccolo ordinativo.

coverage, *n.* ❶ (*anche ass.*) copertura. ❷ (*giorn.*) ampiezza di trattazione (*d'una notizia*). ❸ (*giorn.*) inchiesta. ❹ (*pubbl.*) copertura; diffusione della pubblicità radio-televisiva (*intesa come totalità delle persone raggiunte*). // **~ for the amount of the credit** copertura per l'importo del credito.

covered, *a.* (*anche ass.*) coperto, protetto. △ **Domestic service is a ~ job under Italian social security law** il lavoro dei domestici è coperto dall'assicurazione sociale in Italia. // **~ arbitrage** (*Borsa, fin.*) arbitraggio coperto; **~ truck** (*trasp. ferr.*) vagone coperto, vagone chiuso; **~ van** (*trasp. ferr.*) vagone coperto, vagone chiuso; **~ wagon** (*trasp. ferr.*) vagone coperto, vagone chiuso.

covering, *n.* (*anche ass.*) copertura, protezione. // **~ letter** (*trasp.*) lettera d'accompagnamento; **~ note** (*ass.*) polizza provvisoria; (*trasp.*) nota di copertura; **~ of land risks** (*ass.*) copertura dei rischi terrestri.

covin, *n.* (*leg.*) collusione a danno di terzi, intesa fraudolenta.

cow gum, *n.* (*pubbl.*) colla gommosa (*usata dai grafici per lavori d'impaginazione*).

cox, *n.* (*trasp. mar.*) timoniere.

coxwain, *n.* (*trasp. mar.*) timoniere.

craft, *n.* ❶ abilità, bravura. ❷ arte, mestiere. ❸ (*trasp. mar.*) (*pl.* craft) imbarcazione, nave, naviglio. // **~ risk** (*ass. mar.*) rischio di chiatta, rischio d'alleggio; **~ union** (*sind.*) sindacato di categoria (*V. anche* **closed union**).

craftsman, *n.* (*pl.* craftsmen) ❶ (*pers.*) artigiano. ❷ (*pers.*) artista. ❸ (*pers.*) operaio.

craftsmanship, *n.* abilità d'artigiano o d'artista; arte.

cranage, *n.* (*trasp.*) diritto di gru.

crane, *n.* (*trasp.*) gru.

crash¹, *n.* ❶ fracasso, schianto. ❷ crollo, tracollo, fallimento, rovina. ❸ (*trasp. aer.*) disastro aereo. ❹ (*trasp. aut.*) scontro, investimento. △ ❷ **The ~ of that company ruined them** il fallimento di quella società li mandò in rovina. // **~ cost** (*amm.*) costo d'un programma accelerato; **~ -landing** (*trasp. aer.*) atterraggio d'emergenza (*con urto sul suolo*); **~ programme** (*amm.*) programma accelerato.

crash², *v. i.* ❶ fracassarsi, schiantarsi. ❷ crollare, andare in rovina, fallire. ❸ (*trasp.*) urtarsi, scontrarsi. △ ❷ **Their business crashed** la loro azienda andò in rovina.

crate¹, *n.* (*trasp.*) gabbia (*di legno: per imballaggi*).

crate², *v. t.* imballare in « gabbie ».

crawling peg, *n.* (*fin.*) parità mobile (*nei cambi*), parità strisciante.

create, *v. t.* creare. // **to ~ a mortgage** (*leg.*) accendere un'ipoteca; **to ~ a new series of shares** (*fin.*) creare una nuova serie d'azioni.

created, *a.* creato.

creation, *n.* creazione. // **the ~ of industries in underdeveloped Countries** la creazione di industrie nei Paesi sottosviluppati; **~ register** (*org. az.*) registro dei nuovi documenti.

creative, *a.* creativo. // **~ department** (*pubbl.*) reparto creativo; **~ group** (*pubbl.*) gruppo creativo.

creator, *n.* creatore.

credentials, *n. pl.* credenziali.

credibility, *n.* credibilità.

credible, *a.* credibile.

credit¹, *n.* ❶ credito. ❷ fiducia, reputazione, stima. ❸ (*banca*) fido. ❹ (*rag.*) accreditamento. ❺ (*rag.*) somma registrata a credito. ❻ (*rag.*) « avere », colonna dell'« avere ». *a. attr.* ❶ a credito, a termine. ❷ di credito, creditizio. ❸ (*rag.*) creditore. △ *n.* ❶ **Trade lives on ~** il commercio vive di credito; **Who says ~, says confidence** chi dice credito, dice fiducia; **No ~ is given at this shop** in questo negozio non si fa credito; **I've obtained a month's ~** ho ottenuto un mese di credito; **The ~ is exhausted** il credito è esaurito; **His ~ is good for one thousand dollars** gli si può far credito fino a mille dollari; **Credit having run out, please renew same** essendo trascorsa la validità del credito, favorite rinnovarlo; *a.* ❶ **This firm specializes in ~ transactions** questa ditta è specializzata in operazioni a credito (*o a termine*); ❷ **Banks are ~ institutions** le banche sono istituti di credito. // **« ~ abated »** (*banca*) « credito esaurito »; **~ accommodations** (*fin.*) facilitazioni di credito; **~ account** conto aperto (*presso un negozio, ecc.*); (*rag.*) conto creditore; **~ advice** nota di accredito; **~ at the bank** credito bancario; **~ balance** (*rag.*) differenza a credito, saldo a credito, saldo creditore, saldo attivo, saldo « avere »; ~ **bank** banca di credito; ~ **Bureau** (*USA*) ufficio d'informazioni commerciali; ~ **card** (*market.*) «creditcarta», tessera rilasciata da un'organizzazione che seleziona i propri soci fra persone notoriamente solvibili e che dà diritto ad acquistare a credito; ~ **circulation** (*fin.*) circolazione fiduciaria; ~ **collection** (*fin.*) incasso di crediti; ~ **column** (*rag.*) colonna dei crediti, colonna creditrice, colonna dell'avere; **credits combining public and private funds** (*fin.*) crediti accoppiati; ~ **company** (*fin.*) società creditrice; ~ **department** (*org. az.*) ufficio crediti, ufficio fidi; ~ **entry** (*rag.*) scrittura d'accredito, registrazione a credito; ~ **facilities** facilitazioni di credito; ~ **guaranteed by mortgage** (*fin.*) credito immobiliare; ~ **inflation** (*econ.*) inflazione da (eccessiva espansione dei) crediti; ~ **institution** (*banca*) istituto di credito; ~ **instrument** titolo di credito; ~ **insurance** (*ass.*) assicurazione per i crediti inesigibili, assicurazione-crediti; ~ **interest rates** (*banca*) tassi d'interesse «creditori»; ~ **investigation** (*fin.*) valutazione dei creditori; ~ **item** (*rag.*) partita a credito; ~ **ledger** (*rag.*) libro mastro degli acquisti; ~ **limit** (*fin.*) fido; ~ **line** (*banca*) cifra di fido, castelletto, «plafond»; ~ **management** (*fin.*) gestione dei crediti; ~ **maneuver** (*fin.*) manovra del credito; ~ **memo** (*rag.*) nota d'accreditamento, nota d'accredito; ~ **note** (*rag.*) nota d'accreditamento, nota d'accredito; ~ **numbers** (*banca*) numeri creditori; ~ **on real property** credito immobiliare; ~ **opening** (*fin.*) apertura di credito; ~ **policy** (*fin.*) politica creditizia: ~ **policy could be relaxed in the framework of an overall program** l'allentamento delle misure restrittive in materia di politica creditizia potrebbe avvenire nell'ambito d'un programma d'insieme; ~ **purchase** (*market., rag.*) acquisto a credito; ~ **rationing** (*fin.*) restrizione del credito; ~ **report** informazioni commerciali; ~ **reporting service** servizio informazioni commerciali; ~ **sale** (*market., rag.*) vendita a credito; ~ **settlement** (*market., rag.*) regolamento a termine; ~ **side** (*rag.*) credito, «avere» (*d'un conto*); ~ **slip** (*banca*) distinta di versamento; ~ **squeeze** (*fin.*) stretta creditizia, compressione creditizia, restrizione del credito; ~ **standing** credito (*di cui gode una ditta*); ~ **status** credito (*di cui uno gode*): **We'll make inquiries into his ~ status** svolgeremo indagini sul credito di cui gode; ~ **-status information** informazioni commerciali; ~ **-status inquiry service** servizio informazioni commerciali; ~ **system** (*fin.*) sistema creditizio; **a ~ transaction** (*cred.*) un'operazione a credito; ~ **transfer** (*fin.*) bonifico; ~ **with the bank** credito bancario; **on** ~ a credito, a termine; **on a ~ basis** a credito; **upon** ~ a credito, a termine.

credit², *v. t.* ❶ accreditare. ❷ (*rag.*) accreditare, bonificare. ❸ (*rag.*) registrare nella colonna dell'«avere». △ ❷ **They have credited us with a hundred pounds** (*o* **a hundred pounds to us**) ci hanno accreditato la somma di cento sterline; **The depositors have been credited with the interest** ai depositanti è stato accreditato l'interesse. // **to ~ an account with a sum** (*rag.*) accreditare un conto d'una somma; **to ~ an amount to sb.** accreditare una somma a q.; **to ~ sb. with an amount** accreditare q. d'una somma, segnare una somma a credito di q.

creditable, *a.* degno di fiducia.

« credited », *locuz.* (*rag.*) «avere».

credited party, *n.* (l')accreditato.

crediting, *a.* accreditante. *n.* (*banca, rag.*) accreditamento, accredito. // ~ **entry** (*rag.*) scrittura d'accreditamento; ~ **of bills value at maturity date** (*banca*) accredito d'effetti valuta scadenza; **the ~ party** l'accreditante; ~ **to sb. 's (current) account** (*banca*) accreditamento in conto a q.

creditor, *n.* ❶ creditore. ❷ (*rag.*) colonna dell'«avere», l'attivo (*d'un conto*). △ ❶ **Preferential and mortgage creditors are paid off first** anzitutto vengono liquidati i creditori privilegiati e quelli ipotecari. // ~ **account** (*rag.*) conto creditore; **creditors ledger** (*rag.*) partitario clienti; **creditors' meeting** (*leg.*) assemblea dei creditori; ~ **nation** (*econ.*) nazione creditrice; ~ **on a bill of exchange** (*leg.*) creditore su cambiale; ~ **on bottomry** (*leg.*) creditore su prestito marittimo; ~ **on mortgage** (*leg.*) creditore su ipoteca; ~ **side** (*rag.*) «avere»; ~ **'s suit** (*leg.*) azione legale per il ricupero di crediti.

creeping inflation, *n.* (*econ.*) inflazione strisciante.

creeping recovery, *n.* (*econ.*) ripresa strisciante.

crest, *n.* (*econ.*) picco (*d'una congiuntura*).

crew, *n.* (*trasp. aer., trasp. mar.*) equipaggio, ciurma. // ~ **and cargo** (*trasp. mar.*) corpo e beni; ~ **list** (*trasp. mar.*) ruolo d'equipaggio.

crime, *n.* (*leg.*) crimine, delitto, illecito penale, reato.

criminal, *a.* (*leg.*) criminale, penale. *n.* (*leg.*) criminale, reo. // ~ **case** (*leg.*) causa penale; ~ **code** (*leg.*) codice penale; ~ **division** (*leg.*) sezione penale; ~ **law** (*leg.*) diritto penale; ~ **law relating to economic transactions** (*leg.*) diritto penale dell'economia; ~ **lawyer** (*leg.*) avvocato penalista, penalista; ~ **offence** (*leg.*) reato penale; ~ **records** (*leg.*) casellario penale.

criminalist, *n.* criminalista.

criminality, *n.* criminalità.

criminologist, *n.* (*leg.*) esperto del diritto penale, penalista.

crippling strike, *n.* (*sind.*) sciopero paralizzante.

crisis, *n.* (*pl.* **crises**) ❶ crisi. ❷ (*econ.*) crisi. △ ❷ **The ~ has been overcome** si è superata la crisi; **Their ~ is due to overproduction** la loro è una crisi di sovrapproduzione; **We're right in the middle of a financial ~** siamo in piena crisi finanziaria.

criterion, *n.* (*pl.* **criteria** e *reg.*) (*ric. op.*) criterio.

critic, *n.* critico.

critical, *a.* critico. // ~ **event** (*org. az.*) momento critico; (*ric. op.*) evento critico; ~ **path** (*ric. op.*) cammino critico; ~ **path analysis** (*ric. op.*) analisi dei momenti critici (*con questa tecnica direzionale un progetto viene esaminato nei suoi dettagli allo scopo di scomporlo nelle sue parti nonché d'esaminare ogni parte sia isolatamente sia in relazione alle altre*); ~ **path scheduling** (*org. az.*) determinazione dei tempi di lavoro per mezzo del metodo del cammino critico.

crofter, *n.* piccolo affittuario.

crook, *n.* truffatore, truffaldino.

crooked, *a.* disonesto, truffaldino. // ~ **action** (*leg.*) azione truffaldina; ~ **man** uomo disonesto.

crookedness, *n.* disonestà.

crop¹, *n.* raccolto. △ **The new ~ is poor** il nuovo raccolto è scadente; **This time we've had a short ~** questa volta il raccolto è stato scarso; **The ~ is going to be early this year** quest'anno si prevede un raccolto precoce.

crop², *v. t.* ❶ tagliare, cimare, tosare. ❷ coltivare, raccogliere. ❸ (*pubbl.*) scontornare.

cross¹, *a. attr.* ❶ che interseca, obliquo, trasversale. ❷ di rimando. *n.* ❶ croce. ❷ incrocio. // ~ **action** (*leg.*) azione impugnativa, azione riconvenzionale, domanda riconvenzionale, riconvenzione; ~ **book** (*Borsa*) speculazione mista; ~ **claim** (*leg.*) domanda riconvenzionale; ~ **complaint** (*leg.*) controquerela; ~ **credit relief** (*fin.*) deduzione reciproca (*d'imposte*); ~ **-demand** (*leg.*) domanda in contraddittorio; ~ **entry** (*rag.*) trasferimento d'una somma ad altro conto; ~ **-examination** (*leg.*) interrogatorio in contraddittorio; ~ **-examine** (*leg.*) interrogare in contraddittorio; ~ **-fade** (*pubbl.*) dissolvenza incrociata; ~ **firing** tiro incrociato; (*cred.*) tiraggio reciproco (*di tratte*); ~ **-frontier merger** (*fin.*) fusione di società di diversa nazionalità; ~ **participation** (*fin.*) partecipazione (*azionaria*) incrociata; ~ **-question** (*leg.*) domanda in contraddittorio; domanda che mette in difficoltà; to ~ **-question** (*leg.*) interrogare in contraddittorio, interrogare a fondo; ~ **rate** (*fin.*) cambio incrociato, cambio indiretto, cambio calcolato attraverso una terza valuta (*detto anche* « *indirect parity* »); ~ **rates of exchange** (*econ., fin.*) parità indirette, parità relative (*dei cambi*); ~ **reference** richiamo (*in un libro, ecc.*); ~ **-roads** crocevia, crocicchio, incrocio; ~ **-section** (*stat.*) spaccato, settore rappresentativo; ~ **-section analysis** (*econ.*) analisi dei settori rappresentativi; ~ **summons** (*leg.*) riconvenzione.

cross², *v. t. e i.* ❶ attraversare, traversare. ❷ accavallare. ❸ incrociare, incrociarsi. ❹ cancellare (*tirando un frego*). ❺ (*banca*) sbarrare. △ ❸ **Our two letters crossed in the post** le nostre due lettere si sono incrociate; **Our previous letter crossed yours** la nostra lettera precedente s'è incrociata con la vostra; ❺ **The person who issues a cheque can ~ it** la persona che emette un assegno può sbarrarlo; **You ~ a cheque by drawing two parallel lines across its face** un assegno bancario viene sbarrato tracciando su di esso due righe parallele. // to ~ **a cheque** (*banca*) sbarrare un assegno bancario; to ~ **generally** (*banca*) sbarrare (*un assegno*) con sbarratura semplice; to ~ **out** cancellare, eliminare.

crossed cheque, *n.* (*banca*) assegno sbarrato. △ **A ~ can only be presented for payment by a banker** un assegno sbarrato non può essere presentato per il pagamento che da un banchiere.

crossing, *n.* ❶ attraversamento. ❷ accavallamento. ❸ incrocio. ❹ cancellatura (*mediante un frego*). ❺ (*banca*) sbarratura. ❻ (*Borsa*) applicazione. ❼ (*trasp. aer., trasp. mar.*) traversata. △ ❺ **The ~ is general if it bears no words between the two parallel lines** la sbarratura è semplice se non porta alcuna parola fra le due linee parallele. // ~ **out** cancellatura, cancellazione, eliminazione.

crowd¹, *n.* folla, moltitudine.

crowd², *v. t.* ❶ affollare. ❷ ingombrare. *v. i.* affollarsi.

crowded state, *n.* (*trasp. mar.*) ingombro (*di porto, banchina, ecc.*).

crowding, *n.* affollamento. // ~ **round the ticket windows** (*trasp.*) affollamento alla biglietteria.

crown¹, *n.* corona. // ~ **colony** (*ingl.*) colonia della Corona; ~ **debt** (*ingl.*) debito dello Stato; ~ **lands** (*ingl.*) terreni demaniali; ~ **law** (*ingl.*) diritto penale.

crown², *v. t.* (*anche fig.*) coronare.

crowned, *a.* coronato.

crucial, *a.* cruciale, critico, decisivo. // ~ **point** punto decisivo; ~ **stage** fase cruciale, fase critica.

crude, *a.* grezzo, non raffinato. △ **It is just a ~ scheme** è soltanto un progetto appena abbozzato. // ~ **oil** petrolio grezzo, (*petrolio*) greggio.

cruise¹, *n.* (*trasp. mar.*) crociera.

cruise², *v. i.* ❶ (*trasp. aer.*) volare a velocità di crociera. ❷ (*trasp. mar.*) (*di nave*) incrociare. ❸ (*trasp. mar.*) (*di persona*) andare in crociera, fare una crociera.

crumble, *v. t.* sbriciolare, sgretolare. *v. i.* ❶ sbriciolarsi, sgretolarsi. ❷ crollare, andare in rovina. △

❷ **Prices are about to ~** i prezzi stanno per crollare.

crumbling, *n.* ❶ sgretolamento. ❷ (*Borsa*) crollo (*di prezzi, corsi, ecc.*).

cry¹, *n.* grido.

cry², *v. t. e i.* ❶ gridare. ❷ proclamare. // to ~ **up** decantare: **They ~ up their articles** decantano i loro articoli.

cubage, *n.* cubaggio.

cube, *n.* (*mat.*) cubo. // ~ **-root** (*mat.*) radice cubica.

cubed, *a.* (*mat.*) al cubo.

cubic, *a.* cubico, cubo. // ~ **equation** (*mat.*) equazione cubica; ~ **measure** misura cubica; ~ **metre** metro cubo, stero.

cubit, *n.* misura lineare per tessili, pari a 18 pollici.

cue, *n.* suggerimento. △ **Your letter gives us no ~ as to the quantity** la vostra lettera non ci dà alcun suggerimento per quanto riguarda la quantità.

culpability, *n.* (*leg.*) colpevolezza, colpa.

culpable, *a.* (*leg.*) colpevole.

culprit, *n.* (*leg.*) colpevole, reo.

cultivable, *a.* coltivabile.

cultivate, *v. t.* coltivare.

cultivation, *n.* coltivazione, coltura.

« **cum** », *prep.* con. // ~ **coupon** (*fin.*) col dividendo; ~ **dividend** (*fin.*) col dividendo; ~ **drawing** (*Borsa*) con estrazione (*o* estrazione compresa); ~ **new** (*Borsa*) col nuovo (*compresa la nuova emissione*); ~ **rights** (*fin.*) col diritto, incluso il diritto d'opzione.

cumbersome, *a.* ingombrante.

cumulate, *v. t.* accumulare, cumulare. *v. i.* accumularsi, cumularsi.

cumulation, *n.* ❶ accumulazione. ❷ (*pubbl.*) cumulazione.

cumulative, *a.* cumulativo. // ~ **dividend** (*fin.*) dividendo cumulativo; ~ **preference shares** (*fin.*) azioni privilegiate cumulative; ~ **preferred stock** (*fin.*) azioni privilegiate cumulative; ~ **stock** (*fin.*) titoli a dividendo cumulativo; ~ **turnover tax** (*fin.*) imposta cumulativa sulla cifra d'affari.

curator, *n.* ❶ (*leg.*) curatore (*di minorenne, d'incapace, ecc.*); tutore. ❷ (*leg.*) amministratore.

curatorship, *n.* (*leg.*) curatela (*di minorenne*).

curb¹, *n.* ❶ (*fig.*) freno. ❷ (*econ., fin.*) contenimento. // **a ~ on inflation** (*econ., fin.*) il contenimento dell'inflazione.

curb², *v. t.* ❶ tenere a freno, trattenere. ❷ contenere, reprimere. // to ~ **the expansion of savings** (*fin.*) paralizzare il risparmio; to ~ **inflation** (*fin.*) tenere a freno l'inflazione; to ~ **inflationary pressures** (*fin.*) contenere le spinte inflazionistiche.

curbist, *n.* (*Borsa, slang USA*) agente di cambio.

curiosity, *n.* curiosità.

currency, *n.* ❶ larga diffusione (*d'una notizia, ecc.*). ❷ (*econ.*) moneta circolante, moneta corrente (*in un Paese*). ❸ (*fin.*) circolazione monetaria. ❹ (*fin.*) valuta, divisa. ❺ (*fin.*) periodo di validità, decorrenza. ❻ (*fin.*) validità (*di moneta, ecc.*). △ ❷ **Our Country needs a stable ~** il nostro Paese ha bisogno d'una moneta stabile; ❹ **That ~ was convertible into gold** quella valuta era convertibile in oro; **Bills of exchange must be paid in the ~ they name** le cambiali devono essere pagate nella valuta da esse indicata; ❺ **The price of a foreign bill of exchange is influenced by its ~** sul valore d'una cambiale sull'estero influisce anche il suo periodo di validità; ❻ **The ~ of those coins was limited to the territory of the motherland** la validità di quelle monete era limitata al territorio della madrepatria. // ~ **act** (*fin.*) legge valutaria; ~ **adjustment** (*fin.*) allineamento valutario, conguaglio monetario; ~ **alignment** (*fin.*) allineamento delle valute; ~ **appreciation** (*econ.*) rivalutazione; ~ **circulation** (*econ.*) circolazione monetaria; ~ **convertibility** (*fin.*) convertibilità della valuta; ~ **depreciation** (*econ.*) svalutazione, devalutazione; ~ **devaluation** (*fin.*) svalutazione monetaria; ~ **exchange rates** (*fin.*) parità di cambio, parità valutaria: **A change in ~ exchange rates is a major instrument of monetary policy** la modifica d'una parità di cambio è un importante strumento di politica monetaria; ~ **fluctuations** (*econ.*) fluttuazione delle monete: **Central Banks allow only limited ~ fluctuations of moderate proportions** le Banche centrali tengono i limiti di fluttuazione delle monete entro fasce ben ristrette; ~ **notes** (*fin.*) banconote, biglietti di Stato a corso forzoso; ~ **of an insurance** (*ass.*) validità d'un'assicurazione; ~ **parity** (*econ.*) parità monetaria; ~ **principle** (*econ.*) principio metallico, teoria metallica (*della valuta*); ~ **rate** (*fin.*) cambio certo per incerto; ~ **reform** (*econ.*) riforma monetaria, cambio della moneta; ~ **regulations** (*fin.*) norme valutarie; ~ **school** (*econ.*) scuola monetaria; ~ **transactions** (*fin.*) manovre sulle valute.

current, *a.* ❶ corrente, d'uso corrente, del giorno. ❷ valevole, valido. ❸ (*market.*) (*di modello*) di serie. △ ❷ **That banknote is no longer ~** quella banconota è fuori corso. // ~ **account** (*banca*) conto corrente; (*fin.*) bilancia commerciale, bilancia delle partite correnti, bilancia delle operazioni (*o* dei pagamenti) correnti: **The ~ account has suffered distinctly from the pressure on available resources** la bilancia commerciale è nettamente peggiorata a causa della pressione esercitata sulle risorse disponibili; **On the other hand, the ~ account deteriorated slightly in Italy, fairly appreciably in France and Belgium, and steeply in the Netherlands** d'altro canto, la bilancia dei pagamenti correnti peggiorò lievemente in Italia, abbastanza sensibilmente in Francia e Belgio, e considerevolmente nei Paesi Bassi; ~ **accounts** (*fin.*) partite correnti; ~ **assets** (*rag.*) attività correnti, disponibilità, capitale circolante; ~ **balance** (*econ.*) bilancia dei conti correnti (*bilancia dei pagamenti, incluse le partite invisibili, ma esclusi i movimenti di capitale*); ~ **budget** (*rag.*) entrate e uscite ordinarie (*bilancio di previsione*); **the ~ business situation** (*econ.*) la congiuntura; ~ **domestic value** (*comm. est.*) valore presunto (*della merce*) nel Paese d'origine (*serve come base nel computo del dazio d'importazione*); ~ **interests** (*rag.*) interessi correnti, interessi in corso; ~ **items** (*fin.*) partite correnti; ~ **liabilities** (*rag.*) passività correnti, debiti correnti, passività a breve scadenza; ~ **money** (*fin.*) moneta corrente; **the ~ month** il mese corrente; (*Borsa*) per consegna entro il mese: **They have bought the ~ month** hanno comprato per consegna entro il mese; ~ **premium** (*ass.*) premio corrente; ~ **price** (*market.*) prezzo corrente; ~ **price list** (*market.*) listino dei prezzi correnti; ~ **quality** (*market.*) qualità corrente; ~ **rate of exchange** (*fin.*) cambio del giorno; ~ **ratio** (*econ., rag.*) rapporto tra attività e passività correnti; ~ **settlement** (*Borsa*) liquidazione corrente; ~ **spending** (*fin.*) spese correnti.

curriculum, *n.* (*pl.* **curricula**) (*pers.*) corso di studi. // ~ **vitae** (*pers.*) « curriculum vitae », curricolo.

curtail, *v. t.* ❶ abbreviare, accorciare. ❷ decurtare, diminuire, ridurre. ❸ limitare, contingentare. △ ❷ **We must try to ~ our expenses** dobbiamo cercare di ridurre le spese. // **to ~ an allowance of money** decurtare un assegno in denaro; **to ~ the output of metals** (*econ.*) contingentare la produzione di metalli; **to ~ wages** (*sind.*) ridurre i salari.

curtailing, *n.* ❶ abbreviazione, accorciamento. ❷ decurtazione, diminuzione, riduzione. ❸ (*econ.*) limitazione, contingentamento.

curtailment, *n. V.* **curtailing.** // ~ **of output** (*econ.*) contingentamento della produzione.

curve, *n.* (*mat., trasp. aut.*) curva. // ~ **of absolute equality** (*econ.*) curva d'uguaglianza assoluta; ~ **of absolute inequality** (*econ.*) curva d'ineguaglianza assoluta.

cushion, *n.* (*org. az.*) cuscinetto, giacenza di sicurezza, « stock di riserva ».

cuss, *n.* (*slang USA*) cliente.

custodian, *n.* (*pers.*) custode (*specialm. d'un edificio pubblico*).

custody, *n.* ❶ custodia, protezione. ❷ (*fin.*) custodia. ❸ (*leg.*) custodia, tutela. ❹ (*leg.*) detenzione. // ~ **bill of lading** (*trasp. mar.*) polizza di carico provvisoria; ~ **fees** (*fin.*) diritti di custodia; ~ **of the law** (*leg.*) custodia legale; **in ~** in buone mani; (*leg.*) sotto buona guardia, in stato d'arresto.

custom, *n.* ❶ costume, costumanza, consuetudine abitudine, uso, prammatica, usanza. ❷ clientela. ❸ il servirsi (*presso un negozio*). ❹ (*leg.*) consuetudine, uso. *a. attr.* ❶ (*dog.*) doganale (*per i composti e le locuzioni, V. anche* **customs**). ❷ (*USA*) che lavora su ordinazione. ❸ (*USA*) fatto su misura, fatto su ordinazione. △ *n.* ❷ **We should like to have your ~** gradiremmo che diventaste nostri clienti; ❸ **I shall withdraw my ~ from that shop** smetterò di servirmi in quel negozio. // ~ **-built** (*org. az.*) fatto su ordinazione, costruito a richiesta, fuori serie; ~ **-built body** carrozzeria fuori serie; ~ **collector** (*dog.*) esattore delle dogane; ~ **-house** (*dog.*) edificio della dogana, ufficio della dogana, dogana; ~ **-house broker** (*dog.*) agente doganale; ~ **-made** fatto su misura; ~ **of trade** uso commerciale; ~ **-surveyor** (*dog.*) ispettore doganale; ~ **watcher** (*dog.*) sorvegliante doganale.

customable, *a.* (*dog.*) soggetto a dazio doganale.

customary, *a.* ❶ consueto, usuale, abituale. ❷ convenzionale, ordinario. ❸ (*leg.*) consuetudinario. △ ❶ **We have discharged with ~ dispatch** abbiamo scaricato con la rapidità consueta. // ~ **clause** clausola d'uso; ~ **route** (*trasp. mar.*) rotta ordinaria; ~ **tare** (*market.*) tara convenzionale, tara d'uso; **as ~ at the port of New York** (*trasp. mar.*) secondo gli usi del porto di New York.

customer, *n.* ❶ cliente, avventore. ❷ **customers,** *pl.* clientela. △ ❶ **That ~ is not easy to please** quel cliente è difficile da accontentare; **He's a prospective ~ of ours** è un nostro probabile cliente; **That ~ has lodged a claim** quel cliente ha presentato un reclamo; ❷ **You are supposed to call regularly on the customers** Lei è tenuto a visitare regolarmente la clientela; **We're gaining customers** ci stiamo creando una clientela. // ~ **assistance** (*market.*) servizio accessorio (*fornito da un rivenditore ai suoi clienti*); ~ **code** (*banca*) codice cliente; **customers' ledger** (*rag.*) mastro dei clienti.

customs, *n. pl.* ❶ (*dog.*) dogana, ufficio doganale. ❷ (*dog.*) diritti doganali, dazi doganali. *a. attr.* (*dog.*) doganale. △ *n.* ❶ **It took us a long time to get through the ~** ci volle molto tempo per passare la dogana. ❷ **You don't pay any ~ for your goods** per le vostre merci non dovete pagare dogana. // ~ **agency** (*dog.*) agenzia doganale; ~ **agent** (*dog.*) agente doganale; (*dog., pers.*) spedizioniere doganale, depositario doganale; ~ **barriers** (*comm. est.*)

barriere doganali; ~ **bill of entry** (*dog.*) dichiarazione doganale; ~ **bond** (*dog.*) cauzione doganale; ~ **charges** (*dog.*) diritti doganali, spese di dogana; ~ **clearance** (*dog.*) spedizione in dogana, sdoganamento; ~ **code** (*dog.*) codice doganale; ~ **Co-operation Council** (*comm. est.*) Consiglio di Cooperazione Doganale; ~ **debenture** (*dog.*) polizza (doganale) di rimborso; ~ **declaration** (*dog.*) dichiarazione doganale; ~ **disarmament** (*comm. est.*) disarmo doganale; ~ **division** (*dog.*) sezione doganale; ~ **drawback** (*dog.*) rimborso dei diritti doganali (*pagati per merce che viene riesportata*); ~ **duties** (*dog.*) dazi doganali: ~ **duties are going to be consolidated** i dazi doganali verranno unificati; ~ **duty** (*dog.*) diritto di dogana, dazio doganale; dazio, dogana (*i diritti*); ~ **entry** (*dog.*) dichiarazione doganale, bolletta doganale; ~ **entry form** (*dog.*) modulo di dichiarazione doganale; ~ **examination** (*dog.*) controllo doganale, visita doganale; ~ **examination of baggage** (*dog., USA*) ispezione doganale del bagaglio; ~ **expenses** (*dog.*) spese di dogana; ~ **formalities** (*dog.*) formalità doganali; ~ **franchise** (*dog., fin.*) franchigia doganale; ~ **legislation** (*leg.*) legislazione doganale; ~ **manifest** (*dog.*) manifesto di dogana; ~ **nomenclature** (*dog.*) nomenclatura doganale; ~ **officer** (*dog.*) funzionario di dogana, doganiere; ~ **permit** (*dog.*) permesso doganale; ~ **receipts** (*dog.*) entrate doganali; ~ **regulations** (*dog.*) regolamenti doganali; ~ **report** (*dog.*) dichiarazione doganale; ~ **service** (*dog.*) servizio doganale; ~ **specification** (*dog.*) documento doganale richiesto a fini statistici; ~ **square** (*dog.*) piazzale doganale; ~ **station** (*dog.*) posto di dogana; ~ **store** (*dog.*) magazzino doganale; ~ **tariff** (*dog.*) tariffa doganale; ~ **union** (*comm. est.*) unione doganale; ~ **valuation** (*dog.*) valutazione doganale; ~ **value** (*dog.*) valore in dogana; ~ **warehouse** (*dog.*) magazzino doganale.

cut[1], *n.* ❶ taglio. ❷ diminuzione, limitazione, riduzione. ❸ (*market.*) calo, ribasso (*di prezzi*). ❹ (*market.*) riduzione (*delle ordinazioni*). ❺ (*pubbl.*) cliché, zinco. ❻ (*pubbl.*) stacco (*in televisione*). ❼ (*slang USA*) dividendo, interesse. △ ❷ **The new policy is causing severe cuts in the orders from abroad** la nuova politica sta causando severe riduzioni nelle ordinazioni dall'estero; ❸ **We do hope we'll get a ~ from the producer** speriamo proprio di ottenere un ribasso dal produttore; ❺ **This ~ is too small for that page** questo zinco è troppo piccolo per quella pagina. // ~ **-back** (*fin.*) riduzione; **a ~ in prices** (*market.*) una diminuzione di prezzi, un ribasso di prezzi: **There has been a ~ in food prices** c'è stato un ribasso dei prezzi dei generi alimentari; ~ **-off switch** (*elab. elettr.*) interruttore; ~ **-out** ritaglio; ~ **-out panel envelope** (*attr. uff.*) busta commerciale a finestra; ~ **-throat** aspro, spietato: **There's been ~ -throat competition on the international front** c'è stata un'aspra concorrenza a livello internazionale.

cut[2], *v. t.* (*pass. e part. pass.* **cut**) ❶ tagliare. ❷ diminuire, limitare, ridurre. ❸ (*market.*) calare, ribassare (*prezzi*). ❹ (*market.*) ridurre (*ordinazioni*). ❺ (*pubbl.*) montare (*un film*). △ ❷ **We are going to ~ salaries** abbiamo intenzione di ridurre gli stipendi. // **to ~ back the cash deficit** (*rag.*) ridurre il disavanzo di cassa; **to ~ back a contract** (*leg.*) risolvere un contratto o ridurne i termini (*di tempo, quantità, ecc.*); **to ~ the discount rate** (*fin.*) ridurre il tasso di sconto; **to ~ down** ridurre; (*econ.*) diminuire (*prezzi, ecc.*); **to ~ down expenses** ridurre le spese; **to ~ down production** (*org. az.*) ridurre la produzione; **to ~ in** ribassare; (*trasp. aut.*) tagliare la strada; **to ~ in prices** (*market.*) ribassare i prezzi; **to ~ off** tagliar via, staccare; (*comun.*) interrompere (*una conversazione telefonica*); **to ~ off connection during a telephone conversation** (*comun.*) interrompere la comunicazione durante una conversazione telefonica; **to ~ out** ritagliare; (*Borsa*) compensare; **to ~ profits** (*fin.*) diluire i profitti.

cutting, *n.* ❶ taglio. ❷ diminuzione, limitazione, riduzione. ❸ (*giorn.*) ritaglio di giornale. ❹ (*market.*) calo, ribasso (*di prezzi*). ❺ (*market.*) riduzione (*delle ordinazioni*). // ~ **limit order** (*Borsa*) ordine stop; ~ **out** (*Borsa*) compensazione.

cybernetics, *n. pl.* (*col verbo al sing.*) cibernetica.

cycle, *n.* ciclo. // ~ **time** (*cronot.*) tempo di ciclo.

cyclical, *a.* ciclico. // ~ **fluctuation** (*econ.*) fluttuazione ciclica, oscillazione ciclica: ~ **fluctuations of prices** (*econ.*) oscillazioni cicliche dei prezzi; ~ **malaise** (*econ.*) crisi congiunturale; ~ **movements** (*econ.*) movimenti ciclici; ~ **unemployment** (*econ.*) disoccupazione ciclica.

cyclostyle[1], *n.* (*attr. uff.*) ciclostile.

cyclostyle[2], *v. t.* ciclostilare.

cylinder, *n.* ❶ cilindro. ❷ (*attr. uff.*) rullo (*di macchina da scrivere*). // ~ **press** (*giorn.*) rotativa.

cypher, *n. V.* **cipher.**

cypher out, *v. t. V.* **cipher out.**

D

dabble, *v. t.* ❶ bagnare, immergere, tuffare. ❷ agitare (*in un liquido*). *v. i.* diguazzare, sguazzare. // to ~ **in** (*o* **at**) occuparsi di (*qc.*, *da dilettante*); dilettarsi di: **They ~ in statistics** a tempo perso s'occupano di statistica; **to ~ on the Stock Exchange** (*Borsa*) fare piccole operazioni di Borsa.

dabbler, *n.* chi s'occupa di qc. a tempo perso, dilettante. △ **He's just a ~ on the Stock Exchange** non è che un piccolo giocatore di Borsa.

daily, *a.* quotidiano, giornaliero. *n.* (*giorn.*) quotidiano, giornale quotidiano. // ~ **allowance (for expenses)** (*pers.*) indennità giornaliera, diaria; ~ **loan** (*cred.*) prestito giornaliero; ~ **money** (*cred.*) prestito giornaliero; ~ **output** (*org. az.*) rendimento giornaliero; ~ **paper** (*giorn.*) quotidiano, giornale quotidiano; ~ **rate** (*pers.*) paga giornaliera; ~ **report** (*pubbl.*) notiziario giornaliero; ~ **sales** (*market.*) vendite giornaliere; ~ **schedule** (*org. az.*) programma giornaliero; ~ **wage** (*pers.*) paga giornaliera.

dairy, *n.* caseificio. // ~ **farming** industria casearia; **dairy products** latticini.

dairying, *n.* industria casearia. // ~ **industry** industria lattiero-casearia.

damage¹, *n.* ❶ danno, danneggiamento, perdita. ❷ (*trasp. mar.*) avaria. ❸ **damages,** *pl.* (*ass.*) danni. ❹ **damages,** *pl.* (*leg.*) danni; risarcimento dei danni, indennizzo. △ ❶ **The ~ was caused by rain** il danno è stato causato dalla pioggia; **The ~ has been ascertained** il danno è stato accertato; **They are trying to underrate the ~** cercano di sminuire il danno; **The ~ resulted from a late delivery** il danno derivava da un ritardo nella consegna; ❸ **We are not liable for the damages** non siamo responsabili per i danni; **You are supposed to pay damages** siete tenuti a risarcire i danni; ❹ **They claimed damages** chiesero il risarcimento dei danni. // ~ **and loss by fire** (*ass.*) danno e perdita (*derivanti*) da incendio; ~ **by act of God** (*leg.*, *trasp. mar.*) danno dovuto a forza maggiore; ~ **due to gross negligence** (*leg.*) danno dovuto a negligenza grave; ~ **due to negligence** (*leg.*) danno dovuto a negligenza; ~ **in discharging** (*ass. mar.*) danni dovuti allo scarico; ~ **in loading** (*ass. mar.*) danni dovuti alla caricazione; ~ **in transit** (*ass.*, *trasp.*) danno avvenuto durante il trasporto; ~ **report** (*ass. mar.*) certificato d'avaria; ~ **survey** (*ass.*) perizia dei danni; (*ass. mar.*) perizia d'avaria; ~ **to cargo by scuttling the ship** (*ass. mar.*) danno al carico aprendo falle nella nave; ~ **to ship** (*trasp. mar.*) avaria alla nave.

damage², *v. t.* ❶ danneggiare, recare danno a (*q. o qc.*). ❷ avariare. △ ❶ **Part of the cargo was not damaged by sea water** parte del carico non rimase danneggiata dall'acqua di mare.

damageable, *a.* danneggiabile.

damaged, *a.* ❶ danneggiato. ❷ avariato. // ~ **goods** merci avariate; ~ **party** (*leg.*) parte lesa.

damnum absque injuria, *n.* (*leg.*) danno arrecato senza cattiva intenzione.

damp, *v. t.* ❶ inumidire. ❷ scoraggiare, smorzare. △ ❷ **That news will inevitably ~ our consumers' spirits** quelle notizie smorzeranno certamente gli entusiasmi dei nostri consumatori.

dampened inflation, *n.* (*econ.*) inflazione attenuata, inflazione decrescente.

damper, *n.* (*attr. uff.*) spugna (*per inumidire francobolli, ecc.*).

dandy note, *n.* (*dog.*) ordine di consegna.

danger, *n.* pericolo, rischio. △ **Both ship and cargo were threatened by imminent ~** tanto la nave quanto il carico erano minacciati da un pericolo imminente. // ~ **angle** (*trasp. mar.*) angolo di pericolo; ~ **bearing** (*trasp. mar.*) rilevamento di pericolo; ~ **money** (*pers.*) indennità di rischio; **the dangers of the road** (*trasp. aut.*) i pericoli della strada; ~ **signal** (*trasp.*) segnale di pericolo.

dangerous, *a.* pericoloso, rischioso. // ~ **crossing** (*trasp.*) incrocio pericoloso; ~ **goods** (*trasp.*) merci pericolose; ~ **occupations** (*sind.*) mestieri pericolosi; ~ **trades** (*sind.*) mestieri pericolosi.

darkroom, *n.* (*pubbl.*) camera oscura.

dash, *n.* ❶ (*comun.*) linea, lineetta. ❷ (*giorn.*) tratto lungo. △ ❶ **In the Morse code letters of the alphabet, numbers and other symbols are represented by dots and dashes** nell'alfabeto Morse le lettere, i numeri e gli altri simboli si rappresentano con punti e linee. // ~ **-board** (*trasp. aer.*, *trasp. mar.*) plancia.

data, *n. pl.* ❶ dati. ❷ (*elab. elettr.*) dati. △ ❶ **No appraisal can be hazarded until more ~ on the market trend are available** non si può azzardare alcuna valutazione fino a che non si saranno raccolti maggiori dati sull'andamento del mercato. // ~ **acquisition system** (*elab. elettr.*) V. ~ **logger**; ~ **collection** (*elab. elettr.*) raccolta di dati, raccolta d'informazioni; ~ **display panel** (*elab. elettr.*) quadro di dati; ~ **handling** (*elab. elettr.*) trattamento dei dati; ~ **logger** (*elab. elettr.*) apparecchio composto da un'unità di conversione analogico-numerica, da un piccolo calcolatore numerico e da un'unità di «output»; ~ **presentation** (*elab. elettr.*) esposizione di dati; ~ **processing** (*elab. elettr.*) elaborazione dei dati; ~ **processing center** (*elab. elettr.*, *USA*) centro di calcolo, centro elettronico; ~ **processing system** (*elab. elettr.*) sistema di elaborazione dei dati; ~ **recorder** (*elab. elettr.*) registratore di dati; ~ **reduction** (*elab. elettr.*) riduzione di dati; ~ **storage** (*elab. elettr.*) immagazzinamento dei dati; ~ **transfer** (*elab. elettr.*) trasferimento di dati; ~ **transmitter** (*elab. elettr.*) trasmettitore di dati.

datable, *a.* databile.

date¹, *n.* data. △ **Two months after** (*o* **from**) ~ **pay Mr R. Russell...** a sessanta giorni data pagate a Mr R. Russell...; **Their bill is payable six days after** (*o* **from**) ~ (*oppure* **at six days'** ~) la loro cambiale è pagabile a sei giorni data. // ~ **as postmark** (*comun.*) data del timbro postale; ~ **bill** cambiale a data prefissata; ~ **-line** (*giorn.*) linea che porta la data d'un articolo; ~ **of a bill** data (di scadenza) d'una cambiale; ~ **of**

date

issue (*banca, fin.*) data d'emissione; ~ **of maturity** data di scadenza; ~ **of registry** (*trasp. mar.*) data d'immatricolazione (*d'una nave*); **the ~ of sailing** (*trasp. mar.*) la data di partenza; ~ **on which a tax becomes applicable** (*fin.*) decorrenza d'un'imposta (*o d'una tassa*); ~ **schedule** (*pubbl.*) calendario delle scadenze; ~ **stamp** (*attr. uff.*) timbro per data, timbro a data; **down-to-** ~ *V.* **up-to-** ~; **out-of-** ~ passato di moda, antiquato: **That kind of commercial correspondence is out-of-** ~ quel tipo di corrispondenza commerciale è antiquato; **to** ~ sino ad oggi, a tutt'oggi, finora: **Let us know the interests to** ~ ci faccia sapere gli interessi a tutt'oggi; **up-to-** ~ d'attualità, alla moda, moderno, aggiornato, (compilato) a tutt'oggi: **up-to-** ~ **advertising techniques** (*pubbl.*) moderne tecniche pubblicitarie; **You are supposed to keep the firm's books up-to-** ~ Lei deve tenere aggiornati i libri della ditta.

date[2], *v. t.* datare (*una lettera, un documento, ecc.*). *v. i.* essere datato. △ *v. t.* **Bills are dated on the day they are made out** gli effetti vengono datati il giorno della loro emissione; *v. i.* **The report dates from the headquarters** la relazione è datata dalla sede centrale. // **to ~ back** retrodatare: **They have dated the contract back** hanno retrodatato il contratto; **to ~ back to** risalire a: **The prosperity of the business dates back to the post-war years** la prosperità dell'azienda risale al periodo postbellico; **to ~ forward** postdatare; **to ~ from** (*di un abbonamento e sim.*) decorrere da.

dateable, *a. V.* **datable**.

dated, *a.* datato. // **a ~ and stamped document** un documento recante data e bollo.

dateless, *a.* privo di data. // ~ **letter** lettera senza data: ~ **letters drive the boss crazy** le lettere senza data fanno imbestialire il capo.

dater, *n.* (*attr. uff.*) timbro per data, datario.

dation, *n.* (*leg.*) dazione. // ~ **in payment** (*leg.*) dazione in pagamento.

datum, *n.* (*pl.* **data**) ❶ dato. ❷ (*elab. elettr.*) dato. // ~ **error** (*elab. elettr.*) errore iniziale.

daughter, *n.* figlia.

day, *n.* ❶ giorno, giornata. ❷ (*Borsa*) giorno di Borsa. // **the ~ after tomorrow** domani l'altro, dopodomani; ~ **before** giorno precedente, vigilia: ~ **before the settlement** (*Borsa*) vigilia della liquidazione; ~ **book** (*rag.*) brogliaccio; ~ **charge** (*comun.*) tariffa (*telefonica*) diurna; ~ **'s close** (*Borsa, fin.*) quotazione di chiusura; ~ **control** (*org. az.*) controllo giornaliero; ~ **control chart** (*org. az.*) diagramma di controllo giornaliero; ~ **'s journey** (*trasp.*) giornata di viaggio; ~ **labour** (*pers.*) manodopera a giornata; (*sind.*) lavoro a giornata; ~ **labourer** (*pers.*) lavoratore a giornata, giornaliero; ~ **letter** (*comun.*) telegramma diurno (*costa meno e viaggia più lento*); ~ **letter telegram** (*comun.*) telegramma lettera; ~ **man** (*pers.*) lavoratore a giornata, giornaliero; **days of grace** (*cred.*) giorni di grazia, giorni di tolleranza (*concessi consuetudinariamente in Inghilterra, in numero di tre, per far fronte al pagamento d'una cambiale scaduta*); dilazione (di pagamento); ~ **of rest** (*pers.*) giorno di riposo; ~ **off** (*pers.*) giorno di libertà, giornata libera; **the ~ prior to maturity** (*cred.*) il giorno precedente la scadenza; ~ **rate** (*sind.*) paga giornaliera; ~ **shift** (*pers.*) turno di giorno; ~ **'s sight** (*cred.*) a certo tempo vista; ~ **'s spread** (*Borsa, fin.*) scarto del giorno; ~ **ticket** (*trasp. ferr., ingl.*) biglietto ferroviario valido un solo giorno; ~ **-to-** ~ **loan** (*cred.*) prestito giornaliero, prestito rimborsabile su domanda; ~ **-to-** ~ **money** (*cred.*) prestito rimborsabile su domanda, prestito giornaliero; ~ **-to-** ~ **option** (*Borsa*) opzione per il giorno successivo; ~ **trade** (*Borsa*) « mosconata » (*operazione speculativa di Borsa che si apre e chiude nello stesso giorno*); ~ **train** (*trasp. ferr.*) treno diurno; ~ **wages** (*sind.*) paga giornaliera, « giornata »; ~ **'s work** (*sind.*) lavoro giornaliero; **on the ~ it falls due** (*banca, cred.*) il giorno della scadenza; **this ~ week** oggi a otto; **two days before** antivigilia.

daybook, *n.* (*rag.*) prima nota.

daylight, *n.* luce del giorno, luce diurna. // ~ **saving** (*USA*) ora legale, ora estiva; ~ **saving time** (*USA*) ora legale, ora estiva (*V.* **ingl. summer time**); ~ **time** (*USA*) ora legale, ora estiva; ~ **train** (*trasp. ferr.*) *V.* **day train**.

dayside, *n.* (*giorn., pers.*) personale pomeridiano.

daywork, *n.* (*sind.*) lavoro d'una giornata.

dead, *a.* morto (*anche fig.*), estinto, inanimato. // ~ **account** (*rag.*) conto estinto, conto fittizio; ~ **assets** (*rag.*) attività fittizie; ~ **beat** (*slang USA*) chi non riesce a far fronte ai propri impegni finanziari; ~ **book** (*fam.*) registro delle società che hanno cessato l'attività; ~ **calm** (*trasp. mar.*) bonaccia; ~ **cargo** (*trasp. mar.*) carico sopra coperta; ~ **end** (*trasp.*) vicolo cieco (*anche fig.*); (*trasp. ferr.*) termine d'una diramazione di linea ferroviaria; ~ **-end job** (*sind.*) impiego senza sbocchi di carriera; ~ **freight** (*trasp. mar.*) nolo « vuoto per pieno »; ~ **hand** (*leg.*) manomorta; ~ **letter** (*comun.*) lettera giacente (*non ritirata o non consegnata, per irreperibilità del destinatario*); ~ **loss** (*rag.*) perdita netta, perdita secca; ~ **money** (*fin.*) denaro infruttifero; ~ **postal packet** (*comun.*) pacco giacente; ~ **season** (*market.*) stagione morta; ~ **stock** (*econ.*) scorte morte; (*fin.*) capitale (azionario) inutilizzato; (*market.*) giacenza di merce difficile a vendersi; ~ **time** (*cronot.*) tempo morto; ~ **weight** (*trasp. mar.*) portata lorda; ~ **-weight capacity** (*trasp. mar.*) portata lorda; ~ **-weight charter** (*trasp. mar.*) noleggio al lordo; ~ **-weight tonnage** (*trasp. mar.*) portata lorda.

deadhead, *n.* chi viaggia senza pagare il biglietto, chi va a teatro senza pagare il biglietto, « portoghese ».

deadheading, *n.* (*sind., USA*) pratica di concedere il trasporto gratuito agli impiegati d'un'impresa di trasporti.

deadline, *n.* ❶ scadenza; ora (data, ecc.) di scadenza. ❷ (*pubbl.*) termine ultimo.

deadlock, *n.* punto morto. △ **We've been at a ~ for several days now** da diversi giorni siamo ad un punto morto.

deadweight, *n.* (*trasp. mar.*) portata. // ~ **debt** (*fin.*) debito non garantito.

deal[1], *n.* ❶ quantità. ❷ negoziazione, trattativa. ❸ compromesso. ❹ affare. ❺ affare losco. ❻ (*fam.*) trattamento. ❼ (*comm.*) operazione, « transazione ». △ ❶ **It takes a great ~ of money to renew the plants** ci vuole una gran quantità di soldi per rinnovare gli stabilimenti; ❸ **Law often begins with ideals and ends with deals** nella legge spesso si comincia con gli ideali e si finisce coi compromessi; ❹ **How much did you make out of that ~?** quanto hai guadagnato in quell'affare?; «**It's a ~** » « affare fatto! »; ❺ **We were given a square (a raw) ~** ci fu fatto un trattamento equo (ingiusto); ❼ **He is trying to make a cash ~** sta cercando di fare un'operazione a contanti.

deal[2], *v. i.* (*pass. e part. pass.* **dealt**) ❶ fare affari. ❷ negoziare. ❸ servirsi (*presso un negozio*). ❹ (*Borsa*) negoziare, operare. △ ❸ **They are starting to ~ at our new shop** cominciano a servirsi nel nostro nuovo negozio; ❹ **It's practically impossible to ~ on our**

market è praticamente impossibile operare sul nostro mercato. // to ~ **for the account** (*Borsa*) negoziare a termine; to ~ **for cash** (*Borsa*) negoziare per contanti; to ~ **for a fall** (*Borsa*) operare al ribasso; to ~ **for money** (*Borsa*) negoziare per contanti; to ~ **for a rise** (*Borsa*) operare al rialzo; to ~ **for the settlement** (*Borsa*) negoziare a termine; to ~ **in** occuparsi di; commerciare in, trattare (*un articolo, ecc.*); (*Borsa*) trattare (*titoli, ecc.*): **We've been dealing in glassware since the end of the war** commerciamo in cristallerie dalla fine della guerra; **They don't ~ in this line** non trattano questo articolo; **All kinds of stocks are dealt in at the Stock Exchange** alla Borsa si tratta ogni tipo di titolo; to ~ **on credit** comprare a credito, vendere a credito; to ~ **with** avere a che fare con (*q.*), fare affari con (*q.*); occuparsi di (*qc.*); trattare (*q. o qc.*): **I'm not going to ~ with their agent!** non voglio aver a che fare col loro rappresentante!; **That's a difficult customer to ~ with** è difficile fare affari con quel cliente; **They dealt fairly with us** ci hanno trattati onestamente.

dealable, *a.* ❶ negoziabile. ❷ (*comm.*) commerciabile, trattabile.

dealer, *n.* ❶ commerciante, commerciante al minuto, negoziante. ❷ (*Borsa*) operatore di Borsa. ❸ (*Borsa, ingl.*) *V.* **jobber, stock jobber**. ❹ (*comm.*) operatore. // ~ **help** (*market.*) assistenza « promozionale »; **a ~ in dry goods** un commerciante in cereali; (*USA*) un commerciante in tessuti; **a ~ in stocks** un operatore di Borsa; **a ~ in stolen goods** (*leg.*) un ricettatore; ~ **network** (*market.*) rete delle vendite; ~ **'s spread** (*Borsa, fin., USA*) margine dell'operatore di Borsa.

dealing, *n.* ❶ contrattazione, trattativa. ❷ rapporto d'affari. ❸ operazione, « transazione ». ❹ comportamento, modo d'agire. ❺ (*Borsa, comm.*) negoziazione, operazione. △ ❶ **We had to enter into dealings with them** dovemmo entrare in trattative con loro; ❷ **They've usually been honest in their dealings with us** di solito sono stati onesti nei loro rapporti con noi; ❹ **That customer of ours is known for his fair ~** quel nostro cliente è noto per la sua rettitudine. // ~ **for the account** (*Borsa*) negoziazione a termine; **dealings for the account** (*Borsa*) operazioni a termine; ~ **for cash** (*Borsa*) negoziazione per contanti; ~ **for a fall** (*Borsa*) operazione al ribasso; ~ **for money** (*Borsa*) negoziazione per contanti; ~ **for a rise** (*Borsa*) operazione al rialzo; ~ **for the settlement** (*Borsa*) negoziazione a termine; ~ **in shares for the coming out** (*Borsa*) operazione in azioni ancora da emettere.

deaner, *n.* ❶ (*slang ingl.*) scellino. ❷ (*slang USA*) decima parte di dollaro.

dear, *a.* ❶ caro, costoso, dispendioso. ❷ (*nell'introduzione a una lettera commerciale*) egregio, gentile, stimatissimo. *avv.* caro, a caro prezzo. △ *a.* ❶ **That was a ~ year!** quella fu un'annata cara (*di prezzi alti*); **Money is said to be ~ when loans are difficult to get and interest rates are high** si dice che il denaro è caro quando è difficile ottenere prestiti e il tasso d'interesse è alto; *avv.* **That would cost us too ~** questo ci costerebbe troppo caro; **It's not easy to buy cheap and sell ~** non è facile comprare a buon mercato e vender caro. // ~ **money** (*econ., fin.*) denaro caro; ~ **Sir** Egregio Signore (*introduzione a una lettera commerciale*).

dearly, *avv.* a caro prezzo.

dearness, *n.* l'esser caro, l'esser dispendioso, alto prezzo. // **the ~ of credit nowadays** (*cred.*) l'alto prezzo del credito al giorno d'oggi.

dearth, *n.* ❶ penuria, scarsità. ❷ carestia. // ~ **of capital** (*econ.*) penuria di capitali; ~ **of coin** (*fin.*) scarsità di numerario.

death, *n.* morte. // ~ **-bed will** (*leg.*) testamento fatto in punto di morte; ~ **benefit** (*pers.*) indennità dovuta a chi muore sul lavoro o per ragioni di salute; ~ **certificate** (*leg.*) certificato di morte; ~ **duty** (*leg.*) imposta di successione, tassa di successione; ~ **grant** (*pers.*) indennità destinata a far fronte alle spese d'un funerale; ~ **rate** (*stat.*) tasso di mortalità, mortalità; ~ **tax** (*leg., USA*) imposta di successione.

debar, *v. t.* ❶ escludere (*da un diritto, ecc.*). ❷ (*leg.*) privare. ❸ (*leg.*) prescrivere. // to ~ **sb. from a right** (*leg.*) privare q. d'un diritto; **to be debarred** (*leg.*) cadere in prescrizione: **Our right was debarred by the statute of limitations** il nostro diritto cadde in prescrizione; **to be debarred from an action** (*leg.*) decadere da un'azione.

debarment, *n.* ❶ esclusione (*da un diritto, ecc.*). ❷ (*leg.*) privazione. ❸ (*leg.*) prescrizione. // ~ **from a right** (*leg.*) decadenza da un diritto.

debase, *v. t.* ❶ (*econ.*) abbassare il valore intrinseco di (*una moneta, ecc.: mediante la « tosatura »*). ❷ (*econ.*) deprezzare, svalutare (*monete, ecc.*). △ ❷ **The monetary unit has been debased** l'unità monetaria è stata deprezzata.

debasement, *n.* ❶ abbassamento (*di valore*). ❷ (*econ.*) deprezzamento, svalutazione (*di monete, ecc.*). // ~ **of the coinage** (*econ.*) svalutazione della moneta.

debatable, *a.* ❶ discutibile. ❷ discusso, messo in dubbio. △ ❶ **Whether your report is accurate is a ~ question** se la vostra sia una relazione precisa è discutibile.

debate[1], *n.* ❶ dibattito, dibattimento, discussione. ❷ (*leg.*) discussione. △ ❶ **They are planning a public ~ about the pros and cons of devaluation** stanno organizzando un dibattito pubblico sui pro e i contro della svalutazione.

debate[2], *v. t.* dibattere, discutere. △ **Their joining the Common Market is still being debated** si sta ancora discutendo il loro ingresso nel Mercato Comune. // to ~ **a suit** (*leg.*) discutere una causa.

debated, *a.* dibattuto, controverso. // ~ **clause** (*leg.*) clausola controversa.

debenture, *n.* ❶ (*dog.*) polizza di rimborso del dazio. ❷ (*fin.*) obbligazione, titolo obbligazionario. ❸ (*fin.*) titolo del Debito Pubblico. △ ❶ **A ~ entitles an exporter of imported goods to a drawback of duties paid on their importation** una polizza di rimborso del dazio dà diritto al rimborso, all'esportatore di merci importate, del dazio pagato per la loro importazione; ❷ **When a company borrows money from the public, it does so by issuing debentures** quando una società prende a prestito denaro dal pubblico, lo fa emettendo obbligazioni; **A ~ is a certificate signed by a public officer as evidence of a right to receive a sum of money** un'obbligazione è un certificato, firmato da un pubblico funzionario, attestante il diritto a ottenere una somma di denaro; ❸ **Governments issue debentures as evidence of their debt towards the public** i Governi emettono titoli del Debito Pubblico a prova del loro debito verso il pubblico. // ~ **bond** (*fin.*) obbligazione; ~ **capital** (*fin.*) capitale obbligazionario; ~ **certificate** (*fin.*) cartella obbligazionaria; ~ **debt** (*fin.*) debito obbligazionario; ~ **holder** (*fin.*) obbligazionista; ~ **loan** (*fin.*) prestito obbligazionario; ~ **payable to bearer** (*banca, cred.*) obbligazione pagabile al portatore; ~ **stock**

(*fin.*) obbligazione, obbligazioni irredimibili; ~ **yield** (*fin.*) reddito obbligazionario.

debit[1], *n.* ❶ (*rag.*) addebito. ❷ (*rag.*) « dare », colonna del « dare ». *a. attr.* (*rag.*) debitore, a debito. // ~ **account** (*rag.*) conto debitore, conto a debito; ~ **advice** (*rag.*) nota d'addebito; ~ **and credit** (*rag.*) « dare » e « avere », entrata e uscita; ~ **balance** (*rag.*) saldo debitore, saldo a debito, saldo passivo; ~ **collection letter** lettera di sollecito di pagamento; ~ **column** (*rag.*) colonna del « dare », colonna debitrice; ~ **entry** (*rag.*) registrazione a debito; ~ **interest** (*banca*) interessi debitori; ~ **interest rates** (*banca*) tassi d'interesse « debitori »; ~ **item** (*rag.*) partita a debito; ~ **ledger** (*rag.*) (libro) mastro delle vendite; ~ **memo** (*rag.*) nota d'addebito, nota d'addebitamento; ~ **note** (*rag.*) nota d'addebito; ~ **numbers** (*banca*) numeri debitori: ~ **numbers and interest are shown by the sign — (minus)** i numeri e gli interessi debitori sono contraddistinti dal segno — (meno); **the ~ of an account** (*rag.*) il « dare » d'un conto; ~ **side** (*rag.*) « dare » (*d'un conto*).

debit[2], *v. t.* ❶ (*rag.*) addebitare. ❷ (*rag.*) registrare nella colonna del « dare ». // **to ~ an account** (*rag.*) addebitare un conto: **We have debited your account with fifty pounds** abbiamo addebitato il vostro conto di cinquanta sterline.

debt, *n.* ❶ (*cred.*) debito. ❷ (*rag.*) debito. // ~ **and rights** (*cred.*) credito; ~ **collecting** (*cred.*) ricupero dei crediti; ~ **collecting agency** (*cred.*) agenzia per il ricupero dei crediti; ~ **collection** (*cred.*) ricupero dei crediti; ~ **collection agency** (*cred.*) agenzia per il ricupero dei crediti; ~ **collector** (*cred.*) agente per il ricupero dei crediti, esattore dei crediti; ~ **extinguished by lapse of time** (*leg.*) debito prescritto; ~ **proved in bankruptcy** (*leg.*) credito ammesso al passivo del fallimento; ~ **recovery** (*cred.*) ricupero dei crediti; ~ **recovery agency** (*cred.*) agenzia per il ricupero dei crediti; ~ **to net worth ratio** (*rag.*) rapporto fra le passività totali d'una ditta e il suo valore patrimoniale; **bad** ~ credito inesigibile: **That's going to be a bad ~!** quello sarà un credito difficile da ricuperare!; **to be in ~** essere indebitato: **We are deeply in ~** siamo indebitati fino agli occhi.

debtor, *n.* ❶ (*cred.*) debitore. ❷ (*rag.*) (intestazione della colonna del) « dare ». *a. attr.* (*rag.*) debitore. // **a ~ able to pay** un debitore in grado di pagare; ~ **account** (*rag.*) conto debitore; ~ **and creditor** (*rag.*) « dare » e « avere »; ~ **company** (*cred.*) società debitrice; ~ **in arrears** debitore in mora; ~ **nation** (*econ.*) nazione debitrice; ~ **on mortgage** (*cred.*) debitore ipotecario; ~ **side** (*rag.*) (colonna del) « dare ».

debug, *v. t.* ❶ (*elab. elettr.*) riparare (*guasti*). ❷ (*elab. elettr.*) correggere (*errori*).

debugging, *n.* (*elab. elettr.*) riparazione (di guasti).

decadence, *n.* decadenza.

decagram(me), *n.* decagrammo.

decal, *n.* (*pubbl.*) decalcomania.

decalcomania, *n.* (*pubbl.*) decalcomania.

decaliter, *n.* (*USA*) decalitro.

decalitre, *n.* decalitro.

decameter, *n.* (*USA*) decametro.

decametre, *n.* decametro.

decasualisation, *n.* (*econ.*) « decasualizzazione » (*attività legislativa e organizzativa prevista dal piano Beveridge, mirante a rendere stabile e sicuro, non « casuale », il lavoro*).

decay[1], *n.* decadenza.

decay[2], *v. i.* decadere.

decease[1], *n.* decesso.

decease[2], *v. i.* decedere.

deceased, *a.* deceduto, defunto, morto.

deceit, *n.* ❶ frode, inganno, raggiro, truffa. ❷ (*leg.*) dolo.

deceitful person, *n.* persona disonesta.

deceive, *v. t.* frodare, ingannare, raggirare, truffare. △ **Advertisements often ~ the public** spesso gli annunci pubblicitari ingannano il pubblico.

deceiver, *n.* imbroglione.

decent, *a.* decente.

decentralization, *n.* (*org. az.*) decentramento, decentralizzazione.

decentralize, *v. t.* (*org. az.*) decentrare. △ **They are trying to ~ downtown business activities** cercano di decentrare le attività commerciali del centro.

deception, *n.* inganno, raggiro.

decide, *v. t.* decidere, risolvere (*una questione, una lite, ecc.*). *v. i.* decidersi. △ *v. t.* **We are looking forward to deciding the dispute** siamo ansiosi di risolvere la vertenza. // **to ~ a controversy** (*leg.*) decidere una controversia; **to ~ in chambers** (*leg.*) deliberare in camera di consiglio; **to ~ the issue** tagliare la testa al toro (*fig.*).

decided, *a.* ❶ deciso, definito. ❷ fermo, netto. // **a ~ difference between the two totals** (*rag.*) una netta differenza fra i due totali; **a ~ recovery of the market** (*market.*) una decisa ripresa del mercato.

decigram, *n.* decigrammo.

deciliter, *n.* (*USA*) decilitro.

decilitre, *n.* decilitro.

decimal, *a.* e *n.* (*mat.*) decimale. // ~ **classification** (*org. az.*) classificazione decimale; ~ **coinage** (*econ.*) sistema monetario decimale; ~ **currency** (*econ.*) moneta decimale, sistema monetario decimale; ~ **digit** (*mat.*) cifra decimale; ~ **hour** (*cronot.*) ora decimale (*unità di misura per la rilevazione dei tempi con cronometri nei quali la lancetta compie 100 giri del quadrante in un'ora, uno ogni 36 secondi*); ~ **-hour unit** (*cronot.*) unità di misura pari a 36 secondi (*è indicata con l'abbreviazione CH*); ~ **logarithm** (*mat.*) logaritmo decimale; ~ **measure** (*mat.*) misura decimale; ~ **notation** (*mat.*) numerazione decimale; ~ **number** (*mat.*) numero decimale; ~ **point** (*mat.*) puntino che separa l'intero dalla parte decimale; ~ **system** (*mat.*) sistema decimale.

decimalization, *n.* ❶ (*econ.*) « decimalizzazione », adozione del sistema monetario decimale. ❷ (*mat.*) « decimalizzazione », riduzione al sistema decimale. △ ❶ **The ~ of the pound dates back to February 15 1971** la « decimalizzazione » della sterlina risale al 15 febbraio 1971.

decimalize, *v. t.* ❶ (*econ.*) « decimalizzare », adottare il sistema decimale. ❷ (*mat.*) « decimalizzare », ridurre al sistema decimale. // **to ~ the currency** (*econ.*) decimalizzare la moneta.

decimate, *v. t.* decimare, diminuire fortemente. △ **Inflation has decimated buying power** l'inflazione ha fortemente diminuito il potere d'acquisto.

decimeter, *n.* (*USA*) decimetro.

decimetre, *n.* decimetro.

decipher, *v. t.* decifrare.

decipherable, *a.* decifrabile.

deciphering, *n.* decifrazione (*di documenti, ecc.*).

decision, *n.* ❶ decisione, risoluzione. ❷ (*leg.*) decisione, sentenza. ❸ (*org. az.*) decisione. △ ❶ **These decisions do not fit into the overall framework of an economically well-founded competition policy** queste decisioni non si inseriscono nel quadro generale d'una politica della concorrenza solidamente fondata dal punto di vista economico. // ~ **box planning and scheduling** (*ric. op.*) metodo dei punti di decisione; ~ **by default** (*leg.*) sentenza in assenza della parte; ~ **making** (*org. az.*) processo decisorio; ~ **making power** (*org. az.*) potere decisionale; ~ **theory** (*ric. op.*) teoria delle decisioni; **by ~ of the Court** (*leg.*) per decisione della Corte.

decisional, *a.* decisionale.

decisive, *a.* decisivo. △ **Our customers are expecting a ~ answer** i nostri clienti si aspettano una risposta decisiva.

deck, *n.* ❶ (*elab. elettr., USA*) pacco (*di schede perforate*). ❷ (*trasp.*) piano (*di nave, d'autobus, ecc.*). ❸ (*trasp. mar.*) coperta, ponte, tolda (*d'una nave*). // ~ **cargo** (*trasp. mar.*) carico di coperta; ~ **-cargo premium** (*trasp. mar.*) premio per il carico di coperta; ~ **-cargo risk** (*ass. mar.*) rischio per il carico di coperta; ~ **load** (*trasp. mar.*) carico di coperta; ~ **loading clause** (*ass. mar.*) clausola della caricazione sopra coperta; ~ **passenger** (*trasp. mar.*) passeggero che viaggia sopra coperta; ~ **shipment** (*trasp. mar.*) caricamento sul ponte; **on ~** sopraccoperta; (*pers., fam.*) a portata di mano, pronto: **Every employee is supposed to be on ~ at 8 o'clock** ogni impiegato deve essere pronto alle otto; **on ~ bill of lading** (*trasp. mar.*) polizza di carico emessa per certe merci che per la loro infiammabilità, deperibilità o altro debbono essere trasportate sul ponte della nave anziché nella stiva.

declarable, *a.* ❶ dichiarabile. ❷ (*dog.*) dichiarabile.

declarant, *n.* (*dog., leg.*) dichiarante.

declaration, *n.* ❶ dichiarazione, proclamazione. ❷ (*ass., leg.*) dichiarazione. ❸ (*Borsa*) risposta (*ai premi*). ❹ (*dog.*) dichiarazione, denuncia. // ~ **attested by a notary** (*leg.*) dichiarazione autenticata da un notaio; ~ **fire policy** (*ass.*) polizza aperta (*o d'abbonamento*) contro l'incendio; ~ **inwards** (*dog.*) dichiarazione d'entrata; ~ **of compliance with the companies act** (*leg.*) dichiarazione di conformità con la legge sulle società commerciali; **the ~ of an extra dividend** (*fin.*) la proclamazione d'un dividendo « extra »; ~ **of mortgage** (*leg.*) dichiarazione d'ipoteca; ~ **of option** (*Borsa*) risposta premi; ~ **of solvency** (*leg.*) dichiarazione di solvibilità (*d'una società commerciale*); ~ **of the value of the goods** (*ass.*) dichiarazione del valore delle merci; ~ **on oath** (*ass. mar., leg.*) dichiarazione giurata; ~ **outwards** (*dog.*) dichiarazione d'uscita; ~ **policy** (*ass.*) polizza aperta (*o d'abbonamento*); (*ass. mar.*) polizza flottante.

declaratory, *a.* (*anche leg.*) dichiaratorio, dichiarativo.

declare, *v. t.* ❶ dichiarare, proclamare. ❷ (*ass., leg.*) dichiarare. ❸ (*Borsa*) rispondere a (*un premio*). ❹ (*dog.*) dichiarare, denunciare. △ ❹ **(Have you) anything to ~?** ha niente da dichiarare (*alla dogana*)? // **to ~ a dividend** (*fin.*) proclamare un dividendo; **to ~ a meeting closed** dichiarare tolta la seduta; **to ~ off** ritirarsi (*da un impegno, ecc.*); **to ~ off a contract** recedere da un contratto; **to ~ on oath** (*leg.*) asseverare con giuramento; **to ~ an option** (*Borsa*) rispondere ai premi; **to ~ the value at the custom house** (*dog.*) dichiarare il valore all'ufficio doganale.

declared, *a.* dichiarato. // ~ **value** (*dog.*) valore dichiarato.

declare oneself, *v. rifl.* dichiararsi.

declination, *n.* ❶ (*trasp. mar.*) declinazione (*della bussola*). ❷ (*USA*) rifiuto. △ ❷ **The letter contains a respectful but firm ~** la lettera contiene un rifiuto cortese ma fermo.

declinatory plea, *n.* (*leg.*) eccezione declinatoria (*eccezione di rinvio innanzi a un'altra giurisdizione*).

decline[1], *n.* ❶ declino, diminuzione, carenza, flessione, rallentamento. ❷ (*comm.*) diminuzione, calo, ribasso (*di prezzi, ecc.*). ❸ (*fin.*) ribasso. △ ❶ **There was a sharp ~ vis-à-vis the same period last year** c'è stata una notevole diminuzione rispetto allo stesso periodo dello scorso anno; **There are declines everywhere in demand** c'è una generale carenza di domanda; **The unfavourable trend of coal production and the continuing tendency for consumption to fall were again reflected in a further ~ of trade in coal products** la sfavorevole evoluzione della produzione carbonifera e la persistente tendenza alla riduzione del consumo di carbone hanno determinato un'ulteriore flessione nel commercio di prodotti carboniferi; **There was a rapid ~ in the level of economic activity** ci fu un notevole rallentamento congiunturale dell'attività economica; ❷ **The consequence was a sudden ~ in prices** la conseguenza è stata un improvviso calo dei prezzi. // **a ~ in population** una diminuzione della popolazione; **a ~ in stocks** (*Borsa*) un ribasso nei titoli; ~ **of business activity** (*econ.*) indebolimento congiunturale: **This factor contributed to the rapid increase in prices and costs in the first half of the year, and to the subsequent ~ of business activity** questo elemento ha influito sulla rapida lievitazione dei prezzi e dei costi riscontrata durante la prima metà dell'anno e sull'indebolimento congiunturale manifestatosi in seguito.

decline[2], *v. i.* ❶ diminuire, essere in diminuzione. ❷ (*comm.*) diminuire, calare, abbassarsi, ribassare (*di prezzi, ecc.*). *v.t.* ❶ declinare, rifiutare. ❷ (*leg.*) declinare. △ *v. i.* ❶ **Rates are beginning to ~** i corsi cominciano a diminuire; **Trade in eggs continued to ~** nel settore delle uova, la flessione degli scambi è continuata; *v. t.* ❶ **We are sorry to ~ your offer** ci rincresce declinare la vostra offerta; **He declined the offer of the chairmanship** ha rifiutato l'offerta della presidenza. // **to ~ any liability** (*leg.*) declinare ogni responsabilità; **to ~ an invitation** declinare un invito.

declining, *a.* decrescente. // ~ **-marginal-efficiency-of-capital theory** (*econ.*) teoria (*Keynesiana*) della produttività marginale decrescente del capitale.

decode, *v. t.* ❶ decifrare. ❷ (*elab. elettr.*) decifrare, decodificare. // **to ~ telegrams** (*comun.*) decifrare telegrammi.

decoder, *n.* (*elab. elettr.*) decifratore, decodificatore.

decoding, *n.* (*elab. elettr.*) decodificazione, decifrazione.

decommission, *v. t.* (*trasp. mar.*) togliere (*una nave*) dal servizio.

decontrol[1], *n.* abolizione dei controlli. △ **We should come to a gradual ~ on rents** si dovrebbe arrivare a una graduale abolizione dei controlli sui canoni d'affitto.

decontrol[2], *v. t.* abolire i controlli su (*qc.*). △ **Government has decontrolled meat and dairy products** il Governo ha abolito i controlli sulla carne e sui prodotti caseari.

decoration, *n.* decorazione.

decorator, *n.* decoratore.

decrease[1], *n.* ❶ diminuzione, calo, ribasso, decremento. ❷ (*econ.*) flessione. ❸ (*rag.*) scostamento in meno riscontrato fra le cifre iscritte nel budget e quelle del consuntivo. △ ❶ **The ~ in imports for the year was 15 per cent** il calo nelle importazioni durante l'esercizio è stato del 15 per cento; ❷ **Because of the relatively**

decrease

weak state of iron and steel production throughout the Community, trade in iron ore showed a sharp ~ compared with the previous year *a causa del relativo rallentamento della produzione siderurgica in tutta la Comunità, gli scambi di minerali di ferro hanno registrato una forte flessione rispetto all'anno precedente.* // **a ~ in income** *un decremento del reddito;* **a ~ in prices** (*market.*) *un ribasso dei prezzi;* **a ~ in receipts** (*fin., rag.*) *una diminuzione delle entrate;* **on the ~** *in diminuzione.*

decrease², *v. i. e t.* decrescere, diminuire, calare, far calare. △ **The population in the City is decreasing** *la popolazione del centro commerciale di Londra va calando;* **It is necessary to ~ the amount of coal used** *bisogna diminuire la quantità di carbone usato.*

decreasing, *a.* decrescente. // **~ charges** (*rag.*) *quote* (*d'ammortamento*) *decrescenti;* **~ cost** (*econ.*) *costo decrescente;* **~ function** (*econ., mat.*) *funzione decrescente;* **~ marginal cost** (*econ.*) *costo marginale decrescente.*

decree¹, *n.* ❶ (*leg.*) decreto, deliberazione, ordine. ❷ (*leg.*) provvedimento giudiziario (*o amministrativo*). ❸ (*leg.*) sentenza. // **~ for specific performance** (*leg.*) *sentenza d'esecuzione specifica;* **~ in bankruptcy** (*leg.*) *dichiarazione giudiziale di fallimento;* **a ~ nisi** (*leg.*) *un decreto provvisorio;* **~ of injunction** (*leg.*) *decreto d'ingiunzione.*

decree², *v. t.* (*leg.*) decretare, deliberare, ordinare, sancire, statuire. △ **Fashion used to be decreed by Paris** *la moda soleva essere decretata da Parigi.*

decry, *v. t.* ❶ screditare. ❷ deprezzare. ❸ (*econ.*) svalutare ufficialmente. // **to ~ a coin** (*econ.*) *svalutare ufficialmente una moneta.*

dedicate, *v. t.* ❶ dedicare. ❷ (*leg.*) destinare (*un terreno, ecc.*) a uso pubblico. △ ❸ **He was obliged to ~ a road crossing his land** *è stato obbligato a destinare a pubblico uso una strada che attraversava i suoi terreni.*

dedicating of revenues, *n.* (*fin.*) assegnazione degli introiti derivati da una specifica tassa o imposta a un preciso programma (*di costruzioni, finanziamenti, aiuti, ecc.*).

deduce, *v. t.* dedurre, desumere.

deducible, *a.* deducibile, desumibile.

deduct¹, *n.* ❶ detrazione, defalco. ❷ (*sind.*) trattenuta. △ ❷ **There was resentment of wage earners against the deducts** *c'è stato sdegno da parte dei salariati a causa delle trattenute.*

deduct², *v. t.* dedurre, detrarre, defalcare, scontare. △ **We'll ~ the amount paid in advance** *dedurremo la somma pagata in anticipo;* **May I ~ travelling expenses?** *posso detrarre le spese di viaggio?* // **to ~ the income tax** (*fin.*) *dedurre l'imposta sul reddito;* **to ~ the weight of packing** *detrarre il peso dell'imballaggio.*

deductible, *a.* (*market.*) detraibile, deducibile. *n.* ❶ (*ass.*) clausola di franchigia. ❷ (*ass.*) oggetto di franchigia (*breve periodo di tempo, piccolo ammontare di danni, ecc.*). △ *a.* **Certain gifts are ~ from the taxable income** *certi regali sono detraibili dal reddito imponibile.*

deduction, *n.* ❶ deduzione, detrazione, defalco, sconto. ❷ (*fin.*) ritenuta d'acconto. ❸ (*sind.*) trattenuta. // **a ~ from the salary** (*sind.*) *una trattenuta sullo stipendio;* **a ~ from one's taxable income** (*fin.*) *una detrazione dal proprio* (*reddito*) *imponibile;* **~ new for old** (*ass. mar.*) *deduzione per la differenza del « nuovo per vecchio ».*

deed¹, *n.* ❶ atto, azione. ❷ (*amm.*) atto, strumento. ❸ (*leg.*) atto, atto solenne, scrittura pubblica o privata (*che ha effetto legale*), scrittura notarile, rogito. // **a ~ attested by a notary** (*leg.*) *atto rogato da un notaio, un rogito notarile;* **~ directly enforceable** (*leg.*) *titolo esecutivo;* **~ form** (*leg.*) *modulo per un atto legale;* **~ of arrangement** (*leg.*) *accordo, concordato; atto col quale viene ufficialmente registrato un accordo fra un debitore e i suoi creditori sulla base d'un pagamento parziale del debito;* **~ of assignment** (*leg.*) *atto di cessione;* **~ of association** *atto costitutivo* (*d'una società*); **~ of covenant** (*ingl.*) *atto col quale una parte s'impegna a compiere annualmente e per almeno sette anni una donazione a una associazione benefica o culturale senza fini di lucro;* **~ of gift** (*leg.*) *atto di donazione;* **~ of guaranty** (*leg.*) *dichiarazione di garanzia;* **~ of indemnity** (*leg.*) *sanatoria;* **~ of partnership** (*leg.*) *contratto d'associazione, contratto di società;* **~ of sale** (*leg.*) *atto di compravendita;* **~ of transfer** (*leg.*) *atto di cessione, atto di trasmissione; atto di permuta;* **~ of trust** (*leg.*) *atto fiduciario, fidecommesso;* **~ poll** (*leg.*) *atto unilaterale;* **~ under private seal** (*leg.*) *scrittura privata.*

deed², *v. t.* (*leg.*) trasferire per mezzo d'un atto legale. △ **He deeded all his estate to his son** *ha trasferito tutte le sue proprietà a suo figlio.*

deem, *v. t. e i.* credere, considerare, pensare, ritenere. △ **I ~ it my duty to inform you about the recent facts** *ritengo sia mio dovere informarvi sui recenti avvenimenti;* **They ~ the ship to be lost** *considerano che la nave sia perduta;* **That person is deemed to be solvent** *quella persona è ritenuta solvibile;* **Our contract has been deemed null and void** *il nostro contratto è stato ritenuto nullo e di nessun effetto;* **We ~ highly of that employee** *abbiamo una grande stima di quell'impiegato.*

deemer, *n.* (*slang USA*) decima parte di dollaro.

deep, *a.* profondo. // **~ -etched plate** (*pubbl.*) *cliché a incisione profonda;* **~ -frozen meat** (*market.*) *carne surgelata;* **~ sea** *alto mare;* **~ -sea captain** (*trasp. mar.*) *capitano di lungo corso;* **~ -sea master** (*trasp. mar.*) *capitano di lungo corso;* **to be ~ in debt** *essere immerso nei debiti;* **in ~ water** (*fig.*) *in difficoltà.*

de facto, *locuz. avv.* di fatto.

defalcate, *v. t. e i.* ❶ (*cred.*) ridurre (*un debito*) per compensazione. ❷ (*leg.*) appropriarsi indebitamente di (*qc.*).

defalcation, *n.* ❶ (*cred.*) riduzione di debito per compensazione. ❷ (*leg.*) appropriazione indebita.

defamation, *n.* (*leg.*) diffamazione, calunnia.

defamatory, *a.* (*leg.*) diffamatorio, calunnioso.

defame, *v. t.* (*leg.*) diffamare, calunniare.

defamer, *n.* (*leg.*) diffamatore, calunniatore.

default¹, *n.* ❶ difetto, mancanza. ❷ (*comm.*) inadempienza. ❸ (*leg.*) assenza (*d'una delle due parti*); contumacia. ❹ (*leg.*) inadempienza d'un obbligo. △ ❷ **Salesmen often oversell thereby laying the ground for later defaults** *spesso i negozianti vendono più* (*merce*) *di quello che hanno in magazzino gettando così le basi per future inadempienze;* ❸ **The defendant has made no appearance and is in ~** *il convenuto non si è presentato ed è in contumacia.* // **~ of loan terms** (*leg.*) *inadempienza delle condizioni d'un prestito;* **~ price** (*Borsa*) *prezzo di rescissione;* **~ summons** (*leg.*) *citazione per contumacia;* **by ~** (*leg.*) *contumaciale;* **in ~ of** *in difetto di, in mancanza di:* **In ~ of evidence there was no trial** *in mancanza di prove non c'è stato processo;* **in ~ of agreement** *in mancanza d'accordo.*

default², *v. i.* ❶ essere in difetto, venir meno a un impegno. ❷ (*comm.*) essere inadempiente, non pagare. ❸ (*leg.*) non comparire in tribunale, essere contumace.

❹ (*leg.*) essere inadempiente a un obbligo. *v. t.* (*leg.*) condannare in contumacia. // to ~ **a loan** (*leg.*) non restituire l'ammontare d'un prestito.

defaulter, *n.* ❶ chi vien meno a un impegno, inadempiente. ❷ (*leg.*) contumace. ❸ (*leg.*) chi non adempie un'obbligazione.

defaulting, *a.* inadempiente. // ~ **debtor** debitore moroso; **the ~ party** (*leg.*) la parte inadempiente.

defeasance, *n.* ❶ annullamento. ❷ (*leg.*) risoluzione. ❸ (*leg.*) clausola risolutoria. // ~ **clause** (*leg.*) clausola risolutoria (*d'un atto o contratto*).

defeasibility, *n.* ❶ annullabilità. ❷ (*leg.*) risolubilità.

defeasible, *a.* ❶ annullabile. ❷ (*leg.*) risolubile.

defeat[1], *n.* sconfitta, disfatta.

defeat[2], *v. t.* sconfiggere, battere, respingere. △ **The bill has been defeated in the Senate** la proposta di legge è stata respinta al Senato. // to ~ **the law** (*leg.*) eludere la legge.

defeatism, *n.* disfattismo. △ **A mood of ~ overwhelmed the agents** i rappresentanti furono sopraffatti da un'ondata di disfattismo.

defeatist, *n.* disfattista.

defect, *n.* ❶ difetto, imperfezione. ❷ mancanza. ❸ (*leg.*) difetto, vizio. // ~ **in property sold** (*leg.*) vizio della cosa venduta; ~ **of title** (*leg.*) titolo di proprietà difettoso.

defective, *a.* difettoso, imperfetto, manchevole. // ~ **goods** (*market.*) merci difettose; ~ **title** (*leg.*) titolo di proprietà viziato; ~ **title insurance** (*ass.*) assicurazione per titoli di proprietà viziati.

defence, *n.* (*leg.*) difesa.

defend, *v. t.* difendere. △ **Antitrust laws must constantly ~ the ideal of industrial democracy** le leggi anti-trust devono continuamente difendere l'ideale della democrazia industriale. // to ~ **a case** (*leg.*) difendere una causa.

defendant, *n. e a. attr.* (*leg.*) citato in giudizio, convenuto, accusato, querelato, imputato. // **the ~ company** (*leg.*) la società convenuta; ~ **'s domicile** (*leg.*) domicilio del convenuto.

defender, *n.* difensore.

defend oneself, *v. rifl.* difendersi.

defense, *n.* (USA) difesa. // ~ **attorney** (avvocato) difensore; (la) difesa.

defensive group, *n.* (*econ.*) gruppo che mette in atto una reazione difensiva (*contro un processo inflazionistico: conservando il proprio potere d'acquisto*).

defensive reaction, *n.* (*econ.*) reazione difensiva (*a un processo inflazionistico*).

defer, *v. t.* differire, posticipare, procrastinare, posporre, rimandare, rinviare. △ **We are obliged to ~ payment of this draft** siamo costretti a differire il pagamento di questo effetto. // to ~ **a meeting** rinviare una seduta; to ~ **payments** (*leg.*) differire i pagamenti.

deferable, *a.* differibile.

deferment, *n.* ❶ differimento, posticipazione, rinvio. ❷ (*leg.*) proroga. // ~ **of payment** (*leg.*) proroga di pagamento.

deferrable, *a.* differibile, rinviabile, rimandabile, posticipabile, procrastinabile.

deferred, *a.* ❶ differito, posticipato, procrastinato, rimandato, rinviato. ❷ (*fin.*) postergato. // ~ **annuity** (*ass.*, *mat.*) annualità differita, rendita vitalizia differita; (*econ.*) rendita differita; ~ **asset** (*rag.*) costo anticipato; ~ **charge** (*rag.*) costo anticipato, risconto attivo; ~ **charges** (*rag.*) risconti attivi; ~ **delivery** (*Borsa*) consegna differita; ~ **income** (*rag.*) risconto passivo, risconti passivi; ~ **pay** (*sind.*) ritenuta sulla paga; ~ **share** (*fin.*) azione postergata; ~ **stock** (*fin.*) azioni postergate.

deficiency, *n.* ❶ deficienza, mancanza, scarsità. ❷ (*fin.*, *rag.*) differenza (*in meno*), disavanzo. △ ❷ **There was a ~ of 3,000 pounds** c'era una differenza di 3.000 sterline. // ~ **bill** (*fin.*) prestito provvisorio per scarsità d'introiti (*concesso dalla Banca d'Inghilterra al Governo britannico*); ~ **payment** (*econ.*) pagamento della differenza (*di prezzo: per i prodotti agricoli*).

deficient, *a.* deficiente, manchevole. // **to be ~** difettare.

deficit, *n.* ❶ deficienza, scarsità. ❷ (*fin.*, *rag.*) deficit, disavanzo, passivo, saldo passivo, sbilancio. △ ❷ **A restrictive policy was backed by the effect on domestic liquidity of the deficits on the balance of payments** la politica restrittiva è stata rafforzata in seguito alle contrazioni esercitate sulla liquidità interna dai disavanzi della bilancia dei pagamenti; **This sum is the ~ to be expected if no special measures are taken** questa somma corrisponde al passivo prevedibile qualora non vengano adottate misure speciali; **In the Netherlands the ~ was the heaviest recorded since 1950** nei Paesi Bassi il saldo passivo fu il più elevato registrato dal 1950 in avanti. // ~ **financing** (*econ.*) accettazione deliberata del deficit d'uno Stato come mezzo per mettere in moto meccanismi di ripresa economica attraverso la dilatazione della spesa pubblica, ricorso al prestito pubblico per finanziare spese statali; **a ~ in the balance of payments** (*fin.*) un disavanzo nella bilancia dei pagamenti; ~ **spending** (*econ.*) spese statali finanziate dal debito pubblico (*e non da nuova imposizione fiscale*); ~ **to be expected** passivo prevedibile.

define, *v. t.* definire.

definite, *a.* definito. // ~ **and clear cut responsibilities** (*org. az.*) responsabilità chiare e definite; ~ **integral** (*mat.*) integrale definito; ~ **slip** (*ass. mar.*) polizzetta definitiva.

definition, *n.* definizione.

definitive, *a.* definitivo, decisivo, finale, ultimo. △ **We would welcome a ~ answer** vi saremmo grati d'una risposta definitiva. // **the ~ offer** l'ultima offerta.

deflate, *v. t.* (*econ.*) deflazionare.

deflation, *n.* ❶ sgonfiamento. ❷ (*econ.*) deflazione. △ ❷ ~ **is a contraction in the volume of available money or credit** la deflazione è una contrazione del volume del denaro o del credito disponibili. // ~ **of credit** (*econ.*) deflazione creditizia.

deflationary, *a.* (*econ.*) deflazionistico, deflatorio. // ~ **effect** (*fin.*) effetto deflazionistico; ~ **gap** (*econ.*) deficit deflazionistico, divario deflazionistico; ~ **measures** (*econ.*) misure deflazionistiche; ~ **policy** (*econ.*) politica deflazionistica; ~ **signs** (*econ.*) cenni deflazionistici.

deflection of customs revenue, *n.* (*dog.*) deviazione d'introiti doganali.

deflection of trade, *n.* (*econ.*) diversione dei traffici.

deform, *v. t.* deformare.

defraud, *v. t.* (*leg.*) defraudare, frodare, truffare. △ **They have been defrauded of their dividends** sono stati frodati dei dividendi loro spettanti. // **to ~ with false pretences** (*leg.*) truffare con raggiri.

defray, *v. t.* ❶ pagare (*il costo di qc.*). ❷ sostenere (*spese*). △ ❷ **Who's going to ~ the expenses of a trip like that?** chi è disposto a sostenere le spese di un viaggio simile?

defunct company, *n.* (*amm.*) società liquidata, società sciolta.

degree, *n.* ❶ grado. ❷ laurea. ❸ (*mat.*) grado. ❹ (*mat.*) potenza. // ~ **of inability** (*pers.*) grado d'invalidità; ~ **of intelligence** (*pers.*) grado d'intelligenza; ~ **of kindred** (*leg.*) grado di parentela; ~ **of latitude** (*trasp. mar.*) grado di latitudine.

degression, *n.* (*fin.*) diminuzione progressiva dell'aliquota d'imposta.

degressive taxation, *n.* (*fin.*) imposizione di fatto regressiva.

de jure, *locuz. avv.* di diritto.

dekagram, *n.* decagrammo.

dekaliter, *n.* (*USA*) decalitro.

dekalitre, *n.* decalitro.

dekameter, *n.* (*USA*) decametro.

dekametre, *n.* decametro.

delation, *n.* delazione, spiata.

delay[1], *n.* ❶ indugio, ritardo. ❷ dilazione, proroga, rinvio. ❸ (*comm.*) dilazione, «respiro». ❹ (*elab. elettr.*) ritardo. ❺ (*leg.*) mora. ❻ (*org. az.*) ritardo. △ ❶ ~ **and uncertainty could cripple our industry** l'indugio e l'insicurezza potrebbero paralizzare la nostra industria; ❷ **I am sure they will grant us a** ~ **in payment** sono sicuro che ci concederanno una dilazione di pagamento. // ~ **in the execution of an order** ritardo nell'esecuzione d'un ordine; ~ **line** (*elab. elettr.*) linea di ritardo; ~ **line storage** (*elab. elettr.*) memoria a linea di ritardo; ~ **time** (*elab. elettr.*) periodo di ritardo; **without** ~ senza indugio; **without further** ~ senza ulteriore dilazione.

delay[2], *v. t.* ❶ ritardare. ❷ rimandare, rinviare, posporre, procrastinare. ❸ causare un ritardo a (q.); trattenere. ❹ (*cred.*) prorogare. *v. i.* indugiare. △ *v. t.* ❶ **The Senate is delaying the passage of important bills** il Senato sta ritardando l'approvazione d'importanti disegni di legge; ❸ **A storm has delayed the ship for two days** una bufera ha trattenuto per due giorni la nave. // **to** ~ **meeting an account** rimandare un pagamento, tirare in lungo un pagamento; **to** ~ **a payment** rinviare un pagamento.

delayable, *a.* ❶ rimandabile, rinviabile. ❷ (*cred.*) prorogabile.

delayed payment, *n.* pagamento ritardato.

delayed retirement, *n.* (*pers.*) pensionamento posticipato.

delaying, *a.* dilatorio. // **a** ~ **action** (*leg.*) un'azione dilatoria; **a** ~ **policy** una tattica dilatoria; ~ **practices** (*leg.*) espedienti dilatori.

del credere, *n.* e *a. attr.* (*comm., leg.*) star del credere. // ~ **agent** (*market.*) agente del credere; ~ **agreement** (*leg.*) contratto del credere; ~ **commission** (*market.*) commissione (o provvigione) del credere: **A** ~ **commission denotes an additional premium charged by an agent, in consideration of which he guarantees the solvency of the purchaser, and becomes liable for the price of the goods sold** la commissione del credere sta a indicare un premio supplementare richiesto da un agente per garantire la solvibilità del compratore e assumersi la responsabilità del prezzo della cosa venduta.

delegant, *n.* (*leg.*) delegante.

delegate[1], *n.* (*pers.*) delegato, incaricato.

delegate[2], *v. t.* ❶ delegare, deputare. ❷ (*org. az.*) delegare. △ ❶ **He should** ~ **his authority to a competent assistant** dovrebbe delegare la sua autorità a un assistente che sappia il fatto suo; ❷ **The union will** ~ **three representatives to the meeting** il sindacato delegherà tre rappresentanti alla seduta.

delegated debtor, *n.* (*leg.*) debitore delegato.

delegated law, *n.* (*leg.*) legge delega.

delegatee, *n.* (*leg.*) delegatario.

delegation, *n.* ❶ (*leg.*) delegazione. ❷ (*leg.*) delega. ❸ (*org. az.*) delega. ❹ (*org. az., sind.*) delegazione, deputazione, rappresentanza. // ~ **of authority** (*org. az.*) delega d'autorità; ~ **of powers** (*org. az.*) delega di potere; ~ **of responsibility** (*org. az.*) delega di responsabilità.

delegator, *n.* (*leg.*) delegante.

delete, *v. t.* cancellare, eliminare. // **to** ~ **an item from the catalogue** (*market.*) eliminare un articolo dal catalogo.

deletion, *n.* cancellatura, cancellazione, eliminazione.

deliberate[1], *a.* ❶ intenzionale, calcolato, voluto. ❷ ponderato, prudente. △ ❷ **He made a** ~ **intervention in the dispute** fece un prudente intervento nella disputa. // **a** ~ **judgement** un giudizio ponderato.

deliberate[2], *v. t.* ❶ deliberare, discutere. ❷ calcolare, ponderare. △ ❶ **The committee has deliberated the matter** il comitato ha discusso la questione.

deliberation, *n.* ❶ deliberazione, discussione. ❷ ponderatezza, prudenza, riflessione. ❸ (*leg.*) deliberazione. △ ❷ **After careful** ~ **they decided to fire him** dopo attenta riflessione hanno deciso di licenziarlo.

delinquent, *a.* ❶ colpevole (*anche d'una negligenza*). ❷ in arretrato, moroso. // ~ **debtor** (*leg.*) debitore moroso; ~ **taxes** (*leg.*) arretrati d'imposte.

deliver, *v. t.* ❶ consegnare, recapitare, rilasciare. ❷ distribuire. ❸ pronunciare (*un discorso*). ❹ (*trasp. mar.*) sbarcare (merce: *da una nave, ecc.*). △ ❶ **Please** ~ **to the order of Mr R. Taylor!** consegnare all'ordine di Mr R. Taylor!; ❸ **The chairman is about to** ~ **his speech** il presidente sta per pronunciare il suo discorso; ❹ **The ship is ready to** ~ **her cargo** la nave è pronta a sbarcare il carico. // **to** ~ **goods** (*market.*) consegnare merce; **to** ~ **letters** (*comun.*) distribuire la corrispondenza; **to** ~ **stock** (*fin.*) consegnare titoli.

delivered prices, *n. pl.* prezzi franchi.

deliver oneself up, *v. rifl.* (*leg.*) costituirsi.

delivery, *n.* ❶ consegna, rilascio, recapito. ❷ distribuzione. ❸ (*leg.*) consegna (anche *d'un atto o contratto*), tradizione. △ ❶ ~ **should take place before the end of the month** la consegna dovrebbe avvenire prima della fine del mese; **Bearer shares are transferred by mere** ~ le azioni al portatore si trasferiscono mediante una semplice consegna; **The amount will be collected on** ~ l'importo sarà riscosso alla consegna; ❷ **Their letter came by the second** ~ la loro lettera è giunta con la seconda distribuzione (*della posta*). // ~ **area** (*comun.*) zona di distribuzione (*della posta, ecc.*); ~ **at the buyer's domicile** (*o* **at the trader's premises**) (*market.*) consegna a domicilio; ~ **at the port of discharge** (*market.*) consegna al porto d'arrivo; ~ **book** (*trasp. ferr.*) bollettario di consegna; ~ **charges** (*rag.*) spese di consegna; ~ **costs** (*market.*) costi di distribuzione; ~ **ex-warehouse** (*trasp.*) consegna dal magazzino; ~ **free on rail** (*trasp. ferr.*) consegna franco rotaia; ~ **free on truck** (*trasp. ferr.*) consegna franco vagone; ~ **made in security of a debt** (*leg.*) consegna fatta a garanzia d'un debito; ~ **man** (*pers.*) addetto alle consegne; ~ **note** (*org. az.*) bolla di consegna; (*trasp. ferr.*) nota di consegna, bolletta; ~ **of the ship** (*trasp. mar.*) consegna della nave; ~ **on term** (*market.*) consegna a termine; ~ **order** (*trasp.*) ordine di consegna; (*trasp. mar.*) buono di consegna; ~ **outside prescribed boundaries** (*trasp. ferr.*) servizio di rispedizione; ~ **schedule** (*org. az.*) tabella di previsione delle consegne; ~ **spot** (*market.*) consegna sopra luogo; ~ **terms** (*market.*) condizioni di consegna; ~ **to arrive** (*trasp. mar.*) consegna all'arrivo (*della nave*);

~ **to callers** (*org. az.*) distribuzione allo sportello; ~ **under ship's tackle** (*trasp. mar.*) consegna sotto paranco; ~ **van** (*trasp. aut.*) furgone; **non-** ~ (*market.*) mancata consegna.

demand[1], *n.* ❶ domanda, richiesta. ❷ esigenza, pretesa. ❸ (*econ.*) domanda. △ ❶ **One cannot satisfy all demands** non si possono accogliere tutte le richieste; **There is a great** ~ **for foreign correspondents** c'è una gran richiesta di corrispondenti in lingue estere; ❷ **Ours is a reasonable** ~ la nostra è una pretesa ragionevole; ❸ **You cannot ignore the law of supply and** ~ non si può non tener conto della legge della domanda e dell'offerta; ~ **exceeds supply** la domanda supera l'offerta; **Even the** ~ **for capital goods has tended to flag** persino la domanda di beni strumentali ha dimostrato una tendenza alla diminuzione. // ~ **analysis** (*market.*) analisi della domanda; ~ **and supply** (*econ.*) domanda e offerta; ~ **bill** (*banca*) tratta a vista; ~ **conditions** (*econ.*) situazione della domanda; ~ **curve** (*econ.*) curva della domanda; ~ **deposit** (*banca*) deposito a vista; (*fin., USA*) deposito in conto corrente di corrispondenza; ~ **draft** (*banca*) tratta a vista; **the** ~ **for loans** (*cred.*) le domande di mutuo (*collett.*); ~ **inflation** (*econ.*) inflazione (eccesso di) domanda; ~ **loan** (*cred.*) prestito (rimborsabile) a vista; **demands of the trade unions** (*sind.*) rivendicazioni sindacali; ~ **pass** (*trasp. mar.*) patente mercantile; ~ **pull** (*econ.*) spinta della domanda; ~ **-push inflation** (*econ.*) inflazione della domanda; ~ **rate** (*fin.*) corso a vista, tasso a vista; **the** ~ **trend** (*econ.*) l'andamento della domanda; **to be in** ~ essere richiesto: **These goods are no longer in** ~ questa merce non è più richiesta; **on** ~ (*banca, cred.*) a richiesta, a vista: **Your cheque is payable on** ~ il vostro assegno è pagabile a vista.

demand[2], *v. t.* ❶ domandare, chiedere, richiedere. ❷ esigere, pretendere. △ ❶ **This job demands great expertise** questo lavoro richiede grande competenza; ❷ **They** ~ **immediate payment** esigono il pagamento immediato.

demandable, *a.* esigibile.

demandant, *n.* (*leg.*) attore, richiedente.

demarcation dispute, *n.* (*sind.*) conflitto di competenza (*che può sorgere fra sindacati di tipo corporativo circa il diritto dell'una o dell'altra « corporazione » a svolgere un tipo di lavoro specializzato*).

de-merger, *n.* (*fin.*) separazione (*d'imprese commerciali temporaneamente fuse*).

demesne, *n.* ❶ (*leg.*) dominio. ❷ (*leg.*) proprietà (*d'immobili*). ❸ (*leg.*) fondi, ecc. su cui si ha dominio (*non affittati*).

demise[1], *n.* ❶ (*leg.*) cessione. ❷ (*leg.*) trasferimento (*di diritti*). ❸ (*leg.*) traslazione di proprietà. ❹ (*leg.*) cessione d'un bene immobile (*specialm. con contratto pluriennale d'affitto*). // ~ **charter** (*trasp. mar.*) noleggio di scafo nudo.

demise[2], *v. t.* ❶ (*leg.*) cedere (*specialm. in affitto*). ❷ (*leg.*) trasferire (*diritti*).

demobilization, *n.* smobilitazione.

demobilize, *v. t.* smobilitare.

demographer, *n.* (*stat.*) demografo.

demographic, *a.* (*stat.*) demografico. // ~ **statistics** statistica della popolazione.

demography, *n.* (*stat.*) demografia.

demolish, *v. t.* demolire.

demolisher, *n.* demolitore.

demolition, *n.* demolizione.

demonetization, *n.* ❶ (*econ.*) demonetizzazione; cessazione dell'uso (*d'un metallo*) come moneta. ❷ (*econ.*) ritiro (*di monete*) dalla circolazione. // **the** ~ **of silver** (*econ.*) la demonetizzazione dell'argento.

demonetize, *v. t.* ❶ (*econ.*) demonetizzare (*un metallo, ecc.*). ❷ (*econ.*) ritirare dalla circolazione.

demonstrate, *v. t.* ❶ dimostrare. ❷ (*pubbl.*) dimostrare (*un articolo o un prodotto a un cliente potenziale*).

demonstration, *n.* ❶ dimostrazione. ❷ (*pubbl.*) dimostrazione (*d'un articolo o d'un prodotto a un cliente potenziale*).

demonstrator, *n.* ❶ (*pers., pubbl.*) dimostratore. ❷ (*pubbl.*) articolo (*o prodotto*) usato per una dimostrazione. △ ❶ **A** ~ **illustrates an article or a product to a prospective buyer** un dimostratore illustra un articolo o un prodotto a un probabile cliente; ❷ **The vacuum-cleaner is the archetype of demonstrators** l'aspirapolvere è l'archetipo degli articoli per dimostrazione.

demur[1], *n.* ❶ esitazione. ❷ (*leg.*) eccezione, obiezione.

demur[2], *v. i.* ❶ esitare. ❷ temporeggiare. ❸ (*leg.*) eccepire, obiettare, sollevare un'eccezione, sollevare una obiezione. ❹ (*leg.*) presentare una domanda pregiudiziale.

demurrable, *a.* (*leg.*) contro cui si può sollevare un'obiezione; che può essere contestato.

demurrage, *n.* ❶ (*trasp.*) ritardo (*di nave, carro merci, ecc.*). ❷ (*trasp.*) sosta (*di merce*); diritto di sosta. ❸ (*trasp. mar.*) controstallia, controstallie. △ ❶ **If goods on** ~ **are liable to deteriorate they will be sold** se le merci in sosta rischiano di deperire saranno vendute; ❷ **The ship has not incurred** ~ la nave non è incorsa in controstallia. // ~ **charges** (*trasp. mar.*) diritti di controstallia; ~ **club** (*trasp. mar.*) sezioni controstallie; ~ **days** (*trasp. mar.*) giorni di controstallie.

demurrer, *n.* (*leg.*) eccezione.

denationalization, *n.* (*econ.*) denazionalizzazione, snazionalizzazione, privatizzazione.

denationalize, *v. t.* (*econ., fin.*) denazionalizzare, snazionalizzare, privatizzare. △ **The coal industry will be denationalized** l'industria del carbone verrà denazionalizzata; **It is part of the party programme to** ~ **coal** la denazionalizzazione del carbone fa parte del programma del partito.

denial, *n.* diniego, smentita.

denigrate, *v. t.* denigrare.

denigration, *n.* denigrazione.

denominate, *v. t.* denominare.

denomination, *n.* ❶ denominazione. ❷ nome (*d'una classe di cose*). ❸ unità di misura. ❹ valore (*d'una moneta*). ❺ taglio (*di biglietti di banca, ecc.*). △ ❸ **The litre is a metric** ~ il litro è un'unità di misura decimale; ❹ **The coin of lowest** ~ **in Britain is the halfpenny** la moneta di minor valore in Gran Bretagna è il mezzo penny; ❺ **There's a shortage in money of small denominations** c'è scarsità di monete di piccolo taglio.

denominational value, *n.* (*econ.*) valore nominale (*d'una moneta, banconota, titolo, ecc.*).

denominator, *n.* ❶ (*mat.*) denominatore (*d'una frazione*). ❷ (*mat.*) divisore.

denote, *v. t.* denotare.

denounce, *v. t.* (*anche leg.*) denunciare, denunziare.

dense, *a.* ❶ denso, fitto. ❷ (*pubbl.*) forte, scuro (*detto di negativa*).

densely, *avv.* densamente. △ **The industrial areas are the most** ~ **populated** le zone industriali sono quelle più densamente popolate.

density, *n.* ❶ densità. ❷ (*pubbl.*) opacità (*d'una negativa*). △ ❶ **There is a ~ of population of about 120 per square mile** c'è una densità di popolazione di circa 120 persone per miglio quadrato. ∥ **~ of freight traffic** (*trasp.*) densità del traffico merci; **~ of passenger traffic** (*trasp.*) densità del traffico passeggeri.

denunciable, *a.* denunciabile.

denunciation, *n.* (*anche leg.*) denuncia, denunzia.

deny, *v. t. e i.* ❶ negare. ❷ ricusare, rifiutare. ❸ non riconoscere, smentire. △ ❸ **We ~ the signature** non riconosciamo la firma come nostra. ∥ **to ~ a charge** (*leg.*) negare un'accusa; **to ~ one's word** non tener fede alla parola.

depart, *v. i.* partire. *v. t.* lasciare. △ *v. t.* **Ships ~ the port at the rate of one an hour** le navi lasciano il porto al ritmo d'una all'ora. ∥ **to ~ from** allontanarsi da, discostarsi da; abbandonare: **Your second account markedly departs from the first** il vostro secondo conto si discosta sensibilmente dal primo; **to ~ from one's promise** non tener fede a una promessa; **to ~ from a rule** derogare a una regola.

departing clause, *n.* (*leg.*) clausola derogatoria.

department, *n.* ❶ dipartimento, dicastero, ministero. ❷ (*giorn., pubbl.*) rubrica fissa (*su un giornale o in un programma radio-televisivo*). ❸ (*org. az.*) reparto, compartimento, sezione, ufficio, servizio. △ ❸ **The accounting ~ is on the second floor** l'ufficio contabilità è al secondo piano. ∥ **~ head** (*pers.*) capo reparto; **~ of Agriculture** (*USA*) Ministero dell'Agricoltura; **~ of Commerce** (*USA*) Ministero del Commercio; **~ of Defense** (*USA*) Ministero della Difesa; **~ of Economic Affairs** Ministero degli Affari Economici; **~ of Education and Science** Ministero della Pubblica Istruzione e della Ricerca Scientifica; **~ of Health, Education and Welfare** (*USA*) Ministero della Sanità, della Pubblica Istruzione e del Benessere; **~ of the Interior** (*USA*) Ministero dell'Interno; **~ of Justice** (*USA*) Ministero della Giustizia; **~ of Labor** (*USA*) Ministero del Lavoro; **~ of the Treasury** (*USA*) Ministero del Tesoro; **~ store** (*market.*) grande negozio, grande emporio, grandi magazzini; **~ stores** (*market.*) grandi magazzini.

departmental, *a.* ❶ dipartimentale. ❷ diviso in reparti, sezioni, uffici, ecc. ∥ **~ costs** (*rag.*) costi di reparto, costi diretti.

departure, *n.* ❶ partenza. ❷ allontanamento, deviazione, infrazione. △ ❶ **We shall have to postpone ~** dovremo rimandare la partenza; **Please let us know the place and time of ~** favorite comunicarci il luogo e l'ora della partenza. ∥ **a ~ from duty** un'infrazione al proprio dovere; **~ from the law** (*leg.*) deroga alla legge; **a ~ from official procedure** una deroga alla procedura ufficiale; **~ platform** (*trasp. ferr.*) marciapiede (*o pensilina*) delle partenze; **on ~** (*trasp.*) al momento della partenza.

depend, *v. i.* ❶ dipendere. ❷ fare assegnamento, contare (*su*); fidarsi (*di*). △ ❶ **Prices ~ upon supply and demand** i prezzi dipendono dalla domanda e dall'offerta; ❷ **We ~ on them for funds** per i fondi contiamo su di loro.

dependability, *n.* fidatezza.

dependable, *a.* fidato, fido. ∥ **a ~ employee** (*pers.*) un impiegato fidato.

dependant, *n.* (*sind.*) persona a carico. △ **One is taxed according to the number of dependants one has** si è tassati a seconda del numero delle persone che si hanno a carico.

dependence, *n.* ❶ dipendenza. ❷ sostegno, mezzo di sostentamento. ❸ l'essere a carico (*di q.*). △ ❷ **He is her sole ~** è il suo unico sostegno; **Rice has been their chief ~ for ages** da secoli il loro principale mezzo di sostentamento è il riso. ∥ **~ effect** (*econ.*) effetto di dipendenza.

dependencies, *n. pl.* crediti probabili.

dependent, *a.* ❶ dipendente, che dipende da (*q.*). ❷ a carico di (*q.*). *n. V.* **dependant.** △ *a.* ❷ **Our company is starting a special program of assistance for ~ persons** la nostra società sta lanciando un programma speciale d'assistenza alle persone a carico. ∥ **~ variable** (*mat.*) variabile dipendente.

deplete, *v. t.* esaurire (*una miniera, un pozzo petrolifero*).

depletion, *n.* ❶ esaurimento. ❷ (*rag.*) riduzione di valore. ∥ **~ of capital** (*rag.*) svalutazione del capitale.

deplore, *v. t.* deplorare.

depone, *v. t.* (*leg.*) deporre, testimoniare, dichiarare sotto giuramento.

deponent, *n.* (*leg.*) chi fa una deposizione, chi dichiara sotto giuramento, testimone, testimonio.

depose, *v. t.* (*leg.*) deporre, testimoniare, dichiarare sotto giuramento.

deposer, *n.* chi fa una deposizione, chi dichiara sotto giuramento, testimone, testimonio.

deposit[1]**,** *n.* ❶ deposito, versamento. ❷ (*banca*) deposito, versamento. ❸ (*dog.*) deposito, consegna (*di merci, ecc.*). ❹ (*leg.*) deposito cauzionale, caparra. △ ❷ **Deposits form the bulk of the borrowing transactions of a bank** i depositi costituiscono il grosso delle operazioni passive d'una banca; ❹ **All subscribers must pay a ~** tutti i sottoscrittori devono versare un deposito cauzionale. ∥ **~ account** (*banca*) conto di deposito, conto vincolato; **~ account pass-book** (*banca*) libretto di conto vincolato; **~ at call** (*banca*) deposito (rimborsabile) a vista; **~ at notice** (*banca*) deposito (rimborsabile) con preavviso; **~ bank** (*banca*) banca di deposito; **~ book** (*banca*) libretto (di deposito) nominativo; **~ currency** (*banca, cred.*) assegni bancari e altri titoli di credito tratti su depositi bancari e usati come mezzi di scambio; **~ insurance** (*ass., banca*) assicurazione sui depositi (*obbligatoria negli U.S.A. per le banche contro i rischi di perdite derivanti dalla gestione dei depositi*); **~ of cash** (*banca*) deposito di numerario; **~ of dutiable goods** (*dog.*) consegna delle merci soggette a dazio (doganale); **~ of stock** (*banca, fin.*) deposito di titoli; **~ on current account** (*banca*) deposito in conto corrente; **~ payable on demand** (*banca*) deposito esigibile a vista; **~ receipt** (*banca*) buono di cassa; (*Borsa, fin.*) ricevuta di deposito; (*dog.*) ricevuta di consegna; **~ slip** (*banca*) distinta (*o* modulo) di versamento; **~ society** (*fin., ingl.*) tipo di società mutua che accetta piccoli versamenti periodici da parte dei soci; **~ subject to 8 days' notice** (*banca*) depositi con preavviso di 8 giorni; **~ warrant** (*dog.*) certificato di deposito; **on ~** (*banca*) in conto vincolato.

deposit[2]**,** *v. t.* ❶ depositare. ❷ (*banca*) depositare, versare. ❸ (*dog.*) depositare, consegnare (*merci, ecc.*). ❹ (*leg.*) pagare (*una somma di denaro*) in anticipo; depositare in cauzione; pagare come caparra. △ ❷ **When a customer wants to ~ a sum of money into his current account, he goes to his bank, fills in the paying-in slip as well as the counterfoil, and goes to the cashier** quando un cliente vuole depositare una somma nel suo conto corrente, va nella sua banca, compila la distinta di versamento insieme alla matrice e va allo sportello di cassa; ❸ **Goods not meant for immediate**

use are generally deposited in a bonded warehouse le merci per uso non immediato sono solitamente depositate in un magazzino doganale; ❹ **We were requested to ~ 1,000 pounds on the new premises** ci fu richiesto di depositare una caparra di 1.000 sterline per l'acquisto dei nuovi locali. // **to ~ st. as security** (*leg.*) depositare qc. in garanzia; **to ~ documents with the Court** (*leg.*) depositare documenti in tribunale; **to ~ money in the bank** (*banca*) depositare denaro in banca.

depositary, *a*. depositario. *n*. ❶ (*leg.*) depositario. ❷ (*market.*) depositario. △ *n*. ❶ **A banker is the ~ of his customers' funds** un banchiere è il depositario dei capitali dei suoi clienti. // **~ agent** (*pers.*) agente depositario.

deposition, *n*. (*leg.*) deposizione. // **~ under oath** (*leg.*) deposizione giurata.

depositor, *n*. (*banca, leg.*) depositante. // **~'s book** (*banca*) libretto del depositante, libretto nominativo.

depot, *n*. ❶ (*org. az.*) deposito, magazzino. ❷ (*trasp. ferr., USA*) stazione ferroviaria.

depreciate, *v. t.* ❶ deprezzare, svalutare (*merci, ecc.*). ❷ (*fin.*) svalutare, svilire (*monete, ecc.*). *v. i.* ❶ deprezzarsi (*di merci, ecc.*). ❷ (*fin.*) svalutarsi (*di monete, ecc.*). △ *v. t.* ❶ **The only thing to do is to ~ the value of the shares** l'unica cosa da fare è di svalutare le azioni; *v. i.* ❶ **These goods ~ quickly** queste merci si deprezzano rapidamente; ❷ **Our currency is depreciating** la nostra moneta si va svalutando.

depreciation, *n*. ❶ deprezzamento (*di merci, ecc.*). ❷ (*fin.*) svalutazione, svilimento (*di moneta, ecc.*). ❸ (*fin., rag.*) ammortamento degli impianti. ❹ (*rag.*) ammortamento, deprezzamento, svalutazione, obsolescenza. △ ❹ **We have estimated the ~ of the machines after a year's use** abbiamo valutato il deprezzamento del macchinario dopo un anno d'impiego. // **~ accounting** (*rag.*) contabilità relativa ai piani d'ammortamento e alle relative quote; **~ allowance** (*fin.*) ammortamenti fiscali: **The Government has increased the ~ allowances for industrial investments made up to and including October 1970** il Governo ha aumentato gli ammortamenti fiscali da riconoscere alle imprese per gli investimenti effettuati entro il mese di ottobre 1970; **~ charge** (*rag.*) aliquota d'ammortamento; **~ fund** (*rag.*) fondo di deprezzamento, fondo d'ammortamento; **~ of capital** (*econ.*) ammortamento di capitale; **~ of a plant** (*rag.*) obsolescenza d'un impianto; **~ of securities** (*fin.*) svalutazione di titoli; **~ reserve ratio** (*org. az.*) rapporto fra il totale del fondo ammortamento e il costo originario d'un immobilizzo.

depress, *v. t.* ❶ deprimere. ❷ abbassare, ridurre (*il volume d'affari, i prezzi, ecc.*).

depressed, *a*. ❶ depresso. ❷ abbassato, ridotto (*di volume d'affari, prezzo, ecc.*). △ ❷ **One may lose his job if business is ~** si può perdere l'impiego se l'attività commerciale è ridotta. // **~ areas** (*econ.*) zone depresse; **~ trade** commercio fiacco.

depressing, *a*. deprimente. △ **There is ~ news from abroad** ci sono notizie deprimenti dall'estero.

depression, *n*. ❶ depressione. ❷ abbassamento, riduzione (*del volume d'affari, dei prezzi, ecc.*). ❸ (*econ.*) depressione, crisi (*commerciale, ecc.*). △ ❸ **There is a state of ~ in the stock market** c'è uno stato di depressione sul mercato azionario. // **a ~ in trade** una crisi commerciale.

deprivation, *n*. privazione. // **~ of enjoyment** (*leg.*) privazione del godimento; **~ of the exercise of civil rights** (*leg.*) perdita dei diritti civili.

deprive, *v. t.* ❶ privare. ❷ (*leg.*) privare, spogliare. // **to ~ sb. of the exercise of civil rights** (*leg.*) privare q. dei diritti civili; **to ~ sb. of the rights guaranteed by the constitution** (*leg.*) privare q. dei diritti garantiti dalla costituzione.

depth, *n*. ❶ profondità. ❷ (*pubbl.*) altezza (*di un'inserzione, d'un carattere tipografico*). // **~ interview** (*pers.*) intervista in profondità; **~ of type matter** (*pubbl.*) lunghezza d'una composizione tipografica.

deputy, *n*. ❶ sostituto, incaricato, interino. ❷ (*leg.*) sostituto, delegato. ❸ (*pers.*) sostituto, aggiunto, vice, facente funzione. △ ❸ **He will have to pick up a ~ to take care of things in his absence** dovrà scegliersi un sostituto che si occupi degli affari durante la sua assenza. // **~ chairman** (*pers.*) vicepresidente; **~ editor** (*giorn.*) vicedirettore; (*giorn., USA*) vicedirettore; **the ~ governor of the Bank of England** (*banca*) il vicegovernatore della Banca d'Inghilterra; **~ manager** (*pers.*) vicedirettore; **by ~** (*leg.*) per procura.

derail, *v. t.* (*trasp. ferr.*) far deragliare.

derate, *v. t.* (*fin.*) diminuire (*o* eliminare) il carico d'imposta su (*qc.*). △ **Agricultural land and buildings were derated in order to assist agriculture to recover from the depression** fu diminuito il carico d'imposta su terreni e fabbricati agricoli per aiutare l'agricoltura a riprendersi dalla depressione.

derelict, *a*. abbandonato. *n*. ❶ (*leg.*) cosa abbandonata (*dal proprietario*). ❷ (*leg., trasp. mar.*) relitto (*marittimo*). // **a ~ ship** (*leg., trasp. mar.*) una nave abbandonata (un relitto).

derestrict, *v. t.* (*econ., fin.*) togliere restrizioni a, liberalizzare. △ **Trading in Canadian dollar securities has been derestricted** è stato liberalizzato il commercio dei titoli in dollari canadesi.

derivable, *a*. derivabile, deducibile, ottenibile. △ **That is not ~ from our data** ciò non è deducibile dai nostri dati; **How much is the income ~ from that capital?** a quanto ammonta il reddito ottenibile da quel capitale?

derivative, *a*. derivativo, derivato. *n*. (*mat.*) derivata (*d'una funzione*). // **~ of a function** (*mat.*) derivata d'una funzione.

derive, *v. t. e i.* ❶ derivare; dedurre (*idee, ecc.*), ricavare, trarre, ottenere. ❷ (*mat.*) derivare. △ ❶ **They ~ most of their income from investments** traggono la maggior parte delle entrate dagli investimenti; **Half of our income derives from wheat** metà dei nostri redditi deriva dal grano.

derived demand, *n*. (*econ.*) domanda derivata.

derived function, *n*. (*mat.*) funzione derivata.

derived value, *n*. (*econ.*) valore derivato.

derogate, *v. i.* derogare. *v. t.* (*leg.*) negare in parte (*un diritto, ecc.*). // **to ~ from the rule** derogare alla regola.

derogation, *n*. deroga. // **~ of (*o* to) a contract** (*leg.*) deroga a un contratto; **~ of (*o* to) a law** (*leg.*) deroga a una legge.

derogatory, *a*. (*leg.*) derogatorio. // **~ clause** (*leg.*) clausola derogatoria.

descendant, *n*. (*leg.*) discendente.

descender, *n*. (*pubbl.*) lettera discendente.

descending letter, *n*. (*pubbl.*) lettera discendente.

descent, *n*. ❶ discesa. ❷ (*leg.*) discendenza.

describe, *v. t.* descrivere.

description, *n*. ❶ descrizione. ❷ specie, sorta. ❸ (*banca, rag.*) causale. △ ❶ **Please let us have a full ~ of the goods** favorite inviarci una descrizione particolareggiata delle merci; ❷ **We have articles of every ~ ** abbiamo articoli d'ogni sorta. // ~ **column** (*rag.*) colonna delle causali; ~ **of goods** descrizione della merce; ~ **of shares** (*fin.*) descrizione delle azioni.

descriptive, *a.* descrittivo. // ~ **geometry** (*mat.*) geometria descrittiva.

desert, *v. t.* abbandonare, lasciare (*per sempre*).

deserving, *a.* degno.

design[1], *n.* ❶ disegno. ❷ piano, progetto, disegno (industriale). ❸ design. ❹ (*org. az.*) progetto, progettazione. ❺ (*org. az.*) disegno, modello, stile. △ ❸ **Their latest machine has an excellent ~** la loro ultima macchina ha un ottimo design. // **the ~ for a new plant** il progetto per un nuovo stabilimento; ~ **of manufacturing systems** (*org. az.*) progettazione d'impianti; ~ **patent** (*leg.*) brevetto industriale: **A ~ patent protects the appearance of an article rather than its principles of construction** un brevetto industriale protegge l'aspetto esteriore d'un prodotto più che i sistemi costruttivi.

design[2], *v. t.* ❶ disegnare, modellare. ❷ progettare. *v. i.* ❶ (*pers.*) fare il designer, fare il modellista. ❷ (*pers.*) fare il progettista, far progetti. △ *v. i.* ❶ **He designs for a car manufacturer** fa il modellista per una casa automobilistica. // **to ~ a machine** progettare una macchina.

designate, *v. t.* designare.

designation, *n.* designazione.

designer, *n.* ❶ (*pers.*) designer, disegnatore industriale, modellista, progettista, stilista. ❷ (*pubbl.*) grafico.

desire[1], *n.* ❶ desiderio. ❷ invito, preghiera, richiesta. △ ❶ **We wish we could grant your ~** vorremmo poter esaudire il vostro desiderio. // **at the ~ of Mr Brown** per invito di Mr Brown, su richiesta di Mr Brown.

desire[2], *v. t.* ❶ desiderare. ❷ chiedere, invitare, pregare (*di fare qc.*). △ ❶ **Your clerk's behaviour leaves much to be desired** il comportamento del vostro impiegato lascia molto a desiderare; ❷ **They ~ you to wait** La pregano di attendere; **The chairman desires you in his office** il presidente vuole che Lei vada nel suo ufficio.

desist, *v. i.* desistere.

desistance, *n.* desistenza. // ~ **from a suit** (*leg.*) remissione di causa; ~ **of injured party** (*leg.*) remissione di parte lesa.

desk, *n.* ❶ (*attr. uff.*) scrivania, scrittoio. ❷ (*giorn., USA*) ufficio redazionale. △ ❷ **They called the city ~ of the local newspaper** hanno telefonato alla redazione dei servizi di cronaca del giornale locale. // ~ **calendar** (*attr. uff.*) calendario da tavolo; ~ **diary** (*attr. uff.*) agenda; ~ **jockey** (*slang USA*) impiegato d'ufficio; ~ **secretary** (*pers., USA*) segretario d'ufficio; ~ **work** (*sind.*) lavoro di tavolino, lavoro d'ufficio.

despatch, *n.* e *v. t.* V. **dispatch**.

destination, *n.* ❶ destinazione, meta. ❷ (*leg.*) destinazione. △ ❶ **The goods have reached their ~** le merci sono giunte a destinazione. // ~ **for a legacy** (*leg.*) destinazione per un legato; ~ **station** (*trasp. ferr.*) stazione di destinazione.

destine, *v. t.* destinare. △ **What are these funds destined for?** a che cosa sono destinati questi fondi?

destitute, *a.* indigente.

destroy, *v. t.* distruggere. △ **Most of the cargo was destroyed during the crossing** gran parte del carico è andata distrutta durante la traversata.

destruction, *n.* distruzione, soppressione. // ~ **of correspondence** (*leg.*) soppressione di corrispondenza.

desuetude, *n.* desuetudine, disuso. △ **That is an ancient commercial custom that has fallen into ~** quella è un'antica consuetudine commerciale che è caduta in disuso.

detach, *v. t.* staccare. // **to ~ a coupon** (*fin.*) staccare una cedola.

detail[1], *n.* ❶ particolare, dettaglio. ❷ descrizione minuziosa. ❸ **details**, *pl.* (*leg.*) estremi. △ ❶ **For further details, please contact our agent in your area** per ulteriori dettagli favorite mettervi in contatto col nostro agente di zona. // ~ **man** (*pers.*) rappresentante di prodotti farmaceutici; **the details of a plan** i particolari d'un progetto; **in ~** nei particolari, per filo e per segno.

detail[2], *v. t.* dettagliare, particolareggiare, descrivere minutamente. // **to ~ a new drug** (*market.*) descrivere dettagliatamente un nuovo farmaco.

detailed, *a.* particolareggiato, circostanziato. // ~ **description** descrizione minuziosa; **a ~ list** (*fin., leg., market.*) una specifica; **a ~ report on market trends** (*market.*) una relazione particolareggiata sulle tendenze di mercato.

detain, *v. t.* ❶ trattenere, non restituire. ❷ (*leg.*) trattenere (*in stato di fermo*); detenere. △ ❶ **The ship was detained by an accident** la nave è stata trattenuta a causa d'un incidente; **He is going to ~ the money** non ha intenzione di restituire il denaro; ❷ **He was detained by the police for questioning** fu trattenuto dalla polizia per essere interrogato. // **to be detained (in custody) by the police** (*leg.*) essere detenuto dalla polizia.

detainee, *n.* (*leg.*) detenuto.

detainer, *n.* ❶ (*leg.*) detentore. ❷ (*leg.*) detenzione, detenzione illegale (*di persona o cosa*).

detect, *v. t.* scoprire, scorgere. // **to ~ a fault in a calculator** (*elab. elettr.*) scoprire un difetto di funzionamento in una macchina calcolatrice.

detective, *n.* detective, investigatore.

détente, *n.* distensione (*fig.*).

detention, *n.* ❶ l'esser trattenuto. ❷ (*anche leg.*) detenzione; fermo (*di polizia*); carcere preventivo. ❸ (*trasp. mar.*) ritardo. // ~ **of a ship** (*trasp. mar.*) detenzione d'una nave.

deteriorate, *v. t.* peggiorare.

deterioration, *n.* deterioramento. △ **These goods are liable to ~** questa merce è soggetta a deterioramento. // **the ~ of the international monetary crisis** l'acuirsi della crisi monetaria internazionale.

determinable, *a.* determinabile. // **at a ~ future time** (*banca, cred.*) a data futura (determinabile).

determination, *n.* ❶ determinazione. ❷ (*econ.*) tendenza. ❸ (*leg.*) decisione, conclusione, risoluzione. // ~ **clause** (*leg.*) clausola risolutiva; **the ~ of capital towards investment in transport industries** la tendenza del capitale verso gli investimenti nel settore dei trasporti.

determine, *v. t.* ❶ determinare, causare. ❷ (*leg.*) decidere, risolvere, mettere fine a. △ ❶ **Demand determines price** la domanda determina il prezzo. // **to ~ a contract** (*leg.*) risolvere un contratto.

determined, *a.* determinato.

determinism, *n.* determinismo.

detinue, *n.* (*leg.*) detenzione illegale (*di cosa dovuta ad altri*).

detrimental, *a.* dannoso.

deuce, *n.* (*slang USA*) banconota da due dollari.

devalorize, *v. t.* (*econ.*) svalutare.

devaluate, *v. t.* (*econ.*) svalutare, svilire.

devaluation, *n.* (*econ.*) svalutazione, devalutazione, svilimento. // **the ~ rate** (*econ.*) il tasso (*o* saggio) di svalutazione.

devalue, *v. t.* (*econ.*) svalutare, svilire. △ **We must eliminate the danger that the currency of one Member State might be devalued or revalued in relation to the others** dobbiamo eliminare il pericolo che si modifichino i rapporti di cambio fra le monete dei Paesi Membri.

develop, *v. t.* ❶ sviluppare, promuovere lo sfruttamento di. ❷ (*mat.*) sviluppare (*un'equazione, ecc.*). ❸ (*pubbl.*) sviluppare (*una pellicola*). *v. i.* ❶ svilupparsi. ❷ (*USA*) emergere. △ *v. i.* ❷ **It developed today that the chairman's decision was based on an assumption rather than on information** è emerso oggi che la decisione del presidente era basata su una supposizione più che su informazioni. // **to ~ one's business** (*amm.*) sviluppare la propria azienda; **to ~ the competitive capacity of European firms** sviluppare la capacità concorrenziale delle imprese europee; **to ~ an equation** (*mat.*) sviluppare un'equazione; **to ~ a tendency** manifestare a poco a poco una tendenza; **developing and printing** (*pubbl.*) sviluppo e stampa.

developed, *a.* sviluppato. // **~ Countries** (*econ.*) Paesi industrializzati.

developing, *a.* in via di sviluppo. // **~ Countries** (*econ.*) Paesi in via di sviluppo.

development, *n.* ❶ sviluppo, evoluzione. ❷ (*mat.*) sviluppo (*d'un'equazione, ecc.*). ❸ (*pubbl.*) sviluppo (*fotografico*). △ ❶ **One must study the Country's economic situation and its probable ~** si deve studiare la situazione economica del Paese e la sua probabile evoluzione; **There is a distinct lack of balance in the ~ of the national budget** l'evoluzione delle finanze dello Stato mostra un netto squilibrio; **This improvement was mainly due to developments in the current account of the Federal Republic of Germany, where imports slowed down sharply while exports were expanding rapidly** questo miglioramento fu dovuto in gran parte alla evoluzione della bilancia delle operazioni correnti della Repubblica Federale Tedesca, ove le importazioni e le esportazioni hanno accusato rispettivamente un forte rallentamento e un rapido sviluppo. // **~ area** (*econ.*) area di sviluppo, area depressa (*da sviluppare*); **~ director** (*giorn.*) direttore dello sviluppo; **the ~ of industry** (*econ.*) lo sviluppo industriale.

deviate, *v. i.* ❶ deviare. ❷ fare una digressione.

deviation, *n.* ❶ deviazione. ❷ (*econ., fin., rag.*) scarto. ❸ (*trasp. aer., trasp. mar.*) deviazione dalla rotta. △ ❸ **No ~ is contemplated by the policy** la polizza non contempla deviazioni dalla rotta. // **~ clause** (*ass. mar.*) clausola di deviazione; **~ risk** (*ass. mar.*) rischio di deviazione.

device, *n.* ❶ dispositivo, congegno, aggeggio. ❷ accorgimento; piano, progetto. ❸ (*leg.*) artificio, raggiro.

devisable, *a.* ❶ concepibile, escogitabile. ❷ (*leg.*) trasmissibile in eredità.

devise¹, *n.* (*leg.*) disposizione testamentaria riguardante beni immobili, assegnazione testamentaria, legato.

devise², *v. t.* ❶ concepire, escogitare, ideare. ❷ (*leg.*) legare, lasciare (*beni immobili*) in eredità. △ ❶ **We are devising a plan for the launching of the new article** stiamo ideando un piano per il lancio del nuovo prodotto.

devisee, *n.* (*leg.*) legatario, legatario di beni immobili.

devisor, *n.* (*leg.*) testatore, testatore di beni immobili.

devolution, *n.* (*anche leg.*) devoluzione.

devolve, *v. t.* ❶ devolvere (*un diritto, ecc.*). ❷ affidare, delegare. *v. i.* ❶ devolversi. ❷ passare (*per competenza*); ricadere (*su*); tramandarsi. △ *v. i.* ❷ **When the boss is absent, the work devolves on me** quando il «capo» è assente, il lavoro ricade su di me; **The chairmanship devolves in strict order of seniority** la presidenza si tramanda in stretto ordine d'anzianità. // **to ~ one's work on a subordinate** (*org. az.*) affidare il proprio lavoro a un dipendente.

devote, *v. t.* dedicare, offrire. △ **He devotes all his energy to work** dedica tutte le sue energie al lavoro.

devoted, *a.* devoto.

devote oneself, *v. rifl.* dedicarsi.

devotion, *n.* devozione.

dews, *n.* (*slang USA*) dieci dollari.

dexterity, *n.* destrezza.

dexterous, *a.* destro, abile.

diagram, *n.* diagramma, grafico, schema.

dial¹, *n.* ❶ quadrante (*d'un orologio, d'una bilancia automatica, ecc.*). ❷ (*comun.*) disco combinatore (*del telefono*). // **~ lock** serratura «a combinazione»; **~ tone** (*comun.*) segnale acustico di «linea libera» (*al telefono*).

dial², *v. t.* (*comun.*) comporre, fare, formare (*un numero telefonico*). // **to ~ a number** (*comun.*) comporre un numero (*al telefono*).

diary, *n.* (*attr. uff.*) diario, agenda. // **~ method** (*market.*) metodo del diario d'acquisto (*delle massaie*).

dib, *n.* ❶ (*slang USA*) dollaro. ❷ (*slang USA*) denaro.

dibs, *n. pl.* (*slang USA*) denaro, piccola quantità di denaro.

dictaphone, *n.* (*attr. uff.*) dittafono.

dictate, *v. t.* dettare. // **to ~ a letter to the secretary** dettare una lettera alla segretaria; **to ~ a statement to the reporters** (*giorn.*) dettare una dichiarazione ai cronisti.

dictating equipment, *n.* (*attr. uff.*) dittafono.

dictation, *n.* dettatura.

dictatorship, *n.* dittatura.

die, *n.* (*pubbl.*) fustella. // **~ -cut** (*pubbl.*) fustellato.

differ, *v. i.* ❶ differire, essere diverso (*da*). ❷ essere in disaccordo, dissentire. △ ❶ **The law of one State differs from that of another** la legge d'uno Stato differisce da quella d'un altro; ❷ **We agree to ~** riconosciamo l'impossibilità di metterci d'accordo.

difference, *n.* ❶ differenza, diversità. ❷ (*leg.*) vertenza, contestazione. △ ❶ **There is a remarkable ~ in the quality of the goods** c'è una notevole differenza nella qualità delle merci; **They made up the ~ in price between coal and the oil which should have replaced it** compensarono il divario di prezzo esistente fra il carbone e il petrolio che avrebbe dovuto sostituirlo; **Let's split the ~!** facciamo a metà delle spese!, facciamo a mezzo! // **~ between the debit and credit of an account** (*rag.*) differenza fra il dare e l'avere d'un conto; **~ in the cash** (*rag.*) differenza di cassa; **the ~ in the exchange rate in the debtor's favour** (*fin.*) la differenza di cambio a favore del debitore; **~ in price** (*market.*) differenza di prezzo; **~ of exchange** (*fin.*) differenza di cambio; **~ of opinion** diversità d'opinioni.

different, *a.* ❶ differente, diverso, insolito. ❷ (*pubbl., USA*) esclusivo. △ ❶ **The article is ~ from the one we ordered** l'articolo è diverso da quello che abbiamo ordinato; **Advertising strives continually to be ~** la pubblicità si sforza continuamente d'essere insolita.

differential, *a.* differenziale. *n.* ❶ (*mat.*) differenziale. ❷ (*sind.*) differenza di salario (*esistente fra due classi di lavoratori impiegati nello stesso processo produttivo*). ǁ ~ **calculus** (*mat.*) calcolo differenziale; ~ **coefficient** (*mat.*) differenziale; ~ **cost** (*o* **profit**) **analysis** (*fin.*) analisi marginale; ~ **duty** (*dog.*) dazio doganale differenziato (*rispetto al paese di provenienza della merce*); ~ **equation** (*mat.*) equazione differenziale; ~ **piece-rate system** (*cronot., pers.*) metodo (di pagamento) dei cottimi basato sui tempi di lavorazione; ~ **rates on a railway** (*trasp. ferr.*) tariffe ferroviarie differenziali; ~ **tariffs** (*comm. est.*) tariffe differenziali.

difficult, *a.* difficile. △ **He is placed in ~ circumstances** si trova in una situazione difficile; **The manager is a ~ person** il direttore è un uomo difficile. ǁ ~ **of access** di difficile accesso.

difficulty, *n.* difficoltà. △ **There are money difficulties** ci sono difficoltà finanziarie; **He is in difficulties** è in difficoltà (finanziarie).

diffuse, *v. t.* diffondere.

diffusion, *n.* diffusione. ǁ ~ **index** (*fin.*) indice di diffusione (*indice che descrive graficamente l'andamento proporzionale al rialzo o al ribasso d'una serie di titoli azionari, ecc.*).

digest, *n.* (*leg.*) digesto. ǁ ~ **of statistics** (*market.*) compendio statistico.

digit, *n.* ❶ (*elab. elettr.*) numero, cifra. ❷ (*mat.*) numero, cifra.

digital, *a.* (*elab. elettr.*) numerico, «digitale». ǁ ~ **computer** (*elab. elettr.*) calcolatore elettronico numerico, calcolatrice numerica; ~ **computing** (*elab. elettr.*) calcolo numerico; ~ **display unit** (*elab. elettr.*) quadro numerico; ~ **electronic computer** (*elab. elettr.*) calcolatrice elettronica numerica; ~ **encoder** (*elab. elettr.*) codificatore numerico; ~ **printer** (*elab. elettr.*) stampatrice numerica; ~ **read out** (*elab. elettr.*) lettura numerica; ~ **simulation** (*ric. op.*) simulazione digitale; ~ **store** (*elab. elettr.*) memoria numerica; ~ **transducer** (*elab. elettr.*) trasduttore digitale; ~ **unit** (*elab. elettr.*) unità numerica.

digitize, *v. t.* (*elab. elettr.*) numerizzare.

digitizer, *n.* (*elab. elettr.*) numerizzatore.

digiverter, *n.* (*elab. elettr.*) convertitore numerico.

dilapidation, *n.* (*leg.*) danno (*arrecato alla cosa locata da parte del locatario*).

dilatation, *n.* dilatazione.

dilate, *v. t.* dilatare. *v. i.* dilatarsi.

dilatory plea, *n.* (*leg.*) eccezione dilatoria.

diligence, *n.* (*anche leg.*) diligenza.

diligent, *a.* (*anche leg.*) diligente.

diligently, *avv.* diligentemente.

dilute, *v. t.* diluire.

dilutee, *n.* (*pers.*) operaio non specializzato (*adibito temporaneamente a mansioni specialistiche*).

dilution, *n.* ❶ diluizione. ❷ (*org. az.*) assorbimento di personale non specializzato (*per svolgere temporaneamente mansioni specialistiche*).

dime, *n.* (*USA*) moneta degli Stati Uniti, del valore di 10 centesimi di dollaro; decima parte di dollaro. ǁ ~ **-note** (*slang USA*) banconota da dieci dollari; ~ **store** (*market.*) grande magazzino (*che, originariamente, vendeva solo articoli al prezzo d'un «dime», dieci centesimi di dollaro*).

dimension, *n.* dimensione. △ **Dimensions are to be marked on all cases** le dimensioni devono essere indicate su ogni cassa.

diminish, *v. i.* diminuire, decrescere, scemare.

diminishing marginal utility, *n.* (*econ.*) utilità marginale decrescente.

diminishing returns, *n. pl.* (*econ.*) produttività decrescente.

dimmer, *n.* (*slang USA*) decima parte di dollaro.

dimmo, *n.* (*slang USA*) decima parte di dollaro.

dinar, *n.* dinaro.

dine, *v. i.* pranzare, desinare.

diner, *n.* (*trasp. ferr.*) vettura ristorante.

dinero, *n.* (*slang USA*) denaro.

dingbat, *n.* (*slang USA*) denaro.

dining-car, *n.* (*trasp. ferr.*) carrozza (*o* vagone, vettura) ristorante.

diorama, *n.* (*pubbl.*) diorama.

dip[1], *n.* (*Borsa, fin., market.*) calo modesto, lieve caduta (*di prezzi, ecc.*).

dip[2], *v. t.* ❶ tuffare, immergere. ❷ abbassare. *v. i.* ❶ tuffarsi. ❷ abbassarsi (*improvvisamente*); scendere. ❸ (*fin., market.*) scendere, diminuire (*di valore*). △ *v. i.* ❸ **At that news Scandia shares dipped to $ 4.12** a quella notizia le azioni Scandia scesero a 4,12 dollari; **The market dips 3%** il mercato registra un abbassamento del tre per cento. ǁ **to ~ into reserves** (*fin., rag.*) fare ricorso alle riserve.

diploma, *n.* diploma.

diplomatic, *a.* diplomatico. ǁ ~ **immunity** (*dog.*) franchigia diplomatica.

diplomatist, *n.* diplomatico.

direct[1], *a.* diretto. *avv.* direttamente. △ *a.* ~ **expansion of consumption is of utmost urgency** l'espansione diretta dei consumi è della massima urgenza; *avv.* **This train goes ~ to Manchester** questo treno va direttamente a Manchester. ǁ ~ **action** (*sind.*) azione diretta; ~ **address** (*elab. elettr.*) indirizzo diretto; ~ **advertising** (*pubbl.*) pubblicità diretta; ~ **arbitrage** (*fin.*) arbitraggio diretto; ~ **call** (*trasp. mar.*) scalo diretto; ~ **charge** (*rag.*) costo diretto; ~ **control** (*fin.*) controllo di maggioranza; ~ **cost** (*rag.*) costo diretto, costo variabile; ~ **costing** (*rag.*) contabilità a costi diretti; **a ~ denial** una secca smentita; ~ **discount** (*rag.*) sconto del capitale; ~ **evidence** (*leg.*) prova testimoniale diretta; ~ **exchange** (*fin.*) cambio diretto, cambio fisso; ~ **exchange line** (*comun.*) linea (telefonica) diretta; ~ **expenses** (*rag.*) spese dirette, spese proporzionali; ~ **importation** (*comm. est.*) importazione diretta; ~ **incentive** (*pers.*) incentivo diretto; ~ **initiative** (*leg.*) iniziativa diretta; ~ **insurance** (*ass.*) assicurazione diretta; ~ **investments** (*econ.*) investimenti diretti; ~ **investor** (*fin.*) investitore diretto; ~ **labor** (*pers.*) manodopera diretta; ~ **labor hours allowed per unit** (*org. az.*) ore di lavoro diretto imputabili a ciascuna unità di prodotto; ~ **mail** (*pubbl.*) pubblicità diretta; ~ **mail coordinator** (*pubbl.*) dirigente il servizio di pubblicità; ~ **mail house** (*pubbl.*) ditta di pubblicità; ~ **material** (*org. az.*) materiale diretto; ~ **sale** (*market.*) vendita all'ingrosso; ~ **salesman** (*pers.*) piazzista; ~ **selling** (*market.*) vendita diretta; ~ **services** (*market.*) servizi non collegati con il processo di distribuzione delle merci; ~ **tax** (*fin.*) imposta diretta; ~ **taxation** (*fin.*) imposizione (*o* fiscalità) diretta: **There's been a further move from indirect to ~ taxation** c'è stato un ulteriore passo dalla fiscalità indiretta verso l'imposizione diretta; ~ **Taxation Office** (*fin.*) Ufficio delle Imposte Dirette; ~ **trade** (*market.*) commercio all'ingrosso; ~ **trader** (*market.*) commerciante all'ingrosso, grossista.

direct[2], *v. t.* ❶ dirigere. ❷ dare istruzioni a (*q.*), comandare. ❸ assegnare (*fondi, ecc.*). ❹ richiamare (*l'attenzione di q., ecc.*). △ ❶ **Who is directing the work?** chi dirige il lavoro?; ❷ **She was directed to reply to the letter** le fu data istruzione di rispondere alla lettera; ❸ **Many industries ~ part of their earnings to academic scholarship funds** molte industrie assegnano parte dei loro profitti a fondi per borse di studio accademiche; ❹ **We would like to ~ your attention to the following pages of our latest catalogue** vorremmo richiamare la vostra attenzione sulle seguenti pagine del nostro ultimo catalogo. // **to ~ a letter** indirizzare una lettera; **as directed** secondo le direttive ricevute.

directed economy, *n.* (*econ.*) economia dirigistica.

direction, *n.* ❶ direzione. ❷ (*spesso al pl.*) indirizzo (*su una lettera, un pacco, ecc.*). ❸ (*org. az.*) direzione, guida dell'attività corrente. ❹ (*org. az.*) consiglio d'amministrazione. ❺ (*pubbl.*) regia (*cinematografica*). ❻ **directions**, *pl.* istruzioni, direttive. △ ❶ **They work under my ~** lavorano sotto la mia direzione; **Business is expanding in all directions** il commercio si sta allargando in tutte le direzioni; ❷ **The letter has been returned because the directions were insufficient** la lettera è stata rispedita (*al mittente*) perché l'indirizzo era incompleto; ❸ **Directions will be found on the label** le istruzioni si troveranno sull'etichetta.

directive, *n.* direttiva.

directly, *avv.* direttamente. // **~ productive investments** (*banca, fin.*) impieghi direttamente produttivi.

director, *n.* ❶ (*amm.*) direttore, direttore d'azienda. ❷ (*amm.*) amministratore, consigliere d'amministrazione. ❸ (*pubbl.*) regista. ❹ **directors**, *pl.* (*amm.*) consiglio d'amministrazione. // **directors' fees** (*rag.*) compenso agli amministratori; **~ general** (*amm.*) direttore generale (*specialm. in un ministero e sim.*); **directors' meeting** (*amm.*) riunione del consiglio d'amministrazione; **directors' report** (*amm.*) relazione del consiglio d'amministrazione.

directorate, *n.* ❶ (*amm.*) carica di direttore, amministratore, ecc. ❷ (*amm.*) consiglio d'amministrazione.

directorial, *a.* (*amm.*) direzionale. △ **He is employed in a ~ position at a large automobile plant** ricopre un incarico direzionale presso una fabbrica d'automobili.

directorship, *n.* ❶ (*amm.*) carica di direttore, amministratore, ecc. ❷ (*amm.*) durata in ufficio di direttore, amministratore, ecc.

directory, *n.* ❶ annuario, elenco nominativo. ❷ (*amm., USA*) consiglio d'amministrazione. ❸ (*attr. uff.*) guida del telefono. △ ❷ **Much significance is attached to the change in the ~ of the Oregon Railroad Co.** si dà grande importanza al mutamento nel consiglio d'amministrazione della Soc. ferroviaria Oregon. // **~ enquiry** (*comun.*) servizio informazioni (*telefoniche*); **a ~ of manufacturers** un annuario dei fabbricanti.

dirigisme, *n.* (*econ.*) dirigismo.

dirt cheap, *a. e avv.* a prezzo bassissimo.

dirty, *a.* sporco, sudicio, sucido. // **~ bill of lading** (*trasp. mar.*) polizza di carico con riserva.

disability, *n.* ❶ svantaggio. ❷ (*leg.*) incapacità, infermità, invalidità. ❸ (*sind.*) invalidità (*al lavoro*). △ ❶ **They will examine the benefits and disabilities of price controls** esamineranno i vantaggi e gli svantaggi dei controlli sui prezzi. // **~ benefits** (*sind.*) assegni d'invalidità; **~ clause** (*sind.*) clausola d'invalidità; **~ insurance** (*sind.*) assicurazione sulla invalidità; **~ pension** (*sind.*) pensione d'invalidità.

disabled, *a.* ❶ (*leg.*) inabile, interdetto. ❷ (*sind.*) invalido (*al lavoro*). // **~ person** (*leg.*) inabile, interdetto; (*sind.*) inabile (*al lavoro*); **~ to contract** (*leg.*) inabile a stipulare un contratto.

disablement, *n.* ❶ (*leg.*) inabilità. ❷ (*sind.*) invalidità (*al lavoro*). // **~ insurance** (*ass., sind.*) assicurazione contro l'invalidità.

disadvantage[1], *n.* svantaggio, danno.

disadvantage[2], *v. t.* danneggiare. △ **We were seriously disadvantaged by the general fall of raw material prices** fummo seriamente danneggiati dal crollo generale dei prezzi delle materie prime.

disadvantageous, *a.* svantaggioso, sfavorevole. // **~ terms of sale** (*market.*) condizioni di vendita sfavorevoli.

disaffection, *n.* disaffezione.

disagree, *v. i.* discordare, dissentire, essere in disaccordo, non concordare. △ **Your report and our information ~** il vostro rapporto è in disaccordo con le informazioni in nostro possesso; **The two accounts ~ with each other** i due conti non concordano fra loro.

disagreement, *n.* ❶ disaccordo, dissenso. ❷ discordanza. △ ❷ **We noticed a ~ between the accounts** abbiamo notato una discordanza fra i due conti.

disallow, *v. t.* respingere, non ammettere. △ **The judge has disallowed his claim** il giudice ha respinto la sua richiesta.

disallowance, *n.* (*leg.*) rigetto (*d'una richiesta, d'un'istanza*). △ **I was notified of the ~ of my claim** mi fu notificato il rigetto della mia richiesta.

disappoint, *v. t.* deludere.

disappointment, *n.* delusione, disappunto. △ **To our great ~ we have not yet received the goods we ordered last month** con nostro vivo disappunto non abbiamo ancora ricevuto le merci ordinate il mese scorso.

disapproval, *n.* disapprovazione.

disapprove, *v. i.* disapprovare. // **to ~ of st.** disapprovare qc.

disarmament, *n.* disarmo.

disassemble, *v. t.* ❶ (*cronot.*) smontare. ❷ (*org. az.*) smontare (*un macchinario e sim.*).

disassembly, *n.* ❶ (*cronot.*) smontaggio. ❷ (*org. az.*) smontaggio.

disaster, *n.* disastro.

disbar, *v. t.* (*leg.*) cancellare, espellere (*un avvocato*) dall'albo.

disbarment, *n.* (*leg.*) cancellazione, espulsione (*d'un avvocato*) dall'albo.

disburse, *v. t.* ❶ sborsare, esborsare (*denaro, ecc.*). ❷ (*cred., fin.*) erogare.

disbursement, *n.* ❶ sborso, esborso (*di denaro, ecc.*). ❷ pagamento, spesa. ❸ (*cred., fin.*) erogazione (*di denaro, ecc.*). △ ❸ **The ~ of the loan has been completed** l'erogazione del prestito è stata completata. // **~ approval** (*rag.*) delibera di spesa.

disc, *n.* disco.

discharge[1], *n.* ❶ scarico, scaricamento. ❷ compimento (*d'un dovere, ecc.*). ❸ (*fin.*) pagamento, estinzione. ❹ (*leg.*) adempimento (*d'un'obbligazione*). ❺ (*leg.*) scarico, sgravio, liberazione. ❻ (*leg.*) assoluzione. ❼ (*rag.*) scarico. ❽ (*sind.*) licenziamento. ❾ (*trasp. mar.*) discarica. // **~ for cause** (*leg., pers.*) licenziamento per giusta causa; **the ~ of an attachment** (*leg.*) la levata d'un sequestro; **the ~ of a bankrupt** (*leg.*) la riabilitazione d'un fallito; **~ of a bill** estinzione d'una cambiale; **the ~ of a clerk** (*sind.*) il licenziamento d'un impiegato; **the ~ of a debt** (*cred.*) il pagamento d'un debito; **the ~ of**

discharge

a duty il compimento d'un dovere; **the ~ of a ship** (*trasp. mar.*) lo scaricamento d'una nave.

discharge², *v. t.* ❶ scaricare. ❷ compiere, adempiere (*un dovere, ecc.*). ❸ pagare. ❹ (*leg.*) adempiere (*un'obbligazione*); liberarsi di (*un'obbligazione, un debito, ecc.*). ❺ (*leg.*) assolvere. ❻ (*sind.*) destituire, dimettere, licenziare. ❼ (*trasp. mar.*) scaricare. △ ❷ **They ~ their duties effectively** compiono il loro dovere in maniera efficiente; ❹ **He discharged his liabilities** si è liberato dei suoi impegni finanziari. // to ~ **an account** (*rag.*) liquidare un conto; to ~ **ballast** (*trasp. mar.*) scaricare la zavorra; to ~ **a bankrupt** (*leg.*) riabilitare un fallito; to ~ **a bill** estinguere una cambiale; to ~ **a cargo** (*trasp. mar.*) scaricare un carico; to ~ **a debt** (*cred.*) pagare un debito; to ~ **sb. from an obligation** (*leg.*) liberare q. da un obbligo; to ~ **a ship** (*trasp. mar.*) scaricare una nave; to ~ **the staff** (*sind.*) licenziare il personale; **to be discharged of one's liability** (*cred., leg.*) essere liberato da ogni responsabilità.

discharged, *a.* ❶ (*cred.*) estinto (*di debito e sim.*). ❷ (*pers., sind.*) dimesso, destituito, licenziato.

discharged bankrupt, *n.* (*leg.*) fallito riabilitato.

discharging birth, *n.* (*trasp. mar.*) posto di scarico (*d'una nave*).

discharging port, *n.* (*trasp. mar.*) porto di discarica.

disciplinary, *a.* disciplinare. // ~ **action** (*pers.*) provvedimento disciplinare: **They took ~ action against an inspector charged with taking bribes** hanno intrapreso un'azione disciplinare contro un ispettore accusato di essersi fatto corrompere; ~**layoff** (*pers.*) sospensione disciplinare; ~ **rules** (*leg.*) norme disciplinari.

discipline, *n.* ❶ disciplina. ❷ (*org. az.*) disciplina.

disclaim, *v. t.* ❶ sconfessare, ritrattare. ❷ (*leg.*) negare (*un'accusa, ecc.*). ❸ (*leg.*) rinunciare a un diritto (*di proprietà, ecc.*). △ ❷ **He disclaimed the charge that he had received financial backing from abroad** negò l'accusa d'aver ricevuto appoggi finanziari dall'estero.

disclaimer, *n.* ❶ sconfessione, ritrattazione. ❷ (*leg.*) ripudio (*d'un'accusa, ecc.*). ❸ (*leg.*) rinunzia a un diritto (*di proprietà, ecc.*); rinuncia formale. // ~ **of a contract** (*leg.*) denuncia d'un contratto.

disclose, *v. t.* svelare, rivelare. △ **The press disclosed that an exchange of views had taken place between the two commercial attachés** la stampa rivelò che c'era stato uno scambio d'opinioni fra i due addetti commerciali.

disclosure, *n.* rivelazione, scoperta. △ **This ~ produced a scandal and led to the arrest of several officials** questa rivelazione ha prodotto uno scandalo e ha condotto all'arresto di vari funzionari.

discomfort, *n.* disagio.

disconnect, *v. t.* (*elab. elettr.*) disinserire.

disconnected, *a.* (*elab. elettr.*) disinserito.

discontinuance, *n.* ❶ interruzione, cessazione. ❷ (*leg.*) interruzione. ❸ (*leg.*) estinzione (*d'un procedimento giudiziario*). // ~ **from a suit** (*leg.*) desistenza da una causa; ~ **of business** cessazione (*o* interruzione) dell'attività commerciale.

discontinue, *v. t.* ❶ interrompere, abbandonare, cessare, sospendere. ❷ (*leg.*) lasciare estinguere (*un procedimento giudiziario*). *v. i.* (*giorn.*) smettere di essere pubblicato (*di giornale, ecc.*). △ *v. t.* ❶ **He discontinued the business after the death of his partner** abbandonò gli affari dopo la morte del socio; **In four cases the investigations were discontinued when the presumption of infringement proved groundless** in quattro casi gli accertamenti sono stati sospesi giacché il sospetto d'un'infrazione s'è dimostrato infondato; *v. i.* **The magazine will ~ after the next issue** la rivista cesserà d'essere pubblicata dopo il prossimo numero. // to ~ **a journal** (*giorn.*) smettere di pubblicare una rivista; to ~ **a newspaper** (*anche*) smettere di comprare un giornale; to ~ **a subscription** non rinnovare un abbonamento.

discontinued business, *n.* (*USA*) ditta che ha cessato la sua attività.

discount¹, *n.* ❶ sconto, abbuono, ribasso, riduzione. ❷ detrazione (*da un conto, ecc.*). ❸ (*banca, fin.*) sconto. △ ❶ **We are open to grant a 3% ~ for cash** siamo disposti a concedere uno sconto del 3% per un pagamento in contanti; **We have just offered the bill for ~** abbiamo appena presentato la cambiale allo sconto. // **discounts and advances** (*rag.*) sconti e anticipazioni; ~ **bank** (*fin.*) *V.* **discounting house**; ~ **broker** (*fin.*) scontista; ~ **charges** (*banca*) spese di sconto; ~ **day** (*banca*) giorno di sconto; ~ **for cash** sconto per (pagamento in) contanti; ~ **house** (*fin.*) *V.* **discounting house**; (*market.*) casa di sconto, magazzino a prezzo ridotto; ~ **market** (*fin.*) mercato degli sconti: ~ **market performs the same function for the banks as the banks themselves perform for their customers, since it employs profitably funds which are temporarily unused by banks** il mercato degli sconti adempie, verso le banche, alle stesse funzioni che le medesime banche esplicano nei riguardi dei clienti, giacché esso mette a profitto fondi temporaneamente inutilizzati dalle banche stesse; ~ **of bills on Italy** (*banca*) «sconto effetti Italia»; ~ **of foreign bills** (*banca*) «sconto d'effetti sull'estero»; ~ **on purchases** sconto sugli acquisti; ~ **on sales** sconto sulle vendite; ~ **rate** (*banca, fin.*) tasso di sconto: **The ~ rate has been raised** il tasso di sconto è stato aumentato; ~ **rate of the open market** (*fin.*) tasso di sconto del mercato libero; ~ **store** (*market., USA*) casa di sconto; **at a ~** sotto prezzo; (*fig.*) in abbondanza; (*fin.*) sotto la pari: **Would-be interpreters are at a ~** c'è sovrabbondanza di sedicenti interpreti; **The shares have been sold at a ~** le azioni sono state vendute sotto la pari; **less ~** (*banca, fin.*) dedotto lo sconto.

discount², *v. t.* ❶ scontare. ❷ detrarre (*da un conto, ecc.*). ❸ (*banca, fin.*) scontare. ❹ (*market.*) vendere sottocosto. △ ❸ **Banks ~ negotiable paper** le banche scontano i titoli negoziabili; ❹ **Dealers are discounting last year's unsold models** i negozianti stanno vendendo sottocosto i modelli invenduti dello scorso anno. // to ~ **back** (*mat.*) calcolare il valore attuale di (*una somma di denaro, un'annualità, ecc.*); to ~ **a bill** (*banca*) scontare un effetto; to ~ **a bill of exchange** (*banca*) scontare una cambiale.

discountable, *a.* scontabile. △ **Good ~ paper is in demand** c'è domanda di carta di prim'ordine allo sconto.

discounted-cash-flow method, *n.* (*fin., org. az.*) metodo per determinare la convenienza d'un investimento, basato sulla valutazione, in termini d'interessi, del reddito futuro scontato al valore attuale.

discounter, *n.* (*fin.*) scontista.

discounting, *n.* (*banca, cred.*) sconto (*l'operazione*). // ~ **bills of exchange** (*banca*) sconto delle cambiali; ~ **house** (*fin.*) istituto di sconto, banca di sconto; ~ **of credits from the sale of real estate** sconto di crediti derivanti da vendite d'immobili; ~ **of notes** sconto di effetti bancari; ~ **of rentals from the leasing of capital goods** sconto di canoni provenienti da locazioni di beni strumentali.

discourage, v. t. ❶ scoraggiare. ❷ ostacolare. ❸ (econ.) disincentivare. v. i. scoraggiarsi. △ v. t. ❶ Our Government's measures will ~ foreign investments le misure prese dal nostro Governo scoraggeranno gli investimenti dall'estero; ❷ The aridity of the soil discourages agriculture l'aridità del suolo ostacola l'agricoltura.

discover, v. t. scoprire, rivelare.

discovery, n. ❶ scoperta, rivelazione. ❷ (leg.) comunicazione. // ~ of documents rivelazione di documenti; (leg.) comunicazione di documenti.

discredit[1], n. ❶ discredito, disistima. ❷ incredibilità.

discredit[2], v. t. ❶ screditare. ❷ tornare a disdoro di (q.). ❸ non credere a (q.), dubitare di (q.). △ ❸ That contradicts the oath of witnesses whom we have no reason to ~ ciò si oppone al giuramento di testimoni di cui non abbiamo ragione di dubitare.

discreet, a. discreto, guardingo, prudente. // a ~ inquiry about a prospective employee (pers.) un'indagine discreta su un probabile impiegato.

discrepancy, n. ❶ discrepanza, diversità. ❷ disaccordo, dissenso. △ ❶ Certain discrepancies in his financial reports have been discovered si sono scoperte certe discrepanze nei suoi resoconti finanziari.

discretion, n. discrezione, giudizio, facoltà (di decidere, ecc.). △ Any decision is subject to the chairman's ~ ogni decisione è a discrezione del presidente. // at ~ a discrezione, a piacere, liberamente: They allow their employees to come and go at ~ permettono ai loro impiegati di andare e venire liberamente.

discretional, a. V. discretionary.

discretionary, a. discrezionale. // ~ bonus (pers.) gratifica discrezionale; ~ expenses (rag.) costi flessibili; ~ order (leg.) autorizzazione discrezionale; ~ powers (leg.) poteri discrezionali.

discriminate, v. t. discriminare, distinguere, far differenza fra. △ It's hard to ~ good customers from bad ones non è facile distinguere i buoni clienti da quelli cattivi. // to ~ in favour of certain Countries (comm. est.) discriminare in favore di certi Paesi.

discriminating, a. ❶ che discrimina, acuto, fine. ❷ discriminatorio, differenziale, di favore. ~ buyers (market.) compratori che discriminano (che sanno cioè distinguere i buoni prodotti da quelli scadenti); ~ duty (dog.) dazio discriminatorio; ~ tariffs (comm. est.) tariffe differenziali; ~ treatment trattamento di favore.

discrimination, n. discriminazione. // ~ in transport rates and conditions le discriminazioni in materia di prezzi e di condizioni di trasporto.

discriminatory, a. discriminatorio. △ There will be weighty ~ measures against foreign investment in the U.S.A. ci saranno pesanti discriminazioni contro i beni d'investimento di origine estera negli U.S.A. // ~ discharge (pers.) licenziamento discriminatorio.

discuss, v. t. discutere, dibattere. △ The committee discussed the best way of raising funds il comitato ha discusso il modo migliore per reperire fondi.

discussion, n. ❶ discussione, dibattito. ❷ (leg.) discussione. △ ❶ The ~ was postponed la discussione fu rinviata; The matter is still under ~ la faccenda è ancora in discussione.

disease, n. malattia, infermità.

diseconomic, a. (econ.) non economico.

diseconomy, n. (econ.) diseconomia.

disembark, v. t. e i. (trasp. mar.) sbarcare (passeggeri ed equipaggi); scendere a terra.

disembarkation, n. (trasp. mar.) sbarco.

disembarking, n. (trasp. mar.) sbarco.

disembarkment, n. (trasp. mar.) sbarco.

disentitle, v. t. togliere un titolo a, rimuovere (q.). // to ~ a solicitor (leg.) rimuovere un procuratore legale dall'esercizio della professione.

disequilibrium, n. (pl. disequilibria e reg.) ❶ squilibrio. ❷ (econ.) instabilità (economica, finanziaria, ecc.).

disguide, v. t. travestire, mascherare.

disguised unemployment, n. (pers.) disoccupazione mascherata.

dishonest, a. disonesto.

dishonesty, n. disonestà.

dishonour[1], n. ❶ disonore. ❷ (cred., leg.) mancata accettazione (d'una cambiale, ecc.). ❸ (cred., leg.) mancato pagamento (d'una cambiale, ecc.). △ ❷ e ❸ The notice of ~ must be given within a reasonable time l'avviso di mancata accettazione (o di mancato pagamento, secondo il caso) deve essere dato entro un tempo ragionevole. // ~ by non-acceptance (cred., leg.) mancata accettazione; ~ by non-payment (cred., leg.) mancato pagamento.

dishonour[2], v. t. ❶ disonorare. ❷ (cred., leg.) lasciare andare in protesto (una cambiale, ecc.). ❸ (cred., leg.) rifiutare di pagare (un assegno, ecc.). △ ❸ The bank has dishonoured his cheques la banca s'è rifiutata di pagare i suoi assegni. // to ~ a bill «disonorare» una cambiale, lasciare insoluta una cambiale.

dishonoured check, n. (fin.) assegno a vuoto.

disincentive, n. ❶ disincentivo, cosa che vale a dissuadere, freno, remora. ❷ (econ.) disincentivo. △ ❶ Excessive taxes form a major ~ to industrial expansion le imposte eccessive costituiscono un vero e proprio freno allo sviluppo industriale.

disinflation, n. (econ.) deflazione.

disinflationary, a. (econ.) deflazionario, deflazionistico.

disinherit, v. t. diseredare.

disinheritance, n. diseredazione.

disinterested, a. disinteressato.

disinvest, v. t. (econ.) disinvestire.

disinvestment, n. ❶ (econ.) disinvestimento. ❷ (econ.) vendita d'un investimento, smobilizzazione d'un investimento. ❸ (econ.) consumo di capitale. △ ❶ ~ in the economic sense occurs when national consumption exceeds national income si ha disinvestimento in senso economico quando il reddito nazionale è superato dal consumo interno.

disjoined signature, n. (amm.) firma disgiunta.

disk, n. disco. // ~ file (elab. elettr.) disco di sovrapposizione.

disloyal, a. sleale.

disloyalty, n. slealtà.

dismal science, n. (econ.) scienza delle delusioni (definizione dell'economia politica data da Thomas Carlyle).

dismantle, v. t. smantellare.

dismantling, n. smantellamento.

dismiss, v. t. ❶ (leg.) rigettare, respingere. ❷ (pers.) destituire, dimettere, licenziare, rimuovere (da un grado). △ ❶ The cause was dismissed by the Court la causa fu rigettata dal tribunale. // to ~ an assembly (org. az.) sciogliere un'assemblea; to ~ a bankruptcy petition rigettare un'istanza di fallimento; to ~ a case (leg.) archiviare un processo; to ~ the whole staff (sind.) licenziare tutto il personale.

dismissal, n. ❶ (leg.) rigetto. ❷ (pers.) destituzione, rimozione (*da un grado*); licenziamento. △ ❷ They requested the ~ of an employee for incompetence hanno richiesto il licenziamento d'un impiegato per (la sua) incompetenza. // ~ for cause (*leg., pers.*) licenziamento per giusta causa; the ~ of a case (*leg.*) l'archiviazione d'una causa; ~ wage (*sind.*) indennità di licenziamento, liquidazione; ~ without notice (*sind.*) licenziamento senza preavviso, licenziamento in tronco.

disorder, *n*. disordine.

disorganization, *n*. disorganizzazione. // the ~ of employers' associations (*sind.*) la disorganizzazione dei sindacati padronali.

disorganize, *v. t.* disorganizzare.

dispac, *n.* (*elab. elettr.*) «dispac» (*contenitore d'uno o più dischi componenti la memoria d'un calcolatore*).

disparity, *n*. disparità.

dispatch[1], *n.* ❶ invio, spedizione. ❷ dispaccio, messaggio. ❸ prontezza, sollecitudine. ❹ (*trasp.*) servizio di spedizioni per espresso. △ ❷ Newspapers receive dispatches from all parts of the world i giornali ricevono dispacci da tutto il mondo. // ~ clerk (*pers.*) addetto alle spedizioni; ~ days (*trasp. mar.*) giorni d'acceleramento; ~ money (*trasp. mar.*) premio d'acceleramento, riscatto di stallia (*abbuono sul nolo concesso al caricatore quando questi riesce a caricare e a scaricare prima del tempo assegnato per le stallie*); ~ note (*comun.*) bollettino di spedizione; the ~ of goods la spedizione di merci; the ~ of telegrams (*comun.*) l'invio di telegrammi; with ~ con prontezza: We will do it with customary ~ lo faremo con la consueta sollecitudine.

dispatch[2], *v. t.* ❶ inviare, mandare, spedire. ❷ sbrigare, disbrigare. ❸ (*amm.*) evadere (*una pratica, ecc.*). △ ❶ We will let you know as soon as we can ~ the goods ve lo faremo sapere non appena saremo in grado d'inviare la merce. // to ~ business sbrigare affari.

dispatcher, *n*. (*org. az.*) organizzatore del lavoro d'officina.

dispatching, *n.* ❶ spedizione. ❷ (*org. az.*) lancio della produzione, «dispacciamento». // ~ office (*comun.*) ufficio spedizioni (*postali*).

dispense, *v. t.* dispensare, esimere, esentare. // to ~ from an obligation dispensare da un obbligo; to ~ justice (*leg.*) amministrare la giustizia; to ~ with st. fare a meno di qc.: We are making an analysis of production to see how many men and jobs could be dispensed with stiamo compiendo un'analisi della produzione per vedere di quanti uomini e posti potremmo fare a meno.

dispersion, *n*. dispersione.

displace, *v. t.* ❶ spostare, rimuovere, trasferire. ❷ destituire, deporre (*q. da un ufficio, ecc.*). ❸ sostituire, prendere il posto di (*q. in un ufficio, ecc.*). ❹ (*trasp. mar.*) dislocare. △ ❸ Human labour was displaced by machinery il lavoro dell'uomo fu sostituito dalla macchina; ❹ The ship displaces 20,000 tons la nave disloca 20.000 tonnellate.

displacement, *n.* ❶ spostamento, rimozione, trasferimento. ❷ destituzione, deposizione. ❸ sostituzione. ❹ (*trasp. mar.*) dislocamento, spostamento. // ~ of funds (*fin.*) trasferimento di capitali; ~ of a ship (*trasp. mar.*) dislocamento d'una nave; the ~ of an unjust law (*leg.*) la rimozione d'una legge ingiusta; ~ ton (*trasp. mar.*) tonnellata di dislocamento.

display[1], *n.* ❶ mostra, esposizione, esibizione. ❷ (*elab. elettr.*) schermo luminoso sul quale si possono leggere dati e informazioni. ❸ (*pubbl.*) disposizione dei caratteri tipografici atta a far colpo. △ ❶ ~ is the key to self-service sales l'esposizione (della merce) è il segreto delle vendite (col sistema) self-service. // ~ artist (*pers.*) vetrinista; ~ card (*pubbl.*) cartello da vetrina; ~ window (*market.*) vetrina per esposizione (*della merce*).

display[2], *v. t.* ❶ mettere in mostra, mostrare, esporre, esibire. ❷ (*pubbl.*) stampare a grandi caratteri. △ ❶ Shopkeepers ~ their goods in the windows i negozianti espongono la loro merce in vetrina.

displayman, *n.* (*pl.* displaymen) (*pers.*) vetrinista.

disposable, *a.* ❶ disponibile, di cui si può disporre (*liberamente*). ❷ (*di contenitore, ecc.*) che si può gettare, da gettare dopo l'uso, non «a rendere». ❸ (*leg.*) cedibile, vendibile. // ~ income (*fin.*) reddito disponibile, reddito netto (*da imposta*); ~ portion (*leg.*) beni disponibili (*in un testamento*).

disposal, *n.* ❶ disposizione, sistemazione. ❷ disbrigo. ❸ (*leg.*) cessione, vendita. // the ~ of business il disbrigo degli affari; the ~ of property (*leg.*) la cessione (*vendita, donazione, ecc.*) di proprietà privata; at the ~ of a disposizione di: The effectiveness of the central organization depends in the last resort on the amount of money it has at its ~ l'efficienza dell'organizzazione centrale dipende, in ultima analisi, dalla quantità di denaro che essa ha a sua disposizione.

dispose, *v. t.* disporre, collocare, sistemare. *v. i.* dispose of ❶ disporre di. ❷ sistemare. ❸ (*leg.*) cedere, vendere. △ *v. i.* ❶ He has disposed of his estate as he liked ha disposto dei suoi beni come voleva; ❷ That matter has been disposed of la faccenda è stata sistemata. // to ~ by will (*leg.*) disporre per testamento.

disposition, *n.* (*anche leg.*) disposizione.

dispossess, *v. t.* ❶ spossessare, privare, spogliare (*d'ogni avere*). ❷ (*leg.*) spogliare, espropriare. ❸ (*leg.*) sfrattare. △ ❶ After the depression, many people found themselves dispossessed dopo la depressione molti si ritrovarono spogliati d'ogni avere. // to ~ a man of his goods (*leg.*) spogliare un uomo dei suoi beni.

dispossessed, *a.* (*leg.*) sfrattato.

dispossession, *n.* ❶ (*leg.*) espropriazione, spossessamento, spogliazione, spoglio. ❷ (*leg.*) sfratto.

dispossess notice, *n.* (*leg.*) avviso di sfratto.

dispossessor, *n.* (*leg.*) chi dà lo sfratto.

dispossessory warrant, *n.* (*leg.*) decreto di sfratto.

disproportion, *n.* sproporzione, mancanza di proporzione. △ Supply is in ~ with demand c'è una mancanza di proporzione fra domanda e offerta.

disproportional, *a.* sproporzionale.

disproportionate, *a.* sproporzionato.

disputable, *a.* ❶ disputabile, discutibile, opinabile. ❷ contestabile. // a ~ claim (*leg.*) un diritto contestabile; a ~ statement un'affermazione opinabile.

dispute[1], *n.* ❶ disputa, controversia, lite, vertenza. ❷ dibattito, discussione, contestazione. ❸ (*leg.*) causa. ❹ (*sind.*) controversia, vertenza. △ ❶ They are trying to settle the ~ stanno cercando di sanare la vertenza; ❷ The matter is still in ~ la faccenda è ancora in discussione; ❹ He was the arbitrator in the ~ fu arbitro nella controversia. // beyond ~ fuori discussione; without ~ indiscutibilmente.

dispute[2], *v. t. e i.* ❶ disputare, dibattere, discutere. ❷ mettere in discussione, cercar d'invalidare, contestare. △ ❶ He is likely to ~ any proposition not to his liking è probabile che discuta qualsiasi proposta che non sia di suo gradimento; ❷ The election of the delegates was disputed si cercò d'invalidare l'elezione dei delegati. // to ~ a claim (*leg.*) contestare un diritto.

disputed claims office, *n.* (*leg.*) ufficio del contenzioso.

disputed credit, *n.* (*leg.*) credito contestato.

disqualification, *n.* ❶ squalifica, squalificazione (*raro*). ❷ (*leg.*) incapacità, incapacità legale, mancanza dei requisiti necessari, interdizione. ❸ (*leg.*) inabilitazione. // ~ **from office under the new law** (*leg.*) interdizione da un ufficio secondo la nuova legge.

disqualified, *a.* (*leg.*) inabilitato, incapace.

disqualify, *v. t.* ❶ squalificare. ❷ inabilitare, rendere inabile. ❸ (*leg.*) inabilitare, interdire, rendere incapace, dichiarare incapace. △ ❷ **A serious disease disqualifies him for work** una grave malattia lo inabilita al lavoro.

disreputable, *a.* losco, di dubbia onestà.

dissatisfaction, *n.* insoddisfazione, malcontento. △ **He expressed ~ with your work** ha espresso insoddisfazione per il vostro lavoro.

dissatisfied, *a.* insoddisfatto, scontento. △ **Most employees are ~ with the salary they receive** la maggior parte degli impiegati è scontenta dello stipendio che riceve.

dissatisfy, *v. t.* non soddisfare, scontentare.

dissaving, *n.* ❶ (*econ.*) spesa dei risparmi accumulati. ❷ (*econ.*) spesa in eccesso del reddito, risparmio negativo.

dissect, *v. t.* ❶ sezionare. ❷ analizzare, esaminare minutamente. // to ~ **an account** (*rag.*) analizzare un conto.

dissection, *n.* ❶ dissezione. ❷ analisi, esame particolareggiato. // **the ~ of last year's balance** (*rag.*) l'analisi del bilancio dell'esercizio passato.

disseise, *v. t.* (*leg.*) espropriare ingiustamente, spossessare.

disseisin, *n.* (*leg.*) espropriazione illegale, spossessamento.

disseize, *v. t.* V. disseise.

disseizin, *n.* V. disseisin.

dissemble, *v. t.* dissimulare.

dissembling, *n.* dissimulazione.

dissent[1], *n.* (*anche leg.*) dissenso. // ~ **of the parties** (*leg.*) dissenso delle parti.

dissent[2], *v. i.* dissentire. // to ~ **from st.** disapprovare qc.

disservice, *n.* ❶ cattivo servizio. ❷ (*org. az.*) disservizio.

dissimulate, *v. t.* dissimulare.

dissimulation, *n.* dissimulazione.

dissipate, *v. t.* dissipare.

dissolution, *n.* ❶ scioglimento. ❷ (*leg.*) dissoluzione. ❸ (*leg.*) risoluzione (*d'un contratto*). // ~ **of a partnership** scioglimento d'una società.

dissolve[1], *n.* (*pubbl.*) dissolvenza (*cinematografica*).

dissolve[2], *v. t.* ❶ dissolvere, sciogliere. ❷ (*leg.*) sciogliere (*una società*). ❸ (*leg.*) risolvere (*un contratto*). // to ~ **a partnership** (*fin.*) sciogliere una società.

dissuade, *v. t.* dissuadere.

dissuasion, *n.* dissuasione.

distance, *n.* distanza. // ~ **freight** (*trasp. mar.*) nolo proporzionale alla distanza.

distant, *a.* distante, lontano. △ **Communication is difficult between such ~ places** la comunicazione è difficile fra luoghi così distanti. // ~ **block signal** (*trasp. ferr.*) segnale a distanza; ~ **signal** (*trasp. ferr.*) segnale a distanza; ~ **subscriber** (*comun.*) abbonato chiamato (*al telefono*).

distension, *n.* distensione (*in senso concreto*).

distinct, *a.* distinto, netto. △ **There's been a ~ improvement in the market situation** c'è stato un netto miglioramento nella situazione del mercato.

distinction, *n.* distinzione.

distinctly, *avv.* distintamente.

distinguish, *v. t.* distinguere.

distinguished, *a.* distinto, egregio.

distort, *v. t.* ❶ distorcere, deformare. ❷ falsare, travisare, svisare. △ ❷ **They are trying to eliminate measures likely to ~ conditions of competition** cercano di eliminare le disposizioni che falsano le condizioni di concorrenza; **They distorted the news to make it sensational** hanno travisato le notizie per renderle sensazionali. // to ~ **the results** (*market.*) interpretare i risultati in modo sbagliato.

distortions of competition, *n. pl.* (*market.*) distorsioni della concorrenza.

distract, *v.t.* distrarre.

distrain, *v. t.* (*leg.*) pignorare, sequestrare. // to ~ **personal chattels** (*leg.*) pignorare beni mobili; to ~ **upon sb.'s goods for rent** (*leg.*) sequestrare i beni di q. per il mancato pagamento d'un fitto.

distrainable, *a.* (*leg.*) pignorabile, sequestrabile. // ~ **chattels** (*leg.*) beni soggetti a pignoramento, beni soggetti a sequestro.

distrainor, *n.* (*leg.*) usciere (*giudiziario*).

distraint, *n.* (*leg.*) pignoramento, sequestro.

distress[1], *n.* ❶ bisogno, indigenza. ❷ difficoltà, pericolo. ❸ (*leg.*) sequestro. ❹ (*leg.*) beni sequestrati. ❺ (*trasp. mar.*) pericolo. *a. attr.* (*market.*) venduto sottocosto per necessità finanziarie. △ *n.* ❶ **He is in great ~ for funds** ha grande bisogno di fondi; ❺ **The ship is in ~** la nave è in pericolo; *a.* **The weaker the market becomes, the more ~ merchandise comes on the market** più il mercato s'indebolisce, più merce sotto costo giunge sul mercato. // ~ **call** (*comun.*) segnale di pericolo, S.O.S.; ~ **goods** (*market.*) merce (venduta) sottocosto; ~ **on bankrupt's estate** (*leg.*) sequestro dei beni del fallito; ~ **sale** (*market.*) vendita (di merce) sottocosto; ~ **signal** (*trasp. mar.*) segnale di pericolo; ~ **warrant** (*leg.*) mandato di sequestro.

distress[2], *v. t.* mettere in difficoltà.

distressed, *a.* in difficoltà. △ ~ **companies must get technical advice and loans to help them diversify their products and find new markets** le società in difficoltà devono ottenere consulenze tecniche e mutui che le aiutino a diversificare i prodotti e trovare nuovi mercati. // ~ **area** (*econ.*) area disastrata, area sconvolta da calamità naturali; **a ~ ship** (*trasp. mar.*) una nave in pericolo.

distributable, *a.* distribuibile, ripartibile.

distribute, *v. t.* ❶ distribuire, ripartire. ❷ (*comun.*) smistare. ❸ (*pubbl.*) scomporre (caratteri di stampa). △ ❶ **We are going to ~ a 10-page questionnaire to our customers** abbiamo intenzione di distribuire un questionario di 10 pagine ai nostri clienti; **The problem of how to ~ taxes equitably among the various economic groups has not been solved yet** non si è ancora risolto il problema di come distribuire equamente il carico d'imposta fra i diversi gruppi economici. // to ~ **dividends** (*fin.*) distribuire dividendi; to ~ **justice** (*leg.*) amministrare la giustizia; to ~ **profits among the members** (*rag.*) ripartire gli utili fra i soci.

distributed income, *n.* (*rag.*) utili distribuiti.

distributing centre, *n.* (*org. az.*) centro di smistamento.

distribution, *n.* ❶ distribuzione, ripartizione. ❷

(*comun.*) smistamento. ❸ (*econ.*) distribuzione (*del reddito, della ricchezza, ecc.*). ❹ (*market.*) distribuzione (*delle merci dal produttore al consumatore*). ❺ (*pubbl.*) scomposizione (*di caratteri di stampa*). ❻ (*stat.*) distribuzione (*d'una serie statistica*). △ ❹ **Production, ~ and consumption are three aspects of commerce** la produzione, la distribuzione e il consumo sono tre aspetti dell'attività commerciale; **We have no ~ problems in the residential districts** non abbiamo problemi di distribuzione nei quartieri residenziali. // ~ **costs** (*market.*) costi di distribuzione; ~ **curve** (*stat.*) curva della distribuzione; **the ~ machinery** (*market.*) l'apparato della distribuzione; ~ **of customs receipts** (*dog.*) ripartizione dei proventi doganali; **the ~ of goods** (*econ.*) la distribuzione dei beni; ~ **of income** (*econ.*) distribuzione del reddito; **the ~ of the nation's wealth** (*econ.*) la distribuzione della ricchezza nazionale; **the ~ of population** (*stat.*) la distribuzione della popolazione; **the ~ of profits** (*rag.*) la ripartizione degli utili; ~ **of type** (*pubbl.*) scomposizione; ~ **problems** (*econ.*) problemi della distribuzione; ~ **system** (*econ.*) sistema di distribuzione, sistema distributivo.

distributive, *a.* distributivo. // ~ **justice** (*econ.*) giustizia distributiva; **the ~ trades** (*market.*) la distribuzione; (*trasp.*) i trasporti.

distributor, *n.* ❶ (*giorn., pubbl.*) scompositore. ❷ (*market.*) distributore. ❸ **distributors**, *pl.* (*market.*) il settore della distribuzione, gli addetti alla distribuzione.

district, *n.* ❶ distretto, circoscrizione, regione, zona. ❷ quartiere (*d'una città*). ❸ (*ingl.*) distretto (*suddivisione di contea*). ❹ (*USA*) circoscrizione elettorale (*rappresentata da un membro della Camera dei Rappresentanti*). // ~ **attorney** (*leg., USA*) procuratore distrettuale; ~ **council** (*leg.*) consiglio distrettuale; ~ **Court** (*leg., USA*) tribunale di prima istanza; ~ **judge** (*leg., USA*) giudice distrettuale; ~ **manager** (*pers.*) direttore di zona; ~ **representative** (*pers.*) rappresentante di zona.

disturb, *v. t.* disturbare, incomodare, turbare, mettere in disordine. // **to ~ the peace** (*leg.*) turbare la quiete pubblica.

disturbance, *n.* ❶ disturbo. ❷ turbamento, perturbazione. ❸ disordine. ❹ (*leg.*) turbativa. △ ❺ **There are market disturbances to which the smaller enterprises find it difficult to adjust** ci sono disordini di mercato ai quali le imprese minori trovano difficile adattarsi. // **disturbances of the economic balance** (*econ.*) perturbazioni dell'equilibrio economico; ~ **of possession** (*leg.*) turbativa di possesso.

disutility, *n.* (*econ.*) disutilità. // ~ **of labour** (*econ.*) disutilità del lavoro.

ditto, *a.* ❶ predetto, suddetto, « idem » (*nelle fatture, negli inventari, ecc.*). ❷ segno di ripetizione (''). ❸ (*rag.*) detto. *avv.* come sopra, nello stesso modo. △ *avv.* **We shall act ~** agiremo nello stesso modo. // ~ **mark** segno di ripetizione ('').

div, *n.* ❶ (*Borsa, slang USA*) dividendo. ❷ (*Borsa, slang USA*) interesse.

dive, *v. i.* immergersi.

divergence, *n.* divergenza.

divergency, *n.* divergenza.

diversification, *n.* ❶ diversificazione. ❷ (*econ.*) diversificazione. ❸ (*market.*) differenziazione. // ~ **of products** (*org. az.*) diversificazione dei prodotti; ~ **of trade** (*comm. est.*) la diversificazione degli scambi commerciali.

diversified, *a.* differenziato. // ~ **investment fund** (*fin.*) fondo d'investimento a portafoglio differenziato.

diversify, *v. t.* diversificare.

diversion, *n.* ❶ deviazione. ❷ storno, diversione; (*fig.*) dirottamento. // ~ **of demand** (*econ.*) dirottamento della domanda (*su altri beni*); ~ **of public funds** (*leg.*) storno di denaro pubblico; **diversions of trade** (*market.*) deviazioni del traffico.

divert, *v. t.* ❶ deviare. ❷ stornare; dirottare (*fig.*).

divest, *v. t.* (*leg.*) disinvestire, privare, spossessare. // **to ~ sb. of his rights** (*leg.*) spossessare q. dei suoi diritti.

dividable, *a.* divisibile.

divide, *v. t.* ❶ dividere, ripartire, distribuire, spartire. ❷ (*mat.*) (*d'un numero*) essere divisore di. *v. i.* ❶ dividersi, ripartirsi. ❷ (*d'un corpo deliberante*) trovarsi in disaccordo (*all'atto della votazione*). △ *v. t.* ❶ **A joint-stock company's capital is divided into a given number of equal parts: each part is a share** il capitale d'una società per azioni è diviso in un dato numero di parti uguali: ogni parte è un'azione; **No controversy had ever so divided the workers** nessuna vertenza aveva mai diviso in tal modo gli operai; **Profits were divided among the several owners of the business** i profitti vennero distribuiti fra i diversi proprietari dell'azienda. ❷ **3 divides 21** 3 è un divisore di 21; *v. i.* ❷ **On this issue the committee divided** su questo problema il comitato s'è trovato in disaccordo. // **to ~ a joint property** (*leg.*) dividere una comproprietà; **to ~ 12 by 4** (*mat.*) dividere 12 per 4.

divided payments, *n. pl.* (*market.*) pagamenti rateali.

dividend, *n.* ❶ (*fin., rag.*) dividendo. ❷ (*market.*) « omaggio ». ❸ (*mat.*) dividendo. △ ❶ **Our company has declared a ~ of 9%** la nostra società ha dichiarato un dividendo del 9%; ❷ **A book ~ is given with every three books bought** per ogni tre libri acquistati viene dato un libro-omaggio. // ~ **-bearing share** (*fin.*) azione di godimento; ~ **coupon** (*fin.*) cedola; ~ **crop** (*Borsa*) campagna dividendi; ~ **days** (*fin.*) giorni di ripartizione del dividendo; ~ **off** (*fin., USA*) (*di titolo*) senza cedola, secco; ~ **on** (*fin., USA*) (*di titolo*) con cedola; « ~ **payable** » (*fin.*) « godimento »: ~ **payable: 1st April and 1st October** (*fin.*) godimento 1º aprile 1º ottobre; ~ **warrant** (*fin.*) cedola, assegno emesso da una società in favore d'un azionista per l'importo che gli compete quale dividendo sulle azioni possedute.

dividing society, *n.* (*sind.*) società di mutuo soccorso.

divisibility, *n.* divisibilità.

divisible, *a.* divisibile, ripartibile. // ~ **profits** (*rag.*) utili ripartibili.

division, *n.* ❶ divisione, ripartizione, spartizione. ❷ conto dei voti. ❸ (*mat.*) divisione. ❹ (*org. az.*) reparto, sezione. △ ❷ **The motion passed without a ~** la mozione fu approvata senza dover ricorrere alla divisione per il conto dei voti (*cioè, a grande maggioranza o all'unanimità*). // ~ **into instalments** (*market.*) rateazione; ~ **of labour** (*org. az.*) divisione del lavoro; ~ **of powers** (*amm.*) divisione dei poteri; ~ **of profits** (*rag.*) ripartizione degli utili; ~ **of work** (*org. az.*) divisione del lavoro, ripartizione del lavoro, specializzazione dei compiti.

divisional, *a.* (*mat.*) frazionario. △ **American ~ coins include the dime and the nickel** le monete frazionarie americane comprendono il « dime » e il « nickel ».

divisor, *n.* (*mat.*) divisore.

divulgation, *n.* divulgazione.

divulge, *v. t.* divulgare.

divulgence, *n.* divulgazione.

divvy¹, *n.* (*slang USA*) dividendo.
divvy² up, *v. i.* (*slang USA*) distribuire dividendi.
Dix, *n.* (*slang USA*) banconota da dieci dollari.
do¹, *n.* (*pl.* dos *o* do's) ciò che si può (*o* si deve) fare; comando *o* preghiera di fare qualcosa. // **the do's and don'ts** ciò che si può (*o* si deve) fare e ciò che non si può (*o* non si deve) fare; i « comandamenti »: **These are the basic do's and don'ts of business organization** questi sono i « comandamenti » fondamentali dell'organizzazione commerciale.
do², *v. t.* (*pass.* did, *part. pass.* done) fare, agire. △ **What does he ~ for a living?** che cosa fa per vivere?, che mestiere fa?; **He is doing very well in business** va benissimo negli affari (*gli affari gli vanno a gonfie vele*). // **to ~ away with** abolire, eliminare, sopprimere: **The branch was done away with last year** la filiale è stata soppressa l'anno scorso; **to ~ one's best** fare del proprio meglio; **to ~ broking** (*Borsa*) fare il mediatore; **to ~ business** fare affari; **to ~ the business** far l'affare; **to ~ the correspondence** (*org. az.*) sbrigare la corrispondenza; **to ~ one's duty** fare il proprio dovere; **to ~ sb. in** rovinare q.: **The stock-market crash did him in** il crollo del mercato azionario lo ha rovinato; **to ~ oneself well** (*USA*) farsi strada, aver successo; **to ~ the place** (*market.*) battere la piazza; **to ~ one's shopping** (*market.*) fare acquisti (*o* compere); fare la spesa; **to ~ a subtraction** (*mat.*) fare una sottrazione; **to ~ a sum** (*mat.*) fare una somma; **to ~ st. to the best of one's ability** fare del proprio meglio; **to ~ one's training** (*pers.*) fare il (*proprio*) tirocinio; **to ~ with sb.** trattare con q.: **You can't ~ with a man like that** non si può trattare con un uomo del genere; **to ~ without st.** fare a meno di qc.: **We are limiting the production of goods that we could ~ without** stiamo limitando la produzione delle merci di cui possiamo fare a meno; **to be done for** (*fam.*) essere rovinato, essere spacciato: **Economy is done for** (*fam.*) l'economia è in rovina.
dock¹, *n.* ❶ (*leg.*) banco degli accusati. ❷ (*trasp. ferr.*) piattaforma di carico (*alla fine d'un binario*). ❸ (*trasp. mar.*) bacino. ❹ (*trasp. mar., USA*) banchina, molo, scalo d'approdo. ❺ **docks**, *pl.* (*trasp. ferr.*) « docks ». ❻ **docks**, *pl.* (*trasp. mar.*) (serie di) bacini, magazzini e uffici; cantiere navale; arsenale. ❼ **docks**, *pl.* (*trasp. mar.*) magazzini generali (*traducente improprio*). // **~ authorities** (*trasp. mar.*) autorità portuali, direzione (dei) bacini; **~ dues** (*trasp. mar.*) spese di « dock »; **~ labour** (*pers.*) manodopera portuale; **~ landing account** (*trasp. mar.*) documento non doganale da riempirsi da parte d'ogni capitano di nave che fa scalo in un porto (*fornisce dettagli sul carico trasportato*); **~ pilot** (*trasp. mar.*) pilota di porto; **~ receipt** (*trasp. mar.*) ricevuta del custode del « dock »; **~ -warrant** (*dog.*) fede di deposito doganale; **~ workers** (*pers.*) lavoratori portuali, portuali.
dock², *v. i.* ❶ (*di nave*) entrare in bacino. ❷ (*trasp. mar., USA*) accostare alla banchina, attraccare. *v. t.* ❶ (*fam.*) diminuire, ridurre. ❷ (*trasp. mar.*) mettere in bacino (*una nave*). ❸ (*trasp. mar., USA*) attraccare (*una nave*). // **to ~ an employee's salary** (*sind.*) ridurre lo stipendio d'un impiegato.
dockage, *n.* (*trasp. mar.*) spese di « dock », spese di bacino.
docker, *n.* (*pers.*) scaricatore di porto, portuale.
docket¹, *n.* ❶ (*dog.*) scontrino doganale. ❷ (*fin.*) cedola. ❸ (*leg.*) verbale (*nei procedimenti giudiziari*). ❹ (*leg.*) lista delle cause da discutere. ❺ (*leg.*) attergato,

estratto di sentenza o di altro provvedimento. ❻ (*org. az.*) ordine del giorno, agenda (*dei lavori d'una commissione, ecc.*).
docket², *v. t.* ❶ (*leg.*) attergare (*una pratica*). ❷ (*leg.*) registrare (*una sentenza*).
dockhand, *n.* (*pers.*) scaricatore di porto.
docking, *n.* ❶ (*pers.*) multa. ❷ (*trasp. mar.*) attracco.
dockmaster, *n.* (*pers.*) direttore di bacino.
dockyard, *n.* (*trasp. mar.*) cantiere navale, arsenale, darsena. // **~ hands** (*pers.*) maestranze d'un cantiere navale.
doctor, *n.* dottore, medico. // **on a ~ 's panel** (*pers.*) (*di paziente*) mutuato.
doctrine, *n.* dottrina.
document¹, *n.* documento, certificato, attestato, titolo. △ **The documents have been legalized** i documenti sono stati legalizzati. // **documents against acceptance** (*market.*) documenti contro accettazione; **documents against payment** (*market.*) documenti contro pagamento; **~ bill** (*cred.*) tratta documentaria; **~ credit** credito documentario; **documents in support** pezze d'appoggio; **documents of credit** (*cred.*) titoli di credito; **~ of title** (*leg.*) titolo di proprietà; **documents of title** (*leg.*) documenti rappresentativi (*delle merci*); **documents of value** documenti di valore; **documents which accompany goods** (*trasp.*) documenti che accompagnano la merce.
document², *v. t.* ❶ documentare, attestare, provare. ❷ (*trasp. mar.*) fornire (*una nave*) di tutti i documenti; immatricolare, iscrivere (*una nave*). // **to ~ a bill of exchange** (*cred.*) documentare una cambiale.
documentary, *a.* documentario, documentato. *n.* documentario. // **~ bill** (*cred.*) tratta documentaria; **~ credit** (*comm. est.*) credito documentario (*o* documentato); **~ draft** (*cred.*) tratta documentaria; **~ evidence** (*leg.*) prova documentata, prova scritta; **~ stamp** (*leg.*) marca da bollo per documenti.
documentation, *n.* documentazione.
dodge¹, *n.* inganno, sotterfugio. // **dodges used to escape taxation** (*leg.*) sotterfugi messi in opera per eludere l'imposizione fiscale.
dodge², *v. t. e i.* ❶ eludere, schivare (*le responsabilità*). ❷ usare sotterfugi. △ ❶ **Let's not ~ our problems!** non eludiamo i nostri problemi! // **to ~ taxes** (*fin.*) sottrarsi al fisco, evadere (le imposte), essere un evasore (fiscale).
dodger, *n.* ❶ imbroglione. ❷ (*leg.*) evasore fiscale. ❸ (*pubbl., USA*) foglietto pubblicitario.
dog, *n.* (*slang USA*) pagherò cambiario.
doldrums, *n. pl.* (*econ.*) stato di inattività, stato di stagnazione, crisi. △ **We went through the economic ~ of the late sixties** passammo attraverso la crisi economica degli ultimi anni sessanta.
dole, *n.* (*sind.*) sussidio di disoccupazione. △ **All his family is on the ~** tutta la sua famiglia percepisce il sussidio di disoccupazione.
dollar, *n.* dollaro. // **~ area** (*econ., fin.*) area del dollaro; **~ diplomacy** (*econ.*) politica dell'infiltrazione economica come mezzo di potere politico; **~ efficiency** (*pubbl.*) efficacia pubblicitaria riferita a dollaro di spesa; **~ gap** (*fin.*) scarsità, mancanza di dollari; **~ glut** (*fin.*) abbondanza di dollari; **~ of account** (*Borsa, ingl.*) dollaro contabile; **~ parity** (*fin.*) parità in dollari; **~ shortage** (*fin.*) *V.* **~ gap**; **~ standard** (*fin.*) tipo dollaro.
dolly, *n.* (*pubbl.*) carrello (*su cui è posta la macchina da presa, cinematografica o televisiva*).
domestic, *a.* ❶ domestico, nazionale, interno. ❷

(*market.*, *USA*) casalingo, casereccio, nostrano. // ~ **bill** (*cred.*) cambiale pagabile all'interno; ~ **car sale** (*market.*) vendita di auto di fabbricazione nazionale; ~ **corporation** (*fin.*, *USA*) società nazionale; ~ **credit market** (*fin.*) mercato creditizio interno; ~ **demand** (*econ.*) domanda interna: ~ **demand has been slack for a long time** la domanda interna è stata carente per un lungo periodo di tempo; ~ **equilibrium** (*econ.*) equilibrio interno; ~ **food** (*market.*, *USA*) cibo casalingo; ~ **goods** (*market.*) prodotti nazionali; ~ **law** (*leg.*) diritto interno (*d'un singolo Paese*); ~ **liquidity** (*fin.*) liquidità interna; a ~ **loan** (*cred.*) un prestito nazionale; ~ **mails** (*comun.*, *USA*) poste nazionali; ~ **news** (*giorn.*) notizie dall'interno; ~ **postage** (*comun.*, *USA*) poste nazionali; ~ **product** (*econ.*) prodotto nazionale; ~ **system** (*econ.*) sistema industriale basato sul lavoro a domicilio; ~ **trade** commercio interno, commercio nazionale.

domestics, *n. pl.* (*market.*, *USA*) (articoli) casalinghi. // ~ **department** (*market.*, *USA*) reparto (articoli) casalinghi.

domicile[1], *n.* ❶ domicilio. ❷ (*leg.*) domicilio, residenza stabile. // ~ **of choice** (*leg.*) domicilio d'elezione.

domicile[2], *v. t.* ❶ (*cred.*) domiciliare (*una cambiale*). ❷ (*leg.*) stabilire la residenza di (*q. in un posto*). // to ~ **a bill** (*cred.*) domiciliare una cambiale.

domiciled bill, *n.* (*cred.*) cambiale domiciliata, tratta domiciliata.

domiciliary, *a.* domiciliare.

domiciliation commission, *n.* (*banca*) commissione di domiciliazione.

dominate, *v. t.* dominare.

domination, *n.* dominio.

donate, *v. t.* donare.

donation, *n.* (*leg.*) donazione, dono, elargizione di denaro.

donee, *n.* (*leg.*) donatario.

donor, *n.* (*leg.*) donatore, donante.

don't, *n.* (*pl.* **don'ts**) ciò che non si può (*o* non si deve) fare; comando o preghiera di non fare qualcosa.

door, *n.* porta. // ~ **opener** (*market.*) omaggio (*dono di poco prezzo offerto da un piazzista per ingraziarsi la persona che ha aperto la porta*); ~ -**to**- ~ **distribution** (*market.*) distribuzione porta a porta; ~ -**to**- ~ **sale** (*market.*) vendita a domicilio; ~ -**to**- ~ **sales approach** (*market.*) forma di vendita diretta « porta a porta »; ~ -**to**- ~ **salesman** (*market.*) venditore a domicilio; ~ -**to**- ~ **service** (*market.*) servizio a domicilio.

do-re-mi, *n.* (*slang USA*) denaro.

dormant, *a.* addormentato, inattivo. // ~ **account** (*banca*) conto inattivo; ~ **partner** (*leg.*) socio accomandante.

dormitory towns, *n. pl.* città « dormitorio » (*comunità residenziali alle quali i lavoratori pendolari ritornano dopo la loro giornata di lavoro nelle grandi città*).

dose[1], *n.* (*econ.*) dose, unità.

dose[2], *v. t.* (*anche econ.*) dosare.

dossier, *n.* (*leg.*) « dossier », incartamento.

dot[1], *n.* punto, puntino, segno. // **dots and dashes** (*comun.*) punti e linee (*del telegrafo*); **on the** ~ puntualmente: **They usually pay on the** ~ di solito pagano puntualmente.

dot[2], *v. t.* punteggiare.

dotal property, *n.* (*leg.*) beni dotali.

dotted line, *n.* linea punteggiata, linea perforata.

double[1], *a.* doppio, duplice. *n.* (*il*) doppio. *avv.* due volte. △ *n.* **That cost us** ~ **its value** ci è costato il doppio del (due volte il) suo valore. // ~ **application** (*rag.*) registrazione (*contabile*) doppia; ~ -**barrelled quotation** (*Borsa*, *fin.*) quotazione doppia; ~ **column** (*giorn.*) articolo su due colonne, annuncio economico su due colonne; ~ **counting** (*market.*) conteggio doppio; to ~ -**cross** (*fam.*) fare il doppio gioco con (q.), ingannare; ~ **daylight saving time** (*USA*) ora legale doppia (*in anticipo di due ore su quella solare*); ~ -**decker** casa a due piani; (*trasp.*) autobus a due piani; (*trasp. mar.*) nave a due ponti; ~ **entry** (*rag.*) partita doppia; ~ -**entry bookkeeping** (*rag.*) contabilità a partita doppia, tenuta dei libri a partita doppia; ~ -**entry system** (*rag.*) metodo della partita doppia; ~ **freight** (*trasp. mar.*) doppio nolo; ~ **insurance** (*ass.*) assicurazione cumulativa; ~ -**leaded** (*in tipografia*) a spaziatura doppia fra riga e riga; ~ **option** (*Borsa*) opzione doppia (*contratto a premio che dà diritto a comprare o a vendere una determinata quantità d'un certo titolo a piacimento del compratore del premio*), « stellage », stellaggio; ~ **postcard** (*attr. uff.*) cartolina doppia; ~ -**saw** (*slang USA*) banconota da venti dollari, somma di venti dollari; ~ **sawbuck** (*slang USA*) banconota da venti dollari, somma di venti dollari; ~ **space** (*in dattilografia*) spazio doppio; to ~ -**space** scrivere (*a macchina*) lasciando uno spazio doppio; ~ **standard** (*econ.*) bimetallismo; ~ **summer time** ora legale doppia (*in anticipo di due ore su quella solare*); ~ **taxation** (*econ.*) imposizione doppia, tassazione doppia; ~ **taxation of dividends and interest** doppie imposizioni su dividendi e interessi; **the** ~ -**tier system for the lira** (*econ.*) il sistema dei doppi cambi per la lira; ~ **track** (*trasp. ferr.*) doppio binario; ~ **will** (*leg.*) testamento congiuntivo e reciproco.

double[2], *v. t.* ❶ raddoppiare. ❷ (*trasp. mar.*) mettere (*un passeggero*) nella stessa cabina con un altro. // to ~ **one's income** raddoppiare le proprie entrate; to ~ **the price** raddoppiare il prezzo.

doubt[1], *n.* dubbio. △ **We have no** ~ **about his honesty** non nutriamo dubbi sulla sua onestà; **Give us the benefit of the** ~! concedeteci il beneficio del dubbio! // **beyond** ~ senza possibilità di dubbio; **no** ~ senza dubbio, certamente.

doubt[2], *v. t. e i.* dubitare, mettere in dubbio, essere in dubbio. △ **We don't** ~ **that he will be able to pay** non dubitiamo che sia in grado di pagare; **I do hope you don't** ~ **my word!** spero proprio che Lei non metta in dubbio la mia parola!

doubtful, *a.* ❶ dubbioso. ❷ dubbio, discutibile, equivoco, incerto. △ ❷ **He's man of** ~ **reputation** è un uomo di dubbia reputazione; **The future of economy looks quite** ~ il futuro dell'economia appare assai incerto. // ~ **debts** (*cred.*) crediti di dubbia (*o* d'incerta) esigibilità; a ~ **remedy** un rimedio discutibile.

doubtless, *a.* indubbio.

dough, *n.* (*slang USA*) denaro, contante.

Dow-Jones index, *n.* (*fin.*) indice Dow Jones.

down, *avv.* ❶ giù, in giù. ❷ in contanti. *a. attr.* (che va) in giù, in discesa, in pendenza. *n.* ❶ basso, rovescio (*della sorte*). ❷ (*market.*) periodo di crisi (*delle vendite, ecc.*). △ *avv.* ❶ **Rubber is** ~ **(in price)** la gomma è andata giù di prezzo; ❷ **Forty dollars** ~ **and the remainder in instalments** quaranta dollari in contanti e il resto a rate; **I can't pay more than 20 dollars** ~ non posso pagare più di 20 dollari in contanti; *n.* ❶ **These are the ups and downs of economic activity** questi sono gli alti e i bassi dell'attività economica; ❷ **Certain industries are especially subject to seasonal downs** certe industrie sono particolarmente soggette a crisi stagionali. // ~ **grade** (*trasp. ferr.*)

discesa; ~ **payment** pagamento in contanti, versamento della prima rata; ~ **platform** (*trasp. ferr.*) marciapiede di partenza o d'arrivo d'un « down train »; ~ **-time** (*cronot.*) tempo d'arresto; **a ~ train** (*trasp. ferr.*) un treno che dalla città principale porta in provincia; ~ **year** (*fin.*) esercizio finanziario che ha fatto registrare una diminuzione generale d'attività.

downstairs, *avv.* al piano di sotto.

downswing, *n.* ❶ (*econ.*) ribasso. ❷ (*econ.*) fase di flessione, tendenza depressionaria, recessione improvvisa; congiuntura (sfavorevole).

downtime, *n.* (*org. az.*) periodo d'inattività (*d'una macchina, d'una fabbrica o d'un reparto*).

downtown, *avv.* verso il centro commerciale (*d'una grande città*). *n.* centro commerciale (*d'una grande città*). △ *avv.* **This bus goes ~** questo autobus va in centro; *n.* **The downtowns of big cities are usually crammed with cars** i centri delle grandi città sono zeppi d'automobili. // ~ **store** (*market.*) negozio del centro.

downtrend, *n.* ❶ (*Borsa*) fase di flessione. ❷ (*econ.*) tendenza al ribasso. △ ❷ **There's a persistent ~ in sales** c'è una continua tendenza al ribasso nelle vendite.

downturn, *n.* (*econ.*) tendenza al ribasso, tendenza depressionaria, flessione.

downward, *avv.* e *a.* in discesa. // ~ **communications** (*org. az.*) comunicazioni dall'alto verso il basso; ~ **price stickiness** (*econ.*) vischiosità dei prezzi; ~ **sloping trend** (*econ.*) tendenza al ribasso; ~ **stickiness** (*econ.*) resistenza al ribasso, vischiosità; **the ~ stickiness of wages** (*econ.*) la vischiosità dei salari; ~ **trend** (*econ.*) tendenza al ribasso, movimento di rallentamento (*nello sviluppo dell'economia*), sfavorevole andamento congiunturale: **The accelerated expansion of investment in plant and equipment by France and Italy appears to have offset the effects of the ~ trend in the investment situation in Germany on trade in capital goods** in Francia e in Italia l'accelerata espansione degli investimenti in capitale fisso sembra aver compensato gli effetti esercitati sugli scambi di beni strumentali dallo sfavorevole andamento congiunturale degli investimenti nella Germania Federale.

dowry, *n.* (*leg.*) dote.

dozen, *n.* dozzina.

drachma, *n.* (*pl.* **drachmae** e *reg.*) (*econ.*) unità monetaria greca (*si suddivide in 100 lepta*).

draft[1], *n.* ❶ abbozzo, bozzetto, schizzo. ❷ copia, brutta copia, minuta. ❸ disegno, progetto, schema. ❹ (*cred.*) cambiale, tratta, cambiale tratta. ❺ (*cred.*) ordine di pagamento. ❻ (*rag.*) abbuono per « calo peso », abbuono per « corpi estranei ». ❼ (*trasp. mar.*) pescaggio. △ ❹ **Their ~ will be due on January 31st** la loro tratta scade il 31 gennaio; **A cheque is a ~ on a banker** un assegno bancario è una tratta su un banchiere. // ~ **agreement** (*amm.*) schema di accordo; ~ **allowance** (*rag.*) abbuono per « calo peso », abbuono per « corpi estranei »; ~ **articles** (*amm.*) progetto di statuto; ~ **at sight** (*cred.*) tratta a vista; ~ **budget** (*fin.*) progetto di bilancio, bilancio preventivo di massima; ~ **contract** (*amm.*) schema di contratto; **the ~ for a machine** lo schizzo (*o il disegno*) d'una macchina; **the ~ of a letter** la minuta d'una lettera; **the ~ of a speech** l'abbozzo d'un discorso; ~ **package of requests** (*econ.*) piattaforma comune di richieste; ~ **payable at sight** (*cred.*) tratta a vista; ~ **regulation** (*org. az.*) proposta di regolamento.

draft[2], *v. t.* ❶ disegnare, schizzare. ❷ abbozzare; imbastire (*fig.*); fare uno schema di (qc.). ❸ elaborare. // **to ~ a contract** (*amm.*) preparare lo schema d'un contratto.

drafter, *n.* (*leg.*) estensore (*d'un documento*).

drafting, *n.* elaborazione. // **the ~ of a program** (*org. az.*) l'elaborazione d'un programma.

draftsman, *n.* (*pl.* **draftsmen**) ❶ (*pers.*) disegnatore, disegnatore tecnico. ❷ (*pers.*) progettista. ❸ (*pers.*) estensore di abbozzi o bozze di documenti.

drain[1], *n.* ❶ prosciugamento (*anche fig.*). ❷ (*fig.*) esaurimento, salasso. △ ❷ **The medical and social care of old people constitutes a heavy ~ on the economic resources of society** l'assistenza medica e sociale agli anziani è un forte salasso delle risorse economiche della società. // **a ~ of dollars** (*fin.*) un esaurimento di dollari; **the ~ on liquidity** (*fin.*) il prosciugamento della liquidità.

drain[2], *v. t.* ❶ prosciugare (*anche fig.*). ❷ (*fig.*) esaurire, logorare. // **to ~ the wealth of a nation** (*econ.*) esaurire le risorse d'una nazione.

dram, *n.* dramma (*misura inglese di peso corrispondente a 1,7718 grammi*).

drastic, *a.* drastico. // **a ~ remedy** un rimedio energico.

draught, *n.* V. **draft**[1].

draw, *v. t.* (*pass.* **drew**, *part. pass.* **drawn**) ❶ tirare, trarre. ❷ estrarre. ❸ disegnare. ❹ attingere, ottenere. ❺ richiamare. ❻ sorteggiare. ❼ (*banca*) trarre, prelevare (*denaro*). ❽ (*cred.*) spiccare (*una tratta*). ❾ (*fin.*) estrarre (*obbligazioni*). ❿ (*leg.*) redigere (*un documento*). ⓫ (*sind.*) ricevere, percepire (*uno stipendio*). *v. i.* (*cred.*) trarre, spiccare tratta. △ *v. t.* ❶ **Now you can ~ your own conclusions from what you have seen** ora siete in grado di trarre le vostre conclusioni da ciò che avete visto; ❹ **I drew on my savings for the whole amount** attinsi ai miei risparmi per l'intero ammontare; **We'll ~ information from our man in London** otterremo informazioni dal nostro agente di Londra; ❺ **We should like to ~ your attention on the following points...** vorremmo richiamare la vostra attenzione sui seguenti punti...; ❼ **He drew several hundred pounds from the bank** ha prelevato diverse centinaia di sterline dalla banca; ⓫ **He draws a good salary every week** riceve un buon stipendio tutte le settimane; *v. i.* **We shall ~ on you at 60 days** spiccheremo tratta su di voi a 60 giorni. // **to ~ a bill of exchange** (*cred.*) spiccare una tratta, spiccare una cambiale; **to ~ a cheque** (*cred.*) « staccare » un assegno; **to ~ a contract** stendere un contratto; **to ~ a deed** (*leg.*) redigere un atto legale; **to ~ in fare economia**, « tirare la cinghia »: **We shall have to ~ in for a few months** dovremo fare economia per alcuni mesi; **to ~ lots for** sorteggiare; (*fin.*) estrarre a sorte; **to ~ near** (*trasp. mar.*) avvicinarsi; **to ~ on sb.** spiccar tratta su q.: **You can ~ on us for the amount of your invoice** potete spiccare tratta su di noi per l'ammontare della fattura; **to ~ on an account** (*banca*) trarre su un conto; **to ~ on one's account** (*banca*) attingere (denaro) dal proprio conto; **to ~ a plan** formulare un piano; **to ~ a profit** trarre un profitto; **to ~ one's salary** (*pers.*) tirare lo stipendio, tirare la paga; **to ~ together** (*trasp. mar.*) (*di navi*) avvicinarsi, accostarsi: **The two ships are drawing together** le due navi si stanno accostando; **to ~ two salaries** (*pers.*) cumulare due stipendi; **to ~ st. up** redigere qc., stilare; (*leg.*) rogare: **The committee are drawing up a document** il comitato sta redigendo un documento; **to ~ up an accusation** (*leg.*) stendere un'accusa; **to ~ up an agreement** stipulare un contratto; **to ~ up a balance-sheet** (*fin., rag.*) redigere un bilancio; **to**

~ **up a bill of lading** (*trasp. mar.*) redigere una polizza di carico; to ~ **up a contract** stendere un contratto; to ~ **up a deed** (*leg.*) redigere un atto; to ~ **up a statement of account** (*banca*) redigere un estratto-conto; « your securities drawn » (*banca*) « vostri titoli estratti ».

drawback, *n.* ❶ (*dog.*) rimborso dei dazi, restituzione di dazio, premio all'esportazione. ❷ (*dog.*) dazio doganale rimborsato (*quando la merce è riesportata*). ❸ (*fin.*) ristorno.

drawee, *n.* (*cred.*) trattario, trassato.

drawer, *n.* ❶ cassetto. ❷ (*cred.*) traente, emittente. // **the ~ of a bill of exchange** (*cred.*) il traente d'una cambiale; **the ~ of a cheque** (*cred.*) l'emittente d'un assegno bancario.

drawing, *n.* ❶ disegno. ❷ diagramma. ❸ estrazione, sorteggio. ❹ (*banca*) prelevamento, prelievo. ❺ (*pubbl.*) disegno. // ~ **account** (*banca*) deposito in conto corrente, conto corrente; (*pers., sind.*) deposito traibile (*conto personale presso una ditta, sul quale possono essere effettuati prelevamenti in conto anticipo*); conto prelevamenti; ~ **deposit** (*banca*) deposito traibile; ~ **of samples** (*market., stat.*) prelevamento di campioni; ~ **on a current account** (*banca*) prelevamento su un conto corrente; ~ **paper** (*pubbl.*) carta da disegno; ~ **power** (*pers.*) capacità di richiamare clientela; ~ **right** (*fin.*) diritto di prelievo (*ammontare di valute pregiate che un Paese può acquistare dal Fondo Monetario Internazionale in cambio di propria valuta*): **In order to overcome the gap between the volume of world trade and the global supply of gold, the International Monetary Fund devised a new international money called « special ~ rights »** al fine di colmare il divario fra il volume del commercio mondiale e le scorte mondiali dell'oro, il Fondo Monetario Internazionale ha escogitato una nuova moneta internazionale chiamata « diritti speciali di prelievo »; ~ **up** (*leg.*) stesura, stipulazione, stipula; **the ~ up of a contract** (*leg.*) la stesura d'un contratto.

drawn and payable, *a.* (*banca, cred.*) emesso e pagabile.

drawn bond, *n.* (*fin.*) titolo estratto.

drawn ticket, *n.* (*fin.*) estratto.

drawn upon, *a.* (*cred.*) trassato.

dress[1], *n.* abito da donna. // ~ **designer** figurinista.

dress[2], *v. t.* (*pubbl.*) allestire (*una vetrina*).

dressing, *n.* (*pubbl.*) allestimento (*d'una vetrina*).

drift[1], *n.* ❶ spostamento. ❷ inclinazione, direzione. ❸ tendenza. ❹ (il) lasciar andare le cose per conto loro; (il) lasciar correre; inazione, immobilismo. ❺ (*trasp. mar.*) deriva. ❻ (*trasp. mar.*) percorso, velocità d'una corrente. △ ❸ **What's the general ~ of international affairs?** qual è la tendenza generale degli affari internazionali?; ❹ **Our Government's policy is one of ~** la politica del nostro Governo è quella dell'immobilismo. // ~ **angle** (*trasp. mar.*) angolo di deriva; **the ~ from the land** (*econ.*) la fuga dai campi; **the ~ of population from country to city** (*stat.*) lo spostamento della popolazione dalla campagna alla città; **a ~ towards centralization of power** una tendenza alla centralizzazione del potere.

drift[2], *v. i.* ❶ andare alla deriva (*anche fig.*), lasciarsi trasportare dagli eventi. ❷ (*trasp. mar.*) andare alla deriva. △ ❶ **The market has been drifting the last few days, probably because of the approaching holidays** il mercato va alla deriva da alcuni giorni forse per l'imminenza delle vacanze; ❷ **The ship is drifting about** la nave sta andando alla deriva.

drill, *v. t.* forare, trapanare.

drink, *n.* bevanda.

drive[1], *n.* ❶ viaggio in (*o* alla guida di una) automobile. ❷ energia, iniziativa. ❸ (*market., USA*) campagna (*commerciale*). ❹ (*trasp. aut.*) trazione. △ ❷ **Businessmen should have lots of ~** gli uomini d'affari dovrebbero avere molta iniziativa; ❸ **We are making a great ~ to sell our new product** stiamo facendo una grande campagna per vendere il nuovo prodotto. // ~ **-in** (*market.*) « drive-in » (*sistema di vendita che consente l'accesso diretto al negozio da parte di clienti in automobile, senza che le operazioni d'acquisto rendano necessario abbandonare il posto di guida*); ~ **-in window** (*banca*) sportello (*di banca*) cui si accede in automobile.

drive[2], *v. t. e i.* (*pass.* **drove**, *part. pass.* **driven**) ❶ guidare, pilotare. ❷ andare (*guidando un veicolo*). ❸ portare (*q.*) in automobile. ❹ affaticare, incalzare. △ ❹ **Let's not ~ our workers too hard!** non affatichiamo troppo i nostri operai! // **to ~ a bargain with sb.** concludere un affare con q.; **to ~ down** (*market.*) far diminuire, abbassare (*prezzi, ecc.*): **A temporary lifting of the quotas on imported meat might ~ down prices** l'abolizione temporanea delle quote d'importazione della carne potrebbe far abbassare i prezzi; **to ~ a good bargain** fare un buon affare; **to ~ sb. into a corner** (*fig.*) mettere q. con le spalle al muro; **to ~ prices down** (*econ.*) esercitare una pressione sui prezzi; **to ~ a roaring trade** fare affari d'oro.

driver, *n.* ❶ (*pers.*) autista. ❷ (*trasp. aut.*) guidatore, conduttore, conducente.

driving, *n.* (*trasp. aut.*) guida. // ~ (*o* **driver's**) **licence** (*trasp. aut.*) patente di guida.

drop[1], *n.* ❶ caduta. ❷ (*fin.*) ribasso, flessione. ❸ (*market.*) caduta, flessione, diminuzione, contrazione (*dei prezzi*). △ ❸ **There's been a ~ in wholesale prices** c'è stata una diminuzione dei prezzi all'ingrosso; **For the better-quality oils the ~ in price was less marked** per le qualità migliori di olio la contrazione del prezzo è stata meno accentuata. // **a ~ in distribution costs** (*econ.*) una riduzione dei costi di distribuzione; **drops in Italian exports** flessioni dell'export italiano; **a ~ in net exports** (*comm. est.*) un regresso delle esportazioni; **a ~ in overall domestic demand** (*econ.*) un calo della domanda globale interna; **a ~ in state revenues** (*fin.*) una flessione del gettito fiscale; ~ **shipment** (*market., USA*) spedizione (*di merci*) fatta dal produttore direttamente al dettagliante (*e non dal grossista che ha effettuato la vendita*).

drop[2], *v. i.* ❶ cadere. ❷ (*fin.*) diminuire (*di valore*); essere ridotto (*o* ribassato). △ ❶ **Prices dropped suddenly** i prezzi diminuirono improvvisamente; ❷ **Z. shares dropped a point** le azioni Z. diminuirono d'un punto; **Petrol prices dropped considerably in 1966 in Germany** nel 1966 il prezzo della benzina fu notevolmente ridotto in Germania; **The Milan Stock Exchange dropped to a new low** la Borsa di Milano ha toccato i nuovi minimi. // **to ~ anchor** (*trasp. mar.*) gettare l'ancora; **to ~ to a low** (*Borsa*) (*di quotazioni, ecc.*) toccare il minimo.

drug, *n.* sostanza medicinale, farmaco. // ~ **in the market** (*market.*) articolo poco richiesto, prodotto invendibile; ~ **on the market** *V.* ~ **in the market**.

drugstore, *n.* (*market., USA*) farmacia (*dove sono venduti anche cosmetici, tabacco, gelati, libri, ecc.*).

drum[1], *n.* tamburo.

drum[2], *v. i.* suonare il tamburo.

drummer, *n.* (*market., USA*) commesso viaggiatore, viaggiatore di commercio.

dry, *a.* asciutto, secco. // ~ **cargo** (*trasp. mar.*) carico secco; ~ **cargo ships** (*trasp. mar.*) navi per il trasporto di cereali; ~ **dock** (*trasp. mar.*) bacino a secco, bacino di carenaggio; **to ~ -dock** (*trasp. mar.*) carenare, immettere (*una nave*) nel bacino di carenaggio; mettere a secco lo scafo; ~ **-docking** (*trasp. mar.*) carenaggio; carenamento; ~ **goods** merci solide; cereali; (*trasp. mar.*) carichi secchi, aridi; (*USA*) mercerie, tessuti; ~ **measure** misura per merci solide, misura per cereali; ~ **run** (*pubbl.*) numero zero.

dual variable, *n.* (*ric. op.*) valore marginale.

dub, *v. t.* (*pubbl.*) doppiare.

dubbing, *n.* (*pubbl.*) doppiaggio.

duck, *n.* (*Borsa, slang*) debitore moroso.

dud, *a.* falso, che non vale nulla. *n.* persona che non riesce a cavare un ragno da un buco. // ~ **cheque** (*banca*) assegno a vuoto.

due, *a.* ❶ dovuto (*a*), causato (*da*). ❷ (*leg.*) dovuto, spettante, esigibile, pagabile, che scade. ❸ (*trasp.*) atteso, in arrivo. ❹ (*trasp. mar.*) in direzione (*di*). *n.* ❶ ciò che è dovuto (*a q.*). ❷ **dues,** *pl.* (*dog.*) dazi. ❸ **dues,** *pl.* (*leg.*) diritti. ❹ **dues,** *pl.* (*sind.*) contributi sindacali. △ *a.* ❶ **The accident was ~ to the fog** l'incidente fu dovuto alla (*o* causato dalla) nebbia; ❷ **We propose drawing upon you for the balance ~ to us** proponiamo di rimborsarci su di voi con tratta per il saldo da voi dovutoci; **The last instalment is ~ tomorrow** l'ultima rata è esigibile domani; **When is our salary ~?** quando è pagabile il nostro stipendio?; **The bill is ~ today** la cambiale scade oggi; ❸ **The ship was ~ yesterday** la nave era attesa ieri; **Their train is ~ at 12:30** il loro treno è in arrivo (*dovrebbe arrivare*) alle 12.30; *n.* ❶ **I claim my ~** pretendo ciò che mi è dovuto; ❷ **Harbour dues are to be paid by the importer** i diritti portuali devono essere pagati dall'importatore. // ~ **care** (*leg.*) normale diligenza, diligenza ordinaria; ~ **date** (*cred.*) scadenza, data di scadenza (*d'un debito*); (*rag.*) data di scadenza; ~ **date of coupon** (*fin.*) godimento della cedola; **dues for lighthouse** (*trasp. mar.*) diritti di faro; ~ **notice** (*leg.*) avviso dato nei termini richiesti; ~ **register** (*attr. uff.*) scadenzario; **after ~ consideration** dopo adeguata riflessione; **by ~ process of law** (*leg.*) con regolare processo; **in ~ course** a tempo debito, regolarmente: **We shall in ~ course meet your draft** faremo onore a suo tempo alla vostra tratta; **in ~ time** a tempo debito; **not yet ~** (*cred.*) non ancora scaduto; **with ~ care** con la debita cura.

dull, *a.* fiacco, inerte. // ~ **market** (*market.*) mercato fiacco; ~ **season** (*market.*) stagione morta.

dullness, *n.* inerzia, « fiacca ». △ **Exports underwent a quick recovery after the seasonal ~ of the summer months** le esportazioni hanno registrato una rapida ripresa dopo la « fiacca » estiva.

dulness, *n.* V. dullness.

duly, *avv.* ❶ debitamente, adeguatamente. ❷ a tempo debito, puntualmente, regolarmente. △ ❷ **All the instalments were ~ paid to your agent** tutte le rate furono puntualmente pagate al vostro rappresentante. // ~ **authorized representative** (*pers.*) incaricato regolarmente autorizzato.

dummy, *a.* falso, finto, fittizio, di comodo. *n.* ❶ uomo di paglia. ❷ (*leg.*) prestanome. ❸ (*pubbl.*) menabò. // **a ~ corporation** una società commerciale fittizia; ~ **dollar** (*fin.*) quotazione di comodo del dollaro (*alla Borsa Valori di Londra*); ~ **name** nome di comodo, nome fittizio; ~ **variable** (*stat.*) variabile di comodo.

dump, *v. t.* (*market.*) vendere sottocosto, svendere (*prodotti, specialm. all'estero*).

dumper, *n.* (*trasp. aut., USA*) autocarro ribaltabile.

dumping, *n.* (*econ.*) « dumping » (*consiste nel fissare prezzi di esportazione inferiori a quelli praticati sul mercato interno*); vendita sottocosto (*di merce, specialm. all'estero*).

dun[1], *n.* ❶ insistente richiesta di pagamento. ❷ (*cred.*) creditore insistente. ❸ (*cred.*) esattore di crediti.

dun[2], *v. t.* ❶ importunare (*un debitore*). ❷ sollecitare (*il pagamento d'un debito*). △ ❶ **We dunned that customer by mail and by telephone for the payment of his bill** abbiamo importunato quel cliente per posta e per telefono al fine di ottenere il pagamento del conto.

dunnage, *n.* (*trasp. mar.*) fondo della stiva, pagliuolo.

dunning letter, *n.* (*comun.*) lettera di sollecitazione, sollecitatoria, sollecito.

duopoly, *n.* (*econ.*) duopolio.

duopsony, *n.* (*econ.*) duopsonio.

dupe, *n.* (*slang USA*) copia, copia carbone, duplicato.

duplicate[1], *a.* duplice, doppio, in duplice copia. *n.* duplicato, seconda copia. △ *a.* **The firm has always made out ~ invoices, one for its own records and one for the customer** la ditta ha sempre emesso fatture in duplicato, una per i propri archivi e una per il cliente; *n.* **You must make six duplicates of the memo** dovete fare sei copie del promemoria. // **the ~ of a deed** la copia d'un atto; ~ **plate** (*pubbl.*) copia di cliché; **in ~** in duplice copia: **Documents should be made in ~** i documenti dovrebbero essere fatti in duplice copia.

duplicate[2], *v. t.* ❶ duplicare, fare una seconda copia di (*un documento, ecc.*). ❷ ciclostilare (*lettere, ecc.*). // **duplicating and copying methods** (*attr. uff.*) metodi di duplicazione e riproduzione.

duplicating equipment, *n.* (*macch. uff.*) duplicatore.

duplicating machine, *n.* (*macch. uff.*) duplicatrice.

duplicating set, *n.* (*macch. uff.*) duplicatore.

duplication, *n.* ❶ duplicazione. ❷ duplicato, copia. ❸ (*pubbl.*) duplicazione.

duplicator, *n.* (*macch. uff.*) ciclostile, duplicatore.

durable, *a.* durevole, duraturo. // ~ **consumer goods** (*econ.*) beni di consumo durevoli; ~ **goods** (*econ.*) beni durevoli.

durables, *n. pl.* (*econ., market.*) beni durevoli, articoli durevoli.

duration, *n.* durata.

during, *prep.* durante.

Dutch auction, *n.* asta al ribasso, asta olandese (*in cui si parte da un prezzo massimo e si scende per gradi fino a trovare un compratore*).

dutiable, *a.* (*dog., fin.*) soggetto a dazio, daziabile. // ~ **goods** (*dog., fin.*) merce soggetta a dazio.

duty, *n.* ❶ dovere. ❷ compito, funzione, mansione. ❸ (*dog., fin.*) dazio, dogana. ❹ (*fin.*) imposta, tassa, diritto. ❺ (*pers.*) turno (*di lavoro*). // ~ **-free** (*dog., fin.*) franco di dazio, esente da dazio, in franchigia doganale; ~ **-free entry** (*dog., fin.*) ammissione (*o* importazione) in franchigia doganale: **The Commission also took measures as regards ~ -free entry of products for building and repairing ships** la Commissione ha inoltre intrapreso un'azione relativa alle franchigie doganali applicate all'importazione di prodotti destinati alla costruzione e alla riparazione delle navi; ~ **-free entry of fuel in the tanks of commercial vehicles** (*dog., fin.*) ammissione in franchigia del carburante contenuto nei serbatoi degli autoveicoli industriali; ~ **-free entry of goods** (*dog., fin.*) ammissione in franchigia di merci; ~

-free goods (*dog., fin.*) merce franca di dazio; ~ **-free shop** (*dog., trasp. aer.*) negozio esente da dazio; **the duties of a bookkeeper** (*pers.*) le mansioni d'un ragioniere; ~ **-paid** (*dog., fin.*) sdoganato, sdaziato; ~ **-paid entry** (*dog., fin.*) dichiarazione di avvenuto pagamento del dazio; ~ **unpaid** (*dog., fin.*) dazio escluso (*da pagare*); **off** ~ (*pers.*) fuori servizio; **on** ~ (*pers.*) in servizio.

dwell, *v. i.* (*pass. e part. pass.* **dwelt**) risiedere.

dwelling place, *n.* luogo di residenza.

dye transfer, *n.* fotoriproduzione.

dynamic, *a.* dinamico. // ~ **economics** (*econ.*) economia dinamica; ~ **programming** (*ric. op.*) programmazione dinamica; ~ **response** (*ric. op.*) risposta dinamica.

dynamics, *n. pl.* (*col verbo al sing.*) dinamica.

dynamiter, *n.* (*slang USA*) commerciante dinamico e intraprendente.

E

each, *a.* ogni, ciascuno. *avv.* l'uno, a testa. △ *a.* ~ **side will bear its own costs** ciascuna parte sosterrà le proprie spese; *avv.* **These articles cost 10 dollars** ~ questi articoli costano 10 dollari l'uno. // ~ **one** ciascuno, ognuno.
eagle, *n.* (*USA*) antica moneta d'oro da dieci dollari. // ~ **day** (*slang USA*) giorno di paga.
ear, *n.* ❶ orecchio. ❷ **ears,** *pl.* (*pubbl.*) « manchettes »; rettangoli disponibili per la pubblicità accanto alla testata d'un quotidiano.
early, *a.* prossimo, vicino (*nel tempo*). *avv.* presto, per tempo. △ *a.* **We hope for an** ~ **improvement in international relations** speriamo in un prossimo miglioramento delle relazioni internazionali. // ~ **closing** (*market.*) chiusura anticipata, chiusura pomeridiana (*dei negozi*); ~ **-closing day** (*market.*) giorno di chiusura anticipata, giorno di chiusura pomeridiana (*dei negozi*); ~ **-warning system** (*Borsa, USA*) sistema del preallarme; **as** ~ **as possible** appena possibile; **at your earliest convenience** non appena possibile, con cortese sollecitudine.
earmark, *v. t.* accantonare, destinare, mettere da parte (*per un particolare scopo*). △ **Part of the income was earmarked for financing the programme** una parte del reddito fu destinata a finanziare il programma.
earmarking, *n.* accantonamento.
earn, *v. t.* guadagnare, ottenere. *v. i.* (*fin.*) rendere, produrre interesse. △ *v. i.* **Money in bonds may** ~ **less but it is more secure** il denaro (investito) in obbligazioni rende forse di meno ma è più sicuro. // **to** ~ **a bare living** guadagnare appena (tanto) da vivere; **to** ~ **a great reputation on the market** (*market.*) ottenere una grande rinomanza sul mercato; **to** ~ **a high interest** (*fin.*) ottenere un alto interesse; **to** ~ **one's living** guadagnarsi la vita.
earned income, *n.* (*fin.*) redditi di lavoro.
earned surplus, *n.* (*rag.*) fondo di riserva.
earnest, *a.* serio, zelante. *n.* caparra. // ~ **money** caparra; **an** ~ **worker** (*pers.*) un assiduo lavoratore.
earning capacity, *n.* (*pers.*) capacità di guadagno.
earnings, *n. pl.* ❶ guadagni, profitti. ❷ (*pers.*) salario, stipendio. ❸ (*rag.*) utile. △ ❶ **His** ~ **amount to 10,000 dollars a year** i suoi guadagni ammontano a 10.000 dollari all'anno; **He spends all his** ~ spende tutto ciò che guadagna.
earphone, *n.* (*attr. uff.*) telefono a cuffia.
ease[1]**,** *n.* ❶ facilità. ❷ (*market.*) (*di prezzi*) tendenza al ribasso. △ ❶ **Credit** ~ **tends to promote buying** la facilità del credito tende a promuovere gli acquisti; ❷ **The rubber market shows considerable** ~ il mercato della gomma mostra una notevole tendenza al ribasso.
ease[2]**,** *v. i.* ❶ calmarsi, placarsi. ❷ (*Borsa*) (*di prezzi, quotazioni, ecc.*) scendere. *v. t.* calmare, alleviare. △ *v. i.* ❶ **The tendency for the manpower situation to** ~ **gained strength in the second half of the year** la tendenza alla distensione sul mercato del lavoro si è accentuata nel secondo semestre; ❷ **De Vries shares eased to $ 54** le azioni De Vries sono scese a 54 dollari.

easement, *n.* ❶ alleggerimento, sollievo. ❷ (*leg.*) servitù. // ~ **appurtenant** (*leg.*) servitù fondiaria; ~ **in gross** (*leg.*) diritto d'uso; **an** ~ **of international tension** un alleggerimento della tensione internazionale.
easily, *avv.* agevolmente, facilmente. // ~ **cashable** (*o* **cashed**) (*cred.*) di facile realizzo.
easiness, *n.* facilità. // **the** ~ **of money** (*fin.*) la facilità del denaro.
east, *n.* est, oriente. // ~ **European Time** *V.* **Eastern European Time.**
eastern, *a.* orientale. // **the** ~ **bloc Countries** i Paesi dell'Est (europeo); ~ **European Time** (*comun.*) ora dell'Europa orientale.
easy, *a.* ❶ facile, agevole. ❷ (*market.*) (*di mercato*) moderato, poco attivo. // **an** ~ **customer** (*market.*) un cliente facile; ~ **make** (*slang USA*) cliente facile (da accontentare); ~ **money** (*econ.*) denaro facile; **to be in** ~ **circumstances** essere di agiata condizione.
eat, *v. t.* (*pass.* ate, *part. pass.* eaten) mangiare. // **to** ~ **up** divorare, distruggere: **Their inheritance was eaten up by debt** la loro eredità fu divorata dai debiti.
eatable, *a.* mangiabile, commestibile.
eatables, *n. pl.* commestibili, viveri.
ebb, *n.* riflusso. // **the** ~ **and flow of tide** (*trasp. mar.*) il flusso e il riflusso della marea.
econ, *n.* (*slang USA*) economia.
econometric, *a.* (*econ.*) econometrico. // ~ **model** (*econ.*) modello econometrico.
econometrician, *n.* (*econ.*) econometrista.
econometrics, *n. pl.* (*col verbo al sing.*) (*econ.*) econometria.
economic, *a.* (*econ.*) economico, che concerne l'economia. // ~ **activity** (*econ.*) attività economica, congiuntura: **This shows how sensitive the economy of each Country is to any increase or decrease of** ~ **activity in the other Countries of the EEC** ciò dimostra a qual punto l'economia dei singoli Paesi risenta delle fluttuazioni della congiuntura presso gli altri Paesi della CEE; ~ **activity of consumption** (*econ.*) attività di consumo; ~ **adviser** (*econ.*) consigliere economico; ~ **analysis** (*econ.*) analisi economica; ~ **and Social Committee (ESC)** Comitato Economico e Sociale (*CES*); ~ **and Social Council (ECOSOC)** Consiglio Economico e Sociale (*ECOSOC*); ~ **barometer** (*econ.*) barometro congiunturale; ~ **Commission for Africa (ECA)** Commissione Economica per l'Africa (*CEA*); ~ **Commission for Asia and the Far East (ECAFE)** Commissione Economica per l'Asia e l'Estremo Oriente (*ECAFE*); ~ **Commission for Europe (ECE)** (*econ.*) Commissione Economica per l'Europa (*CEE*); ~ **Commission for Latin America (ECLA)** Commissione Economica per l'America Latina (*CEPAL*); ~ **cycle** (*econ.*) ciclo economico; ~ **determinism** (*econ.*) determinismo economico; ~ **development** (*econ.*) sviluppo economico; ~ **ends** (*econ.*) fini economici; ~ **expansion** (*econ.*) espansione economica; ~ **-financial crisis** (*econ., fin.*) crisi economico-finanziaria; **the** ~ **framework** (*econ.*) il

contesto economico; ~ **freedom** (*econ.*) libertà economica (*termine usato soltanto da A. Marshall e dalla sua scuola*); ~ **geography** geografia economica; ~ **good** (*econ.*) bene economico; ~ **growth** (*econ.*) sviluppo economico; ~ **history** (*econ.*) storia economica; ~ **imbalance** (*econ.*) squilibrio economico; ~ **indicator** (*econ.*) indicatore economico; ~ **infrastructures** (*econ.*) infrastrutture economiche; ~ **laws** (*econ.*) leggi economiche; ~ **man** (*econ.*) « homo oeconomicus »; ~ **miracle** (*econ.*) miracolo economico; ~ **order quantity** (*org. az.*) quantità ottimale; ~ **outlook** (*econ.*) congiuntura: Is the ~ **outlook really so bleak?** va proprio così male la congiuntura?; ~ **planning** (*econ.*) programmazione economica; ~ **policy** (*econ.*) politica congiunturale; (*econ., org. az.*) politica economica: **In contrast to what was done in the two preceding years, the Council made no recommendation to the Member States on the guidelines on** ~ **policy** contrariamente alla prassi seguita nei due anni precedenti, il Consiglio non ha rivolto agli Stati Membri raccomandazioni sulle linee direttrici della politica congiunturale; ~ **potential** (*econ.*) potenziale economico; ~ **recovery** (*econ.*) ripresa economica; ~ **revival** (*econ.*) ripresa economica; ~ **sanctions** (*econ.*) sanzioni economiche; ~ **self-sufficiency** (*econ.*) autosufficienza economica; ~ **sequence** (*econ.*) sequenza economica; ~ **situation** (*econ.*) situazione economica, congiuntura; ~ **statistics** (*econ., stat.*) statistica economica; ~ **stock** (*org. az.*) stock economico; ~ **survey** (*econ.*) relazione sullo stato dell'economia; ~ **system** (*econ.*) sistema economico; ~ **trend** (*econ.*) congiuntura, evoluzione della congiuntura: **The appreciable divergencies in growth rates from Country to Country are attributable to the differing** ~ **trends in the various Countries** le nette differenze nei tassi d'incremento esistenti fra un Paese e l'altro sono dovute alla diversa evoluzione della congiuntura nei vari Paesi; ~ **union** (*econ.*) unione economica; ~ **welfare** (*econ.*) benessere economico.

economical, *a.* ❶ economico, parsimonioso, economo, che fa risparmiare. ❷ (*econ.*) economico, che concerne l'economia. // **an** ~ **person** un individuo parsimonioso; ~ **speed** (*trasp. mar.*) velocità economica.

economically, *avv.* economicamente. // ~ **viable prices** (*econ., market.*) prezzi sufficientemente remunerativi.

economics, *n. pl.* (*col verbo al sing.*) (*econ.*) economia (*la scienza*); economia politica.

economist, *n.* ❶ economo, persona economa. ❷ (*econ.*) economista.

economization, *n.* economia, risparmio.

economize, *v. t.* economizzare, risparmiare, fare economia di (*qc.*).

economy, *n.* ❶ economia, parsimonia. ❷ (*econ.*) economia, sistema economico. ❸ (*trasp. aer.*) classe economica. // ~ **class** (*trasp. aer.*) classe economica; ~ **of scale** (*econ.*) economia di massa.

edge, *n.* ❶ bordo, orlo. ❷ (*fin.*) punto estremo (*d'una fascia d'oscillazione dei tassi di cambio*).

edit, *v. t.* ❶ dare alle stampe, curare l'edizione di (*opere altrui*). ❷ (*giorn.*) rivedere (*un manoscritto*) per la stampa. ❸ (*giorn.*) dirigere (*giornali, riviste, ecc.*).

edition, *n.* (*giorn.*) edizione.

editor, *n.* ❶ chi cura l'edizione (*d'opere altrui*); compilatore. ❷ (*giorn.*) direttore (*di giornale, rivista, ecc.*). ❸ (*giorn.*) redattore d'articoli di fondo. ❹ (*giorn., USA*) redattore. // ~ **in chief** (*giorn., USA*) direttore (*di giornale, rivista, ecc.*).

editorial, *a.* ❶ (*giorn.*) editoriale. ❷ (*giorn.*) del direttore (*d'un giornale*); direttoriale. ❸ (*giorn.*) redazionale. *n.* (*giorn., USA*) articolo di fondo (*o di spalla*). // ~ **matter** (*giorn.*) testo; ~ **office** (*giorn.*) (ufficio di) redazione; ~ **staff** (*giorn.*) redazione (*di giornale*); ~ **work** (*giorn.*) lavoro editoriale; ~ **writer** (*giorn., USA*) redattore d'articoli di fondo, articolista.

editorship, *n.* (*giorn.*) direzione (*di giornale, rivista, ecc.*).

education, *n.* istruzione.

educational qualifications, *n. pl.* titoli di studio.

effect[1], *n.* ❶ effetto, incidenza. ❷ senso, significato, tenore. ❸ (*leg.*) vigore. △ ❶ **The prices paid by consumers also depend on processing, transport and marketing costs, the effects of which on consumer prices are becoming more and more significant** i prezzi pagati dai consumatori dipendono anche dal costo della trasformazione e dalle spese di trasporto e commercializzazione, la cui incidenza sui prezzi al consumo diventa sempre più rilevante; ❷ **Their letter was to this** ~: ... la loro lettera era di questo tenore (aveva questo significato): ...; ❸ **That law is still in** ~ quella legge è ancora in vigore. // **the effects of industrial combination on the economy and on competition** gli effetti della concentrazione sull'economia e sulla concorrenza; « **no effects** » (*banca*) « privo di fondi » (*scritto su un assegno emesso allo scoperto*).

effect[2], *v. t.* effettuare. // **to** ~ **a composition** (*leg.*) giungere a una transazione; **to** ~ **a delivery** (*market.*) fare una consegna; **to** ~ **the insurance of the goods** (*ass.*) curare l'assicurazione della merce; **to** ~ **a payment** effettuare, eseguire, fare un pagamento; **to** ~ **a policy** (*ass.*) sottoscrivere una polizza d'assicurazione.

effective, *a.* ❶ effettivo. ❷ efficiente. ❸ efficace. // ~ **demand** (*econ.*) domanda effettiva; ~ **measures to curb inflation** (*econ.*) provvedimenti efficaci per tenere a freno l'inflazione.

effectiveness, *n.* ❶ efficienza. ❷ efficacia. ❸ (*org. az.*) rendimento (*specialm. della manodopera*).

efficiency, *n.* ❶ efficienza. ❷ efficacia. ❸ (*cronot.*) efficienza, produttività, rendimento. ❹ (*pubbl.*) efficacia pubblicitaria. // ~ **comparison** (*cronot.*) misurazione dell'efficienza.

efficient, *a.* efficiente. // ~ **demand** (*econ.*) domanda effettiva (*termine usato da A. Marshall*); **an** ~ **secretary** (*pers.*) un segretario efficiente.

effort, *n.* sforzo.

egalitarian, *n.* (*econ.*) fautore dell'uguaglianza dei redditi.

egalitarianism, *n.* (*econ.*) tendenza a ridurre la disuguaglianza dei redditi.

egogram, *n.* (*org. az.*) egogramma.

eight, *num.* otto. // ~ **-channel code** (*elab. elettr.*) codice a otto canali; ~ **-hour working day** (*org. az.*) giornata lavorativa d'otto ore.

eject, *v. t.* ❶ (*leg.*) espellere, espropriare. ❷ (*leg.*) sfrattare.

ejectment, *n.* ❶ (*leg.*) esproprio forzato, espropriazione forzata. ❷ (*leg.*) sfratto.

elaborator, *n.* elaboratore.

elastic, *a.* elastico. // ~ **currency** (*econ.*) circolazione monetaria elastica.

elasticity, *n.* elasticità, adattabilità. // ~ **of demand** (*econ.*) elasticità della domanda; ~ **of substitution** (*org. az.*) capacità di variazione d'un rapporto; ~ **of supply** (*econ.*) elasticità dell'offerta.

elect, *v. t.* eleggere. // **to** ~ **a member of the board**

eleggere un membro del consiglio d'amministrazione; to ~ **sb. president** eleggere q. presidente.

election, *n.* elezione. // by- ~ elezione suppletiva.

elective, *a.* elettivo. // **an** ~ **assembly** un'assemblea elettiva; **an** ~ **office** una carica elettiva.

electoral register, *n.* (*amm.*) lista elettorale.

electric, *a.* elettrico. // ~ **brain** (*elab. elettr.*) cervello elettronico; ~ **sign** (*pubbl.*) insegna luminosa; ~ **typewriter** (*macch. uff.*) macchina da scrivere elettrica.

electrical, *a.* elettrico. // ~ **engineering** (*elab. elettr.*) industria elettronica.

electricity, *n.* elettricità.

electro, *n.* (*pubbl.*) elettrotipo.

electronic, *a.* elettronico. // ~ **brain** (*elab. elettr.*) cervello elettronico; ~ **calculating punch** (*elab. elettr.*) calcolatore a schede perforate; ~ **computer** (*elab. elettr.*) elaboratore elettronico, calcolatore elettronico; ~ **data processing** (*elab. elettr.*) elaborazione elettronica dei dati; ~ **data processing centre** (*elab. elettr.*) centro elettronico di elaborazione-dati; ~ **delay storage** (*elab. elettr.*) calcolatrice automatica a memoria ritardata; ~ **digital integrator and computer** (*elab. elettr.*) calcolatore elettronico per equazioni; ~ **discrete variable automatic calculator** (*elab. elettr.*) calcolatrice automatica per variabili discrete; ~ **duplicator** (*macch. uff.*) riproduttore elettronico; ~ **-reading automaton** (*elab. elettr.*) lettore automatico.

electronics, *n. pl.* (*col verbo al sing.*) elettronica.

electrotype, *n.* (*pubbl.*) galvanotipia (*il risultato*); elettrotipo, galvano.

electrotyping, *n.* (*pubbl.*) galvanotipia (*il procedimento*).

eleemosynary, *a.* ❶ caritatevole. ❷ gratuito. // ~ **corporation** (*fin., USA*) società di beneficienza.

elegant, *a.* elegante.

element, *n.* (*cronot.*) elemento. // ~ **of proof** (*leg.*) mezzo di prova; ~ **time** (*cronot.*) tempo elementare.

elementary, *a.* elementare. // ~ **algebra** (*mat.*) algebra elementare; ~ **decision** (*org. az.*) decisione elementare; ~ **operation** (*cronot.*) operazione elementare.

elevated railroad, *n.* (*trasp. ferr., USA*) ferrovia elevata.

elevated train, *n.* (*trasp. ferr., USA*) treno della (*ferrovia*) elevata.

elevation, *n.* elevazione.

elevator, *n.* ❶ (*trasp.*) elevatore. ❷ (*trasp. aer.*) timone di profondità.

eligibility, *n.* ❶ l'essere adatto; l'avere i requisiti necessari (*per qc.*). ❷ (*leg.*) eleggibilità. ❸ (*leg.*) l'aver diritto (*a qc.*). ❹ (*rag.*) imputabilità.

eligible, *a.* ❶ adatto, atto, che ha i requisiti necessari (*per qc.*). ❷ (*leg.*) eleggibile. ❸ (*leg.*) che ha diritto (*a qc.*). ❹ (*rag.*) imputabile. △ ❹ **All expenditure** ~ **under the Section will be financed** tutte le spese imputabili alla Sezione saranno finanziate. // ~ **paper** (*cred., fin.*) carta bancabile, titoli di credito con buoni requisiti di bancabilità; **to be** ~ **for a pension** (*leg.*) avere diritto a una pensione; **to be** ~ **for a position** (*pers.*) avere i requisiti per un impiego.

eliminate, *v. t.* eliminare, rimuovere. // **to** ~ **fiscal frontiers** (*fin.*) rimuovere le frontiere fiscali; **to** ~ **measures likely to distort conditions of competition** (*market.*) eliminare le misure che tendono a falsare le condizioni di concorrenza.

elimination, *n.* eliminazione, rimozione. △ **There's a tendency towards the** ~ **of the retailer** c'è la tendenza all'eliminazione del dettagliante. // ~ **of tariffs** (*dog., econ.*) abolizione delle tariffe.

elitism, *n.* (*econ., neol.*) elitismo (*da «élite»*).

elusion, *n.* elusione.

em, *n.* (*pubbl., USA*) misura tipografica rappresentata da un quadrato di lato pari a sei punti.

emancipate, *v. t.* emancipare.

emancipation, *n.* (*leg.*) emancipazione. // ~ **of a minor** (*leg.*) emancipazione d'un minore.

embarass, *v. t.* imbarazzare.

embarassment, *n.* imbarazzo.

embarcation, *n.* (*trasp. aer., trasp. mar.*) imbarco.

embargo[1], *n.* ❶ (*fig.*) divieto, proibizione. ❷ (*leg.*) divieto d'esportazione (*di talune merci*). ❸ (*leg., trasp. mar.*) embargo; fermo o sequestro di nave mercantile, requisizione. // **the** ~ **against employment of labour** il divieto d'assumere manodopera.

embargo[2], *v. t.* (*leg., trasp. mar.*) requisire, sequestrare (*navi, merci*); mettere l'embargo su (*navi, merci*).

embark, *v. t.* (*trasp. aer., trasp. mar.*) imbarcare. *v. i.* imbarcarsi (*anche fig.*). △ *v. t.* **The airplane will** ~ **passengers and cargo** l'aereo imbarcherà i passeggeri e il carico; *v. i.* **We have embarked on a programme of expansion** ci siamo imbarcati in un nuovo programma di sviluppo.

embarkation, *n.* (*trasp. aer., trasp. mar.*) imbarco.

embarkment, *n.* (*trasp. aer., trasp. mar.*) imbarco.

embezzle, *v. t.* (*leg.*) appropriarsi indebitamente di (*denaro o altri beni*).

embezzlement, *n.* (*leg.*) appropriazione indebita, malversazione, peculato, prevaricazione.

emblements, *n. pl.* (*leg.*) prodotti della terra, frutti naturali.

emboss, *v. t.* punzonare, targhettare (*indirizzi*).

embossed, *a.* in rilievo. // ~ **(metal) plate** (*attr. uff.*) targhetta (*per indirizzi*); ~ **stamp** (*attr. uff.*) timbro a secco.

embossing plate, *n.* (*attr. uff.*) punzone.

emcee[1], *n.* (*pubbl., fam.*) presentatore (*di spettacoli*).

emcee[2], *v. t.* (*pubbl., fam.*) presentare (*spettacoli*).

emerge, *v. i.* emergere.

emergency, *n.* emergenza, congiuntura. // ~ **fund** (*rag.*) fondo d'emergenza, fondo di riserva; ~ **landing field** (*trasp. aer.*) campo di fortuna; ~ **runaway** (*o* **strip**) (*trasp. aer.*) pista d'emergenza.

emigrant, *n.* (*econ.*) emigrante.

emigrate, *v. i.* (*econ.*) emigrare. *v. t.* (*econ.*) far emigrare.

emigration, *n.* (*econ.*) emigrazione.

eminent, *a.* eminente, egregio. // ~ **domain** (*leg.*) potere d'espropriazione per motivi d'interesse generale.

emolument, *n.* (*sind.*) emolumento, retribuzione.

emphasis, *n.* (*pl.* **emphases**) enfasi.

emphasize, *v. t.* evidenziare.

emphyteusis, *n.* (*pl.* **emphyteuses**) (*leg.*) enfiteusi.

emphyteuta, *n.* (*pl.* **emphyteutae**) enfiteuta.

emphyteutic, *a.* (*leg.*) enfiteutico.

empire, *n.* impero.

empiric, *a.* empirico.

empirical, *a.* empirico.

employ[1], *n.* (*pers.*) impiego, occupazione. // **to be in the** ~ **of sb.** (*pers.*) essere alle dipendenze di q.

employ[2], *v. t.* ❶ impiegare. ❷ (*pers.*) impiegare, dare lavoro a (*q.*), occupare. △ ❶ **That's the best way to** ~ **capital nowadays** quello è il modo migliore d'impiegare capitali al giorno d'oggi; ❷ **How many people does that firm** ~? a quante persone dà lavoro quella ditta?; **He's employed in a local concern** è impiegato in una ditta del luogo. // to ~ **money** (*fin.*) investire denaro.

employe, *n.* V. **employee**.

employee, *n.* ❶ (*pers.*) prestatore d'opera, impiegato, dipendente. ❷ **the employees**, *pl.* (*pers.*) le maestranze. // ~ **benefit plan** (*sind.*) sistema previdenziale; ~ **communications** (*org. az.*) comunicazioni col personale, comunicazioni interne; ~ **cooperation** (*pers.*) collaborazione del personale; ~ **health service** (*pers.*) assistenza sanitaria interna; **employees' manual** (*pers.*) manuale d'accoglimento; **employees on payroll** (*pers.*) operai in forza; **an ~ on the regular staff** un impiegato fisso; ~ **rating chart** (*pers.*) scheda personale; ~ **shareholding** (*pers.*) azionariato operaio; **to be in the ~ roll** (*pers.*) essere in ruolo.

employer, *n.* (*amm.*) datore di lavoro, principale, padrone (*d'un'azienda*). *a. attr.* (*org. az.*) datoriale (*relativo ai datori di lavoro*). // **employers' association** (*sind.*) associazione di datori di lavoro, unione industriale, sindacato padronale; ~ **'s liability** (*ass.*) responsabilità civile del datore di lavoro; ~ **'s liability insurance** (*ass.*) assicurazione (*stipulata dal datore di lavoro*) contro gli infortuni sul lavoro.

employment, *n.* ❶ impiego. ❷ (*econ.*) occupazione; lavoro subordinato. ❸ (*pers.*) impiego. // ~ **agency** (*pers., USA*) agenzia, ufficio di collocamento; ~ **bureau** (*pers.*) ufficio di collocamento; ~ **card** (*pers.*) libretto di lavoro; **the ~ function** (*econ.*) la funzione dell'occupazione; ~ **in agriculture** (*econ.*) l'occupazione agricola; ~ **increase** (*econ.*) aumento dell'occupazione; ~ **index** (*econ.*) indice dell'occupazione; ~ **interview** (*pers.*) intervista d'assunzione, intervista preliminare; **the ~ of capital in industry** (*econ.*) l'impiego di capitali nell'industria; **the ~ of women** (*econ.*) l'occupazione femminile; **the ~ problems** (*econ.*) i problemi dell'occupazione; ~ **rate** (*econ.*) tasso di occupazione; **the ~ trend** (*econ.*) l'evoluzione dell'occupazione.

emporium, *n.* (*pl.* **emporia** e *reg.*) (*market.*) emporio, centro o base commerciale.

empty[1], *a.* vuoto. *n.* (*market.*) recipiente vuoto, imballaggio vuoto, vuoto. △ *n.* **Empties to be returned** vuoti a rendere. // ~ **journey** (*trasp. ferr.*) percorso a (vagone) vuoto; **out-~ and return-loaded services** (*market.*) servizi nei quali il viaggio di andata è effettuato a veicolo vuoto e il viaggio di ritorno a veicolo carico.

empty[2], *v. t.* vuotare.

en, *n.* (*pubbl., USA*) misura tipografica pari a un mezzo « em ».

enact, *v. t.* ❶ (*leg.*) stabilire per legge, statuire. ❷ (*leg.*) emanare, promulgare (*un decreto, una legge*). // to ~ **regulations** (*leg., org. az.*) emanare regolamenti.

enacting clause, *n.* (*leg.*) formula di promulgazione d'una legge.

enaction, *n.* (*leg.*) promulgazione.

enactment, *n.* (*leg.*) promulgazione. // **the ~ of a bill to aid private industries** (*leg.*) la promulgazione d'una legge in aiuto delle industrie private.

enamel, *n.* ❶ vernice. ❷ (*fig.*) lustro. // ~ **paper** (*pubbl.*) carta patinata.

encash, *v. t.* ❶ incassare. ❷ convertire in contanti; realizzare (*un credito, ecc.*). ❸ (*cred., fin., rag.*) introitare.

encashable, *a.* ❶ incassabile. ❷ convertibile in contanti; (*d'un credito, ecc.*) realizzabile.

encashment, *n.* ❶ incasso. ❷ conversione in contanti; realizzazione (*d'un credito, ecc.*), realizzo. // ~ **of the loan** (*fin., rag.*) incasso del prestito.

enclose, *v. t.* ❶ circondare, recingere. ❷ (*comm.*) accludere, allegare. △ ❷ **We are enclosing a cheque for 50 dollars** alleghiamo un assegno per 50 dollari. // to ~ **common land** (*leg.*) recingere terreni già appartenenti alla comunità.

enclosed, *a.* accluso, allegato, annesso.

enclosure, *n.* ❶ (*comm.*) allegato. ❷ (*leg.*) recinzione. △ ❶ **We forgot to send the enclosures** abbiamo dimenticato di spedire gli allegati.

encode, *v. t.* (*elab. elettr.*) codificare.

encoder, *n.* (*elab. elettr.*) codificatore.

encoding, *n.* (*elab. elettr.*) codificazione.

encourage, *v. t.* incoraggiare.

encouragement, *n.* incoraggiamento.

encroachment, *n.* ❶ usurpazione. ❷ (*leg.*) lesione (*del diritto di proprietà altrui*).

encroach on, *v. t.* ❶ usurpare. ❷ (*leg.*) ledere (*il diritto di proprietà altrui*). // to ~ (*o* upon) sb.'s rights (*leg.*) usurpare i diritti di q.

encumber, *v. t.* ❶ ingombrare, imbarazzare. ❷ (*fin., leg.*) gravare. △ ❷ **They're encumbered with debts** sono gravati da debiti.

encumbered, *a.* (*fin., leg.*) gravato.

encumberment, *n.* V. **encumbrance**.

encumbrance, *n.* ❶ ingombro. ❷ (*leg.*) gravame. ❸ (*leg.*) carico ipotecario. ❹ (*pers.*) carico (*anche di famiglia*). ❺ (*pers.*) persona a carico.

end[1], *n.* ❶ fine, estremità, fondo. ❷ fine, scopo. △ ❶ **Please let us have the goods within the ~ of the month** favorite spedirci le merci entro la fine del mese. // ~ **current account** (*Borsa*) fine corrente (mese); ~ **-item** (*org. az.*) prodotto finito; ~ **next** (*Borsa*) fine prossimo (mese); ~ **next account** (*Borsa*) fine prossimo (mese); ~ **-of-contract strike** (*sind.*) sciopero al momento del rinnovo d'un contratto collettivo; **the ~ of the fiscal year** (*fin.*) la fine dell'anno finanziario; ~ **product** (*org. az.*) prodotto finito; ~ **this** (*Borsa*) fine corrente (mese); ~ **this account** (*Borsa*) fine corrente (mese); ~ **-year rebate** (*market.*) abbuono di fine d'anno (*calcolato sul fatturato*).

end[2], *v. t. e i.* finire, concludersi. △ **Our relations ~ here** i nostri rapporti finiscono qui. // to ~ **up** finire, concludersi.

endanger, *v. t.* mettere in pericolo, compromettere. △ **Those measures might ~ domestic trade** quelle misure potrebbero compromettere il commercio nazionale.

endeavour[1], *n.* sforzo, tentativo. △ **They are making every ~ to avoid inflation** stanno facendo ogni sforzo per evitare l'inflazione.

endeavour[2], *v. t. e i.* sforzarsi, tentare.

endogenous, *a.* endogeno. // ~ **variable** (*ric. op.*) variabile endogena.

endorsable, *a.* (*cred.*) girabile. // **an ~ instrument** (*cred.*) un titolo girabile.

endorse, *v. t.* ❶ approvare, vistare, esprimere parere favorevole su. ❷ (*cred.*) firmare a tergo, attergare, girare. △ ❶ **I cannot ~ the chairman's policy** non mi sento di approvare la politica del presidente; **The European Parliament endorsed all the proposals submitted to the Council** il Parlamento europeo espresse parere favorevole su tutte le proposte trasmesse al Consiglio. // to ~ **a bill of lading** (*trasp. mar.*) girare una polizza di carico; to ~ **a cheque** (*cred.*) girare un assegno; to ~ **in blank** (*cred.*) girare in bianco.

endorsee, *n.* (*cred.*) giratario.

endorsement, *n.* ❶ approvazione, parere favorevole, visto. ❷ (*cred.*) girata, attergato. // ~ **in blank**

(*cred.*) girata in bianco; ~ **without recourse** (*cred.*) girata « senza rivalsa » (*o* « senza regresso »).
   endorser, *n.* ❶ chi approva, chi esprime parere favorevole (*su qc.*). ❷ (*cred.*) girante.
   endow, *v. t.* dotare, assegnare, sovvenzionare.
   endowed, *a.* dotato.
   endowment, *n.* ❶ dotazione, assegnazione, sovvenzione. ❷ dote. // ~ **fund** (*rag.*) fondo di dotazione; ~ **insurance** (*ass.*) assicurazione mista; ~ **policy** (*ass.*) polizza d'assicurazione con capitalizzazione dei premi.
   endurance, *n.* (*trasp. mar.*) autonomia, percorrenza.
   endure, *v. t. e i.* resistere, tollerare.
   energetical, *a.* energico.
   energetically, *avv.* energicamente.
   energy, *n.* energia.
   enface, *v. t.* ❶ scrivere, stampare (*qc.*) su una cambiale, un assegno, ecc. ❷ munire (*una cambiale, un assegno, ecc.*) di una dicitura a mano o a stampa.
   enforce, *v. t.* ❶ rafforzare. ❷ imporre, applicare, rendere esecutivo, far osservare, far valere. △ ❷ **The penalty will be enforced** la penale sarà resa esecutiva. // **to ~ the award** (*leg.*) eseguire il lodo; **to ~ a judgment** (*leg.*) dare esecuzione a una sentenza; **to ~ a law** (*leg.*) applicare una legge; **to ~ a right** (*leg.*) far valere un diritto.
   enforceability, *n.* (*leg.*) applicabilità, esecutività, esecutorietà. // **the ~ of a contract** (*leg.*) l'esecutorietà d'un contratto.
   enforceable, *a.* (*leg.*) applicabile, esecutivo, esecutorio. // ~ **judgment** (*leg.*) sentenza esecutiva.
   enforcement, *n.* ❶ rafforzamento. ❷ imposizione, applicazione. ❸ (*leg.*) esecuzione. // **the ~ of the law** (*leg.*) l'esecuzione della legge.
   engage, *v. t.* ❶ impegnare. ❷ occupare. ❸ impiegare, ingaggiare, assumere. ❹ noleggiare. *v. i.* impegnarsi, obbligarsi. △ *v. t.* ❸ **They have engaged two interpreters for the meetings** hanno assunto due interpreti per le riunioni; *v. i.* **He engaged to provide the capital** s'impegnò a fornire i capitali. // **to ~ an employee** (*pers.*) assumere un impiegato; **to ~ in business** mettersi in affari; **to ~ a taxi** noleggiare un taxi.
   engaged, *a.* ❶ impegnato. ❷ occupato. △ ❶ **The line is ~** la linea (telefonica) è occupata. // ~ **tone** (*comun.*) segnale di linea occupata.
   engagement, *n.* ❶ impegno, obbligo. ❷ (*pers.*) assunzione, occupazione, ingaggio. ❸ (*pers.*) incarico professionale. △ ❶ **Have you got enough money to meet your engagements?** avete abbastanza denaro per far fronte ai vostri impegni?
   engine, *n.* ❶ motore. ❷ (*trasp. ferr.*) locomotiva, locomotore, motrice. ❸ (*trasp. mar.*) motrice, macchina. // ~ **driver** (*trasp. ferr.*) macchinista; ~ **failure** (*trasp. mar.*) avaria in macchina; ~ **-room** (*trasp. mar.*) sala macchine; ~ **shed** (*trasp. ferr.*) deposito locomotive.
   engineer[1], *n.* ❶ (*pers.*) ingegnere. ❷ (*pers.*) perito industriale. ❸ (*pers.*) progettatore d'impianti. ❹ (*pers.*) tecnico specializzato. ❺ (*trasp. ferr., USA*) macchinista. ❻ (*trasp. mar.*) capitano di macchina, ufficiale di macchina, macchinista, motorista. // ~ **'s cab** (*trasp. ferr.*) cabina di comando.
   engineer[2], *v. t.* preparare, organizzare. △ **We're engineering an advertising campaign to launch a new product** stiamo organizzando una campagna pubblicitaria per lanciare un nuovo prodotto. // **to ~ a fall** (*Borsa*) provocare un ribasso; **to ~ a rise** (*Borsa*) provocare un rialzo.
   engineering, *n.* ❶ ingegneria. ❷ (*org. az.*) progettazione d'impianti.

English, *a.* inglese. *n.* inglese (*la lingua*). // ~ **ell** misura lineare per tessili (*pari a 1 iarda e 1/4*); ~ **equivalent** (*Borsa*) prezzo dei titoli americani e canadesi alla Borsa Valori di Londra (*è un prezzo fittizio*); ~ **liquid and dry system** sistema inglese per liquidi e aridi.
   Englishman, *n.* (*pl.* **Englishmen**) inglese (*uomo*).
   Englishwoman, *n.* (*pl.* **Englishwomen**) inglese (*donna*).
   engrave, *v. t.* (*pubbl.*) incidere.
   engraved printing, *n.* (*pubbl.*) stampa in rilievo.
   engraver, *n.* (*pubbl.*) incisore.
   engraving, *n.* (*pubbl.*) incisione.
   engross, *v. t.* ❶ assorbire completamente. ❷ (*econ.*) accaparrare, incettare (*merci, prodotti, ecc.*). ❸ (*leg.*) redigere (*un atto legale*). △ ❶ **That work engrosses most of us** quel lavoro assorbe completamente la maggior parte di noi.
   engrosser, *n.* (*econ.*) accaparratore, incettatore.
   engrossing, *n.* (*econ.*) accaparramento.
   engrossment, *n.* ❶ (*econ.*) accaparramento (*di merci, prodotti, ecc.*), incetta. ❷ (*leg.*) (stesura o copiatura d'un) atto legale.
   enhance, *v. t.* accrescere, aumentare. // **to ~ the price** (*market.*) aumentare (*o* crescere) il prezzo.
   enhancement, *n.* accrescimento, aumento. // **an ~ of price** (*market.*) un aumento di prezzo.
   enjoin, *v. t.* (*leg.*) comandare, imporre, ingiungere, intimare, diffidare. △ **We were enjoined from selling those goods** fummo diffidati dal vendere quella merce.
   enjoy, *v. t.* godere. // **to ~ the esteem of the principal** (*pers.*) godere della stima del principale; **to ~ in usufruct** (*leg.*) usufruire; **to ~ a right** (*leg.*) godere (di) un diritto, fruire di un diritto.
   enjoyment, *n.* godimento. // **the ~ of civic rights** (*leg.*) il godimento dei diritti civili.
   enlarge, *v. t.* ingrandire, allargare, ampliare. // **to ~ one's fortune** allargare la propria fortuna.
   enlarged, *a.* ingrandito, allargato, ampliato. // **the ~ Common Market** il Mercato Comune allargato; l'Europa dei Dieci.
   enlargement, *n.* ❶ ingrandimento, allargamento, ampliamento. ❷ (*pubbl.*) ingrandimento (*fotografico*).
   enormous, *a.* enorme, ingente.
   enquire, *n.* e *derivati* V. **inquire** e *derivati*.
   enrich, *v. t.* arricchire.
   enrichment, *n.* arricchimento.
   enroll, *v. t.* ❶ elencare. ❷ (*leg.*) mettere a registro, registrare.
   enroll oneself, *v. rifl.* iscriversi.
   enrolment, *n.* ❶ elencazione. ❷ (*leg.*) registrazione. ❸ (*trasp. mar., USA*) certificato d'idoneità (*per navi cabotieri*). // **the ~ of a decree** (*leg.*) la registrazione d'una sentenza.
   ensue, *v. i.* seguire, conseguire, derivare, risultare.
   ensuing, *a.* successivo. // **the ~ account** (*Borsa*) la liquidazione successiva; **the ~ settlement** (*Borsa*) la liquidazione successiva.
   ensure, *v. t.* assicurare, garantire. △ **His ability ensured his success in life** la sua abilità gli assicurò il successo. // **to ~ a harmonious development of the economy** (*econ.*) assicurare un armonico sviluppo dell'economia; **to ~ that growers get a fair income** (*econ.*) garantire un reddito equo ai produttori.
   entail, *v. t.* ❶ comportare. ❷ (*leg.*) lasciare in eredità (*terre, ecc.*) con vincolo d'inalienabilità. △ ❶ **Their plan entails big expenses** il loro progetto comporta grandi spese.

entailment, n. ❶ (leg.) conseguenza inevitabile. ❷ (leg.) lascito soggetto a vincoli d'inalienabilità.

entente, n. intesa (politica).

enter, v. t. e i. ❶ entrare (in). ❷ mettere in elenco, iscrivere. ❸ (rag.) registrare, scrivere. △ ❶ **The ship is about to ~ the port** la nave sta per entrare nel porto; **We are entering business** stiamo entrando in affari; ❸ **I entered the sum in my account-book** ho registrato la somma nel mio libro dei conti. // to ~ **an action against sb.** (leg.) intentare una causa a q.; to ~ **an action in the cause list** (leg.) iscrivere a ruolo una causa; to ~ **a bid at an auction** fare un'offerta all'asta; to ~ **evidence** (leg.) presentare prove; to ~ **goods for transit** (dog.) dichiarare merci in transito; to ~ **into agreement with sb.** concludere un accordo con q.; to ~ **into business connections** iniziare relazioni d'affari; to ~ **into force** (leg.) entrare in vigore; to ~ **into partnership** (fin.) associarsi; to ~ **into possession** (leg.) entrare in possesso; to ~ **inwards** (trasp. mar.) fare dichiarazione d'entrata; to ~ **one's name** iscriversi; to ~ **on the credit side** (rag.) registrare a credito; to ~ **on the debit side** (rag.) registrare a debito; to ~ **outwards** (trasp. mar.) fare dichiarazione d'uscita; to ~ **a ship** (trasp. mar.) registrare una nave alla dogana; to ~ **a suit for trial** (leg.) mettere a ruolo una causa; to ~ **a suit in the cause list** (leg.) iscrivere una causa a ruolo; to ~ **up** (rag.) finire di registrare, registrare completamente; to ~ **upon an inheritance** (leg.) entrare in possesso d'un'eredità.

entering, n. (leg.) dichiarazione. // ~ **for non suit** (leg.) dichiarazione di non luogo a procedere.

enterprise, n. ❶ impresa, progetto. ❷ intraprendenza, iniziativa. △ ❶ **The growth of small enterprises should be encouraged** si dovrebbe incoraggiare lo sviluppo delle piccole imprese; ❷ **That agent has no ~** quel rappresentante è privo d'iniziativa.

enterprising, a. intraprendente.

entertain, v. t. ❶ intrattenere, divertire. ❷ ospitare, ricevere. ❸ prendere in considerazione, considerare. // to ~ **correspondence with sb.** tenersi in corrispondenza con q.; to ~ **a customer at** (o **to**) **dinner** avere un cliente a pranzo; to ~ **an offer** considerare un'offerta; to ~ **a proposal** prendere in considerazione una proposta.

entertaining expenses, n. pl. (rag.) spese di rappresentanza.

entertainment, n. ❶ trattenimento, ricevimento. ❷ divertimento, spettacolo. // ~ **allowance** (rag.) assegno, indennità per spese di rappresentanza; **entertainments duty** (fin.) tassa sugli spettacoli.

entire, a. intero, integro.

entirely, avv. interamente.

entitle, v. t. ❶ intitolare. ❷ (leg.) dare un diritto a (q.). △ ❷ **That entitles her to pension** ciò le dà diritto alla pensione; **We are entitled to that commission** abbiamo diritto a quella provvigione. // **entitled to succeed** (leg.) successibile.

entitling, n. intitolazione.

entrance, n. ❶ entrata. ❷ (pers.) assunzione (dal punto di vista della persona da assumere). // ~ **channel** (trasp. mar.) canale d'accesso; ~ **test** (pers.) test d'assunzione.

entrant, n. ❶ chi entra. ❷ (pers.) candidato all'assunzione.

entreat, v. t. implorare, sollecitare.

entreaty, n. ❶ implorazione, sollecitazione. ❷ sollecito.

entrepôt, n. ❶ (dog.) punto franco (per merci in transito). ❷ (dog.) deposito doganale, magazzino doganale. // ~ **trade** (comm. est.) commercio di transito, commercio di riesportazione.

entrepreneur, n. (econ.) imprenditore. // ~ **-executive** (econ.) imprenditore-manager; ~ **-owner** (econ.) imprenditore-proprietario.

entrepreneurial, a. (econ.) imprenditoriale. // ~ **class** (econ.) classe imprenditoriale; ~ **skills** (pers.) capacità imprenditoriali.

entrust, v. t. ❶ affidare. ❷ aggiudicare (lavori in appalto). // to ~ **a case** (leg.) affidare una causa; to ~ **a matter** affidare un incarico: **We have entrusted the matter to our correspondents and requested them to deal with the question** abbiamo affidato la cosa ai nostri corrispondenti incaricandoli di definire la questione.

entry, n. ❶ entrata. ❷ annotazione. ❸ (leg.) entrata in possesso (d'una proprietà, d'un immobile, ecc.). ❹ (leg.) inserzione (d'un atto) in un pubblico registro. ❺ (rag.) registrazione, voce (contabile); scrittura (a partita doppia); rilevazione, partita. △ ❺ **For entries the value of which was subsequent to the date of the previous closing of accounts, the amount due is included in the previous balance** per le scritture con valuta posteriore alla precedente chiusura, l'importo è compreso nel saldo precedente. // ~ **for dutiable goods** (dog.) dichiarazione per merce schiava di dazio; ~ **for free goods** (dog., ingl.) dichiarazione per merci esenti da dazio, bolletta d'entrata di merce esente da dazio; ~ **for home use** (dog., ingl.) dichiarazione per merci soggette a diritti doganali; bolletta d'entrata di merce per consumo interno; ~ **for warehousing** (dog.) bolletta d'accompagnamento in deposito doganale; ~ **into force** (leg.) entrata in vigore; ~ **inwards** (dog.) bolletta doganale d'entrata; ~ **of an action** (o **of a suit**) **in the list of cases** (leg.) iscrizione d'una causa a ruolo; ~ **outwards** (dog.) bolletta doganale d'uscita; ~ **to the profession** (leg.) accesso alla professione; ~ **visa** (comm. est., tur.) visto d'ingresso; « **no ~** » (trasp. aut.) « senso vietato ».

enumerate, v. t. enumerare.

enumeration, n. enumerazione.

enunciation, n. enunciazione.

envelope, n. (attr. uff.) busta, plico. // ~ **stuffer** (pubbl.) materiale pubblicitario (per pubblicità diretta).

environment, n. ambiente; condizioni (ambientali).

environmental, a. ambientale, dell'ambiente. // ~ **conservation** protezione dell'ambiente; ~ **policy** politica di protezione dell'ambiente; ~ **protection** protezione dell'ambiente.

environmentocracy, n. (econ., neol.) « ambientocrazia ».

epidemic, n. epidemia.

epoch, n. epoca.

equal[1]**,** a. ❶ uguale, eguale, medesimo. ❷ equo, giusto. // ~ **competitive footing** (market.) parità concorrenziale: **The two firms are on an ~ competitive footing** le due ditte sono in condizioni di parità in fatto di concorrenza; ~ **conditions of competition** (market.) parità concorrenziale; ~ **laws** (leg.) leggi eque; ~ **marginal utility** (econ.) utilità marginale comparata; ~ **pay for ~ work** (sind.) parità salariale; **the ~ pay principle** (sind.) il principio della parità delle retribuzioni (fra gli uomini e le donne); ~ **-sign** (mat.) segno d'uguaglianza.

equal[2]**,** v. t. uguagliare, eguagliare.

equality, n. uguaglianza, eguaglianza. // ~ **of starting points** (econ.) uguaglianza dei punti di partenza; ~ **of treatment** uguaglianza di trattamento; ~ **of votes** parità di voti; ~ **sign** (mat.) segno d'uguaglianza.

equalization, n. parificazione, pareggiamento, equiparazione, perequazione, livellamento. // ~ **of financing methods** (*fin.*) parificazione dei sistemi di finanziamento; **the ~ of taxes** (*fin.*) la perequazione delle imposte.

equalize, *v. t.* pareggiare, parificare, perequare, equiparare, livellare. // to ~ **the burden of taxation** (*fin.*) livellare il carico d'imposta; to ~ **incomes** (*fin.*) livellare i redditi, perequare i redditi; to ~ **taxes** (*fin.*) perequare le imposte.

equally, *avv.* ugualmente.

equate, *v. t.* (*mat.*) equiparare.

equation, *n.* ❶ (*mat.*) equazione. ❷ (*mat.*) equiparazione, equilibrio, livellamento. // **the ~ of demand and supply** il livellamento della domanda e dell'offerta; ~ **of second degree** (*mat.*) equazione di secondo grado.

equidistant, *a.* equidistante.

equilibrium, *n.* (*pl.* **equilibria** e *reg.*) equilibrio. // ~ **price** (*econ.*) prezzo d'equilibrio, prezzo di mercato; ~ **rate of interest** (*econ.*) tasso d'interesse d'equilibrio (*si ha quando il risparmio naturale è uguagliato dagli investimenti*); ~ **theory** (*econ.*) teoria dell'equilibrio (*economico*).

equip, *v. t.* ❶ equipaggiare, dotare. ❷ (*trasp. mar.*) allestire, armare (*una nave*).

equipment, *n.* ❶ equipaggiamento, apparecchiatura, attrezzatura, corredo. ❷ (*trasp. ferr.*) materiale rotabile. ❸ (*trasp. mar.*) corredo di bordo, dotazione, armamento, materiale d'armamento. // ~ **design** (*org. az.*) progettazione d'impianti; ~ **goods** attrezzature; ~ **of cargo ships** (*trasp. mar.*) dotazione d'armamento delle navi da carico.

equitable, *a.* ❶ equo, giusto, ragionevole. ❷ (*leg.*) basato su principi d'equità. // ~ **interest** (*leg.*) interesse determinato secondo equità; **an ~ price** (*market.*) un prezzo equo; ~ **right** (*leg.*) diritto che può essere reso esecutivo dall'autorità giudiziaria.

equitably, *avv.* equamente.

equity, *n.* ❶ equità, giustizia. ❷ (*fin.*) azione ordinaria. ❸ (*leg.*) «equità» (*corpo di norme emanate dal «Lord Chancellor» a modifica e integrazione della «common law»*). ❹ (*leg.*) valore d'una proprietà al netto d'ipoteche. ❺ (*rag.*) capitale netto. // ~ **capital** (*fin.*) capitale azionario (*specialm. di società fondata da poco*); ~ **interests** (*fin.*) partecipazioni azionarie; ~ **of redemption** (*leg.*) diritto di riscatto (*d'ipoteca*); ~ **participations** (*fin.*) partecipazioni azionarie; ~ **securities** (*fin.*) azioni e titoli a interesse variabile.

equivalence, *n.* equivalenza.

equivalent, *a.* e *n.* equivalente.

equivocal, *a.* equivoco.

equivocation, *n.* equivoco.

era, *n.* epoca.

erasable, *a.* cancellabile.

erase, *v. t.* ❶ cancellare. ❷ (*elab. elettr.*) cancellare, azzerare.

eraser, *n.* (*attr. uff.*) gomma.

erasure, *n.* cancellatura. △ **There were errors and erasures in the document** nel documento c'erano errori e cancellature.

erect, *v. t.* erigere.

erection, *n.* erezione.

ergonomics, *n. pl.* (*col verbo al sing.*) (*cronot.*) ergonomia.

erode, *v. t.* erodere.

erosion, *n.* erosione. // **the ~ of prices** (*fin.*) lo sgretolamento dei prezzi.

err, *v. i.* errare, sbagliare.

errand, *n.* commissione, ambasciata, incarico. // ~ **-boy** (*pers.*) fattorino.

erroneous, *a.* erroneo.

error, *n.* errore. △ **Please correct the ~ as soon as you can** vogliate correggere l'errore appena possibile. // **errors and omissions excepted** salvo errori e omissioni; **errors excepted** salvo errori; ~ **in** (*o* **of**) **fact** (*leg.*) errore di fatto, errore di diritto; **an ~ of judgment** un errore di giudizio; ~ **of sampling** (*market., stat.*) errore di campionamento.

escalation, *n.* (*sind.*) adeguamento delle retribuzioni alle variazioni del costo della vita.

escalator, *n.* scala mobile. // ~ **clause** (*sind.*) clausola di scala mobile; ~ **provision** (*sind.*) clausola di scala mobile.

escape[1], *n.* fuga, evasione. // ~ **clause** (*econ., USA*) clausola (*di trattato commerciale*) che prevede la revisione o la rescissione d'un accordo se questo può turbare la stabilità d'un settore industriale, clausola d'aggancio a una scala mobile; ~ **contract** (*sind.*) contratto agganciato a una scala mobile.

escape[2], *v. i.* fuggire, evadere, sfuggire.

escheat[1], *n.* (*leg.*) incameramento (*da parte dello Stato: d'una proprietà privata, per mancanza d'eredi e in assenza d'un testamento*).

escheat[2], *v. t.* (*leg.*) incamerare, indemaniare. *v. i.* (*leg.*) essere incamerato, essere indemaniato.

escort[1], *n.* ❶ (*pers.*) accompagnatore. ❷ (*trasp.*) scorta. △ ❶ **We were led by an ~ throughout our visit to the plants** fummo guidati da un accompagnatore per tutto il tempo della nostra visita agli stabilimenti.

escort[2], *v. t.* accompagnare, scortare.

escrow[1], *n.* ❶ (*leg.*) impegno scritto (*affidato a terzi e inoperante fino all'adempimento di certe condizioni*). ❷ (*leg.*) deposito a garanzia (*effettuato da un terzo, che potrà consegnarlo alla controparte soltanto all'adempimento di certe formalità di competenza di quest'ultima*).

escrow[2], *v. t.* (*leg.*) depositare in garanzia.

escudo, *n.* (*econ.*) escudo (*unità monetaria portoghese e cilena*).

espionage, *n.* spionaggio.

esprit de corps, *n.* (*org. az.*) spirito di corpo, coesione del personale.

esquisse, *n.* (*pubbl.*) traccia di bozzetto (*di dimensioni assai ridotte, avente il solo scopo di fermare un'idea sulla carta*).

essential, *a.* essenziale.

establish, *v. t.* ❶ stabilire, fondare, impiantare, instaurare. ❷ nominare. ❸ dimostrare, provare, far riconoscere, rendere accetto. △ ❶ **That insurance company was established in 1874** quella compagnia d'assicurazioni fu fondata nel 1874; ❷ **They have established a new president** hanno nominato un nuovo presidente; ❸ **We shall not be able to ~ our claim to the property** non riusciremo a provare il nostro diritto alla proprietà; **Our honesty is well established** la nostra onestà è riconosciuta da tutti. // to ~ **objectives** (*org. az.*) stabilire degli obiettivi, porre degli obiettivi; to ~ **one's residence** (*leg.*) stabilire la propria residenza.

establishing a norm, *locuz. a.* (*leg.*) normativo.

establishment, *n.* ❶ stabilimento, azienda, fabbrica. ❷ fondazione, istituzione, instaurazione. ❸ (*econ.*) unità produttiva. △ ❶ **He's got to supervise a huge ~** deve dirigere un'enorme azienda. // ~ **account** (*rag.*) conto spese di costituzione; ~ **charges** (*rag.*) spese di costituzione; **the ~ of the Common Market** (*econ.*) l'instaurazione del Mercato Comune.

estate, *n*. ❶ proprietà (*specialm. terriera*), tenuta, possedimento, patrimonio, averi, beni. ❷ podere, fondo rustico. ❸ (*leg.*) asse patrimoniale. // ~ **agency** (*fin.*) agenzia immobiliare; ~ **agent** (*pers.*) agente immobiliare, mediatore di case e terreni, sovrintendente (*d'azienda agricola*); ~ **and property** (*leg.*) asse patrimoniale; ~ **duty** (*fin., ingl.*) tassa di successione (*su beni immobili*); ~ **in abeyance** (*leg.*) successione vacante; ~ **in fee** (*leg.*) patrimonio in possesso assoluto; ~ **in inheritance** (*leg.*) patrimonio proveniente da eredità; ~ **left by the deceased** (*leg.*) asse ereditario; **the** ~ **of a bankrupt** (*leg.*) la situazione contabile d'un fallito; ~ **tail** (*leg.*) patrimonio in possesso limitato; ~ **tax** (*fin., USA*) tassa di successione (*su beni immobili*); ~ **upon condition** (*leg.*) patrimonio in possesso condizionato.

esteem[1], *n*. stima, considerazione, apprezzamento. △ **He's rising in his principal's** ~ sta crescendo nella considerazione del suo principale.

esteem[2], *v. t.* stimare, considerare, apprezzare.

esteemed, *a*. stimato, apprezzato. // **your** ~ **letter** la vostra stimata lettera.

estimate[1], *n*. ❶ (*rag.*) stima, estimo, preventivo, stato di previsione, valutazione. ❷ (*stat.*) stima. ❸ **the Estimates**, *pl.* (*fin.*) il bilancio preventivo dello Stato. △ ❶ **They told us they wouldn't exceed the** ~ ci dissero che non avrebbero superato il preventivo. // ~ **of costs** (*rag.*) preventivo dei costi, calcolo delle spese (da sostenere); ~ **of probability** (*mat.*) calcolo delle probabilità.

estimate[2], *v. t.* (*rag.*) stimare, preventivare, valutare. △ **The experts estimated the cost of the plants at ten thousand pounds** gli esperti hanno valutato il costo degli impianti a diecimila sterline. // **to** ~ **damages** (*ass.*) periziare i danni; **to** ~ **expenditures** (*rag.*) fare il preventivo delle spese.

estimated, *a*. (*rag.*) stimato, preventivato. // ~ **costs** (*rag.*) costi stimati; ~ **expenditure** (*fin., rag.*) spesa presunta, presuntivo; ~ **financial strength** (*fin.*) forza finanziaria stimata; ~ **value** (*rag.*) valore approssimativo.

estimation, *n*. (*rag.*) stima, preventivo, valutazione, stato di previsione.

estimative, *n*. (*rag.*) estimativo, preventivo. △ **Let us have an** ~ **figure as soon as possible** forniteci una cifra di preventivo appena possibile.

estimator, *n*. stimatore, perito in preventivi.

estop, *v. t.* (*leg.*) precludere.

estoppel, *n*. (*leg.*) preclusione.

estrangement, *n*. disaffezione.

estreat[1], *n*. (*leg.*) estratto, copia.

estreat[2], *v. t.* (*leg.*) fare un estratto, fare una copia di (*un documento, ecc.*).

etch, *v. t.* (*pubbl.*) incidere.

etcher, *n*. (*pubbl.*) incisore.

etching, *n*. (*pubbl.*) incisione.

eurobond, *n*. (*fin.*) euroemissione, euro-obbligazione. // **the** ~ **market for long-term transactions** (*fin.*) il mercato delle euroemissioni per le operazioni a lungo termine.

eurocheque, *n*. (*fin.*) «eurocheque», euroassegno.

Euro-clear, *n*. (*fin.*) eurocompensazione. △ ~ **is a Brussels-based bond-clearing system** l'eurocompensazione è un sistema di compensazione di euro-obbligazioni con sede a Bruxelles.

eurocrat, *n*. eurocrate.

eurocurrency, *n*. (*fin.*) euro-divisa. // **the** ~ **market for short-term transactions** (*fin.*) il mercato delle euro-divise per le operazioni a breve termine.

eurodollar, *n*. (*fin.*) eurodollaro. // ~ **account** disponibilità valutarie in eurodollari; ~ **inter-bank rate** (*fin.*) tasso interbancario dell'eurodollaro; ~ **loans** (*fin.*) prestiti in eurodollari; **the** ~ **market** (*fin.*) il mercato dell'eurodollaro.

euroequity, *n*. (*fin.*) euroazione.

euroflorin, *n*. (*fin.*) eurofiorino.

euromarket, *n*. (*fin.*) euromercato.

euromerger, *n*. (*fin.*) eurofusione.

euronorms, *n. pl.* euronorme.

Europa, *n*. (*econ., fin.*) unità di conto per i pagamenti internazionali fra i «Nove» (*cioè, i Paesi della CEE allargata*).

Europe, *n*. Europa. // ~ **'s technological lag** (*econ.*) il ritardo tecnologico dell'Europa.

European, *a*. europeo. // **the** ~ **Agricultural Guidance and Guarantee Fund** (*econ.*) il Fondo Agricolo Europeo di Orientamento e Garanzia; **the** ~ **capital market** (*fin.*) il mercato Europeo dei capitali; **the** ~ **Common Market** (*econ.*) il Mercato Comune Europeo; **the** ~ **Community** (*econ.*) la Comunità Europea; **the** ~ **Economic Community** (*econ.*) la Comunità Economica Europea; **the** ~ **economic integration** (*econ.*) l'integrazione economica dell'Europa; **the** ~ **Free Trade Association** (*econ.*) l'Associazione Europea di Libero Scambio; **the** ~ **Investment Bank (E.I.B.)** (*fin.*) la Banca Europea per gli Investimenti (*B.E.I.*); **the** ~ **law on restrictive agreements** (*leg.*) il diritto europeo in materia d'interesse; ~ **patent** (*comm.*) brevetto europeo; **the** ~ **Social Fund** (*fin.*) il Fondo Sociale Europeo.

evade, *v. t. e i.* ❶ evadere. ❷ eludere, evitare, sottrarsi a. // **to** ~ **a creditor** evitare un creditore; **to** ~ **one's income tax** (*leg.*) sottrarsi all'imposta sui redditi; **to** ~ **the law** (*leg.*) eludere la legge; **to** ~ **taxes** (*fin., leg.*) evadere le imposte (*o il fisco*).

evader, *n*. evasore. △ **The new law will make life difficult for tax-evaders** la nuova legge renderà la vita difficile agli evasori fiscali.

evaluate, *v. t.* valutare, calcolare, quotare. // **to** ~ **results** (*org. az.*) valutare i risultati; **to** ~ **a survey** (*stat.*) fare lo spoglio dei risultati d'un'indagine.

evaluation, *n*. valutazione, calcolo. // ~ **interview** (*pers.*) intervista di valutazione.

evaluator, *n*. (*pers.*) valutatore, analista.

evasion, *n*. evasione, elusione. △ **That's the ideal system for curbing tax-** ~ questo è il sistema ideale per tenere a freno l'evasione fiscale.

even, *a*. ❶ pari, alla pari. ❷ esatto, preciso. ❸ equo, giusto. ❹ (*Borsa*) alla pari. *avv*. anche, perfino. △ *a*. ❹ **Contangoes are** ~ i riporti sono alla pari; *avv*. **He decided to buy the whole lot** ~ **though he couldn't afford it** volle comprare tutta la partita, anche se non poteva permetterselo. // **an** ~ **dollar** un dollaro esatto; **an** ~ **exchange** (*market.*) uno scambio equo; ~ **-handed economic policy** (*econ.*) politica economica di lievi e sporadici interventi; ~ **money** cifra tonda; ~ **numbers** (*mat.*) numeri pari; **of** ~ **date** in pari data, della stessa data: **All this was in our letter of** ~ **date** tutto questo era nella nostra lettera in pari data; «**on** ~ **days only**» (*trasp. aut.*) «sosta permessa i giorni pari».

evening, *n*. sera. // ~ **paper** (*giorn.*) quotidiano della sera; ~ **school** (*org. az., pers.*) scuola serale.

even out, *v. i.* livellarsi.

event, *n*. evento.

eventuality, *n*. eventualità.

evergreen, *n*. ❶ sempreverde. ❷ (*market.*) articolo non soggetto a obsolescenza; articolo che «si vende» sempre bene (*benché le mode cambino*).

everybody, *pron.* ciascuno, ognuno.

evict, *v. t.* ❶ (*leg.*) escomiare, espellere, sfrattare. ❷ (*leg.*) evincere (*una proprietà mediante un processo*).

evictee, *n.* (*leg.*) chi è escomiato, chi è sfrattato.

eviction, *n.* ❶ (*leg.*) escomio, espulsione, sfratto. ❷ (*leg.*) evizione (*d'una proprietà mediante un processo*). // ~ **of a tenant** (*leg.*) sfratto d'un inquilino.

evictor, *n.* (*leg.*) chi dà l'escomio, chi dà lo sfratto.

evidence[1], *n.* ❶ evidenza. ❷ segno, traccia. ❸ (*leg.*) prova, deposizione, testimonianza, testimoniale. △ **Both ship and cargo bore ~ of the storm** tanto la nave che il carico portavano i segni della tempesta; ❸ **There is enough ~ against them** ci sono prove sufficienti contro di loro; **~ to the contrary is admitted by the law** la prova contraria è ammessa dalla legge. // ~ **for the accused** (*leg.*) prova a discarico; ~ **for the prosecution** (*leg.*) prova a carico; ~ **of guilt** (*leg.*) prova di colpevolezza; ~ **to the contrary** (*leg.*) prova in contrario; **to be** ~ (*leg.*) far fede: **The minutes are ~ until the contrary is proved** il verbale fa fede fino a prova contraria; **on** ~ (*market.*) (*di merce*) « come si trova ».

evidence[2], *v. t.* (*leg.*) attestare, comprovare, testimoniare, provare. △ **These documents ~ his ownership of the shares** questi documenti attestano la sua proprietà delle azioni.

evident, *a.* evidente, chiaro, manifesto, ovvio.

evidential, *a.* (*leg.*) probatorio.

evidentiary, *a.* (*leg.*) probatorio.

evil, *a.* cattivo, dannoso. *n.* male, danno. // ~ **-doer** (*leg.*) malfattore.

evolution, *n.* evoluzione, sviluppo. // **the ~ of capitalism** (*econ.*) lo sviluppo del capitalismo; **the ~ of trade** lo sviluppo dell'attività commerciale.

ex, *avv.* ex-, già, un tempo. *prep.* ❶ (*Borsa*) (*di titolo*) senza. ❷ (*market.*) (*di merce*) fuori di, da, su. ❸ (*market.*) (*di merce*) franco. // ~ **-all** (*Borsa*) (*di titolo*) senza privilegi o riserve; ~ **allotment** (*Borsa*) (*di titolo*) senza ripartizione (*di nuove azioni*); ~ **ante** ad anteriori, preventivo: **The ~ ante plan for our budget** (*rag.*) il piano preventivo per il nostro bilancio; ~ **bond** (*dog.*) (*di merce*) sdoganata; ~ **bonus** (*Borsa*) (*di titolo*) senza riparti straordinari d'utili; ~ **capitalization** (*Borsa*) (*di titolo*) al netto d'aumento o di distribuzione gratuita d'azioni; ~ **coupon** (*Borsa*) (*di titolo*) ex-cedola, secco; ~ **dividend** (*Borsa*) (*di titolo*) senza dividendi, ex-cedola; ~ **drawing** (*Borsa*) (*di titoli*) senza diritto all'estrazione; ~ **factory** (*market.*) (*di merce*) franco fabbrica; ~ **interest** (*Borsa*) (*di titolo*) senza interessi, secco; ~ **new** (*Borsa*) V. ~ **rights**; ~ **officio** (*leg.*) d'ufficio: ~ **officio proceedings** (*leg.*) procedimento d'ufficio; ~ **post** a posteriori, consuntivo; ~ **president** (*pers.*) ex-presidente; ~ **quay** (*market., trasp. mar.*) (*di merce*) sulla banchina; ~ **refinery** (*market.*) (*di merce*) franco raffineria; ~ **rights** (*Borsa*) (*di titolo*) ex-diritti (*quotazione senza diritto d'opzione*); ~ **ship** (*market., trasp. mar.*) (*di merce*) fuori della nave, franco nave; ~ **steamer** (*market., trasp. mar.*) (*di merce*) franco nave; ~ **store** (*market.*) (*di merce*) franco magazzino; ~ **warehouse** (*market.*) (*di merce*) dal magazzino; ~ **wharf** (*market., trasp. mar.*) (*di merce*) sulla banchina, franco banchina; ~ **works** (*market.*) (*di merce*) dall'officina, franco officina.

exact[1], *a.* esatto, preciso. △ **The ~ data will be available next week** i dati esatti saranno disponibili la prossima settimana. // ~ **weight** peso esatto.

exact[2], *v. t.* esigere, richiedere. △ **His job exacts a tremendous amount of patience** il suo lavoro richiede una straordinaria pazienza. // **to ~ payment of a debt** (*cred.*) esigere il pagamento d'un debito; **to ~ a tax** (*fin.*) esigere un tributo.

exactable, *a.* esigibile.

exacting, *a.* esigente, severo, difficile. // **an ~ job** (*pers.*) un lavoro difficile; **an ~ principal** un principale esigente.

exaction, *n.* ❶ esazione (*di denaro*). ❷ (*leg.*) estorsione.

exactly, *avv.* esattamente.

exactness, *n.* esattezza, precisione.

exaggerate, *v. t.* esagerare.

exaggerated, *a.* esagerato.

exaggeratedly, *avv.* esageratamente.

exaggeration, *n.* esagerazione.

exam, *n.* esame.

examination, *n.* ❶ esame, indagine. ❷ interrogatorio. ❸ (*dog.*) visita, ispezione. ❹ (*leg.*) escussione. // ~ **in chief** (*leg.*) interrogatorio dei propri testimoni; ~ **of the accused** (*leg.*) interrogatorio dell'imputato; **an ~ of business accounts** (*rag.*) una verifica dei conti; ~ **of luggage** (*dog.*) visita doganale; **the ~ of a sample** (*market.*) l'esame d'un campione; ~ **of witnesses** (*leg.*) escussione testimoniale; ~ **of witnesses for the defence** (*leg.*) escussione di testi a difesa; ~ **of witnesses for the prosecution** (*leg.*) escussione di testi d'accusa.

examine, *v. t.* ❶ esaminare, indagare. ❷ interrogare. ❸ (*dog.*) visitare. ❹ (*leg.*) escutere. // **to ~ the accounts** (*rag.*) verificare i conti; **to ~ a proposal** prendere in esame una proposta; **to ~ a witness in a law-Court** (*leg.*) interrogare un testimone in tribunale.

example, *n.* esempio.

excavate, *v. t.* estrarre (*minerali*).

excavating, *n.* estrazione (*di minerali*).

exceed, *v. t.* eccedere, sorpassare, superare, andar oltre. △ **At the end of the year supply exceeded demand** alla fine dell'anno l'offerta ha superato la domanda; **This month's demand exceeded our expectation** la domanda di questo mese ha superato le nostre aspettative; **They exceeded their instructions** sono andati oltre le istruzioni ricevute. // **to ~ one's authority** (*leg.*) oltrepassare i limiti dei propri poteri; **to ~ the speed-limit** (*trasp. aut.*) sorpassare il limite di velocità.

exceeding, *a.* ❶ eccedente. ❷ eccessivo, straordinario, estremo. // **the ~ disorder of the accounts** (*rag.*) l'estremo disordine della situazione contabile.

exceedingly, *avv.* eccessivamente, straordinariamente, estremamente. △ **We were ~ struck by their competence** fummo estremamente colpiti dalla loro competenza.

excellent, *a.* eccellente, sopraffino.

except[1], *prep.* eccetto, eccettuato, a eccezione di, salvo, tranne. △ **We work all weekdays ~ Saturdays** lavoriamo tutti i giorni feriali eccetto il sabato.

except[2], *v. t. e i.* ❶ eccettuare, escludere, tralasciare. ❷ eccepire, obiettare, sollevare obiezioni. ❸ (*leg.*) sollevare eccezioni (*a una legge*). △ ❶ **You can't ~ overhead costs in determining price** non si possono tralasciare i costi generali nella determinazione del prezzo; ❷ **They are going to ~ against my proposal** solleveranno obiezioni alla mia proposta.

exception, *n.* ❶ eccezione, esclusione, obiezione. ❷ (*leg.*) eccezione. ❸ **exceptions,** *pl.* (*dog., econ.*) « eccezioni » (*prodotti esclusi dalle riduzioni o abolizioni delle tariffe doganali*). △ ❶ **We're open to grant you a discount only by way of ~** siamo disposti a praticarvi uno sconto in via del tutto eccezionale.

exceptional, *a.* eccezionale.
exceptionally, *avv.* eccezionalmente.
excess, *n.* ❶ eccesso. ❷ (*rag.*) eccedenza, rimanenza, supero. *a. attr.* aggiuntivo, addizionale, in eccedenza. // ~ **baggage** (*trasp.*, *USA*) bagaglio in eccedenza; ~ **charge** (*market.*) soprapprezzo; ~ **corporate profit** (*rag.*) utile aziendale addizionale; ~ **fare** (*trasp. ferr.*) supplemento di tariffa; ~ **insurance** (*ass. mar.*) assicurazione con franchigia; ~ **luggage** (*trasp.*) bagaglio in eccedenza; **the ~ of assets over liabilities** (*rag.*) l'eccedenza dell'attivo sul passivo; **an ~ of exports over imports** (*econ.*) un'eccedenza delle esportazioni sulle importazioni; ~ **postage** (*comun.*) affrancatura aggiuntiva (*d'una lettera*), soprattassa; ~ **price** (*rag.*) sovrapprezzo; ~ **profits** (*rag.*) sovrapprofitti; ~ **-profits duty** (*o* **tax**) (*fin.*) tassa sui sovrapprofitti.
excessive, *a.* eccessivo, esorbitante.
exchange¹, *n.* ❶ cambio, scambio, baratto, permuta. ❷ (*comun.*) centrale, centralino. ❸ (*fin.*) Borsa; seduta di Borsa. ❹ (*fin.*) (*anche* **Stock Exchange**) Borsa Valori. △ ❸ **The Cotton ~ is dull** la Borsa del Cotone è fiacca. // ~ **bank** (*banca, fin.*) banca di cambio; ~ **bid** (*fin.*) offerta pubblica di scambio; ~ **broker** (*fin.*) agente di cambio; cambiavalute; ~ **charge** (*banca*) provvigione di incasso (*per effetti fuori piazza*); ~ **contract** (*Borsa*) borderò di cambio; ~ **control** (*fin.*) controllo dei cambi: **The proposal projected new measures to liberalize ~ control** la proposta prevedeva nuove misure per liberalizzare il controllo dei cambi; ~ **for forward delivery** (*fin.*) operazioni di cambio a termine; ~ **for spot delivery** (*fin.*) operazioni di cambio per contanti; **the ~ list** (*fin.*) il bollettino dei cambi; ~ **of correspondence** (*comun.*) scambio di corrispondenza; ~ **of goods** scambio di merci; ~ **of views** scambio d'opinioni; ~ **offer** (*fin.*, *USA*) offerta pubblica di scambio; ~ **office** (*fin.*) ufficio di cambio; ~ **operator** (*comun.*) centralinista; ~ **rate** (*fin.*) corso (*o* tasso) del cambio; ~ **-rate guarantee** (*fin.*) garanzia dei corsi dei cambi; ~ **rate stability** (*fin.*) stabilità dei tassi di cambio; ~ **rates** (*fin.*) rapporti di cambio: **The ~ rates between the lire and other currencies** (*fin.*) i rapporti di cambio fra la lira e le altre monete; ~ **regulations** (*fin.*) regolamentazione dei cambi; ~ **restrictions** (*fin.*) restrizioni di cambio, restrizioni valutarie: **The new clauses provide that the Countries maintaining ~ restrictions shall authorize the issue on their capital markets of the securities of other Member Countries** le nuove clausole prevedono che i Paesi che mantengono ancora in vigore delle restrizioni di cambio autorizzino l'emissione, sui loro mercati dei capitali, di titoli d'altri Paesi Membri; ~ **transactions** (*fin.*) operazioni di cambio; ~ **value** (*econ.*) controvalore; ~ **values** (*fin.*) valori di cambio.
exchange², *v. t.* scambiare, barattare. *v. i.* (*fin.*) (*di moneta*) cambiarsi. △ *v. i.* **The pound exchanges for $ 2** la sterlina si cambia contro 2 dollari; **Swiss francs exchanged at par with French francs** i franchi svizzeri si cambiavano alla pari coi franchi francesi.
exchequer, *n.* ❶ (*fin.*) fondi, riserve monetarie. ❷ (*fin.*, *ingl.*) « scacchiere », erario, tesoro. // ~ **bond** (*fin.*, *ingl.*) buono del tesoro.
excisable, *a.* ❶ (*fin.*) soggetto a imposta di fabbricazione. ❷ (*fin.*) soggetto a dazio di consumo.
excise¹, *n.* ❶ (*fin.*) imposta indiretta. ❷ (*fin.*) imposta di fabbricazione. ❸ (*fin.*) dazio di consumo. ❹ **the Excise** (*fin.*) l'ufficio delle imposte. ❺ **the Excise** (*fin.*) il Dazio. // ~ **duty** (*fin.*) imposta di consumo, dazio di consumo; ~ **law** (*leg.*) legge sulla produzione degli alcoolici; (*leg.*, *USA*) legge sulla produzione e la vendita degli alcoolici; ~ **licence** (*leg.*) permesso amministrativo (*ottenuto mediante il pagamento d'una tassa*); ~ **officer** (*fin.*) esattore del dazio, daziere, guardia daziaria.
excise², *v. t.* (*fin.*) tassare, gravare d'imposta, imporre il pagamento d'un'imposta indiretta a (q.), imporre il pagamento d'un'imposta di fabbricazione a (q.).
exciseman, *n.* (*pl.* **excisemen**) ❶ (*pers.*) agente delle imposte. ❷ (*pers.*) esattore del dazio, daziere.
exclude, *v. t.* escludere, eccettuare. △ **We shall have to ~ your request from any further consideration** dovremo escludere la vostra richiesta da ogni ulteriore considerazione.
exclusion, *n.* esclusione. // ~ **clause** (*ass.*) clausola d'esclusione (*di talune perdite o rischi, dalla copertura*); **to the ~ of** a esclusione di.
exclusive, *a.* ❶ (*leg.*, *market.*) esclusivo, solo, unico. ❷ (*market.*, *USA*) (*d'articolo, negozio, ecc.*) di prima qualità, di prima scelta, di classe. *n.* ❶ (*giorn.*) servizio in esclusiva, esclusiva. ❷ (*leg.*) diritto esclusivo, esclusiva. // ~ **agency** (*market.*) concessione esclusiva, rappresentanza esclusiva; ~ **agency agreement** (*market.*) contratto di concessione esclusiva; ~ **agency selling** (*market.*) vendita in esclusiva; ~ **agent** (*market.*) agente esclusivo, rappresentante esclusivo, esclusivista; ~ **dealer** (*market.*) concessionario in esclusiva; ~ **dealing** (*market.*) esclusiva; ~ **dealing agreements** (*market.*) accordi d'esclusiva; ~ **distributor** (*leg.*, *market.*) concessionario; ~ **of** a esclusione di, eccetto: **Our prices are ~ of package** i nostri prezzi non comprendono l'imballaggio; **an ~ paper** (*giorn.*) un giornale pubblicato in esclusiva; ~ **privilege** (*leg.*) privilegio esclusivo, privativa; **an ~ right** (*leg.*) un diritto esclusivo, un'esclusiva; **an ~ shop** (*fam.*) un negozio caro; ~ **title** (*leg.*) diritto esclusivo.
exclusively, *avv.* esclusivamente.
exclusivism, *n.* (*anche econ.*) esclusivismo.
exclusivist, *n.* (*anche econ.*) esclusivista.
excuse¹, *n.* scusa, giustificazione, pretesto.
excuse², *v. t.* ❶ scusare, giustificare. ❷ esentare, esonerare, dispensare. ❸ condonare. △ ❸ **He wouldn't ~ us the fee** non ci volle condonare il pagamento della tassa. // **to ~ an absence** giustificare un'assenza.
execute, *v. t.* ❶ eseguire, mettere in esecuzione. ❷ (*leg.*) eseguire (*una sentenza*). ❸ (*leg.*) redigere. ❹ (*leg.*) perfezionare. // **to ~ a contract** (*leg.*) perfezionare un contratto; **to ~ a law** (*leg.*) mettere in esecuzione una legge; **to ~ an office** adempiere un ufficio; **to ~ an order** (*market.*) eseguire (*o* evadere, dar corso a) un'ordinazione; **to ~ a plan** mettere in esecuzione un disegno; **to ~ a policy** (*ass.*) emettere una polizza.
execution, *n.* ❶ esecuzione. ❷ (*leg.*) esecuzione (*d'una sentenza*). ❸ (*leg.*) redazione. ❹ (*leg.*) perfezionamento. // **the ~ of a judgment** (*leg.*) l'esecuzione d'una sentenza; **the ~ of the national budget** (*fin.*) la gestione del bilancio dello Stato; **the ~ of an order** (*market.*) l'esecuzione (*o* l'evasione) d'un ordine.
executive, *a.* esecutivo, amministrativo, direttivo. direzionale. *n.* ❶ (*pers.*) dirigente, capo (*d'un servizio, ecc.*). ❷ **the executive** (*politica*) l'esecutivo. ❸ **the executives**, *pl.* (*pers.*) il personale direttivo. // ~ **ability** capacità direttiva; ~ **cadres** (*pers.*) quadri direttivi, quadri dirigenti; ~ **coaching** (*org. az.*) formazione dei dirigenti; ~ **committee** comitato esecutivo; ~ **control** (*org. az.*) controllo esecutivo; ~ **editor** (*giorn.*) redattore

capo; ~ **game** (*amm.*) gestione simulata; ~ **Office of the President** (*USA*) Ufficio della Presidenza (*della Repubblica e del Consiglio, insieme*); ~ **power** potere esecutivo; ~ **secretary** (*pers.*) segretario di direzione; ~ **training** (*org. az.*) addestramento dei dirigenti.

executor, *n.* ❶ esecutore. ❷ (*leg.*) esecutore testamentario. △ ❶ **Executors are liable for want of care** gli esecutori sono responsabili per negligenza. // ~ **of a will** (*leg.*) esecutore testamentario.

executory, *a.* esecutorio, esecutivo. // ~ **judgment** (*leg.*) giudizio esecutivo.

executrix, *n.* (*pl.* **executrices**) ❶ esecutrice. ❷ (*leg.*) esecutrice testamentaria.

exemplar, *n.* esemplare, modello.

exemplary, *a.* esemplare, tipico. // ~ **damages** (*leg.*) danni valutati in misura eccessiva.

exemplification, *n.* ❶ esemplificazione. ❷ (*leg.*) copia autentica o conforme (*d'un documento*).

exemplify, *v. t.* ❶ esemplificare. ❷ (*leg.*) fare una copia autentica o conforme di (*un documento*).

exempt[1], *a.* esente. *n.* (*fin.*) persona esente (*specialm. da imposte*). // ~ **from stamp duty** (*fin.*) esente da bollo; ~ **private company** (*fin., ingl.*) società non obbligata alla presentazione annuale del bilancio.

exempt[2], *v. t.* esentare, esimere, esonerare, dispensare.

exempted, *a.* esentato, esonerato, dispensato. // ~ **dealers** (*fin., ingl.*) società ammesse alla compravendita d'azioni in proprio.

exemption, *n.* ❶ esenzione, esonero, dispensa. ❷ (*fin.*) franchigia. // ~ **from customs examination** (*dog.*) esenzione dalla visita doganale; ~ **from taxation** (*fin.*) esenzione dalle imposte, esonero fiscale.

exercise[1], *n.* esercizio. // **the** ~ **of a right** (*leg.*) l'esercizio d'un diritto.

exercise[2], *v. t.* esercitare. // **to** ~ **a function** esercitare una funzione; **to** ~ **an option** (*Borsa*) esercitare un'opzione.

exercise oneself, *v. rifl.* esercitarsi.

exhaust, *v. t.* esaurire, consumare, vuotare. // **to** ~ **a bank account** (*banca*) esaurire un conto in banca.

exhausted, *a.* esaurito.

exhaustion, *n.* esaurimento, svuotamento. // **the** ~ **of funds** (*rag.*) l'esaurimento dei fondi.

exhaustive, *a.* esauriente, completo. △ **We'll send you an** ~ **list of our articles** vi invieremo una lista completa dei nostri articoli. // **an** ~ **inquiry** un'indagine esauriente.

exhaust oneself, *v. rifl.* esaurirsi.
exheredate, *v. t.* V. **exheridate**.
exheredation, *n.* (*leg.*) diseredazione.
exheridate, *v. t.* (*leg.*) diseredare.

exhibit[1], *n.* ❶ esposizione, mostra. ❷ (*leg.*) documento esibito, documento prodotto; prova esibita, prova prodotta. ❸ (*market.*) oggetto in mostra. ❹ **exhibits**, *pl.* (*market.*) materiale da esposizione.

exhibit[2], *v. t.* ❶ esporre, mostrare, rivelare. ❷ (*leg.*) esibire, produrre (*documenti, prove, ecc.*). // **to** ~ **documents in Court** (*leg.*) produrre documenti in tribunale.

exhibition, *n.* ❶ esposizione, mostra. ❷ (*leg.*) esibizione, produzione di documenti. ❸ (*market.*) esposizione, mostra. // ~ **hall** (*market.*) salone da esposizione; ~ **of documents** (*leg.*) produzione di documenti.

exhibitor, *n.* (*market.*) espositore.
exhort, *v. t.* esortare.
exhortation, *n.* esortazione.
exigency, *n.* esigenza.
exile, *n.* esule.

exist, *v. i.* esistere.
existence, *n.* esistenza.
existing, *a.* esistente.

exit, *n.* uscita. // ~ **interview** (*pers.*) intervista d'uscita, intervista di congedo; ~ **visa** (*comm. est., tur.*) visto d'uscita.

exogenous, *a.* esogeno. // ~ **change** (*econ.*) cambiamento esogeno (*cambiamento delle condizioni economiche dovuto a una forza esterna al sistema*); ~ **variable** (*ric. op.*) variabile esogena.

exonerate, *v. t.* ❶ esonerare, dispensare, sgravare. ❷ (*leg.*) discolpa, prosciogliere. // **to** ~ **sb. from a charge** (*leg.*) prosciogliere q. da un'accusa; **to** ~ **sb. from his duties** esonerare q. dai propri doveri.

exoneration, *n.* ❶ esonero, dispensa, sgravio. ❷ (*leg.*) discolpa, proscioglimento.

exorbitant, *a.* esorbitante.

expand, *v. t.* ❶ espandere, ampliare, allargare, sviluppare. ❷ (*mat.*) sviluppare (*un'equazione, ecc.*). *v. i.* espandersi, ampliarsi, allargarsi, svilupparsi. △ *v. i.* **Trade in intermediate textile products expanded at a fairly rapid rate** il commercio dei prodotti tessili intermedi s'è sviluppato a un ritmo abbastanza rapido; **Despite a less favourable situation in the basic industries of some Member States, trade in raw materials expanded appreciably** malgrado un andamento congiunturale meno favorevole delle industrie di base in alcuni Paesi Membri, gli scambi di materie prime si sono sviluppati in maniera apprezzabile.

expanding, *a.* in espansione, in via d'espansione. // ~ **economy** (*econ.*) economia in via d'espansione; ~ **industries** industrie in espansione.

expansion, *n.* ❶ espansione, ampliamento, allargamento, aumento, sviluppo. ❷ (*mat.*) sviluppo (*d'una equazione, ecc.*). △ ❶ **The fairly lively** ~ **was largely due to the more dynamic trend of production in the textile industry, which increased by some 10%** l'espansione abbastanza vivace è da attribuirsi in gran parte all'evoluzione più dinamica della produzione nell'industria tessile, che ha segnato un aumento del 10% circa. // **the** ~ **of currency** (*fin.*) l'aumento della circolazione monetaria; **the** ~ **of home demand** (*econ.*) la dilatazione della domanda interna; **the** ~ **of lending** (*banca*) l'aumento delle aperture di credito; **the** ~ **of trade** (*market.*) il moltiplicarsi degli scambi.

expansionism, *n.* (*econ.*) espansionismo.

expansionist, *n.* espansionista. // ~ **policy** (*org. az.*) politica d'espansione.

expatriate[1], *a.* e *n.* espatriato. // ~ **enterprise** (*org. az.*) impresa all'estero.

expatriate[2], *v. i.* espatriare.

expatriation, *n.* espatrio.

expect, *v. t.* e *i.* ❶ aspettare, attendere. ❷ presumere, prevedere. △ ❶ **The ship is expected at London** la nave è attesa a Londra; ❷ **I** ~ **them to send the goods too late for the opening of the season** prevedo che ci manderanno le merci troppo tardi per l'apertura della stagione.

expectation, *n.* ❶ attesa. ❷ aspettazione, previsione. // ~ **of life** (*mat. attuariale*) probabilità di vita, vita presunta, speranza di vita.

expedite, *v. t.* accelerare, facilitare, sollecitare, sbrigare. △ **Those measures are intended to** ~ **the programme** quelle misure sono intese ad accelerare l'esecuzione del programma.

expediting, *n.* (*org. az.*) sollecitazione delle consegne.

expel, *v. t.* espellere, estromettere.
expend, *v. t.* spendere.
expenditure, *n.* ❶ spesa, spese. ❷ (*fin., rag.*) uscita, uscite. △ ❶ **Expenditures are encouraged by the State** le spese sono stimolate dall'operatore pubblico. // ~ **of the public authorities** (*fin.*) spese pubbliche: **The increase in the ~ of the public authorities was again appreciable last year** la progressione delle spese pubbliche è stata considerevole anche nello scorso anno; **the ~ of the State** (*fin.*) la spesa statale.
expense[1], *n.* ❶ spesa, carico. ❷ **expenses**, *pl.* (*banca*) spese. △ ❶ **We won't spare any ~** non baderemo a spese. // ~ **account** (*pers.*) nota spese (*da rimborsarsi a un dipendente*); ~ **account per diem** (*pers.*) diaria; **expenses of selling** (*rag.*) spese di vendita; « **expenses to be debited to you** (*o* **charged to your account**)» (*market., rag.*) «spese a carico del vostro conto»; **at sb.'s ~** (*rag.*) a carico di q.: **Freight is at the importer's ~** il nolo è a carico dell'importatore; **at our ~** (*rag.*) a nostre spese.
expense[2], *v. t.* ❶ far pagare spese. ❷ (*rag.*) imputare a una nota spese.
expensive, *a.* costoso, dispendioso, caro, «salato».
experience[1], *n.* esperienza, pratica, prova. △ **He was chosen thanks to his remarkable business ~** fu scelto grazie alla sua notevole pratica d'affari.
experience[2], *v. t.* fare esperienza di, provare, incontrare, subire. △ **We experienced great difficulty in launching that article** abbiamo incontrato grandi difficoltà nel lancio di quell'articolo. // **to ~ a loss** (*rag.*) subire una perdita.
experienced, *a.* esperto, competente, pratico. // **an ~ accountant** (*pers.*) un contabile esperto.
experiment, *n.* esperimento.
experimental, *a.* sperimentale, empirico. // ~ **farm** fattoria sperimentale; ~ **method** (*market.*) metodo dell'esperimento.
expert, *a. e n.* ❶ esperto, pratico, competente, versato. ❷ specialista. ❸ (*leg.*) perito. △ ❶ **They are ~ in advertising techniques** sono esperti in tecniche pubblicitarie. // ~ **appointed by the Court** (*leg.*) perito nominato dal tribunale; ~ **evidence** (*leg.*) testimonianza di perito; ~ **in commercial law** (*leg.*) commercialista; **experts on general economic projections** (*econ.*) esperti in proiezioni economiche generali; **an ~ opinion** il parere d'un competente.
expertise, *n.* competenza, perizia.
expertize, *v. i.* dare un parere professionale, dare un parere d'esperto.
expiate, *v. t.* (*leg.*) espiare.
expiation, *n.* (*leg.*) espiazione.
expiration, *n.* scadenza, termine. // ~ **of an option** (*Borsa*) scadenza d'un'opzione; **the ~ of a team of office** (*amm.*) lo scadere d'una permanenza in carica; ~ **of the time limit for appearance before the Court** (*leg.*) scadenza del termine utile per comparire davanti al tribunale.
expire, *v. i.* scadere, terminare. △ **Our lease will ~ next month** il nostro contratto d'affitto scadrà il mese prossimo.
expired, *a.* (*d'ufficio, carica, ecc.*) scaduto.
expiry, *n.* (*banca, cred.*) scadenza. // **before the ~** (*banca, cred.*) prima della scadenza.
explain, *v. t.* spiegare, chiarire, manifestare. // **to ~ the facts** chiarire i fatti.
explain oneself, *v. rifl.* spiegarsi.
explanation, *n.* spiegazione, chiarimento, schiarimento. △ **We should be grateful if you would kindly furnish us with an ~ regarding this matter** vi saremmo grati se ci voleste dare una spiegazione in proposito.
explicit, *a.* esplicito.
exploit, *v. t.* sfruttare, utilizzare, servirsi di. // **to ~ natural resources** sfruttare le risorse naturali; **to ~ the resources of the underground** valorizzare le risorse del sottosuolo.
exploitation, *n.* sfruttamento, utilizzazione. // ~ **company** società di ricerca; ~ **of the working classes** (*sind.*) sfruttamento delle classi lavoratrici.
exploiter, *n.* sfruttatore, utilizzatore.
exploration, *n.* esplorazione, investigazione, indagine, esame. // **an ~ of supply resources** un esame delle fonti d'approvvigionamento.
explore, *v. t.* esplorare, indagare, investigare, esaminare. △ **We are exploring the possibilities of cooperating with you** stiamo esaminando le possibilità di cooperare con voi.
explosion, *n.* esplosione. // ~ **of population** (*stat.*) esplosione demografica.
exponent, *n.* (*mat.*) esponente.
exponential, *a.* (*mat.*) esponenziale. *n.* (*mat.*) funzione esponenziale. // ~ **curve** (*mat.*) curva esponenziale; ~ **equation** (*mat.*) equazione esponenziale; ~ **function** (*mat.*) funzione esponenziale; ~ **series** (*mat.*) serie esponenziale; ~ **smoothing** (*mat.*) attenuazione esponenziale.
export[1], *n.* ❶ (*comm. est.*) esportazione. ❷ (*comm. est.*) merce d'esportazione, prodotto d'esportazione. △ ❷ **Britain's chief exports are manufactured goods** le principali esportazioni della Gran Bretagna sono i manufatti. // ~ **agent** (*comm. est.*) agente esportatore, esportatore su commissione; ~ **bounty** (*comm. est.*) sovvenzione (*o* premio) all'esportazione; ~ **commission agent** (*comm. est.*) agente esportatore, esportatore su commissione; ~ **credit guarantee** (*comm. est.*) garanzia per i crediti all'esportazione; ~ **credit insurance** (*comm. est.*) assicurazione dei crediti all'esportazione; ~ **credits** (*comm. est.*) crediti all'esportazione; ~ **duty** (*dog.*) dazio d'esportazione; ~ **goods** (*comm. est.*) merce d'esportazione; ~ **-induced inflation** (*econ.*) inflazione indotta dalle esportazioni; ~ **insurance** (*ass.*) assicurazione all'esportazione; ~ **insurance techniques** (*ass.*) tecniche d'assicurazione all'esportazione; ~ **-led boom** (*econ.*) boom alimentato dalle esportazioni; ~ **licence** (*comm. est.*) licenza d'esportazione; ~ **merchant** (*comm. est.*) esportatore in proprio; ~ **of capitals** (*fin.*) esportazione di capitali; **exports of goods and services** (*comm. est.*) esportazione di beni e servizi; ~ **packer** (*comm. est.*) ditta specializzata nell'imballaggio di prodotti per l'esportazione; ~ **permit** (*comm. est.*) permesso d'esportazione; ~ **rebate** (*comm. est.*) *V.* ~ **bounty**; ~ **receipts** (*fin.*) proventi delle esportazioni; ~ **refunds** (*fin.*) restituzioni all'esportazione; ~ **specie point** (*fin.*) punto aureo superiore; ~ **specification** (*dog.*) dichiarazione d'esportazione; ~ **tax** (*dog.*) dazio d'esportazione; ~ **trade** (*comm. est.*) commercio d'esportazione; ~ **winner** (*comm. est.*) articolo d'esportazione di prim'ordine.
export[2], *v. t.* (*comm. est.*) esportare. △ **Trade is a question of life and death for us and so we must ~ and import on a vast scale** il commercio è per noi una questione di vita e di morte e così dobbiamo esportare e importare su vasta scala. // **to ~ again** (*comm. est.*) riesportare.
exportable, *a.* (*comm. est.*) esportabile.
exportation, *n.* ❶ (*comm. est.*) esportazione. ❷

(*comm. est.*) merce d'esportazione, prodotto d'esportazione. // **the ~ voucher (of a pass sheet)** (*dog.*) il foglio d'uscita (in un « trittico »).

exporter, *n.* ❶ (*comm. est.*) esportatore. ❷ (*comm. est.*) Paese esportatore.

exporting, *a.* (*comm. est.*) esportatore. *n.* l'esportare, esportazione. // **~ by piggyback** esportazione « a cavalluccio » (*cioè, in collaborazione con un'azienda esportatrice di prodotti complementari, con la quale si dividono le spese*); **~ Country** (*comm. est.*) Paese esportatore.

expose, *v. t.* esporre.

expose oneself, *v. rifl.* esporsi.

exposure, *n.* esposizione (*anche fotografica*).

expound, *v. t.* esporre (*una teoria, le proprie idee, ecc.*).

express¹, *a.* ❶ espresso, esplicito, chiaro, manifesto. ❷ (*trasp., USA*) relativo alla spedizione per espresso. *n.* ❶ (*comun.*) corriere speciale. ❷ (*comun.*) messaggio inviato per espresso. ❸ (*trasp.*) pullman espresso. ❹ (*trasp., USA*) servizio di spedizioni per espresso. ❺ (*trasp. ferr.*) treno espresso, direttissimo. *avv.* per espresso, in fretta. △ *a.* ❶ **~ provisions would have made the matter less complicated** chiare disposizioni avrebbero reso meno complicata la faccenda; *avv.* **We'll send the parcel ~** spediremo il pacco per espresso. // **~ agreement** (*leg.*) accordo espresso, accordo esplicito; **~ company** (*trasp., USA*) agenzia di spedizioni per espresso; **~ delivery** (*market.*) consegna per espresso; **~ fee** (*comun.*) sovrattassa per (lettera) espresso; **an ~ highway** (*trasp., USA*) un'autostrada; **~ letter** (*comun.*) (lettera) espresso; **~ mail** (*comun.*) posta espresso; **an ~ train** (*trasp. ferr.*) un treno espresso (*o* direttissimo), un treno rapido, un rapido; **~ warranty** (*ass. mar.*) garanzia espressa, condizione esplicita.

express², *v. t.* ❶ esprimere, dichiarare, manifestare. ❷ (*comun.*) spedire (*una lettera*) per espresso. ❸ (*trasp., USA*) inviare tramite un'agenzia di spedizioni per espresso. △ ❶ **I'll try to ~ my opinion at the meeting** cercherò d'esprimere la mia opinione all'assemblea; ❸ **They said they would ~ the goods within the end of the week** dissero che avrebbero inviato la merce per espresso entro la fine della settimana.

expressage, *n.* ❶ (*trasp.*) trasporto di pacchi per espresso. ❷ (*trasp.*) spese di trasporto di pacchi per espresso.

expression, *n.* (*anche mat.*) espressione.

expropriate, *v. t.* (*leg.*) espropriare.

expropriation, *n.* (*leg.*) espropriazione, esproprio.

expulsion, *n.* espulsione.

expunge, *v. t.* espungere, cancellare, togliere. △ **We are going to ~ that item from the catalogue** abbiamo intenzione di cancellare quell'articolo dal catalogo.

extend, *v. t.* ❶ estendere, ampliare, allargare. ❷ (*cred.*) dilazionare, prorogare (*il pagamento d'un debito*), protrarre. ❸ (*rag.*) riportare a nuovo; trasferire (*cifre, totali, ecc.*) da una colonna a un'altra. ❹ (*rag.*) indicare l'ammontare di. *v. i.* estendersi. △ *v. t.* ❶ **They are extending the staff** stanno ampliando il personale; ❹ **We'll ~ the debit balance on the accounts** indicheremo nel conto l'ammontare del saldo a debito. // **to ~ the maturity of a bill** (*cred.*) differire la scadenza d'una cambiale; **to ~ the time of payment of a bill** (*cred.*) prorogare la scadenza d'una cambiale; **to ~ the time of payment of a debt** (*cred.*) prolungare la scadenza d'un debito.

extended, *a.* ❶ esteso, ampliato, allargato. ❷ (*cred.*) (*d'un pagamento*) dilazionato, prorogato. ❸ (*rag.*) (*di cifra, di totale, ecc.*) riportato a nuovo. // **~ coverage**

(*ass.*) copertura estesa; **~ credit** (*banca*) credito superiore a sei mesi (*che, in via eccezionale, una banca concede a un esportatore*); **~ medium-term** (*cred.*) medio termine prolungato; **~ medium-term purchasers** (*cred.*) acquirenti a medio termine prolungato; **~ type** (*pubbl.*) carattere (tipografico) largo.

extendible, *a.* (*cred.*) prorogabile.

extensible, *a.* (*cred.*) prorogabile.

extension, *n.* ❶ estensione, allargamento, ampliamento. ❷ (*comun.*) (numero telefonico) interno. ❸ (*cred.*) dilazione, proroga. ❹ (*rag.*) riporto a nuovo, somma riportata a nuovo. // **~ flap** (*pubbl.*) pagina di giornale ripiegata e apribile per mostrare un annuncio di grandi dimensioni; **~ of payment** (*cred.*) dilazione di pagamento; **the ~ of a railway** (*trasp. ferr.*) il prolungamento d'una ferrovia.

extensive, *a.* esteso, estensivo, esauriente, vasto. △ **He was given the job after ~ inquiries** gli fu dato il posto dopo esaurienti indagini. // **~ cultivation** (*econ.*) coltivazione estensiva; **~ farming** (*econ.*) coltura estensiva.

extent, *n.* ❶ estensione, vastità. ❷ grado, limite. ❸ (*leg.*) ordine di confisca. ❹ (*leg.*) azione per ottenere il pagamento d'un debito verso lo Stato. // **to the ~ of** fino all'ammontare di, fino alla concorrenza di: **I am liable up to the ~ of the capital I have contributed** sono responsabile fino all'ammontare del capitale da me sottoscritto.

extenuate, *v. t.* attenuare, ridurre.

extenuating, *a.* attenuante. // **an ~ circumstance** (*leg.*) una circostanza attenuante.

extenuation, *n.* attenuazione.

external, *a.* ❶ esterno, esteriore. ❷ estero. // **~ auditing** (*rag.*) revisione contabile « esterna » (*eseguita da ditte specializzate che svolgono le funzioni attribuite in Italia al collegio sindacale*); **~ convertibility** (*fin.*) convertibilità esterna; **~ evidence** (*leg.*) prove esterne; **~ exchange** (*fin.*) cambio estero; **~ relations** (*pubbl.*) rapporti col pubblico; **~ trade** (*comm. est.*) scambi esteri.

extinction, *n.* estinzione. // **~ of a debt** (*cred.*) estinzione d'un debito.

extinguish, *v. t.* estinguere. △ **The payment of the last instalment will ~ our debt** il pagamento dell'ultima rata estinguerà il debito. // **to ~ a mortgage** (*leg.*) radiare un'ipoteca.

extinguished, *a.* (*leg.*) estinto, perento.

extort, *v. t.* (*anche leg.*) estorcere.

extortion, *n.* (*anche leg.*) estorsione.

extra, *a.* « extra », addizionale, aggiuntivo, supplementare, straordinario. *n.* ❶ « extra », aggiunta, supplemento. ❷ spesa aggiuntiva. ❸ (*giorn.*) edizione straordinaria (*d'un giornale*). ❹ (*pers.*) extra; lavoratore (*impiegato, operaio, ecc.*) straordinario. *avv.* « extra », eccezionalmente, straordinariamente. // **~ boldface** (*pubbl.*) nerissimo; **~ charge** (*rag.*) spesa supplementare; (*trasp. ferr.*) supplemento, soprattassa; **~ fine quality** (*market.*) qualità « extrafina », qualità superiore; **~ freight** (*trasp. mar.*) nolo supplementare, soprannolo; **~ holiday train** (*trasp. ferr.*) treno festivo; **~ pay** (*pers.*) compenso aggiuntivo (*o* straordinario); supplemento; **~ premium** (*ass.*) premio supplementare; **~ -special** (*giorn.*) ultimissima edizione (*d'un giornale della sera*); **~ tax** (*fin.*) soprattassa; **~ work** (*pers.*) lavoro straordinario; **no ~** (*market.*) senza supplemento, tutto compreso.

extract¹, *n.* estratto (*di carne, ecc.*).

extract², *v. t.* estrarre.

extraction, *n.* estrazione.

extradite, *v. t.* (*leg.*) estradare.
extradition, *n.* (*leg.*) estradizione.
extra-European, *a.* extraeuropeo.
extrajudicial, *a.* (*leg.*) stragiudiziale, estraprocessuale. // ~ **confession** (*leg.*) confessione stragiudiziale; **an ~ investigation** (*leg.*) un'indagine stragiudiziale; **an ~ transaction** (*leg.*) una transazione stragiudiziale.
extralegal, *a.* (*leg.*) estralegale.
extraordinary, *a.* straordinario, eccezionale. // ~ **expenses** (*rag.*) spese straordinarie; ~ **general meeting** (*amm.*) assemblea straordinaria; **an ~ influx of foreign capital to Italy** (*fin.*) un forte afflusso di capitali esteri in Italia; ~ **meeting** (*amm.*) assemblea straordinaria; ~ **powers** (*leg.*) poteri straordinari; ~ **reserve** (*rag.*) riserva straordinaria; ~ **session** (*leg.*) sessione straordinaria.
extrapolate, *v. t.* (*mat.*) estrapolare.

extrapolation, *n.* (*mat.*) estrapolazione.
extraterritorial, *a.* estraterritoriale. // ~ **jurisdiction** (*leg.*) giurisdizione estraterritoriale.
extreme, *a.* estremo, ultimo. // ~ **values** (*market., stat.*) valori estremi.
extremely, *avv.* estremamente.
extremes, *n. pl.* ❶ (*market.*) valori estremi. ❷ (*mat.*) (gli) estremi.
extremity, *n.* estremità.
extrinsic, *a.* estrinseco. // **the ~ value of a coin** (*fin.*) il valore estrinseco d'una moneta.
eye, *n.* occhio. // ~ **-catcher** (*pubbl.*) oggetto (*o* articolo, prodotto, ecc.) che attira la vista; ~ **-catching** (*pubbl.*) vistoso; **an ~ -catching ad** (*pubbl.*) un annuncio pubblicitario vistoso; ~ **-witness** (*leg.*) testimone oculare.
eyewitness, *n.* (*leg.*) testimone oculare.

F

fabric, n. (market.) tessuto.
face[1], n. ❶ faccia, viso. ❷ superficie. ❸ (d'un documento) recto. ❹ (pubbl.) carattere (tipografico). // ~ **and reverse side** (pubbl.) bianco e volta; **the faces of a problem** (org. az.) gli aspetti d'un problema; **the ~ of a stock certificate** (fin.) il recto d'un certificato azionario; ~ **value** (fin.) valore facciale, valore nominale (d'una moneta, banconota, ecc.): **Their bonds are of the ~ value of £ 15 and multiples** le loro obbligazioni sono del valore nominale di 15 sterline e multipli; **the ~ value of a share** (fin.) il valore nominale d'un'azione.
face[2], v. t. affrontare, fronteggiare, far fronte a. △ **That's just one of the many risks we are going to ~ in starting our new programme** quello è soltanto uno dei tanti rischi che affronteremo nell'iniziare il nuovo programma.
facia, n. insegna di negozio.
facilitate, v. t. facilitare.
facilitation, n. facilitazione.
facilities, n. pl. ❶ (econ.) infrastrutture. ❷ (org. az.) attrezzature, mezzi, impianti, servizi. △ ❷ ~ **are being underused** c'è un decrescente sfruttamento degli impianti; **There are good transportation ~ for our commuters** ci sono buoni mezzi di trasporto per i nostri pendolari. // ~ **of payment** (cred.) facilitazioni di pagamento; **the ~ of a suburban community** le infrastrutture d'un centro suburbano.
facility, n. ❶ facilità. ❷ destrezza. ❸ facilitazione, agevolazione.
facsimile[1], n. facsimile, copia esatta. // ~ **device** (elab. elettr.) sistema di trasmissione a distanza di testi scritti; ~ **signature** (leg.) facsimile di firma.
facsimile[2], v.t. ❶ fare un facsimile di (qc.); riprodurre esattamente (qc.). ❷ essere la copia esatta di (qc.).
fact, n. ❶ fatto, fatto reale. ❷ **the facts**, pl. (leg.) i fatti. // ~ **finder** (amm., leg.) inquirente; ~ **-finding** che indaga sui fatti; ~ **-finding board** (amm., leg.) commissione d'inchiesta; ~ **-finding sessions** (org. az.) giornate d'informazione.
factor, n. ❶ fattore, elemento. ❷ (fin., USA) organizzazione specializzata nell'incasso di crediti per conto di terzi. ❸ (leg.) mandatario commerciale (cui vengono affidate le merci di cui ha la piena disponibilità). ❹ (market.) agente depositario, depositario; grossista. ❺ (mat.) fattore, coefficiente. △ ❶ **One of the principal factors in appraising an industrial site is the source of labour** uno dei fattori principali nella valutazione della localizzazione industriale è la fonte di manodopera. // ~ **analysis** (stat.) analisi fattoriale; ~ **comparison** (pers.) raffronto per fattore; ~ **-comparison method** (pers.) metodo del raffronto dei fattori; ~ **cost** (econ.) costo dei fattori di produzione (secondo Keynes); prezzo pagato dal consumatore, al netto d'ogni tassa o dazio incluso nel prezzo di vendita; ~ **of expansion** (comm. est.) fattore d'espansione: **As a ~ of expansion, trade between the Member Countries had in particular an important effect in Germany, where it gave considerable support to the economy** come fattore d'espansione, il commercio fra i Paesi Membri ha esercitato notevoli effetti in particolare in Germania, dove ha costituito un importante elemento di sostegno della congiuntura; **a ~ of production** (org. az.) un fattore produttivo; **the factors of production** (econ.) i fattori della produzione.
factorage, n. ❶ (fin.) commissione, provvigione (di commissionario). ❷ (fin., USA) compenso percentuale (V. **factoring**).
factorial, a. fattoriale, di fattore. n. (mat.) fattoriale. △ n. **The ~ of 4 is** $1 \times 2 \times 3 \times 4$, **or 24** il fattoriale di 4 è $1 \times 2 \times 3 \times 4$, cioè 24.
factoring, n. (fin., USA) « factoring » (finanziamento aziendale basato sulla cessione di crediti a organizzazioni, dette « factors », le quali provvedono all'incasso per un compenso percentuale detto « factorage »). △ ~ **is a modern and rational system for assisting a company's commercial and financial operations** il « factoring » è un moderno e razionale sistema d'intervento nelle vicende commerciali e finanziarie d'un'azienda; ~ **amounts to the turning of trade receivables over to the factoring company which in turn takes them over, advances against them and collects them, usually accepting the risk of a debtor's insolvency** in pratica il « factoring » si attua con la cessione dei crediti commerciali alla compagnia di « factoring », la quale li contabilizza, li anticipa, li incassa, tenendo generalmente a proprio carico il rischio dell'insolvenza del debitore. // ~ **firm** (fin.) società di « factoring ».
factorize, v. t. (mat.) scomporre in fattori.
factory, n. (org. az.) fabbrica, stabilimento, opificio, manifattura. // ~ **board of executives** (amm.) comitato consultivo di direzione (costituito dai direttori di fabbrica e dai capi intermedi); ~ **cost** (rag.) costo di produzione; ~ **farm** industria agricola; ~ **indirect expenses** (rag.) spese generali di produzione; ~ **-owner** proprietario d'una fabbrica, manifatturiere; ~ **price** (rag.) prezzo di fabbrica; ~ **shop** (org. az.) spaccio aziendale; ~ **worker** (pers.) operaio di fabbrica.
factotum, n. (pers.) factotum, impiegato tuttofare.
facultative, a. facoltativo. // ~ **endorsement** (cred.) girata facoltativa.
faculty, n. ❶ facoltà, abilità, capacità. ❷ (econ.) condizioni finanziarie. // ~ **theory** (econ.) teoria della capacità contributiva.
fade, v. t. affievolire, far svanire. v. i. affievolirsi, svanire. // to ~ **in** (pubbl.) aprire (una pellicola) in dissolvenza; to ~ **out** (pubbl.) chiudere (una pellicola) in dissolvenza.
fade-in, n. (pubbl.) dissolvenza (cinematografica) di apertura.
fade-out, n. dissolvenza (cinematografica) di chiusura.
fail[1], n. ❶ fallo, errore. ❷ (Borsa) mancata consegna di titoli (entro un certo tempo dall'acquisto o dalla vendita). // ~ **-safe device** (elab. elettr.) dispositivo di

fail

sicurezza in caso di guasto; **without ~** senza fallo, certamente.

fail[2], *v. i.* ❶ fallire, non riuscire, mancare. ❷ (*leg.*) fallire, andar fallito. *v. t.* bocciare (*un candidato e sim.*). △ *v. i.* ❶ **We ~ to understand why you have cancelled our debit entry, and should be obliged if you would kindly furnish us with an explanation** non riusciamo a capire perché abbiate annullato l'addebito da noi registrato e vi preghiamo di darcene spiegazione; **Don't ~ to let us know as soon as you can** non mancate d'informarci appena potete; **Their witnesses have failed to appear** i loro testimoni non si sono presentati; ❷ **Many small industries have failed** molte piccole industrie sono andate fallite. // **to ~ to meet an obligation** (*leg.*) contravvenire a un impegno (*o* a un obbligo).

failing, *prep.* venendo meno, in mancanza di. // **~ specific instructions** in mancanza d'istruzioni specifiche.

failure, *n.* ❶ fallimento, insuccesso, fiasco, mancanza, insufficienza. ❷ (*econ., fin.*) fallimento, dissesto, rovina. ❸ (*elab. elettr.*) avaria, guasto. ❹ (*leg.*) inadempienza, omissione. ❺ (*leg.*) fallimento. △ ❺ **The ~ of their company was a real financial earthquake for the whole district** il fallimento della loro società fu un vero e proprio terremoto finanziario per tutta la regione. // **the ~ of crops** (*econ.*) l'insufficienza dei raccolti agricoli; **~ of evidence** (*leg.*) mancanza di prove; **~ of issue** (*leg.*) mancanza di discendenti, mancanza d'eredi; **~ to appear** (*leg.*) mancata comparizione in giudizio, contumacia; **~ to bargain collectively** (*sind.*) rifiuto (*da parte del datore di lavoro*) di prendere parte alla contrattazione collettiva; **~ to perform** (*leg.*) mancata esecuzione; **~ to produce documents** (*leg.*) mancata produzione di documenti; **~ to protest a bill** (*leg.*) mancato protesto di cambiale.

fair[1], *a.* ❶ equo, giusto. ❷ leale, onesto. ❸ giustificato. △ ❸ **If, as you say, our complaint is ~, we claim our money back** se, come dite, il nostro reclamo è giustificato, pretendiamo la restituzione del denaro. // **~ average quality** (*market.*) qualità buona media; **~ competition** (*market.*) concorrenza leale; **~ copy** bella copia, buona copia (*di documento, ecc.*); **a ~ exchange** uno scambio equo; **a ~ judge** (*leg.*) un giudice equanime; **a ~ price** (*market.*) un prezzo equo; **~ trade** (*market.*) commercio basato su una reciproca parità di trattamento; **~ trade practices** (*market.*) correttezza commerciale; **a ~ wage** (*pers.*) una paga giusta.

fair[2], *n.* (*market.*) fiera, mostra, mercato. △ **The Book ~ will be held in Frankfurt next October** la Fiera del Libro si terrà a Francoforte il prossimo ottobre.

fair[3], *v. t.* ricopiare (*un documento, ecc.*) in bella (copia), fare la bella copia di.

fairly, *avv.* equamente.

faith, *n.* fede. △ **The purchaser was in good ~** l'acquirente era in buona fede.

faithful, *a.* fedele, leale, devoto. // **the ~ copy of a document** la copia fedele d'un documento; **to be ~ to one's word** essere fedele alla parola data.

faithfully, *avv.* fedelmente, lealmente. // **~ Yours** (*nelle lettere*) Suo devotissimo.

faithfulness, *n.* fedeltà, lealtà.

fall[1], *n.* ❶ caduta, crollo. ❷ calo, abbassamento, ribasso. ❸ (*USA*) autunno. // **~ clause** (*leg.*) clausola di parità; **~ fashions** (*market.*) modelli autunnali (*d'abiti per l'autunno*); **a ~ in exports** (*comm. est.*) una diminuzione delle esportazioni; **a ~ in prices** (*market.*) un ribasso dei prezzi; **a ~ in quotations** (*fin.*) uno svilimento delle quotazioni.

fall[2], *v. i.* (*pass.* **fell**, *part. pass.* **fallen**) ❶ cadere, crollare. ❷ calare, abbassarsi, scendere. △ ❶ **Prices are going to ~** i prezzi cadranno; **Rubber shares are falling** le azioni della gomma stanno crollando. // **to ~ behind** essere in ritardo, restare indietro: **Community firms are falling further and further behind American firms in this sector** in questo settore, le imprese comunitarie stanno rimanendo sempre più indietro rispetto alle imprese americane; **to ~ down** (*market.*) (*di prezzi*) scendere, crollare; **to ~ due** scadere, giungere a scadenza, maturare: **Our bill falls due today** la nostra cambiale scade oggi; **These coupons ~ due on Sept. 15** queste cedole maturano il 15 settembre; **to ~ foul of** (*trasp. mar.*) investire (*una nave, ecc.*); **to ~ into abeyance** cadere in disuso; **to ~ off** (*market.*) (*di prezzi, ecc.*) scendere, diminuire, contrarsi; (*di qualità*) scadere, peggiorare: **The demand for consumer goods has fallen off considerably** la domanda di beni di consumo è scesa fortemente; **to ~ short of** essere insufficiente rispetto a, diventare insufficiente rispetto a (*qc.*): **Production fell short of demand in the first months** durante i primi mesi la produzione diventò insufficiente rispetto alla domanda; **to ~ within the competence of sb.** essere di competenza di q., competere a q.; «**as they ~ due**» (*cred.*) (*di cambiali*) in ordine di scadenza.

falling, *n.* caduta. // **~ of goods overboard** (*ass. mar.*) caduta in mare di merci; **~ -off** (*market.*) (*di prezzi, ecc.*) flessione: **In the Netherlands, there was a temporary ~ -off in the prices for calves** nei Paesi Bassi ci fu una flessione temporanea del prezzo dei vitelli; **~ -off in quality** (*market.*) calo di qualità; **a ~ trend** (*econ.*) una tendenza al ribasso.

falloff, *n.* ❶ (*econ., fin., market.*) declino (*di prezzi, ecc.*). ❷ (*market.*) diminuzione, contrazione. △ ❷ **After the ~ observed in 1974, trade in energy products recovered in 1975** dopo la contrazione intervenuta nel 1974, gli scambi di prodotti energetici hanno segnato una netta ripresa nel 1975. // **a ~ in exports** (*comm. est.*) una contrazione delle esportazioni.

false, *a.* ❶ falso, falsificato, contraffatto. ❷ errato, sbagliato. // **a ~ coin** una moneta falsa; **~ evidence** (*leg.*) prova falsa; **~ medium-term securities** (*Borsa, leg.*) buoni di «cassa» falsificati; **~ oath** (*leg.*) falso giuramento; **~ pretences** (*leg.*) dichiarazioni false, raggiri, millantato credito: **He was defrauded with ~ pretences** fu truffato con raggiri; **~ statement** (*leg.*) falsa dichiarazione; **a ~ verdict** (*leg.*) un verdetto errato.

falsehood, *n.* falsità; (il) falso; finzione.

falsification, *n.* falsificazione, contraffazione. // **~ of accounts** (*leg.*) falsificazione delle scritture contabili.

falsifier, *n.* (*leg.*) falsificatore, contraffattore, falsario.

falsify, *v. t.* (*leg.*) falsificare, falsare, contraffare. // **to ~ documents** (*leg.*) falsificare documenti; **to ~ the results** (*leg.*) falsificare i risultati; **to ~ a signature** (*leg.*) falsificare una firma.

fame, *n.* fama.

familiar, *a.* familiare.

family, *n.* famiglia. // **~ allowance** (*pers.*) assegni familiari; **~ budget** bilancio familiare; **~ fare** (*trasp.*) tariffa (ridotta) per famiglie; **~ income** (*econ.*) reddito familiare; **~ name** cognome; **~ planning** (*econ., stat.*) controllo delle nascite; **~ -run company** (*org. az.*) società a base familiare; **~ wage** (*econ.*) reddito familiare.

famine, *n.* carestia.

famous, *a.* famoso.

fancy, *n.* ❶ immaginazione. ❷ capriccio. *a. attr.* ❶ (di) fantasia, di vario colore. ❷ elaborato, elegante.

❸ d'affezione, esorbitante. ❹ (*market., USA*) di qualità superiore. // ~ **canned goods** (*market., USA*) cibi in scatola di qualità superiore; ~ **cloth** (*market.*) stoffa fantasia; ~ **goods** (*market.*) articoli vari; **a ~ price** (*market.*) un prezzo d'affezione; **a ~ shop** (*market.*) un negozio di lusso.

far, *avv.* lontano. // ~ **-away**, ~ **-off** lontano (*avv. e a.*).

fare, *n.* ❶ (*trasp.*) prezzo del biglietto, prezzo della corsa. ❷ (*trasp.*) tariffa. ❸ (*trasp.*) passeggero (*di mezzo pubblico*).

farm[1], *n.* ❶ fattoria, fondo rustico, podere, azienda agricola, tenuta. ❷ casa colonica. // ~ **accounts** (*rag.*) contabilità agricola; ~ **-house** fattoria (*l'edificio*); ~ **incomes** (*econ.*) redditi agricoli; ~ **labourer** (*pers.*) bracciante agricolo; ~ **lease** (*leg.*) contratto d'affitto di fondo rustico; ~ **price** (*econ.*) prezzo agricolo; ~ **-price support** (*econ.*) sostegno dei prezzi agricoli; ~ **products** prodotti agricoli; ~ **subsides** (*econ.*) sussidi all'agricoltura; ~ **surpluses** (*econ.*) surplus agricoli.

farm[2], *v. t.* ❶ coltivare. ❷ (*leg.*) appaltare, dare in appalto. *v. i.* fare l'agricoltore. // **to ~ out** (*leg.*) appaltare, dare in appalto (*un lavoro*); **to ~ a tax** (*leg.*) appaltare l'esazione d'un'imposta.

farmer, *n.* ❶ agricoltore, colono, coltivatore (*diretto o affittuario*). ❷ (*leg.*) appaltatore (*d'imposte*). // **farmers' union** consorzio agrario.

farmhand, *n.* (*pers.*) bracciante agricolo.

farming, *n.* agricoltura, coltivazione.

fashion, *n.* moda, voga. // ~ **designer** figurinista.

fast, *a.* ❶ veloce, rapido. ❷ fermo, solido. // **a ~ colour** (*market.*) una tinta solida, un colore indelebile, un colore resistente; **a ~ train** (*trasp. ferr.*) un (treno) diretto.

fate, *n.* fato, destino, sorte. // **the ~ of a bill** (*cred.*) l'esito d'una cambiale: **Please inform us as soon as possible about the ~ of our bill** favorite informarci al più presto se il nostro effetto ha avuto buon fine.

father, *n.* padre. // ~ **'s name** (*leg.*) paternità.

fathom, *n.* « fathom » (*misura di profondità marina equivalente a sei piedi*).

fatigue, *n.* fatica, stanchezza. // ~ **allowance** (*cronot.*) maggiorazione per fatica, coefficiente di riposo.

fault, *n.* ❶ colpa, difetto, manchevolezza. ❷ errore, sbaglio. ❸ (*elab. elettr.*) avaria, guasto, difetto. ❹ (*leg.*) torto. △ ❶ **Let's ask ourselves whose ~ it is if our articles are no longer as popular as they used to be** chiediamoci di chi è la colpa se i nostri articoli non sono più popolari come lo erano una volta; ❷ **As far as the handling of personnel is concerned your theory is full of faults** per quanto concerne il trattamento del personale la vostra teoria è piena d'errori. // ~ **finder** (*elab. elettr.*) localizzatore di guasti; ~ **localizing** (*elab. elettr.*) localizzazione dei guasti; ~ **location** (*elab. elettr.*) localizzazione dei guasti; **the ~ of a claim** (*leg.*) il torto d'una pretesa; ~ **tracer** (*elab. elettr.*) localizzatore di guasti; ~ **tracing** (*elab. elettr.*) localizzazione dei guasti; **with all faults** (*market.*) a rischio del compratore.

faulty, *a.* difettoso. // ~ **articles** (*market.*) articoli difettosi; ~ **stowage** (*trasp. mar.*) stivaggio difettoso.

favour[1], *n.* ❶ favore. ❷ (*comun.*) (*nella corrispondenza commerciale*) gradita lettera. △ ❶ **We'll draw a cheque in your ~** emetteremo un assegno a vostro favore; ❷ **Your ~ in yesterday's date has reached us** abbiamo ricevuto la vostra gradita lettera in data di ieri.

favour[2], *v. t.* favorire. △ **Would you ~ us with a reply within the end of the month?** vorreste favorirci una risposta entro la fine del mese?

favourable, *a.* favorevole. // **a ~ answer** una risposta favorevole; **a ~ balance of trade** (*econ.*) bilancia commerciale attiva; ~ **trend** (*econ.*) congiuntura favorevole, alta congiuntura.

favoured, *a.* favorito. // **most ~ nation clause** (*comm. est.*) clausola di nazione più favorita.

favourite, *a.* e *n.* favorito.

fear[1], *n.* paura, timore, téma. // ~ **of personal injury** (*leg.*) timore di danno grave.

fear[2], *v. t. e i.* temere, aver paura (di).

feasibility, *n.* l'essere fattibile, praticabilità. // ~ **study** (*org. az.*) calcolo di convenienza economica.

feasible, *a.* fattibile, attuabile, possibile, praticabile. // ~ **solution** (*mat.*) soluzione possibile.

featherbedding, *n.* (*sind.*) richiesta (*a un datore di lavoro*) di mantenere un tasso d'occupazione artificialmente alto.

feature[1], *n.* ❶ caratteristica. ❷ (*giorn.*) articolo importante, « pezzo » importante. // ~ **article** (*giorn.*) articolo sensazionale; ~ **film** (*pubbl.*) film a soggetto.

feature[2], *v. t.* (*giorn.*) mettere in evidenza (*una notizia, ecc.*), dare risalto a (*una notizia, ecc.*); dare risalto agli aspetti principali di (*qc.*). △ **All the papers this morning ~ the case** stamani tutti i giornali danno risalto a quel caso.

Federal, *a.* (*USA*) Federale. // ~ **property** (*amm.*) demanio; ~ **property office** (*amm.*) il demanio (*l'ufficio*).

fee[1], *n.* ❶ rimunerazione, compenso, emolumento, onorario. ❷ (*fin.*) tassa, diritto, quota. ❸ (*pubbl.*) compenso d'agenzia. // **fees and costs** (*leg.*) competenze e spese; ~ **bill** (*leg.*) lista delle spese (*sostenute per una causa legale*); tariffario degli onorari (*degli avvocati, ecc.*); ~ **farm** (*leg.*) terreno in enfiteusi; ~ **for clearance through customs** (*dog.*) tassa di sdoganamento; ~ **for registration** (*comun.*) tassa per (lettera) raccomandata; ~ **simple** (*leg.*) proprietà assoluta; ~ **tail** (*leg.*) possesso con limitazioni riguardo alla successione.

fee[2], *v. t.* pagare, rimunerare (*un professionista*). // **to ~ a lawyer** pagare un avvocato.

feed[1], *n.* ❶ mangime. ❷ (*elab. elettr.*) alimentazione, rifornimento. // ~ **holes** (*elab. elettr.*) fori d'alimentazione.

feed[2], *v. t.* (*pass. e part. pass.* **fed**) ❶ alimentare, cibare, nutrire. ❷ (*elab. elettr.*) alimentare, rifornire. // **to ~ through** (*elab. elettr.*) alimentare.

feedback, *n.* (*elab. elettr.*) « feedback », retroazione. // ~ **control** (*elab. elettr.*) servocomando di ritorno, regolazione di retroazione.

feeder, *n.* ❶ (*elab. elettr.*) alimentatore. ❷ (*trasp. ferr.*) raccordo. // ~ **line** (*trasp. ferr.*) binario di raccordo; ~ **lines** (*trasp.*) linee d'alimentazione.

feeding, *n.* ❶ alimentazione. ❷ (*elab. elettr.*) alimentazione, avanzamento. // ~ **mechanism** (*elab. elettr.*) meccanismo d'alimentazione.

feign, *v. t.* falsificare, contraffare. *v. i.* fingere. // **to ~ a document** (*leg.*) falsificare un documento.

fellow, *n.* ❶ individuo, tizio. ❷ compagno, collega. // ~ **clerk** (*pers.*) collega d'ufficio; ~ **heir** (*leg.*) coerede; ~ **subsidiary** (*fin.*) (società) consociata; ~ **worker** (*pers.*) compagno di lavoro.

felony, *n.* (*leg.*) delitto (grave).

female, *a.* femminile. // ~ **labour** (*pers.*) manodopera femminile; ~ **ward** (*leg.*) pupilla.

feoffee, *n.* (*leg.*) chi è investito d'una proprietà terriera.

feoffment, *n.* (*leg.*) investitura di proprietà terriera.

ferry[1], *n.* ❶ (*leg.*) diritto di traghetto. ❷ (*trasp. mar.*) traghetto, barca per traghetti. // ~ **bridge** (*trasp. mar.*) ponte galleggiante (*o* incernierato) per l'attracco dei traghetti, ponte trasportatore; ~ **port** (*trasp. mar.*) scalo traghetti, porto traghetti.

ferry[2], *v. t.* (*trasp. mar.*) traghettare.

ferryboat, *n.* (*trasp. mar.*) (nave) traghetto.

ferryman, *n.* (*pl.* **ferrymen**) (*trasp. mar.*) traghettatore.

fetch, *v. t.* (*market.*) raggiungere (*un prezzo*); essere venduto per. △ **Coppermills fetched** $ 11.62 le (azioni) Coppermill hanno spuntato 11,62 dollari. // to ~ **a price** (*market.*) spuntare un prezzo.

« **fiasco** », *n.* fiasco (*fig.*); fallimento.

fiat, *n.* ❶ approvazione. ❷ comando, decreto (*dell'autorità*). // ~ **money** (*fin.*) moneta a corso forzoso; ~ **paper money** (*fin.*) moneta a corso forzoso; ~ **standard** (*fin.*) tipo a corso forzoso.

fiber, *n.* (*USA*) fibra.

fibre, *n.* fibra.

fiction, *n.* (*giorn.*) narrativa.

fictitious, *a.* fittizio, falso, inventato. // ~ **act** (*leg.*) atto fittizio; ~ **assets** (*rag.*) attività fittizie; ~ **concern** (*rag.*) intestazione fittizia (*di conto, ecc.*); ~ **name** (*leg.*) nome fittizio, nome di comodo; ~ **payee** (*leg.*) beneficiario fittizio.

fidei-commissum, *n.* (*leg.*) fidecommesso.

fidejussion, *n.* (*leg.*) fideiussione.

fidejussor, *n.* (*leg.*) fideiussore.

fidelity, *n.* fedeltà, esattezza, precisione. // ~ **insurance** (*ass.*) assicurazione contro i danni provocati dalla disonestà dei dipendenti.

fiduciary, *a.* e *n.* fiduciario. // ~ **circulation** (*econ.*) corso fiduciario (*di carta moneta*); ~ **currency** (*econ.*) moneta che ha corso fiduciario; ~ **heir** (*leg.*) erede fiduciario; ~ **issue** (*econ.*) emissione fiduciaria (*di carta moneta*); ~ **loan** (*fin.*) prestito fiduciario; ~ **money** (*econ.*) denaro a corso fiduciario.

field, *n.* ❶ campo (*anche fig.*); settore. ❷ giacimento. △ ❶ **That lawyer is eminent in his** ~ quell'avvocato è celebre nel suo campo. // ~ **investigation** (*market.*) ricerca esterna; ~ **manager** (*market.*) ispettore di zona; ~ **research** (*market.*) ricerca esterna; ~ **salesman** (*market.*) commesso viaggiatore; ~ **staff** (*pers.*) impiegati esterni; ~ **supervisor** (*market.*) ispettore di zona; ~ **test** (*org. az.*) produzione sperimentale (*attuata allo scopo di verificare il funzionamento d'una catena di montaggio*); ~ **warehousing** (*fin., USA*) forma di finanziamento consistente nella cessione in garanzia delle merci depositate nel proprio magazzino. (*Queste ultime vengono commerciate sotto il controllo d'una persona di fiducia del finanziatore*).

fieldwork, *n.* (*market.*) raccolta di dati tramite interviste e sperimentazioni all'esterno dell'azienda.

fifty, *a.* e *n.* cinquanta.

fight, *v. t.* e *i.* (*pass.* e *part. pass.* **fought**) combattere, lottare.

figure[1], *n.* ❶ figura, immagine, aspetto. ❷ (*mat.*) cifra, numero. ❸ **figures**, *pl.* (*stat.*) dati. △ ❷ **We can afford it only up to a certain** ~ possiamo permettercelo fino a una certa cifra; ❸ **Our figures are aggregates** i nostri dati rappresentano valori globali.

figure[2], *v. t.* e *i.* ❶ figurare, raffigurare, adornare di disegni. ❷ (*mat., rag.*) far di conto, fare calcoli, calcolare. // to ~ **expenses** (*rag.*) calcolare le spese; to ~ **out** calcolare, risolvere col calcolo: **We're trying to** ~ **out the problem** stiamo cercando di risolvere il problema; to ~ **up** (*mat., rag.*) calcolare l'ammontare di; to ~ **up at** (*mat., rag.*) ammontare a: **Their bill figured up at 250 dollars** il loro conto ammontava a 250 dollari.

figurehead, *n.* (*leg.*) uomo di paglia, prestanome.

file[1], *n.* ❶ (*attr. uff.*) fascicolo, incartamento. ❷ (*attr. uff.*) raccolta, collezione (*di documenti, giornali, ecc.*). ❸ (*attr. uff.*) casellario, schedario, archivio, protocollo. ❹ (*elab. elettr.*) « file », archivio. △ ❶ **You will find it in the list annexed to the** ~ lo troverete nell'elenco allegato al fascicolo. // ~ **card** (*attr. uff.*) scheda, cartellino; ~ **clerk** (*pers.*) archivista; ~ **holder** (*attr. uff.*) raccoglitore; ~ **layout** (*elab. elettr.*) tracciato del « file »; ~ **maintenance** (*elab. elettr.*) aggiornamento del « file »; ~ **material** (*attr. uff.*) materiale d'archivio; a ~ **of newspapers** una collezione di giornali; **on** ~ (*di documento*) registrato, schedato.

file[2], *v. t.* ❶ schedare. ❷ archiviare, protocollare. ❸ (*leg.*) presentare, depositare (*un documento, ecc.*). ❹ (*leg.*) passare agli atti. △ ❸ **We have already filed our balance-sheet with the Court** abbiamo già depositato il bilancio in tribunale. // to ~ **the award** (*leg.*) depositare il lodo; to ~ **a bankruptcy petition** (*leg.*) presentare istanza di fallimento; to ~ **a claim** (*leg.*) presentare un reclamo; to ~ **a petition in bankruptcy** (*leg.*) chiedere il fallimento; to ~ **a suit against sb.** (*leg.*) far causa a q.

filibuster, *v. i.* fare ostruzionismo.

filing, *n.* ❶ schedatura. ❷ archiviazione. // ~ **cabinet** (*attr. uff.*) casellario, mobile a scomparti per schedario; ~ **clerk** (*pers.*) archivista, schedatore; ~ **cupboard** (*attr. uff.*) scaffale da archivio.

fill, *v. t.* ❶ riempire, colmare. ❷ occupare (*un posto, un impiego, ecc.*). △ ❷ **The vacancy in that firm has not yet been filled** il posto vacante in quella ditta non è ancora stato occupato. // to ~ **in** (*o* **up**, *o* **out**) riempire, completare, compilare; to ~ **in a form** compilare un modulo; to ~ **in one's name** scrivere il proprio nome in un modulo; to ~ **in the tax form** compilare il modulo per la dichiarazione dei redditi; « ~ **or kill** » (*Borsa*) « eseguire del tutto o cancellare »; to ~ **an order** eseguire (*o* evadere, dar corso a) un'ordinazione; to ~ **out a cheque** riempire un assegno; to ~ **out documents** completare documenti; to ~ **the tank** (*o* to ~ **up**) **with petrol** (*trasp. aut.*) fare il pieno; to ~ **up the blanks in a questionnaire** riempire gli spazi bianchi in un questionario; to ~ **a vacancy** (*pers.*) occupare un posto vacante.

filling, *n.* ❶ riempimento, ecc. (*V.* **fill**). ❷ (*market.*) esecuzione, evasione (*di un ordine*). // ~ **station** (*trasp. aut., USA*) distributore di benzina.

film[1], *n.* (*pubbl.*) pellicola, film. // **the** ~ **industry** (*econ.*) l'industria cinematografica; ~ **reel** (*pubbl.*) bobina di pellicola.

film[2], *v. t.* e *i.* (*pubbl.*) filmare, girare un film.

filmslide, *n.* (*pubbl.*) diapositiva.

filmstrip, *n.* (*pubbl.*) filmina.

final, *a.* finale, ultimo. *n.* (*giorn.*) ultima edizione (*d'un giornale*). // ~ **balance** (*rag.*) bilancio consuntivo; a ~ **decree** (*leg.*) un decreto irrevocabile; ~ **instalment** (*fin.*) (*di azioni*) versamento (*di decimi*) a liberazione; ~ **invoice** (*market.*) fattura definitiva; a ~ **judgment** (*leg.*) una sentenza definitiva; **the** ~ **offer** (*market.*) l'ultima parola; ~ **payment** (*fin.*) (*di azioni*) versamento (*di decimi*) a liberazione; ~ **product** (*org. az.*) prodotto finale; ~ **proof** (*pubbl.*) bozza di stampa, stampone; ~ **report** (*org. az.*) rapporto finale; ~ **statement of a case** (*leg.*) comparsa conclusionale, conclusionale; ~ **utility** (*econ.*) utilità marginale (*termine usato da Marshall e Jevons*).

finance[1], *n.* ❶ (*fin.*) finanza, finanze. ❷ (*fin.*) finanziamento. △ ❶ **They had to close for lack of finances** dovettero chiudere per mancanza di finanze; ❷ ~ **should be more available in order to encourage business expansion** si dovrebbe disporre di un maggiore finanziamento per incoraggiare l'espansione dei traffici. // ~ **bill** (*fin.*) cambiale usata come mezzo di finanziamento (*e non come strumento di pagamento*); (*fin., leg.*) progetto di legge finanziaria; ~ **capitalism** (*econ.*) capitalismo finanziario; ~ **company** (*fin.*) società di finanziamento; società specializzata nella concessione di piccoli mutui a privati; ~ **Corporation for Industry** (*fin.*) Istituto per i Finanziamenti all'Industria; ~ **house** (*fin., ingl.*) società finanziaria specializzata nel finanziamento delle vendite rateali; ~ **planning model** (*elab. elettr.*) modello di pianificazione finanziaria; ~**shares** (*fin.*) azioni finanziarie; ~ **stamp** (*fin.*) bollo sui titoli.

finance², *v. t.* finanziare. △ **The State should ~ those enterprises which can help the nation reach its economic recovery** lo Stato dovrebbe finanziare le imprese in grado di aiutare la nazione a conseguire la sua ripresa economica.

financial, *a.* (*fin.*) finanziario. △ **Owing to the credit squeeze they've been in ~ difficulties for several months now** a causa della stretta creditizia, sono da mesi in difficoltà finanziarie. // ~ **accounting** (*rag.*) contabilità finanziaria; ~ **advertising** (*pubbl.*) pubblicità finanziaria; ~ **aid** (*fin.*) assistenza finanziaria; ~ **analyst** (*fin.*) analista finanziario; ~ **backer** (*fin.*) finanziatore, sovventore; ~ **bill** (*fin., leg.*) progetto di legge finanziaria; ~ **charges** (*rag.*) oneri finanziari; **the ~ circles** (*fin.*) i circoli finanziari, gli ambienti finanziari: **The ~ circles are ill at ease after the news of the Government provisions** gli ambienti finanziari sono a disagio dopo le notizie riguardanti i provvedimenti del Governo; ~ **combination** (*fin.*) combinazione finanziaria; ~ **control** (*econ.*) controllo finanziario; ~ **credits** (*cred.*) crediti finanziari; **a ~ crisis** (*fin.*) una crisi finanziaria; ~ **department store** (*fin., USA*) supermercato finanziario; ~ **editor** (*giorn., USA*) redattore della rubrica finanziaria; «~ **engineers**» (*elab. elettr.*) « ingegneri finanziari »; ~ **establishments** (*fin.*) istituti finanziari; ~ **horoscope** (*elab. elettr.*) oroscopo finanziario: **Thanks to computers, a ~ horoscope now costs infinitely less than what it yields** grazie al computer un oroscopo finanziario costa ormai un'infinitesima parte di quanto rende; ~ **incentive** (*pers.*) incentivo monetario, incentivo diretto; ~ **know-how** (*fin.*) esperienza finanziaria; ~ **leasing** «leasing» finanziario; ~ **lira** (*econ., fin.*) lira finanziaria; ~ **market** (*fin.*) mercato finanziario; **the ~ opinion** (*fin.*) gli ambienti finanziari, i circoli finanziari; **the ~ policymakers** (*fin.*) i responsabili della politica finanziaria; ~ **ratios** (*fin.*) indici finanziari; ~ **relations** (*fin.*) relazioni finanziarie; ~ **report** (*fin.*) rapporto finanziario; ~ **resources** (*fin.*) mezzi finanziari, finanze; ~ **standing** (*banca, cred.*) posizione finanziaria; ~ **status** (*fin.*) situazione finanziaria; ~ **upheaval** (*fin.*) terremoto finanziario; **the ~ world** (*fin.*) il mondo finanziario, il mondo della finanza; ~ **year** (*fin.*) anno finanziario, esercizio finanziario, esercizio; **to be in ~ straits** essere in strettezze finanziarie.

financier, *n.* ❶ (*fin.*) finanziere. ❷ (*fin.*) finanziatore. ❸ (*fin.*) capitalista.

financing, *n.* (*fin.*) finanziamento. // ~ **by corporate saving** (*fin.*) autofinanziamento; ~ **of enterprises** (*fin.*) finanziamento d'impresa; ~ **of investments assisted by Government incentives** (*fin.*) finanziamento a tasso agevolato.

find, *v. t.* (*pass. e part. pass.* **found**) ❶ trovare, scoprire, reperire. ❷ (*leg.*) giudicare, dichiarare. ❸ (*leg.*) emettere (*un verdetto*). △ ❶ **We are trying to ~ credit facilities for our business needs** tentiamo di trovare facilitazioni di credito per i bisogni della nostra azienda. // **to ~ one's account in st.** trovare il proprio tornaconto in qc.; **to ~ a common level** livellarsi; **to ~ favour with sb.** incontrare il favore di q.: **We sincerely hope that our articles will ~ favour with your customers** speriamo sinceramente che i nostri articoli incontrino il favore della vostra clientela; **to ~ sb. guilty (not guilty)** (*leg.: della giuria*) dichiarare q. colpevole (innocente); **to ~ a job** trovare un lavoro, un impiego; impiegarsi; sistemarsi; **to ~ a job for sb.** trovare lavoro per q.; **to ~ money** (*cred., fin.*) reperire capitali; **to ~ a verdict** (*leg.*) emettere un verdetto: **They have found a verdict of not guilty** hanno emesso un verdetto d'innocenza; **to ~ work** *V.* **to ~ a job**.

finding, *n.* ❶ ritrovamento, scoperta, reperimento. ❷ (*leg.*) sentenza. ❸ (*leg.*) verdetto.

fine¹, *a.* ❶ bello, buono. ❷ fine. // ~ **bill** (*cred.*) cambiale scontabile al tasso minimo; ~ **paper** (*cred.*) effetto di buona firma; ~ **trade bill** (*cred.*) effetto di buona firma; ~ **trade paper** (*cred.*) carta commerciale di prim'ordine; ~ **tuning** (*econ., fin.*) perfetta sintonia; **the finest rate of discount** (*fin.*) il più basso tasso di sconto, il minimo tasso di sconto.

fine², *n.* (*leg.*) ammenda, contravvenzione, multa, pena pecuniaria.

fine³, *v. t.* ❶ (*leg.*) multare, fare la contravvenzione a (*q.*). ❷ (*trasp. aut.*) multare, fare la multa a (*q.*). // **to be fined** essere dichiarato in multa.

fineness, *n.* (*fin.*) percentuale di metallo puro (*in una lega*); titolo (*di monete*).

fingerprints, *n. pl.* (*leg.*) impronte digitali.

finish¹, *n.* finitura, rifinitura, completamento, ultimo tocco. // ~ **at the** ~ (*Borsa*) in chiusura: **There's been a sudden fall at the ~ caused by the unpleasant news about the peace talks** c'è stato un improvviso crollo in chiusura provocato dalle spiacevoli notizie sulle trattative per la pace.

finish², *v. t. e i.* ❶ finire, terminare; concludersi. ❷ completare, rifinire. // **to ~ the printing** (*giorn., pubbl.*) ultimare la stampa.

finished, *a.* ❶ finito, terminato. ❷ completato, rifinito. // ~ **goods** (*org. az.*) pezzi finiti; ~ **goods storehouse** (*org. az.*) magazzino pezzi finiti; ~ **product** (*org. az.*) prodotto finito.

finishing touch, *n.* tocco finale, finitura.

finite, *a.* (*mat.*) finito.

fire¹, *n.* ❶ fuoco. ❷ incendio. △ ❷ **The delay in delivering the goods was caused by a ~ which destroyed part of our warehouse** il ritardo nella consegna della merce è da imputarsi a un incendio ch'e ha distrutto parte del nostro magazzino. // ~ **department** (*ass., ingl.*) ufficio incendi (*in una compagnia d'assicurazioni*); ~ **insurance** (*ass.*) assicurazione contro l'incendio; ~ **insurance company** (*ass.*) società d'assicurazione contro gli incendi; ~ **insurance policy** (*ass.*) polizza d'assicurazione contro gli incendi; ~ **office** (*ass.*) ufficio di società d'assicurazione contro gli incendi; ~ **policy** (*ass.*) polizza d'assicurazione contro gli incendi; ~ **risk** (*ass.*) rischio d'incendio.

fire², *v. t.* ❶ dar fuoco a, incendiare. ❷ (*pers.*) licenziare. △ ❷ **He has been fired with eight days' notice** è stato licenziato con otto giorni di preavviso.

firm¹, *a.* ❶ fermo, saldo, sicuro. ❷ stabile. // **a ~ bargain** (*Borsa*) un contratto fermo; **a ~ currency** (*fin.*) una valuta forte: **A ~ currency has greater bargaining power in international trade** una valuta forte ha un maggior potere contrattuale negli scambi internazionali; **a ~ market** (*fin.*) un mercato sostenuto; **a ~ offer**

(*market.*) un'offerta stabile; **a ~ pound sterling** (*fin.*) una sterlina forte; **~ prices** (*market.*) prezzi stabili.

firm[2], *n.* ditta, azienda, casa commerciale, impresa; esercizio (commerciale). △ **Our ~ is well known abroad** la nostra ditta è assai nota all'estero. // **~ name** ragione sociale.

firm[3], *v. t.* consolidare, fermare, rassodare. *v. i.* consolidarsi, rassodarsi. // **to ~ up** consolidarsi, rassodarsi: **The market is slowly firming up** il mercato si va lentamente consolidando.

firmness, *n.* fermezza.

first, *a.* ❶ primo. ❷ primario, principale. △ ❶ **As this is not the ~ time we've done business with you, we do hope such misunderstandings will not happen again** siccome non è la prima volta che facciamo affari con voi, speriamo proprio che tali equivoci non accadano di nuovo. // **~ -born** primogenito; **~ call** (*fin.*) primo richiamo (*della somma parziale dovuta come versamento iniziale per l'assegnazione delle azioni*); **~ class** (*trasp.*) prima classe; *a. attr.* di prima classe, di prima qualità, eccellente, sopraffino; **~ -class carriage** (*trasp. ferr.*) vettura di prima classe; **a ~ class compartment** (*trasp. ferr.*) uno scompartimento di prima classe; **~ class paper** (*fin.*) effetto di buona firma; **~ -class passenger** (*trasp. ferr.*) viaggiatore di prima classe; **a ~ class ticket** (*trasp.*) un biglietto di prima classe; **~ come, ~ served** (*ric. op.*) servizio (*di coda*) secondo l'ordine di presentazione; **~ cost** (*rag.*) costo primo; **~ generation computer** (*elab. elettr.*) elaboratore della prima generazione; **~ -grade** (*market.*) di prima qualità, sopraffino; **~ half** (*fin.*) primo semestre (*d'anno finanziario*); **~ in, ~ out (FIFO)** (*rag.*) procedimento contabile per il calcolo dell'inventario consistente nel considerare la prima merce entrata in magazzino come la prima uscitane; **~ -line** di prima qualità, di maggior importanza; **~ -line supervisor** (*pers.*) capo intermedio; **~ meeting of creditors** (*leg.*) prima adunanza dei creditori; **~ mortgage** (*leg.*) ipoteca di primo grado; **~ -mortgage bonds** (*fin.*) cartelle ipotecarie di primo grado; **~ name** nome di battesimo; **~ of exchange** (*fin.*) prima di cambio, prima copia di cambiale; **~ quarter** (*fin.*) primo trimestre (*d'anno finanziario*): **The ~ -quarter earnings were higher than those of the same period last year** i profitti del primo trimestre sono stati maggiori di quelli del corrispondente periodo nell'esercizio precedente; **~ -rate** di prima qualità, di prim'ordine; **a ~ -rate article** (*market.*) un articolo di prima qualità; **~ shift** (*pers.*) turno di giorno.

fisc, *n.* (*fin.*) (*storico: dei Romani*) fisco, erario pubblico.

fiscal, *a.* (*fin.*) fiscale, erariale, tributario. // **the ~ cases** (*leg.*) il contenzioso tributario; **~ charges** (*fin.*) oneri fiscali; **~ deductions** (*fin.*) detrazioni fiscali; **~ drag** (*fin.*) salasso fiscale, onere tributario; **~ duties** (*dog.*) dazi fiscali; **~ monopoly** (*fin.*) monopolio fiscale; **~ policy** (*fin.*) politica fiscale; **~ reform** (*fin.*) riforma tributaria; **~ year** (*fin.*) anno finanziario, esercizio finanziario, periodo d'imposta.

fiscality, *n.* fiscalismo.

fisherman, *n.* (*pl.* **fishermen**) ❶ pescatore. ❷ (*trasp. mar.*) peschereccio.

fishing, *a.* peschereccio. *n.* pésca, il pescare. // **~ -boat** (*trasp. mar.*) peschereccio; **~ -vessel** (*trasp. mar.*) peschereccio.

fit[1], *a.* adatto, appropriato, idoneo. △ **There are not many people who would be ~ for that position** non ci sono molte persone che sarebbero idonee per quel posto.

fit[2], *v. t.* adattare, preparare, rendere idoneo a. △ **As you have got the job you must ~ yourself for your new duties** poiché hai ottenuto il posto, ti devi preparare alle tue nuove mansioni. // **to ~ out** attrezzare; **to ~ out a ship** (*trasp. mar.*) armare una nave, allestire una nave, equipaggiare una nave.

fitness, *n.* idoneità.

fitting, *n.* ❶ preparazione. ❷ montaggio. ❸ **fittings**, *pl.* apparecchiature, impianti. ❹ **fittings**, *pl.* infissi. // **fittings and fixtures** (*rag.*) apparecchiature e impianti; **~ department** (*org. az.*) reparto montaggio; **~ -out** (*trasp. mar.*) armamento, allestimento, equipaggiamento (*d'una nave*).

five, *num.* cinque. // **~ -and-dime** (*market., USA*) *V.* **~ -and-ten**; **~ -and-ten** (*market., USA*) grandi magazzini che vendono solo articoli al prezzo di cinque o dieci dollari; **~ -day week** (*pers., sind.*) settimana (lavorativa) di cinque giorni, settimana « corta »; **~ -for-sixer** (*slang USA*) prestatore di denaro; **~ sheets of paper** (*attr. uff.*) quinterno; **~ -spot** (*slang USA*) banconota da cinque dollari; **~ -year plan** (*econ.*) piano quinquennale.

fiver, *n.* (*slang USA*) banconota da cinque dollari.

fix, *v. t.* ❶ fissare, stabilire. ❷ (*fam., USA*) saldare i conti con (*q.*). △ ❶ **The secretary has fixed an appointment with Mr Brown** la segretaria ha fissato un appuntamento con Mr Brown. // **to ~ the amount of damages to be allowed** (*ass.*) fissare l'ammontare dei danni da pagare; **to ~ a ceiling price for st.** (*econ.*) calmierare qc.; **to ~ a date** fissare una data; **to ~ prices** (*market.*) fissare i prezzi; **to ~ a quota for st.** (*econ.*) contingentare qc.

fixed, *a.* fisso. // **~ allowance** (*econ.*) razione; **~ assets** (*rag.*) attività fisse, capitali fissi, immobilizzazioni tecniche, immobilizzi, immobili, immobili e impianti; **~ capital** (*rag.*) capitale fisso; **~ charges** (*rag.*) spese fisse; **~ costs** (*rag.*) costi fissi, spese generali; **~ date** (*leg.*) data certa; **~ debenture** (*fin.*) obbligazione garantita da ipoteca su un immobile specifico; **~ deposit** (*banca*) deposito vincolato a scadenza determinata; **~ deposit account** (*banca*) conto vincolato a scadenza determinata; **~ depreciation** (*rag.*) ammortamento fisso; **~ exchange** (*fin.*) cambio fisso, cambio certo per l'incerto; **~ exchange-rate system** (*fin.*) sistema del corso dei cambi fisso; **~ idea** fissazione; **~ income** (*rag.*) reddito fisso; **~ -income securities** (*banca*) titoli a reddito fisso; **~ interest** (*fin.*) reddito fisso; **~ -interest market** (*fin.*) mercato del reddito fisso; **~ -interest securities** (*fin.*) titoli a reddito fisso; **~ liabilities** (*rag.*) debiti a lunga scadenza; **~ number** (*mat.*) numero fisso; **~ parity** (*fin.*) parità fissa; **~ plants** (*org. az.*) impianti fissi; **~ -point computation** (*elab. elettr.*) operazione a virgola fissa; **~ -point representation** (*elab. elettr.*) rappresentazione in virgola fissa; **~ prices** (*market., rag.*) prezzi fissi; **~ property** (*econ.*) beni immobili; **~ shift** (*pers.*) turno fisso; **~ trust** (*fin.*) fondo di investimento a capitale fisso; **at a ~ date** (*banca, cred.*) a data fissa.

fixing, *n.* ❶ fissazione. ❷ (*Borsa dei metalli*) fissaggio. // **~ of boundaries** (*leg.*) regolamento di confini; **the ~ of the new parities** (*fin.*) la fissazione delle nuove parità; **the ~ of prices** (*econ.*) la fissazione dei prezzi.

fixtures, *n. pl.* infissi. // **~ and fittings** (*rag.*) impianti fissi, immobili e impianti.

flag, *n.* bandiera. // **~ carrier** (*trasp. aer., trasp. mar.*) compagnia di bandiera, linea di bandiera; **~ clause** (*trasp. mar.*) clausola della bandiera; **~ discrimination** (*trasp. mar.*) discriminazione di bandiera, privilegio della bandiera; **~ of convenience** (*trasp. mar.*) bandiera di convenienza, bandiera di comodo; **~ surtax** (*trasp. mar.*) soprattassa di bandiera.

flagrancy, *n.* (*leg.*) flagranza.

flagrant, *a.* (*leg.*) flagrante.
flash, *n.* ❶ bagliore, lampo. ❷ sprazzo. ❸ (*giorn.*) notizia-lampo (*trasmessa per radio o per telegrafo*). *a. attr.* ❶ abbagliante, vistoso. ❷ falso. // ~ **check** (*banca, USA*) assegno senza copertura, assegno « cabriolet »; ~ **money** moneta falsa; ~ **notes** banconote false.
flask, *n.* fiasco.
flat, *a.* ❶ piano, piatto. ❷ fisso, rigido. ❸ uguale. ❹ netto, reciso. ❺ (*market.*) (*di prezzo, mercato*) inattivo, rigido. *n.* ❶ appartamento. ❷ (*Borsa*) « tel quel », tale quale. ❸ (*trasp. ferr., USA*) carro merci senza sponde, pianale. △ *a.* ❷ **Prices have been ~ for several days** i prezzi sono rigidi da diversi giorni. // ~ **advertising rate** (*pubbl.*) tariffa pubblicitaria fissa (*cioè, indipendente dallo spazio occupato*); ~ **cost** (*rag.*) costo di produzione; ~ **gravure** (*pubbl.*) rotocalco piano; ~ **organization structure** (*org. az.*) struttura organizzativa orizzontale; ~ **rate** (*fin.*) reddito effettivo; (*market.*) prezzo a forfait; (*trasp.*) tariffa fissa (*cioè, indipendente dalla distanza percorsa*); **a ~ rate** un importo fisso: **They used to pay a ~ rate for gas and electricity** erano soliti pagare un importo fisso per il gas e l'energia elettrica; ~ **-rate taxation of imports** (*fin.*) tassazione forfettaria delle importazioni; **a ~ refusal** un secco rifiuto; ~ **truck** V. ~ *n., def. 3.*
flatbed, *n.* (*pubbl.*) macchina da stampa piana.
flatcar, *n.* (*trasp. ferr., USA*) carro merci senza sponde, pianale.
flation, *n.* (*econ.*) stabilità dei prezzi.
flatten, *v. t.* ❶ appiattire. ❷ abbattere. ❸ rallentare. *v. i.* ❶ appiattirsi. ❷ abbattersi. ❸ rallentarsi. // **to ~ out** appiattire, appiattirsi, rallentare: **The increase in tax revenue flattened out appreciably during the second half of the year** il ritmo d'aumento del gettito fiscale è nettamente rallentato nel secondo semestre.
flattening, *n.* (*anche di prezzi, salari, ecc.*) appiattimento.
flaw, *n.* ❶ difetto, guasto. ❷ errore. ❸ (*leg.*) vizio. // ~ **chart** (*org. az.*) schema di flusso che evidenzia i difetti riscontrati nella successione delle operazioni.
flection, *n.* flessione (*in senso proprio*).
fleet, *n.* ❶ (*org. az.*) gruppo (*d'autobus, autocarri, ecc. della stessa azienda*). ❷ (*trasp. mar.*) flotta, naviglio.
flexibility, *n.* (*anche fig.*) flessibilità.
flexible, *a.* flessibile, elastico. △ **The fairly ~ policy pursued in France and in Italy could be continued** in Francia e in Italia, la politica attuale potrebbe continuare a restare relativamente elastica. // ~ **budget** (*org. az.*) budget variabile, bilancio preventivo variabile; ~ **exchange rate** (*fin.*) cambio a corso libero; **a ~ income-tax structure** (*fin.*) un sistema flessibile d'imposte sul reddito; ~ **planning** (*org. az.*) pianificazione scorrevole; ~ **tariff** (*trasp.*) tariffa flessibile.
flexion, *n.* flessione (*in senso proprio*).
flight, *n.* ❶ fuga. ❷ (*trasp. aer.*) volo, viaggio aereo. △ ❶ **The ~ of the dollar is over** la fuga del dollaro è terminata. // ~ **of capital** (*econ.*) fuga di capitali all'estero.
flimsy, *n.* (*attr. uff.*) (*carta*) velina.
float[1], *n.* (*econ., fin.*) fluttuazione (*d'una moneta*).
float[2], *v. i.* ❶ fluttuare, oscillare, variare. ❷ (*econ., fin.*) (*di moneta*) fluttuare. ❸ (*trasp. mar.*) galleggiare. *v. t.* ❶ (*comm.*) lanciare, promuovere. ❷ (*econ., fin.*) far fluttuare (*una moneta*). ❸ (*trasp. mar.*) far galleggiare. △ *v. t.* ❶ **They have floated a new business company** hanno lanciato una nuova impresa commerciale. // **to ~ bonds** (*fin.*) emettere obbligazioni; **to ~ exchange rate** (*econ., fin.*) far fluttuare il tasso di cambio; **to ~ a loan** (*cred.*) lanciare un prestito; **to ~ the yen** (*econ.*) permettere la fluttuazione dello yen; **floating rate loan** (*cred.*) prestito a saggio d'interesse fluttuante.
floatation, *n.* ❶ (*comm.*) lancio (*d'un'impresa o società commerciale*). ❷ (*trasp. mar.*) galleggiamento.
floater, *n.* ❶ (*comm.*) promotore (*d'una società commerciale*). ❷ (*fin.*) buono del Tesoro.
floating, *a.* ❶ fluttuante, oscillante, variabile. ❷ (*econ., fin.*) (*di moneta*) fluttuante. ❸ (*trasp. mar.*) galleggiante. // ~ **assets** (*rag.*) attività variabili, capitale circolante; ~ **balance** (*fin.*) saldo attivo fluttuante; ~ **capital** (*rag.*) capitale circolante; ~ **charge** (*fin.*) pagamento agli obbligazionisti d'una società; ~ **currency** (*econ.*) moneta oscillante: **There's been a long period of ~ currencies** c'è stato un periodo prolungato d'oscillazione delle monete; ~ **debt** (*fin.*) debito fluttuante; ~ **devaluation** (*econ.*) svalutazione fluttuante; ~ **dock** (*trasp. mar.*) bacino galleggiante; ~ **exchange rate** (*fin.*) cambio fluttuante; ~ **fire policy** (*ass.*) polizza flottante contro l'incendio; ~ **point** (*elab. elettr.*) virgola mobile; ~ **-point representation** (*elab. elettr.*) rappresentazione in virgola mobile; ~ **policy** (*ass. mar.*) polizza aperta, polizza flottante, polizza valida per nave non nominata ma per rotta specificata; ~ **population** (*stat.*) popolazione fluttuante; ~ **print** (*elab. elettr.*) virgola mobile; ~ **rate** (*fin.*) cambio fluttuante, cambio a corso libero; ~ **-rate** (*fin.*) (*di titolo*) indicizzato; ~ **-rate bond** (*fin.*) obbligazione indicizzata; ~ **supply** (*fin.*) numero d'azioni (*d'una società*) in circolazione sul mercato.
floating of a loan, *locuz. n.* (*fin.*) emissione d'un prestito.
flood[1], *n.* inondazione, allagamento.
flood[2], *v. t.* inondare, allagare, sommergere. △ **They are flooding the Country with ads** stanno sommergendo il Paese di pubblicità.
flooded, *a.* inondato, allagato, sommerso.
floor, *n.* ❶ pavimento. ❷ fondamento, base. ❸ (*Borsa*) sala (delle) contrattazioni, recinto alle grida, « corbeille », « parquet ». ❹ (*econ., fin.*) fondo (*del tunnel monetario*). ❺ (*fin., market.*) livello minimo (*di prezzi, quotazioni, ecc.*), quotazione minima, prezzo minimo, il minimo. // ~ **boy** (*pers.*) fattorino; ~ **broker** (*Borsa*) agente (di cambio) di sala; ~ **price** (*fin., market.*) prezzo minimo: **They are tending towards the abolition of ~ prices for Japanese exports** si tende all'abolizione dei prezzi minimi per le esportazioni giapponesi; ~ **trader** (*Borsa*) membro che agisce in proprio sul « floor »; ~ **-walker** (*pers.*) V. **floorwalker.**
floorwalker, *n.* (*pers.*) ispettore di reparto (*di grande magazzino*).
flop, *n.* (*fam.*) insuccesso.
flotsam, *n.* (*trasp. mar.*) rottami galleggianti.
flourish, *v. i.* fiorire, prosperare.
flourishing, *a.* fiorente, florido, prospero.
flow[1], *n.* ❶ flusso. ❷ (*elab. elettr.*) flusso. ❸ (*fin.*) afflusso. ❹ (*trasp. mar.*) flusso (*di marea*); portata (*di fiume*). △ ❸ **The ~ of capital towards the Land of the Rising Sun was continuous and conspicuous** l'afflusso di capitali verso l'Impero del Sol Levante era continuo e cospicuo. // ~ **chart** (*elab. elettr.*) organigramma, flussoschema, schema di flusso, schema logico, schema a blocchi, diagramma del ciclo di lavorazione; ~ **diagram** (*org. az.*) diagramma del ciclo di lavorazione; ~ **of funds** (*econ.*) flusso finanziario; ~ **of materials** (*org. az.*) flusso di materiali; **the ~ of tourists** (*tur.*) il movimento turistico; **the ~ of trade** (*comm. est.*) le correnti di scambio;

~ **process** (*org. az.*) dinamica del lavoro; ~ **process chart** (*cronot.*) grafico per la rilevazione della dinamica del lavoro, schema di lavorazione; ~ **sheet** (*elab. elettr.*) V. ~ **chart**.

flow², *v. i.* fluire, scorrere. // to ~ **in** affluire: **Money is continuously flowing in** il denaro affluisce continuamente.

fluctuant, *a.* fluttuante, ondeggiante, oscillante. // a ~ **exchange rate** (*fin.*) un corso dei cambi fluttuante.

fluctuate, *v. i.* fluttuare, ondeggiare, oscillare. △ **Wholesale prices fluctuated somewhat in the days immediately following the entry into force of the common organization of the market** i prezzi all'ingrosso hanno oscillato alquanto durante i giorni successivi all'entrata in vigore dell'organizzazione comune dei mercati.

fluctuating, *a.* fluttuante, ondeggiante, oscillante. // ~ **overdraft** (*banca*) « scoperto » di conto, assistito da « fido »; « castelletto »; ~ **prices** (*market.*) prezzi oscillanti; ~ **values** (*Borsa*) corsi oscillanti.

fluctuation, *n.* fluttuazione, ondeggiamento, oscillazione. △ **There have been remarkable fluctuations in food prices** si sono avute notevoli fluttuazioni nei prezzi dei generi alimentari. // ~ **bands of currencies** (*fin.*) margini di fluttuazione delle monete; **fluctuations in exchange rates** (*comm. est., fin.*) variazioni dei cambi, oscillazioni di cambio; **fluctuations of exchange** (*fin.*) oscillazioni di cambio; ~ **of the tide** (*trasp. mar.*) movimento di flusso e riflusso della marea.

fluid, *a.* (*anche fig.*) fluido.

fluidity, *n.* fluidità, fluidezza (*raro*). // ~ **of labour** (*econ.*) mobilità del lavoro.

fluvial, *a.* (*trasp.*) fluviale.

fly¹, *n.* ❶ volo. ❷ distanza percorsa a volo. // ~ **sheet** (*pubbl.*) foglio volante, volantino.

fly², *v. i.* (*pass.* **flew,** *part. pass.* **flown**) ❶ volare. ❷ (*trasp. aer.*) andare in aeroplano; pilotare. *v. t.* ❶ far volare. ❷ (*trasp. mar.*) agitare, sventolare, battere (*una bandiera*). △ *v. t.* ❷ **The ship flies the British flag** la nave sventola la bandiera britannica. // **to ~ high** (*trasp. aer.*) volare alto; **to ~ a kite** (*cred.*) prendere denaro a prestito con cambiali di comodo; emettere un assegno scoperto; **to ~ low** (*trasp. aer.*) volare a bassa quota.

flyback, *n.* (*cronot.*) azzeramento (*d'un cronometro*). // ~ **stopwatch** (*cronot.*) cronometro a lettura volante.

fold, *v. t.* piegare, ripiegare.

folder, *v. t.* ❶ (*attr. uff.*) cartella (*di cartone: per tenervi fogli*); carpetta. ❷ (*pubbl.*) opuscolo pieghevole, pieghevole, dépliant.

folding, *a.* pieghevole. // ~ **money** (*USA*) grossa somma di denaro.

foliate, *v. t.* V. **folio**².

foliation, *n.* ❶ enumerazione dei fogli (*d'un libro, ecc.*). ❷ (*leg.*) enumerazione progressiva dei fogli (*d'una* « *comparsa* », *ecc.*).

folio¹, *n.* ❶ (*giorn., pubbl.*) foglio. ❷ (*giorn., pubbl.*) volume « in folio ». ❸ (*pubbl.*) numero (*di pagina*). ❹ (*rag.*) foglio intero, pagina intera (*di libro mastro*). *a. attr.* (*giorn., pubbl.*) « in folio ».

folio², *v. t.* ❶ numerare i fogli di (*un libro, ecc.*). ❷ (*leg.*) numerare progressivamente i fogli di (*una* « *comparsa* », *ecc.*). // **to ~ a statement of case** (*leg.*) numerare progressivamente i fogli d'una « comparsa ».

follow¹, *n.* il seguire. // ~ **-up** seguito (*d'un'azione, ecc.*); (*comun.*) lettera di sollecitazione, sollecito, sollecitatoria; (*pers.*) aggiornamento, periodo d'addestramento; *a. attr.* successivo; ~ **-up instructions** istruzioni successive.

follow², *v. t.* ❶ seguire. ❷ conformarsi a. △ ❷ **It won't be easy to ~ the new directions** non sarà facile conformarsi alle nuove direttive. // **to ~ a certain policy** seguire una determinata politica; **to ~ a course** (*trasp. mar.*) seguire una rotta; **to ~ up** seguire, perseguire; **as follows** come segue.

following, *a.* seguente, successivo. *prep.* in seguito a, successivamente a, dopo. △ *a.* **Let us have the ~ articles as soon as possible** fateci avere i seguenti articoli al più presto; *prep.* ~ **the meeting we were able to exchange views** dopo la riunione potemmo avere uno scambio d'opinioni. // ~ **settlement** (*Borsa*) liquidazione successiva.

font, *n.* (*pubbl.*) serie completa di caratteri pubblicitari.

food, *n.* ❶ alimento, cibo. ❷ (*econ., stat.*) alimentazione (*nei grafici, nelle tabelle, ecc.*). ❸ (*tur.*) vitto, trattamento. // ~ **aid** (*econ.*) aiuti alimentari; ~ **and beverage industries** (*econ.*) industrie alimentari e per la fabbricazione delle bevande; ~ **controller** (*amm.*) controllore annonario (*o degli approvvigionamenti*); ~ **for human consumption** (*econ.*) prodotti destinati all'alimentazione umana; ~ **industry** (*econ.*) industria alimentare; ~ **legislation** (*leg.*) legislazione sui prodotti alimentari; ~ **prices** (*econ.*) prezzi dei prodotti alimentari: **There is no denying that ~ prices have a remarkable effect on the cost of living** è innegabile che i prezzi dei prodotti alimentari abbiano notevoli ripercussioni sul costo della vita; ~ **products** (*econ.*) prodotti alimentari.

foodstuffs, *n. pl.* (*econ.*) prodotti alimentari, generi alimentari, derrate alimentari, cibarie.

foolscap, *n.* (*attr. uff.*) carta protocollo.

foot¹, *n.* (*pl.* **feet**) ❶ piede. ❷ piede (*misura di lunghezza pari a cm 30,48*). // ~ **page** (*pers.*) fattorino; **at ~** in calce.

foot², *v. t.* fare il « piede » a (*una calza, un calzino ecc.*). // **to ~ the bill** pagare il conto; **to ~ up an account** fare la somma (delle varie voci) d'un conto; **to ~ up to** ammontare a: **The various articles ~ up to 100 dollars** i vari articoli ammontano a 100 dollari.

footage, *n.* lunghezza in « piedi ».

footboy, *n.* (*pers.*) fattorino.

footing, *n.* ❶ punto d'appoggio, appiglio. ❷ posizione (*fig.*). ❸ relazione, rapporto. ❹ (l') addizione, (il) totale che risulta da un'addizione. △ ❷ **The firm must be put on a firm ~** l'azienda dev'essere posta su basi solide. // ~ **-up** (l')addizione, (il) totale che risulta da un'addizione; **to be on a friendly ~ with sb.** essere in rapporti d'amicizia con q.

footnote, *n.* nota a piè di pagina, nota in calce.

for, *prep.* per. // ~ **the account** (*Borsa*) a termine; ~ **and on behalf of sb.** a nome e per conto di q.; « ~ **deposit only** » **cheque** (*banca*) assegno sbarrato; ~ **hire** a nolo, a noleggio; ~ **money** (*fin.*) per contanti; ~ **sale** (*market.*) in vendita; ~ **want of funds** per mancanza di fondi.

forbid, *v. t.* (*pass.* **forbade,** *part. pass.* **forbidden**) proibire, vietare.

forbiddance, *n.* proibizione, divieto.

forbidden, *a.* proibito, vietato.

force¹, *n.* ❶ forza. ❷ vigore, validità. // ~ **majeure** (*leg.*) forza maggiore; **in ~** (*leg.*) in vigore; vigente (*a. pred.*): **That law is no longer in ~** quella legge non è più in vigore; **into ~** (*leg.*) in vigore: **A new law has been put into ~** è stata promulgata una nuova legge.

force², *v. t.* forzare, costringere, obbligare. △ **We were forced to resort to legal proceedings** (*leg.*) fummo costretti ad adire le vie legali. // to ~ **the bidding** far salire le offerte (*a un'asta*); to ~ **down** (*market.*) far calare (*prezzi, quotazioni, ecc.*); to ~ **down the cost of credit** (*fin.*) ridurre il costo del denaro; to ~ **open** (*leg.*) forzare, aprire con la forza; to ~ **sales** (*market.*) spingere le vendite; to ~ **up** (*market.*) far salire, far aumentare, far crescere (*prezzi, quotazioni, ecc.*).

forced, *a.* ❶ forzato, costretto, obbligato. ❷ forzoso. // ~ **circulation** (*fin.*) corso forzoso; ~ **currency paper** (*fin.*) banconote a corso forzoso; ~ **heir** (*leg.*) erede necessario; legittimario; ~ **landing** (*trasp. aer.*) atterraggio forzato; ~ **loan** (*fin.*) prestito forzoso; ~ **sale** (*leg.*) vendita coatta; ~ **saving** (*econ.*) risparmio forzato.

forcibly, *avv.* a (viva) forza.

forcing, *n.* (*market.*) spinta (*delle vendite*). // ~ **methods** (*market.*) metodi di spinta (*delle vendite*).

fore bridge, *n.* (*trasp. mar.*) ponte di comando.

forecast¹, *n.* previsione, predizione, pronostico. // **forecasts covering several years** previsioni pluriennali.

forecast², *v. t.* (*pass. e part. pass.* **forecast** *o reg.*) prevedere, predire, pronosticare.

foreclose, *v. t.* ❶ precludere, escludere. ❷ (*leg.*) privare (q.) del diritto di cancellare un'ipoteca.

foreclosure, *n.* ❶ preclusione, esclusione. ❷ (*leg.*) privazione del diritto di cancellare un'ipoteca. ❸ (*leg.*) vendita giudiziaria.

foredate, *v. t.* antedatare, assegnare a (*una lettera, un documento, ecc.*) una data anteriore alla vera.

foreign, *a.* ❶ (*ingl., USA*) straniero, estero. ❷ (*USA*) relativo a un altro Stato dell'Unione. // ~ **adjustment** (*ass. mar.*) liquidazione (d'avaria) all'estero; ~ **affairs** (*econ., fin.*) affari esteri; ~ **aids** (*econ.*) aiuti ai Paesi esteri; ~ **bill** (*cred.*) cambiale estera; ~ **bills** (*banca*) portafoglio estero; ~ **borrowings** (*banca, fin.*) provvista in valuta estera; ~ **company** (*fin.*) società estera; ~ **corporation** (*fin., USA*) società estera; ~ **correspondent** (*comm. est.*) corrispondente all'estero; (*pers.*) corrispondente estero, corrispondente in lingue estere; ~ **currency** (*fin.*) divisa estera, valuta estera; ~ **-currency account** (*rag.*) conto in valuta estera; ~ **demand** (*econ.*) domanda estera; ~ **exchange** (*fin.*) cambio estero; ~ **-exchange broker** (*fin.*) cambiavalute; ~ **-exchange control** (*econ.*) controllo del movimento della valuta estera; ~ **-exchange market** (*fin.*) mercato delle valute; ~ **-exchange positions** (*fin.*) posizioni valutarie; ~ **-exchange rate** (*fin.*) corso dei cambi; **a** ~ **finance group** (*econ.*) un gruppo finanziario estero; ~ **investments** (*econ.*) investimenti esteri; ~ **jurisdiction** (*leg.*) giurisdizione straniera; ~ **languages correspondent** (*pers.*) corrispondente estero, corrispondente in lingue estere; ~ **letter-paper** (*attr. uff.*) carta da lettere per l'estero; ~ **manpower** (*pers.*) manodopera straniera, manodopera non nazionale: ~ **manpower is in great demand in Germany** c'è una forte richiesta di manodopera straniera in Germania; ~ **markets** (*comm. est.*) i mercati esteri; ~ **money order** (*banca, cred.*) vaglia per l'estero; **the** ~ **Office** (*ingl.*) il Ministero degli Esteri; **the** ~ **press** (*giorn.*) la stampa estera; ~ **relations** (*econ.*) relazioni internazionali; ~ **Secretary** (*ingl.*) Ministro degli Esteri; ~ **securities** (*fin.*) titoli esteri; ~ **services editor** (*giorn.*) inviato speciale; ~ **stocks** (*fin.*) titoli esteri; ~ **trade** (*comm. est.*) commercio estero, commercio con l'estero: ~ **trade is being encouraged in all possible ways** si sta incoraggiando in tutti i modi il commercio con l'estero; ~ **-trade zone** (*dog., trasp., USA*) punto franco; ~ **trader** (*comm. est.*) commerciante straniero; ~ **trader's identity card** (*comm. est.*) tessera di commerciante straniero.

forelady, *n.* V. **forewoman**, *def.* 2 e 3.

foreman, *n.* (*pl.* **foremen**) ❶ (*giorn., pubbl.*) proto. ❷ (*leg.*) capo della giuria, primo giurato. ❸ (*pers.*) capo intermedio. ❹ (*pers.*) caposquadra, capo (*d'operai*).

forensic, *a.* (*leg.*) forense. // ~ **medicine** (*leg.*) medicina legale.

foresail, *n.* (*trasp. mar.*) vela di trinchetto.

foresee, *v. t.* (*pass.* **foresaw,** *part. pass.* **foreseen**) prevedere.

foresight, *n.* previsione.

forestall, *v. t.* ❶ prevenire, precedere. ❷ (*market.*) accaparrare (*merci, ecc.*). // to ~ **competitors** (*market.*) prevenire i concorrenti.

forestaller, *n.* (*market.*) accaparratore (*di merci, ecc.*); bagarino.

forestallment, *n.* (*market.*) accaparramento (*di merci, ecc.*).

forestry, *n.* (*econ.*) silvicoltura.

forewoman, *n.* (*pl.* **forewomen**) ❶ (*leg.*) capo d'una giuria femminile, prima giurata. ❷ (*pers.*) maestra (*di lavoro*). ❸ (*pers.*) prima lavorante, prima operaia.

forfaitement, *n.* (*comm. est., cred.*) forfettaggio (*tecnica di credito all'esportazione*).

forfeit¹, *n.* ❶ (*leg.*) ammenda, multa, penalità. ❷ (*leg.*) cosa confiscata.

forfeit², *v. t.* ❶ (*leg.*) essere privato di (*qc., per confisca*), perdere (*un diritto*) per confisca. ❷ (*leg.*) perdere (*un diritto*) per inadempimento, perdere (*un diritto*) per violazione d'una norma. // to ~ **one's bail** (*leg.*) non comparire al processo (*dopo aver ottenuto la libertà provvisoria su cauzione*).

forfeiture, *n.* ❶ (*leg.*) penalità, penale. ❷ (*leg.*) confisca. ❸ (*leg.*) perdita (*d'un diritto*) per confisca. ❹ (*leg.*) perdita (*d'un diritto*) per inadempimento, perdita (*d'un diritto*) per violazione d'una norma. // **the** ~ **of one's property** (*leg.*) la perdita dei propri averi; **the** ~ **of a right** (*leg.*) la decadenza da un diritto.

forge, *v. t.* (*leg.*) falsare, falsificare, contraffare. *v. i.* (*trasp. mar.*) procedere a tutta velocità. // to ~ **a banknote** (*leg.*) falsificare una banconota; to ~ **a signature** (*leg.*) contraffare una firma; to ~ **a will** (*leg.*) falsificare un testamento.

forged, *a.* falso, contraffatto. // ~ **bill** (*cred., leg.*) cambiale falsa; ~ **document** (*leg.*) documento falso; ~ **signature** (*leg.*) firma falsa.

forger, *n.* (*leg.*) falsario, contraffattore.

forgery, *n.* ❶ (*leg.*) falsificazione, contraffazione. ❷ (*leg.*) falso, documento falso, firma falsa. // ~ **of seals** (*leg.*) falsificazione di sigilli.

forget, *v. t.* (*pass.* **forgot,** *part. pass.* **forgotten**) dimenticare.

forgetfulness, *n.* dimenticanza.

forgive, *v. t.* (*pass.* **forgave,** *part. pass.* **forgiven**) ❶ perdonare. ❷ condonare (*una pena, una colpa, ecc.*). // to ~ **a debt** (*cred.*) condonare un debito.

forgotten, *a.* dimenticato. // **a** ~ **man** (*fam.*) un disoccupato.

form¹, *n.* ❶ forma. ❷ formula. ❸ modulo, scheda, stampato. ❹ circolare, lettera circolare. ❺ (*leg.*) forma. ❻ (*pubbl.*) forma. // ~ **and substance** (*leg.*) forma e sostanza; ~ **letter** circolare, lettera circolare; ~ **of address** modo di rivolgersi a una persona; **a** ~ **of application** un modulo di domanda (d'impiego); ~ **of application for stocks** (*fin.*) modulo di sottoscrizione per azioni; ~ **of a**

bill of lading (*trasp. mar.*) modulo di polizza di carico; **forms of business organization** (*org. az.*) forme d'organizzazione commerciale; ~ **of material transfer** (*org. az.*) buono di passaggio; ~ **of a telegram** (*comun.*) modulo di telegramma; ~ **of transfer** (*fin.*) modulo di trasferimento (*di titoli*).

form², *v. t.* ❶ formare. ❷ formulare. // to ~ **a company** (*fin.*) costituire una società (di capitali); to ~ **a partnership** (*fin.*) costituire una società (di persone); to ~ **a plan** formulare un piano.

forma, *n.* (*pl.* **formae** e *reg.*) forma. // ~ **pauperis** (*leg.*) gratuito patrocinio.

formal, *a.* formale, esplicito, ufficiale. // ~ **application** (*leg.*) petizione; ~ **contract** (*leg.*) contratto formale, impegno assunto di fronte a un magistrato; ~ **defects** (*leg.*) difetti formali; **a ~ denial** una smentita ufficiale: There will be a ~ denial to the rumours of a lock-out ci sarà una smentita ufficiale delle voci d'una serrata; ~ **notice** (*leg.*) intimazione; (*pers.*) comunicazione scritta; ~ **protest** (*leg.*) protesto.

formality, *n.* formalità, modalità. △ It's going to be a mere ~ si tratterà di una pura formalità; Imports and exports should not be subject to such formalities as licenses, visas and authorizations l'importazione e l'esportazione non dovrebbero essere subordinate all'espletamento di formalità come licenze, visti e autorizzazioni.

format, *n.* (*giorn., pubbl.*) formato (*d'un libro, ecc.*).

formation, *n.* formazione, costituzione. // ~ **expenses** (*rag.*) spese di costituzione; ~ **of a partnership** (*fin.*) costituzione d'una società (di persone).

former, *a.* già; ex.

formerly, *avv.* già; un tempo.

formula, *n.* (*pl.* **formulae** e *reg.*) (*mat.*) formula.

formulate, *v. t.* formulare.

formulation, *n.* formulazione.

forswear, *v. t.* (*pass.* **forswore**, *part. pass.* **forsworn**) spergiurare.

forsworn, *a.* spergiuro.

forthcoming, *a.* ❶ che sta per apparire, futuro, prossimo. ❷ disponibile. ❸ (*giorn., pubbl.*) in corso di stampa. △ ❷ New financial aids will be ~ after the general meeting saranno disponibili nuovi aiuti finanziari dopo l'assemblea generale. // ~ **books** (*pubbl.*) libri in corso di stampa.

fortnight, *n.* quindicina, quindici giorni, due settimane. // **a ~ to-day** oggi a quindici.

fortnightly, *a.* quindicinale, bimensile. *avv.* ogni quindici giorni, ogni due settimane. *n.* (*giorn.*) quindicinale, pubblicazione quindicinale. // **a ~ magazine** (*giorn.*) una rivista quindicinale; **a ~ meeting** (*org. az.*) un'assemblea quindicinale.

fortran, *n.* (*elab. elettr.*) « fortran » (*linguaggio algebrico e logico per la programmazione d'un elaboratore elettronico*).

fortuitous, *a.* fortuito, accidentale, casuale. // ~ **event** (*leg.*) evento fortuito.

fortunate, *a.* fortunato.

fortune, *n.* fortuna.

forward¹, *avv.* avanti, innanzi. *a.* ❶ d'avanguardia, avanzato. ❷ (*comm.*) futuro, a tempo, a termine. // ~ **call** (*trasp. mar.*) scalo diretto; **a ~ contract** (*market.*) un contratto a tempo; ~ **cover** (*Borsa, fin.*) copertura a termine; ~ **delivery** (*market.*) consegna a termine, futura consegna; ~ **draught** (*trasp. mar.*) pescaggio a riva; ~ **exchange market** (*fin.*) mercato a termine delle valute; ~ **-looking** previdente: In times of expansion one should be ~ -looking enough to build up reserves nei momenti d'espansione si dovrebbe essere tanto previdenti da costituire delle riserve; ~ **market** (*fin.*) mercato a termine; ~ **marketing** (*fin.*) contrattazione a termine; ~ **opinions** idee avanzate; ~ **prices** (*Borsa, fin.*) prezzi per futura consegna; (*market.*) prezzi futuri; ~ **rates** (*fin.*) corsi per operazioni a termine; ~ **sale** (*Borsa, fin.*) vendita per futura consegna, vendita a termine; **a ~ school of advertising** (*pubbl.*) una scuola pubblicitaria d'avanguardia; ~ **shifting** (*econ.*) traslazione (*d'imposta*) in avanti (*cioè, sul consumatore*); ~ **slip** (*ass. mar.*) polizzetta definitiva; to be ~ **with one's work** essere avanti nel proprio lavoro.

forward², *v. t.* ❶ inoltrare, inviare, spedire. ❷ favorire, promuovere. ❸ aiutare, appoggiare. ❹ (*rag.*) riportare (*un totale, un saldo*) a nuovo. △ ❶ We will ~ the articles upon receipt of your cheque invieremo gli articoli non appena avremo ricevuto il vostro assegno. // to ~ **again** (*comun., trasp.*) rispedire; to ~ **a balance** (*rag.*) riportare un saldo; to ~ **goods** (*trasp.*) spedire merce (*specialm. per via di terra*); to ~ **goods by passenger** (*o fast*) **train** (*trasp. ferr.*) spedire merci a grande velocità; to ~ **goods by slow train** (*trasp. ferr.*) spedire merci a piccola velocità; to ~ **goods in large amounts** (*trasp.*) spedire merci in grandi quantità; to ~ **a letter to a new address** (*comun.*) inoltrare una lettera a un nuovo indirizzo; « to be forwarded » (*comun.*) « far proseguire ».

forwarder, *n.* ❶ speditore, spedizioniere. ❷ fautore, promotore. ❸ (*trasp.*) mittente (*di merce*).

forwarding, *n.* (*trasp.*) spedizione, invio (*specialm. per via di terra*). // ~ **agent** (*trasp.*) spedizioniere (*specialm. per via di terra*); ~ **agents** (*trasp.*) spedizionieri, agenzia di spedizioni; ~ **and shipping agent** (*trasp., trasp. mar.*) spedizioniere (per spedizioni terrestri e marittime); ~ **by rail** (*trasp. ferr.*) spedizione per ferrovia; ~ **charges** (*trasp.*) spese di spedizione; ~ **department** (*org. az.*) ufficio spedizioni; ~ **merchant** (*trasp. ferr.*) spedizioniere (*specialm. per via di terra*); ~ **station** (*trasp. ferr.*) stazione di partenza (*della merce*).

forwards, *avv.* V. **forward¹**.

foster, *v. t.* animare, promuovere.

foster-father, *n.* (*leg.*) padre adottivo.

foul¹, *a.* ❶ sporco, inquinato. ❷ brutto, cattivo. *n.* (*trasp. mar.*) collisione, urto. // ~ **berth** (*trasp. mar.*) cattivo ormeggio; ~ **bill of health** (*trasp. mar.*) certificato sanitario « sporco »; ~ **bill of lading** (*trasp. mar.*) polizza di carico « sporca » (*emessa, cioè, con riserve o eccezioni alle clausole generali*); ~ **copy** brutta copia, mala copia, minuta; ~ **play** condotta sleale.

foul², *v. t.* ❶ sporcare, inquinare. ❷ (*trasp. mar.*) investire, urtare. *v. i.* (*trasp. mar.*) entrare in collisione, urtarsi.

found, *v. t.* fondare, costituire, instaurare. // to be **founded** fondarsi, basarsi.

foundation, *n.* ❶ fondazione, costituzione, instaurazione. ❷ fondamento. △ ❷ Those rumours of a merger have no ~ quelle voci d'una fusione sono prive di fondamento. // ~ **member** (*fin., ingl.*) socio promotore (*d'una società per azioni*); **the ~ of a company** (*fin.*) la costituzione d'una società.

founder, *n.* ❶ fondatore. ❷ (*fin.*) promotore (*d'una società per azioni*). // **founders' shares** (*fin.*) azioni devolute ai promotori (*d'una società per azioni*).

four, *num.* quattro. // ~ **bits** (*slang USA*) cinquanta centesimi di dollaro; ~ **-colour** quadricromo; ~ **-colour process** (*pubbl.*) quadricromia; ~ **figures** le cifre fra 1.000 e 9.999: Their income is in the ~ figures bracket hanno un reddito compreso fra le 1.000 e le 10.000 sterline (*o* dollari).

fours, *n. pl.* (*fin.*) azioni al 4% (d'interesse), titoli al 4% (d'interesse).

fourth, *ord.* quarto. // **a ~** un quarto, una quarta parte; **~ cover** (*giorn.*) quarta di copertina.

fraction¹, *n.* ❶ frazione, porzione, parte (*d'un tutto*). ❷ (*mat.*) frazione. // **for every 100 dollars or ~ of 100 dollars** per ogni frazione indivisibile di cento dollari.

fraction², *v. t.* frazionare.

fractional, *a.* ❶ esiguo, piccolo. ❷ (*mat.*) frazionario. △ ❶ **There's been but a ~ decrease in prices** c'è stata soltanto un'esigua flessione dei prezzi. // **~ currency** (*econ.*) moneta divisionale.

fractioning, *n.* frazionamento.

fragile, *a.* fragile.

fragment, *n.* frammento.

frame¹, *n.* ❶ cornice (*anche fig.*), quadro (*fig.*). ❷ composizione, struttura, forma. // **the ~ of distribution** (*market.*) la struttura distributiva.

frame², *v. t.* ❶ incorniciare (*anche fig.*). ❷ formare, formulare, elaborare. △ ❷ **One has got to ~ a plan to combat inflation** bisogna elaborare un piano per combattere l'inflazione.

framework, *n.* ❶ composizione, struttura. ❷ (*fig.*) quadro. △ ❷ **These measures have to be seen within the ~ of the medium-term economic policy** tali misure devono essere viste nel quadro generale della politica economica a medio termine.

franc, *n.* (*econ.*) franco (*moneta francese, svizzera e belga*).

franchise, *n.* ❶ (*ass.*) franchigia, valore (*di danni*) in franchigia. ❷ (*leg.*) franchigia; diritto, privilegio (*conferito da un'autorità*); concessione (*comunale, governativa, ecc.*). ❸ (*leg.*) appalto (*specialm. di lavori o servizi pubblici*). ❹ (*market.*) concessione (*a dirigere un « punto » di vendita in una « catena » di negozi, ecc.*). // **a ~ for a bus service** (*trasp.*) un appalto per un servizio d'autobus; **~ holder** (*leg.*) V. **franchisee,** *def. 1*; **~ stamp** francobollo (celebrativo) in franchigia; **~ tax** (*fin.*) imposta sulle società che godono d'una concessione (*comunale, governativa, ecc.*).

franchisee, *n.* ❶ (*leg.*) concessionario, appaltatore (*specialm. di lavori o di servizi pubblici*). ❷ (*market.*) concessionario.

« franco », *avv.* (*trasp.*) « franco », « senza spese ».

frank¹, *a.* franco, sincero. △ **We are grateful to you for your ~ warning about that customer of ours** vi siamo grati per il vostro franco avvertimento riguardante quel nostro cliente.

frank², *v. t.* ❶ (*comun.*) affrancare (*una lettera, ecc.*). ❷ (*cred., leg.*) affrancare, esimere (*da un pagamento*). ❸ (*fin.*) esentare (*da un tributo*). △ ❷ **Part of their income will be franked from taxation thanks to the new provisions** una parte del loro reddito sarà reso esente da tassazione grazie alle nuove disposizioni. // **to ~ a letter** (*comun.*) affrancare una lettera; spedire una lettera in franchigia.

franked, *a.* ❶ (*comun.*) affrancato. ❷ (*comun.*) spedito in franchigia. ❸ (*cred., leg.*) affrancato, esentato, reso esente. ❹ (*fin.*) con franchigia fiscale.

franking, *n.* ❶ (*comun.*) affrancatura (*d'una lettera, ecc.*). ❷ (*cred., leg.*) affrancamento. ❸ (*fin.*) franchigia fiscale. // **~ machine** (*macch. uff.*) affrancatrice, macchina affrancatrice.

fraternal order, *n.* (*leg., USA*) società di mutuo soccorso.

fraud, *n.* ❶ (*leg.*) frode, truffa. ❷ (*leg.*) dolo. ❸ (*leg.*) truffatore, imbroglione, truffaldino.

fraudulence, *n.* (*leg.*) fraudolenza.

fraudulent, *a.* ❶ (*leg.*) fraudolento, truffaldino. ❷ (*leg.*) doloso. // **~ act** (*leg.*) atto fraudolento, atto doloso; **~ concealment** (*leg.*) occultamento doloso (*di fatti, ecc.*); **~ conversion** (*leg.*) distrazione dolosa (*di fondi, ecc.*); **~ conveyance** (*leg.*) trasferimento doloso (*di beni: a danno dei creditori*); **~ preference** (*leg.*) pagamento effettuato da un debitore a uno qualsiasi dei creditori nei tre mesi precedenti il fallimento.

free¹, *a.* ❶ libero. ❷ (*comm.*) gratuito. ❸ (*comm.*) franco, esente. ❹ (*trasp.*) libero (*di posto*). *avv.* gratis, gratuitamente, per niente. △ *avv.* **As regards that article, rush in your order now, as we are giving it away practically ~!** per quanto riguarda quell'articolo, affrettatevi a spedirci l'ordinazione, dato che praticamente lo diamo via per niente (*cioè, lo stiamo « regalando »*)! // **~ admission** (*o* **admittance**) entrata libera; **~ allowance** (*trasp.*) franchigia (*di peso*) per il bagaglio; **« ~ alongside ship » (FAS)** (*trasp. mar.*) « FAS partenza », « franco sotto bordo »; **« ~ alongside vessel »** (*trasp. mar.*) « FAS » partenza, « franco sotto bordo »; **the « ~ and low » float of the pound** (*econ., fin.*) la fluttuazione libera della sterlina (*al di sotto del « tunnel » monetario europeo*); **~ and open market** (*Borsa*) mercato libero e aperto; **~ baggage** (*trasp., USA*) bagaglio in franchigia; **~ bonds** (*Borsa*) obbligazioni trattate più di frequente; **~ capital** (*fin., rag.*) capitale liquido, capitale disponibile (*per investimenti*); **~ capital reserve** (*econ., rag.*) riserva straordinaria disponibile; **~ coinage** (*econ., fin.*) libertà di conio; **~ commodities** (*econ., fin.*) merci esenti da dogana; **~ competition** (*econ.*) libera concorrenza; **~ currency** (*econ., fin.*) moneta cartacea non convertibile; **« ~ docks »** (*trasp. mar.*) « franco docks »; **~ economy** (*econ.*) economia di mercato; **~ enterprise** (*econ.*) libera iniziativa, libertà economica; **~ enterprise economy** (*econ.*) economia libera; **~ enterprise system** (*econ.*) sistema liberistico, liberismo; **~ entry** (*dog.*) bolla di merce esente (*da dazio*); **~ exchange rate** (*fin.*) cambio a corso libero, cambio libero; **~ -for-all,** *a.* libero per tutti, aperto a tutti; privo di regole, privo di restrizioni; *n.* discussione aperta a tutti e priva di regole, liberalizzazione sregolata; (*fig.*) disordine: **A ~ -for-all discussion** un dibattito aperto a tutti; **The reason we object to a financial ~ -for-all is not that wages go up too fast, but that prices will always go up faster** il motivo della nostra opposizione a una sregolata liberalizzazione finanziaria è dovuto non già al troppo rapido aumento dei salari, ma al fatto che i prezzi aumenteranno sempre più in fretta dei salari; **~ from any encumbrance** (*leg.*) libero da ogni vincolo; **~ gold** (*econ.*) quantità d'oro che eccede il fabbisogno della riserva legale; **~ good** (*econ.*) bene non economico; **~ goods** (*comm. est.*) merci franche di dazio; (*market., pubbl.*) prodotti (offerti) in omaggio, « omaggi »; **~ gratis,** *avv.* gratis, gratuitamente; *a.* gratuito: **All brochures are ~ gratis** tutti i dépliant sono gratuiti; **~ imports** (*comm. est.*) importazioni libere, importazioni esenti da dogana; **~ labour** (*sind.*) operai non iscritti ai sindacati; **~ -lance,** *a.* libero, indipendente; *n.* (*giorn., pubbl.*) giornalista indipendente, scrittore indipendente, collaboratore esterno; **~ -lance artist** (*pubbl.*) artista indipendente; **~ -lance photographer** (*giorn.*) paparazzo; **~ -lancer** (*giorn., pubbl.*) scrittore indipendente; **~ list** (*comm. est.*) lista d'articoli d'importazione libera; **~ luggage** (*trasp.*) bagaglio in franchigia; **~ market** (*econ.*) mercato di libera concorrenza, libero scambio, liberismo; **~ mintage**

of gold (*fin.*) libera coniazione dell'oro; **the ~ movement of goods** (*market.*) la libera circolazione delle merci; **the ~ movement of workers** (*pers., sind.*) la libera circolazione della manodopera; « **~ of average** » (*ass. mar.*) « franco d'avaria »; « **~ of charge** » (*trasp.*) « franco », « senza spese », « franco di spese », « franco a domicilio »; (*leg.*) a titolo gratuito; « **~ of commission** » (*market.*) franco provvigione »; **~ of duty** (*dog.*) esente da dazio; « **~ of general average** » (*ass. mar.*) « franco d'avaria generale »; « **~ of mortgage** (*leg.*) libero da ipoteche; « **~ of particular average** » (**FPA**) (*ass. mar.*) « franco d'avaria particolare »; « **~ of port charges** » (*trasp. mar.*) « franco di spese portuali »; « **~ of total loss** » (*ass. mar.*) « franco di perdita totale »; **~ offer** (*market.*) offerta gratuita (*d'un prodotto*); **~ on application** (*market.*) gratis a richiesta; « **~ on board** » (**FOB**) (*trasp. mar.*) « FOB partenza », « franco a bordo »; « **~ on rail** » (**FOR**) (*trasp. ferr.*) « franco stazione (ferroviaria) », « franco vagone » (*alla stazione di partenza*); « **~ on truck** » (**FOT**) (*trasp.*) « franco vagone » (*alla stazione di partenza*); « **~ on waggon** (*trasp. ferr.*) « franco vagone » (*alla stazione di partenza*); « **~ overside** » (*trasp. mar.*) « sotto paranco », « FOB destino »; **~ pass** (*trasp. ferr.*) biglietto di libera circolazione; **~ port** (*dog., trasp.*) porto franco; (*dog., trasp., USA*) V. **foreign-trade zone**; **~ rate of exchange** (*fin.*) cambio a corso libero, cambio libero; **~ reserves** (*fin., rag.*) riserve disponibili; **~ sample** (*market.*) campione (in) omaggio; « **~ to the receiving station** » (*trasp. ferr.*) « franco stazione d'arrivo »; **~ trade** (*econ.*) libertà dei traffici, libero scambio, liberismo; **~ trader** (*econ.*) libero-scambista, liberista; (*trasp. mar.*) nave contrabbandiera; **~ zone** (*dog.*) zona franca.

free[2], *v. t.* ❶ liberare, affrancare. ❷ liberalizzare. ❸ esonerare (*da vincoli, ecc.*). △ ❸ **They're going to ~ him from his office** hanno intenzione di esonerarlo dall'incarico. // **to ~ movements of capital within the Community** (*econ.*) liberalizzare i movimenti di capitale nell'ambito della Comunità.

freedom, *n.* libertà. // **~ of choice of the consumer** (*market.*) libertà di scelta del consumatore; **~ of contract** (*leg.*) libertà contrattuale; **~ of movement for the main products** (*market.*) libera circolazione dei prodotti principali; **~ of navigation** (*leg.*) libertà di navigazione; **~ to supply services** (*leg.*) libera prestazione di servizi.

freehold, *n.* ❶ (*leg.*) proprietà assoluta d'un terreno. ❷ (*leg.*) terreno tenuto in proprietà assoluta.

freeholder, *n.* (*leg.*) chi possiede (terreni) in proprietà assoluta.

freeing, *n.* liberazione, affrancamento.

freely, *avv.* ❶ liberamente. ❷ gratuitamente, gratis.

free oneself, *v. rifl.* liberarsi.

freeze[1], *n.* ❶ gelo. ❷ congelamento. ❸ blocco. △ ❶ **Most of the crops were destroyed by the ~** la maggior parte dei raccolti fu distrutta dal gelo; ❸ **A ~ is the first step towards price control** un « blocco » è il primo passo verso il controllo dei prezzi. // **~ -out** (*market.*) boicottaggio, eliminazione (*d'un concorrente, ecc.*).

freeze[2], *v. t.* (*pass.* froze, *part. pass.* frozen) ❶ gelare. ❷ congelare, irrigidire. ❸ bloccare. *v. i.* ❶ gelarsi. ❷ congelarsi, irrigidirsi. △ *v. t.* ❷ **We fear that the proposed prices will ~ farm incomes for a long time** temiamo che i prezzi proposti possano irrigidire troppo a lungo i redditi degli agricoltori. // **to ~ credit** (*fin.*) congelare i crediti; **to ~ sb. out** (*market.*) eliminare, escludere, boicottare, tagliar fuori q.: **The pre-war depression froze out most of our competitors** la crisi pre-bellica tagliò fuori gran parte dei nostri concorrenti; **to ~ prices** (*market.*) congelare i prezzi, bloccare i prezzi; **to ~ wages** (*sind.*) bloccare i salari.

freezing, *n.* ❶ congelamento, irrigidimento. ❷ (*banca, fin.*) congelamento.

freight, *n.* ❶ (*trasp., USA*) trasporto terrestre, carico terrestre. ❷ (*trasp., USA*) spese di trasporto (*in genere*), « porto ». ❸ (*trasp. aer., ingl., USA*) trasporto aereo, carico aereo. ❹ (*trasp. mar., ingl., USA*) trasporto marittimo, carico marittimo. ❺ (*trasp. mar., ingl., USA*) noleggio (*di nave*). ❻ (*trasp. mar., ingl., USA*) nolo (*prezzo del trasporto marittimo*). △ ❻ **~ is at the rate of 10 dollars per ton** il nolo è in ragione di dieci dollari per tonnellata; **When the ~ is payable at destination it must be paid in the currency stipulated in the bill of lading** quando il nolo è pagabile a destino, deve essere corrisposto nella valuta stipulata in polizza. // **~ booking** (*trasp. mar.*) prenotazione del nolo; **~ -booking note** (*trasp. mar.*) registro di prenotazione dei noli; **~ broker** (*trasp. mar.*) sensale di noli; **~ brokerage** (*trasp. mar.*) provvigione di noleggio; **~ bureau** (*trasp. mar., USA*) « Conferenza » della Navigazione; **~ by measure** (*trasp. mar.*) nolo a tonnellate; **~ by weight** (*trasp. mar.*) nolo a peso; **~ car** (*trasp. ferr., USA*) carro merci; **~ charges** (*trasp. mar.*) spese di nolo; **~ clause** (*trasp. mar.*) clausola di noleggio; **~ club** (*ass. mar.*) sezione noli (*per il rimborso dei noli perduti*); **~ collision clause** (*trasp. mar.*) clausola assicurativa per il rimborso delle spese pagate per il nolo, in seguito a danni dovuti a collisione; **~ compensation between enterprises** (*trasp. mar.*) compensazione interaziendale dei noli; **~ conference** (*trasp. mar., USA*) « Conferenza » della Navigazione; **~ contract** (*trasp. mar.*) contratto di noleggio; **~ depot** (*trasp. ferr., USA*) scalo merci; **~ earned** (*trasp. mar.*) nolo non rimborsabile; **~ forward** (*trasp. ferr., USA*) porto assegnato; (*trasp. mar.*) nolo pagato a destinazione, nolo posticipato; **~ in advance** (*trasp. mar.*) nolo anticipato; **~ index** (*trasp. mar.*) indice dei noli; **~ insurance** (*ass. mar.*) assicurazione sul nolo; **~ market** (*trasp. mar.*) mercato dei noli; « **~ not repayable** » (*trasp. mar.*) « nolo non rimborsabile »; **~ note** (*trasp. mar.*) polizza di noleggio; **~ out and home** (*trasp. mar.*) nolo d'andata e ritorno; **~ payable on sailing** (*trasp. mar.*) nolo da pagarsi alla partenza; **~ pro rata** (*trasp. mar.*) nolo « pro rata » (*cioè, in proporzione al tratto di viaggio percorso*); **~ rate** (*trasp. ferr., USA*) tariffa di trasporto (*di merci*); (*trasp. mar.*) rata di nolo, tariffa di nolo; **~ release** (*trasp. mar.*) « rilascio carico », mandato di scarico, quietanza per nolo; **~ ton** (*trasp. mar.*) tonnellata di noleggio; **~ train** (*trasp. ferr., USA*) treno merci; **~ -yard** (*trasp. ferr., USA*) scalo merci.

freightage, *n.* V. **freight**.

freighter, *n.* ❶ (*trasp., USA*) consegnatario (*di merci per trasporto via terra*). ❷ (*trasp. aer.*) aereo per trasporto merci. ❸ (*trasp. ferr., USA*) vagone merci. ❹ (*trasp. mar.*) nave da carico. ❺ (*trasp. mar., ingl., USA*) spedizioniere. ❻ (*trasp. mar., ingl., USA*) noleggiatore marittimo.

frequency, *n.* frequenza. // **~ curve** (*stat.*) curva della distribuzione di frequenza; **~ distribution** (*stat.*) distribuzione di frequenza; **~ of purchase** (*market.*) frequenza d'acquisto.

fresh, *a.* ❶ fresco. ❷ recente. // **~ information** (*giorn.*) informazioni recenti; **~ news** (*giorn.*) notizie « fresche », notizie recenti; **~ off the press** (*giorn.*) fresco di stampa; **a ~ supply** (*org. az.*) una nuova provvista, un nuovo rifornimento, una nuova ordinazione.

friction, *n.* ❶ frizione, attrito. ❷ disaccordo. △ ❶ There's going to be ~ between the two directors ci sarà attrito fra i due amministratori.

frictional, *a.* di frizione, di attrito. // ~ **unemployment** (*econ., sind.*) disoccupazione frizionale.

fridge, *n.* (*fam., ingl.*) frigo.

friendly, *a.* amichevole, amico, di amico, da amico. // ~ **arbitrator** (*leg.*) arbitro (amichevole) compositore; a ~ **arrangement** un accomodamento amichevole; a ~ **composition** (*leg.*) una transazione amichevole; a ~ **settlement** (*leg.*) un concordato amichevole; a ~ **society** (*leg.*) una società di mutuo soccorso.

frig, *n.* (*fam., ingl.*) frigo.

frigidaire, *n.* (*marchio*) frigorifero.

fringe, *n.* ❶ frangia. ❷ margine, orlo. // ~ **benefits** (*pers.*) addizionali.

from, *prep.* ❶ (*derivazione, separazione, ecc.*) da. ❷ (*materia*) di, con.

front, *n.* fronte (*quasi in ogni senso*); parte anteriore, (il) davanti. // ~ **cover** (*giorn.*) prima di copertina; ~ **flap** (*giorn., pubbl.*) risvolto anteriore di sovraccoperta (*di libro*); ~ **-loaded wage settlement** (*econ., sind.*) accordo salariale che prevede i maggiori aumenti entro il primo anno (*dalla sua stipulazione*); ~ **page** (*giorn.*) prima pagina (*di giornale*); ~ **-page** (*giorn.*) riguardante la prima pagina (*d'un giornale*); to ~ **-page** (*giorn.*) mettere (*una notizia, ecc.*) in prima pagina: **All the newspapers in the world are going to ~ -page that news** tutti i quotidiani del mondo metteranno quella notizia in prima pagina; ~ **-page news** (*giorn.*) notizie di (*o* da) prima pagina; **the ~ page of a paper** (*giorn.*) la prima pagina d'un giornale; ~ **-wheel drive** (*trasp. aut.*) trazione anteriore; in ~ **of** di fronte a, davanti.

frontier, *n.* frontiera, confine. // ~ **area** (*comm. est.*) zona frontaliera; ~ **crossing** (*comm. est.*) attraversamento della frontiera, posto di frontiera, posto di confine: **We are trying to increase the number of ~ crossings open for transport covered by the TIR carnet** stiamo cercando di aumentare i posti di frontiera aperti in permanenza agli autotrasporti effettuati in regime di TIR; ~ **formalities** (*comm. est.*) formalità di frontiera; ~ **guard** (*dog.*) guardia di frontiera; finanziere (*in Italia*).

frontispiece, *n.* (*giorn., pubbl.*) frontespizio, illustrazione in capo a un libro.

frozen, *a.* ❶ gelato, ghiacciato. ❷ (*comm.*) congelato. // ~ **accounts** (*fin.*) conti congelati; a ~ **asset** (*fin., rag.*) un'attività congelata (*cioè, che non può essere convertita in numerario senza forti perdite*); ~ **credit** (*cred.*) credito « congelato »; ~ **funds** (*fin.*) capitali congelati.

frugal, *a.* frugale.

frugality, *n.* frugalità.

fruit, *n.* ❶ frutto. ❷ (*market.*) frutta.

fruitless, *a.* infruttifero (*in senso proprio*).

frustrate, *v. t.* ❶ frustrare, deludere. ❷ battere, vincere. △ ❷ **We shall succeed in frustrating our competitors** riusciremo a battere la concorrenza.

frustration, *n.* ❶ frustrazione, delusione. ❷ insuccesso. ❸ (*leg.*) impossibilità d'esecuzione (*d'un contratto*).

fuel, *n.* combustibile, carburante. // a ~ **tank** (*trasp. aut.*) un serbatoio di benzina.

fugitive, *n.* fuggitivo.

fulfil, *v. t.* ❶ adempiere, compiere, eseguire. ❷ (*market.*) far fronte a (*un'ordinazione, una richiesta, ecc.*). △ ❷ **We can ~ any order** siamo in grado di far fronte a qualsiasi ordinativo. // to ~ **expectations** rispettare le previsioni; to ~ **an obligation** (*leg.*) sciogliere un obbligo.

fulfill, *v. t.* (*USA*) V. **fulfil**.

fulfillment, *n.* (*USA*) V. **fulfilment**.

fulfilment, *n.* adempimento, compimento, esecuzione. // **the ~ of a contract** (*leg.*) l'esecuzione d'un contratto.

full, *a.* pieno (*in ogni senso*), intero, completo. *avv.* pienamente, interamente, completamente. // ~ **age** (*leg.*) età maggiore; ~ **-aged** (*leg.*) maggiorenne; ~ **availment** (*cred.*) utilizzo totale; ~ **cargo** (*trasp. mar.*) carico completo; ~ **coverage** (*ass.*) copertura totale; ~ **display** (*pubbl.*) affissione piena; ~ **employment** (*econ.*) pieno impiego, piena occupazione: **There is a vague notion that inflation is a condition of ~ employment and a painless means of increasing working-class prosperity** alcuni pensano, in modo assai confuso, che l'inflazione sia una delle condizioni atte ad assicurare il pieno impiego nonché un mezzo indolore di accrescere il benessere dei lavoratori; ~ **endorsement** (*cred.*) girata completa, girata in pieno; ~ **fare** (*trasp.*) tariffa intera; ~ **-form insurance** (*ass. mar.*) assicurazione sulla perdita totale e parziale; ~ **freight** (*trasp. mar.*) nolo intero; ~ **gold standard** (*econ.*) monometallismo aureo; ~ **keyboard** (*elab. elettr.*) tastiera distesa; ~ **load** (*trasp.*) pieno carico, carico completo; ~ **load displacement tonnage** (*trasp. mar.*) tonnellaggio a pieno carico normale; ~ **name** (*leg.*) nome e cognome; ~ **of debts** pieno di debiti, dissestato; ~ **page** (*pubbl.*) pagina intera; ~ **-page** (*pubbl.*) a pagina intera; ~ **-page advertisement** (*pubbl.*) un annuncio pubblicitario su tutta una pagina; ~ **-paid stock** (*fin., USA*) azioni interamente liberate; ~ **pay** (*pers.*) paga intera (*senza detrazioni*); ~ **payment** (*cred.*) pagamento a saldo, pagamento totale, saldo; ~ **power of attorney** (*leg.*) procura generale; ~ **powers** pieni poteri; ~ **rate** (*comun.*) tariffa (*telegrafica, ecc.*) intera; (*dog.*) tariffa intera; ~ **showing** (*pubbl.*) affissione piena; ~ **silver standard** (*econ.*) monometallismo argenteo; « ~ **speed ahead** » (*trasp. mar.*) « avanti a tutta forza! »; ~ **time** (*pers., sind.*) full time, tempo pieno; a ~ **-time job** (*pers., sind.*) un impiego a tempo pieno; ~ **weight** (*market.*) peso abbondante; in ~ **balance** (*cred.*) a saldo completo; in ~ **settlement** (*cred.*) a saldo completo.

fullface, *n.* (*pubbl.*) carattere tipografico nero.

fully, *avv.* pienamente, interamente, completamente. // ~ **paid** interamente pagato; ~ **paid capital** (*fin.*) capitale interamente versato; ~ **paid stock** (*fin.*) azioni interamente liberate; ~ **paid-up capital** (*fin.*) capitale interamente versato.

function[1], *n.* ❶ funzione. ❷ (*mat.*) funzione. ❸ (*pers.*) compito, mansione. // **the ~ of a ~** (*mat.*) la funzione d'una funzione.

function[2], *v. i.* ❶ funzionare. ❷ fungere (da).

functional, *a.* funzionale. // ~ **centralization** (*org. az.*) centralizzazione funzionale; ~ **diagram** (*elab. elettr.*) diagramma funzionale; ~ **middleman** (*market.*) agente mediatore; ~ **structure** (*org. az.*) struttura funzionale.

functionary, *n.* (*pers.*) funzionario, impiegato statale, pubblico ufficiale.

functioning, *n.* funzionamento.

fund[1], *n.* (*rag.*) fondo, provvista, riserva, stanziamento. // « **no funds** » (*banca, cred.*) « mancanza di fondi » (*o* di corrispettivo); **out of funds** privo di fondi.

fund[2], *v. t.* ❶ (*fin.*) consolidare (*un debito*). ❷ (*fin.*) investire (*denaro*) in titoli di Stato.

fundamental, *a.* fondamentale, basilare, essenziale. // ~ **research** (*org. az.*) ricerca fondamentale, ricerca di base.

funded, *a.* (*fin.*) consolidato. // ~ **bond** (*fin.*) obbligazione consolidata; ~ **debt** (*Borsa*) mercato a lunga; (*fin.*) debito consolidato; (*rag.*) debito a lunga scadenza; ~ **liability** (*fin.*) debito consolidato; (*rag.*) debito a lunga scadenza.

fundholder, *n.* (*fin.*) possessore di titoli di Stato, possessore di titoli del debito pubblico.

funding, *n.* (*fin.*) consolidamento (*d'un debito*). // ~ **loan** (*fin.*) prestito consolidato.

funds, *n. pl.* (*rag.*) disponibilità. // **the funds** (*fin.*) i titoli di Stato, i titoli del debito pubblico.

fungible, *a.* (*econ.*) fungibile. *n.* (*econ.*) bene fungibile.

furlough[1], *n.* (*pers.*, *USA*) congedo, permesso, licenza.

furlough[2], *v. t.* (*pers.*, *USA*) concedere un congedo a, concedere un permesso a (*q.*).

furnish, *v. t.* ❶ (*market.*) fornire, rifornire, provvedere. ❷ (*market.*) arredare, ammobiliare. // to ~ **data on manpower in agriculture** (*stat.*) fornire dati sulla manodopera occupata in agricoltura; to ~ **sb. with st.** fornire qc. a q.: **Our agent in New York will** ~ **you with all the information you need** il nostro agente di New York vi fornirà tutte le informazioni di cui avete bisogno.

furnisher, *n.* (*market.*) fornitore.

furnishing, *n.* (*market.*) arredamento.

furnishings, *n. pl.* ❶ (*market.*) mobili e infissi. ❷ (*market.*) mobilia. ❸ (*market.*, *USA*) articoli per la casa.

furniture, *n.* ❶ mobilia, mobili. ❷ arredamento. // ~ **and fittings** mobili e arredi; ~ **trade** ebanisteria.

further[1], *a.* ulteriore, aggiuntivo, nuovo. *avv.* ulteriormente, inoltre. // ~ **hearing** (*leg.*) udienza aggiornata (*che completa un'udienza non definitiva*); ~ **information** ulteriori informazioni: **You will get** ~ **information as soon as we can contact Mr Johnson** avrete ulteriori informazioni appena ci saremo messi in contatto con Mr Johnson; ~ **proceedings** (*leg.*) udienza aggiornata (*che completa un'udienza non definitiva*); ~ **to** in seguito a, facendo seguito a: ~ **to the agreement of 10 May 1974** a seguito dell'accordo del 10 maggio 1974; ~ **to our telephone conversation...** facendo seguito alla nostra telefonata...; till ~ **notice** fino a nuovo avviso.

further[2], *v. t.* ❶ promuovere, agevolare. ❷ appoggiare. // to ~ **a new enterprise** promuovere una nuova impresa.

future, *a.* futuro, venturo. *n.* futuro, avvenire. △ *n.* **They have a great** ~ **in advertising** hanno un brillante avvenire nella pubblicità. // ~ **behaviour** (*ric. op.*) comportamento futuro; ~ **delivery** (*market.*) futura consegna; ~ **prospects** prospettive per l'avvenire.

futures, *n. pl.* (*Borsa*, *fin.*) operazioni a termine, contratti per consegne a termine. // ~ **market** (*Borsa*, *fin.*) mercato a termine.

G

gage¹, *n.* (*leg.*) pegno, arra, caparra, garanzia.
gage², *v. t.* (*leg.*) dare in pegno, impegnare, dare in garanzia.
gain¹, *n.* ❶ guadagno, lucro. ❷ aumento. ❸ (*rag.*) profitto, provento, utile, ricavo. △ ❸ **One is supposed to enter capital gains separately on one's income-tax form** sul modulo per la denuncia dei redditi i proventi di capitale devono essere registrati a parte. // **a ~ of 2% over last year** (*rag.*) un aumento del 2% rispetto allo scorso anno.
gain², *v. t.* guadagnare, lucrare, ricavare. *v. i.* aumentare. △ *v. t.* **Alco shares gained three points** le azioni Alco hanno guadagnato tre punti. // to ~ **a good reputation on the market** guadagnarsi una buona reputazione sul mercato; to ~ **ground** (*anche fig.*) guadagnar terreno; to ~ **one's living** guadagnarsi da vivere; to ~ **popularity** guadagnare popolarità; to ~ **strength** rafforzarsi: **The market is slowly gaining strength** il mercato si va rafforzando lentamente; to ~ **a suit at law** (*leg.*) vincere una causa.
gainful, *a.* profittevole, lucrativo, remunerativo. // **a ~ job** (*pers.*) un'occupazione remunerativa, un lavoro retribuito.
galley, *n.* ❶ (*pubbl.*) vantaggio. ❷ (*trasp. mar.*) cambusa, cucina di bordo. // ~ **proofs** (*pubbl.*) bozze in colonna, bozze non impaginate.
gallon, *n.* ❶ gallone (*misura di capacità per liquidi e aridi pari a litri 4,545*). ❷ (*USA*) gallone (*misura di capacità per liquidi pari a litri 3,785*).
gallop, *v. i.* galoppare.
galloping, *a.* galoppante. // ~ **inflation** (*fin.*) inflazione galoppante.
gamble¹, *n.* ❶ gioco d'azzardo. ❷ azzardo, rischio. △ ❷ **Most of the new shareholders will have to take the ~** la maggior parte degli azionisti nuovi dovrà correre questo rischio.
gamble², *v. i.* ❶ giocare d'azzardo. ❷ (*Borsa*) speculare. // to ~ **on the Stock Exchange** (*Borsa*) speculare in Borsa, giocare in Borsa.
gambler, *n.* ❶ giocatore d'azzardo. ❷ (*Borsa*) speculatore.
gang, *n.* (*pers.*) squadra (*d'operai*).
ganger, *n.* (*pers.*) caposquadra.
gangplank, *n.* (*trasp. mar.*) passerella, pontile, barcarizzo.
gangway, *n.* ❶ passaggio, corridoio. ❷ (*trasp. mar.*) passerella, pontile, barcarizzo.
gaol, *n.* prigione.
gap, *n.* ❶ divario, differenza, squilibrio. ❷ lacuna. ❸ (*elab. elettr.*) spazio (compreso) fra più registrazioni. △ ❶ **We all agree on the urgent necessity of eliminating the ~ between incomes in farming and in other industries** siamo tutti d'accordo sull'impellente necessità di eliminare il divario esistente fra il reddito degli agricoltori e quello di altri operatori.
garage, *n.* (*trasp. aut.*) autorimessa, rimessa, garage.
garnish, *v. t.* ❶ (*leg.*) precettare, citare (*come testimone, ecc.*). ❷ (*leg.*) effettuare un pignoramento presso (*un terzo*).
garnishee¹, *n.* ❶ (*leg.*) terzo pignorato. ❷ (*leg.*) chi detiene beni o denaro del « convenuto », ma non può disporne, in attesa della sentenza. // ~ **order** (*leg.*) ordine di pignoramento presso terzi.
garnishee², *v. t.* (*leg.*) mettere il fermo su (*beni, ecc.*).
garnisher, *n.* (*leg.*) sequestrante, sequestratore.
garnishment, *n.* ❶ (*leg.*) citazione come teste. ❷ (*leg.*) pignoramento presso terzi. ❸ (*leg., pers.*) versamento di parte del salario d'un dipendente insolvente, effettuato dal datore di lavoro a un creditore.
gas¹, *n.* (*fam., USA*) benzina. // ~ **station** (*trasp. aut.*) distributore di benzina.
gas² up, *v. i.* (*trasp. aut., USA*) far benzina.
gasoline, *n.* (*USA*) benzina.
gate, *n.* ❶ cancello. ❷ (*elab. elettr.*) soglia. ❸ (*ric. op.*) stazione. ❹ (*trasp. ferr.*) barriera, cancello di passaggio a livello.
gatefold, *n.* (*giorn., pubbl.*) inserto ripiegato (*di dimensioni maggiori di quelle d'una pagina*).
gather, *v. t.* ❶ cogliere, raccogliere. ❷ radunare. ❸ dedurre, desumere, capire. *v. rifl.* raccogliersi, radunarsi. △ *v. t.* ❸ **You can ~ from his words all the complexity of the present economic situation** dalle sue parole si può dedurre tutta la complessità dell'attuale quadro economico. // to ~ **documents on st.** documentarsi su qc.; to ~ **information** assumere informazioni; to ~ **taxes** (*fin.*) riscuotere imposte.
gathering, *n.* ❶ raccolta. ❷ raduno. // ~ **and processing of statistical data** (*stat.*) raccolta ed elaborazione di dati statistici; ~ **of intelligence** raccolta d'informazioni; ~ **of statistical data** (*fin.*) rilevazioni statistiche.
gauge, *n.* (*trasp. ferr.*) scartamento.
gazette¹, *n.* ❶ (*giorn.*) gazzetta. ❷ (*giorn.*) gazzetta ufficiale (*che pubblica anche il bollettino dei fallimenti e altri atti ufficiali*). ❸ (*giorn., ingl.*) annuncio su una gazzetta ufficiale.
gazette², *v. t.* (*giorn.*) pubblicare su una gazzetta ufficiale.
gazumping, *n.* (*market.*) tattica con la quale il venditore d'una casa innalza il prezzo proprio nel momento in cui l'affare sta per concludersi.
gear¹, *n.* ❶ ingranaggio. ❷ meccanismo.
gear², *v. t.* ❶ provvedere (*una macchina, ecc.*) d'ingranaggi. ❷ innestare (*un congegno*). *v. i.* (*anche fig.*) ingranare, ingranare bene. △ *v. i.* **Industry should ~ with consumer needs** l'industria dovrebbe « ingranare » bene coi bisogni dei consumatori. // to ~ **production to demand** (*econ.*) modificare la produzione secondo le esigenze della domanda; to ~ **up** accelerare: to ~ **up production** (*org. az.*) accelerare la produzione; to **be geared for price competition** (*econ., market.*) essere in grado di far fronte alla concorrenza in fatto di prezzi.
gearing, *n.* (*fin.*) differenziazione del portafoglio (*da parte di un fondo d'investimento; anche* ~ **of capital**).

gee, *n.* (*slang USA*) mille dollari.

general, *a.* ❶ generale, comune. ❷ collettivo, pubblico. △ ❶ There's been a ~ **slackness of markets lately** recentemente si è avuta una generale debolezza dei mercati. // ~ **acceptance** (*cred.*) accettazione incondizionata, accettazione senza riserve; ~ **agency** (*ass.*) agenzia generale; (*leg.*) mandato generale; ~ **agent** (*ass.*, *pers.*) agente generale; ~ **Agreement on Tariffs and Trade (GATT)** (*comm. est.*, *dog.*) accordo generale sulle tariffe doganali e il commercio (*GATT*); ~ **assignment** (*leg.*) cessione generale (*di beni ai creditori*); ~ **average** (*ass. mar.*) avaria generale, avaria totale: **Passengers' luggage and personal effects not shipped under bill of lading shall not contribute in** ~ **average** il bagaglio dei passeggeri e gli effetti personali non inclusi nella polizza di carico non saranno ammessi a far parte dell'avaria generale; ~ **average bond** (*ass. mar.*) compromesso d'avaria generale; ~ **average clause** (*ass. mar.*) clausola d'avaria generale; ~ **average contribution** (*ass. mar.*) contributo d'avaria generale; ~ **average loss** (*ass. mar.*) perdita per avaria generale; ~ **average payable as per foreign adjustment or per York-Antwerp Rules** (*ass. mar.*) avaria generale pagabile secondo la liquidazione all'estero o secondo i Regolamenti di York-Anversa; ~ **average sacrifice** (*ass. mar.*) sacrificio per avaria generale; ~ **average statement** (*ass. mar.*) regolamento d'avaria generale; ~ **balance-sheet** (*rag.*) bilancio generale; ~ **bill of lading** (*trasp. mar.*) polizza di carico collettiva; « ~ **business** » (*org. az.*) « varie ed eventuali » (*ultima voce d'un ordine del giorno*); ~ **cargo** (*trasp. mar.*) carico misto, carico a collettame; ~ **charges** (*rag.*) spese generali; **the** ~ **crossing of a cheque** (*banca*) la sbarratura semplice d'un assegno; ~ **dealer** (*market.*) commerciante in generi diversi, negoziante in generi diversi; **a** ~ **economic squeeze** (*econ.*) un giro di vite a tutta l'economia; ~ **editor** (*giorn.*) direttore generale; **a** ~ **election** un'elezione generale; ~ **endorsement** (*cred.*) girata in bianco; ~ **equilibrium** (*econ.*) equilibrio simultaneo di tutte le variabili economiche; ~ **expenses** (*rag.*) spese generali; ~ **grant** (*econ.*, *ingl.*) sussidio governativo agli Enti locali; ~ **land office** (*fin.*, *USA*) catasto; ~ **ledger** (*rag.*) libro mastro generale; ~ **legacy** (*leg.*) legato generale; ~ **management** (*org. az.*) direzione generale; ~ **manager** (*pers.*) direttore generale; ~ **meeting** (*fin.*) assemblea generale (*degli azionisti*); ~ **mortgage** (*leg.*) ipoteca generale; ~ **mortgage bond** (*leg.*) obbligazione ipotecaria; ~ **partner** (*fin.*) socio accomandatario; ~ **partnership** (*fin.*) società in nome collettivo; ~ **power (of attorney)** (*leg.*) procura generale; ~ **property tax** (*fin.*, *USA*) tassa proporzionale a favore degli Enti locali (*che colpisce la ricchezza individuale sotto qualsiasi forma*); ~ **proxy** (*leg.*) procura generale; procuratore generale; ~ **-purpose** concepito per due o più usi; ~ **-purpose plant** (*org. az.*) impianto per ogni necessità; ~ **-purpose sample** (*market.*) campione per tutte le necessità; ~ **Registry of Stocks and Shares** (*fin.*, *leg.*) Schedario Generale dei Titoli Azionari; ~ **report** (*rag.*) relazione generale; ~ **reserve** (*rag.*) riserva statutaria; ~ **routine** (*elab. elettr.*) programma generale; ~ **sales manager** (*pers.*) direttore generale alle vendite; ~ **standard of life** (*econ.*, *stat.*) tenore generale di vita; ~ **standard of living** (*econ.*, *stat.*) tenore generale di vita; ~ **store** (*market.*, *USA*) negozio di generi vari; **a** ~ **strike** (*sind.*) uno sciopero generale; ~ **warehouse** (*dog.*) magazzino generale.

generalize, *v. t.* generalizzare.

generalized, *a.* generalizzato. // ~ **tariff preferences** (*comm. est.*) preferenze tariffarie generalizzate; ~ **tariff quotas** (*dog.*) preferenze tariffarie generalizzate.

gentleman, *n.* (*pl.* **gentlemen**) gentiluomo, signore. // **a** ~ **'s agreement** un accordo sulla parola, un accordo leale; **a** ~ **at large** (*slang USA*) un disoccupato.

genuine, *a.* genuino.

geographic, geographical, *a.* geografico. // ~ **coding** (*elab. elettr.*) codificazione geografica; ~ **coverage** (*giorn.*, *pubbl.*) copertura geografica.

geography, *n.* geografia.

geometric, geometrical, *a.* geometrico. // ~ **mean** (*mat.*, *stat.*) media geometrica; ~ **progression** (*mat.*) progressione geometrica.

geometry, *n.* geometria.

Germany, *n.* Germania.

get, *v. t.* (*pass.* e *part. pass.* **got**) ❶ ottenere, ricevere. ❷ procurarsi, comprare. ❸ guadagnare. ❹ convincere, persuadere, far (*fare qc. a q.*). *v. i.* diventare, divenire, farsi. △ *v. t.* ❷ **We must** ~ **the money before the credit squeeze reaches our Country** dobbiamo procurarci il denaro prima che la stretta creditizia raggiunga il nostro Paese; ❹ **You ought to** ~ **them to sign the document as soon as possible** dovreste far loro firmare il documento al più presto. // to ~ **an advance of money** (*cred.*, *market.*) ottenere un anticipo di denaro; to ~ **afloat** (*trasp. mar.*) disincagliare, disincagliarsi; (*fig.*) fondare e avviare, lanciare: to ~ **a business afloat** (*market.*) lanciare una azienda; **It's hard to** ~ (*o* **to set**) **a company afloat nowadays** oggigiorno è difficile fondare e avviare una società; to ~ **the air** (*slang USA*) essere licenziato; to ~ **along** tirare avanti, farcela: **We can't** ~ **along without financial backing** non possiamo tirare avanti senza aiuti finanziari; to ~ **the ax** (*pers.*, *slang USA*) essere licenziato, farsi licenziare; to ~ **st. back** riottenere qc., farsi restituire qc.; to ~ **a bill discounted** (*banca*, *cred.*) farsi scontare una cambiale; to ~ **the boot** (*slang USA*) essere licenziato, farsi licenziare; to ~ **dearer** (*market.*) diventare più caro, diventare più costoso, rincarare: **Money is getting dearer and dearer every day** ogni giorno il denaro diventa più caro; to ~ **one's degree** laurearsi; to ~ **the gate** (*pers.*, *slang USA*) essere licenziato, farsi licenziare; to ~ **a good position** (*o* **job**) ottenere un buon impiego; to ~ **in** entrare, introdursi; arrivare; to ~ **in on the ground floor** (*slang USA*) comprare al prezzo minimo; to ~ **in touch with sb.** mettersi in contatto con q., entrare in relazione con q., contattare q. (*neol.*); to ~ **into** entrare, introdursi, penetrare; to ~ **into arrears** (*cred.*) essere in ritardo (*con un pagamento*), diventare moroso; to ~ **into debt** (*cred.*) indebitarsi, contrarre debiti; to ~ **a job** trovar lavoro, impiegarsi; to ~ **one's money back** farsi restituire il proprio denaro; to ~ **on in the world** far fortuna; to ~ **orders** (*market.*) procurarsi ordinazioni; to ~ **st. out of** ottenere qc. da, ricavare qc. da: **We got much more than we expected out of that property** da quella proprietà ottenemmo molto più di quanto ci si aspettava; to ~ **out of debt** (*cred.*) liberarsi dai debiti; to ~ **st. out of pawn** disimpegnare qc. (*dal monte dei pegni*); to ~ **out of the red** (*banca*, *cred.*) tornare in attivo, tornare « a galla », sdebitarsi; to ~ **rich** arricchire; to ~ **the sack** (*pers.*, *fam.*) essere licenziato, farsi licenziare; to ~ **a situation** (*pers.*) ottenere un impiego; to ~ **a situation for sb.** (*pers.*) ottenere un impiego per q., procurare un impiego a q.; to ~ **through** (*leg.*) far approvare, far varare (*un disegno di legge*, *un provvedimento*, *ecc.*); to ~ **time** (*cred.*) ottenere una dilazione (*di pagamento*); to ~ **under way** (*trasp. mar.*) salpare.

giant, *n.* gigante. *a. attr.* di gigante, gigantesco. // ~ **corporation** (*fin.*) grande società.

giffen goods, *n. pl.* (*econ.*) merci povere (*per le quali si verifica il fenomeno dell'aumento della domanda all'aumento del prezzo; sembra che il primo a richiamare l'attenzione degli esperti su questo fenomeno fosse Sir Robert Giffen*).

gift, *n.* ❶ dono, regalo, presente, strenna. ❷ (*leg.*) donazione. // ~ **causa mortis** (*leg.*) donazione fatta in punto di morte (« *donatio mortis causa* »); ~ **inter vivos** (*leg.*) donazione tra vivi (« *donatio inter vivos* »); ~ **stamps** (*pubbl.*) bolli premio, bollini; ~ **tax** (*fin.*) imposta sulle donazioni; ~ **token** (*fin., ingl.*) assegno dono in tagli fissi (*venduto dagli uffici postali*).

gill, *n.* ❶ « gill » (*misura di capacità per liquidi e aridi pari a metri cubi 0,142*). ❷ (*USA*) « gill » (*misura di capacità per liquidi pari a litri 0,118*).

gilt, *a.* dorato, indorato. // ~ **-edged** (*o* ~ **-edge**) col bordo dorato; (*fig.*) della migliore qualità, di prima qualità: ~ **-edged** (*o* ~ **-edge**) **securities** (*fin.*) titoli di prim'ordine, titoli sicurissimi, titoli primari.

girl, *n.* ❶ ragazza, giovane. ❷ (*pers.*) impiegata. ❸ (*pers.*) segretaria. // ~ **Friday** (*pers.*) *V.* ~ **friday**; ~ **friday** (*pers.*) segretaria efficientissima, segretaria tuttofare, factotum: **Miss Clark is our firm's ~ friday** Miss Clark è la factotum della nostra ditta.

giro, *n.* ❶ (*banca, cred.*) bancogiro. ❷ (*cred.*) giroconto postale, postagiro.

give, *v. t.* (*pass.* **gave**, *part. pass.* **given**) ❶ dare, donare. ❷ consegnare. ❸ accordare, assegnare. ❹ dedicare. ❺ pagare. △ ❶ **This will ~ them a right to complain about service** questo darà loro diritto di lamentarsi del servizio; ❹ **He's giving his life for the firm** dedica la vita alla sua ditta; ❺ **How much should I ~ for that article?** quanto dovrei pagare quell'articolo? // to ~ **an allowance** (*o* **a bonus**) **to sb.** (*pers.*) gratificare q.; to ~ **st. as security** (*leg.*) dare qc. in garanzia; to ~ (*o* **to render**) **assistance to sb.** dare (*o* prestare) aiuto a q.; to ~ **back** restituire: **They want us to ~ them back their money** vogliono che restituiamo loro il denaro; to ~ **the bulk of one's business to sb.** (*market.*) concentrare i propri acquisti presso q.; to ~ **change for a dollar** cambiare un dollaro, dare il resto di un dollaro; to ~ **one's confidence** concedere la propria fiducia; to ~ **credit** (*cred.*) far credito; to ~ **sb. credit for a sum of money** (*cred.*) accreditare una somma di denaro a q.; to ~ **sb. a definite assurance** dare a q. una ferma assicurazione; to ~ **an earnest** dare una caparra; to ~ **effective guarantees** dare garanzie effettive; to ~ **employment to** (*pers.*) dare lavoro a, impiegare; to ~ **evidence** (*leg.*) testimoniare, rendere testimonianza; to ~ **false testimony** (*leg.*) deporre il falso; to ~ **for the call** (*Borsa*) comprare a premio, comprare il « dont »; to ~ **for the call of more** (*Borsa*) comprare con diritto d'aggiunta; to ~ **for the call of twice more** (*Borsa*) comprare con diritto d'aggiunta doppia; to ~ **for the put** (*Borsa*) vendere a premio, vendere con facoltà d'opzione; to ~ **for the put and call** (*Borsa*) comprare a doppia opzione, comprare lo « stellage »; to ~ **for a put of more** (*Borsa*) vendere con facoltà di doppia consegna; to ~ **for a song** (*market.*) vendere a basso prezzo, « regalare »; to ~ **sb. the gate** (*pers., slang USA*) licenziare q.; to ~ **good returns** (*fin.*: *d'un investimento*) fruttare bene; to ~ **an interest to sb.** (*fin.*) interessare q. (*in un'azienda e sim.*); to ~ **legal notice** (*leg.*) dare avviso legale; to ~ **notice** informare; dare il preavviso, dare la disdetta: **The tenant has given notice** l'inquilino ha dato la disdetta; to ~ **notice of st.** denunciare qc.; to ~ **notice of damage to the shipowner** (*ass. mar.*) denunciare l'avaria all'armatore; to ~ **notice to sb.** (*leg.*) dare la disdetta a q.; (*pers.*) dar a q. il preavviso di licenziamento, licenziare q.; to ~ **notice to one's employer** (*pers.*) licenziarsi, dimettersi; to ~ **notice to quit** (*leg.*) dare disdetta di sfratto; to ~ **on** (*Borsa*) farsi riportare; to ~ **on stock** (*Borsa*) dare titoli a riporto; to ~ **oneself up** (*leg.*) costituirsi; to ~ **an order for goods** (*market.*) fare un'ordinazione di merci; to ~ **out** annunciare, proclamare, pubblicare: **The papers gave out the news of his retirement from business** i giornali pubblicarono la notizia del suo ritiro dagli affari; to ~ **the rate** (*Borsa*) farsi riportare; to ~ **the rate on stock** (*Borsa*) dare titoli a riporto; to ~ **(a) receipt** dare ricevuta, rilasciare (una) ricevuta; to ~ **a rise** (*pers.*) concedere un aumento (*di salario*); to ~ **rise to** dare luogo a, causare, cagionare: **The level of reference prices for sweet oranges did not ~ rise to the imposition of a countervailing charge** il livello dei prezzi di riferimento per le arance dolci non diede luogo alla instaurazione d'una tassa di compensazione; to ~ **sb. the sack** (*pers., fam.*) licenziare q.; to ~ **security** (*leg.*) fornire cauzione, prestar garanzia; to ~ **sb. a share in st.** (*fin.*) interessare q. a qc.; to ~ **short measure** (*market.*) rubare sul peso; to ~ **unsecured credit** (*banca, cred.*) concedere crediti senza garanzie; to ~ **up** (*Borsa*) dare un'altra contropartita; to ~ **st. up** abbandonare qc., rinunciare a qc.: **They must ~ up all their hopes of a financial recovery** devono abbandonare ogni speranza in una ripresa finanziaria; to ~ **way** cedere, mollare, rompersi, spezzarsi: **Prices are giving way** i prezzi cedono, i prezzi mollano; to ~ **way to a ship** (*trasp. mar.*) lasciar libera la rotta a una nave; to ~ **one's word** dare la propria parola.

giveaway, *n.* (*market.*) articolo dato in regalo, articolo in omaggio, omaggio.

given, *a.* ❶ dato, donato. ❷ fissato, prestabilito. ❸ (*leg.*) dato, certo. *cong.* supposto che, ammesso che. △ *cong.* ~ **fine weather, the ship will arrive day after tomorrow** ammesso che il tempo sia buono, la nave arriverà dopodomani. // ~ **name** (*USA*) nome di battesimo, prenome.

giver, *n.* ❶ datore, donatore. ❷ (*fin., market.*) venditore. △ ❷ **The market is all givers** il mercato è tutto venditori; il mercato è pesante.

glad, *a.* contento, lieto, felice. △ **We shall be ~ to give you further particulars about our firm** saremo lieti di fornirvi maggiori particolari sulla nostra ditta.

gladly, *avv.* lietamente, felicemente.

glamour stocks, *n. pl.* (*Borsa*) titoli « affascinanti » (*fra i più richiesti in una data Borsa*).

glassware, *n.* (*market.*) articoli di vetro.

gliding parities, *locuz. n.* (*fin.*) parità scivolanti.

gliding widened band, *locuz. n.* (*fin.*) fascia mobile allargata.

global, *a.* globale, complessivo. // ~ **free trade** (*econ.*) totale libertà dei traffici; **the ~ output of a factory** (*org. az.*) la produzione complessiva d'una fabbrica.

gloss, *n.* lustro.

glossy, *a.* ❶ lucido, lucente. ❷ liscio. // ~ **paper** (*giorn., pubbl.*) carta patinata.

glue[1], *n.* (*attr. uff.*) colla.

glue[2], *v. t.* incollare.

glut[1], *n.* ❶ sazietà. ❷ saturazione. ❸ quantità eccessiva. // **a ~ of rubber on the market** una saturazione del mercato della gomma.

glut², *v. t.* ❶ saziare. ❷ saturare, riempire all'eccesso.

go¹, *n.* ❶ l'andare, moto, movimento. ❷ (*fam.*) animazione, attività, energia. ❸ (*econ., fin.*) ripresa. ❹ (*market.*) moda, voga. △ ❸ **Economy is at last moving towards a ~ phase** finalmente l'economia si sta muovendo verso una fase di ripresa; ❹ **Small cars are all the ~** le automobili di piccole dimensioni sono in gran voga. // ~ **-ahead signal** (*trasp. ferr.*) (segnale di) via libera; ~ **-slow** (*sind.*) rallentamento del lavoro (*attuato per rivendicazioni sindacali*); sciopero bianco.

go², *v. i.* (*pass.* went, *part. pass.* gone) andare. △ **We can assure you that our article will ~ in a whiff** vi possiamo assicurare che il nostro articolo andrà (o si venderà) in un baleno. // to ~ **aboard** (*trasp. mar.*) salire a bordo, imbarcarsi; to ~ **about st.** occuparsi di qc.; to ~ **against the wind** (*trasp. mar.*) rimontare il vento; to ~ **alongside a ship** (*trasp. mar.*) accostarsi (o affiancarsi) a una nave; to ~ **ashore** (*trasp. mar.*) approdare, sbarcare; to ~ **away** andar via, allontanarsi; to ~ **back** tornare; (*fig.*) far marcia indietro; to ~ **back on** (*o* **upon**) **one's word** non mantenere la parola, mangiarsi la parola; to ~ **bail for sb.** (*leg.*) pagare (*o* versare) la cauzione per (*ottenere la libertà provvisoria a*) q.; farsi garante per q. (*per ottenergli la libertà provvisoria*); to ~ **bankrupt** (*leg.*) fallire, far fallimento; to ~ **a bear** (*Borsa*) speculare al ribasso; to ~ **better** migliorare; (*fin., market.*) aumentare (*o* crescere) di valore; to ~ **beyond** oltrepassare, andare oltre, eccedere: **He was fired because he'd gone beyond his instructions** fu licenziato perché aveva ecceduto le istruzioni ricevute; to ~ **a bull** (*Borsa*) speculare al rialzo; to ~ **by car** andare in automobile; to ~ **by plane** andare in aeroplano; to ~ **by ship** andare in nave; to ~ **cheap** (*market.*) (*di un articolo*) essere venduto a basso prezzo; to ~ **down** andar giù, scendere; (*market.*) calare, diminuire (*di prezzo, ecc.*); (*market.*) (*di prezzo, ecc.*) essere ribassato, essere ridotto; to ~ **halves** fare a mezzo, dividere le spese; to ~ **in for** intraprendere (*una professione e sim.*); to ~ **industrial** (*econ.*) passare all'industria; to ~ **into** entrare in; andare al fondo di, approfondire (*qc.*); to ~ **into an account** (*rag.*) esaminare un conto; to ~ **into business** entrare in affari, mettersi in affari, mettersi in commercio; to ~ **into dry dock** (*trasp. mar.*) entrare in bacino di carenaggio; to ~ **into the evidence** (*leg.*) approfondire l'esame delle prove, approfondire l'esame delle testimonianze; to ~ **into liquidation** (*fin.*) mettersi in liquidazione; to ~ **into a matter** esaminare una pratica, esaminare una questione: **We should be most grateful if you would ~ into this matter carefully** vi saremmo oltremodo grati se voleste esaminare attentamente la pratica; to ~ **into a profession** avviarsi a una professione; « ~ **it alone** » (*econ.*) politica autarchica; to ~ **long in a given currency** (*Borsa, fin.*) detenere troppa valuta di una certa moneta; to ~ **multinational** (*fin.*: *di una società*) diventare multinazionale; to ~ **off** (*market.*) andare, vendersi; (*market.*) scadere di qualità, peggiorare: **As their goods have gone off considerably, they can no longer stand competition** siccome la loro merce è notevolmente peggiorata, non sono più in grado di far fronte alla concorrenza; to ~ **off duty** (*pers.*) « staccare », « smontare »; to ~ **off the rails** (*trasp. ferr.*) deragliare; to ~ **on a cruise** (*trasp. mar.*) andare in crociera; to ~ **on a holiday** (*pers.*) andare in ferie; to ~ **on a journey** (*tur.*) fare un viaggio (*per via di terra*); to ~ **one better** far meglio (*per un punto*), superare (*per un punto*); (*market., sind.*) offrire un prezzo più alto; to ~ **out** andare fuori, uscire; to ~ **out of dry dock** (*trasp. mar.*) uscire dal bacino di carenaggio; to ~ **out of fashion** (*market.*) passar di moda; to ~ **out (on strike)** (*pers., sind.*) mettersi in sciopero; to ~ **public** (*fin.*) diventare pubblico; to ~ **strong** andar forte, « tirare »: **Sassuolo was going strong despite the crisis** Sassuolo « tirava » nonostante la crisi; to ~ **surety for sb.** (*leg.*) farsi garante per q.; to ~ **through** esaminare attentamente; to ~ **through an account** (*rag.*) spulciare un conto; to ~ **through one's correspondence** fare lo spoglio della propria corrispondenza; to ~ **to the Bar** (*leg.*) darsi alla professione forense, diventare avvocato; to ~ **to the bottom** (*trasp. mar.*) andare a fondo, colare a picco; to ~ **to Court** (*leg.*) adire il tribunale, ricorrere alla giustizia; to ~ **to protest** (*cred., leg.*) andare in protesto; to ~ **up** andar su, salire; (*market.*) aumentare, crescere (*di prezzo, ecc.*), rincarare; (*market.*) (*di prezzo, ecc.*) essere in aumento, salire, lievitare; to ~ **vataway** (*fin.*: *di una società*) essere esentato dal pagamento dell'IVA; to ~ **worse** peggiorare; (*fin., market.*) diminuire di valore, deprezzarsi.

goal, *n.* ❶ meta, scopo, fine. ❷ (*org. az.*) obiettivo, scopo.

going, *a.* ❶ che va. ❷ che va bene, bene avviato. ❸ (*market.*) corrente. *n.* ❶ andata, partenza. ❷ (*trasp.*) andatura, moto, velocità. // **a ~ concern** (*econ.*) un'azienda bene avviata, un'azienda in attività; « ~! ~! **gone** » « uno, due... aggiudicato! » (*nelle vendite all'asta*); ~ **price** (*market.*) prezzo corrente; ~ **value** (*market.*) valore corrente.

gold, *n.* oro. *a. attr.* d'oro, aureo. // **a ~ bar** un lingotto d'oro; ~ **bonds** (*econ., fin.*) obbligazioni pagabili in oro; ~ **bullion** (*econ., fin.*) oro in barre, oro in verghe; ~ **bullion standard** (*fin.*) tipo a cambio in verghe auree; ~ **clause** (*leg.*) clausola (di contratto, che prevede il pagamento in) oro; ~ **cover** (*econ., fin.*) copertura aurea; ~ **currency** (*econ., fin.*) valuta aurea; ~ **-exchange standard** (*econ., fin.*) sistema monetario basato sulla libera convertibilità delle monete rispetto a una moneta « base » a parità aurea; ~ **francs** (*econ., fin.*) franchi-oro; ~ **inflation** (*econ.*) inflazione da (eccesso di produzione di) oro; ~ **money** (*econ., fin.*) valuta aurea; ~ **points** (*econ., fin.*) punti dell'oro, punti metallici; ~ **pool** (*fin.*) « pool » dell'oro; ~ **premium** (*econ., fin.*) eccedenza del potere d'acquisto d'una valuta aurea su quello d'un'altra moneta dello stesso valore nominale; ~ **reserve** (*banca, econ., fin.*) riserva aurea: ~ **reserves have been standing for some time at around 1,800 billion lire** le riserve auree si mantengono da tempo sui 1.800 miliardi di lire; ~ **standard** (*econ., fin.*) sistema (monometallico) aureo, parità aurea, valuta aurea; ~ **tranche** (*econ., fin.*) versamento in oro presso il Fondo Monetario Internazionale (*effettuato da un Paese aderente, per la costituzione della riserva aurea presso il Fondo suddetto*); **in ~** (*fin.*) in valuta aurea, in oro.

golden, *a. attr.* d'oro, aureo. // ~ **handshake** (*fin.*) buonuscita (*al direttore uscente d'una società*).

gone, *part. pass.* di **to go**. // « **gone!** » (*in una vendita all'asta*) « aggiudicato! ».

good, *a.* buono. *n.* ❶ bene, beneficio, pro. ❷ (*econ.*) bene economico. // ~ **appearance** (*pers.*) bella presenza; ~ **average quality** (*market.*) qualità buona media; **a ~ bargain** un buon affare; ~ **behaviour** (*leg.*) buona condotta; ~ **cause** (*leg.*) buona causa; ~ **debts** (*cred.*) crediti sicuri; ~ **delivery** (*Borsa*) buona consegna, consegna valida (*di titoli*); ~ **faith** (*leg.*) buona fede; ~ **-for** (*slang USA*) pagherò cambiario; ~ **for 50 dollars** (*cred., market.*) del valore di 50 dollari; **a ~ man** (*comm.*) un uomo reputato solido, un uomo solvibile; ~ **offices** impegno, interessamento; ~ **paper** (*cred.*) buona carta, effetti sicuri; **a ~ security** (*leg.*) una buona cauzione; **~ standing** (*econ.*) alto tenore di vita; **~ till cancelled order** (*Borsa*) ordine valido a revoca.

goods, *n. pl.* ❶ beni mobili. ❷ merci, merce. ❸ prodotti. ❹ (*rag.*) conto merci. △ ❷ **The ~ were sent back to the seller** la merce fu rinviata al venditore; **We trust that the ~ will meet with your approval** confidiamo che la merce sia di vostro gradimento; ❸ **A pronounced recovery was observed in Italy where imports of ~ for private consumption increased by 7% in 1965** si è osservata una netta ripresa in Italia, dove nel 1965 le importazioni di prodotti destinati al consumo privato segnarono un aumento del 7%. ∥ **~ account** (*rag.*) conto merci; **~ afloat** (*trasp.*) merci flottanti; **~ and chattels** (*leg.*) beni mobili, beni personali; **~ for home use** (*dog.*) merci per uso (*o consumo*) interno; **~ for private consumption** (*market.*) prodotti destinati al consumo privato; **~ for temporary admission** (*comm. est.*) merce in transito; **~ in apparent good order and condition** (*market.*) merce che sembra in ordine e in buone condizioni; **~ in bond** (*dog.*) merce schiava di dazio; **~ in consignment** (*market.*) merce in deposito; **~ in process** (*org. az.*) prodotti in corso di lavorazione, semilavorati, prodotti semilavorati; **~ in process storehouse** (*org. az.*) magazzino (prodotti) semilavorati; **~ in stock** (*org. az.*) merce in magazzino; **~ loan** (*cred.*) anticipazione su merci; **~ lying at the railway station** (*trasp.*) merce giacente in stazione; **~ lying in customs** (*dog.*) merci in dogana; **~ on hand** (*org. az.*) merce in magazzino; **~ rates** (*trasp.*) tariffe per il trasporto delle merci; **~ station** (*trasp. ferr.*) scalo merci; **~ stored ashore** (*trasp. mar.*) merce immagazzinata a terra; **~ traffic** (*trasp.*) movimento merci; **~ train** (*trasp. ferr.*) treno merci; **~ transport** (*trasp.*) trasporto di merci; **~ truck** (*trasp. ferr.*) vagone merci; **~ wagon** (*trasp. ferr.*) vagone merci; **by ~ train** (*trasp. ferr.*) a piccola velocità.

goodwill, *n.* ❶ buona volontà, zelo. ❷ (*rag.*) avviamento, buonuscita (*d'un'azienda, d'un negozio, ecc.*).

govern, *v. t.* ❶ governare, condurre, dirigere. ❷ amministrare. ❸ controllare, tenere a freno. △ ❶ **The new committee will ~ the economic affairs of the union** la nuova commissione dirigerà gli affari economici del sindacato.

governed, *a.* ❶ governato, condotto, diretto. ❷ amministrato. ❸ controllato, tenuto a freno. ∥ **~ economy** (*econ.*) economia controllata.

government, *n.* ❶ governo, amministrazione, ministero. ❷ (*org. az.*) amministrazione, gestione. ∥ **~ bank** (*banca*) banca di Stato; **~ bonds** (*fin.*) obbligazioni dello Stato, buoni del Tesoro, cartelle del debito pubblico; **~ concession tax** (*fin.*) tassa sulle concessioni governative; **~ corporation** (*fin., USA*) società pubblica (*che esercita funzioni d'interesse pubblico*); **~ depository** (*banca*) banca (che svolge funzioni) di Tesoreria per lo Stato; **~ expenditure** (*fin.*) spesa pubblica; **~ -induced repressed inflation** (*econ.*) inflazione indotta da provvedimenti governativi, ma controllata; **~ -inflation** (*econ.*) inflazione controllata dal governo; **~ loan** (*econ.*) prestito pubblico; **~ monopolies** (*econ.*) monopoli di Stato, monopoli nazionali (*a carattere commerciale*); **~ office** ente governativo, ente pubblico; **~ purchasers** (*econ.*) acquirenti pubblici; **~ revenue** (*fin.*) entrate pubbliche; **~ securities** (*fin.*) titoli di Stato, titoli pubblici: **~ securities are advancing steadily** i titoli di Stato sono in continuo aumento; **~ stock** (*fin.*) titoli pubblici; **~ tax on secured loans** (*fin.*) tassa erariale sulle operazioni garantite.

governor, *n.* ❶ governatore. ❷ amministratore. ∥ **~ -general** (*ingl.*) governatore generale; **the ~ of the Bank of England** (*banca, ingl.*) il Governatore della Banca d'Inghilterra.

grace, *n.* grazia.

gradation, *n.* gradazione.

grade[1]**,** *n.* ❶ grado. ❷ (*market.*) categoria, classe. ❸ (*market.*) standard qualitativo, qualità, varietà. △ ❷ **First- ~ apples are in great demand** c'è una forte richiesta di mele di prima categoria. ∥ **~ crossing** (*trasp. ferr., USA*) passaggio a livello; **on the up ~** in ascesa, in salita; (*fin., market.*) in rialzo, in via di miglioramento: **The economic activity is on the up ~** l'attività economica va migliorando; **up to ~** (*market.*) di qualità buona media.

grade[2]**,** *v. t.* ❶ graduare. ❷ (*market.*) classificare, cernere.

gradient, *n.* (*trasp. ferr.*) pendenza.

grading, *n.* (*market.*) classificazione, cernita.

gradual, *a.* graduale.

graduate[1]**,** *n.* ❶ laureato, laureata. ❷ (*USA*) diplomato, diplomata. ∥ **~ in economics** laureato in economia.

graduate[2]**,** *v. t.* ❶ graduare, distinguere in gradi. ❷ (*soprattutto USA*) conferire la laurea a, laureare. ❸ (*USA*) rilasciare un diploma a, diplomare. *v. i.* ❶ laurearsi, conseguire la laurea. ❷ (*USA*) diplomarsi, conseguire il diploma. ∥ **to ~ taxes** (*fin.*) graduare le imposte.

graduated, *a.* graduato, distinto in gradi. ∥ **~ prices** (*market.*) prezzi differenziali; **~ tax** (*fin.*) imposta progressiva.

graduation, *n.* graduazione.

graft[1]**,** *n.* ❶ (*fam.*) «bustarella». ❷ (*leg.*) peculato, concussione, prevaricazione.

graft[2]**,** *v. i.* (*leg.*) prevaricare, rendersi colpevole di peculato. *v. t.* (*leg.*) procurarsi (*denaro, cariche, ecc.*) con mezzi illeciti.

grafter, *n.* (*leg.*) prevaricatore.

grain, *n.* (*ingl.*) grano (*misura di peso pari a 0,0648 grammi*).

gram, *n.* grammo.

gramme, *n.* grammo.

grand, *a.* ❶ grande, grandioso, importante, principale. ❷ complessivo, totale. *n.* (*slang USA*) mille dollari. ∥ **~ jury** (*leg.*) giuria speciale (*che decide se q. debba essere rinviato a giudizio*); **~ total** (*rag.*) somma complessiva, totale generale.

grandee, *n.* (*fin.*) magnate.

grant[1]**,** *n.* ❶ concessione. ❷ ammissione. ❸ (*fin.*) sovvenzione; (*USA*) borsa di studio. ❹ (*leg.*) concessione, cessione, assegnazione, trasferimento (*di beni, diritti, proprietà*). △ ❸ **These projects receive assistance totalling 17.1 million u.a. (units of account) in the form of grants amounting to 25% of the total investment envisaged** questi progetti beneficiano d'un concorso pari a 17,1 milioni di U.C. (unità di conto) sotto forma di sovvenzioni per un massimo del 25% degli investimenti previsti. ∥ **~ -in aid** (*fin.*) contributo statale (*agli Enti pubblici*); **the ~ of a patent** (*leg.*) il rilascio d'un brevetto; **grants to make up earnings to a reasonable level** concessione d'un'integrazione di reddito.

grant[2]**,** *v. t.* ❶ accordare, concedere. ❷ ammettere, riconoscere. ❸ (*fin.*) sovvenzionare. ❹ (*leg.*) concedere, cedere, assegnare, trasferire (*beni, diritti, proprietà*). △ ❶ **We are open to ~ you a 5% discount** siamo disposti a concedervi uno sconto del 5%. ∥ **to ~ sb. an audience** concedere un'udienza a q.; **to ~ clean credits** (*banca,*

grantee

cred.) concedere un credito di cassa; to ~ (*sb.*) **a diploma** diplomare; to ~ **a discount** (*market.*) concedere uno sconto; to ~ **an extension of payment** concedere una dilazione di pagamento; to ~ **the know-how** (*leg.*) cedere il «know-how» (*q.V.*); to ~ **sb. a leave** (*pers.*) concedere un congedo (*o* un permesso) a q.; to ~ **a loan** (*cred.*) concedere un prestito; to ~ **loans on favourable terms** (*cred.*) concedere prestiti a condizione di favore; to ~ **an overdraft** (*banca, cred.*) concedere uno scoperto; to ~ **a patent** (*leg.*) concedere un brevetto; to ~ **a request** accogliere una richiesta.

grantee, *n.* (*leg.*) cessionario, concessionario, assegnatario, beneficiario.

grantor, *n.* ❶ (*leg.*) cedente, concedente. ❷ (*leg.*) garante, avallante.

graph[1], *n.* ❶ (*elab. elettr.*) grafico, diagramma. ❷ (*giorn.*) figura. ❸ (*mat., stat.*) grafico, diagramma, tracciato. ❹ (*ric. op.*) grafo. // ~ **chart** (*elab. elettr.*) grafico, diagramma; ~ **paper** (*attr. uff.*) carta millimetrata; **a** ~ **that shows the increase of the world population** (*econ., stat.*) un grafico che mostra l'aumento della popolazione mondiale.

graph[2], *v. t.* (*mat., stat.*) rappresentare per mezzo d'un grafico; rappresentare per mezzo d'un diagramma.

graphic, *a.* grafico. // **the** ~ **arts** (*pubbl.*) le arti grafiche.

graphical, *a. V.* **graphic.**

grasp[1], *n.* ❶ presa, impugnatura. ❷ comprensione. // **beyond one's** ~ (*d'un problema, ecc.*) che non si riesce a capire (*o* a risolvere); **within one's** ~ (*d'un problema, ecc.*) che si riesce a capire (*o* a risolvere).

grasp[2], *v. t.* ❶ afferrare, agguantare, impugnare. ❷ comprendere, capire. ❸ (*cronot.*) prendere (con le mani).

grateful, *a.* grato, riconoscente. △ **We should be** ~ **if you would let us have some more information regarding your client** vi saremmo grati se voleste favorirci altre informazioni sul vostro cliente.

gratefully, *avv.* con gratitudine, con riconoscenza.

gratefulness, *n.* gratitudine.

gratifying, *a.* gratificante.

gratis, *avv.* gratis, gratuitamente. *a.* gratuito.

gratuitous, *a.* gratuito.

gratuity, *n.* ❶ gratificazione, gratifica, regalia. ❷ «bustarella». ❸ (*pers.*) liquidazione.

grave, *a.* grave.

graveyard, *n.* cimitero, camposanto. // ~ **shift** (*pers.*) turno di notte; operai del turno di notte.

graving, *n.* (*trasp. mar.*) carenaggio. // ~ **-dock** (*trasp. mar.*) bacino di carenaggio.

gravity, *n.* gravità.

gravure, *n.* (*giorn., pubbl.*) fotoincisione, rotocalco.

gravy, *n.* ❶ sugo, salsa. ❷ (*slang USA*) profitti illegali. ❸ (*slang USA*) fonte di profitti illegali. // ~ **job** (*fam., ingl.*) occupazione oltremodo redditizia; ~ **train** (*slang USA*) occupazione oltremodo redditizia.

gray, *a. V.* **grey.**

grease[1], *a.* (*market.*) (*di lana*) sucido. // ~ **wool** (*market.*) lana sucida.

grease[2], *n.* ❶ grasso, unto. ❷ (*USA*) lana sucida.

greasy, *a.* ❶ grasso, untuoso. ❷ (*market.*) (*di lana*) sucido. // ~ **crayon** (*attr. uff.*) matita grassa.

great, *a.* grande, grosso, importante. // **the** ~ **Depression** la Grande Crisi (*o* Depressione) (*quella del 1929, in U.S.A.*); ~ **gross** quantità pari a dodici grosse (*cioè, 1.728 unità*); **the greatest common factor** (*mat.*) il massimo comun divisore.

greatness, *n.* grandezza.

greed, *n.* avidità.

greedy, *a.* avido.

green, *a.* ❶ verde. ❷ inesperto. *n.* (*USA*) denaro, denaro cartaceo. // ~ **goods** (*USA*) banconote false; ~ **labour** (*pers., sind.*) manodopera non specializzata; ~ **money** (*USA*) denaro cartaceo.

greenback, *n.* (*USA*) biglietto di banca.

greenbacks, *n. pl.* (*USA*) dollari.

Greenwich, *n. pr.* Greenwich (*presso Londra*). // ~ **civil time** *V.* ~ **(mean) time**; ~ **(mean) time** ora (solare misurata sul meridiano di) Greenwich.

grey, *a.* grigio. // ~ **market** (*econ.*) mercato «grigio» (*situazione simile a quella del mercato nero, ma non altrettanto apertamente illegale*).

grievance, *n.* ❶ lagnanza, reclamo. ❷ offesa, torto. ❸ (*sind.*) lagnanza, reclamo. ❹ (*sind.*) condizione di lavoro che viola un contratto collettivo. // ~ **committee** (*sind.*) commissione interna (*per la discussione delle lagnanze del personale*).

groceries, *n. pl.* (*market.*) generi coloniali, coloniali.

gross, *a.* ❶ grossolano, grezzo. ❷ grosso, grave. ❸ (*comm.*) complessivo, totale. ❹ (*comm.*) lordo. *n.* grossa (*dodici dozzine*). // ~ **amount** ammontare complessivo; importo lordo; ~ **average** (*ass. mar.*) avaria generale: **Average is often referred to as «general average» or «**~ **average» because it goes to indemnify the whole or** ~ **amount of the loss suffered by any of the three interests – the ship, the cargo and the freight – for the benefit of all** l'avaria viene spesso detta «avaria generale» per il fatto che essa serve a indennizzare l'intero ammontare del danno subito da qualsiasi dei tre interessi – la nave, il carico e il nolo – per il bene comune; ~ **cash flow** (*rag.*) somma degli utili lordi e degli ammortamenti; ~ **commodities** (*market.*) derrate grezze; ~ **earnings** (*rag.*) entrate lorde; ~ **fixed assets** (*rag.*) capitale fisso lordo: **Measures to reduce the deficit of public authorities should weigh more heavily on public and private consumption than on** ~ **fixed asset formation** i provvedimenti volti a ridurre il disavanzo della pubblica amministrazione dovrebbero gravare piuttosto sui consumi pubblici e privati che non sulla formazione di capitale fisso lordo; «~ **for net**» (*market.*) «lordo per netto» (*non si computa la tara*); ~ **freight** (*trasp. mar.*) nolo lordo; ~ **income** (*rag.*) entrata lorda; reddito complessivo; ~ **margin** (*rag.*) margine lordo; ~ **national product (GNP)** (*econ.*) prodotto nazionale lordo (*PNL*): **The** ~ **national product at current prices is expected to increase by some 5%** si prevede che il prodotto nazionale lordo ai prezzi correnti aumenti all'incirca del 5%; ~ **negligence** (*leg.*) negligenza grave; ~ **operating profits** (*fin., rag.*) risultati lordi di gestione; ~ **output** (*fin., rag.*) prodotto lordo; ~ **premium** (*ass.*) premio lordo, premio «di tariffario»; ~ **price** (*market.*) prezzo lordo; ~ **product** (*fin., rag.*) prodotto lordo; reddito lordo; ~ **profit** (*o* ~ **profits**) (*rag.*) utile lordo; ~ **receipts** (*rag.*) incasso lordo; ~ **tonnage** (*trasp. mar.*) tonnellaggio lordo; stazza lorda; ~ **trading profits** (*fin., rag.*) margini lordi di utile commerciale: **The difference between turnover and costs is called** ~ **trading profits** la differenza tra il volume degli affari e i costi va sotto il nome di margini lordi d'utile commerciale; ~ **weight** peso lordo.

ground[1], *n.* ❶ terreno, terra, suolo. ❷ fondamento. ❸ causa, motivo, ragione. ❹ (*leg.*) causa, motivo. ❺ (*trasp. mar.*) fondo (*del mare, ecc.*). △ ❶ ~ **is more and more expensive in large cities** nelle grandi città il terreno costa sempre di più; ❺ **The ship took ~ after the storm** la nave s'incagliò sul fondo (*o* s'arenò) dopo la tempesta. // **~ crew** (*pers.*, *trasp. aer.*) personale per i servizi a terra; **~ of appeal** (*leg.*) motivo d'appello; **the grounds of a judgment** (*leg.*) la motivazione d'una sentenza; **the ~ of an objection** (*leg.*) il motivo d'un'eccezione; **~ of suspicion** (*leg.*) causa di sospetto; **~ rent** (*leg.*) canone simile a quello enfiteutico; **~ staff** (*pers.*, *trasp. aer.*) personale per i servizi a terra.

ground², *v. t.* ❶ basare, fondare, motivare. ❷ (*trasp. aer.*) tenere a terra. ❸ (*trasp. aer.*) costringere all'atterraggio. ❹ (*trasp. mar.*) incagliare, fare arenare. *v. i.* (*trasp. mar.*) incagliarsi, arenarsi. △ *v. t.* ❶ **They were not able to ~ their claim** non furono in grado di motivare il loro reclamo; ❷ **In Milan our plane was grounded by the fog** a Milano l'aereo fu costretto dalla nebbia ad atterrare.

groundage, *n.* (*trasp. mar.*) diritto di porto, diritto portuale, diritto d'ancoraggio.

groundless, *a.* infondato, ingiustificato, immotivato. // **~ objection** (*leg.*) eccezione infondata.

group¹, *n.* ❶ gruppo. ❷ (*fin.*) gruppo finanziario (*costituito da una società controllante e da un certo numero di consociate*). // **~ insurance** (*ass.*) assicurazione collettiva, assicurazione popolare; **~ interview** (*market.*, *pubbl.*) intervista di gruppo; **~ project** (*pers.*) progetto di gruppo; **~ work** (*pers.*) lavoro di gruppo.

group², *v. t.* raggruppare, radunare.

grow, *v. i.* (*pass.* **grew**, *part. pass.* **grown**) ❶ crescere, aumentare. ❷ svilupparsi, progredire. *v. t.* ❶ far crescere. ❷ coltivare, produrre. △ *v. i.* ❶ **In the last months of the year, the number of unemployed grew appreciably in Germany** negli ultimi mesi dell'anno in Germania il numero di disoccupati aumentò in modo considerevole; *v. t.* ❷ **They ~ the best wine in the whole of Western Europe** producono il migliore vino di tutta l'Europa occidentale. // **to ~ old** invecchiare.

grower, *n.* coltivatore, produttore.

growing, *a.* crescente, in aumento. *n.* coltivazione, produzione. // **the ~ interpenetration of the Member States' economies** (*econ.*) la sempre maggiore interpenetrazione delle economie degli Stati Membri; **~ reserves** (*fin.*, *rag.*) riserve in aumento.

growth, *n.* ❶ crescita, accrescimento, aumento, incremento. ❷ sviluppo, progresso. ❸ coltivazione, produzione. ❹ (*econ.*) espansione economica. △ ❸ **There is a strong demand for goods of foreign ~** c'è una forte domanda di merci di produzione straniera; ❹ **While ~ remained fairly rapid in Italy, it distinctly slowed down in Germany** mentre in Italia l'espansione economica è continuata a un ritmo abbastanza rapido, nella Germania si è osservato invece un netto rallentamento. // **~ area** (*econ.*) area di sviluppo; **~ company** (*fin.*) società in via di sviluppo; **~ in value** (*fin.*) incremento in valore: **Trade in copper continued to show a lively ~ in value despite a tendency towards stabilization in the price of this product** il commercio del rame ha continuato a registrare un vivace incremento in valore nonostante la tendenza alla stabilizzazione delle quotazioni di tale prodotto; **~ of productivity** (*econ.*) incremento produttivo; **~ products** (*econ.*) prodotti ad alto contenuto tecnologico; **~ rate** (*econ.*, *fin.*) tasso di sviluppo, tasso d'incremento, incremento: **The ~ rate of the gross national product fell from 5.4% to 4.5% in the Netherlands** l'incremento del prodotto nazionale lordo è sceso dal 5,4% al 4,5% nei Paesi Bassi; **~ stock** (*fin.*) titolo di sviluppo, titolo

d'azienda in espansione; **~ targets** (*econ.*) traguardi di sviluppo.

growthmania, *n.* (*econ.*) mania dello sviluppo economico.

grudge, *v. t.* lesinare.

guarantee¹, *n.* ❶ garanzia. ❷ (*cred.*, *fin.*) avallo, mallevadoria, malleveria, cauzione, sicurtà. ❸ (*cred.*, *fin.*) avallante, mallevadore. ❹ (*leg.*) garanzia. ❺ (*leg.*) garante. // **a ~ against rising prices** (*econ.*) una garanzia contro il rischio economico; **~ commission** (*fin.*) del credere; **~ fund** (*fin.*) fondo di garanzia, fondo di cauzione; **~ of payment** (*cred.*) garanzia di pagamento; **~ of quality** (*market.*) garanzia di qualità.

guarantee², *v. t.* ❶ garantire. ❷ (*cred.*, *fin.*) avallare, far da mallevadore a (*q.*), farsi mallevadore di (*q.*). ❸ (*leg.*) garantire. △ ❶ **All our articles are guaranteed for six months** tutti i nostri articoli sono garantiti per sei mesi; ❷ **We hope they'll be in a position to ~ our debts** speriamo saranno in grado di farsi mallevadori (del pagamento) dei nostri debiti. // **to ~ a bill** (*cred.*) avallare una cambiale; **to ~ an endorsement** (*cred.*) avallare una girata.

guaranteed, *a.* ❶ garantito. ❷ (*cred.*, *fin.*) avallato. ❸ (*leg.*) garantito. // **~ annual wage** (*pers.*) retribuzione annuale garantita; **~ bond** (*fin.*) obbligazione garantita; **~ rate** (*pers.*) paga (minima) garantita (*indipendentemente dalla quantità prodotta*); **~ stock** (*fin.*) azioni a dividendo garantito.

guarantor, *n.* ❶ (*cred.*, *fin.*) avallante. ❷ (*leg.*) garante. // **the ~ of a bill of exchange** l'avallante di una cambiale.

guaranty, *n.* V. **guarantee¹**.

guard¹, *n.* ❶ guardia, custodia. ❷ (*pers.*) guardiano, custode, sorvegliante. ❸ (*trasp. ferr.*) conduttore, controllore, capotreno.

guard², *v. t.* custodire, fare la guardia a (*q. o qc.*).

guardian, *n.* (*leg.*) tutore. *a. attr.* (*leg.*) tutelare.

guardianship, *n.* (*leg.*) tutela, curatela (*di un minore*).

guardrail, *n.* (*trasp. aut.*) « guardrail ».

guardsman, *n.* (*pl.* **guardsmen**) guardia.

guess, *v. t. e i.* indovinare.

guest, *n.* ❶ ospite. ❷ (*market.*) cliente, consumatore. ❸ (*tur.*) cliente. // **~ currencies** (*fin.*) valute ospiti.

guidance, *n.* guida, direzione, orientamento. △ **The experts have been discussing the long-term ~ of production** gli esperti hanno discusso l'orientamento della produzione a lungo termine. // **the ~ Section of the Agricultural Fund** (*econ.*) la Sezione Orientamento del Fondo Agricolo.

guide¹, *n.* ❶ guida, orientamento, regola. ❷ (*pers.*, *tur.*) guida. // **~ board** (*trasp.*) cartello segnaletico (*stradale*); **~ -book** guida (*libro*); **~ price** (*market.*) prezzo d'orientamento; **~ rail** (*trasp. ferr.*) terza rotaia.

guide², *v. t.* guidare, regolare, orientare.

guideline, *n.* linea direttrice, orientamento. △ **It was necessary to scrutinize economic policies in the light of the guidelines of the programme** fu necessario esaminare le politiche economiche in rapporto agli orientamenti del programma.

guidepost, *n.* (*trasp.*) indicatore stradale.

guild, *n.* ❶ (*fin.*) gilda, corporazione, associazione (*d'arti e mestieri*). ❷ (*fin.*) associazione (*di mutuo soccorso, ecc.*). ❸ (*fin.*) consorzio.

guilder, *n.* fiorino (*olandese*).

guilt, *n.* (*leg.*) colpa, colpabilità, colpevolezza, reità.

guilty, *a.* (*leg.*) colpevole, reo. // **a verdict of** « **~** »

(*leg.*) un verdetto di colpevolezza; **a verdict of** « **not** ~ » (*leg.*) un verdetto d'innocenza.

guinea, *n.* (*ingl.*) ghinea (*moneta di conto pari a 21 scellini, non più in corso, ma usata per onorari, per certi articoli di lusso, ecc.*).

gum, *n.* (*pubbl.*) colla (*per manifesti*).

H

habeas corpus, n. (leg.) mandato di comparizione (dell'arrestato) davanti al magistrato (che decide della legalità dell'arresto).
haberdasher, n. merciaio; confezionista.
habit, n. abitudine.
haggle¹, n. ❶ disputa, litigio. ❷ (market.) mercanteggiamento, lo stiracchiare sul prezzo.
haggle², v. t. e i. ❶ disputare, litigare. ❷ (market.) mercanteggiare, contrattare, stiracchiare sul prezzo.
haggling, n. mercanteggiamento, contrattazione.
hail, n. grandine. // ~ **insurance** (ass.) assicurazione contro la grandine; ~ **storms** (ass.) grandine.
hair, n. collett. ❶ capelli, capigliatura, chioma. ❷ capello, pelo. // ~ **space** (pubbl.) mezzo punto (nella spaziatura).
hairline, n. (pubbl.) filetto.
half, n. (pl. halves) ❶ metà, mezzo. ❷ (USA) mezzo dollaro, cinquanta centesimi di dollaro, moneta da mezzo dollaro. a. mezzo, semi-. △ n. ❶ ~ **of the profits have already been invested** metà dei profitti è già stata investita. // ~ **adder** (elab. elettr.) semiaddizionatrice; to ~ **-adjust** (elab. elettr.) arrotondare; ~ **-and-** ~ mezz'e mezzo; ~ **-and-** ~ **policy** (amm.) politica delle mezze misure, politica del compromesso; ~ **a C** (slang USA) banconota da cinquanta dollari; ~ **-commission** (Borsa) mezza commissione, mezza provvigione (compenso generalmente spettante al remissore); ~ **-commission man** (Borsa) remissore (procacciatore d'ordini a un agente di cambio); ~ **-dollar** (USA) mezzo dollaro, moneta da mezzo dollaro, cinquanta centesimi di dollaro; ~ **fare** (trasp.) tariffa dimezzata, tariffa ridotta; ~ **-fare ticket** (trasp.) biglietto a tariffa ridotta; ~ **-holiday** (pers., sind.) mezza festa; ~ **page** (giorn., pubbl.) mezza pagina; ~ **per cent** mezzo per cento; ~ **a pound** mezza libbra; ~ **(-)price** a metà prezzo; ~ **showing** (pubbl.) affissione di media intensità; ~ **type** (pubbl.) neretto; ~ **year semestre;** ~ **-yearly** semestrale, semestralmente: ~ **-yearly** (o ~ **year's**) **dividend** (fin.) dividendo semestrale; **at** ~ **price** (market.) a metà prezzo; **on** ~ **pay** (pers.) a mezza paga.
halftone, n. ❶ mezza tinta. ❷ (pubbl.) illustrazione a mezza tinta. a. attr. (pubbl.) a mezza tinta. // ~ **block** (pubbl.) cliché a mezza tinta.
hall, n. ❶ sala, salone. ❷ palazzo. ❸ ingresso (il locale). // **the** ~ **of justice** (leg.) il palazzo di giustizia.
hallmark¹, n. ❶ (market., pubbl.) marchio di garanzia sull'oro e sull'argento. ❷ (market., pubbl.) marchio (di garanzia, d'origine, ecc. su un prodotto). ❸ (market., pubbl.) segno grafico distintivo (d'un'azienda, d'una società, ecc.). ❹ (market., pubbl., ingl.) marchio ufficiale di garanzia sull'oro e sull'argento.
hallmark², v. t. (market., pubbl.) marchiare, marcare.
halt¹, n. ❶ arresto, fermata, sosta. ❷ (elab. elettr.) arresto. ❸ (trasp. ferr.) fermata. ❹ (trasp. ferr.) piccola stazione isolata. // ~ **instruction** (elab. elettr.) istruzione d'arresto.
halt², v. t. arrestare, fermare. v. i. arrestarsi, fermarsi.

△ v. i. **The whole project will** ~ **owing to inadequate financial aids from abroad** tutto il progetto si arresterà a causa degli insufficienti aiuti finanziari dall'estero.
halve, v. t. dimezzare, dividere per metà, ridurre di metà. △ **They were able to double the profit by halving the cost of raw materials** furono in grado di raddoppiare il guadagno riducendo di metà il costo delle materie prime.
hammer¹, n. martello, mazzuolo (anche di banditore d'asta).
hammer², v. t. e i. ❶ martellare (anche fig.), picchiare con il martello. ❷ (Borsa, ingl.) estromettere, espellere (un agente di cambio o un «jobber») per indegnità professionale o per debiti insoluti.
hand¹, n. ❶ mano. ❷ (leg.) firma. ❸ (pers.) operaio. ❹ (trasp. mar.) marinaio, membro dell'equipaggio. △ ❶ **Given under the** ~ **of Mr Robinson, notary public** fatto per mano di Mr Robinson, notaio; ❷ **He's already set his** ~ **to the document** ha già apposto la sua firma al documento; ❸ **We need extra hands for the plant** abbiamo bisogno di nuovi operai per lo stabilimento. // ~ **baggage** (trasp., USA) bagaglio a mano; ~ **composition** (giorn., pubbl.) composizione a mano; ~ **compositor** (pers., pubbl.) compositore; ~ **labour** (pers.) lavoro (fatto) a mano, lavoro manuale; ~ **luggage** (trasp.) bagaglio a mano; ~ **-me-down** (market.) bell'e fatto; (d'indumento) di seconda mano, abito bell'e fatto; abito di seconda mano; ~ **money** caparra; ~ **punch** (elab. elettr.) perforatore a mano; ~ **-set composition** (giorn., pubbl.) composizione a mano; ~ **-setting** (giorn., pubbl.) composizione a mano; ~ **-to--mouth** alla giornata, precario: ~ **-to-mouth finances** (fin.) finanze precarie; ~ **vote** voto per alzata di mano; **in** ~ per le mani, fra mano, intrapreso; in serbo, in riserva: **The work is still in** ~ **il** lavoro è ancora in corso; **We'd better keep some money in** ~ faremmo meglio a tenere in serbo un po' di denaro; **on** ~ (market.: di merce) esistente, a disposizione, disponibile: **You'll be able to pick among all the new items we have on** ~ potrete scegliere fra tutti i nuovi articoli che abbiamo (in bottega, in magazzino) a vostra disposizione.
hand², v. t. ❶ dare, porgere. ❷ consegnare, rimettere. ❸ passare. △ ❷ **We have not yet been informed by the bank to whom we handed your draft for collection** non abbiamo ancora avuto informazioni dalla banca a cui abbiamo rimesso il vostro effetto per l'incasso. // **to** ~ **down** (leg.) annunciare (un verdetto, ecc.); **to** ~ **in** dare, presentare, rassegnare; **to** ~ **in one's notice** (pers.) licenziarsi; **to** ~ **in one's resignation** (pers.) dare le dimissioni, rassegnare le dimissioni; **to** ~ **over to sb.** (pers.) dare le consegne a q.; **to** ~ **over** (o **on**) **st. to sb.** consegnare, passare qc. a q.: **They have handed over the matter to their solicitor** hanno passato la pratica al loro legale; **to** ~ **sb. over to justice** (leg.) deferire q. alla giustizia (o in giudizio).
handbill, n. (pubbl.) volantino, foglietto pubblicitario, pieghevole, manifestino (distribuito a mano).

handbook, *n.* (*attr. uff.*) manuale, annuario, prontuario.

handcar, *n.* (*trasp. ferr., USA*) carrello di servizio.

handicap[1], *n.* svantaggio, intralcio, ostacolo. △ **The new economic measures turned out to be a serious ~ for lots of industries** le nuove misure economiche si tradussero in un grave svantaggio per molte industrie.

handicap[2], *v. t.* mettere in condizione d'inferiorità, ostacolare, intralciare.

handicraft, *n.* ❶ (*econ.*) mestiere (*manuale*). ❷ (*econ.*) artigianato. // **~ products** (*econ.*) *V.* **handicrafts**.

handicrafts, *n. pl.* (*econ.*) prodotti fabbricati a mano, prodotti dell'artigianato.

handicraftsman, *n.* (*pl.* **handicraftsmen**) (*pers.*) artigiano.

handle, *v. t.* ❶ maneggiare, manipolare, toccare. ❷ trattare (*q.*). ❸ avere a che fare con (*q.*). ❹ fare affari con (*q.*). ❺ occuparsi di (*qc.*). ❻ (*market.*) trattare (*un articolo, ecc.*), commerciare in (*qc.*). ❼ (*trasp. mar.*) manovrare. △ ❶ «**~ with care**» (*scritto su una cassa, ecc.*) «fare attenzione», «fragile»; ❷ **That man does know how to ~ the staff!** quell'uomo sa proprio come si tratta il personale!; ❻ **Many stores refused to ~ the article at all** molti negozi si rifiutarono addirittura di trattare quell'articolo. // **to ~ a ship** (*trasp. mar.*) manovrare una nave.

handling, *n.* ❶ manipolazione, maneggio. ❷ modo di trattare, trattamento. ❸ (*org. az.*) trasporti interni. ❹ (*trasp. mar.*) manovra. // **~ charges** (*rag.*) spese di manutenzione; **~ commission** (*banca*) commissione di manipolazione; **~ costs** (*org. az., rag.*) spese di trasporto interno.

handmade, *a.* (*market.*) fatto a mano, fabbricato a mano, lavorato a mano.

handout, *n.* (*giorn., pubbl.*) comunicato, comunicato stampa.

hands, *n. pl.* ❶ (*pers.*) mano d'opera, maestranze. ❷ (*trasp. mar.*) equipaggio, ciurma.

handsel, *n.* caparra.

handsome, *a.* ❶ bello, di bell'aspetto, avvenente. ❷ considerevole, grande. // **a ~ fortune** un bel (*o* un gran) patrimonio; **a ~ price** (*market.*) un bel prezzo, un prezzo alto; **a ~ sum of money** una bella somma di denaro, una somma considerevole di denaro.

handwork, *n.* ❶ lavorazione a mano. ❷ (*market.*) lavoro (eseguito) a mano, manufatto. ❸ (*pers.*) lavoro (fatto) a mano, lavoro manuale.

handwrite, *v. t.* (*pass.* **handwrote**, *part. pass.* **handwritten**) scrivere a mano.

handwriting, *n.* ❶ scrittura, grafia. ❷ manoscritto. // **~ reader** (*elab. elettr.*) lettore di caratteri scritti.

handwritten, *a.* manoscritto.

handyman, *n.* (*pl.* **handymen**) factotum.

hangar, *n.* (*trasp. aer.*) aviorimessa, hangar.

happen, *v. i.* accadere, avvenire.

happening, *n.* evento.

happily, *avv.* felicemente.

happy, *a.* felice.

harbor, *n.* (*USA*) *V.* **harbour**.

harbour, *n.* (*trasp. mar.*) porto. // **~ authorities** (*trasp. mar.*) autorità portuali; **~ basin** (*trasp. mar.*) bacino del porto, bacino portuale; **~ channel** (*trasp. mar.*) canale del porto, canale portuale; **~ dues** (*trasp. mar.*) diritti portuali; **~ entrance** (*trasp. mar.*) bocca del porto, imboccatura del porto; **~ equipment** (*trasp. mar.*) attrezzature portuali; **~ fees** (*trasp. mar.*) diritti portuali; **~ master** (*trasp. mar.*) capitano di porto; **~ of refuge** (*trasp. mar.*) porto di rifugio, porto di rilascio forzato; **~ office** (*trasp. mar.*) capitaneria di porto; **~ service** (*trasp. mar.*) servizio di porto, servizio portuale; **~ works** (*trasp. mar.*) opere portuali, opere portuarie.

hard, *a.* ❶ duro, fermo, rigido, saldo. ❷ faticoso, gravoso, oneroso. *avv.* fortemente, intensamente, forte. △ *a.* ❷ **Launching the new product is going to be a ~ task for our advertising agents** il lancio del nuovo prodotto sarà un compito gravoso per i nostri agenti pubblicitari. // **~ -and-fast** rigido, ferreo; **~ -and-fast rules** regolamenti ferrei; **a ~ bargain** un affare a condizioni inique, un affare a condizioni poco vantaggiose; **~ cash** denaro in contanti, moneta metallica; **~ copy** (*elab. elettr.*) copia leggibile; **~ core** nucleo duro (*o* resistente); (*trasp.*) massicciata (*di strada*); «**~ -core» tariffs** (*dog., econ.*) tariffe «dure», tariffe «irriducibili», tariffe di più difficile riduzione (*o* abolizione); **~ currency** (*econ.*) moneta solida, moneta forte, valuta forte, moneta non soggetta a svalutazioni; **a ~ customer** (*market.*) un cliente difficile; **~ -earned money** denaro guadagnato con grande fatica; **~ goods** (*market.*) merci d'uso durevole; **a ~ job** (*pers.*) un lavoro duro, un lavoro gravoso; **~ merchandise** (*market.*) merce durevole; **~ money** (*USA*) denaro metallico; **~ prices** (*market.*) prezzi alti; **to ~ sell** (*market.*) difficile a vendersi, difficile a collocarsi; **to be ~ up** essere al verde, essere a corto di quattrini.

harden, *v. t.* indurire, irrigidire, rassodare, rafforzare. *v. i.* indurirsi, irrigidirsi, rassodarsi, rafforzarsi. △ *v. i.* **Alco shares hardened at the close** le azioni Alco si sono rafforzate in chiusura; **Prices have suddenly hardened** i prezzi si sono irrigiditi all'improvviso.

hardness, *n.* durezza.

hardware, *n. collett.* ❶ (*elab. elettr.*) componenti di macchina. ❷ (*market.*) articoli di ferro, ferramenta.

harm[1], *n.* danno, offesa.

harm[2], *v. t.* danneggiare, offendere.

harmful, *a.* dannoso.

harmonic, *a.* armonico. // **~ mean** (*mat.*) media armonica; **~ series** (*mat.*) serie armonica.

harmonization, *n.* armonizzazione.

harmonize, *v. t.* armonizzare.

harmonized, *a.* armonizzato. // **~ statistics** (*stat.*) statistiche armonizzate.

harmony, *n.* armonia.

harsh, *a.* aspro.

haste, *n.* fretta.

hat, *n.* cappello. // **~ money** (*trasp. mar.*) cappa, diritto di cappa.

hatch, *n.* (*trasp. mar.*) boccaporto, portello di boccaporto. // **under hatches** (*trasp. mar.*) sotto coperta.

hatchway, *n.* (*trasp. mar.*) boccaporto, portello di boccaporto.

haul[1], *n.* ❶ il tirare, il trascinare. ❷ (*trasp.*) distanza percorsa (*da un carico*). ❸ (*trasp.*) quantità di merce trasportata.

haul[2], *v. t.* ❶ tirare, trascinare. ❷ trainare, rimorchiare. ❸ (*trasp. mar.*) alare. ❹ (*trasp. mar.*) far cambiar rotta a (*una nave*). *v. i.* (*trasp. mar.*) virare. // **to ~ ashore** (*trasp. mar.*) tirare a secco; **to ~ to the wind** (*trasp. mar.*) orzare.

haulage, *n.* ❶ (*trasp.*) trasporto, convogliamento. ❷ (*trasp. mar.*) alaggio. ❸ (*trasp. mar.*) prezzo del trasporto. // **~ contractor** (*trasp.*) trasportatore; **~ trade** (*trasp.*) trasporto delle merci.

haulaway, *n.* (*trasp.*) «cicogna», autocarro per il trasporto di automobili nuove.

hauler, *n. (USA)* V. **haulier.**
haulier, *n.* ❶ *(trasp.)* chi fa trasporti, trasportatore, vettore. ❷ *(trasp. mar.)* rimorchiatore.
have, *v. t. (pass. e part. pass.* **had)** ❶ avere, possedere. ❷ ottenere, ricevere. ❸ avere da, dovere. ❹ *(seguito da un complemento oggetto e da un part. pass.)* fare. △ ❶ **That bank has the exclusive right of issuing notes** quella banca ha il diritto esclusivo di emettere banconote; **Let us ~ your lowest quotations by return** fateci avere le vostre quotazioni minime a stretto giro di posta; ❸ **We shall ~ to apply to another wholesaler** dovremo rivolgerci a un altro grossista. // to ~ **authority over sb.** avere autorità su q.; to ~ **a balance of payments surplus** (*fin.*) trovarsi con una bilancia dei pagamenti favorevoli; to ~ **a bill discounted** (*banca*) farsi scontare una cambiale; to ~ **a bill protested** (*leg.*) far protestare una cambiale; to ~ **a charge on the personal property of a debtor** (*leg.*) avere un privilegio sui beni d'un debitore; to ~ **full assurance of sb.'s honesty** essere assolutamente sicuro dell'onestà di q.; to ~ **a holiday** (*pers.*) far vacanza; to ~ **important economic implications** (*econ.*) avere notevole implicazioni economica; to ~ **in stock** (*market.*) disporre di (*merce, ecc.*); to ~ **an interest (*o* a share) in a concern (a firm, etc.)** essere interessato in un'azienda (una ditta, ecc.); to ~ **a letter translated** far tradurre una lettera; to ~ **the management of sb.'s estate** aver cura del patrimonio di q.; to ~ **money in the bank** avere denaro in banca; to ~ **a right** (*leg.*) fruire di un diritto; to ~ **a right of access to a document** (*leg.*) avere il diritto di prendere visione di un documento; to ~ **a talk with sb.** avere un colloquio con q.; to ~ **a tonnage of** (*trasp. mar.*) (*di nave*) stazzare.
haven[1], *n.* ❶ (*fig.*) asilo, rifugio. ❷ (*trasp. mar.*) porto. ❸ (*trasp. mar.*) ancoraggio, rada.
haven[2], *v. i.* (*trasp. mar.*) rifugiarsi in un porto.
hawk, *v. t.* vendere (*merce*) di casa in casa, vendere (*merce*) per la strada.
hawker, *n.* venditore ambulante.
hawking, *n.* (*market.*) commercio ambulante.
hawser, *n.* (*trasp. mar.*) gomena, cavo d'ormeggio.
hazard, *n.* azzardo, pericolo, rischio.
hazardous, *a.* azzardato, pericoloso, rischioso. // ~ **activity** (*pers.*) attività pericolosa; ~ **occupation** (*pers.*) occupazione pericolosa; ~ **speculation** (*fin.*) speculazione azzardata.
head[1], *n.* ❶ testa, capo. ❷ capo. ❸ (*elab. elettr.*) testina. ❹ (*trasp. mar.*) prua, prora. *a. attr.* principale, primo. △ *n.* ❶ **He's been at the ~ of his business for twenty years now** è da vent'anni alla testa dell'azienda; **He has a good ~ for business** ha il bernoccolo degli affari. // ~ **clerk** (*pers.*) capo ufficio; ~ **money** denaro che si paga a testa, quota individuale, testatico; (*fin.*) imposta personale; ~ **of the editorial staff** (*giorn.*) caporedattore; **the ~ of a family** il capo d'una famiglia, il capofamiglia; **the ~ of planning** (*pers.*) il responsabile della pianificazione; **the ~ of research** (*pers.*) il responsabile della ricerca; ~ **office** (*org. az.*) ufficio principale, centro direttivo, centrale; sede principale; ~ **office manager** (*pers.*) direttore di sede; ~ **tax** (*fin.*) imposta personale; ~ **wind** (*trasp. mar.*) vento di prua.
head[2], *v. t.* ❶ capeggiare, capitanare, guidare. ❷ intestare, intitolare. *v. i.* ❶ dirigersi. ❷ (*trasp. mar.*) fare rotta per.
headache, *n.* ❶ mal di testa, mal di capo. ❷ (*fam.*) grattacapo, seccatura. △ ❷ **Devaluation is going to be our main ~ for the next six months** il nostro maggior grattacapo nei prossimi sei mesi sarà la svalutazione.

headacher, *n.* (*pers., slang USA*) direttore.
headed, *a.* intestato, intitolato. // ~ **letter-paper** (*attr. uff.*) carta da lettere intestata.
header card, *n.* (*elab. elettr.*) scheda principale.
headhunter, *n.* (*amm., org. az., fig.*) « cacciatore di teste » (*chi ingaggia alti dirigenti per aziende,* « *soffiandoli* » *alla concorrenza*).
heading, *n.* ❶ intestazione. ❷ titolo, voce. ❸ (*giorn.*) testata di pagina. ❹ (*rag.*) intitolazione (*di un conto*). △ ❷ **Those goods come under the ~ « drinks »** quella merce è compresa sotto la voce « bevande ». // ~ **for the settlement** (*Borsa*) arbitraggio a termine; **the ~ of a business letter** l'intestazione d'una lettera commerciale; **the ~ of a page** (*giorn.*) la testata d'una pagina.
headline[1], *n.* (*giorn.*) titolo, sottotitolo (*d'un giornale, ecc.*).
headline[2], *v. t.* (*giorn.*) fornire (*un giornale, ecc.*) d'un titolo, d'un sottotitolo.
headphone, *n.* (*attr. uff.*) ricevitore telefonico.
headquarters, *n. pl.* (*spesso col verbo al sing.*) ❶ quartier generale. ❷ (*org. az.*) centro amministrativo (*o* direttivo) d'un'impresa, centrale, sede principale degli affari.
health, *n.* salute, sanità. // ~ **and safety** (*pers., sind.*) protezione sanitaria; ~ **and welfare plan** (*pers., sind.*) sistema previdenziale; ~ **certificate** (*pers.*) certificato medico; ~ **inspection** controllo sanitario; ~ **insurance** (*ass., sind.*) assicurazione contro le malattie; ~ **insurance association** (*pers.*) mutua (*per l'assistenza medica*); ~ -**officer** ufficiale sanitario.
healthy, *a.* sano, che gode buona salute. // **a ~ economy** (*econ.*) un'economia sana.
heap, *n.* cumulo, mucchio.
hear, *v. t.* (*pass. e part. pass.* **heard**) ❶ udire, sentire. ❷ apprendere, ricevere (*una notizia*). ❸ (*leg.*) ascoltare, giudicare, esaminare. *v. i.* ricevere notizie (*da q.*). △ *v. i.* **We are looking forward to hearing from you soon** restiamo in attesa di ricevere presto vostre notizie. // to ~ **both cases** (*leg.*) udire entrambe le parti (*in giudizio*); to ~ **a case** (*leg.*) discutere una causa, giudicare una causa; to ~ **the evidence** (*leg.*) ascoltare le testimonianze; to ~ **the witnesses** (*leg.*) udire i testimoni.
hearing, *n.* ❶ ascolto, udienza. ❷ (*leg.*) udienza. △ ❶ **The boss refused to give him a ~** il « capo » si rifiutò di dargli udienza. // ~ **in Chambers** (*leg.*) udienza a porte chiuse; ~ **in open Court** (*leg.*) udienza a porte aperte.
hearsay, *n.* sentito dire, diceria, pettegolezzo, voce. // ~ **evidence** (*leg.*) testimonianza fondata su dicerie; ~ **rule** (*leg.*) norma che esclude la presentazione di testimonianze fondate su dicerie.
hearty, *a.* cordiale.
heat[1], *n.* ❶ calore, caldo. ❷ riscaldamento. △ ❷ **~ isn't included in our rent** il nostro canone d'affitto non comprende il riscaldamento. // ~ -**proof** (*market.*) resistente al calore; ~ -**resisting** (*market.*) V. ~ -**proof.**
heat[2], *v. t.* riscaldare, scaldare. *v. i.* riscaldarsi, scaldarsi.
heating, *n.* riscaldamento.
heavily, *a.* pesantemente. // ~ **mortgaged** (*leg.*) gravato da ipoteche.
heavy, *a.* ❶ pesante, gravoso, greve. ❷ (*fin.*) pesante, caratterizzato dalla diminuzione dei prezzi. ❸ (*fin., rag.*) (*di perdite, ecc.*) rilevante. △ ❷ **The market is ~** il mercato è pesante. // **a ~ buyer** (*market.*) un grosso acquirente; ~ **expenses** forti spese; ~ **goods** (*market.*)

merci pesanti; ~ **industry** (*econ.*) industria pesante; ~ **sea** (*trasp. mar.*) mare grosso; ~ **stocks** (*fin.*) titoli «pesanti»; ~ **traffic** traffico pesante, traffico intenso; ~ **work** (*pers.*) un lavoro pesante, un lavoro gravoso.
hectare (ha), *n.* ettaro.
hectogram, *n. V.* hectogramme.
hectogramme (hg), *n.* ettogrammo.
hectoliter, *n. V.* hectolitre.
hectolitre (hl), *n.* ettolitro.
hectometer, *n. V.* hectometre.
hectometre (hm), *n.* ettometro.
hedge[1], *n.* ❶ siepe. ❷ (*fig.*) barriera, protezione. ❸ (*fin.*) copertura (*dai rischi di perdite finanziarie*). ❹ (*fin.*) acquisto effettuato (*o* vendita effettuata) non per ricavarne principalmente un profitto ma per proteggersi da un certo rischio (*o* da fluttuazioni di mercato). △ ❸ **Those shares are a better ~ against devaluation** quelle azioni costituiscono una copertura migliore contro la svalutazione. // ~ **contract** (*Borsa*) contratto a termine; ~ **funds** (*Borsa, fin.*) fondi di copertura, fondi di protezione.
hedge[2], *v. t.* (*fin.*) coprirsi da, mettersi al riparo da (*rischi di perdite finanziarie*). *v. i.* (*fin.*) proteggersi finanziariamente. △ *v. t.* **We were advised to ~ creeping inflation by buying flats** ci fu consigliato di metterci al riparo dall'inflazione strisciante comprando appartamenti. // **to ~ against loss due to price fluctuations** (*fin.*) proteggersi dalle perdite derivanti da oscillazioni nei prezzi.
hedger, *n.* (*Borsa, fin.*) operatore che effettua un riporto staccato.
hedging, *n.* (*Borsa, fin.*) copertura, riporto staccato.
hedonism, *n.* edonismo.
hedonistic, *a.* edonistico. // ~ **principle** (*econ.*) principio edonistico.
height, *n.* altezza.
heir, *n.* (*leg.*) erede (*maschio*). // **heirs and assignees** (*leg.*) eredi e aventi diritto; ~ **apparent** (*leg.*) erede legittimo; ~ **-at-law** (*leg.*) erede legittimo; ~ **general** (*leg.*) erede legittimo; ~ **presumptive** (*leg.*) presunto erede.
heiress, *n.* (*leg.*) erede (*donna*), ereditiera.
heirless, *a.* (*leg.*) privo d'eredi.
heirloom, *n.* (*leg.*) bene mobile di famiglia, che spetta all'erede legittimo.
heliport, *n.* (*trasp. aer.*) eliporto.
helm, *n.* (*trasp. mar.*) timone.
help[1], *n.* ❶ aiuto, ausilio, soccorso, assistenza. ❷ (*pers.*) impiegato, operaio. // ~ **-wanted column** (*giorn.*) colonna d'annunci per la ricerca del personale; «offerte di lavoro».
help[2], *v. t.* ❶ aiutare, assistere, soccorrere. ❷ giovare, servire. △ ❷ **The new law will ~ to combat inflation** la nuova legge servirà a combattere l'inflazione. // **to ~ industrial development** (*econ.*) favorire lo sviluppo industriale.
helpless, *a.* indifeso.
hereby, *avv.* (*leg.*) con il presente (*atto, documento, ecc.*), con la presente (*scrittura, dichiarazione, ecc.*); per mezzo di ciò. △ **We ~ authorize the appropriation of the sum of £ 1,000** con la presente si autorizza lo stanziamento di 1.000 sterline.
hereditable, *a.* (*leg.*) ereditabile, ereditario. *n.* (*leg.*) bene d'asse ereditario.
hereditament, *n.* (*leg.*) eredità, beni mobili trasmissibili per eredità, massa ereditaria.
hereditary, *a.* (*leg.*) ereditario. // ~ **rights** (*leg.*) diritti ereditari; ~ **succession** (*leg.*) successione ereditaria.
herein, *avv.* (*leg.*) qui; in questo (*documento, paragrafo, ecc.*). // ~ **enclosed** qui accluso.
hereinabove, *avv.* (*leg.*) sopra, in precedenza.
hereinafter, *avv.* (*leg.*) sotto, più avanti, in seguito. // **as ~ specified** (*leg.*) come (è) specificato più avanti.
hereinbefore, *avv.* (*leg.*) sopra, in precedenza.
hereinbelow, *avv.* (*leg.*) sotto, più avanti.
hereunder, *avv.* ❶ (*leg.*) sotto, più avanti. ❷ (*leg.*) in virtù del presente (*atto, documento, ecc.*).
herewith, *avv.* qui; con questo (*documento, ecc.*). △ ~ **you will find our cheque** troverete qui (accluso) il nostro assegno. // ~ **enclosed** qui accluso.
heritable, *a.* (*leg.*) ereditabile, ereditario.
heritage, *n.* (*leg.*) eredità, asse ereditario, patrimonio derivante da eredità.
hesitate, *v. t.* esitare.
hesitation, *n.* esitazione.
heterogeneous, *a.* eterogeneo.
heteroscedastic, *a.* (*stat.*) eteroschedastico.
hidden, *a.* occulto, celato, nascosto, riposto, segreto. // ~ **assets** (*rag.*) attività occulte; ~ **capital movements** (*econ.*) movimenti occulti di capitali; ~ **defect** (*leg.*) vizio occulto; ~ **increase of price** (*market.*) aumento occulto di prezzo (*si ha quando il prezzo resta invariato ma diminuisce la quantità di merce venduta a quel prezzo*); ~ **inflation** (*econ.*) inflazione occulta (*si ha quando, per lo scadimento della qualità d'un prodotto o d'un servizio, con la stessa quantità di denaro si ottiene, in valore, meno di quanto si otteneva prima dell'inflazione stessa*); ~ **persuaders** (*pubbl.*) persuasori occulti (*termine usato per la prima volta da Vance Packard nella sua opera omonima*); ~ **reserve** (*rag.*) riserva occulta; ~ **tax** (*fin.*) imposta indiretta; ~ **unemployment** (*econ., sind.*) disoccupazione occulta.
hide, *v. t.* (*pass.* hid, *part. pass.* hidden) celare, nascondere, occultare.
hiding, *n.* (*leg.*) occultamento.
hierarchic, *a. V.* hierarchical.
hierarchical, *a.* gerarchico. // ~ **control** (*org. az.*) controllo gerarchico; ~ **structure** (*org. az.*) struttura gerarchica.
hierarchy, *n.* (*org. az.*) gerarchia.
higgle, *v. i.* (*market.*) mercanteggiare, tirare sul prezzo.
higgling, *n.* (*market.*) mercanteggiamento.
high, *a.* ❶ alto, elevato. ❷ (*Borsa, fin.*) massimo. ❸ (*market.*) costoso, caro. *n.* (*Borsa, fin.*) prezzo massimo, quotazione massima, (il) massimo. *avv.* (*anche fig.*) in alto, in alto grado. △ *a.* ❸ **Citrus fruits were ~ last year** gli agrumi sono stati cari l'anno scorso; *avv.* **That executive is aiming ~** quel dirigente sta mirando in alto. // ~ **and dry** (*trasp. mar.*) (*di nave*) in secca; **highs and lows** (*Borsa, fin.*) massimi e minimi, prezzi massimi e minimi, quotazioni massime e minime; ~ **-class** (*market.*) di prim'ordine; ~ **-class goods** (*market.*) merce di prim'ordine; ~ **cost of living** carovita, caroviveri; ~ **Court of Justice** (*leg.*) Alta Corte di Giustizia; **a ~ debit level** (*fin.*) un livello d'indebitamento assai elevato; **a ~ deficit** (*fin., rag.*) un forte disavanzo; ~ **-duty articles** (*dog., fin.*) articoli pesantemente tassati; ~ **farming** (*econ.*) agricoltura intensiva; ~ **finance** (*fin.*) alta finanza; ~ **-grade** (*market.*) di qualità superiore; ~ **-grade securities** (*fin.*) titoli di prim'ordine; ~ **ground altura**; ~ **-level conference** conferenza ad alto livello, «vertice»; ~ **-level staff** (*pers.*) personale ad alto livello; ~ **-leverage trust** (*fin., USA*) fondo (d'investimento) con forte

indebitamento; ~ **price** (*fin.*, *market.*) alto prezzo; **the ~ seas** (*trasp. mar.*) l'alto mare, il mare aperto, le acque extraterritoriali; ~ **-tax Country** (*fin.*) Paese soggetto a forte pressione fiscale; ~ **-technology industries** (*econ.*) industrie a tecnologia avanzata; ~ **wages** (*pers.*) salari elevati; ~ **water** (*trasp. mar.*) acqua alta, alta marea; ~ **-water mark** (*trasp. mar.*) limite dell'alta marea; livello di piena; **higher bid** rilancio, maggiore offerta (a un'asta); **higher education** istruzione superiore; **higher mathematics** (*mat.*) matematica superiore; **the highest bidder** il miglior offerente, l'aggiudicatario.

highflier, *n. V.* highflyer.
highflyer, *n.* (*Borsa*) titolo « che va forte ».
highlight[1], *n.* ❶ punto culminante, momento di maggior interesse. ❷ (*pubbl.*) parte lumeggiata (*d'una fotografia*).
highlight[2], *v. t.* ❶ (*giorn.*) dare rilievo a, mettere in evidenza. ❷ (*pubbl.*) lumeggiare. △ ❶ **The papers highlighted the deficiencies of a long-term project** i giornali misero in evidenza i difetti d'un programma a lunga scadenza.
highly, *avv.* altamente, estremamente, molto, assai. // ~ **geared trust** (*fin.*) fondo (*d'investimento*) con forte indebitamento; ~ **industrialized Countries** (*econ.*) Paesi altamente industrializzati.
highway, *n.* (*trasp. aut.*) strada maestra, strada statale, statale.
hijack, *v. t.* (*leg.*, *trasp. aer.*, *trasp. mar.*) dirottare.
hijacker, *n.* (*leg.*, *trasp. aer.*, *trasp. mar.*) dirottatore.
hijacking, *n.* (*leg.*, *trasp. aer.*, *trasp. mar.*) dirottamento.
hinder, *v. t.* intralciare.
hindrance, *n.* intralcio.
hint[1], *n.* accenno, allusione, cenno.
hint[2], *v. i.* accennare, alludere.
hinterland, *n.* entroterra.
hire[1], *n.* ❶ (*leg.*) nolo, noleggio. ❷ (*pers.*) assunzione. ❸ (*pers.*) impiego. ❹ (*pers.*) salario. // ~ **purchase** (*market.*) vendita a rate; ~ **-purchase system** (*market.*) sistema delle vendite a rate; ~ **-purchase terms** (*market.*) condizione di vendita rateale; **for** (*o* **on**) ~ (*market.*) da nolo; (*pers.*) che si può assumere, disponibile; **for** ~ **or reward** (*market.*) per conto terzi: **These are the conditions for road haulage for ~ or reward** queste sono le condizioni di trasporto stradale per conto terzi; **to be in the ~ of a big company** essere impiegato in una grande società.
hire[2], *v. t.* ❶ (*leg.*) noleggiare; prendere a nolo, dare a nolo. ❷ (*pers.*) assumere. △ ❶ **We'll try to ~ the hall for tomorrow evening** cercheremo di noleggiare la sala per domani sera. // **to ~ out** (*leg.*) noleggiare, dare a nolo: **« Rent-a-car » is a firm that hires out cars to private individuals** la « Rent-a-car » è una ditta che noleggia automobili ai privati; **to ~ st. out on tender** (*leg.*) dare qc. in appalto.
hired, *a.* ❶ (*leg.*) noleggiato; preso a nolo, preso in affitto; dato a nolo, affittato. ❷ (*pers.*) assunto. // ~ **person** (*leg.*, *pers.*) prestatore d'opera.
hirer, *n.* (*leg.*) noleggiatore, noleggiante.
histogram, *n.* (*stat.*) istogramma.
historical, *a.* ❶ storico. ❷ reale. // ~ **cost** (*rag.*) costo reale, costo originario.
hit[1], *n.* ❶ colpo, botta, urto. ❷ (*market.*) successo, prodotto di grande successo. △ ❷ **Our article turned out to be a real ~** il nostro articolo risultò essere un vero successo.
hit[2], *v. t.* (*pass.* e *part. pass.* **hit**) ❶ colpire (*anche fig.*);

battere, urtare contro. ❷ cogliere, azzeccare, indovinare. △ ❶ **Who is going to be hit by the new tax?** chi verrà colpito dalla nuova imposta? // ~ **-and-run driver** (*trasp. aut.*) pirata della strada; **to ~ the bottom** (*trasp. mar.*) toccare il fondo.
hoard[1], *n.* ammasso, cumulo, mucchio. // **a ~ of money** un mucchio di denaro.
hoard[2], *v. t.* ❶ ammassare, accumulare. ❷ accaparrare, incettare, fare incetta di, tesaurizzare, tesoreggiare. ❸ (*econ.*) tesaurizzare. // **to ~ food** (*econ.*) accaparrare generi alimentari; **to ~ gold** (*econ.*) tesaurizzare oro.
hoarder, *n.* accaparratore, incettatore.
hoarding, *n.* ❶ accaparramento, incetta. ❷ (*econ.*) tesaurizzazione, tesoreggiamento.
hoist a flag, *locuz. v.* (*trasp. mar.*) alzare una bandiera.
hold[1], *n.* (*trasp. mar.*) stiva.
hold[2], *v. t.* (*pass.* e *part. pass.* **held**) ❶ tenere. ❷ trattenere, mantenere. ❸ possedere, avere. ❹ detenere, occupare. *v. i.* resistere, reggere, « tenere ». △ *v. t.* ❶ **The meeting will be held tomorrow** la riunione sarà tenuta (*o* si terrà) domani; **We are holding the balance-sheet at your disposal** teniamo il bilancio a vostra disposizione; ❹ **He was banned from holding public offices** fu interdetto dai pubblici uffici; *v. i.* **How long will the prices ~?** per quanto « terranno » i prezzi? // **to ~ back** trattenere: **We are going to ~ a small sum back to cover service costs** tratterremo una piccola somma per coprire le spese di manutenzione; **to ~ a brief for sb.** (*leg.*) patrocinare q.; **to ~ sb. covered** (*ass.*) tenere q. coperto, tenere q. assicurato; **to ~ down** (*fig.*) tenere a freno, frenare; **to ~ down consumption** (*econ.*) deprimere i consumi; **to ~ down the prices-wages spiral** (*econ.*) frenare la spirale dei prezzi e dei salari; **to ~ down rates** (*fin.*) mantenere un livello di tassi basso; **to ~ good** essere valido; **to ~ in custody** (*leg.*) tenere in custodia; **to ~ land** possedere terreni; **to ~ the line** (*comun.*) non togliere la comunicazione (*telefonica*), restare in linea; (*econ.*) contenere i prezzi entro un certo limite; **to ~ office** (*amm.*) essere in carica, restare al potere; **to ~ out** tener duro, resistere: **We will ~ out for a higher price** terremo duro per ottenere un prezzo più alto; **to ~ st. over** tenere in serbo, mettere da parte, accantonare qc.: **That important matter was held over until the next meeting of the creditors** quell'importante questione fu accantonata fino alla prossima assemblea dei creditori; **to ~ several offices** (*pers.*) cumulare diversi uffici; **to ~ shares in a business enterprise** (*fin.*) possedere azioni d'una società commerciale; **to ~ sb. to bail** (*leg.*) vincolare q. col versamento d'una cauzione; **to ~ true** essere valido; **to ~ up** assaltare, rapinare; (*Borsa*, *fin.*) « tenere », difendersi bene: **Our shares are holding up quite well** le nostre azioni « tengono » bene.
holdback, *n.* ❶ impedimento, ostacolo. ❷ (*pers.*) trattenuta. // ~ **pay** (*pers.*) trattenuta.
holder, *n.* ❶ possessore. ❷ (*cred.*, *fin.*) detentore, portatore, intestatario, titolare, tenutario, tenitore. // ~ **in due course** (*leg.*) possessore di buona fede d'un titolo di credito; **the ~ of an account** (*rag.*) il titolare d'un conto; **the ~ of a bill of exchange** (*cred.*) il portatore d'una cambiale; ~ **of a current account** (*banca*, *cred.*) correntista; ~ **of a diploma** diplomato.
holding, *n.* ❶ proprietà, bene. ❷ (*fin.*) società controllata (*da una « holding company »* q.V.). ❸ (*rag.*) portafoglio; azioni, titoli. ❹ **holdings**, *pl.* (*fin.*) parte-

hold-up

cipazioni. // ~ **commission** (*banca*) commissione richiesta per la presa in consegna della merce; ~ **company** (*fin.*) (società) finanziaria, società controllante, società di portafoglio, (società) holding, gruppo finanziario di controllo; società capogruppo (*che possiede titoli d'un'altra, generalm. sotto forma di partecipazioni di controllo*): **IFI is the ~ company which controls Fiat, SAI, RIV-SKF, Unicem, IFI International, Fabbri and a sizable slice of La Rinascente** l'IFI è la holding che ha il controllo della Fiat, della Sai, della Riv-Skf, della Unicem, dell'IFI International, della Fabbri e d'una porzione rilevante della Rinascente; ~ **company stocks** (*Borsa*) finanziari.

hold-up, *n.* assalto, rapina.

hole, *n.* foro.

holiday, *n.* ❶ festa, vacanza, giorno festivo. ❷ **holidays**, *pl.* (*pers.*) ferie, vacanze. // ~ **camp** (*pers.*) colonia (*per i dipendenti e/o i loro familiari*); **holidays with pay** (*pers.*) ferie pagate, vacanze retribuite.

holograph, *n.* (*leg.*) olografo; documento olografo, testamento olografo. *a.* (*leg.*) olografo.

holographic, *a.* (*leg.*) olografo. // ~ **will** (*o* **testament**) (*leg.*) testamento olografo.

holographical, *a.* V. **holographic**.

home, *n.* ❶ dimora; casa (*dove si abita*); casa (natale). ❷ (*org. az.*) sede, sede principale. *a. attr.* ❶ domestico, casalingo, familiare. ❷ nazionale, interno, nostrano. // ~ **affairs** affari interni; ~ **consumption** (*econ.*) consumo interno; ~ **currency** (*fin.*) moneta nazionale, valuta nazionale; ~ **delivery** (*market.*) consegna a domicilio; ~ **-grown** (*market.*) nostrano; ~ **manufacturing** (*org. az.*) lavoro a domicilio; ~ **market** (*econ.*) mercato nazionale, mercato interno; ~ **office** (*org. az.*) quartier generale, sede principale (*degli affari*): **The ~ office will send instructions to all branch managers** la sede principale invierà istruzioni a tutti i direttori di filiale; ~ **Office** (*ingl.*) Ministero dell'Interno; ~ **port** (*trasp. mar.*) porto d'origine, porto di registrazione (*d'una nave*), porto d'armamento; ~ **-produced goods** (*comm. est., market.*) prodotti nazionali; ~ **producers** (*comm. est., market.*) produttori nazionali: **The pressure of imports has often prevented ~ producers from passing on higher production costs in their selling prices** la forte pressione delle importazioni ha spesso impedito ai produttori nazionali di trasferire l'aumento dei costi di produzione sui propri prezzi di vendita; ~ **products** (*comm. est., market.*) prodotti nazionali; ~ **Secretary** (*ingl.*) Ministro dell'Interno; ~ **securities** (*fin.*) titoli nazionali; ~ **stocks** (*fin.*) titoli nazionali; ~ **study** corso d'istruzione) per corrispondenza; ~ **trade** commercio interno, commercio nazionale; ~ **-trade bill** (*cred.*) cambiale per l'interno; ~ **-use entry** (*dog., ingl.*) dichiarazione per merci soggette a diritti doganali; **at** ~ a casa; (*market.*) sul mercato interno.

homemade, *a.* (*market.*) casalingo, casereccio, di fattura casalinga, per uso domestico.

homestead, *n.* ❶ casa colonica, fattoria. ❷ (*leg., USA*) appezzamento di terreno demaniale (*di 160 acri*), affidato a un colono perché lo coltivi.

homesteader, *n.* ❶ agricoltore, colono, proprietario di fattoria. ❷ (*leg., USA*) assegnatario d'un appezzamento di terreno demaniale.

homeward, *a. attr.* e *avv.* ❶ verso casa. ❷ verso la patria. ❸ (*trasp. mar.*) di ritorno. // ~ **bill of lading** (*trasp. mar.*) polizza di carico per il viaggio di ritorno; ~ **-bound** (*trasp. mar.*) diretto in patria; ~ **-bound ship** (*trasp. mar.*) nave «verso casa» (*in viaggio di ritorno*);

~ **cargo** (*trasp. mar.*) carico di ritorno; ~ **journey** (*trasp. mar.*) viaggio di ritorno; ~ **passage** (*trasp. mar.*) viaggio di ritorno.

homewards, *avv.* V. **homeward**.

homework, *n.* (*org. az.*) lavoro a domicilio.

homogeneous, *a.* omogeneo. // ~ **function** (*mat.*) funzione omogenea.

homologate, *v. t.* (*leg.*) omologare.

homologation, *n.* (*leg.*) omologazione.

homoscedastic, *a.* (*stat.*) omoschedastico.

honest, *a.* onesto, leale, integro, sincero. // ~ **profits** guadagni onesti; ~ **weight** (*market.*) peso onesto, peso giusto.

honestly, *avv.* onestamente, lealmente, sinceramente.

honesty, *n.* onestà, lealtà, integrità; sincerità.

honor, *n.* V. **honour**.

honorarium, *n.* (*pl.* **honoraria** e *reg.*) (*leg.*) onorario, compenso, emolumento, parcella.

honorary, *a.* onorario, onorifico. // ~ **member** socio onorario; ~ **office** carica onorifica; ~ **president** presidente onorario.

honour[1], *n.* onore. △ **They've accepted the bill for the ~ of the drawer** hanno accettato la cambiale per (salvare) l'onore del traente. // **for ~ supra protest** (*banca, cred.*) per intervento.

honour[2], *v. t.* ❶ onorare, fare onore a. ❷ (*comm.*) onorare, fare onore a; accettare; pagare. △ ❶ **We have always honoured our signature** abbiamo sempre fatto onore alla nostra firma. // **to ~ a bill of exchange** (*cred.*) onorare una cambiale.

hood, *n.* (*USA*) cofano (*d'automobile*).

hopeful, *a.* fiducioso.

horizontal, *a.* orizzontale. // ~ **agreements** (*comm. est.*) accordi orizzontali, intese orizzontali; ~ **agreements on the resale prices of imported products** (*comm. est.*) accordi orizzontali sul prezzo di rivendita delle merci importate; ~ **combination** (*econ., fin.*) concentrazione (o integrazione) orizzontale; ~ **coordination** (*org. az.*) coordinamento orizzontale; ~ **expansion** (*org. az.*) espansione orizzontale; ~ **integration** (*org. az.*) integrazione orizzontale; **a ~ merger** (*econ.*) una fusione orizzontale; ~ **organizational structure** (*org. az.*) struttura organizzativa orizzontale; **the ~ spread of buying power** (*econ.*) l'espansione globale del potere d'acquisto.

hot, *a.* caldo, molto caldo, rovente. // ~ **money** (*fin.*) capitali vaganti, moneta che scotta, moneta «calda» (*fondi di proprietà straniera depositati o investiti al fine di evitare la svalutazione e soggetti a repentini prelevamenti*): ~ **money returned to the Eurodollar market** la moneta «calda» ritrovò la strada del mercato dell'eurodollaro.

hotchpot, *n.* (*leg.*) collazione.

hotchpotch, *n.* V. **hotchpot**.

hotel, *n.* albergo. *a. attr.* alberghiero. // ~ **business** (*econ.*) attività alberghiera.

hour, *n.* ❶ ora. ❷ **hours**, *pl.* ore, orario, orario di lavoro. △ ❷ **We hope to get shorter hours** speriamo d'ottenere una riduzione dell'orario (*di lavoro*); **Office hours are 8 A.M. to 4 P.M.** l'orario d'ufficio è dalle 8 alle 16. // **hours lost through strikes** (*econ.*) ore (*di lavoro*) perdute a causa di scioperi.

hourage, *n.* (*sind.*) tempo complessivo di lavoro in ore.

hourly, *a.* orario, d'ogni ora. *avv.* ogni ora. // ~ **output** (*org. az.*) produzione oraria; ~ **rate** (*pers.*) paga oraria; ~ **-rated** (*pers.*) (*di lavoro*) retribuito a ore.

house[1], *n.* ❶ casa, edificio, fondo urbano, immobile. ❷ (*comm.*) casa commerciale, ditta. ❸ **the House** (*fin.*, *fam.*) la Borsa Valori. // ~ **-agent** agente immobiliare, mediatore di case; ~ **-flag** (*trasp. mar.*) bandiera di una società (*di navigazione o d'altro genere*); ~ **journal** (*giorn.*) rivista aziendale; the ~ **of Commons** (*ingl.*) la Camera dei Comuni; the ~ **of Lords** (*ingl.*) la Camera dei Lord; the ~ **of Representatives** (*USA*) la Camera dei Rappresentanti (*dei deputati*); ~ **organ** (*giorn.*) giornale aziendale, rivista aziendale, organo aziendale; ~ **tax** (*fin.*) imposta sui fabbricati; ~ **-to-** ~ di casa in casa; (*market.*) a domicilio; ~ **-to-** ~ **selling** (*market.*) vendita a domicilio; ~ - ~ **service** servizio a domicilio; «~ **to let**» (*avviso*) «affittasi», «appigionasi».

house², *v. t.* dare una casa a, alloggiare, ospitare. △ The new block of flats will ~ 100 blue-collar families il nuovo caseggiato alloggerà 100 famiglie operaie.

housebreaking, *n.* (*leg.*) violazione di domicilio.

household, *n.* famiglia, casa. // ~ **department** (*market.*) reparto (articoli) casalinghi; ~ **goods** (*market.*) articoli casalinghi; ~ **saving** (*econ.*) risparmio familiare: ~ **saving should be stimulated** bisogna incoraggiare il risparmio familiare.

householder, *n.* padrone di casa, capofamiglia.

housewife, *n.* (*pl.* **housewives**) padrona di casa, massaia. // the ~ 's **shopping basket** (*econ.*) il paniere dei consumi privati.

housing, *n.* ❶ alloggio, casa. ❷ (*econ., stat.*) abitazioni, edilizia (*termine usato nei grafici, ecc.*). // ~ **boom** (*econ.*) boom edilizio; ~ **costs** (*rag.*) spese di magazzino; ~ **legislation** la «riforma della casa»; the ~ **problem** (*econ.*) la crisi degli alloggi; the ~ **shortage** (*econ.*) la crisi degli alloggi.

hovercraft, *n.* (*trasp. mar.*) «hovercraft», nave a cuscino d'aria, aeronave.

hoverferry, *n.* (*trasp. mar.*) aeronave-traghetto.

how, *avv.* (*interrogativo*) come. // ~ **long**? fino a quando?

huge, *a.* ingente.

hulk, *n.* (*trasp. mar.*) pontone.

hull, *n.* (*trasp. mar.*) carena, scafo. // ~ **insurance** (*ass. mar.*) assicurazione sullo scafo (*della nave*), assicurazione sulla nave; «~ **only**» (*ass. mar.*) «solo scafo».

human, *a.* umano. // ~ **capital** (*org. az.*) capitale umano; ~ **engineering** (*org. az.*) ingegneria umana; ~ **relationist** (*pers.*) esperto in relazioni umane; ~ **relations** (*pers.*) relazioni umane.

hundred, *a.* e *n.* cento.

hundredth, *a.* e *n.* centesimo.

hundredweight (cwt.), *n.* ❶ (*ingl.*) «hundredweight» (*misura di peso pari a 50,80 kg*). ❷ (*USA*) «hundredweight» (*misura di peso pari a 45,36 kg*). // **long** ~ V. ~, *def. 1*; **short** ~ V. ~, *def. 2*.

hunger, *n.* fame.

hunter, *n.* cacciatore.

huntsman, *n.* (*pl.* **huntsmen**) cacciatore.

hurry, *n.* fretta.

hurt, *v. t.* (*pass. e part. pass.* **hurt**) ledere.

hurtful, *a.* dannoso.

hygiene, *n.* igiene.

hygienic, *a.* igienico.

hygienical, *a.* igienico.

hyperbola, *n.* (*pl.* **hyperbolae** o *reg.*) (*mat.*) iperbole.

hyperinflation, *n.* (*fin.*) inflazione inarrestabile, inflazione galoppante, inflazione eccessiva, iperinflazione.

hyphen, *n.* (*giorn.*) lineetta (*corta*), trattino d'unione.

hypothec, *n.* (*leg.*: *nel diritto romano*) ipoteca.

hypothecary, *a.* (*leg.*) ipotecario.

hypothecate, *v. t.* (*leg.*) ipotecare (*specialm. nel diritto romano e in quello della navigazione*). // **to** ~ **stocks** (*Borsa*) dare titoli a cauzione.

hypothecation, *n.* ❶ (*Borsa*) dazione di titoli a cauzione. ❷ (*leg.*) l'ipotecare, ipoteca.

hypothesis, *n.* (*pl.* **hypotheses**) ipotesi.

I

idea, *n*. idea, opinione, proposito. // ~ **capital** (*econ.*) «capitale-idea» (*p. es., un brevetto, l'esperienza, ecc.*); ~ **man** (*fin., pers.*) «uomo-idea» (*persona dotata d'un'eccezionale capacità d'immaginare e formulare nuove tecniche, nuovi prodotti o soluzioni a problemi*).
idem, *avv*. e *pron*. idem.
identical, *a*. indentico.
identification, *n*. identificazione.
identify, *v. t.* identificare.
identity, *n*. ❶ identità. ❷ (*mat.*) identità. // ~ **card** carta d'identità.
idle[1], *a*. ozioso, inattivo, pigro. // ~ **capitals** (*fin.*) capitali inattivi; ~ **machines** (*org. az.*) macchine inattive; ~ **money** (*fin.*) capitali inattivi, risparmio amorfo; ~ **stocks** (*fin.*) titoli inattivi (*per i quali non c'è richiesta*); ~ **time** (*cronot.*) tempo inattivo.
idle[2], *v. i.* oziare, essere ozioso. *v. t.* rendere inattivo. △ *v. t.* **Last month's outbacks in orders will ~ hundred of workers** i «tagli» nelle ordinazioni del mese scorso renderanno inattivi centinaia d'operai.
idleness, *n*. ozio, inazione.
if, *cong*. se. // ~ **duly paid** (*cred.*) salvo buon fine.
ignore, *v. t.* ❶ fingere di non conoscere. ❷ passare sotto silenzio; trascurare. ❸ (*leg.*) lasciar cadere (*un'incriminazione*) per mancanza di prove o per falsità.
ill, *a*. ❶ cattivo. ❷ dannoso, nocivo. ❸ ammalato, infermo. *n*. ❶ male. ❷ danno. ❸ difficoltà, disordine, guaio. △ *n*. ❸ **Political and economic ills are often interdependent** spesso i disordini politici e quelli economici sono interdipendenti. // ~ **fame** cattiva fama; ~ **management** (*amm.*) cattiva amministrazione (*degli affari, ecc.*); ~ **repute** cattiva reputazione.
illation, *n*. illazione.
illegal, *a*. (*leg.*) illegale, illecito. // ~ **contract** (*leg.*) contratto illegale; ~ **partnership** (*leg.*) società (costituita) per scopi illeciti; ~ **strike** (*sind.*) sciopero illegale, sciopero «a gatto selvaggio»; ~ **trade** (*leg.*) commercio illecito.
illegality, *n*. (*leg.*) illegalità.
illegalization, *n*. (*leg.*) dichiarazione d'illegalità.
illegalize, *v. t.* (*leg.*) dichiarare illegale.
illegally, *avv*. illegalmente.
illegible, *a*. illeggibile, indecifrabile. // ~ **handwriting** grafia illeggibile, scrittura illeggibile.
illegitimacy, *n*. (*leg.*) illegittimità.
illegitimate[1], *a*. (*leg.*) illegittimo, illecito. *n*. (*leg.*) illegittimo.
illegitimate[2], *v. t.* (*leg.*) dichiarare illegittimo.
illegitimation, *n*. (*leg.*) dichiarazione d'illegittimità.
illicit, *a*. (*leg.*) illecito, illegale. // ~ **consideration** (*leg.*) causa illecita.
illness, *n*. malattia, infermità.
illuminate, *v. t.* illuminare.
illuminated, *a*. illuminato. // ~ **sign** (*pubbl., ingl.*) insegna luminosa.
illumination, *n*. illuminazione.

illustrate, *v. t.* ❶ illustrare, delucidare, spiegare. ❷ (*giorn., pubbl.*) illustrare; arricchire (*una pubblicazione*) di illustrazioni. // to ~ **text-books** illustrare libri di testo.
illustrated, *a*. illustrato, arricchito d'illustrazioni, delucidato, spiegato. *n*. (*giorn., pubbl., ingl.*) quotidiano illustrato, rivista illustrata. △ *a*. **We are enclosing a copy of our latest ~ catalogue** accludiamo copia del nostro ultimo catalogo illustrato. // **an ~ daily** (*giorn.*) un quotidiano illustrato; **an ~ magazine** (*giorn., pubbl.*) una rivista illustrata.
illustration, *n*. ❶ illustrazione, delucidazione, spiegazione. ❷ (*giorn., pubbl.*) illustrazione.
illustrative, *a*. illustrativo. // ~ **material** (*market., pubbl.*) materiale illustrativo.
image, *n*. immagine.
imaginary, *a*. ❶ immaginario. ❷ (*mat.*) immaginario. *n*. (*mat.*) numero immaginario. // ~ **number** (*mat.*) numero immaginario.
imagination, *n*. immaginazione.
imagine, *v. t.* immaginare.
imbalance, *n*. ❶ squilibrio. ❷ (*econ.*) squilibrio, sbilancio. △ ❷ **This ~ stems from unduly wide divergences between national policies** questo squilibrio è provocato da divergenze troppo pronunciate nelle (rispettive) politiche nazionali. // ~ **between supply and demand** (*econ.*) squilibrio fra l'offerta e la domanda.
imitate, *v. t.* ❶ imitare. ❷ (*market.*) imitare.
imitation, *n*. ❶ imitazione. ❷ (*market.*) imitazione, contraffazione. *a. attr.* (*market.*) imitato, artificiale, falso, finto. // ~ **leather** (*market.*) finto cuoio, finta pelle; ~ **of a trade-mark** (*leg.*) imitazione di marchio.
imitator, *n*. (*market.*) imitatore.
immaterial, *a*. ❶ immateriale. ❷ indifferente, senza importanza.
immediate, *a*. immediato. // ~ **access** (*elab. elettr.*) accesso immediato; ~ **annuity** (*fin.*) rendita immediata; ~ **cause** (*ass.*) causa immediata (*d'un sinistro*); ~ **delivery** consegna immediata; ~ **holding company** (*fin.*) società controllante; ~ **information** (*giorn.*) informazioni di prima mano; ~ **notice** (*leg.*) avviso immediato; ~ **or cancel order** (*Borsa*) ordine a esecuzione immediata.
immediately, *avv*. immediatamente.
immerse, *v. t.* immergere.
immersion, *n*. immersione.
immigrant, *n*. (*econ.*) immigrante. // ~ **remittances** (*econ.*) rimesse degli emigranti.
immigrate, *v. i.* (*econ.*) immigrare. *v. t.* (*econ.*) fare immigrare.
immigration, *n*. (*econ.*) immigrazione. // ~ **quota** (*econ.*) quota d'immigrazione.
imminent, *a*. imminente, prossimo. // ~ **peril** (*trasp. mar.*) pericolo imminente.
immobile, *a*. immobile.
immobilism, *n*. immobilismo.
immobilization, *n*. ❶ immobilizzazione. ❷ (*econ.*) ritiro (*di moneta metallica*) dalla circolazione. ❸ (*fin., rag.*) immobilizzazione, immobilizzo.

immobilize, v. t. ❶ immobilizzare. ❷ (econ.) ritirare (moneta metallica) dalla circolazione. ❸ (fin., rag.) immobilizzare (convertire capitali circolanti in capitali fissi).

immoral, a. immorale. // ~ **behaviour** malcostume.

immovable, a. ❶ immobile; inamovibile, irremovibile. ❷ (leg.) immobile. // ~ **property** (leg.) beni immobili.

immovables, n. pl. (leg.) beni immobili, immobili. // ~ **by destination** (leg.) immobili per destinazione.

immoveable, a. V. immovable.

immune, a. (leg.) immune.

immunity, n. ❶ (leg.) immunità. ❷ (leg.) esenzione. // ~ **from distraint** (leg.) esenzione da pignoramento; ~ **from fines** (leg.) tutela contro l'erogazione di ammende; ~ **from taxation** (fin.) esenzione dalle imposte.

impact, n. ❶ urto, forza d'urto, (anche fig.) impatto. ❷ forte influsso; effetto, effetti; incidenza. ❸ (pubbl.) forza (del messaggio pubblicitario). △ ❷ **The ~ of the acute labour shortage did not become obvious until late in the year** gli effetti della grave carenza di manodopera sono stati avvertiti distintamente soltanto verso la fine dell'anno.

impartial, a. imparziale.

impartiality, n. imparzialità.

impasse, n. ❶ situazione senza via d'uscita, « punto morto ». ❷ (econ.) fase di stanchezza. △ ❶ **Negotiations between the two parties have reached an ~** i negoziati fra le due parti hanno raggiunto un « punto morto ».

impatient, a. impaziente.

impeach, v. t. ❶ (leg.) accusare, denunciare, incriminare, mettere in stato d'accusa. ❷ (leg.) impugnare. △ ❶ **Public officials can be impeached in the U.S.A.** negli Stati Uniti i pubblici ufficiali possono essere incriminati. // **to ~ a witness** (leg.) censurare la deposizione d'un testimone.

impeachable, a. (leg.) accusabile, denunziabile, incriminabile.

impeachment, n. (leg.) accusa, denuncia, incriminazione, messa in stato d'accusa. // **without ~ of waste** (leg.) esente da azione legale per danni (arrecati da un affittuario ai fondi che egli ha in affitto).

impede, v. t. impedire, impacciare.

impediment, n. ❶ impedimento, ostacolo. ❷ (leg.) impedimento; ostacolo alla stipulazione d'un contratto (per incapacità d'una delle parti).

imperfect, a. ❶ imperfetto, incompleto, manchevole. ❷ (leg.) imperfetto, mancante di qualche requisito essenziale, risolubile. // ~ **competition** (econ.) concorrenza imperfetta; ~ **obligations** (leg.) obblighi morali (che non comportano sanzioni legali).

imperial, a. imperiale, sovrano, dell'Impero britannico. // ~ **bushel** (ingl.) « bushel » imperiale (o britannico) (misura di capacità pari a litri 36,36); ~ **gallon** (ingl.) gallone imperiale (o britannico) (misura di capacità pari a litri 4,54); ~ **pint** (ingl.) pinta imperiale (o britannico) (misura di capacità pari a litri 0,57); ~ **preference** (ingl.) trattamento tariffario di favore (accordato ai Paesi membri del Commonwealth britannico); ~ **quart** (ingl.) « quart » imperiale (o britannico) (misura di capacità pari a litri 1,14).

impersonal, a. impersonale. // ~ **account** (rag.) conto non intestato a persona fisica o a ditta.

impetrate, v. t. impetrare.

implement[1], n. (org. az.) attrezzo, apparecchio, strumento, utensile.

implement[2], v. t. ❶ adempiere, compiere. ❷ attuare, effettuare. ❸ (leg.) perfezionare (un contratto). △ ❷ **There are programmes to ~ our foreign policy** ci sono programmi per attuare la nostra politica estera. // **to ~ an engagement** adempiere a un impegno.

implementation, n. ❶ adempimento, compimento. ❷ attuazione, effettuamento. ❸ (leg.) perfezionamento (d'un contratto). ❹ (ric. op.) azioni di sostegno. // **the ~ of common policies** (econ.) l'attuazione delle politiche comuni; **the ~ of a treaty** l'applicazione (o l'esecuzione) d'un trattato.

implicate, v. t. implicare.

implication, n. implicazione.

implicit, a. (leg.) implicito.

implied, a. (leg.) implicito, tacito. // ~ **condition** (leg.) condizione implicita; ~ **contract** (leg.) contratto implicito; ~ **powers** (leg.) poteri impliciti; ~ **terms** (leg.) condizioni implicite (in un contratto, ecc.); ~ **waiver** (leg.) rinuncia implicita; ~ **warranty** (leg.) garanzia tacita.

imply, v. t. implicare, importare, avere in sé, denotare. △ **Their attitude implies tacit consent** il loro atteggiamento denota tacito consenso.

import[1], n. (comm. est.) importazione, merce d'importazione, prodotto d'importazione. △ **Our chief imports are raw materials** le principali importazioni del nostro Paese sono le materie prime; **Imports are up** le importazioni sono in aumento. // ~ **agent** (comm. est.) agente importatore, importatore su commissione; ~ **commission agent** (comm. est.) importatore su commissione; ~ **credits** (comm. est.) crediti all'importazione; ~ **duty** (dog.) dazio d'importazione; ~ **-export movements** (comm. est., fin.) interscambio; ~ **goods** (comm. est.) merce d'importazione; ~ **-induced inflation** (econ.) inflazione indotta dalle importazioni; ~ **licence** (comm. est.) licenza d'importazione; ~ **merchant** (comm. est.) importatore in proprio; ~ **of capitals** (fin.) importazione di capitali; ~ **permit** (comm. est.) permesso d'importazione; ~ **prohibition** (econ.) divieto d'importazione; ~ **quotas** (comm. est.) contingenti d'importazione; ~ **specification** (dog.) dichiarazione d'importazione; ~ **surcharge** (comm. est., fin.) soprattassa sulle importazioni; ~ **tax** (dog.) dazio d'importazione; ~ **trade** (comm. est.) commercio d'importazione.

import[2], v. t. (comm. est.) importare.

importable, a. (comm. est.) importabile.

importance, n. importanza, gravità. △ **The ~ of these proposals lies in their economic scope** l'importanza di queste proposte risiede nella loro portata economica.

important, a. importante.

importation, n. ❶ (comm. est.) importazione. ❷ (comm. est.) merce d'importazione, prodotto d'importazione. △ ❷ **This car is an ~ from Germany** questa automobile è stata importata dalla Germania. // **the ~ voucher (of a pass sheet)** (dog.) il foglio d'entrata (in un « trittico »).

importer, n. ❶ (comm. est.) importatore. ❷ (comm. est.) Paese importatore.

importing, a. attr. (comm. est.) importatore. // ~ **Country** (comm. est.) Paese importatore.

importune[1], a. importuno.

importune[2], v. t. importunare.

importunity, n. importunità.

impose, v. t. ❶ imporre. ❷ (fin.) imporre, riscuotere. ❸ (giorn.) mettere in macchina. △ ❷ **The Council authorized Italy to ~ an additional levy on imports from non-member Countries** l'Italia è stata autorizzata dal Consiglio a riscuotere, sulle importazioni dei Paesi terzi, un prelievo supplementare.

impose oneself, *v. rifl.* imporsi.

imposing, *n.* (*giorn.*) messa in macchina.

imposition, *n.* ❶ imposizione. ❷ (*fin.*) imposta, tassa. // **the ~ of new taxes** (*fin.*) l'imposizione di nuovi balzelli.

impossibility, *n.* impossibilità. // **~ of performance** (*leg.*) impossibilità d'esecuzione (*d'un contratto*).

impossible, *a.* impossibile.

impost[1], *n.* ❶ (*dog.*) dazio d'importazione. ❷ (*fin.*) imposta, tassa, tributo.

impost[2], *v. t.* (*dog.*) classificare (*le importazioni*) per fissare il dazio d'importazione.

imprescriptibility, *n.* (*leg.*) imprescrittibilità.

imprescriptible, *a.* (*leg.*) imprescrittibile.

impress, *v. t.* ❶ imprimere, stampare. ❷ fissare (*nella memoria, ecc.*). ❸ colpire, provocare un'impressione su (*q.*). ❹ (*leg.*) confiscare (*denaro, beni, ecc.*). ❺ (*leg.*) requisire (*merci: per uso pubblico*). △ ❸ **We were favourably impressed by their offer** ricevemmo una buona impressione dalla loro offerta. // **to ~ sb. favourably (unfavourably)** fare una buona (una cattiva) impressione a q.; **to ~ a seal on wax** imprimere un sigillo sulla cera.

impressed, *a.* ❶ impresso, stampato. ❷ fissato (*nella memoria, ecc.*). // **~ stamp** bollo stampato (*su una busta, un documento, ecc.*).

impression, *n.* ❶ impressione. ❷ (*giorn., pubbl.*) stampa, tiratura. // **an ~ of 15,000 copies** (*giorn., pubbl.*) una tiratura di 15.000 copie.

impressment, *n.* ❶ (*leg.*) confisca. ❷ (*leg.*) requisizione.

imprest, *n.* ❶ (*cred.*) anticipazione (*di denaro*). ❷ (*leg.*) prestito (*dello Stato a un privato: per permettergli di far fronte ai suoi debiti*). // **~ fund** (*rag.*) fondo cassa per piccole spese.

imprint[1], *n.* impronta, segno. // **~ stamp** bollo stampato (*su una busta, un documento, ecc.*).

imprint[2], *v. t.* ❶ imprimere, stampare. ❷ applicare, apporre. // **to ~ a postmark on a letter** applicare un francobollo a una lettera.

imprinted, *a.* ❶ impresso, stampato. ❷ applicato, apposto. // **~ form** modulo a stampa.

imprison, *v. t.* (*leg.*) imprigionare, tradurre in carcere.

imprisonment, *n.* (*leg.*) detenzione, reclusione, prigionia.

improper, *a.* improprio, inadatto, erroneo. // **~ fraction** (*mat.*) frazione impropria; **~ stowage** (*trasp. mar.*) negligenza nello stivaggio.

improve, *v. t. e i.* ❶ migliorare, perfezionare. ❷ valorizzare, far migliore a (*un terreno, ecc.*). ❸ (*comm.*) aumentare, essere in rialzo. △ ❸ **Demand improved last month** lo scorso mese la domanda è aumentata; **Bronson shares are improving slightly** le azioni Bronson sono in leggero rialzo. // **to ~ on st.** migliorare una cosa, far meglio una cosa (*già fatta*); **to ~ on the prices offered** (*market.*) migliorare i prezzi offerti.

improvement, *n.* ❶ miglioramento, perfezionamento. ❷ migliorìa, valorizzazione (*d'un terreno, ecc.*). ❸ (*comm.*) aumento, rialzo. △ ❶ **Between 1965 and 1966 the Community's current accounts showed an ~ of some 500 million units of account** dal 1965 al 1966, la bilancia dei pagamenti correnti della Comunità registrò un miglioramento di circa 500 milioni di unità di conto. // **~ in bookkeeping terms** (*rag.*) miglioramento contabile: **The United States balance of payments shows improvements in bookkeeping terms** la bilancia dei pagamenti americana rivela dei miglioramenti contabili.

improver, *n.* (*pers.*) apprendista, praticante d'ufficio (*che accetta lavoro per acquisirne esperienza, pur non essendo retribuito*).

improvised, *a.* improvvisato.

impugn, *v. t.* (*leg.*) impugnare. // **to ~ the clause of a contract** (*leg.*) impugnare una clausola contrattuale.

impugnable, *a.* (*leg.*) impugnabile.

impugnment, *n.* (*leg.*) impugnazione.

impulse, *n.* impulso, spinta. △ **The new measures will give ~ to trade** i nuovi provvedimenti daranno impulso al commercio. // **~ buying** (*market.*) acquisti (fatti) per impulso; **~ code** (*elab. elettr.*) codice d'impulsi; **~ goods** (*market.*) merci che si acquistano per impulso (*p. es., articoli a basso prezzo o articoli di lusso*); **~ purchase** (*market.*) acquisto (fatto) per impulso.

imputability, *n.* ❶ (*leg.*) imputabilità. ❷ (*rag.*) imputabilità.

imputable, *a.* ❶ (*leg.*) imputabile. ❷ (*rag.*) imputabile, addebitabile, ascrivibile, attribuibile.

imputation, *n.* ❶ (*leg.*) imputazione. ❷ (*rag.*) imputazione, attribuzione.

impute, *v. t.* ❶ (*leg.*) imputare. ❷ (*rag.*) imputare, addebitare, ascrivere, attribuire. △ ❷ **The problem of how infrastructure costs should be imputed is still to be settled** resta ancora da risolvere il problema dell'imputazione dei costi d'infrastruttura.

imputed, *a.* ❶ (*leg.*) imputato. ❷ (*rag.*) imputato, addebitato, ascritto, attribuito. // **~ value** (*rag.*) valore marginale.

in, *prep. e avv.* in, entro, dentro. *a.* ❶ interno. ❷ di moda, in voga. ❸ (*fam.*) in attivo di. ❹ (*trasp.*) in arrivo. △ *a.* ❷ **This kind of articles is very ~ nowadays** questo genere d'articoli è molto in voga oggigiorno; ❸ **We're ~ a thousand pounds** siamo in attivo di (ci abbiamo guadagnato) mille sterline. // **~ -and-out** (*Borsa*) « dentro e fuori » (*relativo ad acquisto e vendita dello stesso titolo in un breve periodo*); **~ -and-out trading** (*Borsa*) contrattazione « dentro e fuori »; **the ~ boat** (*trasp. mar.*) il battello in arrivo; **~ -clearing** (*banca, ingl.*) insieme degli assegni, ecc., spiccati su una banca e da questa presentati alla Stanza di compensazione; **~ fashion** (*market.*) alla moda, in voga; **~ -flight** (*trasp. aer.*) effettuato in volo; **~ -flight movie** (*trasp. aer.*) film proiettato durante il volo; **~ -house** (*org. az.*) interno, ristretto; **~ -house meetings** (*org. az.*) riunioni ristrette; **~ -house system** (*elab. elettr.*) sistema localizzato; **~ kind** (*leg.*) in natura; **~ the long run** (*econ., fin.*) a lungo termine; **~ -migrant** (*econ., stat.*) chi si trasferisce, per motivi di lavoro, all'interno d'uno Stato; **to ~ -migrate** (*econ., stat.*) trasferirsi, per motivi di lavoro, all'interno d'uno Stato; **~ -migration** (*econ., stat.*) migrazione interna; **~ -plant** (*org. az.*) interno, svolto nell'ambito d'uno stabilimento; **~ -plant system** (*elab. elettr.*) sistema localizzato; **~ -plant training programme** (*org. az.*) piano d'addestramento interno; **~ -print** (*giorn., pubbl.*) titolo in corso di stampa; **~ -process** (*org. az.*) in corso di lavorazione; **~ -season** (*tur.*) stagionale; **~ -season accommodation** (*tur.*) ricettività stagionale; **~ the short run** (*econ., fin.*) a breve termine; **~ -transit** (*trasp.*) di transito; **~ -transit freight rates** (*trasp.*) tariffa per noli di transito; **~ -transit goods** (*trasp.*) merci di transito; **~ -tray** (*attr. uff.*) cassetta della corrispondenza in arrivo; **payment ~ kind** (*comm.*) pagamento in natura.

inability, *n.* ❶ (*leg.*) inabilità, incapacità. ❷ (*pers.*) invalidità. // ~ **to meet one's debts** (*leg.*) incapacità di far fronte ai propri impegni; ~ **to work** (*pers.*) inabilità, incapacità al lavoro.

inaccurate, *a.* inaccurato, inesatto, impreciso. // ~ **accounts** (*rag.*) conti inesatti.

inaction, *n.* inazione, inattività.

inactive, *a.* inattivo, inoperoso. // **an** ~ **contract** (*leg.*) un contratto che non è in vigore; **an** ~ **machinery** (*org. az.*) un macchinario inoperoso; ~ **post** (*Borsa*) recinto grida inattivo, « corbeille » inattiva; ~ **stocks** (*Borsa*) titoli inattivi, titoli a scarso flottante.

inactivity, *n.* inattività.

inadequacy, *n.* inadeguatezza, insufficienza, manchevolezza.

inadequate, *a.* inadeguato, insufficiente, manchevole. △ **We should monitor carefully the formation of prices on markets where competition is** ~ dovremmo sorvegliare attentamente la formazione dei prezzi sui mercati in cui la concorrenza è insufficiente. // ~ **consideration** corrispettivo inadeguato (*alla prestazione*).

inadmissibility, *n.* (*anche leg.*) inammissibilità.

inadmissible, *a.* (*anche leg.*) inammissibile.

inalienability, *n.* (*leg.*) inalienabilità.

inalienable, *a.* (*leg.*) inalienabile. // ~ **rights** (*leg.*) diritti inalienabili.

inanimate, *a.* inanimato.

inapplicability, *n.* inapplicabilità.

inapplicable, *a.* inapplicabile.

inbalance, *n.* V. **imbalance.**

incapable, *a.* incapace.

incapacitate, *v. t.* (*leg.*) inabilitare, rendere inabile, rendere incapace. △ **His delicate health incapacitates him for work** la salute cagionevole lo rende inabile al lavoro.

incapacitation, *n.* (*leg.*) inabilitazione; il rendere inabile, il rendere incapace; l'esser reso inabile, l'esser reso incapace.

incapacity, *n.* (*leg.*) incapacità, inabilità. // ~ **for work** (*pers.*) inabilità al lavoro.

incentive, *n.* incentivo, stimolo, incitamento. // ~ **pay** (*pers.*) cottimo; ~ **wage** (*pers.*) salario a cottimo.

incessant, *a.* incessante.

inch, *n.* pollice (*misura lineare pari a cm 2,54*).

inchmaree clause, *n.* (*ass. mar.*) clausola che prevede la copertura dei rischi non derivanti necessariamente da incidenti marittimi (*p. es.: i rischi per danni al carico quando la nave è nel porto*).

incidence, *n.* incidenza. // **the** ~ **of a tax on the consumer** (*fin.*) l'incidenza d'un'imposta sul consumatore.

incident, *a.* (*leg.*) inerente, congiunto, dipendente. *n.* (*leg.*) diritto accessorio, privilegio.

incidental, *a.* incidentale, accessorio, secondario. // ~ **cause** (*leg.*) causa incidentale; ~ **consequence** conseguenza incidentale; ~ **expenses** (*rag.*) spese accessorie; spese impreviste, imprevisti.

incite, *v. t.* incitare, istigare.

incitement, *n.* incitamento, istigazione.

inclination, *n.* inclinazione.

incline, *v. t.* inclinare.

inclose, *v. t.* V. **enclose.**

inclosure, *n.* V. **enclosure.**

include, *v. t.* includere, comprendere, contenere, racchiudere. △ **The price includes all the expenses to deliver the goods at the port as well as lighterage** il prezzo comprende tutte le spese per la consegna delle merci al porto come pure le spese d'alleggio.

included, *a.* incluso, compreso.

inclusive, *a.* comprensivo, complessivo. △ **By the clause C.I.F. it is meant that the price is** ~ **of the cost of the goods, insurance charges and freight up to the port of discharge** con la clausola C.I.F. s'intende che il prezzo è comprensivo del costo della merce, delle spese d'assicurazione e del nolo fino al porto di destinazione. ~ **price** (*market.*) « tutto compreso »; ~ **terms** (*tur.*) « tutto compreso ».

income, *n.* ❶ (*econ., fin.*) entrata, entrate. ❷ (*econ., fin.*) reddito. ❸ (*econ., fin.*) rendita, utile. ❹ (*rag.*) parte « entrate » (*di un bilancio*). △ ❷ ~ **produced and imports represent the resources which the Country uses in a given period of time. These resources are primarily absorbed by consumption** il reddito prodotto e le importazioni costituiscono le risorse di cui il Paese dispone in un certo intervallo di tempo; da queste risorse traggono origine innanzi tutto i consumi; **The prices of certain fish condition the overall** ~ **of fishermen and the general price level** i prezzi d'un certo numero di prodotti ittici influiscono in modo determinante sul reddito globale dei pescatori e sul livello generale dei prezzi. // ~ **account** (*rag.*) conto profitti e perdite; **incomes accruing to the factors of production** (*econ.*) redditi ascrivibili ai fattori della produzione; ~ **available for distribution** (*rag.*) utile da distribuire; ~ **bond** (*Borsa, fin.*) obbligazioni di partecipazione; ~ **bracket** (*fin., stat.*) gruppo di reddito, categoria di contribuenti (*raggruppati secondo il reddito*); ~ **classes** (*fin.*) classi di reddito; ~ **deflation** (*econ.*) deflazione da redditi; ~ **derived from the self-employment of private individuals** (*fin.*) reddito di lavoro autonomo di persone fisiche; ~ **determination** (*fin.*) determinazione del reddito; ~ **distribution** (*fin.*) distribuzione del reddito; ~ **estimation** (*econ.*) valutazione del reddito; ~ **for life** (*ass., fin.*) rendita vitalizia, vitalizio; ~ **for the year** (*rag.*) utile d'esercizio; ~ **from capital** (*fin.*) reddito di capitale; ~ **from employed persons** (*fin.*) reddito di lavoro subordinato; ~ **from employment** (*fin.*) reddito di lavoro subordinato; ~ **from farms** (*fin.*) reddito terriero; ~ **groups** (*fin., stat.*) gruppi di reddito; ~ **inflation** (*econ.*) inflazione da redditi, ~ **items** (*fin.*) categorie di redditi; ~ **liable to tax** (*fin.*) reddito tassabile; **incomes package** (*fin.*) « pacchetto » di misure di politica dei redditi; **incomes policy** (*econ.*) politica dei redditi: **This incomes policy aims at ensuring at one and the same time the stability of unit costs, economic expansion and full employment** questa politica dei redditi mira a garantire contemporaneamente la stabilità dei costi unitari, l'espansione economica e la piena occupazione; ~ **profits** (*fin.*) redditi di lavoro; ~ **range** (*fin.*) classe di reddito; **incomes restraint** (*econ.*) freno all'aumento dei redditi (*o dei salari*); ~ **statement** (*rag.*) conto profitti e perdite; ~ **surtax** (*fin.*) imposta complementare sul reddito; ~ **tax** (*fin.*) imposta sul reddito; imposta di ricchezza mobile; ~ **-tax return** (*fin.*) dichiarazione dei redditi.

incoming, *a. attr.* ❶ entrante, subentrante. ❷ in arrivo. // ~ **letters** (*comun.*) corrispondenza in arrivo; ~ **mail** (*comun.*) corrispondenza in arrivo; ~ **profits** (*rag.*) profitti in via di maturazione; **the** ~ **tenants** (*leg.*) gli affittuari subentranti.

incompatibility, *n.* (*leg.*) incompatibilità.

incompatible, *a.* (*leg.*) incompatibile.

incompetence, *n.* (*leg.*) incompetenza, incapacità.

incompetent, *a.* (*leg.*) incompetente, incapace. △

A wife is generally ~ to testify against her husband di solito la moglie è incompetente a testimoniare contro il marito.

incomplete, *a.* incompleto.
inconstancy, *n.* incostanza.
inconstant, *a.* incostante.
inconsumable, *a.* ❶ inconsumabile. ❷ (*econ.*) (*di bene, ecc.*) non di consumo; strumentale.
incontestability, *n.* (*leg.*) incontestabilità, inconfutabilità.
incontestable, *a.* (*leg.*) incontestabile, inconfutabile. // ~ **clause** (*ass.*) clausola d'incontestabilità (*d'una polizza*); ~ **evidence** (*leg.*) prova inconfutabile.
incontrovertibility, *n.* (*leg.*) incontrovertibilità, inconfutabilità, inoppugnabilità.
incontrovertible, *a.* (*leg.*) incontrovertibile, inconfutabile, inoppugnabile. // ~ **evidence** (*leg.*) prova inconfutabile.
inconvenience[1], *n.* inconveniente, disagio, disturbo, svantaggio. △ **Your being unable to supply the articles within the stated time caused great ~ to our customers** l'impossibilità da parte vostra di procurarci gli articoli entro la scadenza convenuta ha arrecato un grave disagio ai nostri clienti; **Loosing that extra income is going to be a great ~** la perdita di quel reddito supplementare sarà un grosso svantaggio.
inconvenience[2], *v. t.* disturbare, incomodare.
inconvenient, *a.* sconveniente, svantaggioso, che reca disagio, che reca disturbo. // **an ~ arrangement** un accordo svantaggioso.
inconvertibility, *n.* (*econ.*) inconvertibilità.
inconvertible, *a.* (*econ.*) inconvertibile. // ~ **circulation** (*econ.*) corso forzoso; ~ **currency** (*econ.*) valuta non convertibile; ~ **paper money** (*econ.*) banconote a corso forzoso.
incorporate[1], *a.* ❶ (*leg.*) eretto in ente giuridico, morale o pubblico. ❷ (*leg.*) (*di ditta, ecc.*) associato, collegato.
incorporate[2], *v.t.* ❶ (*leg.*) erigere in ente giuridico, morale o pubblico. ❷ (*leg.*) costituire (*una società*); « registrare » (*ditte, ecc.*). ❸ (*leg.*) associare, collegare, fondere (*ditte, ecc.*). *v. i.* (*leg.*) (*di ditte, ecc.*) associarsi, collegarsi, fondersi. △ *v. i.* **The two firms will ~ as soon as they have more funds** le due ditte si fonderanno non appena avranno maggiori fondi.
incorporation, *n.* ❶ (*leg.*) erezione in ente giuridico, morale o pubblico. ❷ (*leg.*) costituzione, « registrazione » (*di ditte, ecc.*). ❸ (*leg.*) associazione, fusione (*di ditte, ecc.*). △ ❷ **The certificate of ~ may be called the « birth certificate » of a new concern** il certificato di « registrazione » può considerarsi il « certificato di nascita » d'una nuova impresa. // **the ~ of a company** (*leg.*) la costituzione d'una società.
incorporator, *n.* ❶ (*leg.*) chi costituisce una società, socio fondatore. ❷ (*leg.*) chi erige (*un istituto*) in ente giuridico, morale o pubblico.
incorporeal, *a.* (*leg.*) incorporeo, immateriale. // ~ **chattel** (*leg.*) bene mobile di cui non si ha possesso ma ripetibile con una causa.
incorrect, *a.* errato, erroneo.
incoterms, *n. pl.* (*comm. est., comun.*) « incoterms » (*norme internazionali per l'interpretazione dei termini commerciali, edite a cura della Camera di Commercio Internazionale*).
increase[1], *n.* ❶ aumento, accrescimento, maggiorazione, crescita, ingrandimento. ❷ (*econ., fin.*) crescita, dilatazione, rialzo, lievitazione, dinamica (*dei prezzi, ecc.*).

❸ (*mat.*) incremento. ❹ (*pers.*) aumento, scatto (*di salario*). △ ❶ **We are expecting an ~ in the cost of basic materials** ci aspettiamo un aumento del costo delle materie prime; **The ~ in the inflow of funds is due to the Italian bonds issues subscribed abroad** l'aumento delle entrate è dovuto ai prestiti italiani sottoscritti all'estero. // **the ~ and decrease of economic activity** (*econ.*) le fluttuazioni della congiuntura; **an ~ in consumption demand** (*econ.*) un aumento della domanda di consumi; **an ~ in population** (*econ., stat.*) un aumento della popolazione, un incremento demografico; ~ **in prices and costs** (*market.*) « lievitazione » dei prezzi e dei costi; ~ **of capital** (*fin., rag.*) aumento di capitale; ~ **of the risk** (*ass.*) aggravamento del rischio; ~ **of wages according to ages** (*pers.*) scatto salariale per anzianità.
increase[2], *v. t. e i.* ❶ aumentare, incrementare, accrescere, crescere, ingrandire. ❷ (*econ., fin.: di prezzi*) dilatarsi, lievitare. △ ❶ **Wages will be increased following to the demands of the trade unions** i salari saranno aumentati a seguito delle rivendicazioni sindacali. // **to ~ in price** (*market.*) aumentare di prezzo; **to ~ prices** (*market.*) elevare i prezzi, rincarare; **to ~ total supply** (*econ.*) aumentare l'offerta globale.
increasing, *a.* crescente, in aumento. // ~ **costs** (*econ.*) costi crescenti; ~ **function** (*mat.*) funzione crescente; ~ **returns** (*econ.*) produttività crescente.
incredibility, *n.* incredibilità.
incredible, *a.* incredibile.
increment, *n.* ❶ incremento, aumento, accrescimento. ❷ (*mat.*) incremento. ❸ (*pers.*) aumento (*di stipendio*). △ ❸ **They'll get a monthly ~ of ten dollars** otterranno un aumento (di stipendio) di dieci dollari al mese.
incremental, *a.* ❶ incrementivo. ❷ (*elab. elettr.*) incrementale. // ~ **computer** (*elab. elettr.*) calcolatore incrementale; ~ **representation** (*elab. elettr.*) notazione incrementale.
incriminate, *v. t.* (*leg.*) incriminare.
incrimination, *n.* (*leg.*) incriminazione.
incumbrance, *n. V.* encumbrance.
incur, *v. t.* ❶ incorrere in, esporsi a. ❷ contrarre, fare. // **to ~ debts** contrarre debiti; esporsi (*finanziariamente*); **to ~ punishment** incorrere in una punizione; **to ~ a risk** correre un rischio.
indebted, *a.* ❶ (*fig.*) grato, obbligato. ❷ (*cred.*) indebitato. △ ❶ **We are greatly ~ to you for your kindness** vi siamo profondamente grati per la vostra gentilezza; ❷ **He is ~ to the bank** è debitore verso la banca.
indebtedness, *n.* ❶ (*cred.*) indebitamento, debito, situazione debitoria. ❷ (*fin.*) gratitudine, obbligo. ❸ (*rag.*) passività, passivo. △ ❶ **There has been a sharp rise in short-term ~** c'è stato un brusco aumento dell'indebitamento a breve.
indefeasibility, *n.* ❶ (*leg.*) inalienabilità. ❷ (*leg.*) imprescrittibilità. ❸ (*leg.*) inoppugnabilità.
indefeasible, *a.* ❶ (*leg.*) inalienabile. ❷ (*leg.*) imprescrittibile. ❸ (*leg.*) inoppugnabile. // ~ **claims** (*leg.*) richieste inoppugnabili; ~ **rights** (*leg.*) diritti inalienabili.
indefinite, *a.* indefinito, indeterminato. // ~ **integral** (*mat.*) integrale indefinito.
indemnifiable, *a.* risarcibile.
indemnification, *n.* (*ass.*) indennizzo, risarcimento, reintegrazione.
indemnify, *v. t.* ❶ garantire, tutelare (*contro perdite, danni, ecc.*). ❷ (*ass.*) indennizzare, risarcire, reintegrare.

indemnify oneself, *v. rifl.* garantirsi, tutelarsi. △ We shall have to ~ ourselves against damage dovremo tutelarci contro i danni.

indemnitee, *n.* (*leg.*) chi è (*o* ha diritto a essere) indennizzato; chi è (*o* ha diritto a essere) risarcito.

indemnitor, *n.* ❶ (*leg.*) chi indennizza, chi risarcisce. ❷ (*leg.*) chi è tenuto a indennizzare, chi è tenuto a risarcire.

indemnity, *n.* ❶ assicurazione, garanzia (*contro perdite, danni, ecc.*). ❷ (*ass.*) indennizzo, risarcimento. ❸ (*leg.*) indennità. △ ❶ **His plan offers ~ against financial risks** il suo progetto offre una garanzia contro i rischi finanziari; ❷ **They had to pay a large ~** dovettero pagare un forte risarcimento. // **~ club** (*ass. mar.*) sezione avarie.

indent¹, *n.* ❶ dentellatura. ❷ collocazione in dentro (*d'una riga*); capoverso. ❸ (*comm.*) ordinazione di merce (*soprattutto all'estero*). ❹ (*leg., ingl.*) requisizione ufficiale.

indent², *v. t.* ❶ dentellare. ❷ far rientrare (*l'inizio d'una riga*) dal margine della pagina. ❸ dividere in due (*un documento in duplice copia*) tracciando una linea dentellata. ❹ compilare, redigere (*un documento*) in duplice copia. ❺ (*comm.*) ordinare (*merce, soprattutto all'estero*). *v. i.* ❶ far rientrare un testo, andando a capo. ❷ compilare documenti in duplice copia. // **to ~ the first word of a paragraph** far rientrare la prima parola d'un paragrafo; **to ~ upon sb. for st.** (*leg., ingl.*) spiccare su q. un ordine di requisizione; **to ~ upon st.** (*ingl.*) attingere a qc.: **We were compelled to ~ upon reserves in order to cover the deficit** dovemmo attingere alle riserve per coprire il deficit.

indentation, *n.* collocazione (*d'una riga*) in dentro; capoverso.

indention, *n.* collocazione (*d'una riga*) in dentro; capoverso.

indenture, *n.* ❶ (*Borsa, USA*) contratto obbligazionario (*che illustra dettagliatamente le condizioni d'emissione d'un prestito obbligazionario*). ❷ (*leg.*) documento (*originariamente*) in duplice copia; certificato ufficiale. ❸ (*leg.*) accordo scritto; contratto bilaterale.

independence, *n.* indipendenza.

independent, *a.* indipendente, libero. // **~ audit** (*fin.*) revisione contabile esterna; **~ contractor** appaltatore libero (*nella scelta dei mezzi e dei metodi di lavorazione*); **~ newspaper** (*giorn.*) quotidiano indipendente; **~ paper** (*giorn.*) giornale indipendente, « foglio » indipendente; **~ unions** (*sind.*) sindacati liberi, sindacati non confederali; **~ variable** (*mat.*) variabile indipendente.

indeterminate, *a.* indeterminato.

index¹, *n.* (*pl.* **indices** e *reg.*) ❶ indice analitico (*d'un libro*). ❷ (*econ., mat., stat.*) indice, indizio, segno. ❸ (*mat.*) esponente. // **~ number** (*stat.*) numero indice; **the ~ numbers of industrial production** (*econ., stat.*) i numeri indici della produzione industriale; **~ of economic well-being** indice di benessere economico; **~ of productivity** (*econ.*) indice della produttività; **~ of retail prices** (*market.*) indice dei prezzi al minuto, indice dei prezzi al dettaglio; **~ of social ill-being** indice di malessere sociale; **~ of stock rotation** (*org. az.*) indice di rotazione delle scorte; **~ of wholesale prices** (*market.*) indice dei prezzi all'ingrosso; **~ point** (*elab. elettr.*) posizione di riferimento; **~ word** (*elab. elettr.*) modificatore.

index², *v. t.* ❶ fornire (*un libro*) di indice analitico. ❷ (*elab. elettr.*) posizionare.

Indian corn, *n.* (*market.*) granoturco, frumentone.

indicate, *v. t.* indicare.

indication, *n.* indicazione.

indicative, *a.* e *n.* indicativo.

indicator, *n.* ❶ indicatore. ❷ (*econ., stat.*) indice, parametro. // **~ of prosperity** parametro di prosperità.

indict, *v. t.* (*leg.*) accusare, incriminare, mettere in stato d'accusa.

indictable, *a.* ❶ (*leg.*) accusabile, incriminabile. ❷ (*leg.*) perseguibile, passibile di pena. // **~ offence** (*leg.*) infrazione passibile di pena.

indictee, *n.* (*leg.*) chi è accusato, chi è incriminato, chi è messo in stato d'accusa.

indicter, *n. V.* **indictor**.

indictment, *n.* (*leg.*) accusa scritta, incriminazione, messa in stato d'accusa.

indictor, *n.* (*leg.*) accusatore, chi accusa, chi incrimina, chi mette in stato d'accusa.

indifference, *n.* indifferenza. // **~ curve** (*econ.*) curva d'indifferenza.

indifferent, *a.* indifferente, incurante.

indirect, *a.* indiretto. // **~ arbitrage** (*fin.*) arbitraggio indiretto; **~ call** (*trasp. mar.*) scalo intermedio; **~ charge** (*rag.*) costo indiretto; **~ cost** (*rag.*) costo indiretto, costo fisso; **~ dealings** trattative « sotto banco »; **~ exchange** (*fin.*) cambio indiretto, cambio « incerto per certo »; **~ expenses** (*rag.*) spese indirette, spese generali; **~ exporting** (*comm. est.*) esportazione indiretta; **~ incentive** (*pers.*) incentivo indiretto; **~ initiative** (*leg.*) iniziativa indiretta; **~ labour** (*pers.*) manodopera indiretta; **~ parities** (*fin.*) parità indirette (*cambi calcolati attraverso una terza valuta*); **~ tax** (*fin.*) imposta indiretta; **~ taxation** (*fin.*) imposizione indiretta, fiscalità indiretta.

indiscriminate, *a.* indiscriminato. // **an ~ rise in food prices** (*market.*) un aumento indiscriminato dei prezzi dei generi alimentari.

indispensable, *a.* indispensabile.

individual, *a.* individuale. *n.* ❶ individuo. ❷ (*leg.*) persona fisica. // **~ person** (*leg.*) persona fisica; **~ policy** (*ass.*) polizza individuale; **~ rate** (*pers.*) paga individuale.

individually, *avv.* individualmente.

indolence, *n.* indolenza.

indolent, *a.* indolente.

indorsable, *a. V.* **endorsable**.

indorse, *v. t. V.* **endorse**.

indorsee, *n. V.* **endorsee**.

indorsement, *n. V.* **endorsement**.

indorser, *n. V.* **endorser**.

induce, *v. t.* ❶ indurre, persuadere. ❷ incitare, spingere a. ❸ (*leg.*) istigare. △ ❶ **We should ~ our customers to try the new product** dovremmo persuadere la clientela a provare il nuovo prodotto.

induced, *a.* indotto. // **~ investment** (*fin.*) investimento indotto.

inducement, *n.* ❶ persuasione, incitamento. ❷ (*leg.*) istigazione. ❸ (*leg.*) parte introduttiva (*di atto legale*). // **~ to invest** (*econ.*) incentivo all'investimento.

induction, *n.* induzione, inferenza.

indulgence, *n.* indulgenza.

industrial, *a.* industriale. *n.* ❶ (*fin.*) impresa industriale. ❷ (*pers.*) dipendente d'impresa industriale. ❸ **industrials**, *pl.* (*fin.*) azioni, titoli, valori (d'imprese) industriali. // **~ accident** (*pers.*) infortunio sul lavoro; **~ accident and health insurance** (*ass., pers.*) assicurazione contro le malattie e gli infortuni sul lavoro; **~ advertising** (*pubbl.*) pubblicità industriale; **~ and Commercial Finance Corporation** (*fin.*) Istituto per i Finanziamenti all'Industria e al Commercio; **~ area** (*econ.*) zona industriale; **~ combination** (*econ.*) concentrazione d'imprese; ~ **communications** (*org. az.*) comunicazioni aziendali, comunicazioni interne; ~ **concern** impresa industriale; ~ **Countries** (*econ.*) Paesi industriali; ~ **Court** (*leg., ingl.*) tribunale che giudica sulle controversie in materia di lavoro; ~ **data processing** (*elab. elettr.*) elaborazione industriale dei dati; ~ **design** (*org. az., pubbl.*) « industrial design », disegno industriale; ~ **designer** (*org. az., pubbl.*) « industrial designer », disegnatore industriale; ~ **development pole** (*econ.*) polo di sviluppo industriale; ~ **disease** (*pers.*) malattia professionale; ~ **disputes tribunal** (*leg.*) *V.* ~ **Court;** ~ **espionage** (*leg.*) spionaggio industriale; ~ **goods** (*econ.*) beni strumentali; ~ **health and medicine** (*pers., sind.*) igiene e medicina del lavoro; ~ **injury** (*pers.*) incidente (*o* infortunio) sul lavoro; ~ **injury legislation** (*leg.*) legislazione infortunistica; ~ **management** (*org. az.*) direzione aziendale; ~ **medicine** (*org. az., pers.*) medicina del lavoro; ~ **package** (*econ.*) « pacchetto industriale »; ~ **peace** (*sind.*) tregua sindacale; ~ **production** (*econ.*) produzione industriale: ~ **production stagnates** c'è una stasi della produzione industriale; ~ **production index** (*econ.*) indice della produzione industriale; ~ **property rights** (*leg.*) diritti di privativa industriale; ~ **psychology** (*org. az., pers.*) psicologia industriale; ~ **purchasing** (*org. az.*) approvvigionamento; ~ **relations** (*market., pers.*) relazioni industriali; (*pers., sind.*) relazioni professionali; ~ **reorganization** (*econ.*) riconversione industriale; **The** ~ **Reorganization Corporation (I.R.C.)** (*ingl.*) Istituto per la Riorganizzazione Industriale (*una sorta di I.R.I. inglese, fondato nel 1966*); ~ **review** (*econ.*) rassegna industriale; ~ **safety** (*pers.*) sicurezza sul lavoro; ~ **site** (*econ.*) zona industriale; ~ **store** (*pers.*) spaccio aziendale; ~ **training** (*pers.*) istruzione professionale; ~ **wages** (*pers.*) paghe industriali; ~ **workers** (*pers.*) lavoratori dell'industria, operai dell'industria.

industrialism, *n.* (*econ.*) industrialismo.
industrialist, *n.* industriale, fabbricante.
industrialization, *n.* (*econ.*) industrializzazione.
industrialize, *v. t.* (*econ.*) industrializzare.
industry, *n.* (*econ.*) industria, manifattura. △ **We are witnessing a concentration of wool ~ in the north-west of the Country** assistiamo a una concentrazione dell'industria laniera nel nord-ovest del Paese.
ineffective, *a.* inefficiente, inefficace.
ineffectiveness, *n.* inefficienza, inefficacia.
ineffectual, *a.* inefficiente, inefficace.
ineffectualness, *n.* inefficienza, inefficacia.
inefficacious, *a.* inefficace.
inefficaciousness, *n.* inefficacia.
inefficacy, *n.* inefficacia.
inelastic, *a.* ❶ non elastico, mancante d'elasticità. ❷ inflessibile, rigido. △ ❶ **At present public expenditure is proving very ~ in the short term** attualmente le spese pubbliche denotano un'eccessiva mancanza d'elasticità a breve termine.
inelasticity, *n.* ❶ mancanza d'elasticità. ❷ inflessibilità, rigidità. // ~ **of demand** (*econ.*) rigidità della domanda; ~ **of supply** (*econ.*) rigidità dell'offerta.
inelegant, *a.* inelegante.
inequality, *n.* ❶ ineguaglianza, disuguaglianza, disparità, sperequazione. ❷ irregolarità. ❸ (*mat.*) disuguaglianza. // ~ **of income** (*econ.*) sperequazione dei redditi.
inequitable, *a.* iniquo, ingiusto, non equo. // **an ~ division of an estate among the heirs** (*leg.*) un'iniqua distribuzione dei beni fra gli eredi.
inequity, *n.* mancanza d'equità, ingiustizia.
inert, *a.* inerte.

inertia, *n.* inerzia.
inestimable, *a.* inapprezzabile.
inevitable, *a.* inevitabile. // ~ **accident** (*leg.*) incidente derivante da causa di forza maggiore; ~ **damage** (*ass., leg.*) danno inevitabile.
inexact, *a.* inesatto.
inexistent, *a.* inesistente.
inexpensive, *a.* poco costoso, di poco prezzo, a buon mercato.
inexpensiveness, *n.* basso costo, economicità.
inexperienced, *a.* inesperto; che non ha esperienza, inferenza.
inexpert, *a.* inesperto (*in un lavoro*).
infant, *n.* ❶ infante. ❷ (*leg.*) minorenne. *a.* ❶ infantile. ❷ (*fig.*) nascente, nuovo. // ~ **industry** (*econ.*) industria « bambina »; ~ **mortality** (*stat.*) mortalità infantile; **our ~ rubber industry** (*econ.*) la nostra nascente industria della gomma.
infantile, *a.* infantile.
infect, *v. t.* infettare.
infection, *n.* infezione.
infer, *v. t.* inferire, arguire, dedurre, desumere.
inferable, *a.* deducibile, arguibile, desumibile.
inference, *n.* ❶ illazione, deduzione. ❷ (*stat.*) inferenza.
inferior, *a.* inferiore. *n.* (*pers.*) subalterno, subordinato. // **an ~ Court of law** (*leg.*) un tribunale (di grado) inferiore; ~ **goods** (*econ.*) merci povere (*per le quali si verifica il fenomeno della diminuzione della domanda alla diminuzione del prezzo*); ~ **quality** (*market.*) qualità inferiore.
inferred, *a.* dedotto.
infirmity, *n.* infermità.
inflate, *v. t.* ❶ gonfiare. ❷ (*econ.*) alzare (*i prezzi*). ❸ (*econ.*) inflazionare. *v. i.* ❶ gonfiarsi. ❷ (*econ.*) ricorrere all'inflazione. // **to ~ a currency** (*econ.*) inflazionare una moneta.
inflating, *n.* (*trasp. aut.*) gonfiatura (*delle gomme*).
inflation, *n.* ❶ gonfiamento. ❷ (*econ.*) inflazione. △ ❷ **Attempts are being made to combat ~ by means of damping down home consumption** si sta tentando di combattere l'inflazione smorzando i consumi interni. // ~ **policy** (*econ.*) politica inflazionistica; ~ **rate** (*econ.*) tasso inflazionistico.
inflationary, *a.* (*econ.*) inflazionistico. △ **The demand for high imports is usually caused by ~ tendencies which can only be curbed by strict monetary control** generalmente la forte richiesta di merci d'importazione è causata da spinte inflazionistiche che possono essere frenate soltanto per mezzo di un severo controllo monetario. // ~ **claims** (*econ., sind.*) rivendicazioni inflazionistiche (*d'aumenti salariali*); ~ **gap** (*econ.*) « gap » (*o* divario, *o* vuoto) inflazionistico; ~ **pressure** (*econ.*) pressione inflazionistica; ~ **spiral** (*econ.*) spirale inflazionistica; ~ **strains** (*econ.*) tendenze inflazionistiche; ~ **surrender** (*econ.*) resa (*da parte del Governo*) alle richieste inflazionistiche (*dei sindacati*); ~ **tendencies** (*econ.*) tendenze inflazionistiche, spinte inflazionistiche; ~ **wage rises** (*econ.*) aumenti inflazionistici dei salari; ~ **wage settlement** (*econ.*) accordo salariale con conseguenze inflazionistiche.
inflationism, *n.* (*econ., fin.*) inflazionismo.
inflationist, *n.* (*econ., fin.*) inflazionista, fautore dell'inflazione economica.
inflexibility, *n.* inflessibilità.
inflexible, *a.* inflessibile.
inflow, *n.* ❶ afflusso. ❷ (*econ.*) quantitativo (*di*

denaro, d'oro, ecc.) affluito. ❸ **inflows**, *pl.* (*fin.*) «ricuperi». △ ❷ **The total of gold inflows and of changes in net positions with the IMF exceeded the overall balance to be financed** il totale dei quantitativi d'oro affluiti e delle variazioni nelle posizioni nette presso l'FMI è stato superiore al saldo globale da finanziare. // ~ **of bank deposits** (*banca*) afflusso di depositi bancari; ~ **of capital** (*econ.*) afflusso di capitali, entrata di capitali, apporto di capitali: **The ~ of capital bolstered up our foreign trade balance** l'apporto di capitali riequilibrò i nostri conti con l'estero; **an ~ of long-term capital** (*econ.*) un'entrata di capitali a lungo termine.

influence¹, *n.* ❶ influenza, influsso. ❷ ascendente, autorità.

influence², *v. t.* influenzare, influire su. △ **Prices will surely be influenced by the news about the international situation** i prezzi saranno certamente influenzati dalle notizie sulla situazione internazionale.

influential, *a.* influente, autorevole. // **an ~ paper** (*giorn.*) un giornale influente.

influx, *n. V.* **inflow**.

inform, *v. t.* informare, avvertire, ragguagliare; dare informazioni, dar notizie a. △ **We are glad to ~ you that a new branch will be opened shortly in your area** siamo lieti d'informarvi che una nuova succursale sarà aperta fra breve nella vostra zona. // **to ~ in advance** preavvisare.

informal, *a.* «informale», non ufficiale, ufficioso, senza formalità. // **an ~ agreement** un accordo di massima; **an ~ conversation** una conversazione non ufficiale; **an ~ meeting** (*org. az.*) una riunione non ufficiale.

informally, *avv.* senza formalità.

information, *n. collett.* informazione, informazioni; l'informare; notizia, notizie; ragguagli. △ **The enclosed illustrative folders will give you all the ~ you require on these machines** gli opuscoli illustrativi allegati vi daranno tutte le informazioni che desiderate su questi macchinari; **That's going to be a very useful piece of ~ for the paper** questa sarà un'informazione utilissima per il giornale. // ~ **bits** (*elab. elettr.*) «bit» d'informazione, «bits» d'informazione; ~ **bureau** (*org. az.*) ufficio informazioni; ~ **desk** (*org. az.*) ufficio (*o* banco) informazioni; ~ **feedback system** (*elab.*) sistema di retroazione d'informazione; ~ **flow** (*org. az.*) flusso di informazioni; ~ **gathering** (*market., org. az.*) raccolta di dati; ~ **methods** (*giorn.*) mezzi d'informazione; ~ **multipliers** (*giorn.*) «moltiplicatori» d'informazione; ~ **on forecast** (*market.*) informazioni previsionali; ~ **on past trends** (*giorn.*) informazioni retrospettive; ~ **processing** (*elab. elettr.*) elaborazione dell'informazione, trattamento dell'informazione; ~ **-system director** (*giorn.*) direttore dei sistemi d'informazione; ~ **theory** (*ric. op., stat.*) teoria delle informazioni.

informative, *a.* informativo.

informer, *n.* delatore.

infrangibility, *n.* (*specialm. fig.*) infrangibilità.

infrangible, *a.* infrangibile.

infrastructure, *n.* (*econ.*) infrastruttura. // ~ **costs** (*econ.*) costi infrastrutturali.

infringe, *v. t.* (*leg.*) infrangere, violare, trasgredire, contravvenire a. // **to ~ a contract (a treaty)** (*leg.*) contravvenire a un contratto (a un trattato); **to ~ a copyright** (*leg.*) violare la legge sul diritto d'autore.

infringement, *n.* ❶ (*leg.*) infrazione, violazione, trasgressione, contravvenzione. ❷ (*leg.*) uso illecito dell'altrui ragione sociale. // ~ **of the law** (*leg.*) violazione della legge; ~ **of a right** (*leg.*) violazione d'un diritto; ~ **of the trade marks** (*leg.*) contraffazione dei marchi di fabbrica.

infringer, *n.* ❶ (*leg.*) contravventore, violatore, trasgressore. ❷ (*leg.*) chi usa illegalmente l'altrui marchio di fabbrica. ❸ (*leg.*) chi usa illegalmente l'altrui ragione sociale.

ingot, *n.* lingotto; verga (*d'oro, ecc.*).

inhabit, *v. t.* abitare in (*un luogo*).

inhabitancy, *n.* (*leg.*) sede principale degli affari (*d'una società commerciale, d'un'associazione, ecc.*).

inherent, *a.* inerente, intrinseco. // ~ **vice** (*leg.*) vizio intrinseco.

inherit, *v. t.* (*leg.*) ereditare, ricevere in eredità.

inheritable, *a.* (*leg.*) ereditabile, ereditario.

inheritance, *n.* (*leg.*) eredità, patrimonio (*proveniente da eredità*). // ~ **tax** (*fin.*) imposta (*o* tassa) di successione.

initial¹, *a.* iniziale, primo. *n.* ❶ (lettera) iniziale (*d'un capitolo, ecc.*). ❷ **initials**, *pl.* (lettere) iniziali (*d'un nome e d'un cognome*), sigla. // ~ **allowance** (*rag.*) ammortamento iniziale; ~ **capital** (*fin.*) capitale iniziale, capitale d'avviamento; ~ **reserve** (*ass.*) riserva iniziale.

initial², *v. t.* apporre le iniziali a, siglare. // **to ~ an alteration** siglare una correzione.

initialize, *v. t.* (*elab. elettr.*) «inizializzare» (*la programmazione dei dati*).

initiate, *v. t.* ❶ iniziare, avviare, introdurre. ❷ (*elab. elettr.*) iniziare (*un programma*). △ ❶ **They are about to ~ the plan** stanno per iniziare l'attuazione del progetto. // **to ~ a change in fashion** (*pubbl.*) avviare un cambiamento nella moda; **to ~ a work** (*org. az.*) iniziare un lavoro.

initiative, *n.* iniziativa, intraprendenza. △ **A good executive has got to have lots of ~** un buon dirigente deve avere molta iniziativa. // **on one's own ~** (*amm., leg.*) d'ufficio: **In those cases the Commission carried out investigations on its own ~** in quei casi la Commissione ha effettuato gli accertamenti d'ufficio.

initiator, *n.* iniziatore.

injection, *n.* iniezione. △ **What we need is a salutary ~ of cash** ciò di cui abbiamo bisogno è una salutare iniezione di contante.

injunction, *n.* (*leg.*) ingiunzione, imposizione, comando, ordine, ordinanza.

injunctive, *a.* (*leg.*) ingiuntivo.

injure, *v. t.* (*leg.*) danneggiare, ledere, offendere, pregiudicare. △ **The new tax will ~ business** la nuova imposta danneggerà gli affari. // **to ~ sb.'s reputation** (*leg.*) ledere la reputazione di q.

injured, *a.* (*leg.*) danneggiato, leso, offeso, pregiudicato. // **the ~ party** (*leg.*) la parte lesa, la parte danneggiata.

injurious, *a.* dannoso.

injury, *n.* ❶ (*leg.*) danno, lesione, offesa, torto. ❷ (*leg.*) atto illecito. ❸ (*pers.*) incidente, infortunio (*sul lavoro*). // ~ **benefit** (*pers.*) assegno d'invalidità (*o* di malattia).

injustice, *n.* ingiustizia.

ink¹, *n.* (*attr. uff.*) inchiostro. // ~ **eraser** (*attr. uff.*) gomma da inchiostro; ~ **-pad** (*attr. uff.*) tampone per timbri, cuscinetto per timbri; ~ **roller** (*attr. uff.*) nastro inchiostratore.

ink², *v. t.* inchiostrare.

inked, *a.* inchiostrato. // ~ **ribbon** (*attr. uff.*) nastro dattilografico.

inland, *n.* interno del paese, entroterra, retroterra. *a. attr.* ❶ situato nell'entroterra, situato nel retroterra. ❷ (*comm.*) interno. // ~ **bill** (*cred.*) cambiale pagabile all'interno; ~ **bills** (*banca*) portafoglio interno; ~ **duty** (*fin.*) dazio interno; ~ **marine insurance** (*ass.*) assicurazione sui danni arrecati alle merci durante la navigazione interna; ~ **navigation** (*trasp.*) navigazione interna, navigazione fluviale, navigazione per idrovie; ~ **revenue** (*fin.*) imposte e dazi interni, fisco, erario; ~ **revenue stamp** (*fin.*) bollo fiscale; **an** ~ **town** una città dell'entroterra; ~ **trade** commercio interno; ~ **water transport** (*trasp.*) navigazione fluviale, navigazione interna; ~ **waterway vessel** (*trasp.*) battello fluviale; ~ **waterways** (*trasp.*) vie navigabili, vie fluviali.

in-laws, *n. pl.* (*fam.*) affini.

innavigable, *a.* (*trasp.*) non navigabile, innavigabile.

inner, *a. attr.* interno, intimo, segreto. // ~ **band** (*fin.*) fascia interna; ~ **port** (*trasp.*) porto interno; ~ **reserve** (*rag.*) riserva occulta.

innocence, *n.* innocenza.

innocent, *a.* innocente.

innovation, *n.* innovazione.

innumerable, *a.* innumerevole.

inobservance, *n.* (*leg.*) inosservanza.

inofficial, *a.* non ufficiale, ufficioso.

inofficious, *a.* (*leg.*) inofficioso. // ~ **will** (*leg.*) testamento col quale vengono ingiustificatamente diseredati gli eredi legittimi.

inoperative, *a.* (*leg.*) non operante, inoperante, inefficace. // **an** ~ **plant** (*org. az.*) uno stabilimento non operante (*che è, cioè, inutilizzato*).

inoperativeness, *n.* (*leg.*) inefficacia.

inopportune, *a.* inopportuno.

input, *n.* ❶ (*econ.*) fattore produttivo (*p. es., il lavoro, le materie prime, ecc.*). ❷ (*elab. elettr.*) entrata, ingresso, alimentazione, « input ». // ~ **data** (*elab. elettr.*) dati d'ingresso (*non elaborati*); ~ **-output analysis** (*econ., org. az.*) analisi dei rapporti fra i fattori produttivi e la produzione, analisi « input - output », analisi delle interdipendenze settoriali; ~ **power** (*elab. elettr.*) potenza d'entrata; ~ **signal** (*elab. elettr.*) segnale d'ingresso.

inquire, *v. t. e i.* ❶ informarsi, informarsi di, domandare. ❷ indagare, investigare, fare ricerche. // to ~ **about** (*o* **after**) **the market trend** (*market.*) informarsi sulla tendenza del mercato; to ~ **for st.** (*market.*) chiedere qc. (*per comprare, procurarsi, ecc.*): **Lots of customers** ~ **for that article** una quantità di clienti chiedono quell'articolo; to ~ **into** fare indagini su, esaminare: **They should** ~ **into the domestic demand** dovrebbero fare indagini sulla domanda interna; to ~ **sb.'s name** domandare il nome di q.

inquiry, *n.* ❶ richiesta d'informazioni. ❷ indagine, inchiesta. ❸ (*leg.*) inchiesta. △ ❶ **In reply to your** ~ **we have pleasure in sending you our latest catalogue** in risposta alla vostra richiesta d'informazioni, siamo lieti d'inviarvi il nostro ultimo catalogo; **There are some inquiries in the mail this morning** stamani, nella posta, ci sono alcune richieste d'informazioni; **We shall have to make inquiries about that new applicant** dovremo assumere informazioni su quel nuovo aspirante (al posto). // ~ **agent** (*ingl.*) detective privato; ~ **office** (*org. az.*) ufficio informazioni; **on** ~ fatte le dovute ricerche.

inquisitorial, *a.* (*leg.*) inquisitorio.

inroad, *n.* ❶ incursione, irruzione. ❷ (*fin.*) prelievo. △ ❷ **The consequent strain on the money market led to a sharp increase in interest rates and to heavy inroads on the funds available to the Euro-dollar market** la tensione provocata sul mercato monetario da tale stato di cose diede luogo a un forte rialzo dei tassi d'interesse e a prelievi considerevoli di capitali sul mercato dell'euro-dollaro.

inscribe, *v. t.* ❶ inscrivere. ❷ (*fin., ingl.*) registrare (*il nome del detentore di titoli*). ❸ (*mat.*) inscrivere.

inscribed stock, *n. collett.* (*fin., ingl.*) titoli nominativi, azioni nominative.

inscription, *n.* ❶ inscrizione. ❷ (*fin., ingl.*) iscrizione di titoli nei registri; trascrizione di titoli. ❸ (*mat.*) inscrizione.

insert[1]**,** *n.* (*giorn., pubbl.*) inserto; supplemento; foglio, fascicolo supplementare (*inserito in un giornale*).

insert[2]**,** *v. t.* inserire, introdurre. // to ~ **a new provision in a will** (*leg.*) inserire una nuova disposizione nel testamento.

insertion, *n.* ❶ inserzione, inserimento. ❷ (*giorn., pubbl.*) inserzione, avviso pubblicitario.

inset[1]**,** *n.* (*giorn., pubbl.*) inserto; supplemento; foglio, fascicolo (*inserito in un giornale*). // ~ **photo** (*giorn.*) fotografia nel corpo d'un servizio giornalistico.

inset[2]**,** *v. t.* (*pass. e part. pass.* **inset**) inserire, introdurre.

inshore, *avv.* (*trasp. mar.*) vicino alla riva.

inside, *avv. e prep.* dentro, entro. *n.* ❶ (il) didentro, parte interna, (l')interno. ❷ (*fam.*) informazioni confidenziali, informazioni riservate. *a. attr.* ❶ interno, interiore. ❷ intimo, riservato, segreto. △ *n.* ❷ **It would be interesting to get the** ~ **of what happened at the meeting** sarebbe interessante ottenere informazioni confidenziali su quanto è successo alla riunione. // ~ **-back cover** (*giorn.*) terza di copertina; ~ **-front cover** (*giorn.*) seconda di copertina; ~ **information** informazioni confidenziali, informazioni riservate; ~ **stuff** (*slang USA*) informazioni confidenziali, informazioni riservate.

insider, *n.* ❶ « addetto ai lavori ». ❷ (*fin.*) membro (*d'una società*) in possesso del 10% o più delle azioni. ❸ (*pers.*) chi ha accesso a informazioni riservate. △ ❶ **His report can only be understood by the insiders** la sua relazione può essere capita soltanto dagli « addetti ai lavori ».

insignificant, *a.* insignificante.

insinuate, *v. t.* insinuare.

insist, *v. i.* insistere.

insistence, *n.* insistenza.

insistent, *a.* insistente.

insolvency, *n.* (*leg.*) insolvenza. △ ~ **is a term by which we mean inability to meet debts as they mature** l'« insolvenza » è un termine col quale indichiamo l'incapacità di far fronte ai debiti man mano che scadono. // ~ **law** (*leg.*) diritto fallimentare.

insolvent, *a.* (*leg.*) insolvente, insolvibile. *n.* (*leg.*) debitore insolvente. △ *a.* **In England there is no special procedure relating to a person who is merely** ~ in Inghilterra, non c'è una procedura speciale che riguardi una persona che sia soltanto insolvente. // **an** ~ **debtor** (*leg.*) un debitore insolvente; ~ **laws** (*leg.*) leggi sui debitori insolventi.

inspect, *v. t.* ❶ ispezionare, verificare. ❷ (*leg.*) esaminare, visitare. ❸ (*org. az.*) controllare, collaudare. // to ~ **the books** (*leg.*) esaminare i libri (contabili); to ~ **the luggage** (*dog.*) ispezionare il bagaglio.

inspection, *n.* ❶ ispezione, verifica. ❷ (*leg.*) esame, visita. ❸ (*org. az.*) controllo, collaudo. // ~ **fee** (*leg.*) diritti d'ispezione; ~ **of books** (*leg.*) esame dei libri (contabili); ~ **of documents** (*leg.*) esame di documenti; ~ **order** (*dog.*) ordine d'ispezione (*dei bagagli*).

inspector, *n.* ❶ (*leg.*) ispettore. ❷ (*org. az.*) controllore, collaudatore, verificatore. // ~ **general** (*leg.*)

ispettore generale; ~ **of pavements** (*slang USA*) disoccupato; ~ **'s office** ispettorato (*l'ufficio*).
inspectorate, *n.* (*leg.*) ispettorato.
inspectorship, *n.* (*leg.*) ispettorato (*durata in carica*); carica d'ispettore.
instability, *n.* instabilità. △ **They are studying the grave consequences of economic** ~ stanno studiando le gravi conseguenze dell'instabilità economica.
instal, *v. t. V.* **install**.
install, *v. t.* (*org. az.*) installare, insediare.
installation, *n.* (*org. az.*) installazione, insediamento, messa in opera; impianto. // ~ **time** (*elab. elettr.*) tempo di messa a punto (*d'una macchina*).
installment, *n. V.* **instalment**.
instalment, *n.* ❶ rata. ❷ anticipo, acconto. ❸ (*giorn.*) puntata, dispensa. △ ❶ **Lots of people don't like paying by instalments** a molta gente non va di pagare a rate; ❸ **The novel will be published in instalments** il romanzo sarà pubblicato a puntate. // ~ **buying** (*market.*) acquisti a rate; ~ **loan** (*cred.*) prestito rimborsabile a rate; ~ **plan** (*market.*) (programma di) vendita a rate; ~ **selling** (*market.*) vendita rateale; **by instalments** (*market.*) rateale; **on the** ~ **plan** (*market.*) rateale.
instance, *n.* (*leg.*) istanza, petizione. △ **The** ~ **might be rejected** l'istanza potrebbe essere respinta. // **at the** ~ **of** (*leg.*) su istanza di.
instant, *a.* ❶ istantaneo, immediato. ❷ presente, corrente. *n.* istante. △ *a.* ❷ **We thank you for your letter of the 21st** ~ vi ringraziamo della vostra lettera del 21 corrente. // ~ **input** (*elab. elettr.*) alimentazione istantanea.
instantaneous, *a.* istantaneo, immediato. // ~ **reading** (*elab. elettr.*) lettura immediata.
instigate, *v. t.* istigare. // **to** ~ **workers to stop work** (*pers., sind.*) istigare gli operai ad abbandonare il lavoro.
instigation, *n.* istigazione. // ~ **to commit a crime** (*leg.*) istigazione a delinquere.
institute[1], *n.* (*leg.*) istituto, istituzione. // **institutes in law** (*leg.*) istituzioni di diritto.
institute[2], *v. t.* ❶ istituire, fondare. ❷ nominare, insediare. // **to** ~ **an inquiry** (*leg.*) procedere a un'inchiesta; **to** ~ **sb. into office** insediare q. in carica; **to** ~ **proceeding against sb.** (*leg.*) intentare un'azione legale contro q.
institution, *n.* ❶ istituzione, l'istituire. ❷ (*leg.*) istituzione; istituto (*pubblico, assistenziale, ecc.*); ente morale, associazione, organizzazione. // ~ **of heir** (*leg.*) istituzione d'erede; **the** ~ **of laws and customs** (*leg.*) l'istituzione di leggi e consuetudini.
institutional, *a.* istituzionale. // ~ **investors** (*fin.*) investitori istituzionali: **The big** ~ **investors are investment trusts, insurance companies, specialized savings banks, cooperative societies, pension funds, trade unions, and so on** i grandi investitori istituzionali sono: i fondi comuni d'investimento, le società assicuratrici, certe casse di risparmio, le cooperative, i fondi di pensioni, i sindacati dei lavoratori, e così via.
instruct, *v. t.* ❶ istruire, ammaestrare. ❷ (*leg.*) istruire, dare istruzioni a. △ ❷ **Please** ~ **your agent to contact us as soon as possible** favorite dare istruzioni al vostro rappresentante affinché si metta al più presto in contatto con noi. // **to** ~ **the jury** (*leg.*) dare istruzioni alla giuria.
instruction, *n.* ❶ istruzione, ammaestramento. ❷ (*elab. elettr.*) istruzione. ❸ **instructions**, *pl.* istruzioni, informazioni, direttive, consegne, consigli. △ ❸ **Instructions will follow** seguiranno istruzioni; **He was fired for not following our instructions** fu licenziato poiché non aveva seguito le nostre istruzioni. // ~ **card** (*org. az., pers.*) foglio d'istruzioni; ~ **code** (*elab. elettr.*) codice operativo; **instructions for use** (*market., pubbl.*) istruzioni per l'uso.
instructor, *n.* (*pers.*) istruttore.
instrument, *n.* ❶ strumento. ❷ (*leg.*) documento formale, atto pubblico, atto notarile, strumento. △ ❶ **In the United States, the authorities used the instruments of monetary policy as the main weapons with which to combat the inflationary pressures that were making themselves felt in the American economy** in U.S.A. le autorità cercarono, con mezzi essenzialmente di politica monetaria, di combattere le pressioni inflazionistiche che andavano profilandosi nell'economia americana. // ~ **of credit** (*leg.*) titolo di credito; ~ **of transfer** (*leg.*) atto di cessione.
instrumental, *a.* strumentale. // ~ **goods** (*econ., org. az.*) beni strumentali.
insufficiency, *n.* insufficienza.
insufficient, *a.* insufficiente, deficitario.
insult, *n.* ingiuria, offesa.
insuperable, *a.* insuperabile.
insurable, *a.* (*ass.*) assicurabile. // ~ **interest** (*ass.*) interesse assicurabile; ~ **value** (*ass.*) valore assicurabile.
insurance, *n.* (*ass.*) assicurazione. △ **A contract of** ~ **is based on: the principle of good faith, the principle of insurable interest and the principle of indemnity** il contratto d'assicurazione è basato sul principio della buona fede, sul principio dell'interesse assicurabile e sul principio dell'indennizzo. // ~ **account** (*ass.*) conto spese d'assicurazione; ~ **adjuster** (*ass.*) liquidatore, perito; ~ **against loss by fire** (*ass.*) assicurazione contro l'incendio; ~ **agency** (*ass.*) agenzia d'assicurazioni; ~ **agent** (*ass.*) agente d'assicurazioni, produttore (*d'assicurazioni*); ~ **broker** (*ass.*) agente d'assicurazione (*per lo più marittima*); ~ **certificate** (*ass. mar.*) certificato d'assicurazione; ~ **company** (*ass.*) compagnia d'assicurazione, società di assicurazione: ~ **companies use premium income to meet current claims rather than realize on their investments** le compagnie d'assicurazione si servono dei premi incassati per far fronte alle normali richieste di pagamento dei capitali assicurati anziché realizzare le somme da esse investite; ~ **for participation in overseas trade fairs** (*ass.*) assicurazione-fiera; ~ **of advertising and promotional expenses** (*ass.*) assicurazione-prospezione; ~ **of hull and cargo** (*ass. mar.*) assicurazione su corpo e carico; ~ **policy** (*ass.*) polizza d'assicurazione; ~ **premium** (*ass.*) premio d'assicurazione; ~ **rates** (*ass.*) tariffe d'assicurazione; ~ **shares** (*fin.*) titoli (*azionari*) assicurativi; ~ **stamp** (*leg., pers.*) « marchetta » (*della « mutua »*); ~ **stocks** (*fin.*) assicurativi.
insurant, *n.* (*ass.*) assicurato.
insure, *v. t.* (*ass.*) assicurare. *v. i.* (*ass.*) assicurarsi. △ *v. t.* **Their company doesn't** ~ **ships** la loro società non assicura navi. // **to** ~ **again** (*ass.*) riassicurare; **to** ~ **against a risk** (*ass.*) assicurarsi contro un rischio; **to** ~ **a letter** assicurare una lettera; **to** ~ **one's life** (*ass.*) assicurarsi sulla vita.
insured, *a.* (*ass.*) assicurato. *n.* (*ass.*) assicurato. // ~ **capital** (*ass.*) capitale assicurato; ~ **property** (*ass.*) cosa assicurata; ~ **value** (*ass.*) valore assicurato.
insurer, *n.* (*ass.*) assicuratore.
insurrection, *n.* insurrezione.
intact, *a.* intatto.

intake, n. (trasp. mar.) quantitativo di merce caricata a bordo. // ~ **measurement** (trasp. mar.) cubaggio della merce caricata a bordo, peso della merce caricata a bordo.

intangible, a. intangibile, incorporeo. n. (rag.) attività immateriale, attività invisibile. // ~ **assets** (rag.) attività immateriali, attività invisibili.

integer, n. (elab. elettr., mat.) numero intero.

integral, a. ❶ integrale. ❷ (mat.) integrale. n. (mat.) integrale. // ~ **calculus** (mat.) calcolo integrale; ~ **sign** (mat.) segno d'integrale.

integrally, avv. integralmente.

integrate, v. t. ❶ integrare. ❷ (mat.) integrare.

integrated, a. ❶ integrato. ❷ (mat.) integrato. // ~ **data processing** (elab. elettr.) trattamento integrato dei dati.

integration, n. ❶ integrazione. ❷ (mat.) integrazione. △ ❶ ~ **will result in cost reductions** l'integrazione (economica) si tradurrà in una riduzione delle spese.

integrative, a. integrativo.

integrity, n. integrità.

intelligence, n. ❶ intelligenza. ❷ (comm.) informazioni, notizie. // ~ **test** (pers.) test d'intelligenza, prova d'intelligenza.

intelligent, a. intelligente.

intend, v. i. intendere, aver l'intenzione di, voler dire.

intendant, n. intendente.

intense, a. intenso.

intensely, avv. intensamente.

intensification, n. ❶ intensificazione. ❷ potenziamento. // ~ **of research** (econ.) potenziamento della ricerca.

intensify, v. t. intensificare. v. i. intensificarsi.

intensive, a. ❶ intensivo. ❷ concentrato. // ~ **agriculture** (econ.) agricoltura intensiva; ~ **cultivation** (econ.) coltivazione intensiva; ~ **expenditures** (fin.) investimenti intensivi.

intent, n. (leg.) intenzione.

intention, n. intenzione, intento.

intentional, a. intenzionale, premeditato. // ~ **damage** (leg.) danno intenzionale.

intentionality, n. intenzionalità.

intentionally, avv. intenzionalmente.

interact, v. i. interagire.

interaction, n. ❶ azione reciproca, influsso reciproco. ❷ (stat.) interazione.

interagency, n. intermediazione.

interagent, n. intermediario, agente intermediario.

interbank, a. attr. (banca) interbancario. // ~ **deposits** (banca) depositi interbancari; ~ **lira market** (fin.) mercato della lira interbancaria: ~ **lira market is a new venture for Italy, based on British and American models: Edilcentro acts as an intermediary between the banks for the purpose of placing any surplus liquidity** il mercato della lira interbancaria è un'iniziativa nuova per l'Italia, e che s'ispira a modelli anglosassoni: l'Edilcentro fa da intermediario fra gli istituti di credito per il collocamento d'eventuali eccedenze di liquidità.

interchange[1], n. scambio, intercambio (raro). // **the** ~ **of currency between nations** (econ.) lo scambio di valuta fra nazioni.

interchange[2], v. t. scambiare. v. i. scambiarsi.

interchangeability, n. intercambiabilità.

interchangeable, a. intercambiabile.

interchangeably, avv. scambievolmente.

intercom, n. (attr. uff.) citofono, interfonico.

intercompany, a. attr. (org. az.) interaziendale. // ~ **agreements** (org. az.) accordi interaziendali; ~ **receivables** (fin.) crediti verso (società) collegate.

intercorporate, a. (org. az., USA) interaziendale.

interdepartmental, a. interministeriale. // ~ **order** (leg.) decreto interministeriale.

interdict, v. t. (leg.) interdire, proibire, vietare.

interdiction, n. (leg.) interdizione, proibizione, divieto.

interdictory, a. (leg.) interdittorio, che interdice. // ~ **decree** (leg.) sentenza d'interdizione.

inter-enterprise, a. attr. (org. az.) interaziendale. // ~ **cooperation agreements** (comm.) accordi di cooperazione tra imprese.

interest[1], n. ❶ interesse, tornaconto, vantaggio. ❷ (fin., rag.) interesse, interessi; frutto (del denaro), utile. ❸ (leg.) diritto soggettivo. △ ❶ **You'd better engage a lawyer to look after your interests** faresti meglio ad assumere un avvocato che tuteli i tuoi interessi; ❷ ~ **accrues from the 1st of September** gli interessi decorrono dal 1º settembre; ~ **on these annuities is statute-barred after five years** gli interessi di queste rendite cadono in prescrizione dopo cinque anni. ~ **account** (rag.) conto interessi; ~ **accruing day by day** (rag.) interesse che si accumula di giorno in giorno; ~ **accruing from a certain date** (rag.) interesse decorrente da una certa data; ~ **and commission** (banca) interessi e commissioni; ~ **-bearing** (rag.) fruttifero; ~ **-bearing account** (rag.) conto fruttifero; ~ **-bearing deposit** (banca) deposito fruttifero; ~ **book** (rag.) libro interessi; ~ **coupon** (rag.) cedola d'interesse; ~ **in arrears** (rag.) interessi di mora; ~ **in black** (banca) interessi sui numeri neri; ~ **in red** (banca) interessi sui numeri rossi; ~ **-induced inflation** (econ.) inflazione indotta dagli interessi; **the** ~ **on a loan** (cred.) gli interessi su un prestito; ~ **-rate differential** (fin.) differenziale dei tassi d'interesse; ~ **rates** (fin.) tassi d'interesse; ~ **subsidies** (fin., rag.) abbuoni d'interesse; ~ **table** (rag.) tavola degli interessi, prontuario degli interessi; « ~ **to run from April 12th** » (banca) « valuta 12 aprile »; **to have an** ~ **in a business** (fin.) essere cointeressati in un'azienda; **non-** ~ **-bearing Government notes** (fin.) buoni del tesoro infruttiferi.

interest[2], v. t. interessare. △ **Our market ought to** ~ **any businessman** il nostro mercato dovrebbe interessare qualsiasi commerciante. // **to** ~ **a banker in a loan** (cred.) interessare un banchiere a un mutuo.

interested, a. interessato. // **the** ~ **parties** (leg.) le parti interessate.

interesting, a. interessante.

interest oneself, v. rifl. interessarsi. // **to** ~ **in st.** interessarsi di (a) qc.

interfere, v. i. interferire, intromettersi, immischiarsi.

interference, n. interferenza, ingerenza, intromissione.

interfirm, a. (org. az.) interaziendale.

intergovernmental, a. intergovernativo. // ~ **Committee for European Migration (ICEM)** Comitato intergovernativo per le migrazioni europee (CIME); ~ **Maritime Consultative Organization (IMCO)** Organizzazione intergovernativa consultiva per la navigazione marittima (IMCO); ~ **transactions** (dog., fin.) transazioni intergovernative.

interim, a. (comm.) provvisorio, temporaneo. // ~ **certificate** (fin.) certificato provvisorio (di titoli azionari, ecc.); ~ **dividends** (fin.) dividendi provvisori, dividendi in acconto; ~ **receiver** (leg.) curatore (fallimentare) provvisorio; ~ **report** relazione provvisoria, relazione interinale.

interindustrial, *a.* (*org. az.*) infraindustriale. // ~ **transactions** (*org. az.*) accordi infraindustriali.

interior, *a.* ❶ interiore, interno. ❷ d'interni. *n.* (l')interno. // ~ **decorating** decorazione d'interni; ~ **decoration** decorazione d'interni; ~ **decorator** (*pers.*) decoratore d'interni; ~ **design** decorazione d'interni; ~ **designer** (*pers.*) decoratore d'interni.

interlock, *v. t.* collegare, connettere.

interlocking, *a.* che collega, che connette. // ~ **director** (*amm.*) amministratore comune (*di più società*).

interlocutory, *a.* (*leg.*) interlocutorio. // ~ **judgement** (*leg.*) sentenza interlocutoria; ~ **question** (*leg.*) pregiudiziale.

intermediary, *a.* ❶ intermedio. ❷ intermediario. *n.* intermediario, mediatore. // ~ **the intermediaries in trade** gli intermediari del commercio.

intermediate, *a.* intermedio. *n.* intermediario, mediatore. // **the** ~ **cadres** (*pers.*) i quadri intermedi; ~ **carrier** (*trasp.*) vettore intermedio; ~ **goods** (*org. az.*) beni strumentali; ~ **port** (*trasp. mar.*) scalo intermedio; ~ **station** (*trasp. ferr.*) stazione intermedia.

intermediation, *n.* intermediazione.

intermittent, *a.* intermittente. // ~ **strike** (*sind.*) sciopero a singhiozzo.

intern[1]**,** *n.* (*pers.*) (medico) interno.

intern[2]**,** *v. t.* (*leg.*) confinare, mandare al confino.

internal, *a.* interno. △ ~ **demand is static** c'è un ristagno nella domanda interna. // ~ **audit** (*fin.*) controllo contabile interno, revisione contabile interna; ~ **auditing** (*fin.*) *V.* ~ **audit**; ~ **check** (*rag.*) controllo (contabilistico) interno; ~ **combustion engine** (*trasp.*) motore a combustione interna, motore a scoppio; ~ **commerce** commercio interno; ~ **compensation** (*rag.*) giroconto; ~ **navigation** (*trasp.*) navigazione interna, navigazione fluviale; ~ **revenue tax** (*fin.*) imposta indiretta, imposta di fabbricazione; dazio di consumo; **for** ~ **convenience** per ragioni d'ordine interno.

internally, *avv.* internamente. // ~ **generated cash resources** (*fin.*) autofinanziamento.

international, *a.* internazionale. △ **Their goal is to evolve a common approach to** ~ **payments problems** la loro meta è quella di riavvicinare i punti di vista sui problemi dei pagamenti internazionali. // ~ **arbitration** (*comm. est.*) arbitrato internazionale; ~ **Atomic Energy Agency (IAEA)** Agenzia Internazionale dell'Energia Atomica (*IAEA*); ~ **Bureau of Weights and Measures** Ufficio Internazionale dei Pesi e delle Misure; ~ **Chamber of Commerce (ICC)** Camera di Commercio Internazionale (*CCI*); **an** ~ **Court** (*leg.*) un tribunale internazionale; ~ **financial group** (*fin.*) gruppo finanziario internazionale; **the** ~ **haulage trade** (*trasp.*) i trasporti internazionali; ~ **Labour Organization (ILO)** Organizzazione Internazionale del Lavoro (*OIL*); ~ **law** (*leg.*) diritto internazionale; ~ **legislation** (*leg.*) legislazione internazionale; ~ **liquidity** (*fin.*) liquidità internazionale; ~ **Monetary Fund (IMF)** Fondo Monetario Internazionale (*FMI*); ~ **money order** (*cred.*) vaglia internazionale; ~ **private law** (*leg.*) diritto privato internazionale; ~ **Safety Centre (ISC)** Centro Internazionale di Sicurezza (*CIS*); ~ **stock** (*Borsa, fin.*) titolo a mercato internazionale; ~ **trade** (*comm. est.*) commercio internazionale.

internment, *n.* (*leg.*) confino.

interoffice, *a.* (*org. az.*) fra gli uffici (*d'una ditta, ecc.*); interno. // ~ **memo** (*org. az.*) promemoria interno, nota interna; ~ **telephone** (*attr. uff.*) telefono interno.

interpellate, *v. t.* (*politica*) interpellare.

interpellation, *n.* (*politica*) interpellanza.

interpenetrate, *v. recipr.* interpenetrarsi.

interpenetration, *n.* (*econ.*) interpenetrazione (*di mercati*).

interphone, *n.* (*attr. uff.*) interfonico, citofono.

interplant, *a.* (*org. az.*) fra impianti, interno. // ~ **transfers of materials** (*org. az.*) passaggi interni di materie.

interpolate, *v. t.* (*mat.*) interpolare.

interpolation, *n.* (*mat.*) interpolazione.

interpose, *v. t.* intromettere. *v. i.* interporsi, intromettersi.

interpret, *v. t.* interpretare, spiegare. // **to** ~ **a contract** (*leg.*) interpretare un contratto.

interpretation, *n.* interpretazione, spiegazione. // ~ **clause** (*leg.*) clausola interpretativa; **the** ~ **of a law** (*leg.*) l'interpretazione d'una legge; ~ **of markets** (*market.*) interpretazione dei mercati.

interpretative, *a.* interpretativo.

interpreter, *n.* (*pers.*) interprete; traduttore (*consecutivo o simultaneo*).

interrogate, *v. t.* interrogare.

interrogation, *n.* interrogazione.

interrogatory, *n.* (*leg.*) interrogatorio.

interrupt, *v. t.* interrompere.

interrupter, *n.* interruttore.

interruption, *n.* interruzione.

interstate, *a.* (*USA*) interstatale. // ~ **commerce** (*USA*) commercio interstatale (*fra Stati dell'Unione*).

interurban, *a.* (*trasp.*) interurbano.

interval, *n.* intervallo. // ~ **estimation** (*stat.*) stima intervallare.

intervene, *v. i.* ❶ intervenire. ❷ interporsi, intromettersi. // **to** ~ **in a dispute** intervenire in una disputa.

intervener, *n.* (*leg.*) interveniente.

intervening, *a.* (*leg.*) interveniente.

intervenor, *n. V.* **intervener**.

intervention, *n.* ❶ intervento. ❷ interposizione, intromissione. ❸ mediazione. △ ❶ **The problem of** ~ **in the fiscal and social security fields is more delicate** il problema di interventi nel campo fiscale e degli oneri sociali è più delicato. // ~ **in a suit** (*leg.*) intervento in causa; ~ **point** (*fin.*) punto d'intervento; ~ **prices** (*econ.*) prezzi d'intervento.

interview[1]**,** *n.* (*market., pers.*) intervista, colloquio, conversazione.

interview[2]**,** *v. t.* (*market., pers.*) intervistare; avere un colloquio, abboccarsi con (*q.*). // **to** ~ **housewives about their preferences** (*market.*) intervistare le massaie sulle loro preferenze; **to** ~ **job applicants** (*pers.*) intervistare gli aspiranti a un impiego.

interviewee, *n.* (*market., pers.*) intervistato.

interviewer, *n.* (*market., pers.*) intervistatore.

interweave, *v. t.* (*pass.* **interwove,** *part. pass.* **interwoven**) intessere, intrecciare.

interwoven, *a.* intessuto, intrecciato. // ~ **holdings** (*fin.*) partecipazioni incrociate; ~ **participations** (*fin.*) partecipazioni incrociate.

intestacy, *n.* (*leg.*) (il) morire intestato, mancanza di testamento.

intestate, *a.* (*leg.*) intestato, senza aver fatto testamento. *n.* (*leg.*) chi muore intestato.

intimate, *a.* intimo.

intimation, *n.* (*leg.*) intimazione, notificazione.

intimidate, v. t. intimidire, intimorire, minacciare. // to ~ **a witness** (leg.) minacciare un testimone.

intimidation, n. intimidazione, intimorimento, minaccia.

into, prep. in, dentro.

intra-, pref. intra-.

intra-Community, a. intracomunitario. △ **Between 1960 and 1964 ~ trade showed a more rapid increase in imports of manufactured goods than in imports of farm products, but in 1965, this trend was reversed** fra il 1960 e il 1964 gli scambi intracomunitari avevano presentato un aumento più rapido per le importazioni di prodotti industriali rispetto a quelle di prodotti alimentari, ma nel 1965, tale tendenza si è invertita. // ~ **duties** (comm. est.) dazi intracomunitari.

intracompany, a. (org. az.) che è nell'ambito d'una società, che si svolge nell'ambito d'una società. // ~ **relations** (org. az.) relazioni nell'ambito d'una società.

intraday, a. che avviene nello spazio d'un giorno. △ **There have been wide ~ fluctuations in the market** si sono verificate ampie fluttuazioni di mercato nel corso della giornata.

intrinsic, a. intrinseco. // ~ **value** (econ.) valore intrinseco.

introduce, v. t. ❶ introdurre, immettere, inserire. ❷ presentare, far conoscere. ❸ (pubbl.) presentare (un articolo, ecc.). ❹ (pubbl.) dare inizio a (una moda, ecc.). △ ❷ **They'll ~ me to their new agent in Italy** mi presenteranno al loro nuovo agente per l'Italia; ❸ **We'll ~ the new product on a TV Commercial** presenteremo il nuovo prodotto in un carosello televisivo; ❹ **That will surely ~ a new fashion in car-design** ciò darà certamente inizio a una nuova moda nel design automobilistico. // to ~ **arrangements for « upping » incomes** (econ.) introdurre il principio della integrazione dei redditi; to ~ **a bill** (leg.) presentare un progetto di legge; to ~ **new manufacturing processes** (org. az.) introdurre nuovi metodi di lavorazione.

introduction, n. ❶ introduzione, immissione, inserimento, inserzione. ❷ presentazione. ❸ (pubbl.) presentazione (d'un articolo, ecc.).

introductive, a. introduttivo.

introductory, a. introduttivo.

intrust, v. t. V. entrust.

inure, v. i. (leg.) entrare in vigore, avere effetto, cominciare. △ **All benefits will ~ from the first day of disability of the employee** tutti i benefici (d'indennizzo) entrano in vigore dal primo giorno d'invalidità del dipendente.

invade, v. t. (leg.) invadere, infrangere, violare. △ **Our rights have been invaded** i nostri diritti sono stati violati.

invalid[1], a. ❶ invalido, infermo, inabile. ❷ (leg.) invalido, non valido. n. invalido. // ~ **workmen** (pers.) operai invalidi.

invalid[2], v. t. rendere invalido, rendere inabile, inabilitare. v. i. diventare invalido.

invalidate, v. t. (leg.) invalidare, rendere invalido. // to ~ **a will** (leg.) invalidare un testamento.

invalidation, n. (leg.) invalidazione.

invalidity, n. ❶ invalidità. ❷ (leg.) invalidità.

invaluable, a. inapprezzabile.

invasion, n. (leg.) invasione, infrazione, violazione.

invent, v. t. inventare.

invention, n. invenzione.

inventor, n. inventore.

inventory[1], n. ❶ (org. az.) assortimento, stock; scorta, scorte; merci in magazzino. ❷ (rag.) inventario. // ~ **adjustment** (org. az.) adeguamento delle scorte; ~ **and valuation of stocks** (rag.) rilevazione e stima delle scorte; ~ **by quantity** (org. az.) inventario quantitativo; ~ **control** (org. az.) controllo delle giacenze, controllo delle scorte, controllo del magazzino; ~ **costs** (rag.) spese di magazzino; ~ **increase** (org. az.) accrescimento degli stock; ~ **management** (org. az.) gestione dei materiali; ~ **of the cargo** (trasp. mar.) inventario del carico; ~ **pricing** (rag.) valutazione delle scorte; ~ **reduction** (org. az.) riduzione delle scorte; ~ **turnover** (org. az.) ricambio del magazzino; ~ **variations** (rag.) variazione degli stock.

inventory[2], v. t. (rag.) inventariare, fare l'inventario di (prodotti, articoli, ecc.). // to ~ **at** (rag.) avere un valore d'inventario pari a: **His estate inventories at about 10,000 dollars** la sua proprietà ha un valore d'inventario pari a circa 10.000 dollari.

inverse, a. inverso, contrario, opposto. // ~ **feedback** (elab. elettr.) retroazione negativa; ~ **function** (mat.) funzione inversa; ~ **time** (elab. elettr.) ritardo; **in ~ ratio** (mat.) in ragione inversa.

inversion, n. inversione.

invert, v. t. invertire.

inverted commas, n. pl. virgolette.

invertible, a. invertibile.

invest, v. t. (fin.) investire, impiegare (denaro). v. i. (fin.) fare investimenti, investire denaro. // to ~ **in shares** (fin.) investire in azioni; to ~ **one's money in a business enterprise** (fin.) investire il proprio denaro in un'impresa commerciale; to ~ **sb. with full powers** (leg.) investire q. di pieni poteri.

investigate, v. t. (leg.) investigare, indagare, fare indagini su (q.). // to ~ **every applicant for an important job** (pers.) fare indagini su ogni aspirante a un importante ufficio.

investigating, a. (leg.) inquirente. // ~ **magistrate** (leg.) giudice istruttore.

investigation, n. (leg.) investigazione, indagine, accertamento, sopralluogo. △ **In four cases the investigations were discontinued when the presumption of infringement proved groundless** in quattro casi gli accertamenti sono stati sospesi giacché il sospetto d'una infrazione si è dimostrato infondato.

investigational, a. (leg.) investigativo.

investigative, a. (leg.) investigativo. // ~ **power** (leg.) potere investigativo; ~ **technique** (leg.) tecnica investigativa.

investigator, n. ❶ investigatore. ❷ (ass.) liquidatore, perito.

investigatory, n. (leg.) investigativo.

investiture, n. investitura.

investment, n. (fin.) investimento, impiego (di denaro). △ **One of the main functions of the City is to collect the savings of the Country and to provide channels for their ~** una delle principali funzioni della City è quella di raccogliere i risparmi del Paese e di fornire i canali per il loro investimento. // ~ **adviser** (fin.) esperto finanziario (individuo o ditta che fornisce consigli sugli investimenti più raccomandabili); ~ **analysis** (fin.) analisi degli investimenti; ~ **bank** (fin., ingl.) « investment bank » (società finanziaria tipica del mercato dei capitali inglese): **Edilcentro is considered the most typical case of a financing company which operates as an ~ bank in Italy** l'Edilcentro è considerata la più tipica fra le società finanziarie che operano in Italia in qualità di « investment banks »; ~ **banking** (fin., ingl.)

« investment banking » (*attività finanziaria tipica del mercato dei capitali inglese*); ~ **company** (*fin.*) società per investimenti finanziari, società d'investimenti mobiliari; ~ **counsellor** (*fin.*) V. ~ **adviser**; ~ **dealer** (*fin.*) collocatore (*di fondi d'investimento*); ~ **fund** (*fin.*) fondo comune d'investimento; ~ **goods** (*econ., fin.*) beni d'investimento; **an** ~ **in common stocks** (*fin.*) un investimento in azioni ordinarie; ~ **in fixed assets** (*fin.*) investimenti in beni immobili; ~ **in movable assets** (*fin.*) investimenti in beni mobili; ~ **-led boom** (*econ.*) boom alimentato dagli investimenti; ~ **management** (*banca*) servizio-Borsa; (*fin.*) gestione di portafogli azionari: **Edilcentro is also engaged in** ~ **management for institutional clients, based on equity market surveys conducted by market analysts** l'Edilcentro s'occupa anche della gestione di portafogli azionari per clienti istituzionali, sulla base degli studi del mercato azionario condotti da analisti; ~ **policy** (*econ., fin.*) politica degli investimenti; ~ **portfolio** (*rag.*) portafoglio titoli; ~ **trends** (*fin.*) dinamica degli investimenti; ~ **trust** (*fin.*) fondo comune d'investimento.

investor, *n*. ❶ (*fin.*) investitore, risparmiatore. ❷ **investors**, *pl.* (*Borsa*) pubblico. △ ❷ **Investors are calming down** c'è un po' di serenità nel pubblico.

invisible, *a*. invisibile. // ~ **exports** (*comm. est., econ.*) esportazioni invisibili, entrate invisibili; ~ **imports** (*comm. est., econ.*) importazioni invisibili, uscite invisibili; ~ **ink** (*attr. uff.*) inchiostro invisibile, inchiostro simpatico; ~ **items** (*econ.*) partite invisibili (*della bilancia dei pagamenti*); ~ **tariffs** (*econ.*) tariffe invisibili.

invisibles, *n. pl.* V. **invisible items**.

invitation, *n*. invito. △ **There will be an** ~ **to the public to subscribe to the issue of shares** ci sarà un invito al pubblico per sottoscrivere l'emissione di azioni. // ~ **card** (biglietto d')invito.

invite, *v. t.* invitare. // **to** ~ **tenders** (*fin.*) sollecitare offerte cauzionali per un'aggiudicazione; bandire (*o* indire) una gara d'appalto.

invocation, *n*. invocazione.

invoice[1], *n*. ❶ fattura. ❷ (*trasp. mar.*) polizza di carico. // ~ **book** (*rag.*) libro fatture; libro acquisti; ~ **clerk** (*pers.*) fatturista; ~ **control** (*rag.*) controllo fatturazione; ~ **department** (*org. az.*) reparto fatturazione; ~ **price** prezzo di fattura.

invoice[2], *v. t.* ❶ (*market., USA*) inviare fatture a (*q.*). ❷ (*rag.*) fatturare. ❸ (*trasp.*) spedire (*una partita di merce, ecc.*).

invoiced, *a*. (*rag.*) fatturato.

invoicing, *n*. (*rag.*) fatturazione. // ~ **machine** (*macch. uff.*) (macchina) fatturatrice.

invoke, *v. t.* invocare.

involuntary, *a*. ❶ involontario. ❷ obbligatorio, forzato. // ~ **bankruptcy** (*leg.*) fallimento dichiarato su istanza dei creditori; ~ **saving** (*econ.*) risparmio forzato; ~ **unemployment** (*econ., sind.*) disoccupazione forzata.

involution, *n*. involuzione. // **the** ~ **from free trade to protectionism** (*econ.*) l'involuzione dal libero scambio al protezionismo.

involve, *v. t.* ❶ coinvolgere, implicare. ❷ comportare, implicare. △ ❶ **He got involved in a lawsuit** fu coinvolto in una causa (legale); ❷ **All that will** ~ **an increase in the national debt** tutto ciò comporterà un aumento del debito pubblico. // **to** ~ **great expenditure** richiedere spese enormi.

inward, *a*. ❶ interno. ❷ diretto verso l'interno. ❸ (*trasp.*) di ritorno. // ~ **bound vessel** (*trasp. mar.*) nave che effettua il viaggio di ritorno, nave « in entrata »; ~ **bound voyage** (*trasp. mar.*) viaggio di ritorno; ~ **consignment** (*market.*) merce ricevuta (*in conto deposito da un agente, perché ne curi la vendita*); ~ **freight** (*trasp. mar.*) nolo d'entrata.

IOU, *n*. (abbr. di **I owe you**) (*cred.*) « IOU », riconoscimento scritto di un debito. △ **An** ~ **doesn't contain a promise to pay, nor can it be considered as a receipt** un IOU non contiene una promessa di pagamento, e nemmeno può essere considerato una ricevuta.

iron, *n*. ferro. *a. attr.* ferreo. // ~ **and steel** (*econ.*) siderurgico; ~ **and steel industry** (*econ.*) industria siderurgica; ~ **-foundry** (*org. az.*) fonderia; ~ **man** (*slang USA*) robot, macchina che sostituisce l'uomo, dollaro d'argento, dollaro; ~ **-metallurgy** (*econ.*) siderurgia; ~ **-worker** (*pers.*) (operaio) metallurgico.

irrecoverable, *a*. ❶ irrecuperabile. ❷ irreparabile. // ~ **debt** (*o* **credit**) (*cred.*) credito inesigibile; ~ **losses** perdite irreparabili.

irredeemable, *a*. irredimibile. // ~ **debenture** (*fin.*) obbligazione irredimibile; ~ **paper money** (*fin.*) carta moneta non convertibile (*in moneta metallica*).

irrefutability, *n*. inconfutabilità.

irrefutable, *a*. irrefutabile, inconfutabile. // ~ **evidence** (*leg.*) prova certa.

irregular, *a*. irregolare, disuguale, anormale. △ **Futures were** ~ **yesterday** ieri i contratti a termine sono stati irregolari (hanno avuto un andamento disuguale). // ~ **payments** pagamenti irregolari; **an** ~ **worker** (*pers.*) un lavoratore saltuario.

irregularity, *n*. irregolarità.

irregulars, *n. pl.* (*market.*) merci difettose, merci di qualità inferiore a quella normale (*generalm. vendute senza marca e con forti sconti*).

irremovable, *a*. ❶ irremovibile. ❷ (*pers.*) inamovibile.

irreparable, *a*. irreparabile.

irresponsibility, *n*. irresponsabilità.

irresponsible, *a*. irresponsabile.

irrevocability, *n*. irrevocabilità.

irrevocable, *a*. irrevocabile. // ~ **and confirmed credit** (*banca*) credito irrevocabile e confermato; ~ **credit** (*cred.*) credito irrevocabile; ~ **judgement** (*leg.*) sentenza irrevocabile; ~ **letter of credit** (*banca*) lettera di credito irrevocabile.

irrigate, *v. t.* irrigare.

irrigation, *n*. irrigazione.

isolate, *v. t.* isolare.

isolation, *n*. isolamento.

issuance, *n*. ❶ (*fin., USA*) emissione, rilascio. ❷ (*giorn., USA*) pubblicazione. // ~ **of payment guarantees on behalf of the buyer** (*fin.*) rilascio di garanzie di pagamento per conto dei compratori (*nei confronti dei venditori*).

issue[1], *n*. ❶ emissione, distribuzione, consegna, rilascio. ❷ (*giorn.*) pubblicazione, stampa, tiratura. ❸ (*giorn.*) edizione, numero (*d'un giornale*); fascicolo (*d'una rivista, ecc.*). ❹ (*leg.*) discendenza, prole. ❺ (*leg.*) questione, problema. △ ❶ **The Bank of England is a bank of** ~ la Banca d'Inghilterra è banca d'emissione; **There will be a 1-for-3 rights** ~ ci sarà l'emissione d'un'azione nuova per ogni tre possedute; **There were three issues in Italy, by the ECSC and the European Investment Bank, for Lit. 15,000 million each, and by the Compagnie de St. Gobain for a sum of Lit. 12,000 million** sono state effettuate tre emissioni in Italia: dalla CECA e dalla Banca europea per gli investimenti, di 15 miliardi ciascuna; e da St. Gobain per 12 miliardi di lire; ❹ He died without ~ è morto senza discendenza. ∥ ~ **expressed in dollars** (*fin.*) emissione in dollari; ~ **in one amount of 50,000 shares of £ 1 each** (*fin.*) emissione in una sola volta di 50.000 azioni di una sterlina l'una; ~ **market** (*fin.*) mercato delle emissioni; **an** ~ **of bonds** (*fin.*) un'emissione di titoli; ~ **of fact** (*leg.*) questione di fatto; **the** ~ **of import and export licences** (*comm. est.*) il rilascio delle licenze d'importazione e d'esportazione; ~ **of law** (*leg.*) questione di diritto; **the** ~ **of a loan** (*fin.*) l'emissione d'un prestito; **the** ~ **of new coinage** l'emissione di nuove monete; ~ **of shares** (*fin.*) emissione azionaria; ~ **price** (*fin.*) prezzo d'emissione; ~ **to shareholders only** (*fin.*) emissione di azioni riservate ai vecchi azionisti.

issue^2, *v. t.* ❶ emettere, distribuire, rilasciare, consegnare. ❷ (*cred.*) emettere, trarre, spiccare. ❸ (*giorn.*) pubblicare, mettere in circolazione. *v. i.* (*giorn.*) (*di giornale*) essere pubblicato, uscire. ∥ to ~ **bank-notes** (*fin.*) emettere banconote; to ~ **a bill of exchange** (*cred.*) trarre una cambiale; to ~ **a bill of lading** (*trasp. mar.*) emettere una polizza di carico; to ~ **a cheque** (*cred.*) emettere un assegno; to ~ **a directive** dare una direttiva; to ~ **a financial paper** (*giorn.*) pubblicare un foglio finanziario; to ~ **useful assessments of economic policy** (*econ.*) formulare giudizi utili di politica economica.

issued capital, *n.* (*fin.*) capitale emesso.

issuer, *n.* ❶ (*banca, cred.*) emittente (*della lettera di credito*). ❷ (*fin.*) emittente (*d'azioni, obbligazioni, ecc.*).

issuing house, *n.* (*fin.*) « società promotrice » (*società finanziaria che si occupa del lancio di società per azioni*). △ **Many of the issuing houses specialize in the issue they underwrite: some of them deal in domestic or Commonwealth issues, others deal only in foreign issues** molte delle « società promotrici » si specializzano nelle azioni che sottoscrivono: alcune di loro si occupano dell'emissione di azioni inglesi o dei Paesi del Commonwealth, altre si limitano all'emissione di azioni estere.

Italian, *a.* e *n.* italiano. △ **The** ~ **State Railways apply a special tariff to the transport of fruit and vegetables from the South of Italy** le Ferrovie Italiane dello Stato applicano una tariffa speciale ai trasporti di frutta e ortaggi in provenienza dal Mezzogiorno.

italic, *a.* e *n.* (*giorn., pubbl.*) corsivo. ∥ ~ **type** (*giorn., pubbl.*) carattere corsivo; **in italics** (*giorn., pubbl.*) in corsivo.

italics, *n. pl.* (*giorn., pubbl.*) corsivo.

item, *n.* ❶ (*comm.*) articolo, « voce » (*d'elenco, bilancio, ecc.*). ❷ (*rag.*) capo, capitolo, partita. ∥ ~ -**by-** ~ **haggling** (*econ.*) mercanteggiamento sulle singole « voci » (*sui singoli prodotti*); **the items of a balance sheet** (*rag.*) le poste d'un bilancio; **the items of a catalogue** (*market.*) le « voci » d'un catalogo; ~ **of expenditure** (*econ., fin.*) capo (*o* capitolo) di spesa.

itemize, *v. t.* particolareggiare, specificare, scrivere (qc.) dando i particolari. ∥ to ~ **an account** (*rag.*) particolareggiare un conto; to ~ **all expenses** (*rag.*) specificare tutte le spese.

itemized, *a.* particolareggiato, specificato. ∥ **an** ~ **account** (*rag.*) un conto particolareggiato.

itinerant salesman, *n.* (*pl.* **itinerant salesmen**) (*pers.*) viaggiatore di commercio.

itinerary, *n.* (*trasp.*) itinerario.

J

jack, *n.* (*elab. elettr.*) presa. // ~ **panel** (*elab. elettr.*) pannello di collegamenti.
jacket, *n.* (*pubbl.*) sovraccoperta (*di libro*).
jail, *n.* carcere, prigione.
jargon, *n.* gergo.
Jason clause, *n.* (*ass. mar.*) clausola di negligenza (*nell'avaria generale*).
jeopardize, *v. t.* mettere in pericolo, mettere a repentaglio. △ **In certain Member States domestic demand has in recent years fluctuated so much that their internal equilibrium was jeopardized** negli ultimi anni la domanda interna di alcuni Stati Membri è stata contrassegnata da fluttuazioni tali da mettere in pericolo l'equilibrio interno.
jerque, *v. t.* e *i.* (*dog.*) ispezionare (*i documenti e il carico d'una nave*).
jerque note, *n.* (*dog.*) certificato rilasciato da un ispettore doganale.
jerquer, *n.* (*dog.*) ispettore di dogana (*che esamina i documenti della nave e ispeziona il carico*).
jerry building, *n.* (*econ.*) speculazione edilizia (*caratterizzata dalla fretta e dall'impiego di materiali scadenti*).
jetsam, *n.* (*trasp. mar.*) gettito, relitti di mare (*parte del carico gettata per alleggerire la nave in pericolo*), scarico in mare.
jettison¹, *n.* (*trasp. mar.*) getto del carico (*o di parte di esso: per alleggerire la nave in pericolo*).
jettison², *v. t.* (*trasp. mar.*) gettare a mare (*il carico o parte di esso: per alleggerire la nave in pericolo*). // **to ~ ballast** (*trasp. mar.*) gettare la zavorra; **jettisoned cargo** (*o* **goods**) (*trasp. mar.*) gettito.
jetty, *n.* (*trasp. mar.*) gettata, banchina, molo, pontile.
jigger, *n.* (*trasp. mar.*) vela di mezzana.
jingle, *n.* ❶ canzonetta, filastrocca. ❷ (*pubbl.*) filastrocca musicale (*usata nella pubblicità radiotelevisiva*).
job¹, *n.* (*pers.*) lavoro, impiego, mestiere, mansione, occupazione, posto, ufficio. △ **She has a ~ as a secretary** ha un posto di segretaria. // ~ **analysis** (*org. az.*) analisi del lavoro; ~ **classification** (*org. az.*) classificazione del lavoro; ~ **-classification method** (*org. az.*) metodo di classificazione del lavoro; ~ **description** (*org. az.*) descrizione del lavoro; ~ **enlargement** (*org. az.*) diversificazione del lavoro; ~ **-enrichment** (*org. az.*) «job-enrichment»; ~ **evaluation** (*org. az.*) valutazione del lavoro, valutazione delle mansioni; ~ **-hopper** (*pers.*) chi passa da un'occupazione all'altra, chi cambia mestiere di continuo; ~ **-hopping** (*pers.*) passaggio da un'occupazione all'altra; ~ **lot** (*market.*) partita di merci disparate; **the ~ market** (*econ., pers.*) il mercato del lavoro; ~ **opportunities** (*econ.*) possibilità d'impiego; ~ **order** (*org. az.*) ordine di lavorazione, buono di lavorazione; ~ **-oriented terminal** (*elab. elettr.*) terminale specializzato; ~ **production** (*econ.*) produzione su commessa, produzione su ordine; ~ **rating** (*org. az.*) valutazione del lavoro; ~ **rotation** (*org. az.*) rotazione delle mansioni; ~ **scheduler** (*elab. elettr.*) programmatore di lavori; ~ **sharing** (*econ.*) riduzione della produttività individuale; ~ **sheet** (*org. az.*) foglio d'istruzioni; ~ **work** (*pers.*) lavoro a cottimo; **in ~ lots** (*market.*) alla rinfusa, all'ingrosso; **to be out of ~** (*pers.*) essere disoccupato.
job², *v. i.* ❶ (*Borsa, ingl.*) essere un «jobber», fare lo speculatore «professionista». ❷ (*market.*) comprare all'ingrosso, fare il grossista. ❸ (*pers.*) lavorare a cottimo. *v. t.* (*leg.*) subappaltare, dare in subappalto (*lavori*). // **to ~ out work** dare lavoro a cottimo.
jobber, *n.* ❶ (*Borsa*) aggiotatore. ❷ (*Borsa, ingl.*) «jobber», speculatore «professionista» (*non esiste in Italia*). ❸ (*market.*) grossista. ❹ (*pers.*) lavoratore a cottimo, cottimista. △ ❷ **A ~ has no contact with the public: he acts as a principal since he buys and sells for his own account** un «jobber» non ha alcun contatto col pubblico: è indipendente nel suo agire dato che acquista e vende per conto proprio. // ~**'s turn** (*Borsa, ingl.*) profitto del «jobber» (*q.V.*), margine dell'operatore di Borsa, differenza fra il prezzo d'acquisto e quello di vendita quotati da un «jobber».
jobbing, *n.* (*pers.*) lavorazione a cottimo, lavorazione su commessa. // ~ **contract** (*pers.*) cottimo; ~ **in contangoes** (*Borsa*) arbitraggio dei riporti; ~ **profits** (*fin.*) utili d'intermediazione.
jobless, *a.* disoccupato. // ~ **rate** (*econ.*) tasso di disoccupazione.
joint, *a.* ❶ congiunto, unito. ❷ collegiale, collettivo, comune, paritetico. // ~ **account** (*rag.*) conto in partecipazione, conto sociale; ~ **adventure** (*leg.*) associazione in partecipazione; ~ **and several** (*leg.*) congiunto e solidale; ~ **and several bond** (*leg.*) impegno sottoscritto da più persone, ciascuna delle quali risponde dell'intera somma; ~ **and several liability** (*leg.*) responsabilità congiunta e solidale; ~ **association** (*leg.*) associazione in partecipazione; ~ **author** (*leg.*) coautore; ~ **cause** (*leg.*) concausa; ~ **committee** (*pers., sind.*) commissione mista, comitato misto (*p. es.: di rappresentanti dei lavoratori e dei datori di lavoro*); ~ **commodity** (*econ.*) bene complementare; ~ **consultation** (*pers., sind.*) consultazione mista; ~ **debtor** (*leg.*) debitore solidale; **a ~ declaration** una dichiarazione congiunta; ~ **demand** (*econ.*) domanda complementare; ~ **director** (*amm.*) condirettore; ~ **European float** (*econ.*) fluttuazione comune delle monete europee; ~ **financing** (*fin.*) finanziamento comune; ~ **floating of European currencies** (*econ., fin.*) fluttuazione comune delle monete europee; ~ **liability** (*leg.*) responsabilità solidale, solidarietà; ~ **management** (*amm.*) condirezione; ~ **manager** (*amm.*) condirettore; ~ **obligation** (*leg.*) obbligazione solidale; ~ **owner** (*leg.*) comproprietario; ~ **ownership** (*leg.*) proprietà indivisa, comproprietà; ~ **partner** (*leg.*) comproprietario, cointeressato; ~ **property** (*leg.*) comproprietà; **a ~ property** (*leg.*) una proprietà comune; ~ **proprietor** (*leg.*) comproprietario; ~ **responsibility** (*leg.*) responsabilità collegiale, responsabilità collettiva; ~ **signatures** firme abbinate; ~ **stock** (*fin.*) capitale sociale, capitale azionario; ~ **-stock bank** (*banca*) banca a capitale azionario, banca di credito ordinario; ~ **-stock company** (*fin.*) società di capitali, società a

capitale variabile; (*di solito*) società per azioni, società anonima; ~ **-stock company limited by guarantee** (*leg.*) società per azioni a responsabilità limitata al capitale sottoscritto e inoltre fino a una data cifra oltre il capitale sociale (*non esiste in Italia, e, di solito, non ha fini di lucro*); ~ **-stock company limited by shares** (*fin.*) società anonima a responsabilità limitata al capitale azionario, società per azioni; ~ **-stock limited company** (*fin.*) società a responsabilità limitata dalle azioni, società per azioni; ~ **tariffs** (*trasp.*) tariffe cumulative (*su cui si accordano due o più vettori*); ~ **venture** (*leg.*) associazione in partecipazione.

jointly, *avv.* ❶ congiuntamente, unitamente, insieme, in solido, solidalmente. ❷ collegialmente, collettivamente, comunemente. // ~ **and severally** (*leg.*) solidalmente, in solido; ~ **interested** cointeressato; ~ **liable** (*o* **responsible**) (*leg.*) responsabile in solido, solidale.

jot, *v. t.* annotare in fretta (*appunti, ecc.*), buttar giù (*note frettolose, ecc.*). // **to** ~ **down** scribacchiare (*note, ecc.*).

jotting, *n.* annotazione frettolosa, breve appunto.

journal, *n.* ❶ (*giorn.*) quotidiano. ❷ (*giorn.*) periodico, rivista. ❸ (*rag.*) libro giornale, giornale. ❹ (*trasp. mar.*) giornale di bordo. // ~ **entry** (*rag.*) registrazione a giornale; ~ **of authentications of stock endorsements** (*fin., rag.*) libro giornale delle autenticazioni delle girate su titoli azionari; ~ **of forward transactions and transactions for the account** (*fin., rag.*) libro (per l'annotazione giornaliera) delle operazioni a termine e di riporto.

journalese, *n.* (*giorn.*) gergo giornalistico.
journalism, *n.* (*giorn.*) giornalismo.
journalist, *n.* (*giorn.*) giornalista.
journalistic, *a.* (*giorn.*) giornalistico.
journalize, *v. t.* (*rag.*) registrare a giornale. *v. i.* (*rag.*) tenere un (libro) giornale.

journey[1], *n.* (*trasp.*) viaggio (*specialm. per via di terra*), tragitto, percorso. // ~ **by land** (*trasp.*) viaggio di terra; ~ **by plane** (*trasp. aer.*) viaggio aereo; ~ **empty** (*trasp. ferr.*) percorso a vuoto; ~ **loaded** (*trasp. ferr.*) percorso con carico.

journey[2], *v. i.* (*trasp.*) viaggiare, fare un viaggio.

journeyman, *n.* (*pl.* **journeymen**) (*pers.*) operaio giornaliero, giornaliero.

judge[1], *n.* (*leg.*) giudice, magistrato. // ~ **delegate** (*leg.*) giudice delegato; ~ **-made** (*leg.*) creato dai giudici; ~ **-made law** (*leg.*) giurisprudenza (*diritto creato dai giudici stessi, basato sul «precedente» giudiziario*).

judge[2], *v. t.* ❶ (*leg.*) giudicare. ❷ (*leg.*) fare da arbitro in (*una lite, ecc.*); appianare (*una vertenza*). // **to** ~ **a case** (*leg.*) giudicare una causa legale.

judgement, *n.* ❶ giudizio. ❷ (*leg.*) giudizio, sentenza. ❸ (*leg.*) decreto penale. △ ❷ **The** ~ **adjudicating a debtor bankrupt deprives him of the right to administer his affairs** la sentenza che dichiara fallito un debitore lo priva del diritto di amministrare i suoi affari. // ~ **book** (*leg.*) registro delle sentenze; ~ **by default** (*leg.*) giudizio contumaciale; ~ **creditor** (*leg.*) creditore giudiziario; ~ **debt** (*leg.*) debito portato in giudizio; ~ **debtor** (*leg.*) debitore giudiziario; ~ **of first instance** (*leg.*) giudizio di primo grado; ~ **of last resort** (*leg.*) giudizio d'ultima istanza.

judgeship, *n.* (*leg.*) ufficio di giudice.
judgment, *n.* V. **judgement**.
judicature, *n.* ❶ (*leg.*) ordinamento giudiziario, magistratura. ❷ (*leg.*) giurisdizione. ❸ (*leg.*) ufficio di giudice. ❹ (*leg.*) tribunale.

judicial, *a.* (*leg.*) giudiziale, giudiziario. // ~ **act** (*leg.*) atto giudiziale, atto giudiziario; ~ **admission** (*leg.*) confessione giudiziale; ~ **attachment** (*leg.*) sequestro giudiziario; ~ **confession** (*leg.*) confessione giudiziale; ~ **controversy** (*leg.*) vertenza giudiziaria; ~ **inquiry** (*leg.*) istruttoria; ~ **power** (*leg.*) potere giudiziario; ~ **proceedings** (*leg.*) azione legale, vie legali: **We shall have to take** ~ **proceedings against our competitor** dovremo adire le vie legali contro il nostro concorrente; ~ **register** (*leg.*) casellario giudiziario; ~ **sale** (*leg.*) vendita giudiziale.

judiciary, *a.* (*leg.*) giudiziario. *n.* (*leg.*) potere giudiziario, magistratura, ordinamento giudiziario.

jumble, *n.* ❶ confusione, miscuglio, mucchio. ❷ (*market., ingl.*) articoli spaiati, articoli di poco prezzo. // ~ **sale** (*market., ingl.*) vendita d'articoli spaiati, vendita d'articoli di poco prezzo.

jump[1], *n.* ❶ salto, balzo. ❷ (*fin., market.*) aumento improvviso (*di prezzi*). // **a** ~ **in prices** (*market.*) un aumento improvviso dei prezzi.

jump[2], *v. i.* ❶ saltare, balzare. ❷ (*fin., market.*) (*di prezzi*) aumentare improvvisamente. *v. t.* saltare, scavalcare. // **to** ~ **at an offer** affrettarsi ad accettare un'offerta; **to** ~ **bail** (*leg.*) non comparire in giudizio lasciando in mano alla giustizia il denaro della cauzione; **jumping peg** (*fin.*) parità (*di cambio*) variabile a salti.

junction, *n.* ❶ (*trasp.*) incrocio, nodo stradale. ❷ (*trasp. ferr.*) nodo ferroviario.

junior, *a.* junior, iuniore. *n.* ❶ (*pers.*) impiegato di grado inferiore; subalterno. ❷ (*pers.*) operaio di grado inferiore. // ~ **clerk** (*pers.*) apprendista (*impiegato*); ~ **partner** (*fin.*) socio di minore importanza, socio di data più recente.

junta, *n.* (*amm.*) giunta.

juridical, *a.* (*leg.*) giuridico, legale. // ~ **act** (*leg.*) atto giuridico; ~ **days** (*leg.*) giorni d'udienza; ~ **person** (*leg.*) persona giuridica.

jurimetrics, *n. pl.* (*col verbo al sing.*) (*leg.*) applicazione di metodi scientifici ai problemi legali.

jurisdiction, *n.* (*leg.*) giurisdizione, potestà di giudicare.

jurisdictional, *a.* (*leg.*) giurisdizionale.
jurisprudence, *n.* (*leg.*) giurisprudenza.
jurisprudential, *a.* (*leg.*) che concerne la giurisprudenza; giurisprudenziale.
jurist, *n.* (*leg.*) giurista.
juristic, *a.* (*leg.*) giuristico, giuridico, legale. // ~ **act** (*leg.*) atto giuridico; ~ **person** (*leg.*) persona giuridica.

juror, *n.* (*leg.*) giurato, membro di giuria.

jury, *n.* (*leg.*) giuria, giurì. △ **The** ~ **found for the defendant** la giuria si pronunciò a favore dell'imputato. // ~ **foreman** presidente della giuria; ~ **list** albo dei giurati.

juryman, *n.* (*pl.* **jurymen**) (*leg.*) giurato, membro di giuria.

jus relictae, *n.* (*leg.*: *in Scozia*) legittima.
just[1], *a.* giusto.
just[2], *avv.* appena, da poco.
justice, *n.* ❶ (*leg.*) giustizia. ❷ (*leg., ingl.*) giudice (*della Corte Suprema*). // ~ **of the Peace** (*leg.*) giudice di pace, giudice conciliatore.

justiceship, *n.* ❶ (*leg.*) ufficio di giudice. ❷ (*leg.*) durata in carica di giudice.

justification, *n.* ❶ giustificazione, scusa. ❷ (*giorn., pubbl.*) allineamento (*d'una riga*); giustificazione. ❸ (*leg.*) adduzione (*d'un mezzo*) a difesa.

justified, *a.* giustificato.
justify, *v. t.* ❶ giustificare, scusare. ❷ (*giorn., pubbl.*) allineare, giustificare. ❸ (*leg.*) addurre (*un mezzo*) a difesa. // **to** ~ **a line** (*giorn., pubbl.*) allineare una riga.

juvenile, *a.* (*leg.*) minorile.

K

Kaffirs, *n. pl.* (*Borsa*) azioni minerarie del Sud-Africa.
Kangaroos, *n. pl.* ❶ (*Borsa*) azioni minerarie australiane. ❷ (*Borsa*) azioni australiane del tabacco.
keel, *n.* ❶ (*trasp. mar.*) chiglia, carena. ❷ (*trasp. mar.*) chiatta; barcone (*a fondo piatto*).
keelage, *n.* (*trasp. mar.*) diritti d'entrata in porto, diritto d'ancoraggio, diritto d'ormeggio.
keen, *a.* ❶ acuto, forte. ❷ (*market.*) (*di prezzo*) conveniente, basso, favorevole all'acquirente. △ ❶ **There has always been a ~ trade competition between the two Countries** c'è sempre stata una forte concorrenza commerciale fra i due Paesi; ❷ **We can offer our articles at very ~ prices thanks to the reduction in the cost of raw materials** grazie alla diminuzione del costo delle materie prime siamo in grado di offrire i nostri articoli a prezzi assai convenienti. // **a ~ competition** (*market.*) una concorrenza vivace.
keenness, *n.* (*market.*) convenienza (*di prezzo*).
keep, *v. t.* (*pass. e part. pass.* kept) ❶ tenere, trattenere. ❷ mantenere, conservare, custodire. *v. i.* (*market.*) (*di alimenti*) conservarsi (*bene, male, ecc.*). // **to ~ an account alive** (*rag.*) tenere acceso un conto; **to ~ an account with sb.** (*rag.*) tenere un conto aperto presso q.; **to ~ accounts** (*rag.*) tenere i conti (*o* la contabilità); **to ~ sb. advised about st.** tenere q. al corrente di qc.; **to ~ an appointment** mantenere un appuntamento; **to ~ back** trattenere: **They will ~ a portion of my pay back** mi tratterranno una parte della paga; **to ~ bills afloat** (*cred.*) tenere in circolazione degli effetti; **to ~ the books** (*rag.*) tenere i libri contabili, tenere la contabilità, tenere i conti; **to ~ the books by double entry** (*rag.*) tenere la contabilità a partita doppia; **to ~ the books up to date** (*rag.*) tenere aggiornati i conti; **to ~ a business** mandare avanti una azienda; **to ~ one's business going** mandare avanti la baracca (*fam.*); « **~ cool** » (*market.*) « tenere al fresco » (*scritto su scatole, ecc.*); **to ~ st. down** tenere qc. a freno, limitare qc.: **We must ~ down expenses** dobbiamo limitare le spese; « **~ dry** » (*market.*) « tenere all'asciutto »; **to ~ an engagement** tener fede a un impegno; **to ~ a firm's accounts** (*rag.*) tenere la contabilità d'un'azienda; **to ~ a firm's books** (*rag.*) tenere la contabilità d'una ditta; **to ~ the law** (*leg.*) osservare la legge, rispettare la legge; **to ~ out of the Bank** (*banca, ingl.*) evitare di ricorrere alla Banca (d'Inghilterra) per prestiti (*dicesi delle banche commerciali e degli istituti di sconto*); **to ~ prices down** (*econ., market.*) tener bassi i prezzi; **to ~ prices steady** (*econ., market.*) mantenere stabili i prezzi, stabilizzare i prezzi; **to ~ the sea** (*trasp. mar.*) tenere il mare; **to ~ a ship afloat** (*anche fig.*) tenere a galla una nave; **to ~ a shop** (*market.*) esercire un negozio; **to ~ silent** far silenzio; **to ~ standing** (*giorn., pubbl.*) tenere in piedi, non scomporre; **to ~ up the price of certain goods** (*market.*) mantenere alto il prezzo di talune merci; **to ~ up prices** (*econ.*) sostenere i prezzi; **to ~ up with the times** andar di pari passo coi tempi, essere moderno: **Lots of private undertakings sank because of their managers' inability to ~ up with the times** molte imprese private sono andate a fondo per l'incapacità dei loro capi d'andare di pari passo coi tempi.
keeper, *n.* (*pers.*) custode, guardiano, sorvegliante.
keeping, *n.* custodia, guardia, sorveglianza. // **~ the gap in the balance of payments within certain limits** (*econ., fin.*) il contenimento del disavanzo della bilancia dei pagamenti entro certi limiti.
Kennedy round, *n.* (*comm. est.*) « Kennedy round » (*appello, lanciato nel 1963 dal presidente J. F. Kennedy, per la riduzione globale dei dazi doganali*). // **~ negotiations** (*comm. est.*) negoziati per il « Kennedy round »; **~ tariff cuts** (*comm. est.*) riduzioni tariffarie (previste negli accordi) del « Kennedy round ».
key, *n.* ❶ chiave. ❷ (*elab. elettr.*) chiave. ❸ (*di macch. uff.*) tasto (*di macchina da scrivere*). *a. attr.* importante, principale, chiave. // **~ bargain** (*sind.*) insieme delle condizioni « chiave » (*d'un accordo collettivo di lavoro, che costituiscono un precedente per altre aziende*); **a ~ industry** (*econ.*) un'industria « chiave »; **a ~ job** (*pers.*) una mansione « chiave »; **the keys of a typewriter** (*macch. uff.*) i tasti d'una macchina da scrivere; **a ~ position** (*pers.*) un posto chiave; **~ punch** (*elab. elettr.*) macchina perforatrice, perforatrice, perforatore; **~ -punch operator** (*pers.*) perforatore, perforatrice; **~ word** (*elab. elettr.*) parola chiave.
keyboard, *n.* ❶ (*elab. elettr.*) tastiera. ❷ (*macch. uff.*) tastiera (*di macchina da scrivere*).
Keynesian, *a.* (*econ.*) Keynesiano. // **~ economics** (*econ.*) economia Keynesiana.
kick[1], *n.* ❶ calcio, pedata. ❷ (*fig.*) licenziamento. // **to get the ~** (*pers.*) essere licenziato.
kick[2], *v. t. e i.* calciare, tirar calci, dare calci a, prendere a calci, prendere a pedate. // **to ~ out** (*pers.*) licenziare.
kickback, *n.* (*market.*) abbuono sottobanco, sconto sottobanco, tangente.
kickout, *n.* (*pers.*) licenziamento.
kidnap, *v. t.* (*leg.*) sequestrare (*q. a scopo di ricatto*); rapire.
kidnapping, *n.* (*leg.*) sequestro, rapimento, ratto.
kilogram, *n.* V. kilogramme.
kilogramme, *n.* chilogrammo.
kilometer, *n.* V. kilometre.
kilometre, *n.* chilometro.
kind[1], *n.* genere, sorta, specie, qualità, tipo, varietà. △ **There are different kinds of shares: ordinary shares, preference shares, and deferred shares** ci sono diversi tipi di azioni: azioni ordinarie, azioni privilegiate e azioni postergate. // **in ~** in natura: **Payments in ~ are not so common nowadays** i pagamenti in natura non sono tanto comuni oggigiorno.
kind[2], *a.* ❶ gentile, cortese, cordiale. ❷ (*di lettera, scritto*) gradito. △ ❶ **We thank you for your ~ offer of 4th of September** vi ringraziamo della cortese offerta del 4 settembre.
kindness, *n.* gentilezza, cortesia.
kindred, *n.* (*leg.*) parentela.

kinetic, *a.* cinetico. // ~ **control system** (*elab. elettr.*) sistema di controllo cinetico.

kitchen, *n.* cucina.

kite[1], *n.* ❶ (*fam.*) cambiale di comodo, cambiale di favore. ❷ (*fam.*) assegno senza copertura, assegno « cabriolet ». // ~ **flying** (*fam.*) emissione di cambiali di comodo; emissione di assegni allo scoperto.

kite[2], *v. t.* ❶ (*fam.*) emettere (*una cambiale di comodo*). ❷ (*fam.*) spiccare (*un assegno allo scoperto*). ❸ (*fam.*) aumentare fraudolentemente, prima dell'incasso, l'importo di (*un assegno*). *v. i.* (*fam.*) ottenere denaro per mezzo d'una cambiale di comodo. △ *v. t.* ❸ **Our $ 40.19 cheque was kited to $ 240.19** l'importo del nostro assegno per $ 40,19 è stato aumentato fraudolentemente a $ 240,19.

knock, *v. t.* battere, colpire, percuotere, picchiare. // to ~ **down** abbattere, atterrare, gettare a terra; aggiudicare (*un oggetto venduto all'asta*); (*fin., pers.*) guadagnare: **He knocks down about $ 1,000 a month in that position** guadagna circa 1.000 dollari al mese in quell'impiego; to ~ **sb. down 4%** (*fam.*) strappare a q. una riduzione del 4% (*su un prezzo*); to ~ **down a price** (*market.*) abbassare un prezzo; to ~ **off** (*pers., fam.*) « smontare » (*dal lavoro*), « staccare »; (*market.*) detrarre, defalcare: **We'd better ~ off 30 cents to make the price more attractive** faremmo meglio a detrarre 30 cents per rendere il prezzo più invitante; to ~ **off an article** (*giorn.*) buttar giù un articolo; to ~ **off business** (*fam.*) sbrigare affari.

knockdown, *n.* (*market.*) abbassamento (*di prezzi*). *a. attr.* (*market.*) (*di prezzo*) ridotto, minimo. △ *n.* **We're witnessing a general ~ of prices** stiamo assistendo a un abbassamento generale dei prezzi. // **a ~ offer** un'offerta minima; **a ~ rate** (*fin.*) un tasso minimo.

knocking down, *n.* aggiudicazione (*in una vendita all'asta*).

knot, *n.* (*trasp. mar.*) nodo (*misura di velocità pari a un miglio marino, o 1.853 metri, all'ora*).

know, *v. t.* (*pass.* **knew**, *part. pass.* **known**) sapere, conoscere. // to ~ **st. on good authority** saper qc. da buona fonte.

know-how, *n.* abilità tecnica; complesso di cognizioni tecniche (*non brevettate*); « know-how ». // ~ **contracts** (*comm.*) contratti di utilizzazione di « know-how ».

knowingly, *avv.* scientemente.

knowledge, *n.* conoscenza, cognizione. △ **A good ~ of at least one foreign language is a must for a businessman** un uomo d'affari non può prescindere dalla conoscenza d'almeno una lingua straniera. // **without our ~** a nostra insaputa.

know-what, *n.* chiarezza d'idee, chiara visione degli obiettivi. △ **Our man in that position must have ~ as well as know-how** il nostro uomo in quella mansione deve avere chiarezza d'idee e « know-how ».

L

lab, *n.* (*fam.*) laboratorio (*scientifico*).
label[1], *n.* ❶ (*market.*) cartellino, etichetta. ❷ (*market.*) marca di registrazioni discografiche, marca di dischi. ❸ (*market.*) casa produttrice di registrazioni discografiche, casa produttrice di dischi. ❹ (*trasp.*) cartellino (*sul bagaglio*). △ ❷ **Music fans have now more than 12,000 different labels among which to choose** gli appassionati di musica hanno ora a disposizione più di 12.000 marche fra le quali scegliere.
label[2], *v. t.* ❶ (*market.*) contrassegnare con un cartellino, mettere un'etichetta a, etichettare. ❷ (*trasp.*) contrassegnare (*il bagaglio*) con un cartellino.
labeling, *n. V.* **labelling**.
labelling, *n.* (*market.*) etichettatura.
labor, *n.* e *v. t. V.* **labour**.
laboratory, *n.* laboratorio (*scientifico*).
laborer, *n. V.* **labourer**.
labour[1], *n.* ❶ lavoro. ❷ fatica. ❸ (*econ.*) lavoro, attività lavorativa. ❹ (*econ.*, *pers.*) manodopera, lavoratori. △ ❸ **In joining to set up a partnership, partners agree to contribute money, skill and ~** nel mettersi insieme per formare una società, i soci convengono di fornire denaro, abilità e lavoro; ❹ **What's hard to find nowadays is skilled ~** ciò che al giorno d'oggi si stenta a reperire è la manodopera specializzata. // **~ and capital** (*econ.*) il lavoro e il capitale; **~ contract** (*pers.*, *sind.*) contratto di lavoro; **~ copartnership** (*sind.*) compartecipazione agli utili aziendali; **~ costs** (*econ.*, *rag.*) costo del lavoro, oneri salariali; **~ day** festa del lavoro, festa dei lavoratori; **~ dispute** (*sind.*) controversia sindacale, vertenza sindacale; **~ engagement form** (*pers.*) modulo d'assunzione (*al lavoro*); **~ exchange** (*sind.*, *ingl.*) ufficio di collocamento; **~ -exchange official** (*pers.*) collocatore (*funzionario d'ufficio di collocamento*); **~ force** (*econ.*, *stat.*) forze del lavoro, popolazione attiva; **~ -intensive products** (*org. az.*) prodotti che richiedono un largo impiego di manodopera; **~ leader** (*sind.*) sindacalista; **~ legislation** (*leg.*) legislazione in materia di lavoro, diritto del lavoro; **~ market** (*econ.*, *sind.*) mercato del lavoro: **The labour markets are still under strain** i mercati del lavoro sono ancora sotto tensione; **~ movement** (*sind.*) movimento sindacale; **~ negotiation** (*sind.*) trattativa sindacale; **~ organization** (*sind.*) organizzazione sindacale; **the ~ Party** (*ingl.*) il partito laburista; **~ piracy** (*econ.*, *pers.*) «furto» di manodopera (*il portar via dipendenti ad altra azienda allettandoli con la promessa di retribuzioni più alte*); **the ~ question** (*sind.*) la questione operaia; **~ relations** (*pers.*, *sind.*) rapporti sindacali, rapporti tra la direzione e le maestranze; **~ -saving** (*org. az.*) che fa risparmiare lavoro, che fa risparmiare fatica; **~ -saving appliance** (*org. az.*) attrezzatura che fa risparmiare lavoro; **~ -saving devices** (*org. az.*) accorgimenti tendenti a risparmiare manodopera; **~ shortage** (*econ.*) scarsità di manodopera, carenza di manodopera; **~ situation** (*pers.*) situazione del (mercato del) lavoro, «clima» sindacale; **~ skate** (*slang USA*) iscritto a un sindacato; **~ strife** (*sind.*) conflittualità nelle aziende: **~ strife is on the decline** nelle aziende il tasso di conflittualità è diminuito; **~ turnover** (*org. az.*) ricambio (*o* mobilità) della manodopera; **~ union** (*sind.*) sindacato; **~ unionism** (*sind.*) sindacalismo; **~ unit** (*econ.*) unità di lavoro; **~ unrest** (*sind.*) vertenzialità.
labour[2], *v. i.* ❶ faticare, lavorare, operare. ❷ affaticarsi, sforzarsi. *v. t.* elaborare, discutere a fondo. △ *v. t.* **The committee will have to ~ this point** il comitato dovrà discutere a fondo quest'argomento.
labourer, *n.* ❶ lavoratore. ❷ (*pers.*) lavorante, operaio non qualificato. ❸ (*pers.*) bracciante, manovale.
laches, *n.* (*pl. inv.*) (*leg.*) negligenza, morosità, ritardo.
lack[1], *n.* mancanza, carenza, ristrettezza, scarsità. // **~ of balance** mancanza d'equilibrio, squilibrio: **There is a serious ~ of balance in international trading** c'è un grave squilibrio negli scambi internazionali; **~ of corresponding buyers** (*Borsa*) mancanza di contropartita; **~ of diversification** (*econ.*) mancanza di diversificazione; **~ of evidence** (*leg.*) mancanza di prove; **~ of funds** (*fin.*) mancanza di fondi: **We had to give up the whole project for ~ of funds** dovemmo rinunciare del tutto al progetto per mancanza di fondi; **~ of jurisdiction** (*leg.*) mancanza di giurisdizione; **~ of ordinary diligence** (*leg.*) mancanza di diligenza ordinaria, mancanza di diligenza del buon padre di famiglia; **~ of title** (*leg.*) mancanza di titolo.
lack[2], *v. t.* mancare di, difettare di, scarseggiare di, esser privo di (*qc.*). △ **We can't afford a manager who lacks experience!** un direttore che manca d'esperienza non possiamo permettercelo!
lacking, *a.* che manca, mancante. // **to be ~** mancare, scarseggiare, far difetto: **Capitals were ~ for our plan** mancavano i capitali per il nostro progetto; **to be ~ in** essere privo di: **He is ~ in initiative** è privo d'iniziativa.
lad, *n.* (*trasp. mar.*) mozzo.
lade, *v. t.* (*part. pass.* **laden**) (*trasp. mar.*) caricare. // **to ~ a ship with a cargo** (*trasp. mar.*) caricare di merce una nave; **to ~ a vessel** (*trasp. mar.*) caricare una nave.
laden, *a.* caricato, carico. △ **The ship was ~ with basic materials to be transformed into manufactured goods** la nave era carica di materie prime che dovevano essere trasformate in manufatti.
lading, *n.* (*trasp. mar.*) caricamento, carico. // **~ port** (*trasp. mar.*) porto di caricamento.
lady, *n.* signora. // **~ president** presidentessa.
lag[1], *n.* ❶ ritardo, indugio, l'indugiare, l'attardarsi. ❷ intervallo. ❸ (*econ.*) sfasamento. ❹ (*elab. elettr.*) ritardo di risposta.
lag[2], *v. i.* ❶ attardarsi, indugiare, restare indietro. ❷ (*fig.*) ristagnare. △ ❷ **Business is lagging** l'attività commerciale ristagna. // **to ~ behind** rimanere indietro (rispetto a): **Salaries and wages lagged far behind prices** gli stipendi e i salari rimasero molto indietro rispetto ai prezzi.
laggard, *n.* (*Borsa*, *fin.*) titolo il cui prezzo non ha subito variazioni (*a differenza di quello d'altri titoli dello stesso tipo sul mercato*).

lagger, *n.* V. **lagging indicator**.
lagging indicator, *n.* (*econ.*) indicatore economico che non varia (*per un certo tempo*) al mutare di tendenza della situazione economica.
laissez-faire, *n.* (*econ.*) « laissez-faire », liberismo. *a. attr.* (*econ.*) liberistico. // ~ **economics** (*econ.*) liberismo; **a** ~ **policy** (*econ.*) una politica liberistica.
laissez-faireism, *n.* (*econ.*) dottrina del « laissez-faire » (*q.V.*); liberismo.
lame, *a.* ❶ zoppo, zoppicante. ❷ (*fig.*) che non regge. ❸ (*econ., fin.*) (*di moneta*) debole. // ~ **duck** (*Borsa, fin.*) speculatore insolvente; industria improduttiva; **a** ~ **excuse** una scusa che non regge.
lamp, *n.* lampada, fanale.
land[1], *n.* ❶ terra, terreno, suolo. ❷ (*rag.*) terreni (*voce di bilancio*). // ~ **agency** (*econ., ingl.*) agenzia fondiaria; mansione di mediatore di terreni, lavoro di fattore; ~ **agent** (*econ., ingl.*) agente fondiario, mediatore di terreni; agente agricolo, fattore; ~ **bank** (*banca*) banca di credito agricolo; ~ **broker** (*econ., ingl.*) agente immobiliare; ~ **carriage** (*trasp.*) trasporto per via di terra; ~ **credit** (*cred.*) credito immobiliare; ~ **improvement** (*econ.*) miglioramento fondiario, bonifica agraria; ~ **jobber** (*fin.*) speculatore di beni immobili; ~ **laws** (*leg.*) leggi terriere; ~ **-mark** pietra di confine, limite; ~ **office** (*fin.*) ufficio del catasto; ~ **-office business** affari fiorenti e rapidi, affari d'oro: **Travel agencies are doing** ~ **-office business** le agenzie di viaggio stanno facendo affari d'oro; ~ **-owner** (*econ.*) proprietario terriero; ~ **reclamation** (*econ.*) bonifica agraria; ~ **reform** (*econ.*) riforma fondiaria, ~ **register** (*fin.*) catasto; ~ **route** (*trasp.*) via di terra; ~ **steward** fattore agricolo; ~ **tax** (*fin.*) imposta fondiaria.
land[2], *v. i.* ❶ (*trasp. aer.*) atterrare. ❷ (*trasp. mar.*) sbarcare, approdare, toccare terra. *v. t.* ❶ (*trasp. aer., trasp. mar.*) scaricare. ❷ (*trasp. aer., trasp. mar.*) sbarcare. // **to** ~ **the cargo** (*trasp. aer., trasp. mar.*) sbarcare il carico; **to** ~ **passengers and goods** (*trasp. aer., trasp. mar.*) sbarcare passeggeri e scaricare merce.
landed, *a.* (*econ.*) terriero, agricolo, fondiario. // ~ **estate** (*econ.*) proprietà fondiaria, beni fondiari; **the** ~ **interest** (*econ.*) gli interessi agrari; ~ **property** (*econ.*) proprietà fondiaria, proprietà terriera; (*rag.*) terreni (*voce di bilancio*); beni fondiari; **a** ~ **proprietor** (*econ.*) un proprietario terriero; ~ **weight** (*trasp. mar.*) peso allo sbarco, peso sbarcato.
landholder, *n.* (*econ.*) proprietario terriero, possidente.
landing, *n.* ❶ (*trasp. aer.*) atterraggio, scalo. ❷ (*trasp. aer., trasp. mar.*) sbarco, approdo, scalo. // ~ **book** (*trasp. mar.*) registro di sbarco; ~ **card** (*trasp. mar.*) carta di sbarco (*per passeggeri*); ~ **certificate** (*trasp. mar.*) certificato di sbarco, certificato di scarico; ~ **charges** (*trasp. mar.*) spese di sbarco (*per merci*); ~ **distance** (*trasp. aer.*) percorso d'atterraggio; ~ **-gear** (*trasp. aer.*) carrello; ~ **officer** (*dog.*) ufficiale doganale; ~ **order** (*trasp. mar.*) permesso di sbarco; ~ **place** (*trasp. aer.*) scalo aereo; (*trasp. mar.*) approdo, imbarcadero; ~ **stage** (*trasp. mar.*) imbarcadero; ~ **strip** (*trasp. aer.*) pista d'atterraggio; ~ **ticket** (*trasp. mar.*) permesso di sbarco; ~ **waiter** (*dog., ingl.*) V. **landwaiter**; ~ **weight** (*trasp. mar.*) peso sbarcato, peso (accettato) allo sbarco.
landlord, *n.* (*leg.*) locatore (*d'immobili*); locatore (*di case*); proprietario di casa.
landowner, *n.* (*econ.*) proprietario terriero, possidente.
landwaiter, *n.* (*dog., ingl.*) ufficiale doganale.

landworker, *n.* (*pers.*) bracciante agricolo.
lane, *n.* ❶ vicolo. ❷ (*trasp. aut.*) corsia. // **a two-** ~ **highway** (*trasp. aut.*) una strada a due corsie.
language, *n.* ❶ lingua, linguaggio. ❷ (*elab. elettr.*) linguaggio. // ~ **translator** (*elab. elettr.*) traduttore di linguaggio.
lapse[1], *n.* ❶ periodo (*di tempo*). ❷ intervallo, interruzione. ❸ (*ass.*) cessazione di copertura (*per mancato pagamento di premi*). ❹ (*leg.*) decadenza, prescrizione. △ ❷ **Work was resumed after a** ~ **of two weeks due to labour disputes** il lavoro fu ripreso dopo un'interruzione di due settimane dovuta a controversie sindacali.
lapse[2], *v. i.* ❶ (*anche leg.*) passare. ❷ (*leg.*) cadere in prescrizione, decadere. △ ❶ **His estate lapsed to his partner** la sua proprietà passò al socio; ❷ **We must do something before our right lapses** dobbiamo far qualcosa prima che il nostro diritto cada in prescrizione.
larceny, *n.* ❶ (*ass.*) furto (più o meno grave). ❷ (*leg.*) malversazione.
large, *a.* grande, grosso, ampio. △ **They were able to contribute a** ~ **sum of money** poterono fornire una grossa somma di denaro. // ~ **bond** (*fin., USA*) obbligazione del valore nominale di oltre 1.000 dollari; **the** ~ **businesses** (*fin.*) le grandi imprese; **the** ~ **companies** (*fin.*) le grandi imprese; ~ **expenditures** forti spese; **a** ~ **increase in consumption** (*econ.*) una cospicua dilatazione dei consumi; ~ **paper edition** (*pubbl.*) edizione di lusso (*di un libro*); ~ **-scale** su vasta scala, in grande; (*fig.*) forte, massiccio: **We are aiming at a** ~ **-scale penetration into the market** miriamo a una massiccia penetrazione nel mercato; **a** ~ **-scale computer** (*elab. elettr.*) un calcolatore di grande potenza; **a** ~ **-scale corporation** (*fin., USA*) una grande società; ~ **-scale economies** (*econ.*) economie di scala; ~ **-scale production** (*econ.*) produzione su grande scala; ~ **-scale structural changes** (*org. az.*) ingenti variazioni strutturali; **on a** ~ **scale** su vasta scala.
last[1], *a.* passato, scorso, trascorso, ultimo. △ **We have not yet received** ~ **month's order** non abbiamo ancora ricevuto l'ordinazione del mese scorso; **That's the** ~ **news we got from our London agent** queste sono le ultime notizie che abbiamo avuto dal nostro agente di Londra. // ~ **born (child)** (*leg.*) ultimogenito; ~ **in, first out (LIFO)** (*rag.*) procedimento contabile per il calcolo dell'inventario consistente nel considerare l'ultima merce entrata in magazzino come la prima uscita; ~ **name** cognome; **the** ~ **thing** (*market., pubbl.*) l'ultima novità, l'ultimo « grido »: **Our new catalogue will show you the very** ~ **thing in shoes** il nostro nuovo catalogo vi mostrerà le ultimissime novità in fatto di calzature; ~ **will** (*leg.*) ultime volontà; **the** ~ **word** (*market., pubbl.*) l'ultima novità, l'ultimo « grido ».
last[2], *n.* ❶ « lasta » (*misura di capacità per granaglie pari a 80 « bushels »*). ❷ « lasta » (*misura di peso pari a circa 4.000 libbre*).
last[3], *v. i.* durare, protrarsi, andare per le lunghe. △ **How long will this inflation** ~? quanto durerà quest'inflazione?
lasting, *a.* duraturo, durevole.
late, *avv.* tardi, in ritardo. *a.* ❶ in ritardo. ❷ tardivo, tardo. ❸ precedente, ex-. △ *avv.* **It's too** ~ **now for launching a new product** è troppo tardi ormai per lanciare un nuovo prodotto. // ~ **in the season** (*market.*) a stagione inoltrata: **Your offer reached us too** ~ **in the season** la vostra offerta ci è pervenuta a stagione troppo inoltrata; ~ **in September** verso la fine di set-

tembre; ~ **in Summer** nella tarda estate; ~ **partner** (*fin.*) ex socio; ~ **penalty** (*leg.*) multa per ritardo, multa a carico dei ritardatari; **of** ~ di recente, recentemente, ultimamente.

lately, *avv.* recentemente, ultimamente, di recente. △ **We have not had the pleasure of hearing from you** ~ ultimamente non abbiamo avuto il piacere di leggervi.

latent, *a.* latente, nascosto, occulto. // ~ **defects** (*leg.*) vizi occulti; ~ **faults** (*leg.*) vizi occulti.

later, *avv.* più tardi, dopo, poi. *a. attr.* più tardo, posteriore, successivo. △ *avv.* **Please have the goods delivered not** ~ **than November 4th** vogliate consegnare le merci non più tardi del 4 novembre. // ~ **on** dopo, in seguito; **at a** ~ **date** in data posteriore; **not** ~ **than** non più tardi di, entro.

lateral, *a.* laterale. // ~ **transfer** (*pers.*) trasferimento laterale.

latest, *a.* (il) più recente, recentissimo, ultimo. *n.* (*market., pubbl.*) ultima novità, ultimo « grido ». △ *n.* **Our article is the** ~ **in office equipment** il nostro articolo è l'ultima novità in fatto di attrezzature per uffici. // **the** ~ **edition** (*giorn.*) l'ultima edizione; **the** ~ **news** (*giorn.*) le ultime notizie, le « ultimissime »; **the** ~ **quotations** (*fin.*) le ultime quotazioni.

launch¹, *n.* (*trasp. mar.*) varo.

launch², *v. t.* ❶ (*market., pubbl.*) lanciare. ❷ (*trasp. mar.*) varare. // **to** ~ **an enterprise** (*fin.*) varare un'impresa; **to** ~ **a new product** (*market., pubbl.*) lanciare un nuovo prodotto; **to** ~ **a ship** (*trasp. mar.*) varare una nave.

launching, *n.* ❶ (*market., pubbl.*) lancio. ❷ (*trasp. mar.*) varo.

law, *n.* ❶ (*leg.*) legge, ordinanza. ❷ (*leg.*) diritto, giurisprudenza, giustizia. △ ❷ **We shall have to resort to** ~ dovremo far ricorso alla giustizia. // ~ **-agent** (*leg.*) procuratore legale; ~ **costs** (*leg.*) spese giudiziarie; ~ **-Court** (*leg.*) Corte di giustizia, tribunale; ~ **-day** (*leg.*) giorno d'udienza, seduta (*di corte giudiziaria*); giorno di scadenza d'un'obbligazione, giorno di scadenza d'un debito ipotecario; ~ **expenses** (*leg.*) spese giudiziarie, spese processuali; ~ **list** (*leg.*) albo degli avvocati e dei procuratori; ~ **-lords** (*leg., ingl.*) lord (nominati) a vita; ~ **merchant** (*leg., ingl.*) diritto commerciale; ~ **of diminishing returns** (*econ.*) legge della produttività decrescente; ~ **of down-sloping demand** (*econ.*) legge della domanda decrescente; ~ **of the flag** (*leg., trasp. mar.*) legge del Paese di bandiera; ~ **of large numbers** (*stat.*) legge dei grandi numeri; ~ **of nations** (*leg.*) diritto delle genti; **the** ~ **of supply and demand** (*econ.*) la legge della domanda e dell'offerta; ~ **office** (*leg.*) ufficio legale; **the** ~ **Officers** (*leg.*) l'« Attorney General » e il « Solicitor General » (*in G.B.*); ~ **proper** (*leg.*) diritto positivo; ~ **provision** (*leg.*) disposizione di legge; ~ **relating to economic activities** (*leg.*) diritto dell'economia; ~ **relating to sales** (*leg.*) diritto in materia di vendite; ~ **suit** (*leg.*) querela; ~ **terms** (*leg.*) termini di legge; ~ **-way** (*leg.*) consuetudine, tradizione (*praticamente con forza di legge*); **to be at** ~ (*leg.*) essere in causa (*legale*); **by** ~ (*leg.*) per legge; **by-** ~ (*leg.*) « leggina »; regolamento locale.

lawbreaker, *n.* (*leg.*) violatore della legge.

lawbreaking, *n.* (*leg.*) violazione della legge.

lawful, *a.* ❶ (*leg.*) legale, legittimo. ❷ (*leg.*) lecito, permesso. // ~ **acts** (*leg.*) azioni lecite, atti leciti; ~ **age** (*leg.*) età legale (*per compiere taluni atti regolati dalla legge*); maggiore età; **a** ~ **claim** (*leg.*) una giusta rivendicazione; ~ **debts** (*leg.*) crediti riconosciuti dalla legge, diritti riconosciuti dalla legge; ~ **money** (*leg.*) moneta legale; ~ **owner** (*leg.*) proprietario legittimo.

lawfulness, *n.* (*leg.*) legalità, legittimità.

lawgiver, *n.* (*leg.*) legislatore.

lawless, *a.* (*leg.*) illegale, illecito. // ~ **acts** (*leg.*) azioni illegali, atti illeciti.

lawmaker, *n.* (*leg.*) legislatore.

lawsuit, *n.* (*leg.*) causa, azione (*legale*), lite, processo.

lawyer, *n.* ❶ (*leg.*) avvocato, legale. ❷ (*leg.*) giurista. △ ❶ **We will entrust the cause to our** ~ affideremo la causa al nostro avvocato.

lay¹, *n.* ❶ disposizione, configurazione, posizione. ❷ (*fam.*) ramo d'affari, occupazione. ❸ (*fam.*) prezzo. ❹ (*fam., ingl.*) imposta riscossa da un ente locale. ❺ (*pers.*) cointeressenza, partecipazione agli utili. △ ❶ **Economy depends on the** ~ **of the land** l'economia dipende dalla configurazione del paese. // ~ **-days** (*trasp. mar.*) stallie; ~ **-up** (*trasp. mar.*) messa in disarmo (*d'una nave*); ~ **-up refund** (*ass. mar.*) rimborso (*di parte del premio*) per nave in disarmo (*e quindi non soggetta a rischi di mare*).

lay², *v. t.* (*pass. e part. pass.* **laid**) collocare, mettere, porre, posare. // **to** ~ **aside** mettere da parte, risparmiare; **to** ~ **aside money** (*rag.*) mettere da parte denaro; **to** ~ **bare** mettere a nudo, svelare; **to** ~ **bare the secrets of a company** svelare i segreti d'una società; **to** ~ **one's case before a commission** sottoporre il proprio caso a una commissione; **to** ~ **a case before the Court** (*leg.*) presentare una causa al tribunale; **to** ~ **a claim to st.** (*leg.*) vantare il proprio diritto a qc.; **to** ~ **a claim to a right** (*leg.*) rivendicare un diritto; **to** ~ **a course** (*trasp. mar.*) seguire una rotta; **to** ~ **damages at a certain sum** (*leg.*) fissare una data somma come risarcimento di danni; **to** ~ **down** metter giù, deporre; stabilire, disporre; (*trasp. mar.*) mettere in cantiere, impostare (*una nave*); **to** ~ **down an exacting time-table** (*org. az.*) stabilire un calendario rigoroso; **to** ~ **a duty on st.** (*dog., fin.*) daziare qc.; **to** ~ **the embargo on a ship** (*trasp. mar.*) mettere l'embargo su una nave; **to** ~ **in supplies** approvvigionarsi; **to** ~ **it on** (*market., fam.*) esagerare nel prezzo; **to** ~ **off** (*org. az.*) sospendere (*il lavoro*); (*pers.*) sospendere (*dal lavoro*); (*pers., USA*) licenziare (*per mancanza d'attività dell'azienda*): **Many workers were laid off during the depression** molti operai furono licenziati durante la depressione; **to** ~ **out money** (*fin.*) investire denaro; **to** ~ **over** posticipare, rimandare, rinviare: **We have voted to** ~ **the provisions over until the next meeting** abbiamo deciso mediante votazione di rinviare i provvedimenti alla prossima assemblea; **to** ~ **taxes** (*fin.*) imporre tributi: **Foreign products will be laid taxes upon** si imporranno tributi sulle importazioni; **to** ~ **up** (*trasp. mar.*) disarmare; **to** ~ **up a ship** (*trasp. mar.*) mettere in disarmo una nave.

laying, *n.* posa, posa in opera, installazione. // ~ **-down** (*trasp. mar.*) messa in cantiere, impostazione (*d'una nave*); ~ **on the stocks** (*trasp. mar.*) impostazione (*d'una nave*); ~ **-up** (*trasp. mar.*) disarmo (*d'una nave*).

layoff, *n.* ❶ (*org. az.*) periodo d'inattività, stagione morta. ❷ (*org. az.*) sospensione (*del lavoro*). ❸ (*pers.*) sospensione (*dal lavoro*). ❹ (*pers., USA*) licenziamento (*per mancanza d'attività dell'azienda*). ❺ **layoffs**, *pl.* (*econ.*) procedure di ridimensionamento aziendale.

layout, *n.* ❶ disposizione, configurazione, posizione; tracciato. ❷ (*pubbl.*) impaginazione, impaginatura, modo d'impaginare. // **the** ~ **of the land** (*econ.*) la configurazione del terreno; **the** ~ **of a modern office** la disposizione dei locali di un ufficio moderno.

layover, *n.* (*trasp.*) sosta.

laziness, *n.* pigrizia, indolenza.

lazy, *a.* pigro, indolente.
lead¹, *n.* ❶ direzione, guida. ❷ posizione di testa, primo posto, avanguardia. ❸ vantaggio (*in una gara*). ❹ (*comm. est.*) anticipo (*di pagamento*). ❺ (*giorn.*) articolo di fondo. △ ❷ **Sheffield is in the ~ in the production of silver-plated ware** Sheffield è all'avanguardia nella produzione di articoli placcati in argento; ❸ **We have a good ~ over all our competitors on the market** godiamo d'un bel vantaggio su tutti i nostri concorrenti sul mercato. // **leads and lags** (*comm. est., econ., fin.*) anticipi e dilazioni; ~ **time** (*org. az.*) intervallo fra progettazione e produzione (*d'un articolo, prodotto, ecc.*); (*market., org. az.*) intervallo fra ordinazione e consegna, tempo d'approvvigionamento, tempo di consegna; **to have the ~ over one's rivals** (*market.*) essere in posizione di testa su tutti i concorrenti; **to be in the ~** essere all'avanguardia.
lead², *n.* (*pubbl.*) interlinea.
lead³, *v. t.* (*pass. e part. pass.* **led**) ❶ condurre, dirigere, essere a capo di. ❷ guidare, essere in testa a. △ ❷ **Our Country leads the world in the production of sulphur** il nostro Paese è in testa nella produzione mondiale di zolfo. // **to ~ the fashion** (*market., pubbl.*) dettare la moda.
lead⁴, *v. t.* (*pubbl.*) interlineare.
leader, *n.* ❶ guida, capo, leader, comandante, chi dirige. ❷ (*econ.*) *V.* **leading indicator**. ❸ (*giorn.*) articolo di fondo, editoriale. ❹ (*leg.*) avvocato principale, primo avvocato. ❺ (*market.*) articolo di valore offerto a un prezzo conveniente (*per dare impulso alle vendite*). ❻ (*pers.*) capo intermedio, caposquadra, capo (*d'operai*). // **the ~ for the defence** (*leg.*) il primo difensore; ~ **-writer** (*giorn.*) redattore d'articoli di fondo.
leadership, *n.* ❶ comando, direzione. ❷ attitudine al comando, capacità di comando. ❸ primato, supremazia. △ ❸ **He could not have maintained his ~ without his experience and honesty** non avrebbe potuto mantenere la supremazia senza la sua esperienza e la sua onestà.
leading, *a.* ❶ che comanda, che dirige, che guida. ❷ eminente, primario, principale. // ~ **article** (*giorn.*) articolo di fondo; ~ **case** (*leg.*) caso (*giudiziario*) che costituisce un « precedente », decisione giurisdizionale che fa testo; **a ~ concern** (*econ.*) un'azienda primaria; ~ **indicator** (*econ.*) indicatore di direzione (*indicatore economico che varia prima che si abbia una mutazione di tendenza nella situazione economica*); indice « guida », lampeggiatore; ~ **question** (*leg.*) domanda tendenziosa; (*market., pubbl.*) domanda (*di questionario, ecc.*) posta in modo da suggerire una certa risposta; **the ~ sectors** (*econ., market.*) i settori di « punta »; ~ **zeros** (*elab. elettr.*) zeri a sinistra, zeri non significativi.
leaflet, *n.* (*pubbl.*) dépliant, pieghevole, volantino, manifestino.
league, *n.* lega (*politica*).
leak¹, *n.* ❶ crepa, fenditura, fessura. ❷ (*trasp. mar.*) falla, via d'acqua.
leak², *v. t. e i.* ❶ colare, perdere (*liquido*). ❷ (*anche fig.*) spandersi, trapelare. ❸ (*giorn.*) passare (*informazioni, ecc.*) clandestinamente; divulgare clandestinamente. ❹ (*trasp. mar.*) imbarcare acqua. △ ❸ **This news was leaked to the local newspaper** queste notizie sono state passate clandestinamente al giornale locale.
leakage, *n.* ❶ perdita (*di liquido*). ❷ trapelamento (*di notizie*). ❸ (*market., trasp.*) calo (*di liquidi*). ❹ (*trasp. mar.*) colaggio, dispersione, fuga, spillatura. ❺ (*trasp. mar.*) abbuono per colaggio, abbuono per dispersione.

lean, *a.* (*anche fig.*) magro. // **a ~ harvest** (*econ.*) un magro raccolto; ~ **tax collections** (*fin.*) scarse esazioni d'imposta; **a ~ year** (*econ.*) un'annata magra.
leap¹, *n.* ❶ salto, balzo. ❷ sbalzo, aumento improvviso. △ ❷ **There was a ~ of over 20% in prices** ci fu un aumento improvviso del 20% nei prezzi. // ~ **year** (*banca, cred.*) anno bisestile.
leap², *v. i.* (*pass. e part. pass.* **leapt**) ❶ saltare, balzare. ❷ sbalzare, aumentare improvvisamente. △ ❷ **Costs are leaping out of proportion** i costi stanno aumentando improvvisamente e sproporzionatamente. // **leaping inflation** (*econ.*) inflazione che procede a balzi.
leapfrog¹, *n.* cavallina (*gioco infantile*). // ~ **test** (*elab. elettr.*) prova di memoria.
leapfrog², *v. i.* saltare la cavallina (*saltare un ragazzo chinato*). // **to ~ each other** superarsi a turno: **Thanks to their keen competition the two big firms have been leapfrogging each other lately** grazie alla vivace concorrenza, da qualche tempo le due aziende vanno superandosi a turno; **to ~ from industrials to consols** (*fin.*) passare bruscamente dagli investimenti in titoli industriali a quelli in titoli del consolidato.
learn, *v. i.* (*pass. e part. pass.* **learnt**) ❶ imparare. ❷ apprendere, avere notizia, venire a sapere. △ ❷ **We ~ that you have moved to a new location** apprendiamo che la vostra sede si è trasferita.
learner, *n.* (*pers.*) apprendista.
lease¹, *n.* ❶ (*leg.*) contratto d'affitto, affittanza, locazione, noleggio. ❷ (*leg.*) proprietà affittata, terreno affittato. ❸ (*leg., trasp. mar.*) affitto. △ ❶ **Our ~ will expire on April 22nd** il nostro contratto d'affitto scade il 22 aprile. // **on ~** (*leg.*) in affitto: **We shall have to take a house on ~** dovremo prendere una casa in affitto.
lease², *v. t.* (*leg.*) affittare, dare in affitto, concedere in affitto, prendere in affitto, noleggiare. *v. i.* (*leg.*) essere affittato. △ *v. i.* **Their property leases at a yearly rental of $ 1,500** la loro tenuta è in affitto al canone di 1.500 dollari l'anno.
leaseback, *n.* ❶ (*fin.*) vendita d'impianti a una società di « leasing » (*che li affitta al venditore con possibilità di riscatto*). ❷ (*leg., USA*) vendita di proprietà terriera con successiva affittanza al venditore in base a un canone che permetterà all'acquirente d'ammortizzare l'investimento.
leased, *a.* affittato, noleggiato. // ~ **-line network** (*elab. elettr.*) rete di comunicazioni in affitto.
leasehold, *n.* ❶ (*leg.*) affittanza, conduzione, locazione. ❷ (*leg.*) terreni affittati, terreni tenuti in affitto.
leaseholder, *n.* (*leg.*) affittuario, locatario.
leasing, *n.* (*fin., org. az.*) locazione (*di macchinari, ecc.*); « leasing » (*tecnica di finanziamento con la quale si affitta un bene – una fabbrica, una petroliera, un elaboratore elettronico, ecc. – con l'opzione d'acquistarlo dopo qualche anno*). △ ~ **is getting a foothold in Italy** il « leasing » sta affermandosi in Italia. // ~ **company** società di « leasing »; ~ **of industrial machinery and equipment** locazione di macchinari ed attrezzature.
least, *a.* (il) più piccolo, minimo. // ~ **common denominator** (*mat.*) minimo comune denominatore; ~ **common multiple** (*mat.*) minimo comune multiplo; ~ **significant positions** (*elab. elettr.*) posizioni di valori minimi; ~ **squares** (*mat., stat.*) minimi quadrati; **the ~ squares method** (*mat., stat.*) il metodo dei minimi quadrati.
leave¹, *n.* ❶ permesso, consenso, facoltà. ❷ (*pers.*) congedo, licenza, aspettativa, permesso. △ ❶ **The captain has ~ to enter different ports** il capitano ha facoltà di entrare in porti diversi; ❷ **I had to ask for sick-**

~ dovetti chiedere un congedo per motivi di salute. // ~ of absence (*pers.*) permesso (d'assentarsi), congedo, licenza; ~ with pay (*pers.*) permesso retribuito, congedo retribuito; to be on ~ (*pers.*) essere in congedo, essere in licenza, essere in permesso.

leave², *v. t.* (*pass.* e *part. pass.* left) ❶ lasciare, abbandonare. ❷ affidare. ❸ (*leg.*) lasciare in eredità. △ ❷ We will ~ the matter in our lawyer's hands affideremo la faccenda al nostro legale. // to ~ by will (*leg.*) legare per testamento; to ~ the chair togliere la seduta; (*amm.*) lasciare la presidenza; to ~ one's job (*pers.*) lasciare il proprio impiego; to ~ off cessare, smettere; sospendere; to ~ off work (*org. az.*) sospendere il lavoro; to ~ out omettere, tralasciare, trascurare: You shouldn't ~ out this possibility non dovreste trascurare questa possibilità; to ~ over lasciare in sospeso; rimandare, rinviare: We will ~ the job over a fortnight lasceremo in sospeso il lavoro per una quindicina di giorni; to ~ over a matter rinviare una faccenda; to ~ port (*trasp. mar.*) uscire dal porto; to ~ the rails (*trasp. ferr.*) deragliare; to ~ the road (*trasp. aut.*) uscire di strada; to ~ to be desired lasciare a desiderare: Your translation leaves much to be desired la vostra traduzione lascia molto a desiderare; to ~ word with sb. lasciar detto a q.: Please ~ word with your secretary La prego di lasciarlo detto alla Sua segretaria; to be left broke rimanere al verde; to be left till called for (*comun.*) fermo posta (*di lettera, ecc.*).

leaven¹, *n.* (*anche fig.*) lievito.
leaven², *v. i.* lievitare.
leavening, *n.* lievitazione.
ledge, *n.* ❶ sporgenza, orlo. ❷ (*trasp. mar.*) scoglio sommerso.
ledger, *n.* (*rag.*) mastro, libro mastro, partitario. // ~ account (*rag.*) conto di mastro; ~ balances (*rag.*) saldi di mastro; ~ heading (*rag.*) intestazione di mastro.
lee, *n.* ❶ protezione, riparo (*dal vento*). ❷ (*trasp. mar.*) lato sottovento. *a. attr.* (*trasp. mar.*) sottovento. // the ~ side of a ship (*trasp. mar.*) il lato sottovento d'una nave; a ~ tide (*trasp. mar.*) una marea nella direzione del vento.
leeward, *avv.* (*trasp. mar.*) sottovento, verso sottovento. *n.* (*trasp. mar.*) lato sottovento. *a. attr.* (*trasp. mar.*) sottovento. // on the ~ (*trasp. mar.*) a sottovento.
leeway, *n.* ❶ (*anche fig.*) margine di sicurezza, tolleranza. ❷ (*fig.*) perdita di tempo (*da ricuperare*). ❸ (*fig.*) perdita di denaro (*da ricuperare*). ❹ (*trasp. aer.*) angolo di deriva. ❺ (*trasp. aer., trasp. mar.*) deriva, scarroccio. △ ❶ The main reason why we maintain a reserve is to provide financial ~ la ragione principale per la quale teniamo una riserva è quella di fornire un margine di sicurezza finanziaria; ❷ I have a lot of ~ to make up sono assai indietro nel lavoro.

left¹, *a.* ❶ lasciato, abbandonato. ❷ affidato. // ~ -luggage office (*trasp. ferr., ingl.*) deposito bagagli.
left², *a.* sinistro, a sinistra, mancino. *n.* ❶ sinistra, lato sinistro. ❷ the Left la Sinistra (*politica*). △ *n.* ❷ The ~ has always supported nationalizations la Sinistra ha sempre appoggiato le nazionalizzazioni. // « ~ -hand drive » (*trasp. aut.*) « guida a sinistra »; ~ justified (*elab. elettr., pubbl.*) (*di cifra, carattere, ecc.*) giustificato a sinistra, allineato a sinistra; the ~ wing of a party l'ala sinistra d'un partito, la corrente di sinistra d'un partito; the ~ wing of a union (*sind.*) la corrente di sinistra d'un sindacato; « no ~ turn » (*trasp. aut.*) « divieto di svolta a sinistra ».
legacy, *n.* (*leg.*) lascito, legato di beni mobili. // ~ duty (*leg.*) tassa di successione; ~ tax (*leg., USA*) tassa di successione.

legal, *a.* ❶ (*leg.*) legale, legittimo, giuridico. ❷ (*leg.*) perseguibile per legge. // ~ action (*leg.*) azione legale; ~ action against delinquent debtors (*leg.*) azioni legali contro debitori morosi; ~ acts (*leg.*) atti legali; ~ adviser (*leg.*) consulente legale; ~ age (*leg.*) età legale (*per compiere taluni atti regolati dalla legge*), maggiore età; ~ aid (*leg.*) assistenza legale (*in giudizio*); ~ assessor (*leg.*) consulente legale; ~ assets (*leg.*) asse (*o* patrimonio) ereditario, massa ereditaria: The sum is to be charged on the ~ assets la somma è da imputarsi nella massa ereditaria; ~ assistance (*leg.*) assistenza legale; ~ cap (*leg.*) carta per uso legale, foglio protocollo (*per uso bollo*); ~ capacity (*leg.*) capacità legale; ~ capital (*fin., leg.*) capitale legale; ~ consideration (*leg.*) causa lecita (*in un contratto*); ~ costs (*leg.*) spese legali; ~ department (*org. az.*) (ufficio del) contenzioso (*d'un'azienda e sim.*); ~ disability (*leg.*) incapacità legale; ~ ethics (*leg.*) etica legale, deontologia legale; ~ expenses (*leg.*) spese legali, spese di giudizio; ~ fees (*leg.*) spese legali, spese di giudizio; ~ heir (*leg.*) erede legittimo; ~ holiday (*leg.*) giorno festivo legale; ~ incapacity (*leg.*) incapacità giuridica; ~ interest (*fin., leg.*) interesse legale; ~ medicine (*leg.*) medicina legale; ~ offenses (*leg.*) reati perseguibili a termini di legge; ~ office (*org. az.*) ufficio legale, contenzioso (*d'una ditta*); ~ owner (*leg.*) proprietario legittimo; ~ person (*leg.*) persona giuridica; ~ power of attorney (*leg.*) procura legale; ~ presumption (*leg.*) presunzione legale; ~ proceedings (*leg.*) vie legali: They were forced to resort to ~ proceedings dovettero ricorrere alle vie legali; ~ profession (*leg.*) professione legale, avvocatura; ~ rate of interest (*fin., leg.*) interesse legale; ~ redress (*leg.*) riparazione legale (*di torti, ecc.*), risarcimento legale; ~ representation (*leg.*) rappresentanza legale, patrocinio; ~ representative (*leg.*) rappresentante legale; ~ reserve (*ass., leg., rag.*) riserva legale; ~ residence (*leg.*) residenza legale, domicilio (*legale*); ~ rights (*leg.*) diritti stabiliti dalla legge; ~ status (*leg.*) personalità (*giuridica*); ~ steps (*leg.*) vie legali: We shall not take ~ steps against them non adiremo le vie legali contro di loro; ~ system (*leg.*) ordinamento giuridico; ~ tender (*econ., fin.*) (moneta a) corso legale; ~ tender currency (*econ., fin.*) moneta a corso legale; ~ transaction (*leg.*) negozio giuridico; ~ usufruct (*leg.*) usufrutto legale; ~ weight (*comm. est., leg.*) peso netto (*comprendente l'eventuale involucro interno della merce*).

legality, *n.* (*leg.*) legalità, legittimità.
legalization, *n.* (*leg.*) legalizzazione, legittimazione, autenticazione. // the ~ of a document (*leg.*) la legalizzazione d'un documento.
legalize, *v. t.* (*leg.*) legalizzare, legittimare, autenticare. △ You should have your papers legalized at the consulate dovreste far legalizzare i vostri documenti al consolato.
legatee, *n.* (*leg.*) legatario.
legislate, *v. i.* (*leg.*) legiferare.
legislation, *n.* (*leg.*) legislazione.
legislative, *a.* (*leg.*) legislativo. // ~ power (*leg.*) potere legislativo.
legislator, *n.* (*leg.*) legislatore.
legislature, *n.* (*leg.*) corpo legislativo, assemblea legislativa.
legitim, *n.* (*leg.*) legittima (*in Scozia*).
legitimacy, *n.* (*leg.*) legittimità.
legitimate¹, *a.* (*leg.*) legittimo, lecito.
legitimate², *v. t.* (*leg.*) legittimare.

legitimation, *n.* (*leg.*) legittimazione.

legitimization, *n.* (*leg.*) legittimazione.

legitimize, *v. t.* (*leg.*) legittimare.

leisure time, *n.* (*pers.*) tempo libero.

lend, *v. t.* (*pass. e part. pass.* **lent**) (*cred.*) prestare, imprestare, dare a prestito, dare a mutuo, mutuare. *v. i.* (*cred.*) concedere un prestito. △ *v. t.* **Banks create credit by lending sums of money larger than those which have been deposited in actual cash with them** le banche creano il credito prestando somme di denaro maggiori di quelle depositate presso di loro in denaro contante. ∥ to ∼ **at the rate of** 6% (*cred.*) concedere un prestito al (tasso del) 6%; to ∼ **money on contango** (*Borsa*) prestare capitali a riporto; to ∼ **on collateral** (*cred.*) imprestare su garanzia; to ∼ **stock** (*Borsa, fin.*) dare titoli a riporto.

lender, *n.* (*cred.*) chi presta, prestatore. △ « **Neither a ∼ nor a borrower be** » (*Shakespeare*) « non dar soldi in prestito e non prenderne mai ». ∥ « ∼ **of last resort** » (*fin.*) « prestatrice d'ultimo appello », « ultima fonte di credito »: **The famous economist Walter Bagehot defined the Bank of England as « the ∼ of last resort »** il famoso economista Walter Bagehot definì la Banca d'Inghilterra « l'ultima fonte di credito ».

lending, *n.* (*cred.*) l'imprestare, prestito. ∥ ∼ **rate (of interest)** (*fin.*) tasso attivo; (*banca*) tasso d'impiego; ∼ **short** (*fin.*) finanziamento a breve; ∼ **transactions** (*banca*) operazioni di prestito, operazioni attive; (*cred.*) operazioni di prestito: **The ∼ transactions of a bank are: advances on loan account, fluctuating overdrafts and discounting bills of exchange** le operazioni di prestito d'una banca sono: anticipi in conto prestiti, « scoperti » di conto assistiti da « fido » e sconto di cambiali.

length, *n.* ❶ lunghezza. ❷ (*elab. elettr.*) lunghezza (*dei « bits » o dei caratteri in una parola*). ❸ (*market.*) lunghezza (*di stoffa*). ∥ **a ∼ of material** (*market.*) un taglio di stoffa; ∼ **of service** (*pers.*) anzianità di servizio; ∼ **of service increases** (*pers.*) scatti per anzianità (*di servizio*).

lesion, *n.* lesione.

less, *a.,* avv. e *n.* meno, di meno. *prep.* meno, ad eccezione di, escludendo. △ avv. **We should try to spend ∼ on advertising** dovremmo cercare di spendere (di) meno in pubblicità; *n.* **This is our final offer: we really cannot take ∼** questa è la nostra ultima offerta: non possiamo proprio accettare di meno; *prep.* **Net weight is given by gross weight ∼ tare** il peso netto risulta dal peso lordo meno la tara. ∥ ∼ **discount** meno lo sconto.

lessee, *n.* (*leg.*) affittuario, locatario, conduttore.

lessen, *v. t.* ❶ diminuire, ridurre. ❷ attenuare. *v. i.* ❶ diminuire, ridursi. ❷ attenuarsi. △ *v. t.* ❶ **We are trying to ∼ the gap between production and demand** cerchiamo di ridurre il divario fra la produzione e la domanda; *v. i.* ❷ **Tension on the market seems to be lessening** sembra che la tensione sul mercato vada attenuandosi.

lessening, *n.* ❶ diminuzione, riduzione. ❷ attenuazione. ∥ ∼ **of Government controls** (*econ.*) allentamento dei controlli governativi; ∼ **of strain** (*sind.*) distensione.

lessor, *n.* (*leg.*) locatore, concedente, chi dà in affitto.

let, *v. t.* (*pass. e part. pass.* **let**) ❶ lasciare, permettere. ❷ (*leg.*) affittare, dare in affitto, concedere, locare, appigionare. ❸ (*leg.*) noleggiare, dare a nolo. ❹ (*leg.*) dare in appalto (*un lavoro*). ❺ (*leg.*) assegnare (*un contratto*). *v. i.* (*leg.*) essere affittato, affittarsi, appigionarsi. △ *v. t.* ❺ **Bids are open before the contract is ∼** le offerte sono aperte prima che il contratto sia assegnato; *v. i.* **How much do these premises ∼ for?** a quanto s'affittano questi locali? ∥ « **to ∼** » (*avviso*) « affittasi », « locasi »; to ∼ **again** (*leg.*) riaffittare; to ∼ **go** lasciar andare, mollare; to ∼ **go moorings** (*trasp. mar.*) mollare gli ormeggi; to ∼ **sb. in** lasciar entrare q.; to ∼ **sb. know** (*comun.*) far sapere a q., informare q.: **Please ∼ us know your best terms** vi preghiamo di farci sapere le vostre condizioni migliori; to ∼ **lands** (*leg.*) dare terreni in affitto; to ∼ **an office for 5 years** (*leg.*) appigionare un ufficio per 5 anni; to ∼ **sb. out** lasciar uscire q.; to ∼ **sb. out on bail** (*leg.*) accordare a q. la libertà provvisoria (su cauzione); to ∼ **out (on contract)** (*leg.*) appaltare, dare in appalto; to **be no longer let** (*leg.*) spigionarsi.

letter, *n.* ❶ (*comun.*) lettera. ❷ (*pubbl.*) lettera, carattere (*di stampa*). ∥ ∼ **basket** (*attr. uff.*) cestino per la corrispondenza; ∼ **-book** (*attr. uff.*) copialettere; ∼ **-box** cassetta per le lettere, buca delle lettere; ∼ **credential** credenziali; ∼ **gadget** (*pubbl.*) omaggio (*di scarso valore*) in busta; ∼ **of acknowledgement** « accusa » di ricevuta; ∼ **of advice** lettera d'avviso, notificazione; (*cred., USA*) lettera di notifica dell'emissione d'una tratta; ∼ **of allotment** (*fin.*) avviso di ripartizione (*d'una sottoscrizione azionaria ed obbligazionaria*); ∼ **of application** (*pers.*) lettera di domanda d'assunzione; ∼ **of attorney** (*leg.*) lettera di procura; ∼ **of credence** credenziali; ∼ **of credit** (*banca, cred.*) lettera di credito: **The parties to a ∼ of credit are: the opener, the issuer, and the beneficiary** le parti che intervengono in una lettera di credito sono: la persona che apre il credito, l'emittente e il beneficiario; ∼ **of delegation** lettera di delega; ∼ **of hypothecation** (*banca, cred.*) lettera che autorizza a vendere la merce al meglio in caso di mancato pagamento o mancata accettazione della tratta documentaria alla quale è allegata la lettera stessa; ∼ **of indemnity** (*comm. est.*) lettera di garanzia d'indennizzo (*per eventuali danni alla merce*); ∼ **of indication** (*banca, cred.*) circolare allegata a una lettera di credito circolare (*e recante un esemplare di firma*); lettera d'identificazione; ∼ **of intention** (*fin.*) lettera d'intenti (*per ottenere un prestito del Fondo Monetario Internazionale*); ∼ **of introduction** (*pers.*) lettera di presentazione, lettera di raccomandazione; **the ∼ of the law** (*leg.*) la lettera della legge, il testo della legge; ∼ **of recommendation** (*pers.*) lettera di raccomandazione, lettera di presentazione; ∼ **of regret** (*fin.*) lettera di rammarico (*lettera inviata ai sottoscrittori di nuove azioni per informarli della mancata accettazione della loro richiesta*); ∼ **of renunciation** (*fin.*) lettera di rinuncia (*d'un azionista*) ad avvalersi del diritto d'opzione; ∼ **of revolving credit** (*banca, cred.*) lettera di credito rotativo; **letters overt** (*leg.*) brevetto (*d'invenzione*); ∼ **-paper** (*attr. uff.*) carta da lettere; **letters patent** (*leg.*) brevetto (*d'invenzione*); ∼ **rate** tariffa (*postale*) per lettere; **letters rogatory** (*leg.*) rogatoria; ∼ **scale** pesalettere; ∼ **scales** pesalettere; ∼ **sheet** biglietto postale (*pieghevole, e che non abbisogna di busta*); ∼ **telegram** telegramma-lettera; ∼ **tray** (*attr. uff.*) cestino per la corrispondenza.

letterhead, *n.* ❶ intestazione (*di lettera*). ❷ foglio di carta intestata.

letterheading, *n.* ❶ intestazione (*di lettera*). ❷ foglio di carta intestata.

letterpress, *n.* ❶ (*attr. uff.*) copialettere. ❷ (*giorn., pubbl., ingl.*) parole stampate, testo (*distinto dalle illustrazioni*).

letterspace, *v. t.* (*pubbl.*) spaziare (*le lettere d'una parola, ecc.*).

letterspacing, *n.* (*pubbl.*) spaziatura (*delle lettere d'una parola, ecc.*).

letting value, *n.* (*fin.*) valore locativo.

level¹, *n.* livello. *a.* a livello, orizzontale. △ *n.* **Production and employment are at record levels** la produzione e l'occupazione sono a livelli di primato. // ~ **crossing** (*trasp. ferr., ingl.*) passaggio a livello; ~ **flight** (*trasp. aer.*) volo orizzontale; **the** ~ **of living** (*econ., stat.*) il tenore di vita; **the** ~ **of private capital investments** (*econ., fin.*) il livello degli investimenti privati di capitale; ~ **premium** (*ass.*) premio costante.

level², *v. t.* ❶ livellare, spianare. ❷ uguagliare, rendere uguale, appianare. ❸ (*econ., fin., market.*) appiattire (*prezzi, salari, ecc.*). *v. i.* livellarsi. // **to** ~ **down** *V.* ~, *def.* 3; **to** ~ **off** stabilizzarsi, equilibrarsi; (*trasp. aer.*) mettersi in orizzontale (*per l'atterraggio*): **Our unemployment rate is levelling off** il tasso di disoccupazione va stabilizzandosi; **to** ~ **out** *V.* ~, *def.* 3; **to** ~ **prices** (*econ., market.*) livellare i prezzi.

leveling, *n.* (*USA*) *V.* **levelling**.

levelling, *n.* ❶ livellamento. ❷ (*cronot.*) determinazione dei tempi di lavorazione, basata sull'efficienza delle prestazioni. // ~ **down** (*o* **out**) (*econ., fin., market.*) appiattimento (*di prezzi, salari, ecc.*).

lever, *n.* ❶ (*anche fig.*) leva. ❷ (*fig.*) mezzo, strumento. △ ❷ **I refuse to use the interview as a** ~ **to force him to resign** non voglio usare l'intervista come un mezzo per costringerlo a dare le dimissioni. // **the levers of economic power** le leve del potere economico.

leverage, *n.* ❶ azione d'una leva. ❷ (*anche fig.*) modo di far leva, autorità, potere, influsso. ❸ (*Borsa, fin.*) «leva» finanziaria (*forte effetto speculativo delle fluttuazioni finanziarie sui titoli ordinari d'una società*). ❹ (*fin., USA*) differenziazione del portafoglio (*da parte di un fondo d'investimento*). △ ❷ **Our union seems to have little bargaining** ~ **just now** sembra che il nostro sindacato abbia scarso potere contrattuale al momento; ❸ ~ **is the ratio of debt to proprietor's capital** la leva finanziaria è il rapporto fra l'indebitamento e i mezzi propri. // ~ **funds** (*Borsa, fin.*) fondi con «effetto leva»; ~ **ratio** (*fin.*) rapporto di leva finanziaria; rapporto tra indebitamento e mezzi propri.

levy¹, *n.* ❶ (*fin.*) imposizione, esazione (*di tasse, tributi, ecc.*); prelievo. ❷ (*fin.*) imposta, tassa. ❸ (*leg.*) esecuzione forzata, pignoramento. ❹ **levies**, *pl.* (*fin., rag.*) gettito di prelievi. △ ❶ **The** ~ **is higher, on the average, than the customs duties previously charged** l'ammontare del prelievo è superiore in media ai dazi doganali precedentemente applicati. // **levies charged on imports from non-member Countries** (*econ., fin.*) prelievi riscossi nei confronti dei Paesi terzi; **the** ~ **system** (*econ., fin.*) il regime dei prelievi.

levy², *v. t.* ❶ (*fin.*) imporre, riscuotere (*tasse, tributi, ecc.*). ❷ (*leg.*) far pagare (*una multa*). // **to** ~ **a attachment** (*leg.*) imporre il sequestro; **to** ~ **a distress** (*leg.*) fare un sequestro; **to** ~ **an execution on a defaulting debtor** (*leg.*) escutere un debitore moroso; **to** ~ **on sb.'s property** (*leg.*) agire esecutivamente sui beni di q.; **to** ~ **a tax** (*fin.*) riscuotere un tributo; **to** ~ **taxes on imports** (*fin.*) stabilire imposizioni all'importazione.

lexicon, *n.* (*pl.* **lexica** *e reg.*) (*elab. elettr.*) lessico, vocabolario.

liabilities, *n. pl.* (*rag.*) passività, passivo, valori passivi, debiti, impegni. △ **A balance-sheet shows a company's assets and** ~ **il bilancio mostra le attività e le passività d'una società**; **He was unable to meet his** ~ non fu in grado di far fronte ai suoi impegni. // **the** ~ **side** (*rag.*) la parte (*o* sezione) del «dare».

liability, *n.* ❶ (*leg.*) responsabilità. ❷ (*leg.*) obbligazione, l'essere soggetto (*a qc., a fare qc.*). ❸ (*leg.*) debito. ❹ (*rag.*) passività. △ ❶ **The general partner takes upon himself the** ~ **for all the obligations of the partnership** l'accomandatario si assume responsabilità per tutte le obbligazioni sociali. // ~ **insurance** (*ass.*) assicurazione di responsabilità civile; **the** ~ **of the carrier** (*leg., trasp.*) la responsabilità del vettore; **the** ~ **of the employer** (*leg., pers.*) la responsabilità del datore di lavoro; **the** ~ **to pay taxes** (*fin.*) l'essere soggetto al pagamento d'imposte.

liable, *a.* ❶ (*leg.*) responsabile, passibile. ❷ (*leg.*) soggetto (*a qc., a fare qc.*). △ ❶ **All partners are unlimitedly and jointly** ~ tutti i soci sono responsabili illimitatamente e solidalmente; ❷ **Dividends are** ~ **to income tax** i dividendi son soggetti all'imposta sul reddito. // ~ **for damages** (*leg.*) responsabile per danni, tenuto a risarcire i danni; ~ **for gross negligence** (*leg.*) responsabile di negligenza grave; ~ **to audit** (*fin., leg.*) verificabile, sindacabile; ~ **to deferment** (*leg.*) prorogabile; ~ **to inspection** (*fin., leg.*) verificabile, sindacabile; **to be** ~ **to a fine** (*leg.*) essere passibile di multa.

liaise, *v. i.* allacciare una relazione, mettersi in contatto, stabilire un contatto (*con q.*). △ **Our agent is supposed to** ~ **with the top people of the new corporation** il compito del nostro agente è quello di stabilire un contatto coi «papaveri» della nuova società.

liaison, *n.* collegamento, contatto, relazione. △ **It was hard to establish a** ~ **with their delegation** fu arduo stabilire un contatto con la loro delegazione.

libel¹, *n.* (*leg.*) reato di stampa.

libel², *v. t.* (*leg.*) offendere (*con scritti*).

liberal, *a.* liberale. // **a** ~ **construction** (*leg.*) un'interpretazione libera (*d'una clausola, d'una norma, ecc.*); **a** ~ **interpretation** (*leg.*) un'interpretazione libera (*d'una clausola, d'una norma, ecc.*); **the** ~ **Party** (*ingl.*) il partito liberale.

liberalization, *n.* ❶ il rendere liberale, il divenire liberale. ❷ (*comm. est., econ.*) liberalizzazione. // **the** ~ **of trade** (*comm. est.*) la liberalizzazione degli scambi.

liberalize, *v. t.* ❶ rendere liberale. ❷ (*comm. est., econ.*) liberalizzare. △ ❷ **They ought to** ~ **all medium- and long-term loans and financial credits up to a certain figure** dovrebbero liberalizzare tutti i prestiti e i crediti finanziari a medio e lungo termine non eccedenti una determinata cifra. // **to** ~ **foreign trade** (*comm. est.*) liberalizzare il commercio estero.

liberalized, *a.* (*comm. est., econ.*) liberalizzato.

liberation, *n.* liberazione.

liberty, *n.* libertà. △ **We took the** ~ **of supplying Mr Lemur with your name and address** ci siamo presi la libertà di fornire a Mr Lemur il vostro nome e indirizzo. // ~ **of calling at any port** (*trasp. mar.*) libertà di fare scalo in qualsiasi porto; ~ **of contract** (*econ.*) libertà contrattuale; ~ **of the press** (*giorn.*) libertà di stampa; **at** ~ (*slang USA*) disoccupato.

licence, *n.* ❶ (*leg.*) licenza, permesso, autorizzazione. ❷ (*leg.*) brevetto, patente. △ ❶ **A** ~ **will be necessary before any foreign security can be issued or introduced into France** per qualsiasi operazione d'emissione e d'introduzione in Francia di titoli esteri sarà necessaria un'autorizzazione preventiva. // ~ **bond** (*market.*) deposito cauzionale per licenza di commercio; ~ **plate** (*trasp. aut.*) bollo di circolazione; (*USA*) targa; ~ **tag** (*trasp. aut.*) bollo di circolazione; ~ **tax** (*fin.*) imposta di licenza.

license¹, *n.* (*USA*) *V.* **licence**. // ~ **fee** (*fin.*,

license

USA) tassa di licenza; ~ **tax** (*fin.*, *USA*) imposta di licenza.

license[2], *v. t.* (*leg.*) dar licenza a, permettere, autorizzare.

licensee, *n.* ❶ (*leg.*) concessionario di licenza, detentore di permesso, licenziatario. ❷ (*leg.*) detentore di brevetto, detentore di patente.

lie, *v. i.* (*pass.* **lay**, *part. pass.* **lain**) ❶ giacere. ❷ essere situato, trovarsi. ❸ (*leg.*) essere ammissibile, essere fondato. △ ❶ **We don't want our funds to ~ idle at the bank** non vogliamo che i nostri fondi giacciano inutilizzati in banca; ❸ **Their appeal will not ~** il loro appello non è ammissibile. // to ~ **off** (*pers.*) sospendere momentaneamente il lavoro; (*trasp. mar.*) stare (*alla fonda*) al largo; to ~ **over** essere rimandato, essere rinviato; (*di debito*) non essere pagato dopo la scadenza; to ~ **to** (*trasp. mar.*) essere alla cappa; to ~ **up** (*trasp. mar.*) essere in porto, rimanere in porto (*per riparazioni, ecc.*).

lien, *n.* ❶ (*leg.*) garanzia, pegno. ❷ (*leg.*) diritto di pegno, diritto di garanzia, diritto di riservato dominio; privilegio, ipoteca. △ ❷ **The owner of the cargo has a ~ on the ship for any damage** il proprietario del carico ha un privilegio sulla nave per qualsiasi danno. // ~ **creditor** (*leg.*) creditore privilegiato.

lienee, *n.* (*leg.*) proprietario di bene gravato da pegno, proprietario di bene gravato da privilegio, proprietario di bene ipotecato.

lienholder, *n.* (*leg.*) detentore di pegno su un bene altrui, detentore di privilegio su un bene altrui, detentore d'ipoteca su un bene altrui.

lienor, *n.* (*leg.*) detentore di pegno su un bene altrui, detentore di privilegio su un bene altrui, detentore d'ipoteca su un bene altrui.

life, *n.* (*pl.* **lives**) vita. // ~ **annuitant** (*ass.*) chi gode di un vitalizio; ~ **annuity** (*ass.*) rendita vitalizia, rendita perpetua, vitalizio; ~ **annuity fund** (*ass.*) riserva matematica; ~ **assurance** (*ass.*) assicurazione sulla vita; ~ **-belt** (*trasp. mar.*) cintura di salvataggio; ~ **-boat** (*trasp. mar.*) barca (*o* imbarcazione) di salvataggio; ~ **expectancy** (*ass., stat.*) durata media della vita residua; ~ **in being** (*leg.*) durata della vita residua (*al momento in cui un atto giuridico ha effetto*); ~ **insurance** (*ass.*) assicurazione sulla vita; ~ **-insurance company** (*ass.*) compagnia d'assicurazioni sulla vita; ~ **-insurance policy** (*ass.*) polizza d'assicurazione sulla vita; ~ **office** (*ass.*) agenzia d'assicurazione sulla vita; ~ **policy** (*ass.*) polizza d'assicurazione sulla vita; ~ **sentence** (*leg.*) condanna a vita; ~ **tables** (*ass.*) tavole di mortalità; ~ **tenancy** (*leg.*) usufrutto a vita; ~ **tenant** (*leg.*) usufruttuario vita natural durante, usufruttuario a vita.

lifeless, *a.* inerte.

lifelessness, *n.* inerzia.

lift[1], *n.* ❶ sollevamento. ❷ abolizione, soppressione. ❸ (*econ., market.*) rialzo, aumento (*di prezzi, ecc.*). △ ❸ **There's been a ~ in transport costs** c'è stato un aumento nei costi dei trasporti.

lift[2], *v. t.* ❶ alzare, sollevare. ❷ abolire, sopprimere. ❸ (*cred., leg.*) pagare, saldare (*un debito, ecc.*). ❹ (*cred., leg.*) estinguere (*un'obbligazione, ecc.*). ❺ (*econ., market.*) aumentare (*prezzi, ecc.*). △ ❺ **The prices of certain commodities will be lifted** sarà aumentato il prezzo di talune derrate. // to ~ **the embargo** (*econ.*) togliere l'embargo; to ~ **a mortgage** (*cred., leg.*) togliere un'ipoteca; to ~ **prices** (*market.*) esagerare nel prezzo.

lifting, *n.* ❶ sollevamento. ❷ abolizione, soppressione. △ ❷ **A temporary ~ of quotas on imported meat might drive down prices** l'abolizione temporanea delle quote d'importazione della carne potrebbe far abbassare i prezzi.

light[1], *a.* ❶ leggero, lieve. ❷ (*di colore*) chiaro. *n.* (*pubbl.*) carattere chiaro. △ *a.* ❶ **They managed to do it with ~ expense** riuscirono a farlo con lieve spesa. // ~ **displacement** (*trasp. mar.*) dislocamento (*di nave*) a vuoto; ~ **displacement tonnage** (*trasp. mar.*) tonnellaggio a nave scarica; **the ~ industry** (*econ.*) l'industria leggera; ~ **railway** (*trasp. ferr.*) ferrovia a scartamento ridotto, ferrovia secondaria (*per traffico leggero*).

light[2], *n.* ❶ luce. ❷ (*trasp. mar.*) fanale. △ ❶ **We shall have to reconsider the whole matter as new elements have come to ~** dovremo riprendere in considerazione tutta la faccenda dato che sono venuti alla luce nuovi elementi. // ~ **bill** (*trasp. mar.*) ricevuta di pagamento dei diritti di faro; ~ **dues** (*trasp. mar.*) diritti di fanalaggio, diritti di faro; ~ **duties** (*trasp. mar.*) diritti di fanalaggio, diritti di faro; ~ **list** (*trasp. mar.*) elenco dei fari e fanali; ~ **trace** (*cronot.*) traccia di luce.

light[3] **up**, *v. t.* (*pass. e part. pass.* **lit** *e reg.*) illuminare.

lighten, *v. t.* alleggerire. // to ~ **a ship** (*trasp. mar.*) alleggerire (il carico di) una nave.

lightening, *n.* ❶ alleggerimento, alleviamento. ❷ (*trasp. mar.*) aleggio, allibo. // ~ **operation** (*trasp. mar.*) operazioni d'allibo.

lighter[1], *n.* (*trasp. mar.*) chiatta, pontone, zattera.

lighter[2], *v. t.* (*trasp. mar.*) caricare (*merce*) su chiatte, trasportare (*merce*) con chiatte, zatteraggio.

lighterage, *n.* ❶ (*trasp. mar.*) trasporto su chiatte. ❷ (*trasp. mar.*) spese di trasporto su chiatte.

lighterman, *n.* (*pl.* **lightermen**) (*trasp. mar.*) chiattaiolo.

lightface, *n.* (*pubbl.*) carattere chiaro.

lighthouse, *n.* (*trasp. mar.*) faro.

lighting, *n.* illuminazione.

lightning, *n.* lampo, baleno, fulmine. // ~ **strike** (*pers., sind.*) sciopero senza preavviso.

lightship, *n.* (*trasp. mar.*) nave faro.

like[1], *a.* simile, uguale. // ~ **quantities** (*mat.*) quantità uguali; ~ **signs** (*mat.*) segni uguali.

like[2], *n.* ciò che piace, simpatia, preferenza. // **the likes and dislikes of the public** (*market.*) i gusti del pubblico.

like[3], *v. t.* piacere (*v. impers.*), gradire, desiderare. △ **It's not always easy to understand what customers ~** non è sempre facile capire cosa piace alla clientela.

likely, *avv.* probabilmente.

liking, *n.* gradimento.

limit[1], *n.* ❶ limite, limitazione. ❷ (*mat.*) limite. △ ❶ **Credit may be readily granted to this firm within the ~ of £ 5,000** alla ditta in questione si può liberamente accordare credito entro il limite di 5.000 sterline. // ~ **of liability** (*ass.*) ammontare massimo di responsabilità (*per l'assicuratore*); **the ~ of a sequence** (*mat.*) il limite d'una successione; ~ **order** (*Borsa*) ordine d'acquisto (*di titoli*) a un prezzo massimo; ordine di vendita (*di titoli*) a un prezzo minimo.

limit[2], *v. t.* limitare, ridurre. // to ~ **expenses** (*econ.*) limitare le spese.

limitation, *n.* ❶ limitazione, limite, restrizione. ❷ (*ass.*) limitazione, limite (*di copertura*). ❸ (*leg.*) limite di tempo, periodo utile (*per far valere un diritto*).

limited, *a.* limitato, esiguo, ristretto, scarso. // ~ **company** (*fin., ingl.*) società a responsabilità limitata dalle azioni (*è diversa dalla s.r.l. italiana*), società per

limited

azioni: A ~ **company is a company in which the liability of each shareholder is limited to the face value of his stock** la società per azioni è una società in cui la responsabilità di ciascun azionista è limitata al valore nominale delle azioni che egli detiene; **A ~ company may be either private or public** la società per azioni può essere a costituzione simultanea o a costituzione continua; ~ **edition** (*giorn., pubbl.*) edizione numerata (*di pubblicazione*); ~ **flexibility** (*fin.*) flessibilità limitata; ~ **liability** (*leg.*) responsabilità limitata; ~ **-liability company** (*fin., ingl.*) V. ~ **company**; ~ **order** (*Borsa*) ordine d'acquisto (*di titoli*) a un prezzo massimo; ordine di vendita (*di titoli*) a un prezzo minimo; ~ **partner** (*fin.*) accomandante, socio accomandante; ~ **partnership** (*fin.*) accomandita, società in accomandita semplice; ~ **-payment life insurance** (*ass.*) assicurazione «vita intera a premi limitati»; ~ **policy** (*ass.*) polizza con limitazioni di copertura.

limit oneself, *v. rifl.* limitarsi.

limping standard, *n.* (*fin.*) bimetallismo zoppo.

linage, *n.* ❶ (*giorn., pubbl.*) numero di righe (*di testo a stampa*); millimetraggio. ❷ (*giorn., pubbl.*) pagamento a un tanto la riga, retribuzione a un tanto la riga.

line[1], *n.* ❶ linea; fila; (*fig.*) indirizzo, linea di condotta. ❷ «line» (*misura lineare pari a mm 2,12*). ❸ (*ass.*) limite massimo, massimale. ❹ (*banca, cred.*) castelletto. ❺ (*comm.*) genere, ramo, settore (*d'affari*). ❻ (*giorn., pubbl.*) riga (*tipografica*). ❼ (*giorn., pubbl.*) segno (*grafico*). ❽ (*giorn., pubbl.*) tratto. ❾ (*market.*) classe di merci; «linea» (*di prodotti*); gamma, serie (*di prodotti*); articoli. ❿ (*org. az.*) linea (*di produzione*). ⓫ (*org. az., pers.*) personale direttivo. ⓬ (*trasp.*) linea. ⓭ (*trasp. mar.*) linea di navigazione. ⓮ (*trasp. mar.*) gomena. *a. attr.* (*pubbl.*) al tratto. △ *n.* ❺ **Our ~ is men's clothing** il nostro ramo d'affari è l'abbigliamento per uomo; **They used to work in the cotton ~** lavoravano nel settore del cotone; ❾ **We are preparing a new ~ of accessories** stiamo preparando una nuova gamma d'accessori; **This is our cheapest ~ in shirts** questi sono i nostri articoli più a buon mercato in fatto di camicie. // ~ **card** (*ass.*) fascicolo (*relativo a un cliente*); ~ **drawing** (*pubbl.*) disegno al tratto; ~ **engraving** (*pubbl.*) cliché al tratto; ~ **of business** genere d'affari, settore d'attività; ~ **of credit** (*banca, cred.*) castelletto, «plafond»; ~ **of flight** (*trasp. aer.*) linea di volo; ~ **of flotation** (*trasp. mar.*) linea di galleggiamento, linea d'immersione; ~ **production** (*org. az.*) lavorazione a catena; ~ **sheet** (*ass.*) guida (*che descrive le condizioni assicurative*); ~ **speed** (*elab. elettr.*) velocità di trasmissione; **on- ~ storage** (*elab. elettr.*) memoria in linea.

line[2], *v. t.* ❶ allineare. ❷ (*pubbl.*) tratteggiare, disegnare al tratto. // **to ~ up** allinearsi.

lineal, *a.* ❶ (*leg.*) (discendente) in linea retta, diretto. *n.* (*leg.*) discendente in linea retta. // **a ~ heir** (*leg.*) un erede diretto; ~ **measure** misura lineare; sistema di misure lineari.

linear, *a.* lineare. // ~ **decision** (*ric. op.*) decisione lineare; ~ **equation** (*mat.*) equazione lineare; ~ **function** (*mat.*) funzione lineare; ~ **measure** misura lineare, sistema di misure lineari; ~ **programming** (*ric. op.*) programmazione lineare.

linecut, *n.* (*pubbl.*) cliché al tratto.

liner, *n.* ❶ (*giorn.*) giornalista pagato un tanto la riga. ❷ (*trasp. aer.*) aereo di linea. ❸ (*trasp. mar.*) nave di linea, transatlantico. // ~ **freighting** (*trasp. mar.*) noleggio a collettame.

link[1], *n.* collegamento.

link[2], *v. t.* collegare, connettere. // **to ~ up** V. ~.

linotype[1], *n.* ❶ (*giorn.*) linotipo. ❷ (*giorn.*) macchina linotipica.

linotype[2], *v. t.* (*giorn.*) comporre per mezzo d'una macchina linotipica. *v. i.* (*giorn.*) azionare una macchina linotipica.

linotyper, *n.* (*giorn., pers.*) linotipista.

linotypist, *n.* (*giorn., pers.*) linotipista.

liqueur, *n.* liquore.

liquid, *a.* liquido. // ~ **assets** (*rag.*) attività liquide, disponibilità liquide, liquidità; ~ **measure** unità di misura per liquidi; sistema di misure per liquidi; ~ **ratio** (*fin., rag.*) tasso di liquidità (*rapporto tra attività e passività correnti*).

liquidate, *v. t.* ❶ (*ass., leg.*) liquidare. ❷ (*cred., fin.*) liquidare, mettere in liquidazione. ❸ (*rag.*) convertire (*attività di bilancio*) in liquidità, stralciare. *v. i.* (*fin.*) (*di società*) andare in liquidazione. // **to ~ a corporation** (*fin., USA*) liquidare una società; **to ~ damages** (*ass., leg.*) liquidare danni; **to ~ a firm** (*fin.*) stralciare una azienda; **to ~ the national debt** (*fin.*) liquidare il debito nazionale.

liquidating dividend, *n.* (*fin.*) dividendo di liquidazione.

liquidation, *n.* ❶ (*ass., leg.*) liquidazione (*di danni, ecc.*). ❷ (*cred., fin.*) liquidazione, messa in liquidazione, stralcio. ❸ (*rag.*) conversione (*d'attività*) in liquidità.

liquidator, *n.* (*ass., fin., leg.*) liquidatore.

liquidity, *n.* (*rag.*) liquidità. △ **Our bank is increasing its ~** la nostra banca sta accrescendo la sua liquidità. // ~ **preference** (*fin., rag.*) preferenza alla liquidità; ~ **ratio** (*fin.*) tasso di liquidità.

liquor, *n.* liquore.

lira, *n.* lira (*unità monetaria italiana*).

list[1], *n.* ❶ lista, elenco. ❷ (*Borsa, fin.*) listino, bollettino. ❸ (*comm.*) nota, distinta, specifica. ❹ (*fin.*) elenco di beni mobili e immobili soggetti a imposta. ❺ (*market.*) listino, catalogo. ❻ (*pers.*) graduatoria. ❼ (*trasp. mar.*) sbandata. // **the ~ of bills for collection** (*banca*) la distinta (degli) effetti all'incasso; **the ~ of bills for discount** (*banca*) la distinta (degli) effetti allo sconto, il borderò di sconto; **the ~ of the crew** (*trasp. aer., trasp. mar.*) il ruolo dell'equipaggio; **the ~ of passengers** (*trasp. aer., trasp. mar.*) l'elenco dei passeggeri; **the ~ of qualifications for an office** (*pers.*) l'elenco dei titoli per (ricoprire) una carica; ~ **of questions** (*market.*) questionario; ~ **price** (*market.*) prezzo di listino.

list[2], *n.* (*trasp. mar.*) inclinazione, sbandamento.

list[3], *v. t.* ❶ mettere in lista, mettere in elenco, elencare. ❷ (*Borsa, fin.*) inserire (*titoli*) in un listino ufficiale. ❸ (*fin.*) iscrivere (*beni*) nei ruoli d'imposta. ❹ (*market.*) mettere (*articoli, ecc.*) in listino; inserire (*articoli, ecc.*) in catalogo. // **to ~ at** (*market.*) avere un prezzo di listino di, essere in catalogo al prezzo di, essere inserito in catalogo al prezzo di: **Their new TV set lists at $ 200** il loro nuovo televisore ha un prezzo di listino di 200 dollari.

list[4], *v. i.* (*trasp. mar.*) inclinarsi, sbandare.

listable, *a.* (*fin.*) soggetto a imposta, imponibile.

listed, *a.* incluso in una lista (*in un listino, ecc.*). // ~ **security** (*Borsa*) titolo quotato; ~ **shares** (*Borsa*) valori del listino; ~ **stock** (*Borsa*) azione iscritta a listino.

listen, *v. i.* ascoltare.

listener, *n.* ascoltatore.

listing, *n.* elencazione.

liter, *n.* V. **litre**.

literal, *a.* letterale, alla lettera. *n.* (*giorn., pubbl.*)

errore di stampa, refuso. // the ~ meaning il senso letterale; a ~ translation una traduzione letterale.

literally, *avv.* letteralmente, alla lettera.

literary, *a.* letterario. // ~ **essay** (*giorn.*) elzeviro; ~ **page** (*giorn.*) terza pagina; ~ **property** (*leg.*) proprietà letteraria.

literature, *n.* ❶ letteratura. ❷ (*market., pubbl.*) materiale illustrativo, opuscoli a stampa.

lithograph[1], *n.* (*pubbl.*) litografia (*il risultato*).

lithograph[2], *v. t. e i.* (*pubbl.*) litografare, fare litografie.

lithographer, *n.* (*pers., pubbl.*) litografo.

lithographic paper, *n.* (*pubbl.*) carta litografica.

lithography, *n.* (*pubbl.*) litografia (*il procedimento*).

litigant, *a. e n.* (*leg.*) litigante, contendente, parte in causa. △ **The parties ~ will meet tomorrow** le parti contendenti s'incontreranno domani.

litigate, *v. i.* (*leg.*) litigare, essere in lite. *v. t.* (*leg.*) contestare. // to ~ **the validity of a statute** contestare la validità d'uno statuto.

litigation, *n.* (*leg.*) lite, controversia, vertenza, causa.

litigious, *a.* ❶ (*leg.*) litigioso. ❷ (*leg.*) che è in contestazione davanti a un tribunale.

litigiousness, *n.* (*leg.*) litigiosità.

litre, *n.* litro.

littoral, *n.* litorale.

livability, *n.* (*econ.*) abitabilità, «livability».

live[1], *a. attr.* ❶ vivo, vivente, vitale. ❷ (*comun.*) in collegamento (*radiofonico o televisivo*) diretto; in ripresa diretta. // ~ **action** (*comun.*) ripresa dal vero, ripresa diretta; ~ **-born** (*stat.*) nato vivo; ~ **load** (*trasp.*) carico utile; peso dei passeggeri, peso del carico.

live[2], *v. i.* vivere, abitare. △ **I ~ on my salary** vivo del mio stipendio.

liveability, *n.* V. livability.

liveliness, *n.* vivacità, animazione.

lively, *a.* vivace, animato, attivo. △ **There has been a ~ expansion of buying** s'è avuta una vivace espansione degli acquisti. // **a ~ trade** un commercio attivo.

livestock products, *n. pl.* (*econ.*) prodotti zootecnici.

living, *n.* ❶ (il) vivere, vita. ❷ (*econ.*) mezzi di sussistenza, sostentamento. △ ❶ **He earns a ~ as a car salesman** si guadagna la vita facendo il venditore d'automobili. // **the ~ and working conditions** (*econ.*) le condizioni di vita e di lavoro; ~ **standard** (*econ., stat.*) tenore di vita; ~ **unit** (*stat.*) alloggio unifamiliare; **a ~ wage** (*pers.*) un salario sufficiente per vivere.

Lloyd's, *n.* (*ass. mar., ingl.*) Compagnia del Lloyd (*di Londra*). // ~ **list** (*ass. mar., ingl.*) bollettino del Lloyd; ~ **register of shipping** (*ass. mar., ingl.*) registro di classificazione (*delle navi*) del Lloyd.

load[1], *n.* ❶ carico, peso, onere. ❷ (*fin., market.*) maggiorazione di prezzo (*che permette di ricuperare le spese e trarne un profitto*). ❸ (*trasp.*) carico, carico trainato. ❹ (*trasp. mar.*) misura per carichi di legname, pari a 50 piedi cubici. // ~ **chart** (*org. az.*) diagramma di carico (*di macchina o altra unità produttiva*); ~ **displacement** (*trasp. mar.*) dislocamento a pieno carico; ~ **draught** (*trasp. mar.*) pescaggio a carico; ~ **line** (*trasp. mar.*) linea di carico, linea di bordo libero; ~ **line certificate** (*trasp. mar.*) certificato della linea di carico; ~ **programme** (*elab. elettr.*) programma di caricamento; ~ **waterline** (*trasp. mar.*) V. ~ line.

load[2], *v. t.* ❶ caricare. ❷ (*ass.*) aggiungere un'addizionale al (*premio*). ❸ (*fin., market.*) «caricare» (un prezzo, ecc.) per coprire le spese e trarne un profitto. ❹ (*trasp.*) caricare. *v. i.* (*trasp.*) fare il carico. // to ~ **the cargo** (*trasp. mar.*) imbarcare il carico; to ~ **goods aboard a ship** (*trasp. mar.*) caricare merci a bordo d'una nave.

loaded, *a.* (*trasp.*) carico, caricato. // ~ **journey** (*trasp. ferr.*) percorso a (vagone) carico; **out- ~ return-empty services** (*trasp.*) servizi con andata a (veicolo) carico e ritorno a (veicolo) vuoto.

loader, *n.* ❶ (*elab. elettr.*) caricatore. ❷ (*pers.*) caricatore.

loading, *n.* ❶ (*ass.*) addizionale (*di premio*). ❷ (*trasp.*) caricamento, carico. ❸ (*trasp. mar.*) caricazione. // ~ **aboard** (*trasp. mar.*) messa a bordo, caricamento a bordo; ~ **and unloading charges** (*trasp. mar.*) spese di carico e scarico; ~ **and unloading operations** (*trasp. mar.*) operazioni di carico e scarico; ~ **area** (*trasp. mar.*) zona di carico, piazzale di carico; ~ **broker** (*trasp. mar.*) sensale di carichi; ~ **charges** (*trasp. mar.*) spese di carico, spese d'imbarco; ~ **chute** (*trasp.*) scivolo di carico (*per il bestiame*); ~ **day** (*trasp. mar.*) giorno di caricamento; ~ **deck** (*trasp. mar.*) ponte d'imbarco; ~ **diagram** (*elab. elettr.*) programma di carico; ~ **dock** (*trasp. mar.*) banchina di carico; ~ **guarantee** (*trasp. mar.*) garanzia di caricazione; ~ **place** (*trasp.*) luogo di caricamento; (*trasp. mar.*) posto di caricazione; ~ **platform** (*trasp. ferr.*) piattaforma di carico, piano caricatore (*o di caricamento*); ~ **port** (*trasp. mar.*) porto di caricamento, porto d'imbarco; ~ **risk** (*trasp. mar.*) rischio di carico; ~ **terminal** (*trasp. mar.*) terminale di carico; ~ **wharf** (*trasp. mar.*) pontile di carico.

loan[1], *n.* (*cred.*) prestito, impresto, finanziamento, mutuo. △ **The loans approved during 1973 totalled 132,300,000 u.a. (units of account)** i prestiti approvati durante l'esercizio 1973 ammontarono a 132,3 milioni di U.C. (unità di conto). // ~ **account** (*cred., fin.*) conto anticipazioni, scoperto di conto corrente; ~ **agreements** (*cred.*) contratti di prestito; ~ **at call** (*banca*) prestito rimborsabile su richiesta; ~ **at interest** (*cred.*) prestito a interesse; ~ **capital** (*cred., fin.*) capitale mutuato; ~ **certificate** (*cred.*) certificato di prestito, cartella di prestito; ~ **crowd** (*Borsa*) gruppo di membri della Borsa Valori che s'incontrano per la compravendita di titoli; **loans denominated in Euro-dollars** (*fin.*) prestiti stilati in eurodollari; ~ **holder** (*cred.*) detentore d'obbligazioni; creditore ipotecario; ~ **interest** (*cred.*) interesse di prestito; ~ **office** (*cred.*) ufficio prestiti; ~ **on mortgage** (*cred.*) prestito ipotecario; ~ **on overdraft** (*cred.*) prestito allo scoperto; ~ **on one's salary** (*pers.*) cessione di stipendio; ~ **on stock** (*cred.*) finanziamento su titoli; **loans outstanding** (*banca, fin.*) operazione di finanziamento in essere; ~ **shark** (*cred.*) strozzino; to ~ **-shark** (*cred.*) fare dello strozzinaggio; ~ **society** (*cred.*) società di mutuo soccorso; ~ **stock** (*cred., fin.*) capitale obbligazionario; **loans to finance productive investment** (*cred.*) crediti destinati a finanziare investimenti produttivi; ~ **value** (*ass.*) valore (massimo) di credito (*che un assicurato sulla vita può ottenere, su garanzia del valore effettivo della polizza*); valore redimibile.

loan[2], *v. t.* ❶ (*cred., USA*) prestare, imprestare (*denaro*) a interesse, dare a mutuo, mutuare. ❷ (*fam., USA*) prendere a prestito. *v. i.* (*cred., USA*) prestare denaro a interesse.

lobby[1], *n.* (*USA*) gruppo di pressione politica (*dedito a manovre di corridoio*).

lobby[2], *v. i.* ❶ (*USA*) far manovre di corridoio. ❷ (*USA*) sollecitare voti (*in favore d'una legge*). *v. t.*

(*USA*) far approvare (*una legge*) con manovre di corridoio. // to ~ **a bill** (*USA*) far passare un disegno di legge per mezzo di manovre di corridoio; to ~ **on behalf of employers** (*USA*) esercitare pressioni per ottenere leggi favorevoli ai datori di lavoro.

lobster, *n.* aragosta. // ~ **shift** (*giorn., pers., USA*) turno di notte; personale in servizio fra il passaggio alle stampe d'un'edizione e l'inizio dell'edizione successiva; ~ **trick** (*giorn., pers., USA*) turno di notte.

local, *a.* ❶ locale, del luogo. ❷ (*giorn.*) d'interesse locale. *n.* ❶ (*giorn.*) notizia d'interesse locale, notizia di cronaca cittadina, articolo d'interesse locale, articolo di cronaca cittadina. ❷ (*sind.*) sezione locale (*d'un sindacato*). ❸ (*trasp. ferr.*) treno locale. // ~ **acceptance** (*cred.*) accettazione condizionata del luogo di pagamento; ~ **agent** (*ass., pers.*) agente di zona; ~ **authorities** enti locali: **The aggregate deficit of the ~ authorities rose from Lit. 1,190,000 million in 1972 to Lit. 1,312,000 million in 1973** quanto al complesso degli enti locali, il loro disavanzo passò dai 1.190 miliardi di lire del 1972 ai 1.312 miliardi del 1973; ~ **customs** (*leg.*) consuetudini locali, usi locali; ~ **finance** (*fin.*) finanza locale; ~ **freight** (*trasp. ferr., USA*) treno merci locale; ~ **line** (*trasp.*) linea (*di autobus, ecc.*) locale; ~ **news** (*giorn.*) notizie d'interesse locale, notizie di cronaca cittadina; ~ **newspaper** (*giorn.*) quotidiano a diffusione territorialmente limitata, quotidiano di provincia; the ~ **press** (*giorn.*) la stampa locale; ~ **station** (*trasp. ferr.*) stazione locale; ~ **taxes** (*fin.*) imposte locali; ~ **time** ora locale; ~ **traffic** (*trasp. ferr.*) traffico locale; ~ **train** (*trasp. ferr.*) treno locale; ~ **transit** (*trasp.*) trasporti urbani; ~ **union** (*sind.*) sindacato locale, sezione locale di sindacato; ~ **usance** (*banca*) consuetudine locale, uso di piazza.

locality, *n.* località.

localization, *n.* localizzazione.

localize, *v. t.* ❶ localizzare. ❷ (*giorn.*) conferire un'ambientazione locale a (*una notizia, un articolo, ecc.*).

localizer, *n.* (*trasp. aer.*) localizzatore.

locate, *v. t.* ❶ situare, ubicare. ❷ fissare, stabilire. *v. i.* stabilirsi, domiciliarsi. △ *v. t.* ❶ **It is the best spot to ~ the factories** è il punto migliore in cui situare gli stabilimenti; *v. i.* **The new company will ~ downtown** la nuova società si stabilirà in centro. // **to be located** essere situato, essere ubicato, trovarsi.

locatio conductio, *n.* (*leg.*) locazione-conduzione.

location, *n.* ❶ posizione, posto, ubicazione. ❷ (*econ.*) localizzazione. ❸ (*leg.*) locazione. △ ❸ **Our contract of ~ expires next month** il nostro contratto di locazione scade il mese prossimo. // **the ~ of an industry** (*econ.*) la localizzazione d'un'industria.

locator, *n.* (*econ.*) localizzatore.

lock[1], *n.* ❶ serratura. ❷ (*trasp.*) chiusa, diga (*di fiume, canale, ecc.*).

lock[2], *v. t.* chiudere a chiave. // to ~ **the controls** (*trasp. aer.*) bloccare i comandi; to ~ **out** (*pers., sind.*) attuare una serrata contro (*operai, ecc.*); sospendere dal lavoro (*i lavoratori: per ottenerne concessioni*); to ~ **up** chiudere a chiave; (*fin.*) immobilizzare, impegnare, vincolare, investire (*denaro*); to ~ **up capital** (*fin.*) immobilizzare capitale, investire capitale: **Most of our capital is locked up in stocks** la maggior parte del nostro capitale è investito in azioni.

lockout, *n.* (*pers., sind.*) serrata.

lockup, *n.* (*fin.*) immobilizzazione, immobilizzo, investimento (*di denaro*). △ **An operation of this kind would entail a ~ of capital for a considerable time** un'operazione del genere comporterebbe un'immobilizzazione di capitale per un tempo notevole. // ~ **investment** (*Borsa, fin.*) investimento di cassetta.

locomotive, *n.* (*trasp. ferr.*) locomotiva, locomotore.

loco price, *n.* (*market.*) prezzo « sopra luogo », prezzo « franco al punto di partenza ».

locum-, *pref.* luogo. // ~ **-tenency** (*leg., org. az.*) ufficio di facente funzioni, ufficio di sostituto, ufficio di supplente, supplenza; ~ **tenens** (*leg., org. az.*) luogotenente, interino, supplente, sostituto, facente funzioni.

lodge, *v. t. e i.* ❶ alloggiare, albergare, ospitare. ❷ (*fin.*) depositare (*denaro, valori, ecc.*). ❸ (*leg.*) presentare. △ ❷ **In accordance with your instructions we have lodged the shares with the Westminster Bank** secondo le vostre istruzioni abbiamo depositato le azioni presso la Westminster Bank. // to ~ **accusations** (*leg.*) sporgere denunce; to ~ **an appeal** (*leg.*) presentare (o interporre) appello, fare un ricorso; to ~ **a complaint** (*leg.*) presentare un reclamo; to ~ **money with a bank** (*fin.*) depositare denaro in banca; to ~ **securities** (*fin.*) depositare titoli; to ~ **stock as cover** (*fin.*) depositare titoli a garanzia.

lodgement, *n.* V. **lodgment**.

lodger, *n.* (*leg.*) pigionante.

lodgment, *n.* ❶ alloggio. ❷ (*fin.*) deposito, versamento (*di denaro, ecc.*). ❸ (*leg.*) presentazione. // **the ~ of complaints** (*leg.*) la presentazione di reclami.

log[1], *n.* ❶ (*mat.*) logaritmo. ❷ (*trasp. mar.*) giornale di bordo.

log[2], *v. t.* registrare (*fatti*) nel giornale di bordo.

logarithm, *n.* (*mat.*) logaritmo. // ~ **tables** (*mat.*) tavole dei logaritmi.

logarithmic, *a.* (*mat.*) logaritmico. // ~ **function** (*mat.*) funzione logaritmica.

logbook, *n.* (*trasp. mar.*) giornale di bordo.

logic, *n.* logica.

logical, *a.* (*anche mat.*) logico.

logicality, *n.* logicità.

logotype, *n.* (*giorn., pubbl.*) logotipo.

Lombard, *a.* lombardo. *n.* (*fin., fig.*) prestatore di denaro, banchiere, finanziatore. // ~ **loan** (*banca, fin., ingl.*) prestito (*su titoli di Borsa*) concesso da una banca centrale a banche commerciali; ~ **Street** « Lombard Street » (*strada di Londra in cui hanno sede molte banche che un tempo appartenevano a banchieri italiani*); (*fin., fig.*) il mercato finanziario, il mondo della finanza.

London, *n.* Londra. // ~ **Bankers' Clearing House** (*banca, fin., ingl.*) Stanza di Compensazione di Londra; ~ **clause** (*trasp. mar.*) clausola di Londra (*clausola in base alla quale le spese di « dock » devono essere sostenute dal caricatore*); ~ **Discount Houses Association** (*fin.*) Associazione londinese degli Istituti di Sconto; **the ~ Stock Exchange** la Borsa Valori di Londra: **The ~ Stock Exchange is governed by a Council consisting of 8 trustees and 28 representatives (all unpaid) of the members numbering about 4,000** la Borsa Valori di Londra è retta da un Consiglio composto da 8 « trustees » e 28 rappresentanti (non retribuiti) dei circa 4.000 iscritti; **the ~ Wool Exchange** (*fin., ingl.*) la Borsa della Lana di Londra.

long[1], *a.* lungo, prolungato, esteso. *n.* (*Borsa, fin.*) rialzista, speculatore al rialzo. △ *a.* **There will be a ~ period of floating currencies** ci sarà un periodo prolungato di oscillazione delle monete. // ~ **bill** (*banca, cred.*) effetto a lunga scadenza; ~ **credit** (*cred.*) credito a lunga scadenza; ~ **-dated bill** (*banca, cred.*) effetto a lunga scadenza; ~ **-dated paper** (*banca, cred.*) effetto a lunga scadenza; ~ **-distance** lontano; (*comun.*) interurbano, in interurbana; ~ **distance** (*comun.*) comunicazione interurbana; **to** ~ **-distance** (*comun.*) chiamare (*q.*) in interurbana, comunicare (*qc.*) in interurbana; ~ **-distance call** (*comun.*) chiamata interurbana; ~ **-distance night rates** (*comun.*) tariffe (per) interurbane notturne; ~ **-established industries** (*econ.*) industrie tradizionali; ~ **green** (*slang USA*) moneta cartacea, denaro, soldi; ~ **hundredweight** « hundredweight » inglese (*misura di peso pari a kg 50,80*); ~ **measure** misura lineare; ~ **primer** (*pubbl.*) carattere corpo dieci; ~ **-range** lungo, prolungato; a lungo termine: **The experts are preparing a ~ -range study of the international money market** gli esperti stanno preparando un lungo studio del mercato monetario internazionale; ~ **-range forecasts** (*org. az.*) previsioni a lungo termine; ~ **ream** (*pubbl.*) risma (*unità di misura di fogli di carta pari a 20 mazzette di 25 fogli l'una*); ~ **-run** a lungo termine; **a** ~ **run** (*giorn.*) una tiratura forte; ~ **-run trend** tendenza a lungo termine; (*stat.*) « trend » (*q.V.*) a lungo termine; ~ **shot** (*pubbl.*) campo lungo (*di ripresa cinematografica*); ~ **-standing** che esiste da molto tempo, di vecchia data, vecchio: **a ~ -standing family firm** una vecchia azienda familiare; ~ **-term** a lungo termine, a lungo, nel lungo periodo, a lunga scadenza; (*fin., rag.*) (*di profitti, perdite, operazioni, ecc.*) a lungo termine (*generalm. più di 10 anni*); (*d'attività di capitale*) a lungo termine (*generalm. più di 6 mesi*): **What we need now is a ~ -term guidance of production** ciò di cui si ha bisogno in questo momento è un orientamento a lungo termine della produzione; ~ **-term credit** (*cred.*) credito a lungo termine, credito a lungo; ~ **-term expectation** (*econ.*) aspettativa a lungo termine; ~ **-term investor** (*Borsa, fin.*) cassettista; ~ **-term liabilities** (*fin., rag.*) passività a lungo termine, debiti a lungo termine; ~ **-term loans** (*cred.*) mutui a lunga scadenza; ~ **ton** tonnellata inglese (*pari a kg 1.016 circa*); **for a** ~ **time** a lungo; **in the** ~ **run** a lungo andare, alla lunga: **In the** ~ **run automation will help our economy** a lungo andare l'automazione sarà d'aiuto alla nostra economia; **in the** ~ **term** nel lungo periodo, a lungo termine; **to be on the** ~ **side of the market** (*Borsa, fin.*) operare al rialzo.

long², *avv.* a lungo.

longevity, *n.* longevità. // ~ **in office** (*pers.*) lunga permanenza in carica; ~ **pay** (*pers.*) indennità d'anzianità.

look, *v. i.* parere, sembrare, avere l'aspetto di. // **to** ~ **at** guardare; **to** ~ **for** cercare; **to** ~ **forward** guardare avanti, pensare al futuro; **to** ~ **forward** to essere impaziente di, non veder l'ora di: **Looking forward to showing you our new plants, we remain yours faithfully** nell'attesa di mostrarvi i nostri nuovi stabilimenti, porgiamo distinti saluti; **to** ~ **into st.** esaminare qc., indagare su qc.: **We shall let you know as soon as we have looked into the matter** v'informeremo appena avremo esaminata la questione; **to** ~ **out** badare, fare attenzione; **to** ~ **over the correspondence** guardare la corrispondenza; **to** ~ **up** guardare su, alzare lo sguardo; (*comm.*) andar meglio, migliorare: **Business is looking up at last** finalmente l'attività commerciale va migliorando.

loop, *n.* ❶ occhiello. ❷ (*elab. elettr.*) ripetizione (d'un gruppo) di istruzioni (*in un programma*).

loose, *a.* sciolto, slegato, allentato, lento. // ~ **cash** denari spiccioli, spiccioli; ~ **change** denari spiccioli, spiccioli; ~ **end** faccenda arretrata di poca importanza; ~ **funds** (*fin., rag.*) fondi privi di qualsiasi destinazione, fondi liberi; ~ **-leaf** (*giorn., pubbl.*) a fogli staccati, a fogli mobili; ~ **-leaf binding** (*giorn., pubbl.*) rilegatura a fogli mobili; ~ **-leaf bookkeeping systems** (*rag.*) sistemi di contabilità a fogli mobili; ~ **-leaf ledger** (*attr. uff.*) mastro a fogli staccati.

Lord, *n.* (*ingl.*) lord, pari d'Inghilterra. // **the Lords** (*ingl.*) i Lord, la Camera dei Lord; ~ **Chancellor** (*ingl.*) Presidente della Camera dei Lord; **the** ~ **Chief Justice** (*ingl.*) il magistrato inglese di più alto grado; ~ **Privy Seal** (*ingl.*) Lord del Sigillo Privato.

lorry, *n.* (*trasp. aut., ingl.*) autocarro, camion. // ~ **driver** camionista, autotrasportatore, « padroncino ».

lose, *v. t.* (*pass. e part. pass.* lost) ❶ perdere, smarrire. ❷ far perdere. △ ❶ **We have lost all our money in that speculation** abbiamo perduto tutto il nostro denaro in quella speculazione; ❷ **That will ~ you your job** ciò ti farà perdere il posto. // **to** ~ **one's berth** (*o* **job**) (*pers.*) perdere l'impiego; **to** ~ **a lawsuit** (*leg.*) perdere una causa; **to** ~ **one's reputation** perdere la (propria) reputazione, screditarsi; **to** ~ **a right** (*leg.*) perdere un diritto, decadere da un diritto; **to be lost** perdersi, smarrirsi, andare smarrito: **Your last letter seems to be lost** pare che la vostra ultima lettera sia andata smarrita.

loss, *n.* ❶ perdita, smarrimento. ❷ (*ass.*) perdita, danno. ❸ (*rag.*) deficit, disavanzo, perdita, rimessa, sbilancio. △ ❷ **All losses are to be paid in cash** tutti i danni devono essere risarciti in contanti. // ~ **-and-gain account** (*rag.*) conto profitti e perdite, conto perdite e profitti; ~ **-book** (*ass. mar., ingl.*) registro (*del Lloyd*) di tutte le navi perdute; ~ **by leakage** (*ass. mar.*) perdita per colaggio; ~ **in process** (*org. az.*) perdita di lavorazione; **a** ~ **in weight** (*market.*) un calo di peso (*della merce, ecc.*); ~ **leader** (*market.*) articolo venduto in perdita per attirare clienti, articolo civetta; ~ **of life** (*ass.*) perdita di vite; ~ **of nationality** (*leg.*) perdita della (*o* decadenza dalla) cittadinanza; **the** ~ **of a right** (*leg.*) la perdita d'un diritto, la decadenza da un diritto; **the** ~ **of the ship** (*ass. mar.*) la perdita della nave; ~ **on exchange** (*fin.*) perdita (per oscillazioni) di cambio; ~ **reserve** (*ass.*) riserva per sinistri; **at a** ~ (*comm.*) in perdita: **We can't afford to sell at a** ~ non possiamo permetterci (il lusso) di vendere in perdita.

lot¹, *n.* ❶ (*comm.*) lotto (*di merce: a un'asta*). ❷ (*econ.*) lotto, appezzamento (*di terreno*). ❸ (*fin.*) pacchetto, partita (*di titoli*). ❹ (*market.*) partita, assortimento (*di merci*). ❺ (*trasp. aut.*) area di parcheggio, parcheggio. // ~ **money** (*econ.*) diritti d'asta (*destinati al banditore*); **a** ~ **of shares** (*fin.*) una partita di titoli (azionari); **a** ~ **of shoes** (*market.*) una partita di calzature; ~ **tolerance per cent, defective** (*org. az.*) tolleranza percentuale di scarti per lotto.

lot², *v. t.* ❶ (*econ.*) dividere (*terreni*) in lotti, lottizzare. ❷ (*fin.*) dividere (*titoli*) in pacchetti. ❸ (*market.*) dividere (*merci*) in partite. // **to** ~ **out** lottizzare; **to** ~ **out goods in parcels** (*market.*) dividere merci in partite.

lottery, *n.* lotteria. // ~ **bond** (*fin.*) obbligazione a premio.

lotting, *n.* lottizzazione.

lounge car, *n.* (*trasp. ferr.*) carrozza salone.

low, *a.* ❶ basso, scarso. ❷ (*Borsa, fin.*) minimo. ❸ (*market.*) a basso prezzo, a buon mercato. *n.* (*Borsa, fin.*) prezzo minimo, quotazione minima, (il) minimo. *avv.* (*anche fig.*) in basso, in basso grado. △ *a.* ❶ **We hope that our ~ prices will encourage customers** speriamo che i nostri bassi prezzi incoraggeranno la clientela; **Our stock of raw materials is quite ~** le nostre scorte di materie prime sono assai scarse; ❸ **We managed to buy it ~** riuscimmo a comprarlo a buon mercato. // ~ -class (*market.*) di qualità inferiore, scadente; ~ -class goods (*market.*) merce di qualità inferiore; ~ cost basso costo; ~ -cost (*fin., market.*) a buon mercato, ottenibile a buon mercato; ~ -cost money (*fin.*) denaro a buon mercato; ~ -duty articles (*dog., fin.*) articoli tassati moderatamente; ~ -end (*market.*) di qualità inferiore, scadente; (*di fabbrica, ditta, ecc.*) che produce articoli di qualità inferiore; ~ -geared trust (*fin.*) fondo (d'investimento) con basso indebitamento; ~ -grade (*market.*) di qualità inferiore, scadente; ~ -grade coal carbone di qualità inferiore; ~ -leverage trust (*fin., USA*) fondo (d'investimento) con basso indebitamento; ~ -price basso prezzo; ~ -speed terminal (*elab. elettr.*) terminale a bassa velocità; ~ wages (*pers.*) salari bassi; ~ water (*trasp. mar.*) acqua bassa, bassa marea; ~ -water mark (*trasp. mar.*) limite della bassa marea; **lower case** (*pubbl.*) minuscolo, carattere minuscolo; **lower-case letters** lettere minuscole; **a lower ceiling on aids** (*econ.*) un massimale di aiuti più basso; **lower court judge** (*leg.*) pretore; **lower deck** (*trasp. mar.*) ponte inferiore; sottocoperta; **lowest common denominator** (*mat.*) minimo comune denominatore; **lowest common multiple** (*mat.*) minimo comune multiplo; **the lowest price** (*market.*) l'ultimo prezzo; **lowest unit time** (*cronot.*) tempo di ciclo.

lower, *v. t.* abbassare, diminuire, ridurre. *v. i.* abbassarsi, calare, diminuire, ridursi. △ *v. t.* **We must ~ expenses** dobbiamo diminuire le spese; *v. i.* **Our stocks are lowering in value** i nostri titoli stanno diminuendo di valore. // **to ~ duties** (*dog., fin.*) ridurre i dazi.

lowering, *n.* abbassamento, calo, diminuzione, riduzione. △ **The intensification of competition has been reflected in a considerable ~ of prices** l'intensificarsi della concorrenza ha provocato di riflesso notevoli abbassamenti dei prezzi. // **a ~ of trade restrictions** (*comm. est.*) una riduzione delle limitazioni agli scambi commerciali.

loyal, *a.* leale, fedele.
loyally, *avv.* lealmente, fedelmente.
loyalty, *n.* lealtà, fedeltà.
luck, *n.* fortuna.
lucky, *a.* fortunato.
lucrative, *a.* lucrativo, lucroso, proficuo, profittevole, remunerativo. // **a ~ investment** un investimento remunerativo; **a ~ job** (*pers.*) un'occupazione reddittizia.
lucrativeness, *n.* l'esser lucrativo, proficuità.
lucre, *n.* lucro, guadagno, profitto.
luff[1], *n.* (*trasp. mar.*) orzata.
luff[2], *v. i.* (*trasp. mar.*) orzare.
luggage, *n.* (*trasp.*) bagaglio. // « ~ **in transit** » **insurance** (*ass.*) assicurazione per il bagaglio personale; ~ **label** (*trasp.*) etichetta da valigia; ~ **-rack** (*trasp.*) portabagagli (*arnese per appoggiare valigie, ecc.*); ~ **ticket** (*trasp.*) scontrino di bagaglio; ~ **van** (*trasp. ferr.*) carro bagagli, bagagliaio.
lump, *n.* mucchietto, piccola massa. // ~ **charter** (*trasp. mar.*) contratto di noleggio a corpo; ~ **freight** (*trasp. mar.*) nolo « a corpo », nolo « a massa »; ~ **sum** somma pagata tutta in una volta, forfait; **a ~ -sum payment** un pagamento in soluzione unica, un pagamento forfettario; **in the ~** in massa, in blocco; (*comm.*) all'ingrosso; **on a ~ -sum basis** a forfait.
lumper, *n.* (*pers.*) scaricatore di porto.
lunch, *n.* seconda colazione, pasto di mezzogiorno. // ~ **-bag** (*tur.*) cestino da viaggio; ~ **wagon** (*trasp. ferr.*) vagone ristorante.
luncheon, *n.* seconda colazione. // ~ **vouchers** (*pers.*) buoni mensa.
luster, *n.* (*USA*) V. **lustre**.
lustre[1], *n.* lustro, lucentezza.
lustre[2], *n.* (*raro*) lustro (*periodo di cinque anni*).
luxurious, *a.* lussuoso.
luxury, *n.* lusso, fasto, sfarzo. // ~ **articles** (*market.*) articoli di lusso; **a ~ shop** (*market.*) un negozio di lusso; ~ **tax** (*fin.*) imposta sugli articoli di lusso.
lying, *a.* giacente. // ~ **in the customs** (*dog., trasp.*) (*di merce*) indoganata.

M

machine¹, *n.* macchina. // ~ **accounting** (*elab. elettr., rag.*) contabilità meccanizzata; ~ **-coded language** (*elab. elettr.*) linguaggio di macchina; ~ **composition** (*giorn., pubbl.*) composizione a macchina; ~ **-hours** (*cronot.*) ore (di) macchina; ~ **language** (*elab. elettr.*) linguaggio di macchina; ~ **load** (*org. az.*) carico macchine; ~ **-load card** (*org. az.*) scheda di macchina; ~ **-made** (*market.*) fatto a macchina; ~ **-set composition** (*giorn., pubbl.*) composizione a macchina; ~ **shop** (*org. az.*) officina meccanica; ~ **tender** (*pers.*) addetto a una macchina; ~ **time** (*cronot.*) tempo di macchina; ~ **tool** (*org. az.*) macchina utensile.

machine², *v. t.* ❶ fare a macchina, eseguire a macchina. ❷ (*giorn., ingl.*) far andare (*un giornale*) in macchina; stampare, tirare (*un giornale, ecc.*).

machinery, *n. collett.* ❶ (*org. az.*) macchinario, macchine. ❷ (*org. az.*) apparato. // ~ **and equipment** (*org. az.*) macchine e impianti; ~ **breakdown insurance** (*ass.*) assicurazione contro i danni derivanti da guasti nei macchinari.

machining, *n.* (*org. az.*) lavorazione a macchina.

macroeconomic, *a.* (*econ.*) macroeconomico. // ~ **decisions** (*econ.*) decisioni macroeconomiche, scelte macroeconomiche; ~ **variable** (*econ., stat.*) variabile macroeconomica.

macroeconomics, *n. pl.* (*col verbo al sing.*) (*econ.*) macroeconomia.

made, *a.* fatto, fabbricato, prodotto, costruito, creato, composto, confezionato, eseguito. // ~ **in Japan** (*market.*) fabbricato in Giappone; **a** ~ **man** (*fig.*) un uomo «arrivato»; ~ **-on-order** (*market.*) fatto su ordinazione; ~ **-to-measure** (*market.*) fatto su misura; ~ **-to-order** (*market.*) fatto su ordinazione; **a self-** ~ **man** un uomo che s'è fatto da sé.

magazine, *n.* (*giorn.*) rivista, periodico. // ~ **advertising** (*giorn., pubbl.*) pubblicità (sulla) stampa.

• **magazinelet**, *n.* (*giorn.*) piccola rivista, piccolo periodico.

magazinish, *a.* (*giorn.*) (*di prosa, stile, ecc.*) da rivista, da periodico.

magistrate, *n.* ❶ (*leg.*) magistrato. ❷ (*leg.*) giudice di pace, giudice conciliatore. // **magistrates' bench** (*leg.*) banco dei magistrati; ~ **'s Court** (*leg.*) «pretura», corte di giustizia di primo grado.

magistrateship, *n.* ❶ (*leg.*) carica di magistrato, magistratura. ❷ (*leg.*) durata in ufficio di magistrato.

magistrature, *n.* (*leg.*) magistratura.

Magna Carta, *n. V.* **Magna Charta**.

Magna Charta, *n.* (*leg., ingl.*) Magna Carta (*fondamento dei diritti costituzionali inglesi*).

magnate, *n.* (*fin.*) magnate. △ **He is a** ~ **in the world of industry** è un magnate dell'industria.

magnetic, *a.* magnetico. // ~ **bearing** (*trasp. mar.*) rilevamento magnetico; ~ **card storage** (*elab. elettr., USA*) *V.* ~ **card store**; ~ **card store** (*elab. elettr.*) memoria a schede magnetiche; ~ **characters** (*elab. elettr.*) caratteri magnetici; ~ **compass** (*trasp. mar.*) bussola magnetica; ~ **core** (*elab. elettr.*) nucleo magnetico; ~ **core storage** (*elab. elettr., USA*) *V.* ~ **core store**; ~ **core store** (*elab. elettr.*) memoria a nucleo magnetico; ~ **declination** (*trasp. mar.*) declinazione magnetica; ~ **deviation** (*trasp. mar.*) declinazione magnetica; ~ **disk** (*elab. elettr.*) disco magnetico; ~ **disk storage** (*elab. elettr., USA*) *V.* ~ **disk store**; ~ **disk store** (*elab. elettr.*) memoria a disco magnetico; ~ **drum** (*elab. elettr.*) tamburo magnetico; ~ **drum storage** (*elab. elettr., USA*) *V.* ~ **drum store**; ~ **drum store** (*elab. elettr.*) memoria a tamburo magnetico; ~ **head** (*elab. elettr.*) testina magnetica; ~ **recording** registrazione magnetica; ~ **storage** (*elab. elettr., USA*) *V.* ~ **store**; ~ **store** (*elab. elettr.*) memoria magnetica; ~ **tape** (*elab. elettr.*) nastro magnetico; ~ **tape recorder** (*macch. uff.*) registratore a nastro magnetico; ~ **track** (*elab. elettr.*) pista magnetica; ~ **variation** (*trasp. mar.*) declinazione magnetica.

magnitude, *n.* (*mat.*) grandezza.

maiden, *n.* fanciulla, vergine. // **a** ~ **assize** (*leg., ingl.*) sessione (*d'assise*) senza cause da discutere; ~ **name** (*leg.*) cognome da nubile, cognome da ragazza, cognome da signorina; **the** ~ **voyage** (*trasp. mar.*) il viaggio inaugurale (*d'una nave*).

mail¹, *n. collett.* ❶ posta, corrispondenza, lettere, pacchi. ❷ sacco postale. ❸ **the mail** il servizio postale (*d'uno Stato*). ❹ (*trasp.*) mezzo (*di trasporto*) postale. ❺ **the mails**, *pl.* il servizio postale (*d'uno Stato*). △ ❶ **Has the morning** ~ **come in yet?** è già arrivata la posta del mattino? // ~ **-bag** sacco postale; ~ **car** (*trasp. ferr.*) vagone postale; ~ **carriage** (*trasp. ferr.*) vagone postale; ~ **carrier** (*pers.*) portalettere; ~ **clerk** (*pers.*) impiegato (*di ditta privata o ente pubblico*) addetto alla corrispondenza; ~ **edition** (*giorn.*) edizione (*del mattino*) di quotidiano destinata all'invio per corrispondenza; ~ **order** (*market.*) ordinazione (*di merci*) fatta (ed eseguita) per corrispondenza; ~ **-order business** (*market.*) ditta che commercia (col sistema delle ordinazioni) per corrispondenza; ~ **-order catalogue** (*market.*) catalogo per vendite per corrispondenza; ~ **-order department** (*org. az.*) reparto per le ordinazioni per posta; ~ **-order firm** (*market.*) *V.* ~ **-order business**; ~ **-order house** (*market.*) *V.* ~ **-order business**; ~ **room** (*org. az.*) ufficio spedizioni; ~ **service** servizio postale; ~ **-steamer** (*trasp. mar.*) postale, nave postale, vapore postale; ~ **survey** (*market.*) indagine postale, inchiesta per corrispondenza; ~ **-train** (*trasp. ferr.*) treno postale, postale; ~ **-van** (*trasp. aut.*) furgone postale; **by** ~ (*comun.*) per posta; **in-coming** ~ (*comun.*) posta in arrivo; **out-going** ~ (*comun.*) posta in partenza.

mail², *v. t.* ❶ mandare per posta, spedire per posta, inoltrare per posta. ❷ impostare, imbucare.

mailbox, *n.* (*USA*) cassetta della posta, buca da lettere.

mailing, *n.* ❶ materiale postale. ❷ (*comun.*) impostazione. // ~ **list** (*comun.*) lista di spedizione, elenco d'indirizzi (*per l'inoltro di materiale pubblicitario, ecc.*), indirizzario: **We shall be glad to add your name to our** ~

list saremo lieti d'inserire il vostro nome nel nostro indirizzario; ~ **piece** (*comun., pubbl.*) elemento di materiale pubblicitario inviato per posta (*p. es., un catalogo, un dépliant, ecc.*).

mailman, *n.* (*pl.* **mailmen**) (*pers.*) portalettere.

main, *a.* principale, primario, più importante, essenziale. △ That's the ~ **reason for devising a new international monetary system** è questa la ragione primaria per l'ideazione d'un nuovo sistema monetario internazionale. // ~ **crop** (*econ.*) prodotto (agricolo) principale; ~ **deck** (*trasp. mar.*) ponte principale; ~ **line** (*trasp. ferr.*) linea principale; ~ **road** (*trasp. aut.*) strada maestra, strada principale, strada statale, statale; ~ **station** (*trasp. ferr.*) stazione principale; ~ **stem** (*trasp. ferr.*) linea principale; ~ **storage** (*elab. elettr., USA*) V. ~ **store**; ~ **store** (*elab. elettr.*) memoria principale.

mainland, *n.* terraferma, continente.

mainmast, *n.* (*trasp. mar.*) albero maestro, albero di maestra.

mainsail, *n.* (*trasp. mar.*) vela di maestra.

mainspring, *n.* ❶ molla (*d'un meccanismo*). ❷ (*fig.*) molla, motivo principale. △ ❷ The ~ **of all business activities is profit** la molla principale d'ogni attività è il (perseguimento d'un) profitto.

maintain, *v. t.* ❶ mantenere, conservare. ❷ sostenere, affermare. △ ❷ They ~ **that the damage was due to causes beyond their control** sostengono che il danno fu dovuto a cause indipendenti dalla loro volontà. // to ~ **a certain standard of living** (*econ.*) mantenere un certo tenore di vita; to ~ **one's reputation** conservare il proprio buon nome.

maintenance, *n.* ❶ mantenimento, conservazione, sostentamento. ❷ (*leg.*) aiuto illecito (*a una parte in causa*). ❸ (*org. az.*) manutenzione, lavoro di manutenzione. // ~ **charges** (*rag.*) spese di manutenzione; ~ **costs** (*rag.*) costi di manutenzione; ~ **handbook** (*org. az.*) manuale di manutenzione; ~ **man** (*pers.*) addetto alla manutenzione.

maize, *n.* granoturco, frumentone.

major, *a.* ❶ maggiore, più grande. ❷ più anziano. ❸ principale. ❹ (*leg.*) maggiorenne. *n.* ❶ chi è superiore (*in un gruppo: per importanza, potere, ecc.*). ❷ (*econ., fin.*) grande complesso (*industriale, commerciale, ecc.*).

majority, *n.* ❶ maggioranza, (la) maggior parte. ❷ (*leg.*) maggior età. △ ❶ He will be elected by the so called « silent ~ » sarà eletto dalla cosiddetta « maggioranza silenziosa ». a ~ **control** (*amm.*) controllo di maggioranza; a ~ **resolution** (*amm.*) una delibera presa a maggioranza; a ~ **verdict** (*leg.*) un verdetto emesso a maggioranza (*dei giurati*).

make[1], *n.* ❶ fabbricazione, produzione, fattura. ❷ (*market.*) marca (*di prodotto, ecc.*); tipo (*d'articolo, ecc.*). ❸ (*market.*) (*d'abito*) taglio. △ ❷ **We can supply you with articles of the best makes** siamo in grado di fornirvi articoli delle migliori marche. // ~ **-do** improvvisato, provvisorio, temporaneo; espediente temporaneo, rimedio provvisorio; a ~ **-do policy** (*amm.*) una politica improvvisata; ~ **-up** (*Borsa, ingl.*) compensazione; (*giorn.*) impaginatura, impaginazione; ~ **-up man** (*pers.*) impaginatore; ~ **-up price** (*Borsa, ingl.*) prezzo di compensazione.

make[2], *v. t.* (*pass. e part. pass.* **made**) fare, fabbricare, produrre, costruire, confezionare, creare, comporre, eseguire. *v. i.* ❶ (*trasp. mar.*) (*di marea*) cominciare a crescere. ❷ (*trasp. mar.*) (*di marea*) cominciare a calare. △ *v. t.* **They have made him chairman** l'hanno fatto presidente (*della società*); **We have been making shoes for over a hundred years** fabbrichiamo calzature da più di cento anni. // to ~ **accounts agree** (*rag.*) far quadrare i conti; to ~ **an allotment** (*leg.*) fare una distribuzione, operare una ripartizione; to ~ **allowance for** tener conto di (*qc.*): **We should ~ allowance for the new clerk's inexperience** dovremmo tener conto dell'inesperienza del nuovo impiegato; to ~ **allowance for fluctuations in exchange** (*fin., rag.*) tener conto delle oscillazioni di cambio; to ~ **an alteration** (*org. az.*) apportare una modifica; (*rag.*) fare una correzione; to ~ **an apology to sb.** fare le proprie scuse a q.; to ~ **appeal to** fare appello a; to ~ **an appeal to** rivolgersi a: **The promoters of a company ~ a direct appeal to the public by means of a statement called prospectus, which invites the public to subscribe the company's shares** i promotori d'una società commerciale si rivolgono direttamente al pubblico mediante un documento detto « prospetto », il quale invita il pubblico a sottoscrivere le azioni della società; to ~ **an appointment with sb.** prendere un appuntamento con q.; to ~ **approaches to sb.** cercare d'avvicinare q.; to ~ **an appropriation for the payment of debts** accantonare del denaro per il pagamento di debiti; to ~ **appropriations** (*fin., rag.*) accantonare denaro, stanziare somme: **We'll ~ an appropriation for distribution among the staff of the firm** stanzieremo una somma da distribuire fra il personale della azienda; to ~ **an arrangement with sb.** raggiungere un accomodamento con q.; to ~ **arrangements for** dare disposizioni per; to ~ **an attachment on the debtor's property** (*leg.*) eseguire un pignoramento sui beni del debitore; to ~ **one's authority felt** far sentire la propria autorità; to ~ **st. available to sb.** mettere qc. a disposizione di q.; to ~ **a bid** fare un'offerta (*a un'asta*); to ~ **by hand** fare a mano; to ~ **by machine** fare a macchina; to ~ **a call** far (una breve) visita; (*trasp. mar.*) far scalo; to ~ **a call to short-end funds** (*fin.*) far ricorso alle risorse monetarie; to ~ **a claim to st.** (*leg.*) vantare il proprio diritto a qc.; to ~ **a complaint against sb.** (*leg.*) muovere un'accusa a q., querelare q.; to ~ **a deal over st.** contrattare qc.; to ~ **a delivery** (*market.*) fare una consegna; to ~ **an entry** (*rag.*) fare una registrazione; to ~ **an estimate of** preventivare; to ~ **fast** (*trasp. mar.*) dar volta (a un cavo); ormeggiarsi; to ~ **for** (*trasp. mar.*) far rotta per; to ~ **a fortune** farsi una fortuna; to ~ **one's fortune** far fortuna; to ~ **good** (*ass.*) indennizzare, risarcire; to ~ **a good bargain** fare un buon affare; to ~ **good sb.'s loss** (*ass.*) risarcire q. d'una perdita subita; to ~ **harsher** (*o* **stricter**) inasprire; to ~ **an impression on sb.** impressionare q.; to ~ **inquiries** chiedere informazioni, fare indagini, indagare; to ~ **an inventory of** (*rag.*) inventariare; to ~ **it** farcela, riuscire; to ~ **a journey** (*tur.*) fare un viaggio (*per via di terra*); to ~ **laws** (*leg.*) fare leggi, legiferare; to ~ **a loss** (*fin.*) subire una perdita; to ~ **money** far quattrini; to ~ **an offer** fare un'offerta; to ~ **out** compilare (*una lista, ecc.*); to ~ **out a cheque** (*cred.*) riempire un assegno; to ~ **out a list** compilare un elenco; to ~ **out a receipt** compilare una ricevuta, rilasciare una ricevuta: **Please see that a receipt is made out** favorite curare che sia rilasciata (una) ricevuta; to ~ **over** passare, trasferire; (*giorn.*) ricomporre, cambiare il testo di (*una pagina a stampa*): **He's going to ~ over his business to his sons** ha intenzione di trasferire l'azienda ai figli; to ~ **a payment** (*cred.*) fare un pagamento; to ~ **a price** (*market.*) fare un prezzo, praticare un prezzo; to ~ **a profit** (*fin.*) fare un guadagno; to ~ **st. profitable** (*fin.*) consentire un margine d'utile per qc.; to ~ **a**

protest (*leg.*) fare un protesto; **to ~ protest of a bill** (*leg.*) far protestare una cambiale; **to ~ the punishment fit the crime** (*leg.*) commisurare la pena al delitto; **to ~ purchases** (*market.*) fare acquisti; **to ~ a return of one's income** (*fin.*) fare la dichiarazione dei redditi; **to ~ a sale** (*market.*) fare una vendita; **to ~ sb. a subscriber** (*giorn.*) abbonare q.; **to ~ a tender** fare un'offerta (*per un appalto*); **to ~ a transfer** (*leg.*) fare una cessione (*o un passaggio*) di proprietà; **to ~ up** compilare, redigere; (*econ., fin.*) compensare, integrare; (*giorn.*) impaginare, mettere in colonna: **It won't be easy to ~ up the difference in price between coal and the oil which should have replaced it** non sarà facile compensare il divario di prezzo esistente fra il carbone e il petrolio che avrebbe dovuto sostituirlo; **to ~ up one's accounts once every six months** (*rag.*) fare l'inventario una volta ogni sei mesi; **to ~ up a balance-sheet** (*rag.*) redigere un bilancio; **to ~ up for** compensare, ricuperare: **Industry must now ~ up for the lost time** adesso l'industria deve ricuperare il tempo perduto; **to ~ up one's mind** decidersi; **to ~ up a parcel** (*market.*) fare un pacco (*o un pacchetto*); **to ~ up a quarrel** (*leg.*) comporre una lite, conciliare una lite; **to ~ a voyage** fare un viaggio (*per mare*); fare una traversata; **to ~ one's will** (*leg.*) far testamento; **to ~ st. worthwhile** far sì che qc. valga la pena; (*econ., fin.*) rendere qc. retributivo: **This price will ~ capital investment worthwhile** questo prezzo renderà retributivo l'investimento di capitale; **to be made payable** essere (reso) pagabile: **These securities are made payable in dollars** questi titoli sono pagabili in dollari.

maker, *n.* ❶ chi fa, creatore, esecutore. ❷ chi costruisce, costruttore, fabbricante, produttore. ❸ (*cred.*) emittente (*d'un pagherò cambiario*). // ~ **-up** (*giorn.*) impaginatore; (*market., ingl.*) fabbricante di capi d'abbigliamento, confezionista.

makeup, *n.* (*USA*) V. **make-up**.

making, *n.* ❶ fattura, fabbricazione, costruzione, produzione, creazione, composizione, confezione, esecuzione. ❷ **the makings**, *pl.* (*econ., fin.*) i guadagni, i profitti, i ricavi, gli utili. // ~ **-up day** (*Borsa, ingl.*) giorno di riporto; ~ **-up price** (*Borsa, ingl.*) prezzo di compensazione.

maladminister, *v. t.* (*amm.*) amministrare male.

maladministration, *n.* (*amm.*) cattiva amministrazione.

mala fide, *avv.* (*leg.*) in mala fede. *a. attr.* ❶ (*leg.*) che è in mala fede. ❷ (*leg.*) fatto in mala fede. // **a ~ possessor** (*leg.*) un possessore in mala fede; **a ~ proposal** (*leg.*) una proposta (fatta) in mala fede.

maldistribution, *n.* cattiva distribuzione. // **a ~ of economic resources** (*econ.*) una cattiva distribuzione delle risorse economiche; **a ~ of wealth** (*econ.*) una cattiva distribuzione della ricchezza.

male, *a.* maschio, maschile. *n.* maschio. // ~ **issue** (*leg.*) prole maschile.

malefactor, *n.* (*leg.*) malfattore.

malfeasance, *n.* ❶ (*leg.*) condotta disonesta, condotta illecita. ❷ (*leg.*) azione disonesta, azione illecita.

malfeasant, *a.* (*leg.*) disonesto. *n.* (*leg.*) persona disonesta.

malice, *n.* ❶ malevolenza, cattiveria. ❷ (*leg.*) intenzione criminosa, dolo, dolosità. // ~ **aforethought** (*leg.*) premeditazione; ~ **prepense** (*leg.*) premeditazione.

malicious, *a.* ❶ malevolo, cattivo. ❷ (*leg.*) criminoso, doloso.

malpractice, *n.* ❶ malcostume. ❷ prevaricazione. ❸ (*leg.*) negligenza (*nell'esercizio professionale*).

malversation, *n.* (*leg.*) malversazione, peculato.

man[1], *n.* (*pl.* **men**). ❶ uomo. ❷ (*pers.*) operaio, lavorante. ❸ (*pers., fam.*) agente, rappresentante, « uomo ». ❹ (*trasp. mar.*) marinaio. △ ❺ **We are glad to inform you that we have a new ~ in your area!** siamo lieti di annunciarvi che abbiamo un nuovo agente nella vostra zona! // « **men at work** » (*trasp. aut.*: *segnale stradale*) « lavori in corso »; ~ **-day** (*cronot.*) giornata di manodopera, giornata di lavoro d'un operaio, giornata lavorativa; ~ **Friday** (*pers.*) uomo di fiducia, impiegato tuttofare, factotum; ~ **-hour** (*cronot.*) ora di manodopera, ora di lavoro d'un operaio, ora lavorativa; ~ **-hours lost due to strikes** ore perdute per conflitti di lavoro; **the ~ in the street** l'uomo della strada, l'uomo qualunque; ~ **-land ratio** (*econ., stat.*) densità della popolazione; ~ **-made** fatto dall'uomo, creato dall'uomo, (*market.*) (*di tessuto, fibra*) sintetico; ~ **-made fibres** (*market.*) fibre sintetiche; ~ **-made laws** (*leg.*) leggi fatte dall'uomo; ~ **-minute** (*cronot.*) lavoro svolto da un operaio in un minuto; **a ~ of average ability** un uomo di medie capacità; **the ~ of the house** il capofamiglia, l'uomo di casa; ~ **of straw** (*leg.*) uomo di paglia, prestanome; **the ~ on the street** V. **the ~ in the street**.

man[2], *v. t.* ❶ fornire d'uomini. ❷ (*trasp. mar.*) armare (*una nave*). // **to ~, equip and supply a ship** (*trasp. mar.*) armare ed equipaggiare una nave.

manage, *v. t. e i.* ❶ destreggiarsi, manovrare. ❷ riuscire, (*fam.*) farcela. ❸ (*amm.*) amministrare, controllare, dirigere, avere la direzione di, gestire, governare, reggere. ❹ (*amm.*) condurre gli affari, dirigere gli affari, avere la direzione degli affari. △ ❷ **We can't ~ to find the funds we need** non riusciamo a reperire i fondi di cui abbiamo bisogno; ❸ **It's not easy to ~ a big company in times of crisis** non è facile dirigere una grande società in periodi di crisi; ❹ **Their committee has managed beautifully so far** fino ad ora il loro comitato ha diretto gli affari egregiamente. // **to ~ a business** (*fin.*) amministrare un'azienda.

managed, *a.* (*amm.*) amministrato, controllato, diretto, gestito, governato, retto. // **a ~ currency** (*fin.*) una valuta controllata (*nel suo potere d'acquisto: dalle autorità monetarie*); **a ~ economy** (*econ.*) un'economia controllata; ~ **flexibility** (*fin.*) flessibilità manovrata; ~ **floating** (*econ., fin.*) fluttuazione controllata (*d'una moneta*); ~ **money** (*fin.*) V. ~ **currency**; ~ **standard** (*econ., fin.*) sistema monetario manovrato.

management, *n.* ❶ (*amm.*) amministrazione, conduzione, controllo, direzione (*l'attività direttiva*), direzione aziendale, gestione, « management ». ❷ (*amm.*) direzione (*il corpo direttivo*). ❸ (*econ.*) politica. △ ❶ **Our Country needs a more flexible ~ of public finances** il nostro Paese ha bisogno d'una gestione più flessibile delle finanze pubbliche; ❷ **The ~ refused to play ball** la direzione si rifiutò di collaborare; ❸ **The real weapon of short-term economic ~ in the United States is monetary policy** negli Stati Uniti, la sola arma efficace di politica congiunturale è la politica monetaria. // ~ **accountancy** (*amm., rag.*) contabilità direzionale; ~ **accounting** (*amm., rag.*) contabilità direzionale; ~ **advisory committee** (*amm., pers., sind.*) comitato di consultazione mista; ~ **appraisal** (*amm.*) rilevazione dello stato organizzativo; ~ **by objectives** (*org. az.*) direzione (*od organizzazione*) per obiettivi; ~ **company** (*fin.*) società di gestione; ~ **consultant** (*amm.*) consulente d'organizzazione aziendale; ~ **consulting** (*amm.*) consulenza organizzativa; ~ **control** (*amm.*) controllo manageriale, controllo direzionale; ~ **evaluation** (*amm.*) rilevazione dello stato organizzativo; ~ **expenses** (*rag.*) spese di gestione; ~ **functions** (*amm.*) funzioni manageriali, funzioni direttive, mansioni dirigenziali; ~ **selection and training** (*pers.*) sviluppo e formazione manageriale; ~ **structure** (*org. az.*) struttura direzionale; ~ **techniques** (*amm.*) tecniche di direzione aziendale; ~ **tools** (*amm.*) tecniche di direzione aziendale.

manager, *n.* (*amm.*) amministratore, direttore (*d'azienda*), dirigente, gerente, gestore, manager. // ~ **development** (*pers.*) formazione dei dirigenti; **the ~ -owner relationship** (*org. az.*) il rapporto manager-imprenditore.

manageress, *n.* (*amm.*) amministratrice, direttrice (*d'azienda*), dirigente, gerente.

managerial, *a.* (*amm.*) di direttore (*d'azienda*), della direzione (*d'affari*), direttivo, direttoriale, direzionale, dirigenziale, gestionale, manageriale. // ~ **ability** (*amm.*) capacità manageriale, capacità direttiva; ~ **innovations** (*amm.*) innovazioni gestionali; ~ **methods** (*amm.*) metodologie manageriali; ~ **problems** (*amm.*) problemi di direzione; **the ~ revolution** (*econ.*) la rivoluzione dei manager.

managership, *n.* (*amm.*) autorità di direttore, posizione di direttore, doveri di direttore (*V.* **manager**).

managing, *a.* (*amm.*) direttivo, dirigente, gerente. // ~ **activity** (*amm.*) attività direttiva; ~ **committee** (*amm.*) comitato direttivo, (il) direttivo; ~ **director** (*amm.*) consigliere delegato, amministratore delegato; ~ **editor** (*amm., giorn.*) direttore editoriale, direttore amministrativo; ~ **partner** (*amm.*) socio gerente.

mandamus[1], *n.* (*leg.*) mandato, ordinanza (*del giudice a un pubblico ufficiale*).

mandamus[2], *v. t.* (*leg.*) obbligare per mezzo di un « mandamus » (*q.V.*).

mandant, *n.* (*leg.*) mandante.
mandatary, *n.* (*leg.*) mandatario.
mandate, *n.* (*leg.*) mandato.
mandatee, *n.* (*leg.*) mandatario.
mandator, *n.* (*leg.*) mandante.
mandatory, *a.* (*leg.*) imperativo, obbligatorio, vincolante. *n.* (*leg.*) *V.* **mandatary.** // **a ~ provision** (*leg.*) una norma imperativa.

manifest[1], *a.* manifesto. *n.* ❶ (*trasp. aer., trasp. mar.*) manifesto (*di carico*), nota di carico. ❷ (*trasp. ferr., USA*) treno rapido (*per merci deperibili, bestiame, ecc.*).

manifest[2], *v. t.* manifestare.
manifold[1], *a.* molteplice, multiforme, vario.
manifold[2], *v. t.* ❶ moltiplicare, rendere molteplice. ❷ (*giorn., pubbl.*) poligrafare, fare diverse copie di (*una lettera, un documento, ecc.*) col poligrafo.

manipulate, *v. t.* ❶ manipolare, maneggiare. ❷ (*fig.*) manovrare. ❸ (*leg.*) manipolare, abbindolare, raggirare. △ ❶ **These accounts have been manipulated** questi conti sono stati manipolati. // **to ~ the bank rate** (*fin.*) manovrare il tasso di sconto; **to ~ prices** (*econ.*) manovrare i prezzi.

manipulation, *n.* ❶ manipolazione, il maneggiare. ❷ (*fig.*) manovra. ❸ (*leg.*) manipolazione, abbindolamento, raggiro. ❹ (*market.*) manipolazione (*delle merci*). // **the ~ of the bank rate** (*fin.*) la manovra del tasso di sconto; **the ~ of data** (*stat.*) la manipolazione dei dati.

manit, *n. V.* **man-minute.**
mannequin, *n.* (*market., pubbl.*) indossatrice.
manner, *n.* maniera, modo.
manoeuver[1], *n. V.* **manoeuvre**[1].
manoeuver[2], *v. t. V.* **manoeuvre**[2].
manoeuvre[1], *n.* manovra.

manoeuvre[2], *v. t.* manovrare.
manpower, *n.* (*econ., stat.*) manodopera, forze di lavoro, potenziale umano. // ~ **-cost enquiry** (*stat.*) inchiesta sui costi della manodopera; ~ **problems** (*pers., sind.*) problemi della manodopera; ~ **training** (*org. az., pers.*) addestramento della manodopera.

mantissa, *n.* (*mat.*) mantissa.
manual, *a.* manuale. *n.* manuale, prontuario, guida, trattato. // ~ **delivery** (*leg.*) trasferimento manuale, tradizione manuale; ~ **dexterity** (*pers.*) abilità manuale, manualità; ~ **input** (*elab. elettr.*) ingresso manuale; ~ **labour** (*econ.*) lavoro manuale; ~ **operated punched card** (*elab. elettr.*) scheda perforata per selezione manuale; ~ **workers** (*pers.*) lavoratori manuali.

manufactory, *n.* (*org. az.*) manifattura, fabbrica, opificio.

manufacture[1], *n.* ❶ (*market.*) manufatto, prodotto manufatto. ❷ (*org. az.*) manifattura, fabbricazione, produzione, industria, lavorazione (*della lana, dei metalli, ecc.*). △ ❶ **They import most manufactures from the EEC Countries** importano gran parte dei manufatti dai Paesi del MEC; ❷ **Steel ~ is booming** l'industria dell'acciaio va a gonfie vele.

manufacture[2], *v. t.* (*org. az.*) fabbricare, produrre, lavorare (*lana, metalli, ecc.*), confezionare (*capi d'abbigliamento, ecc.*). △ **That firm manufactures 5,000 cars a day** quella ditta fabbrica 5.000 auto al giorno. // **to ~ shirts** (*org. az.*) confezionare camicie.

manufactured articles, *n. pl.* (*org. az.*) manufatture, manufatti.

manufactured goods, *n. pl.* (*market.*) manufatti, prodotti lavorati.

manufactured tobaccoes, *n. pl.* (*market.*) tabacchi lavorati.

manufacturer, *n.* fabbricante, produttore, industriale. △ **The achievement of a free market in unmanufactured tobacco will assure manufacturers free access to sources of supply** l'attuazione d'un libero mercato per il tabacco greggio assicurerà ai produttori il libero accesso alle fonti d'approvvigionamento. // ~ **'s certificate** (*market.*) certificato di garanzia.

manufacturing, *a.* (*org. az.*) manifatturiero, industriale. *n.* attività industriale, fabbricazione, produzione. // **a ~ city** (*econ.*) una città industriale; ~ **cost** (*rag.*) costo di lavorazione, costo industriale; ~ **cycle** (*cronot.*) ciclo di lavorazione; ~ **industry** (*econ.*) industria manifatturiera; ~ **know-how** (*econ.*) esperienza e abilità manifatturiere; ~ **licence** (*leg.*) licenza di fabbricazione; ~ **overhead cost** (*rag.*) spese generali di produzione; ~ **overheads** (*rag.*) spese generali di produzione; ~ **process** (*org. az.*) processo di fabbricazione, processo produttivo.

manuscript, *n.* manoscritto.
map[1], *n.* ❶ mappa, carta geografica, carta topografica. ❷ (*elab. elettr.*) correlazione.

map[2], *v. t.* ❶ fare una mappa di (*una regione, ecc.*). ❷ (*elab. elettr.*) correlare. // **to ~ out** fare un piano, tracciare un piano; **to ~ out one's working time** tracciarsi un piano di lavoro.

mapping, *n.* (*elab. elettr.*) correlazione.
margin[1], *n.* ❶ margine. ❷ (*Borsa, fin.*) copertura a garanzia (*di titoli, ecc.*) presso un agente di cambio. ❸ (*econ., rag.*) margine, margine lordo, differenza, scarto. △ ❸ **There is a wide ~ between producers' and consumers' prices** esiste un notevole scarto fra i prezzi alla produzione e quelli al consumo. // ~ **call** (*Borsa, fin.*) richiesta di copertura; **the ~ of a page** il margine d'una

pagina; **a ~ of time** un margine di tempo; **~ stop** (*di macch. uff.*) marginatore.

margin², *v. t.* ❶ provvedere d'un margine. ❷ fare annotazioni in margine di (*una pagina, ecc.*). ❸ (*Borsa, fin.*) coprire (*titoli, ecc.*) con un deposito di garanzia presso un agente di cambio. // **to ~ up** (*Borsa, fin.*) completare la copertura di (*titoli, ecc.: V. ~, def. 3*).

marginal, *a.* marginale, di margine, in margine. *n.* annotazione (scritta) in margine (*di pagina, ecc.*). // **~ analysis** (*econ.*) analisi marginale; **~ buyer** (*econ.*) compratore marginale; **~ cost** (*econ.*) costo marginale; **~ costing** (*econ.*) accertamento del costo (*di produzione*) d'un'unità marginale; **~ efficiency** (*econ., stat.*) efficienza marginale; **the ~ efficiency of capital** (*econ., stat.*) l'efficienza marginale del capitale; **~ notes** annotazioni in margine, postille; **~ product** (*econ.*) prodotto marginale; **~ productivity** (*econ.*) produttività marginale; **~ profit** (*econ.*) reddito marginale, utile marginale; **~ propensity to consume** (*econ.*) propensione marginale al consumo; **~ propensity to save** (*econ.*) propensione marginale al risparmio; **~ stop** (*di macch. uff.*) marginatore; **~ unity** (*econ.*) unità marginale; **~ utility** (*econ.*) utilità marginale; **~ value** (*ric. op.*) valore marginale.

marine, *a.* ❶ marino. ❷ (*trasp. mar.*) marittimo, nautico, navale. *n.* (*trasp. mar.*) marina. △ *n.* **Their merchant ~ is one of the best in the world** la loro marina mercantile è una delle migliori del mondo. // **~ adventure** (*trasp. mar.*) spedizione marittima, viaggio di mare; **~ casualties** (*ass. mar.*) rischi marittimi imprevisti; **~ insurance** (*ass. mar.*) assicurazione marittima; **~ insurance broker** (*ass. mar.*) sensale d'assicurazioni marittime; **~ insurance company** (*ass. mar.*) compagnia d'assicurazione marittima; **~ insurance policy** (*ass. mar.*) polizza d'assicurazione marittima; **~ interest** (*ass. mar.*) interesse su cambio marittimo; **~ law** (*leg.*) diritto marittimo, diritto della navigazione; **~ perils** (*ass. mar., trasp. mar.*) rischi di mare, rischi e pericoli della navigazione; **~ risks** (*ass. mar., trasp. mar.*) rischi di mare, rischi e pericoli della navigazione; **~ stores** (*trasp. mar.*) magazzini navali.

maritime, *a.* (*trasp. mar.*) marittimo, navale. // **~ contract** (*leg.*) contratto di navigazione; **~ credit** (*cred.*) credito navale; **~ insurance** (*ass. mar.*) assicurazione marittima; **~ interest** (*ass. mar.*) interesse su cambio marittimo; **~ law** (*leg.*) diritto marittimo, diritto della navigazione; **~ lien** (*leg.*) pegno marittimo, privilegio marittimo; **~ loan** (*ass. mar.*) cambio marittimo; **~ perils** (*ass. mar., trasp. mar.*) rischi di mare, rischi e pericoli della navigazione.

mark¹, *n.* ❶ segno, impronta. ❷ (*Borsa*) punto. ❸ (*fin.*) marco (*unità monetaria tedesca*). ❹ (*market.*) contrassegno (*del prezzo, ecc.*). ❺ (*market.*) marchio di fabbrica, marca. // **~ -on** (*market.*) margine di profitto (*aggiunto al costo per ottenere il prezzo di vendita*).

mark², *v. t.* ❶ marcare, segnare. ❷ (*banca*) vistare (*titoli di credito, ecc.*). ❸ (*market.*) mettere il cartellino del prezzo a (*articoli in vendita*). ❹ (*market.*) contrassegnare (*con un marchio, una marca, ecc.*). △ ❺ **Shopkeepers are supposed to ~ prices on all articles** i negozianti sono tenuti a segnare i prezzi su tutti gli articoli. // **to ~ an article** (*market.*) mettere il cartellino (*del prezzo*) a un articolo; **to ~ down** annotare, registrare, segnare; (*market.*) abbassare il prezzo di (*articoli, merci, ecc.*): **All our television-sets will be marked down 12%** tutti i nostri televisori subiranno un abbassamento di prezzo del 12%; **to ~ a price** (*Borsa, fin.*) quotare un corso; (*market.*) quotare un prezzo; **to ~ time** (*anche fig.*)

segnare il passo, restar fermo, non fare progressi: **Who's to blame if our economy is marking time?** di chi è la colpa se la nostra economia sta segnando il passo?; **to ~ up** (*market.*) alzare il prezzo di (*articoli, merci, ecc.*).

markdown, *n.* ❶ (*market.*) ribasso di prezzo, diminuzione di prezzo. ❷ (*market.*) ammontare della diminuzione di prezzo.

marked, *a.* ❶ marcato, segnato. ❷ (*banca*) vistato. ❸ (*market.*) contrassegnato. // **~ cheques** (*banca*) assegni vistati; **~ shares** (*fin.*) azioni stampigliate.

marker, *n.* ❶ (*cred., USA*) pagherò cambiario. ❷ (*cred., USA*) V. IOU. ❸ (*trasp. ferr.*) segnale.

market¹, *n.* ❶ mercato. ❷ (*Borsa, fin.*) operazioni (*di Borsa*); Borsa; quotazione (*di titolo*). ❸ (*comm.*) piazza. ❹ (*econ.*) sbocco commerciale. ❺ (*econ.*) prezzo di mercato. ❻ (*econ., market.*) domanda, richiesta. ❼ (*market.*) smercio, vendita. △ ❶ **It seems that the markets of most Member Countries are unable to absorb all the butter produced** a quanto pare, nella maggior parte degli Stati Membri il mercato non è in grado di assorbire la totalità della produzione di burro; **The markets served by the various industries are being observed with a view to securing and maintaining workable competition** i mercati dei vari settori economici vengono tenuti sotto osservazione affinché sia praticata e garantita una concorrenza effettiva; ❹ **The main function of our delegation is that of finding new markets** il compito principale della nostra delegazione è quello di trovare nuovi sbocchi commerciali; ❻ **There is no ~ for that product nowadays** oggigiorno non c'è richiesta di quel prodotto; ❼ **They have a better ~ for their articles** trovano uno smercio più facile ai loro articoli. // **~ analysis** (*market.*) analisi di mercato; **~ analyst** (*market.*) analista di mercato, analizzatore del mercato; **~ conditions** (*econ., market.*) condizioni di mercato; **~ crash** (*econ., fin.*) tracollo del mercato; **~ crisis** (*Borsa*) crisi della Borsa; **~ day** (*market.*) giorno di mercato; **~ demand prorationing system** (*econ., USA*) sistema del razionamento della domanda di mercato; **~ economy** (*econ.*) economia di mercato; **~ gardener** (*econ.*) ortofrutticoltore; **~ gardening** (*econ.*) ortofrutticoltura; **~ jobbery** (*Borsa*) aggiotaggio; **~ leaders** (*econ., market.*) aziende leader; **~ -list** (*econ.*) mercuriale; **~ mechanisms** (*econ., market.*) meccanismi di mercato; **~ news** (*giorn.*) notiziario di Borsa (*titolo di rubrica, colonna, ecc.*), Borse e Mercati (*titolo di rubrica, colonna, ecc.*); **~ order** (*Borsa, fin.*) ordine (d'acquisto) al meglio, ordine (di vendita) al meglio; **~ outlets** (*econ., market.*) sbocchi di mercato; **~ potential** (*econ.*) potenziale di mercato; **~ price** (*econ., market.*) prezzo di mercato: **In Italy, ~ prices for oranges were satisfactory at the beginning of 1973** in Italia, i prezzi di mercato delle arance erano soddisfacenti all'inizio del 1973; **~ report** (*econ., market.*) rassegna di mercato, mercuriale; **~ requirements** (*econ., market.*) esigenze di mercato; **~ research** (*econ., market.*) ricerca di mercato, indagine di mercato; **~ stage** (*econ., market.*) fase di mercato: **At the single ~ stage, it will no longer be possible for the Member States to grant consumer subsidies for processed cereals** la possibilità per gli Stati Membri di concedere sovvenzioni al consumo per i cereali trasformati non è più prevista nella fase del mercato unico; **~ supply** (*econ.*) offerta di mercato; **~ -supply curve** (*econ.*) curva dell'offerta di mercato; **~ support** (*econ., market.*) intervento sul mercato; **~ -support agencies** (*econ., market.*) organismi d'intervento sul mercato; **~ syndicate** (*Borsa*) sindacato di Borsa; **~ target price** (*econ.*) prezzo indicativo di mercato; **~ trend**

(*econ.*, *market.*) tendenza di mercato: **The aim of structure policy is to guide production in the light of ~ trends and adapt it to actual demand** lo scopo della politica delle strutture è di orientare la produzione in funzione delle tendenze del mercato e di adattarla alle necessità effettive della domanda; ~ **value** (*econ.*, *market.*) valore di mercato; **at the** ~ (*Borsa*) al prezzo prevalente, al meglio; **in the** ~ (*market.*) in vendita; **on the** ~ (*market.*) in vendita.

market[2], *v. t.* (*market.*) smerciare, mettere in vendita, vendere, porre in commercio, commercializzare. *v. i.* ❶ (*market.*) fare acquisti. ❷ (*market.*) fare vendite. △ *v. t.* **Fruit and vegetables are now marketed at prices slightly above those of last year** gli ortofrutticoli sono ora commercializzati a prezzi lievemente più alti di quelli dello scorso anno.

marketability, *n.* (*market.*) commerciabilità, negoziabilità.

marketable, *a.* (*market.*) commerciabile, negoziabile, commercializzabile, smerciabile, vendibile. △ **Those goods are not ~ in our Country** quelle merci non sono commercializzabili nel nostro Paese. // ~ **securities** (*fin.*) titoli trasferibili; ~ **titles** (*leg.*) titoli trasferibili.

marketeer, *n.* (*market.*) chi vende al mercato.

marketer, *n.* ❶ (*market.*) chi vende al mercato. ❷ (*market.*) chi compra al mercato.

marketing, *n.* ❶ (*market.*) commercializzazione, marketing, distribuzione, compravendita, smercio. ❷ (*market.*) marketing, tecnica delle ricerche di mercato, studio e analisi dei mercati. △ ❶ **In a broad sense, ~ consists of all those activities through which human wants are satisfied by the transfer of goods, services, and rights** in senso lato, il marketing consiste in tutte quelle attività mediante le quali i bisogni dell'uomo sono soddisfatti con il trasferimento di beni, di servizi e di diritti; **Normally, however, the term ~ is limited to the so-called «tangible» commodities** di norma, tuttavia, la parola marketing si applica soltanto ai beni reali mobili. // ~ **assistance to customers** (*market.*) assistenza di marketing alla clientela; ~ **centres** (*market.*) centri di commercializzazione; ~ **cost** (*econ.*, *market.*) costo di distribuzione; ~ **director** (*pers.*) direttore del marketing; ~ **of commodities** (*econ.*) la commercializzazione dei prodotti: **The ~ of commodities is concerned with the distribution of raw materials, semi-finished products, capital equipment, and consumers' goods** la commercializzazione dei prodotti si occupa della distribuzione delle materie prime, dei semilavorati, dei beni strumentali e dei beni di consumo; ~ **research** (*econ.*, *market.*) ricerca di marketing, indagine di mercato; ~ **year** (*market.*) campagna di commercializzazione, campagna (*di vendita*: *in un dato anno*): **The ~ year for olive oil** (*market.*) la campagna oleicola.

marketwise, *avv.* (*Borsa*, *fin.*) dal punto di vista borsistico.

marking, *n.* (*Borsa*) registrazione e pubblicazione giornaliera dei prezzi quotati.

markup, *n.* ❶ (*Borsa*, *fin.*) rialzo (*di prezzi*, *quotazioni*, *ecc.*). ❷ (*econ.*, *market.*) onere d'attrito (*d'un prodotto*). ❸ (*market.*) aumento di prezzo; rincaro (*di prezzi*). ❹ (*market.*) margine di profitto (*aggiunto al costo per ottenere il prezzo di vendita*); utile. △ ❸ **There have been extensive markups lately** ci sono stati notevoli rincari negli ultimi tempi. // ~ **inflation** (*econ.*) inflazione da costi, dovuta all'azione di monopoli e oligopoli.

marriage, *n.* matrimonio. // ~ **leave** (*pers.*) congedo per matrimonio.

marshal[1], *n.* ❶ maresciallo. ❷ (*leg.*, *USA*) ufficiale giudiziario.

marshal[2], *v. t.* ❶ mettere in ordine, ordinare (*secondo certi criteri di priorità*). ❷ (*leg.*) ordinare (*le attività patrimoniali*) riguardo alla disponibilità per la soddisfazione d'obbligazioni). ❸ (*leg.*) ordinare (*i creditori*, *gli aventi diritto*, *ecc.*) in vista della soddisfazione dei crediti nei confronti d'un debitore insolvente.

mass, *n.* massa, grande quantità. // ~ **advertising** (*pubbl.*) pubblicità di massa; ~ **-circulation press** (*giorn.*) stampa a grande tiratura; ~ **communication** (*giorn.*, *pubbl.*) comunicazione di massa; ~ **communication media** (*giorn.*, *pubbl.*) mezzi di comunicazione di massa: **Psychology is studying the perils inherent in ~ communication media** la psicologia sta esaminando i pericoli insiti nei mezzi di comunicazione di massa; ~ **distribution** (*econ.*) distribuzione (*delle merci*) in grandissime quantità; ~ **magazine** (*giorn.*) rivista a grande tiratura; ~ **man** (*pubbl.*) uomo medio; ~ **medium** (*giorn.*, *pubbl.*) mezzo di comunicazione di massa, mezzo di diffusione di massa; ~ **picketing** (*sind.*) picchettaggio di massa, picchettaggio massiccio; **to** ~ **-produce** (*econ.*) produrre (*o costruire*) in serie, standardizzare; ~ **-produced** (*org. az.*) prodotto (*o costruito*) in serie, standardizzato; ~ **-producer** (*market.*) chi attua una produzione di massa, chi produce in serie; ~ **production** (*org. az.*) produzione di massa, produzione in serie, fabbricazione in serie, standardizzazione.

mast[1], *n.* (*trasp. mar.*) albero (*di nave*).

mast[2], *v. t.* (*trasp. mar.*) munire (*una nave*) d'alberi; alberare (*una nave*).

master[1], *n.* ❶ padrone. ❷ (*pers.*) capo, datore di lavoro. ❸ (*pers.*) maestro. ❹ (*trasp. mar.*) capitano (*di mercantile*), comandante. *a. attr.* (*elab. elettr.*) maestro, principale. // **the ~ and crew** (*trasp. mar.*) il capitano e l'equipaggio; ~ **card** (*elab. elettr.*) scheda maestra; ~ **catalogue** (*market.*) catalogo generale; ~ **'s certificate** (*trasp. mar.*) brevetto di capitano; ~ **in chancery** (*leg.*) assistente di giudice; ~ **mariner** (*trasp. mar.*) capitano di (nave) mercantile; ~ **mason** (*pers.*) maestro muratore, capomastro; **the ~ of the house** il capofamiglia; ~ **of the Rolls** (*leg.*, *ingl.*) giudice che presiede una Corte di Appello; ~ **tape** (*elab. elettr.*) nastro (che fa da) matrice; **at the ~'s option** (*trasp. mar.*) a scelta del capitano (*della nave*); **to be one's own** ~ (*pers.*) non dipendere che da se stesso.

master[2], *v. t.* essere padrone di, padroneggiare, dominare, conoscere a fondo. △ **You will make an even better secretary if you ~ a couple of foreign languages** sarai anche migliore, come segretaria, se conoscerai a fondo un paio di lingue straniere.

mastery, *n.* padronanza, dominio, conoscenza approfondita. △ **He has an extraordinary ~ of managerial techniques** ha un'eccezionale padronanza delle tecniche manageriali.

matched orders, *n. pl.* (*Borsa*) operazioni tendenti a provocare variazioni nel corso dei titoli.

mate, *n.* ❶ compagno. ❷ (*pers.*) compagno di lavoro. ❸ (*trasp. mar.*) comandante in seconda (*di mercantile*); secondo (di bordo). // ~ **'s receipt** (*trasp. mar.*) ricevuta provvisoria d'imbarco.

material, *a.* ❶ materiale. ❷ (*leg.*) importante, essenziale. *n.* materiale, materia, sostanza. △ *n.* **There has been a rise in the price of raw materials** c'è stato un aumento nel prezzo delle materie grezze. ~ **terials control** (*org. az.*) controllo dei materiali; ~ **facts** (*leg.*) fatti importanti; **materials handling** (*org. az.*)

materialize

maneggio dei materiali, trasporto (*interno*) dei materiali; ~ **needs** (*econ.*) bisogni materiali; **a ~ piece of evidence** (*leg.*) una prova essenziale.

materialize, *v. t.* ridurre a condizione materiale, materializzare. *v. i.* materializzarsi, diventare concreto, attuarsi, realizzarsi. △ *v. i.* **It will be hard for your plan to ~** sarà difficile che il vostro progetto si attui.

materialman, *n.* (*pl.* **materialmen**) (*econ.*) fornitore di materiali (*p. es., nell'edilizia*).

maternal, *a.* materno. // **~ welfare** (*leg., pers.*) tutela della maternità.

maternity, *n.* maternità. // **~ leave** (*pers.*) congedo per maternità, congedo per gravidanza e puerperio.

math, *n.* (*fam., USA*) matematica.

mathematic, *a.* V. **mathematical**.

mathematical, *a.* (*mat.*) matematico. // **~ analysis** (*mat.*) analisi matematica; **~ model** (*mat., ric. op.*) modello matematico; **~ programming** (*elab. elettr.*) programmazione matematica.

mathematician, *n.* matematico.

mathematics, *n. pl.* (*col verbo al sing.*) (*mat.*) matematica.

maths, *n.* (*fam.*) matematica.

matriculate, *v. t.* immatricolare.

matriculation, *n.* immatricolazione.

matrix, *n.* (*pl.* **matrices** e *reg.*) ❶ (*mat.*) matrice. ❷ (*pubbl.*) matrice (*di stampa*).

matter[1], *n.* ❶ materia, sostanza. ❷ argomento, contenuto, oggetto, soggetto. ❸ affare, faccenda, questione, problema. △ ❸ **We shall soon let you know about the whole ~** vi informeremo presto su tutta la faccenda; **The dispute arose from money matters** la vertenza derivò da questioni di denaro. // **~ in controversy** (*leg.*) oggetto della controversia, oggetto della lite; **~ in deed** (*leg.*) materia di fatto, motivo di fatto; **a ~ of complaint** un motivo di reclamo, un motivo di lagnanza; **matters of concern to consumers** (*comm., comm. est.*) questioni interessanti i consumatori; **the ~ of the dispute** (*leg.*) l'oggetto della controversia, l'oggetto della lite; **~ of fact** (*leg.*) materia di fatto, motivo di fatto; **~ of law** (*leg.*) materia di diritto, motivo di diritto; **a ~ of priority** un problema che ha precedenza assoluta; **as a ~ of course** automaticamente; (*amm., leg.*) d'ufficio.

matter[2], *v. i.* avere importanza, importare, interessare. △ **That doesn't ~ at all** ciò non ha alcuna importanza.

mature[1], *a.* ❶ (*anche fig.*) maturo. ❷ (*cred.*) (*di cambiale, ecc.*) in scadenza, scaduto.

mature[2], *v. t.* ❶ maturare, portare a maturità. ❷ (*fig.*) maturare (*un'idea, un piano*). *v. i.* ❶ maturare, maturarsi. ❷ (*cred.*) (*di cambiale, ecc.*) giungere a scadenza, scadere. △ *v. i.* ❷ **This bill will ~ next month** questa cambiale scadrà il mese prossimo; **Insolvency means inability to meet one's debts as they ~** l'insolvenza è l'impossibilità di far fronte ai propri impegni (quando giungono) alla scadenza.

matureness, *n.* V. **maturity**.

maturity, *n.* ❶ maturità, maturazione. ❷ (*cred.*) (*di cambiale, ecc.*) scadenza. △ ❷**We have duly paid the bill on ~** abbiamo regolarmente pagato la cambiale alla scadenza. // **~ of judgment** maturità di giudizio; **at (o on) ~** (*cred.*) alla scadenza; **before ~** (*cred.*) prima della scadenza.

maximal, *a.* massimale.

maximation, *n.* V. **maximization**.

maximization, *n.* ❶ ingrandimento spinto al massimo, aumento spinto al massimo. ❷ (*mat., ric. op.*) massimizzazione.

maximize, *v. t.* ❶ ingrandire (*qc.*) al massimo, aumentare (*qc.*) al massimo. ❷ (*mat., ric. op.*) massimizzare (*una funzione, ecc.*); trovare il valore massimo di (*una funzione, ecc.*).

maximum, *n.* ❶ (il) massimo. ❷ (*mat., ric. op.*) valore massimo (*d'una funzione, ecc.*). *a. attr.* massimo. // **~ axle load** (*trasp.*) carico massimo per assale, peso massimo per assale; **~ load** (*trasp.*) carico massimo, peso massimo; **~ overdraft** (*banca, cred.*) massimo scoperto; **~ rate** (*ass.*) massimale; **~ risk** (*ass.*) rischio massimo; **~ wage** (*pers.*) salario massimo.

mayor, *n.* sindaco (*di città*).

mayoral, *a.* di sindaco (*di città*), sindacale.

mean[1], *a.* medio, intermedio. *n.* ❶ via di mezzo, giusto mezzo. ❷ (*mat., stat.*) media. ❸ **means**, *pl.* (*spesso col verbo al sing.*) mezzo, espediente, modo, modalità, maniera, (*fig.*) strumento. ❹ **means**, *pl.* (*fin.*) mezzi (*di sussistenza*), averi, denari, proprietà, sostanze. △ *n.* ❸ **There was no means of knowing what was going on at the meeting** non c'era modo di sapere come stessero mettendosi le cose alla riunione; **We are seeking out ways and means of creating a general climate favourable to research and innovation** stiamo cercando di definire le modalità e gli strumenti atti a creare un clima generale favorevole alla ricerca e all'innovazione; **This is a real ~ of orienting production and ensuring market stability** questo è un vero strumento di orientamento delle produzioni e della stabilità dei mercati; ❹ **For lack of means the project was rejected** il progetto fu abbandonato per mancanza di mezzi. // **~ deviation** (*stat.*) scostamento medio; **~ life** (*ass., stat.*) vita media; **~ line** (*mat.*) bisettrice; **means of conveyance** (*trasp.*) mezzo (o mezzi) di trasporto; **a means of speeding up public spending** (*fin.*) uno strumento d'accelerazione della spesa pubblica; **means of subsistence** (*econ.*) mezzi di sussistenza; **means of transportation** mezzo di trasporto; **~ price** (*market.*) prezzo medio; **~ price difference** (*market.*) scarto medio dei prezzi: **The ~ price difference is obtained by calculating for each article the actual difference between the lowest and the highest prices (as a percentage of the lowest price) and by taking the simple arithmetical average of the difference** lo scarto medio dei prezzi si ottiene calcolando per ogni articolo lo scarto esistente tra il prezzo più basso e quello più alto (in percentuale rispetto al prezzo più basso) e facendo la media aritmetica semplice di tali scarti; **~ proportional** (*mat.*) media proporzionale, media geometrica; **a ~ quantity** una quantità media; **~ sea level** (*trasp. mar.*) livello medio del mare; **~ square deviation** (*stat.*) scarto quadratico medio; **by means of** per mezzo di, mediante.

mean[2], *v. t.* (*pass. e part. pass.* **meant**) ❶ significare, voler dire. ❷ intendere, avere l'intenzione di, proporsi. △ ❷ **If you ~ to place a substantial order, we are ready to talk prices** se intendete piazzare un ordine importante, siamo disposti a discutere i prezzi. // **to ~ business** fare sul serio.

meaning, *n.* significato, senso. △ **I can't grasp the ~ of such a transaction** non riesco ad afferrare il senso d'un'operazione siffatta.

measurable, *a.* misurabile. △ **The value of certain factors of production is not easily ~** il valore di taluni fattori produttivi non è misurabile con facilità.

measure[1], *n.* ❶ misura. ❷ (*fig.*) misura, provvedimento, precauzione. ❸ (*leg.*) via (legale). ❹ (*mat.*) divisore. △ ❷ **The measures implementing the com-**

mon policies take regional interests sufficiently into account le misure da adottare in applicazione della politica comune tengono sufficientemente conto degli interessi regionali; **Lots of measures have been suggested to combat stagflation** una quantità di provvedimenti sono stati suggeriti per combattere la « stagflazione »; ❸ **We cannot afford to take legal measures** non possiamo permetterci di adire le vie legali. // **measures aimed at boosting the economy** (*econ.*) provvedimenti di rilancio economico; **measures likely to increase supply** (*econ.*) misure adatte ad aumentare l'offerta; **measures of capacity** misure di capacità; ~ **of damage** (*ass.*, *leg.*) metodo di valutazione dei danni; **a** ~ **of length** una misura di lunghezza, una misura lineare; **measures taken for the safety of the ship** (*trasp. mar.*) provvedimenti presi per la salvezza della nave; **measures taken to stem the recession** (*econ.*) provvedimenti anticongiunturali; **measures taken to support prices** (*econ.*) misure di sostegno dei prezzi.

measure[2], *v. t.* ❶ misurare. ❷ giudicare, valutare. *v. i.* misurare, fare misurazioni, avere una (certa) misura. △ *v. t.* ❶ **We must** ~ **the rooms before deciding what use to make of them** dobbiamo misurare i vani prima di deciderne l'impiego; ❷ **Only a few people can, or are willing to,** ~ **the gravity of the crisis** soltanto poche persone sono in grado di valutare la gravità della crisi, o sono disposte a farlo; *v. i.* **The new office measures 15 feet by 12** il nuovo ufficio misura 15 piedi per 12. // **to** ~ **the tonnage of** (*trasp. mar.*) stazzare; **to** ~ **up to sb. (st.)** essere all'altezza di q. (qc.): **We hope our articles will** ~ **up to your customers' demands** vogliamo sperare che i nostri articoli siano all'altezza delle richieste della vostra clientela.

measurement, *n.* ❶ misurazione, il misurare. ❷ misura. ❸ (*trasp. mar.*) stazzatura. // ~ **account** (*trasp. mar.*) conto di cubatura, conto di volume; ~ **brief** (*trasp. mar.*) certificato di stazza; ~ **cargo** (*trasp. mar.*) merci a cubatura; ~ **freight** (*trasp. mar.*) merci a cubatura; ~ **goods** (*trasp. mar.*) merci a cubatura; **the measurements of the premises** le misure dei locali; ~ **rate** (*trasp. mar.*) rata (di nolo) a cubaggio.

meat, *n.* (*market.*) carne.

mechanic, *a.* meccanico. *n.* (*pers.*) meccanico.

mechanical, *a.* meccanico. // ~ **aptitude test** (*pers.*) test d'attitudine meccanica; ~ **brain** (*elab. elettr.*) cervello elettronico; ~ **drawing** (*pubbl.*) disegno tecnico, disegno industriale; ~ **engineering** ingegneria meccanica; (*econ.*) industrie meccaniche; ~ **handling** (*org. az.*) trasporti (*interni*) meccanizzati; ~ **technology** (*org. az.*) tecnologia meccanica; ~ **transport** (*trasp.*) trasporto motorizzato.

mechanism, *n.* meccanismo. △ **Banks supply the** ~ **that assures the smooth circulation of short-term credit** le banche forniscono il meccanismo che assicura la facile circolazione del credito a breve termine.

mechanization, *n.* meccanizzazione.

mechanize, *v. t.* ❶ meccanizzare. ❷ (*org. az.*) fornire di macchinari.

mechanized, *a.* meccanizzato. // ~ **silo** (*org. az.*) silo meccanizzato.

meddle, *v. i.* immischiarsi, interferire.

media, *n. pl.* (*pubbl.*) mezzi tecnici d'informazione, mezzi pubblicitari. // ~ **buyer** (*pubbl.*) « media buyer » (*chi acquista spazio su un giornale o tempo alla radio e TV per fare la pubblicità a un prodotto*); ~ **department** (*pubbl.*) reparto mezzi pubblicitari; ~ **man** (*pubbl.*) esperto in mezzi pubblicitari, esperto pubblicitario; ~ **research** (*org. az.*, *pubbl.*) ricerca dei mezzi d'informazione.

median, *a.* mediano, di mezzo. *n.* (*mat.*, *stat.*) mediana. // ~ **time** (*cronot.*) valore centrale.

mediate[1], *a.* mediato, indiretto. // **a** ~ **testimony** (*leg.*) una testimonianza per procura.

mediate[2], *v. i.* fare da mediatore, fare da intermediario. *v. t.* ottenere con la propria mediazione. // **to** ~ **a settlement** ottenere un accomodamento esercitando la mediazione.

mediation, *n.* mediazione. △ **His** ~ **was of paramount importance** la sua mediazione fu di capitale importanza.

mediator, *n.* mediatore (*di liti, ecc.*).

medical, *a.* medico. // ~ **assistance** (*pers.*) assistenza medica; ~ **examiner** (*ass.*, *pers.*) medico legale; ~ **inspection of passengers** (*leg.*, *trasp.*) controllo sanitario dei passeggeri; ~ **jurisprudence** (*leg.*) medicina legale; ~ **officer** (*leg.*) ufficiale sanitario.

medicare, *n.* (*USA*) programma governativo d'assistenza medica (*specialm. agli anziani*).

medicine, *n.* medicina.

medium, *n.* ❶ mezzo, espediente, modo, strumento, (*fig.*) tramite. ❷ (*econ.*) mezzo di scambio. ❸ (*pubbl.*) mezzo tecnico d'informazione, mezzo pubblicitario. *a. attr.* medio, intermedio. // ~ **boldface** (*giorn.*, *pubbl.*) neretto, carattere neretto; **a** ~ **of communication** (*comun.*) un mezzo di comunicazione; **a** ~ **of exchange** (*econ.*) un mezzo di scambio: **Money is the most commonly accepted** ~ **of exchange** il denaro è il mezzo di scambio più comunemente accettato; ~ **-sized** di misura media, medio; **the** ~ **-sized companies** (*fin.*) le medie imprese; **a** ~ **-sized computer** (*elab. elettr.*) un calcolatore di media potenza; **a** ~ **-sized enterprise** (*fin.*) una media impresa; ~ **-term** a medio termine, a medio, a media scadenza, nel medio periodo; (*fin.*, *rag.*) (*di profitti, perdite, operazioni, ecc.*) a medio termine (*più d'un anno ma meno di dieci anni*); ~ **term credit** (*cred.*) credito a medio (termine), mediocredito; ~ **-term economic outlook** (*econ.*) prospettive economiche a medio termine; ~ **-term economic policy** (*econ.*) politica economica a medio termine; ~ **-term investment policy** (*econ.*) politica d'investimenti a medio termine; **a** ~ **-term loan** (*cred.*) un finanziamento a medio termine; **a** ~ **-term plan** (*econ.*) un piano poliennale; **in the** ~ **term** a medio termine, a media scadenza, nel medio periodo.

meet, *v. t.* (*pass. e part. pass.* **met**) ❶ incontrare, conoscere, fare la conoscenza di, essere presentato a. ❷ (*anche fig.*) andare incontro a, venire incontro a. ❸ far fronte a, fronteggiare, affrontare. ❹ conformarsi a, soddisfare. ❺ (*cred.*) far onore a, onorare (*una cambiale, ecc.*); pagare. *v. i.* incontrarsi, radunarsi, riunirsi, trovarsi. △ *v. t.* ❶ **We should be glad to** ~ **your new agent** gradiremmo conoscere il vostro nuovo rappresentante; ❷ **The secretary said we were to** ~ **Mr Hancock at the airport** la segretaria ci disse che avremmo dovuto andare incontro a Mr Hancock all'aeroporto; **We are prepared to** ~ **you over this matter** siamo disposti a venirvi incontro in questa faccenda; ❹ **Demands from the Member Countries cannot be met** le richieste dai Paesi Membri non possono essere soddisfatte; **Our articles have always met our customers' requirements** i nostri articoli hanno sempre soddisfatto le esigenze della clientela; *v. i.* **The delegates will** ~ **twice a day** i delegati si riuniranno due volte al giorno. // **to** ~ **a bill of exchange** (*cred.*) onorare una cambiale, pagare una cambiale: **I do hope that the person in question will** ~ **the bill at maturity** voglio sperare che la persona in questione onorerà l'effetto alla scadenza; to ~ **sb. by appointment** incontrare q. su appuntamento; to ~ **competition** (*market.*) sostenere la concorrenza; to ~ **the customers' requirements** (*market.*) corrispondere alle esigenze dei clienti; to ~ **a debt** (*cred.*) far fronte a un debito; to ~ **a demand** soddisfare una richiesta; to ~ **the demand** (*econ.*) essere all'altezza della domanda, essere pari alla domanda; to ~ **one's engagements** (*leg.*) soddisfare i propri impegni; to ~ **an expense** sostenere una spesa; to ~ **sb. halfway** (*fig.*) venire a un compromesso con q.; to ~ **the requirements of economic integration** (*econ.*) rispondere agli imperativi dell'integrazione economica; to ~ **with** incontrarsi con, incontrare; to ~ **with appreciation** essere apprezzato; to ~ **with sb.'s approval** incontrare l'approvazione di q., essere approvato da q.: **We trust our proposal will ~ with your approval** confidiamo che la nostra proposta incontrerà la vostra approvazione.

meeting, *n.* ❶ incontro, riunione, raduno, convegno. ❷ (*leg.*) assemblea, adunanza, seduta. △ ❶ **This is going to be the first of a long series of meetings between representatives of employees and employers** questa sarà la prima d'una lunga serie di consultazioni fra sindacati dei lavoratori e associazioni dei datori di lavoro. // **the ~ of the board of directors** (*amm.*) l'adunanza del consiglio d'amministrazione; **the ~ of creditors** (*leg.*) l'assemblea dei creditori; **the ~ of shareholders** (*fin.*) l'assemblea degli azionisti.

megabuck, *n.* (*slang USA*) (un) milione di dollari.

melt, *v. t.* fondere. *v. i.* fondersi, disfarsi.

melting, *n.* fusione (*in senso proprio*).

member, *n.* ❶ membro. ❷ (*fin.*) associato, socio. ❸ (*sind.*) iscritto. // ~ **corporation** (*Borsa, USA*) società aderente alla Borsa Valori di New York; ~ **firm** (*Borsa, USA*) ditta aderente alla Borsa Valori di New York; **a ~ of the Bar association** (*leg.*) un iscritto all'ordine degli avvocati; **the members of the crew** (*trasp. mar.*) i membri dell'equipaggio; ~ **of the editorial staff** (*giorn.*) redattore; **a ~ of the N.Y. Stock Exchange** (*Borsa, USA*) un iscritto alla Borsa Valori di New York; **the members of a union** (*sind.*) gli iscritti a un sindacato; ~ **organization** (*Borsa, USA*) organismo membro della Borsa Valori di New York; **to be a ~ of** essere membro di, far parte di: **He was a ~ of the committee** ha fatto parte del comitato.

membership, *n.* ❶ condizione di membro. ❷ (*fin.*) condizione di socio; appartenenza (*a una società, ecc.*). ❸ (*fin.*) numero di soci. ❹ (*sind.*) l'essere iscritto, appartenenza (*a un sindacato*). ❺ (*sind.*) numero di iscritti. △ ❺ **Our union has a large ~** il nostro sindacato ha un gran numero d'iscritti.

memo[1]**,** *n.* ❶ (*az. org., fam.*) memorandum, promemoria, nota, annotazione, appunto. ❷ (*org. az., fam.*) comunicazione, comunicazione di servizio. // ~ **book** (*attr. uff.*) memorandum, agenda, taccuino.

memo[2]**,** *v. t.* ❶ (*org. az., fam.*) fare un memorandum di (*qc.*), fare un'annotazione di (*qc.*). ❷ (*org. az., fam.*) inviare una nota a (*q.*), inviare una comunicazione (di servizio) a (*q.*). △ ❷ **We'll ~ them tomorrow** invieremo loro una nota domani.

memorandum[1]**,** *n.* (*pl.* **memoranda** e *reg.*) ❶ memorandum, promemoria, nota, appunto. ❷ (*org. az.*) comunicazione, comunicazione di servizio. ❸ (*trasp. mar.*) duplicato di polizza di carico. // ~ **book** (*attr. uff.*) memorandum, agenda, taccuino; ~ **of association** (*fin., ingl.*) atto costitutivo (*d'una società di capitali*); **as a ~** come promemoria.

memorandum[2]**,** *v. t.* fare un memorandum di (*qc.*).

memorial, *n.* ❶ memoriale, memorandum, promemoria, nota, petizione. ❷ (*leg.*) estratto.

memory, *n.* ❶ memoria. ❷ (*elab. elettr.*) memoria, magazzino. // ~ **book** (*attr. uff.*) memorandum, agenda, taccuino.

menace[1]**,** *n.* minaccia.

menace[2]**,** *v. t.* minacciare.

mend, *v. t.* accomodare, aggiustare.

mending, *n.* aggiustamento.

mensualisation, *n.* (*pers., sind.*) mensualizzazione (*dei salari*).

mental, *a.* mentale. // ~ **capacity** (*leg.*) capacità d'intendere e di volere; ~ **competence** (*leg.*) capacità d'intendere e di volere; ~ **disease** (*leg.*) malattia mentale, infermità mentale; ~ **incapacity** (*leg.*) incapacità d'intendere e di volere; ~ **incompetence** (*leg.*) incapacità d'intendere e di volere; ~ **powers** (*leg.*) facoltà mentali.

mention[1]**,** *n.* menzione, accenno, cenno, citazione, indicazione. △ **He made no ~ of that** non ne fece menzione.

mention[2]**,** *v. t.* menzionare, far menzione di, accennare a, citare, indicare. △ **In their last letter they didn't ~ their intention to buy** nella loro ultima lettera non accennarono alla loro intenzione d'acquistare; **In replying please ~: code number 24373** da citare nella risposta: numero di codice 24373; // **mentioned above** predetto, suddetto.

mercantile, *a.* mercantile, commerciale. // ~ **agency** (*leg.*) agenzia, rappresentanza di commercio; agenzia d'informazioni commerciali; ~ **agent** (*leg.*) agente di commercio; titolare d'un'agenzia d'informazioni commerciali; ~ **credit** (*cred.*) credito mercantile; ~ **law** (*leg.*) diritto commerciale; ~ **marine** (*trasp. mar.*) marina mercantile; ~ **paper** (*banca, cred.*) carta commerciale, effetti commerciali; ~ **system** (*econ.*) mercantilismo; ~ **theory** (*econ.*) teoria mercantilistica.

mercantilism, *n.* (*econ.*) mercantilismo.

mercantilist, *n.* (*econ.*) mercantilista, fautore del mercantilismo. *a.* (*econ.*) mercantilista.

mercantilistic, *a.* (*econ.*) mercantilistico, mercantilista.

merchandise[1]**,** *n. collett.* (*market.*) mercanzia, merce, derrate. // ~ **traffic** (*trasp.*) movimento (delle) merci; ~ **train** (*trasp. ferr.*) treno merci.

merchandise[2]**,** *v. i.* (*market.*) commerciare, esercitare un commercio, fare affari. *v. t.* ❶ (*market.*) commerciare in (*un articolo, ecc.*), trattare (*un articolo, ecc.*), occuparsi di (*un certo articolo, un ramo d'affari, ecc.*). ❷ (*market.*) promuovere le vendite di (*un articolo, ecc.*). ❸ (*pubbl.*) reclamizzare (*un prodotto, ecc.*). △ *v. t.* ❷ **All our efforts to ~ that article were frustrated** tutti i nostri sforzi per promuovere la vendita di quell'articolo furono vani.

merchandising, *n.* (*pubbl.*) complesso d'attività promozionali di vendita.

merchandize, *v. t.* e *i.* *V.* **merchandise**.

merchant[1]**,** *n.* ❶ mercante, commerciante. ❷ (*USA*) negoziante, bottegaio. *a. attr.* mercantile, commerciale. // ~ **bank** (*fin., ingl.*) « banca d'affari »: **A bank is a « bankers' bank »: in fact, it helps the major clearing banks to make imaginative and profitable use of their depositors' funds** la banca d'affari è la « banca dei banchieri »: infatti, essa aiuta le grandi banche di credito ordinario a utilizzare in modo originale e redditizio i fondi dei depositanti; **Italy's banking law precludes commercial banks from engaging in busi-**

ness of the type handled by ∼ banks, such as medium- and long-term lending, and acquisition of direct equity interests in industrial, commercial and financial concerns la legge bancaria italiana preclude agli istituti di credito ordinario la possibilità d'operare nei tipici settori d'attività delle banche d'affari: finanziamenti a medio e a lungo termine, e assunzione di partecipazioni azionarie dirette in società industriali, commerciali o finanziarie; **The only legally authorized ∼ bank in Italy is in fact Mediobanca, an institution for medium-term credit established in 1946 by IRI and the three national interest banks (Banca Commerciale Italiana, Credito Italiano and Banco di Roma)** in pratica, l'unica banca d'affari autorizzata dalla legge italiana è la Mediobanca, un istituto per l'esercizio del credito a medio termine costituito nel 1946 dall'IRI e dalle tre banche d'interesse nazionale (la Banca Commerciale Italiana, il Credito Italiano e il Banco di Roma); ∼ **banker** (*fin.*) « banchiere d'affari »: **In Italy, there are no ∼ banks, but ∼ bankers and investment banks do exist** in Italia non vi sono banche d'affari ma effettivamente esistono banchieri d'affari e « investment banks »; **The difference between a ∼ bank and a ∼ banker in terminology is subtle, but substantial from a practical and legal standpoint: in fact, a ∼ banker does not necessarily need his own resources (or those of ordinary deposit-holders) to finance his deals** la differenza fra la banca d'affari e il banchiere d'affari è sottile dal punto di vista lessicale, ma è sostanziale sotto il profilo pratico e normativo: infatti, il banchiere d'affari non ha bisogno assoluto d'utilizzare mezzi finanziari propri (o dei risparmiatori ordinari) per finanziare le sue attività; **In Italy there are also ∼ bankers who operate in banks within the rather restricted legal limits: the most important of them was Raffaele Mattioli, chairman of the Banca Commerciale Italiana and director of Mediobanca** in Italia ci sono anche banchieri d'affari che agiscono nell'ambito d'istituti di credito e nei limiti piuttosto ristretti previsti dalla legge: il più importante di loro fu Raffaele Mattioli, presidente della Banca Commerciale Italiana e membro del consiglio d'amministrazione della Mediobanca; ∼ **banking** (*fin., ingl.*) « merchant banking » (*V.* ∼ **bank**): **Almost at the same time as the 1933 Italian Banking Act, U.S. commercial banks were forbidden to engage in ∼ banking** negli Stati Uniti, quasi contemporaneamente all'emanazione della legge bancaria italiana del 1933, venne proibito alle banche commerciali di svolgere le attività di « merchant banking »; **A typical ∼ banking deal which has now gone down in history was the one milliard lire loan given by Raffaele Mattioli just after the war to Enrico Mattei, and which made the creation of ENI feasible** una tipica operazione di « merchant banking », entrata ormai nella storia, è il finanziamento di un miliardo concesso nell'immediato dopoguerra da Raffaele Mattioli a Enrico Mattei, e che rese possibile la nascita dell'ENI; ∼ **flag** (*trasp. mar.*) bandiera di (nave) mercantile; ∼ **fleet** (*trasp. mar.*) flotta mercantile; ∼ **law** (*leg.*) diritto commerciale; ∼ **marine** (*trasp. mar.*) marina mercantile; ∼ **navy** (*trasp. mar., ingl.*) marina mercantile; ∼ **service** (*trasp. mar.*) marina (*o* flotta) mercantile; **a ∼ ship** (*trasp. mar.*) una nave mercantile, un mercantile.

merchant[2], *v. t.* (*market.*) commerciare in (*un articolo, ecc.*), trattare (*un articolo, ecc.*), occuparsi di (*un articolo, un certo ramo d'affari, ecc.*). △ **We can offer you something superior to what most dealers ∼ nowa**days possiamo offrirvi qualcosa di superiore a ciò che gran parte dei negozianti tratta oggigiorno.

merchantable, *a.* (*market.*) commerciabile, vendibile.

merchantman, *n.* (*pl.* **merchantmen**) (*trasp. mar.*) mercantile, nave mercantile.

mercy, *n.* (*leg.*) grazia.

merge, *v. t.* ❶ mescolare. ❷ (*fin.*) incorporare, concentrare, fondere (*aziende, ecc.*). ❸ (*leg.*) confondere (*redditi, interessi, ecc.*). *v. i.* ❶ mescolarsi. ❷ (*fin.*) (*di aziende, ecc.*) fondersi, concentrarsi, incorporarsi. ❸ (*fin.*) (*d'azienda, ente, ecc.*) essere assorbito o incorporato (*da un altro*). ❹ (*leg.*) (*di redditi, interessi, ecc.*) confondersi. △ *v. t.* ❷ **They are planning to ∼ the two concerns** stanno progettando di fondere le due aziende; *v. i.* ❷ **The two major banks merged in order to dwarf competitors** le due banche maggiori si fusero per schiacciare le concorrenti.

merger, *n.* ❶ (*fin.*) fusione, concentrazione, incorporazione (*d'aziende*). ❷ (*fin.*) assorbimento (*d'una o più aziende da parte d'un'altra*). ❸ (*leg.*) confusione (*di redditi, interessi, ecc.*). △ ❶ **We shall witness more and more frequent mergers of companies** assisteremo a sempre più frequenti fusioni di società. // **a ∼ deal** (*fin.*) un'operazione di fusione.

merit[1], *n.* ❶ merito, pregio, valore. ❷ **merits**, *pl.* (*leg.*) diritti strettamente legali delle parti, « merito ». // **the merits of a case** (*leg.*) il merito d'una causa; ∼ **rating** (*pers.*) valutazione del merito, valutazione del personale; ∼ **rating in terms of activities** (*pers.*) valutazione in termini di risultati.

merit[2], *v. t.* meritare. // **to ∼ a reward** meritare una ricompensa.

meritocracy, *n.* (*amm., pers.*) meritocrazia.

merry, *a.* lieto.

message[1], *n.* ❶ (*comun.*) messaggio, comunicazione, segnalazione, dispaccio. ❷ (*elab. elettr.*) messaggio. ❸ (*pubbl.*) messaggio pubblicitario, slogan, parole usate per reclamizzare un prodotto; « stacco ». △ ❶ **Are there any messages for me?** ci sono comunicazioni per me? // **the messages of TV commercials** (*pubbl.*) gli slogan dei caroselli televisivi.

message[2], *v. t.* (*comun.*) comunicare, segnalare, trasmettere.

messenger, *n.* ❶ messaggero. ❷ (*banca, pers.*) commesso. ❸ (*pers.*) messo, fattorino. // ∼ **-boy** (*pers.*) fattorino.

metal[1], *n.* ❶ metallo. ❷ **metals**, *pl.* (*trasp. ferr., ingl.*) rotaie, binario.

metal[2], *v. t.* ❶ dare un rivestimento metallico a. ❷ (*trasp. aut.*) massicciare, « macadamizzare » (*una strada*). // **to ∼ a ship's bottom** (*trasp. mar.*) dare un rivestimento metallico al fondo d'una nave.

metallic, *a.* metallico. // ∼ **circulation** (*fin.*) circolazione (monetaria) metallica; ∼ **clause** (*ass. mar.*) clausola in base alla quale l'assicuratore non risponde dei danni e delle perdite dovute alla normale usura cui è soggetta la nave durante il viaggio; ∼ **currency** (*fin.*) moneta metallica, valuta metallica; ∼ **reserve** (*banca*) riserva metallica.

metallurgic, *a.* (*econ.*) metallurgico.

metallurgical, *a. V.* **metallurgic**.

metallurgy, *n.* (*econ.*) metallurgia.

metalworker, *n.* (*pers.*) operaio metallurgico, metallurgico.

metalworking, *n.* (*econ.*) lavorazione dei metalli, metallurgia.

métayage, *n.* (*econ.*) mezzadria.
métayer, *n.* (*econ.*) mezzadro. // ~ **system** (*econ.*) mezzadria.
mete, *n.* confine, limite. // **metes and bounds** (*leg.*) confini e limiti (*d'una proprietà*).
meter[1], *n.* ❶ strumento misuratore. ❷ contatore. ❸ (*macch. uff.*) affrancatrice, macchina affrancatrice. ❹ (*USA*) *V.* **metre**. // ~ **cancellation** (*comun.*) annullamento dell'affrancatura (*postale*); ~ **slogan** (*comun., pubbl.*) slogan (*pubblicitario*) compreso nel timbro postale (*sulla corrispondenza affrancata mediante affrancatrice*).
meter[2], *v. t.* ❶ misurare. ❷ (*di macch. uff.*) affrancare (*lettere, ecc.*) mediante una (macchina) affrancatrice.
metered mail, *n.* (*comun.*) posta affrancata mediante una (macchina) affrancatrice.
metering, *n.* (*di macch. uff.*) affrancatura (*di lettere, ecc.*) mediante macchina affrancatrice.
method, *n.* metodo, modo, maniera. △ **They are studying new methods for working out forecasts** stanno studiando nuovi metodi di elaborazione delle previsioni. // **methods engineer** (*cronot., pers.*) analista dei metodi e tempi; **methods engineering** (*cronot.*) analisi dei metodi e tempi; ~ **improvement** (*cronot.*) studio dei metodi; ~ **of least squares** (*mat., stat.*) metodo dei minimi quadrati; ~ **of packing** (*market.*) metodo d'imballaggio; ~ **study** (*cronot.*) studio dei metodi.
methodic, *a.* metodico.
methodical, *a.* metodico.
methodological, *a.* metodologico.
methodology, *n.* metodologia.
metre, *n.* metro.
metric, *a.* metrico. // ~ **equivalent** equivalente (secondo il sistema metrico) decimale; **the** ~ **system** il sistema metrico decimale; ~ **ton** tonnellata metrica, tonnellata.
metrical, *a. V.* **metric**.
metrication, *n.* (*mat.*) decimalizzazione, riduzione al sistema metrico (*decimale*).
metrology, *n.* sistema di pesi e misure.
metropolis, *n.* ❶ metropoli. ❷ **the Metropolis** (*ingl.*) Londra.
metropolitan, *a.* metropolitano. // ~ **area** (*econ.*) area metropolitana; ~ **newspapers** (*giorn.*) giornali metropolitani.
microcircuit, *n.* (*elab. elettr.*) microcircuito.
microeconomics, *n. pl.* (*col verbo al sing.*) (*econ.*) microeconomia.
microfilm[1], *n.* (*pubbl.*) microfilm. // ~ **unit** (*attr. uff., pubbl.*) impianto di microfilm.
microfilm[2], *v. t.* (*pubbl.*) fotografare su microfilm.
micromotion, *n.* (*cronot.*) micromovimento.
microphotograph[1], *n.* (*pubbl.*) microfotografia (*il risultato*).
microphotograph[2], *v. t.* (*pubbl.*) microfotografare.
microphotography, *n.* (*pubbl.*) microfotografia (*il procedimento*).
mid, *a.* medio, di mezzo. *n.* mezzo. // ~ **Europe Time** *V.* ~ **European Time**; ~ **European Time (M.E.T.)** ora dell'Europa Centrale; ~ **-September** metà settembre, il quindici di settembre: **We received the order to buy 5,000 shares for** ~ **-September** abbiamo ricevuto l'ordine d'acquistare 5.000 azioni per metà settembre.
middle, *a.* medio, intermedio, di mezzo. *n.* mezzo, metà, punto medio. // ~ **article** (*giorn., ingl.*) breve articolo letterario, « elzeviro »; **the** ~ **class** (*econ.*) la classe media, il ceto medio, la borghesia; ~ **distance shot** (*pubbl.*) campo medio, ripresa in campo medio; ~ **ground** (*pubbl.*) campo medio; ~ **of the road** (*trasp. aut.*) mezzeria (*della strada*); (*fig.*) programma d'azione equidistante dagli estremismi, « centralità » programmata; ~ **-of-the-road** equidistante (*dagli estremismi*), centrale, di « centralità »: **a** ~ **-of-the-road economic policy** (*econ.*) una politica economica di « centralità »; ~ **price** (*econ.*) prezzo medio; ~ **-sized** di grandezza media, medio (*di grandezza*); ~ **-sized industries** (*econ.*) medie industrie.
middleman, *n.* (*pl.* **middlemen**) (*market.*) intermediario, mediatore. △ **There is a tendency to eliminate middlemen owing to the high prices of goods when they reach the consumer** c'è una tendenza a eliminare gli intermediari in considerazione dei prezzi troppo alti delle merci al momento in cui queste arrivano al consumatore.
middling, *a.* (*market.*) di media qualità, di seconda qualità, mediocre. // ~ **goods** (*market.*) merce di seconda qualità.
migrant, *a.* (*econ.*) migrante, migratorio. *n.* ❶ (*econ.*) emigrante. ❷ (*econ.*) emigrante interno (*chi cambia residenza in cerca di lavoro, specialm. stagionale*). // ~ **workers** (*econ.*) lavoratori migranti.
migrate, *v. i.* ❶ (*econ.*) emigrare, migrare. ❷ (*econ.*) cambiare residenza in cerca di lavoro (*specialm. stagionale*).
migration, *n.* ❶ (*econ.*) emigrazione, migrazione. ❷ (*econ.*) emigrazione interna. △ ❶ **We must face the problem of our workers'** ~ **towards the other EEC Countries** dobbiamo affrontare il problema dell'emigrazione dei nostri operai verso gli altri Paesi del MEC.
migrator, *n.* ❶ (*econ.*) emigrante. ❷ (*econ.*) emigrante interno.
migratory, *a.* (*econ.*) migratorio, migrante. *n.* ❶ (*econ.*) emigrante. ❷ (*econ.*) emigrante interno. // ~ **workers** (*econ.*) lavoratori migranti.
milage, *n.* ❶ (*pers.*) indennità di viaggio (*a un tanto al miglio*). ❷ (*trasp.*) distanza (percorsa) in miglia. ❸ (*trasp.*) costo per miglio, spesa per miglio.
mild, *a.* mite.
mile, *n.* miglio (*misura di lunghezza pari a km 1.609*).
mileage, *n. V.* **milage**.
militancy, *n.* ❶ il militare. ❷ combattività, pugnacità.
militant, *a.* ❶ che milita. ❷ combattivo, pugnace. *n.* militante. // ~ **trade unionism** (*sind.*) sindacalismo combattivo.
milk, *n.* (*market.*) latte.
mill[1], *n.* ❶ mulino, molino. ❷ (*org. az.*) fabbrica, opificio, stabilimento. △ ❷ **Textile mills are cropping up everywhere** gli stabilimenti tessili stanno spuntando dappertutto. // ~ **-hand** (*pers.*) operaio di fabbrica.
mill[2], *n.* (*fin., USA*) millesimo di dollaro (*unità monetaria usata nei calcoli*).
millage, *n.* (*fin., USA*) aliquota (*d'imposta, ecc.*) espressa in millesimi di dollaro.
milliard, *n.* (*ingl.*) miliardo, bilione, mille milioni, (*cfr.* **billion**).
milligram, *n.* milligrammo.
milligramme, *n. V.* **milligram**.
milliliter, *n.* millilitro.
millilitre, *n.* millilitro.
millimeter, *n.* millimetro.
millimetre, *n.* millimetro.
million, *n.* milione. // **one** (*o* **a**) ~ **dollars** un milione di dollari.
millisecond, *n.* millisecondo.
mimeo, *n.* pubblicazione ciclostilata.
mimeograph[1], *n.* (*macch. uff.*) ciclostile.

mimeograph[2], *v. t.* ciclostilare.
mimeographed, *a.* ciclostilato. // **a ~ form** un modulo ciclostilato.
mind, *v. t.* badare, occuparsi di.
mine[1], *n.* miniera.
mine[2], *v. t.* estrarre (*minerali*).
miner, *n.* minatore.
mineral, *a.* e *n.* minerale.
mini-computer, *n.* (*elab. elettr.*) « minicomputer ».
mini-convertibility, *n.* (*fin.*) mini-convertibilità. // **dollar inconvertibility and ~** l'inconvertibilità e la mini-convertibilità del dollaro.
minimax, *n.* (*mat., ric. op.*) minimax (*perdita minima in un insieme di perdite massime: nella teoria dei giochi*), minimassimo, minimomassimo. // **~ principle** (*mat., ric. op.*) principio minimax (*di scelta decisionale*); **~ theory** (*mat., ric. op.*) teorema minimax (*nella teoria dei giochi*).
minimization, *n.* ❶ riduzione al minimo, attenuazione. ❷ (*mat., ric. op.*) minimizzazione. // **the ~ of a function** (*mat.*) la minimizzazione d'una funzione.
minimize, *v. t.* ❶ ridurre al minimo, attenuare. ❷ (*mat., ric. op.*) minimizzare, trovare il valore minimo di (*una funzione, ecc.*). △ ❷ **We are now in a position to ~ delays** adesso siamo in grado di minimizzare i ritardi. // **to ~ expenses** (*amm.*) ridurre al minimo le spese; **to ~ the risk** (*ric. op.*) minimizzare i rischi.
minimum, *n.* ❶ (il) minimo. ❷ (*mat., ric. op.*) valore minimo. *a. attr.* minimo. // **~ goals** (*org. az.*) obiettivi minimi; **~ pay** (*pers.*) paga minima, minimo di paga; **the ~ penalty** (*leg.*) il minimo della pena; **~ price guaranteed to producer** (*comm., econ.*) prezzo minimo garantito al produttore; **~ rates** (*fin.*) tassi minimi; **the ~ rates of interest paid on deposits by banks** (*fin.*) i tassi minimi debitori delle banche; **the ~ skills required for a trade** (*pers.*) le attitudini minime necessarie per (l'esercizio di) una professione; **~ stock** (*org. az.*) giacenza minima; **~ unit time** (*cronot.*) tempo di ciclo; **~ value** (*mat., ric. op.*) (valore) minimo (*d'una funzione, ecc.*); **~ wage** (*pers.*) salario minimo.
mining, *n.* estrazione (*di minerali*).
minister, *n.* (*ingl.*) ministro. // **~ Without Portfolio** Ministro Senza Portafoglio.
ministerial, *a.* ministeriale.
ministry, *n.* (*ingl.*) ministero, dicastero. // **~ of Agriculture, Fisheries and Food** Ministero dell'Agricoltura, della Pesca e dell'Alimentazione; **~ of Aviation** Ministero dell'Aviazione Civile; **~ of the Civil Service** Ministero per la riforma della Pubblica Amministrazione; **~ of Defence** Ministero della Difesa; **~ of Health** Ministero della Sanità; **~ of Housing and Local Government** Ministero per l'Edilizia Popolare e le Autonomie Locali; **~ of Labour** Ministero del Lavoro; **~ of Land and Natural Resources** Ministero per la Conservazione dell'Ambiente e le Risorse Naturali; **~ of Overseas Developments** Ministero per lo Sviluppo dei Rapporti Economici con i Paesi d'Oltremare; **~ of Power** Ministero per l'Energia; **~ of Public Building and Works** Ministero dei Lavori Pubblici; **~ of Social Security** Ministero della Sicurezza Sociale; **~ of Technology** Ministero per la Tecnologia; **~ of Transport** Ministero dei Trasporti.
minor, *a.* minore, di second'ordine, poco importante. *n.* (*leg.*) minore, minorenne. // **a ~ damage** (*ass.*) un danno di lieve entità.
minority, *n.* ❶ minoranza. ❷ (*leg.*) minorità, età minore. // **~ control** (*fin.*) controllo di minoranza; **~ group** (*fin.*) gruppo di minoranza; **~ shareholder** (*fin.*) azionista di minoranza.

mint[1], *n.* (*fin.*) zecca. // **~ charge** (*fin.*) tassa di coniatura; **~ -mark** (impronta fatta con il) conio; **~ par of exchange** (*fin.*) parità di cambio.
mint[2], *v. t.* (*fin.*) coniare (*monete*). *v. i.* (*fin.*) battere moneta, monetare.
mintage, *n.* ❶ (*fin.*) coniatura, conio, monetazione, monetaggio. ❷ (*fin.*) costo di coniatura. ❸ (*fin.*) tassa di coniatura.
minting-die, *n.* conio (*punzone per coniare*).
mintmark, *n.* (*fin.*) marchio di zecca (*su una moneta fresca di conio*); conio.
mintmaster, *n.* (*fin.*) sovrintendente alla zecca.
minus, *prep.* (*mat.*) meno. *a.* (*mat.*) negativo. *n.* (*mat.*) « meno », quantità negativa. // **~ discount** (*market.*) meno lo sconto; **~ quantities** (*mat.*) quantità negative; **a ~ sign** (*mat.*) un segno di sottrazione, un « meno », un segno negativo.
minuscule, *a.* (*pubbl.*) minuscolo. *n.* (*pubbl.*) minuscola, carattere minuscolo.
minute[1], *n.* minuto, minuto primo. // **up to the ~** (*market.*) aggiornatissimo, modernissimo, all'ultimissima moda: **All their advertising campaign is meant to give the impression of their being up to the ~** tutta la loro campagna pubblicitaria è intesa a dare l'impressione che siano aggiornatissimi.
minute[2], *n.* ❶ minuta, bozza. ❷ nota, promemoria. ❸ **minutes**, *pl.* (*leg.*) verbale, processo verbale. // **~ book** (*leg.*) libro dei verbali, registro dei verbali; **the minutes of the shareholders' meeting** il verbale dell'assemblea degli azionisti.
minute[3], *v. t.* ❶ stendere la minuta di (*qc.*); minutare. ❷ (*leg.*) stendere il verbale di (*una riunione, ecc.*); verbalizzare, mettere a verbale (*gli interventi in un'assemblea, ecc.*). // **to ~ the proceedings of a meeting** (*leg.*) verbalizzare gli atti d'una seduta.
miracle, *n.* miracolo.
misaddress, *v. t.* (*comun.*) indirizzare erroneamente (*corrispondenza, ecc.*). // **to ~ a letter** (*comun.*) indirizzare erroneamente una lettera.
misapplication, *n.* ❶ uso erroneo, impiego sbagliato. ❷ (*leg.*) uso abusivo (*di denaro altrui*); distrazione (*di denaro altrui*).
misapply, *v. t.* ❶ usare malamente, fare un uso errato di (*qc.*). ❷ (*leg.*) usare abusivamente, distrarre (*denaro altrui*).
misappropriate, *v. t.* (*leg.*) appropriarsi indebitamente di (*denaro altrui*). △ **He was fired as he had misappropriated the company's funds** fu licenziato poiché si era indebitamente appropriato dei fondi della società.
misappropriation, *n.* (*leg.*) appropriazione indebita. // **a ~ of trade marks** (*leg.*) un uso abusivo di marchio di fabbrica.
miscalculate, *v. i.* fare male i propri calcoli. *v. t.* calcolare male.
miscalculation, *n.* calcolo sbagliato, calcolo errato, errore di calcolo.
miscarriage, *n.* ❶ (*comun.*) disguido (*di corrispondenza*). ❷ (*leg.*) errore giudiziario. ❸ (*trasp.*) smarrimento (*di merce, ecc.*). // **~ of justice** (*leg.*) errore giudiziario.
miscarry, *v. t.* (*comun.*) smarrire (*corrispondenza, merce, ecc.*). *v. i.* (*comun.*) (*di corrispondenza, merce, ecc.*) andare smarrita, smarrirsi. △ *v. i.* **We feel sure that your letter has miscarried** siamo sicuri che la vostra (lettera) è andata smarrita.
miscellaneous, *a.* ❶ miscellaneo, eterogeneo.

misconduct

❷ (*econ.*, *giorn.*) (*nei grafici*) varie. ❸ (*market.*) misto, assortito.

misconduct[1], *n.* ❶ cattiva condotta, comportamento indegno. ❷ (*amm.*) malgoverno, cattiva amministrazione.

misconduct[2], *v. t.* ❶ condurre male. ❷ (*amm.*) amministrare male, dirigere male. △ ❶ **He has always misconducted his business** ha sempre condotto male gli affari.

misdeed, *a.* (*leg.*) misfatto.

misdeliver, *v. t.* (*comun.*) consegnare (*corrispondenza*, *ecc.*) per errore. // **to ~ a letter** (*comun.*) consegnare per errore una lettera all'indirizzo sbagliato.

misdelivery, *n.* (*comun.*) consegna errata (*di corrispondenza*, *ecc.*).

misdemeanour, *n.* ❶ (*leg.*) cattiva condotta. ❷ (*leg.*) infrazione, trasgressione; reato, violazione di legge (*di minor gravità*).

misdirect, *v. t.* ❶ dare istruzioni erronee a (*q.*). ❷ (*comun.*) sbagliare l'indirizzo di (*una lettera, ecc.*). // **to ~ the jury** (*leg.*) dare istruzioni erronee alla giuria.

misdirection, *n.* ❶ istruzione erronea, indicazione sbagliata. ❷ (*comun.*) indirizzo sbagliato (*d'una lettera*, *ecc.*).

misfeasance, *n.* ❶ (*leg.*) compimento d'un'azione lecita con mezzi illeciti. ❷ (*leg.*) condotta errata nell'espletamento d'un pubblico ufficio.

misgovernment, *n.* (*amm.*) malgoverno.

misinform, *v. t.* informare male, dare informazioni sbagliate a (*q.*), fuorviare. △ **The new partner had been misinformed as to the extent of the firm's liabilities** al nuovo socio erano state date informazioni sbagliate circa l'ammontare dei debiti dell'azienda.

misinformation, *n.* informazioni sbagliate.

mislead, *v. t.* (*pass. e part. pass.* **misled**) fuorviare.

mismanage, *v. t.* ❶ (*amm.*) amministrare male, dirigere male (*un'azienda*, *ecc.*). ❷ (*amm.*) condurre (*gli affari*, *ecc.*) in modo disonesto.

mismanagement, *n.* ❶ (*amm.*) cattiva amministrazione, malgoverno. ❷ (*amm.*) amministrazione disonesta. △ ❶ **Their bankruptcy was due to ~** il loro fallimento fu dovuto alla cattiva amministrazione.

misprint[1], *n.* (*giorn.*, *pubbl.*) errore di stampa, refuso.

misprint[2], *v. t.* (*giorn.*, *pubbl.*) stampare (*qc.*) male, stampare (*qc.*) con errori.

misrepresent, *v. t. e i.* ❶ (*leg.*) dichiarare (*qc.*) erroneamente; fare una dichiarazione erronea. ❷ (*leg.*) dichiarare (*qc.*) falsamente; fare una dichiarazione falsa. △ ❷ **He misrepresents when he says that the firm's books were up-to-date** egli fa una dichiarazione falsa quando dice che i libri contabili erano aggiornati. // **to ~ one's income** (*leg.*) dichiarare falsamente i propri redditi.

misrepresentation, *n.* ❶ (*leg.*) dichiarazione erronea. ❷ (*leg.*) dichiarazione falsa.

miss, *v. t.* perdere, non afferrare, fare tardi a, mancare a. △ **I haven't missed a day's work in ten years!** non ho perso un giorno di lavoro in dieci anni!; **I missed what he said** non ho afferrato quel che ha detto. // **to ~ an appointment** perdere un appuntamento, mancare a un appuntamento; **to ~ a bargain** lasciarsi scappare un affare; **to ~ the bus** (*fig.*, *fam.*) perdere il treno, perdere un'occasione (favorevole): **Is Italy missing the European bus?** l'Italia sta perdendo il treno dell'Europa?; **to ~ an opportunity** perdere un'occasione; **to ~ the stays** (*trasp. mar.*) non riuscire a virare di bordo; **to ~ a train** perdere un treno.

missing, *a.* ❶ mancante, perso, smarrito. ❷ disperso. // **~ person** disperso; **to be ~ mancare: Lots of pages were ~ from the books of accounts** mancava una quantità di pagine dai libri contabili.

mission, *n.* (*comm. est.*) missione, missione commerciale.

mistake[1], *n.* sbaglio, errore, fallo. △ **Please accept our apologies for this ~** vogliate accogliere le nostre scuse per l'errore. // **a ~ in calculation** un errore di calcolo; **a ~ of fact** (*leg.*) un errore di fatto; **a ~ of law** (*leg.*) un errore di diritto; **by ~** per errore, per sbaglio: **Please let us have the goods we sent you by ~ favorite** inviarci le merci che vi spedimmo per errore.

mistake[2], *v. t. e i.* (*pass.* **mistook**, *part. pass.* **mistaken**) sbagliare, errare, fare uno sbaglio, commettere un errore.

mistaken, *a.* errato, sbagliato. // **to be ~** errare, sbagliare.

mistrial, *n.* (*leg.*) processo nullo per vizio di procedura.

mistrust, *n.* mancanza di fiducia, sfiducia.

misunderstand, *v. t.* (*pass. e part. pass.* **misunderstood**) capire male, fraintendere.

misunderstanding, *n.* malinteso, incomprensione, equivoco. △ **We would advise that you contact our agent in order to avoid any ~** vi consiglieremmo di mettervi in contatto col nostro agente per evitare qualunque malinteso.

misuse, *n.* cattivo uso. // **~ of power** (*leg.*) abuso (*o* eccesso) di potere.

mitigate, *v. t.* mitigare, alleviare, attenuare. // **to ~ a punishment** (*leg.*) mitigare una pena.

mitigating, *a.* che mitiga, che allevia, che attenua. // **~ circumstances** (*leg.*) attenuanti, circostanze attenuanti.

mitigation, *n.* attenuazione, alleviamento, mitigazione.

mittimus, *n.* ❶ (*fam.*, *ingl.*) licenziamento. ❷ (*fam.*, *ingl.*) magistrato. ❸ (*leg.*) mandato d'arresto, mandato di cattura.

mix, *v. t.* mescolare, mischiare, miscelare.

mixed, *a.* ❶ mescolato. ❷ misto, di diverse specie. // **~ accounts** (*rag.*) conti misti; **~ bag** (*market.*) assortimento; **~ bank** (*banca*, *cred.*, *fin.*) banca « mista »: **The ~ bank, with large shareholdings in companies, went into crisis in Italy in the Twenties** la banca mista, con vaste partecipazioni in imprese, entrò in crisi, in Italia, negli anni venti; **~ cargo** (*trasp. mar.*) carico misto; **~ economy** (*econ.*) economia di tipo misto; **~ income** (*econ.*) reddito misto; **~ number** (*mat.*) numero misto; **~ policy** (*ass.*) polizza mista; **~ strategy** (*ric. op.*) strategia mista; **~ traffic** (*trasp.*) traffico misto; **~ train** (*trasp. ferr.*) treno misto (*per passeggeri e merci*).

mixing, *n.* mescolatura, miscelatura.

mixture, *n.* miscela.

mobile, *a.* mobile. // **a ~ shop** (*market.*) un autocarro attrezzato per la vendita.

mobility, *n.* mobilità. // **the ~ of labour** (*econ.*, *pers.*) la mobilità del lavoro, la mobilità della manodopera; **the ~ of workers** (*econ.*, *pers.*) la mobilità professionale.

mobilization, *n.* (*fin.*) mobilizzazione, mobilitazione. // **the ~ of wealth** (*fin.*) la mobilizzazione della ricchezza.

mobilize, *v. t.* (*fin.*) mobilizzare, mobilitare. △ **Mortgages can be mobilized like every other instrument of credit** le ipoteche possono essere mobilizzate come tutti gli altri titoli di credito. // **to ~ capital** (*econ.*) mobilizzare il capitale.

mock, *a.* finto, falso, contraffatto, imitato, simulato. // ~ **auction** asta simulata.
mode, *n.* ❶ modo, maniera. ❷ (*cronot.*) modulo. ❸ (*market.*) moda. ❹ (*mat., stat.*) moda.
model[1], *n.* ❶ modello, esempio, tipo. ❷ (*market., pubbl.*) indossatrice. // ~ **contract** (*leg.*) contratto tipo; ~ **-maker** modellista; **the** ~ **of consumer action** (*market.*) il modello di comportamento del consumatore.
model[2], *v. t.* modellare.
modelling, *n.* modellistica.
moderate[1], *a.* moderato, mite, modesto, modico. // ~ **costs** (*econ.*) costi moderati; **a** ~ **income** (*econ.*) un reddito modesto; ~ **prices** (*market.*) prezzi modici.
moderate[2], *v. t.* moderare, temperare.
moderateness, *n.* modicità.
modernization, *n.* modernizzazione, ammodernamento, rimodernamento. // **the** ~ **of the tax structure** (*fin.*) l'ammodernamento della struttura (d'imposizione) fiscale.
modernize, *v. t.* modernizzare, ammodernare, rimodernare. △ **The owner refuses to** ~ **the buildings** il proprietario si rifiuta di rimodernare gli edifici.
modest, *a.* modesto.
modification, *n.* ❶ modificazione, modifica. ❷ (*org. az.*) modifica.
modify, *v. t.* modificare. // **to** ~ **the distribution of basic quotas** (*comm. est.*) modificare la ripartizione dei contingenti di base; **to** ~ **the terms of a contract** (*leg.*) modificare le condizioni d'un contratto.
modular, *a.* (*org. az.*) modulare. // ~ **design** (*org. az.*) progettazione modulare.
moment, *n.* momento, istante.
monetary, *a.* monetario, pecuniario, valutario. △ **The** ~ **situation has still to settle down** la situazione monetaria non è ancora assestata. // ~ **agreement** (*fin.*) accordo monetario; ~ **area** (*fin.*) area monetaria; **the** ~ **authorities** (*fin.*) le autorità monetarie; **the** ~ **field** (*fin.*) il settore monetario; ~ **inflation** (*fin.*) inflazione monetaria; ~ **liquidity** (*fin.*) liquidità finanziaria; ~ **management** (*fin.*) politica monetaria; ~ **policy** (*fin.*) politica monetaria; ~ **regulations** (*fin.*) norme valutarie; ~ **reserves** (*fin.*) riserve monetarie; ~ **snake** (*econ.*) serpente monetario; ~ **system** (*fin.*) sistema monetario; ~ **tempest** bufera monetaria; ~ **tunnel** (*econ.*) tunnel monetario; ~ **union** (*fin.*) unione monetaria; ~ **unit** (*fin.*) unità monetaria; ~ **upheaval** (*fin.*) terremoto monetario.
monetization, *n.* (*fin.*) monetizzazione, monetazione. // **the** ~ **of the national debt** (*fin.*) la monetizzazione del debito nazionale.
monetize, *v. t.* (*fin.*) monetizzare, monetare.
money, *n.* ❶ moneta, denaro, (*fam.*) quattrini, soldi. ❷ (*fin.*) fondi, valuta, ricchezza. △ ❶ **When can you pay back the** ~ **you borrowed?** quando credi di poter restituire il denaro che hai preso a prestito?; **A fall in the discount rate means cheaper** ~ una diminuzione del tasso di sconto significa denaro più a buon mercato. // ~ **at call** (*fin.*) denaro (rimborsabile) a vista; ~ **at short notice** (*fin.*) denaro (rimborsabile) a vista; ~ **-back guarantee** (*fin., market.*) garanzia di rimborso; ~ **bag** borsa (*per il denaro*); ~ **bill** (disegno di) legge finanziaria; ~ **-box** salvadanaio, salvadanaro; ~ **changer** (*fin.*) cambiavalute; ~ **convention** (*fin.*) convenzione monetaria; ~ **-grubber** (*cred.*) strozzino; ~ **-grubbing** (*cred.*) strozzinaggio; ~ **lender** (*cred., fin.*) prestatore di denaro, finanziatore; ~ **market** (*Borsa, fin.*) mercato monetario: **The London** ~ **market is mainly concerned with short-term credit** il mercato monetario londinese si occupa soprattutto di operazioni di credito a breve termine; **In view of the absence of a** ~ **market in Italy, this decision was calculated to encourage lower short-term interest rates at home** data l'inesistenza di un mercato monetario in Italia, questa decisione era destinata a favorire un ribasso dei saggi a breve termine sul mercato interno; ~ **-market intelligence** (*fin.*) informazioni finanziarie; ~ **of account** (*fin.*) moneta di conto, valuta di conto; ~ **of exchange** (*fin.*) moneta di cambio; ~ **order** (*fin.*) ordine di pagamento, mandato (*di pagamento*); vaglia postale; **a** ~ **squeeze** (*fin.*) una grave restrizione del credito, una stretta creditizia; **the** ~ **supply** (*fin.*) la disponibilità di capitali; ~ **transfer** (*banca, cred.*) bonifico bancario, bancogiro; ~ **value** (*fin.*) valore monetario; **for** ~ in contanti; **for a** ~ **consideration** (*comm.*) per un corrispettivo in denaro; (*leg.*) a titolo oneroso.
moneybags, *n. pl.* (*fam.*) quattrini a palate.
moneyed, *a.* ❶ danaroso, ricco. ❷ (*fin.*) in denaro, finanziario. // ~ **assistance** (*fin.*) aiuti finanziari; ~ **capital** (*fin.*) capitale finanziario (*investito o reinvestito per trarne profitto*); ~ **resources** (*fin.*) risorse finanziarie.
moneyquake, *n.* (*slang USA*) terremoto monetario, terremoto finanziario.
monometallic, *a.* (*econ.*) monometallico.
monometallism, *n.* (*econ.*) monometallismo.
monomial, *a.* (*mat.*) monomiale. *n.* (*mat.*) monomio.
monopolist, *n.* (*econ.*) monopolista. // **the** ~ **'s profit** (*econ.*) la rendita del monopolista.
monopolistic, *a.* (*econ.*) monopolistico. // ~ **competition** (*econ.*) concorrenza monopolistica.
monopolization, *n.* (*econ.*) monopolizzazione. // **the** ~ **of the market** (*econ.*) la monopolizzazione del mercato.
monopolize, *v. t.* (*econ.*) monopolizzare.
monopolizer, *n.* (*econ.*) monopolista, monopolizzatore.
monopoly, *n.* (*econ.*) monopolio, privativa. △ **In Italy, the lighter** ~ **has been abolished** in Italia è stato soppresso il monopolio degli accendisigari. // ~ **control** (*econ.*) controllo monopolistico; ~ **-(determined) price** (*econ.*) prezzo monopolistico, prezzo di monopolio; **a** ~ **system** (*econ.*) un regime monopolistico; **under a** ~ **system** (*econ.*) in regime di monopolio.
monopsony, *n.* (*econ.*) monopsonio (*monopolio del compratore*).
monotype, *n.* (*giorn., pubbl.*) monotype, monotipo.
monotypist, *n.* (*giorn., pubbl.*) monotipista.
montage, *n.* (*pubbl.*) montaggio, fotomontaggio.
month, *n.* mese, mesata. △ **We need the goods within the end of this** ~ abbiamo bisogno della merce prima della fine del mese. // ~ **'s pay** (*pers.*) paga mensile.
monthly, *a.* mensile. *n.* (*giorn.*) mensile, pubblicazione mensile, periodico mensile. *avv.* mensilmente, ogni mese, al mese. △ *avv.* **Our instalments are paid** ~ le nostre rate sono pagate mensilmente. // ~ **allowance** (*pers.*) mesata, mensile, mese; ~ **instalment** (*market.*) rata mensile, mensilità; **a** ~ **magazine** (*giorn.*) una rivista mensile, un mensile; ~ **pay** (*pers.*) paga mensile, mensilità, mensile, mesata; ~ **report** (*amm., rag.*) relazione mensile, rapporto mensile, notiziario mensile; **a** ~ **statement of account** (*rag.*) un estratto (di) conto mensile; ~ **wage** (*pers.*) paga mensile.
mood, *n.* ❶ stato d'animo. ❷ (*fig.*) umore. △ ❷ **The** ~ **of the Stock Exchange has also been helped by a series of very good company results** l'umore

della Borsa è dovuto anche a una serie di profitti ottimi.

moonlight[1], *n.* chiaro di luna.

moonlight[2], *v. i.* (*USA*) dedicarsi contemporaneamente a due professioni; svolgere un « secondo » lavoro (*specialm. nelle ore serali*).

moonlighter, *n.* (*USA*) chi si dedica contemporaneamente a due professioni; chi svolge un « secondo » lavoro (*specialm. nelle ore serali*).

moor, *v. t.* (*trasp. mar.*) ormeggiare, attraccare. *v. i.* (*trasp. mar.*) ormeggiarsi, attraccare. // to ~ **along a quay** (*trasp. mar.*) attraccare alla banchina.

moorage, *n.* ❶ (*trasp. mar.*) ormeggio. ❷ (*trasp. mar.*) diritti d'ormeggio.

mooring, *n.* ❶ (*trasp. mar.*) attracco, ormeggio. ❷ **moorings**, *pl.* (*trasp. mar.*) attracco (*il luogo*). // ~ **line** cavo d'ormeggio.

mopping up, *n.* ❶ prosciugamento. ❷ (*econ., fin.*) ritiro dalla circolazione (*V.* **mop up**).

mop up, *v. t.* ❶ asciugare, prosciugare. ❷ (*econ., fin.*) ritirare dalla circolazione. // · to ~ **the part of disposable money available by the introduction of rationing** (*econ.*) ritirare dalla circolazione quella parte dei redditi che non può essere spesa a causa del razionamento.

mora, *n.* (*leg.*) mora.

moratorium, *n.* (*pl.* **moratoria** e *reg.*) (*comm., leg.*) moratoria. △ **They asked for a ~ of two years on mortgage payments** chiesero una moratoria di due anni per il pagamento delle ipoteche.

moratory, *a.* (*comm., leg.*) moratorio.

morning, *n.* mattina, mattino. // **a ~ paper** (*giorn.*) un quotidiano del mattino.

mortality, *n.* ❶ mortalità. ❷ (*stat.*) mortalità. // ~ **rate** (*stat.*) tasso di mortalità: **It would be interesting to make a study of the ~ rate of small businesses** sarebbe interessante compiere uno studio del tasso di mortalità delle piccole imprese; ~ **tables** (*stat.*) tavole di mortalità, tabelle di mortalità.

mortgage[1], *n.* (*leg.*) ipoteca. △ **The ~ has not yet been paid off** l'ipoteca non è ancora stata estinta. // ~ **bond** (*fin.*) obbligazione ipotecaria; ~ **creditor** (*cred., leg.*) creditore ipotecario; ~ **debenture** (*fin.*) obbligazione ipotecaria; ~ **debt** (*cred., leg.*) debito ipotecario; ~ **debtor** (*cred., leg.*) debitore ipotecario; ~ **deed** (*leg.*) contratto d'ipoteca; ~ **duty** (*leg.*) tasse ipotecarie; ~ **loan** (*cred., leg.*) prestito ipotecario; ~ **market** (*fin.*) mercato ipotecario; ~ **registry** (*leg.*) conservatoria delle ipoteche; ~ **tax** (*fin.*) imposta ipotecaria.

mortgage[2], *v. t.* (*leg.*) ipotecare, gravare (*qc.*) d'ipoteca. △ **He has mortgaged all his properties** ha ipotecato tutte le sue proprietà.

mortgageable, *a.* (*leg.*) ipotecabile.

mortgagee, *n.* (*leg.*) creditore ipotecario.

mortgager, *n.* (*leg.*) debitore ipotecario.

mortgagor, *n. V.* **mortgager**.

mortmain, *n.* (*leg.*) manomorta.

most, *avv.* e *a.* (il) più. // **the ~ favoured nation** (*econ.*) la nazione (più) favorita; ~ **-favoured-nation (MFN)** (*econ.*) nazione (più) favorita, di nazione preferita; ~ **-favoured-nation clause** (*econ.*) clausola di nazione (più) favorita; ~ **-favoured-nation treatment** (*econ.*) trattamento di nazione preferita.

motel, *n.* (*trasp. aut.*) autostello, motel.

mother, *n.* madre.

motion, *n.* ❶ moto, movimento. ❷ (*leg.*) mozione, istanza. △ ❷ **They denied the ~ for a new trial** rigettarono l'istanza per un nuovo processo. // ~ **analysis** (*cronot.*) analisi dei movimenti; ~ **and time study** (*cronot.*) studio dei movimenti e dei tempi, studio dei tempi e dei movimenti; ~ **economy** (*cronot.*) economia dei movimenti; ~ **study** (*cronot.*) studio dei movimenti; **on ~ of** (*leg.*) su istanza di; **on ~ of the plaintiff's lawyer** (*leg.*) su istanza del legale dell'attore.

motionless, *a.* immobile.

motivate, *v. t.* ❶ motivare, dare motivo a. ❷ incitare, stimolare; (*fig.*) spingere, spronare. △ ❷ **There are deep unconscious and subconscious factors that ~ the consumer** esistono profondi fattori inconsci e subconsci che spingono il consumatore.

motivation, *n.* ❶ motivazione. ❷ motivo, causa. ❸ incitamento, stimolo; (*fig.*) spinta, sprone. ❹ (*market., pubbl.*) motivazione. △ ❶ **It isn't easy to understand the deep ~ of such a policy** non è facile capire la motivazione profonda d'una politica siffatta.

motivational, *a.* ❶ relativo ai motivi, relativo alle cause. ❷ (*market., pubbl.*) motivazionale. // ~ **factors** (*market., pubbl.*) fattori motivazionali; ~ **research** (*market., pubbl.*) ricerca motivazionale, indagine motivazionale.

motive, *n.* motivo.

motor, *n.* ❶ motore. ❷ (*trasp. aut.*) motrice. // ~ **banking** (*banca, trasp. aut.*) operazioni di sportello bancario per clienti che le compiono senza scendere dall'automobile; ~ **-bicycle** (*trasp.*) motocicletta; ~ **-bike** (*trasp., fam.*) motocicletta; ~ **-boat** (*trasp.*) motobarca; ~ **-car** (*trasp. aut.*) automobile, macchina, vettura; ~ **-cargo insurance** (*ass., trasp.*) assicurazione sulle merci trasportate in autocarro; ~ **-coach** (*trasp. aut.*) torpedone; ~ **court** (*trasp. aut., USA*) autostello, motel; ~ **-cycle** (*trasp.*) motocicletta; ~ **-lorry** (*trasp. aut., ingl.*) autocarro, camion; ~ **patrol vessel** (*trasp.*) motovedetta; ~ **-ship** (*trasp. mar.*) motonave; ~ **transport** (*trasp. aut.*) trasporto automobilistico; ~ **-trawler** (*trasp. mar.*) motopeschereccio; ~ **-van** (*trasp. aut.*) motofurgone, motocarro; ~ **-vehicle** (*trasp. aut.*) veicolo a motore, motoveicolo, autoveicolo, automezzo; ~ **-vehicle tax** (*fin., trasp. aut.*) tassa di circolazione.

motorcar, *n. V.* **motor-car**.

motoring, *n.* automobilismo. // ~ **map** (*trasp. aut.*) carta automobilistica.

motorization, *n.* (*trasp. aut.*) motorizzazione.

motorize, *v. t.* (*trasp. aut.*) motorizzare. *v. rifl.* (*trasp. aut.*) motorizzarsi.

motortruck, *n.* (*trasp. aut., USA*) autocarro, camion.

motorway, *n.* (*trasp. aut.*) autostrada.

mouth, *n.* bocca. // **the ~ of a harbour** (*trasp. mar.*) l'entrata di un porto.

movable, *a.* ❶ movibile, mobile. ❷ (*leg., rag.*) mobiliare. // ~ **band** (*fin.*) fascia mobile; ~ **exchange** (*fin.*) cambio indiretto, cambio « incerto per certo »; ~ **goods** (*econ.*) beni mobili, mobili.

movables, *n. pl.* (*econ.*) mobili, beni mobili.

move[1], *n.* ❶ movimento, moto. ❷ trasferimento, trasloco. ❸ mossa, manovra. △ ❸ **Let's wait and see what their next ~ will be** aspettiamo di vedere quale sarà la loro prossima mossa.

move[2], *v. t.* e *i.* ❶ muovere, muoversi. ❷ trasferire, trasferirsi, traslocare. ❸ (*fin.*) (*di quotazioni, ecc.*) oscillare. ❹ (*market.*) (*di prezzi, ecc.*) muoversi. △ ❷ **We are moving next month** ci trasferiamo il mese prossimo; ❸ **McDonald shares moved between $ 68$\frac{1}{2}$ and $ 70** le (azioni) McDonald hanno oscillato fra 68$\frac{1}{2}$ e 70 dollari. // **to ~ ahead** andare avanti, procedere; (*econ., fig.*) conquistare posizioni: **That's why our company is moving**

ahead ecco perché la nostra ditta conquista posizioni; to ~ **for** fare richiesta di (*qc.*), chiedere formalmente (*qc.*): **They will ~ for a new trial** chiederanno un nuovo processo.

moveable, *a*. V. movable.

movement, *n*. ❶ movimento, moto, mossa. ❷ (*fin.*) oscillazione (*di quotazioni, ecc.*). ❸ (*market.*) movimento (*di prezzi, ecc.*). △ ❸ **There's been an upward ~ in the price of raw materials** c'è stato un movimento d'ascesa nei prezzi delle materie grezze. // **movements of capital** (*fin., rag.*) movimenti di capitali, movimenti di conto; **movements of freight** (*econ., fin.*) movimenti di merci; **the ~ of population** (*stat.*) il movimento della popolazione.

mover, *n*. (*leg.*) proponente (*d'una mozione, in una assemblea*).

moving staircase, *n*. scala mobile (*per trasportare persone*).

mulct¹, *n*. (*leg.*) multa, penalità.

mulct², *v. t*. (*leg.*) multare.

multiannual, *a*. pluriennale. // **a ~ programme** un programma pluriennale.

multilateral, *a*. multilaterale. // **~ commercial relations** (*comm. est.*) relazioni commerciali multilaterali; **~ guarantees** (*comm. est.*) garanzie multilaterali; **~ tariff negotiations** (*comm. est.*) negoziati tariffari multilaterali; **~ trade** (*comm. est.*) commercio multilaterale.

multi-millionaire, *n*. miliardario.

multinational, *a*. (*comm. est., org. az.*) multinazionale. // **~ companies** le multinazionali; **a ~ organization** un'impresa multinazionale.

multiple, *a*. multiplo, molteplice, multiforme, vario. *n*. (*mat.*) multiplo. // **~ -branch bank** (*fin.*) banca che copre (*con le sue filiali*) il territorio nazionale; **~ currency system** (*fin.*) sistema delle valute multiple; **~ equilibrium** (*econ.*) equilibrio multiplo; **~ management** (*amm., sind.*) direzione mista (*con partecipazione dei dipendenti alle scelte decisionali*); **~ punching** (*elab. elettr.*) perforazione multipla; **~ shop** (*market.*) negozio appartenente a una « catena », grande magazzino; **~ store** (*market.*) negozio appartenente a una « catena ».

multiplicand, *n*. (*mat.*) moltiplicando.

multiplication, *n*. (*mat.*) moltiplicazione. // **~ tables** (*pl.*) (*mat.*) tavola pitagorica.

multiplicator, *n*. (*mat.*) moltiplicatore.

multiplier, *n*. ❶ (*econ.*) moltiplicatore. ❷ (*mat.*) moltiplicatore.

multiply, *v. t*. ❶ moltiplicare. ❷ (*mat.*) moltiplicare. // **to ~ by four** quadruplicare; **to ~ expenses** (*amm.*) moltiplicare le spese.

municipal, *a*. municipale, comunale. // **~ customs office** ufficio daziario, dazio; **~ customs rate** (*fin.*) tariffa daziaria; **~ enterprise** (*econ.*) impresa comunale; **~ office of rates** (*fin.*) esattoria comunale.

municipality, *n*. municipio, comune.

municipalization, *n*. (*econ.*) municipalizzazione. // **the ~ of gas supply** (*econ.*) la municipalizzazione della fornitura del gas.

municipalize, *v. t*. (*econ.*) municipalizzare.

mushroom¹, *n*. fungo.

mushroom², *v. i*. crescere come un fungo, svilupparsi rapidamente. △ **Demand is mushrooming** la domanda si sta sviluppando rapidamente.

must, *n*. (*fam.*) (una) cosa di cui non si può fare a meno, (una) cosa che si deve fare, (una) cosa che si deve conoscere. △ **In our competitive society, technological progress is a ~** nella nostra società competitiva il progresso tecnologico è cosa di cui non si può fare a meno.

muster roll, *n*. (*trasp. mar.*) ruolino di bordo, ruolo dell'equipaggio.

mutual, *a*. mutuo, reciproco, scambievole. // **~ agreement** (*leg.*) mutuo consenso, sinallagma; **~ aid** aiuto reciproco; **~ aid association** società di mutuo soccorso, mutua; **~ benefit society** società di mutuo soccorso; **~ consent** (*leg.*) mutuo consenso; **~ engagement** (*leg.*) impegno reciproco; **~ fund** (*fin.*) fondo comune di investimento (del tipo « aperto », cioè, a capitale variabile); **~ savings bank** (*fin., USA*) cassa cooperativa di risparmio; **on ~ terms** (*comm.*) su basi di reciprocità.

mystic testament, *n*. (*leg.*) testamento segreto.

mystification, *n*. (*leg.*) mistificazione.

mystifier, *n*. (*leg.*) mistificatore.

mystify, *v. t*. (*leg.*) mistificare.

N

nail¹, *n.* ❶ unghia. ❷ artiglio. ❸ chiodo. // **on the ~** (*fam.*) sull'unghia, immediatamente, a tamburo battente, in contanti: **We are accustomed to paying on the ~** siamo abituati a pagare in contanti.

nail², *v. t.* ❶ (*anche fig.*) inchiodare. ❷ (*fam.*) afferrare, acchiappare, prendere al volo. // **to ~ a bargain** (*fam.*) assicurarsi un affare, non lasciarsi scappare un affare.

naked, *a.* ❶ nudo, spoglio. ❷ indifeso, sguarnito. ❸ puro e semplice. △ ❸ **Please stick to the ~ facts** voglia attenersi ai fatti puri e semplici. // **a ~ contract** (*leg.*) un contratto non valido (*per mancanza di qualche requisito essenziale*); **~ debentures** (*fin., leg.*) obbligazioni non garantite da ipoteca.

name¹, *n.* ❶ nome. ❷ reputazione, rinomanza, fama. *a. attr.* (*market.*) di (buona) qualità, di marca, pregiato. △ *n.* ❷ **They have a good ~ on the market** godono di buona reputazione sul mercato; *a.* **We only supply ~ brands** forniamo soltanto marche pregiate. // **~, address, and residence card** (*elab. elettr.*) scheda di nome, indirizzo e domicilio; scheda NID; **~ day** (*Borsa, ingl.*) giorno di spunta (*in cui gli agenti di cambio forniscono ai venditori i nominativi dei compratori*); **~ merchandise** (*market.*) merce di (buona) qualità; **the ~ of an account** (*rag.*) l'intestazione d'un conto; **the ~ of a firm** (*fin.*) la ragione sociale d'una ditta; **in one's ~** per proprio conto: **He's always carried on business in his ~** è sempre stato in affari per proprio conto; **in the ~ of the law** (*leg.*) in nome della legge.

name², *v. t.* ❶ nominare, denominare. ❷ designare, eleggere. ❸ (*market.*) fissare, stabilire, stipulare (*un prezzo, ecc.*). △ ❷ **Who will be named for the chairmanship?** chi sarà designato ad assumere la presidenza? // **to ~ prices and terms** (*market.*) fissare prezzi e condizioni.

named, *a.* ❶ nominato. ❷ designato. ❸ (*market.*) fissato, stabilito, stipulato. // **~ policy** (*ass. mar.*) polizza relativa a una nave designata; **the ~ price** (*market.*) il prezzo stipulato; **the ~ ship** (*trasp. mar.*) la nave designata; **the above-~** il suddetto, il summenzionato.

narration, *n.* ❶ narrazione, racconto. ❷ (*rag.*) descrizione (*d'una scrittura a partita doppia*) sul libro giornale.

narrative, *n.* ❶ narrativa. ❷ narrazione.

narrow¹, *a.* ❶ stretto, angusto. ❷ limitato, esiguo, ristretto, scarso. ❸ accurato, preciso. ❹ (*market.*) (*di mercato, ecc.*) fiacco, poco attivo. // **~ -gage railway** (*trasp. ferr., USA*) *V.* **~ -gauge railway**; **~ -gaged railway** (*trasp. ferr., USA*) *V.* **~ -gauge railway**; **a ~ -gauge railway** (*trasp. ferr.*) una ferrovia a scartamento ridotto; **a ~ income** (*rag.*) un reddito scarso; **a ~ inspection of the firm's books** (*rag.*) un esame accurato dei libri contabili; **a ~ majority** un'esigua maggioranza; **~ market** (*market.*) mercato fiacco, periodo di scarsa attività del mercato; **to be in ~ circumstances** essere in gravi ristrettezze, avere scarsità di mezzi.

narrow², *v. t.* ❶ restringere. ❷ delimitare, ridurre.

△ ❷ **The Council again narrowed the bracket within which the Member States fixed their target prices** il Consiglio ha di nuovo ridotto la forcella entro cui gli Stati Membri fissavano i loro prezzi indicativi.

nation, *n.* nazione.

national, *a.* nazionale, nostrano. *n.* ❶ cittadino (*d'un dato Paese*). ❷ compatriota. △ *n.* ❶ **Lots of Italian nationals are doing first-rate jobs abroad** molti cittadini italiani all'estero fanno lavori di primaria importanza. // **~ accounts** (*econ.*) contabilità nazionale; **~ advertising** (*pubbl.*) pubblicità su tutto il territorio nazionale; **a ~ bank** (*fin.*) una banca nazionale; **~ budget** (*fin.*) bilancio dello Stato: **In France, the ~ budget was more or less balanced in 1965** in Francia, il bilancio dello Stato nel 1965 fu più o meno in equilibrio; **~ company** (*fin.*) società nazionale; **~ currency** (*econ., fin.*) moneta nazionale; **~ day** (*pers.*) giornata nazionale, festa nazionale; **~ debt** (*fin.*) debito nazionale, debito pubblico, debito dello Stato; **~ Film Finance Corporation** (*fin.*) Ente Nazionale Britannico per le Sovvenzioni all'Industria Cinematografica; **the ~ health service** (*pers.*) le mutue (*organizzate dallo Stato*); **~ holiday** (*pers.*) festa nazionale; **~ income** (*econ.*) reddito nazionale; **~ income accounting** (*fin., rag.*) contabilità pubblica: **Italian income accounting is broken down into two major sectors, the private and the public sector** la contabilità pubblica italiana distingue fra due grossi settori, quello privato e quello pubblico; **~ interest bank** banca di interesse nazionale; **~ laws** (*leg.*) legislazioni nazionali; **a ~ newspaper** (*giorn.*) giornale (a diffusione) nazionale; **~ planning** (*econ.*) politica di programmazione; **~ product** (*econ.*) prodotto nazionale; **~ revenue** (*fin.*) fisco, erario; **~ statistical department** (*stat.*) servizio statistico nazionale; **~ tariff quotas** (*dog.*) contingenti tariffari nazionali; **~ union** (*sind.*) sindacato nazionale; **~ warehouse** (*dog.*) magazzino nazionale; **~ wealth** (*econ.*) ricchezza nazionale.

nationality, *n.* nazionalità; cittadinanza (*d'un dato Paese*). △ **A certain time must usually elapse before one can acquire the ~ of another State** prima di poter ottenere la cittadinanza d'un altro Stato, deve di regola trascorrere un certo tempo. // **the ~ of a ship** (*trasp. mar.*) la nazionalità d'una nave.

nationalization, *n.* (*econ.*) nazionalizzazione, statizzazione. △ **The ~ of electricity was sponsored by a center-left coalition** la nazionalizzazione dell'energia elettrica fu patrocinata da una coalizione di centro-sinistra.

nationalize, *v. t.* (*econ.*) nazionalizzare, statizzare. △ **The Bank of England was nationalized in 1946** la Banca d'Inghilterra fu nazionalizzata nel 1946.

nationwide, *a.* di dimensioni nazionali, a carattere nazionale, nazionale. // **a ~ strike** (*sind.*) uno sciopero a carattere nazionale.

natural, *a.* naturale. // **~ causes** (*leg.*) cause naturali; **a ~ child** (*leg.*) un figlio naturale; **~ death** (*anche fig.*) morte naturale: **Their firm died a ~ death** la loro ditta morì di morte naturale; **~ harbour** (*o* **port**) (*trasp.*

mar.) porto naturale; ~ **logarithm** (*mat.*) logaritmo naturale; ~ **number** (*mat.*) numero naturale; **a ~ person** (*leg.*) una persona fisica; **the ~ rate of interest** (*fin.*) il tasso d'interesse naturale (*quello per cui si ha uguaglianza fra domanda di fondi e offerta di risparmio*); ~ **resources** (*econ.*) risorse naturali: **Lots of nations are rich in ~ resources which they don't know how to exploit** molte nazioni dispongono di ricche risorse naturali che non sanno tuttavia sfruttare.

naturalization, *n.* naturalizzazione; acquisizione della cittadinanza, concessione della cittadinanza (*d'un Paese*).

naturalize, *v. t.* naturalizzare, concedere la cittadinanza a (*q.*).

naturalized, *a.* naturalizzato. // **to be ~** prendere la cittadinanza (*d'un Paese*).

nature, *n.* ❶ natura. ❷ genere, qualità. // **the ~ of contents** (*dog.*) la natura del contenuto (*d'una valigia, d'un pacco, ecc.*).

naught, *n.* (*elab. elettr., mat.*) zero.

nautical, *a.* (*trasp. mar.*) nautico, navale, marinaresco, marino. // ~ **mile** (*trasp. mar.*) miglio nautico, miglio marino (*unità di misura pari a 1.853 metri*); ~ **science** (*trasp. mar.*) nautica; ~ **terms** termini nautici, lessico marinaresco.

naval, *a.* (*trasp. mar.*) navale, marittimo.

navicert, *n.* (*abbr. di* **navigation certificate**) (*trasp. mar., ingl.*) permesso di navigazione (*rilasciato da un'autorità consolare, ecc. a navi non soggette a perquisizione da parte della Guardia di Finanza*).

navigability, *n.* ❶ (*trasp.*) navigabilità (*d'un fiume, ecc.*). ❷ (*trasp. aer., trasp. mar.*) navigabilità (*d'aereo, nave, ecc.*).

navigable, *a.* ❶ (*trasp. aer., trasp. mar.*) navigabile. ❷ (*trasp. aer., trasp. mar.*) (*di aereo, nave, ecc.*) che si può manovrare, che si può dirigere. // ~ **airspace** (*trasp. aer.*) spazio aereo navigabile; **a ~ canal** (*trasp.*) un canale (artificiale) navigabile; **a ~ river** (*trasp.*) fiume navigabile; ~ **waters** (*trasp.*) acque navigabili.

navigate, *v. i.* (*trasp. aer., trasp. mar.*) navigare; governare la rotta, dirigere la rotta. *v. t.* ❶ (*trasp. aer.*) tenere in rotta (*un aereo*). ❷ (*trasp. mar.*) governare (*una nave*). // **to ~ with caution** (*trasp. mar.*) navigare con cautela, procedere con cautela.

navigation, *n.* ❶ (*trasp. aer., trasp. mar.*) navigazione. ❷ (*trasp. mar.*) traffico marittimo, commercio marittimo. ❸ (*trasp. mar.*) nautica. △ ❶ **That waterway is not yet open to ~** quel corso d'acqua non è ancora aperto alla navigazione. // ~ **bounty** (*trasp. mar.*) sovvenzione (*governativa*) alla marina mercantile; ~ **company** (*trasp. mar.*) compagnia di navigazione; ~ **dues** (*trasp. mar.*) diritti di navigazione; ~ **lights** (*trasp. mar.*) fanali di via; ~ **permit** (*trasp. mar.*) permesso di navigazione.

navy, *n.* (*trasp. mar.*) marina, flotta. △ **Their merchant ~ has practically no competitors** la loro flotta mercantile non ha praticamente concorrenti. // ~ **yard** (*trasp. mar.*) arsenale marittimo.

near[1], *avv.* vicino, dappresso. *prep.* vicino a, accanto a. *a.* vicino, prossimo. // **the ~ East** il vicino Oriente; ~ **-money** (*fin.*) attività a breve (termine), attività liquide; ~ **-stagnation** (*econ.*) quasi « stagnazione », quasi ristagno.

near[2], *v. t.* avvicinarsi a, accostarsi a. *v. i.* avvicinarsi. △ *v. t.* **The ship is nearing the dock** la nave sta accostandosi alla banchina.

nearby, *a. e avv.* vicino.

nearly, *avv.* quasi.

necessary, *a.* necessario, occorrente, indispensabile, obbligatorio. *n.* ❶ (il) necessario. ❷ cosa necessaria, bene di prima necessità. ❸ (*spesso pl.*) (il) necessario (*alla vita*); (i) generi di prima necessità; (i) beni di prima necessità. △ *n.* ❶ **Please do the ~ to recover this debt** vi preghiamo di fare il necessario per ricuperare questo credito. // **a ~ improvement** (*leg.*) una miglioria necessaria; **the ~ steps to obtain a patent** (*leg.*) le pratiche brevettuali.

necessity, *n.* ❶ necessità, bisogno, occorrenza. ❷ cosa necessaria. // **for the ~ of the ship and cargo** (*trasp. mar.*) per la salvezza della nave e del carico.

need[1], *n.* bisogno, necessità. △ **The old premises are not adequate to the firm's needs** i vecchi locali non sono adeguati alle necessità della ditta; **The drawer, or any endorser, may insert in the bill the name of a person to whom the holder may resort in case of ~** il traente, o qualsiasi girante, può inserire nella cambiale il nome d'una persona alla quale il portatore può rivolgersi al bisogno.

need[2], *v. t.* abbisognare di, avere bisogno di, avere necessità di. △ **Investors ~ encouragement** gli investitori hanno bisogno d'incoraggiamento. // **to ~ st. badly** avere un gran bisogno di qc.

needle[1], *n.* (*elab. elettr.*) ago selezionatore.

needle[2], *v. t.* (*elab. elettr.*) selezionare per ago.

needy, *a.* bisognoso, indigente.

negation, *n.* negazione.

negative[1], *a.* negativo. *n.* ❶ negazione. ❷ risposta negativa. ❸ (*mat.*) quantità negativa. ❹ (*pubbl.*) negativa. △ *a.* **We've received a ~ answer from our customer** abbiamo ricevuto una risposta negativa dal nostro cliente. // ~ **business cycle** (*econ.*) congiuntura negativa; ~ **easement** (*leg.*) servitù negativa; ~ **evidence** (*leg.*) prova negativa; ~ **income tax scheme** (*fin., sind.*) progetto di riduzione dell'imposta sul reddito (per gli scioperanti); ~ **investment** (*econ.*) disinvestimento, consumo di capitale; ~ **logarithm** (*mat.*) logaritmo negativo, cologaritmo; **a ~ number** (*mat.*) un numero negativo; ~ **quantity** (*mat.*) quantità negativa; ~ **servitude** (*leg.*) servitù negativa; ~ **sign** (*mat.*) segno negativo, segno « meno »; **in the ~** negativamente: **Our correspondent will certainly reply in the ~** il nostro corrispondente risponderà di certo negativamente.

negative[2], *v. t.* disapprovare, respingere. △ **They've negatived our plan** hanno disapprovato il nostro progetto.

negatively, *avv.* negativamente.

neglect[1], *n. V.* **negligence**.

neglect[2], *v. t.* negligere, trascurare; trasandare (*raro*).

negligence, *n.* ❶ (*leg.*) negligenza, trascuratezza, trasandatezza. ❷ (*leg.*) colpa. △ ❷ **Injuries were caused by gross ~** i danni furono causati da colpa grave. // ~ **of the master** (*trasp. mar.*) colpa del capitano.

negligible, *a.* insignificante, trascurabile. // **a ~ sum of money** una somma di denaro trascurabile.

negotiability, *n.* ❶ (*cred.*) negoziabilità. ❷ (*trasp. aut.*) transitabilità.

negotiable, *a.* ❶ (*cred.*) negoziabile. ❷ (*trasp. aut.*) transitabile. // **a ~ document** (*cred.*) un documento (*o* titolo) negoziabile; **a ~ instrument** (*cred.*) un titolo (di credito) negoziabile, uno strumento negoziabile; ~ **papers** (*cred.*) titoli negoziabili; **a ~ road** (*trasp. aut.*) una strada transitabile; ~ **securities** (*fin.*) titoli negoziabili.

negotiate, *v. i.* ❶ (*comm.*) negoziare, contrattare. ❷ (*comm.*) mercanteggiare. *v. t.* ❶ (*comm.*) negoziare. ❷ (*comm.*) amministrare, condurre (*affari, ecc.*). ❸ (*comm.*)

negotiation

prendere accordi per (*una compravendita, ecc.*). △ *v. i.* ❷ **They negotiated a lot before getting to the final price** hanno mercanteggiato assai prima di giungere al prezzo definitivo; *v. t.* ❷ **He has always negotiated his business deals with great ability** ha sempre amministrato i suoi affari con grande abilità; ❸ **We have negotiated the sale** abbiamo preso accordi per la vendita. // **to ~ a bill** (*cred.*) negoziare una cambiale: **We beg to advise you that we have this day negotiated your two bills on London** ci pregiamo informarvi che abbiamo oggi negoziato i vostri due effetti su Londra; **to ~ securities** (*fin.*) negoziare titoli.

negotiation, *n.* ❶ (*comm.*) negoziazione, contrattazione. ❷ (*comm.*) negoziato, trattativa. △ ❷ **Negotiations to unbind four tariff headings in the chemistry sector are on the point of being satisfactorily concluded** i negoziati relativi all'abolizione del consolidamento di quattro voci doganali del settore dei prodotti chimici stanno per avere esito positivo; **We should like to enter into ~ with you** gradiremmo entrare in trattative con voi. // **negotiations of foreign currency** (*fin.*) negoziazioni di divise estere.

negotiator, *n.* negoziatore.
neighbor, *n.* (*USA*) V. **neighbour**.
neighbour, *n.* vicino, confinante.
neoclassic, *a.* neoclassico.
neoclassical, *a.* neoclassico. // **~ economics** (*econ.*) economia neoclassica.
neo-mercantilism, *n.* (*econ.*) neomercantilismo.
net[1], *a.* (*comm.*) netto. *n.* ❶ (*market.*) peso netto. ❷ (*market.*) prezzo netto. ❸ (*rag.*) guadagno netto. // **~ amount** (*market.*) importo netto; **~ assets** (*rag.*) attivo netto, patrimonio netto; **~ bonded debt** (*fin.*) indebitamento obbligazionario netto; **~ cash** (*rag.*) contante netto; **~ cash flow** (*rag.*) somma degli utili non distribuiti e degli ammortamenti effettuati da un'azienda; **~ change** (*Borsa*) variazione netta (*nel prezzo d'un titolo: riscontrata al momento del chiusura in due giorni successivi*); **~ commercial (industrial) income** (*fin.*) reddito commerciale (industriale) netto; **~ earnings** (*rag.*) reddito netto, utile netto (*d'esercizio*); **~ freight** (*trasp. mar.*) nolo netto; **~ income** (*rag.*) reddito netto, utile netto (*d'esercizio*); **~ loss** (*rag.*) perdita netta; **~ national product (NNP)** (*econ.*) prodotto nazionale netto; **~ premium** (*ass.*) premio netto; **~ price** (*market.*) prezzo netto; **~ profit** (*rag.*) utile netto; **~ receipts** (*rag.*) incasso netto; **~ registered tonnage** (*trasp. mar.*) stazza netta registrata: **~ registered tonnage forms the basis for calculating the dues payable for port, canal, pilotage, lighthouse and other services** la stazza netta registrata è alla base dei calcoli dei diritti da pagare per i servizi portuali, di canale, di pilotaggio, di faro e così via; **~ sales** (*market.*) vendite nette; **~ ton** tonnellata netta; **~ tonnage** (*trasp. mar.*) tonnellaggio netto, stazza netta; **~ weight** (*market.*) peso netto; peso netto (*della merce, compreso il peso dell'involucro interno della medesima*); **~ worth** (*rag.*) attivo netto, patrimonio netto.

net[2], *n.* rete.
net[3], *v. t.* ❶ guadagnare, ricavare. ❷ dare un utile di; rendere (*una certa somma*) come guadagno. △ ❶ **How much did they ~ from the shop?** quanto hanno guadagnato dal negozio?; ❷ **This small factory nets £ 10,000 a year** questa piccola fabbrica rende 10.000 sterline l'anno.
nett, *a.* (*ingl.*) V. **net**[1].
network, *n.* ❶ lavoro a rete. ❷ (*fig.*) rete, sistema. ❸ (*ric. op.*) reticolo. △ ❷ **There is an extensive ~ of sales outlets** c'è una fitta rete di punti di vendita. // **~ of canals** (*trasp.*) rete di canali (*artificiali*); **~ of roads** (*trasp. aut.*) rete stradale, viabilità.

neutral, *a.* neutrale. // **~ money** (*econ.*) moneta neutrale, valuta neutrale.
neutrality, *n.* neutralità.
neutralization, *n.* neutralizzazione.
neutralize, *v. t.* neutralizzare.
new, *a.* nuovo, moderno, recente. // **~ -day** (*market., pubbl.*) aggiornato, di moda, moderno; **~ -day conveyances** (*trasp.*) moderni mezzi di trasporto; **the ~ edition of a magazine** (*giorn.*) la nuova edizione d'una rivista; **the ~ entrants** (*pers.*) le « nuove leve » (*di lavoratori*); **the ~ fashion** (*market., pubbl.*) la nuova moda; **~ Issue Market** (*fin.*) Mercato dell'Emissione di Nuovo Capitale; **a ~ issue of stock** (*fin.*) una nuova emissione azionaria; **a ~ look** (*market., pubbl.*) un nuovo « stile », una nuova « linea »: **This year's cars have a ~ look** le auto di quest'anno hanno una nuova linea; **the ~ look** (*market., pubbl.*) la nuova moda; **~ management methods** (*amm.*) nuovi metodi di gestione; **~ money market** (*fin.*) mercato euromonetario; **a ~ order** (*market.*) una nuova ordinazione; **~ -product demand** (*market.*) domanda d'un nuovo prodotto; **~ -product demand estimate** (*market.*) stima della domanda d'un nuovo prodotto; **~ publication** (*giorn., pubbl.*) nuova pubblicazione, ripubblicazione; **~ time** (*Borsa*) prossima liquidazione; **a ~ type of adding machine** (*macch. uff.*) un tipo nuovo d'addizionatrice.
newly, *avv.* di recente, di fresco, da poco tempo, appena. // **a ~ appointed officer** (*pers.*) un funzionario di prima nomina; **~ placed bonds** (*fin.*) obbligazioni appena collocate.
newness, *a.* novità (*l'esser nuovo*).
news, *n. pl.* (*col verbo al sing.*) notizia, notizie, informazioni, novità. △ **We have had no ~ from you for a long time** non abbiamo vostre notizie da molto tempo; **What's the ~ today?** che novità ci sono oggi? // **~ agency** (*giorn., pubbl.*) agenzia d'informazioni, agenzia di stampa; **~ broadcasts** (*giorn.*) giornali radio; telegiornali; **~ bulletin** (*giorn.*) notiziario; giornale radio; **~ conference** (*giorn.*) conferenza stampa; **~ dealer** (*giorn., market.*) giornalaio, edicolante; **~ editor** (*giorn.*) capo cronista; **~ item** (*giorn.*) notizia; **the ~ of the accident** (*ass.*) la notizia del sinistro; **~ service** (*giorn., pubbl.*) agenzia d'informazioni, agenzia di stampa; **~ vendor** (*giorn., market.*) giornalaio, edicolante.
newscast, *n.* ❶ (*giorn.*) notiziario. ❷ (*giorn.*) giornale radio. ❸ (*giorn.*) telegiornale.
newshound, *n.* (*giorn.*) cronista.
newsletter, *n.* (*comm.*) notiziario, bollettino d'informazioni.
newsman, *n.* (*pl.* **newsmen**) (*giorn., USA*) giornalista.
newspaper, *n.* ❶ (*giorn.*) giornale, gazzetta. ❷ (*giorn.*) periodico, settimanale. // **~ advertising** (*giorn., pubbl.*) pubblicità (a mezzo) stampa; **~ cuttings** (*giorn.*) ritagli di giornale; **~ rate** (*giorn.*) tariffa (*postale*) per giornali e periodici.
newspaperman, *n.* (*pl.* **newspapermen**) (*giorn.*) giornalista, cronista (*uomo*).
newspaperwoman, *n.* (*pl.* **newspaperwomen**) (*giorn.*) giornalista, cronista (*donna*).
newspaporial, *a.* (*giorn.*) di giornale, giornalistico. // **~ items** (*giorn.*) argomenti giornalistici.
newsprint, *n.* (*giorn.*) carta da giornale.
newsreel, *n.* (*giorn.*) cinegiornale.

newsstand, *n.* (*giorn., market.*) edicola, chiosco. // ~ **circulation director** (*giorn.*) direttore del settore edicolanti.

newsweekly, *a.* (*giorn.*) settimanale. *n.* (*giorn.*) rivista (*specializzata*) settimanale.

next, *a.* ❶ (il) più vicino, prossimo. ❷ seguente, successivo. *avv.* ❶ la prossima volta. ❷ in seguito, dopo, poi. ❸ (*fin.*) (il) mese prossimo. △ *a.* ❶ **That will be discussed in the ~ meeting** ciò verrà discusso nella prossima riunione; *avv.* ❶ **When can we meet ~?** quando potremo vederci la prossima volta? // ~ **account** (*Borsa*) liquidazione prossima; ~ **friend** (*leg.*) tutore (*di minore, ecc.*); ~ **month** (*fin.*) (il) mese prossimo; ~ **of kin** (*leg.*) parente prossimo; ~ **settlement** (*Borsa*) liquidazione prossima.

nickel, *n.* ❶ nickel, nickelio, nichel. ❷ (*USA*) moneta da cinque centesimi (*di dollaro*).

night, *n.* notte. // ~ **-boat** (*trasp. mar.*) nave-traghetto che fa servizio notturno; ~ **editor** (*giorn.*) redattore incaricato di dare gli ultimi « ritocchi » all'edizione del mattino (*d'un quotidiano*); ~ **letter** (*comun.*) telegramma notturno (*a tariffa ridotta*); ~ **lettergram** (*comun.*) telegramma notturno (*a tariffa ridotta*); ~ **man** (*pers.*) operaio che fa turni di notte; guardiano notturno, sorvegliante notturno; ~ **safe** (*banca*) cassa continua; ~ **school** (*pers.*) scuola serale; ~ **shift** (*pers.*) turno di notte, servizio notturno; operai del turno di notte, impiegati del turno di notte; **nights spent** (*tur.*) pernottamenti; ~ **train** (*trasp. ferr.*) treno notturno; ~ **watchman** (*pers.*) guardiano notturno, custode notturno, sorvegliante notturno; ~ **work** (*pers.*) lavoro notturno.

nightside, *n.* (*giorn.*) personale che lavora all'edizione del mattino (*d'un quotidiano*).

nil, *n.* niente, nulla, zero. *a.* nullo, inesistente. △ *n.* **That purchase reduced our funds to almost ~** quell'acquisto ha quasi ridotto a zero i nostri fondi. // ~ **duties** (*dog.*) dazi nulli; ~ **profits** (*rag.*) guadagni inesistenti; **with ~ duties** (*dog.*) in esenzione: **The commission has linked tariff quotas with increased, and no longer with ~ duties** la commissione ha stabilito contingenti tariffari a dazi più elevati, e non più in esenzione.

nine, *a. e n.* nove. // **the Nine** (*econ., fin.*) i « Nove » (*cioè, i Paesi della CEE allargata*).

nisi, *cong.* (*leg.*) se non, a meno che (non). *a.* (*leg.*) non assoluto, non definitivo, provvisorio. △ *a.* **The decree is ~** il decreto non è definitivo. // ~ **prius** (*leg., ingl.*) causa civile discussa davanti a un giudice unico e a una giuria.

no, *avv.* no. *cong.* non. *a. attr.* nessuno. *n.* (*pl.* **noes**) ❶ no. ❷ voto contrario. ❸ votante contrario. △ *cong.* **There is ~ market for that article** non c'è mercato per quell'articolo; **There will be ~ difficulties as far as the Commission is concerned** non ci sarà nessuna difficoltà per quanto riguarda la Commissione; *n.* ❷ **There were 75 yes and 25 noes** ci furono 75 voti favorevoli e 25 (voti) contrari; ❸ **How many were the noes?** quanti furono i (votanti) contrari? // ~ **advice** (*banca*) senza avviso; ~ **agents** (*comm.*) intermediari esclusi, inintermediari; ~ **bid** (*Borsa*) nessuna richiesta (*d'un certo titolo*); ~ **changes** (*Borsa*) nessuna variazione (*nella quotazione d'un titolo*); ~ **dealings** (*Borsa*) nessuna operazione; ~ **entry** (*trasp. aut.*) divieto d'accesso; ~ **funds (N.F.)** (*banca*) (*di conto*) senza fondi; mancanza di copertura; ~ **-home record** (*elab. elettr.*) registrazione indiretta; ~ **noting** (*cred., leg.*) (*su una cambiale*) senza spese; ~ **-par** (*fin.*) senza valore nominale; ~ **-par shares** (*fin.*) azioni senza valore nominale; ~ **-par value** (*fin.*)

senza valore nominale; ~ **parking** (*trasp. aut.*) sosta vietata; ~ **thoroughfare** (*trasp. aut.*) strada chiusa, vicolo cieco; divieto di transito.

noise, *n.* ❶ rumore, frastuono. ❷ (*elab. elettr.*) disturbo.

nolle prosequi, *n.* ❶ (*leg.*) chiusura d'un'azione penale. ❷ (*leg.*) rinunzia del giudizio. ❸ (*leg.*) remissione di querela.

nol-pros, *v. t.* (*leg.*) lasciar estinguere (*un procedimento*) presentando un « nolle prosequi » (*q.V.*).

nomenclature, *n.* nomenclatura.

nominal, *a.* ❶ nominale; di nome (*ma non di fatto*). ❷ nominativo. △ ❶ **He is just the ~ head of the enterprise** è soltanto il capo nominale dell'impresa. // ~ **account** (*rag.*) conto che si chiude alla fine dell'esercizio (*e che non viene riaperto all'inizio del nuovo*); ~ **capital** (*fin.*) capitale nominale; ~ **damages** risarcimento simbolico (*a chi non ha dimostrato d'aver diritto a un risarcimento proporzionato al danno*); ~ **list** elenco nominativo; ~ **partner** (*fin.*) socio nominale; **a ~ price** un prezzo nominale; (*market.*) un prezzo teorico; **a ~ rate** (*fin.*) un tasso nominale; **a ~ rent** (*leg.*) un affitto nominale, un affitto irrisorio; **a ~ roll** un elenco nominativo: **Taxable families were provided by the ~ roll** i nomi delle famiglie tassabili furono ricavati dall'elenco nominativo; ~ **value** (*fin.*) valore nominale: **The ~ value of those shares is £ 2** il valore nominale di quelle azioni è 2 sterline; ~ **wage** (*pers.*) salario teorico: ~ **wages are not measured in actual purchasing power** i salari teorici non sono espressi in reale potere d'acquisto.

nominate, *v. t.* ❶ nominare, designare. ❷ presentare (*q.*) come candidato, proporre (*q.*) come candidato. △ ❷ **He is going to be nominated for the chairmanship** egli sarà proposto come candidato alla presidenza (*della società*).

nomination, *n.* ❶ nomina, designazione. ❷ presentazione come candidato, candidatura.

nominative, *a.* nominativo. // ~ **shares** (*fin.*) azioni nominative.

nominee, *n.* ❶ persona nominata (*a occupare un ufficio*). ❷ persona designata (*a un ufficio*). ❸ persona proposta (*ad assumere un ufficio*).

non-acceptance, *n.* (*cred.*) mancata accettazione (*d'una cambiale*).

non-age, *n.* (*leg.*) età minore, minorità.

non-agricultural products, *n. pl.* (*econ.*) prodotti non agricoli. △ ~ **rose by much less** i prodotti non agricoli hanno registrato rialzi nettamente inferiori.

non-aligned, *a.* (*di Stato*) non allineato.

non-alignment, *n.* non allineamento (*d'uno Stato, rispetto ai grandi « blocchi »*); disimpegno (*d'uno Stato, nelle scelte politico-economiche*).

non-appearance, *n.* (*leg.*) mancata comparizione, assenza (*d'imputato o di teste*); contumacia.

non-arrival, *n.* (*trasp.*) mancato arrivo.

non-assessable, *a.* (*fin.*) non accertabile, non imponibile, non tassabile. // ~ **stock** (*fin.*) capitale azionario non tassabile.

non-attendance, *n.* (*leg.*) mancata comparizione, assenza (*d'imputato o di teste*); contumacia.

non-committal, *a.* non impegnativo. // **a ~ statement** una dichiarazione non impegnativa.

non-competing, *a.* (*market.*) non concorrenziale.

non-compliance, *n.* ❶ (*leg.*) inadempienza. ❷ (*leg.*) rifiuto d'obbedire.

non-cumulative, *a.* (*fin.*) non cumulativo. // ~ **dividend** (*fin.*) dividendo non cumulativo.

non-current liabilities, *n. pl.* (*rag.*) passività inesigibili.
non-dealable, *a.* (*cred.*) non negoziabile.
non-deductible, *a.* non deducibile. // ~ **losses** (*fin.*) perdite non deducibili (*agli effetti fiscali*).
non-delivery, *n.* (*comm.*) mancata consegna.
non-diversified, *a.* indifferenziato. // ~ **investment fund** (*fin.*) fondo d'investimento a portafoglio indifferenziato.
non-dollar, *a.* (*econ.*) (*di nazione, ecc.*) fuori dell'« area del dollaro ». // **the ~ Countries** (*econ.*) i Paesi fuori dell'area del dollaro.
non-durable goods, *n. pl.* (*econ.*) beni di consumo non durevoli.
non-durables, *n. pl.* (*econ.*) beni di consumo non durevoli.
non-erasable, *a.* (*elab. elettr.*) non cancellabile. // ~ **storage** (*elab. elettr.*) V. ~ **store; store** (*elab. elettr.*) memoria non cancellabile.
non-existent, *a.* inesistente.
non-feasance, *n.* (*leg.*) omissione.
non-food products, *n. pl.* (*econ.*) prodotti non alimentari.
non-fulfilment, *n.* (*leg.*) inadempienza, inadempimento, inesecuzione.
non-instalment credit, *n.* (*fin.*) prestito (rimborsabile) in un'unica soluzione.
non-interest bearing, *a.* (*fin., rag.*) non fruttifero, infruttifero. // ~ **accounts** (*fin., rag.*) conti non fruttiferi.
non-liability, *n.* (*leg.*) non responsabilità, mancanza di responsabilità. // ~ **clause** (*leg.*) clausola di non responsabilità.
non-linear, *a.* (*elab. elettr.*) non lineare. // ~ **programming** (*elab. elettr.*) programmazione non lineare.
non-marine, *a.* (*ass.*) terrestre. // ~ **insurance** (*ass.*) assicurazione terrestre; ~ **risk** (*ass.*) rischio di terra, rischio terrestre.
non-marketable, *a.* (*fin.*) non negoziabile. // ~ **securities** (*fin.*) titoli non negoziabili.
non-negative, *a.* (*mat.*) non negativo; maggiore di, o uguale a, zero.
non-negotiable, *a.* (*cred.*) (*di documento, titolo, ecc.*) non negoziabile. // **a ~ bill of lading** (*trasp. mar.*) copia non negoziabile di polizza di carico.
non-observance, *n.* (*leg.*) inosservanza.
non-payment, *n.* ❶ (*comm.*) mancato pagamento. ❷ (*comm.*) rifiuto di pagare.
non-pecuniary, *a.* (*leg.*) non pecuniario.
non-performance, *n.* (*leg.*) inadempienza, inadempimento, inesecuzione. △ **Their ~ of this condition would lead to a breach of the contract** la loro inadempienza a questa condizione comporterebbe la rottura del contratto.
non-perishable, *a.* non deperibile. // ~ **goods** (*market.*) merci non deperibili.
non-productive, *a.* (*econ.*) improduttivo.
non-profit, *a.* (*econ.*) che non ha scopi di lucro, disinteressato. // **a ~ organization** (*econ.*) un ente senza scopi di lucro.
non-quotation, *n.* (*Borsa*) mancanza di quotazione, mancata quotazione.
non-recurring, *a.* non ricorrente. // ~ **expenses** (*rag.*) spese non ricorrenti.
non-representative, *a.* (*stat.*) non rappresentativo. // ~ **of the majority** (*stat.*) non rappresentativo della maggioranza.

non-returnable, *a.* (*market.*) da non restituire, non rimborsabile, « a perdere ». // ~ **bottles** (*market.*) bottiglie (*vuote*) « a perdere ».
non-selling, *a.* (*org. az.*) (*di reparto, ecc.*) non adibito alla vendita. △ **There's only one ~ department on the ground floor** a pian terreno ce n'è soltanto uno di reparti non adibiti alla vendita.
non-shipment, *n.* (*trasp.*) mancato imbarco, mancata spedizione.
non-stock, *a.* (*fin., USA*) senza capitale azionario. // **a ~ corporation** (*fin., USA*) una società senza capitale azionario.
non-stop, *a.* ❶ (*trasp.*) (*di viaggio*) senza fermate, ininterrotto. ❷ (*trasp. aer.*) (*di volo aereo*) senza scalo. ❸ (*trasp. aut.*) (*d'autobus*) diretto. ❹ (*trasp. ferr.*) (*di treno*) diretto. *avv.* ❶ (*trasp. aut.*) autobus diretto. ❷ (*trasp. ferr.*) treno diretto. *avv.* ❶ (*trasp. aer.*) senza scalo. ❷ (*trasp. aut., trasp. ferr.*) senza fermate (intermedie). △ *avv.* ❶ **Our agent flew ~ from Milan to Washington** il nostro agente volò senza scalo da Milano a Washington. // ~ **flights** (*trasp. aer.*) voli senza scalo; voli diretti.
nonsuit, *n.* (*leg.*) « non luogo a procedere ». △ **They entered a ~** pronunziarono un « non luogo a procedere ». // ~ **judgment** (*leg.*) sentenza di « non luogo a procedere ».
non-tariff, *a.* (*comm. est.*) non tariffario. // ~ **barriers (NTB's)** (*dog.*) barriere non tariffarie.
non-taxable, *a.* (*fin.*) non tassabile, non imponibile. // ~ **income** (*fin.*) reddito non tassabile.
non-union, *a.* (*pers., sind.*) (*d'operaio, ecc.*) non iscritto a un sindacato. // ~ **shop** (*sind.*) stabilimento nel quale il datore di lavoro non riconosce alcun sindacato ed esclude ogni dipendente iscrittovi.
non-utilized, *a.* (*econ.*) non utilizzato. // ~ **production potential** (*econ.*) capacità produttiva non utilizzata.
non-voting, *a.* senza diritto di voto. // ~ **shares** (*fin.*) azioni senza diritto di voto.
norm, *n.* ❶ norma, regola. ❷ modello, tipo. △ ❶ **A 2,000-dollar income is the ~ in our Country** 2.000 dollari di reddito (pro capite) costituiscono la norma nel nostro Paese. // ~ **price** (*econ.*) prezzo d'obiettivo.
normal, *a.* normale. // ~ **curve** (*stat.*) curva normale, curva a campana; ~ **distribution** (*stat.*) distribuzione normale; ~ **equation** (*stat.*) equazione normale; **a ~ infant mortality rate** (*stat.*) un normale tasso di mortalità infantile; ~ **price** (*econ.*) prezzo d'equilibrio.
normalization, *n.* normalizzazione. // **the ~ of international relations** la normalizzazione dei rapporti internazionali.
normalize, *v. t.* normalizzare, rendere normale.
normative, *a.* normativo. // ~ **currency** (*econ.*) sistema valutario la cui unità è basata su uno standard metallico; ~ **judgment** (*leg.*) sentenza normativa; **a ~ law** (*leg.*) una legge normativa, una normativa.
north, *n.* nord, settentrione. *avv.* ❶ a nord. ❷ verso nord. // ~ **wind** (*trasp. mar.*) vento di tramontana.
northbound, *a.* (*trasp.*) diretto verso il nord. // ~ **traffic** traffico (diretto) verso il nord.
not, *avv.* non. // ~ **entered** (*dog.*) (*di un articolo, ecc.*) non dichiarato; ~ **exceeding** non eccedente, non superiore a; non oltre, fino alla concorrenza di: **Compensation for damages ~ exceeding 15%** l'indennizzo per danni sarà fino alla concorrenza del 15%; ~ **guilty** (*leg.*) innocente: **Do you plead guilty or ~ guilty?** Lei si dichiara colpevole o innocente?; ~ **negotiable** (*cred.*) (*di docu-*

mento, titolo, ecc.) non negoziabile; ~ **repayable** (*comm.*) non rimborsabile, da non restituire; ~ **returnable** (*comm.*) non rimborsabile; (*market.*) da non restituire, « a perdere »: **Freight is to be paid in advance and is ~ returnable in case of loss** il nolo si paga in anticipo e non è rimborsabile in caso di sinistro; ~ **sufficient** insufficiente; « ~ **sufficient funds** » (*banca*) « fondi insufficienti » (*nel conto d'un cliente: per coprire un assegno*); « scoperto ».

nota bene, *n.* (*imperativo latino*) nota bene.

notarial, *a.* (*leg.*) notarile. △ **A protest is a formal ~ certificate attesting dishonour** il protesto è un certificato notarile che attesta la mancata accettazione o il mancato pagamento. // ~ **charges** (*leg.*) spese notarili; ~ **deed** (*leg.*) atto notarile, rogito; ~ **documents** (*leg.*) documenti notarili.

notarization, *n.* (*leg.*) certificazione notarile (*apposta a un documento*), autenticazione notarile, legalizzazione notarile.

notarize, *v. t.* (*leg.*) (*detto di notaio*) autenticare, legalizzare (*un documento, ecc.*).

notary, *n.* (*leg.*) notaio. // ~ **public** (*leg.*) pubblico notaio; **under a ~ 's hand** (*leg.*) per mano di notaio.

notaryship, *n.* (*leg.*) funzione di notaio, ufficio di notaio.

notation, *n.* ❶ (*elab. elettr.*) notazione. ❷ (*mat.*) numerazione. ❸ (*mat.*) segno, simbolo.

note[1]**,** *n.* ❶ nota, annotazione, appunto, promemoria. ❷ breve nota, biglietto. ❸ (*banca*) banconota, biglietto (di banca). ❹ (*comm.*) bolletta, bolla. ❺ (*leg.*) distinta. ❻ (*fin.*) buono. ❼ (*trasp.*) bollettino. △ ❸ **All in ten-pound notes, please** tutto in biglietti da dieci sterline, prego. // ~ **broker** (*fin., USA*) agente di cambio che tratta titoli negoziabili a breve termine; ~ **diplomatique** nota diplomatica; ~ **-issuing bank** (*fin.*) istituto d'emissione; ~ **-issuing private bank** (*banca*) banca privata che emetteva banconote; ~ **of counsel's fees** (*leg.*) parcella d'avvocato; ~ **of expenses** (*rag.*) nota spese; ~ **of hand** (*comm.*) lettera di cambio, pagherò (cambiario); **a ~ of thanks** un biglietto di ringraziamento; ~ **-paper** carta da lettere; ~ **payable** (*banca, rag.*) effetto passivo; **notes payable** (*banca, rag.*) conto effetti passivi, distinta effetti passivi; ~ **receivable** (*banca, rag.*) effetto all'incasso; **notes receivable** (*banca, rag.*) conto effetti all'incasso, distinta effetti all'incasso.

note[2]**,** *v. t.* ❶ notare, osservare, fare attenzione a. ❷ notare, annotare, prender nota di. △ ❶ **Please ~ that payment has been enclosed** vogliate notare che è stato allegato il pagamento; ❷ **We have carefully noted your instructions** abbiamo preso buona nota delle vostre istruzioni. // **to have a bill noted** (*banca, cred.*) far protestare una cambiale in via preliminare.

notebook, *n.* libretto per appunti, taccuino.

notecase, *n.* (*ingl.*) portafogli.

notehead, *n.* ❶ intestazione (*su un foglietto di carta da lettere*). ❷ foglietto di carta intestata.

noteheading, *n.* ❶ intestazione (*su un foglietto di carta da lettere*). ❷ foglietto di carta intestata.

nothing, *pron. indef.* niente, nulla.

notice[1]**,** *n.* ❶ annuncio, comunicazione, avviso, manifesto. ❷ preavviso, notifica. ❸ (*fin.*) avviso (di convocazione) d'assemblea. ❹ (*giorn.*) breve articolo, recensione. ❺ (*leg.*) disdetta. ❻ (*pers.*) preavviso di licenziamento. △ ❺ **Our tenant has not yet given ~** il nostro inquilino non ha ancora dato la disdetta; ❻ **You are entitled to a fifteen days' ~ at least** hai diritto a un preavviso (di licenziamento) di almeno 15 giorni. // ~ **-board** albo (per avvisi); ~ **of abandonment** (*ass. mar.*) avviso di abbandono, dichiarazione d'abbandono (*della nave e/o del carico*); ~ **of dishonour** (*leg.*) avviso di mancata accettazione (*d'una cambiale*); avviso di mancato pagamento (*d'una cambiale*); ~ **of dismissal** (*pers.*) notifica di licenziamento; ~ **of meeting** (*fin.*) avviso (di convocazione) d'assemblea; ~ **of payment** (*cred.*) avviso di pagamento; **a ~ of withdrawl** (*banca*) un preavviso di prelevamento (*di fondi*); ~ **period** (*leg.*) termine di preavviso; ~ **to mariners** (*trasp. mar.*) notizie ai naviganti; ~ **to quit** (*leg.*) disdetta (*di contratto di locazione*); escomio (*la notifica*); **at short ~** con breve preavviso, entro breve tempo: **The ship is ready to leave at short ~** la nave è pronta a partire con breve preavviso; **to give ~** comunicare: ~ **is hereby given that wages and salaries will be paid with a two-days' delay** si comunica con la presente che stipendi e salari verranno pagati con due giorni di ritardo; **till further ~** fino a nuovo avviso: **Stick to our orders till further ~** attenetevi ai nostri ordini fino a nuovo avviso; **without ~** senza preavviso: **All prices are subject to change without ~** tutti i prezzi sono soggetti a variazioni senza preavviso.

notice[2]**,** *v. t.* ❶ notare, osservare, accorgersi di, rilevare. ❷ (*giorn.*) recensire. ❸ (*leg.*) dare disdetta a (*un inquilino*). △ ❶ **We didn't ~ anything wrong in the invoice** non abbiamo notato nulla di errato nella fattura.

notification, *n.* ❶ notificazione, comunicazione. ❷ (*leg.*) notifica.

notify, *v. t.* ❶ avvisare, informare, comunicare a. ❷ (*leg.*) notificare a. △ ❶ **We notified the underwriter of all losses** comunicammo all'assicuratore tutte le perdite subite. // **to ~ the police** informare la polizia.

noting, *n.* (*leg.*) « appuntatura » di protesto, protesto preliminare. // ~ **charges** (*leg.*) competenze per il protesto preliminare.

notoriety, *n.* notorietà.

notorious, *a.* notorio, noto.

notwithstanding, *prep.* nonostante. *avv.* tuttavia.

nought, *n.* (*elab. elettr., mat.*) zero.

novation, *n.* (*leg.*) novazione.

novel, *n.* romanzo.

now, *avv.* ora, adesso.

nowadays, *avv.* oggigiorno, oggi.

nucleus, *n.* (*pl.* **nuclei, nucleuses**) nucleo.

nude, *a.* nudo, ignudo. // ~ **contract** (*leg.*) contratto privo di tutela giuridica.

nuisance, *n.* ❶ fastidio, molestia, seccatura. ❷ (*leg.*) infrazione (*di legge*), turbativa.

null[1]**,** *a.* (*leg.*) nullo, non valido. *n.* ❶ zero. ❷ (*elab. elettr.*) nulla, assenza d'informazione. // ~ **and void** (*leg.*) nullo; ~ **character** (*elab. elettr.*) carattere senza informazione; ~ **representation** (*elab. elettr.*) carattere senza informazione.

null[2]**,** *v. t.* (*leg.*) annullare, invalidare. △ **The committee will ~ the election** il comitato annullerà le elezioni.

nullification, *n.* (*leg.*) annullamento.

nullify, *v. t.* (*leg.*) annullare, invalidare.

nullity, *n.* (*leg.*) nullità.

number[1]**,** *n.* ❶ numero, cifra. ❷ (*trasp. aut.*) numero di targa. // ~ **code** (*elab. elettr.*) codice numerico; **a ~ divisible by twelve** (*mat.*) un numero divisibile per dodici; ~ **of copies** (*giorn.*) tiratura; **the ~ of packages** (*trasp.*) il numero dei colli; ~ **of passengers** (*trasp.*) numero dei passeggeri trasportati; ~ **of readers** (*giorn.*)

numero di lettori; ~ **of register** (*trasp. mar.*) numero di matricola (*d'una nave*); ~ **-plate** (*trasp. aut.*) targa; **in numbers** (*giorn.*) a dispense, a fascicoli, a puntate.

number², *v. t.* numerare, dare un numero a. △ **All letters must be numbered progressively** tutta la corrispondenza deve essere numerata progressivamente.

numbering, *n.* numerazione. ∥ ~ **machine** (*macch. uff.*) numeratrice.

numeral, *a.* e *n.* numerale.

numeration, *n.* (*mat.*) numerazione.

numerator, *n.* (*mat.*) numeratore.

numeric, *a.* (*mat.*) numerico. ∥ ~ **analysis** (*mat.*) analisi numerica; ~ **code** (*elab. elettr.*) codice numerico; ~ **computer** (*elab. elettr.*) calcolatore numerico; ~ **data** (*elab. elettr.*) dati numerici.

numerical, *a.* (*mat.*) numerico. ∥ ~ **rating** (*org. az.*) valutazione mediante punteggio.

nuncupation, *n.* (*leg.*) nuncupazione.

nuncupative, *a.* (*leg.*) nuncupativo. ∥ ~ **will** (*leg.*) testamento nuncupativo.

O

oath, *n.* (*leg.*) giuramento. // ~ **breaking** (*leg.*) violazione di giuramento; **on** ~ (*leg.*) sotto giuramento; **under** ~ (*leg.*) sotto giuramento; **upon** ~ (*leg.*) sotto giuramento.

obedience, *n.* ubbidienza. // **in** ~ **to the law** (*leg.*) in ossequio alla legge.

obedient, *a.* ubbidiente.

obey, *v. t.* ubbidire a. *v. i.* ubbidire. // **to** ~ **the law** ubbidire alle leggi.

object[1], *n.* ❶ oggetto. ❷ argomento, materia. ❸ obiettivo, intento, scopo. △ ❷ **The consumer's behaviour has always been an** ~ **of study** il comportamento del consumatore è sempre stato materia di studio; ❸ **We hope we may succeed in our** ~ speriamo di riuscire nel nostro intento. // ~ **computer** (*elab. elettr.*) macchina esecutrice; ~ **deck** (*elab. elettr.*) programma di lavoro su schede perforate; ~ **programme** (*elab. elettr.*) programma assoluto, programma oggettivo; **no** ~ (*pubbl.*) (*negli annunzi per domande di lavoro*) non si fa questione di: **Money no** ~ (*pubbl.*) non si fa questione di stipendio; « miti pretese ».

object[2], *v. i.* obiettare. △ **They objected that the articles were not up to their requirements** obiettarono che gli articoli non erano all'altezza delle loro richieste. // **to** ~ **to** opporsi a (*qc.*), disapprovare (*qc.*): **I can't help objecting to such a policy** non posso fare a meno di disapprovare una politica siffatta.

objection, *n.* ❶ obiezione. ❷ disapprovazione, opposizione. ❸ (*leg.*) obiezione, contestazione. △ ❶ (**Is there) any** ~? (ci sono) obiezioni?; **They raised several objections to our plan** mossero varie obiezioni al nostro progetto.

objective, *a.* obiettivo, oggettivo. *n.* ❶ obiettivo. ❷ (*org. az.*) obiettivo, scopo. △ *a.* **Mr Russel was the only expert who made an** ~ **analysis of the monetary situation** Mr Russel fu il solo esperto che fece un'analisi obiettiva della situazione monetaria. // ~ **data** dati oggettivi.

obligate, *v. t.* (*leg.*) obbligare.

obligation, *n.* ❶ obbligo, impegno, dovere. ❷ (*leg.*) obbligazione. △ ❶ **He was not able to meet his obligations** non poté far fronte ai propri impegni. // **an** ~ **without consideration** (*leg.*) un'obbligazione senza causa, un'obbligazione senza contropestazione.

obligative, *a.* obbligatorio. // **an** ~ **contract** (*leg.*) un contratto obbligatorio.

obligator, *n.* ❶ *V.* **obliger**. ❷ (*leg.*) *V.* **obligor**.

obligatory, *a.* obbligatorio. // **an** ~ **contribution** (*leg.*) un contributo obbligatorio.

oblige, *v. t.* ❶ obbligare, costringere. ❷ fare una cortesia, fare un favore a (*q.*). △ ❶ **Everyone is obliged by law to pay his taxes** ognuno è obbligato dalla legge a pagare le imposte; ❷ **Your remittance of a cheque will** ~ vi saremo grati se vorrete inviarci un assegno. // **to** ~ **oneself by oath** (*leg.*) impegnarsi con giuramento.

obligee, *n.* (*leg.*) obbligatario, creditore.

obliger, *n.* chi obbliga, obbligante.

obligor, *n.* (*leg.*) obbligato, debitore, stipulante.

obliterate, *v. t.* obliterare, cancellare. // **to** ~ **a postage stamp** (*comun.*) obliterare un francobollo.

obliteration, *n.* obliterazione, cancellatura.

observance, *n.* (*leg.*) osservanza. // **the** ~ **of the speed laws** (*trasp. aut.*) l'osservanza delle norme sulla velocità; **in** ~ **of the law** (*leg.*) in ossequio alla legge.

observant, *a.* (*leg.*) che osserva (*leggi, prescrizioni, ecc.*); rispettoso (*delle leggi, ecc.*). // **to be** ~ **of the laws** essere rispettoso delle leggi.

observation, *n.* ❶ osservazione. ❷ (*trasp. mar.*) operazione di rilevamento della posizione (*della nave*); « punto nave ». // ~ **car** (*trasp. ferr.*) carrozza belvedere; **the** ~ **of price trends** (*market.*) la rilevazione dei prezzi.

observational, *a.* che è frutto d'osservazioni. // **the** ~ **method** (*market.*) il metodo del sopralluogo.

observe, *v. t.* ❶ osservare. ❷ (*leg.*) osservare. // **to** ~ **a clause** (*leg.*) rispettare una clausola; **to** ~ **the laws** (*leg.*) osservare le leggi.

observer, *n.* osservatore. △ **Foreign observers agree in condemning our Government's policy** gli osservatori stranieri concordano nel condannare la politica del nostro Governo.

obsession, *n.* ossessione, fissazione.

obsolesce, *v. i.* (*di macchine e sim.*) diventare obsoleto, invecchiare.

obsolescence, *n.* ❶ il cader in disuso, desuetudine. ❷ invecchiamento. ❸ (*org. az.*) obsolescenza. // **the** ~ **of machinery** (*org. az.*) l'obsolescenza dei macchinari.

obsolescent, *a.* obsolescente.

obsolete, *a.* ❶ antiquato, desueto. ❷ (*org. az.*) obsoleto. △ ❷ **All** ~ **equipment must be replaced** tutta l'attrezzatura obsoleta deve essere sostituita. // ~ **prices** prezzi non più validi, prezzi scaduti; ~ **selling techniques** (*market.*) tecniche di vendita antiquate.

obstacle, *n.* ostacolo, remora.

obstinate, *a.* ostinato, irremovibile.

obstruct, *v. t.* ❶ ostruire. ❷ impedire, ostacolare. *v. i.* fare ostruzionismo. // **to** ~ **a road** (*trasp. aut.*) ostruire una strada; **to** ~ **the traffic** (*trasp.*) ostacolare il traffico, ostruire il traffico.

obstruction, *n.* ❶ ostruzione. ❷ impedimento, ostacolo. ❸ ostruzionismo. // **an** ~ **of traffic** (*trasp.*) un'ostruzione del traffico.

obstructionism, *n.* ostruzionismo.

obstructionist, *n.* ostruzionista. *a.* ostruzionistico.

obstructionistic, *a.* ostruzionistico.

obtain, *v. t.* ottenere, conseguire, ricavare. △ **It won't be easy to** ~ **that information** non sarà facile ottenere quelle informazioni. // **to** ~ **the agency of a firm** (*market.*) ottenere la rappresentanza d'una ditta; **to** ~ **a diploma** diplomarsi; **to** ~ **an extension of time for payment** (*cred.*) ottenere una dilazione di pagamento; **to** ~ **a footing in the market** (*market.*) affermarsi sul mercato.

obtainable, *a.* ❶ ottenibile, conseguibile. ❷ (*fin., market.*) disponibile. △ ❷ **The articles you're inter-**

ested in are not ~ in our Country gli articoli che vi interessano non sono disponibili nel nostro Paese.

obtainment, *n.* ottenimento.
occasion, *n.* occasione.
occupancy, *n.* (*leg.*) occupazione.
occupant, *n.* ❶ (*leg.*) occupante, affittuario, locatario. ❷ (*pers.*) titolare (*di posto, impiego, ecc.*).
occupation, *n.* ❶ (*pers.*) occupazione, impiego, lavoro, professione. ❷ **occupations**, *pl.* (*tur.*) presenze (*in alberghi, ecc.*). △ ❶ He is always going from one ~ to another passa di continuo da un impiego all'altro. // ~ **road** (*trasp. aut.*) strada privata.
occupational, *a.* (*pers.*) occupazionale, professionale. // ~ **diseases** (*pers.*) malattie professionali, malattie del lavoro; ~ **levels** (*econ., stat.*) livelli d'occupazione.
occupier, *n.* ❶ (*leg., ingl.*) occupante. ❷ (*leg., ingl.*) affittuario, conduttore, locatario.
occupy, *v. t.* ❶ occupare. ❷ essere il proprietario di (*una casa, ecc.*). ❸ (*leg., ingl.*) avere in affitto, avere in locazione. // to ~ **before** (*leg.*) occupare prima, preoccupare.
ocean, *n.* oceano. // ~ **cargo insurance** (*ass. mar.*) assicurazione del vettore marittimo; ~ **-going** (*trasp. mar.*) (*di nave, ecc.*) oceanico, di lungo corso, d'altura, alturiero; **an ~ -going ship** (*trasp. mar.*) una nave di lungo corso; ~ **lane** (*trasp. mar.*) rotta atlantica; ~ **liner** (*trasp. mar.*) nave di linea transoceanica, transatlantico; ~ **marine insurance** (*ass. mar.*) assicurazione contro i rischi della navigazione oceanica; ~ **tramp** (*trasp. mar.*) nave da carico, nave rinfusiera, « carretta ».
octavo, *n.* (*pubbl.*) (volume) in ottavo, ottavo. *a. attr.* (*pubbl.*) in ottavo.
octodecimo, *n.* (*pubbl.*) diciottesimo, formato in diciottesimo. *a. attr.* (*pubbl.*) in diciottesimo.
octroi, *n.* casello daziario.
odd, *a.* ❶ spaiato. ❷ strano. ❸ (*mat.*) dispari. // **the ~ change** il resto, gli spiccioli; ~ **-even bit** (*elab. elettr.*) « bit » di parità; ~ **-even check** (*elab. elettr.*) controllo di parità; ~ **-jobber** (*pers.*) chi si dedica a lavori saltuari; ~ **-jobman** (*pers.*) chi si dedica a lavori saltuari; ~ **jobs** (*pers.*) lavori occasionali, lavori saltuari; ~ **lot** (*Borsa*) spezzatura (numero d'azioni in quantità inferiore all'unità di contrattazione); ~ **-lot broker** (*Borsa*) speculatore che tratta in spezzature; ~ **-lotter** (*Borsa*) speculatore che tratta in spezzature; ~ **-man** (*pers., ingl.*) chi si dedica a lavori saltuari; **the ~ money** il resto, gli spiccioli; **an ~ number** (*mat.*) un numero dispari; **on ~ days only** (*trasp. aut.*) « sosta permessa `i giorni dispari ».
oddments, *n. pl.* ❶ pezzi spaiati, oggetti scompagnati. ❷ (*market.*) rimanenze, scampoli. // **an ~ sale** (*market.*) una vendita di rimanenze.
of, *prep.* (specificazione, argomento, ecc.) di.
off, *avv.* e *prep.* ❶ fuori (di). ❷ lontano (da). ❸ (*market.*) in meno di. ❹ (*trasp. mar.*) a poca distanza da, all'altezza di, al largo di. *a.* ❶ (*elab. elettr.*) disinserito. ❷ (*fin.*) (di guadagno, ecc.) esiguo, scarso. ❸ (*market.*) inattivo, di stasi, morto. △ *prep.* ❶ **We were offered those articles at 10% ~ the list price** quegli articoli ci furono offerti al 10% in meno del prezzo di listino; ❹ **The ship is ~ the port** la nave è a poca distanza dal porto; *a.* ❷ **Profits are going to be ~ this semester** i guadagni saranno scarsi questo semestre. // ~ **-board** (*Borsa, fin.*) non ufficiale; **the ~ -board market for securities** (*Borsa, fin.*) il mercato azionario non ufficiale; **an ~ day** (*pers.*) un giorno libero, un giorno di vacanza; ~ **duty** (*pers.*) fuori servizio; ~ **-list** (*market.*) (d'articolo, ecc.) comprato a un prezzo inferiore a quello di listino, venduto a un prezzo inferiore a quello di listino; ~ **Naples** (*trasp. mar.*) al largo di Napoli, nelle acque di Napoli; ~ **-print** (*giorn.*) estratto (d'articolo, di rivista, ecc.); ~ **-the-record** (*giorn.*) (di notizia) non ufficiale; ~ **screen** (*pubbl.*) fuori campo; **the ~ -season** (*market.*) la stagione morta; ~ **shore** (*trasp. mar.*) in mare aperto; ~ **-shore navigation** (*trasp. mar.*) navigazione in mare aperto; ~ **-shore purchases** (*market., USA*) acquisti (fatti) all'estero; ~ **time** (*pers.*) tempo libero; **to be ~** (*fin.*) (di titoli in Borsa) essere « sotto »: **Industrial stocks were ~ 2 points** i titoli industriali erano « sotto » di 2 punti; **to give the staff a day ~** (*pers.*) dare una giornata di vacanza ai propri dipendenti.
offence, *n.* (*leg.*) contravvenzione, trasgressione, violazione di legge, illecito penale, delitto, reato, offesa. // **an ~ against the law** (*leg.*) una trasgressione alla legge; ~ **committed without malice** (*leg.*) delitto colposo.
offend, *v. t.* offendere. *v. i.* (*leg.*) commettere una trasgressione, commettere una colpa, commettere un reato. // **to ~ against the law** (*leg.*) violare la legge.
offended, *a.* ❶ offeso. ❷ (*leg.*) leso. // **the ~ party** (*leg.*) la parte lesa; **to be ~** offendersi; urtarsi (*fig.*).
offender, *n.* (*leg.*) contravventore, offensore, trasgressore, colpevole, reo.
offense, *n.* (*USA*) *V.* **offence**.
offensive, *a.* offensivo.
offer[1], *n.* ❶ offerta. ❷ proposta. △ ❶ **We are open to an ~** siamo pronti a prendere in considerazione un'offerta; **Ours is not a binding ~** la nostra non è un'offerta impegnativa; **A firm ~ will never be withdrawn by a reputable firm** un'offerta definitiva non sarà mai ritirata da una ditta di buona rinomanza; **Job offers are scarse nowadays** le offerte d'impiego sono scarse al giorno d'oggi. // ~ **prices** (*fin., market.*) prezzi d'offerta; ~ **subject to goods being unsold** offerta « salvo venduto »; **on ~** (*market.*) in vendita.
offer[2], *v. t.* ❶ offrire. ❷ proporre. *v. i.* (*ingl.*) essere disponibile, diventare disponibile. △ *v. t.* ❶ **We beg to ~ you our services** ci pregiamo d'offrirvi i nostri servigi; **We were offered 1,000 pounds for the machinery** ci furono offerte 1.000 sterline per il macchinario; *v. i.* **Work is not offering here** qui non c'è lavoro (disponibile). // **to ~ one's apologies** porgere le proprie scuse; **to ~ goods on sale** (*market.*) mettere in vendita della merce.
offerer, *n.* offerente.
office, *n.* ❶ ufficio, gabinetto, studio; recapito. ❷ (*pers.*) ufficio, agenzia, sede, succursale. ❸ (*pers.*) carica, incarico, dovere, funzione, mansione, incombenza. △ ❷ **We would advise you to get in touch with our new Modena ~** vi consigliamo di mettervi in contatto con la nostra nuova sede di Modena; ❸ **He will leave ~ after the next meeting** lascerà la carica dopo la prossima assemblea. // ~ **appliances** arredamento d'ufficio; ~ **-bearer** (*pers.*) chi ha una carica, chi tiene un ufficio, funzionario; ~ **-boy** (*pers.*) ragazzo d'ufficio, fattorino; ~ **copy** (*leg.*) copia autentica (d'un atto legale, ecc.); ~ **equipment** (*attr. uff.*) attrezzature per ufficio; ~ **expenses** (*rag.*) spese d'ufficio; ~ **furnishings** forniture per ufficio; ~ **furniture** (*attr. uff.*) mobili per ufficio; ~ **-holder** (*pers.*) chi tiene un ufficio, chi ha una carica, funzionario; ~ **hours** (*org. az.*) ore d'ufficio, orario d'ufficio; ~ **machines** (*macch. uff.*) macchine per ufficio; ~ **mechanization** (*org. az.*) meccanizzazione del lavoro d'ufficio; **the ~ of chairman** (*amm.*) le funzioni di presidente; ~ **personnel** (*pers.*) personale

d'ufficio; ~ **piano** (*slang USA*) macchina da scrivere; ~ **premium** (*ass.*) premio lordo, premio « di tariffario »; ~ **staff** (*pers.*) personale d'ufficio; ~ **work** (*org. az.*) lavoro d'ufficio; ~ **workers** (*pers.*) operai del settore del commercio.

officer, *n.* ❶ (*pers.*) funzionario, dirigente. ❷ (*trasp. mar., ecc.*) ufficiale. // **the officers and crew** (*trasp. mar.*) gli ufficiali e l'equipaggio; **an** ~ **of a bank** (*pers.*) un funzionario di banca; ~ **of customs** (*dog.*) funzionario di dogana; ~ **of health** (*leg.*) ufficiale sanitario; ~ **of the merchant marine** (*trasp. mar.*) ufficiale della marina mercantile; ~ **of the port sanitary authority** (*trasp. mar.*) ufficiale della sanità di porto; ~ **of the watch** (*trasp. mar.*) ufficiale di guardia; ~ **on duty** (*trasp. mar.*) ufficiale di servizio.

official, *a.* ❶ ufficiale. ❷ d'un ufficio, pertinente a un ufficio. *n.* ❶ (*leg.*) pubblico ufficiale. ❷ (*pers.*) funzionario, impiegato. // ~ **action** (*leg.*) atto amministrativo; **an** ~ **appraisal** (*leg.*) una perizia ufficiale; ~ **assets** (*rag.*) averi ufficiali; ~ **character** ufficialità; ~ **intervention point** (*fin.*) punto d'intervento ufficiale (*nei tassi di cambio*); ~ **list** (*Borsa*) listino ufficiale, listino di chiusura; ~ **list of prices** (*econ.*) calmiere (*il listino prezzi*); ~ **Log Book** (*trasp. mar.*) giornale di bordo; ~ **net reserves** (*fin.*) riserve ufficiali nette; ~ **oath** (*leg., pers.*) giuramento solenne (*di pubblico ufficiale, funzionario, ecc.*); ~ **rate** (*fin.*) tasso ufficiale: **The** ~ **rate of discount has been raised to 3.75%** il tasso ufficiale di sconto è stato aumentato al 3,75 per cento; ~ **rate of exchange** (*comm. est.*) cambio ufficiale; ~ **rate of interest** (*fin.*) tasso legale d'interesse; ~ **receiver** (*leg.*) amministratore, liquidatore, curatore provvisorio, curatore « ad interim » (*d'un fallimento*); ~ **responsibilities** (*pers.*) responsabilità pertinenti a un ufficio; **in one's** ~ **capacity** (*leg.*) in veste ufficiale.

officialdom, *n.* burocrazia.

officialese, *n.* linguaggio della burocrazia, gergo burocratico.

officialism, *n.* burocrazia.

officially, *avv.* ufficialmente.

officious, *a.* ufficioso. △ **The spokesman made an** ~ **statement** il portavoce rilasciò una dichiarazione ufficiosa.

offing, *n.* (*trasp. mar.*) (il) largo, mare aperto. // **in the** ~ (*trasp. mar.*) al largo: **The ship is still in the** ~ la nave è ancora al largo.

offset¹, *n.* ❶ compensazione, contrappeso. ❷ (*giorn., pubbl.*) offset, fotolito. // ~ **paper** (*giorn., pubbl.*) carta offset; ~ **print** (*giorn., pubbl.*) stampa offset (*il risultato*); ~ **printing** (*giorn., pubbl.*) stampa offset (*il procedimento*); ~ **process** (*elab. elettr.*) elettore selettivo; (*giorn., pubbl.*) stampa offset, rotocalcografia (*il procedimento*).

offset², *v. t.* (*pass. e part. pass.* offset) ❶ compensare, controbilanciare. ❷ (*giorn., pubbl.*) stampare in offset, stampare in fotolito. △ ❶ **We shall have to** ~ **through domestic measures the inflow of liquidity from outside** dovremo compensare con misure d'ordine interno l'afflusso di liquidità provenienti dall'estero. // **to** ~ **regional handicaps** (*econ.*) compensare gli svantaggi di cui soffrono certe regioni.

offshore, *avv. e a.* (*trasp. mar.*) al largo. // ~ **fund** (*fin.*) fondo (d'investimento) operante all'estero.

oil, *n.* ❶ olio. ❷ petrolio. △ ❷ ~ **prices went down in France but tended rather to increase in Italy** il prezzo del petrolio diminuì in Francia ma mostrò tendenza ad aumentare in Italia. // **oils and fats** materie grasse; ~ **and natural gas** idrocarburi; ~ **companies** (*fin.*) società petrolifere; ~ **deposits** giacimenti petroliferi; ~ **field** giacimento petrolifero; **the** ~ **market** (*fin.*) il mercato petrolifero; ~ **-pipeline** oleodotto; ~ **-tanker** (*trasp. mar.*) petroliera; ~ **-vessel** (*trasp. mar.*) petroliera; ~ **-well** (*econ.*) sorgente di petrolio, pozzo petrolifero; ~ **worker** (*pers.*) petroliere (*addetto alla lavorazione del petrolio*).

oily, *a.* oleaceo, oleoso.

old, *a.* vecchio. // ~ **age** vecchiaia, anzianità; ~ **-age and survivors insurance** (*ass.*) assicurazione di vecchiaia e per i sopravvissuti; ~ **-age insurance** (*ass.*) assicurazione contro la vecchiaia; ~ **-age pension** (*pers.*) pensione di vecchiaia; **an** ~ **-established firm** una vecchia ditta; ~ **-fashioned** antiquato, sorpassato; **the** ~ **Lady (of Threadneedle Street)** (*fam., ingl.*) la Banca d'Inghilterra.

oleaginous, *a.* oleaginoso, oleoso, oleaceo. // ~ **seeds** semi oleosi.

oligopoly, *n.* (*econ.*) oligopolio.

oligopsony, *n.* (*econ.*) oligopsonio.

ombudsman, *n.* (*pl.* ombudsmen) (*leg.*) « difensore civile » (*funzionario governativo che effettua inchieste in seguito alle lamentele dei cittadini sull'operato della pubblica amministrazione*).

omission, *n.* omissione, il tralasciare, il trascurare. △ **Kindly excuse this** ~ vogliate perdonare questa omissione. // **errors and omissions excepted (E.&.O.E.)** salvo errori ed omissioni (*S.E.O.*).

omit, *v. t.* omettere, tralasciare, trascurare.

omnibus, *a.* che include più cose, che serve a più scopi. *n.* (*trasp. aut.*) omnibus, autobus. // **an** ~ **clause** (*ass.*) clausola onnicomprensiva (*comprensiva d'ogni rischio*); (*leg.*) una clausola riguardante vari argomenti; **an** ~ **train** (*trasp. ferr.*) un treno omnibus.

on, *avv. e prep.* ❶ su, sopra. ❷ vicino (a), presso. ❸ (*comm.*) contro, dietro. *a.* ❶ (*elab. elettr.*) inserito. ❷ (*fin.*) (di titolo, ecc.) alto, in rialzo. △ *a.* ❷ **Our shares are 10 cents** ~ **at 2 dollars** le nostre azioni, a 2 dollari, sono in rialzo di 10 cent. // ~ **-and-offer** (*slang USA*) lavoratore temporaneo; ~ **approval** (*market.*) salvo prova, salvo vista e verifica; in esame, in visione; ~ **arrival** (*trasp.*) all'arrivo, al momento dell'arrivo; ~ **behalf of** per conto di; ~ **board** (*trasp. mar.*) a bordo; ~ **change** (*Borsa, fam.*) in Borsa Valori, alla Borsa Valori; ~ **the cheap** (*market.*) a buon mercato; ~ **-coming** che s'avvicina, prossimo; **the** ~ **-coming year** l'anno prossimo, l'anno entrante; ~ **consignment** (*market.*) in conto deposito; ~ **delivery** (*market.*) alla consegna, all'atto della consegna; ~ **demand** (*comm.*) a vista; ~ **-demand system** (*elab. elettr.*) sistema d'informazione a richiesta; ~ **duty** (*pers.*) in servizio; ~ **-the-fly printer** (*elab. elettr.*) stampatrice continua; ~ **-the-fly printing** (*elab. elettr.*) stampa continua; ~ **hand** (*giorn., pubbl.*) in corso di stampa; (*market.*) (d'ordinazioni) in corso (d'esecuzione); (*org. az.*) (di merce, ecc.) in magazzino; ~ **-the-job training** (*org. az., pers.*) addestramento sul lavoro; ~ **line** (*elab. elettr.*) in linea; ~ **-line store** (*elab. elettr.*) memoria in linea; ~ **loan** (*cred.*) in prestito; ~ **passage** (*trasp.*) (di merce, ecc.) in viaggio, in transito; ~ **position** (*elab. elettr.*) posizione di lavoro; ~ **-request system** (*elab. elettr.*) sistema d'informazione a richiesta; ~ **sale** (*market.*) in vendita; ~ **sale or return** (*market.*) da vendere o rimandare; in deposito; ~ **term** (*cred., market.*) a termine; ~ **trial** (*market.*) in prova; ~ **-year** (*econ.*) anno buono, anno favorevole, buona annata; **to be** ~ **a committee** far parte di una commissione; **to be** ~ **the jury** (*leg.*) far parte della giuria; **to be** ~ **the regular staff** (*pers.*) essere in pianta stabile, essere di ruolo; to be ~ the staff (*pers.*) fare parte del personale; interest ~ capital (*fin.*) gli interessi del capitale; to retire ~ a pension (*pers.*) andare in pensione; a tax ~ luxury articles (*fin.*) una tassa sugli articoli di lusso; a village ~ the frontier un paese vicino alla frontiera.

once, *avv.* ❶ una volta, una sola volta. ❷ una volta, un tempo. *cong.* non appena, quando.

oncost, *n.* (*rag., ingl.*) spese generali, spese indirette.

one, *a. e pron.* uno, uno solo. *n.* (*USA*) banconota da un dollaro. ∥ ~ **-class liner** (*trasp. mar.*) piroscafo a classe unica; ~ **-man business** (*org. az.*) ditta individuale; ~ **-man job** (*pers.*) lavoro effettuato da un solo uomo; « ~ **off** » **production** (*org. az.*) produzione d'un articolo secondo le particolari richieste del cliente; ~ **-plus-** ~ **address** (*elab. elettr.*) a (1+1) indirizzi; ~ **-plus-** ~ **address instruction** (*elab. elettr.*) istruzioni a (1+1) indirizzi; ~ **-price** (*market.*) a prezzo unico; « ~ **price only** » (*market.*) « prezzi fissi »; ~ **-sided** (*leg.*) unilaterale; ~ **-sidedness** (*leg.*) unilateralità; a ~ **-track railway** (*trasp. ferr.*) una ferrovia a binario unico; « ~ **way** » (*trasp. aut.*) « senso unico »; ~ **-way callable stock** (*fin.*) titoli irredimibili da parte del detentore (*e la cui redimibilità è lasciata alla discrezione dell'organismo emittente*); ~ **-way element** (*elab. elettr.*) elemento unidirezionale; a ~ **-way street** (*trasp. aut.*) una strada a senso unico.

onerous, *a.* ❶ onerose, gravoso. ❷ (*leg.*) oneroso. ∥ ~ **contract** (*leg.*) contratto a titolo oneroso; ~ **property** (*leg.*) proprietà a titolo oneroso.

only, *a.* solo, unico. *avv.* solamente, soltanto, solo. ∥ ~ **-begotten** (*leg.*) unigenito (*a.*); ~ **child** (*leg.*) unigenito (*n.*).

onshore, *avv. e a.* (*trasp. mar.*) sulla terraferma; presso (*o verso*) la terraferma. ∥ ~ **fund** (*fin.*) fondo (d'investimento) operante in patria (*in origine, negli U.S.A.*).

onus, *n.* onere, peso. ∥ ~ **of proof** (*leg.*) onere della prova: **The ~ of proof falls on you!** l'onere della prova spetta a voi!; ~ **probandi** (*leg.*) onere della prova.

open[1], *a.* ❶ aperto. ❷ disponibile, libero, vacante. △ ❷ **There is still a good job ~** c'è ancora un buon posto vacante. ∥ ~ **account terms** (*market.*) condizioni d'acquisto a credito; **an ~ -and-shut case** (*leg.*) un caso (giudiziario) semplicissimo; ~ **audience** (*leg.*) udienza pubblica; **an ~ cheque** (*cred., ingl.*) un assegno bancario non sbarrato e senza girate; ~ **Court** (*leg.*) udienza a porte aperte; ~ **cover** (*ass.*) copertura in abbonamento; ~ **credit** (*cred.*) credito allo scoperto, credito in bianco, credito non documentario; **an ~ -door trade policy** (*comm. est.*) una politica di libertà dei traffici; ~ **-end fund** (*fin.*) fondo « aperto », fondo a capitale variabile; ~ **-end investment fund** (*fin.*) fondo d'investimento « aperto », fondo di investimento a capitale variabile; ~ **-end trust** (*fin.*) fondo comune di investimento di tipo « aperto »; ~ **indent** (*comm. est.*) ordinazione (*di merce*) a un commissionario estero, senza precise istruzioni riguardo alle modalità d'acquisto e al fornitore; ~ **inflation** (*econ.*) inflazione incontrollata; **an ~ letter** (*giorn.*) una lettera aperta; ~ **market** (*fin.*) mercato aperto, mercato libero; ~ **market operations** (*fin.*) operazioni sul mercato aperto; ~ **policy** (*ass. mar.*) polizza aperta, polizza flottante; **an ~ port** (*trasp. mar.*) un porto franco; un porto libero dai ghiacci per tutto l'anno; ~ **sea** (*trasp. mar.*) mare aperto, altura; ~ **shop** (*sind., USA*) azienda che accoglie anche operai non iscritti ai sindacati; ~ **union** (*sind.*) sindacato aperto (*a tutti, senza discriminazioni di razza, sesso, ecc.*); to be ~ (*org. az.*) (*di reparto, ufficio, ecc.*) fare servizio; to be ~ to an offer esser disposto a prendere in considerazione un'offerta; in ~ assembly in seduta pubblica; in ~ Court (*leg.*) a porte aperte, in presenza del pubblico, in pubblica udienza.

open[2], *v. t. e i.* ❶ aprire, aprirsi. ❷ aprire i battenti, cominciare, iniziare. ❸ (*rag.*) aprire, accendere, impostare (*un conto*). △ ❶ **They are going to ~ a new shop right across the street** apriranno un nuovo negozio proprio dall'altra parte della strada; **At what time does the office ~?** a che ora apre l'ufficio?; **The accounts ~ with a credit balance** i conti si aprono con un saldo a credito; ❷ **The Milan trade fair is opening tomorrow** la (Fiera) Campionaria di Milano apre i battenti domani. ∥ to ~ **an account at the bank** (*cred.*) aprire un conto in banca; to ~ **an account in sb.'s name** (*banca, cred.*) intestare un conto a q.; to ~ **an account with sb.** aprire un conto con q.; to ~ **at par** (*Borsa*) (*di titoli, ecc.*) aprire alla pari; to ~ **the books** (*fin.*) dare inizio alla sottoscrizione (*di nuovi titoli, ecc.*); to ~ **a business** intraprendere un'attività commerciale; to ~ **a case** (*leg.*) (*detto d'avvocato*) cominciare a perorare una causa; to ~ **a credit with a bank** (*banca, cred.*) aprire un credito presso una banca; to ~ **the door** (*fig.*) aprire la strada (*a negoziati, ecc.*): **We want to ~ the door to freer trade and closer ties** (*comm. est.*) vogliamo aprire la strada a una più ampia liberalizzazione degli scambi e a più stretti contatti; to ~ **a meeting** aprire una seduta; to ~ **a new advertising campaign** dare inizio a una nuova campagna pubblicitaria; to ~ **port** (*trasp. mar.*) giungere in vista del porto: **The ship opened port** la nave giunse in vista del porto; to ~ **unduly** (*leg.*) aprire indebitamente, manomettere; to ~ **up** aprire: **After a long period of isolation they're opening up their Country to trade** dopo un lungo periodo d'isolamento, stanno aprendo il Paese ai traffici.

opener, *n.* ❶ chi apre. ❷ (*cred.*) persona che « apre » il credito.

opening, *n.* ❶ apertura. ❷ inizio, principio. ❸ prospettiva, buona possibilità. ❹ (*comm.*) sbocco. ❺ (*leg.*) apertura d'udienza, inizio della perorazione. ❻ (*pers.*) posto vacante. ❼ (*rag.*) apertura, impostazione (*d'un conto; anche:* ~ **of an account**). △ ❸ **There are always openings for good interpreters** ci sono sempre buone possibilità (di lavoro) per un buon interprete; ❹ **It won't be easy to find an ~ for our products now that the market is being invaded by foreign makes** non sarà facile trovare uno sbocco per i nostri prodotti ora che le marche straniere stanno invadendo il mercato. ∥ ~ **balance** (*rag.*) bilancio d'apertura; ~ **capital** (*fin.*) capitale iniziale, capitale d'impianto; ~ **entry** (*rag.*) scrittura d'apertura, rilevazione d'apertura; ~ **of credit** (*banca, cred.*) apertura di credito: **Payment is to be effected by ~ of credit with a leading New York bank** il pagamento dovrà effettuarsi mediante apertura di credito presso primaria banca di New York; ~ **price** (*Borsa*) prezzo d'apertura, quotazione d'apertura; ~ **rate (of exchange)** (*fin.*) cambio d'apertura; ~ **speech** discorso d'apertura; ~ **stock** (*rag.*) giacenza iniziale, rimanenza iniziale; ~ **time** (*market.*) orario d'apertura.

operand, *n.* (*elab. elettr.*) elemento d'istruzione.

operant, *a.* operante.

operate, *v. t.* ❶ operare, agire. ❷ azionare, far funzionare. ❸ (*amm.*) condurre, gestire (*un'impresa*). ❹ (*Borsa, fin.*) operare, speculare. *v. i.* (*di macchine e sim.*) funzionare. △ *v. t.* ❸ **Our corporation operates quite a few factories** la nostra società gestisce parecchie fabbriche. ∥ to ~ **for a fall** (*Borsa, fin.*) speculare al ribasso; to ~ **for a rise** (*Borsa, fin.*) speculare al rialzo;

to ~ **a machine** (*org. az.*) azionare una macchina; to ~ **on a market** (*fin.*) operare su un mercato.
operating, *a.* ❶ operativo. ❷ (*org. az.*) esecutivo, produttivo. *n.* ❶ funzionamento. ❷ (*amm.*) gestione, conduzione (*d'impresa*). // ~ **accounts** (*rag.*) conti di gestione; ~ **activity** (*org. az.*) attività esecutiva; ~ **capacity** (*org. az.*) capacità produttiva; ~ **costs** (*rag.*) costi di gestione, costi d'esercizio; ~ **cycle** (*org. az.*) ciclo operativo; ~ **expenses** (*rag.*) spese di gestione, spese d'esercizio; ~ **profit** (*rag.*) utili diretti (*derivanti, cioè, dall'attività volta a perseguire il fine principale dell'azienda*); utile lordo sulle vendite; ~ **unit** (*org. az.*) unità operativa.
operation, *n.* ❶ operazione. ❷ funzionamento. ❸ (*amm.*) gestione, conduzione (*d'impresa*). ❹ (*Borsa, fin.*) operazione, speculazione. ❺ (*mat.*) operazione. // ~ **cause** (*banca*) causale d'un'operazione: **For ~ causes please see overleaf** per le causali delle operazioni vedi a tergo; ~ **decoder** (*elab. elettr.*) decodificatore del codice d'operazione; ~ **list** (*org. az.*) distinta delle operazioni; **the ~ of a machine** (*org. az.*) il funzionamento d'una macchina; **operations research** (*ric. op., USA*) ricerca operativa; **in ~** in azione, in funzione; (*leg.*) in attuazione, in vigore.
operational, *a.* ❶ operativo. ❷ (*amm.*) gestionale, di gestione, d'esercizio. // ~ **costs** (*rag.*) costi d'esercizio; ~ **decoder** (*elab. elettr.*) decodificatore del codice d'operazione; ~ **implementation of strategy** (*econ.*) attuazione operativa della strategia; ~ **research** (*ric. op., ingl.*) ricerca operativa.
operative, *a.* ❶ operativo. ❷ efficace. ❸ (*leg.*) operante. *n.* (*pers.*) lavorante, operaio, artigiano. △ *a.* ❸ **When will the law become ~?** quando diverrà operante la legge?
operator, *n.* ❶ operatore. ❷ (*amm.*) gestore (*d'impresa*). ❸ (*Borsa, fin.*) operatore, speculatore. ❹ (*comun.*) centralinista, telefonista. ❺ (*pers.*) operaio (*addetto a una macchina*).
opinable, *a.* opinabile.
opinion, *n.* ❶ opinione, parere, avviso. ❷ (*leg.*) parere. △ ❶ **Public ~ is struck by this endless series of strikes** l'opinione pubblica è colpita da questa serie interminabile di scioperi; ❷ **You ought to take counsel's ~** dovresti sentire il parere d'un avvocato. // ~ **former** (*pubbl.*) leader d'opinione, formatore d'opinione; ~ **leader** (*o* **maker**) (*pubbl.*) *V.* ~ **former**; ~ **poll** (*market.*) indagine d'opinione, sondaggio d'opinione, indagine demoscopica; ~ **survey** (*market.*) *V.* ~ **poll**.
opponent, *n.* ❶ oppositore, antagonista, avversario. ❷ (*comm.*) concorrente.
opportune, *a.* opportuno; tempestivo.
opportuneness, *n.* opportunità; tempestività.
opportunism, *n.* opportunismo.
opportunist, *n.* opportunista.
opportunity, *n.* ❶ opportunità. ❷ occasione, possibilità. △ ❷ **What are the opportunities as regards income?** quali sono le possibilità di reddito? // ~ **cost** (*rag.*) costo dell'opportunità, costo alternativo.
oppose, *v. t.* opporre. *v. rifl.* opporsi.
opposer, *n.* oppositore.
opposite, *a.* opposto, inverso. // **the ~ party** (*leg.*) la controparte.
opposition, *n.* (*anche leg.*) opposizione.
oppress, *v. t.* opprimere, vessare.
oppression, *n.* oppressione, vessazione.
oppressive, *a.* oppressivo, vessatorio.
optimal, *a.* ottimale, ottimo. // ~ **operating programme** (*ric. op.*) programma operativo ottimale; ~ **size** (*econ.*) dimensioni ottimali.
optimalize, *v. t.* (*econ., elab. elettr.*) ottimalizzare.
optimation, *n.* (*elab. elettr.*) ottimizzazione.
optimization, *n.* ❶ (*elab. elettr.*) ottimizzazione. ❷ (*ric. op.*) ottimizzazione.
optimize, *v. t.* ❶ (*elab. elettr.*) ottimizzare. ❷ (*org. az.*) ottimalizzare. ❸ (*ric. op.*) ottimizzare. // **to ~ the distribution of raw materials** (*org. az.*) ottimalizzare la distribuzione delle materie prime.
optimum, *n.* « optimum », condizioni ideali. *a. attr.* ottimale. // ~ **efficiency** (*org. az.*) efficienza ottimale; ~ **growth** (*econ.*) sviluppo ottimale; ~ **population** (*econ., stat.*) popolazione ottimale; ~ **size** (*econ.*) dimensione ottimale.
option, *n.* ❶ scelta, facoltà di scelta, libertà di scelta. ❷ (*Borsa, fin.*) opzione, diritto d'opzione, operazione a premio. // ~ **bargain** (*Borsa, fin.*) contratto a premio; ~ **day** (*Borsa, fin.*) giorno della risposta premi; ~ **dealings** (*Borsa, fin.*) operazioni a premio; ~ **declaration day** (*Borsa, fin.*) giorno della risposta premi; ~ **market** (*Borsa, fin.*) mercato a termine; **options settlement** (*Borsa, fin.*) risposta premi.
optional, *a.* opzionale, facoltativo, a scelta.
opulence, *n.* opulenza.
opulent, *a.* opulento.
oral, *a.* orale, verbale. // ~ **contract** (*leg.*) contratto verbale; ~ **evidence** (*leg.*) prova orale; ~ **reprimand** (*pers.*) ammonizione orale.
orally, *avv.* oralmente, verbalmente.
order[1], *n.* ❶ ordine, comando. ❷ (*comm.*) ordinazione, ordinativo, ordine, commessa, commissione. ❸ (*elab. elettr.*) istruzione. ❹ (*leg.*) ordinanza, mandato. △ ❷ **Thank you for your ~, which has already been transmitted to the factory** grazie dell'ordinazione, che è già stata passata allo stabilimento; **We have received an ~ for 150 2-lb sacks of coffee at 25 p per lb** abbiamo ricevuto un'ordinazione di 150 sacchi di caffè da 2 libbre a 25 pence la libbra; **We shall be compelled to cancel the ~** saremo costretti ad annullare l'ordinazione. // ~ **bill of lading** (*trasp. mar.*) polizza di carico all'ordine; ~ **-book** (*org. az.*) libro (*o* registro) delle ordinazioni (*o* delle commissioni); ~ **cheque** (*cred.*) assegno bancario all'ordine; ~ **-clerk** (*pers.*) impiegato che registra le ordinazioni; **an ~ for payment** (*rag.*) un ordine di pagamento, un mandato di pagamento; ~ **form** (*market.*) modulo d'ordinazione; **an ~ from catalogue** (*market.*) un'ordinazione su catalogo; ~ **of business** ordine del giorno (*d'un'assemblea, ecc.*); ~ **of the day** ordine del giorno; ~ **of discharge** (*leg.*) ordinanza di riabilitazione (*d'un fallito*); ~ **of magnitude** (*mat.*) ordine di grandezza; **an ~ to pay** (*rag.*) un ordine di pagamento, un mandato di pagamento; ~ **to view** permesso di visita (*a un appartamento e sim.*); ~ **word** (*elab. elettr.*) istruzione; **on ~** (*market.*) su ordinazione, su commessa; **to ~** (*cred.*) (*di titolo di credito*) all'ordine; (*market.*) su ordinazione: **Bills can be payable to bearer, to ~, on demand, at a fixed date and at a determinable future time** le cambiali possono essere pagate: al portatore, all'ordine, a richiesta, a data fissa e a data futura (determinabile); **up to the ~** (*market.*) (*di merce, ecc.*) conforme all'ordinazione.
order[2], *v. t.* ❶ ordinare, comandare, intimare. ❷ ordinare, riordinare, mettere in ordine. ❸ (*comm.*) ordinare, commissionare (*merce*). △ ❷ **You should ~ all the papers and documents before going to meeting** dovreste mettere in ordine tutte le carte e i documenti prima d'andare alla seduta; ❸ **We regret to learn that the**

parcel of assorted articles we sent you did not correspond with what you ordered siamo spiacenti di apprendere che l'assortimento d'articoli inviatovi non corrispondeva a ciò che ci avevate ordinato. // to ~ goods from (o of) sb. ordinare merce a q.: We are going to ~ this article directly from the producer ordineremo questo articolo direttamente al produttore; to ~ sb. to pay the costs (leg.) condannare q. al pagamento delle spese (processuali).

ordinal, a. e n. (mat.) ordinale. // ~ **number** (mat.) numero ordinale.

ordinance, n. (leg.) ordinanza.

ordinary, a. ❶ ordinario, comune, mediocre. ❷ ordinario, consueto, normale. // ~ **care** (leg.) diligenza ordinaria, diligenza del buon padre di famiglia; ~ **charges** (rag.) spese ordinarie; the ~ **course of business** la prassi commerciale; ~ **diligence** (leg.) diligenza ordinaria, diligenza del buon padre di famiglia; ~ **life insurance** (ass.) assicurazione « vita intera »; ~ **loans** (cred.) prestiti per operazioni ordinarie; an ~ **meeting** (amm.) un'assemblea ordinaria; ~ **prudence** (leg.) diligenza ordinaria, diligenza del buon padre di famiglia; ~ **rate** (comun., trasp.) tariffa ordinaria; ~ **seaman** (trasp. mar.) marinaio semplice; ~ **shares** (fin.) azioni ordinarie.

ordinate, n. (mat.) ordinata.

organ, n. (anche fig.) organo.

organic, a. organico.

organization, n. ❶ organizzazione, organismo. ❷ (org. az.) organizzazione. // ~ **chart** (org. az.) organigramma; ~ **for Economic Corporation and Development (OECD)** Organizzazione per la Cooperazione e lo Sviluppo Economico (OCSE); ~ **manual** (org. az.) manuale d'organizzazione; ~ **structure** (org. az.) struttura organizzativa; the ~ **theory** (org. az.) la teoria dell'organizzazione.

organizatory, a. organizzativo.

organize, v. t. organizzare. v. i. organizzarsi. △ v. i. Workers have a right to ~ i lavoratori hanno il diritto d'organizzarsi. // to ~ **a strike** (sind.) organizzare uno sciopero.

organizer, n. ❶ organizzatore. ❷ (sind.) attivista, sindacalista.

orient, v. t. orientare.

orientation, n. orientamento.

origin, n. origine, provenienza. // ~ **of coordinates** (mat.) origine delle coordinate.

original, a. originale, originario. n. (l')originale. △ n. Yours is not the ~; it's just a copy of the contract il vostro non è un originale; è soltanto una copia del contratto. // ~ **entry** (rag.) rilevazione (contabile) originaria; ~ **goods** (econ.) beni naturali; ~ **invoice** (market.) fattura originale; ~ **jurisdiction** (leg.) giurisdizione di prima istanza; ~ **slip** (ass. mar.) polizzetta provvisoria.

originate, v. t. originare, dare origine a. v. i. ❶ originare, aver origine. ❷ (trasp. ferr.) (di treno) nascere. △ v. i. ❷ The train originates in Milan il treno nasce a Milano. // to be originated avere inizio: Freight is originated at the dock il nolo ha inizio alla banchina.

orthogonal, a. (mat.) ortogonale. △ Two statistical values are said to be ~ when they have zero correlation due variabili statistiche si dicono ortogonali quando hanno correlazione nulla. // ~ **functions** (mat.) funzioni ortogonali; ~ **projection** (mat., pubbl.) proiezione ortogonale.

orthographic, a. ❶ ortografico. ❷ (mat.) ortogonale. // ~ **projection** (mat., pubbl.) proiezione ortogonale.

orthographical, a. ❶ ortografico. ❷ (mat.) ortogonale.

oscillate, v. i. oscillare. △ The bank rate has oscillated between 3% and 4.75% il tasso ufficiale di sconto ha oscillato fra il 3% e il 4,75%.

oscillation, n. oscillazione.

other, a. e pron. altro. // « ~ **things being equal** » (econ.) « ceteris paribus », a parità di condizioni.

ounce, n. oncia (unità di peso). // ~ **avoirdupois** oncia « avoirdupois » (unità di peso pari a 28,35 grammi); ~ **troy** oncia « troy » (unità di peso pari a 31,1 grammi).

oust, v. t. ❶ estromettere, prendere il posto di, soppiantare. ❷ (leg.) spodestare, spossessare, espropriare. △ ❶ Transistor radios have virtually ousted traditional radio sets le radio a transistor hanno praticamente soppiantato gli apparecchi tradizionali; He's been ousted from office è stato cacciato dall'impiego.

ouster, n. (leg.) spossessamento, spodestamento, espropriazione, esproprio.

ousting, n. (leg.) spodestamento, spossessamento, esproprio, espropriazione.

out, avv. fuori. a. ❶ esterno. ❷ fuori moda, passato di moda, non più in voga. ❸ (fam.) in passivo di. ❹ (giorn., pubbl.) (di libro, ecc.) pubblicato. ❺ (trasp.) in partenza. △ ❷ Their article is definitely ~ il loro articolo è decisamente passato di moda; ❸ We are ~ a thousand dollars siamo in passivo di mille dollari, ci abbiamo rimesso mille dollari; ❹ When will the new manual be ~? quando sarà pubblicato il nuovo manuale? // ~ **-clearing** (banca, ingl.) insieme degli assegni, ecc. pagabili a una banca e presentati alla stanza di compensazione; ~ **-loaded return-empty services** (trasp.) servizi nei quali il viaggio d'andata è effettuato a veicolo carico e il viaggio di ritorno a veicolo vuoto; ~ **-migrant** (econ., stat.) chi si trasferisce, per ragioni di lavoro, all'interno d'uno Stato; to ~ **-migrate** (econ., stat.) lasciare la propria regione per motivi di lavoro; ~ **-migration** (econ., stat.) migrazione interna (di chi lascia la propria regione per motivi di lavoro); ~ **of** fuori di (o da); (trasp. mar.) al largo di: The ships were ~ of Hull when the collision took place al momento della collisione le navi erano al largo di Hull; ~ **of commission** (trasp. mar.) (di nave) in disarmo; ~ **-of-date** (market.) passato di moda, antiquato; ~ **of fashion** (market.) fuori moda; ~ **of money** a corto di quattrini; ~ **of order** (org. az.) (di macchinario) fuori servizio, fuori uso; ~ **of pocket** privo di fondi; ~ **-of-pocket expenses** (rag.) spese che prevedono un'immediata uscita di numerario; ~ **-of-print** (giorn., pubbl.) (di libro, ecc.) esaurito, in ristampa; ~ **of sale** (market.) (d'articolo, ecc.) non in vendita, esaurito; ~ **of work** (pers.) disoccupato, a spasso (fam.); the ~ **train** (trasp. ferr.) il treno in partenza; ~ **-tray** (attr. uff.) cassetta della corrispondenza in partenza; ~ **-turn** (econ.) risultato effettivo: The ~ -turn confirmed the estimate il risultato effettivo ha confermato la stima preventiva.

outbid, v. t. (pass. e part. pass. outbid) (comm.) offrire di più di (q.) (a un'asta, ecc.).

outbidder, n. (comm.) maggior offerente (a un'asta, ecc.).

outboard, avv. (trasp. mar.) fuori bordo. a. e n. (trasp. mar.) fuoribordo. // ~ **motor** fuoribordo (il motore).

outbound, a. (trasp. mar.) diretto all'estero. // ~ **for** (trasp. mar.) in rotta per; ~ **traffic** (trasp. mar.) traffico diretto all'estero.

outburst, n. impeto, impulso, slancio.

outcome, n. conseguenza, esito, risultato. △ That's

the ~ **of twenty years' isolationism!** ecco il risultato di vent'anni d'isolazionismo!

outdated, *a.* (*market.*) antiquato, passato di moda.

outdoor, *a. attr.* esterno, all'aperto. // ~ **advertising** (*pubbl.*) pubblicità esterna.

outer, *a.* esterno, esteriore. // ~ **band** (*fin.*) fascia esterna; ~ **harbour** (*trasp. mar.*) avamporto; **the ~ Seven** (*econ.*) i Paesi dell'EFTA (*European Free Trade Association*) (geograficamente « esterni » rispetto alla CEE).

outfit, *n.* attrezzatura, corredo.

outfitter, *n.* (*market.*) confezionista.

outflow[1], *n.* efflusso, deflusso. // ~ **of capital** (*fin.*) fuga di capitali: **The new measures are meant to discourage the ~ of capital** i nuovi provvedimenti mirano a scoraggiare la fuga di capitali.

outflow[2], *v. i.* effluire, defluire.

outgo[1], *n.* (*econ., rag.*) uscita, spesa. △ **There's no balance between the inflow and ~ of goods** non c'è equilibrio tra l'afflusso e l'uscita delle merci; **The budget is not clear as far as outgoes are concerned** il bilancio non è chiaro riguardo alle uscite.

outgo[2], *v. i.* (*pass.* **outwent**, *part. pass.* **outgone**) uscire, effluire.

outgoing, *a. attr.* ❶ in partenza. ❷ (*pers.*) uscente, dimissionario. // ~ **mail** (*comun.*) corrispondenza in partenza; **an ~ ship** (*trasp. mar.*) una nave in partenza; ~ **specie point** (*fin.*) punto aureo superiore; ~ **tide** (*trasp. mar.*) marea calante.

outgoings, *n. pl.* (*econ., rag.*) uscite, spese.

outgrow, *v. t.* (*pass.* **outgrew**, *part. pass.* **outgrown**) crescere più di, diventare più grande di. △ **Mankind is outgrowing food supplies** l'umanità cresce più delle risorse alimentari.

outlaw[1], *a.* (*leg.*) proibito dalla legge, illegale. // **an ~ strike** (*sind.*) uno sciopero illegale.

outlaw[2], *v. t.* ❶ (*leg.*) bandire, proscrivere. ❷ (*leg.*) dichiarare illegale, rendere illegale. △ ❸ **The new legislation has outlawed verbal intimidation on the part of employers** la nuova normativa ha dichiarato illegale l'intimidazione verbale da parte dei datori di lavoro.

outlay[1], *n.* (*econ., rag.*) uscita, sborso, spesa. // ~ **on salesmanship** (*pers.*) spese per l'addestramento dei venditori.

outlay[2], *v. t.* (*pass. e part. pass.* **outlaid**) (*econ., rag.*) sborsare, spendere.

outlet, *n.* ❶ (*comm.*) sbocco. ❷ (*market.*) punto di vendita, negozio al dettaglio. △ ❸ **Producers have a choice of several outlets for their goods** i produttori possono scegliere fra diversi sbocchi per le loro merci.

outlier, *n.* (*stat.*) osservazione non omogenea (*rispetto al resto del campione*), valore estremo.

outline[1], *n.* ❶ abbozzo, schema, schizzo. ❷ **outlines**, *pl.* punti principali, caratteristiche fondamentali. // ~ **law** (*leg.*) legge quadro; **the outlines of a wage settlement** (*sind.*) i punti principali d'un accordo salariale; ~ **provisions** (*leg.*) normativa quadro; ~ **regulation** (*leg.*) normativa quadro.

outline[2], *v. t.* abbozzare, delineare; imbastire (*fig.*); descrivere per sommi capi, schizzare, tratteggiare. △ **The committee have outlined a tenpoint programme for sales** la commissione ha abbozzato un programma di vendita articolato in dieci punti. // ~ **provisions** (*leg.*) normativa quadro; ~ **regulation** (*leg.*) normativa quadro.

outlook, *n.* ❶ punto di vista. ❷ prospettiva, prospettive. △ ❷ **There's a bad ~ for steel demand in the U.K.** ci sono brutte prospettive per la domanda d'acciaio nel Regno Unito.

outmode, *v. t.* (*market.*) rendere antiquato, rendere obsoleto, far passare di moda. *v. i.* (*market.*) diventare antiquato, diventare obsoleto, passare di moda, invecchiare (*fig.*). △ *v. t.* **We're looking for a slogan that will ~ all previous ones** stiamo cercando uno slogan che renda antiquati tutti quelli precedenti; *v. i.* **Machinery outmodes quickly in our technological society** i macchinari invecchiano velocemente in questa società tecnologica.

outport, *n.* ❶ (*trasp. mar.*) porto secondario. ❷ (*trasp. mar.*) porto alla foce d'un fiume. ❸ (*trasp. mar.*) porto fuori della sede d'armamento. ❹ (*trasp. mar., ingl.*) porto fuori della giurisdizione di Londra.

output, *n.* ❶ (*econ.*) produzione. ❷ (*econ.*) rendimento, resa. ❸ (*elab. elettr.*) uscita, « output ». ❹ (*elab. elettr.*) informazione d'uscita, risultato. ❺ (*trasp. mar.*) carico consegnato. △ ❶ **Our factory's ~ has been higher than last year's** la produzione della nostra fabbrica è stata superiore a quella dello scorso anno. // ~ **circuit** (*elab. elettr.*) circuito d'uscita; ~ **meter** (*elab. elettr.*) misuratore d'uscita; **the ~ per man-hour** (*org. az.*) la produzione per ora lavorativa; ~ **power** (*elab. elettr.*) potenza d'uscita; ~ **response** (*elab. elettr.*) risposta d'uscita; ~ **signal** (*elab. elettr.*) segnale d'uscita.

outrage[1], *n.* (*leg.*) oltraggio, insulto, offesa.

outrage[2], *v. t.* (*leg.*) oltraggiare, insultare, offendere.

outright, *a.* ❶ completo, integrale. ❷ immediato. *avv.* ❶ completamente, integralmente, interamente. ❷ immediatamente. △ *avv.* ❷ **We bought the articles ~, while we had the chance** acquistammo gli articoli immediatamente, fin che ne avevamo la possibilità. // **an ~ denial** una secca smentita; **an ~ payment** un pagamento integrale; un pagamento immediato.

outrun, *v. t.* (*pass.* **outran**, *part. pass.* **outrun**) ❶ superare nella corsa. ❷ (*fig.*) superare. △ ❷ **Butter production again outran consumption** la produzione di burro ha di nuovo superato il consumo.

outsell, *v. t.* (*pass. e part. pass.* **outsold**) ❶ (*market.*) vendere più di (*un collega, un concorrente, ecc.*). ❷ (*market.*) (*di merce*) vendersi più di (*un'altra*). △ ❶ **He outsells all other salesmen in the area** vende più di tutti gli altri venditori della zona; ❷ **Tapes continue to ~ records** i nastri (*magnetici*) continuano a vendersi più dei dischi.

outside, *avv.* fuori, di fuori. *prep.* fuori di, all'esterno di. *n.* ❶ (il) di fuori, parte esterna, (l')esterno. ❷ (*pubbl.*) fogli esterni (*d'una risma di carta*). *a. attr.* ❶ esterno, esteriore. ❷ (*fin.*) di massima. // ~ **broker** (*fin.*) operatore estraneo alla Borsa Valori, agente di cambio senza riconoscimento ufficiale; ~ **column** (*giorn.*) colonna esterna; ~ **consultant** (*amm., org. az.*) consulente esterno; **an ~ estimate** (*fin.*) un preventivo di massima: **We spent four million lire more than we had foreseen in our ~ estimate** spendemmo quattro milioni in più di quel che avevamo previsto nel nostro preventivo di massima; ~ **market** (*fin., USA*) mercato finanziario al di fuori della Borsa Valori di New York; ~ **shareholders** (*fin.*) terzi azionisti.

outsider, *n.* ❶ osservatore esterno. ❷ estraneo, profano, « non addetto ai lavori ». △ ❷ **Their financial slang cannot be understood by the outsiders** il loro gergo finanziario è incomprensibile ai « non addetti ai lavori ».

outstanding, *a.* ❶ arretrato, in arretrato, in sospeso. ❷ (*cred.*) in pendenza, non pagato, insoluto, arretrato. ❸ (*fin.*) (*d'assegno bancario, cambiale, ecc.*) in circolazione, in sofferenza. ❹ (*org. az.*) in sospeso, in arretrato. △

❶ **The secretary has a lot of work still** ~ la segretaria ha una quantità di lavoro in sospeso. // ~ **account** (*banca.*, *cred.*) conto insoluto; conto scoperto, pendenza; ~ **bills** (*cred.*) cambiali non pagate, cambiali in circolazione, effetti in sofferenza; ~ **coupons** (*fin.*) cedole non pagate; ~ **debts** (*cred.*) debiti insoluti; ~ **matter** (*leg.*) pendenza.

outward, *a.* ❶ esterno. ❷ diretto verso l'esterno. ❸ (*trasp.*) d'andata. // ~ **bill of lading** (*trasp. mar.*) polizza di carico per il viaggio d'andata; ~ **-bound** (*trasp. mar.*) (*di nave o passeggero*) in partenza, diretto a un porto straniero; ~ **-bound ship** (*trasp. mar.*) nave « in uscita », nave in viaggio d'andata; ~ **-bound voyage** (*trasp. mar.*) *V.* ~ **voyage**; ~ **bounder** (*trasp. mar.*) nave in partenza, nave in viaggio d'andata; ~ **cargo** (*trasp. mar.*) carico d'andata; ~ **freight** (*trasp. mar.*) nolo d'andata; ~ **journey** (*trasp. mar.*) viaggio d'andata; ~ **manifest** (*trasp. mar.*) manifesto d'uscita; ~ **passage** (*trasp. mar.*) viaggio d'andata; ~ **voyage** (*trasp. mar.*) viaggio d'andata.

outwork, *n.* (*org. az.*) lavoro a domicilio.

over, *avv.* e *prep.* ❶ su, sopra, di sopra. ❷ al di sopra, oltre. ❸ nei confronti di, rispetto a. △ ❸ **Black figures represent variations** ~ **the preceding month** le cifre in nero esprimono le variazioni rispetto al mese precedente. // ~ **and above** in aggiunta a, oltre a: **There will be a financial return** ~ **and above direct and indirect expenses** ci sarà un utile finanziario in aggiunta alle spese dirette e indirette; to ~ **-capitalize** (*fin.*) accumulare eccessive riserve di capitale in (*un'azienda*); dare un eccessivo valore nominale al capitale di (*una società*); ~ **-the-counter** (*fin.*) (*di titolo, ecc.*) non trattato in una Borsa ufficiale; ~ **-the-counter market** (*fin.*) mercato « ristretto », fuori borsa; ~ **-entry certificate** (*dog.*) rettifica di dichiarazione errata per eccesso; ~ **-insurance** (*ass.*) assicurazione per un valore superiore a quello di realizzo della cosa assicurata; ~ **-issue** (*fin.*) emissione eccessiva (*d'azioni, obbligazioni, ecc.*); to ~ **-issue** (*fin.*) emettere (*azioni, obbligazioni, ecc.*) in eccesso; ~ **-population** (*econ., stat.*) eccesso di popolazione, sovrappopolazione; to ~ **-produce** (*econ.*) produrre in eccesso; ~ **-production** (*econ.*) sovrapproduzione; **to be** ~ (*di lavoro, ecc.*) essere finito.

overage, *n.* (*trasp. mar.*) carico imbarcato in eccesso rispetto alla quantità specificata in polizza (*di carico*).

overall, *a.* complessivo, globale, totale. △ ~ **sales increased by 7%** le vendite globali sono aumentate del 7%. // ~ **demand** (*econ.*) domanda globale; ~ **efficiency** (*org. az.*) rendimento totale; ~ **income** (*fin.*) reddito globale; ~ **production** (*org. az.*) produzione complessiva; ~ **surpluses** (*econ., fin.*) eccedenze globali: **Net capital exports also helped to erode the** ~ **surpluses of 1973** anche le esportazioni nette di capitali contribuirono alla diminuzione delle eccedenze globali registrate nel 1973; **in** ~ **economic terms** (*econ.*) dal punto di vista economico generale.

overassessment, *n.* (*fin.*) eccessiva tassazione.

overbalance[1], *n.* eccedenza, preponderanza. △ **There's an** ~ **of imports** c'è un'eccedenza delle importazioni.

overbalance[2], *v. t.* ❶ far perdere l'equilibrio a, sbilanciare. ❷ superare in importanza, in valore. △ ❷ **Credits** ~ **debts** i crediti superano i debiti. // **to** ~ **the cash budget** (*rag.*) sbilanciare il (bilancio) preventivo.

overbid[1], *n.* (*comm.*) offerta eccessiva.

overbid[2], *v. t.* (*pass.* e *part. pass.* **overbid**) ❶ (*comm.*) fare un'offerta superiore a (*quella di q. altro*). ❷ (*comm.*) offrire di più di (*q. altro*). *v. i.* (*comm.*) offrire troppo, fare un'offerta eccessiva (*per qc.*).

overboard, *avv.* (*trasp. mar.*) fuori bordo, a mare, in mare. △ **Part of the cargo had to be thrown** ~ parte del carico dovette essere gettato a mare.

overburden, *v. t.* oberare.

overbuy, *v. t.* (*pass.* e *part. pass.* **overbought**) (*market.*) comprare (*qc.*) in quantità eccessiva (*rispetto al fabbisogno*). *v. i.* (*market.*) comprare troppa merce.

overcall[1], *n. V.* **overbid**[1].

overcall[2], *v. t.* e *i. V.* **overbid**[2].

overceiling, *a. attr.* oltre il limite massimo, oltre il livello massimo (*previsto, consentito, ecc.*). △ **We shall have to face** ~ **payments** dovremo far fronte a pagamenti oltre il limite massimo.

overcharge[1], *n.* prezzo eccessivo, eccedenza di prezzo, addebito eccessivo, somma superiore al giusto. △ **We have found a 25%** ~ abbiamo riscontrato un'eccedenza (di prezzo) del 25%. // ~ **claim** (*trasp. mar.*) reclamo per addebito eccessivo.

overcharge[2], *v. t.* far pagare troppo caro. *v. i.* far prezzi troppo alti.

overcome, *v. t.* (*pass.* **overcame**, *part. pass.* **overcome**) ❶ sopraffare, sconfiggere. ❷ superare, vincere. △ ❷ **We shall** ~ **all difficulties as regards permits and visas** supereremo ogni difficoltà per quanto riguarda i permessi e i visti.

overcoming, *n.* ❶ sopraffazione, sconfitta. ❷ superamento, vittoria.

overdraft, *n.* ❶ (*banca*) emissione per una somma eccedente il proprio conto. ❷ (*banca*) somma tratta allo scoperto. ❸ (*banca*) « scoperto » di conto corrente. ❹ (*banca*) « scoperto » di conto, assistito da fido. △ ❹ **When an** ~ **has been arranged, the customer can draw cheques over and above the amount standing to his credit at the moment in his current account up to a limit agreed upon** quando si sono presi accordi per uno « scoperto con fido », il cliente può emettere assegni in eccesso alla somma in quel momento accreditatagli sul suo conto corrente, fino a un limite concordato. // ~ **credit** (*banca*) credito in conto corrente; ~ **on current account** (*banca*) « scoperto » di conto corrente, assistito da fido bancario.

overdraw, *v. t.* (*pass.* **overdrew**, *part. pass.* **overdrawn**) (*banca*) emettere assegni per una somma eccedente (*il proprio conto*). *v. i.* (*banca*) trarre allo « scoperto ».

overdrawn, *a.* ❶ (*banca*) (*di conto*) « scoperto ». ❷ (*banca*) (*di correntista*) allo « scoperto ». // ~ **account** (*banca*) conto « scoperto »; **to be** ~ essere allo « scoperto ».

overdue, *a.* ❶ (*cred.*) (*di titolo*) scaduto, in sofferenza. ❷ (*trasp.*) (*di treno, nave, ecc.*) in ritardo. △ ❶ **Your bill of exchange is long** ~ la vostra cambiale è scaduta da tempo. // ~ **interests** (*cred.*) interessi di mora.

overemployment, *n.* (*econ.*) sovraoccupazione. △ **The level of unemployment previously recorded reflected what was in fact a state of** ~ il livello di disoccupazione precedentemente raggiunto corrispondeva in effetti a una situazione di sovraoccupazione.

overestimate[1], *n.* sopravvalutazione.

overestimate[2], *v. t.* sopravvalutare.

overexpose, *v. t.* (*pubbl.*) sovraesporre.

overexposure, *n.* (*pubbl.*) sovraesposizione.

overflooded, *a.* inondato. // ~ **with money** (*fin.*) inondato di valuta.

overfreight, *n.* ❶ (*trasp. mar.*) eccedenza di carico. ❷ (*trasp. mar.*) eccedenza di nolo.

overfull, *a.* troppo pieno, strabocchevole. // ~ **employment** *(econ.)* eccesso di pieno impiego, sovraoccupazione.

overhaul[1], *n.* *(org. az.)* revisione *(dei macchinari, ecc.).*
overhaul[2], *v. t.* *(org. az.)* « revisionare », « ripassare » *(macchinari, ecc.).*

overhead, *a. attr. (comm.)* complessivo, generale. // ~ **charges** *(rag.)* spese generali; ~ **costs** *(rag.)* costi fissi; ~ **expenses** *(rag.)* spese generali; ~ **price** *(market.)* prezzo globale.

overheads, *n. pl. (rag.)* spese generali.

overheat, *v. t.* (anche *fig.*) surriscaldare. *v. i.* (anche *fig.*) surriscaldarsi.

overheating, *n.* (anche *fig.*) surriscaldamento. // **the ~ of the economy** *(econ.)* l'eccessiva espansione congiunturale: Monetary policy was the main weapon used to prevent ~ of the economy per evitare un'eccessiva espansione congiunturale si è fatto ricorso soprattutto alla politica monetaria.

overinsurance, *n. (ass.)* assicurazione per un valore superiore a quello di realizzo della cosa assicurata.

overland, *a.* e *avv.* *(trasp.)* per via di terra. // ~ **shipment** *(trasp., USA)* spedizione per via di terra; ~ **trade** commercio per via di terra; ~ **transport** *(trasp.)* trasporti per via di terra.

overlap, *v. t.* sovrapporre, accavallare. *v. i.* sovrapporsi, accavallarsi.

overlapping, *n.* sovrapposizione, accavallamento. △ We must avoid the ~ of responsibilities dobbiamo evitare la sovrapposizione delle responsabilità.

overleaf, *avv.* a tergo, sul retro. △ Please see ~ vedasi a tergo.

overload[1], *n.* ❶ sovraccarico. ❷ *(elab. elettr.)* sovraccarico.
overload[2], *v. t.* ❶ sovraccaricare. ❷ *(elab. elettr.)* sovraccaricare. // to ~ **a ship** *(trasp. mar.)* sovraccaricare una nave.

overloaded, *a.* ❶ sovraccarico. ❷ *(elab. elettr.)* sovraccarico.

overlook, *v. t.* lasciarsi sfuggire, non vedere, non rilevare, tralasciare. // to ~ **a misprint** *(giorn.)* non rilevare un refuso.

overman[1], *n. (pl.* overmen) *(pers.)* capo, caposquadra.
overman[2], *v. t. (org. az.)* impiegare troppo personale per le necessità di *(un reparto, un'attività, ecc.)*; avere troppo personale da adibire a *(un reparto, un'attività, ecc.).* // to ~ **a ship** *(trasp. mar.)* eccedere nell'assegnazione di personale a una nave.

overmanned, *a. (econ., org. az.)* che ha un eccesso di manodopera. // **an ~ industry** *(econ., org. az.)* un'industria con eccessiva manodopera.

overnight stay, *n. (tur.)* pernottamento.

overplus, *n.* sovrappiù, eccesso, rimanenza. △ There's a lack of demand and an ~ of unsold articles manca la domanda e c'è un eccesso d'articoli invenduti.

overpopulation, *n. V.* **over-population.**

overprice, *n. (market.)* soprapprezzo.

overproduction, *n. (econ.)* sovrapproduzione, eccesso di produzione, superproduzione.

overpunching, *n. (elab. elettr.)* perforazione addizionale.

override[1], *n. (pers.)* premio « d'operosità » *(V.* **override**[2]*).*
override[2], *v. t. (pass.* overrode, *part. pass.* overridden) ❶ (anche *fig.*) passare sopra a, calpestare, non tenere in nessun conto. ❷ *(pers.)* pagare un premio « d'operosità » a *(un direttore delle vendite, ecc.: per il fatturato promosso dai suoi dipendenti).* // to ~ **the rights of the individuals** *(leg.)* calpestare i diritti dei singoli.

overrule, *v. t. (leg.)* capovolgere *(una sentenza).*

overrun[1], *n.* ❶ straripamento. ❷ superamento. ❸ *(giorn.)* copie supplementari *(di pubblicazione, inserto speciale, ecc.),* tiratura in eccedenza, tiratura in supero.
overrun[2], *v. t.* e *i. (pass.* overran, *part. pass.* overrun) ❶ straripare, traboccare. ❷ oltrepassare, superare, eccedere. ❸ *(giorn.)* stampare copie supplementari di *(una pubblicazione, un inserto speciale, ecc.).* ❹ *(giorn.)* rimaneggiare *(una colonna, una riga, ecc.).* // to ~ **into the margin** *(giorn.)* *(detto d'una riga)* superare la giustezza.

oversaving, *n. (econ.)* eccesso di risparmio.

overseas, *avv.* oltremare, oltreoceano, all'estero. *a. attr.* d'oltremare, estero, per l'estero. // **the ~ markets** *(comm. est.)* i mercati d'oltremare, i mercati esteri; ~ **trade** *(comm. est.)* traffici d'oltremare, commercio con l'estero.

overseeing, *n.* sorveglianza *(il sorvegliare).*

overseer, *n.* ❶ *(giorn.)* proto. ❷ *(pers.)* sorvegliante.

oversell, *v. t. (pass.* e *part. pass.* oversold) *(market.)* vendere più *(merce, ecc.)* di quanta se ne abbia in magazzino. *v. i. (market.)* vendere troppo.

overside, *a.* e *avv. (trasp. mar.)* a fianco della nave. // ~ **delivery of cargo** *(trasp. mar.)* consegna del carico a fianco della nave *(su chiatte, barche, ecc.; non sul molo).*

oversight, *n.* ❶ svista, omissione. ❷ *(amm.)* sorveglianza, supervisione, direzione. // **by ~** per svista.

overspending, *n. (econ.)* eccesso di spesa *(in rapporto alla produzione e al reddito nazionale).*

overstate, *v. t. (rag.)* sopravvalutare, supervalutare.

overstock[1], *n. (org. az.)* eccesso di merce *(in giacenza, in negozio, ecc.).*
overstock[2], *v. t. (org. az.)* approvvigionare all'eccesso. // to ~ **a shop** *(org. az.)* riempire un negozio di troppa merce; to **be overstocked with goods** *(org. az.)* aver troppa merce *(in magazzino, in negozio, ecc.).*

overstow, *v. t.* e *i. (trasp. mar.)* « imbarazzare » *(il carico).*

overstowage, *n. (trasp. mar.)* carico « imbarazzato » *(per sistemazione difettosa nelle stive).*

overtake, *v. t. (pass.* overtook, *part. pass.* overtaken) *(trasp. aut.)* sorpassare, superare. // to ~ **on a bend** *(trasp. aut.)* superare in curva.

overtaking, *n. (trasp. aut.)* sorpasso, superamento. // « **no ~** » *(trasp. aut.)* « divieto di sorpasso ».

overtax, *v. t. (fin.)* tassare eccessivamente, gravare d'imposte.

overtaxation, *n. (fin.)* eccessiva tassazione, imposizione troppo gravosa.

overtaxed, *a. (fin.)* soggetto a un eccessivo carico fiscale, eccessivamente gravato da imposte.

overtime, *n. (pers., sind.)* lavoro « straordinario », « straordinario ». // ~ **pay** *(pers., sind.)* indennità di lavoro « straordinario »; ~ **work** *(pers., sind.)* lavoro « straordinario », « straordinario »; to **be on ~** *(pers., sind.)* fare lo « straordinario ».

overtrade, *v. i. (market.)* commerciare oltre i limiti delle proprie disponibilità.

overvaluation, *n. (fin.)* eccesso di valutazione.

overweight, *n.* ❶ *(market.)* sovrappeso, eccedenza di peso. ❷ *(market.)* peso « abbondante ». *a. (trasp.) (di bagaglio)* che eccede il peso consentito. △ *a.* As our luggage is ~ we'll have to pay an extracharge siccome il nostro bagaglio eccede il peso consentito, dovremo pagare un sovrapprezzo. // ~ **coin** *(fin.)* moneta forte.

overwork, *n.* eccesso di lavoro.

owe, *v. t.* e *i.* dovere; essere debitore, essere in debito (di). △ **How much do I ~ you?** quanto Le devo? // **to ~ for** dover pagare: **You still ~ for the articles we sent you last month** dovete ancora pagare gli articoli che vi inviammo il mese scorso; « **I ~ you** » (*abbr.* **IOU**) (*cred.*) « pagherò ».

owing, *a.* ❶ dovuto, ancora da pagare. ❷ arretrato, scaduto. △ ❶ **On examining our books we noticed that there were still 200 dollars ~** nell'esaminare i libri contabili ci accorgemmo che c'erano 200 dollari ancora da pagare. // **~ to** a causa di, a motivo di: **~ to the postal strike we shan't be able to send you your monthly instalment** non potremo inviarvi la rata mensile a causa dello sciopero delle poste.

own[1], *a.* proprio. // **~ funds** (*fin.*) fondi propri; **~ -initiative** di propria iniziativa; **~ -initiative investigations** indagini condotte d'ufficio.

own[2], *v. t.* possedere, avere, essere proprietario di.

owner, *n.* ❶ proprietario, possessore, padrone. ❷ (*leg.*) titolare, tenutario. ❸ (*trasp. mar.*) (= **shipowner**) armatore. △ ❶ **The ~ of the land taken for public use shall be compensated** si dovrà indennizzare il proprietario del terreno espropriato per pubblica utilità. // **~ -charterer** (*trasp. mar.*) armatore-noleggiatore; **~ -occupier** (*leg.*) proprietario di casa abitata dal medesimo; **~ 's risk rate** (*trasp. ferr.*) tariffa speciale; **at ~ 's risk** (*market.*) a rischio e pericolo del committente, a rischio e pericolo del destinatario.

ownership, *n.* (*leg.*) proprietà. △ **While possession is a matter of fact, ~ is a matter of law and entitles a person to possess a thing and use it as he wishes** mentre il possesso è uno stato di fatto, la proprietà è materia di diritto, e consente a una persona di possedere una cosa e farne l'uso che vuole.

P

pace¹, *n.* ❶ passo, andatura. ❷ ritmo di sviluppo, tasso di sviluppo. ❸ (*fig.*) ritmo. △ ❶ **As demand grew production kept ~** all'aumento della domanda la produzione tenne il passo; ❷ **The ~ of development in business is particularly swift** il ritmo di sviluppo dell'attività commerciale è particolarmente rapido. // **~ setter** (*sind.*, *fig.*) «battistrada» (*operaio assai veloce e abile la cui produzione costituisce la base sulla quale sono calcolate le retribuzioni a cottimo per tutti gli operai*).

pace², *v. i.* andare al passo. *v. t.* (*anche fig.*) regolare l'andatura di (*qc.*); «dosare» (*qc.*) nel tempo. △ *v. t.* **We should ~ advertising more carefully during the coming season** dovremmo «dosare» più attentamente la pubblicità durante la prossima stagione.

pack¹, *n.* ❶ pacco. ❷ (*elab. elettr.*) pacco (*di schede perforate*). ❸ (*market.*) balla (*di lana, ecc.*). ❹ (*market.*) imballaggio, incarto. ❺ (*market.*) materiale per imballaggio. ❻ (*market.*) metodo d'imballaggio. ❼ (*market.*) quantità di merce (*carne, pesce, ecc.*) messa in scatola in una stagione. △ ❹ **Vacuum ~ is ideal for certain foodstuffs** l'imballaggio sotto vuoto è ideale per taluni prodotti alimentari. // **~ -house** stabilimento per la preparazione di cibi in scatola.

pack², *v. t.* ❶ impaccare. ❷ (*leg.*) scegliere (*una giuria, ecc.*) favorevole e parziale. ❸ (*market.*) imballare. ❹ (*market.*) mettere in casse. ❺ (*market.*) mettere in scatola. // **to ~ in bales** (*market.*) imballare; **to ~ in boxes** imballare in scatole, inscatolare; **to ~ in cans** (*o* **in tins**) inscatolare (*in scatole di latta*); **to ~ in cases** incassare; **to ~ in crates** imballare in «gabbie».

package¹, *n.* ❶ (*market.*) pacco, collo. ❷ (*market.*) balla. ❸ (*market.*) cassa. ❹ (*market.*) imballaggio, imballo, incarto, confezione (*d'un prodotto, ecc.*). ❺ **packages**, *pl.* (*trasp. mar.*) collettame. △ ❹ **We're designing a new ~ that's going to attract the eye of the customer** stiamo progettando un nuovo incarto che attirerà l'occhio del consumatore. // **~ advertising** (*pubbl.*) pubblicità posta sulla confezione della merce venduta; **~ deal** (*econ., fin.*) «pacchetto»: **The union-management committee has worked out a ~ deal with increased fringe benefits** la commissione mista ha elaborato un «pacchetto» che prevede ulteriori miglioramenti extra salariali; **~ to be returned** (*market.*) imballaggio a rendere; **~ tour** (*tur.*) viaggio «tutto compreso».

package², *v. t.* ❶ (*market.*) impaccare. ❷ (*market.*) imballare. ❸ (*market.*) confezionare (*un prodotto, ecc.*).

packaging, *n.* (*market.*) impaccaggio, imballaggio, imballo, confezione (*d'un prodotto, ecc.*). // **the ~ of foodstuffs** (*market.*) l'imballaggio delle derrate alimentari.

packer, *n.* ❶ (*org. az.*) macchina per impaccare, impacchettatrice. ❷ (*org. az.*) imballatrice. ❸ (*pers.*) impaccatore. ❹ (*pers.*) imballatore. // **packers' can** (*market.*) scatoletta per cibi conservati.

packet, *n.* ❶ pacchetto, involto. ❷ (*pers., ingl.*) busta paga. ❸ (*pers., ingl.*) paga, salario, stipendio. ❹ (*trasp. mar.*) «postale», nave postale. // **~ -boat** (*trasp. mar.*) «postale», nave postale; **~ -ship** (*trasp. mar.*) «postale», nave postale.

packing, *n.* ❶ (*market.*) impaccaggio, imballaggio, imballo. ❷ (*market.*) confezionamento di cibi (*in scatola, ecc.*). // **~ and despatch department** (*org. az.*) reparto imballaggio e spedizioni; **~ -box** (*market.*) cassa da imballaggio; **~ -case** (*market.*) cassa da imballaggio; **~ charges** (*market.*) spese d'imballaggio; **~ cloth** tela per imballaggio; **~ expenses** (*rag.*) spese d'imballaggio; **~ free** (*market.*) franco d'imballaggio, imballo gratis; **~ house** (*org. az.*) stabilimento per la preparazione di cibi in scatola; **~ list** (*trasp.*) distinta della merce; **~ -paper** (*market.*) carta da imballaggio; **~ plant** (*org. az.*) stabilimento per la preparazione di cibi in scatola; **~ -sheet** (*market.*) tela per imballaggio.

pact, *n.* (*leg.*) patto, accordo, convenzione.

pad¹, *n.* cuscinetto, tampone.

pad², *v. t.* imbottire.

page¹, *n.* pagina. △ **Pages are divided into Dr. and Cr.** le pagine sono divise in «Dare» e «Avere». // **~ make-up** (*giorn.*) impaginazione; **~ number** (*pubbl.*) numero di pagina; **~ -proofs** (*giorn.*) bozze impaginate.

page², *v. t.* ❶ numerare le pagine di (*un libro, ecc.*). ❷ (*giorn.*) impaginare.

paginate, *v. t.* ❶ numerare le pagine di (*un libro, ecc.*). ❷ (*giorn.*) impaginare.

pagination, *n.* ❶ paginatura. ❷ (*giorn.*) impaginazione, impaginatura.

paging, *n.* ❶ paginatura. ❷ (*giorn.*) impaginazione.

paid, *a.* ❶ pagato. ❷ (*cred.*) saldato. ❸ (*pers.*) rimunerato, retribuito. // **~ holidays** (*pers.*) ferie pagate; **~ -in capital** (*fin.*) capitale versato; **~ -in surplus** (*fin.*) eccedenza attiva derivante da fonti diverse dall'utile (*p. es., dalla vendita di capitale azionario sopra la pari, da donazioni degli azionisti, e sim.*); **~ -up capital** (*fin.*) capitale versato; **~ -up policy value** (*ass.*) valore di riduzione (*del capitale assicurato*); **~ -up shares** (*fin.*) azioni liberate.

paint¹, *n.* tinta, vernice.

paint², *v. t.* dipingere, tingere, verniciare.

palletized, *a.* (*trasp.*) pallettizzato (*detto di contenitore: munito di piattaforma speciale per sistemarvi le merci da spedire*).

panel, *n.* ❶ elenco, lista. ❷ (*ingl.*) lista dei medici «convenzionati» con le «mutue». ❸ (*ingl.*) (i) «mutuati» (*d'un medico «convenzionato»*). ❹ (*leg.*) lista dei giurati, giuria. ❺ (*market.*) «panel» (*gruppo di persone selezionate allo scopo di registrarne le opinioni su uno o più prodotti*). △ ❺ **The consumer ~ will be interviewed on television tonight** il «panel» dei consumatori sarà intervistato stasera alla televisione. // **a ~ doctor** (*ingl.*) un medico «convenzionato», un medico mutualistico; **to be on the ~** (*ingl.*) (*di medico*) essere «convenzionato» con una «mutua».

panic, *n.* panico.

paparazzo, *n.* (*pl.* **paparazzi**) (*giorn.*) paparazzo (*giornalista, o fotoreporter, in cerca di notizie sensazionali*).

paper, *n.* ❶ carta. ❷ appunto, documento, scritto. ❸ (*banca, cred.*) titolo di credito, effetto, valore (*assegno, cambiale, ecc.*). ❹ (*fin.*) carta moneta, carta monetata, biglietti di banca, banconote. ❺ (*giorn.*) giornale. ❻ **papers**, *pl.* (*leg.*) documenti, carteggio, incartamento. △ ❷ **All of the papers shall be signed by the chairman** tutti i documenti dovranno essere firmati dal presidente; ❻ **Your papers are being examined by our lawyer** il vostro incartamento è all'esame del nostro legale. // ~ **-back binding** (*giorn.*) brossura; ~ **-bag** (*market.*) sacchetto di carta; ~ **book** (*leg., ingl.*) carteggio concernente una causa (*e contenente estratti di « comparse » e altri documenti scambiati fra le parti*); ~ **-clip** (*attr. uff.*) serracarte; ~ **-cover** *a.* (*pubbl.*) in brossura. *n.* (*pubbl.*) pubblicazione in brossura; ~ **currency** (*fin.*) carta moneta, carta monetata, moneta cartacea, valuta cartacea, biglietti di banca, banconote; **a** ~ **edition** (*pubbl.*) un'edizione in brossura; ~ **gold** (*fin.*) oro-carta: **SDR's are often defined as « ~ gold » because they are capable of supplementing gold** i diritti speciali di prelievo sono spesso definiti «oro-carta», perché sono in grado di sostituirsi all'oro; ~ **holdings** (*fin.*) titoli fiduciari, valori di portafoglio, portafoglio; ~ **-knife** (*attr. uff.*) tagliacarte; ~ **mill** cartiera; ~ **money** (*fin.*) carta moneta, carta monetata, moneta cartacea, biglietti di banca, banconote; ~ **money inflation** (*econ.*) inflazione della carta moneta; ~ **profits** (*rag.*) utili figurativi, profitti ipotetici; ~ **securities** (*fin.*) titoli fiduciari, valori di portafoglio, portafoglio; ~ **standard** (*econ., fin.*) sistema monetario basato su carta moneta non convertibile; ~ **-weight** (*attr. uff.*) fermacarte; **on** ~ (*fig.*) sulla carta, in teoria: **Your plan looked good on** ~ sulla carta il vostro progetto sembrava buono.

paperback, *a.* (*pubbl.*) in brossura. *n.* (*pubbl.*) libro (*o* pubblicazione) in brossura. △ *a.* ~ **books are becoming more and more popular** i libri in brossura sono sempre più popolari. // ~ **reprints** (*pubbl.*) ristampe in brossura.

paperbook, *n.* (*pubbl.*) libro in brossura.

paperbound, *a.* (*pubbl.*) in brossura. *n.* (*pubbl.*) pubblicazione in brossura.

par, *n.* (*fin.*) parità, pari. // ~ **of exchange** (*fin.*) parità di cambio, cambio alla pari; ~ **value** (*fin.*) valore nominale: **The share exchange will take place at** ~ **value** i termini di cambio avverranno al valore nominale; **above** ~ (*fin.*) sopra la pari; **at** ~ (*fin.*) alla pari: **Shares are at** ~ **when they can be sold for their face values** le azioni si dicono alla pari quando le si può vendere per il loro valore nominale; **below** ~ (*fin.*) sotto la pari.

parabola, *n.* (*mat.*) parabola.

parabolic, *a.* (*mat.*) parabolico.

parabolical, *a.* (*mat.*) parabolico.

paragraph[1], *n.* ❶ paragrafo. ❷ (*giorn.*) breve articolo, stelloncino, trafiletto. ❸ (*leg.*) comma. ❹ (*pubbl.*) alinea, capoverso.

paragraph[2], *v. t.* ❶ dividere in paragrafi. ❷ (*giorn.*) trattare (*un argomento*) in un trafiletto. ❸ (*leg.*) dividere in commi. *v. i.* (*giorn.*) scrivere trafiletti (*per un giornale*).

paragrapher, *n.* (*giorn.*) autore di brevi articoli, scrittore di trafiletti.

parallel, *a.* (*mat.*) parallelo. *n.* ❶ (*mat.*) parallela. ❷ **parallels**, *pl.* (*pubbl.*) sbarrette parallele (*//*). // ~ **computer** (*elab. elettr.*) calcolatore parallelo; ~ **imports** (*comm. est.*) importazioni parallele; ~ **line** (*mat.*) parallela; ~ **storage** (*elab. elettr., USA*) memoria in parallelo; ~ **store** (*elab. elettr.*) memoria in parallelo.

paralyse, *v. t.* (*anche fig.*) paralizzare. △ **Strikes have paralysed industries** gli scioperi hanno paralizzato le industrie.

paralysis, *n.* (*pl.* **paralyses**) (*anche fig.*) paralisi. // **the** ~ **of the market** (*fin., market.*) la paralisi del mercato.

paralyze, *v. t.* (*USA*) V. **paralyse**.

parameter, *n.* (*mat., stat.*) parametro. △ **A clear distinction must always be drawn between parameters and estimates** bisogna sempre fare una netta distinzione fra parametri e stime.

parametral, *a.* (*mat., stat.*) parametrico.

parametric, *a.* (*mat., stat.*) parametrico. // ~ **function** (*mat.*) funzione parametrica.

paramount, *a.* sommo, supremo, capitale. △ **Exports are a matter of** ~ **importance for most underdeveloped Countries** per la maggior parte dei Paesi in via di sviluppo le importazioni sono una cosa di capitale importanza.

paraphernal, *a.* (*leg.*) parafernale.

paraphernalia, *n.* (*leg.*) beni parafernali.

parcel[1], *n.* ❶ pacco, pacchetto, collo, involto. ❷ (*leg.*) parcella fondiaria, particella catastale, lotto di terreno. ❸ (*market.*) partita (*di merce posta in vendita*). △ ❸ **The** ~ **of shoes you ordered will reach you in a few days** la partita di scarpe da voi ordinata vi arriverà fra pochi giorni. // **a** ~ **of goods** (*market.*) una partita di merci; ~ **of shares** (*fin.*) pacchetto azionario; **parcels office** (*trasp.*) ufficio (*spedizione e/o distribuzione*) pacchi; ~ **post** (*trasp.*) messaggeria, messaggerie; servizio dei pacchi postali; **parcels rate** (*trasp. ferr.*) tariffa per (la spedizione di) colli; **by** ~ **post** (*comun.*) per pacco postale.

parcel[2], *v. t.* ❶ impaccare, impacchettare, involtare. ❷ lottizzare (*terreni*). // **to** ~ **purchases** impacchettare gli acquisti.

parcellation, *n.* lottizzazione (*di terreni*).

parcenary, *n.* (*leg.*) coeredità, l'essere coerede.

parcener, *n.* (*leg.*) coerede.

pardon, *n.* (*leg.*) grazia, indulto.

parent, *n.* ❶ genitore, genitrice; padre, madre. ❷ (*fig.*) origine, fonte, causa. // ~ **company** (*fin., org. az.*) società madre, casa madre; ~ **corporation** (*fin., org. az., USA*) società madre, casa madre; ~ **population** (*stat.*) popolazione d'origine.

parental, *a.* dei genitori, paterno, materno. // ~ **authority** (*leg.*) patria potestà; ~ **power** (*leg.*) patria potestà.

parenthesis, *n.* (*pl.* **parentheses**) parentesi.

parity, *n.* ❶ parità, uguaglianza. ❷ (*econ., fin.*) parità. // ~ **band** (*fin.*) fascia d'oscillazione (*dei tassi di cambio, ecc.*), banda (*o fascia*) di parità; **the** ~ **between two rates of exchange** (*fin.*) la parità fra due tassi di cambio; **parities of exchange** (*fin.*) parità cambiarie; **at a** ~ **of votes** a parità di voti.

park, *v. t.* (*trasp. aut.*) parcheggiare, posteggiare.

parking, *n.* (*trasp. aut.*) parcheggio, posteggio. // ~ **area** V. ~ **lot**; ~ **lot area** di parcheggio; ~ **meter** (*trasp. aut.*) parchimetro, parcometro; «**no** ~» (*avviso*) «divieto di parcheggio».

Parkinson's law, *n.* (*org. az.*) (*dal nome dello storico inglese C.N. Parkinson*) ❶ legge di Parkinson (*secondo la quale il numero dei dipendenti cresce in maniera fissa a prescindere dalla quantità di lavoro prodotto*). ❷ legge di Parkinson (*secondo la quale il lavoro aumenta tanto da occupare tutto il tempo disponibile per il suo svolgimento*).

Parliament, *n.* (*leg., ingl.*) Parlamento.

parliamentary, *a.* (*leg., ingl.*) parlamentare. // ~ **agent** (*leg., ingl.*) rappresentante d'interessi privati in Parlamento; ~ **committee** (*leg., ingl.*) commissione parlamentare; ~ **law** (*leg., ingl.*) legge parlamentare.

parlor, *n.* ❶ (*market.*, *USA*) «salone», negozio. ❷ (*USA*) salotto, salottino. // ~ **-car** (*trasp. ferr.*, *USA*) carrozza (di) lusso, carrozza salone.

parlour, *n.* ❶ salotto, salottino. ❷ (*market.*) «salone», negozio.

parol, *n.* (*leg.*) dichiarazione orale. *a. attr.* (*leg.*) orale, verbale. // ~ **contract** (*leg.*) contratto verbale; ~ **evidence** (*leg.*) prove (*testimoniali*) verbali, prove orali.

parsimonious, *a.* parsimonioso.

parsimony, *n.* parsimonia.

part[1], *n.* parte, porzione, aliquota. △ **All expenses shall be divided into equal parts** tutte le spese si divideranno in parti uguali. // ~ **and parcel** parte integrante: **This clause is ~ and parcel of the contract** questa clausola è parte integrante del contratto; ~ **availment** (*cred.*) utilizzo parziale; ~ **cargo charter** (*trasp. mar.*) noleggio parziale; ~ **-owner** (*leg.*) comproprietario; (*trasp. mar.*) caratista (*chi partecipa alla proprietà d'una nave con uno o più carati*); ~ **-ownership** (*leg.*) comproprietà; (*trasp. mar.*) caratura; ~ **payment** (*cred.*) pagamento parziale, acconto; ~ **time** (*pers.*) orario ridotto (*di lavoro, ecc.*); ~ **-time job** (*pers.*) lavoro a orario ridotto; ~ **-time work** (*org. az.*) lavoro a orario ridotto; ~ **-time worker** (*pers.*) operaio (che lavora) a orario ridotto; ~ **-timer** (*pers.*) chi lavora a orario ridotto; **on the ~ of** da parte di: **There must have been a mistake on the ~ of our accounting department** deve esserci stato un errore da parte del nostro ufficio contabilità.

part[2], *v. t.* dividere, separare. // **to ~ with st.** cedere qc., disfarsi di qc.: **We had better ~ with all the unused machinery** dovremmo proprio disfarci di tutti i macchinari inutilizzati; **to ~ with one's money** spendere il proprio denaro; **to ~ with one's right to vote** (*amm., fin.*) cedere il proprio diritto di voto.

partial, *a.* ❶ parziale, incompleto. ❷ parziale, ingiusto. △ ❷ **It is inconsistent with justice to be ~** non è della giustizia l'essere parziale. // ~ **customs exemption** (*dog.*) esenzione doganale parziale; ~ **derivative** (*mat.*) derivata parziale; ~ **differential equation** (*mat.*) equazione differenziale parziale; ~ **disability** (*pers.*) invalidità parziale; ~ **insanity** (*leg.*) parziale infermità di mente; ~ **loss** (*ass.*) perdita parziale; ~ **monopoly** (*econ.*) monopolio parziale; ~ **verdict** (*leg.*) verdetto parziale.

participant, *n.* partecipante.

participate, *v. i.* partecipare, essere partecipe di. // **to ~ in** prendere parte a; condividere: **These shares ~ in additional dividends** queste azioni prendono parte alla distribuzione dei dividendi straordinari; **All members are supposed to ~ in the losses** tutti i membri sono tenuti a condividere le perdite.

participating, *a.* compartecipe, partecipe. // ~ **shares** (*fin.*) quote di partecipazione.

participation, *n.* ❶ partecipazione. ❷ (*fin.*) partecipazione agli utili.

particular, *a.* ❶ particolare, peculiare, speciale. ❷ particolareggiato, preciso. *n.* ❶ particolare, particolarità, dettaglio. ❷ dato, ragguaglio. ❸ **particulars**, *pl.* (*leg.*) particolari, dettagli, estremi (*d'una domanda, ecc.*). △ *a.* ❷ **We will let you have a ~ account of the meeting** vi faremo ricevere un resoconto particolareggiato della riunione; *n.* ❶ **We will send you full particulars on request** a richiesta vi invieremo ampi particolari. // ~ **average** (*ass. mar.*) avaria particolare: **In marine insurance, the term «~ average» refers to a ~ loss or damage to be borne only by the party concerned (either the shipowner, or the cargo-owner or the charterer)** nell'assicurazione marittima, la locuzione «avaria particolare» si riferisce a un particolare danno o perdita che dev'essere sostenuta soltanto dall'interessato (o l'armatore, o il proprietario del carico o il noleggiatore); **a ~ lien** (*leg.*) un privilegio speciale; ~ **partnership** (*fin.*) associazione in partecipazione; **with ~ average (W.P.A.)** (*ass. mar.*) avaria particolare inclusa.

partition[1], *n.* ❶ partizione, ripartizione, spartizione. ❷ (*leg.*) divisione patrimoniale. // **the ~ of power** (*leg.*) la divisione dei poteri.

partition[2], *v. t.* ❶ dividere in parti, ripartire, spartire. ❷ (*elab. elettr.*) segmentare.

partly, *avv.* parzialmente, in parte. // ~ **-finished goods** (*org. az.*) prodotti in corso di lavorazione, semilavorati; ~ **-paid capital** (*fin.*) capitale versato in parte; ~ **-paid shares** (*fin.*) azioni parzialmente liberate.

partner, *n.* (*fin.*) socio, associato. △ **Each ~ is a part-owner of the concern** ciascun socio è comproprietario dell'azienda; **Both active partners and sleeping (or silent) partners are jointly and severally liable** tanto i soci attivi quanto quelli occulti sono responsabili illimitatamente e solidalmente. // ~ **by estoppel** (*fin.*) quasi socio, socio nominale.

partnership, *n.* ❶ (*leg.*) società di persone. ❷ (*leg.*) (= **general partnership**) società in nome collettivo. *a. attr.* (*leg.*) sociale. △ *n.* ❶ **We should be glad to enter into ~ with you** saremmo lieti d'entrare in società con voi; ❷ **The general ~ is a ~ in which all partners are jointly, severally and unlimitedly liable** la società in nome collettivo è una società nella quale tutti i soci hanno responsabilità illimitata e solidale; **In a limited ~ there are two kinds of partners: general partners and limited partners** in una società in accomandita semplice ci sono due categorie di soci: gli accomandatari e gli accomandanti. // **the ~ assets** (*fin.*) l'attivo sociale; **the ~ 's capital** (*fin.*) il capitale della società (di persone); ~ **deed** (*fin.*) contratto di società (di persone); ~ **funds** (*fin.*) fondi sociali.

party, *n.* ❶ gruppo; partito (politico). ❷ (*leg.*) parte, parte contraente, parte in causa. ❸ (*trasp.*) comitiva. △ ❷ **The judge has already listened to both parties** il giudice ha già sentito entrambe le parti; **The drawee is one of the three parties to a bill of exchange; the other two are the drawer and the payee** il trattario è una delle tre parti contraenti in una cambiale; le altre due sono il traente e il beneficiario. // **the ~ concerned** (*leg.*) la parte interessata, l'interessato, gli interessati; **the ~ entitled** (*leg.*) l'avente diritto, gli aventi diritto; ~ **-line** (*comun.*) duplex, telefono in duplex; **the ~ named** (*cred.*) l'accreditato (*in una lettera di credito, ecc.*); ~ **ticket** (*trasp. ferr.*) biglietto collettivo, biglietto cumulativo; **the parties to the case** (*leg.*) le parti in causa; ~ **-wall** (*leg.*) muro divisorio fra due proprietà, muro di confine; ~ **-wire** (*comun.*) duplex, telefono in duplex; **the third ~** (*leg.*) i terzi.

pass[1], *n.* ❶ lasciapassare. ❷ (*elab. elettr.*) passaggio (*di schede perforate*). ❸ (*trasp.*) biglietto gratuito. ❹ (*trasp. mar.*) passaggio marittimo. // ~**-band** (*elab. elettr.*) banda passante; ~ **-book** (*banca*) libretto di deposito; ~ **-money** (*trasp. mar.*) prezzo del passaggio marittimo; ~ **-sheet** (*trasp. aut.*) trittico.

pass[2], *v. i.* ❶ passare. ❷ (*econ.*) (*di monete, ecc.*) circolare. ❸ (*leg.*) passare (*di proprietà*). ❹ (*leg.*) (*di disegno di legge, ecc.*) essere approvato, passare. *v. t.* ❶ (*leg.*) approvare, passare (*un disegno di legge, ecc.*). ❷ (*leg.*) promuovere, sanzionare (*una legge, ecc.*). ❸ (*leg.*) essere approvato da (*un'assemblea legislativa*). ❹ (*trasp. aut.*)

sorpassare, superare. △ *v. i.* ❸ **All the estates will ~ to their heir** tutte le proprietà passeranno al loro erede; ❹ **The financial bill has not passed yet** il progetto di legge finanziaria non è ancora stato approvato; *v. t.* ❶ **Parliament is not going to ~ the bill** il Parlamento non approverà quel disegno di legge; ❷ **The bill has already passed the House of Commons** il progetto di legge è già stato approvato dalla Camera dei Comuni. // to ~ **the articles of association** (*fin.*) approvare lo statuto societario; to ~ **the buck** (*fig.*) fare a scaricabarile; (*org. az., fig.*) palleggiarsi la responsabilità; to ~ **a customs entry** (*dog.*) fare una dichiarazione in dogana; to ~ **a dividend** (*fin.*) non dichiarare un dividendo; to ~ **judgement on an accused man** (*leg.*) giudicare un imputato; to ~ **a law** (*leg.*) varare una legge; to ~ **one's oath** (*leg.*) impegnarsi con giuramento, giurare; to ~ **an order on sb.** (*comun., market.*) trasmettere un'ordinazione a q.; to ~ **proofs** (*giorn.*) licenziare le bozze per la stampa; to ~ **a resolution** (*leg.*) approvare una deliberazione; to ~ **sentence on an accused man** (*leg.*) giudicare un imputato; to ~ **to leeward** (*trasp. mar.*) passare da sottovento; to ~ **a transfer** (*rag.*) registrare uno «storno»; to ~ **within hail** (*trasp. mar.*) passare a portata di voce; to ~ **one's word** dare la propria parola, impegnarsi; to **have passed the chair** (*amm.*) aver lasciato la presidenza, non essere più presidente: **Mr Robinson has passed the chair** Mr Robinson ha lasciato la presidenza.

passable, *a.* (*trasp.*) (*di luogo, strada e sim.*) praticabile, transitabile.

passage, *n.* ❶ (*leg.*) approvazione (*di un disegno di legge, ecc.*). ❷ (*trasp.*) passaggio, tragitto. ❸ (*trasp. aer., trasp. mar.*) passaggio, traversata, viaggio. ❹ (*trasp. aer., trasp. mar.*) prezzo del viaggio. // ~ **broker** (*trasp. mar.*) sensale di passeggeri; ~ **days** (*trasp. mar.*) durata del viaggio; ~ **home** (*trasp. mar.*) viaggio di ritorno; ~ **money** (*trasp. aer., trasp. mar.*) prezzo della traversata; ~ **out** (*trasp. mar.*) viaggio d'andata.

passenger, *n.* (*trasp.*) passeggero, viaggiatore. // ~ **and goods train** (*trasp. ferr.*) treno misto (*per merci e passeggeri*); ~ **car** (*trasp. ferr.*) carrozza viaggiatori; ~ **-kilometre** (*stat., trasp.*) viaggiatore-chilometro; ~ **liner** (*trasp. mar.*) nave di linea per passeggeri; ~ **list** (*trasp. aer., trasp. mar.*) elenco (dei) passeggeri; ~ **-mile** (*stat., trasp.*) «viaggiatore-miglio»; ~ **traffic** (*trasp.*) movimento (di) viaggiatori; ~ **train** (*trasp. ferr.*) treno viaggiatori; ~ **transport** (*trasp.*) trasporto (di) persone.

passive, *a.* passivo. // **a ~ balance of trade** (*econ.*) una bilancia commerciale passiva; ~ **change** (*rag.*) variazione passiva; ~ **debt** (*cred.*) debito passivo (*senza interessi*); credito infruttifero; ~ **group** (*econ.*) gruppo che offre una resistenza passiva (*al processo inflazionistico*: non aumentando il proprio potere d'acquisto); ~ **reaction** (*econ.*) reazione passiva (*al processo inflazionistico*).

passport, *n.* (*tur.*) passaporto. △ **Since the U.K. entered the Common Market one needn't have a ~ if one wants to go to Great Britain** da quando il Regno Unito è entrato a far parte del Mercato Comune, non è necessario il passaporto per recarsi in Gran Bretagna.

past, *a.* passato, trascorso, scorso, ultimo. *n.* (il) passato. *avv.* oltre, al di là di. // ~ **comparison** senza confronti: **The inflation we're in now is decidedly ~ comparison** l'inflazione nella quale ci dibattiamo ora è decisamente senza confronti; ~ **-due** (*cred.*) scaduto; (*trasp.*) (*di treno, ecc.*) in ritardo; **the ~ election** le ultime elezioni; ~ **week** la settimana scorsa; ~ **year** l'anno scorso; (*fin., rag.*) l'esercizio trascorso.

paste¹, *n.* (*pubbl.*) colla (*per manifesti*).
paste², *v. t.* incollare.
patch¹, *n.* (*anche fig.*) pezza, rattoppo.
patch², *v. t.* (*anche fig.*) rattoppare, rappezzare. // to ~ **up** (*anche fig.*) rappezzare, rattoppare: **It doesn't seem to be easy to ~ up the international monetary system** non sembra facile rappezzare il sistema monetario internazionale; to ~ **up a quarrel** appianare un dissidio.

patent¹, *n.* ❶ (*leg.*) brevetto, patente. ❷ (*leg.*) procedimento brevettato, invenzione brevettata. ❸ (*leg.*) diritto di brevetto, esclusiva. *a. attr.* ❶ (*leg.*) brevettato. ❷ (*leg.*) fabbricato su brevetto. ❸ (*leg.*) venduto in esclusiva. // ~ **and trade-mark licensing contracts** (*leg.*) contratti di licenza per brevetti e marchi di fabbrica; ~ **law** (*leg.*) diritto sui brevetti; ~ **-licensing contracts** (*leg.*) contratti di licenze per brevetti; ~ **Office** (*leg.*) ufficio brevetti; ~ **rights** (*leg.*) diritti di privativa industriale, proprietà industriale, brevetti.

patent², *v. t.* ❶ (*leg.*) brevettare (*un'invenzione, un procedimento, ecc.*). ❷ (*leg.*) concedere a (*q.*) un diritto di brevetto; concedere a (*q.*) un diritto di proprietà industriale; concedere a (*q.*) un'esclusiva.

patentable, *a.* (*leg.*) brevettabile.
patentee, *n.* (*leg.*) concessionario di brevetto, titolare di brevetto.
patentor, *n.* ❶ (*leg.*) chi concede un brevetto. ❷ (*leg.*) *V.* patentee.

«**pater familias**», *n.* (*pl.* **patres familias**) (*leg.*) padre di famiglia.

paternalism, *n.* (*org. az., pers.*) paternalismo.
paternalistic, *a.* (*org. az., pers.*) paternalistico. // ~ **attitude** (*org. az., pers.*) atteggiamento paternalistico.
paternity, *n.* paternità.
pathologic, *a.* patologico.
pathological, *a.* patologico. // ~ **income** (*econ.*) rendita patologica.
patrimonial, *a.* patrimoniale.
patrimony, *n.* patrimonio, avere.
patron, *n.* (*market.*) avventore, cliente abituale (*d'un negozio*).
patronage, *n.* ❶ (*leg.*) patrocinio. ❷ (*market.*) gli avventori; clientela (*d'un negozio*).
patronize, *v. t.* ❶ (*leg.*) patrocinare. ❷ (*market.*) essere cliente abituale di (*un negozio*).
patronizing, *a.* patrocinante.
pattern¹, *n.* ❶ campione. ❷ modello (*anche fig.*), esempio. ❸ (*market.*) disegno (*di stoffa, ecc.*). // ~ **bargaining** (*sind.*) trattativa basata su un modello di contratto di lavoro ritenuto valido; ~ **-book** (*market.*) campionario (*di tessuti, carta, ecc.*).
pattern², *v. t.* ❶ modellare (*anche fig.*). ❷ copiare da un campione.
patterned, *a.* ❶ modellato. ❷ copiato da un campione. // ~ **interview** (*market.*) intervista guidata.
pause, *n.* pausa.
pawn¹, *n.* ❶ (*comm., leg.*) pegno. ❷ (*comm., leg.*) caparra, garanzia. // ~ **-ticket** (*comm., leg.*) polizza di pegno.
pawn², *v. t.* ❶ (*comm., leg.*) impegnare, dare in pegno, pignorare. ❷ (*comm., leg.*) dare in garanzia.
pawnable, *a.* (*comm., leg.*) che si può dare in pegno, pignorabile.
pawnbroker, *n.* (*comm., leg.*) prestatore su pegno. // ~ **'s shop** (*comm., leg.*) agenzia (*o* banco) di prestiti su pegno, «Monte di Pegno», «Monte di Pietà».
pawnee, *n.* ❶ (*comm., leg.*) chi impegna qc.; chi

costituisce un pegno. ❷ (*comm.*, *leg.*) chi ha ricevuto qc. in pegno.

pawnshop, *n.* (*comm.*, *leg.*) agenzia di prestiti su pegno, « Monte di Pegno », « Monte di Pietà ».

pay[1], *n.* (*pers.*) paga, retribuzione, salario, stipendio. *a. attr.* (*pers.*) salariale. // ~ **-day** (*Borsa*) giorno di liquidazione; (*pers.*) giorno di paga; ~ **-envelope** (*pers.*) busta paga; ~ **-load** (*trasp. aer.*) carico pagante; ~ **-off** (*pers.*) pagamento; paga; ~ **-office** (*org. az.*) ufficio paga; ~ **-out ratio** (*fin.*) rapporto tra il valore delle uscite per il pagamento dei dividendi e il valore dei profitti (*d'una società*); ~ **-packet** (*pers.*, *ingl.*) busta paga; ~ **pause** (*econ.*, *sind.*) tregua salariale; ~ **-raise** (*pers.*, *USA*) aumento salariale, aumento di stipendio; ~ **-roll** (*rag.*) libro paga, somma necessaria a pagare i dipendenti; ~ **-roll tax** (*rag.*) contributi (*basati sui libri paga*), contributi « sociali »; ~ **-roller** (*pers.*) chi riceve una retribuzione; ~ **-sheet** (*pers.*, *ingl.*) V. ~ **-roll**; ~ **slip** (*pers.*) striscia (*di carta*) sulla quale sono indicati dettagliatamente i conteggi relativi al salario (*o* stipendio) netto; ~ **-station** (*comun.*) cabina telefonica pubblica; to **be on the ~ -roll** (*pers.*) essere nei libri paga (*di un datore di lavoro*); to **be on sb.'s ~ -roll** (*pers.*) essere alle dipendenze di q.

pay[2], *v. t.* e *i.* (*pass. e part. pass.* **paid**) ❶ pagare, fare un pagamento. ❷ (*cred.*) saldare. ❸ (*econ.*, *fin.*) fruttare, rendere. ❹ (*pers.*) (*d'occupazione*) rendere, essere retribuito con. △ ❶ **He was not able to ~ his creditors** non fu in grado di pagare i creditori; **Ninety days after sight ~ to the order of Credito Italiano five hundred pounds sterling** a novanta giorni vista pagate all'ordine del Credito Italiano cinquecento sterline; ❷ **I will ~ my debt as soon as I can** salderò il mio debito non appena potrò; ❸ **The investment paid 9%** l'investimento rese il 9%; ❹ **My job doesn't ~ enough** il mio lavoro non rende abbastanza; **Teaching does not ~** l'insegnamento non rende. // ~ **-as-you-earn (P.A.Y.E.)** (*fin.*) ritenuta alla fonte (*del debito d'imposta*: *in G.B.*); sistema di tassazione per mezzo di ritenute sul salario (*o* sullo stipendio); ~ **-as-you-go** (*fin.*, *USA*) sistema di tassazione sul reddito mediante trattenute al momento in cui esso è conseguito; (*market.*, *USA*) pagare i conti alla scadenza; limitare le spese in base alle entrate effettive; to ~ **back** restituire (*denaro*); to ~ **back in advance** rimborsare anticipatamente; to ~ **the balance** saldare la rimanenza; to ~ **a bill at maturity** (*cred.*) pagare una cambiale alla scadenza; to ~ **by instalments** pagare a rate; to ~ **cash** pagare in contanti; to ~ **cash on delivery** (*market.*) pagare alla consegna; to ~ **the customs duties (on)** (*dog.*) sdaziare; to ~ **one's debts** (*cred.*) sdebitarsi; to ~ **a dividend** (*fin.*) pagare un dividendo; to ~ **down** (*market.*) pagare in contanti; versare (*la prima rata*); to ~ **(sb.'s) expenses** spesare; to ~ **a fine** (*leg.*) pagare (*o* conciliare) una multa; to ~ **for the goods** pagare la merce; to ~ **in** (*banca*) versare (*denaro*); to ~ **in advance** pagare in anticipo; to ~ **in driblets** pagare in piccole somme, pagare « col contagocce »; to ~ **in full** pagare a saldo; to ~ **in kind** pagare in natura; to ~ **into** (*banca*) versare (*denaro*): **We shall ~ all the money into our bank** verseremo tutto il denaro in banca; to ~ **money back to sb.** rimborsare q.; to ~ **money on account** (*cred.*, *rag.*) versare denaro in acconto; to ~ **money out** (*fin.*) (*di banca*) versare denaro (*a un cliente*); to ~ **off** (*cred.*) liquidare, saldare, tacitare (*un creditore*, *ecc.*); estinguere, scalare (*un debito*, *ecc.*); to ~ **off an employee** (*pers.*) liquidare e licenziare un impiegato; to ~ **off a loan** (*cred.*) estinguere un prestito; to ~ **off a mortgage** (*cred.*) estinguere un'ipoteca; to ~ **on demand**

pagare a vista; to ~ **on the nail** pagare a tamburo battente; to ~ **out** pagare, sborsare, versare; to ~ **a salary (to)** (*pers.*) stipendiare, salariare; ~ **self** (*banca*) (*su un assegno*) pagate al mio ordine, pagate a me medesimo (*M.M.*); to ~ **through the nose** pagare carissimo, pagare un occhio della testa; to ~ **to bearer** (*cred.*) pagare al portatore; to ~ **to the last penny** pagare fino all'ultimo centesimo; to ~ **toll** (*trasp.*) pagare il pedaggio; to ~ **up** (*cred.*) pagare totalmente, saldare: **Our employer has not yet paid up arrears** il nostro datore di lavoro non ha ancora pagato gli arretrati; to ~ **up shares** (*fin.*) fare l'ultimo versamento a liberazione d'azioni; to ~ **wages (to)** (*pers.*) salariare; to ~ **one's own way** V. to ~ **one's way**; to ~ **one's way** pagare le spese al momento in cui insorgono; (*fin.*) (*d'investimento*, *ecc.*) fruttare un reddito pari almeno ai costi d'esercizio.

payable, *a.* ❶ pagabile, esigibile. ❷ (*econ.*, *fin.*) (*d'un investimento*, *ecc.*) redditizio, rimunerativo. ❸ (*pers.*) (*d'un lavoro*, *ecc.*) redditizio. △ ❶ **The interest is ~ in advance** l'interesse è esigibile in anticipo; ❷ **Such an investment is no longer ~** un tale investimento non è più redditizio. // ~ **against invoice** (*market.*) pagabile contro fattura; ~ **at maturity** (*cred.*) pagabile alla scadenza; ~ **at sight** (*cred.*) pagabile a vista; ~ **in monthly instalments** pagabile a rate mensili; ~ **on delivery** (*market.*) pagabile alla consegna; ~ **on demand** (*cred.*) pagabile a richiesta, pagabile a vista; ~ **to bearer** (*cred.*) pagabile al portatore; ~ **to order** (*cred.*) pagabile all'ordine.

paycheck, *n.* (*pers.*, *USA*) assegno paga, paga, salario, stipendio.

payee, *n.* ❶ (*ass.*) beneficiario. ❷ (*cred.*) beneficiario, portatore (*d'un assegno e sim.*), prenditore. △ ❶ **The person to whom the insured capital is to be paid is called ~** la persona alla quale deve essere pagato il capitale assicurato è detta beneficiario; **The ~ is the person to whom a bill of exchange is to be paid** il beneficiario è la persona alla quale deve essere pagata una cambiale.

payer, *n.* chi paga, chi è tenuto a pagare; pagatore.

paying, *a.* ❶ che paga, pagante, pagatore. ❷ (*econ.*, *fin.*) fruttifero, lucrativo, redditizio, rimunerativo. ❸ (*pers.*) (*di lavoro*, *ecc.*) rimunerativo. *n.* pagamento, versamento. // **the ~ banker** la banca pagatrice; ~ **counter** (*banca*) cassa pagamenti; ~ **-in** (*banca*) versamento; ~ **-in book** (*banca*, *ingl.*) libretto per i versamenti; ~ **-in slip** (*banca*, *ingl.*) distinta di versamento, modulo di versamento: **When a customer wants to deposit an amount of money into his current account, he fills in the ~ -in slip as well as the counterfoil, and goes to the cashier** quando un cliente vuole depositare una somma di denaro nel suo conto corrente, compila la distinta di versamento come pure la matrice e si reca dal cassiere; ~ **office** (*org. az.*) ufficio pagamenti.

paymaster, *n.* ❶ (*pers.*) chi prepara le buste paga, chi prepara gli stipendi. ❷ (*pers.*, *ingl.*) ufficiale pagatore (*nelle Forze Armate*). // ~ **general** (*amm.*) capo della Ragioneria dello Stato, Ragioniere Capo (*dello Stato*); (*pers.*, *USA*) ufficiale pagatore (*delle Forze Armate*).

payment, *n.* pagamento, versamento, somma pagata, rata. △ **The ~ of dividends will take place on April 1st and October 1st** il pagamento dei dividendi avverrà il 1° aprile e il 1° ottobre; **We were promised easy terms of ~** ci furono promesse facilitazioni di pagamento; **We are open to grant you an extension of ~** siamo disposti a concedervi una dilazione di pagamento; **We are going to amortize our debt with monthly payments** ammortizzeremo il nostro debito con versamenti mensili. // ~ **accommodations** (*market.*) facilitazioni di pagamento; ~ **against documents** (*cred.*) pagamento contro documenti; ~ **at the debtor's domicile** (*cred.*) pagamento al domicilio del debitore; ~ **before due date** (*cred.*) pagamento anticipato; ~ **by cheque** (*banca*, *cred.*) pagamento mediante assegno bancario; ~ **by instalments** (*market.*) pagamento a rate; « ~ **counterdemanded** » (*banca*) « ordine di pagamento revocato »; **payments deficit** (*econ.*) deficit della bilancia dei pagamenti; ~ **for honour** (*banca*, *cred.*) pagamento « per l'onore di firma », pagamento per intervento; ~ **in advance** pagamento anticipato; acconto, caparra; ~ **in driblets** pagamento in piccole somme, pagamento « col contagocce »; ~ **in full** pagamento a saldo; saldo; ~ **in kind** (*cred.*) pagamento in natura; a ~ **into the bank** (*banca*) un versamento in banca; ~ **of bills** (*banca*) ritiro (di) effetti; ~ **of losses** (*ass.*) rimborso delle perdite; ~ **of your cheque No 365532** (*banca*) pagamento (del) vostro assegno n° 365532; ~ **on account** acconto; ~ **on current account** (*banca*, *cred.*) pagamento in conto corrente; ~ **on delivery** (*market.*) pagamento alla consegna; ~ **on place agreed** (*cred.*) pagamento al luogo convenuto; ~ **order** (*banca*) ordine di bonifico; ~ **overdue** (*cred.*) pagamento arretrato; ~ **per intervention** (*banca*, *cred.*) pagamento per intervento; **payments situation** (*econ.*) situazione dei pagamenti: **The payments situation of our Country did not improve in 1973** la situazione dei pagamenti del nostro Paese non migliorò affatto nel 1973; ~ **supra protest** (*banca*, *cred.*) pagamento « per intervento »; **payments surplus** (*econ.*) eccedenza della bilancia dei pagamenti; **against** ~ **of** dietro pagamento di; **for** ~ **of** dietro pagamento di; **in-** ~ (*banca*) versamento; **non-** ~ (*comm.*) mancato pagamento; rifiuto di pagare.

payola, *n.* (*USA*) bustarella.
payor, *n. V.* **payer**.
peak[1], *n.* ❶ picco, cima, punta, vetta. ❷ (*fig.*) punto massimo, valore massimo, (il) massimo. ❸ (*mat.*, *ric. op.*) valore massimo (*d'una funzione, ecc.*). *a. attr.* massimo, di punta. △ *n.* ❷ **Production has reached its** ~ la produzione è giunta al suo massimo. // **peaks and valleys** (*mat.*, *stat.*) punte e avvallamenti (*d'una curva*): **We must try to regularize employment and reduce peaks and valleys** dobbiamo normalizzare l'occupazione e ridurre le punte e gli avvallamenti; ~ **efficiency** (*org. az.*) rendimento massimo; ~ **hours** (*comun.*, *trasp.*) ore di punta; (*market.*) ore di punta; ~ **level** (*Borsa*, *fin.*) rialzo massimo (*di quotazioni, ecc.*); ~ **load** (*comun.*, *trasp.*) carico massimo; (*org. az.*) carico massimo (*dei macchinari*, *ecc.*); **the** ~ **of a curve** (*mat.*, *stat.*) il punto massimo d'una curva; ~ **productivity** (*econ.*) produttività massima, il massimo della produttività: **Our factory is now going at** ~ **productivity** la nostra fabbrica sta lavorando al massimo della sua produttività; ~ **season** (*market.*) alta stagione.
peak[2], *v. i.* raggiungere un punto massimo. *v. t.* fare aumentare (*qc.*) al massimo, portare (*qc.*) al massimo. △ *v. i.* **Our business peaks from November to March** i nostri affari raggiungono il loro massimo fra novembre e marzo; *v. t.* **It's too late now to** ~ **stocks** è troppo tardi ora per portare al massimo le scorte.
peck, *n.* ❶ « peck » (*misura per cereali pari a 9,09 litri*). ❷ recipiente della capacità d'un « peck ». ❸ (*USA*) « peck » (*misura per cereali pari a 8,8 litri*).
peculate, *v. i.* ❶ (*leg.*) commettere peculato, prevaricare. ❷ (*leg.*) appropriarsi indebitamente di (*denaro, specialm. pubblico*).
peculation, *n.* (*leg.*) peculato, appropriazione indebita, prevaricazione.

peculator, *n.* (*leg.*) chi commette peculato, prevaricatore.
pecuniary, *a.* pecuniario, finanziario, monetario. // ~ **needs** (*fin.*) necessità finanziarie; ~ **offence** (*leg.*) reato passibile di pena pecuniaria; ~ **penalty** (*leg.*) pena pecuniaria; ~ **punishment** (*leg.*) pena pecuniaria; ~ **unit** (*econ.*) unità monetaria.
peddle, *v. i.* (*market.*) fare il venditore ambulante.
peddler, *n. V.* **pedlar**.
peddling, *n.* (*market.*) commercio ambulante.
pedlar, *n.* (*market.*) venditore ambulante.
peg[1], *n.* ❶ picchetto, piuolo. ❷ (*fin.*) punto d'intervento, tasso d'intervento, parità. // ~ **-adjustments** (*fin.*) adeguazioni delle parità.
peg[2], *v. t.* ❶ infiggere con picchetti. ❷ fissare. ❸ (*Borsa*, *fin.*) stabilizzare il prezzo di (*titoli, ecc.*). ❹ (*market.*) fissare (*prezzi, quotazioni, ecc.*). △ ❸ **The lira has been pegged at 850 to the dollar** la lira è stata fissata a 850 rispetto al dollaro.
pen, *n.* penna.
penal, *a.* (*leg.*) penale. // ~ **action** (*leg.*) azione penale, causa penale; ~ **code** (*leg.*) codice penale; ~ **law** (*leg.*) diritto penale; ~ **offence** (*leg.*) reato perseguibile a termini di legge; ~ **reform** (*leg.*) riforma (del diritto) penale; ~ **suit** (*leg.*) azione penale, causa penale.
penalty, *n.* ❶ (*leg.*) penalità. ❷ (*leg.*) pena, sanzione penale. ❸ (*leg.*) penale, multa. △ ❸ **The** ~ **for non-performance of this contract is very heavy** la penale per la mancata esecuzione di questo contratto è assai grossa. // ~ **clause** (*comm.*) penale, clausola penale (*in un contratto, ecc.*); ~ **for delay** (*leg.*) penalità per ritardo; **under** ~ **of** sotto pena di.
pence, *n. pl.* « pence ». // ~ **rate** (*fin.*, *ingl.*) cambio incerto per certo.
pencil, *n.* matita. // ~ **sharpener** (*attr. uff.*) temperamatite, temperalapis.
pendent, *a.* ❶ pendente, sospeso. ❷ (*leg.*) (*di causa, ecc.*) pendente, in sospeso, non ancora giudicato.
pending, *a.* ❶ pendente, non risolto, indeciso. ❷ (*leg.*) (*di causa, ecc.*) pendente, in sospeso. *prep.* in attesa di, durante, fino a. // ~ **dealings** trattative in corso; ~ **further information** in attesa d'ulteriori informazioni; ~ **our negotiations** durante i nostri negoziati; a ~ **suit** (*leg.*) una questione (legale) pendente, una pendenza; ~ **your acceptance** in attesa della vostra accettazione.
penetrate, *v. i.* penetrare.
penetration, *n.* penetrazione.
penny, *n.* ❶ (*ingl.*) (*pl.* **pence** o **pennies**) penny (*moneta pari a 1/100 di sterlina*). ❷ (*USA*) (*pl.* **pennies**) centesimo (*di dollaro*). △ ❶ **Can you give me ten pennies for this tenpenny piece?** può darmi dieci monetine da un penny per questo pezzo da dieci?; **How much does it cost? Tenpence** quanto costa? Dieci pence. // ~ **bank** (*banca*) cassa di risparmio che non pone limiti minimi di deposito; ~ **stock** (*Borsa*, *USA*) azioni in vendita a meno di 1 dollaro l'una e quotate in cent; **a pretty** ~ (*fig.*) una bella somma di denaro, un sacco di soldi; to **turn an honest** ~ (*fig.*) guadagnarsi la vita in modo onesto.
pennyworth, *n.* (il) valore di un penny. // **a bad** ~ (*fig.*) un cattivo affare; **a good** ~ (*fig.*) un buon affare.
penologist, *n.* (*leg.*) penalista (*esperto del diritto penale*).
pension[1], *n.* ❶ pensione (*assegno fisso percepito da un pensionato*). ❷ (*tur.*) pensione. // ~ **contributions** (*pers.*,

rag.) contributi al fondo pensioni; ~ **fund** (*pers.*, *rag.*) fondo pensioni; ~ **plan** (*pers.*, *rag.*) piano di pensionamento; ~ **pool** (*sind.*) piano di pensionamento (*creato da diverse industrie in una certa zona*: *per permettere ai dipendenti di passare da uno stabilimento all'altro senza correre il rischio di perdere i benefici accumulati prima di tale passaggio*); **to retire on a** ~ (*pers.*) andare in pensione.

pension², *v. t.* pensionare, assegnare una pensione a (*q.*). // **to** ~ **sb. off** (*pers.*) mandar q. in pensione.

pensionable, *a.* (*pers.*, *rag.*) pensionabile, che ha diritto a pensione, che dà diritto a pensione. // ~ **age** (*pers.*, *rag.*) età pensionabile; ~ **disability** (*pers.*, *rag.*) invalidità che dà diritto a pensione; ~ **salary** (*pers.*, *rag.*) stipendio pensionabile.

pensionary, *n.* (*pers.*) pensionato.

pensioner, *n.* (*pers.*) pensionato.

people, *n.* collett. (*col verbo al pl.*) gente. // **the** ~ **working in a State-controlled body** (*o* **agency**) (*amm.*, *pers.*) il parastato.

peppercorn, *n.* granello di pepe nero (*anticamente usato come pagamento d'un affitto nominale*). // ~ **rent** (*leg.*) affitto nominale.

per, *prep.* ❶ per, a. ❷ per, per mezzo di, mediante. △ ❶ **The land cost us 800 dollars** ~ **acre** la terra ci costò 800 dollari all'acro. // ~ **annum** all'anno; ~ **capita** (*econ.*, *stat.*) « pro capite », per persona, a testa; ~ **capita consumption** (*econ.*) consumo « pro capite »; ~ **capita income** (*econ.*) reddito « pro capite »; ~ **capita net national income** (*econ.*) reddito nazionale netto « pro capite »; ~ **capita net national product** (*econ.*) prodotto nazionale netto « pro capite »; ~ **cent** per cento: **We shall pay a 6** ~ **cent interest on the loan** pagheremo un interesse del 6 per cento sul prestito; ~ **goods train** (*trasp. ferr.*) a piccola velocità; ~ **head** per persona; ~ **list price** (*market.*) prezzo come da listino; ~ **Mr Roberts** per il tramite di Mr Roberts; ~ **passenger train** (*trasp. ferr.*) a grande velocità; ~ **post** (*comun.*) per posta; ~ **pro** (*leg.*) per procura; ~ **procuration** (*leg.*) per procura; « ~ **procurationem** » (*leg.*) per procura; ~ **rail** (*trasp. ferr.*) per ferrovia; ~ **thousand** per mille; **as** ~ **invoice** (*market.*) come da fattura.

percent, *a.* e *n.* percentuale. // ~ **variations in cost of living** (*econ.*, *stat.*) variazioni percentuali del costo della vita; ~ **variations in retail prices** (*market.*, *stat.*) variazioni percentuali dei prezzi al consumo.

percentage, *n.* percentuale. △ **Directors are entitled to a** ~ **of profits** ai direttori spetta una percentuale sugli utili; **They were offered a** ~ **on the proceeds of sales** fu loro offerta una percentuale sul fatturato. // ~ **composition** (*stat.*) composizione percentuale; **the** ~ **of births** (*stat.*) la percentuale delle nascite; ~ **of precious metal** (*fin.*) titolo (*dell'oro*, *dell'argento*); **a** ~ **of the proceeds** una percentuale sugli utili; ~ **on sales** (*market.*) percentuale sulle vendite, interessenza; ~ **shop** (*sind.*) stabilimento nel quale (*in base ad accordi fra il sindacato delle maestranze e il datore di lavoro*) una percentuale dei dipendenti deve essere assunta fra gli appartenenti al sindacato stesso; ~ **tare** (*market.*) tara percentuale.

peremption, *n.* (*leg.*) perenzione.

peremptory, *a.* perentorio, tassativo. // ~ **exception** (*leg.*) eccezione perentoria; ~ **mandamus** (*leg.*) mandato perentorio; ~ **plea** (*leg.*) istanza perentoria; ~ **term** (*leg.*) termine perentorio; **a** ~ **writ** (*leg.*) una citazione a comparire.

perfect¹, *a.* perfetto. // ~ **competition** (*econ.*) concorrenza perfetta; ~ **number** (*mat.*) numero perfetto; ~ **usufruct** (*leg.*) usufrutto perfetto.

perfect², *v. t.* perfezionare, migliorare.

perfect oneself, *v. rifl.* perfezionarsi. △ **You'll make a very poor interpreter if you don't spend some time abroad perfecting yourself in the foreign language you have been studying** non diventerai certo un buon interprete se non passerai un certo tempo all'estero a perfezionarti nella lingua che hai studiato.

perforate, *v. t.* perforare.

perforated, *a.* perforato. // ~ **initials** (*comun.*) monogramma (*d'una ditta*) inciso (*in un francobollo*) mediante perforazione.

perforation, *n.* perforazione.

perforator, *n.* (*attr. uff.*) perforatrice, punzonatrice, punzone, perforatore. // **check** ~ (*banca*, *USA*) perforatrice per assegni.

perform, *v. t.* ❶ compiere, fare, effettuare, eseguire. ❷ adempiere (a), assolvere. ❸ fornire, provvedere. *v. i.* (*org. az.*) (*di macchina*, *ecc.*) funzionare. △ *v. t.* ❸ **Our agency performs more than twenty distinct services** la nostra agenzia fornisce oltre venti prestazioni diverse; *v. i.* **The new computer has performed beautifully so far** finora il nuovo elaboratore ha funzionato a meraviglia. // **to** ~ **calculations** eseguire dei calcoli; **to** ~ **a contract** (*leg.*) eseguire un contratto; **to** ~ **a duty** assolvere un dovere; **to** ~ **a promise** adempiere una promessa; **to** ~ **a task** eseguire un lavoro, adempiere un compito.

performance, *n.* ❶ compimento, effettuazione, esecuzione. ❷ adempimento, assolvimento. ❸ (*market.*) indice delle vendite (*d'un prodotto*). ❹ (*org. az.*) (*di macchina*, *ecc.*) prestazione, rendimento. △ ❸ **Before starting a new advertising campaign it's necessary to know the** ~ **of competitive articles** prima d'iniziare una nuova campagna pubblicitaria è necessario conoscere l'indice delle vendite degli articoli della concorrenza; ❹ **The** ~ **of this machine has been rather poor lately** il rendimento di questa macchina è stato piuttosto scadente negli ultimi tempi. // ~ **appraisal** (*pers.*) valutazione del merito, valutazione del personale; ~ **curve** (*elab. elettr.*) curva di rendimento; **the** ~ **of one's duties** l'assolvimento dei propri doveri; **the** ~ **of the stock market** (*Borsa*) l'andamento del mercato azionario; ~ **test** (*pers.*) test di rendimento.

peril, *n.* pericolo. // **perils of the sea** (*ass. mar.*) pericoli del mare, rischi attinenti alla navigazione; **at one's** ~ a proprio rischio e pericolo.

perilous, *a.* pericoloso. // ~ **seas** mari pericolosi.

period, *n.* periodo, lasso di tempo. △ **That employee's probationary** ~ **is over** il periodo di prova di quel dipendente è trascorso. // **the** ~ **-after the war** il periodo dopo la guerra, il dopoguerra; ~ **bill** (*cred.*) cambiale a data fissa (*o a data futura determinabile*); ~ **costs** (*rag.*) costi del periodo; **a** ~ **of financial squeeze** (*fin.*) un periodo di restrizioni finanziarie; ~ **of limitation** (*leg.*) prescrizione contrattuale (*ha la durata di sei anni per i contratti semplici e di venti per quelli formali*); termine di prescrizione; **a** ~ **of rising prices** (*market.*) un periodo di prezzi crescenti; **off** ~ (*elab. elettr.*) tempo d'interdizione; **on the** ~ **the bill has yet to run** (*banca*, *cred.*) dalla decorrenza della cambiale.

periodic, *a.* periodico, intermittente. // ~ **curve** (*stat.*) curva periodica; ~ **decimal** (*mat.*) numero (decimale) periodico; ~ **number** (*mat.*) numero periodico.

periodical, *a.* periodico, intermittente. *n.* (*giorn.*) periodico, pubblicazione periodica, rivista. // ~ **statement** (*banca*) estratto periodico.

peripheral, *a.* periferico. // ~ **region** (*econ.*) regione periferica: **Mezzogiorno, west and southwest France and Berlin are ~ regions** il Mezzogiorno, l'ovest e sud-ovest della Francia e Berlino sono regioni periferiche (*rispetto alla CEE*); **~ tariff arrangements for steel** (*comm. est., dog.*) provvedimenti tariffari periferici per l'acciaio.

peripheric, *a.* periferico.

perish, *v. i.* ❶ perire, morire, andare distrutto. ❷ (*market.*) (*di merce*) deperire, deteriorarsi.

perishable, *a.* (*market.*) (*di merce*) deperibile, deteriorabile. // **~ goods** (*market.*) merci deperibili; **~ products** (*market.*) merci deperibili.

perishables, *n. pl.* (*market.*) merci deperibili.

perjured, *a.* (*leg.*) spergiuro.

perjure oneself, *v. rifl.* (*leg.*) spergiurare.

perjurer, *n.* (*leg.*) spergiuro.

perjury, *n.* ❶ spergiuro. ❷ (*leg.*) falsa dichiarazione giurata. ❸ (*leg.*) falsa testimonianza.

perks, *n. pl.* (*fam.*) *V.* **perquisites**.

permanent, *a.* permanente, durevole, stabile. // **~ assets** (*rag.*) capitali fissi, capitali immobilizzati; **~ conflict** (*sind.*) conflittualità permanente; **~ disablement** (*leg.*) invalidità permanente; **~ income** (*econ.*) reddito permanente; **a ~ position** (*pers.*) un posto stabile, un posto di ruolo; **~ staff** (*pers.*) personale di ruolo; **to be on the ~ staff** (*pers.*) essere in pianta stabile, essere di ruolo.

permissible, *a.* permissibile.

permission, *n.* permesso, autorizzazione, licenza. △ **We have obtained written permissions from the holders of the copyrights** abbiamo avuto autorizzazioni scritte dai detentori della proprietà letteraria riservata.

permissive, *a.* che permette, permissivo, concessivo. // **~ legislation** (*leg.*) norme permissive; **~ wage-adjustment clause** (*sind.*) clausola che prevede la revisione del contratto di lavoro (*quando, p. es., si siano avute variazioni nel costo della vita, ecc., durante il periodo di validità del contratto stesso*).

permit[1], *n.* permesso, licenza, patente, nullaosta. △ **Export permits have not been issued yet** i permessi d'esportazione non sono ancora stati rilasciati.

permit[2], *v. t.* permettere, consentire, concedere a. // **to ~ access to the records** consentire l'accesso ai documenti.

permutable, *a.* permutabile.

permutation, *n.* ❶ (*leg.*) permuta. ❷ (*mat.*) permutazione.

perpetrate, *v. t.* (*leg.*) perpetrare. // **to ~ a crime** (*leg.*) perpetrare un delitto.

perpetration, *n.* (*leg.*) perpetrazione.

perpetual, *a.* ❶ perpetuo, eterno. ❷ continuo, incessante. // **~ annuity** (*fin.*) rendita perpetua; **~ calendar** (*attr. uff.*) calendario perpetuo; **~ debt** (*fin.*) prestito irredimibile; **~ inventory** (*fin.*) inventario permanente; **~ lease** (*leg.*) affittanza perpetua; **~ loan** (*fin.*) prestito irredimibile; **~ right-of-way** (*leg.*) diritto di passaggio perpetuo.

perquisites, *n. pl.* guadagni occasionali; incerti.

persist, *v. i.* insistere.

person, *n.* ❶ persona. ❷ (*leg.*) persona giuridica. // **~ aggrieved** (*leg.*) chi ha motivo di ricorrere in appello; **~ entitled to succeed** (*leg.*) successibile; **the ~ in charge** il responsabile; **~ who works in a State-controlled body** (*o* **agency**) (*amm., pers.*) parastatale; **per ~ a** (*o* **per**) persona, a testa.

personal, *a.* ❶ personale, individuale. ❷ particolare, privato. ❸ (*leg., rag.*) mobiliare. △ ❷ **I should like to have a ~ interview with your principal** gradirei avere un colloquio privato col vostro principale. // **~ accident insurance** (*ass.*) assicurazione contro gli infortuni; **~ accounts** (*rag.*) conti intestati a persone fisiche; conti intestati a ditte; **~ action** (*leg.*) azione personale; **~ advertisement** (*giorn., pubbl.*) annuncio personale (*nella « piccola pubblicità »*); **~ agency** (*pubbl.*) studio pubblicitario; **~ belongings** (*leg.*) oggetti personali; **~ chattels** (*leg.*) beni mobili: **~ chattels are exempted from distress** i beni mobili sono esenti da pignoramento; **~ chattels may be considered real estate by their destination** i beni mobili possono essere considerati immobili per destinazione; **~ column** (*giorn., pubbl.*) colonna degli annunci personali; **~ credit** (*cred., fin.*) credito personale; **~ effects** (*leg.*) effetti personali; **~ estate** (*leg.*) beni mobili, patrimonio personale; **~ finance company** (*cred., fin., USA*) società finanziaria specializzata nella concessione di prestiti personali di modesto importo (*generalm. fino a 300 dollari*); **~ income** (*econ.*) reddito personale; **~ income tax** (*fin.*) imposta sul reddito delle persone fisiche; **~ injury** (*leg.*) lesione personale; danno personale; **~ loan** (*cred.*) credito personale; **~ property** (*leg.*) patrimonio personale, beni mobili, patrimonio mobiliare, ricchezza mobile; **~ qualifications** (*pers.*) qualifiche personali; **~ right** (*leg.*) diritto personale; **~ selling assistance** (*market.*) assistenza del personale di vendita; **~ servitude** (*leg.*) servitù personale; **~ shopper** (*market., pers.*) assistente dei clienti (*chi li aiuta negli acquisti*); **~ tax** (*fin.*) imposta personale.

personality, *n.* personalità. // **~ test** (*pers.*) test di personalità, test caratterologico.

personation, *n.* ❶ personificazione, l'impersonare. ❷ (*leg.*) sostituzione di persona.

personnel, *n.* (*pers.*) personale, impiegati e operai, organico. // **~ administration** (*org. az.*) direzione del personale, organizzazione del personale; **~ bureau** (*org. az.*) ufficio (*del*) personale; **~ communications** (*org. az.*) comunicazioni interne; **~ department** (*org. az.*) ufficio (*del*) personale; **~ management** (*org. az.*) direzione del personale, organizzazione del personale; **~ manager** (*pers.*) direttore del personale, capo del personale; **~ selection** (*pers.*) selezione del personale.

perspective, *a.* (*pubbl.*) prospettivo, prospettico, in prospettiva. *n.* (*pubbl.*) prospettiva. // **~ drawing** (*pubbl.*) disegno prospettico.

persuade, *v. t.* persuadere.

persuader, *n.* persuasore. // **the hidden persuaders** (*pubbl.*) i persuasori occulti.

persuasion, *n.* persuasione, convinzione.

pertaining, *a.* attinente.

pertinent, *a.* pertinente. // **~ facts** (*leg.*) fatti pertinenti.

perusal, *n.* attenta lettura, esame accurato.

peruse, *v. t.* leggere attentamente, esaminare accuratamente. △ **We shall have to ~ the terms of contract** dovremo leggere attentamente le clausole contrattuali. // **to ~ the precedents** (*leg.*) esaminare accuratamente i precedenti.

petition[1], *n.* ❶ (*leg.*) petizione, istanza, esposto. ❷ (*leg.*) ricorso. △ ❷ **There will be a ~ for rehearing** ci sarà un ricorso per la riapertura del processo. // **~ for intervention** (*leg.*) istanza per intervento; **~ in bankruptcy** (*leg.*) istanza di fallimento; **~ of assent** (*leg.*) ricorso per adesione; **~ of creditors** (*leg.*) istanza dei creditori.

petition[2], *v. i.* ❶ (*leg.*) fare una petizione, fare un'istanza. ❷ (*leg.*) fare un ricorso, ricorrere. *v. t.* ❶

(*leg.*) presentare una petizione a (*q.*), presentare un'istanza a (*q.*). ❷ (*leg.*) presentare un ricorso a (*q.*).
petitionee, *n.* ❶ (*leg.*) chi è citato in una petizione, chi è chiamato a rispondere a un'istanza. ❷ (*leg.*) chi è chiamato a difendersi contro un ricorso.
petitioner, *n.* ❶ (*leg.*) istante, chi fa una petizione, richiedente. ❷ (*leg.*) chi fa un ricorso, ricorrente.
petitory, *a.* (*leg.*) petitorio. // ~ **action** (*leg.*) azione petitoria.
petrodollars, *n. pl.* (*econ., fin.*) petrodollari.
petrol, *n.* benzina. // ~ **coupon** (*trasp. aut.*) buono per benzina; ~ **pump** (*trasp. aut.*) distributore di benzina; ~ **station** (*trasp. aut.*) stazione di rifornimento.
petroleum, *n.* petrolio.
petroliferous, *a.* petrolifero.
petty, *a.* piccolo, di poca importanza, insignificante. // ~ **cash** (*rag.*) piccola cassa, piccole entrate; piccole spese, fondo di cassa per le piccole spese; ~ **-cash book** (*rag.*) libro (di) piccola cassa; ~ **jury** (*leg.*) giuria ordinaria (*che emette il verdetto alla fine d'un processo*); *cfr.* **coroner's jury, grand jury**; ~ **larceny** (*leg.*) furto di poca entità; ~ **offence** (*leg.*) reato minore; ~ **producers** (*econ.*) piccoli produttori; ~ **shopkeepers** (*market.*) piccoli negozianti, piccoli bottegai.
phase, *n.* fase.
phenomenon, *n.* (*pl.* **phenomena**) fenomeno.
philanthropical, *a.* filantropico.
Phillips curve, *n.* (*econ.*) (*dal nome dell'economista inglese A. W. H. Phillips*) legge di Phillips (*rappresentazione grafica della relazione esistente fra l'inflazione e la disoccupazione*).
phone, *v. t.* (*comun.*) telefonare a (*q.*); fare una telefonata a (*q.*).
photo¹, *n.* (*giorn., pubbl.*) fotografia, foto (*il risultato*).
photo², *v. t.* (*giorn., pubbl.*) fotografare.
photocopy¹, *n.* (*giorn., pubbl.*) fotocopia (*il risultato*).
photocopy², *v. t.* (*giorn., pubbl.*) fotocopiare.
photograph, *v. t.* (*giorn., pubbl.*) fotografare.
photographer, *n.* (*pers.*) fotografo.
photographic, *a.* (*giorn., pubbl.*) fotografico.
photographical, *a.* (*giorn., pubbl.*) fotografico.
photography, *n.* (*giorn., pubbl.*) fotografia (*il procedimento*).
photogravure¹, *n.* (*giorn., pubbl.*) fotoincisione (*il procedimento e il risultato*).
photogravure², *v. t.* (*giorn., pubbl.*) fotoincidere.
photolitho, *n.* (*giorn., pubbl.*) fotolitografia, fotolito (*il risultato*).
photolithograph¹, *n.* (*giorn., pubbl.*) fotolitografia (*il risultato*).
photolithograph², *v. t.* (*giorn., pubbl.*) fare una fotolitografia di (*qc.*).
photolithography, *n.* (*giorn., pubbl.*) fotolitografia (*il procedimento*).
photomontage, *n.* (*giorn., pubbl.*) fotomontaggio (*il procedimento e il risultato*).
photoprint, *n.* (*giorn., pubbl.*) stampa fotografica (*il risultato*).
photoprinting, *n.* (*giorn., pubbl.*) stampa fotografica (*il procedimento*).
photostat¹, *n.* ❶ copia fotostatica. ❷ (*macch. uff.*) apparecchio fotostatico.
photostat², *v. t.* fare una copia fotostatica di (*documenti, ecc.*).
physical, *a.* fisico. // ~ **inventory** (*rag.*) inventario fisico (*cioè, non contabile*); ~ **stock** (*org. az.*) stock fisico; ~ **transfers of securities** (*econ., fin.*) movimenti materiali di titoli.
physiocracy, *n.* (*econ.*) fisiocrazia.
physiocrat, *n.* (*econ.*) fisiocrate.
physiocratic, *a.* (*econ.*) fisiocratico.
pick¹, *n.* ❶ selezione, scelta. ❷ cosa migliore. ❸ parte migliore. △ ❶ **In our shop you will have the ~ of several first-class articles** nel nostro negozio avrete una scelta di diversi articoli di prima qualità. // ~ **-up** (*econ.*) recupero, « ritorno », ripresa (*d'attività*), (*rag.*) totale a riportarsi, saldo a riportarsi; (*trasp.*) articolo preso in consegna da un vettore (*per essere spedito*): **We are expecting a general ~ -up after the Summer slump** ci aspettiamo una generale ripresa dopo la « magra » estiva; **There has been a ~ -up in imports lately** ultimamente c'è stato un « ritorno » delle importazioni; **Also textiles showed a substantial ~ -up in September** sensibile anche, in settembre, il recupero dei tessili.
pick², *v. t.* ❶ cogliere, raccogliere. ❷ scegliere, cernere. △ ❷ **Hurry up and visit our new department: you'll be able to ~ the best articles!** affrettatevi a visitare il nostro nuovo reparto: potrete scegliere gli articoli migliori! // **to ~ up** prender su, raccogliere; (*econ.*) (*d'attività commerciale, ecc.*) riprendere, riprendere slancio, riprendere vigore; (*trasp.*) prender su, far salire: **Business usually picks up in December** gli affari, di solito, riprendono slancio in dicembre; **At the next stop the train will ~ up a lot of commuters** alla prossima stazione il treno prenderà su una quantità di pendolari; **to ~ up an anchor** (*trasp. mar.*) salpare un'ancora; **to ~ up a bargain** fare un buon affare.
picket¹, *n.* (*sind.*) picchetto (*di scioperanti*).
picket², *v. t.* (*sind.*) picchettare (*una fabbrica, ecc.*); circondare (*una fabbrica, ecc.*) di picchetti di scioperanti.
picketing, *n.* (*sind.*) picchettaggio.
picking, *n.* (*market.*) scelta, cernita.
pickle, *v. t.* (*market.*) salare (*per conservare cibo*).
pickled, *a.* (*market.*) salato, conservato sotto sale.
pickpocket, *n.* ladro, borsaiolo.
picture postcard, *n.* (*comun.*) cartolina illustrata.
piece, *n.* ❶ pezzo, frammento, parte. ❷ (*market.*) pezza (*di stoffa*). // **a ~ of business** un affare; **a ~ of evidence** (*leg.*) un mezzo di prova; **a ~ of information** (*comun.*) un'informazione; **a ~ of news** (*giorn.*) una notizia; ~ **rate** (*pers.*) retribuzione a pezzo, retribuzione a cottimo; ~ **wage** (*pers.*) salario a cottimo; ~ **-work** (*org. az.*) cottimo, lavoro a cottimo; ~ **-worker** (*pers.*) cottimista; **by the ~** (*market.*) al pezzo; a pezze; (*pers.*) a cottimo.
pier, *n.* (*trasp. mar.*) banchina, gettata, molo, pontile. // ~ **dues** (*trasp. mar.*) diritti di banchina; ~ **face** (*trasp. mar.*) fronte del molo; « **ex ~** » (*trasp. mar.*) « franco molo ».
pierage, *n. collett.* (*trasp. mar.*) diritti di banchina.
pierce, *v. t.* forare.
pigeon-hole¹, *n.* (*attr. uff.*) casella (*di casellario*).
pigeon-hole², *v. t.* insabbiare (*una pratica e sim.*).
pilfering, *n.* (*leg.*) furto di poca entità.
pillage, *v. t.* (*leg.*) svaligiare.
pilot¹, *n.* (*trasp. aer., trasp. mar.*) pilota. // ~ **bridge** (*trasp. mar.*) ponte di comando, plancia; ~ **census** (*stat.*) censimento di prova, censimento d'assaggio; ~ **master** (*trasp. mar.*) capo pilota; ~ **plant** (*org. az.*) impianto pilota, impianto sperimentale; ~ **study** (*stat.*) inchiesta pilota: **There has been a ~ study into the wages of farm labourers** c'è stata un'inchiesta pilota

sui guadagni degli operai nel settore agricolo; ~ **survey** (*stat.*) indagine pilota.

pilot², *v. t.* (*trasp. aer.*, *trasp. mar.*) pilotare. // to ~ **a ship** (*trasp. mar.*) pilotare una nave.

pilotage, *n.* ❶ (*trasp. mar.*) pilotaggio. ❷ (*trasp. mar.*) compenso dato al pilota. // ~ **dues** (*trasp. mar.*) diritti di pilotaggio; ~ **in roads** (*trasp. mar.*) pilotaggio in rada; ~ **inwards** (*trasp. mar.*) pilotaggio d'entrata; ~ **outwards** (*trasp. mar.*) pilotaggio d'uscita.

pint, *n.* ❶ (*ingl.*) pinta (*misura per liquidi, pari a litri 0,57*). ❷ (*USA*) pinta (*misura per liquidi, pari a litri 0,47 e, per aridi, pari a litri 0,55*).

piracy, *n.* ❶ (*leg.*) pirateria. ❷ (*leg.*) plagio. ❸ (*leg.*) pubblicazione abusiva.

pirate, *n.* (*leg.*) pirata.

pit, *n.* ❶ buca, fossa. ❷ (*fin.*, *USA*) sala (delle) contrattazioni, recinto alle grida, « corbeille », « parquet »; settore (*d'una Borsa*) riservato a una determinata merce. △ ❸ **The wool ~ was rather dull yesterday** il settore della lana fu piuttosto fiacco ieri.

pitch¹, *n.* ❶ (*market.*, *ingl.*) quantità di merce esposta per la vendita. ❷ (*trasp. aer.*, *trasp. mar.*) beccheggio.

pitch², *v. i.* ❶ (*trasp. aer.*) impennarsi, picchiare. ❷ (*trasp. aer.*, *trasp. mar.*) beccheggiare.

placard¹, *n.* ❶ (*pubbl.*) cartello, cartellone. ❷ (*pubbl.*) manifesto.

placard², *v. t.* ❶ (*pubbl.*) annunciare (*qc.*) con cartelloni. ❷ (*pubbl.*) coprire di manifesti, affiggere manifesti su (*un muro, ecc.*).

place¹, *n.* ❶ posto, luogo, località. ❷ (*mat.*) cifra. ❸ (*pers.*) posto, posizione, impiego, ufficio. △ ❷ **We have calculated to three places of decimals** abbiamo calcolato i decimali fino alla terza cifra; ❸ **He was offered a ~ on the «Washington Post»** gli fu offerto un posto alla « Washington Post ». // ~ **of birth** luogo di nascita; ~ **of business** (*pers.*) posto di lavoro; ~ **of call** (*trasp. mar.*) scalo; ~ **of delivery** (*market.*) luogo di consegna; ~ **of destination** (*trasp. mar.*) luogo di destinazione; ~ **of payment** (*banca, cred.*) piazza di pagamento (*d'un effetto, ecc.*); ~ **of residence** (*leg.*) luogo di residenza; **in ~ of** in luogo di, al posto di, invece di; **We shall have to reject the goods you sent us in ~ of the ones we had ordered** saremo costretti a rifiutare le merci che ci avete inviate in luogo di quelle che avevamo ordinato; **to keep sb. in his ~** (*fig.*) far stare q. al suo posto; **to know one's ~** (*fig.*) saper stare al proprio posto.

place², *v. t.* ❶ collocare, mettere, porre, disporre, ubicare. ❷ (*fin.*) investire (denaro). ❸ (*giorn., pubbl.*) trovare un editore per (*un manoscritto, ecc.*). ❹ (*market.*) dare, conferire, passare, piazzare (*un'ordinazione*). ❺ (*market.*) collocare (*merci, prodotti, ecc.*). ❻ (*pers.*) collocare (*q.*) in un impiego, impiegare (*q.*) in un lavoro, trovare lavoro per (*q.*). △ ❷ **We have placed 2 million lire in bonds** abbiamo investito due milioni di lire in obbligazioni; ❹ **We thank you for the substantial order you have placed with us** vi ringraziamo per la ragguardevole ordinazione che ci avete passato; ❺ **It will be hard to ~ those articles** sarà difficile collocare quegli articoli. // to ~ **sb. as a typist** (*pers.*) impiegare q. come dattilografo; to ~ **a bond issue** (*fin.*) collocare un'emissione obbligazionaria; to ~ **an order for st.** (*market.*) commissionare qc.; to ~ **a telephone call** (*comun.*) prenotare una chiamata telefonica.

placement, *n.* ❶ collocamento, il mettere, il porre. ❷ (*comun.*) prenotazione (*d'una chiamata telefonica*). ❸ (*fin.*) investimento (di denaro). ❹ (*market.*) piazzamento (*d'un'ordinazione*). ❺ (*market.*) collocamento (*di merci, prodotti, ecc.*). ❻ (*pers.*) collocamento. △ ❸ **Most investors prefer fixed-return placements** la maggior parte dei risparmiatori preferisce gli investimenti a reddito fisso. // **the ~ of domestic products on foreign markets** (*comm. est.*) il collocamento di prodotti nazionali sui mercati esteri; **the ~ of labour** (*pers.*) il collocamento della manodopera.

place oneself, *v. rifl.* porsi in ordine, disporsi.

placing of an order, *locuz. n.* (*market.*) conferimento di un'ordinazione.

plagiarism, *n.* (*leg.*) plagio (*opera spacciata per propria*).

plagiarize, *v. t.* (*leg.*) plagiare.

plagiary, *n.* (*leg.*) plagio (*appropriazione del lavoro altrui*).

plaint, *n.* (*leg.*) atto scritto di difesa (*dell'attore*).

plaintiff, *n.* (*leg.*) attore, querelante, parte civile, richiedente, ricorrente. // ~ **'s attorney** (*leg.*) avvocato di parte civile; ~ **'s domicile** (*leg.*) domicilio dell'attore; ~ **in a civil suit** (*leg.*) attore in una causa civile.

plan¹, *n.* piano, progetto, programma, proposito. △ **The new five-year ~ is being discussed now** è in discussione il nuovo piano quinquennale; **The advertising campaign is proceeding according to ~** la campagna pubblicitaria prosegue secondo i piani prestabiliti. // **a ~ for public housing** (*econ.*) un progetto di case popolari; **a ~ to encourage thrift** un programma che tende a incoraggiare il risparmio.

plan², *v. t.* ❶ pianificare, progettare, programmare. ❷ studiare (*qc.*) nei particolari. ❸ (*econ.*) pianificare, programmare. △ ❶ **Our foreign policy should be planned instead of improvised** la nostra politica estera dovrebbe essere programmata anziché improvvisata. // to ~ **an office building** progettare un palazzo di uffici; to ~ **production** (*org. az.*) programmare la produzione.

plane¹, *n.* (*trasp. aer.*) aereo, aeroplano, apparecchio.

plane², *v. i.* (*trasp. aer.*) planare.

planetary, *a.* planetario. // ~ **company** (*o* **venture**) (*fin.*) società planetaria; ~ **corporation** (*fin.*, *USA*) V. **company**.

planned, *a.* ❶ pianificato, progettato, programmato. ❷ (*econ.*) pianificato, programmato, dirigistico. // ~ **economy** (*econ.*) economia pianificata; ~ **obsolescence** (*org. az.*) obsolescenza programmata; ~ **parenthood** (*econ., stat.*) paternità programmata, controllo delle nascite.

planner, *n.* ❶ pianificatore, progettista, programmatore. ❷ (*econ.*) pianificatore, programmatore.

planning, *n.* ❶ pianificazione, progettazione, programmazione. ❷ (*econ.*) pianificazione, programmazione. // ~ **board** comitato per la programmazione; **the ~ of production** (*org. az.*) la programmazione produttiva.

plant, *n.* ❶ (*econ.*) impianto, fabbrica, stabilimento. △ **Automobile plants are trying to get rid of assembly lines** gli stabilimenti automobilistici cercano di liberarsi della catena di montaggio. // ~ **engineering** (*org. az.*) impiantistica; ~ **inventory** (*org. az.*) inventario di fabbrica; ~ **location** (*org. az.*) localizzazione degli impianti; ~ **manager** (*pers.*) direttore di stabilimento; ~ **replacement** (*org. az.*) sostituzione d'impianti.

plate, *n.* ❶ (*giorn., pubbl.*) cliché, lastra, tavola (fuori testo). ❷ (*trasp. aut.*) targa. // ~ **number** (*trasp. aut.*) numero di targa.

platen, *n.* (*di macch. uff.*) rullo (*di macchina da scrivere*).

platform, *n.* ❶ piattaforma. ❷ (*sind.*) piattaforma (*rivendicativa, ecc.*). ❸ (*trasp. ferr.*) banchina, marciapiede. // **~ balance** bascula; **~ -car** (*trasp. ferr.*) pianale, carro merci senza sponde; **~ -carriage** (*trasp. ferr.*) V. **~ -car**; **~ for lorries** (*trasp. aut.*) banchina per autocarri; **~ -roofing** (*trasp. ferr.*) pensilina; **~ scale** bascula.

play¹, *n*. gioco.

play², *v. i.* e *t.* giocare. // **to ~ the market** (*Borsa, fin.*) giocare in Borsa, speculare in Borsa; **to ~ on the Stock Exchange** (*Borsa, fin.*) giocare in Borsa.

playbill, *n.* (*pubbl.*) locandina.

player, *n.* ❶ giocatore. ❷ (*Borsa, fin.*) speculatore in Borsa; protagonista (*d'un'operazione finanziaria*).

plea, *n.* ❶ giustificazione, pretesto, scusa. ❷ (*leg.*) argomento di difesa, dichiarazione della difesa, istanza. ❸ (*leg.*) dichiarazione dell'imputato. ❹ (*leg.*) eccezione. // **~ in abatement** (*leg.*) eccezione d'annullamento; **~ in bar** (*leg.*) eccezione perentoria, eccezione di preclusione a un'azione giudiziale.

plead, *v. i.* ❶ (*leg.*) (*d'avvocato*) perorare, patrocinare una causa; ❷ (*leg.*) (*d'imputato*) rispondere a un'accusa; dichiararsi, riconoscersi (*colpevole o innocente*). *v. t.* ❶ accampare, addurre, eccepire, invocare (*a giustificazione, a discolpa*). ❷ (*leg.*) patrocinare, difendere, perorare (*una causa*). △ *v. t.* ❶ **The offender pleaded ignorance of the law** il trasgressore invocò a discolpa la sua ignoranza della legge; ❷ **In England, solicitors interview their clients and prepare the cases; barristers ~ the cases before the judge in Courts** in Inghilterra, i «solicitors» discutono con i clienti e preparano le cause; i «barristers» vanno in tribunale a perorare le cause davanti ai giudici. // **to ~ an alibi** (*leg.*) invocare un alibi; **to ~ a case** (*leg.*) difendere una causa; **to ~ guilty** (*leg.*) dichiararsi colpevole; **to ~ not guilty** (*leg.*) dichiararsi innocente; **to get a barrister to ~ one's case** (*leg.*) ottenere il patrocinio di un avvocato per la propria causa.

pleader, *n.* (*leg.*) patrocinatore, patrocinante, avvocato patrocinante, avvocato difensore.

pleading, *n.* ❶ (*leg.*) perorazione, discussione d'una causa. ❷ (*leg.*) arringa, difesa. ❸ **pleadings**, *pl.* (*leg.*) difese scritte delle parti in causa, «comparse».

please, *v. i.* piacere, essere gradito. *v. t.* far piacere a, contentare, soddisfare. △ *v. i.* **Though the new salesman is eager to ~, his billing is rather poor** benché il nuovo viaggiatore ce la metta tutta per riuscire gradito, il suo fatturato è piuttosto scarso; *v. t.* **Some customers of ours are not easy to ~** alcuni nostri clienti non sono facili da contentare. // «**~ forward**» (*comun.*) « far proseguire».

pleased, *a.* compiaciuto, contento, lieto, soddisfatto. △ **We shall be ~ to let you have all the information you require** saremo lieti di fornirvi tutte le informazioni che desiderate.

pleasure, *n.* piacere.

pledge¹, *n.* (*leg.*) pegno, garanzia. △ **Goods of the debtor in the creditor's possession are held as a valid ~** le merci del debitore che si trovino in possesso del creditore costituiscono un pegno valido. // **goods lying in ~** (*comm.*) merce data in pegno; **to put st. in ~** dare qc. in pegno; **securities in ~** titoli offerti (*o* dati) in garanzia; **to take st. out of ~** disimpegnare qc.

pledge², *v. t.* (*leg.*) impegnare, costituire in pegno, dare come pegno.

pledgee, *n.* (*leg.*) chi ha ricevuto qc. in pegno.

pledger, *n.* (*leg.*) chi ha dato qc. in pegno.

plenary, *a.* plenario.

plenum, *n.* (*pl.* **plena** *o reg.*) (*leg.*) «plenum», assemblea plenaria.

Plimsoll line, *n.* V. **Plimsoll mark**.

Plimsoll mark, *n.* (*trasp. mar.*) linea di galleggiamento a pieno carico.

plomb, *v. t.* (*leg.*) piombare, apporre un sigillo di piombo a.

plot¹, *n.* ❶ appezzamento, lotto (*di terreno*); area. ❷ (*leg.*) trama. // **a building ~** un'area fabbricabile.

plot², *v. t.* ❶ rilevare, fare il rilevamento di (*un terreno*). ❷ (*leg.*) tramare. ❸ (*mat.*) rappresentare graficamente (*una funzione*) per mezzo d'una curva. ❹ (*trasp. mar.*) tracciare (*la rotta*). // **to ~ the course of an airplane in flight** (*trasp. aer.*) tracciare la rotta d'un aereo in volo.

plough¹, *n.* ❶ aratro. ❷ (*ingl.*) terreno arato.

plough², *v. t.* arare (*il terreno*). *v. i.* arare. // **to ~ back** sotterrare (*erba, trifoglio*) con l'aratro; (*fin., fam.*) reinvestire (*profitti*) in un'impresa; (*d'impresa*) autofinanziarsi: **We ought to ~ back our earnings into new plants and machinery** dovremmo reinvestire i nostri guadagni in nuovi stabilimenti e macchinari.

plow¹, *n.* (*USA*) V. **plough¹**.

plow², *v. t.* e *i.* (*USA*) V. **plough²**.

plug, *n.* ❶ (*pubbl., slang USA*) annuncio pubblicitario. ❷ (*slang USA*) raccomandazione, «spinta».

plunder¹, *n.* (*leg.*) rapina, svaligiamento.

plunder², *v. t.* (*leg.*) rapinare, svaligiare.

plunderer, *n.* (*leg.*) rapinatore, svaligiatore.

plunge¹, *n.* ❶ tuffo, immersione. ❷ (*fin., fam.*) investimento avventato. // **the ~ in prices** (*fin., market.*) la caduta dei prezzi.

plunge², *v. i.* ❶ tuffarsi, immergersi. ❷ (*trasp. mar.*) (*di nave*) beccheggiare. *v. t.* tuffare, immergere. // **to ~ into debt** ingolfarsi nei debiti.

plurality, *n.* ❶ pluralità. ❷ (*leg.*) maggioranza relativa. // **~ of charges** (*leg.*) concorso di capi d'accusa; **~ of offices** (*pers.*) cumulo d'incarichi.

pluriannual, *a.* pluriennale. // **~ forecasts** (*econ.*) previsioni pluriennali.

plus, *prep.* (*mat.*) più. *n.* ❶ aggiunta, quantità in più, (un) extra. ❷ (*mat.*) «più», quantità positiva. *a. attr.* ❶ aggiuntivo, extra. ❷ (*mat.*) positivo. △ *prep.* **We shall have to pay the debt ~ interest** dovremo pagare il debito più gli interessi; *n.* ❶ **That profit was an unexpected ~** quel guadagno fu un extra che non ci si aspettava. // **~ or minus** (*mat.*) più o meno; **~ quantities** (*mat.*) quantità positive; **a ~ sign** (*mat.*) un segno d'addizione, un «più», un segno positivo.

ply, *v. t.* e *i.* ❶ esercitare (*un mestiere*). ❷ (*trasp. mar.*) (*di nave, ecc.*) fare servizio regolare, fare la spola. // **to ~ a trade** esercitare un commercio.

pneumatic, *a.* pneumatico. // **~ dispatch** (*comun.*) posta pneumatica (*sistema di tubi ad aria compressa*); **~ post** (*comun.*) posta pneumatica (*trasmissione della corrispondenza con un sistema di tubi ad aria compressa*).

pocket¹, *n.* ❶ tasca. ❷ (*fin.*) mezzi finanziari, risorse finanziarie. *a. attr.* tascabile. // **~ book** agenda, taccuino; portafogli; (*fin.*) reddito, risorse finanziarie, borsa (*fig.*); (*pubbl.*) libro tascabile, libro pocket: **Our articles meet the ~ books of blue-collar families** i nostri articoli sono «a portata di borsa» per le famiglie operaie; **~ edition** (*pubbl.*) edizione tascabile; libro tascabile; **~ expenses** piccole spese personali; **~ money** denaro per le piccole spese, spiccioli; **~ -size** (*pubbl.*) tascabile; **a ~ -size book** (*pubbl.*) un libro tascabile; **in ~** (*fin.*) (*d'un individuo*) provvisto di fondi.

pocket², *v. t.* ❶ intascare, mettersi in tasca, appropriarsi di. ❷ (*leg.*) rubare, sottrarre.

point¹, *n.* ❶ punta. ❷ punto, puntino. ❸ punto

essenziale. ❹ punto di vista. ❺ (*Borsa, fin.*) punto (*unità di misura per la quotazione dei titoli*). ❻ (*cred.*) percentuale del valore attuale d'un mutuo (*spesso aggiunta come compenso di collocazione*). ❼ (*giorn.*) punto (*tipografico*). ❽ (*mat.*) virgola. ❾ **points**, *pl.* (*trasp. ferr.*) scambi. △ ❷ **The shortest distance between any two points is a straight line** la distanza più breve fra due punti qualsiasi è la (linea) retta; ❸ **There are a lot of points on which we don't agree** c'è una quantità di punti sui quali non siamo d'accordo. // ~ **estimate** (*stat.*) stima puntuale; **the points of the compass** (*trasp. mar.*) i punti della bussola, i punti della rosa dei venti; **the ~ of departure** (*trasp.*) il punto di partenza; **the ~ of destination** (*trasp.*) il punto di destinazione, il punto d'arrivo; ~ **of indifference** (*econ.*) punto d'indifferenza; **the ~ of intersection** (*mat.*) il punto d'intersezione (*di due rette, ecc.*); ~ **of no return** (*econ.*) punto dal quale non si torna indietro; **a ~ of order** (*leg.*) una mozione d'ordine, una questione di procedura; ~ **of purchase** (*market.*) punto d'acquisto; ~ **of sale** (*market.*) punto di vendita; ~ **of view** punto di vista; ~ **size** (*giorn.*) corpo (*tipografico*); ~ **system** (*pers.*) sistema del punteggio (*per la valutazione del lavoro*); **in ~ of** con riferimento a, in materia di: **in ~ of law** (*leg.*) in materia di legge.

point², *v. t.* fare la punta a, affilare. // **to ~ out** additare, indicare, mostrare; mettere in evidenza, far notare, far rilevare: **Mr Roberts was the only one to ~ out the necessity of such a step** Mr Roberts fu il solo a far rilevare la necessità d'un simile provvedimento.

pointer, *n.* ❶ cosa che indica. ❷ cenno. ❸ indicazione, suggerimento. ❹ (*econ., fin.*) indice, indicatore (*economico, ecc.*). △ ❸ **He was given no pointers on how to run his business** non gli fu dato alcun suggerimento sul modo di condurre gli affari.

pointsman, *n.* (*pl.* **pointsmen**) (*trasp. ferr.*) scambista.

pole, *n.* polo. // ~ **of development** (*econ.*) polo di sviluppo.

police, *n.* polizia, forza pubblica. // ~ **headquarters** questura; ~ **record** (*leg.*) fedina penale.

policeman, *n.* (*pl.* **policemen**) poliziotto, guardia; questurino (*fam.*).

policy, *n.* ❶ (*ass.*) polizza. ❷ (*econ.*) politica, tattica, linea di condotta, piano d'azione. △ ❶ **The subject-matter of a marine insurance ~ may be: the hull, the cargo, and the freight** l'oggetto d'una polizza d'assicurazione marittima può essere: lo scafo, il carico e il nolo; ❷ **Our Government's ~ has often been short-sighted** la linea di condotta del nostro Governo è stata spesso miope. // ~ **-holder** (*ass.*) titolare d'una polizza, assicurato: **Insurance companies choose their investments carefully in order to give their ~ -holders good profits** le compagnie d'assicurazione scelgono con grande cura i loro investimenti in modo da poter passare ai loro assicurati degli utili soddisfacenti; ~ **loan** (*ass.*) prestito su polizza; **the ~ of full employment** (*econ., sind.*) la politica del pieno impiego; ~ **on cargo** (*trasp. mar.*) polizza sul carico; ~ **on freight** (*trasp.*) polizza sul nolo; ~ **-owner** (*ass.*) titolare d'una polizza, assicurato; ~ **period** (*ass.*) periodo di copertura; ~ **stamp** (*ass.*) bollo della polizza; ~ **to bearer** (*ass.*) polizza al portatore; **a ~ to develop the South of Italy** (*econ.*) una politica di sviluppo del Mezzogiorno; ~ **to a named person** (*ass.*) polizza nominativa; ~ **to order** (*ass.*) polizza all'ordine; **a ~ towards individual industries** (*econ.*) una politica settoriale.

polish, *n.* ❶ lustro. ❷ lucido (*per scarpe, ecc.*).
polished, *a.* lucido.
polite, *a.* educato, cortese. // ~ **remarks** convenevoli.
political, *a.* politico. // ~ **economy** (*econ.*) economia politica; ~ **newspaper** (*giorn.*) quotidiano di partito, giornale di partito, organo di partito; ~ **rights** (*leg.*) diritti politici; ~ **science** (*econ.*) scienze politiche.
politics, *n.* politica (*arte del governare uno Stato*).
poll¹, *n.* (*giorn., market.*) inchiesta (*d'opinione*), indagine demoscopica, indagine su campione, sondaggio. △ **A Gallup ~ would yield more representative data** un'inchiesta Gallup fornirebbe dati più rappresentativi. // ~ **tax** (*fin.*) capitazione, testatico; ~ **-watcher** scrutatore (*nelle votazioni*).
poll², *v. t.* (*giorn., market.*) intervistare, sondare. △ **32 per cent of those who were polled answered in the negative** il 32 per cento di quelli che furono intervistati ha risposto negativamente.
pollee, *n.* (*giorn., market.*) intervistato. △ **Our article had been chosen by 75% of the pollees** il nostro articolo era stato scelto dal 75% degli intervistati.
poller, *n.* (*giorn., market.*) intervistatore; chi rivolge domande nel corso d'un'indagine.
pollster, *n.* (*pubbl., stat.*) « pollster » (*chi esegue sondaggi d'opinione pubblica*).
pollute, *v. t.* inquinare, infettare, insudiciare. // **to ~ water supply** inquinare le risorse idriche.
polluted, *a.* inquinato.
pollution, *n.* inquinamento, infezione. △ **Air ~ is one of the prices a highly industrialized society must pay** l'inquinamento atmosferico è uno dei prezzi che una società altamente industrializzata è tenuta a pagare.
polynomial, *a.* (*mat.*) polinomiale, di polinomio. *n.* (*mat.*) polinomio.
polypoly, *n.* (*econ.*) polipolio.
pontoon, *n.* (*trasp. mar.*) pontone.
pool¹, *n.* ❶ (*econ.*) ammasso (*specialm. governativo*). ❷ (*fin.*) « pool » (*accordo fra imprese che operano nello stesso settore*); consorzio (*d'imprese*), sindacato, cartello. ❸ (*fin.*) fondo monetario comune. ❹ (*pers.*) insieme della manodopera (*presente in una data zona*). △ ❷ **The ~ has been formed with a view to removing competition** il consorzio è stato creato in vista dell'eliminazione della concorrenza. // ~ **swap** (*fin.*) « pool swap » (*fondo di valute di riserva, manovrato dalla Banca dei Regolamenti Internazionali*).
pool², *v. t.* (*fin.*) consorziare, mettere in comune (*fondi, risorse, ecc.*). *v. i.* (*fin.*) (*d'imprese, ecc.*) consorziarsi, mettersi insieme. // **to ~ the revenue from custom duties** (*comm. est.*) mettere in comune i proventi doganali.
pooling arrangements, *n. pl.* (*fin.*) accordi di « pool ».
poop, *n.* (*trasp. mar.*) poppa.
poor, *a.* ❶ povero, indigente. ❷ cattivo, mediocre, scadente. ❸ scarso. // **a ~ harvest** (*econ.*) un raccolto scarso; ~ **quality** (*market.*) cattiva qualità: **The very ~ quality of the goods compelled us to reject them** la pessima qualità delle merci ci ha costretti a rifiutarle.
popular, *a.* ❶ popolare, alla moda, in voga. ❷ (*market.*) (*di prezzo*) popolare, a buon mercato. // **to be ~** (*market.: di un prodotto*) incontrare; **a ~ magazine** (*giorn.*) un periodico popolare; ~ **tariffs** (*trasp.*) tariffe popolari; **at ~ prices** (*market.*) a prezzi popolari.
population, *n.* ❶ popolazione. ❷ (*mat., stat.*) popolazione, universo. // ~ **density** (*econ., stat.*) densità

della popolazione; ~ **explosion** (*stat.*) esplosione demografica, boom delle nascite; ~ **pressure** (*stat.*) pressione demografica.

port, *n.* ❶ (*trasp. aer.*) V. **airport.** ❷ (*trasp. mar.*) porto. ❸ (*trasp. mar.*) fianco sinistro (*di nave*). *a. attr.* (*trasp. mar.*) portuale. △ *n.* ❷ **We shall leave ~ as soon as we get the necessary documents** lasceremo il porto appena avremo ottenuto i documenti necessari. // ~ **area** (*trasp. mar.*) zona portuale; ~ **charges** (*trasp. mar.*) spese portuali, diritti di porto; ~ **dues** (*trasp. mar.*) diritti di porto; ~ **facilities** (*trasp. mar.*) attrezzature portuali; ~ **of arrival** (*trasp. mar.*) porto d'arrivo, porto d'entrata, porto d'indoganamento; ~ **of call** (*trasp. mar.*) scalo, porto di scalo; ~ **of delivery** (*trasp. mar.*) porto di sbarco, porto di scarico; ~ **of departure** (*trasp. mar.*) porto di partenza, porto d'imbarco; ~ **of destination** (*trasp. mar.*) porto di destinazione, porto di destino; ~ **of entry** (*trasp. mar.*) porto d'entrata (*di merce importata*); ~ **of exit** (*trasp. mar.*) porto d'imbarco; ~ **of loading** (*trasp. mar.*) porto di caricazione, porto d'imbarco; ~ **of origin** (*trasp. mar.*) porto d'origine, porto di provenienza, porto d'armamento; ~ **of Registry** (*trasp. mar.*) porto d'immatricolazione; ~ **of survey** (*trasp. mar.*) porto di perizia (*d'una nave*); ~ **regulations** (*trasp. mar.*) regolamenti portuali; ~ **risk insurance** (*ass. mar.*) assicurazione sulla nave ferma in porto; ~ **sanitary authority** (*trasp. mar.*) autorità sanitaria portuale, sanità di porto; ~ **speed** (*trasp. mar.*) velocità di manipolazione del carico; ~ **warden** (*trasp. mar., ingl.*) ispettore del carico e dello stivaggio; **the ~ workers** (*trasp. mar.*) i lavoratori portuali, le maestranze portuali, i portuali: **Delivery was delayed owing to the long strike of ~ workers** la consegna fu ritardata dal prolungato sciopero dei portuali.

portable, *a.* portabile, portatile. // ~ **television camera** (*comun.*) telecamera portatile; **a ~ television set** (*market.*) un televisore portatile.

porter, *n.* ❶ (*trasp.*) portabagagli, facchino. ❷ (*trasp. ferr., USA*) inserviente (*di vagone letto, ecc.*).

porterage, *n.* ❶ (*trasp.*) facchinaggio. ❷ (*trasp.*) spese di facchinaggio.

portfolio, *n.* ❶ cartella (*generalm. di cuoio*). ❷ (*ass.*) portafoglio. ❸ (*banca, fin.*) portafoglio. // ~ **investment** (*fin.*) investimento di portafoglio.

portion¹, *n.* ❶ porzione, parte. ❷ (*fin.*) porzione, quota, rata, tangente. ❸ (*leg.*) porzione di patrimonio (*spettante a un erede*).

portion², *v. t.* dividere, ripartire. △ **The inheritance was portioned into equal shares** l'eredità fu divisa in parti uguali. // **to ~ out** assegnare, distribuire, spartire.

position, *n.* ❶ posizione, condizione, situazione, stato. ❷ (*pers.*) impiego, posto (*di lavoro*). ❸ (*pers.*) funzione. ❹ **positions,** *pl.* (*banca*) posizioni. △ ❶ **His was a thorough analysis of the economic ~ of the Country** la sua è stata un'analisi accurata della situazione economica del Paese; **Unfortunately we are not in a ~ to grant you any discount** purtroppo non siamo in condizione di praticarvi alcuno sconto; ❷ **The ~ we offer involves bookkeeping as well as typing** il posto che offriamo richiede tanto la contabilità quanto la dattilografia. // ~ **analysis** (*org. az.*) analisi del lavoro; **the positions of the customers' accounts** (*banca*) le posizioni dei conti dei clienti; **the ~ of the market** (*fin., market.*) la situazione del mercato.

positive, *a.* positivo. *n.* (*pubbl.*) positiva, copia (*fotografica*), stampa (*fotografica*: *il risultato*). // ~ **easement** (*leg.*) servitù positiva; ~ **feedback** (*elab. elettr.*) retroazione positiva; ~ **instructions** istruzioni precise: **We would welcome ~ instructions as to quality and quantity** gradiremmo avere istruzioni precise riguardo alla qualità e alla quantità; ~ **integers** (*mat.*) numeri interi positivi; ~ **laws** (*leg.*) leggi positive; **a ~ proof** (*leg.*) una prova certa, una prova fondata (*sui fatti*); ~ **quantity** (*mat.*) quantità positiva; ~ **servitude** (*leg.*) servitù positiva; ~ **sign** (*mat.*) segno positivo, segno « più »; ~ **skewness** (*stat.*) asimmetria positiva.

possess, *v. t.* ❶ possedere, avere. ❷ conoscere profondamente, possedere (*una lingua straniera, un'abilità, ecc.*). ❸ (*leg.*) possedere, avere il possesso di (*qc.*). △ ❶ **They ~ a vast estate in the South of Italy** possiedono una grande tenuta nel Mezzogiorno; ❷ **A good foreign correspondent must ~ at least two foreign languages besides his native tongue** un buon corrispondente in lingue estere deve conoscere bene almeno due lingue straniere oltre alla lingua materna.

possession, *n.* ❶ possesso, possedimento. ❷ conoscenza approfondita, possesso (*d'una lingua, d'un'abilità, ecc.*). ❸ (*leg.*) possesso. ❹ **possessions,** *pl.* beni, proprietà. △ ❶ **We are in ~ of very important documents concerning their business activity** siamo in possesso di documenti importantissimi riguardanti la loro attività commerciale.

possessor, *n.* ❶ possessore, chi possiede. ❷ (*leg.*) possessore.

possessory, *a.* (*leg.*) possessorio, relativo al possesso. // **a ~ action** (*leg.*) un'azione possessoria; ~ **interest** (*leg.*) interesse possessorio.

possibility, *n.* possibilità (*l'esser possibile*). // ~ **of transit** (*trasp.*) transitabilità.

possible, *a.* possibile, eventuale, probabile. *n.* (il) possibile. △ *a.* **The committee will take into consideration ~ alterations in the parity between the various currencies** la commissione esaminerà i possibili aggiustamenti nella parità fra le diverse monete; **Please let us have the goods as early as ~** vi preghiamo di farci avere la merce al più presto possibile; *n.* **We did our ~ to assist you in that matter** facemmo il possibile per assistervi in quella faccenda.

possibly, *avv.* possibilmente, eventualmente.

post-¹, *pref.* post-. // ~ **-date** data posteriore (*a quella reale*); **to ~ -date** postdatare (*un documento, ecc.*); **to ~ -date a cheque** (*cred.*) postdatare un assegno; ~ **entry** (*dog.*) rettifica di dichiarazione errata per difetto; (*rag.*) scrittura rettificativa; ~ **meridiem (P.M.)** dopo mezzogiorno; ~ **-mortem** (*leg.*) che avviene dopo il decesso (*di q.*); ~ **-mortem dividend** (*ass., fin.*) dividendo pagato dopo la morte (*d'un assicurato*); ~ **-war** postbellico, del dopoguerra; ~ **-war inflation** l'inflazione postbellica.

post², *n.* ❶ (*comun.*) posta, corrispondenza; distribuzione, levata della posta; tariffa postale; ufficio postale. ❷ (*comun.*) cassetta postale (*situata, generalm., al margine d'un marciapiede*). ❸ (*pers.*) posto, posto di lavoro, impiego. ❹ (*pers.*) carica, funzione. △ ❶ **The ~ has not been delivered because of the postal strike** la corrispondenza non è stata consegnata a causa dello sciopero postale; **The morning ~ is at about 10:30** la distribuzione del mattino è (effettuata) verso le 10.30; **We shall send you our latest catalogue by return of ~** vi invieremo il nostro ultimo catalogo a giro di posta. // ~ **-bag** (*comun.*) sacco postale; ~ **-boat** (*comun.*) postale, battello postale; ~ **-box** (*comun.*) cassetta della posta, buca da lettere; ~ **-card** (*comun.*) cartolina postale; ~ **-free** (*comun.*) franco di posta, in franchigia postale; ~ **-man** (*comun.*) postino, portalettere; ~ **office** (*comun.*) ufficio

postale; ~ **Office** (*comun., ingl.*) Ministero delle Poste; ~ **-office box** (*comun.*) casella postale; ~ **-office car** (*trasp. ferr.*) vagone postale; ~ **Office Department** (*comun., USA*) Ministero delle Poste; ~ **-office order** (*banca, cred.*) vaglia postale (*fino a un certo ammontare*); ~ **-office savings-bank** (*banca, cred.*) cassa di risparmio postale; ~ **-paid** (*comun.*) porto pagato; ~ **parcel** pacco postale; **by** ~ (*comun.*) per posta, a mezzo posta.

post³, *v. t.* ❶ (*comun.*) impostare, imbucare. ❷ (*comun.*) spedire per posta. ❸ (*elab. elettr.*) registrare. ❹ (*pubbl.*) affiggere, attaccare (*un manifesto, ecc.*). ❺ (*pubbl.*) coprire (*un muro, ecc.*) di manifesti. ❻ (*rag.*) passare, registrare (*una partita*) a mastro. △ ❹ **The ads depicting the new article have been posted all over the Country** i cartelloni murali reclamizzanti il nuovo prodotto sono stati affissi in tutto il Paese; ~ **no bills!** divieto d'affissione. // **to** ~ **up** (*pubbl.*) affiggere, attaccare (*un manifesto, ecc.*); (*rag.*) passare, registrare (*una partita*) a mastro; **to** ~ **up the general ledger** (*rag.*) aggiornare il (libro) mastro generale.

postage, *n.* (*comun.*) affrancatura, tariffa postale. // « ~ **due** » (*comun.*) « affrancatura insufficiente »; ~ **meter** (*macch. uff.*) macchina affrancatrice; ~ **stamp** (*comun.*) francobollo.

postal, *a.* (*comun.*) postale. // ~ **area** (*comun.*) distretto postale; ~ **car** (*trasp. ferr.*) vagone postale; ~ **charges** (*comun.*) spese postali; ~ **clerk** (*comun.*) impiegato postale; ~ **delivery zone** (*comun.*) distretto postale; ~ **giro** (*cred.*) conto corrente postale; ~ **meter** (*macch. uff.*) macchina affrancatrice; ~ **money order** (*banca, cred.*) vaglia postale (*fino a un certo ammontare*); ~ **note** (*cred., ingl.*) *V.* ~ **order;** ~ **order** (*cred., ingl.*) vaglia postale (*con un diverso limite della somma*); ~ **service** (*comun.*) servizio postale; ~ **tariff** (*comun.*) tariffa postale; ~ **union** (*comun.*) unione postale (*fra Stati*); ~ **zone** (*comun.*) distretto postale.

postcard, *n.* (*comun.*) cartolina.

poster¹, *n.* (*pubbl.*) affisso, avviso, cartello, cartellone, manifesto. // ~ **advertising** (*pubbl.*) pubblicità a mezzo affissione; ~ **designer** (*pubbl.*) cartellonista; ~ **panel** (*pubbl.*) tabellone pubblicitario (*sul quale si affiggono manifesti*).

poster², *v. t.* (*pubbl.*) coprire (*un muro, ecc.*) di manifesti; affiggere manifesti (*e sim.*) su (*un muro, ecc.*).

poste restante, *n.* ❶ (*comun.*) fermo (in) posta. ❷ (*comun.*) ufficio delle fermo (in) posta.

posting, *n.* ❶ (*comun.*) impostazione (*della corrispondenza*). ❷ (*elab. elettr.*) registrazione. ❸ (*pubbl.*) affissione (*di manifesti e sim.*). ❹ (*rag.*) registrazione (*d'una partita*) a mastro. // ~ **box** (*comun., ingl.*) cassetta della posta, buca da lettere.

postmark¹, *n.* (*comun.*) bollo postale, timbro postale. // ~ **advertising** (*pubbl.*) pubblicità a mezzo timbro postale.

postmark², *v. t.* (*comun.*) bollare, timbrare (*una lettera*).

postmaster, *n.* (*comun.*) ufficiale postale (*uomo*). // ~ **General** (*ingl., USA*) Ministro delle Poste.

postmistress, *n.* (*comun.*) ufficiale postale (*donna*).

postpone, *v. t.* ❶ posticipare, prorogare, differire, dilazionare, aggiornare, rimandare, rinviare, procrastinare, posporre. ❷ (*fin., leg.*) postergare. △ ❶ **We succeeded in postponing our payments for six months** siamo riusciti a rimandare di sei mesi i nostri pagamenti; **The meeting has been postponed until tomorrow** la riunione è stata rinviata a domani. // **to** ~ **a mortgage** (*leg.*) postergare un'ipoteca.

postponement, *n.* posticipazione, differimento, dilazione, aggiornamento, proroga, sospensiva, rinvio. △ **They have asked for a 60-day** ~ hanno chiesto una proroga di 60 giorni.

postscript, *n.* (*comun.*) poscritto.

postscriptum, *n.* (*pl.* **postscripta**) (*comun.*) poscritto.

potential, *a.* potenziale. *n.* (il) potenziale, risorse potenziali. △ *n.* **Industrial location must make use of labour and other potentials** la localizzazione industriale deve utilizzare la manodopera e le altre risorse potenziali. // ~ **analysis** (*org. az.*) valutazione potenziale; **a** ~ **buyer** (*market.*) un acquirente potenziale; ~ **demand** (*econ.*) domanda potenziale; **the** ~ **market** (*market.*) il mercato potenziale; ~ **profit** (*econ.*) reddito potenziale; **the** ~ **resources of our Country** (*econ.*) le risorse potenziali del nostro Paese.

potentiality, *n.* potenzialità, (il) potenziale, risorse potenziali. △ **Our economic** ~ **has remarkably declined lately** recentemente il nostro potenziale economico è notevolmente diminuito.

potentiate, *v. t.* potenziare.

potentiation, *n.* potenziamento.

pound, *n.* ❶ libbra (*unità di peso pari a 453 grammi circa*). ❷ (*ingl.*) sterlina, lira sterlina. △ ❷ **On February 15, 1971 the English monetary system was decimalized and there are now a hundred pennies (100 p.) in a** ~ il 15 febbraio 1971 il sistema monetario inglese fu decimalizzato e ora ci vogliono cento penny (100 p.) per fare una sterlina. // ~ **sterling** (*ingl.*) lira sterlina, sterlina.

poundage, *n.* ❶ peso in libbre. ❷ percentuale calcolata a un tanto la sterlina (*o* la libbra). ❸ (*fin.*) imposta calcolata a un tanto la sterlina (*o* la libbra). ❹ (*pers.*) provvigione calcolata a un tanto la sterlina (*o* la libbra).

pour, *v. t.* ❶ versare (*un liquido*). ❷ (*fig.*) riversare, fornire (*qc.*) in abbondanza. *v. i.* ❶ (*di liquido*) fluire copiosamente, riversarsi. ❷ (*fig.*) riversarsi. △ *v. t.* ❷ **They hastened to** ~ **money into the new undertaking** si affrettarono a riversare denaro nella nuova impresa; *v. i.* ❷ **An immense quantity of hot money immediately poured into Germany** un'immensa corrente di « moneta calda » si riversò tosto in Germania. // **to** ~ **in** (*fig.*) affluire, arrivare: **Money is pouring in from America** affluisce denaro dall'America.

poverty, *n.* povertà, indigenza.

power, *n.* ❶ potere, potenza, forza. ❷ capacità, facoltà, potestà. ❸ (*mat.*) potenza. ❹ (*org. az.*) forza motrice. △ ❸ **Nine is the second** ~ **of three** nove è la seconda potenza di tre. // ~ **-boat** (*trasp. mar.*) motobarca; ~ **of attorney** (*leg.*) « procura » (*l'autorità conferita*); procura (*documento – più formale della lettera – che ne conferisce l'autorità*); **the** ~ **of the law** (*leg.*) la forza della legge; ~ **-plant** (*org. az.*) gruppo motore; centrale elettrica; ~ **-station** (*org. az.*) centrale di forza motrice; centrale elettrica.

practicable, *a.* ❶ effettuabile, fattibile. ❷ (*trasp.*) praticabile.

practical, *n.* pratico.

practice, *n.* ❶ pratica, esercizio, abitudine, uso. ❷ pratica (*professionale*), (d'avvocato, commercialista, ecc.) esercizio della professione. ❸ (*leg.*) procedura. // **practices in restraint of competition** (*market.*) le pratiche che limitano la concorrenza; **the** ~ **of law** (*leg.*) l'esercizio della professione legale; **commercial** ~ la tecnica commerciale.

practicing, *a.* che esercita una professione, prati-

cante. // a ~ **barrister** (*leg.*) un avvocato che esercita la professione.
practise, *v. i.* ❶ far pratica, esercitarsi. ❷ esercitare una professione. *v. t.* praticare.
practitioner, *n.* chi esercita una professione, professionista. // general ~ medico generico.
praise, *v. t.* elogiare, decantare.
pratique, *n.* (*trasp. mar.*) pratica, libera pratica. // ~ **boat** (*trasp. mar.*) battello della sanità di porto; ~ **certificate** (*trasp. mar.*) certificato di libera pratica.
praxis, *n.* (*pl.* **praxes**) ❶ prassi, pratica, abitudine. ❷ (*org. az.*) prassi.
pre-, *pref.* pre-. // to ~ **-empt** (*leg.*) acquistare (*qc.*) valendosi del diritto di prelazione; ~ **-emption** (*leg.*) acquisto fatto esercitando il diritto di prelazione, diritto di prelazione, prelazione; ~ **-emption right** (*leg.*) diritto di prelazione; ~ **-emptioner** (*leg.*) chi esercita un diritto di prelazione; ~ **-emptive** (*leg.*) di prelazione, pertinente a prelazione; ~ **-emptive right** (*fin.*) diritto di prelazione (*d'azionisti*: all'acquisto di nuove azioni), diritto d'opzione; ~ **-emptor** (*leg.*) V. **~ -emptioner**; ~ **-war** dell'anteguerra, prebellico: **the ~ -war level of industrial production** (*econ.*) il livello prebellico della produzione industriale.
precaution, *n.* precauzione. △ **We have taken all precautions against possible accidents in transit** abbiamo preso tutte le precauzioni contro gli eventuali incidenti durante il trasporto.
precautionary, *a.* precauzionale. // ~ **measures** misure precauzionali.
precede, *v. t.* e *i.* precedere, venire prima, essere superiore a. △ **Several Countries ~ ours in per capita income** diverse nazioni sono superiori alla nostra per quanto riguarda il reddito pro capite.
precedence, *n.* precedenza, priorità. △ **Our motion must have ~ on all others** la nostra mozione deve avere la precedenza su tutte le altre.
precedent[1], *n.* (*leg.*) precedente (*giudiziario*). △ **A lawyer has virtually won his case when he has found a ~** praticamente un avvocato ha vinto la causa quando ha trovato un precedente.
precedent[2], *v. t.* ❶ (*leg.*) giustificare (*una sentenza, ecc.*) con un precedente. ❷ (*leg.*) sostenere (*una linea di difesa, ecc.*) per mezzo d'un precedente.
precedented, *a.* (*leg.*) giustificato (*o sostenuto*) da un precedente.
preceding, *a.* precedente, previo.
precept, *n.* ❶ precetto, massima, norma. ❷ (*fin., ingl.*) ingiunzione di pagamento (*d'un'imposta locale*). ❸ (*fin., ingl.*) cartella delle imposte locali. ❹ (*leg.*) intimazione.
preceptive, *a.* (*leg.*) precettivo.
precious, *a.* prezioso.
precise, *a.* preciso, esatto, accurato. △ **The ~ amount will be shown in the invoice** l'esatto ammontare sarà indicato in fattura. // **the ~ measurements of a case** le misure precise d'una cassa; **a ~ statement** una precisazione.
precision, *n.* precisione, accuratezza, esattezza. // **~ finish** (*org. az.*) finiture di precisione; ~ **instruments** (*org. az.*) strumenti di precisione.
precondition, *v. t.* (*market., pubbl.*) precondizionare.
predate[1], *n.* (*giorn.*) edizione (*di giornale e sim.*) recante una data posteriore a quella effettiva d'uscita.
predate[2], *v. t.* antidatare.
predominance, *n.* predominanza, preponderanza.

predominant, *a.* predominante, preponderante.
prefer, *v. t.* ❶ preferire. ❷ (*cred.*) accordare la priorità a (*un creditore, ecc.*); pagare (*un creditore, ecc.*) prima d'ogni altro. ❸ (*leg.*) avanzare, presentare, sporgere. △ ❸ **We will ~ a charge against him** sporgeremo querela contro di lui.
preference, *n.* ❶ preferenza. ❷ (*comm. est.*) trattamento di favore (*accordato da un Governo a certi Paesi, in materia di tariffe, ecc.*). *a. attr.* preferenziale, privilegiato. // ~ **margins** (*comm. est.*) preferenze contrattuali; ~ **shareholder** (*fin.*) detentore d'azioni preferenziali, azionista privilegiato; ~ **shares** (*fin.*) azioni preferenziali, azioni privilegiate: ~ **shares have a prior right to payment of a fixed dividend, and also to the repayment of capital in case of winding-up** le azioni privilegiate hanno diritto prima delle altre al pagamento d'un dividendo fisso come pure al rimborso del capitale in caso di liquidazione; ~ **stock** (*fin.*) azioni preferenziali, azioni privilegiate.
preferential, *a.* ❶ preferenziale, di preferenza, privilegiato. ❷ (*leg.*) privilegiato. // ~ **credit** (*leg.*) credito privilegiato; ~ **creditor** (*leg.*) creditore privilegiato; ~ **rediscount rate** (*banca, cred.*) tasso di risconto privilegiato; ~ **shop** (*sind.*) stabilimento nel quale è accordata una preferenza, nelle assunzioni, agli iscritti a un sindacato; ~ **tariffs** (*comm. est.*) tariffe preferenziali; ~ **treatment** (*comm. est.*) trattamento privilegiato (*che un Governo accorda a un altro, in materia di tariffe, ecc.*).
preferred, *a.* ❶ preferito. ❷ (*fin., leg.*) privilegiato. // ~ **creditor** (*leg.*) creditore privilegiato; ~ **debt** (*cred.*) credito privilegiato; ~ **shares** (*fin.*) azioni preferenziali, azioni privilegiate; ~ **stock** (*fin.*) azioni preferenziali, azioni privilegiate.
prejudice, *v. t.* (*leg.*) ledere.
prejudicial, *a.* (*leg.*) lesivo.
preliminary, *a.* preliminare, preventivo, introduttivo. *n.* preliminare, esame preliminare, introduzione. // **a ~ agreement to sell** (*market.*) un preliminare di vendita, un compromesso di vendita; **the ~ articles to a commercial treaty** (*comm. est.*) gli articoli introduttivi d'un accordo commerciale; ~ **economic budget** (*econ.*) bilancio economico preliminare; ~ **investigation** (**of a case**) (*leg.*) istruttoria; (*market.*) studio preliminare; ~ **proof** (*ass.*) prova preliminare (*di danno subito*).
premier[1], *a.* primario, primo, (il) più importante.
Premier[2], *n.* (*ingl.*) Primo Ministro.
premiership, *n.* (*ingl.*) ufficio di Primo Ministro.
premise[1], *n.* premessa.
premise[2], *v. t.* premettere.
premises, *n. pl.* ❶ fabbricati, locali, terreni. ❷ (*leg.*) immobili, sede degli affari (*d'un'impresa*). ❸ (*leg.*) premesse (*d'un contratto*). △ ❸ **That clause was already cited in the ~** quella clausola fu già citata nelle premesse. // ~ **and conclusions** (*leg.*) le premesse e le conclusioni.
premium, *n.* ❶ premio, ricompensa, pagamento straordinario. ❷ (*ass.*) premio. ❸ (*fin.*) aggio (*nel cambio valutario*). ❹ (*pers.*) buonuscita. ❺ (*market.*) « omaggio », articolo dato in omaggio. ❻ (*pers.*) gratifica. *a. attr.* (*market.*) di primissima qualità. △ *n.* ❷ **The ~ is usually paid in a lump sum, but in life insurance it may be paid also in parts at agreed intervals** generalmente il premio è pagato in soluzione unica, ma nell'assicurazione sulla vita può essere anche pagato in rate a intervalli convenuti; **Most of the first ~ goes to the insurance agent in commission** la maggior parte del primo premio pagato va all'agente d'assicurazione come

provvigione d'acquisto; ❻ **His income is almost double the basic wage thanks to incentive pay and other premiums** grazie ai premi d'operosità e alle altre gratifiche, le sue entrate sono quasi il doppio della paga base. // ~ **gasoline** (*trasp. aut., USA*) benzina « super »; ~ **notice** (*ass.*) avviso di pagamento del premio (*notificato all'assicurato*); ~ **of insurance** (*ass.*) premio d'assicurazione; ~ **of shares** (*fin.*) premio d'emissione azionaria; ~ **offer** (*market.*) offerta premio; ~ **pay** (*pers.*) retribuzione a premio; ~ **products** (*market.*) prodotti di primissima qualità; ~ **rates** (*ass.*) tariffa dei premi: **The calculation of ~ rates is carried out by actuaries, who are experts in actuarial mathematics** il computo delle tariffe di premio è fatto dagli attuari, che sono esperti in matematica attuariale; ~ **sales** (*market.*) vendite a premio; ~ **stamps** (*market.*) punti « qualità »; ~ **system** (*pers.*) sistema della retribuzione a premio; **at a** ~ (*Borsa, fin.*) sopra la pari; **at a ~ to be arranged** (*ass.*) per un premio da convenirsi.

prepaid, *a.* ❶ pagato in anticipo. ❷ (*trasp.*) franco (*di porto*). // ~ **expenses** (*rag.*) risconti attivi; ~ **freight charges** (*trasp. mar.*) spese di nolo anticipate; ~ **reply** (*comun.*) risposta pagata.

preparation, *n.* ❶ preparazione. ❷ preparativo. ❸ (*market.*) preparato.

preparatory, *a.* preparatorio, preliminare. △ **The ~ studies to work out common rules on bonded warehouses are almost completed** sono quasi terminati i lavori preliminari per elaborare norme comuni in materia di depositi doganali. // ~ **measures** provvedimenti preliminari.

prepare, *v. t.* ❶ preparare, disporre, elaborare. ❷ (*leg.*) redigere (*un contratto, ecc.*). *v. i.* prepararsi, disporsi, far preparativi. △ *v. t.* ❷ **The contract will be prepared as soon as possible** il contratto sarà redatto al più presto. // **to ~ for a journey** (*trasp.*) prepararsi per un viaggio; **to ~ a new strategy for the launching of a product** (*market., pubbl.*) elaborare una nuova strategia per il lancio d'un prodotto.

prepared, *a.* preparato, disposto. △ **We are ~ to grant you a discount on large quantities** siamo disposti a praticarvi uno sconto per grosse quantità (ordinate). // ~ **commodities** (*market.*) prodotti lavorati.

prepay, *v. t.* (*pass. e part. pass.* **prepaid**) pagare in anticipo. // **to ~ the interest on a loan** (*cred.*) pagare in anticipo gli interessi su un prestito; **to ~ the postage on correspondence** (*comun.*) affrancare la corrispondenza.

prepayment, *n.* pagamento anticipato. // **the ~ of freight** (*trasp. mar.*) il pagamento anticipato del nolo.

prepense, *a.* (*leg.*) premeditato.

prerequisite, *a.* indispensabile, essenziale. *n.* requisito indispensabile. △ **Payment of the fee is a ~ for voting at the assembly** un requisito indispensabile per (aver diritto a) votare all'assemblea è il pagamento della tassa.

prerogative, *n.* ❶ prerogativa, qualità speciale. ❷ (*leg.*) prerogativa.

prescribe, *v. t.* ❶ prescrivere. ❷ (*leg.*) prescrivere. ❸ (*leg.*) usucapire, acquisire per usucapione. ❹ (*market.*) fissare (*prezzi*). *v. i.* (*leg.*) andare in prescrizione, cadere in prescrizione. △ *v. t.* ❹ **The price was prescribed by the management** il prezzo fu fissato dalla direzione; *v. i.* **Several rights ~ in twenty years** diversi diritti cadono in prescrizione dopo vent'anni.

prescription, *n.* ❶ prescrizione; ricetta (*medica*). ❷ (*leg.*) prescrizione. ❸ (*leg.*) prescrizione acquisitiva, usucapione. ❹ (*market.*) fissazione (*di prezzi*).

presell, *v. t.* (*pass. e part. pass.* **presold**) (*market., pubbl.*) precondizionare (*merce o clienti*) alla vendita.

presence, *n.* presenza.

present¹, *a.* presente, attuale, corrente. *n.* ❶ (il) presente, (il) tempo presente. ❷ dono, presente, regalo, strenna. △ *a.* **All members were ~ at the meeting** tutti i soci furono presenti all'assemblea. // ~ **-day** attuale, contemporaneo, d'oggigiorno: **the ~ -day advertising techniques** (*pubbl.*) le attuali tecniche pubblicitarie; ~ **discounted value** (*mat.*) valore attuale; **the ~ month** il mese corrente; **the ~ trends in fashion** (*market.*) le attuali tendenze della moda; ~ **value** (*mat.*) valore attuale: **At 5% interest, the ~ value of £ 105 due one year hence, is £ 100** al tasso d'interesse del 5%, il valore attuale di 105 sterline esigibili fra un anno è di 100 sterline; ~ **worth** (*mat.*) valore attuale; **at ~** al presente, ora; **by these presents** (*leg.*) con questo documento; **for the ~** per il momento, per ora.

present², *v. t.* ❶ presentare, offrire. ❷ consegnare, porgere. ❸ donare, regalare. // **to ~ the accounts** (*rag.*) presentare i conti; **to ~ one's apologies** presentare le proprie scuse; **to ~ a bill for acceptance** (*cred.*) presentare una cambiale all'accettazione; **to ~ a cheque** (*banca*) presentare un assegno (*per l'incasso*); **to ~ a complaint** (*leg.*) presentare un reclamo.

presentation, *n.* ❶ presentazione. ❷ offerta. ❸ consegna. ❹ dono, regalo. // **a ~ copy** (*pubbl.*) una copia (*di libro, ecc.*) in omaggio; ~ **for acceptance** (*cred.*) presentazione per l'accettazione; **the ~ of a customs entry** (*dog.*) la presentazione d'una dichiarazione doganale; **on ~** su presentazione, contro presentazione: **Payment will be effected on ~ of vouchers** il pagamento sarà effettuato su presentazione delle pezze d'appoggio.

presenter, *n.* (*cred., fin.*) presentatore.

presentment, *n.* ❶ presentazione. ❷ (*leg.*) dichiarazione d'una giuria. // **the ~ of a matured bill of exchange** (*cred.*) la presentazione d'una cambiale maturata.

present oneself, *v. rifl.* presentarsi. // **to ~ for trial** (*leg.*) comparire in giudizio.

preservation, *n.* (*market.*) conservazione.

preserve¹, *n.* (*market.*) conserva, composta (*di frutta, ecc.*), marmellata.

preserve², *v. t.* (*market.*) preservare, conservare, mettere in conserva. // **to ~ fruit and vegetables** (*market.*) mettere in conserva frutta e verdure.

preserved, *a.* (*market.*) conservato, in conserva, in scatola. // ~ **fruit** (*market.*) frutta conservata.

preserving agents, *n. pl.* (*market.*) conservanti.

preside, *v. i.* presiedere, presiedere a.

presidency, *n.* ❶ presidenza. ❷ **the Presidency** (*USA*) la Presidenza.

president, *n.* ❶ presidente. ❷ (*amm.*) amministratore delegato. ❸ (*amm., USA*) direttore generale (*d'una società*). ❹ (*banca, USA*) presidente. ❺ (*USA*) Presidente (*della Confederazione*).

press¹, *n.* ❶ (*giorn.*) stampa. ❷ (*giorn.*) giornalismo. △ ❶ **The ~, radio and television are information multipliers** la stampa, la radio e la televisione sono « moltiplicatori » dell'informazione. // ~ **-agency** (*giorn.*) agenzia di stampa, agenzia d'informazioni (*per la stampa*); ~ **-agent** (*giorn., pubbl.*) « press-agent », addetto stampa, agente pubblicitario; **to ~ -agent** (*giorn., pubbl.*) fare il « press-agent », fare l'addetto stampa, fare l'agente pubblicitario; pubblicizzare, fare il « press-agent » per (*q.*); ~ **-button** (*elab. elettr.*) bottone di comando; ~ **campaign** (*giorn.*) campagna giornalistica, campagna di stampa; ~

-clippings (*giorn.*) ritagli di giornale; ~ **comments** (*giorn.*) commenti della stampa; ~ **conference** (*giorn.*) conferenza stampa; ~ **corrector** (*pers.*) correttore di bozze; ~ **-cuttings** (*giorn.*) ritagli di giornale; ~ **-photographer** (*giorn.*) fotoreporter; ~ **proofs** (*giorn.*) ultime bozze di stampa (*prima di andare in macchina*); ~ **releases** (*giorn.*) comunicati stampa.

press[2], *v. t.* ❶ premere, comprimere. ❷ incalzare, urgere.

pressed, *a.* compresso, pressato. // ~ **beef** (*market.*) carne di bue in scatola.

pressing, *a.* pressante, incalzante, urgente. // ~ **demand** (*econ.*) domanda pressante; ~ **expenses** (*rag.*) spese urgenti; **the** ~ **problems of Italian economy** (*econ.*) gli urgenti problemi dell'economia italiana.

pressman, *n.* (*pl.* **pressmen**) (*giorn.*) giornalista, cronista.

pressure, *n.* ❶ pressione, costrizione, insistenza, urgenza. ❷ (*econ.*) pressione, tensione. △ ❷ **The ~ of demand is very heavy** si avvertono forti pressioni della domanda; **There is ~ for a revaluation of the lira** c'è una tensione nel senso della rivalutazione della lira; **In France, the upward movement was also very slow for part of the year, but of late prices have come under some slight ~** anche in Francia, il rialzo è stato assai lento durante una parte dell'anno, ma da qualche tempo sono riapparse delle lievi tensioni sui prezzi. // ~ **cabin** (*trasp. aer.*) cabina pressurizzata; ~ **group** (*econ.*) gruppo di pressione; ~ **of business** affari urgenti; **the** ~ **of taxation** (*fin.*) la pressione fiscale; **under the** ~ **of competition** (*market.*) sotto lo stimolo della concorrenza.

presswoman, *n.* (*pl.* **presswomen**) (*giorn., ingl.*) giornalista, cronista (*donna*).

presume, *v. t.* presumere, congetturare, immaginare, supporre, considerare. △ **Until a man has been condemned, he must be presumed innocent** fino a che una persona non è stata condannata deve essere considerata innocente.

presumption, *n.* ❶ presunzione, congettura, supposizione. ❷ (*leg.*) presunzione. // ~ **of death** (*leg.*) presunzione di morte; ~ **of fact** (*leg.*) presunzione di fatto; ~ **of guilt** (*leg.*) presunzione di colpa; ~ **of innocence** (*leg.*) presunzione d'innocenza; ~ **of law** (*leg.*) presunzione legale, presunzione legittima.

presumptive, *a.* (*leg.*) presuntivo, presunto, indiziario. // ~ **death** (*leg.*) morte presunta; ~ **evidence** (*leg.*) prova congetturale (*fondata su indizi*), prove indiziarie; ~ **heir** (*leg.*) erede presuntivo, presunto erede.

pretence, *n.* finzione, simulazione.

pretend, *v. t.* fingere, simulare.

pretension, *n.* pretesa.

pretext, *n.* pretesto.

prêt-nom, *n.* (*leg.*) prestanome.

prevaricate, *v. t. e i.* (*leg.*) prevaricare, abusare del potere per trarne vantaggi personali.

prevarication, *n.* (*leg.*) prevaricazione.

prevaricator, *n.* (*leg.*) prevaricatore.

prevent, *v. t.* evitare, impedire, ostacolare, prevenire. // **to ~ the gap in the balance of payments from becoming much wider** (*econ., fin.*) contenere il disavanzo della bilancia dei pagamenti.

prevention, *n.* prevenzione, misura preventiva, impedimento, ostacolo. // **the ~ of diseases** la prevenzione delle malattie.

preventive, *a.* preventivo. // ~ **attachment** (*leg.*) sequestro conservativo; ~ **auditing** (*leg.*) controllo preventivo; ~ **detention** (*leg.*) detenzione preventiva; ~ **medicine** medicina preventiva.

previous, *a.* precedente, antecedente, anteriore, previo. △ **The ~ year was characterized by a general fall in prices** l'anno precedente fu caratterizzato da una generale diminuzione dei prezzi. // **the ~ balance** (*rag.*) il saldo precedente; ~ **occupation** (*leg.*) occupazione precedente, preoccupazione; ~ **offender** (*leg.*) pregiudicato.

prevision, *n.* previsione.

price[1], *n.* ❶ prezzo. ❷ (*Borsa, fin.*) prezzo, corso. ❸ (*econ., market.*) prezzo, corso. △ ❶ « ~ **a matter for arrangement** » « (il) prezzo (è) da stabilirsi »; ❷ **This ~ will make capital investment worthwhile** questo prezzo consentirà una retribuzione del capitale investito; ❸ **Prices and incomes are closely linked** i prezzi e i redditi sono in stretta correlazione; **Prices will be on a seasonally adjusted basis** i prezzi saranno corretti in base alle variazioni stagionali; **We fear that the proposed prices will freeze farm incomes for a long time** temiamo che i prezzi proposti possano irrigidire troppo a lungo i redditi degli agricoltori; **Prices for wine did not show the same trend in all producing Member Countries** i corsi dei vini non sono stati omogenei in tutti gli Stati Membri produttori. // **prices account** (*econ.*) mercuriale; ~ **adjustment** (*econ.*) movimento di prezzo; (*market.*) adattamento dei prezzi; ~ **after hours** (*Borsa*) prezzo del dopoborsa; ~ **at origin** (*market.*) prezzo all'origine; **prices bubble** (*econ., market.*) « bolla » dei prezzi (*improvviso aumento, subito dopo un periodo di congelamento*); ~ **by the job** (*market.*) prezzo a forfait; **a ~ -calming factor** (*market.*) un ruolo calmieratore dei prezzi; ~ **control** (*econ.*) controllo dei prezzi, calmiere; **prices current** (*econ.*) listino dei prezzi correnti, listino dei prezzi di mercato; ~ **cuttings** (*market.*) riduzioni di prezzo; ~ **differences** (*market.*) differenze nei prezzi, divari nei prezzi; ~ **-earnings ratio** (*econ.*) rapporto prezzo-utili; (*fin.*) rapporto fra gli utili (*annuali*) d'un'azione e la sua quotazione (*in un dato momento*); ~ **fall** (*market.*) crollo dei prezzi, discesa dei prezzi; ~ **-fixing** (*econ.*) fissazione dei prezzi: **A prices and incomes policy could provide a more equal and more equitable distribution of wealth than the present system of wage-bargaining and ~ -fixing has done** una politica dei prezzi e dei redditi potrebbe assicurare una distribuzione della ricchezza più uguale e più equa che non l'attuale sistema di contrattazione salariale e di fissazione dei prezzi; ~ **follower** (*econ., market.*) imitatore del prezzo, imitatrice del prezzo; **the ~ for current account** (*Borsa*) prezzo per la corrente liquidazione; ~ **formation** (*econ.*) formazione dei prezzi; ~ **freeze** (*econ.*) « congelamento » dei prezzi, irrigidimento dei prezzi, blocco dei prezzi: **It was suggested that France should continue to relax the ~ freeze** si raccomandò alla Francia di continuare ad attenuare il blocco dei prezzi; **the ~ front** (*fin.*) il fronte dei prezzi; **the prices in force in the Community** (*econ.*) i prezzi in vigore nella Comunità; **the ~ increase** (*econ.*) l'aumento dei prezzi, la dinamica dei prezzi; ~ **index** (*econ., stat.*) prezzo indice; ~ **inflation** (*econ.*) inflazione da prezzi; ~ **level** (*econ.*) livello dei prezzi, indice dei prezzi; ~ **-list** (*econ.*) listino (dei) prezzi (*d'una ditta*); ~ **maintenance** (*market.*) mantenimento (*da parte del rivenditore*) del prezzo di vendita fissato dal produttore; ~ **mechanism** (*econ.*) meccanismo dei prezzi; ~ **of issue** (*fin.*) prezzo d'emissione; **the ~ of money** (*cred., fin.*) il prezzo del denaro (*tasso d'interesse per denaro preso a prestito*); **prices on importation** (*comm. est.*) prezzi all'importazione; ~ **policy** (*econ.*) politica dei prezzi; ~ **-ring** (*econ.*) gruppo di produttori (*ditte, ecc.*) caratterizzato da una comune politica dei prezzi; ~ **rise** (*market.*) rialzo dei prezzi; ~ **rises** (*econ.*) dinamica dei prezzi: ~ **rises can be more effectively controlled through direct intervention** la dinamica dei prezzi può essere controllata più efficacemente con interventi diretti; ~ **setter** (*econ., market.*) chi decide (*o* fissa) il prezzo; ~ **spiral** (*econ.*) spirale dei prezzi; ~ **stability** (*econ.*) stabilità dei prezzi; ~ **stickiness** (*econ.*) vischiosità dei prezzi; ~ **support** (*econ.*) sostegno dei prezzi; ~ **system** (*econ.*) sistema dei prezzi, regime dei prezzi; ~ **-tag** (*market.*) cartellino del prezzo: **Shopkeepers are obliged to show ~ -tags for all the articles they display in their shop-windows** i negozianti sono tenuti a mettere in mostra i cartellini dei prezzi per tutti gli articoli in vetrina; **prices to the consumer** (*econ.*) prezzi al consumo: **In Italy, the situation was more favourable and, despite the upsurge in economic activity, prices to the consumer increased in this Country by only 3%** in Italia, la situazione fu più favorevole e, nonostante l'espansione dell'attività economica, i prezzi al consumo aumentarono soltanto del 3%; ~ **trends** (*econ.*) andamento dei prezzi, evoluzione dei prezzi; ~ **war** (*econ.*) guerra dei prezzi (*periodo caratterizzato da spietata concorrenza*); ~ **zoning** (*econ.*) regionalizzazione dei prezzi; **under** ~ (*market.*) sottocosto.

price^2, *v. t.* ❶ (*Borsa, fin.*) fissare il prezzo, fissare il corso di (*qc.*). ❷ (*econ., market.*) fissare il prezzo, fissare il corso di (*qc.*). ❸ (*market.*) segnare il prezzo su (*merce, ecc.*). // to ~ **-mark** (*market.*) segnare il prezzo (*al dettaglio*) su (*articoli, ecc.*); to ~ **oneself out of the market** (*market.*) praticare prezzi proibitivi (*escludendosi, così, dal mercato*); to ~ **st. out of the market** (*market.*) fissare un prezzo proibitivo per qc. (*col risultato di escluderla dal mercato*): **They have priced their cars out of the mass market** hanno posto le loro automobili al di fuori delle possibilità di spesa della massa.

pricing, *n.* ❶ (*Borsa, fin.*) determinazione del prezzo. ❷ (*econ., market.*) determinazione del prezzo. // **the ~ policy** (*econ.*) la politica dei prezzi.

prima facie, *locuz. avv.* « prima facie », a prima vista. *a. attr.* basato sulla prima impressione. // ~ **evidence** (*leg.*) prova incontestabile.

primage, *n.* (*trasp. mar.*) cappa, soprannolo. △ ~ **is a percentage on the freight paid to the shipowner by the cargo-owner; sometimes, part of it is given to the shipping agent as a commission** il soprannolo è una percentuale del nolo pagata all'armatore dal proprietario del carico; talora, parte di esso viene assegnata come provvigione al mediatore di noli marittimi.

primary, *a.* primario, principale, fondamentale. // ~ **deposit** (*banca*) deposito primario; ~ **economic activities** (*econ.*) attività economiche fondamentali; ~ **evidence** (*leg.*) prova incontestabile; **the** ~ **factors of production** (*econ.*) i fattori produttivi primari; ~ **obligation** (*leg.*) obbligazione principale; ~ **products** (*econ.*) prodotti di base; ~ **reserve** (*banca*) riserva primaria; ~ **storage** (*elab. elettr., USA*) *V.* ~ **store**; ~ **store** (*elab. elettr.*) memoria principale.

prime, *a.* ❶ primo, primario, principale, fondamentale. ❷ (*market.*) di prima qualità, eccellente, ottimo. *n.* ❶ (il) meglio, (la) parte migliore (*di qc.*). ❷ (*mat.*) numero primo. ❸ (*mat.*) segno (*simile a un accento*) di «primo» (*nelle derivate, ecc.*). // ~ **cost** (*rag.*) costo primo (*costo della materia prima più le spese dirette di lavorazione*); ~ **entry** (*dog.*) bolletta d'entrata; ~ **lamb** (*market.*) agnello di prima qualità; ~ **Minister** (*ingl.*) Primo Ministro; ~ **number** (*mat.*) numero primo; ~ **rate** (*fin., USA*) tasso primario; ~ **warrant** (*dog.*) « fede di deposito » provvisoria.

primogeniture, *n.* (*leg.*) primogenitura.

principal, *a.* principale, primario, precipuo. *n.* ❶ (*fin., rag.*) capitale (*contrapposto a « interessi »*). ❷ (*leg.*) committente, mandante, rappresentato. ❸ (*leg.*) imputato principale. ❹ (*org. az.*) principale, datore di lavoro, padrone, capo, direttore. △ *n.* ❺ **An agent transacts business on behalf of his** ~ l'agente compie affari per conto del suo rappresentato. // ~ **and interest** (*fin.*) capitale e interessi; ~ **challenge** (*leg.*) ricusazione del giurato; ~ **costs** (*fin., rag.*) costi di capitale; ~ **creditor** (*cred.*) creditore principale; ~ **debtor** (*cred.*) debitore principale.

principle, *n.* principio, norma, regola, orientamento. △ **We are preparing a report on the general principles we feel should be followed in this field** stiamo elaborando una relazione sugli orientamenti generali che appaiono auspicabili in questo campo. // **principles of administration** (*amm.*) principi di direzione; **the principles of assessment for VAT purposes** (*fin.*) i principi di valutazione dell'IVA; **the** ~ **of comparative costs** (*econ.*) il principio dei costi comparati; **the** ~ **of good faith** (*ass., leg.*) il principio della buona fede; **the** ~ **of indemnity** (*ass.*) il principio dell'indennizzo; **the** ~ **of insurable interest** (*ass.*) il principio dell'interesse assicurabile; **principles of management** (*amm.*) principi di direzione, regole « manageriali »; **the principles of mathematics** (*mat.*) i principi della matematica.

print^1, *n.* ❶ (*giorn.*) stampa (*il risultato*). ❷ (*giorn.*) caratteri tipografici. ❸ (*giorn.*) stampato. ❹ (*pubbl.*) stampa, copia (*fotografica*); positivo. ❺ **prints**, *pl.* (*giorn.*) opuscoli stampati, pubblicazioni, giornali, riviste. // **in** ~ (*giorn.*) (*di libro e sim.*) stampato, in stampa, in circolazione; **out of** ~ (*giorn.*) (*di libro, ecc.*) esaurito, fuori commercio, fuori stampa.

print^2, *v. t.* ❶ scrivere in stampatello. ❷ (*giorn.*) stampare, dare alle stampe, pubblicare, tirare (*copie*). ❸ (*pubbl.*) stampare (*copie fotografiche*). △ ❶ ~ **your name and address clearly, please** si prega di scrivere chiaramente il proprio nome e indirizzo in stampatello. // to ~ **banknotes** (*fin.*) stampare banconote; to ~ **the edition of a newspaper** (*giorn.*) stampare l'edizione d'un quotidiano.

printed, *a.* ❶ a stampa. ❷ (*giorn.*) stampato, dato alle stampe, pubblicato. // ~ **form** modulo a stampa; ~ **matter** (*giorn.*) stampe, stampati; ~ **publications** (*giorn.*) stampati.

printer, *n.* ❶ (*elab. elettr.*) stampatrice, unità stampatrice. ❷ (*giorn.*) stampatore, tipografo. // ~ **'s ink** (*giorn.*) inchiostro da stampa; (*giorn., fig.*) (la) stampa, (il) giornalismo; ~ **'s reader** (*giorn.*) correttore di bozze; ~ **'s ream** (*giorn.*) risma (*di 516 fogli*).

printing, *a.* che stampa, stampante. *n.* ❶ (*giorn.*) stampa, pubblicazione (*il procedimento*). ❷ (*giorn.*) tiratura, numero di copie stampate. ❸ (*pubbl.*) stampa (*fotografica*: *il procedimento*). // ~ **and engraving expert** (*pers.*) grafico; ~ **block** (*giorn.*) cliché (*di stampa*); ~ **calculator** (*elab. elettr.*) calcolatore scrivente; ~ **establishment** (*o* **house**) (*giorn., pubbl.*) (stabilimento di) tipografia; ~ **-ink** (*giorn.*) inchiostro da stampa; ~ **-machine** stampatrice; ~ **-office** (*giorn.*) stamperia; ~ **-paper** (*giorn.*) carta da stampa; ~ **-press** (*giorn.*) macchina tipografica, stampatrice; ~ **unit** (*elab. elettr.*) unità stampante; ~ **works** (*giorn.*) stabilimento tipografico, stamperia.

priority, *n.* priorità, precedenza. // ~ **objectives** obiettivi prioritari; **a ~ of claim** (*leg.*) una priorità di diritto; **the ~ of an invention** (*leg.*) la priorità d'un'invenzione.
prison, *n.* carcere, prigione.
prisoner, *n.* (*leg.*) carcerato, detenuto.
private, *a.* privato, personale, particolare. // ~ **act** (*leg.*) scrittura privata; ~ **address** indirizzo privato; **a ~ arrangement** (*leg.*) una composizione amichevole; **a ~ bank** (*fin.*) una banca privata; **the ~ banking system** (*fin.*) il sistema bancario privato; ~ **carrier** (*trasp.*) vettore privato; **a ~ citizen** (*leg.*) un semplice cittadino, un privato; ~ **company** (*fin., ingl.*) V. ~ **limited company**; ~ **consumer expenditure** (*econ., stat.*) il consumo privato; ~ **consumer goods** (*econ., stat.*) beni destinati al consumo privato; ~ **consumption** (*econ., stat.*) consumo privato; ~ **contract** (*leg.*) scrittura privata; ~ **corporation** (*fin.*) società privata; (*USA*) V. ~ **limited company**; ~ **corporations** (*fin.*) grandi operatori privati; ~ **detective** (*leg.*) investigatore privato; ~ **finance holding company** (*fin.*) holding finanziaria privata; **a ~ individual** (*leg.*) una persona fisica; ~ **law** (*leg.*) diritto privato; ~ **limited company** (*fin., ingl.*) società per azioni a costituzione simultanea (*e con un numero massimo di 50 soci*); ~ **placement** (*fin.*) collocazione privata (*di titoli, ecc.*); ~ **practice** libera professione; ~ **property** (*leg.*) proprietà privata; ~ **savings** (*banca, fin.*) risparmio privato; ~ **secretary** (*pers.*) segretario particolare, segretario privato; **the ~ sector** (*econ.*) il settore privato; ~ **treaty** trattativa privata; ~ **wrong** (*leg.*) illecito privato; **under ~ seal** (*leg.*) sotto sigillo privato.
privilege[1], *n.* (*anche leg.*) privilegio, prerogativa.
privilege[2], *v. t.* (*anche leg.*) privilegiare, accordare un privilegio a (*q.*).
privileged, *a.* (*anche leg.*) privilegiato. // **the ~ classes** (*econ.*) le classi privilegiate; ~ **communication** (*leg.*) notizia (*strettamente*) confidenziale, comunicazione protetta dal segreto professionale; ~ **debt** (*cred.*) credito privilegiato.
prize, *n.* premio, ricompensa. // ~ **bond** (*fin.*) obbligazione a premio; **a ~ contest** (*giorn., pubbl.*) un concorso a premi.
pro-[1], *pref.* ❶ pro-, filo-, in favore di, favorevole a. ❷ che fa le veci di, facente funzione di. // **a ~-American policy** una politica filoamericana; **a ~-British attitude** un atteggiamento filobritannico; ~ **-consul** proconsole, facente funzione di console; **a ~-labour policy** una politica in favore della classe lavoratrice; **a ~-Soviet policy** una politica filosovietica; ~ **-treasurer** facente funzione di cassiere; ~ **-vice-chancellor** facente funzione di vice cancelliere.
pro[2], *avv.* pro, in modo favorevole, in favore. *prep.* pro, in favore di. *a. attr.* favorevole. *n.* ❶ pro, ragione in favore (*di qc.*). ❷ voto favorevole. ❸ chi è favorevole, chi vota a favore. △ *avv.* **Much has been said on the subject ~ and con** molto s'è detto sull'argomento in favore e contro; *prep.* **The committee advanced arguments both ~ and con the chairman's proposal** la commissione addusse argomenti sia in favore della proposta del presidente sia contro di essa; *a.* **We must consider the ~ and con arguments** dobbiamo prendere in considerazione tanto gli argomenti in favore quanto quelli contrari; *n.* ❶ **You should appraise the pros and cons of the situation** dovresti valutare i pro e i contro della situazione. // ~ **and con** pro e contro; (il) pro e (il) contro: **the pros and cons of a certain market policy** (*market.*) i pro e i contro d'una certa politica di mercato;

to ~ **-and-con** dibattere, discutere (*qc.*): **The matter must be ~-and-conned as soon as possible** la questione deve essere dibattuta al più presto; ~ **forma** « pro forma »; **a ~ forma balance-sheet** (*fin., rag.*) un bilancio (meramente) indicativo; **a ~ forma financial statement** (*fin.*) una relazione finanziaria « pro forma »; ~ **forma invoice** (*market.*) fattura « pro forma », fattura simulata: **The ~ forma invoice indicated that the goods were ready for shipment** la fattura simulata informava che le merci erano pronte per la spedizione; ~ **rata** « pro rata », in proporzione; ~ **rata freight** (*trasp. mar.*) nolo « pro rata »; ~ **tempore** « pro tempore », temporaneamente; temporaneo, interino; ~ **tempore office** (*amm.*) interinato.
probabilist, *a.* V. **probabilistic**.
probabilistic, *a.* (*mat.*) probabilistico.
probability, *n.* ❶ probabilità. ❷ (*mat.*) probabilità. // ~ **curve** (*stat.*) curva di probabilità, curva normale.
probable, *a.* probabile.
probate[1], *n.* ❶ (*leg.*) verifica dell'autenticità d'un testamento. ❷ (*leg.*) copia autenticata (*di testamento*). // ~ **duty** (*fin., ingl.*) tassa di successione; ~ **judge** (*leg.*) giudice addetto all'autenticazione dei testamenti.
probate[2], *v. t.* (*leg.*) autenticare (*un testamento*); verificare l'autenticità di (*un testamento*).
probation, *n.* ❶ (*leg.*) condizionale, sospensione condizionale (*della pena*); condanna condizionale, libertà vigilata. ❷ (*pers.*) prova, periodo di prova, tirocinio. △ ❷ **My ~ was to last six months** il mio periodo di prova doveva durare sei mesi. // ~ **officer** (*leg.*) funzionario (*assistente sociale e sim.*) che vigila la condotta di chi si trova in libertà con la condizionale; **on ~** (*leg.*) in libertà vigilata; (*pers.*) in prova: **an officer on ~** (*pers.*) un funzionario in prova.
probationary, *a.* ❶ (*pers.*) di prova, di tirocinio. ❷ (*pers.*) in prova. // ~ **appointment** (*pers.*) nomina soggetta a un periodo di prova; ~ **employees** (*pers.*) impiegati in prova; ~ **period** (*pers.*) periodo di prova; ~ **salary** (*pers.*) stipendio del periodo di prova.
probatory, *a.* (*leg.*) probatorio. // ~ **evidence** (*leg.*) testimonianza probatoria.
probity, *n.* probità.
problem, *n.* problema. △ **Ecology is a ~ of topical interest** l'ecologia è un problema d'attualità. // ~ **identification** (*ric. op.*) identificazione del problema; **problems of adjustment** (*org. az.*) problemi d'adeguamento; **the ~ of plant capacity utilization** (*org. az.*) il problema dei margini d'utilizzazione degli impianti; **problems of quotas** (*econ.*) problemi di contingentamento; **problems of a technical nature** (*org. az.*) problemi d'ordine tecnico.
procedural, *a.* (*leg.*) procedurale. // ~ **details** (*leg.*) dettagli procedurali.
procedure, *n.* ❶ procedimento. ❷ (*leg.*) procedura.
proceed, *v. i.* ❶ procedere, andare avanti, avanzare. ❷ (*leg.*) procedere, agire, condurre un'azione legale. // **to ~ against sb.** (*leg.*) procedere contro q.
proceeding, *n.* ❶ procedimento, modo d'agire, condotta, azione. ❷ **proceedings**, *pl.* (*amm.*) atti (*d'un congresso, ecc.*); verbali (*d'un'assemblea, ecc.*). ❸ **proceedings**, *pl.* (*leg.*) procedimento, azione giudiziaria, processo. ❹ **proceedings**, *pl.* (*leg.*) procedura. △ ❷ **The proceedings of the congress will be published shortly** gli atti del congresso saranno pubblicati fra breve; ❸ **We shall take proceedings against our customer** intenteremo un'azione giudiziaria contro il nostro cliente. // **proceed-**

ings at law (*leg.*) procedura legale; **proceedings in bankruptcy** (*leg.*) procedura fallimentare.

proceeds, *n. pl.* ❶ (*banca*) somma incassata (*per un assegno e sim.*) al netto di sconti (*o provvigioni, ecc.*). ❷ (*fin.*) gettito. ❸ (*rag.*) incassi, introiti, proventi, profitto, ricavato, ricavo. △ ❸ **The ~ from the sale of the machinery will be reinvested** i proventi (derivanti) dalla vendita del macchinario saranno reinvestiti. // « **~ of bills collected for your account** » (*banca*) « ricavo (dei) vostri effetti all'incasso »; **the ~ of loans in 1974** (*fin.*) il gettito dei prestiti nel 1974; « **~ of our remittance for collection** » (*banca*) « ricavo della nostra rimessa (di) effetti all'incasso »; **~ of sales** (*market.*) fatturato.

process¹, *n.* ❶ (*leg.*) azione legale, procedimento legale. ❷ (*leg.*) mandato di comparizione. ❸ (*org. az.*) processo (*produttivo*); metodo, sistema (*di lavorazione*). // **~ analysis** (*org. az.*) analisi del processo produttivo, studio della produzione; **~ average quality** (*org. az.*) qualità media della produzione; **~ chart** (*org. az.*) diagramma del processo produttivo; **~ cost** (*rag.*) costo di produzione; **~ rules** (*org. az.*) norme di lavorazione; **~ -server** (*leg.*) ufficiale giudiziario (*cui compete la notifica di citazione al «convenuto»*); **~ standards** (*org. az.*) norme di lavorazione; **in ~ of completion** (*org. az.*) in fase di completamento; **in ~ of construction** (*org. az.*) in costruzione.

process², *v. t.* ❶ (*leg.*) procedere contro (*q.*). ❷ (*leg.*) citare (*q.*) in giudizio. ❸ (*org. az.*) sottoporre (*una materia prima, ecc.*) a un processo; lavorare (*materie prime, ecc.*), trasformare. ❹ (*org. az.*) conservare (*alimenti*) mediante trattamento. ❺ (*pubbl.*) trattare (*una pellicola*). ❻ (*rag.*) fare una copia di (*un documento e sim.*) mediante un processo meccanico (*o fotomeccanico*).

processed agricultural products, *n. pl.* (*econ.*) merci derivanti dalla trasformazione di prodotti agricoli.

processed commodities, *n. pl.* (*org. az.*) prodotti trasformati.

processing, *n.* ❶ (*econ.*) industria di trasformazione. ❷ (*elab. elettr.*) elaborazione. ❸ (*org. az.*) lavorazione, trattamento, trasformazione. ❹ (*org. az.*) sistema di lavorazione. ❺ (*pubbl.*) trattamento (*d'una pellicola*). △ ❶ **We have been authorized to sell public stocks of butter on special terms, for direct consumption or for ~** siamo stati autorizzati a smerciare a condizioni particolari delle scorte pubbliche di burro, sia per il consumo diretto sia per l'industria di trasformazione. // **~ industries** (*econ.*) industrie trasformative; **the ~ industry** (*econ.*) l'industria di trasformazione; **~ techniques** (*org. az.*) metodi di lavorazione; **~ times** (*cronot.*) tempi di lavorazione.

proclaim, *v. t.* ❶ proclamare. ❷ bandire, indire (*un concorso e sim.*). // **to ~ one's innocence** (*leg.*) proclamare la propria innocenza.

procuration, *n.* ❶ il procurare. ❷ (*cred.*) procacciamento (*di prestiti a favore di terzi*). ❸ (*leg.*) « procura » (*l'autorità conferita*). ❹ (*leg.*) procura (*documento – più formale della lettera di procura – che ne conferisce l'autorità*). // **~ fee** (*cred.*) mediazione pagata per aver ottenuto un prestito; **~ money** (*cred.*) V. **~ fee**.

procure, *v. t.* ❶ procurare, procacciare, procurarsi, procacciarsi, reperire. ❷ (*org. az.*) approvvigionarsi di (*materie prime, ecc.*). △ ❷ **We must ~ extra equipment and supplies** dobbiamo approvvigionarci di altre attrezzature e scorte.

procurement, *n.* ❶ conseguimento, procacciamento, reperimento. ❷ (*org. az.*) approvvigionamento (*di materie prime, ecc.*). △ ❶ **The ~ of personnel is getting harder and harder** il reperimento del personale si va facendo sempre più arduo. // **the ~ of a loan** (*cred.*) il conseguimento d'un prestito.

produce¹, *n.* (*econ.*) prodotto (*specialm. agricolo o minerario*); produzione (*specialm. agricola o mineraria*); prodotti agricoli. △ **Agricultural ~ is not well suited to processing techniques** la produzione agricola è poco adatta ad essere lavorata. // **~ -broker** (*fin.*) mediatore di prodotti; **~ exchange** (*fin.*) borsa merci; **the ~ market** (*econ.*) il mercato dei prodotti (*specialm. agricoli*); **~ not intended for export** (*econ.*) prodotti non destinati all'esportazione; «**~ of China**» (*market.*) « prodotto in Cina ».

produce², *v. t.* ❶ (*econ.*) produrre. ❷ (*leg.*) produrre, presentare, esibire. △ ❶ **They ~ the best cotton in the whole of the U.S.A.** producono il miglior cotone di tutti gli Stati Uniti. // **to ~ an alibi** (*leg.*) produrre un alibi; **to ~ a document** (*leg.*) esibire un documento; **to ~ evidence** (*leg.*) presentare prove; **to ~ for export** (*econ.*) produrre per l'esportazione; **to ~ witness** (*leg.*) produrre testimoni.

producer, *n.* ❶ (*econ.*) produttore. ❷ (*econ.*) Paese produttore. ❸ (*econ.*) impresa produttrice. △ ❷ **Italy is the Community's principal ~ and consumer of olive oil** l'Italia è il principale Paese produttore e consumatore d'olio d'oliva nella Comunità. // **~ coefficient** (*econ.*) coefficiente di produzione; **~ co-operative** (*econ.*) cooperativa di produzione; **~ Country** (*econ.*) Paese produttore; **~ goods** (*econ.*) beni capitali; **producers goods** (*econ.*) beni strumentali; **a ~ of mere commodities** (*econ.*) un'impresa produttrice di «commodities»; **~ 's surplus** (*econ.*) rendita del produttore; **from the ~ to the consumer** (*market.*) dal produttore al consumatore.

product, *n.* ❶ prodotto, risultato. ❷ (*econ., market.*) prodotto. ❸ (*mat.*) prodotto. // **~ development** (*market.*) sviluppo del prodotto; **~ diversification** (*org. az.*) diversificazione produttiva; **~ diversification is the key to the invasion of the market** la diversificazione produttiva è la chiave per invadere il mercato; **~ image** (*pubbl.*) immagine del prodotto; **~ line** (*org. az.*) linea di prodotti, assortimento di articoli (*d'un'azienda*); **~ manager** (*market., org. az.*) direttore di prodotto; **~ sector** (*econ.*) settore economico; **~ simplification** (*org. az.*) semplificazione produttiva; **~ tests** (*org. az.*) prove sul prodotto; **by- ~** (*org. az.*) sottoprodotto.

production, *n.* ❶ (*econ.*) produzione. ❷ (*leg.*) produzione (*di prove, ecc.*); esibizione (*di documenti, ecc.*). ❸ (*org. az.*) produzione. // **~ bonus** (*pers.*) gratifica di bilancio, premio di produzione; **~ control** (*org. az.*) pianificazione produttiva; **~ cost** (*rag.*) costo di produzione; **~ cycle** (*org. az.*) ciclo produttivo; **a ~ dip** (*econ., USA*) un modesto calo della produzione; **~ factors** (*econ.*) indici della produzione; **~ for stock** (*org. az.*) produzione per il magazzino; **~ function** (*econ.*) funzione della produzione (*relazione intercorrente fra il risultato produttivo e l'immissione dei fattori della produzione*); **~ goods** (*econ.*) beni strumentali; **~ increase** (*econ.*) aumento della produzione; **~ machinery** (*econ., org. az.*) apparato produttivo: **Italian competition has undoubtedly contributed to the concentration, specialization and rationalization which has transformed the ~ machinery of some Member States** la concorrenza italiana ha avuto indubbiamente un notevole peso sul movimento di concentrazione, specializzazione e razionalizzazione che ha portato alla trasformazione dell'apparato produttivo di taluni Stati Membri; **~ management** (*org. az.*) organizzazione della produzione; **~ manager** (*giorn.*) direttore di produzione; (*org. az.*) direttore della produzione; **the ~ of documents for the prosecution** (*leg.*) l'esibizione di documenti per l'accusa; **the ~ of a witness** (*leg.*) la produzione d'un testimone; ~ **optimum** (*econ.*) « optimum » produttivo; ~ **recovery** (*econ.*) ripresa produttiva; ~ **run** (*org. az.*) fase di fabbricazione: **Apart from finished products, this specialization can also be found at earlier stages of manufacture where it results in longer ~ runs** oltre che per i prodotti finiti, questa specializzazione si manifesta anche negli stadi iniziali della lavorazione, dove determina l'allungamento delle fasi di fabbricazione; ~ **standard** (*org. az.*) standard produttivo; ~ **subsidies** (*econ.*) sovvenzioni alla produzione: **The so-called deficiency payments are ~ subsidies to agriculture in the United Kingdom** i cosiddetti « deficiency payments » sono sovvenzioni accordate alla produzione agricola del Regno Unito; ~ **targets** (*econ.*) obiettivi di produzione, traguardi produttivi; ~ **unit** (*org. az.*) unità produttiva; ~ **volume** (*org. az.*) volume produttivo.

productive, *a.* (*econ.*) produttivo. △ **Lots of activities are no longer ~ owing to the absenteeism of workers** molte attività non sono più produttive a causa dell'assenteismo degli operai. // ~ **cycle** (*org. az.*) ciclo produttivo; ~ **investments** (*fin.*) investimenti produttivi; ~ **labour** (*econ.*) lavoro produttivo; (*pers.*) manodopera diretta; ~ **sector** (*econ.*) settore produttivo; ~ **soil** (*econ.*) terreno produttivo.

productivity, *n.* (*econ.*) produttività. // ~ **measurement** (*org. az.*) misura della produttività.

profert, *n.* (*leg.*) presentazione d'un atto (*o di un documento, ecc.*) in tribunale.

profession, *n.* ❶ professione, mestiere. ❷ **the profession** i membri d'una professione. ❸ **professions**, *pl.* libere professioni. // **the ~ of a lawyer** la professione d'avvocato; **by ~** di professione, di mestiere: **He is a doctor by ~** di professione fa il medico.

professional, *a.* ❶ professionale, di (una) professione, di (un) mestiere. ❷ professionistico, professionista. *n.* professionista. // **a ~ architect** un architetto professionista; ~ **earnings** (*fin.*) redditi professionali; **a ~ man** un professionista, un libero professionista; **a ~ rights** (*leg.*) diritti professionali; ~ **training** (*pers.*) addestramento professionale, istruzione professionale.

proficiency test, *n.* (*pers.*) test di rendimento.

profit[1], *n.* ❶ profitto, beneficio, giovamento. ❷ (*econ., fin., rag.*) profitto, guadagno, lucro, utile, reddito. △ ❷ **Our profits on shares are high** i profitti che ricaviamo dalle azioni sono alti; **Deferred shares have only final claims on the profits of a company** le azioni postergate rivendicano solo per ultime un diritto agli utili societari. // ~ **and loss** (*rag.*) conto profitti e perdite; ~ **and loss account** (*rag.*) conto economico; ~ **and loss statement** (*rag.*) conto profitti e perdite; ~ **deflation** (*econ.*) deflazione da profitti; ~ **index** (*econ.*) indice di profitto; ~ -**induced inflation** (*econ.*) inflazione indotta dai profitti; ~ **inflation** (*econ.*) inflazione da profitti; ~ -**making** proficuo, lucrativo; ~ **margins** (*econ.*) margini degli utili; ~ **maximation** (*econ.*) massimizzazione dei profitti; **the ~ on sales** (*rag.*) l'utile sulle vendite; ~ **push** (*econ.*) spinta dei profitti; ~ -**push inflation** (*econ.*) inflazione da profitti; ~ **seeking** (*econ.*) ricerca del profitto; ~ -**sharing** (*fin.*) *a.* che partecipa agli utili, cointeressato; *n.* compartecipazione agli utili, cointeressenza, interessenza: **It is difficult to assess how far ~ sharing has helped in narrowing the gap between management and labour** è difficile valutare quanto la comparteci-pazione agli utili abbia contribuito a colmare la distanza esistente fra la direzione e gli operai; ~ **squeeze** (*econ.*) riduzione degli utili; ~ **system** (*econ.*) libertà economica, libera iniziativa; **non- ~** che non ha fini di lucro; **non- ~ corporation** (*fin., USA*) ente morale che non può esercitare attività commerciali con fini di lucro.

profit[2], *v. i.* profittare, approfittare (*di q.*); trarre profitto (*da qc.*). *v. t.* essere di profitto a (*q.*). △ *v. i.* **He greatly profited by my advice** egli trasse gran profitto dal mio consiglio; *v. t.* **What can it ~ us?** di che profitto può esserci?

profitability, *n.* (*econ., fin., rag.*) redditività, profitto. △ **The new management has started a policy that will contribute to the ~ of the company** la nuova direzione ha intrapreso una politica che contribuirà alla redditività dell'impresa. // ~ **index** (*econ.*) indice di profitto.

profitable, *a.* ❶ proficuo, vantaggioso, utile. ❷ (*econ., fin., rag.*) lucrativo, lucroso, rimunerativo, reddit-izio. △ ❷ **Investment in gold seems to be more and more ~** appare sempre più redditizio investire in oro.

profiteer[1], *n.* (*econ.*) profittatore, affarista, « pescecane ».

profiteer[2], *v. i.* (*econ.*) essere un profittatore, fare guadagni esorbitanti.

program[1], *n.* (*USA*) V. **programme**[1].
program[2], *v. t.* (*USA*) V. **programme**[2].
programmatic, *a.* programmatico.

programme[1], *n.* ❶ programma, progetto, piano. ❷ (*elab. elettr.*) programma. // ~ **evaluation and review technique (P.E.R.T.)** (*ric. op.*) metodo P.E.R.T.; **a ~ of accelerated training for adults** (*pers.*) un programma di formazione accelerata per adulti; **a ~ of budgetary austerity** (*amm.*) un programma d'austerità di bilancio; ~ **sheet** (*elab. elettr.*) foglio di programma; ~ **store** (*elab. elettr.*) memoria di programma.

programme[2], *v. t.* ❶ programmare, mettere in programma, progettare, pianificare. ❷ (*elab. elettr.*) programmare. // **to ~ a computer** (*elab. elettr.*) programmare un calcolatore.

programmed, *a.* ❶ programmato, progettato, pianificato. ❷ (*elab. elettr.*) programmato. // ~ **check** (*elab. elettr.*) controllo programmato; ~ **instruction** istruzione programmata.

programmer, *n.* (*elab. elettr.*) programmatore.
programming, *n.* (*elab. elettr.*) programmazione.
progress[1], *n.* ❶ progresso, progressione, progressi; (il) progredire, (il) procedere, avanzamento. ❷ (*econ.*) tendenza ascensoriale. △ ❷ **In our Country, ~ was appreciably slower than in the previous year** nel nostro Paese, la tendenza ascensoriale è stata nettamente inferiore a quella registrata nell'anno precedente. // ~ **chart** (*org. az.*) grafico d'avanzamento; ~ **clerk** (*org. az.*) controllore dell'avanzamento (*d'un processo produttivo*); **the ~ of technology** i progressi della tecnologia; **in ~** in via d'esecuzione, in corso: **The meeting is in ~** la riunione è in corso.

progress[2], *v. i.* progredire, far progressi, procedere, avanzare. △ **Economy is progressing steadily** l'economia progredisce costantemente.

progression, *n.* ❶ (il) progredire, (il) procedere, avanzamento. ❷ (*mat.*) progressione.

progressive, *a.* progressivo. // ~ **tax** (*fin.*) imposta progressiva.

progressively, *avv.* progressivamente.
prohibit, *v. t.* ❶ proibire, impedire, vietare. ❷

prohibited

(*leg.*) vietare. △ ❷ **The statute prohibits the employment of workers under 18 years** lo statuto vieta l'assunzione di lavoratori al di sotto dei 18 anni.

prohibited, *a.* ❶ proibito, impedito, vietato. ❷ (*leg.*) vietato. // ~ **agreements** (*leg.*) accordi vietati.

prohibition, *n.* ❶ proibizione, divieto. ❷ (*leg.*) divieto. △ ❷ **The ~ to sell to non-member Countries was a heavy blow to our industry** il divieto di vendere ai Paesi terzi fu un grave colpo per la nostra industria. // **the ~ of abuse of dominant positions** (*leg.*) il divieto di sfruttamento abusivo d'una posizione dominante.

prohibitive, *a.* proibitivo. // ~ **inheritance dues** (*fin.*) imposte di successione proibitive; ~ **prices** (*market.*) prezzi proibitivi; ~ **tariffs** (*comm., econ.*) tariffe proibitive.

project[1], *n.* progetto, programma, piano. △ **He's already presented his ~ to the commission** ha già presentato il programma alla commissione; **The ~ provides for a twenty-year expenditure of $ 200 million** il piano prevede una spesa di 200 milioni di dollari in vent'anni.

project[2], *v. t.* ❶ progettare, programmare, pianificare. ❷ (*mat.*) proiettare. // **to ~ new plants** (*org. az.*) progettare nuovi stabilimenti.

projection, *n.* ❶ progettazione, il progettare. ❷ (*mat.*) proiezione. △ ❷ **Statistics and projections are important quantitative studies** le statistiche e le proiezioni sono importanti studi quantitativi.

projective test, *n.* (*pers.*) test proiettivo.

proletarian, *a.* e *n.* (*econ.*) proletario. // ~ **class** (*econ.*) proletariato; ~ **dictatorship** (*econ.*) dittatura del proletariato.

proletarianism, *n.* (*econ.*) proletariato (*la condizione*).

proletariat, *n.* (*econ.*) proletariato, classe operaia, lavoratori dell'industria.

prolong, *v. t.* prolungare. // **to ~ a bill** (*cred.*) prorogare la scadenza d'una cambiale.

prolonged, *a.* prolungato. // **a ~ shaking-down on the Stock Exchange** (*Borsa*) un prolungato rastrellamento in Borsa.

prominence, *n.* ❶ prominenza. ❷ (*fig.*) importanza, rilievo.

promise[1], *n.* promessa. △ **You didn't keep your ~** non avete mantenuto la vostra promessa; **An IOU does not contain a ~ to pay: it is merely a written acknowledgement of a debt** un « IOU » non contiene una promessa di pagamento: esso è semplicemente un riconoscimento scritto di debito. // **a ~ to pay** (*cred.*) una promessa di pagamento; **a ~ to sell** (*market.*) un preliminare di vendita.

promise[2], *v. t.* e *i.* promettere, fare una promessa. △ **He promised to pay the bill at maturity** promise che avrebbe pagato la cambiale alla scadenza.

promisee, *n.* (*leg.*) promissario, chi riceve una promessa.

promisor, *n.* (*leg.*) promettitore, chi fa una promessa.

promissory, *a.* promissorio, che ha il carattere d'una promessa. // ~ **note** (*cred.*) pagherò (*cambiario*), vaglia cambiario.

promote, *v. t.* ❶ promuovere, favorire, incoraggiare, stimolare, far progredire, farsi promotore di (*qc.*). ❷ (*fin.*) promuovere (*una società, ecc.*). ❸ (*market., pubbl.*) promuovere la vendita di (*prodotti, ecc.*). ❹ (*pers.*) promuovere, far avanzare (*nella carriera*). // **to ~ an article** (*market., pubbl.*) promuovere la vendita d'un articolo; **to ~ a new company** (*fin.*) farsi promotore di una nuova società; **to ~ sales** (*market., pubbl.*) promuovere le vendite.

promoter, *n.* ❶ promotore, fautore, iniziatore. ❷ (*fin.*) fondatore (*d'una società*).

promotion, *n.* ❶ promozione, (il) favorire, (l')incoraggiare, (il) promuovere. ❷ (*fin.*) fondazione (*d'una società*). ❸ (*market., pubbl.*) « promotion », promozione, sviluppo. ❹ (*pers.*) promozione, avanzamento. △ ❸ **The ~ sector is one of the most delicate among present-day commercial activities** il settore « promotion » è una delle attività commerciali più delicate dei nostri tempi; ❹ **Mr Waiting is next in line for a ~** Mr Waiting è il primo ad aver diritto a una promozione. // ~ **exams** (*pers.*) esami di promozione; **the ~ of a joint stock company** (*fin.*) la fondazione d'una società per azioni.

promotional, *a.* ❶ (*market., pubbl.*) promozionale, relativo alla promozione delle vendite. ❷ (*pers.*) di promozione, d'avanzamento. // ~ **activities** (*market., pubbl.*) attività promozionali; ~ **campaign** (*market., pubbl.*) campagna promozionale; ~ **director** (*giorn.*) direttore della diffusione; ~ **in order of age** (*pers.*) promozione per anzianità; ~ **possibilities** (*pers.*) prospettive d'avanzamento; ~ **sale** (*market., pubbl.*) vendita di propaganda.

prompt, *a.* ❶ pronto, sollecito, svelto. ❷ (*comm.*) immediato, *n.* (*comm.*) termine di tempo per il saldo (*d'un pagamento*). // ~ **cash** (*market.*) pronta cassa; ~ **day** (*comm.*) giorno in cui si saldano i conti; **the ~ delivery of goods** (*market.*) la consegna immediata di merci; ~ **goods** (*market.*) merci pronte (*per la consegna*); ~ **note** (*market.*) promemoria di pagamento (*rilasciato da un venditore al cliente, e contenente l'indicazione dell'ammontare del debito e la scadenza del medesimo*); ~ **payment** (*cred.*) pagamento immediato; **for ~ cash** (*market.*) a pronta cassa, in contanti.

promptly, *avv.* prontamente, sollecitamente.

promptness, *n.* prontezza, sollecitudine.

promulgate, *v. t.* (*leg.*) promulgare.

promulgation, *n.* (*leg.*) promulgazione. // **the ~ of a law** (*leg.*) la promulgazione d'una legge.

pronounce, *v. t.* ❶ (*leg.*) pronunciare, dichiarare. ❷ (*leg.*) emettere (*una sentenza*). // **to ~ the meeting adjourned** (*leg.*) dichiarare il rinvio della seduta; **to ~ a sentence** (*leg.*) pronunciare una sentenza.

proof, *n.* ❶ prova, dimostrazione, verifica. ❷ (*giorn.*) prova di stampa, bozza. ❸ (*leg.*) prova. ❹ (*mat.*) prova. △ ❶ **A clue is no ~** un indizio non è una prova; **This ~ will not stand up in Court** questo non fa prova in giudizio. // ~ **correcting** (*giorn.*) correzione di bozze; ~ **of debts** (*leg.*) verifica dei crediti (*nella procedura fallimentare*); ~ **of loss** (*ass.*) pezza giustificativa di perdita (*subita*); ~ **of ownership** (*leg.*) titolo giustificativo di proprietà; ~ **paper** (*giorn.*) carta per bozze; ~ **press** (*giorn.*) tirabozze; ~ **-pulling** (*giorn.*) tiratura delle bozze; ~ **reader** (*giorn.*) correttore di bozze, revisore; ~ **-reading** (*giorn.*) correzione di bozze; ~ **-sheet** (*giorn.*) bozza di prova, stampone.

propaganda, *n.* (*pubbl.*) propaganda.

propagandist, *n.* (*pers.*) propagandista.

propagandize, *v. t.* (*pubbl.*) propagandare.

propagate, *v. t.* propagare. *v. i.* propagarsi.

propagation, *n.* propagazione.

propensity, *n.* propensione, inclinazione, tendenza. // ~ **to consume** (*econ.*) propensione al consumo; ~ **to invest** (*econ.*) propensione agli investimenti; ~ **to save** (*econ.*) propensione al risparmio.

proper, *a.* ❶ proprio. ❷ appropriato, adatto, conveniente, giusto, pertinente. ❸ convenevole, decente, decoroso, per bene. ❹ (*mat.*) proprio. *n.* (*mat.*) frazione propria. // ~ **behaviour** comportamento decoroso; ~ **fraction** (*mat.*) frazione propria; **a ~ tool for a job** lo strumento adatto per un lavoro; **to do st. the ~ way** fare qc. come si deve.

property, *n.* ❶ proprietà, possedimento, patrimonio, tenuta, avere, beni. ❷ (*leg.*) proprietà. △ ❶ **We have sold our small ~ in Southern California** abbiamo venduto la nostra piccola proprietà nella California meridionale; ❷ **~ is the exclusive right to possess, enjoy and dispose of a thing** la proprietà è il diritto esclusivo di possedere una cosa, averne il godimento e farne l'uso che si vuole. // **~ abroad** (*leg.*) beni all'estero; **~ damage insurance** (*ass.*) assicurazione di responsabilità civile (*per danni causati ai beni altrui*); **~ dividend** (*fin.*) dividendo in beni; **~ -increment tax** (*fin.*) imposta sull'incremento di valore dei beni immobili; **~ right** (*leg.*) diritto di proprietà; **~ tax** (*fin.*) imposta sul patrimonio, imposta patrimoniale, imposta di valore locativo, imposta fondiaria.

proportion[1], *n.* ❶ proporzione, quota parte, quota, percentuale. ❷ (*mat.*) proporzione. △ ❶ **They have never spent in ~ to their income** non hanno mai speso in proporzione ai loro redditi (*non hanno mai fatto il passo secondo la gamba*); **A high ~ of young people are leaving the countryside** un'alta percentuale di giovani lascia le campagne; **The ~ of trade coming under the tariff quota system remained less than 3%** la percentuale degli scambi attuati in regime di contingente tariffario è rimasta inferiore al 3%. // **the ~ of births to deaths** (*stat.*) la proporzione delle nascite rispetto alle morti; **the ~ of gross to net load** (*trasp. mar.*) il coefficiente di carico.

proportion[2], *v. t.* proporzionare, commisurare, dividere in parti eque. // **to ~ one's expenditure to one's income** proporzionare le spese ai redditi.

proportional, *a.* ❶ proporzionale, proporzionato. ❷ percentuale. ❸ commisurato, in proporzione (*a*). ❹ (*mat.*) proporzionale. // **~ quantities** (*mat.*) quantità proporzionali; **a ~ system of immigration quotas** (*econ.*) un sistema proporzionale di contingenti d'immigrazione; **~ tax** (*fin.*) imposta proporzionale.

proportionality, *n.* proporzionalità.

proportionate, *a.* proporzionale, proporzionato. // **~ tax** (*fin.*) imposta proporzionale.

proposal, *n.* proposta, offerta. △ **Our ~ was turned down by the majority of the commission** la mia proposta non venne accettata dalla maggioranza della commissione; **The union will reject the company's wage proposals** il sindacato rifiuterà le proposte salariali della società. // **proposals for amendments** (*leg.*) proposte d'emendamento; **a ~ for a compromise** (*leg.*) una proposta di transazione; **a ~ of composition** (*leg.*) proposta di concordato (*che deve essere vagliata dai creditori*); **a ~ of insurance** (*ass.*) una proposta d'assicurazione.

propose, *v. t.* proporre, offrire. △ **We ~ Mr Richardson for the chairmanship of our assembly** proponiamo Mr Richardson per la presidenza della nostra assemblea. // **to ~ favourable terms** proporre condizioni favorevoli.

proposition[1], *n.* ❶ proposta. ❷ (*mat.*) problema, teorema.

proposition[2], *v. t.* fare una proposta a (*q.*).

proprietary, *a.* (*leg.*) di proprietà riservata, brevettato, patentato. *n.* ❶ (*leg.*) proprietario. ❷ (*market.*) specialità medicinale. // **~ articles** (*market.*) articoli in esclusiva; **~ company** (*fin., ingl.*) società per azioni a costituzione simultanea; (*fin., USA*) società controllante; **~ medicines** (*market.*) specialità medicinali; **~ right of manufacture** (*leg.*) diritto di fabbricazione in esclusiva, brevetto di fabbricazione; **~ rights** (*leg.*) diritti di proprietà riservata, brevetti.

proprietor, *n.* ❶ padrone. ❷ (*leg.*) proprietario, tenutario, titolare, possidente.

proprietorship, *n.* (*leg.*) proprietà, condizione di proprietario, diritto di proprietà. // **the ~ of a copyright** (*leg.*) la proprietà d'un diritto d'autore.

proprietress, *n.* ❶ padrona. ❷ proprietaria, tenutaria, titolare.

prorate, *v. t.* ripartire, distribuire proporzionalmente. △ **It is usual to ~ taxes between the seller and the buyer** è consueto ripartire proporzionalmente le imposte fra venditore e compratore.

prosecutable, *a.* (*leg.*) perseguibile.

prosecute, *v. t.* (*leg.*) perseguire (*a termini di legge*); far causa, intentare giudizio a (*q.*), querelare. △ **Trespassers shall be prosecuted** i trasgressori saranno perseguiti a termini di legge. // **to ~ an action** (*leg.*) istruire una causa, un procedimento legale; **to ~ the charge** (*leg.*) sostenere l'accusa; **to ~ a claim** (*leg.*) far valere un diritto per vie legali; **to ~ a crime** (*leg.*) perseguire un reato; **to ~ in a civil case** (*leg.*) costituirsi parte civile.

prosecuting attorney, *n.* (*leg., USA*) Pubblico Ministero.

prosecution, *n.* ❶ (*leg.*) procedimento giudiziario, processo. ❷ **the prosecution** (*leg.*) l'accusa.

prosecutor, *n.* ❶ (*leg.*) attore, querelante. ❷ (*leg.*) accusatore.

prospect[1], *n.* ❶ prospettiva, previsione, aspettativa. ❷ (*fin.*) probabile sottoscrizione (*di titoli, ecc.*). ❸ (*market.*) cliente potenziale. ❹ **prospects,** *pl.* (*fin.*) prospettive finanziarie. △ ❶ **There are prospects of revaluing the German mark** ci sono prospettive di rivalutazione del marco tedesco; ❸ **Our agent called on a lot of prospects but failed to make a sale** il nostro rappresentante ha fatto visita a una quantità di clienti potenziali senza però riuscire a vendere nulla.

prospect[2], *v. t.* (*econ.*) fare ricerche minerarie in (*una regione, ecc.*). // **to ~ for customers** (*econ.*) cercare di farsi dei clienti; **to ~ for gold** (*econ.*) andare alla ricerca dell'oro.

prospective, *a.* eventuale, probabile, sperato. // **a ~ client** (*market.*) un cliente potenziale; **~ customers** (*market.*) clientela potenziale.

prospectus, *n.* (*fin.*) programma (*d'una nuova società*); documento che descrive i dettagli d'una nuova emissione (*di titoli*).

prosper, *v. i.* prosperare.

prosperity, *n.* prosperità.

prosperous, *a.* prospero.

protect, *v. t.* ❶ proteggere, difendere, salvaguardare, tutelare. ❷ (*fig.*) sostenere. ❸ (*cred.*) far fronte a (*una cambiale, ecc.*); preparare i fondi per il pagamento di (*una tratta, ecc.*). △ ❶ **Their invention is protected by a patent** la loro invenzione è protetta da un brevetto; **Our Government should take measures in order to ~ domestic industries** il nostro Governo dovrebbe adottare delle misure atte a proteggere le industrie nazionali. // **to ~ a bill** (*cred.*) curare il pagamento d'una cambiale; **to ~ one's interest** tutelare i propri interessi.

protection, *n.* ❶ protezione, difesa, salvaguardia, tutela. ❷ (*fig.*) sostegno. ❸ (*econ.*) protezionismo. △ ❷ **At last small businesses are getting Government**

~ finalmente le piccole imprese hanno il sostegno del Governo.

protectionism, n. (econ.) protezionismo.
protectionist, n. (econ.) protezionista. a. attr. (econ.) protezionista, protezionistico. // ~ **barriers** (econ.) barriere protezionistiche; ~ **measures** (econ.) misure protezionistiche; ~ **pressures** (econ.) pressioni protezionistiche; ~ **trends** (econ.) tendenze protezionistiche.
protective, a. ❶ protettivo. ❷ (econ.) protezionistico. // ~ **duties** (dog.) dazi protettivi; ~ **policy** (econ.) politica protezionistica; ~ **system** (econ.) sistema protezionistico; ~ **tariffs** (econ.) tariffe protezionistiche.
protest[1], n. ❶ protesta. ❷ (leg.) protesto, protesto cambiario. △ ❷ A ~ **is a formal notarial certificate attesting dishonour** il protesto è un certificato notarile che attesta la mancata accettazione o il mancato pagamento. // ~ **charges** (leg.) spese di protesto; ~ **for non-acceptance** (leg.) protesto per mancata accettazione; ~ **for non-payment** (leg.) protesto per mancato pagamento; « **supra** ~ » (leg.) « per intervento ».
protest[2], v. t. e i. ❶ protestare. ❷ (leg.) protestare (una cambiale). △ ❷ **Their bill is going to be protested for non-payment** la loro cambiale sarà protestata per mancato pagamento. // **to be protested** (cred., fin.: di un effetto) andare in protesto.
protester, n. ❶ chi protesta. ❷ (leg.) creditore che fa eseguire il protesto.
protestor, n. V. protester.
protocol, n. (leg.) protocollo.
protocolar, a. (leg.) protocollare.
protocolary, a. V. protocolar.
prove, v. t. ❶ provare, dimostrare, verificare. ❷ (leg.) provare, dimostrare l'autenticità di (qc.). v. i. dimostrarsi, rivelarsi. △ v. t. ❶ **The insurance is void if it is proved that the news of an accident was known** l'assicurazione è nulla se viene provato che la notizia d'un incidente era nota; ❷ **They proved his innocence** provarono la sua innocenza; **The will has been proved** l'autenticità del testamento è stata provata; v. i. **The funds proved insufficient** i fondi si sono rivelati insufficienti. // to ~ **by documents** (leg.) documentare; to ~ **by witnesses** (leg.) provare per mezzo di testi; to ~ **a calculation** (mat.) fare la prova d'un calcolo; to ~ **a debt in a bankruptcy** (leg.) insinuare un credito in un fallimento; to ~ **a loss** (ass.) fornire le prove d'un sinistro; to ~ **types** (giorn., pubbl.) fare la prova dei caratteri (di stampa); to ~ **the value of the thing insured** (ass.) provare il valore della cosa assicurata.
proved credit, n. (leg.) credito verificato (e ammesso al passivo d'un fallimento).
provide, v. i. ❶ provvedere, procacciare, procurare, fornire, munire. ❷ (leg.) (di contratto, legge, ecc.) prevedere, disporre, stipulare, stabilire, contemplare. △ ❶ **Our agent will be provided with all the necessary information** al nostro agente saranno fornite tutte le informazioni necessarie; ❷ **The contract provides that the work be completed by a given date** il contratto prevede che i lavori siano completati per una certa data; **Alterations of capitals are not provided for by the articles of association** lo statuto non contempla variazioni di capitale. // to ~ **against** premunirsi contro, prepararsi a, prendere provvedimenti in vista di: **We should ~ against an inflationary economy** ci dovremmo premunire contro una economia inflazionistica; to ~ **against a fall** (Borsa) prepararsi a un ribasso; to ~ **against a rise** (Borsa) prepararsi a un rialzo; to ~ **the basic materials for industry** provvedere le materie prime per l'industria; to ~

a bill with acceptance (cred.) curare l'accettazione di una cambiale; **unless otherwise provided** (leg.) salvo convenzione contraria.
provident, a. previdente, prudente. // ~ **funds** (fin.) fondi di previdenza; **a ~ society** (leg.) una società di mutuo soccorso.
province, n. ❶ provincia, distretto, regione. ❷ (fig.) campo, sfera d'azione, competenza. △ ❷ **This is outside our ~** ciò non è di nostra competenza.
provincial, a. provinciale. // **a ~ newspaper** (giorn.) un giornale di provincia, un quotidiano di provincia.
provision[1], n. ❶ provvedimento, misura. ❷ provvista. ❸ (leg.) disposizione, disposto, convenzione, condizione, stipulazione, norma, clausola. ❹ **provisions**, pl. disposizioni, disposto. // ~ **account for bad debts** (rag.) fondo svalutazione crediti; ~ **account for depreciation** (rag.) fondo svalutazione (merci, titoli, ecc.); ~ **account for income taxes** (rag.) fondo imposte da liquidare; ~ **accounts** (rag.) fondi rischi; **the provisions of the articles of association** (fin.) le norme statutarie; **the ~ of capital** (fin.) la provvista di fondi; **the provisions of a contract** (leg.) le norme contrattuali.
provision[2], v. t. approvvigionare. // to ~ **a ship** (trasp. mar.) approvvigionare una nave.
provisional, a. provvisorio. △ **The ~ data are not representative of the total population** i dati provvisori non sono rappresentativi della popolazione complessiva. // ~ **accounts** (rag.) conti provvisori; ~ **appointment** (amm., pers.) nomina provvisoria; ~ **arrest** (leg.) fermo (di polizia); ~ **certificate** (Borsa, fin.) certificato provvisorio (di titoli); **a ~ contract** (leg.) un contratto provvisorio; ~ **data** (stat.) dati provvisori; ~ **detention** (leg.) fermo (di polizia); ~ **figures** (stat.) dati provvisori; ~ **insurance** (ass.) assicurazione provvisoria; ~ **invoice** (market.) fattura provvisoria; ~ **liquidator** (leg.) liquidatore provvisorio.
provisionary, a. V. provisional.
provisions, n. pl. (market.) provviste, cibarie.
proviso, n. (pl. provisoes e reg.) (leg.) condizione, clausola condizionale.
provisory, a. ❶ provvisorio. ❷ (leg.) condizionale. ❸ (leg.) soggetto a una clausola condizionale.
provocation, n. provocazione.
provoke, v. t. provocare.
proximate, a. prossimo. // **the ~ cause** (leg.) la causa immediata.
proximity, n. prossimità, vicinanza. // ~ **of blood** (leg.) consanguineità.
proximo, a. (abbr. prox.) (comm.) prossimo, prossimo venturo, del mese venturo. △ **The meeting will be held on the 27th ~** l'assemblea si terrà il 27 del mese venturo.
proxy, n. ❶ (fin.) procura, delega (concessa da un azionista a una terza persona perché voti in sua vece). ❷ (leg.) procura, delega. ❸ (leg.) procuratore, mandatario. △ ❸ **Mr Strawman will act as my ~** Mr Strawman agirà come mio procuratore. // ~ **marriage** (leg.) matrimonio per procura; ~ **variable** (stat.) variabile vicaria; ~ **voting** (leg.) votazione per procura; **by ~** (leg.) per procura.
prudence, n. prudenza.
prudent, a. prudente, cauto, avveduto. // ~ **man** (leg.) buon padre di famiglia; ~ **man rule** (amm., leg.) diligenza del buon padre di famiglia (comportamento d'un amministratore qualora manchino indicazioni precise circa l'attività da svolgere).
prudential, a. prudenziale.
public, a. pubblico. n. (market., pubbl.) pubblico,

clientela. // ~ **accountant** (*rag.*) ragioniere professionista; ~ **accounting** (*rag.*) attività di ragioniere professionista (*p. es.*: *tenuta di libri contabili, contabilità paghe, ecc.*); ~ **acquisition offer** (*Borsa, fin.*) offerta pubblica d'acquisto; ~ **act** (*leg.*) norma di diritto pubblico; ~ **administration** (*amm., leg.*) pubblica amministrazione; ~ **assistance** (*leg.*) assistenza pubblica; **the ~ authorities** (*leg.*) i poteri pubblici; ~ **body** (*leg.*) ente pubblico; ~ **-controlled financial institutes** (*econ.*) società finanziarie a controllo pubblico; ~ **corporation** (*fin.*) impresa pubblica, azienda a partecipazione statale; **the ~ debt** (*fin.*) il debito pubblico; ~ **defender** (*leg.*) difensore d'ufficio; **the ~ domain** (*leg.*) le proprietà demaniali, i beni demaniali, il (pubblico) demanio; ~ **employment office** (*sind., USA*) ufficio (di) collocamento; ~ **expenditure policy** (*fin.*) politica della spesa pubblica; ~ **expenditures** (*amm., fin.*) spese pubbliche; ~ **finance** (*fin.*) finanza pubblica; ~ **funds** (*fin.*) fondi pubblici; ~ **hearing** (*leg.*) udienza pubblica; ~ **holiday** (*leg.*) festa nazionale; ~ **housing** (*econ.*) edilizia popolare; **the ~ image** (*pubbl.*) l'immagine aziendale; ~ **law** (*leg.*) diritto pubblico; ~ **limited company** (*fin.*) società per azioni costituita tramite pubblica sottoscrizione; ~ **nuisance** (*leg.*) disturbo della quiete pubblica; **a ~ officer** (*amm., leg.*) un pubblico ufficiale; **a ~ official** (*amm., leg.*) un pubblico ufficiale; ~ **opinion** l'opinione pubblica: **A fluctuation in ~ opinion might transform our foreign policy** un cambiamento nell'opinione pubblica potrebbe trasformare la nostra politica estera; ~ **-opinion and market research interviews** (*market., pubbl.*) interviste per ricerche di mercato e d'opinione pubblica; ~ **-opinion poll** (*market., pubbl.*) sondaggio della pubblica opinione; ~ **prosecution** (*leg.*) pubblica accusa; ~ **prosecutor** (*leg.*) pubblico ministero; ~ **purchase offer** (*Borsa, fin.*) offerta pubblica d'acquisto; ~ **relations** (*pubbl.*) pubbliche relazioni: ~ **relations are meant to give a business a good reputation with the public** le pubbliche relazioni servono a dare a un'azienda una buona reputazione presso il pubblico; ~ **-relations man** (*pubbl.*) esperto in pubbliche relazioni; ~ **revenue** (*fin.*) entrate pubbliche, erario, fisco; ~ **safety** (*leg.*) sicurezza pubblica; **the ~ sector** (*econ.*) il settore pubblico; ~ **-sector wage inflation** (*econ.*) inflazione da (*eccessivo aumento delle*) retribuzioni dei dipendenti statali; ~ **-service corporation** (*leg., USA*) azienda di servizi pubblici; ~ **services** (*econ.*) settore pubblico: **There should be a better balance between ~ services and private consumption** dovrebbe esserci un migliore equilibrio fra settore pubblico e consumi privati; ~ **statute** (*leg.*) norma di diritto pubblico; ~ **-supply contracts** (*econ.*) appalti pubblici di forniture; ~ **telephone** (*comun.*) telefono pubblico; ~ **utility** (*amm.*) azienda di servizi pubblici; ~ **utility company** (*amm.*) azienda (*o* compagnia) di servizi pubblici; ~ **utility service** (*econ.*) servizio pubblico; ~ **waters** (*leg.*) acque pubbliche; ~ **works** (*amm., leg.*) lavori pubblici, opere pubbliche; ~ **-works contracts** (*econ.*) pubblici appalti.

publication, *n.* ❶ pubblicazione. ❷ (*giorn.*) pubblicazione. // ~ **date** (*giorn.*) data di pubblicazione.

publicist, *n.* ❶ (*giorn.*) pubblicista, giornalista. ❷ (*leg.*) pubblicista, esperto di diritto pubblico (*o* internazionale).

publicity, *n.* (*pubbl.*) pubblicità, propaganda. // ~ **campaign** (*pubbl.*) campagna pubblicitaria; **a ~ stunt** (*pubbl.*) una montatura pubblicitaria.

publicize, *v. t.* (*giorn., pubbl.*) pubblicizzare; dare pubblicità, fare pubblicità a (*qc.*).

publicly, *avv.* pubblicamente. // ~ **generated wage inflation** (*econ.*) *V.* **public-sector wage inflation**.

publish, *v. t.* (*giorn., pubbl.*) pubblicare, stampare. // **to be published** (*giorn., pubbl.*) essere pubblicato, «venir fuori».

publisher, *n.* ❶ (*giorn., ingl.*) direttore della diffusione (*d'un quotidiano*). ❷ (*giorn., pubbl.*) editore, casa editrice. // ~ **'s statement** (*giorn., pubbl.*) dichiarazione dell'editore (*relativa alla tiratura in un certo periodo*).

publishing, *n.* (*econ.*) editoria. // ~ **house** (*giorn., pubbl.*) casa editrice.

pull¹, *n.* ❶ tirata. ❷ (*giorn.*) prima bozza (*di stampa*). ❸ (*pubbl.*) attrazione pubblicitaria, capacità di attirare il pubblico, richiamo. △ ❸ **The new advertising slogan has a tremendous ~** il nuovo slogan pubblicitario costituisce un formidabile richiamo. // ~ **force** (*econ.*) forza d'attrazione.

pull², *v. t.* ❶ tirare. ❷ (*giorn.*) stampare. ❸ (*market.*) attirare (*i clienti*). // **to ~ a copy** (*giorn.*) tirare una copia; **to ~ down** tirare giù; (*fin., market.*) far crollare (*prezzi, quotazioni e sim.*): **The panic has pulled stock prices down** il panico ha fatto crollare le quotazioni azionarie; **to ~ in** (*trasp. ferr.*) (*di treno*) entrare in stazione; **to ~ out** estrarre; **to ~ a proof** (*giorn.*) tirare una bozza di stampa; **to ~ up** (*trasp. aut.*: *d'autoveicolo*) fermarsi.

pullman, *n.* (*trasp. ferr., USA*) carrozza salone (*con poltrone trasformabili in letti*).

pulp magazine, *n.* (*giorn.*) rivista popolare (*e, spesso, scandalistica*).

pump¹, *n.* pompa. // ~ **priming** (*econ.*) investimenti statali destinati a stimolare la ripresa economica.

pump², *v. t.* (*anche fig.*) pompare. △ **Their foreign aid programmes have pumped dollars into the world trade channels** i loro programmi d'aiuto all'estero hanno pompato dollari nei canali commerciali del mondo.

punch¹, *n.* (*macch. uff.*) punzonatrice.

punch², *v. t.* ❶ punzonare, forare. ❷ (*elab. elettr.*) perforare. // **to ~ in** (*pers.*) timbrare il cartellino di presenza (*nell'apposita macchina*) all'inizio del lavoro; **to ~ out** (*pers.*) timbrare il cartellino di presenza (*nell'apposita macchina*) alla cessazione del lavoro.

punch card, *n.* (*elab. elettr.*) scheda perforata.

punched, *a.* ❶ punzonato, forato. ❷ (*elab. elettr.*) perforato. // ~ **card** (*elab. elettr.*) scheda perforata; ~ **-card reader** (*elab. elettr.*) dispositivo di lettura a schede perforate; ~ **-card recording** (*elab. elettr.*) registrazione mediante schede perforate; ~ **form** modulo perforato; ~ **tape** (*elab. elettr.*) nastro perforato.

punching, *n.* ❶ punzonatura. ❷ (*elab. elettr.*) perforazione.

punctual, *a.* puntuale.

punctuality, *n.* puntualità.

punctually, *avv.* puntualmente.

pundit, *n.* ❶ (*in India*) «pundit», bramino molto erudito. ❷ (*fig.*) erudito, sapientone, critico. △ ❷ **The pundits have begun to speak of a new devaluation** i critici hanno cominciato a parlare d'una nuova svalutazione.

punish, *v. t.* punire.

punishment, *n.* punizione, pena. // **the ~ of a crime** (*leg.*) la punizione d'un delitto.

punitive, *a.* punitivo. // ~ **measures** (*leg.*) misure punitive: **Switzerland has introduced ~ measures against the inflow of foreign capital** la Svizzera ha preso misure punitive contro l'afflusso di capitali esteri; ~ **taxes** (*fin.*) imposte severe, imposte a effetto discriminatorio.

pupil, n. ❶ (*leg.*) pupillo, pupilla. ❷ (*leg., scozz.*) minorenne.

purchasable, a. (*market.*) acquistabile.

purchase¹**,** n. ❶ (*market.*) acquisto, compera, compra. ❷ (*org. az.*) approvvigionamento. // **purchases account** (*rag.*) conto acquisti; ~ **book** (*rag.*) libro acquisti; ~ **confirmation** (*Borsa, fin.*) fissato bollato; ~ **contract** (*market.*) contratto d'acquisto; ~ **department** (*org. az.*) servizio acquisti; ~ **for the account** (*Borsa*) acquisto a termine; ~ **for cash** (*market.*) acquisto (con pagamento) in contanti; ~ **for money** (*market.*) acquisto (con pagamento) in contanti; ~ **for the settlement** (*Borsa*) acquisto a termine; ~ **invoice** (*market.*) fattura d'acquisto; ~ **journal** (*rag.*) giornale acquisti; ~ **money** (*market.*) prezzo d'acquisto (*specialm. d'immobili*); **the ~ of shares** (*fin.*) l'acquisto d'azioni; ~ **on credit** (*market.*) acquisto (*o* compera) a credito; ~ **on term** (*market.*) acquisto (*o* compera) a scadenza; ~ **order** (*fin., market.*) ordine d'acquisto; ~ **price** (*market.*) prezzo d'acquisto; ~ **tax** (*fin., ingl.*) imposta generale sull'entrata (*ora sostituita dalla «value added tax», q.V.*); ~ **warrants** (*Borsa, fin.*) diritti d'acquisto di titoli a un prezzo stabilito (*sono emessi congiuntamente a nuove azioni od obbligazioni, per facilitarne il collocamento*).

purchase²**,** v. t. (*market.*) acquistare, comprare, comperare. // **to ~ merchandise (real estate, etc.)** acquistare merce (beni immobili, ecc.).

purchaser, n. (*market.*) acquirente, compratore, committente.

purchasing, a. ❶ acquirente, che acquista, che compra. ❷ di acquisto, relativo ad acquisti. // ~ **agent** (*market.*) commissionario; (*pers.*) responsabile degli acquisti; ~ **bureau** (*org. az.*) ufficio acquisti; ~ **conditions and terms of sale and delivery** (*market.*) condizioni di vendita e di consegna; ~ **department** (*org. az.*) ufficio acquisti; ~ **manager** (*pers.*) responsabile degli acquisti; ~ **office** (*org. az.*) ufficio acquisti; **the ~ party** (*leg.*) la parte acquirente; ~ **period** (*org. az.*) periodo d'approvvigionamenti; ~ **power** (*econ.*) potere d'acquisto: **There's been a decline in the ~ power of the lira** la lira ha subito una diminuzione del potere d'acquisto; ~ **power parity** (*econ.*) parità del potere d'acquisto (*di due monete*).

pure, a. puro. // ~ **competition** (*econ.*) concorrenza pura; ~ **endowment insurance** (*ass.*) assicurazione «in caso di vita»; ~ **-food law** (*leg.*) legge che punisce la sofisticazione dei prodotti alimentari; ~ **premium** (*ass.*) premio netto; ~ **strategy** (*ric. op.*) strategia pura.

purser, n. (*trasp. mar.*) commissario di bordo.

pursuance, n. ❶ ricerca. ❷ adempimento, esecuzione. // **the ~ of truth** (*leg.*) la ricerca della verità; **the ~ of your orders** l'esecuzione delle vostre ordinazioni; **in ~ of** (*leg.*) in esecuzione di, in applicazione di, conformemente a: **All this was done in ~ of article 73 of the Treaty** tutto ciò fu effettuato in applicazione dell'articolo 73 del Trattato.

pursuant, a. che segue, che consegue. // ~ **to** facendo seguito a, aderendo a, in conformità con; (*leg.*) ai sensi di: ~ **to the decision of 20 May** ai sensi della decisione del 20 maggio.

pursue, v. t. perseguire, andare in cerca di, cercare, ricercare.

pursuer, n. (*leg., scozz.*) attore (*in giudizio*).

pursuit, n. ricerca, perseguimento. // **the ~ of profit** (*econ.*) la ricerca del profitto.

purview, n. (*leg.*) portata, testo (*d'una legge*).

push¹**,** n. ❶ (*anche fig.*) spinta. ❷ (*pubbl.*) sostenuta campagna di promozione delle vendite (*d'un articolo, ecc.*). // ~ **force** (*econ.*) forza respingente; ~ **money** (*market.*) percentuale pagata (*da un fabbricante a un venditore*) per l'incentivazione delle vendite d'un prodotto.

push²**,** v. t. ❶ (*anche fig.*) spingere, premere. ❷ (*market.*) cercare d'imporre (*un articolo, ecc.*) al pubblico. ❸ (*pubbl.*) propagandare (*merce, ecc.*); fare pubblicità a (*un prodotto, ecc.*). △ ❶ **The Unions are pushing for higher wages** i sindacati premono per (ottenere) salari più alti; ❷ **Producers are pushing deep-frozen foods onto the Italian table** i produttori cercano d'imporre i surgelati sulla tavola degli Italiani. // **to ~ one's claims** (*leg.*) far valere i propri diritti; **to ~ the sale of a product** (*market., pubbl.*) incrementare la vendita d'un prodotto; **to ~ sales** (*market.*) incentivare le vendite.

put¹**,** n. (*Borsa*) opzione di vendita (*diritto del compratore di consegnare i titoli a una data futura, o di non consegnarli*). // ~ **and call** (*Borsa*) opzione doppia (*diritto del compratore di consegnare titoli o di ritirarli, a suo piacimento, a una data futura*); ~ **and call option** (*Borsa*) V. ~ **and call**; ~ **of more** (*Borsa*) diritto di vendere il doppio; ~ **of three times more** (*Borsa*) diritto di vendere il quadruplo; ~ **of twice more** (*Borsa*) diritto di vendere il triplo; ~ **option** (*Borsa*) vendita a premio; ~ **price** (*Borsa*) prezzo della vendita a premio.

put²**,** v. t. (*pass. e part. pass.* **put**) ❶ mettere, porre, collocare. ❷ apporre. △ ❶ **We will ~ the matter into our lawyer's hands** metteremo la faccenda nelle mani del nostro avvocato. // **to ~ about** (*trasp. mar.*) (*d'una nave*) virare di bordo; **to ~ advertisements in a paper** (*pubbl.*) mettere annunci su un giornale; **to ~ one's affairs in order** mettere ordine nei propri affari; **to ~ one's balance of payments on an even keel** (*econ., fin.*) aggiustare i propri conti con l'estero; **to ~ the brake on world trade** (*comm. est.*) portare a un raffreddamento del commercio mondiale; **to ~ by** mettere da parte, conservare; **to ~ by money** (*fin.*) mettere da parte denaro; **to ~ a clause in a contract** (*leg.*) inserire una clausola in un contratto; **to ~ a company into liquidation** (*fin.*) mettere in liquidazione una società; **to ~ down** deporre, posare; **to ~ an embargo on a ship** (*trasp. mar.*) mettere l'embargo una nave; **to ~ forward** avanzare, mettere avanti, preporre; **to ~ forward a proposal** avanzare una proposta; **to ~ goods ashore** (*trasp. mar.*) sbarcare merci; **to ~ goods on the market** (*market.*) immettere merci in un mercato; **to ~ in** presentare, proporre: **We've already put in a claim for damages** abbiamo già presentato una richiesta di risarcimento per danni; **to ~ in evidence** (*leg.*) fornire prove; **to ~ into force** (*leg.*) promulgare; **to ~ into gear** ingranare; **to ~ into port** (*trasp. mar.*) entrare in porto; **to ~ one's money into land** (*econ.*) investire il proprio denaro in terreni; **to ~ a new catalogue out every six months** (*market., pubbl.*) pubblicare un catalogo nuovo ogni sei mesi; **to ~ off** rimandare, rinviare, differire, dilazionare, aggiornare; **to ~ off a meeting** rimandare una riunione; **to ~ off payments** (*cred.*) differire i pagamenti; **to ~ on** mettere su, aggiungere; indossare; **to ~ it on** (*d'albergo, ecc.*) aumentare i prezzi (*indebitamente*); **to ~ on extra trains** (*trasp. ferr.*) aggiungere treni straordinari; **to ~ out** (*giorn.*) pubblicare; (*org. az.*) produrre: **Our plants ~ out five hundred tons of goods monthly** la nostra fabbrica produce 500 tonnellate di merce al mese; **to ~ petrol into one's tank** (*trasp. aut.*) far benzina; **to ~ a question to the vote** porre ai voti una questione; **to ~ one's savings into shares** (*fin.*) investire i propri risparmi in azioni; ~ **one's signature on a document** apporre la (propria) firma a un documento; to ~ **a special tax on luxuries** (*fin.*) imporre un tributo speciale sugli articoli di lusso; to ~ **through** (*comun.*) mettere in comunicazione (*telefonica*): ~ **me through to Mr Crawford** mi metta in comunicazione con Mr Crawford; to ~ **to sea** (*trasp. mar.*) prendere il mare, salpare; to ~ **up** mettere su, alzare, aumentare; (*tur.*) (*d'albergatore*) ospitare; (*di turista, ecc.*) scendere (*a un albergo, ecc.*); to ~ **st. up for auction** mettere all'asta qc., mettere qc. all'incanto; to ~ **up one's goods for sale** (*market.*) mettere in vendita la propria merce; to ~ **up prices after every wage increase** (*market.*) alzare i prezzi dopo ogni aumento salariale; to ~ **up the shutters** metter su le imposte (*d'un negozio*); abbassare le serrande; (*fig.*) ritirarsi dagli affari, « chiuder bottega »; to ~ **upon wages** (*pers.*) salariare; to ~ **the veto on a proposal** (*leg.*) porre il veto a una proposta; to ~ **work out** (*org. az.*) dare del lavoro a domicilio; to **be put on the employee roll** (*pers.*) passare in ruolo; to **be put on the sick-list** (*pers.*) essere collocato a riposo (*per malattia*).

putting into port, *locuz. v.* (*trasp. mar.*) entrata in porto (*d'una nave*).

pyramid[1], *n.* ❶ piramide. ❷ (*econ., fin.*) gruppo di holding finanziarie a struttura piramidale.

pyramid[2], *v. t.* e *i.* (*Borsa, fin.*) acquistare nuovi titoli con gli utili ricavati dall'aumento delle quotazioni (*dei titoli già acquistati con intenzioni speculative*). ∥ to ~ **one's gains by careful reinvestments** accrescere notevolmente i propri utili mediante oculati reinvestimenti.

pyramider, *n.* (*Borsa, fin.*) speculatore che reinveste i suoi utili in nuovi titoli (*V.* **pyramid**[2]).

pyramiding, *n.* (*Borsa, fin.*) reinvestimento degli utili in nuovi titoli (*V.* **pyramid**[2]).

Q

quadrant, *n.* (*mat.*) quadrante.
quadratic, *a.* (*mat.*) quadratico, quadrato, di secondo grado. *n.* (*mat.*) equazione quadratica, equazione di secondo grado. // ~ **equation** (*mat.*) equazione quadratica, equazione di secondo grado: A ~ **equation is one in which the highest power of the unknown quantity is a square** un'equazione quadratica è un'equazione in cui la potenza più alta dell'incognita è un quadrato; ~ **mean** (*mat., stat.*) media quadratica; ~ **programming** (*ric. op.*) programmazione non lineare.
quadrillion, *n.* ❶ quarta potenza d'un milione (*un 1 seguito da 24 zeri*). ❷ (*USA*) quadrilione (*un 1 seguito da 15 zeri*).
quadruple¹, *n.* (*mat.*) quadruplo.
quadruple², *v. t.* (*mat.*) quadruplicare.
quadruplicate¹, *a.* ❶ quadruplicato, quadruplo. ❷ (*di documento*) in quattro copie.
quadruplicate², *v. t.* ❶ quadruplicare. ❷ fare quattro copie di (*un documento*).
qualification, *n.* ❶ qualità, attributo. ❷ (*banca, cred.*) condizione, condizione restrittiva, restrizione. ❸ (*leg.*) limitazione, restrizione. ❹ (*leg.*) abilitazione (*all'esercizio d'una professione*), qualificazione. ❺ (*leg., pers.*) qualifica, requisito, titolo. △ ❺ **He has not got the qualifications for that office** non ha i titoli per (ricoprire) quella carica. // ~ **shares** (*fin.*) azioni (depositate) in garanzia.
qualified, *a.* ❶ condizionato, condizionale, con restrizioni, con riserve. ❷ (*leg.*) abilitato, qualificato. ❸ (*leg., pers.*) dotato dei requisiti richiesti. // ~ **acceptance** (*banca, cred.*) accettazione condizionata, accettazione restrittiva; ~ **endorsement** (*banca, cred.*) girata condizionata; ~ **property** (*leg.*) proprietà soggetta a restrizioni.
qualify, *v. t.* ❶ condizionare, sottoporre (*qc.*) a condizioni. ❷ (*leg.*) restringere, limitare. ❸ (*leg.*) abilitare, qualificare. ❹ (*leg., pers.*) avere i requisiti (*per svolgere una mansione, esercitare una professione, ecc.*). *v. i.* (*leg.*) abilitarsi. △ *v. t.* ❸ **He has been qualified to practice law** è stato abilitato alla professione forense.
qualitative, *a.* qualitativo.
quality, *n.* qualità. △ **The excellent ~ of our products is well known all over the world** l'ottima qualità dei nostri prodotti è famosa in tutto il mondo; **We regret having to inform you that the goods are of very poor ~** siamo dolenti di dovervi informare che le merci sono di qualità molto scadente; **In the case of a contract of sale by sample there is an implied condition that the goods must correspond with the sample in ~** nel caso d'un contratto di vendita su campione si ha una condizione tacita secondo la quale le merci, quanto a qualità, devono essere corrispondenti al campione. // ~ **control** (*org. az.*) controllo di qualità; ~ **standards** (*market.*) norme conformi di qualità, standard qualitativi; **in ~ of** (*leg.*) in qualità di, in veste di; **in the ~ of** (*leg.*) in qualità di, in veste di.
quantification, *n.* (*ric. op.*) quantificazione.
quantify, *v. t.* (*ric. op.*) quantificare.

quantitative, *a.* quantitativo. △ **The export of wheat has no ~ limitations** l'esportazione di grano non ha limitazioni quantitative. // ~ **derogations** (*comm. est.*) deroghe quantitative; ~ **import restrictions** (*comm. est.*) restrizioni quantitative all'importazione.
quantity, *n.* quantità, quantitativo. △ **It is the duty of the seller to deliver the exact ~ of goods stipulated by contract** è dovere del venditore consegnare l'esatta quantità di merce stipulata in contratto; **We usually grant discount for large quantities** generalmente concediamo uno sconto per grossi quantitativi (ordinati). // ~ **production** (*org. az.*) produzione in grande quantità; ~ **theory of money** (*econ.*) teoria quantitativa della moneta (*sviluppata dall'economista americano I. Fisher*).
quarantine¹, *n.* (*trasp. mar.*) quarantena. // ~ **anchorage** (*trasp. mar.*) ancoraggio di quarantena, posto di quarantena; ~ **fees** (*trasp. mar.*) diritti di quarantena; ~ **risk** (*trasp. mar.*) rischio di quarantena; **to be in ~** (*trasp. mar.*) essere in quarantena; **out of ~** (*trasp. mar.*) fuori quarantena.
quarantine², *v. t.* (*trasp. mar.*) tenere in quarantena.
quarrel¹, *n.* lite, litigio.
quarrel², *v. i.* litigare.
quarrelsome, *a.* litigioso.
quart, *n.* ❶ quarto di « gallone » (*misura per liquidi pari a litri 1,14 circa*). ❷ ottavo di « peck » (*misura per cereali, pari a litri 1,14 circa*).
quarter, *n.* ❶ quarto. ❷ quarto di « hundredweight » (*misura di peso pari a kg 12,70*). ❸ « quarter » (*misura per cereali pari a ettolitri 2,90 circa*). ❹ (*trasp. mar.*) giardinetto. ❺ (*USA*) quarto di dollaro; moneta da 25 centesimi (*di dollaro*). ❻ (*USA*) quarto di « hundredweight » (*misura di peso pari a kg 11,34*). // ~ **dollar** (*USA*) moneta da 25 centesimi (*di dollaro*); ~ **sessions** (*leg., ingl.*) sessioni trimestrali, udienze trimestrali.
quarterage, *n.* pagamento trimestrale (*d'imposta, pensione, salario, ecc.*).
quarterly, *a.* ❶ trimestrale. ❷ (*giorn.*) trimestrale. *n.* (*giorn.*) pubblicazione trimestrale. *avv.* trimestralmente. // **a ~ meeting** un'assemblea trimestrale; ~ **payments** pagamenti trimestrali.
quartile, *n.* (*stat.*) quartile.
quarto, *a. attr.* (*pubbl.*) in quarto. *n.* (*pubbl.*) volume in quarto.
quash, *v. t.* (*leg.*) annullare, cassare, invalidare. // **to ~ a conviction** (*leg.*) annullare una condanna; **to ~ a decision** (*leg.*) annullare una sentenza; **to ~ a verdict** (*leg.*) annullare un verdetto.
quashed, *a.* (*leg.*) annullato, cassato, invalidato, perento.
quashing, *n.* (*leg.*) perenzione.
quasi, *avv.* e *a.* quasi, pressoché, come se. // ~ **-contract** (*leg.*) quasi contratto; ~ **income** (*econ.*) quasi rendita; **a ~ -official position** (*leg.*) una posizione pressoché ufficiale; ~ **partner** (*fin.*) « quasi socio », socio nominale; ~ **-usufruct** (*leg.*) quasi usufrutto, usufrutto imperfetto.
quay¹, *n.* (*trasp. mar.*) molo, banchina d'attracco,

calata. // ~ **rent** (*trasp. mar.*) nolo di banchina, noleggio di banchina; ~ **trial** (*trasp. mar.*) prova agli ormeggi.

quay[2], *v. t.* (*trasp. mar.*) dotare di banchine.

quayage, *n.* (*trasp. mar.*) diritti di banchina.

question[1], *n.* ❶ domanda, quesito, interrogazione. ❷ questione, controversia, problema. // ~ **of competence** (*leg.*) questione di competenza; ~ **of fact** (*leg.*) questione di fatto; ~ **of law** (*leg.*) questione di diritto.

question[2], *v. t.* interrogare, fare domande a (*q.*).

questionnaire, *n.* (*market.*) questionario.

queue[1], *n.* ❶ coda, coda di gente, fila. ❷ (*elab. elettr.*) coda d'attesa (*di dati non ancora elaborati*).

queue[2], *v. i.* fare la coda, fare la fila. // to ~ **up** fare la coda, fare la fila.

queuing theory, *n.* (*ric. op.*) teoria delle code.

quick, *a.* rapido, svelto, veloce. // ~ **access** (*elab. elettr.*) accesso rapido; ~ **-access storage** (*elab. elettr.*) memoria ad accesso rapido; ~ **assets** (*rag.*) attività a vista, attività a breve (*termine*); ~ **assets ratio** (*rag.*) rapporto fra le attività a breve e le passività correnti; ~ **profits** (*fin.*) profitti rapidi (*riguardo al realizzo*); ~ **ratio** (*rag.*) *V.* **acid test ratio**.

quicken, *v. t.* sveltire, affrettare, sollecitare.

quickie strike, *n.* (*sind.*) sciopero a gatto selvaggio, sciopero illegale.

quickness, *n.* fretta, sollecitudine.

quiescence, *n.* quiescenza.

quiescency, *n.* quiescenza.

quietus, *n.* ❶ ricevuta (*di pagamento*). ❷ estinzione (*d'un debito*).

quintal, *n.* ❶ quintale. ❷ « hundredweight » (*pari a 100 libbre in U.S.A. e a 112 in Gran Bretagna*).

quintillion, *n.* ❶ quinta potenza d'un milione (*un 1 seguito da 30 zeri*). ❷ (*USA*) quintilione (*un 1 seguito da 18 zeri*).

quintuple[1], *a.* e *n.* quintuplo.

quintuple[2], *v. t.* quintuplicare.

quintuplicate[1], *a.* ❶ quintuplice, quintuplicato. ❷ (*di documento*) in cinque copie.

quintuplicate[2], *v. t.* ❶ quintuplicare. ❷ fare cinque copie di (*un documento*).

quit[1], *n.* ❶ (il) lasciare, abbandono. ❷ (*pers.*) abbandono del posto di lavoro.

quit[2], *v. t.* abbandonare, lasciare. // to ~ **a debt** (*cred.*) pagare un debito; to ~ **a job** (*pers.*) abbandonare un impiego.

quitclaim[1], *n.* (*leg.*) rinuncia a un diritto.

quitclaim[2], *v. t.* (*leg.*) rinunciare a (*un diritto*).

quittance, *n.* quietanza, ricevuta.

quorum, *n.* (*leg.*) « quorum », numero legale. // the ~ **of creditors** (*leg.*) il numero legale dei creditori.

quota, *n.* ❶ quota, aliquota, parte, porzione, rata. ❷ (*econ.*) contingente. ❸ (*fin.*) tangente. // ~ **period** (*econ.*) periodo contingentale; ~ **sample** (*market., stat.*) campione stratificato; ~ **system** (*econ.*) contingentamento, sistema del contingentamento; ~ **volumes** (*econ.*) volumi contingentali.

quotable, *a.* (*fin.*) quotabile.

quotation, *n.* ❶ citazione. ❷ (*fin., market.*) quotazione, prezzo corrente. △ ❷ **Our quotations are by far the best on the market** le nostre quotazioni sono di gran lunga le migliori sul mercato. // ~ **for the account** (*Borsa*) quotazione a termine; **quotations for cash** (*Borsa*) quotazioni a contanti; **quotations for freight** (*trasp. mar.*) quotazioni di nolo; ~ **in the list** (*fin.*) quotazioni in Borsa; the ~ **of prices** (*fin., market.*) la quotazione dei prezzi.

quote, *v. t.* ❶ citare. ❷ (*fin., market.*) quotare, indicare il prezzo corrente di (*azioni, merci, ecc.*). △ ❷ **These securities are not quoted on the New York Stock Exchange** questi titoli non sono quotati alla Borsa Valori di New York. // to ~ **fixed exchange** (*fin.*) quotare il « certo per l'incerto »; to ~ **the freight** (*trasp. mar.*) quotare il nolo; to ~ **movable exchange** (*fin.*) quotare l'« incerto per il certo »; to ~ **prices** (*fin., market.*) quotare prezzi: **We have quoted our best prices** vi abbiamo quotato i nostri prezzi minimi; **quoted investments** (*rag.*) investimenti azionari, investimenti obbligazionari.

quoted, *a.* (*fin.*) quotato.

quotient, *n.* (*mat.*) quoziente.

R

rack, *n.* ❶ rastrelliera. ❷ (*market.*) « display » per esposizione (e distribuzione) nel punto di vendita. // ~ **-railway** (*trasp. ferr.*) ferrovia a « cremagliera »; ~ **rent** affitto esageratamente alto; to ~ **-rent** far pagare un affitto esorbitante a (*un inquilino*).

rackway, *n. V.* **rack railway**.

radical, *a.* ❶ radicale, integrale, profondo. ❷ (*mat.*) radicale, di radice. *n.* (*mat.*) radicale, segno di radice. △ *a.* ❶ **There has been a ~ change in public opinion** c'è stato un mutamento radicale nell'opinione pubblica. // ~ **sign** (*mat.*) segno di radice.

radio, *n.* ❶ radio, apparecchio radio, radiofonia. ❷ (*trasp. mar.*) radiogramma. // ~ **and television advertising** (*pubbl.*) pubblicità radio-televisiva; ~ **beacon** (*trasp. mar.*) radiofaro; ~ **-bridge** (*comun.*) ponte radio; ~ **broadcast** (*comun.*) trasmissione radiofonica; ~ **broadcasting** (*comun.*) trasmissione radiofonica (*il trasmettere*); ~ **communications** (*trasp. mar.*) comunicazioni radio; ~ **distress message** (*trasp. mar.*) messaggio di soccorso via radio; ~ **distress signal** (*trasp. mar.*) segnale di soccorso via radio; ~ **set** apparecchio radio, radio; ~ **silence** (*trasp. mar.*) silenzio radio; ~ **-telegram** (*comun.*) radiotelegramma; ~ **-telephone** (*comun.*) radiotelefono; ~ **-telephony** (*comun.*) radiotelefonia; **on the** ~ (*comun.*) alla radio, per radio.

radiogram, *n.* (*comun.*) radiotelegramma.

radiophone, *n.* (*comun.*) radiotelefono.

radius, *n.* (*pl.* **radii** *e reg.*) (*mat.*) raggio. // ~ **clause** (*pers., sind.*) clausola (*di contratto di lavoro*) in base alla quale l'impiegato in fase d'addestramento s'impegna a non cercare lavoro presso un altro datore per un certo tempo.

raft, *n.* zattera. // ~ **-port** (*trasp. mar.*) portello di carico.

raging inflation, *n.* (*econ.*) inflazione che imperversa.

rail[1], *n.* ❶ (*trasp. ferr.*) rotaia. ❷ (*trasp. ferr.*) (*abbr. di* **railway, railroad**) ferrovia. ❸ **rails**, *pl.* (*Borsa*) azioni ferroviarie, titoli ferroviari. // ~ **carrier** (*trasp. ferr.*) vettore ferroviario; ~ **traffic** (*trasp. ferr.*) traffico ferroviario; ~ **transport** (*trasp. ferr.*) trasporti ferroviari; **by** ~ (*trasp. ferr.*) per ferrovia: **The document that evidences the contract of carriage by ~ is the consignment note** il documento che attesta il contratto di trasporto per ferrovia è la lettera di vettura; **free on ~ (F.O.R.)** (*trasp. ferr.*) « franco vagone » (*alla stazione di partenza*).

rail[2], *v. t.* (*trasp. ferr., ingl.*) spedire per ferrovia.

railroad[1], *n.* ❶ (*fin., specialm. USA*) società ferroviaria. ❷ (*trasp. ferr., specialm. USA*) ferrovia. ❸ **railroads**, *pl.* (*Borsa, specialm. USA*) azioni ferroviarie, titoli ferroviari. // ~ **company** (*fin.*) società ferroviaria; ~ **rates** (*trasp. ferr.*) tariffe ferroviarie; ~ **shares** (*Borsa, specialm. USA*) azioni di compagnia ferroviaria; ~ **station** (*trasp. ferr.*) stazione ferroviaria.

railroad[2], *v. t.* (*trasp. ferr., specialm. USA*) trasportare per ferrovia.

railway, *n.* (*trasp. ferr.*) ferrovia. // ~ **accident** (*trasp. ferr.*) incidente ferroviario; ~ **bridge** (*trasp. ferr.*) ponte ferroviario; ~ **carriage** (*trasp. ferr.*) carrozza, vagone, vettura; ~ **company** (*fin.*) società ferroviaria; ~ **engine** (*trasp. ferr.*) locomotiva; ~ **junction** (*trasp. ferr.*) raccordo ferroviario; ~ **line** (*trasp. ferr.*) linea ferroviaria; ~ **network** (*trasp. ferr.*) rete ferroviaria; ~ **platform** (*trasp. ferr.*) banchina ferroviaria; ~ **rates** (*trasp. ferr.*) tariffe ferroviarie; ~ **section** (*trasp. ferr.*) tronco ferroviario; ~ **shares** (*Borsa*) azioni ferroviarie, titoli ferroviari; ~ **siding** (*trasp. ferr.*) raccordo ferroviario; ~ **station** (*trasp. ferr.*) stazione ferroviaria: **If the price is « at station »**, **it will include all the expenses met in order to carry the goods to the ~ station of departure** se il prezzo è « franco stazione di partenza », esso comprenderà tutte le spese sostenute per il trasporto della merce fino alla stazione di partenza; ~ **system** (*trasp. ferr.*) rete ferroviaria; ~ **ticket** (*trasp. ferr.*) biglietto ferroviario; ~ **track** (*trasp. ferr.*) binario; ~ **traffic** (*trasp. ferr.*) traffico ferroviario; ~ **yard** (*trasp. ferr.*) scalo ferroviario, sistema di binari per deposito (*smistamento, ecc.*).

raincoat, *n.* (*market.*) impermeabile.

raise[1], *n.* ❶ (*pers., specialm. USA*) aumento di stipendio. ❷ (*specialm. USA*) elevazione, innalzamento. ❸ (*specialm. USA*) aumento. △ ❹ **We're expecting a ~ in the national debt** ci si aspetta un aumento del debito nazionale.

raise[2], *v. t.* ❶ alzare, elevare, innalzare, sollevare. ❷ aumentare. ❸ (*fin.*) procurarsi, raccogliere (*fondi, ecc.*). ❹ (*mat.*) elevare. △ ❶ **The question was raised by the deputy chairman** la questione fu sollevata dal vicepresidente; ❷ **We were not able to ~ a sufficient sum of money** non fummo in grado di procurarci una somma di denaro sufficiente. // **to ~ anchor** (*trasp. mar.*) alzare l'ancora; **to ~ the bank rate** (*fin.*) aumentare il tasso di sconto; **to ~ the blockade** (*trasp. mar.*) togliere il blocco; **to ~ a claim** presentare un reclamo; **to ~ custom duties** (*dog., fin.*) aumentare (*o crescere*) i dazi doganali; **to ~ the discount rate** (*fin.*) aumentare il tasso di sconto; **to ~ duties** (*dog.*) aumentare i dazi; **to ~ a loan on an insurance policy** (*cred.*) ottenere un prestito su una polizza d'assicurazione; **to ~ an objection** sollevare un'obiezione; (*leg.*) sollevare un'eccezione; **to ~ the price of** (*market.*) rincarare; **to ~ prices** (*market.*) aumentare i prezzi; **to ~ real wages** (*pers.*) aumentare i salari reali; **to ~ the standard of living** (*econ.*) elevare il tenore di vita; **to ~ a tax** (*fin.*) esigere un tributo; **to ~ a value to the second power** (*mat.*) elevare un valore alla seconda (*potenza*); **to be raised to the Bench** (*leg.*) accedere alla magistratura.

raising, *n.* alzata, innalzamento.

rally[1], *n.* ❶ adunanza, raduno, riunione. ❷ (*Borsa, fin.*) rafforzamento delle quotazioni (*di titoli, ecc.*) dopo un crollo. ❸ (*Borsa, fin., market.*) (*di titoli, ecc.*) ricupero, ripresa. △ ❸ **There's been a sharp ~ in the soybean complex on the Chicago exchange** c'è stata una netta ripresa nel settore dei semi di soia alla Borsa (*merci*) di Chicago.

rally[2], *v. t.* ❶ raccogliere, radunare, adunare, riunire. ❷ (*Borsa, fin.*) rafforzare le quotazioni di (*titoli, ecc.*) dopo un crollo. ❸ (*fin.; market.*) favorire la ripresa di (*un mercato, ecc.*). *v. i.* ❶ adunarsi. ❷ (*Borsa, fin.*) (*di titoli, ecc.*) riprendersi, ricuperare. △ *v. t.* ❶ **The unions will ~ the workers and a general strike will be inevitable** i sindacati raduneranno gli operai e sarà inevitabile lo sciopero generale; ❸ **The news rallied the market, which had been rather unsteady for several days** le notizie favorirono la ripresa del mercato, che da giorni era piuttosto debole; *v. i.* ❷ **Domestic shares should ~ after the week-end** i (titoli) nazionali dovrebbero riprendersi dopo il fine settimana.

rampant inflation, *n.* (*econ.*) inflazione « rampante ».

random, *a. attr.* accidentale, casuale, fortuito, a casaccio. // ~ **access** (*elab. elettr.*) accesso casuale, accesso libero; ~ **errors** (*stat.*) errori casuali; ~ **sample** (*stat.*) campione casuale; ~ **sampling** (*stat.*) campionamento casuale; ~ **variable** (*stat.*) variabile casuale.

randomize, *v. t.* (*stat.*) casualizzare.

range[1], *n.* ❶ fila, serie. ❷ (*econ., fin., rag.*) scarto. ❸ (*market.*) assortimento, gamma (*di prodotti*). ❹ (*trasp. aer.*) autonomia.(*d'un aereo*). ❺ (*trasp. mar.*) serie di porti in cui s'applicano le stesse tariffe di nolo. △ ❸ **You'll be able to choose among a wide ~ of articles** potrete scegliere fra una vastissima gamma d'articoli. // **the ~ of prices** (*market.*) la gamma dei prezzi, la scala dei prezzi.

range[2], *v. i.* estendersi, andare (*da ... a*). △ **Discounts ~ from 5% to 50%** gli sconti vanno dal 5% al 50%; **Our products ~ from pins to pig iron** i nostri prodotti vanno dagli spilli alla ghisa.

rank[1], *n.* ❶ linea, fila, riga. ❷ grado, ceto, posizione, rango. *a. attr.* troppo alto (*nell'ammontare*); eccessivo. // **the ~ and file** i militari di truppa; (*org. az., fig.*) la « truppa », le maestranze, gli operai; (*sind., fig.*) la « base »: **Union leaders' jargon is often misunderstood by the ~ and file** spesso il gergo dei sindacalisti non è capito dalla « base »; **the ~ of a mortgage** (*leg.*) il grado d'un'ipoteca; **the ranks of the unemployed** (*sind.*) le file dei disoccupati; **a ~ rate of interest** (*fin.*) un tasso d'interesse eccessivo; **from the ranks** (*pers.*) dalla « gavetta ».

rank[2], *v. t.* mettere in riga. *v. i.* occupare una certa posizione, essere classificato, prendere posto. △ *v. i.* **Preferential creditors ~ before ordinary creditors** i creditori privilegiati sono classificati prima di quelli ordinari; **Australia will ~ among the great economic powers** l'Australia prenderà posto fra le grandi potenze economiche.

ransack, *v. t.* (*leg.*) svaligiare.

rapid, *a.* rapido.

rapidity, *n.* rapidità.

rateable, *a.* ❶ stimabile, valutabile. ❷ proporzionale. ❸ (*fin., ingl.*) imponibile. // **the ~ distribution of profits** la distribuzione proporzionale dei profitti; **the ~ value of a property** (*fin., ingl.*) il valore imponibile d'una proprietà, il valore locativo d'una proprietà.

ratably, *avv.* proporzionalmente, in proporzione. △ **All net proceeds shall be distributed among the shareholders ~** tutti gli utili netti dovranno essere distribuiti proporzionalmente fra gli azionisti.

rate[1], *n.* ❶ aliquota, percentuale. ❷ indice. ❸ costo, prezzo, tariffa. ❹ (*fin.*) saggio, tasso. ❺ (*fin.*) corso. ❻ (*fin., ingl.*) imposta comunale, tassa locale. ❼ (*trasp. mar.*) rata di nolo. △ ❸ **This year hotel rates will remain unchanged in the upper and central Adriatic!** quest'anno le tariffe alberghiere dell'alto e medio Adriatico resteranno invariate. // **rates and taxes** (*fin., ingl.*) imposte comunali e nazionali; ~ **at par** (*fin.*) cambio alla pari; ~ **basis** base tariffaria; ~ **-bracket system** (*fin.*) sistema di tariffe a forcelle; ~ **collector** (*pers.*) esattore comunale; ~ **cutting** riduzione delle tariffe; **the ~ for printed matter** (*comun.*) la tariffa per (la spedizione degli) stampati; ~ **of commission** tariffa di mediazione; **the ~ of conversion of a currency** (*econ.*) il tasso di conversione d'una valuta; **the ~ of corporate profits** (*fin., rag.*) la percentuale degli utili sociali; **the rates of countervailing charges on imports** (*comm. est.*) le aliquote delle imposte compensative all'importazione; **the ~ of depreciation** (*econ.*) il saggio di svalutazione, tasso d'ammortamento; ~ **of discount** (*fin.*) tasso (*o* saggio) di sconto; ~ **of exchange** (*fin.*) tasso di cambio, cambio; ~ **of growth** (*econ., stat.*) tasso di sviluppo; **the ~ of increase in the gross national product** (*econ.*) il saggio di crescita del prodotto nazionale lordo; **the ~ of inflation** (*econ.*) il tasso inflazionistico; **the ~ of interest** (*fin.*) il tasso d'interesse; ~ **of pay** (*pers.*) paga; ~ **of premium** (*ass.*) aliquota del premio; **the ~ of price increases** (*econ.*) il ritmo di rialzo dei prezzi: **The ~ of price increases has been distinctly lower than before** c'è stato un netto rallentamento nel ritmo di rialzo dei prezzi; **the rates of refunds on exports** (*comm. est.*) le aliquote dei rimborsi all'esportazione; **the ~ of return** (*rag.*) tasso di remunerazione (*del capitale*); **the ~ of return of capital investment** (*fin.*) il tasso di remunerazione degli investimenti; ~ **of turnover** (*rag.*) tasso di rotazione delle scorte; ~ **payer** (*fin., ingl.*) contribuente; ~ **war** (*comm. est., fig.*) guerra tariffaria.

rate[2], *v. t.* ❶ apprezzare, stimare, valutare. ❷ (*ass.*) fissare l'ammontare del premio per (*un certo rischio*). ❸ (*fin., ingl.*) commisurare l'imposta di (*una proprietà*); stabilire l'imponibile di (*un bene*). ❹ (*market.*) quotare, fare il prezzo a. ❺ (*pubbl.*) misurare l'indice d'ascolto (*radiofonico o televisivo*) di (*q. o qc.*). ❻ (*trasp. mar.*) classificare (*una nave*). △ ❸ **Our property was rated at 1,000 dollars a year** l'imposta sulla nostra proprietà fu commisurata in 1.000 dollari l'anno. // **to ~ goods** (*trasp.*) fissare le tariffe per il trasporto delle merci.

rateable, *a. V.* **rateable**.

rated, *a.* (*fin.*) quotato.

ratification, *n.* (*leg.*) ratificazione, ratifica, sanzione, omologazione. // **the ~ of a treaty** (*leg.*) la ratifica d'un trattato.

ratify, *v. t.* (*leg.*) ratificare, sanzionare, omologare, sancire. // **to ~ a contract** (*leg.*) ratificare un contratto; **to ~ a nomination** (*leg.*) sancire una nomina.

rating, *n.* ❶ apprezzamento, stima, valutazione. ❷ (*ass.*) fissazione dell'ammontare del premio (*per un certo rischio*). ❸ (*cred., fin.*) valutazione del credito (*di cui gode un individuo o una ditta*). ❹ (*fin., ingl.*) commisurazione (*ai fini fiscali*). ❺ (*fin., leg.*) estimo. ❻ (*market.*) quotazione (*del prezzo d'un prodotto, ecc.*). ❼ (*pubbl.*) indice d'ascolto (*radiofonico o televisivo*). ❽ (*trasp. mar.*) classificazione, rango (*d'una nave*). △ ❼ **TV commercials seem to have the highest ~ in our Country** nel nostro Paese sembra che i caroselli televisivi abbiano l'indice d'ascolto più alto.

ratio[1], *n.* (*mat.*) proporzione, rapporto. // **the ~ between stock prices and dividends** (*fin.*) il rapporto fra il prezzo delle azioni e i dividendi.

ratio[2], *v. t.* (*mat.*) esprimere (*qc.*) in forma di rapporto; rendere proporzionale.

ration¹, n. (econ.) razione.
ration², v. t. (econ.) razionare, contingentare.
rational, a. razionale. // ~ **number** (mat.) numero razionale.
rationalization, n. ❶ (mat.) razionalizzazione. ❷ (org. az.) razionalizzazione, organizzazione razionale (del lavoro).
rationalize, v. t. ❶ (mat.) razionalizzare. ❷ (org. az.) razionalizzare, organizzare razionalmente (il lavoro). // to ~ **the industrial process** (org. az.) razionalizzare il processo produttivo.
rationing, n. (econ.) razionamento, contingentamento. // **the ~ of gasoline** (econ., USA) il razionamento della benzina; ~ **system** (econ.) sistema di razionamento.
raw, a. greggio, grezzo. // ~ **data** (stat.) dati bruti, dati non ancora elaborati; ~ **materials** (econ.) materiali grezzi, materie prime: **The cost of ~ materials is getting higher and higher every day** il costo delle materie prime aumenta di giorno in giorno; ~ **petroleum** petrolio greggio, (il) greggio; ~ **wool** lana greggia.
reabsorb, v. t. riassorbire.
reabsorption, n. riassorbimento. // **the ~ of workers leaving the land** (econ., pers.) la riconversione dei lavoratori che abbandonano l'agricoltura.
reach, v. t. raggiungere, giungere a, arrivare a, pervenire a. △ **It is necessary that the goods ~ us in time for the Winter season** è necessario che la merce ci pervenga per la stagione invernale; **The corn crop has reached 100,000 tons** il raccolto del granoturco ha raggiunto le 100.000 tonnellate; **Whether the goods ~ their destination or not, the shipowner receives his freight** che le merci arrivino o meno a destinazione, l'armatore intasca il nolo. // to ~ **sb. by phone** (comun.) mettersi in contatto con q. per telefono; to ~ **harbour** (trasp. mar.) giungere in porto; ~ **-me-down** (market., ingl.) (d'abito) confezionato; (market., ingl.) abito confezionato.
react, v. t. reagire. △ **Share prices reacted strongly after the short drop** le quotazioni azionarie hanno reagito vivacemente dopo la breve caduta.
reaction, n. reazione. // **a ~ in stock prices** (Borsa) una reazione nelle quotazioni (dei titoli).
reactivate, v. t. ❶ riattivare, rimettere in funzione. ❷ rilanciare (fig.). △ ❶ **The factory will be reactivated as soon as the strikes are over** lo stabilimento sarà rimesso in funzione non appena saranno terminati gli scioperi.
reactivation, n. ❶ riattivazione. ❷ rilancio (fig.). // **the ~ of the economic and monetary union** (econ.) il rilancio dell'unione economica e monetaria.
reactor, n. (econ.) reattivo.
read, v. t. (pass. e part. pass. **read**) ❶ leggere. ❷ studiare (una materia: all'università). v. i. (di documento e sim.) dire, suonare (alla lettura). △ v. t. ❶ **We shall ~ all the clauses of the contract carefully before making up our minds** leggeremo attentamente tutte le clausole contrattuali prima di decidere; **The minutes have been read and approved by all the partners** il verbale è stato letto e approvato da tutti i soci; v. i. **Their telegram reads as follows: ...** il loro telegramma dice come segue: ... // to ~ **for the Bar** studiare per diventare un avvocato patrocinante (un « barrister », q.V.); to ~ **law** studiare legge; to ~ **well** (di libro, autore, ecc.) essere interessante alla lettura, leggersi bene: **This book reads well** questo libro si legge bene.
reader, n. ❶ lettore. ❷ (elab. elettr.) lettore. ❸ (giorn.) lettore. ❹ (giorn.) correttore di bozze. ❺ (mar-

ket.) cartello recante indicazioni (sulla merce in vetrina, ecc.). ❻ (market.) cartellino del prezzo (della merce). ❼ (pubbl.) V. **reading notice**. △ ❶ **The editor has received a lot of letters from the readers** al direttore è giunta una quantità di lettere dai lettori. // ~ **-punch** (elab. elettr.) lettore-perforatore.
readership, n. (giorn., stat.) numero di lettori. // ~ **research** (giorn.) ricerca sulle abitudini di lettura; ~ **study** (giorn.) ritratto del lettore.
reading, n. lettura, (il) leggere. // ~ **matter** (giorn.) materia di lettura, roba da leggere (d'un giornale e sim.); ~ **mechanism** (elab. elettr.) dispositivo di lettura; ~ **notice** (pubbl.) annuncio pubblicitario composto tipograficamente in modo da sembrare parte del « corpo » (d'un giornale, d'una rivista, ecc.).
readjust, v. t. ❶ riadattare, riassestare, riordinare. ❷ (fin., market., trasp.) ritoccare (prezzi, tariffe, ecc.). v. i. riadattarsi, riassestarsi. △ v. i. **The Italian economy is slowly readjusting** l'economia italiana va riassestandosi lentamente.
readjustment, n. ❶ riadattamento, riassestamento, riordinamento. ❷ (fin., market., trasp.) ritocco (di prezzi, tariffe, ecc.). △ ❶ **There will be a ~ in the accounts** ci sarà un riordinamento dei conti.
ready, a. ❶ pronto, sollecito. ❷ rapido, svelto. △ ❶ **The ship is ~ to load** la nave è pronta per il caricamento. // ~ **assets** (rag.) disponibilità liquide; a ~ **-built house** una casa prefabbricata; ~ **cash** (market.) pronta cassa; ~ **for press** (giorn., pubbl.) visto, si stampi; ~ **for sea** (trasp. mar.) (di nave, battello, ecc.) pronto a prendere il mare; ~ **-for-wear** (market.) V. ~ **-made**; ~ **-made** (market.) (d'abito, ecc.) confezionato; ~ **-made clothes** (market.) abiti confezionati, confezioni; ~ **-made shop** (market.) negozio d'abiti confezionati; ~ **money** denaro contante, contanti; ~ **reckoner** (attr. uff.) prontuario di calcoli; ~ **-to-wear** (market.) (d'abito) confezionato, bell'e fatto.
real, a. ❶ reale, effettivo. ❷ (fin., leg.) immobiliare, immobile. ❸ (market.) naturale (opposto a « finto », artificiale, ecc.). ❹ (mat.) reale. △ ❶ **The ~ weapon of short-term economic management in the United States is monetary policy** negli Stati Uniti, l'arma effettiva di politica congiunturale è la politica monetaria. // ~ **accounts** (rag.) conti numerari (alle attività e passività); ~ **agent** (fin.) V. ~ **-estate agent**; ~ **assets** (fin., leg.) immobili, beni immobili; ~ **capital** (rag.) capitale d'immobilizzo; ~ **chattels** (fin., leg.) beni immobili; ~ **contract** (leg.) contratto reale; ~ **cost** (rag.) costo reale; ~ **estate** (fin., leg.) beni immobili; ~ **-estate agency** (fin.) agenzia immobiliare (o fondiaria); ~ **-estate agent** (fin.) agente immobiliare; **the ~ -estate market** (fin.) il mercato immobiliare; ~ **estate register** (amm.) libro catastale; ~ **estate registered (not registered) in the land registry** (fin., leg.) immobile censito (non censito) in catasto; **the ~ -estate sector** (fin.) il settore degli affari immobiliari; ~ **exchange** (fin.) cambio reale; **the ~ gross national product** (econ.) il prodotto nazionale lordo in termini reali; ~ **income** (econ.) reddito in termini reali; ~ **money** moneta corrente, contanti; ~ **national income** (econ.) reddito nazionale in termini reali; ~ **numbers** (mat.) numeri reali; ~ **partner** (fin.) socio effettivo; **the ~ party in interest** (leg.) la parte in causa; ~ **property** (fin., leg.) proprietà immobiliare, patrimonio immobiliare; **the ~ rate of interest on loans** (cred.) l'effettivo tasso d'interesse sui prestiti; ~ **rights** (leg.) diritti reali; ~ **tare** (market.) tara reale; ~ **time** (cronot.) tempo reale; ~ **wages** (pers.) salario effet-

tivo, salario reale (*considerando il potere d'acquisto della moneta*).

realign, *v. t.* riallineare. *v. i.* riallinearsi.

realignment, *n.* ❶ riallineamento. ❷ (*econ., fin.*) riassetto. △ ❷ **Immediate economic ~ is a must** non si può fare a meno d'un immediato riassetto economico.

realizable, *a.* (*econ., fin.*) realizzabile, convertibile in contanti. // ~ **value** (*fin., rag.*) valore venale.

realization, *n.* ❶ realizzazione, attuazione, avveramento, effettuazione, compimento. ❷ (*econ., fin.*) realizzo, conversione in contanti. △ ❷ **The ~ of those credits is not going to be so easy as it seemed** il realizzo di quei crediti non sarà facile come sembra. // ~ **and liquidation account** (*rag.*) bilancio di liquidazione, stato patrimoniale di liquidazione; ~ **of a bankrupt's estate** (*leg.*) realizzo della proprietà d'un fallito; **the ~ of a profit** (*rag.*) l'ottenimento d'un utile.

realize, *v. t.* ❶ realizzare, attuare, avverare, compiere, effettuare. ❷ (*econ., fin.*) realizzare, convertire in contanti. ❸ (*market.*) ottenere (*un prezzo*). △ ❶ **We have realized a good investment** abbiamo effettuato un buon investimento; ❸ **They will ~ a good price on the sale of their factory** otterranno un buon prezzo dalla vendita della (loro) fabbrica. // to ~ **a credit** (*cred.*) realizzare un credito; to ~ **a profit** (*rag.*) ottenere un utile.

realtor, *n.* (*fin., USA*) agente immobiliare, agente fondiario, mediatore di case e terreni.

realty, *n.* (*fin., leg.*) proprietà immobiliari, beni immobili.

ream, *n.* (*pubbl.*) risma (*480 o 500 fogli di carta da scrivere*).

reappraisal, *n.* (*rag.*) rivalutazione.

reappraise, *v. t.* (*rag.*) rivalutare.

re-arrange, *v. t.* (*econ., fin.*) riassettare.

re-arrangement, *n.* (*econ., fin.*) riassetto.

reason[1], *n.* ragione, motivo. △ **Those measures have been taken for reasons connected with the current business situation** quelle misure sono state prese per motivi congiunturali. // **reasons of procedure** (*leg.*) motivi procedurali.

reason[2], *v. i. e t.* ragionare, discorrere, inferire.

reasonable, *a.* ❶ ragionevole. ❷ (*market.*) a buon mercato, non caro. △ ❷ **Tape recorders are now ~** adesso i registratori a nastro sono a buon mercato; // ~ **diligence** (*leg.*) diligenza del buon padre di famiglia; **a ~ price** (*market.*) un prezzo ragionevole; **a ~ request** una richiesta ragionevole.

reassess, *v. t.* ❶ (*ass.*) valutare di nuovo (*un danno, ecc.*). ❷ (*fin.*) imporre nuovamente (*un tributo*); fissare di nuovo (*un'imposta, un imponibile, ecc.*); riaggiudicare (*l'imponibile*).

reassessment, *n.* ❶ (*ass.*) nuova valutazione (*d'un danno, ecc.*). ❷ (*fin.*) nuova determinazione d'imposta; riaggiudicamento (*dell'imponibile*).

reassurance, *n.* (*ass.*) riassicurazione.

reassure, *v. t.* (*ass.*) riassicurare.

rebate[1], *n.* ❶ (*cred., fin.*) rimborso (*di parte degli interessi pagati per una somma prestata e che viene restituita in anticipo*). ❷ (*market.*) ribasso, riduzione, deduzione, detrazione, defalco, sconto. △ ❶ **We are entitled to a ~ of the income tax** abbiamo diritto a un rimborso dell'imposta sul reddito. // **a ~ of freight** (*trasp. mar.*) un rimborso del nolo; ~ **on income taxes** (*fin., sind.*) riduzione delle imposte sul reddito (*per gli scioperanti*); **a ~ of premium** (*ass.*) uno sconto sul premio; **the ~ on bills not due** (*banca*) risconto di portafoglio.

rebate[2], *v. t.* (*cred., fin.*) rimborsare (*parte degli interessi pagati per una somma prestata e che viene restituita in anticipo*). *v. i.* (*market.*) praticare ribassi, concedere sconti. △ *v. t.* **He had to ~ 2,000 pounds in interest** dovette rimborsare 2.000 sterline d'interessi; *v. i.* **Though we don't like rebating, we shall have to accept it in order to stay in business** anche se non ci piace concedere sconti, dovremo farlo per restare a galla.

re-birth, *n.* (*anche fig.*) rinascita.

rebound, *n.* ristorno.

rebroadcast[1], *n.* (*comun.*) ritrasmissione.

rebroadcast[2], *v. t.* (*pass. e part. pass.* **rebroadcast**) (*comun.*) ritrasmettere.

rebuild, *v. t.* (*pass. e part. pass.* **rebuilt**) ricostruire, riedificare. // to ~ **inventories** (*org. az.*) ricostituire gli inventari.

rebuke[1], *n.* rimprovero.

rebuke[2], *v. t.* rimproverare.

rebut, *v. t.* ❶ rifiutare, respingere. ❷ (*leg.*) respingere, rigettare (*un addebito, ecc.*). ❸ (*leg.*) confutare (*prove, ecc.*). △ ❸ **Evidence has been rebutted** le prove sono state confutate. // to ~ **a charge** (*leg.*) respingere un'accusa; to ~ **sb.'s proposals** respingere le proposte di q.

rebuttable presumption, *n.* (*leg.*) presunzione relativa.

rebuttal, *n.* ❶ rifiuto, ripulsa. ❷ (*leg.*) rigetto (*d'un addebito, ecc.*). ❸ (*leg.*) confutazione.

rebutter, *n.* ❶ chi rifiuta, chi respinge. ❷ (*leg.*) chi respinge (*un addebito, ecc.*). ❸ (*leg.*) chi confuta (*prove, ecc.*). ❹ (*leg.*) replica della difesa.

recant, *v. t.* (*leg.*) ritrattare (*pubblicamente*).

recantation, *n.* (*leg.*) ritrattazione (*pubblica*).

recapitulate, *v. t.* riepilogare.

recapitulation, *n.* ricapitolazione, riepilogo.

recaption, *n.* (*leg.*) ripresa di possesso di beni sottratti illecitamente.

recede, *v. i.* ❶ recedere, ritirarsi, rinunziare (a). ❷ (*econ.*) rallentare. ❸ (*fin., market.*) (*di prezzi, quotazioni, ecc.*) calare, diminuire. △ ❷ **Demand eased and prices receded for most of the goods** la domanda rallentò e i prezzi diminuirono per gran parte delle merci. // to ~ **from a contract** (*leg.*) recedere da un contratto.

receipt[1], *n.* ❶ ricevimento, ricezione, ricevuta, riscontro. ❷ (*comm.*) ricevuta, quietanza, ◊ giustificativo». ❸ **receipts**, *pl.* (*rag.*) entrate, introiti, proventi, profitti, ricavi. △ ❶ **Upon ~ of the goods we noticed that they didn't correspond with the sample** al ricevimento della merce notammo che essa non era conforme al campione; ❷ **We acknowledge ~ of your letter** accusiamo ricevuta della vostra lettera; ❸ **Receipts per unit sold decreased for some products** sono diminuiti i ricavi unitari per alcuni prodotti. // ~ **book** registro delle ricevute, bollettario; **a ~ for the balance** una ricevuta a saldo; **a ~ for payment** una ricevuta di pagamento; ~ **form** modulo di ricevuta; **a ~ in full** una ricevuta a saldo; **a ~ on account** una ricevuta in conto; ~ **stamp** bollo per ricevuta; **to be in ~ of** (*comm.*) avere ricevuto: **We are in ~ of your letter dated the 22nd of April** abbiamo ricevuto la vostra lettera del 22 aprile.

receipt[2], *v. t.* ❶ (*comm.*) quietanzare (*un conto, una fattura, ecc.*). ❷ (*comm.*) accusare ricevuta di (*merci*). // to ~ **a bill of lading** (*trasp. mar.*) quietanzare una polizza di carico; to ~ **an invoice** (*market.*) quietanzare una fattura.

receivable, *a.* ❶ ricevibile. ❷ (*comm.*) esigibile. ❸ (*leg.*) accettabile, ammissibile. // ~ **accounts** (*rag.*)

conti attivi; ~ **evidence** (*leg.*) prova ammissibile; **a ~ testimony** (*leg.*) una deposizione accettabile.

receivables, *n. pl.* (*rag.*) esposizione (*complesso dei crediti d'un'azienda*).

receive, *v. t.* ❶ ricevere, accogliere. ❷ (*leg.*) ricettare. ❸ (*pers.*) ricevere, percepire (*un salario, ecc.*). △ **We haven't received any news from our London office** non abbiamo ricevuto notizie dal nostro ufficio di Londra. // **to ~ money on deposit** (*fin.*) ricevere denaro in deposito; **to ~ notice to quit** (*leg.*) ricevere l'ordine di sfratto; **to ~ one's pay** (*pers.*) riscuotere la paga; **to ~ stolen goods** (*leg.*) ricettare merci rubate.

received, *a.* ricevuto, accolto. // « **~ for shipment** » **bill of lading** (*trasp. mar.*) polizza « ricevuto per l'imbarco »; **~ stamp** timbro di ricevuta.

receiver, *n.* ❶ chi riceve. ❷ (*comun., trasp.*) ricevitore, destinatario. ❸ (*fin.*) cassiere, tesoriere; prenditore. ❹ (*leg.*) (= **receiver of stolen goods**) ricettatore. ❺ (*leg., ingl.*) amministratore fiduciario; curatore (*di minore, d'interdetto, ecc.*). ❻ (*leg., ingl.*) custode giudiziario di beni, liquidatore; curatore (*di fallimento*). △ ❷ **The ~ will pay all mailing charges** il destinatario sosterrà tutte le spese postali. // **~ in bankruptcy** (*leg., ingl.*) curatore fallimentare.

receivership, *n.* ❶ (*leg., ingl.*) curatela (*di minore, interdetto, ecc.*). ❷ (*leg., ingl.*) curatela, amministrazione (*fallimentare*).

receiving, *a.* che riceve, ricevente. *n.* ricevimento, ricezione, (il) ricevere. // **~ order** (*leg., ingl.*) ordinanza di trapasso delle attività (*del debitore al curatore fallimentare*); mandato di curatela (*emesso nei confronti d'un debitore insolvente*): **Though a limited company is considered for some purposes to be a « person », a ~ order (which may lead to the adjudication of bankruptcy) cannot be made against any such body** sebbene una società per azioni inglese sia considerata a taluni effetti una « persona giuridica », un'ordinanza di trapasso delle attività (che può condurre a una sentenza dichiarativa di fallimento) non può essere emessa contro un simile ente; **~ stolen goods** (*leg.*) ricettazione.

recent, *a.* recente.

reception, *n.* ❶ ricevimento, ricezione; (il) ricevere; accoglienza. ❷ (*market., pers.*) segreteria d'accoglimento (*dei visitatori, nelle mostre, fiere, e sim.*).

receptionist, *n.* (*market., pers.*) segretario (*d'accoglimento dei visitatori nelle mostre, fiere, ecc.*).

receptivity, *n.* ricettività.

recession, *n.* (*econ.*) recessione, congiuntura negativa. △ **Our Country's economy is being hit by ~** l'economia del nostro Paese è caratterizzata da una congiuntura negativa.

recidive, *n.* (*leg.*) recidiva.

recidivism, *n.* (*leg.*) recidiva, condizione del recidivo.

recidivist, *n.* (*leg.*) recidivo.

reciprocal, *a.* ❶ reciproco. ❷ (*mat.*) reciproco. △ ❶ **The two nations have agreed to extend ~ privileges to each other's citizens** i due Paesi si sono accordati sulla concessione di privilegi reciproci ai loro abitanti. // **~ demand** (*econ.*) domanda reciproca (*di prodotti: fra due persone o due comunità*); **~ quantities** (*mat.*) quantità reciproche (*il cui prodotto è uguale a 1*); **~ ratio** (*mat.*) rapporto inverso; **~ trade agreements** (*comm. est.*) accordi commerciali bilaterali.

reciprocate, *v. t.* contraccambiare.

reciprocity, *n.* ❶ reciprocità. ❷ (*comm. est.*) reciprocità. // **~ in trade** (*comm. est.*) reciprocità di trattamento commerciale.

reckon, *v. t.* e *i.* calcolare, computare, contare, far di conto. △ **We have reckoned the cost of raw materials** abbiamo calcolato il costo della materia prima.

reckoner, *n.* ❶ chi conta, chi fa di conto. ❷ (= **ready reckoner**) prontuario dei calcoli. ❸ (*pers.*) contabile, computista.

reckoning, *n.* ❶ (il) far di conto. ❷ calcolo, computo. ❸ conto (*da pagare*). ❹ (*trasp. aer., trasp. mar.*) posizione (*d'una nave*) in base ai calcoli. △ ❷ **The correctness of my ~ has been amply verified** l'esattezza dei miei calcoli è stata abbondantemente provata. // **~ from today** a contare da oggi, a partire da oggi.

re-claim[1], *v. t.* (*leg.*) pretendere la restituzione di (*qc.*); rivolere. △ **The employee who had been fired re-claims his job in the factory** l'impiegato che era stato licenziato rivuole il suo posto in fabbrica.

reclaim[2], *v. t.* e *i.* ❶ reclamare, protestare. ❷ ricuperare. ❸ (*econ.*) bonificare, prosciugare, risanare, rendere fertile (*un territorio*). △ ❸ **The most arid areas will be reclaimed by irrigation** le zone più aride saranno rese fertili per mezzo dell'irrigazione. // **to ~ a marsh** (*econ.*) prosciugare una palude.

reclaiming, *n.* (*econ.*) bonifica, risanamento; prosciugamento.

reclamation, *n.* ❶ reclamo, protesta. ❷ ricupero. ❸ (*econ.*) bonifica, prosciugamento, risanamento. △ ❸ **The « Ente Regione » are starting a large-scale ~ project** l'Ente Regione sta iniziando un vasto programma di bonifica. // **~ district** (*econ.*) comprensorio di bonifica.

reclassification, *n.* (*trasp. mar.*) riclassificazione (*riassegnazione d'una nave alla propria o a un'altra classe in base alle risultanze d'una visita*).

reclassify, *v. t.* (*trasp. mar.*) riclassificare (*una nave*).

recoal, *v. t.* (*trasp. mar.*) rifornire (*una nave e sim.*) di carbone. *v. i.* (*trasp. mar.*) (*di nave e sim.*) rifornirsi di carbone. △ *v. i.* **The ship travelled for several days without recoaling** la nave ha viaggiato per diversi giorni senza rifornirsi di carbone.

recognition, *n.* ❶ riconoscimento, ammissione. ❷ accettazione, accoglimento (*d'un reclamo e sim.*). △ ❶ **We shall send him a gift in ~ of the services he's rendered to the firm** gli invieremo un dono in riconoscimento dei servigi da lui prestati all'azienda.

recognizance, *n.* ❶ (*leg.*) impegno assunto dinnanzi a un magistrato. ❷ (*leg.*) cauzione, garanzia.

recognize, *v. t.* ❶ riconoscere, ammettere, riconoscere la giustizia di (*qc.*). ❷ accettare, accogliere. △ ❶ **He recognized them as his heirs** li riconobbe come suoi eredi. // **to ~ a claim** accogliere un reclamo.

recommend, *v. t.* raccomandare, consigliare, esortare. △ **That young man has been recommended for the job** quel giovanotto è stato raccomandato per il posto.

recommendable, *a.* raccomandabile, consigliabile.

recommendation, *n.* raccomandazione, consiglio, esortazione. △ **Mr Rome gets a lot of letters of ~** Mr Rome riceve una quantità di lettere di raccomandazione. // **recommendations on budgetary matters** (*fin.*) raccomandazioni in materia di gestione di bilancio.

recommission, *v. t.* (*trasp. mar.*) riarmare (*una nave, ecc.*).

recompense[1], *n.* ❶ ricompensa, rimunerazione. ❷ (*leg.*) riparazione (*d'un torto*). ❸ (*leg.*) risarcimento (*d'un danno*).

recompense[2], *v. t.* ❶ ricompensare, rimunerare. ❷ (*leg.*) riparare (*un torto*). ❸ (*leg.*) risarcire (*un danno*). △ ❸ **Our neighbour agreed to ~ all damages** il nostro vicino acconsentì a risarcire tutti i danni.

reconcile, *v. t.* ❶ riconciliare. ❷ (*leg.*) conciliare (*le parti contendenti*). ❸ (*leg.*) comporre (*una lite*). ❹ (*rag.*) far quadrare (*conti, ecc.*); far quadrare le cifre di (*un conto: con quelle d'un altro*); spuntare (*cifre, voci d'un conto, ecc.*). △ ❷ **We'll make another effort to ~ the two quarrelling parties** faremo un altro tentativo per conciliare le parti; ❹ **Finally I was able to ~ my cheque book with my bank statement** alla fine riuscii a far quadrare le cifre del libretto degli assegni con quelle dell'estratto conto della banca. // to ~ **the accounts** (*rag.*) far quadrare i conti; to ~ **two litigants** (*leg.*) riconciliare due litiganti.

reconciliation, *n.* ❶ riconciliazione. ❷ (*leg.*) conciliazione (*fra le parti contendenti*). ❸ (*leg.*) composizione (*d'una lite*). ❹ (*rag.*) spunta (*di cifre, di voci d'un conto, ecc.*). △ ❹ **We hope the ~ will help us to detect that miscalculation** speriamo che la spunta ci aiuti a trovare quell'errore di calcolo.

reconduction, *n.* (*leg.*) rinnovo del contratto d'affitto, riconduzione.

reconfirm, *v. t.* riconfermare.

reconfirmation, *n.* riconferma.

reconstruct, *v. t.* (*anche fig.*) ricostruire. // to ~ **the facts** (*leg.*) ricostruire i fatti.

reconstruction, *n.* (*anche fig.*) ricostruzione.

reconvention, *n.* (*leg.*) azione riconvenzionale.

reconversion, *n.* (*econ.*) riconversione (*d'industrie belliche in industrie di pace*).

reconvert, *v. t.* (*econ.*) (*d'industrie*) riconvertire. *v. i.* (*econ.*) (*d'industrie*) riconvertirsi.

reconvey, *v. t.* ❶ (*leg.*) restituire (*una proprietà*) al possessore precedente. ❷ (*trasp.*) trasportare indietro. ❸ (*trasp.*) rispedire.

reconveyance, *n.* ❶ (*leg.*) restituzione (*d'una proprietà al possessore precedente*). ❷ (*trasp.*) rispedizione.

record[1], *n.* ❶ record, primato. ❷ registrazione, nota, memoria, documento, documentazione, protocollo. ❸ (*leg.*) verbale. ❹ (*market.*) disco fonografico. ❺ (*pers.*) carriera (*trascorsa*), stato di servizio; curriculum, curricolo. ❻ (*rag.*) registrazione, scrittura (contabile). ❼ **records**, *pl.* (*leg.*) atti ufficiali. ❽ **records**, *pl.* (*leg.*) archivio. *a. attr.* da primato, straordinario, record. △ ❺ **He has got a brilliant ~ as an executive** ha un brillante curriculum come dirigente. // ~ **-breaking** imbattibile, insuperabile, record, da record, da primato; **a ~ -breaking production** (*econ.*) una produzione da record; **records centre** (*org. az.*) archivio; **a ~ crop** (*econ.*) un raccolto record (*abbondantissimo*); **records detention** (*org. az.*) archiviazione; **the ~ of an applicant** (*pers.*) lo stato di servizio d'un aspirante (*a un posto*); **the records of a company** (*rag.*) le scritture (contabili) d'una società; **the records of the Court of law** (*leg.*) i verbali del tribunale; ~ **of payments to third parties** (*fin.*) libro dei compensi a terzi; **the ~ of service** (*pers.*) lo stato di servizio; **the Records Office** l'Archivio di Stato; ~ **prices** (*market.*) prezzi imbattibili; **of** ~ (*leg.*) (*di fatto, atto, ecc.*) documentato, provato; **off the** ~ (*giorn.*) (*di dichiarazione, intervista, e sim.*) da non pubblicarsi, non ufficiale; (*leg.*) ufficiosamente: **Of course my remarks are off the** ~ naturalmente le mie osservazioni non sono da pubblicarsi.

record[2], *v. t.* ❶ registrare, prender nota di, protocollare, tenere memoria di (*qc.*). ❷ (*leg.*) mettere a verbale, « verbalizzare », trascrivere. ❸ (*leg.*) archiviare. ❹ (*market.*) incidere, registrare (*su dischi, nastri magnetici, « cassette », ecc.*). ❺ (*rag.*) registrare (*scritture contabili*). △ ❺ **The deed has been recorded by the notary** l'atto è stato registrato dal notaio. // to ~ **in protocol** (*leg.*) protocollare; to ~ **the proceedings of a congress** (*leg.*) verbalizzare gli atti d'un congresso; to ~ **a vote** (*leg.*) mettere a verbale una votazione.

recordation, *n.* (*leg.*) registrazione. // **the ~ of a property acquired** (*leg.*) la registrazione d'una proprietà acquisita.

recorder, *n.* ❶ chi registra, chi prende nota, chi mette a verbale. ❷ (*leg.*) archivista. ❸ (*leg.*) cancelliere. ❹ (*leg., ingl.*) magistrato (*in certe città*). ❺ (*market.*) registratore (*a nastro magnetico o a « cassette »*), magnetofono.

recording, *n.* ❶ il registrare (il prender nota, ecc., V. **record**[2]). ❷ registrazione, incisione (*su dischi, nastri magnetici, « cassette », ecc.*). ❸ (*leg.*) verbalizzazione, trascrizione.

re-count[1], *n.* nuovo computo. △ **A ~ of the election votes was necessary** fu necessario un nuovo computo dei voti dell'elezione.

re-count[2], *v. t.* ricontare, contare di nuovo.

recoup, *v. t. e i.* ❶ ricuperare. ❷ (*leg.*) trattenere (*parte d'una somma dovuta*). ❸ (*leg.*) rimborsare, risarcire, indennizzare. ❹ (*leg.*) ricuperare (*qc.*); farsi risarcire (*un danno*). △ ❶ **Italian industrialists must be given time to ~** agli industriali italiani si deve dare il tempo di ricuperare; ❹ **I trust we will be able to ~ the losses** sono convinto che potremo farci risarcire le perdite. // to ~ **sb. for damages** (*leg.*) risarcire q. per danni.

recoupment, *n.* ❶ ricupero. ❷ (*leg.*) trattenuta (*di parte d'una somma dovuta*). ❸ (*leg.*) rimborso, risarcimento, indennizzo.

recourse, *n.* ❶ ricorso. ❷ (*cred.*) regresso (*cambiario*); azione di regresso, azione di rivalsa. △ ❶ **We ought to succeed without ~ to the International Monetary Fund** dovremmo riuscire senza far ricorso al Fondo Monetario Internazionale. // **to have ~ to the law** (*leg.*) ricorrere alla legge, adire le vie legali; **without ~** (*cred.*) senza regresso, senza rivalsa: **One may qualify an endorsement by writing, for example, « without ~ » before the signature** si può condizionare una girata scrivendo, per esempio, prima della propria firma, « senza rivalsa ».

recover, *v. t.* ❶ riacquistare, ricuperare, riottenere, riguadagnare. ❷ compensare. ❸ (*leg.*) ottenere (*qc., dal tribunale*). *v. i.* ❶ (*anche fig.*) riaversi, riprendersi, ristabilirsi, rimettersi (*in salute*). ❷ (*Borsa, fin.*) (*di titoli, ecc.*) essere in ripresa. ❸ (*econ.*) (*di situazione economica*) essere in ripresa. △ *v. t.* ❷ **They recovered the increased costs through higher prices** compensarono l'aumento nei costi con prezzi più alti; *v. i.* ❶ **The wool industry is at last recovering after the long slump** l'industria laniera sta finalmente riprendendosi dopo la lunga depressione; ❷ **Shannon shares are recovering smartly** le azioni Shannon sono in brillante ripresa. // to ~ **costs** (*leg.*) ricuperare le spese (*d'una causa*); to ~ **damages** (*leg.*) ottenere il risarcimento dei danni; to ~ **a debt at law** (*leg.*) ricuperare un credito mediante un'azione giudiziaria; to ~ **expenses** ricuperare le spese; to ~ **judgment against the defendant** (*leg.*) ottenere una sentenza contro il convenuto; to ~ **a loss** compensare una perdita, rifarsi d'una perdita.

recoverable, *a.* ricuperabile, riacquistabile.

recovery, *n.* ❶ ricupero, riacquisto. ❷ (*anche fig.*)

recreation

ristabilimento, ripresa. ❸ (*Borsa, fin.*) (*detto di titoli, ecc.*) ripresa. ❹ (*econ.*) ripresa, risanamento. ❺ (*leg.*) ottenimento (*di qc., dal tribunale*). △ ❸ **There is a sharp ~ in the debenture market** c'è una netta ripresa nel mercato obbligazionario; **The ~ of the Italian stock market lasted throughout the whole month of May** la ripresa della Borsa italiana è proseguita ancora lungo tutto l'arco del mese di maggio. // **a ~ in production** (*econ.*) una ripresa produttiva; **the ~ of cash** (*rag.*) il realizzo del contante; **the ~ of a credit** (*cred.*) il ricupero d'un credito; **~ package** (*econ.*) piano di risanamento.

recreation, *n.* ricreazione, divertimento, svago.

recreational, *a.* ricreativo. // **~ activities** (*pers.*) attività ricreative.

recruit, *v. t.* ❶ reclutare. ❷ (*pers.*) assumere. △ ❷ **My job is to ~ workers for the new plant** il mio lavoro consiste nell'assumere manodopera per il nuovo stabilimento. // **to ~ skilled workers** (*econ., pers.*) reclutare manodopera qualificata.

recruiting, *n.* ❶ reclutamento. ❷ (*pers.*) assunzione. // **the ~ of personnel** (*econ., pers.*) il reclutamento di personale; **~ office** (*pers.*) ufficio assunzioni.

recruitment, *n.* ❶ reclutamento. ❷ (*pers.*) assunzione. // **a ~ plan** (*pers.*) un programma d'assunzione.

rectification, *n.* rettificazione, rettifica, correzione. // **the detection and ~ of misprints** (*giorn.*) la correzione degli errori di stampa.

rectify, *v. t.* rettificare, correggere. △ **You haven't rectified all the miscalculations in our account** non avete corretto tutti gli errori di calcolo nel nostro conto. // **to ~ a figure** (*rag.*) rettificare una cifra.

rectitude, *n.* rettitudine.

recto, *n.* (*pubbl.*) retto. // **the ~ and the verso** (*pubbl.*) il retto e il verso.

recurrent, *a.* ricorrente, periodico.

recurring decimal, *n.* (*mat.*) numero (*decimale*) periodico.

recyclable, *a.* (*econ.*) riciclabile.

recycle, *v. t.* (*econ.*) reciclare, riciclare.

recycling, *n.* (*econ.*) reciclaggio, riciclaggio, riciclo.

red, *a.* rosso. *n.* (il) rosso, color rosso. // **~ -handed** (*leg.*) in flagranza di reato; **~ -herring** (*fin.*) prospetto preliminare (*d'una nuova emissione*) a scopo informativo (*così chiamato per il fatto che ogni pagina reca una visibile annotazione in rosso per indicare che tale prospetto non è definitivo*); **~ interest** (*banca, rag.*) interessi sui numeri rossi; **~ products** (*banca, rag.*) numeri rossi; **~ tape** (*fig.*) burocrazia; procedura burocratica che comporta perdita di tempo e di denaro; **~ -tapist** burocrate; **to be in the ~** (*banca, cred., rag.*) essere in deficit, essere allo scoperto, essere « sotto ».

redeem, *v. t.* ❶ redimere. ❷ (*fin.*) convertire in denaro contante, rimborsare (*obbligazioni*). ❸ (*fin., leg.*) affrancare, liberare. ❹ (*fin., leg.*) ricuperare, riscattare. ❺ (*fin., leg.*) estinguere (*un'ipoteca, ecc.*). △ ❷ **A lot of stockholders want to ~ their stock** una quantità d'azionisti intendono convertire in contanti i loro titoli. // **to ~ an estate** (*leg.*) svincolare una proprietà; **to ~ an inheritance** (*leg.*) affrancare un'eredità; **to ~ a mortgage** (*leg.*) estinguere un'ipoteca; **to ~ mortgaged land** (*leg.*) riscattare terreni ipotecati; **to ~ a pledge** (*leg.*) riscattare un pegno; **to ~ pledged goods** (*leg.*) ritirare oggetti dati in pegno; **to ~ a property** (*leg.*) affrancare una proprietà; **to ~ one's rights** (*leg.*) ricuperare i propri diritti (*cioè, esservi reintegrato*).

redeemability, *n.* (*fin., leg.*) redimibilità, convertibilità in contanti.

redeemable, *a.* (*fin., leg.*) redimibile, ricuperabile, riscattabile, convertibile in contanti. // **~ bonds** (*fin.*) obbligazioni redimibili; **~ loan** (*cred.*) prestito redimibile; **~ stock** (*fin.*) rendite ammortizzabili; **~ stocks** (*fin.*) titoli redimibili.

redeemableness, *n.* (*fin., leg.*) redimibilità.

redemption, *n.* ❶ redenzione; disimpegno (*di una cosa data in pegno*). ❷ (*fin.*) rimborso (*d'obbligazioni*). ❸ (*fin., leg.*) ricupero, riscatto. ❹ (*fin., leg.*) affrancamento, svincolo, liberazione (*da un impegno*). ❺ (*fin., leg.*) estinzione (*d'un'ipoteca, ecc.*). // **~ coupon** (*market.*) buono omaggio, buono sconto; **~ date** (*cred.*) data prevista per il rimborso (*d'un prestito*); **~ fund** (*fin.*) fondo d'ammortamento; **the ~ of mortgages** (*fin.*) l'estinzione (o la liberazione) d'ipoteche; **the ~ of a promissory note** (*cred.*) l'estinzione d'un pagherò (*cambiario*).

redhibition, *n.* (*leg.*) redibizione.

redhibitory, *a.* (*leg.*) redibitorio. // **~ action** (*leg.*) azione redibitoria; **~ defect** (*leg.*) vizio redibitorio; **~ vice** (*leg.*) vizio redibitorio.

redirect, *v. t.* (*comun.*) reindirizzare, rispedire (*una lettera*) a un nuovo indirizzo. △ **Their letter was redirected to us by mistake** la loro lettera ci fu erroneamente reindirizzata.

rediscount[1], *n.* (*banca, cred.*) risconto. // **~ accounts** (*banca, cred.*) risconti; **~ rate** (*banca, cred.*) tasso di risconto: **There is a preferential ~ rate for trade bills from export transactions** c'è un tasso di risconto privilegiato per gli effetti commerciali relativi a operazioni d'esportazione.

rediscount[2], *v. t.* (*banca, cred.*) riscontare, scontare di nuovo (*titoli di credito*).

redistribute, *v. t.* ridistribuire.

redistribution, *n.* ridistribuzione. // **the ~ of income** (*econ.*) la ridistribuzione del reddito; **the ~ of land holdings** (*econ.*) il riordinamento fondiario.

redraft, *n.* ❶ (*cred., leg.*) rivalsa. ❷ (*cred., leg.*) cambiale di rivalsa.

redraw, *v. i.* (*pass.* **redrew**, *part. pass.* **redrawn**) (*cred., leg.*) emettere una cambiale di rivalsa.

redress[1], *n.* ❶ (*leg.*) riparazione (*di torti, ecc.*). ❷ (*leg.*) risarcimento (*di danni, ecc.*). // **to get legal ~** (*leg.*) ottenere giustizia.

redress[2], *v. t.* ❶ (*leg.*) riparare (*torti, ecc.*). ❷ (*leg.*) risarcire (*danni, ecc.*). // **to ~ a damage** (*leg.*) risarcire un danno; **to ~ a wrong** (*leg.*) riparare un torto.

reduce, *v. t.* ❶ ridurre, diminuire. ❷ (*market.*) ribassare (*prezzi, ecc.*). ❸ (*mat.*) ridurre (*una frazione, ai minimi termini*). △ ❶ **The committee decided that we should ~ expenses** la commissione ha deciso che dobbiamo ridurre le spese; **The bank rate will be reduced from 4 to 3.50%** il tasso di sconto sarà diminuito dal 4 al 3,50 per cento. // **to ~ a deficit** (*fin.*) ridurre un disavanzo, riassorbire un disavanzo; **to ~ the discount rate** (*fin.*) ridurre il tasso di sconto; **to ~ dividends** (*fin.*) ridurre i dividendi; **to ~ a fraction to its lowest terms** (*mat.*) ridurre una frazione ai minimi termini; **to ~ fractions to a common denominator** (*mat.*) ridurre frazioni allo stesso denominatore; **to ~ the level of minimum reserves** (*fin.*) diminuire il livello delle riserve minime; **to ~ prices** (*market.*) ribassare i prezzi; **to ~ the staff** (*org. az.*) ridurre il personale.

reduced, *a.* ridotto, diminuito. // **~ -rate** (*trasp.*) a tariffa ridotta; **~ -rate ticket** (*trasp.*) biglietto a tariffa ridotta; **~ rates** tariffe ridotte; **at ~ prices** (*market.*) a prezzi ribassati; **to be in ~ circumstances** essere in ristrettezze.

reduction, n. ❶ riduzione, diminuzione. ❷ (market.) ribasso (di prezzi, ecc.). ❸ (mat.) riduzione (d'una frazione: ai minimi termini). △ ❶ **Importers are expecting a ~ in national duties** gli importatori si attendono una diminuzione dei dazi nazionali; ❷ **A general ~ in prices is hoped for by the public opinion** l'opinione pubblica spera in un generale ribasso dei prezzi. // **a ~ in working hours** (sind.) una diminuzione delle ore di lavoro; **a ~ of capital** (rag.) una riduzione di capitale; **the ~ of the discount rate** (banca, cred.) la riduzione del tasso di sconto.

redundancy, n. ❶ ridondanza, sovrabbondanza. ❷ (elab. elettr.) ridondanza. ❸ (sind.) (di personale) l'essere in sopranumero. // **~ fund** (sind., ingl.) cassa integrazione (fondo previsto dalla legge inglese del 1965 e costituito col contributo dello Stato e dei datori di lavoro); **~ payments** (sind., ingl.) pagamenti della cassa integrazione.

redundant, a. ❶ ridondante, sovrabbondante. ❷ (elab. elettr.) ridondante. ❸ (sind.) (di personale) soprannumerario, in sopranumero. △ ❸ **A person is ~ when his work is no longer necessary** una persona è in soprannumero quando il suo lavoro non è più necessario. // **to be made ~** (sind., ingl.) (di dipendente) essere messo in cassa integrazione.

re-earn, v. t. riguadagnare.
re-elect, v. t. rieleggere.
re-election, n. rielezione.
re-eligibility, n. rieleggibilità.
re-eligible, a. rieleggibile.
re-embark, v. t. (trasp. mar.) reimbarcare, rimbarcare. v. i. (trasp. mar.) reimbarcarsi, rimbarcarsi.
re-embarkation, n. (trasp. mar.) reimbarco, rimbarco.
re-employ, v. t. ❶ reimpiegare, rimpiegare, impiegare di nuovo. ❷ (pers.) assumere di nuovo, riassumere.
re-employment, n. ❶ reimpiego. ❷ (pers.) riassunzione. // **the ~ and readaptation of workers** (sind.) il reimpiego e il riadattamento dei lavoratori.
re-enact, v. t. (leg.) promulgare di nuovo (una legge); rimettere (una legge) in vigore.
re-enactment, n. (leg.) rimessa in vigore (d'una legge).
re-enter, v. t. e i. ❶ (leg.) rientrare (in possesso di qc.). ❷ (rag.) registrare di nuovo (scritture, ecc.).
re-entry, n. ❶ (leg.) il rientrare in possesso (di qc.). ❷ (rag.) nuova registrazione (di scritture, ecc.).
re-establish, v. t. ristabilire, restaurare. // **to ~ the budget on a sound footing** (rag.) risanare il bilancio.
re-establishment, n. ristabilimento, restaurazione.
re-estimate, v. t. (rag.) rivalutare.
re-estimation, n. (rag.) rivalutazione.
re-examination, n. ❶ riesame. ❷ (leg.) nuovo interrogatorio (V. re-examine).
re-examine, v. t. ❶ riesaminare. ❷ (leg.) sottoporre (un teste) a nuovo interrogatorio (dopo il controinterrogatorio).
re-export¹, n. ❶ (comm. est.) riesportazione. ❷ (comm. est.) merce riesportata.
re-export², v. t. (comm. est.) riesportare.
re-exportation, n. ❶ (comm. est.) riesportazione. ❷ (comm. est.) merce riesportata.
re-exporter, n. (comm. est.) riesportatore.
refer, v. t. ❶ deferire, rinviare. ❷ affidare, rimettere. ❸ indirizzare, dire a (q.) di rivolgersi (a q. altro). ❹ (pers.) indirizzare per referenze, dare a (q.) il nome (di q. altro) come referenza. v. i. ❶ accennare, alludere, riferirsi, fare riferimento. ❷ rivolgersi (per aiuto, informazioni, ecc.). △ v. t. ❶ **Haven't you tried to ~ the question to arbitration?** non avete provato a deferire la questione ad arbitrato?; ❷ **We have referred your letter to our London agency** abbiamo rimesso la vostra lettera alla nostra sede londinese; ❹ **We have been referred to you by a new applicant** ci è stato dato il vostro nome come referenza da un nuovo aspirante; v. i. ❶ **We ~ to your letter of February 19th** facciamo riferimento alla vostra del 19 febbraio; ❸ **I was referred to you for any information I may need** mi fu detto di rivolgermi a voi per tutte le informazioni di cui posso aver bisogno; **Please ~ to our downtown office** vi preghiamo di rivolgervi al nostro ufficio del centro (cittadino). // **to ~ a bill to a parliamentary committee** (leg.) rinviare un disegno di legge a una commissione parlamentare (per un esame ulteriore); **to ~ a case to a law-Court** (leg.) deferire una causa al tribunale; **to ~ to st.** concernere qc.; **to ~ to the award of the arbitrators** (leg.) rimettersi al lodo degli arbitri; **to ~ to a dictionary (a graph, etc.)** consultare un dizionario (un diagramma, ecc.); «**~ to drawer**» **(R/D)** (banca, cred.) «rivolgersi al traente» (formula con la quale una banca rifiuta il pagamento d'un assegno scoperto).

referee¹, n. ❶ (banca, cred.) V. **~ in case of need.** ❷ (leg.) arbitro (d'una lite). ❸ (pers., ingl.) chi è chiamato a dare referenze (su q.). // **~ in bankruptcy** (leg.) giudice fallimentare; **~ in case of need** (banca, cred.) bisognatario.

referee², v. i. (leg.) arbitrare, agire come arbitro. v. t. (leg.) arbitrare (una lite, ecc.).

reference¹, n. ❶ riferimento, rinvio. ❷ accenno, allusione. ❸ consultazione. ❹ (leg.) deferimento (d'una lite) a un arbitro. ❺ (leg.) compromesso arbitrale. ❻ (pers.) referenza, attestato, benservito. ❼ (pers.) raccomandazione, lettera di raccomandazione. ❽ (pers.) chi è chiamato a dare referenze (su q.). △ ❷ **Our customer made no ~ to his previous visit** il nostro cliente non fece allusione alla sua visita precedente; ❸ **A good dictionary is an invaluable ~ work** un buon dizionario è una preziosissima opera di consultazione; ❻ **What are Mr Goodman's references?** quali sono le referenze di Mr Goodman?; ❼ **Four references must accompany each application** quattro lettere di raccomandazione devono accompagnare ogni domanda d'assunzione. // **~ checking** (pers.) controllo delle referenze; **~ currencies** (fin.) valute di riferimento; **~ number** numero di riferimento; **~ price** (fin., market.) prezzo di riferimento; **~ tariffs** tariffe di riferimento; **in (o with) ~ to** in riferimento a, in relazione a.

reference², v. t. (pers.) fornire (q.) di referenze.
referendum, n. referendum.
referring, n. (leg.) deferimento (di una causa a un tribunale).
referring to, prep. in riferimento a. // **~ our telephone conversation** in riferimento alla nostra conversazione telefonica.
re-finance, v. t. (fin.) rifinanziare, finanziare di nuovo.
re-finance credits, n. pl. (cred., fin.) crediti di rifinanziamento (ottenibili da un compratore straniero, qualora l'esportatore non possa fornire credito e il compratore non desideri pagare in contanti).
refine, v. t. (anche fig.) raffinare.
refined, a. (anche fig.) raffinato.
refinement, a. raffinamento, raffinatezza.

refinery, *n.* raffineria.
refit[1], *n.* (*trasp. mar.*) raddobbo.
refit[2], *v. t.* (*trasp. mar.*) raddobbare.
refitting yard, *n.* (*trasp. mar.*) cantiere di raddobbo.
reflate, *v. t.* (*econ.*) reflazionare, aumentare nuovamente il volume di (*credito, valuta, ecc.*).
reflation, *n.* (*econ.*) reflazione. △ **The term ~ is sometimes used to describe the attempt to reverse deflationary effects** il termine «reflazione» è usato talvolta per descrivere il tentativo di ribaltare gli effetti della deflazione.
reflationary, *a.* (*econ.*) reflazionistico. // **a ~ budget** (*econ.*) un bilancio reflazionistico.
reflux, *n.* (*trasp. mar.*) riflusso.
reforest, *v. t.* (*econ.*) rimboscare, rimboschire.
reforestation, *n.* (*econ.*) rimboscamento, rimboschimento.
reform[1], *n.* riforma, emendamento, miglioramento. // **the ~ of the international monetary system** (*econ.*) la riforma del sistema monetario internazionale.
reform[2], *v. t.* riformare, emendare, migliorare.
reforward, *v. t.* (*comun., trasp.*) rispedire.
reforwarding, *a.* (*comun., trasp.*) rispedizione.
refresher, *n.* (*leg., ingl.*) parcella supplementare (*pagata a un avvocato in una causa lunga*).
refrigerate, *v. t.* refrigerare, raffreddare, mettere (*qc.*) in frigorifero.
refrigeration, *n.* refrigerazione.
refrigerator, *n.* refrigeratore, frigorifero, cella frigorifera. // **~ car** (*trasp. ferr.*) vagone frigorifero; **~ van** (*trasp. aut.*) autocarro frigorifero; **~ warehouse** (*market.*) magazzino frigorifero.
refuge[1], *n.* rifugio, asilo.
refuge[2], *v. i.* rifugiarsi.
refugee, *n.* rifugiato, esule, profugo. // **~ capitals** (*econ.*) capitali vaganti.
refund[1], *n.* ❶ rifusione, restituzione. ❷ rimborso (*di spese, ecc.*). ❸ risarcimento, reintegrazione (*di danni, ecc.*). // **the ~ and remission of custom duties and of dues charges treated** (*comm. est.*) il rimborso e il ricupero dei dazi doganali e dei diritti assimilati; **refunds on exports** (*comm. est.*) restituzioni (all'esportazione): **The purpose of refunds on exports is to enable Community products to compete on the world market by bringing their prices down to the level of the prices ruling on the world market** le restituzioni hanno lo scopo di rendere possibile l'offerta dei prodotti della Comunità sui mercati mondiali a prezzi competitivi, portando i prezzi al livello di quelli praticati su detti mercati.
refund[2], *v. t. e i.* ❶ rifondere, restituire. ❷ rimborsare (*spese, ecc.*); fare un rimborso. ❸ risarcire, reintegrare (*danni, ecc.*). △ ❷ **The prices of all defective articles will be refunded** il prezzo degli articoli difettosi sarà rimborsato. // **to ~ expenses** rimborsare le spese; **to ~ taxes on exports** (*comm. est.*) restituire tasse alla esportazione.
refunding, *n.* (*fin.*) conversione del debito pubblico.
refusal, *n.* ❶ rifiuto, diniego, ricusa. ❷ (*comm.*) scelta, opzione, diritto d'opzione. △ ❶ **Our proposal has met with a ~** la nostra proposta ha ricevuto un rifiuto; ❷ **We promised to give them the first ~ of our plant** promettemmo loro la prima opzione sul nostro stabilimento.
refuse, *v. t. e i.* rifiutare, rifiutarsi, respingere, ricusare. △ **I shall be compelled to ~ the goods if they don't reach me in time** sarò costretto a rifiutare la merce se non mi perverrà in tempo; **That customer of ours has refused to accept the bill** quel nostro cliente s'è rifiutato d'accettare la cambiale.
regain, *v. t.* riguadagnare, riacquistare, ricuperare. // **to ~ one's footing** rimettersi in piedi (*dopo una caduta; anche fig.*): **Our Country is at last regaining its footing in the international economic arena** il nostro Paese sta finalmente rimettendosi in piedi nell'arena economica internazionale; **to ~ possession of st.** (*leg.*) tornare in possesso di qc.
regard[1], *n.* riguardo, considerazione, ossequio, rispetto. // **in ~ to** riguardo a, in quanto a: **There's nothing new in ~ to our domestic policy** non c'è nulla di nuovo riguardo alla nostra politica interna; **in this ~** a questo riguardo, a questo proposito; **without ~ to** senza tener conto di.
regard[2], *v. t.* ❶ riguardare, concernere. ❷ considerare, tenere in considerazione. △ ❷ **Many tend to ~ the President's attitude as a major threat to international economic cooperation** molti tendono a considerare l'atteggiamento del Presidente una forte minaccia alla collaborazione internazionale nel campo dell'economia. // **as regards** per quanto riguarda, riguardo a, quanto a: **We would welcome more detailed information as regards quality and terms of delivery** gradiremmo informazioni più dettagliate quanto a qualità e condizioni di consegna.
regardless, *a.* incurante, indifferente, sbadato. // **~ of** a dispetto di, senza badare a, nonostante; **~ of expenses** senza badare a spese.
region, *n.* regione, provincia, zona.
regional, *a.* regionale, provinciale, zonale. // **~ economic problems** (*econ.*) problemi economici regionali; **~ edition** (*giorn.*) edizione regionale; **~ exchanges** (*Borsa, USA*) Borse (valori) regionali (*che, cioè, hanno sede fuori New York*); **~ policy** politica regionale.
regionalism, *n.* regionalismo.
regionalist, *n.* regionalista. *a. attr.* regionalistico.
regionalistic, *a.* regionalistico.
regionalization, *n.* regionalizzazione.
regionalize, *v. t.* regionalizzare.
register[1], *n.* ❶ registro. ❷ (*rag.*) registro, libro contabile. ❸ (*trasp. mar.*) V. **~ tonnage**. // **the ~ of births** (*stat.*) il registro delle nascite; **the ~ of Companies** (*fin., leg.*) il Registro delle Società; **~ of credits** (*banca, cred.*) libro dei fidi; **the ~ of debenture-holders** (*fin.*) il registro degli obbligazionisti; **the ~ of directors** (*fin., leg.*) il registro degli amministratori; **~ of meetings and votes of assemblies** (*fin.*) libro delle adunanze e delle deliberazioni delle assemblee; **the ~ of members** (*fin.*) il registro dei soci; **the ~ of patents** (*leg.*) il registro dei brevetti; **the ~ of shareholders** (*fin.*) il registro degli azionisti; **the ~ of shipping** (*trasp. mar.*) il registro marittimo, il registro navale, il registro di classificazione; **~ of stocks and shares** (*fin., rag.*) libro delle obbligazioni; **~ of voters** (*amm.*) lista elettorale; **~ office** (*amm.*) ufficio dello Stato Civile, anagrafe; **~ ton** (*trasp. mar.*) tonnellata di registro, tonnellata di stazza; **~ tonnage** (*trasp. mar.*) tonnellaggio di registro, tonnellaggio di stazza.
register[2], *v. t.* ❶ registrare, prendere nota di (*qc.*). ❷ (*comun.*) raccomandare (*una lettera*). ❸ (*fin.*) registrare (*titoli*) a nome del detentore. ❹ (*leg.*) intestare; depositare (*un brevetto, un marchio di fabbrica*). ❺ (*trasp.*) spedire (*bagaglio*) assicurato. ❻ (*trasp. aer., trasp. aut.*) immatricolare, iscrivere (*una nave, un'automobile*). // **to ~ one's car** (*leg.*) immatricolare l'automobile; **to ~ a death (a birth, etc.)** (*amm.*) denunciare un decesso (una

nascita, ecc.); to ~ **a deed** (*leg.*) registrare un atto; to ~ **a law** (*leg.*) trascrivere una legge; to ~ **a mortgage charge** (*leg.*) registrare un privilegio ipotecario; to ~ **a parcel** (*comun.*) raccomandare un pacco; to ~ **shares (bonds, etc.) in sb.'s name** (*cred., fin.*) intestare azioni (titoli, ecc.) a q.; to ~ **a trade-mark** (*leg.*) depositare un marchio di fabbrica.

registered, *a.* ❶ registrato. ❷ (*comun.*) (*di lettera*) raccomandata. ❸ (*fin.*) (*di titolo*) nominativo. ❹ (*leg.*) intestato; (*di brevetto, marchio di fabbrica, ecc.*) depositato. ❺ (*trasp.*) (*di bagaglio*) assicurato. ❻ (*trasp. aer., trasp. aut.*) (*d'automobile, naviglio, ecc.*) immatricolato. // ~ **bond** (*fin.*) obbligazione nominativa; ~ **capital** (*fin.*) capitale nominale, capitale sociale (*autorizzato dal Conservatore del Registro delle Società*); ~ **company** (*fin., ingl.*) società costituita mediante registrazione (*ai sensi delle leggi sulle società di capitali*); ~ **companies may be formed with: unlimited liability; liability limited by guarantee; and liability limited by shares** le società costituite mediante registrazione possono avere: responsabilità illimitata, responsabilità limitata « da garanzia », e responsabilità limitata da azioni; ~ **holder** (*fin., leg.*) intestatario; ~ **letter** (*comun.*) raccomandata, lettera raccomandata; ~ **mail** (*comun.*) posta raccomandata; ~ **office** (*fin.*) sede legale (*d'una società*); (*leg.*) domicilio legale; ~ **parcels** (*trasp.*) pacchi raccomandati; ~ **pattern** (*leg.*) modello depositato; ~ **securities** (*fin.*) titoli nominativi; ~ **shares** (*fin.*) azioni nominative; ~ **tonnage** (*trasp. mar.*) *V.* **register tonnage**; ~ **trade-mark** (*leg.*) marchio registrato.

registrar, *n.* ❶ (*amm.*) ufficiale di Stato Civile. ❷ (*amm.*) archivista. ❸ (*leg.*) cancelliere. // **the ~ of Companies** (*fin., ingl.*) il Conservatore del Registro delle Società; **the ~ of Mortgages** (*leg.*) il Conservatore delle Ipoteche.

registration, *n.* ❶ registrazione, annotazione. ❷ (*comun.*) (*di lettere*) raccomandazione. ❸ (*fin.*) registrazione (*di titoli*) a nome del detentore. ❹ (*leg.*) intestazione; deposito (*di brevetti, marchi di fabbrica, ecc.*). ❺ (*trasp.*) spedizione assicurata (*di bagaglio*). ❻ (*trasp. aer., trasp. mar.*) immatricolazione (*di nave, automobile, ecc.*). △ ❶ **A great number of concerns requiring a large amount of capital are usually formed by ~ under the Companies Acts, the first of which was passed in 1844** un grande numero di ditte che necessitano di ingenti capitali sono di solito costituite mediante registrazione ai sensi delle leggi sulle società, la prima delle quali fu approvata nel 1844. // ~ **certificate** (*trasp. mar.*) certificato di registrazione; ~ **fee** (*comun.*) tassa per (lettera) raccomandata; **the ~ of business names** (*fin., leg.*) la registrazione delle ditte; ~ **of a mortgage** (*leg.*) iscrizione ipotecaria; ~ **of a transfer deed** (*leg.*) voltura; ~ **statement** (*fin., USA*) documento che descrive i dettagli d'una nuova emissione (*di titoli*); ~ **under the Companies Act** (*fin., ingl.*) registrazione ai sensi delle leggi sulle società.

registry, *n. V.* **registration**. // ~ **fee** (*comun., USA*) *V.* **registration fee**; ~ **office** (*amm.*) anagrafe, ufficio di stato civile.

regress[1], *n.* regresso.
regress[2], *v. i.* regredire.
regression, *n.* regresso.
regressive, *a.* regressivo. // ~ **supply curve** (*econ.*) curva regressiva dell'offerta (*si ha quando l'offerta d'un bene aumenta mentre diminuisce il prezzo di mercato*); ~ **tax** (*fin.*) imposta regressiva.

regret[1], *n.* rammarico, rimpianto, rincrescimento, dispiacere. △ **Mr Teerdrop expressed ~ for his being unable to send us the goods we had requested** Mr Teerdrop espresse rincrescimento per l'impossibilità, da parte sua, di inviarci le merci che avevamo richiesto.

regret[2], *v. t.* deplorare, rimpiangere; dolersi, rammaricarsi di; dispiacere, rincrescere (*impers.*). △ **I deeply ~ my inability to be present at the meeting** mi rammarico di non poter presenziare alla seduta; **We ~ having to inform you that we shall not be able to assist you in this matter** ci dispiace di dovervi informare che non potremo assistervi in questa faccenda.

regular, *a.* ❶ regolare, normale, regolamentare. ❷ solito, usuale. ❸ (*pers.: d'impiegato*) effettivo, titolare. △ ❶ **The last meeting of the board was perfectly ~** l'ultima riunione del consiglio è stata perfettamente regolare. // **a ~ customer** (*market.*) un cliente abituale, un cliente fisso; ~ **elections** (*market.*) elezioni regolari; **a ~ job** (*pers.*) un lavoro stabile, un lavoro fisso; ~ **lot** (*Borsa, fin.*) unità normale di contrattazione (*di titoli*); **the ~ procedure** la procedura usuale, la prassi; ~ **stop** (*trasp.*) fermata obbligatoria; **on the ~ staff** (*pers.*) in pianta stabile, effettivo.

regularity, *n.* regolarità. // **the ~ of a deed** (*leg.*) la regolarità d'un atto.

regularization, *n.* regolarizzazione.

regularize, *v. t.* regolarizzare. // **to ~ markets** (*econ.*) regolarizzare i mercati.

regulate, *v. t.* ❶ regolare, moderare, ordinare, regolarizzare. ❷ (*leg.*) regolamentare. △ ❷ **Economic activity should be regulated as soon as possible** l'attività economica dovrebbe essere regolamentata al più presto. // **to ~ expenses** moderare le spese; **to ~ freight rates** (*trasp. mar.*) regolamentare le tariffe di nolo.

regulated company, *n.* (*econ.*) società a economia controllata (*dallo Stato*).

regulation, *n.* ❶ regolazione, regolarizzazione. ❷ (*leg.*) regolamentazione, ordinamento. ❸ (*leg.*) regola, regolamento, norma. △ ❷ **Business is suffering from undue ~** i traffici soffrono per una regolamentazione eccessiva; ❸ **We are waiting for the new regulations enacted or pending enaction by the Commission** siamo in attesa dei nuovi regolamenti adottati o da adottare da parte della Commissione. // **regulations for preventing collisions at sea** (*trasp. mar.*) norme per prevenire gli abbordi in mare; **the regulations in force** (*leg.*) le disposizioni vigenti; **the ~ of affairs** la regolamentazione degli affari.

rehabilitate, *v. t.* ❶ (*leg.*) riabilitare. ❷ (*leg.*) reintegrare (*q.*) nei suoi diritti. ❸ (*leg.*) rimettere (*q.*) in carica. △ ❶ **He was rehabilitated by the payment of a fine** fu riabilitato mediante il pagamento d'un'ammenda. // **to ~ a company financially** (*fin.*) rimettere in piedi una società (finanziariamente).

rehabilitation, *n.* (*leg.*) riabilitazione. // **the ~ of an insolvent debtor** (*leg.*) la riabilitazione d'un debitore insolvente.

rehear, *v. t.* (*pass. e part. pass.* **reheard**) ❶ udire di nuovo, riudire. ❷ (*leg.*) riesaminare, giudicare di nuovo (*una causa*).

rehearing, *n.* (*leg.*) riesame (*d'una causa*); nuova udienza, revisione. // **the ~ of a trial** (*leg.*) la revisione d'un processo.

reimbursable, *a.* rimborsabile, restituibile, risarcibile. // ~ **expenses** spese rimborsabili.

reimburse, *v. t.* rimborsare, rifondere, risarcire, restituire, rifondere. △ **All employees shall be reimbursed for travelling expenses** a tutti i dipendenti sa-

reimbursement

ranno rimborsate le spese di viaggio; **Damages are to be reimbursed from the company's funds** i danni saranno risarciti coi fondi societari.

reimbursement, *n.* rimborso, risarcimento, rifusione, restituzione. △ **Reimbursements on exports are not to be hoped for in the present delicate situation** nell'attuale delicata situazione non si può sperare nella concessione di rimborsi all'esportazione. // **a ~ of expenses** un rimborso (delle) spese.

reimport[1], *n.* ❶ (*comm. est.*) reimportazione. ❷ (*comm. est.*) merce reimportata.

reimport[2], *v. t.* (*comm. est.*) reimportare, importare di nuovo.

reimportation, *n.* ❶ (*comm. est.*) reimportazione. ❷ (*comm. est.*) merce reimportata.

reinstate, *v. t.* (*leg.*) riabilitare. // **to be reinstated in one's rights** (*leg.*) rientrare nei propri diritti.

reinstatement, *n.* (*leg.*) riabilitazione.

reinsurance, *n.* (*ass.*) riassicurazione. // **~ company** (*ass.*) compagnia di riassicurazioni.

reinsure, *v. t.* (*ass.*) riassicurare. △ **Part of the risk has been reinsured with another company** una parte del rischio è stata riassicurata presso un'altra compagnia.

reinsured, *a.* (*ass.*) riassicurato.

reinsurer, *n.* (*ass.*) riassicuratore.

reinvest, *v. t.* (*fin.*) reinvestire, reimpiegare, rimpiegare (*capitali*). *v. i.* (*fin.*) fare un reinvestimento. △ *v. t.* **The whole of the profit is going to be reinvested in securities** tutto l'utile sarà reinvestito in titoli.

reinvestment, *n.* (*fin.*) reinvestimento, reimpiego (*di capitali*). // **a ~ of capitals** (*fin.*) un reinvestimento di capitali.

reissue[1], *n.* ❶ (*fin.*) nuova emissione (*di titoli*). ❷ (*giorn., pubbl.*) ristampa, ripubblicazione (*di libri, giornali, ecc.*).

reissue[2], *v. t.* ❶ (*fin.*) emettere di nuovo (*titoli*). ❷ (*giorn., pubbl.*) ripubblicare, ristampare (*libri, giornali, ecc.*).

reject[1], *n.* (*market.*) rifiuto, scarto, oggetto di scarto.

reject[2], *v. t.* ❶ rifiutare, respingere; bocciare (*un provvedimento, ecc.*). ❷ gettar via, scartare. △ ❶ **We are obliged to ~ the goods as they are not up to sample** siamo costretti a rifiutare la merce poiché non corrisponde al campione. // **to ~ a claim** respingere un reclamo; **to ~ a defective specimen** scartare un esemplare difettoso; **to ~ an offer** respingere un'offerta; **rejected material** (*market.*) scarto.

rejection, *n.* rigetto (*burocratico*); rifiuto, ricusa, reiezione. // **the ~ of a petition** (*leg.*) il rigetto d'una istanza.

rejoin, *v. t.* (*leg.*) controreplicare.

rejoinder, *n.* ❶ replica, risposta. ❷ (*leg.*) controreplica, replica della difesa. ❸ (*leg.*) replica del convenuto.

relabel, *v. t.* (*market.*) mettere una nuova etichetta a (*qc.*).

relate, *v. t.* ❶ mettere in relazione, collegare. ❷ riferire, raccontare. △ ❷ **All details concerning the new issue have been related at the general meeting** tutti i dettagli riguardanti la nuova emissione sono stati riferiti all'assemblea generale. // **to be related (with)** essere collegato, essere connesso (con): **Demand and supply are strictly related** la domanda e l'offerta sono strettamente connesse; **relating to procedure** (*leg.*) procedurale.

relation, *n.* ❶ relazione, rapporto, collegamento. ❷ **relations**, *pl.* relazioni, rapporti; ambiente, clima (*fig.*). △ ❶ **Trade relations are constantly improving** le relazioni commerciali migliorano continuamente; ❷ **Let's hope for more peaceful relations between workers and industry** speriamo che fra breve s'instauri un clima sindacale più disteso. // **in ~ to** riferendosi a, rispetto *a*, quanto a.

relationship, *n.* ❶ relazione, rapporto. ❷ (*leg.*) parentela. // **~ by collateral line** (*leg.*) parentela in linea collaterale.

relative, *a.* relativo, connesso, attinente, rispettivo. *n.* parente, congiunto. △ *a.* **There's a ~ slackness of trade** c'è una relativa debolezza degli scambi. // **the relatives-in-law** (*leg.*) gli affini; **~ to** in relazione con: **Supply is ~ to demand** l'offerta è in relazione con la domanda.

relax, *v. t.* allentare, diminuire, ridurre. *v. i.* ❶ rilassarsi. ❷ attenuarsi, diminuire. // **to ~ discipline** allentare la disciplina.

relaxation, *n.* ❶ rilassamento, rilassatezza. ❷ allentamento, diminuzione. // **~ allowance** (*cronot.*) coefficiente di riposo; **the ~ of a fine** (*leg.*) la remissione d'un'ammenda; **the ~ of a law** (*leg.*) l'attenuazione d'una legge.

relaxed, *a.* allentato, diminuito, ridotto. // **~ restrictions on imports** (*comm. est.*) ridotte restrizioni all'importazione.

release[1], *n.* ❶ liberazione. ❷ (*giorn.*) permesso di pubblicazione (*d'una notizia*). ❸ (*leg.*) rilascio (*d'un detenuto*). ❹ (*leg.*) liberazione (*da un obbligo*), svincolo. ❺ (*leg.*) cessione (*di proprietà*); atto di cessione (*d'un diritto*). ❻ (*leg.*) abbandono (*d'un diritto*). ❼ (*leg.*) remissione (*d'un debito*). △ ❹ **We have obtained (a) ~ from our obligation** abbiamo ottenuto la liberazione dal nostro obbligo. // **~ from seizure** (*leg.*) dissequestro; **~ on bail** (*leg.*) rilascio sotto cauzione.

release[2], *v. t.* ❶ liberare. ❷ (*giorn.*) dare alla stampa, rendere pubblica (*una notizia*). ❸ (*leg.*) rilasciare, prosciogliere (*un prigioniero*). ❹ (*leg.*) liberare (*da un obbligo*). ❺ (*leg.*) abbandonare (*un diritto*). ❻ (*leg.*) cedere (*una proprietà*). ❼ (*leg.*) rimettere (*un debito*). △ ❶ **He refused to ~ us from our promise** si rifiutò di liberarci dalla nostra promessa. // **to ~ for publication** (*giorn.*) liberare alle stampe; **to ~ from seizure** (*leg.*) dissequestrare; **to ~ a right** (*leg.*) rinunciare a un diritto.

re-lease[3], *v. t.* (*leg.*) riaffittare.

releasee, *n.* (*leg.*) cessionario (*chi ottiene la cessione d'una proprietà*).

releasement, *n.* liberazione (*V. anche* **release**[1]).

releaser, *n. V.* **releasor**.

releasor, *n.* ❶ (*leg.*) cedente (*chi cede un diritto o una proprietà*). ❷ (*leg.*) chi rimette un debito.

relessee, *n. V.* **releasee**.

relessor, *n. V.* **releasor**.

relet, *v. t.* (*pass.* e *part. pass.* **relet**) (*leg.*) subaffittare.

reletting, *n.* (*leg.*) subaffitto.

relevant, *a.* ❶ rilevante, importante, di rilievo. ❷ attinente, pertinente. △ ❶ **We overlooked one of the most ~ details of the contract** ci è sfuggito uno dei dettagli più importanti del contratto. // **the ~ literature** la letteratura attinente (*a un problema da risolvere, ecc.*); **a ~ testimony** (*leg.*) una deposizione pertinente.

reliability, *n.* attendibilità, credibilità, fidatezza, sicurezza. // **~ trials** (*trasp. aut.*) prove di collaudo, prove di resistenza.

reliable, *a.* attendibile, credibile, fidato.

reliance, *n.* ❶ affidamento, assegnamento. ❷ fiducia, fede. // **to place ~ on st.** fare ricorso a qc.: **This**

situation accounts for the fact that a great deal of ~ was placed on monetary action in 1974 questa situazione spiega il motivo per cui, nel 1974, s'è fatto ampio ricorso alla politica monetaria.

relief, *n.* ❶ conforto, ristoro, sollievo. ❷ aiuto, assistenza, soccorso. ❸ (*comm., fin., market.*) agevolazione, agevolazioni. ❹ (*fin.*) esenzione, sgravio (*da una tassa, ecc.*). ❺ (*leg.*) condono. ❻ (*pers.*) cambio (*che si dà a un collega, alla fine d'un turno di lavoro*). △ ❸ **The new laws provide ~ for our industry** la nuova normativa offre agevolazioni alla nostra industria. // **~ for expenses** (*fin.*) deduzione (*o* detrazione) per spese sostenute (*concessa dal fisco*); **~ for vacant property** (*fin.*) sgravio (fiscale) per sfitto; **~ funds** fondi d'assistenza; **~ train** (*trasp. ferr.*) treno straordinario, treno supplementare; **~ works** (*econ., sind.*) lavori pubblici intrapresi per lenire la disoccupazione; **to be on ~** (*sind.*) (*di lavoratore*) percepire il sussidio di disoccupazione.

relieve, *v. t.* ❶ confortare, ristorare, sollevare, dar sollievo a. ❷ alleviare, mitigare. ❸ assistere, aiutare, soccorrere. ❹ (*fin.*) esentare, sgravare (*da una tassa, ecc.*). ❺ (*pers.*) dare il cambio a (*un collega*). △ ❷ **The Government is making strenuous efforts to ~ the food shortage** il Governo si adopera strenuamente per mitigare la penuria di generi alimentari. // **to ~ sb. of all responsibility** (*leg.*) alleggerire q. da ogni responsabilità.

relinquish, *v. t.* ❶ abbandonare, lasciare. ❷ cedere, rinunciare a. △ ❶ **We'll have to ~ our plan owing to the difficulty in getting the funds we need** dovremo abbandonare il nostro progetto per le difficoltà di reperimento dei fondi necessari. // **to ~ one's claim to an inheritance** (*leg.*) rinunciare il proprio diritto a un'eredità; **to ~ a right** (*leg.*) cedere un diritto.

relinquishment, *n.* ❶ abbandono. ❷ cessione, rinuncia.

reload[1], *n.* (*trasp.*) ricaricamento.

reload[2], *v. t.* (*trasp.*) ricaricare. △ **All packages had to be reloaded on the next train** tutti i colli dovettero essere ricaricati sul treno seguente.

relocation, *n.* (*leg.*) rinnovo del contratto d'affitto, riconduzione.

rely, *v. t.* confidare (*in*), contare (*su*), fidarsi (*di*). △ **It is dangerous to ~ on a rise in prices** è pericoloso confidare in un aumento dei prezzi; **A nation cannot always ~ on foreign aids** una nazione non può contare sempre sugli aiuti dall'estero.

remain, *v. i.* rimanere, restare. △ **After paying the debts, very little remained** pagati i debiti, rimase ben poco; **We ~ / Yours faithfully** (*in chiusa di lettera*) distinti saluti. // **to ~ in force** (*leg.*) (*di contratto, patto ecc.*) restare in vigore: **The contract was to ~ in force for 12 years** il contratto doveva restare in vigore per 12 anni; **to ~ in office** rimanere in carica; **to ~ vacant** (*leg.*) (*di locale, ecc.*) restare spigionato, restare sfitto, spigionarsi.

remainder[1], *n.* ❶ resto, residuo, rimanente, avanzo. ❷ (*leg.*) diritto reale subordinato a un prevalente diritto altrui. ❸ (*market.*) rimanenza, giacenza. ❹ (*mat.*) resto, residuo. △ ❶ **The ~ is to be paid on arrival of the goods** il rimanente dovrà essere pagato all'arrivo della merce. // **~ man** (*leg.*) erede d'una proprietà « nuda » (*di cui q. altro ha l'usufrutto*); **the ~ of the goods** (*market.*) il rimanente della merce; **~ prices** (*market.*) prezzi delle rimanenze.

remainder[2], *v. t.* (*market.*) disfarsi di (*fondi di magazzino*); liquidare (*merce invenduta*); svendere (*rimanenze*). *v. i.* (*market.*) liquidare le rimanenze.

remainders, *n. pl.* (*market.*) giacenze (*o* rimanenze, fondi) di magazzino.

remaining, *a.* rimanente, restante.

remand[1], *n.* (*leg.*) rinvio in carcere (*per un supplemento d'istruttoria*). // **to be on ~** (*leg.*) (*d'imputato*) essere trattenuto in carcere.

remand[2], *v. t.* ❶ (*leg.*) rinviare (*una causa a un tribunale inferiore*). ❷ (*leg.*) rinviare (*un imputato in carcere*).

remanent, *n.* (*leg.*) causa rinviata (*a nuova udienza*).

remarkable, *a.* notevole, cospicuo.

remedy[1], *n.* ❶ rimedio, cura. ❷ provvedimento. ❸ (*fin.*) margine di tolleranza di peso (*nel conio delle monete*). ❹ (*leg.*) mezzo di tutela d'un diritto accordato dalla legge. ❺ (*leg.*) azione giudiziaria. △ ❶ **All the remedies they have proposed for unemployment have proved useless** tutti i rimedi proposti per la disoccupazione si sono dimostrati inutili.

remedy[2], *v. t.* rimediare (*a*). △ **Nothing has been done to ~ their inefficiency** non si è fatto nulla per rimediare alla loro inefficienza.

remind, *v. t.* richiamare alla mente, ricordarsi a (*q.*). △ **May we ~ you that your subscription expires next month?** ci permettiamo di ricordarLe che il Suo abbonamento scade il mese prossimo.

reminder, *n.* ❶ promemoria, « memento ». ❷ (*comm.*) lettera di sollecitazione, sollecito, sollecitatoria. // **~ of due date** (*comm.*) promemoria di scadenza.

remint, *v. t.* (*fin.*) coniare di nuovo (*monete*).

remise[1], *n.* (*leg.*) rinuncia (*a un diritto*). // **the ~ of a claim** (*leg.*) l'abbandono d'una pretesa; **the ~ of a right** (*leg.*) la rinuncia a un diritto.

remise[2], *v. t.* ❶ (*leg.*) rinunciare a (*un diritto*). ❷ (*leg.*) cedere (*una proprietà*).

remission, *n.* ❶ (*leg.*) remissione, condono, perdono. ❷ (*leg.*) cessione (*di proprietà*). // **the ~ of a case** (*leg.*) il rinvio d'una causa (*a un altro tribunale*); **the ~ of a claim** (*leg.*) la rinuncia a far valere un diritto; **the ~ of a debt** (*cred.*) la remissione d'un debito; **the ~ of an offence** (*leg.*) la remissione d'un delitto.

remit, *v. t.* ❶ affidare, demandare. ❷ (*comun.*) mandare, inviare, spedire. ❸ (*leg.*) rimettere, condonare, perdonare. ❹ (*leg.*) rinviare (*una causa*) a un altro tribunale. *v. i.* (*comm.*) fare una rimessa, inviare denaro. △ *v. t.* ❶ **The question has been remitted to the shop committee** la questione è stata demandata alla commissione interna; ❷ **We'll ~ you the whole amount as soon as possible** vi invieremo l'intera somma appena possibile; *v. i.* **Kindly ~ by return** favorite effettuare una rimessa a giro di posta. // **to ~ a debt** (*cred.*) rimettere un debito; **to ~ a penalty** (*leg.*) condonare una pena; **to ~ a sentence** (*leg.*) sospendere una sentenza.

remittal, *n. V.* **remission**.

remittance, *n.* ❶ (*comm.*) rimessa (*in denaro, ecc.*); invio (*di denaro, ecc.*). ❷ (*comm.*) denaro spedito. △ ❶ **We acknowledge receipt of your ~ for which we thank you** accusiamo ricevuta e vi ringraziamo della vostra rimessa. // **a ~ in settlement** (*cred.*) una rimessa a saldo; **a ~ of cheques subject to payment** (*banca*) rimessa d'assegni salvo buon fine; « **our ~ of bills** » (*banca*) « nostra rimessa d'effetti ».

remittee, *n.* (*comm.*) destinatario d'una rimessa (*di denaro, ecc.*).

remitter, *n.* ❶ (*comm.*) chi effettua una rimessa (*di denaro, ecc.*). ❷ (*leg.*) rinvio a un titolo d'acquisto (*d'un diritto anteriore*).

remnant, *n.* ❶ resto, avanzo, rimanenza. ❷

(*market.*) ritaglio (*di stoffa*); scampolo. // **a ~ sale** (*market.*) una vendita di scampoli.

remonetization, *n.* (*econ.*) restituzione del valore monetario (*a un metallo*).

remonetize, *v. t.* (*econ.*) restituire il valore monetario a (*un metallo*). △ **They are planning to ~ gold** hanno in progetto di restituire all'oro il suo valore monetario.

remote, *a.* remoto, lontano, distante. // **~ control** (*comun.*) comando a distanza, telecomando, telecontrollo; **~ damages** (*leg.*) danni remoti, danni indiretti.

removal, *n.* ❶ spostamento, trasferimento. ❷ trasloco. ❸ (*dog., econ.*) disarmo. ❹ (*pers.*) destituzione; allontanamento (*da un ufficio*); rimozione (*da un grado*); sospensione (*dal lavoro*). △ ❹ **The ~ of Mr Sheridan was a heavy blow to the firm** la destituzione di Mr Sheridan fu un grave colpo per l'azienda. // **a ~ agency** un'agenzia di traslochi; **the ~ of a cause** (*leg.*) il rinvio d'una causa (*a un altro giudice*); **the ~ of distrained chattels** (*leg.*) la sottrazione di beni pignorati; **the ~ of quotas and customs barriers** (*comm. est., dog.*) il disarmo dei dazi e dei contingenti; **the ~ of seals** (*leg.*) la rimozione dei sigilli; **~ under bond** (*dog.*) ritiro sotto cauzione; **~ van** (*trasp. aut.*) furgone per traslochi.

remove, *v. t.* ❶ rimuovere, levare, togliere; allontanare, trasferire. ❷ (*pers.*) destituire; allontanare (*q., da un ufficio*); rimuovere (*q., da un grado*); sospendere (*dal lavoro*). *v. i.* trasferirsi, traslocare. △ *v. t.* ❶ **Our Guilford office will be removed to London next month** il nostro ufficio di Guilford sarà trasferito a Londra il mese prossimo. // **to ~ all barriers to trade** (*comm. est.*) sopprimere tutti gli ostacoli agli scambi; **to ~ an article from the catalogue** (*market.*) stralciare un articolo dal catalogo; **to ~ the attachment** (*leg.*) togliere il sequestro; **to ~ sb. from office** (*pers.*) rimuovere q. dalla carica; dimettere, licenziare q.; **to ~ goods from the customs** (*dog.*) ritirare merci dalla dogana.

remover, *n.* (*ingl.*) proprietario d'un'agenzia di traslochi.

remunerate, *v. t.* rimunerare, ricompensare, retribuire, pagare. △ **We have not yet remunerated Dr Costa for his services** non abbiamo ancora ricompensato il dott. Costa per i suoi servigi. // **to ~ expenses** rimborsare le spese.

remuneration, *n.* rimunerazione, ricompensa, pagamento, retribuzione. △ **This sum is a fair ~** questa somma è una congrua rimunerazione; **Are you getting an adequate ~ for your work?** ricevete una buona retribuzione per il vostro lavoro? // **~ for salvage** (*trasp. mar.*) indennità di salvataggio, premio di salvataggio.

remunerative, *a.* rimunerativo, rimuneratorio, lucrativo, redditizio. △ **~ investments are not easy to find in times of creeping inflation** in periodi d'inflazione strisciante gli investimenti rimunerativi non sono di facile reperimento. // **a ~ business** un'azienda redditizia; **~ jobs** (*pers.*) lavori rimunerativi; **a ~ salary** (*pers.*) uno stipendio rimunerativo.

render, *v. t.* ❶ rendere, restituire. ❷ ricambiare, contraccambiare. ❸ sottoporre (*un documento*). ❹ tradurre. ❺ (*market.*) presentare (*un conto: a un cliente, ecc.*). △ ❸ **He is to ~ an annual account of his administration** è tenuto a sottoporre una relazione annuale della sua amministrazione; ❹ **Every document must be rendered into several languages** ogni documento deve essere tradotto in diverse lingue; ❺ **We usually ~ accounts once a month** generalmente presentiamo i conti una volta al mese. // **to ~ an account of one's actions** render conto delle proprie azioni; **to ~ a judgement** (*leg.*) pronunciare una sentenza; **to ~ a service** rendere un servizio, fare un favore; **to ~ void** (*leg.*) rendere nullo; « **account rendered** » « conto presentato » (*ma non ancora saldato*); « **to be rendered** » (*market.*) « a rendere ».

renew, *v. t.* rinnovare, rimettere a nuovo, sostituire. △ **We intend to ~ our equipment every five years** intendiamo rinnovare le attrezzature ogni cinque anni. // **to ~ a bill** (*banca, cred.*) rinnovare una cambiale; **to ~ one's complaints** ripetere le proprie lagnanze; **to ~ a contract** (*leg.*) rinnovare un contratto; **to ~ the staff** (*org. az.*) rinnovare il personale.

renewal, *n.* ❶ rinnovamento, sostituzione. ❷ (*comm.*) rinnovo. △ ❷ **In U.S.A., several labour contracts are now due for ~** negli Stati Uniti, molti contratti di lavoro attendono il rinnovo. // **the ~ of a bill** (*banca, cred.*) il rinnovo d'una cambiale; **the ~ of a contract** (*leg.*) il rinnovo d'un contratto; **the ~ of a copyright** (*leg.*) il rinnovo d'un diritto d'autore; **~ of lease** (*leg.*) riconduzione; **~ premium** (*ass.*) premio di rinnovo.

renounce, *v. t.* rinunciare a, cedere, abbandonare. // **to ~ a claim** abbandonare una pretesa; **to ~ a privilege** (*leg.*) rinunciare a un privilegio; **to ~ a right** (*leg.*) rinunciare a un diritto.

renouncement, *n.* rinuncia, cessione, abbandono.

renown, *n.* rinomanza, fama, notorietà. // **the ~ of our products** la rinomanza dei nostri prodotti.

renowned, *a.* rinomato, celebre, famoso. △ **He has found a job with one of the most ~ firms in Europe** ha trovato lavoro presso una delle più famose ditte europee.

rent^1, *n.* ❶ (*econ.*) rendita. ❷ (*leg.*) affitto, pigione, canone d'affitto, prezzo della locazione. ❸ (*leg.*) (*di macchinario, ecc.*) nolo. △ ❷ **In popular usage, the term ~ may refer to payment for the use of capital goods, such as a machine, quite apart from any land** nell'uso popolare il termine « affitto » può riferirsi al pagamento per l'uso di beni strumentali, come un macchinario, senza alcun riferimento a terreni. // **~ agreement** (*leg.*) contratto d'affitto; **~ control** (*econ.*) blocco degli affitti; **~ -day** (*leg.*) giorno della scadenza della pigione; **~ -free** (*leg.*) (*d'alloggio*) gratuito; **~ in advance** (*leg.*) affitto anticipato; **~ in arrears** (*leg.*) affitto in arretrato; **~ -roll** (*fin.*) ruolo dei censi, lista dei poderi coi nomi degli affittuari, ammontare delle rendite dei propri terreni; **~ -service** (*leg.*) servizi resi in luogo del canone d'affitto; « **for ~** » (*USA*) « a nolo », « affittasi ».

rent^2, *v. t.* ❶ (*leg.*) affittare. ❷ (*leg.*) prendere in affitto, avere in affitto. ❸ (*leg.*) locare, dare in affitto. *v. i.* (*leg.*) (*di casa, podere, ecc.*) essere affittato. △ *v. i.* **The largest flat rents for $ 1,000 a year** l'appartamento più grande è affittato a 1.000 dollari l'anno. // **to ~ sb. low** far pagare a q. una pigione modesta.

rentable, *a.* (*leg.*) affittabile.

rental, *n.* ❶ (*econ.*) reddito di fabbricati, reddito dominicale. ❷ (*leg.*) canone d'affitto. ❸ (*leg.*) valore locativo. ❹ (*leg.*) proprietà data in affitto. // **~ value** (*leg.*) valore locativo; **~ -value insurance** (*ass.*) assicurazione sul valore locativo.

renter, *n.* ❶ (*leg.*) locatario, inquilino. ❷ (*leg.*) affittuario, fittavolo. // **~ of a safe-deposit box** (*banca*) cassettista (*chi ha in affitto una cassetta di sicurezza*).

renunciation, *n.* rinuncia, abbandono, cessione. // **the ~ of one's chairmanship** la rinuncia alla presidenza; **~ on oath** (*leg.*) abiura.

reopen, *v. t.* ❶ riaprire. ❷ riprendere (*una discus-*

sione, ecc.). v. i. ❶ ricominciare. ❷ (market.) (di negozio, ecc.) riaprire. △ v. t. ❶ **The parties have decided to ~ the contract to discuss wages** le parti hanno deciso di riaprire il contratto per discutere dei salari; v. i. ❷ **We are glad to inform our customers that our shop will ~ tomorrow after the one-week shutdown** siamo lieti d'informare la nostra clientela che il negozio riaprirà domani dopo la settimana di chiusura. // to ~ **an account** (rag.) riaprire un conto; to ~ **markets after a slump** (econ., fin.) riaprire i mercati dopo un periodo di congiuntura negativa.

reopening, n. ❶ riapertura. ❷ ripresa (d'una discussione, ecc.). ❸ (market.) (di negozio) riapertura. // ~ **clause** (sind.) clausola che prevede la riapertura d'un contratto collettivo di lavoro; **the ~ of the books** (rag.) la riapertura dei libri (contabili).

reorder[1], n. (market.) nuova ordinazione (delle stesse merci ordinate precedentemente).

reorder[2], v. t. ❶ riordinare, rimettere in ordine. ❷ (market.) ordinare (merci) di nuovo. ❸ (org. az.) riorganizzare. v. i. (market.) fare nuove ordinazioni. △ v. t. ❸ **We should try to ~ our production patterns** dovremmo cercare di riorganizzare i nostri schemi produttivi.

reordering, n. ❶ riordinamento. ❷ (org. az.) riorganizzazione.

reorganization, n. ❶ riorganizzazione. ❷ (org. az.) riorganizzazione. // **the ~ of the staff** (org. az.) la riorganizzazione del personale.

reorganize, v. t. ❶ riorganizzare. ❷ (org. az.) riorganizzare. v. i. ❶ riorganizzarsi. ❷ (org. az.) riorganizzarsi. △ v. t. ❷ **We have reorganized the department in order to increase efficiency** abbiamo riorganizzato il reparto per aumentare l'efficienza.

rep, n. (abbr. di **representative**) (pers., USA) rappresentante.

repair[1], n. ❶ riparazione, restauro. ❷ (trasp. mar.) raddobbo. △ ❶ **There will be a three-weeks' shutdown for repairs** ci saranno tre settimane di chiusura per restauri; ❷ **The ship is undergoing repairs** la nave è in raddobbo. // **repairs and maintenance** (org. az., rag.) riparazioni e manutenzioni; **repairs and upkeep** (org. az., rag.) manutenzioni e riparazioni; ~ **charges** (rag.) spese di riparazione; ~ **ship** (trasp. mar.) nave officina; **under** ~ in riparazione.

repair[2], v. t. ❶ riparare, aggiustare, restaurare. ❷ metter riparo a, rimediare, risarcire. ❸ (trasp. mar.) raddobbare (una nave). // to ~ **a loss** (leg.) risarcire una perdita; to ~ **roads** (trasp. aut.) riparare le strade; to ~ **a ship** (trasp. mar.) raddobbare una nave; to ~ **a wrong** (leg.) riparare un torto.

repairing, n. riparazione, aggiustamento. // ~ **basin** (trasp. mar.) bacino di raddobbo, bacino di carenaggio.

reparable, a. ❶ riparabile. ❷ rimediabile, risarcibile. // **a ~ damage** un danno riparabile.

reparation, n. ❶ riparazione (di danni, torti, ecc.). ❷ **reparations**, pl. riparazioni, restauri. ❸ **reparations**, pl. (econ.) (= **war reparations**) riparazioni di guerra. △ ❷ **Old machines need constant reparations** il macchinario vecchio necessita di continue riparazioni.

repay, v. t. (pass. e part. pass. **repaid**) ❶ ripagare. ❷ restituire, rendere. ❸ rimborsare, ricompensare, reintegrare. △ ❷ **We've already repaid all the money we borrowed** abbiamo già restituito tutto il denaro prestatoci; to ~ **creditors** (cred.) rimborsare i creditori; to ~ **sb. for his services** ricompensare q. per i suoi servigi.

repayable, a. rimborsabile, restituibile. // ~ **at call** (cred.) rimborsabile a vista; ~ **costs** (leg.) spese (di causa) ripetibili.

repayment, n. rimborso, ricompensa, restituzione, resa. △ **I was not able to make ~ of the loan at the time specified** non potei effettuare il rimborso del prestito alla data prescritta; **Repayments will be made by the European Social Fund** i rimborsi saranno concessi dal Fondo Sociale Europeo. // ~ **of VAT on exportation** (fin.) restituzione dell'IVA all'esportazione.

repeal[1], n. (leg.) abrogazione, annullamento, revoca. // **the ~ of a law** (leg.) l'abrogazione d'una legge; **the ~ of a provision** (leg.) la revoca d'una disposizione.

repeal[2], v. t. (leg.) abrogare, annullare, revocare. △ **The law forbidding strikes has been repealed** la legge che vietava gli scioperi è stata abrogata.

repealable, a. (leg.) abrogabile, annullabile, revocabile.

repeat[1], n. ❶ ripetizione, replica, rinnovo. ❷ (comm.) rinnovo. △ ❷ **The ~ of your order has not yet reached us** il rinnovo della vostra ordinazione non ci è ancora pervenuto. // ~ **order** (market.) ordinazione rinnovata.

repeat[2], v. t. ripetere, replicare, rinnovare, rifare, ridire. △ **Would you please ~ your name and address?** vorrebbe ripetere generalità e indirizzo, per favore? // to ~ **an order** (market.) rinnovare un'ordinazione.

repeater, n. ❶ chi ripete. ❷ (mat.) numero periodico.

repeating decimal, n. (mat.) (numero) decimale periodico.

repel, v. t. respingere, ricacciare, cacciare indietro. // to ~ **competition** (market.) combattere la concorrenza.

repercussion, n. ripercussione, contraccolpo. △ **The repercussions on European agriculture of the outcome of the Kennedy Round must be carefully studied** si devono studiare con attenzione le ripercussioni dei risultati del Kennedy Round sull'agricoltura europea.

repetend, n. (mat.) periodo (di decimale periodico).

repetition, n. ripetizione, replica. △ **Union leaders' slang is sometimes but the ~ of slogans and clichés** talvolta il gergo dei leader sindacali non è che ripetizione di slogan e luoghi comuni.

repetitive, a. ripetitivo. △ **A ~ work is never gratifying** un lavoro ripetitivo non è mai gradito.

replace, v. t. ❶ riporre, ricollocare, rimettere a posto. ❷ soppiantare, sostituire, rimpiazzare. ❸ (amm., pers.) succedere, subentrare a (q.). △ ❷ **No article shall be replaced after it has been paid for** gli articoli pagati non si sostituiscono; **Dried wood has long been replaced by glass and concrete** da tempo il legno essiccato è stato soppiantato dal vetro e dal cemento; ❸ **Miss Vera Young has become managing director, thus replacing Mr John Carpenter** Miss Vera Young ha assunto la carica d'amministratore delegato e subentra così a Mr John Carpenter. // to ~ **stolen money** restituire denaro rubato.

replaceable, a. ❶ ricollocabile. ❷ sostituibile, soppiantabile. ❸ (econ.) fungibile, surrogabile. // ~ **goods** (econ.) beni fungibili.

replacement, n. ❶ ricollocamento. ❷ soppiantamento, sostituzione, rimpiazzo. ❸ (amm., pers.) successione, subentro. △ ❷ **Our total output would be increased by the ~ of all obsolete machinery** la produzione complessiva aumenterebbe con la sostituzione di tutto il macchinario obsoleto. // ~ **cost** (org. az.) costo di sostituzione (d'un'attività fissa con un'altra altrettanto valida); ~ **value** (econ.) valore di sostituzione.

repleader, *n.* ❶ (*leg.*) replica (*nella discussione d'una causa*). ❷ (*leg.*) diritto di replica. ❸ (*leg.*) riapertura d'un processo (*per scoperta d'un vizio*).

replenish, *v. t.* ❶ riempire. ❷ (*org. az.*) rifornire (*il magazzino*). ❸ (*org. az.*) completare (*le scorte*); ristabilire (*le giacenze*). ❹ (*trasp. mar.*) rifornire. *v. i.* (*trasp. mar.*) rifornirsi. △ *v. t.* ❸ **Our stock of goods must be replenished within the end of the year** le nostre scorte di merce devono essere completate prima della fine dell'esercizio; **to ~ a ship at sea** (*trasp. mar.*) rifornire una nave in mare.

replenishment, *n.* ❶ riempimento. ❷ (*org. az.*) rifornimento (*del magazzino*). ❸ (*org. az.*) completamento (*delle scorte*); ristabilimento (*delle giacenze*). ❹ (*trasp. mar.*) rifornimento. // **a ~ at sea** (*trasp. mar.*) un rifornimento in mare.

replevin[1], *n.* (*leg.*) reintegrazione (*sotto cauzione*) di beni mobili.

replevin[2], *v. t. V.* **replevy**.

replevy, *v. t.* (*leg.*) ricuperare sotto cauzione (*beni mobili*).

replication, *n.* ❶ replica, risposta. ❷ (*leg.*) replica dell'attore.

reply[1], *n.* risposta, replica. △ **In ~ to your inquiry of the 31st May, we are sorry to say that we are unable to express any opinion as to the financial standing of the people in question** in risposta alla vostra lettera del 31 maggio, ci spiace dover dire che non siamo in grado di esprimere pareri sulla posizione finanziaria delle persone in oggetto. // **~ card** (*comun.*) cartolina con risposta pagata; **~-paid telegram** (*comun.*) telegramma con risposta pagata; **~ postal card** (*comun.*) cartolina con risposta pagata; **~ sheet** (*market.*, *pubbl.*) foglio per le risposte (*in un questionario, ecc.*); **a ~ to a letter of application** (*comun.*) la risposta a una domanda d'assunzione.

reply[2], *v. t.* e *i.* rispondere, replicare. △ **We have not yet replied to that customer** non abbiamo ancora risposto a quel cliente. // **to ~ in writing** (*comun.*) rispondere per iscritto.

report[1], *n.* ❶ rapporto, relazione, resoconto, cronaca. ❷ annuncio, comunicazione. ❸ (*giorn.*) servizio, pezzo di cronaca. △ ❶ **After exhaustive study the committee made its ~ on the causes of the accident** dopo uno studio accurato, il comitato elaborò il suo rapporto sulle cause dell'incidente; **This ~ was drafted by the group of experts on medium-term economic forecasts** questa relazione è stata elaborata dal gruppo di studio delle prospettive economiche a medio termine. // **the ~ of the auditors** (*leg.*) la relazione dei revisori dei conti; **a ~ of the proceedings of the congress** (*leg.*) un verbale degli atti congressuali; **the ~ of the whole cargo** (*trasp. mar.*) la dichiarazione generale (*in dogana*); **~ on a clerk** (*pers.*) note informative; **on ~** (*org. az.*, *pers.*) a rapporto.

report[2], *v. t.* ❶ riportare, riferire, « relazionare », fare la cronaca di. ❷ annunciare, comunicare, dichiarare. ❸ fare rapporto contro (*q.*); deferire, denunciare. *v. i.* ❶ andare a rapporto, presentarsi. ❷ (*giorn.*) fare il cronista. △ *v. t.* ❷ **The treasurer reported a balance of 1,000 dollars** il cassiere ha annunciato una differenza a saldo di 1.000 dollari; **The company has reported a sales total of one million pounds** la società ha dichiarato un fatturato di un milione di sterline; *v. i.* ❶ **You are to ~ to the chairman immediately** dovete presentarvi subito al presidente; ❷ **He has been reporting for « La Stampa » since the end of the war** fa il cronista per « La Stampa » dalla fine della guerra. // **to ~ an accident** denunciare un incidente; **to ~ the cargo** (*trasp. mar.*) dichiarare il carico (*in dogana*); indoganare il carico; **to ~ an employee to the management** fare rapporto alla direzione contro un dipendente; **to ~ to the Port Authorities** (*trasp. mar.*) fare la denuncia alle Autorità Portuali.

reportage, *n.* (*giorn.*) cronaca giornalistica, reportage.

reporter, *n.* ❶ chi riferisce, rapportatore. ❷ (*giorn.*) cronista, redattore, reporter.

reporting, *n.* ❶ (*giorn.*) cronaca. ❷ (*giorn.*) servizio d'informazioni. ❸ (*giorn.*) giornalismo.

report oneself, *v. rifl.* presentarsi (a rapporto).

repossess, *v. t.* ❶ (*leg.*) rientrare in possesso di (qc.). ❷ (*leg.*) reintegrare (*q.*) nel possesso di qc. ❸ (*market.*) ricuperare (*un oggetto venduto a rate, ma non pagato del tutto*) senza adire le vie legali.

repossession, *n.* ❶ (*leg.*) (il) rientrare in possesso. ❷ (*leg.*) il reintegrare (*q.*) nel possesso di qc. ❸ (*market.*) ricupero pacifico (*d'un oggetto venduto a rate, ma non pagato interamente*).

represent, *v. t.* ❶ rappresentare, simboleggiare, significare. ❷ (*leg.*) rappresentare. ❸ (*market.*, *pers.*) fare il rappresentante per (*q.*). △ ❶ **X usually represents the independent variable** generalmente x rappresenta la variabile indipendente; ❷ **Debentures ~ a debt of the company** le obbligazioni rappresentano un debito della società; **We will be represented by Mr Johnson at the general meeting** all'assemblea generale saremo rappresentati da Mr Johnson. // **to ~ the parties** (*leg.*) rappresentare le parti contendenti (*davanti al tribunale*).

representation, *n.* ❶ rappresentazione. ❷ (*leg.*) rappresentazione (*nel diritto di successione*). ❸ (*leg.*) rappresentanza. ❹ **representations**, *pl.* (*ass.*) dichiarazioni dell'assicurato (*alla compagnia d'assicurazioni: sul rischio da assicurare*). △ ❸ **We have been offered the sole ~ of their firm for this area** ci è stata offerta la rappresentanza in esclusiva della loro ditta per questa zona. // **~ controversy** (*sind.*, *USA*) controversia circa il diritto (*da parte d'un sindacato*) di rappresentare tutti i lavoratori d'un certo settore (*nella definizione d'un contratto collettivo di lavoro*).

representational, *a.* rappresentativo, di rappresentazione (*V.* **representation**).

representative, *a.* rappresentativo. *n.* ❶ rappresentante. ❷ (*pers.*) (= **representative agent**) rappresentante, agente, venditore. △ *a.* **A ~ body of the two Houses of Parliament, the House of Commons, is the more ~ of the people's will** una rappresentanza delle due Camere, la Camera dei Comuni, è la più rappresentativa della volontà popolare; *n.* ❶ **The master is the owner's ~** il capitano è il rappresentante dell'armatore; **The Government took an important step when it invited representatives of both unions and managements to take part in a concerted operation in the field of wages policy** il Governo ha preso un'importante iniziativa invitando tanto i rappresentanti dei sindacati operai quanto quelli dei padronali a partecipare a un'azione concertata in materia di politica salariale; ❷ **We shall complain to their ~ about the poor quality of the goods they've sent us** reclameremo presso il loro rappresentante per la qualità scadente della merce che ci hanno inviata. // **~ agent** (*pers.*) rappresentante, venditore; **~ firm** (*market.*, *stat.*) azienda tipo; **a ~ Government** un sistema (di Governo) rappresentativo; **the representatives of the press** (*giorn.*) i rappresentanti della stampa; **a ~ sample** (*stat.*) un campione rappresentativo; **~ sampling** (*stat.*) campionatura rappresentativa.

repressed inflation, *n.* (*econ.*) inflazione controllata (*dal Governo*).

reprice, *v. t.* (*market.*) stabilire un nuovo prezzo per (*articoli, merci, ecc.*).

reprieve[1], *n.* (*leg.*) sospensione dell'esecuzione (*d'una sentenza*).

reprieve[2], *v. t.* (*leg.*) rinviare l'esecuzione, sospendere l'esecuzione di (*una sentenza*).

reprimand[1], *n.* ❶ rimprovero. ❷ (*pers.*) ammonizione, censura.

reprimand[2], *v.t.* ❶ rimproverare. ❷ (*pers.*) ammonire, censurare. △ ❷ **The new clerk was reprimanded for his negligence** il nuovo impiegato fu ammonito per la sua negligenza.

reprint[1], *n.* (*giorn., pubbl.*) ristampa (*il risultato*).

reprint[2], *v. t.* (*giorn., pubbl.*) ristampare. // **to be reprinting** (*giorn., pubbl.*) essere in ristampa.

reprinting, *n.* (*giorn., pubbl.*) ristampa (*il procedimento*).

reprisal, *n.* (*leg.*) rappresaglia, ritorsione.

reprise, *n.* (*fin.*) detrazione annuale (*sul reddito agrario, per pagamento di annualità, imposte, ecc.*). // **above all reprises** (*fin.*) al netto di tutte le detrazioni.

reproduce, *v. t.* riprodurre. *v. i.* ❶ riprodursi. ❷ essere riprodotto, essere copiato. △ *v. i.* ❷ **The original will ~ clearly in the photocopy** l'originale sarà riprodotto chiaramente nella fotocopia.

reproduction, *n.* riproduzione. // **the ~ of capital** (*fin.*) la riproduzione di capitale; **~ rate** (*stat.*) tasso di riproduzione (*demografica*).

reproductive, *a.* riproduttivo, di riproduzione. // **~ industries** (*econ.*) industrie di riproduzione.

republication, *n.* (*giorn., pubbl.*) ripubblicazione.

republish, *v. t.* (*giorn., pubbl.*) ripubblicare, pubblicare una ristampa di (*un libro, ecc.*).

repudiate, *v. t.* ❶ ripudiare, ricusare. ❷ rifiutare di riconoscere, misconoscere. △ ❷ **We repudiated the contract after an endless argument** dopo un'interminabile discussione ci rifiutammo di riconoscere il contratto. // **to ~ a debt** (*cred.*) rifiutare di riconoscere un debito; **to ~ a will** (*leg.*) ricusare un testamento.

repudiation, *n.* ❶ ripudio. ❷ misconoscimento, rifiuto di riconoscere (*un debito, ecc.*).

repurchase[1], *n.* ricompera, riacquisto, riscatto. △ **We have got an option of ~ from our customer** abbiamo ottenuto un'opzione di riacquisto dal nostro cliente. // **~ clause** (*leg.*) clausola di riacquisto: **The Central Bank decided to cease selling currency to credit establishments with ~ clause and exchange guaranty** la Banca Centrale decise di cessare la vendita di divise agli istituti di credito con clausola del riacquisto e con la garanzia di cambio.

repurchase[2], *v. t.* ricomprare, riacquistare, riscattare.

reputable, *a.* rispettabile, onorevole, stimabile. // **~ conduct** una condotta rispettabile.

reputation, *n.* reputazione, considerazione, fama, nome, buon nome, rispettabilità, stima. △ **He is gaining a good ~ among the experts in this field** sta acquistando una buona reputazione fra gli esperti del ramo; **Our Country has a good ~ abroad** il nostro Paese ha un buon nome all'estero.

repute[1], *n.* reputazione, considerazione, fama, nome, buon nome, onorabilità, rispettabilità. △ **Your client is certainly a man of good ~** il vostro cliente è sicuramente persona di buona reputazione; **His work for the firm has always been held in high ~** il suo lavoro per la ditta è stato sempre tenuto in alta considerazione.

repute[2], *v. t.* reputare, credere, considerare, giudicare, stimare. △ **He is reputed an expert in advertising techniques** è considerato un esperto di tecniche pubblicitarie.

reputed owner, *n.* (*leg.*) proprietario presunto.
reputed ownership, *n.* (*leg.*) proprietà presunta.

request[1], *n.* richiesta, domanda, istanza, sollecitazione, sollecito. △ **We are sending you our latest catalogue by your agent's ~** vi inviamo il nostro ultimo catalogo su richiesta del vostro agente. // **~ for bids** (*o* **for tenders**) concorso (*o* gara) d'appalto; **a ~ for credit** (*banca, cred.*) una richiesta d'accreditamento; **a ~ for a loan** (*cred.*) una domanda di mutuo; **~ stop** (*trasp.*) fermata a richiesta; **at ~** a richiesta, su invito; **by ~** a richiesta, su invito; **to be in ~** (*market.*) (*di prodotto, ecc.*) essere richiesto: **Our new article is in great ~** il nostro nuovo articolo è molto richiesto; **on ~** su richiesta: **The pamphlet is available on ~** l'opuscolo è disponibile su richiesta; **upon ~** su richiesta.

request[2], *v. t.* richiedere, chiedere, domandare, sollecitare. △ **The board of directors was requested for an opinion** fu richiesta l'opinione del consiglio d'amministrazione; **I was requested to fill in the form** mi fu domandato di compilare il modulo. // **to ~ a delay** (*market.*) chiedere una dilazione.

require, *v. t.* ❶ richiedere, chiedere, domandare. ❷ abbisognare, aver bisogno di (*qc.*). ❸ esigere, volere. ❹ volerci. △ ❶ **We have been required to give them confidential information about our customer** ci è stato chiesto di dar loro informazioni riservate sul nostro cliente; ❹ **Studying foreign languages requires a tremendous lot of patience and motivation** ci vuole una quantità di pazienza e di « motivazione » per lo studio delle lingue straniere. // **to ~ the payment of a debt** (*cred.*) esigere il pagamento d'un debito; **the required books** (*rag.*) i libri (contabili) obbligatori.

requirement, *n.* ❶ bisogno, fabbisogno. ❷ esigenza, necessità. ❸ requisito, qualità richiesta, richiesta. ❹ **requirements**, *pl.* (*fin., rag.*) parte fabbisogni (*d'un bilancio*). △ ❶ **Production is not sufficient to satisfy the ~ of automobiles** la produzione non è sufficiente a soddisfare il fabbisogno automobilistico; ❷ **We must adapt firms to the requirements of a big market largely open to international competition** dobbiamo adeguare le imprese alle esigenze d'un grande mercato molto aperto alla competizione internazionale; ❸ **I have always tried to comply with my customers' requirements** ho sempre cercato di soddisfare le richieste della mia clientela.

requisite, *a.* richiesto, necessario, indispensabile. *n.* ❶ requisito. ❷ fabbisogno, (il) necessario, (l')occorrente. △ *a.* **As the ~ quorum of 60 members is not present, we shall have to adjourn the meeting** poichè il « quorum » necessario di 60 membri non è presente, dovremo aggiornare la seduta; *n.* ❶ **One major ~ of a real social climber is ambition** uno dei più importanti requisiti d'un vero arrampicatore sociale è l'ambizione.

requisition[1], *n.* ❶ richiesta (*generalm. scritta*), istanza, domanda. ❷ requisito, qualità richiesta. ❸ (*leg.*) requisizione. △ ❶ **The only thing you can do is to hand a ~ to the purchasing department** la sola cosa che potete fare è inoltrare una richiesta all'ufficio acquisti. // **the requisitions for admission** (*pers.*) i requisiti d'ammissione; **the ~ of file material** (*org. az.*) il prelievo di materiale d'archivio; **a ~ of personnel** (*org. az.*) una richiesta (*scritta*) di (assunzione di nuovo) personale.

requisition[2], *v. t.* ❶ (*leg.*) requisire. ❷ (*leg.*) imporre una requisizione a (*q. o qc.*); costringere (*q.*) a consegnare qc. △ ❶ **Several hotels were requisitioned owing to the shortage of houses** a causa della crisi degli alloggi, diversi alberghi sono stati requisiti.

reroute, *v. t.* ❶ instradare di nuovo, avviare di nuovo. ❷ (*econ., fin.*) dirottare. △ ❷ **Florin investment will be rerouted to the Euroflorin market** gli investimenti in fiorini saranno dirottati sul mercato dell'Eurofiorino. // to ~ **investments** (*econ., fin.*) dirottare gli investimenti.

rerun[1], *n.* (*pubbl.*) seconda visione (*di film*). // ~ **routine** (*elab. elettr.*) programma di secondo passaggio.

rerun[2], *v. t.* (*pass.* **reran**, *part. pass.* **rerun**) (*pubbl.*) presentare (*un film*) in seconda visione.

resalable, *a. V.* **resaleable**.

resale, *n.* (*market.*) rivendita, il rivendere; nuova vendita, vendita di seconda mano. △ **Wholesalers live by ~ to retailers** i grossisti vivono rivendendo la merce ai dettaglianti. // ~ **price** (*market.*) prezzo di rivendita; prezzo raccomandato, prezzo imposto (*dal produttore al dettagliante*).

resaleable, *a.* (*market.*) rivendibile.

rescale, *v. t.* ❶ (*econ.*) formulare (*piani, ecc.*) su scala ridotta. ❷ (*econ.*) pianificare (*qc.*) su scala minore. ❸ (*econ.*) ridimensionare (*le spese, ecc.*). △ ❸ **We must ~ our standard of living to conform to the new budget** dobbiamo ridimensionare il nostro tenore di vita in conformità al nuovo bilancio.

rescaling, *n.* (*econ.*) pianificazione su scala ridotta, ridimensionamento.

rescind, *v. t.* (*leg.*) rescindere, abrogare, annullare, risolvere, sopprimere. △ **The judgement has at last been rescinded** la sentenza è stata finalmente annullata; **No clause shall be rescinded!** nessuna clausola sarà soppressa! // to ~ **a contract** (*leg.*) rescindere un contratto; to ~ **a law** (*leg.*) abrogare una legge.

rescindable, *a.* (*leg.*) rescindibile, abrogabile, annullabile.

rescission, *n.* (*leg.*) rescissione, abrogazione, annullamento, soppressione. △ ~ **is subject to the payment of a fine** la rescissione è soggetta al pagamento d'un'ammenda.

rescissory, *a.* (*leg.*) rescissorio. // ~ **action** (*leg.*) azione rescissoria.

rescue[1], *n.* salvataggio, soccorso.

rescue[2], *v. t.* salvare, soccorrere.

research[1], *n.* ricerca, inchiesta, indagine, studio (*scientifico*). △ **We are carrying on a ~ into the causes of the monetary crisis** stiamo facendo uno studio sulle cause della crisi monetaria. // ~ **and development** (*econ.*) ricerca e sviluppo; ~ **and development policy** (*econ.*) politica di ricerca e di sviluppo; ~ **expenses** (*org. az., rag.*) spese per la ricerca; ~ **facilities** (*market.*) apparato di ricerca; ~ **programme** (*org. az.*) programma di ricerca; ~ **worker** ricercatore.

research[2], *v. t.* indagare, investigare; studiare (*qc., scientificamente*). *v. i.* far ricerche, fare indagini.

researcher, *n.* ricercatore, investigatore, studioso.

resell, *v. t.* (*pass. e part. pass.* **resold**) (*market.*) rivendere, vendere di nuovo. △ **A wholesaler buys goods from a producer and resells them to a retailer** il grossista compra merci dal fabbricante e le rivende al dettagliante.

reseller, *n.* (*market.*) rivenditore.

reselling, *n.* (*market.*) rivendita (*il rivendere*).

reservation, *n.* ❶ riserva, restrizione, eccezione. ❷ (*trasp., tur.*) prenotazione (*in albergo, aereo, ecc.*). △ ❶ **They have signed the contract without ~** hanno firmato il contratto senza alcuna riserva. // **the ~ of a right** (*leg.*) la riserva d'un diritto; **the ~ of a seat on a plane** (*trasp. aer.*) la prenotazione d'un posto su un aereo; **without ~** senza alcuna riserva, senza condizioni, incondizionatamente.

reserve[1], *n.* ❶ riserva, serbo. ❷ (*banca, fin., rag.*) riserva. ❸ (*banca, fin., rag.*) (= **reserve account**) fondo di riserva. △ ❶ **I thought you had some money in ~** credevo avessi un po' di denaro in serbo; ❷ **Gold reserves are getting thinner and thinner** le riserve auree stanno assottigliandosi sempre più. // ~ **account** (*rag.*) conto (di riserva); ~ **account for bad debts** (*rag.*) fondo svalutazione crediti; ~ **account for depreciation** (*rag.*) fondo svalutazione (*merci, titoli, ecc.*); ~ **account for income taxes** (*rag.*) fondo imposte da liquidare; ~ **accounts** (*rag.*) fondi rischi; ~ **bank** (*banca*) banca centrale (*che tiene riserve d'altre banche*); (*banca, USA*) banca centrale: **In the United States there are 12 ~ Banks, but they are all controlled by the board of governors of the federal ~ system** negli Stati Uniti ci sono 12 banche centrali, ma sono tutte controllate dal consiglio dei governatori del sistema federale di riserva; ~ **district** (*banca, USA*) zona sottoposta alla giurisdizione d'una « reserve bank » (*q.V.*); ~ **for depreciation** (*rag.*) fondo d'ammortamento; ~ **for obsolescence** (*rag.*) riserva per obsolescenza (*d'attività fisse*); ~ **fund** (*rag.*) fondo di riserva; **a ~ of unemployed resources** (*econ.*) un serbatoio di risorse non utilizzate; ~ **price** (*comm.*) prezzo minimo (*a un'asta pubblica*); ~ **ratio** (*banca*) rapporto fra le riserve in contanti e le passività; **with all (due) reserves** con tutte le (dovute) riserve; **without ~** senza alcuna riserva, senza condizioni, incondizionatamente: **Our proposal was accepted without ~** la nostra proposta fu accettata senza alcuna riserva.

reserve[2], *v. t.* ❶ riservare, riservarsi. ❷ serbare, tenere in serbo. ❸ (*trasp., tur.*) prenotare (*una camera d'albergo, un posto in aereo, ecc.*). △ ❶ **I ~ my decision** mi riservo di decidere; ❷ **We have always reserved a little money for unforeseen contingencies** abbiamo sempre serbato un po' di denaro per le necessità impreviste. // to ~ **the right to do st.** riservarsi il diritto di fare qc.: **You ought to ~ the right to inspect the goods before accepting them** dovreste riservarvi il diritto d'esaminare la merce prima d'accettarla; « **All rights reserved** » (*leg.*) « tutti i diritti riservati ».

reserved, *a.* riservato, impegnato.

reset[1], *n.* (*leg., scozz.*) ricettazione.

reset[2], *v. t.* (*pass. e part. pass.* **reset**) ❶ (*giorn.*) ricomporre (*una pagina a stampa*). ❷ (*leg., scozz.*) ricettare. *v. i.* (*leg., scozz.*) fare il ricettatore.

resetter, *n.* (*leg., scozz.*) ricettatore.

resetting, *n.* (*giorn.*) ricomposizione (*d'una pagina a stampa*).

reshape, *v. t.* rifoggiare, dare nuova forma a (*qc.*). *v. i.* assumere una nuova forma. △ *v. t.* **The new Government is trying to ~ the nation's foreign policy** il nuovo Governo sta cercando di dare nuova forma alla politica estera del Paese.

reship, *v. t.* ❶ (*trasp., USA*) spedire (*qc.*) di nuovo, rispedire. ❷ (*trasp. mar.*) spedire di nuovo (*qc.*) via mare; rimbarcare. ❸ (*trasp. mar.*) trasbordare (*merce*). △ ❶ **The goods will be reshipped as soon as the railway strike is over** le merci saranno rispedite appena sarà terminato lo sciopero delle ferrovie. // to ~ **bonded merchandise** (*trasp. mar.*) trasbordare merce da sdoganare.

reshipment, *n.* ❶ (*trasp., USA*) rispedizione. ❷

(*trasp.*, *USA*) merce rispedita. ❸ (*trasp. mar.*) nuova spedizione via mare, rimbarco. ❹ (*trasp. mar.*) trasbordo (*di merci*) da una nave all'altra.

reshipping, *n*. V. reshipment.

reshuffle¹, *n*. ❶ rimescolata. ❷ rimpasto (*governativo, ecc.*). △ ❷ **There has been a ~ at the top of the firm** c'è stato un rimpasto al vertice dell'azienda.

reshuffle², *v. t.* ❶ rimescolare, mescolare di nuovo. ❷ fare un rimpasto di (*un Governo, ecc.*).

reside, *v. i.* risiedere, abitare, vivere, trovarsi. △ **All persons born or naturalized in the United States, and subject to the jurisdiction thereof, are citizens of the United States and of the State wherein they reside** (*U.S. Constitution*) tutte le persone nate o naturalizzate negli Stati Uniti, e soggette alla giurisdizione di quel Paese, sono cittadini degli Stati Uniti e dello Stato in cui risiedono (*dalla Costituzione degli U.S.A.*).

residence, *n*. ❶ residenza, soggiorno, abitazione, dimora. ❷ (*leg.*) domicilio fiscale. △ ❶ **~ is required** la residenza è obbligatoria; ❷ **Delivery is to be made at the buyer's residence** la consegna deve avvenire al domicilio del compratore. // **~ permit** (*tur.*) permesso di soggiorno; **to be in ~** (*leg.*) (*di funzionario*) essere in sede.

resident, *a*. e *n*. residente. // **~ buyer** (*market.*, *USA*) agente che risiede in un centro commerciale (*e che effettua acquisti per un gruppo di dettaglianti*); **~ population** (*stat.*) popolazione residente; **~ sterling** (*econ.*, *ingl.*) circolazione monetaria in sterline fra i residenti nell'area della sterlina.

residential, *a*. ❶ residenziale. ❷ (*leg.*) che obbliga alla residenza. // **a ~ district** un quartiere residenziale; **~ requirement** (*leg.*) obbligo della residenza.

residual, *a*. residuo, residuale, rimanente. *n*. (*mat.*) resto (*d'una sottrazione*); differenza. // **~ error** (*stat.*) errore residuo (*differenza fra un gruppo di valori osservati e la loro media aritmetica*); **~ product** (*org. az.*) sottoprodotto.

residuary, *a*. residuo, rimanente. *n*. (*leg.*) V. **legatee**. // **~ estate** (*leg.*) proprietà residua (*dopo il pagamento di debiti e legati*); **~ legatee** (*leg.*) erede di ciò che rimane dopo il pagamento di debiti e legati; **~ right of ownership** (*leg.*) nuda proprietà.

residue, *n*. ❶ residuo, resto, rimanente. ❷ (*leg.*) parte residua (*d'eredità: dopo il pagamento di debiti e legati*).

resign¹, *v. t.* abbandonare, cedere, lasciare, rinunciare a. *v. i.* (*pers.*) rassegnare (*o* dare) le dimissioni, dimettersi, licenziarsi. △ *v. t.* **He's resigned all his rights in the property** ha rinunciato a tutti i diritti sulla proprietà; *v. i.* **I am not going to ~ from a position I have occupied for so long!** non ho intenzione di dimettermi da un posto che occupo da tanto tempo! // **to ~ as manager** (*amm.*) dare le dimissioni da direttore; **to ~ the chairmanship** (*amm.*) lasciare la presidenza; **to ~ a position** (*pers.*) lasciare un posto.

re-sign², *v. t.* firmare di nuovo.

resignation, *n*. ❶ abbandono, cessione, rinuncia. ❷ (*pers.*) dimissioni. △ ❷ **Of course his ~ won't be accepted by the board of directors** naturalmente le sue dimissioni non saranno accettate dal consiglio d'amministrazione.

resignee, *n*. ❶ colui in favore del quale q. rinuncia a qc. ❷ (*pers.*) dimissionario.

resigner, *n*. ❶ chi abbandona (*qc.*), chi rinuncia (*a qc.*). ❷ (*pers.*) dimissionario.

resigning, *a*. (*pers.*) dimissionario.

resist, *v. t.* e *i.* resistere, opporsi a; respingere. // **to ~ arrest** (*leg.*) resistere all'arresto.

resistance, *n*. resistenza. // **~ to authority** (*leg.*) resistenza all'autorità.

resistant, *a*. resistente.

resolution, *n*. ❶ risoluzione, soluzione (*d'un problema*). ❷ decisione, deliberazione, delibera. ❸ (*leg.*) risoluzione (*d'un contratto*). △ ❷ **All the resolutions have been passed by the committee** tutte le delibere sono state approvate dalla commissione. // **the resolutions of the creditors** (*leg.*) le deliberazioni dei creditori; **the ~ of a legal doubt** (*leg.*) la soluzione d'un dubbio legale.

resolutive, *a*. (*leg.*) risolutorio, risolutivo.

resolutory, *a*. (*leg.*) risolutorio, risolutivo. // **~ clause** (*leg.*) clausola risolutiva; **~ condition** (*leg.*) condizione risolutiva.

resolvable, *a*. risolvibile, risolubile.

resolve, *v. t.* ❶ risolvere. ❷ deliberare, decidere. △ ❶ **Our financial difficulties have not been resolved yet** le nostre difficoltà finanziarie non sono ancora state risolte; ❷ **They have resolved to renew the laboratory equipment** hanno deciso di rinnovare l'attrezzatura del laboratorio.

resort¹, *n*. ❶ ricorso, il ricorrere. ❷ (*tur.*) località, stazione (*balneare, climatica e sim.*). △ ❶ **As regards our financial troubles, the only person we can have ~ to is Mr Roberts** l'unica persona alla quale possiamo far ricorso per i nostri grattacapi finanziari è Mr Roberts. // **without ~ to force** senza far ricorso alla forza.

resort², *v. i.* ricorrere, fare ricorso (*a.*). // **to ~ to legal proceedings** (*leg.*) ricorrere alle vie legali.

resource, *n*. ❶ risorsa. ❷ mezzo, espediente, ripiego. ❸ **resources**, *pl.* (*econ.*, *fin.*) risorse, fonti di reddito. △ ❸ **The United States has always had plenty of natural resources** gli Stati Uniti hanno sempre avuto una grande quantità di risorse naturali; **Their company has exhausted all pecuniary resources** la loro società ha esaurito tutte le (sue) risorse finanziarie. // **~ allocation** (*econ.*) distribuzione (*o* impiego) delle risorse.

resourceful, *a*. pieno di risorse, intraprendente. △ **What we have in mind for this position is a brilliant and ~ person** a coprire questo posto vediamo una persona brillante e intraprendente.

respect¹, *n*. rispetto, riguardo, considerazione. △ **Mr Earnest has won the ~ of all the staff** Mr Earnest s'è guadagnato la stima di tutto il personale. // **with ~ to** rispetto a, riguardo a, quanto a; (*comun.*) con riferimento a, facendo riferimento a: **With ~ to your last letter** (*comun.*) con riferimento alla vostra ultima lettera; **without ~ to** senza riguardo a, senza curarsi di: **The new monetary policy was started without ~ to the psychological implications** la nuova strategia monetaria fu intrapresa senza riguardo alle implicazioni psicologiche.

respect², *v. t.* ❶ rispettare, tenere in considerazione. ❷ riguardare, concernere. △ ❷ **The treaty respects Italian commerce** il trattato riguarda il commercio italiano. // **to ~ the law** (*leg.*) rispettare la legge.

respectability, *n*. rispettabilità, onorabilità. // **the ~ of our concern** (*comm.*) l'onorabilità della nostra ditta.

respectable, *a*. ❶ rispettabile, onorabile. ❷ (*di somma di denaro, ecc.*) considerevole, ragguardevole. △ ❷ **We were offered a ~ sum for our premises** ci fu offerta una somma ragguardevole per i nostri locali.

respectful, *a*. rispettoso, deferente.

respectfully, *avv*. rispettosamente. // **~ Yours** (*comun.*) con osservanza.

respite[1], *n.* ❶ respiro (*fig.*). ❷ (*cred.*) proroga, dilazione (*d'un pagamento, ecc.*), mora. ❸ (*leg.*) sospensione (*d'una sentenza*). △ ❶ **This instalment plan gives me no ~** questo piano rateale non mi dà respiro; ❷ **We were granted a ~ by our creditors** ci è stata concessa una dilazione dai creditori.

respite[2], *v. t.* ❶ (*fig.*) dare respiro a (*q.*). ❷ (*cred.*) concedere una dilazione a (*un debitore, ecc.*). ❸ (*cred.*) differire (*un pagamento*). ❹ (*leg.*) sospendere (*una condanna*).

respond, *v. i.* rispondere, reagire.

respondent, *n.* ❶ chi risponde, chi reagisce. ❷ (*leg.*) convenuto.

respondentia, *n.* (*trasp. mar.*) prestito a cambio marittimo (*con garanzia sul carico*); ipoteca sul solo carico (*contratta dal capitano per far fronte a spese impreviste*).

response, *n.* risposta, reazione. △ **Our letter has brought no ~** la nostra lettera è rimasta senza risposta. // **~ time** (*elab. elettr.*) tempo di risposta.

responsibility, *n.* ❶ responsabilità. ❷ (*cred.*) fidatezza (*di chi chiede credito*). △ ❶ **The ~ of the accused was amply proved** la responsabilità dell'accusato fu ampiamente provata; **Our job carries great responsibilities** il nostro lavoro comporta gravi responsabilità. // **the ~ of one seeking a loan** (*cred.*) la fidatezza di chi cerca un mutuo; **on one's own ~** (*leg.*) sotto la propria responsabilità.

responsible, *a.* ❶ responsabile. ❷ fidato. ❸ (*di carica, ufficio, ecc.*) di grande responsabilità. △ ❶ **The captain is ~ for the safety of the passengers and cargo** il capitano è responsabile della salvezza dei passeggeri e del carico; **While held ~ for the bank's operations, the president has powers considered largely nominal** mentre è reso responsabile delle operazioni della banca, il presidente ha poteri che sono considerati in larga misura nominali. // **a ~ office** (*amm., pers.*) una carica di (grande) responsabilità.

rest[1], *n.* riposo. △ **Since I got this job I've never had a moment's ~** da quando ho avuto questo impiego non ho mai un minuto di riposo. // **~ day** (*pers.*) giorno di riposo; **~ pause** (*pers.*) pausa di riposo; **~ period** (*pers.*) intervallo.

rest[2], *v. i.* ❶ riposare, riposarsi. ❷ appoggiare, poggiare, essere basato, basarsi, fondarsi. △ ❷ **The verdict rests on several precedents** il verdetto si fonda su vari precedenti.

rest[3], *n.* ❶ resto, (il) restante, residuo, rimanente, avanzo. ❷ (*banca, fin., ingl.*) riserva (*costituita dagli utili indivisi che restano dopo il pagamento dei dividendi*). ❸ (*rag.*) saldo passivo. △ ❶ **Half of the profit has been distributed to the partners, and the ~ will be reinvested** metà dell'utile è stato distribuito ai soci, e il rimanente sarà reinvestito.

rest[4], *v. i.* stare, restare. // **to ~ assured** star certo: **You can ~ assured that the articles will be sent in time** potete star certi che gli articoli saranno spediti in tempo; **to ~ with** essere affidato a, essere di competenza di, essere la prerogativa di: **Any further decision rests with the personnel manager** ogni ulteriore decisione è di competenza del capo del personale.

restaff, *v. t.* (*org. az., pers.*) fornire (*un'azienda, ecc.*) di nuovo personale.

restaur, *n.* ❶ (*ass.*) ricorso fra assicuratori. ❷ (*ass. mar.*) ricorso (*della compagnia d'assicurazioni*) contro il capitano (*quando il danno è dovuto a negligenza di quest'ultimo*).

restaurant, *n.* ristorante. // **~ car** (*trasp. ferr.*) carrozza ristorante.

restlessness, *n.* inquietudine.

restock, *v. t.* (*org. az.*) rifornire. *v. i.* (*org. az.*) rifornirsi.

restocking, *n.* (*org. az.*) rifornimento.

restor, *n. V.* restaur.

restoration, *n.* ❶ restaurazione, reintegrazione, ripristino. ❷ restauro, lavoro di restauro. ❸ (*trasp. mar.*) reintegrazione (*d'una nave*) nella classe di registro. △ ❷ **The shop will remain closed for a fortnight during restorations** il negozio resterà chiuso quindici giorni per lavori di restauro.

restore, *v. t.* restaurare, reintegrare, ripristinare. // **to ~ the buildings** restaurare gli edifici; **to ~ sb. to his rights** (*leg.*) reintegrare q. nei suoi diritti.

restow, *v. t.* (*trasp. mar.*) stivare di nuovo (*il carico*).

restowal, *n.* (*trasp. mar.*) ristivaggio.

restrain, *v. t.* limitare, porre un freno a, frenare (*fig.*), contenere. △ **Several banks which were inclined to do unsound business had to be restrained** fu necessario porre un freno a diverse banche che erano propense a concludere affari rischiosi; **We are doing our best to ~ Mr Wilson's lax management** stiamo facendo del nostro meglio per contenere il lassismo di Mr Wilson nella conduzione degli affari.

restraining order, *n.* (*leg.*) ordinanza (*preliminare*) restrittiva.

restraint, *n.* limitazione, restrizione, freno (*fig.*), contenimento. △ **Production is hindered by governmental restraints** la produzione è ostacolata dalle restrizioni governative. // **~ of trade** (*econ.*) limitazione al libero commercio; **~ on alienation** (*leg.*) limitazione del potere d'alienazione.

restrict, *v. t.* limitare, restringere (*fig.*).

restriction, *n.* ❶ limitazione, restrizione. ❷ (*fin.*) misura di contenimento. △ ❶ **The Board of Trade will place restrictions on foreign trade** il Ministero del Commercio porrà restrizioni al commercio con l'estero; **No restrictions are imposed on buyers and sellers as regards their choice of dealers** nessuna restrizione è imposta ai venditori e agli acquirenti nella libera scelta del loro contraente. // **~ of iron and steel imports from state-trading Countries** (*comm. est.*) limitazione delle importazioni siderurgiche provenienti dai Paesi o dai territori a commercio di Stato; **restrictions on exportation** (*comm. est.*) restrizioni alle esportazioni; **restrictions on foreign capital** (*fin.*) misure di contenimento nei confronti dei capitali esteri; **restrictions on trade** limitazione degli scambi; **~ scheme** (*econ.*) regime vincolistico.

restrictive, *a.* restrittivo, limitativo. // **~ covenants** (*leg.*) clausole (*contrattuali*) restrittive (*della libertà d'una delle parti: durante o dopo i termini di validità del contratto*); (*leg., pers.*) clausole (*contrattuali*) sulla concorrenza sleale; **a ~ endorsement** (*banca, cred.*) una girata restrittiva; **~ measures** misure restrittive; **a ~ price and terms of sale agreement** (*market.*) un'intesa ristretta in materia di prezzi e di condizioni di vendita; **~ regulations** (*leg.*) regolamenti restrittivi, norme restrittive; **~ tariffs** tariffe restrittive.

result[1], *n.* ❶ risultato, risultanza, esito, conclusione. ❷ (*mat.*) risultato. △ ❶ **We've obtained good results from the advertising campaign** abbiamo ottenuto buoni risultati dalla campagna pubblicitaria. // **without ~** senza alcun risultato, infruttuoso: **The inquiry was without ~** la ricerca è stata infruttuosa.

result[2], *v. i.* ❶ risultare, risolversi, finire. ❷ (*leg.*)

(*di beni, ecc.*) andare, spettare (*a q.*) per riversione. △ ❶ **Let's hope the undertaking will ~ in a good profit** speriamo che l'impresa si risolva in un buon profitto; ❷ **The estate resulted to us** la proprietà spettò a noi per riversione.

resume, *v. t.* ❶ riassumere, riprendere. ❷ riassumere, fare il riassunto di. // to ~ **one's office** (*amm., pers.*) riassumere l'ufficio; to ~ **possession** (*leg.*) rientrare in possesso (*di qc.*), riprendersi (*qc.*); to ~ **a suit** (*leg.*) riassumere una causa; to ~ **work** (*org. az.*) riprendere il lavoro.

resummon, *v. t.* (*leg.*) citare di nuovo, chiamare di nuovo, riassumere.

resummons, *n.* (*leg.*) nuova chiamata, nuova citazione, riassunzione.

resumption, *n.* ❶ ripresa, riassunzione. ❷ (*econ., fin.*) ritorno al (sistema di) pagamento in moneta metallica. △ ❷ ~ **is most unlikely under present conditions** il ritorno ai pagamenti in moneta metallica è quanto mai improbabile allo stato attuale delle cose. // **the ~ of one's duties** (*leg.*) la riassunzione dei propri doveri; **the ~ of possession** (*leg.*) la ripresa di possesso; **the ~ of power by the opposition** la ripresa del potere da parte dell'opposizione.

retail[1], *n.* (*market.*) dettaglio, minuto. *a.* e *avv.* (*market.*) al minuto, al dettaglio, al consumo. △ *a.* **There are several types of ~ organizations operating in the field of distribution** esistono vari tipi d'organizzazioni (di vendita) al dettaglio nel campo della distribuzione; *avv.* **Oranges cost 15 cents more a pound** ~ le arance costano 15 centesimi di dollaro in più al dettaglio. // ~ **credit** (*market.*) credito al consumatore; ~ **department** (*market.*) reparto vendite al minuto; ~ **merchant** (*market.*) commerciante al minuto, dettagliante; ~ **outlet** (*market.*) punto di vendita al dettaglio; ~ **-price trend** (*econ., market.*) l'evoluzione dei prezzi al consumo; ~ **prices** (*market.*) prezzi al dettaglio, prezzi al minuto, prezzi al consumo; ~ **sale** (*market.*) vendita al dettaglio, vendita al minuto; ~ **shop** (*market.*) negozio al dettaglio (*o* al minuto), rivendita; ~ **trade** (*market.*) commercio al dettaglio, commercio al minuto; ~ **trading zone** (*market.*) zona di vendita al dettaglio; ~ **turnover** (*econ., market.*) fatturato del commercio al minuto; **at** ~ (*market.*) a un prezzo (richiesto normalmente) da (un) dettagliante; **by** ~ (*market.*) al dettaglio, al minuto.

retail[2], *v. t.* (*market.*) vendere (*merce*) al minuto (*o* al dettaglio); dettagliare, rivendere. *v. i.* (*market.*) (*di merce*) vendersi al minuto. △ *v. i.* **This article retails for £ 10 a dozen** al minuto, quest'articolo si vende a 10 sterline la dozzina.

retailer, *n.* (*market.*) commerciante al minuto, dettagliante, rivenditore. △ **The ~ is the final link between the producer and the consumer** il dettagliante è l'ultimo anello della catena fra il produttore e il consumatore.

retain, *v. t.* ❶ ritenere, mantenere, trattenere. ❷ (*leg.*) ritenere. △ ❶ **The management will ~ 2% out of all pays** la direzione tratterà il 2% su tutte le paghe. // to ~ **a bill of lading** (*trasp. mar.*) trattenere una polizza di carico; to ~ **an employee for another six months** (*pers.*) confermare un dipendente per altri sei mesi.

retained earnings, *n. pl.* (*rag.*) utili non distribuiti.

retainer, *n.* ❶ (*leg.*) ritenzione. ❷ (*leg.*) onorario versato in anticipo a un avvocato. ❸ (*pers.*) assunzione, ingaggio. ❹ (*pers.*) impiego.

retaining fee, *n.* (*leg.*) onorario versato in anticipo a un avvocato.

retaliate, *v. t.* ❶ rendere la pariglia. ❷ (*leg.*) contraccambiare, restituire (*un'offesa, ecc.*). ❸ (*leg.*) ribattere, ritorcere (*un'accusa*). *v. i.* (*leg.*) rivalersi, fare rappresaglie. // to ~ **against a transgressor** (*leg.*) rivalersi su un trasgressore; to ~ **a charge upon an accuser** (*leg.*) ritorcere un'imputazione su un accusatore; to ~ **a wrong** (*leg.*) restituire un torto.

retaliation, *n.* (*leg.*) rappresaglia, ritorsione, rivalsa, restituzione (*d'un'offesa*). // **by way of** ~ per ritorsione, per rappresaglia.

retaliatory, *a.* (*leg.*) di ritorsione, di rappresaglia. // ~ **duties** (*comm. est.*) *V.* ~ **tariffs**; ~ **measures** provvedimenti adottati per rappresaglia; ~ **tariffs** (*comm. est.*) tariffe adottate per rappresaglia (*da un Paese nei confronti d'un altro, affinché quest'ultimo accordi privilegi di reciprocità*).

retire, *v. i.* ❶ ritirarsi, andarsene. ❷ (*amm., pers.*) ritirarsi dagli affari, ritirarsi dall'impiego, andare in pensione, dimettersi, congedarsi. *v. t.* ❶ (*amm., pers.*) congedare, far dimettere, mandare in pensione, porre in quiescenza, mettere (*o* collocare) a riposo, pensionare. ❷ (*comm.*) ritirare (*merce e sim.*). ❸ (*fin.*) ritirare (*circolante e sim.*). △ *v. i.* ❷ **Most people generally ~ at 65** la maggior parte della gente va in pensione a 65 anni; *v. t.* ❶ **The administration is going to ~ several government officials** l'amministrazione intende mettere a riposo diversi funzionari statali; ❷ **Lots of banknotes will be retired from circulation** molte banconote saranno ritirate dalla circolazione. // to ~ **a bill** (*banca, cred.*) richiamare una cambiale; to ~ **from business** ritirarsi dagli affari, « chiuder bottega »; to ~ **stocks** (*fin.*) ritirare titoli.

retired, *a.* ❶ ritirato. ❷ (*pers.*) (collocato) a riposo. ❸ (*pers.*) (*di ex dipendente*) pensionato, in pensione. // **a ~ civil servant** (*amm., pers.*) un pensionato statale; ~ **pay** (*pers.*) pensione, trattamento di quiescenza; ~ **pension** (*pers.*) pensione, trattamento di quiescenza; **the ~ personnel** (*pers.*) i pensionati; **a ~ shopkeeper** (*market.*) un negoziante che s'è ritirato dagli affari (*che « ha chiuso bottega »*).

retirement, *n.* ❶ ritiro. ❷ (*pers.*) congedo, andata in pensione, andata a riposo, pensionamento. ❸ (*pers.*) congedo, pensionamento, collocamento a riposo. // ~ **date** (*pers.*) data del pensionamento; ~ **plan** (*pers.*) piano di pensionamento.

retiring, *a.* ❶ (*amm., pers.*) che va in pensione; (*di dipendente*) che lascia il posto. ❷ (*amm., pers.*) (*di dipendente, d'organo, ecc.*) uscente. // ~ **allowance** (*pers.*) premio di buonuscita; **the ~ board** (*amm.*) il consiglio (*d'amministrazione*) uscente; **the ~ personnel** (*pers.*) il personale uscente.

retort[1], *n.* (*leg.*) ritorsione (*d'un'accusa*).

retort[2], *v. t.* (*leg.*) ritorcere (*un'accusa*).

retract, *v. t.* ❶ ritirare, ritrarre, tirare indietro. ❷ revocare, disdire. ❸ (*leg.*) ritrattare, rimangiarsi. △ ❶ **If they don't ~ their accusation we shall be compelled to sue them** se non ritireranno la loro accusa dovremo citarli (in giudizio). // to ~ **an offer** revocare un'offerta; to ~ **a promise** ritirare la parola data; to ~ **a statement** (*leg.*) ritrattare una dichiarazione.

retractation, *n.* (*leg.*) ritrattazione. // **the ~ of a statement** (*leg.*) la ritrattazione d'un'affermazione.

retraction, *n.* ❶ ritrazione. ❷ revoca. ❸ (*leg.*) ritrattazione. // **the ~ of a charge** (*leg.*) la ritrattazione d'un'accusa.

retrain, *v. t.* riaddestrare, rieducare.

retraining, *n.* ❶ riaddestramento, rieducazione.

❷ (*pers.*) rieducazione professionale. // ~ **applications** (*pers.*) domande relative alla rieducazione professionale.

retrench, *v. t.* **❶** limitare, ridurre (*le spese*); decurtare. **❷** (*giorn.*) omettere, tagliare (*parti d'un articolo, libro, ecc.*). *v. i.* ridurre le spese, fare economie, economizzare. △ *v. t.* **❶ I expect that the strikers' pays will be retrenched** presumo che le paghe degli scioperanti saranno decurtate; **❷ A few paragraphs have been retrenched in the article** alcuni passi dell'articolo sono stati omessi. // to ~ **expenses** ridurre le spese; to ~ **privileges** (*leg.*) ridurre i privilegi.

retrenchment, *n.* **❶** riduzione delle spese. **❷** economia (*l'economizzare*); risparmio (*il risparmiare*). **❸** (*econ., fin.*) taglio (*nelle spese previste in bilancio*). **❹** (*giorn.*) omissione (*di parte d'un articolo, libro, ecc.*), taglio (*in un articolo, libro, ecc.*). △ **❸ The Government has promised retrenchments both in public expenditures and international commitments** il Governo ha promesso dei tagli tanto nelle spese pubbliche quanto negli impegni internazionali.

retroaction, *n.* retroazione.

retroactive, *a.* retroattivo. // ~ **effect** (*leg.*) effetto retroattivo; ~ **laws** (*leg.*) norme retroattive; ~ **pay** (*pers.*) (gli) arretrati (di stipendio); ~ **tax** (*fin.*) imposta retroattiva.

retroactivity, *n.* (*leg.*) retroattività.

retrospective, *a.* **❶** retrospettivo. **❷** (*leg.*) retroattivo. // ~ **exemption** (*fin.*) esenzione retroattiva; ~ **laws** (*leg.*) norme retroattive.

return[1]**,** *n.* **❶** ritorno, viaggio di ritorno. **❷** (*comm.*) prospetto, rendiconto. **❸** (*cred.*) restituzione, resa. **❹** (*fin.*) (= **tax return**) dichiarazione dei redditi. **❺** (*fin., rag.*) guadagno, profitto, provento, ricavo, remunerazione. **❻** (*leg.*) relazione, rapporto. **❼** (*stat.*) statistiche. **❽** (*trasp., ingl.*) (= **return ticket**) biglietto d'andata e ritorno. **❾ returns,** *pl.* (*giorn.*) resa (*all'editore: di libri, ecc., invenduti*). **❿ returns,** *pl.* (*pubbl.*) posta ricevuta in seguito alla pubblicazione (*o trasmissione radiotelevisiva*) d'un annuncio pubblicitario. **⓫ returns,** *pl.* (*rag.*) incassi, introiti. △ **❶ The committee will discuss about that on Mr Clark's ~** il comitato ne discuterà al ritorno di Mr Clark; **❸ We shall ask for the ~ of the loan** dovremo chiedere la restituzione del prestito; **❺ Did you get a good ~ on your investment?** hai ricavato un buon profitto dal tuo investimento?; **❻ The ~ of Government revenue and expenditure will be published shortly** sarà pubblicata fra breve la relazione governativa sugli introiti e le spese; **❼ When will the census ~ be available?** quando saranno disponibili le statistiche del censimento?; **⓫ The monthly returns amount to around 1,000 pounds** gli incassi mensili ammontano a 1.000 sterline circa. // ~ **address** (*comun.*) indirizzo del mittente; **returns book** (*rag.*) giornale delle (merci) rese; ~ **card** (*market., pubbl.*) cartolina per ordinazioni (*inviata ai clienti, generalm. insieme ad altro materiale pubblicitario*); ~ **cargo** (*trasp.*) carico (del viaggio) di ritorno; ~ **envelope** (*comun.*) busta (*generalm. affrancata e indirizzata*) per la risposta; ~ **freight** (*trasp. mar.*) nolo (del viaggio) di ritorno; **returns inwards** (*rag.*) rese dai clienti; ~ **key** (*di macch. uff.*) tasto di ritorno (*di macchina da scrivere*); **the ~ of damaged merchandise** (*market.*) il rinvio (al fornitore) di merci avariate; **a ~ of expenses** (*comm.*) un prospetto delle spese; **the ~ of income** (*fin.*) la denuncia dei redditi; **the ~ of premium** (*ass.*) la restituzione del premio; **the ~ of taxes** (*fin.*) il rimborso d'imposte (*pagate in più del dovuto*); **the ~ on capital** (*econ., fin.*) il reddito (*o il frutto, il profitto*) del capitale (*investito*); **returns outwards** (*rag.*) rese al fornitore; ~ **receipt** (*comun.*) ricevuta di ritorno; ~ **ticket** (*trasp., ingl.*) biglietto d'andata e ritorno; **returns to scale of plant** (*econ.*) rapporto fra la quantità di merce prodotta e quella dei fattori produttivi impiegati; ~ **trip** (*trasp., ingl.*) viaggio d'andata e ritorno; **by ~ of mail** (*comun.*) a giro di posta, a volta di corriere; **by ~ of post** (*comun.*) V. **by ~ of mail**; **in ~ for** in cambio di, in compenso di: **I did not get anything in ~ for my help** non ottenni nulla in cambio del mio aiuto.

return[2]**,** *v. i.* ritornare, tornare. *v. t.* **❶** contraccambiare. **❷** (*comun.*) rimandare, rinviare, rispedire, respingere. **❸** (*cred.*) restituire, rendere. **❹** (*leg.*) dichiarare, fare (una) denuncia di. △ *v. i.* **All the properties have returned to their original owners** tutte le proprietà sono ritornate ai loro padroni originari; *v. t.* **❷ Please ~ to sender** pregasi respingere al mittente; **❸ The loan will be returned next month** il prestito sarà restituito il mese prossimo; **The excess of freight shall not be returned** il nolo (pagato) in eccedenza non sarà restituito; **Goods are to be considered on sale or ~** le merci devono considerarsi in conto deposito (*lett.: da vendere o da restituire*); **❹ She was returned unfit for work** fu dichiarata inabile al lavoro. // to ~ **the details of one's income** (*fin.*) fare una denuncia dettagliata dei (propri) redditi; to ~ **goods of poor quality** (*market.*) respingere merci di qualità scadente; to ~ **a letter** (*comun.*) respingere una lettera; to ~ **a profit** (*fin., rag.*) dare (un) frutto, fruttare; « **to be returned** » (*market.*) « a rendere »: « **Empties to be returned** » « vuoti a rendere ».

returnable, *a.* **❶** restituibile. **❷** rimborsabile. **❸** da restituire, da rendere. △ **❸ The merchandise is not ~** la merce non si restituisce. // ~ **containers** (*market.*) recipienti a rendere; ~ **deposits** (*cred.*) depositi rimborsabili.

returning, *n.* rinvio.

revalorization, *n.* **❶** rivalutazione. **❷** (*fin., rag.*) rivalutazione.

revalorize, *v. t.* **❶** rivalutare. **❷** (*fin., rag.*) rivalutare (*una moneta, ecc.*); valutare di nuovo. // to ~ **the assets on a balance-sheet** (*rag.*) rivalutare le attività di bilancio; to ~ **a currency** (*fin.*) rivalutare una moneta.

revaluate, *v. t.* (*fin., rag.*) rivalutare (*una moneta, ecc.*); valutare di nuovo.

revaluation, *n.* (*fin., rag.*) rivalutazione; riallineamento. △ **There will be a ~ of the price of gold expressed in dollars** ci sarà una rivalutazione del prezzo dell'oro espresso in dollari. // **the ~ of the lira in terms of the dollar** (*fin.*) la rivalutazione della lira sul dollaro; **the ~ of a property** (*fin.*) la rivalutazione d'una proprietà.

revalue, *v. t.* (*fin., rag.*) rivalutare, valutare di nuovo. △ **The U.S.A. are prepared to ~ the dollar** gli Stati Uniti sono pronti a rivalutare il dollaro. // to ~ **the premises** (*rag.*) rivalutare gli stabili.

revenue, *n.* **❶** (*econ., fin., rag.*) entrata, reddito, rendita, ricavi.* **❷** (*fin.*) (= **Inland Revenue**) fisco, erario. △ **❶ The property is expected to yield an annual ~ of 5,000 pounds** dalla proprietà, ci si aspetta una rendita annua di 5.000 sterline; **The balance between costs and revenues is difficult in this sector** in questo settore, l'equilibrio fra costi e ricavi è difficile. // ~ **account** (*rag.*) conto profitti e perdite; ~ **act** (*leg.*) legge fiscale; ~ **and expenditures** (*rag.*) entrate e spese; **the ~ authorities** (*fin.*) il fisco; ~ **-bearing** (*fin.*) produttivo di reddito; ~ **claim** (*fin.*) credito fiscale; ~ **duties** (*fin.*) diritti erariali; **the ~ from taxation** (*fin.*)

il gettito tributario; ~ **inspector** (*fin.*) ispettore delle finanze; ~ **receipts** (*fin.*) entrate erariali; ~ **reserve** (*rag.*) riserva disponibile; ~ **stamp** (*fin.*) marca da bollo; ~ **tax** (*fin.*) imposta fiscale, imposta erariale, tributo fiscale.

revenues, *n. pl.* (*fin.*) introiti erariali (*o* fiscali).

reversal, *n.* ❶ inversione, rovesciamento (*anche fig.*). ❷ (*leg.*) riforma, revoca (*d'una sentenza*). ❸ (*rag.*) storno (*di scritture a partita doppia*). // a ~ **of entry** (*rag.*) uno storno di scrittura; **the ~ of the present economic trend** (*econ.*) il rovesciamento del ciclo congiunturale; **a ~ of trend** un'inversione di tendenza: **This ~ of trend may be observed in all the Member Countries except Germany, where industrial and agricultural imports progressed at a similar rate** questa inversione di tendenza può essere osservata in tutti i Paesi Membri salvo la Germania, dove le importazioni industriali e quelle agricole hanno registrato uno sviluppo analogo; **in ~** (*rag.*) a storno.

reverse, *v. t.* ❶ invertire, rovesciare (*anche fig.*). ❷ (*leg.*) riformare, revocare, cassare (*una sentenza*). ❸ (*rag.*) stornare (*una scrittura a partita doppia*). △ ❷ **The decision of the lower Court has been reversed** la sentenza del tribunale di grado inferiore è stata riformata. // **to ~ an entry** (*rag.*) stornare una registrazione, stornare una scrittura; **to ~ a financial policy** (*fin.*) rovesciare una politica finanziaria; **to ~ the procedure** (*leg.*) capovolgere la procedura.

reversibility, *n.* ❶ invertibilità, l'essere rovesciabile (*anche fig.*). ❷ (*leg.*) reversibilità. ❸ (*leg.*) revocabilità.

reversible, *a.* ❶ invertibile. ❷ (*leg.*) reversibile. ❸ (*leg.*) revocabile, cassabile.

reversion, *n.* ❶ (*ass.*) capitale assicurato (*da pagarsi in caso di morte*). ❷ (*leg.*) reversione. ❸ (*leg.*) proprietà reversibile, beni reversibili.

reversional, *a. V.* **reversionary.**

reversionary, *a.* (*leg.*) reversibile. // ~ **annuity** (*leg.*) pensione reversibile, pensione di reversibilità; **a ~ interest** (*leg.*) un interesse reversibile.

reversioner, *n.* (*leg.*) chi gode d'un diritto reversibile.

reversionist, *n. V.* **reversioner.**

revert, *v. i.* (*leg.*) andare (*a q.*) per reversione, spettare (*a q.*) per reversione.

reverter, *n. V.* **reversion.**

review[1]**,** *n.* ❶ rivista, rassegna, esame, recensione. ❷ (*giorn.*) rivista, pubblicazione. ❸ (*leg.*) revisione, riesame. △ ❷ **Most scientific reviews are now written in or translated into English** la maggior parte delle riviste scientifiche sono adesso scritte o tradotte in inglese. // a ~ **clause** (*leg.*) una clausola di revisione; **the ~ of a case** (*leg.*) la revisione d'una causa; **the ~ of procedures** (*org. az.*) la revisione delle procedure (*produttive*).

review[2]**,** *v. t.* ❶ rivedere, riesaminare, passare in rassegna, recensire. ❷ (*leg.*) riesaminare (*una causa, ecc.*); sottoporre (*una causa, ecc.*) a revisione. △ ❷ **A higher Court can ~ the judgements of a lower one** un tribunale superiore può riesaminare le decisioni d'uno di grado inferiore.

revise, *v. t.* ❶ rivedere, correggere, revisionare. ❷ (*market., trasp.*) ritoccare (*prezzi, tariffe, ecc.*). △ ❶ **We are revising your estimate** stiamo rivedendo il vostro preventivo. // **to ~ a manuscript** correggere un manoscritto; **to ~ proofs** (*giorn., pubbl.*) rivedere le bozze; **to ~ tariffs** ritoccare le tariffe.

revised, *a.* riveduto. // **a ~ edition** (*giorn., pubbl.*) un'edizione riveduta.

reviser, *n.* revisore.

revision, *n.* ❶ revisione, correzione. ❷ (*market., trasp.*) ritocco (*di prezzi, tariffe, ecc.*). △ ❶ **All the clauses are undergoing a thorough ~** tutte le clausole stanno subendo una profonda revisione. // **the ~ of a treaty** (*leg.*) la revisione d'un trattato.

revisional, *a.* di revisione.

revisionary, *a.* di revisione. // ~ **bonus** (*ass.*) premio di partecipazione agli utili.

revisor, *n.* revisore.

revival, *n.* ❶ rinascita (*fig.*), risveglio (*fig.*), reviviscenza, revival. ❷ (*leg.*) (*di leggi, ecc.*) ritorno in vigore, riacquisto di validità. △ ❶ **A ~ of the market is highly hoped for** si spera moltissimo in un risveglio del mercato.

revive, *v. t.* ❶ ravvivare, rianimare. ❷ (*leg.*) rimettere in vigore (*una legge, ecc.*), ridare validità a (*una legge, ecc.*). *v. i.* ❶ rinascere (*fig.*), risvegliarsi (*fig.*). ❷ (*leg.*) (*di leggi, ecc.*) tornare in vigore, riacquistare validità. △ *v. i.* ❶ **Enthusiasm is reviving in our economists** nei nostri economisti sta rinascendo l'entusiasmo; ❷ **Insiders maintain that the old pre-war law will ~** gli «addetti ai lavori» sostengono che la legge pre-bellica tornerà in vigore. // **to ~ a market** (*market.*) rianimare il mercato.

revocable, *a.* (*leg.*) revocabile, abrogabile, annullabile. // **a ~ credit** (*cred.*) un credito revocabile; **a ~ privilege** (*leg.*) un privilegio revocabile.

revocableness, *n.* (*leg.*) revocabilità, abrogabilità, annullabilità.

revocation, *n.* (*leg.*) revoca, revocazione, abrogazione, annullamento. // **the ~ of a license** (*leg.*) il ritiro d'una licenza; **the ~ of a provision** (*leg.*) la revoca d'una disposizione; **the ~ of a will** (*leg.*) la revoca d'un testamento.

revoke, *v. t.* (*leg.*) revocare, abrogare, annullare. △ **His power of attorney has never been revoked** la sua procura non è mai stata revocata. // **to ~ a grant** (*leg.*) revocare una concessione.

revokeable, *a. V.* **revocable.**

revolt, *n.* rivolta, insurrezione.

revolving, *a.* rotante, girevole. // ~ **charge account** (*market.*) conto aperto (*presso un negozio*) di tipo estensibile; ~ **credit** (*banca*) credito rotativo (*concesso alle condizioni che, una volta utilizzato, venga ripristinato per l'importo originario*); ~ **fund** (*cred., fin.*) fondo rotativo; ~ **letter of credit** (*banca, cred.*) lettera di credito rotativo.

reward, *n.* ❶ premio. ❷ (*leg.*) taglia.

rewarding, *a.* gratificante.

ribbon, *n.* (*di macch. uff.*) nastro (*di macchina da scrivere, ecc.*).

rich, *a.* ricco.

richness, *n.* ricchezza.

rider, *n.* ❶ (*leg.*) clausola addizionale, codicillo, postilla. ❷ (*leg., ingl.*) raccomandazione della giuria (*aggiunta alla sentenza*).

rig[1]**,** *n.* (*trasp. mar.*) attrezzatura, armamento (*d'una nave*).

rig[2]**,** *v. t.* (*trasp. mar.*) attrezzare, armare, equipaggiare (*una nave*).

rig[3]**,** *n.* ❶ (*leg.*) aggiotaggio. ❷ (*market.*) maneggiamento (*di prezzi, ecc.*); manovra (*per far salire i prezzi*). ❸ (*market.*) controllo disonesto (*del mercato*).

rig[4]**,** *v. t.* ❶ (*market.*) maneggiare, manovrare (*prezzi, ecc.*). ❷ (*market.*) controllare disonestamente (*il mercato*). // **to ~ the market** (*market.*) speculare senza scrupoli mediante la pressione di massicce vendite (*o* acquisti); **to ~ prices** (*market.*) manovrare i prezzi; **to ~ the stock market** (*fin.*) manovrare il mercato dei titoli.

rigger, *n.* (*leg.*) aggiotatore.

rigging, *n.* (*trasp. mar.*) armamento, attrezzatura.

rigging the market, *n.* (*leg.*) aggiotaggio.

right[1], *a.* ❶ diritto, dritto. ❷ corretto, giusto. ❸ destro, di destra (*anche politicamente*). ❹ (*anche mat.*) retto. △ ❷ **Mr McKenna is the right man in the right place** Mr McKenna è l'uomo giusto al posto giusto. // **a ~ angle** (*mat.*) un angolo retto; **~ -center** centrodestra (*governativo, ecc.*); **~ -hand** di destra, (che sta) a destra, a mano destra: **The advertisement will be printed on the ~ -hand page** l'annuncio pubblicitario sarà stampato sulla pagina di destra; « **~ -hand drive** » (*trasp. aut.*) « volante a destra »; **the ~ heir** (*leg.*) l'erede legittimo; **a ~ line** (*mat.*) una (linea) retta; **a ~ triangle** (*mat.*) un triangolo rettangolo; **~ -wing** di destra (*politicamente*); **a ~ -winger** un uomo della destra (*politica*); « **no ~ turn** » (*trasp. aut.*) « divieto di svolta a destra ».

right[2], *n.* ❶ (il) giusto, giustizia. ❷ **the Right** la Destra (*politica*). ❸ (*Borsa, fin.*) diritto (*accordato a un azionista*) d'acquistare nuove azioni. ❹ (*leg.*) diritto, pretesa, titolo. △ ❷ **The Right has always been against nationalizations** la Destra (*politica*) è sempre stata contro le nazionalizzazioni; ❹ **We have decided to stand upon our rights in this matter** abbiamo deciso di difendere i nostri diritti in questa faccenda; « **All rights reserved** » « tutti i diritti riservati ». // **rights and duties** (*leg.*) diritti e doveri; **~ and wrong** (*leg.*) la ragione e il torto; **rights issue** (*Borsa, fin.*) emissione riservata sotto costo; **~ of action** (*leg.*) diritto d'agire in giudizio; **~ of application** (*fin.*) diritto di sottoscrizione (*di titoli, ecc.*); **~ of assembly** (*leg., sind.*) diritto di riunione; **~ of association** (*leg., sind.*) diritto d'associazione; **~ of blockade** (*trasp. mar.*) diritto di blocco; **~ of coinage** (*leg.*) diritto di batter moneta; **~ of convoy** (*trasp. mar.*) diritto di scorta; **~ of entry** (*leg.*) diritto d'entrare in possesso; **~ of mooring** (*trasp. mar.*) diritto d'ancoraggio; **~ of option** (*fin.*) diritto d'opzione; **~ of preemption** (*leg.*) diritto di prelazione; **~ of recourse** (*cred., leg.*) diritto di regresso; **~ of redemption** (*leg.*) diritto di riscatto; **~ of search** (*leg., trasp. mar.*) diritto di perquisizione (*d'una nave: in alto mare*); **~ of veto** (*leg.*) diritto di veto; **~ of voting** (*leg.*) diritto di voto; **~ -of-way** (*leg.*) diritto di passaggio, diritto di transito; (*trasp. aut.*) diritto di precedenza; **~ to withdraw** (*fin., leg.*) diritto di recesso (*da una società, ecc.*); **the ~ to work** (*leg., sind.*) il diritto al lavoro; **by ~** (*leg.*) in via di diritto, di diritto; **by ~ of birth** (*leg.*) per (diritto di) nascita; **1-for-3 rights issue** (*Borsa, fin.*) emissione d'un'azione nuova ogni tre posseduta.

right[3], *v. t.* ❶ raddrizzare (*anche fig.*); rettificare, correggere. ❷ rimediare, aggiustare (*fig.*). △ ❷ **We shall try to ~ the matter to your satisfaction** cercheremo d'aggiustare la questione con vostra soddisfazione. // **to ~ an injustice** (*leg.*) riparare un'ingiustizia; **to ~ a mistake** correggere un errore; **to ~ a wrong** (*leg.*) raddrizzare un torto.

righteousness, *n.* rettitudine.

rightful, *a.* ❶ (*leg.*) giusto, equo, onesto. ❷ (*leg.*) legittimo. // **a ~ claim** una richiesta legittima; **a ~ heir** (*leg.*) un erede legittimo; **a ~ inheritance** (*leg.*) un'eredità legittima.

rightfulness, *n.* ❶ giustizia, equità, onestà. ❷ (*leg.*) legittimità.

rigid, *a.* ❶ rigido, duro. ❷ (*fig.*) inflessibile, severo. // **a ~ constitution** (*leg.*) una costituzione rigida; **~ Government controls** severi controlli governativi; **~ parity** (*fin.*) parità rigida; **~ regulations** (*leg.*) norme severe.

rigidity, *n.* ❶ rigidità, durezza. ❷ (*fig.*) inflessibilità, severità.

ring[1], *n.* ❶ anello. ❷ cerchio, circolo. ❸ (*Borsa, fin.*) sindacato (*di speculatori disonesti*); cricca (*di speculatori*). ❹ (*fin., market.*) « catena », « cerchio » (*di acquirenti e di venditori: in una Borsa Merci*); recinto alle grida. // **~ -road** (*trasp. aut., ingl.*) raccordo anulare.

ring[2], *n.* suono (*di campana*); squillo (*di campanello, ecc.*).

ring[3], *v. i.* (*pass.* **rang**, *part. pass.* **rung**) suonare, squillare. // **to ~ in** (*pers.*) segnare l'ora d'entrata, « marcare » l'ora; **to ~ out** (*pers.*) segnare l'ora d'uscita; **to ~ sb. up** telefonare, fare una telefonata a q.

rise[1], *n.* ❶ salita, ascesa. ❷ aumento, crescita, rialzo. ❸ (*fin., market.*) ascesa, aumento, rialzo, salto, lievitazione, « dinamica » (*di prezzi, quotazioni*). ❹ (*pers.*) aumento (*di stipendio*). △ ❸ **There has been a ~ in short-term indebtedness** c'è stato un aumento dell'indebitamento a breve (termine); **There was a small ~ in quotations yesterday** ieri s'è avuto un piccolo rialzo delle quotazioni; ❹ **Why don't you ask your boss for a ~?** perché non chiedi un aumento al tuo principale? // **a ~ in the bank rate** (*fin.*) un aumento del tasso di sconto; **the ~ in the cost of living** (*econ., stat.*) l'aumento del costo della vita; **the ~ in prices** l'aumento (*o la crescita, il rincaro*) dei prezzi; **to be on the ~** (*market.*) (*di prezzi*) essere in aumento: **Prices are on the ~ on all markets** i prezzi sono in aumento su tutti i mercati.

rise[2], *v. i.* (*pass.* **rose**, *part. pass.* **risen**) ❶ aumentare, crescere. ❷ (*fin., market.*) (*di prezzi, ecc.*) aumentare, essere in aumento, crescere, salire, gonfiarsi, lievitare. △ ❷ **Costs and prices are rising** i costi e i prezzi salgono; **In Great Britain, prices have risen steadily since 1934, and so have the wages of the working class** in Gran Bretagna, i prezzi sono in continuo aumento dal 1934, e così pure i salari dei lavoratori. // **to ~ in price** (*market.*) (*di merce*) rincarare.

rising, *a.* che aumenta, crescente. // **a ~ market** (*econ.*) un mercato al rialzo; **~ prices** (*market.*) prezzi crescenti; **a ~ trend** (*econ., fin.*) una tendenza al rialzo.

risk[1], *n.* ❶ rischio, pericolo, azzardo. ❷ (*ass.*) rischio. △ ❷ **The articles have been insured all risks** gli articoli sono stati assicurati contro tutti i rischi; **The ~ attaches from the time of loading the goods aboard the ship** il rischio decorre dal momento in cui la merce è caricata a bordo della nave. // **~ bearer** (*ass.*) chi corre un rischio; **~ capital** (*econ., fin.*) capitale che finanzia nuove iniziative; **~, contingency and policy reserves** (*ass.*) riserve tecniche per danni e riporto premi; **~ of breakage** (*trasp.*) rischio di rottura; **~ of craft** (*ass. mar.*) rischio d'alleggio; **~ of damage for exposure to weather** (*ass.*) rischio di danno per esposizione alle intemperie; **~ of fire** (*ass.*) rischio d'incendio; **~ premium** (*ass.*) premio netto; **all risks** (*ass.*) assicurazione contro rischi vari; **at the ~ of the owners of the goods** (*market.*) a rischio dei proprietari della merce; **at the ~ of the shippers** (*market.*) a rischio dello spedizioniere.

risk[2], *v. t.* e *i.* rischiare, arrischiare, azzardare. // **to ~ one's fortune in an enterprise** rischiare la propria fortuna in un'impresa.

risky, *a.* rischioso, arrischiato, azzardoso. // **a ~ investment** (*fin.*) un investimento azzardoso.

river, *n.* fiume. // **~ -basin** (*trasp.*) bacino fluviale; **~ dues** (*trasp.*) diritti di navigazione fluviale; **~ navigation** navigazione fluviale; **~ port** (*trasp.*) porto fluviale; **~ traffic** (*trasp.*) traffico fluviale; **~ works** (*trasp.*) opere fluviali.

road, *n.* ❶ strada, via. ❷ (*trasp. aut.*) rotabile. ❸ (*trasp. ferr.*, *USA*) (= **railroad**) ferrovia. ❹ (*trasp. mar.*) rada. ❺ **roads**, *pl.* (*trasp. aut.*) rete stradale, viabilità. // ~ **accident** incidente stradale, investimento; ~ **block** (*trasp. aut.*) blocco stradale; ~ **conditions** (*trasp. aut.*) viabilità; ~ **crossing** (*trasp. aut.*) crocevia, crocicchio; ~ **directory** (*trasp. aut.*) guida (*o* indicatore) stradale; ~ **fork** (*trasp. aut.*) bivio stradale; ~ **grade** (*trasp. aut.*) pendenza (d'una strada); ~ **haulage** (*trasp. aut.*) trasporto stradale, trasporto di merce su strada; ~ **haulier** (*trasp. aut.*) trasportatore (*di merci*) su strada, vettore; ~ **-hog** (*trasp. aut.*) « pirata » della strada; ~ **junction** (*trasp. aut.*) nodo stradale; ~ **network** (*trasp. aut.*) rete stradale; ~ **section** (*trasp. aut.*) tronco stradale; ~ **-sign** (*trasp. aut.*) cartello stradale, indicatore stradale; ~ **signal** (*trasp. aut.*) segnale stradale; ~ **tax** (*fin.*, *trasp. aut.*) imposta di circolazione; ~ **test** (*trasp. aut.*) prova su strada; ~ **traffic** (*trasp. aut.*) circolazione stradale; ~ **transport** (*trasp. aut.*) trasporti su strada; ~ **yard** cantiere stradale.

rob, *v. t.* ❶ rubare. ❷ derubare. ❸ rapinare.
robber, *n.* rapinatore, ladro.
robbery, *n.* (*ass.*, *leg.*) furti, rapina.
robot, *n.* robot.
robotics, *n. pl.* (*col verbo al sing.*) (*elab. elettr.*) robotica.

rock, *n.* ❶ roccia. ❷ (*trasp. mar.*) scoglio. // ~ **-bottom prices** (*market.*) prezzi ridottissimi; **to be on the rocks** (*fig.*) essere al verde, essere « in bolletta », essere sull'orlo del fallimento.

rocket[1], *n.* razzo, missile.
rocket[2], *v. i.* ❶ alzarsi a razzo. ❷ (*market.*) (*di prezzi*) salire alle stelle.

rod, *n.* pertica (*misura di lunghezza, pari a 5 iarde e mezza, cioè a 5,02 metri*).

rogatory letter, *n.* (*leg.*) rogatoria.

roll[1], *n.* ❶ rotolo. ❷ rotolo di banconote. ❸ elenco, lista; « organico », « pianta » (*del personale*). ❹ registro. ❺ (*leg.*) ruolo (*di cause, ecc.*). ❻ (*leg.*) albo. ❼ (*leg.*) verbale. ❽ (*trasp. aer.*, *trasp. mar.*) rollio, rullio, rollata. ❾ **the Rolls**, *pl.* (*leg.*) l'Albo degli avvocati. △ ❸ **The steady ~ of the ship made me sick** il continuo rollio della nave mi fece venire la nausea. // ~ **-call** appello (nominale); ~ **-top desk** (*attr. uff.*) scrittoio « americano » (*con serranda avvolgibile*); **to be on the ~** (*pers.*) essere in organico.

roll[2], *v. i.* ❶ rotolare. ❷ (*trasp. aer.*, *trasp. mar.*) rollare, rullare. *v. t.* ❶ arrotolare. ❷ roteare (*gli occhi*). △ *v. i.* ❷ **Our ship was rolling heavily** la nostra nave rollava in modo impressionante. // **to ~ back the price of** (*econ.*, *market.*) calmierare: **They are taking measures to ~ commodity prices back** si stanno prendendo misure per calmierare derrate; **to ~ over** (*fin.*) rimborsare (*un'emissione obbligazionaria*) attraverso l'offerta, in cambio, d'altre obbligazioni dello stesso tipo.

rollback, *n.* (*econ.*, *market.*) riduzione (*dei prezzi, ecc.*) ottenuta mediante interventi statali, calmiere. // **a ~ of prices** (*econ.*, *market.*) una riduzione dei prezzi.

roller, *n.* (*trasp. mar.*) onda lunga.

rolling, *n.* ❶ rotolamento. ❷ arrotolamento. ❸ (*trasp. aer.*, *trasp. mar.*) rollio, rullio, rollata. // ~ **readjustment** (*econ.*) congiuntura caratterizzata dalla forte espansione di taluni settori e dal regresso d'altri; ~ **-shutter** serranda (*di negozio, ecc.*); ~ **-stock** (*trasp. ferr.*) materiale rotabile; ~ **stone** (*fig.*) chi cambia frequentemente attività (*lavoro, interessi, ecc.*).

rolltop desk, *n.* (*USA*) V. **roll-top desk**.
Roman, *a.* romano. // ~ **law** (*leg.*) diritto romano; ~ **letters** (*giorn.*, *pubbl.*) caratteri romani; ~ **numerals** (*o* **figures**) (*mat.*) numeri romani; ~ **type** (*giorn.*, *pubbl.*) carattere tondo.

room, *n.* camera, stanza.
roomer, *n.* (*leg.*, *USA*) pigionante.
root, *n.* (*anche mat.*) radice. // ~ **-mean-square** (*mat.*, *stat.*) media quadratica; ~ **-mean-square deviation** (*mat.*, *stat.*) scarto quadratico medio; ~ **-sign** (*mat.*) segno di radice.

rope, *n.* ❶ fune. ❷ (*trasp. mar.*) gomena.
rotary, *a.* ❶ rotante, girevole. ❷ rotatorio. // ~ **adding machine** (*macch. uff.*) addizionatrice a lettura immediata; ~ **file** (*attr. uff.*) schedario rotante; ~ **press** (*giorn.*) rotativa.

rotate, *v. t. e i.* ❶ ruotare, roteare. ❷ succedersi regolarmente. ❸ (*econ.*) fare la rotazione di (*raccolti*), avvicendare (*colture*). ❹ (*pers.*) (*di dipendenti*) avvicendarsi (*nelle diverse mansioni*). △ ❸ **To ~ crops is to grow different crops on the same land on successive seasons in an order designed to maintain soil fertility** fare la rotazione dei raccolti significa avvicendare diverse colture, sullo stesso terreno, in stagioni successive, per conservarne la fertilità.

rotating shifts, *n. pl.* (*org. az.*, *pers.*) turni rotatori.
rotation, *n.* ❶ rotazione. ❷ (*econ.*) rotazione agraria; avvicendamento delle colture. ❸ (*pers.*) rotazione (*delle cariche*); avvicendamento (*nelle mansioni*). △ ❸ **The statute provides for ~ of the chairmanship** lo statuto prevede la rotazione della carica di presidente. // **the ~ of crops** (*econ.*) il sistema rotativo agrario; **by ~** in successione, a turno; **in ~** in successione, a turno.

rotogravure, *n.* (*giorn.*, *pubbl.*) rotocalcografia.
rough, *a.* ❶ greggio, grezzo. ❷ rozzo, rude. ❸ grossolano, approssimativo, all'ingrosso (*fig.*). △ ❸ **We can't be satisfied with such a ~ translation!** non ci possiamo accontentare d'una traduzione così approssimativa!; **The experts supplied us with a very ~ estimate** gli esperti ci sottoposero un preventivo fatto molto all'ingrosso. // ~ **and ready** approssimativo, grossolano; ~ **and ready calculations** calcoli approssimativi; ~ **cloth** (*market.*) tela grezza; ~ **copy** mala copia, minuta; ~ **data** (*stat.*) dati grezzi; ~ **draft** abbozzo, minuta; ~ **justice** (*leg.*) giustizia sommaria.

round[1], *a.* rotondo, tondo. // ~ **brackets** parentesi tonde; ~ **chartering** (*trasp. mar.*) noleggio d'andata e ritorno; ~ **figure** cifra tonda; ~ **house** (*trasp. ferr.*) deposito locomotive; ~ **lot** (*Borsa*, *fin.*) unità di contrattazione (*generalm.* 100 *azioni*), quantitativo minimo trattabile (*di titoli*); ~ **table** (*fin.*, *market.*) « tavola rotonda »; (i) partecipanti a una « tavola rotonda »; argomento discusso in una « tavola rotonda »: **The ~ table of the European finance ministers will take place next month** la « tavola rotonda » dei ministri europei delle finanze si svolgerà il mese entrante; ~ **-table conference** (*fin.*, *market.*) « tavola rotonda »; ~ **trip** (*trasp.*, *USA*) viaggio d'andata e ritorno; ~ **-trip ticket** (*trasp.*, *USA*) biglietto d'andata e ritorno; **as a ~ figure** in cifra tonda: **His profit is about 3,000 dollars as a ~ figure** il suo guadagno si aggira sui 3.000 dollari in cifra tonda; **in ~ figures** in cifra tonda; **in ~ numbers** in cifra tonda.

round[2], *n.* ❶ giro (*d'ispezione, ecc.*). ❷ (*market.*) giro (*di visite ai clienti*). // **the ~ of one's customers** (*market.*) il giro dei (propri) clienti.

round[3], *avv.* ❶ in tondo. ❷ in giro, attorno, all'intorno. *prep.* intorno a. △ *avv.* ❷ **This news should not be carried ~: there is danger of panicking the market** queste notizie non dovrebbero essere messe in giro: c'è pericolo di creare panico nel mercato. // ~ **the corner** girato l'angolo, dietro l'angolo; (*fig.*) vicino, a portata di mano: **This is our policy: we want our customer to find all that he needs in the shop just ~ the corner** questa è la nostra politica: vogliamo che il nostro cliente trovi tutto ciò di cui ha bisogno nel negozio « dietro l'angolo »; ~ **the day** tutto il (santo) giorno: **She works ~ the day but hasn't succeeded in saving a penny as yet** lavora tutto il giorno, ma finora non è riuscita a metter da parte un centesimo.

round[4], *v. t.* ❶ (*anche mat.*) arrotondare. ❷ (*trasp. mar.*) doppiare (*un promontorio e sim.*). △ ❶ **8.719 rounded to two decimals is 8.72** 8,719 arrotondato a due decimali dà 8,72. // to ~ **a figure** arrotondare una cifra; to ~ **an island** (*trasp. mar.*) doppiare un'isola; to ~ **off one's career** (*pers.*) completare la carriera.

roundabout, *n.* (*trasp. aut.*) senso rotatorio.

roup[1], *n.* (*scozz.*) vendita all'asta.

roup[2], *v. t.* (*scozz.*) vendere all'asta.

route[1], *n.* ❶ itinerario, percorso, via. ❷ (*comun.*) linea telefonica. ❸ (*market.*) itinerario di vendita. ❹ (*trasp. aer., trasp. mar.*) rotta. ❺ (*trasp. aut.*) rotabile. △ ❸ **My ~ enables me to call on quite a few good customers** il mio itinerario di vendita mi permette di visitare un certo numero di buoni clienti. // ~ **card** (*org. az.*) scheda di ciclo di lavorazione; ~ **-map** (*trasp. aut.*) carta stradale; **en ~** (*trasp.*) in viaggio, in cammino.

route[2], *v. t.* ❶ (*comun.*) inoltrare, spedire (*documenti, ecc.*). ❷ (*trasp.*) avviare, instradare (*merci, ecc.*). △ ❶ **We have routed the invoice to the accounting department** abbiamo inoltrato la fattura all'ufficio contabilità.

routine, *n.* ❶ abitudine, consuetudine. ❷ monotonia, routine. ❸ (*org. az.*) ordinaria amministrazione. // ~ **duties** doveri abituali, compiti abituali; **a ~ job** (*pers.*) un compito d'ordinaria amministrazione; ~ **mail** (*comun.*) corrispondenza ordinaria; ~ **maintenance** (*org. az.*) manutenzione ordinaria.

routing, *n.* (*market.*) determinazione degli itinerari di vendita.

row, *n.* fila.

royal, *a.* reale, regale. // ~ **demesne** (*in G.B.*) demanio reale.

royalty, *n.* ❶ sovranità. ❷ **royalties**, *pl.* (*econ., leg.*) diritti di sfruttamento (*d'una miniera*). ❸ **royalties**, *pl.* (*leg.*) diritti di brevetto, diritti di licenza, diritti d'autore.

rubber, *n.* gomma. // ~ **stamp** (*attr. uff.*) timbro di gomma.

rubbish, *n.* ❶ rifiuti, immondizie. ❷ (*market.*) merce di scarto, robaccia.

rudder, *n.* (*trasp. aer., trasp. mar.*) timone.

ruin[1], *n.* rovina, dissesto.

ruin[2], *v. t.* rovinare, dissestare.

ruined, *a.* rovinato, dissestato.

rule[1], *n.* ❶ regola. ❷ (*attr. uff.*) riga (*da disegno*). ❸ (*giorn., pubbl.*) filetto. ❹ (*leg.*) regolamento, norma, legge. ❺ (*leg.*) decisione, ordinanza, ordine. ❻ (*mat.*) regolo (*calcolatore*). △ ❶ **We have never granted discounts and we're not going to depart from this ~** non abbiamo mai concesso sconti e non intendiamo derogare a questa regola. // **rules for the enforcement of the law** (*leg.*) regolamenti esecutivi; **a ~ of law** (*leg.*) una norma di legge; **the rules of navigation** (*trasp. mar.*) le regole della navigazione; **the rules of the road** (*trasp. aut.*) il codice della strada; (*trasp. mar.*) le regole per prevenire gli abbordi in mare.

rule[2], *v. t.* ❶ regolare. ❷ (*leg.*) decidere, dichiarare, ordinare, riconoscere. ❸ (*mat.*) tracciare (*una riga*) col regolo. *v. i.* ❶ (*market.*) (*di prezzo*) praticarsi, essere praticato. ❷ (*market.*) (*di prezzi*) mantenersi (*a un certo livello*). △ *v. t.* ❷ **What has the judge ruled about that matter?** che cosa ha dichiarato il giudice in merito a quella questione?; **The validity of the deed has been ruled by the Court** la validità dell'atto è stata riconosciuta dal tribunale; *v. i.* ❶ **The prices ruled for similar articles are highly competitive** i prezzi praticati per articoli simili sono altamente concorrenziali; ❷ **Prices ruled fairly low in the second semester** i prezzi si mantennero piuttosto bassi durante il secondo semestre. // to ~ **off one's accounts** (*comm.*) regolare i conti.

ruler, *n.* (*attr. uff.*) riga, regolo.

ruly English, *n.* (*elab. elettr.*) lingua inglese (*artificiale*) per elaboratori (*ogni parola ha un solo significato e ogni concetto ha una sola parola per esprimerlo*).

rummage[1], *n. collett.* ❶ (*market.*) articoli spaiati, fondi di magazzino, roba usata. ❷ (*market., USA*) V. ~ **sale**. // ~ **sale** (*market.*) vendita di magazzino.

rummage[2], *v. t.* ❶ frugare, rovistare. ❷ perquisire. *v. i.* ❶ (*trasp. mar.*) stivare il carico. ❷ (*trasp. mar.*) risistemare il carico. // to ~ **a ship** (*trasp. mar.*) perquisire una nave.

rummager, *n.* (*trasp. mar.*) ispettore di dogana.

rummaging, *n.* (*trasp. mar.*) perquisizione doganale. // ~ **officer** (*trasp. mar.*) V. **rummager**.

rumour, *n.* diceria.

run[1], *n.* ❶ (*banca, fin., market.*) assalto (*fig.*), corsa (*fig.*), domanda forte e insistente (*da parte di risparmiatori, creditori, clienti*). ❷ (*giorn.*) tiratura. ❸ (*market.*) andamento (*del mercato, ecc.*). ❹ (*market.*) successo, voga. ❺ (*trasp. aut.*) corsa (*d'un autobus, ecc.*). △ ❶ **There will be a ~ on the bank** ci sarà un assalto agli sportelli (*da parte dei clienti che verranno a ritirare i loro risparmi*); ❷ **Their newspaper is having a remarkable ~** il loro giornale ha una notevole tiratura; ❸ **The ~ of the market doesn't encourage such an investment** l'andamento del mercato non incoraggia un tale investimento; ❹ **There is quite a ~ of convertible cars** le « decappottabili » sono in gran voga. // ~ **duration** (*org. az.*) durata d'esecuzione (*d'un ciclo di lavorazione*); **the ~ of the stock market** (*fin.*) l'andamento del mercato dei titoli; **a ~ on Swiss securities** (*fin.*) una corsa ai titoli svizzeri; ~ **-up** (*market.*) balzo, impennata (*dei prezzi*): **There has been a sudden ~ -up in prices** s'è avuta un'improvvisa impennata dei prezzi; **with a ~** improvvisamente, di colpo: **All prices went up with a ~** tutti i prezzi aumentarono di colpo.

run[2], *v. i.* (*pass.* **ran**, *part. pass.* **run**) ❶ correre; incorrere; funzionare. ❷ (*comm.*) decorrere. ❸ (*leg.*) (*di contratto, legge, ecc.*) essere in vigore, durare. ❹ (*trasp.*) (*di veicolo, nave, ecc.*) circolare, effettuare corse, funzionare, far servizio, far la spola, transitare. *v. t.* ❶ condurre, dirigere, esercire, gestire (*un'azienda e sim.*). ❷ far funzionare, azionare. ❸ (*trasp.*) effettuare corse di (*treni, ecc.*). △ *v. i.* ❷ **Interests ~ from 1st April** gli interessi decorrono dal 1° d'aprile; **My salary runs from today** il mio stipendio decorre da oggi; ❸ **Our contract ~ for 25 years** il nostro contratto ha una durata di 25 anni; ❹ **The ship runs between the two ports** la nave fa la spola fra i due porti; *v. t.* ❶ **Who runs the business?** chi dirige l'azienda?; ❷ **It's impossible to ~ an electric typewriter off the light circuit** è impossibile azionare una macchina (*da scrivere*) elettrica senza collegarla con l'impianto elettrico; ❸ **We must ~ extra trains during**

the peak hours dobbiamo effettuare corse di treni straordinari durante le ore di punta. // to ~ **an advertisement** (*pubbl.*) far pubblicare un annuncio pubblicitario; to ~ **aground** (*trasp. mar.*) arenarsi, incagliarsi; arenare, far incagliare: **The boat ran aground** la nave s'arenò; **The captain ran the ship aground on a reef** il capitano fece incagliare la nave su una scogliera; to ~ **ashore** (*trasp. mar.*) arenarsi, incagliarsi; arenare, far incagliare; to ~ **at a deficit** (*fin., rag.*) presentare una gestione passiva: **The recommendation favours charges based on real costs for public services which are being ~ at a heavy deficit** la raccomandazione suggerisce un aumento delle tariffe dei servizi pubblici che presentano una gestione fortemente passiva; to ~ **away** correr via, fuggire; to ~ **away up the inflationary spiral** (*econ.*) essere preso nella spirale inflazionistica; to ~ **a bill at a shop** (*market.*) avere un conto corrente con un negozio; to ~ **a business** condurre un'azienda; to ~ **down** (*trasp. aut.*) investire (*una persona*); to ~ **foul** (*trasp. mar.*) (*di navi*) entrare in collisione: **The ships ran foul of each other** le due navi entrarono in collisione; to ~ **high** crescere, salire: **Prices are running high** i prezzi salgono; to ~ **in** (*trasp. aut.*) rodare; to ~ **into** (*trasp. aut.*) investire (*un ostacolo fisso o un altro veicolo*); to ~ **into debts** caricarsi di debiti, indebitarsi; to ~ **off** (*giorn., pubbl.*) stampare, tirare: **We will ~ off 2,000 copies of the catalogue** tireremo 2.000 copie del catalogo; to ~ **off the rails** (*trasp. ferr.*) « deragliare »; to ~ **off the road** (*trasp. aut.*) uscire di strada; to ~ **out** esaurirsi, finire: **Our funds are running out** i nostri fondi si stanno esaurendo; to ~ **out of stock** (*market.*) finire le scorte, rimanere sprovvisti (*di merce*); to ~ **over** (*trasp. aut.*) investire (*una persona*); to ~ **short** (*market.: di scorte*) esaurirsi, finire; to ~ **short of** rimanere a corto di (*qc.*): **We have run short of money** siamo rimasti a corto di denaro; to ~ **up** (*market.*) (*di prezzi*) balzare, impennarsi (*fig.*).

runaway, *a. attr.* ❶ che fugge, fuggitivo. ❷ (*market.*) (*di prezzo*) soggetto a repentini cambiamenti (*generalm. in aumento*). // ~ **inflation** (*econ.*) inflazione galoppante; ~ **prices** (*market.*) prezzi in rapido aumento; ~ **shop** (*econ., org. az.*) stabilimento industriale trasferito dal proprietario in altro luogo (*per sfuggire ai regolamenti sindacali, ecc.*).

rundown, *n.* riduzione. △ **There has been an orderly and gradual ~ of sterling balances** c'è stata un'ordinata e graduale riduzione dei saldi in sterline.

runner, *n.* ❶ corridore, podista. ❷ (*pers.*) sollecitatore (*d'ordinazioni, ecc.*); propagandista; « piazzista ».

running, *a.* ❶ che corre, in corsa. ❷ corrente. *n.* ❶ (il) correre; funzionamento. ❷ (*comm., leg.*) decorrenza (*d'un termine, ecc.*). // ~ **account** (*banca, cred.*) conto corrente; ~ **aground** (*o* **ashore**) (*trasp. aut.*) incaglio; ~ **broker** (*fin.*) agente di sconto « indipendente », trafficante in cambiali; ~ **costs** (*rag.*) costi variabili; ~ **days** giorni consecutivi; ~ **-down clause** (*ass. mar.*) clausola relativa all'abbordaggio; ~ **expenses** (*rag.*) spese correnti, spese d'esercizio; ~ **head** (*giorn.*) testata di pagina, testatina; ~ **headline** (*giorn.*) *V.* ~ **head**; ~ **-in** (*trasp. aut.*) rodaggio; ~ **inventory** (*rag.*) inventario perpetuo; ~ **story** (*giorn.*) articolo a puntate; ~ **text** (*giorn.*) testo non interrotto (*da rimandi a un'altra pagina*); ~ **time** (*trasp. ferr.*) durata della corsa; ~ **title** (*giorn.*) *V.* ~ **head**.

runover, *n.* ❶ (*giorn.*) inserimento (*d'un'illustrazione, ecc.*) che interrompe la continuità d'una o più colonne. ❷ (*giorn.*) composizione che eccede lo spazio a disposizione.

runway, *n.* ❶ (*trasp. aer.*) pista (*d'atterraggio o di decollo*). ❷ (*trasp. mar.*) scivolo.

rural, *a.* rurale. // ~ **housing** (*econ.*) edilizia rurale.

rush[1], *n.* ❶ fretta. ❷ traffico, trambusto. ❸ affollamento, ressa. // **the ~ hours** (*market., trasp.*) le ore di punta; **a ~ of business** una quantità d'affari: **There has been a great ~ of business on the Stock Exchange** c'è stata una gran quantità d'affari alla Borsa; **a ~ order** (*market.*) un'ordinazione urgente; **the ~ season** (*market., trasp., tur.*) l'alta stagione.

rush[2], *v. t. e i.* ❶ affrettarsi, affrettare, far fretta a (*q.*), fare (*qc.*) in fretta. ❷ (*market.*) sbrigare (*ordinazioni, ecc.*). △ ❶ **I don't like being rushed while I am working** non mi piace che mi si faccia fretta mentre lavoro; ❷ **We'll ~ all the orders within the end of the month** sbrigheremo tutte le ordinazioni entro la fine del mese.

rye, *n.* segale, segala. // ~ **terms** (*market.*) condizioni di consegna (*della merce*) che prevedono tutti i rischi a carico del venditore.

S

sabotage[1], *n.* sabotaggio.
sabotage[2], *v. t.* sabotare.
saboteur, *n.* sabotatore.
sack[1], *n.* ❶ (*market.*) sacco, sacchetto, sacchetto di carta. ❷ (*market.*) contenuto d'un sacco. ❸ (*pers., fam.*) licenziamento; benservito (*fig., fam.*). △ ❶ **Lots of sacks were damaged in transit** una quantità di sacchi rimasero danneggiati durante il trasporto. // **a ~ of flour** un sacco di farina; **to get the ~** (*pers., fam.*) essere licenziato, farsi licenziare; **to give sb. the ~** (*pers., fam.*) licenziare q., mandare q. « a spasso ».
sack[2], *v. t.* ❶ (*market.*) mettere (*merce*) in sacchi, insaccare. ❷ (*pers., fam.*) licenziare, mandare « a spasso ». ❸ (*USA*) incassare, guadagnare, fare (*profitti, ecc.*). △ ❶ **All goods will be sacked and shipped on receipt of your order** tutte le merci saranno messe in sacchi e spedite al ricevimento del vostro ordine; ❷ **After the strikes tens of workers were sacked** dopo gli scioperi furono licenziate decine d'operai; ❸ **They sacked an enormous profit in a few months** in pochi mesi fecero guadagni altissimi.
sackcloth, *n.* (*market.*) tela da sacchi.
sacrifice[1], *n.* ❶ sacrificio. ❷ (*comm.*) perdita, scapito. // **at a ~** (*comm.*) in perdita: **Quite a few articles will have to be sold at a ~** un buon numero d'articoli dovrà essere venduto in perdita.
sacrifice[2], *v. t.* ❶ sacrificare. ❷ (*comm.*) vendere (*articoli*) in perdita, vendere (*articoli*) sotto costo. △ ❶ **In order to save the ship, part of the cargo had to be sacrificed** parte del carico dovette essere sacrificata per la salvezza della nave; ❷ **All outmoded articles have been sacrificed** tutti gli articoli passati di moda sono stati venduti sotto costo.
saddle[1], *n.* sella. // **~ point** (*ric. op.*) punto a sella.
saddle[2], *v. t.* (*fig.*) accollare, appioppare, caricare, gravare. △ **Taxpayers will be saddled with the burden of the costs for foreign aids** i contribuenti saranno gravati dei costi per gli aiuti all'estero.
safe[1], *a.* ❶ salvo, in salvo; sicuro; al sicuro; fuor di pericolo. ❷ incolume, intatto. ❸ cauto, prudente, prudenziale. ❹ attendibile. △ ❶ **This bridge is not ~ for heavy vehicles** questo ponte non è sicuro per i veicoli pesanti; ❷ **Your goods have come ~** le vostre merci sono arrivate intatte; ❸ **A ~ margin of profit should be kept for possible future needs** un cauto margine d'utile dovrebbe essere accantonato per possibili esigenze future; ❹ **We are in a position to make a ~ estimate of the consumers' behaviour** siamo in grado di fare una valutazione attendibile del comportamento dei consumatori. // **~ and sound** sano e salvo: **All passengers were carried ~ and sound to their destination** tutti i passeggeri furono portati sani e salvi a destinazione; **~ arrival** (*trasp.*) arrivo in buono stato (*di merci, ecc.*); **~ -conduct** (*trasp.*) salvacondotto; **~ custody** (*banca*) custodia in cassette di sicurezza; (*leg.*) custodia; **~ deposit** (*banca*) deposito in cassette di sicurezza: **In England, ~ deposits are not subject to Government control**

in Inghilterra, i depositi in cassette di sicurezza non sono soggetti a controllo da parte dello Stato; **~ -deposit box** (*banca*) cassetta di sicurezza; **~ -deposit company** (*fin., ingl.*) società (specializzata nel servizio) di deposito in cassette di sicurezza; **a ~ investment** (*fin.*) un investimento privo di rischi; **~ -keeping** (*banca*) custodia; **a ~ port** (*trasp. mar.*) un porto sicuro.
safe[2], *n.* (*attr. uff., banca*) cassaforte.
safeguard[1], *n.* salvaguardia, custodia, difesa, protezione. // **~ measures** provvedimenti di salvaguardia; **the ~ of small industries** (*fin.*) la protezione delle piccole imprese.
safeguard[2], *v. t.* salvaguardare, custodire, difendere, proteggere. △ **Those measures were taken to ~ the lives of the passengers and crew** quei provvedimenti furono presi per proteggere la vita dei passeggeri e dell'equipaggio. // **to ~ one's interests** (*leg.*) salvaguardare i propri interessi; **to ~ one's reputation** difendere la propria reputazione.
safely, *avv.* ❶ in salvo, al sicuro, felicemente. ❷ in sicurezza, senza correre rischi. // **~ into harbour** (*trasp. mar.*) felicemente in porto; **~ into port** (*trasp. mar.*) felicemente in porto: **The vessel was brought ~ into port** la nave fu portata felicemente in porto.
safety, *n.* salvezza, sicurezza, incolumità. △ **The captain is responsible for the ~ of the passengers** il capitano è responsabile della sicurezza dei passeggeri. // **~ allowance** (*org. az.*) livello di sicurezza, limite di guardia, giacenza minima; **~ at the workplace** (*pers.*) sicurezza sul lavoro; **~ -belt** (*trasp. aer., trasp. aut.*) cintura di sicurezza; **~ equipment** (*org. az., pers.*) corredo antinfortunistico; **~ film** (*pubbl.*) pellicola ininfiammabile; **~ -island** (*trasp. aut.*) salvagente; **~ level** (*org. az.*) livello di sicurezza, limite di guardia; **~ margin** (*Borsa, fin.*) scarto di garanzia; **~ margins on contango operations** (*Borsa, fin.*) scarti di garanzia nelle operazioni a riporto; **~ rail** (*trasp. aut.*) « guardrail », guardavia; **~ valve** (*anche fig.*) valvola di sicurezza: **Emigration can serve as a ~ valve for transitory problems of critical unemployment** l'emigrazione può costituire una valvola di sicurezza per (la soluzione di) problemi temporanei di disoccupazione critica.
sag[1], *n.* ❶ abbassamento, cedimento. ❷ (*comm.*) calo, diminuzione, flessione, declino, crollo (*dei prezzi, ecc.*). △ ❷ **The financial world has been shocked by last week's ~** il mondo finanziario è rimasto scioccato dal crollo della settimana scorsa.
sag[2], *v. i.* ❶ abbassarsi, cedere. ❷ (*comm.*) (*di prezzi, ecc.*) calare, diminuire, subire una flessione, crollare. △ ❷ **Output and prices are sagging** la produzione e i prezzi stanno crollando.
sagging, *n.* V. sag[1].
said, *a.* detto, predetto, suddetto, summenzionato. △ **We are sorry to inform you that ~ articles are temporarily out of stock** ci dispiace comunicarvi che i suddetti articoli sono momentaneamente esauriti.
sail[1], *n.* (*trasp. mar.*) vela.

sail[2], *v. i.* ❶ (*trasp. mar.*) far vela (*verso una destinazione*), far rotta per, salpare, imbarcarsi. ❷ (*trasp. mar.*) veleggiare, navigare. *v. t.* (*trasp. mar.*) navigare, attraversare, percorrere. △ *v. i.* ❶ **The ship is sailing next month** la nave salpa il mese prossimo; *v. t.* **Their ships ∼ the Ocean twice a month** le loro navi attraversano l'oceano due volte al mese. // **to ∼ against the wind** (*trasp. mar.*) navigare contro vento, bordeggiare; **to ∼ along the coast** (*trasp. mar.*) costeggiare; **to ∼ before the wind** (*trasp. mar.*) avere il vento in poppa; **to ∼ for** (*trasp. mar.*) salpare, far rotta, partire, essere diretto a (*un porto, ecc.*); **to ∼ from** (*trasp. mar.*) salpare, partire da (*un porto, ecc.*); **to ∼ in ballast** (*trasp. mar.*) navigare in zavorra, andare in zavorra; **to ∼ laden** (*trasp. mar.*) navigare in carico; **to ∼ the seas** (*trasp. mar.*) navigare i mari; **to ∼ up** (*trasp. mar.*) rimontare, risalire; **to ∼ up the coast** (*trasp. mar.*) rimontare la costa, risalire una costa; **to ∼ up a river** (*trasp. mar.*) risalire un fiume; **about to ∼** (*trasp. mar.*) (*di nave*) in partenza.

sailable, *a.* (*trasp. mar.*) navigabile.

sailer, *n.* (*trasp. mar.*) veliero.

sailing, *n.* ❶ (*trasp. mar.*) imbarco; (*di nave*) partenza. ❷ (*trasp. mar.*) navigazione, arte del navigare. △ ❶ **We shall let you have a complete list of sailings from Genoa** vi faremo pervenire una lista completa delle partenze da Genova; **All sailings (are) subject to change without notice** tutte le partenze (sono) soggette a cambiamento senza preavviso. // **sailings board** (*trasp. mar.*) quadro delle partenze, tabella delle partenze; **∼ day** (*trasp. mar.*) giorno di partenza; **∼ orders** (*trasp. mar.*) ordini di partenza; **∼ ship** (*o* **vessel**) (*trasp. mar.*) veliero.

sailor, *n.* (*trasp. mar.*) marinaio, navigante, navigatore. // **∼ -like** (*trasp. mar.*) marinaresco.

salable, *a.* V. **saleable**.

salaried, *a.* (*pers.*) stipendiato. // **a ∼ person** (*pers.*) uno stipendiato; **a ∼ position** (*pers.*) un posto stipendiato.

salary[1], *n.* (*pers.*) stipendio, retribuzione. // **∼ allotment insurance** (*ass., pers.*) V. **∼ savings insurance**; **∼ cut** (*pers.*) riduzione di stipendio; **∼ deduction insurance** (*ass., pers.*) V. **∼ savings insurance**; **∼ rise** (*pers.*) aumento di salario; **∼ savings insurance** (*ass., pers.*) assicurazione (*sulla vita del dipendente*) contratta dal datore di lavoro (*che detrae l'ammontare del premio dallo stipendio*); **∼ -structure study** (*econ., stat.*) inchiesta sulla struttura degli stipendi.

salary[2], *v. t.* (*pers.*) stipendiare.

sale, *n.* ❶ (*market.*) vendita, smercio, spaccio. ❷ (*market.*) vendita di liquidazione, liquidazione, svendita, saldo. ❸ **sales**, *pl.* (*rag.*) vendite, fatturato. △ ❶ **Sales (are) down, investments (are) up** (ci sono) meno vendite e più investimenti; **Sales are off 10%** **this year** le vendite sono in regresso del 10% rispetto all'anno scorso; **Our sales have slumped badly** le nostre vendite hanno subìto una forte flessione; **The sales of cotton shares are up this week** le vendite dei titoli del cotone sono in ripresa questa settimana; **Sales of imported cars are trending up** le vendite d'automobili d'importazione tendono ad aumentare. // **sales account** (*rag.*) conto vendite; **sales agent** (*pers.*) agente di vendita; **sales aids** (*market.*) ausili di vendita; **sales analysis** (*market.*) analisi delle vendite; **∼ -and-leaseback** (*fin., leg.*) V. **leaseback**; **∼ and return** (*market.*) retrovendita; **∼ at best** (*fin., market.*) vendita al meglio; **sales board** (*org. az.*) comitato consultivo dei viaggiatori e degli addetti alle vendite (*fa parte della direzione multipla*); **sales book** (*rag.*) libro (delle) vendite; **sales budget** (*org. az., rag.*) bilancio preventivo delle vendite, previsione delle vendite; **∼ by auction** vendita all'asta, vendita all'incanto: **In a ∼ by auction, the article to be sold is adjudicated to the highest bidder** in una vendita all'asta, l'articolo in vendita è aggiudicato al maggior offerente; **a ∼ by inch of candle** una vendita all'ultimo offerente (*in un'asta*); **∼ by instalments** (*market.*) vendita a rate: **In the system of ∼ by instalments, the payment of the price is spread out for a certain period of time** nel sistema di vendita a rate, il pagamento del prezzo è esteso per un certo periodo di tempo; **∼ by lots** (*market.*) vendita a lotti; **∼ by order of the Court** (*leg.*) vendita giudiziaria; **∼ by private treaty** (*leg.*) vendita privata; **∼ by retail** (*market.*) vendita al dettaglio, vendita al minuto; **∼ by sample** (*market.*) vendita su campione; **∼ confirmation** (*Borsa, fin.*) fissato bollato; **sales consortia** (*market.*) consorzi di vendita; **∼ contract** (*Borsa*) distinta di vendita; (*leg.*) contratto di vendita, contratto di compravendita: **A ∼ contract may be stipulated in writing, or by word of mouth** un contratto di compravendita può stipularsi in forma scritta, ovvero oralmente; **sales day book** (*rag.*) libro (delle) vendite; **∼ delivered ex-ship** (*trasp. mar.*) vendita allo sbarco; **sales department** (*org. az.*) servizio vendite, ufficio vendite; **sales finance company** (*fin., USA*) società finanziaria (*specializzata nell'acquisto di contratti di vendita a rate, nello sconto di cambiali e nel ricupero dei crediti dei dettaglianti*); **∼ for the account** (*Borsa*) vendita a termine; **∼ for future delivery** (*fin.*) vendita per futura consegna; **∼ for the settlement** (*Borsa*) vendita a termine; **sales forecast** (*market.*) previsione delle vendite; **sales incentives** (*market.*) incentivi di vendita; **sales journal** (*rag.*) libro (delle) vendite; **sales letter** (*comun.*) lettera di vendita; **sales manager** (*pers.*) direttore (delle) vendite, direttore commerciale; **sales manual** (*org. az.*) manuale di vendita; **∼ note** (*market.*) distinta di vendita; **sales of assets** (*rag.*) smobilizzi e realizzi; **∼ of goods afloat** (*trasp. mar.*) vendita di merce flottante; **a ∼ of real property** (*fin.*) una vendita immobiliare; **sales officer** (*pers.*) funzionario (addetto alle) vendite; **sales offices** (*market.*) punti di vendita; **sales on aircrafts** (*dog., trasp. aer.*) vendite a bordo d'aerei; **∼ on approval** (*market.*) vendita salvo prova; **sales on board ships** (*dog., trasp. mar.*) vendite a bordo di navi; **∼ on ex-ship terms** (*trasp. mar.*) vendita allo sbarco; **∼ on landed terms** (*trasp. mar.*) vendita allo sbarco; **∼ or return** (*market.*) V. **∼ and return**; **sales organization** (*market.*) organizzazione di vendita; **sales outlet** (*market.*) sbocco di vendita, centro di vendita, punto di vendita: **Sales outlets for Japanese articles are cropping up everywhere** dovunque vanno sorgendo punti di vendita d'articoli giapponesi; **sales point** (*market.*) punto di vendita; **sales policy** (*market.*) politica di vendita; **sales potential** (*market.*) potenziale di vendita; **∼ price** (*market.*) prezzo di vendita; **sales promotion** (*pubbl.*) promozione delle vendite, incentivazione delle vendite, sviluppo (delle) vendite, « promotion »; **sales register** (*macch. uff.*) registratore di cassa; **sales representative** (*pers.*) rappresentante; **sales resistance** (*pubbl.*) resistenza all'acquisto (*da parte della clientela*); **∼ -ring** cricca di compratori (*a una vendita all'asta*); **∼ room** (*org. az.*) sala (delle) vendite; **sales supervisor** (*pers.*) ispettore (delle) vendite; **sales talk** (*market., pubbl.*) discorso tenuto a un cliente potenziale (*per indurlo all'acquisto*); **sales tax** (*fin.*) imposta sull'entrata; **sales territory** (*market.*) zona di vendita (*d'un viaggiatore, ecc.*); **∼ to arrive** (*market.*) vendita salvo arrivo (*della merce*); **a ∼ to the highest bidder** (*market.*) una vendita al miglior offerente; **∼ with option to repurchase** (*leg.*) vendita con diritto di riscatto; a

saleable

~ **with right of redemption** (*leg.*) una vendita con patto di riscatto; « **for** ~ » (*market.*) « in vendita », « vendesi »; « **on** ~ » (*market.*) « in vendita », « vendesi »: **Our articles are on ~ at all good stationery stores** i nostri articoli sono in vendita in tutti i buoni negozi di cancelleria; **to be on** ~ (*market.*) (*d'articolo*) essere in vendita, essere in commercio; **on ~ and return** (*market.*) *V.* **on ~ or return**; **on ~ or return** (*market.*) salvo vista e verifica; (*di merce*) in conto deposito, in deposito.

saleable, *a.* vendibile, smerciabile, alienabile.

salesclerk, *n.* ❶ (*pers.*) commesso (*di negozio*). ❷ (*pers.*) commessa (*di negozio*).

salesgirl, *n. V.* **saleswoman**.

saleslady, *n. V.* **saleswoman**.

salesman, *n.* (*pl.* **salesmen**) ❶ (*pers.*) commesso (*di negozio*). ❷ (*pers.*) commesso viaggiatore, viaggiatore di commercio, piazzista, propagandista, venditore.

salesmanship, *n.* (*market.*) arte del vendere, capacità di vendere.

salespeople, *n. collett.* (*pers.*) addetti alle vendite, personale di vendita, venditori.

salesperson, *n. V.* **salesclerk**.

saleswoman, *n.* (*pl.* **saleswomen**) ❶ (*pers.*) commessa (*di negozio*). ❷ (*pers.*) viaggiatrice di commercio, propagandista.

saloon, *n.* ❶ salone. ❷ (*trasp. aut.*) berlina. ❸ (*trasp. mar.*) sala di prima classe. ❹ (*tur.*) sala (*d'albergo, ecc.*). // ~ **car** (*trasp. aut.*) berlina; ~ **-car** (*trasp. ferr.*) vettura salone, vagone salotto; ~ **-carriage** (*trasp. ferr.*) vettura salone, vagone salotto; ~ **-deck** (*trasp. mar.*) ponte di prima classe; ~ **-passenger** (*trasp. mar.*) viaggiatore di prima classe.

salt[1], *n.* sale, sale marino. *a. attr.* salato, salso. // **a ~ bill** (*fam.*) un conto salato.

salt[2], *v. t.* ❶ salare. ❷ conservare sotto sale. // **to ~ an account** (*comm., fam.*) calcar la mano su un conto, presentare un conto salato; **to ~ away money** (*fam.*) *V.* **to ~ down money**; **to ~ the books of a business** (*comm., fam.*) falsare i conti d'un'impresa, alterare le cifre della contabilità d'un'impresa; **to ~ down money** (*fam.*) mettere da parte denaro.

salutation, *n.* (*comun.*) formula iniziale (*nelle lettere: p. es.*, « Dear Sir »); « vocativo » (*nelle lettere*).

salvage[1], *n.* ❶ (*ass.*) materiale ricuperato. ❷ (*org. az.*) materiale di ricupero. ❸ (*trasp. mar.*) salvataggio (*della nave, del carico, ecc.*); ricupero, operazioni di ricupero. ❹ (*trasp. mar.*) materiale ricuperato (*da un naufragio, ecc.*). ❺ (*trasp. mar.*) compenso pagato per il ricupero marittimo, compenso di salvataggio. △ ❸ **~ turned out to be more complicated than it was expected** le operazioni di ricupero risultarono più difficoltose di quanto ci si aspettasse; ❹ **The sale of ~ will take place as soon as valutation has been completed** la vendita del materiale ricuperato avverrà non appena la (sua) valutazione sarà stata terminata. // ~ **agreement** (*trasp. mar.*) contratto di salvataggio, contratto di ricupero; ~ **apparatus** (*trasp. mar.*) apparecchio di salvataggio; ~ **award** (*trasp. mar.*) compenso di salvataggio; ~ **charges** (*trasp. mar.*) spese di ricupero, diritti di salvataggio; ~ **company** (*trasp. mar.*) società di ricuperi marittimi; ~ **corps** (*ass.*) uomini addetti al salvataggio (*per conto di società d'assicurazione*) di beni minacciati dal fuoco; ~ **-dealer** (*comm.*) commerciante in materiali di ricupero; ~ **gear** (*trasp. mar.*) attrezzature di salvataggio, mezzi di salvataggio; ~ **loss** (*ass.*) perdita con ricupero, perdita al netto del valore della merce ricuperata; ~ **money** (*trasp. mar.*) compenso pagato per il ricupero marittimo, compenso di salvataggio;

~ **operations** (*trasp. mar.*) operazioni di salvataggio; ~ **service** (*trasp. mar.*) servizio di salvataggio; ~ **value** (*rag.*) valore di ricupero, valore di realizzo (*d'un'immobilizzazione*); ~ **vessel** (*trasp. mar.*) nave di salvataggio.

salvage[2], *v. t.* (*trasp. mar.*) salvare (*da un naufragio, ecc.*); ricuperare (*un carico, ecc.*).

salvaged materials, *n. pl.* ❶ (*org. az.*) materiali di ricupero. ❷ (*trasp. mar.*) materiali di ricupero.

salvager, *n.* (*trasp. mar.*) ricuperatore, addetto ai ricuperi marittimi.

salve, *v. t.* ❶ (*trasp. mar.*) salvare (*da un naufragio, ecc.*). ❷ (*trasp. mar.*) ricuperare (*un carico, ecc.*). △ ❷ **The purpose of salvage is to ~ the ship along with the cargo, or whatever remains of either** lo scopo del salvataggio è di ricuperare la nave e il carico, o ciò che rimane dell'una o dell'altro.

salvor, *n.* (*trasp. mar.*) ricuperatore, addetto ai ricuperi marittimi.

same, *a.* medesimo, stesso, identico. *pron.* ❶ (lo) stesso, (la) stessa cosa. ❷ (*comm.*) (= **the same**) il medesimo, lo stesso. **the same**, *avv.* allo stesso modo, nella medesima maniera. △ *a.* **On receiving your parcels we noticed immediately that they didn't contain the ~ goods we had seen at your shop** quando ricevemmo i vostri pacchi notammo subito che non contenevano la stessa merce che avevamo visto nel vostro negozio; *pron.* ❶ **Whatever we do, our competitors try to do the ~** qualsiasi cosa si faccia, i nostri concorrenti cercano di fare lo stesso; ❷ **To washing car, 90 p.; to polishing ~, £ 5** per lavaggio della macchina, 90 pence, per lucidatura della stessa, 5 sterline; *avv.* **We do not feel the ~ about this problem as you** su questo problema, noi non la pensiamo affatto come voi.

sample[1], *n.* ❶ (*elab. elettr.*) campione. ❷ (*market.*) campione, esemplare, modello, saggio. ❸ (*stat.*) campione. △ ❷ **A ~ is attached to our letter** un campione è accluso alla nostra lettera; **Your goods are not up to ~** le vostre merci non sono conformi al campione. // ~ **-card** (*market.*) cartella di campioni; ~ **check** (*market., stat.*) controllo su campione; ~ **collection** (*market.*) campionario; ~ **data** (*stat.*) dati campionari; ~ **fair** (*market., pubbl.*) fiera campionaria; ~ **mean** (*stat.*) media di campione, media campionaria; **samples on collection** (*market.*) campioni su richiesta; « **samples only** » (*comun.*) « campione senza valore »; ~ **rate** (*comun.*) tariffa (postale) per la spedizione di campioni; ~ **room** (*market., pubbl.*) sala (adibita alla mostra) dei campioni; ~ **standard deviation** (*stat.*) scarto quadratico medio del campione; ~ **survey** (*stat.*) indagine campionaria; **as per ~** come da campione; **by ~** (*market.*) (*di vendita*) su campione.

sample[2], *v. t.* ❶ (*elab. elettr.*) campionare (*un procedimento, un sistema, ecc.*). ❷ (*market.*) campionare, saggiare la qualità di (*merci, ecc.*). ❸ (*stat.*) campionare; trarre campioni da (*una popolazione*). △ ❸ **The data have been obtained by sampling from a population composed of 100,000 elements** i dati sono stati ottenuti campionando una popolazione di 100.000 elementi.

sampled data, *n. pl.* (*elab. elettr.*) segnali campionati. // ~ **control** (*elab. elettr.*) controllo a segnali campionati.

sampleman, *n.* (*pl.* **samplemen**) *V.* **sampler**.

sampler, *n.* (*market., stat.*) campionatore, campionarista.

sampling, *n.* (*market., stat.*) campionamento, campionatura. // ~ **distribution** (*stat.*) distribuzione campionaria; ~ **error** (*stat.*) errore campionario; ~ **inspection** (*org. az.*) ispezione su campione; ~ **order** (*market.*) ordine di prova, ordine di saggio; ~ **unit** (*stat.*) unità di campionamento: ~ **units are the units that form the basis of the ~ process** le unità di campionamento sono le unità alla base del processo di campionamento.

sanction[1], *n.* ❶ (*leg.*) sanzione, approvazione, ratifica. ❷ (*leg.*) pena, punizione. △ ❷ **The new law establishes sanctions against the violators of labour legislation** la nuova normativa stabilisce pene a chi viola la legislazione in materia di lavoro.

sanction[2], *v. t.* ❶ (*leg.*) sanzionare, approvare, ratificare, sancire. ❷ (*leg.*) punire. △ ❶ **That custom is sanctioned by a long tradition** quell'uso è sanzionato da una lunga tradizione. // to ~ **a law** (*leg.*) sancire una legge.

sanctioned rights, *n. pl.* (*leg.*) diritti sanzionati.

sand[1], *n.* sabbia, rena, arena. // ~ **-bank** (*trasp. mar.*) banco di sabbia; ~ **-bar** (*trasp. mar.*) banco di sabbia, secca (*all'entrata d'un porto, ecc.*).

sand[2], *v. t.* cospargere di sabbia, insabbiare.

sanding-up, *n.* (*trasp. mar.*) insabbiamento.

sandwich, *n.* sandwich, panino imbottito, tramezzino. // ~ **board** (*pubbl.*) cartellone pubblicitario appaiato a un altro (*per essere portato sulle spalle da un « sandwich man », q.V.*); ~ **man** (*pubbl.*) uomo sandwich (*stretto fra due cartelloni pubblicitari che porta in giro*).

sane, *a.* (*leg.*) sano (*di mente*).

sanitary, *a.* sanitario, igienico. // ~ **accommodations** attrezzature sanitarie; ~ **authority** (*dog.*) autorità sanitaria; ~ **certificate** (*dog.*) certificato sanitario, certificato d'igiene: **All these goods must be accompanied by a ~ certificate** tutte queste merci debbono essere accompagnate da un certificato sanitario; ~ **cordon** cordone sanitario; ~ **inspection** (*leg.*) visita sanitaria; ~ **legislation** (*leg.*) legislazione sanitaria; ~ **measures** (*org. az.*) misure sanitarie; ~ **ware** apparecchi sanitari.

SANS coding, *n.* (*elab. elettr.*) codificazione SANS.

« **sans frais** », *locuz. avv.* (*cred.*) senza spese.

« **sans recours** », *locuz. avv.* (*cred.*) senza ricorso.

satisfaction, *n.* ❶ soddisfazione, soddisfacimento, appagamento, contentatura, gradimento. ❷ (*cred.*) soddisfazione (*d'un debito*). ❸ (*cred.*) documento attestante l'avvenuta soddisfazione d'un debito. ❹ (*leg.*) soddisfazione, riparazione. ❺ (*leg.*) adempimento, esecuzione (*d'un'obbligazione*). △ ❶ **Much to our ~ your articles were welcomed by our customers** con nostra grande soddisfazione i vostri articoli furono graditi dalla nostra clientela; ❹ **We find ourselves compelled to demand ~ for this injury** ci troviamo costretti a chiedere soddisfazione di quest'ingiuria. // **the ~ of a mortgage** (*leg.*) l'esecuzione d'un'ipoteca, la liberazione da un'ipoteca; **in ~ of** (*leg.*) in riparazione di, a risarcimento di.

satisfactory, *a.* soddisfacente, convincente, esauriente. △ **We do hope our offer will be ~** vogliamo sperare che la nostra offerta sarà soddisfacente; **The report on the results of the new campaign is far from ~** la relazione sui risultati della nuova campagna è tutt'altro che esauriente.

satisfied, *a.* ❶ soddisfatto. ❷ (*leg.*) (*d'obbligo, ecc.*) adempiuto, eseguito. △ ❶ **A ~ customer is a firm's best publicity** un cliente soddisfatto è la miglior pubblicità per una ditta. // **a ~ mortgage** (*leg.*) un'ipoteca liberata.

satisfy, *v. t.* ❶ soddisfare, appagare, accontentare. ❷ rispondere, essere conforme a (*requisiti, ecc.*). ❸ (*cred.*) tacitare (*un creditore*). ❹ (*leg.*) soddisfare, soddisfare a. ❺ (*leg.*) adempiere, eseguire (*un'obbligazione*). △ ❶ **It's quite easy to ~ a client like Mr Gray!** è semplicissimo accontentare un cliente come Mr Gray!; ❷ **The consignment did not ~ all the conditions we had agreed upon** la merce spedita non rispondeva a tutte le condizioni su cui c'eravamo accordati; ❸ **He had to sell land to ~ his creditors** dovette vendere della terra per tacitare i creditori. // **to ~ a debt** (*cred.*) pagare un debito; **to ~ a lien** (*leg.*) revocare un pegno: **The property is not sufficient to ~ the lien** la proprietà non è sufficiente a revocare il pegno; **to ~ one's needs** (*econ.*) soddisfare i propri bisogni; **to ~ an obligation** adempiere (a) un dovere.

saturate, *v. t.* saturare, rendere saturo. △ **I believe that 5,000 of these machines will ~ the market** credo proprio che 5.000 di queste macchine renderanno saturo il mercato.

saturation, *n.* saturazione. △ **Refrigerator sales fell off due to market ~** le vendite di frigoriferi ebbero un crollo a causa della saturazione del mercato. // **the ~ of the domestic market** (*econ.*) la saturazione del mercato interno; ~ **point** (*anche fig.*) punto di saturazione: **Immigration has reached a ~ point** l'immigrazione è giunta al punto di saturazione.

save[1], *v. t.* ❶ salvare, salvaguardare, preservare. ❷ serbare, tenere in serbo, conservare. ❸ risparmiare. ❹ far risparmiare. *v. i.* risparmiare, fare economia, economizzare. △ *v. t.* ❶ **Lots of retailers were saved by wholesalers during the depression** durante la crisi una quantità di dettaglianti fu salvata dai grossisti; **Such measures were taken in order to ~ our reputation on the international market** tali misure furono prese per salvaguardare la nostra reputazione sul mercato internazionale; ❷ **These funds are being saved for future necessities** questi fondi vengono serbati per necessità future; ❸ **One should ~ a little money for one's old age** bisognerebbe risparmiare un po' di denaro per la vecchiaia; ❹ **Our machine will ~ you a lot of time and money** la nostra macchina vi farà risparmiare un sacco di tempo e di denaro; *v. i.* **They have been saving on labour for too long a time!** da troppo tempo economizzano sulla manodopera! // **to ~ appearances** salvare le apparenze; **to ~ expenses** (*rag.*) evitare le spese; **to ~ the ship from an imminent peril** (*trasp. mar.*) salvare la nave da un pericolo imminente; **to ~ up** risparmiare, fare economia.

save[2], *prep.* salvo, eccetto, eccettuato. △ **Our two companies have nothing in common save the location of the Head Offices** le nostre due società non hanno nulla in comune eccettuata l'ubicazione delle Sedi Centrali.

saver, *n.* ❶ risparmiatore, economizzatore. ❷ cosa che fa risparmiare. ❸ (*banca, fin.*) risparmiatore. △ ❷ **It is still being debated whether machines are savers of labour** si discute ancora se le macchine facciano risparmiare il lavoro umano.

saving, *a.* ❶ che salva. ❷ che risparmia, economo, frugale, parsimonioso. ❸ che fa risparmiare. *n.* ❶ risparmio, economia. ❷ (*org. az.*) riduzione degli sprechi. ❸ **savings**, *pl.* risparmi. △ *a.* ❷ **A ~ shopkeeper would never have indulged in such expenses** un negoziante parsimonioso non si sarebbe mai abbandonato a spese del genere; *n.* ❶ **~ has become farcical for most people in an age when inflation is at a guaranteed 20 per cent a year** il risparmio è diventato per i più poco meno di una farsa in un'epoca in cui vi è un'inflazione sicuramente non inferiore al 20% annuo. // **savings account** (*banca*) conto di deposito fruttifero; (*banca, USA*) deposito vincolato; **savings and loan association** (*fin., USA*) cooperativa di risparmiatori che concede prestiti ai soci; **savings bank** (*banca*) cassa di risparmio; **savings-bank depositor's book** (*banca*) libretto di risparmio; **savings bond** (*fin., USA*) buono del tesoro non trasferibile (*del valore da 25 a 1.000 dollari*); **a ~ clause** (*leg.*) una riserva di legge, un'eccezione; **savings deposit** (*banca*) deposito a risparmio; **savings motivated by caution** (*econ.*) risparmi cautelativi; **savings ratio** (*econ., fin.*) rapporto tra il reddito disponibile e quello risparmiato; **savings shares** (*fin.*) azioni di risparmio.

say[1], *n.* quel che si ha da dire, opinione, voce in capitolo. △ **Mr Kendall has no ~ in this matter** Mr Kendall non ha voce in capitolo in questa faccenda.

say[2], *v. t.* (*pass. e part. pass.* **said**) dire, affermare, asserire, dichiarare. △ **Nobody can ~ at this point what the results of our economic policy will be** a questo punto nessuno può dire quali saranno i risultati della nostra politica economica; **Unemployment is said to be as high in the United States as in Europe** si dice che il grado di disoccupazione statunitense sia all'altezza di quello europeo.

Say's law, *n.* (*econ.*) legge di Say (*la produzione non crea soltanto l'offerta delle merci, ma anche la domanda delle medesime*: *dal nome dell'economista francese Jean Baptiste Say*).

scab[1], *n.* (*sind.*) crumiro.

scab[2], *v. i.* (*sind.*) fare il crumiro.

scalar, *a.* (*mat.*) scalare. // **~ process** (*org. az.*) processo scalare; **~ product** (*mat.*) prodotto scalare; **~ quantity** (*mat.*) quantità scalare.

scale[1], *n.* ❶ piatto della bilancia. ❷ scala, gamma. ❸ gradazione, grado. ❹ (*sind.*) tariffa. △ ❸ **Their Country is characterized by high-~ employment** il loro Paese è caratterizzato da un alto grado d'occupazione; ❹ **All workmen have been paid the union ~** a tutti gli operai è stata pagata la tariffa sindacale. // **~ charges** prezzi tariffari; **~ -down** riduzione progressiva; **a ~ -down of debts** (*cred.*) una progressiva riduzione degli indebitamenti; **~ of preference** (*econ.*) gamma delle preferenze (*espressione quantitativa dei gusti del consumatore*); **~ of priority** scala di priorità; **a ~ of taxation** (*fin.*) una gamma d'imposte; **~ rates** V. **~ charges**; **~ -up** aumento progressivo; **Unions have succeeded in obtaining a ~ -up of wages** i sindacati sono riusciti a ottenere un aumento progressivo delle paghe.

scale[2], *v. t.* graduare, misurare con una scala. *v. i.* (*mat.*) (*di grandezza*) aumentare con un rapporto costante. // **to ~ down** ridurre (*qc.*) progressivamente, scalare: **For the financing of its deficit, Italy will ~ down the proportion of short-term borrowing** l'Italia ridurrà progressivamente la parte del disavanzo finanziata con mezzi monetari; **to ~ up** aumentare (*qc.*) progressivamente; **to ~ up imports** (*econ.*) aumentare progressivamente le importazioni.

scales, *n. pl.* bilancia, bascula. // **the ~ of justice** (*fig.*) la bilancia della giustizia.

scalp, *v. t.* (*fin., USA*) comprare e rivendere (*merci, titoli, ecc.*) per un modesto margine di guadagno. *v. i.* (*fin., USA*) compiere piccole operazioni di speculazione; fare il bagarinaggio.

scalper, *n.* (*fin., USA*) piccolo speculatore, bagarino.

scantiness, *n.* insufficienza.

scantling, *n.* (*trasp. mar.*) dimensioni (*delle parti strutturali d'una nave*).

scanty, *a.* scarso, inadeguato, insufficiente, magro. △ **Currency is too ~ and new means of payment will have to supplement it** la moneta è insufficiente e dovrà essere integrata da nuovi mezzi di pagamento. // **a ~ crop** (*econ.*) un magro raccolto; **~ supplies** scarse provviste.

scar, *n.* (*trasp. mar.*) scoglio sommerso.

scarce, *a.* scarso, inadeguato, insufficiente. △ **Money is cheap when it's plentiful, and dear when it's ~** il denaro è a buon mercato quando è abbondante, ed è caro quando è scarso. // **to be ~** scarseggiare.

scarceness, *n.* V. **scarcity**.

scarcity, *n.* scarsità, scarsezza, carenza, penuria. △ **We can't satisfy your orders owing to the ~ of raw materials** non siamo in grado di soddisfare le vostre richieste a causa della scarsità di materie prime.

scenario, *n.* (*pubbl.*) sceneggiatura.

scenarioist, *n.* V. **scenarist**.

scenarist, *n.* (*pubbl.*) sceneggiatore.

schedule[1], *n.* ❶ distinta, elenco, lista. ❷ prospetto, specchietto, tabella. ❸ (*leg.*) elenco dell'attivo e del passivo fallimentare. ❹ (*org. az.*) programma (*di lavoro, delle consegne, ecc.*). ❺ (*stat.*) questionario (*per indagini*). ❻ (*trasp., USA*) orario (*dei treni, ecc.*). △ ❹ **I have got a pretty busy ~ for tomorrow** per domani ho un programma piuttosto intenso; **The committee has planned a new ~ of operations for the factory** il comitato ha elaborato un nuovo programma operativo per la fabbrica. // **a ~ of freight rates** (*trasp. mar.*) una tabella dei noli; **~ rate** (*ass.*) tariffa tabellare; **behind ~** (*org. az.*) in ritardo (*col lavoro, con le consegne, ecc.*); **on ~** (*org. az.*) in orario, a tempo.

schedule[2], *v. t.* ❶ elencare, mettere in lista. ❷ mettere in programma, fissare, stabilire. ❸ (*cronot.*) tempificare. △ ❷ **A meeting of the creditors has been scheduled for next week** l'assemblea dei creditori è stata fissata per la prossima settimana. // **to ~ new trains** (*trasp. ferr.*) istituire nuovi treni.

scheduled territories, *n. pl.* (*econ., ingl.*) area della sterlina.

scheduling, *n.* (*cronot.*) determinazione dei tempi di lavorazione, tempificazione.

scheme[1], *n.* ❶ schema, disegno, piano, progetto, programma. ❷ (*leg.*) macchinazione, trama. ❸ (*leg., ingl.*) piano governativo. △ ❸ **The pension ~ will help thousands of working-class families** il piano (*governativo*) di pensionamento verrà in aiuto di migliaia di famiglie operaie. // **a ~ of arrangement** (*leg.*) un progetto d'accomodamento (*in un fallimento*); **a ~ of work** (*org. az.*) un piano di lavoro; **a ~ to evade taxes** (*fin.*) una trama d'evasione fiscale.

scheme[2], *v. t. e i.* ❶ progettare, pianificare, disegnare, far piani. ❷ tramare, macchinare. △ ❶ **Our advertising department has been required to ~ a brand-new TV campaign** al nostro ufficio pubblicità è stato chiesto di progettare una campagna televisiva nuova di zecca.

scholarship, *n.* borsa di studio.

school, *n.* scuola.

science, *n.* scienza.

scienter, *avv.* (*leg.*) scientemente, intenzionalmente.

scientific, *a.* scientifico, basato su criteri scientifici. // **~ management** (*org. az.*) organizzazione scientifica; **~ research** (*econ.*) ricerca scientifica.

scientifically, *avv.* scientificamente.

scientist, *n.* scienziato.

scope, *n.* ❶ ambito, campo (*d'azione*), portata (*fig.*), sfera (*fig.*). ❷ scopo, fine, proposito. △ ❶ **That's outside our ~** ciò non rientra nel nostro campo d'azione; **The importance of these proposals lies in their**

economic ~ l'importanza di queste proposte risiede nella loro portata economica; ❷ It would be outside the ~ of this press conference to go into further details scendere a ulteriori particolari esulerebbe dai fini di questa conferenza stampa.

score, *n.* ventina, gruppo di venti. // ~ **storage** (*elab. elettr.*, *USA*) *V.* ~ **store**; ~ **store** (*elab. elettr.*) memoria di transito.

scrap[1], *n.* ❶ pezzo, pezzetto, frammento. ❷ (*org. az.*) scarto, scarti; cascami. // ~ **book** brogliaccio; ~ **recovery** (*org. az.*) ricupero degli scarti; ~ **value** (*rag.*) valore (*d'un mobile, d'un macchinario, ecc.*) al momento in cui è scartato.

scrap[2], *v. t.* ❶ scartare, gettar via. ❷ demolire. // to ~ **a ship** (*trasp. mar.*) demolire una nave.

scrapyard, *n.* (*trasp. mar.*) cantiere di demolizione.

screen[1], *n.* ❶ (*pubbl.*) schermo (*cinematografico*). ❷ (*pubbl.*) retino (*fotografico*). ❸ (*pubbl.*) retino (*tipografico*). ❹ (*pubbl.*) industria cinematografica.

screen[2], *v. t.* ❶ vagliare, passare al vaglio, selezionare. ❷ (*pubbl.*) proiettare (*un film*) su uno schermo. △ ❶ **All applicants will be thoroughly screened** tutti gli aspiranti saranno accuratamente vagliati.

screening, *n.* (*pers.*) selezione preliminare.

screenplay, *n.* (*pubbl.*) sceneggiatura.

screenwriter, *n.* (*pubbl.*) sceneggiatore.

scrip, *n.* (*fin.*) certificato (*azionario*) provvisorio. // ~ **dividend** (*fin.*) dividendo pagabile tramite pagherò cambiario (*anziché in contanti*).

script, *n.* ❶ (*leg.*) documento originale. ❷ (*pubbl.*) sceneggiatura (*cinematografica*). ❸ (*pubbl.*) copione, testo (*radiotelevisivo*). // ~ **-writer** (*pubbl.*) sceneggiatore, soggettista (*chi s'occupa di sceneggiare un film pubblicitario*).

scripter, *n. V.* **script-writer**.

scrivener, *n.* ❶ scrivano, scritturale. ❷ (*leg.*) notaio.

scruple, *n.* scrupolo (*misura di peso pari a 20 grani o 1,296 grammi*).

scrutinize, *v. t.* scrutare, esaminare attentamente, investigare, vagliare, spulciare. △ **Producers should ~ every possible way to lower production costs** i fabbricanti dovrebbero esaminare attentamente tutte le possibilità di ridurre i costi di produzione. // to ~ **economic policies in the light of guidelines of the programme** vagliare le politiche economiche in rapporto agli orientamenti programmatici.

scuttle, *n.* (*trasp. mar.*) portello.

sea, *n.* mare. // ~ **accident** (*trasp. mar.*) incidente di mare, sinistro marittimo: **Part of the cargo was destroyed owing to a ~ accident** parte del carico andò distrutto a causa d'un sinistro marittimo; ~ **and land carriage** (*trasp., trasp. mar.*) trasporto misto; ~ **area** (*trasp. mar.*) area marittima; ~ **assurance** (*ass. mar.*) assicurazione marittima; ~ **bank** (*trasp. mar.*) riva del mare; ~ **bed** (*trasp. mar.*) fondo marino, alveo marino; ~ **-borne** marittimo; ~ **-borne goods** (*trasp. mar.*) merci trasportate via mare; ~ **-borne trade** (*trasp. mar.*) commercio marittimo, traffici marittimi; ~ **camp** (*org. az., pers.*) colonia marina; ~ **charts** (*trasp. mar.*) carte nautiche; ~ **-damaged** (*trasp. mar.*) (*di carico*) danneggiato dall'acqua di mare; ~ **floor** (*trasp. mar.*) fondo del mare, letto del mare; ~ **-gauge** (*trasp. mar.*) pescaggio (*della nave*); ~ **-going** (*trasp. mar.*) d'alto mare, di lungo cabotaggio; ~ **-going vessel** (*trasp. mar.*) naviglio d'alto mare; ~ **insurance** (*ass. mar.*) assicurazione marittima; ~ **journal** (*trasp. mar.*) giornale di bordo; ~ **-kindliness** (*trasp. mar.*) (*d'imbarcazione*) attitudine al mare, tenuta del mare; ~ **law** (*leg.*) diritto marittimo; ~ **level** (*trasp. mar.*) livello del

mare; ~ **mile** (*trasp. mar.*) miglio marittimo; **a ~ of debt** (*fig.*) un mare di debiti; ~ **passage** (*trasp. mar.*) passaggio marittimo; ~ **perils** (*ass. mar.*) rischi marittimi: **Our policy didn't cover this particular type of ~ peril** la nostra polizza non copriva questo particolare tipo di rischio marittimo; ~ **risks** (*ass. mar.*) rischi marittimi; ~ **road** (*trasp. mar.*) rotta navale; ~ **-room** (*trasp. mar.*) zona d'acqua libera (*per manovrare*); ~ **traffic** (*trasp. mar.*) traffico marittimo; **at ~** in mare; **by ~** per mare.

seacraft, *n.* ❶ (*trasp. mar.*) arte navigatoria. ❷ (*trasp. mar.*) naviglio d'alto mare.

seakeeping, *a.* (*trasp. mar.*) (*di nave*) che tiene bene il mare.

seal[1], *n.* ❶ sigillo, bollo. ❷ (*leg.*) sigillo. △ ❷ **The seals have not yet been affixed to the property** alla proprietà non sono ancora stati apposti i sigilli. // **under ~** (*leg.*) (*d'atto*) solenne, recante la firma e il sigillo di chi lo redige.

seal[2], *v. t.* ❶ sigillare. ❷ (*leg.*) sigillare, apporre i sigilli, piombare. // to ~ **a bargain** concludere un affare; to ~ **a letter** sigillare una lettera; to ~ **with lead** (*leg.*) sigillare con piombini, piombare.

sealed, *a.* ❶ sigillato. ❷ (*leg.*) sigillato, piombato. // **a ~ bid** (*o* **tender**) (*comm.*) un'offerta (*d'appalto, ecc.*) sigillata, un'offerta (*d'appalto, ecc.*) in busta chiusa; **a ~ verdict** (*leg.*) una sentenza sigillata; ~ **will** (*leg.*) testamento segreto.

sealing, *n.* ❶ sigillatura. ❷ (*leg.*) sigillatura, piombatura. // ~ **-wax** (*attr. uff.*) ceralacca.

seaman, *n.* (*pl.* **seamen**) (*trasp. mar.*) marinaio, marittimo, navigante, navigatore.

seamanly, *a.* (*trasp. mar.*) marinaresco.

seamen, *n. pl.* (*trasp. mar.*) marittimi, gente di mare.

seaport, *n.* (*trasp. mar.*) porto di mare.

search[1], *n.* ❶ ricerca, indagine. ❷ (*dog.*) visita doganale. ❸ (*leg.*) perquisizione, ispezione. ❹ (*trasp. mar.*) visita di controllo. // ~ **and rescue** (*trasp. mar.*) operazione (*aeronavale*) di salvataggio; ~ **-warrant** (*leg.*) mandato di perquisizione.

search[2], *v. t. e i.* ❶ indagare, fare ricerche. ❷ (*leg.*) perquisire, ispezionare, visitare. △ ❷ **At the airport all suspects were thoroughly searched** all'aeroporto tutte le persone sospette sono state accuratamente perquisite. // to ~ **one's records** rovistare il proprio archivio; to ~ **a ship** (*leg.*) perquisire una nave.

searching, *n.* ❶ ricerca, indagine. ❷ (*leg.*) perquisizione. // **the ~ for new markets** (*econ.*) la ricerca di nuovi mercati.

seashore, *n.* (*trasp. mar.*) riva del mare.

seaside, *n.* spiaggia. // **a ~ resort** (*tur.*) una località marittima, una stazione balneare.

season[1], *n.* stagione. △ **The off ~ goes from September to June** la stagione morta va da settembre a giugno; **Holidays are usually followed by the dull ~** in genere le vacanze sono seguite dalla stagione morta. // ~ **employment** (*pers.*) impiego stagionale; ~ **ticket** (*trasp.*) abbonamento (*ferroviario, ecc.*), tessera (*ferroviaria, ecc.*); ~ **-ticket holder** (*trasp.*) abbonato; ~ **unemployment** (*sind.*) disoccupazione stagionale; ~ **work** (*pers.*) lavoro stagionale.

season[2], *v. t. e i.* stagionare.

seasonal, *a.* stagionale, di stagione. // ~ **adjustment** (*market.*) adattamento stagionale; ~ **down** (*econ.*) crisi stagionale; ~ **employment** (*pers.*) impiego stagionale; ~ **fluctuations** (*econ.*) fluttuazioni stagionali; ~ **industry** (*econ.*) industria stagionale: **For most Adriatic resorts,**

seasoned

tourism is a typical ~ industry per la maggior parte delle località dell'Adriatico, il turismo è una tipica industria stagionale; ~ **occupations** (*pers.*) lavori stagionali; ~ **rates** tariffe stagionali; ~ **unemployment** (*sind.*) disoccupazione stagionale; ~ **variations** (*market.*) variazioni stagionali; ~ **worker** (*pers.*) (lavoratore) stagionale.

seasoned, *a.* stagionato.

seasoning, *n.* stagionatura.

seat¹, *n.* ❶ sedile, posto (a sedere). ❷ (*econ.*) centro (*di produzione, ecc.*). ❸ (*leg.*) seggio (*in Parlamento*). ❹ (*org. az.*) sede, sede degli affari. ❺ (*trasp.*) posto (a sedere). △ ❷ **Sassuolo is the ~ of tile manufacture in Italy** Sassuolo è il centro della produzione italiana di piastrelle; ❺ **Tell my secretary to book two seats on the 14:25 flight** dica alla mia segretaria di prenotarmi due posti sul volo delle 14.25. // ~ **belt** (*trasp. aer., trasp. aut.*) cintura (di sicurezza); **the ~ of a company** (*fin.*) la sede d'una società.

seat², *v. t.* ❶ far sedere. ❷ avere posti a sedere per (*un certo numero di persone*). ❸ (*org. az.*) collocare in sede, installare. △ ❷ **The new buses ~ fifty people** i nuovi autobus hanno posti a sedere per cinquanta persone. // **to ~ a candidate** (*leg.*) mandare un candidato in Parlamento; **to ~ a machine** (*org. az.*) installare un macchinario.

seaward, *a.* ❶ (*trasp. mar.*) diretto verso il mare, rivolto verso il mare. ❷ (*trasp. mar.*) (*di vento*) proveniente dal mare.

seaway, *n.* (*trasp. mar.*) rotta oceanica.

seaworthiness, *n.* (*trasp. mar.*) (*d'una nave*) navigabilità, qualità nautiche, capacità di tenere il mare.

seaworthy, *a.* (*trasp. mar.*) (*di nave*) capace di tenere il mare, atto (*o* idoneo) alla navigazione, navigabile. △ **The ship shall be ~ for the purpose of the particular adventure insured** la nave deve essere atta alla navigazione ai fini del rischio assicurato nella fattispecie.

second¹, *a.* secondo. *n.* ❶ secondo, minuto secondo. ❷ **seconds**, *pl.* (*market.*) merci di seconda qualità. // ~ **ballot** (*leg.*) ballottaggio; ~ **-born child** (*leg.*) secondo nato, seconda nata; ~ **-born daughter** (*leg.*) secondogenita; ~ **-born son** (*leg.*) secondogenito; ~ **-class** inferiore, mediocre, di qualità scadente, di seconda qualità; (*trasp.*) seconda classe, seconda, di seconda classe, in seconda classe; ~ **-class carriage** (*trasp. ferr.*) vettura di seconda classe; ~ **-class passengers** (*trasp.*) viaggiatori di seconda classe; ~ **-class tickets** (*trasp.*) biglietti di seconda classe; ~ **cover** (*giorn.*) seconda di copertina; ~ **deck** (*trasp. mar.*) ponte di coperta (*di nave mercantile*); ~ **derivative** (*mat.*) seconda derivata; ~ **-generation computer** (*elab. elettr.*) calcolatore della seconda generazione; ~ **half** (*fin.*) *V.* ~ **half-year**; ~ **half-year** (*fin.*) secondo semestre; ~ **-hand** di seconda mano, usato; **a ~ -hand car** un'automobile di seconda mano; ~ **-hand goods** (*market.*) roba usata; ~ **-hand news** (*giorn.*) notizie di seconda mano; ~ **-hand sale** (*market.*) vendita di seconda mano; ~ **-in-command** (*trasp. mar.*) secondo; ~ **mortgage** (*leg.*) ipoteca di secondo grado; ~ **of exchange** (*fin.*) seconda di cambio; ~ **-rate** di seconda qualità, dozzinale; ~ **shift** (*pers.*) turno pomeridiano; ~ **via** (*fin.*) seconda di cambio.

second², *v. t.* ❶ essere secondo a, seguire (*nell'ordine*). ❷ assecondare, appoggiare, sostenere. △ ❶ **Fishing is the first industry, seconded by lumbering** la pesca è l'industria principale, seguita dal commercio del legname; ❷ **The motion was seconded by all the members of the commercial delegation** la mozione fu appoggiata da tutti i membri della delegazione.

secondary, *a.* ❶ secondario, accessorio. ❷ (*pers.*) subalterno, subordinato, delegato. // ~ **boycott** (*sind.*) boicottaggio nei confronti d'un datore di lavoro diverso da quello con cui esistono ragioni di disputa, allo scopo d'influenzare il comportamento del primo; ~ **evidence** (*leg.*) prova accessoria (*p. es., la copia d'un contratto quando l'originale sia andato smarrito*); ~ **reserve** (*banca*) attività facilmente convertibili in contante allo scopo di reintegrare la riserva principale; ~ **store** (*elab. elettr.*) memoria ausiliaria; ~ **strike** (*sind.*) sciopero di solidarietà.

secret, *a.* segreto, nascosto, occulto. △ ~ **reserves are so called because they are not disclosed to the public in the balance-sheet** le riserve occulte sono chiamate così perché non vengono mostrate al pubblico attraverso il bilancio. // ~ **agreement** accordo segreto; ~ **ballot** (*leg.*) votazione segreta; ~ **partner** (*fin.*) socio occulto; ~ **process** (*leg., org. az.*) procedimento (*produttivo*) segreto; ~ **profits** (*rag.*) profitti occulti; ~ **reserve** (*rag.*) riserva occulta.

secretarial, *a.* (*pers.*) di segretario, da segretario, di segreteria. △ ~ **work is well paid nowadays** il lavoro di segreteria è pagato bene oggigiorno.

secretariat, *n.* ❶ (*pers.*) segretariato. ❷ (*pers.*) personale di segreteria. ❸ (*pers.*) segreteria (*mansioni di segretario*).

secretariate, *n. V.* **secretariat**.

secretary, *n.* ❶ (*pers.*) segretario, segretaria. ❷ (*pers.*) direttore amministrativo (*d'una società per azioni e sim.*). // ~ **-general** segretario generale; ~ **of State** Ministro; (*USA*) Segretario di Stato (*Ministro degli Esteri*), Capo del Dipartimento di Stato; ~ **'s office** (*org. az.*) segreteria; ~ **-treasurer** (*giorn.*) direttore amministrativo; **Under-** ~ Sottosegretario.

secretaryship, *n.* segretariato (*carica o mansioni di segretario*).

section¹, *n.* ❶ sezione, divisione, parte. ❷ categoria, classe, gruppo (*di persone*). ❸ quartiere (*di città*). ❹ (*giorn.*) paragrafo, segno di paragrafo (§). ❺ (*giorn.*) rubrica. ❻ (*leg.*) paragrafo. ❼ (*market.*) reparto (*di negozio, ecc.*). ❽ (*trasp. ferr.*) tronco (*ferroviario*), tratto. ❾ (*USA*) « sezione » (*unità di misura di superficie pari a un miglio quadrato*). △ ❷ **In Mr Packard's book all sections of society are examined** nel libro di Mr Packard sono esaminate tutte le classi sociali; ❸ **The business ~ of the city is across the river** il quartiere commerciale della città è di là dal fiume; ❺ **Who's in charge of the sports ~ of the paper?** chi è il responsabile della rubrica sportiva del giornale? // ~ **manager** (*market.*) ispettore di reparto (*di grande magazzino, ecc.*); **a ~ of the wool industry** (*econ.*) una « fetta » dell'industria laniera.

section², *v. t.* dividere in sezioni, sezionare.

sectional, *a.* settoriale, locale, d'una classe. // ~ **interests** (*econ.*) interessi settoriali.

sector, *n.* (*econ.*) settore. △ **Maintenance of public order is the responsibility of the public ~** il mantenimento dell'ordine pubblico è di competenza del pubblico settore. // ~ **-by-** ~ **negotiations** (*econ.*) negoziati settoriali.

sectorial, *a.* settoriale, di settore. // ~ **policies** (*econ.*) politiche di settore.

secular, *a.* secolare, di durata indefinibile, di lunga durata, lento ma continuo. △ **A ~ increase in the quantity of money is required in a growing economy** in una società in via d'espansione è necessario un aumento lento ma continuo del denaro. // **the ~ trend of prices** (*econ.*) l'andamento a lungo termine dei prezzi.

secure¹, *a.* sicuro, certo, al sicuro, fiducioso, tranquillo.

secure[2], *v. t.* ❶ assicurare, mettere al sicuro. ❷ assicurarsi, procurarsi, riuscire a ottenere. ❸ (*leg.*) garantire. △ ❸ **The loan is secured on landed property** il mutuo è garantito da beni immobili. // **to ~ the agency of a company** (*market.*) riuscire a ottenere la rappresentanza d'una società; **to ~ employment** (*pers.*) riuscire a ottenere un impiego; **to ~ orders** (*market.*) procurarsi delle ordinazioni.

secured, *a.* ❶ assicurato. ❷ (*leg.*) garantito, privilegiato. // **~ advance** (*banca*) anticipazione su garanzia; **~ creditor** (*banca*) creditore privilegiato; **~ credits** (*cred.*) crediti privilegiati; **~ loan** (*banca*) mutuo garantito.

secure oneself, *v. rifl.* assicurarsi, garantirsi, premunirsi. // **to ~ against exchange-rate fluctuations** (*fin.*) premunirsi contro fluttuazioni nei tassi di cambio.

security, *n.* ❶ sicurezza, certezza. ❷ (*leg.*) garanzia, cauzione, pegno, malleveria, mallevadoria, sicurtà. ❸ (*leg.*) garante. ❹ **securities**, *pl.* (*Borsa, fin.*) obbligazioni, titoli, valori. △ ❶ **Governments should guarantee for old age ~** i Governi dovrebbero garantire la sicurezza agli anziani; **We have not been asked ~ as yet** finora non ci è stata richiesta cauzione; ❸ **I am quite willing to go ~ for him** sono perfettamente disposto a farmi garante per lui; ❹ **The agents of buyers and sellers of securities are in constant touch with one another and with their clients** gli agenti dei compratori e dei venditori di titoli sono costantemente in contatto fra loro e con i loro clienti; **Those securities are not listed on the New York Stock Exchange** quei titoli non sono quotati alla Borsa Valori di New York. // **Securities and Exchange Act** (*fin., USA*) legge (*del 1934*) che regola il funzionamento delle Borse; **~ department** (*banca*) ufficio titoli, portafoglio titoli; **Securities Exchange Commission (SEC)** (*fin., USA*) commissione governativa cui è affidato il controllo dell'osservanza delle norme regolatrici il funzionamento delle Borse; **~ for costs** (*leg.*) garanzia per le spese giudiziarie; **the ~ given by an employee** (*pers.*) la cauzione versata da un dipendente; **the securities market** (*fin.*) il mercato mobiliare; **the ~ of workers** (*pers., sind.*) la sicurezza dei lavoratori; **securities owned** (*fin.*) titoli di proprietà; **without ~** (*cred.*) senza garanzia, allo scoperto.

sedan, *n.* (*trasp. aut.*) « berlina », automobile chiusa.

see, *v. t.* (*pass.* saw, *part. pass.* seen) ❶ vedere. ❷ esaminare. ❸ consultare. ❹ procurare, provvedere, fare in modo (che). △ ❶ **~ below** vedi sotto, vedi oltre; **~ on the back** vedasi a tergo; ❷ **We have seen the samples and will let you know our decision as soon as possible** abbiamo esaminato i campioni e vi faremo sapere la nostra decisione al più presto; ❸ **We must ~ our lawyer on this matter** dobbiamo consultare il nostro avvocato in merito a questa faccenda; ❹ **Will you ~ (to it) that these letters are signed immediately?** procuri che queste lettere siano firmate subito. // **to ~ about st.** occuparsi di qc.: **I hope I'll find some time to ~ about that matter** spero di trovare un po' di tempo per occuparmi di quell'affare; **to ~ into** esaminare, indagare: **Our claim is going to be seen into by the company's lawyer** la validità delle nostre pretese sarà esaminata dal legale della società; **to ~ to** occuparsi di, incaricarsi di, provvedere a: **to ~ to one's business** occuparsi dei propri affari; **to be seeing sb.** andare a trovare q., essere a colloquio con q.: **Mr Talbot is seeing the Swedish delegates right now; would you mind calling later?** in questo momento Mr Talbot è a colloquio coi delegati svedesi; vuole chiamare più tardi?

seed, *n.* seme. // **~ -time** (*econ.*) tempo della semina.

seek, *v. t.* (*pass.* e *part. pass.* sought) ❶ cercare, ricercare. ❷ chiedere, richiedere. △ ❶ **The management has decided to ~ the « new » man within the ranks of the company** la direzione ha deciso di cercare l'uomo « nuovo » nelle file della società; ❷ **We'll ~ our lawyer's advice** chiederemo il consiglio al nostro avvocato. // **to ~ a situation** (*pers.*) cercare un impiego.

seem, *v. i.* sembrare, parere. // **as it seems** a quanto pare.

segment[1], *n.* ❶ segmento. ❷ settore, sezione, parte. △ ❷ **All segments of the economy have received the same treatment** tutti i settori dell'economia hanno avuto lo stesso trattamento.

segment[2], *v. t.* segmentare, dividere in segmenti.

segmentize, *v. t.* segmentare, dividere in segmenti. △ **Production was segmentized into unit tasks** la produzione è stata segmentata in mansioni unitarie.

segregate, *v. t.* segregare, isolare, separare. △ **All funds for neutrals were segregated in the foreign-aid bill** nel progetto di legge sugli aiuti all'estero, furono isolati tutti i fondi destinati ai Paesi neutrali.

segregation, *n.* segregazione, isolamento, separazione. // **the ~ of extraordinary expenses in the budget** (*rag.*) l'isolamento delle spese straordinarie nel preventivo.

seizable, *a.* (*leg.*) confiscabile, pignorabile, sequestrabile. // **~ chattels** (*leg.*) beni pignorabili.

seize, *v. t.* ❶ (*leg.*) confiscare, pignorare, sequestrare, mettere (*qc.*) sotto sequestro. ❷ (*leg.*) acquistare il possesso di (*qc.*). △ ❶ **Their Government has seized the entire foreign-owned oil industry** il loro Governo ha confiscato tutta l'industria petrolifera di proprietà straniera; **Their property was seized** la loro proprietà fu messa sotto sequestro. // **to ~ contraband goods** (*leg.*) sequestrare merce di contrabbando.

seizure, *n.* ❶ (*leg.*) confisca, pignoramento, sequestro. ❷ (*leg.*) acquisto di possesso (*di qc.*). △ ❶ **These personal chattels are exempted from ~** questi beni mobili sono esenti da pignoramento. // **a ~ by order of the Court** (*leg.*) un sequestro giudiziario; **~ of incomes** (*leg.*) pignoramento di rendite.

select, *v. t.* ❶ selezionare, scegliere. ❷ (*cronot.*) scegliere (*nello studio del movimento delle mani*). ❸ (*leg.*) eleggere (*con votazione*). // **to ~ a candidate** (*leg.*) scegliere un candidato; **to ~ a sample** (*market., stat.*) scegliere un campione.

selected, *a.* selezionato, scelto. // **~ basic element time** (*cronot.*) tempo elementare standard; **~ basic time** (*cronot.*) tempo standard; **~ quality** (*market.*) qualità selezionata; **~ time** (*cronot.*) tempo standard.

selection, *n.* ❶ selezione, scelta. ❷ (*elab. elettr.*) selezione. ❸ (*market.*) assortimento. ❹ (*pers.*) selezione. △ ❸ **We can offer you a wide ~ of first-rate articles** possiamo mettere a vostra disposizione un vasto assortimento d'articoli di prima qualità. // **~ instruction** (*elab. elettr.*) istruzione di selezione.

selective, *a.* ❶ selettivo. ❷ (*market.*) (*di cliente*) che sa scegliere, esigente. △ ❶ **There have been ~ interventions in the matter of freight rates** si sono avuti interventi tariffari selettivi nel settore dei trasporti; ❷ **Buyers are getting more and more ~** i compratori stanno diventando sempre più esigenti. // **~ assembly** (*org. az.*) assemblaggio selettivo; **~ control** (*org. az.*) controllo selettivo; **~ employment tax (S.E.T.)** (*fin., ingl.*) imposta (*introdotta nel 1966*) sulle ditte, commisurata proporzionalmente al numero dei dipendenti; **a ~ monetary control** (*econ.*) un controllo monetario selet-

self

tivo; a ~ **revaluation of one's monetary parity with the dollar** (*econ.*) un riallineamento selettivo della propria parità monetaria col dollaro.

self[1], *n.* sé, se stesso. △ **This cheque is drawn to ~** questo assegno è pagabile al proprio nome. // **« pay to ~ »** (*comm.*) (*su un assegno*) « pagate a me medesimo ».

self-[2], *pref.* ❶ auto-; autonomo; automatico. ❷ di sé; in sé; personale. // ~ **-addressed** (*comun.*) munito dell'indirizzo del mittente: **Send in today a ~ -addressed envelope!** inviate oggi stesso una busta munita del vostro indirizzo!; ~ **-advertiser** (*pubbl.*) reclamista; ~ **-aligning control system** (*elab. elettr.*) controllo sequenziale; ~ **-assessment** (*fin.*) autodeterminazione dell'imponibile (*fiscale: da parte delle aziende*); ~ **-checking number** (*elab. elettr.*) indicativo numerico d'autocontrollo; ~ **-defence** (*leg.*) legittima difesa; ~ **-determination** autodeterminazione; ~ **-employed** (*org. az.*) indipendente, per conto proprio; ~ **-employed activities** (*org. az.*) attività non salariate; ~ **-employed activities in retail trade** (*org. az.*) attività di commercio al dettaglio per conto proprio; ~ **-employed workers** (*econ.*) lavoratori indipendenti; ~ **-employment** (*econ.*) lavoro indipendente, lavoro autonomo, lavoro in proprio; ~ **-feeding** (*elab. elettr.*) autoavanzamento; ~ **-financing** (*fin.*) autofinanziamento; ~ **-injurer** autolesionista; ~ **-insurance** (*rag.*) autoassicurazione; ~ **-interest** (*econ.*) edonismo; ~ **-made man** uomo che s'è fatto da sé; ~ **-mailer** (*pubbl.*) pieghevole (*che può essere spedito senza bisogno di busta*); ~ **-perpetuating** (*econ.*) (*della spirale salari-prezzi*) a perpetuazione automatica; ~ **-service** (*market.*) self-service, servizio fatto per sé dal cliente stesso; ~ **-service store** (*o* **shop**) (*market.*) self-service, negozio self-service: **Once it is on the shelf of a ~-service store, the package must sell itself unaided** una volta sullo scaffale d'un self-service, l'articolo deve vendersi senza bisogno d'aiuto (*da parte di commessi, ecc.*); ~ **-sufficiency** (*econ.*) autosufficienza, autarchia; (*org. az.*) autoapprovvigionamento; ~ **-sufficiency policy** (*econ.*) politica autarchica; ~ **-sufficient** (*econ.*) autosufficiente, autarchico; ~ **-sufficient nation** (*econ.*) nazione autosufficiente; ~ **-taxation** (*fin.*) autotassazione; ~ **-trimmer** (*trasp. mar.*) autostivante, nave autostivante.

sell, *v. t.* (*pass. e part. pass.* **sold**) ❶ (*leg.*) alienare. ❷ (*market.*) vendere, cedere, smerciare. ❸ (*market.*) far vendere, promuovere la vendita di (*qc.*). *v. i.* (*market.*) vendersi, trovare smercio. △ *v. t.* ❶ **They have sold their estate** hanno alienato la loro proprietà; ❸ **It's good quality that sells goods** è la buona qualità che fa vendere la merce; **In the United States comics ~ newspapers** negli Stati Uniti i fumetti fanno vendere i quotidiani; *v. i.* **Cassettes ~ better than tapes** le musicassette si vendono meglio dei nastri (registrati). // to ~ **at any price** (*market.*) vendere per vendere; to ~ **at bargain prices** (*market.*) vendere a stralcio; to ~ **at best** (*fin., market.*) vendere al meglio; to ~ **at a loss** (*market.*) vendere in perdita; to ~ **at a sacrifice** (*market.*) vendere in perdita; to ~ **below cost price** (*market.*) vendere sotto costo; to ~ **by auction** vendere all'asta, vendere all'incanto; to ~ **by inch of candle** vendere all'ultimo offerente (*in un'asta*); to ~ **by instalments** (*market.*) vendere a rate; to ~ **by lots** (*market.*) vendere a lotti; to ~ **by the metre** (*market.*) vendere al metro; to ~ **by retail** (*market.*) vendere al dettaglio (*o* al minuto); dettagliare; to ~ **by weight** (*market.*) vendere a peso; to ~ **cash on delivery** (*market.*) vendere contro assegno; to ~ **cheaply** (*market.*) vendere a buon mercato; to ~ **door-to-door** (*market.*) vendere a domicilio; to ~ **ex-ship** (*trasp. mar.*) vendere allo sbarco; to ~ **for** (*market.*) avere il prezzo di, costare: **Umbrellas ~ for ten dollars each** gli ombrellini costano dieci dollari l'uno; to ~ **for the account** (*o* **for the settlement**) (*Borsa*) vendere a termine; to ~ **for the call** (*Borsa*) vendere a premio con facoltà d'opzione (*per il compratore*); to ~ **for cash** (*market.*) vendere a contanti; to ~ **for forward delivery** (*fin.*) vendere per futura consegna; to ~ **for a song** (*slang USA*) vendere a buon mercato, vendere « per una cicca »; to ~ **goods on approval** (*market.*) vendere merce salvo prova, vendere merce salvo vista e verifica: **When the goods are sold on approval, the sale is considered to have been accomplished when the buyer explicitly declares his approval after he has received and examined them** quando la merce è venduta salvo prova, la vendita si considera avvenuta quando il compratore dichiara espressamente la sua approvazione della merce dopo averla ricevuta ed esaminata; to ~ **house-to-house** (*market.*) vendere di casa in casa, vendere a domicilio; to ~ **in bulk** (*market.*) vendere all'ingrosso; to ~ **insurance** (*ass.*) stipulare contratti di assicurazione; to ~ **off** (*fin., market.*) subire un calo nei prezzi di vendita; (*market.*) svendere, liquidare, smerciare: **The market has been selling off for months** da mesi il mercato ha subìto un calo nei prezzi di vendita; **No firm could seek to improve its position by selling off its soundest assets** nessuna azienda cercherebbe di migliorare la propria situazione liquidando le sue attività migliori; to ~ **on the black market** (*market.*) vendere a mercato nero; to ~ **on commission** (*market.*) vendere per conto terzi; to ~ **on credit** (*market.*) vendere a credito; to ~ **on easy terms** (*market.*) vendere praticando facilitazioni (*di pagamento*); to ~ **on hire purchase** (*market.*) vendere a rate; to ~ **out** (*market.*) vendere, svendere, cedere, liquidare: to ~ **out one's share of a business** (*fin.*) cedere la propria parte in un'azienda; to ~ **over the counter** (*market.*) vendere al dettaglio (*o* al minuto), dettagliare; to ~ **a pig in a poke** (*fig.*) vendere a scatola chiusa; to ~ **retail** (*market.*) *V.* to ~ **by retail**; to ~ **second-hand** (*market.*) vendere di seconda mano; to ~ **short** (*Borsa*) (*di ribassista*) vendere titoli senza averne la disponibilità, vendere allo scoperto; to ~ **to the highest bidder** (*market.*) vendere al miglior offerente; to ~ **under the counter** (*market.*) vendere sotto banco; to ~ **up** (*leg.*) vendere forzatamente (*i beni d'un debitore insolvente*); to ~ **sb. up** (*leg.*) mettere in liquidazione i beni di q. (*che è fallito*); to ~ **wholesale** (*market.*) vendere all'ingrosso; to ~ **with option to repurchase** (*leg.*) vendere con patto di riscatto; to ~ **with right of redemption** (*leg.*) vendere con patto di riscatto; **to be sold by quantity** (*di merce*) andare a numero; **to be sold by weight** (*di merce*) andare a peso.

seller, *n.* ❶ (*market.*) venditore. ❷ (*market.*) negoziante. ❸ (*market.*) articolo che si vende (*bene, male, ecc.*). △ ❶ **When a commodity is scarce, the ~ has an advantage over the buyer** quando una merce è scarsa, il venditore è avvantaggiato rispetto all'acquirente; ❸ **Ours is a particularly good ~ this season** il nostro è un articolo che si vende particolarmente bene in questa stagione. // **sellers' market** (*market.*) mercato favorevole alle vendite; **the ~ of a call option** (*Borsa*) il venditore d'un (contratto) « dont »; **the ~ of a put option** (*Borsa*) il venditore d'un premio indiretto; ~**'s option** (*Borsa*) premio per il venditore (*di titoli*); ~**'s option double** (*Borsa*) diritto del venditore di raddoppiare; **« sellers over »** (*Borsa, fin.*) i venditori sono in numero superiore ai compratori.

selling, *n.* (*market.*) vendita. △ **The ~ of these**

articles has always been highly competitive la vendita di questi articoli è sempre stata fortemente competitiva. // ~ **agent** (*market.*) commissionario; ~ **and administrative expenses** (*rag.*) spese generali (*voce di bilancio*); ~ **brokerage** mediazione di vendita; ~ **climax** (*Borsa, fin.*) forte crollo dei prezzi (*dei titoli*) su un grosso volume d'affari (*seguito da una ripresa*); ~ **commission** commissione di vendita; ~ **department** (*org. az.*) reparto di vendita; ~ **expenses** (*rag.*) spese di vendita; ~ **licence** (*leg.*) licenza di vendita; ~ **-off** (*market.*) liquidazione, svendita, vendita totale (*delle rimanenze*); ~ **order** (*market.*) ordinazione di vendita; ~ **-out** (*market.*) V. ~ **-off**; ~ **policy** (*market.*) politica delle vendite; ~ **power** (*market.*) potenziale di vendita; ~ **-price** (*market.*) prezzo di vendita; (*rag.*) valore venale; ~ **rate** (*banca*) cambio di vendita; ~ **-up** (*leg.*) vendita forzosa (*dei beni d'un debitore insolvente*); **non-** ~ **department** (*org. az.*) reparto non addetto alla vendita.

sell-off, *n.* (*Borsa, fin.*) crollo dei prezzi dei titoli.
sellout, *n.* (*market.*) esaurimento delle scorte d'un articolo (*a causa della domanda eccezionalmente alta*).
semantics, *n. pl.* (*col verbo al sing.*) (*elab. elettr.*) semantica.
semaphore, *n.* (*trasp. ferr.*) semaforo.
semester, *n.* semestre.
semestral, *a.* semestrale.
semi-, *pref.* semi-, mezzo. // ~ **-annual** semestrale; ~ **-annually** semestralmente; ~ **-inflation** (*econ.*) quasi inflazione; ~ **-monthly** quindicinale; due volte al mese; (*giorn.*) quindicinale, pubblicazione quindicinale: **Workers are paid** ~ **-monthly, on the 16th and last day of the month** gli operai sono retribuiti due volte al mese: il 16 e l'ultimo giorno del mese; a ~ **-monthly magazine** (*giorn.*) una rivista quindicinale; ~ **-official** semiufficiale, ufficioso: **a** ~ **-official statement** una dichiarazione ufficiosa; ~ **-variable costs** (*rag.*) costi parzialmente variabili; ~ **-weekly** bisettimanale; due volte la settimana; (*giorn.*) pubblicazione bisettimanale: **The commission is to meet** ~ **-weekly** la commissione deve riunirsi due volte la settimana; ~ **-yearly** V. ~ **-annual**; **a** ~ **-yearly financial magazine** (*giorn.*) una rivista finanziaria semestrale.
semifinished, *a.* (*org. az.*) semilavorato. // ~ **products** (*org. az.*) prodotti semilavorati, semilavorati.
semimanufactured, *a.* V. **semifinished**.
semimanufactures, *n. pl.* (*org. az.*) semilavorati, prodotti semilavorati.
send, *v. t.* (*pass. e part. pass.* **sent**) ❶ inviare, mandare, spedire, rimettere. ❷ (*comun.*) trasmettere. △ ❶ **We regret very much to learn that the parcel of assorted articles we sent you on 1st September did not correspond with what you ordered** siamo molto dolenti d'apprendere che l'assortimento d'articoli che vi spedimmo il 1º settembre non era conforme a ciò che avevate ordinato. // to ~ **again** (*comun., trasp.*) rinviare, rispedire; to ~ **away** inviare, mandare, spedire; (*pers.*) mandare via, licenziare: **I sent my application away in the morning mail** ho spedito la mia domanda d'assunzione con la posta del mattino; **He was sent away for misconduct** fu licenziato per comportamento indegno; to ~ **back** rimandare, rinviare, rispedire, respingere: **If the articles are not the same quality, we shall be compelled to** ~ **them back to you** se gli articoli non saranno della medesima qualità, ci vedremo costretti a rispedirveli; to ~ **by air-mail** (*comun.*) spedire per posta aerea; to ~ **by book-post** (*comun.*) spedire in busta aperta; to ~ **by sample-post** (*comun.*) spedire come campione; to ~ **cash on delivery** (*comun.*) spedire contro assegno; to ~ **down** far calare, far scendere: to ~ **down prices** (*fin., market.*) far calare i prezzi; to ~ **for** (*market.*) mandare a prendere, ordinare: to ~ **for st. on approval** (*market.*) ordinare qc. in esame; to ~ **goods by rail** (*trasp. ferr.*) spedire merce per ferrovia; to ~ **goods on approval** (*market.*) inviare merce in esame, inviare merce in visione; to ~ **in** inviare, mandare, spedire: ~ **in the coupon today!** inviate(ci) il buono oggi stesso!; to ~ **in one's papers** (*amm.*) presentare le dimissioni; to ~ **in one's resignation** (*amm.*) presentare le dimissioni; to ~ **a message** (*comun.*) trasmettere un messaggio; to ~ **money** (*comun.*) rimettere denaro; to ~ **on** inoltrare; to ~ **out** far circolare, emanare: **The final decision on all applications will be sent out next week** la decisione finale su tutte le domande d'impiego sarà emanata la prossima settimana; to ~ **a remittance** (*comun.*) inviare una rimessa; to ~ **round** far circolare, diffondere, divulgare, inviare: **A circular has been sent round to all clients** è stata inviata una circolare a tutti i clienti; to ~ **under cover** (*comun.*) spedire sotto fascia; to ~ **up** (*fin., market.*) far aumentare, far crescere, far salire: to ~ **up prices** (*fin., market.*) far salire i prezzi.

sender, *n.* mittente, speditore. △ « **Return to** ~ » (*comun.*) « ritornare al mittente ». // ~ **'s name and address** (*comun.*) nome e indirizzo del venditore.
sending, *n.* ❶ invio, spedizione, rimessa. ❷ (*comun.*) trasmissione. △ ❶ **The** ~ **of samples will follow immediately** seguirà subito l'invio dei campioni.
senior, *a.* ❶ seniore, più anziano, anziano. ❷ maggiore (*d'età, grado, ecc.*). // ~ **editor** (*giorn.*) direttore anziano; **the** ~ **partner** (*amm.*) il socio più anziano (*d'una ditta*); ~ **securities** (*fin.*) titoli di priorità: **Mortgage bonds and preferred stocks are** ~ **securities compared to debentures and common stocks** le obbligazioni ipotecarie e le azioni privilegiate sono titoli di priorità rispetto alle obbligazioni e alle azioni ordinarie; ~ **vice-president** (*amm.*) vicepresidente anziano.
seniority, *n.* ❶ maggiore anzianità, maggiore età. ❷ (*pers.*) anzianità di servizio. △ ❷ **He got his promotion through** ~ ottenne la promozione per anzianità di servizio. // ~ **list** (*amm., pers.*) ruolo d'anzianità; ~ **rights** (*pers.*) diritti d'anzianità.
sense signal, *n.* (*elab. elettr.*) segnale di lettura.
sensing, *n.* (*elab. elettr.*) lettura per esplorazione.
sentence[1], *n.* ❶ (*leg.*) sentenza, giudizio. ❷ (*leg.*) condanna, pena. // **a** ~ **of the Court** (*leg.*) una sentenza del tribunale; ~ **of death** (*leg.*) condanna a morte.
sentence[2], *v. t.* (*leg.*) emettere una sentenza contro (*q.*), condannare. *v. i.* (*leg.*) emettere la sentenza. △ *v. t.* **He's been sentenced to twenty days in jail** è stato condannato a venti giorni di prigione; *v. i.* **The judges assemble for sentencing** i giudici si riuniscono per emettere la sentenza. // to ~ **sb. by default** (*leg.*) condannare q. in contumacia.
sentimental value, *n.* valore d'affezione.
separate[1], *a.* separato, disgiunto, distinto, diviso. *n.* (*giorn., pubbl.*) estratto (*d'articolo, ecc.*). △ *n.* **Separates and reprints of the article will be sent to all subscribers** estratti e ristampe di questo articolo saranno inviati a tutti gli abbonati. // ~ **accounts** (*rag.*) conti distinti: **We keep** ~ **accounts for purchases and sales** teniamo conti distinti agli acquisti e alle vendite; ~ **columns** (*rag.*) colonne separate; ~ **estate** (*leg.*) beni parafernali, proprietà personale della moglie; ~ **policy** (*ass.*) polizza distinta; ~ **signature** (*leg.*) firma singola; **under** ~ **cover** (*comun.*) in plico separato.

separate[2], *v. t.* ❶ separare, disgiungere, distinguere, dividere. ❷ (*comun.*) smistare. ❸ (*pers.*) congedare, licenziare. △ ❸ **More than 50 employees have been separated from the firm in the past six weeks** nel corso delle ultime sei settimane, più di 50 dipendenti sono stati licenziati dalla ditta. // **to ~ the mail** smistare la corrispondenza.

separation, *n.* ❶ separazione, disgiunzione, distinzione, divisione. ❷ (*comun.*) smistamento (*della corrispondenza*). ❸ (*pers.*) congedo, licenziamento. // **~ from employment** (*pers.*) licenziamento dall'impiego; **the ~ of powers** (*leg.*) la divisione dei poteri; **~ of property** (*leg.*) separazione dei beni.

sequence[1], *n.* ❶ sequela, successione, serie ininterrotta. ❷ (*elab. elettr.*) sequenza. △ ❶ **There has been a ~ of market fluctuations lately** recentemente s'è avuta una serie ininterrotta di fluttuazioni di mercato. // **~ check** (*elab. elettr.*) controllo di sequenza.

sequence[2], *v. t.* ❶ mettere in successione. ❷ (*elab. elettr.*) riordinare in sequenza.

sequencing, *n.* (*elab. elettr.*) riordinamento in sequenza.

sequential, *a.* ❶ in successione, in serie ininterrotta. ❷ (*elab. elettr.*) sequenziale. // **~ access** (*elab. elettr.*) accesso sequenziale; **~ analysis** (*mat.*) analisi sequenziale; **~ computer** (*elab. elettr.*) calcolatore sequenziale; **~ sampling** (*stat.*) campionamento sequenziale.

sequester, *v. t.* (*leg.*) sequestrare, metter sotto sequestro, confiscare.

sequestrate, *v. t.* (*leg.*) sequestrare, metter sotto sequestro, confiscare.

sequestration, *n.* (*leg.*) sequestro, confisca.

sequestrator, *n.* ❶ (*leg.*) sequestrante. ❷ (*leg.*) sequestratario.

serial, *a.* ❶ di serie, in serie. ❷ (*giorn.*) (*di racconto, servizio, ecc.*) pubblicato a puntate. ❸ (*giorn.*) (*di pubblicazione, opuscolo, ecc.*) periodico. *n.* (*giorn.*) racconto a puntate, servizio a puntate. // **~ bond** (*fin.*) obbligazione (appartenente a una serie) a scadenza periodica; **~ number** numero di serie (*di biglietti di banca, ecc.*); **~ processing** (*elab. elettr.*) elaborazione in serie; **~ production** (*org. az.*) produzione in serie; **~ rights** (*giorn., leg.*) diritti esclusivi di stampa; **~ storage** (*elab. elettr., USA*) *V.* **~ store**; **~ store** (*elab. elettr.*) memoria in serie; **a ~ story** (*giorn.*) un servizio (pubblicato) a puntate.

serialize, *v. t.* ❶ (*elab. elettr.*) convertire a «bits» in serie. ❷ (*giorn.*) pubblicare (*un racconto, un servizio, ecc.*), a puntate.

series, *n.* ❶ serie, successione. ❷ (*fin.*) serie (*di monete, ecc.*). ❸ (*mat.*) serie. △ ❶ **A commemorative ~ of the peace talks will be issued shortly** sarà emessa tra breve una serie commemorativa dei colloqui di pace. // **a ~ of stamps** una serie di francobolli; **in ~ in series: Those securities are redeemable in ~** quei titoli sono redimibili in serie.

serious, *a.* serio, grave, preoccupante. △ **If prices fall below a «~ crisis» level, the Member States themselves may intervene on the market for these products** per questi prodotti, gli Stati Membri possono intervenire sui mercati sin dal momento in cui i prezzi scendono al di sotto del livello detto di «crisi grave». // **a ~ damage** (*leg.*) un danno grave; **a ~ lack of balance in international trading** (*econ.*) un preoccupante squilibrio negli scambi internazionali.

serve, *v. t.* ❶ servire, essere al servizio di (*q.*). ❷ (*leg.*) intimare, notificare, presentare. ❸ (*leg.*) espiare (*una pena*); scontare (*una condanna*). ❹ (*leg., scozz.*) dichiarare (*q.*) erede. ❺ (*market.*) servire (*i clienti*). *v. i.* ❶ (*market.*) servire i clienti. ❷ (*trasp. mar.*) (*di marea*) essere favorevole. △ *v. t.* ❶ **Mr Kendall has served the firm for 25 years** Mr Kendall è da 25 anni al servizio della ditta; *v. i.* ❷ **The tide serves** la marea è favorevole. // **to ~ one's apprenticeship with sb.** (*pers.*) fare l'apprendistato presso q.; **to ~ an attachment** (*leg.*) intimare un arresto; notificare un sequestro; **to ~ behind the counter** (*market.*) servire al banco; **to ~ customers** (*market.*) servire i clienti; **to ~ in an acting capacity** (*leg.*) prestare servizio come interino; **to ~ an office** (*amm.*) tenere una carica fino al termine; **to ~ a paper** (*leg.*) notificare un atto; **to ~ a summons on sb.** (*leg.*) intimare a q. un mandato di comparizione; citare q. in giudizio; **to ~ a warrant of arrest** (*leg.*) presentare un mandato di cattura; **to ~ sb. with a summons** (*leg.*) intimare a q. un mandato di comparizione; citare q. in giudizio.

service, *n.* ❶ servizio, servigio, prestazione (*professionale*). ❷ (*leg.*) citazione, notificazione, notifica. ❸ (*market.*) servizio, assistenza, manutenzione. ❹ **services**, *pl.* (*econ.*) (i) servizi, attività «terziarie», attività di prestazione di servizi. △ ❶ **Prices include ~** i prezzi sono comprensivi del servizio; **His services to the firm can't be underestimated** non si possono sottovalutare i servigi da lui resi all'azienda; **We shall need an expert's services** avremo bisogno delle prestazioni d'un esperto; ❸ **We guarantee 18-months' ~ to our customers** garantiamo 18 mesi d'assistenza alla nostra clientela; ❹ **Railroads and telephone companies perform services, although they produce no goods** le compagnie ferroviarie e le società telefoniche prestano servizi benché non producano beni. // **~ at sea** (*trasp. mar.*) servizio a bordo; **~ bits** (*elab. elettr.*) «bit» di servizio; **~ by publication** (*leg.*) citazione mediante pubblicazione (*sulla stampa*); **~ charge** (*banca*) percentuale per un particolare servizio (*reso alla clientela*); **~ curve** (*cronot.*) curva di servizio; **~ department** (*org. az.*) ufficio assistenza; **~ industry** (*econ.*) industria di servizi, industria del settore «terziario»: **Transportation and entertainment are ~ industries** i trasporti e gli spettacoli sono industrie del settore «terziario»; **~ life** (*org. az.*) durata di vita utile (*d'un macchinario, ecc.*); **the ~ of a decree** (*leg.*) la notifica d'un decreto; **the ~ of a judgment** (*leg.*) la notifica d'una sentenza; **the ~ of a loan** (*cred.*) il servizio di un prestito; **a services-oriented economy** (*econ.*) un'economia che tende a produrre servizi; **services rendered** servizi resi, prestazioni; **the services sector** (*econ.*) il settore «terziario», le attività «terziarie», il settore della distribuzione; **~ shopping** (*market.*) raccolta di notizie sull'attività della concorrenza attuata per mezzo di «falsi clienti»; **~ station** (*trasp. aut.*) stazione di servizio; **~ time** (*ric. op.*) tempo (d'utilizzazione) del servizio.

serviceable, *a.* pratico, utile. // **a ~ equipment** (*org. az.*) un'attrezzatura pratica.

servitude, *n. V.* **easement**.

servo-control, *n.* servocomando.

servomotor, *n.* servomotore.

session, *n.* ❶ (*leg.*) sessione, seduta (*del Parlamento, d'un tribunale, ecc.*). ❷ (*leg.*) riunione. ❸ (*leg.*) udienza. △ ❶ **Financial board sessions will be held weekly** le sedute del comitato finanziario si terranno settimanalmente. // **to be in ~** (*leg.*) essere in seduta.

set[1], *n.* ❶ insieme (*di cose affini*); assortimento. ❷ gruppo (*di persone*). ❸ (*comun.*) apparecchio (*radiofonico, televisivo, ecc.*). ❹ (*fin.*) serie di francobolli. ❺ (*mat.*) insieme. ❻ (*pers.*) squadra (*d'operai*). △ ❶ **You will be**

able to choose among a wholly new ~ of household articles potrete scegliere in un nuovissimo assortimento d'articoli per la casa. // ~ -back arretramento, regresso; ostacolo, scacco; (*market.*) ribasso (*che riporta i prezzi al livello precedente il loro aumento*): **There has been a ~ -back in iron production this month** in questo mese s'è avuto un regresso nella produzione del ferro; **Union organizations have received a ~ -back** le organizzazioni sindacali hanno subito uno scacco; **a ~ of articles** (*market.*) un assortimento d'articoli; **~ of books** (*rag.*) impianto contabile; **~ of exchange** (*cred.*) prima, seconda e terza di cambio; **~ of rules** (*leg.*) normativa; **~ of samples** (*market.*) campionario; **a ~ of tyres** (*trasp. aut.*) un treno di gomme; **~ -off** compenso, contropartita; (*cred.*) compensazione (*di debito*); (*leg.*) domanda riconvenzionale; **~ -out** (*market.*) esposizione, mostra (*di merci*): **In the new department you'll be able to visit a complete ~ -out of our glassware** nel nuovo reparto potrete visitare una mostra completa delle nostre cristallerie; **~ theory** (*mat.*) teoria degli insiemi; **~ -up** (*org. az.*) fondazione, organizzazione, impianto (*d'un'impresa*).

set², *v. t.* (*pass. e part. pass.* **set**) ❶ collocare, mettere, porre, posare. ❷ stabilire, fissare. ❸ regolare, tarare (*uno strumento e sim.*). ❹ (*giorn., pubbl.*) comporre (*tipograficamente*). △ ❶ **The price was set at 20 pounds** il prezzo è stato posto a 20 sterline; ❷ **The date of the meeting will be set as soon as possible** la data della riunione sarà stabilita appena possibile; ❹ **The sports column has not yet been set** la colonna sportiva non è ancora stata composta. // **to ~ one's affairs in order** mettere in ordine i propri affari; **to ~ afloat** far galleggiare; (*fig.*) varare, lanciare (*un'impresa*); **to ~ apart** mettere da parte; (*rag.*) stanziare (*una somma*); **to ~ ashore** (*trasp. mar.*) sbarcare (*merci, passeggeri*); **to ~ aside** mettere da parte; (*leg.*) annullare (*un verdetto, ecc.*); (*rag.*) accantonare: **The verdict was set aside by a higher Court** la sentenza fu annullata da un tribunale superiore; **Part of the profit will be set aside for future needs** una parte dell'utile sarà accantonato per esigenze future; **to ~ back** ritardare; ostacolare: **The harvest was set back by very bad weather** il raccolto fu ritardato da pessime condizioni atmosferiche; **to ~ close** (*giorn., pubbl.*) comporre (*tipograficamente*) con poca spaziatura; **to ~ down** fissare, stabilire; (*trasp. aut.*) far scendere (*un passeggero*): **The international commission has set down the new rules about tariffs** la commissione internazionale ha fissato le nuove norme in materia tariffaria; **to ~ the fashion** (*market.*) fare la moda; **to ~ fire to st.** incendiare qc.; **to ~ free** lasciare libero, liberare; rilasciare (*un detenuto*); **to ~ one's hand to a document** (*leg.*) firmare un documento; **to ~ in** (*trasp. mar.*) (*della marea*) avanzare; **to ~ money free** (*fin.*) rimettere denaro in circolazione; **to ~ objectives** (*org. az.*) formulare degli obiettivi, stabilire degli obiettivi; **to ~ off** compensare, controbilanciare; **to ~ off a debt** (*cred.*) compensare un debito; **to ~ on** (*pers.*) mettere al lavoro, impiegare: **Two more gangs should be set on to this job** in questo lavoro dovrebbero essere impiegate altre due squadre (*d'operai*); **to ~ out** impostare (*un problema*); (*market.*) esporre, mettere in mostra (*merce in vendita*); (*rag.*) impostare (*un conto*); **to ~ out for display** (*market.*) mettere in mostra, disporre (*merce in vendita*); **to ~ a price on goods** (*market.*) fare il prezzo alla merce; **to ~ quotas** (*market.*) stabilire quote (*di vendita*); **to ~ sail** (*trasp. mar.*) alzare le vele; **to ~ one's signature to a paper** apporre la propria firma a un documento; **to ~ up** erigere, innalzare; fondare, impiantare, installare, instaurare, istituire, avviare; (*giorn., pubbl.*) comporre (*tipograficamente*): **Two new branches will be set up abroad** saranno istituite due nuove filiali all'estero; **to ~ up a committee** fondare un comitato; **to ~ up a machine** (*org. az.*) installare una macchina; **to ~ up shop** (*market.*) « aprir bottega », mettere su un negozio; **to ~ up a stand** (*market., pubbl.*) allestire uno stand; **to ~ wide** (*giorn., pubbl.*) comporre (*tipograficamente*) con molta spaziatura.

set³, *a.* fermo, fisso, saldo. △ **There are no ~ rules as far as selling techniques are concerned** non esistono regole fisse per quanto riguarda le tecniche di vendita. // **a ~ form of enquiry** (*comun.*) una forma fissa di richiesta d'informazioni; **~ wages** (*pers.*) salari fissi; **~ working hours** (*org. az.*) ore di lavoro fisse.

setting-out, *n.* ❶ impostazione (*d'un problema, ecc.*). ❷ (*rag.*) impostazione (*di un conto*).

setting-up, *n.* fondazione, installazione, impianto, instaurazione, istituzione.

settle, *v. t.* ❶ decidere, fissare, risolvere, stabilire. ❷ sistemare, definire (*una faccenda*). ❸ (*cred.*) pagare, saldare, estinguere (*un debito*). ❹ (*leg.*) assegnare, intestare. ❺ (*leg.*) comporre (*una vertenza*). ❻ (*rag.*) conguagliare, chiudere (*conti, ecc.*). *v. i.* ❶ assestarsi. ❷ (*cred.*) pagare un conto, saldare un debito; giungere a un accomodamento. △ *v. t.* ❶ **The day of the press conference has not been settled yet** non è ancora stata fissata la data della conferenza stampa; **That settles the matter for good** ciò risolve per sempre la faccenda; ❷ **A few points have to be settled before the contract can be signed** prima di firmare il contratto, devono essere definiti alcuni punti; ❸ **He succeeded in settling all his debts in a very short time** riuscì a estinguere tutti i suoi debiti in brevissimo tempo; ❹ **The estate was settled on their eldest son** la proprietà fu intestata al loro figlio maggiore; ❺ **The matter has been settled in a friendly manner** la vertenza è stata composta in via amichevole; *v. i.* ❷ **It will not be easy to ~ with our creditors** non ci sarà facile giungere a un accomodamento coi creditori. // **to ~ an account** (*cred.*) saldare un conto; **to ~ one's affairs** sistemare i propri affari; (*leg.*) far testamento; **to ~ an annuity** (*fin.*) costituire una rendita vitalizia; **to ~ an argument** (*leg.*) decidere una controversia; **to ~ a bill** (*cred.*) pagare una fattura; **to ~ a dispute** (*leg.*) appianare una lite; **to ~ a fine out of Court** (*leg.*) conciliare una multa; **to ~ one's foreign debts** (*comm. est.*) liquidare i propri debiti nei confronti dell'estero; **to ~ sb. in business** avviare q. negli affari; **to ~ a matter** (*amm.*) evadere una pratica; **to ~ a price** (*market.*) (*di venditore e acquirente*) fissare un prezzo, accordarsi su un prezzo.

settled, *a.* ❶ fermo, fisso, saldo. ❷ (*cred.*) pagato, saldato, estinto. ❸ (*rag.: di conto*) chiuso. // **~ in full** (*cred.*) pagato a saldo, saldato; **~ prices** (*market.*) prezzi fissi (*imposti dal fabbricante*).

settlement, *n.* ❶ (*Borsa*) liquidazione periodica. ❷ (*cred.*) pagamento, estinzione (*d'un debito*), saldo. ❸ (*leg.*) accomodamento, composizione (*d'una vertenza*), compromesso, transazione. ❹ (*rag.*) conguaglio, chiusura (*di conti*). △ ❷ **The ~ of tax arrears will be a heavy blow to quite a few companies** il pagamento degli arretrati d'imposta sarà un brutto colpo per un buon numero di società; ❸ **The labour dispute doesn't seem to be nearing a ~** la vertenza sindacale non sembra vicina a una composizione. // **~ bargain** (*Borsa*) vendita allo scoperto, mercato a termine; **~ day** (*Borsa*) giorno di liquidazione; **the ~ of accounts** (*Borsa*)

settling

la liquidazione dei conti; **the ~ of an annuity on sb.** (*fin.*) la costituzione d'una rendita per q.; **the ~ of a controversy** (*leg.*) la composizione d'una controversia; **the ~ of a dispute** (*leg.*) la definizione d'una lite (*o di una vertenza*); **~ out of Court** (*leg.*) transazione stragiudiziale; **~ price** (*Borsa*) prezzo di compenso; **in full ~ of your account** (*rag.*) a saldo del vostro (*o di ogni vostro*) avere.

settling, *n.* ❶ sistemazione (*V.* **settle**). ❷ (*fin.*) liquidazione. ❸ (*leg.*) accomodamento. ❹ (*rag.*) chiusura, conguaglio (*di conti*). // **~ -day** (*Borsa*) giorno di liquidazione; **~ -up** (*fin.*) liquidazione, regolamento dei conti.

seven, *a.* e *n.* sette. // **~ -bit alphameric code** (*elab. elettr.*) codice alfanumerico a sette cifre binarie; **the «~ sisters»** (*econ.*) le «sette sorelle».

sever, *v. t.* separare, dividere, disgiungere, distinguere. *v. i.* (*leg.*) condurre un'azione legale separatamente (*in una causa comune con altri*).

several, *a.* ❶ disgiunto, distinto, diviso, separato. ❷ individuale, particolare, singolo. ❸ (*leg.*) solidale. △ ❶ **The indictment was on two ~ charges** l'incriminazione fu per due distinti capi d'accusa. // **~ covenant** (*leg.*) solidarietà passiva; **~ liability** (*leg.*) responsabilità individuale; **~ responsibility** (*leg.*) responsabilità individuale.

severally, *avv.* ❶ distintamente, separatamente. ❷ individualmente, singolarmente. △ ❷ **Partners are ~ liable to the partnership** i soci sono responsabili individualmente verso la società.

severalty, *n.* (*leg.*) proprietà individuale (*di beni non condivisi con altri*).

severance, *n.* (*pers.*) rescissione (*d'un contratto d'impiego, ecc.*). // **~ pay** (*pers.*) indennità di licenziamento, liquidazione.

severe, *a.* severo. // **a ~ punishment** (*leg.*) una condanna severa.

severity, *n.* severità.

sew, *v. t.* (*pass.* **sewed**, *part. pass.* **sewn**) cucire.

shade¹, *n.* gradazione, sfumatura.

shade², *v. i.* ❶ cambiare per gradi, mutare lentamente. ❷ (*market.*) (*di prezzi, ecc.*) diminuire leggermente. △ ❷ **Prices have shaded a bit lately** recentemente i prezzi sono diminuiti leggermente.

shadow price, *n.* (*ric. op.*) valore marginale.

shady, *a.* (*fig.*) disonesto, equivoco, losco. // **a ~ transaction** un affare equivoco.

shake, *v. t.* (*pass.* **shook**, *part. pass.* **shaken**) scuotere, agitare. // **to ~ down** (*fig.*) adattarsi, assestarsi; **to ~ out** (*Borsa*) eliminare (*gli speculatori più deboli*) dal mercato; **to ~ up** agitare, mescolare; (*fig.*) scuotere, destare, risvegliare; (*org. az.*) riorganizzare (*un'azienda*); rimpastare (*il personale*): **Hopefully the new provisions will ~ up the market** si spera che le nuove disposizioni scuoteranno il mercato.

shakedown, *n.* (*fig.*) assestamento. △ **Industries are experiencing an economic ~** le industrie stanno subendo un assestamento economico.

shake-out, *n.* ❶ (*Borsa*) eliminazione dal mercato (*degli speculatori più deboli*). ❷ (*market.*) lieve diminuzione dell'attività commerciale (*dopo un periodo inflazionistico, ecc.*).

shake-up, *n.* ❶ mescolamento. ❷ (*fig.*) scuotimento. ❸ (*org. az.*) riorganizzazione (*d'un'azienda*); rimpasto (*del personale*). ❹ (*org. az., pers.*) movimento (*di funzionari*); rimpasto (*del personale*). △ ❹ **A thorough personnel ~ is expected following the «autunno caldo»** per la fine dell'«autunno caldo» ci si aspetta un radicale rimpasto del personale.

shallop, *n.* (*trasp. mar.*) scialuppa.

shallow, *n.* (*trasp. mar.*) secca.

sham¹, *n.* ❶ imitazione, mistificazione. ❷ (*leg.*) finzione, simulazione. ❸ (*leg.*) frode, inganno. ❹ (*market.*) imitazione (*d'un altro articolo*). *a. attr.* falso, finto, fittizio. // **~ dividends** (*fin., rag.*) dividendi fittizi; **a ~ plea** (*leg.*) un pretesto, un cavillo.

sham², *v. t.* e *i.* (*leg.*) fingere, simulare, mistificare.

shammer, *n.* (*leg.*) simulatore, mistificatore.

shape¹, *n.* forma.

shape², *v. t.* formare.

share¹, *n.* ❶ parte, porzione. ❷ quota parte. ❸ (*fin.*) partecipazione. ❹ (*fin.*) azione, titolo azionario. ❺ (*trasp. mar.*) caratura. △ ❶ **The ~ of services in prices is constantly increasing** la parte dei servizi compresa nei prezzi cresce costantemente; ❷ **The ~ of GNP going to wages and salaries has not increased since 1934** la quota di prodotto nazionale lordo che va ai salari e agli stipendi non è aumentata dal 1934; ❸ **Do you still have a ~ in the concern?** avete ancora una partecipazione nell'azienda?; ❹ **The capital of a company is divided into a number of equal parts: each part is a ~** il capitale d'una società è diviso in un numero di parti uguali: ogni parte è un'azione; **Shares shall be paid in full on application** le azioni debbono essere pagate per intero all'atto della sottoscrizione; ❺ **A ship, as far as ownership is concerned, is divided into a number of equal parts, called shares** la nave, agli effetti della proprietà, è divisa in un numero di parti uguali chiamate carature. // **~ capital** (*fin.*) capitale azionario; **~ certificate** (*fin.*) certificato azionario (*provvisorio*), cartella azionaria: **A ~ certificate is evidence of ownership of shares, but not a negotiable instrument** il certificato azionario fa fede della proprietà d'azioni, ma non è un titolo negoziabile; **shares in a bazaar** (*fin.*) titoli immaginari; **~ in the profits** (*fin.*) partecipazione agli utili; **~ index** (*fin., stat.*) numero indice delle azioni, indice finanziario: **One of the most important ~ indices is the Dow Jones Index** uno dei principali indici finanziari è il «Dow Jones»; **~ investment** (*fin.*) investimento azionario; **~ issue** (*fin.*) emissione azionaria; **~ ledger** (*fin.*) *V.* **~ register**; **~ -list** (*Borsa*) listino «valori»; **~ market** (*fin.*) mercato azionario; **~ of stock** (*fin.*) partecipazione (*al capitale azionario*); **~ premium** (*fin.*) plusvalore (*azionario*): **~ premiums are put to a capital reserve and cannot be distributed to members** i plusvalori (azionari) vanno a formare una riserva di capitale e non possono essere distribuiti fra gli azionisti; **~ prices** (*fin.*) corsi delle azioni; **~ pushing** (*fin.*) collocamento clandestino d'azioni; vendita a domicilio di quote di fondi d'investimento; **~ qualification** (*fin.*) cauzione in titoli azionari; **~ register** (*fin.*) registro degli azionisti; **~ transfer** (*fin.*) trasferimento azionario; **~ warrant** (*fin.*) certificato azionario.

share², *v. t.* ❶ dividere (*in parti uguali*), ripartire, distribuire (*equamente*). ❷ condividere, sostenere insieme. △ ❶ **We will ~ expenses with our partner** divideremo le spese col nostro socio; ❷ **All losses have been shared by the shippers** tutte le perdite sono state sostenute insieme dai caricatori. // **to ~ in** partecipare a; **to ~ in the management of a partnership** (*amm.*) partecipare alla gestione d'una società; **to ~ in the profits** (*fin.*) partecipare agli utili; **to ~ out** spartire; **to ~ profits** (*fin.*) partecipare agli utili.

sharebroker, *n.* (*fin.*) agente di cambio.

sharecropper, n. (econ., USA) mezzadro.
sharecropping, n. (econ., USA) mezzadria.
shareholder, n. ❶ (fin.) azionista. ❷ (fin.) **shareholders**, pl. azionariato (sing., collett.). △ ❶ **Shareholders who are unable to attend the meeting can vote by proxy** gli azionisti che non sono in grado di presenziare all'assemblea possono votare per procura. // **shareholders' equity** (fin.) capitale netto (d'una società per azioni); **shareholders in arrears with calls** (fin.) azionisti in ritardo coi versamenti (per azioni sottoscritte); **shareholders' meeting** (fin.) assemblea degli azionisti.
shareholding, n. (fin.) azionariato.
sharing, a. compartecipe. n. partecipazione, compartecipazione. // ∼ **of profits** (fin.) partecipazione agli utili.
sharp, a. ❶ chiaro, marcato, netto. ❷ disonesto, privo di scrupoli. △ ❶ **There's been a ∼ advance of Westmans** c'è stato un netto rialzo delle azioni Westman. // ∼ **lawyer** un avvocato privo di scrupoli; **a ∼ trader** (market.) un commerciante disonesto.
sharpen, v. t. acuire.
shatter, v. t. infrangere, fracassare.
shear, v. t. (pass. **shore** o reg., part. pass. **shorn**) tosare.
sheer[1], n. (trasp. mar.) cambio di rotta.
sheer[2], v. i. (trasp. mar.) deviare dalla rotta. // **to ∼ off** (trasp. mar.) scostare.
sheet, n. ❶ foglio (di carta, ecc.). ❷ (giorn.) pubblicazione, giornale.
shelf, n. (pl. **shelves**) (attr. uff.) mensola, scaffale a muro. // **on the ∼** (fig.) in disparte, a riposo: **Our old, pugnacious chairman refuses to be put on the ∼** quel vecchio battagliero del nostro presidente si rifiuta di essere messo in disparte.
shelter[1], n. ❶ rifugio, riparo. ❷ difesa, protezione. // ∼ **goods** (econ.) beni di rifugio.
shelter[2], v. t. ❶ dare rifugio a, riparare. ❷ difendere, proteggere. △ ❷ **The Government has promised to ∼ domestic markets** il Governo ha promesso di difendere i mercati nazionali. // **to ∼ trade** (econ.) proteggere gli scambi (dalla concorrenza straniera, ecc.).
shelve, v. t. ❶ mettere su una mensola, mettere su uno scaffale. ❷ (fig.) mettere da parte, accantonare (un problema, ecc.); rimandare (una discussione, ecc.); insabbiare (fig.). ❸ (pers.) collocare a riposo. ❹ (pers.) licenziare. △ ❷ **The new project has been shelved by the committee** il nuovo progetto è stato accantonato dalla commissione; **In addition to prices, other important matters were shelved** a parte quella dei prezzi, altre questioni di rilievo furono rimandate; ❸ **Lots of old executives have been shelved overnight** molti vecchi dirigenti sono stati collocati a riposo dalla sera alla mattina. // **to be shelved** (d'un problema, ecc.) essere accantonato, rimandato; insabbiarsi.
sheriff, n. ❶ (leg.) sceriffo (primo magistrato della Contea, nominato dalla Corona). ❷ (leg., USA) sceriffo (primo magistrato della Contea, eletto dal popolo).
shift[1], n. ❶ cambiamento, avvicendamento, sostituzione, spostamento. ❷ (econ.) raccolto ottenuto per rotazione. ❸ (pers.) turno (di lavoro). ❹ (pers.) squadra (di turno). △ ❸ **In a department working on shifts, the morning ∼ starts at 6 A.M.** in un reparto con lavorazione a turni, il turno del mattino ha inizio alle 6 antimeridiane. // ∼ **boss** (pers.) capo della squadra di turno; **shifts in international capital movements** (fin.) spostamenti nei movimenti internazionali di capitali; ∼ **in portfolio** (fin.) mutamento della composizione del portafoglio; ∼ **-key** (di macch. uff.) tasto delle maiuscole (di macchina da scrivere); ∼ **-lock** (di macch. uff.) « ar-resto » delle maiuscole (di macchina da scrivere); **the ∼ of crops** (econ.) la rotazione dei raccolti; **a ∼ of responsibility** un passaggio di responsabilità; ∼ **worker** (pers.) turnista.

shift[2], v. t. ❶ cambiare, sostituire, avvicendare. ❷ spostare. v. i. (trasp. mar.) (del carico) spostarsi, scorrere. △ v. i. **The cargo has shifted considerably** il carico (della nave) s'è spostato notevolmente. // **to ∼ the burden of proof** (leg.) scaricare l'onere della prova; **to ∼ the responsibility** scaricare la responsabilità, fare a scaricabarile (fam.).

shiftable parity, n. (fin.) parità mobile.
shifting, n. ❶ cambiamento, sostituzione, avvicendamento. ❷ (trasp. mar.) spostamento, scorrimento (del carico). a. variabile, incostante, instabile. // ∼ **of tax** (econ., fin.) traslazione d'imposta; ∼ **wind** (trasp. mar.) vento variabile.
shiftman, n. (pl. **shiftmen**) V. **shift boss**.
shilling, n. scellino.
shining, a. lucente, splendente.
ship[1], n. ❶ (trasp. mar.) nave, bastimento, naviglio, vascello. ❷ (trasp. mar.) (= steamship) piroscafo. △ ❶ **In England, the property in a ∼ is divided into 64 shares** in Inghilterra, la proprietà d'una nave è suddivisa in 64 carature; **A ∼ may be chartered for a given voyage or for a given period of time** una nave può essere noleggiata per un dato viaggio o per un determinato periodo di tempo; **The ∼ is flying the Portuguese flag** la nave batte bandiera portoghese. // ∼ **abandoned at sea** (trasp. mar.) nave abbandonata in mare; ∼ **'s agent** (trasp. mar.) raccomandatario; ∼ **aground** (trasp. mar.) nave arenata, nave incagliata; ∼ **'s articles** (trasp. mar.) clausole d'ingaggio, contratto d'arruolamento; ∼ **'s books** (trasp. mar.) libri di bordo; ∼ **-boy** (trasp. mar.) mozzo; ∼ **-breaker** (trasp. mar.) demolitore navale, chi acquista navi per smantellarle; ∼ **-broker** (trasp. mar.) agente marittimo, sensale marittimo, mediatore di noleggi marittimi; ∼ **-canal** (trasp.) canale navigabile; ∼ **cast on the rocks** (trasp. mar.) nave gettata sugli scogli; ∼ **'s certificate of registry** (trasp. mar.) certificato di registro della nave; ∼ **-chandler** (trasp. mar.) fornitore navale; ∼ **-chandlery** (trasp. mar.) fornitura navale; ∼ **'s company** (trasp. mar.) equipaggio (esclusi gli ufficiali); ∼ **'s days** (trasp. mar.) stallie; ∼ **'s husband** (trasp. mar.) capitano d'armamento, raccomandatario; ∼ **in ballast** (trasp. mar.) nave in zavorra; ∼ **in commission** (trasp. mar.) nave in armamento; ∼ **in distress** (trasp. mar.) nave in pericolo; ∼ **in every way fitted to the voyage** (trasp. mar.) nave sotto tutti i riguardi atta al viaggio; ∼ **-load** (trasp. mar.) carico massimo consentito; ∼ **loading** (trasp. mar.) nave sotto carico; ∼ **'s manifest** (trasp. mar.) manifesto di bordo; ∼ **-master** (trasp. mar.) capitano di nave, padrone; ∼ **on order** (trasp. mar.) nave in commessa; ∼ **'s papers** (trasp. mar.) carte di bordo, documenti di bordo; ∼ **'s protest** (trasp. mar.) protesto marittimo (dichiarazione giurata dal capitano e dall'equipaggio d'una nave danneggiata, riguardante i danni subiti, le loro cause, ecc.); ∼ **ready for sea** (trasp. mar.) nave pronta a prendere il mare; ∼ **'s register** (trasp. mar.) certificato d'immatricolazione; ∼ **repairs** (trasp. mar.) riparazioni navali, raddobbi; ∼ **'s report** (trasp. mar.) dichiarazione di bordo; ∼ **riding at anchor** (trasp. mar.) nave all'ancora, nave alla fonda; ∼ **'s stores** (trasp. mar.) forniture di bordo, forniture navali; ∼ **stricken off from the effective list** (trasp. mar.) nave radiata; ∼ **under average** (trasp. mar.) nave in stato d'avaria; **ships under convoy** (trasp. mar.) navi in convoglio, navi scortate; ∼ **under repair** (trasp. mar.) nave in

ship

raddobbo; **at ~ 's rail** (*trasp. mar.*) sotto paranco; **ex ~** (*trasp. mar.*) sotto paranco, F.O.B. destino; **under ~ 's derrick** (*trasp. mar.*) sotto paranco, F.O.B. destino; **under ~ 's tackle** (*trasp. mar.*) sotto paranco, F.O.B. destino.

ship[2], *v. t.* ❶ (*trasp., trasp. mar., USA*) inviare, spedire, trasportare. ❷ (*trasp. mar.*) imbarcare, caricare, inviare, spedire, trasportare. △ ❷ **The goods have been shipped in apparent good order and condition** le merci sono state imbarcate in apparente buon ordine e condizione; **Under no circumstances shall the consignee have the right to abandon to the carrier the goods shipped** in nessun caso il ricevitore avrà diritto d'abbandonare al vettore le cose caricate; **The goods referring to your order No. 279 of 19th February have been shipped on board the S/S « Cockney »**, **bound for your port** le merci di cui alla vostra ordinazione n° 279 del 19 febbraio sono state imbarcate sulla M/N « Cockney » diretta al vostro porto. // **to ~ water** (*o* **a heavy sea**) (*trasp. mar.*) imbarcare acqua.

shipbreaking, *n.* (*trasp. mar.*) demolizione (*di navi*).
shipbuilder, *n.* (*trasp. mar.*) costruttore navale.
shipbuilding, *n.* (*trasp. mar.*) costruzioni navali; ingegneria navale. // **~ group** (*trasp. mar.*) gruppo cantieristico; **~ labour** (*trasp. mar.*) manodopera del settore cantieristico; **~ techniques** (*trasp. mar.*) tecniche di costruzione navale; **~ yard** (*trasp. mar.*) cantiere navale.

shipload, *n.* (*trasp. mar.*) carico completo (*d'una nave*).

shipmaster, *n.* (*trasp. mar.*) capitano (*di mercantile*).
shipment, *n.* ❶ (*trasp., USA*) spedizione (*l'atto di spedire, in genere*). ❷ (*trasp., USA*) spedizione (*la merce spedita, in genere*). ❸ (*trasp. mar.*) imbarco, operazioni di carico. ❹ (*trasp. mar.*) spedizione (*l'atto di spedire*). ❺ (*trasp. mar.*) spedizione (*la merce spedita*). △ ❸ **~ of the goods shall be made by port labour** l'imbarco della merce dovrà essere effettuato dalle maestranze portuali; **Let us know, by return, the name of the port of ~** fateci sapere, a stretto giro di posta, il nome del porto d'imbarco; ❹ **You didn't mention the mode of ~ that you have in mind** non avete accennato al sistema di spedizione di cui intendete servirvi; ❺ **Their last ~ has not reached us in time for the opening of the season** la loro ultima spedizione non ci è pervenuta in tempo utile per l'inizio della stagione.

shipowner, *n.* (*trasp. mar.*) armatore. △ **The ~ bound himself to place the whole ship at our disposal** l'armatore s'è impegnato a mettere tutta la nave a nostra disposizione. // **~ 's club** (*trasp. mar.*) consorzio armatoriale; **shipowners' company** (*trasp. mar.*) società armatrice; **~ 's lien** (*trasp. mar.*) diritto di ritenzione (da parte) dell'armatore, privilegio dell'armatore (*sul nolo e le altre spese attinenti al carico*).

shipped bill of lading, *n.* (*trasp. mar.*) polizza di carico per merce imbarcata.

shipped weight, *n.* (*trasp. mar.*) peso imbarcato.
shipper, *n.* ❶ (*trasp., USA*) spedizioniere. ❷ (*trasp. mar.*) spedizioniere, caricatore. ❸ (*trasp. mar.*) consegnatario, destinatario (*del carico*); ricevitore. ❹ (*trasp. mar.*) merce spedita, merce da carico. △ ❷ **The bills of lading must be drawn up by the ~ or his agent in accordance with the existing laws** le polizze di carico devono essere redatte dal caricatore o da chi per esso in conformità alle vigenti leggi. // **~ 's letter of instructions** (*trasp. aer.*) lettera d'istruzione dello speditore; **~ 's papers** (*trasp. mar.*) documenti di spedizione.

shipping, *n.* ❶ (*trasp., USA*) spedizione (*in genere*). ❷ (*trasp. mar.*) spedizione marittima, imbarco. ❸ (*trasp. mar.*) navigazione, traffico marittimo. ❹ (*trasp. mar.*) marina mercantile, naviglio. △ ❸ **In recent years strikes have often paralyzed ports and ~** spesso, in questi ultimi anni, gli scioperi hanno paralizzato i porti e la navigazione; **~ is subject to fluctuations and the British shipping industry is prepared to face the ups and downs of international trade** il traffico marittimo è soggetto a fluttuazioni e l'industria navale inglese è pronta a far fronte agli alti e bassi del commercio internazionale. // **~ -advice notice** (*trasp. mar.*) nota d'imbarco; **~ agency** (*trasp. mar.*) agenzia marittima; **~ agent** (*trasp. mar.*) spedizioniere marittimo, agente di compagnia di navigazione; (*trasp., USA*) spedizioniere (*in genere*); **~ and forwarding charges** (*trasp. mar.*) spese d'imbarco e di spedizione; **~ -articles** (*trasp. mar.*) clausole d'ingaggio, contratto d'imbarco; **~ bill** (*dog., trasp. mar.*) bolletta di sortita; **~ business** (*trasp. mar.*) commercio marittimo; **~ charges** (*trasp. mar.*) spese d'imbarco, diritti d'imbarco; **~ company** (*trasp. mar.*) società di navigazione; **~ Conferences** (*trasp. mar.*) « Conferenze della Navigazione »; **~ date** (*trasp. mar.*) data di spedizione; **~ department** (*org. az.*) ufficio spedizioni; **~ documents** (*trasp. mar.*) documenti di spedizione; **~ Exchange** (*trasp. mar.*) Borsa dei Noli; **~ -expansion programme** (*trasp. mar.*) programma di sviluppo marittimo; **~ expenses** (*trasp. mar.*) spese di caricazione, spese d'imbarco; diritti d'imbarco; **~ firm** (*trasp. mar.*) società d'armamento; **~ foreman** (*pers., trasp. mar.*) caposquadra del cantiere navale; **~ industry** (*trasp. mar.*) industria navale, (industria dell') armamento; **~ instructions** (*trasp. mar.*) istruzioni per l'imbarco (*delle merci*); **~ law** (*leg.*) diritto marittimo; **~ line** (*trasp. mar.*) compagnia di navigazione, linea di navigazione; **~ link** (*trasp. mar.*) collegamento marittimo; **~ market** (*trasp. mar.*) mercato marittimo; **~ -master** (*trasp. mar.*) commissario di bordo; **~ note** (*trasp. mar.*) ordine d'imbarco, buono d'imbarco; **~ order** (*trasp. mar.*) ordinativo d'imbarco, buono d'imbarco; **~ papers** (*trasp. mar.*) documenti di spedizione; **~ port** (*trasp. mar.*) porto d'imbarco; **~ ring** (*trasp. mar.*) consorzio (*pressoché monopolistico*) di compagnie di navigazione; **~ ton** (*trasp. mar.*) tonnellata di portata lorda; **~ tonnage** (*trasp. mar.*) tonnellaggio di spedizione; **~ trade** (*trasp. mar.*) commercio marittimo; (industria dello) armamento; **~ weight** (*trasp. mar.*) peso (*del carico*) all'imbarco.

shipwreck[1], *n.* ❶ (*fig.*) naufragio, rovina, fallimento. ❷ (*trasp. mar.*) naufragio. △ ❶ **The union-management summit ended in ~** il « vertice » fra i rappresentanti del sindacato degli operai e la direzione è stato un fallimento; ❷ **The master and the carrier do not undertake any responsibility for losses or damages caused by collision, grounding, stranding, ~ and any other risk** il capitano e il vettore non assumono responsabilità per perdite o danni derivanti dal urto, incaglio, arenamento, naufragio e ogni altro rischio.

shipwreck[2], *v. i.* (*trasp. mar.*) naufragare. *v. t.* (*fig.*) far naufragare, mandare in rovina, far fallire. △ *v. t.* **That scandal has shipwrecked his career** quello scandalo ha mandato in rovina la sua carriera. // **to be shipwrecked** (*trasp. mar.: di persone*) naufragare, fare naufragio.

shipyard, *n.* (*trasp. mar.*) cantiere navale, arsenale, darsena. // **~ activities** (*trasp. mar.*) attività cantieristiche.
shoal, *n.* (*trasp. mar.*) secca.
shock[1], *n.* colpo, urto, choc, shock, impressione. △ **The election results were a terrible ~ for the stock**

market i risultati delle elezioni furono un terribile shock per il mercato azionario. // ~ **-workers** (*sind.*) lavoratori « d'assalto », stacanovisti.

shock², *v. t.* colpire, urtare, scioccare, shockare, impressionare. △ **The news of the political disorders shocked the financial world** la notizia dei disordini politici impressionò il mondo finanziario.

shoot, *v. t.* (*pass.* e *part. pass.* **shot**) ❶ lanciare, scagliare. ❷ sparare. // to ~ **a film** (*pubbl.*) girare un film; to ~ **up** (*fin., market.*) (*di prezzi*) balzare, salire di colpo: **Butter shot up to 2,500 lire a kilogramme** il burro balzò a 2.500 lire il chilo; **All prices shot up leaving the man in the street wide agape** tutti i prezzi salirono di colpo lasciando a bocca aperta l'uomo della strada.

shop, *n.* ❶ (*market.*) bottega, negozio, esercizio, fondo urbano, spaccio. ❷ (*org. az.*) (= **workshop**) officina, stabilimento. ❸ (*org. az.*) (= **workshop**) reparto (*di fabbrica*). △ ❶ **We are glad to inform you that we are opening a new ~ in downtown Los Angeles** siamo lieti d'informarvi che stiamo per aprire un nuovo negozio nel centro di Los Angeles; **A department store is nothing but a collection of shops under the same roof** i grandi « magazzini » non sono che una concentrazione di negozi sotto lo stesso tetto. // ~ **-assembly** (*org. az.*) montaggio in officina; ~ **-assistant** (*pers.*) commesso, commessa; ~ **-boy** (*pers.*) giovane di negozio, ragazzo di bottega; ~ **card** (*sind.*) manifesto di fabbrica (*affisso, a cura d'un sindacato, in uno stabilimento, per mostrare che in questo il lavoro è svolto secondo le norme previste dal contratto*); **shops' closing-hours** (*market.*) orari di chiusura dei negozi; ~ **committee** (*pers., sind.*) commissione interna (*d'una fabbrica*); ~ **foreman** (*pers.*) capo officina; ~ **-girl** (*pers.*) commessa (*di negozio*); ~ **-lifter** (*leg.*) taccheggiatore, ladro (*in un negozio*); ~ **-lifting** (*leg.*) taccheggiamento; furto in un negozio; ~ **-management** (*org. az.*) organizzazione di fabbrica; ~ **-order** (*org. az.*) ordine di fabbricazione; ~ **paper** (*market.*) carta sottile per avvolgere la merce; ~ **right** (*leg.*) diritto di sfruttamento gratuito dell'invenzione che un dipendente ha prodotto durante il periodo d'impiego; ~ **-steward** (*pers., sind.*) rappresentante sindacale in un reparto dell'officina, membro della commissione interna; ~ **-test** (*org. az.*) collaudo in officina; ~ **-window** (*market.*) vetrina.

shopkeeper, *n.* (*market.*) bottegaio, negoziante, esercente, dettagliante. △ **In 1965 about 80 per cent of England's retail shops were owned by small independent shopkeepers** nel 1965 circa l'80 per cento dei negozi al dettaglio in Inghilterra apparteneva a piccoli esercenti indipendenti; **Shopkeepers were among the first who suffered the metrication trauma** i negozianti furono fra i primi a subire il trauma della decimalizzazione.

shoplift, *v. t.* e *i.* (*leg.*) taccheggiare.

shoplifter, *n.* (*leg.*) taccheggiatore.

shoplifting, *n.* (*leg.*) taccheggiamento, taccheggio.

shopman, *n.* (*pl.* **shopmen**) ❶ (*pers.*) commesso. ❷ (*pers.*) operaio d'officina.

shoppe, *n.* (*market.*) bottega, negozio.

shopper, *n.* (*market.*) acquirente, compratore, cliente.

shopping, *n.* (*market.*) acquisti, compere (*effettuate nei negozi*); spesa. // ~ **area** (*market., USA*) V. ~ **centre**; ~ **center** (*market., USA*) V. ~ **centre**; ~ **centre** (*market.*) centro degli acquisti, area suburbana di empori e negozi; ~ **clock** (*giorn., market.*) « orologio » della spesa; ~ **goods** (*market.*) beni di consumo acquistati dopo attento esame e confronto fra le qualità, i prezzi, ecc., offerti da altri negozianti; ~ **mall** (*market., USA*) V. ~ **centre**; ~ **plaza** (*market., USA*) V. ~ **centre**.

shopwalker, *n.* (*pers.*) ispettore di reparto (*di grande magazzino, ecc.*).

shore, *n.* (*trasp. mar.*) riva, spiaggia, litorale. // **sailors on ~ leave** (*trasp. mar.*) marinai in franchigia.

short, *a.* ❶ corto, breve. ❷ insufficiente, scarso. ❸ (*cred.*) a breve scadenza. ❹ (*rag.*) parziale. *n.* ❶ (*Borsa, fin.*) speculatore al ribasso, ribassista. ❷ (*giorn.*) breve servizio. ❸ (*pubbl.*) cortometraggio; carosello (*televisivo*). ❹ (*rag.*) somma parziale, totale parziale. ❺ **shorts**, *pl.* (*Borsa, fin.*) impegni a breve (termine). △ *a.* ❷ **Controls will eliminate adulteration and ~ weights and measures** i controlli toglieranno di mezzo le sofisticazioni e i pesi e le misure scarse. // ~ **article** (*giorn.*) trafiletto; **a ~ bill** (*cred.*) cambiale a breve scadenza; ~ **covering** (*Borsa, fin.*) acquisto (*di titoli*) a copertura; **a ~ -dated bill** (*cred.*) una cambiale a breve scadenza; **a ~ film** (*pubbl.*) un cortometraggio; ~ **-handed** (*org. az.*) (*di datore di lavoro*) a corto di manodopera; (*trasp. mar.*) (*di nave*) con equipaggio incompleto; ~ **hundredweight** « hundredweight » americano (*misura di peso pari a 1/20 di « ton » o 45,36 kg*); ~ **interest** (*Borsa, fin.*) insieme di titoli (*o merci*) venduti allo scoperto a una certa data; **to ~ -land** (*trasp. mar.*) scaricare meno di quanto dichiarato nel manifesto; ~ **-paid** (*comun.*) (*di lettera, ecc.*) recante affrancatura insufficiente; ~ **period** (*econ.*) periodo breve, breve (termine); ~ **position** (*Borsa, fin.*) V. ~ **interest**; ~ **range** (*econ.*) periodo breve, breve (termine); ~ **-range forecast** (*econ.*) previsione a breve termine; ~ **ream** (*giorn., pubbl.*) risma di 480 fogli; ~ **run** (*econ.*) periodo breve, breve (termine); (*giorn.*) piccola tiratura; ~ **-run planning** (*econ.*) programmazione a breve termine; ~ **sale** (*Borsa, fin.*) vendita allo scoperto; ~ **sale against the box** (*Borsa, fin.*) vendita allo scoperto di titoli in possesso di chi opera (*e che non desidera impugnarli*); ~ **-sea** (*trasp. mar.*) (*di traffico, movimento, ecc.*) svolto fra porti vicini; ~ **seller** (*Borsa, fin.*) venditore allo scoperto; ~ **selling** (*Borsa, fin.*) vendita allo scoperto; ~ **-shipped** (*trasp. mar.*) (*di merce, carico, ecc.*) imbarcato in meno (*di quanto accordato*); ~ **-staffed** (*org. az.*) (*d'azienda, ecc.*) a corto di personale; ~ **-term** (*econ., fin.*) a breve termine, a breve, congiunturale: **One can't avoid ~ -term fluctuations of demand** non si possono evitare le fluttuazioni congiunturali della domanda; **During the year 1974, the ~ -term growth of imports was also slower** durante il 1974, anche l'aumento congiunturale delle importazioni è stato più lento; ~ **-term action** (*econ.*) interventi a breve (termine); ~ **-term bank debt** (*fin.*) indebitamento a breve verso banche; ~ **-term borrowing** (*cred.*) finanziamento a (breve) termine; ~ **-term' changes** (*econ.*) variazioni congiunturali; ~ **-term credit** (*cred.*) credito a breve (termine); ~ **-term economic policy** (*econ.*) politica congiunturale; **the ~ -term Economic Policy Committee** (*econ.*) il Comitato di Politica Congiunturale; ~ **-term expectation** (*econ.*) aspettativa a breve termine; ~ **-term financing** (*cred.*) finanziamento a breve (termine); ~ **-term funds** (*fin.*) capitali a breve, risorse monetarie a breve; ~ **-term liabilities** (*fin., rag.*) debiti a breve (termine); ~ **-term loans** (*cred.*) mutui a breve scadenza, denaro a breve; ~ **-term paper** (*cred.*) titolo di credito a breve termine; ~ **-term recovery** (*econ.*) ripresa a breve termine; ~ **-term saving** (*econ.*) risparmio a breve termine: **Our aim is standardization of credit interests rates for the various forms of ~ -term saving** la nostra meta è l'unificazione dei tassi d'interesse creditori per le varie forme di risparmio a breve termine; ~ -term statistics (*stat.*) statistiche congiunturali; ~ -time (*org. az.*) orario ridotto; ~ ton tonnellata americana (*misura di peso pari a 2.000 libbre o 907 kg*); ~ weight (*market.*) peso scarso; to ~ -weight (*market.*) dare il peso scarso, rubare sul peso; to be ~ in one's payments (*cred.*) essere in arretrato coi pagamenti, essere moroso; to be ~ of essere a corto di, mancare di: **We are ~ of skilled workers** siamo a corto d'operai specializzati; **I noticed that I was 200 dollars ~ of in my accounts** facendo i conti, notai che mi mancavano 200 dollari; at ~ notice (*comun.*) con breve preavviso, entro breve termine; at ~ range a breve termine; in the ~ run (*o* term) a breve termine; in ~ supply (*market.*) (*di merce*) scarsa, scarseggiante.

shortage, *n.* ❶ deficienza, carenza, insufficienza, penuria, scarsità, mancanza. ❷ (*econ., fin., rag.*) ammanco, deficit. △ ❶ **More and more hotels have got to face this chronic ~ of personnel** un numero sempre maggiore d'alberghi deve affrontare questa cronica penuria di personale; **The Italians' pockets are overflowing with candies and postage stamps, owing to the ~ of small change** le tasche degli Italiani traboccano di caramelle e francobolli a causa della mancanza di spiccioli per il resto. // **a ~ in cash** (*rag.*) un ammanco di cassa.

shortcoming, *n.* deficienza, difetto, imperfezione, manchevolezza. △ **It is management shortcomings that cause most business failures** sono i difetti organizzativi che portano agli insuccessi commerciali; **The shortcomings of the International Monetary System have long been pointed out** da tempo sono state puntualizzate le imperfezioni del Sistema Monetario Internazionale.

shortfall, *n.* (*econ., fin., rag.*) ammanco, deficit, saldo passivo. △ **Substantial shortfalls in the balance of payments have been tackled by currency transactions** pesanti deficit della bilancia dei pagamenti sono stati fronteggiati con manovre sulle valute.

shorthand[1], *n.* stenografia. *a. attr.* stenografico. // ~ **typewriting** stenodattilografia; ~ -typist (*pers.*) stenodattilografo; stenodattilografa; ~ -writer (*pers.*) stenografo; stenografa.

shorthand[2], *v. t.* stenografare.

shout, *n.* grido.

show[1], *n.* ❶ mostra, esibizione. ❷ (*leg.*) produzione (*di documenti, ecc.*). ❸ (*market., pubbl.*) mostra, esposizione, fiera. ❹ (*market., pubbl.*) dimostrazione. ❺ (*pubbl.*) spettacolo, programma; proiezione (*cinematografica*). △ ❸ **The ~ is expected to attract thousands of visitors from abroad** ci si aspetta che l'esposizione richiami migliaia di visitatori dall'estero; ❺ **They sponsor a television ~ which is watched by millions of people** finanziano un programma televisivo che è seguito da milioni di persone. // ~ -biz (*fam., USA*) industria dello spettacolo; ~ -business (*pubbl.*) industria dello spettacolo; ~ -down (*fig.*) (il mettere le) carte in tavola, prova di forza: **We are witnessing the umpteenth ~ -down between Government and newsvendors** stiamo assistendo all'ennesima prova di forza fra il Governo e gli edicolanti; ~ -how (*market.*) dimostrazione (*d'un metodo, d'una procedura, ecc.*); a ~ of documents (*leg.*) una produzione di documenti; ~ -room (*market., pubbl.*) sala d'esposizione; ~ -window (*market.*) mostra (*di negozio*), vetrina; by ~ of hands (*di votazione*) per alzata di mano.

show[2], *v. t.* (*pass.* showed, *part. pass.* shown) ❶ mostrare, esibire. ❷ (*leg.*) produrre (*documenti, ecc.*). ❸ (*market., pubbl.*) presentare a una mostra, mettere in mostra, esporre. △ ❶ **Our accounts showed a loss for the first time in these 10 years** i nostri conti hanno mostrato una perdita per la prima volta in questo decennio; **All passengers are to ~ their passports on request** tutti i passeggeri sono tenuti a esibire i passaporti quando ne sia fatta loro richiesta; ❸ **The goods should reach us in time, as we have to ~ the new spring suits** la merce dovrà pervenirci in tempo, dato che dobbiamo esporre i nuovi abiti primaverili. // to ~ **a balance** (*rag.*) presentare un saldo: **Our account shows a balance of 1,200 dollars to the credit** il nostro conto presenta un saldo a credito di 1.200 dollari; to ~ **cause** (*leg.*) provare il proprio diritto; to ~ **one's passport** (*tur.*) mostrare il passaporto; to ~ **up** mettere a nudo, smascherare; to ~ **up a fraud** (*leg.*) mettere a nudo una frode.

showing, *a.* che mostra, che esibisce. *n.* ❶ esibizione. ❷ presentazione (*di documenti e sim.*). ❸ esposizione. ❹ proiezione (*cinematografica*). ❺ (*fin.*) situazione, stato (*degli affari, ecc.*). △ ❺ **They have a very poor financial ~** hanno una pessima situazione finanziaria. // ~ **a deficit** (*o* a loss) (*fin., rag.*) deficitario; ~ **of evidence** (*leg.*) presentazione di prove.

shrewd, *a.* astuto.

shrink, *v. i.* (*pass.* shrank, *part. pass.* shrunk) ❶ contrarsi, restringersi. ❷ diminuire, ridursi, rimpiccolire. △ ❶ **In Italy the tendency for the number of unemployed to ~ was confirmed in the course of the year** in Italia, la tendenza a contrarsi nel numero dei disoccupati si è rinsaldata nel corso dell'anno; ❷ **Our earnings shrank as overtime gave way to shorter work weeks** le nostre entrate diminuirono quando gli straordinari lasciarono il posto alle «settimane corte».

shrinkage, *n.* ❶ contrazione, restringimento. ❷ diminuzione, riduzione. ❸ (*market., trasp.*) calo (*di peso, ecc.*: *della merce*). △ ❷ **A ~ in the public budget will depress economic activity** una riduzione nel bilancio statale scoraggerà l'attività economica; ❸ **The goods suffered a 12% ~ in transit** le merci hanno sofferto un calo del 12% durante il trasporto. // **a ~ in prices** (*market.*) una contrazione dei prezzi; **a ~ in sales** (*market.*) una contrazione delle vendite; **a ~ of the export trade** (*comm. est.*) una contrazione del commercio con l'estero.

shunt[1], *n.* ❶ (*trasp. ferr.*) scambio. ❷ (*trasp. ferr.*) deviazione, instradamento, smistamento (*d'un treno*).

shunt[2], *v. t.* (*trasp. ferr.*) deviare, instradare, smistare (*un treno*). *v. i.* ❶ (*fig.*) fare la spola (*fra due località*). ❷ (*trasp. ferr.*) (*di treno*) cambiare binario, essere smistato. △ *v. i.* ❶ **Our agent shunts between the head office and the new branch** il nostro agente fa la spola fra la sede centrale e la nuova filiale.

shunter, *n.* ❶ (*Borsa, ingl.*) operatore intermediario fra una Borsa di provincia e la Borsa Valori di Londra. ❷ (*trasp. ferr.*) deviatore, manovratore di scambi, scambista.

shunting, *n.* (*trasp. ferr.*) instradamento, smistamento, manovra. // ~ **locomotive** (*trasp. ferr.*) locomotiva da manovra; ~ **station** (*trasp. ferr.*) stazione di smistamento.

shut[1], *n.* chiusura. // ~ **-down** (*elab. elettr.*) arresto; (*org. az.*) chiusura temporanea (*d'una fabbrica*), interruzione del lavoro: **Workers are threatening a general ~ -down** gli operai minacciano un'interruzione generale del lavoro; ~ **-down device** (*elab. elettr.*) dispositivo d'arresto.

shut[2], *v. t.* (*pass.* e *part. pass.* shut) chiudere, serrare. // to ~ **the door upon an offer** (*fig.*) rifiutare un'offerta;

shutter, *n.* (*trasp. mar.*) portello.

shuttle[1], *n.* spola, spoletta. // ~ **service** (*trasp. ferr.*) servizio a navetta, servizio locale (*fra due stazioni*); ~ **train** (*trasp. ferr.*) treno che fa la spola fra due stazioni.

shuttle[2], *v. i.* far la spola, andare avanti e indietro.

sick, *a.* (*anche fig.*) ammalato, malato, infermo. // ~ **-benefit** (*pers.*) sussidio per malattia; **a ~ economy** (*econ., fig.*) un'economia malata; ~ **-insurance** (*ass., pers.*) assicurazione per malattia; ~ **-leave** (*pers.*) congedo per malattia: **Every employee is entitled to 45 hours' ~ -leave each calendar year** ciascun impiegato ha diritto a 45 ore di congedo per malattia per ogni anno solare; ~ **pay** (*pers.*) retribuzione per il periodo di congedo per malattia; **to be on ~ -leave** (*pers.*) essere in mutua.

side[1], *n.* fianco, lato, parte. // ~ **-car** (*trasp.*) motocarrozzino, « sidecar »; **a ~ -issue** questione marginale: **The commission has decided to ignore all ~ -issue** la commissione ha deciso di non prendere in considerazione alcuna questione marginale; ~ **-line** (*market.*) « linea » di prodotti secondaria (*rispetto a quella che costituisce oggetto principale di vendita*); (*org. az.*) attività secondaria, ramo d'affari meno importante; ~ **paper** (*pubbl.*) carta (*a tinta unita o fantasia*) per copertine (*di libri, ecc.*); **a ~ road** (*trasp. aut.*) una laterale, una strada laterale; ~ **-slip** (*trasp. aer.*) scivolata d'ala; (*trasp. aut.*) sbandata; ~ **-track** (*trasp. ferr.*) binario di raccordo; ~ **wind** (*trasp. mar.*) vento di traverso; **on the credit ~** (*rag.*) a credito; **on the debit ~** (*rag.*) a debito; « **this ~ down** » (*trasp.*) « basso » (*scritto su un collo di merci*); « **this ~ up** » (*trasp.*) « alto », « tenere diritto » (*scritto su un collo di merci*).

side[2], *v. i.* prendere le parti (*di q.*); appoggiare, sostenere. △ **All the unions have sided with the workers** tutti i sindacati hanno sostenuto i lavoratori.

siding, *n.* (*trasp. ferr.*) raccordo, binario di raccordo. // ~ **track** (*trasp. ferr.*) V. ~.

sight[1], *n.* ❶ vista. ❷ **sights,** *pl.* (*tur.*) curiosità d'un luogo. ❸ **sights,** *pl.* (*tur.*) luoghi d'interesse turistico. △ ❶ **Thirty days after ~ pay to the order of Banca Commerciale Italiana, Bologna, three hundred pounds sterling** a trenta giorni vista pagate all'ordine della Banca Commerciale Italiana, Bologna, trecento sterline. // ~ **bill** (*cred.*) cambiale a vista; ~ **draft** (*cred.*) tratta a vista; **at ~ a vista: This draft is payable at ~** questa tratta è pagabile a vista; **A draft is said to be « at ~ » when it is payable when presented, irrespective of when it was drawn** una tratta è detta « a vista » quando è pagabile al momento della presentazione, a prescindere dal giorno in cui fu spiccata.

sight[2], *v. t.* ❶ avvistare, giungere in vista di. ❷ (*cred.*) presentare (*una cambiale*) per il pagamento. △ ❶ **The ship has been sighted at a few miles off the coast** la nave è stata avvistata ad alcune miglia al largo della costa.

sightsee, *v. i.* (*tur.*) visitare le curiosità d'un luogo, fare un giro turistico.

sightseeing, *n.* (*tur.*) visita alle curiosità d'un luogo. // ~ **bus** (*tur.*) autobus per gite turistiche; ~ **tour** (*tur.*) giro turistico; ~ **trip** (*tur.*) gita turistica.

sign[1], *n.* ❶ segno, indicazione. ❷ (*market.*) insegna (*di negozio*). ❸ (*trasp.*) cartello (*stradale, ecc.*). // ~ **-board** (*market.*) insegna (*di negozio*); ~ **manual** (*leg.*) firma autografa (*specialm. di sovrano*); ~ **of inequality** (*mat.*) segno di disuguaglianza ($\neq$); ~ **of summation** (*mat.*) segno di sommatoria; ~ **-post** (*trasp.*) cartello (*o indicatore*) stradale.

sign[2], *v. t.* ❶ firmare. ❷ (*leg.*) ratificare, sanzionare. ❸ (*pers.*) assumere (*q., facendolo firmare*). ❹ (*trasp.*) mettere segnali lungo (*una strada, ecc.*); mettere segnali a (*un incrocio, ecc.*). *v. i.* ❶ firmare. ❷ (*trasp.*) mettere segnali (*lungo una strada, ecc.*). △ *v. t.* ❶ **The contract has not been signed by both parties yet** il contratto non è ancora stato firmato da entrambe le parti; ❸ **Our firm has just signed fifty new workers** la nostra ditta ha appena assunto cinquanta nuovi operai. // **to ~ away** (*leg.*) alienare formalmente, cedere formalmente (*una proprietà, un diritto, ecc.*): **He was compelled to ~ away his rights in the invention** fu obbligato a cedere formalmente i diritti sulla sua invenzione; **to ~ in** (*comun.*) registrare firmando la ricezione di (*un articolo, ecc.*); (*org. az.*) firmare la ricevuta di carico di (*merci da un altro reparto, ecc.*); (*pers.*) timbrare il cartellino (*arrivando sul posto di lavoro*); (*tur.*) firmare il registro delle presenze (*all'albergo, ecc.*), registrarsi (*all'arrivo, ecc.*); **to ~ the mail** (*comun.*) firmare la corrispondenza; **to ~ on** (*pers.*) far la firma, farsi assumere, assumere; (*trasp. mar.*) arruolarsi, imbarcarsi; arruolare: **to ~ on for another five years** (*pers.*) far la firma per altri cinque anni; **They are going to ~ on only two thirds of the applicants** assumeranno soltanto due terzi degli aspiranti; **He signed on as a member of the crew** s'è imbarcato come membro dell'equipaggio; **to ~ out** (*comun.*) registrare firmando l'invio di (*un articolo, ecc.*); (*org. az.*) firmare il documento di scarico di (*merci a un altro reparto, ecc.*); (*pers.*) timbrare il cartellino (*abbandonando il posto di lavoro*); (*tur.*) registrarsi (*alla partenza*); **to ~ over** (*leg.*) V. **to ~ away**; **to ~ the ship's articles** (*trasp. mar.*) firmare il contratto d'arruolamento; **to ~ a street intersection** (*trasp. aut.*) mettere segnali a un incrocio stradale; **to ~ a treaty** (*leg.*) ratificare un trattato; **to ~ up** V. **to ~ on**; **to ~ a will** (*leg.*) firmare un testamento.

signal[1], *n.* ❶ segnale. ❷ (*trasp. ferr., trasp. mar.*) segnale. △ ❷ **The ~ is up** il segnale è alzato (*il segnale è rosso*). // ~ **-box** (*trasp. ferr.*) cabina di comando dei segnali; ~ **lamp** (*trasp. mar.*) fanale da segnali; ~ **-man** (*trasp. ferr.*) addetto ai segnali, segnalatore, manovratore; ~ **station** (*trasp. mar.*) semaforo; ~ **tower** (*trasp. ferr., USA*) V. ~ **-box**.

signal[2], *v. t. e i.* segnalare, far segnalazioni, far segnali a (*q.*).

signaller, *n.* segnalatore.

signalling, *n.* segnalazione.

signatory, *a. e n.* (*leg.*) firmatario, segnatario.

signature[1], *n.* ❶ firma. ❷ (*comun., pubbl.*) sigla musicale (*motivo musicale trasmesso all'inizio e/o alla fine d'una trasmissione radiotelevisiva*). ❸ (*leg.*) vidimazione. △ ❶ **This letter is waiting for Mr Shamblin's ~** questa lettera aspetta la firma di Mr Shamblin; **Joint signatures are necessary for this type of contract** per questo tipo

signature

di contratto sono necessarie le firme abbinate; **Endorsement consists of the payee's ~ on the back of a bill of exchange** la girata consiste nella (apposizione della) firma del beneficiario sul retro d'una cambiale; **There is no prescribed formula of acceptance: the mere ~ of the drawee across the face of the bill is considered sufficient** non esiste una formula fissa per l'accettazione: è ritenuta sufficiente la firma del trattario apposta trasversalmente sul recto della cambiale. // ~ **book** (*banca*) libro delle firme (*dei clienti d'un istituto di credito*); ~ **by mark** (*leg.*) firma per mezzo d'una croce; ~ **loan** (*cred.*) prestito senza garanzia; ~ **tune** (*comun., pubbl.*) V. ~, def. 2.

signature[2], *v. t.* (*leg.*) autenticare (*un documento, ecc.*) mediante la firma.

signee, *n.* (*leg.*) firmatario.

signer, *n.* (*leg.*) firmatario.

significance, *n.* ❶ significato, senso. ❷ importanza, peso (*fig.*), portata (*fig.*), rilievo (*fig.*). △ ❷ **The economic ~ of oil can never be overestimated** non si potrà mai sopravvalutare l'importanza economica del petrolio; **The true ~ of phase three provisions has not been grasped by all consumers** la vera portata dei provvedimenti della « fase tre » non è stata afferrata da tutti i consumatori.

significant, *a.* ❶ significativo, importante, notevole, di rilievo. ❷ (*mat.*) significativo. △ ❶ **There has been a ~ decrease in the yearly output** c'è stata una notevole diminuzione della produzione annuale. // ~ **digits** (*mat.*) cifre significative; ~ **figures** (*mat.*) cifre significative.

significative, *a.* significativo.

signify, *v. t.* ❶ significare, denotare, voler dire. ❷ annunciare, comunicare. △ ❷ **The chairman has signified his intention to resign** il presidente ha annunciato la sua intenzione di dimettersi.

silent, *a.* silenzioso. // ~ **film** (*pubbl.*) film muto; ~ **partner** (*fin.*) socio accomandante; socio occulto; ~ **vote** (*leg.*) voto segreto; to be ~ tacere, far silenzio; to be ~ **about** (*o* **on**) passar sotto silenzio, non toccare (*un argomento, ecc.*): **The report was ~ on that matter, which astonished the foreign delegates** la relazione non toccò quell'argomento, il che stupì i delegati stranieri.

silents, *n. pl.* (*pubbl.*) film muti.

silk, *n.* seta.

silly, *a.* sciocco, stupido. // **the ~ season** (*giorn.*) la stagione morta (*quando i giornali, per mancanza di notizie, si trovano costretti a pubblicare racconti, servizi di scarso interesse, ecc.*).

silo, *n.* (*org. az.*) silo.

silver, *n.* argento. // ~ **bullion** (*econ.*) argento monetabile; **a ~ coin** una moneta d'argento; ~ **currency** (*econ.*) valuta argentea; ~ **standard** (*econ.*) standard argenteo, circolazione (monetaria) argentea; ~ **-standard Countries** (*econ.*) Paesi a circolazione (monetaria) argentea.

silviculture, *n.* (*econ.*) silvicoltura.

silviculturist, *n.* (*econ.*) silvicoltore.

simple, *a.* ❶ semplice. ❷ (*mat.*) semplice. // ~ **arbitrage** (*fin.*) arbitraggio semplice; ~ **bond** (*leg.*) obbligazione incondizionata; ~ **contract** (*leg.*) contratto semplice, contratto verbale; ~ **credit** (*cred.*) credito non confermato; ~ **debenture** (*fin.*) obbligazione chirografaria; ~ **equation** (*mat.*) equazione lineare; ~ **fraction** (*mat.*) frazione semplice; ~ **interest** (*mat., rag.*) interesse semplice; ~ **majority** (*leg.*) maggioranza semplice; ~ **obligation** (*leg.*) obbligazione incondizionata; ~ **random sample** (*stat.*) campione casuale; **the ~ rule of three** (*mat.*) la regola del tre semplice.

simplex, *n.* (*mat.*) simplesso. // ~ **method** (*mat., ric. op.*) metodo del simplesso; ~ **system** (*comun.*) sistema (telefonico) simplex.

simplified, *a.* semplificato. // ~ **index of productivity** (*org. az.*) indice di produttività semplificato.

simplify, *v. t.* semplificare. // to ~ **a manufacturing process** (*org. az.*) semplificare un processo di lavorazione.

simulate, *v. t.* (*leg.*) simulare, fingere.

simulation, *n.* ❶ (*leg.*) simulazione, finzione. ❷ (*ric. op.*) simulazione. // ~ **of offence** (*leg.*) simulazione di reato; ~ **techniques** (*ric. op.*) tecniche di simulazione.

simulator, *n.* (*anche leg.*) simulatore.

simultaneous, *a.* simultaneo. // ~ **translation** traduzione simultanea.

sinalagmatic, *a.* V. **synallagmatic**.

since, *prep.* (*tempo continuato*) da. *cong.* (*tempo*) da quando, dacché.

sincere, *a.* sincero.

sincerely, *avv.* sinceramente. // ~ **Yours** (*comun.*) cordiali saluti (*nelle lettere commerciali*).

sine[1], *n.* (*mat.*) seno. // ~ **function** (*mat.*) funzione sinusoidale; **the ~ of an angle** (*mat.*) il seno d'un angolo.

sine[2], *avv.* (*latino*) senza. // ~ **die** (*leg.*) « sine die »; a tempo indeterminato, a data da determinarsi: **The meeting has been adjourned ~ die** la riunione è stata rinviata a data da determinarsi.

sinecure, *n.* (*pers.*) sinecura.

sinecurist, *n.* (*pers.*) chi gode d'una sinecura.

single, *a.* singolo, solo, semplice, individuale. *n.* ❶ (*trasp.*) biglietto d'andata. ❷ (*ingl.*) banconota da una sterlina. ❸ (*USA*) banconota da un dollaro. △ *a.* **When the anonymous letter was found, each ~ employee's handwriting was thoroughly compared with the original** quando fu trovata la lettera anonima, la grafia d'ogni singolo impiegato fu scrupolosamente confrontata con quella della lettera originale; *n.* ❷ **I got five singles and one five for my ten-pound traveller's cheque** ho cambiato il mio traveller's cheque da dieci sterline con cinque banconote da una sterlina e una da cinque. // to ~ **-crop** (*econ.*) attuare la monocoltura (*agricola*); ~ **-decker** (*trasp. mar.*) nave a un ponte; ~ **entry** (*rag.*) partita semplice; ~ **-entry bookkeeping** (*rag.*) contabilità a partita semplice; **a ~ European monetary front** (*econ.*) un fronte monetario europeo unico; ~ **issue** (*o* **number**) (*giorn.*) numero unico (*di rivista, ecc.*); ~ **market** (*econ.*) mercato unico; **a ~ market for agricultural products** (*econ.*) un mercato unico per i prodotti agricoli; ~ **-member constituency** (*leg.*) collegio uninominale; ~ **-name paper** (*cred.*) pagherò cambiario recante la sola firma dell'emittente (*e nessuna girata*); ~ **payment** pagamento in soluzione unica, pagamento « una tantum »; ~ **premium** (*ass.*) premio unico; ~ **price** (*market.*) prezzo unico; ~ **standard** (*econ.*) monometallismo; ~ **tax** (*fin., USA*) imposta unica (*specialm. sulla rendita del terreno*); ~ **ticket** (*trasp.*) biglietto d'andata; **a ~ -track railway** (*trasp. ferr.*) una ferrovia a un solo binario; ~ **-use goods** (*econ.*) capitale circolante (*beni che si esauriscono completamente in un solo processo produttivo*).

sink, *v. t.* (*pass.* **sank**, *part. pass.* **sunk**) ❶ (*cred.*) ammortare, ammortizzare, saldare (*un debito*). ❷ (*fin.*) investire (*denaro*). ❸ (*fin.*) perdere (*denaro: in investimenti azzardati*). ❹ (*fin.*) dilapidare (*un patrimonio*). *v. i.* (*trasp. mar.*) affondare, andare a picco. △ *v. t.* ❶ **The loan has been completely sunk** il mutuo è stato interamente ammortizzato; ❷ **They have sunk over a million pounds into this project** hanno investito più d'un milione di sterline in questo progetto; ❹ **He has**

sunk a large part of his patrimony in trying to renew his firm ha dilapidato gran parte del suo patrimonio cercando di rinnovare l'azienda; *v. i.* **The ship sank** la nave affondò.

sinkable, *a.* ❶ (*cred., fin., rag.*) ammortabile, ammortizzabile. ❷ (*trasp. mar.*) affondabile, sommergibile.

sinking, *n.* ❶ (*cred.*) ammortamento (*d'un mutuo, ecc.*); estinzione (*d'un debito, ecc.*). ❷ (*trasp. mar.*) affondamento. // ~ **fund** (*rag.*) fondo d'ammortamento; ~ **plan** (*rag.*) piano d'ammortamento.

sister, *n.* sorella. // ~ **ships** (*trasp. mar.*) navi gemelle.

sisterhood, *n.* (*leg.*) sorellanza.

sistership, *n.* sorellanza, l'essere sorelle. // ~ **clause** (*ass. mar.*) clausola che regola la collisione fra due navi appartenenti allo stesso armatore.

sit, *v. i.* (*pass. e part. pass.* **sat**) ❶ sedere, sedersi, essere seduto. ❷ (*leg.*) avere un seggio. ❸ (*leg.*) essere in seduta, tenere udienza. △ ❹ **Parliament is sitting** il Parlamento è in seduta; **The Court is now sitting** il tribunale tiene udienza. // **to ~ for an exam** sostenere un esame; **to ~ in Parliament** (*leg.*) avere un seggio in Parlamento; **to ~ on** (*leg.*) far parte di, essere membro di: **He has been called to ~ on the jury** è stato chiamato a far parte della giuria; **to ~ on the board of directors** (*amm.*) far parte del consiglio d'amministrazione; **to ~ on a committee** far parte d'una commissione; **to be sitting** (*leg.*) essere in seduta.

sit-down, *n.* (*sind.*) *V.* ~ **strike.** // ~ **strike** (*sind.*) sciopero « bianco » (*con occupazione della fabbrica*).

sit-in, *n. V.* **sit-down strike.**

sitting, *n.* seduta, adunanza, udienza. // **a ~ of the Court** (*leg.*) un'udienza del tribunale; **a ~ of the House of Lords** (*leg., ingl.*) una seduta della Camera dei Lord.

situation, *n.* ❶ situazione. ❷ (*econ.*) congiuntura. ❸ (*pers.*) posto (*di lavoro*), impiego. △ ❶ **The international political ~ will inevitably influence the consumer's behaviour** la situazione politica internazionale avrà sicuramente un'influenza sul comportamento del consumatore; ❷ **There are prospects of a fairly favourable world ~** si prevede una congiuntura mondiale abbastanza favorevole; ❸ **Tens of people have applied for this ~** decine di persone hanno presentato domanda per questo impiego. // ~ **analysis** (*market.*) analisi della situazione; « **situations vacant** » (*giorn., pubbl.*) « offerte d'impiego », « cercasi »; « **situations wanted** » (*giorn., pubbl.*) « domande d'impiego », « offresi ».

six, *a.* e *n.* sei. // ~ **-bit numeric code** (*elab. elettr.*) codice a sei cifre binarie.

size, *n.* ❶ dimensione, grandezza, misura. ❷ ammontare, volume (*fig.*). ❸ (*market.*) numero (*di scarpe*); taglia (*d'indumento*). △ ❷ **The ~ of his bank account encouraged us to grant him the loan** l'ammontare del suo conto in banca ci incoraggiò a concedergli il mutuo; **The ~ of the reading public is increasing steadily** il volume dei lettori aumenta costantemente. // ~ **of business** (*org. az.*) dimensioni d'impresa; **the ~ of an order** (*market.*) l'ammontare d'un'ordinazione; **the ~ of a sample** (*market., stat.*) la grandezza del campione; ~ **of type** (*giorn., pubbl.*) corpo tipografico; ~ **thresholds** (*econ.*) soglie dimensionali.

skeleton, *n.* scheletro. // ~ **crew** (*trasp. mar.*) equipaggio ridotto al minimo; ~ **staff** (*org. az.*) personale ridotto al minimo.

sketch[1]**,** *n.* schizzo, disegno, vignetta.

sketch[2]**,** *v. t.* schizzare, disegnare.

skew[1]**,** *a.* ❶ obliquo, sbilenco, sghembo. ❷ (*stat.*) asimmetrico, anormale. △ ❷ **For a ~ distribution, the median is not identical with the arithmetic mean** in una distribuzione (statistica) asimmetrica, la mediana non è identica alla media aritmetica.

skew[2]**,** *v. t.* ❶ rendere obliquo, far deviare. ❷ (*stat.*) togliere simmetria a (*una distribuzione, alla sua rappresentazione grafica, ecc.*).

skewness, *n.* ❶ obliquità. ❷ (*stat.*) asimmetria. // **the ~ of a statistical distribution** (*stat.*) l'asimmetria d'una distribuzione statistica.

skid[1]**,** *n.* (*trasp.*) sbandamento, slittamento, sbandata.

skid[2]**,** *v. i.* (*trasp.*) sbandare, slittare.

skilful, *a.* abile, destro, esperto, « finito », qualificato.

skill, *n.* ❶ abilità, bravura, destrezza. ❷ (*pers.*) operai qualificati. △ ❶ **In joining to set up a partnership, the partners contribute labour, money and ~ with a view to a common profit** nell'unirsi per formare una società, i soci mettono in comune il lavoro, il denaro e l'abilità, in vista d'un profitto comune; ❷ **The immigration of ~ is welcomed in all developing Countries** l'immigrazione d'operai qualificati è gradita da tutti i Paesi in via di sviluppo. // **the skills required for a trade** le attitudini necessarie per l'esercizio d'una professione.

skilled, *a.* ❶ abile, bravo, destro. ❷ (*pers.*) (*d'operaio*) qualificato, specializzato. // ~ **labour** (*pers.*) manodopera qualificata; ~ **work** (*pers.*) lavoro specializzato: ~ **work is one of the characteristics of a truly mechanized society** il lavoro specializzato è una delle caratteristiche d'una società realmente meccanizzata; **a ~ worker** (*pers.*) un operaio specializzato.

skip[1]**,** *n.* ❶ balzo, salto, omissione. ❸ (*elab. elettr.*) salto (*d'una o più istruzioni in una sequenza*).

skip[2]**,** *v. t.* e *i.* ❶ balzare, saltare. ❷ saltare, omettere, tralasciare. ❸ (*elab. elettr.*) saltare (*una o più istruzioni in una sequenza*). △ ❷ **The president has never skipped his monthly press conference** il presidente non ha mai saltato la sua conferenza stampa mensile.

skipper, *n.* (*trasp. mar.*) capitano (*di piccolo mercantile*).

sky, *n.* cielo. // ~ **-sign** (*pubbl.*) insegna (*generalm. luminosa*) su un edificio; ~ **-writing** (*pubbl.*) scrittura aerea (*fatta da un aeroplano*); **the ~ -writing of a slogan** (*pubbl.*) la scrittura aerea d'uno slogan.

skyway, *n.* (*trasp. aer.*) rotta aerea.

slack, *a.* ❶ lento, allentato. ❷ debole, fiacco. ❸ indolente, inerte. ❹ trasandato, trascurato. *n.* ❶ (*market.*) periodo d'inattività, periodo di ristagno. ❷ (*trasp. mar.*) marea ferma, stanca di marea. △ *a.* ❷ **The market has been ~ for several days** il mercato è fiacco da diversi giorni; ❹ **Most of his financial troubles come out of his ~ bookkeeping** gran parte dei suoi guai finanziari derivano dalla sua trasandata contabilità. // **a ~ domestic demand** (*econ.*) una debole domanda interna; **a ~ employee** (*pers.*) un impiegato indolente; ~ **of high water** (*trasp. mar.*) stanca d'alta marea; ~ **of low water** (*trasp. mar.*) stanca di bassa marea; **the ~ season** (*market.*) la stagione morta.

slacken, *v. t.* e *i.* ❶ allentare, allentarsi, mollare. ❷ calare, diminuire, ridursi. △ ❷ **Economic activity has slackened appreciably** l'attività economica s'è ridotta sensibilmente. // **to ~ discipline** (*org. az.*) allentare la disciplina.

slackening, *n.* ❶ allentamento. ❷ (*econ., fin., market.*) calo, diminuzione, riduzione, declino. △ ❷ **There has been a ~ in domestic supply** c'è stata una diminuzione dell'offerta interna.

slackness, *n.* ❶ fiacchezza, debolezza. ❷ lentezza,

slander

l'essere allentato. ❸ indolenza, inerzia. ❹ trasandatezza. △ ❶ **That period was characterized by ~ in the economies of the principal European Countries** quel periodo fu caratterizzato dalla fiacchezza delle economie dei principali Paesi europei. // **~ in business** (*econ.*) lentezza nell'attività commerciale.

slander[1], *n.* (*leg.*) calunnia, diffamazione.

slander[2], *v. t.* (*leg.*) calunniare, diffamare.

slanderer, *n.* (*leg.*) calunniatore, diffamatore.

slanderous, *a.* (*leg.*) calunnioso, diffamatorio. // **a ~ statement** (*leg.*) un'affermazione calunniosa.

slash[1], *n.* ❶ (*anche fig.*) taglio. ❷ (*econ., fin.*) riduzione (*di fondi, spese, ecc.*). △ ❷ **The firm has announced a 10% price ~ in old models** la casa ha annunciato una riduzione del 10% sul prezzo dei modelli vecchi.

slash[2], *v. t.* ❶ (*anche fig.*) tagliare. ❷ (*econ., fin.*) apportare «tagli» a (*un bilancio*); ridurre drasticamente (*fondi, spese, ecc.*). △ ❷ **The budget will be slashed by the new administration** la nuova amministrazione apporterà dei tagli al bilancio; **All expenses have been slashed by almost 30 per cent** tutte le spese sono state ridotte del 30 per cento circa.

slaughter[1], *n.* ❶ macellazione. ❷ (*fig.*) strage. // **the ~ on the roads** (*trasp. aut.*) la strage dovuta agli incidenti stradali.

slaughter[2], *v. t.* ❶ macellare. ❷ (*fig.*) far strage di. ❸ (*fin.*) vendere (*titoli*) in perdita.

sleep, *v. i.* (*pass. e part. pass.* **slept**) dormire. *v. t.* (*tur.*) (*d'albergo, ecc.*) dar da dormire a (*un certo numero di persone*); aver letti per (*un certo numero di persone*); poter ospitare. △ *v. t.* **Our hotel sleeps 500 people** il nostro albergo può ospitare 500 persone.

sleeper, *n.* ❶ chi dorme, dormiente. ❷ (*Borsa, fin.*) titolo apparentemente ignorato dagli speculatori (*e che perciò ha una quotazione troppo bassa rispetto al resto del mercato*). ❸ (*market.*) articolo che si vende con difficoltà (*o con lentezza*). ❹ (*trasp. ferr.*) traversina (*di binario*). ❺ (*trasp. ferr.*) vagone letto.

sleeping, *a.* dormiente, addormentato. // **~ berth** (*trasp.*) cuccetta, letto; **~ -car** (*trasp. ferr.*) carrozza con letti, vagone letto; **~ -carriage** (*trasp. ferr.*) V. **~ -car**; **~ partner** (*fin.*) accomandante, socio accomandante; **~ rent** (*econ.*) rendita fissa.

slice[1], *n.* parte; (*anche fig.*) porzione, fetta. △ **A large ~ of profits will be reinvested** una grossa parte dei profitti sarà reinvestita.

slice[2], *v. t.* ❶ affettare, tagliare, tagliar via. ❷ eliminare (*tagliando*); ridurre (*come tagliando con un coltello*). △ ❷ **Production has been sliced by more than half** la produzione è stata ridotta d'oltre la metà; **We are trying to ~ at least 10 millions from our annual fuel bill** stiamo cercando di risparmiare almeno 10 milioni sul combustibile (*d'eliminare 10 milioni dal conto del combustibile*).

slide[1], *n.* ❶ scivolata, scivolone. ❷ (*econ.*) tracollo. ❸ (*pubbl.*) diapositiva. △ ❷ **Government is taking action to halt the economic ~** il Governo sta agendo per frenare il tracollo economico. // **~ rule** (*attr. uff.*) regolo calcolatore.

slide[2], *v. i.* (*pass. e part. pass.* **slid**) scivolare.

sliding, *a.* scorrevole, mobile. *n.* (*anche fig.*) scivolamento, slittamento. // **~ parities** (*fin.*) parità slittanti; **~ rule** (*attr. uff.*) regolo calcolatore; **~ scale** (*econ.*) scala mobile (*dei salari, ecc.*); **~ wage-scale** (*econ., sind.*) scala mobile dei salari.

slight, *a.* esiguo, leggero, lieve. // **~ damages** (*leg.*) danni lievi; **~ negligence** (*leg.*) negligenza lieve.

slip[1], *n.* ❶ scivolata, scivolone. ❷ errore, svista. ❸ striscia (*di carta*), foglietto. ❹ (*banca*) distinta. ❺ (*banca*) tallonccino. ❻ (*giorn., pubbl.*) colonna (*di bozze di stampa*). ❼ (*trasp. mar.*) scalo d'alaggio. ❽ (*trasp. mar.*) polizzetta. △ ❹ **The paying-in ~ must be signed by the bank's client** la distinta di versamento deve essere firmata dal cliente della banca. // **~ carriage** (*trasp. ferr.*) carro sganciabile in corsa; **~ -coach** (*trasp. ferr.*) carrozza sganciabile in corsa; **a ~ in spelling** un errore d'ortografia; **~ -proof** (*giorn., pubbl.*) bozza in colonna; **~ -way** (*trasp. aer., trasp. mar.*) scivolo.

slip[2], *v. i.* ❶ scivolare. ❷ (*market.*) (*di vendite, ecc.*) diminuire. △ ❷ **Since costs and prices rise, sales will ~** poiché i costi e i prezzi aumentano, le vendite diminuiranno. // **to ~ back** scivolare indietro, regredire: **In Germany, the volume increase in gross national product slipped back from 4.5% to 2.9% last year** in Germania, l'incremento del prodotto nazionale lordo in volume è regredito dal 4,5% al 2,9% nello scorso anno.

slipway, *n.* ❶ (*trasp. mar.*) scalo d'alaggio. ❷ (*trasp. mar.*) scalo di costruzione.

slogan, *n.* (*pubbl.*) slogan, motto pubblicitario.

sloganeer, *n.* (*pubbl., USA*) chi inventa slogan.

sloop, *n.* (*trasp. mar.*) scialuppa.

slot-machine, *n.* apparecchio (*o macchina*) a gettoni.

slow[1], *a.* ❶ lento, pigro. ❷ (*econ.*) (*di mercato, ecc.*) fiacco. △ ❷ **Business here is rather ~ in autumn** gli affari qui sono piuttosto fiacchi in autunno. // **a ~ month** (*market.*) un mese «morto» (*in cui non si fanno affari*).

slow[2], *v. t. e i.* ❶ (*anche fig.*) rallentare; (*fig.*) frenare. ❷ (*trasp.*) rallentare, ridurre la velocità di (*un veicolo*). △ ❶ **The production of those vehicles has slowed a bit** la produzione di quei veicoli è un po' rallentata; **Investors are slowing the market** i risparmiatori stanno frenando il mercato. // **to ~ down** (*trasp.*) rallentare.

slowdown, *n.* ❶ (*anche fig.*) rallentamento. ❷ (*pers., sind.*) sciopero bianco (*che si attua con un rallentamento del lavoro*). △ ❶ **There has been a ~ in productivity within the Country** c'è stato un rallentamento della produttività all'interno; **The ~ of economic growth in certain Member Countries affected the general situation on the labour market** il rallentamento dell'espansione economica in alcuni Paesi Membri s'è ripercosso sulla situazione generale del mercato del lavoro. // **a ~ in economic activity** (*econ.*) un rallentamento congiunturale.

slowness, *n.* lentezza.

slug, *n.* (*giorn.*) zeppa, tappabuco.

sluggish, *a.* ❶ indolente; (*anche fig.*) lento, pigro, inerte. ❷ (*econ., market.*) (*di prezzo, ecc.*) fermo. △ ❶ **For several years economic development has been rather ~** da diversi anni lo sviluppo economico è piuttosto lento; ❷ **Stock prices have remained pretty ~ this week** questa settimana le quotazioni delle azioni si sono mantenute piuttosto ferme. // **a ~ market** (*econ.*) un mercato inerte; **a ~ worker** (*pers.*) un lavoratore pigro.

sluggishness, *n.* indolenza, pigrizia, inerzia.

sluice, *n.* (*trasp.*) canale con chiusa. // **~ -gate** (*trasp.*) chiusa, paratoia; **~ -gate prices** (*econ.*) prezzi limite.

slump[1], *n.* ❶ (*econ.*) crisi, depressione, recessione, congiuntura bassa. ❷ (*econ., fin., market.*) caduta, crollo, ribasso improvviso (*di prezzi, ecc.*). △ ❶ **He lost all his money in the ~** perse tutto il suo denaro nella recessione. // **a ~ in prices** (*Borsa*) una flessione nelle quotazioni; (*market.*) un crollo dei prezzi; **a ~ on the Stock Exchange**

(*fin.*) una crisi della Borsa; ~ **symptoms** (*econ.*) nodi congiunturali: **We must try to eliminate ~ symptoms** bisogna cercare di sciogliere i nodi congiunturali.

slump[2], *v. i.* (*econ.*, *fin.*, *market.*) (*di prezzi, ecc.*) crollare, ribassare all'improvviso, subire una forte flessione.

slumpflation, *n.* (*econ.*) inflazione più recessione.

small, *a.* piccolo, esiguo, scarso, basso. △ **For the ~ saver the advice is to buy unit-trust shares and leave the portfolio to the managers** si consiglia il piccolo risparmiatore d'acquistare quote d'un fondo comune d'investimento e di lasciare agli amministratori la responsabilità d'occuparsi del portafoglio. // ~ **bankruptcy** (*leg.*) piccolo fallimento; ~ **basket** cestino; ~ **bond** (*fin.*, *USA*) obbligazione del valore nominale di 10, 25 o 50 dollari; ~ **business** (*econ.*) piccola industria; ~ **-business financing** (*fin.*) finanziamento alla piccola industria; ~ **capitals** (*giorn.*, *pubbl.*) maiuscoletto; ~ **case** cassetta; ~ **change** moneta spicciola, spiccioli, spicciolame; ~ **claim** (*leg.*, *USA*) V. ~ **debt**; ~ **-claims Court** (*leg.*, *USA*) V. ~ **-debts Court**; ~ **companies** (*econ.*) piccole imprese; ~ **debt** (*leg.*) debito di lieve entità, rivendicazione di scarso peso giuridico; ~ **-debts Court** (*leg.*) tribunale speciale in cui vengono giudicate le controversie derivanti dagli «small debt» (*q.V.*); **a ~ farmer** (*econ.*) un piccolo proprietario, un colono, un coltivatore diretto; ~ **gross** (*comm.*) dieci dozzine; ~ **holder** (*econ.*) piccolo proprietario, piccolo affittuario; ~ **holding** (*econ.*) piccola azienda agricola; ~ **increment** (*mat.*) incremento elementare; ~ **industry** (*econ.*) piccola industria; ~ **letters** (*giorn.*, *pubbl.*) minuscole, lettere minuscole; ~ **lever** levetta; ~ **money** V. ~ **change**; ~ **-scale** su piccola scala, piccolo; ~ **-scale industry** (*econ.*) piccola industria; ~ **taxes** (*fin.*) imposte esigue; **a ~ tradesman** (*market.*) piccolo commerciante.

smart, *a.* ❶ abile, accorto, astuto. ❷ bello, elegante. // ~ **appearance** (*pers.*) bella presenza: **Wanted: two shorthand typists, ~ appearance** cercansi due dattilografe, bella presenza; **a ~ businessman** un astuto affarista; **a ~ deal** un buon affare, un affarone; **a ~ investment** (*fin.*) un investimento accorto; ~ **money** (*pers.*, *sind.*) indennizzo (*pagato da un datore di lavoro*) a un dipendente infortunato; **a ~ price** (*market.*) un prezzo alto, un bel prezzo.

smash[1], *n.* ❶ rottura, l'andare in frantumi. ❷ (*fig.*) disastro. ❸ (*econ.*, *fin.*) crollo, tracollo, rovina, fallimento, bancarotta. ❹ (*USA*) moneta falsa. ❺ (*USA*) moneta, monete. ❻ (*slang USA*) denaro. *a. attr.* straordinario, strepitoso, fantastico. △ *n.* ❸ **That year will always be remembered for the extraordinary number of smashes in the wool industry** quell'anno sarà sempre ricordato per il numero straordinario di fallimenti nel settore laniero; ❺ **He gave me 18 dollars in bills and the rest in ~** mi diede 18 dollari in banconote e il resto in monete; *a.* **The new car is a ~ hit** la nuova automobile è un successo straordinario. // **the ~ -and-grab gang** (*leg.*) la «banda del mattone»; ~ **-and-grab raid** (*leg.*) «spaccata» (*furto con effrazione di vetrina*); **a ~ success** un successo strepitoso.

smash[2], *v. t.* infrangere, fracassare, (*fig.*) polverizzare. *v. i.* ❶ (*anche fig.*) fracassarsi, andare in pezzi. ❷ (*econ.*, *fin.*, *fig.*) andare in rovina, subire un tracollo, fallire, far bancarotta. ❸ (*USA*) spacciare monete false. △ *v. t.* **We have smashed all production records** abbiamo polverizzato tutti i record produttivi; *v. i.* ❷ **Tens of firms smashed during the slump** decine di ditte fallirono durante la depressione. // **to ~ up** (*anche fig.*) distruggere; (*econ.*, *fin.*, *fig.*) andare in rovina, fallire; **to ~ up a monopoly** (*econ.*) distruggere un monopolio.

smasher, *n.* ❶ (*USA*) spacciatore di monete false. ❷ (*USA*) ricettatore (*di merce rubata*).

smuggle, *v. t.* (*leg.*) contrabbandare; esportare (*merce*) di contrabbando; importare (*merce*) di contrabbando. *v. i.* (*leg.*) fare il contrabbando, fare il contrabbandiere. △ *v. t.* **Even labour can be smuggled** perfino la manodopera può essere contrabbandata. // **to ~ in** (*leg.*) importare di contrabbando: **As the machine had been smuggled in, no expert accepted to repair it** siccome la macchina era stata importata di contrabbando, nessun esperto accettò di aggiustarla; **to ~ out** (*leg.*) esportare di contrabbando.

smuggler, *n.* ❶ (*leg.*) contrabbandiere. ❷ (*leg.*) nave contrabbandiera.

smuggling, *n.* (*leg.*) contrabbando.

snake, *n.* serpente. // **the «~ in the tunnel»** (*econ.*, *neol.*) il «serpente nel tunnel»: **The «~ -in-the-tunnel» is a new term for the joint float of European currencies** il «serpente nel tunnel» è il nuovo termine per la fluttuazione comune delle monete europee.

snapback, *n.* improvvisa ripresa, inatteso miglioramento. △ **Most insiders predict a ~ of the market** la maggior parte degli «addetti ai lavori» prevede una ripresa del mercato.

social, *a.* sociale. // ~ **activities** (*org. az.*) attività sociali; ~ **and economic disequilibria** (*econ.*) squilibri sociali ed economici; ~ **and professional leaders** (*pers.*) dirigenti socio-professionali; **the ~ aspects of the common and Community policies** aspetti sociali delle politiche comuni e comunitarie; ~ **benefits** (*pers.*) provvidenze sociali; ~ **charges** (*pers.*) oneri sociali; ~ **class** (*econ.*) classe sociale; **a ~ climber** un arrivista; ~ **insurance** (*pers.*) previdenza sociale; ~ **justice** (*econ.*) giustizia sociale; ~ **legislation** (*leg.*) legislazione sociale; ~ **mobility** (*econ.*) mobilità sociale; ~ **net product** (*econ.*) prodotto netto sociale; ~ **policy** (*econ.*) politica sociale; ~ **security** (*econ.*) sicurezza sociale; (*pers.*) previdenza sociale; ~ **-security agencies** (*pers.*) enti d'assistenza sociale; istituti di previdenza sociale; ~ **security for migrant workers** (*pers.*) sicurezza sociale dei lavoratori migranti; ~ **-security plan** (*pers.*) sistema previdenziale; ~ **-security taxes** (*fin.*) contributi sociali, oneri sociali; ~ **status** (*econ.*) posizione sociale; ~ **stratification** (*econ.*) stratificazione sociale; ~ **survey** (*econ.*, *stat.*) indagine sociologica; ~ **worker** (*pers.*) assistente sociale.

socialism, *n.* (*econ.*) socialismo.

socialist, *a. e n.* (*econ.*) socialista. △ **Nationalization was sponsored by the Socialists** la nazionalizzazione fu sostenuta dai socialisti. // ~ **Country** (*econ.*) Paese socialista: **The ~ Countries of eastern Europe are State-trading Countries** i Paesi socialisti dell'Europa orientale sono Paesi a commercio di Stato; ~ **economy** (*econ.*) economia socialista.

society, *n.* ❶ società; comunità sociale. ❷ (*leg.*) associazione. △ ❶ **If the employees own a co-operative ~, the latter is known as producers' co-operative** una (società) cooperativa è detta cooperativa di produzione quando i dipendenti ne sono proprietari. // **a ~ of lawyers** (*leg.*) un'associazione d'avvocati.

sociodynamic, *a.* sociodinamico.

socioeconomic, *a.* (*econ.*) socio-economico. // **the ~ requirements of European agriculture** (*econ.*) le esigenze socio-economiche dell'agricoltura europea.

sociometric test, *n.* (*pers.*) test sociometrico.

soft, *a.* ❶ molle, soffice. ❷ (*fam.*) leggero. ❸ (*fam.*)

facile. // ~ **currency** (*econ.*) valuta debole, moneta non convertibile (*in oro*); ~ **goods** (*econ.*) beni non durevoli; (*market.*) stoffe, tessuti; **a** ~ **job** (*pers.*) un lavoro facile; ~ **money** (*fin.*) moneta cartacea, moneta non metallica; moneta debole; ~ **sell** (*market.*, *pubbl.*) uso della suggestione o della persuasione nelle tecniche di vendita.

softbound, *a.* (*giorn.*, *pubbl.*) (*di libro*) in brossura.

software, *n.* collett. (*elab. elettr.*) « software » (*corredo di linguaggi e programmi*).

sola, *n.* (*cred.*) sola di cambio, cambiale in unico originale. // ~ **bill** (*cred.*) V. ~.

sold, *a.* venduto. // ~ **contract** (*banca*, *fin.*) corso lettera, corso vendita; ~ **note** (*Borsa*, *fin.*) fissato bollato (*di vendita*); (*market.*) conto vendite (*a provvigione*); ~ **out** (*market.*) (*d'articolo*) esaurito.

sole, *a.* solo, singolo, esclusivo, unico. // ~ **agency** (*market.*) esclusiva (*di vendita*, *ecc.*), rappresentanza esclusiva: **We are prepared to offer you our** ~ **agency for the sale in your Country of the wines of our production** siamo pronti a offrirvi la rappresentanza esclusiva di vendita dei nostri vini nel vostro Paese; ~ **agent** (*market.*) agente esclusivo, agente unico, rappresentante esclusivo, esclusivista; ~ **corporation** (*fin.*, *USA*) ente morale costituito da una sola persona; ~ **director** (*amm.*) amministratore unico; ~ **distributor** (*market.*) concessionario; ~ **heir** (*leg.*) erede universale; ~ **legatee** (*leg.*) legatario universale; ~ **proprietor** (*leg.*) unico proprietario; ~ **right** (*leg.*) diritto esclusivo; ~ **rights of publication** (*leg.*) diritti esclusivi di pubblicazione; ~ **trader** (*org. az.*) commerciante in proprio.

solemn, *a.* ❶ solenne, formale. ❷ pubblico. // **a** ~ **will** (*leg.*) un testamento pubblico.

solicit, *v. t.* ❶ sollecitare, chiedere, invitare. ❷ (*leg.*) agire come procuratore legale di (*q.*). *v. i.* (*leg.*) fare il procuratore legale. // **to** ~ **orders** sollecitare ordinazioni.

solicitation, *n.* sollecitazione, sollecito.

solicitor, *n.* ❶ (*leg.*) procuratore legale; avvocato (*che tratta coi clienti, ma normalmente non discute in tribunale*). ❷ (*market.*, *USA*) procacciatore d'affari. // ~ **and client costs** (*leg.*) spese di giudizio irripetibili; **the** ~ **of the defendant** (*leg.*) il procuratore del convenuto; ~ **'s office** (*leg.*) studio legale.

solid, *a.* ❶ (*anche fig.*) solido. ❷ (*market.*) (*di stoffa*) a tinta unita. ❸ (*mat.*) cubico. *n.* (*mat.*) solido. // **a** ~ **firm** una ditta solida; ~ **geometry** (*mat.*) geometria solida; ~ **inch** « pollice » cubico; ~ **measures** misure cubiche; ~ **-state computer** (*elab. elettr.*) V. **second-generation computer**.

solidarity, *n.* solidarietà.

solidity, *n.* (*anche fig.*) solidità.

solution, *n.* soluzione. // ~ **of continuity** soluzione di continuità; **the** ~ **of a problem** (*anche mat.*) la soluzione d'un problema.

solvable, *a.* risolubile, risolvibile.

solve, *v. t.* risolvere, sciogliere. // **to** ~ **an equation by successive approximations** (*mat.*) risolvere un'equazione per mezzo d'approssimazioni successive; **to** ~ **a problem** (*anche mat.*) risolvere un problema.

solvency, *n.* (*cred.*) solvibilità. △ **Our client's** ~ **has been amply proved** la solvibilità del nostro cliente è stata ampiamente provata.

solvent, *a.* (*cred.*) solvibile. // **a** ~ **debtor** (*cred.*) un debitore solvibile; **a** ~ **merchant** (*cred.*) un commerciante solvibile.

some, *a.* e *pron.* qualche, del, dello, dei, degli, delle, alcuni, alcune.

somebody, *pron.* qualcuno.

someone, *pron.* qualcuno.

something, *pron.* qualcosa.

son, *n.* figlio.

sophisticate, *v. t.* (*leg.*) sofisticare, falsificare, adulterare, fatturare. // **to** ~ **goods** (*leg.*) adulterare le merci.

sophisticated, *a.* ❶ « sofisticato », raffinato. ❷ (*leg.*) sofisticato, falsificato, adulterato. △ ❶ **They are known for their** ~ **distribution standards** sono noti per i loro raffinati criteri distributivi. // **a** ~ **wine** (*market.*) un vino sofisticato.

sophistication, *n.* ❶ « sofisticazione », raffinatezza. ❷ (*leg.*) sofisticazione, falsificazione, adulterazione. △ ❶ **Their advertising techniques are characterized by a higher degree of** ~ le loro tecniche pubblicitarie sono caratterizzate da un grado di « sofisticazione » maggiore; ❷ **The** ~ **of foodstuffs is severely punished** la sofisticazione dei generi alimentari è punita severamente.

sophisticator, *n.* (*leg.*) sofisticatore.

sorry, *a.* addolorato, afflitto, dolente. // **to be** ~ dolersi, dispiacere, rincrescere: **I am** ~ **to learn that the parcel of assorted articles we sent you did not correspond with the sample** sono dolente d'apprendere che l'assortimento d'articoli speditovi non era conforme al campione.

sort[1], *n.* sorta, specie, classe, genere, tipo. △ **Our customers can choose among articles of all sorts** la nostra clientela può scegliere fra articoli d'ogni tipo.

sort[2], *v. t.* ❶ cernere, ordinare. ❷ (*comun.*) smistare (*lettere*, *pacchi*, *ecc.*). ❸ (*elab. elettr.*) selezionare. ❹ (*market.*) smistare, assortire (*merci*). // **to** ~ **the mail** (*comun.*) smistare la corrispondenza, fare la cernita (*o lo spoglio*) della corrispondenza.

sortation, *n.* ❶ cernita. ❷ (*comun.*, *market.*) smistamento. // **the** ~ **of mail** (*comun.*) lo smistamento (*o la cernita*) della corrispondenza.

sorting, *n.* ❶ cernita, ordinamento. ❷ (*comun.*) smistamento. ❸ (*market.*) smistamento, assortimento (*di merci*).

sound[1], *a.* ❶ sano, solido. ❷ buono, in buone condizioni. ❸ (*cred.*) solvibile. ❹ (*leg.*) valido. △ ❹ **They have a** ~ **title to that land** essi hanno un valido titolo a quei terreni. // **a** ~ **bank** (*banca*) una banca solida; **a** ~ **currency** (*econ.*) una moneta sana; **a** ~ **economy** (*econ.*) un'economia sana; **a** ~ **investment** (*fin.*) un investimento sicuro; ~ **money** (*econ.*) moneta stabile, moneta convertibile (*in oro*); ~ **paper** (*fin.*) effetti sicuri, effetti di buona firma; **a** ~ **ship** (*trasp. mar.*) una nave in buone condizioni.

sound[2], *n.* ❶ suono. ❷ rumore. // ~ **effects** (*pubbl.*) effetti sonori; ~ **-film** (*pubbl.*) film sonoro; ~ **-track** (*pubbl.*) colonna sonora.

sound[3], *v. t.* (*trasp. mar.*) sondare.

sounding, *n.* (*trasp. mar.*) sondaggio.

soundness, *n.* (*leg.*) validità (*d'un titolo*).

source, *n.* ❶ sorgente, fonte. ❷ (*giorn.*) fonte. △ ❷ **The news comes from sources close to the President** la notizia viene da fonti vicine alla Presidenza. // ~ **deck** (*elab. elettr.*) pacco di schede originali; ~ **document** (*elab. elettr.*) documento originale; ~ **language** (*elab. elettr.*) linguaggio originale; ~ **material** (*econ.*) materia prima; ~ **of income** (*econ.*, *fin.*) fonte di reddito, cespite; **a** ~ **of information** (*giorn.*) una fonte d'informazioni; ~ **pack** (*elab. elettr.*) pacco di schede originali; ~ **programme** (*elab. elettr.*) programma originale.

south, *n.* sud.

space[1], *n.* ❶ spazio. ❷ spazio di tempo, intervallo.

❸ (*comun., pubbl.*) tempo (*a disposizione di chi fa pubblicità radiotelevisiva*). ❹ (*giorn., pubbl.*) spazio (*per la pubblicità sulla stampa*). △ ❹ **Air ~ is more valuable than paper** ~ il tempo in TV è più prezioso dello spazio sulla stampa. // ~ **-bar** (*di macch. uff.*) barra spaziatrice (*di macchina da scrivere*); ~ **-key** (*di macch. uff.*) V. ~ **-bar**; ~ **man** (*giorn.*) V. ~ **writer**; ~ **writer** (*giorn.*) pubblicista pagato a un tanto la riga; **in the ~ of a week** nello spazio d'una settimana.

space², *v. t.* (*giorn., pubbl.*) spaziare, spazieggiare (*in tipografia*).

spaced payment, *n.* (*market.*) pagamento rateale, pagamento frazionato.

spacing, *n.* (*giorn.*) spaziatura.

spare¹, *n.* (*org. az.*) ricambio, parte di ricambio, pezzo di ricambio. *a. attr.* ❶ di ricambio, di scorta. ❷ d'avanzo, disponibile. △ *a.* ❶ **Don't forget to buy only original ~ parts** non dimenticate d'acquistare soltanto pezzi di ricambio originali. // ~ **cash** (*rag.*) denaro disponibile, riserva di denaro; ~ **hand** (*pers.*) operaio di riserva (*adibito a lavori saltuari o alla sostituzione d'un operaio « regolare »*); ~ **parts** (*org. az.*) pezzi di ricambio, parti di ricambio, ricambi.

spare², *v. t.* risparmiare, economizzare, lesinare. △ **They spared us the trouble of answering** ci risparmiarono il disturbo di rispondere; **Many vessels were sunk but a few were spared** molte navi furono affondate ma alcune vennero risparmiate. // **enough and to ~** d'avanzo e da vendere: **We have enough and to ~ of poor typists!** di cattive dattilografe, qui, ce n'è d'avanzo e da vendere!; **not to ~ expenses** non badare a spese.

speak, *v. t. e i.* (*pass.* **spoke**, *part. pass.* **spoken**) ❶ parlare. ❷ (*trasp. mar.*) comunicare con, far segnali a. // **to ~ on the telephone** (*comun.*) parlare al telefono; **to ~ a passing ship** (*trasp. mar.*) far segnali a una nave che si sta incrociando.

speaker, *n.* ❶ chi parla, dicitore, oratore. ❷ portavoce. ❸ **the Speaker** (*ingl.*) il Presidente della Camera dei Comuni. ❹ **the Speaker** (*USA*) il Presidente della Camera dei Rappresentanti.

special, *a.* speciale, particolare, straordinario. *n.* ❶ (*giorn.*) edizione straordinaria. ❷ (*market.*) (*di modello*) fuori serie. ❸ (*trasp. ferr.*) treno straordinario. △ *a.* **There will be no more ~ charges burdening agricultural products** non ci saranno più oneri speciali gravanti sui prodotti agricoli; *n.* ❶ **The afternoon ~ has not been published today** oggi l'edizione straordinaria del pomeriggio non è stata pubblicata. // ~ **act** (*leg.*) legge speciale; ~ **agent** (*ass.*) agente di zona; ~ **bonuses** (*leg.*) diritti casuali; ~ **carrier** (*trasp.*) vettore privato; ~ **contract** (*leg.*) contratto formale; ~ **correspondent** (*giorn.*) inviato speciale; ~ **Court** (*leg.*) tribunale speciale; ~ **crossing** (*cred.*) sbarratura particolare (*d'assegno*); ~ **delivery** (*comun., USA*) consegna per espresso; ~ **-delivery letter** (*comun., USA*) espresso; ~ **-delivery service** (*comun., USA*) servizio di consegna per espresso; ~ **deposit** (*banca, fin.*) deposito speciale (*corrispondente ai « depositi vincolati » delle nostre banche presso la Banca d'Italia*); ~ **drawing rights** (*fin.*) diritti speciali di prelievo; **the ~ edition of a newspaper** (*giorn.*) l'edizione straordinaria d'un giornale; ~ **endorsement** (*cred.*) girata speciale; ~ **number** (*giorn.*) numero unico; ~ **partner** (*fin.*) socio accomandante (*di società in accomandita semplice*); ~ **partnership** (*fin.*) società in accomandita semplice, associazione in partecipazione; ~ **power** (**of attorney**) (*leg.*) procura speciale; ~ **price** (*market.*) prezzo di favore; ~ **settlement** (*Borsa*) liquidazione speciale;

~ **terms for subscribers** (*giorn.*) facilitazioni per gli abbonati; ~ **train** (*trasp. ferr.*) treno straordinario.

specialist, *n.* specialista.

specialization, *n.* (*econ., org. az.*) specializzazione. △ **There is too much ~ in some economic sectors** in alcuni settori economici vi è un eccesso di specializzazione. // **the ~ of industry** (*econ.*) la specializzazione industriale.

specialize, *v. t.* ❶ specializzare. ❷ specificare. *v. i.* (*org. az.*) specializzarsi, essere specializzati. △ *v. t.* ❷ **Please ~ each item carefully** vi preghiamo di specificare con cura ogni articolo; *v. i.* **Our firm specializes in car engines** la nostra Casa è specializzata in motori per automobili.

specialized, *a.* specializzato. // ~ **assistance** (*market.*) assistenza di personale specializzato; ~ **worker** (*pers.*) operaio specializzato.

specialty, *n.* ❶ (*fin.*) titolo che si sottrae alle fluttuazioni del mercato (*per talune caratteristiche particolari*). ❷ (*leg.*) contratto solenne. ❸ (*market.*) specialità, prodotto speciale. // ~ **contract** (*leg.*) contratto formale (*o* solenne); ~ **dealer** (*market.*) rivenditore specializzato; ~ **goods** (*market.*) prodotti speciali, specialità; **the ~ of the house** (*market., tur.*) la specialità della Casa; ~ **shops** (*market.*) negozi specializzati.

specie, *n.* (*fin.*) numerario, moneta metallica. // ~ **payment** pagamento in moneta metallica; ~ **points** (*econ., fin.*) punti dell'oro, punti metallici.

specific, *a.* specifico, preciso, esatto. // ~ **cost** (*rag.*) costo diretto; ~ **duties** (*dog.*) dazi specifici; ~ **legacy** (*leg.*) legato particolare; ~ **lien** (*leg.*) privilegio speciale; ~ **rate** (*ass.*) tariffa tabellare; ~ **weight** peso specifico.

specification, *n.* ❶ specificazione, descrizione particolareggiata. ❷ (*dog.*) dichiarazione d'imbarco. ❸ (*leg.*) specificazione (*modo d'acquisto della proprietà d'una cosa ricavata dall'utilizzazione di materie altrui, quando il valore della materia impiegata non sia di molto superiore a quello della manodopera*). ❹ (*leg.*) descrizione dell'invenzione (*in un brevetto*). ❺ **specifications**, *pl.* (*leg.*) capitolato. // **the ~ of materials** (*org. az.*) la distinta dei materiali.

specify, *v. t.* ❶ specificare, precisare, descrivere nei particolari. ❷ (*leg.*) indicare nel capitolato. △ ❶ **Our customer forgot to ~ how he wanted the articles to be packed** il nostro cliente dimenticò di precisare come voleva che fossero imballati gli articoli; ❷ **These materials have not been specified** questi materiali non sono stati indicati nel capitolato.

specimen, *n.* campione, esemplare, modello, saggio. △ **The four specimens of their handwriting will be examined by the expert** i loro quattro campioni di scrittura saranno esaminati dal perito. // ~ **copy** (*giorn., pubbl.*) copia in saggio (*di libro*); **the ~ of a signature** (*banca*) il facsimile d'una firma; ~ **page** (*giorn., pubbl.*) pagina di prova (*tipografica*); ~ **uniform agreement** (*leg.*) contratto tipo.

spectacular, *a.* spettacoloso, straordinario, vistoso. *n.* (*pubbl.*) grande tabellone pubblicitario (*generalm. luminoso*). △ *a.* **There will be a ~ rise in prices** ci sarà uno straordinario aumento dei prezzi.

speculate, *v. i.* (*fin.*) speculare, fare speculazioni. △ **He's lost all his money by speculating on the Stock Exchange** ha perso tutti i suoi soldi facendo speculazioni in Borsa.

speculation, *n.* (*fin.*) speculazione. △ **Uncontrolled ~ is a threat to the national economy** la speculazione incontrollata è una minaccia per l'economia nazionale; **Land ~ in the 19th century was as common**

speculative, *a.* ❶ (*d'affare*) rischioso. ❷ (*fin.*) speculativo, di speculazione. // ~ **cycle** (*fin.*) ciclo speculativo; **a ~ enterprise** un'impresa rischiosa; ~ **manoeuvres** (*fin.*) manovre speculative; **a ~ situation on the exchange** (*fin.*) una situazione speculativa in Borsa; **a ~ stock** (*fin.*) un titolo che invita alla speculazione; **a ~ trader** (*fin.*) uno speculatore.

speculator, *n.* (*Borsa, fin.*) speculatore; aggiotatore, giocatore di Borsa.

speech, *n.* discorso.

speed[1], *n.* velocità. // ~ **limit** (*trasp. aut.*) limite (massimo) di velocità; ~ **of access** (*elab. elettr.*) velocità d'accesso.

speed[2], *v. t. e i.* (*pass. e part. pass.* **sped**) ❶ accelerare. ❷ (*trasp. aut.*) andare a tutta velocità, superare il limite (massimo) di velocità. △ ❶ **The Government has increased the supply of banknotes, thus speeding the inflationary trend** il Governo ha aumentato il volume delle banconote, accelerando in tal modo la tendenza inflazionistica. // **to ~ the technological progress** (*econ.*) accelerare il progresso tecnologico; **to ~ up** accelerare, sveltire: **We must try to ~ up production** dobbiamo cercare d'accelerare la produzione; **to ~ up deliveries** (*org. az.*) accelerare le consegne; **to ~ up the traffic** (*trasp.*) sveltire il traffico; **to ~ up a train service** (*trasp. ferr.*) sveltire un servizio ferroviario.

speeding, *n.* (*trasp. aut.*) eccesso di velocità.

speedometer, *n.* (*trasp. aut.*) tachimetro.

speedway, *n.* (*trasp. aut., USA*) autostrada, superstrada.

speedy, *a.* veloce, rapido, svelto, sollecito. △ **We would welcome a ~ reply** gradiremmo una risposta sollecita. // **a ~ recovery of the market** (*econ.*) una rapida ripresa del mercato; ~ **reimbursements** (*cred.*) rimborsi rapidi.

spell[1], *n.* (*pers.*) turno (*di lavoro, di servizio, ecc.*). △ **As this is very heavy work, it is shared between the two employees in spells lasting four hours** siccome questo lavoro è molto pesante, i due impiegati se lo dividono in turni (della durata) di quattro ore.

spell[2], *v. t.* (*pass. e part. pass.* **spelt** o *reg.*) compitare, pronunciare lettera per lettera, scrivere lettera per lettera. *v. i.* (*pers.*) lavorare a turno. △ *v. t.* **Would you ~ your name and address please?** vuole compitare il suo nome e indirizzo per favore?

spend, *v. t.* (*pass. e part. pass.* **spent**) ❶ spendere. ❷ impiegare, passare (*il tempo*). △ ❶ **Every year we ~ thousands of dollars on advertising** ogni anno spendiamo migliaia di dollari per la pubblicità; ❷ **Mr Talbot spent several years studying marketing techniques in the United States** Mr Talbot passò diversi anni negli Stati Uniti a studiare le tecniche di marketing. // **to ~ one's holiday** (*tur.*) villeggiare.

spending, *n.* spesa, spese. △ **Government ~ should be reduced** le spese statali dovrebbero essere ridotte. // ~ **cut-backs** riduzione nelle spese; ~ **spree** (*econ.*) corsa agli acquisti (*di beni di consumo, conseguente a una riduzione delle imposte*); ~ **unit** (*stat.*) unità familiare (*sotto l'aspetto delle spese effettuate nell'ambito del bilancio familiare*).

spillover inflation, *n.* (*econ.*) inflazione « traboccante ».

spindle, *n.* fuso.

spinster, *n.* (*leg.*) nubile.

spinsterhood, *n.* (*leg.*) nubilato.

spiral[1], *n.* spirale. // **the ~ of prices** (*econ.*) la spirale dei prezzi.

spiral[2], *v. i.* muoversi a spirale. // **to ~ upward** (*econ.*) (*di prezzi, ecc.*) aumentare vertiginosamente: **From that moment Britain's cost of living spiralled upward** da quel momento, il costo della vita in Gran Bretagna aumentò vertiginosamente.

spirit, *n.* ❶ spirito. ❷ **spirits**, *pl.* (*market.*) bevande spiritose, alcoolici, liquori alcoolici. // **the ~ of the law** (*leg.*) lo spirito della legge.

spirited, *a.* animato, energico, vivace. △ **There is a ~ competition** c'è una concorrenza animata; **After the press conference there was a ~ debate** dopo la conferenza stampa vi fu un vivace dibattito.

split[1], *n.* ❶ divisione, scissione, separazione. ❷ (*fin.*) divisione del capitale azionario (*con l'emissione di due o più azioni nuove per ogni azione vecchia*). // ~ **-down** (*fin.*) diminuzione del numero delle azioni (*d'una società*); ~ **-off** (*fin.*) trasferimento di parte delle attività (*d'una società*) a un'altra società, contro pagamento in azioni; ~ **-up** (*fin.*) trasferimento di parte delle attività (*d'una società*) a un'altra società, e del rimanente a una terza, contro pagamento in azioni; interruzione della vita d'una società (*per ragioni legali, ecc.*).

split[2], *v. t.* (*pass. e part. pass.* **split**) ❶ dividere, scindere, separare. ❷ (*fin.*) dividere (*il capitale d'una società*) per mezzo del frazionamento d'ogni azione (*in due o più azioni*). △ ❶ **We decided to ~ the cost among us** decidemmo di dividerci la spesa. // **to ~ the difference** (*comm.*) fare a metà; tagliare a metà (*la differenza fra il prezzo richiesto e quello offerto*); **to ~ off** separare, scindere, dividere: **Part of the assets were split off into a new corporation** una parte dell'attivo fu scissa per formare una nuova società; **to ~ up** frazionare; **to ~ up a train** (*trasp. ferr.*) scomporre un treno.

split[3], *a.* ❶ diviso, scisso, separato. ❷ (*Borsa, fin.*) (*di quotazione*) data in sedicesimi anziché in ottavi. ❸ (*fin.*) (*di titolo azionario*) frazionato. // **a ~ exchange system** (*econ., fin.*) un doppio regime dei cambi; ~ **order to buy** (*fin.*) ordine d'acquisto (*di titoli*) frazionato (*circa il tempo dell'operazione e il prezzo*); ~ **order to sell** (*fin.*) ordine di vendita frazionato; **a ~ run** (*giorn.*) una tiratura frazionata; ~ **shares** (*fin.*) azioni frazionate.

splitting, *n.* frazionamento.

spoilage, *n.* (*giorn., pubbl.*) scarto (*carta sciupata nel processo di stampa*).

spokesman, *n.* (*pl.* **spokesmen**) portavoce, rappresentante. △ **He acts as the recognized ~ for the wage earners** opera come portavoce ufficiale dei salariati.

sponsor[1], *n.* ❶ patrocinatore. ❷ (*comun.*) ditta che finanzia un programma radiofonico o televisivo. ❸ (*fin.*) società specializzata nel collocamento delle azioni d'un fondo comune d'investimento mobiliare. ❹ (*leg.*) garante, mallevadore.

sponsor[2], *v. t.* ❶ patrocinare. ❷ (*leg.*) garantire, far da mallevadore a (*q.*). ❸ (*pubbl.*) finanziare, « offrire » (*un programma radiotelevisivo*). △ ❸ **This broadcast was sponsored by ITER, the firm that cares for car-drivers!** questo programma vi è stato offerto dalla ITER, la casa che si prende cura degli automobilisti!

spoon[1], *n.* cucchiaio. // **to ~ -feed** nutrire col cucchiaino; (*anche fig.*) imboccare; (*fig.*) imbottire (*q.*) di (*idee, pubblicità, ecc.*): **The public is being ~ -fed more and more propaganda** il pubblico viene sempre più imbottito di propaganda.

spoon[2], *v. t.* prender su col cucchiaio.

sport, *n.* sport. // ~ **editor** (*giorn.*) *V.* **sports editor**;

sports editor (*giorn.*) redattore sportivo; **sports magazine** (*giorn.*) periodico sportivo; **sports newspaper** (*giorn.*) quotidiano sportivo.

sporting editor, *n. V.* **sports editor**.

sports writer, *n.* (*giorn.*) scrittore d'articoli sportivi.

spot, *n.* ❶ luogo, posto, punto. ❷ **spots**, *pl.* (*market.*) merce venduta a contanti. *a. attr.* ❶ (*market.*) (*di merce, articolo, ecc.*) per consegna immediata. ❷ (*market.*) (*di pagamento*) in contanti, alla consegna. △ *n.* ❶ The ~ where the collision happened is off the Italian coast il luogo della collisione è al largo della costa italiana. // a ~ announcement (*comun., pubbl.*) un comunicato commerciale messo in onda fra due trasmissioni (*o* nel corso della stessa trasmissione radiotelevisiva); ~ broadcast (*comun.*) emissione (radiotelevisiva) locale; ~ cash (*market.*) pagamento a contanti, pagamento « a tamburo battente »; ~ contract (*market.*) contratto a pronti; ~ coverage (*giorn.*) servizio speciale (*redatto, trasmesso, ecc., dal luogo stesso d'un avvenimento*); ~ delivery (*market.*) consegna immediata; ~ goods (*market.*) merce pronta per consegna immediata; ~ market (*market.*) mercato a contanti; ~ news (*giorn.*) recentissime, notizie recentissime, ultimissime; ~ price (*market.*) prezzo per contanti, prezzo « sopra luogo », prezzo « franco al luogo di partenza »; ~ transaction (*market.*) operazione a contanti.

spread[1], *n.* ❶ diffusione, espansione, propagazione. ❷ (*Borsa*) opzione doppia (*combinazione d'un « put » e d'un « call », esercitabili a prezzi diversi fra di loro e dal mercato*). ❸ (*econ., market.*) differenza fra il costo di produzione e il prezzo di vendita. ❹ (*econ., market.*) differenza fra il prezzo massimo e quello minimo (*per un prodotto, in un dato periodo*). ❺ (*fin.*) condizione che si verifica quando, nelle operazioni d'arbitraggio, la differenza di prezzo per la stessa merce (*o per lo stesso titolo*) in due mercati è superiore al normale. ❻ (*giorn.*) intestazione a grossi titoli, su due o più colonne. ❼ (*giorn., pubbl.*) avviso pubblicitario su due o più colonne (*o facciate: spesso con illustrazioni*). ❽ (*market.*) differenza fra i prezzi di due articoli simili. ❾ (*stat.*) dispersione, scarto. △ ❶ The ~ of such news would panic the market la diffusione di tali notizie metterebbe il mercato in uno stato di panico. // the ~ of risk (*ass.*) il frazionamento del rischio.

spread[2], *v. t.* (*pass. e part. pass.* spread) ❶ diffondere, distribuire, divulgare, propagare, spargere. ❷ protrarre. *v. i.* diffondersi, propagarsi, spargersi. △ *v. t.* ❶ Those alarmist forecasts should not be spread quelle previsioni allarmistiche non dovrebbero essere diffuse; ❷ The work had to be spread over several months il lavoro dovette essere protratto per diversi mesi; *v. i.* Absenteeism is spreading rapidly in all sectors of industrial activity l'assenteismo si va diffondendo rapidamente in tutti i settori dell'attività industriale. // to ~ news (*comun.*) propagare notizie.

spread[3], *a.* diffuso, propagato, sparso, distribuito. // ~ card (*elab. elettr.*) scheda multipla; ~ investment (*fin.*) « giardinetto ».

spreading, *n.* diffusione, propagazione, divulgazione.

spurt[1], *n.* ❶ scatto, « volata ». ❷ (*econ.*) improvviso aumento (*dell'attività commerciale*). // a ~ in sales (*market.*) un improvviso aumento delle vendite.

spurt[2], *v. i.* ❶ fare uno scatto, fare una « volata ». ❷ (*econ.*) (*d'attività commerciale*) aumentare improvvisamente. △ ❷ Our sales spurted right at the beginning of the winter season le nostre vendite aumentarono improvvisamente proprio all'inizio della stagione invernale.

squander, *v. t.* dilapidare, dissipare, sperperare, sprecare, scialacquare. △ All his fortunes were squandered by his heirs tutte le sue fortune furono dilapidate dai suoi eredi.

squandering, *n.* dilapidazione, dissipazione, scialacquio, sperpero.

square[1], *a.* (*anche mat.*) quadrato, quadro. *n.* (*anche mat.*) quadrato. △ *n.* 49 is the ~ of 7 49 è il quadrato di 7. // ~ bracket parentesi quadra; a ~ foot un « piede » quadrato; ~ matrix (*mat.*) matrice quadrata; ~ measures (*mat.*) misure quadrate, misure di superficie; ~ root (*mat.*) radice quadrata; ~ sail (*trasp. mar.*) vela quadra.

square[2], *v. t.* ❶ quadrare, far quadrare, pareggiare. ❷ (*cred.*) regolare, pagare, saldare. ❸ (*mat.*) elevare al quadrato. ❹ (*rag.*) quadrare (*i conti*). △ ❷ We've always squared accounts biyearly abbiamo sempre regolato i conti semestralmente; ❸ 9 squared is 81 9 (elevato) al quadrato fa 81. // to ~ accounts (*cred.*) regolare i conti; to ~ figures far quadrare le cifre.

squeezability, *n.* (*econ.*) comprimibilità.

squeezable, *a.* (*econ.*) comprimibile.

squeeze[1], *n.* ❶ stretta, compressione. ❷ (*fig.*) restrizione; (*fig.*) giro di vite. ❸ (*econ.*) blocco, difficoltà economica. △ ❷ The recent credit ~ will hinder our economic recovery la recente restrizione creditizia ostacolerà la nostra ripresa economica.

squeeze[2], *v. t.* ❶ stringere; (*anche fig.*) comprimere, spremere. ❷ (*fig.*) mettere (*q.*) in difficoltà economiche. ❸ (*econ.*) far diminuire (*i profitti di q. o qc.*). *v. i.* (*econ.*) esercitare una pressione economica, aver un peso sull'economia. △ *v. t.* ❶ It has been decided to ~ the budgetary outlay è stato deciso di comprimere le spese di bilancio; ❷ Farmers have been squeezed by lowered farm prices gli agricoltori sono stati messi in difficoltà dalla diminuzione dei prezzi (dei prodotti) agricoli; ❸ The climbing cost of steel squeezes the profits of car manufacturers il costo crescente dell'acciaio fa diminuire gli utili dei fabbricanti d'automobili; *v. i.* The railway strike is beginning to ~ lo sciopero delle ferrovie sta cominciando ad avere un peso sull'economia. // that can be squeezed (*econ.*) comprimibile.

stability, *n.* ❶ stabilità, fermezza, saldezza. ❷ (*econ.*) equilibrio. △ ❶ The recession showed the lack of ~ in the economy la recessione denunciò la mancanza di stabilità dell'economia; ❷ As a factor of ~, trade between the Member Countries helped to keep prices steady in France, Italy and the Netherlands for a large part of the year come elemento di equilibrio, per buona parte dell'anno il commercio fra i Paesi Membri ha favorito la stabilizzazione dei prezzi in Francia, in Italia e nei Paesi Bassi. // the ~ of personnel tenure (*org. az.*) la stabilità del personale (*nel posto di lavoro*).

stabilization, *n.* stabilizzazione, consolidamento. // ~ fund (*econ.*) fondo di stabilizzazione (*tenuto da un Governo per controllare le quotazioni estere della propria valuta*); the ~ of wages (*econ., sind.*) la stabilizzazione dei salari.

stabilize, *v. t.* stabilizzare, rendere stabile, consolidare. *v. i.* stabilizzarsi. △ *v. t.* Measures have been taken to ~ and, hopefully, to enlarge farm income si sono prese misure per stabilizzare e, si spera, aumentare i redditi agrari. // to ~ a currency (*econ.*) render stabile una moneta; to ~ markets (*econ.*) stabilizzare i mercati.

stabilizer, *n.* (*econ.*) stabilizzatore.

stable, *a.* ❶ stabile, fermo, solido. ❷ (*fin.*) (*di*

prezzo, ecc.) sostenuto. △ ❶ **Egg prices were relatively ~ until December, when they rose, only to fall again early in 1975** i prezzi delle uova rimasero relativamente stabili fino a dicembre, mese in cui aumentarono, ma per scendere di nuovo all'inizio del 1975; ❷ **Prices for cereals on the world market (c.i.f. Antwerp-Rotterdam) were generally quite ~** i prezzi del mercato mondiale dei cereali (c.i.f. Anversa-Rotterdam) hanno presentato in generale un carattere sostenuto. // **a ~ economy** (*econ.*) un'economia solida; **a ~ money** (*econ.*) una moneta stabile; **~ personnel** (*org. az.*) personale stabile.

staff[1], *n.* (*org. az.*) personale, dipendenti, organico, «pianta», impiegati, funzionari, staff. △ **He is in the editorial ~ of Time magazine** fa parte della redazione (dello staff redazionale) del «Time». // **~ assistant** (*pers.*) assistente del personale; **~ cards** (*pers.*) schede del personale; **~ editors** (*giorn.*) redattori; **~ employee** (*pers.*) impiegato di concetto; **~ manager** (*amm.*) direttore del personale; **~ secretary** (*giorn.*) segretario di redazione; **~ structure** (*org. az.*) struttura funzionale; **~ turnover** (*org. az.*) ricambio del personale.

staff[2], *v. t.* (*org. az.*) provvedere (*una ditta, ecc.*) di personale. // **over-staffed** (*org. az.*) con eccedenza di personale; **under-staffed** (*org. az.*) con personale insufficiente.

staffer, *n.* ❶ (*giorn.*) redattore, membro dello staff redazionale. ❷ (*pers.*) membro del personale, membro dello staff.

stag[1], *n.* (*Borsa*) speculatore che compra nuovi titoli al prezzo d'apertura per rivenderli dopo breve tempo, premista.

stag[2], *v. i.* (*Borsa*) fare lo «stag» (*q.V.*).

stage, *n.* stadio, fase, periodo, punto. △ **The economic situation is reaching a critical ~** la situazione economica si sta avvicinando a un punto critico. // **~ of development** (*econ.*) fase di sviluppo; **a ~ of inactivity** un periodo d'inattività.

stagflation, *n.* (*econ.*) «stagflazione». △ **~ is a combination of deflation of demand and inflation of costs** la «stagflazione» è il combinarsi della deflazione di domande e dell'inflazione di costi.

stagger, *v. t.* (*fig.*) spostare, distribuire nel tempo. // **to ~ office hours** (*org. az.*) distribuire in turni gli orari d'ufficio.

staggered shift, *n.* (*org. az.*) turno a scacchi.

stagnant, *a.* (*anche fig.*) stagnante, in ristagno, fermo, inattivo. △ **Business activity has been ~ for several weeks** i commerci sono inattivi da varie settimane. // **a ~ market** (*econ.*) un mercato stagnante.

stagnate, *v. i.* stagnare, ristagnare, essere inattivo. *v. t.* far ristagnare, rendere inattivo. △ *v. i.* **Industrial production stagnates** la produzione industriale ristagna; *v. t.* **The recent developments have stagnated the labour movement** i recenti sviluppi hanno reso inattivo il movimento operaio.

stagnation, *n.* ❶ ristagno, stasi, inattività. ❷ (*econ.*) stagnazione. △ ❷ **After a long period of ~, foreign trade is slowly recovering** dopo un lungo periodo di stagnazione, il commercio estero si va lentamente riprendendo.

stake[1], *n.* ❶ posta (*al gioco*). ❷ puntata, scommessa. // **at ~** in palio, in gioco: **The respectability of our firm is at ~** è in gioco il buon nome della nostra azienda.

stake[2], *v. t.* ❶ puntare, scommettere, rischiare. ❷ (*fin.*) finanziare, sostenere (*q.*) finanziariamente. △ ❷ **That purchase wouldn't have been possible if we hadn't been staked by Mr Winston** quell'acquisto non sarebbe stato possibile se non fossimo stati sostenuti finanziariamente da Mr Winston. // **to ~ a claim** (*leg.*) accampare diritti, avanzare una pretesa.

stakhanovite, *n.* stacanovista.

stale, *a.* ❶ stantio, vecchio. ❷ (*leg.*) scaduto, in prescrizione. // **a ~ cheque** (*banca, cred.*) assegno vecchio (*assegno emesso da più di sei mesi e non ancora incassato*); **a ~ debt** (*cred.*) un debito caduto in prescrizione.

stall, *n.* (*market.*) bancarella, chiosco, edicola, posteggio. // **~-holder** (*market.*) venditore con bancarella, posteggiatore.

stallage, *n.* ❶ (*fin.*) plateatico; tassa pagata per acquisire il diritto d'occupare suolo pubblico con bancarelle (*chioschi, edicole, ecc.*). ❷ (*fin.*) diritto d'occupare suolo pubblico con bancarelle (*chioschi, edicole, ecc.*). ❸ (*market.*) spazio per bancarelle (*chioschi, edicole, ecc.*).

stamp[1], *n.* ❶ bollo. ❷ (*attr. uff.*) timbro, stampiglia. ❸ (*comun.*) (= **postage-stamp**) francobollo. ❹ (*fin.*) (= **revenue-stamp**) marca da bollo. ❺ (*market.*) marchio di fabbrica, marca. ❻ (*pers.*) «marchetta» assicurativa, «marchetta» della mutua. // **~ act** (*leg.*) legge parlamentare sulla tassa di bollo; **~ charges** (*fin.*) spese di bollo; **~ dues** (*fin.*) spese di bollo; **~ duty** (*fin.*) diritto di bollo, tassa di bollo: **Bills of exchange, as well as promissory notes and cheques, are subject to ~ duties in England** in Inghilterra tanto le cambiali quanto i pagherò e gli assegni sono soggetti ai diritti di bollo; **~-office** (*fin.*) ufficio del bollo; **the ~ on a coin** il conio (*l'impronta*) su una moneta; **~-paper** (*fin.*) carta bollata; **~-tax** (*fin.*) V. **~ duty**.

stamp[2], *v. t.* ❶ bollare, timbrare, stampigliare. ❷ (*comun.*) affrancare (*una lettera, ecc.*). ❸ (*market.*) marcare, marchiare. △ ❶ **If a bill of exchange is not properly stamped, it is invalid** se una cambiale non è bollata correttamente, non è valida. // **to ~ a letter** (*comun.*) affrancare una lettera.

stamped, *a.* ❶ bollato, timbrato, stampigliato. ❷ (*comun.*) affrancato. // **a ~ envelope** (*comun.*) una busta affrancata; **~ paper** (*fin.*) carta bollata (*o da bollo*), cancelleria bollata.

stampede[1], *n.* fuga precipitosa, fuggi fuggi. △ **There is a ~ of farm boys who escape farm work for city life** c'è una fuga precipitosa dei giovani agricoltori dal lavoro dei campi verso la vita in città.

stampede[2], *v. i.* (*anche fig.*) darsi a fuga precipitosa. *v. t.* (*anche fig.*) mettere in fuga precipitosa. △ *v. t.* **Thousands of savers were stampeded by the introduction of the new tax** migliaia di risparmiatori furono messi in fuga dall'introduzione della nuova imposta.

stamping machine, *n.* (*macch. uff.*) stampigliatrice.

stand[1], *n.* ❶ arresto, fermata, pausa, sosta. ❷ (*market.*) stand, bancarella, banco d'esposizione, chiosco, edicola, posteggio. △ *n.* ❶ **The whole project has been brought to a ~** tutto il progetto ha subito una battuta d'arresto; ❷ **You are invited to visit our ~ at the Milan trade fair** siete invitati a visitare il nostro stand alla Fiera di Milano. // **~-by arrangements** (*fin.*) prestiti di sostegno; **~ space** (*market.*) area di posteggio (*per uno stand, in una fiera campionaria*).

stand[2], *v. i.* (*pass. e part. pass.* **stood**) ❶ stare, essere, trovarsi. ❷ essere (ancora) valido. *v. t.* (*trasp.*) (*di mezzo di trasporto*) avere posti in piedi per (*un certo numero di persone*). △ *v. i.* ❶ **How does he ~ as regards money?** come sta a quattrini?; ❷ **The order we passed you last month still stands** l'ordinazione fattavi il mese scorso è ancora valida; *v. t.* **The new buses sit 60 passengers and ~ 20** i nuovi autobus hanno posti a sedere per 60 passeggeri e posti in piedi per 20. // to ~ **at a discount** (*fin.*) (*di titoli*) essere sotto la pari; to ~ **at a premium** (*fin.*) (*di titoli*) essere sopra la pari; to ~ **by star** pronto; stare a (*un patto*), osservare (*un accordo*); to ~ **by the anchor** (*trasp. mar.*) tenersi pronti a salpare; to ~ **by the terms** stare ai patti; to ~ **by one's word** mantenere la parola; to ~ **convicted of an offence** (*leg.*) essere riconosciuto colpevole d'un reato; to ~ **down** (*leg.*) lasciare il banco dei testimoni; to ~ **for** (*trasp. mar.*) (*di nave*) far rotta per, dirigersi verso: **The ship was standing for the harbour when the accident took place** quando avvenne l'incidente, la nave si stava dirigendo verso il porto; to ~ **sb. off** tenere a bada q., tener lontano q., allontanare q.; to ~ **off and on** (*trasp. mar.*) (*di nave*) bordeggiare; to ~ **off a creditor** (*cred.*) tenere a bada un creditore; to ~ **off an employee** (*pers.*) allontanare un dipendente; to ~ **on** (*trasp. mar.*) mantenere la rotta; to ~ **surety for sb.** (*leg.*) farsi garante per q., pagare la cauzione per q.; to ~ **to** stare a, mantenere, tener fede; to ~ **to the terms** stare ai patti; to ~ **up to competition** (*market.*) sostenere la concorrenza.

standard, *n.* ❶ campione, modello, norma, regola, standard. ❷ grado, livello, qualità. *a. attr.* standard, normale, corrente, tipo. △ *n.* ❷ **Your articles are not up to** ~ i vostri articoli non raggiungono il livello (di qualità) desiderato. // ~ **charge** tariffa fissa, tariffa forfettaria; ~ **coins** (*fin.*) monete metalliche «tipo»; ~ **cost** (*org. az.*, *rag.*) costo standard; ~ **cost per unit** (*org. az., rag.*) costo standard per unità di prodotto, costo standard unitario; ~ **costing** (*rag.*) determinazione dei costi standard, valutazione a costi standard; ~ **deviation** (*stat.*) scarto quadratico medio; ~ **error** (*stat.*) scarto quadratico medio; ~ **gauge** (*trasp. ferr.*) scartamento normale; ~ **gold** (*econ.*) oro al titolo legale; ~ **-hour plan** (*org. az.*) sistema dell'ora standard; ~ **insurance policy** (*ass.*) polizza assicurativa tipo; ~ **-minute plan** (*org. az.*) sistema del minuto standard; **the** ~ **model of a vehicle** (*trasp.*) il modello di serie d'un veicolo; ~ **money** (*econ.*) valuta ufficiale, valuta legale; ~ **of life** (*econ.*) tenore di vita; ~ **of living** (*econ.*) tenore di vita: **They've always had a** ~ **of living they couldn't afford** hanno sempre mantenuto un tenore di vita che non potevano permettersi; **standards of professional practice** (*leg.*) codice d'etica professionale; **standards of quality** (*market.*) norme di qualità, standard qualitativi; **standards of weight and measure** pesi e misure tipo; ~ **prices** (*market.*) prezzi normali; ~ **programme** (*elab. elettr.*) programma campione; ~ **quality** (*market.*) qualità corrente: **The Italian textile industry is geared more to the production of knitwear and especially** ~ **-quality products** l'industria tessile italiana s'è orientata soprattutto verso la produzione di maglierie e più specialmente di prodotti di qualità corrente; ~ **rate** (*pers.*) paga base; ~ **sample** (*market.*) campione unificato; ~ **subsidy** (*econ.*) aiuto forfettario; ~ **tax** (*fin.*) tassazione forfettaria; ~ **time** ora ufficiale, ora solare; (*cronot.*) tempo standard.

standardization, *n.* ❶ standardizzazione, normalizzazione, tipificazione, tipizzazione, unificazione. ❷ (*econ.*) costruzione in serie. // **the** ~ **of the basis for assessment of VAT (Value Added Tax)** (*fin.*) l'unificazione della base imponibile dell'IVA (Imposta sul Valore Aggiunto).

standardize, *v. t.* ❶ standardizzare, normalizzare, tipificare, tipizzare, unificare. ❷ (*econ.*) costruire in serie. △ ❶ **All processes should be standardized** tutti i processi (produttivi) dovrebbero essere standardizzati. // to ~ **production** (*org. az.*) standardizzare la produzione.

standardized legal systems, *n. pl.* (*leg.*) codici unificati.

standardized test, *n.* (*pers.*) test standardizzato.

standholder, *n.* (*market.*) standista (*chi allestisce e/o lavora a uno «stand»*, *q.V.*).

standing[1], *n.* ❶ posizione, condizione, situazione. ❷ grado, durata. ❸ reputazione, buona reputazione. △ ❶ **Our client is of rather high** ~ il nostro cliente è di condizione piuttosto elevata; **What can you tell us about Mr White's financial** ~? cosa potete dirci sulla situazione finanziaria di Mr White?; ❷ **That's a custom of long** ~ **and it won't be easy to eradicate it** è una consuetudine di lunga durata e non sarà facile estirparla; ❸ **Among the firms you have visited in the area there are quite a few of** ~ fra le ditte che avete visitato nella zona ve ne sono diverse che godono di buona reputazione.

standing[2], *a.* ❶ fisso, permanente, stabile, stabilito. ❷ (*giorn., pubbl.*) (*di composizione tipografica*) in piedi. △ ❶ **They made us a** ~ **offer of 20,000 dollars for the premises** ci fecero un'offerta stabile di 20.000 dollari per i locali. // ~ **charges** (*rag.*) spese generali; **a** ~ **committee** (*amm., org. az.*) una commissione permanente; ~ **expenses** (*rag.*) spese generali; **a** ~ **order** (*market.*) un'ordinazione fatta una volta per sempre (*che s'intende rinnovata tacitamente*); ~ **-room** (*trasp.*) posto in piedi (*su un autobus, ecc.*).

standstill, *n.* ❶ arresto, fermata, sosta. ❷ battuta d'arresto, punto morto, ristagno. △ ❷ **Negotiations are at a** ~ **for the time being** per il momento i negoziati sono a un punto morto; **International trade is at a** ~ il commercio internazionale è in ristagno.

staple[1], *a. attr.* principale, più importante. *n.* ❶ (*econ.*) prodotto principale (*d'un luogo*). ❷ (*econ.*) materia prima, materiale grezzo. ❸ (*market.*) merce a domanda costante (*indipendentemente dalle fluttuazioni economiche*). △ *a.* **Coffee is the** ~ **product of Brazil** il caffè è il prodotto principale del Brasile; *n.* ❶ **Commercial vehicles are one of the staples of British industry** i veicoli commerciali sono uno dei prodotti principali dell'industria britannica; ❷ **Even though its price rises constantly, coffee will always be a** ~ benché il suo prezzo aumenti costantemente, il caffè rimarrà sempre una merce a domanda costante. // ~ **commodities** (*econ.*) merci di prima necessità; ~ **industry** (*econ.*) industria fondamentale, industria di base.

staple[2], *n.* (*attr. uff.*) graffa, graffetta, punto metallico.

staple[3], *v. t.* cucire (*fogli di carta*) con punti metallici; graffare.

stapler, *n.* (*attr. uff.*) graffatrice.

start[1], *n.* avvio, principio, inizio. △ **His parents gave him his** ~ **in business** il suo avvio agli affari glielo diedero i genitori.

start[2], *v. t. e i.* ❶ cominciare, incominciare, iniziare, intraprendere. ❷ fondare, (*anche fig.*) avviare, (*fig.*) impostare, (*fig.*) impiantare, instaurare. ❸ (*pers.*) assumere. △ ❶ **We** ~ **work at 9:00 A.M.** cominciamo il lavoro alle 9 del mattino; ❷ **Our newspaper was started in 1916** il nostro giornale fu fondato nel 1916; **He has started his son in business** ha avviato il figlio negli affari; ❸ **The company will** ~ **him at the same salary he'd been getting before** la società lo assumerà con lo stesso stipendio che egli percepiva prima. // to ~ **from scratch** partire da zero (*fig.*); to ~ **(legal) proceedings against sb.** (*leg.*) procedere per vie legali contro q.; to ~ **a shop** (*market.*) aprir bottega.

starting, *n.* ❶ avvio, inizio. ❷ (*anche fig.*) avviamento. // ~ **capital** (*rag.*) capitale iniziale; ~ **entries** (*rag.*) scritture d'apertura (*dell'esercizio*); ~ **-up** (*econ.*) avviamento; ~ **-up aids to growers' associations** (*econ.*) aiuti d'avviamento alle associazioni di produttori.

starvation, *n.* ❶ fame, inedia. ❷ morte d'inedia. // ~ **wages** (*pers.*) salari da fame.

starve, *v. i.* morir di fame, essere affamato. *v. t.* ❶ far morir di fame, affamare. ❷ (*anche fig.*) ridurre all'osso. △ *v. t.* ❷ **The company has avoided bankruptcy by starving its reserves** la società ha evitato il fallimento riducendo all'osso le riserve.

state[1], *n.* ❶ stato, condizione, situazione. ❷ Stato, nazione. ❸ **the State** (*econ.*) l'operatore pubblico. ❹ **the States**, *pl.* (*fam.*) gli Stati Uniti (*d'America*). *a. attr.* di Stato, dello Stato, statale. △ *n.* ❶ **There is a ~ of depression in the stock market** c'è uno stato di depressione nel mercato azionario; **We're preparing a report on the ~ of the market** stiamo preparando una relazione sulla situazione del mercato; ❸ **Expenditures are encouraged by the ~** le spese sono stimolate dall'operatore pubblico. // ~ **agency** (*econ., leg.*) ente pubblico; **a ~ bank** (*fin.*) una banca dello Stato; ~ **border** (*amm.*) confine di Stato, frontiera di Stato; ~ **capitalism** (*econ.*) capitalismo di Stato; ~ **-controlled** (*econ.*) controllato dallo Stato, a controllo statale, a partecipazione statale, parastatale, dirigistico; ~ **-controlled body** (*amm.*) ente parastatale; ~ **-controlled enterprise** (*econ.*) azienda a partecipazione statale; ~ **-controlled price** (*econ.*) prezzo di calmiere; ~ **-controlled purchase** (*econ.*) consumi pubblici; **the ~ Department** (*USA*) il Dipartimento di Stato (*il Ministero degli Esteri*); ~ **enterprise** (*econ.*) azienda a partecipazione statale; ~ **finance** (*econ.*) finanza statale, finanza pubblica; **the ~ of the Union** (*USA*) lo Stato dell'Unione; **The President has delivered a speech on the ~ of the Union** il Presidente ha pronunciato un discorso sullo Stato dell'Unione; ~ **-owned** (*econ.*) di proprietà dello Stato; ~ **-owned agencies** (*econ.*) enti pubblici; ~ **-owned enterprise** (*econ.*) azienda di Stato; ~ **-papers** documenti di Stato; **the ~ participation system** (*econ.*) il sistema delle partecipazioni statali; ~ **-planned economy** (*econ.*) economia pianificata; ~ **property** (*amm.*) demanio; ~ **property office** il demanio (*l'ufficio*); ~ **rights** (*leg., USA*) diritti dei singoli Stati (*distinti da quelli del governo federale*); ~ **-room** (*trasp. mar.*) cabina di lusso; ~ **-run organizations** (*econ.*) enti statali e parastatali; ~ **-trading** (*econ.*) a commercio di Stato; ~ **-trading Countries** (*econ.*) Paesi a commercio di Stato; ~ **-trading monopolies** (*econ.*) monopoli nazionali a carattere commerciale; **the ~ Treasury** (*fin.*) la Tesoreria dello Stato.

state[2], *v. t.* ❶ affermare, asserire, dichiarare. ❷ esporre, esprimere. ❸ determinare, fissare, stabilire. △ *v. t.* ❷ **The facts have already been stated by the witnesses** i fatti sono già stati esposti dai testimoni; ❸ **Such procedure is stated by the law** tale procedura è fissata dalla legge; **The contract states all terms and conditions** il contratto stabilisce tutte le condizioni. // **to ~ an account in dollars** (*rag.*) esprimere un conto in dollari; **to ~ the facts of a case** (*leg.*) esporre i fatti d'un processo; **to ~ on oath** (*leg.*) dichiarare sotto giuramento; **to ~ reasons for a judgment** (*leg.*) motivare una sentenza; « ~ **salary required** » (*pers.*) (*nelle offerte di impiego*) « indicare le pretese ».

stated, *a.* ❶ asserito, dichiarato. ❷ determinato, stabilito, fissato, fisso. ❸ (*fin., rag.*) quotato. △ ❷ **The bill will be honoured at the ~ time** la cambiale sarà onorata al tempo stabilito. // ~ **account** (*cred.*) conto approvato (*dal debitore*); (*rag.*) conto liquidato; ~ **capital** (*fin.*) capitale dichiarato.

statement, *n.* ❶ affermazione, asserzione, dichiarazione. ❷ esposizione, espressione. ❸ (*comm., leg.*) rapporto, relazione, rendiconto. ❹ (*leg.*) verbale (*resoconto fatto alla polizia*). △ ❶ **Your statements have not been proved yet** le vostre asserzioni non sono ancora state provate; **Mr Dobb's ~ was criticized by the majority** la dichiarazione di Mr Dobb fu criticata dalla maggioranza; ❸ **His monthly ~ failed to show market fluctuations** la sua relazione mensile non metteva in evidenza le fluttuazioni di mercato. // ~ **of account** (*rag.*) estratto conto; rendiconto; ~ **of accumulated profits** (*rag.*) conto economico; ~ **of affairs** (*leg.*) dichiarazione relativa alla situazione finanziaria (*di un'impresa in via di fallimento*); ~ **of assets and liabilities** (*rag.*) stato patrimoniale; ~ **of claim** (*leg.*) « comparsa » dell'attore; ~ **of defence** (*leg.*) « comparsa » del convenuto; **a ~ of expenses** (*rag.*) un rendiconto delle spese; ~ **of liabilities** (*leg.*) stato del passivo; ~ **of net proceeds** (*rag.*) conto di netto ricavo; ~ **of redeemable income** (*fin., rag.*) prospetto dei cespiti ammortizzabili.

static, *a.* statico, stazionario. △ **The domestic and foreign market situation is ~** la situazione del mercato nazionale ed estero è stazionaria. // **a ~ population** (*stat.*) una popolazione stabile.

statical, *a.* statico, stazionario.

station, *n.* ❶ (*comun.*) stazione ricetrasmittente. ❷ (*econ.*) stazione, centrale, impianto. ❸ (*ric. op.*) stazione, punto di servizio. ❹ (*trasp. ferr.*) stazione. // ~ **-calendar** (*trasp. ferr.*) tabella delle partenze dei treni; ~ **-master** (*trasp. ferr.*) capostazione; ~ **of arrival** (*trasp. ferr.*) stazione d'arrivo; ~ **of departure** (*trasp. ferr.*) stazione di partenza; ~ **of destination** (*trasp. ferr.*) stazione di destinazione; ~ **-roof** (*trasp. ferr.*) pensilina; ~ **wagon** (*trasp. aut.*) giardinetta, giardiniera, familiare.

stationary, *a.* stazionario, fermo, fisso. △ **Cotton prices remained ~ for two weeks** i prezzi del cotone sono rimasti stazionari per due settimane. // **a ~ population** (*stat.*) una popolazione stazionaria.

stationery, *n.* (*attr. uff.*) cancelleria, articoli di cancelleria. // ~ **and printing supplies** (*attr. uff.*) cancelleria e stampati; ~ **department** (*market.*) reparto (articoli di) cancelleria.

statistic[1], *a.* V. **statistical**.

statistic[2], *n.* (*stat.*) statistica (*dato statistico*). △ **The sample mean is a ~** la media campionaria è una statistica; **Statistics and projections are important quantitative studies** le statistiche e le proiezioni sono importanti studi quantitativi.

statistical, *a.* (*stat.*) statistico. // ~ **data** (*stat.*) dati statistici, statistiche; ~ **department** (*org. az.*) reparto statistico, ufficio statistico; ~ **distribution** (*stat.*) distribuzione statistica; ~ **findings** (*stat.*) rilevazioni statistiche; ~ **frequency** (*stat.*) frequenza statistica; ~ **hypothesis** (*stat.*) ipotesi statistica; ~ **inference** (*stat.*) inferenza statistica; ~ **method** (*stat.*) metodo statistico; ~ **methodology** (*stat.*) metodologia statistica; ~ **quality control** (*org. az., stat.*) controllo statistico di qualità; ~ **sample** (*stat.*) campione statistico.

statistician, *n.* (*stat.*) « statistico », studioso di statistica.

statistics, *n. pl.* (*col verbo al sing.*) (*stat.*) statistica (*la scienza*). △ ~ **is a branch of mathematics** la statistica è un ramo della matematica.

status, *n.* ❶ situazione, posizione sociale, condizione sociale, status. ❷ (*leg.*) stato giuridico. △ ❶ **The paper examines the ~ of the negotiations between company and union representatives** il documento esamina la situazione dei negoziati in corso fra i rappresentanti della società e quelli dei sindacati. // ~ **inquiry** (*banca, cred.*) richiesta d'informazioni sulla solvibilità (*d'un cliente potenziale*); ~ **inquiry agency** ufficio informazioni commerciali; ~ **quo** status quo; ~ **seeker** (*econ.*) chi cerca di migliorare la sua condizione sociale; ~ **symbol** (*econ., pubbl.*) « status symbol », simbolo di successo.

statute, *n.* (*leg.*) statuto, legge (*del Parlamento*). // **statutes at large** (*leg.*) leggi parlamentari nel testo integrale; ~ **-barred** (*leg.*) prescritto: **a ~ -barred debt** (*leg.*) un debito prescritto; ~ **-book** (*leg.*) raccolta di leggi; codice; ~ **law** (*leg.*) diritto statutario, legge parlamentare; ~ **mile** miglio ufficiale (*pari a metri 1.610 circa*); ~ **of limitations** (*leg.*) « statuto delle restrizioni », legge sulla prescrizione: **The ~ of limitations is a ~ assigning a certain time after which rights cannot be enforced by legal action** lo « statuto delle restrizioni » è uno statuto che fissa un certo limite di tempo trascorso il quale un diritto non può più essere fatto valere mediante azione legale; ~ **of repose** (*leg.*) *V.* ~ **of limitations**; ~ **-roll** (*leg.*) raccolta di leggi, codice.

statutory, *a.* ❶ (*leg.*) statutario, fissato dalla legge. ❷ (*leg.*) legale, regolamentare. // ~ **books** (*leg., rag.*) libri (contabili) obbligatori; **a ~ company** (*fin., ingl.*) società costituita con legge speciale; ~ **declaration** (*leg.*) dichiarazione solenne (*fatta in luogo d'un «affidavit»*) da persona incapace di giurare; ~ **foreclosure** (*leg.*) azione legale per il risarcimento d'un creditore attuata tramite la vendita all'asta della proprietà ipotecata; ~ **holiday** (*leg.*) giorno festivo legale; **a ~ incomes policy** (*econ.*) una politica dei redditi perseguita con appropriati strumenti legislativi; ~ **meeting** (*fin.*) assemblea generale per l'approvazione dello statuto (*d'una società anonima*); ~ **period** (*leg.*) periodo di prescrizione; ~ **reserve** (*rag.*) riserva statutaria.

stay[1], *n.* ❶ soggiorno, permanenza. ❷ (*leg.*) sospensione. △ ❶ **During our ~ in the United States we were able to visit their plants and study their production standards** durante il nostro soggiorno negli Stati Uniti potemmo visitare i loro stabilimenti e studiare i loro standard produttivi. // ~ **-in** (*sind.*) *V.* ~ **-in strike**; ~ **-in strike** (*sind.*) sciopero bianco, sciopero con occupazione (*della fabbrica, ecc.*); ~ **law** (*leg.*) legge moratoria; **a ~ of execution** (*leg.*) una sospensione dell'esecuzione della condanna.

stay[2], *v. i.* stare, restare, rimanere, soggiornare. *v. t.* (*leg.*) differire, rimandare, rinviare, sospendere. △ *v. i.* **Several millions of people have stayed in our Country this year** quest'anno parecchi milioni di persone hanno soggiornato nel nostro Paese; *v. t.* **The decision has been stayed till next week** la decisione è stata rinviata alla prossima settimana; **The commission decided to ~ the annual meeting** la commissione decise di sospendere l'assemblea annuale. // **to ~ at a hotel** (*tur.*) alloggiare in (*un*) albergo; **to ~ judgment** (*leg.*) sospendere la sentenza; **to ~ proceedings** (*leg.*) sospendere il procedimento.

steady[1], *a.* ❶ costante, continuo, fermo, fisso, regolare. ❷ saldo, solido, stabile. ❸ (*fin., market.*) (*di quotazione, prezzo, ecc.*) sostenuto. △ ❶ **There's been a ~ rise in wool prices** c'è stato un costante aumento dei prezzi della lana; ❷ **Our output has been ~ for the last 8 months** negli ultimi 8 mesi la nostra produzione s'è mantenuta stabile; ❸ **Current quotations are steadier** le quotazioni correnti sono più sostenute. // **a ~ job** (*pers.*) un lavoro fisso, un'occupazione stabile; **a ~ market** (*fin., market.*) un mercato sostenuto; ~ **seller** (*market.*) « steady seller » (*libro, o altro oggetto, che ha una vendita costante*).

steady[2], *v. t.* consolidare, rendere fermo, stabilizzare. *v. i.* consolidarsi, diventare fermo, stabilizzarsi. △ *v. t.* **The Government provisions are meant to ~ the domestic market** i provvedimenti governativi sono intesi a consolidare il mercato interno; *v. i.* **Oil prices are steadying quickly** i prezzi del petrolio si vanno rapidamente stabilizzando.

steal, *v. t.* (*pass.* **stole**, *part. pass.* **stolen**) rubare.

steam, *n.* vapore. // ~ **collier** (*trasp. mar.*) nave carboniera; ~ **-engine** macchina a vapore; (*trasp. ferr.*) locomotiva a vapore; ~ **navigation** (*trasp. mar.*) navigazione a vapore; ~ **-power** forza (del) vapore.

steamboat, *n.* (*trasp. mar.*) piroscafo, vapore.

steamer, *n.* (*trasp. mar.*) vapore, nave a vapore, piroscafo, vaporetto. △ **Shipping such heavy goods by ~ would have been cheaper** sarebbe stato più conveniente spedire merci così pesanti a mezzo vapore.

steamship, *n.* (*trasp. mar.*) vapore, nave a vapore, piroscafo, vaporetto. △ **We shall send you the goods as soon as the ~ is ready to leave the port** vi invieremo le merci appena il piroscafo sarà pronto a lasciare il porto. // ~ **line** (*trasp. mar.*) linea di navigazione a vapore.

steer, *v. t.* (*trasp. mar.*) governare, dirigere (*una nave*). *v. i.* (*trasp. mar.*) governare una nave.

steerage, *n.* (*trasp. mar.*) quartieri di poppa, ponte di terza classe. // ~ **passengers** (*trasp. mar.*) passeggeri di terza classe.

steering, *n.* ❶ (*fig.*) amministrazione, direzione. ❷ (*trasp. mar.*) governo (*della nave*). // ~ **committee** (*org. az.*) comitato direttivo; ~ **-wheel** (*trasp. aut.*) volante; (*trasp. mar.*) timone.

steersman, *n.* (*pl.* **steersmen**) (*trasp. mar.*) timoniere.

stellionate, *n.* (*leg.*) stellionato.

stencil[1], *n.* (*attr. uff.*) matrice (*per ciclostile*); stampino (*lastra con lettere – o disegno – a traforo*).

stencil[2], *v. t.* ciclostilare, stampinare, riprodurre (*lettere, disegni, ecc.*) con uno stampino.

stenograph[1], *n.* ❶ stenogramma, segno stenografico. ❷ (*macch. uff.*) macchina per stenografare.

stenograph[2], *v. t.* stenografare.

stenographer, *n.* (*pers.*) stenografo, stenografa.

stenographic, *a.* stenografico.

stenographical, *a.* stenografico.

stenography, *n.* stenografia.

stenotypist, *n.* (*pers.*) stenodattilografo, stenodattilografa.

stenotypy, *n.* stenotipia.

step[1], *n.* ❶ misura, provvedimento. ❷ (*anche fig.*) passo. ❸ (*pers.*) avanzamento, promozione. △ ❶ **These steps were taken for the safety of the ship and cargo** queste misure furono prese per la salvezza della nave e del carico; ❷ **Mr Johnson is going to take the necessary steps** Mr Johnson farà i passi necessari; ❸ **I hope to get a ~ at the end of the year** spero di ottenere una promozione alla fine dell'anno. // ~ **-down** calo, diminuzione, riduzione: **There will surely be a ~ -down in production** ci sarà certamente un calo produttivo; ~ **-up** aumento, accrescimento: **A ~ -up in output is expected soon** presto dovrebbe aversi un aumento della produzione.

step², *v. i.* ❶ fare un passo. ❷ camminare. // to ~ **down** (*fig.*) rinunciare, dimettersi: **I am going to ~ down from this office** ho intenzione di dimettermi da questo ufficio; to ~ **down from a position** (*pers.*) rinunciare a un posto; to ~ **in** entrare; (*fig.*) intervenire, intromettersi: **As the local authorities hadn't met their responsibilities, the central Government stepped in** poiché le autorità locali non avevano assunto le loro responsabilità, intervenne il Governo centrale; to ~ **into a good job** (*fig.*) ottenere un buon impiego; to ~ **up** aumentare, accrescere, intensificare; crescere, intensificarsi; (*amm.*) concedere un avanzamento, dare una promozione a (*un dipendente*); promuovere; essere promosso, ricevere una promozione: **We must ~ up the drive against obstacles to competition** dobbiamo intensificare la lotta contro gli ostacoli alla concorrenza; **Domestic trade is stepping up at last!** finalmente si va intensificando il commercio interno!; **He has stepped up to the chief executive's chair** è stato promosso alla massima carica direttiva; to ~ **up production** (*org. az.*) accrescere la produzione; to ~ **up savings** (*econ.*) aumentare i risparmi.

stepbrother, *n.* (*leg.*) fratellastro.

stepsister, *n.* (*leg.*) sorellastra.

stepwise inflation, *n.* (*econ.*) inflazione graduale.

stere, *n.* stero.

stereotype¹, *n.* (*giorn., pubbl.*) lastra stereotipa, stereotipia (*il risultato*).

stereotype², *v. t.* (*giorn., pubbl.*) stereotipare.

stereotyper, *n.* (*giorn., pubbl.*) stereotipista.

stereotypist, *n.* (*giorn., pubbl.*) stereotipista.

stereotypy, *n.* (*giorn., pubbl.*) stereotipia (*il procedimento*).

sterile, *a.* sterile, infecondo.

sterling, *a.* genuino, puro, di buona lega. *n.* (*ingl.*) moneta inglese a corso legale. // the ~ **area** (*econ.*) l'area della sterlina: **The ~ area is today held to be the world's largest trading community** l'area della sterlina è considerata oggi la più vasta comunità mercantile del mondo; the ~ **bloc** (*econ.*) l'area della sterlina; the ~ **exchange** (*fin.*) il cambio della sterlina; ~ **prices** (*fin., market.*) prezzi in sterline; ~ **quality** (*market.*) qualità genuina; ~ **silver** argento puro (*925 parti d'argento e 75 di rame*); of ~ **gold** d'oro puro; **pound** ~ lira sterlina.

stern, *n.* (*trasp. mar.*) poppa.

stet¹, *locuz. verb.* (*giorn., pubbl.*) vive (*formula usata per annullare la correzione d'una parola, ecc.*).

stet², *v. t.* (*giorn., pubbl.*) annullare la correzione di (*una parola, ecc.*).

stevedore¹, *n.* (*trasp. mar.*) stivatore, scaricatore di porto.

stevedore², *v. i.* (*trasp. mar.*) fare lo stivatore. *v. t.* (*trasp. mar.*) lavorare al carico (*o allo scarico*) di (*una nave*).

steward¹, *n.* ❶ fattore agricolo. ❷ (*trasp. aer., trasp. mar.*) steward, cameriere di bordo. ❸ (*trasp. mar.*) cambusiere.

steward², *v. i.* ❶ (*trasp. aer.*) fare la hostess. ❷ (*trasp. aer., trasp. mar.*) fare lo steward. ❸ (*trasp. mar.*) fare il cambusiere.

stewardess, *n.* ❶ (*trasp. aer.*) hostess. ❷ (*trasp. mar.*) cameriera di bordo.

stick, *v. t.* (*pass. e part. pass.* **stuck**) attaccare, affiggere, incollare. △ **The bulletin shall be stuck to the wall for all the staff to see** il bollettino dovrà essere affisso al muro in modo che tutto il personale lo veda; ~ **no bills!** divieto d'affissione. // to ~ **out** tener duro, rifiutarsi di giungere a un accordo; (*pers., sind.*) scioperare; to ~ **out for a higher price** (*market.*) cercar di strappare un prezzo più alto; to ~ **out for more favourable terms** (*market.*) cercar di strappare condizioni più favorevoli; to ~ **a stamp on a letter** attaccare un francobollo a una lettera; to ~ **to** attenersi a, tener fede a, essere fedele a, restar fedele a: **They have always stuck to the contract** si sono sempre attenuti al contratto; **The translation sticks closely to the original** la traduzione è strettamente fedele all'originale; to ~ **to one's word** mantenere la parola data.

sticker, *n.* (*market.*) tagliando da incollare, etichetta.

stickiness, *n.* (*econ.*) viscosità, rigidezza (*di domanda, prezzo, ecc.*).

stick-out, *n.* (*pers., sind.*) sciopero, sciopero bianco.

sticky, *a.* ❶ appiccicaticcio, attaccaticcio. ❷ (*di credito*) di difficile realizzo. ❸ (*econ.*) (*di domanda, prezzo, ecc.*) rigido, vischioso. ❹ (*market.*) (*d'articolo, ecc.*) difficile da vendere. △ ❸ **Labour supply is ~** l'offerta di manodopera è rigida; **Consumer habits seem to be more ~ than variations in the level of income** le abitudini del consumatore sembrano più rigide delle variazioni nel livello dei redditi; ❹ **Radio sets are becoming increasingly ~** gli apparecchi radio stanno diventando sempre più difficili da vendere. // a ~ **customer** (*market.*) un cliente difficile (*da accontentare*); ~ **prices** (*econ.*) prezzi vischiosi.

stiff, *a.* ❶ duro, rigido. ❷ (*fin., market.*) (*di prezzo, ecc.*) sostenuto, tendente al rialzo. ❸ (*fin., market.*) (*di prezzo*) salato. *n.* ❶ (*slang USA*) titolo di credito. ❷ (*slang USA*) denaro. ❸ (*slang USA*) assegno falso. ❹ (*slang USA*) cambiale falsa. ❺ (*slang USA*) operaio. △ *a.* ❷ **Money rates are rather ~ this week** i tassi monetari sono abbastanza sostenuti questa settimana; ❸ **Retail prices have never been so ~** i prezzi al dettaglio non sono mai stati così salati.

stiffen, *v. t.* ❶ indurire, irrigidire. ❷ (*fin., market.*) aumentare, crescere (*i prezzi, ecc.*). *v. i.* indurirsi, irrigidirsi. △ *v. t.* ❷ **Wholesale prices have been stiffened again** i prezzi all'ingrosso sono stati aumentati ancora. // to ~ **the market** (*econ.*) irrigidire il mercato.

stiffening, *n.* ❶ irrigidimento. ❷ (*fin., market.*) aumento (*di prezzi, ecc.*).

stiffness, *n.* durezza, rigidità.

stifle, *v. t.* ❶ soffocare (*anche fig.*). ❷ scoraggiare. △ ❶ **Economic controls have stifled our economy** i controlli economici hanno soffocato la nostra economia; ❷ **Political barriers tend to ~ commerce** le barriere politiche tendono a scoraggiare i traffici.

still-born, *a.* (*stat.*) nato morto.

stimulant, *n.* stimolante, incentivo. △ **It's time to find out new stimulants to investment** è ora di trovare nuovi incentivi all'investimento.

stimulate, *v. t.* stimolare, incitare, incentivare. △ **It was the controversy between the inventor and the producer that stimulated the sale of that article** fu la vertenza fra l'inventore e il fabbricante di quell'articolo a incentivarne la vendita. // to ~ **a convention** convenzionarsi; to ~ **the formation of real saving** (*econ.*) stimolare la formazione d'un risparmio effettivo; to ~ **production** (*econ.*) incentivare la produzione.

stimulation, *n.* stimolazione, stimolo, incitamento, incentivazione. △ **The ~ of trade will be obtained by reducing tariffs** l'incentivazione del commercio si otterrà riducendo le tariffe.

stimulus, *n.* (*pl.* **stimuli**) stimolo, incitamento, incentivo. △ **International cooperation is a ~ to agriculture, industry and commerce** la collaborazione internazionale è uno stimolo per l'agricoltura, per l'industria e per il commercio. // a ~ **to competition** (*market.*) un incentivo alla concorrenza.

stipulate, *v. t.* (*leg.*) stipulare, convenire, pattuire, accordarsi su, esigere come condizione essenziale. △ **We have stipulated for the disposition and management of the funds** ci siamo accordati sull'uso e sulla gestione dei fondi; **The will stipulated that his son should get married within the end of the year** il testamento esigeva come condizione essenziale che il figlio si sposasse entro l'anno. // **to ~ a contract** (*leg.*) stipulare un contratto; **to ~ a guarantee** (*leg.*) pattuire una garanzia.

stipulated damages, *n. pl.* (*ass.*) danni liquidati.

stipulation, *n.* ❶ (*leg.*) stipulazione, stipula. ❷ (*leg.*) clausola essenziale, condizione essenziale. △ ❶ **The ~ will take place at the presence of our lawyers** la stipula avverrà alla presenza dei nostri legali. // **under the ~ that...** (*leg.*) a condizione che...

stipulator, *n.* (*leg.*) stipulante.

stochastic, *a.* (*stat.*) stocastico, aleatorio, casuale. // **~ model** (*ric. op.*) modello stocastico; **~ process** (*ric. op.*) procedimento stocastico; **~ variable** (*ric. op.*) variabile stocastica.

stock[1]**,** *n.* ❶ (*econ.*) (= **live stock**) scorte vive, bestiame. ❷ (*fin.*) (= **joint-stock**) capitale azionario; azioni, titoli, valori. ❸ (*org. az.*) stock, giacenza, provvista, scorta, assortimento, merci in magazzino. ❹ (*org. az.*) materia prima, materiale grezzo. ❺ **stocks,** *pl.* (*fin.*) azioni completamente versate; obbligazioni. ❻ **stocks,** *pl.* (*fin.*) buoni del Tesoro, titoli di Stato. △ ❷ **In that period the ~ gained 20 per cent** in quel periodo il capitale azionario ebbe una plusvalenza del 20 per cento; **They have invested all of their money in ~** hanno investito tutto il loro denaro in titoli; ❸ **We shall let you know as soon as possible whether the article you require is in ~** vi faremo sapere appena possibile se l'articolo da voi richiesto è in magazzino; ❹ **As paper ~ is more and more expensive, there will be a rise in the price of newspapers and magazines** poiché la materia prima per la fabbricazione della carta è sempre più cara, ci sarà un aumento del prezzo di giornali e riviste. // **~ -account** (*rag.*) conto inventari; **~ accounting** (*rag.*) contabilità di magazzino; **stocks and shares** (*fin.*) valori mobiliari; **~ arbitrage** (*fin.*) arbitraggio su titoli; **stocks bid for** (*fin.*) titoli di cui vi è richiesta; **~ bonus** (*fin.*) gratifica in azioni (*concessa da una società ai suoi dipendenti*); **~ -book** (*rag.*) libro inventari, libro magazzino; **~ borrowed** (*Borsa*) titoli riportati; **~ -breeder** (*econ.*) allevatore di bestiame; **~ -broker** (*Borsa*) agente di cambio, scambista; **~ -broking** (*Borsa*) mediazione nella compravendita di titoli, lavoro d'agente di cambio; **~ capital** (*fin.*) capitale sociale; **~ -car** (*trasp. ferr.*) carro bestiame; **~ -card** (*org. az.*) scheda di magazzino; **~ certificate** (*fin.*) certificato azionario; **~ clerk** (*pers.*) magazziniere; **~ company** (= **joint-stock company**) (*fin.*) società per azioni; **~ corporation** (*fin., USA*) società per azioni; **~ department** (*banca*) ufficio titoli; **~ dividend** (*fin.*) distribuzione di dividendi in azioni (*della società stessa*); azioni distribuite come dividendo, dividendo capitale; **~ -Exchange** (*fin.*) Borsa Valori: **to be on the ~ Exchange** (*Borsa, ingl.*) essere membro dell'associazione della Borsa Valori di Londra; **the ~ -Exchange Committee** (*fin.*) la camera sindacale degli agenti di cambio; **~ -Exchange intelligence** (*giorn.*) notiziario di Borsa; **the ~ Exchange list** (*fin.*) il bollettino della Borsa (Valori); **~ -farm** (*econ.*) fattoria per l'allevamento del bestiame; **~ -farmer** (*econ.*) allevatore di bestiame; **~ -farming** (*econ.*) allevamento del bestiame; **~ -in-trade** (*org. az.*) merce in magazzino; (*rag.*) capitale in commercio, capitale impiegato nell'attività commerciale; **~ issue** (*fin.*) emissione azionaria; **~ ledger** (*fin., USA*) libro dei soci; **~ -list** (*fin.*) listino di Borsa, listino « valori »; **~ management** (*org. az.*) gestione dei materiali; **~ market** (*fin.*) mercato azionario, mercato dei titoli finanziari, Borsa Valori; **~ market crash** (*fin.*) crollo dei prezzi in Borsa; **~ market round up** (*giorn.*) panorama borsistico; **a ~ of goods** (*org. az.*) uno stock di merci; **~ on hand** (*org. az.*) giacenza, scorte; **~ option** (*fin.*) opzione; **~ photo** (*giorn.*) foto d'archivio, foto di repertorio; **~ -raising** (*econ.*) allevamento del bestiame; **~ reduction** (*org. az.*) riduzione delle giacenze; **~ right** (*fin.*) diritto d'opzione; **~ room** (*org. az.*) magazzino; **~ split** (*fin.*) frazionamento azionario; **~ -taking** (*org. az.*) inventario, operazioni d'inventario; **~ ticker** (*Borsa, fin.*) « teleborsa »; **~ to bearer** (*fin.*) titolo al portatore; **~ -turn** (*org. az.*) indice di rotazione delle scorte (*in un dato periodo: generalm. un anno*); **~ turnover** (*org. az.*) ricambio del magazzino, rotazione delle scorte; **~ volume** (*org. az.*) volume delle giacenze; **~ -withdrawal order** (*org. az.*) bolla di prelievo; **in ~** (*market.*: *di merce*) esistente in magazzino; **out of ~** (*org. az.*) (*d'articolo, ecc.*) esaurito: **Those goods are at present out of ~** per il momento quelle merci sono esaurite.

stock[2]**,** *v. t.* ❶ (*fin.*) emettere azioni di (*una società*). ❷ (*org. az.*) approvvigionare, fornire, rifornire. ❸ (*org. az.*) essere provvisto di (*certa merce, ecc.*); tenere (*certa merce, ecc.*). △ ❷ **We must ~ our shelves in time for the winter season** dobbiamo rifornire i nostri scaffali per la stagione invernale; ❸ **They said they didn't ~ this article** dissero che non erano provvisti di questo articolo; **We ~ everything, from pins to elephants!** teniamo tutto, dagli spilli agli elefanti! // **to ~ a shop with goods** (*org. az.*) rifornire un negozio di merci; **to ~ up** (*org. az.*) depositare in magazzino, immagazzinare, far provvista di (*merce, ecc.*).

stockbroker, *n.* (*Borsa*) agente di cambio, operatore di Borsa, scambista. // **~ 's contract** (*fin.*) borderò di Borsa.

stockbrokerage, *n.* V. **stockbroking.**

stockbroking, *n.* (*Borsa*) mediazione nella compravendita di titoli; lavoro d'agente di cambio.

stockholder, *n.* (*fin.*) azionista. // **stockholders' committee** (*fin.*) comitato esecutivo; **stockholders' equity** (*fin.*) totale del capitale sociale (*iscritto al valore nominale*) più gli utili non distribuiti; **stockholders' proxies** (*fin.*) deleghe degli azionisti.

stockist, *n.* (*market.*) grossista, depositario, fornitore.

stockjobber, *n.* ❶ (*Borsa*) aggiotatore. ❷ (*Borsa, ingl.*) speculatore « professionista » (*non esiste in Italia*).

stockjobbing, *n.* ❶ (*Borsa*) aggiotaggio. ❷ (*Borsa, ingl.*) lavoro di « stockjobber » (*q.V.*).

stockpile[1]**,** *n.* (*org. az.*) riserva (*di materie prime, merci, ecc.*).

stockpile[2]**,** *v. t.* (*org. az.*) formare riserve di (*materie prime, merci, ecc.*).

stone, *n.* « stone » (*misura di peso pari a kg 6,350 circa*).

stony, *a.* (*fam.*) rovinato, spiantato. // **~ broke** (*fam.*) rovinato, fallito.

stop[1]**,** *n.* ❶ arresto, fermata. ❷ interruzione; pausa, sosta. ❸ (*comun.*) « stop » (*nei telegrammi, ecc.*). ❹ (*fin.*) V. **~ order.** ❺ (*trasp.*) fermata. △ ❶ **Production has come to a sudden ~** la produzione è giunta a un arresto improvviso; ❺ **There are only two stops between London and Brighton** ci sono solo due fermate fra Londra e Brighton. // **~ -and-go policy** (*econ.*) politica alterna, di freni e stimoli (*della produzione, ecc.*); **~ -loss order**

(*fin.*) V. ~ **order**; ~ **news** (*giorn.*) (notizie) recentissime; ~ **on request** (*trasp.*) fermata facoltativa; ~ **order** (*fin.*) ordine (*a un agente di cambio*) d'acquistare (*o vendere*) quando il prezzo d'un titolo aumenta (*o diminuisce*) fino a un dato limite; ~ **payment** (*banca*) ordine di fermo (*su un assegno*); ~ **press** (*giorn., ingl.*) notizie dell'ultima ora, recentissime; ~ **-press corrections** (*giorn.*) ritocchi dell'ultimo minuto; ~ **-press news** (*giorn.*) V. ~ **press**; ~ **sign** (*trasp. aut.*) segnale di « stop ».

stop^2, *v. t.* ❶ arrestare, fermare. ❷ interrompere, sospendere. ❸ (*pers.*) trattenere (*parte dello stipendio*). *v. i.* ❶ arrestarsi, fermarsi. ❷ cessare, smettere. △ *v. t.* ❶ **The train was stopped as soon as the news of the flood was broadcast** il treno fu fermato appena furono trasmesse le notizie dell'inondazione; ❷ **The whole staff has decided to ~ work and wait for the management's moves** tutto il personale ha deciso di interrompere il lavoro e attendere le mosse della direzione; **Our publisher stopped payments as we had delayed consignments** l'editore ci sospese i pagamenti poiché avevamo ritardato le consegne; ❸ **Each worker is to pay the equivalent of one dollar a week, which is stopped from his wages by the employer** ogni operaio è tenuto a pagare l'equivalente d'un dollaro la settimana che viene trattenuto sulla paga dal datore di lavoro. // to ~ **a cheque** (*banca*) bloccare un assegno, mettere il fermo su un assegno; « ~ **for freight** » (*trasp. mar.*) ordine (*dato da un armatore o da un sensale marittimo*) di non permettere la consegna delle merci fino a che non sia stato pagato il nolo; to ~ **the payment of a cheque** (*banca*) V. to ~ **a cheque**; to ~ **payments** (*banca*) chiudere gli sportelli; to ~ **a plant** (*org. az.*) chiudere una fabbrica; to ~ **sb.'s salary** (*pers.*) sospendere q. dallo stipendio, trattenere a q. lo stipendio; to ~ **talking** far silenzio, tacere; to ~ **work** (*org. az., pers.*) finire il lavoro, finire (di lavorare), staccare, « smontare ».

stopgap, *n.* ❶ « tappabuchi », ripiego, soluzione provvisoria. ❷ (*pers.*) sostituto temporaneo. △ ❶ **The export of goods is just an emergency ~ in the present economic situation** l'esportazione di merci è soltanto un ripiego d'emergenza nella situazione economica attuale; ❷ **He's simply acting as a ~ for our lawyer** non è che il sostituto temporaneo del nostro legale.

stopover, *n.* (*trasp.*) sosta.

stoppage, *n.* ❶ arresto, fermata. ❷ interruzione, sospensione. ❸ sosta, soste. ❹ (*dog., leg.*) fermo. ❺ (*pers.*) trattenuta, ritenuta (*sulla paga*). ❻ (*sind.*) sciopero, interruzione del lavoro. △ ❻ **Unions threaten a nationwide ~** i sindacati minacciano uno sciopero nazionale. // ~ **at source** (*fin.*) esazione alla fonte; ~ **in transit** (*leg.*) fermo durante il viaggio.

stopping, *n.* ❶ arresto, fermata. ❷ sosta. // ~ **in transit** (*trasp. mar.*) servizio del vettore che consente al caricatore di scaricare parte della merce durante il viaggio e spedire il resto del carico a destinazione a tariffa forfettaria.

stopwatch, *n.* (*cronot.*) cronometro.

storage, *n.* ❶ (*elab. elettr.*) immagazzinamento, memorizzazione. ❷ (*elab. elettr., USA*) magazzino, memoria. ❸ (*org. az.*) ammasso, deposito. ❹ (*org. az.*) l'immagazzinare, magazzinaggio, immagazzinaggio. ❺ (*org. az.*) magazzinaggio, prezzo del magazzinaggio. ❻ (*org. az.*) capienza d'un magazzino. △ ❸ **This area is being used as a ~ for raw materials** quest'area è usata come deposito per le materie prime; ❺ **We were charged ~ and other expenses** ci fu fatto pagare il magazzinaggio e altre spese. // ~ **bin** (*org. az.*) silo; ~ **charges** (*rag.*) spese di magazzinaggio; ~ **costs** (*rag.*) costi di magazzinaggio; ~ **in transit** (*trasp.*) deposito (*di merci*) in transito; **the ~ of documentary information** (*amm.*) la conservazione delle informazioni documentarie; ~ **operations** (*org. az.*) operazioni di magazzinaggio; ~ **track** (*trasp. ferr., USA*) binario di deposito.

store^1, *n.* ❶ provvista, riserva, scorta. ❷ (*elab. elettr.*) magazzino, memoria. ❸ (*market., USA*) bottega, negozio, spaccio. ❹ (*org. az.*) deposito, magazzino. ❺ **stores**, *pl.* (*market.*) grandi magazzini. ❻ **stores**, *pl.* (*trasp. mar.*) dotazioni di bordo, provviste di bordo, rifornimenti di bordo. // ~ **block** (*elab. elettr.*) blocco di memoria; ~ **capacity** (*elab. elettr.*) capacità di memoria; ~ **card** (*market., pubbl.*) buono d'acquisto (*rilasciato da un negozio*: per ovviare alla penuria di spiccioli o a fini pubblicitari); ~ **core** (*elab. elettr.*) nucleo di memoria; ~ **for cheese seasoning** (*org. az.*) un magazzino per la stagionatura dei formaggi; **stores ledger** (*org. az.*) inventario perpetuo di magazzino; ~ **loyalty** (*market.*) fedeltà al negozio; ~ **order** (*org. az.*) ordine di magazzino; ~ **-room** (*org. az.*) magazzino, ripostiglio; (*trasp. mar.*) cambusa; ~ **sign** (*market.*) insegna di negozio; ~ **-yard** (*org. az.*) piazzale d'immagazzinaggio.

store^2, *v. t.* ❶ accumulare, far provvista di (*qc.*). ❷ (*elab. elettr.*) immagazzinare, memorizzare. ❸ (*org. az.*) immagazzinare, mettere in magazzino. △ ❶ **We should ~ basic materials in order to better face a sudden freeze on imports** dovremmo far provvista di materie prime per meglio far fronte a un improvviso « congelamento » delle importazioni.

stored, *a.* ❶ immagazzinato. ❷ (*elab. elettr.*) immagazzinato, memorizzato. // ~ **programme** (*elab. elettr.*) programma memorizzato; ~ **routine** (*elab. elettr.*) programma memorizzato.

storekeep, *v. i.* (*market., USA*) dirigere un negozio, fare l'esercente.

storekeeper, *n.* ❶ (*market., USA*) bottegaio, negoziante, esercente. ❷ (*org. az.*) magazziniere.

storeman, *n.* (*pl.* **storemen**) (*org. az.*) magazziniere.

storing charges, *n. pl.* (*rag.*) spese di magazzinaggio.

storing expenses, *n. pl.* V. **storing charges**.

storing velocity, *n.* (*elab. elettr.*) velocità di memorizzazione.

storm, *n.* tempesta.

story, *n.* ❶ storia, narrazione, racconto, versione dei fatti. ❷ (*giorn.*) servizio. △ ❶ **His ~ is slightly different from ours** la sua versione dei fatti è leggermente diversa dalla nostra; ❷ **Next week's ~ will tell of the new tariff legislation** il servizio della settimana prossima tratterà della nuova legislazione tariffaria.

stow, *v. t.* (*trasp. mar.*) stivare. △ **Some packages hadn't been properly stowed therefore they were damaged in transit** alcuni colli non erano stati stivati correttamente, di conseguenza subirono danni durante il trasporto. // to ~ **sb. away** (*trasp. mar.*) imbarcare q. clandestinamente; to ~ **goods in bulk** (*trasp. mar.*) stivare merci alla rinfusa.

stowage, *n.* ❶ (*trasp. mar.*) stivaggio. ❷ (*trasp. mar.*) spese di stivaggio. ❸ (*trasp. mar.*) capacità di stivaggio. △ ❶ **The cargo shift was caused by faulty ~** lo spostamento del carico fu causato da cattivo stivaggio; ❸ **The new ships have got an excellent ~** le nuove navi hanno un'eccellente capacità di stivaggio. // ~ **certificate** (*trasp. mar.*) certificato di stivaggio; ~ **in bulk** (*trasp. mar.*) stivaggio alla rinfusa.

stowaway, *n.* (*trasp. aer., trasp. mar.*) (passeggero) clandestino.
stower, *n.* (*trasp. mar.*) stivatore.
straddle, *n.* (*Borsa*) opzione; « doppio privilegio » (*operazione composta d'un* « *put* » - *q.V.* - *e d'un* « *call* » - *q.V.* -, *esercitabili tuttavia allo stesso prezzo, che è di regola quello del mercato al momento della stipulazione*).
straight, *a.* ❶ diritto, dritto. ❷ diretto. ❸ giusto, onesto, retto. ❹ (*mat.*) retto. *avv.* ❶ dritto, in linea retta. ❷ direttamente. △ *a.* ❸ **Our dealings have always been quite ~** i nostri affari sono sempre stati del tutto onesti; *avv.* ❷ **These articles come ~ from our Dutch plants** questi articoli vengono direttamente dai nostri stabilimenti in Olanda. // **a ~ bill of lading** (*trasp. mar.*) una polizza di carico diretta; **a ~ businessman** un commerciante onesto; **a ~ course** (*trasp.*) un itinerario diretto; **~ life annuity** (*ass.*) vitalizio, assegno vitalizio; **~ life insurance** (*ass.*) assicurazione « vita intera »; **~ line** linea retta; **~ -line** (*mat.*) in linea retta; (*org. az.*) (*di processo produttivo*) impostato secondo la successione delle operazioni indicate dal ciclo del prodotto, disponendo macchine e posti di lavoro secondo tale successione; (*rag.*) (*d'ammortamento*) a quote costanti; **~-line depreciation** (*rag.*) ammortamento a quote costanti; **~-line method** (*rag.*) metodo (*d'ammortamento*) a quote costanti; **~ paper** (*cred., fin.*) titolo di credito trasferibile firmato (*o girato*) da una sola persona; **~ time** (*org. az., pers.*) orario normale (*di lavoro: con esclusione degli straordinari, ecc.*): **~ time should not exceed 40 hours a week** l'orario normale non dovrebbe eccedere le 40 ore settimanali.
straightaway, *a.* ❶ diritto, dritto, rettilineo. ❷ diretto. *avv.* ❶ direttamente. ❷ immediatamente, subito. △ *avv.* ❷ **In case our claim is rejected, we shall take legal steps ~** nell'eventualità che la nostra richiesta non venga accolta, adiremo immediatamente le vie legali. // **a ~ flight** (*trasp. aer.*) un volo diretto (*senza deviazioni di rotta*).
straighten, *v. t.* drizzare, raddrizzare. // **to ~ out** rettificare, correggere; mettere in ordine, ordinare: **He didn't ~ out his accounts before leaving** non mise in ordine i conti prima di partire; **to ~ up**. V. **to ~ out**.
straightforward, *a.* ❶ diritto, dritto, rettilineo. ❷ retto, onesto. △ ❷ **We were asked by the insurance company to hand them a ~ account of the accident** la compagnia assicuratrice ci chiese di rilasciarle una relazione onesta sull'incidente. // **a ~ behaviour** un retto comportamento.
strain[1], *n.* sforzo, tensione. △ **Four Community Countries were faced with the need to combat ~ due to the pressure of demand** quattro Paesi della Comunità dovettero reprimere alcune tensioni provocate dalla pressione della domanda. // **the ~ of modern life** il logorio della vita moderna.
strain[2], *v. t.* ❶ tendere, forzare. ❷ distorcere, svisare. △ ❷ **The interpretation of the law has been utterly strained** l'interpretazione della legge è stata totalmente svisata. // **to ~ one's authority** (*leg.*) abusare della propria autorità; **to ~ the law** (*leg.*) fare uno strappo alla legge, violare la legge; **to ~ one's power** (*leg.*) eccedere i propri poteri; **to ~ one's rights** (*leg.*) oltrepassare i propri diritti; **to ~ the truth** (*leg.*) distorcere la verità, svisare i fatti.
straits, *n. pl.* strettezze (*finanziarie*).
strand[1], *n.* (*trasp. mar.*) riva, spiaggia.
strand[2], *v. t.* (*trasp. mar.*) arenare, incagliare. *v. i.* (*trasp. mar.*) (*di nave*) arenarsi, incagliarsi. △ *v. i.* **The ship stranded on the island** la nave s'arenò sull'isola.
stranding, *n.* (*trasp. mar.*) arenamento, incaglio.
strap, *n.* (*Borsa, USA*) combinazione di due « calls » (*q.V.*) e d'un « put » (*q.V.*).
strategy, *n.* ❶ strategia. ❷ (*ric. op.*) strategia.
stratification, *n.* ❶ stratificazione. ❷ (*econ.*) stratificazione (sociale). ❸ (*stat.*) stratificazione.
stratified sample, *n.* (*stat.*) campione stratificato.
stratify, *v. t.* stratificare. *v. i.* stratificarsi. △ *v. i.* **Society tends to ~ in conformity with the distribution of wealth** la società tende a stratificarsi secondo la distribuzione della ricchezza.
stratum, *n.* (*pl.* **strata** *e reg.*) ❶ strato. ❷ (*econ., stat.*) strato. △ ❷ **The counties of the United States might be grouped into 30 strata in terms of their population density** riguardo alla densità della popolazione, le contee degli Stati Uniti potrebbero essere raggruppate in 30 strati.
straw, *n.* paglia. *a. attr.* (*anche fig.*) di paglia. // **~ ballot** (*USA*) V. **~ vote**; **~ bond** (*leg.*) obbligazione con garanzie prive di valore; **~ boss** (*pers.*) vice caposquadra; **~ man** (*leg.*) uomo di paglia; **~ vote** (*USA*) votazione di prova; sondaggio dell'opinione pubblica.
stream, *n.* (*anche fig.*) corrente, flusso, afflusso. △ **There is a broad ~ of American capital reaching the Common Market** c'è un forte afflusso di capitali americani verso il Mercato Comune.
street, *n.* ❶ strada, via. ❷ **the Street** (*fin., USA*) (= **Wall Street**) Wall Street (*strada che è simbolo del mercato monetario americano*). ❸ **the Street** (*fin., USA*) chi opera in Wall Street. ❹ **the Street** (*giorn., ingl.*) (= **Fleet Street**) Fleet Street (*strada in cui hanno sede molti giornali*). ❺ **the Street** (*giorn., ingl.*) chi lavora in Fleet Street. // **~ broker** (*fin.*) agente di cambio che lavora fuori della Borsa; **~ -car** (*trasp., USA*) tram, tranvai; **~ -car line** (*trasp., USA*) tranvia; **~ -car operator** (*trasp., USA*) tranviere; **~ edition** (*giorn.*) edizione (*di giornale*) da vendere nelle edicole (*e non da inviare al domicilio dell'abbonato*); **~ -island** (*trasp. aut.*) isola pedonale, salvagente; **~ market** (*fin.*) « dopoborsa », fuori borsa, mercatino, « borsino »; **~ price** (*fin.*) prezzo del « dopoborsa. »
strength, *n.* ❶ forza, energia, solidità, vigore. ❷ risorsa. ❸ (*econ.*) vigore della domanda. ❹ (*econ.*) tendenza dei prezzi al rialzo. △ ❷ **As we lack reliable data, we can't make a comparison between the economic and industrial strengths of the Communist and anti-Communist blocks** poiché ci mancano dati attendibili, non siamo in grado di confrontare le risorse economiche e industriali dei blocchi comunista e anticomunista; ❹ **The market displays a remarkable ~** il mercato denuncia una notevole tendenza al rialzo dei prezzi. // **the ~ of legal evidence** (*leg.*) il peso della prova legale.
strengthen, *v. t.* fortificare, rafforzare, rinforzare, consolidare, rinvigorire, potenziare. *v. i.* rafforzarsi, rinvigorirsi, consolidarsi, potenziarsi. △ *v. t.* **Union organization has been strengthened all over the Country** l'organizzazione sindacale è stata rafforzata in tutto il Paese; **Their staff should be strengthened with young and broad-minded specialists** il loro staff dovrebbe essere rinforzato con degli specialisti giovani e di larghe vedute; *v. i.* **Quite a few Italian securities strengthened last week** un buon numero di titoli italiani s'è rafforzato la scorsa settimana.
strengthening, *n.* rafforzamento, consolidamento, potenziamento.

stress¹, *n.* ❶ stress, tensione, sollecitazione, spinta. ❷ (*anche fig.*) accento, enfasi. △ ❶ **He sold all his properties under the ~ of need** vendette tutte le sue proprietà sotto la spinta del bisogno; ❷ **In « The Hidden Persuaders », V. Packard lays ~ on the questionable morality of manipulating the consumer** nel suo (libro) « I Persuasori Occulti », V. Packard pone l'accento sulla discutibile moralità della manipolazione del consumatore.

stress², *v. t.* ❶ mettere l'accento su, accentare. ❷ accentuare, sottolineare, mettere in rilievo. ❸ sottoporre (*q.*) a stress (fisico). △ ❷ **The importance of the knowledge of at least one foreign language will never be stressed enough** non sarà mai abbastanza accentuata l'importanza di conoscere almeno una lingua straniera; ❸ **The workers felt they were being too highly stressed** gli operai sentivano d'essere sottoposti a uno stress eccessivo.

stretch¹, *n.* ❶ allungamento, stiramento. ❷ periodo ininterrotto, « tirata » (*di tempo*). ❸ (*pers.*) periodo (passato) alle dipendenze (*di q.*). ❹ (*trasp. ferr.*) tratta. △ ❷ **After such a long ~ we all need some rest** dopo una tirata del genere abbiamo tutti bisogno d'un po' di riposo; ❸ **He learned a lot of things economic during his ~ with an American financial newspaper** apprese molte cognizioni economiche quando fu alle dipendenze d'un quotidiano finanziario americano. // **a ~ of authority** (*leg.*) un abuso di potere; **at a ~** di fila, di filato: **One can't type for eight hours at a ~** non si può battere a macchina per otto ore di fila.

stretch², *v. t.* tendere, tirare, allungare (*tirando*). // **to ~ a budget** (*fin.*) ampliare un bilancio; **to ~ the law** (*leg.*) fare uno strappo alla legge; **to ~ one's powers** (*leg.*) abusare del proprio potere.

strict, *a.* rigoroso, rigido, severo. △ **The new rules on income-tax returns are rather ~** le nuove norme sulla dichiarazione dei redditi sono piuttosto rigide. // **a ~ construction** (*leg.*) un'interpretazione restrittiva (*della legge*); **~ deposit** (*banca, fin.*) V. **special deposit**; **~ discipline** disciplina rigorosa; **~ foreclosure** (*leg.*) azione legale per il risarcimento d'un creditore attuata tramite il passaggio immediato del bene dal debitore al creditore; **~ law** (*leg.*) V. **strictum jus**.

strictly, *avv.* rigorosamente, rigidamente, severamente. // **~ in confidence** in via strettamente confidenziale; in via riservatissima.

strictum jus, *n.* (*leg.*) lettera della legge che prescinde dalla « equity » (*q.V.*).

strife, *n.* (*sind.*) conflittualità.

strike¹, *n.* (*sind.*) sciopero. △ **Due to the recent strikes, we shan't be able to supply our customers regularly** a causa dei recenti scioperi non potremo rifornire regolarmente la nostra clientela. // **~ benefit** (*sind.*) V. **~ pay**; **~ -breaker** (*org. az.*) chi è assunto per sostituire uno scioperante; (*sind.*) crumiro; **~ call** (*sind.*) proclamazione d'uno sciopero; **~ epidemics** (*sind.*) epidemia di scioperi, conflittualità permanente; **~ pay** (*sind.*) sussidio (*pagato dai sindacati, ecc.*) durante uno sciopero; sussidio agli scioperanti: **~ pay should cover at least the minimum cost of living** il sussidio agli scioperanti dovrebbe essere almeno pari al costo minimo della vita; **~ to the last** (*sind.*) sciopero a oltranza; **to be on ~** (*sind.*) essere in sciopero; **to go on ~** (*sind.*) mettersi in sciopero.

strike², *v. t.* (*pass. e part. pass.* **struck**) ❶ battere, colpire, percuotere. ❷ (*fin.*) battere (*moneta*); coniare (*monete*). ❸ (*trasp. mar.*) (*di nave*) urtare. *v. i.* ❶ (*sind.*) scioperare. ❷ (*trasp. mar.*) (*di nave*) andare in secco, incagliarsi. △ *v. t.* ❷ **The mint strikes coins** la zecca batte monete; ❸ **The ship struck a rock** la nave urtò uno scoglio; *v. i.* ❶ **Railway workers are striking for higher wages** i ferrovieri stanno scioperando per ottenere aumenti salariali. // **to ~ a balance** (*rag.*) fare il bilancio, tirare le somme, chiudere i conti, far quadrare i conti; **to ~ a bargain** concludere un affare; fare un buon affare; **to ~ coins** (*fin.*) coniare monete; **to ~ a docket** (*fam., ingl.*) insinuare un credito (*nel passivo d'un fallimento*); **to ~ down** (*trasp. mar.*) calare (*un carico*) nella stiva; **to ~ work** (*sind.*) abbandonare il lavoro, scioperare.

strikebound, *a.* (*sind.*) (*di stabilimento, ecc.*) fermo per sciopero.

striker, *n.* (*sind.*) scioperante.

string, *n.* ❶ stringa, spago, legaccio. ❷ (*market., org. az.*) catena (*di negozi, ecc.*). ❸ **strings**, *pl.* (*leg., USA*) clausole restrittive, condizioni accessorie. △ ❸ **There are no strings attached to this contract** non vi sono clausole restrittive unite a questo contratto. // **~ correspondent** (*giorn.*) corrispondente pagato un tanto la riga; **a ~ of newspapers** (*giorn.*) una catena di giornali; **a ~ of shops** (*market.*) una catena di negozi.

stringency, *n.* ❶ rigore, severità. ❷ penuria, scarsità. ❸ (*fin.*) difficoltà (*dovuta alla mancanza di denaro*). △ ❷ **Financial ~ threatens to complete the ruin of the economy** la scarsità delle finanze minaccia di distruggere definitivamente l'economia.

stringent, *a.* ❶ rigoroso, rigido, severo. ❷ (*fin.*) (*di mercato, ecc.*) difficile, sostenuto (*per mancanza di denaro*). △ ❶ **Money policy is more ~ in our Country** la politica monetaria è più rigida nel nostro Paese. // **~ laws** (*leg.*) disposizioni rigide, leggi severe.

stringer, *n.* ❶ (*giorn.*) V. **string correspondent**. ❷ (*giorn.*) cronista che lavora, a mezzo tempo, anche per un altro giornale (*o per un'altra agenzia giornalistica*).

stringman, *n.* (*pl.* **stringmen**) V. **string correspondent**.

strip¹, *n.* ❶ striscia. ❷ (*giorn.*) striscia (*a fumetti*). ❸ (*trasp. aer.*) pista. // **to ~ -crop** (*econ.*) terrazzare (*terreni*); **~ -cropping** (*econ.*) terrazzamento (*di terreni*); **~ -farming** (*econ.*) V. **~ -cropping**; **a ~ of land** una striscia di terra; **a ~ of paper** una striscia di carta; **~ play** (*giorn.*) striscia (*a fumetti*).

strip², *v. t.* ❶ strappare, togliere. ❷ (*anche fig.*) spogliare, derubare, privare. △ ❷ **He was stripped of all his possessions** fu spogliato d'ogni suo avere. // **to ~ a ship** (*trasp. mar.*) disarmare una nave.

stroke, *n.* ❶ colpo, botta, percossa. ❷ battuta (*dattilografica*); tratto (*di penna, ecc.*). // **a ~ of business** un buon affare, un affarone; **a ~ of genius** un lampo di genio, un'idea geniale: **That advertising slogan was a real ~ of genius** quello slogan pubblicitario fu un'idea davvero geniale; **strokes per minute** battute (*dattilografiche*) al minuto; **two-(four-) ~ engine** (*trasp.*) motore a due (a quattro) tempi.

strong, *a.* ❶ forte, robusto, energico, vigoroso, saldo. ❷ (*fin., market.*) alto, sostenuto. *avv.* forte, energicamente, vigorosamente. △ *a.* ❶ **Mr Campbell is the ~ man in their organization** Mr Campbell è l'uomo forte della loro organizzazione; **~ measures will be taken against price lifters** saranno prese misure energiche nei confronti di coloro che avranno aumentato (illecitamente) i prezzi; ❷ **The market has not been particularly ~ these days** il mercato non è stato molto sostenuto in questi giorni. // **a ~ balance of payments** (*econ.*) una solida bilancia dei pagamenti; **~ -box** (*attr. uff.*) cassaforte, forziere; a ~ currency (*fin.*) una valuta forte; a ~ economy (*econ.*) un'economia sana; ~ evidence (*leg.*) prove ben fondate; ~ material (*market.*) stoffa resistente; ~ prices (*market.*) prezzi alti; ~ -room (*attr. uff., banca*) camera di sicurezza, camera blindata; to be going ~ essere ancora vigoroso, (*fam.*) andar forte, « tirare »: Turin and Milan are still going ~ despite the Japanese threat nonostante la minaccia giapponese, Torino e Milano « tirano » ancora.

strongly, *avv.* fortemente, energicamente.

structural, *a.* strutturale. △ Several firms went bankrupt due to their ~ weakness diverse ditte fallirono a causa della loro debolezza strutturale. // ~ inflation (*econ.*) inflazione « strutturale », inflazione « organica »; ~ malaise (*econ.*) crisi strutturale; ~ modernization (*org. az.*) ammodernamento delle strutture; ~ policy (*econ.*) politica strutturale; a ~ policy in specific industries (*econ.*) una politica settoriale; ~ shortcomings (*econ.*) inefficienze strutturali; ~ unemployment (*econ.*) disoccupazione strutturale.

structure, *n.* struttura. △ The economic ~ of society has changed considerably since the end of World War II la struttura economica della società è cambiata notevolmente dalla fine della seconda guerra mondiale. // ~ by objectives (*org. az.*) struttura per obiettivi.

struggle[1], *n.* lotta.

struggle[2], *v. i.* lottare.

stub, *n.* (*USA*) « madre », matrice (*di libretto d'assegni*).

stubborn, *a.* ostinato, irremovibile.

study[1], *n.* ❶ studio. ❷ esame, indagine. △ ❷ The committee is preparing a ~ of international trade la commissione sta preparando un'indagine sul commercio internazionale. // a ~ by sector una ricerca (*di carattere*) settoriale; the ~ of incomes policy matters (*econ.*) l'esame dei problemi della politica dei redditi; ~ of industrial accidents (*leg.*) infortunistica.

study[2], *v. t.* studiare, esaminare, indagare. △ Most Governments are studying and attempting to solve this economic problem la maggior parte dei Governi studia per cercar di risolvere questo problema economico.

stuff, *n.* roba.

stumer, *n.* (*fam., ingl.*) assegno falso, assegno senza valore.

stumour, *n.* V. stumer.

stump, *n.* (*rag.*) matrice (*di registro, libretto e sim.*).

style[1], *n.* ❶ stile. ❷ maniera, modo. ❸ appellativo, nome, titolo. ❹ (*leg.*) ragione sociale, nome commerciale (*d'una ditta*). ❺ (*market.*) capo, modello (*alla moda*). ❻ (*market.*) foggia, taglio, linea (*d'abiti, ecc.*). △ ❹ Our competitors' new ~ is now « Westway and Westway » la nuova ragione sociale dei nostri concorrenti è ora « Westway and Westway »; ❺ We have all the latest styles in raincoats abbiamo tutti gli ultimissimi modelli d'impermeabili.

style[2], *v. t.* ❶ appellare, dare il titolo di. ❷ (*pubbl., USA*) disegnare, modellare. // to ~ a new product (*pubbl., USA*) disegnare un nuovo prodotto.

stylist, *n.* ❶ (*pubbl., USA*) disegnatore, figurinista. ❷ (*pubbl., USA*) disegnatore di carrozzerie (*per automobili*), stilista.

stylize, *v. t.* stilizzare.

stylized, *a.* stilizzato.

sub[1], *n.* (*pers., fam.*) sostituto, supplente, vice.

sub[2], *v. i.* (*org. az., fam.*) far le veci. // to ~ for sb. far le veci di q.; (*org. az., fam.*) sostituire, supplire q.

subaccount, *n.* (*rag.*) sottoconto.

subagency, *n.* (*org. az.*) subagenzia.

subagent, *n.* (*org. az.*) subagente.

subaltern, *a.* subalterno.

subcommission, *n.* (*leg., org. az.*) sottocommissione.

subcommissioner, *n.* (*leg., org. az.*) vicecommissario.

subcommittee, *n.* (*leg., org. az.*) sottocommissione, sottocomitato.

subcompany, *n.* (*leg.*) società sussidiaria, consociata.

subconscious, *a.* e *n.* (*pubbl.*) subcosciente, subconscio.

subcontract[1], *n.* (*leg.*) subappalto, subaccollo.

subcontract[2], *v. t.* (*leg.*) subappaltare, subaccollare.

subcontractor, *n.* (*leg.*) subappaltatore, subaccollatario.

subdivide, *v. t.* suddividere. *v. i.* suddividersi.

subdivision, *n.* suddivisione.

subedit, *v. t.* (*giorn.*) essere il vicedirettore di (*un giornale*).

subeditor, *n.* ❶ (*giorn.*) vicedirettore. ❷ (*giorn.*) redattore capo.

subheading, *n.* (*giorn., rag.*) sottovoce (*d'articolo, conto, ecc.*).

subject[1], *a.* soggetto, sottomesso, sottoposto. *n.* ❶ soggetto. ❷ oggetto, argomento, tema. ❸ (*leg.*) suddito, cittadino. △ *a.* Everyone is ~ to the laws of his or her land ognuno è soggetto alle leggi del proprio Paese; This contract is ~ to ratification questo contratto è soggetto a ratifica; All prices (are) ~ to alterations tutti i prezzi sono soggetti a variazioni; *n.* ❷ Per-capita consumption has been the main ~ of our investigation l'oggetto principale della nostra indagine è stato il consumo pro-capite; ❸ This rule is not applicable to British subjects questa norma non s'applica ai cittadini britannici. // a ~ for taxation (*fin.*) un soggetto tassabile; ~ -matter argomento, contenuto, materia; (*ass.*) oggetto; the ~ -matter insured (*ass.*) l'oggetto assicurato; the ~ -matter of the action (*leg.*) l'oggetto della causa; the ~ -matter of a business letter (*comun.*) l'oggetto d'una lettera commerciale; the ~ -matter of the risk (*ass.*) l'oggetto del rischio; ~ to salvo: ~ to our approval salvo approvazione da parte nostra; ~ to collection (*cred.*) salvo incasso, salvo buon fine; ~ to a condition (*leg.*) soggetto a condizione; ~ to goods being unsold (*market.*) salvo venduto; ~ to sale (*market.*) salvo venduto; ~ to the terms of this policy (*ass.*) fatte salve le condizioni della presente polizza.

subject[2], *v. t.* assoggettare, sottomettere, sottoporre. // to ~ goods to a duty (*dog., fin.*) daziare merce.

subjective, *a.* soggettivo. // ~ utility (*econ.*) utilità soggettiva (*d'un bene*).

subject oneself, *v. rifl.* sottomettersi, sottoporsi. △ I refuse to ~ myself to the judgment of this committee rifiuto di sottomettermi al giudizio di questa commissione.

sublease[1], *n.* (*leg.*) subaffitto, sublocazione.

sublease[2], *v. t.* (*leg.*) subaffittare, sublocare, prendere (*un locale, ecc.*) in subaffitto.

sublessee, *n.* (*leg.*) subaffittuario, sublocatario.

sublessor, *n.* (*leg.*) subaffittante.

sublet, *v. t.* (*pass.* e *part. pass.* sublet) ❶ (*leg.*) subaffittare, sublocare. ❷ (*leg.*) subappaltare.

subliminal, *a.* subliminale, subconscio. // ~ advertising (*pubbl.*) pubblicità invisibile; the ~ techniques in TV advertising le tecniche subliminali della pubblicità televisiva.

submarine, *a.* sottomarino. *n.* sottomarino, sommergibile. // **~ telegraph cable** (*comun.*) cavo telegrafico sottomarino.

submission, *n.* ❶ sottomissione, assoggettamento. ❷ presentazione (*di qc. a q.*, *perché venga esaminata, ecc.*). ❸ (*leg.*) compromesso arbitrale. // **the ~ of important papers to a Court** (*leg.*) la presentazione di documenti importanti a un tribunale.

submit, *v. t.* ❶ sottoporre, presentare, rimettere. ❷ affermare, far presente. ❸ (*leg.*) demandare. △ ❶ **Our agent will ~ you the new samples** il nostro rappresentante vi sottoporrà i nuovi campioni; ❷ **I ~ that, from the consumer's standpoint, yours is going to be a very unpopular decision** vi faccio presente che, dal punto di vista del consumatore, la vostra sarà una decisione assai impopolare; ❸ **The question has been submitted to the Court** il caso è stato demandato al tribunale. // to **~ a case to a law-Court** (*leg.*) deferire una causa a un tribunale; to **~ a matter to arbitration** (*leg.*) sottoporre una questione ad arbitrato.

submitting, *n.* (*leg.*) deferimento (*d'una causa*).

subordinate[1], *a.* subordinato, soggetto, subalterno, sottoposto. *n.* (*pers.*) subordinato, subalterno, dipendente, sottoposto. △ *a.* **The executive is ~ to the legislative power** l'esecutivo è subordinato al potere legislativo; *n.* **He's always been highly esteemed by his subordinates** è stato sempre tenuto in alta considerazione dai suoi subalterni.

subordinate[2], *v. t.* subordinare, assoggettare, sottoporre.

subordination, *n.* (*leg.*) subordinazione.

suborn, *v. t.* (*leg.*) subornare, corrompere (*testimoni, ecc.*).

subornation, *n.* (*leg.*) subornazione.

suborner, *n.* (*leg.*) subornatore.

subpena, *n.* e *v. t.* *V.* **subpoena**.

subpoena[1], *n.* (*leg.*) citazione in giudizio, mandato di comparizione.

subpoena[2], *v. t.* (*leg.*) citare (*q.*) in giudizio, notificare un mandato di comparizione a (*q.*).

subquality, *n.* (*market.*) qualità inferiore. *a. attr.* (*market.*) di qualità inferiore. // **~ products** (*market.*) prodotti di qualità inferiore.

subrogate, *v. t.* ❶ surrogare. ❷ (*leg.*) applicare le norme sulla surrogazione a (*q.*).

subrogation, *n.* (*leg.*) surrogazione, rapporto di surrogazione.

subroutine, *n.* (*elab. elettr.*) sottoprogramma.

subsample[1], *n.* (*stat.*) sottocampione.

subsample[2], *v. t.* (*stat.*) sottocampionare.

subscribe, *v. t.* ❶ sottoscrivere, firmare. ❷ versare, dare (*denaro*, *ecc.*) come proprio contributo. *v. i.* ❶ aderire. ❷ (*giorn.*) abbonarsi, prenotarsi. △ *v. t.* ❷ **Each employee is invited to ~ 5 dollars to this charity** ogni dipendente è invitato a versare 5 dollari per questa opera di beneficenza; *v. i.* ❶ **They are not willing to ~ to this agreement** non sono disposti ad aderire a questo accordo; ❷ **We have decided to ~ to « Newsweek »** abbiamo deciso d'abbonarci a « Newsweek ». // to **~ for shares** (*fin.*) sottoscrivere azioni; to **~ a loan** (*fin.*) sottoscrivere un prestito; to **~ official documents** (*leg.*) firmare documenti ufficiali; to **~ to an agreement** approvare un accordo.

subscribed, *a.* sottoscritto. // **~ capital** (*fin.*) capitale sottoscritto.

subscriber, *n.* ❶ sottoscrittore. ❷ (*giorn.*) abbonato. // **subscribers' list** (*giorn.*) elenco degli abbonati; (*fin.*) elenco dei sottoscrittori.

subscription, *n.* ❶ sottoscrizione. ❷ firma. ❸ quota (*di denaro*, *ecc.*) versata (*o da versare*). ❹ (*giorn.*) abbonamento. △ ❶ **The ~ amounted to over 2,000 pounds** la sottoscrizione superò le 2.000 sterline; ❹ **Your ~ expired on December 31st** il Suo abbonamento è scaduto il 31 dicembre. // **~ director** (*giorn.*) direttore del settore abbonamenti; **~ edition** (*giorn.*) edizione riservata agli abbonati (*caratterizzata da speciale formato, rilegatura, ecc.*); **~ rates** (*giorn.*) quote d'abbonamento; **~ to an issue** (*fin.*) sottoscrizione di un'emissione (*azionaria, ecc.*); **~ warrant** (*fin.*) ricevuta di sottoscrizione; (*giorn.*) ricevuta d'abbonamento.

subsequent buyer, *n.* (*leg.*) terzo acquirente.

subsidiary, *a.* sussidiario, accessorio, ausiliario, supplementare. *n.* (*fin.*) società sussidiaria, società collegata, società controllata, consociata. △ *n.* **Our company will have two new subsidiaries in West Germany by the end of the year** entro la fine dell'anno, la nostra società avrà due nuove consociate in Germania Occidentale. // **~ account** (*rag.*) sottoconto; **a ~ coin** (*econ.*) una moneta frazionaria divisionale; **a ~ company** (*fin.*) una società controllata, una società collegata, una consociata; **~ journal** (*rag.*) giornale ausiliario; **~ ledger** (*rag.*) registro ausiliario, mastro sussidiario.

subsidize, *v. t.* sussidiare, sovvenzionare. △ **Small industries will be subsidized by the State** le piccole imprese saranno sovvenzionate dallo Stato.

subsidy, *n.* sussidio, sovvenzione, aiuto finanziario. △ **All underdeveloped areas have been granted subsidies** sono state concesse sovvenzioni a tutte le zone sottosviluppate.

subsist, *v. i.* ❶ esistere, vivere. ❷ sostenersi, tenersi in vita. △ ❷ **The town subsists on what tourist activity remains** la città si sostiene per mezzo di quel po' di turismo che è rimasto.

subsistence, *n.* ❶ esistenza, vita. ❷ sussistenza, mezzi di sussistenza. ❸ (*econ., stat.*) minimo vitale. // **~ allowance** (*pers.*) indennità di trasferta; **~ economy** (*econ.*) economia di sussistenza; **~ money** (*pers.*) indennità di trasferta.

substance, *n.* sostanza.

substantial, *a.* sostanziale, concreto, effettivo, reale, considerevole, notevole, ragguardevole. △ **We have made a ~ gain on that transaction** abbiamo tratto un notevole guadagno da quell'affare. // **~ damages** (*ass.*) danni reali; **~ evidence** (*leg.*) prove sostanziali; **a ~ firm** (*econ.*) una ditta solida; **~ orders** (*market.*) ordinazioni considerevoli; **a ~ proof** (*leg.*) una prova sostanziale; **~ right** (*leg.*) diritto materiale; **a ~ rise in prices** (*market.*) un forte incremento dei prezzi.

substantiate, *v. t.* (*leg.*) convalidare, provare, addurre valide prove per (*qc.*). // to **~ a charge** (*leg.*) provare un'accusa; to **~ a claim** (*leg.*) convalidare un diritto.

substantiation, *n.* (*leg.*) convalidazione, convalida, prova.

substantive, *a.* sostanziale, effettivo, concreto, reale. // **~ law** (*leg.*, *USA*) diritto sostanziale.

substitute[1], *n.* ❶ (*econ., market.*) surrogato, succedaneo. ❷ (*pers.*) sostituto, supplente, interino. △ ❶ **In certain Countries margarine is used as a ~ for butter** in certi Paesi la margarina è usata come surrogato del burro; ❷ **You can discuss all details with my ~, Mr J. Kiddys** potrete discutere tutti i dettagli col mio sostituto, Mr J. Kiddys.

substitute[2], *v. t.* sostituire, mettere al posto di, usare invece di. △ **The firm had to ~ a brand-new**

machinery for the old one la ditta dovette sostituire il macchinario vecchio con uno nuovo di zecca.

substitution, *n.* ❶ sostituzione. ❷ (*leg.*) surrogazione. // **the ~ of out-dated marketing techniques** (*market.*) la sostituzione di tecniche distributive antiquate.

subtenancy, *n.* (*leg.*) subaffitto.

subtenant, *n.* (*leg.*) subaffittuario.

subterfuge, *n.* sotterfugio.

subtitle, *n.* sottotitolo.

subtotal[1], *n.* (*mat.*) importo parziale.

subtotal[2], *v. t.* (*mat.*) determinare l'importo parziale di (*un numero di cifre*). // to ~ **a column** (*mat.*) determinare l'importo parziale d'una colonna.

subtract, *v. t.* e *i.* (*mat.*) sottrarre, fare una sottrazione.

subtraction, *n.* (*mat.*) sottrazione. // **a ~ mark** (*mat.*) V. ~ **sign**; **a ~ sign** (*mat.*) un segno di sottrazione, un « meno ».

subtrahend, *n.* (*mat.*) sottraendo.

sub-units, *n. pl.* (*fin.*) quote di partecipazione.

subway, *n.* ❶ sottopassaggio pedonale. ❷ (*trasp. ferr., USA*) ferrovia sotterranea, metropolitana.

succeed, *v. i.* ❶ aver successo, riuscire. ❷ succedere, subentrare. *v. t.* succedere, subentrare a (*q.*). △ *v. i.* ❶ **He will always ~ as a businessman** avrà sempre successo negli affari; ❷ **Who will ~ to the chairmanship?** chi subentrerà alla presidenza?; *v. t.* **The eldest son succeeded his father in the conduct of business** il figlio maggiore è succeduto al padre nella conduzione degli affari.

success, *n.* successo, riuscita. △ **The new line has been an immediate ~** la nuova linea di prodotti ha avuto un immediato successo; // **to be a ~** aver successo; (*market.*: *d'un articolo*) incontrare.

successful, *a.* coronato da successo, fortunato, riuscito. △ **Our advertising campaign has been ~** la nostra campagna pubblicitaria è stata coronata da successo. // **a ~ businesswoman** (*fin.*) una donna d'affari che ha (*o* che ha avuto) successo; **to be ~** aver successo, riuscire; (*market.*: *d'un articolo*) incontrare.

succession, *n.* ❶ successione, serie. ❷ (*leg.*) successione, diritto di successione. ❸ (*leg.*) discendenti, eredi. △ ❷ **The rules regulating ~ must be thoroughly revised** le norme che regolano il diritto di successione devono subire una riforma radicale; ❸ **He's left the whole property to his ~** ha lasciato tutta la proprietà ai suoi discendenti. // **~ duty** (*leg.*) imposta di successione; **the ~ of crops** (*econ.*) la rotazione delle colture; **~ tax** (*leg., USA*) imposta di successione.

successive, *a.* successivo.

successor, *n.* successore.

sudden, *a.* improvviso.

suddenly, *avv.* improvvisamente.

sue, *v. t.* (*leg.*) citare, chiamare in giudizio; intentare (*o* muovere) lite, intentar causa a (*q.*). △ **We will ~ them for damages** li citeremo per danni. // **to ~ at law** (*leg.*) adire le vie legali; **to ~ for libel** (*leg.*) intentar causa per diffamazione; **to ~ in a civil case** (*leg.*) costituirsi parte civile; **to ~ out** (*leg.*) ottenere dietro istanza; **to ~ out pardon** (*leg.*) impetrare il perdono giudiziale.

sue and labour clause, *locuz. n.* (*ass. mar.*) clausola che autorizza alle misure conservative.

suffer, *v. t.* soffrire, patire, sopportare, subire. △ **These articles have suffered damage during storage** questi articoli hanno sofferto danni durante l'immagazzinamento; **The company suffered a 20% drop in sales** la società ha subito un calo delle vendite del 20%. // **to ~ losses** (*rag.*) subire perdite; **to ~ a wrong** (*leg.*) patire un torto.

sufferance, *n.* (*leg.*) acquiescenza, tacito consenso. // **~ wharf** (*trasp. mar.*) banchina privata sulla quale possono tenersi le merci in attesa del pagamento dei diritti doganali.

sufficiency, *n.* ❶ sufficienza, adeguatezza. ❷ quantità sufficiente. // **a ~ of basic materials** (*org. az.*) una quantità sufficiente di materie prime.

sufficient, *a.* sufficiente, adeguato. △ **We have not got ~ information to state the exact damage** non abbiamo informazioni sufficienti per determinare il danno reale.

suffrage, *n.* suffragio.

sugar, *n.* zucchero. // **~ refinery** zuccherificio.

suggest, *v. t.* suggerire, consigliare, proporre. △ **We would ~ that you contact our Milan agent** vorremmo suggerirvi di mettervi in contatto col nostro agente di Milano.

suggestion, *n.* suggerimento, consiglio, proposta. △ **We thank you for the ~ you made us to apply to another wholesaler** vi ringraziamo per il consiglio che ci avete dato di rivolgerci a un altro grossista. // **~ box** (*org. az.*) cassetta dei suggerimenti; **~ case** (*org. az.*) cassetta dei suggerimenti; **~ committee** (*org. az.*) comitato di studio dei suggerimenti.

suit, *n.* (*leg.*) azione legale, causa, querela, lite, processo. △ **No ~ has been instituted to recover the debt** non è stata intentata alcuna azione legale per il ricupero del credito. // **~ at law** (*leg.*) V. ~.

suitor, *n.* (*leg.*) attore, parte in giudizio.

sum[1], *n.* ❶ somma, ammontare, somma di denaro. ❷ (*mat.*) somma, addizione, totale. △ ❶ **He is paid only a nominal ~ for his services** gli viene pagata soltanto una somma nominale per i suoi servigi; **We were asked to remit them the ~ of 1,000 dollars** ci fu richiesto di inviare loro l'ammontare di 1.000 dollari; ❷ **The ~ of 7 and 2 is 9** la somma di 7 e 2 è 9. // **sums allocated** (*fin.*) stanziamenti; **the sums allocated for administrative expenditure** (*amm.*) gli stanziamenti per le spese amministrative; **the ~ total** la somma, il totale, la totalità: **He's trying to make out the ~ total of his liabilities** sta cercando di valutare il totale delle sue passività.

sum[2], *v. t.* ❶ sommare. ❷ (*mat.*) sommare, addizionare, calcolare il totale di (*una serie di numeri, ecc.*). // **to ~ columns of figures** (*mat.*) addizionare colonne di cifre; **to ~ into** assommare a, ammontare a: **Losses summed into the thousands** le perdite ammontarono a migliaia (*di lire, sterline, ecc.*); **to ~ to** V. **to ~ into**; **to ~ up** (*leg.*) riassumere: **The judge is summing up the evidence presented so far** il giudice sta riassumendo le testimonianze presentate fino a questo momento.

summary, *a.* sommario, per sommi capi, abbreviato, sintetico. *n.* compendio, riassunto, sunto, specchietto. △ *a.* **His report, though ~, succeeded in highlighting the company's financial problems** la sua relazione, benché sintetica, riuscì a mettere in evidenza i problemi finanziari della società; *n.* **The article was preceded by a brief ~ of the most important news** l'articolo era preceduto da un breve riassunto delle notizie più importanti. // **~ conviction** (*leg.*) condanna sommaria; **~ procedure** (*leg.*) procedura sommaria; **~ proceeding** (*leg.*) procedimento sommario; **~ punch** (*elab. elettr.*) perforatrice totalizzatrice; **~ sheet** (*banca, rag.*) riepilogo (*di conti, ecc.*); **~ trial** (*leg.*) giudizio sommario.

summation, *n.* (*mat.*) sommatoria.

summer, *n.* estate. // **~ camp** (*org. az., pers.*) colonia estiva; ~ **resort** (*tur.*) stazione di villeggiatura estiva; ~ **time** ora (legale) estiva.

summing-up, *n.* (*leg.*) conclusioni, riepilogo.

summit, *n.* ❶ cima, sommità, vetta. ❷ (*amm.*) vertice, riunione al vertice. △ ❷ **A ~ will be held in June among the most highly industrialized Nations** in giugno si terrà un vertice fra i maggiori Paesi industrializzati. // ~ **conference** conferenza al vertice; ~ **meeting** incontro al vertice, vertice.

summon, *v. t.* (*leg.*) citare (*q.*) in giudizio, chiamare (*q.*) a comparire. △ **The defendants have been summoned to Court** i convenuti sono stati chiamati a comparire. // to ~ **Parliament** (*leg.*) convocare il Parlamento; to ~ **witnesses** (*leg.*) citare testimoni.

summons[1], *n.* (*leg.*) citazione in giudizio, decreto di citazione, mandato di comparizione, notifica.

summons[2], *v. t. V.* **summon**.

sumptuary tax, *n.* (*fin.*) imposta (*o* tassa) restrittiva dei consumi.

Sunday, *n.* domenica. // ~ **supplement** (*giorn.*) supplemento domenicale.

sundries, *n. pl.* ❶ oggetti di vario genere. ❷ (*market.*) articoli diversi. ❸ (*rag.*) « diversi ». // ~ **column** (*rag.*) colonna dei « diversi ».

sundry, *a.* diversi, vari. // ~ **creditors** (*rag.*) creditori diversi; ~ **debtors** (*rag.*) debitori diversi; ~ **goods and services** (*rag.*) beni e servizi diversi; ~ **payments** (*rag.*) pagamenti diversi.

sunk cost, *n.* (*rag.*) costo sostenuto (*per un'attività fissa*), non soggetto a variazioni (*al variare del numero d'unità prodotte*).

super, *a.* sopraffino, eccellente. *n.* ❶ (*market.*) qualità superiore. ❷ (*market.*) prodotto di qualità superiore, prodotto eccellente.

superabundance, *n.* sovrabbondanza, eccesso. △ **Farmers had to get rid of a ~ of grain** gli agricoltori dovettero liberarsi d'una sovrabbondanza di cereali.

superabundant, *a.* sovrabbondante, eccessivo. // ~ **crops** (*econ.*) raccolti sovrabbondanti.

superannuate, *v. t.* ❶ rendere (*q. o qc.*) antiquato. ❷ (*amm.*) collocare (*q.*) a riposo (*per raggiunti limiti d'età*); mettere (*un dipendente*) in pensione; pensionare. ❸ (*org. az.*) scartare (*un macchinario*) perché antiquato. △ ❶ **Colour television has superannuated black and white sets** la televisione a colori ha reso antiquati i ricevitori in bianco e nero.

superannuated, *a.* ❶ (*org. az.*) (*di macchinario*) antiquato, obsoleto. ❷ (*pers.*) in pensione, pensionato, inabile al lavoro (*per raggiunti limiti d'età*).

superannuation, *n.* ❶ (*org. az.*) obsolescenza. ❷ (*pers.*) collocamento a riposo, andata in pensione (*per raggiunti limiti d'età*). ❸ (*pers.*) pensione (*di vecchiaia*).

superannuitant, *n.* (*pers.*) pensionato (*per raggiunti limiti d'età*).

supercargo, *n.* (*pl.* **supercargoes** e *reg.*) (*trasp. mar.*) commissario di bordo (*di nave mercantile*).

supercede, *v. t. V.* **supersede**.

superficial, *a.* superficiale.

superfine, *a.* (*market.*) (*d'articolo, ecc.*) sopraffino, finissimo.

superintend, *v. t.* soprintendere, dirigere, sorvegliare. // to ~ **the works** (*org. az.*) dirigere i lavori.

superintendence, *n.* soprintendenza, direzione, sorveglianza.

superintendent, *n.* ❶ (*pers.*) soprintendente, intendente, direttore, supervisore, sorvegliante. ❷ (*pers.*) responsabile di settore.

superior, *a.* ❶ superiore. ❷ (*market.*) di qualità superiore, di prima qualità, ottimo. *n.* (*pers.*) superiore. △ *a.* ❷ **Our customers are accustomed to receiving only ~ goods** la nostra clientela è abituata ad avere soltanto merce di prima qualità; *n.* **He was advised to go first to his immediate ~** gli fu consigliato di rivolgersi prima di tutto al suo superiore immediato.

superiority, *n.* ❶ superiorità. ❷ supremazia, primato.

supermarket, *n.* (*market.*) supermarket, supermercato, grande magazzino, grande emporio. △ **The supermarkets now cover over three quarters of the food retail trade in American cities** i supermercati coprono ora più dei tre quarti del commercio alimentare al dettaglio delle città americane.

supernumerary, *a.* soprannumerario, soprannumero. *n.* soprannumerario.

supersede, *v. t.* ❶ soppiantare, prendere il posto di. ❷ (*org. az.*) sostituire, scartare (*macchine, impianti, ecc.*). △ ❶ **There will always be some tasks in the performance of which computers won't be able to ~ man** esisteranno sempre dei compiti nella cui esecuzione gli elaboratori non potranno soppiantare l'uomo; **Johnson has superseded Mr Kendall as chairman** Mr Johnson ha preso il posto di Mr Kendall alla presidenza.

supertanker, *n.* (*trasp. mar.*) superpetroliera.

supertax, *n.* (*fin.*) soprattassa, addizionale, imposta addizionale.

supervise, *v. t.* (*org. az.*) sorvegliare, dirigere, soprintendere a. // to ~ **works** (*org. az.*) dirigere i lavori.

supervision, *n.* (*org. az.*) supervisione, sorveglianza, soprintendenza, direzione. △ **He is in charge of the ~ of works** è responsabile della direzione dei lavori.

supervisor, *n.* (*pers.*) supervisore, sorvegliante, soprintendente, direttore.

supervisory, *a.* (*org. az.*) di sorveglianza, direttivo. // ~ **personnel** (*pers.*) personale direttivo; **a ~ position** (*org. az.*) compiti (*o* mansioni) di sorveglianza.

supplement[1], *n.* ❶ supplemento, aggiunta. ❷ (*giorn.*) supplemento. ❸ (*mat.*) supplemento. △ ❷ **We are proud to inform our readers that, starting November 4th, our paper will include a weekly financial ~** siamo orgogliosi d'informare i nostri lettori che, a partire dal 4 novembre, il nostro giornale avrà un supplemento finanziario settimanale.

supplement[2], *v. t.* completare, integrare, fare aggiunte a. △ **I have got to find a second job to ~ my meagre pay** devo trovarmi un secondo lavoro per integrare la mia paga insufficiente. // to ~ **one's income** arrotondare lo stipendio (*o* il salario).

supplementary, *a.* supplementare, suppletivo, suppletorio, addizionale, integrativo. // ~ **benefit level** (*sind.*) livello minimo del tenore di vita (*per le famiglie degli scioperanti*); ~ **budget** (*rag.*) bilancio suppletivo; ~ **provisions** (*leg.*) disposizioni integrative.

suppletory, *a.* (*leg.*) suppletorio, suppletivo. // ~ **oath** (*leg.*) giuramento suppletorio.

supplier, *n.* ❶ (*econ., market.*) fornitore, approvvigionatore. ❷ (*econ., market.*) Paese fornitore, Paese produttore. △ ❷ **The principal suppliers of pigmeat are the Countries of northern Europe and the East bloc** i principali Paesi fornitori di carni suine sono i Paesi nordici e i Paesi dell'Est (europeo).

supply[1], *n.* ❶ approvvigionamento, fornitura, rifornimento. ❷ (*econ.*) offerta. ❸ (*org. az.*) provvista, riserva, scorta. △ ❶ **Some Middle-Eastern Countries have**

threatened to stop their supplies of oil alcuni Paesi del Medio Oriente hanno minacciato di bloccare le forniture di petrolio; ❷ **Supplies increased perceptibly during the course of the year, except in December, when eggs were rather short** nel corso dell'anno si è verificato un netto aumento dell'offerta, a eccezione del mese di dicembre, caratterizzato da una certa scarsità di uova sul mercato; ❸ **Our supplies of fuel are running short** le nostre scorte di carburante si vanno assottigliando. // ~ **and demand trends** (*econ.*) evoluzione dell'offerta e della domanda; ~ **balance-sheet** (*rag.*) bilancio d'approvvigionamento; ~ **conditions** (*econ.*) situazione dell'offerta; ~ **curve** (*econ.*) curva dell'offerta; **supplies provided** (*econ.*) forniture effettuate; ~ **sources** (*org. az.*) fonti d'approvvigionamento, fonti di rifornimento; ~ **structures** (*econ.*) strutture dell'approvvigionamento.

supply[2], *v. t.* ❶ approvvigionare, fornire, rifornire, provvedere. ❷ supplire. △ ❶ **I am afraid I cannot ~ you with the articles you need** temo di non potervi fornire gli articoli che vi occorrono. // **to ~ a vacancy** (*pers.*) occupare un posto vacante; **to ~ sb. with funds** (*fin.*) rifornire q. di fondi, finanziare q.

support[1], *n.* aiuto, patrocinio, (*anche fig.*) appoggio, sostegno. △ **He is the sole ~ of his large family** egli è l'unico sostegno per la sua numerosa famiglia; **The only financial ~ which a newspaper should expect is from its readers** l'unico appoggio finanziario che un giornale dovrebbe aspettarsi è quello derivante dai suoi lettori. // ~ **arrangements** (*econ.*) meccanismi d'intervento (*governativo, ecc.*); ~ **limit** (*fin.*) punto d'intervento ufficiale (*nei tassi di cambio*); ~ **measures** (*econ.*) interventi (*governativi, ecc.*); ~ **point** (*fin.*) V. ~ **limit**; ~ **tariffs** (*econ.*) tariffe di sostegno.

support[2], *v. t.* ❶ appoggiare, aiutare, sostenere, patrocinare, suffragare. ❷ sostentare, mantenere. △ ❶ **The commission's resolution was supported by the majority** la decisione del comitato è stata appoggiata dalla maggioranza; ❷ **Most of our workers have large families to ~** la maggior parte dei nostri operai ha famiglie numerose da mantenere. // **to ~ a cause** appoggiare una causa; **to ~ a charge** (*leg.*) convalidare un'accusa; **to ~ prices** (*econ.*) sostenere i prezzi; **to ~ retail prices** (*econ.*) sostenere i prezzi al dettaglio; **to ~ a statement with documents** (*leg.*) suffragare un'affermazione con documenti.

supporter, *n.* sostenitore, difensore, patrono.

supporting documents, *n. pl.* (*leg.*) documenti giustificativi; « pezze d'appoggio » (*fam.*).

suppose, *v. t.* supporre.

supposition, *n.* supposizione.

suppress, *v. t.* sopprimere, abolire, annullare, omettere. △ **The magazine will be suppressed owing to the increasing costs of labour and materials** il periodico sarà soppresso a causa dei costi crescenti del lavoro e dei materiali. // **to ~ evidence** (*leg.*) far scomparire prove; **to ~ news from publication** (*giorn.*) omettere la pubblicazione di notizie.

suppressed inflation, *n.* (*econ.*) inflazione controllata (*mediante il differimento delle spese per beni di consumo*).

suppression, *n.* soppressione, abolizione, annullamento, omissione. // ~ **of news** (*giorn.*) omissione della pubblicazione di notizie; **the ~ of a publication** (*giorn.*) la soppressione d'una pubblicazione.

supranational, *a.* soprannazionale, supernazionale. // ~ **company** (*fin.*) soprannazionale, società soprannazionale.

supraprotest, *n.* ❶ (*cred.*) accettazione (*d'una cambiale*) per intervento. ❷ (*cred.*) pagamento (*d'una cambiale*) per intervento.

supremacy, *n.* supremazia, primato.

supreme, *a.* supremo, altissimo, massimo. // **the ~ Court** (*leg., USA*) la Corte Suprema.

surcharge[1], *n.* ❶ (*fin.*) soprattassa. ❷ (*market.*) soprapprezzo, supplemento, maggiorazione (*di prezzo*). ❸ (*trasp.*) sovraccarico. △ ❶ **The U.S. import ~ has been abolished** è stata abolita la soprattassa sulle importazioni U.S.A.

surcharge[2], *v. t.* ❶ (*fin.*) applicare una soprattassa a (*q. o qc.*). ❷ (*market.*) far pagare di più, maggiorare il prezzo di (*qc.*). ❸ (*trasp.*) sovraccaricare.

surety, *n.* ❶ (*leg.*) cauzione, garanzia, malleveria, fideiussione, mallevadoria. ❷ (*leg.*) garante, mallevadore. △ ❷ **I am ~ for him** sono garante per lui; **We are not going to stand ~ for you** non abbiamo intenzione di farci garanti per voi. // ~ **bond** (*leg.*) cauzione, garanzia (*scritta*).

surface, *n.* superficie. // ~ **mail** (*comun.*) posta normale (*che viaggia via terra o via mare, ma non per via aerea*); ~ **railway** (*trasp. ferr.*) ferrovia in superficie (*né sotterranea, né sopraelevata*).

surplus, *n.* ❶ soprappiù, eccedenza, eccesso. ❷ (*econ.*) « surplus », avanzo, eccedenza, rimanenza, supero, residuo attivo, saldo attivo, riserva (*di capitale*). △ ❷ **The U.S.A., like many other societies characterized by consumerism, has a huge ~ of foodstuffs** gli Stati Uniti, al pari di molte altre società consumistiche, hanno un'enorme eccedenza di derrate alimentari; **The consistent surpluses in our balance of payments have resulted in an improvement of reserves** i saldi attivi che da tempo la nostra bilancia dei pagamenti consegue si sono tradotti in un aumento delle riserve; **The improvement was mainly due to a sharp increase in the ~ on visible trade** il miglioramento fu dovuto principalmente a un forte aumento dell'eccedenza della bilancia commerciale. // ~ **balance** (*econ., rag.*) saldo attivo; **a ~ of assets over liabilities** (*rag.*) un'eccedenza delle attività sulle passività; **a ~ on current account** (*econ.*) un saldo attivo della bilancia dei pagamenti correnti: **In Italy and France, lively economic expansion led to a considerable decline in the surpluses on current account** in Italia e in Francia, la viva espansione economica ha dato luogo a una riduzione considerevole dei saldi attivi della bilancia dei pagamenti correnti; ~ **population** (*econ., stat.*) eccesso di popolazione; ~ **reserve** (*rag.*) riserva straordinaria; ~ **stock** (*market.*) rimanenze, scampoli; ~ **value** (*econ.*) plusvalore.

surrender[1], *n.* ❶ resa, l'arrendersi. ❷ (*ass.*) riscatto (*d'una polizza*). ❸ (*leg.*) cessione, abbandono. // **the ~ of an estate by a bankrupt** (*leg.*) la cessione d'una proprietà da parte d'un fallito; **the ~ of a right** (*leg.*) l'abbandono d'un diritto; **the ~ value of a policy** (*ass.*) il valore di riscatto d'una polizza.

surrender[2], *v. t.* ❶ rendere. ❷ (*ass.*) riscattare (*una polizza*). ❸ (*leg.*) cedere, abbandonare. *v. i.* arrendersi. // **to ~ oneself to justice** (*leg.*) costituirsi all'autorità giudiziaria; **to ~ a policy** (*ass.*) riscattare una polizza; **to ~ a privilege** (*leg.*) cedere un privilegio.

surrenderee, *n.* (*leg.*) cessionario (*V. anche* **surrender**[2]).

surrenderor, *n.* (*leg.*) cedente (*V. anche* **surrender**[2]).

surreptitious, *a.* (*leg.*) surrettizio.

surround, *v. t.* circondare.

surtax[1], *n.* ❶ (*fin.*) soprattassa, sovrattassa; (imposta) addizionale. ❷ (*fin.*) imposta complementare.

surtax[2], *v. t.* (*fin.*) gravare (*q.*) con soprattassa, soprattassare.

survey[1], *n.* ❶ esame, indagine, studio, rilevazione. ❷ ispezione, verifica, perizia; rilevamento (*topografico*). ❸ (*giorn.*) inchiesta. ❹ (*market., pubbl., stat.*) inchiesta, indagine. ❺ (*trasp. mar.*) visita (*effettuata dagli istituti di classificazione, per l'assegnazione, conservazione o cambiamento di classe delle navi mercantili*). △ ❷ **The ~ of the cargo will be made by the port authorities** la verifica del carico sarà effettuata dalle autorità portuali; ❹ **An accurate ~ of the consumers' behaviour pointed out the defects of the distribution system** un'accurata indagine sul comportamento dei consumatori mise in luce i difetti del sistema distributivo. // **~ certificate** (*trasp. mar.*) certificato di visita; **~ report** (*trasp. mar.*) perizia, relazione di perizia.

survey[2], *v. t.* ❶ esaminare, indagare, studiare. ❷ ispezionare, verificare, fare la perizia di (*qc.*). ❸ (*market., pubbl., stat.*) fare un'inchiesta, fare un'indagine su (*qc.*). △ ❶ **A mixed commission will ~ the goods in order to determine losses and damages** una commissione mista esaminerà la merce per determinare perdite e danni; ❸ **Statisticians and demographers are surveying population growth in the urban areas** gli statistici e i demografi stanno facendo un'indagine sullo sviluppo della popolazione nelle zone urbane. // **to ~ the ship and cargo** (*trasp. mar.*) ispezionare la nave e il carico.

surveyor, *n.* ❶ ispettore, controllore, verificatore. ❷ (*ass.*) perito. ❸ (*dog., USA*) doganiere. △ ❷ **The ~ has inspected the damaged ship** il perito ha ispezionato la nave danneggiata. // **a ~ of customs** (*dog.*) un ispettore doganale; **a ~ of weights and measures** (*leg.*) un controllore dei pesi e delle misure.

survival, *n.* (*ass.*) sopravvivenza. // **~ rate** (*ass.*) tasso di sopravvivenza.

survive, *v. i.* (*ass.*) sopravvivere, essere ancora in vita.

surviving, *a.* sopravvissuto, superstite.

survivor, *n.* (*ass.*) sopravvissuto, superstite.

survivorship, *n.* (*leg.*) sopravvivenza. // **~ annuity** (*ass.*) vitalizio (*corrisposto al beneficiario*) in caso di morte (*dell'assicurato*); (*pers.*) pensione di reversibilità.

suspect[1], *a.* sospetto, che dà motivo di sospettare. *n.* (*leg.*) sospetto, persona sospetta. △ *a.* **In some Countries one is held ~ until his innocence has been proved** in certi Paesi, uno è ritenuto sospetto fino al momento in cui ne sia provata l'innocenza.

suspect[2], *v. t.* sospettare. // **to ~ sb. of a theft** (*leg.*) sospettare q. di furto.

suspectable, *a.* sospettabile.

suspected, *a.* sospetto. // **~ bill of health** (*trasp. mar.*) certificato sanitario sospetto.

suspend, *v. t.* ❶ sospendere, interrompere. ❷ (*pers.*) sospendere (*dal lavoro*). △ ❶ **We are compelled to ~ payments** siamo costretti a sospendere i pagamenti. // **to ~ sb. from office** (*pers.*) sospendere q. dall'ufficio; **to ~ judgement** (*leg.*) sospendere il giudizio; **to ~ a magazine** *V.* **to ~ the publication of a magazine**; **to ~ the publication of a magazine** sospendere la pubblicazione d'un periodico.

suspended, *a.* (*pers.*) sospeso (*dal lavoro*).

suspense, *n.* sospensione. // **~ account** (*rag.*) conto sospeso, conto d'ordine; **~ entry** (*rag.*) scrittura d'ordine.

suspension, *n.* ❶ sospensione, interruzione. ❷ (*pers.*) sospensione (*dal lavoro*). // **the ~ of payments** la sospensione dei pagamenti.

suspensive, *a.* sospensivo, dilatorio. // **~ condition** (*leg.*) condizione sospensiva.

suspicion, *n.* ❶ sospetto. ❷ (*leg.*) suspicione.

sustain, *v. t.* ❶ sostenere, sopportare, subire. ❷ sostentare, mantenere. ❸ (*leg.*) appoggiare, accogliere, dar ragione a (*q.*). △ ❶ **We have sustained heavy losses** abbiamo sostenuto gravi perdite; ❸ **The defendant was sustained by the Court** il tribunale dette ragione al convenuto. // **to ~ a claim** (*leg.*) appoggiare una rivendicazione; **to ~ objections** (*leg.*) accogliere eccezioni.

sustenance, *n.* sostentamento, mantenimento.

swap, *n.* ❶ baratto. ❷ (*fin.*) « swap », riporto valutario, riporto in cambi, riporto su divise. // **~ agreements** (*fin.*) accordi di « swap »; **~ of currency** (*fin.*) riporto valutario; **~ operations** (*fin.*) operazioni di « swap »; **~ rates** (*fin.*) saggi di riporto valutario.

swear, *v. t. e i.* (*pass.* **swore**, *part. pass.* **sworn**) ❶ (*leg.*) giurare, prestare giuramento. ❷ (*leg.*) far giurare, sottoporre (*q.*) a giuramento. △ ❷ **The witnesses have not been sworn** i testimoni non sono stati fatti giurare. // **to ~ an affidavit** (*leg.*) fare una dichiarazione giurata; **to ~ a charge against sb.** (*leg.*) muovere un'accusa formale contro q.; **to ~ falsely** (*leg.*) spergiurare; **to ~ in a jury** (*leg.*) insediare una giuria; **to ~ on oath** (*leg.*) fare (*o* prestare) giuramento.

sweat[1], *n.* ❶ sudore. ❷ (*fam.*) duro lavoro, grave fatica. // **~ -shop** (*org. az., fam.*) azienda che sfrutta le maestranze.

sweat[2], *v. i.* ❶ sudare. ❷ (*fam.*) faticare molto, « sgobbare ». *v. t.* (*pers., fam.*) sfruttare (*dipendenti*). △ *v. t.* **Some employers ~ their employees** alcuni datori di lavoro sfruttano i loro dipendenti. // **to ~ coins** (*leg.*) tosare monete.

sweated goods, *n. pl.* (*org. az.*) merce prodotta da operai sfruttati.

sweated labour, *n.* (*pers.*) manodopera sfruttata.

sweated workers, *n. pl.* (*pers.*) operai sfruttati.

sweeten, *v. t.* ❶ (*anche fig.*) addolcire, dolcificare, inzuccherare. ❷ (*cred., fin.*) aumentare il numero dei titoli a garanzia di (*un prestito*). ❸ (*fin.*) migliorare le condizioni di (*un'emissione di titoli*) per facilitarne il collocamento. ❹ (*market.*) aggiungere ulteriori merci a (*una partita*) per promuoverne la vendita.

sweetheart, *n.* innamorato, innamorata; amoroso, amorosa. // **~ agreement** (*sind., USA*) contratto di lavoro negoziato fra un datore di lavoro e un sindacato (*e contenente clausole favorevoli al primo*) stipulato senza la partecipazione degli iscritti al sindacato stesso.

swell[1], *n.* (*fig.*) aumento, crescita, dilatazione. // **a ~ in population** (*stat.*) un aumento della popolazione.

swell[2], *v. i.* (*pass.* **swelled**, *part. pass.* **swollen**) ❶ (*anche fig.*) gonfiarsi, dilatarsi. ❷ (*anche fig.*) salire (*in quantità, ecc.*); aumentare, crescere. ❸ (*fin., market.: di prezzi*) gonfiarsi, lievitare. *v. t.* ❶ gonfiare, dilatare. ❷ accrescere, far aumentare. △ *v. i.* ❷ **The company's capital swelled to 100,000 dollars** il capitale della società è salito a 100.000 dollari; **Job opportunities are swelling quickly** le possibilità di lavoro vanno aumentando rapidamente.

swindle[1], *n.* imbroglio, truffa.

swindle[2], *v. t.* imbrogliare, truffare.

swindler, *n.* imbroglione, truffatore, truffaldino.

swing[1], *n.* ❶ dondolio. ❷ (*anche fig.*) fluttuazione, oscillazione. △ ❷ **All industrialized nations are subject to periodic swings of prosperity and depression** tutte le nazioni industrializzate sono soggette a periodiche fluttuazioni di prosperità e di depressione. // **the ~ of**

prices (*market.*) il fluttuare dei prezzi; ~ **shift** (*pers.*) turno (*di lavoro*) dalle ore 16 alle 24, turno pendolare; operai impiegati nell'intervallo fra il turno diurno e quello notturno (*in uno stabilimento che funziona 24 ore al giorno*); ~ **shifter** (*pers.*) operaio che lavora in uno « ~ shift ».

swing², *v. i.* (*pass. e part. pass.* **swung**) ❶ dondolare. ❷ (*anche fig.*) fluttuare, oscillare. △ ❷ **The demand for those articles has been swinging a lot these past 10 years** la domanda di quegli articoli ha oscillato assai in questi ultimi 10 anni.

switch¹, *n.* ❶ interruttore, commutatore. ❷ (*trasp. ferr.*) scambio. // ~ **-back** (*trasp. ferr.*) regresso; ~ **-board** (*tur.*) centralino (*d'albergo e sim.*); ~ **-signal** (*trasp. ferr., USA*) segnale dello scambio.

switch², *v. t.* ❶ girare l'interruttore di (*un circuito elettrico, ecc.*). ❷ (*fin.*) rinviare (*un contratto a termine*) da un mese al mese successivo (*in una Borsa merci*). ❸ (*trasp. ferr.*) instradare, smistare (*un treno*). *v. i.* (*trasp. ferr.*) (*di treno*) essere smistato. // to ~ **off** (*elab. elettr.*) disinserire; to ~ **on** (*elab. elettr.*) inserire.

switchman, *n.* (*pl.* **switchmen**) (*trasp. ferr., USA*) deviatore, manovratore, scambista.

swop, *n.* (*fin.*) riporto in cambi.

sworn, *a.* giurato. // ~ **broker** (*fin., leg.*) mediatore giurato; ~ **statement** (*leg.*) dichiarazione giurata; ~ **witness** (*leg.*) testimone giurato.

sylviculture, *n.* (*econ.*) silvicoltura.

sylviculturist, *n.* (*econ.*) silvicoltore.

symbol, *n.* simbolo.

symbolic, *a.* simbolico. // ~ **delivery** (*leg.*) consegna simbolica (*d'una proprietà, ecc.*); ~ **language** (*elab. elettr.*) linguaggio simbolico; ~ **logic** (*elab. elettr., mat.*) logica simbolica.

symmetallism, *n.* (*econ., fin.*) simmetallismo.

symmetrical, *a.* (*anche mat.*) simmetrico.

symmetry, *n.* (*anche mat.*) simmetria.

sympathetic, *a.* che prova simpatia, comprensivo, amichevole. // ~ **ink** (*attr. uff.*) inchiostro simpatico; ~ **strike** (*sind.*) sciopero di solidarietà.

synallagmatic, *a.* (*leg.*) sinallagmatico, bilaterale. // a ~ **contract** (*leg.*) un contratto sinallagmatico.

synchronous, *a.* sincrono, simultaneo. // ~ **computer** (*elab. elettr.*) calcolatore sincrono.

syndical, *a.* (*sind.*) sindacale.

syndicalism, *n.* (*sind.*) sindacalismo.

syndicalist, *n.* (*sind.*) sindacalista, fautore del sindacalismo.

syndicate¹, *n.* ❶ (*econ.*) cartello. ❷ (*econ., fin.*) gruppo monopolistico. ❸ (*fin.*) sindacato, associazione (*di banchieri, finanzieri, ecc.*). ❹ (*giorn.*) agenzia di stampa. ❺ (*giorn.*) catena di giornali. △ ❸ **This office building has already been bought by a ~ of real estate men** questo fabbricato per uffici è già stato acquistato da un'associazione di proprietari di beni immobili.

syndicate², *v. t.* ❶ (*fin.*) associare in sindacato (*V.* **syndicate**¹). ❷ (*giorn.*) vendere (*notizie*) tramite un'agenzia di stampa. ❸ (*giorn.*) controllare (*un certo numero di giornali*). *v. i.* (*fin.*) costituirsi in sindacato (*V.* **syndicate**¹). △ *v. t.* ❸ **The Merryweather group syndicates a large number of newspapers throughout the Country** il gruppo Merryweather controlla un notevole numero di giornali in tutto il Paese.

syndicated bid, *n.* (*fin.*) offerta consorziata.

synopsis, *n.* (*pl.* **synopses**) sinossi, compendio, specchietto, sunto.

synthesis, *n.* (*pl.* **syntheses**) sintesi.

synthetic, *a.* sintetico.

system, *n.* ❶ sistema, metodo. ❷ (*mat.*) sistema. ❸ (*org. az.*) sistema. △ ❶ **A ~ of adjustment of quotas linked with the prices of various types of coffee was instituted in the Community** nella Comunità fu istituito un sistema di adeguamento dei contingenti collegato ai prezzi dei diversi tipi di caffè. // **systems analysis** (*org. az.*) analisi (*e valutazione*) del funzionamento d'un sistema (*sotto l'aspetto dell'efficienza, della convenienza, della rapidità operativa, ecc.*); **systems analyst** (*org. az., pers.*) specialista del funzionamento dei sistemi; **systems engineer** (*org. az., pers.*) esperto in tecniche organizzative a carattere strumentale; **the ~ of generalized preferences** (*econ.*) il sistema delle preferenze generalizzate; **a ~ of Government** un sistema di Governo; **the ~ of import and export certificates** (*comm. est.*) il regime per i titoli d'importazione e d'esportazione; **a ~ of national accounts** (*rag.*) un sistema di contabilità nazionale; **the ~ of trade** (*comm. est.*) il regime degli scambi.

systematic, *a.* sistematico, metodico, regolare. // ~ **error** (*stat.*) errore sistematico; ~ **sample** (*stat.*) campione sistematico.

systematical, *a. V.* **systematic**.

systematically, *avv.* sistematicamente, metodicamente.

T

tab, *n.* ❶ striscetta (*di carta, stoffa, ecc.*). ❷ (*fam.*) prezzo, costo. ❸ (*attr. uff.*) linguetta sporgente (*di scheda di casellario, ecc.*). △ ❷ The ~ for motorways might run as high as 1,000,000 lire a metre il costo delle autostrade potrebbe arrivare fino a 1.000.000 al metro.

table[1], *n.* ❶ tavola, tavolo. ❷ tabella, prospetto. ❸ (*mat.*) tavola. // ~ **of contents** indice (*di libro*); ~ **of logarithms** (*mat.*) tavola dei logaritmi; ~ **of weights and measures** tabella dei pesi e delle misure; **on the ~** (*fig.*) sul tavolo, in tavola: **Union representatives will put their cards on the ~** i rappresentanti sindacali metteranno le carte in tavola; **under the ~** (*fig.*) sottobanco: **A few articles have been sold under the ~** alcuni articoli sono stati venduti sottobanco.

table[2], *v. t.* ❶ mettere su una tavola. ❷ ordinare (*dati, ecc.*) su una tabella. ❸ (*leg.*) rimandare (*una mozione, ecc.*) « sine die ». ❹ (*org. az.*) mettere (*un argomento, ecc.*) all'ordine del giorno. △ ❹ A lot of basic topics have been tabled by the commission molti argomenti d'importanza basilare sono stati messi all'ordine del giorno dalla commissione.

tabloid, *a.* condensato, per sommi capi. *n.* (*giorn.*) « tabloid », giornale popolare (*con molte fotografie e poche notizie condensate*). // ~ **journalism** (*giorn., fam.*) giornalismo popolare, giornalismo scandalistico.

tabular, *a.* ❶ di tabella, tabellare. ❷ fatto secondo tavole, classificato in tavole, disposto in tabelle. ❸ (*mat., stat.*) tabulare. △ ❶ **All data are summarized in ~ form** tutti i dati sono riassunti in forma tabellare. // ~ **computations** (*mat.*) calcoli basati su tabelle; ~ **difference** (*mat.*) differenza tabellare, differenza tabulare; ~ **values** valori tabellari.

tabulate, *v. t.* ❶ disporre in tavole. ❷ (*mat.*) ordinare (*cifre, ecc.*) in tabelle. ❸ (*mat., stat.*) tabulare. △ ❸ **The results of the survey will be published as soon as they have been tabulated** i risultati dell'inchiesta saranno pubblicati non appena saranno stati tabulati. // **to ~ statistics** (*stat.*) tabulare dati statistici.

tabulating department, *n.* (*elab. elettr.*) centro meccanografico.

tabulating machine, *n.* (*elab. elettr.*) tabulatrice.

tabulation, *n.* ❶ disposizione in tavole. ❷ (*elab. elettr.*) tabulato. ❸ (*mat.*) ordinamento (*di cifre, ecc.*) in tabelle. ❹ (*mat., stat.*) tabulazione. // ~ **character** (*elab. elettr.*) carattere di tabulazione; **the ~ of data** (*stat.*) la tabulazione dei dati; **the ~ of results** (*stat.*) la tabulazione dei risultati.

tabulator, *n.* ❶ (*elab. elettr.*) tabulatrice. ❷ (*di macch. uff.*) tabulatore (*di macchina da scrivere*).

tachymeter, *n.* (*trasp. aut.*) tachimetro.

tacit, *a.* tacito, implicito, sottinteso. // ~ **agreement** (*leg.*) tacito accordo; ~ **consent** (*leg.*) tacito consenso.

tack, *v. t.* ❶ imbastire; attaccare (*un nastro, ecc.*) con punti lunghi. ❷ (*fig.*) aggiungere, allegare. ❸ (*trasp. mar.*) virare. △ ❷ **An extra pound's been tacked onto the price** al prezzo è stata aggiunta un'altra sterlina; **Various amendments were tacked to the bill** al disegno di legge sono stati aggiunti diversi emendamenti.

tacking, *n.* ❶ (*leg.*) priorità (*d'una terza ipoteca quando la seconda non è stata notificata*). ❷ (*trasp. mar.*) virata.

tackle[1], *n.* ❶ (*org. az.*) attrezzatura, attrezzi, arnesi, strumenti. ❷ (*trasp. mar.*) paranco. △ ❷ **Our goods are to be delivered under ship's ~** le nostre merci devono essere consegnate sotto paranco.

tackle[2], *v. t.* ❶ affrontare, fronteggiare, venire alle prese con (*una difficoltà, ecc.*). ❷ (*trasp. mar.*) fissare a un paranco. △ ❶ **We shall have to ~ the big problem of absenteeism in the factory** dovremo fronteggiare il grosso problema dell'assenteismo nella fabbrica; **I've planned how to ~ my boss for a raise** ho pensato come affrontare il capo per (chiedergli) un aumento (di stipendio).

tactics, *n.* (*anche fig.*) tattica.

tag[1], *n.* ❶ (*market.*) cartellino segnaprezzo, etichetta. ❷ (*trasp. aut., USA*) multa. △ ❶ **In shop-windows all tags must be clearly visible** nelle vetrine tutti i cartellini segnaprezzo debbono essere chiaramente visibili. // ~ **line** (*pubbl.*) motto pubblicitario, slogan.

tag[2], *v. t.* ❶ (*market.*) fornire (*articoli, ecc.*) di cartellino segnaprezzo. ❷ (*market.*) fissare il prezzo di (*qc.*). ❸ (*trasp. aut., USA*) mettere la multa su (*il parabrezza d'un'automobile, ecc.*); multare (*un'automobile, ecc.*). △ ❷ **We've decided to ~ this article at 20 dollars** abbiamo deciso di fissare il prezzo di questo articolo a 20 dollari; ❸ **Our car was tagged for obstructing traffic** la nostra auto fu multata poiché costituiva intralcio al traffico.

tail, *n.* ❶ (*anche fig.*) coda, estremità, fine. ❷ (*giorn., pubbl.*) margine di piede (*della pagina*). ❸ (*leg.*) proprietà limitata a una persona e ai suoi eredi in linea diretta. // ~ **-board** (*trasp. aut.*) ribalta (*d'autocarro, ecc.*); ~ **-gate** (*trasp.*) chiusura inferiore (*di canale navigabile*); ~ **-light** (*trasp.*) fanale di coda; ~ **margin** (*giorn., pubbl.*) margine di piede (*della pagina*); ~ **wind** (*trasp. mar.*) vento di coda, vento di poppa.

tailor[1], *n.* sarto. // ~ **-made** (*market.*) (*d'abito*) fatto su misura; (*d'articolo*) fatto su ordinazione: **The wage provisions of the recent agreement are ~ -made for our Country's circumstances** i provvedimenti salariali del recente accordo sono fatti su misura per le condizioni del nostro Paese.

tailor[2], *v. i.* fare il sarto. *v. t.* ❶ (*fig.*) adattare, aggiustare. ❷ (*market.*) fare (*un abito*) su misura. ❸ (*market.*) fare (*un articolo*) su ordinazione. △ *v. t.* ❶ **We are not able to ~ our production to present-day demand** non siamo in grado d'adattare la nostra produzione alla domanda odierna.

tailored, *a.* ❶ (*market.*) (*d'abito*) fatto su misura. ❷ (*market.*) (*d'articolo*) fatto su ordinazione. // ~ **software** (*elab. elettr.*) miscela di sottoprogrammi.

take[1], *n.* ❶ incasso, introito, entrata, entrate. ❷ guadagno, profitto, ricavo, resa. ❸ (*fin.*) gettito. △ ❶ **This year's ~ from tourism has exceeded every expectation** quest'anno le entrate del turismo hanno superato ogni aspettativa; ❸ **The tax ~ was not properly reemployed** il gettito delle imposte non fu reimpiegato opportunamente. // ~ **-down** (*org. az.*) smontaggio (*di macchine, ecc.*); ~ **-home** (*pers.*) V. ~ **-home pay**; ~ **-home pay** (*pers.*) paga netta, salario netto, stipendio netto; ~ **-home pay-packet** (*pers.*) V. ~ **-home pay**; ~ **-home wages** (*pers.*) salario netto; ~ **-off** (*econ.*) decollo; (*trasp. aer.*) decollo; ~ **-off distance** (*trasp. aer.*) percorso di decollo; ~ **-off reel** (*elab. elettr.*) bobina svolgitrice; ~ **-off strip** (*trasp. aer.*) pista di decollo; ~ **-over** (*fin.*) assorbimento, rilevamento (*d'un'azienda*); concentrazione, fusione; ~ **-over bid** (*fin.*) offerta pubblica d'acquisto (*OPA*); ~ **-over bidder** (*fin.*) società offerente; ~ **-over company** (*fin.*) società offerente; ~ **-over scheme** (*fin.*) schema di fusione; ~ **-up** accaparramento, incetta; ~ **-up reel** (*elab. elettr.*) bobina raccoglitrice.

take², *v. t.* (*pass.* **took**, *part. pass.* **taken**) ❶ prendere, pigliare. ❷ accettare, accogliere. ❸ prendere (con sé), portare. ❹ portar via, togliere. ❺ impiegare, metterci. ❻ intendere, immaginare, supporre. ❼ (*fam.*) ricevere (*come retribuzione*), guadagnare. *v. impers.* richiedere, volerci. △ *v. t.* ❶ **When I commute between London and Milan, I usually ~ the airplane** quando faccio la spola fra Londra e Milano, di solito prendo l'aereo; **We have taken the premises for 3 years** abbiamo preso (*in affitto*) i locali per tre anni; ❷ **Nobody would ~ a job like that** nessuno accetterebbe un impiego del genere; ❸ **Don't forget to ~ your passport** non dimenticare di prendere (con te) il passaporto; ~ **the suitcases upstairs!** porta di sopra le valigie!; ~ **these letters to the post!** porta queste lettere alla posta!; ❹ **If we want to launch this article again, we must ~ at least one pound from the price** se vogliamo rilanciare questo articolo, dobbiamo togliere almeno una sterlina dal prezzo; ❺ **He took a fortnight to prepare his report** impiegò due settimane a preparare la relazione; **It takes a couple of hours to drive from the head office to the branch where I work** ci metto un paio d'ore ad andare in macchina dalla sede centrale alla filiale in cui lavoro; ❻ **I ~ this to be your final offer** immagino che questa sia la vostra ultima offerta; ❼ **How much do you ~ a month?** quanto guadagni (*o* prendi) al mese?; *v. impers.* **Changing the consumers' habits will ~ time** ci vorrà tempo per cambiare le abitudini dei consumatori. // to ~ **aboard** (*trasp. mar.*) (*di vettore*) imbarcare; to ~ **advantage of** avvantaggiarsi di, approfittare di: **We are sure you will ~ advantage of our offer** siamo sicuri che approfitterete della nostra offerta; to ~ **an affidavit** (*leg.*) ricevere una dichiarazione giurata; to ~ **st. as read** dare qc. per letto (*in un'assemblea e sim.*); to ~ **the average between the highest and lowest price** (*econ., market.*) fare la media fra il prezzo più alto e quello più basso; to ~ **away** levare, togliere; to ~ **back** prendere indietro, riprendere; rimangiarsi, disdire; to ~ **back an article** (*market.*) riprendere un articolo (*restituendo al cliente il prezzo che aveva pagato*); to ~ **bribes** (*leg.*) farsi corrompere; to ~ **care** fare attenzione, stare attento; to ~ **care of** badare a, sorvegliare, curare, prendersi cura di: **Each worker takes care of two machines** ogni operaio sorveglia (il lavoro compiuto da) due macchine; to ~ **care of oneself** curarsi, aver cura di sé; to ~ **a census** (*stat.*) fare un censimento; to ~ **the chair** (*amm.*) assumere la presidenza (*d'una società, ecc.*); presiedere (*una società, ecc.*); dare inizio ai lavori (*d'un'assemblea, ecc.*); to ~ **one's chance** stare al gioco (*fig.*); **You must ~ your chance** devi stare al gioco; to ~ **charge of st.** (*org. az.*) prendere in consegna qc., occuparsi di qc.: **Who's going to ~ charge of the staff while you're away?** chi s'occuperà del personale mentre sarai via?; to ~ **one's degree** laurearsi; to ~ **delivery of securities** (*fin.*) ritirare titoli; to ~ **down** demolire, smontare; prender nota di, registrare, trascrivere; to ~ **down a machine** (*org. az.*) smontare una macchina; to ~ **down a speech in shorthand** stenografare un discorso; to ~ **an engagement** (*leg.*) prendere un impegno; to ~ **an examination** dare (*sostenere*) un esame; to ~ **for the call** (*Borsa, fin.*) vendere a premio; to ~ **goods on account** (*market.*) prendere merce a credito; to ~ **goods out of bond** (*dog.*) sdoganare merci; to ~ **in** (*giorn.*) ricevere regolarmente (*una pubblicazione, ecc.*), essere abbonato a (*un giornale, ecc.*); (*market.*) incassare, introitare: **We've always taken in at least four dailies** siamo sempre stati abbonati ad almeno quattro quotidiani; **Though it's a rather small shop, it takes in a lot of money each day** nonostante sia un esercizio piuttosto modesto, incassa ogni giorno un « mucchio » di soldi; to ~ **sb. in the act** (*leg.*) cogliere q. in flagrante: **They were taken in the act** furono colti in flagrante; to ~ **in ballast** (*trasp. mar.*) imbarcare zavorra, zavorrare; to ~ **in coal** (*trasp. mar.*) caricare carbone, fare (rifornimento di) carbone; to ~ **in stocks** (*Borsa, fin.*) riportare titoli; to ~ **an interest in st.** interessarsi di qc.; to ~ **an interest in an enterprise** partecipare a un'impresa; (*fin.*) finanziare un'impresa; to ~ **into custody** (*leg.*) prendere in custodia; to ~ **sb. into partnership** prendere q. come socio in affari, ammettere q. in una società; to ~ **a job** (*pers.*) occupare un posto; to ~ **one's leave from sb.** licenziarsi (*o* accomiatarsi) da q.; to ~ **legal action** (*leg.*) adire le vie legali; to ~ **legal advice** (*leg.*) consultare un avvocato; to ~ **legal steps** (*leg.*) adire le vie legali, agire; to **a ~ letter** scrivere una lettera sotto dettatura; to ~ **the liberty** prendersi la libertà, permettersi: **We ~ the liberty of recommending you our products** ci permettiamo di raccomandarvi i nostri prodotti; to ~ **minutes** (*leg.*) mettere a verbale, verbalizzare; to ~ **the minutes of a meeting** (*amm.*) tenere il verbale d'un'assemblea; to ~ **a mortgage on a property** (*leg.*) accendere un'ipoteca su una proprietà; to ~ **no further action on a matter** (*leg.*) archiviare una pratica; to ~ **an oath** (*leg.*) fare un giuramento, prestare giuramento; to ~ **off** togliere, sopprimere; « tirare » (*copie; da un originale*); riprodurre (*documenti, ecc.*); (*market.*) dedurre, detrarre, scontare; (*rag.*) calcolare (*una quantità*) con una macchina calcolatrice; (*trasp. aer.*) decollare: **Two morning trains have been taken off** due treni del mattino sono stati soppressi; **They took 50 dollars off the price for cash payment** scontarono 50 dollari dal prezzo per il pagamento a contanti; to ~ **off the embargo on a ship** (*trasp. mar.*) togliere l'embargo su una nave; to ~ **off a tax** (*fin.*) togliere un'imposta, abolire una imposta; to ~ **off a total** (*rag.*) fare un totale; to ~ **office** (*amm.*) assumere una carica, insediarsi; to ~ **an opportunity** cogliere un'occasione: **You should ~ this opportunity** devi cogliere l'occasione; to ~ **out** togliere, cavare, sottoscrivere; to ~ **out an insurance policy** (*ass.*) sottoscrivere una polizza d'assicurazione; to ~ **out loans** (*cred.*) fare mutui; esporsi (*finanziariamente*); to ~ **out a patent** (*leg.*) prendere un brevetto; to ~ **over** subentrare, succedere; (*amm.*) insediarsi; (*fin.*) assorbire, acquistare il controllo di (*una società*); to ~ **over a business** (*fin.*) rilevare un'azienda, assorbire un'impresa: **When Mr Jones retired from business, his son took over** quando Mr Jones si ritirò dagli affari, gli subentrò suo figlio; **He took the family business over when he**

was only twenty-five all'età di soli venticinque anni rilevò l'impresa paterna; to ~ **a partner into the business** prendere un (nuovo) socio nell'azienda; to ~ **place** aver luogo, avvenire, verificarsi: **The next meeting will ~ place on October 26th** la prossima assemblea avrà luogo il 26 ottobre; to ~ **the place of sb.** subentrare a q.; to ~ **a poll** (*market., stat.*) fare un'inchiesta; to ~ **possession of st.** (*leg.*) prendere possesso di qc.; appropriarsi, impadronirsi di qc.; to ~ **precautions** premunirsi; to ~ **proceedings** (*leg.*) adire le vie legali; to ~ **refuge in a port of necessity** (*trasp. mar.*) rifugiarsi in un porto di fortuna; to ~ **a share in the profits** (*fin.*) partecipare agli utili; to ~ **stock** (*org. az.*) fare l'inventario; to ~ **time off** (*pers.*) far vacanza; to ~ **to business** dedicarsi agli affari; to ~ **sb. to Court** (*leg.*) tradurre q. davanti al giudice; to ~ **up** prender su, sollevare; far incetta di, accaparrare, accaparrarsi; (*trasp.*) far salire: **Some shopkeepers have succeeded in taking up all those goods** alcuni negozianti sono riusciti ad accaparrarsi tutta quella merce; to ~ **up a bill** (*banca, cred.*) ritirare una cambiale; (*cred.*) onorare una cambiale; to ~ **up contributions** raccogliere sottoscrizioni; to ~ **up one's domicile** (*o* **residence**) domiciliarsi; to ~ **up a loan** (*cred.*) sottoscrivere un mutuo; to ~ **up passengers** (*trasp.*) far salire passeggeri; to ~ **upon oneself to do st.** incaricarsi di fare qc.

taken, *a.* impegnato, riservato.

taker, *n.* ❶ chi prende, chi riceve (*V. anche* **take**²). ❷ (*Borsa*) riportatore. ❸ (*cred., fin.*) prenditore. // ~ **for a call** (*Borsa*) venditore d'un « dont »; ~ **for a put** (*Borsa*) compratore d'un premio indiretto; ~ -**in** (*Borsa*) persona disposta a compiere operazioni di riporto in sostituzione d'un rialzista (*che in un dato momento non vuole, o non può, pagare certi titoli*); ~ **of the rate** (*Borsa*) ricevitore del premio.

taking-over, *n.* ❶ (*amm.*) insediamento; (il) subentrare. ❷ (*fin.*) assorbimento, rilevamento (*d'un'azienda*).

takings, *n. pl.* (*cred., fin., rag.*) incassi, introiti, profitti.

tale quale, *locuz. a. V.* **tel quel.**

tales, *n. pl.* ❶ (*leg.*) giurati supplenti. ❷ (*leg.*) mandato di convocazione dei giurati supplenti.

talesman, *n.* (*pl.* **talesmen**) (*leg.*) giurato supplente.

talk¹, *n.* ❶ discorso, conversazione. ❷ abboccamento, colloquio. ❸ negoziato, trattativa. ❹ diceria, voce. △ ❷ **I should like to have a ~ with your Rome representative** vorrei avere un colloquio col vostro agente di Roma; ❹ **There is a ~ of a new rise in the discount rate** corre voce che ci sarà un nuovo aumento del tasso di sconto.

talk², *v. i.* discorrere, parlare, chiacchierare, conversare. *v. t.* parlare di, discutere di. △ *v. i.* **There is a customer who wants to ~ to you, Mr Norris** c'è un cliente che vuole parlarLe, Mr Norris; **We've been talking business all the time** non abbiamo fatto che parlare d'affari. // to ~ **a bill out** (*leg.*) protrarre la discussione d'un disegno di legge fino a causarne il rinvio.

talkie, *n.* (*pubbl.*) film sonoro.

talking film, *n. V.* **talkie.**

talking picture, *n. V.* **talkie.**

tall, *a.* ❶ alto, elevato. ❷ (*market.*) (*di prezzo, ecc.*) altissimo, esagerato, salato. △ ❷ **We think $ 15,000 would be a rather ~ price** riteniamo che 15.000 dollari sarebbero un prezzo piuttosto salato. // ~ **organization** (*org. az.*) struttura organizzativa verticale.

tallness, *n.* altezza.

tally¹, *n.* ❶ conto, computo. ❷ (*cred.*) annotazione, registrazione (*di credito, ecc.*). ❸ (*market.*) tagliando di riscontro (« *madre* » *o* « *figlia* »). // ~ **card** (*market.*) *V.* ~ **sheet;** ~ **clerk** (*pers.*) controllore (*alla consegna di merci*); ~ **sheet** (*market.*) foglio di riscontro; ~ **system** (*market.*) *V.* ~ **trade;** ~ **trade** (*market.*) vendita a credito a breve scadenza (*fatta da un negoziante segnando i crediti su un libretto*).

tally², *v. t.* ❶ calcolare, computare. ❷ (*cred.*) annotare, registrare (*crediti, ecc.*). ❸ (*trasp. mar.*) controllare (*la merce ricevuta in consegna*); fare la « spunta » di (*un carico: articolo per articolo*). *v. i.* coincidere, corrispondere. △ *v. t.* ❶ **We haven't yet tallied the expenses for the day** non abbiamo ancora calcolato le spese della giornata; ❷ **They have tallied a deficit of £ 10,000** hanno registrato un deficit di 10.000 sterline; *v. i.* **Your goods did not ~ with the invoice** la vostra merce non corrispondeva alla (merce indicata nella) fattura. // to ~ **a load** (*trasp. mar.*) controllare un carico.

tallyman, *n.* (*pl.* **tallymen**) ❶ (*market.*) negoziante che vende a rate; negoziante che vende a credito a breve scadenza (*segnando i crediti su un libretto*). ❷ (*trasp. mar.*) controllore (*del carico*); spuntatore.

talon, *n.* ❶ talloncino. ❷ (*fin.*) cedola (*di titolo al portatore, utilizzabile per richiedere un nuovo certificato azionario*). ❸ (*fin.*) mantello (*d'un foglio di cedole*).

tame, *v. t.* ❶ addomesticare. ❷ (*anche fig.*) domare. // to ~ **inflation** (*econ.*) bloccare l'inflazione.

tamper, *v. i.* interferire, immischiarsi. // to ~ **with sb.** (*leg.*) tentare di corrompere q., subornare q.: **The defence attorney had tampered with the witness** l'avvocato difensore aveva tentato di corrompere il teste; to ~ **with st.** (*leg.*) manomettere, falsificare, adulterare qc.; to ~ **with documents** (*leg.*) falsificare documenti, manomettere documenti; to ~ **with foodstuffs** (*leg.*) adulterare generi alimentari.

tamperer, *n.* (*leg.*) adulteratore, corruttore, falsificatore, subornatore.

tampering, *n.* (*leg.*) manomissione, falsificazione, subornazione.

tandem increase, *n.* (*pers.*) aumento abbinato.

tangency, *n.* (*mat.*) tangenza.

tangent, *a. e n.* (*mat.*) tangente. // ~ **line** (*mat.*) tangente, linea tangente.

tangential, *a.* (*mat.*) tangenziale.

tangible, *a.* tangibile, concreto, manifesto, sicuro. // ~ **assets** (*rag.*) beni reali; **a ~ gain** un guadagno concreto; ~ **net worth** (*rag.*) attività totali nette, valore patrimoniale, patrimonio fisico; **a ~ proof** (*leg.*) una prova sicura; ~ **property** (*leg.*) beni corporali, beni materiali.

tank, *n.* serbatoio, cisterna, vasca. // ~ **-car** (*trasp. ferr.*) carro cisterna; ~ **engine** (*trasp. ferr.*) locomotiva « tender »; ~ **locomotive** (*trasp. ferr.*) *V.* ~ **engine;** ~ **-steamer** (*trasp. mar.*) nave cisterna; ~ **truck** (*trasp. aut.*) autobotte, autocisterna.

tanker, *n.* ❶ (*trasp. aer.*) aerocisterna. ❷ (*trasp. aut.*) autobotte. ❸ (*trasp. mar.*) nave cisterna. ❹ (*trasp. mar.*) petroliera.

tankship, *n.* (*trasp. mar.*) nave cisterna.

tape¹, *n.* ❶ nastro, fettuccia. ❷ (*elab. elettr.*) nastro, nastro magnetico. △ ❷ **The chairman won't let the members know the contents of the ~** il presidente non è disposto a rivelare ai soci il contenuto dei nastri. // ~ **control** (*org. az.*) controllo numerico; ~ **deck** (*elab. elettr.*) unità nastro; ~ **-machine** (*Borsa*) teleborsa (*strumento elettronico che registra e trasmette istantaneamente a tutto il mondo i prezzi e il volume delle contrattazioni in titoli*); ~ **reader** (*elab. elettr.*) testina di lettura di zona

~ **reading** (*Borsa*) studio delle contrattazioni (*in titoli*) in base ai dati forniti da una teleborsa; to ~ **-record** registrare (*qc.*) su nastro (magnetico): **His speech has been ~ -recorded for subsequent publication** il suo discorso è stato registrato su nastro per essere poi pubblicato; ~ **recorder** (*macch. uff.*) registratore a nastro, magnetofono; ~ **station** (*elab. elettr.*) V. ~ **deck**; ~ **unit** (*elab. elettr.*) V. ~ **deck**.

tape², *v. t.* registrare (*su nastro magnetico*). // to ~ **a press conference** (*giorn.*) registrare una conferenza stampa; to ~ **a TV programme** (*comun.*) registrare un programma televisivo.

tap issue, *n.* (*Borsa, fin.*) emissione « a rubinetto ».

tardy, *a.* ❶ tardo, pigro, lento. ❷ tardivo, in ritardo. ❸ (*cred., leg.*) moroso. △ ❷ **That employee is often an hour ~ at the office** quell'impiegato è spesso in ritardo d'un'ora quando viene in ufficio. // **a ~ debtor** (*cred.*) un debitore moroso.

tare¹, *n.* (*market.*) tara. △ **Actual ~ is determined by weighing the packing materials of a given lot of goods** la tara reale viene calcolata pesando l'imballaggio d'una data partita di merce; **How much is the customary ~ for these articles?** a quanto ammonta la tara d'uso per questi articoli? // ~ **allowance** (*market.*) abbuono per tara; ~ **weight** (*market., trasp.*) peso a vuoto (*d'un veicolo, d'un contenitore, ecc.*).

tare², *v. t.* (*market.*) tarare; calcolare la tara di (*merci, ecc.*); fare la tara a (*merci, ecc.*).

target¹, *n.* ❶ bersaglio. ❷ (*anche fig.*) obiettivo, meta, scopo, traguardo. ❸ (*trasp. ferr.*) disco, semaforo. △ ❷ **Our export ~ is far beyond this figure** l'obiettivo che vogliamo raggiungere come volume delle esportazioni è di gran lunga superiore a questa cifra. // **a ~ of economic development** (*econ.*) un obiettivo di sviluppo economico; **the targets of a trade-union** (*sind.*) i traguardi che si prefigge un'organizzazione sindacale; ~ **price** (*econ., market.*) prezzo indicativo: **This proposal will lead to a new approximation of national ~ prices in this sector** questa proposta porterà a un nuovo riavvicinamento dei prezzi indicativi nazionali in questo settore.

target², *v. t.* (*fig.*) porre (*qc.*) come obiettivo, porre (*qc.*) come traguardo. △ **Coal production was targeted for 90 million tons last year** l'anno scorso il traguardo produttivo per il carbone fu posto a 90 milioni di tonnellate. // to ~ **a price** (*econ.*) fissare un prezzo (*da « spuntare » in una transazione, ecc.*): **The price originally targeted was not reached owing to the sharp decline in demand** il prezzo fissato originariamente non fu raggiunto a causa della sensibile diminuzione della domanda.

tariff¹, *n.* ❶ (*comm. est., econ.*) tariffa. ❷ (*tur.*) tariffa (*alberghiera*); prezzo (*fatto pagare in un albergo, ecc.*). // ~ **adjustments** (*comm. est., econ.*) movimenti tariffari; ~ **agreement** (*comm. est., econ.*) accordo tariffario; ~ **arrangement** (*comm. est., econ.*) accordo tariffario; ~ **barriers** (*comm. est., econ.*) barriere tariffarie; ~ **concessions** (*comm. est., econ.*) concessioni tariffarie; ~ **countermeasures** (*comm. est., econ.*) contromisure tariffarie; ~ **cut** (*comm. est., econ.*) riduzione tariffaria; ~ **-cutting negotiations** (*comm. est., econ.*) negoziati tendenti alla riduzione delle tariffe, negoziati tariffari; ~ **disarmament** (*comm. est., econ.*) disarmo tariffario, smobilitazione tariffaria; ~ **headings** (*comm. est., econ.*) voci tariffarie (*di bilancia commerciale, ecc.*); ~ **increases** (*comm. est., econ.*) rialzi tariffari; ~ **negotiations** (*comm. est., econ.*) negoziati tariffari; ~ **quotas** (*comm. est., econ.*) contingenti tariffari, contingenti doganali: **The commis-**

sion linked ~ quotas with increases, and no longer with nil, duties la commissione stabilì contingenti tariffari a dazi più elevati, e non più in esenzione (di dazio); ~ **reductions** (*comm. est., econ.*) riduzioni tariffarie; ~ **subheading** (*comm. est., econ.*) sottovoce tariffaria (*di bilancia commerciale, ecc.*); ~ **union** (*comm. est.*) unione tariffaria; ~ **wall** (*comm. est., econ.*) barriera tariffaria; ~ **war** (*comm. est., econ.*) guerra tariffaria.

tariff², *v. t.* (*comm. est., econ.*) « tariffare » (*merci, servizi, ecc.*); sottoporre (*merci, servizi, ecc.*) a tariffa. △ **Such services will be tariffed differently keeping in mind each Country's domestic demand** tali servizi saranno « tariffati » diversamente in considerazione della domanda interna di ciascun Paese.

tariffless, *a.* (*comm. est., econ.*) privo di tariffe, non soggetto a tariffe, liberalizzato. △ **Our main goal is a single, ~ European market** il nostro principale obiettivo è (la creazione di) un unico mercato europeo non soggetto a tariffe.

task¹, *n.* compito, dovere, lavoro, incarico, mansione. △ **Forecasting is one of the most important tasks of the statistician** il fare previsioni è uno dei compiti più importanti dello statistico. // ~ **-and-bonus system** (*org. az.*) sistema di incentivi sul lavoro; ~ **bond** (*pers.*) indennità per prestazioni speciali; ~ **management** (*org. az.*) organizzazione funzionale; ~ **setting** (*org. az.*) assegnazione degli incarichi, distribuzione dei compiti; ~ **-wage** (*pers.*) salario a cottimo; ~ **-work** (*org. az.*) lavoro a cottimo.

task², *v. t.* ❶ assegnare un compito a (*q.*). ❷ (*trasp. mar.*) esaminare la solidità di (*parti d'una nave*).

taste, *n.* gusto, predilezione, preferenza. △ **We hope that our articles will meet the tastes of your customers** speriamo che i nostri articoli incontrino i gusti della vostra clientela.

tax¹, *n.* (*fin.*) imposta, tassa, tributo, contributo, dazio. △ **The new ~ is to be assessed upon all retail sales** la nuova imposta deve essere applicata a tutte le vendite al minuto; **I usually pay my taxes every two months** di solito pago le tasse ogni due mesi. // ~ **alleviation** (*fin.*) sgravi fiscali; ~ **allowance** (*fin.*) detrazione fiscale, sgravio fiscale; ~ **and credit inducements** (*fin.*) facilitazioni fiscali e creditizie; ~ **assessment** (*fin.*) valutazione (*d'un bene*) ai fini della determinazione dell'imponibile; cartella delle tasse; ~ **at source** (*fin.*) imposta alla fonte; ~ **avoidance** (*fin.*) l'evitare di pagare le tasse: ~ **avoidance may be achieved by merger agreements** si può riuscire a sottrarsi al fisco mediante accordi di concentrazione d'aziende; ~ **bill** (*fin.*) imposte da pagare; la « cartella » (*fam.*); ~ **book** (*fin.*) V. ~ **roll**; ~ **burden** (*fin.*) carico fiscale, onere fiscale; ~ **collector** (*fin.*) esattore delle imposte; ~ **collector's office** (*fin.*) agenzia delle tasse; ~ **consequences** (*fin.*) ripercussioni fiscali; ~ **credit** (*fin.*) credito d'imposta; ~ **cut** (*fin.*) sgravio fiscale; ~ **-deduction card** (*amm., fin.*) modulo (*compilato dal datore di lavoro*) per le detrazioni delle imposte (*da stipendi e salari*); ~ **discrimination** (*fin.*) discriminazione d'ordine fiscale; ~ **dodger** (*fin.*) evasore fiscale; ~ **dodging** (*fin.*) V. ~ **evasion**; ~ **drawbacks** (*fin.*) ristorni d'imposta; ~ **equity** (*fin.*) giustizia fiscale; ~ **evader** (*fin.*) evasore fiscale; ~ **evasion** (*fin.*) evasione fiscale; ~ **-exempt** (*fin.*) esente da imposta; obbligazione esente da imposta; ~ **-exempt bond** (*fin.*) obbligazione esente da imposta; ~ **-exempt general and special reserves** (*fin.*) riserve e accantonamenti esenti da imposta; ~ **-exempt security** (*fin.*) titolo (*a interesse*) esente da imposta; ~ **exemption** (*fin.*) esenzione fiscale, franchigia fiscale; ~ **expert** (*fin.*) fiscalista; ~ **facilities** (*fin.*) agevolazioni fiscali; ~ **-free** (*fin.*) esente da imposte, libero da imposte (*o* da tasse); **a** ~ **-free interest** (*fin.*) un interesse esente da imposta; ~ **harmonization** (*fin.*) armonizzazione fiscale; ~ **haven** (*fin.*) rifugio fiscale; ~ **holiday** (*fin.*) esenzione fiscale temporanea; ~ **in kind** (*fin.*) imposta in natura; ~ **incentives** (*fin.*) incentivazioni che prevedono sgravi fiscali; ~ **incidence** (*fin.*) incidenza fiscale; ~ **list** (*fin.*) *V.* ~ **roll**; ~ **loophole** (*fin.*) «scappatoia» offerta al contribuente (*per effetto d'un errore nella legge, o per il dichiarato proposito di concedere una facilitazione fiscale*); ~ **-loss carryback** (*fin., USA*) utilizzazione delle perdite d'esercizio per ridurre il carico delle tasse arretrate; ~ **-loss carryforward** (*fin., USA*) utilizzazione delle perdite d'esercizio per ridurre il carico fiscale negli anni futuri; ~ **office** (*fin.*) ufficio (delle) imposte, fisco; ~ **on agricultural income** (*fin.*) imposta sul reddito agrario; ~ **on bonds** (*fin.*) imposta sulle obbligazioni; **taxes on consumer goods** (*fin.*) imposte di consumo; ~ **on dividend warrants** (*fin.*) (imposta) cedolare; ~ **on income** (*fin.*) imposta sul reddito; ~ **on income from land** (*fin.*) imposta sul reddito dominicale (*dei terreni*); ~ **on the income of corporate bodies** (*fin.*) imposta sul reddito delle persone giuridiche; ~ **on revenue from buildings** (*fin.*) imposta sul reddito dei fabbricati; **taxes paid** (*fin.*) onere tributario: **The taxes paid vary considerably from Country to Country** l'onere tributario è nettamente diverso da un Paese all'altro; ~ **-payer** (*fin.*) contribuente; ~ **-paying group** (*fin.*) gruppo di contribuenti; ~ **rates** (*fin.*) aliquote di imposta; ~ **receipts** (*fin.*) introiti fiscali; ~ **reduction** (*fin.*) riduzione delle imposte; ~ **reform** (*fin.*) riforma fiscale; ~ **register** (*fin.*) anagrafe tributaria; ~ **regulations** (*fin.*) regime fiscale (*o* tributario); ~ **relief** (*fin.*) abbuono fiscale, esonero fiscale, sgravio fiscale: ~ **reliefs on exports have been long promised** da tempo si promettono sgravi fiscali all'esportazione; ~ **return** (*fin.*) denuncia delle imposte (*o* delle tasse); cartella delle tasse; ~ **return form** (*fin.*) modulo della dichiarazione delle imposte (*o* delle tasse); ~ **revenue** (*fin.*) gettito fiscale; ~ **roll** (*fin.*) ruolo dei contribuenti; ~ **selling** (*fin.*) vendita concordata di titoli a fine anno (*per la determinazione di perdite e profitti ai fini della dichiarazione dell'imposta sul reddito*); ~ **sharing** (*fin., USA*) suddivisione d'una tassa (*o* imposta) fra i diversi livelli dell'amministrazione pubblica (*Governo Federale, Stato, Contea, ecc.*); ~ **shelter** (*fin.*) fattore di riduzione delle imposte sui profitti correnti (*p. es.: un abbuono per svalutazione*); ~ **treatment** (*fin.*) regime fiscale (*o* tributario); **after** ~ **value** (*fin.*) valore (*d'un bene, ecc.*) dopo il pagamento delle imposte.

tax[2], *v. t.* (*fin.*) tassare; imporre tributi a (*q.*); imporre tributi su (*qc.*). △ **Imports will be heavily taxed to start from January 1st** dal 1° gennaio i prodotti d'importazione saranno pesantemente tassati. // **to** ~ **the costs of an action in Court** (*leg.*) fissare (*d'autorità*) le spese processuali; **to** ~ **luxury articles** (*fin.*) tassare gli articoli di lusso.

taxable, *a.* (*fin.*) soggetto a imposta, imponibile; soggetto a tassazione, tassabile. *n.* ❶ (*fin.*) soggetto tassabile. ❷ (*fin.*) proprietà soggetta a imposta. // ~ **ability** (*fin.*) capacità contributiva; ~ **basis** (*fin.*) oggetto d'imposta; ~ **bond** (*fin.*) obbligazione tassabile; ~ **capacity** (*fin.*) capacità contributiva; ~ **company profits** (*fin.*) utili d'impresa soggetti a imposta; ~ **income** (*fin.*) reddito imponibile; ~ **property** (*fin.*) proprietà soggetta a imposta; ~ **value** (*fin.*) imponibile, valore imponibile; **the** ~ **year** (*fin.*) l'anno fiscale.

taxation, *n.* ❶ (*fin.*) imposizione, tassazione. ❷ (*fin.*) fiscalità, regime fiscale (*o* tributario). ❸ (*fin.*) imposta, tassa. △ ❶ **A bill has been passed that provides double** ~ **of dividends and interests** è stato approvato un disegno di legge che prevede la doppia imposizione su dividendi e interessi; ❷ **A more flexible handling of direct and indirect** ~ **encounters considerable resistance** l'applicazione più elastica della fiscalità diretta e indiretta incontra notevoli resistenze. // ~ **at source** (*fin.*) ritenuta alla fonte; ~ **consultant** (*fin.*) fiscalista; ~ **in agriculture** (*fin.*) il regime fiscale in agricoltura; ~ **law** (*leg.*) diritto tributario; ~ **of costs** (*leg.*) liquidazione di spese (*da parte dell'autorità giudiziaria*); ~ **policy** (*fin.*) politica fiscale; **the** ~ **system** (*fin.*) il sistema tributario.

taxi, *n.* (*trasp. aut.*) tassì, taxi.

taxpayer, *n.* (*fin.*) contribuente. // **a** ~ **in arrears** (*fin.*) un contribuente moroso.

taylorism, *n.* (*econ.*) taylorismo.

tea, *n.* tè. // ~ **-break** (*org. az., pers.*) sosta per il tè: **Productivity is constantly endangered in a land of perpetual** ~ **-breaks like Great Britain** la produttività è in costante pericolo in un Paese d'incessanti soste per il tè come è la Gran Bretagna.

team, *n.* ❶ (*pers.*) gruppo (*di lavoro*). ❷ (*pers.*) squadra (*d'operai, ecc.*). // ~ **-work** (*org. az.*) lavoro di gruppo, lavoro d'équipe.

teamster, *n.* (*trasp. aut., USA*) camionista.

teamwork, *n.* (*org. az.*) lavoro di gruppo, lavoro d'équipe.

technical, *a.* tecnico. △ **We had to face a few** ~ **obstacles to trade** dovemmo affrontare alcuni ostacoli tecnici agli scambi. // ~ **assistance** (*market.*) assistenza tecnica; ~ **education** istruzione tecnica; ~ **language** linguaggio tecnico, linguaggio specialistico; ~ **magazine** (*giorn.*) rivista tecnica; ~ **research** (*org. az.*) ricerca tecnica.

technician, *n.* (*pers.*) tecnico, perito. △ **To keep this equipment in good running condition, we need a certain number of skilled technicians** per mantenere questo apparecchio in buone condizioni di funzionamento, abbiamo bisogno d'un certo numero di tecnici qualificati.

technicist, *n. V.* **technician**.

technique, *n.* tecnica, abilità, metodo, modo. △ **He's quite an expert in planning and programming techniques** è un vero specialista nelle tecniche della programmazione e della pianificazione.

technocracy, *n.* (*econ.*) tecnocrazia.

technocrat, *n.* (*econ.*) tecnocrate.

technologic, *a. V.* **technological**.

technological, *a.* (*org. az.*) tecnologico. // ~ **advances** (*econ., org. az.*) progressi tecnologici; **a** ~ **breakthrough** (*econ., org. az.*) una grande innovazione tecnologica; ~ **gap** (*econ., org. az.*) divario tecnologico; ~ **unemployment** (*pers.*) disoccupazione tecnologica.

technology, *n.* (*econ., org. az.*) tecnologia.

technosophe, *n.* (*econ., neol.*) «tecnosofo» (*autorevole esperto in problemi tecnologici*).

technostructure, *n.* ❶ (*econ., neol.*) «tecnostruttura». ❷ (*fin.*) tecnostruttura, società di grandi dimensioni.

telecamera, *n.* (*comun.*) telecamera.

telecast[1], *n.* (*comun.*) trasmissione televisiva, teletrasmissione, telediffusione, telecronaca.

telecast[2], *v. t.* (*pass.* e *part. pass.* **telecast**) (*comun.*) trasmettere per televisione, teletrasmettere, telediffondere.

telecaster, *n.* (*comun.*) telecronista.

telecommunications, *n. pl.* (*comun.*) telecomunicazioni.

telecontrol¹, *n.* (*comun.*) telecontrollo, telecomando.

telecontrol², *v. t.* (*comun.*) telecomandare.

telefilm, *n.* (*comun.*) telefilm.

telegram¹, *n.* (*comun.*) telegramma. △ We are sorry to inform you that your ~ has never reached us ci dispiace informarvi che il vostro telegramma non ci è mai pervenuto. // ~ **form** (*comun.*) modulo per telegramma; ~ **in cipher** (*comun.*) telegramma in linguaggio cifrato; ~ **in code** (*comun.*) telegramma in codice; **a** ~ **via wireless** (*comun.*) un telegramma via radio; **as per your** ~ (*comun.*) come da vostro telegramma.

telegram², *v. t.* (*comun.*) telegrafare.

telegraph¹, *n.* ❶ (*comun.*) telegrafo. ❷ (*comun.*, *USA*) telegramma. *a. attr.* (*comun.*) telegrafico. // ~ **form** (*comun.*) modulo telegrafico; ~ **line** (*comun.*) linea telegrafica; ~ **-office** (*comun.*) ufficio del telegrafo; ~ **-operator** (*comun.*) telegrafista; ~ **rate** (*comun.*) tariffa per telegrammi.

telegraph², *v. t.* ❶ (*comun.*) telegrafare (*qc.*); trasmettere (*qc.*) per mezzo del telegrafo. ❷ (*comun.*) telegrafare a (*q.*); mandare un telegramma a (*q.*). △ ❶ **The news has been telegraphed by our Paris correspondent** le notizie sono state telegrafate dal nostro corrispondente a Parigi; **We were telegraphed that the goods had been shipped on that very day** ci fu telegrafato che le merci erano state spedite il giorno stesso.

telegraphic, *a.* (*comun.*) telegrafico. // ~ **address** (*comun.*) indirizzo telegrafico; ~ **code** (*comun.*) codice telegrafico; ~ **money order** (*comun.*, *cred.*) vaglia telegrafico; ~ **news** (*comun.*, *giorn.*) notizie trasmesse per telegrafo; ~ **transfer** (*comun.*, *cred.*) bonifico telegrafico; ~ **transfer rates** (*fin.*) cambi telegrafici.

telegraphist, *n.* (*comun.*) telegrafista.

telegraphy, *n.* (*comun.*) telegrafia.

telephone¹, *n.* (*comun.*) telefono. // ~ **book** (*comun.*, *USA*) elenco degli abbonati; ~ **booth** (*comun.*) cabina telefonica; ~ **box** (*comun.*) cabina telefonica; ~ **call** (*comun.*) chiamata telefonica, telefonata; ~ **conversation** (*comun.*) conversazione telefonica; ~ **directory** (*comun.*) elenco degli abbonati; ~ **exchange** (*comun.*) centrale telefonica, centralino telefonico; ~ **line** (*comun.*) linea telefonica; ~ **number** (*comun.*) numero telefonico; ~ **operator** (*comun.*) telefonista, centralinista; ~ **receiver** (*comun.*) ricevitore telefonico; ~ **service** (*comun.*) telefono (*il servizio pubblico*); ~ **subscriber** (*comun.*) abbonato al telefono; ~ **system** (*o* **network**) (*comun.*) rete telefonica; **by** ~ per telefono, telefonicamente: **Most data on the customers' tastes were gathered by** ~ la maggior parte dei dati relativi alle preferenze dei consumatori furono raccolti per telefono.

telephone², *v. t.* ❶ (*comun.*) telefonare (*qc.*); trasmettere (*qc.*) per telefono. ❷ (*comun.*) telefonare a (*q.*); fare una telefonata a (*q.*). △ ❶ **Information on market trends were telephoned immediately** le informazioni sull'andamento del mercato furono immediatamente trasmesse per telefono. ❷ **After the publication of that piece of news, lots of people telephoned the editor** dopo la pubblicazione di quella notizia, moltissime persone telefonarono al direttore (del giornale).

telephonic, *a.* (*comun.*) telefonico. // ~ **connection** (*comun.*) collegamento telefonico.

telephonist, *n.* (*comun.*) telefonista, centralinista.

teleplay, *n.* (*comun.*) sceneggiato televisivo.

teleprinter, *n.* (*macch. uff.*) telescrivente.

teleprocessing, *n.* (*elab. elettr.*) elaborazione a distanza (*dei dati*).

teletypewriter, *n.* (*macch. uff.*) telescrivente.

teletypist, *n.* (*pers.*) operatore di telescrivente, telescriventista.

teleview, *v. t.* (*comun.*) guardare (*una trasmissione televisiva*).

televiewer, *n.* (*comun.*) telespettatore. △ **Our message will reach millions of televiewers throughout the Country** il nostro comunicato commerciale raggiungerà milioni di telespettatori in tutto il Paese.

televise, *v. t.* (*comun.*) teletrasmettere, trasmettere per televisione. △ **The news of the European summit was televised all over the Continent** le notizie del «vertice» europeo furono teletrasmesse in tutto il continente.

television, *n.* ❶ (*comun.*) televisione, industria televisiva. ❷ (*comun.*) televisore. // ~ **camera** (*comun.*) telecamera; ~ **commentator** (*comun.*) telecronista; ~ **newsreel** (*comun.*) telegiornale; ~ **relay** (*comun.*) ripetitore televisivo; ~ **set** (*comun.*) televisore; ~ **viewer** (*comun.*) telespettatore.

telex¹, *n.* (*comun.*) telex.

telex², *v. t.* (*comun.*) trasmettere a mezzo telex.

tell, *v. t.* (*pass. e part. pass.* **told**) ❶ dire. ❷ contare (*denaro*).

teller, *n.* ❶ (*banca*) impiegato di sportello, sportellista. ❷ (*banca*) cassiere. // ~ **in** (*banca*) cassiere allo sportello dei versamenti; ~ **out** (*banca*) cassiere allo sportello dei pagamenti.

tel quel, *locuz. a.* (*fin.*) «tel quel», tale quale. // ~ **quotation** (*fin.*) V. ~ **rate**; ~ **rate** (*fin.*) corso «tel quel», corso «tale quale».

temper, *v. t.* ❶ temprare. ❷ temperare, attenuare, mitigare, moderare, frenare. △ ❷ **The Government was able to** ~ **unemployment where it had increased most** il Governo fu in grado d'attenuare la disoccupazione nelle regioni in cui questa s'era maggiormente aggravata.

tempest, *n.* tempesta.

temporal, *a.* temporale.

temporarily, *avv.* temporaneamente.

temporariness, *n.* temporaneità.

temporary, *a.* ❶ temporaneo, transitorio, passeggero, provvisorio. ❷ (*amm.*, *pers.*) interinale, interino. *n.* (*pers.*) avventizio, supplente. △ *a.* ❶ **There was a** ~ **suspension of converting dollars into gold** ci fu una sospensione temporanea della convertibilità del dollaro in oro; *n.* **The firm has decided to appoint eight new temporaries** la ditta ha deciso d'assumere otto nuovi avventizi. // ~ **admission** (*comm. est.*) importazione temporanea; ~ **annuity** (*leg.*) rendita temporanea; ~ **balance** (*rag.*) bilancio provvisorio; ~ **combine** (*fin.*) accordo temporaneo; ~ **exports** (*comm. est.*) merci esportate temporaneamente; ~ **laws** (*leg.*) disposizioni transitorie; ~ **office** (*amm.*) interinato; ~ **partial disability** (*pers.*) invalidità parziale temporanea; ~ **post** (*pers.*) supplenza; ~ **staff** (*pers.*) avventizi, impiegati non di ruolo; ~ **substitution** (*pers.*) supplenza; ~ **total disability** (*pers.*) invalidità totale temporanea; ~ **warehousing** (*dog.*) custodia doganale temporanea.

temporization, *n.* temporeggiamento.

temporize, *v. i.* temporeggiare.

ten, *a. e n.* dieci. *n.* ❶ (*fam.*) biglietto da dieci sterline. ❷ (*fam.*, *USA*) biglietto da dieci dollari. // ~ **-cent** (*fam.*, *USA*) dozzinale, meschino; ~ **-cent store** (*market.*, *USA*) grandi magazzini che vendono solo articoli al prezzo di cinque o dieci dollari; ~ **keyboard** (*elab. elettr.*) tastiera decimale, tastiera ridotta.

tenancy, *n.* ❶ (*leg.*) affittanza, affitto, locazione. ❷ (*leg.*) durata dell'affitto, durata della locazione. ❸ (*leg.*)

tenant

proprietà data in affitto. // ~ **at sufferance** (*leg.*) locazione rinnovata tacitamente; ~ **at will** (*leg.*) affitto a tempo indeterminato (*con diritto di disdetta da parte del locatore*); ~ **for life** (*leg.*) usufrutto perpetuo; ~ **from year to year** (*leg.*) locazione determinabile soltanto dopo che è trascorso un certo numero di anni interi.

tenant[1], *n.* ❶ (*leg.*) affittuario, locatario, inquilino, conduttore (*d'un appartamento*), pigionante. ❷ (*leg.*) affittuario, fittaiolo, fittavolo, conduttore (*d'un fondo*). // ~ **-farmer** (*leg.*) fittaiolo, fittavolo; ~ **right** (*leg.*) diritto d'affittanza.

tenant[2], *v. t.* (*leg.*) tenere in affitto, occupare come inquilino.

tenantry, *n.* ❶ (*leg.*) affittanza, durata dell'affitto, durata della locazione. ❷ (*leg.*) (gli) inquilini (*d'una casa*). ❸ (*leg.*) (i) fittaioli (*d'una proprietà*).

tendency, *n.* ❶ tendenza, inclinazione, propensione. ❷ (*econ., fin.*) andamento, evoluzione, « dinamica ». △ ❶ **We seem to notice a ~ toward lower prices for certain articles** ci sembra di notare una tendenza al ribasso nei prezzi di taluni articoli; // **a ~ for business conditions to weaken** (*econ.*) un indebolimento congiunturale; **the ~ of the money market** (*fin.*) l'andamento del mercato monetario.

tendentious, *a.* tendenzioso.

tender[1], *n.* ❶ (*cred.*) offerta (*di pagamento d'un debito, ecc.*). ❷ (*econ.*) denaro, moneta, valuta. ❸ (*fin., USA*) offerta pubblica d'acquisto (*di titoli, ecc.*). ❹ (*leg.*) offerta reale. ❺ (*leg.*) offerta d'appalto, gara d'appalto, licitazione. ❻ (*leg.*) capitolato (*d'appalto*). ❼ (*trasp. ferr.*) « tender ». △ ❷ **The pound sterling is the legal ~ in the United Kingdom** la sterlina è la valuta legale nel Regno Unito; ❹ **Our ~ has not yet been submitted to the board of directors** la nostra offerta non è ancora stata sottoposta al consiglio d'amministrazione; ❺ **All sealed tenders shall be handed to our lawyer, Mr R. Kaplan** tutte le offerte (d'appalto) sigillate dovranno essere consegnate al nostro avvocato, Mr R. Kaplan.

tender[2], *v. t.* ❶ (*cred.*) offrire (*denaro, ecc.*) in pagamento d'un debito. ❷ (*fin., USA*) offrire (*titoli, ecc.*: *al pubblico*). *v. i.* ❶ (*leg.*) fare un'offerta. ❷ (*leg.*) fare un'offerta per un contratto, concorrere a un appalto. △ *v. t.* ❷ **Shannon shares were tendered at $ 12.50** le azioni Shannon furono offerte a $ 12,50. // to ~ **bail** (*leg.*) offrire garanzia; to ~ **for a contract** (*leg.*) fare un'offerta per un contratto: **At least 12 contractors have tendered for this scheme** almeno 12 appaltatori hanno fatto un'offerta per questo progetto; to ~ **one's resignation** (*pers.*) presentare le dimissioni.

tenement, *n.* (*leg.*) bene che può essere oggetto di diritti.

tenemental, *a.* (*leg.*) d'affitto, d'enfiteusi.

tenementary, *a. V.* **tenemental**.

tenner, *n.* ❶ (*fam.*) banconota da dieci sterline. ❷ (*fam., USA*) banconota da dieci dollari.

tenor, *n.* ❶ tenore, andamento, corso. ❷ (*cred.*) (*d'una cambiale*) termine (*periodo di tempo che va dalla data d'emissione – o d'accettazione – a quella di scadenza*). △ ❶ **The ~ of his speech was clearly expressed in the introduction** il tenore del suo discorso era chiaramente espresso nell'introduzione; ❷ **The ~ of the bill of exchange is three months after sight** il termine (di scadenza) della cambiale è a tre mesi vista. // **the ~ of a letter** (*comun.*) il tenore d'una lettera; ~ **of life** (*econ.*) tenore di vita.

tension, *n.* (*anche fig.*) tensione.

tentative, *a.* di prova, provvisorio, sperimentale. *n.*

tentativo. △ *a.* **Ours is only a ~ program** il nostro è soltanto un programma sperimentale. // ~ **specification** (*leg.*) bozza di capitolato; **in a ~ way** per fare un tentativo, in via provvisoria.

tenth, *a.* e *n.* decimo.

tenure, *n.* ❶ (*leg.*) occupazione, possesso, tenuta. ❷ (*leg.*) diritto di possesso. ❸ (*leg.*) durata (*d'un possesso*). ❹ (*leg.*) permanenza (*in una carica*). △ ❶ **Land ~ is not so much of a political issue as it used to be** il possesso della terra non costituisce più, come una volta, un grosso problema politico; ❹ **The chairman's ~ of office is three years** la permanenza in carica del presidente è di tre anni.

term[1], *n.* ❶ termine. ❷ trimestre; periodo di tempo, durata. ❸ termine, parola, vocabolo. ❹ (*ass.*) durata. ❺ (*mat.*) termine. ❻ **terms**, *pl.* accordo, patto, patti. ❼ **terms**, *pl.* (*fin., market.*) clausole, condizioni. ❽ **terms**, *pl.* (*market., tur.*) prezzo, tariffa, tariffe. △ ❷ **Our contract has been renewed for a ~ of two years** il nostro contratto è stato rinnovato per un periodo di due anni; **The ~ of my insurance policy is five years** la durata della mia polizza assicurativa è di cinque anni; ❸ **The report was full of technical terms** la relazione era zeppa di termini tecnici; ❺ **That expression has four terms** quell'espressione ha quattro termini; ❻ **We came to terms after a long bargaining** addivenimmo ad un accordo dopo una lunga contrattazione; ❼ **We are open to grant the loan on the usual terms** siamo disposti a concedere il mutuo alle solite condizioni; **The beneficiary must observe all of the terms of the credit** il beneficiario deve rispettare tutte le condizioni alle quali il credito è stato concesso; **All terms are subject to alterations without notice** tutte le condizioni sono (da intendersi) soggette a variazioni senza preavviso (da parte nostra); ❽ **The terms at our hotel have always been rather moderate** le tariffe del nostro albergo sono sempre state piuttosto modeste. // **the terms agreed upon** (*leg.*) le condizioni contrattuali; ~ **day** (*cred., leg.*) giorno di scadenza; ~ **insurance** (*ass.*) assicurazione « temporanea » (*in caso di morte*); ~ **loan** (*cred., USA*) mutuo (*concesso da banche o compagnie d'assicurazione a società*) rimborso rateale previsto in un periodo dai 5 ai 15 anni; **the terms of a contract** (*leg.*) le condizioni contrattuali; **terms of delivery** (*market.*) condizioni di consegna; **the terms of a geometrical progression** (*mat.*) i termini d'una progressione geometrica; **a ~ of imprisonment** (*leg.*) un periodo di detenzione; ~ **of office** (*leg.*) periodo di permanenza in carica; **terms of payment** (*market.*) condizioni di pagamento; **the terms of repayment of a loan** (*cred.*) le condizioni di rimborso d'un prestito; **terms of sale** (*market.*) condizioni di vendita; **terms of trade** (*comm. est.*) ragione di scambio; **terms of underwriting** (*fin.*) clausole di sottoscrizione; **the terms of a will** (*leg.*) le clausole d'un testamento; ~ **policy** (*ass., USA*) polizza assicurativa (*su beni di proprietà*) a tariffa ridotta (*e per un periodo dai tre ai cinque anni*); ~ **rate** (*ass., USA*) tariffa ridotta (*da applicarsi a una «~ policy»*); ~ **settlement** (*Borsa*) liquidazione periodica; **under the terms** (*leg.*) secondo le clausole (*d'un contratto*).

term[2], *v. t.* denominare.

terminable, *a.* ❶ terminabile, cui si può porre termine. ❷ (*leg.*) (*di contratto*) a termine. // **a ~ bond** (*fin.*) un'obbligazione a termine, un'obbligazione riscattabile; ~ **contracts** (*leg.*) rendita annua a termine fisso.

terminal, *a.* ❶ terminale, estremo, finale. ❷ trimestrale; periodico. *n.* ❶ (*elab. elettr.*) terminale. ❷ (*trasp.*) città capolinea (*di servizio d'autotrasporti, ecc.*).

❸ (*trasp. aer.*) terminal (*aerostazione urbana collegata all'aeroporto con mezzi di trasporto*). ❹ (*trasp. ferr.*) capolinea, stazione di testa. △ *n.* ❺ **It took us two hours from the airport to the** ~ ci mettemmo due ore (ad andare) dall'aeroporto al terminal. // ~ **accounts** (*rag.*) rendiconto trimestrale; ~ **market** (*fin.*) Borsa merci specializzata in operazioni a termine; (*market.*) borsa-mercato (*dei prodotti agricoli*); borsa-mercato (*del bestiame*); ~ **payments** (*rag.*) pagamenti periodici; ~ **reserve** (*ass.*) riserva netta finale (*alla chiusura dell'esercizio*); ~ **station** (*trasp. ferr.*) capolinea, stazione di testa; ~ **unit** (*elab. elettr.*) unità terminale.

terminate[1], *a.* limitato, finito. // **a ~ decimal** (*mat.*) un numero decimale finito; **a ~ number** (*mat.*) un numero finito.

terminate[2], *v. t.* ❶ terminare, porre termine a, finire, concludere. ❷ (*leg.*) rescindere. △ ❷ **The parties decided to ~ the contract** le parti decisero di rescindere il contratto. // **to ~ sb.'s employment** (*pers.*) rescindere il contratto d'impiego con q.

terminating decimal, *n.* V. terminate decimal.

termination, *n.* ❶ terminazione, conclusione, fine. ❷ (*leg.*) rescissione. // **the ~ of a contract** (*leg.*) la rescissione d'un contratto; **the ~ of the insured risk** (*ass.*) la fine del rischio assicurato; **the ~ of a lease** (*leg.*) la cessazione d'una locazione.

terminus, *n.* (*trasp. ferr.*) capolinea, stazione di testa.

termor, *n.* ❶ (*leg.*) usufruttuario a termine. ❷ (*leg.*) usufruttuario a vita.

territorial, *a.* territoriale. // ~ **acquisitions** (*leg.*) ingrandimenti territoriali; ~ **jurisdiction** (*leg.*) giurisdizione territoriale; ~ **law** (*leg.*) diritto territoriale; ~ **sea** (*leg., trasp. mar.*) mare territoriale; ~ **waters** (*leg., trasp. mar.*) acque territoriali.

territoriality, *n.* territorialità.

territory, *n.* ❶ territorio. ❷ (*market.*) distretto, zona. △ ❷ **Our agent has a very large ~ to travel over** il nostro rappresentante ha una zona molto vasta da coprire. // ~ **to which the tax applies** (*fin.*) territorialità dell'imposta.

test[1], *n.* ❶ esame, prova, esperimento, saggio, saggiatura, test. ❷ (*elab. elettr.*) collaudo, prova. △ ❶ **All foreign applicants shall be administered a ~ in English** tutti gli aspiranti stranieri dovranno essere sottoposti a una prova in lingua inglese. // ~ **campaign** (*pubbl.*) campagna di prova; ~ **case** (*leg.*) causa legale che serve a creare un precedente; ~ **check** (*amm.*) controllo particolare; ~ **data** (*elab. elettr.*) dati di prova; ~ **deck** (*elab. elettr., USA*) V. ~ **pack**; ~ **driver** (*trasp. aut.*) collaudatore; ~ **expert** (*pers.*) testista (*esperto di prove psicologiche per valutare le capacità dei candidati a un posto di lavoro*); ~ **market** (*market., stat.*) mercato di prova; ~ **marketing** (*market.*) marketing di prova; ~ **of clerical aptitude** (*pers.*) test d'attitudine al lavoro di ufficio; ~ **of manual dexterity** (*pers.*) test di destrezza; ~ **pack** (*elab. elettr.*) pacco (*di schede*) di prova; ~ **paper** (*leg.*) campione di scrittura da sottoporre a esame grafoscopico; ~ **pilot** (*trasp. aer.*) pilota collaudatore; ~ **programme** (*elab. elettr.*) programma di prova; ~ **track** (*trasp. aut.*) pista di prova.

test[2], *v. t.* ❶ esaminare, mettere alla prova, provare, saggiare. ❷ (*elab. elettr.*) collaudare, provare. ❸ (*market., pers.*) sottoporre a un test; testare (*neol.*). △ ❶ **Each of us has ten candidates to ~** ognuno di noi ha dieci candidati da esaminare; **A lot of samples were tested to show how the product performed** furono saggiati molti campioni per mostrare il comportamento del prodotto.

testament, *n.* (*leg.*) testamento.

testamental, *a.* (*leg.*) testamentario.

testamentary, *a.* (*leg.*) testamentario. // ~ **capacity** (*leg.*) capacità a testare; ~ **donation** (*leg.*) donazione testamentaria; ~ **guardian** (*leg.*) custode (*di minore*) nominato per testamento; ~ **heir** (*leg.*) erede testamentario; ~ **succession** (*leg.*) successione testamentaria.

testate, *a.* ❶ (*leg.*) (*di persona deceduta*) chi ha fatto testamento. ❷ (*leg.*) (*di bene, ecc.*) nominato nel testamento. *n.* (*leg.*) testatore.

testator, *n.* (*leg.*) testatore.

testatrix, *n.* (*pl.* testatrices) (*leg.*) testatrice.

tester, *n.* collaudatore.

testifiable, *a.* (*leg.*) testimoniabile, attestabile.

testify, *v. t.* ❶ (*leg.*) testimoniare, deporre. ❷ (*leg.*) attestare, esser prova di. △ ❶ **A neighbour has testified against the accused** un vicino ha deposto contro l'accusato; ❷ **The management demands a letter testifying that the applicant is of good moral character** la direzione richiede una lettera che attesti la moralità del candidato. // **to ~ before a committee** (*leg.*) deporre davanti a una commissione.

testimonial, *n.* ❶ (*leg.*) attestato di buona condotta. ❷ (*pers.*) certificato di servizio, benservito, referenza. ❸ (*pers.*) lettera di presentazione, lettera di raccomandazione. ❹ (*pubbl.*) dichiarazione a favore d'un prodotto (*rilasciata da una nota personalità*). △ ❸ **After reading the testimonials, I chose what seemed to be the best man for this position** dopo la lettura delle lettere di presentazione, scelsi quello che sembrava l'elemento migliore per questa mansione. // ~ **evidence** (*leg.*) prova testimoniale.

testimony, *n.* ❶ (*leg.*) testimonianza, deposizione. ❷ (*leg.*) attestazione, dichiarazione, prova. △ ❶ **One of the witnesses gave false ~** uno dei testi fece una deposizione falsa. // **in ~ whereof** (*leg.*) in fede di ciò.

testing, *n.* collaudo. // ~ **department** (*org. az.*) reparto collaudi.

text, *n.* testo. △ **We've thoroughly examined the ~ of your letter** abbiamo esaminato attentamente il testo della vostra lettera. // **the ~ of an insurance policy** (*ass.*) il testo d'una polizza d'assicurazione.

textile, *a.* tessile. *n.* **textiles**, *pl.* (*econ.*) prodotti tessili, tessili. // ~ **worker** (*pers.*) operaio tessile, tessile.

thank, *v. t.* ringraziare. △ **We ~ you for your letter of the 10th February** vi ringraziamo della lettera da voi spedita in data 10 febbraio. // **thanking you beforehead** ringranziandovi anticipatamente; **thanking you in advance** ringraziandovi anticipatamente.

thankful, *a.* grato.

thankfulness, *n.* gratitudine.

thanks, *n. pl.* ringraziamenti, ringraziamento. △ **I want to express my ~ for the help you gave me in this matter** voglio esprimerLe il mio ringraziamento per l'aiuto che mi ha prestato in questa faccenda. // **thanks!** grazie!; ~ **to** grazie a, mercè: **Hundreds of firms succeeded in recovering ~ to the financial aids from abroad** centinaia d'aziende riuscirono a « rimettersi in piedi » grazie agli aiuti finanziari dall'estero.

theft, *n.* (*leg.*) furto, ladrocinio, ruberia. // ~ **insurance** (*ass.*) assicurazione contro i furti; ~ **risk** (*ass.*) rischio di furto.

theftproof, *a.* a prova di furto. // ~ **lock** serratura a prova di scasso; ~ **strongbox** (*attr. uff.*) cassaforte a prova di furto.

theorem, *n.* (*anche mat.*) teorema.
theoretical, *a.* teorico.
theoretically, *avv.* teoricamente.
theory, *n.* teoria, dottrina. // **the ~ of the business cycle** (*econ.*) la teoria del ciclo economico; **the ~ of comparative costs** (*econ.*) la teoria dei costi comparati; **the ~ of decisions** (*ric. op.*) la teoria delle decisioni; **the ~ of games** (*ric. op.*) la teoria dei giochi; **the ~ of monopolistic competition** (*econ.*) la teoria della concorrenza monopolistica, la teoria dei monopoli; **the ~ of prices** (*econ.*) la teoria dei prezzi; **the ~ of probability** (*mat., stat.*) la teoria della probabilità; **the ~ of surplus value** (*econ.*) la teoria del plusvalore; **the ~ of taxation** (*econ., fin.*) la teoria delle imposte; **the theories of the trade cycle** (*econ.*) le teoria del ciclo economico; **the theories of value** (*econ.*) le teorie del valore; **the theories of wages** (*econ.*) le teorie dei salari.
therblig, *n.* (*anagramma del cognome dell'ingegnere americano Frank B. Gilbreth*) (*cronot.*) « therblig » (*elemento fra i molti in cui può essere scomposta e analizzata un'operazione manuale nel processo industriale*).
thesis, *n.* (*pl.* **theses**) tesi.
thick, *a.* fitto, spesso.
thief, *n.* (*pl.* **thieves**) ladro.
thieving, *a.* disonesto.
thin, *a.* ❶ sottile, esile, magro. ❷ (*market.*) (*di mercato*) ristretto, caratterizzato dalla scarsità dell'offerta. // **a ~ market** (*fin., market.*) un mercato ristretto.
thing, *n.* ❶ cosa, oggetto. ❷ (*market., pubbl.*) moda, grido. △ ❶ **Things are getting better at last** finalmente le cose vanno meglio; ❷ **This is the latest ~ in TV sets** questo è l'ultimo grido in fatto di televisori. // **things in action** (*leg.*) *V.* **choses in action**; **the ~ insured** (*ass.*) la cosa assicurata; **things personal** (*leg.*) beni mobili; **things real** (*leg.*) beni immobili.
think, *v. t.* (*pass. e part. pass.* **thought**) ❶ pensare. ❷ credere, considerare, giudicare, ritenere. △ ❶ **Most people are accustomed to thinking in terms of tax avoidance** la maggior parte della gente è abituata a pensare in termini di possibilità d'evitare il pagamento d'imposte; ❷ **We don't ~ our customers would be interested in this kind of articles** non riteniamo che ai nostri clienti interesserebbe questo genere d'articoli.
think piece, *n.* (*giorn.*) articolo basato (*principalmente*) su materiale di repertorio (*anziché sul commento di notizie d'attualità*).
third, *a.* terzo. *n.* ❶ (*mat.*) terzo. ❷ (*trasp., fam.*) terza (classe). △ *n.* ❶ **Three is one ~ of nine** tre è un terzo di nove. // **~ class** (*trasp.*) terza (classe); **~ -class** (*market.*) di qualità scadente; (*trasp.*) di terza (classe); **a ~ -class carriage** (*trasp. ferr.*) una carrozza di terza (classe); **~ cover** (*giorn.*) terza di copertina; **~ deck** (*trasp. mar.*) ponte inferiore (*d'una nave a tre ponti*); **~ -generation computer** (*elab. elettr.*) calcolatore della terza generazione; **~ market** (*fin., USA*) mercato non ufficiale dei titoli quotati; **~ mortgage** (*leg.*) ipoteca di terzo grado; **~ of exchange** (*cred.*) terza di cambio; **a ~ party** (*leg.*) una terza persona, un terzo; **~ -party auto insurance** (*ass., trasp. aut.*) Responsabilità Civile Auto (*RCA*); **~ -party insurance** (*ass.*) assicurazione contro terzi, assicurazione di responsabilità civile (*RC*); **~ -party risks** (*ass.*) rischi contro terzi; **~ -rate** (*market.*) di scarso valore; **~ shift** (*pers.*) turno di notte; **the ~ world** il terzo mondo.
thirty, *a. e n.* trenta. // **at ~ days after date** (*cred.*) a trenta giorni (dalla) data.
this, *a. e pron.* (*pl.* **these**) questo. // **~ day** oggi: **We have received your letter ~ very day** abbiamo ricevuto oggi stesso la vostra lettera; **~ day month** oggi a un mese; **~ day week** oggi a otto.
thorough, *a.* ❶ completo, intero. ❷ accurato, esauriente, preciso. ❸ profondo, radicale. △ ❷ **The correspondent sent in a ~ description of the political unrest in that area** l'inviato ci mandò un'accurata descrizione dei disordini politici in quella zona; **After a ~ investigation of the market, we have thought this to be the best policy for the time being** dopo un'esauriente indagine del mercato, abbiamo pensato che questa fosse per il momento, la politica migliore. // **~ changes in the economic structure** (*econ.*) mutamenti radicali nella struttura economica.
thoroughfare, *n.* strada, via. // « **no ~** » (*trasp. aut.*) « circolazione vietata », « senso vietato ».
thousand, *n.* mille. // **one** (*o* **a**) **~ dollars** mille dollari.
thread, *n.* filo.
threat, *n.* minaccia.
threaten, *v. t.* minacciare. △ **Our whole economic system is threatened by creeping inflation** tutto il nostro sistema economico è minacciato dall'inflazione strisciante.
three, *a. e n.* tre. // **~ -address** (*elab. elettr.*) a tre indirizzi; **~ -address instruction** (*elab. elettr.*) istruzione a tre indirizzi; **the ~ C's** (*market., pubbl.*) le tre C (*car, colour TV, air conditioning*); **~ -colour printing** (*giorn., pubbl.*) tricromia; **~ -colour process** (*giorn., pubbl.*) tricromia; **~ -course system** (*econ.*) *V.* **~ -field system**; **~ -field system** (*econ.*) sistema (*agricolo*) a tre colture (*alternate*); **a ~ -lane highway** (*trasp. aut.*) una strada a tre corsie.
threshold, *n.* ❶ soglia. ❷ (*elab. elettr.*) soglia. // **~ price** (*econ.*) prezzo d'entrata: **~ prices for cereals are fixed monthly and ex tax** i prezzi d'entrata dei cereali formano oggetto d'aggiustamenti mensili e sono fissati senza tassa.
thrift, *n.* economia, frugalità, parsimonia, risparmio. △ **~ should be encouraged by the new, higher interest rate** il risparmio dovrebbe essere incoraggiato dal nuovo, più alto tasso d'interesse. // **~ account** (*banca*) conto di deposito a risparmio; **~ shop** (*market.*) negozio d'articoli usati; **~ society** (*fin.*) consorzio di risparmiatori.
thrifty, *a.* economico, parsimonioso.
thrive, *v. i.* (*pass.* **throve**, *part. pass.* **thriven** *o reg.*) prosperare, fiorire (*fig.*). △ **Our economy is thriving** la nostra economia sta prosperando.
thriving, *a.* prospero, prosperoso, fiorente, florido. // **a ~ business** un'azienda florida; **a ~ tourist centre** (*tur.*) un fiorente centro turistico.
through[1], *avv. e prep.* ❶ attraverso, da parte a parte, da... a (*estremi inclusi*). ❷ dal principio alla fine, completamente. ❸ per il tramite di, per mezzo di, mediante. ❹ (*trasp.*) direttamente. △ ❶ **They went ~ a lot of difficulties before getting the loan** passarono attraverso molte difficoltà prima d'ottenere il prestito; **We are open on all weekdays Monday ~ Friday** teniamo aperto tutti i giorni feriali dal lunedì al venerdì (compresi); ❷ **I heard the report ~, then I stood up and said what I had in mind** ho ascoltato la relazione dal principio alla fine, poi mi sono alzato e ho detto quello che pensavo; ❸ **Our wholesaler wrote us that he would like to receive the money ~ his bank** il nostro grossista ci scrisse che avrebbe gradito ricevere il denaro per il tramite della sua banca; **They spoke to each other ~ an**

interpreter si parlarono per mezzo d'un interprete; ❹ **The articles will be sent ~ to your address** gli articoli saranno spediti direttamente al Suo indirizzo. // **~ official channels** (*leg.*) per tramite gerarchico, per via gerarchica; **~ train** (*trasp. ferr.*) treno diretto; **to be ~** (*comun.*) essere in comunicazione (telefonica), essere in linea: **You are ~** Lei è in linea, parli pure; **to go ~** esaminare, controllare, verificare: **We must go ~ the accounts** dobbiamo controllare i conti.

through², *a. attr.* diretto. // **~ barge** (*trasp. mar.*) barcone atto a tutte le idrovie; **~ bill of lading** (*trasp. mar.*) polizza di carico diretta, polizza di carico cumulativa; **a ~ carriage** (*trasp. ferr.*) una vettura diretta; **~ freight** (*trasp. mar.*) nolo a forfait; **a ~ passenger** (*trasp. ferr.*) un viaggiatore di (treno) diretto; **~ rates** (*trasp.*) tariffe cumulative, tariffe per trasporti in servizio cumulativo; **~ ticket** (*trasp.*) biglietto cumulativo; **a ~ train** (*trasp. ferr.*) un (treno) diretto.

throughput, *n.* ❶ (*econ., USA*) produzione. ❷ (*elab. elettr.*) « output ». ❸ (*org. az.*) quantità di materia prima messa in lavorazione (*in una certa unità di tempo*). △ ❸ **The initial daily ~ of 500 tons turned out to be insufficient** la quantità giornaliera di 500 tonnellate di materia prima messa in lavorazione risultò insufficiente. // **~ time** (*cronot.*) tempo di lavorazione.

throw¹, *n.* getto, lancio.

throw², *v. t.* (*pass.* **threw**, *part. pass.* **thrown**) ❶ scagliare. ❷ (*anche fig.*) buttare, gettare, lanciare. △ ❷ **A lot of similar articles are being thrown on the market** molti articoli simili vengono lanciati in questo momento sul mercato. // **to ~ about** gettare qua e là; scialacquare, sperperare; **to ~ away** gettar via; sperperare, sprecare: **He's thrown away all his money in this enterprise** ha sperperato tutto il suo denaro in questa impresa; **to ~ down one's tools** deporre gli attrezzi; (*fam.*) scioperare; **to ~ good money after bad** buttare altro denaro per tentare di ricuperare quello perduto; **to ~ st. into the bargain** dare qc. per soprammercato; **to ~ one's money about** sperperare il proprio denaro; **to ~ out** buttar fuori, cacciare, respingere; (*leg.*) bocciare (*un disegno di legge*): **The bill has been thrown out for the second time** il disegno di legge è stato respinto per la seconda volta; **to ~ sb. out of employment** (*pers.*) lasciare q. senza lavoro; licenziare q. (*dal lavoro*): **Hundreds of wage earners were thrown out of employment** centinaia di salariati furono licenziati; **to ~ up a job** (*pers.*) dimettersi da un lavoro; **to be thrown out of work** (*pers.*) rimanere senza lavoro, restare disoccupato.

throwaway, *n.* (*pubbl., USA*) foglietto pubblicitario, manifestino, « volantino ».

throwing, *n.* getto, lancio.

thru, *avv., prep.* e *a.* (*USA*) V. **through**.

thumb, *n.* pollice. // **~ -pin** puntina (*da disegno*); **~ -tack** (*USA*) V. **~ -pin**.

tick¹, *n.* spunta (*segno usato per operazioni di controllo di conti, prospetti contabili, ecc.*).

tick² (**off**), *v. t.* spuntare (*una cifra, una voce, ecc.*); fare una spunta a fianco di (*una cifra, una voce, ecc.*). // **to ~ off invoices** (*rag.*) spuntare le fatture; **to ~ off the items in a catalogue** (*market.*) spuntare le voci d'un catalogo.

ticker, *n.* (*Borsa*) teleborsa (*strumento elettronico che registra e trasmette istantaneamente, a tutto il mondo, i prezzi e il volume delle contrattazioni in titoli*).

ticket¹, *n.* ❶ biglietto. ❷ biglietto di visita. ❸ etichetta. ❹ scontrino, tessera. ❺ (*market.*) cartellino (*del prezzo*). ❻ (*pers.*) cartellino. ❼ (*trasp.*) biglietto. ❽ (*trasp. aut., USA*) multa. △ ❼ **All railway tickets will be refunded to the participants** tutti i biglietti ferroviari saranno rimborsati ai partecipanti. // **~ -agent** titolare d'agenzia per la vendita di biglietti; **~ -collector** (*trasp. ferr.*) bigliettaio, controllore; **~ -day** (*Borsa*) vigilia di liquidazione; **~ inspection** (*trasp.*) controllo dei biglietti; **~ -office** (*trasp. ferr.*) biglietteria; **~ -window** (*trasp.*) sportello (*di biglietteria*).

ticket², *v. t.* ❶ (*market.*) apporre il cartellino (*del prezzo*) su (*articoli, ecc.*). ❷ (*trasp.*) fornire (*q.*) di biglietto. ❸ (*trasp. aut., USA*) multare. △ ❷ **Children under twelve cannot be ticketed unless accompanied by parent or guardian** i bambini al di sotto dei dodici anni non possono essere forniti di biglietto a meno che non siano accompagnati da un genitore o da chi ne fa le veci.

tickler, *n.* (*attr. uff.*) scadenzario.

tidal, *a.* ❶ (*trasp. mar.*) di marea. ❷ (*trasp. mar.*) dovuto alla marea. ❸ (*trasp. mar.*) soggetto alla marea. // **~ basin** (*trasp. mar.*) bacino di marea; **~ current** (*trasp. mar., USA*) V. **~ stream**; **~ dock** (*trasp. mar.*) V. **~ basin**; **~ harbour** (*trasp. mar.*) porto accessibile soltanto con l'alta marea; **~ stream** (*trasp. mar.*) corrente di marea; **~ waters** (*trasp. mar.*) acque soggette a marea; **~ wave** (*trasp. mar.*) onda di marea.

tide, *n.* (*trasp. mar.*) marea. // **~ -bound** (*trasp. mar.*) (*di nave bloccata in porto dalla bassa marea*) in attesa della marea; **~ gaining on the moon** (*trasp. mar.*) marea avanzante sulla luna; **~ -gate** (*trasp. mar.*) chiusa per le acque di marea; **~ indicator** (*trasp. mar.*) indicatore di marea, mareometro; **~ lagging behind the moon** (*trasp. mar.*) marea ritardante sulla luna; **~ -lock** (*trasp. mar.*) V. **~ -gate**; **~ -mark** (*trasp. mar.*) limite di marea; **~ -signal** (*trasp. mar.*) segnale di marea; **~ -tables** (*trasp. mar.*) tavole di marea; **~ under the lee** (*trasp. mar.*) marea di sottovento; **~ -waiter** (*trasp. mar.*) doganiere (*che sale a bordo delle navi*).

tidology, *n.* (*trasp. mar.*) scienza delle maree.

tie¹, *n.* ❶ (*anche fig.*) legame, nodo. ❷ (*fig.*) vincolo, impedimento. ❸ (*trasp. ferr., USA*) traversina. △ ❶ **There are no ties between the two companies** non esistono legami fra le due società. // **~ -in** (*market., pubbl.*) annuncio pubblicitario (*fatto da un dettagliante*) abbinato (*a quello del fabbricante*); **~ -in sale** (*market.*) vendita (*d'un articolo, effettuata soltanto se*) abbinata (*alla vendita d'un altro prodotto*); **~ -up** (*sind.*) cessazione del lavoro (*per sciopero, serrata, ecc.*); (*trasp.*) arresto del traffico, ingorgo.

tie², *v. t.* ❶ (*anche fig.*) legare, annodare. ❷ (*fig.*) vincolare, impegnare. △ ❶ **He's tied to that job by the contract he's signed** è legato a quel lavoro dal contratto che ha firmato. // **to ~ sb. down to a contract** (*leg.*) impegnare q. con un contratto; **to ~ up money** (*comm., fin.*) immobilizzare (*o impegnare*) denaro; **to ~ up a parcel** (*market.*) legare un pacco; **to ~ up properties** (*leg.*) vincolare proprietà.

tied cottage, *n.* V. **tied house**, *def.* 2.

tied house, *n.* ❶ (*market.*) casa commerciale tenuta (*per contratto*) a rifornirsi presso una determinata ditta. ❷ (*pers.*) immobile (*di proprietà del datore di lavoro*) affittato a un dipendente.

tight, *a.* ❶ stretto, serrato, chiuso. ❷ (*fig.*) scarso. △ ❷ **Oil is ~ on all markets** il petrolio è scarso su tutti i mercati; **Money is tighter than ever nowadays** oggigiorno il denaro è più scarso che mai. // **~ credit** (*fin.*) credito difficile; **~ money** (*fin.*) denaro scarso; **a policy of ~ credit** (*o* **money**) (*econ., fin.*) una politica che provoca una stretta creditizia.

tighten, *v. t.* stringere, restringere, serrare. *v. i.* ❶ stringersi, serrarsi. ❷ restringersi (*anche fig.*). △ *v. i.* ❷ **Credit is tightening** il credito si va restringendo. // **to ~ one's belt** (*fam.*) tirare la cinghia; non mangiare; fare economie; **to ~ economic controls** (*econ.*) restringere i controlli economici; **to ~ up** inasprire; **to ~ up restrictions** (*econ.*) inasprire le restrizioni: **Some Governments may ~ up restrictions on the expansion of bank credit** può darsi che alcuni Governi inaspriscano le restrizioni all'espansione dei crediti bancari.

tightening-up, *n.* inasprimento.

till[1], *n.* ❶ (*fig.*) contante, denaro contante. ❷ (*market.*) cassetto dei denari (*in un negozio*). ❸ (*market.*) cassa. // **~ money** (*market.*) denaro in cassa.

till[2], *v. t.* ❶ (*market.*) mettere (*denaro*) in cassa. ❷ (*market.*) incassare (*denaro*).

till[3], *prep.* (*di tempo*) fino a. *cong.* finché. // **~ now** finora; **~ when?** fino a quando?

tiller, *n.* (*trasp. mar.*) sbarra, barra del timone.

tilt, *v. t.* inclinare.

time[1], *n.* ❶ tempo; epoca, periodo; durata. ❷ ora; (*ingl.*) ora prevista dalla legge per la chiusura (*d'un pub*). ❸ momento. ❹ (*comun.*) numero delle «unità» (*d'una conversazione telefonica*). ❺ (*trasp.*) orario. △ ❶ **At that ~, demand for luxury articles was not so high yet** a quel tempo, la domanda d'articoli di lusso non era ancora così pronunciata; ❷ **We have not been informed about the ~ of departure** non siamo stati informati sull'ora della partenza; ❸ **The insured goods are covered from the ~ they leave the shipper's warehouse** la copertura assicurativa inizia dal momento in cui le merci lasciano il magazzino dello spedizioniere; ❹ **~ and charges, please** favorisca darmi il numero delle unità e il costo della conversazione (*telefonica*); ❺ **What are the times of the trains to Liverpool?** quali sono gli orari dei treni per Liverpool? // **~ and motion study** (*cronot.*) studio dei tempi e dei movimenti; **~ bargain** (*Borsa*) vendita allo scoperto; mercato a termine; **~ bill** (*cred.*) cambiale a termine; (*trasp.*) orario (*ferroviario, ecc.*); **~ -book** (*pers.*) registro delle ore di lavoro, registro di presenza; **~ buyer** (*comun., pubbl.*) impiegato preposto (*da un'agenzia di pubblicità*) all'acquisto di tempo (*radio-televisivo*) per i clienti; **~ buying** (*comun., pubbl.*) acquisto di tempo (*per la pubblicità radiotelevisiva*); **~ card** (*pers.*) cartellino di presenza; **~ charter** (*trasp. mar.*) noleggio a tempo, nolo a tempo; **~ charter party** (*trasp. aer., trasp. mar.*) contratto di nolo a tempo; **~ clerk** (*pers.*) controllore delle ore di lavoro; **~ clock** (*pers.*) orologio «marcatempo»; **~ deposit** (*banca*) deposito vincolato; **~ draft** (*cred.*) tratta a termine; **~ freight** (*trasp. mar.*) nolo a tempo; **~ limit** (*leg.*) termine, termine ultimo; **~ limit for appearance** (*leg.*) termine di comparizione (*in giudizio*); **~ loan** (*cred.*) prestito a termine; **~ -measurement unit** (*cronot.*) unità di misura temporale; **~ -motion study** (*cronot.*) V. **~ and motion study**; **~ note** (*cred.*) effetto a termine; **the ~ of payment** (*cred.*) il termine di scadenza, la scadenza: **The ~ of payment of our bill is 3 months after sight** il termine di scadenza della nostra cambiale è a 3 mesi vista; **~ payment** (*cred.*) pagamento dilazionato; (*market.*) pagamento rateale; **~ -penalty clause** (*trasp. mar.*) clausola del ritardo; **~ policy** (*ass. mar.*) polizza a tempo; **~ purchase** (*market.*) acquisto (con pagamento) rateale; **~ recorder** (*cronot.*) tempista; **~ recording** (*cronot.*) rilevamento dei tempi; **~ sale** (*market.*) vendita (con pagamento) «a respiro»; **~ saving** (*org. az.*) risparmio di tempo; **~ -saving** che fa risparmiare tempo: **A new ~ -saving appliance will be installed shortly** fra breve sarà installata una nuova attrezzatura che fa risparmiare tempo; **~ series** (*stat.*) serie temporale (*distribuzione di frequenza in cui il tempo è la variabile indipendente*); **~ -sharing** (*comun., elab. elettr.*) servizio (*telefonico*) d'elaborazione elettronica delle informazioni; **~ -sheet** (*pers.*) foglio di presenza; **~ signal** (*comun.*) segnale orario; **~ study** (*cronot.*) studio dei tempi, cronotecnica; **~ study engineer** (*o* **expert**) (*cronot., pers.*) analista dei tempi, cronotecnico; **~ -study sheet** (*cronot.*) scheda di rilevazione dei tempi; **~ -table** (*trasp.*) orario (*ferroviario, ecc.*); **~ taker** (*cronot.*) tempista; **~ -taking** (*cronot.*) rilevazione dei tempi; **~ ticket** (*pers.*) cartellino di presenza; **~ unit** (*cronot.*) unità di tempo; **~ value** (*econ.*) valore (*d'un bene*) calcolato in base alle ore di lavoro impiegate (*per produrlo*); **~ -work** (*org. az.*) lavoro (retribuito) a ore, lavoro «in economia»; **~ -worker** (*pers.*) operaio (retribuito) a ore; **~ zone** fuso orario; **at the same ~** nello stesso tempo, insieme; **behind ~** in ritardo: **We are behind ~ with our deliveries** siamo in ritardo con le consegne; **on ~** puntuale; puntualmente.

time[2], *v. t.* ❶ scegliere il momento opportuno per (*qc.*). ❷ (*cronot.*) tempificare. △ **It's not so easy to ~ purchases now that tastes are changing so rapidly** non è così facile scegliere il momento opportuno per gli acquisti ora che i gusti cambiano con tanta rapidità.

timekeeper, *n.* (*pers.*) controllore delle ore di lavoro; cronometrista.

timekeeping, *n.* (*org. az.*) rilevamento dei tempi (*di lavoro*).

timer, *n.* (*cronot.*) tempista.

timetable, *n.* V. **time-table**.

timing, *n.* ❶ (*cronot.*) tempificazione. ❷ (*econ., org. az.*) graduatoria d'urgenza.

tin[1], *n.* barattolo, scatola (*di latta*).

tin[2], *v. t.* inscatolare (*cibarie*).

tinned, *a.* in scatola. // **~ food** (*market.*) generi alimentari in scatola. **~ goods** (*market.*) scatolame.

tinning, *n.* inscatolamento.

tip[1], *n.* (*Borsa, fam.*) soffiata.

tip[2], *v. t.* inclinare. // **tipping lorry** (*trasp. aut.*) autocarro ribaltabile.

tire[1], *n.* (*trasp. aut.*) pneumatico, «gomma», copertone. // **~ -chains** (*trasp. aut.*) catene da neve; **~ -tread** (*trasp. aut.*) battistrada.

tire[2], *v. t.* (*trasp. aut.*) applicare un pneumatico a (*un autoveicolo*).

tire[3], *v. t.* affaticare.

tired, *a.* stanco.

tiredness, *n.* stanchezza, fiacca.

tire oneself, *v. rifl.* affaticarsi.

tiring, *a.* faticoso.

tissue paper, *n.* (*attr. uff.*) carta velina, velina.

tithe, *n.* (*fin., leg.*) decima.

title, *n.* ❶ (*anche fig.*) titolo. ❷ (*fig.*) diritto, merito. ❸ (*nella corrispondenza, nei moduli, ecc.*) appellativo (Mr, Mrs, Miss e Ms: *premesso a un cognome o a un nome e cognome*). △ ❶ **We have ~ to this estate** abbiamo titolo a questa proprietà. // **~ by occupancy** (*leg.*) diritto (*di proprietà*) derivante dall'acquisizione del possesso (*di qc. che non aveva proprietario*); **~ -deed** (*leg.*) documento comprovante un diritto di proprietà; **the ~ of gold** (*econ.*) il titolo dell'oro (*espresso in carati*); **~ -page** (*giorn., pubbl.*) frontespizio.

to, *prep.* ❶ (*moto a luogo*) a, in, da. ❷ (*termine*) a. ❸ verso, con. △ ❶ **I'll go ~ London tomorrow** andrò a Londra domani; ❷ **Please send the goods ~ us and not ~ our agent** favorite inviare la merce a noi e non al nostro agente; ❸ **You must always be kind ~ customers** dovete essere sempre gentili con i clienti.

tobacco, *n.* tabacco.

tobacconist's (shop), *n.* rivendita di tabacchi, privativa.

today, *avv.* e *n.* oggi, oggigiorno. △ **~ 's quotations are higher than last Friday's** le quotazioni di oggi sono superiori a quelle di venerdì scorso. // **~ week** oggi a otto.

todayish, *a.* ❶ (*fam.*) d'oggi, d'oggigiorno, del giorno d'oggi. ❷ (*fam.*) corrente, alla moda, moderno. △ ❷ **You can choose among a wide range of ~ articles** potete scegliere fra una vasta gamma d'articoli alla moda.

together, *avv.* insieme.

toil[1], *n.* fatica.

toil[2], *v. i.* faticare.

toilet articles, *n. pl.* (*market.*) articoli da toilette.

token, *n.* ❶ segno, simbolo. ❷ contrassegno, contromarca, gettone. // **~ coins** (*econ.*) monete di valore simbolico, monete con valore intrinseco inferiore a quello nominale; monete divisionarie; **~ currency** (*econ.*) circolante divisionario; **~ money** (*econ.*) moneta simbolica; **~ paper money** (*fin.*) moneta cartacea simbolica; **~ payment** (*cred.*) pagamento simbolico.

tolerance, *n.* ❶ tolleranza, indulgenza. ❷ (*market.*) tolleranza. // **~ for loss of weight** (*market.*) tolleranza per diminuzione di peso; **~ of weight** (*market.*) tolleranza di peso: **The ~ of weight for these goods is 1.5%** la tolleranza di peso per queste merci è dell'1,5%.

toll[1], *n.* ❶ (*fin.*) dazio, imposta. ❷ (*trasp.*) pedaggio. △ ❷ **There will be a compensation for part of the tolls collected by the Soviet Zone authorities from German road hauliers routing their vehicles to and from West Berlin** ci sarà un rimborso ai vettori tedeschi di una parte dei pedaggi riscossi dalle autorità della Zona Sovietica per l'utilizzazione delle strade da e per Berlino Ovest. // **~ -bar** (*trasp.*) barriera di pedaggio; **~ -bridge** (*trasp.*) ponte soggetto a pedaggio; **~ -call** (*comun.*) telefonata interurbana; **~ -collector** (*fin.*) esattore (*di dazi, imposte, ecc.*); **~ -gate** casello daziario; **~ -gates** cinta daziaria (*d'una città*); **~ -house** casello daziario; **~ -line** (*comun.*) linea interurbana; **~ of the roads** (*fig.*) mortalità per incidenti stradali.

toll[2], *v. t.* e *i.* ❶ (*fin.*) esigere un tributo. ❷ (*trasp.*) far pagare un pedaggio. ❸ (*trasp.*) pagare un pedaggio.

tollage, *n.* ❶ (*fin.*) dazio, pagamento di dazio, riscossione di dazio. ❷ (*trasp.*) pedaggio, pagamento di pedaggio, riscossione di pedaggio.

tollbooth, *n.* (*trasp.*) ufficio del dazio, esattoria del dazio.

toller, *n. V.* **toll collector**.

tollgate, *n.* (*trasp. aut.*) casello (*d'autostrada, ecc.*).

tollhouse, *n.* (*trasp. aut.*) casello (*d'autostrada, ecc.*).

tombstone, *n.* pietra tombale, lapide (*funeraria*). // **~ announcement** (*fin.*) annuncio, sulla stampa, d'una nuova emissione di titoli (*la quale riporta il nome del titolo, il prezzo, la quantità d'azioni emesse, i nomi dei sottoscrittori e di coloro che s'occupano della vendita*).

tomorrow, *avv.* domani.

ton, *n.* ❶ (= **long ton**) tonnellata (*misura di peso pari a kg 1.016 circa*). ❷ (= **metric ton**) tonnellata metrica. ❸ (*USA*) (= **short ton**) tonnellata (*misura di peso pari a kg 907 circa*). // **~ burden** (*trasp. mar.*) tonnellata di portata (*unità di misura della portata d'una nave mercantile*); **~ capacity** (*trasp. mar.*) tonnellata di stazza; **~ dead weight** (*trasp. mar.*) tonnellata di portata lorda; **~ displacement** (*trasp. mar.*) tonnellata di dislocamento.

tonal value, *n.* (*pubbl.*) valore tonale.

tone, *n.* (*anche fig.*) tono. △ **The London Stock Exchange was favourably influenced by the good ~ of Wall Street yesterday** ieri la Borsa Valori di Londra fu influenzata favorevolmente dal buon tono di Wall Street. // **the ~ of the market** (*fin.*) il tono del mercato.

tongue, *n.* ❶ lingua. ❷ (*di scarpa*) linguetta.

tonnage, *n.* ❶ (*trasp. mar.*) tonnellaggio. ❷ (*trasp. mar.*) stazza, stazzatura. ❸ (*trasp. mar.*) naviglio mercantile (*d'una nazione o d'un porto, nel complesso*). △ ❸ **The ~ devoted to trade with the Orient is rather small** il naviglio mercantile impiegato nel commercio coi Paesi orientali è piuttosto scarso. // **~ admeasurement** (*trasp. mar.*) stazzatura; **~ broken up** (*trasp. mar.*) tonnellaggio demolito; **~ -deck** (*trasp. mar.*) ponte di stazza; **~ dues** (*trasp. mar.*) diritti di tonnellaggio; diritti di stazza; **~ -measurer** (*trasp. mar.*) stazzatore; **~ rules** (*trasp. mar.*) regole di stazzatura; **~ tax** (*trasp. mar.*) tassa sulla stazza; **~ under deck** (*trasp. mar.*) tonnellaggio sotto il ponte.

tontine, *n.* (*fin.*) tontina (*rendita vitalizia reversibile ai superstiti della società che la costituisce*).

too, *cong.* anche, pure.

tool, *n.* ❶ arnese, attrezzo, utensile. ❷ (*anche fig.*) strumento. ❸ (*org. az.*) (= **machine tool**) macchina utensile. △ ❷ **Advertising is an indispensable ~ of business** la pubblicità è uno strumento indispensabile dell'attività commerciale. // **~ -maker** (*pers.*) attrezzista; **~ -room** (*org. az.*) sala (degli) attrezzi.

top[1], *n.* ❶ cima, sommità, vetta, apice, vertice. ❷ (la) parte scelta, (il) meglio. *a. attr.* ❶ che sta in cima, superiore. ❷ primo, principale, massimo. ❸ (*market.*) di prima qualità, di prima scelta, eccellente. △ *n.* ❶ **Mr Kendall is now at the ~ of his career** ora Mr Kendall è all'apice della sua carriera; *a.* ❷ **In our city are two of the nation's ~ twelve banks** nella nostra città hanno sede due delle dodici principali banche del Paese; ❸ **Our Geneva correspondent has sent in a really ~ coverage of the events** il nostro corrispondente da Ginevra ci ha inviato un servizio davvero eccellente sugli avvenimenti. // **~ executive** (*amm.*) alto dirigente; **~ -level** ad alto livello, di grande importanza, d'ottima qualità; **~ -level management** (*amm.*) alta dirigenza; **~ -level news** (*giorn.*) notizie di grande importanza; **~ management** (*amm.*) alta dirigenza, **~ manager** (*amm.*) alto dirigente; **~ of column** (*giorn.*) inizio di colonna; **the ~ of a crop** (*econ.*) il meglio d'un raccolto; **the ~ of the market** (*fin., market.*) l'apice del mercato (*il momento, cioè, in cui le quotazioni hanno raggiunto il livello più alto*); **~ prices** (*market.*) prezzi massimi; **~ priority** (*org. az.*) precedenza assoluta; **~ -secret** segretissimo, « top-secret ».

top[2], *v. t.* sorpassare, superare. △ **Wheat production has topped that of rice** la produzione di grano ha superato quella del riso.

topic, *n.* ❶ argomento, soggetto. ❷ questione d'attualità. △ ❶ **Inflation will be the ~ of discussion in our next meeting** l'inflazione sarà l'argomento di discussione del nostro prossimo incontro.

topical, *a.* d'attualità. // **~ articles** (*giorn.*) articoli d'attualità.

tort, *n.* (*leg.*) atto illecito, reato (*civile*). // **~ -feasor** (*leg.*) chi compie un (atto) illecito (*civile*).

total[1], *a.* totale, intero, completo, complessivo. *n.* totale, somma totale. △ *a.* **We are aiming at the ~ abolition of market frontiers** puntiamo all'apertura totale dei mercati; *n.* **The ~ of budgetary expenditure should not exceed 1,000,000 pounds** il totale delle spese previste in bilancio non dovrebbe superare 1.000.000

di sterline. // ~ **account** (*rag.*) conto collettivo; ~ **assets** (*rag.*) attività totali, totale delle attività; ~ **balance** (*rag.*) saldo totale; ~ **cost** (*rag.*) costo complessivo; ~ **current accounts** (*fin., rag.*) totale partite correnti; ~ **customs exemption** (*dog.*) esenzione doganale totale; ~ **disability** (*pers.*) infermità totale; ~ **loss** (*ass. mar.*) perdita totale; ~ **loss with abandonment** (*ass. mar.*) perdita totale con abbandono (*della nave*); ~ **utility** (*econ.*) utilità totale.

total², *v. t.* ❶ addizionare, sommare. ❷ ammontare a, raggiungere il numero di. *v. i.* (*di macchina calcolatrice*) addizionare, calcolare i totali (*fino a un certo numero*). △ *v. t.* ❶ **This figure was arrived at by totalling all entries** si è giunti a questa cifra sommando tutte le registrazioni; ❷ **At the end of last year our credits totalled 15 millions** alla fine dell'esercizio passato i nostri crediti ammontavano a 15 milioni; *v. i.* **This adding machine totals to** 999,999,999 questa addizionatrice calcola i totali fino a 999.999.999.

totality, *n.* totalità.

totalize, *v. t.* totalizzare.

touch¹, *n.* ❶ tocco. ❷ contatto, relazione, rapporto. △ ❶ **We're adding the finishing touches to our work** stiamo dando gli ultimi tocchi al nostro lavoro; ❷ **We are no more in ~ with that manufacturer** non siamo più in contatto con quel fabbricante; **They have promised to keep in ~ with our agent in London** hanno promesso di mantenersi in relazione col nostro agente di Londra. // **a ~ -and-go business** un affare incerto, un affare rischioso; ~ **-down** (*trasp. aer.*) appoggio (*del carrello*); « **the personal ~ that means so much** » (*market., pubbl.*) « il contatto personale che vuol dire tanto ».

touch², *v. t.* toccare. *v. i.* toccarsi, essere confinanti. △ *v. i.* **Our estates ~** le nostre proprietà sono confinanti. // **to ~ at a port** (*trasp. mar.*) (*di nave*) toccare un porto, far scalo a un porto; **to ~ bottom** (*fin.*) (*di prezzi, ecc.*) raggiungere il (livello) minimo (*trasp. mar.*) (*di nave*) toccare il fondo: **Prices seem to have touched bottom and a rise is expected** sembra che i prezzi abbiano raggiunto il (livello) minimo e ci si aspetta un rialzo; **to ~ down** (*trasp. aer.*) atterrare; **to ~ up** (*pubbl.*) ritoccare.

touchiness, *n.* suscettibilità.

tour¹, *n.* (*tur.*) giro, gita, escursione, viaggio. △ **Our company can offer the most inexpensive tours of continental Europe** la nostra società è in grado d'offrire i viaggi più economici in Europa continentale.

tour², *v. i.* (*tur.*) viaggiare, fare una gita. *v. t.* (*tur.*) viaggiare in (*un Paese*); visitare (*un Paese*) da turista. △ *v. t.* **We were able to ~ Italy on 10 dollars a day** potemmo visitare l'Italia con (la spesa di) 10 dollari al giorno. // **to ~ sb.** guidare q. in visita (*a qc.*), far fare una visita a q.: **The foreign visitors were toured through the factory** agli ospiti stranieri fu fatta visitare la fabbrica.

touring, *n.* (*tur.*) turismo. *a. attr.* (*tur.*) da turismo. △ *n.* **Air ~ is getting more and more popular every day** il turismo aereo sta diventando sempre più popolare. // **a ~ car** (*tur.*) un auto da turismo.

tourism, *n.* (*tur.*) turismo.

tourist, *n.* (*tur.*) turista. *a. attr.* (*tur.*) turistico, di turismo. // **a ~ agency** (*tur.*) un'agenzia turistica; ~ **class** (*trasp.*) classe turistica, classe economica, seconda classe; ~ **court** (*tur.*) motel; ~ **expenditures** (*fin.*) spese per il turismo (*partita* « *invariabile* » *della bilancia dei pagamenti*); **the ~ industry** (*econ.*) il turismo; ~ **office** (*tur.*) ufficio turistico; **a ~ ticket** (*trasp., tur.*) un biglietto turistico.

tout¹, *n.* sollecitatore d'ordinazioni, propagandista, piazzista.

tout², *v. i.* sollecitare ordinazioni, andare in cerca di clienti, fare il propagandista, fare il piazzista, fare la piazza.

touter, *n.* V. **tout**¹.

tow¹, *n.* ❶ (*trasp. aut., trasp. mar.*) rimorchio, il rimorchiare, l'essere rimorchiato. ❷ (*trasp. mar.*) rimorchiatore. ❸ (*trasp. mar.*) alaggio. △ ❶ **The ship was taken in ~** la nave fu presa a rimorchio. // ~ **-barge** (*trasp. mar.*) chiatta; ~ **-boat** (*trasp. mar.*) rimorchiatore; ~ **car** (*trasp. aut.*) carro attrezzi, autogru; ~ **-rope** (*trasp. aut.*) cavo di traino; tonneggio; ~ **truck** (*trasp. aut.*) V. ~ **car**.

tow², *v. t.* ❶ (*trasp. aut., trasp. mar.*) rimorchiare, trainare. ❷ (*trasp. mar.*) alare. △ ❶ **The ship's been towed into dry dock for repairs** la nave è stata rimorchiata nel bacino di carenaggio per (essere sottoposta a) riparazioni. // **to ~ in** (*trasp. mar.*) rimorchiare in porto; **to ~ into port** (*trasp. mar.*) rimorchiare in porto; **to ~ off** (*trasp. mar.*) rimorchiare al largo.

towage, *n.* ❶ (*trasp. aut., trasp. mar.*) rimorchio (*azione del rimorchiare*). ❷ (*trasp. aut., trasp. mar.*) spese di rimorchio. ❸ (*trasp. mar.*) alàggio. // ~ **contractors** (*trasp. mar.*) società addetta al servizio di rimorchio; ~ **fees** (*trasp. aut., trasp. mar.*) spese di rimorchio; ~ **service** (*trasp. aut., trasp. mar.*) servizio di rimorchio.

towards, *prep.* verso.

towaway zone, *n.* (*trasp. aut.*) zona (*di divieto di sosta*) dalla quale le automobili vengono rimosse (*con autogru, ecc.*).

tower, *n.* (*trasp. mar.*) rimorchiatore.

towing, *n.* ❶ (*trasp. aut., trasp. mar.*) rimorchio (*azione del rimorchiare*). ❷ (*trasp. mar.*) alaggio. // ~ **alongside** (*trasp. mar.*) rimorchio di fianco; ~ **inwards** (*trasp. mar.*) rimorchio d'entrata (*in porto*); ~ **outwards** (*trasp. mar.*) rimorchio d'uscita (*dal porto*).

town, *n.* città. △ **Lots of workers commute daily to ~** moltissimi operai si recano giornalmente al lavoro in città (*come pendolari*). // ~ **clerk** segretario comunale; ~ **council** consiglio comunale; ~ **councillor** consigliere comunale; ~ **hall** municipio; ~ **-lights** (*trasp. aut.*) luci da città, luci di posizione; ~ **mayor** sindaco (*d'una città*); ~ **-planner** urbanista; ~ **-planning** (*econ.*) urbanistica; ~ **-traveller** (*pers.*) piazzista.

township, *n.* (*USA*) suddivisione amministrativa d'una contea.

trace¹, *n.* (*anche fig.*) traccia.

trace², *v. t.* ❶ (*anche fig.*) tracciare. ❷ (*anche fig.*) rintracciare, scoprire, trovare. △ ❷ **We were not able to ~ your letter dated May 21st** non fummo in grado di rintracciare la vostra lettera in data 21 maggio.

tracing, *n.* lucido (*ricalco di disegno*).

track¹, *n.* ❶ orma, impronta. ❷ (*anche fig.*) traccia. ❸ (*trasp. ferr.*) binario. △ ❷ **The police are on the thief's track** la polizia è sulle tracce del ladro. // ~ **-layer** (*pers., trasp. ferr.*) operaio addetto alla posa dei binari; **a ~ section** (*trasp. ferr.*) un tratto di binario.

track², *v. t.* ❶ (*anche fig.*) seguire le tracce di (*q.*), essere sulle tracce di (*q.*). ❷ (*trasp. ferr.*) posare i binari su (*una linea*). ❸ (*trasp. ferr.*) (*di vagone*) avere uno scartamento di. ❹ (*trasp. mar.*) alare (*un natante*).

trackage, *n.* V. **towage**.

tractable, *a.* (*di persona*) trattabile.

traction, *n.* (*trasp.*) trazione.

tractor, *n.* trattore.

trade¹, *n.* ❶ commercio, attività commerciale, traffico, traffici, scambi. ❷ (*econ.*) industria. ❸ (*market.*) clientela, clienti. ❹ (*org. az.*) azienda, ditta, impresa. ❺ (*pers.*) lavoro, mestiere, occupazione. ❻ **the trade** (*collett.*) gli esercenti. △ ❶ **There was a materials shortage which affected first manufacturing, then ~** ci fu una scarsità di materie prime che si ripercosse prima sulla produzione, poi sul commercio; **~ was better last year thanks to the quiet world's political situation** i traffici furono lo scorso anno più fiorenti grazie alla tranquilla situazione politica internazionale; **The proportion of ~ coming under the tariff quota system remained less than 3%** la percentuale degli scambi attuati in regime di contingente tariffario è rimasta inferiore al 3%; ❷ **There's been a slump in the cotton ~** c'è stata depressione nell'industria cotoniera; ❸ **We will send notices to the ~ about the new location of the shop** invieremo avvisi alla nostra clientela per informarla della nuova ubicazione del negozio; **He waits on ~ in his father's shop** serve i clienti nel negozio paterno; ❹ **These data account for fifty wholesale trades in our area** questi dati si riferiscono a cinquanta ditte all'ingrosso della nostra zona; ❺ **He has learned his ~ after four years' service as an apprentice** ha imparato il mestiere dopo un apprendistato di quattro anni. // **~ acceptance** (*cred.*) cambiale (*o* tratta) recante l'accettazione del debitore; **~ agreement** (*comm. est.*) accordo commerciale, trattato commerciale; **~ area** (*market.*) zona commerciale; **~ balance** (*econ.*) bilancia commerciale: **Italy's ~ balance closed with a deficit of about 890 million dollars** la bilancia commerciale italiana si chiuse con un saldo passivo di circa 890 milioni di dollari; **~ barriers** (*comm. est.*) barriere commerciali, barriere al libero scambio; **~ bill** (*cred.*) cambiale (*o* tratta) commerciale; **~ by barter** (*econ.*) commercio di scambio; **~ channels** (*market.*) canali di distribuzione (*dei prodotti*); **the ~ circles** gli ambienti commerciali; **~ cycle** (*econ.*) ciclo economico; **~ deficit** (*econ.*) deficit della bilancia commerciale; **~ discount** (*market.*) sconto commerciale; **~ dispute** (*sind.*) vertenza sindacale; **~ fair** (*market., pubbl.*) fiera commerciale, fiera campionaria; **~ gap** (*econ.*) disavanzo della bilancia commerciale; **~ guild** (*sind.*) sindacato; **~ -in** articolo accettato (*dal venditore*) in pagamento (*parziale o totale*) d'un acquisto; **~ journals** (*giorn.*) riviste di categoria; **~ liberalization** (*econ.*) liberalizzazione dei traffici; **~ magazine** (*giorn.*) V. **~ journal**; **~ -mark** (*leg.*) marchio di fabbrica: **A ~ -mark can only be transferred in connection with the goodwill of the business** il marchio di fabbrica può essere ceduto soltanto insieme all'avviamento dell'azienda; **to ~ -mark** (*leg.*) depositare il marchio di fabbrica di (*un articolo, ecc.*); apporre un marchio di fabbrica su (*un articolo, ecc.*); **~ -mark infringement** (*leg.*) violazione di marchio di fabbrica, uso illecito dell'altrui marchio di fabbrica; **~ -mark laws** (*leg.*) legislazione in materia di marchi (di fabbrica); **~ -name** (*leg.*) nome commerciale (*d'una ditta*); nome depositato (*d'un prodotto*); **to ~ -name** (*leg.*) dare un nome commerciale a (*una ditta*); dare un nome a (*un prodotto*); **~ policy** (*econ.*) politica commerciale; **~ practice** usi in materia commerciale; **~ price** (*market.*) prezzo al rivenditore; **~ relations** rapporti commerciali; **~ report** bollettino commerciale; **~ route** (*trasp. mar.*) rotta commerciale; **~ secret** segreto di fabbricazione; **~ talks** (*comm. est.*) negoziati commerciali; **~ treaty** (*comm. est.*) trattato commerciale; **~ -union** (*sind.*) sindacato; **trades-union** (*sind.*) sindacato; **~ -union enforced wages** (*sind.*) salari d'imposizione sindacale; **~ -union militancy** (*sind.*) il militare in un sindacato (V. **~ union militant**): **There is an ever-increasing ~ -union militancy** cresce di continuo il numero di coloro che militano nei sindacati; **a ~ union militant** (*sind.*) un militante d'un sindacato, un attivista di sindacato; **~ -unionism** (*sind.*) sindacalismo; **trades-unionism** (*sind.*) V. **~ -unionism**; **-unionist** (*sind.*) iscritto a un sindacato; sindacalista; **~ war** (*econ.*) guerra commerciale.

trade[2], *v. t. e i.* ❶ commerciare, fare affari, negoziare, trafficare. ❷ (*market.*) fare acquisti, far spese. △ ❶ **I only ~ with people I have known for a long time** faccio affari soltanto con persone che conosco da tempo; ❷ **I ~ at this shop when I am in town** quando sono in città faccio i miei acquisti in questo negozio. // **to ~ in** cedere (*un oggetto usato*) in pagamento parziale, « dare dentro » (*fam.*): **We have traded in our old car for a new model** abbiamo « dato dentro » la vecchia macchina per acquistarne una di modello più recente; **to ~ up** (*market.*) promuovere la vendita d'articoli più cari; persuadere (*un cliente*) ad acquistare un articolo di prezzo più alto.

trademark, *n. e v. t.* V. **trade-mark**.

trader, *n.* ❶ commerciante. ❷ (*trasp. mar.*) nave mercantile. △ ❶ **A small ~'s turnover is usually restricted to a modest amount of money** di solito il volume d'affari d'un piccolo commerciante è limitato a una somma modesta.

tradesman, *n.* (*pl.* **tradesmen**) commerciante, negoziante, bottegaio, esercente.

tradespeople, *n. pl.* (*market.*) esercenti.

trading, *a.* commerciale, mercantile. *n.* commercio, compravendita, negozio (*il negoziare*), traffici, scambi. △ *a.* **The ~ deficit is down** s'è ridotto il deficit commerciale; *n.* **Another activity of Edilcentro is ~ in Italian fixed-interest securities on behalf of banks, mutual funds, pension funds, etc.** la compravendita di titoli italiani a reddito fisso per conto di banche, fondi comuni d'investimento, fondi pensione, ecc., è un'altra attività dell'Edilcentro. // **~ account** (*rag.*) stato patrimoniale; **~ area** (*market.*) V. **trade area**; **the ~ balance** (*econ.*) la bilancia commerciale; **a ~ centre** un centro commerciale; **~ estate** (*econ.*) zona industriale; **~ loss** (*rag.*) perdita d'esercizio; **a ~ nation** (*econ.*) una nazione commerciale; **~ profit** (*rag.*) utile d'esercizio; **~ results** (*rag.*) risultati d'esercizio; **~ stamps** (*market., pubbl.*) bolli premio, bollini; **a ~ transaction** un'operazione commerciale; **~ vessel** (*trasp. mar.*) mercantile, nave mercantile; **the ~ volume** (*Borsa*) il volume delle contrattazioni; **~ year** (*fin., rag.*) anno finanziario, esercizio finanziario; **with ~ looking up** (*econ.*) con la rianimazione degli scambi.

tradition, *n.* ❶ tradizione. ❷ (*leg.*) trasmissione, consegna, tradizione.

traditional, *a.* tradizionale. △ **As far as distribution is concerned, we have got rid of all ~ techniques** per quanto riguarda la distribuzione, ci siamo liberati di tutte le vecchie tecniche.

traffic, *n.* ❶ traffico, movimento, commercio. ❷ (*market.*) volume di clientela (*che frequenta un negozio, ecc.*). ❸ (*trasp.*) traffico; numero dei passeggeri trasportati; volume delle merci trasportate. △ ❸ **Railways have handled more ~ than last year** le ferrovie hanno avuto a che fare con un traffico maggiore dell'anno scorso. // **~ block** (*trasp. aut.*) ingorgo stradale; **~ control** (*trasp. aut.*) controllo del traffico; **~ control signal** (*trasp. aut., USA*) V. **~ lights**; **~ density** (*trasp.*) densità del movimento merci; **~ divider** (*trasp. aut.*) spartitraffico; « guardrail »; **~ island** (*trasp. aut.*) spartitraffico; **~ jam**

trafficators, *n. pl.* (*trasp. aut.*) lampeggiatori.
trafficker, *n.* trafficante.
trailer, *n.* (*trasp. aut.*) rimorchio (*d'autocarro*).
train[1], *n.* (*trasp. ferr.*) treno. △ We had to go there by ~ due to the airlines strike dovemmo andarci in treno a causa dello sciopero delle compagnie aeree. // ~ -ferry (*trasp. ferr.*) nave traghetto; ~ -load (*trasp. ferr.*) passeggeri trasportati; merci trasportate; down ~ (*fam., ingl.*) treno diretto in provincia (*specialm. in partenza da Londra*); the in ~ (*trasp. ferr.*) il treno in arrivo; up ~ (*fam., ingl.*) treno diretto in città (*specialm. a Londra*).
train[2], *v. t.* addestrare, esercitare, allenare, istruire. *v. i.* esercitarsi, allenarsi. △ *v. t.* That group of workers is being trained in the use of the new machine quel gruppo d'operai viene addestrato all'uso della nuova macchina.
trainee, *n.* (*pers.*) persona sottoposta ad addestramento, tirocinante.
trainer, *n.* ❶ (*pers.*) istruttore. ❷ (*pers.*) V. trainee.
training, *n.* ❶ addestramento, allenamento, istruzione, formazione. ❷ (*org. az.*) tirocinio. a. (*pers.*) tirocinante. △ *n.* ❶ The lack of a real vocational ~ is one of the biggest problems industries must face quello della mancanza d'una vera formazione professionale è uno dei maggiori problemi che le industrie devono affrontare. // ~ programme (*org. az.*) programma d'addestramento.
tram, *n.* (*trasp.*) tram, tranvai. // ~ -conductor tranviere (*bigliettario*); ~ -driver tranviere (*conducente*).
tramp, *n.* (*trasp. mar.*) « carretta », nave rinfusiera, nave da carico non di linea. // ~ ship (*trasp. mar.*) V. ~; ~ steamer (*trasp. mar.*) V. ~.
trample, *v. t.* calpestare.
tramway, *n.* (*trasp.*) tranvia.
transact, *v. t.* trattare, sbrigare. △ The business to be transacted has already been taken note of è già stata presa nota degli affari da sbrigare. // to ~ a bargain sbrigare un affare; to ~ business fare affari.
transaction, *n.* ❶ trattazione, disbrigo (*degli affari*). ❷ affare, operazione. ❸ (*leg.*) transazione, accomodamento, accordo, compromesso. △ ❸ After a long dispute we finally came to a ~ alla fine d'una lunga lite venimmo a un compromesso. // ~ for the account (*Borsa*) operazione a termine; a ~ for cash un'operazione a contanti; ~ for the settlement (*Borsa*) operazione a termine; the transactions of a bank (*banca*) le operazioni d'una banca: The chief lending transactions of a bank are: advances on loan account, fluctuating overdrafts, and discounting bills of exchange le principali operazioni attive d'una banca sono: gli anticipi in conto prestito, gli « scoperti » di conto-assistiti da « fido », e lo sconto di cambiali; The opening of accounts is the typical borrowing ~ of a bank l'apertura di conti (di deposito) è la tipica operazione passiva d'una banca; a ~ on credit (*cred.*) un'operazione a credito; a ~ on the Stock Exchange (*Borsa*) un'operazione di Borsa.
transactor, *n.* ❶ agente economico, operatore economico. ❷ negoziatore.
transatlantic, *a.* transatlantico.
transcribe, *v. t.* ❶ trascrivere. ❷ (*comun.*) registrare (*un programma radiotelevisivo*). ❸ (*comun.*) trasmettere (*un programma radiotelevisivo registrato*). ❹ (*elab.*

elettr.) trascrivere. △ ❶ My job is to take down letters in shorthand and ~ them on the typewriter il mio lavoro consiste nello stenografare le lettere e trascriverle a macchina; ❷ Live shows are often replaced with transcribed programs gli spettacoli dal vivo sono spesso sostituiti da programmi registrati.
transcriber, *n.* ❶ (*elab. elettr.*) trascrittore. ❷ (*pers.*) trascrittore.
transcribing machine, *n.* (*macch. uff.*) fonoriproduttore.
transcript, *n.* ❶ trascrizione. ❷ (*leg.*) copia (*a verbale di causa*).
transcription, *n.* ❶ trascrizione. ❷ (*comun.*) registrazione (*di programma radiotelevisivo*). ❸ (*comun.*) programma (*radiotelevisivo*) registrato. ❹ (*elab. elettr.*) trascrizione. ❺ (*leg.*) copia (*a verbale di causa*).
transducer, *n.* (*elab. elettr.*) trasduttore.
transfer[1], *n.* ❶ trasferimento. ❷ (*banca, fin.*) bonifico, giroconto, rimessa. ❸ (*leg.*) trasferimento, tradizione, trasmissione, cessione, passaggio di proprietà, trapasso. ❹ (*pers.*) trasferimento, trasferta (*l'andare in servizio fuori dalla propria residenza*). ❺ (*rag.*) storno. ❻ (*trasp.*) (= transfer ticket) biglietto cumulativo. ❼ (*trasp. ferr.*) trasbordo. ❽ (*trasp. mar.*) traghetto. ❾ (*trasp. mar.*) nave-traghetto. △ ❷ We got the money by cable ~ ricevemmo il denaro tramite rimessa telegrafica; ❸ The ~ of the goods will take place at the sellers' domicile la cessione delle merci avverrà al domicilio del venditore. // ~ agent (*fin., USA*) agenzia incaricata del trasferimento di titoli; ~ -book (*fin., leg.*) registro delle cessioni (*d'azioni, ecc.*); libro dei soci; ~ -days (*banca*) giorni per il trasferimento d'azioni senza pagamento di tassa; ~ deed (*Borsa*) atto di trasferimento, contratto di cessione; (*leg.*) atto di cessione; ~ duty (*leg.*) V. ~ tax; ~ entry (*rag.*) scrittura di storno; ~ house (*trasp. ferr.*) stazione di trasbordo; the ~ of an entry (*rag.*) lo storno d'una scrittura; the ~ of an estate (*leg.*) la tradizione d'una proprietà; ~ of funds (*fin.*) trasferimento di capitali; ~ of mortgage (*leg.*) trapasso d'ipoteca; ~ of property (*leg.*) passaggio di proprietà; a ~ of shares (*fin.*) un trasferimento d'azioni; ~ of title (*leg.*) passaggio di proprietà; ~ tax (*fin.*) imposta di successione; ~ track (*trasp. ferr.*) binario di trasbordo.
transfer[2], *v. t.* ❶ trasferire. ❷ (*leg.*) trasferire, trasmettere, cedere; tradurre (*un detenuto*). ❸ (*pers.*) trasferire. ❹ (*rag.*) stornare. ❺ (*trasp. ferr.*) trasbordare. *v. i.* ❶ trasferirsi. ❷ (*trasp.*) trasbordare, fare un trasbordo. △ *v. t.* ❶ Thomson & Thomson have transferred their law practice to Denver lo studio legale Thomson & Thomson ha trasferito la sua sede a Denver; *v. i.* ❶ Our company is transferring to a more central location la nostra società si sta trasferendo in una sede più centrale. // to ~ a balance to profit and loss account (*rag.*) girare un saldo al conto perdite e profitti; to ~ a bill by endorsement (*cred.*) trasmettere una cambiale per mezzo della girata; to ~ a property (*leg.*) cedere una proprietà.
transferable, *a.* (*leg.*) trasferibile, cedibile, trasmissibile. △ Personal tickets, as the name implies, are not ~ i biglietti personali, come dice il nome, non sono trasferibili. // a ~ credit (*cred.*) un credito trasferibile; a ~ right (*leg.*) un diritto trasmissibile; ~ stock (*fin.*) azioni negoziabili, azioni al portatore.
transferance, *n.* (*leg.*) trasferimento, tradizione.
transferee, *n.* (*leg.*) cessionario.
transferer, *n.* V. transferor.
transferor, *n.* (*leg.*) cedente.

transferrer, *n.* (*leg.*) *V.* **transferor.**
transferror, *n. V.* **transferor.**
transform, *v. t.* trasformare.
transformation, *n.* trasformazione.
transgress, *v. t.* (*leg.*) trasgredire, violare, contravvenire a. // to ~ **the law** (*leg.*) trasgredire la (*o* alla) legge; to ~ **a treaty** violare un trattato.
transgression, *n.* (*leg.*) trasgressione, violazione, il contravvenire a (*una legge, ecc.*).
transgressor, *n.* (*leg.*) trasgressore, contravventore, violatore.
tranship, *v. t. V.* **transship.**
transhipment, *n. V.* **transshipment.**
transhumance, *n.* (*econ.*) transumanza.
transhumant, *a.* (*econ.*) transumante.
transire, *n.* (*dog.*) lasciapassare doganale.
transistor, *n.* transistore, «transistor».
transistorize, *v. t.* transistorizzare.
transit[1], *n.* (*trasp.*) transito, passaggio. // ~ **duty** (*dog.*) dazio doganale di transito; ~ **entry** (*dog.*) dichiarazione di transito; ~ **goods** (*comm. est.*) merce di transito; ~ **manifest** (*dog.*) manifesto di transito; ~ **trade** (*comm. est.*) commercio di transito; **in** ~ (*trasp.*) di passaggio, in viaggio, durante il viaggio: **Some goods were damaged in** ~ alcune merci rimasero danneggiate durante il viaggio.
transit[2], *v. i.* (*trasp.*) transitare, passare. *v. t.* (*trasp.*) lasciar transitare, far passare. △ *v. i.* **Our vessels use the canal to** ~ **to the East** il nostro naviglio utilizza il canale per passare in Oriente; *v. t.* **The canal can** ~ **a total of 50 ships daily** il canale è in grado di far passare 50 navi al giorno.
transition, *n.* transizione.
transitoriness, *n.* transitorietà.
transitory, *a.* transitorio, temporaneo, passeggero. △ **This is but a** ~ **measure to boost economy** questa è soltanto una misura temporanea per la ripresa dell'economia.
translate, *v. t.* ❶ tradurre. ❷ (*comun.*) ritrasmettere (*un messaggio*). △ ❶ **We found some difficulties in translating the policy into Italian** trovammo qualche difficoltà a tradurre la polizza in italiano.
translation, *n.* ❶ traduzione. ❷ (*comun.*) ritrasmissione (*d'un messaggio*).
translator, *n.* (*pers.*) traduttore, interprete. △ **It takes a professional** ~ **to do this delicate job** per questo compito delicato ci vuole un traduttore professionista.
transmissible, *a.* trasmissibile.
transmission, *n.* ❶ (*comun.*) trasmissione. ❷ (*leg.*) trasmissione. // ~ **by descent** (*leg.*) trasmissione per successione.
transmit, *v. t.* (*comun.*) trasmettere. △ **Your order has been transmitted to our Italian agent** la vostra ordinazione è stata trasmessa al nostro agente per l'Italia.
transmitter, *n.* (*comun.*) trasmettitore.
transmitting, *a.* (*comun.*) trasmittente. // ~ **station** (*comun.*) (stazione) trasmittente.
transnational merger, *n.* (*fin.*) fusione di società di diversa nazionalità.
transparency, *n.* (*pubbl.*) trasparente.
transparent, *a.* trasparente.
transport[1], *n.* trasporto, (i) trasporti. △ **It is maintained that** ~ **in large tanks affects the quality of wine** si sostiene che il trasporto in grandi serbatoi influisce (negativamente) sulla qualità dei vini; **The economics of** ~ **has dictated the kind of vehicles to be used in this particular field** l'economia dei trasporti ha imposto il tipo di veicoli da usare in questo specifico settore. // ~ **agent** (*trasp.*) spedizioniere; ~ **by rail** (*trasp. ferr.*) i trasporti ferroviari; ~ **charges** (*trasp.*) (prezzo del) trasporto; ~ **company** (*trasp.*) società di trasporti, messaggerie; **the** ~ **industry** (*econ.*) il settore dei trasporti; **the** ~ **market** (*econ.*) il mercato dei trasporti; ~ **rates** (*trasp.*) tariffe dei trasporti; ~ **rates and conditions** (*trasp.*) prezzi e condizioni di trasporto; **the** ~ **sector** (*econ.*) il settore (dei) trasporti.
transport[2], *v. t.* ❶ trasportare. ❷ (*leg.*) deportare. △ ❶ **Goods may be transported by road, rail, air, sea and inland waterways** le merci si possono trasportare su strada, per ferrovia, per via aerea, per mare e per via navigabile.
transportal, *n. V.* **transportation**, *def. 1*.
transportation, *n.* ❶ trasporto. ❷ costo del trasporto, prezzo del trasporto. ❸ mezzo di trasporto. ❹ (*leg.*) deportazione. ❺ (i) trasporti. △ ❶ **I have not yet arranged for the** ~ **of my luggage** non ho ancora provveduto al trasporto dei bagagli; ❷ **The company will provide the** ~ **for the foreign delegates** la società si incaricherà di pagare il prezzo per il trasporto dei delegati stranieri. // ~ **by air** trasporti aerei; ~ **facilities** (*trasp.*) mezzi di trasporto; ~ **insurance** (*ass. mar.*) assicurazione marittima.
transportational, *a.* dei trasporti, relativo ai trasporti. // ~ **organizations** le organizzazioni dei trasporti; ~ **routes** vie di trasporto.
transporter, *n.* (*trasp.*) trasportatore, vettore.
transship, *v. t. e i.* (*trasp. mar.*) trasbordare. △ **Part of the cargo was transshipped into another vessel** parte del carico fu trasbordata su un'altra nave.
transshipment, *n.* (*trasp. mar.*) trasbordo. // ~ **entry** (*trasp. mar.*) dichiarazione per il trasbordo; ~ **expenses** (*trasp. mar.*) spese di trasbordo; ~ **note** (*trasp. mar.*) nota di trasbordo; ~ **permit** (*trasp. mar.*) permesso di trasbordo; ~ **platform** (*trasp. mar.*) banchina di trasbordo; ~ **risk** (*ass. mar.*) rischio di trasbordo (*in G.B.*, per il piccolo cabotaggio).
transshipping port, *n.* (*trasp. mar.*) porto di trasbordo.
trap, *n.* ❶ trappola. ❷ (*elab. elettr.*) salto non programmato.
travel[1], *n.* ❶ viaggio. ❷ (il) viaggiare, (i) viaggi. // ~ **agency** (*tur.*) agenzia di viaggi; ~ **agent** (*tur.*) titolare d'agenzia di viaggio; ~ **bureau** (*tur.*) *V.* ~ **agency**; ~ **literature** (*tur.*) «letteratura» turistica; ~ **tickets** (*tur.*) biglietti di viaggio.
travel[2], *v. i.* ❶ viaggiare, fare un viaggio. ❷ (*pers.*) viaggiare, fare il commesso viaggiatore, fare il rappresentante. *v. t.* ❶ viaggiare in (*un Paese, ecc.*); percorrere. ❷ (*pers.*) viaggiare in (*una zona*); lavorare su (*una piazza*). △ *v. i.* ❶ **It is agreed that goods** ~ **at the importer's risk** si intende che le merci viaggiano a rischio dell'importatore; ❷ **Mr Walkers travels in household appliances** Mr Walkers viaggia in elettrodomestici; *v. t.* ❶ **When he worked for that company, he travelled France from end to end** quando lavorava per quella società, percorse la Francia da cima a fondo; ❷ **He travelled California for a firm of ladies' undies** viaggiava in California per una ditta di biancheria intima femminile.
traveler, *n.* (*USA*) *V.* **traveller.**
traveling, *n.* (*USA*) *V.* **travelling.**
traveller, *n.* ❶ viaggiatore, viaggiatrice, passeggero, passeggera. ❷ (*pers.*) viaggiatore (di commercio); commesso viaggiatore. // ~ **'s** (*o* **travellers'**) **cheque** (*cred.*)

traveller's cheque, assegno turistico; ~ 's **letter of credit** (*banca, cred.*) lettera di credito circolare.

travelling, *a.* di viaggio, da viaggio. // ~ **allowance** (*pers.*) indennità di viaggio; indennità di missione (*o* di trasferta); ~ **clerk** (*pers.*) viaggiatore (di commercio), commesso viaggiatore; ~ **exhibit** (*market., pubbl.*) mostra itinerante; ~ **expenses** spese di viaggio, indennità di trasferta; ~ **indemnity** indennità di trasferta; ~ **man** (*pers.*) *V.* ~ **salesman**; ~ **salesman** (*pers.*) viaggiatore di commercio, commesso viaggiatore.

traverse[1], *n.* (*leg.*) contestazione, negazione.

traverse[2], *v. t.* ❶ traversare, attraversare. ❷ (*leg.*) contestare, negare. △ ❶ **The railway will ~ our estate** la ferrovia attraverserà la nostra proprietà; ❷ **All the prosecution's arguments have been traversed** tutte le argomentazioni dell'accusa sono state contestate.

tread, *v. i.* e *t.* (*pass.* trod, *part. pass.* trodden) calpestare (*di solito*, to ~ on).

treasure[1], *n.* tesoro. // ~ **trove** (*leg.*) tesoro trovato.

treasure[2], *v. t.* (*econ.*) tesoreggiare, tesaurizzare. // to ~ **gold and silver** (*econ.*) tesaurizzare oro e argento.

treasurer, *n.* (*fin.*) tesoriere, cassiere.

treasurership, *n.* (*fin.*) carica di tesoriere, ufficio di tesoriere; carica di cassiere, ufficio di cassiere.

treasury, *n.* ❶ (*fin.*) tesoreria, cassa. ❷ **the Treasury** (*amm.*) il Tesoro, il Ministero del Tesoro. ❸ **the Treasury** (*fin.*) l'Erario. // ~ **bill** (*fin.*) buono del Tesoro: **The ~ bill is a short-term obligation issued at a discount, bearing no interest, and payable at par at maturity** il buono del Tesoro è un'obbligazione a breve termine, emessa sotto la pari, infruttifera, e rimborsabile alla pari alla scadenza; **the ~ Board** (*amm., ingl.*) il Comitato del Tesoro (*composto dal Primo Ministro, dal Cancelliere dello Scacchiere e da altri tre ministri*); ~ **bond** (*fin.*) buono del Tesoro; ~ **borrowings** (*fin.*) indebitamento del Tesoro; ~ **borrowings in the previous year rose by 59%** nell'annata precedente, il Tesoro aveva aumentato il proprio indebitamento del 59%; ~ **certificate** (*fin., USA*) buono fruttifero del Tesoro (*con scadenza fino a un anno*); ~ **note** (*fin.*) biglietto di banca; **the ~ officers** (*fin.*) il Fisco, i funzionari del Fisco; ~ **stock** (*fin.*) titoli di proprietà (*d'una società*).

treat, *v. t.* trattare, considerare, discutere, negoziare. △ **We are willing to ~ with you although your quotations seem to be rather high** siamo disposti a trattare con voi benché le vostre quotazioni appaiano piuttosto alte; **He asked me to ~ the news as strictly confidential** mi chiese di considerare le notizie come strettamente riservate.

treatise, *n.* trattato (*esposizione d'una dottrina*).

treatment, *n.* ❶ trattamento. ❷ trattazione (d'un argomento).

treaty, *n.* (*leg.*) trattato, accordo, patto. △ **A trade ~ will be signed by the two Countries** sarà firmato un trattato commerciale fra i due Paesi. // ~ **port** (*trasp. mar.*) porto franco; ~ **reinsurance** (*ass. mar.*) riassicurazione in abbonamento.

treble[1], *a.* ❶ triplo. ❷ triplice. △ ❶ **Our newspaper has a circulation ~ that of its competitor** il nostro giornale ha una tiratura tripla rispetto a quella del nostro concorrente. // ~ **damages** (*leg.*) danni triplici.

treble[2], *v. t.* triplicare. *v. i.* triplicarsi. △ *v. t.* **Shortly after his appointment he was able to ~ the proceeds of sales** poco tempo dopo la sua nomina fu in grado di triplicare il fatturato; *v. i.* **Prices have trebled in a few months** i prezzi si sono triplicati in pochi mesi.

trend[1], *n.* (*anche econ., fin.*) tendenza, andamento, indirizzo, evoluzione, « dinamica », orientamento, « trend ». △ **The committee is examining the trends which determine price increases** la commissione sta esaminando le tendenze da cui dipende la dinamica dei prezzi; **There is a marked upward ~ of the cost of living** c'è una decisa tendenza all'aumento del costo della vita; **The favourable ~ of trade in the milk products sector was maintained** è proseguita l'evoluzione favorevole degli scambi nel settore dei prodotti lattiero-caseari. // **the ~ of activity** (*econ.*) l'evoluzione congiunturale; **the ~ of competitiveness** (*econ.*) l'evoluzione della posizione concorrenziale; **the ~ of the stock market** (*Borsa, fin.*) l'andamento del mercato dei titoli; **the ~ toward shorter work periods** (*econ., sind.*) l'orientamento verso l'accorciamento dei turni lavorativi.

trend[2], *v. i.* tendere, dirigersi, volgere. △ **Sales of imported cars are trending downward this year** quest'anno le vendite di automobili d'importazione tendono a diminuire; **Selling costs have trended upward** i costi di vendita hanno teso ad aumentare.

trespass[1], *n.* ❶ trasgressione, contravvenzione, infrazione. ❷ (*leg.*) violazione di proprietà, sconfinamento. ❸ (*leg.*) abuso, prevaricazione, violazione. ❹ (*leg.*) (= **action for trespass**) causa per danni derivati da violazione di confini.

trespass[2], *v. i.* ❶ trasgredire, contravvenire (*a un divieto, ecc.*). ❷ (*leg.*) oltrepassare un confine, sconfinare, entrare abusivamente. ❸ (*leg.*) abusare (*di qc.*). // to ~ **on a private property** (*leg.*) introdursi abusivamente in una proprietà privata; to ~ **upon sb.'s rights** (*leg.*) violare i diritti di q.; « **No trespassing!** » « proprietà privata ».

trespasser, *n.* ❶ (*leg.*) trasgressore. ❷ (*leg.*) contravventore (*a un divieto d'accesso*); violatore di confini (*V. anche* **trespass**[2]). △ ❶ « **Trespassers will be prosecuted** » « i trasgressori saranno puniti a termini di legge ».

trespassing, *n.* ❶ contravvenzione (*a un divieto*). ❷ (*leg.*) sconfinamento.

trial, *n.* ❶ prova, collaudo, esperimento, tentativo. ❷ (*leg.*) processo, giudizio, dibattimento. // ~ **-and-error method** (*mat.*) metodo per tentativi; ~ **at bar** (*leg.*) udienza plenaria; ~ **balance** (*rag.*) bilancio di verifica: **In the ~ balance, the total of the debit balances should balance that of the credit balances** nel bilancio di verifica, il totale dei saldi a debito deve bilanciare quello dei saldi a credito; ~ **based on circumstantial evidence** (*leg.*) processo indiziario; ~ **Court** (*leg.*) tribunale di prima istanza; ~ « **in camera** » (*leg.*) udienza a porte chiuse; ~ **list** (*leg.*) ruolo delle cause da discutere; ~ **order** (*market.*) ordinazione di prova; ~ **sample** (*market.*) campione di prova, campione di saggio; ~ **trip** (*trasp. mar.*) viaggio di prova; to **be on** ~ (*leg.*) subire un processo.

triangle, *n.* (*mat.*) triangolo.

tribunal, *n.* (*leg.*) tribunale, Corte di giustizia. △ **The Supreme Court is the highest ~ of the United States** la Corte Suprema è il più alto tribunale degli Stati Uniti.

tribute, *n.* tributo.

trigger[1], *n.* « scatto », levetta di scatto (*d'un meccanismo*).

trigger[2], *v. t.* (*elab. elettr.*) iniziare (*un programma*).

trigonometric, *a.* (*mat.*) trigonometrico.

trigonometrical, *a.* (*mat.*) trigonometrico.

trigonometry, *n.* (*mat.*) trigonometria.

trillion, *n.* quintilione (*un 1 seguito da 18 zeri*).

trim, *v. t.* ❶ aggiustare, assettare, rassettare, mettere in ordine. ❷ cimare, spuntare, tagliare. ❸ (*trasp. mar.*)

livellare (*il carico*). *v. i.* (*trasp. mar.*) (*di nave*) essere bilanciata, mantenere l'equilibrio. // to ~ **the budget** (*econ.*) apportare « tagli » al bilancio; to ~ **the cargo** (*trasp. mar.*) assettare il carico; to ~ **holds** (*trasp. mar.*) stivare; to ~ **a ship** (*trasp. mar.*) assettare una nave.
trimmer, *n.* (*trasp. mar.*) stivatore.
trimming, *n.* (*trasp. mar.*) assetto, livellamento (*del carico*). // ~ **and bagging** (*trasp. mar.*) stivaggio e caricazione in sacchi; ~ **charges** (*trasp. mar.*) spese di stivaggio.
trip, *n.* ❶ (*trasp.*) viaggio, viaggetto, gita. ❷ (*trasp.*) tragitto, percorso.
tripartite, *a.* ❶ tripartito. ❷ (*leg.*) (*di documento*) in tre copie. // ~ **agreement** accordo tripartito; ~ **arbitrate** (*sind.*) arbitrato tripartito; ~ **board** (*sind.*) commissione tripartita (*che emette il lodo arbitrale*).
tripartition, *n.* tripartizione.
triple[1], *a.* triplo, triplice.
triple[2], *v. t.* triplicare. *v. i.* triplicarsi.
triplicate[1], *a.* ❶ triplice, triplicato. ❷ (*di documento*) in triplice copia. ❸ (*di copia*) terza. *n.* ❶ triplice copia. ❷ terza copia (*di documento*). △ *a.* ❸ **The ~ copy has been delivered to the customs authority** la terza copia è stata consegnata all'autorità doganale; *n.* ❶ **All said documents shall be drawn up in ~** tutti i suddetti documenti dovranno essere redatti in triplice copia; ❷ **The ~ was forwarded to the insurance company** la terza copia fu inoltrata alla compagnia d'assicurazioni.
triplicate[2], *v. t.* ❶ triplicare, moltiplicare per tre. ❷ redigere l'originale e due copie di (*un documento*). ❸ riprodurre (*un originale*) due volte. *v. i.* triplicarsi.
trolley, *n.* (*trasp. ferr.*) carrello di servizio. // ~ **-bus** (*trasp. aut.*) filobus; ~ **car** (*trasp., USA*) tram, tranvai.
trotting peg, *n.* (*fin.*) parità trottante.
trouble[1], *n.* ❶ disturbo, fastidio, guaio, incomodo, molestia, seccatura. ❷ agitazione, tumulto (*popolare*), disordine. △ ❶ **We experienced no ~ in recovering those credits** il ricupero di quei crediti non ci procurò alcuna seccatura; ❷ **Labour troubles seem to have come to an end** sembra che le agitazioni sindacali siano finite. // ~ **man** (*pers., USA*) V. **troubleshooter**.
trouble[2], *v. t.* disturbare, infastidire, incomodare, molestare, seccare, turbare. △ **We do hope we didn't ~ you too much with this matter** vogliamo sperare di non avervi disturbato troppo con questa faccenda; **Don't ~ about a reply to this letter** non incomodatevi a rispondere a questa lettera.
troubleshoot, *v. i.* (*pass.* e *part. pass.* **troubleshot**) (*pers., USA*) (*d'operaio specializzato*) scoprire e localizzare i guasti (*d'un macchinario, ecc.*).
troubleshooter, *n.* (*pers., USA*) operaio che scopre e localizza i guasti (*d'un macchinario, ecc.*).
trough, *n.* ❶ (*econ.*) (*dell'onda*). ❷ (*econ.*) punto più basso (*d'un ciclo economico*); fondo (*d'una congiuntura*). ❸ (*mat., ric. op.*) valore minimo (*d'una funzione, ecc.*).
trover, *n.* (*leg.*) ricupero di beni mobili; azione di ricupero di proprietà mobiliare.
troy, *n.* « troy » (*sistema di peso per metalli preziosi e medicinali*). // ~ **pound** libbra « troy » (*unità di peso pari a grammi 373,24*); ~ **weight** V. ~.
truck, *n.* ❶ baratto, scambio. ❷ (*pers.*) (= **truck system**) sistema di pagamento (*degli operai*) in natura. ❸ (*trasp.*) carro, vagone. ❹ (*trasp. aut., USA*) autocarro, camion. ❺ (*trasp. ferr.*) carrello (*di locomotiva o di carrozza ferroviaria*). ❻ (*trasp. ferr.*) carro merci aperto, pianale. // ~ **-driver** (*trasp. aut., USA*) « autotrasportatore », camionista; ~ **farm** (*econ., USA*) fattoria che produce ortofrutticoli per il mercato; ~ **farmer** (*econ., USA*) ortofrutticoltore; ~ **farming** (*econ., USA*) ortofrutticoltura; ~ **gardener** (*econ., USA*) V. ~ **farmer**; ~ **gardening** (*econ., USA*) V. ~ **farming**; ~ **load** (*trasp. ferr.*) caricazione completa (*di vagone*), vagone completo; ~ **-load consignments** (*trasp. ferr.*) spedizioni a caricazione completa (*di vagone*); ~ **load rates** (*trasp. ferr.*) tariffe per vagoni completi; ~ **system** (*pers.*) sistema di pagamento in natura.
truckage, *n.* ❶ (*trasp.*) trasporto mediante carro (*o autocarro*). ❷ (*trasp.*) spese di porto (*V. anche* **truck**).
trucker, *n.* (*econ., USA*) ortofrutticoltore.
truckman, *n.* (*pl.* **truckmen**) V. **truck-driver**.
true, *a.* ❶ vero, verace, veritiero, effettivo, reale. ❷ fedele, accurato, preciso. △ ❶ **When the transactors realized that the news wasn't ~ it was too late** quando gli operatori si accorsero che le notizie non erano vere, era troppo tardi; ❷ **They've always been ~ to the firm** sono sempre stati fedeli all'azienda. // ~ **airspeed** (*trasp. aer.*) velocità effettiva; ~ **bill** (*leg.*) incriminazione; ~ **copy** (*leg.*) copia autentica, copia conforme; ~ **discount** (*mat.*) sconto razionale; **the ~ heir** (*leg.*) l'erede legittimo; ~ **to the original** conforme all'originale; **to be ~ to one's word** tener fede alla parola data.
truly, *avv.* ❶ veramente, realmente, davvero. ❷ veracemente, sinceramente. ❸ fedelmente. △ ❶ **We are ~ grateful for the help you gave us in this delicate matter** Le siamo davvero grati per l'aiuto che Lei ci ha prestato in questa delicata faccenda. // **Yours (very) ~** (*nelle lettere*) distinti saluti.
trunk, *n.* tronco. △ **The system of a common « ~ » consists of a file on a Community subject looked at from various angles** il sistema d'un « tronco » comune è, in sostanza, un insieme di scritti su un determinato argomento comunitario, esaminato da differenti punti di vista. // ~ **-call** (*comun.*) chiamata (*telefonica*) interurbana; ~ **-exchange** (*comun.*) centrale (*telefonica*) interurbana; ~ **-line** (*comun.*) linea (*telefonica*) interurbana; (*trasp. ferr.*) linea principale; ~ **-road** (*trasp. aut.*) strada maestra, strada principale.
trust[1], *n.* ❶ fiducia, fede, responsabilità. ❷ (*fin.*) trust, consorzio monopolistico (*fra imprese*), monopolio. ❸ (*fin.*) fondo (*comune*) d'investimento. ❹ (*leg.*) amministrazione fiduciaria (*di beni altrui*). ❺ (*leg.*) lascito (*in proprietà fiduciaria*); fidecommesso. △ ❶ **Mr Miller is in a position of great ~** Mr Miller occupa un posto di grande responsabilità; ❷ **Trusts grow spontaneously out of the soil of the large industrial enterprises in expanding economies** i trust nascono spontaneamente nel campo delle grandi imprese industriali tipiche d'una economia in espansione; **Banking trusts are getting more and more powerful** i consorzi bancari stanno diventando sempre più potenti; ❸ **He is said to have created trusts for his three sons** si dice abbia creato lasciti a beneficio dei suoi tre figli. // ~ **-busting** (*econ.*) smantellamento dei monopoli; ~ **company** (*fin.*) società di gestione del portafoglio; ~ **deed** (*leg.*) trasferimento (*di beni*) in garanzia; ~ **estate** (*leg.*) proprietà tenuta in amministrazione fiduciaria; ~ **indenture** (*fin.*) documento indicante la costituzione d'un trust; ~ **instrument** (*leg.*) atto di costituzione d'un'amministrazione fiduciaria; ~ **letter** (*banca, cred.*) ricevuta attestante l'avvenuta consegna dei documenti; ~ **property** (*leg.*) proprietà tenuta in amministrazione fiduciaria; ~ **receipt** (*banca, cred.*) V. ~ **letter**; ~ **without any gearing** (*o, USA,* **without any leverage**) (*fin.*) fondo d'investimento con sole azioni ordinarie; **on ~** (*market.*) a credito: **We have**

sold them a lot of goods on ~ abbiamo venduto loro molta merce a credito.

trust², *v. t.* e *i.* ❶ aver fiducia in (*q.*); fidarsi di (*q.*); fare assegnamento su (*q.*), far credito a (*q.*). ❷ affidare, consegnare. ❸ confidare, sperare, nutrire fiducia. ❹ (*market.*) far credito, vendere a credito, concedere prestiti. △ ❶ That's not the kind of person you can ~ non è il tipo d'individuo di cui ci si può fidare; ❷ We have resolved to ~ our affairs to a good lawyer abbiamo deciso d'affidare i nostri affari a un buon avvocato; ❸ I ~ they will take our advice into serious consideration spero che prenderanno in seria considerazione il nostro suggerimento; ❹ I need a new suit, but I don't know whether my tailor will ~ me again ho bisogno d'un abito nuovo, ma non so se il sarto mi farà di nuovo credito. // to ~ sb. with st. affidare qc. a q.: Let's ~ our solicitor with our affairs affidiamo i nostri affari al nostro avvocato!

trustbuster, *n.* (*econ.*) smantellatore dei monopoli. △ President Theodore Roosevelt was called « the ~ » because he succeeded in « busting » (that is, bursting or breaking) monopolies in the U.S.A. il Presidente Teodoro Roosevelt fu detto « lo smantellatore dei monopoli » perché riuscì a « smantellare » (cioè, a spezzare) i monopoli negli Stati Uniti.

trustee¹, *n.* ❶ (*amm.*) membro del consiglio d'amministrazione (*d'un ente pubblico, d'una scuola, d'un ospedale, ecc.*). ❷ (*leg.*) fiduciario, amministratore fiduciario. ❸ (*leg.*) (= **trustee in bankruptcy**) curatore (fallimentare). △ ❶ The trustees of our school held a meeting yesterday i membri del consiglio d'amministrazione della nostra scuola si sono riuniti ieri; ❷ The directors of a bank may be trustees for the depositors i direttori d'una banca possono essere fiduciari per i risparmiatori; The London Stock Exchange is governed by a Council consisting of 8 trustees and 28 representatives of the members la Borsa di Londra è retta da un Consiglio composto da 8 amministratori e 28 rappresentanti dei membri; ❸ It is the ~'s duty to examine the proofs of debt and to realize the bankrupt's estate è compito del curatore di fare la verifica dei crediti nel fallimento e di realizzare l'attivo. // ~ **company** (*fin.*) società fiduciaria (*o* depositaria), ente fiduciario; ~ **deed** (*fin., leg.*) atto fiduciario; **a ~ in bankruptcy** (*leg.*) un curatore fallimentare; ~ **Savings Bank** (*banca*) Cassa di Risparmio fiduciario.

trustee², *v. t.* (*leg.*) affidare (*beni*) in amministrazione (*o* gestione) fiduciaria.

trusteeship, *n.* ❶ (*leg.*) amministrazione fiduciaria, gestione fiduciaria. ❷ (*leg.*) curatela. △ ❷ He was not in a position to accept the ~ of his brother's property non era in grado d'accettare la curatela dei beni del fratello.

trustful, *a.* fiducioso.
trustworthiness, *n.* fidatezza.
trustworthy, *a.* fidato, credibile.
truth, *n.* verità.
truthful, *a.* veritiero, verace. // ~ **witnesses** (*leg.*) testimoni veraci.
truthfulness, *n.* veracità.
try, *v. t.* ❶ cercare, tentare (*di fare qc.*). ❷ (*leg.*) giudicare, processare. // to ~ **sb. for theft** (*leg.*) processare q. per furto; to ~ **out** collaudare.

tube, *n.* ❶ tubo. ❷ (*econ., fin.*) « tunnel » (*monetario europeo*). ❸ **the Tube** (*trasp. ferr.*) la metropolitana di Londra.

tug¹, *n.* (*trasp. mar.*) rimorchiatore.
tug², *v. t.* (*trasp. mar.*) rimorchiare.

tugboat, *n.* (*trasp. mar.*) rimorchiatore.
tumble¹, *n.* (*econ., fin., market.*) crollo.
tumble², *v. i.* crollare (*di solito,* to ~ **down**).
tuning band, *n.* (*comun.*) gamma di sintonia.
tunnel, *n.* ❶ tunnel. ❷ (*econ., fin.*) tunnel (*monetario europeo*).
turn¹, *n.* ❶ giro, rotazione. ❷ curva, (*anche fig.*) svolta. ❸ (*econ.*) inversione di tendenza. ❹ (*fin.*) operazione (*d'acquisto e vendita*) in titoli. ❺ (*fin.*) guadagno ricavato da un'operazione in titoli. ❻ (*fin.*) media fra il prezzo d'acquisto e quello di vendita (*rispettivamente sostenuto e praticato da un « jobber », q.V.*). ❼ (*fin., rag.*) *V.* **turnover**. ❽ (*pers.*) turno. ❾ (*trasp. aer., trasp. mar.*) virata, accostata. △ ❷ There seems to be a ~ **for the better in the labour-management feud** sembra si sia a una svolta favorevole nella disputa fra operai e datori di lavoro; ❸ Sales have never been high at this season and there are no signs of a ~ le vendite non sono mai state forti in questa stagione e non ci sono segni d'una inversione di tendenza; The new credit squeeze will probably cause an adverse ~ in the economy probabilmente la nuova stretta creditizia causerà una sfavorevole inversione di tendenza nell'economia; ❽ The management will add a second ~ employing another 80 workmen la direzione costituirà un secondo turno (di lavoro) dando lavoro ad altri 80 operai. // **a ~ for the better (for the worse)** un cambiamento in meglio (in peggio); **a ~ in a road** (*trasp. aut.*) una curva in una strada; ~ **of the market** (*fin.*) *V.* ~, *def.* 6; **the ~ of the tide** (*trasp. mar.*) il cambiamento della marea; **a ~ of work** (*pers.*) un turno di lavoro; ~ -**out** *V.* **turnout**; ~ -**over** *V.* **turnover**; **by turns** a turno; **in** ~ a turno.

turn², *v. i.* ❶ girare. ❷ girarsi, volgersi. ❸ rivolgersi, fare ricorso. ❹ diventare (*all'improvviso*). ❺ (*trasp. mar.*) (*di marea*) girare, cambiare; (*di nave*) virare. *v. t.* ❶ cambiare, convertire. ❷ volgere, tradurre. △ *v. i.* ❸ The Government is unlikely to ~ again to the **private sector** è improbabile che lo Stato si rivolga nuovamente al settore privato; Several employers turned to the regions where cheap labour was to be found diversi datori di lavoro fecero ricorso a regioni nelle quali si poteva trovare manodopera a buon mercato; *v. t.* ❶ He has turned all his stocks and bonds into cash ha convertito in contante tutte le sue azioni e obbligazioni; ❷ There are some documents to ~ **into Italian** ci sono alcuni documenti da tradurre in italiano. // to ~ **about** (*trasp. mar.: di nave*) invertire la rotta; to ~ **one's attention** volgere la propria attenzione: Investors are now turning their attention to that company's stocks i risparmiatori volgono ora la loro attenzione ai titoli di quella società; to ~ **a banknote into cash** (*fin.*) cambiare una banconota in spiccioli; to ~ **down an offer** rifiutare un'offerta; to ~ **an honest penny** fare un guadagno onesto; to ~ **in** consegnare; (*rag.*) (*di conto, ecc.*) dare (*un certo saldo, ecc.*), registrare, far registrare: to ~ **in an expense account** consegnare un conto spese; The Italian balance of payments turned in another surplus la bilancia dei pagamenti italiana registrò un altro saldo attivo; to ~ **off** (*pers.*) licenziare; to ~ **out** (*econ., org. az.*) produrre; (*leg.*) sfrattare; (*pers.*) cacciare, licenziare, mettere (*q.*) alla porta: Our factory is now turning out a large number of cars la nostra fabbrica ora produce un gran numero d'automobili; He was turned out of his position fu cacciato dal posto di lavoro; to ~ **over** consegnare, inoltrare; avere un giro d'affari di, avere un volume d'affari di: The funds thus collected will be turned over to the

treasurer i fondi così raccolti saranno consegnati al tesoriere; **Our firm turns over one million dollars a year** la nostra ditta ha un volume d'affari d'un milione di dollari l'anno; to ~ **a partnership into a limited company** (*fin.*) trasformare una società in nome collettivo in una società anonima; to ~ **a profit** (*rag.*) ricavare un utile; to ~ **st. to account** valorizzare qc.

turnabout, *n.* ❶ cambiamento repentino. ❷ (*econ.*) cambiamento di tendenza, inversione di tendenza. ❸ (*trasp. mar.*) inversione di rotta. △ ❷ **There has been a sharp ~ in farm prices** c'è stata una repentina inversione di tendenza nei prezzi (dei prodotti) agricoli.

turnaround, *n.* ❶ (*econ.*) inversione di tendenza. ❷ (*econ.*) aggiustamento. △ ❷ **The capital movements are responsible for the ~ in our balance of payments** l'aggiustamento dei nostri conti con l'estero è dovuto ai movimenti di capitali.

turndown, *n.* rifiuto. ∥ **the ~ of an offer** il rifiuto d'un'offerta.

turning, *a.* girevole. ∥ **~ point** (*econ.*) svolta (*d'un ciclo economico*).

turning out, *n.* ❶ (*leg.*) sfratto. ❷ (*pers.*) licenziamento.

turnout, *n.* ❶ (*org. az.*) produzione (*ottenuta*); volume di prodotti (*fabbricati*). ❷ (*pers.*) licenziamento. ❸ (*sind.*) sciopero. ❹ (*sind.*) scioperante.

turnover, *n.* ❶ (*fin.*) giro d'affari, volume d'affari. ❷ (*market.*) volume delle vendite, fatturato. ❸ (*org. az.*) ricambio, rotazione delle giacenze. ❹ (*pers.*) avvicendamento. △ ❶ **Our average ~ is of 100 million lire a year** il nostro giro d'affari medio è di 100 milioni di lire l'anno; **Gilt-edged securities were firm, but the ~ was rather small** i titoli di prim'ordine erano sostenuti, ma il volume degli affari era piuttosto esiguo. ∥ **~ rate** (*org. az.*) tasso di rotazione del magazzino, indice di rotazione delle giacenze; **~ tax** (*fin.*) imposta sulla cifra d'affari, imposta sugli affari.

turnpike, *n.* ❶ (*trasp. aut.*) strada a pedaggio. ❷ (*trasp. aut., USA*) autostrada. ∥ **~ -road** (*trasp. aut.*) strada a pedaggio.

tutelary, *a.* (*leg.*) tutorio.

tutor, *n.* (*leg.*) tutore.

tutorship, *n.* (*leg.*) tutela.

two, *a.* e *n.* due. ∥ **~ -address** (*elab. elettr.*) a due indirizzi; **~ -address instruction** (*elab. elettr.*) istruzione a due indirizzi; **~ bits** (*slang USA*) venticinque centesimi di dollaro; **~ by ~** a due a due; **~ -core-per-bit store** (*elab. elettr.*) memoria a due nuclei per « bit »; **~ -deck** (*trasp. mar.*) (*di nave*) a due ponti; **a ~ -master** (*trasp. mar.*) un due-alberi; **~ -out-of-five code** (*elab. elettr.*) codice due su cinque; **~ -tier** doppio, duplice: **a ~ -tier exchange system** (*econ., fin.*) un doppio regime dei cambi; **~ -tier market** (*econ.*) doppio mercato valutario; **~ -way communications** (*org. az.*) comunicazioni a due vie; **a ~ -way street** (*trasp. aut.*) una strada a due sensi; **by twos** a due a due.

tycoon, *n.* (*fin., USA*) gran finanziere, capitano d'industria, magnate.

type[1], *n.* ❶ tipo, specie, sorta. ❷ (*giorn., pubbl.*) tipo, carattere tipografico, carattere di stampa; caratteri tipografici (*o* di stampa, *collett.*). △ ❶ **A new ~ of car will be presented at the International Motor Show** al Salone Internazionale dell'Automobile sarà presentato un nuovo tipo d'auto; ❷ **A special edition will be printed in large ~** sarà stampata un'edizione speciale in caratteri grandi. ∥ **~ -bar** martelletto (*di macchina da scrivere*); **~ scale** (*giorn.*) tipometro; **~ -setting** (*giorn., pubbl.*) composizione (*tipografica*); **~ -size** (*giorn., pubbl.*) corpo (*tipografico*).

type[2], *v. t.* scrivere a macchina, dattilografare; battere (*fam.*).

typescript, *n.* dattiloscritto.

typesetter, *n.* (*giorn., pers.*) compositore.

typewrite, *v. t.* (*pass.* **typewrote**, *part. pass.* **typewritten**) scrivere a macchina, dattilografare.

typewriter, *n.* (*macch. uff.*) macchina da scrivere. ∥ **~ desk** (*attr. uff.*) tavolino per macchina da scrivere.

typewriting, *n.* (lo) scrivere a macchina, dattilografia. ∥ **~ ribbon** (*attr. uff.*) nastro dattilografico.

typical, *a.* tipico.

typification, *n.* tipificazione, tipizzazione.

typify, *v. t.* tipificare, tipizzare.

typist, *n.* (*pers.*) dattilografo, dattilografa.

typographer, *n.* (*giorn.*) tipografo, stampatore.

typographic, *a.* (*giorn.*) tipografico.

typographical, *a.* (*giorn.*) tipografico.

typography, *n.* (*giorn.*) tipografia (*sistema di stampa*).

tyre, *n.* e *v. t.* V. **tire**.

U

ullage, *n.* ❶ (*dog.*) quantità effettiva (*in barili, botti, ecc.*). ❷ (*market.*) calo, « colaggio », quantità mancante (*in barili, botti, ecc.*). ❸ (*market.*) abbuono per calo, abbuono per « colaggio ».

ultimate, *a.* ❶ ultimo, definitivo, finale. ❷ basilare, fondamentale. △ ❶ **The ~ results have not yet reached us** i risultati finali non ci sono ancora pervenuti; ❷ **All consumers should know the ~ principles of free economy** tutti i consumatori dovrebbero essere a conoscenza dei principi basilari dell'economia di mercato. // **~ buyer** (*econ.*) ultimo compratore; **~ consumer** (*econ.*) ultimo consumatore; **~ purchaser** (*econ.*) ultimo compratore; **~ user** (*econ.*) utilizzatore finale.

ultimatum, *n.* (*pl.* ultimata e *reg.*) ultimatum.

ultimo, *a.* (*abbr.* ult.) (*comm.*) scorso, ultimo scorso, del mese scorso. △ **Your letter of the 22nd ult. has been forwarded to our Rome office** la vostra lettera del 22 (ultimo) scorso è stata inoltrata alla nostra sede romana.

ultra boldface, *n.* (*giorn., pubbl.*) nerissimo.

ultra vires, *locuz. a. e avv.* (*leg.*) « ultra vires », in eccesso di potere, arbitrariamente, arbitrario. △ **The official in question acted ~** il funzionario in questione agì arbitrariamente; **~ an ~ contract** (*leg.*) un contratto « ultra vires ».

umpirage, *n.* (*leg., sind.*) arbitrato, arbitraggio, arbitramento, decisione arbitrale.

umpire[1], *n.* (*leg., sind.*) arbitratore, arbitro, arbitro unico. △ **It will be necessary to call in an ~ to decide the dispute** sarà necessario far intervenire un arbitro per dirimere la vertenza.

umpire[2], *v. t.* (*leg., sind.*) arbitrare, decidere (*una controversia*) in qualità d'arbitro. *v. i.* (*leg., sind.*) fare da arbitro. △ *v. t.* **Those differences were umpired by the president** quelle controversie furono decise dal presidente in qualità d'arbitro; *v. i.* **He has been appointed to ~ in labour disputes** è stato nominato a fare da arbitro nelle vertenze sindacali.

unable, *a.* incapace, inabile. // **~ to work** (*pers.*) inabile al lavoro; **to be ~** non essere in grado, non riuscire, non potere: **We were ~ to find the articles we were interested in** non riuscimmo a trovare gli articoli che ci interessavano.

unabridged, *a.* (*giorn., pubbl.*) (*d'articolo, volume, ecc.*) non abbreviato, completo, integrale. // **an ~ novel** un romanzo in edizione integrale; **an ~ reprint** (*giorn., pubbl.*) una ristampa integrale.

unabsorbed, *a.* non assorbito. // **~ cost** (*rag.*) parte dei costi generali non imputata alla produzione (*quando questa non raggiunge il volume desiderato*).

unacceptance, *n.* (*cred.*) mancanza d'accettazione.

unaccepted, *a.* (*cred.*) non accettato. // **~ bills** (*cred.*) cambiali non accettate.

unaddressed, *a.* (*comun.*) privo d'indirizzo, senza indirizzo. // **an ~ envelope** (*comun.*) una busta senza indirizzo.

unalienable, *a.* (*leg.*) inalienabile.

unalloyed, *a.* (*leg.*) (*di metallo, ecc.*) privo di lega, puro.

unaltered, *a.* inalterato, immutato, costante. △ **Our quotations remained ~ in spite of the rise in labour costs** le nostre quotazioni rimasero inalterate nonostante l'aumento dei costi per la manodopera.

unanchor, *v. t.* (*trasp. mar.*) disancorare. *v. i.* (*trasp. mar.*) levare l'ancora.

unanimity, *n.* unanimità.

unanimous, *a.* unanime, concorde. △ **The members of the council were ~ in their approval of the report** i membri del consiglio furono concordi nell'approvare la relazione. // **~ consent** consenso unanime; **a ~ vote** un voto unanime.

unanimously, *avv.* unanimemente, all'unanimità. △ **That was the first time a measure was carried ~** era la prima volta che un provvedimento veniva approvato all'unanimità.

unanswerability, *n.* (*leg.*) irresponsabilità.

unanswerable, *a.* ❶ incontestabile, innegabile, irrefutabile. ❷ (*leg.*) irresponsabile, non responsabile. △ ❷ **He must be considered ~ for the offence he committed** non deve essere tenuto responsabile del reato commesso. // **an ~ argument** un argomento irrefutabile.

unanswered, *a.* ❶ senza risposta. ❷ (*comun.*) inevaso. △ ❶ **Some of the most delicate questions he was asked by the newspapermen remained ~** alcune delle domande più delicate che gli furono poste dai giornalisti rimasero senza risposta. // **an ~ letter** (*comun.*) una lettera inevasa.

unappealable, *a.* inappellabile. // **an ~ decision** una decisione inappellabile.

unappropriated, *a.* (*fin.*) (*di fondo*) non assegnato, non stanziato. // **~ profits** (*fin.*) dividendi non distribuiti.

unassignable, *a.* (*leg.*) non trasferibile.

unauthorized, *a.* non autorizzato, abusivo, arbitrario. // **an ~ use of Government funds** (*econ.*) un uso arbitrario dei fondi governativi.

unavailable, *a.* ❶ non disponibile. ❷ inefficace, inutile. ❸ (*market.*) (*d'articolo*) non in vendita, esaurito. △ ❷ **Our efforts to convince the customer were ~** tutti gli sforzi per convincere il cliente furono inutili; ❸ **Those products have been ~ for several weeks** quei prodotti sono esauriti da varie settimane.

unavoidable, *a.* inevitabile. // **~ accident** (*ass.*) incidente inevitabile; **~ casualty** (*ass.*) incidente inevitabile.

unbalance[1], *n.* mancanza d'equilibrio, squilibrio, sbilancio, scompenso.

unbalance[2], *v. t.* far perdere l'equilibrio a (*q.*), squilibrare, sbilanciare, scompensare. // **to ~ a budget** (*econ., rag.*) scompensare un bilancio.

unbalanced, *a.* squilibrato, sbilanciato, scompensato. // **an ~ account** (*rag.*) un conto scompensato; **an ~ budget** (*econ., rag.*) un bilancio scompensato.

unballast, *v. i.* (*trasp. mar.*) scaricare la zavorra. *v. t.* (*trasp. mar.*) alleggerire della zavorra.

unbankable, *a.* (*banca*) non bancabile. // ~ **papers** (*banca*) effetti non bancabili.
unbeatable, *a.* imbattibile, insuperabile.
unbelievable, *a.* incredibile.
unbiased, *a.* imparziale, obiettivo. // **an ~ estimate** (*stat.*) una stima imparziale; **an ~ sample** (*stat.*) un campione obiettivo.
unbiassed, *a. V.* **unbiased**.
unbind, *v. t.* (*pass. e part. pass.* **unbound**) ❶ slegare, sciogliere. ❷ (*econ., fin.*) abolire il consolidamento di (*tariffe e sim.*). △ ❸ **Negotiations to ~ four tariff headings in the chemistry sector are on the point of being satisfactorily concluded** negoziati relativi all'abolizione del consolidamento di quattro voci doganali del settore dei prodotti chimici stanno per avere esiti positivi.
unbinding, *a.* non vincolante, non impegnativo, non obbligatorio. △ **The agreement was ~** l'accordo non era impegnativo. // **an ~ offer** un'offerta non vincolante.
unbreakable, *a.* infrangibile.
uncage, *v. t.* (*elab. elettr.*) sbloccare.
uncalled, *a.* non chiamato. // **~ capital** (*fin.*) capitale non richiamato; **~ for** (*comun.*) (*di lettera e sim.*) giacente alla posta.
uncashable, *a.* (*cred.*) non riscuotibile.
uncertain, *a.* incerto, imprevedibile, dubbio, indeciso. △ **The exact moment of departure is still ~** il momento esatto della partenza è ancora incerto; **The further developments of the political situation are decidedly ~** gli ulteriori sviluppi della situazione politica sono decisamente imprevedibili.
uncertainty, *n.* incertezza, non prevedibilità, dubbio. △ **There's renewed ~ about the business outlook** c'è una nuova incertezza per quanto riguarda le prospettive degli scambi.
unchanged, *a.* immutato.
unchartered, *a.* ❶ (*amm.*) privo di speciali privilegi (*come concessioni esclusive, ecc.*). ❷ (*trasp. aer., trasp. mar.*) (*di nave, aereo, ecc.*) non noleggiato.
unclaimed, *a.* non reclamato; (*leg.*) giacente. △ **An auction sale of ~ goods will be held tomorrow** domani si terrà una vendita all'asta delle merci non reclamate. // **an ~ dividend** (*fin.*) dividendo prescritto.
unclean, *a.* sporco. // **~ bill of lading** (*trasp. mar.*) polizza di carico « con riserva ».
uncleared, *a.* (*dog.*) (*d'articolo*) non sdoganato.
uncollected, *a.* (*cred.*) non incassato, non riscosso, non pagato, inesatto. // **an ~ debt** (*cred.*) un credito non riscosso; **an ~ tax** (*fin.*) un tributo inesatto.
uncollectible, *a.* (*cred.*) non incassabile, non riscuotibile, non esigibile, inesigibile. *n.* (*cred.*) credito inesigibile. // **~ credit** (*cred.*) credito inesigibile; **~ debt** (*cred.*) credito inesigibile.
uncommon, *a.* insolito.
unconditional, *a.* ❶ senza condizioni, senza riserve, incondizionato. ❷ netto, pieno. △ ❶ **A promissory note is an ~ promise to pay in writing** il pagherò è una promessa di pagare, fatta per iscritto e senza condizioni; ❷ **He's promised us his ~ support in this matter** ci ha promesso il suo pieno appoggio in questa faccenda.
unconditionally, *avv.* incondizionatamente.
unconfirmed, *a.* non confermato. // **~ letter of credit** (*banca, cred.*) lettera di credito non confermata; **~ rumours** voci non confermate.
unconstitutional, *a.* (*leg.*) incostituzionale.
unconstitutionality, *n.* (*leg.*) incostituzionalità.

unconvertible, *a.* (*fin.*) inconvertibile, non convertibile. // **~ securities** (*fin.*) titoli inconvertibili.
uncovered, *a.* ❶ scoperto. ❷ (*ass.*) (*di rischio*) non assicurato, non coperto, scoperto. ❸ (*banca, cred.*) allo scoperto, scoperto. △ ❷ **All these risks are ~** tutti questi rischi sono scoperti. // **~ advance** (*banca*) anticipazione allo scoperto; **~ arbitrage** (*Borsa, fin.*) arbitraggio scoperto; **~ cheque** (*banca, cred.*) assegno scoperto (*o senza copertura*).
uncustomed, *a.* ❶ (*dog.*) non sdoganato, non sdaziato. ❷ (*dog.*) esente da dogana, esente da dazio. △ ❶ **He was charged with being in possession of ~ goods** gli fu contestata la detenzione di merci non sdoganate.
undamaged, *a.* (*ass., trasp.*) non danneggiato, non avariato, indenne, in buone condizioni. △ **The ~ goods have already been forwarded to the consignee** le merci non danneggiate sono già state inoltrate al destinatario.
undated, *a.* non datato, senza data. // **an ~ letter** (*comun.*) una lettera non datata.
undecided, *a.* indeciso.
undecipherable, *a.* indecifrabile.
undefended, *a.* indifeso.
undefined, *a.* indefinito, irrisolto.
undelivered, *a.* non consegnato, non recapitato, giacente. △ **Some ~ goods have been auctioned off** una parte delle merci giacenti è stata venduta all'incanto.
undeniable, *a.* innegabile.
under, *avv. e prep.* ❶ sotto. ❷ in corso di, in. ❸ per meno di, a meno di. *a. attr.* inferiore, subalterno. △ *prep.* ❶ **Children ~ seven (years of age) must be accompanied by a parent** i bambini (d'età) sotto i sette anni dovranno essere accompagnati da uno dei genitori; **Those cuts in prices were possible ~ the pressure of competition** quelle riduzioni dei prezzi furono possibili sotto lo stimolo della concorrenza; ❷ **The railway line has been ~ repair for one week now** la linea ferroviaria è in riparazione da una settimana; ❸ **Do you think that this work could be done ~ 1,000 dollars?** pensate che questo lavoro possa essere eseguito per meno di 1.000 dollari? // **~ -agent** (*pers.*) subagente; **~ arrest** (*leg.*) in stato d'arresto; **~ -clerk** (*pers.*) impiegato in sottordine, subordinato; **~ construction** in costruzione; **~ control** (*trasp. mar.*) (*di nave*) in governo; **~ -the counter** (*market.*) (*di vendita*) sottobanco; **~ discussion** in discussione, in esame; **~ a foreign flag** (*trasp. mar.*) sotto la bandiera d'uno Stato estero; **~ (full) age** (*leg.*) minorenne; **~ the law** (*leg.*) ai sensi della legge; **~ -lease** (*leg.*) subaffitto; **~ no circumstance** in nessun caso; **~ oath** (*leg.*) sotto giuramento; **~ quarantine** (*trasp. mar.*) in quarantena; **~ a rebate** (*banca, cred.*) dietro la concessione d'un abbuono; **~ -secretary** sottosegretario, vice segretario; **~ separate cover** (*comun.*) sotto fascia, in plico a parte: **We are sending you, ~ separate cover, our latest colour catalogue** vi rimettiamo, in plico a parte, il nostro ultimo catalogo a colori; **~ ship's derrick** (*trasp. mar.*) *V.* **~ ship's tackle**; **~ ship's tackle** (*trasp. mar.*) sotto paranco; **~ this contract** (*leg.*) in virtù di questo contratto; **to be ~ age** essere minorenne.
underbid, *v. t.* (*pass. e part. pass.* **underbid**) ❶ (*market.*) offrire meno di (*un concorrente*). ❷ (*market.*) offrire merce (servizi, ecc.) a un prezzo inferiore a quello di (*un concorrente*).
undercarriage, *n.* (*trasp. aer.*) carrello (*d'atterraggio*).
undercharge, *v. t.* (*market.*) far pagare a (*q.*) meno

undercut

del giusto (*o* del solito). △ **We have been undercharged by our wholesaler** il nostro grossista ci ha fatto pagare meno del solito.

undercut, *v. t.* (*pass. e part. pass.* **undercut**) (*market.*) vendere a un prezzo inferiore a quello di (*un concorrente*).

underdeck, *n.* (*trasp. mar.*) ponte inferiore, sottocoperta. // ~ **tonnage** (*trasp. mar.*) stazza sotto ponte.

underdeveloped, *a.* (*econ.*) sottosviluppato, depresso. △ **The Community is examining a programme of technical assistance for** ~ **areas** la Comunità sta esaminando un programma d'assistenza tecnica alle zone depresse. // ~ **Countries** (*econ.*) Paesi sottosviluppati.

underdevelopment, *n.* (*econ.*) sottosviluppo. // **the** ~ **of industrial resources** (*econ.*) il sottosviluppo delle risorse industriali.

underemployed, *a.* (*sind.*) sottoccupato, non occupato a tempo pieno.

underemployment, *n.* (*sind.*) sottoccupazione.

underestimate[1], *n.* ❶ valutazione inadeguata, sottovalutazione. ❷ preventivo troppo basso.

underestimate[2], *v. t.* ❶ sottovalutare. ❷ fare un preventivo troppo basso per (*un lavoro*).

underestimation, *n.* sottovalutazione.

underexpose, *v. t.* (*pubbl.*) sottoesporre.

underexposure, *n.* (*pubbl.*) sottoesposizione.

undergo, *v. t.* (*pass.* **underwent**, *part. pass.* **undergone**) subire, soffrire, sopportare, essere sottoposto a (*prove e sim.*). △ **Our production techniques have undergone radical changes lately** in questi ultimi tempi le nostre tecniche produttive hanno subito mutamenti radicali; **Before being launched on the market, our article underwent many tests** prima d'essere lanciato sul mercato, il nostro articolo è stato sottoposto a molte prove. // **to** ~ **an examination** (*leg.*) subire un interrogatorio; **to** ~ **repairs** (*org. az.*) (*di macchinario*) andare in riparazione; (*trasp. mar.*) (*di nave*) andare ai lavori.

underground, *avv.* sotterra, nel sottosuolo. *a. attr.* sotterraneo. *n.* ❶ sottosuolo. ❷ (*trasp. ferr.*) ferrovia sotterranea, metropolitana. △ *avv.* **The water flowing** ~ **has never been exploited** l'acqua che scorre nel sottosuolo non è mai stata sfruttata; *n.* ❷ **The London Underground is the oldest in the world** la metropolitana di Londra è la più vecchia del mondo. // ~ **premises** (*org. az.*) depositi interrati; ~ **railway** (*trasp. ferr.*) ferrovia sotterranea, (ferrovia) metropolitana; ~ **station** (*trasp. ferr.*) stazione della metropolitana.

undergrounder, *n.* (*trasp. ferr.*) chi si serve della metropolitana.

underhanded, *a.* (*org. az.*) (*di fabbrica*) con manodopera insufficiente, con pochi operai. △ **Nearly all** ~ **factories began to employ migrant workers** quasi tutte le fabbriche con manodopera insufficiente cominciarono ad assumere lavoratori migranti.

underinsurance, *n.* (*ass.*) assicurazione per un valore insufficiente (*a coprire i danni*).

underlease[1], *n.* (*leg.*) subaffitto.

underlease[2], *v. t.* (*leg.*) subaffittare.

underlessee, *n.* (*leg.*) subaffittuario.

underlet, *v. t.* (*pass. e part. pass.* **underlet**) ❶ (*leg.*) subaffittare. ❷ (*leg.*) affittare (*locali e sim.*) a un prezzo inferiore al giusto.

underline, *v. t.* (*anche fig.*) sottolineare; mettere in evidenza, evidenziare. △ **Europe's weakness was underlined when the oil-producing Countries threatened to block their supplies** la debolezza dei Paesi europei fu evidenziata quando gli Stati produttori di petrolio minacciarono di bloccare le forniture.

underlines, *n. pl.* (*giorn., pubbl.*) didascalia (*sotto un'illustrazione*).

underlining, *n.* (*anche fig.*) sottolineatura.

undermanned, *a.* (*org. az.*) (*di fabbrica*) con manodopera insufficiente, con pochi operai. △ **These provisions should attract labour to** ~ **industries** questi provvedimenti dovrebbero richiamare operai verso le industrie con manodopera insufficiente.

undermentioned, *a.* sottomenzionato, sottoindicato. △ **All** ~ **items are temporarily out of stock** per il momento, tutti gli articoli sottoindicati sono esauriti.

underpass, *n.* (*trasp. aut.*) sottopassaggio.

underpay, *v. t.* (*pass. e part. pass.* **underpaid**) (*pers.*) pagare poco, retribuire inadeguatamente. △ **I believe you are being underpaid for your job** sono convinto che tu sia retribuito inadeguatamente per quel che fai.

underprice, *v. t.* ❶ (*market.*) porre un prezzo a (*un articolo e sim.*) inferiore a quello corrente. ❷ (*market.*) battere (*un concorrente*) nei prezzi.

underproduction, *n.* (*econ., org. az.*) sottoproduzione, produzione insufficiente.

underproductive, *a.* (*econ., org. az.*) sottoproduttivo, non sufficientemente produttivo.

underpunch[1], *n.* (*elab. elettr.*) sottoperforazione.

underpunch[2], *v. t.* (*elab. elettr.*) sottoperforare.

undersecretary, *n.* sottosegretario, vicesegretario.

undersecretaryship, *n.* sottosegretariato.

undersell, *v. t.* (*pass. e part. pass.* **undersold**) ❶ (*market.*) « svendere » (*merce*), vendere (*merce*) sottocosto. ❷ (*market.*) vendere a prezzi più bassi di (*altri prodotti similari*). ❸ (*market.*) vendere a un prezzo inferiore a quello di (*un concorrente*). △ ❶ **Before closing down our business we shall have to** ~ **all the goods** prima di « chiuder bottega » dovremo svendere tutta la merce; ❷ **We can** ~ **almost every import** siamo in grado di vendere a prezzi più bassi di quelli della maggior parte dei prodotti d'importazione.

underselling, *n.* (*market.*) vendita sottocosto.

undersign, *v. t.* sottoscrivere, firmare in calce (*un documento, una lettera, ecc.*).

undersigned, *a.* sottoscritto, firmato. // **the** ~ il sottoscritto: **The** ~ **testifies that the goods have never reached him** il sottoscritto dichiara che le merci non gli sono mai pervenute; **I the** ~ io sottoscritto.

understand, *v. t.* (*pass. e part. pass.* **understood**) ❶ capire, comprendere, intendere. ❷ apprendere, venire a sapere. ❸ credere, immaginare, pensare, ritenere. ❹ sottintendere. △ ❶ **I don't speak Swedish but I** ~ **it pretty well** non parlo lo svedese ma lo capisco benino; ❷ **We** ~ **that their customers are not interested in our articles** apprendiamo che alla loro clientela non interessano i nostri articoli; ❸ **Your offer is, I** ~, **still open** immagino che la vostra offerta sia ancora valida. // **to** ~ **each other** (*o* **one another**) capirsi, intendersi.

understanding, *n.* ❶ comprensione. ❷ accordo, intesa. △ ❶ **I don't think he has a clear** ~ **of the international financial situation** non credo abbia una comprensione chiara della situazione finanziaria internazionale; ❷ **There is a monetary** ~ **between the two Countries** fra i due Paesi esiste un accordo monetario. // **on this** ~ a questa condizione, a questi patti; **on the** ~ **that** a condizione che, a patto che.

understate, *v. t.* attenuare, minimizzare. // **to** ~ **one's taxable income** (*fin.*) dichiarare un (reddito) imponibile inferiore a quello reale.

understatement, *n.* minimizzazione.

understock[1], *n.* (*market.*, *org. az.*) scorta insufficiente (*di merci, materie prime, ecc.*).

understock[2], *v. t.* (*market.*, *org. az.*) approvvigionare (*un negozio, uno stabilimento, ecc.*) d'una quantità insufficiente di merce. // **to be understocked with certain goods** (*org. az.*) avere poca merce d'un certo tipo (*in magazzino, in negozio, ecc.*).

understood, *a.* ❶ compreso, capito, inteso. ❷ sottinteso. △ ❶ **It is ~ that the goods must be up to sample** resta inteso che le merci dovranno essere conformi al campione; ❷ **Such clause is usually ~ in this type of contract** di solito tale clausola è sottintesa in questo tipo di contratto.

undertake, *v. t.* (*pass.* **undertook**, *part. pass.* **undertaken**) ❶ intraprendere. ❷ assumere. ❸ assumersi l'impegno di, impegnarsi a, incaricarsi di. △ ❷ **The lawyer refused to ~ our defence** l'avvocato s'è rifiutato d'assumere la nostra difesa; ❸ **He solemnly undertook to pay the debt for us** s'impegnò solennemente a pagare il debito per noi. // **to ~ a journey** (*trasp.*) intraprendere un viaggio; **to ~ legal proceedings against sb.** (*leg.*) procedere per vie legali contro q.; **to ~ on contract** (*leg.*) prendere in appalto, appaltare; **to ~ a responsibility** assumersi una responsabilità.

undertaker, *n.* ❶ imprenditore. ❷ appaltatore. ❸ impresario di pompe funebri.

undertaking, *n.* ❶ impresa, azienda. ❷ impegno, promessa. △ ❶ **Large-scale undertakings obviously involve large expenditures of money** ovviamente le imprese di grandi dimensioni comportano grandi spese; ❷ **He has given us a written ~** ci ha rilasciato un impegno scritto.

undertone, *n.* ❶ tono basso, tono sommesso. ❷ (*Borsa, fin.*) tendenza di base (*d'un mercato e sim.*). △ ❷ **Despite a weak start, these securities desplayed a rather strong ~ yesterday** nonostante l'apertura debole, questi titoli rivelarono ieri una tendenza di base abbastanza sostenuta.

underuse, *v. t.* (*econ.*) non sfruttare adeguatamente.

undervaluation, *n.* ❶ sottovalutazione. ❷ (*econ.*) svalutazione, deprezzamento.

undervalue, *v. t.* ❶ sottovalutare. ❷ (*econ.*) svalutare, deprezzare.

undervalued, *a.* ❶ sottovalutato. ❷ svalutato, deprezzato. △ ❷ **The pound was ~ in terms of foreign currencies** la sterlina era svalutata nei confronti delle monete straniere.

underwrite, *v. t.* (*pass.* **underwrote**, *part. pass.* **underwritten**) ❶ (*anche fig.*) sottoscrivere. ❷ (*ass.*) assicurare (*specialm. una nave*). ❸ (*ass.*) emettere (*una polizza, specialm. d'assicurazione marittima*). ❹ (*fin.*) sottoscrivere (*un'emissione di titoli*); acquistare (*azioni, titoli*). ❺ (*fin.*) finanziare, sostenere finanziariamente (*un'impresa e sim.*). △ ❶ **I don't feel I can ~ our Government's policy** non sento di poter sottoscrivere la politica del nostro Governo; ❸ **The policy was underwritten in New York** la polizza fu emessa a New York; ❹ **We've been instructed to ~ 200 Texasgulfs** ci sono state date istruzioni d'acquistare 200 (azioni) Texasgulf; ❺ **That company has promised to ~ a sizable proportion of our deficit** quella società ha promesso di finanziare una parte considerevole del nostro deficit. // **to ~ stock** (*fin.*) sottoscrivere capitale azionario.

underwriter, *n.* ❶ (*ass.*) assicuratore (*specialm. marittimo*). ❷ (*fin.*) sottoscrittore (*di titoli*). ❸ (*fin.*) finanziatore. ❹ (*fin.*) società gestrice di fondi (comuni) d'investimento. △ ❶ **The ~ has found the risk on the original slip acceptable for him, and is therefore prepared to cover it** l'assicuratore marittimo ha ritenuto accettabile il rischio cui faceva riferimento la polizzetta provvisoria ed è pertanto disposto a coprirlo; ❷ **All new underwriters have been sent a summary account of the company's activity** a tutti i nuovi sottoscrittori è stata inviata una succinta relazione sull'attività sociale.

underwriting, *n.* ❶ (*ass.*) assicurazione (*specialm. marittima*). ❷ (*ass., fin.*) « underwriting ». ❸ (*fin.*) sottoscrizione (*di titoli*). ❹ (*fin.*) finanziamento. △ ❶ **The practice of individual ~ has largely disappeared, except as carried out through Lloyd's of London** la pratica dell'assicurazione marittima individuale è in larga parte scomparsa, per rimanere soltanto nella figura del Lloyd di Londra; ❷ **~ means the practice of indicating acceptance of the risk by a signature written at the bottom of the policy** con la parola « underwriting » s'intende la pratica d'indicare l'accettazione d'un rischio per mezzo dell'apposizione d'una firma in calce a una polizza; **Investment banks have an ~ function in corporate finance** le « investment banks » hanno funzioni di « underwriting » per il finanziamento delle aziende.

undischarged, *a.* ❶ non scaricato, ancora carico. ❷ (*di compito*) non compiuto. ❸ (*cred.*) non saldato, insoluto. △ ❶ **All ~ goods shall be examined by our inspector** tutte le merci non ancora scaricate saranno esaminate dal nostro controllore. // **~ bankrupt** (*leg.*) fallito non riabilitato; **an ~ debt** (*cred.*) un debito insoluto.

undisclosed, *a.* non svelato, non reso noto, nascosto, occulto, segreto. △ **The estate was sold for an ~ sum** la proprietà fu venduta per una somma che non è stata resa nota; **This information was supplied by an ~ source** queste informazioni sono state fornite da fonte segreta.

undisputed, *a.* non contestato, incontrastato, indiscusso, indubitato. △ **He is a man of ~ competence** è un uomo la cui competenza è indiscussa. // **an ~ credit** (*cred.*) un credito non contestato.

undistributed, *a.* non distribuito. // **~ profits** (*fin.*) utili non distribuiti.

undivided, *a.* indiviso, intero. // **~ profits** (*fin.*) utili indivisi; **~ responsibility** responsabilità indivisa.

undo, *v. t.* (*pass.* **undid**, *part. pass.* **undone**) disfare.

undock, *v. t.* (*trasp. mar.*) far uscire (*una nave*) dal bacino. *v. i.* (*trasp. mar.*) uscire dal bacino. △ *v. i.* **We are supposed to ~ at 12 noon** si prevede che usciremo dal bacino alle 12.

undoubted, *a.* indubbio.

undue, *a.* ❶ indebito, inopportuno. ❷ (*cred.*) non dovuto, non ancora scaduto. // **an ~ debt** (*cred.*) un debito non ancora scaduto; **~ influence** (*leg.*) ingerenza illegale, violenza morale, captazione.

unearned, *a.* non guadagnato. // **~ income** (*econ.*) reddito non di lavoro, rendita; **~ increment** (*econ.*) plusvalore; **~ premium** (*ass.*) parte del premio rimborsabile in caso di disdetta anticipata (*della polizza*); **~ premium reserve** (*ass.*) fondo di riserva per far fronte al rimborso (*di parte del premio*) in caso di disdetta anticipata (*della polizza*); **~ revenue** (*econ.*) *V.* **~ income**.

uneconomic, *a.* ❶ (*econ.*) antieconomico. ❷ (*econ.*) improduttivo. // **~ industries** (*econ.*) industrie improduttive; **an ~ method of production** (*econ.*) un metodo di produzione antieconomico.

uneconomical, *a. V.* **uneconomic**.

unemployed, *a.* ❶ (*econ.*) (*di denaro*) non investito, inutilizzato. ❷ (*sind.*) disoccupato. ❸ **the unemployed** (*sind.*) i disoccupati. △ ❷ **Thousands of ~ workers had to go abroad for a job** migliaia di (operai) disoccupati dovettero espatriare per trovare lavoro. // **~ capital** (*econ.*) capitale inutilizzato, inattivo.

unemployment, *n.* (*sind.*) disoccupazione. △ **The increase in ~ remained moderate in most EEC Countries** l'aumento della disoccupazione è rimasto a un livello moderato nella maggior parte dei Paesi della Comunità Europea. // **~ benefit** (*sind.*) sussidio di disoccupazione; **~ benefits** (*sind.*) cassa integrazione (guadagni); **~ compensation** (*sind.*) *V.* **~ benefit**; **~ insurance** (*ass.*) assicurazione contro la disoccupazione; **~ level** (*sind.*) livello di disoccupazione; **~ rate** (*sind.*) indice di disoccupazione, tasso di disoccupazione.

unendorsed, *a.* (*cred.*) non girato, senza girata. // **an ~ cheque** (*banca*, *cred.*) un assegno non girato.

unenforceable, *a.* (*leg.*) non suscettibile di tutela giudiziaria. // **an ~ contract** (*leg.*) un contratto valido ma non tutelabile in giudizio.

unequal, *a.* ineguale, disuguale.

uneven, *a.* ❶ disuguale, ineguale, irregolare. ❷ (*mat.*) dispari. // **~ earnings** (*rag.*) guadagni irregolari; **~ numbers** (*mat.*) numeri dispari.

unevenness, *n.* disuguaglianza, irregolarità.

unexcused, *a.* non scusato, ingiustificato. // **~ absences** (*pers.*) assenze ingiustificate.

unexhausted, *a.* non esaurito, inesausto. // **~ funds** (*econ.*) fondi non esauriti, fondi non completamente utilizzati.

unexpected, *a.* inatteso, imprevisto, improvviso. // **an ~ circumstance** (*o* **event**) un imprevisto.

unexpectedly, *avv.* improvvisamente.

unexpensive, *a.* non dispendioso, a buon mercato. △ **We should find out a new source of ~ raw materials** dovremmo trovare una nuova fonte di materie prime a buon mercato.

unexpired, *a.* (*leg.*) non (ancora) scaduto. // **an ~ lease** (*leg.*) un affitto non ancora scaduto.

unexpressed, *a.* non espresso, inespresso, sottinteso, tacito. // **the ~ terms of an agreement** (*leg.*) le condizioni tacite d'un accordo.

unfair, *a.* ingiusto, iniquo, disonesto, sleale. // **~ competition** (*leg.*, *market.*) concorrenza sleale; **an ~ judgment** (*leg.*) una sentenza iniqua; **~ labour practice** (*sind.*, *USA*) pratica discriminatoria nei confronti degli aderenti a un sindacato (*operaio o padronale*); **~ list** (*sind.*, *USA*) lista (*compilata e pubblicata da un'organizzazione sindacale*) dei datori di lavoro che hanno messo in opera pratiche discriminatorie a danno degli aderenti a un sindacato; **~ methods** (*leg.*) metodi disonesti; **~ practice** (*leg.*, *market.*). *V.* **~ competition**.

unfairness, *n.* ingiustizia.

unfashionable, *a.* fuori moda, inelegante. // **~ fabrics** (*market.*) stoffe fuori moda.

unfavourable, *a.* ❶ sfavorevole, contrario. ❷ svantaggioso, non propizio. // **~ answer** risposta negativa: **Our customer gave us an ~ answer** il nostro cliente ci diede una risposta negativa; **an ~ balance of trade** (*econ.*) una bilancia commerciale passiva; **an ~ business climate** un « clima » non propizio agli scambi; **an ~ economic trend** (*econ.*) una congiuntura sfavorevole, una congiuntura avversa; **an ~ exchange** (*econ.*) un cambio sfavorevole.

unfeasible, *a.* non fattibile.

unfilled, *a.* ❶ non riempito, vuoto. ❷ (*org. az.*) (*di posto*) libero, non occupato, vacante. // **the ~ spaces** gli spazi in bianco (*d'un modulo e sim.*); **~ vacancy** (*org. az.*) posto di lavoro non occupato, offerta di lavoro non soddisfatta.

unfinished, *a.* ❶ non finito, incompiuto, incompleto. ❷ (*org. az.*) (*di prodotto*) semilavorato. // **~ business** questioni (*nell'ordine del giorno*) il cui esame era stato rinviato in una riunione precedente; **~ products** (*org. az.*) prodotti semilavorati, semilavorati.

unfit, *a.* inadatto, disadatto.

unforeseeable, *a.* imprevedibile.

unforeseen, *a.* imprevisto.

unfounded, *a.* infondato, ingiustificato. // **an ~ accusation** (*leg.*) un'accusa infondata; **an ~ claim** (*leg.*) una pretesa ingiustificata; **an ~ rumour** una voce infondata.

unfranked, *a.* (*fin.*) senza franchigia fiscale.

unfreeze, *v. t.* (*pass.* **unfroze**, *part. pass.* **unfrozen**) ❶ disgelare, sgelare. ❷ (*econ.*) liberalizzare (*prezzi*); liberare (*i prezzi*) dai regolamenti (dai controlli, ecc.); sbloccare (*prezzi, fondi, ecc.*). ❸ (*econ.*) smobilizzare (*capitali*). △ ❷ **Prices in this sector haven't been unfrozen yet** i prezzi in questo settore non sono ancora stati liberalizzati; ❸ **The vast resources kept by the International Monetary Fund in various central banks should be unfrozen** i grandi capitali mantenuti dal Fondo Monetario Internazionale presso diverse banche centrali dovrebbero essere smobilizzati.

unfreezing, *n.* ❶ disgelo. ❷ (*econ.*) liberalizzazione (*dei prezzi*); sblocco (*di prezzi, fondi, ecc.*). ❸ (*econ.*) smobilizzo (*di capitali*).

unfruitful, *a.* infruttifero (*in senso proprio*).

unfunded, *a.* (*fin.*) (*di debito pubblico*) non consolidato, fluttuante. // **~ debt** (*fin.*) debito (pubblico) fluttuante.

unhurt, *a.* incolume.

unification, *n.* unificazione.

unified, *a.* unificato, reso uniforme. // **a ~ currency** (*econ.*) una moneta comune; **~ debt** (*fin.*) debito consolidato.

uniform, *a.* uniforme.

uniformity, *n.* uniformità.

unify, *v. t.* unificare, rendere uniforme, riunire. △ **The efforts to ~ the various existing laws in this field were successful** gli sforzi per unificare le diverse normative esistenti in materia furono coronati dal successo.

unilateral, *a.* (*leg.*) unilaterale. △ **A ~ denunciation of such treaties is non justified** la denuncia unilaterale di tali trattati non è giustificata. // **~ contract** (*leg.*) contratto unilaterale.

unilaterality, *n.* (*leg.*) unilateralità.

unindorsed, *a.* (*cred.*) non girato, senza girata. // **an ~ cheque** (*cred.*) un assegno non girato.

uninominal, *a.* uninominale. // **a ~ electoral system** un sistema elettorale uninominale.

uninsured, *a.* (*ass.*) non assicurato. △ **All claims for ~ goods shall be rejected** tutte le richieste d'indennizzo relative alle merci non assicurate saranno respinte.

unintentional, *a.* (*leg.*) preterintenzionale.

unintentionality, *n.* (*leg.*) preterintenzionalità.

uninterrupted, *a.* ininterrotto.

uninvested, *a.* (*fin.*) giacente (*non investito*).

union, *n.* ❶ unione, alleanza, confederazione. ❷ (*sind.*) (= **trade union, labor union**) sindacato. // **unions' actions** (*sind.*) manifestazioni sindacali; **~ card** (*sind.*) tessera del sindacato; **~ headquarters** (*sind.*)

centrale sindacale; ~ **label** (*sind., USA*) segno d'identificazione apposto sulla merce per indicare che essa è stata prodotta da operai aderenti a un sindacato, in una fabbrica che non ostacola l'azione sindacale; **a ~ member** (*sind.*) un iscritto a un sindacato; ~ **militancy** (*sind.*) attivismo sindacale, il militare in un sindacato; ~ **militant** (*sind.*) chi milita nelle file d'un sindacato, attivista sindacale; ~ **officer** (*sind.*) sindacalista; ~ **policy** (*sind.*) politica sindacale; ~ **representative** (*sind.*) sindacalista; ~ **shop** (*sind., USA*) stabilimento in cui tutti gli operai sono tenuti ad aderire a un sindacato.

unionism, *n.* (= trade unionism, labor unionism) (*sind.*) sindacalismo.

unique, *a.* unico. // ~ **selling proposition** (*pubbl.*) proposta unica di vendita.

unissued stock, *n.* (*fin.*) capitale non emesso.

unit, *n.* ❶ unità. ❷ (*econ., org. az.*) unità produttiva, azienda. ❸ (*mat.*) unità. △ ❶ **The Italian monetary ~ is the Lira** l'unità monetaria italiana è la lira. // ~ **banking** (*banca, USA*) sistema bancario caratterizzato dalla presenza di molte piccole banche locali (*e non da poche grandi banche che operano attraverso filiali*); ~ **card** (*elab. elettr.*) registrazione unitaria; ~ **cost** (*rag.*) costo unitario; ~ **increment** (*econ., mat.*) incremento unitario; ~ **of account** (*u.a.*) (*econ., fin.*) unità di conto (*U.C.*): **One ~ of account was equal to 0.888671 grams of fine gold, which was the value of $ 1 U.S. at the official rate of exchange** l'unità di conto corrispondeva a 0,888671 grammi d'oro fino, era cioè pari a 1 dollaro U.S.A. al tasso di cambio ufficiale; **Loans approved during 1973 totalled 132,300,000 u.a. (units of account)** i prestiti approvati durante l'esercizio 1973 ammontarono a 132,3 milioni di U.C. (unità di conto); ~ **of account issues** (*fin.*) emissioni in unità di conto; ~ **of assessment** (*fin., leg.*) unità (*di misura*) usata ai fini della determinazione dell'imponibile; ~ **of length** unità di lunghezza; ~ **of measurement** unità di misura; ~ **of value** unità di valore; (*fig.*) metro di valutazione; (*fig., leg.*) *V.* ~ **of assessment**; ~ **of weight** unità di peso; ~ **price** (*econ., market.*) prezzo unitario; ~ **trusts** (*fin.*) fondi comuni d'investimento.

unitary, *a.* unitario.

unite, *v. t.* unire, riunire, congiungere. *v. i.* unirsi, riunirsi, congiungersi. △ *v. t.* **The three factions were united by the common purpose** il comune proposito riunì le tre fazioni; *v. i.* **All parties united in signing the petition** tutte le parti si unirono per firmare la petizione.

united, *a.* unito, riunito, congiunto. // **the ~ Kingdom** il Regno Unito; **the ~ Nations** le Nazioni Unite; **the ~ Nations Conference on Trade and Development (UNCTAD)** la Conferenza delle Nazioni Unite per il commercio e lo sviluppo (*UNCTAD*); ~ **Nations Educational, Scientific and Cultural Organization (UNESCO)** Organizzazione delle Nazioni Unite per l'educazione, la scienza e la cultura (*UNESCO*); ~ **Nations Food and Agriculture Organization (FAO)** Organizzazione delle Nazioni Unite per l'alimentazione e l'agricoltura (*FAO*); ~ **Nations Industrial Development Organization (UNIDO)** Organizzazione delle Nazioni Unite per lo sviluppo industriale (*UNIDO*); ~ **Nations Organization for International Law (UNOIL)** Commissione delle Nazioni Unite per il diritto commerciale internazionale (*CNUCI*); **the ~ States** gli Stati Uniti.

unity, *n.* ❶ unità. ❷ (*mat.*) unità. // ~ **of command** (*org. az.*) unità di comando; ~ **of direction** (*org. az.*)

unità di direzione; ~ **of supervision** (*org. az.*) unità di controllo.

universal, *a.* universale. // ~ **agent** (*pers.*) agente universale, agente generale; ~ **heir** (*leg.*) erede universale; ~ **legacy** (*leg.*) legato universale; ~ **succession** (*leg.*) successione universale; ~ **suffrage** (*leg.*) suffragio universale.

universe, *n.* ❶ universo. ❷ (*mat., stat.*) universo, popolazione.

unjust, *a.* ❶ ingiusto, iniquo. ❷ (*leg.*) indebito. // ~ **enrichment** (*leg.*) indebito (*o* illecito) arricchimento.

unjustified, *a.* ingiustificato.

unknown, *a.* ignoto, sconosciuto, incognito. *n.* (*mat.*) incognita. ~ **person** (*leg.*) ignoto; **the ~ quantity** (*mat.*) l'incognita; **the ~ value** (*mat.*) l'incognita; **the ~ values of a parameter** (*stat.*) i valori incogniti d'un parametro.

unlawful, *a.* (*leg.*) illegale, illecito, illegittimo, abusivo. // ~ **conduct** (*leg.*) pratiche illecite; **the ~ consideration of a contract** (*leg.*) la causa illecita d'un contratto; ~ **measures** (*leg.*) misure illecite; ~ **son** (*leg.*) figlio illegittimo, figlio naturale.

unlawfulness, *n.* (*leg.*) illegalità, illiceità, illegittimità.

unlet, *a.* (*leg.*) (*d'immobile*) spigionato.

unlimited, *a.* illimitato. // ~ **company** (*fin*) società in nome collettivo; ~ **flexibility** (*fin.*) flessibilità illimitata; ~ **liability** (*fin.*) responsabilità illimitata; ~ **partnership** (*fin.*) società in nome collettivo; ~ **policy** (*ass.*) polizza che copre tutti i rischi (*d'un ramo*).

unlisted, *a.* che non figura in un elenco. △ **His telephone number was ~** il suo numero telefonico non figurava nell'elenco. // ~ **security** (*fin.*) titolo non quotato (*in Borsa*).

unload[1], *n.* (*trasp. mar.*) merce scaricata, merce sbarcata.

unload[2], *v. t.* ❶ (*fin., market.*) svendere, disfarsi di, sbarazzarsi di (*titoli, merci, ecc.*). ❷ (*trasp.*) scaricare (*una nave, un carico, ecc.*); sbarcare (*un carico*). *v. i.* ❶ (*fin., market.*) svendere titoli o merci (*avendo previsto un crollo dei prezzi*). ❷ (*trasp.*) (*di nave*) scaricare. △ *v. t.* ❶ **Those investors did their best to ~ as much stock as they could** quegli operatori fecero del loro meglio per sbarazzarsi di quanti più titoli potevano; ❷ **Those goods must be unloaded first** quelle merci devono essere scaricate per prime; *v. i.* ❷ **When we arrived the ship was unloading** quando arrivammo la nave stava scaricando.

unloader, *n.* (*pers.*) scaricatore.

unloading, *n.* ❶ (*trasp.*) scarico, scaricamento. ❷ (*trasp. mar.*) discarico, sbarco. // ~ **charges** (*trasp. mar.*) spese di sbarco; ~ **operations** (*trasp.*) operazioni di scarico; ~ **risk** (*trasp. mar.*) rischio di sbarco; ~ **wharf** (*trasp. mar.*) pontile di scarico.

unmake, *v. t.* (*pass. e part. pass.* **unmade**) disfare.

unmanaged flexibility, *n.* (*fin.*) flessibilità libera.

unmanufactured, *a.* (*market.*) (*di prodotto*) non lavorato, greggio, grezzo. // ~ **tobacco** tabacco greggio.

unmarked, *a.* non marcato, non contrassegnato. // ~ **shares** (*fin.*) azioni non stampigliate.

unmarketable, *a.* (*market.*) non commerciabile, invendibile. △ **We can't accept your proposal as the article you offer us is practically ~ in this area** non possiamo accettare la vostra proposta poiché l'articolo che ci offrite è praticamente invendibile in questa zona.

unmarried, *a.* (*leg.*) nubile.

unmerchantable, *a.* (*market.*) non commerciabile, invendibile. // ~ **goods** (*market.*) merce invendibile.

unmoor, *v. t.* (*trasp. mar.*) disormeggiare. *v. i.* (*trasp. mar.*) togliere gli ormeggi.

unmooring, *n.* (*trasp. mar.*) disormeggio.

unmortgaged, *a.* (*leg.*) non gravato da ipoteca, non ipotecato. // **an ~ estate** (*leg.*) un immobile non gravato da ipoteca.

unnavigable, *a.* (*trasp., trasp. mar.*) non navigabile, innavigabile. // **an ~ channel** (*trasp. mar.*) un canale innavigabile; **an ~ river** (*trasp.*) un fiume non navigabile.

unofficial, *a.* non ufficiale, ufficioso. // **~ character** ufficiosità; **an ~ estimate** una stima non ufficiale; **~ stoppage** (*sind.*) V. **~ strike**; **~ strike** (*sind.*) sciopero « selvaggio ».

unofficially, *avv.* ufficiosamente.

unpack, *v. t.* ❶ disfare, disimballare, spacchettare. ❷ (*market., trasp.*) sballare. *v. i.* disfare le valigie. △ *v. t.* ❶ **These goods must be unpacked with the utmost care** queste merci devono essere disimballate con la massima precauzione.

unpacking, *n.* (*market., trasp.*) sballatura.

unpaid, *a.* ❶ non pagato. ❷ (*cred.*) non saldato, insoluto. ❸ (*pers.*) non retribuito, irremunerato. △ ❷ **Those debts are still ~** quei debiti sono ancora insoluti. // **an ~ bill** (*cred.*) una cambiale insoluta, una cambiale in sofferenza; **the ~ distribution** (*giorn.*) le copie (inviate in) omaggio; **~ invoices** (*market.*) fatture insolute; **an ~ position** (*pers.*) un impiego non retribuito.

unpatented, *a.* (*leg.*) non brevettato. // **~ inventions** (*leg.*) invenzioni non brevettate.

unpaying, *a.* che non paga. // **~ customers** (*market.*) clienti che non pagano.

unpredictable, *a.* imprevedibile.

unproductive, *a.* improduttivo, infecondo, sterile. △ **Their project aims at the elimination of ~ industries** il loro progetto mira all'eliminazione delle industrie improduttive. // **~ consumption** (*econ.*) (i) consumi improduttivi.

unproductiveness, *n.* (*econ.*) improduttività.

unprofitable, *a.* ❶ senza profitto, non redditizio, infruttuoso, inutile. ❷ (*rag.*) passivo. △ ❶ **Several mines were abandoned as ~** diverse miniere furono abbandonate non essendo state considerate redditizie.

unquestionable, *a.* incontestabile, indiscutibile. // **~ evidence** (*leg.*) prove incontestabili.

unquestionably, *avv.* indiscutibilmente.

unquoted, *a.* (*fin.*) (*di titolo*) non quotato (*nel listino ufficiale di Borsa*).

unreadable, *a.* illeggibile, indecifrabile. △ **The articles written by our politicians are often ~** spesso gli articoli scritti dai nostri uomini politici sono indecifrabili.

unrealizable, *a.* irrealizzabile, di (assai) difficile realizzo. // **an ~ asset** (*econ., rag.*) un'attività di difficile realizzo.

unrecorded, *a.* non registrato. // **an ~ deed to property** (*leg.*) un atto di proprietà non registrato.

unrecoverable, *a.* irrecuperabile. // **an ~ debt** (*o credit*) (*cred.*) un credito irrecuperabile.

unredeemable, *a.* irredimibile, non riscattabile. // **~ bank-notes** (*fin.*) banconote non convertibili (*in moneta metallica*); **an ~ loan** (*fin.*) un prestito irredimibile.

unregistered, *a.* ❶ (*fin.*) (*di titolo*) non nominativo, al portatore. ❷ (*leg.*) non registrato, non iscritto. // **~ letters** (*comun.*) lettere non raccomandate; **~ mortgage** (*leg.*) ipoteca non accesa; **~ trademark** (*leg.*) marchio (di fabbrica) non registrato.

unremunerative, *a.* non remunerativo, tutt'altro che lucrativo, infruttuoso. // **an ~ occupation** (*pers.*) un impiego che non è rimunerativo.

unrest, *n.* ❶ agitazione, inquietudine. ❷ sommossa, tumulto. △ ❶ **Labour ~ is but one facet of the more general social ~** le agitazioni operaie non sono che uno degli aspetti della più generale inquietudine sociale.

unrewarding, *a.* non gratificante. △ **Frustration and absenteeism are often brought about by an ~ job** la frustrazione e l'assenteismo sono causati spesso da un lavoro non gratificante.

unsafe, *a.* malsicuro, pericoloso, rischioso. △ **This car is ~ at any speed** quest'automobile è malsicura a qualsiasi velocità.

unsalability, *n.* invendibilità.

unsalable, *a.* invendibile, inalienabile. △ **We were struck by the long list of ~ articles made by our branches** fummo colpiti dalla lunga lista d'articoli invendibili compilata dalle nostre filiali.

unsaleability, *n.* V. unsalability.

unsaleable, *a.* V. unsalable.

unsatisfactory, *a.* insoddisfacente, manchevole. △ **The proceeds of sales for the first quarter are wholly ~** il fatturato relativo al primo trimestre è del tutto insoddisfacente.

unsatisfied, *a.* insoddisfatto, non soddisfatto. // **~ applications for jobs** (*pers.*) domande di lavoro non soddisfatte; **an ~ demand** (*econ.*) una domanda insoddisfatta.

unscrupulous, *a.* privo di scrupoli.

unseal, *v. t.* dissigillare, togliere i sigilli a. △ **The letter was unsealed in the presence of a notary public** la lettera fu dissigillata alla presenza d'un pubblico notaio.

unseat, *v. t.* dimettere (*q.*) da una carica. △ **He was unseated because he had been found guilty** fu dimesso perché era stato dichiarato colpevole.

unseaworthy, *a.* (*trasp. mar.*) (*di nave*) non idoneo alla navigazione.

unsecured, *a.* (*cred.*) non garantito, senza garanzia, allo scoperto. // **~ advances** (*cred.*) anticipazioni allo scoperto, anticipi allo scoperto; **~ bond** (*cred.*) un'obbligazione senza garanzia; **~ credit** (*leg.*) credito chirografario; **~ creditor** (*leg.*) creditore chirografario; **~ debt** (*leg.*) credito chirografario; **~ loan** (*cred.*) prestito non garantito.

unsettle, *v. t.* ❶ sconvolgere. ❷ agitare, turbare. △ ❶ **This uninterrupted chain of strikes threatens to ~ economy** questa catena ininterrotta di scioperi minaccia di sconvolgere l'economia.

unsettled, *a.* ❶ sconvolto. ❷ agitato, turbato. ❸ (*cred.*) non pagato, non saldato, insoluto. △ ❶ **The market is still ~ due to the alarming news** il mercato è ancora sconvolto a causa delle notizie allarmanti; ❸ **will be necessary to get a loan in order to pay off all ~ debts** sarà necessario ottenere un prestito per pagare tutti i debiti insoluti.

unship, *v. t.* (*trasp. mar.*) sbarcare, scaricare (*merci*). △ **The cargo will be unshipped shortly** il carico sarà sbarcato fra breve.

unsinkable, *a.* (*trasp. mar.*) (*di nave*) inaffondabile, insommergibile, non sommergibile.

unskilled, *a.* ❶ inesperto. ❷ (*pers.*) non specializzato. // **~ labour** (*pers.*) manodopera non qualificata, manovalanza; **~ worker** (*pers.*) operaio non qualificato, manovale.

unsold, *a.* (*market.*) invenduto. △ **~ articles will be sent back to the wholesaler** gli articoli (rimasti) invenduti saranno rispediti al grossista. // ~ **goods** (*market.*) l'invenduto, le giacenze di magazzino.

unson, *v. t.* (*leg.*) non riconoscere (*q.*) come figlio, diseredare.

unsophisticated, *a.* non sofisticato, non adulterato, genuino. △ **It's getting more and more difficult to find ~ products** sta diventando sempre più difficile trovare prodotti non sofisticati.

unstable, *a.* instabile, incostante, incerto. △ **Our economy is rather ~ and the public opinion is ill at ease** la nostra economia è piuttosto instabile e l'opinione pubblica è a disagio.

unstableness, *n.* instabilità, incostanza, incertezza.

unstamped, *a.* ❶ (*comun.*) (*di lettera*) non affrancato, senza francobollo. ❷ (*leg.*) (*di documento*) senza bollo. // ~ **paper** carta libera; ~ **shares** (*fin.*) azioni non stampigliate.

unsteadiness, *n.* instabilità, irregolarità, variabilità.

unsteady, *a.* instabile, irregolare, variabile. // **an ~ economic system** (*econ.*) un sistema economico instabile; ~ **prices** (*market.*) prezzi instabili.

unstow, *v. t.* (*trasp. mar.*) distivare, disistivare, scaricare (*merce già stivata*). // **to ~ a ship** (*trasp. mar.*) scaricare una nave.

unstowing, *n.* (*trasp. mar.*) disistivaggio, discarico (*di merce già stivata*).

unsuccessful, *a.* ❶ che non ha (avuto) successo, sfortunato, non riuscito, fallito. ❷ inutile, vano. △ ❷ **My efforts to get my money back were ~** i miei sforzi per farmi restituire il denaro furono vani. // **the ~ party** (*leg.*) la parte soccombente (*in giudizio*).

unsuitable, *a.* inadatto, disadatto.

untax, *v. t.* (*fin.*) esentare (*q. o qc.*) dalle imposte.

untaxed, *a.* (*fin.*) esente da imposte. // **an ~ property** (*fin.*) una proprietà non soggetta a imposta.

until, *prep.* fino a, sino a, fino al momento di. *cong.* fino al momento che, fino a quando, finché, finché non. △ *prep.* **The goods are at our disposal ~ their loading** le merci restano a nostra disposizione fino al momento della caricazione; *cong.* **We shall go on with this method ~ something new is discovered** continueremo a usare questo metodo finché non sarà scoperto qualcosa di nuovo. // ~ **further advice** fino a nuovo avviso.

untouched, *a.* intatto.

untransferable, *a.* (*leg.*) non trasferibile, non cedibile, inalienabile. // **an ~ right** (*leg.*) un diritto inalienabile.

untrue, *a.* non vero, falso, menzognero. △ **Their claim contained an ~ statement** il loro reclamo presentava una falsa dichiarazione.

unused, *a.* ❶ non usato, non adoperato, inutilizzato. ❷ non ancora usato. ❸ in disuso. △ ❶ ~ **funds have been carried over** gli accantonamenti inutilizzati sono stati stornati; ❸ « **Your favour** » **is a typical example of an ~ phrase in business correspondence** « la pregiata Vostra » è un esempio tipico d'espressione in disuso nella corrispondenza commerciale. // ~ **production capacity** (*econ.*) capacità produttiva inutilizzata.

unusual, *a.* insolito.

unvalued, *a.* non valutato. // ~ **policy** (*ass.*) polizza priva dell'indicazione del valore assicurato.

unwritten, *a.* non scritto, orale, tradizionale. // **an ~ code** (*leg.*) un codice orale; **the ~ laws** (*leg.*) la legge non scritta, il diritto consuetudinario.

up[1], *avv.* e *prep.* su, in su, in alto. *a.* ❶ che va in su, ascendente. ❷ (*anche fig.*) alto. ❸ (*econ.*) (*di domanda, prezzo, ecc.*) in aumento, in ripresa. *n.* alto (*nell'espressione* «*gli alti e i bassi*»); periodo buono, periodo di prosperità, periodo di successo. △ *avv.* **Prices are going ~** i prezzi salgono (« vanno su »); *a.* ❷ **Quotations are ~ this week** le quotazioni sono alte questa settimana; ❸ **Bank loans are 10%** i prestiti bancari sono in aumento del 10%; **Foreign demand is ~** la domanda estera è in ripresa; *n.* **The innumerable ups and downs of the economic life of a Country have a marked influence on the psychology of public opinion** gli innumerevoli alti e bassi nella vita economica d'una nazione hanno una forte influenza sulla psicologia dell'opinione pubblica. // ~ **-and- ~** sempre crescente; ~ **to** fino a: **We are open to grant you ~ to 50% off the list price** siamo disposti a concedervi fino al 50% di sconto sul prezzo di listino; ~ **to date** (*rag.*) (*d'estratto conto*) compilato a tutt'oggi; ~ **-to-date** al corrente, aggiornato; (*market., pubbl.*) alla moda, moderno: **This is the most ~ -to-date manual you can find on the market** questo è il manuale più aggiornato che possiate trovare sul mercato; ~ **to now** finora; ~ **year** (*fin.*) esercizio finanziario che ha fatto registrare un aumento generale d'attività; **to be ~ for an office** essere candidato a una carica; **to be ~ to** (*di cosa*) essere conforme a, corrispondere a; (*di cosa e di persona*) essere all'altezza di; (*di persona*) star combinando, stare tramando: **We rejected the goods because they were not ~ to sample** rifiutammo le merci perché non erano conformi al campione; **Mr Jones is not ~ to his work** Mr Jones non è all'altezza del suo lavoro; **What is he ~ to?** che cosa sta combinando?; **to be on the ~ -and- ~** essere in continua ascesa: **Our business activity has been on the ~ -and- ~ throughout this half-year** la nostra attività commerciale è stata in continua ascesa per tutto questo semestre.

up[2], *v. t.* ❶ alzare. ❷ aumentare, far aumentare, far salire. ❸ (*pers.*) promuovere. *v. i.* ❶ alzarsi. ❷ aumentare, crescere, salire. △ *v. t.* ❷ **Prices have been upped from $ 2 to $ 2.50** i prezzi sono stati aumentati da 2 dollari a 2,50 dollari; ❸ **Mr Robinson has been upped to sales manager** Mr Robinson è stato promosso direttore delle vendite; *v. i.* ❷ **All tariffs upped overnight** tutte le tariffe aumentarono dalla sera alla mattina.

update, *v. t.* ammodernare, rimodernare, rinnovare. △ **The premises were updated when Mr Johnson returned from the States** i locali furono ammodernati al ritorno di Mr Johnson dagli Stati Uniti.

updating, *n.* ammodernamento, rinnovamento. // **the ~ of managers** (*pers.*) l'adeguamento dei quadri direttivi.

upgrade, *v. t.* ❶ (*market.*) migliorare la qualità di (*un prodotto*). ❷ (*market.*) sostituire (*un prodotto di qualità inferiore*) con un prodotto migliore (*per ottenere un prezzo più alto*). ❸ (*pers.*) promuovere (*un dipendente*). △ ❶ **We're trying to ~ our production in order to beat competition** cerchiamo di migliorare la qualità della nostra produzione allo scopo di battere la concorrenza; ❸ **None of my colleagues has been upgraded as yet** finora nessuno dei miei colleghi è stato promosso.

upkeep, *n.* ❶ mantenimento. ❷ (*org. az.*) manutenzione. ❸ (*rag.*) spese di manutenzione. △ ❸ **All members shall contribute to the ~ of machinery** tutti i soci devono contribuire al pagamento delle spese di manutenzione del macchinario. // ~ **expenses** (*rag.*) spese di manutenzione.

upon, *avv.* e *prep.* ❶ su, sopra. ❷ a, all'atto di, al momento di. // ~ **collection** al momento dell'esazione, alla riscossione; (*banca, cred.*) salvo incasso, salvo buon fine; ~ **receipt of your letter** (*comun.*) al ricevimento della vostra lettera; ~ **request** su richiesta, a richiesta: **Free descriptive literature will be sent ~ request** a richiesta sarà inviato gratuitamente materiale illustrativo.

upper, *a.* superiore, più elevato. // ~ **case** (*giorn., pubbl.*) maiuscola (tipografica); **an ~ -case letter** (*giorn., pubbl.*) una lettera maiuscola; **the ~ class** (*econ.*) l'aristocrazia, la nobiltà, la « crema » (*della società*); ~ **-class** (*econ.*) aristocratico; **the ~ crust** (*fam.*) *V.* **the ~ class**; ~ **-crust** (*fam.*) *V.* ~ **-class**; ~ **deck** (*trasp. mar.*) ponte di coperta, ponte superiore; **the ~ House** (*ingl.*) la Camera Alta, la Camera dei Lord.

upright, *a.* retto, probo.

uprightness, *n.* rettitudine, probità.

upset[1], *n.* ❶ (*anche fig.*) capovolgimento, rovesciamento. ❷ (*anche fig.*) sconvolgimento, turbamento. △ ❷ **The ~ in price levels is due to inflation** lo sconvolgimento dei prezzi è dovuto all'inflazione.

upset[2], *v. t.* (*pass. e part. pass.* **upset**) ❶ (*anche fig.*) capovolgere, rovesciare. ❷ (*anche fig.*) sconvolgere, turbare. △ ❷ **The recent political events tend to ~ the nation's financial stability** i recenti avvenimenti politici tendono a turbare l'equilibrio finanziario del Paese.

upset[3], *a.* ❶ (*anche fig.*) capovolto, rovesciato. ❷ (*anche fig.*) agitato, sconvolto, turbato. △ ❷ **The market is still ~** il mercato è ancora agitato. // **the ~ price** il prezzo (*minimo*) d'apertura (*in una vendita all'asta*).

upsurge[1], *n.* ❶ aumento, crescita, incremento. ❷ (*Borsa, market.*) rialzo improvviso, « impennata » (*delle quotazioni, dei prezzi, ecc.*). △ ❶ **The ~ of demand from France and Italy did much to sustain business activity in the other Community Countries** l'incremento della domanda proveniente dalla Francia e dall'Italia ha ampiamente contribuito a sostenere la congiuntura negli altri Paesi della Comunità. // **an ~ of activity** (*econ.*) un risveglio d'attività; **an ~ of wage claims** (*sind.*) un'« impennata » delle richieste salariali.

upsurge[2], *v. i.* aumentare, crescere, rialzarsi, salire, avere un incremento.

upswing, *n.* ❶ aumento improvviso, crescita subitanea. ❷ (*Borsa*) fase di rialzo. ❸ (*Borsa, econ.*) ripresa. ❹ (*Borsa, market.*) « impennata » (*di prezzi, ecc.*). ❺ (*econ.*) espansione, tendenza all'espansione. △ ❸ **We cherish the hope of a Wall Street on the ~** nutriamo la speranza che si verifichi una ripresa a Wall Street; ❺ **Economic activity is still on the ~** l'attività economica è ancora in espansione.

uptight, *a.* (*fin.*) in difficoltà finanziarie. △ **This tax will be another blow to industries already ~** quest'imposta sarà un nuovo colpo per le industrie già in difficoltà finanziarie.

uptrend, *n.* (*Borsa, fin.*) fase di rialzo; tendenza al rialzo.

upturn, *n.* (*econ.*) svolta favorevole, tendenza al rialzo, espansione, tendenza all'espansione. △ **What the Country needs is a general ~ in the economy** quello di cui il Paese ha bisogno è una generale espansione dell'attività economica. // **an ~ in our standard of living** (*econ.*) un miglioramento del tenore di vita.

upward, *a.* diretto verso l'alto. // **an ~ movement** (*econ.*) un rialzo: **Because of the ~ movement in interest rates in the United States and other Countries, the Community's imports of private capital fell steeply in that year** le importazioni di capitali privati nella Comunità si ridussero fortemente in quell'anno a causa del rialzo dei saggi d'interesse negli Stati Uniti e in altri Paesi; ~ **phase** (*econ.*) fase d'espansione, fase positiva; ~ **tendency** (*econ.*) *V.* ~ **trend**; ~ **trend**

(*econ.*) tendenza al rialzo (*dei prezzi*); movimento d'accelerazione (*nello sviluppo dell'economia*).

urban, *a.* urbano, cittadino. // ~ **planning** (*econ.*) urbanistica.

urbanization, *n.* urbanizzazione.

urbanize, *v. t.* urbanizzare.

urge[1], *n.* incitamento, esortazione, sollecitazione, stimolo.

urge[2], *v. t.* incitare, esortare, sollecitare, stimolare. *v. i.* insistere. △ *v. t.* **We were urged to abandon our claims** fummo esortati ad abbandonare le nostre pretese. // **to ~ payments** (*cred.*) sollecitare i pagamenti.

urgency, *n.* ❶ urgenza. ❷ insistenza, importunità.

urgent, *a.* ❶ urgente, pressante. ❷ insistente, importuno. // **an ~ creditor** (*cred.*) un creditore insistente; ~ **messages** (*comun.*) messaggi urgenti; ~ **rate** (*comun.*) tariffa per telegrammi urgenti.

usage, *n.* uso, consuetudine, costumanza, costume, usanza, prammatica. △ **All these rules have grown out of the fertile soil of ~** tutte queste norme si sono sviluppate dal fertile terreno dell'uso. // ~ **and abusage** uso e abuso.

usance, *n.* ❶ (*cred., leg.*) tempo concesso per il pagamento delle cambiali estere (*secondo la consuetudine locale*). ❷ (*leg.*) usanza, costumanza, consuetudine. △ ❶ **The ~ on bills in that Country is five months** la scadenza per le cambiali emesse in quel Paese è a cinque mesi.

use[1], *n.* ❶ uso, impiego. ❷ uso, usanza, consuetudine. ❸ (*leg.*) uso, utenza, godimento. △ ❶ **The ~ of desk calculating machines is more and more widespread** l'uso delle calcolatrici da tavolo è sempre più diffuso; **Those articles are for personal ~ only** quegli articoli sono soltanto per uso personale; ❸ **The ~ of our estate is protected by law** il godimento della nostra proprietà è tutelato dalla legge. // ~ **and wont** uso e costume; ~ **tax** (*fin.*) tassa sull'uso (*d'un certo articolo*).

use[2], *v. t.* usare, utilizzare, impiegare, far uso di. △ **The majority of our workers wouldn't know how to ~ this machine** la maggior parte dei nostri operai non saprebbe usare questa macchina; **The funds haven't been used wisely** i fondi non sono stati impiegati saggiamente. // **to ~ up** consumare, esaurire: **All our fuel was used up in a couple of months** tutto il nostro combustibile fu consumato in un paio di mesi.

used, *a.* usato. // ~ **cars** automobili usate, automobili di seconda mano; ~ **goods** (*market.*) roba usata; **to be ~ to** essere abituato a, essere solito: **We are not ~ to granting discounts** non siamo soliti concedere sconti.

useful, *a.* utile. // ~ **life** (*rag.*) vita utile (*d'un'attività, d'un macchinario, ecc.*; *calcolata in vista della valutazione dell'obsolescenza, degli ammortamenti, ecc.*); **to be ~** essere utile, giovare.

usefulness, *n.* utilità.

useless, *a.* inutile, disutile.

uselessness, *n.* inutilità, disutilità.

user, *n.* ❶ chi usa (*qc.*), utente, fruitore. ❷ (*econ., market.*) utilizzatore, consumatore. ❸ (*leg.*) diritto d'uso. // **right of ~** (*leg.*) servitù.

usher, *n.* ❶ (*pers.*) usciere. ❷ (*pers.*) messo di tribunale.

usual, *a.* usuale, abituale, consueto, solito. △ **Our ~ means of payment is the cheque** il nostro mezzo di pagamento abituale è l'assegno. // ~ **tare** (*market.*) tara d'uso; **as ~** al solito, come al solito, come di consueto.

usucapion, *n. V.* **usucaption**.

usucaption, *n.* (*leg.*) usucapione.

usufruct, *n.* (*leg.*) usufrutto. △ **The two estates have been given in** ~ le due proprietà sono state date in usufrutto.

usufructuary, *a.* (*leg.*) di usufrutto, pertinente a usufrutto. *n.* (*leg.*) usufruttuario.

usurer, *n.* usuraio, strozzino.

usurp, *v. t.* usurpare.

usurpation, *n.* usurpazione.

usurper, *n.* usurpatore.

usury, *n.* usura, strozzinaggio.

utilities, *n. pl.* (*fin., USA*) titoli d'aziende di servizi pubblici.

utility, *n.* ❶ utilità. ❷ cosa utile. ❸ (*econ.*) utilità. ❹ (*fin., USA*) servizio pubblico. ❺ (*fin., USA*) azienda di servizio pubblico. △ ❸ **The marginal** ~ **is the least** ~ **attributed to any one item of a supply of goods** l'utilità marginale è l'utilità minima attribuita a una dose qualsiasi d'un bene (economico). // ~ **companies** (*fin., USA*) società di servizi pubblici (*del gas, dei trasporti, ecc.*); **the** ~ **theory of value** (*econ.*) la teoria utilitaristica del valore.

utilizable, *a.* utilizzabile.

utilization, *n.* utilizzazione, utilizzo. // **the** ~ **of plant facilities** (*org. az.*) lo sfruttamento degli impianti; ~ **ratio** (*elab. elettr.*) rapporto d'utilizzazione (*fra il tempo d'impiego – d'un elaboratore – e il tempo utile*).

utilize, *v. t.* utilizzare.

utilizer, *n.* utilizzatore.

V

vacancy, *n.* ❶ (*leg.*) vacanza (*d'eredità*). ❷ (*leg., pers.*) vacanza, posto vacante, impiego vacante. △ ❷ **I am sorry to inform you that all vacancies have been filled up** sono spiacente di doverLa informare che tutti i posti vacanti sono stati coperti. // ~ **clause** (*ass.*) clausola che prevede il mantenimento della copertura di locali non occupati; ~ **permit** (*ass.*) V. ~ **clause**.

vacant, *a.* ❶ (*leg.*) (*d'appartamento e sim.*) sfitto, spigionato. ❷ (*leg.*) (*di proprietà, di terreno*) senza proprietario, vacante. ❸ (*leg., pers.*) vacante. ❹ (*pers.*) (*di posto*) libero, non occupato; scoperto. △ ❹ **There are two ~ posts left in our office** nel nostro ufficio sono rimasti due posti scoperti. // **a ~ estate** (*leg.*) una proprietà abbandonata; **a ~ house** una casa sfitta; **~ land** (*leg.*) terreno non occupato, terreno non utilizzato (*non coltivato, ecc.*); **a ~ post** (*o* **situation**) (*pers.*) un posto (*o* un impiego) vacante; **a ~ seat in a bus** (*trasp. aut.*) un posto (*a sedere*) non occupato su un autobus; **~ succession** (*leg.*) eredità giacente (*o* vacante).

vacate, *v. t.* ❶ lasciar vuoto, lasciar libero, sfittare, sgomberare, sgombrare. ❷ (*leg.*) annullare, cassare. ❸ (*pers.*) dimettersi, dare le dimissioni da (*una carica e sim.*). *v. i.* (*pers.*) dimettersi, dare le dimissioni. △ *v. t.* ❶ **The flat shall be vacated on December 31st** l'appartamento dovrà essere sgomberato il 31 dicembre; ❸ **He said he would ~ his directorship in case Mr Polluck were elected chairman** disse che si sarebbe dimesso dalla direzione se fosse stato eletto Mr Polluck alla presidenza. // **to ~ a charter** (*leg.*) annullare uno statuto; **to ~ a position** (*pers.*) liberare un posto (di lavoro).

vacation[1], *n.* ❶ sgombero (*da una casa a un'altra, ecc.*). ❷ (*pers.*) vacanza, ferie. ❸ (*pers.*) dimissione, rinuncia. △ ❷ **Our employees are permitted to take four weeks of ~ with pay annually** i nostri dipendenti possono prenderesi quattro settimane all'anno di ferie pagate; ❸ **The ~ of my position was inevitable** la rinuncia al mio posto fu inevitabile. // **on ~** (*pers.*) in vacanza, in ferie; in villeggiatura: **One half of the workers on ~ have already been replaced** metà degli operai in ferie è già stata sostituita.

vacation[2], *v. i.* ❶ (*pers., USA*) far vacanza, andare in ferie, villeggiare. ❷ (*USA*) passare le vacanze.

vacationer, *n.* villeggiante.

vacationist, *n.* villeggiante.

vade-mecum, *n.* vademecum, taccuino, prontuario.

vague, *a.* vago, incerto, indeterminato, impreciso. △ **As far as their willingness to help us financially is concerned, their answer was rather ~** circa la loro disponibilità a sostenerci finanziariamente, la risposta che ci diedero fu piuttosto vaga.

valid, *a.* (anche *leg.*) valido, fondato. // **a ~ claim** (*leg.*) una pretesa fondata; **~ consent** (*leg.*) consenso valido; **a ~ contract** (*leg.*) un contratto valido; **a ~ title** (*leg.*) un titolo legittimo.

validate, *v. t.* ❶ (*leg.*) rendere valido, convalidare, riconoscere la validità di (*qc.*). ❷ (*leg.*) omologare. ❸ (*leg.*) dichiarare (*q.*) eletto. △ ❶ **Our papers must be validated by the port authorities** i nostri documenti devono essere convalidati dalle autorità portuali; **The election was validated by all the voters** la validità dell'elezione fu riconosciuta da tutti i votanti. // **to ~ a treaty** (*leg.*) omologare un trattato.

validation, *n.* ❶ (*leg.*) convalidazione, convalida. ❷ (*leg.*) omologazione. // **the ~ of a contract** (*leg.*) la convalida d'un contratto.

validity, *n.* (anche *leg.*) validità, fondatezza. // **the ~ of a claim** (*leg.*) la fondatezza d'una pretesa; **the ~ of a deed** (*leg.*) la validità d'un atto; **the ~ of a railway ticket** (*trasp. ferr.*) la validità d'un biglietto ferroviario; **the ~ of a statistical hypothesis** (*stat.*) la validità d'un'ipotesi statistica.

valorization, *n.* ❶ (*econ.*) valorizzazione (*d'un prodotto*). ❷ (*econ.*) determinazione del prezzo protezionistico (*d'un prodotto*). △ ❷ **The ~ of coffee will be inevitable if the crisis in this sector persists** la determinazione d'un prezzo protezionistico per il caffè sarà inevitabile se permarrà la crisi in questo settore.

valorize, *v. t.* ❶ (*econ.*) valorizzare (*un prodotto*). ❷ (*econ.*) determinare il prezzo di (*un prodotto*) con provvedimenti protezionistici.

valuable, *a.* ❶ valutabile. ❷ (anche *fig.*) di gran valore, prezioso. △ ❷ **We thank you for your ~ information about the financial status of our customer** vi ringraziamo delle preziose informazioni sulle condizioni finanziarie del nostro cliente. // **~ articles** V. **~ goods**; **~ goods** merci preziose, oggetti di valore, valori, preziosi: **All ~ goods should have been insured** tutte le merci preziose avrebbero dovuto essere assicurate; **for a ~ consideration** (*leg.*) a titolo oneroso.

valuables, *n. pl.* ❶ valori, oggetti di valore. ❷ preziosi, merci preziose. △ ❷ **We have a special policy for the insurance of ~** abbiamo una polizza speciale per l'assicurazione dei preziosi.

valuation, *n.* ❶ valutazione, apprezzamento. ❷ (*ass.*) determinazione del valore attuale (*d'una polizza sulla vita*). ❸ (*econ.*) prezzo (*d'un bene*) determinato secondo la stima del valore di mercato. ❹ (*fin., leg., rag.*) estimo, valutazione, perizia, stima. △ ❹ **The ~ of stock was necessary for accounting purposes** la valutazione delle scorte fu necessaria per ragioni contabili. // **~ accounts** (*rag.*) fondi rischi; **the ~ for customs purposes** (*dog.*) la fissazione del valore in dogana; **the ~ of a property** (*rag.*) la stima d'una proprietà; **the ~ of a risk** (*ass.*) la valutazione d'un rischio.

valuator, *n.* (*ass., leg.*) stimatore, perito.

value[1], *n.* ❶ valore, pregio. ❷ (*banca, fin., rag.*) valuta. ❸ (*econ.*) valore, prezzo. ❹ (*mat.*) valore. △ ❶ **We all know the ~ of this employee** conosciamo tutti il valore di questo dipendente; ❸ **Our properties are increasing in ~** le nostre proprietà stanno aumentando di valore; **The nominal ~ of these shares is £ 10.50** il valore nominale di queste azioni è di £ 10,50; ❹ **As the ~ of x increases, y decreases** all'aumento del valore di x, si ha la diminuzione (del valore) di y. //

added (*econ.*) valore aggiunto: ~ **-added taxation was introduced in order to comply with EEC directives** il sistema d'imposizione sul valore aggiunto fu introdotto per aderire alle direttive comunitarie; ~ **-added tax (VAT)** (*fin.*) imposta sul valore aggiunto (*IVA*): **On 1 April 1973 the United Kingdom introduced a ~ -added tax system which replaced « selective employment tax » and « purchase tax »** il 1° aprile 1973 il Regno Unito introdusse un sistema d'imposta sul valore aggiunto che sostituì la « selective employment tax » e la « purchase tax »; **VAT is self-assessed and settled quarterly** l'IVA viene calcolata dai contribuenti stessi e regolata mediante versamenti trimestrali; **Under the VAT system, tax is levied each time a product or its component is sold, but only on the value added at each stage** in base al sistema dell'IVA, l'imposta viene applicata ogni volta che un prodotto o una sua parte è venduto, ma soltanto sul valore aggiunto a ogni passaggio; **VAT-free** (*fin.*) esente da IVA; **VAT-inclusive price** (*market.*) prezzo IVA inclusa; ~ **-added tax rates** (*fin.*) aliquote dell'imposta sul valore aggiunto; ~ **analysis** (*org. az., rag.*) analisi valutativa; ~ **date** (*banca, fin.*) giorno di valuta, valuta al: **The ~ date for this deposit is February 9th** la valuta per questo versamento è al 9 febbraio; **the ~ declared** (*ass.*) il valore dichiarato; ~ **goods** valori, preziosi, merci preziose; ~ **in account** (*banca*) valuta in conto; ~ **in exchange** (*econ.*) potere d'acquisto; **the ~ of the game** (*ric. op.*) il valore del gioco; **the ~ of goods for insurance** (*ass.*) il valore delle merci da assicurare; **the ~ of the notes in circulation** (*fin.*) il valore delle banconote in circolazione; « ~ **on account** » (*banca*) « valuta in conto »; ~ **parcel** (*comun.*) pacco (di) valori, pacco assicurato; **values to be made good** (*ass. mar.*) massa attiva, massa creditizia (*d'avaria generale*); **at ~** (*market.*) al prezzo corrente di mercato; **(for) ~ received** (*banca*) per valuta ricevuta.

value², *v. t.* valutare, apprezzare, stimare. △ **We usually ~ our merchandise inventories once a year** di solito valutiamo gli inventari delle merci una volta l'anno; **Our firm has always valued your services** la nostra ditta ha sempre apprezzato i vostri servigi; **His property has been valued at £ 100,000** la sua proprietà è stata stimata £ 100.000. // to ~ **at cost** (*rag.*) valutare al costo; to ~ **at market price** (*rag.*) valutare al prezzo di mercato; to ~ **a loss** (*rag.*) computare una perdita; to ~ **on sb.** (*cred.*) rivalersi su q. (*spiccando una tratta*); to ~ **a property** (*rag.*) stimare una proprietà.

valued, *a.* valutato, apprezzato, pregiato, stimato. // ~ **goods** (*market.*) merci pregiate; ~ **policy** (*ass.*) polizza valutata, polizza con valore dichiarato.

valuer, *n.* stimatore, perito.

valve, *n.* (*anche fig.*) valvola.

van¹, *n.* ❶ (*trasp. aut.*) furgone, autofurgone. ❷ (*trasp. ferr.*) bagagliaio. ❸ (*trasp. ferr.*) vagone. ❹ (*trasp. ferr.*) carro merci. // ~ **driver** (*pers.*) conduttore di furgone.

van², *v. t.* (*trasp. aut.*) trasportare (*merci*) con un furgone.

vanguard, *n.* avanguardia.

variable, *a.* variabile, incostante, mutevole. *n.* ❶ (*mat.*) variabile, grandezza variabile, quantità variabile. ❷ (*trasp. mar.*) vento variabile. △ *n.* ❶ **The value of the ~ x determines the value of the function f (x)** il valore della variabile x determina il valore della funzione f (x). // ~ **costs** (*rag.*) costi variabili; ~ **exchange** (*fin.*) (l')incerto (*nelle locuzioni:* « *quotare il certo per l'incerto* », *ecc.*); **a ~ yield** (*rag.*) un reddito variabile; ~

-yield (*fin., rag.*) a reddito variabile; ~ **-yield securities** (*fin.*) titoli a reddito variabile.

variance, *n.* ❶ variazione. ❷ differenza, discrepanza. ❸ (*mat., rag.*) deviazione, scostamento. ❹ (*stat.*) varianza (*il quadrato dello scarto quadratico medio*). △ ❷ **A ~ was noticed between the two reports** fu notata una differenza fra le due relazioni; **There is an important ~ in his testimony** c'è un'importante discrepanza nella sua deposizione; ❸ **The difference between a budgeted expense and the actual expense is called ~** la differenza fra (l'ammontare di) una spesa prevista e (l'ammontare di) quella sostenuta dicesi scostamento.

variation, *n.* ❶ variazione, cambiamento, modifica, mutamento. ❷ (*mat.*) permutazione. △ ❶ **There will be no variations in our business activity as long as Mr Shelton is at the top** finché Mr Shelton rimarrà al vertice non ci saranno cambiamenti nella nostra attività commerciale. // ~ **of compulsory reserve** (*banca, fin.*) variazione della riserva obbligatoria.

varied, *a.* vario, svariato.

variety, *n.* ❶ varietà. ❷ (*market.*) varietà, assortimento, gamma. ❸ (*market., USA*) *V.* ~ **store**. △ ❷ **We have a wide ~ of new articles** abbiamo un largo assortimento di nuovi articoli. // ~ **chain** (*market., USA*) catena di negozi d'articoli vari; **a ~ of apples** (*market.*) una varietà di mele; ~ **shop** (*market., USA*) negozio (per la vendita al dettaglio) di articoli vari; ~ **store** (*market., USA*) negozio (per la vendita al dettaglio) di articoli vari.

vary, *v. t.* variare, cambiare, modificare, mutare, diversificare. *v. i.* ❶ variare, cambiare, modificarsi, mutare, diversificarsi. ❷ differire. △ *v. t.* **We must ~ our conduct after such a precedent** dopo un simile precedente dobbiamo modificare la nostra condotta; *v. i.* ❶ **The consumers' behaviour has varied considerably owing to the impact of mass media** il comportamento dei consumatori è notevolmente cambiato per il forte influsso dei mezzi di comunicazione di massa; **This quantity varies inversely with the other** questa quantità varia inversamente rispetto all'altra; ❷ **The new product does not ~ substantially from the old one** il nuovo prodotto non differisce da quello vecchio in modo sostanziale. // to ~ **from the law** (*leg.*) deviare dalla norma, trasgredire alla legge; to ~ **from the mean** (*mat., stat.*) scostarsi dalla media.

vast, *a.* vasto.

vastness, *n.* vastità.

vault, *n.* ❶ volta (*architettonica*), sotterraneo (*a volta*), cantina. ❷ (*banca*) camera blindata.

vector, *n.* (*mat.*) vettore.

veer¹, *n.* (*trasp. mar.*) virata.

veer², *v. i.* (*trasp. mar.*) virare. // to ~ **round** (*trasp. mar.*) virare di bordo.

vehicle, *n.* ❶ (*fig.*) veicolo, mezzo, strumento. ❷ (*trasp.*) veicolo, vettura, mezzo di trasporto. △ ❶ **Newspapers are often used as vehicles of political propaganda** spesso i giornali sono usati come strumento di propaganda politica; ❷ **After the strict austerity measures, buses and trains became the most used vehicles in many Countries** dopo le severe misure di austerity, gli autobus e i treni diventarono i mezzi di trasporto più usati in molti Paesi.

velocity, *n.* velocità, rapidità. △ **The sales ~ of this article is very high** la rapidità di vendita di questo articolo è molto considerevole. // **the ~ of circulation** (*econ.*) la velocità di circolazione (*della moneta*); **the ~ of money** (*econ.*) la velocità di circolazione della moneta.

vend, *v. t.* (*market.*) vendere. *v. i.* (*market.*) (d'arti-

colo) vendersi, essere scambiato, diventare oggetto di scambio. △ *v. t.* **He's planning to ~ all his properties** ha in animo di vendere le sue proprietà; *v. i.* **These articles should ~ well in our area** questi articoli dovrebbero vendersi bene nella nostra zona.

vendee, *n.* (*market.*) acquirente, compratore.
vender, *n.* ❶ (*market.*) venditore. ❷ (*market.*) distributore automatico (*d'articoli*).
vending machine, *n.* (*market.*) distributore automatico (*d'articoli*).
vendor, *n.* ❶ (*market.*) venditore. ❷ (*market.*) distributore automatico (*d'articoli*). // **~'s lien** (*leg.*) privilegio del venditore (*di terreni*); **~'s shares** (*fin.*) azioni di fondazione (*d'una società*).
vendue, *n.* (*USA*) asta pubblica. // **~ crier** (*USA*) banditore (*d'asta*); **~ master** (*USA*) banditore (*d'asta*).
venture[1], *n.* ❶ azzardo, pericolo, rischio. ❷ impresa rischiosa. ❸ (*fin.*) speculazione. △ ❸ **He took a ~ in coal, which cost him dear** fece una speculazione acquistando carbone, il che gli costò assai caro. // **~ capital** (*fin.*) capitale che finanzia nuove iniziative, capitale disponibile per un investimento in titoli azionari, fondi investiti in azioni di società di recente formazione; « **venture capital** » (*tipo assai complesso di* « *investment banking* », *q.V.*); capitale di rischio; **~-capital company** (*fin.*) società specializzata nel « venture capital »: **~-capital companies are primarily concerned with the financing of ideas and ventures which are potentially very profitable but have no real financial base** le società specializzate nel « venture capital » si occupano del finanziamento d'idee e d'iniziative a elevato potenziale di reddito ma senza una vera e propria base finanziaria.
venture[2], *v. t.* azzardare, arrischiare, rischiare, mettere a repentaglio. △ **We won't ~ more than we can afford** non arrischieremo più di quanto possiamo permetterci. // **to ~ one's capital** (*fin.*) mettere a repentaglio il proprio capitale.
venturer, *n.* (*fin.*) chi rischia denaro, speculatore.
venue, *n.* (*leg.*) luogo ove avviene il fatto che determina la competenza territoriale; sede d'un processo. △ **The change of ~ was considered inevitable** il cambiamento della sede (del processo) fu considerato inevitabile (*per legittima suspicione e sim.*).
verbal, *a.* verbale, orale. // **~ agreement** (*leg.*) accordo verbale; **a ~ contract** (*leg.*) un contratto verbale; **~ evidence** (*leg.*) prova orale, testimonianza orale.
verbally, *avv.* verbalmente, oralmente.
verdict, *n.* (*leg.*) verdetto. △ **The ~ of the jury was unanimous** il verdetto della giuria fu unanime. // **~ for the plaintiff** (*leg.*) verdetto di condanna, un verdetto di colpevolezza; **~ of guilty** (*leg.*) verdetto di colpevolezza (*o* di condanna); **~ of not guilty** (*leg.*) verdetto d'assoluzione.
verifiable, *a.* verificabile, controllabile.
verification, *n.* ❶ verificazione, verifica, accertamento, controllo, riscontro. ❷ (*leg.*) conferma ottenuta mediante prova. ❸ (*leg.*) ratifica, sanzione. ❹ (*leg.*) autenticazione (*di documenti*). △ ❶ **These articles must be submitted to the ~ of the customs officials** questi articoli devono essere sottoposti a verifica da parte delle autorità doganali. // **~ of facts** (*leg.*) verifica dei fatti.
verifier, *n.* ❶ (*elab. elettr.*) macchina verificatrice. ❷ (*pers.*) verificatore, controllore.
verify, *v. t.* ❶ verificare, accertare, controllare, riscontrare. ❷ (*leg.*) ratificare, sanzionare. ❸ (*leg.*) autenticare (*documenti*). △ ❶ **Our accounts are being verified for the second time** i nostri conti sono in via di verifica per la seconda volta. // **to ~ the contents of a packet** (*dog.*) verificare il contenuto d'un pacco; **to ~ a statement** (*leg.*) suffragare un'asserzione (*con prove*).
versus, *prep.* (*abbr. v.*) (*leg.*) contro. // **Everett ~ Young** (*causa giudiziaria*) Everett contro Young.
vertical, *a.* (*anche fig.*) verticale. // **a ~ business organization** (*econ., org. az.*) un'organizzazione commerciale verticale; **~ combination** (*econ., org. az.*) V. **~ integration**; **~ combine** (*econ., org. az.*) gruppo economico verticale; **~ expansion** (*org. az.*) espansione verticale; **~ file** (*attr. uff.*) schedario verticale, archivio verticale; **~ integration** (*econ., org. az.*) integrazione verticale, concentrazione verticale; **~ labour union** (*sind.*) sindacato d'operai appartenenti a un'intera industria; **~ merger** (*econ., org. az.*) fusione verticale; **~ organizational structure** (*econ., org. az.*) struttura organizzativa verticale; **~ trust** (*econ.*) monopolio verticale.
very, *avv.* molto, assai. // **~ dear** (*market.*) (*di articolo*) carissimo; salato (*fam.*); **the ~ last thing(s)** (*market.*) le ultimissime novità.
vessel, *n.* (*trasp. mar.*) vascello, bastimento, nave. // **~ aground** (*trasp. mar.*) nave in secco; **~ discharging** (*trasp. mar.*) nave in discarica; **~ entering in ballast** (*trasp. mar.*) nave che entra (in porto) in zavorra; **~ entering laden** (*trasp. mar.*) nave che entra (in porto) carica; **~ in ballast** (*trasp. mar.*) nave in zavorra; **~ not under command** (*trasp. mar.*) nave che non può governare (*per avaria e sim.*).
vest, *v. t.* ❶ assegnare, attribuire, conferire. ❷ (*fin.*) investire (*capitali*). *v. i.* (*leg.*) (*di diritto*) essere conferito, essere attribuito, andare. △ *v. t.* ❶ **The deed vested the whole estate in his three sons** l'atto assegnava l'intera proprietà ai suoi tre figli maschi; **He's been vested with too much responsibility** gli è stata attribuita troppa responsabilità; *v. i.* **Whom did the property ~ in?** a chi andò la proprietà? // **to ~ sb. with the power to do st.** (*leg.*) investire q. dell'autorità (della facoltà, ecc.) di fare qc.
vested, *a.* (*leg.*) assegnato legalmente, acquisito, fissato, legittimo. // **~ interests** (*leg.*) interessi acquisiti; **a ~ right** (*leg.*) un diritto acquisito.
veto[1], *n.* veto.
veto[2], *v. t.* mettere il veto a. // **to ~ a proposal** porre il veto a una proposta.
vexation, *n.* (*leg.*) vessazione.
vexatious, *a.* (*leg.*) vessatorio. // **a ~ and oppressive social system** (*econ., leg.*) un sistema sociale vessatorio e oppressivo; **a ~ Government** un Governo vessatorio; **a ~ suit at law** (*leg.*) un'azione legale vessatoria.
via[1], *prep.* ❶ per via di, mediante. ❷ (*trasp.*) via, per la via di, per, attraverso. △ ❶ **There would be an increase in subscribers ~ lower-priced periodicals** mediante periodici meno costosi si potrebbe aumentare il numero degli abbonati; ❷ **The goods have been shipped to Hong Kong ~ the Suez Canal** le merci sono state spedite a Hong Kong via (Canale di) Suez.
via[2], *n.* (*cred.*) copia di cambiale, duplicato di cambiale.
viability, *n.* ❶ viabilità. ❷ (*econ.*) autosufficienza (*d'uno Stato*). ❸ (*econ., fin.*) solvibilità (*d'uno Stato*); capacità (*d'uno Stato*) di far fronte ai propri impegni finanziari internazionali. ❹ (*stat.*) vitalità.
viable, *a.* ❶ vitale. ❷ (*econ.*) (*d'uno Stato*) autosufficiente. ❸ (*econ., fin.*) (*d'uno Stato*) solvibile, capace di far fronte ai propri impegni finanziari internazionali.
vice[1], *n.* (*anche leg.*) vizio, difetto. △ **We couldn't detect any ~ in the goods** non fummo in grado di riscontrare alcun difetto nelle merci.

vice-², *pref.* vice-. // ~ **-chairman** (*amm.*) vicepresidente; ~ **-chancellor** (*leg.*) vicecancelliere; ~ **-consul** viceconsole; ~ **-governor** vicegovernatore; ~ **-treasurer** (*pers.*) vicetesoriere.

vice³, *n.* (*fam.*) vice (*abbr. di « vicedirettore » e sim.*).

victual¹, *n.* vitto.

victual², *v. t.* vettovagliare, rifornire di viveri, approvvigionare. *v. i.* (*trasp. mar.*) (*di nave*) rifornirsi di viveri, approvvigionarsi. △ *v. t.* **The town was victualled with foodstuffs brought by rail** la città fu approvvigionata di derrate alimentari per ferrovia; *v. i.* **The ship is victualling in our port** la nave si sta rifornendo di viveri nel nostro porto.

victualer, *n.* (*USA*) V. **victualler**.

victualing, *n.* (*USA*) V. **victualling**.

victualler, *n.* ❶ approvvigionatore, fornitore (*di viveri*). ❷ (*trasp. mar.*) nave (di) rifornimento.

victualling, *n.* vettovagliamento, approvvigionamento. // ~ **bill** (*trasp. mar.*) permesso (*doganale*) di provvigione a bordo (*elenco delle provviste in esenzione doganale*); ~ **ship** (*trasp. mar.*) nave (di) rifornimento; ~ **yard** (*trasp. mar.*) magazzino viveri.

victuals, *n. pl.* vettovaglie, viveri.

videomaster, *n.* (*Borsa*) « videomaster ».

view¹, *n.* ❶ vista, (*anche fig.*) veduta. ❷ punto di vista, opinione. ❸ ispezione, sopralluogo. ❹ fine, intento, scopo. △ ❶ **His views are broad** è un tipo di larghe vedute; ❷ **They ought to take into consideration their lawyer's views on the matter** dovrebbero tenere in considerazione il punto di vista del loro avvocato sulla faccenda; ❸ **A closer ~ of the premises will take place tomorrow** un sopralluogo più accurato dei locali si terrà domani. // ~ **-point** punto di vista; **in ~** in vista; (*market.*) in mostra, aperto al(la vista del) pubblico: **We have nothing in ~ as far as further investments are concerned** non abbiamo nulla in vista per quanto concerne nuovi investimenti; **Our latest articles will be in ~ starting October 4th** i nostri ultimi articoli saranno in mostra a partire dal 4 ottobre; **in ~ of** in vista di, in considerazione di: **Those choices were made in ~ of the financial returns most of us expected** quelle scelte furono operate in vista dei proventi finanziari che la maggior parte di noi s'aspettava; **on ~** (*market.*) in mostra, aperto al(la vista del) pubblico: **The latest Paris models are now on ~** sono ora in mostra gli ultimi modelli di Parigi; **with a ~ to profit** a scopo di lucro.

view², *v. t.* ❶ guardare, osservare. ❷ esaminare, ispezionare, prendere in considerazione. ❸ considerare, giudicare, reputare, ritenere. △ ❷ **The commission views the books twice a year** la commissione esamina i libri (contabili) due volte l'anno; **Nearly all the applications have been viewed** quasi tutte le istanze sono state prese in considerazione; ❸ **Our offer has been viewed in an unfavourable manner** la nostra offerta è stata giudicata in modo sfavorevole. // **to ~ evidence** (*leg.*) esaminare le prove; **to ~ the premises** ispezionare i locali.

vindicate, *v. t.* ❶ rivendicare. ❷ (*leg.*) convalidare, provare, sanzionare (*un diritto*). ❸ (*leg.*) prosciogliere. △ ❷ **Such rights were vindicated by the Supreme Court** tali diritti furono sanzionati dalla Corte Suprema. // **to ~ a claim** (*leg.*) rivendicare un diritto.

vindication, *n.* ❶ rivendicazione. ❷ (*leg.*) convalida, prova (*d'un diritto*), sanzione. ❸ (*leg.*) proscioglimento. // **the ~ of a man falsely convicted** (*leg.*) il proscioglimento d'un uomo accusato falsamente.

vindicator, *n.* (*leg.*) rivendicatore.

violate, *v. t.* (*leg.*) violare; contravvenire, trasgredire a (*una norma*). // **to ~ a law** (*leg.*) violare una legge.

violation, *n.* (*leg.*) violazione, contravvenzione, infrazione, trasgressione. // ~ **of the peace** (*leg.*) turbamento dell'ordine pubblico; **the ~ of a promise** la violazione d'una promessa.

violator, *n.* (*leg.*) violatore, contravventore, trasgressore.

virtual, *a.* ❶ virtuale. ❷ effettivo, di fatto, in pratica. △ ❷ **As Mr Robins is abroad most of the time, our ~ manager is Mr Clark** siccome Mr Robins è quasi sempre all'estero, il nostro direttore di fatto è Mr Clark. // ~ **storage** (*elab. elettr.*, *USA*) V. ~ **store**; ~ **store** (*elab. elettr.*) memoria virtuale.

virtually, *avv.* ❶ virtualmente. ❷ di fatto, in pratica.

virtue, *n.* (*anche fig.*) virtù. // **in ~ of the law** (*leg.*) in virtù della legge.

visa¹, *n.* ❶ visto, benestare. ❷ (*tur.*) vidimazione, visto (*di passaporto e sim.*).

visa², *v. t.* ❶ (*tur.*) (*detto d'un'autorità consolare, ecc.*) vidimare, vistare, mettere il visto su (*un passaporto e sim.*). ❷ (*tur.*) (*detto d'un'autorità consolare, ecc.*) concedere il passaporto a (*q.*). △ ❶ **We shall have our passports visaed by the consular officers** faremo vidimare i nostri passaporti dalle autorità consolari. // **to ~ a bill of health** (*trasp. mar.*) vistare un certificato sanitario.

vis-à-vis, *locuz. avv.* « vis-à-vis », di fronte, di rimpetto. *prep.* (*anche fig.*) di fronte a, rispetto a. △ *prep.* **The market situation has been considered better ~ the same period last year** la situazione del mercato è stata considerata migliore rispetto allo stesso periodo nell'anno precedente.

visible, *a.* ❶ visibile. ❷ (*econ.*) (*di prodotto*) disponibile. ❸ **visibles**, *n. pl.* (*econ.*) partite visibili. △ ❷ **The total amount of ~ oil is not sufficient for our Country's needs** l'ammontare totale del petrolio disponibile non è sufficiente per il fabbisogno del nostro Paese. // ~ **and invisible items** (*econ.*) partite visibili e invisibili; **the ~ items in the balance of payments** (*econ.*) le partite visibili della bilancia dei pagamenti; ~ **supply** (*econ.*, *org. az.*) scorte disponibili.

visit¹, *n.* ❶ visita. ❷ (*trasp. mar.*) visita, ispezione (*doganale*). ❸ (*trasp. mar.*) permanenza (*d'una nave in un porto*). △ ❶ **Your salesman's visits to our firm have become rather infrequent** le visite alla nostra ditta da parte del vostro viaggiatore si sono fatte piuttosto rare.

visit², *v. t.* ❶ visitare, far visita a (*una persona o un luogo*). ❷ (*trasp. mar.*) ispezionare; sottoporre (*una nave*) a visita doganale.

visiter, *n.* V. **visitor**.

visitor, *n.* ❶ visitatore, ospite. ❷ (*market.*) cliente. ❸ (*tur.*) turista, villeggiante. △ ❸ **Last Summer, the number of foreign visitors to our seaside resorts beat all records** l'estate scorsa il numero dei turisti stranieri nelle nostre località balneari ha battuto tutti i record.

visualization, *n.* (*pubbl.*) visualizzazione.

visualize, *v. t.* (*pubbl.*) visualizzare.

visualizer, *n.* (*pubbl.*) visualizzatore.

vital, *a.* ❶ vitale, vivo. ❷ essenziale, fondamentale, indispensabile. △ ❷ **Raw materials are ~ to our national economy** le materie prime sono essenziali per la nostra economia nazionale. // ~ **index** (*stat.*) rapporto fra il numero delle nascite e delle morti (*in una data popolazione*); ~ **statistics** (*stat.*) statistiche demografiche.

vitiate, *v. t.* ❶ viziare, corrompere. ❷ (*leg.*) vi-

vocabulary

ziare, invalidare. △ ❷ **A contract may be vitiated by fraud** un contratto può essere viziato dalla frode.
  vocabulary, *n.* vocabolario, lessico.
  vocation, *n.* ❶ vocazione. ❷ mestiere, professione. △ ❶ **Teaching is a ~ as well as a profession** l'insegnamento non è soltanto una professione ma anche una vocazione; ❷ **He has completely mistaken his ~** ha completamente sbagliato mestiere. // **~: joiner** (*su un modulo*) mestiere o professione: falegname.
  vocational, *a.* ❶ di vocazione, vocazionale, attitudinale. ❷ di mestiere, professionale. // ~ **bureau** (*pers., sind.*) V. ~ **office**; ~ **education** istruzione professionale; ~ **guidance** (*pers.*) orientamento professionale; ~ **interest** (*pers.*) corredo attitudinale; ~ **-interest test** (*pers.*) test vocazionale, test d'interesse; ~ **office** (*pers., sind.*) ufficio (di) collocamento (*che inoltre offre assistenza per l'orientamento professionale*); ~ **school** (*pers.*) scuola professionale; ~ **training** (*pers.*) formazione professionale.
  vogue, *n.* (*market.*) voga, moda. // **all the ~** (*market.*) di gran moda, assai popolare: **Miniskirts used to be all the ~ in the late 1960's** le minigonne furono di gran moda verso la fine degli anni sessanta; **in ~** (*market.*) in voga, alla moda.
  void^1, *a.* (*leg.*) nullo, inefficace, non valido. △ **This contract is ~** questo contratto è nullo. // **a ~ ballot** una votazione nulla.
  void^2, *v. t.* (*leg.*) annullare, rendere nullo, invalidare. △ **Our insurance policy has been definitely voided** la nostra polizza assicurativa è stata annullata definitivamente. // **to ~ a contract** (*leg.*) annullare un contratto; **to ~ a deed** (*leg.*) invalidare un atto; **to ~ a form** annullare un modulo.
  voidable, *a.* (*leg.*) annullabile, invalidabile.
  voidness, *n.* (*leg.*) inefficacia, nullità.
  volatile, *a.* (*fig.*) volubile, incostante, mutevole. // **a ~ market** (*econ.*) un mercato soggetto a forti oscillazioni (*dei prezzi*); ~ **stocks** (*fin.*) titoli che hanno oscillazioni (*di valore*) molto ampie; ~ **storage** (*USA*) V. ~ **store**; ~ **store** (*elab. elettr.*) memoria non permanente.
  volte-face, *n.* voltafaccia.
  volume, *n.* ❶ volume, capacità, massa, quantità. ❷ (*giorn.*) volume, libro. ❸ (*giorn.*) annata (*raccolta di giornali e sim.*). △ ❶ **We reached a sales ~ of over $ 100,000** abbiamo raggiunto un volume delle vendite d'oltre $ 100.000. // **the ~ of a container** (*market.*) la capacità d'un recipiente; (*trasp.*) la capacità d'un « container »; **the ~ of displacement** (*trasp. mar.*) volume di carena; **the ~ of imports** (*comm. est.*) il volume delle importazioni; ~ **production** (*econ.*) produzione in massa, produzione in grandi quantità.
  voluntary, *a.* volontario, intenzionale, spontaneo. // ~ **arbitration** (*sind.*) arbitrato volontario (*accettato volontariamente dai sindacati*); ~ **bankruptcy** (*leg.*) fallimento su istanza del fallito; ~ **chain** (*market.*) catena di dettaglianti consorziati; ~ **checkoff** (*pers., sind.*) trattenuta volontaria; **a ~ confession** (*leg.*) una confessione spontanea; ~ **contribution** (*leg.*) contributo volontario; ~ **conveyance** (*leg.*) cessione a titolo gratuito; ~ **jurisdiction** (*leg.*) giurisdizione volontaria; ~ **sale** (*leg.*) vendita volontaria; ~ **stranding to avoid wreck** (*ass. mar.*) arenamento volontario per evitare il naufragio; ~ **unemployment** (*econ.*) disoccupazione volontaria (*espressione coniata da J. M. Keynes*); ~ **waste** (*leg.*) danni prodotti volontariamente (*p. es., da un inquilino*); ~ **winding up** (*amm.*) liquidazione volontaria (*d'una società*).
  volunteer, *n.* ❶ volontario. ❷ (*leg.*) cessionario a titolo gratuito, donatario.

vote^1, *n.* ❶ voto, votazione, suffragio, numero di voti. ❷ (*leg.*) diritto di voto. ❸ (*leg.*) scheda di votazione. △ ❶ **My proposal was rejected by 4 votes in favour, 8 against, with one abstention** la mia proposta fu bocciata con 4 voti a favore, 8 contro e un'astensione; **We shall put the question to the ~** metteremo la questione ai voti. // **a ~ by show of hands** una votazione per alzata di mano.
  vote^2, *v. t. e i.* votare, dare il voto, approvare (*una mozione e sim.*) votando. △ **The provision was voted by the majority** il provvedimento fu votato dalla maggioranza. // **to ~ a bill through** (*leg.*) approvare un disegno di legge; **to ~ by ballot** (*leg.*) votare a scrutinio segreto; **to ~ a candidate in** (*leg.*) eleggere un candidato, nominare un candidato (*con votazione*); **to ~ a candidate out** (*leg.*) bocciare un candidato (*a un'elezione*); **to ~ down a motion** respingere una mozione (*votando contro*).
  voter, *n.* ❶ votante. ❷ elettore.
  voting, *n.* votazione, scrutinio. // ~ **age** (*leg.*) età che dà diritto al voto; ~ **arrangements** procedura di votazione; ~ **right** (*leg.*) diritto di voto; ~ **stock** (*fin.*) azioni con diritto di voto; ~ **trust** (*fin.*) sindacato azionario.
  vouch, *v. t.* ❶ (*leg.*) attestare, comprovare, provare. ❷ (*leg.*) garantire. *v. i.* (*leg.*) dichiararsi mallevadore (*per q.*); rispondere (*di q. o qc.*). △ *v. t.* ❶ **His statement has not yet been vouched** la sua asserzione non è ancora stata provata; *v. i.* **I feel I can ~ for my customer** sento di poter rispondere della mia cliente.
  vouchee, *n.* (*leg.*) chi gode dell'altrui malleveria.
  voucher^1, *n.* ❶ (*leg.*) garante, mallevadore. ❷ (*leg., pers.*) documento giustificativo, pezza d'appoggio. ❸ (*market.*) buono, scontrino. ❹ (*market.*) ricevuta, quietanza. △ ❹ **The ~ offers proof of payment** la ricevuta costituisce prova del pagamento (*effettuato*). // ~ **cheque** (*cred.*) assegno con annotazione degli estremi della fattura; ~ **payable** (*rag.*) saldo debitore (*d'un conto corrente*).
  voucher^2, *v. t.* ❶ autenticare, vidimare. ❷ (*leg., pers.*) provvedere di documento giustificativo (*o di pezza d'appoggio*). ❸ (*market.*) munire d'un buono (*o d'uno scontrino*). △ ❶ **All invoices received must be vouchered** tutte le fatture pervenute vanno vidimate.
  voyage^1, *n.* ❶ (*trasp., trasp. aer., trasp. mar.*) viaggio (*fluviale, aereo, o di mare*). ❷ (*trasp. aer., trasp. mar.*) passaggio, traversata. △ ❶ **The ~ from Genoa to South America is a very long one** il viaggio (per mare) da Genova al Sud America è assai lungo. // ~ **charter** (*trasp., trasp. aer., trasp. mar.*) noleggio a viaggio; ~ **charter party** (*trasp., trasp. aer., trasp. mar.*) contratto di nolo a viaggio; ~ **freight** (*trasp., trasp. aer., trasp. mar.*) nolo a viaggio; ~ **policy** (*ass. mar.*) polizza a viaggio; ~ **repairs** (*trasp., trasp. aer., trasp. mar.*) riparazioni in navigazione; **homeward ~** (*trasp. mar.*) viaggio di ritorno; **on the ~ home** (*trasp. mar.*) nel viaggio di ritorno; **on the ~ out** (*trasp. mar.*) nel viaggio d'andata; **outward ~** (*trasp. mar.*) viaggio d'andata.
  voyage^2, *v. i.* ❶ (*trasp., trasp. aer., trasp. mar.*) viaggiare, fare un viaggio (*per via d'acqua o aerea*). ❷ (*trasp. aer., trasp. mar.*) fare una traversata. *v. t.* (*trasp., trasp. aer., trasp. mar.*) navigare, percorrere (*laghi, oceani, ecc.*). △ *v. i.* ❶ **We had been voyaging for weeks through the South Seas when we came in sight of Sumatra** erano settimane che viaggiavamo nei Mari del Sud quando giungemmo in vista di Sumatra; *v. t.* **This ship has voyaged the Atlantic innumerable times** questa nave ha percorso l'Atlantico innumerevoli volte.
  voyager, *n.* (*specialm. trasp. mar.*) viaggiatore.

W

wad, *v. t.* imbottire.

wage, *n.* (*generalm. al pl.*) (*pers.*) paga, retribuzione, salario. △ **My starting ~ was $ 500 a month** la mia paga iniziale era di $ 500 al mese; **Wages cannot be pegged while prices rise** non si possono tener fermi i salari mentre i prezzi aumentano. // **~ advances** (*pers.*) aumenti salariali; **~ and salaries** (*pers.*) retribuzioni; **~ and salary control** (*amm.*) controllo (del livello) delle retribuzioni; **wages and terms of employment** (*pers., sind.*) salari e condizioni di lavoro; **~ awards** (*pers.*) aumenti salariali; **~ bargaining** (*sind.*) contrattazione (per ottenere un aumento) salariale; **~ battle** (*sind.*) battaglia per (ottenere) aumenti salariali; **~ bill** (*econ.*) « costo » degli aumenti salariali; (*econ., rag.*) « conto » salari; **~ -boosting power** (*econ., sind.*) potere (*dei sindacati*) d'ottenere grossi aumenti salariali; **~ claims** (*sind.*) richieste d'aumenti salariali, rivendicazioni salariali; **~ -cost spiral** (*econ.*) spirale (dei) costi (e dei) salari; **~ costs** (*econ.*) costi salariali; **~ dividend** (*pers.*) quota di dividendo pagato ai dipendenti; **~ drift** (*econ.*) slittamento salariale (*divario fra i livelli retributivi previsti dai contratti collettivi e quelli effettivi aziendali*); **~ -earner** (*pers.*) salariato, salariata; **the ~ -earners** (*pers.*) il salariato (*sing. collett.*); **~ escalation** (*econ.*) aumento dei salari (*per agganciamento agli indici del costo della vita*); **~ -freeze** (*sind.*) congelamento salariale, blocco dei salari; **wages fund** (*econ.*) fondo salari; **~ -fund theory** (*econ.*) teoria dei salari (*secondo John Stuart Mill, il livello dei salari dipende dal rapporto fra il numero dei lavoratori e l'ammontare del capitale impiegato nella loro retribuzione; di conseguenza il solo modo per aumentare i salari è o quello di ridurre il numero dei lavoratori o quello d'aumentare il fondo destinato a retribuirli*); **wages-fund theory** (*econ.*) V. **~ -fund theory**; **~ goods** (*econ.*) merci-salario (*secondo Keynes*); **~ increases** (*pers.*) aumenti salariali; **~ index** (*stat.*) indice (delle) retribuzioni; **~ inflation** (*econ.*) inflazione da (aumento eccessivo dei) salari: **Cynicism about rising prices makes for ~ inflation** un atteggiamento cinico sugli aumenti dei prezzi non può non determinare un'inflazione da salari; **~ leadership** (*econ., sind.*) leadership salariale (*influsso esercitato sul livello generale delle retribuzioni da un accordo salariale raggiunto in un grande complesso industriale*); **~ level** (*econ.*) livello salariale; **~ pause** (*econ., sind.*) tregua salariale; **wages policy** (*econ.*) politica salariale; **~ -price spiral** (*econ.*) spirale (dei) prezzi (e dei) salari; **~ rate** (*pers.*) paga base (*per unità di tempo o per unità di prodotto*); **~ reopening** (*sind.*) diritto di riaprire le contrattazioni salariali; **~ rise** (*pers.*) aumento di salario, aumento salariale; **~ scale** (*sind.*) tabella (base) dei salari; **~ -sheet** (*pers.*) foglio paga; **~ structure** (*econ., sind.*) struttura dei salari; **~ surrender** (*sind.*) cedimento alle rivendicazioni salariali; **~ talk** (*sind.*) discussione per ottenere miglioramenti salariali; **~ unit** (*econ.*) unità di salario; **~ -worker** (*pers.*) V. **~ -earner**.

wager[1], *n.* ❶ scommessa. ❷ posta (*d'una scommessa*). // **~ policy** (*ass. mar.*) polizza che copre beni per cui l'assicurato non può dimostrare un interesse assicurabile.

wager[2], *v. t. e i.* scommettere, fare una scommessa.
wagerer, *n.* scommettitore.
wagering contract, *n.* (*leg.*) contratto aleatorio.
wages, *n. pl.* V. **wage**.
waggon[1], *n.* ❶ (*trasp.*) carro. ❷ (*trasp. aut.*) (= **station waggon**) giardiniera, giardinetta, familiare. ❸ (*trasp. ferr.*) vagone, carro merci, carro.
waggon[2], *v. t.* (*trasp.*) trasportare (*merci*) con un carro (*V. anche* **waggon**[1]). *v. i.* (*trasp.*) viaggiare su un carro (*V. anche* **waggon**[1]).
wagon, *n. e v.* V. **waggon**.
waif, *n.* oggetto smarrito, relitto. // **waifs and strays** (*leg.*) oggetti smarriti.
wait[1], *n.* attesa, indugio. △ **The delivery of the goods was made after ten days' ~** la consegna delle merci fu effettuata dopo dieci giorni d'attesa. // **~ condition** (*elab. elettr.*) stato d'attesa; **~ list** lista d'attesa: **There's a very long ~ list for tourist-class accommodation** c'è una lunghissima lista d'attesa per quanto riguarda i posti in classe economica; **~ time** (*cronot.*) tempo d'attesa.
wait[2], *v. i.* aspettare, attendere, indugiare; essere (*o* restare) in attesa. △ **Customers hate having to ~ in line for hours** ai clienti non piace dover attendere in fila per ore; **We shall be waiting for your confirmation on this point** restiamo in attesa d'una vostra conferma a questo riguardo. // **to ~ on customers** (*market.*) servire i clienti; **to ~ out the stock market** (*fin.*) aspettare un miglioramento del mercato dei titoli.
waiter, *n.* ❶ chi aspetta, chi attende (*V. anche* **wait**[2]). ❷ (*dog., ingl.*) ufficiale doganale. ❸ (*fin., ingl.*) commesso (*della Borsa Valori di Londra*). ❹ (*pers.*) cameriere.
waiting, *n.* attesa. // **~ -berth clause** (*trasp. mar.*) clausola del tempo d'attesa per l'attracco; **~ line** (*ric. op.*) linea d'attesa, coda; **~ -line theory** (*ric. op.*) teoria delle code; **~ list** lista d'attesa; **~ period** (*ass.*) periodo di tempo che deve trascorrere prima del pagamento d'un indennizzo (*p. es., il periodo, dal momento dell'« apertura » della malattia, durante il quale non s'ha diritto ad alcun beneficio assicurativo*); **~ room** (*trasp. ferr.*) sala d'attesa, sala d'aspetto; **~ state** (*elab. elettr.*) stato d'attesa; **no ~** (*trasp. aut.*) divieto di sosta, sosta vietata.
waitress, *n.* (*pers.*) cameriera.
waive, *v. t.* abbandonare, rinunciare a, fare a meno di. △ **We waived short-term yields for the greater protection afforded by equity-linked capital** abbiamo rinunciato al rendimento immediato più elevato in cambio della maggior protezione del capitale rappresentata dall'ancoraggio ad un valore azionario. // **to ~ collateral** (*cred., fin.*) rinunciare a garanzie reali; **to ~ the customary formalities** abbandonare le formalità d'uso; **to ~ fulfilment of certain provisions of a contract** (*leg.*) rinunciare all'esecuzione di talune clausole contrattuali; **to ~ a right** (*leg.*) rinunciare a un diritto.
waiver, *n.* (*leg.*) abbandono (*d'una pretesa*); rinunzia (*a un diritto*). // **~ clause** (*ass. mar.*) clausola di rinunzia,

clausola di recessione; the ~ of a contract provision (*leg.*) l'abbandono d'una clausola contrattuale; ~ of premium (*ass.*) clausola che (*in certe circostanze*) prevede la copertura ininterrotta (*del rischio*) anche senza pagamento del premio; a ~ of the privilege of immunity (*leg.*) una rinunzia al privilegio dell'immunità.

walk[1], *n.* camminata, passeggiata. // ~ -clerk (*banca*) commesso; ~ -out (*sind., fam.*) sciopero; sciopero non autorizzato.

walk[2], *v. i.* camminare, andare a piedi, passeggiare. // to ~ off with (*di ladro*) portarsi via, rubare (*qc.*); guadagnare, guadagnarci (*una certa somma di denaro*): The thief walked off with $ 20,000 il ladro si portò via $ 20.000; Notwithstanding the high cost of labour and basic materials, they were able to ~ off with $ 100,000 nonostante gli alti costi della manodopera e delle materie prime, riuscirono a guadagnar(ci) $ 100.000; to ~ out uscire; (*sind., fam.*) scioperare: The members of two sympathetic unions will ~ out with us gli iscritti a due sindacati solidali sciopereranno insieme a noi.

walkie-lookie, *n.* (*comun.*) telecamera portatile.

walkie-talkie, *n.* (*comun.*) radiotelefono (*ricetrasmittente*) portatile.

walking, *a.* che cammina, che passeggia. *n.* il camminare, il passeggiare. // ~ boss (*pers.*) capo (*d'operai*), caposquadra; ~ delegate (*sind.*) sindacalista viaggiante (*che visita operai e stabilimenti per controllare l'applicazione delle norme previste dai contratti collettivi di lavoro*); ~ orders (*sind., fam.*) V. ~ papers; ~ papers (*sind., fam.*) notifica di licenziamento; ~ ticket (*sind., fam.*) V. ~ papers; ~ -tour (*tur.*) giro turistico a piedi; ~ -way passaggio pedonale.

walks, *n. pl.* (*banca, ingl.*) assegni bancari pagabili presso le agenzie londinesi o le filiali di banche che non aderiscono alla stanza di compensazione.

walky-talky, *n.* V. **walkie-talkie**.

wall, *n.* muro, parete. // ~ calendar (*attr. uff.*) calendario murale; ~ clock (*attr. uff.*) orologio da muro; ~ newspaper (*giorn.*) giornale murale; ~ Street Wall Street (*strada di New York*); (*fig., USA*) il mercato finanziario americano, i finanzieri di New York; ~ Streeter (*fin., USA*) operatore finanziario di Wall Street.

wallet, *n.* portafoglio, portafogli.

want[1], *n.* ❶ deficienza, mancanza, scarsità, ristrettezza. ❷ (*anche econ.*) bisogno, necessità, esigenza. △ ❷ Men try to satisfy their wants gli uomini cercano di soddisfare i loro bisogni; The main purpose of production is to satisfy man's wants, that is, to make consumption possible lo scopo principale della produzione è di soddisfare i bisogni dell'uomo, e cioè, di rendere possibili i consumi. // ~ ad (*giorn., pubbl.*) annunzio pubblicitario (*richiesta od offerta di lavoro*); ~ creation (*econ., pubbl.*) creazione dei bisogni (*nei consumatori*); ~ of competence mancanza di competenza, incompetenza; ~ of consent (*leg.*) mancanza di consenso; ~ of evidence (*leg.*) mancanza di prova; ~ of jurisdiction (*leg.*) mancanza di giurisdizione.

want[2], *v. t.* ❶ aver bisogno, abbisognare di. ❷ volere, desiderare. △ ❶ This machinery wants the attention of a good mechanic questo macchinario ha bisogno dell'assistenza d'un buon meccanico; ❷ I ~ to express my thanks for your hospitality voglio ringraziarvi dell'ospitalità (concessami); The director wants you in his office at once il direttore vi desidera subito nel suo ufficio.

wanted, *a.* ❶ (*giorn., pubbl.*) (*negli annunzi pubblicitari*) cercasi, cercansi. ❷ (*leg.*) ricercato. △ ❶ ~:

experienced translator from and into French esperto traduttore dal - e in - francese cercasi; ❷ He is ~ for theft è ricercato per furto.

wanting, *a.* ❶ che ha bisogno, bisognoso. ❷ che vuole, ecc. // to be ~ difettare.

war, *n.* (*anche fig.*) guerra, lotta. △ Class ~ is one of the characteristic aspects of a modern industrial society la lotta di classe è uno degli aspetti caratteristici d'una moderna società industriale. // ~ and its attendant risks (*ass.*) la guerra e i rischi inerenti; ~ -damage compensation (*econ.*) risarcimento dei danni di guerra; ~ -damages (*econ.*) danni di guerra; ~ debt (*econ., fin.*) debito di guerra; ~ -loan (*econ., fin.*) prestito di guerra; ~ reparations (*econ.*) riparazioni di guerra.

ward[1], *n.* ❶ (*leg.*) custodia, tutela (*di minorenne e sim.*). ❷ (*leg.*) pupillo, pupilla; minore.

ward[2], *v. t.* difendere, proteggere, custodire.

warden, *n.* (*pers.*) custode, guardiano.

wardship, *n.* (*leg.*) custodia, tutela (*di minorenne e sim.*). // to be under ~ (*leg.*) essere sotto tutela.

ware, *n.* ❶ (*market.*) merce, mercanzia, articoli, oggetti. ❷ (*market.*) (*generalm. nei composti: p. es.*, chinaware porcellane, hardware ferramenta, earthenware terraglie, ecc.*). △ ❶ Before you unpack your ~, let me tell you I'm not interested in this stuff prima che Lei tiri fuori la sua merce, mi permetta di dirLe che questa roba non m'interessa; Household ~ are getting more and more sophisticated in design il design degli articoli casalinghi si va facendo sempre più raffinato.

warehouse[1], *n.* ❶ (*dog.*) (= bonded warehouse) magazzino doganale, deposito franco. ❷ (*market.*) emporio, grande negozio, negozio. ❸ (*org. az.*) magazzino, deposito. △ ❶ The warehouses in which it is possible to store goods that have been imported but on which no customs duty has yet been paid are called bonded warehouses i magazzini nei quali si può depositare merce che è stata importata ma per la quale non è stato ancora pagato il dazio doganale si chiamano magazzini doganali. // ~ bond (*org. az.*) buono di carico (*di magazzino*); ~ book (*org. az.*) libro di (carico e scarico del) magazzino; ~ charges (*rag.*) spese di magazzinaggio; ~ dues (*dog., trasp.*) (spese di) magazzinaggio; ~ -keeper (*pers.*) magazziniere; ~ -keeper's certificate (*dog.*) certificato del magazziniere; ~ -keeper's order (*dog.*) ordine di scarico della bolletta di cauzione; ~ -keeper's receipt (*dog.*) ricevuta del magazziniere; ~ -to- ~ insurance (*ass. mar.*) assicurazione (*della merce*) da magazzino a magazzino (*dal magazzino del venditore a quello del destinatario*); ~ warrant (*dog.*) fede di deposito: A ~ warrant is issued by the company owning the ~ in which the goods have been deposited la fede di deposito è rilasciata dalla società proprietaria del magazzino in cui le merci sono state depositate; ex ~ (*market., trasp.*) franco magazzino.

warehouse[2], *v. t.* ❶ (*dog.*) mettere (*merci*) in magazzino doganale. ❷ (*org. az.*) depositare in magazzino, immagazzinare (*merci, ecc.*).

warehouseman, *n.* (*pl.* warehousemen) ❶ (*market.*) commerciante all'ingrosso, grossista. ❷ (*pers.*) magazziniere.

warehouser, *n.* (*pers.*) magazziniere.

warehousing, *n.* ❶ (*dog., org. az.*) immagazzinamento, immagazzinaggio, magazzinaggio, deposito (*di merci*). ❷ (*org. az.*) costituzione delle scorte. △ ❶ ~ is a very important commercial activity, owing to the fact that production of goods is usually carried on much ahead of their consumption il magazzinaggio è un'attività commerciale assai importante, per il fatto che la produzione delle merci avviene di solito con grande anticipo sul loro consumo. // ~ **charges** (*rag.*) spese di magazzinaggio.

wareroom, *n.* ❶ (*market.*) emporio, negozio. ❷ (*market.*) sala di mostra (*delle merci*).

warn, *v. t.* ❶ avvertire, avvisare. ❷ ammonire, mettere in guardia. ❸ (*leg.*) diffidare. △ ❶ **We must ~ you that different goods will be rejected** dobbiamo avvertirvi che merci differenti (*da quelle ordinate*) saranno rifiutate; ❷ **They warned me against unscrupulous speculators** mi misero in guardia contro gli speculatori privi di scrupoli.

warning, *n.* ❶ avvertimento, avviso. ❷ ammonimento, ammonizione. ❸ (*leg.*) diffida. ❹ (*leg.*) preavviso (*di disdetta di contratto di locazione, ecc.*). ❺ (*pers.*) preavviso di licenziamento; (gli) « otto giorni ». △ ❶ **You never pay attention to my warnings** non presti mai attenzione ai miei avvertimenti; ❷ **Let this be a ~ to you!** e ciò ti serva d'ammonimento!; ❺ **Our secretary has given us ~** la nostra segretaria s'è presa gli otto giorni. // **to shipping** (*trasp. mar.*) avviso ai naviganti; **gale ~** (*trasp. mar.*) avviso di burrasca.

warp[1], *n.* (*trasp. mar.*) tonneggio.

warp[2], *v. t. e i.* (*trasp. mar.*) tonneggiare.

warrant[1], *n.* ❶ autorità, diritto, motivo valido. ❷ garanzia. ❸ (*dog.*) fede di deposito, nota di pegno, « warrant ». ❹ (*fin.*) diritto (*concesso a un azionista*) d'acquisto di titoli a un prezzo stabilito (*tale diritto è assai più lungo di quello del «right», q.V., ed è offerto congiuntamente a nuove azioni od obbligazioni per facilitarne il collocamento*). ❺ (*leg.*) mandato, ordinanza, ordine. △ ❶ **They have no ~ to control our activity** non hanno alcun diritto di controllare la nostra attività; ❷ **Our behaviour should be a ~ of our good will** il nostro comportamento dovrebbe essere garanzia della nostra buona volontà. // **~ for attachment** (*leg.*) ordinanza di sequestro conservativo; **~ for delivery** buono di consegna; **~ for payment** (*banca, cred.*) mandato di pagamento; **~ of arrest** (*leg.*) mandato di cattura; **~ of attorney** (*leg.*) procura, atto di procura, mandato (alle liti).

warrant[2], *v. t.* ❶ assicurare, attestare. ❷ (*anche leg.*) garantire. ❸ (*leg.*) autorizzare; dare autorità a (*q.*); dare mandato a (*q.*). △ ❶ **I ~ you that the debt shall be paid within a month** vi assicuro che il debito sarà saldato entro un mese; ❷ **We can ~ this to be pure new wool** possiamo garantire che si tratta di pura lana vergine; ❸ **The law doesn't ~ this procedure** la legge non autorizza tale procedura.

warrantee, *n.* (*leg.*) chi riceve una garanzia.

warranter, *n.* V. **warrantor**.

warrantor, *n.* (*leg.*) garante, mallevadore.

warranty, *n.* (*leg.*) garanzia. △ **We give a one-year ~ on all our radio and TV sets** diamo un anno di garanzia per tutte le nostre radio e tutti i nostri televisori. // **~ deed** (*leg.*) garanzia (*il documento*); **~ for hidden defects** (*leg.*) garanzia per vizi occulti; **~ of seaworthiness** (*trasp. mar.*) garanzia d'attitudine alla navigazione, garanzia di navigabilità.

wary, *a.* guardingo.

wash[1], *n.* ❶ lavatura, lavata. ❷ (*fin.*) V. **~ sale**. ❸ (*trasp. aut.*) lavaggio (*d'automobili, ecc.*). // **~ -and-wear** (*market.*) (*di tessuto*) « lava e indossa » (*che non necessita di stiratura*); «wash-and-wear»; **~'n'wear** (*market.*) V. **~ -and-wear**; **~ sale** (*fin.*) vendita fittizia di titoli (*allo scopo d'influenzare il mercato, ecc.*).

wash[2], *v. t.* lavare. *v. i.* lavarsi. // **to ~ one's hands of st.** lavarsi le mani di qc.: **I'm going to resign and ~ my hands of the whole matter** dò le dimissioni e, di tutta la faccenda, me ne lavo le mani.

washed sale, *n.* V. **wash sale**.

washer, *n.* lavatrice.

washing, *n.* lavatura, lavaggio. // **~ machine** lavatrice, macchina lavatrice.

waste[1], *n.* ❶ sciupio, spreco, sperpero, trascuratezza, perdita. ❷ (*leg.*) danneggiamento. ❸ (*market., org. az.*) cascame, cascami; scarto; rifiuti. *a. attr.* di rifiuto, di scarto. △ *n.* ❶ **We can't afford such wastes of time** non possiamo permetterci tali perdite di tempo; *a.* **The ~ products of one industry are sometimes the raw materials of another** talvolta i prodotti di scarto d'un'industria costituiscono la materia prima d'un'altra. // **~ -basket** (*attr. uff.*) cestino per la carta straccia; **~ -book** (*rag.*) brogliaccio; **~ -control** (*org. az.*) riduzione degli sprechi; **~ of assets** (*leg.*) cattiva conduzione (*da parte del curatore*) degli affari del defunto; **~ paper** carta straccia; **~ -paper basket** (*attr. uff.*) cestino per la carta straccia; **~ products** (*market., org. az.*) prodotti di scarto, cascami, rifiuti.

waste[2], *v. t.* ❶ sciupare, sprecare, sperperare. ❷ (*leg.*) trascurare (*una proprietà e sim.*); lasciare andare in rovina (*un bene, un immobile, ecc.*). △ ❶ **He's wasted his fortune in a very bad speculation** ha sperperato tutte le sue fortune in una speculazione sbagliata. // **to ~ a golden opportunity** sciupare un'occasione d'oro; **to ~ one's time** perdere tempo.

wastebasket, *v. t.* gettare (*qc.*) nel cestino della carta straccia; cestinare.

watch[1], *n.* ❶ guardia, sorveglianza, custodia. ❷ orologio (*da tasca o da polso*). ❸ (*cronot.*) cronometro. ❹ (*trasp. mar.*) personale di guardia. // **~ ashore** (*trasp. mar.*) guardia franca a terra; **~ below** (*trasp. mar.*) guardia franca; **~ holder** (*cronot.*) tavoletta da rilevamento; **~ reading** (*cronot.*) lettura del cronometro.

watch[2], *v. t.* ❶ guardare, osservare. ❷ tener d'occhio, sorvegliare. △ ❶ **It is estimated that at this time not fewer than 25 million people are watching our TV commercial** si calcola che a quest'ora non meno di 25 milioni di persone stiano guardando il nostro carosello in TV; ❷ **We advise you to ~ carefully the market trend in your area** vi consigliamo di tenere d'occhio attentamente l'andamento del mercato nella vostra zona. // **to ~ TV** guardare la TV.

watcher, *n.* (*pers.*) chi è di guardia, sorvegliante.

watchman, *n.* (*pl.* **watchmen**) (*pers.*) sorvegliante, guardia giurata, guardia.

water[1], *n.* ❶ acqua. ❷ (*trasp. mar.*) marea. △ ❷ **The high ~ was at 7 o'clock** l'alta marea fu alle 7. // **~ ballast** (*trasp. mar.*) zavorra d'acqua; **~ boat** (*trasp. mar.*) nave cisterna; **~ -borne** (*trasp.*) trasportato per via d'acqua; **~ -bus** (*trasp.*) vaporetto (*in servizio di linea su un fiume, un lago, ecc.*); **~ carriage** (*trasp., trasp. mar.*) trasporto per via d'acqua; mezzi di trasporto per via d'acqua; **~ carrier** (*trasp.*) vettore fluviale; (*trasp. mar.*) vettore marittimo; **~ company** azienda (*per la fornitura*) dell'acqua; **~ -damage insurance** (*ass.*) assicurazione contro i danni causati dalla pioggia (*o da perdite in un impianto idraulico*); **~ gate** (*trasp.*) cateratta (*di chiusa*); **~ guard** (*trasp. mar.*) guardia di finanza portuale; **~ level** (*trasp. mar.*) livello del mare; piano d'acqua (*nei porti*); **~ rate** tariffa per la fornitura idrica; **~ rent** V. **~ rate**; **~ supply** (*org. az.*) approvvigionamento idrico; rifornimento idrico; **~ transportation** (*trasp.*) trasporti per via d'acqua; **above ~** sopra il livello dell'acqua; (*anche fig.*) a galla; **by ~** (*trasp.*) per via fluviale, per via lacustre; (*trasp., trasp. mar.*) per via d'acqua; (*trasp. mar.*) per mare; **in deep water(s)** in acque profonde; (*fig.*) in difficoltà, nei guai; **in low water(s)** in secca; (*fig.*) a corto di quattrini, al verde; **on the ~** (*trasp. mar.*) (*di merce*) in viaggio: **Your shipment is still on the ~** la vostra merce è ancora in viaggio (*per mare*); **upon the ~** (*trasp. mar.*) (*di merce*) in viaggio.

water[2], *v. t.* ❶ innaffiare. ❷ irrigare. ❸ (*fin.*) gonfiare artificiosamente (*il capitale nominale*). // **to ~ down** (*anche fig.*) annacquare; mitigare.

waterage, *n.* ❶ (*trasp.*) trasporto per via d'acqua. ❷ (*trasp.*) spese di trasporto per via d'acqua.

waterfront, *n.* (*trasp. mar.*) fronte del molo.

watering, *n.* ❶ innaffiamento. ❷ irrigazione. // **~ down** (*anche fig.*) annacquamento; (*fig.*) mitigazione: **These measures should prevent the ~ down of capital and the formation of control blocs based on fictitious majority stockholding** tali misure dovrebbero impedire l'annacquamento del capitale e la formazione di posizioni di controllo basate su maggioranze azionarie fittizie.

waterline, *n.* (*trasp. mar.*) linea di galleggiamento.

watermark, *n.* (*trasp. mar.*) livello di (*alta o bassa*) marea.

waterproof[1], *a.* (*market.*) (*di stoffa*) impermeabile. « waterproof ». *n.* (*market.*) impermeabile. // **~ cloth** (*market.*) tessuto impermeabile.

waterproof[2], *v. t.* rendere impermeabile, impermeabilizzare.

watertight, *a.* impermeabile all'acqua, a tenuta d'acqua, stagno. // **~ compartments** (*trasp. mar.*) compartimenti stagni, paratie stagne.

watertightness, *n.* (*trasp. mar.*) tenuta stagna.

waterway, *n.* (*trasp.*) corso d'acqua navigabile, via di navigazione, via d'acqua, canale navigabile. △ **In Great Britain there are several important inland waterways** in Gran Bretagna ci sono parecchie importanti vie di navigazione interna.

waterworks, *n. pl.* impianto idrico, acquedotto.

watt, *n.* watt. // **~ -hour** wattora; **~ -hour meter** wattometro.

wave, *n.* (*anche fig.*) onda, ondata. // **~ -band** (*comun.*) gamma di lunghezze d'onda; **~ -length** (*comun.*) lunghezza d'onda; **a ~ of falling prices** (*econ.*) un'ondata di ribasso; **a ~ of speculation** (*econ.*) un'ondata speculativa.

way, *n.* ❶ via, strada. ❷ mezzo, modo, maniera. ❸ (*leg.*) (= **right of way**) diritto di passaggio. ❹ **ways**, *pl.* (*trasp. mar.*) scalo di costruzione. △ ❶ **Is this the shortest ~ to the air-terminal?** è questa la via più breve per arrivare al terminal aereo?; ❷ **We are not agreed on the ~ of raising the funds we need** non siamo d'accordo sul modo di raccogliere i fondi di cui abbiamo bisogno. // **ways and means** (*fin.*) modi e mezzi, metodo (*specialm. di reperire fondi*); **Ways and Means (W & M)** (*fin., USA*) commissione legislativa che studia modi e mezzi per il reperimento dei fondi (*necessari a far fronte alla spesa pubblica*); **ways and means advances** (*fin., ingl.*) anticipazioni di Tesoreria (*praticate dalla Banca d'Inghilterra al Governo*); **~ -bill** (*trasp.*) lista dei passeggeri; (*trasp. ferr.*) lettera di vettura; **ways-end** (*trasp. mar.*) avanscalo, avantiscalo, antiscalo; **~ freight** (*trasp. ferr., USA*) treno merci locale; **~ in** entrata; **~ -leave** (*leg.*) permesso di passaggio; prezzo pagato per ottenere un permesso di passaggio; **~ -leave rent** (*leg.*) prezzo pagato per ottenere un permesso di passaggio; **~ out** uscita; sbocco (*anche fig.*); **~ point**
(*trasp. ferr., USA*) V. **~ station**; **~ station** (*trasp. ferr., USA*) stazione secondaria, stazione intermedia; **~ traffic** (*trasp. ferr., USA*) traffico locale, movimento (*merci o passeggeri*) locale; **~ train** (*trasp. ferr., USA*) locale, treno locale; **by ~ of** (*trasp., tur.*) attraverso, via, passando per: **We reached Denver by ~ of Flagstaff and Albuquerque** arrivammo a Denver passando per Flagstaff e Albuquerque; **by ~ of exception** in via eccezionale: **A 3% discount will be granted you only by ~ of exception** in via del tutto eccezionale vi sarà concesso uno sconto del 3%; **by ~ of trial** (*market.*) a titolo di prova, in saggio; **to be under ~** (*trasp. mar.*) far rotta, navigare.

waybill, *v. t.* ❶ (*trasp. ferr.*) registrare (*dati*) in una lettera di vettura. ❷ (*trasp. ferr.*) spedire (*merci*) con accompagnamento della lettera di vettura.

weak, *a.* ❶ debole, fiacco. ❷ (*econ., fin., market.*) (*di merce, titolo, ecc.*) a debole domanda, tendente a una diminuzione di prezzo. △ ❶ **The cotton market is rather ~** il mercato del cotone è piuttosto fiacco; ❷ **Paper is ~** il prezzo della carta sta diminuendo. // **a ~ crew** (*trasp. mar.*) un equipaggio insufficiente; **~ currency** (*fin.*) valuta debole; **a ~ nation** (*econ.*) una nazione debole.

weaken, *v. t.* indebolire, infiacchire. *v. i.* ❶ indebolirsi, infiacchirsi. ❷ calare, scemare. △ *v. t.* **Inflation is weakening the purchasing power of the lira** l'inflazione sta indebolendo il potere d'acquisto della lira; *v. i.* ❶ **Daltons have weakened considerably in the last four days** le (azioni) Dalton si sono indebolite sensibilmente negli ultimi quattro giorni.

weakening, *n.* indebolimento. △ **We are witnessing a pronounced ~ in the economic activity** stiamo assistendo a uno spiccato indebolimento della congiuntura.

weakness, *n.* debolezza, fiacchezza. △ **The ~ of the International Monetary Fund has been amply proven** la debolezza del Fondo Monetario Internazionale è stata ampiamente provata.

wealth, *n.* ricchezza, censo, avere.

wealthy, *a.* ricco, agiato, danaroso.

wear[1], *n.* ❶ uso. ❷ usura, consumo, logoramento; logorio (*di macchine, ecc.*); calo (*di una moneta metallica*) dovuto a usura. ❸ (*market.*) abbigliamento, vestiario, vestiti, abiti. △ ❶ **This suit is for everyday ~** quest'abito è per uso quotidiano (*è da portare tutti i giorni*); ❷ **The carpets in my office are showing ~** i tappeti del mio ufficio dan segni d'usura; ❸ **We're opening a new department for men's ~ on the top floor of our building** stiamo per aprire un nuovo reparto d'abbigliamento maschile all'ultimo piano del nostro edificio. // **~ and tear** logorio, logoramento, deterioramento; (*org. az.*) deprezzamento (*d'un macchinario, ecc.*) per l'uso (*cui è stato sottoposto*); **~ -out** (*org. az., rag.*) deprezzamento (*d'un macchinario, ecc.*) per l'uso (*cui è stato sottoposto*): **This piece of machinery has a rapid ~ -out** questa macchina è soggetta a un rapido deprezzamento per uso.

wear[2], *v. t.* (*pass.* **wore**, *part. pass.* **worn**) ❶ consumare, logorare. ❷ indossare, avere addosso, portare. ❸ (*trasp. mar.*) far virare (*una nave*) di bordo. *v. i.* ❶ consumarsi, logorarsi. ❷ (*trasp. mar.*) virare di bordo, bordeggiare. △ *v. t.* ❷ **Our saleswomen are expected to ~ a uniform** le nostre commesse sono tenute a indossare un'uniforme; *v. i.* ❶ **This material wears quickly** questa stoffa si logora alla svelta. // **to ~ out** consumare, logorare, esaurire; consumarsi, logorarsi, esaurirsi: **Europe is wearing out all its natural resources** l'Europa sta esaurendo tutte le sue risorse naturali; **The company's financial resources are rapidly wearing**

out le risorse finanziarie della società vanno esaurendosi rapidamente; to ~ **oneself out** (*di persona*) logorarsi.

weather, *n.* ❶ tempo (*atmosferico*). ❷ maltempo, intemperie. △ ❶ **If there is a change in the ~, the ship will try to leave the port** se ci sarà un cambiamento del tempo, la nave tenterà di salpare; ❷ **Our journey was stopped by the ~** il nostro viaggio fu interrotto per il maltempo. // ~ **board** (*trasp. mar.*) lato sopravvento; ~ **-bound** (*trasp. mar.*) (*di naviglio*) trattenuto (*in porto*) dal maltempo; ~ **bureau** ufficio meteorologico; ~ **cast** *V.* ~ **forecast**; ~ **conditions** condizioni atmosferiche, condizioni meteorologiche; ~ **deck** (*trasp. mar.*) ponte scoperto; ~ **-driven** (*trasp. mar.*) (*di nave*) in balia degli elementi; ~ **forecast** bollettino meteorologico, previsioni del tempo; ~ **permitting** tempo permettendo; ~ **-report** bollettino meteorologico; ~ **-ship** (*trasp. mar.*) nave del servizio meteorologico; ~ **side** (*trasp. mar.*) lato sopravvento; ~ **signal** (*trasp. mar.*) segnale meteorologico; ~ **station** osservatorio meteorologico; ~ **warning** (*trasp. mar.*) avviso di cattivo tempo.

weave, *v. t.* (*pass.* **wove**, *part. pass.* **woven**) tessere.

week, *n.* settimana. // ~ **-end** fine settimana, week-end; ~ **'s pay** (*o* **wages**) (*pers.*) paga d'una settimana, settimanale, settimana; **by the** ~ (*pers.*) (*di retribuzione*) alla settimana, settimanalmente: **We are paid by the** ~ siamo pagati alla settimana; **today** ~ oggi a otto; **tomorrow** ~ domani a otto.

weekday, *n.* ❶ giorno feriale. ❷ (*pers.*) giornata lavorativa.

weekly, *a.* settimanale. *avv.* settimanalmente, una volta la settimana, ogni settimana. *n.* (*giorn.*) (un) settimanale, pubblicazione settimanale, periodico settimanale, rivista settimanale. △ *avv.* **Our representative will visit you** ~ il nostro rappresentante vi farà visita settimanalmente; *n.* **Your subscription to our** ~ **expired on December 31st** il vostro abbonamento al nostro settimanale è scaduto in data 31 dicembre. // **the** ~ **newspapers** (*giorn.*) i (giornali) settimanali; **a** ~ **pay** (*pers.*) una paga settimanale; **the** ~ **periodicals** (*giorn.*) i (periodici) settimanali; **a** ~ **report** (*giorn.*) un notiziario settimanale: **Next time our** ~ **report will be devoted to the New York Stock Exchange** il nostro prossimo rapporto settimanale sarà dedicato alla Borsa Valori di New York; ~ **time schedules** (*org. az.*) orari settimanali.

weigh[1], *n.* pesatura, pesata. // ~ **-house** (*trasp.*) pesa pubblica.

weigh[2], *v. t.* ❶ pesare. ❷ (*fig.*) soppesare, ponderare, considerare, valutare. *v. i.* ❶ pesare, essere pesante, avere il peso di. ❷ (*trasp. mar.*) levare l'àncora, salpare. △ *v. t.* ❶ **We weighed the goods on their arrival to make sure there had been no losses in transit** abbiamo pesato le merci al loro arrivo per assicurarci che non ci fossero state perdite durante il trasporto; ❷ **You ought to** ~ **the advantages as well as the disadvantages of their proposal** dovreste soppesare i vantaggi e gli svantaggi della loro proposta; *v. i.* ❶ **The two cases** ~ **more than we expected** le due casse pesano più di quanto ci aspettavamo. // **to** ~ **anchor** (*trasp. mar.*) levare l'àncora, salpare.

weighage, *n.* (*trasp., ingl.*) tassa di pesatura.

weighbridge, *n.* pesatrice a ponte, ponte a bilico, pesa.

weigher, *n.* ❶ pesatore. ❷ pesatore pubblico, impiegato di pesa pubblica, impiegato incaricato della pesatura (*di merci*).

weighing, *n.* pesatura, pesata, pesa. // ~ **machine** pesatrice, bilancia, pesa.

weighman, *n.* (*pl.* **weighmen**) *V.* **weigher**.

weighmaster, *n.* verificatore del peso (*delle merci*); pesatore pubblico.

weight[1], *n.* ❶ (*anche fig.*) peso; (*fig.*) carico, gravame, onere; (*fig.*) importanza, valore. ❷ (*giorn., pubbl.*) forza (*d'un carattere tipografico*). △ ❶ **The net** ~ **of this package is lb 1** il peso netto di questo pacco è di 1 libbra; **Goods sold by** ~ **are charged for at net** ~ per le merci vendute a peso si fa pagare in base al peso netto; **That's a great** ~ **off my mind** mi son tolto un gran peso dall'animo; **The manager has a great** ~ **of responsibility** il direttore ha un gravoso carico di responsabilità; **His opinions carry great** ~ **with me** le sue opinioni hanno per me un grande valore. // ~ **allowed free** (*trasp.*) peso in franchigia; franchigia di peso; **weights and measures** pesi e misure; ~ **cargo** (*trasp. aer., trasp. mar.*) merce pesante; ~ **delivered** (*trasp. mar.*) peso allo sbarco; ~ **draft** (*market.*) abbuono per il peso: **We are entitled to a** ~ **draft as a compensation for losses due to leakage** abbiamo diritto a un abbuono per il peso come indennizzo per le perdite dovute a infiltramento; ~ **goods** (*trasp.*) merce pesante; ~ **note** (*trasp. mar.*) bolletta dei pesi, distinta dei pesi; **the** ~ **of evidence** (*leg.*) il peso delle prove; ~ **or measurement** (*trasp. mar.*) peso o volume; **by** ~ (*market.*) (*di sistema di vendita, valutazione, ecc.*) a peso.

weight[2], *v. t.* ❶ appesantire, gravare. ❷ (*stat.*) ponderare. // **to** ~ **the items of a frequency distribution** (*stat.*) ponderare gli elementi d'una distribuzione di frequenza.

weighted, *a.* ❶ appesantito, gravato. ❷ (*stat.*) ponderato. // ~ **average** (*stat.*) media ponderata; ~ **code** (*elab. elettr.*) codice ponderato; ~ **mean** (*stat.*) media ponderata; ~ **numbers** (*stat.*) numeri indici ponderati; ~ **value** (*stat.*) valore ponderato.

weighting, *n.* ❶ peso, ciò che è usato come peso. ❷ (*sind., ingl.*) *V.* ~ **allowance**. ❸ (*stat.*) ponderazione. // ~ **allowance** (*sind., ingl.*) indennità (*aggiunta al salario*) per la differenza nel costo della vita (*p. es., fra una piccola città e la capitale*); indennità di grande sede.

welcome, *a.* ❶ benvenuto. ❷ gradito. *n.* benvenuto.

welfare, *n.* benessere, prosperità. // ~ **and family matters** (*sind.*) servizi sociali e questioni familiari; ~ **contributions** (*econ., sind.*) oneri previdenziali; ~ **economics** (*econ.*) economia del benessere; ~ **factor** (*econ., stat.*) fattore tendente a stimolare l'aumento della popolazione; **the** ~ **of a nation** (*econ.*) il benessere d'una nazione; ~ **officer** (*sind.*) assistente sociale; **the** ~ **State** (*econ.*) lo Stato sociale, lo Stato assistenziale; ~ **-state minimum** (*sind.*) livello minimo del tenore di vita (*per le famiglie degli scioperanti*); ~ **worker** (*sind.*) assistente sociale; ~ **works** (*econ.*) servizi sociali, servizi d'assistenza sociale.

well[1], *n.* (*anche fig.*) pozzo.

well[2], *avv.* bene. // ~ **-known** notorio, noto; ~ **-to-do** agiato, ricco, danaroso.

west, *n.* ❶ occidente, ponente, ovest. ❷ **the West** l'Occidente, il mondo occidentale. ❸ **the West** (*USA*) il West, l'Ovest (*il territorio a ovest del Mississippi*). *a. attr.* occidentale, di ponente. *avv.* a ovest, all'ovest, verso occidente, verso ponente. △ *n.* ❶ **Arizona lies to the** ~ **of New Mexico** l'Arizona si trova a ovest del Nuovo Messico; *a.* **California is on the** ~ **coast of the U.S.** la California è situata sulla costa occidentale degli Stati Uniti; *avv.* **Japanese industry is looking** ~ l'industria giapponese sta guardando a ovest (*si prepara, cioè, a conquistare il mercato europeo*). // ~ **Central (W.C.)** (*comun.*, *ingl.*) quartiere centro-occidentale (*distretto postale di Londra*); ~ **Europe Time** *V.* ~ **European Time**; ~ **European Time** ora dell'Europa occidentale; ~ **Germany** la Germania Occidentale.

western, *a.* occidentale, dell'occidente, di ponente, dell'ovest. // **the** ~ **bloc** il blocco (dei Paesi) dell'Occidente; ~ **European Time** *V.* **West European Time**; **the** ~ **European Union (WEU)** l'Unione dell'Europa Occidentale (*UEO*); **the** ~ **powers** le potenze occidentali.

wet, *a.* bagnato, umido. // ~ **basin** (*trasp. mar.*) darsena; ~ **dock** (*trasp. mar.*) darsena idrostatica, bacino a livello d'acqua costante; ~ **goods** merci liquide.

wharf[1], *n.* (*pl.* **wharves** *e reg.*) (*trasp. mar.*) banchina, calata, molo interno, scalo, pontile. // ~ **dues** (*trasp. mar.*) diritti di banchina, diritti di sbarco; ~ **for fuel-oil bunkering** (*trasp. mar.*) stazione di rifornimento nafta; **free on** ~ (**F.O.W.**) (*trasp. mar.*) franco banchina.

wharf[2], *v. t.* ❶ (*trasp. mar.*) attraccare, ormeggiare (*una nave*) al molo. ❷ (*trasp. mar.*) scaricare (*merce*) a un molo.

wharfage, *n.* ❶ (*trasp. mar.*) uso d'un molo (*per caricare e/o scaricare merce*). ❷ (*trasp. mar.*) diritti di banchina.

wharfing, *n.* (*trasp. mar.*) complesso delle banchine (*d'un porto*).

wharfinger, *n.* ❶ (*trasp. mar.*) proprietario di banchina. ❷ (*trasp. mar.*) custode di scalo. // ~'s **receipt** (*trasp. mar.*) ricevuta del custode dello scalo.

wharfman, *n.* (*pl.* **wharfmen**) (*trasp. mar.*) sorvegliante di banchina, portuale addetto a una banchina.

wharfmaster, *n. V.* **wharfinger.**

wheat, *n.* (*market.*) grano, frumento.

wheel[1], *n.* ❶ ruota. ❷ (*trasp. aut.*) (= **steering-wheel**) volante. ❸ (*trasp. mar.*) (= **steering-wheel**) ruota del timone, timone.

wheel[2], *v. t.* far girare, far ruotare.

wheeler-dealer, *n.* (*slang USA*) speculatore in grande stile.

whereas, *cong.* (*leg.*) premesso che, considerato che (*forma introduttiva d'un contratto, e sim.*).

whiskey, *n. V.* **whisky.**

whisky, *n.* whisky.

white, *a.* bianco. // ~ **-collar** (*pers.*) impiegatizio, del ceto impiegatizio; **the** ~ **-collar families** (*pers.*) le famiglie degli impiegati: **The index of** ~ **-and blue-collar families' expenditures used to be called the cost of living index** l'indice dei prezzi al consumo per le famiglie degli impiegati e quelle degli operai una volta veniva chiamato l'indice del costo della vita; ~ **-collar mentality** mentalità impiegatizia; ~ **-collar worker** (*pers.*) chi lavora in ufficio, impiegato, funzionario; ~ **-collar workers** il ceto impiegatizio; **the** ~ **House** (*USA*) la Casa Bianca; ~ **paper** (*amm.*) libro bianco, rapporto governativo.

whitewash, *v. t.* imbiancare.

whole, *a.* tutto, intero, integro, completo. △ **The** ~ **production process was disturbed by the strikes** tutto il processo produttivo fu turbato dagli scioperi. // ~ **-coloured** (*market.*) a tinta unita; ~ **life** (*ass.*) vita intera; ~ **-life insurance** (*ass.*) assicurazione « vita intera »; ~ **milk** (*market.*) latte intero; ~ **numbers** (*mat.*) numeri interi; ~ **-time job** (*pers.*) lavoro full-time, lavoro a tutta giornata.

wholesale[1], *n.* (*market.*) vendita all'ingrosso. *a. attr.* (*market.*) all'ingrosso. *avv.* ❶ in gran quantità, in massa. ❷ (*market.*) all'ingrosso. △ *avv.* ❷ **We are sorry to inform you that we only sell** ~ ci spiace informarvi che noi vendiamo soltanto all'ingrosso. // **a** ~ **dealer** (*market.*) un commerciante all'ingrosso, un grossista; ~ **manufacture** (*org. az.*) fabbricazione all'ingrosso; ~ **market** (*market.*) mercato all'ingrosso; ~ **prices** (*market.*) prezzi all'ingrosso, corsi sul mercato all'ingrosso: ~ **prices then steadied at a level close to the target price plus charges** i corsi sul mercato all'ingrosso si sono stabilizzati a un livello vicino a quello del prezzo indicativo al lordo delle imposte; ~ **trade** (*market.*) commercio all'ingrosso; ~ **warehousing** (*market.*) operazioni di magazzinaggio nel commercio all'ingrosso; **at** ~ (*market., USA*) all'ingrosso; **by** ~ (*market.*) all'ingrosso.

wholesale[2], *v. t.* (*market.*) vendere (*qc.*) all'ingrosso. *v. i.* ❶ (*market.*) vendere all'ingrosso, fare il grossista. ❷ (*market.*) (*d'articolo*) vendersi all'ingrosso. △ *v. t.* **These articles were wholesaled at $ 10 a hundred** questi articoli furono venduti all'ingrosso a $ 10 il centinaio; *v. i.* ❷ **Our ball-point pens** ~ **well at one-fourth of their retail price** le nostre penne a sfera si vendono bene all'ingrosso al 25% del loro prezzo al dettaglio.

wholesaler, *n.* (*market.*) commerciante all'ingrosso, grossista. △ **The** ~ **buys wholesale and resells, to retailers only, in much smaller quantities** il grossista acquista in grandi quantità e rivende, soltanto ai dettaglianti, in quantità assai minori.

wholly, *avv.* interamente.

wide, *a.* ❶ ampio, esteso, largo, vasto. ❷ (*fin., market.*) (*di fluttuazione di prezzi, ecc.*) considerevole, notevole. △ ❶ **Our insurance has a** ~ **coverage** la nostra assicurazione ha una copertura estesa; ❷ **There has been a** ~ **drop in nylon prices** s'è avuto un notevole calo nei prezzi del nylon. // **a** ~ **assortment** (*market.*) un vasto assortimento; **a** ~ **margin** (*fin.*) un ampio margine.

widow, *n.* (*leg.*) vedova.

widowed, *a.* (*leg.*) vedovile.

widower, *n.* (*leg.*) vedovo.

widowhood, *n.* (*leg.*) vedovanza.

width, *n.* ampiezza, larghezza.

wild, *a.* ❶ selvaggio, selvatico. ❷ barbaro, feroce.

wildcat[1], *n.* ❶ gatto selvatico. ❷ (*pers.*) (= **wildcat strike**) sciopero « selvaggio ». *a. attr.* ❶ (*fin.*) (*d'impresa, ecc.*) insolvibile. ❷ (*leg.*) illegale, illecito. // **a** ~ **bank** (*fin.*) una banca insolvibile; **a** ~ **speculation** (*fin., leg.*) una speculazione illegale; ~ **strike** (*pers.*) sciopero « selvaggio »; **a** ~ **work stoppage** (*pers.*) un'interruzione arbitraria del lavoro (*senza il consenso dei sindacati*).

wildcat[2], *v. i.* (*fin., leg.*) fare speculazioni illegali (*V. anche* **wildcat**[1]).

wildcatter, *n.* (*fin., leg.*) chi promuove imprese illegali (*V. anche* **wildcat**[1]); speculatore senza scrupoli.

wilful, *a.* ❶ (*leg.*) intenzionale, volontario. ❷ (*leg.*) premeditato, doloso. // ~ **and malicious offence** (*leg.*) delitto doloso; ~ **damage** (*leg.*) danneggiamento doloso; **a** ~ **distortion of the facts** (*leg.*) un travisamento intenzionale dei fatti.

wilfully, *avv.* (*leg.*) intenzionalmente.

wilfulness, *n.* ❶ (*leg.*) intenzionalità. ❷ (*leg.*) premeditazione, dolosità.

will, *n.* ❶ volontà, (il) volere. ❷ (*leg.*) ultime volontà, testamento. △ ❶ **They've sold the property against their parents'** ~ hanno venduto la proprietà contro il volere dei genitori; ❷ **His** ~ **has been forged** il suo testamento è stato falsificato. // ~ **and testament** (*leg.*) testamento, ultime volontà; **at** ~ (*leg.*) (*di contratto d'affitto, d'affittuario, ecc.*) a tempo indeterminato: **Mr Winston is a tenant at** ~, **therefore his position is**

rather precarious Mr Winston è un affittuario a tempo indeterminato, perciò la sua posizione è piuttosto precaria; **by ~** (*leg.*) per testamento: **The purchase of the estate was disposed by ~** l'acquisto dell'immobile fu disposto per testamento; **last ~ and testament** (*leg.*)*V.* **~ and testament**.

willful, *a.* (*USA*) *V.* **wilful**.

willing, *a.* volontario, spontaneo. △ **We thank you for your ~ help in this matter** vi ringraziamo per il vostro aiuto spontaneo in questa faccenda. // **to be ~ to do st.** essere disposto a far qc.: **We are ~ to grant you a discount for large quantities** siamo disposti a praticarvi uno sconto per grosse partite.

willingly, *avv.* volentieri, volontieri, spontaneamente, di buon grado, prontamente. △ **They ~ withdrew their accusation** ritirarono la querela spontaneamente.

win, *v. t. e i.* (*pass. e part. pass.* **won**) ❶ vincere, essere vittorioso. ❷ guadagnarsi, procurarsi, ottenere. △ ❶ **Trade-unions have won their battle for higher wages** i sindacati hanno vinto la battaglia per (ottenere) gli aumenti salariali; ❷ **Our article has won the first prize for design** il nostro articolo ha ottenuto il primo premio per il design. // **to ~ one's bread** guadagnarsi il pane; **to ~ a case** (*leg.*) vincere una causa; **to ~ competition** (*market.*) vincere la concorrenza.

wind[1], *n.* vento. // **~ astern** (*trasp. mar.*) vento di poppa; **~ bound** (*trasp. mar.*) (*di naviglio*) trattenuto (*in porto*) dal vento contrario; **~ -chart** (*trasp. mar.*) carta dei venti; **~ down** (*trasp. aer., trasp. mar.*) vento longitudinale; **~ of force...** (*trasp. mar.*) vento (di) forza...; **~ -screen** (*trasp. aut.*) parabrezza; **~ -screen wiper** (*trasp. aut.*) tergicristallo; **~ -shield** (*trasp. aut., USA*) *V.* **~ -screen; before the ~** (*trasp. mar.*) col vento in poppa; **on the ~** (*trasp. mar.*) col vento in prua, controvento.

wind[2], *n.* avvolgimento. // **~ -up** (*fin., rag.*) liquidazione (*d'una società, dei conti, ecc.*).

wind[3], *v. t.* (*pass. e part. pass.* **wound**) ❶ avvolgere. ❷ far girare. ❸ caricare (*un orologio e sim.*). *v. i.* ❶ avvolgersi. ❷ girare. // **to ~ up** (*fin.*) (*di società, di ente*) esser messo in liquidazione; (*fin., rag.*) liquidare (*una società, i conti, ecc.*): **Our company wound up last year** la nostra società fu messa in liquidazione l'anno scorso; **to ~ up one's business affairs** (*fin.*) liquidare i propri affari; **to ~ up a business company** (*fin.*) liquidare una società commerciale.

windage, *n.* (*trasp. mar.*) superficie (*di nave*) esposta al vento.

windfall, *n.* ❶ frutta abbattuta dal vento. ❷ (*fam.*) colpo di fortuna, guadagno inatteso, bazza. // **~ gain** (*econ.*) guadagno accidentale; **~ loss** (*econ.*) perdita accidentale; **~ profits** (*econ., fam.*) profitti eccezionali (*e insperati*).

winding, *n.* avvolgimento. // **~ -up** (*fin.*) liquidazione, scioglimento, stralcio (*d'una società*): **The ~ -up may be voluntary or compulsory** la liquidazione può essere volontaria o disposta dall'autorità giudiziaria.

windmill, *n.* ❶ mulino a vento. ❷ (*cred., fam.*) cambiale di comodo, effetto di comodo.

window, *n.* ❶ finestra. ❷ (*banca, org. az.*) sportello. ❸ (*market.*) (= **shop-window**) vetrina (*di negozio*). ❹ (*trasp. aut., trasp. ferr.*) finestrino. // **~ -card** (*market.*) cartellino pubblicitario da vetrina (*di negozio*); **~ display** (*market.*) esposizione (*di merce*) in vetrina; **to ~ -dress** (*fig.*) far apparire (*qc.*) più attraente (*o* più conveniente): **What can we do in order to ~ -dress this bond issue?** che cosa possiamo fare per far apparire più attraente questa emissione obbligazionaria?; **~ -dresser** (*pers.*) vetrinista;

~ -dressing (*fig.*) presentazione (*d'uno stato patrimoniale, ecc.*) in modo da fare una buona impressione (*sul pubblico, ecc.*); (*market.*) allestimento della vetrina (*o* delle vetrine), arte del vetrinista, arte del disporre la merce in vetrina; **~ -envelope** (*attr. uff., comun.*) busta a finestra (*con una finestrella*).

windowman, *n.* (*pl.* **windowmen**) (*pers.*) sportellista.

windward, *n.* (*trasp. mar.*) direzione del vento. *a. e avv.* (*trasp. mar.*) a sopravvento, di sopravvento. // **~ side** (*trasp. mar.*) lato sopravvento, sopravvento; **to ~** (*trasp. mar.*) in direzione del vento: **We were sailing to ~** navigavamo in direzione del vento.

winner, *n.* vincitore.

winning, *a.* vincitore, vincente.

winter[1], *n.* inverno.

winter[2], *v. i.* (*tur.*) svernare.

wipe, *v. t.* ❶ strofinare. ❷ pulire (*strofinando*). // **to ~ off** pulire strofinando; spazzare via; cancellare; (*cred.*) pagare, liquidare (*un debito, ecc.*): **We'll have wiped off all our debts by the end of the year** per la fine dell'anno avremo liquidato tutti i debiti; **to ~ out** *V.* **to ~ off**.

wire[1], *n.* ❶ filo (*metallico*). ❷ (*comun.*) cablogramma, telegramma. △ ❷ **Please send us a ~ as soon as the goods are ready** favorite inviarci un telegramma appena le merci saranno pronte. // **~ agency** (*giorn.*) *V.* **~ service**; **~ broadcasting** (*comun.*) *V.* **~ radio**; **~ copy** (*giorn.*) copia telegrafica (*di notizie*); **~ radio** (*comun.*) filodiffusione; **~ recorder** (*macch. uff.*) magnetofono a filo; **~ recording** registrazione sul filo; **~ service** (*giorn.*) agenzia giornalistica d'informazioni telegrafiche; **by ~** (*comun.*) tramite telegramma, per telegrafo: **We were informed about the prices and quotations by ~** fummo informati per telegrafo sui prezzi e le quotazioni.

wire[2], *v. t.* (*comun.*) telegrafare, trasmettere (*qc.*) per telegrafo. △ **The news were wired by the agency** le notizie furono telegrafate dall'agenzia.

wired radio, *n.* (*comun.*) filodiffusione.

wired wireless, *n.* (*comun.*) filodiffusione.

wireless[1], *a.* (*comun.*) senza fili; radiofonico. *n.* (*comun.*) radio, radiotelegrafia. △ *n.* **Several Countries still have a State-controlled ~** diversi Paesi hanno ancora un ente radiofonico di Stato. // **~ installation** (*comun.*) impianto radiotelegrafico; **~ message** (*comun.*) radiogramma, radiotelegramma; **~ service** (*comun.*) servizi radio (*telegrafici*); **a ~ set** un apparecchio radio; **~ telegraphy** (*comun.*) telegrafia senza fili, radiotelegrafia; **~ telephony** (*comun.*) radiotelefonia; **over the ~** (*comun.*) alla radio, per radio.

wireless[2], *v. t.* (*comun.*) radiotelegrafare, trasmettere per radio. △ **The lighthouse didn't ~ any warning to our vessel** il faro non radiotelegrafò alcun avvertimento alla nostra nave.

wish[1], *n.* ❶ desiderio. ❷ augurio.

wish[2], *v. t.* ❶ desiderare. ❷ augurare.

with, *prep.* con. △ « **Handle ~ care** » « maneggiare con cura »; « **fragile ~** ». // **~ coupon** (*di titolo*) con la cedola, col dividendo; **~ dividend** (*fin.*) (*di titolo*) col dividendo; **~ particular average (WPA)** (*ass. mar.*) con avaria particolare; **~ prejudice** (*leg.*) con riserve; **~ rights** (*fin.*) (*di titolo*) coi diritti, col nuovo.

withdraw, *v. t. e i.* (*pass.* **withdrew**, *part. pass.* **withdrawn**) ❶ ritirare, ritirarsi. ❷ ritrattare, fare una ritrattazione. ❸ (*banca*) prelevare (*fondi*); ritirare (*denaro*). △ ❶ **Let's hope they will not ~ their offer** speriamo che non ritirino la loro offerta; **The coin has been withdrawn from circulation** questa moneta è stata ritirata dalla circolazione; **I am going to ~ from business activity** ho intenzione di ritirarmi dall'attività commerciale; ❸ **We couldn't help withdrawing £ 100,000** non potemmo fare a meno di prelevare £ 100.000. // to ~ **a charge** (*leg.*) ritirare un'accusa; to ~ **a complaint** (*leg.*) ritirare una denuncia; to ~ **an order** annullare un ordine; to ~ **a statement** (*leg.*) ritrattare una dichiarazione.

withdrawal, *n*. ❶ ritiro, arretramento. ❷ (*banca*) prelevamento (*di fondi*). ❸ (*leg.*) remissione, ritrattazione. △ ❷ **He has made large withdrawals from the bank this month** ha fatto grossi prelevamenti dalla banca nel corso di questo mese. // **withdrawals from the special reserve** (*fin., rag.*) storni alla riserva speciale; ~ **notice** (*banca*) preavviso di prelevamento; **the ~ of an action** (*leg.*) la remissione d'una querela; **the ~ of a partner** (*fin.*) il ritiro d'un socio (*da una società*); ~ **warrant** (*banca*) benestare di prelevamento (*di fondi, da un conto di risparmio*); (*dog., fin.*) benestare di prelevamento (*di merce*).

withhold, *v. t.* (*pass.* e *part. pass.* **withheld**) ❶ trattenere. ❷ rifiutare (*di dare*), negare (*qc. a q.*). △ ❶ **The papers will be withheld until the goods reach us** i documenti saranno trattenuti fino all'arrivo della merce. // to ~ **one's consent** (*leg.*) negare il proprio consenso; to ~ **payment** rifiutarsi di pagare; to ~ **permission** negare un permesso.

withholding, *n.* (*fin.*) ritenuta alla fonte (*l'azione*). // ~ **tax** (*fin.*) ritenuta alla fonte, ritenuta (*o* trattenuta) d'acconto; ~ **-tax system** (*fin.*) sistema di ritenuta alla fonte: **A ~ -tax system on interest on negotiable bonds and on dividends is being tested** è allo studio un sistema di ritenuta alla fonte sugli interessi provenienti da obbligazioni e sui dividendi.

within, *avv.* e *prep.* ❶ dentro, entro; fra (*di tempo*). ❷ (*leg.*) nel presente atto, qui. *a. attr.* (*leg.*) accluso, incluso, presente. △ *prep.* ❶ **Delivery shall be effected ~ the end of September** la consegna dovrà essere effettuata entro la fine di settembre; *avv.* ❷ **The person ~ named is to pay the sum of $ 3,000** la persona qui menzionata è tenuta a pagare la somma di $ 3.000. // ~ **board** (*trasp. mar.*) a bordo; **the ~ complaint** (*leg.*) l'accluso reclamo; **the ~ indictment** (*leg.*) la presente incriminazione; ~ **the law** (*leg.*) nell'ambito della legge; ~ **a month** (*cred.*) (*di pagamento, ecc.*) a un mese; ~ **sight of the port** (*trasp. mar.*) in vista del porto.

without, *prep.* senza. // ~ **date** (*leg.*) « sine die »; ~ **day** (*leg.*) senza data; ~ **delay** senza indugio; (*market., trasp.*) senza ritardo; ~ **engagement** senza impegno; ~ **prejudice** (*leg.*) senza riserve.

witness[1], *n.* ❶ (*anche leg.*) testimonianza, dimostrazione, prova. ❷ (*leg.*) teste, testimone, testimonio. △ ❶ **I will give ~ on behalf of the accused person at his trial** renderò testimonianza a discarico dell'imputato al momento del processo; ❷ **We were not able to produce witnesses** non fummo in grado di produrre testimoni; **There was just one eye- ~** ci fu soltanto un testimone oculare. // ~ **-box** (*leg.*) banco dei testimoni; ~ **for the defence** (*leg.*) teste a discarico, testimone a difesa; ~ **for the prosecution** (*leg.*) testimone d'accusa, teste a carico; **in ~ thereof** (*leg.*) in fede di ciò, in fede di che.

witness[2], *v. t.* e *i.* ❶ essere presente a, assistere a, vedere. ❷ (*anche leg.*) dimostrare, provare, essere prova di. ❸ (*leg.*) testimoniare, attestare, fare da testimone, deporre come teste. ❹ (*leg.*) sottoscrivere (*un documento e sim.*) come testimone. △ ❶ **The accident has been witnessed by several hundred people** all'incidente furono presenti diverse centinaia di persone; ❷ **Europe's economic difficulties ~ the overall international monetary crisis** le difficoltà economiche dell'Europa sono prova della generale crisi monetaria internazionale; ❸ **We have been called to ~ for him** siamo stati chiamati a deporre in suo favore; **I am willing to ~ that this is Mr Benson's handwriting** sono pronto ad attestare trattarsi della grafia di Mr Benson. // to ~ **against sb.** (*leg.*) deporre contro q., deporre a carico di q.; to ~ **for sb.** (*leg.*) deporre in favore di q., deporre a discarico di q.; to ~ **a will** (*leg.*) sottoscrivere un testamento come testimone.

witnessing, *n.* (*leg.*) testimonianza.

woman, *n.* (*pl.* **women**) ❶ donna. ❷ (*pers.*) lavorante (*donna*). // ~ **journalist** (*giorn., USA*) giornalista, cronista (*donna*).

wool, *n.* (*market.*) lana.

woollens, *n. pl.* (*market.*) articoli di lana.

word[1], *n.* ❶ parola, vocabolo, termine. ❷ informazione, notizia, notizie. △ ❶ **I understand he has given his ~** mi risulta che abbia dato la sua parola (d'onore); ❷ **We have had no ~ from our Paris correspondent** non abbiamo avuto notizie dal nostro corrispondente a Parigi. // ~ **-address format** (*elab. elettr.*) disposizione a indirizzo; ~ **for ~** parola per parola, alla lettera: **Repeat the message ~ for ~, please** ripeta il messaggio parola per parola, prego; **You should not translate ~ for ~** non devi tradurre alla lettera; ~ **mark** (*elab. elettr.*) identificatore di parola; ~ **of honour** parola d'onore; **by ~ of mouth** oralmente, verbalmente; **in words** in parole, in lettere: **The amount to be paid must be expressed in words as well as in figures** l'ammontare (della somma) da pagare dev'essere indicato tanto in lettere quanto in cifre; **the last ~ in** (*market., fig.*) l'ultima novità in fatto di: **Our washing machines are the last ~ in efficiency and design** le nostre lavatrici sono l'ultima novità in fatto di efficienza e di stile; **Upon my ~!** parola (d'onore)!

word[2], *v. t.* ❶ mettere in parole, esprimere, formulare, redigere, stilare. ❷ (*comun.*) concepire (*un messaggio, un telegramma*). △ ❶ **In wording the report we tried to make it as clear as possible** nel redigere la relazione ci sforzammo di renderla il più possibile chiara; ❷ **How had the telegram been worded?** com'era stato concepito il telegramma?

wording, *n.* ❶ enunciazione, formulazione, dicitura. ❷ redazione, stesura. △ **Careful and precise ~ is very important in writing a letter of application** quando si scrive una domanda d'assunzione, è importantissimo usare una formulazione precisa e accurata. // **the ~ of an insurance policy** (*ass.*) il testo d'una polizza assicurativa; **the ~ of a stamp** la dicitura d'un timbro.

work[1], *n.* ❶ lavoro, attività, occupazione, mestiere. ❷ (*org. az.*) (= **workpiece**) pezzo (da lavorare). △ ❶ **Nowadays machines do much more ~ than man** oggigiorno, le macchine fanno molto più lavoro che non l'uomo. // « **works ahead** » (*trasp. aut.*) « lavori in corso » (*segnale stradale*); ~ **by the day** (*org. az.*) lavoro a giornata, lavoro in economia; ~ **by the piece** lavoro a cottimo; ~ **cost** (*rag.*) costo del lavoro; ~ **curve** (*cronot., org. az.*) curva (dell'andamento) di lavorazione; ~ **-day** giorno lavorativo, giorno feriale; ~ **distribution** (*cronot.*) distribuzione del lavoro; ~ **-distribution chart** (*cronot.*) scheda (*d'analisi*) della distribuzione del lavoro; ~ **environment** ambiente di lavoro; ~ **force** (*econ., org. az.*) forza (di lavoro); ~ **group** (*pers.*) gruppo di lavoro; ~ **hour** (*org. az.*) ora lavorativa; ~ **in hand** (*org. az.*) lavoro in corso; ~ **in process** (*org. az.*) lavoro in corso;

~ **in progress** (*org. az.*) lavoro in corso; ~ **load** (*pers.*) carico di lavoro, quantità di lavoro (*assegnata a un operaio*), tempo assegnato (*a un operaio*) per eseguire un certo lavoro; ~ **order** (*org. az.*) buono di lavorazione, commessa (*di lavorazione*); ~ **-people** (*pers.*) lavoratori, operai, manodopera; ~ **permit** (*pers.*) permesso di lavoro; ~ **-place** luogo di lavoro, sede di lavoro; ~ **relief** (*econ.*) sollievo (*portato da un Governo*) alla disoccupazione, attuato intraprendendo lavori pubblici; ~ **sheet** foglio (*o opuscolo*) illustrativo (*del funzionamento d'una macchina e sim.*); (*cronot.*) foglio di marcia; ~ **simplification** (*cronot.*) semplificazione di lavoro; ~ **standard** (*cronot.*) norma (*dei tempi di lavoro*); ~ **stoppage** (*sind.*) interruzione del lavoro; ~ **study** (*cronot.*) studio del lavoro; ~ **ticket** (*org. az.*) buono di lavorazione, commessa (*di lavorazione*); ~ **-week** settimana lavorativa; **at** ~ al lavoro; **in** ~ (*USA*) in lavorazione; **to be in regular** ~ avere un lavoro fisso; **to be out of** ~ essere disoccupato.

work[2], *v. i.* ❶ lavorare, fare un lavoro. ❷ (*anche fig.*) (*di macchinari e sim.*) funzionare, andare. ❸ (*di sostanza, ecc.*) lavorarsi (*bene, male, ecc.*). *v. t.* ❶ lavorare, manipolare, plasmare. ❷ far funzionare, azionare, manovrare. ❸ (*econ.*) coltivare, sfruttare (*una miniera e sim.*). △ *v. i.* ❶ **We're working at a new project** stiamo lavorando a un nuovo progetto; ❷ **The new computer works beautifully** il nuovo elaboratore funziona benissimo; **Our advertising slogan didn't** ~ il nostro slogan pubblicitario non ha funzionato; ❸ **This material works easily** questo materiale si lavora bene; *v. t.* ❷ **It takes an expert to** ~ **this machine** ci vuole un esperto per far funzionare questa macchina. // **to** ~ **an area** (*pers.*) V. **to** ~ **a district**; **to** ~ **a district** (*pers.*) (*di commesso viaggiatore*) lavorare in una zona, «fare» una zona; **to** ~ **double tides** fare in un giorno il lavoro di due; **to** ~ **an engine** (*trasp. ferr.*) manovrare una locomotiva; **to** ~ **full-time** lavorare a tempo pieno; **to** ~ **half-time** lavorare a mezzo tempo, lavorare a orario ridotto: **Owing to the fuel crisis, we are working half-time now** a causa della crisi energetica, adesso lavoriamo a mezzo tempo; **to** ~ **in shifts** (*pers.*) lavorare a turno; **to** ~ **iron** lavorare il ferro (*forgiarlo*); **to** ~ **off** sbrigare, disbrigare; (*market.*) vendere, svendere: **I've got lots of arrears of correspondence to** ~ **off** ho da sbrigare molta corrispondenza arretrata; **to** ~ **off a debt** (*cred.*) pagare un debito (*col ricavato del proprio lavoro*); **to** ~ **on contract** (*pers.*) lavorare a contratto; **to** ~ **out** elaborare, calcolare, risolvere; (*mat., rag.*) (*d'un conto, d'una somma, ecc.*) tornare, venire: **We worked out a compromise agreement that ended the controversy** elaborammo un accordo di compromesso che mise fine alla lite; **My sums won't** ~ **out** le mie somme non tornano; **to** ~ **out a financial problem** risolvere un problema finanziario; **to** ~ **out the interests** (*rag.*) calcolare gli interessi; **to** ~ **overtime** (*pers.*) fare lavoro straordinario, fare lo straordinario; **to** ~ **part-time** lavorare a mezzo tempo: **In the publishing industry too many people** ~ **part-time only** nell'editoria troppe persone lavorano solo a mezzo tempo; **to** ~ **a patent** (*leg.*) sfruttare un brevetto; **to** ~ **a ship** (*trasp. mar.*) manovrare una nave; **to** ~ **to rule** (*sind.*) fare ostruzionismo sul lavoro (*applicando rigidamente i regolamenti con conseguente rallentamento della produzione*); fare uno sciopero bianco.

workable, *a.* ❶ attuabile, fattibile. ❷ (*econ.*) (*di miniera e sim.*) coltivabile, sfruttabile. △ ❶ **Your plan doesn't seem to be** ~ non mi sembra che il vostro piano sia attuabile; ❷ **These gold-mines are no longer** ~ queste miniere d'oro non si possono più sfruttare.

workbook, *n.* manuale (*d'istruzioni, ecc.*).
workday, *n.* giornata lavorativa, giorno feriale. △ **We have an eight-hour** ~ abbiamo una giornata lavorativa d'otto ore.
worker, *n.* (*pers.*) lavoratore, operaio, operaia. △ **There will be wage increases for all the workers in this sector** ci saranno aumenti salariali per tutti i lavoratori di questo settore. // **the workers temporarily suspended** (*econ., sind.*) i lavoratori collocati in cassa integrazione.
workhand, *n.* (*pers.*) prestatore di lavoro, dipendente, operaio.
working, *a.* ❶ che lavora, attivo. ❷ funzionante, operante. ❸ (*pers.: di giorno, periodo di tempo*) lavorativo, feriale. *n.* ❶ lavorazione, lavoro. ❷ funzionamento (*d'una macchina, ecc.*). // ~ **assets** (*rag.*) attività non di capitale; ~ **capital** (*rag.*) capitale d'esercizio, capitale liquido; ~ **-capital requirements** (*amm., rag.*) esigenze di gestione; ~ **class** (*econ.*) classe operaia, proletariato; ~ **conditions** (*pers.*) condizioni di lavoro; ~ **costs** (*rag.*) spese d'esercizio; ~ **day** giornata lavorativa, giorno feriale: **We have a** ~ **day of seven hours and a half** abbiamo una giornata lavorativa di sette ore e mezza; ~ **expenses** (*rag.*) spese d'esercizio; ~ **hours** (*org. az.*) ore lavorative, orario di lavoro; ~ **hours lost** (*econ.*) ore lavorative perdute; ~ **-man** (*pers.*) V. **worker**; ~ **-out** elaborazione; esecuzione, attuazione; calcolo; risoluzione: **Let's hope they won't interfere with us in the** ~ **-out of our plan** speriamo che non interferiscano nell'attuazione del nostro progetto!; ~ **papers** (*leg., pers.*) documenti che legalizzano l'assunzione d'un minore; ~ **party** (*sind.*) commissione di studio (*dei problemi del lavoro*); ~ **population** (*stat.*) popolazione attiva; ~ **storage** (*elab. elettr., USA*) V. ~ **store**; ~ **store** (*elab. elettr.*) memoria di lavoro; ~ **time** (*org. az.*) orario di lavoro; ~ **to rule** (*sind.*) sciopero bianco (*applicazione rigida dei regolamenti, con conseguente rallentamento della produzione*); ~ **week** settimana lavorativa: **We are fighting for a 5-day** ~ **week** ci stiamo battendo per ottenere una settimana lavorativa di cinque giorni; **in** ~ **order** (*di macchinario*) in grado di funzionare, in buono stato.
workless, *a.* senza lavoro, disoccupato.
workman, *n.* (*pl.* **workmen**) ❶ lavoratore; chi lavora (*in un certo modo*). ❷ (*pers.*) operaio. △ ❶ **He is a very quick** ~ è un lavoratore assai veloce; ❷ **We need more skilled workmen** abbiamo bisogno di un maggior numero di operai specializzati. // **workmen's compensation** (*ass.*) indennità per infortuni sul lavoro e malattie professionali; **workmen's compensation insurance** (*ass.*) assicurazione contro i danni derivanti da infortuni sul lavoro e malattie professionali.
workmanlike, *a.* fatto con abilità tecnica, eseguito a regola d'arte.
workmanship, *n.* ❶ abilità tecnica. ❷ esecuzione, lavorazione, fattura. △ ❷ **We only sell articles of excellent** ~ noi vendiamo soltanto oggetti di fattura eccellente.
workroom, *n.* stanza di lavoro, laboratorio.
works, *n. pl.* (*col verbo al pl. o al sing.*) (*org. az.*) fabbrica, impianto, officina, opificio, stabilimento. △ **This is our biggest** ~ questo è il nostro stabilimento maggiore; **Our** ~ **have beaten all production records** la nostra officina ha superato tutti i record produttivi. // ~ **committee** (*org. az., sind.*) commissione mista; ~ **council** (*org. az., sind.*) consiglio di gestione; ~ **manager** (*pers.*) direttore (*dei*) lavori, capo del reparto produzione; **to be at the** ~ (*pers.*) essere in fabbrica, essere in officina; **ex**

~ (*market.*, *trasp.*) franco stabilimento; **in the ~** (*USA*) in (via di) preparazione, allo studio; (*org. az.*, *USA*) in corso di lavorazione.

workshop, *n.* ❶ bottega artigiana. ❷ (*org. az.*) officina, laboratorio, opificio, stabilimento, reparto. // **~ of a coach repairer** (*trasp. aut.*) carrozzeria (*l'officina*).

workweek, *n.* settimana lavorativa. △ **Our employees have a 5-day ~** i nostri dipendenti hanno una settimana lavorativa di 5 giorni.

workwoman, *n.* (*pl.* **workwomen**) (*pers.*) operaia.

world, *n.* mondo. // **the ~ Bank** (*fin.*) la Banca Mondiale; **~ Food Programme (WFP)** Programma Alimentare Mondiale (*PAM*); **~ Health Organization (WHO)** Organizzazione Mondiale della Sanità; **the ~ of business** il mondo degli affari; **the ~ trade** il commercio mondiale.

worn out, *a.* ❶ consunto, logoro. ❷ (*di persona*) esaurito.

worth, *a.* che vale, del valore di, del costo di. *n.* ❶ valore, merito, pregio. ❷ patrimonio (*personale*), ricchezze. △ *n.* ❷ **His personal ~ is estimated at £ 1,000,000** il suo patrimonio personale è valutato a £ 1.000.000. // **to be ~** (*di cosa*) valere, costare; (*di persona*) che ha (*un certo patrimonio*), in possesso di: **The house is ~ $ 100,000** la casa vale $ 100.000; **He is said to be ~ at least $ 500,000** si dice che abbia almeno $ 500.000.

worthless, *a.* privo di valore, senza valore. // **a ~ currency** (*econ.*) una moneta priva di valore.

worthy, *a.* degno.

would-be, *a.* sedicente.

wound, *n.* ferita, lesione.

wrap, *v. t.* ❶ avvolgere, avviluppare. ❷ (*market.*) incartare, impaccare; involtare (*fam.*). // **to ~ up** (*market.*) incartare, impaccare; **to ~ up a parcel** (*market.*) fare un pacchetto.

wrappage, *n. V.* **wrapping.**

wrapper, *n.* ❶ (*giorn.*) fascia, fascetta (*di giornale, rivista, ecc.*); sopraccoperta. ❷ (*market.*) incarto, involto, involucro. // **under ~** sottofascia.

wrapping, *n.* ❶ avvolgimento, incartata. ❷ materiale da imballaggio (*o* da imballo). ❸ (*market.*) incarto, involto, involucro, impaccaggio. △ ❷ **Remember to put some ~ round the glasses when you pack them** ricorda di mettere del materiale da imballaggio intorno ai bicchieri quando li impaccherai; ❸ **Sometimes an article sells better if the ~ is attractive** talvolta un articolo si vende meglio se l'incarto è attraente. // **~ paper** (*market.*) carta da pacchi, carta da imballo; **~ -up** avvolgimento, incartata; (*market.*) impaccaggio.

wrap-up, *n.* ❶ (*comun.*, *USA*) riepilogo delle notizie trasmesse, breve « giornale radio ». ❷ (*slang USA*) articolo che si vende bene.

wreck¹**,** *n.* ❶ (*trasp.*) disastro, scontro, sinistro (*automobilistico e sim.*). ❷ (*trasp. mar.*) (= **shipwreck**) naufragio. ❸ (*trasp. mar.*) nave naufragata, relitto. △ ❶ **A train ~ is reported in the stretch from London to Brighton** si ha notizia d'un disastro ferroviario nella tratta Londra-Brighton; ❷ **The chain of wrecks has been caused by a storm** la serie di naufragi è stata causata da una tempesta. // **~ chart** (*trasp. mar.*) carta costiera dei relitti; **a ~ of the sea** (*trasp. mar.*) un relitto di mare; **~ raising** (*trasp. mar.*) ricupero d'un relitto.

wreck²**,** *v. t.* ❶ (*anche fig.*) far naufragare. ❷ (*fig.*) mandare in rovina. *v. i.* ❶ (*trasp.*) (*d'auto, treni, ecc.*) scontrarsi, subire un incidente. ❷ (*trasp. mar.*) (*di nave*) naufragare, fare naufragio. △ *v. t.* ❶ **The sudden storm wrecked the vessel** l'improvvisa tempesta fece naufragare la nave; ❷ **The treasurer's errors nearly wrecked the firm** gli errori del cassiere per poco non mandarono la ditta in rovina; *v. i.* ❷ **The ship wrecked off the French coast** la nave naufragò al largo della costa francese.

wreckage, *n.* ❶ (*anche fig.*) naufragio. ❷ (*trasp.*) disastro, scontro, sinistro (*automobilistico e sim.*). ❸ (*trasp.*) rottame, rottami (*d'un disastro aereo, stradale, ecc.*). ❹ (*trasp. mar.*) relitto, relitti (*d'un naufragio*).

wrecker, *n.* ❶ (*trasp. aut.*) carro attrezzi, carro (di) soccorso, autogru, carro gru. ❷ (*trasp. mar.*) nave di soccorso, nave per ricuperi.

wrecking, *n.* (*trasp. mar.*) servizio di ricupero, servizio di salvataggio. // **~ car** (*trasp. aut.*) carro attrezzi, carro (di) soccorso, autogru, carro gru; **~ crew** (*trasp. mar.*) equipaggio addetto ai ricuperi.

writ, *n.* (*leg.*) decreto, mandato, ordine, ordinanza. △ **The Court has served a ~ on Mr Shelton** il tribunale ha notificato un mandato a Mr Shelton. // **~ of attachment** (*leg.*) ordine di sequestro; **~ of detinue** (*leg.*) ordine di ricupero di cose immobili illegalmente possedute; **~ of execution** (*leg.*) mandato d'esecuzione, titolo esecutivo; **~ of subpoena** (*leg.*) mandato di comparizione; **~ of summons** (*leg.*) citazione; **a ~ served on a defendant** (*leg.*) una citazione notificata al convenuto.

write¹**,** *n.* (*giorn.*, *pubbl.*) carattere (*tipografico o di macchina da scrivere*); caratteri (*tipografici o di macchina da scrivere*). △ **This typewriter has a remarkable clearness of ~** questa macchina da scrivere ha una notevole chiarezza di carattere. // **~ -down** (*fin.*) svalutazione: **It was necessary to make frequent ~ -downs of portfolios** è stato necessario far ricorso a frequenti svalutazioni di portafoglio; **~ head** (*elab. elettr.*) testina scrivente; **~ -off** (*cred.*) annullamento, cancellazione; (*fin., rag.*) svalutazione, deprezzamento; (*fig., fam.*) cosa (*o* oggetto) che non vale (più) nulla: **The wrecked ship was a complete ~ -off** la nave che aveva fatto naufragio non valeva più nulla; **a ~ -off for amortization** (*rag.*) una svalutazione a fini d'ammortamento; **the ~ -off of a bad debt** (*cred.*) la cancellazione d'un credito inesigibile; **~ -up** aggiornamento; (*fin., rag.*) rivalutazione; **the ~ -up of machinery** (*rag.*) la rivalutazione del macchinario.

write²**,** *v. t.* (*pass.* **wrote,** *part. pass.* **written**) ❶ scrivere. ❷ (*elab. elettr.*) mettere (*informazioni*) in memoria. △ ❶ **We shall ~ you in detail all the information we have been able to gather about that customer of yours** vi scriveremo dettagliatamente tutte le informazioni che avremo potuto ottenere su quel vostro cliente. // **to ~ a cheque** compilare un assegno; **to ~ down** annotare, prender nota di, registrare; (*fin., rag.*) ridurre il valore nominale di (*titoli*); svalutare (*attività, titoli, ecc.*); (*market.*) ribassare (*merci*): **All letters must be written down as soon as they're received** tutte le lettere devono essere registrate al momento in cui si ricevono; **to ~ down an asset** (*rag.*) svalutare un'attività; **to ~ down expenses** (*rag.*) notare le spese; **to ~ off** (*cred.*) annullare, cancellare; (*fin., rag.*) svalutare, deprezzare: **All uncollectibles have been written off** tutti i crediti inesigibili sono stati annullati; **to ~ off the copy of a contract** (*leg.*) redigere la copia d'un contratto; **to ~ off a debt** (*cred.*) cancellare un debito; **to ~ out** scrivere per esteso, trascrivere; compilare, redigere, stilare; **to ~ a shorthand** stenografare; **to ~ up** aggiornare, completare; (*fin., rag.*) rivalutare; **to ~ up one's accounts** (*rag.*) aggiornare i (propri) conti.

writer, *n.* ❶ scrittore. ❷ (*comun.*) scrivente. //

the ~ of a document (*leg.*) l'estensore d'un documento.

writing, *n.* ❶ (lo) scrivere, scrittura, grafia. ❷ (*anche leg.*) scritto, documento scritto. ∥ ~ **-desk** (*attr. uff.*) scrittoio, scrivania; ~ **head** (*elab. elettr.*) testina scrivente; ~ **-off** (*cred.*) cancellazione; (*fin., rag.*) svalutazione; ~ **-paper** (*attr. uff.*) carta da scrivere, carta da lettere; ~ **work** (*pers.*) lavoro di tavolino; **in** ~ (*d'atto, accordo, e sim.*) fatto per iscritto, scritto: **We have received an order in** ~ abbiamo ricevuto un ordine scritto.

written, *a.* ❶ scritto. ❷ (*leg.*) formulato in un codice, codificato. ∥ ~ **agreement** (*leg.*) accordo scritto; ~ **communications** (*org. az.*) comunicazioni scritte; ~ **evidence** (*leg.*) prova scritta; ~ **law** (*leg.*) legge scritta; ~ **reprimand** (*pers.*) ammonizione scritta; ~ **telephone message** (*comun.*) fonogramma.

wrong[1], *a.* ❶ errato, sbagliato, inesatto. ❷ (*leg.*) disonesto, ingiusto. *n.* ❶ (*leg.*) azione disonesta, atto illecito, ingiustizia, ingiuria, offesa. ❷ (*leg.*) danno, torto. △ *a.* ❶ **Expecting inflation to fade overnight is** ~ è errato aspettarsi che l'inflazione svanisca dalla sera alla mattina; **You were given a** ~ **address** vi è stato dato un indirizzo sbagliato; ❷ **It was** ~ **of them to behave like that in such a circumstance** fu disonesto da parte loro comportarsi così in una simile circostanza; *n.* ❷ **What is the** ~ **you complain of?** in che consiste il danno di cui vi lamentate?; **We suffered many wrongs during the past administration** abbiamo subito molti torti nel corso della passata amministrazione. ∥ **a** ~ **entry** (*rag.*) una scrittura (*a partita doppia*) sbagliata; ~ **fount** (**w.f.**) (*giorn., pubbl.*) indicazione di refuso (*tipografico*); **to be** ~ essere in errore, sbagliare, sbagliarsi, aver torto: **I was** ~ **in hoping that the workers would have stopped the strike** avevo torto quando speravo che gli operai avrebbero interrotto lo sciopero; **to be in the** ~ aver torto, essere dalla parte del torto; **on the** ~ **side of the road** (*trasp.*) contro mano.

wrong[2], *v. t.* (*leg.*) far torto a, offendere. △ **He's been wronged with a false accusation** gli hanno fatto il torto d'accusarlo falsamente.

wrongdoer, *n.* (*leg.*) malfattore, trasgressore, chi commette un (atto) illecito.

wrongdoing, *n.* (*leg.*) atto illecito, infrazione, trasgressione.

wrongful, *a.* (*leg.*) ingiusto, iniquo, illegale, illecito, criminoso. ∥ ~ **abstraction** (*leg., pers.*) sottrazione indebita di beni del datore di lavoro (*da parte d'un dipendente*); **a** ~ **act** (*leg.*) un atto lesivo; ~ **dismissal** (*leg., pers.*) licenziamento non per giusta causa; **a** ~ **heir** (*leg.*) un erede illegittimo; **the** ~ **occupation of a property** (*leg.*) l'occupazione illegale d'una proprietà.

X

x, *n.* ❶ (*mat.*) x, incognita, quantità incognita. ❷ (*mat.*) x (*variabile indipendente*). ❸ (*mat.*) ascissa, asse delle x, coordinata delle x. △ ❶ **The value of x in the equation 3 x + 12 = 33 is 7** il valore dell'incognita nell'equazione 3 x + 12 = 33 è 7. ∥ ~ **-axis** (*mat.*) asse delle x, coordinata delle x, ascissa; ~ **-coordinate** (*mat.*) coordinata delle x, asse delle x, ascissa.

xerographic, *a.* (*giorn.*, *pubbl.*) xerografico.
xerography, *n.* (*giorn.*, *pubbl.*) xerografia.
Xmas, *n.* (*abbr. di* **Christmas**) (il) Natale. ∥ **at** ~ a Natale; **on** ~ **day** il giorno di Natale.

Y

y, *n.* ❶ (*mat.*) y, seconda incognita, seconda quantità incognita. ❷ (*mat.*) y (*variabile dipendente*). ❸ (*mat.*) ordinata, asse delle y, coordinata delle y. △ ❶ **In the equation y = 2 + 0.5 x, when x = −3, y = 0.5** nell'equazione y = 2 + ½ x, per x = −3, y = ½; **In the equation 2 x − 5 = 3 y, if the value of x is 7, the value of y will be 3** nell'equazione 2 x − 5 = 3 y, se il valore della x è 7, il valore della seconda incognita sarà 3. // ~ **-axis** (*mat.*) asse delle y, coordinata delle y, ordinata; ~ **-coordinate** (*mat.*) coordinata delle y, asse delle y, ordinata.

yard[1]**,** *n.* iarda, yard (*misura di lunghezza pari a m 0,914*). △ **In Great Britain cloth is sold by the ~, not by the metre** in Gran Bretagna la stoffa si vende a iarde, non a metri. // ~ **-measure** misura pari a una iarda; (*slang USA*) cento dollari.

yard[2]**,** *n.* ❶ cortile, recinto; cantiere. ❷ (*trasp. ferr.*) (= **railway-yard**) scalo ferroviario, « piazzale » (*di stazione*), sistema di binari per deposito (smistamento, ecc.). ❸ **the Yard** (*ingl.*) (= **Scotland Yard**) Scotland Yard (*a Londra: sede centrale della polizia*). // ~ **goods** (*market.*) stoffe vendute a iarde; ~ **-locomotive** (*trasp. ferr.*) locomotiva di manovra, locomotiva da manovra; ~ **-man** (*trasp. ferr.*) manovratore; ~ **-master** (*trasp. ferr.*) capo d'uno scalo.

yardage[1]**,** *n.* ❶ misurazione in iarde. ❷ lunghezza in iarde.

yardage[2]**,** *n.* ❶ uso d'un recinto (*come deposito, ecc.*). ❷ prezzo d'affitto d'un recinto (*o d'un deposito*).

yardstick, *n.* ❶ stecca d'una iarda, verga d'una iarda (*strumento per misurare*). ❷ (*fig.*) metro di valutazione, unità di misura, parametro. // **a ~ of value** un parametro dei valori.

year, *n.* ❶ anno, annata. ❷ (*fin., rag.*) esercizio, esercizio finanziario, esercizio sociale. △ ❶ **This ~ we are expecting a boom in sales** quest'anno ci aspettiamo un boom delle vendite; ❷ **The results of the corresponding periods of the previous ~ have been compared with those of the present ~** i dati relativi ai periodi dello scorso esercizio sono stati messi a confronto con quelli corrispondenti dell'esercizio in corso; **In the U.S.A. the fiscal ~ ends on December 31st for private individuals and on June 30th for the U.S. Government** negli U.S.A. l'anno finanziario si chiude il 31 dicembre per i privati e il 30 giugno per lo Stato. // ~ **-book** (*stat.*) annuario; ~ **end** fine d'anno; ~ **-end** (*econ., fin., rag.*) di fine d'anno, di fine esercizio, di chiusura (*dell'esercizio*); ~ **-end bonus** (*pers.*) tredicesima; ~ **-end closing entries** (*rag.*) scritture di fine esercizio, scritture di chiusura; **the ~ -end position** (*rag.*) la situazione con cui s'è chiusa l'annata; ~ **-end profit and loss picture** (*rag.*) risultato economico di fine esercizio; ~ **in the red** (*rag.*) anno dei numeri rossi: **This will go down as a ~ in the red for the steel industry** questo resterà per la siderurgia l'anno dei numeri rossi; **the ~ of assessment** (*fin.*) l'anno d'imposizione (fiscale); ~ **of office** anno (di permanenza) in carica: **Profits have doubled during his ~ of office** durante il suo anno di permanenza in carica gli utili sono raddoppiati; ~**'s purchase** (*econ., fin.*) rendita annua (*d'un terreno, d'un'impresa, ecc.*).

yearbook, *n.* (*stat.*) annuario. △ **The new ~ will give you all information about the economy of our Country** il nuovo annuario vi darà tutte le informazioni sull'economia del nostro Paese.

yearly, *a.* annuale, annuo, che accade ogni anno. *avv.* annualmente, ogni anno. △ *a.* **How much is your ~ salary?** a quanto ammonta il tuo stipendio annuo?; *avv.* **Our company distributes dividends ~** la nostra società distribuisce i dividendi annualmente. // ~ **income** (*fin.*) reddito annuale: **We can count on a ~ income of $ 100,000** possiamo contare su un reddito annuale di $ 100.000; ~ **interest** (*fin.*) annualità d'interessi; **a ~ rent** (*fin.*) una rendita annuale; ~ **wage** (*pers.*) salario annuo.

yellow, *a.* giallo. // ~ **dog** (*fam.*) persona spregevole; ~ **-dog contract** (*sind.*) contratto contenente la clausola secondo la quale il dipendente deve impegnarsi a non aderire ad alcun sindacato; ~ **flag** (*trasp. mar.*) bandiera gialla, bandiera di quarantena; **the ~ press** (*giorn.*) la stampa scandalistica, la stampa « sensazionale ».

yen, *n.* yen (*unità monetaria giapponese*).

yield[1]**,** *n.* ❶ raccolto. ❷ prodotto, produzione. ❸ rendimento, resa. ❹ (*econ.*) frutto, reddito, rendita. ❺ (*fin.*) gettito (*d'imposte, tasse, ecc.*). △ ❶ **We are trying to increase the ~ per acre** stiamo cercando d'aumentare il raccolto per acro; ❹ **A 4% ~ makes this investment uneconomical** un reddito del 4% rende antieconomico questo investimento. // **the ~ of taxes** (*fin.*) il gettito d'imposta, il gettito delle imposte; **the ~ on investments** (*fin.*) la resa degli investimenti; **the ~ on shares** (*fin.*) la rendita derivante da titoli azionari; ~ **to maturity** (*fin.*) reddito netto (*d'un'obbligazione*).

yield[2]**,** *v. t.* ❶ (*d'un terreno e sim.*) dare un raccolto di (*qc.*). ❷ (*econ., fin.*) dare, fruttare, produrre, rendere. ❸ (*fin.*) (*d'imposta, tassa, ecc.*) dare il gettito di (*una certa somma*). △ ❶ **Did your farm ~ a better crop this year?** il vostro podere ha dato un raccolto migliore quest'anno?; ❷ **These stocks ~ 9%** queste azioni rendono il 9%; ❸ **Petrol tax yielded over $ 15 million this year** quest'anno l'imposta sul carburante ha dato un gettito d'oltre 15 milioni di dollari. // **to ~ an interest** (*fin.*) produrre interesse; **to ~ no profit** essere infruttifero.

yielder, *n.* ❶ (*econ., fin.*) cosa che produce. ❷ (*econ., fin.*) cosa che rende, fonte di guadagno, cespite. ❸ (*fin.*) imposta (*o tassa*) che dà un certo gettito. △ ❸ **Unfortunately direct taxes usually prove poor yielders in Italy** purtroppo in Italia le imposte dirette di solito danno uno scarso gettito (all'Erario).

yielding, *a.* (*econ., fin.*) produttivo (*d'interesse*).

York-Antwerp rules, *n. pl.* (*comm. est., trasp. mar.*) regole di York-Anversa (*per liquidazione di avarie*).

young, *a.* giovane. // **a ~ man** un giovane.

yours, *pron. poss.* ❶ vostro, Vostro. ❷ tuo. // ~ **faithfully** (*o* **sincerely,** *o* **truly**) distinti saluti (*nella corrispondenza commerciale*).

Z

z, *n*. (*mat.*) z, terza incognita, terza quantità incognita.
zeal, *n*. zelo.
zealous, *a*. zelante.
zeggist, *n*. (*econ.*) « zegista » (*fautore dello « sviluppo economico zero »*).
zero[1], *n*. ❶ zero. ❷ (*mat.*) zero, nullo. *a. attr.* « zero ». △ *n*. ❷ **The mortality rate was reduced to ~** il tasso di mortalità fu ridotto a zero. // **~ adjuster** (*elab. elettr.*) dispositivo di messa a zero; **~ adjusting** (*elab. elettr.*) messa a zero; **~ economic growth (ZEG)** (*econ.*) « sviluppo economico zero »; **~ hour** (*anche fig.*) l'ora « zero »; **~ inflation** (*econ.*) inflazione « zero »; **~ rate of growth** (*econ.*) tasso di sviluppo nullo; **~ resetting** (*elab. elettr.*) azzeramento; **~ self-reset** (*elab. elettr.*) azzeramento automatico.
zero[2], *v. t.* azzerare (*uno strumento e sim.*).
zinc, *n*. zinco.
zincographer, *n*. (*giorn., pubbl.*) zincografo.
zincographic, *a*. (*giorn., pubbl.*) zincografico.
zincography, *n*. (*giorn., pubbl.*) zincografia.
zincotype, *n*. (*giorn., pubbl.*) zincotipia.
zincotypist, *n*. (*giorn., pubbl.*) zincotipista.

zip code[1], *n*. (*abbr. di* **zone improvement plan**) (*comun., USA*) codice d'avviamento postale (*CAP*).
zip-code[2], *v. t.* (*comun., USA*) fornire di codice d'avviamento postale.
zip number, *n*. V. zip-code[1].
zone[1], *n*. zona, area, regione. △ **Our management has divided the Country into 4 sales zones** la nostra direzione ha diviso il Paese in 4 aree di vendita. // **~ time** ora locale.
zone[2], *v. t.* dividere in zone.
zoom[1], *n*. ❶ rapido (e subitaneo) movimento verso l'alto. ❷ (*econ., market.*) balzo, impennata (*dei prezzi, ecc.*). ❸ (*giorn., pubbl.*) zumata. ❹ (*trasp. aer.*) salita in candela.
zoom[2], *v. i.* ❶ salire rapidamente (e repentinamente). ❷ (*econ., market.*) (*di prezzi, ecc.*) balzare, impennarsi, andare alle stelle. ❸ (*giorn., pubbl.*) zumare (*variare il campo d'immagine cinematografica con un obiettivo a lunghezza focale variabile*). ❹ (*trasp. aer.*) (*d'aereo*) salire in candela, sfrecciare rombando. // to **~ up** (*econ., market.*) (*di prezzi, ecc.*) balzare, andare alle stelle: **Fuel price is zooming up** il prezzo del combustibile sta andando alle stelle.

ABBREVIATIONS, SYMBOLS AND TABLES
ABBREVIAZIONI, SIMBOLI E TAVOLE

ABBREVIATIONS, ACRONYMS AND SYMBOLS COMMONLY USED IN COMMERCIAL ENGLISH

a. ❶ **acre** acro. ❷ (*cred.*, *fin.*) **accepted** accettato. ❸ (*pers.*) **acting** facente funzione.

A. ❶ **Australia** Australia. ❷ **Australian** australiano.

A. 1 (*trasp. mar.*) **first-class** di prima classe.

A.A. ❶ **Advertising Association** Associazione Pubblicitaria. ❷ **Automobile Association** Automobil Club (*in G.B.*). ❸ (*trasp. mar.*) **always afloat** sempre a galla.

A.A.A. **American Accounting Association** Associazione Americana di Ragioneria.

A.A.A.A. **American Association of Advertising Agents** Associazione Americana degli Agenti Pubblicitari.

A.A.C.C.A. **Associate of the Association of Certified and Corporate Accountants** Membro dell'Associazione dei Ragionieri « Certificati e Incorporati » (*in G.B.*).

A.A. of A. **Automobile Association of America** Automobil Club d'America.

a. a/r (*o* **A. a. r., a. a/R**) (*ass.*) **against all risks** contro tutti i rischi.

A.A.S.O. **Association of American Shipowners** Associazione degli Armatori Americani.

A. B. (*rag.*) **account bought** conto vendite.

A.B.A. **American Bankers' Association** Associazione dei Banchieri Americani.

abbr. (*o* **abbrev.**) ❶ **abbreviated** abbreviato. ❷ **abbreviation** abbreviazione.

A.B.C. ❶ **Aerated Bread Company** catena di ristoranti economici (*in G.B.*). ❷ **American Broadcasting Company** Compagnia Americana di Radiodiffusione.

A.B.C.C. **Association of British Chambers of Commerce** Associazione delle Camere di Commercio Britanniche.

ABC Railway Guide orario ferroviario con i nomi delle stazioni in ordine alfabetico (*in G.B.*).

A.B.P. **Associated Business Publications** Pubblicazioni Commerciali Associate.

A.B.S. **American Bureau of Shipping** Registro Navale Americano.

a/c (*rag.*) **account** conto.

A. C. ❶ (*leg.*) **Appeal Court** Corte d'Appello. ❷ (*macch. uff.*) **Automatic Computer** Calcolatore Automatico.

A/C (*banca, cred.*) **account current** conto corrente.

A.C.B. **Advertising Checking Bureau** Ufficio per il Controllo della Pubblicità.

A.C.B. of A. **Associated Credit Bureaus of America** Uffici Associati Americani per il Credito.

acc. ❶ (*cred., fin.*) **acceptance** accettazione. ❷ (*cred., fin.*) **accepted** accettato. ❸ (*rag.*) **account** conto.

A.C.I.B. **Associate of the Corporation of Insurance Brokers** Membro della Corporazione dei Mediatori d'Assicurazione (*in G.B.*).

A.C.I.S. **Associate of Chartered Institute of Secretaries** Membro dell'Istituto dei Segretari e delle Segretarie.

A.C.M. **Association for Computing Machinery** Associazione per le Macchine Calcolatrici (*in U.S.A.*).

A.C.M.E. **Association of Consulting Management Engineers** Associazione dei Consulenti d'Organizzazione Aziendale.

A.C.W.A. **Associate of the Institute of Cost and Works Accountants** Membro dell'Istituto degli Esperti di Analisi dei Costi e Contabilità Industriale (*in G.B.*).

a/d (*cred.*) **after date** « data ».

A.D. **Anno Domini** Dopo Cristo.

ad. (*o* **advt.**) (*pubbl.*) **advertisement** annuncio pubblicitario.

add. (*comun.*) **address** indirizzo.

Adm **Administrator** Amministratore.

A.D.P. **Automatic Data Processing** Elaborazione Automatica dei Dati.

adv. V. **ad.**

ad val. (*dog., fin.*) **ad valorem** ad valorem.

A.E.A. ❶ **American Economic Association** Associazione Economica Americana. ❷ **Atomic Energy Authority** Autorità per l'Energia Atomica (*in G.B.*).

A.E.C. **Atomic Energy Commission** Commissione per l'Energia Atomica.

AEROFLOT **Soviet Airlines** Linee Aeree Sovietiche.

A.E.S. **American Economic Society** Società degli Economisti Americani.

a. f. (*trasp. mar.*) **advance freight** nolo anticipato.

A.F.A. ❶ **Advertising Federation of America** Federazione Pubblicitaria Americana. ❷ **American Finance Association** Associazione Finanziaria Americana.

A.F.I.P.S. **American Federation of Information Processing Societies** Federazione Americana delle Società per l'Elaborazione delle Informazioni.

A.F.L.-C.I.O. **American Federation of Labor and Congress of Industrial Organizations** Sindacato Unificato dei Lavoratori USA.

A.F. of L. **American Federation of Labor** Federazione Americana del Lavoro.

Afr. ❶ **Africa** Africa. ❷ **African** africano.

A.G.M. (*amm., fin.*) **Annual General Meeting** Assemblea Generale Annuale.

Agt. (*leg., market.*) **Agent** Agente, Rappresentante.

Agy. (*leg., market.*) **Agency** Agenzia, Rappresentanza.

A.H.U.A. **American Hull Underwriters Association** Associazione degli Assicuratori Americani su Corpo.

A.I.A. **Associate of the Institute of Actuaries** Membro dell'Istituto degli Attuari (*in G.B.*).

A.I.B. **Associate of the Institute of Bankers** Membro dell'Istituto dei Banchieri (*in G.B.*).

A.I.C.A. **Associate of the Institute of Company Accountants** Membro dell'Istituto dei Contabili di Società (*in G.B.*).

A.I.C.P.A. **American Institute of Certified Public Accountants** Istituto Americano dei Ragionieri Iscritti all'Albo.

A.I.C.S. **Associate of the Institute of Chartered Shipbrokers** Membro dell'Istituto dei Mediatori di Noli (*in G.B.*).

A.I.D. **Agency for International Development** Ente per lo Sviluppo Internazionale (*in U.S.A.*).

A.I.M. American Institute of Management Istituto Americano d'Organizzazione Aziendale.
Ala. Alabama Alabama.
Alask. Alaska Alaska.
ALGOL (*elab. elettr.*) Algorithmic Language Linguaggio Algoritmico.
Am. (*o* **Amer.**) ❶ America America. ❷ American americano.
A.M. (*comun.*) Air Mail Posta Aerea.
A.M. (*o* a. m.) ante meridiem prima del mezzogiorno.
A.M.A. American Marketing Association Associazione Americana di Marketing.
A.M.B.I.M. Associate Member of the British Institute of Management Membro dell'Istituto Britannico d'Organizzazione Aziendale.
A.M.C. Advanced Management Course Corso Progredito d'Organizzazione Aziendale.
A.M.S. Agricultural Marketing Service Servizio di Marketing per l'Agricoltura (*in U.S.A.*).
amt. (*rag.*) amount ammontare, somma.
A.N.A. Association of National Advertisers Associazione Nazionale dei Pubblicitari (*in U.S.A.*).
anal. (*org. az.*) analysis analisi.
ans. (*comun.*) answer risposta.
a/o (*rag.*) account of in conto di.
Ap. (*o* **Apl., Apr.**) April aprile.
A. P. ❶ (*ass. mar.*) additional premium premio supplementare. ❷ (*giorn.*) Associated Press Federazione (della) Stampa.
A.P.C. Average Propensity to Consume Tendenza Media ai Consumi.
app. (*pers.*) apprentice apprendista.
appro. (*market.*) approval approvazione.
approx. ❶ approximate approssimativo. ❷ approximately approssimativamente.
A.P.S. Average Propensity to Save Tendenza Media al Risparmio.
A. R. ❶ (*ass. mar.*) all risks qualsiasi rischio, pieno rischio. ❷ (*comun.*) Advice of Receipt Avviso di Ricevuta. ❸ (*rag.*) Annual Return Introito Annuo, Entrate Annue.
ar. (*o* **arr.**) ❶ arrive arrivano. ❷ arrives arriva. ❸ arrival arrivo. ❹ arranged concordato, fissato, stabilito.
Ar. Arabic arabo.
Arab. *V.* Ar.

Arg. Rep. Argentine Republic Repubblica Argentina.
Ariz. Arizona Arizona.
Ark. Arkansas Arkansas.
arr. *V.* ar.
As. ❶ Asia Asia. ❷ Asian asiatico.
A/S (*rag.*) account sales conto vendite.
A.S.A. ❶ American Standards Association Associazione Americana per la Normalizzazione (*di misure, ecc.*). ❷ American Statistical Association Associazione Statistica Americana, Associazione Americana di Statistica.
A.S.C.S. American Society of Corporate Secretaries Società Americana dei Direttori Amministrativi di Società.
A.S.E. American Stock Exchange Borsa Valori Americana.
A.S.Q.C. American Society for Quality Control Società Americana per i Controlli Qualitativi.
Ass. (*o* **Assn., Assoc.**) Association Associazione.
A.S.S.D. Association of Stock and Share Dealers Associazione degli Operatori di Borsa (*in G.B.*).
Asst. (*pers.*) Assistant Assistente, Vice.
A.S.T. Atlantic Standard Time Ora Standard dell'Oceano Atlantico.
A.T.A. ❶ Actual Time of Arrival Ora Effettiva d'Arrivo. ❷ Air Transport Association of America Associazione Americana per i Trasporti Aerei.
A.T. & T. American Telegraph and Telephone Telegrafi e Telefoni Americani.
A.T.D. Actual Time of Departure Ora Effettiva di Partenza.
att. (*comun.*) attached allegato.
Att. (*o* **Atty.**) (*leg.*) Attorney Procuratore.
Att.-Gen. (*leg.*) Attorney-General Procuratore Generale.
Atty. *V.* Att.
AU.A Australian Airlines Linee Aeree Australiane.
Aug. August agosto.
Aus. ❶ Austria Austria. ❷ Austrian austriaco.
Austral. ❶ Australia Australia. ❷ Australian australiano.
aut. ❶ automatic automatico. ❷ (*trasp. aut.*) automobile automobile.
auth. ❶ authorization autorizzazione. ❷ authorized autorizzato.
auto. *V.* aut.
av. (*mat., stat.*) average media, medio.

A/V (*ass. mar.*) Average Avaria.
avdp. (*o* **avoir.**) avoirdupois.
Ave. Avenue via, viale.
avoir. *V.* avdp.
A.W.E.S. Association of West European Shipbuilders Associazione dei Costruttori Navali dell'Europa Occidentale.

b. born nato.
B. (*o* **Brit.**) ❶ Britain Gran Bretagna. ❷ British britannico.
B. A. Bachelor of Arts laureato in lettere.
B.A.B.S. (*trasp. aer.*) Beam Approach Beacon System Sistema d'Avvicinamento con Radar Faro.
bal. (*rag.*) balance bilancio, saldo.
bar. (*o* **bbl., bl.**) barrel barile.
Bar. (*leg.*) Barrister avvocato.
B.B.C. (*comun.*) British Broadcasting Corporation Ente Radiofonico (e Televisivo) Britannico.
bbl. *V.* bar.
B.C. ❶ Before Christ Avanti Cristo. ❷ (*leg.*) Bankruptcy Court Tribunale Fallimentare.
BCN (*trasp. mar.*) Beacon Radiofaro.
B. Com(m). Bachelor of Commerce laureato in commercio.
B. Com. Sc. Bachelor of Commercial Science Laureato in Scienze Commerciali.
B.C.S. British Computer Society Società Britannica dei Calcolatori.
B/D (*banca, cred.*) bank draft (*o* banker's draft) (*comm.*) tratta bancaria; assegno circolare.
b.d.i. (*ass. mar.*) both days included entrambi i giorni inclusi.
B/E (*cred.*) Bill of Exchange cambiale, tratta.
B.E.A. (*trasp. aer.*) British European Airways Linee Aeree Britanniche per l'Europa.
Beds. Bedfordshire contea di Bedford.
bef. before prima.
Belg. ❶ Belgium Belgio. ❷ Belgian belga.
Benelux Belgium, the Netherlands and Luxemburg Benelux.
B.E.P.O. British Empire Producers' Organization Organizzazione dei Produttori dell'Impero Britannico.
Berks. Berkshire contea di Berk.
B.E.S. Bureau of Employment Security Ufficio per la Sicurezza del Lavoro (*in U.S.A.*).

abbreviations

bet. between fra, tra.
B.E.T.R.O. British Export Trade Research Organization Organizzazione per le Ricerche sul Commercio d'Esportazione Britannico.
bf (*giorn.*) boldface neretto.
b/f (*rag.*) brought forward riportato.
B.F.C.U. Bureau of Federal Credit Unions Ufficio delle Unioni Federali di Credito (*in U.S.A.*).
B/G (*dog.*) bonded goods merci in punto franco (*o in porto franco*).
B.I.A.T.A. British Independent Air Transport Association Associazione Britannica delle Compagnie Aeree Indipendenti.
B.I.F. British Industries Fair Fiera delle Industrie Britanniche.
B.I.M. British Institute of Management Istituto Britannico per l'Organizzazione Aziendale.
B.I.S. Bank for International Settlements Banca dei Regolamenti Internazionali (*in Svizzera*).
bk. book libro.
bkcy. (*fin., leg.*) bankruptcy fallimento.
bkg. ❶ (*banca*) banking attività bancaria. ❷ (*tur.*) booking prenotazione.
bkrpt. (*fin., leg.*) bankrupt fallito.
bl. *V.* bar.
B/L (*trasp. mar.*) Bill of Lading Polizza di Carico.
bldg. building edificio.
B.L.E.U. (*trasp. aer.*) Blind Landing Experimental Unit Centro Sperimentale per Atterraggio con Visibilità Zero.
B.L.S. Bureau of Labour Statistics Ufficio per le Statistiche del Lavoro (*in U.S.A.*).
blst. (*trasp. mar.*) ballást zavorra.
B.M.C. British Motor Corporation Società Britannica Motori (*fabbrica d'automobili*).
B.M.R.B. British Market Research Bureau Ufficio Britannico per le Ricerche di Mercato.
B.M.T. (*cronot.*) Basic Motions Time-Study Cronotecnica dei Movimenti Basilari.
B.N. (*fin.*) banknote banconota.
B.N.E.C. British National Export Council Consiglio Nazionale Britannico per le Esportazioni.
b. o. ❶ (*market.*) buyer's option opzione dell'acquirente. ❷ (*org. az.*) branch office ufficio di filiale. ❸ (*pubbl.*) body odour odore della traspirazione.
B.O.A.C. (*trasp. aer.*) British Overseas Airways Corporation Linee Aeree Britanniche per i Paesi Extraeuropei.

B. of A. Bank of America Banca d'America.
B. of E. Bank of England Banca d'Inghilterra.
B. of T. *V.* B.O.T.
Bol. ❶ Bolivia Bolivia. ❷ Bolivian boliviano.
bor. borough città che gode d'autonomia amministrativa; (*USA, anche*) distretto amministrativo di New York.
bot. (*o* **bt.**) (*market.*) bought acquistato, comprato.
B.O.T. Board of Trade Ministero del Commercio (*in G.B.*).
b. p. ❶ (*cred., rag.*) bill payable cambiale passiva. ❷ (*cred., rag.*) bills payable cambiali passive.
B.P. British Petroleum (*società petrolifera*).
B.P.A. Business Publication Audit of Circulation Attestato sulla Tiratura delle Pubblicazioni Commerciali (*in U.S.A.*).
B.P.C. ❶ British Petroleum Company Società Petrolifera Britannica. ❷ British Productivity Council Consiglio Britannico per la Produttività.
B.P.I. (*econ.*) Buying Power Index Indice del Potere d'Acquisto.
B.P.R. Bureau of Public Roads Ente delle Strade Nazionali (*in U.S.A.*).
br. (*org. az.*) branch filiale.
B. R. ❶ British Railways Ferrovie Britanniche. ❷ (*fin.*) Bank Rate Tasso di Sconto.
Braz. ❶ Brazil Brasile. ❷ Brazilian brasiliano.
b. rec. (*cred., rag.*) bills receivable cambiali attive.
Brit. ❶ Britain Gran Bretagna. ❷ British britannico.
Bros. Brothers Fratelli.
B.R.S. British Road Services Servizi Stradali Britannici, Servizio Nazionale Britannico dei Trasporti su Strada.
B.R.T. Brotherhood of Railroad Trainmen (*sindacato dei ferrovieri americani*).
B/S (*leg., market.*) Bill of Sale Contratto di Vendita.
B. Sc. Bachelor of Science Laureato in Scienze.
B. Sc. (Econ.) Bachelor of Science in the Faculty of Economics Laureato in Economia.
B. Sc. (Soc.) Bachelor of Science in the Faculty of Sociology Laureato in Sociologia.
B.S.T. ❶ British Standard Time Tempo Standard Britannico, Ora Standard Britannica, Ora Ufficiale Britannica. ❷ British Summer Time Ora Estiva Inglese.
bt. *V.* bot.
B.T.C. British Transport Commission Commissione dei Trasporti Britannici.
B.T.H.A. British Travel and Holidays Association Associazione Britannica per i Viaggi e le Vacanze.
B.T.U. Board of Trade Unit Unità del Ministero del Commercio (*in G.B.*).
bu. bushel, bushels (*misura*).
Bucks. Buckinghamshire contea di Buckingham.
bul. bulletin bollettino.
Bulg. ❶ Bulgaria Bulgaria. ❷ Bulgarian bulgaro.
B.U.P. British United Press Stampa Associata Britannica (*agenzia di stampa*).
bus. *V.* bu.
bush. *V.* bu.
B. W. (*dog.*) Bonded Warehouse Magazzino Doganale, Punto Franco.

C. ❶ Canada Canada. ❷ Canadian canadese. ❸ Captain Capitano. ❹ Celsius Celsius. ❺ Centigrade Centigrado.
C (*slang USA*) hundred-dollar bill biglietto da cento dollari.
C.A. ❶ Central America America Centrale. ❷ Commercial Agent Agente di Commercio. ❸ (*leg.*) Court of Appeal Corte d'Appello. ❹ (*pers., rag.*) Chartered Accountant Ragioniere Iscritto all'Albo.
C/A ❶ Commercial Agent Agente di Commercio. ❷ (*fin., rag.*) Capital Account Conto Capitale.
c. & f. (*market.*) cost and freight costo e nolo.
Cal. California California.
Calif. *V.* Cal.
Cambs. Cambridgeshire contea di Cambridge.
Can. ❶ Canada Canada. ❷ Canadian canadese.
Cantab. Cantabrigian (of Cambridge) di Cambridge.
caps. (*giorn.*) capital letters (lettere) maiuscole.
Capt. Captain Capitano.
car. carat carato.
Cash. (*banca, pers.*) Cashier Cassiere.
cat. (*market.*) catalogue; catalog (*USA*) catalogo.
C.A.T. College of Advanced Technology Istituto Superiore di Tecnologia.
C.B.D. (*market.*) Cash Before

Delivery Pagamento Prima della Consegna.

C.B.I. Confederation of British Industries Confederazione delle Industrie Britanniche.

c.c. ❶ **cubic centimetre** centimetro cubo. ❷ **cubic centimetres** centimetri cubi.

C.C. ❶ **Chamber of Commerce** Camera di Commercio. ❷ (*amm.*) **City Council** Consiglio Comunale. ❸ (*amm.*) **County Council** Consiglio di Contea. ❹ (*leg.*) **Circuit Court** Tribunale Distrettuale.

C.C.A. Controlled Circulation Audit Attestato di Tiratura Controllata.

c.d. ❶ (*fin.*) **cum dividend** (*with dividend*) con dividendo. ❷ (*market.*) **cash discount** sconto cassa.

c/d (*rag.*) **carried down** riportato.

C.D. ❶ **Certificate of Deposit** Certificato di Deposito. ❷ **Consular Declaration** Dichiarazione Consolare. ❸ **Corps Diplomatique** (*franc.*) Corpo Diplomatico.

C/D V. **c/d.**

C.E. ❶ **Chancellor of the Exchequer** Cancelliere dello Scacchiere. ❷ (*dog.*) **Customs and Excise** Dogana e Dazio.

C.E.A. ❶ **Commodity Exchange Authority** Ente degli Scambi Commerciali (*in U.S.A.*). ❷ **Council of Economic Advisers** Consiglio dei Consulenti Economici (*in U.S.A.*).

C.E.C. Canadian Economic Council Consiglio Canadese per l'Economia.

C.E.D. Committee for Economic Development Comitato per lo Sviluppo Economico.

Cel. Celsius Celsius.

cen. ❶ V. **central** centrale. ❷ **century** secolo.

cent. ❶ V. **cen.** ❷ V. **cent.**
cent centum cento.

cert. ❶ **certificated, certified** certificato (*a.*), autenticato, vidimato. ❷ **certificate** certificato (*n.*).

certif. V. **cert.**

C.E.S. Committee of European Shipowners Comitato degli Armatori Europei.

cf. confer, compare confronta, vedi.

c/f (*rag.*) **carried forward** riportato.

C/F V. **c/f.**

c. f. & i. (*market.*) **cost, freight and insurance** costo, nolo e assicurazione.

cg. ❶ **centigram** centigrammo. ❷ **centigrams** centigrammi.

C.G. ❶ (*amm.*) **Consul General** Console Generale. ❷ (*dog.*) **Coast Guard** Guardia Costiera.

ch. ❶ **chairman** presidente. ❷ (*rag.*) **charge** addebito.

Ch. ❶ **China** Cina. ❷ **Chinese** cinese.

C.H. (*dog.*) **Customs House** Dogana.

Ches. Cheshire contea di Chester.

chq. (*cred., fin.*) **cheque** assegno bancario.

C.I. ❶ (*ass., leg.*) **Compulsory Insurance** Assicurazione Obbligatoria. ❷ (*comm. est.*) **Consular Invoice** Fattura Consolare.

C.I.A. Controllers' Institute of America Istituto dei Controllori Americani.

C.I.B. Corporation of Insurance Brokers Associazione dei Mediatori di Assicurazioni Marittime.

c.i.f. (*market.*) **cost, insurance, freight** costo, assicurazione, nolo.

C.I.F.C.I. (*market., trasp. mar.*) **cost, insurance, freight, commission and interest** costo, assicurazione, nolo, provvigione e interesse.

C.I.F.E. (*market., trasp. mar.*) **cost, insurance, freight and exchange** costo, assicurazione, nolo e commissione.

C.I.F.L.T. (*market., trasp. mar.*) **cost, insurance and freight, London terms** costo, assicurazione e nolo, clausola di Londra.

C.I.O. Congress of Industrial Organizations (*sindacato lavoratori USA*).

cl. ❶ **centilitre** centilitro. ❷ **centilitres** centilitri.

cm. ❶ **centimetre** centimetro. ❷ **centimetres** centimetri.

C. N. (*o* **C/N**) (*rag.*) **Credit Note** Nota di Accredito.

c/o (*comun.*) **care of** presso. ❷ (*rag.*) **carried over** riportato.

Co. ❶ (*amm.*) **County** Contea. ❷ (*fin.*) **Company** Società (*di capitali*).

C.O.A. (*trasp. mar.*) **contract of affreightment** contratto di trasporto marittimo.

COBOL (*elab. elettr.*) **Common Business Oriented Language** Linguaggio Orientato alle Procedure Amministrative Correnti (*COBOL*).

C.O.D. (*market.*) **Cash On Delivery** Pagamento alla Consegna (*o Contro Assegno*).

C.O.I. Central Office of Information Ufficio Centrale d'Informazioni (*in G.B.*).

Col. Colorado Colorado.

coll. ❶ **colleague** collega. ❷ (*ass. mar., trasp. mar.*) **collision** collisione.

com. ❶ **commerce** commercio. ❷ **commercial** commerciale. ❸ **commission** commissione.

Com. ❶ **Commissioner** Commissario. ❷ **Committee** Comitato. ❸ **Commonwealth.**

CO.M.ECON Council for Mutual Economic Aid Consiglio di Mutua Assistenza Economica (*a Mosca*).

comm. V. **com.**

comp. ❶ **compound** composto. ❷ **comprehensive** comprensivo, inclusivo. ❸ (*elab. elettr.*) **computer** elaboratore (*o* calcolatore) elettronico.

Cong. Congress Congresso (*in U.S.A.*).

Conn. Connecticut Connecticut.

Cons. ❶ (*amm.*) **Consul** Console. ❷ (*fin.*) **Consolidated** Consolidato. ❸ (*fin.*) V. **Consols.**

consgt. (*market., trasp.*) **consignment** spedizione.

Consols (*fin.*) **Consolidated Annuities** (*o* **Funds**) Annualità Consolidate, Fondi Consolidati (*titoli di Stato*).

cont. (*o* **contd.**) **continued** continua.

contr. controller controllore.

Co-op. ❶ **Co-operation** Cooperazione. ❷ (*fin.*) **Co-operative** Cooperativa.

Corn. Cornwall Cornovaglia.

Corp. (*fin.*) **Corporation** Ente Pubblico (*in G.B.*); Società (*di capitali: in U.S.A.*).

cos. ❶ **countries** Paesi. ❷ (*amm.*) **counties** contee. ❸ (*fin.*) **companies** società (*di capitali*).

cot. (*mat.*) **cotangent** cotangente.

cox. (*trasp. mar.*) **coxswain** timoniere.

c.p. (*market.*) **carriage paid** porto pagato, franco di porto.

C. P. (*o* **C/P**) ❶ (*market.*) **Carriage Paid** Porto Pagato, Trasporto Incluso. ❷ (*trasp. mar.*) **Charter Party** Contratto di Nolo (*o* di Noleggio).

C.P.A. Certified Public Accountant Ragioniere Iscritto all'Albo (*in U.S.A.*).

C.P.M. (*ric. op.*) **Critical Path Method** Metodo del Cammino Critico.

cr. V. **Cr.**

Cr. ❶ (*fin., rag.*) **Credit** Credito, Avere. ❷ (*fin., rag.*) **Creditor** Creditore.

C.R.O. Commonwealth Re-

lations Office Ufficio per le Relazioni con i Paesi del Commonwealth.

crs. (*trasp. mar.*) **course** rotta.

C.S. ❶ (*amm.*) **Civil Service** Amministrazione Statale, Pubblica Amministrazione. ❷ (*pers.*) **Chief of Staff** Capo del Personale.

C.S.C.A. Civil Service Clerical Association Associazione dei Dipendenti della Pubblica Amministrazione.

C.S.E. Certificate of Secondary Education Diploma di Scuola secondaria (*di primo grado*).

C.S.I.R. Council for Scientific and Industrial Research Consiglio per la Ricerca Scientifica e Industriale (*in G.B.*).

C.S.O. Central Statistics Office Ufficio Centrale di Statistica (*in G.B.*).

ct. ❶ **carat** carato. ❷ (*fin.*) **cent** centesimo.

Ct. *V.* **Conn.**

C.T.A. Council for Technological Advancement Consiglio per il Progresso della Tecnologia (*in U.S.A.*).

C.T.C. Central Training Council Consiglio Centrale per l'Addestramento al Lavoro.

C.T.L. (*ass. mar.*) **constructive total loss** perdita totale presunta.

C.T.L.O. (*ass. mar.*) **constructive total loss only** soltanto con perdita totale presunta.

cts. (*fin.*) **cents** centesimi.

cu (*o* **cub.**) **cubic** cubico, cubo.

C.U. ❶ **Consumers' Union** Unione Consumatori (*in U.S.A.*). ❷ **Credit Union** Unione di Credito (*in U.S.A.*).

cum. pref. shares (*fin.*) **cumulative preference shares** azioni privilegiate cumulative.

C.U.N.A. Credit Unions National Association Associazione Nazionale delle Unioni di Credito (*in U.S.A.*).

c. w. o. *V.* **C. W. O.**

C. W. O. (*market.*) **Cash With Order** Pagamento all'Ordinazione.

C.W.S. Co-operative Wholesale Society Società delle Cooperative di Consumo (*in G.B.*).

cwt. **hundredweight** (*misura inglese o americana*).

d. ❶ **penny** penny. ❷ **pence** penny (*pl.*).

d/a (*cred., fin.*) **days after acceptance** giorni dall'accettazione.

D/A ❶ (*banca, cred.*) **Deposit Account** Conto di Deposito, Conto Vincolato. ❷ (*market.*) **Documents Against Acceptance** Documenti Contro Accettazione.

D.A.A. (*market.*) **Documents Against Acceptance** Documenti Contro Accettazione.

D.A.C. Development Assistance Committee Comitato per l'Assistenza Economica.

Dan. **Danish** danese (*a.*).

dbk (*fin.*) **drawback** rimborso di dazio (*all'esportazione*).

Dbt. ❶ (*fin., rag.*) **Debit** Debito, Dare. ❷ (*fin., rag.*) **Debtor** Debitore.

D.C. ❶ **District of Columbia** Distretto di Columbia (*in U.S.A.*). ❷ (*leg.*) **District Court** Tribunale Distrettuale.

D.C.F. method Discounted-Cash-Flow method metodo per determinare la convenienza di un investimento, basato sulla valutazione, in termini d'interessi, del reddito futuro scontato al valore attuale.

d.d. (*o* **d/d**) ❶ (*comun.*) **dated** datato. ❷ (*cred., fin.*) **days after date** giorni data.

D.D. ❶ (*leg.*) **Death Duty** Imposta di Successione. ❷ (*trasp.*) **Delayed Delivery** Consegna Ritardata. ❸ (*trasp. mar.*) **Delivered at Docks** Consegnato sulle Banchine.

dec. **declaration** dichiarazione.

Dec. **December** dicembre.

decl. **declaration** dichiarazione.

deg. ❶ **degree** grado. ❷ **degrees** gradi.

del. **delegate** delegato.

Del. **Delaware** Delaware.

dely. (*market.*) **delivery** consegna.

dep. (*trasp.*) **departure** partenza.

dept. ❶ **deputy** sostituto, vice. ❷ (*amm.*) **department** dicastero. ❸ (*org. az.*) **department** reparto.

dft. (*cred., fin.*) **draft** tratta.

dg. ❶ **decigram(me)** decigrammo. ❷ **decigram(me)s** decigrammi.

D.I. (*econ.*) **Disposable Income** Reddito Disponibile.

dict. (*attr. uff.*) **dictaphone** dittafono.

diff. ❶ **difference** differenza. ❷ **different** differente.

Dip. Techn. **Diploma in Technology** Diploma in Tecnologia.

dir. ❶ **direct** diretto. ❷ (*comun.*) **directory** elenco telefonico. ❸ (*fin.*) *V.* **Dir.** ❹ (*trasp. aut., tur.*) **directory** guida (*il libro*).

Dir. (*fin.*) **Director** Amministratore, Consigliere (*membro di Consiglio d'Amministrazione*).

disc. (*market.*) **discount** sconto.

dist. (*trasp.*) **distance** distanza.

div. ❶ (*fin., mat.*) **dividend** dividendo. ❷ (*mat.*) **division** divisione.

divd. (*fin., mat.*) **dividend** dividendo.

dkl. ❶ **dekalitre** decalitro. ❷ **dekalitres** decalitri.

dkm. ❶ **dekametre** decametro. ❷ **dekametres** decametri.

dl. ❶ **decilitre** decilitro. ❷ **decilitres** decilitri.

D.L.H. (*org. az.*) **Direct Labour Hours** Ore di Lavoro Effettive.

dm. ❶ **decimetre** decimetro. ❷ **decimetres** decimetri.

D.M. **Deutsche Mark** marco tedesco.

D.M.A.A. **Direct Mail Advertising Association** Associazione della Pubblicità Diretta per Posta (*in U.S.A.*).

D. N. (*o* **D/N**) (*rag.*) **Debit Note** Nota di Addebito.

do. **ditto** (*the same*) idem (*il medesimo*).

D/O (*market., trasp.*) **Delivery Order** Ordine di Consegna.

doc. (*fam.*) **doctor** dottore.

doct. **document** documento.

dols. (*fin.*) **dollars** dollari.

dom. ❶ **domestic** domestico, interno. ❷ **domicile** domicilio, residenza.

doz. ❶ **dozen** dozzina, dozzine. ❷ **dozens** dozzine.

D.P. ❶ **Data Processing** Elaborazione dei Dati. ❷ (*dog.*) **Duty Paid** Dazio Pagato.

D/P (*market.*) **Documents against Payment** Documenti contro Pagamento.

dpt. *V.* **dept.**

dr. ❶ **dram** dramma (*peso*). ❷ (*cred.*) **debtor** debitore. ❸ (*cred.*) **drawer** traente.

Dr. ❶ **Doctor** Dottore. ❷ (*rag.*) **Debit** Dare. ❸ (*trasp. aut.*) **Driver** Autista, Conducente.

d.s. (*o* **d/s**) (*cred., fin.*) **days after sight** giorni vista.

D.S. ❶ (*amm.*) **Department of State** Dipartimento di Stato (*Ministero degli Esteri*: *in U.S.A.*). ❷ (*pers.*) **Deputy Secretary** Vicesegretario.

d.w. (*trasp. mar.*) **dead weight** portata lorda.

D.W. (*dog.*) **Dock Warrant** Fede di Deposito Doganale.

D/W *V.* **D.W.**

d.w.c. (*trasp. mar.*) **dead weight capacity** esponente di carico, portata lorda.

d.w.t. (*trasp. mar.*) **dead weight tonnage** portata lorda.

d/y *V.* dely.
D.Y. (*trasp. mar.*) **Dockyard** Cantiere Navale.

E. ❶ **East** Est. ❷ (*trasp. mar.*) **second-class** di seconda classe.
E. & O.E. (*anche rag.*) **Errors and Omissions Excepted** Salvo Errori e Omissioni.
E.B. (*trasp. aer.*) **Excess Baggage** Bagaglio in Eccesso.
E.B.I. **European Bank of Investment** Banca Europea degli Investimenti.
E.B.U. **European Broadcasting Union** Unione Europea delle Radiodiffusioni (*in Svizzera*).
E.C. (*comun.*) **East Central** Centro-orientale (*in U.S.A.*).
E.C.A. ❶ **Economic Commission for Africa** Commissione Economica per l'Africa (*in Etiopia*). ❷ **Economic Cooperation Administration** Ente per la Cooperazione Economica.
E.C.A.F.E. **Economic Commission for Asia and the Far East** Commissione Economica per l'Asia e l'Estremo Oriente (*in Thailandia*).
E.C.E. **Economic Commission for Europe** Commissione Economica per l'Europa (*in Svizzera*).
E.C.G.D. **Export Credits Guarantee Department** Dipartimento per la Garanzia dei Crediti per l'Esportazione (*in G.B.*).
E.C.L.A. **Economic Commission for Latin America** Commissione Economica per l'America Latina (*in Cile*).
E.C.M. **European Common Market** Mercato Comune Europeo.
ECO.SO.C. **Economic and Social Council** Consiglio Economico e Sociale (*all'ONU*).
E.C.S.C. **European Coal and Steel Community** Comunità Europea del Carbone e dell'Acciaio (*C.E.C.A.*).
E.C.U. **European Customs Union** Unione Doganale Europea.
Ed. **Edinburgh** Edimburgo.
Edin. *V.* Ed.
E.D.P. (*elab. elettr.*) **Electronic Data Processing** Elaborazione Elettronica dei Dati.
E.E. ❶ (*pers.*) **Employment Exchange** Ufficio del Lavoro, Agenzia di Collocamento. ❷ (*rag.*) **Errors Excepted** Salvo Errori.
E.E.C. **European Economic Community** Comunità Economica Europea (*C.E.E.*).
E.F.O.G.A. **European Fund for the Orientation and Guarantee of Agriculture** Fondo Europeo d'Orientamento e Garanzia Agricola (*F.E.O.G.A.*).
E.F.T.A. **European Free Trade Association** Associazione Europea di Libero Scambio (*E.F.T.A.*).
e.g. **exempli gratia** (*for example*) per esempio.
E.I.A. **Electronic Industries Association** Associazione delle Industrie Elettroniche (*in U.S.A.*).
E.I.B. **European Investment Bank** Banca Europea degli Investimenti (*B.E.I.*).
E.M.A. **European Monetary Agreement** Accordo Monetario Europeo.
emb. (*trasp. mar.*) **embargo** embargo.
Emb. **Embassy** Ambasciata.
encl. ❶ **enclosed** allegato (*a.*). ❷ **enclosure** allegato (*n.*).
E.N.E.A. **European Nuclear Energy Authority** Agenzia Europea per l'Energia Nucleare (*in Francia*).
eng. **engine** macchina, motore.
Eng. ❶ **England** Inghilterra. ❷ **English** inglese (*a.*).
E.N.I.A.C. (*elab. elettr.*) **Electronic Numerical Integrator and Computer** Integratore ed Elaboratore Numerico Elettronico.
e.o. (*leg.*) **ex officio** d'ufficio.
E.O.E.C. **European Organization for Economic Cooperation** Organizzazione Europea per la Cooperazione Economica (*O.E.C.E.*).
E.P. **European Parliament** Parlamento Europeo.
E.P.A. **European Productivity Agency** Ente Europeo per la Produttività.
E.P.T. (*fin.*) **Excess Profits Tax** Imposta sugli Extraprofitti.
E.P.T.A. **Expanded Program for Technical Assistance** Programma Ampliato d'Assistenza Tecnica.
E.P.U. **European Payments Union** Unione Europea dei Pagamenti.
equiv. **equivalent** equivalente.
E.R.P. **European Recovery Program** Piano di Ricostruzione Europea.
E.S. **Econometric Society** Società di Econometria (*in U.S.A.*).
E.S.O.M.A.R. **European Society for Opinion Surveys and Market Research** Società Europea per lo Studio dell'Opinione Pubblica e dei Mercati (*in Belgio*).
esp. **especially** specialmente.
espec. *V.* esp.
Esq. **Esquire** Signor.
Esqr. *V.* Esq.
est. ❶ **established** stabilito, fondato. ❷ **estimated** calcolato, preventivato.
e.t.a. *V.* E.T.A.
E.T.A. (*trasp.*) **Estimated Time of Arrival** Ora Prevista d'Arrivo.
etc. **et cetera** (*and the others*) eccetera.
e.t.d. *V.* E.T.D.
E.T.D. (*trasp.*) **Estimated Time of Departure** Ora Prevista di Partenza.
Eur. ❶ **Europe** Europa. ❷ **European** europeo.
EURATOM **European Atomic Energy Community** Comunità Europea per l'Energia Atomica.
Eurovision **European Television** Televisione Europea (Eurovisione).
ex. ❶ **examined** esaminato, ispezionato. ❷ **example** esempio. ❸ **exception** eccezione. ❹ **export** esportazione.
Ex. (*fin.*) **Exchange** Borsa.
exec. (*pers.*) **executive** dirigente.
EXIMBANK **Export-Import Bank** Banca per l'Esportazione e l'Importazione (*a Washington*).
exp. ❶ **expense** spesa. ❷ **export** esportazione. ❸ (*comun., trasp. ferr.*) **express** espresso.
ext. ❶ **extra** extra. ❷ **extract** estratto. ❸ (*comun.*) **extension** derivazione; interno (*n.*).

f. **form** modulo.
F. ❶ **Fahrenheit** Fahrenheit. ❷ **Fellow** Membro, Socio. ❸ **Finance** Finanza. ❹ (*mat.*) **Function** Funzione.
Fa. **Florida** Florida.
f. a. a. (*ass. mar.*) **free of all average** franco d'avaria (*generale e particolare*).
F.A.C.C.A. **Fellow of the Association of Certified and Corporate Accountants** Membro dell'Associazione dei Ragionieri Iscritti all'Albo.
F.A.F. **Financial Analysts Federation** Federazione degli Analisti Finanziari.
Fahr. **Fahrenheit** Fahrenheit.
F. and D. (*trasp. mar.*) **freight and demurrage** nolo e controstallie.
F.A.O. **Food and Agriculture Organization** Organizzazione per l'Alimentazione e l'Agricoltura (*dell'ONU: a Roma*).
F.A.Q. (*market.*) **Fair Average Quality** Buona Qualità Media.
f. a. s. (*trasp. mar.*) **free alongside ship** franco sotto bordo, franco sotto banda.

F.B. ❶ **Fire Brigade** Vigili del Fuoco. ❷ (*trasp. aer.*) **Free Baggage** Bagaglio in Esenzione.

F.C.A. Farm Credit Administration Ente per il Credito Agricolo (*in U.S.A.*).

f.c. & s. (*ass. mar.*) **free of capture and seizure** franco di cattura e di sequestro.

f. d. (*market.*) **free delivery** consegna franco di spese.

F.D. ❶ (*fin.*) **Federal Debt** Debito Federale. ❷ (*org. az.*) **Factory Department** Reparto di Fabbrica.

F.E. ❶ **Far East** Estremo Oriente. ❷ (*fin.*) **Federal Estimates** Preventivi Federali.

Feb. **February** febbraio.

F. Econ. Fellow of the Royal Economic Society Membro della Reale Società d'Economia.

Fed. Federal Federale.

F.E.I. Financial Executives Institute Istituto dei Dirigenti Finanziari (*in U.S.A.*).

f.f.a. (*market., trasp. mar.*) **free from alongside** franco banchina a destinazione.

F.G. Fire Guards Vigili del Fuoco.

f. g. a. (*ass. mar.*) **free of general average** franco d'avaria generale.

F.I.A. Fellow of the Institute of Actuaries Membro dell'Istituto degli Attuari.

f.i.b. ❶ (*market., trasp. mar.*) **free into barge** franco su chiatta. ❷ (*market., trasp. mar.*) **free into bunkers** franco carbonili.

FIFO (*rag.*) **First In, First Out** (*procedimento contabile*).

Fin. ❶ **Finland** Finlandia. ❷ **Finnish** finlandese (*a.*).

f.i.o. (*market., trasp. mar.*) **free in and out** carico e scarico franco di spese.

f.i.s. (*pers.*) **family income supplement** integrazione salariale per assegni di famiglia.

Fla. *V.* **Fa.**

Flor. *V.* **Fa.**

fm. ❶ **fathom** (*misura*). ❷ **fathoms** (*misura*). ❸ **form** modulo.

F.N.C.B. First National City Bank (*in U.S.A.*).

F.N.M.A. Federal National Mortgage Association Associazione Federale Nazionale per le Ipoteche (*in U.S.A.*).

f.o. (*market.*) **firm offer** offerta valida.

F.O. (*amm.*) **Foreign Office** Ministero degli Esteri (*in G.B.*).

F.O.A. Foreign Operations Administration Amministrazione per le Operazioni all'Estero.

f.o.b. (*market., trasp. mar.*) **free on board** franco a bordo.

f.o.c. (*market., trasp. ferr.*) **free on car** franco vagone.

f.o.d. (*ass. mar.*) **free of damage** franco di avarie.

f.o.q. (*market., trasp. mar.*) **free on quay** franco sulla banchina.

f.o.r. (*trasp. ferr.*) **free on rail** franco stazione ferroviaria.

F.O.R. (*ass.*) **Fire Risk Only** Soltanto per il Rischio d'Incendio.

FORTRAN (*elab. elettr.*) **Formula Translation** Traduzione di Formule.

f.o.s. (*market., trasp. mar.*) **free overside ship** franco fuori bordo, franco sotto paranco.

f.o.t. *V.* **F.O.T.**

F.O.T. (*trasp. ferr.*) **Free On Truck** Franco Vagone.

F.P. (*ass.*) **Floating Policy** Polizza Flottante.

f. p. a. (*ass. mar.*) **free of particular average** franco d'avaria particolare.

fr. ❶ (*fin.*) **franc** franco. ❷ (*fin.*) **francs** franchi.

Fr. ❶ **France** Francia. ❷ **French** francese (*a.*). ❸ (*fin.*) *V.* **fr.**

F.R.B. Federal Reserve Bank (*o* **Banks**) Banca (*o* Banche) di Riserva Federale (*in U.S.A.*).

Fri. Friday venerdì.

F.R.S. Federal Reserve System Sistema Federale di Riserva (*in U.S.A.*).

frt. (*trasp. mar.*) **freight** nolo.

ft. ❶ **foot** piede (*misura*). ❷ **feet** piedi (*misura*).

F.T. Financial Times Times Finanziario.

F.T.C. Federal Trade Commission Commissione Federale per il Commercio (*in U.S.A.*).

fth. *V.* **fm.**

fthm. *V.* **fm.**

fur. ❶ **furlong** (*misura*). ❷ **furlongs** (*misura*).

fwd. ❶ **forward** avanti. ❷ (*market.*) **forward** assegnato. ❸ (*rag.*) **forward** riportato.

g. ❶ **gram(me)** grammo. ❷ **gram(me)s** grammi.

G. (*leg.*) **Guardian** Tutore.

Ga. Georgia Georgia.

g. a. (*ass. mar.*) **general average** avaria generale.

G.A. General Assembly Assemblea Generale.

G.A. and S. (*ass. mar.*) **General Average and Salvage** Avaria Generale e Salvataggio.

gall. ❶ **gallon** gallone (*misura*). ❷ **gallons** galloni (*misura*).

G.A.O. General Accounting Office Ufficio di Contabilità Generale (*in U.S.A.*).

G.A.T.T. General Agreement on Tariffs and Trade Accordo Generale sulle Tariffe e il Commercio (*G.A.T.T.*).

G. B. Great Britain Gran Bretagna.

G.C.E. General Certificate of Education Diploma di Scuola secondaria (*di secondo grado*).

G.D.P. (*econ.*) **Gross Domestic Product** Prodotto Interno Lordo.

G.D.R. German Democratic Republic Repubblica Democratica Tedesca.

G.E. General Electric (*società americana*).

gent. ❶ **gentleman** signore. ❷ **gentlemen** signori.

Geo. *V.* **Ga.**

Ger. ❶ **Germany** Germania. ❷ **German** tedesco.

G.F.R. German Federal Republic Repubblica Federale Tedesca.

Gib. Gibraltar Gibilterra.

Gk. Greek greco.

Glam. Glamorganshire contea di Glamorgan.

Glos. Gloucestershire contea di Gloucester.

gm. *V.* **g.**

G.M. (*pers.*) **General Manager** Direttore Generale.

G.M.T. (*comun., trasp.*) **Greenwich Mean Time** Ora di Greenwich.

gn. (*fin.*) ❶ **guinea** ghinea. ❷ **guineas** ghinee.

gnp. *V.* **G.N.P.**

G.N.P. (*econ.*) **Gross National Product** Prodotto Nazionale Lordo.

Gov. ❶ (*amm.*) **Government** Governo. ❷ (*amm.*) **Governor** Governatore.

Govt. (*amm.*) **Government** Governo.

G.P. Gallup Poll Sondaggio Gallup.

G.P.I. (*trasp. aer.*) **Ground Position Indicator** Indicatore di Posizione (*rispetto a terra*).

G.P.O. ❶ **Government Printing Office** Poligrafici di Stato (*in U.S.A.*). ❷ (*comun.*) **General Post Office** Posta Centrale.

gr. ❶ *V.* **g.** ❷ (*market.*) **gross** lordo.

Gr. ❶ **Greece** Grecia. ❷ *V.* **Gk.**

G.R. (*fin.*) **Gold Reserve** Riserva Aurea.

Grad. Graduate Laureato.

Gr.T. (*trasp. mar.*) **Gross Ton** Tonnellata di Stazza.
G.R.T. (*trasp. mar.*) **Gross Register Ton** Tonnellaggio Lordo di Registro, Stazza Lorda di Registro.
gr. wt. **gross weight** peso lordo.
G.S. **General Secretary** Segretario Generale.
G.V. (*trasp. ferr.*) **Grande Vitesse** Grande Velocità.

H. (*trasp. mar.*) **Harbour** Porto.
ha. ❶ **hectare** ettaro. ❷ **hectares** ettari.
h. and. c. water (*tur.*) **hot and cold water** acqua calda e fredda.
Hants. **Hampshire** contea di Hamp.
H.B.M. **Her** (*o* **His**) **Britannic Majesty** Sua Maestà Britannica.
H.C. ❶ (*amm.*) **House of Commons** Camera dei Comuni. ❷ (*leg.*) **High Court** Alta Corte.
Herts. **Hertfordshire** contea di Hertford.
hg. ❶ **hectogram(me)** ettogrammo. ❷ **hectogram(me)s** ettogrammi.
hhd. **hogshead** misura per liquidi (*USA*).
H.I. **Hawaiian Islands** Isole Hawaii.
H.L. (*amm.*) **House of Lords** Camera dei Lord.
H.M.C. (*dog.*) **Her** (*o* **His**) **Majesty's Customs** la Dogana Britannica.
H.M.S. (*trasp. mar.*) **Her** (*o* **His**) **Majesty's Ship** Nave Britannica.
H.M.S.O. **Her** (*o* **His**) **Majesty's Stationery Office** Poligrafici di Stato (*in G.B.*).
H.O. ❶ (*amm.*) **Home Office** Ministero dell'Interno. ❷ (*org. az.*) **Head Office** Sede Centrale.
Hon. ❶ **Honorable** Onorevole. ❷ **Honorary** Onorario.
h. p. **horse-power** cavallivapore.
H.P. ❶ (*amm.*) **Houses of Parliament** il Parlamento, le Camere. ❷ (*market.*) **Hire Purchase** (Sistema di) Acquisti a Rate.
H.Q. (*org. az.*) **Headquarters** Sede centrale.
hr. **hour** ora.
H.R. ❶ **Human Relations** Relazioni Umane. ❷ (*amm.*) **House of Representatives** Camera dei Deputati (*in U.S.A.*).
hrs. **hours** ore.
H.S. ❶ **High School** Scuola Secondaria. ❷ (*amm.*) **Home Secretary** Ministro dell'Interno. ❸ (*trasp. mar.*) **Harbour Service** Servizio Portuale.
Hun. ❶ **Hungary** Ungheria. ❷ **Hungarian** ungherese.
Hunts. **Huntingdonshire** contea di Huntingdon.
H.W. (*trasp. mar.*) **High Water** Alta Marea, Acqua Alta.

I. ❶ **Ireland** Irlanda. ❷ **Irish** irlandese (*a.*).
Ia. **Iowa** Iowa.
I.A.E.A. **International Atomic Energy Agency** Ente Internazionale per l'Energia Atomica.
I.A.T.A. **International Air Transport Association** Associazione Internazionale Trasporti Aerei (*in Canada*).
ib. **ibidem** (*in the same place*) ibidem.
I.B. ❶ **Institute of Bankers** Istituto dei Banchieri. ❷ **International Bank** Banca Internazionale. ❸ (*dog.*) **In Bond** Soggetto a Dazio. ❹ (*trasp. mar.*) **Inboard** a Bordo.
I.B.A. **Investment Bankers Association** Associazione degli « Investment Bankers » (*in U.S.A.*).
ibid. *V.* ib.
I.B.M. **International Business Machines** Macchine Contabili Internazionali (*società americana*).
I.B.R.D. **International Bank for Reconstruction and Development** Banca Internazionale per la Ricostruzione e lo Sviluppo (*in U.S.A.*).
I.C.A. **International Cooperative Alliance** Alleanza Cooperativa Internazionale.
I.C.A.O. **International Civil Aviation Organization** Organizzazione Internazionale per l'Aviazione Civile (*in Canada*).
I.C.C. **Interstate Commerce Commission** Commissione Interstatale per il Commercio (*in U.S.A.*).
I.C.C.A. **International Consumer Credit Association** Associazione Internazionale per il Credito ai Consumatori.
I.C.F.C. **Industrial and Commercial Finance Corporation** Ente Finanziario per l'Industria e il Commercio.
I.C.F.T.U. **International Confederation of Free Trade Unions** Confederazione Internazionale dei Sindacati Liberi.
I.C.I. **Imperial Chemical Industries** (*società britannica*).
id. **idem** (*the same*) idem.
Id. **Idaho** Idaho.

I.D.A. **International Development Association** Associazione Internazionale per lo Sviluppo.
I.D.A.C. **Import Duties Advisory Committee** Comitato di Consulenza per i Dazi alle Importazioni.
I.D.P. (*elab. elettr.*) **Integrated Data Processing** Elaborazione Integrata dei Dati.
i.e. **id est** (*that is*) cioè.
I.F.A.L.P.A. **International Federation of Air Line Pilots Associations** Federazione Internazionale delle Associazioni dei Piloti di Linee Aeree.
I.F.A.P. **International Federation of Agricultural Producers** Federazione Internazionale dei Produttori Agricoli.
I.F.C. **International Finance Corporation** Società Finanziaria Internazionale.
I.F.S. **Irish Free State** Libero Stato d'Irlanda.
I.L.A. ❶ **International Law Association** Associazione Internazionale del Diritto (*in G.B.*). ❷ **International Longshoremen's Association** Sindacato Internazionale degli Scaricatori di Porto (*in U.S.A.*).
I.L.I. **Institute of Life Insurance** Istituto per l'Assicurazione sulla Vita (*in U.S.A.*).
ill. ❶ (*giorn.*) **illustrated** illustrato. ❷ (*giorn.*) **illustration** illustrazione.
Ill. **Illinois** Illinois.
I.L.O. **International Labour Organization** Organizzazione Internazionale del Lavoro (*in Svizzera*).
I.L.S. (*trasp. aer.*) **Instrumental Landing Systems** Sistemi di Atterraggio Strumentale.
I.L.U. **Institute of London Underwriters** Istituto degli Assicuratori Marittimi di Londra.
I.M. **Imperial Measure** Misura Imperiale.
I.M.C.O. **Inter-Governmental Maritime Consultative Organization** Organizzazione Consultiva Intergovernativa Marittima.
I.M.F. **International Monetary Fund** Fondo Monetario Internazionale (*in U.S.A.*).
I.M.O. (*cred., fin.*) **International Money Order** Vaglia Internazionale.
imp. ❶ **import** importazione. ❷ **imported** importato. ❸ **importer** importatore.
I.M.U. **International Mathematical Union** Unione Matematica Internazionale.

in. ❶ **inch** pollice (*misura*). ❷ **inches** pollici (*misura*).
Inc. (*fin.*) **Incorporated** Registrato.
incl. ❶ **included** incluso. ❷ **including** incluso. ❸ **inclusive** comprensivo, inclusivo.
Incorp. *V.* **Inc.**
Ind. **Indiana** Indiana.
inf. **information** informazione, informazioni.
ins. ❶ **inches** pollici (*misura*). ❷ (*ass.*) **insurance** assicurazione.
inst. ❶ **instant** presente. ❷ **institute** istituto. ❸ **institution** istituzione.
int. ❶ **international** internazionale. ❷ (*fin.*) **interest** interesse. ❸ (*tur.*) **interpreter** interprete.
INTERPOL **International Police** Polizia Internazionale.
in trans. (*dog., trasp.*) **in transit** in transito, durante il viaggio.
intro. **introduction** introduzione.
introd. *V.* **intro.**
inv. ❶ **inventory** inventario. ❷ (*market.*) **invoice** fattura.
I.O.C.S. ❶ (*econ., org. az.*) **Input-Output Control System** Sistema di Controllo basato sul rapporto fra i Fattori Produttivi e la Produzione. ❷ (*elab. elettr.*) **Input Output Control System** Sistema di Controllo di Entrata e Uscita (*dei dati*).
I.O.M. **Isle of Man** Isola di Man.
I.O.U. (*cred.*) **I Owe You** (*riconoscimento scritto di un debito*).
I.O.W. **Isle of Wight** Isola di Wight.
I.P.A. **Institute of Practitioners in Advertising** Istituto degli Agenti Pubblicitari (*in G.B.*).
I.P.I. **International Press Institute** Istituto Internazionale per la Stampa.
I.P.U. **Interparliamentary Union** Unione Interparlamentare.
I.Q. **Intelligence Quotient** Quoziente d'Intelligenza.
Iran. **Iranian** iraniano.
I.R.C. **Industrial Reorganization Corporation** Ente per la Riorganizzazione Industriale.
Ire. ❶ **Ireland** Irlanda. ❷ **Irish** irlandese (*a.*).
I.R.S. **Internal Revenue Service** Servizio delle Imposte Interne (*in U.S.A.*).
I.S.A. **International Federation of the National Standardizing Associations** Federazione Internazionale delle Associazioni Nazionali di Unificazione (*delle misure, ecc.*).

I.S.B.A. **Incorporated Society of British Advertisers** Società dei Pubblicitari Britannici.
I.S.F. **International Shipping Federation** Federazione Internazionale degli Armatori.
I.S.O. **International Organization for Standardization** Organizzazione Internazionale per l'Unificazione (*delle misure, ecc.*).
It. ❶ **Italian** italiano. ❷ **Italy** Italia.
I.T. (*tur.*) **Inclusive Tours** Viaggi Tutto Compreso.
I.T.A. **Independent Television Authority** Autorità della Televisione Indipendente (*in G.B.*).
I.T.O. ❶ **International Trade Organization** Organizzazione Internazionale per il Commercio. ❷ (*fin.*) **Income Tax Office** Ufficio delle Imposte Dirette.
I.T.S. **Industrial Training Service** Servizio d'Addestramento al Lavoro nell'Industria (*in G.B.*).
I.T.U. **International Telecommunications Union** Unione Internazionale delle Telecomunicazioni.
I.W.G. **International Working Group** Gruppo Internazionale di Lavoro.

J. ❶ (*leg.*) **Judge** Giudice. ❷ (*leg.*) **Justice** Giudice.
Jan. **January** gennaio.
Jap. ❶ **Japan** Giappone. ❷ **Japanese** giapponese.
J.C. ❶ (*leg.*) **Justice Clerk** Cancelliere. ❷ (*leg.*) **Juvenile Court** Tribunale dei Minorenni.
Jr. **Junior** Junior.
Jun. *V.* **Jr.**
Junr. *V.* **Jr.**
jus. (*leg.*) **justice** giustizia.

K (*trasp. mar.*) **Knot** Nodo (*misura*).
K. **Kansas** Kansas.
Kan. **Kansas** Kansas.
K.C. ❶ **Kansas City.** ❷ (*leg.*) **King's Counsel** (*titolo onorifico per avvocati*).
Ken. **Kentucky** Kentucky.
kg. ❶ **kilogram(me)** chilogrammo. ❷ **kilogram(me)s** chilogrammi.
Kil. **Kilogram(me)** chilogrammo.
kilo. *V.* **kg.**
Kl. **Kilometre** chilometro.
km. ❶ **kilometre** chilometro. ❷ **kilometres** chilometri.
kw ❶ **kilowatt** chilowatt. ❷ **kilowatts** chilowatt (*pl.*).

kwh. ❶ **kilowatt hour** chilowattora. ❷ **kilowatt hours** chilowattore.
Ky. **Kentucky** Kentucky.

l. ❶ **league** lega (*misura*). ❷ **litre** litro. ❸ **litres** litri.
L. ❶ **Labour** Lavoro, Manodopera. ❷ (*trasp. aut.*) **Learner** Principiante. ❸ (*trasp. mar.*) **Liner** Nave di Linea.
La. **Louisiana** Louisiana.
L.A. ❶ **Los Angeles.** ❷ (*amm.*) **Legislative Assembly** Assemblea Legislativa. ❸ (*amm.*) **Local Authority** Autorità Locale. ❹ (*leg.*) **Law Association** Ordine Forense.
lab. **laboratory** laboratorio.
Lab. ❶ **Labour** Lavoro, Manodopera. ❷ **Labrador** Labrador.
L.A.F.T.A. **Latin American Free Trade Association** Associazione Latino Americana di Libero Scambio.
Lancs. **Lancashire** contea di Lancaster.
lang. **language** lingua, linguaggio.
lb. ❶ **pound** (*libra*) libbra. ❷ **pounds** libbre.
lbt. **pound troy** (*libra troy*) libbra troy.
L.C. ❶ (*amm.*) **Lord Chancellor** il Lord Cancelliere. ❷ (*trasp. mar.*) **London Clause** Clausola di Londra.
L/C (*fin.*) **Letter of Credit** Lettera di Credito.
L.C.C. ❶ **London Chamber of Commerce** Camera di Commercio di Londra. ❷ (*amm.*) **London County Council** Consiglio della Contea di Londra.
L.D. ❶ **Doctor of Letters** Dottore in Lettere (*in U.S.A.*). ❷ (*trasp. mar.*) **London Docks** Bacini di Londra.
l.d.d. (*ass. mar.*) **loss during discharge** perdita durante la discarica.
Ldg. (*trasp. mar.*) **loading** carico, caricazione.
l.d.l. (*ass. mar.*) **loss during loading** perdita durante il carico (*o* la caricazione).
lea. (*pers.*) **leave** congedo, permesso.
leg. ❶ **legal** legale. ❷ **legate** legato.
Leics. **Leicestershire** contea di Leicester.
L.E.S.S. **Least Cost Estimating and Scheduling** Calcolo e Programmazione del Costo Minimo.
L.G. (*trasp. aer.*) **Landing Ground** Campo d'Atterraggio.

lgth. length lunghezza.

lg. tn. long ton tonnellata inglese, di 2.240 libbre (*kg. 1.016*).

L.H. (*trasp. mar.*) **Lighthouse** Faro.

L.H.D. (*trasp. aut.*) **Left-Hand Drive** Guida a Sinistra (*su un cartello stradale*).

L.I. **Long Island.**

L.I.A. **Lebanese International Airways** Linee Aeree Internazionali Libanesi.

Lincs. **Lincolnshire** contea di Lincoln.

liq. liquid liquido.

L.J. (*leg.*) **Lord Justice.**

L.L. (*fin.*) **Limited Liability** Responsabilità Limitata.

LL. B. **Bachelor of Laws** Laureato in Legge.

LL. D. **Doctor of Laws** Dottore in Legge.

Llds. (*ass. mar.*) **Lloyd's** Lloyd.

Lo. (*trasp. mar.*) **longitude** longitudine.

L. O. (*econ.*) **Lock-Out** Serrata.

log. (*mat.*) **logarithm** logaritmo.

lon. (*trasp. mar.*) **longitude** longitudine.

Lond. **London** Londra.

long. V. **lon.**

L.P.T.B. **London Passenger Transport Board** Azienda Trasporto Passeggeri di Londra.

L.R. ❶ (*ass. mar.*) **Lloyd's Register** Registro del Lloyd (*di Londra*). ❷ (*leg.*) **Law Reports** Atti Giudiziari.

L.S. (*leg.*) **Law Society** Società Forense.

l.t. V. **lg. tn.**

L.T. ❶ (*fin.*) **Legal Tender** Moneta a Corso Legale. ❷ (*trasp.*) V. **L.P.T.B.**

Ltd. (*fin.*) **Limited** a responsabilità limitata; per azioni.

ltge. (*trasp. mar.*) **lighterage** alleggio, spese d'alleggio.

ltr. litre litro.

Lux. **Luxembourg** Lussemburgo.

lv. V. **lea.**

L.W. (*trasp. mar.*) **Low Water** Bassa Marea, Acqua Bassa.

m. ❶ metre metro. ❷ metres metri. ❸ mile miglio. ❹ miles miglia. ❺ month mese.

M. (*trasp. aut.*) **Motorway** Autostrada.

M. ❶ **Magistrate** Magistrato. ❷ **Member** Membro, Socio. ❸ **Monday** lunedì.

M. A. ❶ **Master of Arts** Dottore in Lettere. ❷ (*amm.*) **Ministry of Agriculture** Ministero dell'Agricoltura.

M/A (*banca, rag.*) **My Account** a Me Medesimo, a Mio Favore.

mach. machinery macchinario.

mag. (*giorn.*) **magazine** rivista illustrata.

mar. maritime marittimo.

Mar. **March** marzo.

Mass. **Massachusetts** Massachusetts.

M.B. (*trasp. mar.*) **Motor Boat** Motobarca, Motoscafo.

M.B.D. (*trasp. mar.*) **Machinery Breakdown** Avaria alle Macchine.

M.b.O. (*org. az.*) **Management by Objectives** Direzione (*od* Organizzazione) per Obiettivi.

M.C. (*amm.*) **Member of Congress** Membro del Congresso (*in U.S.A.*).

M.C.A. **Management Consultants' Association** Associazione dei Consulenti d'Organizzazione Aziendale.

Mchy Dge (*trasp. mar.*) **Machinery Damage** Avaria alle Macchine.

M.D. ❶ **Managing Director** Consigliere Delegato. ❷ **Market Day** Giorno di Mercato.

Md. **Maryland** Maryland.

m/d (*cred.*) **months after date** mesi data.

M. Dk. (*trasp. mar.*) **Main Deck** Ponte Principale.

Mdm. **Madam** Signora.

Me. **Maine** Maine.

M.E.A. **Middle East Airlines - Airliban** Linee Aeree del Medio Oriente - Airliban.

mem. ❶ **member** membro. ❷ V. **memo.**

memo memorandum memorandum, promemoria, nota.

Messrs **Messieurs** Signori.

Mex. ❶ **Mexico** Messico. ❷ **Mexican** messicano.

mfd. manufactured fabbricato.

mfg. manufacturing fabbricante (*a.*).

mfrs. manufacturers fabbricanti.

mg. ❶ **milligram(me)** milligrammo. ❷ **milligram(me)s** milligrammi.

mgm. V. **mg.**

mgr. V. **mg.**

Mgr. **Manager** Direttore (*di un'azienda*).

M.H.R. (*amm.*) **Member of the House of Representatives** Membro della Camera dei Rappresentanti (*in U.S.A.*).

mi. mile miglio.

Mi. **Mississippi** Mississippi.

Mich. **Michigan** Michigan.

Middlx. **Middlesex** Middlesex.

min. ❶ **minimum** minimo. ❷ minute minuto. ❸ **minutes** minuti.

Minn. **Minnesota** Minnesota.

M.I.P. (*ass. mar.*) **Marine Insurance Policy** Polizza d'Assicurazione Marittima.

Miss. V. **Mi.**

M.I.T. **Massachusetts Institute of Technology** Istituto di Tecnologia del Massachusetts.

ml. ❶ **millilitre** millilitro. ❷ **millilitres** millilitri.

mm. ❶ **millimetre** millimetro. ❷ **millimetres** millimetri.

M.M. ❶ **Mercantile Marine** Marina Mercantile. ❷ (*fin.*) **Money Market** Mercato Monetario.

M.N. **Merchant Navy** Marina Mercantile.

mo. month mese.

Mo. **Missouri** Missouri.

M.O. (*cred.*) **Money Order** Vaglia.

M.O.H. **Medical Officer of Health** Ufficiale Sanitario Marittimo.

mon. (*fin.*) **monetary** monetario.

Mon. ❶ **Monday** lunedì. ❷ **Monmouthshire** contea di Monmouth.

Mont. **Montana** Montana.

morn. morning mattina.

M.P. **Member of Parliament** Membro del Parlamento (*in G.B.*).

M.P. & C. **Management Planning and Control** Controllo e Programmazione Manageriale.

M.P.C. (*econ.*) **Marginal Propensity to Consume** Propensione Marginale al Consumo.

m.p.h. miles per hour miglia all'ora.

M.P.S. (*econ.*) **Marginal Propensity to Save** Propensione Marginale al Risparmio.

Mr **Mister** Signor.

M.R. (*trasp. mar.*) **Mate's Receipt** Ricevuta d'Imbarco.

Mrs **Mistress** Signora.

m.s. V. **m/s.**

m/s ❶ (*cred.*) **months after sight** mesi vista. ❷ (*trasp. mar.*) motor ship motonave.

Ms ❶ **Miss** Signorina. ❷ V. **Mrs.**

MS **Manuscript** Manoscritto.

M.S. ❶ **Master of Science** Dottore in Scienze. ❷ **Metric System** Sistema Metrico. ❸ **Ministry of Shipping** Ministero della Marina. ❹ (*trasp. mar.*) **Mail**

Steamer (Piroscafo) Postale.

M.T. ❶ **Mean Time** Tempo Medio, Ora Media. ❷ **Measurement Ton** Tonnellata di Cubaggio (o d'Ingombro). ❸ **Metric Ton** Tonnellata Metrica (o di Peso). ❹ **Ministry of Transport** Ministero dei Trasporti. ❺ **Motor Transport** Trasporto con Veicoli a Motore.

M/T ❶ (cred.) **Mail Transfer** Bonifico per Posta. ❷ (trasp. mar.) **Motor Tanker** Motocisterna.

mth. month mese.

M.T.M. (org. az.) **Methods and Time Measurement** Misura Metodi e Tempi.

m.v. V. m/v.

m/v (trasp. mar.) **motor vessel** motonave.

n. ❶ **name** nome. ❷ **number** numero.

N. ❶ **Navigation** Navigazione. ❷ **North** Nord. ❸ (trasp. aer., trasp. mar.) **Navigator** Ufficiale di Rotta.

N.A. **North America** America Settentrionale.

n. a. a. (trasp. mar.) **not always afloat** non sempre a galla.

N.A.A. **National Association of Accountants** Associazione Nazionale dei Ragionieri (in U.S.A.).

N.A.B. **National Association of Broadcasters** Associazione Nazionale dei Radiotrasmettitori (in U.S.A.).

N.A.B.E. **National Association of Business Economists** Associazione Nazionale degli Economisti Aziendali (in U.S.A.).

N.A.F.T.A. **New Zealand-Australia Free Trade Agreement** Accordo di Libero Scambio fra la Nuova Zelanda e l'Australia.

N.A.M. **National Association of Manufacturers** Associazione Nazionale degli Industriali (in U.S.A.).

N.A.M.C. **National Association of Credit Management** Associazione Nazionale di Gestione dei Crediti (in U.S.A.).

N.A.P.A. **National Association of Purchasing Agents** Associazione Nazionale dei Commissionari (in U.S.A.).

NASA **National Aeronautic and Space Administration** Ente Aeronautico e Spaziale Americano.

N.A.S.D. **National Association of Security Dealers** Associazione Nazionale degli Operatori di Borsa (in U.S.A.).

N.A.T. **North Atlantic Treaty** Patto Atlantico.

N.A.T.O. **North Atlantic Treaty Organization** Organizzazione del Trattato Nord-Atlantico.

nav. ❶ **navigation** navigazione. ❷ (trasp. aer., trasp. mar.) **navigator** ufficiale di rotta.

navig. V. nav.

N.B.C. **National Broadcasting Corporation** Ente Radiofonico Nazionale (in U.S.A.).

N.B.E.R. **National Bureau of Economic Research** Ufficio Nazionale per la Ricerca Economica (in U.S.A.).

N.B.S. **National Bureau of Standards** Ufficio Nazionale delle Misure (in U.S.A.).

N.C. **North Carolina** Carolina del Nord.

N.C.B. **National Coal Board** Ente Nazionale per il Carbone (in G.B.).

N.D. ❶ **North Dakota** Dakota del Nord. ❷ (econ., fin.) **National Debt** Debito Pubblico.

N. Dak. **North Dakota** Dakota del Nord.

N.E. ❶ **New England** Nuova Inghilterra. ❷ (market.) **National Exhibition** Esposizione Nazionale.

Neb. V. Nebr.

Nebr. Nebraska Nebraska.

N.E.C. **National Economic Council** Consiglio Nazionale dell'Economia (in U.S.A.).

Ned V. N.E.D.C.

N.E.D.C. **National Economic Development Council** Consiglio Nazionale per lo Sviluppo Economico (in G.B.).

Neddy V. N.E.D.C.

Neth. Netherlands Paesi Bassi, Olanda.

Nev. Nevada Nevada.

New M. **New Mexico** Nuovo Messico.

N. F. ❶ **Newfoundland** Terranova. ❷ (trasp. aer.) **Night Flight** Volo Notturno.

Nfd. Newfoundland Terranova.

N.F.U. **National Farmers' Union** Unione Nazionale degli Agricoltori (in G.B. e in U.S.A.).

N.H. **New Hampshire** Nuovo Hampshire.

N.H.I. **National Health Insurance** Assicurazione Nazionale contro le Malattie (in G.B.).

N.H.S. **National Health Service** Servizio Nazionale contro le Malattie (in G.B.).

N.I. ❶ **Northern Ireland** Irlanda Settentrionale. ❷ (econ.) **National Income** Reddito Nazionale.

N.I.C. **National Income Commission** Commissione Nazionale sui Redditi (in G.B.).

N.I.I.P. **National Institute of Industrial Psychology** Istituto Nazionale di Psicologia Industriale (in G.B.).

N.J. **New Jersey** Nuovo Jersey.

N.L.R.B. **National Labor Relations Board** Ufficio Nazionale per le Relazioni Sindacali (in U.S.A.).

N.M. V. New M.

N. Mex. V. New M.

N.N.P. (econ.) **Net National Product** Prodotto Nazionale Netto.

no. number numero.

No. Number Numero.

Northants. Northamptonshire contea di Northampton.

Northumb. Northumberland Northumberland.

nos. numbers numeri.

Nos. Numbers Numeri.

Notts. Nottinghamshire contea di Nottingham.

Nov. November novembre.

N.P. (leg.) **Notary Public** Pubblico Notaio.

nr. near vicino.

N.R.C. **National Research Council** Consiglio Nazionale delle Ricerche (in U.S.A.).

N.R.M.A. **National Retail Merchants' Association** Associazione Nazionale dei Dettaglianti (in U.S.A.).

N.S. (trasp. mar.) **Nuclear Ship** Nave a Propulsione Nucleare.

N.T.S.C. **National Television System Committee** Comitato Nazionale per la Televisione a Colori (in U.S.A.).

N.U.M. ❶ **National Union of Manufacturers** Unione Nazionale degli Industriali (in G.B.). ❷ (sind.) **National Union of Mineworkers** Sindacato Nazionale dei Minatori.

N.U.R. **National Union of Railwaymen** Sindacato Nazionale dei Ferrovieri (in G.B.).

N.U.T. **National Union of Teachers** Sindacato Nazionale degli Insegnanti (in G.B.).

N. Y. **New York** Nuova York.

N.Y.C. **New York City** Città di Nuova York.

N.Y.S.E. **New York Stock Exchange** Borsa Valori di Nuova York.

N.Z. **New Zealand** Nuova Zelanda.

o. (org. az.) **overseer** sorvegliante.

O. Ohio Ohio.

o/a (cred.) **on account** in conto.

O.A.E.C. Organization of

O.A.S.

Asian Economic Cooperation Organizzazione per la Collaborazione Economica Asiatica.
O.A.S. **Organization of American States** Organizzazione degli Stati Americani.
O.B. **Ordinary Business** Affari d'Ordinaria Amministrazione.
O.B.E. ❶ **Office of Business Economics** Ufficio d'Economia Aziendale (*in U.S.A.*). ❷ **Order of the British Empire** Ordine dell'Impero Britannico.
Oc. **Ocean** Oceano.
Oc. B/L (*trasp. mar.*) **Ocean Bill of Lading** Polizza di Carico per Trasporti Oceanici.
Oct. **October** ottobre.
O. Dk. (*trasp. mar.*) **Observation Deck** Ponte Osservazioni Astronomiche, (Ponte di) Casseretto.
O.E.C.D. **Organization for Economic Cooperation and Development** Organizzazione per la Cooperazione e lo Sviluppo Economico.
O.E.E.C. **Organization for European Economic Cooperation** Organizzazione Europea per la Cooperazione Economica.
off. **official** ufficiale (*a.*).
O.H.M.S. **On Her** (*o* **His**) **Majesty's Service** Al Servizio di Sua Maestà.
O.K. **all correct** bene, benissimo.
Okla. **Oklahoma** Oklahoma.
O.K. with C. **Approved with Corrections** Approvato con Correzioni.
op. *V.* **opp.**
o.p. **out of print** esaurito (*d'un libro*).
O.P. (*ass. mar.*) **Open Policy** Polizza d'Abbonamento (*o* Non Valutata).
opp. **opposite** opposto, di fronte.
Or. *V.* **Ore.**
O.R. ❶ **Operations Research, Operational Research** Ricerca Operativa. ❷ (*trasp.*) **Owner's Risk** a Rischio del Proprietario, a Rischio e Pericolo del Destinatario.
Ore. **Oregon** Oregon.
Oreg. *V.* **Ore.**
org. ❶ **organization** organizzazione. ❷ **organized** organizzato.
O.S. (*market.*) **On Sample** Su Campione.
o.t. (*pers.*) **overtime** (lavoro) straordinario.
O.T. **Overseas Trade** Commercio Estero.
Oxon. **Oxonian (of Oxford)** di Oxford.
oz. ❶ **ounce** oncia. ❷ **ounces** once.

p **new penny** nuovo penny, nuovi penny.
p. **page** pagina.
P (*trasp.*) **Parking** Parcheggio.
p.a. **per annum** all'anno.
Pa. **Pennsylvania** Pennsylvania.
P.A. ❶ **Press Association** Associazione della Stampa. ❷ **Publishers' Association** Associazione degli Editori.
P.A.A. *V.* **PANAM.**
Pan. **Panama** Panama.
PANAM **Pan American World Airways** Linee Aeree Americane per Tutti i Continenti.
Parl. ❶ **Parliament** Parlamento. ❷ **Parliamentary** Parlamentare.
pat. ❶ **patent** brevetto. ❷ **patented** brevettato.
Pat. Off. **Patent Office** Ufficio Brevetti.
P.A.Y.E. **Pay As You Earn** (*ritenute per il versamento dei contributi sociali; in G.B.*).
payt. **payment** pagamento, versamento.
P.B. (*trasp. mar.*) **Permanent Bunkers** Carbonili Fissi.
P.B.R. **Payment By Results** Pagamento Secondo i Risultati.
pc. *V.* **p.c.**
p.c. ❶ (*comun.*) **postcard** cartolina postale. ❷ (*mat.*) **per cent** per cento.
p./c. ❶ (*market.*) **prices current** listino dei prezzi correnti. ❷ (*rag.*) **petty cash** « piccola cassa ».
P.C. **Police Constable** Agente di Polizia.
P./C. *V.* **p./c.**
pd. **paid** pagato.
P.D. ❶ (*comun.*) **Post District** Distretto Postale. ❷ (*org. az.*) **Personnel Department** Reparto del Personale. ❸ (*trasp. mar.*) **Port Dues** Diritti Portuali.
Penn. *V.* **Pa.**
P.E.P. **Political and Economical Planning** Pianificazione Politica ed Economica.
per cent. (*mat.*) **per centum** per cento.
per ct. *V.* **per cent.**
perf. ❶ (*leg.*) **performance** esecuzione. ❷ (*org. az.*) **performance** rendimento.
per pro. (*leg.*) **per procurationem** (*by proxy*) per procura.
pers. **personal** personale (*a.*).
Pers. **Persian** persiano.
P.E.R.T. (*org. az.*) **Problem Evaluation and Review Technique** Tecnica di Valutazione e Revisione dei Programmi, Metodo P.E.R.T.
Pg. *V.* **Port.**

P.I. ❶ **Philippine Islands** Isole Filippine. ❷ (*econ.*) **Personal Income** Reddito Personale.
pk. **peck** peck (*misura*).
Pk. **Park** Parco (*negli indirizzi*).
pl. **plan** piano, progetto.
Pl. **Place** (*negli indirizzi*).
P.L.A. **Port of London Authority** Autorità del Porto di Londra.
pm. (*ass.*) **premium** premio.
P.M. ❶ **post meridiem** di pomeriggio, di sera. ❷ (*amm.*) **Prime Minister** Primo Ministro. ❸ (*comun.*) **Postmaster** Ufficiale Postale. ❹ (*leg.*) **Police Magistrate** Pretore. ❺ (*org. az.*) **Preventive Maintenance** Manutenzione Preventiva.
P.M.G. **Postmaster General** Ministro delle Poste.
P/N (*cred., fin.*) **Promissory Note** Pagherò.
P.O. ❶ (*comun.*) **Post Office** Ufficio Postale. ❷ (*cred.*) **Postal Order** Vaglia Postale. ❸ (*trasp. aer.*) **Pilot Officer** Ufficiale Pilota.
p.o.b. *V.* **P.O.B.**
P.O.B. (*comun.*) **Post Office Box** Casella Postale.
p.o.c. (*trasp. mar.*) **port of call** porto di scalo.
P.O.D. (*market.*) **Pay On Delivery** Pagate Alla Consegna.
pop. **population** popolazione.
Port. ❶ **Portugal** Portogallo. ❷ **Portuguese** portoghese.
P.O.S.B. **Post Office Savings Bank** Cassa di Risparmio presso un Ufficio Postale.
P.O.W. **Post Office Worker** Impiegato delle Poste.
pp. **pages** pagine.
p.p. ❶ *V.* **per pro.** ❷ (*comun.*) **parcel post** pacco postale. ❸ (*market.*) **post paid** franco di posta.
P.P. (*comun.*) **Parcel Post** Pacco Postale.
pr. ❶ **pair** paio, coppia. ❷ (*market.*) **price** prezzo.
Pr. **Priority** Precedenza.
P.R. ❶ **Porto Rico** Porto Rico. ❷ **Public Relations** Pubbliche Relazioni. ❸ (*comun.*) **Poste Restante** Fermo Posta.
P.R.C. **Price Regulation Committee** Comitato di Controllo dei Prezzi.
Pres. **President** Presidente.
Pro. **Professional** Professionale.
P.R.O. **Public Relations Officer** Addetto alle Pubbliche Relazioni.
prof. **profession** professione.
Prof. **Professor** Professore.
prop. ❶ **proprietor** proprietario. ❷ (*trasp. mar.*) **propeller** elica.
pro tem. **pro tempore** interino, interinalmente.

abbreviations

prox. proximo (*next*) prossimo.
P.R.S.A. Public Relations Society of America Società Americana di Pubbliche Relazioni.
P.S. Post Scriptum Poscritto.
P/S Public Sale Vendita Pubblica.
pt. ❶ payment pagamento, versamento. ❷ pint pinta. ❸ pints pinte.
P.T. ❶ (*comm. est.*) Preferential Tariffs Tariffe Preferenziali. ❷ (*fin.*) Purchase Tax Imposta sugli Acquisti (*cfr. ital. I.G.E.*).
P.T.O. Please Turn Over Voltare Pagina.
pty. (*leg.*) proprietary di proprietà, in esclusiva.
pub. ❶ publisher editore. ❷ publishing editoriale (*a.*), editrice (*a.*).
P.V. (*trasp. ferr.*) Petite Vitesse Piccola Velocità.

q quintal quintale.
Q. Queen Regina.
QANTAS Queensland and Northern Territory Aerial Service Servizio Aereo del Queensland e del Territorio Settentrionale (*linea aerea australiana*).
Q.C. (*leg.*) Queen's Counsel (*titolo onorifico conferito ad avvocati*).
ql. ❶ quintal quintale. ❷ quintals quintali.
qr. ❶ quarter quarto. ❷ quarters quarti.
qt. quart quarto (*misura*).
qts. quarts quarti (*misura*).
quot. ❶ quotation citazione. ❷ (*market.*) quotation quotazione.
Quot. V. quot.

r. ❶ railway ferrovia. ❷ river fiume. ❸ road strada.
R. ❶ Railway Ferrovia. ❷ Reserved Riservato. ❸ River Fiume. ❹ (*fin.*) Registered « Registrato ».
R.A.B. Radio Advertising Bureau Ufficio per la Pubblicità Radiofonica (*in U.S.A.*).
R. & D. Research and Development Ricerca e Sviluppo.
R.C. Royal Commission Commissione Reale.
r. d. (*trasp. mar.*) running days giorni consecutivi.
Rd. Road Strada, Via (*negli indirizzi*).
R.D. Road Department Reparto Viabilità.
R/D (*banca*) Refer to Drawer Mancano i Fondi (*per pagare un assegno*).

R.D.F. (*trasp. mar.*) Radio Direction-Finder Radiogoniometro.
re. ❶ reference riferimento. ❷ with reference to con (*o* in) riferimento a.
recd. received ricevuto.
recpt. receipt ricevuta.
reg. ❶ registered registrato. ❷ (*comun.*) registered raccomandato.
Reg. V. reg.
rem. ❶ remainder rimanente (*n.*). ❷ (*fin.*) remittance rimessa.
rept. V. recpt.
retd. ❶ retired ritirato; ritiratosi, in pensione. ❷ returned restituito.
R.F.C. Reconstruction Finance Corporation Società Finanziaria per la Ricostruzione (*in U.S.A.*).
R.F.S. (*trasp. mar.*) Ready For Sea Pronto a Prendere il Mare.
R.I. (*ass.*) Reinsurance Riassicurazione.
R.I.C.A. Research Institute for Consumers' Affairs Istituto di Ricerca Relativo ai Consumatori.
Rit. (*tur.*) Rail inclusive tours Itinerari ferroviari tutto compreso.
Rly. Railway Ferrovia.
rm. room camera, stanza.
R.M. ❶ Royal Mail Regie Poste. ❷ Royal Mint Regia Zecca.
R.N.R. Royal Navy Reserve Riserva della Regia Marina.
R.P. ❶ (*comun.*) Rates of Postage Tariffe Postali. ❷ (*comun.*) Reply Paid Risposta Pagata.
R/P (*comun.*) Return of Post Giro di Posta.
R.P.M. ❶ Revolutions Per Minute Giri al Minuto (*di un motore*). ❷ (*market.*) Resale Price Maintenance Mantenimento dei Prezzi di Rivendita.
RR. ❶ (*trasp. aut.*) Rolls-Royce. ❷ (*trasp. ferr.*) Railroad Ferrovia.
R.S.V.P. Répondez, s'il vous plaît (*reply, if you please*) È gradita una risposta.
RT (*trasp.*) Round Trip Viaggio d'Andata e Ritorno.
R.V. (*fin.*) Ratable Value Valore Imponibile.
R.W. (*trasp. aut.*) Right of Way Diritto di Precedenza.
Ry. V. Rly.

s. ❶ shilling scellino. ❷ shillings scellini.
S. ❶ Secretary Segretario. ❷ Society Società. ❸ South Sud.
s/a (*market.*) subject to approval salvo approvazione.

s.a. (*trasp. mar.*) safe arrival felice arrivo.
Sa. V. Sat.
S.A. ❶ South Africa Sud Africa. ❷ South African sudafricano.
S.A.A. South African Airways Linee Aeree Sudafricane.
S.A.E. (*comun.*) Stamped Addressed Envelope Busta Affrancata e Indirizzata.
S.A.L.E. (*elab. elettr.*) Simple Alphabetic Language for Engineers Linguaggio Alfabetico Semplice per Tecnici.
S.A.M. Society for the Advancement of Management Società per il Progresso dell'Organizzazione Aziendale.
S. and S.C. (*trasp. mar.*) Salvage and Salvage Charges Salvataggio e Spese di Salvataggio.
S.A.N.S. (*elab. elettr.*) Simultaneous Alphabetic and Numeric Sequencing Ordinamento (in Sequenza) Simultaneo Alfabetico e Numerico.
S.A.S. Scandinavian Airlines System Compagnia Aerea Scandinava, Linee Aeree Scandinave.
Sat. Saturday sabato.
S.B. (*fin.*) Savings Bank Cassa di Risparmio.
S.C. ❶ V. S. Car. ❷ (*leg.*) Supreme Court Corte Suprema.
S/C (*trasp. mar.*) Salvage Charges Spese di Salvataggio.
S. Car. South Carolina Carolina del Sud.
S.C.I.T. Special Commissioners of Income Tax Commissari Speciali per l'Imposta sui Redditi.
Scot. ❶ Scotland Scozia. ❷ Scottish scozzese (*a.*).
S.D. ❶ V. S. Dak. ❷ (*market.*) Supply Depot Magazzino Rifornimenti.
S/D ❶ (*cred., fin.*) Sight Draft Tratta a Vista. ❷ (*trasp. mar.*) Sea Damaged Danneggiato dal Mare.
S. Dak. South Dakota Dakota del Sud.
S.D.R. (*fin.*) Special Drawing Rights Diritti Speciali di Prelievo.
sec. ❶ second secondo. ❷ seconds secondi.
Sec. Secretary Segretario, Segretaria.
Secy. V. Sec.
Sen. (*amm.*) Senator Senatore.
Sep. V. Sept.
Sept. September settembre.
serv. service servizio.
S.E.T. (*fin.*) Selective Employment Tax Imposta Calcolata in Base al Numero dei Dipendenti (*in G.B.*).

S.F. (*fin.*) **Sinking Fund** Fondo d'Ammortamento.
S.G. (*leg.*) **Solicitor General** (*in G.B.*).
sgd. **signed** firmato.
sh. *V.* **s.**
S/H. E. (*trasp. mar.*) **Sundays and Holidays Excepted** Eccettuate le Domeniche e i Giorni Festivi.
Shl. Dk. (*trasp. mar.*) **Shelter Deck** Ponte di Riparo.
sh. tn. **short ton** tonnellata americana, di 2.000 libbre (*kg 907*).
S.I.A.M. **Society for Industrial and Applied Mathematics** Società per la Matematica Industriale e Applicata (*in U.S.A.*).
S.I.C. **Standard Industrial Classification System** Sistema di Classificazione Industriale Standard (*in U.S.A.*).
sig. **signature** firma.
sim. ❶ **similar** simile. ❷ **similarly** similmente.
sld. (*trasp. mar.*) **sailed** salpato.
S.L.T. (*elab. elettr.*) **Solid Logic Technology** Tecnologia dello Stato Solido.
S.M. (*fin.*) **Stock Market** Mercato Azionario, Mercato dei titoli.
S/N (*trasp. mar.*) **Shipping Note** Buono (*o* Ordine) d'Imbarco.
s.o. (*market.*) **sellers' option** opzione del venditore.
S/O (*trasp. mar.*) **Shipowner** Armatore.
Soc. **Society** Società.
Sol. (*leg.*) **Solicitor** Avvocato.
S.O.L. (*trasp. mar.*) **Shipowner's Liability** Responsabilità dell'Armatore.
Sol. Gen. (*leg.*) **Solicitor General** (*in G.B.*).
Solr. *V.* **Sol.**
SO.N.A.R. (*trasp. mar.*) **Sound Navigation and Ranging** Navigazione e Misurazione per mezzo del Suono.
S.O.S. (*trasp. mar.*) « **Save Our Souls** » (*o* « **Save Our Ship** ») (*distress call*) S.O.S.
Sp. ❶ **Spain** Spagna. ❷ **Spanish** spagnolo (*a.*).
S.P. (*comun.*) **Sample Post** Campione senza Valore.
S.P.A. (*ass. mar.*) **Subject to Particular Average** Soggetto ad Avaria Particolare.
Span. **Spanish** spagnolo (*a.*).
spec. ❶ **specification** specificazione. ❷ **specimen** esemplare, campione.
spt. (*trasp. mar.*) **seaport** porto di mare.
Sq. **Square** Piazza (*negli indirizzi*).

S.Q.C. **Statistical Quality Control** Controllo Statistico della Qualità.
Sr. **Senior** Seniore, Anziano.
S.R.I. **Stanford Research Institute** Istituto di Ricerca della Stanford University.
S.S. ❶ (*market.*) **Same Size** Stessa Misura. ❷ (*trasp. mar.*) **Screw Steamer** Piroscafo a Elica. ❸ (*trasp. mar.*) **Steamship** Vapore, Nave a Vapore.
S.S.A. **Social Security Administration** Amministrazione della Sicurezza Sociale (*in U.S.A.*).
S.S.R.C. **Social Science Research Council** Consiglio per le Ricerche di Scienze Sociali (*in U.S.A.*).
st. **stone** stone (*peso*).
St. ❶ **Strait** Stretto (*di mare*). ❷ **Street** Strada, Via.
Staffs. **Staffordshire** contea di Stafford.
stb. (*trasp. mar.*) **starboard** dritta.
std. **standard** standard, tipo (*a.*).
ster. **sterling** (*a.*) sterlina (*nella locuzione* « lira sterlina »).
St. Ex. *V.* **St. Exch.**
St. Exch. (*fin.*) **Stock Exchange** Borsa Valori.
stg. *V.* **ster.**
str. (*trasp. mar.*) **steamer** vapore, nave a vapore.
sub. (*giorn.*) **subscription** abbonamento.
S.U.B. (*pers.*) **Supplemental Unemployment Benefit** Sussidio Supplementare di Disoccupazione (*in U.S.A.*).
sub-ed. (*giorn.*) **sub-editor** vicedirettore.
subst. (*pers.*) **substitute** sostituto, vice.
Sun. **Sunday** domenica.
sup. *V.* **suppl.**
supp. *V.* **suppl.**
suppl. ❶ **supplement** supplemento. ❷ **supplementary** supplementare.
S.V. (*trasp. mar.*) **Sailing Vessel** Nave a Vela.
S.W. (*trasp. mar.*) **Sea Water** Acqua di Mare.
syst. **system** sistema.

t ❶ **ton** tonnellata. ❷ **tons** tonnellate.
T.A. (*comun.*) **Telegraphic Address** Indirizzo Telegrafico.
T.A.B. **Traffic Audit Bureau** Ufficio per il Controllo del Traffico (*in U.S.A.*).
T.A.M. **Television Audience Measurement** Misurazione del Gradimento dei Programmi Televisivi.
T.B. (*rag.*) **Trial Balance** Bilancio di Prova.
T.B.A. **Television Bureau of Advertising** Ufficio per la Pubblicità Televisiva (*in U.S.A.*).
T.C. ❶ **Technical College** Istituto Superiore di Tecnologia. ❷ **Town Councillor** Consigliere Comunale. ❸ **Training Centre** Centro d'Addestramento. ❹ (*amm.*) **Town Clerk** Segretario Comunale. ❺ (*comun.*) **Telegram(me) in Code** Telegramma in Codice.
T.C.W.U. **Teamsters' Union** Sindacato dei Camionisti (*in U.S.A.*).
T. Dks. (*trasp. mar.*) '**Tweendecks** Interponte.
T.D.R. **Treasury Deposit Receipts** Ricevute di Deposito del Tesoro.
T.D.W. (*trasp. mar.*) **Deadweight Tonnage** Portata Lorda.
techn. ❶ **technical** tecnico. ❷ **technology** tecnologia.
T.E.E. (*trasp. ferr.*) **Trans Europe Express** Trans-Europa Express.
tel. ❶ (*comun.*) **telephone** telefono. ❷ (*comun.*) *V.* **teleg.**
teleg. ❶ (*comun.*) **telegram** telegramma. ❷ (*comun.*) **telegraph** telegrafo. ❸ (*comun.*) **telegraphic** telegrafico.
TELEX (*comun.*) **Teleprinter Exchange** Trasmissione per Telescrivente.
temp. (*pers.*) **temporary** temporaneo; avventizio (*a.* e *n.*).
Ten. *V.* **Tenn.**
Tenn. **Tennessee** Tennessee.
Terr. ❶ **Terrace** (*negli indirizzi*). ❷ **Territory** Territorio.
Tex. **Texas** Texas.
T.G.W.U. **Transport and General Workers' Union** Sindacato dei Lavoratori delle Aziende di Trasporto (*in G.B.*).
Th. *V.* **Thur.**
Thur. **Thursday** giovedì.
T.L. (*ass. mar.*) **Total Loss** Perdita Totale.
tlg. *V.* **teleg.**
T.M.O. (*cred.*) **Telegraphic Money Order** Vaglia Telegrafico.
T.M.U. (*cronot.*) **Times Measurement Unit** Unità di Misura dei Tempi.
T.M.V. (*trasp. mar.*) **Tank Motor Vessel** Motocisterna.
T.N. **Telephone Number** Numero Telefonico.
T.O. ❶ **Telegraph Office** Ufficio del Telegrafo. ❷ **Telephone Office** Ufficio del Telefono.
Tonn. (*trasp. mar.*) **Tonnage** Tonnellaggio.

T.R. (*trasp. mar.*) **Tons Registered** Tonnellate di Registro (*o di Stazza*).

trans. ❶ **transaction** operazione commerciale. ❷ **translation** traduzione. ❸ **translator** traduttore. ❹ (*fin., leg.*) **transfer** trasferimento.

transf. (*fin., leg.*) **transferred** trasferito.

Treas. ❶ **Treasurer** Tesoriere. ❷ **Treasury** Tesoro.

T/S (*trasp. mar.*) **Turbine Ship, Turboship** Turbonave.

T.T. (*cred.*) **Telegraphic Transfer** Bonifico Telegrafico.

Tu. *V.* **Tues.**

T.U. Trade Union Sindacato Lavoratori.

T.U.C. Trade Unions Congress Congresso delle «Trade Unions» (*in G.B.*).

Tues. Tuesday martedì.

TV. *V.* **T.V.**

T.V. (*comun.*) **Television** Televisione.

T.W.A. Trans World Airlines Linee Aeree Intercontinentali.

U.A.A. United Arab Airlines Linee Aeree Egiziane.

U.A.B. Unemployment Assistance Board Comitato d'Assistenza ai Disoccupati.

U.A.R. United Arab Republic Repubblica Araba Unita (*R.A.U.*).

U.A.W. United Auto Workers Sindacato dei Lavoratori dell'Automobile (*in U.S.A.*).

U.D. ❶ **Urban District** Distretto Urbano. ❷ (*trasp. mar.*) **Upper Deck** Ponte Superiore.

U.D.C. Universal Decimal Classification Classificazione Decimale Universale.

U. Dk. (*trasp. mar.*) **Upperdeck** Ponte Superiore (*o di Coperta*).

U.K. United Kingdom Regno Unito.

ult. ultimo (*last*) scorso.

U.M.W. United Mine Workers Sindacato dei Minatori (*in U.S.A.*).

U.N. United Nations Nazioni Unite.

U.N.C.T.A.D. United Nations Committee for Trade and Development Comitato delle Nazioni Unite per il Commercio e lo Sviluppo.

U.N.D.P. United Nations Development Program Programma delle Nazioni Unite per lo Sviluppo.

U.N.E.P.T.A. United Nations Expanded Program of Technical Assistance for the Econ- omic Development of Underdeveloped Countries Programma Ampliato delle Nazioni Unite d'Assistenza Tecnica per lo Sviluppo Economico dei Paesi Sottosviluppati.

U.N.E.S.C.O. United Nations Educational, Scientific, and Cultural Organization Organizzazione delle Nazioni Unite per l'Educazione, la Scienza e la Cultura (*in Francia*).

U.N.I.D.O. United Nations Industrial Development Organization Organizzazione delle Nazioni Unite per lo Sviluppo Industriale.

U.N.I.T.A.R. United Nations Institute for Training and Research Istituto di Formazione e di Ricerca delle Nazioni Unite.

Univ. University Università.

UNIVAC (*elab. elettr.*) **Universal Automatic Computer** Calcolatore Automatico Universale.

U.N.O. United Nations Organization Organizzazione delle Nazioni Unite (*O.N.U.*).

U.N.R.R.A. United Nations Relief and Rehabilitation Administration Amministrazione dei Soccorsi delle Nazioni Unite.

U. of S.A. Union of South Africa Unione Sudafricana.

U.P. United Press (*agenzia di stampa USA*).

U/R (*trasp. mar.*) **Under Repairs** In Raddobbo.

Uru. Uruguay Uruguay.

u/s *V.* **u.s.**

u.s. ❶ **unserviceable** fuori uso. ❷ **useless** inutile.

U.S. United States Stati Uniti.

U.S.A. United States of America Stati Uniti d'America.

U.S.I.S. United States Information Service Servizio d'Informazioni degli Stati Uniti.

U.S.S.R. Union of Soviet Socialist Republics Unione delle Repubbliche Socialiste Sovietiche.

U.S.W.A. United Steel Workers of America Sindacato dei Metallurgici Americani.

Ut. Utah Utah.

U/W (*ass. mar.*) **Underwriter** Assicuratore Marittimo.

v. ❶ **volume** volume. ❷ (*leg.*) **versus** (*against*) contro.

Va. Virginia Virginia.

V.A.C. Verified Audit Circulation Corp. Società per il Controllo delle Tirature (*in U.S.A.*).

val. value valore.

V.A.T. (*fin.*) **Value Added Tax** Imposta sul Valore Aggiunto (*I.V.A.*).

V.C. ❶ **Vice-Chairman** Vicepresidente. ❷ **Vice-Consul** Viceconsole.

ves. (*trasp. mar.*) **vessel** nave.

V.F.R. (*trasp. aer.*) **Visual Flight Rules** Regole del Volo a Vista.

V.I.P. Very Important Person Persona Assai Importante.

Virg. *V.* **Va.**

viz. videlicet (*namely*) cioè.

V.K. (*trasp. mar.*) **Vertical Keel** Chiglia Verticale, Paramezzale Centrale.

Vt. Vermont Vermont.

W. West Ovest.

W.A. ❶ **West Africa** Africa Occidentale. ❷ **Western Australia** Australia Occidentale. ❸ (*ass. mar.*) **With Average** Con Avaria.

Wash. Washington Washington.

w/b ❶ (*trasp.*) **way-bill** lista dei passeggeri. ❷ (*trasp. ferr.*) **waybill** lettera di vettura.

W.B. ❶ *V.* **w/b.** ❷ (*rag.*) **Warehouse Book** Libro Magazzino. ❸ (*trasp. mar.*) **Water Ballast** Zavorra d'Acqua.

W.C. ❶ **water-closet** ritirata, gabinetto. ❷ **West Central** (*distretto postale*).

W.D.F. (*trasp. mar.*) **Wireless Direction-Finder** Radiogoniometro.

We. *V.* **Wed.**

W.E.A. Workers' Educational Association Associazione Culturale dei Lavoratori (*in G.B.*).

Wed. Wednesday mercoledì.

W.F. ❶ **Work Factor** Fattore Lavoro. ❷ (*giorn.*) **Wrong Font** Carattere Errato.

W.F.S. Work Factor System Sistema del Fattore Lavoro.

W.H.O. World Health Organization Organizzazione Mondiale della Sanità.

W.I. West Indies Indie Occidentali.

Wilts. Wiltshire contea di Wilt.

Wis. Wisconsin Wisconsin.

wk. week settimana.

W.P.A. (*ass. mar.*) **With Particular Average** Con Avaria Particolare (*C.A.P.*).

W.R.O. (*ass. mar.*) **War Risks Only** Soltanto Rischi di Guerra.

wt. weight peso.

W.T. (*comun.*) **Wireless Telegraphy** Radiotelegrafia.

W.T.A.O. World Touring and Automobile Organization Organizzazione Mondiale del Turismo e dell'Automobile (in *G.B.*).

W/W (*dog.*) **Warehouse Warrant** Fede di Deposito Doganale.

W.W.D. (*trasp. mar.*) **Weather Working Days** Giorni Lavorativi Tempo Permettendo.

Wy. **Wyoming** Wyoming.

Xmas **Christmas** Natale.

Y (*tur.*) **Economy Class** Classe Turistica (*o* Economica).

Y.A.R. (*ass. mar.*) **York-Antwerp Rules** Regolamenti di York-Anversa.

Y.A. Rules (*ass. mar.*) **York-Antwerp Rules** Regolamenti di York-Anversa.

Y.B. **Year Book** Annuario.

yd. ❶ **yard** iarda. ❷ **yards** iarde.

YH (*tur.*) **Economy - High Season** Classe Turistica (*o* Economica) - Alta Stagione.

Y.H.A. **Youth Hostels Association** Associazione degli Ostelli della Gioventù.

YO (*tur.*) **Economy - Off Peak** Classe Turistica (*o* Economica) - Bassa Stagione.

Yorks. **Yorkshire** contea di York.

yr. ❶ **year** anno. ❷ **years** anni. ❸ **your** vostro. ❹ **younger** più giovane.

yrs. **yours** vostro.

ZIP (*comun.*) **Zone Improvement Plan** Codice d'Avviamento Postale (*CAP*).

Z.T. (*trasp. mar.*) **Zone Time** Tempo (*o* Ora) del Fuso.

SYMBOLS: COMMERCE, FINANCE, LAW AND MATHEMATICS
SIMBOLI: COMMERCIO, FINANZA, LEGGE E MATEMATICA

I. Commerce, Finance, Law

&	**ampersand** (*leggasi* and) « e » commerciale.
$	❶ **dollar** dollaro. ❷ **dollars** dollari.
¢	❶ **cent** centesimo. ❷ **cents** centesimi (*di dollaro*).
£	❶ **pound sterling** sterlina. ❷ **pounds sterling** sterline.
©	**copyrighted** tutelato da diritto d'autore.
@	**at** (*a given price*) a (*un certo prezzo*).
%	**per cent** per cento.
& C.	**et cetera** eccetera.
#	**number** (*before a figure*) numero (*davanti a una cifra*).

II. Mathematics

+	**plus** più.
−	**minus** meno.
±, ∓	**plus or minus** più o meno.
×	**multiplied by** (molti-plicato) per.
÷	**divided by** diviso (per).
=	**is equal to** (*o* **equals**) uguale a.
≠	**is not equal to** diverso da.
>	**is greater than** maggiore di.
<	**is less than** minore di.
≮, ≦, ≥	**is not less than; is equal to or greater than** maggiore o uguale a.
≯, ≧, ≤	**is not greater than; is equal to or less than** minore o uguale a.
≡	**is identical with** identico a.
≎	**is equivalent to** equivalente a.
∼	**approximately** approssimativamente.
∝	**is directly proportional to** direttamente proporzionale a.
∺	**geometric proportion** proporzione geometrica.
:	**is to** sta a.
∞	**infinity** infinito.
!, ⌊	**the factorial of** fattoriale di.
∴	**therefore** perciò.
∵	**since** dato che.
⋯	**and so on** eccetera.
√ ⁻, √	**radical sign, root** radicale, radice.
$^{1, 2, 3}$	**exponents** esponenti.
′, ″, ‴	**prime, double** (*o* **second**) **prime, triple** (*o* **third**) **prime** prima, seconda, terza.
( )	**parentheses** parentesi tonde.
[ ]	**brackets** parentesi quadre.
{ }	**braces** parentesi graffe.
f, F	**function, function of** funzione, funzione di.
d	**differential of** differenziale di.
∫	**integral, integral of** integrale, integrale di.
$\int_a^b$	**definite integral** integrale definito.
Σ	**sum, algebric sum** somma, sommatoria, somma algebrica.

ABBREVIAZIONI, ACRONIMI E SIGLE ITALIANE DI COMUNE USO COMMERCIALE

a. anno year.
A. (*comun.*) **Assicurata** Insured.
A.A. **Assistenza Automobilistica** Road Service.
A.A.L. **Associazione Armatori Liberi** Association of Free Shipowners.
A.A.M.S. **Azienda Autonoma Monopoli di Stato** Board of State Monopolies.
A.A.P.I. Associazione Aziende Pubblicitarie Italiane Association of Italian Advertising Agencies.
A.A.S. **Azienda Autonoma** di **Soggiorno** Tourist Information Office.
A.A.S.T. **Azienda Autonoma di Soggiorno e Turismo** Tourist Information Office.
ab. **abitanti** inhabitants, population.
abb. ❶ (*comm.*) **abbuono** allowance, discount. ❷ (*giorn.*) **abbonamento** subscription.
abbr. ❶ **abbreviato** abbreviated. ❷ **abbreviazione** abbreviation.
A.B.C. **Compagnia Americana di Radiodiffusione** American Broadcasting Company.
A.B.I. **Associazione Bancaria Italiana** Italian Bankers' Association.
a.c. ❶ **anno corrente** this year. ❷ (*cred.*, *fin.*) **assegno circolare** bank (*o* banker's) draft.
a. C. **avanti Cristo** before Christ.
A.C. ❶ **Automobil Club** Automobile Club. ❷ **Aviazione Civile** Civil Aviation.
A.C.A. **Alto Commissariato per l'Alimentazione** High Commissioner's Office for Food Supplies.
acc. (*cred.*) **acconto** account.
A.C.C. **Alta Corte Costituzionale** Supreme Constitutional Court.
A.C. di G. **Alta Corte di Giustizia** High Court of Justice.
A.C.I. ❶ **Automobil Club d'Italia** Automobile Club of Italy. ❷ **Aviazione Civile Italiana** Italian Civil Aviation.
A.C.L.I. **Associazioni Cristiane dei Lavoratori Italiani** Christian Associations of Italian Workers.
A.C.R.I. **Associazione fra le Casse di Risparmio Italiane** Association of Italian Savings Banks.
A.D.I. **Associazione per il Disegno Industriale** Association for Industrial Design.
A.D.I.CO.R. **Associazione Difesa Consumatori e Risparmiatori** Association for the Defence of Consumers and Savers.
A.D.P. **Elaborazione Automatica dei Dati** Automatic Data Processing.
A.E.C. **Commissione per l'Energia Atomica** Atomic Energy Commission.
A.E.P. **Agenzia Europea per la Produttività** European Productivity Agency.
AEROFLOT **Linee Aeree Sovietiche** Soviet Airlines.
A.F.I. **Associazione Fiscale Internazionale** International Fiscal Association.
AG Agrigento.
A.G.C.I. **Associazione Generale delle Cooperative Italiane** Italian Association of Cooperative Societies.
agg. (*pers.*) **aggiunto** assistant, deputy.
A.G.I. **Agenzia Giornalistica Italiana** Italian News Agency.
A.G.I.P. **Azienda Generale Italiana Petroli** National Italian Oil Company.
A.G.I.R.E. **Azienda Generale Italiana per l'Esportazione del Riso** National Italian Company for the Exportation of Rice.
agt. (*leg.*, *market.*) **agente** agent.
A.I.A.C. ❶ **Associazione Internazionale degli Agenti di Cambio** International Stockbrokers' Association. ❷ **Associazione Italiana degli Agenti di Cambio** Italian Stockbrokers' Association.
A.I.C.A. **Alleanza Italiana delle Cooperative Agricole** Italian Alliance of Agricultural Cooperatives.
A.I.C.C. **Alleanza Italiana delle Cooperative di Consumo** Italian Alliance of Consumers' Cooperatives.
A.I.C.C.S. **Associazione Italiana Contro la Concorrenza Sleale** Italian Association Against Unfair Competition.
A.I.D. **Ente per lo Sviluppo Internazionale** Agency for International Development.
A.I.E. ❶ **Associazione Internazionale degli Economisti** International Economists' Association. ❷ **Associazione Italiana degli Editori** Italian Publishers' Association.
A.I.E.G. **Associazione Italiana Editori e Giornali** Italian Association of Publishers and Newspapers.
A.I.M.A. **Azienda Statale per gli Interventi sul Mercato Agricolo** State Agency for Intervention on the Market of Agricultural Produce.
A.I.S. *V.* **I.DA.**
A.I.S.E. **Associazione Internazionale delle Scienze Economiche** International Association of Economic Science.
A.I.S.M. **Associazione Italiana per gli Studi di Mercato** Italian Association for Market Studies.
A.L.A.L.C. *V.* **L.A.F.T.A.**
A.L.F.A. (Romeo) **Anonima Lombarda Fabbrica di Automobili** Lombard Car-Building Factory, Ltd.
ALGOL (*elab. elett.*) **Linguaggio Algoritmico** Algorithmic Language.
A.L.I. **Associazione Librai Italiani** Association of Italian Booksellers.
ALITALIA **Linee Aeree Italiane** Italian Airlines.
all. **allegato** enclosure.
all'ingr. (*market.*) wholesale, by wholesale.
a.m. **antimeridiano** before noon.
A.M.E. **Accordo Monetario Europeo** European Monetary Agreement.
amer. **americano** American.
amm. ❶ **amministratore** administrator. ❷ **amministrazione** administration, management.
Amm.ne ❶ **Amministrazio-**

Amm.re

ne Administration. ❷ (*fin.*) Amministrazione Management.

Amm.re ❶ Amministratore Administrator. ❷ (*fin.*) Amministratore Managing Director.

A.N.A.A. Associazione Nazionale Agenti d'Assicurazione National Association of Insurance Agents.

A.N.A.P. Associazione Nazionale Agenti di Pubblicità National Association of Advertising Agents.

A.N.A.S. Azienda Nazionale Autonoma delle Strade National Road Board.

A.N.C.C. Associazione Nazionale delle Cooperative di Consumo National Association of Consumers' Cooperatives.

A.N.C.P.L. Associazione Nazionale delle Cooperative di Produzione e Lavoro National Association of Producers' Cooperatives.

A.N.F.I. Associazione Nazionale Finanzieri Italiani National Association of Italian Financiers.

A.N.F.I.A. Associazione Nazionale Fra le Industrie Automobilistiche Car-Building Industries' National Association.

A.N.F.I.A.A. Associazione Nazionale Fra le Industrie Automobilistiche e Affini National Association of Car-Building Industries and the Like.

A.N.I.A. Associazione Nazionale Imprese Assicuratrici Insurance Companies' National Association.

A.N.I.C. ❶ Associazione Nazionale dell'Industria Chimica National Association of Chemical Industries. ❷ Azienda Nazionale Idrocarburi National Hydrocarbon Company.

A.N.I.C.A. Associazione Nazionale Istituti di Credito Agrario National Association of Agricultural Credit Banks.

A.N.I.E. Associazione Nazionale Industrie Elettrotecniche ed Elettroniche National Association of Electrotechnical and Electronic Industries.

A.N.I.T.A. Associazione Nazionale dell'Industria dei Trasporti Automobilistici National Association of Road Transport and Carriers.

A.N.M. Associazione Nazionale Magistrati National Association of Magistrates.

A.N.P.A.C. Associazione Nazionale Procuratori Agenti di Cambio National Association of Italian Stockbrokers.

A.N.S.A. Agenzia Nazionale Stampa Associata Associated Press National Agency.

ant. antimeridiano before noon.

AO Aosta.

a.p.c. (*market.*) a pronta cassa prompt cash.

A.P.I. Anonima Petroli Italiana Italian Oil Company, Ltd.

apr. aprile April.

AQ Aquila.

a.r. (*pers.*) a riposo retired.

AR Arezzo.

A.R. (*trasp. ferr.*) Andata e Ritorno Return (Ticket).

A.R.A.R. Azienda Rilevamento e Alienazione Residuati Organization for the Purchase and Sale of Army Surplus Stores.

arr. (*trasp.*) **arrivo** arrival.

art. articolo article.

A.S.A. Associazione Americana per la Normalizzazione (*di misure, ecc.*) American Standards Association.

Ass. ❶ (*ass.*) Assicurazione Insurance. ❷ (*comun.*) Assicurata Insured. ❸ (*cred., fin.*) Assegno Cheque.

ASS. COM. Associazione Commercianti Association of Merchants and Shopkeepers.

ASSICREDITO Associazione Sindacale fra le Aziende di Credito Italian Bank Clerks' Union.

ASSITALIA Assicurazioni d'Italia Italian Insurance Company (*dealing with all branches of insurance excepting life*).

ASSOBANCA Associazione Bancaria Italiana Italian Bankers' Association.

ASSOLOMBARDA Associazione Industriale Lombarda Association of the Industrialists of Lombardy.

ASSONIME Associazione fra le Società Italiane per Azioni Association of Italian Limited Companies.

A.S.S.T. Azienda di Stato per i Servizi Telefonici State Agency for Telephone Services.

A.S.T. Agenzia della Stampa Tecnica Technical Press Agency.

AT Asti.

A.T.A. Associazione Turistica Albergatori Association of Italian Hotelkeepers.

A.T.I. ❶ Aero Trasporti Italiani Italian Air Freight Lines. ❷ Azienda Tabacchi Italiani Italian State Tobacco Company.

A.T.M. Azienda Tranviaria Municipale Town Tramway Transport Board.

att. (*cred., fin.*) attività, attivo assets.

AU.A. Linee Aeree Australiane Australian Airlines.

a/v (*cred.*) a vista at sight, on demand.

AV Avellino.

az. ❶ (*fin.*) azione share. ❷ (*fin.*) azionista shareholder.

BA Bari.

B.A.B.S. (*trasp. aer.*) Sistema d'Avvicinamento con Radar Faro Beam Approach Beacon System.

BANCOPER Banca Nazionale del Lavoro National Work Bank.

B.B.C. Ente Radiofonico (e Televisivo) Britannico British Broadcasting Corporation.

B.C.I. Banca Commerciale Italiana Italian Commercial Bank.

B.E.I. Banca Europea degli Investimenti European Bank for Investments.

BG Bergamo.

B.I. Banca d'Italia Bank of Italy.

B.I.R.S. *V.* I.B.R.D.

B.I.T. Ufficio Internazionale del Lavoro (*Bureau International du Travail*) International Labour Exchange.

BL Belluno.

B.L.E.U. (*trasp. aer.*) Centro Sperimentale per Atterraggio con Visibilità Zero Blind Landing Experimental Unit.

B.M. Banca Mondiale World Bank.

BN Benevento.

B.N.L. Banca Nazionale del Lavoro National Work Bank.

BO Bologna.

boll. ❶ bollettino bulletin. ❷ (*market.*) bolletta voucher, warrant.

BR Brindisi.

B.R. Banco di Roma Bank of Rome.

B.R.I. Banca dei Regolamenti Internazionali Bank for International Settlements.

BS Brescia.

B.T. (*fin.*) Buono del Tesoro Treasury Bond.

B.T.O. (*fin.*) Buono del Tesoro Ordinario Ordinary Treasury Bond.

B.U. Bollettino Ufficiale Official Bulletin.

BZ Bolzano Bozen.

c. ❶ corso avenue. ❷ (*mat.*) cento a hundred. ❸ (*rag.*) conto account.

abbreviazioni

C. ❶ **Centigradi** Centigrade. ❷ (*leg.*) **Codice** Code.
CA Cagliari.
C.A.A. **Corte d'Assise d'Appello** Criminal Court of Appeal.
cabl. (*comun.*) **cablogramma** cable.
cad. **cadauno** each.
C.A.E. **Comunità Agricola Europea** European Agricultural Community.
Cambital **Ufficio Italiano Cambi** Italian Bureau of Exchange.
Cap. **Capitolo** Chapter.
C.A.P. **Codice d'Avviamento Postale** Zone Improvement Plan (*Z.I.P.*).
Cass. (*leg.*) **Corte di Cassazione** Court of Cassation.
CB Campobasso.
c.c. (*banca, cred.*) **conto corrente** current account.
c/c *V.* **c.c.**
C/c *V.* **c.c.**
CC **Carabinieri** (*one of the Italian police forces*).
C.C. ❶ **Commissione Centrale** Central Commission. ❷ (*amm.*) **Corpo Consolare** Consular Corps. ❸ (*leg.*) **Carta Costituzionale** Constitutional Charter. ❹ (*leg.*) **Codice Civile** Civil Code. ❺ (*leg.*) **Codice Commerciale** Commercial Code. ❻ (*leg.*) **Corte dei Conti** State Court for Accounting and Auditing. ❼ (*leg.*) **Corte di Cassazione** Court of Cassation. ❽ (*market.*) **Camera di Commercio** Chamber of Commerce.
C.C.C.E. **Cassa Centrale di Cooperazione Economica** Central Fund for Economic Cooperation.
C.C.D. ❶ **Centro di Cooperazione Doganale** Centre for Customs Cooperation. ❷ **Confederazione Coltivatori Diretti** Farmers' Association.
C.C.I. ❶ **Camera di Commercio Internazionale** International Chamber of Commerce. ❷ **Confederazione Cooperativa Italiana** Italian Cooperatives' Federation.
C.C.L. (*pers., sind.*) **Contratto Collettivo di Lavoro** Collective Labour Contract.
c.c.p. (*cred.*) **conto corrente postale** postal current account.
C.C.P. **Commissione Centrale dei Prezzi** Central Committee on Prices.
C.D. ❶ **Corpo Diplomatico** Corps Diplomatique. ❷ (*amm.*) **Comitato Direttivo** Managing Committee. ❸ (*fin.*) **Consigliere Delegato** Managing Director.

C.d'A. ❶ **Corte d'Appello** Court of Appeals. ❷ **Corte d'Assise** Court of Assizes.
C.d.L. **Camera del Lavoro** Trade Union Headquarters.
C.d.N. (*trasp. mar.*) **Codice della Navigazione** Navigation Code.
C.D.P. **Cassa Depositi e Prestiti** Deposits and Loans Fund.
C.d.R. **Cassa di Risparmio** Savings Bank.
C.d.S. **Codice della Strada** the Rules of the Road, the Traffic Rules.
C.D.U. **Classificazione Decimale Universale** Universal Decimal Classification.
CE Caserta.
C.E. ❶ **Comitato Esecutivo** Executive Committee. ❷ **Consiglio Europeo** Council of Europe.
C.E.A. **Confederazione Europea dell'Agricoltura** European Agricultural Federation.
C.E.C.A. **Comunità Europea del Carbone e dell'Acciaio** European Coal and Steel Community.
C.E.E. **Comunità Economica Europea** European Economic Community.
C.E.P.E.S. **Comitato Europeo per il Progresso Economico e Sociale** European Committee for Economic and Social Development.
CERES **Centro di Ricerche e Studi Economici** Centre for Economical Studies and Research.
C.E.R.N. **Consiglio Europeo per le Ricerche Nucleari** European Council for Nuclear Research.
C.E.R.P. **Centro Europeo di Relazioni Pubbliche** European Centre of Public Relations.
CESES **Centro Studi e Ricerche sui Problemi Economici e Sociali** Centre for Studies and Research on Economical and Social Problems.
cfr. **confronta** compare.
cg **centigrammo** centigram(me).
C.G. **Console Generale** Consul General.
C.G.A.I. **Confederazione Generale dell'Agricoltura Italiana** General Federation of Italian Landowners.
C.G.I.A. **Confederazione Generale Italiana dell'Artigianato** General Federation of Italian Artisans and Craftsmen.
C.G.I.C. **Confederazione Generale Italiana del Commercio** General Federation of Italian Merchants and Shopkeepers.
C.G.I.I. **Confederazione Generale Italiana dell'Industria** General Federation of Italian Industrialists and Manufacturers.
C.G.I.L. **Confederazione Generale Italiana del Lavoro** General Federation of Italian Trade Unions (*mainly Communist and Socialist*).
CH Chieti.
C.I. **Credito Italiano** Italian Credit Bank.
C.ia (*fin.*) **Compagnia** Company.
C.I.C.R. **Comitato Interministeriale per il Credito e il Risparmio** Interdepartmental Committee for Credit and Savings.
C.I.D.A. **Confederazione Italiana Dirigenti d'Azienda** Italian Federation of Business Managers.
C.I.E. **Compagnia Elettrotecnica Italiana** Italian Electrotechnical Company.
C.I.G.A. **Compagnia Italiana dei Grandi Alberghi** Italian Great Hotels Company.
C.I.M. **Centro Italiano della Moda** Italian Centre of Fashion.
C.I.M.E. **Comitato Internazionale per le Migrazioni Europee** International Committee for European Migrations.
C.I.P. **Comitato Interministeriale Prezzi** Interdepartmental Committee on Prices.
C.I.P.E. **Comitato Interministeriale per la Programmazione Economica** Interdepartmental Committee for Economic Planning.
C.I.R. **Comitato Interministeriale per la Ricostruzione** Interdepartmental Committee for Reconstruction.
C.I.S. **Comitato Internazionale per gli Scambi** International Committee for Exchanges.
C.I.S.A. **Centro Italiano di Studi Aziendali** Italian Centre for Studies on Business Management.
C.I.S.A.L. **Confederazione Italiana Sindacati Autonomi dei Lavoratori** Italian Federation of Autonomous Trade Unions.
C.I.S.C. **Confederazione Internazionale dei Sindacati Cristiani** International Federation of Christian Trade Unions.
C.I.S.L. **Confederazione Italiana Sindacati Lavoratori** Italian Federation of Trade Unions (*Christian-Democrat oriented*).
C.I.S.Na.L. **Confederazione Italiana Sindacati Nazionali Lavoratori** Italian Federation of National Trade Unions (*mainly Neo-Fascist*).
C.I.T. **Compagnia Italiana del Turismo** Italian Travel Bureau.

cl centilitro centilitre.

C.L. Commissione Legislativa Legislative Committee.

cm centimetro centimetre.

C. Mezz. Cassa Del Mezzogiorno Fund for the Improvement of the South of Italy.

C.M.I.A. Cassa Mutua Infortuni Agricoli Agricultural Accidents Mutual Fund.

CN Cuneo.

C.N. (*fin.*) Capitale Netto Net Capital.

C.N.A. Confederazione Nazionale dell'Artigianato National Federation of Artisans and Craftsmen.

C.N.E.L. Consiglio Nazionale dell'Economia e del Lavoro National Council of Economy and Labour.

C.N.E.N. Comitato Nazionale per l'Energia Nucleare National Committee for Nuclear Energy.

C.N.M.A.C. Cassa Nazionale Mutua degli Addetti al Commercio National Tradesmen's Health Insurance Fund.

C.N.M.L.I. Cassa Nazionale Mutua dei Lavoratori dell'Industria National Industrial Workers' Health Insurance Fund.

C.N.P. Comitato Nazionale per la Produttività National Committee for Productivity.

C.N.R. Consiglio Nazionale delle Ricerche National Council for Scientific Research.

C.N.R.N. Comitato Nazionale per le Ricerche Nucleari National Committee for Nuclear Research.

CO Como.

COBOL (*elab. elettr.*) Linguaggio Orientato alle Procedure Amministrative Correnti Common Business Oriented Language.

cod. codice code; codex.

COLDIRETTI Confederazione Nazionale Coltivatori Diretti National Federation of Italian Farmers.

CO.M.ECON Consiglio di Mutua Assistenza Economica Council for Mutual Economic Aid (*in Russia*).

COMIT Banca Commerciale Italiana Italian Commercial Bank.

comm. ❶ commercio commerce, trade. ❷ commerciale commercial.

compr. ❶ (*market.*) compratore buyer, purchaser. ❷ (*market.*) compravendita buying and selling.

Conf. Agricoltura Confederazione Generale dell'Agricoltura Italiana General Federation of Italian Landowners.

CONFAPI Confederazione Nazionale della Piccola Industria National Federation of Small Manufacturers.

Conf. Artigianato Confederazione Generale Italiana dell'Artigianato General Federation of Italian Artisans and Craftsmen.

Conf. Commercio Confederazione Generale Italiana del Commercio General Federation of Italian Merchants and Shopkeepers.

CONFEDERTERRA Confederazione Nazionale dei Lavoratori della Terra National Federation of Agricultural Labourers.

Conf. Industria Confederazione Generale Italiana dell'Industria General Federation of Italian Industrialists and Manufacturers.

CONF.INTESA Intesa fra le Confederazioni Italiane degli Industriali, dei Commercianti, degli Agricoltori e degli Artigiani Union of Italian Federations of Industrialists, Merchants and Shopkeepers, Landowners, Artisans and Craftsmen.

CONFITARMA Confederazione Italiana degli Armatori Liberi Italian Federation of Independent Shipowners.

cons. ❶ consigliere councillor. ❷ (*fin.*) consigliere director.

coop. ❶ cooperativa cooperative (society). ❷ cooperazione cooperation.

corr. ❶ corrispondente corresponding (*a.*); correspondent (*a. e n.*). ❷ corrispondenza correspondence.

costr. nav. costruzioni navali shipbuilding.

c.p. (*comun.*) cartolina postale postcard.

C.P. ❶ (*comun.*) Casella Postale Post Office Box. ❷ (*leg.*) Codice Penale Criminal Code.

C.P.A. Corte Permanente d'Arbitrato Permanent Arbitration Court.

C.P.C. Codice di Procedura Civile Code of Civil Procedure.

C.P.M. Costo Per Mille Cost For One Thousand.

C.P.P. Codice di Procedura Penale Code of Penal Procedure.

c.r. (*leg.*) con riserva with reservation.

CR Cremona.

C.R.A.L. Circolo Ricreativo e Assistenziale per Lavoratori Recreational and Welfare Centre for Workers.

C.R.P.E. Comitato Regionale per la Programmazione Economica Regional Committee for Economic Planning.

C.R.PP.LL. Cassa di Risparmio delle Provincie Lombarde Savings Bank for the Provinces of Lombardy.

c.s. come sopra as above.

c/s (*market.*) con spese with expenses.

C.S. ❶ (*fin.*) Collegio Sindacale Board of Directors. ❷ (*leg.*) Corte Suprema Supreme Court.

C.so Corso Avenue.

CT Catania.

c.to (*rag.*) conto account.

C.V. Cavallo Vapore Horse-Power.

CZ Catanzaro.

D. ❶ Domenica Sunday. ❷ (*trasp. ferr.*) Diretto Fast Train.

D/A (*market.*) Documenti contro Accettazione Documents against Acceptance.

dag decagrammo decagram(me).

dal decalitro decalitre.

dam decametro decametre.

d. C. dopo Cristo after Christ.

DD (*trasp. ferr.*) Direttissimo Express Train.

D.D.L. Disegno di Legge Parliamentary Bill.

Decr. (*leg.*) Decreto Decree.

der. (*market.*) derivato (*n.*) by-product.

dett. ❶ dettaglio detail, particular. ❷ (*market.*) dettagliante retailer. ❸ (*market.*) dettaglio retail.

dg decigrammo decigram(me).

D.G. ❶ (*amm.*) Direttore Generale Director General. ❷ (*amm.*) Direzione Generale Director General's Office. ❸ (*fin.*) Direttore Generale General Manager. ❹ (*fin.*) Direzione Generale General Manager's Office.

dic. dicembre December.

dipl. diploma degree.

Dir. ❶ (*amm.*) Direttore Director. ❷ (*amm.*) Direzione Director's Office. ❸ (*fin.*) Direttore Manager. ❹ (*fin.*) Direzione Manager's Office.

Dir. Gen. *V.* D.G.

DIRSTAT Associazione Nazionale Funzionari Direttivi dell'Amministrazione dello Stato National Association of Executives of the Civil Service.

div. ❶ (*amm.*) divisione division, department. ❷ (*fin.*) dividendo dividend. ❸ (*fin.*) divi-

dendi dividends. ❹ (*mat.*) **divisione** division.

dl **decilitro** decilitre.

D.L. (*leg.*) **Decreto Legge** Order of the Executive.

dm **decimetro** decimetre.

D.M. **Decreto Ministeriale** Minister's Decree.

doc. **documento** document.

D.O.C. (*market.*) **Denominazione d'Origine Controllata** Controlled Denomination of Origin, Authenticated Trade-Mark.

dom. **domenica** Sunday.

dott. ❶ **dottore** (*laureato in genere*) graduate. ❷ **dottore** (*in medicina*) doctor (of medicine).

dozz. **dozzina** dozen.

D.P. ❶ (*leg.*) **Decreto Penale** Penal Writ. ❷ (*leg.*) **Decreto Presidenziale** President's Decree.

D/P (*market.*) **Documenti contro Pagamento** Documents against Payment.

D.P.C. **Decreto del Presidente del Consiglio** Premier's Decree.

d.p.i. **diritto privato internazionale** international private law.

D.P.R. **Decreto del Presidente della Repubblica** Decree by the President of the Republic.

dr. *V.* **dott.**

dr.ssa ❶ **dottoressa** (*laureata in genere*) graduate. ❷ **dottoressa** (*in medicina*) lady doctor (of medicine).

D.T. (*pers.*) **Direttore Tecnico** Operative Manager.

dz. *V.* **dozz.**

E. **Est** East.

E.A. **Ente Autonomo** Autonomous Agency, Independent Body.

E.A.D. (*org. az.*) **Elaborazione Automatica dei Dati** Automatic Data Processing.

E.A.M. **Ente Autotrasporti Merci** Freight Transport Board.

E/C (*rag.*) **Estratto Conto** Statement of Account.

E.C.A. ❶ **Commissione Economica per l'Africa** Economic Commission for Africa. ❷ **Ente Comunale di Assistenza** Municipal Assistance Agency, Municipal Relief Board. ❸ **Ente per la Cooperazione Economica** Economic Cooperation Administration.

E.C.A.F.E. **Commissione Economica per l'Asia e l'Estremo Oriente** Economic Commission for Asia and the Far East.

E.C.A.P. **Ente Confederale per l'Addestramento Professionale** Trade Unions Agency for Vocational Training.

ecc. **eccetera** etcetera, and so on.

E.C.E. **Commissione Economica per l'Europa** Economic Commission for Europe.

E.C.L.A. **Commissione Economica per l'America Latina** Economic Commission for Latin America.

ECOSOC **Consiglio Economico e Sociale** Economical and Social Committee.

ed. ❶ **edile** building (*a.*). ❷ **edilizio** building (*a.*). ❸ **editore** publisher. ❹ **editrice** (*a.*) publishing.

edit. **editore** publisher.

E.D.P. (*elab. elettr.*) **Elaborazione Elettronica dei Dati** Electronic Data Processing.

E.E.D. *V.* **E.D.P.**

E.E.P. **Ente Europeo per la Produttività** European Agency for Productivity.

EE.PP. **Enti Pubblici** Public Agencies.

EFIBANCA **Ente Finanziario Interbancario** Inter-Bank Financial Board.

E.F.T.A. **Associazione Europea di Libero Scambio** European Free Trade Association.

Egr. Sig. **Egregio Signor** (*negli indirizzi*) Mr.

E.I.E. **Ente Internazionale delle Esposizioni** International Trade Fairs Board.

E.I.M. **Ente Italiano della Moda** Italian Fashion Agency.

Elivie **Società Italiana Esercizio Elicotteri** Italian Helicopter Transport, Ltd.

E.M.A. **Accordo Monetario Europeo** European Monetary Agreement.

EN **Enna**.

E.N.A.L. **Ente Nazionale Assistenza Lavoratori** National Board for the Welfare of Workers.

E.N.A.L.C. **Ente Nazionale per l'Addestramento dei Lavoratori del Commercio** National Board for the Training of Clerks and Employees.

E.N.A.O.L.I. **Ente Nazionale per l'Assistenza agli Orfani dei Lavoratori Italiani** National Board for the Welfare of the Orphans of Italian Workers.

E.N.A.P.I. **Ente Nazionale dell'Artigianato e delle Piccole Industrie** National Association of Artisans, Craftsmen and Owners of Small Industries.

E.N.A.S.A.R.C.O. **Ente Nazionale di Assistenza per gli Agenti e Rappresentanti di Commercio** National Board for the Assistance to Commercial Agents and Representatives.

E.N.A.T. **Ente Nazionale per l'Assistenza agli Addetti ai Trasporti** National Teamsters' Welfare Board.

E.N.C.C. **Ente Nazionale Cellulosa e Carta** National Board for Cellulose and Paper.

E.N.E.A. **Agenzia Europea per l'Energia Nucleare** European Nuclear Energy Agency.

E.N.E.L. **Ente Nazionale per l'Energia Elettrica** National Board for Electric Power.

E.N.I. **Ente Nazionale Idrocarburi** National Hydrocarbon Corporation.

E.N.I.A.C. (*elab. elettr.*) **Integratore ed Elaboratore Numerico Elettronico** Electronic Numerical Integrator and Computer.

E.N.I.C. **Ente Nazionale Industrie Cinematografiche** National Board of the Film Industry.

E.N.I.O.S. **Ente Nazionale Italiano per l'Organizzazione Scientifica del Lavoro** Italian Board for the Scientific Organization of Labour.

E.N.I.T. **Ente Nazionale per le Industrie Turistiche** Italian State Tourist Office.

E.N.P.A.S. **Ente Nazionale di Previdenza e Assistenza per i Dipendenti Statali** National Board of Social Insurance and Welfare for Civil Servants (*teachers, etc. included*).

E.N.P.I. **Ente Nazionale Prevenzione Infortuni** National Agency for the Prevention of Industrial Accidents.

E.P.T. **Ente Provinciale del Turismo** District Office for the Promotion of Tourism.

E.P.T.A. **Programma Ampliato d'Assistenza Tecnica** Expanded Program(me) for Technical Assistance.

E.P.U. **Unione Europea dei Pagamenti** European Payments Union.

E.R.A.S. **Ente Riforma Agraria della Sicilia** Land Reformation Agency for Sicily.

E.R.P. **Programma di Ricostruzione Europea** European Recovery Program(me).

es. **esempio** example.

etc. **eccetera** etcetera, and so on.

EU **Europa** Europe.

eur. **europeo** European.

E.U.R. **Esposizione Universale di Roma** Roman Universal Exhibition (*now a residential district of Rome*).

EURATOM Comunità Europea per l'Energia Atomica European Atomic Energy Community.
EUROCONTROL Organizzazione Europea per la Sicurezza del Traffico Aereo European Organization for the Safety of Air Traffic.
EV *V.* Elivie.
EVN Eurovisione Eurovision.
E.W.R. (*trasp. aer., trasp. mar.*) Radar d'Avvistamento a Distanza Early Warning Radar.
EXIMBANK Banca per l'Esportazione e l'Importazione Export-Import Bank.

f. feriale working.
F Francia France.
F. Fahrenheit Fahrenheit.
fabbr. ❶ fabbrica factory. ❷ fabbricante manufacturer.
F.A.L. Foglio Annunzi Legali Law Announcements Bulletin.
F.A.O. Organizzazione per l'Alimentazione e l'Agricoltura Food and Agriculture Organization.
Fatt. (*market.*) Fattura Invoice.
f.co (*market.*) franco franco, free.
F.d.L. Fiera del Levante Levant Trade Fair (*held in Bari*).
FDT *V.* FEDERTERRA.
FE Ferrara.
feb. febbraio February.
F.E.D. Fondi Europei di Sviluppo (*Fonds Européens de Développement*) European Funds for Development.
FEDERCONSORZI Federazione Italiana dei Consorzi Agrari Italian Federation of Agricultural Unions.
FEDERTERRA Federazione dei Lavoratori della Terra Federation of Agricultural Labourers.
FEDERTESSILI Federazione Italiana Sindacati Lavoratori Tessili Italian Federation of Textile Workers' Unions.
F.E.O.G.A. Fondo Europeo d'Orientamento e Garanzia Agricola European Fund for the Orientation and Guarantee of Agriculture.
ferr. ferrovia railway; railroad (*USA*).
FERROTRANVIERI Federazione Nazionale Lavoratori Autoferrotranvieri e Internavigatori National Federation of Road Transport, Railway, Tramway and Inland Navigation Workers.
ff. *V.* f.f.
f.f. facente funzione acting.

FF.SS. Ferrovie dello Stato State Railways, Italian Railways.
FG Foggia.
FI Firenze Florence.
F.I.A.T. Fabbrica Italiana Automobili Torino Italian Automobile Factory in Turin.
F.I.D.A. Federazione Italiana dei Dettaglianti dell'Alimentazione Italian Federation of Foodstuffs Retail Dealers.
fil. (*org. az.*) filiale branch.
F.I.L.C. Federazione Italiana Lavoratori Chimici Italian Federation of Workers in the Chemical Industry.
F.I.L.M. Federazione Italiana Lavoratori Marittimi Italian Federation of Maritime Workers.
F.I.L.S. Federazione Italiana Lavoratori dello Spettacolo Italian Federation of the Employed in the Theatre, Cinema, Radio and TV.
F.I.M. Federazione Italiana Metalmeccanici Italian Federation of Mechanical and Metallurgical Workers.
finanz. finanziario financial.
FINCANTIERI Società Finanziaria Cantieri Navali Dockyards Financial Company.
FINELETTRICA Società Finanziaria Elettrica Electric Power Financial Company.
FINMARE Società Finanziaria Marittima Shipping Financial Company.
FINMECCANICA Società Finanziaria Meccanica Mechanical Financial Company.
FINNAIR Linee Aeree Finlandesi Finnish Airlines.
FINSIDER Società Finanziaria Siderurgica Iron and Steel Financial Company.
F.I.O.M. Federazione Impiegati e Operai Metallurgici Federation of the Employed in Metallurgical Industries.
F.I.O.T. Federazione Italiana Operai Tessili Italian Federation of Textile Workers.
F.I.S.C. Federazione Internazionale dei Sindacati Cristiani International Federation of Christian Trade Unions.
F.I.S.L. Federazione Internazionale dei Sindacati Liberi International Federation of Independent Trade Unions.
F.lli Fratelli Brothers (Bros.).
F.M.I. Fondo Monetario Internazionale International Monetary Fund.
F.N.S.I. Federazione Nazionale della Stampa Italiana Italian Press Federation.
fo firmato signed.
FO Forlì.
F.O.A. Amministrazione per le Operazioni all'Estero Foreign Operations Administration.
f.o.b. (*market.*) franco a bordo free on board.
FORTRAN (*elab. elettr.*) Traduzione di Formule Formula Translation.
fr. francese French.
FR Frosinone.
Fr. b. Franco belga Belgian franc.
Fr. f. Franco francese French franc.
Fr. s. Franco svizzero Swiss franc.
F.S. Ferrovie dello Stato State Railways, Italian Railways.
F.S.M. Federazione Sindacale Mondiale World Federation of Trade Unions.
f.to firmato signed.

g grammo gram(me).
g. ❶ giorno day. ❷ grammo gram(me).
G.A. Giunta Amministrativa Administrative Council.
G.A.T.T. Accordo Generale sulle Tariffe e sul Commercio General Agreement on Tariffs and Trade.
Gazz. Uff. Gazzetta Ufficiale Official Gazette.
G.d.F. Guardia di Finanza Revenue Guards Corps.
GE Genova Genoa.
Genn. Gennaio January.
G.E.P.I. Gestione Editoriale Periodici Italiani Editorial Management of Italian Periodical Publications.
G.I. Giudice Istruttore Inquiring Magistrate.
giorn. ❶ giornale newspaper, daily. ❷ giornaliero daily. ❸ giornalista newspaperman, journalist.
giov. giovedì Thursday.
Giu. Giugno June.
GO Gorizia.
G.P.A. Giunta Provinciale Amministrativa District Administrative Council.
G.P.I. (*trasp. aer.*) Indicatore di Posizione rispetto a Terra Ground Position Indicator.
gr. grammo gram(me).
GR Grosseto.
G.U. Gazzetta Ufficiale Official Gazette.
G.V. (*trasp. ferr.*) Grande Velocità Grande Vitesse.

h ora hour.
ha ettaro hectare.
hg ettogrammo hectogram(me).
hl ettolitro hectolitre.
hm ettometro hectometre.
H.P. Cavallo Vapore Horse Power.

I Italia Italy.
I.A.C.P. Istituto Autonomo Case Popolari Institute for the Building of Low-Rent Houses.
I.A.E.A. Ente Internazionale per l'Energia Atomica International Atomic Energy Agency.
I.A.T.A. Associazione Internazionale del Traffico Aereo International Air Transport Association.
I.B.M. Società Internazionale Macchine per Uffici International Business Machines.
I.B.R.D. Banca Internazionale per la Ricostruzione e lo Sviluppo International Bank for Reconstruction and Development.
I.C. (*fin.*) Imposta Complementare Surtax, Income Tax.
I.C.A. Alleanza Cooperativa Internazionale International Cooperative Alliance.
I.CA.M. Istituto Case del Mezzogiorno Institute for Housing Development in the South of Italy.
I.C.A.O. Organizzazione Internazionale dell'Aviazione Civile International Civil Aviation Organization.
I.C.C.R.I. Istituto di Credito delle Casse di Risparmio Italiane Credit Institute of Italian Savings Banks.
I.C.E. Istituto per il Commercio Estero Institute for the Promotion of Foreign Trade.
I.C.S. Istituto Centrale di Statistica Central Statistics Institute.
id. idem, lo stesso the same.
I.D.A. Associazione Internazionale per lo Sviluppo International Development Association.
I.d.L. Ispettorato del Lavoro Inspectorate of Labour.
I.D.P. (*elab. elettr.*) Elaborazione Integrata dei Dati Integrated Data Processing.
I.F. Intendenza di Finanza Office of Internal Revenue.
I.F.A.L.P.A. Federazione Internazionale delle Associazioni di Piloti di Linee Aeree International Federation of Airline Pilots Associations.
I.F.A.P. Federazione Internazionale dei Produttori Agricoli International Federation of Agricultural Producers.
I.G.E. Imposta Generale sull'Entrata Purchase Tax, Turnover Tax.
I.I.A. Istituto Internazionale dell'Agricoltura International Agriculture Institute.
I.I.R. Istituto Internazionale del Risparmio International Savings Institute.
I.L.O. Organizzazione Internazionale del Lavoro International Labour Organization.
I.LO.R. (*fin.*) Imposta Locale sui Redditi Local Tax on Income.
I.L.S. (*trasp. aer.*) Sistemi d'Atterraggio Strumentale Instrumental Landing Systems.
IM Imperia.
I.M.I. Istituto Mobiliare Italiano Italian Institute for Financing Personal and Real Property.
impr. impresa ❶ enterprise, undertaking. ❷ (*ditta*) firm, concern. ❸ (*edile*) building contractors.
I.M.Q. Istituto del Marchio di Qualità Quality Mark Institute.
I.M.U. Unione Matematica Internazionale International Mathematical Union.
I.N.A. Istituto Nazionale delle Assicurazioni National Insurance Company.
I.N.A.D.E.L. Istituto Nazionale per l'Assistenza ai Dipendenti degli Enti Locali National Institute for the Assistance to the Local Authorities Employees.
I.N.A.I.L. Istituto Nazionale per l'Assicurazione contro gli Infortuni sul Lavoro National Institute for the Insurance against Industrial Accidents.
I.N.A.M. Istituto Nazionale Assicurazione Malattie National Institute for Health Insurance.
I.N.C.E. ❶ Istituto Nazionale di Credito Edilizio National Institute for House-Building Credit. ❷ Istituto Nazionale per i Cambi con l'Estero National Institute for Foreign Exchanges.
I.N.C.I.S. Istituto Nazionale Case per gli Impiegati dello Stato National Institute for Providing Houses for Civil Servants.
ind. ❶ industria industry. ❷ industriale (*a.*) industrial.
I.N.E. Istituto Nazionale per le Esportazioni National Institute for the Promotion of Export Trade.
I.N.P.I. Istituto Nazionale per la Prevenzione degli Infortuni National Institute for the Prevention of Accidents.
I.N.P.S. Istituto Nazionale della Previdenza Sociale National Institute of Social Insurance.
I.N.T. Istituto Nazionale Trasporti National Board of Transport.
INTERPOL Polizia Internazionale International Police.
IN.V.IM. (*fin.*) Imposta sull'Incremento di Valore degli Immobili Property-Increment Tax.
I.O.C.S. (*elab. elettr.*) Sistema di Controllo d'Entrata e d'Uscita dei Dati Input Output Control System.
I.P.E.T. Istituto per la Pianificazione Economica Territoriale Institute for Territorial Economic Planning.
I.P.I. Istituto Internazionale per la Stampa International Press Institute.
I.P.L. Ispettorato Provinciale del Lavoro District Labour Inspectorate.
I.P.S. Istituto Poligrafico dello Stato State Printing and Stationery Office.
I.P.U. Unione Interparlamentare Interparliamentary Union.
I.R.C.E. Istituto per le Relazioni Culturali con l'Estero Institute for Cultural Relations with Foreign Countries.
I.R.F.E. Ispettorato Generale per i Rapporti Finanziari con l'Estero General Inspectorate for Financial Relations with Foreign Countries.
I.R.F.I.S. Istituto Regionale per il Finanziamento dell'Industria in Sicilia Regional Institute for the Financing of Industry in Sicily.
I.R.I. Istituto per la Ricostruzione Industriale Institute for the Reconstruction of Industry.
I.R.PE.F. (*fin.*) Imposta sul Reddito delle Persone Fisiche Personal Income Tax.
I.R.PE.G. (*fin.*) Imposta sul Reddito delle Persone Giuridiche Tax on the Income of Corporate Bodies.
I.S.C.O. Istituto Nazionale per lo Studio della Congiuntura National Institute for the Study of the Economic Situation.
I.S.E.O. Istituto per gli Studi Economici e Organizzativi Institute of Economical and Business Management Studies.
I.S.F. Federazione Internazionale degli Armatori International Shipping Federation.
I.S.O. Organizzazione Internazionale per l'Unificazione International Organization for Standardization.

ispett. ❶ ispettorato inspectorate. ❷ ispettore inspector.
ist. istituto institute.
ISTAT Istituto Centrale di Statistica Central Statistics Institute.
I.SV.E.I.MER. Istituto per lo Sviluppo Economico dell'Italia Meridionale Institute for the Development of the Economy of Southern Italy.
I.T. (*tur.*) Viaggi Tutto Compreso Inclusive Tours.
ITALCABLE Servizi Cablografici, Radiotelegrafici e Radioelettrici Cable and Wireless Services.
ITALCASSE *V.* **I.C.C.R.I.**
ITALCEMENTI Fabbriche Riunite Cementi United Cement Factories.
ITALGAS Società Italiana per il Gas Italian Gas Company.
I.T.C. Compagnia Italiana dei Cavi Telegrafici Sottomarini Italian Underwater Telegraph Cables Company.
I.T.O. Organizzazione Internazionale per il Commercio International Trade Organization.
I.T.U. Unione Internazionale delle Telecomunicazioni International Telecommunications Union.
I.V.A. (*fin.*) Imposta sul Valore Aggiunto Value Added Tax (*V.A.T.*).
I.W.G. Gruppo Internazionale di Lavoro International Working Group.
I.W.S. Segretariato Internazionale della Lana International Wool Secretariat.
I.Y.H.F. Federazione Internazionale degli Alberghi della Gioventù International Youth Hotels Federation.

jr. junior junior.

Kg chilogrammo Kilogram(me).
Km chilometro Kilometre.
Km/h chilometri all'ora Kilometres per hour.

1 ❶ lira lira. ❷ litro litre.
l. lunedì Monday.
L Lira Lira.
lab. laboratorio laboratory.
L.A.F.T.A. Associazione Latino Americana di Libero Scambio Latin American Free Trade Association.

L.A.I. Linee Aeree Italiane Italian Air Lines.
lat. latitudine latitude.
lb libbra pound (*unit of weight*).
lbt. libbra « troy » pound troy (*unit of weight*).
LE Lecce.
leg. legale legal.
lg lira sterlina pound sterling.
LI Livorno Leghorn.
L.I.A. Linee Aeree Internazionali Libanesi Lebanese International Airways.
libr. ❶ libraio bookseller. ❷ libreria bookshop.
L. it. Lire italiane Italian Lire.
LL.PP. Lavori Pubblici Public Works.
log. (*mat.*) logaritmo logarithm.
long. longitudine longitude.
L. st. ❶ Lira sterlina Pound sterling. ❷ Lire sterline Pounds sterling.
LT Latina.
lu. luglio July.
LU Lucca.
lug. *V.* lu.
lun. lunedì Monday.
L.V. (*trasp. ferr.*) Lettera di Vettura Consignment Note.

m metro metre.
m. mese month.
M. AA. EE. Ministero Affari Esteri Ministry of Foreign Affairs.
M.A.F. Ministero dell'Agricoltura e delle Foreste Ministry of Agriculture and Forestry.
mag. maggio May.
mar. ❶ marina marine, shipping. ❷ marittimo maritime. ❸ martedì Tuesday. ❹ marzo March.
mar. merc. marina mercantile merchant marine (*o* navy).
mart. martedì Tuesday.
mat. matematica mathematics.
M.B. Ministero del Bilancio Ministry of Budget.
m/c (*rag.*) mio conto to my account.
MC Macerata.
M.C. Mercato Comune Common Market.
M.C.E. ❶ Mercato Comune Europeo European Common Market. ❷ Ministero del Commercio Estero Ministry of Foreign Trade.
M.C.T.C. Motorizzazione Civile e Trasporti in Concessione Office for Civil Motorization and Concession Freight Hauling.
ME Messina.
M.E.A. Linee del Medio Oriente Middle East Airlines.

M.E.C. Mercato Europeo Comune European Common Market.
MEDIOBANCA Banca di Credito Finanziario Financial Credit Bank.
mens. mensile monthly.
mer. mercoledì Wednesday.
merc. *V.* mer.
M.F. Ministero delle Finanze Ministry of Finance.
mg milligrammo milligram(me).
M.G.G. Ministero di Grazia e Giustizia Ministry of Justice.
MI Milano Milan.
M.I. Ministero dell'Interno Ministry of the Interior.
M.I.C. Ministero dell'Industria e Commercio Ministry of Industry and Commerce.
min. minuto minute.
Min. ❶ Ministero Ministry. ❷ Ministro Minister.
MINCOMES Ministero del Commercio Estero Ministry of Foreign Trade.
MIPEL Mercato Italiano della Pelletteria Italian Market of Hides and Skins.
M.I.T. Istituto di Tecnologia del Massachusetts Massachusetts Institute of Technology.
M.I.T.A.M. Mercato Internazionale del Tessile e dell'Abbigliamento International Market of the Textile and Ready-to-Wear Industries.
mitt. mittente sender; (*on envelopes*) from.
ml millilitro millilitre.
M.LL.PP. Ministero dei Lavori Pubblici Ministry of Public Works.
M.L.P.S. Ministero del Lavoro e della Previdenza Sociale Ministry of Labour and Social Security.
mm millimetro millimetre.
M.M. Metropolitana Milanese Milan Underground Railway.
MM. GG. (*market.*) Magazzini Generali Department Store.
M.M.M. Ministero della Marina Mercantile Ministry of Merchant Marine.
Mn. (*trasp. mar.*) Motonave Motor-boat.
MN Mantova Mantua.
M/N (*trasp. mar.*) Motonave Motor-boat.
MO Modena.
MONTEDISON Montecatini-Edison Montecatini-Edison, Ltd.
M.P.I. Ministero della Pubblica Istruzione Ministry of Education.

ms. *V.* MS.
MS Massa Carrara.
MS. **Manoscritto** Manuscript.
M.S. ❶ **Ministero della Sanità** Ministry of Health. ❷ **Mutuo Soccorso** Mutual Aid.
MT Matera.
M.T. **Ministero del Tesoro** Ministry of Treasury.
M/T (*cred.*) **Bonifico per Posta** Mail Transfer.
M.T.M. (*org. az.*) **Misura Metodi e Tempi** Methods and Time Measurement.
M. Tr. Ministero dei Trasporti Ministry of Transport.

n. nostro our, ours.
N. ❶ **Nord** North. ❷ **Numero** Number.
NA Napoli Naples.
N.A.F.T.A. **Accordo di Libero Scambio fra la Nuova Zelanda e l'Australia** New Zealand-Australia Free Trade Agreement.
N.A.S. **Nucleo Anti-Sofisticazioni** Office for the Prevention of the Adulteration of Beverages and Foodstuffs.
NASA Ente Aeronautico e Spaziale (*in U.S.A.*) National Aeronautic and Space Administration.
N.A.T.O. **Organizzazione del Trattato Nord-Atlantico** North Atlantic Treaty Organization.
naut. nautico nautical.
nav. navale naval.
naz. nazionale national.
N.B. Nota Bene Mark Well.
N.G.I. **Navigazione Generale Italiana** Italian General Shipping Company.
NO Novara.
Nov. Novembre November.
ns. nostro our, ours.
N.T.S.C. Comitato Nazionale per la Televisione a Colori (*in U.S.A.*) National Television System Committee.
N.U. ❶ **Nazioni Unite** United Nations. ❷ **Nettezza Urbana** Department of Sanitation.
num. ❶ **numerale** numeral. ❷ **numero** number.
NZ Nuova Zelanda New Zealand.

O. Ovest West.
O.A.C.I. Organizzazione dell'Aviazione Civile Internazionale International Civil Aviation Organization.
O.A.E.C. Organizzazione per la Collaborazione Economica Asiatica Organization of Asian Economic Cooperation.
O.A.S. **Organizzazione degli Stati Americani** Organization of American States.
Obbl. (*fin.*) **Obbligazione** Debenture.
O.C.C. *V.* O.T.C.
O.C.S.E. **Organizzazione per la Cooperazione e lo Sviluppo Economico** Organization for Economic Cooperation and Development.
O.d.G. **Ordine del Giorno** Order of the Day, Agenda.
O.E.C.E. **Organizzazione Europea per la Cooperazione Economica** Organization for European Economic Cooperation.
off. officina workshop.
ogg. oggetto object; (*in a letter*) subject.
O.I.L. **Organizzazione Internazionale del Lavoro** International Labour Organization.
O.M.S. Organizzazione Mondiale della Sanità World Health Organization.
O.N.A.R.M.O. **Opera Nazionale per l'Assistenza Religiosa e Morale agli Operai** National Organization for Religious and Moral Assistance to Workers.
O.N.U. Organizzazione delle Nazioni Unite United Nations Organization.
OO.PP. **Opere Pubbliche** Public Works.
op. ❶ **opera** work. ❷ (*pers.*) **operaio** worker.
or. ❶ **orario** (*a.*) hourly. ❷ (*trasp.*) **orario** (*n.*) time-table.
O.R. **Ricerca Operativa** Operations Research, Operational Research.
O.S.A. *V.* O.A.S.
O.T.A. Organizzazione Mondiale del Turismo e dell'Automobile World Touring and Automobile Organization.
O.T.A.N. *V.* N.A.T.O.
O.T.C. **Organizzazione per la Cooperazione Commerciale** Organization for Trade Cooperation.
O.Ti.Pi. **Associazione delle Organizzazioni di Tecnica Pubblicitaria** Advertising Technique Organizations' Association.
Ott. Ottobre October.

p. ❶ **pagina** page. ❷ **piazza** square.
P (*trasp. aut.*) **Posteggio** Parking.
PA Palermo.
P.A. ❶ **Patto Atlantico** North Atlantic Treaty. ❷ (*amm.*) **Pubblica Amministrazione** Public Administration, Civil Service. ❸ (*comun.*) **Posta Aerea** Air Mail. ❹ (*leg.*) **Pubblica Accusa** Public Prosecution. ❺ (*leg.*) **Pubblico Accusatore** Public Prosecutor.
P/A (*trasp. aer.*) **Polizza Aerea** Air Waybill, Air Consignment Note.
P.A.A. *V.* PANAM.
pag. pagina page.
pagg. pagine pages.
PANAM Linee Aeree Americane per Tutti i Continenti Pan American World Airways.
par. paragrafo paragraph.
p/ass (*market.*, *trasp.*) **porto assegnato** carriage forward.
PC Piacenza.
P.C. ❶ (*leg.*) **Parte Civile** Plaintiff. ❷ (*trasp. mar.*) **Polizza di Carico** Bill of Lading.
p.c.c. **per copia conforme** carbon copy.
P.C.M. **Presidenza del Consiglio dei Ministri** Prime Minister's Office.
PD Padova Padua.
P.D. (*rag.*) **Partita Doppia** Double Entry.
p.e. per esempio for example.
PE Pescara.
P.E. **Parlamento Europeo** European Parliament.
per. ❶ **periodo** period. ❷ (*pers.*) **perito** expert.
per o/ e c/ per ordine e conto di by order and for the account of.
pers. ❶ **persona** person. ❷ **personale** (*a.*) personal.
P.E.R.T. (*org. az.*) **Tecnica di Valutazione e Revisione dei Programmi** Problem Evaluation and Review Technique.
p.es. per esempio for example.
p.f. per favore please.
p/fo (*trasp. mar.*) **piroscafo** steamship, steamer.
PG Perugia.
P.G. ❶ (*leg.*) **Procura Generale** Attorney-General's Office. ❷ (*leg.*) **Procuratore Generale** Attorney-General.
PI Pisa.
P.I. ❶ **Pubblica Istruzione** Public Education. ❷ **Pubblico Impiego** Civil Service.
P.I.L. (*econ.*) **Prodotto Interno Lordo** Gross Home Product.
P.I.N. (*econ.*) **Prodotto Interno Netto** Net Home Product.
pl. piazzale square.
p.m. pomeridiano afternoon (*a. attr.*).
P.M. (*leg.*) **Pubblico Ministero** Public Prosecutor.
PN Pordenone.
P.N.L. (*econ.*) **Prodotto Nazionale Lordo** Gross National Product.

P.N.N. (econ.) **Prodotto Nazionale Netto** Net National Product.
P.O. (comun.) **Posta Ordinaria** Regular Mail.
P.O.A. **Pontificia Opera d'Assistenza** Papal Welfare Organization.
Pol. **Polizia** Police.
POLFEM **Polizia Femminile** Women's Police.
POLFER **Polizia Ferroviaria** Railway Police.
POLSTRADA **Polizia della Strada** Highway Police.
pom. **pomeridiano** afternoon (a. attr.).
pop. **popolazione** population, inhabitants.
p.p. ❶ **pacco postale** parcel post. ❷ (leg.) **per procura** by proxy.
P.P. (market., trasp.) **Porto Pagato** Carriage Paid.
PP.TT. **Poste e Telecomunicazioni** Post and Telecommunications.
PR **Parma**.
P.R. **Piano Regolatore** Town-Planning Regulations.
P.R.A. **Pubblico Registro Automobilistico** Motor Vehicles Registry.
pres. ❶ **presidente** president, chairman. ❷ **presidenza** president's (o chairman's) office.
Proc. Gen. (leg.) **Procuratore Generale** Attorney-General.
prof. **professore** professor.
prof.ssa **professoressa** lady-professor.
prov. (amm.) **provincia** province.
provv. **provvisorio** provisional.
PS **Pesaro**.
P.S. ❶ **Poscritto** (Post Scriptum) Postscript. ❷ **Pubblica Sicurezza** Police. ❸ (rag.) **Partita Semplice** Single Entry.
PT **Pistoia**.
P. T. **Poste e Telegrafi** Post and Telegraph Office.
P.T.P. **Posto Telefonico Pubblico** Local Telephone Office; Telephone Booth.
P.T.T. **Poste, Telegrafi e Telefoni** Post, Telegraph and Telephone Office.
pubbl. **pubblicità** advertising.
p.v. **prossimo venturo** next (month).
PV **Pavia**.
P.V. (trasp. ferr.) **Piccola Velocità** Petite Vitesse.
PZ **Potenza**.
P.za **Piazza** Square.

q **quintale** quintal.
q. **quota** quota.
Q.I. **Quoziente d'Intelligenza** Intelligence Quotient.

R. ❶ (market.) **Ricevuta** Receipt. ❷ (trasp. ferr.) **Rapido** High-Speed Express (Train).
RA **Ravenna**.
racc. (comun.) **raccomandata** registered (letter).
rag. **ragioniere** accountant.
R.A.I. ❶ **Radiotelevisione Italiana** (formerly: Radio Audizioni Italiane) Italian Broadcasting Corporation. ❷ **Registro Aeronautico Italiano** Italian Air Registry.
R.A.I.-T.V. **Radiotelevisione Italiana** Italian Broadcasting Corporation.
R.A.S. **Riunione Adriatica di Sicurtà** United Adriatic Insurance Companies.
R.A.U. **Repubblica Araba Unita** United Arab Republic.
RC **Reggio Calabria**.
R.D. **Regio Decreto** Royal Decree.
R.D.T. **Repubblica Democratica Tedesca** German Democratic Republic.
RE **Reggio Emilia**.
R/E (banca, cred.) **Ricavo Effetti** Receipts from Bills and Drafts.
ref. **referenza** reference.
rep. (org. az.) **reparto** department.
Rep. **Repubblica** Republic.
R.F.T. **Repubblica Federale Tedesca** German Federal Republic.
RG **Ragusa**.
RI **Rieti**.
R.I. ❶ **Repubblica Italiana** Italian Republic. ❷ (trasp. mar.) **Registro Italiano** Italian Registry of Shipping.
ric. (market.) **ricevuta** receipt.
rif. **riferimento** reference.
R.I.Na. **Registro Italiano Navale** Italian Registry of Shipping.
Rit. (tur.) **Itinerari ferroviari tutto compreso** Rail inclusive tours.
R.M. (fin.) **Ricchezza Mobile** Taxable Income.
RO **Rovigo**.
R.O. **Ricerca Operativa** Operations Research, Operational Research.
R.P. **Relazioni Pubbliche** Public Relations.
R.r.r. (comun.) **Raccomandata con ricevuta di ritorno** Registered Letter, with return receipt attached.
R.S.M. **Repubblica di San Marino** Republic of San Marino.

R.T. **Radiotelegrafia** Wireless Telegraphy.
R.U. ❶ **Regno Unito** United Kingdom. ❷ **Relazioni Umane** Human Relations.

s. **sabato** Saturday.
S. **Sud** South.
SA **Salerno**.
S.A. (fin.) **Società Anonima** Limited Company.
S.A.A. **Linee Aeree Sudafricane** South African Airways.
sab. **sabato** Saturday.
S.A.B.E.N.A. **Società Anonima Belga per l'Esercizio della Navigazione Aerea** (Société Anonyme Belge d'Exploitation de la Navigation Aérienne) Belgian Airways Company.
S. Acc. (fin.) **Società in Accomandita** Limited Partnership.
S. Acc. p.a. (fin.) **Società in Accomandita per azioni** («partnership» limited by shares: it has no English equivalent).
S.A.L.E. (elab. elettr.) **Linguaggio Alfabetico Semplice per Tecnici** Simple Alphabetic Language for Engineers.
SAMIA **Salone-Mercato Internazionale dell'Abbigliamento** International Ready-Made Clothes and Knitwear Trade Fair and Market.
SAMOTER **Salone Macchine Movimento Terra** Earth-Removing Machines Trade Fair.
S.A.R.O.M. **Società Azionaria Raffinazione Oli Minerali** Mineral Oil Refining Company, Ltd.
S. a.s. (fin.) **Società in accomandita semplice** Limited Partnership.
S.A.S. **Compagnia Aerea Scandinava** Scandinavian Airlines System.
s.b.f. (banca, cred.) **salvo buon fine** under usual reserve.
S.C. ❶ **Sede Centrale** Head Office. ❷ (leg.) **Suprema Corte** Supreme Court.
scient. **scientifico** scientific.
S.D.R. (fin.) **Diritti Speciali di Prelievo** Special Drawing Rights.
S.E.A.T. **Società Elenchi degli Abbonati al Telefono** Telephone Directory Publishing Company.
sec. ❶ **secolo** century. ❷ **secondo** second.
seg. **seguente** following.
segg. **seguenti** following.
segr. **segretario** secretary.
S.E.O. **Salvo Errori e Omissioni** Errors and Omissions Excepted.

SE.PR.AL. Sezione Provinciale Alimentazione District Food Office.
S.E.T. Società Esercizi Telefonici (*formerly*) Telephone Services Company.
sett. settembre September.
sfr. (*comun.*) **sotto fascia, raccomandato** under separate cover, registered.
sfs (*comun.*) **sotto fascia, semplice** under separate cover, not registered.
SI Siena.
S.I.A.E. Società Italiana Autori ed Editori Italian Authors' and Publishers' Association.
S.I.F. Società Internazionale di Finanziamento International Financing Company.
Sig. Signor Mr.
Sig.a Signora Mrs.
Sigg. Signori Messrs.
Sig.na Signorina Miss.
sim. simile similar.
S.I.P. Società Italiana per l'Esercizio Telefonico Italian State-Owned Telephone Company.
S.I.T.A.M. Società Italiana Trasporti Aerei Merci Italian Air Freight Company.
S.L.T. (*elab. elettr.*) Tecnologia dello Stato Solido Solid Logic Technology.
S.M. Sue Mani (*on a letter*) To Be Delivered Personally.
S.M.A.U. Salone Macchine Attrezzature Ufficio Office Equipment and Machines Trade Fair.
S.M.D. Sistema Metrico Decimale Decimal Metric System.
SNAM Società Nazionale Metanodotti National Gas-Pipes Company.
S.N.I.A. (VISCOSA) Società Nazionale Industria Applicazioni (Viscosa) National Company for the Exploitation of Viscose.
SO Sondrio.
Soc. ❶ Società Society. ❷ (*fin.*) Società (*di capitali*) Company; (*di persone*) Partnership.
S.O.I. Società Oleodotti Italiani Italian Oil-Pipes Company.
S.O.N.A.R. (*trasp. mar.*) Navigazione e Misurazione per Mezzo del Suono Sound Navigation and Ranging.
SO.RI.MA. Società Ricuperi Marittimi Sea Salvage Company.
S.O.S. (*trasp. mar.*) (*distress call*) S.O.S.
SP Spezia.
S.p.A. (*fin.*) Società per Azioni Limited Company.
spec. specialmente especially.

Spett. Ditta Spettabile Ditta (*on a letter*) Dear Sirs.
Spett.le *V.* Spett.
S.P.M. Sue Proprie Mani (*on a letter*) to Be Delivered Personally.
SR Siracusa.
S.r.l. (*fin.*) Società a responsabilità limitata (*limited liability « Partnership »*: it has no English equivalent).
s/s (*trasp. mar.*) piroscafo steamship, steamer.
S.T.E. Società Trentina d'Elettricità (*formerly*) Trento Telephone Company.
S.T.E.T. Società Finanziaria Telefonica (*formerly*: *Società Torinese Esercizio Telefoni*) Turin Telephone Company.
S.T.I.P.E.L. Società Telefonica Interregionale Piemonte e Lombardia (*formerly*) Inter-regional Telephone Company of Piedmont and Lombardy.
S.U. Stati Uniti United States.
S.U.A. Stati Uniti d'America United States of America.
succ. ❶ (*leg., market.*) successori successors. ❷ (*org. az.*) succursale branch.
SV Savona.
SVIMEZ Associazione per lo Sviluppo del Mezzogiorno Association for the Development of the South of Italy.

t tonnellata ton.
TA Taranto.
tab. tabella table.
T.A.B. Ufficio d'Assistenza Tecnica Technical Assistance Board
T/B (*banca, cred.*) Tratte su Banche Drafts drawn on Banks.
T.C.I. Touring Club Italiano Italian Tourists' Club.
TE Teramo.
T.E. (*trasp. ferr.*) Trazione Elettrica Electrical Traction.
tecn. ❶ tecnologia technology. ❷ tecnica technique. ❸ tecnico technical (*a.*). ❹ tecnico technician (*n.*).
tecnol. ❶ tecnologia technology. ❷ tecnologico technological.
ted. tedesco German.
T.E.E. (*trasp. ferr.*) Trans Europa Express Trans Europe Express.
tel. telefono telephone.
telegr. ❶ telegrafo telegraph. ❷ telegramma telegram.
telev. televisione television.
TELEX (*comun.*) Trasmissione per Telescrivente Teleprinter Exchange.
TEL.VE Società Telefonica delle Venezie (*formerly*) Telephone Company of the Three Venetias.
TE.TI. Telefoni del Tirreno (*formerly*) Telephone Company of the Region Along the Tyrrhenian Coast.
T.I.M.O. Telefoni Italia Medio-Orientale (*formerly*) Telephone Company of Central and Eastern Italy.
tip. ❶ tipografia printing house. ❷ tipografo printer.
T.I.R. (*trasp. aut.*) Trasporti Internazionali su Strada (*Transports Internationals Routiers*) International Road Transport.
T.M.G. Tempo Medio di Greenwich Greenwich Mean Time.
TN Trento.
TO Torino Turin.
Ton. Tonnellata Ton.
TP Trapani.
tr. (*cred.*) tratta draft.
TR Terni.
trad. ❶ traduttore translator. ❷ traduzione translation.
TRAMAG (Mostra-Convegno dei) Trasporti interni e Magazzinaggio Internal Transport and Warehousing Show.
trans. (*trasp. mar.*) transatlantico ocean-going liner.
trib. (*leg.*) tribunale tribunal, law Court.
trim. ❶ trimestrale quarterly. ❷ trimestre term.
TS Trieste Triest.
T.S.F. Telegrafo Senza Fili Wireless Telegraphy.
T.U. (*leg.*) Testo Unico Unified Body of Laws.
T.U.S. (*fin.*) Tasso Ufficiale di Sconto Official Bank Rate.
TV Treviso.
T.V. Televisione Television.
T.V.C. Televisione a Colori Colour Television.
T.W.A. Linee Aeree Intercontinentali Trans World Airlines.

U.A.A. Linee Aeree Egiziane United Arab Airlines.
U.C. Ufficio di Collocamento Labour Exchange.
U.C.E.I. Ufficio Centrale per l'Emigrazione Italiana Italian Migration Central Office.
UD Udine.
U.D.C. Classificazione Decimale Universale Universal Decimal Classification.
U.D.E. Unione Doganale Europea European Customs Union.
U.E.E. Unione Economica Europea European Economic Union.

U.E.O. Unione dell'Europa Occidentale Western European Union.

U.E.P. Unione Europea dei Pagamenti European Payments Union.

U.E.R. Unione Europea delle Radiodiffusioni European Broadcasting Union.

uff. ❶ ufficiale official. ❷ ufficio office, bureau.

U.F.I. Unione Fiere Internazionali International Trade Fairs Union.

U.I.C. Ufficio Italiano Cambi Italian Foreign Exchange Office.

U.I.L. Unione Italiana del Lavoro Italian Federation of Trade Unions (*Republican and Social-Democrat oriented*).

U.I.L.M. Unione Italiana Lavoratori Metallurgici Italian Metallurgical Workers' Union.

U.I.T. Unione Internazionale Telecomunicazioni International Telecommunications Union.

U.I.T.P. Unione Internazionale dei Trasporti Pubblici Public Transport International Union.

U.N.C.T.A.D. Comitato delle Nazioni Unite per il Commercio e lo Sviluppo United Nations Committee for Trade and Development.

U.N.D.P. Programma delle Nazioni Unite per lo Sviluppo United Nations Development Program(me).

U.N.E.P.T.A. Programma Ampliato delle Nazioni Unite d'Assistenza Tecnica per lo Sviluppo Economico dei Paesi Sottosviluppati United Nations Expanded Program of Technical Assistance for the Economic Development of Underdeveloped Countries.

U.N.E.S.C.O. Organizzazione delle Nazioni Unite per l'Educazione, la Scienza e la Cultura United Nations Educational, Scientific and Cultural Organization.

U.N.I.C.E. Unione delle Industrie della Comunità Europea European Community Industrial Union.

U.N.I.D.O. Organizzazione delle Nazioni Unite per lo Sviluppo Industriale United Nations Industrial Development Organization.

UNIONCAMERE Unione Italiana delle Camere di Commercio Union of Italian Chambers of Commerce.

U.N.I.T.A.R. Istituto di Formazione e di Ricerca delle Nazioni Unite United Nations Institute for Training and Research.

UNIVAC (*elab. elettr.*) Calcolatore Automatico Universale Universal Automatic Computer.

U.N.R.R.A. Amministrazione dei Soccorsi delle Nazioni Unite United Nations Relief and Rehabilitation Administration.

U.P.A. ❶ Unione Panamericana Pan-American Union. ❷ Utenti Pubblicità Associati Italian Advertisers' Association.

U.P.I. Unione Pubblicità Italiana Italian Advertising Federation.

U.P.I.M. Unico Prezzo Italiano - Milano (*a Milan low-price department stores chain*).

U.P.T. Ufficio Provinciale del Tesoro District Treasury Office.

U.P.U. Unione Postale Universale Universal Postal Union.

U.R.S.S. Unione delle Repubbliche Socialiste Sovietiche Union of Soviet Socialist Republics.

u.s. ultimo scorso last (month).

U.S.A. Stati Uniti d'America United States of America.

V. ❶ Vedi See. ❷ Venerdì Friday. ❸ Via Street.

V.a. (*fin., mat.*) Valore attuale present Value (*o* Worth).

VA Varese.

val. ❶ (*banca, cred.*) valuta value. ❷ (*fin.*) valuta currency.

VC Vercelli.

V.C. Vice Console Vice Consul.

V.d.F. Vigili del Fuoco Fire Brigade.

VE Venezia Venice.

ven. venerdì Friday.

ver. (*banca, cred.*) versamento payment.

V.F. *V.* V.d.F.

V.F.R. (*trasp. aer.*) Regole del Volo a Vista Visual Flight Rules.

VI Vicenza.

vic. vicolo alley.

v.le viale avenue.

vol. volume volume.

voll. volumi volumes.

V.P. Vicepresidente Vicepresident, Deputy Chairman.

v.r. vedi retro please turn over.

VR Verona.

vs. *V.* Vs.

v.s. vedi sopra see above.

v/s *V.* V/s.

Vs. Vostro your, yours.

V/s Vostro your, yours.

VT Viterbo.

V.U. Vigile Urbano Traffic Policeman.

VV. UU. Vigili Urbani Traffic Police.

W.C. Gabinetto, Ritirata Toilet, W.C.

TABLES - TAVOLE

MONEY / LA MONETA

BRITISH SYSTEM: £ p *(POUNDS AND PENCE)* 1 *POUND* (£ 1) = 100 *PENCE* (100 p)

amount [valore]		coins [monete metalliche]
½ p	a halfpenny, half a penny	a halfpenny
1 p	a penny; one p (fam.)	a penny
2 p	twopence, two pence; two p (fam.)	a twopenny piece
5 p	five pence	a fivepenny piece
10 p	ten pence	a tenpenny piece
50 p	fifty pence	a fifty pence piece
		notes [banconote]
£ 1	a pound; a quid (fam.)	a pound note
£ 5	five pounds; five quid (fam.)	a five-pound note; a fiver (fam.)
£ 10	ten pounds; ten quid (fam.)	a ten-pound note; a tenner (fam.)
£ 20	twenty pounds; twenty quid (fam.)	a twenty-pound note

U.S. SYSTEM: $ ¢ *(DOLLARS AND CENTS)* 1 *DOLLAR* ($ 1) = 100 *CENTS* (100 ¢)

amount [valore]		coins [monete metalliche]
1 ¢	a cent	a penny
5 ¢	five cents	a nickel
10 ¢	ten cents	a dime
25 ¢	twenty-five cents	a quarter
50 ¢	half a dollar; half a buck (fam.)	a half-dollar
		notes [banconote]
$ 1	a dollar; a buck (fam.)	a dollar bill
$ 5	five dollars; five bucks (fam.)	five-dollar bill
$ 10	ten dollars; ten bucks (fam.)	ten-dollar bill
$ 20	twenty dollars; twenty bucks (fam.)	twenty-dollar bill

a.s.o. up to $ 1,000
e così via fino a $ 1.000

WEIGHTS AND MEASURES / PESI E MISURE

METRIC SYSTEM / SISTEMA METRICO DECIMALE

LINEAR MEASURES / MISURE LINEARI

10 millimetri	=	1 centimetro	=	0,3937	inch*
10 centimetri	=	1 decimetro	=	3,937	inches
10 decimetri	=	1 metro	=	39,37	inches (3,28 feet)
10 metri	=	1 decametro	=	393,7	inches
10 decametri	=	1 ettometro	=	328	feet 1 inch
10 ettometri	=	1 kilometro	=	0,621	mile
10 kilometri	=	1 miriametro	=	6,21	miles

SQUARE MEASURES / MISURE QUADRATE

100 millimetri^2	=	1 centimetro^2	=	0,1549	sq. inch
100 centimetri^2	=	1 decimetro^2	=	15,499	sq. inches
100 decimetri^2	=	1 metro^2	=	1.549	sq. inches (1,196 sq. yards)
100 metri^2	=	1 decametro^2	=	119,6	sq. yards
100 decametri^2	=	1 ettometro^2	=	2,471	acres
100 ettometri^2	=	1 kilometro^2	=	0,386	sq. mile

LAND MEASURES / MISURE AGRICOLE

1 metro^2	=	1 centiara	=	1.549,9	sq. inches
100 centiare	=	1 ara	=	119,6	sq. yards
100 are	=	1 ettaro	=	2,471	acres
100 ettari	=	1 kilometro^2	=	0,386 sq. mile	

VOLUME MEASURES / MISURE DI VOLUME

1.000 millimetri^3	=	1 centimetro^3	=	0,06102	cubic inch
1.000 centimetri^3	=	1 decimetro^3	=	61,02	cubic inches
1.000 decimetri^3	=	1 metro^3	=	35,314	cubic feet

CAPACITY MEASURES / MISURE DI CAPACITÀ

10 millilitri	=	1 centilitro	=	0,338	fluid ounce
10 centilitri	=	1 decilitro	=	3,38	fluid ounces
10 decilitri	=	1 litro	=	1,0567	liquid quarts (0,9081 dry quart)
10 litri	=	1 decalitro	=	2,64	gallons (0,284 bushel)
10 decalitri	=	1 ettolitro	=	26,418	gallons (2,838 bushels)
10 ettolitri	=	1 kilolitro	=	264,18	gallons (35,315 cubic feet)

* *For decimal figures and for 4-digit numbers the continental system was employed. Therefore a comma stands for a point, and a point for a comma.*

Per i decimali e per i numeri di 4 cifre si è usato il sistema continentale; perciò la virgola sta al posto del punto e viceversa.

WEIGHTS / PESI

10 milligrammi	= 1 centigrammo	=	0,1543 grain
10 centigrammi	= 1 decigrammo	=	1,5432 grains
10 decigrammi	= 1 grammo	=	15,432 grains
10 grammi	= 1 decagrammo	=	0,3527 ounce
10 decagrammi	= 1 ettogrammo	=	3,5274 ounces
10 ettogrammi	= 1 kilogrammo	=	2,2046 pounds
10 kilogrammi	= 1 miriagrammo	=	22,046 pounds
10 miriagrammi	= 1 quintale	=	220,46 pounds
10 quintali	= 1 tonnellata metrica	=	2.204,6 pounds

BRITISH AND AMERICAN SYSTEM / SISTEMA BRITANNICO E AMERICANO

LINEAR MEASURES / MISURE LINEARI

1 inch	=	2,54 centimetri
12 inches = 1 foot	=	30,48 centimetri
3 feet = 1 yard	=	0,914 metri
5½ yards (16½ feet) = 1 rod	=	5,029 metri
40 rods = 1 furlong	=	201,18 metri
8 furlongs (1,760 yards; 5,280 feet) = 1 (statute) mile	=	1.609,3 metri
3 miles = 1 (land) league	=	4,83 kilometri

SQUARE MEASURES / MISURE QUADRATE

1 square inch	=	6,452 centimetri^2
144 square inches = 1 square foot	=	929 centimetri^2
9 square feet = 1 square yard	=	0,8361 metri^2
30¼ square yards = 1 square rod	=	25,29 metri^2
160 square rods = 1 acre (4,840 square yards; 43,560 square feet)	=	0,4047 ettari
640 acres = 1 square mile	=	259 ettari (2,59 kilometri^2)

CUBIC MEASURES / MISURE CUBICHE

1 cubic inch	=	16,387 centimetri^3
1,728 cubic inches = 1 cubic foot	=	0,0283 metri^3
27 cubic feet = 1 cubic yard	=	0,7646 metri^3
16 cubic feet = 1 cord foot	=	0,4528 metri^3
8 cord feet = 1 cord	=	3,625 metri^3

NAUTICAL MEASURES / MISURE NAUTICHE

6 feet = 1 fathom	=	1,829 metri
100 fathoms = 1 cable's length	=	182,9 metri
10 cable's lengths = 1 nautical mile	=	1,852 kilometri
3 nautical miles = 1 marine league	=	5,56 kilometri

AVOIRDUPOIS WEIGHTS / PESI « AVOIRDUPOIS »

1 dram (27.34 grains)		= 1,772	grammi
16 drams (437.5 grains)	= 1 ounce	= 28,3495	grammi
16 ounces (7,000 grains)	= 1 pound	= 453,59	grammi
100 pounds*	= 1 hundredweight	= 45,36	kilogrammi
2,000 pounds	= 1 ton	= 907,18	kilogrammi

TROY WEIGHTS / PESI « TROY »

3.086 grains**	= 1 carat	= 200	milligrammi
24 grains	= 1 pennyweight	= 1,5552	grammi
20 pennyweights (480 grains)	= 1 ounce	= 31,1035	grammi
12 ounces (5,760 grains)	= 1 pound	= 373,24	grammi

DRY MEASURES / MISURE PER ARIDI

1 pint		= 33.60 cubic inches	= 0,55 litri
2 pints	= 1 quart	= 67.20 cubic inches	= 1,10 litri
8 quarts	= 1 peck	= 537.61 cubic inches	= 8,80 litri
4 pecks	= 1 bushel	= 2,150.42 cubic inches	= 35,23 litri
1 British dry quart	= 1.032 U.S. dry quarts		

LIQUID MEASURES / MISURE PER LIQUIDI

1 gill	= 4 fluid ounces	= 7.219 cubic inches	= 0,118 litri
4 gills	= 1 pint	= 28.875 cubic inches	= 0,473 litri
2 pints	= 1 quart	= 57.75 cubic inches	= 0,946 litri
4 quarts	= 1 gallon	= 231 cubic inches	= 3,785 litri

* In Great Britain, 14 pounds (6.35 kilogrammes) = 1 stone; 112 pounds (50.80 kilogrammes) = 1 hundredweight, and 2,240 pounds (1,016.05 kilogrammes) = 1 long ton.
  In Gran Bretagna 14 pound (6,35 kilogrammi) = 1 stone; 112 pound (50,80 kilogrammi) = 1 hundredweight e 2.240 pound (1.016,05 kilogrammi) = 1 long ton.

** The grain, equal to 0.0648 gramme, is the same in both tables of weight.
   Il grain, pari a 0,0648 grammi, è il medesimo in entrambe le tavole dei pesi.

CONVERSION FACTORS / MOLTIPLICATORI PER LA CONVERSIONE

TO CHANGE / PER TRASFORMARE	TO / IN	MULTIPLY BY* / MOLTIPLICARE PER
acres	hectares	0,4047
bushels (U.S.)	hectolitres	0,3524
centimetres	inches	0,3937
cubic feet	cubic metres	0,0283
cubic metres	cubic feet	35,3145
cubic metres	cubic yards	1,3079
cubic yards	cubic metres	0,7646
feet	metres	0,3048
gallons (U.S.)	litres	3,7853
grains	grams	0,0648
grams	grains	15,4324
grams	ounces avdp.	0,0353
hectares	acres	2,4710
hectolitres	bushels (U.S.)	2,8378
inches	millimetres	25,4000
inches	centimetres	2,5400
kilogrammes	pounds troy	2,6792
kilogrammes	pounds avdp.	2,2046
kilometres	miles	0,6214
litres	gallons (U.S.)	0,2642
litres	pecks	0,1135
litres	pints (dry)	1,8162
litres	pints (liquid)	2,1134
litres	quarts (dry)	0,9081
litres	quarts (liquid)	1,0567
metres	feet	3,2808
metres	yards	1,0936
metric tons	tons (long)	0,9842
metric tons	tons (short)	1,1023
miles	kilometres	1,6093
millimetres	inches	0,0394
ounces avdp.	grams	28,3495
pecks	litres	8,8096
pints (dry)	litres	0,5506
pints (liquid)	litres	0,4732
pounds troy	kilogrammes	0,3732
pounds avdp.	kilogrammes	0,4536
quarts (dry)	litres	1,1012
quarts (liquid)	litres	0,9463
square feet	square metres	0,0929
sq. kilometres	sq. miles	0,3861
sq. metres	sq. feet	10,7639
sq. metres	sq. yards	1,1960
sq. miles	sq. kilometres	2,5900
sq. yards	sq. metres	0,8361
tons (long)	metric tons	1,0160
tons (short)	metric tons	0,9072
yards	metres	0,9144

* For decimal figures the continental system was employed. Therefore a comma stands for a point.
Per i decimali si è usato il sistema continentale; perciò la virgola sta al posto del punto.

CONVERSION TABLES FOR SIZES OF WEAR AND SHOES / TAVOLE DI CONVERSIONE DELLE MISURE DEGLI ARTICOLI D'ABBIGLIAMENTO E DELLE CALZATURE

MEN'S SUITS / ABITI PER UOMO								
G.B.	36	38	40	42	44	46		
U.S.A.	36	38	40	42	44	46		
ITALY	46	48	50	52	54	56		

LADIES' DRESSES / ABITI PER SIGNORA								
G.B.	32	34	36	38	40	42	44	
U.S.A.	8	10	12	14	16	18	20	
ITALY	38	40	42	44	46	48	50	

SHIRTS / CAMICIE DA UOMO								
G.B.	14	$14\frac{1}{2}$	15	$15\frac{1}{2}$	$15\frac{3}{4}$	16	$16\frac{1}{2}$	$16\frac{3}{4}$	17
U.S.A.	14	$14\frac{1}{2}$	15	$15\frac{1}{2}$	$15\frac{3}{4}$	16	$16\frac{1}{2}$	$16\frac{3}{4}$	17
ITALY	36	37	38	39	40	41	42	43	44

MEN'S SHOES / SCARPE DA UOMO				
G.B.	7	8	9	10
U.S.A.	$7\frac{1}{2}$	$8\frac{1}{2}$	$9\frac{1}{2}$	$10\frac{1}{2}$
ITALY	41	42	43	44

LADIES' SHOES / SCARPE DA DONNA					
G.B.	3	4	5	6	7
U.S.A.	$4\frac{1}{2}$	$5\frac{1}{2}$	$6\frac{1}{2}$	$7\frac{1}{2}$	$8\frac{1}{2}$
ITALY	$35\frac{1}{2}$	$36\frac{1}{2}$	38	$39\frac{1}{2}$	$40\frac{1}{2}$

SOCKS / CALZINI						
G.B.	10	$10\frac{1}{2}$	11	$11\frac{1}{2}$	12	$12\frac{1}{2}$
U.S.A.	10	$10\frac{1}{2}$	11	$11\frac{1}{2}$	12	$12\frac{1}{2}$
ITALY	40	41	42	43	44	45

STOCKINGS / CALZE						
G.B.	$8\frac{1}{2}$	9	$9\frac{1}{2}$	10	$10\frac{1}{2}$	11
U.S.A.	$8\frac{1}{2}$	9	$9\frac{1}{2}$	10	$10\frac{1}{2}$	11
ITALY	36	37	38	39	40	41

TELEPHONE SPELLING KEY / PAROLE CHIAVE PER LA COMPITAZIONE TELEFONICA

	ITALY	G.B.-U.S.A.	INTERNATIONAL		ITALY	G.B.-U.S.A.	INTERNATIONAL
A	Ancona	Alfred	Amsterdam	N	Napoli	Nellie	New York
B	Bologna	Benjamin	Baltimore	O	Otranto	Oliver	Oslo
C	Como	Charles	Casablanca	P	Palermo	Peter	Paris
D	Domodossola	David	Danemark	Q	Quaderno	Queen	Québec
E	Empoli	Edward	Edison	R	Roma	Robert	Roma
F	Firenze	Frederick	Florida	S	Savona	Samuel	Santiago
G	Genova	George	Gallipoli	T	Torino	Tommy	Tripoli
H	Hotel	Harry	Havana	U	Udine	Uncle	Uppsala
I	Imola	Isaac	Italia	V	Venezia	Victor	Valencia
J	Jersey	Jack	Jérusalem	W	Washington	William	Washington
K	Kursaal	King	Kilogramme	X	Xanthia	X-ray	Xantippe
L	Livorno	London	Liverpool	Y	York	Yellow	Yokohama
M	Milano	Mary	Madagascar	Z	Zara	Zebra	Zürich

TIME / IL TEMPO

HOW TO TELL THE TIME / COME INDICARE L'ORA

COMMON USAGE* USO COMUNE		FOR TIME-TABLES, etc. PER GLI ORARI, ecc.	ITALIAN ITALIANO
ten o'clock; ten A.M.	10.00	ten hundred hours	le dieci
five past ten	10.05	ten oh five	le dieci e cinque
a quarter past ten	10.15	ten fifteen	le dieci e un quarto
twenty-five past ten	10.25	ten twenty-five	le dieci e venticinque
half past ten	10.30	ten thirty	le dieci e mezzo ; le dieci e trenta
twenty-five to eleven	10.35	ten thirty-five	le dieci e trentacinque ; venticinque minuti alle undici
a quarter to eleven	10.45	ten forty-five	le dieci e tre quarti ; un quarto alle undici
ten to eleven	10.50	ten fifty	le dieci e cinquanta ; dieci minuti alle undici
twelve o'clock; twelve noon	12.00	twelve hundred hours	le dodici ; mezzogiorno
four o'clock P.M.	4.00; 16.00	sixteen hundred hours	le sedici ; le quattro del pomeriggio
twelve o'clock P.M.; midnight	12.00; 24.00	twenty-four hundred hours	le ventiquattro ; mezzanotte

* In the U.S.A. *after* is often used instead of *past*, and *of* instead of *to*.
   Negli Stati Uniti s'usano spesso after al posto di past e of al posto di to.

THE DAYS OF THE WEEK / I GIORNI DELLA SETTIMANA

Sunday	(Sun.)	①	domenica	Thursday	(Thur.)	⑤	giovedì
Monday	(Mon.)	②	lunedì	Friday	(Fri.)	⑥	venerdì
Tuesday	(Tues.)	③	martedì	Saturday	(Sat.)	⑦	sabato
Wednesday	(Wed.)	④	mercoledì				

THE MONTHS OF THE YEAR / I MESI DELL'ANNO

January	(Jan)	1.	gennaio	July	(July)	7.	luglio
February	(Feb)	2.	febbraio	August	(Aug)	8.	agosto
March	(Mar)	3.	marzo	September	(Sept)	9.	settembre
April	(Apr)	4.	aprile	October	(Oct)	10.	ottobre
May	(May)	5.	maggio	November	(Nov)	11.	novembre
June	(Jun)	6.	giugno	December	(Dec)	12.	dicembre

HOW TO WRITE THE DATE / COME SI SCRIVE LA DATA

ENGLISH **		ENGLISH & ITALIANO	ITALIANO		U.S.A.	
1 (st) April,	1976	1 Apr 76	1. 4.76	1 aprile	1976	April	1, 1976	4. 1.76
2 (nd) May,	1976	2 May 76	2. 5.76	2 maggio	1976	May	2, 1976	5. 2.76
3 (rd) June,	1976	3 Jun 76	3. 6.76	3 giugno	1976	June	3, 1976	6. 3.76
4 (th) July,	1976	4 July 76	4. 7.76	4 luglio	1976	July	4, 1976	7. 4.76
11 (th) August,	1976	11 Aug 76	11. 8.76	11 agosto	1976	August	11, 1976	8.11.76
12 (th) September,	1976	12 Sept 76	12. 9.76	12 settembre	1976	September	12, 1976	9.12.76
13 (th) October,	1976	13 Oct 76	13.10.76	13 ottobre	1976	October	13, 1976	10.13.76
20 (th) November,	1976	20 Nov 76	20.11.76	20 novembre	1976	November	20, 1976	11.20.76
21 (st) December,	1976	21 Dec 76	21.12.76	21 dicembre	1976	December	21, 1976	12.21.76
22 (nd) January,	1976	22 Jan 76	22. 1.76	22 gennaio	1976	January	22, 1976	1.22.76
23 (rd) February,	1976	23 Feb 76	23. 2.76	23 febbraio	1976	February	23, 1976	2.23.76
31 (st) March,	1976	31 Mar 76	31. 3.76	31 marzo	1976	March	31, 1976	3.31.76

** The letters in brackets are optional. So you can either write 1st April, 1976 or 1 April, 1976.
   Le lettere fra parentesi sono facoltative. Perciò si può scrivere 1st April, 1976 o 1 April, 1976.

DEGREES OF TEMPERATURE / GRADI DELLA TEMPERATURA

To convert F to C substract 32 and multiply by 5/9   Per trasformare i gradi F in C togliere 32 e moltiplicare per 5/9
To convert C to F multiply by 9/5 and add 32   Per trasformare i gradi C in F moltiplicare per 9/5 e aggiungere 32

CONVERSION TABLE / TAVOLA DI CONVERSIONE

Centigradi		Fahrenheit
—18	0	32
—15	5	41
—12	10	50
— 9	15	59
— 7	20	68
— 4	25	77
1	30	86
2	35	95
4	40	104
7	45	113
10	50	122
13	55	131
16	60	140
18	65	149
21	70	158
24	75	167
27	80	176
29	85	185
32	90	194
35	95	203
38	100	212

The central column gives you the degrees you want to convert (no matter what the system is: Centigrade or Fahrenheit). The two side columns will give you the degrees in the system you want the initial value to be converted into.

Examples:

a) *You want to convert C 10 into F*
  1) *Find number 10 in the central column.*
  2) *Look to the right and you'll find 50 in the Fahrenheit column.*
  3) *Therefore C 10 corresponds to F 50.*

b) *You want to convert F 95 into C*
  1) *Find number 95 in the central column.*
  2) *Look to your left and you'll find 35 in the Centigrade column.*
  3) *Therefore F 95 corresponds to C 35.*

La colonna centrale dà i gradi che si vogliono trasformare (a prescindere dal sistema: Centigrado o Fahrenheit). Le colonne laterali danno i gradi nel sistema desiderato.

Esempi:

a) Se si vogliono trasformare C 10 in F
  1) Si cerchi il n. 10 nella colonna centrale.
  2) A destra, nella colonna dei Fahrenheit, si troverà il valore 50.
  3) Dunque C 10 corrispondono a F 50.

b) Se si vogliono trasformare F 95 in C
  1) Si cerchi il n. 95 nella colonna centrale.
  2) A sinistra, nella colonna dei Centigradi, si troverà il valore 35.
  3) Dunque F 95 corrispondono a C 35.

ITALIANO - INGLESE

A

a, *prep.* ❶ (*stato in luogo e tempo*) at. ❷ (*stato in luogo*) in. ❸ (*moto a luogo*) to. ❹ (*termine*) to. ❺ (*prezzo*) at. ❻ (*mezzo*) by. ❼ (*misura*) a, an; by, per. △ ❶ **La merce sarà alla stazione di Milano domani mattina alle 11** the goods will be at Milan station tomorrow at 11 A.M.; ❷ **L'aereo atterrerà ~ Roma** the plane will land in Rome; ❸ **Andrò ~ Londra domani l'altro** I'm going to London the day after tomorrow; ❹ **Favorite inviare la merce ~ noi e non al nostro agente** please send the goods to us and not to our agent; ❺ **Questo articolo si vende ~ dieci sterline** this article sells at £ 10; ❻ **Quest'articolo è fatto ~ mano, non ~ macchina** this article is made by hand, not by machine; ❼ **Questa stoffa costa 10 dollari alla iarda** (*o* **la iarda**) this material costs 10 dollars a yard; **La terra ci costò 800 dollari all'acro** the land cost us 800 dollars per acre.

abaco, *n. m.* abacus*.

abbandonare, *v. t.* ❶ to abandon, to depart from, to discontinue, to give* up, to leave*, to quit, to relinquish. ❷ (*ass. mar., trasp. mar.*) to abandon. ❸ (*leg.*) to abandon, to renounce, to resign, to surrender, to waive. ❹ (*leg.*) (*un diritto*) to release. △ ❶ **I marinai dovettero ~ la nave che stava affondando** the sailors were compelled to abandon the sinking ship; **Spesso gli impiegati anziani non amano ~ i metodi di lavoro da tempo invalsi** senior clerks often do not like to depart from long-established working techniques; **Abbandonò gli affari dopo la morte del socio** he discontinued the business after the death of his partner; **Devono ~ ogni speranza in una ripresa finanziaria** they must give up all their hopes of a financial recovery; **Dovremo ~ il nostro progetto per le difficoltà di reperimento dei fondi necessari** we'll have to give up (*o* to relinquish) our plan owing to the difficulty in getting the funds we need; **Molti operai disoccupati abbandonarono le loro case per andare in cerca d'un lavoro all'estero** lots of unemployed workers left their homes in search of work abroad. // **~ un'azione** (*leg.*) to abandon prosecution; **~ le formalità d'uso** to waive the customary formalities; **~ un impiego** (*pers.*) to quit a job; **~ un'impresa (una nave, ecc.)** to abandon an undertaking (a ship, etc.); **~ il lavoro** (*sind.*) to strike work; **~ una pretesa** (*leg.*) to renounce a claim.

abbandono, *n. m.* ❶ abandonment, relinquishment, quit. ❷ (*ass. mar., trasp. mar.*) abandonment. ❸ (*leg.*) abandonment, renouncement, renunciation, resignation, surrender, waiver. ❹ (*leg.*) (*d'un diritto*) release. △ ❷ **L'~ è la facoltà che ha l'assicurato di esigere l'intero ammontare del capitale assicurato, mediante la cessione all'assicuratore della proprietà della cosa assicurata nello stato in cui essa è venuta a trovarsi in seguito al sinistro** abandonment is the option to the insured to claim the whole amount of the sum insured in consideration of the transfer to the insurer of the property of the thing insured in the state in which the casualty left it. // **~ del posto di lavoro** (*pers.*) quit; **~ della merce in dogana** (*dog.*) abandonment of goods in customs; **~ d'un'azione** (*leg.*) abandonment of an action; **l'~ d'una clausola contrattuale** (*leg.*) the waiver of a contract provision; **~ di cosa assicurata** (*ass.*) abandonment of insured property; **l'~ d'un diritto** (*leg.*) the surrender of a right; **l'~ d'una nave** (*ass. mar.*) the abandonment of a ship; **l'~ d'una pretesa** (*leg.*) the remise of a claim.

abbassamento, *n. m.* ❶ lowering, depression, fall, sag. ❷ (*di valore*) debasement. ❸ (*market.*) (*di prezzi, anche*) knockdown. △ ❶ **L'intensificarsi della concorrenza ha provocato di riflesso notevoli abbassamenti dei prezzi** the intensification of competition has been reflected in a considerable lowering of prices; ❸ **Stiamo assistendo a un ~ generale dei prezzi** we're witnessing a general knockdown of prices; **Tutti i nostri televisori subiranno un ~ di prezzo del 12%** all our television sets will be marked down 12%; **Il mercato registra un ~ del tre per cento** the market dips 3%.

abbassare, *v. t.* ❶ to lower, to depress, to dip. ❷ (*market.*) to bring* down, to drive* down. △ ❶ **Dovremo ~ i prezzi per far fronte alla concorrenza** we shall have to lower (*o* to bring down, to knock down) our prices to meet competition. // **~ un prezzo** (*market.*) to knock down a price; **~ il prezzo di** (*articoli, merci, ecc.*) (*market.*) to mark down; **~ le serrande** to put up the shutters; **~ il valore intrinseco di** (*una moneta, ecc.: mediante la « tosatura »*) (*econ.*) to debase.

abbassarsi, *v. rifl.* ❶ to lower, to dip, to fall*, to go* down, to sag. ❷ (*comm.*) (*di prezzi, ecc.*) to decline. △ ❶ **Sono certo che il valore di queste obbligazioni si abbasserà** I feel sure that these debentures will lower in value; **In brevissimo tempo tutti i prezzi dei generi alimentari si abbassarono** in a very short time all the prices of foodstuffs went down (*o* fell).

abbattere, *v. t.* to beat* down, to flatten, to knock down. △ **Per arrivare a un'unione doganale dovremo ~ le barriere tariffarie** in order to arrive at a customs union we shall have to knock down tariff barriers. // **~ in carena** (*trasp. mar.*) to careen.

abbattersi, *v. rifl.* ❶ to flatten. ❷ (*fig.*) to be discouraged, to feel* depressed.

abbattimento, *n. m.* ❶ beating down, flattening, knocking down. ❷ (*di prezzi*) abatement. // **~ alla base** (*d'un reddito imponibile*) (*fin.*) basic abatement; **~ in carena** (*trasp. mar.*) careening.

abbigliamento, *n. m.* ❶ clothing, apparel. ❷ (*market.*) wear. △ ❷ **Stiamo per aprire un nuovo reparto d'~ maschile all'ultimo piano del nostro edificio** we're opening a new department for men's wear on the top floor of our building.

abbindolamento, *n. m.* (*leg.*) manipulation.

abbindolare, *v. t.* (*leg.*) to manipulate.

abbisognare, *v. i.* to need, to require, to want. △ **Abbisogniamo di macchine nuove per il nostro stabilimento di Torino** we need (*o* we require) new machinery for our Turin plant.

abboccamento, *n. m.* talk, interview.

abboccarsi, *v. rifl.* to have a talk (with sb.), to interview (sb.).

abbonamento, *n. m.* ❶ (*giorn.*) subscription. ❷ (*trasp.*) (*ferroviario*, *ecc.*) season ticket. △ ❶ Il Suo ~ è scaduto il 31 dicembre your subscription expired on December 31st. // ~ **al bollo** (*fin.*) composition for stamp duty; ~ **ferroviario** (*trasp., USA*) commutation ticket.

abbonare, *v. t.* ❶ (*giorn.*) to make* (sb.) a subscriber. // ~ **un gallone per colaggio** to allow a gallon for leakage.

abbonarsi, *v. rifl.* ❶ (*giorn.*) to subscribe. ❷ (*trasp.*) to buy* a season ticket. △ ❶ **Abbiamo deciso d'abbonarci a «Newsweek»** we have decided to subscribe to «Newsweek». // ~ **al bollo** (*fin.*) to compound for stamp duty.

abbonato, *n. m.* ❶ (*giorn.*) subscriber. ❷ (*trasp.*) season-ticket holder. ❸ **abbonati**, *pl.* (*a un giornale, ecc.*) constituency. // ~ **al telefono** (*comun.*) telephone subscriber; ~ **chiamato** (*al telefono*) (*comun.*) distant subscriber; ~ **ferroviario** (*trasp. ferr.*) commuter; **essere** ~ **a** (*un giornale, ecc.*) (*giorn.*) to take in: **Siamo sempre stati abbonati ad almeno quattro quotidiani** we've always taken in at least four dailies.

abbondante, *a.* abundant. △ **Il raccolto delle patate è stato ~ quest'anno** the potato crop has been abundant this year.

abbondanza, *n. f.* abundance. // ~ **di dollari** (*fin.*) dollar glut; **in ~** (*fig.*) at a discount: **Vi sono ragionieri in ~ quest'anno** accountants are at a discount this year.

abbordaggio, *n. m.* (*trasp. mar.*) collision.

abbordare, *v. t.* (*trasp. mar.*) to board. △ **La nostra torpediniera abbordò il mercantile nemico** our torpedo-boat boarded the enemy merchant ship.

abbordo, *n. m.* (*trasp. mar.*) collision.

abbozzare, *v. t.* to draft, to outline. △ **La commissione ha abbozzato un programma di vendita articolato in dieci punti** the committee have outlined a ten-point programme for sales.

abbozzato, *a.* drafted, outlined. // **appena ~ crude**: **È soltanto un progetto appena ~** it is just a crude scheme.

abbozzo, *n. m.* draft, rough draft, outline. // **l'~ d'un discorso** the draft of a speech.

abbreviare, *v. t.* to abbreviate, to abridge, to curtail.

abbreviato, *a.* abbreviated, abridged, curtailed; summary (*a. attr.*). // **una descrizione abbreviata** a summary description; **non ~** (*giorn., pubbl.*) (*d'articolo, volume, ecc.*) unabridged.

abbreviazione, *n. f.* abbreviation, abridgment, curtailing.

abbuono, *n. m.* allowance, discount. // ~ **di fine d'anno** (*calcolato sul fatturato*) (*market.*) end-year rebate; **abbuoni d'interesse** (*fin., rag.*) interest subsidies; ~ **fiscale** (*fin.*) tax relief; ~ **globale** (*market.*) aggregate rebate; ~ **per calo** (*market.*) ullage; ~ **per calo peso** (*market.*) draft allowance, draft; ~ **per colaggio** (*trasp. mar.*) leakage, ullage; ~ **per «corpi estranei»** (*market.*) draft allowance, draft; ~ **per dispersione** (*trasp. mar.*) leakage; ~ **per il peso** (*market.*) weight draft: **Abbiamo diritto a un ~ per il peso come indennizzo per le perdite dovute a infiltramento** we are entitled to a weight draft as a compensation for losses due to leakage; ~ **per scarto di qualità** (*market.*) allowance for difference of quality; ~ **per tara** (*market.*) allowance for tare, tare allowance; ~ **sottobanco** (*market.*) kickback.

abdicare, *v. i.* to abdicate.

abile, *a.* able, capable, skilled, smart. △ **È un lavoratore molto ~** he is a very able worker. // ~ **al lavoro** fit for the job.

abilità, *n. f. inv.* ability, craft, faculty, skill, technique. △ **Nell'unirsi per formare una società, i soci mettono in comune il lavoro, il denaro e l'~, in vista d'un profitto comune** in joining to set up a partnership, the partners contribute labour, money and skill with a view to a common profit. // ~ **d'artigiano** (*o* **d'artista**) craftsmanship; ~ **manuale** (*pers.*) manual dexterity; ~ **tecnica** know-how, workmanship.

abilitare, *v. t.* (*leg.*) to certificate, to qualify. △ **È stato abilitato alla professione forense** he has been qualified to practice law.

abilitarsi, *v. rifl.* (*leg.*) to qualify. △ **Mi sono abilitato all'insegnamento della ragioneria** I have qualified for the teaching of accountancy.

abilitato, *a.* (*leg.*) qualified.

abilitazione, *n. f.* (*leg.*) (*all'esercizio d'una professione*) qualification.

abitabilità, *n. f.* (*econ.*) livability, liveability.

abitare, *v. i.* to live, to reside. *v. t.* to inhabit. △ *v. i.* **Il nostro agente abita a Monza ma lavora a Milano** our agent lives in Monza but works in Milan; *v. t.* **L'isola è abitata da una popolazione che vive dei prodotti della pesca** the island is inhabited by a population living on the products of fishing.

abitazione, *n. f.* ❶ abode, dwelling, house, residence. ❷ **abitazioni**, *pl.* (*econ., stat.*) (*termine usato nei grafici, ecc.*) housing.

abito, *n. m.* ❶ (*da uomo*) suit. ❷ (*da donna*) dress. ❸ **abiti**, *pl.* (*da uomo e da donna*) clothes. ❹ **abiti**, *pl.* (*market.*) wear (*sing.*). // ~ **bell'e fatto** (*market.*) hand-me-down; ~ **confezionato** (*market., ingl.*) reach-me-down; **abiti confezionati** (*market.*) ready-made clothes; ~ **di seconda mano** (*market.*) hand-me-down.

abituale, *a.* customary, habitual, usual. △ **Il nostro mezzo di pagamento ~ è l'assegno** our usual means of payment is the cheque.

abitudine, *n. f.* ❶ habit, custom. ❷ practice, praxis*, routine. // ~ **d'acquisto** (*market.*) buying habit.

abiura, *n. f.* (*leg.*) renunciation on oath.

abolire, *v. t.* to abolish, to suppress, to do* away with. // ~ **il consolidamento di** (*tariffe e sim.*) (*econ., fin.*) to unbind: **Negoziati per ~ il consolidamento di quattro voci doganali del settore dei prodotti chimici stanno per avere esiti positivi** negotiations to unbind four tariff headings in the chemistry sector are on the point of being satisfactorily concluded; ~ **i controlli su** (*qc.*) to decontrol: **Il Governo ha abolito i controlli sulla carne e sui prodotti caseari** Government has decontrolled meat and dairy products; ~ **un dazio doganale** to abolish a customs duty; ~ **un'imposta** (*fin.*) to take off a tax.

abolizione, *n. f.* abolition, suppression, lifting. △ **Sono favorevole all'~ totale delle frontiere nel commercio internazionale** I am in favour of the total abolition of market frontiers; **L'~ temporanea delle quote d'importazione della carne potrebbe far abbassare i prezzi** a temporary lifting of the quotas on imported meat might drive down prices. // ~ **dei controlli** decontrol: **Si dovrebbe arrivare a una graduale ~ dei controlli sui canoni d'affitto** we should come to a gradual decontrol on rents; ~ **delle tariffe** (*dog., econ.*) elimination of tariffs.

abrasione, *n. f.* (*di monete metalliche*) abrasion.

abrogabile, *a.* (*leg.*) repealable, rescindable, revocable.

abrogare, *v. t.* (*leg.*) to abrogate, to cancel, to repeal, to rescind, to revoke. △ **La legge che vietava gli scioperi è stata abrogata** the law forbidding strikes has been repealed. // ~ **una legge** (*leg.*) to rescind a law.

abrogazione, *n. f.* (*leg.*) abrogation, cancellation, repeal, rescission, revocation. △ **Gli operai facevano una dimostrazione per ottenere l'~ della legge sugli scioperi** the workers were demonstrating for the abrogation of the law on strikes; **La grande maggioranza degli elettori era favorevole all'~ della legge** the large majority of the constituents were in favour of the repeal of the law.

abusare, *v. i.* ❶ to abuse. ❷ (*leg.*) to trespass. △ ❶ **Non ~ mai della tua autorità!** never abuse your power! // ~ **del proprio potere** (*leg.*) to stretch one's powers; ~ **della propria autorità** (*leg.*) to strain one's authority.

abusivo, *a.* ❶ unauthorized. ❷ (*leg.*) abusive, unlawful. △ ❷ **Fu accusato d'aver commesso atti abusivi in materia finanziaria** he was charged with abusive financial practices.

abuso, *n. m.* ❶ abuse. ❷ (*leg.*) abuse, trespass. // ~ **d'assegno in bianco** (*leg.*) abuse of blank cheque; ~ **d'autorità** (*leg.*) abuse of power; ~ **di bianco segno** (*leg.*) abuse of blank signature; ~ **d'un diritto** (*leg.*) abuse of right; ~ **di fiducia** (*leg.*) abuse of confidence, breach of trust; **un ~ di potere** (*leg.*) a stretch of authority.

accampare, *v. t.* ❶ (*a giustificazione, a discolpa*) to plead. ❷ (*leg.*) to advance. △ ❶ **Accampò a scusa l'ignoranza delle disposizioni di legge** he pleaded ignorance of the law. // ~ **un diritto** (*o* **una pretesa**) (*leg.*) to advance a claim, to stake a claim.

accantonamento, *n. m.* ❶ earmarking. ❷ (*fin., rag.*) allocation, appropriation. // ~ « **crediti incerti** » (*fin., rag.*) contingency fund for « bad debts ».

accantonare, *v. t.* ❶ to earmark, to hold* over, to shelve. ❷ (*fin., rag.*) to allocate, to appropriate. ❸ (*rag.*) to set* aside. △ ❶ **Quell'importante questione fu accantonata fino alla prossima assemblea dei creditori** that important matter was held over until the next meeting of the creditors; **Il nuovo progetto è stato accantonato dalla commissione** the new project has been shelved by the committee; ❷ **Il consiglio d'amministrazione ha stabilito quale percentuale degli utili sia da ~ come riserva** the board has decided the amount of the reserves to be appropriated out of profits; ❸ **Una parte dell'utile sarà accantonato per esigenze future** part of the profit will be set aside for future needs. // ~ **denaro** (*fin., rag.*) to make appropriations; ~ **denaro per il pagamento di debiti** to make an appropriation for the payment of debts; ~ **materiali per un progetto** to allocate materials for a project.

accaparramento, *n. m.* (*econ., market.*) buying-up, coemption, corner, cornering (the market), engrossing, engrossment, forestallment, hoarding, take-up. △ **L'~ di generi alimentari è un tipico fenomeno del tempo di guerra** the buying-up of foodstuffs is a typical wartime phenomenon; **Fecero una fortuna con l'~ della lana** they made a fortune from a corner in wool; **Il loro scopo era l'~ del mercato del cotone** their aim was the engrossment of the cotton market. // **l'~ di generi alimentari** (*anche*) the hoarding of food; **l'~ d'un mercato** the forestallment of a market.

accaparrare, *v. t.* (*econ., market.*) to buy* up, to corner, to engross, to forestall, to hoard, to take* up. △ **Molti grossisti accaparrano merce in previsione di un forte aumento dei prezzi** a lot of wholesalers buy up goods in anticipation of a big rise in prices; **Cercano d'accaparrarsi tutta la lana** they are trying to corner all the wool; **Il Sud-Africa sta cercando di accaparrarsi il mercato mondiale dell'oro** South Africa is striving to corner (*o* to engross) the gold world market; **Vogliono accaparrarsi tutto il raccolto di frumento** they want to forestall the whole wheat harvest; **Alcuni negozianti sono riusciti ad accaparrarsi tutta quella merce** some shopkeepers have succeeded in taking up all those goods. // ~ **generi alimentari** (*anche*) to hoard food; **accaparrarsi un mercato** to engross a market.

accaparrarsi, *v. t. V.* accaparrare.

accaparratore, *n. m.* (*econ., market.*) buyer-up, corner man*, cornerer, engrosser, forestaller, hoarder (of goods).

accavallamento, *n. m.* crossing, overlapping.
accavallare, *v. t.* to cross, to overlap.
accavallarsi, *v. rifl.* to overlap. △ **Spesso i problemi economici d'un Paese tendono ad ~** the economic problems of a Country often tend to overlap.

accedere, *v. i.* ❶ to have access, to reach. ❷ (*acconsentire, aderire*) to accede, to agree. △ ❶ **Per ~ al magazzino, gli autocarri devono entrare dal cancello** in order to reach the warehouse, lorries must go through the gate; ❷ **Non vogliono ~ alla nostra proposta** they refuse to accede (*o* to agree) to our proposal. // ~ **alla magistratura** (*leg.*) to be raised to the Bench.

accelerare, *v. t.* to accelerate, to expedite, to gear up, to speed*, to speed* up. △ **Quelle misure sono intese ad ~ l'esecuzione del programma** those measures are intended to expedite the programme; **Il Governo ha aumentato il volume delle banconote, accelerando in tal modo la tendenza inflazionistica** the Government has increased the supply of banknotes, thus speeding the inflationary trend; **Dobbiamo cercare d'~ la produzione** we must try to speed up production. // ~ **le consegne** (*org. az.*) to speed up deliveries; ~ **la produzione** (*org. az.*) to gear up production; ~ **il progresso tecnologico** (*econ.*) to speed the technological progress.

acceleratore, *n. m.* (*econ.*) accelerator.
accelerazione, *n. f.* (*econ.*) acceleration.
accendere, *v. t.* to light*. // ~ **un conto** (*rag.*) to open an account; ~ **un'ipoteca** (*leg.*) to create a mortgage; ~ **un'ipoteca su una proprietà** (*leg.*) to take a mortgage on a property.

accennare, *v. i.* to hint (at), to mention, to refer. △ **Nella loro ultima lettera non accennarono alla loro intenzione d'acquistare** in their last letter they didn't mention their intention to buy.

accenno, *n. m.* hint, mention, reference. // **fare un ~ a qc.** to make a hint at st., to mention st., to refer to st.

accentare, *v. t.* to stress.
accento, *n. m.* (*anche fig.*) stress. △ **Nel suo (libro)** « **I Persuasori Occulti** », **V. Packard pone l'~ sulla discutibile moralità della manipolazione del consumatore** in « The Hidden Persuaders », V. Packard lays stress on the questionable morality of manipulating the consumer.

accentramento, *n. m.* (*org. az.*) centralization.
accentrare, *v. t.* (*org. az.*) to centralize.
accentuare, *v. t.* to stress. △ **Non sarà mai abbastanza accentuata l'importanza di conoscere almeno una lingua straniera** the importance of the knowledge of at least one foreign language will never be stressed too much.

accentuarsi, *v. rifl.* (*fig.: aumentare*) to gain

accertàbile, *a.* ❶ ascertainable, verifiable. ❷ (*fin.*) assessable. △ ❷ **Il suo reddito non è facilmente ~** his income is not easily assessable. // **non ~** (*fin.*) non-assessable.

accertaménto, *n. m.* ❶ ascertainment, verification. ❷ (*fin.*) assessment. ❸ (*leg.*) investigation. △ ❸ **In quattro casi gli accertamenti sono stati sospesi giacché il sospetto d'un'infrazione si è dimostrato infondato** in four cases the investigations were discontinued when the presumption of infringement proved groundless. // **~ dei redditi** (*fin.*) assessment on income; **~ del costo (di produzione) d'una unità marginale** (*econ.*) marginal costing; **l'~ dell'importo (di un conto)** the agreeing of an account: **In caso di cessione, il deposito sarà rimborsato al cedente, previo ~ dell'importo** in case of transfer, the deposit will be repaid to the transferor after agreeing the account; **~ d'ufficio** (*fin.*) arbitrary assessment.

accertàre, *v. t.* ❶ to ascertain, to verify. ❷ (*fin.*) to assess. △ ❶ **Prima di tutto bisogna ~ i fatti** first thing, we must ascertain the facts; ❷ **Non è affatto facile ~ i redditi dei professionisti in Italia** in Italy it is not easy at all to assess the incomes of professional people. // **~ i danni dopo un incidente** (*ass.*) to assess damages after an accident; **~ l'entità del danno** (*ass.*) to ascertain the extent of the damage; **~ il reddito derivante da una proprietà** (*fin.*) to assess a property; **~ il valore di** (*qc.*) to appraise: **~ il valore d'una proprietà agli effetti fiscali** (*fin.*) to appraise property for taxation.

accertàrsi, *v. rifl.* to ascertain, to make* sure. △ **Voglio accertarmi di come sono andate le cose** I want to ascertain what really happened.

accessìbile, *a.* ❶ approachable. ❷ (*trasp. aut.*) accessible. △ ❶ **Il capo è un uomo ~** the boss is an approachable man; ❷ **Questa strada non è ~ quando vi sono tempeste di neve** this road is not accessible during snow storms.

accessióne, *n. f.* accession.

accèsso, *n. m.* access. △ **Soltanto Mr Jones e Miss Greener hanno ~ al presidente della società** only Mr Jones and Miss Greener have access to the chairman of the company. // **~ al mercato** access to the market; **~ alla professione** (*leg.*) entry to the profession; **~ casuale** (*elab. elettr.*) random access; **~ immediato** (*elab. elettr.*) immediate access; **~ libero** (*a un locale, a uno spettacolo, ecc.*) free admittance; (*elab. elettr.*) random access; **~ rapido** (*elab. elettr.*) quick access; **~ sequenziale** (*elab. elettr.*) sequential access; **chi ha ~ a informazioni riservate** (*pers.*) insider.

accessòrio, *a.* accessory, accessary, accessorial, ancillary, incidental, secondary, subsidiary. *n. m.* accessory, accessary. △ *a.* **L'ipoteca è un impegno ~ rispetto all'obbligo principale** the mortgage is accessory to the main obligation; **I servizi accessori comprendevano la cernita e l'imballaggio** accessorial (*o* ancillary, *o* subsidiary) services included sorting and packing. // **gli accessori d'un'automobile** the accessories of a motor-car.

accettàbile, *a.* ❶ acceptable. ❷ (*leg.*) receivable.

accettabilità, *n. f.* acceptability, acceptableness.

accettànte, *a.* accepting. *n. m. e f.* (*banca, cred.*) acceptor. // **~ per intervento** acceptor for honour; acceptor supra protest.

accettàre, *v. t.* ❶ to accept, to agree to, to assume, to recognize, to take*. ❷ (*comm.*) to honour. ❸ (*fin., rag.*). (*una dichiarazione, un conto, ecc.*) to agree. △ ❶ **La proposta dell'assicurato è stata accettata dall'assicuratore** the proposal of the insured has been accepted by the insurer; **Fu accettato come socio** he was assumed as a partner; **Nessuno accetterebbe un impiego del genere** nobody would take a job like that; ❷ **Siamo certi che Mr Clark accetterà la cambiale che abbiamo spiccato su di lui** we are sure Mr Clark will honour the bill we have drawn on him; ❸ **Spero che l'Ufficio delle Imposte accetti la mia denuncia dei redditi** I hope that the Inspector of Taxes will agree my return of income. // **~ un arbitrato** (*leg.*) to agree to an arbitration; **~ una cambiale** (*cred.*) to accept a bill of exchange; **~ un concordato** to accept a composition, to agree to an arrangement; **~ le condizioni di q.** to accept sb.'s terms; **~ impegni precisi** to accept firm commitments; **~ una parte del rischio da coprire** (*ass.*) to accept a part of the risk to be covered; **~ una proposta** to be agreeable to a proposal; **~ le scuse di q.** to accept sb.'s apologies; **~ un suggerimento** to accept a suggestion; **« accettato »** (*formula di accettazione d'una cambiale*) « accepted ».

accettàto, *a.* accepted. // **non ~** (*cred.*) unaccepted.

accettazióne, *n. f.* ❶ acceptance, acceptation, assumption, recognition. ❷ (*banca, cred.*) (*nel senso di cambiale recante la dicitura « accettato »*) acceptance. △ ❶ **Questa cambiale è stata spiccata (con la clausola) «documenti contro ~»** this bill has been drawn «documents against acceptance» (*D/A*); ❷ **Una cambiale che è stata accettata dicesi anche ~** an accepted bill of exchange is called an acceptance. // **~ bancaria** (*banca, cred.*) acceptance of a bill by a bank, banker's acceptance; **~ cambiaria** (*cred.*) acceptance of a bill; **~ condizionata** (*banca, cred.*) conditional acceptance, qualified acceptance; **~ condizionata del luogo di pagamento** (*banca, cred.*) local acceptance; **~ condizionata quanto al tempo** (*banca, cred.*) acceptance qualified as to time; **~ contro documenti** (*banca, cred.*) acceptance against documents; **~ deliberata del deficit di uno Stato** (*come mezzo per mettere in moto meccanismi di ripresa economica attraverso la dilatazione della spesa pubblica*) (*econ.*) deficit financing, deficit spending; **~ di comodo** (*banca, cred.*) accommodation acceptance; (*espressa o tacita*) **d'un contratto** (*leg.*) affirmation of a contract; **l'~ d'un obbligo** the assumption of an obligation; **~ d'un'offerta d'appalto** (*comm.*) acceptance of a bid; **~ d'una sentenza** (*leg.*) acceptance of a judgment; **~ in bianco** (*banca, cred.*) blank acceptance; **~ incondizionata** (*banca, cred.*) clean acceptance, general acceptance; **~ per conto d'un cliente** (*da parte d'una banca*) acceptance on account of a customer; **~ per intervento** (*una cambiale*) (*banca, cred.*) acceptance for honour, acceptance under protest, acceptance supra protest, supraprotest; **~ restrittiva** (*banca, cred.*) qualified acceptance; **~ senza riserve** (*banca, cred.*) general acceptance; **mancata ~** (*banca, cred.*) non-acceptance, dishonour by non-acceptance, dishonour: **L'avviso di mancata ~** (*o di mancato pagamento*) **deve essere dato entro un tempo ragionevole** the notice of dishonour must be given within a reasonable time.

accezióne, *n. f.* acceptation. △ **Uso questo termine nella ~ comune** I am using this term in its common acceptation.

accidentàle, *a.* accidental, casual, fortuitous; random (*attr.*). △ **La collisione fra le due navi fu del**

tutto ~ the collision between the two ships was quite accidental.

acclamazione, *n. f.* acclamation. △ **Il presidente fu eletto per ~** the president was elected by acclamation.

accludere, *v. t.* ❶ to attach. ❷ (*comm.*) to enclose, to inclose. △ ❷ **Non dimenticare d'~ i documenti!** don't forget to enclose the documents!

accluso, *a.* ❶ (*comm.*) enclosed, inclosed. ❷ (*leg.*) within (*attr.*). // **l'~ reclamo** (*leg.*) the within complaint; **come da acclusa fattura** as per enclosed invoice.

accoglienza, *n. f.* reception. △ **Ci fecero una buona ~** we got a good reception (*o* a hearty welcome); **Vogliate riservare una buona ~ alla nostra tratta** we recommend our draft to your attention.

accogliere, *v. t.* ❶ to receive. ❷ to accept, to allow, to concede, to recognize. ❸ (*leg.*) to sustain. ❹ (*tur.*) to accommodate. △ ❶ **Mi accolsero freddamente** they received me coldly; ❷ **Vogliate ~ i miei ossequi** accept my compliments; **Il giudice accolse la sua richiesta** the judge allowed his claim; ❹ **Questa nave può ~ 700 passeggeri** this ship can accommodate 700 passengers. // **~ eccezioni** (*leg.*) to sustain objections; **~ un reclamo** to allow a claim, to admit a claim, to concede a claim, to recognize a claim; **~ una richiesta** to grant a request; **~ un ricorso** (*leg.*) to admit a claim.

accoglimento, *n. m.* ❶ acceptation, concession. ❷ (*d'un reclamo e sim.*) recognition. // **l'~ d'un reclamo** the acceptance of a complaint; **l'~ d'una richiesta** the granting of a request; **l'~ d'un ricorso** the recognition of a claim.

accomandante, *n. m.* e *f.* ❶ (*fin., leg.*) (*di società in accomandita*) limited partner. ❷ (*fin., leg.*) (*per estensione*) sleeping partner. △ ❶ **L'~ non può prendere parte attiva nella conduzione dell'azienda ed è responsabile soltanto fino all'ammontare del capitale apportato** a limited partner cannot take an active part in the management of the firm and is liable only to the extent of the amount contributed.

accomandatario, *n. m.* ❶ (*fin., leg.*) (*di società in accomandita*) general partner. ❷ (*fin., leg.*) (*per estensione*) active partner. △ ❶ **L'~ si occupa dell'azienda e risponde di tutti i suoi debiti e impegni** a general partner manages the business and is responsible for all its debts and obligations.

accomandita, *n. f.* (*fin., leg.*) limited partnership. △ **L'~ è una società in cui vi sono due specie di soci: soci accomandatari e soci accomandanti** a limited partnership is a partnership in which there are two kinds of partners: general partners and limited partners. // **società in ~** (*fin., leg.*) V. ~.

accomodamento, *n. m.* ❶ accommodation, arrangement, settlement, settling. ❷ (*leg.*) (*con i creditori*) composition. ❸ (*leg.*) transaction (*nel diritto romano*). △ ❶ **Dovremo giungere a un ~ con i Paesi Arabi sulla questione delle forniture di petrolio** we shall have to reach an accommodation with the Arab Countries on the issue of oil supplies; **Abbiamo finalmente raggiunto un ~ amichevole** at last we have reached a friendly arrangement; **Gli scioperanti hanno raggiunto un ~ con i datori di lavoro** the strikers have reached a settlement with the employers.

accomodare, *v. t.* (*sistemare, comporre*) to arrange, to compound, to compromise, to settle. △ **Farò del mio meglio per ~ la disputa fra le due parti** I'll do my best to arrange the dispute between the two parties; **Alla fine la faccenda fu accomodata** eventually the matter was compromised; **La causa fu accomodata in** via amichevole the law suit was settled amicably (*o* out of Court).

accompagnare, *v. t.* to accompany, to escort. // **~ q. con funzioni di consulente** to accompany sb. in an advisory capacity.

accompagnatore, *n. m.* ❶ attendant. ❷ (*pers.*) escort. △ ❷ **Fummo guidati da un ~ per tutto il tempo della nostra visita agli stabilimenti** we were led by an escort throughout our visit to the plants.

accondiscendere, *v. i.* to comply. // **~ ai desideri di q.** to comply with sb.'s wishes.

acconsentire, *v. i.* to assent, to consent, to accede. // **~ a un accomodamento** to consent to an arrangement; **~ a un acquisto** to consent to a purchase; **~ a una proposta** to accede to a proposal, to consent to a proposal; **~ a vendere** to agree to a sale.

accontentare, *v. t.* to satisfy. △ **È semplicissimo ~ un cliente come Mr Gray!** it's quite easy to satisfy a client like Mr Gray!

acconto, *n. m.* ❶ advance, payment in advance, payment on account, part payment. ❷ (*cred., rag.*) (*rata*) instalment, installment. △ ❶ **Hanno chiesto un ~ sulla consegna delle merci** they have asked for an advance on the consignment of the goods; **Un ~ è un pagamento parziale in una serie di pagamenti da effettuare finché il debito non sarà stato saldato** a payment on account is one part of a series of payments to be made until the total due has been paid. // **come ~** (*cred., rag.*) by way of account; **in ~** (*cred., rag.*) on account: **Ci fu richiesto di versare 500 dollari in ~** we were requested to pay $ 500 on account.

accorciamento, *n. m.* curtailing.

accorciare, *v. t.* to curtail.

accordare, *v. t.* ❶ to allow, to grant, to give*. ❷ to accord, to adjudge. △ ❶ **Possiamo ~ uno sconto del 5% per pagamento in contanti** we can allow (*o* we can grant) a 5 per cent discount for cash payment; ❷ **La legge accorda diritti speciali ai genitori** the law accords special rights to parents. // **~ un indennizzo a q.** (*leg.*) to adjudge legal damages to sb.; **~ l'interesse del 6% sui depositi** to allow 6% interest on deposits; **~ la priorità a** (*un creditore, ecc.*) (*cred.*) to prefer; **~ un privilegio a q.** (*anche leg.*) to privilege (sb.).

accordarsi, *v. recipr.* ❶ (*raggiungere un accordo*) to agree, to come* to an agreement, to reach an agreement, to close with an arrangement. ❷ (*stringere un patto*) to combine, to covenant. ❸ (*leg.*) (*con i creditori*) to compound. △ ❶ **Per prima cosa, bisogna ~ su un prezzo** first of all we must agree on a price; **Vogliamo accordarci sulle ultime clausole del contratto** we want to come to (*o* to reach) an agreement on the last clauses of the contract; ❷ **Le « Sette Sorelle » si accordarono per aumentare i salari nell'industria del petrolio** the « Seven Sisters » combined to raise wages in the oil industry; ❸ **Si accordò con i suoi creditori** he compounded with his creditors. // **~ per** to agree on: **Ci accordammo per un'equa divisione degli utili** we agreed on a fair division of the profits; **~ su** (*leg.*) to stipulate for: **Ci siamo accordati sull'uso e sulla gestione dei fondi** we have stipulated for the disposition and management of the funds; **~ su una concessione** to agree to a concession; **~ su un prezzo** (*market.*) (*di venditore e acquirente*) to settle a price.

accordo, *n. m.* ❶ agreement, arrangement, understanding. ❷ (*accomodamento*) composition, settlement, transaction. ❸ (*patto*) compact, combination, combine, treaty. ❹ (*consenso*) consent, concert, accord. ❺ (*coe-

renza) consistency. ❻ (*leg.*) deed of arrangement. △ ❶ **Le due parti hanno raggiunto un ~ dopo una lunga disputa** the two parties have come to an agreement after a long dispute; **Fra i due Paesi esiste un ~ monetario** there is a monetary understanding between the two Countries; ❷ **I creditori accettarono un ~ sulla base di 10 centesimi per dollaro** the creditors agreed to a composition of 10 cents in the dollar; **I datori di lavoro sperano di raggiungere un ~ con gli scioperanti** the employers hope to reach a settlement with the strikers; ❸ **Il nostro Paese stringerà un ~ commerciale con la Nigeria** our Country will enter into a treaty of commerce with Nigeria; ❹ **Il problema fu deciso di comune ~** the issue was decided with one accord. // **un ~ amichevole** an amicable settlement; **~ bilaterale** bilateral agreement; **~ commerciale** (*comm. est.*) trade agreement; **accordi commerciali bilaterali** (*comm. est.*) reciprocal trade agreements; **~ d'apprendistato** articles of apprenticeship; **accordi d'associazione** association agreements; **~ di Bretton Woods** (*econ.*) Bretton Woods agreement; **accordi di cooperazione tra imprese** (*comm.*) interenterprise cooperation agreements; **accordi d'esclusiva** (*market.*) exclusive dealing agreements; **~ di fusione** (*econ., fin.*) amalgamation agreement; **un ~ di massima** an informal agreement; **accordi di « pool »** (*fin.*) pooling arrangements; **accordi di « swap »** (*q.V.*) (*fin.*) swap agreements; **~ esplicito** (*leg.*) express agreement; **~ espresso** (*leg.*) express agreement; **~ generale sulle tariffe doganali e il commercio (GATT)** (*comm. est., dog.*) General Agreement on Tariffs and Trade (*GATT*); **~ (illegale) per la restrizione del commercio** (*econ., fin.*) combination in restraint of trade; **accordi infraindustriali** (*org. az.*) interindustrial transactions; **accordi interaziendali** (*org. az.*) intercompany agreements; **un ~ leale** a gentleman's agreement; **~ monetario** (*fin.*) monetary agreement; **accordi orizzontali** (*comm. est.*) horizontal agreements; **accordi orizzontali sul prezzo di rivendita delle merci importate** (*comm. est.*) horizontal agreements on the resale prices of imported products; **~ salariale che prevede i maggiori aumenti entro il primo anno** (*dalla sua stipulazione*) (*econ., sind.*) front-loaded wage settlement; **un ~ salariale con conseguenze inflazionistiche** (*econ.*) an inflationary wage settlement; **~ scritto** written agreement; (*leg.*) indenture; **~ segreto** secret agreement; **~ solenne** covenant; **un ~ sulla parola** a gentleman's agreement; **un ~ svantaggioso** an inconvenient arrangement; **~ tariffario** (*comm. est., econ.*) tariff arrangement; **~ temporaneo** (*fin.*) temporary combine; **~ tripartito** tripartite agreement; **~ verbale** verbal agreement; **accordi vietati** (*leg.*) prohibited agreements; **contrariamente ai nostri accordi** contrary to our agreements; **essere d'~** to be agreeable, to agree, to consent: **È perfettamente d'~ sul vostro progetto** he is fully agreeable to your plan; **d'~ con** in conjunction with: **Vogliono agire d'~ con noi** they want to act in conjunction with us; **secondo gli accordi** as agreed upon; **secondo gli accordi presi** as agreed upon.

accorgimento, *n. m.* device. // **accorgimenti tendenti a risparmiare manodopera** (*org. az.*) labour-saving devices.

accostamento, *n. m.* (*trasp. mar.*) coming alongside.

accostare, *v. i.* (*trasp. mar.*) to come* alongside. // **~ alla banchina** (*trasp. mar., USA*) to dock.

accostarsi, *v. rifl.* (*trasp. mar.*) to come* alongside. *v. recipr.* (*trasp. mar.*) to draw* together. △ *v. recipr.* **Le due navi si stanno accostando** the two ships are drawing together. // **~ a** to near: **La nave sta accostandosi alla banchina** the ship is nearing the dock; **~ a una nave** (*trasp. mar.*) to go alongside a ship.

accostata, *n. f.* (*trasp. aer., trasp. mar.*) turn.

accreditamento, *n. m.* (*banca, rag.*) crediting, credit. // **~ in conto a q.** (*banca, cred.*) crediting to sb.'s (current) account.

accreditante, *a.* crediting. *n. m.* e *f.* (the) crediting party.

accreditare, *v. t.* ❶ to credit. ❷ (*cred., rag.*) to accredit, to credit. △ ❷ **Ai depositanti è stato accreditato l'interesse** the depositors have been credited with the interest; **Ci hanno accreditato la somma di cento sterline** they have credited us with a hundred pounds (*o* a hundred pounds to us). // **~ un conto d'una somma** (*rag.*) to credit an account with a sum; **~ q. d'una somma** to credit sb. with an amount; **~ una somma a q.** to credit an amount to sb., to give sb. credit for a sum of money.

accreditato, *a.* (*cred., rag.*) accredited. *n. m.* (*cred., rag.*) accreditee, (the) accredited party, (the) credited party.

accredito, *n. m.* (*banca, rag.*) crediting. // **« ~ di effetti valuta scadenza »** (*banca*) « crediting of bills value at maturity date ».

accrescere, *v. t.* to increase, to augment, to enhance, to step up. △ **In molti anni di duro lavoro, ha accresciuto notevolmente la sua ricchezza** in many years of hard work, he has considerably increased his wealth; **Per compensare l'incidenza di tale politica sulla situazione della liquidità interna, la Banca Centrale ha accresciuto le sue erogazioni alle banche, soprattutto sotto forma di anticipi** in order to offset the effect of this policy on domestic liquidity, the Central Bank stepped up its aids to other banks, mainly in the form of advances. // **~ notevolmente i propri utili mediante oculati reinvestimenti** to pyramid one's gains by careful reinvestments; **~ la produzione** (*org. az.*) to step up production.

accrescimento, *n. m.* ❶ increase, increment, enhancement, growth, step-up. ❷ (*leg.*) accretion. // **~ degli stock** (*org. az.*) inventory increase; **~ fra coeredi** (*leg.*) accretion among co-heirs; **~ per alluvione** (*leg.*) accretion by alluvion.

accumulare, *v. t.* to accumulate, to cumulate, to amass, to hoard, to store (up). // **~ eccessive riserve di capitale in un'azienda** (*fin.*) to over-capitalize a business; **~ merci in un magazzino** to store up goods in a warehouse; **~ perdite (su perdite)** to accumulate losses; **~ ricchezze** to accumulate wealth, to amass riches.

accumularsi, *v. rifl.* ❶ to accumulate. ❷ (*fin.*) to accrue. △ ❶ **Dobbiamo evadere la corrispondenza accumulatasi durante la fine settimana** we must clear the correspondence accumulated over the weekend; ❷ **Se si tiene denaro in una cassa di risparmio, si accumula un interesse** if one keeps money in a savings bank, interest will accrue.

accumulato, *a.* ❶ accumulated. ❷ (*fin.*) accrued.

accumulazione, *n. f.* ❶ accumulation, cumulation. ❷ (*fin.*) accrual.

accuratamente, *avv.* accurately, carefully, precisely.

accuratezza, *n. f.* accuracy, carefulness, precision.

accurato, *a.* accurate, careful, narrow, precise, thorough, true. △ **È molto ~ nel suo lavoro** he is very accurate in his work; **Faremo un'accurata perquisizione in cerca di merci di contrabbando** we are going to have a narrow search for contraband goods;

L'inviato ci mandò un'accurata descrizione dei disordini politici in quella zona the correspondent sent in a thorough description of the political unrest in that area.

accusa, *n. f.* ❶ (*leg.*) accusation, charge, impeachment. ❷ **l'accusa** (*leg.*) the prosecution. △ ❶ **È sotto ~ di furto** he is under an accusation of theft; **L'~ di protezionismo mossa talvolta alla Comunità è del tutto ingiustificata** the charge of protectionism sometimes laid at the Community's door is wholly unjustified; ❷ **Secondo la legge penale italiana, né l'~ né la difesa possono condurre il controinterrogatorio diretto dei testimoni** according to Italian criminal law, neither the Prosecution nor the Counsel for the defence are allowed to cross-examine witnesses. // **~ di ricevuta** acknowledgment of receipt; letter of acknowledgment; **un'~ infondata** (*leg.*) an unfounded accusation; **~ scritta** (*leg.*) indictment.

accusabile, *a.* (*leg.*) impeachable, indictable.

accusare, *v. t.* (*leg.*) to accuse, to charge, to impeach, to indict. △ **Il contabile venne accusato di appropriazione indebita** the accountant was charged with embezzlement; **Il giudice disonesto fu accusato d'essersi fatto corrompere** the dishonest judge was impeached for taking bribes. // **~ un disavanzo notevole** (*fin., rag.*) to close with a heavy deficit; **~ ricevuta** to acknowledge receipt; **~ ricevuta di merci** (*comm.*) to receipt goods.

accusato, *a.* (*leg.*) accused, charged. *n. m.* (*leg.*) defendant, indictee.

accusatore, *n. m.* ❶ (*leg.*) indictor, indicter. ❷ (*leg.*) (= **pubblico accusatore**) prosecutor. △ ❷ **A differenza dell'Italia e degli altri Paesi europei, in Inghilterra non esiste un Pubblico ~** unlike in Italy and the other continental Countries, there is no Public Prosecutor in England.

accusatorio, *a.* (*leg.*) accusatorial. △ **Con la riforma del codice di procedura penale, l'Italia è passata dal rito inquisitorio a quello ~** with the reformation of criminal procedure, Italy has shifted from the inquisitorial to the accusatorial system of law.

acqua, *n. f.* water. // **~ alta** (*trasp. mar.*) high water; **~ bassa** (*trasp. mar.*) low water; **le acque extraterritoriali** (*trasp. mar.*) the high seas; **acque navigabili** (*trasp.*) navigable waters; **acque pubbliche** (*leg.*) public waters; **acque soggette a marea** (*trasp. mar.*) tidal waters; **acque territoriali** (*trasp. mar.*) territorial waters; **in acque profonde** in deep water(s); **nelle acque di Napoli** (*trasp. mar.*) off Naples.

acquaforte, *n. f.* (*pubbl.*) copper etching.

acquedotto, *n. m.* waterworks.

acquiescenza, *n. f.* ❶ compliance. ❷ (*leg.*) sufferance.

acquirente, *a.* (*market.*) buying, purchasing. *n. m. e f.* ❶ (*market.*) buyer, purchaser, vendee. ❷ (*market.*) (*in un negozio*) shopper. // **acquirenti a medio termine prolungato** (*cred.*) extended medium-term purchasers; **l'~ d'un premio indiretto** (*Borsa*) the seller of a put option; **~ in buona fede** (*leg.*) bona fide purchaser; **un ~ potenziale** (*market.*) a potential buyer; **acquirenti pubblici** (*econ.*) Government purchasers.

acquisire, *v. t.* to acquire. △ **Ha acquisito una buona conoscenza dell'inglese commerciale** he has acquired a good knowledge of commercial English. // **~ un documento a un processo** (*leg.*) to admit a document as evidence in a trial; **~ per usucapione** (*leg.*) to prescribe.

acquisito, *a.* (*leg.*) vested. △ **Questo è un diritto ~** this is a vested right.

acquisizione, *n. f.* acquisition. // **~ della cittadinanza** (*d'un Paese*) (*leg.*) naturalization.

acquistabile, *a.* (*market.*) buyable, purchasable.

acquistare, *v. t.* ❶ (*acquisire*) to acquire. ❷ (*fin.*) to underwrite*. ❸ (*market.*) to buy*, to purchase. △ ❷ **Ci sono state date istruzioni d'~ 200 (azioni) Texasgulf** we've been instructed to underwrite 200 Texasgulfs; ❸ **Abbiamo acquistato un lotto di terreno per la costruzione della nuova sede** we have bought (*o* purchased) a building lot for the construction of the new premises. // **~ a rate** to buy on instalment (*o* by instalments); **~ il controllo d'una società** (*fin.*) to take over a company; **~ merce (beni immobili, ecc.)** to purchase merchandise (real estate, etc.); **~ nuovi titoli con gli utili ricavati dall'aumento delle quotazioni** (*dei titoli già acquistati con intenzioni speculative*) (*Borsa, fin.*) to pyramid; **~ il pacchetto di maggioranza di una società** (*fin.*) to buy out a company; **~ il possesso di qc.** (*leg.*) to seize st.; **~** (*qc.*) **valendosi del diritto di prelazione** (*leg.*) to pre-empt.

acquistato, *a.* (*market.*) bought, purchased. // **~ a termine** (*Borsa*) bought for the account.

acquisto, *n. m.* ❶ (*acquisizione*) acquisition. ❷ (*market.*) buy, buying, purchase. ❸ **acquisti**, *pl.* (*market.*) shopping. △ ❷ **Questo è proprio un buon ~** this is really a good buy; ❸ **Sono usciti per (fare) acquisti** they have gone shopping. // **~** (*di titoli*) **a copertura** (*Borsa, fin.*) short covering; **~ a credito** (*market., rag.*) credit purchase; **acquisti a rate** (*market.*) instalment buying; **~ a termine** (*Borsa*) purchase for the account, purchase for the settlement; **~** (*in un momento d'andamento svantaggioso dei prezzi*) **al fine di rendere minime le perdite** (*Borsa, market.*) averaging; **~ allo scoperto** (*Borsa*) bull purchase; **~ (con pagamento) in contanti** (*market.*) purchase for cash, purchase for money; **~ (con pagamento) rateale** (*market.*) time purchase; **l'~ d'azioni** (*fin.*) the purchase of shares; **~ di possesso** (*di qc.*) (*leg.*) seizure; **~ di tempo** (*per la pubblicità radiotelevisiva*) (*comm., pubbl.*) time buying; **~ effettuato per proteggersi da un rischio o da fluttuazioni di mercato** (*e non a fini esclusivi di lucro*) (*fin.*) hedge; **acquisti (fatti) all'estero** (*market., USA*) off-shore purchases; **~ fatto esercitando il diritto di prelazione** (*leg.*) pre-emption; **~ (fatto) per impulso** (*market.*) impulse purchase; **acquisti (fatti) per impulso** (*market.*) impulse buying; **~ in massa** (*market.*) bulk buying.

acro, *n. m.* acre.

acuire, *v. t.* to sharpen. // **l'acuirsi della crisi monetaria internazionale** (*fig.*) the deterioration of the international monetary crisis.

acuto, *a.* ❶ (*acuminato*) sharp. ❷ (*fig.*) keen, discriminating.

adattabile, *a.* adaptable.

adattabilità, *n. f.* adaptability, elasticity.

adattamento, *n. m.* accommodation, adaptation, adjustment. △ **L'~ d'un porto a scopi di traffico turistico può presentare delle difficoltà** the accommodation of a port with a view to tourist traffic can be difficult. // **~ dei prezzi** (*market.*) price adjustment; **~ stagionale** (*market.*) seasonal adjustment.

adattare, *v. t.* ❶ to accommodate, to adapt, to adjust, to conform, to fit. ❷ to tailor (*fig.*). △ ❷ **Non siamo in grado d'~ la nostra produzione alla domanda odierna** we are not able to tailor our production to present-day demand. // **~ una nave da carico per il trasporto di emigranti** (*trasp. mar.*) to accommodate a cargo ship for the carriage of emigrants.

adatto, *a.* ❶ fit, suitable, right, eligible. ❷ appropriate, convenient, proper. △ ❶ È la persona più adatta per questo posto he is the most suitable person for this job; È l'uomo ~ nel posto che fa per lui he is the right man in the right place; ❷ Le lettere devono essere scritte in uno stile ~ all'argomento trattato letters should be written in a style appropriate to their subject.

addebitabile, *a.* ❶ chargeable. ❷ (*rag.*) imputable, chargeable.

addebitare, *v. t.* ❶ to charge. ❷ (*rag.*) to debit, to charge, to impute. △ ❶ Addebitiamo una commissione dell'1% we charge 1% commission; ❷ Sul conto saranno addebitati gli interessi the account will be charged with the interest. ∥ ~ al cliente le spese postali to charge the postage to the customer; ~ un conto (*rag.*) to charge an account, to debit an account: Abbiamo addebitato il vostro conto di cinquanta sterline we have debited your account with fifty pounds.

addebito, *n. m.* ❶ (*leg.*) charge. ❷ (*rag.*) debit. ∥ ~ di spese giudiziali (*leg.*) charge of costs; ~ eccessivo overcharge.

addestramento, *n. m.* (*pers.*) training, coaching. ∥ ~ dei dirigenti (*org. az.*) executive training; ~ della manodopera (*org. az., pers.*) manpower training; ~ professionale (*pers.*) professional training; ~ sul lavoro (*org. az., pers.*) on-the-job training.

addestrare, *v. t.* (*pers.*) to train, to coach. △ Quel gruppo d'operai viene addestrato all'uso della nuova macchina that group of workers is being trained in the use of the new machine.

addetto, *n. m.* (*nella carriera diplomatica*) attaché. ∥ « ~ ai lavori » insider: La sua relazione può essere capita soltanto dagli « addetti ai lavori » his report can only be understood by the insiders; ~ ai ricuperi marittimi (*trasp. mar.*) salvager, salvor; ~ ai segnali (*trasp. ferr.*) signal-man; ~ all'accettazione (*di telegrammi*) (*comun.*) accepting officer; ~ alla corrispondenza (*pers.*) correspondence clerk; gli addetti alla distribuzione (*market.*) distributors; ~ alla manutenzione (*pers.*) maintenance man; ~ alle consegne (*pers.*) delivery man; ~ alle spedizioni (*pers.*) dispatch clerk; addetti alle vendite (*pers.*) salespeople; ~ commerciale commercial attaché; ~ stampa (*giorn., pubbl.*) press-agent; « non ~ ai lavori » outsider: Il loro gergo finanziario è incomprensibile ai « non addetti ai lavori » their financial slang cannot be understood by the outsiders.

addivenire, *v. i.* to come* to, to reach. ∥ ~ a un accordo to come to terms: Addivenimmo a un accordo dopo una lunga contrattazione we came to terms after a long bargaining; ~ a una riconciliazione to come to a conciliation.

addizionabile, *a.* (*mat.*) addable, addible.

addizionale, *a.* additional, supplementary; excess, extra (*attr.*). *n. f.* ❶ (*spesa addizionale*) additional charge. ❷ (*ass.*) (*di premio*) loading. ❸ (*fin.*) (*imposta*) addition. ❹ (*fin.*) (*imposta addizionale*) additional tax, supertax. ❺ **addizionali**, *pl.* (*pers.*) fringe benefits. △ *a.* Ci saranno spese addizionali? are there going to be additional charges?

addizionare, *v. t.* ❶ (*mat.*) to add, to add up, to cast*, to cast* up, to sum, to total. ❷ (*mat.*) (*di macchina calcolatrice*: fino a un certo numero) to total. ∥ ~ una colonna di cifre (*mat.*) to cast a column of figures, to add up a column of figures; ~ colonne di cifre (*mat.*) to sum columns of figures.

addizionatrice, *n. f.* (*macch. uff.*) adding machine, adder. ∥ ~ a lettura immediata (*macch. uff.*) rotary adding machine; ~ -sottrattrice (*macch. uff.*) adding-subtracting machine.

addizione, *n. f.* ❶ (*mat.*) (*l'addizionare*) adding, adding up, footing (up). ❷ (*mat.*) (*la somma*) sum, addition, cast.

addurre, *v. t.* ❶ to allege. ❷ (*a giustificazione, a discolpa*) to plead. △ ❶ Addusse motivi di salute per non andare a lavorare he alleged illness as a reason for not going to work. ∥ ~ (*un mezzo*) a difesa (*leg.*) to justify; ~ argomenti (*leg.*) to bring arguments; ~ valide prove per qc. (*leg.*) to substantiate st.

adduzione a difesa, *n. f.* (*leg.*) justification.

adeguamento, *n. m.* adjustment, adaptation. △ Fu istituito un sistema di ~ dei contingenti collegato ai prezzi dei diversi tipi di caffè a system of adjustment of quotas linked with the prices of various types of coffee was instituted. ∥ l'~ dei quadri direttivi (*pers.*) the updating of managers; ~ (dei salari) al costo della vita (*secondo i punti della « contingenza »*) (*econ.*) cost-of-living adjustment; ~ delle retribuzioni alle variazioni del costo della vita (*sind.*) escalation; ~ delle scorte (*org. az.*) inventory adjustment.

adeguare, *v. t.* to adjust, to adapt.

adeguarsi, *v. rifl.* to conform (oneself).

adeguatamente, *avv.* adequately, duly.

adeguatezza, *n. f.* adequacy, sufficiency.

adeguato, *a.* adequate, appropriate, comfortable, competent, sufficient. △ È uno stipendio ~ that's a comfortable salary. ∥ adeguata comprensione della legge (*leg.*) competent understanding of the law; dopo adeguata riflessione after due consideration.

adeguazioni delle parità, *n. pl.* (*fin.*) peg-adjustments.

adempiere, *v. t. e i.* ❶ to fulfil; to fulfill (*USA*); to implement, to perform, to discharge. ❷ (*leg.*) (*un'obbligazione*) to discharge, to satisfy. △ ❶ Adempie sempre ai suoi doveri con la massima diligenza he always fulfils his duties with the utmost care. ∥ ~ a un impegno to implement an engagement; ~ (a) un obbligo to satisfy an obligation; ~ ai propri impegni to carry out one's engagements; ~ un compito to perform a task; ~ una promessa to perform a promise; ~ un ufficio to execute an office.

adempimento, *n. m.* ❶ fulfilment; fulfillment (*USA*); implementation, performance, pursuance. ❷ (*leg.*) (*d'un'obbligazione*) discharge, satisfaction.

adempiuto, *a.* (*leg.*) (*d'obbligo, ecc.*) satisfied.

aderire, *v. i.* ❶ to accede. ❷ (*sottoscrivere*) to subscribe. ❸ (*leg.*) to abide*. △ ❶ Aderirono alla mia proposta they acceded to my proposal; ❷ Non sono disposti ad ~ a questo accordo they are not willing to subscribe to this agreement; ❸ Non possiamo non ~ alla sentenza degli arbitri (*al lodo arbitrale*) we cannot help abiding by the award of the arbitrators. ∥ ~ a un invito to accept an invitation; ~ a una richiesta to comply with a request: aderendo alla vostra richiesta complying with your request.

adesione, *n. f.* (*fig.*) consent. ∥ l'~ a un invito the acceptance of an invitation.

adesivo, *a. e n. m.* adhesive.

« **adhocrazia** » *n. f.* (*econ., neol.*) (*sistema di strutture amministrative temporanee e non perenni, contrapposto a una burocrazia tecnologica, onnicomprensiva, « orwelliana »*) adhocracy.

adiacente, *a.* adjacent.

adire, *v. t.* (*nelle seguenti locuz.*) ~ il tribunale (*leg.*) to go to Court; ~ le vie legali (*leg.*) to have recourse to the law, to take legal action (*o* legal steps), to take proceedings; ~ **le vie legali contro q.** (*leg.*) to sue sb. at law.

adito, *n. m.* access, admittance. △ **Voglio avere libero ~ ai libri contabili** I want to have free access to the account books.

adottante, *n. m.* e *f.* (*leg.*) adopter.

adottare, *v. t.* (*anche leg.*) to adopt. △ **Bisogna severi provvedimenti per combattere l'inflazione** we must adopt strict measures to fight inflation. // ~ **una deliberazione** to carry a resolution; ~ **il sistema decimale per una moneta** (*econ.*) to decimalize a currency.

adottato, *n. m.* (*leg.*) adoptee.

adottivo, *a.* (*leg.*) adoptive.

adozione, *n. f.* (*leg.*) adoption. △ **L'~ d'un bambino non è cosa facile in Italia** the adoption of a child is not easy in Italy. // ~ **del sistema monetario decimale** (*econ.*) decimalization.

« **ad referendum** », *locuz. verb.* (*leg.*) (*clausola con cui si rinvia ogni decisione su taluni punti contrattuali*) « ad referendum ».

adrema, *n. f.* (*macch. uff., neol.*) (*macchina per indirizzi, targhettatrice*) addressing machine, addresser.

adulterare, *v. t.* to adulterate, to sophisticate, to tamper (with st.). // ~ **cibi e bevande** to adulterate foodstuffs and drinks; ~ **generi alimentari** to tamper with foodstuffs; ~ **le merci** to sophisticate goods.

adulterato, *a.* adulterated, sophisticated. // **non ~** unsophisticated.

adulteratore, *n. m.* tamperer.

adulterazione, *n. f.* adulteration, sophistication.

adunanza, *n. f.* ❶ meeting, sitting, rally. ❷ (*le persone adunate*) assembly. △ ❶ **L'~ del consiglio d'amministrazione si terrà domani alle 10 antimeridiane** the meeting of the board of directors will be held tomorrow at 10 A.M. // ~ **del consiglio d'amministrazione** (*anche*) board meeting.

adunare, *v. t.* to assemble, to convene, to rally. △ **Adunerò i soci dopodomani alle ore 16** I will assemble the partners the day after tomorrow at 4 P.M.

adunarsi, *v. rifl.* to assemble, to convene, to rally.

aereo, *a.* aerial. *n. m.* (*trasp. aer.*) plane, aircraft. △ *a.* **La navigazione aerea si è sviluppata notevolmente in tutto il mondo** aerial navigation has developed considerably all over the world. // ~ **da carico** (*trasp. aer.*) cargo-plane; ~ **da trasporto** (*trasp. aer.*) air freighter; ~ **di linea** (*trasp. aer.*) airliner, liner; ~ **per trasporto merci** (*trasp. aer.*) freighter.

aerocisterna, *n. f.* (*trasp. aer.*) tanker.

aerodromo, *n. m.* (*trasp. aer.*) airdrome (*USA*).

aerografo, *n. m.* (*pubbl.*) airbrush.

aerogramma, *n. m.* (*comun.*) aerogram.

aeronautica, *n. f.* aeronautics.

aeronautico, *a.* aeronautic, aeronautical.

aeronave, *n. f.* (*trasp. mar.*) hovercraft. // ~ **-traghetto** (*trasp. mar.*) hoverferry.

aeroplano, *n. m.* ❶ (*trasp. aer.*) aeroplane; airplane (*USA*); plane, aircraft. ❷ **aeroplani**, *collett.* (*trasp. aer.*) aircraft.

aeroporto, *n. m.* (*trasp. aer.*) airport, port. // ~ **di arrivo** (*per merci*) airport of delivery; ~ **di partenza** (*per merci*) airport of lading.

aerotrasportato, *a.* (*trasp. aer.*) airborne.

affamare, *v. t.* (*anche fig.*) to starve. // **essere affamato** to starve, to be starving.

affare, *n. m.* ❶ business (*solo al sing.*). ❷ (*singola operazione*) piece of business, deal, transaction. ❸ (*buon affare*) bargain. ❹ (*faccenda*) affair, matter. ❺ **affari**, *pl.* business (*solo al sing.*), affairs; biz, beeswax (*slang USA*). △ ❶ **Ho un ~ urgente** (*o* **affari urgenti**) **da sbrigare** I have urgent business to do; ❷ **Quanto hai guadagnato in quell'~?** how much did you make out of that deal?; « ~ **fatto!** » « it's a deal! »; **Mi interessano solo gli affari in contanti** I'm only interested in cash transactions; ❸ **Questo è proprio un ~!** this is a real bargain!; ❹ **Questo è ~ mio, non tuo!** that's my affair, not yours!; **Oggi la commissione ha molti affari da sbrigare** the committee has to deal with several matters today; ❺ **Gli affari sono affari** business is business; **Bada agli affari tuoi!** mind your own business (*o* your own affairs)! // **un ~ a condizioni inique** a hard bargain; **un ~ a condizioni poco vantaggiose** a hard bargain; **un ~ a termine** (*Borsa*) a bargain for the account; ~ **andato male** bloomer (*slang USA*); **affari conclusi alla Borsa Valori di Londra** (*Borsa*) bargains; **affari d'oro** land-office business: **Le agenzie di viaggio stanno facendo affari d'oro** travel agencies are doing land-office business; **affari di Stato** affairs of State; **un ~ equivoco** a shady transaction; **affari esteri** (*econ., fin.*) foreign affairs; **un ~ favorevole** a bargain; **affari fiorenti e rapidi** land-office business; **un ~ incerto** a touch-and-go business; **affari interni** home affairs; **un ~ losco** a deal; **un ~ per contanti** a bargain for cash; **un ~ rischioso** a touch-and-go business; **essere in affari** to be in business: **Non è più in affari** he's no longer in business; **per affari** on business: **È all'estero per affari** he is abroad on business; **un affarone** a smart deal, a stroke of business.

affarista, *n. m.* e *f.* profiteer, commercialist.

affaticare, *v. t.* to tire, to drive*. △ **Non affatichiamo troppo i nostri operai!** let's not drive our workers too hard!

affaticarsi, *v. rifl.* to tire oneself, to labour.

affermare, *v. t.* ❶ (*asserire*) to affirm, to assert, to state. ❷ (*dire*) to say*. ❸ (*sostenere*) to claim, to maintain. // ~ **la propria innocenza** (*leg.*) to assert one's innocence.

affermarsi, *v. rifl.* to assert oneself. // ~ **sul mercato** (*market.*) (*di merce*) to obtain a footing in the market.

affermativa, *n. f.* (*leg.*) affirmative.

affermativamente, *avv.* affirmatively.

affermativo, *a.* affirmative.

affermazione, *n. f.* ❶ affirmation, assertion, statement. ❷ (*leg.*) (*d'un diritto*) claim. // **un'~ calunniosa** (*leg.*) a slanderous statement; **un'~ opinabile** a disputable statement.

afferrare, *v. t.* ❶ to catch*; to nail (*fam.*). ❷ (*anche, fig., capire*) to grasp. ❸ (*artigliare*) to claw. △ ❶ **Non afferriamo del tutto il senso della vostra lettera** we don't quite catch the meaning of your letter; ❷ **Speriamo che afferri la nostra idea!** let's hope he will grasp our idea. // **non ~** (*fig.*) to miss: **Non ho afferrato quel che ha detto** I missed what he said.

affiancarsi, *v. rifl.* (*trasp. mar.*) to come* alongside. // ~ **a una nave** (*trasp. mar.*) to go alongside a ship.

affidamento, *n. m.* reliance. // **un impiegato che dà ~** (*pers.*) a reliable clerk.

affidare, *v. t.* ❶ to entrust, to intrust, to trust. ❷ (*confidare*) to confide. ❸ (*consegnare*) to consign. ❹ (*raccomandare*) to commend. ❺ (*indirizzare, rinviare*) to refer, to remit. ❻ (*trasp. mar.*) to address. △ ❶ **Abbiamo affidato la cosa ai nostri corrispondenti incaricandoli di definire la questione** we have entrusted the matter to our correspondents and requested them to deal with the question; **Abbiamo deciso d'~ i nostri affari a un buon avvocato** we have resolved to trust our affairs to a good lawyer; ❻ **La nave fu affidata a un racco-**

affidavit

mandatario the ship was addressed to an agent. // ~ **alla memoria** to commit to memory; ~ **una causa** (*leg.*) to entrust a case; ~ **un compito a q.** to charge sb. with a task, to devolve a duty to (*o on*) sb.; ~ **una faccenda a q.** to leave a matter in sb.'s hands: **Affideremo la faccenda al nostro legale** we will leave the matter in our lawyer's hands; ~ (*beni*) **in amministrazione** (*o* **gestione**) **fiduciaria** (*leg.*) to trustee; ~ **il proprio lavoro a un dipendente** (*org. az.*) to devolve one's work on a subordinate; ~ **una missione importante a q.** to charge sb. with an important mission.

« **affidavit** », *n. m.* (*leg., ingl.*) affidavit.

affiggere, *v. t.* (*pubbl.*) to stick*, to post (up). △ **Il bollettino dovrà essere affisso al muro in modo che tutto il personale lo veda** the bulletin shall be stuck to the wall for all the staff to see; **I cartelloni murali reclamizzanti il nuovo prodotto sono stati affissi in tutto il Paese** the ads depicting the new article have been posted all over the Country. // ~ **manifesti su** (*un muro, ecc.*) (*pubbl.*) to placard, to poster.

affiliare, *v. t.* (*leg.*) to affiliate.

affiliato, *a.* (*leg.*) affiliated.

affiliazione, *n. f.* (*leg.*) affiliation.

affini, *n. pl.* (*leg.*) relatives-in-law; in-laws (*fam.*).

affissione, *n. f.* (*pubbl.*) posting. △ « (È) vietata l'~ » (*di manifesti*) « post no bills ». // ~ **di manifesti** (*pubbl.*) bill-posting; ~ **di media intensità** (*pubbl.*) half showing; ~ **piena** (*pubbl.*) full display, full showing.

affisso, *n. m.* (*pubbl.*) poster.

affittabile, *a.* (*leg.*) rentable.

affittanza, *n. f.* ❶ (*leg.*) leasehold, tenancy, tenantry. ❷ (*leg.*) (*contratto d'affitto*) lease. △ ❶ **Quando avrà termine la sua ~ della tenuta?** when will his tenancy of the estate come to an end? // ~ **perpetua** (*leg.*) perpetual lease.

affittare, *v. t.* ❶ (*leg.*) (*dare in affitto*) to lease, to let*, to rent. ❷ (*leg.*) (*prendere, tenere in affitto*) to lease, to rent. △ ❶ **L'intero blocco d'uffici è da ~** the whole office building is to be let; ❷ **Dobbiamo ~ nuovi locali per la filiale di Trento** we must rent new premises for our branch in Trento; **Preferiamo ~ i locali piuttosto che comprarli** we prefer renting the premises rather than buying them. // ~ (*locali e sim.*) **a un prezzo inferiore al giusto** (*leg.*) to underlet; **essere da ~** to be let, to be for rent: **La villa è da ~** the villa is for rent; **affittarsi, essere affittato** (*leg.*) to let, to lease, to rent: **A quanto s'affittano questi locali?** how much do these premises let for?; **L'appartamento più grande è affittato a 1.000 dollari l'anno** the largest flat rents for $ 1,000 a year; « **affittasi** » « to let »; « for rent » (*USA*).

affittato, *a.* (*leg.*) leased, let.

affitto, *n. m.* ❶ (*leg.*) lease, rent. ❷ (*leg.*) (*affittanza*) tenancy. △ ❶ **Nell'uso popolare il termine ~ può riferirsi al pagamento per l'uso di beni strumentali, come un macchinario, senza alcun riferimento a terreni** in popular usage, the term « rent » may refer to payment for the use of capital goods, such as a machine, quite apart from any land. // ~ **a tempo indeterminato** (*con diritto di disdetta da parte del locatore*) (*leg.*) tenancy at will; ~ **anticipato** (*leg.*) rent in advance; ~ **arretrato** back rent; **affitti bloccati** controlled rents; ~ **di terreno con obbligo di costruzione** (*leg.*) building-lease; ~ **esageratamente alto** rack rent; ~ **in arretrato** (*leg.*) rent in arrears, arrears of rent; **un ~ irrisorio a nominal rent; un ~ nominale** (*leg.*) a nominal rent, a peppercorn rent (*fam.*); **un ~ non ancora scaduto** (*leg.*) an unexpired lease; **d'~** (*leg.*) tenemental; **in ~** (*leg.*) on lease:

Dovremo prendere una casa in ~ we shall have to take a house on lease; **essere in ~** to lease: **La loro tenuta è in affitto al canone di 1.500 dollari l'anno** their property leases at a yearly rental of $ 1,500; **chi dà in ~** (*leg.*) lessor.

affittuario, *n. m.* (*leg.*) leaseholder, lessee, occupant, occupier, renter, tenant. // **gli affittuari subentranti** (*leg.*) the incoming tenants.

affluire, *v. i.* to flow in, to pour in. △ **Il denaro affluisce continuamente** money is continuously flowing in; **Affluisce denaro dall'America** money is pouring in from America.

afflusso, *n. m.* inflow, influx, flow, stream (*fig.*). △ **L'~ di capitali verso l'Impero del Sol Levante era continuo e cospicuo** the flow (*o inflow*) of capital towards the Land of the Rising Sun was continuous and conspicuous; **C'è un forte ~ di capitali americani verso il Mercato Comune** there is a broad stream of American capital reaching the Common Market. // ~ **di depositi bancari** (*banca*) inflow of bank deposits; **un forte ~ di capitali esteri in Italia** (*fin.*) an extraordinary influx of foreign capital to Italy.

affollamento, *n. m.* crowding, rush. // ~ **alla biglietteria** (*trasp.*) crowding round the ticket windows.

affollare, *v. t.* to crowd.

affollarsi, *v. rifl.* to crowd.

affondabile, *a.* (*trasp. mar.*) sinkable.

affondamento, *n. m.* (*trasp. mar.*) sinking.

affondare, *v. t. e i.* (*trasp. mar.*) to sink*. △ **La nave affondò durante una tempesta** the ship sank in a storm.

affrancamento, *n. m.* ❶ (*liberazione*) freeing. ❷ (*cred., leg.*) (*da un pagamento*) franking. ❸ (*fin., leg.*) (*riscatto*) redemption.

affrancare, *v. t.* ❶ (*liberare*) to free. ❷ (*comun.*) (*una lettera, ecc.*) to frank, to stamp. ❸ (*cred., leg.*) (*da un pagamento*) to frank. ❹ (*fin., leg.*) (*riscattare*) to redeem. // ~ **la corrispondenza** (*comun.*) to prepay the postage on correspondence; ~ **un'eredità** (*leg.*) to redeem an inheritance; ~ **una lettera** (*comun.*) to frank a letter, to stamp a letter; ~ (*lettere, ecc.*) **mediante una** (*macchina*) **affrancatrice** (*di macch. uff.*) to meter; ~ **una proprietà** (*leg.*) to redeem a property.

affrancato, *a.* ❶ (*comun.*) franked, stamped. ❷ (*cred., leg.*) franked. // **non ~** (*comun.*) (*di lettera*) unstamped.

affrancatrice, *n. f.* (*macch. uff.*) franking machine, meter.

affrancatura, *n. f.* ❶ (*comun.*) (*d'una lettera, ecc.*) franking. ❷ (*comun.*) (*i francobolli applicati*) postage. // ~ **aggiuntiva** (*d'una lettera*) (*comun.*) excess postage; « ~ **insufficiente** » (*comun.*) « postage due »; ~ (*di lettere, ecc.*) **mediante** (*macchina*) **affrancatrice** metering; **recante ~ insufficiente** (*comun.*) (*di lettera, ecc.*) shortpaid.

affrettare, *v. t.* to rush, to speed* up. △ **Dobbiamo ~ la produzione delle nuove macchine** we must speed up the production of the new machines.

affrettarsi, *v. rifl.* to rush, to speed* up. // ~ **ad accettare un'offerta** to jump at an offer.

affrontare, *v. t.* to confront, to face, to meet*, to tackle. △ **Quello è soltanto uno dei tanti rischi che affronteremo nell'iniziare il nuovo programma** that's just one of the many risks we are going to face in starting our new programme; **Ho pensato come ~ il capo per (chiedergli) un aumento (di stipendio)** I've planned how to tackle my boss for a raise.

agenda, *n. f.* ❶ appointment book, pocket book. ❷

(*attr. uff.*) diary, desk diary, memorandum book, memory book, memo book. ❸ (*org. az.*) (*dei lavori d'una commissione, ecc.*) docket.

agente, *n. m.* (*pers.*) agent, representative agent, representative; man* (*fam.*). △ **Siamo lieti di annunciarvi che abbiamo un nuovo ∼ nella vostra zona!** we are glad to inform you that we have a new man in your area; **I nostri agenti « coprono » tutto il territorio nazionale francese** our agents cover the whole of France. ∥ ∼ **agricolo** (*econ., ingl.*) land agent; ∼ **che risiede in un centro commerciale** (*e che effettua acquisti per un gruppo di dettaglianti*) (*market.*) resident buyer (*USA*); ∼ **commissionario** (*pers.*) commission agent; ∼ **consolare** (*pers.*) consular agent; ∼ **del credere** (*pers.*) del credere agent; ∼ **delle imposte** (*pers.*) exciseman*, assessor; ∼ **depositario** (*pers.*) depositary agent, factor; ∼ **d'assicurazione** (*ass.*) insurance agent; insurance broker (*per lo più marittima*); ∼ **di cambio** (*Borsa*) stock-broker, stockbroker, broker; (*fin.*) exchange broker, sharebroker; curbist (*slang USA*): **L'∼ di cambio è un ∼ che agisce per conto dei clienti: lo si può considerare un ∼ generale, in quanto egli può trattare una gamma di titoli assai vasta** the broker is an agent who acts on behalf of his clients; he may be considered as a general agent, owing to the wide range of securities he may have to deal in; ∼ **di cambio che lavora fuori della Borsa** (*fin.*) street broker; ∼ **di cambio che tratta titoli negoziabili a breve termine** (*fin., USA*) note broker; ∼ **di cambio senza riconoscimento ufficiale** (*fin.*) outside broker; ∼ **di commercio** (*leg.*) mercantile agent; (*pers.*) business agent; ∼ **di compagnia di navigazione** (*trasp. mar.*) shipping-agent; ∼ **di pubblicità** (*pubbl.*) advertising agent; ∼ (*di cambio*) **di sala** (*Borsa*) floor broker; ∼ **di sconto** (*fin.*) bill-broker; ∼ **di sconto « indipendente »** (*fin.*) running broker; ∼ **di vendita** (*pers.*) sales agent; ∼ **di zona** (*ass., pers.*) local agent, special agent; ∼ **doganale** (*dog.*) customs agent, custom house broker; ∼ **economico** transactor; ∼ **esclusivo** exclusive (*o* sole) agent; ∼ **esportatore** (*comm. est.*) export agent, export commission agent; ∼ **fondiaria** land agent (*ingl.*); realtor (*USA*); ∼ **generale** (*ass., pers.*) general agent; (*pers.*) universal agent; ∼ **immobiliare** (*econ.*) land broker (*ingl.*); real-estate agent, estate agent, house-agent; realtor (*USA*); ∼ **importatore** (*comm. est.*) import agent; ∼ **intermediario** interagent; ∼ **marittimo** (*trasp. mar.*) ship-broker; ∼ **mediatore** (*market.*) functional middleman; ∼ **per gli acquisti** buying (*o* purchasing) agent; ∼ **per il ricupero dei crediti** (*cred.*) debt collector; ∼ **pubblicitario** (*giorn., pubbl.*) press-agent; (*pubbl.*) advertising agent, advertising man, adman; ∼ **universale** (*pers.*) universal agent.

agenzia, *n. f.* ❶ (*leg.*) (*l'impresa e l'incarico*) agency, mercantile agency. ❷ (*org. az.*) (*l'ufficio*) bureau, office. △ ❶ **Confido che vorrete affidarmi i'∼ esclusiva per l'Italia per un periodo di tre anni** I trust you will grant me a sole agency in Italy for the period of three years; **Mr Gibson è l'uomo che sovrintende a tutte le nostre agenzie in Europa** Mr Gibson is the man in charge of all our agencies in Europe. ∥ ∼ **delle tasse** (*fin.*) tax collector's office; ∼ **d'assicurazioni** (*ass.*) insurance agency; ∼ **d'assicurazioni sulla vita** (*ass.*) life office; ∼ **di cambio illegale** (*Borsa*) bucket shop (*slang USA*); ∼ **di collocamento** employment bureau; employment agency (*USA*); ∼ **d'informazioni** (*giorn., pubbl.*) news agency, press-agency, news service; ∼ **d'informazioni commerciali** mercantile agency; ∼ **di prestiti su pegno** (*comm., leg.*) pawnbrokers' shop, pawnshop; ∼ **di pubblicità** (*pubbl.*) advertising agency, advertising bureau; ∼ **di spedizioni** (*trasp.*) forwarding agents; shipping agents (*USA*); ∼ **di spedizioni marittime** (*trasp.*) shipping agents; ∼ **di spedizioni per espresso** (*trasp.*) express company (*USA*); ∼ **di stampa** (*giorn., pubbl.*) news agency, press-agency, news service, syndicate; **un'∼ di traslochi** a removal agency; ∼ **di trasporti** (*trasp.*) common carrier; ∼ **di viaggi** (*tur.*) travel agency, travel bureau; ∼ **doganale** (*dog.*) customs agency; ∼ **fondiaria** land agency (*ingl.*); real estate agency (*USA*); ∼ **generale** (*ass.*) general agency; ∼ **giornalistica d'informazioni telegrafiche** (*giorn.*) wire service, wire agency; ∼ **immobiliare** estate agency; ∼ **incaricata del trasferimento di titoli** (*fin., USA*) transfer agents; ∼ **Internazionale dell'Energia Atomica (IAEA)** International Atomic Energy Agency (*IAEA*); ∼ **marittima** (*trasp. mar.*) shipping agency; ∼ **per il ricupero dei crediti** (*cred.*) debt collecting agency, debt collection agency, debt recovery agency; ∼ **turistica** (*tur.*) tourist agency.

agevolare, *v. t.* to accommodate, to facilitate, to further. △ **Le banche si sforzano di ∼ i loro clienti** banks endeavour to accommodate their customers.

agevolazione, *n. f.* ❶ accommodation, facility. ❷ (*comm., fin., market.*) relief. ❸ **agevolazioni**, *pl.* (*comm., fin., market.*) relief. △ ❸ **La nuova normativa offre agevolazioni alla nostra industria** the new laws provide relief for our industry. ∥ **agevolazioni fiscali** (*fin.*) tax facilities.

agevole, *a.* easy.

aggio, *n. m.* (*fin.*) agio, premium. △ **Sono passati i bei tempi in cui la lira faceva un notevole ∼ sull'oro** the good old days are gone when the Italian lira had a considerable premium over gold.

aggiornamento, *n. m.* ❶ (*il differire*) adjournment, postponement. ❷ (*il mettere al corrente*) bringing up to date. ❸ (*leg.*) continuation. ❹ (*pers.*) follow-up. ❺ (*rag.*) write-up. ∥ ∼ **del « file »** (*elab. elettr.*) file maintenance.

aggiornare, *v. t.* ❶ (*differire*) to adjourn, to postpone, to put* off. ❷ (*mettere al corrente*) to bring* up to date. ❸ (*leg.*) to continue. ❹ (*rag.*) to write* up. △ ❶ **La riunione del consiglio d'amministrazione fu aggiornata al 3 dicembre** the meeting of the board of directors was adjourned to December 3rd; ❷ **Dobbiamo ∼ i conti** we must bring the accounts up to date; ❹ **Faresti bene ad ∼ i tuoi conti** you had better write up your accounts. ∥ ∼ **il (libro) mastro generale** (*rag.*) to post up the general ledger.

aggiornarsi, *v. rifl.* ❶ (*interrompere i lavori*) to adjourn. ❷ (*il mettersi al corrente*) to bring* oneself up to date. △ ❶ **La riunione si è aggiornata alle ore 18** the meeting adjourned at 6 P.M.; ❷ **Dovresti aggiornarti nelle più recenti tecniche di vendita** you should bring yourself up to date in the latest selling techniques.

aggiornato, *a.* ❶ up-to-date, down-to-date. ❷ (*market., pubbl.*) new-day (*attr.*). △ ❶ **Questo è il manuale più ∼ che possiate trovare sul mercato** this is the most up-to-date manual you can find on the market. ∥ **aggiornatissimo** (*market.*) up to the minute: **Tutta la loro campagna pubblicitaria è intesa a dare l'impressione che siano aggiornatissimi** all their advertising campaign is meant to give the impression of their being up to the minute.

aggiotaggio, *n. m.* ❶ (*Borsa*) agiotage, stockjobbing, market jobbery. ❷ (*leg.*) rigging the market, rig.

aggiotatore, *n. m.* ❶ (*Borsa*) stockjobber, jobber, speculator. ❷ (*leg.*) rigger (of the market).

aggiudicabile, *a.* allottable, awardable.

aggiudicare, *v. t.* ❶ to adjudge, to adjudicate. ❷

aggiudicatario

(*assegnare*) to allot, to award. ❸ (*concedere in appalto*) to entrust. ❹ (*in una vendita all'asta*) to knock down. △ ❸ **I lavori sono stati aggiudicati all'impresa edile G. Rossi & C.** the work has been entrusted to G. Rossi & Co., building contractors; ❹ **Il quadro sarà aggiudicato al miglior offerente** the painting will be knocked down to the highest bidder. // ~ **un premio a q.** to adjudge (to adjudicate, to award) a prize to sb.; « **aggiudicato!** » (*in una vendita all'asta*) « gone! ».

aggiudicatario, *n. m.* ❶ (*assegnatario*) allottee. ❷ (*d'un appalto*) contractor. ❸ (*in una vendita all'asta*) highest bidder.

aggiudicazione, *n. f.* ❶ adjudication. ❷ (*assegnazione*) allotment, award. ❸ (*in una vendita all'asta*) knocking down. // **l'~ d'un contratto** the award of a contract.

aggiungere, *v. t.* ❶ to add, to add back, to put* on, to tack (*fig.*). ❷ (*per iscritto*) to append. △ ❶ **Al prezzo è stata aggiunta un'altra sterlina** an extra pound's been tacked onto the price; **Al disegno di legge sono stati aggiunti diversi emendamenti** various amendments were tacked to the bill. // ~ **un'addizionale al premio** (*ass.*) to load the premium; ~ **una clausola a un contratto** to append a clause to a treaty; ~ **il nolo al valore della merce** to add freight to the value of the goods; ~ **un poscritto a una lettera** to add a postscript to a letter; ~ **treni straordinari** (*trasp. ferr.*) to put on extra trains; ~ **ulteriori merci a** (*una partita: per promuoverne la vendita*) (*market.*) to sweeten.

aggiunta, *n. f.* addition, supplement, extra, plus. // **in ~** additionally; **in ~ a** over and above: **Ci sarà un utile finanziario in ~ alle spese dirette e indirette** there will be a financial return over and above direct and indirect expenses.

aggiuntivo, *a.* collateral, further, excess, extra, plus. △ **Queste sono garanzie aggiuntive** these are collateral securities; **Favorite darci istruzioni aggiuntive** please let us have further instructions. // **salario ~** (*pers.*) extra pay.

aggiunto, *a.* (*pers.*) deputy.

aggiustamento, *n. m.* ❶ mending, repairing. ❷ (*regolamento*) settlement. ❸ (*fin.*) alteration, turnaround. △ ❸ **Stanno studiando eventuali aggiustamenti nella parità tra le diverse monete** they are studying possible alterations in the parity between the various currencies; **L'~ dei nostri conti con l'estero è dovuto ai movimenti di capitali** the capital movements are responsible for the turnaround in our balance of payments. // ~ **automatico dei salari** (*econ., org. az.*) automatic wage adjustment; **l'~ dei conti** the settlement of accounts.

aggiustare, *v. t.* ❶ (*accomodare*) to mend, to repair, to trim; to tailor (*fig.*). ❷ (*correggere, sistemare*) to correct, to right, to settle. △ ❷ **Cercheremo d'~ la questione con vostra soddisfazione** we shall try to right the matter to your satisfaction. // ~ **i conti** (*rag.*) to settle accounts; ~ **i propri conti con l'estero** (*fin.*) to put one's balance of payments on an even keel.

aggiustarsi, *v. rifl.* (*accordarsi*) to agree, to come* to an agreement, to reach an agreement. △ **Non sarà difficile ~ sulle condizioni di pagamento** it won't be difficult to agree on the terms of payment.

aggravamento, *n. m.* aggravation. // **l'~ del rischio** (*ass.*) the aggravation of the risk, the increase of the risk.

aggregato, *n.* (*mat.*) aggregate.

aggregazione, *n. f.* aggregation.

aggressione, *n. f.* (*leg.*) assault.

agiato, *a.* wealthy, well-to-do. // **essere di agiata condizione** to be in easy circumstances.

agire, *v. t.* ❶ to act, to do*, to operate. ❷ (*leg.*) to proceed, to take* legal steps. △ ❶ **Fu nominato dal presidente ad ~ in suo nome** he was appointed by the chairman to act for him; ❷ **Se non vuol pagare dovremo ~ contro di lui** if he won't pay, we shall have to take legal steps against him. // ~ **come arbitro** (*leg.*) to referee; ~ **come procuratore legale di q.** (*leg.*) to solicit for sb.; ~ **esecutivamente sui beni di q.** (*leg.*) to levy on sb.'s property; ~ **in buona fede** (*leg.*) to act bona fide; ~ **in malafede** to act in bad faith; ~ **in opposizione** to counter; ~ **per bassi motivi** to act from base motives; ~ **per conto di q.** to act on behalf of sb.; **agendo per conto di chi di dovere** acting for account of whom it may concern; **agendo per conto di chi possa esserci interessato** acting for account of whom it may concern.

agitare, *v. t.* ❶ to shake*, to shake* up. ❷ (*disturbare*) to trouble, to unsettle. ❸ (*trasp. mar.*) (*una bandiera*) to fly*.

agitato, *a.* unsettled, upset (*anche fig.*). △ **Il mercato è ancora ~** the market is still upset.

agitazione, *n. f.* trouble, unrest. △ **Sembra che le agitazioni sindacali siano finite** labour troubles seem to have come to an end.

agnello, *n. m.* lamb. // ~ **di prima qualità** (*market.*) prime lamb.

ago, *n. m.* needle. // ~ **selezionatore** (*elab. elettr.*) needle.

agrario, *a.* agrarian, agricultural.

agricolo, *a.* agricultural, agrarian; landed (*attr.*).

agricoltore, *n. m.* farmer, homesteader.

agricoltura, *n. f.* agriculture, farming. △ **L'~ non è un settore economico isolato** agriculture is not a self-contained economic sector. // ~ **intensiva** (*econ.*) intensive agriculture, high farming.

aiutare, *v. t.* ❶ to aid, to help, to assist, to relieve, to support. ❷ (*promuovere*) to forward, to further. △ ❶ **Spero vorrai aiutarmi in questa faccenda** I hope you will help me in this matter; **Il nuovo impiegato aiuta il capo contabile nel suo lavoro** the new clerk assists the accountant in his work; **I Paesi industrializzati devono ~ le economie dei Paesi in via di sviluppo** industrialized Countries must relieve the economies of developing Countries. // ~ **q. a fare qc.** to assist sb. in doing sth.; ~ **finanziariamente q.** (*che si trova nei guai*) to bail out sb. (*slang USA*).

aiuto, *n. m.* ❶ aid, help, assistance, relief, support. ❷ (*assistente*) assistant. △ ❶ **Posso esserLe di ~?** can I be of any assistance to you? / **aiuti ai Paesi esteri** (*econ.*) foreing aids; **aiuti ai Paesi in via di sviluppo** (*econ.*) aids to developing Countries; **aiuti alimentari della Comunità** Community food aid; **aiuti alle esportazioni** (*comm. est.*) aids for exports; ~ **contabile** (*pers.*) assistant accountant; **aiuti d'avviamento alle associazioni di produttori** (*econ.*) starting-up aids to growers' associations; ~ **finanziario** subsidy, aid disbursement; **aiuti finanziari** moneyed assistance; ~ **forfettario** (*econ.*) standard subsidy; ~ **illecito** (*a una parte in causa*) (*leg.*) maintenance; ~ **reciproco** mutual aid; **aiuti settoriali** (*econ.*) aids to individual industries; **con l'~ di** by the agency of: **Ottenne un buon posto con l'~ di amici** he obtained a good position by the agency of friends.

ala, *n. f.* (*anche fig.*) wing. // **l'~ sinistra d'un partito** (**d'un sindacato, ecc.**) the left wing of a party (of a trade union, etc.).

alaggio, *n. m.* (*trasp. mar.*) haulage, towage, towing, tow.

alare, v. t. (trasp. mar.) to haul, to tow, to track.
alberare, v. t. (trasp. mar.) (una nave) to mast.
alberghiero, a. (tur.) hotel (attr.). △ **L'industria alberghiera è assai importante in Italia** in Italy the hotel industry is very important.
albergo, n. m. (tur.) hotel.
albero, n. m. ❶ tree. ❷ (trasp. mar.) (di nave) mast. // ~ **di maestra** (trasp. mar.) mainmast; ~ **maestro** (trasp. mar.) mainmast.
albo, n. m. ❶ (per avvisi) notice-board. ❷ (per foto, francobolli, ecc.) album. ❸ (leg.) roll. // **l'~ degli avvocati** (leg.) the Rolls; ~ **degli avvocati e dei procuratori** (leg.) law list; ~ **dei giurati** (leg.) jury list.
alcoolici, n. pl. (market.) spirits.
aleatoriamente, avv. contingently.
aleatorio, a. ❶ aleatory, contingent. ❷ (stat.) stochastic. △ ❶ **Questo è un contratto ~** this is an aleatory contract.
aleggio, n. m. V. alleggio.
alfabetico, a. alphabetic, alphabetical.
algebra, n. f. (mat.) algebra. // ~ **elementare** (mat.) elementary algebra.
algebrico, a. (mat.) algebric.
alibi, n. m. (leg.) alibi. △ **Non è stata ancora provata la validità del suo ~** his alibi has not yet been proved (o established).
alienabile, a. ❶ saleable. ❷ (leg.) alienable.
alienabilità, n. f. (leg.) alienability.
alienare, v. t. ❶ to sell*. ❷ (leg.) to alienate. △ ❶ **Hanno alienato la loro proprietà** they have sold their estate. // ~ **formalmente** (una proprietà, un diritto, ecc.) (leg.) to sign away.
alienazione, n. f. (leg.) alienation.
alimentare, v. t. ❶ to feed*. ❷ (elab. elettr.) to feed*, to feed* through.
alimentatore, n. m. (elab. elettr.) feeder.
alimentazione, n. f. ❶ feeding. ❷ (econ., stat.) (nei grafici, nelle tabelle, ecc.) food. ❸ (elab. elettr.) feeding, feed, input. // ~ **istantanea** (elab. elettr.) instant input.
alimento, n. m. ❶ food. ❷ **alimenti**, pl. (leg.) allowance. ❸ **alimenti**, pl. (leg.) (in una causa di separazione o divorzio) alimony. // **alimenti a seguito di separazione legale** (leg.) allowance for separate maintenance.
alinea, n. f. (pubbl.) paragraph.
aliquota, n. f. ❶ part, quota, rate. ❷ (fin.) tax rate. // **le aliquote dei rimborsi all'esportazione** (comm. est.) the rates of refunds on exports; ~ **del premio** (ass.) rate of premium; **aliquote dell'imposta sul valore aggiunto** (fin.) value-added tax rates; **le aliquote delle imposte compensative all'importazione** (comm. est.) the rates of countervailing charges on imports; ~ **d'ammortamento** (rag.) depreciation charge; **aliquote d'imposta** (fin.) tax rates; ~ (**d'imposta, ecc.**) **espressa in millesimi di dollaro** (fin., USA) millage.
allagamento, n. m. flood.
allagare, v. t. (anche fig.) to flood. △ **Hanno allagato il mercato di articoli di pessima qualità** they have flooded the market with articles of very bad quality.
allargamento, n. m. enlargement, expansion, extension.
allargare, v. t. to enlarge, to expand, to extend. △ **La nostra ditta sta cercando di ~ il suo campo d'azione** our firm is striving to expand its field of action. // ~ **la propria fortuna** to enlarge one's fortune.
allargarsi, v. rifl. to expand. // ~ **nel proprio lavoro** to expand one's business.
allargato, a. enlarged, expanded, extended.

alleanza, n. f. ❶ alliance, compact, union. ❷ (ric. op.) cooperation.
allegare, v. t. ❶ (anche leg.) to allege. ❷ (accludere) to enclose, to inclose, to attach, to append; to tack (fig.). △ ❷ **Alleghiamo un assegno di cinquanta dollari** we are enclosing a cheque for 50 dollars. // ~ **un documento a una lettera** to attach a document to a letter; ~ **una sentenza del tribunale** (leg.) to allege a decision of the Court.
allegato, n. m. (comm.) enclosure, inclosure. △ **Gli allegati sono stati numerati progressivamente** enclosures have been numbered consecutively; **Abbiamo dimenticato di spedire gli allegati** we forgot to send the enclosures.
allegazione, n. f. (anche leg.) allegation.
alleggerimento, n. m. easement, lightening. // **un ~ della tensione internazionale** an easement of international tension.
alleggerire, v. t. to ease, to lighten. // ~ (**il carico di**) **una nave** (trasp. mar.) to lighten a ship; ~ **q. da ogni responsabilità** (leg.) to relieve sb. of all responsibility; ~ **una nave della zavorra** (trasp. mar.) to unballast a ship.
alleggio, n. m. (trasp. mar.) lightening.
allenamento, n. m. training. // **fare ~** to train.
allenare, v. t. to train.
allenarsi, v. rifl. to train.
allentamento, n. m. relaxation, slackening. // ~ **dei controlli governativi** (econ.) lessening of Government controls.
allentare, v. t. to relax, to slacken. // ~ **la disciplina** (org. az.) to slacken discipline, to relax discipline.
allentarsi, v. rifl. to relax, to slacken.
allentato, a. loose, relaxed, slack. △ **Il fatto che i controlli siano allentati incoraggia gli evasori fiscali** the slackness of controls encourages tax evaders. // **l'essere ~** slackness.
allestimento, n. m. ❶ (pubbl.) (di una vetrina) dressing (of a window). ❷ (trasp. mar.) (d'una nave) fitting-out (of a ship). // ~ **delle vetrine** (market.) window-dressing.
allestire, v. t. ❶ (pubbl.) to dress. ❷ (trasp. mar.) to equip, to fit out. // ~ **una nave** (trasp. mar.) to fit out a ship; ~ **uno stand** (market., pubbl.) to set up a stand; ~ **una vetrina** (pubbl.) to dress a shop-window.
allevamento, n. m. (di bestiame) breeding. // ~ **del bestiame** (econ.) stock-farming, stock-raising.
allevare, v. t. (animali) to breed*.
allevatore di bestiame, n. m. cattle-breeder, stock-breeder, stock-farmer; cattleman* (USA).
alleviamento, n. m. alleviation, lightening, mitigation, relief.
alleviare, v. t. to ease, to alleviate, to mitigate, to relieve. △ **Speriamo che il Governo decida di ~ la pressione fiscale!** let's hope the Government will ease (o relieve) the fiscal pressure.
allibo, n. m. (trasp. mar.) lightening.
allibratore, n. m. bookmaker; bookie (slang).
allineamento, n. m. ❶ alignment, adjustment. ❷ (giorn., pubbl.) (d'una riga) justification. // ~ **dei prezzi** (econ.) adjustment of prices; (market.) (fra venditori concorrenti) common pricing market; ~ **delle valute** (fin.) currency alignment; ~ **valutario** (fin.) currency adjustment; **non ~** (d'uno Stato, rispetto ai grandi « blocchi ») non-alignment.
allineare, v. t. ❶ to align, to line. ❷ (giorn., pubbl.) to justify. // ~ **una riga** (giorn., pubbl.) to justify a line; **allineato a sinistra** (elab. elettr., pubbl.) (di cifra,

carattere, ecc.) left justified; **non allineato** (*di Stato*) non-aligned.

allinearsi, *v. rifl.* to align oneself, to line up. // ~ **sulla tariffa doganale comune** to align oneself on the common customs tariff.

allocuzione, *n. f.* address.

allogare, *v. t.* (*come apprendista*) to bind*.

allogato, *a.* (*come apprendista*) bound.

alloggiare, *v. t.* to house, to lodge. *v. i.* to stay. △ *v. t.* **Il nuovo caseggiato alloggerà 100 famiglie operaie** the new block of flats will house 100 blue-collar families; *v. i.* **Alloggeremo in albergo** we are going to stay at a hotel.

alloggio, *n. m.* ❶ (*l'alloggiare*) housing, lodging, lodgment, lodgement. ❷ (*casa, appartamento*) house, flat. △ ❷ **Saranno costruiti 1.000 alloggi nuovi in un solo anno** 1,000 new houses (*o* flats) will be built in one year. // ~ **unifamiliare** (*stat.*) living unit.

allontanamento, *n. m.* ❶ (*partenza*) departure. ❷ (*pers.*) (*da un ufficio*) removal.

allontanare, *v. t.* ❶ (*definitivamente*) to remove. ❷ (*temporaneamente*) to stand* off. ❸ (*un pericolo e sim.*) to prevent, to ward off. △ ❸ **Dobbiamo fare tutto il possibile per ~ il pericolo d'una crisi economica** we must do all we can to ward off the danger of an economic crisis. // ~ **q. da un ufficio** (*pers.*) to remove sb. from office; ~ **un dipendente** (*pers.*) to stand off an employee.

allontanarsi, *v. rifl.* ❶ (*andar via*) to go* away. ❷ (*discostarsi*) to depart. △ ❷ **Non bisogna ~ dalla prassi commerciale** one should not depart from commercial practice.

alludere, *v. t.* to hint (at), to refer (to). △ **A che cosa alludi?** what are you hinting at?

allunga, *n. f.* (*banca, cred.*) (*di cambiale*) allonge.

allusione, *n. f.* hint, reference. △ **Il nostro cliente non fece ~ alla sua visita precedente** our customer made no reference to his previous visit.

alluvione, *n. f.* (*leg.*) alluvion.

alterare, *v. t.* to alter, to change. △ **Non si accettano documenti che siano stati alterati** altered documents are not accepted. // ~ **le cifre della contabilità d'un'impresa** (*comm.*) to salt the books of a business (*fam.*); ~ **una scrittura contabile** (*rag.*) to alter an entry.

alterazione, *n. f.* alteration, change. // l'~ **d'un atto ufficiale** (*leg.*) the alteration of a deed; l'~ **d'una scrittura contabile** (*rag.*) the alteration of an entry.

alternare, *v. t.* to alternate. △ **Di solito gli agricoltori alternano i raccolti** farmers usually alternate crops.

alternarsi, *v. rifl.* to alternate.

alternativa, *n. f.* alternative. △ **Non c'è ~ alla mia proposta** there is no alternative to my proposal.

alternativamente, *avv.* alternatively.

alternativo, *a.* alternative.

alternato, *a.* alternate.

alterno, *a.* alternate.

altezza, *n. f.* ❶ height, tallness. ❷ (*pubbl.*) (*di un'inserzione, di un carattere tipografico*) depth. // **essere all'~ della domanda** (*econ.*) to meet the demand; **all'~ di** (*trasp. mar.*) off: **La nostra nave era all'~ del Capo di Buona Speranza** our ship was off Cape of Good Hope; **essere all'~ di** to be up to, to measure up to: **Mr Jones non è all'~ del suo lavoro** Mr Jones is not up to his work; **Vogliamo sperare che i nostri articoli siano all'~ delle richieste della vostra clientela** we hope our articles will measure up to your customers' demands.

alto, *a.* ❶ high, tall. ❷ (*anche fig.*) up. ❸ (*fin.*) (*di titolo, ecc.*) on. ❹ (*fin., market.*) (*di prezzo*) strong. *n. m.* (*nell'espressione* « **gli alti e i bassi** ») up. △ *a.* ❶ **La perdita dell'indipendenza è un prezzo troppo ~ per gli aiuti economici** loss of independence is too high a price to pay for economic aids; ❷ **Le quotazioni sono alte questa settimana** quotations are up this week; *n.* **Gli innumerevoli alti e bassi nella vita economica d'una nazione hanno una forte influenza sulla psicologia dell'opinione pubblica** the innumerable ups and downs of the economic life of a Country have a marked influence on the psychology of public opinion. // « **alto** » (*trasp.*) (*scritto su un collo di merci*) « this side up »; **alta congiuntura** (*econ.*) favourable trend; **Alta Corte di Giustizia** (*leg.*) High Court of Justice; ~ **dirigente** (*amm.*) top executive, top manager; **alta dirigenza** (*amm.*) top management, top-level management; **alta finanza** (*fin.*) high finance; l'~ **mare** (*trasp. mar.*) the high seas, the deep sea; **alta marea** (*trasp. mar.*) high water; ~ **prezzo** (*fin., market.*) high price, tall price, strong price, dearness; l'~ **prezzo del credito al giorno d'oggi** (*cred.*) the dearness of credit nowadays; **l'alta stagione** (*market., trasp., tur.*) the rush season, the peak season; ~ **tenore di vita** (*econ.*) good standing; **ad ~ livello** top-level: **La riunione sarà ad ~ livello** it will be a top-level meeting; **d'~ mare** (*trasp. mar.*) sea-going: **Questo è un piroscafo d'~ mare** this is a sea-going steamer; **in ~** up; (*anche fig.*) high: **Quel dirigente sta mirando in ~** that executive is aiming high; **in ~ grado** (*anche fig.*) high; **altissimo** very high, supreme; (*market.*) (*di prezzo, ecc.*) tall.

altura, *n. f.* ❶ high ground. ❷ (*collina*) hill. ❸ (*trasp. mar.*) open sea. // **d'~** (*trasp. mar.*) (*di nave, ecc.*) ocean-going.

alturiero, *a.* (*trasp. mar.*) (*di nave, ecc.*) ocean-going.

alveo marino, *n. m.* (*trasp. mar.*) sea bed.

alzare, *v. t.* ❶ to raise, to put* up, to up. ❷ (*sollevare*) to lift, to hoist. △ ❶ **Purtroppo è inevitabile ~ i prezzi dopo ogni aumento salariale** unfortunately, it is inevitable to raise (*o* to put up) prices after every wage increase; **Hanno alzato il prezzo della corsa da 500 a 600 lire** they have upped the fare from 500 to 600 lire. // ~ **l'ancora** (*trasp. mar.*) to raise anchor; ~ **una bandiera** (*trasp. mar.*) to hoist a flag; ~ **i prezzi** (*econ.*) to inflate prices; ~ **il prezzo di** (*articoli, merci, ecc.*) (*market.*) to mark up; ~ **lo sguardo** to look up.

alzata, *n. f.* ❶ raising. ❷ (*sollevamento*) lifting, hoisting. // **per ~ di mano** (*di votazione*) by show of hands; **per ~ e seduta** (*di votazione*) by standing or remaining seated.

amanuense, *n. m.* e *f.* copier.

ambasciata, *n. f.* (*messaggio*) errand.

ambientale, *a.* environmental.

ambiente, *n. m.* ❶ environment, background. ❷ ambienti, *pl.* circles, relations. // **gli ambienti commerciali** the trade circles; ~ **di lavoro** work environment; **gli ambienti finanziari** (*fin.*) the financial circles, the financial opinion: **Gli ambienti finanziari sono a disagio dopo le notizie riguardanti i provvedimenti del Governo** the financial circles are ill at ease after the news of the Government provisions.

ambientocrazia, *n. f.* (*econ.*) environmentocracy.

àmbito, *n. m.* scope. // **che è nell'~ d'una società** (*org. az.*) intracompany; **che si svolge nell'~ d'una società** (*org. az.*) intracompany; **nell'~ della legge** (*leg.*) within the law.

amichevole, *a.* amicable, friendly. △ **Questa è una transazione ~** this is a friendly settlement.

amico, *a.* friendly. *n. m.* friend. // ~ **intimo** close friend, bosom friend; confident; **da** (*o* **di**) ~ friendly.

ammaestramento, *n. m.* (*pers.*) instruction.

ammaestrare, *v. t.* (*pers.*) to instruct.

ammalato, *a.* ill, sick. △ **Troppi operai si danno ammalati ogni giorno in questa fabbrica** every day too many workers report sick in this factory.

ammanco, *n. m.* (*econ.*, *fin.*, *rag.*) shortage, shortfall. // **un ~ di cassa** (*rag.*) a shortage in cash; **ammanchi ed eccedenze di cassa** (*rag.*) cash shorts and overs.

ammassare, *v. t.* ❶ to hoard. ❷ (*immagazzinare*) to store. ❸ (*portare all'ammasso*) to pool. // ~ **denaro** to hoard money; ~ **mobili vecchi in un magazzino** to store old furniture in a warehouse.

ammasso, *n. m.* ❶ hoard. ❷ (*econ.*) (*governativo*) pool. ❸ (*org. az.*) storage. △ ❷ **L'~ del grano era obbligatorio in Italia fino alla seconda guerra mondiale** the pool of wheat was compulsory in Italy up to World War II.

ammenda, *n. f.* ❶ (*fig.*) amends (*pl.*). ❷ (*leg.*) (*pena pecuniaria*) fine, forfeit. △ ❶ **Fece ~ delle sue colpe** he made amends for his faults; ❷ **Dovetti pagare un'~ di 100 dollari** I had to pay a fine of 100 dollars.

ammesso, *a.* ❶ admitted. ❷ (*permesso*) allowed. // ~ **che** given; (*supponendo che*) supposing that: ~ **che il tempo sia buono, la nave arriverà dopodomani** given fine weather, the ship will arrive the day after tomorrow; ~ **che la nave arrivi in orario, potremo consegnarvi la merce entro otto giorni** supposing that the ship arrives in time, we shall be able to deliver you the goods within eight days.

ammettere, *v. t.* ❶ to admit. ❷ (*permettere*) to allow. ❸ (*consentire*) to admit of, to allow of. ❹ (*riconoscere*) to acknowledge, to admit, to concede, to recognize. △ ❶ **Fu ammesso alla presenza del presidente** he was admitted to the presence of the chairman; ❷ **Non sono ammessi sconti sul prezzo della merce** no discount on the price of goods is allowed; ❸ **Questa impresa non ammette indugi** this undertaking admits of no delay; **Questa regola non ammette eccezioni** this rule does not allow of exceptions; ❹ **Ammetto che è stata colpa mia** I admit it was my fault. // ~ **un credito al passivo d'un fallito** (*leg.*) to admit proof of debt in a bankruptcy; ~ **q. in una società** to take sb. into partnership; ~ **un reclamo** (*o* **un ricorso**) to grant (*o* to concede) a claim; ~ **q. tra i soci d'un circolo** to admit sb. to membership of a club; **non ~** (*non accettare*) to disallow; (*non tollerare*) not to bear, not to suffer, not to tolerate: **Il giudice non ammise il suo ricorso** the judge disallowed his claim; **Non ammetto una simile insolenza** I won't bear (*o* suffer, tolerate) such insolence; **essere ammesso all'esercizio della professione forense** (*leg.*) to be called to the Bar.

amministrare, *v. t.* ❶ to administer, to conduct, to govern, to manage. ❷ (*comm.*) (*affari, ecc.*) to negotiate. △ ❶ **È proprio l'uomo che ci vuole per ~ quest'azienda** he is just the man we need to manage this business; ❷ **Ha sempre amministrato i suoi affari con grande abilità** he has always negotiated his business deals with great ability. // ~ **la giustizia** (*leg.*) to administer justice, to dispense justice, to distribute justice; ~ **male** to maladminister, to misconduct; (*un'azienda*) to mismanage: **Ha sempre amministrato male i suoi affari** he has always misconducted his business affairs.

amministrativamente, *avv.* administratively.

amministrativo, *a.* administrative, executive.

amministrato, *a.* administered, governed, managed. // ~ **male** (*di un affare*) misconducted; (*di un'azienda*) mismanaged.

amministratore, *n. m.* ❶ administrator, governor, manager. ❷ (*fin.*) (*membro di un consiglio d'amministrazione*) director. ❸ (*leg.*) curator. // ~ **comune** (*di più società*) (*fin.*) interlocking director; ~ **dei beni d'un fallito** (*leg.*) assignee in bankruptcy; ~ **delegato** (*fin.*) managing director; president; ~ **d'una società** (*fin.*) company director; ~ **fiduciario** (*leg.*) trustee; (*in un fallimento*) receiver, official receiver: **La Borsa di Londra è retta da un consiglio composto da 8 amministratori e 28 rappresentanti dei membri** the London Stock Exchange is governed by a council consisting of 8 trustees and 28 representatives of the members; ~ **unico** (*fin.*) sole director.

amministratrice, *n. f.* (*amm.*, *fin.*) manageress.

amministrazione, *n. f.* ❶ administration, government, management; steering (*fig.*). ❷ (*org. az.*) government. ❸ (*org. az.*, *rag.*) (*l'ufficio*) accounting department; counting-room (*USA*). △ ❶ **Affidò al figlio l'~ dei suoi affari** he entrusted his son with the administration of his business affairs; **Non devi trascurare l'~ della tua azienda** you shouldn't neglect the management of your firm. // ~ **coattiva** (*leg.*) compulsory administration; **l'~ della giustizia** the administration of justice; ~ **disonesta** (*amm.*) mismanagement; ~ **fiduciaria** (*leg.*) trusteeship; (*in un fallimento*) receivership; **l'~ statale** the civil service.

ammiragliato, *n. m.* (*Ministero della Marina*) Admiralty.

ammissibile, *a.* ❶ admissible. ❷ (*leg.*) (*di ricorso e sim.*) receivable. △ ❶ **La prova contraria è ~ per legge** evidence to the contrary is admissible by law. ❷ **essere ~** (*leg.*) to lie: **Il loro appello non è ~** their appeal will not lie.

ammissibilità, *n. f.* ❶ admissibility. ❷ (*leg.*) (*di prova*) competence.

ammissione, *n. f.* ❶ admission, admittance. ❷ (*concessione*) concession, grant. ❸ (*riconoscimento*) acknowledgment, admission, recognition. △ ❶ **L'~ al corso è solo per esami** admission to the course is only by examination; ❸ **Questa non è un'~ di colpa** this is not an admission (*o* an acknowledgment) of guilt. // ~ **alla quotazione (di titoli)** (*Borsa*) admission to quotation (of stocks and shares); ~ **di credito insinuato al fallimento** (*leg.*) admission of proofs; ~ **di prova** (*leg.*) admission of evidence; ~ **in franchigia** (*dog.*, *fin.*) duty-free entry; ~ **in franchigia del carburante contenuto nei serbatoi degli autoveicoli industriali** (*dog.*, *fin.*) duty-free entry of fuel in the tanks of commercial vehicles; ~ **in franchigia di merci** (*dog.*, *fin.*) duty-free entry of goods; ~ **temporanea** (*di merci da riesportare dopo lavorazione parziale*) (*dog.*) « admission temporaire ».

ammobiliare, *v. t.* (*market.*) to furnish.

ammodernamento, *n. m.* modernization, updating. // **l'~ della struttura (d'imposizione) fiscale** (*fin.*) the modernization of the tax structure; ~ **delle strutture** (*org. az.*) structural modernization.

ammodernare, *v. t.* to modernize, to update. △ **I locali furono ammodernati al ritorno di Mr Johnson dagli Stati Uniti** the premises were updated when Mr Johnson returned from the States.

ammonimento, *n. m.* ❶ warning. ❷ (*leg.*) caveat. △ ❶ **E ciò ti serva d'~!** let this be a warning to you!

ammonire, *v. t.* ❶ to warn. ❷ (*pers.*) to reprimand. △ ❷ **Il nuovo impiegato fu ammonito per la sua ne-**

gligenza the new clerk was reprimanded for his negligence.

ammonizione, *n. f.* ❶ warning. ❷ (*pers.*) reprimand. // ~ **orale** (*pers.*) oral reprimand; ~ **scritta** (*pers.*) written reprimand.

ammontare¹, *n. m.* amount, size, sum. △ **L'~ del suo conto in banca ci incoraggiò a concedergli il mutuo** the size of his bank account encouraged us to grant him the loan. // ~ **complessivo** gross amount; ~ **della diminuzione di prezzo** (*market.*) markdown; ~ **delle rendite dei propri terreni** (*fin.*) rent-roll; **l'~ d'un'ordinazione** (*market.*) the size of an order; ~ **massimo di responsabilità** (*per l'assicuratore*) (*ass.*) limit of liability; **fino all'~ di** to the amount of, to the extent of: **Sono responsabile fino all'~ del capitale da me sottoscritto** I am liable up to the extent of the capital I have contributed; **per un ~ di** to the amount of; amounting to.

ammontare², *v. i.* ❶ to amount, to come* (to), to foot up (to), to sum (to *o* into), to total. ❷ (*mat., rag.*) to figure up (at). △ ❶ **I suoi debiti ammontano a 5.000 sterline** his debts amount to 5,000 pounds; **Il conto ammonta a dieci dollari** the bill comes to ten dollars; **I vari articoli ammontano a 100 dollari** the various articles foot up to 100 dollars; **Alla fine dell'esercizio passato i nostri crediti ammontavano a 15 milioni di lire** at the end of last year our credits totalled 15 million lire; **La polizza ammonta a 20.000 dollari** the amount of the policy is 20,000 dollars; ❷ **Il loro conto ammontava a 250 dollari** their bill figured up at 250 dollars. // ~ **a una media di** (*mat., stat.*) to average: **Le perdite ammonteranno in media a 10.000 sterline l'anno** losses will average £ 10,000 a year; **che ammonta a** amounting to.

ammortabile, *a.* (*rag.*) amortizable, sinkable.

ammortamento, *n. m.* (*rag.*) amortization, amortizement, depreciation, sinking. // ~ **a quote costanti** (*rag.*) straight-line depreciation; ~ **case operaie** (*fin., rag.*) amortization of workers' housing; ~ **degli impianti** (*fin., rag.*) depreciation; ~ **degli investimenti** (*econ.*) capital consumption allowance; ~ **dei crediti inesigibili** (*rag.*) bad debts reserve; ~ **di capitale** (*rag.*) depreciation of capital; **l'~ d'un prestito** (**d'un debito, ecc.**) the amortization of a loan (a debt, etc.); ~ **fiscale** (*fin.*) depreciation allowance: **Il Governo ha aumentato gli ammortamenti fiscali da riconoscere alle imprese per gli investimenti effettuati entro il mese di ottobre 1970** the Government has increased the depreciation allowances for industrial investments made up to and including October 1970; ~ **fisso** (*rag.*) fixed depreciation; ~ **iniziale** (*rag.*) initial allowance; ~ **per deprezzamento** (*rag.*) amount written off; ~ **per deprezzamento di immobili** (*rag.*) amount written off premises.

ammortare, *v. t.* (*rag.*) to amortize, to amortise, to sink*. // ~ **un debito (un prestito, ecc.)** (*rag.*) to amortize a debt (a loan, etc.).

ammortizzabile, *a.* (*rag.*) amortizable, sinkable.

ammortizzamento, *n. m.* (*rag.*) amortizement, amortization.

ammortizzare, *v. t.* (*rag.*) to amortize, to sink*. △ **Il mutuo è stato interamente ammortizzato** the loan has been completely sunk.

ampiezza, *n. f.* width. // ~ **di trattazione** (*d'una notizia*) (*giorn.*) coverage.

ampio, *a.* large, wide. // **un ~ margine** (*fin.*) a wide margin.

ampliamento, *n. m.* enlargement, expansion, extension.

ampliare, *v. t.* to enlarge, to expand, to extend. △ **Stanno ampliando il personale** they are extending the staff. // ~ **un bilancio** (*fin.*) to stretch a budget; ~ **il proprio giro d'affari** (*market.*) to branch out.

ampliarsi, *v. rifl.* (*espandersi*) to expand. △ **La nostra ditta s'è notevolmente ampliata negli ultimi anni** our firm has expanded considerably in the last few years.

anagrafe, *n. f.* (*amm.*) registry office, register office. // ~ **tributaria** (*fin.*) tax register; ~ **tributaria computerizzata** (*elab. elettr., fin.*) computerized tax register.

analisi, *n. f.* analysis*, dissection. △ **L'~ dei problemi di politica economica è compito dell'economista** the analysis of economic policy problems is the economist's task; **L'~ del bilancio dell'esercizio passato non è stata ancora compiuta** the dissection of last year's balance has not been made yet. // ~ **degli investimenti** (*fin.*) investment analysis; **l'~ dei capitoli di spesa** the analysis of expenses items; ~ **dei costi** (*rag.*) cost accounting, cost analysis; ~ **dei metodi e tempi** (*cronot.*) methods engineering; ~ **dei momenti critici** (*ric. op.*) critical path analysis; ~ **dei movimenti** (*cronot.*) motion analysis; ~ **dei rapporti fra i fattori produttivi e la produzione** (*econ., org. az.*) input-output analysis; ~ **dei settori rappresentativi** (*econ.*) cross-section analysis; ~ **del lavoro** (*org. az.*) job analysis, position analysis; ~ **del processo produttivo** (*org. az.*) process analysis; ~ **dell'accettazione d'un prodotto nuovo** (*market.*) analysis of customer acceptance of a new product; ~ **della convenienza d'un nuovo investimento** (*basata sulla valutazione del reddito che si presume possa produrre*) (*org. az.*) cost benefit analysis; ~ **della diffusione** (*giorn., pubbl.*) analysis of circulation; ~ **della domanda** (*market.*) demand analysis; ~ **della posizione concorrenziale** (*market.*) brand-position analysis; ~ **della situazione** (*market.*) situation analysis; ~ **delle dimensioni di mercato** (*market.*) analysis of market size; ~ **delle interdipendenze settoriali** (*econ.*) input-output analysis; ~ **delle vendite** (*market.*) sales analysis; ~ **di mercato** (*market.*) market analysis; ~ **(e valutazione) del funzionamento d'un sistema** (*sotto l'aspetto dell'efficienza, della convenienza, della rapidità operativa, ecc.*) (*org. az.*) systems analysis; ~ **economica** (*econ.*) economic analysis; ~ **fattoriale** (*stat.*) factor analysis; ~ « **input-output** » (*econ.*) input-output analysis; ~ **marginale** (*econ.*) marginal analysis; (*fin.*) differential cost (*o* profit) analysis; ~ **matematica** (*mat.*) mathematical analysis; ~ **numerica** (*mat.*) numeric analysis; ~ **sequenziale** (*mat.*) sequential analysis; ~ **valutativa** (*org. az., rag.*) value analysis.

analista, *n. m. e f.* ❶ analyst. ❷ (*pers.*) evaluator. // ~ **(dei) metodi e tempi** (*cronot., pers.*) methods engineer; ~ **dei tempi** (*cronot., pers.*) time-study engineer; ~ **di mercato** (*market.*) market analyst; ~ **finanziario** (*fin.*) financial analyst.

analiticamente, *avv.* analytically.

analitico, *a.* analytic, analytical.

analizzabile, *a.* analysable, analyzable, analizable.

analizzare, *v. t.* to analyse, to analyze, to analise, to analize, to dissect. △ **Dovresti ~ le cause del tuo insuccesso** you should analyse the causes of your failure. // ~ **un conto** (*rag.*) to dissect an account; ~ **un conto (un'operazione commerciale, ecc.)** to analyse an account (a transaction, etc.); ~ **l'evoluzione economica** to analyse the economic trend.

analizzatore, *n. m.* analyzer, analyst. // ~ **dei costi**

(*in un'azienda*) (*pers.*) cost accountant, cost clerk; ~ **del mercato** (*market.*) market analyst.

analogico, *a.* ❶ analogic, analogical. ❷ analogue; analog (*USA*). △ ❷ **Questo è un calcolatore ~** this is an analogue computer.

anarchia, *n. f.* anarchy, anarchism.

anche, *avv.* also, as well, too. // ~ **se** even if, even though: **Volle comprare tutta la partita, ~ se non poteva permetterselo** he decided to buy the whole lot, even though he couldn't afford it.

àncora, *n. f.* (*trasp. mar.*) anchor.

ancoraggio, *n. m.* ❶ (*trasp. mar.*) (*l'ancorarsi*) anchoring. ❷ (*trasp. mar.*) (*il luogo*) anchorage, berth. ❸ (*trasp. mar.*) (*porto*) haven. // ~ **di quarantena** (*trasp. mar.*) quarantine anchorage.

ancorare, *v. t.* (*trasp. mar.*) to anchor, to berth.

ancorarsi, *v. rifl.* (*trasp. mar.*) to anchor, to berth, to come* to anchor.

andamento, *n. m.* ❶ (*econ., fin.*) (*della congiuntura, ecc.*) tendency, trend. ❷ (*market.*) (*del mercato, ecc.*) run. △ ❶ **Stiamo passando da un ~ sfavorevole della congiuntura a una vera e propria crisi economica** we are passing from an unfavourable economic trend to a real economic crisis; ❷ **L'~ del mercato non incoraggia un tale investimento** the run of the market doesn't encourage such an investment. // **l'~ a lungo termine dei prezzi** (*econ.*) the secular trend of prices; **~ dei prezzi** (*econ.*) price trends; (*market.*) course of prices; **l'~ del mercato azionario** (*Borsa, fin.*) the performance of the stock market; **l'~ del mercato dei titoli** (*Borsa, fin.*) the trend of the stock market, the run of the stock market; **l'~ del mercato monetario** (*fin.*) the tendency of the money market; **l'~ della domanda** (*econ.*) the demand trend.

andare, *v. i.* ❶ to go*. ❷ (*guidando un veicolo*) to drive*. ❸ (*a far visita*) to call (at, on). ❹ (*estendersi, variare*) to range, to work. ❺ (*di macchinario e sim.*) to run*. ❻ (*andar bene, convenire*) to suit. ❼ (*al passivo: essere*) to be, to get*. ❽ (*dovere*) to be to; must (*al presente*); should (*al condizionale*). ❾ (*leg.*) (*di diritto*) to vest. ❿ (*market.*) (*vendersi*) to go* off. △ ❶ **Sto andando in ufficio** I'm going to the office; **Il lavoro sta andando benissimo** work is going (*o* getting on) very well; **I dollari vanno dappertutto** dollars go everywhere; ❷ **Andavo molto forte quando il vigile mi fermò** I was driving very fast when the policeman stopped me; ❸ **Mr Jones non era in casa** (*o* in ufficio, ecc.) **quando andai da lui** Mr Jones was out when I called; **Andrò al suo ufficio domani** I'll call at his office tomorrow; **Il nostro viaggiatore andrà da quel cliente la prossima settimana** our traveller will call on that customer next week; ❹ **I nostri prodotti vanno dagli spilli alla ghisa** our products range from pins to pig iron; **Gli sconti vanno dal 5% al 50%** discounts range from 5% to 50%; ❺ **I treni non vanno più in orario** trains are not running to time any longer; **Questa macchina non va bene** this machine is not running properly; ❻ **Ti andrebbe (bene) domani l'altro alle 16?** would the day after tomorrow at 4 P.M. suit you?; ❼ **La mobilia andò completamente bruciata** all the furniture was burnt; **Pare che la vostra ultima lettera sia andata smarrita** your last letter seems to be lost; **Il telegramma è andato smarrito** the wire got lost; **La merce andò danneggiata durante il viaggio** the goods were (*o* got) damaged in transit; ❽ **Questo conto va pagato subito** this bill must be paid immediately; **Questa lettera andrebbe riscritta** this letter should be written again; ❾ **A chi andò la proprietà?** whom did the property vest in?; ❿ **Vi possiamo assicurare che il nostro articolo andrà in un baleno** we can assure you that our article will go off in a whiff; **Come vanno gli affari?** how is business? // ~ **a fondo** (*trasp. mar.*) to go to the bottom; ~ **a gonfie vele** to boom: **Gli affari vanno a gonfie vele** business is booming; ~ **a numero** (*di merce*) to be sold by quantity; ~ **a peso** (*di merce*) to be sold by weight; ~ **a picco** (*trasp. mar.*) to sink; ~ **a piedi** to walk; ~ **a rapporto** to report: **Devo ~ a rapporto dal direttore** I must report to the manager; ~ **a ruba** (*di merce*) to sell like hot cakes; ~ **a trovare q.** (*anche*) to be seeing sb.; ~ **a tutta velocità** (*trasp. mar.*) to speed; ~ **ai lavori** (*trasp. mar.*) (*di nave*) to undergo repairs; ~ **al fondo di qc.** to go into st.: **Voglio ~ al fondo di questa spiacevole faccenda** I want to go into this unpleasant matter; ~ **al passo** to pace; ~ **alla deriva** (*trasp. mar. e fig.*) to drift: **La nave sta andando alla deriva** the ship is drifting about; **Il mercato va alla deriva da alcuni giorni forse per l'imminenza delle vacanze** the market has been drifting the last few days, probably because of the approaching holidays; ~ **alla ricerca dell'oro** (*econ.*) to prospect for gold; ~ **alle stelle** (*econ., market.*) (*di prezzi, ecc.*) to zoom, to zoom up: **Il prezzo del combustibile sta andando alle stelle** fuel price is zooming up; ~ **avanti** to move ahead, to proceed; ~ **avanti e indietro** (*trasp.*) to shuttle: **Il piroscafo va avanti e indietro da Hong Kong a Macao** the steamer shuttles between Hong Kong and Macao; ~ **bene negli affari** to do well in business: **Va benissimo negli affari** he is doing very well in business; ~ **di pari passo coi tempi** to keep up with the times: **Molte imprese private sono andate a fondo per l'incapacità dei loro capi d'andare di pari passo coi tempi** lots of private undertakings sank because of their managers' inability to keep up with the times; ~ **di persona** (*anche*) to apply in person: **Potete ~ di persona o scrivere una lettera** you may apply in person or by letter; ~ **distrutto** to perish; ~ **fallito** to fail: **Molte piccole industrie sono andate fallite** many small industries have failed; ~ **forte** (*fam.*) to be going strong, to go strong: **L'industria delle piastrelle sta andando forte** the tile industry is going strong; ~ **fuori** to go out; ~ **giù** to go down; ~ **in aereo** (*o* in aeroplano) (*trasp. aer.*) to go by plane, to fly; ~ **in auto** (*o* in automobile) (*trasp. aut.*) to go by car, to drive; ~ **in cerca di** to pursue; ~ **in cerca di clienti** to tout; ~ **in cerca di guai** to ask for trouble; ~ **in crociera** (*trasp. mar.*) to cruise, to go on a cruise; ~ **in ferie** (*pers.*) to go on (a) holiday; to vacation (*USA*); ~ **in liquidazione** (*fin.*) (*di società*) to liquidate; ~ **in nave** (*trasp. mar.*) to go by ship; ~ **in pensione** (*pers.*) to retire on a pension, to retire: **La maggior parte della gente va in pensione a 65 anni** most people generally retire at 65; ~ **in pezzi** (*anche fig.*) to smash; ~ **in prescrizione** (*leg.*) to prescribe; ~ **in protesto** (*cred., leg.*) to go to protest, to be protested; ~ **in riparazione** (*org. az.*) (*di macchinario*) to undergo repairs; ~ **in rovina** to break, to crash, to crumble, to smash, to smash up; to go broke (*slang*): **La loro azienda andò in rovina** their business crashed; ~ **in secco** (*trasp. mar.*) (*di nave*) to strike; ~ **in zavorra** (*trasp. mar.*) to sail in ballast; ~ **incontro a** (*anche fig.*) to meet: **Gli siamo andati incontro alla stazione** we've met him at the station; **Voglio ~ incontro alle esigenze dei clienti** I want to meet the requirements of my customers; ~ **male** (*d'affari e sim.*) to be bad: **Gli affari vanno male** business is bad; ~ **meglio**

(*d'affari e sim.*) to look up: **Finalmente l'attività commerciale va (un po') meglio** business is looking up at last; ~ **oltre** to go beyond; (*fig.*) to exceed: **Sono andati oltre le istruzioni ricevute** they exceeded their instructions; ~ **per i propri affari** to go about one's business; ~ (*a q.*) **per reversione** (*leg.*) to revert, to result; ~ **smarrita** (*comun.*) (*di corrispondenza, merce, ecc.*) to miscarry: **Siamo sicuri che la vostra (lettera) è andata smarrita** we feel sure that your letter has miscarried; ~ **su** to go up: **I prezzi sono andati su da un giorno all'altro** prices have gone up overnight; **non ~ a un appuntamento** to break an appointment; **andarsene** to go away; (*andare a riposo*) to retire; **essere andato giù** (*di prezzo*) to be down: **La gomma è andata giù di prezzo** rubber is down (in price).

andata, *n. f.* going. // ~ **a riposo** (*pers.*) retirement; ~ **in pensione** (*pers.*) retirement; (*per raggiunti limiti d'età*) superannuation; **d'~** (*trasp.*) outward: **Il viaggio d'~ avvenne senza alcun incidente** the outward voyage was quite uneventful.

andatura, *n. f.* ❶ (*trasp.*) going. ❷ (*trasp.*) (*velocità*) pace, speed.

anello, *n. m.* ring. // ~ **di congiunzione** connecting link.

angaria, *n. f.* (*trasp. mar.*) angaria.

angolo, *n. m.* ❶ corner. ❷ (*mat.*) angle. // ~ **adiacente** (*mat.*) adjacent angle; ~ **complementare** (*mat.*) complementary angle; ~ **di deriva** (*trasp. aer.*) leeway; (*trasp. mar.*) drift angle; ~ **di pericolo** (*trasp. mar.*) danger angle; ~ **inferiore destro** bottom right hand corner; ~ **inferiore sinistro** bottom left hand corner; **un ~ retto** (*mat.*) a right angle; **dietro l'~** round the corner: **Questa è la nostra politica: vogliamo che il nostro cliente trovi tutto ciò di cui ha bisogno nel negozio « dietro l'~ »** this is our policy: we want our customer to find all that he needs in the shop just round the corner; **girato l'~** round the corner.

animare, *v. t.* to give* (new) life to, to foster, to activate. // ~ **il commercio (i traffici)** to foster trade.

animato, *a.* ❶ lively, brisk, spirited. ❷ (*pubbl.*) animated. △ ❶ **Oggi il mercato è molto ~** to-day the market is very brisk; **C'è una concorrenza animata** there is a spirited competition; ❷ **Mi piacciono i cartoni animati** I like animated cartoons.

animazione, *n. f.* ❶ animation, liveliness, briskness; go (*fam.*). ❷ (*pubbl.*) animation. △ ❶ **L'~ del mercato è oggi assai grande** there is a considerable briskness of the market today.

annacquamento, *n. m.* (*anche fig.*) watering down. △ **Tali misure dovrebbero impedire l'~ del capitale e la formazione di posizioni di controllo basate su maggioranze azionarie fittizie** these measures should prevent the watering down of capital and the formation of control blocs based on fictitious majority stockholding.

annacquare, *v. t.* (*anche fig.*) to water down.

annata, *n. f.* ❶ year. ❷ (*giorn.*) (*raccolta di giornali e sim.*) volume. // **un'~ magra** (*econ.*) a lean year.

annesso, *a.* ❶ (*comm.*) (*accluso, allegato*) attached, enclosed. ❷ (*leg.*) appurtenant. *n. m.* ❶ (*comm.*) (*allegato*) enclosure. ❷ **(gli) annessi**, *pl.* (*leg.*) appurtenances. // **annessi e connessi** (*leg.*) appurtenances.

annettere, *v. t.* (*comm.*) (*accludere, allegare*) to attach, to enclose.

anno, *n. m.* ❶ year. ❷ (*in talune locuz.*) annum. △ **Quest'~ ci aspettiamo un boom delle vendite** this year we are expecting a boom in sales; **Negli U.S.A. l'~ finanziario si chiude il 31 dicembre per i privati e il 30 giugno per lo Stato** in the U.S.A. the fiscal year ends on December 31st for private individuals and on June 30th for the U.S. Government. // ~ **bisestile** (*banca, cred.*) leap year; ~ **buono** (*econ.*) on-year; ~ **civile** (*365 giorni*) civil year; ~ **dei numeri rossi** (*rag.*) year in the red: **Questo resterà per la siderurgia l'~ dei numeri rossi** this will go down as a year in the red for the steel industry; **l'~ d'imposizione (fiscale)** (*fin.*) the year of assessment; ~ **(di permanenza) in carica** year of office: **Durante il suo ~ di permanenza in carica gli utili sono raddoppiati** profits have doubled during his year of office; **l'~ entrante** the on-coming year; ~ **favorevole** (*econ.*) on-year; ~ **finanziario** (*fin.*) financial year, fiscal year, trading year; **l'~ fiscale** (*fin.*) the taxable year; **l'~ prossimo** next year, the on-coming year; **l'~ scorso** last year, the past year; ~ **sociale** company's fiscal year; (*rag.*) business year; ~ **solare** calendar year; **all'~** per annum (*p.a.*): **stipendio: 5.000 sterline all'~** salary: £ 5,000 per annum; **che accade ogni ~** yearly; **ogni ~** yearly; **tutto l'~** all the year (round).

annotare, *v. t.* ❶ to note, to mark down, to write* down. ❷ (*registrare*) to book. ❸ (*cred.*) (*crediti, ecc.*) to tally. // ~ **in fretta** (*appunti, ecc.*) to jot (down).

annotazione, *n. f.* ❶ note. ❷ (*registrazione*) registration, entry. ❸ (*cred.*) (*di credito, ecc.*) tally. ❹ (*org. az.*) memo (*fam.*). // ~ **frettolosa** jotting; **annotazioni in calce** foot notes; **annotazioni in margine** marginal notes; ~ **(scritta) in margine** (*di pagina, ecc.*) marginal.

annuale, *a.* annual, yearly. △ **Questo è il mio reddito ~** this is my yearly income.

annualità, *n. f.* annuity. // ~ **a rimborso d'un debito** annuity in redemption of a debt; ~ **contingente** (*mat.*) contingent annuity; ~ **d'interessi** (*fin.*) yearly interest; ~ **differita** (*ass., mat.*) deferred annuity.

annualmente, *avv.* annually, yearly. △ **La nostra società distribuisce i dividendi ~** our company distributes dividends yearly.

annuario, *n. m.* ❶ directory, annual. ❷ (*attr. uff.*) calendar, handbook. ❸ (*stat.*) year-book, yearbook. △ ❸ **Il nuovo ~ vi darà tutte le informazioni sull'economia del nostro Paese** the new yearbook will give you all information about the economy of our Country. // **un ~ dei fabbricanti** a directory of manufacturers.

annullabile, *a.* ❶ annullable, cancellable, cancelable, defeasible. ❷ (*leg.*) avoidable, repealable, rescindable, revocable, voidable. △ ❷ **Un matrimonio sotto costrizione è ~** a marriage under compulsion is avoidable.

annullabilità, *n. f.* defeasibility.

annullamento, *n. m.* ❶ annulment, defeasance, suppression. ❷ (*di un impegno, di un'ordinazione, ecc.*) cancellation, cancelation. ❸ (*di un ordine*) countermand. ❹ (*cred.*) write-off. ❺ (*leg.*) avoidance, abatement, nullification. ❻ (*leg.*) (*di contratto o atto*) cancellation, rescission. ❼ (*leg.*) (*d'una sentenza*) cassation. ❽ (*leg.*) (*revoca*) revocation, repeal. ❾ (*rag.*) contraing. // ~ **dell'affrancatura (postale)** (*comun.*) meter cancellation; ~ **di causa** (*leg.*) abatement at law; ~ **di matrimonio** annulment of marriage; ~ **di un'ordinazione** cancellation of an order.

annullare, *v. t.* ❶ to annul, to suppress. ❷ (*un impegno, un'ordinazione, ecc.*) to cancel. ❸ (*un ordine*) to countermand. ❹ (*cred.*) to write* off. ❺ (*leg.*) to abate, to avoid, to null, to nullify, to quash, to vacate, to void. ❻ (*leg.*) (*rescindere*) to rescind. ❼ (*leg.*) (*revocare*) to revoke, to repeal, to rescind. ❽ (*leg.*) (*una sentenza, un verdetto, ecc.*) to set* aside. ❾ (*rag.*) to contra. △ ❷

Non riusciamo a capire perché abbiate annullato l'addebito da noi registrato e vi preghiamo di darcene spiegazione we fail to understand why you have cancelled our debit entry, and should be obliged if you would kindly furnish us with an explanation; ❹ **Tutti i crediti inesigibili sono stati annullati** all uncollectibles have been written off; ❺ **Il comitato annullerà le elezioni** the committee will null the election; **La nostra polizza assicurativa è stata annullata definitivamente** our insurance policy has been definitely voided; ❼ **La sentenza è stata finalmente annullata** the judgement has at last been rescinded; ❽ **La sentenza fu annullata da un tribunale superiore** the decision was set aside by a higher Court. // ∼ **un accordo** to cancel an agreement; ∼ **un atto** (*legale, notarile, ecc.*) (*leg.*) to cancel a deed; ∼ **una condanna** (*leg.*) to quash a conviction; ∼ **un contratto** (*leg.*) to cancel a contract, to void a contract; ∼ **un contratto di noleggio** (*leg.*) to cancel a charter party; ∼ **la correzione di** (*una parola, ecc.*) (*giorn., pubbl.*) to stet; ∼ **una marca da bollo** to cancel a revenue stamp; ∼ **un matrimonio** (*leg.*) to annul a marriage; ∼ **un modulo** to void a form; ∼ **un'ordinazione** to cancel an order; ∼ **un ordine** (*un comando*) to countermand (*o* to withdraw) an order; ∼ **una sentenza** (*leg.*) to quash a decision; ∼ **uno statuto** (*leg.*) to vacate a charter; ∼ **un verdetto** (*leg.*) to quash a verdict.

annullarsi, *v. recipr.* (*rag.*) to cancel each other, to cancel out. △ **Le due registrazioni si annullano (a vicenda)** the two items cancel each other.

annunciare, *v. t.* ❶ to announce, to give* out, to report, to signify. ❷ (*leg.*) (*un verdetto, ecc.*) to hand down. ❸ (*pubbl.*) (*un prodotto nuovo*) to advertise. △ ❶ **Il presidente ha annunciato la sua intenzione di dimettersi** the chairman has announced (*o* signified) his intention to resign; **Il cassiere ha annunciato una differenza a saldo di 1.000 dollari** the treasurer reported a balance of 1,000 dollars. // ∼ (*qc.*) **con cartelloni** (*pubbl.*) to placard; ∼ **il pagamento d'un tagliando** (*fin.*) to announce the payment of a coupon.

annunciatore, *n. m.* announcer.

annuncio, *n. m.* announcement, notice, report. // **un ∼ di matrimonio** an announcement of marriage; ∼ (*sulla stampa*) **d'una nuova emissione di titoli** (*la quale riporta il nome del titolo, il prezzo, la quantità d'azioni emesse, i nomi dei sottoscrittori e di coloro che s'occupano della vendita*) (*fin.*) tombstone announcement; **l'∼ di una vendita** the advertisement of a sale; ∼ **economico su due colonne** (*giorn.*) double column; ∼ **giudiziario** (*leg.*) advertisement required by law; ∼ **personale** (*nella « piccola pubblicità »*) (*giorn., pubbl.*) personal advertisement; ∼ **pubblicitario** (*pubbl.*) advertisement, advertizement, ad; advert, plug (*slang USA*); (*richiesta od offerta di lavoro*) want ad; ∼ **pubblicitario** (*fatto da un dettagliante*) **abbinato** (*a quello del fabbricante*) (*market., pubbl.*) tie-in; ∼ **pubblicitario composto tipograficamente in modo da sembrare parte del « corpo »** (*d'un giornale, d'una rivista, ecc.*) (*pubbl.*) reading notice, reader; **annunci pubblicitari divisi in rubriche** (*giorn., pubbl.*) classified advertisements; ∼ **pubblicitario riguardante la ricerca di personale o l'offerta di lavoro** (*pubbl.*) certified advertisement; **un ∼ pubblicitario su tutta una pagina** (*pubbl.*) a full-page advertisement; **un ∼ pubblicitario vistoso** (*pubbl.*) an eye-catching ad; ∼ **su una gazzetta ufficiale** (*giorn.*) gazette (*ingl.*).

annunziare, *v. t. V.* annunciare.
annunziatore, *n. m. V.* annunciatore.
annunzio, *n. m. V.* annuncio.

annuo, *a.* annual, yearly. △ **A quanto ammonta il tuo stipendio ∼?** how much is your yearly salary?

anormale, *a.* ❶ abnormal, irregular. ❷ (*stat.*) skew.

antagonismo, *n. m.* ❶ antagonism. ❷ (*rivalità*) rivarly. ❸ (*resistenza*) counteraction.

antagonista, *n. m. e f.* ❶ antagonist, opponent. ❷ (*rivale*) rival.

antagonistico, *a.* antagonistic.
antecedente, *a.* previous.
antedata, *n. f. V.* antidata.
antedatare, *v. t. V.* antidatare.
antenna, *n. f.* (*di radio*) aerial.
anteriore, *a.* (*di tempo*) previous.

anti-, *pref.* anti-. // « ∼ **-dumping** » (*econ.*) anti-dumping, antidumping; « ∼**-trust** » (*econ.*) anti-trust, antitrust.

anticiclico, *a.* (*econ.*) anticyclical.

anticipare, *v. t.* ❶ to anticipate. ❷ (*banca, cred.*) to advance. △ ❶ **La banca non può ∼ il pagamento** the bank cannot anticipate payment; ❷ **Non voglio ∼ denaro ai miei dipendenti** I refuse to advance money to my employees. // ∼ **a un dipendente una settimana di salario come prestito** to advance an employee a week's pay as a loan; ∼ **la spedizione della merce** to send goods in advance; « **pagamento anticipato** » (*market.*) payment in advance.

anticipatamente, *avv.* beforehand, in advance.

anticipazione, *n. f.* ❶ (*banca, cred.*) advance. ❷ (*cred.*) (*prestito*) imprest, loan. // ∼ **allo scoperto** (*banca*) uncovered advance; **anticipazioni allo scoperto** (*cred.*) unsecured advances; **anticipazioni di Tesoreria** (*praticate dalla Banca d'Inghilterra al Governo*) (*fin.*) ways and means advances (*ingl.*); ∼ **su garanzia** (*banca*) advance against security, secured advance; ∼ **su merci** (*cred.*) goods loan.

anticipo, *n. m.* ❶ anticipation. ❷ (*pagamento anticipato*) payment in advance, instalment. ❸ (*banca, cred.*) advance. ❹ (*comm. est., fin.*) (*di pagamento*) lead. // **anticipi allo scoperto** (*cred.*) unsecured advances; **l'∼ d'un pagamento** the anticipation of a payment; **anticipi e dilazioni** (*comm. est., econ., fin.*) leads and lags; **un ∼ in contanti** a cash advance; ∼ **in conto corrente** (*banca*) advance on current account; ∼ **in conto prestito** (*banca*) advance on loan account; **anticipi sotto forma di tratte sull'armatore** (*dati dal capitano della nave in partenza ai membri dell'equipaggio per sopperire ai bisogni delle famiglie*) (*trasp. mar.*) advanced notes; **in ∼** in advance, beforehand, in: **Ci toccherà pagarlo (pagare la merce, ecc.) in ∼** we shall have to pay him (the goods, etc.) in advance.

antidata, *n. f.* ❶ antedate. ❷ (*l'antidatare*) antedating.

antidatare, *v. t.* to antedate, to foredate, to predate. △ **Sarà opportuno ∼ la lettera** it will be advisable to antedate the letter. // ∼ **un contratto** (*leg.*) to antedate a contract.

antieconomico, *a.* (*econ.*) uneconomic, uneconomical.

antimonopolistico, *a.* (*econ.*) anti-trust.
antinflazionistico, *a.* (*econ.*) anti-inflationary.
antinfortunistica, *n. f.* (*pers.*) accident prevention.

antiquato, *a.* ❶ obsolete, out-of-date. ❷ (*market.*) out-of-date, outdated. ❸ (*org. az.*) (*di macchinario*) superannuated. △ ❶ **Quel tipo di corrispondenza commerciale è ∼** that kind of commercial correspondence is out-of-date.

antiscalo, *n. m.* (*trasp. mar.*) ways-end.
anzianità, *n. f.* ❶ (*vecchiaia*) old age. ❷ (*pers.*) V. ~ **di servizio**. // ~ **di servizio** (*pers.*) length of service, seniority: **Ottenne la promozione per ~ di servizio** he got his promotion through seniority; **maggiore ~** seniority.
anziano, *a.* ❶ elderly; (*vecchio*) old. ❷ (*pers.*) senior. *n. m.* (*pers.*) senior. △ *a.* ❷ **Mr Scrooge è il socio ~ della ditta Scrooge & C.** Mr Scrooge is the senior partner of Messrs Scrooge & Co. // **più ~** senior, major.
apatia, *n. f.* apathy. // ~ **del cliente potenziale** (*market.*) consumer resistance.
aperto, *a.* open. // ~ **a tutti** free-for-all; ~ **al(la vista del) pubblico** (*market.*) in view, on view; **all'~** in the open; out of doors.
apertura, *n. f.* opening. // ~ **di credito** (*banca, cred.*) opening of credit, credit opening, cash-credit: **Il pagamento dovrà effettuarsi mediante ~ di credito presso primaria banca di New York** payment is to be effected by opening of credit with a leading New York bank; ~ **di credito autorizzata** (*cred.*) confirmed opening of credit, confirmed credit; ~ **d'udienza** (*leg.*) opening.
apice, *n. m.* (*fig.*) top. △ **Ora Mr Kendall è all'~ della sua carriera** Mr Kendall is now at the top of his career. // ~ **del mercato** (*fin., market.*) (*momento in cui le quotazioni hanno raggiunto il livello più alto*) the top of the market.
appaltare, *v. t.* ❶ (*leg.*) (*dare in appalto*) to let* out (on contract), to farm out; to auction off (*USA*). ❷ (*leg.*) (*prendere in appalto*) to undertake* on contract. △ ❶ **In Francia i ristoranti lungo le autostrade sono di proprietà statale e vengono appaltati al miglior offerente** in France superhighway restaurants are a State monopoly and are auctioned off to the highest bidder. // ~ **l'esazione d'un'imposta** (*leg.*) to farm a tax.
appaltatore, *n. m.* ❶ (*leg.*) contractor, farmer, undertaker. ❷ (*leg.*) (*specialm. di lavori o servizi pubblici*) franchise holder, franchisee. // **l'~ dell'esazione d'una imposta** (*leg.*) the farmer of a tax; ~ **di pubblicità** (*pubbl.*) advertising contractor; ~ **libero** (*nella scelta dei mezzi e dei metodi di lavorazione*) independent contractor.
appalto, *n. m.* ❶ (*leg.*) contract. ❷ (*leg.*) (*specialm. di lavori o servizi pubblici*) franchise. // **un ~ per un servizio d'autobus** (*trasp.*) a franchise for a bus service; **appalti pubblici di forniture** (*econ.*) public-supply contracts.
apparato, *n. m.* apparatus, machinery. // ~ **amministrativo** bureaucracy; **l'~ della distribuzione** (*market.*) the distribution machinery; ~ **di ricerca** (*market.*) research facilities; ~ **produttivo** (*econ., org. az.*) production machinery: **La concorrenza italiana ha avuto indubbiamente un notevole peso sul movimento di concentrazione, specializzazione e razionalizzazione che ha portato alla trasformazione dell'~ produttivo di taluni Stati Membri** Italian competition has undoubtedly contributed to the concentration, specialization and rationalization which has transformed the production machinery of some Member States.
apparecchiatura, *n. f.* ❶ equipment. ❷ **apparecchiature**, *pl.* fittings. // ~ **di controllo** (*elab. elettr.*) control equipment; **apparecchiature e impianti** (*rag.*) fittings and fixtures.
apparecchio, *n. m.* ❶ (*comm.*) set. ❷ (*org. az.*) implement. ❸ (*trasp. aer.*) plane. // ~ **di comando automatico** (*elab. elettr.*) automatic controller; ~ **di salvataggio** (*trasp. mar.*) salvage apparatus; ~ **fotostatico** (*macch. uff.*) photostat; ~ **radio** radio set, radio, wireless set; **apparecchi sanitari** sanitary ware.

apparente, *a.* ❶ apparent. ❷ (*leg.*) apparent. △ ❷ **Il Sig. A. Bianchi è l'erede ~** Sig. A. Bianchi is the heir apparent.
apparentemente, *avv.* apparently.
apparenza, *n. f.* appearance.
apparire, *v. i.* to appear. // **che sta per ~** (*di pubblicazione*) forthcoming.
apparizione, *n. f.* appearance. △ **L'~ di questo nuovo calcolatore elettronico ha rivoluzionato la contabilità** the appearance of this new computer has revolutionized bookkeeping.
appartamento, *n. m.* flat; apartment (*USA*).
appartenenza, *n. f.* ❶ belonging. ❷ (*fin.*) (*a una società, ecc.*) membership. ❸ (*sind.*) (*a un sindacato*) membership.
appartenere, *v. i.* to belong. △ **Tutte le navi devono ~ a un compartimento, che è chiamato porto d'immatricolazione** all ships must belong to a port, which is called port of registry.
appellabile, *a.* (*leg.*) appealable.
appellabilità, *n. f.* (*leg.*) appealability.
appellante, *n. m.* e *f.* (*leg.*) (*chi ricorre in appello*) appellant.
appellare, *v. t.* (*chiamare*) to call, to style. *v. i.* (*leg.*) V. **appellarsi**.
appellarsi, *v. rifl.* (*leg.*) to appeal. // ~ **all'autorità giudiziaria superiore** to appeal to a higher Court; ~ **contro una sentenza** to appeal from a judgement; ~ **perché una causa sia assegnata a un tribunale di grado superiore** to appeal a case.
appellativo, *n. m.* ❶ style. ❷ (*nella corrispondenza, nei moduli, ecc.*) title (Mr, Mrs, Miss, Ms: *premesso a un cognome o a un nome e cognome*).
appellato, *n. m.* (*leg.*) (*chi è fatto oggetto di un appello*) appellee.
appello, *n. m.* ❶ (*nominale*) roll-call. ❷ (*leg.*) appeal. // **l'~ contro una sentenza** an appeal from a decision; ~ **nominale** roll-call.
appena, *avv.* ❶ (*da poco*) just, newly. ❷ (*a mala pena*) barely, hardly. ❸ (*tosto che*) as soon as. △ ❶ **È ~ arrivato** he has just arrived; ❷ **Li conosco ~** I barely know them; ❸ ~ **arriva, diteglì che ho bisogno di parlare con lui** as soon as he arrives, tell him I want to speak to him. // ~ **possibile** as early as possible; **non ~ possibile** at your earliest convenience; **non ~ potete** at your earliest convenience.
appesantire, *v. t.* to weight.
appesantito, *a.* weighted.
appezzamento, *n. m.* (*di terreno*) plot, lot. // ~ **di terreno demaniale (di 160 acri), affidato a un colono perché lo coltivi** (*leg.*) homestead (*USA*); **un ~ edificabile** a building lot.
appianare, *v. t.* ❶ to level. ❷ (*leg.*) (*una vertenza*) to judge. // ~ **un dissidio** to patch up a quarrel; ~ **divergenze** to arrange differences; ~ **una lite** (*leg.*) to settle a dispute.
appiattimento, *n. m.* (*di prezzi, salari, ecc.*) flattening (out), levelling (out, down).
appiattire, *v. t.* (*prezzi, salari, ecc.*) to flatten, to flatten out, to level (out, down).
appiattirsi, *v. rifl.* (*di prezzi, salari, ecc.*) to flatten, to flatten out, to level (out, down). △ **Ci si aspetta che i prezzi si appiattiscano dopo il periodo degli acquisti natalizi** prices are expected to flatten down after the Christmas buying.
appigionare, *v. t.* (*leg.*) to let*. // ~ **un ufficio per 5 anni** to let an office for 5 years; **essere appigionato**

to let: **Questo edificio è appigionato per 10.000 dollari l'anno** this building lets for $ 10,000 a year.
appigionarsi, *v. rifl.* (*leg.*) to let*. △ **A quanto si appigiona questa casa?** how much does this house let for? // « **appigionasi** » (*avviso*) « house to let ».
applicabile, *a.* ❶ applicable. ❷ (*fin.*) assessable. ❸ (*leg.*) enforceable.
applicabilità, *n. f.* ❶ applicability. ❷ (*leg.*) enforceability.
applicare, *v. t.* ❶ to apply. ❷ (*fin.*) (*un'imposta, una multa, ecc.*) to assess. ❸ (*leg.*) (*una legge*) to enforce. // ~ **un francobollo a una lettera** to imprint a postmark on a letter; ~ **in modo uniforme** (*tasse, regolamenti, ecc.*) (*fin.*) to blanket; ~ **una legge** (*leg.*) to enforce a law; ~ **le norme della surrogazione a** (*q.*) (*leg.*) to subrogate; ~ **un pneumatico a** (*un autoveicolo*) (*trasp. aut.*) to tire, to tyre; ~ **il regolamento a un caso nuovo** to apply the rules to a new case; ~ **una soprattassa a** (*q. o qc.*) (*fin.*) to surcharge; **essere applicato** (*di regolamento e sim.*) to come into operation: **Quando sarà applicato il nuovo regolamento?** when will the new rules come into operation?
applicarsi, *v. rifl.* ❶ to apply oneself. ❷ (*riferirsi*) to apply. △ ❶ **Devi applicarti al lavoro più di quanto tu non faccia ora** you must apply yourself to your job more than you do now; ❷ **Questa norma non si applica a tutti i casi** this rule doesn't apply in all cases.
applicazione, *n. f.* ❶ application. ❷ (*Borsa*) crossing. ❸ (*leg.*) enforcement. △ ❶ **Questo lavoro richiede una grande** ~ this work requires close application. // ~ **di metodi scientifici ai problemi legali** (*leg.*) jurimetrics; **l'~ d'un nuovo procedimento alle industrie tessili** the application of a new process to the textile industries; **l'~ d'un trattato** (*leg.*) the implementation of a treaty; **in ~ di** (*leg.*) in pursuance of: **Tutto ciò fu effettuato in ~ dell'articolo 73 del Trattato** all this was done in pursuance of Article 73 of the Treaty.
appoggiare, *v. t. e i.* ❶ to rest. ❷ (*sostenere*) to back (up), to support. ❸ (*favorire, promuovere*) to forward, to further. ❹ (*incoraggiare, assecondare*) to buoy (up), to second. ❺ (*prendere le parti di*) to side with. ❻ (*leg.*) to sustain. △ ❶ **Il tetto appoggia su dieci colonne** the roof rests on ten columns; ❷ **La decisione del comitato è stata appoggiata dalla maggioranza** the commission's resolution was backed (*o* supported) by the majority; ❸ **Anzitutto, bisogna ~ il piano del direttore** first of all, we must forward the manager's plan; ❹ **La mozione fu appoggiata da tutti i membri della delegazione commerciale** the motion was seconded by all the members of the commercial delegation; ❺ **Nella vertenza sindacale io appoggiai gli scioperanti** in the labour dispute I sided with the strikers. // ~ **una causa** to support a cause, to further a cause; ~ **una nave presso i raccomandatari d'un noleggiatore** (*trasp. mar.*) to consign a ship to the charterer's agents; ~ **una rivendicazione** (*leg.*) to sustain a claim.
appoggio, *n. m.* ❶ backing, support. ❷ (*aiuto*) assistance, help. ❸ (*persona o cosa su cui contare*) stand-by. ❹ (*trasp. aer.*) (*del carrello*) touch-down. △ ❶ **L'unico ~ finanziario che un giornale dovrebbe aspettarsi è quello derivante dai suoi lettori** the only financial support which a newspaper should expect is from its readers; ❷ **Confido che il nuovo impiegato ti sarà d'~** I trust the new clerk will be of assistance to you.
apporre, *v. t.* ❶ to affix, to append, to put*. ❷ (*un francobollo e sim.*) to imprint. // ~ **il cartellino (del prezzo) su** (*articoli, ecc.*) (*market.*) to ticket; ~ **la firma** to append one's signature; ~ **la (propria) firma a un documento** to put one's signature on a document, to affix one's signature to a document, to set one's signature to a paper; ~ **le iniziali a qc.** to initial st.; ~ **un marchio di fabbrica su** (*un articolo, ecc.*) (*leg.*) to trade-mark; ~ **i sigilli a un documento** (*leg.*) to seal a document; ~ **un sigillo a** to affix a seal; ~ **il sigillo a un documento** to append a seal to a document.
apportare, *v. t.* ❶ to bring* in, to bring* into, to contribute. ❷ (*fare*) to make*. △ ❶ **La parte di utile è proporzionata a quanto uno apporta** the share of profit is proportional to what you bring in; **I soci accomandanti sono responsabili soltanto fino alla quota di capitale apportato** limited partners are liable only up to the amount they have contributed. // ~ **capitali** to bring in (*o* to contribute) capital; ~ **una modifica** (*org. az.*) to make an alteration; ~ **« tagli » al bilancio** (*econ., fin.*) to trim the budget; (*più drasticamente*) to slash the budget: **La nuova amministrazione apporterà dei tagli al bilancio** the budget will be slashed by the new administration.
apporto, *n. m.* ❶ contribution. ❷ (*fin.*) (*dato a un'azienda*) assets brought in. // ~ **a un'azienda** (*fin.*) assets brought into a business, assets transferred to a company; ~ **di capitale** (*fin.*) contribution of capital; ~ **di capitali** (*econ.*) inflow of capital: **L'~ di capitali riequilibrò i nostri conti con l'estero** the inflow of capital bolstered up our foreign trade balance; ~ **effettivo** (*leg.*) conveyance of actual chattels.
apposizione, *n. f.* (*l'apporre*) affixing, appending. // **l'~ dei sigilli a un documento legale** the affixing of seals to a legal document.
apprendere, *v. t.* ❶ (*imparare*) to learn*. ❷ (*una notizia*) to hear*, to learn*, to understand*. △ ❶ **Ho appreso le nuove tecniche pubblicitarie** I have learnt the latest advertising techniques; ❷ **Apprendiamo che la vostra sede si è trasferita** we learn that you have moved to a new location; **Apprendiamo che alla loro clientela non interessano i nostri articoli** we understand that their customers are not interested in our articles.
apprendista, *n. m. e f.* ❶ (*chi apprende*) learner, improver. ❷ (*pers.*) apprentice. ❸ (*pers.*) (*impiegato*) junior clerk.
apprendistato, *n. m.* (*pers.*) apprenticeship. // (**contratto di**) ~ articles (of apprenticeship).
apprezzabile, *a.* appreciable.
apprezzamento, *n. m.* ❶ (*riconoscimento del valore*) appreciation. ❷ (*stima*) esteem. ❸ (*valutazione*) rating, valuation. △ ❶ **È un sincero ~ del vostro valido aiuto** this is a sincere appreciation of your valuable help; ❸ **L'~ della mia proprietà è stato eccessivo** the rating of my property was excessive.
apprezzare, *v. t.* ❶ to appreciate, to value. ❷ (*stimare*) to esteem. ❸ (*valutare il prezzo*) to rate, to value. △ ❶ **La nostra ditta ha sempre apprezzato i vostri servigi** our firm has always valued your services; ❸ **Non pare equo ~ una casa privata molto di più d'un blocco di uffici** it doesn't seem fair to rate a private house more heavily than an office building.
apprezzato, *a.* esteemed, valued. // **essere ~** to meet with appreciation: **Il suo lavoro è ~ da tutti i colleghi** his work meets with the appreciation of all his colleagues.
approccio, *n. m.* approach.
approdare, *v. i.* (*trasp. mar.*) to go* ashore, to land. △ **Approdammo a Napoli** we landed at Naples.

approdo, *n. m.* ❶ (*trasp. mar.*) (*l'approdare*) landing. ❷ (*trasp. mar.*) (*il luogo*) landing-place.

approfittare, *v. i.* to profit, to avail oneself, to take* advantage. △ **Vogliamo ~ di ogni occasione per fare pubblicità alla nostra merce** we want to avail ourselves of every opportunity to advertise our goods; **Siamo sicuri che approfitterete della nostra offerta** we are sure you will take advantage of our offer.

approfondire, *v. t.* (*fig.*) to go* into. // ~ **l'esame delle prove** (*leg.*) to go into the evidence; ~ **l'esame delle testimonianze** (*leg.*) to go into the evidence.

appropriarsi, *v. rifl.* ❶ to take* possession (of st.). ❷ (*intascare*) to pocket. ❸ (*leg.*) to appropriate. // ~ **d'una somma di denaro** (*leg.*) to appropriate a sum of money (to oneself); ~ **indebitamente di** (*denaro altrui*) (*leg.*) to misappropriate; (*denaro o altri beni*) to embezzle; (*denaro, specialm. pubblico*) to peculate: **Fu licenziato poiché si era indebitamente appropriato dei fondi della società** he was fired as he had misappropriated the company's funds; ~ **indebitamente di qc.** (*leg.*) to convert st., to defalcate st.

appropriato, *a.* appropriate, proper, fit.

appropriazione, *n. f.* (*leg.*) appropriation. // **l'~ d'oggetti smarriti** (*leg.*) the appropriation of lost property; ~ **indebita** (*leg.*) conversion, defalcation, embezzlement, misappropriation, peculation (*V.* **appropriarsi**).

approssimativamente, *avv.* approximately.

approssimativo, *a.* ❶ approximate, rough, rough and ready. ❷ (*Borsa*) about (*attr.*). △ ❶ **Non ci possiamo accontentare d'una traduzione così approssimativa!** we can't be satisfied with such a rough translation!; ❷ **Alla Borsa Valori di Londra, gli ordini conferiti a un prezzo ~ possono dare luogo a contestazioni** on the London Stock Exchange, orders given at an about price may lead to disputes.

approssimato, *a.* approximate.

approssimazione, *n. f.* approximation.

approvare, *v. t.* ❶ to approve, to approve of, to confirm, to endorse. ❷ (*sancire*) to sanction. ❸ (*leg.*) to carry. ❹ (*leg.*) (*un disegno di legge, ecc.*) to pass. △ ❶ **I verbali della riunione furono letti e approvati** the minutes of the meeting were read and approved; **Non possiamo appoggiare una politica monetaria che non abbiamo mai approvato** we cannot support a monetary policy of which we have never approved; **Il verbale deve essere letto e approvato** the minutes must be read and confirmed; **Non mi sento di ~ la politica del presidente** I cannot endorse the chairman's policy; ❸ **La mozione fu approvata all'unanimità** the resolution was carried unanimously; ❹ **Il Parlamento non approverà quel disegno di legge** Parliament is not going to pass the bill. // ~ **un accordo** to subscribe to an agreement; ~ **un bilancio** to adopt a balance; ~ **una deliberazione** (*leg.*) to pass a resolution; ~ **un disegno di legge** (*leg.*) to vote a bill through; ~ **una proposta** to approve a proposal; ~ **lo statuto societario** (*fin.*) to pass the articles of association; ~ (*una mozione e sim.*) **votando** to vote; **essere approvato** (*leg.*) (*di disegno di legge, ecc.*) to pass: **Il progetto di legge finanziaria non è ancora stato approvato** the financial bill has not passed yet; **essere approvato da** (*un'assemblea legislativa*) (*leg.*) to pass: **Il progetto di legge è già stato approvato dalla Camera dei Comuni** the bill has already passed the House of Commons; **essere approvato da q.** to meet with sb.'s approval: **La sua condotta fu approvata dal suo capo** his conduct met with his boss's approval.

approvazione, *n. f.* ❶ approval, approbation, confirmation, endorsement. ❷ (*assenso*) assent. ❸ (*leg.*) fiat. ❹ (*leg.*) (*sanzione*) sanction. ❺ (*leg.*) (*di una legge, ecc.*) carrying. ❻ (*leg.*) (*di un disegno di legge, ecc.*) passage. △ ❶ **Il tuo progetto ha la mia ~** your plan has my approval; **Confidiamo che la nostra proposta incontrerà la vostra ~** we trust our proposal will meet with your approval. // **l'~ del verbale dell'adunanza** the adoption of the report of the meeting; **salvo ~ da parte nostra** subject to our approval.

approvvigionamento, *n. m.* ❶ (*fornitura*) supply. ❷ (*di viveri*) victualling. ❸ (*org. az.*) purchase, industrial purchasing. ❹ (*org. az.*) (*di materie prime, ecc.*) procurement. ❺ **approvvigionamenti**, *pl.* (*provviste*) supplies; provisions. // ~ **idrico** (*org. az.*) water supply.

approvvigionare, *v. t.* ❶ to provision, to supply. ❷ (*di viveri*) to victual. ❸ (*org. az.*) to stock. △ ❷ **La città fu approvvigionata di derrate alimentari per ferrovia** the town was victualled with foodstuffs brought by rail. // ~ **all'eccesso** (*market., org. az.*) to overstock; ~ (*un negozio, uno stabilimento, ecc.*) **d'una quantità insufficiente di merce** (*market., org. az.*) to understock; ~ **una nave** (*trasp. mar.*) to provision a ship.

approvvigionarsi, *v. rifl.* ❶ to lay* in supplies. ❷ (*org. az.*) (*di materie prime, ecc.*) to procure. ❸ (*trasp. mar.*) (*di nave*) to victual. △ ❷ **Dobbiamo approvigionarci di altre attrezzature e scorte** we must procure extra equipment and supplies.

approvvigionatore, *n. m.* ❶ (*fornitore*) supplier. ❷ (*di viveri*) victualler.

appuntamento, *n. m.* appointment. △ **È mancato all'~** he has not kept his appointment; **Il direttore riceve solo per ~** the manager only receives by appointment.

« **appuntatura** » **di protesto**, *n. f.* (*leg.*) noting.

appunto, *n. m.* ❶ note. ❷ (*promemoria*) memorandum*; memo (*fam.*). △ ❶ **Ricordati di prendere appunti di quel che si dice** remember to take down notes of what is said.

aprire, *v. t.* e *i.* to open, to open up. △ **A che ora apre l'ufficio?** at what time does the office open?; **Apriranno un nuovo negozio proprio dall'altra parte della strada** they are going to open a new shop right across the street; **Dopo un lungo periodo d'isolamento, stanno aprendo il Paese ai traffici** after a long period of isolation they're opening up their Country to trade. // ~ **alla pari** (*Borsa*) (*di titoli, ecc.*) to open at par; ~ **i battenti** to open: **La (Fiera) Campionaria di Milano apre i battenti domani** the Milan Trade Fair is opening tomorrow; ~ **bottega** (*market.*) to start a shop, to set up shop; ~ **un conto con q.** to open an account with sb.; ~ **un conto in banca** (*cred.*) to open an account at the bank; ~ **un credito presso una banca** (*banca, cred.*) to open a credit with a bank; ~ (*una pellicola*) **in dissolvenza** (*pubbl.*) to fade in; ~ **una seduta** to open a meeting; ~ **la strada** (*a negoziati, ecc.*) (*fig.*) to open the door: **Vogliamo ~ la strada a una più ampia liberalizzazione degli scambi e a più stretti contatti** we want to open the door to freer trade and closer ties.

aprirsi, *v. rifl.* to open. △ **I conti si aprono con un saldo a credito** the accounts open with a credit balance.

ara, *n. f.* (*misura di superficie*) are.

arare, *v. t.* to plough; to plow (*USA*).

aratro, *n. m.* plough; plow (*USA*).

arbitraggio, *n. m.* ❶ (*Borsa*) arbitrage, arbitraging, arbitration of exchange. ❷ (*fin.*) (*di portafogli*) change of investments. ❸ (*leg., sind.*) umpirage, arbitration. // ~

a termine (*Borsa*) heading for the settlement; ~ **composto** (*Borsa, fin.*) compound arbitrage; ~ **coperto** (*Borsa, fin.*) covered arbitrage; ~ **dei riporti** (*Borsa*) jobbing in contangoes; ~ **diretto** (*fin.*) direct arbitrage; ~ **indiretto** (*fin.*) indirect arbitrage, compound arbitrage; ~ **scoperto** (*Borsa, fin.*) uncovered arbitrage; ~ **semplice** (*Borsa, fin.*) simple arbitrage; ~ **su titoli** (*fin.*) stock arbitrage.

arbitrale, *a.* arbitral; arbitration (*attr.*). △ **Vorrei conoscere la clausola** ~ I would like to know the arbitration clause; **Dobbiamo aderire al lodo** ~ we must accept the arbitration award.

arbitramento, *n. m.* (*leg., sind.*) umpirage, arbitration.

arbitrare, *v. t.* ❶ to arbitrate. ❷ (*leg.*) (*una lite, ecc.*) to referee. ❸ (*leg., sind.*) to umpire. *v. i.* (*fin.*) to change investments.

arbitrariamente, *avv.* ❶ arbitrarily. ❷ (*leg.*) ultra vires. △ ❷ **Il funzionario in questione agì** ~ the official in question acted ultra vires.

arbitrario, *a.* ❶ arbitrary, unauthorized. ❷ (*leg.*) ultra vires.

arbitrato, *n. m.* (*leg., sind.*) arbitration, umpirage. △ **La vertenza fra i lavoratori e le imprese sarà sottoposta ad** ~ the dispute between management and labour will be submitted for arbitration. // ~ **coercitivo** (*leg.*) compulsory arbitration; ~ **forzato** (*imposto dalla legge*) (*leg., sind.*) compulsory arbitration; ~ **internazionale** (*comm. est.*) international arbitration; ~ **obbligatorio** (*imposto dalla legge*) (*leg., sind.*) compulsory arbitration; ~ **stabilito da statuti di società** (*leg.*) compulsory arbitration; ~ **tripartito** (*sind.*) tripartite arbitrate; ~ **volontario** (*accettato volontariamente dai sindacati*) voluntary arbitration.

arbitratore, *n. m.* (*leg., sind.*) umpire.

arbitro, *n. m.* ❶ arbiter. ❷ (*leg.*) (*d'una lite*) referee. ❸ (*leg., sind.*) arbitrator, umpire. ❹ (*sind.*) conciliator. △ ❸ **Sarà necessario far intervenire un** ~ **per dirimere la vertenza** it will be necessary to call in an umpire to decide the dispute. // ~ (**amichevole**) **compositore** (*leg.*) friendly arbitrator; ~ **unico** umpire: **Quando due arbitri non riescono ad accordarsi, spesso nominano un** ~ **unico che decide la vertenza** when two arbitrators cannot agree, they often appoint an umpire who settles the dispute.

architetto, *n. m.* architect. // **un** ~ **professionista** a professional architect.

archiviare, *v. t.* ❶ to file. ❷ (*leg.*) to record. // ~ **una pratica** (*leg.*) to take no further action on a matter; ~ **un processo** (*leg.*) to dismiss a case.

archiviazione, *n. f.* ❶ filing. ❷ (*org. az.*) records detention. // **l'~ d'una causa** (*leg.*) the dismissal of a case.

archivio, *n. m.* ❶ (*attr. uff.*) file; files (*pl.*). ❷ (*elab. elettr.*) file. ❸ (*leg.*) records (*pl.*). ❹ (*org. az.*) records centre. △ ❶ **L'operazione cui vi riferite non è registrata nel nostro** ~ there is no record in our files of the transaction you refer to. // ~ **centralizzato** (*org. az.*) centralized files; ~ **degli arretrati** (*attr. uff.*) back file; ~ **delle fatture** (*org. az.*) bill file; ~ **di Stato** archives (*pl.*); Records Office; ~ **verticale** (*attr. uff.*) vertical file.

archivista, *n. m. e f.* ❶ archivist. ❷ (*amm.*) registrar. ❸ (*leg.*) recorder. ❹ (*pers.*) file clerk, filing clerk.

area, *n. f.* ❶ area, zone. ❷ (*di terreno edificabile, ecc.*) plot, lot. △ ❶ **La nostra direzione ha diviso il Paese in 4 aree di vendita** our management has divided the Country into 4 sales zones. // ~ **commerciale** (*market.*) consumer trading area; **l'~ del dollaro** (*econ., fin.*) the dollar area; **l'~ della sterlina** (*econ., fin.*) the sterling area, the sterling bloc, the scheduled territories: **L'~ della sterlina è considerata oggi la più vasta comunità mercantile del mondo** the sterling area is today held to be the world's largest trading community; ~ **depressa** (*da sviluppare*) (*econ.*) development area; ~ **di controllo** (*org. az.*) area of control, control area; ~ **di parcheggio** (*trasp. aut.*) parking lot; ~ **di posteggio** (*per uno stand, in una fiera campionaria*) (*market.*) stand space; ~ **di sviluppo** (*econ.*) development area, growth area; ~ **disastrata** (*econ.*) distressed area; ~ **fabbricabile** building lot; building plot; buildingsite; ~ **marittima** (*trasp. mar.*) sea area; ~ **metropolitana** (*econ.*) metropolitan area; ~ **monetaria** (*fin.*) monetary area; ~ **sconvolta da calamità naturali** (*econ.*) distressed area; ~ **suburbana di empori e negozi** (*market.*) shopping centre; **fuori dell'« ~ del dollaro »** (*econ.*) (*di nazione, ecc.*) non-dollar (*attr.*).

arena, *n. f.* (*sabbia*) sand.

arenamento, *n. m.* (*trasp. mar.*) stranding, beaching. // ~ **accidentale** (*ass. mar., trasp. mar.*) accidental stranding; ~ **volontario per evitare il naufragio** (*ass. mar.*) voluntary stranding to avoid wreck.

arenare, *v. t.* (*trasp. mar.*) to strand, to beach, to run* aground, to run* ashore.

arenarsi, *v. rifl.* (*trasp. mar.*) (*di nave*) to strand, to beach, to ground, to run* aground, to run* ashore. △ **La nave s'arenò** the boat ran aground; **La nave s'arenò sull'isola** the ship stranded on the island.

argento, *n. m.* silver. // ~ **monetabile** (*econ.*) silver bullion; ~ **puro** (*925 parti d'argento e 75 di rame*) sterling silver.

argomentare, *v. i.* to argue. *v. t.* (*dedurre, inferire*) to deduce, to infer.

argomentazione, *n. f.* ❶ argumentation. ❷ argomentazioni, *pl.* arguments. // **argomentazioni e prove** (*leg.*) case.

argomento, *n. m.* ❶ argument. ❷ (*materia, oggetto*) matter, subject-matter, object, subject, topic. △ ❷ **L'inflazione sarà l'~ di discussione del nostro prossimo incontro** inflation will be the topic of discussion in our next meeting. // ~ **di difesa** (*leg.*) plea; ~ **discusso in una « tavola rotonda »** (*fin., market.*) round table; **argomenti giornalistici** (*giorn.*) newspaporial items; **un** ~ **irrefutabile** an unanswerable argument.

arguibile, *a.* inferable.

arguire, *v. t.* to infer.

aria, *n. f.* ❶ (*anche fig.*) air. ❷ (*fig.*) (*sensazione*) feeling. △ ❷ **Tira** ~ **d'imminente recessione nell'economia italiana** there is a feeling of an approaching recession in the Italian economy. // ~ **con un'~ d'indifferenza** with an assumption of indifference.

aridi, *n. pl.* (*trasp. mar.*) dry goods.

aristocratico, *a.* aristocratic; upper-class (*attr.*); upper-crust (*fam.*).

aristocrazia, *n. f.* aristocracy, upper class; upper crust (*fam.*).

aritmetica, *n. f.* arithmetics (*pl. col v. al sing.*).

aritmeticamente, *avv.* arithmetically.

aritmetico, *a.* arithmetic, arithmetical. *n. m.* arithmetician.

armadietto, *n. m.* (*attr. uff.*) cabinet. // ~ **per libri** (*attr. uff.*) bookcase.

armamento, *n. m.* ❶ (*trasp. mar.*) equipment, fitting-out, rigging, rig. ❷ (*trasp. mar.*) (*industria dell'armamento*) shipping industry (*o* trade).

armare, v. t. ❶ (trasp. mar.) (una nave) to equip, to fit out, to rig. ❷ (trasp. mar.) (equipaggiare) to man. // ~ ed equipaggiare una nave (trasp. mar.) to man, equip and supply a ship.

armatore, n. m. (trasp. mar.) shipowner. △ L'~ s'è impegnato a mettere tutta la nave a nostra disposizione the shipowner bound himself to place the whole ship at our disposal. // ~-noleggiatore (trasp. mar.) owner-charterer.

armonia, n. f. harmony. // essere in ~ to harmonize.
armonico, a. harmonic.
armonizzare, v. t. e i. to harmonize.
armonizzato, a. harmonized.
armonizzazione, n. f. harmonization. // ~ cromatica (pubbl.) colour matching; ~ fiscale (fin.) tax harmonization.

arnese, n. m. ❶ tool, implement. ❷ arnesi, pl. (org. az.) tackle.

arra, n. f. (leg.) gage.
arredamento, n. m. (market.) furnishing. // ~ d'ufficio office appliances.
arredare, v. t. (market.) to furnish.
arredi, n. pl. appointments.
arrestare, v. t. ❶ to halt, to stop. ❷ (anche leg.) to arrest. ❸ (leg.) to capture. △ ❷ La polizia arrestò il taccheggiatore the police arrested the shop-lifter. // ~ q. su mandato di cattura to arrest sb. on a warrant.
arrestarsi, v. rifl. to halt, to stop. △ Tutto il progetto si arresterà a causa degli insufficienti aiuti finanziari dall'estero the whole project will halt owing to inadequate financial aids from abroad.
arresto, n. m. ❶ halt, stop, stoppage, stopping, standstill, stand. ❷ (cessazione) cessation. ❸ (elab. elettr.) halt, shut-down. ❹ (anche leg.) arrest. ❺ (leg.) capture, arrestment; caption (scozz.). △ ❶ La produzione è giunta a un ~ improvviso production has come to a sudden stop. // ~ del traffico (trasp.) tie-up; ~ delle maiuscole (di macchina da scrivere) shift-lock.

arretramento, n. m. withdrawal, set-back.
arretrati, n. pl. ❶ arrears, arrearages. ❷ (pers.) (del salario, dello stipendio) back pay, retroactive pay. // ~ dei pagamenti arrears in payments; ~ di corrispondenza arrears of correspondence; ~ d'imposte (leg.) delinquent taxes; ~ di salario arrears of wages.
arretrato, a. ❶ back, outstanding. ❷ (di Paese, ecc.) backward. ❸ (cred.) outstanding, owing. n. m. (di lavoro o affari) backlog. // in ~ (di persona) in arrears, behind, behindhand; (di cosa) in arrears, outstanding: È in ~ con l'affitto he is in arrears (o behind) with the rent; C'è molto lavoro in ~ there is a lot of outstanding work; l'essere in ~ (con i pagamenti, ecc.) arrearage; essere in ~ coi pagamenti (cred.) to be short in one's payments.

arricchimento, n. m. enrichment. // ~ illecito (leg.) unjust enrichment.
arricchire, v. t. to enrich. v. i. to get* rich. // ~ alla svelta to get rich quickly; to coin money (fig.); ~ (una pubblicazione) d'illustrazioni (giorn., pubbl.) to illustrate.
arringa, n. f. (leg.) pleading.
arrischiare, v. t. to risk, to venture. △ Non arrischieremo più di quanto possiamo permetterci we won't venture more than we can afford.
arrischiato, a. risky.
arrivare, v. i. ❶ to arrive (anche fig.); to come*, to get* in. ❷ (fig.) to pour in. △ ❶ Il direttore arriverà domani the manager will arrive tomorrow; Credo che un uomo che all'età di quarant'anni non è ancora « arrivato » non avrà mai successo I believe that a man who has not arrived by forty will never arrive; ❷ Arrivano dollari in Germania da tutte le parti del mondo dollars are pouring into Germany from all over the world. // ~ a to arrive at, to reach: Che le merci arrivino o meno a destinazione, l'armatore intasca il nolo whether the goods reach their destination or not, the shipowner receives his freight; ~ in buone condizioni (di merce) to arrive safely; ~ in un porto (o in porto) to arrive at a port (o in harbour); ~ sano e salvo (di persona) to arrive safely.

arrivismo, n. m. careerism.
arrivista, n. m. e f. careerist, social climber. n. f. (donna) career-woman*; (ragazza) career-girl.
arrivo, n. m. ❶ arrival. ❷ arrivi, pl. (tur.) arrivals. ❸ arrivi, pl. (tur.) (in un albergo) check-ins. △ ❶ Siamo in attesa dell'~ di notizie we are waiting for the arrival of news; ❷ Ci sono nuovi arrivi all'albergo there are new arrivals at the hotel. // ~ in buono stato (trasp.) (di merci, ecc.) safe arrival; all'~ (trasp.) on arrival; in ~ incoming (trasp.) due: Il loro treno è in ~ (dovrebbe arrivare) alle 12.30 their train is due at 12:30; « salvo ~ » (market., trasp. mar.) « to arrive »: Quando la clausola è « salvo ~ », la consegna della merce avrà luogo all'~ della nave sulla quale la merce stessa è stata spedita when the clause is « to arrive », the delivery of the goods will take place on arrival of the ship on which the goods have been shipped.

arrogarsi, v. rifl. to arrogate (to oneself). // ~ un diritto (leg.) to assume a right.
arrotondare, v. t. ❶ (anche mat.) to round. ❷ (elab. elettr.) to half-adjust. △ ❶ 8,719 arrotondato a due decimali dà 8,72 8.719 rounded to two decimals is 8.72. // ~ una cifra to round a figure; ~ lo stipendio (o il salario) (fig.) to supplement one's income.
arruolare, v. t. (trasp. mar.) to sign on.
arruolarsi, v. rifl. (trasp. mar.) to sign on.
arsenale, n. m. (trasp. mar.) dockyard, shipyard; docks (pl.). // ~ marittimo (trasp. mar.) navy yard.
arte, n. f. art, craft, craftsmanship. // ~ del disporre la merce in vetrina (market.) window-dressing; ~ del navigare (trasp. mar.) sailing; ~ del vendere (market.) salesmanship; ~ del vetrinista (market.) window-dressing; le arti grafiche (pubbl.) the graphic arts; ~ navigatoria (trasp. mar.) seacraft.
articolista, n. m. e f. (giorn.) columnist; editorial writer (USA).
articolo, n. m. ❶ (in genere) article. ❷ (merce) commodity. ❸ (comm., rag.) (d'elenco, bilancio, ecc.) item, entry. ❹ (leg.) article, clause. ❺ articoli, pl. (market.) line, ware. △ ❶ Noi vendiamo solo articoli di prima qualità we only sell first-class articles; ❷ Questo ~ sta diventando rarissimo this commodity is getting very rare; ❺ Questi sono i nostri articoli più a buon mercato in fatto di camicie this is our cheapest line in shirts; Il design degli articoli casalinghi si va facendo sempre più raffinato household ware are getting more and more sophisticated in design. // ~ a puntate (giorn.) running story; ~ accettato (dal venditore) in pagamento (parziale o totale) d'un acquisto trade-in; ~ basato (principalmente) su materiale di repertorio (anziché sul commento di notizie d'attualità) (giorn.) think piece; ~ che si vende (bene, male, ecc.) (market.) seller: Il nostro è un ~ che si vende particolarmente bene in questa stagione ours is a particularly good seller this season; ~ che si vende bene checkout; wrap-up (slang USA);

~ **che si vende con difficoltà** (*o* **con lentezza**) (*market.*) sleeper; ~ **che si vende sempre bene** (*benché le mode cambino*) (*market.*) evergreen; ~ **che va moltissimo** (*market.*) big thing; ~ **civetta** (*market.*) loss leader; ~ **composto** (*rag.*) combined entry; **un ~ confezionato male** a badly made article; **articoli da toilette** (*market.*) toilet articles; ~ **dato in omaggio** (*market.*) premium; ~ **dato in regalo** (*market.*) giveaway; **un ~ della Costituzione** (*leg.*) an article of the Constitution; **articoli d'attualità** (*giorn.*) topical articles; **articoli di cancelleria** (*attr. uff.*) stationery; **articoli di consumo corrente** (*market.*) articles of everyday consumption; ~ **di cronaca cittadina** (*giorn.*) local; ~ **d'esportazione di prim'ordine** (*comm. est.*) export winner; **articoli di ferro** (*market.*) hardware; ~ **di fondo** (*giorn.*) leading article, leader, lead; ~ **di fondo** (*o* **di spalla**) (*giorn.*) editorial (*USA*); ~ **d'interesse locale** (*giorn.*) local; **articoli di lana** (*market.*) woolens; **articoli di largo consumo** (*market.*) consumer goods; **articoli di lusso** (*market.*) luxury articles; **articoli di marca** (*market.*) branded goods; **articoli di poco prezzo** (*market.*) jumble (*ingl.*); **un ~ di prima qualità** (*market.*) a first-rate article; ~ **di qualità scadente** (*slang USA*) abortion; ~ **di valore offerto a un prezzo conveniente** (*per dare impulso alle vendite*) (*market.*) leader; **articoli di vestiario** (*market.*) articles of clothing; **articoli di vetro** (*market.*) glassware; **articoli difettosi** (*market.*) faulty articles; **articoli diversi** (*market.*) sundries; ~ **importante** (*giorn.*) feature; **articoli in esclusiva** (*market.*) proprietary articles; ~ **in omaggio** (*market.*) giveaway; **gli articoli introduttivi d'un accordo commerciale** (*comm. est.*) the preliminary articles to a commercial treaty; ~ **non soggetto a obsolescenza** (*market.*) evergreen; **articoli per la casa** (*market.*) furnishings (*USA*); **articoli pesantemente tassati** (*dog., fin.*) high-duty articles; ~ **poco richiesto** (*market.*) drug in the market; ~ **preso in consegna da un vettore** (*per essere spedito*) (*trasp.*) pick-up; ~ **sensazionale** (*giorn.*) feature article; **articoli spaiati** (*market.*) rummage; jumble (*ingl.*); ~ **su due colonne** (*giorn.*) double column; **articoli tassati moderatamente** (*dog., fin.*) low-duty articles; ~ **usato per una dimostrazione** (*pubbl.*) demonstrator: **L'aspirapolvere è l'archetipo degli articoli per dimostrazione** the vacuum-cleaner is the archetype of demonstrators; **articoli vari** (*market.*) fancy goods; ~ **venduto in perdita** (*per attirare clienti*) (*market.*) loss leader.

artificiale, *a.* ❶ artificial. ❷ (*market.*) imitation (*attr.*). △ ❷ **Questa valigia è di cuoio ~** this suitcase is imitation leather.

artificio, *n. m.* ❶ (*espediente*) contrivance. ❷ (*leg.*) device.

artigianato, *n. m.* ❶ handicraft. ❷ (*abilità d'artigiano*) craftsmanship.

artigiano, *n. m.* artisan, craftsman*, handicraftsman*, operative.

artista, *n. m.* ❶ artist. ❷ (*artigiano*) craftsman*. ∥ ~ **indipendente** (*pubbl.*) free-lance artist.

ascendente, *a.* ❶ ascending; up (*attr.*). ❷ (*ammontante*) amounting. *n. m.* ascendance, ascendancy, influence. △ *n.* **Ha molto ~ sul suo principale** he has great ascendancy over his boss.

ascendere, *v. i.* ❶ to ascend, to rise*. ❷ (*ammontare*) to amount. △ ❷ **Le spese ascendono a un milione di dollari** the expenses amount to one million dollars.

ascesa, *n. f.* ❶ ascent, rise. ❷ (*fin., market.*) rise. ∥ **in ~** on the up grade; **in continua ~** (*fig.*) on the up-and-up: **La nostra attività commerciale è stata in continua ~ per tutto questo semestre** our business activity has been on the up-and-up throughout this half-year.

ascissa, *n. f.* (*mat.*) abscissa, x-axis, x-coordinate.

asciutto, *a.* dry. ∥ **essere (rimanere) all'~** (*fig.*) to be (to be left) penniless.

ascoltare, *v. t.* ❶ to listen (to sb., to st.). ❷ (*leg.*) to hear*. △ ❶ **Ascoltami!** listen to me!; **Non ascoltavo la vostra conversazione** I wasn't listening to your conversation. ∥ ~ **quello che q. dice** (*anche*) to attend to what sb. is saying; ~ **le testimonianze** (*leg.*) to hear the evidence.

ascoltatore, *n. m.* ❶ listener. ❷ **ascoltatori**, *pl.* (*uditorio*) audience (*sing.*). ∥ **ascoltatori potenziali** (*pubbl.*) available audience.

ascolto, *n. m.* (*leg.*) hearing.

ascrivere, *v. t.* ❶ to ascribe; (*qc. di brutto*) to charge. ❷ (*rag.*) to impute. △ ❶ **Non ~ il tuo fallimento alla cattiva sorte!** don't ascribe your failure to bad luck.

ascrivibile, *a.* ❶ ascribable; chargeable. ❷ (*rag.*) imputable.

asimmetria, *n. f.* (*stat.*) skewness. ∥ **l'~ d'una distribuzione statistica** the skewness of a statistical distribution; ~ **positiva** (*stat.*) positive skewness.

asimmetrico, *a.* (*stat.*) skew. △ **In una distribuzione (statistica) asimmetrica la mediana non è identica alla media aritmetica** for a skew distribution, the median is not identical with the arithmetic mean.

aspettare, *v. t.* ❶ to wait, to await. ❷ (*aspettarsi*) to expect. △ ❶ **Chi stai aspettando?** who are you waiting for?; **Aspettiamo le vostre istruzioni** we await your instructions; **Aspetto con ansia la vostra risposta** I am anxiously awaiting your reply; ❷ **Per la fine dell'« autunno caldo » ci si aspetta un radicale rimpasto del personale** a thorough personnel shake-up is expected following the « autunno caldo ». ∥ ~ **un miglioramento del mercato dei titoli** (*fin.*) to wait out the stock market.

aspettativa, *n. f.* ❶ anticipation, expectation, prospect. ❷ (*pers.*) (*congedo temporaneo*) leave. △ ❶ **I risultati non hanno corrisposto alle nostre aspettative** the results did not prove up to our expectations; ❷ **Il nostro ragioniere è in ~** our accountant is on leave; **Si è messo in ~ per sei mesi** he has taken a six months' leave. ∥ ~ **a breve termine** (*econ.*) short-term expectation; ~ **a lungo termine** (*econ.*) long-term expectation.

aspettazione, *n. f.* expectation.

aspetto, *n. m.* ❶ aspect, appearance. ❷ (*figura*) figure. ❸ (*portamento*) bearing. ∥ **gli aspetti d'un problema** (*org. az.*) the faces of a problem; **aspetti sociali delle politiche comuni e comunitarie** the social aspects of the common and Community policies.

aspirante, *a.* ❶ aspiring. ❷ (*che si presenta candidato*) acceding. *n. m.* e *f.* applicant, candidate. △ *a.* ❷ **Quali sono i Paesi aspiranti?** which are the acceding Countries?; *n.* **Ci sono vari aspiranti al posto** there are several applicants for the position. ∥ **un ~ a una nomina** a candidate for an appointment.

aspro, *a.* ❶ harsh, rough. ❷ (*di concorrenza e sim.*) keen; cut-throat. △ ❷ **C'è stata un'aspra concorrenza a livello internazionale** there's been cut-throat competition on the international front.

assaggiatore, *n. m.* (*la persona che determina l'ammontare d'oro e d'argento nelle monete*) assay-master.

assaggio, *n. m.* (*di metalli preziosi, ecc.*) assay.

assaltare, *v. t.* ❶ to assault. ❷ (*rapinare*) to hold* up. ∥ ~ **una banca** to hold up a bank.

assalto, *n. m.* ❶ (*banca, fin., market., fig.*) run. ❷ (*leg.*) assault. ❸ (*leg.*) (*rapina*) hold-up. △ ❶ **Ci sarà un assalto agli sportelli** (*da parte dei clienti che verranno a ritirare i loro risparmi*) there will be a run on the bank; ❸ **C'è stato un ~ alla banca stamattina** there has been a bank hold-up this morning.

asse, *n. m.* (*mat.*) axis*. ∥ ~ **delle x** (*mat.*) x-axis, x-coordinate; ~ **delle y** (*mat.*) y-axis, y-coordinate; ~ **di comunicazione** (*trasp.*) communication axis; ~ **ereditario** (*leg.*) heritage; estate left by the deceased; ~ **patrimoniale** (*leg.*) estate.

assegnabile, *a.* ❶ assignable. ❷ allottable. ❸ awardable (*V.* assegnare).

assegnamento, *n. m.* ❶ assignment. ❷ (*attribuzione*) allotment, allowance. ❸ (*aggiudicazione*) award. ❹ (*affidamento, fiducia*) reliance (*V. anche* assegnare).

assegnare, *v. t.* ❶ to assign. ❷ (*attribuire*) to allot, to allow. ❸ (*aggiudicare*) to award. ❹ (*dare*) to give*. ❺ (*dotare*) to endow. ❻ (*ripartire*) to apportion, to portion out. ❼ (*fin.*) (*destinare fondi, ecc.*) to direct. ❽ (*fin., rag.*) to allocate, to appropriate. ❾ (*leg.*) (*beni, diritti, proprietà*) to grant, to vest. ❿ (*leg.*) (*un contratto*) to let*. △ ❶ **Questa stanza è stata assegnata a me** this room has been assigned to me; **Carlo è stato assegnato a un altro ufficio** Carlo has been assigned to another office; ❷ **Mi assegneranno mansioni nuove nella ditta** they will allot me new duties in the firm; **Mi assegnarono un quarto dell'asse ereditario** I was allotted one fourth of the heritage; **Ha deciso d'assegnarmi 10 dollari al giorno** he has decided to allow me 10 dollars a day; ❸ **Il giudice mi assegnò 100 sterline come risarcimento di danni** the judge awarded me £ 100 as damages; ❹ **Mi fu assegnato un grave compito** I was given a heavy task; ❼ **Molte industrie assegnano parte dei loro profitti a fondi per borse di studio accademiche** many industries direct part of their earnings to academic scholarship funds; ❾ **L'atto assegnava l'intera proprietà ai suoi tre figli maschi** the deed vested the whole estate in his three sons; ❿ **Le offerte sono aperte prima che il contratto venga assegnato** bids are open before the contract is let. ∥ ~ **a una classe** to class; ~ **a** (*una lettera, un documento, ecc.*) **una data anteriore alla vera** to foredate; ~ **compiti a un impiegato** (*anche*) to allocate duties to a clerk; ~ **compiti diversi nei vari giorni della settimana** to apportion different duties each day of the week; ~ **un compito a q.** to task sb.; ~ **una pensione** to assign a pension; ~ **una pensione a q.** to pension sb.; ~ **tutte le azioni sottoscritte** to allot the shares in full; **non assegnato** (*fin.*) (*di fondo*) unappropriated.

assegnatario, *n. m.* (*leg.*) assignee, allottee, grantee. ∥ ~ **d'un appezzamento di terreno demaniale** (*leg.*) homesteader (*USA*).

assegnazione, *n. f.* ❶ (*di persone a un lavoro, ecc.*) assignment. ❷ (*attribuzione*) allotment, allowance. ❸ (*aggiudicazione*) award. ❹ (*dotazione*) endowment. ❺ (*ripartizione*) apportionment. ❻ (*fin., rag.*) allocation, appropriation. ❼ (*leg.*) (*di beni, diritti, proprietà*) grant. ❽ (*org. az., pers.*) (*del lavoro*) allocation. ∥ ~ **degli incarichi** (*org. az.*) task setting; ~ **degli introiti derivati da una specifica tassa o imposta a un preciso programma** (*di costruzioni, finanziamenti, aiuti, ecc.*) (*fin.*) dedicating of revenues; ~ **di quote** (*econ., fin.*) allocation of quotas; ~ **di tutte le azioni sottoscritte** (*fin.*) allotment in full; ~ **testamentaria** (*leg.*) devise.

assegno, *n. m.* ❶ (*banca, cred.*) cheque; check (*USA*). ❷ (*pers.*) allowance. △ ❶ **Vi saremo grati se vorrete inviarci un ~** your remittance of a cheque will oblige; **Questo ~ reca la dicitura « non negoziabile »** this cheque contains the words « not negotiable »; ❷ **Il direttore riceve un ~ per le spese di rappresentanza** the director has an entertainment allowance. ∥ ~ **a vuoto** (*banca, cred.*) dishonoured check; bad cheque; bouncing cheque; dud cheque (*fam.*); ~ **al portatore** (*banca, cred.*) cheque to bearer, bearer cheque; bearer check (*USA*); ~ **all'ordine** (*banca, cred.*) cheque to order; ~ **annuale** annuity; ~ **bancario** (*banca, cred.*) cheque, bank cheque; check, bank check (*USA*): **L'~ bancario è un titolo di credito** a cheque is an instrument of credit; ~ **bancario all'ordine** (*banca, cred.*) order cheque; ~ **bancario di cui la banca garantisce la copertura** (*banca, USA*) certified check; **assegni bancari e altri titoli di credito tratti su depositi bancari** (*e usati come mezzi di scambio*) (*banca, cred.*) deposit currency; **un ~ bancario non sbarrato e senza girate** (*banca, cred.*) an open cheque; **assegni bancari pagabili presso le agenzie londinesi o le filiali di banche che non aderiscono alla stanza di compensazione** (*banca, ingl.*) walks; ~ **« cabriolet »** (*fam.*) kite; flash check (*USA*); ~ **circolare** (*banca, cred.*) « assegno circolare » (*nell'uso, ma non nella forma, corrisponde all'ingl. « bank draft » o « banker's draft »*); circular note; cashier's check (*USA*): **Sebbene in pratica l'~ circolare corrisponda all'inglese « bank draft », esso viene emesso in forma di pagherò e non di tratta come il titolo inglese** though in practice the « assegno circolare » corresponds to the English bank draft, it is issued as a promissory note and not in the form of draft like the English instrument; ~ **con annesso talloncino di versamento** (*banca, cred.*) cheque with receipt form attached; ~ **con annotazione degli estremi della fattura** (*banca, cred.*) voucher cheque; ~ **con sbarratura generale** (*banca, cred.*) cheque crossed generally; ~ **con sbarratura qualificata** (*banca, cred.*) cheque crossed specially; **assegni d'invalidità** (*pers.*) disability benefits; ~ **d'invalidità** (*o di malattia*) (*pers.*) injury benefit; ~ **dono in tagli fissi** (*venduto dagli uffici postali*) (*fin., ingl.*) gift token; ~ **emesso da una società in favore d'un azionista** (*per l'importo che gli compete quale dividendo sulle azioni possedute*) (*fin.*) dividend warrant; ~ **falso** stumer (*fam., ingl.*); stiff (*slang USA*); **assegni familiari** (*pers.*) family allotment cheques; family allowance (*sing.*); child bounty (*fam.*); ~ **in bianco** (*banca, cred.*) blank cheque; **un ~ non girato** (*banca, cred.*) an unendorsed cheque, an unindorsed cheque; ~ **paga** (*pers.*) paycheck (*USA*); ~ **per accreditamento** (*banca, cred.*) cheque to be credited (to sb.'s account); ~ **sbarrato** (*banca, cred.*) crossed cheque, « for deposit only » cheque: **Un ~ sbarrato può essere presentato per il pagamento soltanto da un banchiere** a crossed cheque can only be presented for payment by a banker; ~ **sbarrato con la dicitura « non negoziabile »** (*banca, cred.*) cheque crossed « not negotiable »; ~ **scoperto** (*banca, cred.*) *V.* ~ **senza copertura**; ~ **senza copertura** (*banca, cred.*) uncovered cheque; kite (*fam.*); flash check (*fam., USA*); ~ **senza valore** stumer, stumour (*fam., ingl.*); ~ **turistico** (*cred.*) traveller's cheque; **un ~ vecchio** (*emesso da più di sei mesi e non ancora incassato*) (*banca, cred.*) a stale cheque; **assegni vistati** (*banca*) marked cheques; ~ **vitalizio** (*ass.*) straight life annuity; **contro ~** cash on delivery, collection on delivery: **Vi spediremo il libro contro ~** we'll send you the book cash on delivery.

assemblaggio, *n. m.* assembly. ∥ ~ **selettivo** (*org. az.*) selective assembly.

assemblea, *n. f.* assembly, meeting; convention

(USA). // l'~ degli azionisti (fin.) the meeting of shareholders, the shareholders' meeting; l'~ dei creditori (leg.) the meeting of creditors, the creditors' meeting; ~ dei soci (d'una società per azioni) (fin.) shareholders' meeting; un'~ elettiva an elective assembly; ~ generale (degli azionisti) (fin.) general meeting; ~ generale annuale (fin.) annual general meeting; ~ generale per l'approvazione dello statuto (d'una società anonima) (fin.) statutory meeting; ~ legislativa (leg.) legislature; un'~ ordinaria (fin.) an ordinary meeting; ~ plenaria (leg.) plenum; un'~ quindicinale (org. az.) a fortnightly meeting; ~ straordinaria (fin.) extraordinary meeting; un'~ trimestrale a quarterly meeting.

assenso, *n. m.* assent.

assentarsi, *v. rifl.* to absent oneself. △ Perché ti sei assentato dall'ufficio ieri? why did you absent yourself from the office yesterday?

assente, *a.* absent. *n. m. e f.* absentee. △ *a.* Oggi è ~ dall'ufficio he's absent from office today.

assenteismo, *n. m.* (*econ., sind.*) absenteeism. // ~ alla catena di montaggio absenteeism from the assembly line.

assentire, *v. i.* to assent.

assenza, *n. f.* ❶ absence. ❷ (*leg.*) (*d'una delle due parti*) default. ❸ (*leg.*) (*d'imputato o di teste*) non-appearance, non-attendance. △ ❶ In ~ del direttore, il dottor Bianchi regge l'azienda in the absence of the manager, dottor Bianchi is in charge of the business. // ~ d'informazione (*elab. elettr.*) null; assenze ingiustificate (*pers.*) unexcused absences.

asserire, *v. t.* ❶ to assert, to affirm, to claim, to say*, to state. ❷ (*a discolpa*) to allege. △ ❶ Egli asserisce di non essere stato presente all'incidente he asserts (*o* claims, *o* says) that he didn't witness the accident; ❷ Asserì che non era andato all'ufficio perché era ammalato he alleged illness as a reason for not going to the office. // ~ un diritto to claim a right; ~ la propria innocenza to assert one's innocence; ~ la verità to affirm the truth.

asserzione, *n. f.* ❶ assertion, affirmation, statement. ❷ (*a discolpa*) allegation. △ ❶ Le vostre asserzioni non sono ancora state provate your statements have not been proved yet.

assestamento, *n. m.* adjustment; shakedown (*fig.*). △ Le industrie stanno subendo un ~ economico industries are experiencing an economic shakedown.

assestare, *v. t.* to adjust; to shake* down (*fig.*).
assestarsi, *v. rifl.* to settle; to shake* down (*fig.*).
assettare, *v. t.* to trim. // ~ il carico (*trasp. mar.*) to trim the cargo; ~ una nave (*trasp. mar.*) to trim a ship.
assetto, *n. m.* (*trasp. mar.*) (*del carico*) trimming.
asseverare, *v. t.* to assert. // ~ con giuramento (*leg.*) to declare on oath.
asseverazione, *n. f.* assertion. // ~ con giuramento (*leg.*) assertion under oath; affidavit.
assicurabile, *a.* (*ass.*) insurable; assurable (*USA o sulla vita*).
assicurare, *v. t.* ❶ (*dare assicurazioni*) to assure; to warrant. ❷ (*procurare*) to assure, to ensure. ❸ (*rendere sicuro, non farsi sfuggire*) to secure. ❹ (*ass.*) to insure; to assure (*USA o, per lo più, sulla vita*). ❺ (*ass.*) (*specialm. una nave*) to underwrite*. △ ❶ Non ne so proprio niente, te l'assicuro I don't know anything about it, I assure you; Vi assicuro che il debito sarà saldato entro un mese I warrant you that the debt shall be paid within a month; ❷ L'operosità e la diligenza non bastano sempre ad ~ il successo negli affari hard work and diligence do not always assure success in business; La sua abilità gli assicurò il successo his ability ensured his success in life; ❸ Non dimenticare d'~ tutte le porte prima di lasciare l'ufficio don't forget to secure all the doors before leaving the office; La polizia ha assicurato il ladro alla giustizia the police have secured the thief to justice; ❹ Voglio ~ l'automobile anche contro il furto I want to insure my car also against theft; La loro società non assicura navi their company doesn't insure ships. // ~ un armonico sviluppo dell'economia to ensure a harmonious development of the economy; ~ una lettera to insure a letter.

assicurarsi, *v. rifl.* ❶ (*accertarsi*) to assure oneself, to make* sure. ❷ (*non farsi sfuggire*) to secure. ❸ (*premunirsi*) to secure oneself. ❹ (*ass.*) to insure (oneself). △ ❶ Assicurati d'aver chiuso tutte le porte prima d'uscire make sure you have shut all the doors before going out; ❷ Siamo riusciti ad assicurarci grosse forniture di materie prime we succeeded in securing large supplies of raw materials; La giustizia s'è finalmente assicurata il colpevole justice has secured the culprit at last; ❹ Mi sono assicurato contro gli incendi I have insured myself against fire. // ~ un affare to nail a bargain (*fam.*); ~ contro un rischio (*ass.*) to insure against a risk; ~ sulla vita (*ass.*) to insure one's life.

assicurativi, *n. pl.* (*fin.*) insurance stocks.
assicurato, *a.* ❶ assured. ❷ ensured. ❸ secured. ❹ (*ass.*) insured; assured (*USA o, per lo più, sulla vita*). ❺ (*trasp.*) (*di bagaglio*) registered. *n. m.* ❶ (*ass.*) insured; assured (*USA o, per lo più, sulla vita*); insurant. ❷ (*ass.*) (*detentore di polizza*) policy-holder, policy-owner. △ *n.* ❷ Le compagnie d'assicurazione scelgono con grande cura i loro investimenti in modo da poter passare ai loro assicurati degli utili soddisfacenti insurance companies choose their investments carefully in order to give their policy-holders good profits. // ~ in solido (*ass.*) coinsured; non ~ (*ass.*) uninsured; (*di rischio*) uncovered: Tutte le richieste d'indennizzo relative alle merci non assicurate saranno respinte all claims for uninsured goods shall be rejected.

assicuratore, *n. m.* ❶ (*ass.*) insurer; assurer (*specialm. USA*). ❷ (*ass.*) (*specialm. marittimo*) underwriter. △ ❷ L'~ marittimo ha ritenuto accettabile il rischio cui faceva riferimento la polizzetta provvisoria ed è pertanto disposto a coprirlo the underwriter has found the risk on the original slip acceptable for him, and is therefore prepared to cover it. // ~ del carico (*ass. mar.*) cargo underwriter.

assicurazione, *n. f.* ❶ assurance. ❷ (*ass.*) insurance; assurance (*USA o, per lo più, sulla vita*). ❸ (*ass.*) (*specialm. marittima*) underwriting. △ ❶ Mi diede formale ~ che il lavoro sarebbe stato finito il giorno dopo he gave me a definite assurance that the job would be finished on the next day; ❷ L'~ ha cessato d'avere effetto the attachment of the insurance has ceased; Il contratto d'~ è basato sul principio della buona fede, sul principio dell'interesse assicurabile e sul principio dell'indennizzo a contract of insurance is based on: the principle of good faith, the principle of insurable interest and the principle of indemnity; ❸ La pratica dell'~ marittima individuale è in larga parte scomparsa, per rimanere soltanto nella figura del Lloyd di Londra the practice of individual underwriting has largely disappeared, except as carried out through Lloyd's of London. // ~ all'esportazione (*ass., comm. est.*) export insurance; ~ collettiva (*ass.*) group insurance;

assicurazione

~ **con franchigia** (*ass. mar.*) excess insurance; ~ (*sulla vita del dipendente*) **contratta dal datore di lavoro** (*che detrae l'ammontare del premio dallo stipendio*) (*ass., pers.*) salary savings insurance, salary allotment insurance, salary deduction insurance; ~ **contro i danni causati dalla pioggia** (*o da perdite in un impianto idraulico*) (*ass.*) water-damage insurance; ~ **contro i danni derivanti da guasti nei macchinari** (*ass.*) machinery breakdown insurance; ~ **contro i danni derivanti da infortuni sul lavoro e da malattie professionali** (*ass., pers.*) workmen's compensation insurance; ~ **contro i danni derivanti dalle proprie inadempienze contrattuali** (*ass.*) contractual liability insurance; ~ **contro i danni provocati dalla disonestà dei dipendenti** (*ass.*) fidelity insurance; ~ **contro la disoccupazione** (*ass., pers.*) unemployment insurance; ~ **contro i furti** (*ass.*) theft insurance; ~ **contro furto e scasso** (*ass.*) burglary insurance; ~ **contro la grandine** (*ass.*) hail insurance; ~ **contro l'incendio** (*ass.*) fire insurance, insurance against loss by fire; ~ **contro gli infortuni** (*ass.*) personal accident insurance; ~ (*stipulata dal datore di lavoro*) **contro gli infortuni sul lavoro** (*ass.*) employer's liability insurance; ~ **contro l'invalidità** (*ass., pers.*) disablement insurance; ~ **contro le malattie** (*ass., pers.*) health insurance; ~ **contro le malattie e gli infortuni sul lavoro** (*ass., pers.*) industrial accident and health insurance; ~ **contro i rischi della navigazione oceanica** (*ass. mar.*) ocean marine insurance; ~ **contro rischi vari** (*ass.*) all risks (insurance); ~ **contro i sinistri** (*ass.*) casualty insurance; ~ **contro terzi** (*ass., trasp. aut.*) third-party insurance; ~ **contro la vecchiaia** (*ass., pers.*) old-age insurance; ~ **-crediti** (*ass.*) credit insurance; ~ **cumulativa** (*ass.*) double insurance; ~ (*della merce*) **da magazzino a magazzino** (*dal magazzino del venditore a quello del destinatario*) (*ass. mar.*) warehouse-to-warehouse insurance; ~ **dei crediti all'esportazione** (*ass., comm. est.*) export credit insurance; ~ **del vettore aereo per merci** (*ass.*) aircraft cargo insurance; ~ **del vettore aereo per passeggeri** (*ass.*) aircraft passenger insurance; ~ **del vettore marittimo** (*ass. mar.*) ocean cargo insurance; ~ **di responsabilità civile** (*ass.*) liability insurance, third-party insurance; (*per danni causati ai beni altrui*) property damage insurance; ~ **di vecchiaia e per i sopravvissuti** (*ass., pers.*) old-age and survivors insurance; ~ **diretta** (*ass.*) direct insurance; ~**-fiera** (*ass.*) insurance for participation in overseas trade fairs; ~ « **in caso di vita** » (*ass.*) pure endowment insurance; ~ **infortuni** (*ass., pers.*) accident insurance, casualty insurance; ~ **marittima** (*ass. mar.*) maritime insurance, sea insurance; transportation insurance, sea assurance (*USA*); ~ **marittima sulle merci** (*ass. mar.*) cargo insurance; ~ **mista** (*ass.*) endowment insurance; ~ **per il bagaglio personale** (*ass.*) « luggage in transit » insurance; ~ **per i crediti inesigibili** (*ass.*) credit insurance; ~ **per malattie** (*ass., pers.*) sick-insurance; ~ **per titoli di proprietà viziati** (*ass.*) defective title insurance; ~ **per un valore insufficiente** (*a coprire i danni*) (*ass.*) underinsurance; ~ **per un valore superiore a quello di realizzo della cosa assicurata** (*ass.*) overinsurance; ~ **popolare** (*ass.*) group insurance; ~ **-prospezione** (*ass.*) insurance of advertising and promotional expenses; ~ **provvisoria** (*ass.*) provisional insurance; ~ **sociale** social insurance; ~ **su corpo e carico** (*ass. mar.*) insurance of hull and cargo; ~ **sui danni arrecati alle merci durante la navigazione interna** (*ass.*) inland marine insurance; ~ **sui depositi** (*ass., banca*) (*obbligatoria negli U.S.A. per le banche, contro i rischi di perdite derivanti dalla gestione dei depositi*)

deposit insurance; ~ **sui depositi bancari** (*contro perdite derivanti da fallimento, ecc.*) (*ass., banca*) bank guaranty; ~ **sul nolo** (*ass. mar.*) freight insurance; ~ **sul valore locativo** (*ass.*) rental-value insurance; ~ **sulla invalidità** (*ass., pers.*) disability insurance; ~ **sulla nave** (*ass. mar.*) hull insurance; ~ **sulla nave ferma in porto** (*ass. mar.*) port risk insurance; ~ **sulla perdita totale e parziale** (*ass. mar.*) full-form insurance; ~ **sulla vita** (*ass.*) life insurance, life assurance; ~ **sulle merci trasportate in autocarro** (*ass., trasp.*) motor-cargo insurance; ~ **sull'incasso dei crediti** (*ass.*) accounts receivable insurance; ~ **sullo scafo** (*della nave*) (*ass. mar.*) hull insurance; ~ « **temporanea** » (*in caso di morte*) (*ass.*) term insurance; ~ **terrestre** (*ass.*) non-marine insurance; ~ « **vita intera** » (*ass.*) ordinary life insurance, straight life insurance, whole-life insurance; ~ « **vita intera a premi limitati** » (*ass.*) limited-payment life insurance.

assiduità, *n. f.* assiduity, application.

assiduo, *a.* assiduous. // **un ~ lavoratore** (*pers.*) an earnest worker.

assimilare, *v. t.* to assimilate. // ~ **una legge a un'altra** to assimilate one law to another.

assimilazione, *n. f.* assimilation.

assise, *n. f. inv.* (*leg.*) assizes (*pl.*). // **l'~ di Londra** the Assize Court of London.

assistente, *n. m.* e *f.* (*pers.*) assistant. // ~ **dei clienti** (*chi li aiuta negli acquisti*) (*market., pers.*) personal shopper; ~ **del consigliere delegato** (*pers.*) assistant to the managing director; ~ **del personale** (*pers.*) staff assistant; ~ **di giudice** (*leg.*) master in chancery; ~ **di volo** (*trasp. aer.*) air-hostess; ~ **sociale** (*pers.*) social worker, welfare worker, welfare officer.

assistenza, *n. f.* ❶ assistance, aid, help. ❷ (*sollievo*) relief. ❸ (*market.*) service. △ ❶ **Mi ha promesso la sua ~** he has promised me his help; ❷ **Il popolo italiano ha sempre dato ~ ai rifugiati politici** the Italian people have always provided relief to refugees; ❸ **Garantiamo 18 mesi d'~ alla nostra clientela** we guarantee 18-months' service to our customers. // ~ **alla clientela** (*market.*) after-sales service; ~ **del personale di vendita** (*market.*) personal selling assistance; ~ **di marketing alla clientela** (*market.*) marketing assistance to customers; ~ **di personale specializzato** (*market.*) specialized assistance; ~ **finanziaria** (*fin.*) financial aid; ~ **legale** (*leg.*) legal assistance; (*in giudizio*) legal aid; ~ **medica** (*pers.*) medical assistance; ~ **negli affari** (*banca, comm.*) business assistance; ~ « **promozionale** » (*market.*) dealer help; ~ **pubblica** public assistance; ~ **sanitaria interna** (*pers.*) employee health service; ~ **tecnica** (*market.*) technical assistance.

assistenziale, *a.* relief (*attr.*). △ **Un'impresa commerciale non è un ente ~** a business concern is not a relief organization.

assistere, *v. t.* ❶ to assist, to aid, to help. ❷ (*dare sollievo a*) to relieve. *v. i.* (*presenziare*) to be present, to attend, to witness. △ *v. t.* ❶ **Dovresti assisterlo nel suo lavoro** you should assist him with his task; **Quale medico ti assiste?** which doctor is assisting you?; ❷ **Bisogna ~ i non abbienti** we must relieve the have-nots; *v. i.* **Assistetti all'incidente stradale** I was present at (*o* I witnessed) the road accident; **Ho sempre assistito a tutte le riunioni del consiglio d'amministrazione** I have always attended all the meetings of the board of directors. // **~ a un processo** to attend a trial; **assistito da elaboratori elettronici** (*elab. elettr.*) computer-backed.

associare, *v. t.* ❶ to associate, to consociate. ❷

(*collegare*) to associate, to connect. ❸ (*leg.*) (*ditte, ecc.*) to incorporate. △ ❷ **Noi associamo l'idea della guerra con quella della distruzione** we associate the idea of war with that of destruction. // ~ **in sindacato** (*fin.*) to syndicate.

associarsi, *v. rifl.* ❶ to associate (oneself), to consociate, to affiliate. ❷ (*per raccogliere fondi o promuovere determinate attività*) to club together. ❸ (*fin.*) to enter into partnership. ❹ (*leg.*) (*di ditte, ecc.*) to incorporate. △ ❶ **Ho deciso di associarmi con lui in una impresa commerciale** I have decided to associate myself with him in a business undertaking.

associato, *a.* ❶ associate, consociate. ❷ (*leg.*) (*di ditta, ecc.*) incorporate. *n. m.* ❶ associate, consociate. ❷ (*fin.*) (*di una società in nome collettivo o in accomandita*) partner, copartner. ❸ (*fin.*) (*di una società per azioni*) member (of a company).

associazione, *n. f.* ❶ association, club. ❷ (*l'associarsi*) association, combination, consociation. ❸ (*d'arti e mestieri*) guild. ❹ (*fin.*) (*di mutuo soccorso, ecc.*) guild. ❺ (*fin.*) (*di banchieri, finanzieri, ecc.*) syndicate. ❻ (*leg.*) society, institution. ❼ (*leg.*) (*di società per azioni*) incorporation. △ ❺ **Questo fabbricato per uffici è già stato acquistato da un'~ di proprietari di beni immobili** this office building has already been bought by a syndicate of real estate men. // ~ **che rappresenta gli interessi di 21 Borse valori situate in talune città inglesi** (*eccettuata la Borsa Valori di Londra*) (*fin., ingl.*) council of associated stock exchanges; **un'~ d'avvocati** (*leg.*) a society of lawyers; **associazioni di consumatori** consumer groups; **~ di datori di lavoro** (*sind.*) employers' association; **associazioni di produttori agricoli** agricultural producers' groups; **~ d'uomini d'affari** board of trade (*USA*); **l'~ Europea di Libero Scambio** (*econ.*) the European Free Trade Association; **~ fra le compagnie di navigazione commerciale, per l'osservanza di noli uniformi di tariffa** (*trasp. mar.*) « Conference Lines »; **~ in partecipazione** (*fin.*) particular partnership, special partnership; (*leg.*) joint association, joint adventure, joint venture; **~ Londinese degli Istituti di Sconto** (*fin.*) London Discount Houses Association; **~ per delinquere** (*leg.*) combination.

assoggettamento, *n. m.* submission.

assoggettare, *v. t.* to subject.

assoluto, *a.* absolute. // **non ~** (*leg.*) nisi.

assoluzione, *n. f.* (*leg.*) absolution, acquittal, discharge. // **~ d'un imputato** acquittal of a defendant; **~ per insufficienza di prove** (*leg.*) (*non esiste in G.B.*) acquittal for lack of evidence.

assolvere, *v. t.* ❶ (*compiere*) to perform. ❷ (*leg.*) to absolve, to acquit, to discharge. // **~ bene un compito** to acquit oneself well; **~ q. da un'accusa** (*leg.*) to acquit sb. of a charge; **~ un dovere** to perform a duty; **~ per amnistia** (*leg.*) to acquit under amnesty.

assolvimento, *n. m.* performance. // **l'~ dei propri doveri** the performance of one's duties.

assommare, *v. i.* to sum into, to amount. △ **Si dice che i suoi debiti assommino a 50.000 sterline** his debts are said to amount to £ 50,000.

assorbimento, *n. m.* ❶ absorption. ❷ (*fin.*) (*di un'azienda*) take-over. ❸ (*fin.*) (*d'una o più aziende da parte d'un'altra*) merger. // **~ di personale non specializzato per svolgere temporaneamente mansioni specialistiche** (*org. az.*) dilution.

assorbire, *v. t.* ❶ to absorb. ❷ (*completamente*) to engross. ❸ (*fin.*) to take* over. △ ❶ **A quanto pare, nella maggior parte degli Stati Membri il mercato non è in grado di ~ la totalità della produzione di burro** it seems that the markets of most Member Countries are unable to absorb all the butter produced; ❷ **Quel lavoro assorbe completamente la maggior parte di noi** that work engrosses most of us; ❸ **Hanno deciso di ~ il maggior numero possibile d'imprese** they have decided to take over as many businesses as possible. // **essere assorbito** (*da un altro*) (*fin.*) (*d'azienda, ente, ecc.*) to merge; **non assorbito** unabsorbed.

assortimento, *n. m.* (*market.*) ❶ assortment. ❷ (*market.*) (*scelta*) selection, choice. ❸ (*market.*) (*gamma*) range, mixed bag, variety. ❹ (*market.*) (*complesso*) lot, set. ❺ (*market.*) (*l'assortire*) sorting. ❻ (*org. az.*) stock, inventory. △ ❶ **Questo supermercato ha un bell'~ d'articoli fra i quali poter scegliere** this supermarket has a good assortment of goods to choose from; ❷ **Possiamo mettere a vostra disposizione un vasto ~ di articoli di prima qualità** we can offer you a wide selection of first-rate articles; ❸ **Abbiamo un largo ~ di nuovi articoli** we have a wide variety of new articles; ❹ **Potrete scegliere in un nuovissimo ~ d'articoli per la casa** you will be able to choose among a wholly new set of household articles. // **un ~ d'articoli** (*market.*) a set of articles; **~ d'articoli** (*d'un'azienda*) (*org. az.*) product line.

assortire, *v. t.* (*market.*) (*merci*) to sort.

assortito, *a.* (*market.*) assorted, miscellaneous. △ **Voglio un mezzo chilo di caramelle assortite** I want half a kilogram of assorted toffees.

assumere, *v. t.* ❶ to assume, to undertake*. ❷ (*pers.*) to engage, to hire, to recruit, to start. ❸ (*pers.*) (*q., facendolo firmare*) to sign, to sign on. △ ❶ **Il mercato sta assumendo un andamento favorevole** the market is assuming a cheerful aspect; **L'avvocato s'è rifiutato d'~ la nostra difesa** the lawyer refused to undertake our defence; ❷ **Il mio lavoro consiste nell'~ manodopera per il nuovo stabilimento** my job is to recruit workers for the new plant; **La società lo assumerà con lo stesso stipendio che egli percepiva prima** the company will start him at the same salary he'd been getting before; ❸ **La nostra ditta ha appena assunto cinquanta nuovi operai** our firm has just signed fifty new workers; **Assumeranno soltanto due terzi degli aspiranti** they are going to sign on only two thirds of the applicants. // **~ una carica** to assume office, to take office; **~ la direzione di un'azienda** to assume the direction of a business; **~ un impegno** to commit oneself; **~ un impegno scritto per q.** (*leg.*) to bond sb.; **~ un impiegato** (*pers.*) to engage an employee; **~ informazioni** to gather information; **~ integralmente a proprio carico una spesa** to accept full liability for an expenditure; **~ una nuova forma** to reshape; **~ un nuovo nome** to assume a new name; **~ la presidenza** (*d'una società, ecc.*) (*fin.*) to take the chair; **assumersi un debito** to assume a debt; **assumersi l'impegno di fare qc.** to undertake to do st.; **assumersi la responsabilità** to assume personal responsibility; **assumersi una responsabilità** to undertake a responsibility.

assunzione, *n. f.* ❶ assumption; (*di un impegno*) undertaking. ❷ (*pers.*) engagement, hire, hiring, recruiting, recruitment, retainer. ❸ (*pers.*) (*dal punto di vista della persona da assumere*) entrance. △ ❶ **C'è stato un ritardo nell'~ della sua nuova carica** there has been a delay in the assumption of his new position. // **l'~ del potere** the assumption of power; **~ di prestito** (*cred.*) borrowing: **L'~ di prestiti all'estero effettuata da un**

asta

residente italiano è soggetta alle disposizioni di legge borrowing abroad by an Italian resident is regulated by law; ~ di rischi (*ass.*) assumption of risks.

asta, *n. f.* (*licitazione*) auction; vendue (*USA*). △ L'~ è rientrata the auction is withdrawn. // ~ al ribasso Dutch auction; ~ basata sul consumo d'una candela candle-auction; ~ olandese (*in cui si parte da un prezzo massimo e si scende per gradi fino a trovare un compratore*) Dutch auction; ~ pubblica auction; vendue (*USA*); ~ simulata mock auction.

astante, *n. m.* e *f.* (*partecipante a un'asta*) bidder (at an auction).

astinenza, *n. f.* (*econ.*) abstinence.

astuto, *a.* astute, shrewd, smart. // un ~ affarista a smart businessman.

atrio-biglietteria, *n. m.* (*trasp. ferr.*) booking hall.

attaccamento, *n. m.* attachment. // ~ alla propria ditta (*pers.*) attachment to one's firm.

attaccare, *v. t.* ❶ (*assalire, aggredire*) to attack. ❷ (*congiungere, fissare, unire*) to attach, to affix, to stick*. ❸ (*pubbl.*) (*un manifesto, ecc.*) to post, to post up. △ ❶ L'amministratore delegato ha attaccato le proposte del presidente the managing director has attacked the chairman's proposals; ❷ Non dimenticare d'~ i francobolli alle lettere! don't forget to stick the stamps on the letters. // a ogni articolo il cartellino del prezzo to attach the price tags on each article; ~ (*un nastro, ecc.*) con punti lunghi to tack; ~ un francobollo (*anche*) to affix a stamp.

attaccaticcio, *a.* sticky.

attacco, *n. m.* ❶ (*assalto*) attack. ❷ (*di un apparecchio*) attachment. // ~ dei ribassisti (*Borsa*) bear raid.

atteggiamento, *n. m.* attitude. △ Dobbiamo mantenere un ~ fermo we must maintain a firm attitude. // un ~ filobritannico a pro-British attitude; ~ paternalistico (*org. az., pers.*) paternalistic attitude.

attendere, *v. t.* ❶ (*aspettare*) to wait for, to await, to expect. ❷ (*aspettarsi*) to expect. *v. i.* ❶ (*aspettare*) to wait. ❷ (*badare a, occuparsi di*) to attend. △ *v. t.* ❶ Attendiamo vostre istruzioni in merito alla vendita della proprietà we are awaiting your instructions as regards the sale of the estate; La nave è attesa a Londra the ship is expected at London; *v. i.* ❶ Ai clienti non piace dover ~ in fila per ore customers hate having to wait in line for hours; ❷ Voglio soltanto ~ ai miei affari (al mio lavoro, ecc.) I only want to attend to my business (to my work, etc.).

attendibile, *a.* ❶ (*di persona*) reliable, trustworthy. ❷ (*di cosa, anche*) safe. △ Siamo in grado di fare una valutazione ~ del comportamento dei consumatori we are in a position to make a safe estimate of the consumers' behaviour.

attendibilità, *n. f.* reliability, trustworthiness. // l'~ delle notizie the reliability of the news; l'~ di un'informazione the certitude of a piece of information.

attenere, *v. i.* (*concernere, riguardare*) to concern. △ Le tue obiezioni non attengono alla questione in esame your objections do not concern the question under study.

attenersi, *v. rifl.* to abide* (by), to comply (with), to stick* (to). △ Dovete attenervi alle formalità di legge you must comply with the legal formalities; Si sono sempre attenuti al contratto they have always stuck to the contract. // ~ alle disposizioni di legge to conform to the provisions of the law.

attentamente, *avv.* carefully.

attento, *a.* attentive, careful. // ~ esame (*anche*) close inspection; attenta lettura perusal; dopo ~ esame after careful consideration.

attenuante, *a.* extenuating.

attenuanti, *n. pl.* (*leg.*) mitigating circumstances.

attenuare, *v. t.* ❶ to extenuate, to attenuate, to lessen, to mitigate, to temper. ❷ (*minimizzare*) to minimize, to understate. △ ❶ Il Governo fu in grado d'~ la disoccupazione nelle regioni in cui questa s'era maggiormente aggravata the Government was able to temper unemployment where it had increased most; Nulla può ~ la gravità del suo crimine nothing can extenuate his crime; ❷ Cercò di ~ la gravità dell'incidente he tried to minimize the gravity of the accident.

attenuarsi, *v. rifl.* to lessen, to relax. △ Sembra che la tensione sul mercato vada attenuandosi tension on the market seems to be lessening.

attenuazione, *n. f.* ❶ extenuation, attenuation, lessening, mitigation. ❷ (*minimizzazione*) minimization. // l'~ d'una legge (*leg.*) the relaxation of a law; ~ esponenziale (*mat.*) exponential smoothing.

attenzione, *n. f.* attention, care. △ Dovresti fare più ~ a quel che fai you ought to pay more attention to what you are doing; Non hai prestato ~ a quel che ho detto you didn't pay attention to what I said; Devi fare più ~ al tuo lavoro you must give more care to your work. // « attenzione! » (*trasp.*) (*scritto su un collo, pacco, ecc.*) « (handle) with care »: « ~: porcellane » (*trasp.*) « chinaware, with care »; « ~: passaggio a livello » (*trasp. aut.*) « caution, level crossing »; « all'~ di Mr X.Y. » « attention of Mr X.Y. ».

attergare, *v. t.* ❶ (*cred.*) to endorse, to indorse. ❷ (*leg.*) (*una pratica*) to docket.

attergato, *n. m.* ❶ (*cred.*) endorsement, indorsement. ❷ (*leg.*) docket.

atterraggio, *n. m.* (*trasp. aer.*) landing. // ~ d'emergenza (*con urto sul suolo*) (*trasp. aer.*) crash landing; ~ forzato (*trasp. aer.*) forced landing.

atterrare, *v. t.* (*abbattere*) to knock down. *v. i.* (*trasp. aer.*) to land, to touch down. △ *v. i.* Il nostro aereo atterrò a Shannon our plane landed at Shannon. // essere costretto ad ~ (*trasp. aer.*) to be grounded: A Milano l'aereo fu costretto dalla nebbia ad ~ in Milan our plane was grounded by the fog.

attesa, *n. f.* ❶ wait, waiting. ❷ (*aspettazione*) expectation. △ ❶ La consegna delle merci fu effettuata dopo dieci giorni d'~ the delivery of the goods was made after ten days' wait; ❷ Ha speso un mucchio di soldi nell'~ d'un aumento di stipendio he has spent a lot of money in the expectation of a rise of his salary; Nell'~ vi ringrazio I thank you in anticipation; Nell'~ di mostrarvi i nostri nuovi stabilimenti, porgiamo distinti saluti looking forward to showing you our new plants, we remain yours faithfully; Restiamo in viva ~ d'incontrarvi il più presto possibile we look forward with anticipation to meeting you as soon as possible. // in ~ della marea (*trasp. mar.*) (*di nave bloccata in porto dalla bassa marea*) tide-bound; in ~ di pending: in ~ della vostra accettazione pending your acceptance; in ~ d'ulteriori informazioni pending further information; essere in ~ di to wait for, to await: Sono in ~ di vostre istruzioni I am awaiting your instructions; in ~ d'una vostra cortese risposta... awaiting your kind reply...; in ~ d'un vostro sollecito riscontro... awaiting to hear from you as soon as possible...

atteso, *a.* ❶ waited for, awaited. ❷ (*trasp.*) due. △ ❷ La nave era attesa ieri the ship was due yesterday. // ~ a lungo long-awaited; ~ che... considering that...;

attesa la Sua istanza... in consideration of your application...

attestabile, *a.* ❶ attestable. ❷ warrantable. ❸ certifiable. ❹ documentable. ❺ (*leg.*) testifiable (*V.* attestare).

attestare, *v. t.* ❶ to attest. ❷ (*affermare, asserire*) to vouch (for), to warrant. ❸ (*certificare*) to certificate, to certify. ❹ (*documentare*) to document. ❺ (*leg.*) (*comprovare*) to evidence. ❻ (*leg.*) (*testimoniare*) to testify, to witness. △ ❶ **Queste ricevute attestano che il debitore non è insolvente** these receipts attest the fact that the debtor is not insolvent; ❷ **Ha attestato la veridicità della sua relazione** he has vouched for the truth of his report; ❺ **Questi documenti attestano la sua proprietà delle azioni** these documents evidence his ownership of the shares; ❻ **La direzione richiede una lettera che attesti la moralità del candidato** the management demands a letter testifying that the applicant is of good moral character; **Sono pronto ad ~ trattarsi della grafia di Mr Benson** I am willing to witness that this is Mr Benson's handwriting. // **~ un fatto** to attest a fact.

attestato, *n. m.* ❶ certificate, document. ❷ (*pers.*) reference. // **~ di buona condotta** (*leg.*) testimonial; **~ di servizio** (*pers.*) character.

attestazione, *n. f.* ❶ attestation. ❷ (*certificazione*) certification. ❸ (*prova*) evidence. ❹ (*leg.*) (*testimonianza*) testimony. // **~ ufficiale** (*con o senza giuramento*) (*leg.*) affidavit.

attinente, *a.* connected (with); pertaining, relative, relevant (to). △ **Fui convocato dal direttore per cose attinenti al mio lavoro** I was called by the manager for matters connected with my work; **Voglio conoscere tutti i fatti attinenti al caso** I want to know all the facts relative to the case.

attingere, *v. t.* to draw*. △ **Attinsi ai miei risparmi per l'intero ammontare** I drew on my savings for the whole amount. // **~ a qc.** to indent upon st. (*ingl.*): **Dovemmo ~ alle riserve per coprire il deficit** we were compelled to indent upon reserves in order to cover the deficit; **~ denaro dal proprio conto** (*banca*) to draw on one's account.

attirare, *v. t.* ❶ to attract, to appeal to (sb.). ❷ (*market.*) (*i clienti*) to pull. △ ❶ **La prima fase del processo pubblicitario è d'~ l'attenzione del probabile cliente** the first step in advertising is to attract the attention of the prospective customer.

attitudinale, *a.* vocational. △ **I candidati dovranno superare un test ~** the applicants will have to pass a vocational test.

attitudine, *n. f.* aptitude. △ **Dimostra una spiccata ~ per le lingue** he shows a singular aptitude for languages. // **~ al comando** leadership; **~ al mare** (*trasp. mar.*) (*d'imbarcazione*) sea kindliness; **~ alla navigazione aerea** (*trasp. aer.*) airworthiness; **le attitudini minime necessarie per (l'esercizio di) una professione** (*pers.*) the minimum skills required for a trade; **le attitudini necessarie per l'esercizio d'una professione** the skills required for a trade.

attivamente, *avv.* actively.

attivismo, *n. m.* activism. // **~ sindacale** (*sind.*) union militancy.

attivista, *n. m. e f.* ❶ activist. ❷ (*sind.*) organizer. // **un ~ di sindacato** (*sind.*) a trade-union militant; **un ~ sindacale** (*sind.*) a union militant.

attività, *n. f. inv.* ❶ activity, work; go (*fam.*). ❷ **attività**, *pl.* (*rag.*) assets. △ ❷ **Nei bilanci inglesi, le attività sono registrate sul lato destro e le passività sul lato sinistro** in English balance sheets, the assets appear on the right-hand side of the sheet and the liabilities on the left-hand side. // **attività a breve (termine)** (*fin., rag.*) near-money, quick assets; **attività a vista** (*rag.*) quick assets; **~ agricola** agricultural industry; **~ alberghiera** hotel business; **attività ausiliari del commercio** (*assicurazioni, banche, trasporti, ecc.*) ancillaries to trade; **~ bancaria** banking, banking business: **L'~ bancaria consiste nel commercio dei capitali** banking is trade in money; **attività cantieristiche** (*trasp. mar.*) shipyard activities; **~ capitale** (*econ.*) capital asset; **~ carbonifera** coalmining; **~ collaterale** by-business; **~ commerciale** trade: **L'~ commerciale è intensa** trade is brisk; **un'~ « congelata »** (*cioè che non può essere trasformata in numerario senza forti perdite*) (*fin., rag.*) a frozen asset; **~ consortile** (*market.*) consortium; **~ continuata** (*pers.*) continuous activity; **attività correnti** (*rag.*) current assets; **~ d'allibratore** bookmaking; **attività di commercio al dettaglio per conto proprio** (*org. az.*) self-employed activities in retail trade; **~ di consumo** (*econ.*) economic activity of consumption; **un'~ di difficile realizzo** (*econ., rag.*) an unrealizable asset; **~ di piazzista** (*market.*) canvassing; **~ di prestazione di servizi** (*econ.*) services; **~ di ragioniere professionista** (*p. es., tenuta di libri contabili, contabilità paghe, ecc.*) (*rag.*) public accounting; **~ di sensale** broking; **~ direttiva** (*amm.*) managing activity; **~ economica** (*econ.*) economic activity; **attività economiche fondamentali** (*econ.*) primary economic activities; **~ esecutiva** (*org. az.*) operating activity; **attività facilmente convertibili in contante allo scopo di reintegrare la riserva principale** (*banca*) secondary reserve; **attività fisse** (*rag.*) fixed assets; **attività fittizie** (*rag.*) fictitious assets, dead assets; **~ immateriale** (*rag.*) intangible; **attività immateriali** (*rag.*) intangible assets; **~ industriale** manufacturing; **~ invisibile** (*rag.*) intangible; **attività invisibili** (*rag.*) intangible assets; **~ lavorativa** (*econ.*) labour; **attività liquide** (*fin., rag.*) near-money, liquid assets; **attività non di capitale** (*rag.*) working assets; **attività non salariate** (*org. az.*) self-employed activities; **attività occulte** (*rag.*) hidden assets; **~ pericolosa** (*pers.*) hazardous activity; **attività promozionali** (*market., pubbl.*) promotional activities; **attività ricreative** (*pers.*) recreational activities; **~ secondaria** (*org. az.*) side-line; **attività sociali** (*org. az.*) social activities; **le attività « terziarie »** (*econ.*) the services sector, the services; **attività totali** (*rag.*) total assets; **attività totali nette** (*rag.*) tangible net worth; **attività variabili** (*rag.*) floating assets; **essere in ~ di servizio** (*pers.*) to be in active service.

attivo, *a.* ❶ active, brisk, lively. ❷ (*econ.*) (*che lavora*) working. *n. m.* ❶ (*rag.*) assets (*pl.*). ❷ (*rag.*) (*di un conto*) creditor. △ *a.* ❶ **È un uomo molto ~** he is a very active man; **Il mercato è molto ~ oggi** today the market is very brisk (*o* lively); ❷ **La popolazione attiva del Regno Unito è di circa 25 milioni, e cioè, a un dipresso, il 46% della popolazione complessiva** the working population of the United Kingdom is about 25 million, that is, roughly 46% of the total population. // **~ del fallimento** (*leg.*) bankruptcy assets; **~ e passivo** (*rag.*) assets and liabilities; **~ fisso** (*rag.*) fixed assets; **~ liquido** (*o facilmente liquidabile*) (*rag.*) cash assets; **~ netto** (*rag.*) net assets, net worth; **l'~ sociale** (*fin.*) the partnership assets, the company's assets; **essere in ~ di** to be in (*fam.*): **Siamo in ~ di** (*ci abbiamo guadagnato*) **mille sterline** we're in a thousand pounds.

atto¹, *n. m.* ❶ act, action, deed. ❷ (*amm.*) deed. ❸ (*leg.*) deed. ❹ **atti**, *pl.* (*amm.*) (*d'un congresso, ecc.*) proceedings. △ ❹ **Gli atti del congresso saranno pubblicati fra breve** the proceedings of the congress will be published shortly. // ~ **amministrativo** (*leg.*) official action; **un** ~ **arbitrario** (*leg.*) an arbitrary action; ~ **autorizzato** authorized act; ~ **conservativo** (*leg.*) conservatory act; ~ **costitutivo** (*di una società*) deed of association; (*d'una società di capitali*) (*fin.*) memorandum of association (*ingl.*); corporate charter (*USA*); **atti della società** company deeds; ~ **di cessione** (*di una proprietà*) (*leg.*) deed of assignment, deed of transfer, transfer deed, instrument of transfer; (*d'un diritto*) release; ~ **di compravendita** (*leg.*) deed of sale; ~ **di concordato** (*tra debitore e creditori*) (*leg.*) composition deed; ~ **di costituzione d'un'amministrazione fiduciaria** (*leg.*) trust instrument; ~ **di donazione** (*leg.*) deed of gift; « ~ **di fallimento** » (*leg., ingl.*) (*ogni cessazione dei pagamenti da parte del debitore, sia egli un commerciante o no*) act of bankruptcy: **Secondo il diritto inglese, c'è una lista lunghissima di atti di fallimento; ma di essi il più comune è la mancata ottemperanza, entro sette giorni, a un preavviso di fallimento** there is a very long list of acts of bankruptcy according to English law; but the most common of them is the failure to comply, within seven days, with a bankruptcy notice; **atti di guerra** acts of war; ~ **di nascita** birth certificate; ~ **di notorietà** (*leg.*) attested affidavit; ~ **di ordinaria amministrazione** authorized act; ~ **di permuta** (*leg.*) deed of transfer; ~ **di procura** (*leg.*) warrant of attorney; **un** ~ **di proprietà non registrato** (*leg.*) an unrecorded deed to property; ~ **d'un sovrano** act of a prince; ~ **di trasferimento** (*Borsa*) transfer deed; ~ **di trasmissione** (*leg.*) deed of transfer, conveyance; ~ **di trasmissione doloso** (*leg.*) fraudulent act; « ~ **fallimentare** » (*leg., ingl.*) bankruptcy act; ~ **fiduciario** (*leg.*) deed of trust; (*fin., leg.*) trust deed; ~ **fittizio** (*leg.*) fictitious act; ~ **fraudolento** (*leg.*) fraudulent act; ~ **giudiziale** (*leg.*) judicial act; ~ **giudiziario** (*leg.*) judicial act; ~ **giuridico** (*leg.*) juridical act, juristic act; ~ **illecito** (*leg.*) injury; (*civile*) tort, wrong, wrongdoing; **atti illeciti** (*leg.*) lawless acts; ~ **istitutivo** (*leg.*) charter; **atti leciti** (*leg.*) lawful acts; ~ **legale** (*leg.*) engrossment; **atti legali** (*leg.*) legal acts; **un** ~ **lesivo** (*leg.*) a wrongful act; ~ **notarile** (*leg.*) notarial deed, instrument; ~ **notorio** (*leg.*) attested affidavit; **atti processuali** (*leg.*) acts and judicial proceedings; ~ **pubblico** (*leg.*) instrument; **un** ~ **retrodatato** (*leg.*) an antedated deed; **un** ~ **rogato da un notaio** (*leg.*) a deed attested by a notary; ~ **scritto di difesa** (*dell'attore*) (*leg.*) plaint; **atti sociali** company deeds; ~ **solenne** (*leg.*) deed; **atti ufficiali** (*leg.*) records; ~ **unilaterale** (*leg.*) deed poll; **all'**~ **di** on, upon: **all'**~ **della consegna** (*market.*) on delivery; **per** ~ **o colpa dell'assicurato** (*ass.*) by act or fault of the insured.

atto², *a.* ❶ (*adatto*) fit, suitable. ❷ (*capace*) able, capable. ❸ (*per coprire una carica per un ufficio, ecc.*) eligible. △ ❶ **Carlo non è più** ~ **al servizio** Carlo is no more fit for duty; ❷ **Non mi pare che il candidato sia** ~ **a questo lavoro** I don't think the applicant is able to do this work; ❸ **Credo che il Sig. Resta sia** ~ **a coprire il posto** I believe Sig. Resta is eligible for the post. // ~ **alla navigazione** (*trasp. mar.*) seaworthy: **La nave deve essere atta alla navigazione ai fini del rischio assicurato nella fattispecie** the ship shall be seaworthy for the purpose of the particular adventure insured; ~ **alla navigazione aerea** (*trasp. aer.*) airworthy.

attore, *n. m.* ❶ (*leg.*) (*in giudizio*) claimant, claimer, complainant, demandant, plaintiff, suitor. ❷ (*leg.*) (*spesso comparendo in giudizio come principale teste a carico*) prosecutor. ❸ (*leg., scozz.*) pursuer. // ~ **in una causa civile** (*leg.*) plaintiff in a civil suit.

attraccare, *v. t. e i.* (*trasp. mar.*) to berth, to moor; to dock (*USA*). // ~ (*una nave*) **al molo** (*trasp. mar.*) to wharf; ~ **alla banchina** (*trasp. mar.*) to moor along a quay.

attracco, *n. m.* ❶ (*trasp. mar.*) (*l'attraccare*) berthing, mooring; docking (*USA*). ❷ (*trasp. mar.*) (*il luogo*) berth; moorings (*pl.*).

attrarre, *v. t. V. attirare*.

attraversamento, *n. m.* crossing. // ~ **della frontiera** (*comm. est.*) frontier crossing.

attraversare, *v. t.* ❶ to cross, to traverse. ❷ (*trasp. mar.*) to sail. △ ❶ **La ferrovia attraverserà la nostra proprietà** the railway will traverse our estate; ❷ **Le loro navi attraversano l'oceano due volte al mese** their ships sail the Ocean twice a month.

attraverso, *prep.* ❶ through; thru (*USA*). ❷ (*trasp., tur.*) by way of, via. △ ❶ **Passarono** ~ **molte difficoltà prima d'ottenere il prestito** they went through a lot of difficulties before getting the loan; ❷ **Arrivammo a Denver** ~ **Flagstaff e Albuquerque** we got to Denver by way of (*o* via) Flagstaff and Albuquerque.

attrazione, *n. f.* ❶ attraction. ❷ (*richiamo*) appeal. // ~ **pubblicitaria** (*pubbl.*) pull.

attrezzare, *v. t.* ❶ (*arredare*) to fit out. ❷ (*equipaggiare*) to equip. ❸ (*fornire di attrezzi*) to tool. ❹ (*trasp. mar.*) (*una nave*) to rig.

attrezzatura, *n. f.* ❶ equipment, outfit. ❷ (*org. az.*) tackle. ❸ (*trasp. mar.*) (*d'una nave*) rigging, rig. ❹ **attrezzature**, *pl.* appointments, accommodations, equipment goods. ❺ **attrezzature**, *pl.* (*org. az.*) facilities. △ ❶ **L'**~ **della fabbrica costerà non meno di 100.000 dollari** the equipment of the factory will cost no less than $ 100,000. // ~ **che fa risparmiare lavoro** (*org. az.*) labour-saving appliance; **attrezzature della nave** (*alberi, vele, ancore, ecc.*) (*trasp. mar.*) apparel; **attrezzature di salvataggio** (*trasp. mar.*) salvage gear; **attrezzature per ufficio** (*attr. uff.*) office equipment; **attrezzature portuali** (*trasp. mar.*) harbour equipment, port facilities; **un'**~ **pratica** (*org. az.*) a serviceable equipment; **attrezzature sanitarie** sanitary accommodations.

attrezzista, *n. m.* (*pers.*) tool-maker.

attrezzo, *n. m.* ❶ (*org. az.*) implement, tool. ❷ (*trasp. mar.*) article of (the ship's) gear. ❸ **attrezzi**, *pl.* (*org. az.*) tackle. // **attrezzi agricoli** agricultural implements.

attribuibile, *a.* ❶ attributable, assignable. ❷ (*imputabile*) chargeable. ❸ (*rag.*) imputable. // ~ **a diverse cause** assignable to several causes.

attribuire, *v. t.* ❶ to attribute, to assign, to attach, to vest. ❷ (*imputare*) to charge. ❸ (*rag.*) to impute. △ ❶ **Gli piace** ~ **il suo successo all'operosità** he likes to attribute his success to hard work; **Attribuisco grande importanza alla faccenda** I attach much importance to this matter; **Gli è stata attribuita troppa responsabilità** he's been vested with too much responsibility. // ~ **un premio** to award a prize; **essere attribuito a** to attach to; (*leg.*) (*di diritto*) to vest: **Negli Stati Uniti il potere di dichiarare la guerra è attribuito al Congresso** in the U.S.A. Congress is vested with the power to declare war.

attributo, *n. m.* ❶ attribute. ❷ (*qualifica*) qualification.

attribuzione, *n. f.* ❶ attribution, assignment. ❷ (*rag.*) imputation. // l'~ **d'un premio** the award of a prize.

attrito, *n. m.* (*anche fig.*) attrition, friction. △ **Ci sarà ~ fra i due amministratori** there's going to be friction between the two directors. // **di ~** frictional.

attuabile, *a.* feasible, workable. △ **Non mi sembra che il vostro piano sia ~** your plan doesn't seem to be workable.

attuale, *a.* present, present-day. // **le attuali tecniche pubblicitarie** (*pubbl.*) the present-day advertising techniques; **le attuali tendenze della moda** (*market.*) the present trends in fashion.

attualità, *n. f.* ❶ actuality. ❷ (*modernità*) up-to-dateness. // **d'~** topical; (*moderno*) up-to-date: **Questi sono argomenti d'~** these are topical matters; **un film d'~** an actuality film; **un programma d'~** an actuality programme.

attuare, *v. t.* to implement, to realize. △ **Ci sono programmi per ~ la nostra politica estera** there are programmes to implement our foreign policy. // **~ le proprie ambizioni (*o* speranze)** to realize one's ambitions (*o* hopes); **~ la monocoltura (agricola)** (*econ.*) to single-crop; **~ un piano (*o* un progetto)** to carry out a plan; **~ una riforma** to effect a reform; **~ una serrata contro** (*operai, ecc.*) (*pers., sind.*) to lock out.

attuariale, *a.* (*mat.*) actuarial.

attuarialmente, *avv.* (*mat.*) actuarially.

attuario, *n. m.* (*mat.*) actuary.

attuarsi, *v. rifl.* to materialize. △ **Sarà difficile che il vostro progetto si attui** it will be hard for your plan to materialize.

attuazione, *n. f.* implementation, realization, working-out. △ **Speriamo che non interferiscano nell'~ del nostro progetto!** let's hope they won't interfere with us in the working-out of our plan. // **l'~ delle politiche comuni** (*econ.*) the implementation of common policies; **l'~ d'un mercato interno** (*econ.*) the attainment of an internal market; **~ operativa della strategia** (*econ.*) operational implementation of strategy; **in ~** (*leg.*) in operation.

audimetro, *n. m.* (*pubbl.*) audimeter.

augurare, *v. t.* to wish.

augurio, *n. m.* wish.

aumentare, *v. t.* ❶ to augment, to increase, to raise, to advance, to put* up, to up. ❷ (*econ.*) (*la produzione, ecc.*) to enhance, to step up. ❸ (*econ., market.*) (*prezzi, ecc.*) to lift, to stiffen. *v. i.* ❶ to augment, to increase, to rise*, to advance. ❷ (*in fretta*) to upsurge, to swell. ❸ (*per gradi*) to grow*. ❹ (*econ.*) (*della domanda, ecc.*) to improve. ❺ (*fin., market.*) (*di prezzi, ecc.*) to rise*, to go* up, to up. △ *v. t.* ❶ **Voglio ~ le mie entrate facendo del lavoro straordinario** I want to augment my income by working overtime; **I salari saranno aumentati a seguito delle rivendicazioni sindacali** wages will be increased following to the demands of the trade unions; **Abbiamo deciso d'~ i prezzi degli ultimi modelli** we have decided to raise the prices of the latest models; **I negozianti presto aumenteranno i prezzi** shopkeepers will soon advance their prices; **Il padrone di casa vuole ~ l'affitto di dieci sterline al mese** the landlord wants to put up the rent by £ 10 a month; **I prezzi sono stati aumentati da 2 dollari a 2,50 dollari** prices have been upped from $ 2 to $ 2.50; ❷ **Dobbiamo ~ la produzione** we must step up production; ❸ **Sarà aumentato il prezzo di talune derrate** the prices of certain commodities will be lifted; **I prezzi all'ingrosso sono stati aumentati ancora** wholesale prices have been stiffened again; *v. i.* ❶ **Aumentano le difficoltà dell'economia italiana** the difficulties of the Italian economy are increasing; **La popolazione è aumentata del 5%** the population has increased by 5%; **I prodotti petroliferi sono aumentati a dismisura** petroleum products have risen enormously; **Durante l'anno scorso i prezzi sono aumentati del 18%** prices have advanced 18% during the past year; ❷ **Le possibilità di lavoro vanno aumentando rapidamente** job opportunities are swelling; ❸ **Negli ultimi mesi dell'anno in Germania il numero di disoccupati aumentò in modo considerevole** in the last months of the year, the number of unemployed grew appreciably in Germany; ❹ **Lo scorso mese la domanda è aumentata** demand improved last month; ❺ **I prezzi continuano ad ~** prices continue to rise; **Tutto aumenta eccetto i salari e le pensioni** everything is going up except salaries and pensions; **Tutte le tariffe aumentarono dalla sera alla mattina** all tariffs upped overnight. // **~ gli affitti in modo iniquo** to advance rents unfairly; **~ (qc.) al massimo** to maximize; **~ con un rapporto costante** (*mat.*) (*di grandezza*) to scale; **~ i dazi** (*dog.*) to raise duties; **~ di prezzo** to advance in price, to increase in price, to appreciate; **~ di valore** (*fin., market.*) to go better; (*fin., rag.*) to appreciate; **~ fraudolentemente, prima dell'incasso, l'importo di** (*un assegno*) (*fam.*) to kite: **L'importo del nostro assegno per 40,19 dollari è stato aumentato fraudolentemente a 240,19 dollari** our $ 40.19 cheque was kited to $ 240.19; **~ improvvisamente** (*econ.*) (*d'attività commerciale*) to spurt; (*fin., market.*) to jump, to leap: **Le nostre vendite aumentarono improvvisamente proprio all'inizio della stagione invernale** our sales spurted right at the beginning of the Winter season; **I costi stanno aumentando improvvisamente e sproporzionatamente** costs are leaping out of proportion; **~ il numero dei titoli a garanzia di** (*un prestito*) (*cred., fin.*) to sweeten; **~ nuovamente il volume di** (*credito, valuta, ecc.*) (*econ.*) to reflate; **~ l'offerta globale** (*econ.*) to increase total supply; **~ i prezzi** (*market.*) to raise prices, to enhance prices; **~ il prezzo della benzina** to advance the price of petrol; **~ (qc.) progressivamente** to scale up: **Siamo costretti ad ~ progressivamente le importazioni** we are compelled to scale up imports; **~ i risparmi** (*econ.*) to step up savings; **~ i salari reali** (*pers.*) to raise real wages; **~ il tasso di sconto** (*fin.*) to raise the discount rate; **~ il tasso ufficiale di sconto** (*fin.*) to raise the bank rate; **~ vertiginosamente** (*econ.*) (*di prezzi, ecc.*) to spiral upward: **Da quel momento, il costo della vita in Gran Bretagna aumentò vertiginosamente** from that moment Britain's cost of living spiralled upward; **essere aumentato** (*market.*) (*di prezzo, ecc.*) to go up, to up.

aumento, *n. m.* ❶ augmentation (*raro*), increase, increment, rise, raise (*specialm. USA*), advance, enhancement. ❷ (*repentino*) upsurge, swell. ❸ (*graduale*) growth. ❹ (*econ.*) (*espansione*) expansion. ❺ (*econ.*) (*della produzione, ecc.*) step-up. ❻ (*econ.*) (*della domanda*) improvement. ❼ (*econ., market.*) (*di prezzi, ecc.*) lift, rise. ❽ (*pers.*) (*di salario*) increase, increment, advance, rise. △ ❶ **Negli ultimi decenni c'è stato un generale ~ della ricchezza nel mondo occidentale** in the last decades there has been a general augmentation of wealth in the western world; **Ci aspettiamo un ~ del costo delle materie prime** we are expecting an increase in the cost of basic materials; **L'~ delle entrate è dovuto ai prestiti italiani sottoscritti all'estero** the increase in the inflow of funds is due to the Italian bonds issues subscribed abroad; L'~ dei salari è stato assai inferiore all'~ dei prezzi the rise in wages has been much lower than the rise in prices; C'è stato un ~ dell'indebitamento a breve (termine) there has been a rise in short-term indebtedness; Ci si aspetta un ~ del debito nazionale we're expecting a raise in the national debt; C'è un ~ dei prezzi dei titoli (*di Borsa*) che dura da un anno there has been a year-long advance in stock prices; ❷ C'è stato un ~ pauroso della popolazione dei Paesi in via di sviluppo there's been a real swell in the population of developing Countries; ❸ L'~ continuo della popolazione urbana è un fenomeno preoccupante per la società the steady growth of urban population is a real worry for society; ❺ Presto dovrebbe aversi un ~ della produzione a step-up in output is expected soon; ❼ C'è stato un ~ nei costi dei trasporti there's been a lift in transport costs; ❽ Otterranno un ~ (*di stipendio*) di dieci dollari al mese they'll get a monthly increment of ten dollars; Perché non chiedi un ~ al tuo principale? why don't you ask your boss for a rise?; Con l'~ dei salari, aumentò anche il costo della vita as wages advanced, so did the cost of living. // ~ **abbinato** (*pers.*) tandem increase; **un ~ annuale dei redditi** an annual boost in income; ~ **automatico del salario** (*pers.*) automatic pay increase; ~ **dei prezzi** (*econ.*) price increase; (*in Borsa*) boom, boost, bulge; balllooning (*slang USA*); ~ **dei salari** (*per agganciamento agli indici del costo della vita*) (*econ.*) wage escalation; ~ **del capitale** (*con il concorso dell'interesse capitalizzato o degli utili reinvestiti*) (*fin.*) accumulation; l'~ **del costo della vita** (*econ., stat.*) the rise in the cost of living; **un ~ del 2% rispetto allo scorso anno** (*rag.*) a gain of 2% over last year; **un ~ del tasso ufficiale di sconto** (*fin.*) a rise in the bank rate; l'~ **della circolazione monetaria** (*fin.*) the expansion of currency; **un ~ della domanda di consumi** (*econ.*) an increase in consumption demands; ~ **dell'occupazione** (*econ.*) employment increase; **un ~ della popolazione** (*stat.*) an increase in population, a swell in population; ~ **della produzione** (*econ.*) production increase; l'~ **delle aperture di credito** (*banca*) the expansion of lending; **un ~ demografico** (*stat.*) an increase in population; ~ **di capitale** (*fin., rag.*) increase of capital, capital increase; ~ **di prezzo** (*market.*) advance in price, enhancement of price, markup; ~ **di salario** (*pers.*) wage rise; pay-raise (*USA*); ~ **di stipendio** (*pers.*) salary rise; pay-raise, raise (*USA*); ~ **di valore** (*fin., rag.*) appreciation; (*pubbl.*) (*che un prodotto acquista in seguito a un lancio pubblicitario*) boost: **Negli ultimi giorni, certe azioni hanno avuto un notevole ~ di valore** certain stocks have appreciated greatly in the last few days; ~ **gratuito di capitale** (*fin., rag.*) capitalization issue; bond issue (*USA*); ~ **improvviso** (*di prezzi*) (*fin., market.*) jump, leap, upswing: **Ci sarà un ~ improvviso dei prezzi** there will be a jump in prices; **Ci fu un ~ improvviso del 20% nei prezzi** there was a leap of over 20% in prices; **un ~ indiscriminato dei prezzi dei generi alimentari** (*market.*) an indiscriminate rise in food prices; **aumenti inflazionistici dei salari** (*econ.*) inflationary wage rises; ~ **occulto di prezzo** (*market.*) (*si ha quando il prezzo resta invariato ma diminuisce la quantità di merce venduta a quel prezzo*) hidden increase of price; ~ **progressivo** scale-up: **I sindacati sono riusciti a ottenere un ~ progressivo delle paghe** unions have succeeded in obtaining a scale-up of wages; ~ **salariale** (*pers.*) wage rise; pay-raise (*USA*); **aumenti salariali** (*pers.*) wage increases, wage advances, wage awards;

~ **spinto al massimo** maximization; **in ~** increasing, growing; **essere in ~** (*econ.*) (*di domanda, prezzo, ecc.*) to be up; (*fin., market.*) (*di prezzi, ecc.*) to rise, to be on the rise; to increase, to be on the increase, to advance: **I prestiti bancari sono in ~ del 10%** bank loans are up 10%; **In Gran Bretagna, i prezzi sono in continuo ~ dal 1934, e così pure i salari dei lavoratori** in Great Britain, prices have risen steadily since 1934, and so have the wages of the working class; **I prezzi sono in ~ su tutti i mercati** prices are on the rise on all markets; **Il consumo della carne è ancora in ~** the consumption of meat is still on the increase; **I titoli di Stato sono in continuo ~** Government securities are advancing steadily.

aureo, *a.* gold, golden.
ausiliare, *a.* V. ausiliario.
ausiliario, *a.* auxiliary, ancillary, subsidiary.
ausilio, *n. m.* assistance, aid, help. // **ausili di vendita** (*market.*) sales aids.
austerità, *n. f.* austerity.
autarchia, *n. f.* (*econ.*) autarchy, autarky, self-sufficiency.
autarchico, *a.* (*econ.*) autarchic, autarchical, self-sufficient.
autenticare, *v. t.* ❶ to countersign, to voucher. ❷ (*leg.*) to authenticate, to legalize. ❸ (*leg.*) (*attestare*) to attest, to certify. ❹ (*leg.*) (*verificare*) to verify. ❺ (*leg.*) (*detto di notaio*) to notarize. ❻ (*leg.*) (*un testamento*) to probate. // ~ **un certificato** (*leg.*) to authenticate a certificate; ~ **una firma** (*leg.*) to attest a signature; ~ (*un documento, ecc.*) **mediante la firma** (*leg.*) to signature.
autenticazione, *n. f.* ❶ (*leg.*) authentication, legalization. ❷ (*leg.*) (*certificazione*) certification. ❸ (*leg.*) (*verifica*) verification. // ~ **notarile** (*leg.*) notarization.
autenticità, *n. f.* authenticity.
autentico, *a.* ❶ authentic. ❷ (*originale*) original. ❸ (*genuino*) genuine. ❹ (*leg.*) (*di copia: conforme all'originale*) attested, certified. △ ❷ **Questa è la copia autentica del manoscritto** this is the original copy of the manuscript; ❸ **Quella è la sua firma autentica** that is his genuine signature.
autista, *n. m. e f.* ❶ driver. ❷ (*pers.*) chauffeur.
auto-[1], *pref.* self-. // **autodeterminazione** self-determination; **autolesionista** self-injurer; **autosufficienza** self-sufficiency.
auto-[2], *pref.* auto-, motor-. // **autoambulanza (o autolettiga)** motor-ambulance; **autoraduno** auto-rally; **autovettura** motor-car.
auto[3], *n. f.* (*abbr. di automobile*) (*trasp.*) car, motor-car. // **un'~ da turismo** (*tur.*) a touring car.
autoapprovvigionamento, *n. m.* (*org. az.*) self-sufficiency.
autoassicurazione, *n. f.* (*rag.*) self-insurance.
autoavanzamento, *n. m.* (*elab. elettr.*) self-feeding.
autobotte, *n. f.* (*trasp. aut.*) tank truck, tanker.
autobus, *n. m.* (*trasp.*) bus; omnibus (*raro*). // ~ **a due piani** (*trasp.*) double-decker; ~ **diretto** (*trasp. aut.*) non-stop; ~ **per gite turistiche** (*tur.*) sightseeing bus.
autocarro, *n. m.* (*trasp. aut.*) motor-lorry, lorry (*ingl.*); motortruck, truck (*USA*). // **un ~ attrezzato per la vendita** (*market.*) a mobile shop; ~ **frigorifero** (*trasp. aut.*) refrigerator van; ~ **per il trasporto di automobili nuove** (*trasp.*) haulaway.
autocisterna, *n. f.* (*trasp. aut.*) tank truck.
autodeterminazione, *n. f.* self-determination. // ~ **dell'imponibile** (*fiscale: da parte delle aziende*) (*fin.*) self-assessment.

autofinanziamento, *n. m.* (*fin.*) self-financing; internally generated cash resources; (financing by) corporate saving, corporate cash generation (*USA*).

autofinanziarsi, *v. rifl.* (*fin.*, *fam.*) (*d'impresa*) to plough back.

autofurgone, *n. m.* (*trasp. aut.*) van.

autografo, *n. m.* autograph.

autogrù, *n. f. inv.* (*trasp. aut.*) tow car, tow truck, wrecking car, wrecker.

automa, *n. m.* automaton*.

automaticamente, *avv.* ❶ automatically. ❷ (*fig.*) as a matter of course.

automatico, *a.* automatic.

automatismo, *n. m.* automatism.

automatizzare, *v. t.* ❶ to automatize. ❷ (*org. az.*) to automate. // ~ **le catene di produzione** (*org. az.*) to automate production lines.

automatizzazione, *n. f.* ❶ automatization. ❷ (*org. az.*) automation.

automezzo, *n. m.* (*trasp. aut.*) motor-vehicle.

automobile, *n. f.* (*trasp. aut.*) motor-car, motorcar, car; automobile (*USA*). // ~ **chiusa** (*trasp. aut.*) sedan; ~ **di piccole dimensioni** compact car; **un'~ di seconda mano** a second-hand car; **automobili di seconda mano** used cars; **automobili usate** used cars; ~ **utilitaria** baby car.

autonomia, *n. f.* ❶ autonomy. ❷ (*trasp. aer.*) range. ❸ (*trasp. mar.*) endurance.

autonomo, *a.* autonomous.

autore, *n. m.* author. // ~ **di brevi articoli** (*giorn.*) paragrapher.

autorevole, *a.* authoritative, influential.

autorità, *n. f. inv.* ❶ authority, influence, leverage, warrant. ❷ (*leg.*) (*di fare qc.*) commission. // ~ **conferita ai giudici di pace** (*leg.*) commission of peace; ~ **di direttore** (*amm.*) managership; **l'~ giudiziaria** (*leg.*) the Court; **le autorità monetarie** (*fin.*) the monetary authorities; **autorità portuali** (*trasp. mar.*) harbour authorities; **dock authorities**; ~ **sanitaria** (*dog.*) sanitary authority; ~ **sanitaria portuale** (*trasp. mar.*) port sanitary authority; **d'~** by authority.

autoritario, *a.* authoritative.

autorizzare, *v. t.* ❶ to authorize, to commission. ❷ (*leg.*) to license, to warrant. △ ❷ **La legge non autorizza tale procedura** the law doesn't warrant this procedure. // ~ **il pagamento delle spese di viaggio** to authorize the payment of travelling expenses; ~ **per mezzo di certificati** (*leg.*) to certificate; ~ **la spesa di** to authorize: **Fu autorizzata la spesa di 1.000.000 di dollari per il nuovo ponte** $ 1,000,000 was authorized for the new bridge; ~ **la spesa di 100.000 sterline per la nuova sede** to authorize the spending of £ 100,000 on new premises.

autorizzato, *a.* ❶ authorized. ❷ (*di persona*) in commission (*V.* **autorizzare**). // **non** ~ unauthorized.

autorizzazione, *n. f.* ❶ authorization, authority. ❷ (*permesso*) permission, allowance. ❸ (*leg.*) commission, licence. △ ❶ **Ha la mia** ~ **a fare ciò** he has my authority to do it; ❷ **Abbiamo avuto autorizzazioni scritte dai detentori della proprietà letteraria riservata** we have obtained written permissions from the holders of the copyrights; ❸ **Per qualsiasi operazione d'emissione e d'introduzione in Francia di titoli esteri sarà necessaria un'~ preventiva** a licence will be necessary before any foreign security can be issued or introduced into France. // ~ **a procedere** (*leg.*) authorization to proceed; ~ **delle reimportazioni in franchi-** gia di merci in precedenza esportate (*dog.*) authorization for the duty-free reimport of returned goods; ~ **discrezionale** (*leg.*) discretionary order.

autostello, *n. m.* (*trasp. aut.*) motel; motor court (*USA*).

autostivante, *n. f.* (*trasp. mar.*) self-trimmer.

autostrada, *n. f.* (*trasp. aut.*) motorway; express highway, speedway (*USA*); (*a pagamento*) turnpike (*USA*).

autosufficiente, *a.* ❶ (*econ.*) self-sufficient. ❷ (*econ.*) (*d'uno Stato*) viable.

autosufficienza, *n. f.* ❶ (*econ.*) self-sufficiency. ❷ (*econ.*) (*d'uno Stato*) viability. // ~ **economica** economic self-sufficiency.

autotassazione, *n. f.* (*fin.*) self-taxation.

autotrasportatore, *n. m.* ❶ (*trasp. aut.*) common carrier. ❷ (*trasp. aut.*) («*padroncino*») lorry-driver; truck-driver (*USA*).

autoveicolo, *n. m.* (*trasp. aut.*) motor-vehicle. // **autoveicoli industriali** commercial vehicles.

avallante, *n. m.* e *f.* (*cred.*, *fin.*) guarantor, backer, guarantee, grantor (*raro*). // **l'~ d'una cambiale** the guarantor (*o* backer) of a bill of exchange.

avallare, *v. t.* (*cred.*, *fin.*) to guarantee, to back. △ **Non volle** ~ **la mia cambiale** he refused to back my bill. // ~ **una cambiale** (*cred.*, *anche*) to guarantee a bill; ~ **una girata** (*cred.*) to guarantee an endorsement.

avallato, *a.* (*cred.*, *fin.*) guaranteed, backed.

avallo, *n. m.* (*cred.*, *fin.*) guarantee.

avamborsa, *n. m.* (*Borsa*, *fin.*) before hours.

avamporto, *n. m.* (*trasp. mar.*) outer harbour.

avanguardia, *n. f.* ❶ vanguard. ❷ (*fig.*) lead. // **essere all'~** to be in the lead: **Sheffield è all'~ nella produzione di articoli placcati in argento** Sheffield is in the lead in the production of silver-plated ware.

avanscalo, *n. m.* (*trasp. mar.*) ways-end.

avanti, *avv.* forward. // **essere** ~ **nel proprio lavoro** to be forward with one's work; **più** ~ (*leg.*) hereinafter, hereinbelow, hereunder.

avantiscalo, *n. m.* (*trasp. mar.*) ways-end.

avanzamento, *n. m.* ❶ advancement. ❷ (*progressi*) progress, progression. ❸ (*elab. elettr.*) feeding. ❹ (*pers.*) promotion, step. △ ❹ **Egli ottenne un** ~ **di grado**) he got a promotion. // **d'~** (*pers.*) promotional.

avanzare[1], *v. i.* ❶ to advance, to proceed. ❷ (*progredire*) to progress. ❸ (*trasp. mar.*) (*della marea*) to set* in. *v. t.* ❶ to advance, to put* forward. ❷ (*leg.*) to prefer. ❸ (*pers.*) (*promuovere*) to advance, to promote. △ *v. t.* ❶ **Voglio** ~ **una proposta per la soluzione del problema** I want to put forward a proposal to solve the problem; ❸ **Fu avanzato al grado di direttore** he was advanced (*o* promoted) to the position of manager. // ~ **una domanda** (*scritta*) to submit an application; ~ **una pretesa** to advance a claim; (*leg.*) to stake a claim.

avanzare[2], *v. i.* (*rimanere*) to remain, to be left. *v. t.* (*essere creditore di*) to be in credit of. △ *v. i.* **Non avanzò nulla** nothing was left; *v. t.* **Avanzo ancora una forte somma di denaro da lui** he still owes me a large sum of money.

avanzo, *n. m.* ❶ remainder, remnant, rest. ❷ (*econ.*, *fin.*) surplus. // ~ **di bilancio** (*fin.*, *rag.*) budget surplus, budgetary surplus; ~ **di cassa** (*rag.*) cash on hand; **d'~ e da vendere** enough and to spare: **Di cattive dattilografe, qui, ce n'è d'~ e da vendere!** we have enough and to spare of poor typists!

avaria, *n. f.* ❶ (*ass. mar.*) average. ❷ (*elab. elettr.*) failure, fault. ❸ (*trasp. mar.*) damage, break-down. △ ❶ **Nell'assicurazione marittima, il contributo**

proporzionale da effettuarsi da parte di tutti gli interessati – l'armatore, il proprietario del carico e il noleggiatore – è noto come ~ in marine insurance, the proportionate contribution to be made by all parties concerned – the shipowner, the cargo-owner and the charterer – is known as «average»; **Si stipula che le seguenti merci sono libere da ~, a meno che si tratti di ~ generale, o che la nave si areni** the following goods are warranted free from average, unless general, or the ship be stranded; **Tutte le altre merci sono dichiarate libere da ~** (*cioè, scoperte*) **al di sotto del 5%, e così pure la nave e il nolo, salvo il caso di ~ generale, o che la nave s'areni** all other goods, also the ship and freight, are warranted free from average under five pounds per cent, unless general, or the ship be stranded. // ~ **alla nave** (*trasp. mar.*) damage to ship; ~ **generale** (*ass. mar.*) general average, gross average: **Il bagaglio dei passeggeri e gli effetti personali non inclusi nella polizza di carico non saranno ammessi a far parte dell'~ generale** passengers' luggage and personal effects not shipped under Bill of Lading shall not contribute in general average; **L'~ generale è pagabile secondo la liquidazione all'estero o secondo i Regolamenti di York-Anversa** general average is payable as per foreign adjustment or per York-Antwerp Rules; ~ **in macchina** (*trasp. mar.*) engine failure; ~ **particolare** (*ass. mar.*) particular average, common average: **Nell'assicurazione marittima, la locuzione «~ particolare» si riferisce a un particolare danno o perdita che dev'essere sostenuta soltanto dall'interessato (o l'armatore, o il proprietario del carico o il noleggiatore)** in marine insurance, the term «particular average» refers to a particular loss or damage to be borne only by the party concerned (either the shipowner, or the cargo-owner or the charterer); ~ **particolare inclusa** (*ass. mar.*) with particular average (*W.P.A.*); ~ **totale** (*ass. mar.*) general average; **con ~ particolare** (*ass. mar.*) with particular average (*W.P.A.*).

avariare, *v. t.* to damage. △ **La merce è rimasta avariata durante il viaggio** the goods were damaged in transit.

avariato, *a.* damaged. △ **Non accettiamo articoli avariati** we don't accept damaged articles. // **non ~** (*ass., trasp.*) undamaged.

avente causa, *n. m.* e *f.* (*leg.*) assign, assignee.

avente diritto, *n. m.* e *f.* (*leg.*) assign, assignee. // **l'~** (*leg., anche*) the party entitled.

avere[1], *n. m.* ❶ property, estate; (*patrimonio*) patrimony; (*ricchezza*) wealth. ❷ (*fin., rag.*) assets (*pl.*). ❸ (*rag.*) (*nelle imputazioni*) «credit», «credited». ❹ (*rag.*) (*d'un conto*) credit side, creditor side. ❺ **averi,** *pl.* belongings, possessions. ❻ **averi,** *pl.* (*fin.*) means. △ ❶ **Ha sperperato ogni suo ~** he has squandered all his property (*o* patrimony, *o* wealth). // **l'~ di q.** what is due (*o* owing) to sb.: **Bisogna dargli il suo ~** we must give him what is due to him; **Quant'è il Suo ~?** how much do I owe you?; **averi ufficiali** (*fin., rag.*) official assets: **In questi due anni è intervenuta una riduzione degli averi ufficiali sotto altre forme** in these two years official assets in other forms were reduced; **a saldo del vostro** (*o* d'ogni vostro) **~** (*rag.*) in (full) settlement of your account.

avere[2], *v. t.* ❶ to have; (*possedere*) to own, to possess; (*valere*) to be worth. ❷ (*v. ausiliare*) to have. ❸ (*ottenere*) to obtain, to get*. ❹ (*guadagnare*) to earn. △ ❶ **Ha un grosso patrimonio familiare** he has a large family estate; **Fateci ~ le vostre quotazioni minime a stretto giro di posta** let us have your lowest quotations by return; **Hanno decine d'appartamenti in questa città** they own tens of flats in this town; **Si dice che abbia almeno 500.000 dollari** he is said to be worth at least $ 500,000; ❷ **Avete pagato la fattura?** have you paid the invoice?; ❸ **È riuscito ad ~ il posto che voleva** he succeeded in getting the job he wanted; **Ha avuto quel podere a poco prezzo** he got that farm at a low price; ❹ **Ha 250.000 lire al mese** (*di stipendio*) he earns 250,000 lire a month. // ~ **a che fare con** to deal with, to handle: **Non voglio ~ a che fare col loro rappresentante!** I'm not going to deal with their agent!; ~ **addosso** (*indossare*) to wear; ~ **un andamento favorevole** (*Borsa, fin.*) to have a cheerful aspect; ~ **l'aspetto di** to look; ~ **autorità su q.** to have authority over sb.; ~ **bisogno di** to need, to require, to want: **Gli investitori hanno bisogno d'incoraggiamento** investors need encouragement; **Questo macchinario ha bisogno dell'assistenza d'un buon meccanico** this machinery wants the attention of a good mechanic; ~ **una buona disposizione** (*Borsa, fin.*) to have a cheerful aspect; ~ **un cliente a pranzo** to entertain a customer at (*o* to) dinner; ~ **un colloquio con q.** to have a talk with sb.; (*market., pers.*) to interview sb.; ~ **un conto corrente con un negozio** (*market.*) to run a bill at a shop; ~ **una conversazione con q.** to hold a conversation with sb.; ~ **da** (*dovere*) to have to: **Oggi non hai da andare in ufficio, è vero?** you haven't (got) to go to the office today, have you?; ~ **denaro in banca** to have money in the bank; ~ **la direzione degli affari** (*amm.*) to manage: **Fino ad ora il loro comitato ha diretto gli affari egregiamente** their committee has managed beautifully so far; ~ **la direzione di** (*amm.*) to manage: **Ha la direzione dell'azienda** he manages the business; **l'~ diritto** (*a qc.*) (*leg.*) eligibility; ~ **diritto a qc.** to be entitled to st.; to be eligible for st.: **Abbiamo diritto a quella provvigione** we are entitled to that commission; **Ha diritto alla pensione** he is eligible for a pension; ~ **il diritto di prendere visione di** (*qc.*) (*leg.*) to have a right of access to: **I sindaci hanno il diritto di prendere visione dei libri della società in qualsiasi momento** the auditors have a right of access at all times to the books of the company; ~ **effetto** (*leg.*) to attach, to inure: **In quel caso aveva effetto un'antica disposizione di legge** an ancient law attached in that case; **L'assicurazione ha cessato d'avere effetto** the insurance has ceased to attach; ~ **un effetto deleterio su** to affect; ~ **effetto su** to affect; ~ **fiducia** to confide; ~ **fiducia in q.** to trust sb.; ~ **un giro d'affari di** to turn over: **La ditta ha un giro d'affari di 3.000 sterline la settimana** the firm turns over £ 3,000 a week; ~ **un gran bisogno di qc.** to need st. badly; ~ **importanza** to matter: **Ciò non ha alcuna importanza** that doesn't matter at all; ~ **in affitto** (*leg.*) to rent; to occupy (*ingl.*); ~ **in animo di fare qc.** to contemplate doing st.; ~ **in locazione** (*leg.*) to occupy; ~ **inizio** to begin, to commence, to start; to be originated: **Il nolo ha inizio alla banchina** freight is originated at the dock; ~ **un lavoro fisso** to be in regular work; ~ **letti per** (*un certo numero di persone*) (*tur.: d'albergo*) to sleep: **Questo albergo ha letti per 160 persone** this hotel can sleep 160 people; ~ **luogo** to take place: **La prossima assemblea avrà luogo il 26 ottobre** the next meeting will take place on October 26th; ~ **una** (*certa*) **misura** to measure; ~ **necessità di** to need; ~ **notevole incidenza economica** (*econ.*) to have important economic implications; ~ **notizia** (*apprendere*) to learn, to hear; ~ **origine** to originate; ~

un periodo di buona fortuna to be in bonanza; ~ un (certo) peso to weigh; ~ un peso sull'economia to squeeze: Lo sciopero delle ferrovie sta cominciando ad ~ un peso sull'economia the railway strike is beginning to squeeze; ~ poca merce d'un certo tipo (in magazzino, in negozio, ecc.) (org. az.) to be understocked with certain goods; ~ il possesso di qc. (leg.) to possess st.; ~ posti a sedere per (un certo numero di persone) (trasp.) (di mezzo di trasporto) to seat: I nuovi autobus hanno posti a sedere per cinquanta persone the new buses seat fifty people; ~ posti in piedi per (un certo numero di persone) (trasp.) (di mezzo di trasporto) to stand: I nuovi autobus hanno posti a sedere per 60 passeggeri e posti in piedi per 20 the new buses seat 60 passengers and stand 20; ~ la presidenza (org. az.) to be in the chair; ~ il prezzo di (market.) to sell for: Questo articolo ha il prezzo di 5 sterline this article sells for £ 5; ~ un prezzo di listino di (market.) to list at: Il loro nuovo televisore ha un prezzo di listino di 200 dollari their new TV set lists at $ 200; ~ un privilegio sui beni d'un debitore to have a charge on the personal property of a debtor; ~ i requisiti (per svolgere una mansione, esercitare una professione, ecc.) (leg., pers.) to qualify; ~ i requisiti per un impiego (pers.) to be eligible for a position; ~ scarsità di mezzi to be in narrow circumstances; ~ uno scartamento di (trasp. ferr.) (di vagone) to track; ~ un seggio in Parlamento (leg.) to sit in Parliament; ~ stima di to esteem; to deem (highly, etc.) of: Abbiamo una grande stima di quell'impiegato we deem highly of that employee; ~ successo (di cosa) to be a success; (di persona e di cosa) to be successful; (di persona) to succeed; to do oneself well (USA): Avrà sempre successo negli affari he will always succeed as a businessman; ~ torto to be wrong, to be in the wrong: Avevo torto quando speravo che gli operai avrebbero interrotto lo sciopero I was wrong in hoping that the workers would have stopped the strike; ~ troppa merce (in magazzino, in negozio, ecc.) (org. az.) to be overstocked with goods; ~ un valore d'inventario pari a (rag.) to inventory at: La sua proprietà ha un valore d'inventario pari a circa 10.000 dollari his estate inventories at about 10,000 dollars; ~ il vento in poppa (trasp. mar.) to sail before the wind; ~ un volume d'affari di to turn over: La nostra ditta ha un volume d'affari d'un milione di dollari l'anno our firm turns over one million dollars a year; non ~ il becco d'un quattrino (fam.) to be cleared out.

aviatore, n. m. aviator, airman*.
aviazione, n. f. aviation.
avidità, n. f. greed.
avido, a. greedy, accumulative.
aviorimessa, n. f. (trasp. aer.) hangar.
« **avoirdupois** », n. m. (sistema di pesi inglesi, la cui unità è la libbra) avoirdupois.
avvalorare, v. t. to corroborate, to confirm.
avvantaggiare, v. t. to advantage, to benefit, to favour. // **essere avvantaggiato da qc.** to be advantaged by st.
avvantaggiarsi, v. rifl. to take* advantage.
avvenire[1], n. m. future. △ **Hanno un brillante ~ nella pubblicità** they have a great future in advertising.
avvenire[2], v. i. to happen, to take* place.
avventizio, a. (pers.) casual, temporary. n. m. ❶ (pers.) casual worker, temporary. ❷ **avventizi**, pl. temporary staff; (operai) casual workers. △ n. ❶ **La ditta ha deciso d'assumere otto nuovi avventizi** the firm has decided to appoint eight new temporaries.

avventore, n. m. (market.) customer, patron. // **gli avventori** (market.) patronage.
avveramento, n. m. realization.
avverare, v. t. to realize.
avvertimento, n. m. ❶ warning. ❷ (leg.) caveat. △ ❶ **Non presti mai attenzione ai miei avvertimenti!** you never pay attention to my warnings.
avvertire, v. t. ❶ to inform, to let* know, to notify. ❷ (ammonire) to warn. △ ❶ **Favorite avvertirci appena la merce sarà arrivata** please let us know as soon as the goods have arrived; **Avvertiremo la polizia** we shall notify the police; ❷ **Dobbiamo avvertirvi che merci differenti** (da quelle ordinate) **saranno rifiutate** we must warn you that different goods will be rejected.
avviamento, n. m. ❶ (anche fig.) starting. ❷ (econ.) (di un'impresa, ecc.) starting-up. ❸ (rag.) (d'un'azienda, d'un negozio, ecc.) goodwill. // **capitale d'~** initial capital.
avviare, v. t. ❶ (anche fig.) to start; to initiate, to set* up. ❷ (trasp.) (merci, ecc.) to route. △ ❶ **Ha avviato il figlio negli affari** he has started his son in business. // ~ **un cambiamento nella moda** (pubbl.) to initiate a change in fashion; ~ **di nuovo** (merci, ecc.) (trasp.) to reroute; ~ **q. negli affari** (anche) to set up (o to settle) sb. in business; **avviarsi a una professione** to go into a profession; **un'azienda (ben) avviata** a going concern.
avvicendamento, n. m. ❶ alternation, shifting, shift. ❷ (econ.) (delle colture) rotation. ❸ (pers.) turnover. ❹ (pers.) (nelle mansioni) rotation.
avvicendare, v. t. ❶ to alternate, to shift. ❷ (econ.) (colture) to rotate.
avvicendarsi, v. rifl. ❶ to alternate. ❷ (pers.) (di dipendenti: nelle diverse mansioni) to rotate.
avvicinare, v. t. to approach. △ **Voglio ~ il mio datore di lavoro per chiedere un aumento di stipendio** I want to approach my employer about an increase in salary.
avvicinarsi, v. rifl. ❶ to near, to come* near. ❷ (trasp. mar.) to draw* near. v. recipr. (trasp. mar.) (di navi) to draw* together. // ~ **a q. (a qc.)** to approach sb. (st.).
avviluppare, v. t. (avvolgere) to wrap (up).
avvio, n. m. (anche fig.) start, starting. △ **Il suo ~ agli affari glielo diedero i genitori** his parents gave him his start in business.
avvisare, v. t. ❶ to advise, to inform, to notify. ❷ (ammonire) to warn. △ ❶ **Favorite avvisarci appena la merce sarà arrivata** please advise us as soon as the goods have arrived; ❷ **Non dire che non ti ho avvisato!** don't say I didn't warn you!
avviso, n. m. ❶ advice, notice. ❷ (ammonimento) warning. ❸ (parere) opinion. ❹ (annunzio) announcement. ❺ (annuncio pubblicitario) advertisement, ad. ❻ (pubbl.) (cartellone) poster. ❼ (trasp. ferr.) advice note. △ ❸ **Sono d'~ di continuare le trattative** my opinion is that we should go on with the dealings; ❹ **Ho letto un ~ sul giornale d'oggi** I've read an announcement in today's paper; ❺ **Il muro è tutto coperto di avvisi** the wall is all covered up with posters. // ~ **ai naviganti** (trasp. mar.) warning to shipping; ~ **dato nei termini richiesti** (leg.) due notice; ~ **d'abbandono** (della nave e/o del carico) (ass. mar.) notice of abandonment; ~ **d'appalto** (comm.) advertisement for bids; ~ **di burrasca** (trasp. mar.) gale warning; ~ **di cattivo tempo** (trasp. mar.) weather warning; ~ **di consegna** (trasp.) advice of delivery; ~ **(di convocazione) d'assemblea** (fin.) notice of meeting, notice; ~ **di mancata accettazione** (d'una

cambiale) (*leg.*) notice of dishonour; ~ **di mancato pagamento** (*d'una cambiale*) (*leg.*) notice of dishonour; ~ **d'operazione compiuta** (*Borsa*) advice of deal; ~ **di pagamento** (*cred.*) notice of payment, advice of payment; ~ **di pagamento del premio** (*notificato all'assicurato*) (*ass.*) premium notice; ~ **di ricevuta** advice of receipt; ~ **di ripartizione** (*d'una sottoscrizione azionaria ed obbligazionaria*) (*fin.*) letter of allotment, allotment letter; ~ **di sfratto** (*leg.*) dispossess notice; ~ **di spedizione** (*trasp.*) advice of shipment; ~ **immediato** (*leg.*) immediate notice; ~ **pubblicitario** (*giorn., pubbl.*) advertisement, ad, insertion; ~ **pubblicitario su due o più colonne** (*o facciate* : *spesso con illustrazioni*) (*giorn., pubbl.*) spread; **come da** ~ as per advice; **fino a nuovo** ~ till further notice; **salvo contrario** ~ unless advised to the contrary; « **senza** ~ » (*banca*) « no advice ».

avvistare, *v. t.* to sight. △ **La nave è stata avvistata ad alcune miglia al largo della costa** the ship has been sighted at a few miles off the coast.

avvocato, *n. m.* ❶ (*leg.*) (*in genere*) lawyer; attorney (*USA*); advocate (*in Scozia*). ❷ (*leg.*) (*procuratore legale*) attorney-at-law. ❸ (*leg.*) (*che discute le cause in tribunale*) attorney. ❹ (*leg.*) (*che tratta coi clienti, ma normalmente non discute in tribunale*) solicitor. △ ❶ **Affideremo la causa al nostro** ~ we will entrust the cause to our lawyer. // **un** ~ **che esercita la professione** (*leg.*) a practicing barrister; **un** ~ **che tiene ufficio di consulente, ma non esercita in tribunale** (*leg.*) a chamber counsel; **un** ~ **consulente** (*leg.*) a consulting counsel; ~ **del convenuto** (*leg.*) counsel for the defendant; ~ **della parte lesa** (*leg.*) counsel for the plaintiff; ~ **di parte civile** (*leg.*) counsel for the plaintiff, plaintiff's attorney; ~ **d'ufficio** (*leg.*) counsel appointed by the Court; ~ **difensore** (*leg.*) counsel for the defendant, counsel for the defence, pleader; ~ **patrocinante** (*leg.*) barrister, barrister-at-law, counsel, pleader; counsellor, counsellor-at-law (*USA*); ~ **principale** (*leg.*) leader; **un** ~ **privo di scrupoli** a sharp lawyer.

avvocatura, *n. f.* ❶ (*leg.*) (*professione legale*) legal profession, (the) Bar. ❷ (*leg.*) (*complesso degli avvocati*) (the) Bar. ❸ (*leg.*) (*in Scozia*) advocacy. △ ❶ **Fu ammesso all'esercizio dell'**~ he was called to the Bar; ❷ **Ebbe i consensi di tutta l'**~ **milanese** he was approved by all the Milan Bar. // **l'**~ **di Stato** (*leg.*) the Law Officers.

avvolgere, *v. t.* ❶ to wrap (up). ❷ (*girare intorno*) to wind*. △ ❶ **Gli articoli di vetro devono essere avvolti nella carta** glassware must be wrapped in paper.

avvolgimento, *n. m.* ❶ wrapping (up). ❷ (*il girare intorno*) winding, wind.

azienda, *n. f.* ❶ business, concern, establishment, firm, undertaking. ❷ (*econ., org. az.*) unit. ❸ (*org. az.*) trade. △ ❶ **È il direttore di ben due aziende** he is the manager of two different businesses; **Un trust è una combinazione di grosse aziende che tengono il mercato sotto il proprio dominio** a trust is a pool of concerns which controls the market; **Deve dirigere un'enorme** ~ he's got to supervise a huge establishment. // ~ **a partecipazione statale** (*econ.*) state-controlled enterprise, state enterprise, public corporation; ~ **agricola** farm, commercial farm; ~ **bancaria** banking concern; **un'**~ **bene avviata** a going concern; ~ **che accoglie anche operai non iscritti ai sindacati** (*sind., USA*) open shop; ~ **che sfrutta le maestranze** (*org. az.*) sweat-shop (*fam.*); **l'**~ **dello Stato** the State administration; ~ **di servizi pubblici** (*amm.*) public utility; utility, public-service corporation (*USA*); ~ **di Stato** (*econ.*) State-owned enterprise; **un'**~ **florida** a thriving business; **un'**~ **in attività** (*econ.*) a going concern; ~ **individuale** one-man business; **aziende leader** (*econ., market.*) market leaders; ~ **municipalizzata** (*amm.*) city-owned enterprise; ~ **(per la fornitura) dell'acqua** water company; **un'**~ **primaria** a leading concern; **un'**~ **redditizia** a remunerative business; ~ **tipo** (*market., stat.*) representative firm.

aziendale, *a.* business, concern (*attr.*). △ **Voglio verificare i conti aziendali** I want to check the business accounts. // **organizzazione** ~ (*materia di studio*) business administration.

azionare, *v. t.* to operate, to run*, to work. △ **È impossibile** ~ **una macchina (da scrivere) elettrica senza collegarla con l'impianto elettrico** it's impossible to run an electric typewriter off the light circuit. // ~ **una macchina** (*org. az.*) to operate a machine; ~ **una macchina linotipica** (*giorn.*) to linotype.

azionariato, *n. m.* (*fin.*) ❶ shareholding. ❷ (*fin.*) (*complesso degli azionisti*) shareholders. // ~ **operaio** employee shareholding.

azionario, *a.* (*fin.*) share, stock (*attr.*). △ **Qual è il capitale** ~ **della società?** what is the share capital of the company? // **capitale** ~ (*fin., anche*) capital shares (*ingl.*); capital stock (*USA*).

azione, *n. f.* ❶ action, deed, proceeding. ❷ (*fin.*) share. ❸ (*leg.*) action, lawsuit. ❹ **azioni**, *pl.* (*fin.*) stock (*sing.*); shares (*ingl.*); stocks (*USA*). ❺ **azioni**, *pl.* (*rag.*) holding (*sing.*). △ ❶ **In Inghilterra, un'**~ **ha sempre un preciso valore nominale** in England, a share always has a definite nominal value; **Negli Stati Uniti, il termine** ~ **si usa soltanto per definire una singola unità di capitale azionario d'una società** in the U.S.A., the term share is reserved to denote one of the units of the owned capital in a business; **Le azioni debbono essere pagate per intero all'atto della sottoscrizione** shares shall be paid in full on application; ❸ **Intenteremo un'**~ **(legale) contro la ditta G. Tura & C.** we shall take legal action against Messrs G. Tura & Co. // **azioni a dividendo garantito** (*fin.*) guaranteed stock; **azioni al portatore** (*fin.*) bearer shares, transferable stock; **azioni al 4% (d'interesse)** (*fin.*) fours; ~ **anticiclica** (*econ.*) countercyclical action; **azioni australiane del tabacco** (*Borsa*) Kangaroos; **azioni bancarie** (*fin.*) bank shares; ~ **cambiaria** (*leg.*) action upon a bill; **azioni carbonifere** (*fin.*) coal shares; ~ **civile** (*leg.*) civil action, civil suit; **azioni completamente versate** (*fin.*) stocks; **azioni con diritto di voto** (*fin.*) voting stock; **azioni cuprifere** (*fin.*) copper shares; **azioni delle miniere di rame** (*fin.*) copper shares; **azioni devolute ai promotori** (*d'una società per azioni*) (*fin.*) founders' shares; **azioni di compagnia ferroviaria** (*Borsa, specialm. USA*) railroad shares; **azioni d'una cooperativa** co-op shares; **azioni di fondazione** (*d'una società*) (*fin.*) vendor's shares; ~ **di godimento** (*fin.*) dividend-bearing share; ~ **d'indennizzo per inadempienza contrattuale** (*leg.*) action of covenant; ~ **d'una leva** leverage; ~ **d'opposizione** (*leg.*) counteraction; ~ **di regresso** (*cred.*) recourse; ~ **di ricupero di proprietà mobiliare** (*leg.*) trover; **azioni di risparmio** (*fin.*) savings shares; ~ **di rivalsa** (*cred.*) recourse; ~ **di rivendica** (*leg.*) action for recovery; **azioni di sostegno** (*ric. op.*) implementation; **un'**~ **dilatoria** (*leg.*) a delaying action; ~ **diretta** (*sind.*) direct action; ~ **disonesta** (*leg.*) malfeasance, wrong; **azioni distribuite come dividendo** (*fin.*) stock dividend; **azioni e titoli a interesse variabile** (*fin.*) equity securities; **azioni ferroviarie** (*Borsa*) railway shares, rails; railroads (*USA*); **azioni finanziarie**

(*fin.*) finance shares; **azioni frazionate** (*fin.*) split shares; ~ **giudiziaria** (*leg.*) proceedings (*pl.*), remedy: **Intenteremo un'~ giudiziaria contro il nostro cliente** we shall take proceedings against our customer; **azioni gratuite** (*fin.*) bonus shares; ~ **illecita** (*leg.*) malfeasance; **azioni illegali** (*leg.*) lawless acts; ~ **impugnativa** (*leg.*) cross action; **azioni** (*depositate*) **in garanzia** (*fin.*) qualification shares; **azioni** (*d'imprese*) **industriali** (*fin.*) industrials; ~ **intempestiva per decorrenza del termine** (*leg.*) action barred by lapse of time; **azioni interamente liberate** (*fin.*) fully paid stock; full-paid stock (*USA*); ~ **intrapresa in stato di necessità** (*leg.*) (*quando una persona agisce per conto di un'altra senza l'espressa autorizzazione di quest'ultima, per tutelarne gli interessi*) agency of necessity; **azioni iscritte a listino** (*Borsa*) listed stock; **azioni lecite** (*leg.*) lawful acts; ~ **legale** (*leg.*) action at law, legal action, judicial proceedings, process, suit at law, lawsuit, suit: **Non è stata intentata alcuna ~ legale per il ricupero del credito** no suit has been instituted to recover the debt; ~ **legale** (*per il risarcimento d'un creditore*) **attuata tramite il passaggio immediato del bene dal debitore al creditore** (*leg.*) strict foreclosure; ~ **legale** (*per il risarcimento d'un creditore*) **attuata tramite la vendita all'asta della proprietà ipotecata** (*leg.*) statutory foreclosure; ~ **legale contro debitori morosi** (*leg.*) legal action against delinquent debtors; ~ **legale per il ricupero di crediti** (*leg.*) creditor's suit; **un'~ legale vessatoria** (*leg.*) a vexatious suit at law; **azioni liberate** (*fin.*) paid-up shares; **azioni minerarie australiane** (*Borsa*) Kangaroos; **azioni minerarie del Sud-Africa** (*Borsa*) kaffirs; **azioni negoziabili** (*fin.*) transferable stock; **azioni nominative** (*fin.*) nominative shares, registered shares; inscribed stock (*ingl.*); **azioni non stampigliate** (*fin.*) unstamped shares, unmarked shares; **azioni o eccezioni** (*leg.*) claims and defences; ~ **ordinaria** (*fin.*) equity; common stock (*USA*); **azioni ordinarie** (*fin.*) ordinary shares; common stock (*USA*); **azioni parzialmente liberate** (*fin.*) partly-paid shares; ~ **penale** (*leg.*) penal action, penal suit; ~ **per annullamento di contratto** (*leg.*) action for avoidance of contract; ~ **per ottenere il pagamento d'un debito verso lo Stato** (*leg.*) extent; ~ **personale** (*leg.*) personal action; ~ **petitoria** (*leg.*) petitory action; **un'~ possessoria** (*leg.*) a possessory action; ~ **postergata** (*fin.*) deferred share; **azioni postergate** (*fin.*) deferred stock; **azioni preferenziali** (*fin.*) preference shares, preferred shares, preference stock, preferred stock; **azioni privilegiate** (*fin.*) preference shares, preferred shares, preference stock, preferred stock: **Le azioni privilegiate hanno diritto prima delle altre al pagamento d'un dividendo fisso come pure al rimborso del capitale in caso di liquidazione** preference shares have a prior right to payment of a fixed dividend, and also to the repayment of capital in case of winding-up; **azioni privilegiate convertibili** (*in azioni ordinarie, della stessa società, a condizioni prefissate*) (*fin.*) convertible preference shares; **azioni privilegiate cumulative** (*fin.*) cumulative preference shares, cumulative preferred stock; ~ **reciproca** interaction; ~ **redibitoria** (*leg.*) redhibitory action; **azioni redimibili** (*fin.*) call stock; ~ **rescissoria** (*leg.*) rescissory action; ~ **riconvenzionale** (*leg.*) counteraction, cross action, reconvention; **azioni senza diritto di voto** (*fin.*) non-voting shares; **azioni senza valore nominale** (*fin.*) no-par shares; **azioni sicure e di tutta tranquillità** (*fin.*) blue chips; **azioni sociali** (*fin.*, *USA*) corporate stock; **azioni stampigliate** (*fin.*) marked shares; ~ **truffaldina** (*leg.*) crooked action; **in ~** (*che funziona*) in operation.

azionista, *n. m.* e *f.* (*fin.*) shareholder, stockholder. △ **Gli azionisti che non sono in grado di presenziare all'assemblea possono votare per procura** shareholders who are unable to attend the meeting can vote by proxy. // ~ **di minoranza** (*fin.*) minority shareholder; **azionisti in ritardo coi versamenti** (*per azioni sottoscritte*) (*fin.*) shareholders in arrears with calls; ~ **privilegiato** (*fin.*) preference shareholder.

azzardare, *v. t.* to risk, to venture.

azzardato, *a.* hazardous.

azzardo, *n. m.* hazard, risk, gamble, venture.

azzardoso, *a.* risky, hazardous.

azzeramento, *n. m.* ❶ (*cronot.*) (*d'un cronometro*) flyback. ❷ (*elab. elettr.*) zero resetting. // ~ **automatico** zero self-reset.

azzerare, *v. t.* ❶ (*uno strumento e sim.*) to zero. ❷ (*elab. elettr.*) to clear, to erase. // ~ **il quadrante d'una calcolatrice** (*macch. uff.*) to clear the dial of a calculating machine.

B

bacino, *n. m.* (*trasp. mar.*) basin, dock. // ~ **a livello d'acqua costante** (*trasp. mar.*) wet dock; ~ **a secco** (*trasp. mar.*) dry dock; ~ **carbonifero** coal-field; ~ **del porto** (*trasp. mar.*) harbour basin; ~ **di carenaggio** (*trasp. mar.*) dry dock, graving-dock, repairing basin; ~ **di marea** (*trasp. mar.*) tidal basin, tidal dock; ~ **di raddobbo** (*trasp. mar.*) repairing basin; ~ **fluviale** (*trasp.*) river-basin; ~ **galleggiante** (*di carenaggio*) (*trasp. mar.*) floating dock; **bacini, magazzini e uffici** (*trasp. mar.*) docks; ~ **portuale** (*trasp. mar.*) harbour basin.

badare, *v. i.* ❶ (*fare attenzione*) to be careful; to look out; to mind. ❷ (*occuparsi di*) to take* care (of), to attend (to), to look after. △ ❶ **Bada ai fatti tuoi!** mind your own business!; **Bada a quel che dici!** mind what you say!; ❷ **Ho deciso di ~ ai miei affari** I've decided to take care of my affairs; **Non fa che ~ al suo lavoro** he just attends to his work. // **non ~ a spese** not to spare expenses: **Non baderemo a spese** we won't spare any expense; **senza ~ a** regardless of: **senza ~ a spese** regardless of expenses.

bagagliaio, *n. m.* ❶ (*trasp. aut.*) boot. ❷ (*trasp. ferr.*) luggage van, van.

bagagliere, *n. m.* (*trasp. mar.*) (*compartimento riservato al deposito dei bagagli*) baggage-rooms (*pl.*).

bagaglio, *n. m.* (*trasp.*) luggage; baggage (*USA*). // ~ **a mano** (*trasp.*) hand luggage; hand baggage (*USA*); ~ **appresso** (*trasp.*) accompanied luggage; ~ **di cabina** (*trasp.*) cabin baggage; ~ **in eccedenza** (*trasp.*) excess luggage; excess baggage (*USA*); ~ **in franchigia** (*trasp.*) free luggage; free baggage (*USA*).

bagarino, *n. m.* forestaller; scalper (*USA*).

balìa, *n. f.* power. △ **Ormai lo tengo in mia ~** now at last I hold him in my power. // **in ~ degli elementi** (*trasp. mar.*) (*di nave*) weather-driven; **in ~ di** at the mercy of: **La nave era in ~ delle onde** the ship was at the mercy of the waves.

balla, *n. f.* ❶ bale. ❷ (*market.*) package; (*di lana, ecc.*) pack. △ ❶ **Le balle sono contrassegnate A ⓒ 11** the bales are marked A ⓒ 11.

ballottaggio, *n. m.* (*leg.*) second ballot.

Baltico, *a.* Baltic. // **il (Mar) ~** the Baltic (Sea).

balzare, *v. i.* ❶ to jump, to leap*, to skip. ❷ (*market.*) (*di prezzi*) to run* up, to shoot* up, to zoom, to zoom up. △ ❷ **Il burro balzò a 2.500 lire il chilo** butter shot up to 2,500 lire a kilogramme.

balzo, *n. m.* ❶ jump, leap, skip. ❷ (*market.*) (*dei prezzi*) run-up, zoom.

banca, *n. f.* (*cred.*) bank. △ **La ~ è un istituto che riceve depositi e concede crediti allo scopo di facilitare gli scambi, stimolare la produzione e accumulare capitali** a bank is an institution which receives deposits and extends credit in order to facilitate exchange, stimulate production and store up capital; **Le banche inglesi possono essere classificate come segue: la Banca d'Inghilterra, costituita per decreto reale; le banche commerciali; le banche d'affari; gli istituti (o banche) di sconto; le casse di risparmio; e le casse di risparmio fiduciario** English banks can be classified as follows: the Bank of England, incorporated by Royal Charter; the commercial banks; the merchant banks; the discount houses (or discount banks); the savings banks; and the trustee savings banks. // ~ **a capitale azionario** (*banca*) joint-stock bank; ~ **centrale** (*fin.*) central bank; (*che tiene riserve d'altre banche*) reserve bank: **In Italia, la ~ centrale è la Banca d'Italia** the « Banca d'Italia » is the central bank in Italy; **Negli Stati Uniti ci sono 12 banche centrali, ma sono tutte controllate dal consiglio dei governatori del Sistema Federale di Riserva** in the United States there are 12 Reserve Banks, but they are all controlled by the board of governors of the Federal Reserve System; ~ **che aderisce alla stanza di compensazione** (*fin.*) clearing bank, clearing banker; ~ **che copre** (*con le sue filiali*) **il territorio nazionale** (*fin.*) multiple-branch bank; ~ **che non ha filiali a Londra** (*fin., ingl.*) country bank; ~ **che non ha sede in una città dove esiste un ufficio del « Federal Reserve System »** (*fin., USA*) country bank; ~ **che partecipa al sistema della compensazione** (*aderendo alla stanza di compensazione di Londra*) (*fin.*) clearing bank; ~ **commerciale** commercial bank; ~ **cooperativa** co-operative bank; ~ **corrispondente** correspondent bank; **la ~ dei Regolamenti Internazionali (B.R.I.)** the Bank of International Settlements (*B.I.S.*); ~ **del commercio** bank of commerce; ~ **dell'agricoltura** agricultural bank; **la « ~ delle banche »** (*la banca centrale*) the bankers' bank; **la ~ dello Stato** the bank of State; ~ **d'affari** « banque d'affaires »; merchant bank (*ingl.*): **La ~ d'affari è la « ~ dei banchieri »: infatti, essa aiuta le grandi banche di credito ordinario a utilizzare in modo originale e redditizio i fondi dei depositanti** a merchant bank is a « banker's bank »: in fact, it helps the major clearing banks to make imaginative and profitable use of their depositors' funds; **Se un uomo d'affari inglese vuole prendere a prestito denaro da una ~, di solito si rivolgerà a una ~ d'affari** if an English businessman wants to borrow money from a bank, he usually will apply to a merchant bank; **La legge bancaria italiana preclude agli istituti di credito ordinario la possibilità d'operare nei tipici settori d'attività delle banche d'affari: finanziamenti a medio e a lungo termine, e assunzione di partecipazioni azionarie dirette in società industriali, commerciali e finanziarie** Italy's banking law precludes commercial banks from engaging in business of the type handled by merchant banks, such as medium- and long-term lending, and acquisition of direct equity interests in industrial, commercial and financial concerns; **In pratica l'unica ~ d'affari autorizzata dalla legge italiana è la Mediobanca, un istituto per l'esercizio del credito a medio termine costituito nel 1946 dall'IRI e dalle tre banche d'interesse nazionale (la Banca Commerciale Italiana, il Credito Italiano e il Banco di Roma)** the only legally authorized merchant bank in Italy is in fact Mediobanca, an institution for medium-term credit established in 1946 by IRI and the three national interest banks (Banca Commerciale Italiana, Credito Italiano and Banco di Roma); **la ~ d'America** the Bank of America; **~ di cambio** (*fin.*) exchange bank; **~ di credito** credit bank; **~ di credito agricolo** agricultural credit bank, land bank; **~ di credito ordinario** commercial bank, joint-stock bank; **~ di deposito** bank of deposit, deposit bank; **~ d'emissione** bank of issue, bank of circulation; **la ~ d'Inghilterra** the Bank of England, the Bank; the Old Lady (of Threadneedle Street); **~ d'interesse nazionale** national interest bank; **~ di provincia** country bank; **~ di sconto** (*fin.*) bank of discount, discount bank, discounting house, discount house; **la ~ di Stato** the bank of State; the Government bank; **~** (*che svolge funzioni*) **di Tesoreria per lo Stato** Government depository; **~ esattrice** collecting bank; **la ~ Europea per gli Investimenti (B.E.I.)** (*fin.*) the European Investment Bank (*E.I.B.*); **una ~ insolvibile** (*fin.*) a wildcat bank; **~ « mista »** (*fin.*) mixed bank: **La ~ mista, con vaste partecipazioni in imprese, entrò in crisi, in Italia, negli anni venti** the mixed bank, with large shareholdings in companies, went into crisis in Italy in the Twenties; **la ~ Mondiale** (*fin.*) the World Bank; **una ~ nazionale** (*fin.*) a national bank; **la ~ pagatrice** the paying banker; **~ popolare** (*per agevolare il credito ad artigiani e sim.*) « banca popolare »: **La ~ Popolare di X è una cooperativa a responsabilità limitata** Banca Popolare of X is a limited liability cooperative bank; **una ~ privata** (*fin.*) a private bank; **~ privata che emetteva banconote** note-issuing private bank; **una ~ solida** a sound bank; **a mezzo ~** by banker.

bancabile, *a.* (*cred.*) bankable. △ **Questo è un effetto ~** this is a bankable bill of exchange. // **non ~** unbankable.

bancarella, *n. f.* (*market.*) stall, stand.

bancario, *a.* banking, bank (*attr.*). ❶ (*pers.*) *n. m.* bank clerk, bank employee. ❷ **bancari**, *pl.* (*fin.*) (*titoli*) bank stocks. △ *a.* **Questo è un istituto ~** this is a banking house (*o* a bank); **Ti pagherò con un assegno ~** I'll pay you with a bank cheque.

bancarotta, *n. f.* ❶ (*fig.*) (*disastro finanziario*) smash. ❷ (*leg.*) « bancarotta » (*bankruptcy due either to misdemeanour or a fraudulent act on the part of the insolvent debtor*); △ ❷ **La legge del 1942, N. 267, sul Fallimento, contempla non solo il « fallimento » ma anche la « ~ semplice » e la « ~ fraudolenta »** the (Italian) Bankruptcy Law of 1942, N. 267, contemplates not only « bankruptcy » but also « bancarotta semplice » and « bancarotta fraudolenta ». // **~ fraudolenta** « bancarotta fraudolenta » (*bankruptcy due to a fraudulent act on the part of the insolvent debtor*); **~ semplice** « bancarotta semplice » (*bankruptcy due to misdemeanour on the part of the insolvent debtor*).

bancarottiere, *n. m.* (*leg.*) « bancarottiere » (*one who has committed « bancarotta », q.V.*).

banchiere, *n. m.* banker; bankster (*slang USA*). △ **Mio nonno ha molto denaro depositato presso un ~** my grandfather has a large amount of money with a banker. // **~ accreditato** (*fin.*) accredited banker; **~ della City di Londra** (*fin.*) City man; « **~ d'affari** » (*fin.*) merchant banker: **In Italia ci sono anche banchieri d'affari che agiscono nell'ambito d'istituti di credito e nei limiti piuttosto ristretti previsti dalla legge: il più importante di loro fu Raffaele Mattioli, presidente della Banca Commerciale Italiana e membro del consiglio d'amministrazione della Mediobanca** in Italy there are also merchant bankers who operate in banks within the rather restricted legal limits: the most important of them was Raffaele Mattioli, chairman of the Banca Commerciale Italiana and director of Mediobanca; **La differenza fra la banca d'affari e il ~ d'affari è sottile dal punto di vista lessicale, ma è sostanziale sotto il profilo pratico e normativo: infatti, il ~ d'affari non ha alcun bisogno d'utilizzare mezzi finanziari propri (o dei risparmiatori ordinari) per finanziare le sue attività** the difference between a merchant bank and a merchant banker in terminology is subtle, but substantial from a practical and legal standpoint: in fact, a merchant banker does not necessarily need his own resources (or those of ordinary deposit-holders) to finance his deals.

banchina, *n. f.* ❶ (*trasp. ferr.*) platform. ❷ (*trasp. mar.*) jetty, pier, wharf*; dock (*USA*). // **~ d'attracco** (*trasp. mar.*) quay; **~ di carico** (*trasp. mar.*) loading dock; **~ di trasbordo** (*trasp. mar.*) transshipment platform; **~ ferroviaria** (*trasp. ferr.*) railway platform; **~ per autocarri** (*trasp. aut.*) platform for lorries; **~ privata** (*sulla quale possono tenersi le merci in attesa del pagamento dei diritti doganali*) (*trasp. mar.*) sufferance wharf; **sulla ~** (*market.*, *trasp. mar.*) (*di merce*) ex quay, ex wharf.

banco, *n. m.* ❶ bench. ❷ (*di negozio*) counter. ❸ (*storico*) banco. ❹ (*trasp. mar.*) (*di sabbia, ecc.*) bank. // **~ degli accusati** (*leg.*) dock; **il ~ dei magistrati** (*leg.*) the magistrates' bench; **~ dei testimoni** (*leg.*) witness-box, box; **~ della giuria** (*leg.*) box; **~ d'esposizione** (*market.*) stand; **il ~ di Napoli** (*fin.*) the « Banco di Napoli » (*the Bank of Naples*); **un ~ di nuvole** a bank of clouds; **~ di prestiti su pegno** pawnbroker's (shop); **~ di sabbia** (*trasp. mar.*) sand-bank, sand-bar; **~ di saggio** assay office; **al ~** over the counter: **Abbiamo pagato al ~** we have paid over the counter; **roba di sotto ~** under-the-counter goods; **sotto ~** (*fig.*) under the counter: **Hanno venduto la merce sotto ~** they've sold the goods under the counter; **vendita al ~** over-the-counter sale; **vendita sotto ~** under-the-counter sale.

bancogiro, *n. m.* (*banca, cred.*) giro; money transfer.

banconota, *n. f.* ❶ bank-note, note; bill (*USA*). ❷ **banconote**, *pl.* (*fin.*) currency notes, paper currency, paper money, paper. △ ❶ **Vi sono più tagli di banconote americane (dollari) che di banconote inglesi (sterline)** there are more denominations of American bills (dollars) than of English bank-notes (pounds). // **banconote a corso forzoso** (*fin.*) forced currency paper, inconvertible paper money; **una ~ da cinquanta dollari** a fifty-dollar note (*o*, *USA*, bill); half a C (*slang USA*); **una ~ da cinque dollari** a five-dollar note (*o* bill); a five-spot, a fiver (*slang USA*); **una ~ da dieci dollari** a ten-dollar note (*o* bill); a tenner (*fam.*, *USA*); a Dix, a dime-note (*slang USA*); **una ~ da dieci sterline** a ten-pound note; a tenner (*fam.*); **una ~ da due dollari** a two-dollar note (*o* bill); a deuce (*slang USA*); **una ~ da un dollaro** a one-dollar note (*o* bill); a single, a one (*fam.*, *USA*); an ace (*slang USA*); **una ~ da una sterlina** a one-pound note; a single (*fam.*, *ingl.*): **Ho cambiato il mio traveller's cheque da dieci sterline con cinque banconote da una sterlina e una da cinque** I got five singles and one five for my ten-pound traveller's cheque; **una ~ da venti dollari** a twenty-dollar note (*o* bill); a double-saw, a double sawbuck (*slang USA*); **una ~ di grosso taglio** a large bank-note; **banconote false** counterfeit bank-notes, flash notes; green goods (*fam.*, *USA*); **banconote non convertibili** (*in moneta metallica*) (*fin.*) unredeemable bank-notes.

banda, *n. f.* band. // la «~ **del mattone**» (*leg.*) the smash-and-grab gang; ~ **di parità** (*econ.*, *fin.*) parity band; ~ **passante** (*elab. elettr.*) pass-band.

bandiera, *n. f.* flag. // ~ **di comodo** (*trasp. mar.*) flag of convenience; ~ **di convenienza** (*trasp. mar.*) flag of convenience; ~ **di (nave) mercantile** (*trasp. mar.*) merchant flag; ~ **di quarantena** (*trasp. mar.*) yellow flag; ~ **d'una società** (*di navigazione o d'altro genere*) (*trasp. mar.*) house-flag; ~ **gialla** (*trasp. mar.*) yellow flag; **sotto la** ~ **d'uno Stato estero** (*trasp. mar.*) under a foreign flag.

bandire, *v. t.* ❶ (*proclamare*) to proclaim, to announce, to publish. ❷ (*leg.*) (*mettere al bando*) to ban, to banish, to outlaw. // ~ **un concorso** to announce (*o* to publish) a competition; ~ **una gara d'appalto (una licitazione)** to call for tenders; to invite to submit tenders.

banditore, *n. m.* (*di vendita all'asta*) auctioneer; vendue crier, vendue master (*USA*).

bando, *n. m.* ❶ ban, proclamation. ❷ (*leg.*) banishment. // ~ **di gara d'appalto** (*comm.*) ask (*o* call) for bids.

bar, *n. m. inv.* (*org. az.*) canteen.

barattare, *v. t.* ❶ to barter. ❷ (*scambiarsi*) to exchange; to swap (*fam.*).

baratteria, *n. f.* (*leg.*) (*atto o comportamento doloso di chi ha la responsabilità di un trasporto marittimo*) barratry. // ~ **del capitano e dell'equipaggio** barratry of the master and mariners.

baratto, *n. m.* ❶ barter, truck. ❷ (*scambio*) exchange; swap (*fam.*).

barattolo, *n. m.* (*di latta*) tin; can (*USA*). // ~ **per il tè** (*market.*) caddy.

barca, *n. f.* (*trasp. mar.*) boat. // ~ **di salvataggio** (*trasp. mar.*) life-boat; ~ **per traghetti** (*trasp. mar.*) ferry.

barcarizzo, *n. m.* (*trasp. mar.*) accommodation ladder, gangplank, gangway.

barcone, *n. m.* ❶ (*trasp. mar.*) barge. ❷ (*trasp. mar.*) (*a fondo piatto*) keel. // ~ **atto a tutte le idrovie** (*trasp.*) through barge.

barile, *n. m.* ❶ (*anche misura*) barrel. ❷ cask.

barometro, *n. m.* (*anche fig.*) barometer. // ~ **congiunturale** (*econ.*) economic barometer; ~ **delle marche** (*market.*) consumer index, consumer inventory.

barra, *n. f.* (*alla foce d'un fiume*) bar. // ~ **spaziatrice** (*di macch. uff.*) space-bar, space-key.

«**barrel**», *n. m.* (*misura inglese di capacità per liquidi, pari a litri 163,45*) barrel.

barriera, *n. f.* ❶ (*anche fig.*) barrier. ❷ (*fig.*) hedge. ❸ (*trasp. ferr.*) gate. // **barriere al libero scambio** (*comm. est.*) trade barriers; **barriere commerciali** (*comm. est.*) trade barriers; ~ **di pedaggio** (*trasp.*) tollbar; **barriere doganali** (*comm. est.*) customs barriers; **barriere non tariffarie** (*dog.*) non-tariff barriers (*NTB's*); **barriere protezionistiche** (*econ.*) protectionist barriers; ~ **tariffaria** (*comm. est.*, *econ.*) tariff barrier, tariff wall.

basare, *v. t.* to base, to found, to ground.

basarsi, *v. rifl.* to be based, to be founded, to rest. △ **L'imposta diretta di solito si basa sul reddito** direct taxation is usually based upon income.

basato, *a.* based, founded. // ~ **su criteri scientifici** scientific; ~ **su principi d'equità** equitable; ~ **sul contributo** contributory; ~ **sulla prima impressione** «**prima facie**»; **essere** ~ *V.* **basarsi**.

bascula, *n. f.* platform balance, platform scale; scales (*pl.*).

basculla, *n. f.* V. **bascula**.

base, *n. f.* ❶ base, basis*, floor. ❷ **la «base»** (*sind.*, *fig.*) the rank and file. ❸ **basi**, *pl.* (*anche*) footing. △ ❷ **Spesso il gergo dei sindacalisti non è capito dalla** ~ union leaders' jargon is often misunderstood by the rank and file; ❸ **L'azienda dev'essere posta su basi solide** the firm must be put on a firm footing. // **la** ~ **dell'accertamento** (*dell'imponibile*) the basis of assessment; **la** ~ **d'un contratto** (*leg.*) the basis of a contract; ~ **tariffaria** rate basis; **di** ~ basic; **in** ~ **a un criterio di ripartizione fisso** according to a fixed scale; **in** ~ **alla legge** according to the law; **su basi di reciprocità** (*comm.*) on mutual terms; **sulla** ~ **d'un'analisi per campionamento** (*market.*) by analysing a sample.

basilare, *a.* basic, fundamental, ultimate. △ **Tutti i consumatori dovrebbero essere a conoscenza dei principi basilari dell'economia di mercato** all consumers should know the ultimate principles of free economy.

basso, *a.* ❶ low, small. ❷ (*fig.*) (*vile, spregevole*) base. ❸ (*market.*) (*di prezzo, anche*) keen. *n. m.* (*nell'espressione* «**gli alti e i bassi**») down. △ *a.* ❶ **Speriamo che i nostri bassi prezzi incoraggino la clientela** we hope that our low prices will encourage customers; ❷ **Ha agito per bassi motivi** he has acted from base motives; *n.* **Questi sono gli alti e i bassi dell'attività economica** these are the ups and downs of economic activity. // «**basso**» (*trasp.*) (*scritto su un collo di merci*) «this side down»; ~ **costo** low cost; inexpensiveness; **bassa marea** (*trasp. mar.*) low water; ~ **prezzo** low price; cheapness; ~ **tenore di vita** bad standing; **a** ~ **prezzo** (*market.*) low, cheap; **che vende a** ~ **prezzo** (*di negoziante, negozio*) cheap; **di** ~ **costo e di cattiva qualità** cheap and nasty; **in** ~ (*anche fig.*) low; **in** ~ **grado** (*anche fig.*) low; **il più** ~ bottom, lowest: **Questo è il prezzo più** ~ **che possiamo fare** this is our bottom price; **il più** ~ **tasso di sconto** (*fin.*) the finest rate of discount.

bastimento, *n. m.* (*trasp. mar.*) ship, vessel.

battaglia, *n. f.* battle. // ~ **dei cervelli** (*org. az.*) brain storming; ~ **per (ottenere) aumenti salariali** (*sind.*) wage battle.

battello, *n. m.* (*trasp. mar.*) boat. // ~ **della sanità di porto** (*trasp. mar.*) pratique boat; ~ **fluviale** (*trasp.*) inland waterway vessel; **il** ~ **in arrivo** (*trasp. mar.*) the in boat; ~ **postale** (*comun.*) post-boat.

battere, *v. t.* ❶ (*colpire*) to beat*, to knock, to strike*, to hit*, to bump. ❷ (*sconfiggere*) to beat*, to defeat, to frustrate. ❸ (*fam.*) (*scrivere a macchina*) to type. ❹ (*fin.*) (*moneta*) to strike*. ❺ (*trasp. mar.*) (*una bandiera*) to fly*. △ ❷ **L'attività economica sta battendo tutti i primati dell'anno scorso** the economic activity is beating all records of the previous year; **Riusciremo** (*o* **in frustrating**) **la concorrenza** we shall succeed in beating (*o* in frustrating) our competitors; ❸ **Ho molte lettere da** ~ I have a lot of letters to type; ❹ **La zecca batte moneta** the mint strikes coins; ❺ **Molte navi battono bandiera liberiana** many ships fly the Liberian flag. // ~ **cassa** (*fam.*) to ask for money; ~ **moneta** (*fin.*, *anche*) to coin money, to mint; ~ (*un concorrente*) **nei prezzi** (*market.*) to underprice; ~ **la piazza** (*market.*) to canvass the town; to do the place (*fam.*); ~ **un primato** to beat a record, to break a record; ~ **violentemente** to bang.

batteria, *n. f.* battery. // **una** ~ **di forni** a battery of ovens.

battistrada, *n. m.* ❶ (*sind.*, *fig.*) (*operaio assai veloce e abile la cui produzione costituisce la base sulla quale sono* *calcolate le retribuzioni a cottimo per tutti gli operai*) pace setter. ❷ (*trasp. aut.*) (*di pneumatici*) tire-tread.

battuta, *n. f.* ❶ beat, beating. ❷ (*dattilografica*) stroke. // **battute** (*dattilografiche*) **al minuto** strokes per minute; ∼ **d'arresto** standstill.

baule, *n. m.* ❶ box, trunk. ❷ (*trasp. aut.*) (*bagagliaio*) boot.

beccheggiare, *v. i.* ❶ (*trasp. aer., trasp. mar.*) to pitch. ❷ (*trasp. mar.*) (*di nave*) to plunge.

beccheggio, *n. m.* (*trasp. aer., trasp. mar.*) pitch.

belga, *a.* e *n. m.* e *f.* Belgian. *n. m.* (*fin.*) (*unità monetaria nelle operazioni di cambio*) belga.

bello, *a.* (*anche fig.*) fine, fair, handsome; smart (*fig.*). // **bella copia** (*di documento, ecc.*) fair copy, clean copy; **bell'e fatto** (*d'abito*) (*market.*) ready-to-wear, hand-me-down; **un bel patrimonio** a handsome fortune; **bella presenza** (*pers.*) good appearance, smart appearance: **Cercansi due stenodattilografe, bella presenza** wanted: two shorthand typists, smart appearance; **un bel prezzo** (*market.*) a handsome price, a smart price; **una bella somma di denaro** a handsome sum of money, a pretty penny; **di bell'aspetto** handsome.

bene[1], *n. m.* ❶ (*econ.*) good. ❷ **beni**, *pl.* (*econ.*) possessions, goods; property, estate (*sing.*). ❸ **beni**, *pl.* (*leg.*) assets. △ ❶ **L'aria non è un ∼ economico** air is not an economic good; **Il pane, gli abiti e le automobili sono beni economici** bread, clothes and cars are economic goods. // **beni all'estero** (*leg.*) property abroad; ∼ **capitale** (*econ.*) (*qualunque bene economico materiale, a esclusione dei terreni, usato per produrre ricchezza*) capital good; **beni capitali** (*econ.*) capital goods, producer goods; ∼ **che può essere oggetto di diritti** (*leg.*) tenement; **beni che sono patrimonio comune di tutte le nazioni** (*econ.*) cosmopolitan wealth (*termine usato da A. Marshall*); ∼ **complementare** (*econ.*) complementary commodity, joint commodity; **beni complementari** (*econ.*) complementary goods; **beni corporali** (*leg.*) tangible property; **i beni demaniali** (*leg.*) the public domain; **beni destinati al consumo privato** (*econ.*) private consumer goods; **beni d'asse ereditario** (*leg.*) hereditables; **beni di consumo** (*econ.*) consumer goods, consumer's goods, consumers' goods, consumption goods, consumables; **beni di consumo durevoli** (*econ.*) durable consumer goods, consumer durables; **beni di consumo non durevoli** (*econ.*) non-durable goods, non-durables; **beni d'investimento** (*econ., fin.*) investment goods, capital goods; **beni di prima necessità** necessaries; **beni di rifugio** (*econ.*) shelter goods; **i beni disponibili** (*leg.*) (*in un testamento*) the disposable portion; **beni dotali** (*leg.*) dotal property; **beni durevoli** (*econ.*) durable goods; **beni e servizi diversi** (*rag.*) sundry goods and services; ∼ **economico** (*econ.*) economic good; **beni fondiari** (*econ.*) landed estate, landed property; ∼ **fungibile** (*econ.*) fungible; **beni fungibili** (*econ.*) replaceable goods; **beni immobili** (*econ.*) fixed property, immovable property, immovables, real assets, real chattels, chattels real, things real; (*fin., leg.*) real estate, realty; **beni materiali** (*econ.*) tangible property; ∼ **mobile di famiglia, che spetta all'erede legittimo** (*leg.*) heirloom; **beni mobili** (*econ.*) movable goods, goods, movables, chattels personal, things personal, goods and chattels, personal chattels: **I beni mobili sono esenti da pignoramento** personal chattels are exempted from distress; **I beni mobili possono essere considerati immobili per destinazione** personal chattels may be considered real estate by their destination; **beni mobili di cui si ha il possesso** (*leg.*) choses in possession; **beni mobili** (*di cui non si ha il possesso ma*) **ripetibili con una causa** (*leg.*) choses in action, things in action; **beni mobili trasmissibili per eredità** (*leg.*) hereditament; **beni naturali** (*econ.*) original goods; **beni non durevoli** (*econ.*) soft goods; ∼ **non economico** (*econ.*) free good; **beni parafernali** (*leg.*) separate estate; **beni personali** (*econ.*) goods and chattels, personal property, personal estate; **beni pignorabili** (*leg.*) seizable chattels; **beni principali** (*leg.*) chattels; **beni prodotti dal settore pubblico a fini civili** (*econ.*) civilian public goods; **beni pubblici** (*econ.*) collective goods; **beni reali** (*fin., rag.*) tangible assets; **beni reversibili** (*leg.*) reversion; **beni sequestrati** (*leg.*) distress; **beni soggetti a pignoramento** (*leg.*) distrainable chattels; **beni soggetti a sequestro** (*leg.*) distrainable chattels; **beni strumentali** (*econ.*) capital goods, industrial goods, instrumental goods, intermediate goods, auxiliary goods, producer goods, production goods; **beni strumentali essenziali** (*econ.*) basic capital goods; **bene surrogabile** (*econ.*) alternative commodity.

bene[2], *avv.* ❶ well. ❷ (*rettamente*) rightly. △ ❶ **Questo lavoro è fatto ∼** this job is well done; ❷ **Non hai agito ∼** you haven't acted rightly. // ∼ **avviato** going: **Quella è un'azienda ∼ avviata** that is a going concern.

beneficiare, *v. i.* to benefit, to profit (by). △ **Ho beneficiato del condono fiscale** I have benefited by the fiscal amnesty; **I grossisti hanno beneficiato dell'aumento dei prezzi** wholesale dealers have profited by the rise in prices.

beneficiario, *n. m.* ❶ beneficiary. ❷ (*ass.*) payee. ❸ (*cred.*) (*d'un pagamento*) payee. ❹ (*leg.*) benificial owner, grantee. △ ❷ **La persona alla quale deve essere pagato il capitale assicurato è detta ∼** the person to whom the insured capital is to be paid is called payee; ❸ **Il ∼ è la persona alla quale deve essere pagata una cambiale** the payee is the person to whom a bill of exchange is to be paid. // ∼ **d'una polizza d'assicurazione** (*ass.*) the beneficiary of an insurance policy; ∼ **d'un vitalizio** annuitant; ∼ **fittizio** (*leg.*) fictitious payee.

beneficio, *n. m.* ❶ benefit, advantage, boon, good. ❷ (*fin.*) profit, gain. ❸ (*leg.*) benefit, consideration. ❹ (*leg.*) (*ecclesiastico*) benefice. △ ❷ **Qual è il ∼ netto di questa operazione finanziaria?** what is the net profit of this financial transaction? // ∼ **del dubbio** (*leg.*) benefit of the doubt.

benefico, *a.* beneficial, advantageous, profitable.

benessere, *n. m.* welfare. // **il ∼ d'una nazione** (*econ.*) the welfare of a nation; ∼ **economico** (*econ.*) economic welfare; affluence.

benestante, *a.* (*econ.*) affluent, well-off, well-to-do. *n. m.* e *f.* wealthy person. △ *a.* **Viene da una famiglia ∼** he comes of a well-to-do family.

benestare, *n. m.* ❶ approval. ❷ (*visto*) visa. // ∼ **bancario** bank clearance; ∼ **di prelevamento** (*di fondi, da un conto di risparmio*) (*banca*) withdrawl warrant.

benevolo, *a.* benevolent, benign. // ∼ **disinteresse** (*econ.*) benign neglect.

benservito, *n. m.* ❶ (*pers.*) reference, testimonial. ❷ (*pers.*) (*per un domestico*) character. ❸ (*pers., fig.*) (*licenziamento*) sack. △ ❸ **Gli hanno dato il ∼** they've given him the sack.

benvenuto, *a.* e *n. m.* welcome.

benzina, *n. f.* petrol; gasoline, gas (*USA*). // ∼ « **super** » (*trasp. aut., USA*) premium gasoline.

berlina, *n. f.* (*trasp. aut.*) saloon car, saloon, sedan.

bestiame, *n. m.* (*specialm. bovini*) cattle, live stock, stock.

bevanda, *n. f.* drink. // ~ **alcoolica** alcoholic drink, strong drink; ~ **analcolica** soft drink; **bevande spiritose** (*market.*) spirits.

bianco, *a.* ❶ white. ❷ (*non scritto*) blank. △ ❷ **Ci sono molte pagine bianche in questo libro** there are lots of blank pages in this book. // ~ **e volta** (*pubbl.*) face and reverse side; **in** ~ in blank, blank: **Questo è un assegno in** ~ this is a blank cheque; **Questa è una girata in** ~ this is a blank endorsement.

biasimare, *v. t.* to blame, to reprove.

biasimo, *n. m.* blame, censure.

bibliobus, *n. m.* (*market.*) bookmobile.

bidone, *n. m.* ❶ can, bin. ❷ (*fig., fam.*) (*imbroglio*) swindle.

bigliettaio, *n. m.* ❶ (*pers., trasp.*) (*nelle stazioni*) booking-clerk. ❷ (*pers., trasp.*) (*di treno, tram, o autobus*) conductor. ❸ (*pers., trasp. ferr.*) ticket-collector, collector.

bigliettario, *n. m.* V. **bigliettaio**.

biglietteria, *n. f.* (*trasp.*) booking office, ticket-office.

biglietto, *n. m.* ❶ card, note, ticket. ❷ (*trasp.*) ticket. △ ❶ **Mi diede il suo** ~ **di visita** he gave me his (visiting) card; **Gli ho scritto un** ~ I've written him a note; **Tutto in biglietti da dieci sterline, prego** all in ten-pound notes, please; ❷ **Tutti i biglietti ferroviari saranno rimborsati ai partecipanti** all railway tickets will be refunded to the participants. // **a riduzione per bambini** (*trasp.*) child's half-fare ticket; ~ **a tariffa ridotta** (*trasp.*) reduced-rate ticket; ~ **a tariffa ridotta del 50%** (*trasp.*) half-fare ticket; ~ **circolare** (*banca*) circular note; (*trasp.*) circular ticket; ~ **collettivo** (*trasp. ferr.*) party ticket; ~ **combinato** (*trasp.*) combined ticket; ~ **cumulativo** (*trasp. ferr.*) party ticket, through ticket, transfer ticket, transfer; ~ **da cento dollari** hundred-dollar bill; bill (*slang USA*); ~ **da cinque dollari** five-dollar bill; Abe's cabe (*slang USA*); ~ **da dieci dollari** ten-dollar bill; ten (*fam., USA*); ~ **da dieci sterline** ten-pound note; ten (*fam.*); ~ **da mille dollari** thousand-dollar bill; big one (*slang USA*); ~ **da visita** V. ~ **di visita**; ~ **d'abbonamento** (*trasp.*) commutation ticket; ~ **d'aereo** aeroplane ticket, air ticket; ~ **d'andata** (*trasp.*) single ticket, single; ~ **d'andata e ritorno** (*trasp., ingl.*) return ticket, return; round-trip ticket (*USA*); ~ **di banca** bank-note, treasury note, bank bill, bill (*USA*); **biglietti di banca** (*fin.*) paper currency, paper money, paper (*sing.*); ~ **d'entrata** entrance ticket, admission ticket, card of admission; ~ **di favore** complimentary ticket; ~ **d'ingresso** admission ticket, entrance ticket; ~ **d'invito** invitation card; ~ **di libera circolazione** (*trasp. ferr.*) free pass; **un** ~ **di prima classe** (*trasp.*) a first-class ticket; **un** ~ **di ringraziamento** a note of thanks; **un** ~ **di seconda classe** (*trasp.*) a second-class ticket; **biglietti di Stato a corso forzoso** (*fin.*) currency notes; **biglietti di viaggio** (*tur.*) travel tickets; ~ **di visita** visiting card, business card, ticket; calling-card (*USA*); ~ **ferroviario** (*trasp. ferr.*) railway ticket; ~ **ferroviario valido un solo giorno** (*trasp. ferr.*) day ticket (*ingl.*); ~ **gratuito** (*trasp.*) pass; ~ **natalizio** Christmas card; ~ **per posta aerea** (*comun.*) air letter; ~ **postale** (*pieghevole, e che non abbisogna di busta*) letter sheet; **un** ~ **turistico** (*trasp., tur.*) a tourist ticket.

bilancia, *n. f.* ❶ (*lo strumento*) weighing machine; scales (*pl.*); pair of scales. ❷ (*econ., fin.*) balance, account. △ ❷ **La** ~ **d'un Paese è attiva quando le esportazioni superano le importazioni** the balance is in favour of a Country when the amount of its exports exceeds that of its imports; **La** ~ **dei capitali a lungo termine, eccedentaria nel 1969, si saldò nel 1970 con un lieve passivo** the long-term capital account, which showed a surplus for 1969, closed with a slight deficit in 1970. // ~ **commerciale** (*econ., fin.*) balance of trade, trade balance, trading balance, current account: **La** ~ **commerciale italiana si chiuse con un saldo passivo di circa tremila miliardi di lire** Italy's trade balance closed with a deficit of about three thousand billion lire; **La** ~ **commerciale è nettamente peggiorata a causa della pressione esercitata sulle risorse disponibili** the current account has suffered distinctly from the pressure on available resources; **una** ~ **commerciale attiva** (*econ., fin.*) an active balance of trade, a favourable balance of trade; **una** ~ **commerciale deficitaria** (*econ., fin.*) an adverse trade balance, an unfavourable balance of trade; **una** ~ **commerciale passiva** (*econ., fin.*) a passive balance of trade, an adverse trade balance; ~ **dei conti** (*econ., fin.*) balance of indebtedness; ~ **dei conti correnti** (*econ., fin.*) (*bilancia dei pagamenti, incluse le partite invisibili, ma esclusi i movimenti di capitale*) current balance; ~ **dei pagamenti** (*econ., fin.*) balance of payments: **A differenza della** ~ **commerciale, la** ~ **dei pagamenti comprende non solo le operazioni internazionali d'un Paese, in un certo periodo, relative ai movimenti di merci ma anche quelle relative ai servizi nonché i movimenti dei capitali e dell'oro** unlike the balance of trade, the balance of payments includes not only the international commodity transactions of a Country over a certain period of time but also its service transactions and the capital and gold movements; **la** ~ **dei pagamenti internazionali** (*econ., fin.*) the balance of international payments; **la** ~ **della giustizia** (*fig.*) the scales of justice; **la** ~ **delle operazioni (o dei pagamenti) correnti** (*econ., fin.*) the current account; the balance on current account: **D'altro canto, la** ~ **dei pagamenti correnti peggiorò lievemente in Italia, abbastanza sensibilmente in Francia e Belgio, e considerevolmente nei Paesi Bassi** on the other hand, the current account deteriorated slightly in Italy, fairly appreciably in France and Belgium, and steeply in the Netherlands; **la** ~ **delle partite correnti** (*econ., fin.*) the current account.

bilanciare, *v. t.* ❶ (*tenere in equilibrio*) to balance. ❷ (*compensare*) to balance, to countervail, to offset*. ❸ (*fin., rag.*) to balance, to balance up. ❹ (*rag.*) to cancel out, to close out. △ ❷ **I profitti non bilanciano le perdite** the profits do not balance the losses; **Per** ~ **l'esiguità del suo stipendio, Carlo deve fare molte economie** in order to offset his small salary, Carlo must live very economically. // ~ **un conto** (*fin., rag.*) to balance an account; (*rag.*) to close out an account; **essere bilanciata** (*trasp. mar.*) (*di nave*) to trim.

bilanciarsi, *v. recipr.* ❶ (*fin., rag.*) to balance each other. ❷ (*rag.*) to cancel each other, to cancel out. △ ❶ **Le due voci si bilanciano** the two items balance each other.

bilancio, *n. m.* ❶ (*fin., rag.*) balance. ❷ (*fin., rag.*) (*di previsione; specialm. quello dello Stato*) budget. ❸ (*rag.*) (*prospetto del dare e dell'avere*) balance-sheet. △ ❸ **Il** ~ **è un prospetto generale di tutte le attività e le passività di un'impresa in un dato momento** the balance-sheet is a general statement of all the assets and liabilities of a firm at a given time; **In un** ~ **inglese, le attività appaiono sul lato destro del foglio, e le passività su quello sinistro** in an English balance-sheet, assets appear on the right-hand side of the sheet, and liabilities are shown on the left-hand side. // ~ **annuale**

(*rag.*) balance-sheet; ~ « **budgetario** » (*fin.*, *rag.*) budget; ~ **(chiuso) al 31 dicembre 1973** balance-sheet made up to (*o* as at) December 31st 1973; ~ **commerciale** (*rag.*) balance-sheet; ~ **comparato** (*rag.*) comparative balance; ~ **consolidato** (*rag.*) consolidated balance; ~ **consuntivo** (*rag.*) final balance, appropriation account; ~ **dello Stato** (*econ.*) national budget: **In Francia, il ~ dello Stato nel 1965 fu più o meno in equilibrio** in France, the national budget was more or less balanced in 1965; ~ **d'apertura** (*rag.*) opening balance; ~ **d'approvvigionamento** (*rag.*) supply balance-sheet; ~ **di chiusura** (*rag.*) closing balance; ~ **di liquidazione** (*fin.*) realization and liquidation account; ~ **di previsione** (*rag.*) anticipatory account, budget; ~ **di riserva** (*rag.*) contingency budget; ~ **di verifica** (*rag.*) trial balance: **Nel ~ di verifica, il totale dei saldi a debito deve bilanciare quello dei saldi a credito** in the trial balance, the total of the debit balances should balance that of the credit balances; ~ **economico** (*fin.*, *rag.*) balance of indebtedness; ~ **economico preliminare** (*fin.*, *rag.*) preliminary economic budget; ~ **familiare** family budget; **bilanci finanziari** (*fin.*, *rag.*) balance-sheets; ~ **generale** (*rag.*) general balance-sheet; **un ~ (meramente) indicativo** (*fin.*, *rag.*) a pro forma balance-sheet; ~ **preventivo delle vendite** (*org. az.*, *rag.*) sales budget; **il ~ preventivo dello Stato** (*fin.*) the national budget; the estimates (*pl.*); ~ **preventivo di massima** (*fin.*) draft budget; ~ **preventivo variabile** (*fin.*) flexible budget; ~ **previsivo dei raccolti e delle scorte** (*fin.*, *org. az.*) provisional assessment of harvests and stocks; ~ **provvisorio** (*rag.*) temporary balance; **un ~ reflazionistico** (*econ.*, *fin.*) a reflationary budget; ~ **rettificativo** (*rag.*) amended budget; **un ~ scompensato** (*fin.*, *rag.*) an unbalanced budget; ~ **sintetico** (*rag.*) condensed balance, condensed balance-sheet; ~ **statale** (*econ.*) V. ~ **dello Stato**; ~ **suppletivo** (*rag.*) supplementary budget; ~ **unico** (*d'una società madre e delle affiliate*) (*rag.*) consolidated balance-sheet; **di ~** « **budgetario** » (*fin.*, *rag.*) budgetary.

bilaterale, *a.* ❶ bilateral. ❷ (*leg.*) synallagmatic. △ ❶ **Questo è un accordo ~** this is a bilateral agreement.

bilico, *n. m.* bascule. // **ponte a ~** bascule bridge.
bilione, *n. m.* billion (*USA*); milliard (*ingl.*).
bimensile, *a.* (*giorn.*) fortnightly.
bimestrale, *a.* (*giorn.*) bimonthly.
bimetallico, *a.* (*econ.*, *fin.*) bimetallic.
bimetallismo, *n. m.* (*econ.*, *fin.*) bimetallism, bimetalism, double standard. // ~ **zoppo** (*fin.*) limping standard.
bimetallista, *a.* (*econ.*, *fin.*) bimetallistic, bimetalistic. *n. m.* e *f.* (*econ.*, *fin.*) bimetallist, bimetalist.
binario[1], *a.* (*elab. elettr.*, *mat.*) binary.
binario[2], *n. m.* (*trasp. ferr.*) railway track, track; metals (*pl.*, *ingl.*). // ~ **di deposito** (*trasp. ferr.*) storage track; ~ **di raccordo** (*trasp. ferr.*) side-track, siding track, siding, feeder line; ~ **di trasbordo** (*trasp. ferr.*) transfer track.
binomiale, *a.* (*mat.*, *stat.*) binomial.
binomio, *n. m.* (*mat.*) binomial.
bipartito, *a.* bipartite.
biquadratico, *a.* (*mat.*) biquadratic.
biquadrato, *a.* (*mat.*) biquadrate.
birraio, *n. m.* brewer.
biscione, *n. m.* V. **serpente**.
bisettimanale, *a.* (*giorn.*) bi-weekly, semi-weekly.
bisettrice, *n. f.* (*mat.*) mean line.

bisognatario, *n. m.* (*banca*, *cred.*) referee in case of need; referee.
bisogno, *n. m.* ❶ need, necessity, requirement, distress. ❷ (*anche econ.*) want. ❸ (*cred.*) (*per una cambiale*) case of need. △ ❶ **Non c'è ~ di lavorare tanto** there is no need to work so hard; **Il ~ non ha legge** necessity knows no law; **Ha grande ~ di fondi** he is in great distress for funds; ❷ **Gli uomini cercano di soddisfare i loro bisogni** men try to satisfy their wants; **Lo scopo principale della produzione è di soddisfare i bisogni dell'uomo, e cioè, di rendere possibili i consumi** the main purpose of production is to satisfy man's wants, that is, to make consumption possible; ❸ **Il traente, o qualsiasi girante, può inserire nella cambiale il nome d'una persona alla quale il portatore può rivolgersi al ~** the drawer, or any endorser, may insert in the bill the name of a person to whom the holder may resort in case of need. // **bisogni fittizi** fictitious needs; **bisogni materiali** (*econ.*) material needs; **bisogni reali** real needs; **al ~** (*banca*, *cred.*) in case of need.

« **bit** », *n. m.* (*elab. elettr.*) bit. // ~ **d'informazione** (*elab. elettr.*) information bit; ~ **di parità** (*elab. elettr.*) odd-even bit; « **bits** » **di servizio** (*elab. elettr.*) service bits.

bivio stradale, *n. m.* (*trasp. aut.*) road fork.
bloccaggio, *n. m.* (*elab. elettr.*) clamping.
bloccare, *v. t.* to block, to freeze*. // ~ **un assegno** (*banca*, *cred.*) to stop a cheque; ~ **i comandi** (*trasp. aer.*) to lock the controls; ~ **un conto** (*banca*, *cred.*) to block an account; ~ **l'inflazione** (*econ.*) to tame inflation; ~ **i prezzi** (*market.*) to freeze prices; ~ **i salari** (*sind.*) to freeze wages; ~ **il traffico** (*trasp. aut.*) to block the traffic.
blocchetto, *n. m.* (*di biglietti, buoni, ecc.*) book.
blocco, *n. m.* ❶ block, blockade, freeze, squeeze. ❷ (*econ.*, *fin.*) (*politico, economico, finanziario*) bloc (*francese*). △ ❶ **Il ~ è il primo passo verso il controllo dei prezzi** a freeze is the first step towards price control. // ~ **degli affitti** (*econ.*) rent control; **il ~ (dei Paesi) dell'Occidente** the Western bloc; ~ **dei prezzi** (*econ.*) price freeze: **Si raccomandò alla Francia di continuare ad attenuare il ~ dei prezzi** it was suggested that France should continue to relax the price freeze; ~ **dei salari** (*sind.*) wage-freeze; ~ **di memoria** (*elab. elettr.*) store block; ~ **stradale** (*trasp. aut.*) road block; **in ~** en bloc, in the bulk, in the lump: **Il grossista compra la merce in ~ e la rivende ai dettaglianti in quantità assai minori** the wholesaler buys goods in bulk and resells them to retailers in much smaller quantities.

bluff, *n. m.* bluff.
bluffare, *v. i.* to bluff.
bluffatore, *n. m.* bluffer.
boa, *n. f.* (*trasp. mar.*) buoy. // ~ **luminosa** (*trasp. mar.*) beacon.
bobina, *n. f.* (*elab. elettr.*) coil, reel. // ~ **d'arresto** (*elab. elettr.*) choke; ~ **di pellicola** (*pubbl.*) film reel; ~ **raccoglitrice** (*elab. elettr.*) take-up reel; ~ **svolgitrice** (*elab. elettr.*) take-off reel.
bocca del porto, *n.f.* (*trasp. mar.*) harbour entrance.
boccaporto, *n. m.* (*trasp. mar.*) hatch, hatchway.
bocciare, *v. t.* ❶ (*un candidato e sim.*) to fail. ❷ (*respingere un provvedimento*) to reject, to black-ball, to throw* out. // ~ **un candidato** (*a un'elezione*) (*leg.*) to vote a candidate out.
boicottaggio, *n. m.* ❶ boycott, boycotting. ❷ (*market.*) freeze-out. // ~ **nei confronti d'un datore di lavoro diverso da quello con cui esistono ragioni di**

boicottare

disputa (*allo scopo d'influenzare il comportamento del primo*) (*sind.*) secondary boycott.
 boicottare, *v. t.* ❶ to boycott. ❷ (*market.*) to freeze* out.
 bolla, *n. f.* ❶ (*comm.*) bill, note. ❷ (*dog.*) bill of entry, entry. // ~ **con richiesta di visita preventiva** (*dog.*) bill of sight; ~ **dei prezzi** (*improvviso aumento subito dopo un periodo di congelamento*) (*econ., market.*) prices bubble; ~ **di consegna** (*org. az.*) delivery note; ~ **di merce esente** (*da dazio*) (*dog.*) free entry; ~ **di prelievo** (*org. az.*) stock-withdrawal order; ~ **di sapone** (*fin., fig.*) bubble.
 bollare, *v. t.* ❶ to stamp. ❷ (*comun.*) (*una lettera*) to postmark. △ ❶ **Se una cambiale non è bollata correttamente, non è valida** if a bill of exchange is not properly stamped, it is invalid. // **carta bollata** stamped paper.
 bolletta, *n. f.* ❶ (*comm.*) note, bill. ❷ (*dog.*) bill of entry, entry. ❸ (*trasp. ferr.*) delivery note. // ~ **dei pesi** (*trasp. mar.*) weight note; ~ **del contratto di mediazione** broker's contract note; **la ~ del gas** the gas bill; ~ **d'accompagnamento in deposito doganale** (*dog.*) entry for warehousing; ~ **di cauzione** (*dog.*) bond note; ~ **di consegna** (*trasp.*) delivery note; ~ **d'entrata** (*dog.*) prime entry; ~ **d'entrata di merce esente da dazio** (*dog.*) entry for free goods, free entry; ~ **d'entrata di merce per consumo interno** (*dog.*) entry for home use; ~ **d'entrata doganale** (*dog.*) bill of entry; ~ **di sortita** (*dog., trasp. mar.*) shipping bill; ~ **di spedizione** (*trasp. aut.*) carriage note; ~ **di spedizione ferroviaria** (*trasp. ferr.*) consignment note; ~ **di trasporto** (*trasp. aut.*) carriage note; ~ **di trasporto aereo** (*trasp. aer.*) air consignment note, air waybill, air bill; ~ **di trasporto con carri** (*trasp.*) cartage note; ~ **doganale** (*dog.*) customs entry; ~ **doganale d'entrata** (*dog.*) entry inwards; ~ **doganale d'uscita** (*dog.*) entry outwards; **essere « in ~ »** (*fig., fam.*) (*essere al verde*) to be on the rocks.
 bollettario, *n. m.* receipt book. // ~ **a madre e figlia** counterfoil book; stub book (*USA*); ~ **di consegna** (*trasp. ferr.*) delivery book.
 bollettino, *n. m.* ❶ bulletin. ❷ (*ufficiale*) communiqué. ❸ (*banca, Borsa, cred.*) list. ❹ (*trasp.*) note. // ~ **commerciale** trade report; **il ~ commerciale dei prezzi correnti** the current price list; **il ~ dei cambi** (*Borsa*) the Exchange list; ~ **dei protesti** (*cred., fin.*) black list; **il ~ del Lloyd** (*ass. mar.*) the Lloyd's list; **il ~ della Borsa** the Stock Exchange list; **un ~ d'informazioni** an advisory bulletin; (*comm.*) a newsletter; ~ **di spedizione** (*trasp.*) dispatch note; (*trasp. ferr.*) consignment note; ~ **metereologico** weather forecast, weather cast, weather-report.
 bollino, *n. m.* (*market., pubbl.*) trading stamp, gift stamp.
 bollo, *n. m.* ❶ stamp. ❷ (*sigillo*) seal. // ~ **ad valorem** ad valorem stamp; ~ **cambiario** bill stamp; ~ **del fissato** (*fin.*) contract stamp; ~ **della polizza** (*ass.*) policy stamp; ~ **dell'assegno** (*banca*) cheque stamp; ~ **di circolazione** (*trasp. aut.*) licence plate, licence tag; ~ **fiscale** (*fin.*) inland revenue stamp; ~ **per ricevuta** receipt stamp; ~ **postale** (*comun.*) postmark; **bolli premio** (*market., pubbl.*) trading stamps, gift stamps; ~ **stampato** (*su una busta, un documento, ecc.*) impressed stamp, imprint stamp; ~ **sui titoli** (*fin.*) finance stamp; ~ **sulla polizza di carico** (*trasp. mar.*) bill of lading stamp; **carta da ~** stamped paper; **senza ~** (*leg.*) (*di documento*) unstamped.
 bonaccia, *n. f.* (*trasp. mar.*) dead calm.

bonifica, *n. f.* (*econ.*) reclamation. △ **L'Ente Regione sta iniziando un vasto programma di ~** the «Ente Regione» are starting a large-scale reclamation project. // ~ **agraria** (*econ.*) land reclamation, land improvement.
 bonificare, *v. t.* ❶ (*abbuonare, scontare*) to allow, to discount. ❷ (*banca, cred.*) to credit. ❸ (*econ.*) (*un terreno, ecc.*) to reclaim.
 bonifico, *n. m.* ❶ (*abbuono, sconto*) allowance, discount. ❷ (*banca, cred.*) transfer, credit transfer. // ~ **bancario** (*banca, cred.*) money transfer; ~ **telegrafico** (*comun., cred.*) telegraphic transfer, cable transfer.
 boom, *n. m.* (*econ.*) boom. △ **Il ~ conseguente allo scoppio della guerra in Corea fu un caso tipico di inflazione da domanda** the Korean war boom was a clear case of demand-pull inflation. // ~ **alimentato dagli investimenti** (*econ.*) investment-led boom; ~ **alimentato dall'espansione dei consumi** (*econ.*) consumer-led boom; ~ **alimentato dalle esportazioni** (*econ.*) export-led boom; ~ **associato a inflazione** (*econ.*) boomflation; ~ **delle nascite** (*stat.*) baby boom, population explosion; ~ **edilizio** (*econ.*) housing boom.
 bordeggiare, *v. i.* (*trasp. mar.*) to board, to sail against the wind, to stand* off and on, to wear*.
 bordereau, *n. m.* V. borderò.
 borderò, *n. m.* (*comm.*) bordereau*, list, note. // ~ **d'acquisto** (*fin.*) bought note (o contract); ~ **di Borsa** (*fin.*) stockbroker's contract; ~ **di cambio** (*Borsa*) Exchange contract; ~ **di sconto** (*banca, cred.*) list of bills for discount.
 bordo, *n. m.* ❶ (*orlo*) edge, brink. ❷ (*di nave*) board. // **a ~** (*trasp. aer., trasp. mar.*) on board; (*trasp. mar.*) on board, aboard, within board, afloat; **Una grande quantità di carbone è ancora a ~** a large quantity of coal is still afloat; **a ~ di** (*trasp. aer., trasp. mar.*) on board, aboard: **La merce fu caricata a ~ della nave** the goods were loaded on board (*o* aboard) the ship; **col ~ dorato** (*di libro, ecc.*) gilt-edged (*o* gilt-edge); **fuori ~** (*trasp. mar.*) overboard; (*di motore*) outboard; **sotto ~** (*trasp. mar.*) alongside.
 borghesia, *n. f.* bourgeoisie (*francese*), (the) middle class.
 borsa¹, *n. f.* ❶ bag. ❷ (*borsetta*) hand-bag. // ~ **da legale** briefcase; ~ **di studio** scholarship; grant (*USA*); ~ **per il denaro** money bag; ~ **per documenti** attaché case, briefcase.
 borsa², *n. f.* ❶ (*fin.*) Exchange. ❷ (*fin.*) (*Borsa Valori*) (Stock) Exchange, stock market, market. △ **La ~ è fiacca** the (Stock) Exchange is dull; **La ~ è agitata** the (Stock) Exchange is excited; **La ~ è debole** the (stock) market is weak. // **la ~ dei cereali** the Corn Exchange; **la ~ dei Noli** (*trasp. mar.*) the Shipping Exchange; **la ~ dei Noli Marittimi e dei Cereali** (*a Londra*) (*fin., trasp. mar.*) the Baltic Mercantile and Shipping Exchange, the Baltic Exchange, the Baltic; **la ~ del Carbone** (*fin.*) the Coal Exchange; **la ~ del Cotone** (*fin.*) the Cotton Exchange: **La ~ del Cotone è fiacca** the Cotton Exchange is dull; **la ~ della Lana di Londra** (*fin., ingl.*) the London Wool Exchange; **la ~ di New York** the New York Stock Exchange; the big board (*slang USA*); **«Borse e Mercati»** (*giorn.*) (*titolo di rubrica, colonna, ecc.*) market news; ~**-mercato** (*market.*) (*del bestiame e dei prodotti agricoli*) terminal market; ~ **Merci** (*fin.*) Commodity Exchange, Produce Exchange; ~ **Merci di Londra** (*fin.*) (*vi si trattano, in particolare, generi coloniali, caffè, tè e zucchero*) commercial sale rooms; ~ **Merci specializzata in operazioni a termine** (*fin.*)

terminal market; ~ **nera** black market; ~ **non ufficiale** (*fin.*) coulisse; ~ **Valori** (*fin.*) Stock Exchange, Exchange; (the) 'change, (the) House (*fam.*); stock market; bourse (*francese*); **la ~ Valori di Londra** the London Stock Exchange: **La ~ Valori di Londra è retta da un consiglio composto da 8 « trustees » e 28 rappresentanti (non retribuiti) dei circa 4.000 iscritti** the London Stock Exchange is governed by a council consisting of 8 trustees and 28 representatives (all unpaid) of the members numbering about 4,000; **alla ~ Valori** on the 'change, on 'change (*fam.*); **in ~** on the 'change (*fam.*); **in ~ Valori** on 'change (*fam.*).

borsino, *n. m.* (*Borsa*) coulisse; street market (*a Londra*).

botte, *n. f.* cask, barrel.

bottega, *n. f.* ❶ (*market.*) shop; store (*USA*). ❷ (*azienda*) business, concern. △ ❷ **Questa è una ~ ben avviata** this is a promising business. // **~ artigiana** workshop; **una ~ ben fornita** a well-stocked shop.

bottegaio, *n. m.* (*market.*) shopkeeper, tradesman*; storekeeper, merchant (*USA*).

botteghino, *n. m.* (*di teatro*) box-office.

bottone, *n. m.* button. // **~ di comando** (*elab. elettr.*) press-button, control knob.

bovaro, *n. m.* cattleman*.

bozza, *n. f.* ❶ minute, draft. ❷ (*giorn.*) proof. // **~ di capitolato** (*leg.*) tentative specifications; **~ di prova** (*giorn.*) proof-sheet; **~ di stampa** (*pubbl.*) final proof; **~ di stampa pulita** (*senza, o con poche, correzioni*) (*pubbl.*) clean printing proof; **bozze impaginate** (*giorn.*) page-proofs; **bozze in colonna** (*pubbl.*) galley proofs, slip-proofs; **bozze non impaginate** (*pubbl.*) galley proofs.

bracciante, *n. m.* (*pers.*) labourer; laborer (*USA*). // **~ agricolo** (*pers.*) farm labourer, farm hand, land worker.

brandy, *n. m.* (*acquavite di vino*) brandy.

bravo, *a.* skilled, clever. // **un ~ operaio** a skilled worker; **un ~ uomo** an honest man; **essere ~ in qc.** to be good at st.

bravura, *n. f.* skill, cleverness, craft.

breve, *a.* brief, short. *n. m.* (*econ.*) V. **~ termine**. // **~ appunto** jotting; **~ articolo** (*giorn.*) paragraph, notice; **~ articolo letterario** (*giorn.*) middle article; **« giornale radio »** (*comun.*) wrap-up (*USA*); **~ nota** note; **~ servizio** (*giorn.*) short; **~ termine** (*econ.*) short period, short range, short run, short term; **a ~** (*econ., fin.*) short-term: **Quali sono le previsioni a ~?** what are the short-term forecasts?; **a ~ scadenza** (*cred.*) short-dated, short: **Questa è una cambiale a ~ scadenza** this is a short bill; **a ~ termine** (*econ., fin.*) in the short run; short-term (*attr.*); **con ~ preavviso** at short notice: **La nave è pronta a partire con ~ preavviso** the ship is ready to leave at short notice; **entro ~ tempo** at short notice; **entro ~ termine** at short notice; **entro il più ~ termine possibile** as soon as possible.

brevettabile, *a.* (*leg.*) patentable.

brevettare, *v. t.* (*leg.*) (*un'invenzione, un procedimento, ecc.*) to patent.

brevettato, *a.* (*leg.*) patent (*attr.*), proprietary. // **non ~** (*leg.*) unpatented.

brevetto, *n. m.* ❶ (*leg.*) patent, licence. ❷ (*leg.*) (*d'invenzione*) letters patent, letters overt (*pl.*). ❸ **brevetti**, *pl.* (*leg.*) (*diritti*) patent rights, proprietary rights. // **~ di capitano** (*trasp. mar.*) master's certificate; **~ di fabbricazione** (*leg.*) proprietary right of manufacture (*v.*); **~ europeo** (*comm.*) European patent; **~ industriale** (*leg.*) design patent: **Il ~ industriale protegge l'aspetto esteriore d'un prodotto più che i sistemi costruttivi** a design patent protects the appearance of an article rather than its principles of construction.

brevettuale, *a.* (*leg.*) concerning a patent.

brigantino a palo, *n. m.* (*trasp. mar.*) barque, bark.

brogliaccio, *n. m.* ❶ scrap book. ❷ (*rag.*) day book, waste-book, blotter. // **~ di cassa** (*banca*) counter cash book.

brossura, *n. f.* (*giorn.*) paper-back binding. // **in ~** (*giorn.*) paperbound, paperback, paper-cover, softbound: **I libri in ~ sono sempre più popolari** paperback books are becoming more and more popular.

brutto, *a.* bad, foul, ugly. // **un ~ affare** a bad job (*fam.*); **brutta copia** foul copy, draft; **~ tempo** bad weather.

buca, *n. f.* pit. // **~ da lettere** (*comun.*) post-box, letter-box, posting box; mailbox (*USA*).

budget, *n. m.* (*fin., rag.*) budget. // **~ (del fabbisogno) dei capitali** capital budget; **~ variabile** flexible budget.

budgetario, *a.* (*fin., rag.*) budgetary.

budgeting, *n. m.* (*fin., rag.*) budgeting.

buggetario, *a.* (*fin., rag.*) budgetary.

bullionismo, *n. m.* (*econ., fin.*) bullionism.

buono[1], *a.* good, fine, sound. // **un buon affare** a good bargain, a bargain, a smart deal, a stroke of business; a good pennyworth (*fam.*); **buon andamento** (*Borsa, market.*) brightness: **Il buon andamento di queste azioni non può durare sempre** the brightness of these shares cannot last for ever; **buona annata** (*econ.*) on-year; **buona carta** (*cred.*) good paper; **buona causa** (*leg.*) good cause; **una buona cauzione** (*leg.*) a good security; **buona condotta** (*leg.*) good behaviour; **buona consegna** (*di titoli*) (*Borsa*) good delivery; **buona copia** (*di documento, ecc.*) fair copy, clean copy; **buona fede** (*leg.*) good faith; **buon nome** (good) reputation, repute: **Il nostro Paese ha un buon nome all'estero** our Country has a good reputation abroad; **buon padre di famiglia** (*leg.*) prudent man; **buona possibilità** opening: **Ci sono sempre buone possibilità** (*di lavoro*) **per un buon interprete** there are always openings for good interpreters; **buona qualità media** (*market.*) good average quality; **buona reputazione** good reputation, standing: **Fra le ditte che avete visitato nella zona ve ne sono diverse che godono di buona reputazione** among the firms you have visited in the area there are quite a few of standing; **buona volontà** goodwill; **a buon mercato** cheap, low-cost, inexpensive, unexpensive (*aggettivi*); cheaply, cheap, on the cheap, low (*avverbi*): **In Inghilterra, per « denaro a buon mercato » s'intendeva il tasso di sconto del 2½%** in England, « cheap money » used to mean 2½ per cent bank rate; **Dovremmo trovare una nuova fonte di materie prime a buon mercato** we should find out a new source of unexpensive raw materials; **Riuscimmo a comprarlo a buon mercato** we managed to buy it low; **a buon prezzo** cheap (*a.*); cheaply, cheap (*avverbi*): **Quell'orologio l'hai proprio comprato a buon prezzo** you've bought that watch very cheap indeed; **di buon grado** willingly; **di buona lega** (*di metallo prezioso*) sterling; **in buone condizioni** sound; (*ass., trasp.*) undamaged; **in buona fede** (*leg.*) bona fide; **in ~ stato** (*di macchinario*) in working order; **piuttosto a buon mercato** cheapish; **sotto buona guardia** (*leg.*) in custody.

buono[2], *n. m.* ❶ (*tagliando*) coupon, voucher. ❷ (*fin.*) bill, bond, note. ❸ (*market.*) voucher. ❹ (*pubbl.*) coupon. ❺ (*rag.*) voucher. △ ❹ **Inviate il ~ oggi stesso!** send in the coupon today! // **~ del Tesoro** (*fin.*) Treasury bill; (*poliennale*) Treasury bond, Exchequer bond, bond: **Il ~ del Tesoro è un'obbligazione a breve termine**,

buonuscita

emessa sotto la pari, infruttifera, e rimborsabile alla pari alla scadenza the Treasury bill is a short-term obligation issued at a discount, bearing no interest, and payable at par at maturity; **buoni del Tesoro** (*fin.*) Government bonds, stocks; **buoni del Tesoro infruttiferi** (*fin.*) non-interest-bearing Government notes; ~ **del Tesoro non trasferibile** (*del valore da 25 a 1.000 dollari*) (*fin.*, *USA*) savings bond; ~ **d'acquisto** (*rilasciato da un negozio: per ovviare alla penuria di spiccioli o a fini pubblicitari*) (*market.*, *pubbl.*) store card; ~ **d'anticipazione** (*banca*, *cred.*) advance note; ~ **d'avaria** (*ass. mar.*) average bond; ~ **di carico** (*di magazzino*) (*org. az.*) warehouse bond; ~ **di cassa** cash voucher; (*banca*) deposit receipt; (*fin.*) cash bond; **buoni di « cassa » falsificati** (*Borsa*, *leg.*) false medium-term securities; ~ **di consegna** warrant for delivery; (*trasp. mar.*) delivery order; ~ **d'imbarco** (*trasp. mar.*) shipping order, shipping note; ~ **di lavorazione** (*org. az.*) job order, work order, work ticket; ~ **di passaggio** (*org. az.*) form of material transfer; ~ **fruttifero del Tesoro** (*con scadenza fino a un anno*) (*fin.*, *USA*) Treasury certificate; **buoni mensa** (*pers.*) luncheon vouchers; ~ **omaggio** (*market.*) redemption coupon; ~ **per acquisto di libri** (*market.*) book token; ~ **per benzina** (*trasp. aut.*) petrol coupon; ~ **sconto** (*market.*) redemption coupon.

buonuscita, *n. f.* ❶ bonus. ❷ (*avviamento*) goodwill. ❸ (*fin.*) (*al direttore uscente d'una società*) golden handshake. ❹ (*leg.*, *pers.*) premium. ❺ (*sind.*) consideration forfeited.

burocrate, *n. m.* ❶ bureaucrat, civil servant. ❷ (*spregiativo*) red-tapist.

burocratico, *a.* bureaucratic. // **linguaggio** ~ officialese.

burocrazia, *n. f.* ❶ bureaucracy, civil service. ❷ (*spregiativo*) officialdom, officialism; red tape (*fig.*).

bussola, *n. f.* (*trasp. mar.*) compass. // ~ **magnetica** magnetic compass.

busta, *n. f.* ❶ envelope. ❷ (*comun.*) cover. △ ❷ **Inviamo la fattura in ~ a parte** we are sending the invoice under separate cover. // ~ **a finestra** (*comun.*) window-envelope; **una ~ affrancata** (*comun.*) a stamped envelope; ~ **commerciale** (*comun.*) commercial envelope; ~ **commerciale a finestra** (*comun.*) cut-out panel envelope; ~ **paga** (*pers.*) pay-envelope; pay-packet, packet (*ingl.*); ~ (*generalm. affrancata e indirizzata*) **per la risposta** (*comun.*) return envelope; **una ~ senza indirizzo** (*comun.*) an unaddressed envelope; **chi prepara le buste paga** (*pers.*) paymaster.

« **bustarella** », *n. f.* ❶ (*mancia*) gratuity. ❷ (*leg.*) bribe; payola (*USA*). △ ❷ **Quel funzionario non accetta le « bustarelle »** that officer doesn't take bribes.

buttare, *v. t.* (*anche fig.*) to throw*, to fling*, to cast*. // ~ **a mare** (*trasp. mar.*) to cast away; ~ **a mare una parte del carico** (*trasp. mar.*) to cast overboard part of the cargo; ~ **altro denaro per tentare di ricuperare quello perduto** to throw good money after bad; ~ **fuori** to throw out; ~ **giù** (*note frettolose, ecc.*) to jot (down); ~ **giù un articolo** (*giorn.*) to knock off an article; ~ **giù il mercato** (*provocando un forte ribasso dei prezzi*) (*fin.*) to bang the market; ~ **via il denaro** to throw away one's money.

C

cabina, *n. f.* ❶ (*trasp. aer., trasp. mar.*) cabin. ❷ (*trasp. mar.*) berth. ∥ ~ **di comando** (*di locomotiva, ecc.*) (*trasp. ferr.*) engineer's cab; ~ **di comando dei segnali** (*trasp. ferr.*) signal-box; signal tower (*USA*); ~ **di lusso** (*trasp. mar.*) state-room; ~ **di segnalazione** (*trasp. ferr.*) box; ~ **pressurizzata** (*trasp. aer.*) pressure cabin; ~ **telefonica** (*comun.*) call-box, telephone box, telephone booth; ~ **telefonica pubblica** (*comun.*) pay-station, call office.

cablare, *v. t.* (*comun.*) to cable.

cablo, *n. m.* (*comun.*) cablegram, cable.

cablografare, *v. t.* (*comun.*) to cable.

cablogramma, *n. m.* (*comun.*) cablegram, cable, wire.

cabotaggio, *n. m.* (*trasp. mar.*) cabotage; coasting trade.

cacciare, *v. t.* to throw* out, to turn out, to oust. △ Fu cacciato dal posto di lavoro he was turned out of his position; È stato cacciato dall'impiego he's been ousted from office. ∥ ~ **indietro** (*ricacciare*) to repel.

cacciatore, *n. m.* hunter, huntsman*. ∥ ~ **di teste** (*chi ingaggia alti dirigenti per aziende, «soffiandoli» alla concorrenza*) (*amm.; org. az.*) headhunter.

cadere, *v. i.* ❶ (*anche fig.*) to fall*, to drop. ❷ (*di prezzi, ecc.*) to collapse. △ ❶ e ❷ I prezzi caddero improvvisamente suddenly prices fell (*o* collapsed). ∥ ~ **in desuetudine** to become obsolete; il ~ **in desuetudine** obsolescence; ~ **in disuso** (*leg.*) to fall into abeyance; ~ **in prescrizione** (*leg.*) to prescribe, to lapse; to be debarred (by the statute of limitations): Diversi diritti cadono in prescrizione dopo venti anni several rights prescribe in twenty years; Dobbiamo far qualcosa prima che il nostro diritto cada in prescrizione we must do something before our right lapses; Il nostro diritto cadde in prescrizione our right was debarred by the statute of limitations.

caduta, *n. f.* ❶ (*anche fig.*) fall, falling, drop. ❷ (*di prezzi, ecc.*) collapse, plunge, slump. △ ❶ e ❷ C'è stata una improvvisa ~ **dei prezzi** there has been a sudden fall (*o* drop, collapse, plunge) in prices. ∥ ~ **in mare di merci** (*ass. mar.*) falling of goods overboard; **una lieve** (*e spesso temporanea*) ~ **dei prezzi** (*Borsa, fin., market.*) a dip in prices.

cagionare, *v. t. V.* causare.

calandra, *n. f.* calender.

calandrare, *v. t.* to calender.

calare, *v. i.* ❶ to decrease, to fall*, to drop, to decline, to diminish (in value), to lower (in value), to slacken, to weaken. ❷ (*di prezzi, ecc.*) to come* down, to go* down, to sag. ❸ (*fin., market.*) (*di prezzi, quotazioni, ecc.*) to recede. *v. t.* ❶ to lower. ❷ (*i prezzi*) to cut*. △ *v. i.* ❶ La popolazione del centro commerciale di Londra va calando the population in the City is decreasing; Le azioni della società X calano (di valore) the stocks of X company are falling (*o* lowering in value); Il tasso di natalità sta calando in tutta l'Europa occidentale the birth-rate is declining all over Western Europe; La domanda di elettrodomestici è calata notevolmente the demand for household appliances has declined considerably; ❷ È calato il prezzo del burro the price of butter has gone down; I prezzi delle materie prime non caleranno per molto tempo ancora the prices of raw materials will not come down for a long time; ❸ Con la diminuzione della domanda di prodotti petroliferi, i prezzi calarono as demand for oil products eased, prices receded; *v. t.* ❶ Il proprietario non vuole ~ l'affitto dei nostri locali the owner refuses to lower the rent of our premises; ❷ Il Governo ha promesso che calerà i prezzi dei generi di prima necessità the Government has promised it will cut the prices of necessaries. ∥ ~ **di prezzo** to cheapen: I generi alimentari sono calati di prezzo foodstuffs have cheapened; ~ (*un carico*) **nella stiva** (*trasp. mar.*) to strike down; **far** ~ **il prezzo di** to cheapen: Il Governo adotterà provvedimenti per far ~ i prezzi dei generi alimentari the Government will take measures to cheapen foodstuffs.

calata, *n. f.* (*trasp. mar.*) quay, wharf*.

calce, *n. f.* (*comm.*) (*nella locuz.*) in ~ at foot, at bottom, below.

calcestruzzo, *n. m.* concrete.

calcolabile, *a.* ❶ computable, that can be reckoned (*V.* **calcolare**). ❷ (*mat.*) calculable.

calcolare, *v. t.* ❶ (*computare, contare*) to compute, to count. ❷ (*farsi un'idea di*) to reckon, to figure out. ❸ (*controllare*) to tally. ❹ (*stimare*) to evaluate. ❺ (*mat.*) to calculate, to cast*, to cipher out, to cypher out, to figure, to work out. △ ❷ Abbiamo calcolato il costo della materia prima we have reckoned the cost of raw materials; ❸ Non abbiamo ancora calcolato le spese della giornata we haven't yet tallied the expenses for the day. ∥ ~ **l'ammontare di** (*mat., rag.*) to figure up; ~ **un arbitraggio** (*Borsa*) to compute an arbitrage; ~ (*una quantità*) **con una macchina calcolatrice** (*rag.*) to take off; ~ **gli interessi** (*rag.*) to work out the interests; ~ **male** to miscalculate; ~ **la scadenza d'una cambiale** (*banca*) to compute a bill; ~ **una somma** to cipher out a sum; ~ **lo spazio occupato da** (*un testo*) **dopo la sua composizione in tipografia** (*pubbl.*) to cast off; ~ **le spese** (*rag.*) to figure expenses; ~ **la tara di** (*merci, ecc.*) (*market.*) to tare; ~ **il totale di** (*una serie di numeri, ecc.*) (*mat.*) to sum; ~ **i totali** (*di macchina calcolatrice*) to total: Questa addizionatrice calcola i totali fino a 999.999.999 this adding machine totals to 999,999,999; ~ **il valore attuale di** (*mat.*) (*una somma di denaro, un'annualità, ecc.*) to discount back; (*rag.*) (*un'annualità, una rendita, ecc.*) to capitalize.

calcolato, *a.* (*deliberato, voluto*) deliberate.

calcolatore, *a.* calculating. *n. m.* ❶ (*elab. elettr.*) computer. ❷ (*macch. uff.*) computer. ∥ ~ **a programma su schede** (*elab. elettr.*) card-programmed calculator; ~ **a schede perforate** (*elab. elettr.*) electronic calculating punch; ~ **analogico** (*elab. elettr.*) analogue computer; ~ **automatico** (*elab. elettr.*) automatic computer; ~ **della**

calcolatrice seconda generazione (*elab. elettr.*) second-generation computer, solid-state computer; ~ **della terza generazione** (*elab. elettr.*) third-generation computer; **un ~ di grande potenza** (*elab. elettr.*) a large-scale computer; **un ~ di media potenza** (*elab. elettr.*) a medium-sized computer; ~ **elettronico** (*elab. elettr.*) electronic computer; ~ **elettronico numerico** (*elab. elettr.*) digital computer; ~ **elettronico per equazioni** (*elab. elettr.*) electronic digital integrator and computer; ~ **incrementale** (*elab. elettr.*) incremental computer; ~ **numerico** (*elab. elettr.*) numeric computer; ~ **parallelo** (*elab. elettr.*) parallel computer; ~ **scrivente** (*elab. elettr.*) printing calculator; ~ **sequenziale** (*elab. elettr.*) sequential computer; ~ **sincrono** (*elab. elettr.*) synchronous computer.

calcolatrice, *n. f.* (*macch. uff.*) calculating machine, calculator. ∥ ~ **automatica a memoria ritardata** (*elab. elettr.*) electronic delay storage calculator; ~ **automatica per variabili discrete** (*elab. elettr.*) electronic discrete variable automatic calculator; ~ **elettronica numerica** (*elab. elettr.*) digital electronic computer; ~ **numerica** (*elab. elettr.*) digital computer.

calcolo, *n. m.* ❶ (*conteggio*) count, counting; (*computo*) computation. ❷ (*idea approssimativa*) reckoning, working-out. ❸ (*stima*) evaluation. ❹ (*mat.*) calculation, calculus*, cast. △ ❷ **L'esattezza dei miei calcoli è stata abbondantemente provata** the correctness of my reckoning has been amply verified; ❹ **Abbiamo sbagliato i calcoli** we have made a mistake in our calculation. ∥ ~ **approssimativo** (*mat.*) approximate calculation; **calcoli approssimativi** rough and ready calculations; **calcoli basati su tabelle** (*mat.*) tabular computations; ~ **combinatorio** (*mat.*) combination analysis; ~ **delle probabilità** (*mat.*) estimate of probability; ~ **delle spese** (*da sostenere*) estimate of costs; ~ **di convenienza economica** (*org. az.*) feasibility study; ~ **differenziale** (*mat.*) differential calculus; ~ **errato** miscalculation; un ~ **esatto** an accurate calculation; ~ **integrale** (*mat.*) integral calculus; ~ **numerico** (*elab. elettr.*) digital computing; ~ **sbagliato** miscalculation.

caldo, *a.* hot; (*in modo piacevole*) warm. *n. m.* heat. ∥ **molto ~** hot.

calendario, *n. m.* calendar. ∥ ~ **da tavolo** (*attr. uff.*) desk calendar; ~ **delle scadenze** (*pubbl.*) date schedule; ~ **murale** (*attr. uff.*) wall calendar; ~ **perpetuo** (*attr. uff.*) perpetual calendar.

calma, *n. f.* calm.

calmare, *v. t.* to calm, to ease.

calmarsi, *v. rifl.* to calm down, to ease.

calmierare, *v. t.* (*econ.*) to fix a ceiling price for, to roll back the price of. △ **Il consiglio comunale ha deciso di ~ le aree fabbricabili** the town council has decided to fix a ceiling price for building lots.

calmiere, *n. m.* ❶ (*econ.*) price control, rollback (of prices). ❷ (*econ.*) (*il listino prezzi*) official list of prices. ❸ (*econ.*) (*prezzo massimo*) ceiling price (fixed by the authorities).

calo, *n. m.* ❶ decrease, fall, drop, decline, lowering, slackening, step-down. ❷ (*di prezzi, ecc.*) decline, break, cut, cutting, coming down, sag. ❸ (*market., trasp.*) (*di peso o volume*: *della merce*) shrinkage. ❹ (*market., trasp.*) (*di liquidi*) leakage, ullage. △ ❶ **Il ~ delle importazioni durante l'esercizio è stato del 15 per cento** the decrease in imports for the year was 15 per cent; **C'è stato un notevole ~ della popolazione attiva in Italia** there has been a remarkable decline in work force in Italy; **C'è stato un ~ della domanda globale interna** there has been a drop in overall domestic demand; **Ci sarà certamente un ~ produttivo** there will surely be a fall (*o* a step-down) in production; ❷ **La conseguenza è stata un improvviso ~ dei prezzi** the consequence was a sudden decline in prices; **Dobbiamo sforzarci di ottenere un ~ del prezzo della benzina** we must strive to obtain a cut in the price of petrol; ❸ **Le merci hanno sofferto un ~ del 12% durante il trasporto** the goods suffered a 12% shrinkage in transit. ∥ ~ **di una moneta metallica** (*per usura*) wear; **un ~ di peso** (*della merce, ecc.*) (*market.*) a loss in weight; ~ **di qualità** (*market.*) falling-off in quality; **un ~ moderato** (*e spesso temporaneo*) **dei prezzi** (*Borsa, fin., market.*) a dip in prices.

calore, *n. m.* heat.

caloria, *n. f.* calorie, calory.

calorico, *a.* caloric.

calorifico, *a.* calorific.

calpestare, *v. t.* ❶ to tread* on, to trample. ❷ (*anche fig.*) to override*. ∥ ~ **i diritti dei singoli** to override the rights of the individuals.

calunnia, *n. f.* (*leg.*) defamation, slander.

calunniare, *v. t.* (*leg.*) to defame, to slander.

calunniatore, *n. m.* (*leg.*) defamer, slanderer.

calunnioso, *a.* (*leg.*) defamatory, slanderous.

cambiale, *n. f.* (*cred.*) bill of exchange, bill, draft. △ **La ~ è un ordine scritto incondizionato, dato da una persona a un'altra, di pagare una precisa somma di denaro, in una data futura specificata, alla persona in essa menzionata, o al suo ordine, o al portatore** a bill of exchange is an unconditional order in writing, issued by a person on another person, to pay a sum certain in money, at a specified future time, to the person mentioned in it, or to his order, or to bearer. ∥ **una ~ a breve scadenza** (*cred.*) a short bill, a short-dated bill; ~ **a data fissa** (*o* **a data futura determinabile**) (*cred.*) period bill; ~ **a data prefissata** date bill; ~ **a favore del traente** (*cred.*) bill to drawer; ~ **a lunga scadenza** (*cred.*) long-dated bill; ~ **a termine** (*cred.*) time bill; ~ **a vista** (*cred.*) bill at sight, sight bill, bill on demand; ~ **accettata** (*banca, cred.*) acceptance; **cambiali all'incasso** (*banca*) accounts receivable; **cambiali attive** (*rag.*) bills receivable; **cambiali avallate** (*cred.*) backed bills; ~ **commerciale** (*cred.*) trade bill; ~ **derivante da transazioni commerciali** (*banca, cred.*) commodity paper; ~ **di comodo** (*banca, cred.*) accommodation bill, accommodation note, accommodation paper; windmill, kite (*fam.*); ~ **di favore** (*banca, cred.*) V. ~ **di comodo;** ~ **di rivalsa** (*cred., leg.*) redraft; ~ **domiciliata** (*cred.*) domiciled bill; ~ **estera** (*cred.*) foreign bill; ~ **falsa** (*cred., leg.*) forged bill, counterfeit bill (of exchange); stiff (*slang USA*); ~ **in bianco** (*banca, cred.*) blank bill; **cambiali in circolazione** (*cred.*) outstanding bills; **cambiali in copia** (*cred.*) bills in a set; **cambiali in pagamento** (*banca*) accounts payable; ~ **in sofferenza** (*cred.*) unpaid bill; ~ **in unico originale** (*cred.*) sola, sola bill; **una ~ insoluta** (*cred.*) an unpaid bill; ~ « **netta** » (*banca, cred.*) clean bill; **cambiali non accettate** (*cred.*) unaccepted bills; **cambiali non pagate** (*cred.*) outstanding bills; **una ~ pagabile a trenta giorni vista** a bill payable thirty days after sight; ~ **pagabile al portatore** (*cred.*) bill payable to bearer; ~ **pagabile all'interno** (*cred.*) domestic bill, inland bill; ~ **per l'interno** (*cred.*) hometrade bill; ~ **recante l'accettazione del debitore** (*cred.*) trade acceptance; ~ **scontabile al tasso minimo** (*cred.*) fine bill; ~ **scontabile presso la Banca d'Inghilterra** (*e che reca la firma di due* « *accepting houses* »)

Bank bill; ~ **spiccata sulle filiali londinesi di banche estere e da esse accettata** (*banca, cred.*) agency bill; ~ **tratta** (*cred.*) draft; ~ **usata come mezzo di finanziamento** (*e non come strumento di pagamento*) (*fin.*) finance bill.

cambiamento, *n. m.* ❶ change, alteration, variation. ❷ (*spostamento*) shift, shifting. ❸ (*repentino*) turnabout. △ ❶ **Il ~ della sede (del processo) fu considerato inevitabile** (*per legittima suspicione e sim.*) the change of venue was considered inevitable; **Finché Mr Shelton rimarrà al vertice non ci saranno cambiamenti nella nostra attività commerciale** there will be no variations in our business activity as long as Mr Shelton is at the top; ❷ **Ci sono stati cambiamenti al vertice dell'azienda?** have there been any shifts in the top management of the firm? ∥ ~ **al rialzo** (*Borsa*) change for the better; ~ **al ribasso** (*Borsa*) change for the worse; ~ **del tasso ufficiale di sconto** (*fin.*) change in the bank rate; **il ~ della marea** (*trasp. mar.*) the turn of the tide; ~ **di rotta** (*trasp. mar.*) change of route; ~ **di tendenza** (*econ.*) turnabout; ~ **esogeno** (*econ.*) (*cambiamento delle condizioni economiche dovuto a una forza esterna al sistema*) exogenous change; **un ~ in meglio (in peggio)** a turn for the better (for the worse).

cambiamonete, *n. m.* e *f. inv. V.* **cambiavalute.**

cambiare, *v. t.* e *i.* ❶ to change, to alter, to turn, to vary. ❷ (*spostarsi*) to shift. ❸ (*denaro, banconote, ecc.*) to change, to give* change for, to break*. ❹ (*trasp. mar.*) (*di marea*) to turn. △ ❶ **Abbiamo cambiato l'intestazione del conto** we have changed the name of the account; **Il comportamento dei consumatori è notevolmente cambiato per il forte influsso dei mezzi di comunicazione di massa** the consumers' behaviour has varied considerably owing to the impact of mass media; ❷ **Mi cambi cinque sterline, per favore** give me change for five pounds, please. ∥ ~ **una banconota in spiccioli** (*fin.*) to turn a bank-note into cash; ~ **binario** (*trasp. ferr.*) (*di treno*) to shunt; ~ **dollari in lire** to change U.S. dollars into liras; ~ **un dollaro** to give change for a dollar; ~ **residenza in cerca di lavoro** (*specialm. stagionale*) (*econ.*) to migrate; ~ **il testo di** (*una pagina a stampa*) (*giorn.*) to make over; ~ **un titolo contro un altro** (*fin.*) to change one stock for another; ~ **treno** (*trasp. ferr.*) to change trains; **chi cambia frequentemente attività (lavoro, interessi, ecc.)** a rolling stone (*fig.*).

cambiarsi, *v. rifl.* (*fin.*) (*di moneta*) to exchange. △ **La sterlina si cambia contro 2 dollari** the pound exchanges for $ 2; **I franchi svizzeri si cambiavano alla pari coi franchi francesi** Swiss francs exchanged at par with French francs.

cambiavalute, *n. m.* e *f. inv.* (*fin.*) money changer, changer, foreign-exchange broker, exchange broker, cambist.

cambio, *n. m.* ❶ change. ❷ (*scambio*) exchange. ❸ (*fin.*) exchange. ❹ (*fin.*) (*tasso di cambio*) rate (of exchange). ❺ (*pers.*) (*che si dà a un collega, alla fine d'un turno di lavoro*) relief. △ ❶ **Ricordati di prendere con te un ~ d'abiti** remember to take a change of clothes with you; ❷ **Il ~ è alla pari** the exchange is at par; ❸ **Il ~ del mercato libero era di 625 lire per dollaro** the free-market rate against dollars was 625 lire. ∥ ~ **a corso libero** (*fin.*) flexible exchange rate, floating rate, free rate of exchange, free exchange rate; ~ **alla pari** (*fin.*) rate at par; par of exchange; ~ **calcolato attraverso una terza valuta** (*fin.*) cross rate; (*talora*) indirect parity; ~ **certo** (*fin.*) certain exchange; ~ « **certo per l'incerto** » (*fin.*) fixed exchange; (*fin.*) currency rate; ~ **del giorno** (*fin.*) current rate of exchange; **il ~ della moneta** (*econ.*) the currency reform; **il ~ della sterlina** (*fin.*) the sterling exchange; ~ **d'acquisto** (*al quale la banca è disposta ad acquistare divise*) (*banca*) buying rate; ~ **d'apertura** (*fin.*) opening rate (of exchange); ~ **di chiusura** (*fin.*) closing rate (of exchange); ~ **di classe** (*trasp. ferr.*) change of class; ~ **d'indirizzo** change of address; ~ **di rotta** (*trasp. mar.*) sheer; ~ **di vendita** (*banca*) selling rate; ~ **diretto** (*fin.*) direct exchange; ~ **estero** (*fin.*) foreign exchange, external exchange; ~ **fisso** (*fin.*) fixed exchange, direct exchange; ~ **fluttuante** (*fin.*) floating exchange rate, floating rate; ~ **in divise auree** (*fin.*) gold exchange standard; ~ « **incerto per certo** » (*fin.*) indirect exchange, movable exchange; pence rate (*in G.B.*); ~ **incrociato** (*fin.*) cross rate; ~ **indiretto** (*fin.*) indirect exchange, movable exchange, cross rate; ~ **libero** (*fin.*) free rate of exchange, free exchange rate; ~ **marittimo** (*trasp. mar.*) bottomry, maritime loan; ~ **reale** (*fin.*) real exchange; **un ~ sfavorevole** (*econ.*) an unfavourable exchange; **cambi telegrafici** (*fin.*) telegraphic transfer rates; ~ **ufficiale** (*comm. est.*) official rate of exchange; **in ~ di** in return for, against: **Non ottenni nulla in ~ del mio aiuto** I did not get anything in return for my help.

cambista, *n. m.* e *f. V.* **cambiavalute.**

cambusa, *n. f.* (*trasp. mar.*) caboose, galley, storeroom.

cambusiere, *n. m.* (*trasp. mar.*) steward.

camera, *n. f.* room, chamber. ∥ **la ~ Alta** the Upper House (*ingl.*); ~ **blindata** (*attr. uff., banca*) strong-room, vault; **la ~ dei Comuni** the House of Commons (*ingl.*), the Commons; **la ~ dei Lord** the House of Lords (*ingl.*), the Lords; **la ~ dei Rappresentanti** (*dei deputati*) the House of Representatives (*USA*); ~ **di Commercio** Chamber of Commerce; ~ **di Commercio Internazionale (CCI)** International Chamber of Commerce (*ICC*); ~ **di consiglio** council-chamber; ~ **di sicurezza** (*attr. uff., banca*) strong-room; ~ **oscura** (*pubbl.*) darkroom; **la ~ sindacale degli agenti di cambio** (*fin.*) the Stock-Exchange Committee.

cameralismo, *n. m.* (*econ.*) cameralism.

cameriera, *n. f.* (*pers.*) waitress. ∥ ~ **di bordo** (*trasp. mar.*) stewardess.

cameriere, *n. m.* (*pers.*) waiter. ∥ ~ **di bordo** (*trasp. aer., trasp. mar.*) steward.

camion, *n. m.* (*trasp. aut.*) motor-lorry, lorry; motortruck, truck (*USA*).

camionista, *n. m.* (*trasp. aut.*) lorry driver; truck driver, truckman*, teamster (*USA*).

camminare, *v. i.* ❶ to walk, to step. ❷ (*fig.*) (*funzionare*) to run*, to work. ❸ (*fig.*) (*progredire*) to make* progress.

camminata, *n. f.* walk.

cammino, *n. m.* ❶ way; (*viaggio*) journey. ❷ (*fig.*) (*progresso*) headway, progress. △ ❶ **Il fattorino è già in ~** the errand-boy is already on his way. ∥ ~ **critico** (*ric. op.*) critical path; **in ~** (*trasp.*) en route: **La merce è già in ~** the goods are already en route.

campagna, *n. f.* ❶ country; countryside. ❷ (*militare, politica, pubblicitaria*) campaign. ❸ (*market.*) (*commerciale*) drive. ❹ (*market.*) (*di vendita*: *in un dato anno*) marketing year. △ ❸ **Stiamo facendo una grande ~ per vendere il nuovo prodotto** we are making a great drive to sell our new product. ∥ ~ **al rialzo** (*Borsa*) bull campaign; ~ **al ribasso** (*Borsa*) bear campaign; ~ **di commercializzazione** (*market.*) marketing year; ~ **di prova** (*pubbl.*) test campaign; ~ **di stampa** (*giorn.*)

campionamento

press campaign; ~ **di vendita speciale** (*market.*) bargain campaign; ~ **dividendi** (*Borsa*) dividend crop; **la ~ futura** (*pubbl.*) the coming campaign; ~ **giornalistica** (*giorn.*) press campaign; **la ~ oleicola** (*market.*) the marketing year for olive oil; ~ **per la prevenzione degli infortuni** anti-accident campaign; ~ **promozionale** (*market., pubbl.*) promotional campaign; ~ **pubblicitaria** (*pubbl.*) advertising campaign, publicity campaign; ~ **rialzista** (*Borsa*) bull campaign; ~ **ribassista** (*Borsa*) bear campaign.

campionamento, *n. m.* (*market., stat.*) sampling. // ~ **casuale** (*stat.*) random sampling; ~ **delle attività** (*cronot.*) activity sampling; ~ **sequenziale** (*stat.*) sequential sampling; ~ **su un'area** (*market., stat.*) area sampling.

campionare, *v. t.* ❶ (*elab. elettr.*) to sample. ❷ (*market.*) to sample. ❸ (*stat.*) to sample. △ ❸ **I dati sono stati ottenuti campionando una popolazione di 100.000 elementi** the data have been obtained by sampling from a population composed of 100,000 elements.

campionario, *a.* sample, trade (*attr.*). *n. m.* ❶ (*market.*) sample collection, set of samples. ❷ (*market.*) (*di tessuti, carta, ecc.*) pattern-book. △ *a.* **La Fiera Campionaria di Milano aprirà i battenti domani** the Milan Sample Fair (*o* Trade Fair) will open tomorrow.

campionarista, *n. m.* e *f.* (*market., stat.*) sampler.
campionatore, *n. m.* (*market., stat.*) sampler, sampleman*.

campionatura, *n. f.* (*market., stat.*) sampling. // ~ **rappresentativa** (*stat.*) representative sampling.

campione, *n. m.* ❶ specimen. ❷ (*di stoffe, carta da parati e sim.*) pattern. ❸ (*elab. elettr.*) sample. ❹ (*market.*) sample. ❺ (*stat.*) sample. *a. attr.* standard. △ *n.* ❶ **I loro quattro campioni di scrittura saranno esaminati dal perito** the four specimens of their handwriting will be examined by the expert; ❹ **Un ~ è accluso alla nostra lettera** a sample is attached to our letter; **Le vostre merci non sono conformi al ~** your goods are not up to sample. // ~ **casuale** (*market.*) casual sample; (*stat.*) random sample, simple random sample; ~ **di prova** (*market.*) trial sample; ~ **di saggio** (*market.*) trial sample; ~ **di scrittura da sottoporre a esame grafoscopico** (*leg.*) test paper; ~ **di zona** (*stat.*) area sample; ~ **(in) omaggio** (*market.*) free sample; **un ~ obiettivo** (*stat.*) an unbiased sample; ~ **per tutte le necessità** (*market.*) general-purpose sample; **un ~ rappresentativo** (*stat.*) a representative sample; ~ **scelto sulla base della sua comodità e disponibilità** (*market.*) convenience sample; « ~ **senza valore** » (*comun.*) « samples only »; ~ **sistematico** (*stat.*) systematic sample; ~ **statistico** (*stat.*) statistical sample; ~ **stratificato** (*market., stat.*) quota sample, stratified sample; **campioni su richiesta** (*market.*) samples on collection; ~ **unificato** (*market.*) standard sample; **come da ~** as per sample; **su ~** (*market.*) (*di vendita*) by sample.

campo, *n. m.* ❶ (*anche fig.*) field. ❷ (*campo d'azione*) scope; province (*fig.*). ❸ (*estensione*) extent. △ ❶ **Quell'avvocato è celebre nel suo ~** that lawyer is eminent in his field; ❷ **Ciò non rientra nel nostro ~ (d'azione)** that's outside our scope; ❸ **Voglio allargare il ~ dei miei affari** I want to increase the extent of my business. // ~ **d'atterraggio** (*trasp. aer.*) airstrip; ~ **d'aviazione** (*trasp. aer.*) airfield; ~ **di fortuna** (*trasp. aer.*) emergency landing field; ~ **lungo** (*di ripresa cinematografica*) (*pubbl.*) long shot; ~ **medio** (*pubbl.*) middle distance shot, middle ground; **fuori ~** (*pubbl.*) off screen; **in ~ agricolo** in the agricultural sector.

canale, *n. m.* ❶ (*in molti sensi; anche*, « **canale artificiale** ») canal. ❷ (*elab. elettr.*) channel. ❸ (*pubbl.*) (*della televisione*) channel. ❹ (*trasp. mar.*) (*passaggio naturale marittimo*) channel. // ~ **con chiusa** (*trasp. mar.*) sluice; ~ **del porto** (*trasp. mar.*) harbour channel; ~ **d'accesso** (*trasp. mar.*) entrance channel; ~ **di distribuzione** (*market.*) channel of distribution; **canali di distribuzione** (*dei prodotti*) (*market.*) trade channels; **un ~ innavigabile** (*trasp. mar.*) an unnavigable channel; **un ~** (*artificiale*) **navigabile** (*trasp.*) a navigable canal, a ship-canal; ~ **portuale** (*trasp. mar.*) harbour channel.

cancellabile, *a.* erasable. // **non ~** (*elab. elettr.*) non-erasable.

cancellare, *v. t.* ❶ (*facendo una croce o tirando un frego*) to cancel, to cross, to cross out. ❷ (*con la gomma*) to erase. ❸ (*con cimosa o straccio*) to wipe off. ❹ (*in genere*) to delete, to expunge, to obliterate. ❺ (*cred.*) to write* off. ❻ (*elab. elettr.*) to erase. △ ❹ **Abbiamo intenzione di ~ quell'articolo dal catalogo** we are going to expunge that item from the catalogue. // ~ **una causa dal ruolo** (*leg.*) to cancel an action from the cause list, to cancel a cause from the cause list; ~ (*un avvocato*) **dall'albo** (*leg.*) to disbar; ~ **un debito** (*cred.*) to write off a debt.

cancellatura, *n. f.* ❶ (*con una croce o un frego*) cancellation, crossing, crossing out. ❷ (*con la gomma*) erasure. ❸ (*in genere*) deletion, obliteration. △ ❷ **Nel documento c'erano errori e cancellature** there were errors and erasures in the document.

cancellazione, *n. f.* ❶ (*con una croce o un frego*) cancellation, crossing (out). ❷ (*in genere*) deletion, obliteration. ❸ (*cred.*) write-off, writing off. // ~ (*d'un avvocato*) **dall'albo** (*leg.*) disbarment; **la ~ d'un credito inesigibile** (*cred.*) the write-off of a bad debt.

cancelleria, *n. f.* (*attr. uff.*) stationery. // ~ **bollata** (*fin.*) stamped paper; ~ **e stampati** (*attr. uff.*) stationery and printing supplies.

cancelliere, *n. m.* (*leg.*) recorder, registrar. // ~ **dello Scacchiere** (*ingl.*) Chancellor of the Exchequer; ~ **di tribunale** (*leg.*) clerk of the Court.

cancello, *n. m.* gate. // ~ **di passaggio a livello** (*trasp. ferr.*) gate.

candeggiante, *n. m.* bleacher.
candeggiare, *v. t.* to bleach.
candeggiatore, *n. m.* bleacher.

candidato, *a.* acceding. *n. m.* (*pers.*) candidate, applicant. △ *n.* **I candidati devono riempire un modulo d'assunzione** applicants must fill up an application form. // ~ **all'assunzione** (*pers.*) entrant; **essere ~ a una carica** to be up for an office.

candidatura, *n. f.* candidature; candidacy (*USA*).
canestro, *n. m.* basket.
canone, *n. m.* ❶ (*norma*) canon, rule. ❷ (*d'affitto*) rent, rental. // ~ **simile a quello enfiteutico** (*leg.*) ground rent.

cantiere, *n. m.* ❶ yard. ❷ (*trasp. mar.*) shipyard, yard. // ~ **carbonifero** coal yard; ~ **di demolizione** (*trasp. mar.*) scrapyard; ~ **di raddobbo** (*trasp. mar.*) refitting yard; ~ **edile** building yard; ~ **navale** (*trasp. mar.*) shipyard, shipbuilding yard, dockyard; docks (*pl.*); ~ **stradale** road yard.

cantina, *n. f.* cellar, vault.

capace, *a.* ❶ able, capable, competent. ❷ (*spazioso*) capacious, roomy. // ~ **di far fronte ai propri impegni finanziari internazionali** (*econ., fin.*) (*d'uno Stato*) viable; ~ **di tenere il mare** (*trasp. mar.*) (*di nave*) seaworthy; **essere ~ di fare qc.** to be able to do st.

capacità, *n. f. inv.* ❶ ability, capability, capacity, competence. ❷ (*facoltà, potere*) faculty, power. ❸ (*capienza*) capacity. ❹ (*volume*) volume. ❺ (*leg.*) capacity, competence. ❻ (*org. az.*) (*degli impianti*) capacity. △ ❺ **Egli ha la ~ di testare** he is competent to make a will. // **~ a testare** (*leg.*) testamentary capacity; **~ civile delle persone** (*leg.*) competence of persons; **~ concorrenziale** competitiveness; **~ contributiva** (*fin.*) taxable capacity, taxable ability; **~ d'agire** (*leg.*) capacity to act; **~ d'attirare il pubblico** (*pubbl.*) pull; **~ d'un calcolatore** (*elab. elettr.*) capacity of a computer; **~ di carico** (*trasp. mar.*) carrying capacity; **~ di comando** leadership; **la ~ d'un « container »** (*trasp.*) the volume of a container; **~ di contrarre** (*leg.*) capacity to contract; **~** (*d'uno Stato*) **di far fronte ai propri impegni finanziari internazionali** (*econ., fin.*) viability; **~ di guadagno** (*pers.*) earning capacity; **~ d'intendere e di volere** (*leg.*) mental capacity, mental competence; **~ di memoria** (*elab. elettr.*) store capacity; **la ~ d'un recipiente** (*market.*) the volume of a container; **~ di richiamare clientela** (*market., pers.*) drawing power; **~ di ricupero** (*fin.*) buoyancy; **~ di stivaggio** (*trasp. mar.*) stowage: **Le nuove navi hanno un'eccellente ~ di stivaggio** the new ships have got an excellent stowage; **~ di tenere il mare** (*trasp. mar.*) (*di nave*) seaworthiness; **~ di variazione d'un rapporto** (*org. az.*) elasticity of substitution; **~ di vendere** (*market.*) salesmanship; **~ direttiva** (*amm.*) managerial ability, executive ability; **~ giuridica** (*leg.*) capacity to contract; **capacità imprenditoriali** (*pers.*) entrepreneurial skills; **~ legale** (*leg.*) legal capacity; **~ manageriale** (*amm.*) managerial ability; **~ necessaria per testimoniare** (*leg.*) competence of evidence; **~ produttiva** production capacity; (*org. az.*) operating capacity; **~ produttiva inutilizzata** (*econ.*) unused production capacity; **~ produttiva non utilizzata** (*econ.*) non-utilized production potential.

capannone doganale, *n. m.* (*dog.*) bonded shed.
caparra, *n.f.* ❶ earnest money, earnest, hand money, handsel, payment in advance. ❷ (*comm., leg.*) (*pegno*) pawn. ❸ (*leg.*) (*deposito*) deposit, gage.
capienza, *n.f.* capacity. // **~ d'un magazzino** (*org. az.*) storage.
capire, *v. t.* to understand*, to gather, to grasp. △ **Non parlo lo svedese ma lo capisco benino** I don't speak Swedish but I understand it pretty well. // **~ male** to misunderstand; **che non si riesce a ~** (*d'un problema, ecc.*) beyond one's grasp; **che si riesce a ~** (*d'un problema, ecc.*) within one's grasp.
capitale[1], *a.* ❶ capital, paramount. ❷ (*leg.*) capital. △ ❶ **Per la maggior parte dei Paesi in via di sviluppo le importazioni sono una cosa di ~ importanza** exports are a matter of paramount importance for most developing Countries; ❷ **Fu condannato alla pena ~** he was sentenced to capital punishment (*o* to death). // **crimine passibile di pena ~** (*leg.*) criminal offence.
capitale[2], *n. m.* ❶ (*econ.*) capital. ❷ (*fin., rag.*) (*contrapposto a « interessi »*) principal. ❸ (*rag.*) capital sum, capital. ❹ **capitali**, *pl.* (*econ.*) (*beni strumentali*) capital goods. △ ❶ **La società ha un ~ di 1.000.000 di sterline** the company has a capital of £1,000,000; I **capitali che non circolano, non rendono** capitals which do not circulate yield nothing. // **capitali a breve** (*fin.*) short-term funds; **~ a fondo perduto** (*fin.*) capital at venture; **~ assicurato** (*ass.*) insured capital, reversion; **~ azionario** (*fin.*) share capital, joint stock, stock; capital shares (*ingl.*); capital stock (*USA*); (*specialm. di società fondata da poco*) equity capital: **In quel periodo il ~ azionario ebbe una plusvalenza del 20 per cento** in that period the stock gained 20 per cent; **~ azionario non tassabile** (*fin.*) non-assessable stock; **~ che finanzia nuove iniziative** (*econ., fin.*) risk capital, venture capital; **~ che frutta un interesse del 4%** capital bearing 4% interest; **~ circolante** (*econ.*) (*beni che si esauriscono completamente in un solo processo produttivo*) single-use goods; (*fin.*) circulating capital, floating capital; (*rag.*) floating assets, current assets; **capitali circolanti** (*fin.*) circulating capitals, circulating assets; **~ complessivo** (*d'una società*) (*rag.*) capitalization; **capitali congelati** (*fin.*) frozen funds; **il ~ della società** (*di persone*) (*fin.*) the partnership's capital; **~ d'esercizio** (*rag.*) working capital; **~ d'immobilizzo** (*rag.*) real capital; **~ d'impianto** (*fin.*) opening capital; **~ di rischio** (*fin.*) venture capital; **~ dichiarato** (*fin.*) stated capital; **~ disponibile** (*per investimenti*) (*fin., rag.*) free capital; **~ disponibile per un investimento in titoli azionari** (*fin.*) venture capital; **~ e interessi** (*fin.*) principal and interest; **~ e riserve patrimoniali** (*ass.*) capital and reserves; **~ emesso** (*fin.*) issued capital; **~ finanziario** (*investito o reinvestito per trarne profitto*) moneyed capital; **capitali fissi** (*rag.*) fixed assets, permanent assets; **~ fisso** (*rag.*) fixed capital, capital assets; **~ fisso lordo** (*fin., rag.*) gross fixed assets: **I provvedimenti volti a ridurre il disavanzo della pubblica amministrazione dovrebbero gravare piuttosto sui consumi pubblici e privati che non sulla formazione di ~ fisso lordo** measures to reduce the deficit of public authorities should weigh more heavily on public and private consumption than on gross fixed assets formation; **capitali fluttuanti** (*fin.*) circulating assets, circulating capitals; **« ~-idea »** (*p. es., un brevetto, l'esperienza, ecc.*) (*econ.*) idea capital; **~ immobilizzato** (*rag.*) capital equipment, capital assets; **capitali immobilizzati** (*rag.*) permanent assets; **~ impiegato nell'attività commerciale** (*rag.*) stock-in-trade; **capitali in banca** (*rag.*) cash with bank; **~ in commercio** (*rag.*) stock-in-trade; **~ in contanti** (*rag.*) cash capital; **capitali inattivi** (*fin.*) idle capitals, idle money; **~ iniziale** (*fin.*) initial capital, opening capital, starting capital; **~ interamente versato** (*fin.*) capital fully paid up, fully paid-up capital, fully paid capital; **~ inutilizzato** (*econ.*) unemployed capital; (*fin.*) (*azionario*) dead stock; **~ investito** (*in genere*) amount of money invested; (*fin.*) capital invested; (*rag.*) (*in impianti e macchinari*) capital equipment; **~ legale** (*fin., leg.*) legal capital; **~ liquido** (*fin., rag.*) free capital, working capital; **~ massimo emissibile da una società per azioni** (*fin.*) (*parte delle azioni può essere emessa anche in seguito alla costituzione della società*) authorized stock, authorized share capital; **capitali mobili** (*fin.*) circulating capitals, circulating assets; **capitali mobiliari** (*fin.*) circulating capitals, circulating assets; **~ mutuato** (*cred., fin.*) loan capital; **~ netto** (*d'una società per azioni*) (*fin.*) shareholders' equity; (*rag.*) capital owned, equity; **~ nominale** (*fin.*) nominal capital, authorized capital, registered capital; **~ non emesso** (*fin.*) unissued stock; **~ non fruttifero** (*fin.*) capital bearing no interest; **~ non richiamato** (*fin.*) uncalled capital; **~ obbligazionario** (*fin.*) debenture capital, loan stock; **~ parzialmente versato** (*fin.*) capital partly paid up; **~ richiamato** (*fin.*) called-up capital; **~ richiesto** (*fin.*) called-up capital; **~ sociale** (*fin.*) company's capital, registered capital, stock capital, joint stock; corporate capital (*USA*); **~ sottoscritto** (*fin.*) subscribed capital; **~ strumentale** (*econ., fin.*) auxiliary capital; **~ umano** (*org. az.*)

capitalismo

human capital; **capitali vaganti** (*fin.*) refugee capitals, hot money; ~ **versato** (*fin.*) paid-up capital, paid-in capital; ~ **versato in parte** (*fin.*) partly-paid capital; **senza ~ azionario** (*fin.*, *USA*) non-stock (*attr.*).

capitalismo, *n. m.* (*econ.*) capitalism. // ~ **di Stato** (*econ.*) State capitalism; ~ **finanziario** (*econ.*) finance capitalism.

capitalista, *n. m. e f.* ❶ (*econ.*) capitalist. ❷ (*fin.*) (*finanziere*) financier.

capitalistico, *a.* (*econ.*) capitalistic.

capitalizzabile, *a.* (*rag.*) capitalizable.

capitalizzare, *v. t.* (*rag.*) to capitalize.

capitalizzato, *a.* (*fin.*) accumulative. △ **Vorrei vedere il conto dei dividendi capitalizzati** I'd like to see the accumulative dividend account.

capitalizzazione, *n. f.* (*rag.*) capitalization. // ~ **degli interessi** (*fin.*) capitalization of interests; ~ **degli utili** (*fin.*) capitalization of profits; ~ **delle riserve** (*rag.*) capitalization of reserves.

capitaneria di porto, *n. f.* (*trasp. mar.*) harbour office.

capitano, *n. m.* ❶ (*anche fig.*) captain. ❷ (*trasp. mar.*) captain. ❸ (*trasp. mar.*) (*di mercantile*) master, shipmaster. ❹ (*trasp. mar.*) (*di piccolo mercantile*) skipper. △ ❶ **È un ~ d'industria** he is a captain of industry. // ~ **d'armamento** (*trasp. mar.*) ship's husband; ~ **d'industria** (*anche*) tycoon (*USA*); ~ **di lungo corso** (*trasp. mar.*) captain of foreign-going vessel, deep-sea captain; **deep-sea master**; ~ **di macchina** (*trasp. mar.*) engineer; ~ **di (nave) mercantile** (*trasp. mar.*) master mariner, shipmaster; ~ **di porto** (*trasp. mar.*) harbour master; **il ~ e l'equipaggio** (*trasp. mar.*) the master and crew.

capitazione, *n. f.* (*fin.*) poll tax.

capitolato, *n. m.* ❶ (*leg.*) specifications (*pl.*). ❷ (*leg.*) (*d'appalto*) tender.

capitolo, *n. m.* ❶ chapter. ❷ (*rag.*) item. // **capitoli del bilancio** (*rag.*) balance-sheet items; ~ **di spesa** (*fin.*) item of expenditure; **capitoli di spesa iscritti nel budget** (*fin.*, *rag.*) budgeted prices, budgeted standard prices.

capo, *n. m.* ❶ (*chi comanda*) chief, head, master, principal; boss (*fam.*); leader. ❷ (*singolo oggetto*) article, item. ❸ (*pers.*) (*d'un servizio, ecc.*) executive, manager. ❹ (*pers.*) (*d'operai*) foreman*, overman*, walking boss; boss man* (*slang USA*). ❺ (*rag.*) item. // ~ **alla moda** (*market.*) style; ~ **cronista** (*giorn.*) news editor; ~ **del Dipartimento di Stato** (*USA*) Secretary of State; ~ **del personale** (*pers.*) personnel manager, staff manager; ~ **del reparto produzione** (*pers.*) works manager; ~ **della giuria** (*leg.*) foreman; ~ **della Ragioneria dello Stato** (*amm.*) paymaster general; ~ **della squadra di turno** (*pers.*) shift boss, shiftman; ~ **d'accusa** (*leg.*) article of accusation, charge, count of indictment, count; **il ~ d'una famiglia** the head of a family; ~ **d'una giuria femminile** (*leg.*) forewoman; ~ **d'uno scalo** (*trasp. ferr.*) yard-master; ~ **di spesa** (*fin.*) item of expenditure; **un ~ di vestiario** an article of clothing; ~ **intermedio** (*pers.*) leader, first-line supervisor, foreman; ~ **officina** (*pers.*) shop foreman; ~ **operaio** (*pers.*) foreman; ~ **pilota** (*trasp. mar.*) pilot master; ~ **reparto** (*pers.*) department head; ~ **ufficio** (*pers.*) head clerk, chief clerk; boss (*fam.*); boss man (*slang USA*).

capocronista, *n. m. e f.* (*giorn.*) news editor; city editor (*USA*).

capofamiglia, *n. m. e f. inv.* head of a family, householder. // **il ~** the master of the house, the man of the house.

capolinea, *n. m. inv.* (*trasp.*) terminal station, terminal, terminus.

capomastro, *n. m.* (*pers.*) master mason.

caporedattore, *n. m.* (*giorn.*) head of the editorial staff. // ~ **della pagina finanziaria** (*giorn.*) City editor.

caposquadra, *n. m. inv.* (*pers.*) foreman*, overman*, leader, walking boss. // ~ **del cantiere navale** (*pers.*, *trasp. mar.*) shipping foreman.

capostazione, *n. m.* (*trasp. ferr.*) station-master.

capotreno, *n. m.* (*trasp. ferr.*) guard; conductor (*USA*).

capoufficio, *n. m. e f.* (*pers.*) chief clerk, head clerk; boss (*fam.*); boss man* (*slang USA*).

capoverso, *n. m.* ❶ indent, indentation, indention. ❷ (*paragrafo*) paragraph.

capovolgere, *v. t.* ❶ (*anche fig.*) to upset*. ❷ (*leg.*) to overrule, to reverse. ❸ (*trasp. mar.*) to capsize. △ ❸ **I cavalloni capovolsero la scialuppa** the billows capsized (*o* upset) the boat. // ~ **la procedura** (*leg.*) to reverse the procedure; ~ **una sentenza** (*leg.*) to overrule a sentence.

capovolgersi, *v. rifl.* (*trasp. mar.*) to capsize.

capovolgimento, *n. m.* ❶ (*anche fig.*) upset. ❷ (*trasp. mar.*) capsizal, capsizing.

cappa, *n. f.* (*trasp. mar.*) primage, hat money. // **essere alla ~** (*trasp. mar.*) (*di nave*) to lie to.

captazione, *n. f.* (*leg.*) captation, undue influence.

capufficio, *n. m. inv.* V. **capoufficio**.

caratista, *n. m. e f.* (*trasp. mar.*) (*chi partecipa alla proprietà d'una nave con uno o più carati*) part-owner.

carato, *n. m.* ❶ (*unità di misura usata in gioielleria ed equivalente a 2 decigrammi*) carat. ❷ (*trasp. mar.*) (*24ª parte di comproprietà di nave*) one twenty-fourth (of the value of a ship). ❸ (*per estensione: quota parte in un'azienda*) share (in a firm).

carattere, *n. m.* ❶ character. ❷ (*di stampa*) type, face (*sempre sing.*); character, letter. ❸ (*elab. elettr.*) character. ❹ (*giorn.*, *pubbl.*) (*tipografico o di macchina da scrivere*) write (*sempre sing.*). △ ❹ **Questa macchina da scrivere ha una notevole chiarezza di ~** (*o dei caratteri*) this typewriter has a remarkable clearness of write. // ~ **chiaro** (*giorn.*, *pubbl.*) lightface, light; ~ **corpo dieci** (*giorn.*, *pubbl.*) long primer; ~ **corsivo** (*giorn.*, *pubbl.*) italic type; ~ **di stampa** (*giorn.*, *pubbl.*) V. ~ **tipografico**; ~ **di tabulazione** (*elab. elettr.*) tabulation character; ~ (*tipografico*) **largo** (*giorn.*, *pubbl.*) extended type; **caratteri magnetici** (*elab. elettr.*) magnetic characters; ~ **maiuscolo** (*giorn.*, *pubbl.*) upper case, capital; ~ **minuscolo** (*giorn.*, *pubbl.*) lower case, minuscule; ~ **neretto** (*giorn.*, *pubbl.*) medium boldface; **caratteri romani** (*giorn.*, *pubbl.*) Roman letters; ~ **senza informazione** (*elab. elettr.*) null character, null representation; ~ **stretto** (*giorn.*, *pubbl.*) condensed type; **caratteri tipografici** (*giorn.*, *pubbl.*) type, print (*sempre sing.*): **Sarà stampata un'edizione speciale in caratteri grandi** a special edition will be printed in large type; ~ **tipografico** (*giorn.*, *pubbl.*) type (*sempre sing.*); character, letter, face; ~ **tipografico nero** (*giorn.*, *pubbl.*) fullface; ~ **tondo** (*giorn.*, *pubbl.*) Roman type; **a ~ nazionale** nation wide: **Questa è un'industria a ~ nazionale** this is a nation-wide industry; **che ha il ~ d'una promessa** (*leg.*) promissory.

caratteristica, *n. f.* characteristic, feature. // **caratteristiche fondamentali** outlines.

caratteristico, *a.* characteristic.

caratterizzare, *v. t.* to characterize. // **caratterizzato dalla diminuzione dei prezzi** (*fin.*) (*di mercato*, ecc.) heavy; **caratterizzato dalla scarsità dell'offerta** (*fin.*) (*di mercato*) thin.

caratura, *n. f.* ❶ (*trasp. mar.*) part-ownership. ❷ (*per estensione*: *quota parte in un'azienda*) share (in a firm).

carbone, *n. m.* ❶ (*specialm. fossile*) coal. ❷ (*di legna*) charcoal. // ~ **di qualità inferiore** low-grade coal; «~ **franco vagone a destinazione**» (*market.*) «coal and wagon»; ~ **per piroscafo** (*trasp. mar.*) bunker coal, bunkers.

carboniera, *n. f.* (*trasp. mar.*) coaler, collier.

carbonile, *n. m.* (*trasp. mar.*) coal bunker, bunker.

carcere, *n. m.* prison, jail. // ~ **preventivo** (*leg.*) detention.

cardex, *n. m.* (*attr. uff.*, *neol.*) (*mobili e sistema per la conservazione e la schedatura dei documenti*) card index.

cardinale, *a.* (*mat.*) cardinal.

carena, *n. f.* (*trasp. mar.*) hull, keel, bottom.

carenaggio, *n. m.* ❶ (*trasp. mar.*) careening, dry-docking, graving. ❷ (*trasp. mar.*) (*spese di carenaggio*) careenage.

carenamento, *n. m.* (*trasp. mar.*) careening, dry-docking, graving.

carenare, *v. t.* (*trasp. mar.*) to careen, to dry-dock.

carenza, *n. f.* ❶ lack, shortage, scarcity. ❷ (*econ.*) (*della domanda e sim.*) decline. △ ❷ **C'è una generale ~ di domanda** there are declines everywhere in demand. // ~ **di manodopera** (*econ.*) labour shortage.

carestia, *n. f.* ❶ famine. ❷ (*fig.*) dearth, scarcity, shortage.

cargo, *n. m.* (*trasp. mar.*) cargo.

carica, *n. f.* ❶ (*pers.*) (*ufficio*) office. ❷ (*pers.*) (*impiego*) post. △ ❶ **Lascerà la ~ dopo la prossima assemblea** he will leave office after the next meeting. // ~ **di cassiere** (*fin.*) treasurership; ~ **di direttore, amministratore, ecc.** (*fin.*) directorship, directorate; **una ~ di (grande) responsabilità** (*amm.*, *pers.*) a responsible office; ~ **d'ispettore** (*leg.*) inspectorship; ~ **di magistrato** (*leg.*) magistrateship; ~ **di tesoriere** (*fin.*) treasurership; **una ~ elettiva** an elective office; **una ~ onorifica** an honorary office; **chi ha una ~** (*pers.*) office-bearer, office-holder; **essere in ~** (*amm.*) to hold office.

caricamento, *n. m.* ❶ (*trasp.*) loading. ❷ (*trasp. mar.*, *anche*) lading. // ~ **a bordo** (*trasp. mar.*) loading aboard; ~ **dei carbonili** (*trasp. mar.*) bunkering; ~ **sul ponte** (*trasp. mar.*) deck shipment.

caricare, *v. t.* ❶ to charge, to load. ❷ (*un orologio e sim.*) to wind*. ❸ (*trasp.*) to load. ❹ (*trasp. mar.*, *anche*) to lade*, to ship. *v. i.* (*trasp. mar.*) to load. △ *v. t.* ❸ **È stata caricata la merce?** have the goods been loaded?; **Stanno caricando le navi** they are loading the ships; ❹ **In nessun caso il ricevitore avrà diritto d'abbandonare al vettore le cose caricate** under no circumstances shall the consignee have the right to abandon to the carrier the goods shipped; *v. i.* **La nave sta caricando ora** the ship is loading now. // ~ **una batteria** to charge an accumulator; ~ **carbone** (*trasp. mar.*) to take in coal; ~ **di merce una nave** (*trasp. mar.*) to lade a ship with a cargo; ~ **interessi su un conto** (*rag.*) to charge an account with interest; ~ **merci a bordo d'una nave** (*trasp. mar.*) to load goods aboard a ship; ~ **una nave** (*trasp. mar.*) to lade a vessel; ~ **un prezzo** (*per coprire le spese e trarne un profitto*) (*fin.*, *market.*) to load a price; ~ (*merce*) **su chiatte** (*trasp. mar.*) to lighter; **caricarsi di debiti** to run into debts.

caricato, *a.* ❶ (*trasp.*) loaded. ❷ (*trasp. mar.*, *anche*) laden.

caricatore, *n. m.* ❶ (*elab. elettr.*) loader. ❷ (*pers.*) loader. ❸ (*trasp. mar.*) shipper. △ ❸ **Le polizze di carico devono essere redatte dal ~ o da chi per esso in conformità alle vigenti leggi** the bills of lading must be drawn up by the shipper or his agent in accordance with the existing laws.

caricazione, *n. f.* (*trasp.*, *trasp. mar.*) loading. // ~ **completa** (*di vagone*) (*trasp. ferr.*) truck load.

carico, *a.* ❶ (*anche fig.*) laden. ❷ (*trasp.*) loaded. *n. m.* ❶ charge, load. ❷ (*fig.*) weight, burden, load. ❸ (*fig.*) (*aggravio*, *spesa*) charge, expense. ❹ (*trasp.*) load, consignment. ❺ (*trasp.*) (*caricamento*) loading. ❻ (*trasp. mar.*) cargo, bulk, load, shipment. ❼ (*trasp. mar.*) (*caricamento*) loading, lading. △ *a.* ❶ **La nave era carica di materie prime che dovevano essere trasformate in manufatti** the ship was laden with basic materials to be transformed into manufactured goods; ❷ **I vagoni erano carichi di agrumi** the trucks were loaded with citrus fruit; *n.* ❷ **Il direttore ha un gravoso ~ di responsabilità** the manager has a great load (*o* weight) of responsibility; ❸ **Il trasporto è a nostro ~** carriage is to our charge; **La merce viaggia a ~ del destinatario** goods are sent at the consignee's expense; ❹ **Sono arrivati tre camion a pieno ~ di materiali da costruzione** three lorries have arrived with a full load of building materials; ❺ **Le operazioni di ~ non sono ancora terminate** the loading operations are still going on; ❻ **La nave trasporta un ~ misto** the ship is loaded with a mixed cargo; **È appena giunto un grosso ~ di carbone** a large shipment of coal has just arrived; **Il ~ non è conforme al campione** the bulk is not equal to sample. // ~ **a collettame** (*trasp. mar.*) general cargo; ~ **aereo** (*trasp. aer.*) freight; ~ **alla rinfusa** (*trasp. mar.*) cargo in bulk, bulk load; ~ **completo** (*trasp.*) full load; (*trasp. mar.*) shipload, full cargo; ~ **consegnato** (*trasp. mar.*) output; ~ **d'andata** (*trasp. mar.*) outward cargo; ~ **di cabotaggio** (*trasp. mar.*) coasting cargo; ~ **di coperta** (*trasp. mar.*) deck cargo, deck load; ~ **di famiglia** (*pers.*) encumbrance; ~ **di lavoro** (*pers.*) work load; **un ~ di legname** (*trasp. mar.*) a cargo of timber; ~ **di ritorno** (*trasp. mar.*) homeward cargo, return cargo; ~ **e scarico** (*rag.*) charge and discharge; ~ **fiscale** (*fin.*) tax burden; ~ «**imbarazzato**» (*per sistemazione difettosa nelle stive*) (*trasp. mar.*) overstowage; ~ **imbarcato in eccesso rispetto alla quantità specificata in polizza (di carico)** (*trasp. mar.*) overage; ~ **ipotecario** (*leg.*) encumbrance; ~ **macchine** (*org. az.*) machine load; ~ **marittimo** (*trasp. mar.*) freight; ~ **massimo** (*comun.*, *trasp.*) peak load; (*org. az.*) (*dei macchinari, ecc.*) peak load; (*trasp.*) maximum load; ~ **massimo consentito** (*trasp. mar.*) shipload; ~ **massimo per assale** (*trasp.*) maximum axle load; ~ **misto** (*trasp. mar.*) mixed cargo, general cargo; ~ **pagante** (*trasp. aer.*) pay-load; ~ **secco** (*trasp. mar.*) dry cargo; **carichi secchi** (*trasp. mar.*) dry goods; ~ **sopra coperta** (*trasp. mar.*) dead cargo; ~ **terrestre** (*trasp.*) carriage; freight (*USA*); ~ **trasportato su di un aereo** (*trasp. aer.*) air cargo; ~ **tributario** (*fin.*) burden of taxation; ~ **utile** (*trasp.*) live load; **a ~ di q.** (*market.*, *rag.*) chargeable to sb., at sb.'s expense; (*pers.*) dependent on sb.: **Il dazio è a ~ del compratore** the duty is chargeable to the buyer; **Il nolo è a ~ dell'importatore** freight is at the importer's expense; **Essendo disoccupato, Giovanni era a ~ del figlio** being out of work, Giovanni was dependent upon his son's earnings; **l'essere a ~ (di q.)** (*pers.*) dependence; **persone a ~** (*pers.*) dependants; «**spese a ~ del vostro conto**» (*market.*, *rag.*) «expenses to be debited to you» (*o* charged to your account).

caritatevole, *a.* charitable, eleemosynary.

carne, *n. f.* meat. // ~ **di bue in scatola** (*market.*) pressed beef; ~ **di manzo conservata** (*market.*) corned beef; ~ **surgelata** (*market.*) deep-frozen meat.

caro, *a.* (*market.*) dear, costly, expensive, high. *n. m.* high cost, high price. *avv.* dear, dearly. △ *a.* **Quel negozio è davvero molto ~** that shop is very dear indeed; **Quella fu un'annata cara** (*di prezzi alti*) that was a dear year!; **Si dice che il denaro è ~ quando è difficile ottenere prestiti e il tasso d'interesse è alto** money is said to be dear when loans are difficult to get and interest rates are high; **Gli agrumi sono stati cari l'anno scorso** citrus fruits were high last year; *n.* **Ci furono agitazioni sociali a causa del ~ dei viveri** there was social unrest owing to the high price of food; *avv.* **Non è facile comprare a buon mercato e vender ~** it's not easy to buy cheap and sell dear; **Questo ci costerebbe troppo ~** that would cost us too dear. // **l'esser ~** dearness; **a ~ prezzo** dearly, dear; **non ~** (*market.*) (*d'articolo*) inexpensive; (*di prezzo*) reasonable.

carosello pubblicitario, *n. m.* (*pubbl.*) commercial.

carosello televisivo, *n. m.* (*pubbl.*) short.

carovita, *n. m.* ❶ high cost of living. ❷ (*pers.*) (*indennità*) cost-of-living allowance, cost-of-living bonus. // **indennità di ~** (*pers.*) V. ~, def. 2.

caroviveri, *n. m.* V. **carovita**.

carpetta, *n. f.* (*attr. uff.*) folder.

carrello, *n. m.* ❶ (*attr. uff.*) (*di macchina da scrivere o contabile*) carriage. ❷ (*pubbl.*) (*su cui è posta la macchina da presa, cinematografica o televisiva*) dolly. ❸ (*trasp. aer.*) (*d'atterraggio*) undercarriage, landing gear. ❹ (*trasp. ferr.*) (*di locomotiva o di carrozza ferroviaria*) truck. // ~ **di servizio** (*trasp. ferr.*) trolley; handcar (*USA*); ~ **di vagone** (*telaio di carro*) (*trasp. ferr.*) bogie; ~ **ferroviario** (*telaio di carro*) (*trasp. ferr.*) bogie.

carretta, *n. f.* ❶ (*trasp.*) cart. ❷ (*trasp. mar.*) tramp, ocean tramp.

carrettata, *n. f.* ❶ cartful. ❷ (*trasp.*) cartload.

carrettiere, *n. m.* carter.

carriera, *n. f.* ❶ career. ❷ (*pers.*) (*trascorsa*) record. △ ❶ **Ha intrapreso la ~ commerciale** he has taken up a business career.

carrierismo, *n. m.* careerism.

carrierista, *n. m.* careerist; career-man*.

carro, *n. m.* ❶ (*trasp.*) cart, truck, waggon, wagon. ❷ (*trasp.*) (*contenuto di un carro*) cartload. ❸ (*trasp. ferr.*) waggon; (*senza sponde*) truck; car (*USA*). △ ❷ **Ho comprato due carri di frumento** I've bought two cartloads of wheat. // ~ **attrezzi** (*trasp. aut.*) breakdown car, tow car, wrecking car, wrecker; ~ **bagagli** (*trasp. ferr.*) luggage van; baggage car (*USA*); ~ **bestiame** (*trasp. ferr.*) stock car; ~ **cisterna** (*trasp. ferr.*) tank-car; ~ **(di) soccorso** (*trasp. aut.*) wrecking car, wrecker; ~ **gru** (*trasp. aut.*) wrecking car, wrecker; ~ **merci** (*coperto*) (*trasp. ferr.*) waggon, van; freight car (*USA*); ~ **merci aperto** (*trasp. ferr.*) truck; ~ **merci senza sponde** (*trasp. ferr.*) (*flat*) truck; platform-car; flatcar, flat (*USA*); ~ **sganciabile in corsa** (*trasp. ferr.*) slip carriage.

carrozza, *n. f.* ❶ (*trasp.*) carriage, coach. ❷ (*trasp. ferr.*) railway carriage, carriage, coach; car (*USA*). △ ❷ **Le carrozze di prima classe sono davanti** the first-class carriages are in front. // ~ **belvedere** (*trasp. ferr.*) observation car; ~ **con corridoio** (*trasp. ferr.*) corridor carriage; ~ **con letti** (*trasp. ferr.*) sleeping-car; ~ **(di) lusso** (*trasp. ferr., USA*) parlor car, club car, lounge car; ~ **di piazza** (*trasp. ferr.*) cab; **una ~ di seconda (classe)** (*trasp. ferr.*) a second-class carriage; ~ **ferroviaria** (*trasp. ferr.*) carriage, coach; car, coach (*USA*); ~ **ferroviaria del tipo meno costoso e meno comodo** (*spesso senza sedili reclinabili*) (*trasp. ferr., USA*) coach; ~ **mista** (*trasp. ferr.*) composite carriage; ~ **ristorante** (*trasp. ferr.*) restaurant car (*ingl.*); dining-car (*ingl. e USA*); ~ **salone** (*trasp. ferr., USA*) club car, lounge car, parlor car; ~ **salone con poltrone trasformabili in letti** (*trasp. ferr.*) pullman (*USA*); ~ **sganciabile in corsa** (*trasp. ferr.*) slip-coach; ~ **viaggiatori** carriage, coach; passenger car (*USA*).

carrozzeria, *n. f.* ❶ (*trasp.*) (*d'autoveicolo*) body. ❷ (*trasp. aut.*) (*officina di chi fa carrozzerie*) coach builder's workshop. ❸ (*trasp. aut.*) (*officina di chi le ripara*) workshop of a coach repairer. // **fuori serie** custom-built body; **lavori di ~** coachbuilding; coach repairing.

carrozziere, *n. m.* ❶ (*chi fa carrozzerie*) coach-builder, coachbuilder, body builder, car stylist. ❷ (*chi le ripara*) coach repairer.

«**carrozzone**», *n. m.* (*fig.*) burocratic monster.

carta, *n. f.* ❶ paper. ❷ (*statuto*) charter. ❸ **carte**, *pl.* (*documenti*) papers, documents. // ~ **assorbente** (*attr. uff.*) blotting paper; ~ **automobilistica** (*trasp. aut.*) motoring map; ~ **bancabile** (*fin.*) eligible paper; ~ **bianca** (*non scritta*) blank paper; (*fig.*) «carte blanche», free hand: **Mi hanno dato ~ bianca** they've given me a free hand; ~ **bollata** (*fin.*) stamped paper, stamp-paper; ~ **calandrata** (*pubbl.*) calendered paper; ~ **carbone** (*attr. uff.*) carbon paper; ~ **commerciale** (*banca, cred.*) mercantile paper; ~ **commerciale di prim'ordine** (*cred.*) fine trade paper; ~ **costiera dei relitti** (*trasp. mar.*) wreck chart; ~ **costitutiva** (*d'una società*) (*leg.*) charter; ~ **da bollo** (*fin.*) V. ~ **bollata**; ~ **da disegno** (*pubbl.*) drawing paper; ~ **da giornale** (*giorn.*) newsprint; ~ **da imballaggio** (*market.*) packing-paper, wrapping-paper; ~ **da lettere** (*attr. uff.*) letter-paper, writing-paper, note-paper; ~ **da lettere intestata** (*attr. uff.*) headed letter-paper; ~ **da lettere per l'estero** (*attr. uff.*) foreign letter-paper; ~ **da pacchi** (*market.*) wrapping-paper, packing-paper, brown paper; ~ **da scrivere** (*attr. uff.*) writing-paper; ~ **da stampa** (*giorn.*) printing-paper; ~ **dei venti** (*trasp. mar.*) wind-chart; **carte di bordo** (*trasp. mar.*) ship's papers; ~ **d'identità** identity card; ~ **di sbarco** (*per passeggeri*) (*trasp. mar.*) landing card; ~ **geografica** map; ~ **intestata** (*attr. uff.*) headed letter-paper; ~ **libera** (*esente da bollo*) unstamped paper; ~ **litografica** (*pubbl.*) lithographic paper; ~ **millimetrata** (*attr. uff.*) graph paper; ~ **moneta** (*fin.*) paper currency, paper money, paper; ~ **moneta non convertibile** (*in moneta metallica*) (*fin.*) irredeemable paper money; ~ **monetata** (*fin.*) paper currency, paper money, paper; ~ **nautica** (*trasp. mar.*) chart, sea chart; ~ **offset** (*giorn., pubbl.*) offset paper; ~ **patinata** (*giorn., pubbl.*) glossy paper, coated paper, enamel paper; ~ **per bozze** (*giorn.*) proof paper; ~ (*a tinta unita o «fantasia»*) **per copertine** (*di libri, ecc.*) (*pubbl.*) side paper; ~ **per uso legale** (*leg.*) legal cap; ~ **sottile per avvolgere la merce** (*market.*) shop paper; ~ **straccia** waste paper; ~ **stradale** (*trasp. aut.*) route-map; ~ **topografica** map; ~ **uso bollo** bond paper; **il mettere le carte in tavola** (*fig.*) show-down; **sulla ~** (*fig.*) on paper: **Sulla ~ il vostro progetto sembrava buono** your plan looked good on paper.

cartaceo, *a.* paper (*attr.*). // **moneta cartacea** (*fin.*) paper currency, paper money.

carteggio, *n. m.* ❶ (*corrispondenza*) correspondence. ❷ (*raccolta di lettere*) collection of letters. ❸ (*leg.*) (*documenti*) papers (*pl.*). // ~ **concernente una causa** (e

contenente estratti di « comparse » e altri documenti scambiati fra le parti) (*leg.*, *ingl.*) paper book.
cartella, *n. f.* ❶ (*per documenti*) briefcase. ❷ (*per documenti legali*) brief bag (*ingl.*). ❸ (*generalm. di cuoio*) portfolio. ❹ (*attr. uff.*) (*di cartone: per tenervi fogli*) folder. ❺ (*fin.*) (*di azioni, di obbligazioni, ecc.*) certificate. // ~ **azionaria** (*fin.*) share certificate; ~ **del debito pubblico** (*fin.*) Government bond; ~ **delle imposte** (*o* **delle tasse**) (*fin.*) tax assessment, tax return; ~ **delle imposte locali** (*fin.*) precept (*ingl.*); ~ **delle tasse** (*l'importo*) (*fin.*) tax bill; ~ **di campioni** (*market.*) sample-card; ~ **di cedole** (*fin.*) coupon sheet; ~ **di prestito** (*o* **di mutuo**) (*cred.*) loan certificate; **cartelle ipotecarie di primo grado** (*fin.*) first-mortgage bonds; ~ **multipla** (*azionaria*) (*fin.*) certificate for more than one share; ~ **obbligazionaria** (*fin.*) debenture certificate; ~ **unitaria** (*fin.*) certificate for one share.
cartellino, *n. m.* ❶ card. ❷ (*attr. uff.*) file card. ❸ (*market.*) label, ticket; (*a ciondolo*) tag. ❹ (*pers.*) card, ticket. ❺ (*trasp.*) (*etichetta sul bagaglio*) label, (*a ciondolo*) tag. // ~ **del prezzo** (*market.*) price-tag, reader: **I negozianti sono tenuti a mettere in mostra i cartellini dei prezzi per tutti gli articoli in vetrina** shopkeepers are obliged to show price-tags for all the articles they display in their shop-windows; ~ **d'entrata e uscita degli operai** (*org. az.*) clock card; ~ **di presenza** (*org. az.*) clock card, time card, time ticket; ~ **pubblicitario da vetrina** (*di negozio*) (*market.*) window-card; ~ **segnaprezzo** (*market.*) tag: **Nelle vetrine tutti i cartellini segnaprezzo debbono essere chiaramente visibili** in shop-windows all tags must be clearly visible; ~ **segnatempo** (*org. az.*) clock card.
cartello, *n. m.* ❶ (*manifesto*) bill, placard, poster. ❷ (*econ., fin.*) cartel, combine, pool, syndicate. ❸ (*pubbl.*) poster, placard, bill; billboard (*USA*). ❹ (*trasp.*) (*stradale, ecc.*) sign. △ ❷ **I « cartelli » facilitarono la trasformazione dell'economia tedesca a fini bellici** cartels made easier the transformation of the German economy for war purposes. // **un ~ bancario** (*fin.*) a cartel of banks; ~ **da vetrina** (*pubbl.*) display card; ~ **pubblicitario** (*pubbl.*) V. ~, def. 3; ~ **recante indicazioni** (*sulla merce in vetrina, ecc.*) (*market.*) reader; ~ **segnaletico** (*stradale*) (*trasp.*) guide board; ~ **stradale** (*trasp. aut.*) road-sign.
cartellone, *n. m.* (*pubbl.*) poster, placard, bill; billboard, board (*USA*). // ~ **pubblicitario** (*pubbl.*) V. ~; ~ **pubblicitario appaiato a un altro** (*per essere portato sulle spalle da un « sandwich man »*, *q.V.*) (*pubbl.*) sandwich board.
cartellonista, *n. m. e f.* (*pubbl.*) poster designer.
cartiera, *n. f.* paper mill.
cartolina, *n. f.* (*comun.*) postcard, card. // ~ **con risposta pagata** (*comun.*) reply postal card, business reply card, reply card; ~ **doppia** double postcard; ~ **illustrata** picture postcard; ~ **per ordinazioni** (*inviata ai clienti, generalm. insieme ad altro materiale pubblicitario*) (*market., pubbl.*) return card; ~ **postale** (*comun.*) postcard.
cartoncino, *n. m.* ❶ (*biglietto*) card. ❷ (*pubbl.*) cardboard.
cartone, *n. m.* ❶ cardboard. ❷ (*market.*) (*imballaggio di cartone*) cartoon. // ~ **animato** (*pubbl.*) (*animated*) cartoon; ~ **di legno** (*pubbl.*) chipboard; ~ **forte** (*o* **grosso**) millboard; ~ **ondulato** corrugated cardboard.
casa, *n. f.* ❶ house. ❷ (*dove si abita*) home. ❸ (*natale*) home. ❹ (*unità familiare*) household. ❺ (*azienda, ditta*) (*business*) house; firm. // **a due piani** double-decker; **la ~ Bianca** (*USA*) the White House; ~ **colonica** farm, farmhouse, homestead; ~ **commerciale** business house, house, firm: **Questa ~ commerciale è assai antica** this is a very old business (*o* trading) house; ~ **commerciale tenuta** (*per contratto*) **a rifornirsi presso una determinata ditta** (*market.*) tied house, tied cottage; ~ **commissionaria** commission house; ~ **di commercio** commercial house; ~ **di sconto** (*market.*) discount house; discount store (*USA*); ~ **editrice** (*giorn., pubbl.*) publishing house, publisher; ~ **madre** (*fin., org. az.*) parent company; parent corporation (*USA*); ~ **popolare** council house (*ingl.*); **una ~ prefabbricata** a ready-built house, a prefabricated house; **una ~ priva d'ogni comodità** a house bare of all comforts; ~ **produttrice di dischi** recording firm, label; **una ~ sfitta** a vacant house; **a ~** at home; **di ~ in ~** house-to-house: **La propaganda di ~ in ~ può essere una tecnica di vendita assai efficace** house-to-house canvassing can be a very effective selling technique.
casaccio, *n. m.* (*nella locuz.*) **a ~** at random (*avv.*); random (*a. attr.*).
casalinghi, *n. pl.* (*market.*) household goods; domestics (*USA*).
casalingo, *a.* ❶ domestic; home (*attr.*). ❷ (*market.*) (*fatto in casa*) homemade. // **articoli casalinghi** (*market.*) V. **casalinghi**.
cascame, *n. m.* ❶ (*market., org. az.*) waste, scrap. ❷ **cascami**, *pl.* (*market., org. az.*) waste products; waste, scrap (*sing.*).
caseificio, *n. m.* dairy.
casella, *n. f.* (*di casellario*) pigeon-hole. // ~ **postale** (*comun.*) post-office box.
casellario, *n. m.* (*attr. uff.*) filing cabinet; files (*pl.*). // ~ **giudiziario** (*leg.*) judicial register; ~ **penale** (*leg.*) criminal records (*pl.*).
casello, *n. m.* (*trasp. aut.*) (*d'autostrada, ecc.*) toll-house, tollgate. // ~ **daziario** toll-house.
casereccio, *a.* homemade; domestic (*USA*).
casistica, *n. f.* (*pers.*) case-study method.
caso, *n. m.* ❶ case; (*circostanza*) circumstance, contingency. ❷ (*sorte*) chance. ❸ (*pers.*) case history. // ~ (*giudiziario*) **che costituisce un « precedente »** (*leg.*) leading case; ~ **di bisogno** (*cred.*) case of need: **« in ~ di bisogno, presso Mr C. Parish »** (*avviso su una cambiale*) « in case of need, apply to Mr C. Parish »; **un ~ di coscienza** a case of conscience; **casi di forza maggiore** (*ass., leg.*) acts of God; **un ~** (*giudiziario*) **semplicissimo** (*leg.*) an open-and-shut case; **a seconda dei casi** according to circumstances; **a seconda del ~** as the case may be; **in casi di forza maggiore** in case of inevitable accidents; **in nessun ~** under no circumstance; **secondo il ~** according to circumstances.
cassa, *n. f.* ❶ (*da imballaggio*) case, box, package. ❷ (*forziere*) coffer. ❸ (*dove sta il cassiere o la cassiera*) cash desk, cashier's desk; till; (*banco*, « **sportello** ») counter. ❹ (*banca, fin.*) bank. ❺ (*fin.*) treasury. ❻ (*market.*) (*di supermercato e sim.*) check-out counter. ❼ (*org. az.*) (*l'ufficio, il reparto*) cashier's office, cash department. ❽ (*pubbl.*) (*di caratteri di stampa*) case. ❾ (*rag.*) (*contante*) cash, cash on hand. ❿ (*rag.*) (*libro « cassa »*) cash book. △ ❸ « **Pagare alla ~!** » « pay over the counter! »; **La ~ è accanto alla porta** the cashier's desk is next to the door. // ~ **continua** (*banca*) night safe; ~ **cooperativa di risparmio** (*fin.*) mutual savings bank; ~ **da imballaggio** (*market.*) packing-case, packing-box; **le casse dello Stato** the coffers of the State; ~ **di liquidazione** (*Borsa*) clearing house; ~ **di risparmio** (*banca*) savings bank; ~ **di risparmio che non pone limiti minimi di deposito** (*banca*) penny bank; ~ **di Risparmio Fiduciario**

cassabile

(*banca*) Trustee Savings Bank; ~ **di risparmio postale** (*banca, cred.*) post-office savings-bank; ~ **integrazione (guadagni)** (*pers., sind.*) body responsible for unemployment benefits; redundancy fund (*in G.B.*); ~ **pagamenti** (*banca*) paying counter; ~ **piena** (*non a gabbia*) (*market., trasp.*) close case; ~ **sociale** (*fin.*) company's cash on hand; **essere messo in ~ integrazione (guadagni)** (*pers., sind.*) to receive unemployment benefits.

cassabile, *a.* (*leg.*) reversible (*V.* **cassare**).

cassaforte, *n.f.* ❶ (*attr. uff.*) strong-box. ❷ (*attr. uff., banca*) safe. ❸ (*banca*) (*camera blindata*) strong room. // ~ **a prova di furto** (*attr. uff.*) theftproof strong-box.

cassare, *v.t.* (*leg.*) (*una sentenza*) to reverse, to quash, to vacate; to cass (*scozz.*).

cassazione, *n.f.* (*leg.*) (*d'una sentenza*) cassation. // **Corte di ~** (*leg.*) Court of Cassation (*non esiste in G.B. e in U.S.A.*).

cassetta, *n.f.* box, (small) case. // ~ **dei suggerimenti** (*org. az.*) suggestion box, suggestion case; ~ **della corrispondenza in arrivo** (*attr. uff.*) in-tray; ~ **della corrispondenza in partenza** (*attr. uff.*) out-tray; ~ **della posta** (*comun.*) post-box; posting box (*ingl.*); mailbox (*USA*); ~ **di sicurezza** (*banca*) safe-deposit box; ~ **per il (denaro) contante** cash box; ~ **per le lettere** letter-box; ~ **postale** (*situata, generalm., al margine d'un marciapiede*) (*comun.*) post; **investimento di ~** (*Borsa, fin.*) lock-up investment.

cassettista, *n.m.* e *f.* ❶ (*banca*) renter of a safe-deposit box. ❷ (*Borsa, fin.*) long-term investor.

cassetto, *n.m.* drawer. // ~ **dei denari** (*in un negozio*) (*market.*) till.

cassiera, *n.f.* ❶ (*banca*) cashier; cage woman* (*slang USA*). ❷ (*pers.*) (*di negozio*) cash clerk, cashier. ❸ (*pers.*) (*di supermercato*) checker.

cassiere, *n.m.* ❶ (*banca*) cashier, teller; cage man* (*slang USA*). ❷ (*fin.*) (*tesoriere*) treasurer, receiver. ❸ (*pers.*) (*di negozio*) cash-clerk, cashier. ❹ (*pers.*) (*di supermercato*) checker. // ~ **allo sportello dei pagamenti** (*banca*) teller out; ~ **allo sportello dei versamenti** (*banca*) teller in; ~ **contabile** (*pers.*) cashier and book-keeper; ~ **in sott'ordine** (*pers.*) assistant cashier.

cassoncino, *n.m.* (*trasp. ferr.*) (*di carro merci*) box.

castelletto, *n.m.* ❶ (*banca*) (*scoperto di conto, assistito da fido*) fluctuating overdraft. ❷ (*banca, cred.*) line of credit, credit line, line.

casuale, *a.* ❶ casual, accidental, coincidental, contingent, fortuitous; chance (*attr.*). ❷ (*stat.*) stochastic; random (*attr.*). // **diritti casuali** (*leg.*) special bonuses.

casualizzare, *v.t.* (*stat.*) to randomize.

catalogare, *v.t.* to catalogue; to catalog (*USA*).

catalogazione, *n.f.* cataloguing; cataloging (*USA*).

catalogo, *n.m.* ❶ (*anche market.*) catalogue; catalog (*USA*). ❷ (*market.*) (*lista*) list. △ ❶ **Favorite inviarci il vostro ultimo ~ a giro di posta** please let us have your latest catalogue by return of mail. // ~ **generale** (*market.*) master catalogue; ~ **per vendite per corrispondenza** (*market.*) mail-order catalogue; **essere in ~ al prezzo di** (*market.*) to list at: **Questo articolo è in ~ al prezzo di 99,50 dollari** this article lists at 99.50 dollars.

catastale, *a.* cadastral.

catasto, *n.m.* ❶ cadastre, cadaster, land register. ❷ (*l'ufficio*) general land office.

categoria, *n.f.* ❶ category, class, section. ❷ (*market.*) grade. △ ❷ **C'è una forte richiesta di mele di prima ~** first-grade apples are in great demand. //

~ **di contribuenti** (*raggruppati secondo il reddito*) (*fin.*) income bracket; **categorie d'entrate** (*fin.*) categories of income; **categorie di redditi** (*fin.*) income items; **categorie di spese** (*fin.*) categories of expenditure.

catena, *n.f.* ❶ (*anche fig.*) chain. ❷ (*market.*) (*di acquirenti e di venditori: in una Borsa Merci*) ring. ❸ (*market., org. az.*) (*di negozi, ecc.*) string. // **catene da neve** (*trasp. aut.*) tire-chains; ~ **d'acquisti** (*market.*) cooperative marketing; ~ **di dettaglianti consorziati** (*market.*) voluntary chain; **una ~ di giornali** (*giorn.*) a string of newspapers, a syndicate; ~ **di montaggio** assembly line; **una ~ di negozi** (*market.*) a string of shops; ~ **di negozi d'articoli vari** (*market.*) variety chain (*USA*).

catenaria, *n.f.* (*mat.*) catenary.

cateratta, *n.f.* (*trasp.*) (*di chiusa*) water gate.

cattivo, *a.* bad, foul, ill, malicious, poor. // **un ~ affare** (*fig.*) a bad pennyworth; **cattiva amministrazione** (*amm.*) maladministration; (*degli affari, ecc.*) ill management, mismanagement, misconduct: **Il loro fallimento fu dovuto alla cattiva amministrazione** their bankruptcy was due to mismanagement; **cattiva condotta** misconduct; (*leg.*) misdemeanour; **cattiva conduzione** (*da parte del curatore*) **degli affari del defunto** (*leg.*) waste of assets; **cattiva distribuzione** maldistribution: **una cattiva distribuzione della ricchezza** (*econ.*) a maldistribution of wealth; **una cattiva distribuzione delle risorse economiche** (*econ.*) a maldistribution of economic resources; **cattiva fama** ill fame; **cattive notizie** bad news; ~ **ormeggio** (*trasp. mar.*) foul berth; **cattiva qualità** (*market.*) poor quality: **La pessima qualità delle merci ci ha costretto a rifiutarle** the very poor quality of the goods compelled us to reject them; **cattiva reputazione** ill repute; ~ **servizio** disservice; **una cattiva speculazione** (*fin.*) a bad speculation.

cattura, *n.f.* ❶ capture. ❷ (*leg.*) capture; caption (*scozz.*).

catturare, *v.t.* ❶ to capture. ❷ (*leg.*) to capture.

causa, *n.f.* ❶ cause, ground, motivation, motive. ❷ (*leg.*) cause, case. ❸ (*leg.*) (*lite*) action, lawsuit, suit, dispute, litigation. ❹ (*leg.*) (*motivo*) ground. ❺ (*leg.*) (*corrispettivo*) consideration. △ ❶ **Le cause della recessione sono molteplici** the causes of the recession are manifold; ❷ **La nostra ~ verrà discussa domani** our case will be tried tomorrow; ❸ **Mi hanno fatto** (*o* **intentato**) ~ they have brought a suit (*o* taken legal action) against me; ❹ **Fu prosciolto a ~ della sua giovinezza** he was acquitted on the ground (*o* grounds) of his youth; ❺ **La cambiale dovrebbe indicare la ~ della sua creazione** a bill of exchange should state the consideration of its creation; **L'accettazione d'una tratta ne presuppone la ~** the acceptance of a bill implies consideration; **La ~ dell'assicurazione deve essere lecita** the consideration for the insurance must be legal. // ~ **accessoria** (*leg.*) accessory action; ~ **annullata** (*leg.*) abated suit; ~ **che serve a creare un precedente** (*leg.*) test case; ~ **civile** (*leg.*) civil action, civil suit, common plea; ~ **civile discussa davanti a un giudice unico e a una giuria** (*leg., ingl.*) nisi prius; **cause comuni** (*generalm. in azioni civili*) (*leg.*) common pleas; ~ **concomitante** (*leg.*) contributory cause; ~ **d'esproprio** (*leg.*) action for ejectment; ~ **di sospetto** (*leg.*) ground for suspicion; ~ **illecita** (*leg.*) illicit consideration: **la ~ illecita d'un contratto** (*leg.*) the unlawful consideration of a contract; ~ **immediata** (*d'un sinistro*) (*ass.*) immediate cause; (*leg.*) proximate cause; (*trasp. mar.*) causa proxima;

la ~ in discussione (*leg.*) the case at bar; ~ **incidentale** (*leg.*) incidental cause; ~ **lecita** (*in un contratto*) (*leg.*) legal consideration; **cause naturali** (*leg.*) natural causes; ~ **penale** (*leg.*) penal action, penal suit; criminal case; ~ **per danni** (*leg.*) action for damages; ~ **per danni derivanti da violazione di confini** (*leg.*) action for trespass, trespass; ~ **per esecuzione di contratto** (*leg.*) action for enforcement of contract; ~ **per truffa** (*leg.*) action for deceit; ~ **per violazione di contratto** (*leg.*) action for breach of contract; ~ **remota** (*trasp. mar.*) causa remota; ~ **rinviata** (*a nuova udienza*) (*leg.*) remanent; a ~ **di** owing to, because of, due to: **Non potremo inviarvi la rata mensile a ~ dello sciopero delle poste** owing to the postal strike we shan't be able to send you your monthly instalment; **essere in ~ (legale)** (*leg.*) to be at law; **senza ~** (*leg.*) causeless.

causale, *n. f.* ❶ (*banca, rag.*) description. ❷ (*leg.*) consideration. △ ❷ **Le cambiali di favore non hanno per ~ alcuna operazione commerciale** accommodation bills have no commercial transaction as consideration. // **~ d'un'operazione** (*banca*) operation cause: **Per le causali delle operazioni vedi a tergo** for operation causes please see overleaf.

causare, *v. t.* to cause, to bring* about, to determine, to give* rise to. △ **La tempesta causò gravi danni e perdite** the storm caused heavy damages and losses; **Che cosa ha causato l'arresto della produzione?** what brought about the stop in production? // **~ un ritardo a q.** to delay sb.; **causato da** due to: **Il ritardo fu causato dallo sciopero postale** the delay was due to the postal strike.

cautela, *n. f.* caution, carefulness, care.

cauto, *a.* ❶ cautious, canny, prudent. ❷ (*prudenziale*) safe. △ ❷ **Un ~ margine d'utile dovrebbe essere accantonato per possibili esigenze future** a safe margin of profit should be kept for possible future needs. // **un ~ preventivo** (*rag.*) a conservative estimate.

cauzionare, *v. t.* (*leg.*) to bail, to bond.

cauzione, *n. f.* ❶ (*cred., fin.*) guarantee, security, surety. ❷ (*cred., fin.*) (*in denaro*) caution money, caution, cover. ❸ (*dog.*) bond. ❹ (*leg.*) bail, bailment, bond, bail-bond, recognizance. △ ❶ **Finora non ci è stata richiesta ~** we have not been asked security as yet; ❸ **La merce è stata ritirata sotto ~** the goods have been removed under bond. // **~ doganale** (*dog.*) customs bond; **~ in titoli azionari** (*fin.*) share qualification; **~ per concorrere a una licitazione** (*o* **gara d'appalto**) bid bond; **~ scritta** (*leg.*) surety bond; **~ sussidiaria** (*cred.*) counter-security, counter-surety; **la ~ versata da un dipendente** (*pers.*) the security given by an employee; **sotto ~** (*leg.*) on bail: **Il giudice lo mise in libertà provvisoria sotto ~** the judge released him on bail; **Il giudice non concesse la libertà provvisoria sotto ~** the judge refused bail.

cavillo, *n. m.* (*leg.*) chicanery. // **un ~ procedurale** (*leg.*) a sham plea.

cavo, *n. m.* (*comun., trasp.*) cable, rope. // **~ d'ormeggio** (*trasp. mar.*) mooring line, hawser; **~ di traino** (*trasp. aut.*) tow-rope; **~ telegrafico sottomarino** (*comun.*) submarine telegraph cable.

cecchinaro, *n. m.* (*trasp. aer., neol. romanesco*) (*addetto alle operazioni di controllo dei passeggeri in partenza*; *V.* **check-in**) check-in clerk.

cedente, *n. m. e f.* ❶ (*leg.*) (*specialm. di beni*) alienor, surrenderor, transferor, transferror, transferer, transferrer. ❷ (*leg.*) (*specialm. di diritti*) assignor, grantor. ❸ (*leg.*) (*di beni o di diritti*) releasor, releaser.

cedere, *v. i.* ❶ to cede, to give* way, to sag. ❷ (*arrendersi*) to give* in, to give* up, to surrender. *v. t.* ❶ to relinquish, to renounce, to resign, to part with (st.). ❷ (*leg.*) (*un diritto, un bene, un territorio, ecc.*) to cede, to assign, to convey, to grant, to release, to remise, to surrender, to transfer. ❸ (*market.*) (*vendere*) to sell*, to dispose of; (*svendere*) to sell* out. △ *v. i.* ❶ **I prezzi cedono** prices are giving way; **I titoli dell'industria automobilistica cedono per mancanza di sostegno** motor shares are sagging owing to lack of fresh support; ❷ **Gli scioperanti non vogliono ~** the strikers won't give in; **Non ~ mai!** never give up!; *v. t.* ❶ **Il Sig. Rossi ha ceduto il suo posto di direttore amministrativo dell'azienda** Sig. Rossi has resigned his position as secretary of the firm; **Non vogliamo ~ il nostro diritto di voto** we refuse to part with our right to vote; ❷ **La proprietà fu ceduta al fratello** the estate was conveyed (*o* surrendered, *o* transferred) to his brother; **Il fallito deve pure ~ tutti i suoi brevetti al curatore « ad interim » del fallimento** the bankrupt must also assign all of his patents to the temporary trustee; ❸ **Hanno ceduto le azioni di loro proprietà** they have sold the shares they owned; **Saremo costretti a ~ la merce** (*sotto costo*) we shall have to sell out the goods. // **~ la direzione di un'azienda** to hand over the management of a business; **~ un diritto** (*leg., anche*) to relinquish a right; **~ formalmente** (*una proprietà, un diritto, ecc.*) (*leg.*) to sign away, to sign over: **Fu obbligato a ~ formalmente i diritti sulla sua invenzione** he was compelled to sign away his rights in the invention; **~ in affitto** (*leg.*) to demise; **~ in cambio to barter: Ci propongono di ~ grano in cambio di macchinari** they suggest we should barter wheat for machinery; **~ (un oggetto usato) in pagamento parziale** to trade in; **~ il « know-how »** (*leg.*) to grant the know-how; **~ la propria parte in un'azienda** (*fin.*) to sell out one's share of a business; **~ un privilegio** (*leg.*) to surrender a privilege; **~ le redini a q.** (*fig.*) to hand over to sb.: **Quando fu nominato il nuovo consigliere delegato, gli cedetti le redini** when the new managing director was appointed, I handed over to him.

cedibile, *a.* (*leg.*) assignable, disposable, grantable, transferable (*V.* **cedere**). // **non ~** (*leg.*) untransferable.

cedimento, *n. m.* ❶ (*anche fig.*) sag. ❷ (*resa*) giving in, surrender. △ ❶ **C'è stato un notevole ~ nel prezzo delle carni bovine** there has been a remarkable sag in the price of beef and veal. // **~ alle rivendicazioni salariali** (*sind.*) wage surrender.

cedola, *n. f.* ❶ (*fin.*) coupon, dividend coupon, dividend warrant, docket. ❷ (*fin.*) (*di titolo al portatore, utilizzabile per richiedere un nuovo certificato azionario*) talon. △ ❶ **Le cedole vengono staccate dalla cartella e presentate per il pagamento** coupons are cut off from the sheet and presented for payment; **L'ultima parte d'un foglio di cedole è detta « mantello »** the last portion of a coupon sheet is called « talon ». // **~ di commissione libraria** bookseller's order form; **~ d'interesse** (*fin.*) interest coupon; **cedole non pagate** (*fin.*) outstanding coupons; **~ scaduta** (*fin.*) coupon in arrear; **con la ~** (*fin.*) (*di titolo*) with coupon; dividend on (*USA*); **senza ~** (*fin.*) (*di titolo*) dividend off (*USA*); **« vostre cedole pagate »** (*banca*) « your coupons paid ».

cedolare, *n. f.* (*fin.*) tax on dividend warrants, capital gains tax. // **imposta ~** (*fin.*) *V.* **~**.

celare, *v. t.* to conceal, to hide*. △ **Troppi contribuenti cercano di ~ parte del loro reddito** too many tax-payers try to conceal part of their incomes.

celebre, *a.* celebrated, renowned.
cella, *n. f.* ❶ cell. ❷ (*dispensa*) store-room. ∥ ~ **frigorifera** cold store; refrigerator.
cemento, *n. m.* cement, concrete.
cenno, *n. m.* ❶ hint, mention. ❷ (*indizio, sintomo*) sign, pointer. ∥ **cenni deflazionistici** (*econ.*) deflationary signs.
censimento, *n. m.* (*stat.*) census. △ **I risultati del ~ non sono ancora noti** the census returns are not yet out. ∥ ~ **della popolazione** (*stat.*) census of population; ~ **della produzione** (*econ., stat.*) census of production; ~ **d'assaggio** (*stat.*) pilot census; ~ **di prova** (*stat.*) pilot census.
censire, *v. t.* ❶ (*fin.*) (*a scopo fiscale*) to assess. ❷ (*stat.*) to census; to take* a census of. △ ❶ **Hanno censito i miei beni immobili** they have assessed my real estate; ❷ **Stiamo per ~ la popolazione attiva italiana** we are going to take a census of the Italian labour force.
censitore, *n. m.* (*stat.*) census taker.
censo, *n. m.* ❶ wealth, estate. ❷ (*fin., raro*) assessable income (of an estate).
censore, *n. m.* censor.
censura, *n. f.* ❶ (*ufficio e opera di censore*) censorship. ❷ (*biasimo*) censure, blame. ❸ (*pers.*) reprimand. ∥ ~ **di corrispondenza** censorship; ~ **di stampa** censorship.
censurare, *v. t.* ❶ to censor. ❷ (*biasimare*) to censure, to blame, to condemn. ❸ (*pers.*) to reprimand. △ ❶ **Le mie lettere furono censurate** my letters were censored. ∥ ~ **la deposizione d'un testimone** (*leg.*) to impeach a witness.
centesimale, *a.* (*mat.*) centesimal.
centesimo, *num. ord.* hundredth. *n. m.* ❶ (a, one) hundredth.* ❷ (*fin.*) (*di dollaro*) cent; penny* (*fam., USA*); copper (*slang USA*). ❸ (*fin.*) (*di franco, di lira, ecc.*) centime. ∥ ~ **di minuto** (*cronot.*) centiminute.
centiara, *n. f.* centare.
centigrado, *a.* centigrade.
centigrammo, *n. m.* centigram(me).
centimetro, *n. m.* centimetre; centimeter (*USA*).
centinaio, *n. m.* about a hundred.
cento, *num. card.* a hundred. ❶ ~ **dollari** a hundred dollars; century, yard-measure (*slang USA*); **per ~** per cent: **Pagheremo un interesse del 7 per ~ sul prestito** we shall pay a 7 per cent interest on the loan.
centrale, *a.* ❶ central. ❷ (*principale*) main; head (*attr.*). *n. f.* ❶ (*comun.*) exchange. ❷ (*econ.*) (*centro di produzione di beni e servizi*) plant, station. ❸ (*org. az.*) (*centro direttivo*) head office; headquarters. △ *a.* ❶ **L'ufficio è dotato di riscaldamento ~** the office premises are equipped with central heating; ❷ **Rivolgetevi alla sede ~** apply to the head office. ∥ ~ **di forza motrice** (*econ.*) power-station; ~ **elettrica** (*econ.*) power-station, power-plant; ~ (*telefonica*) **interurbana** (*comun.*) trunk-exchange; long-distance exchange (*USA*); ~ **sindacale** (*sind.*) union headquarters; ~ **telefonica** (*comun.*) telephone exchange; central (*USA*).
centralinista, *n. m.* e *f.* (*comun.*) telephone operator, exchange operator, operator, telephonist.
centralino, *n. m.* ❶ (*comun.*) exchange; central (*USA*). ❷ (*tur.*) (*d'albergo e sim.*) switch-board. ∥ ~ **automatico** (*comun.*) automatic exchange; ~ **telefonico** (*comun.*) telephone exchange.
« **centralità** », *n. f.* (*econ.*) middle of the road. ∥ **di ~** middle-of-the-road: **Sono favorevole a una politica economica di ~** I am in favour of a middle-of-the-road economic policy.

centralizzare, *v. t.* (*org. az.*) to centralize.
centralizzato, *a.* (*org. az.*) centralized.
centralizzazione, *n. f.* (*org. az.*) centralization. ∥ ~ **funzionale** (*org. az.*) functional centralization.
centro, *n. m.* ❶ centre; center (*USA*). ❷ (*commerciale, di una grande città*) downtown. ❸ (*econ.*) (*di produzione, ecc.*) seat. △ ❷ **I centri delle grandi città sono pieni zeppi d'automobili** the downtowns of big cities are usually crammed with cars; ❸ **Sassuolo è il ~ della produzione italiana di piastrelle** Sassuolo is the seat of tile manufacture in Italy. ∥ ~ **amministrativo** (*di un'impresa*) (*org. az.*) headquarters; **un ~ commerciale** a trading centre, an emporium; ~ **degli acquisti** (*market.*) shopping centre; shopping center, shopping mall, shopping plaza, shopping area (*USA*); ~-**destra** (*governativo, ecc.*) center-right; ~ **d'affari** (*fin.*) business centre; ~ **di calcolo** (*elab. elettr.*) data processing centre; **centri di commercializzazione** (*market.*) marketing centres; ~ **di costo** (*org. az.*) cost centre; cost center (*USA*); ~ **di produzione** (*market.*) centre of production; ~ **di responsabilità** (*org. az.*) cost centre; ~ **di smistamento** (*org. az.*) distributing centre; ~ **di vendita** (*market.*) sales outlet; **il ~ economico e finanziario di Londra** (*fin.*) the City; ~ **elettronico** (*elab. elettr.*) data processing centre; ~ **elettronico d'elaborazione-dati** (*elab. elettr.*) electronic data processing centre; ~ **Internazionale di Sicurezza (CIS)** International Safety Centre (*ISC*); ~ **meccanografico** (*elab. elettr.*) tabulating department; **in ~** (*nel o verso il centro commerciale di una città*) downtown: **Questo autobus va in ~** this bus goes downtown.
ceralacca, *n. f.* (*attr. uff.*) sealing-wax.
cercare, *v. t.* ❶ to look for, to seek*. ❷ (*sforzarsi d'ottenere*) to pursue. ❸ (*chiedere di q.*) to call. *v. i.* ❶ (*tentare*) to try; to endeavour. ❷ (*sforzarsi*) to strive*. △ *v. t.* ❶ **Sono tre mesi che cerco un impiego** I've been looking for a job for the last three months; **La direzione ha deciso di ~ l'uomo « nuovo » nelle file della società** the management has decided to seek the « new » man within the ranks of the company; ❷ **Egli cerca la ricchezza** he pursues wealth; ❸ **Mi ha cercato nessuno?** has anybody called?; *v. i.* ❶ **Cercherò di fare del mio meglio** I'll try and do my best; ❷ **Il Governo sta cercando di frenare l'inflazione** the Government is striving to curb inflation. ∥ ~ **d'avvicinare q.** to make approaches to sb.; ~ **di farsi dei clienti** to prospect for customers; ~ **d'imporre** (*un articolo, ecc.*) **al pubblico** (*market.*) to push: **I produttori cercano d'imporre i surgelati sulla tavola degli italiani** producers are pushing deep-frozen foods onto the Italian table; ~ **d'invalidare** to dispute: **Si cercò d'invalidare l'elezione dei delegati** the election of the delegates was disputed; ~ **d'ottenere, d'assicurarsi, di vincere** (*un contratto d'appalto, ecc.*) to bid for; ~ **di strappare condizioni più favorevoli** (*market.*) to stick out for more favourable terms; ~ **di strappare un prezzo più alto** (*market.*) to stick out for a higher price; ~ **un impiegato mediante inserzioni** to advertise for a clerk; ~ **un impiego** (*pers.*) to seek a situation; « **cercansi** » (*giorn., pubbl.*) « wanted »; « **cercasi** » (*giorn., pubbl.*) « situations vacant », wanted: **Esperto traduttore dal – e in – francese cercasi** wanted: experienced translator from and into French; **chi cerca di migliorare la sua condizione sociale** status seeker.
cerchio, *n. m.* ❶ ring. ❷ (*market.*) (*d'acquirenti e di venditori: in una Borsa Merci*) ring.
cereali, *n. pl.* dry goods; corn (*sing.*).

cernere, *v. t.* (*market.*) to grade, to class, to sort (out), to pick. △ **Dobbiamo ~ le arance buone da quelle cattive** we must sort out the good oranges from the bad ones.

cernita, *n. f.* (*market.*) grading, sorting (out), sortation, picking. △ **La ~ è il servizio di assortire la merce in gruppi di varietà, qualità e misura uniformi** grading is the service of sorting out goods into groups of uniform kind, quality and size. // **fare la ~ della corrispondenza** (*comun.*) to sort the mail.

certamente, *avv.* certainly, no doubt, without fail.

certezza, *n. f.* ❶ certitude, certainty. ❷ (*convinzione*) conviction. ❸ (*sicurezza*) assurance. △ ❶ **Non posso avere ~ di riuscire** I can have no certainty of success.

certificabile, *a.* certifiable.

certificare, *v. t.* to certify, to certificate. △ **I conti furono verificati e ne fu certificata l'esattezza** the accounts were certified as correct. // **copia certificata** (*conforme all'originale*) (*leg.*) certified copy.

certificato, *n. m.* certificate. // **~** (*rilasciato da un ufficio postale*) **attestante che una lettera è stata effettivamente impostata** certificate of posting (*in G.B.*); **~ attestante l'esistenza legale d'una società** (*fin.*) certificate of incorporation; **~ azionario** (*fin.*) share warrant; **~ azionario provvisorio** (*fin.*) share certificate, stock certificate: **Il ~ azionario provvisorio fa fede della proprietà d'azioni, ma non è un titolo negoziabile** a share certificate is evidence of ownership of shares, but not a negotiable instrument; **~ che autorizza il fallito a riprendere la sua attività** (*leg.*) bankrupt's certificate; **~ che autorizza l'inizio delle attività sociali** (*d'una società anonima*) certificate to commence business; **~ del magazziniere** (*dog.*) warehouse-keeper's certificate; **~ della linea di carico** (*trasp. mar.*) load line certificate; **~ d'ammissione di spese in esenzione fiscale** (*amm., fin.*) allocatur; **~ d'analisi** (*comm. est.*) certificate of analysis; **~ d'arrivo** (*dog.*) certificate of clearing inwards; **~ d'assicurazione** (*ass.*) certificate of insurance; (*ass. mar.*) insurance certificate; **~ d'avaria** (*ass. mar.*) certificate of damage, certificate of survey, damage report; **~ di buona condotta** (*leg.*) certificate of good character; **~ di cancellazione** (**d'un'ipoteca**) (*leg.*) copy of memorandum of satisfaction (of a mortgage); **~ di classifica** (*trasp. mar.*) classification certificate; **~ di copertura** (*del rischio*) (*ass.*) cover note; **~ di denaro depositato in una banca** (*ed esigibile a termine*) (*banca, fin.*) certificate of deposit; **~ di deposito** (*dog.*) deposit warrant; **~ d'esportazione temporanea** (*comm. est.*) bill of store; **~ di garanzia** (*market.*) manufacturer's certificate; **~ d'idoneità** (*per navi cabotiere*) (*trasp. mar., USA*) enrolment; **~ d'igiene** (*dog.*) sanitary certificate; **~ d'imbarco** (*trasp. mar.*) certificate of shipment; **~ d'immatricolazione** (*d'una nave*) (*trasp. mar.*) certificate of registry, ship's register; **~ d'ispezione** (*dog.*) bill of sight; **~ di libera pratica** (*trasp. mar.*) pratique certificate, certificate of pratique; **~ di liquidazione d'avaria** (*ass. mar.*) average statement; **~ di morte** (*leg.*) death certificate; **~ di nascita** (*leg.*) birth certificate; **~ di navigabilità** (*trasp. aer.*) certificate of airworthiness; (*trasp. mar.*) certificate of seaworthiness; **~ d'origine** (*comm. est.*) certificate of origin; **~ di povertà** certificate as to means; **~ di prestito** (*cred.*) loan certificate; **~ di radiazione** (*d'una ipoteca*) (*leg.*) certificate of satisfaction; **~ di « registrazione »** (*d'una società anonima*) (*fin.*) certificate of incorporation; **~ di registrazione** (*trasp. mar.*) registration certificate; **~ di registro della nave** (*trasp. mar.*) ship's certificate of registry; **~ di sbarco** (*trasp. mar.*) landing certificate; **~ di scarico** (*trasp. mar.*) landing certificate; **~ di servizio** (*pers.*) testimonial; **~ di stazza** (*trasp. mar.*) measurement brief; **~ di stazzatura** (*trasp. mar.*) certificate of measurement; **~ di stivaggio** (*trasp. mar.*) stowage certificate; **~ d'uscita** (*dog.*) certificate of clearing outwards; **~ di visita** (*trasp. mar.*) survey certificate; **un ~ irregolare** a bad certificate; **~ medico** (*pers.*) health certificate; **~ provvisorio** (*di titoli*) (*Borsa, fin.*) provisional certificate, interim certificate, scrip; **~ rilasciato da un ispettore doganale** (*dog.*) jerque note; **~ sanitario** (*dog.*) sanitary certificate; (*trasp. mar.*) bill of health: **Tutte queste merci debbono essere accompagnate da un ~ sanitario** all these goods must be accompanied by a sanitary certificate; **~ sanitario « pulito »** (*trasp. mar.*) clean bill of health; **~ sanitario sospetto** (*trasp. mar.*) suspected bill of health; **~ sanitario « sporco »** (*trasp. mar.*) foul bill of health; **~ ufficiale** (*leg.*) indenture.

certificazione, *n. f.* certification, certifying. // **~ di bilancio** (*org. az., rag.*) auditor's opinion on the fairness of balance-sheet presentation; **la ~ d'un documento** the certifying of a document; **~ notarile** (*apposta a un documento*) (*leg.*) notarization.

certo, *a.* certain, sure. △ **La data della riunione non è ancora certa** the date of the meeting is not yet certain; **Ne sei ~?** are you sure of it? // **a ~ tempo vista** (*banca*) (*di cambiali*) after sight; **data certa** (*leg.*) fixed date; **prova certa** (*leg.*) irrefutable evidence.

cervello, *n. m.* brain. // **~ elettronico** (*elab. elettr.*) electronic brain, electric brain, mechanical brain.

cespite, *n. m.* (*econ., fin.*) source of income, yielder.

cessare, *v. i.* to cease, to discontinue, to leave* off, to stop. △ **La rivista cesserà d'essere pubblicata dopo il prossimo numero** the magazine will discontinue after the next issue; **Hanno cessato di pagarci** they have stopped payments. // **l'attività** to break up; **~ da un ufficio** (*da una carica, ecc.*) to retire from office; **~ dal commercio** to go out of business.

cessazione, *n. f.* ❶ cessation, discontinuance. ❷ (*leg.*) cesser. // **~ automatica della copertura** (*ass. mar.*) (*clausola per cui la copertura dei rischi viene automaticamente a cessare in caso di guerra; introdotta dal Lloyd nel 1959*) automatic termination of cover; **~ del lavoro** (*per sciopero, serrata, ecc.*) (*sind.*) tie-up; **~ dell'attività commerciale** discontinuance of business; **~ dell'uso** (*d'un metallo*) **come moneta** (*econ.*) demonetization; **~ di copertura** (*per mancato pagamento di premi*) (*ass.*) lapse; **~ d'una locazione** (*leg.*) termination of a lease.

cessionario, *n. m.* ❶ (*leg.*) (*specialm. di beni*) alienee, surrenderee, transferee. ❷ (*leg.*) (*specialm. di diritti*) assignee, assign, grantee. ❸ (*leg.*) (*di beni o diritti*) cessionary, releasee, relessee. // **~ a titolo gratuito** (*leg.*) volunteer; **~ dei diritti di proprietà** (*ass. mar.*) (*assicuratore marittimo cui è ceduta la nave, il relitto, o il carico ricuperato in un naufragio*) abandonee.

cessione, *n. f.* ❶ (*abbandono, rinuncia*) relinquishment, resignation, renouncement, renunciation. ❷ (*leg.*) (*di diritti, di beni o di territorio*) cession, assignment, conveyance, disposal, grant, release, remission, surrender, transfer. △ ❷ **La ~ di territorio fra nazioni è regolata dal diritto internazionale** the cession of a territory from a Country to another is regulated by international law; **La ~ delle merci avverrà al domicilio del venditore** the transfer of the goods will take place at the seller's domicile. // **~ a titolo gratuito** (*leg.*) voluntary conveyance; **~ di beni ai creditori** (*leg.*) assignment of

cesta

property to creditors; ~ **d'un brevetto** (*leg.*) assignment of a patent, conveyance of a patent; ~ **di credito** (*leg.*) assignment of credit; ~ **di proprietà** (*leg.*) cession of property; **la** ~ **d'una proprietà da parte d'un fallito** (*leg.*) the surrender of an estate by a bankrupt; **la** ~ (*vendita, donazione, ecc.*) **di proprietà privata** (*leg.*) the disposal of property; ~ **di quota** (*fin.*) assignment of share; ~ **di stipendio** (*pers.*) loan on one's salary; ~ **d'usufrutto** (*leg.*) assignment of interest; ~ **documentata di titoli** (*fin.*) certified transfer of stock; ~ **generale** (*di beni ai creditori*) (*leg.*) general assignment; ~ **in affitto** (*leg.*) demise.

cesta, *n. f.* basket; (*con coperchio*) hamper.

cestinare, *v. t.* ❶ to wastebasket. ❷ (*fig.*) to discard; to reject. △ ❷ **Il direttore ha cestinato il mio progetto** the manager has discarded my plan.

cestino, *n. m.* small basket. // ~ **da viaggio** (*tur.*) lunch-bag; ~ **per la carta straccia** (*attr. uff.*) wastepaper basket, waste-basket; ~ **per la corrispondenza** (*attr. uff.*) letter basket, letter tray.

cesto, *n. m.* basket.

«**ceteris paribus**», *locuz. avv.* (*econ.*) «other things being equal».

ceto, *n. m.* ❶ rank, status. ❷ (*gruppo sociale*) social group, class. // ~ **impiegatizio** clerkdom; white-collar workers (*pl.*); **il** ~ **medio** the middle class; ~ **operaio** blue-collar workers (*pl.*); **del** ~ **impiegatizio** white-collar: **Il problema delle case del** ~ **impiegatizio è meno importante di quello degli alloggi per gli operai** the problem of white-collar housing is not so urgent as that of blue-collar housing.

chemiurgia, *n. f.* (*econ.*) (*chimica applicata all'utilizzazione industriale delle materie prime organiche*) chemurgy.

chiacchierare, *v. i.* to talk.

chiamare, *v. t.* to call. △ **Mi chiamarono** (*per telefono*) **da Boston** they called me from Boston. // ~ (*q.*) **a comparire** (*leg.*) to summon, to summons: **I convenuti sono stati chiamati a comparire** the defendants have been summoned to Court; ~ **al telefono** (*comun.*) to call up; ~ **la centralinista** (*comun.*) to call the operator; ~ **il centralino** (*telefonico*) (*comun.*) to call the exchange; ~ **di nuovo** (*leg.*) to resummon; ~ **in giudizio** (*leg.*) to sue, to cite; ~ (*q.*) **in interurbana** (*comun.*) to long-distance.

chiamata, *n. f.* call, calling. // ~ **in garanzia** (*leg.*) call on the guarantor; ~ (*telefonica*) **interurbana** (*comun.*) trunk-call; long-distance call (*USA*); ~ **telefonica** (*comun.*) telephone call.

chiarezza, *n. f.* clearness. // ~ **d'idee** know-what: **Il nostro uomo in quella mansione deve avere** ~ **d'idee e «know-how»** our man in that position must have know-what as well as know-how.

chiarificare, *v. t.* to clear up. △ **Devo** ~ **il malinteso** I must clear up the misunderstanding.

chiarimento, *n. m.* (*spiegazione*) explanation.

chiarire, *v. t.* to clear up, to explain. △ **Favorite** ~ **questa difficoltà** please clear up this difficulty. // ~ **i fatti** to explain the facts; ~ **la posizione d'un fallito** (*leg.*) to clear up the affairs of a bankrupt.

chiaro, *a.* ❶ clear, evident. ❷ (*esplicito*) express, sharp. ❸ (*di colore*) light. △ ❷ **Chiare disposizioni avrebbero reso meno complicata la faccenda** express provisions would have made the matter less complicated. // **chiara visione degli obiettivi** know-what.

chiatta, *n. f.* ❶ (*trasp.*) canal boat. ❷ (*trasp. mar.*) barge, tow-barge, lighter, keel.

chiattaiolo, *n. m.* (*trasp. mar.*) bargee, bargeman*, lighterman*.

chiave, *n. f.* ❶ key. ❷ (*elab. elettr.*) key. // ~ **di cifra** cipher-key.

chiedere, *v. t.* ❶ (*per sapere*) to ask; (*con autorità*) to demand. ❷ (*per avere o comprare*) to ask for. ❸ (*richiedere*) to require, to request, to demand; (*insistentemente*) to solicit; (*esigere*) to claim. ❹ (*market.*) (*un prezzo*) to ask. ❺ (*market.*) (*per avere informazioni su un articolo*) to inquire for. △ ❶ **Hai chiesto il prezzo?** did you ask the price?; **Il poliziotto mi chiese nome e indirizzo** the policeman demanded my name and address; ❸ **Gli chiesi la macchina da scrivere in prestito** I asked him for the loan of his typewriter; **Entrai nella libreria e chiesi un vocabolario inglese** I went into the bookshop and asked for an English dictionary; ❸ **Ci è stato chiesto di dar loro informazioni riservate sul nostro cliente** we have been required (*o* requested) to give them confidential information about our customer; **Venne a chiedermi aiuto** he came to me and demanded help; **Ci hanno chiesto** (*insistentemente*) **di diventare loro clienti** they have solicited us for our custom; **Ogni cittadino può** ~ **protezione alla polizia** every citizen may claim the protection of the police; ❹ **Mi chiese 1.000 dollari al mese d'affitto per l'edificio adibito a uffici** he asked me $ 1,000 a month as rent for the office building; **Per questo articolo chiedete troppo** you are asking too much for this article; ❺ **Una quantità di clienti chiede quell'articolo** lots of customers inquire for that article. // ~ **a q. informazioni su qc.** to ask sb. about st.; ~ **consiglio** to ask (for) advice, to seek advice: **Chiederemo consiglio al nostro avvocato** we'll seek our lawyer's advice; ~ **di q.** (*di vedere, parlare con q.*) to ask (*o* call, *o* inquire) for sb.: **Chiedi del direttore!** ask for the manager; **Nessuno ha chiesto di me?** has anybody called for me? **Chiedono di Lei all'ufficio informazioni** you are wanted (*o* desired) at the information office; ~ **una dilazione** (*market.*) to request a delay; ~ **il fallimento** (*leg.*) to file a petition in bankruptcy; ~ **un favore a q.** to ask a favour of sb.; ~ **formalmente qc.** to move for st.: **Chiederanno un nuovo processo** they will move for a new trial; ~ **informazioni** to make inquiries; ~ **informazioni su qc.** to inquire about (*o* upon) st.; ~ **notizie di q.** to ask after sb.; ~ **un prezzo** (*anche*) to charge a price; ~ **referenze** to ask for references.

chiglia, *n. f.* (*trasp. mar.*) keel.

chilogrammo, *n. m.* kilogramme, kilogram.

chilometro, *n. m.* kilometre, kilometer.

chimica, *n. f.* chemistry. // ~ **applicata** applied chemistry.

chiodo, *n. m.* nail.

chiosco, *n. m.* ❶ (*di giornali*) news-stand. ❷ (*market.*) stall, stand.

chiudere, *v. t. e i.* ❶ to close, to shut*. ❷ (*concludere*) to close, to conclude. ❸ (*org. az.*) (*una fabbrica, ecc.*) to shut* down. ❹ (*rag.*) (*un conto*) to balance. △ ❶ **L'ufficio chiude alle 18.30** the office shuts at 6:30 P.M.; **A che ora chiudono i negozi?** what time do the shops close (*o* when is closing time)?; **Le azioni Mayo chiusero a tre sterline** Mayo shares closed at three pounds; «**Si chiude!**» «closing time!»; **Il giovedì i negozi chiudono presto in questa città** Thursday is early-closing day in this town; ❷ **È ora di** ~ **la riunione** it's time to close the meeting; **Il presidente chiuse la discussione** the chairman closed the discussion; **L'oratore chiuse il suo dire con un brindisi al presidente**

the orator concluded his speech by proposing a toast to the president; ❸ Diversi stabilimenti ridussero il numero dei dipendenti e alcuni chiusero del tutto several plants cut down the number of their employees and some shut down entirely; Dovemmo ~ la fabbrica per scarsità di personale we had to shut down the factory for shortage of personnel. // ~ a chiave to lock, to lock up; ~ bottega to put up the shutters; (*fig.*) to shut up shop, to close up shop, to retire from business; (*org. az., fam.*) (*d'azienda, ecc.*) to shut down: Il loro Governo ha obbligato i quotidiani ad accettare la censura o a «~ bottega» their Government has forced newspapers to accept censorship or shut down; ~ i conti (*rag.*) to close one's accounts, to strike a balance: Bisogna ~ i conti almeno una volta all'anno we must close our accounts at least once a year; ~ un conto (*rag.*) to balance an account, to close an account; ~ un conto corrente (*banca, cred.*) to close a current account; ~ un fallimento (*leg.*) to close a bankruptcy; ~ (*una pellicola*) in dissolvenza (*pubbl.*) to fade out; ~ in pareggio (*fin., rag.*) to balance: Il bilancio dello Stato italiano chiuderà in pareggio quest'anno the Italian budget will balance this year; ~ una lettera to close a letter; ~ gli sportelli (*banca*) to close doors.

chiudersi, *v. rifl.* ❶ to close, to shut*. ❷ (*concludersi*) to close, to be concluded. △ ❶ Questa porta si chiude male this door doesn't close (*o* shut) properly.

chiusa, *n. f.* ❶ (*conclusione*) close, conclusion. ❷ (*sbarramento*) dam, dyke, weir. ❸ (*trasp.*) (*di fiume, canale, ecc.*) lock, sluice-gate. // ~ per le acque di marea (*trasp. mar.*) tide-gate, tide-lock.

chiuso, *a.* ❶ closed, shut. ❷ (*stretto*) tight. ❸ (*rag.*) balanced, settled; «as at ». △ ❸ (Il) conto (è) ~ al 31 dicembre (the) account (is) settled on the 31st of December; «Conto ~ al 30 giugno» «account as at June 30 ».

chiusura, *n. f.* ❶ closing, shutting. ❷ (*di un dibattito*) closure. ❸ (*conclusione*) close, conclusion. ❹ (*Borsa*) close. ❺ (*org. az.*) (*di un'azienda*) shut-down. ❻ (*rag.*) (*di conti*) closing, settling, settlement. △ ❶ La ~ degli uffici è alle 18.30 the closing of offices is at 6:30 P.M. ❷ Il presidente propose la ~ del dibattito the chairman moved the closure; ❻ La ~ dei nostri conti avverrà una volta al mese the settlement of our accounts will take place once a month. // ~ anticipata (*market.*) (*di negozi*) early closing; ~ con i convenevoli (*di una lettera commerciale*) complimentary close; ~ della navigazione (*trasp. mar.*) close of navigation; ~ della sottoscrizione (*fin.*) closing of the application list; ~ dell'anno finanziario (*fin., rag.*) close of the fiscal year; ~ dell'esercizio (*fin., rag.*) close of the fiscal year; ~ d'un'azione penale (*leg.*) «nolle prosequi »; ~ inferiore (*di canale navigabile*) (*trasp.*) tail-gate; ~ pomeridiana (*dei negozi*) (*market.*) early closing; ~ temporanea (*d'una fabbrica: per sciopero, serrata, ecc.*) (*org. az.*) shut-down; di ~ (*dell'esercizio*) (*econ., fin., rag.*) year-end: L'inventario di ~ non è ancora finito the year-end inventory is still going on; in ~ (*Borsa, fin.*) at the close, at the finish: Le azioni della gomma si rafforzarono in ~ rubber shares strengthened at the close; C'è stato un improvviso crollo in ~ provocato dalle spiacevoli notizie sulle trattative per la pace there's been a sudden fall at the finish caused by the unpleasant news about the peace talks.

choc, *n. m.* shock.

ciascuno, *a.* each; (*ogni*) every. *pron.* each one; (*ognuno*) everyone, everybody. △ *a.* Ciascuna parte sosterrà le proprie spese each side will bear its own costs.

cibare, *v. t.* to feed*.
cibarie, *n. pl.* (*market.*) foodstuffs, provisions.
cibernetica, *n. f.* cybernetics.
cibo, *n. m.* food. // ~ casalingo (*market.*) domestic food; cibi in scatola di qualità superiore (*market.*) fancy canned goods (*USA*).
ciclico, *a.* cyclical.
ciclo, *n. m.* cycle. // ~ congiunturale (*econ.*) business cycle; ~ dell'attività commerciale (*econ.*) business cycle; ~ di lavorazione (*cronot.*) manufacturing cycle; ~ economico (*econ.*) economic cycle, business cycle; trade cycle (*ingl.*): Un ~ economico si può dividere in cinque periodi successivi: prosperità, crisi, liquidazione, depressione e ripresa an economic cycle can be divided into five successive periods: prosperity, crisis, liquidation, depression and recovery; ~ operativo (*org. az.*) operating cycle; ~ produttivo (*org. az.*) productive cycle, production cycle; ~ speculativo (*fin.*) speculative cycle.
ciclostilare, *v. t.* to cyclostyle, to duplicate, to mimeograph, to stencil.
ciclostile, *n. m.* (*attr. uff.*) cyclostyle, duplicator, mimeograph.
cicogna, *n. f.* ❶ stork. ❷ (*trasp. aut.*) (*autotreno per trasporto di automobili*) haulaway.
cielo, *n. m.* ❶ sky. ❷ (*fin.*) (*del tunnel monetario*) ceiling.
cifra, *n. f.* ❶ (*numero*) number, numeral. ❷ (*somma di denaro*) amount, figure, sum. ❸ (*segno convenzionale*) cipher, cypher, code. ❹ (*elab. elettr.*) digit. ❺ (*mat.*) figure, digit, place. △ ❶ Scrivilo in cifre arabe write it in Arabic numerals; ❷ Le cifre di deprezzamento appaiono in rosso the amounts written off are shown in red; Possiamo permettercelo fino a una certa ~ we can afford it only up to a certain figure; «Le cifre non coincidono con le lettere» (*motivazione del mancato pagamento d'un assegno in cui l'importo in cifre non coincide con quello in lettere*) «amounts differ »; ❸ Il documento era scritto in ~ the document was written in cipher; Il telegramma era in ~ the telegram was in code; ❺ Abbiamo calcolato i decimali fino alla terza ~ we have calculated to three places of decimals. // ~ binaria (*elab. elettr.*) bit; binary digit; ~ decimale (*mat.*) decimal digit; ~ di «castelletto» (*banca, cred.*) credit line; ~ di controllo (*elab. elettr.*) check-digit; ~ di deprezzamento (*rag.*) amount written off; le cifre fra 1.000 e 9.999 four figures: Hanno un reddito compreso fra le 1.000 e le 10.000 sterline (*o* dollari) their income is in the four figures bracket; cifre significative (*mat.*) significant figures, significant digits; ~ tonda round figure, even money; in ~ tonda as a round figure, in round figures, in round numbers: Il suo guadagno si aggira sui 3.000 dollari in ~ tonda his profit is about 3,000 dollars as a round figure.
cifrare, *v. t.* ❶ to cipher, to cypher. ❷ (*elab. elettr.*) to codify.
cifrario, *n. m.* ❶ cipher, cypher, code. ❷ (*chiave del cifrario*) cipher-key. // l'addetto al ~ the cipher officer.
cilindro, *n. m.* cylinder.
cima, *n. f.* peak, summit, top.
cimare, *v. t.* to crop, to trim.
cinegiornale, *n. m.* (*giorn.*) newsreel.
cinetico, *a.* (*elab. elettr.*) kinetic.
cinquanta, *num. card.* fifty. // ~ centesimi di

dollaro fifty cents, half-dollar; half (*fam.*, *USA*); four bits (*slang USA*).

cinque, *num. card.* five. // **le ~ grandi banche inglesi** (*Barclays, Lloyds, Midland, National Provincial e Westminster*) (*fin.*, *storico*) the Big Five; **in ~ copie** (*di documento*) quintuplicate.

cintura, *n. f.* ❶ belt. ❷ (*trasp. aer., trasp. aut.*) safety belt, seat belt. // **~ di salvataggio** (*trasp. mar.*) life-belt; **~ di sicurezza** (*trasp. aer., trasp. aut.*) V. **~**, def. 2.

circa, *avv.* about. *prep.* as regards, as for, as to. △ *avv.* **La riunione durò ~ tre ore** (*o* **tre ore ~**) the meeting went on for about three hours; *prep.* **~ l'acquisto di quella partita, non ho ancora deciso** as to the purchase of that lot, I haven't made up my mind yet.

circolante, *a.* circulating. *n. m.* (*fin.*) circulating medium, currency. △ *a.* **Questa è una biblioteca ~** this is a circulating library. // **~ divisionario** (*econ.*) token currency.

circolare[1], *a.* circular. *n. f.* ❶ (*comm.*) circular letter, circular, form letter, form. ❷ (*trasp.*) circle line, circle. △ *n.* ❶ **Non abbiamo ancora ricevuto la vostra ~** we have not yet received your circular (*o* circular letter). // **~ allegata a una lettera di credito circolare** (*e recante un esemplare di firma*) (*banca, cred.*) letter of indication.

circolare[2], *v. i.* ❶ to circulate. ❷ (*fin.*) (*di monete: essere accettate*) to pass. ❸ (*trasp.*) to run*. △ *v. i.* ❶ **Le cattive notizie circolano in fretta** bad news circulates quickly; **Il denaro circola liberamente nel nostro Paese** money circulates freely in our Country; ❷ **Le banconote scozzesi non circolano legalmente in Inghilterra** Scottish bank-notes won't pass in England; ❸ **Le vetture private non potevano ~ la domenica** private cars were not allowed to run on Sundays.

circolatorio, *a.* circulatory.

circolazione, *n. f.* ❶ (*anche giorn.*) circulation. ❷ (*econ.*) circulation. ❸ (*trasp. aut.*) traffic. △ ❶ **Questo giornale ha una ~ di circa 1.000.000 di copie** this newspaper has a circulation of about 1,000,000 copies; ❷ **Ci sono molti biglietti falsi da 10.000 lire in ~** there are many forged 10,000-lire notes in circulation; ❸ **La ~ è assai difficile nel centro della città** traffic is very heavy in the town centre. // **~** (*monetaria*) **argentea** (*econ.*) silver standard; **~** (*monetaria*) **aurea** (*econ., storico*) gold standard; **~ cartacea** (*fin.*) circulation of paper; **~ effettiva** (*econ., fin.*) active circulation; **~ fiduciaria** (*fin.*) credit circulation; **~** (*monetaria*) **metallica** (*fin.*) metallic circulation; **~ monetaria** (*fin.*) circulation of money, currency circulation, currency; **~ monetaria elastica** (*econ.*) elastic currency; **~ monetaria in sterline fra i residenti nell'area della sterlina** (*econ., ingl.*) resident sterling; **~ stradale** (*trasp. aut.*) road traffic; **« ~ vietata »** (*trasp. aut., cartello*) « no thoroughfare »; **in ~** (*in giro*) about; (*banca*) (*d'effetti*) afloat; (*fin.*) (*d'assegno bancario, cambiale, ecc.*) outstanding; (*giorn.*) (*di libro e sim.*) in print: **C'è molto denaro in ~ there is** plenty of money about.

circolo, *n. m.* ❶ circle, ring. ❷ (*società*) club. // **i circoli finanziari** (*fin.*) the financial circles; (*fig.*) the financial opinion.

circondare, *v. t.* ❶ to surround. ❷ (*racchiudere*) to enclose. // **~ una fabbrica di picchetti di scioperanti** (*sind.*) to picket a factory.

circoscrizione, *n. f.* (*amm.*) district. // **~ elettorale** constituency (*in G.B.*); district (*in U.S.A.*); **~ giudiziaria** (*leg.*) area of jurisdiction.

circostanza, *n. f.* ❶ circumstance. ❷ (*imprevista*) contingency. △ ❶ **Bisogna far fronte alle circostanze impreviste** one must provide for contingencies. // **~ aggravante** (*leg.*) aggravating circumstance; **~ attenuante** (*leg.*) extenuating circumstance, mitigating circumstance.

circostanziato, *a.* circumstantial, detailed.

circuito, *n. m.* circuit. // **~ di controllo** (*elab. elettr.*) check-circuit; **~ d'uscita** (*elab. elettr.*) output circuit.

citare, *v. t.* ❶ to quote. ❷ (*menzionare*) to mention. ❸ (*anche leg.*) to cite. ❹ (*leg.*) (*come testimone, ecc.*) to garnish, to summon, to summons, to subpoena, to subpena. ❺ (*leg.*) (*perseguire in giudizio*) to sue, to convene, to process. △ ❷ **Favorite ~ nella risposta il numero di codice** in replying please mention the code number; ❹ **Fu citato come testimone** he was summoned as a witness; ❺ **Li citeremo per danni** we will sue them for damages. // **~ q. davanti al tribunale** (*leg.*) to convene sb. before the Court; **~ di nuovo q.** (*leg.*) to resummon sb.; **~ q. in giudizio** (*leg., anche*) to serve sb. with a summons, to serve a summons on sb.; **chi è stato citato in giudizio** (*leg.*) defendant.

citazione, *n. f.* ❶ quotation. ❷ (*menzione*) mention. ❸ (*anche leg.*) citation. ❹ (*leg.*) (*come teste, ecc.*) garnishment, summons, writ of summons, subpoena, subpena. // **una ~ a comparire** (*leg.*) a peremptory writ; **~ mediante pubblicazione** (*sulla stampa*) (*leg.*) service by publication; **una ~ notificata al convenuto** (*leg.*) a writ served on a defendant; **~ per contumacia** (*leg.*) default summons.

citofono, *n. m.* (*attr. uff.*) intercom; interphone.

città, *n. f. inv.* town; (*grande*) city. △ **Moltissimi operai si recano giornalmente al lavoro in ~** (*come pendolari*) lots of workers commute daily to town. // **~ capolinea** (*di servizio d'autotrasporti, ecc.*) (*trasp.*) terminal; **~ che gode d'autonomia amministrativa** (*concessa con «royal charter»*) (*amm.*) borough (*in G.B.*); **una ~ dell'entroterra** an inland town; **~ divenuta importante per un improvviso fiorire di traffici** (*econ.*) boom town; **città «dormitorio»** (*comunità residenziali alle quali i lavoratori pendolari ritornano dopo la loro giornata di lavoro nelle grandi città*) dormitory towns; **una ~ industriale** (*econ.*) a manufacturing city.

cittadinanza, *n. f.* (*l'esser cittadino*) citizenship, nationality. △ **Prima di poter ottenere la ~ d'un altro Stato, deve di regola trascorrere un certo tempo** a certain time must usually elapse before one can acquire the nationality of another State.

cittadino, *a.* urban. *n. m.* ❶ (*abitante d'una città*) town-dweller. ❷ (*d'un dato Paese*) citizen, national, subject. △ *n.* ❷ **Molti cittadini italiani all'estero fanno lavori di primaria importanza** lots of Italian nationals are doing first-rate jobs abroad; **Questa norma non s'applica ai cittadini britannici** this rule is not applicable to British subjects.

ciurma, *n. f.* crew, company; hands (*pl.*).

civico, *a.* civic.

civile, *a.* (*anche leg.*) civil. *n. m.* (*borghese*) civilian.

civilista, *n. m. e f.* (*leg.*) civilian, civilist.

civilmente, *avv.* (*anche leg.*) civilly.

clandestino, *a.* clandestine. *n. m.* (*trasp. aer., trasp. mar.*) stowaway. // **passeggero ~** V. **~**, *n. m.*

classe, *n. f.* ❶ class. ❷ (*della società, anche*) section. ❸ (*categoria*) class, category, sort. ❹ (*market.*) (*di merce*) grade, line. ❺ (*trasp.*) class. ❻ (*trasp. mar.*) (*d'una nave*) character, rating. △ ❶ **Sarà difficile abolire le differenze di ~** it will be difficult to abolish class distinctions; ❷ **Nel libro di Mr Packard sono esaminate tutte le**

classi sociali in Mr Packard's book all sections of society are examined; ❸ **Questo libro fa ~ a sé** this book is in a class by itself; ❺ **Viaggio sempre in seconda ~** I always travel second class. // **~ di reddito** (*fin.*) income class, income range; **la ~ dirigente** the ruling class; **~ economica** (*trasp.*) tourist class; (*trasp. aer.*) economy class, economy; **la ~ imprenditoriale** (*econ.*) the entrepreneurial class; **la ~ media** (*econ.*) the middle class; **la ~ operaia** (*econ.*) the working class, the proletariat; **le classi privilegiate** (*econ.*) the privileged classes; **~ sociale** (*econ.*) social class; **~ turistica** (*trasp.*) tourist class; **d'una** (*market.*) (*d'articolo, negozio, ecc.*) first-class, elegant, luxurious; exclusive (*USA*).

classifica, *n. f.* ❶ classification, classing. ❷ (*market.*) (*della merce*) grading.

classificare, *v. t.* ❶ to classify, to class. ❷ (*market.*) (*merci*) to grade. ❸ (*trasp. mar.*) (*una nave*) to rate. // **~ le importazioni per fissare il dazio d'importazione** (*dog.*) to impost imports; **essere classificato** to rank: **I creditori privilegiati sono classificati prima di quelli ordinari** preferential creditors rank before ordinary creditors.

classificazione, *n. f.* ❶ classification, classing. ❷ (*market.*) (*di merce*) grading. ❸ (*org. az.*) classification. ❹ (*trasp. mar.*) (*d'una nave*) rating. // **~ decimale** (*org. az.*) decimal classification; **~ del lavoro** (*org. az.*) job classification; **~ delle merci** (*anche*) classification of goods; **~ delle navi** (*trasp. mar., anche*) classification of ships.

clausola, *n. f.* ❶ clause, article. ❷ (*leg.*) clause, provision. ❸ **clausole,** *pl.* (*fin., market.*) terms. △ ❷ **Voglio leggere meglio l'ultima ~ del contratto** I want to read the last clause of the contract more carefully. // **~ addizionale** (*leg.*) V. **~ aggiuntiva**; **~ aggiuntiva** (*a un atto*) (*leg.*) additional clause, rider; **~ arbitrale** (*leg.*) arbitration clause; **~ che autorizza alle misure conservative** (*ass. mar.*) sue and labour clause; **~ che prevede la copertura dei rischi non derivanti necessariamente da incidenti marittimi** (*p. es., i rischi per danni al carico quando la nave è nel porto*) (*ass. mar.*) inchmaree clause; **~ che** (*in certe circostanze*) **prevede la copertura ininterrotta** (*del rischio*) **anche senza pagamento del premio** (*ass.*) waiver of premium; **~ che prevede il mantenimento della copertura di locali non occupati** (*ass.*) vacancy clause, vacancy permit; **~ che prevede una proroga della validità dell'assicurazione fino al raggiungimento del porto di destino** (*quando la cosa assicurata si trova ancora in mare allo scadere della polizza*) (*ass. mar.*) continuation clause; **~ che prevede la revisione del contratto di lavoro** (*quando, p. es., si siano avute variazioni nel costo della vita, ecc., durante il periodo di validità del contratto stesso*) (*sind.*) permissive wage-adjustment clause; **~** (*di trattato commerciale*) **che prevede la revisione o la rescissione d'un accordo** (*se questo può turbare la stabilità d'un settore industriale*) (*econ., USA*) escape clause; **~ che prevede la riapertura d'un contratto collettivo di lavoro** (*sind.*) reopening clause; **~ che prevede il rimborso delle spese pagate per il nolo** (*in seguito a danni dovuti a collisione*) (*ass. mar.*) freight collision clause; **~ che regola la collisione fra due navi appartenenti allo stesso armatore** (*ass. mar.*) sistership clause; **~ commissoria** (*leg.*) commissoria lex; **~ compromissoria** (*leg.*) arbitration agreement, arbitration clause; **~ condizionale** (*leg.*) condition, proviso; **~ contrattuale** (*leg.*) agreement clause; **~ controversa** (*leg.*) debated clause, contentious clause; **~ del ritardo** (*trasp. mar.*) time-penalty clause; **~ del tempo d'attesa per l'attracco** (*trasp. mar.*) waiting-berth clause; **~ del valore stabilito** (*ass. mar.*) agreed valuation clause; **~ della bandiera** (*trasp. mar.*) flag clause; **~ della caricazione sopra coperta** (*trasp. mar.*) deck loading clause; **~ della polizza di carico** (*trasp. mar.*) bill of lading clause; **~ derogatoria** (*leg.*) derogatory clause, departing clause; **~ d'abbordaggio** (*ass. mar.*) collision clause; **~ d'aggancio a una scala mobile** (*sind.*) escalator clause (*o* provision); **~ d'avaria** (*ass. mar.*) average clause; **~ d'avaria generale** (*ass. mar.*) general average clause; **~ di cessione** (*per la quale l'assicurato può cedere ad altri i propri diritti verso l'assicuratore*) (*ass.*) assignment clause; **~ di classifica** (*trasp. mar.*) classification clause; **~ di deviazione** (*dalla rotta*) (*ass. mar.*) deviation clause; **~ d'esclusione** (*di talune perdite o rischi: dalla copertura*) (*ass.*) exclusion clause; **~ di franchigia** (*ass.*) deductible; **~ di giurisdizione** (*leg.*) competence clause; **~ d'incontestabilità** (*d'una polizza*) (*ass.*) incontestable clause; **clausole d'ingaggio** (*trasp. mar.*) ship's articles, shipping articles; **~ d'invalidità** (*pers.*) disability clause; **~ di Londra** (*per la quale le spese di « dock » devono essere sostenute dal caricatore*) (*trasp. mar.*) London clause; **~ di nazione favorita** (*econ.*) most-favoured-nation clause; **~ di negligenza** (*nell'avaria generale*) (*ass. mar.*) Jason clause; **~ di noleggio** (*trasp. mar.*) freight clause; **~ di non responsabilità** (*leg.*) non-liability clause; **~ di parità** (*leg.*) « benefit of a fall » clause, fall clause; **~ di raccomandazione** (*in un contratto di noleggio*) (*trasp. mar.*) address clause; **~ di recessione** (*ass. mar.*) waiver clause; **~ di rescissione** (*leg.*) cancellation clause; **~ di revisione** (*leg.*) review clause; **~ di riacquisto** (*leg.*) repurchase clause: **La Banca Centrale decise di cessare la vendita di divise agli istituti di credito con ~ del riacquisto e con la garanzia di cambio** the Central Bank decided to cease selling currency to credit establishments with repurchase clause and exchange guaranty; **~ di rinunzia** (*ass. mar.*) waiver clause; **~ di scala mobile** (*sind.*) escalator clause, escalator provision; **clausole di sottoscrizione** (*di azioni*) (*fin.*) terms of underwriting; **le clausole d'un testamento** (*leg.*) the terms of a will; **~ d'uso** (*leg.*) customary clause; **~ essenziale** (*leg.*) stipulation; **~ in base alla quale l'assicuratore non risponde dei danni e delle perdite dovute alla normale usura cui è soggetta la nave durante il viaggio** (*ass. mar.*) metallic clause; **~** (*di contratto di lavoro*) **in base alla quale l'impiegato in fase d'addestramento s'impegna a non cercare lavoro presso un altro datore per un certo tempo** (*pers., sind.*) radius clause; **~ interpretativa** (*leg.*) interpretation clause; **~ onnicomprensiva** (*comprensiva d'ogni rischio*) (*ass.*) omnibus clause; **~ penale** (*in un contratto, ecc.*) (*leg.*) penalty clause; **~ relativa agli scali** (*trasp. mar.*) calling clause; **~ relativa alle collisioni** (*trasp. mar.*) collision clause; **~ relativa all'abbordaggio** (*ass. mar.*) running-down clause, collision clause; **~ restrittiva** (*leg.*) conditional clause; **clausole restrittive** (*della libertà d'una delle parti, durante o dopo i termini di validità del contratto*) (*leg.*) restrictive covenants; **strings** (*USA*): **Non vi sono clausole restrittive in questo contratto** there are no strings attached to this contract; **una ~ riguardante vari argomenti** (*leg.*) an omnibus clause; **~ risolutiva** (*leg.*) resolutory clause, avoidance clause, determination clause; **~ risolutoria** (*d'un atto o contratto*) (*leg.*) defeasance clause, defeasance; **~** (*su una polizza di carico*) **secondo la quale il consegnatario si impegna a ritirare quel quantitativo di merce che il capitano è in grado di**

consegnargli giornalmente (*trasp. mar.*) berth terms; ~ **sotto condizione** (*leg.*) conditional provision; **clausole** (*contrattuali*) **sulla concorrenza sleale** (*leg., pers.*) restrictive covenants; **secondo le clausole** (*d'un contratto*) (*leg.*) under the terms; **la suddetta** ~ the above clause.

cliché, *n. m.* (*giorn.*) block, printing block, plate, cut. // ~ **a incisione profonda** deep-etched plate; ~ **a mezza tinta** halftone block; ~ **al tratto** linecut, line engraving.

cliente, *n. m.* e *f.* ❶ (*d'un negozio, d'un'azienda*) customer; cuss (*slang USA*). ❷ (*specialm. d'un professionista*) client. ❸ (*leg.*) (*d'avvocato*) client. ❹ (*market.*) shopper, visitor. ❺ (*tur.*) guest. ❻ (*market, pl.* (*market.*) trade (*sing. collett.*). △ ❶ È un nostro probabile ~ he's a prospective customer of ours; Quel ~ è difficile da accontentare that customer is not easy to please; Quel ~ ha presentato un reclamo that customer has lodged a claim; ❷ Serve i clienti nel negozio paterno he waits on trade in his father's shop. // un ~ abituale (*market.*) a regular customer, a patron; clienti che non pagano (*market.*) unpaying customers; un ~ difficile (*market.*) a hard customer, a sticky customer; un ~ facile (*market.*) an easy customer; an easy make (*slang USA*); un ~ fisso (*market.*) a regular customer; un ~ potenziale (*market.*) a prospective client, a prospect: Il nostro rappresentante ha fatto visita a una quantità di clienti potenziali senza però riuscire a vendere nulla our agent called on a lot of prospects but failed to make a sale; essere ~ abituale d'un negozio (*market.*) to patronize a shop; essere ~ di (*una banca*) to bank with: Sono ~ della banca J. Taylor e Figlio I bank with Messrs J. Taylor & Son.

clientela, *n. f.* ❶ clientele, clientage, trade; customers, clients (*pl.*). ❷ (*rapporti d'affari*) connection. ❸ (*market.*) (*l'esser clienti*) custom; (*d'un negozio*) patronage. ❹ (*market., pubbl.*) clientele, public. ❺ (*tur.*) clientele; guests (*pl.*). △ ❶ Ci stiamo creando una ~ we're gaining customers; Lei è tenuto a visitare regolarmente la ~ you are supposed to call regularly on the customers; Invieremo avvisi alla nostra ~ per informarla della nuova ubicazione del negozio we will send notices to the trade about the new location of the shop; ❷ Ci siamo formati una ~ solida we have built up a steady connection; ❸ Ci dispiace dovervi informare che cesseremo di far parte della vostra ~ we regret having to inform you that we shall withdraw our custom; Gradiremmo annoverarvi fra la nostra ~ we should like to have your custom; ❹ La ~ di questa agenzia pubblicitaria è assai vasta the clientele of this advertising agency is very wide. // ~ potenziale (*market.*) prospective customers.

clima, *n. m.* ❶ (*anche fig.*) climate. ❷ (*fig.*) relations (*pl.*). △ ❷ Speriamo che fra breve s'instauri un ~ sindacale più disteso let's hope for more peaceful relations between workers and industry. // ~ aziendale (*sind.*) company climate; corporate climate (*USA*); un ~ non propizio agli scambi an unfavourable business climate; ~ sindacale (*sind.*) labour situation.

coadiutore, *n. m.* coadjutor.
coaffittuario, *n. m.* (*leg.*) cotenant.
coalizione, *n. f.* ❶ coalition. ❷ (*econ., fin.*) combination, combine. ❸ (*ric. op.*) cooperation.
coalizzare, *v. t.* to combine.
coalizzarsi, *v. recipr.* to combine. △ Il Ministero del Lavoro e la direzione dell'IRI si coalizzarono per aumentare i salari nell'industria petrolchimica the Ministry of Labour and the IRI management combined to raise wages in the petrochemical industry.

coassicurato, *a.* e *n. m.* (*ass.*) coinsured.
coassicurazione, *n. f.* (*ass.*) coinsurance. // ~ contro l'incendio (*ass.*) concurrent fire insurance.
coattivo, *a.* ❶ compulsory, coercive. ❷ (*leg.*) coactive.
coautore, *n. m.* (*leg.*) joint author.
coazione, *n. f.* (*leg.*) coaction.
coda, *n. f.* ❶ (*anche fig.*) tail. ❷ (*di gente in attesa*) queue. ❸ (*banca, cred.*) (*di cambiale*) allonge. ❹ (*ric. op.*) waiting line. // ~ d'attesa (*di dati non ancora elaborati*) (*elab. elettr.*) queue; ~ di gente queue; far la ~ (*la fila*) to form a queue; to queue up.

codice, *n. m.* ❶ (*in ogni senso, eccetto quello di manoscritto antico*) code. ❷ (*elab. elettr.*) code. ❸ (*leg., anche*) statute-book; statute-roll. △ ❶ Non c'è un ~ scritto delle leggi inglesi there is no written code of English law. // ~ a otto canali (*elab. elettr.*) eight-channel code; ~ a sei cifre binarie (*elab. elettr.*) six-bit numeric code; ~ alfanumerico a sette cifre binarie (*elab. elettr.*) seven-bit alphameric code; ~ binario (*mat.*) binary code; ~ binario decimale (*mat.*) binary decimal code; ~ cifrato cipher code; ~ civile (*leg.*) civil code; ~ cliente (*banca*) customer code; ~ commerciale (*leg.*) commercial code; il ~ della strada (*trasp. aut.*) the rules of the road; ~ d'avviamento postale (CAP) (*comun.*) zip code (*abbr. di zone improvement plan*); ~ di calcolatore (*elab. elettr.*) computer code; ~ d'etica professionale code of ethics, code of conduct, standards of professional practice; ~ d'impulsi (*elab. elettr.*) impulse code; ~ doganale (*dog.*) customs code; ~ due su cinque (*elab. elettr.*) two-out-of-five code; ~ numerico (*elab. elettr.*) numeric code; ~ operativo (*elab. elettr.*) instruction code; un ~ orale (*leg.*) an unwritten code; ~ penale (*leg.*) penal code, criminal code; ~ ponderato (*elab. elettr.*) weighted code; ~ telegrafico (*comun.*) telegraphic code.

codicillare, *a.* (*leg.*) codicillary.
codicillo, *n. m.* (*leg.*) codicil, rider. // ~ aggiunto a un testamento (*leg.*) additional codicil to a will.
codificare, *v. t.* ❶ to code. ❷ (*elab. elettr.*) to encode, to codify. ❸ (*leg.*) to codify.
codificatore, *n. m.* ❶ (*elab. elettr.*) encoder. ❷ (*leg.*) codifier. // ~ numerico (*elab. elettr.*) digital encoder.
codificazione, *n. f.* ❶ (*elab. elettr.*) codification, encoding, coding. ❷ (*leg.*) codification. // ~ alfabetica alphabetic code; ~ cromatica (*elab. elettr.*) colour coding; ~ geografica (*elab. elettr.*) geographical coding; ~ SANS (*elab. elettr.*) SANS coding.

coefficiente, *n. m.* (*mat.*) coefficient, factor. // ~ d'accelerazione (*econ.*) coefficient of acceleration; il ~ di carico (*trasp. mar.*) the proportion of gross to net load; ~ di correlazione (*econ., mat.*) coefficient of correlation, correlation coefficient; ~ d'elasticità (*econ.*) coefficient of elasticity; ~ di fiducia (*market.*) confidence coefficient; ~ di produzione (*econ.*) production coefficient; ~ di riposo (*cronot.*) fatigue allowance, relaxation allowance; ~ di tesoreria (*fin.*) « coefficient de trésorerie » (*a special system of minimum reserves*); ~ di variabilità (*stat.*) coefficient of variation.

coercitivo, *a.* ❶ compulsory. ❷ (*leg.*) coercitive.
coercizione, *n. f.* ❶ compulsion. ❷ (*leg.*) coercion, coaction. ❸ (*sind.*) coercion. // ~ fisica (*leg.*) actual coercion.
coerede, *n. m.* e *f.* (*leg.*) fellow heir, parcener. *n. m.* (*uomo*) (*leg.*) coheir. *n. f.* (*donna*) (*leg.*) coheiress.
coeredità, *n. f.* (*leg.*) parcenary.

coerente, *a.* (*fig.*) consistent. // **una ~ politica economica** a consistent economic policy.
coerenza, *n. f.* (*fig.*) consistency.
coesione, *n. f.* cohesion. // **~ del personale** (*org. az.*) « esprit de corps ».
cofano, *n. m.* ❶ box, coffer. ❷ (*trasp. aut.*) bonnet; hood (*USA*).
cofirmatario, *n. m.* (*leg.*) consignatory.
cogliere, *v. t.* ❶ to gather, to pick. ❷ (*colpire*) to hit★. △ ❶ **Coglievano la frutta** they were gathering (*o* picking) fruit; ❷ **Hai colto nel segno** you've hit the target; (*fig.*) you've hit the nail on the head. // **~ q. in flagrante** (*leg.*) to take sb. in the act, to catch sb. in the act: **I ladri furono colti in flagrante** the burglars were taken in the act; **~ un'occasione** to take an opportunity, to seize an opportunity: **Devi ~ l'occasione** you should seize this opportunity; **essere colto di sorpresa** to be caught short.
cognizione, *n. f.* ❶ knowledge, notion. ❷ (*leg.*) cognizance. ❸ **cognizioni**, *pl.* attainments. △ ❷ **Il giudice ha preso ~ della causa** the judge has taken cognizance of the case.
cognome, *n. m.* cognomen, surname, family name; last name (*USA*). // **~ da nubile** (*leg.*) maiden name; **~ da ragazza** (*leg.*) maiden name; **~ da signorina** (*leg.*) maiden name.
coimputato, *n. m.* (*leg.*) co-defendant, co-respondent.
coincidente, *a.* coincident, concurrent.
coincidenza, *n. f.* ❶ coincidence, concurrence. ❷ (*trasp.*) connection. △ ❷ **Ho perso la ~ perché il treno era in ritardo** I missed my connection because the train was late. // **essere in ~ con** (*trasp.*, *ecc.*) to connect with: **Il nostro treno è in ~ a Londra con quello per Liverpool** our train connects with the Liverpool train at London.
coincidere, *v. i.* to coincide, to concur, to tally.
cointeressato, *a.* ❶ jointly interested. ❷ (*econ.*, *fin.*) (*che partecipa ai profitti*) profit-sharing. *n. m.* ❶ (*leg.*) coadventurer. ❷ (*leg.*) (*consocio*) co-partner, joint partner. // **essere ~ in un'azienda** (*fin.*) to have an interest in a business.
cointeressenza, *n. f.* ❶ concern. ❷ (*fin.*) (*partecipazione agli utili*) profit-sharing. ❸ (*pers.*) lay. △ ❶ **Abbiamo una ~ nella loro azienda** we have a concern in their firm.
coinvolgere, *v. t.* to involve. △ **Fu coinvolto in una causa (legale)** he got involved in a lawsuit.
colaggio, *n. m.* (*trasp. mar.*) leakage, ullage.
colare, *v. i.* ❶ to leak. ❷ (*gocciolare*) to drip, to drop. // **~ a picco** (*trasp. mar.*) to go to the bottom; to sink.
colla, *n. f.* ❶ (*attr. uff.*) glue. ❷ (*pubbl.*) (*per manifesti*) gum, paste. ❸ **~ gommosa** (*usata dai grafici per lavori d'impaginazione*) (*pubbl.*) cow gum.
collaborare, *v. t.* ❶ to collaborate, to cooperate. ❷ (*giorn.*) to contribute. ❸ (*sind.*) to cooperate.
collaboratore, *n. m.* ❶ collaborator, cooperator, coadjutor. ❷ (*giorn.*, *pubbl.*) contributor. ❸ (*pers.*) assistant. // **~ d'affari** associate in business; **~ esterno** (*giorn.*) consultant; (*giorn.*, *pubbl.*) free lance.
collaborazione, *n. f.* ❶ collaboration, cooperation. ❷ (*giorn.*) contribution. ❸ (*sind.*) cooperation. // **~ antagonistica** antagonistic cooperation; **~ del personale** (*pers.*) employee cooperation.
collasso, *n. m.* (*econ.*) collapse. △ **Il Governo italiano stava facendo ogni sforzo per salvare la lira dal ~** the Italian Government was striving hard to save the lira from collapse.
collaterale, *a.* collateral. △ **Questa è una garanzia ~** this is a collateral security. // **parentela in linea ~** (*leg.*) relationship by collateral line.
collaudare, *v. t.* ❶ to test, to try out. ❷ (*elab. elettr.*) to test. ❸ (*org. az.*) to inspect.
collaudatore, *n. m.* ❶ tester. ❷ (*org. az.*) inspector. ❸ (*trasp. aut.*) test driver.
collaudo, *n. m.* ❶ test, trial. ❷ (*elab. elettr.*) test. ❸ (*org. az.*) inspection. // **~ in officina** (*org. az.*) shop-test.
collazionare, *v. t.* (*leg.*) to collate, to compare. △ **Abbiamo collazionato la copia col documento originale** we have collated the copy with the original document.
collazione, *n. f.* ❶ collation, comparing. ❷ (*leg.*) (*di beni, per una spartizione fra eredi*) hotchpot, hotchpotch.
collega, *n. m. e f.* (*pers.*) colleague. // **~ d'ufficio** (*pers.*) fellow clerk.
collegamento, *n. m.* ❶ connection, connexion; (*associazione d'idee*) association; (*rapporto*) relation. ❷ (*cosa che collega*) link, liaison. △ ❷ **Fa da ~ fra il presidente e il consigliere delegato** he acts as a link between the chairman and the managing director; **È ufficiale di ~** he is a liaison officer. // **il ~ della moda con la realtà industriale** (*market.*) the association of fashion with industrial reality; **~ marittimo** (*trasp. mar.*) shipping link; **~ telefonico** (*comun.*) telephonic connection; **in ~** (*radiofonico o televisivo*) **diretto** (*comun.*) live: **Era una trasmissione in ~ diretto** it was a live broadcast (*o* telecast).
collegare, *v. t.* ❶ to connect; (*associare*) to associate, to relate. ❷ to link (up), to interlock. ❸ (*leg.*) (*ditte, ecc.*) to incorporate. △ ❷ **Le due città sono collegate da una ferrovia** the two towns are linked by a railway.
collegarsi, *v. recipr.* (*leg.*) (*di ditte*) to incorporate.
collegato, *a.* ❶ associated, connected. ❷ (*leg.*) (*di ditta, ecc.*) incorporate, corporate. // **essere ~ (con)** to be related (with).
collegiale, *a.* joint.
collegialmente, *avv.* jointly.
collegio, *n. m.* ❶ boarding school. ❷ (*universitario*) college. ❸ (*comitato*) board, committee. // **~ arbitrale** (*leg.*) arbitration board, court of arbitration; arbitrators (*pl.*); (*sind.*) board of arbitrators; **~ dei revisori contabili** (*fin.*, *rag.*) auditors' committee; **un ~ di periti** a group of appraisers; **~ elettorale** (*gli elettori e il distretto*) constituency.
collettame, *n. m.* (*trasp.*) packages (*pl.*). // **noleggio a ~** (*trasp. mar.*) liner freighting; **trasporto a ~** (*trasp. mar.*) general cargo service.
collettivamente, *avv.* jointly, collectively.
collettivo, *a.* collective, joint. *n. m.* collective. // **in nome ~** (*di società*) general: **I soci d'una società in nome ~ hanno responsabilità illimitata individuale e solidale** the partners of a general partnership are jointly, severally and unlimitedly liable.
collezione, *n. f.* ❶ collection. ❷ (*attr. uff.*) (*di documenti, giornali, ecc.*) file. // **una ~ di giornali** a file of newspapers.
collezionista, *n. m. e f.* collector.
collisione, *n. f.* ❶ (*trasp.*) collision. ❷ (*trasp. mar.*, *anche*) foul. // **~ accidentale** (*trasp.*) accidental collision.
collo, *n. m.* ❶ (*market.*) (*pacco*) package, parcel. ❷ (*market.*) (*balla*) bale.

collocamento, *n. m.* ❶ placement; (*sistemazione*) settlement. ❷ (*market.*) (*di merci, prodotti, ecc.*) placement. ❸ (*pers.*) placement, employment. // ~ **a riposo** (*pers.*) retirement, superannuation; ~ **clandestino di azioni** (*fin.*) share pushing; **il ~ della manodopera** (*pers.*) the placement of labour; **il ~ di prodotti nazionali sui mercati esteri** (*comm. est.*) the placement of domestic products on foreign markets; ~ **sul mercato d'emissioni azionarie o obbligazionarie** (*da parte d'una società finanziaria, la quale tuttavia non assume in proprio né garantisce l'emissione stessa*) (*fin.*) agency marketing; **agenzia (o ufficio) di ~** (*pers., sind.*) employment agency.

collocare, *v. t.* ❶ **to place**; (*disporre*) to dispose; (*sistemare*) to settle; (*mettere*) to set*; (*posare*) to lay*. ❷ (*market.*) (*merci, prodotti, ecc.*) to place. △ ❷ **Sarà difficile ~ quegli articoli** it will be hard to place those articles. // ~ **a riposo** (*pers.*) to retire, to shelve: **Molti vecchi dirigenti sono stati collocati a riposo dalla sera alla mattina** lots of old executives have been shelved overnight; ~ **a riposo (per raggiunti limiti d'età)** (*amm.*) to superannuate; ~ (*q.*) **come apprendista** (*sind.*) to apprentice: **Fu collocato come apprendista presso un sarto** he was apprenticed to a tailor; ~ **un'emissione obbligazionaria** (*fin.*) to place a bond issue; ~ (*q.*) **in un impiego** (*pers.*) to place; ~ **in sede** (*org. az.*) to seat; **collocato a riposo** (*per limiti d'età*) (*pers.*) superannuated.

collocatore, *n. m.* ❶ (*fin.*) (*di fondi d'investimento*) investment dealer. ❷ (*pers.*) (*funzionario d'ufficio di collocamento*) labour-exchange official.

collocazione, *n. f.* ❶ placement; (*sistemazione*) arrangement, settlement. ❷ (*posto occupato da qc.*) position, post. // ~ **in dentro** (*d'una riga*) indent, indention, indentation; ~ **privata** (*di titoli, ecc.*) (*fin.*) private placement.

colloquio, *n. m.* ❶ talk. ❷ (*market., pers.*) interview. △ ❶ **Vorrei avere un ~ col vostro agente di Roma** I should like to have a talk with your Rome representative. // **essere a ~ con q.** to be seeing sb.: **In questo momento Mr Talbot è a ~ coi delegati svedesi; vuole chiamare più tardi?** Mr Talbot is seeing the Swedish delegates right now; would you mind calling later?

collusione, *n. f.* (*leg.*) collusion. // ~ **a danno di terzi** (*leg.*) covin; ~ **in una gara d'appalto** (*leg.*) collusive tendering.

collusivamente, *avv.* (*leg.*) collusively.

collusivo, *a.* (*leg.*) collusive, collusory.

colmare, *v. t.* to fill (up). // ~ **una lacuna** (*anche fig.*) to fill a gap.

cologaritmo, *n. m.* (*mat.*) cologarithm, negative logarithm.

colonia, *n. f.* ❶ colony. ❷ (*pers.*) (*per i dipendenti e/o i loro familiari*) holiday camp. // ~ **della Corona** (*ingl.*) Crown Colony; ~ **estiva** (*org. az., pers.*) summer camp; ~ **marina** (*org. az., pers.*) sea camp.

coloniale, *a.* colonial. // **commercio ~** colonial trade; **generi coloniali** (*market.*) V. **coloniali**.

coloniali, *n. pl.* (*market.*) groceries.

colonna, *n. f.* ❶ column. ❷ (*giorn.*) (*di bozze di stampa*) slip. △ ❶ **La ~ sportiva non è ancora stata composta** the sports column has not yet been set. // ~ **creditrice** (*rag.*) credit column; ~ **debitrice** (*rag.*) debit column; ~ **degli annunci personali** (*giorn., pubbl.*) personal column; ~ **dei crediti** (*rag.*) credit column; ~ **dei « diversi »** (*rag.*) sundries column; ~ **del « dare »** (*rag.*) debit column, debtor side, debit; **la ~ delle attività** (*rag.*) the assets side; ~ **delle causali** (*rag.*) description column; **la ~ delle cifre** (*rag.*) the amount column; ~ **dell'« avere »** (*rag.*) credit column, credit, creditor; ~ **d'annunci per la ricerca del personale** (*giorn.*) help-wanted column; ~ **d'annunci pubblicitari** (*giorn.*) column of advertisements; ~ **di cassa** (*rag.*) cash column; ~ **di cifre** (*mat.*) column of figures; ~ **esterna** (*giorn.*) outside column; **colonne separate** (*rag.*) separate columns; ~ **sonora** (*pubbl.*) sound-track; **a colonne** columnar.

colono, *n. m.* farmer, homesteader. // **un piccolo ~** (*econ.*) a small farmer.

colore, *n. m.* colour; color (*USA*). // **colori complementari** (*pubbl.*) complementary colours; **un ~ indelebile** (*market.*) a fast colour.

colpa, *n. f.* ❶ fault; (*talora*) blame. ❷ (*leg.*). guilt. ❸ (*leg.*) (*negligenza*) negligence. △ ❶ **Chiediamoci di chi è la ~ se i nostri articoli non sono più popolari come una volta** let's ask ourselves whose fault it is if our articles are no longer as popular as they used to be; **Di chi è la ~ del nostro insuccesso?** on whom does the blame lie for our failure?; **È ~ degli scioperanti se siamo in ritardo con le consegne** strikers are to blame for our delay in delivering; ❷ **La ~ dell'imputato non è stata ancora provata** the guilt of the accused man has not yet been proved; ❸ **I danni furono causati da ~ grave** injuries were caused by gross negligence. // ~ **del capitano** (*trasp. mar.*) negligence of the master.

colpabilità, *n. f.* (*leg.*) guilt, culpability.

colpevole, *a.* (*leg.*) guilty, culpable. *n. m. e f.* ❶ (*leg.*) culprit, offender. ❷ (*leg.*) (*anche d'una negligenza*) delinquent. △ *a.* **L'imputato si confessò ~** the accused man pleaded guilty.

colpevolezza, *n. f.* (*leg.*) guilt, culpability. // ~ **di complice** (*leg.*) accessorial guilt.

colpire, *v. t.* ❶ to hit*, to knock, to strike*. ❷ (*far colpo su*) to impress; (*avere un effetto su*) to affect; (*urtare*) to shock. △ ❶ **Chi verrà colpito dalla nuova imposta?** who is going to be hit by the new tax?; ❷ **Il comportamento del nuovo impiegato mi ha colpito favorevolmente** the conduct of the new clerk has impressed me favourably.

colpo, *n. m.* ❶ hit, knock, stroke. ❷ (*impressione*) impression. ❸ (*choc*) shock. ❹ (*Borsa*) coup (*francese*). // **un ~ di fortuna** a stroke of good luck; a windfall (*fam.*); **un ~ in Borsa** (*Borsa*) a coup on the Stock Exchange; ~ **maestro** coup; **di ~** with a run: **Tutti i prezzi aumentarono di ~** all prices went up with a run.

coltivabile, *a.* ❶ cultivable. ❷ (*econ.*) (*di miniera e sim.*) workable.

coltivare, *v. t.* ❶ (*terreni, prodotti agricoli, ecc.*) to cultivate (*anche fig.*); to grow*, to crop, to farm. ❷ (*econ.*) (*una miniera e sim.*) to work. △ ❶ **Egli è solito ~ le persone che possono essergli utili per i suoi affari** he usually cultivates the people who can be useful to him in his business affairs. // ~ **un progetto** (*fig.*) to develop a project.

coltivatore, *n. m.* ❶ grower. ❷ (*diretto o affittuario*) farmer. // **un ~ diretto** (*econ.*) a small farmer.

coltivazione, *n. f.* cultivation, farming, growing, growth. // ~ **a secco** dry farming; ~ **del tabacco** tobacco growing; ~ **estensiva** extensive cultivation, extensive farming; ~ **intensiva** intensive cultivation, intensive farming.

coltura, *n. f.* V. **coltivazione**.

comandamento, *n. m.* commandment. // **i « comandamenti »** (*fig.*) the do's and don'ts: **Questi sono**

i « **comandamenti** » fondamentali dell'organizzazione commerciale these are the basic do's and don'ts of business organization.

comandante, *n. m.* ❶ commander, leader. ❷ (*trasp. mar.*) commander, master. // ~ **in seconda** (*di mercantile*) (*trasp. mar.*) mate.

comandare, *v. t.* ❶ to command, to order, to direct. ❷ (*elab. elettr.*) to control. ❸ (*leg.*) to enjoin. *v. i.* to be in authority. △ *v. i.* **Chi comanda qui?** who is in authority here? // ~ **q. a bacchetta** to boss sb. (*slang*); **che comanda** leading.

comando, *n. m.* ❶ command, order; (*dell'autorità*) fiat. ❷ (*posizione di comando*) leadership. ❸ (*elab. elettr.*) control. ❹ (*leg.*) injunction. ❺ (*trasp. mar.*) captainship. △ ❶ **I comandi del capo sono eseguiti sempre prontamente** the boss's commands (*o* orders) are always quickly obeyed. // ~ **a distanza** (*comun.*) remote control; ~ **automatico** (*elab. elettr.*) automatic control.

combattere, *v. t.* ❶ to combat, to fight*. ❷ (*respingere*) to repel, to reject. △ ❶ **Il nostro primo dovere è ~ l'inflazione** our first duty is to combat (*o* to fight) inflation. // ~ **la concorrenza** (*market.*) to repel competition.

combinare, *v. t.* to combine. // ~ **un affare** to bring off (*o* to put through) a business deal; ~ **un buon affare** to make (*o* to strike) a bargain.

combinazione, *n. f.* ❶ combination. ❷ (*caso*) chance; (*coincidenza*) coincidence. // ~ **di due « call »** (*q.V.*) **e d'un « put »** (*q.V.*) (*Borsa, USA*) strap; ~ **finanziaria** (*fin.*) financial combination; **per ~** by chance, accidentally.

come, *avv.* ❶ as. ❷ (*a somiglianza di*) like. ❸ (*interrogativo*) how. △ ❶ **Fa' ~ me!** do as I do; **Fa' ~ vuoi!** do as you like; ❷ **È ~ suo padre** he is like his father; ❸ ~ **vanno gli affari?** how is business? // ~ **da as per**: ~ **da campione** as per sample; ~ **di consueto** as customary, as usual; ~ **se** as if, as though; ~ **segue...** as follows...; « ~ **si trova** » (*market.*) (*di merce*) « on evidence »; ~ **sopra** as above; (*come*) ditto.

Comecon, *n. m.* (*econ.*) Council of Mutual Economic Assistance.

cominciare, *v. t. e i.* ❶ to begin*, to commence, to open, to start. ❷ (*leg.*) to inure. △ ❶ **La riunione comincerà alle 9.30** the meeting will begin (*o* commence) at 9:30 A.M.; **Cominceremo la riunione alle ore 16** we shall begin (*o* commence) the meeting at 4 P.M.; **Nella legge spesso si comincia con gli ideali e si finisce coi compromessi** law often begins with ideals and ends with deals; **Cominciamo il lavoro alle 9 del mattino** we start work at 9:00 A.M. // ~ **ad aver valore** to come into value; ~ **a calare** (*trasp. mar.*) (*di marea*) to make; ~ **a crescere** (*trasp. mar.*) (*di marea*) to make; ~ **a perorare una causa** (*leg.*) (*d'avvocato*) to open a case; ~ **a scaricare** (*trasp. mar.*) to break bulk; ~ **un dibattito** to open a debate; ~ **lo scarico** (*trasp. mar.*) to break bulk.

comitato, *n. m.* ❶ committee. ❷ (*amm., org. az.*) board. ❸ (*leg.*) committee. ❹ (*org. az.*) commission. // ~ **consultivo** (*org. az.*) advisory committee; ~ **consultivo dei viaggiatori e degli addetti alle vendite** (*e che fa parte della direzione multipla*) (*org. az.*) sales board; ~ **consultivo di direzione** (*costituito dai direttori di fabbrica e dai capi intermedi*) (*org. az.*) factory board of executives; ~ **dei Consumatori** (*ente costituito nel 1963 dal Governo britannico allo scopo di tutelare i diritti dei consumatori*) Consumer Council; ~ **dei creditori** (*leg.*) committee of creditors; **il ~ dei Governatori delle Banche Centrali** (*in U.S.A.*) the Committee of Governors of the Central Banks; ~ **del bilancio** (*fin., org. az.*) budget committee; **il ~ del Tesoro** (*composto dal Primo Ministro, dal Cancelliere dello Scacchiere e da altri tre ministri*) (*amm., ingl.*) the Treasury Board; ~ **di consultazione mista** (*amm., pers., sind.*) management advisory committee; ~ **di consumatori-pilota** (*market.*) consumer panel; ~ **di controllo dei conti** (*fin., rag.*) audit committee; ~ **d'inchiesta** (*amm., leg.*) board of inquiry; **il ~ di Politica Congiunturale** (*econ.*) the Short-term Economic Policy Committee; **il ~ di Politica di Bilancio** (*fin.*) the Budget Policy Committee; ~ **di studio dei suggerimenti** (*org. az.*) suggestion committee; ~ **direttivo** (*org. az.*) managing committee, steering committee; ~ **Economico e Sociale (CES)** Economic and Social Committee (*ESC*); ~ **esecutivo** executive committee; (*fin.*) stockholders' committee; ~ **Intergovernativo per le Migrazioni Europee (CIME)** Intergovernmental Committee for European Migration (*ICEM*); ~ **misto** (*p. es., di rappresentanti dei lavoratori e dei datori di lavoro*) (*pers., sind.*) joint committee; ~ **paritetico** (*org. az., sind.*) bipartite board; ~ **per la programmazione** (*econ.*) planning board; ~ **permanente** (*amm., org. az.*) standing committee; **essere in un ~** to be on a committee.

comitiva, *n. f.* (*trasp.*) party.

comma, *n. m.* (*leg.*) paragraph.

commentare, *v. t.* to comment. △ **L'oratore commentò gli ultimi avvenimenti finanziari nel quadro generale della situazione economica del Paese** the orator commented on the latest financial events within the frame of the overall economic situation of the Country.

commento, *n. m.* ❶ (*osservazione, apprezzamento*) comment. ❷ (*complesso di note*) commentary. // **commenti della stampa** (*giorn.*) press comments.

commerciabile, *a.* (*market.*) dealable, merchantable, marketable. // **non ~** (*market.*) unmerchantable, unmarketable.

commerciabilità, *n. f.* (*market.*) marketability.

commerciale, *a.* commercial, mercantile, trading, merchant (*attr.*); commersh (*slang USA*). △ **Una lettera ~ dev'essere chiara e concisa** a commercial letter should be clear and concise; **Le cambiali di favore non hanno per causale alcuna operazione ~** accommodation bills have no commercial transaction as consideration; **S'è ridotto il deficit ~** the trading deficit is down.

commercialista, *n. m. e f.* ❶ (*dottore in Economia e Commercio*) graduate in economics and commerce. ❷ (*consulente*) business consultant. ❸ (*leg.*) (*specialista in diritto commerciale*) expert in commercial law.

commercializzabile, *a.* (*market.*) marketable. △ **Quelle merci non sono commercializzabili nel nostro Paese** those goods are not marketable in our Country.

commercializzare, *v. t.* ❶ to commercialize. ❷ (*market.*) to market. △ ❷ **Gli ortofrutticoli sono ora commercializzati a prezzi lievemente più alti di quelli dello scorso anno** fruit and vegetables are now marketed at prices slightly above those of last year. // ~ **l'arte (lo sport, ecc.)** to commercialize art (sport, etc.).

commercializzazione, *n. f.* ❶ commercialization. ❷ (*market.*) marketing. // **la ~ dei prodotti** (*econ.*) the marketing of commodities: **La ~ dei prodotti si occupa della distribuzione delle materie prime, dei semilavorati, dei beni strumentali e dei beni di consumo** the marketing of commodities is concerned with the distribution of raw materials, semi-finished products, capital equipment, and consumers' goods.

commercialmente, *avv.* commercially.

commerciante, *n. m.* e *f.* ❶ dealer, trader; merchant (*di solito, nei composti*). ❷ (*uomo d'affari*) businessman*; biz man* (*slang USA*). ❸ (*negoziante*) tradesman*. ❹ **commercianti**, *pl. collett.* (*negozianti*) tradespeople, tradesfolk. △ ❶ **Di solito il volume d'affari d'un piccolo ~ è limitato a una somma modesta** a small trader's turnover is usually restricted to a modest amount of money; ❷ **È un ~, non un professionista** he is a businessman, not a professional man. // **~ al dettaglio** (*market.*) *V.* **~ al minuto**; **~ al minuto** (*market.*) retail merchant, retail dealer, retailer; **~ all'ingrosso** (*market.*) wholesale dealer, wholesaler, direct trader, warehouseman*; **~ della City di Londra** (*fin.*) City man; **~ di carbone** coal-merchant, coaler; **~ di ferramenta** ironmonger; **~ di vini** wine-merchant; **~ dinamico e intraprendente** dynamiter (*slang USA*); **un ~ disonesto** (*market.*) a sharp trader; **un ~ in cereali** a dealer in dry goods; **~ in generi diversi** general dealer; **~ in granaglie** (*anche*) corn-factor; **~ in materiali di ricupero** (*market.*) salvage-dealer; **~ in proprio** (*market.*) sole trader; **un ~ in tessuti** a dealer in dry goods (*USA*); **un ~ onesto** a straight businessman; **un ~ solvibile** (*cred.*) a solvent merchant; **un ~ straniero** (*comm. est.*) a foreign trader.

commerciare, *v. i.* to trade, to carry on trade, to deal*, to handle, to merchant, to merchandise. *v. t.* (*raro*) (*commercializzare*) to market. △ *v. i.* **Commerciamo in cristallerie dalla fine della guerra** we've been dealing in glassware since the end of the war; **Commercia in pellami** he trades in furs and skins; **L'Italia commercia con Paesi di tutto il mondo** Italy carries on trade with Countries all over the world; **Questa ditta non commercia in generi d'importazione** this firm does not handle import goods. // **~ oltre i limiti delle proprie disponibilità** (*market.*) to overtrade.

commercio, *n. m.* ❶ (*in generale, o fatto su larga scala, o fra città o Paesi lontani*) commerce. ❷ (*lo scambio delle merci*) trade, trading; (*i traffici*) traffic. ❸ (*di solito nei composti*) business. △ ❶ **Il ~ consiste in tutte quelle attività dell'uomo che riguardano lo scambio delle merci, il loro trasporto da un luogo all'altro e il loro immagazzinamento per uso futuro** commerce consists of all those human activities that refer to the exchange of goods, to their transport from place to place and to their storage for future consumption; ❷ **Lo scambio delle merci fra persone o Paesi diversi è detto ~** the exchange of goods between persons or Countries is called trade; **Ci fu una scarsità di materie prime che si ripercosse prima sulla produzione, poi sul ~** there was a materials shortage which affected first manufacturing, then trade; **Si è dato al ~** (*o si è messo in ~*) he has gone into trade; ❸ **S'occupa del ~ della lana** he's in the wool business; **S'è ritirato dal ~** he has retired from business. // **~ al dettaglio** (*market.*) retail trade; **~ al minuto** (*market.*) retail trade; **~ all'ingrosso** (*market.*) wholesale trade, direct trade; **~ ambulante** (*market.*) hawking, peddling; **un ~ attivo** a lively trade; **~ bancario** banking business; **~ basato su una reciproca parità di trattamento** (*market.*) fair trade; **~ clandestino** clandestine trade; **~ coloniale** colonial trade; **~ con l'estero** foreign trade, overseas trade; **Si sta incoraggiando in tutti i modi il ~ con l'estero** foreign trade is being encouraged in all possible ways; **~ costiero** (*trasp. mar.*) coasting trade; **~ dei prodotti agricoli** agricultural trade; **il ~ dei vini** the wine trade; **il ~ del carbone** the coal trade; **il ~ del cotone** the cotton trade; **~ dell'oro e dell'argento** (*fin.*) bullion trade; **~ d'articoli di vestiario** clothing trade; **~ d'esportazione** (*comm. est.*) export trade; **~ d'importazione** (*comm. est.*) import trade; **~ di piccolo cabotaggio** (*trasp. mar.*) coasting trade, coastwise trade; **~ di rappresentanza** agency trade; **~ di riesportazione** (*comm. est.*) entrepôt trade; **~ di scambio** (*econ.*) trade by barter; **~ di Stato** (*econ.*) State trading: **La Romania è un Paese a ~ di Stato** Rumania is a State-trading Country; **~ di transito** (*comm. est.*) entrepôt trade, transit trade; **~ estero** foreign trade; **~ fiacco** depressed trade; **~ illecito** (*leg.*) illegal trade; back-door trade (*fam.*); **~ illegale d'alcolici** (*per lo più, al dettaglio*) bootlegging (*USA*); **~ in compensazione** compensation trade; **~ internazionale** international trade; **~ interno** domestic trade, home trade, inland trade, internal commerce; **~ interstatale** (*fra Stati dell'Unione*) interstate commerce (*USA*); **~ marittimo** (*trasp. mar.*) shipping trade, shipping business, sea-borne trade, navigation; **il ~ mondiale** the world trade; **~ multilaterale** (*comm. est.*) multilateral trade; **~ nazionale** domestic trade, home trade; **~ per via di terra** overland trade; **esser fuori ~** (*market.*) (*d'articolo*) to be out of sale; (*d'un libro*) to be out of print; **essere in ~** (*market.*) (*d'articolo*) to be on the market, to be on sale; **il Ministero del ~** (*amm.*) the Board of Trade (*in G.B.*); the Department of Commerce (*in U.S.A.*).

commessa[1], *n. f.* ❶ (*comun., market.*) (*ordinazione*) order. ❷ (*org. az.*) (*di lavorazione*) work order, work ticket. △ ❶ **Abbiamo ricevuto importanti commesse dall'estero** we have received important orders from abroad. // **produzione su ~** (*market.*) production on order.

commessa[2], *n. f.* (*pers.*) (*di negozio*) saleswoman*, saleslady, salesgirl, shop-girl, shop-assistant; salesclerk, clerk (*USA*).

commesso, *n. m.* ❶ (*banca, pers.*) messenger, walk-clerk. ❷ (*fin., ingl.*) (*della Borsa Valori di Londra*) waiter. ❸ (*pers.*) (*di negozio*) shop-assistant, shopman*, salesman*; salesclerk, clerk (*USA*). // **~ viaggiatore** (*market., pers.*) commercial traveller, traveller, travelling clerk, travelling salesman, field salesman, salesman; bagman, drummer (*USA*); bell-ringer (*slang USA*).

commestibile, *a.* eatable, edible.

commestibili, *n. pl.* eatables, foodstuffs.

commettere, *v. t.* ❶ (*fare, eseguire*) to commit, to perform. ❷ (*affidare*) to commit, to entrust. // **~ una colpa** (*leg.*) to commit an offence, to offend; **~ un errore** to make a mistake, to mistake; **~ peculato** (*leg.*) to peculate; **~ un reato** (*leg.*) to commit on offence, to offend; **~ una trasgressione** (*leg.*) to offend; **chi commette un (atto) illecito** (*leg.*) wrongdoer.

comminare, *v. t.* (*leg.*) to comminate.

comminatorio, *a.* (*leg.*) comminatory.

comminazione, *n. f.* (*leg.*) commination.

commissario, *n. m.* ❶ commissary. ❷ (*leg.*) commissioner. // **~ d'avaria** (*ass. mar., trasp. mar.*) claim agent; **~ di bordo** (*trasp. mar.*) purser, shipping-master; (*di nave mercantile*) supercargo.

commissionare, *v. t.* ❶ to commission. ❷ (*market.*) (*ordinare*) to order, to place an order for. △ ❷ **Gli abbiamo commissionato 500 gabbie di mele « delicious »** we have ordered 500 crates of « delicious » apples from him.

commissionario, *n. m.* ❶ (*comm. est.*) commissionaire. ❷ (*market.*) commission agent, commission merchant; consignee; factor; selling agent; purchasing agent. △ ❷ **Il ~ è un agente di commercio che vende e acquista per conto di terzi, ma in nome proprio, merci di cui gli è affidato il possesso** a commission merchant (*o* a factor) is a mercantile agent who buys and sells goods for others in his own name and is entrusted with their possession. // ~ **di Borsa** (*in Italia*) « commissionario di Borsa » (*chi acquista o vende titoli per conto di un committente*; *cfr. ingl.* **jobber**).

commissione, *n. f.* ❶ (*comitato*) commission, committee, board. ❷ (*incarico*) errand, commission, assignment, task. ❸ (*leg.*) (*d'agente commerciale*) commission. ❹ (*leg.*) (*di commissionario*) factorage. ❺ (*market.*) (*ordinazione*) order; order form. ❻ (*org. az.*) commission. △ ❶ **La ~ stabilì contingenti tariffari a dazi più elevati, e non più in esenzione (di dazio)** the commission linked tariff quotas with increases, and no longer with nil, duties; **La ~ è stata nominata** the committee has been appointed; **Il progetto di legge è all'esame della ~** the bill is in committee; ❷ **Se vai a Milano, ho alcune commissioni da farti fare** if you are going to Milan, I have a few small commissions for you; ❸ **Oltre allo stipendio, riceve una ~ del 12% sulle vendite** over and above his salary, he gets a 12% commission on sales; ❺ **Questo è un modulo di ~ libraria** this is a form for book orders; **Quest'articolo è fatto su ~** this article is made to order. // ~ **bancaria** bank commission; **commissioni bancarie** bank charges; ~ **che esamina le entrate di bilancio e provvede ai mezzi per fronteggiare le spese già votate in Parlamento** (*fin.*) committee of ways and means; ~ **del credere** (*market.*) del credere commission: **La ~ del credere sta a indicare un premio supplementare richiesto da un agente per garantire la solvibilità del compratore e assumersi la responsabilità del prezzo della cosa venduta a** del credere commission denotes an additional premium charged by an agent, in consideration of which he guarantees the solvency of the purchaser, and becomes liable for the price of the goods sold; ~ **delle Nazioni Unite per il diritto commerciale internazionale (CNUCI)** United Nations Organization for International Law (*UNOIL*); ~ **di controllo** (*d'un porto, ecc.*) (*trasp. mar.*) conservancy; ~ **di controllo dei conti** (*fin., rag.*) audit board; ~ **di domiciliazione** (*banca*) domiciliation commission; ~ **d'inchiesta** (*amm., leg.*) committee of inquiry, fact-finding board; ~ **di manipolazione** (*banca*) handling commission; ~ **di raccomandazione** (*in un contratto di noleggio*) (*trasp. mar.*) address commission; ~ **di studio** (*dei problemi del lavoro*) (*sind.*) working party; ~ **di vendita** (*market.*) selling commission; ~ **di vigilanza** (*nel fallimento*) (*leg.*) commission of inspection, committee of inspection; ~ **Economica per l'Africa (CEA)** Economic Commission for Africa (*ECA*); ~ **Economica per l'America Latina (CEPAL)** Economic Commission for Latin America (*ECLA*); ~ **Economica per l'Asia e l'Estremo Oriente (ECAFE)** Economic Commission for Asia and the Far East (*ECAFE*); ~ **Economica per l'Europa (CEE)** Economic Commission for Europe (*ECE*); ~ **governativa cui è affidato il controllo dell'osservanza delle norme che regolano il funzionamento delle Borse** (*fin., USA*) Securities Exchange Commission (*SEC*); ~ **interna** (*d'una fabbrica*) (*pers., sind.*) shop committee; (*per la discussione delle lagnanze del personale*) grievance committee; ~ **legislativa che studia modi e mezzi per il reperimento dei fondi** (*necessari a far fronte alla spesa pubblica*) (*fin., USA*) Ways and Means (*W & M*); ~ **mista** joint committee; (*org. az., sind.*) works committee; ~ **parlamentare** (*leg.*) parliamentary committee; ~ **per la verifica dei poteri** (*amm., fin.*) committee on credentials; **una ~ permanente** a standing committee; ~ **richiesta per la presa in consegna della merce** (*banca*) holding commission; ~ **tripartita** (*che emette il lodo arbitrale*) (*sind.*) tripartite board.

commisurare, *v. t.* to proportion. // ~ **l'imposta di** (*una proprietà*) (*fin.*) to rate: **L'imposta sulla nostra proprietà fu commisurata in 1.000 dollari l'anno** our property was rated at 1,000 dollars a year; ~ **la pena al delitto** (*leg.*) to make the punishment fit the crime.

commisurato, *a.* proportional.

commisurazione, *n. f.* (*fin.*) (*ai fini fiscali*) rating.

committente, *n. m. e f.* ❶ (*leg., market.*) consigner, consignor, principal. ❷ (*market.*) (*acquirente*) buyer, purchaser, customer. △ ❶ **Colui che consegna merce** (cioè, la spedisce perché sia venduta) **a un commissionario dicesi committente** the person who consigns goods (that is, sends them for sale) to a commission merchant is called consignor (*o* principal); ❷ **La merce viaggia a rischio e pericolo del ~** the goods are sent at the buyer's risk.

commutabile, *a.* commutable.

commutare, *v. t.* to commute. // ~ **la pena di morte nell'ergastolo** (*leg.*) to commute a death sentence into life imprisonment; ~ **un vitalizio in una somma in contanti** (*ass., mat.*) to commute a life annuity into a lump sum.

commutativo, *a.* commutative.

commutazione, *n. f.* (*di pena, di forma di pagamento, ecc.*) commutation. // ~ **della pena** (*leg.*) commutation of penalty; ~ **di sentenza** (*leg.*) commutation of sentence.

comodante, *n. m. e f.* (*leg.*) bailer, bailor.

comodatario, *n. m.* (*leg.*) bailee.

comodato, *n. m.* (*leg.*) bailment, commodatum*.

comodo, *a.* ❶ comfortable. ❷ (*conveniente*) convenient. △ ❷ **Questo è il mezzo di pagamento più ~** this is the most convenient means of payment.

compagnia, *n. f.* ❶ company. ❷ (*fin., leg.*) (*società*) company; corporation (*USA*). ❸ (*market.*) (*azienda, ditta*) business, concern, firm. // ❶ **Gli farò ~ io** I'll keep him company; ❷ **La ~ delle Indie Orientali era famosa sia per i suoi traffici che per il suo potere politico** the East India Company was well-known both as a trading company and as a powerful political agency; ❸ **Lavora per una primaria ~ della città** he works for one of the best firms in the town. // **la ~ del Lloyd** (*di Londra*) (*ass. mar., ingl.*) the Lloyd's; ~ **d'assicurazione** (*ass.*) insurance company; assurance company (*sulla vita o USA*): **Le compagnie d'assicurazione si servono dei premi incassati per far fronte alle normali richieste di pagamento dei capitali assicurati anziché realizzare le somme da esse investite** insurance companies use premium income to meet current claims rather than realise on their investments; ~ **d'assicurazione marittima** (*ass. mar.*) marine insurance company; ~ **d'assicurazioni sulla vita** (*ass.*) life-insurance company; ~ **di bandiera** (*trasp. aer., trasp. mar.*) flag carrier; ~ **di navigazione** (*trasp. mar.*) navigation company, shipping line; ~ **di riassicurazioni** (*ass.*) reinsurance company; ~ **di servizi pubblici** (*amm.*) public utility (company); public corporation.

compagno, *n. m.* fellow, mate. // ~ **di lavoro** (*pers.*) fellow-worker, mate.

comparabile, *a.* comparable.

comparabilità, *n. f. inv.* comparability.

comparare, *v. t.* ❶ to compare. ❷ (*collazionare*) to collate.

comparativo, *a. e n. m.* comparative.

comparato, *a.* comparative.

comparatore, *n. m.* (*elab. elettr.*) comparator.
comparazione, *n. f.* ❶ comparison. ❷ (*elab. elettr.*) comparison.
comparente, *n. m.* e *f.* (*leg.*) appearer, appearing party.
comparire, *v. i.* to appear. // ~ **in giudizio** (*leg.*) to appear at the Bar, to appear before the Court, to present oneself for trial: **Il convenuto non comparve in giudizio** the defendant failed to appear before the Court; **non ~ al processo** (*dopo aver ottenuto la libertà provvisoria su cauzione*) (*leg.*) to forfeit one's bail; **non ~ in giudizio** (*lasciando in mano alla giustizia il denaro della cauzione*) (*leg.*) to jump bail; **non ~ in tribunale** (*leg.*) to default.
comparizione, *n. f.* appearance. // ~ **in giudizio** (*leg.*) appearance before the Court, attendance in Court.
comparsa, *n. f.* ❶ (*comparizione*) appearance. ❷ (*leg.*) (*atto scritto di parte*) brief, pleading, statement. // **la ~ conclusionale** (*leg.*) the final statement of the case; **la ~ del convenuto** (*leg.*) the statement of defence; **la ~ dell'attore** (*leg.*) the statement of claim.
compartecipazione, *n. f.* (*leg.*) copartnership. // **~ agli utili** (*fin.*) profit sharing: **È difficile valutare quanto la ~ agli utili abbia contribuito a colmare la distanza esistente fra la direzione e gli operai** it is difficult to assess how far profit sharing has helped in narrowing the gap between management and labour; **~ agli utili aziendali** (*sind.*) labour copartnership.
compartecipe, *a.* participating; sharing. // **~ agli utili** profit-sharing.
compartimento, *n. m.* ❶ compartment. ❷ (*org. az.*) department. // **compartimenti stagni** (*trasp. mar.*) watertight compartments.
compatibile, *a.* compatible, consistent. △ **Ciò non è ~ con i nostri interessi** that is not compatible with our interests. // **essere ~** (*anche*) to consist.
compatibilità, *n. f.* compatibility, consistency.
compatto, *a.* compact.
compendio, *n. m.* summary, abstract, brief. // **~ statistico** (*stat.*) abstract of statistics, digest of statistics.
compensare, *v. t.* ❶ (*ricompensare, rimunerare*) to recompense, to reward. ❷ (*bilanciare*) to compensate, to recover, to make* up (for). ❸ (*controbilanciare*) to countervail, to set* off, to offset*. ❹ (*Borsa*) to cut* out. ❺ (*econ., fin.*) to make* up. △ ❶ **L'hanno compensato bene per il suo disturbo** they have recompensed him well for his trouble; **Non è stato ancora compensato per il lavoro fatto** he has not yet been rewarded for his work; ❷ **I profitti compenseranno le perdite** the profits will compensate the losses; **Compensarono l'aumento dei costi con prezzi più alti** they recovered the increased costs through higher prices; **Devo ~ il ritardo nel mio lavoro** I must make up for lost time in my work; ❸ **Dovremo ~ con misure d'ordine interno l'afflusso di liquidità provenienti dall'estero** we shall have to offset through domestic measures the inflow of liquidity from outside; ❺ **Non sarà facile ~ il divario di prezzo esistente fra il carbone e il petrolio che avrebbe dovuto sostituirlo** it won't be easy to make up the difference in price between coal and the oil which should have replaced it. // **~ un debito** (*cred.*) to set off a debt; **~ una perdita** to recover a loss; **~ gli svantaggi di cui soffrono certe regioni** (*econ.*) to offset regional handicaps.
compensarsi, *v. recipr.* (*bilanciarsi*) to balance each other.
compensativo, *a.* compensatory.

compensazione, *n. f.* ❶ compensation, offset. ❷ (*Borsa*) cutting out; make-up. ❸ (*cred.*) (*di debito*) set-off. ❹ (*fin.*) (*di debiti e crediti: con scambio d'assegni, ecc.*) clearance, clearing. △ ❹ **La Banca d'Inghilterra è un importante elemento del sistema della ~** the Bank of England is an important clearing agent. // **~ della bussola** (*trasp. mar.*) compass compensation; **~ interaziendale dei noli** (*trasp. mar.*) freight compensation between enterprises; **essere di ~ a** (*controbilanciare*) to countervail, to offset.
compenso, *n. m.* ❶ compensation. ❷ (*in denaro, anche*) consideration. ❸ (*ricompensa*) recompense, reward. ❹ (*retribuzione*) pay; (*salario*) wages; (*stipendio*) salary. ❺ (*onorario*) fee, honorarium. ❻ (*ciò che serve a controbilanciare*) set-off, offset. △ ❶ **Ci fu offerto un ~** we were offered a compensation; **Ebbe 5 milioni di lire come ~ per la perdita del braccio sinistro** he received 5 million lire by way of compensation for the loss of his left arm; ❺ **Qual è il ~ del medico?** what fee does the doctor charge? // **~ aggiuntivo** (*oltre la paga*) (*pers.*) extra pay; **~ agli amministratori** (*rag.*) directors' fees; **~ dato al pilota** (*trasp. mar.*) pilotage; **~ d'agenzia** (*leg., market.*) agency commission; (*pubbl.*) fee; **~ di salvataggio** (*trasp. mar.*) salvage award; **~ forfettario** agreed consideration; **~ pagato per il ricupero marittimo** (*trasp. mar.*) salvage, salvage money; **~ percentuale** (*fin., USA*) factorage (*V. factoring*); **~ simbolico** token payment; **~ straordinario** (*pers.*) extra pay; **in ~ di** in return for; **per un ~ forfettario** at an agreed price (*o* sum).
compera, *n. f.* ❶ (*market.*) purchase, buying; buy (*fam.*). ❷ **compere**, *pl.* (*market.*) (*effettuate nei negozi*) shopping (*collett.*). △ ❶ **Quella fu la mia prima ~** that was my first purchase; **Questa è una buona ~** this is a good buy; ❷ **È uscita per far delle compere** she's gone out shopping. // **~ a credito** purchase on credit; **~ a scadenza** purchase on term; **una ~ di seconda mano** a second-hand purchase.
comperabile, *a.* V. **comprabile**.
comperare, *v. t.* V. **comprare**.
competente, *a.* ❶ competent, experienced, expert. ❷ (*atto, adeguato*) competent, appropriate. ❸ (*leg.*) competent, cognizant. △ ❷ **Ci procureremo maggiori informazioni su questo problema mediante una consultazione diretta delle amministrazioni competenti** we shall obtain fuller information on this problem through direct consultation of the appropriate administrations.
competenza, *n. f.* ❶ competence, expertise. ❷ (*fig.*) (*campo*) province. ❸ (*leg.*) competence, cognizance. ❹ **competenze**, *pl.* (*spese*) charges, fees. △ ❶ **La sua ~ in questo lavoro è indubbia** his competence for the task is beyond any doubt; ❷ **Questa faccenda non è di nostra ~** this matter is outside our province; ❸ **Ciò non rientra nelle competenze del tribunale** that is beyond the competence of the Court; **È di nostra ~** it falls within our cognizance; **Non è di nostra ~** it doesn't come within our duties. // **le competenze del Parlamento europeo in materia di bilancio** the budgetary powers of the European Parliament; **competenze di chiusura** (*banca*) charges in closing a current account; **competenze e spese** (*leg.*) fees and costs; **competenze per accreditamenti valuta alla scadenza** (*banca*) charges on crediting bills value at maturity date; **~ per materia** (*leg.*) cognizance ratione materiae; **competenze per il protesto preliminare** (*leg.*) noting charges; **competenze per sconto d'effetti** (*banca*) charges on discount of bills; **~ sulla questione in discussione** (*leg.*) cogni-

zance of the subject-matter; ~ **territoriale** (*leg.*) cognizance ratione loci; **essere di ~ di q.** to fall within the competence of sb., to rest with sb.: **Ogni ulteriore decisione è di ~ del capo del personale** any further decision rests with the personnel manager.

competere, *v. i.* ❶ to compete. ❷ (*leg.*) (*essere di competenza, spettare a*) to be (*o* to fall*) within the competence (of). △ ❶ **Spesso è difficile ~ con gli altri Paesi nel commercio internazionale** it is often difficult to compete with other Countries in international trade; ❷ **La cognizione di questo reato non compete alla Pretura** this offence does not fall within the competence of the « Pretura » (*o* the « Pretura » is not cognizant of this offence).

competitività, *n. f.* competitiveness.

competitivo, *a.* competitive. △ **Nella nostra società competitiva il progresso tecnologico è cosa di cui non si può fare a meno** in our competitive society, technological progress is a must; **La nostra ditta vi pratica prezzi competitivi** our firm offers you competitive prices.

competitore, *n. m.* competitor.

competizione, *n. f.* competition. △ **Dobbiamo adeguare le imprese alle esigenze d'un grande mercato molto aperto alla ~ internazionale** we must adapt firms to the requirements of a big market largely open to international competition.

compiere, *v. t.* ❶ (*effettuare*) to accomplish, to carry out, to implement, to perform, to realize. ❷ (*adempiere*) to discharge, to fulfil. ❸ (*completare, finire*) to complete, to conclude, to finish. △ ❶ **Ha compiuto il suo compito con grande diligenza** he has accomplished his task with great care; ❷ **Compiono il loro dovere in maniera efficiente** they discharge their duties effectively; ❸ **Ha compiuto gli studi e ora cerca lavoro** he has completed his studies and now he is looking for a job. // **~ gli anni** to be... (years old): **Compirò i venti anni martedì prossimo** next Tuesday I'll be twenty; **Quando compi gli anni?** when is your birthday?; **~ piccole operazioni di speculazione** (*fin., USA*) to scalp; **chi compie un (atto) illecito** (*civile*) (*leg.*) tortfeasor.

compilare, *v. t.* ❶ to compile. ❷ (*un documento*) to make* up, to draw* up. ❸ (*una lista, ecc.*) to make* out, to write* out. ❹ (*un modulo*) to fill in (*o* up, *o* out). // **~ un assegno** to write a cheque; **~ un elenco** to make out a list; **~ (*un documento*) in duplice copia** to indent; **~ un modulo per la dichiarazione dei redditi** to fill in the tax form; **~ una ricevuta** to make out a receipt; **compilato a tutto oggi** (*rag.*) (*d'estratto conto*) up to date.

compilatore, *n. m.* ❶ (*elab. elettr.*) compiler. ❷ (*giorn.*) editor.

compilazione, *n. f.* compilation (*V. anche compilare*). // **~ degli atti e dei documenti necessari per un passaggio di proprietà** (*leg.*) conveyancing.

compimento, *n. m.* ❶ accomplishment, implementation, performance, realization. ❷ (*d'un dovere, ecc.*) discharge, fulfilment. ❸ (*completamento*) completion. // **~ d'un'azione lecita con mezzi illeciti** (*leg.*) misfeasance; **il ~ d'un dovere** the discharge of a duty.

compire, *v. t. V.* **compiere**.

compitare, *v. t.* to spell*. △ **Vuole ~ il Suo nome e indirizzo per favore?** would you spell your name and address, please?

compito, *n. m.* ❶ assignment, business, duty, task. ❷ (*pers.*) (*mansione*) function. △ ❶ **Il fare previsioni è uno dei compiti più importanti dello statistico** forecasting is one of the most important tasks of the statistician. // **compiti abituali** routine duties; **un ~ d'ordinaria amministrazione** (*pers.*) a routine job; **compiti di sorveglianza** (*org. az.*) a supervisory position (*sing.*).

compiuto, *a.* ❶ accomplished. ❷ (*di compito, di dovere*) discharged. **// non ~** (*di compito*) undischarged.

complementare, *a.* complementary.

complemento, *n. m.* (*mat.*) complement.

complessità, *n. f.* complexity.

complessivo, *a.* ❶ aggregate, global, inclusive, overall, total. ❷ (*comm.*) gross, overhead. ❸ (*rag.*) grand. △ ❶ **Qual è la somma complessiva?** what is the aggregate amount?; **Questa è la cifra complessiva** this is the total figure (*o* the total); ❷ **Vorrei conoscere l'entrata complessiva** I'd like to see the gross income.

complesso, *a.* ❶ complex, complicated. ❷ (*mat.*) complex. *n. m.* ❶ aggregate, set, batch. ❷ (*industriale*) plant, unit. △ *a.* ❶ **Questo problema è assai ~** this is a very complex problem; *n.* ❶ **I dati statistici riguardano il ~ delle transazioni** our statistical data are aggregates; **La bilancia dei pagamenti del ~ dei Paesi del Mercato Comune è stata contrassegnata, dal 1958 in avanti, da eccedenze considerevoli** the aggregate balance of payments of the Common Market Countries has been decidedly in surplus since 1958. // **~ delle banchine** (*d'un porto*) (*trasp. mar.*) wharfing; **~ d'attività promozionali di vendita** (*pubbl.*) merchandising; **~ di cognizioni tecniche** (*non brevettate*) know-how; **in ~** in the aggregate.

completamente, *avv.* completely, fully, thoroughly, outright.

completamento, *n. m.* completion, conclusion, finishing, finish. △ **Ci stiamo avvicinando al ~ del lavoro** we are nearing completion of the work. // **il ~ delle scorte** (*org. az.*) the replenishment of the stock.

completare, *v. t.* ❶ to complete, to conclude, to finish. ❷ (*integrare*) to supplement. ❸ (*compilare*) to fill in (*o* up, *o* out), to write* up. ❹ (*org. az.*) (*le scorte*) to replenish. △ ❶ **Vi faremo sapere non appena saranno completate le indagini** we shall let you know upon completion of our investigations; ❹ **Le nostre scorte di merce devono essere completate prima della fine dell'esercizio** our stock of goods must be replenished within the end of the year. // **~ la carriera** (*pers.*) to round off one's career; **~ la copertura di** (*titoli, ecc.*) (*Borsa, fin.*) to margin up; **~ documenti** to fill out documents.

completo, *a.* ❶ complete, comprehensive, full, whole. ❷ (*assoluto*) outright, thorough. ❸ (*esauriente*) exhaustive. ❹ (*giorn., pubbl.*) (*d'articolo, volume, ecc.*) unabridged. △ ❶ **Vi invieremo un campionario ~** we shall send you a comprehensive set of samples; **Devi scrivere il tuo nome ~** (*per esteso*) you should write your full name; ❸ **Vi invieremo una lista completa dei nostri articoli** we'll send you an exhaustive list of our articles.

complicato, *a.* complicated, complex. △ **È una faccenda assai complicata** that is a very complex matter.

complice, *n. m. e f.* (*leg.*) accomplice, accessary, accessory. // **~ in un delitto** (*leg.*) accessary (*o* accessory) to a crime; **di ~** (*leg.*) accessorial.

complicità, *n. f.* (*leg.*) complicity. // **di ~** (*leg.*) accessorial.

complimentare, *v. t.* to compliment. △ **Posso complimentarmi con Lei per il Suo successo?** may I compliment you on your success?

complimento, *n. m.* compliment.

componente, *a.* component. *n. m.* component, component part. // **componenti di macchina** (*elab. elettr.*) hardware.

componimento, *n. m.* V. **composizione**.

comporre, *v. t.* ❶ to compose, to constitute, to make* (up). ❷ (*comun.*) (*un numero telefonico*) to dial. ❸ (*giorn., pubbl.*) (*tipograficamente*) to set*, to set* up. ❹ (*leg.*) (*una vertenza*) to compound, to compromise, to reconcile, to settle. ❺ (*sind.*) (*una vertenza, ecc.*) to compose. △ ❹ **La vertenza è stata composta in via amichevole** the matter has been settled in a friendly manner. // ~ (*tipograficamente*) **con molta spaziatura** (*giorn., pubbl.*) to set wide; ~ (*tipograficamente*) **con poca spaziatura** (*giorn., pubbl.*) to set close; ~ **una lite** (*leg., anche*) to accommodate a quarrel, to make up a quarrel; ~ **un numero** (*al telefono*) (*comun.*) to dial a number; ~ **per mezzo d'una macchina linotipica** (*giorn.*) to linotype; ~ **una vertenza** (*leg., anche*) to arrange a dispute.

comporsi, *v. rifl.* to be composed, to consist. △ **La commissione permanente si compone di otto membri** the standing committee is composed of eight members.

comportamento, *n. m.* ❶ behaviour, conduct. ❷ (*market., ric. op.*) behaviour. // ~ **decoroso** proper behaviour; ~ **futuro** (*ric. op.*) future behaviour; ~ **indegno** misconduct.

comportare, *v. t.* ❶ (*implicare, richiedere*) to involve, to entail. ❷ (*consentire, permettere*) to allow, to permit, to admit of. △ ❶ **Tutto ciò comporterà un aumento del debito pubblico** all that will involve an increase in the national debt; **Il loro progetto comporta grandi spese** their plan entails big expenses; ❷ **È un ritmo di lavoro che non comporta vacanze** this pace of work doesn't allow (*o* admit of) holidays.

comportarsi, *v. rifl.* to behave, to act. △ **Non si è comportato bene** he hasn't behaved well. // ~ **bene** (*anche*) to acquit oneself well; ~ **male** to behave badly, to misbehave.

composito, *a.* composite.

compositoio, *n. m.* (*giorn.*) composing stick.

compositore, *n. m.* (*pers.*) (*tipografo*) compositor, hand compositor, typesetter.

composizione, *n. f.* ❶ composition, constitution, frame, framework, making. ❷ (*giorn., pubbl.*) (*tipografica*) type-setting, composition. ❸ (*leg.*) (*d'una lite, d'una vertenza, ecc.*) composition, agreement, settlement, reconciliation. △ ❸ **La vertenza sindacale non sembra vicina a una** ~ the labour dispute doesn't seem to be nearing a settlement. // ~ **a macchina** (*giorn., pubbl.*) machine-set composition, machine composition; ~ **a mano** (*giorn., pubbl.*) hand-set composition, hand composition, hand-setting; **una** ~ **amichevole** (*leg.*) a private arrangement; ~ **che eccede lo spazio a disposizione** (*giorn.*) runover; **la** ~ **d'una controversia** (*leg.*) the settlement of a controversy; ~ **percentuale** (*stat.*) percentage composition.

composta, *n. f.* (*market.*) (*di frutta, ecc.*) preserve.

composto, *a.* ❶ composite. ❷ (*mat.*) compound. *n. m.* compound, complex. // **un numero** ~ (*mat.*) a compound number.

compra, *n. f.* V. **compera**.

comprabile, *a.* buyable, purchaseable, purchasable.

comprare, *v. t.* ❶ to buy*; to purchase (*meno usato*); to get* (*fam.*). ❷ (*fin.*) (*un intero pacchetto azionario*) to buy* out. ❸ (*leg.*) (*corrompere*) to bribe, to buy* up. △ ❶ **Ho comprato la merce dalla ditta A. Rossi & F.lli** I've bought the goods from Messrs A. Rossi & Bros.; **Ho comprato il quadro a un'asta per 5 sterline** I bought the picture at an auction for 5 pounds; **Hanno comprato per consegna entro il mese** they have bought the current month; **Comprami un biglietto per Roma, per favore** get me a ticket for Rome, please; ❸ **Si diceva che avesse comprato uno dei giurati** he was said to have bribed one of the jurors. // ~ **a una asta per conto del venditore** (*tenendo così alti i prezzi*) to buy in; ~ **a buon mercato** to buy cheap; ~ **a contanti** to buy cash; ~ **a credito** to buy on credit, to deal on credit; ~ **a doppia opzione** (*Borsa*) to give for the put and call; ~ **a premio** (*Borsa*) to give for the call; ~ **a rate** (*market.*) to buy on easy terms; to buy on the instalment plan; ~ **a termine** (*Borsa*) to buy on term; ~ **al meglio** (*fin.*) to buy at best; ~ **al prezzo minimo** to buy at the lowest price; to get in on the ground floor (*slang USA*); ~ **all'asta** (*o* **all'incanto**) to buy at an auction; ~ **all'ingrosso** (*market.*) to buy wholesale, to job; ~ **allo scoperto** (*Borsa*) to bull the market; ~ **con diritto d'aggiunta** (*Borsa*) to give for the call of more; ~ **con diritto d'aggiunta doppia** (*Borsa*) to give for the call of twice more; ~ **il** « **dont** » (*Borsa*) to give for the call; ~ **e rivendere** (*merci, titoli, ecc.*) **per un modesto margine di guadagno** (*fin.*) to scalp (*USA*); ~ **e vendere su commissione** to buy and sell on commission; ~ (*qc.*) **in quantità eccessiva** (*rispetto al fabbisogno*) (*market.*) to overbuy; ~ **per futura consegna** to buy for forward delivery; ~ **lo** « **stellage** » (*Borsa*) to give for the put and call; ~ **titoli d'una società** (*fin.*) to buy into a company; ~ **troppa merce** (*market.*) to overbuy; ~ **versando un piccolo anticipo** to buy on a shoestring (*slang USA*).

comprato, *a.* bought. // ~ **a un prezzo inferiore a quello di listino** (*market.*) (*d'articolo, ecc.*) off-list.

compratore, *n. m.* ❶ buyer, purchaser. ❷ (*leg.*) (*specialm. di beni immobili*) vendee. ❸ (*market.*) (*in un negozio e sim.*) shopper, customer. ❹ (*org. az.*) (*addetto agli acquisti*) buyer. △ ❸ e ❹ **Alla Fiera oggi sono ammessi solo i compratori delle ditte, e non quelli privati** today only (professional) buyers are admitted to the Trade Show, and no private customers; **Domenica saranno ammessi anche i compratori privati** « **cash and carry** » sales will be on Sunday. // **compratori che discriminano** (*che sanno, cioè, distinguere i buoni prodotti da quelli scadenti*) (*market.*) discriminating buyers; ~ **d'un** « **dont** » (*Borsa*) buyer of a call option; ~ **d'un premio indiretto** (*Borsa*) taker for a put; ~ **marginale** (*econ.*) marginal buyer.

compravendita, *n. f.* ❶ (*fin., market.*) trading, buying and selling. ❷ (*leg.*) (*il contratto*) contract of sale. ❸ (*market.*) marketing. △ ❶ **La** ~ **di titoli italiani a reddito fisso per conto di banche, fondi comuni d'investimento, fondi pensione, ecc., è un'altra attività dell'Edilcentro** another activity of Edilcentro is trading in Italian fixed-interest securities on behalf of banks, mutual funds, pension funds, etc.; ❷ **La** ~ **è stata definita** « **un contratto col quale il venditore trasferisce, o accetta di trasferire, la proprietà di beni al compratore per un corrispettivo in denaro detto prezzo** » the contract of sale has been defined as « a contract whereby the seller transfers, or agrees to transfer, the property in goods to the buyer for a money consideration called price ».

comprendere, *v. t.* ❶ (*contenere*) to comprise, to comprehend, to contain, to include. ❷ (*capire*) to understand*, to comprehend, to grasp. △ ❶ **L'utile previsto non è compreso nell'assicurazione** the anticipated profit is not comprised in the insurance; **Il prezzo comprende tutte le spese per la consegna delle merci al porto come pure le spese d'alleggio** the price includes all the expenses to deliver the goods at the port as well as lighterage; ❷ **Non abbiamo compreso il significato della vostra richiesta** we have not understood what your request means. // **non ~ qc.** (*market.*) to be exclusive of st.: **I nostri prezzi non comprendono l'imballaggio** our prices are exclusive of package.

comprensione, *n. f.* understanding, comprehension, grasp. △ **Non credo abbia una ~ chiara della situazione finanziaria internazionale** I don't think he has a clear understanding of the international financial situation.

comprensivo, *a.* ❶ comprehensive, inclusive. ❷ (*che dimostra comprensione*) understanding, sympathetic. △ ❶ **Con la clausola C.I.F. s'intende che il prezzo è ~ del costo della merce, delle spese d'assicurazione e del nolo fino al porto di destinazione** by the clause C.I.F. it is meant that the price is inclusive of the cost of the goods, insurance charges and freight up to the port of discharge.

comprensorio di bonifica, *n. m.* (*econ.*) reclamation district.

compreso, *a.* (*incluso*) included, inclusive. △ **Il prezzo è di otto sterline al giorno tutto ~** the price is eight pounds a day everything included. // **tutto ~** (*market.*) (*di prezzo*) all-inclusive; « **tutto ~** » (*market.*) « no extra », « all in ».

compressibile, *a.* V. **comprimibile**.
compressibilità, *n. f.* V. **comprimibilità**.
compressione, *n. f.* ❶ compression. ❷ (*stretta*) squeeze. // **~ creditizia** (*fin.*) credit squeeze.
comprimere, *v. t.* ❶ to press. ❷ (*anche fig.*) to squeeze. △ ❷ **È stato deciso di ~ le spese di bilancio** it has been decided to squeeze the budgetary outlay; **La spesa pubblica non può essere compressa oltre un certo limite** public expenditure cannot be squeezed beyond a certain limit.

comprimibile, *a.* ❶ compressible. ❷ (*econ.*) squeezable, that can be squeezed. △ ❷ **La domanda interna non è ulteriormente ~ senza che si corra il rischio di una recessione in aggiunta all'inflazione** domestic demand cannot be squeezed any further without running the risk of stagflation.

comprimibilità, *n. f.* ❶ compressibility. ❷ (*econ.*) squeezability.

compromesso, *n. m.* ❶ compromise, deal. ❷ (*leg.*) settlement, transaction, ad referendum. ❸ (*leg.*) (*patto di futura vendita*) agreement to sell. △ ❶ **Preferiamo un ~ a un processo** we prefer a compromise to a lawsuit; ❷ **Alla fine d'una lunga lite venimmo a un ~** after a long dispute we finally came to a transaction. // **~ arbitrale** (*leg.*) arbitration agreement, reference, submission; **~ d'avaria generale** (*ass. mar.*) general average bond; **un ~ di vendita** (*market.*) a preliminary agreement to sell.

compromettere, *v. t.* to compromise, to endanger. △ **Quelle misure potrebbero ~ il commercio nazionale** those measures might endanger domestic trade.

compromettersi, *v. rifl.* ❶ to compromise oneself. ❷ (*impegnarsi*) to commit oneself.

comproprietà, *n. f.* (*leg.*) part-ownership, joint ownership, joint property.

comproprietario, *n. m.* (*leg.*) part-owner, co-owner, joint owner, coproprietor, joint proprietor.

comprovare, *v. t.* (*leg.*) to evidence, to vouch.

computabile, *a.* ❶ computable. ❷ (*mat.*) calculable.

computare, *v. t.* ❶ to compute, to reckon, to tally. ❷ (*mat.*) to calculate. // **~ una perdita** (*rag.*) to value a loss.

computatore, *n. m.* (*macch. uff.*) computer.
computatrice, *n. f.* (*macch. uff.*) computer.
computerizzare, *v. t.* (*elab. elettr., org. az.*) to computerize.
computerizzato, *a.* (*elab. elettr., org. az.*) computerized.
computerizzazione, *n. f.* (*elab. elettr., org. az.*) computerization.
computista, *n. m. e f.* ❶ (*pers.*) calculator, reckoner. ❷ (*pers.*) (*contabile*) bookkeeper.
computisteria, *n. f.* ❶ (*mat.*) business mathematics. ❷ (*rag.*) (*contabilità*) bookkeeping.
computo, *n. m.* ❶ computation, counting, reckoning, tally. ❷ (*mat.*) cast, calculation.
comunale, *a.* communal, municipal.
comune, *a.* ❶ (*generale, condiviso*) common, general, joint. ❷ (*ordinario, normale*) common, ordinary, normal. // **di ~ accordo** by common consent.
comunemente, *avv.* ❶ (*in comune*) commonly, jointly. ❷ (*in genere, di solito*) usually, normally.
comunicare, *v. t. e i.* to communicate, to announce, to give* notice, to notify, to report, to signify. △ **Comunichiamo sempre per telefono** we always communicate by telephone; **Si comunica con la presente che stipendi e salari verranno pagati con due giorni di ritardo** notice is hereby given that wages and salaries will be paid with a two-days' delay; **Comunicammo all'assicuratore tutte le perdite subite** we notified the underwriter of all losses. // **~ il proprio benestare al venditore della merce** to communicate one's approval to the seller of the goods; **~ con q.** (*trasp. mar.*) to speak to sb.; **~ (qc.) in interurbana** to long-distance.

comunicato, *n. m.* ❶ notice. ❷ (*ufficiale*) « communiqué ». ❸ (*giorn., pubbl.*) handout. // **un ~ commerciale messo in onda fra due trasmissioni (o nel corso della stessa trasmissione radiotelevisiva)** (*comm., pubbl.*) a spot announcement; **~ stampa** (*giorn., pubbl.*) handout; **comunicati stampa** (*giorn.*) press releases.

comunicazione, *n. f.* ❶ communication. ❷ (*annunzio, avviso*) announcement, notification, notice. ❸ (*messaggio*) message. ❹ (*rapporto, relazione*) report. ❺ (*leg.*) (*trasmissione di documenti*) discovery (of documents). ❻ (*org. az.*) memorandum*; memo (*fam.*). △ ❸ **Ci sono comunicazioni per me?** are there any messages for me? // **comunicazioni a due vie** (*org. az.*) two-way communications; **comunicazioni aziendali** (*org. az.*) industrial communications; **comunicazioni col personale** (*org. az.*) employee communications; **comunicazioni dall'alto verso il basso** (*org. az.*) downward communications; **~ di massa** (*giorn., pubbl.*) mass communication; **~ di servizio** (*org. az.*) memorandum; memo (*fam.*); **comunicazioni interne** (*org. az.*) personnel communications, employee communications, industrial communications; **~ interurbana** trunk call; long-distance call (*USA*); **~ protetta dal segreto professionale** (*leg.*) privileged communication; **comunicazioni radio** (*trasp. mar.*) radio communications; **~ scritta** (*pers.*) formal notice; **comunicazioni scritte** (*org. az.*) written communications; **~ telefonica** telephone call; **essere in ~** (*telefonica*) (*comun.*) to be through; to be connected (*USA*).

comunità, *n. f. inv.* ❶ community. ❷ **la Comunità** (*Economica Europea*) the Community. // ~ **di beni (tra coniugi)** (*leg.*) communal estate; ~ **d'interessi** community of interests; **la ~ Economica Europea (CEE)** (*econ.*) the European Economic Community (*EEC*); ~ **sociale** society; **della ~** communal.

comunitario, *a.* community (*attr.*). △ **La bilancia commerciale comunitaria non ha subìto variazioni notevoli rispetto allo scorso anno** the Community's visible trade balance showed no important change on the preceding year.

con, *prep.* ❶ (*compagnia*) with. ❷ (*comparazione*) with. ❸ (*mezzo o strumento*) with; by, by means of. ❹ (*verso*) with; to, towards. ❺ (*contro*) with, against. ❻ (*materia*) from, out of. ❼ (*fin.*) « cum ». △ ❶ **Chi andò a Londra ~ il direttore?** who went with the manager to London?; ❷ **Bisogna collazionare la copia ~ l'originale** we must collate the copy with the original; ❸ **Preferisco viaggiare ~ l'auto che col treno** I prefer travelling by car rather than by train; ❹ **Dovete essere sempre gentili ~ i clienti** you should always be polite with (*o* to) the customers; ❺ **Siamo in concorrenza ~ molte altre ditte** we compete with (*o* against) a lot of other firms; ❻ **La birra si fa ~ l'orzo** beer is made from barley; ❼ **Questi titoli sono ~ dividendo** these securities are cum dividend. // **~ nostro vivo rammarico** much to our regret; **~ sé** (*addosso*) about one: **Non ho denaro ~ me** I have no money about me.

concausa, *n. f.* (*leg.*) joint cause.

concedente, *n. m.* e *f.* ❶ (*leg.*) grantor. ❷ (*leg.*) (*specialm. d'un immobile in affitto*) lessor.

concedere, *v. t.* ❶ to concede, to accord, to allow, to award, to grant. ❷ (*ammettere*) to concede, to admit, to own. ❸ (*leg.*) (*beni, diritti, proprietà*) to grant, to concede. ❹ (*leg.*) (*in affitto*) to let* (out), to lease. △ ❶ **Siamo disposti a concedervi uno sconto del 5%** we are open to grant you a 5% discount; **Non mi vuole ~ una breve dilazione** he refuses to allow me a short delay; ❷ **Devi concedermi che ho fatto del mio meglio** you must concede (*o* admit) that I have done my best; ❸ **Mi hanno concesso il diritto di attraversare il loro podere** they have conceded me the right to cross their farm. // **~ a q. di fare qc.** to permit sb. to do st.; **~ un aumento** (*di salario*) (*pers.*) to give a rise; **~ un avanzamento a** (*un dipendente*) (*amm.*) to step up; **~ un brevetto** (*leg.*) to grant a patent; **~ la cittadinanza a q.** to naturalize sb.; **~ un congedo a q.** (*pers.*) to grant sb. a leave; to furlough sb. (*USA*); **~ crediti di cassa** (*banca, cred.*) to grant clean credits; **~ crediti senza garanzie** (*banca, cred.*) to give unsecured credit; **~ una dilazione a un debitore** (*cred.*) to respite a debtor; **~ una dilazione di pagamento** (*anche*) to grant an extension of payment; **~ un diritto di brevetto a q.** (*leg.*) to patent sb.; **~ un diritto di proprietà industriale a q.** (*leg.*) to patent sb.; **~ un documento costitutivo a una società** (*amm., fin.*) to charter a company; **~ un'esclusiva a q.** (*leg.*) to patent sb.; **~ la propria fiducia** to give one's confidence; **~ il passaporto a q.** (*tur.*) (*detto d'un'autorità consolare, ecc.*) to visa sb.; **~ un permesso a q.** (*pers.*) to grant sb. a leave; to furlough sb. (*USA*); **~ prestiti a condizione di favore** (*cred.*) to grant loans on favourable terms; **~ un prestito** (*cred.*) to grant a loan, to agree to a loan; **~ un prestito al (tasso del) 6%** (*cred.*) to lend at the rate of 6%; **~ un privilegio a una società** (*amm., fin.*) to charter a company; **~ sconti** (*market.*) to rebate: **Anche se non ci piace ~ sconti, dovremo farlo per restare a galla** though we don't like rebating, we shall have to accept it in order to stay in business; **~ uno sconto** (*market.*) to grant a discount; **~ uno sconto del 3% sull'importo d'una fattura** to allow a discount of 3% on the amount of an invoice; **~ uno scoperto** (*banca, cred.*) to grant an overdraft; **~ uno statuto** (*di Governo, sovrano, ecc.*) to charter; **~ un'udienza a q.** to grant sb. an audience; **chi concede un brevetto** (*leg.*) patentor.

concedibile, *a.* concessible, allowable, grantable (*V.* concedere).

concentrare, *v. t.* ❶ to concentrate. ❷ (*centralizzare*) to centralize. ❸ (*econ., fin.*) (*aziende, imprese, ecc.*) to combine, to amalgamate, to merge. // **~ i propri acquisti presso q.** (*market.*) to give the bulk of one's business to sb.

concentrarsi, *v. rifl.* ❶ to concentrate. ❷ (*essere centralizzato*) to be centralized. *v. recipr.* (*econ., fin.*) (*d'aziende, imprese, ecc.*) to combine, to amalgamate, to merge. △ ❶ **Devo concentrarmi su questo importante problema** I must concentrate upon this important problem.

concentrazione, *n. f.* ❶ concentration. ❷ (*econ., fin.*) (*d'aziende, ecc.*) combination, amalgamation, consolidation, business combine, combine, merger. ❸ (*econ., fin.*) (*quando un'azienda maggiore rileva le minori*) take-over. △ ❷ **Sono auspicabili quelle concentrazioni che contribuiscono ad aumentare la produttività senza essere d'ostacolo a una concorrenza effettiva** there is a strong case for amalgamations which increase productivity without impairing workable competition; **Le concentrazioni d'aziende possono assumere varie forme, quali quelle d'un cartello, d'un trust, d'un sindacato, ecc.** business combines may assume various forms, such as cartels, trusts, syndicates, etc. // **~ d'imprese** (*econ.*) industrial combination; **~ orizzontale** (*econ., fin.*) horizontal combination; **~ verticale** (*econ., fin.*) vertical combination.

concentrico, *a.* concentric.

concepibile, *a.* conceivable, devisable.

concepire, *v. t.* ❶ to conceive, to devise. ❷ (*comun.*) (*un messaggio, un telegramma*) to word. △ ❷ **Com'era stato concepito il telegramma?** how had the telegram been worded? // **concepito per due o più usi** general-purpose (*a. attr.*).

concernente, *a.* concerning.

concernere, *v. t.* to concern, to affect, to regard, to respect, to refer (to). △ **Non preoccuparti di questioni che non ti concernono** don't worry about matters that do not concern you; **Ciò non ti concerne!** that's none of your business! // **per quanto concerne** as regards: **Per quanto concerne l'acquisto della casa, deciderò domani** as regards the purchase of the house, I will decide tomorrow.

concerto, *n. m.* ❶ (*di musica*) concert. ❷ (*accordo*) concert. △ ❷ **Agirono di ~ con noi** they acted in concert with us.

concessionario, *a.* (*leg.*) concessionary. *n. m.* ❶ (*leg.*) concessionaire, concessioner, concessionary. ❷ (*leg.*) (*di beni, diritti, proprietà*) grantee. ❸ (*leg.*) (*specialm. di contratto d'appalto*) franchisee. ❹ (*market.*) (*che dirige un « punto » di vendita di una « catena » di negozi, ecc.*) franchisee. // **~ di brevetto** (*leg.*) patentee, patentor; **~ di licenza** (*leg.*) licensee; **~ in esclusiva** (*market.*) exclusive dealer, exclusive (*o* sole) distributor.

concessione, *n. f.* ❶ concession, allowance, grant. ❷ (*leg.*) concession. ❸ (*leg.*) (*di beni, diritti, proprietà*) grant. ❹ (*leg.*) (*comunale, governativa, ecc.*) franchise. ❺ (*market.*) (*a dirigere un « punto » di vendita in una « catena » di negozi, ecc.*) franchise. △ ❶ **Per fare una ~ ai ben-**

zinai in sciopero, il Governo ridusse la tassa sulla benzina as a concession to the strike of the filling-station keepers, the Government reduced the tax on petrol; Il termine « netto » indica che non c'è alcuna ~ di sconto the term « net » indicates that there is no allowance of discount; ❷ Hanno una ~ petrolifera in Medio Oriente they have an oil concession in the Middle East. // ~ della cittadinanza (*d'un Paese*) naturalization; ~ d'un'integrazione di reddito grants to make up earnings to a reasonable level; ~ esclusiva (*da parte d'un sovrano e sim.*) (*amm., leg.*) charter; (*market.*) exclusive agency; ~ governativa per la costituzione d'una società commerciale (*fin., USA*) corporate franchise; concessioni tariffarie (*comm. est., econ.*) tariff concessions; dietro la ~ d'un abbuono (*banca, cred.*) under a rebate.

concessivo, *a.* ❶ concessive. ❷ (*permissivo*) permissive.

conciliamento, *n. m.* conciliation.

conciliare, *v. t.* ❶ to conciliate. ❷ (*leg.*) (*le parti contendenti*) to reconcile. △ ❷ Faremo un altro tentativo per ~ le parti we'll make another effort to reconcile the two quarrelling parties. // ~ una lite (*leg.*) to make up a quarrel; ~ una multa (*leg.*) to settle a fine out of Court; to pay a fine: Concilia? (*trasp. aut.*) will you pay the fine now?

conciliazione, *n. f.* ❶ conciliation. ❷ (*leg.*) (*fra le parti contendenti*) reconciliation.

conciso, *a.* concise.

concludere, *v. t.* (*condurre a termine*) to conclude, to carry out, to terminate. △ L'Italia ha concluso un trattato commerciale con l'Iran Italy has concluded a commercial treaty with Iran. // ~ un affare con q. to enter into agreement with sb.; ~ un affare con q. to conclude a bargain with sb., to close a bargain with sb., to drive a bargain with sb., to strike a bargain with sb., to seal a bargain with sb.; ~ una trattativa to carry out a negotiation.

concludersi, *v. rifl.* to conclude, to finish, to end. △ La riunione si è conclusa alle ore 20.30 the meeting concluded at 8:30 P.M.

conclusionale, *n. f.* (*leg.*) final statement (of a case).

conclusione, *n. f.* ❶ conclusion, end, termination. ❷ (*chiusa, chiusura*) close; (*d'una discussione in un'adunanza, ecc.*) closure. ❸ (*risultato*) result, issue. ❹ (*leg.*) (*d'una causa*) determination. ❺ conclusioni, *pl.* (*leg.*) summing up; brief (*USA*). △ ❶ Questa fu la ~ del suo discorso that was the conclusion of his speech; ❸ La faccenda sarà presto portata a ~ the matter will soon be brought to an issue; ❹ Infine le parti (in causa) giunsero alla ~ della causa at last the contending parties came to a determination. // conclusioni presentate alla Corte (*leg.*) V. ~, def. 5.

conclusivo, *a.* conclusive.

concomitante, *a.* concurrent, contributory.

concordanza, *n. f.* accordance, agreement, consistency. △ Non c'è ~ in questi conti there is no consistency in these accounts; Non c'è ~ fra il mastro e il libro giornale there is no agreement between the ledger and the journal.

concordare, *v. i.* to agree, to consist. *v. t.* ❶ (*opinioni discordi, ecc.*) to reconcile. ❷ (*stabilire di comune accordo*) to agree on (*o* upon). ❸ (*controllare: conti e sim.*) to check. △ *v. i.* Le scritturazioni non concordano the books do not agree; Le vostre informazioni concordavano con quelle che avevamo ricevuto your information consisted with the intelligence we had received; *v. t.* ❷ Non abbiamo ancora concordato il prezzo we haven't yet agreed upon the price. // non ~ to disagree: I due conti non concordano (fra loro) the two accounts disagree with each other.

concordato, *n. m.* ❶ (*politico-religioso*) concordat. ❷ (*leg.*) composition, arrangement, agreement, settlement. ❸ (*leg.*) (*il documento*) deed of arrangement. △ ❷ Abbiamo raggiunto un ~ d'un tanto per cento we have reached a composition of so much in the pound. // ~ amichevole (*leg.*) friendly settlement; ~ con i creditori (*leg.*) arrangement with creditors, composition with creditors, adjustment of creditors' claims; ~ fallimentare (*leg.*) V. ~ con i creditori; ~ fiscale (*fin.*) arrangement with the Revenue Office; ~ preventivo (*al fallimento*) (*leg.*) composition before bankruptcy: Il ~ preventivo non è riconosciuto dalla legge italiana composition before bankruptcy is not recognized by Italian law; ~ stragiudiziale (*leg.*) V. ~ amichevole; ~ tributario (*fin.*) V. ~ fiscale.

concorde, *a.* unanimous. △ I membri del consiglio furono concordi nell'approvare la relazione the members of the council were unanimous in their approval of the report.

concorrente, *a.* (*market.*) competing. *n. m.* ❶ competitor, opponent, rival. ❷ (*candidato a un posto, ecc.*) candidate, applicant. ❸ (*a una gara d'appalto*) bidder, tenderer. △ *a.* Molte sono le ditte concorrenti there are a lot of competing firms; *n.* ❶ Non siamo ancora riusciti a battere i nostri concorrenti we have not yet succeeded in beating our competitors; ❷ I concorrenti devono presentare domanda entro il 10 ottobre candidates must submit their applications within October 10th. // un ~ temibile an arch opponent.

concorrenza, *n. f.* ❶ (*econ., market.*) competition; competish (*slang USA*). ❷ la concorrenza, *collett.* competitors (*pl.*). △ ❶ La ~ fra il cinema e la televisione è molto aspra attualmente the competition between cinema and television is very keen nowadays; Nel settore dell'industria elettronica, le industrie europee devono far fronte a una vivace ~ internazionale in the electronics industry, European firms must meet very lively international competition; ❷ La ~ fa prezzi inferiori competitors quote lower prices. // ~ imperfetta (*econ.*) imperfect competition; ~ leale (*market.*) fair competition; ~ monopolistica (*econ.*) monopolistic competition; ~ perfetta (*econ.*) perfect competition; ~ pura (*econ.*) pure competition; ~ sleale (*leg., market.*) unfair competition, unfair practice; una ~ vivace (*market.*) a keen competition; fino alla ~ di to the amount of, up to the amount of, to the extent of, not exceeding: Favorite aprire un credito a favore della Ditta X. Y. & C. fino alla ~ di 10.000 dollari please open a credit in favour of Messrs X. Y. & Co. up to the amount of 10,000 dollars; L'indennizzo per danni sarà fino alla ~ del 15% compensation for damages not exceeding 15%; in ~ in competition; competitive (*a.*): Finché viviamo in un mondo di Paesi in ~ e di monete nazionali che favoriscono l'abbattimento dei prezzi, è imprudente lasciare che la nostra inflazione si sviluppi più rapidamente di quella degli altri popoli as long as we live in a world of competitive Countries and price-cutting national currencies, it is unsafe to let our inflation rip faster than other peoples'; sotto lo stimolo della ~ (*market.*) under the pressure of competition.

concorrenziale, *a.* competitive, competing. △ Noi vendiamo a prezzi concorrenziali we sell at

concorrere

competitive prices. // **mercato ~** competitive market; **non ~** (*market.*) non-competing; **regime ~** competitive system: **Le nostre imprese operano in regime ~** our concerns carry on business within a competitive system.

concorrere, *v. i.* ❶ (*contribuire*) to concur, to contribute; to share (in); to take* part (in). ❷ (*aspirare a un posto e sim.*) to compete, to apply (for). ❸ (*econ., market.*) to compete. △ ❶ **Voglio ~ alle spese** I want to contribute to (*o* to share in) the expense; **Non volle ~ all'impresa comune** he refused to contribute to (*o* to take part in) our common enterprise; ❷ **Ho deciso di ~ per il posto di ragioniere capo** I've decided to apply for the post of chief accountant; ❸ **È assai difficile ~ con gli Stati Uniti sui mercati mondiali** it is very difficult to compete with (*o* against) the United States on the world markets. // **~ a un appalto** to tender; **~ a un posto vacante** (*pers.*) to compete for a vacancy; **~ per un'emissione d'azioni** (*fin.*) to compete for an issue of shares.

concorso, *n. m.* ❶ (*di fattori, ecc.*) concurrence. ❷ (*afflusso*) concourse, attendance. ❸ (*assistenza, aiuto*) assistance, aid, help. ❹ (*competizione, gara, esame*) competition, contest. ❺ (*pubbl.*) (*a premi, ecc.*) contest. △ ❸ **La fabbrica è stata costruita col ~ dello Stato** the factory was built with public aid; ❹ **Sarà bandito un pubblico ~ fra breve tempo** an open competition will be announced in a short time; ❺ **I concorsi possono essere d'aiuto nel lancio d'un prodotto** contests may help in launching a product. // **un ~ a premi** (*giorn., pubbl.*) a prize contest, a consumer contest; **~ d'appalto** call (*o* request) for bids (*o* for tenders); **~ di capi d'accusa** (*leg.*) plurality of charges; **~ di circostanze** (*leg.*) concurrence of circumstances; **~ di colpa** (*leg.*) contributory negligence; **con il ~ del Fondo Orientamento** with aid granted by the Guidance Fund; **esame di ~** competitive exam; **fuori ~** not for competition; « **fuori ~ »** (*nelle mostre*) « not classed ».

concreto, *a.* concrete, constructive, substantial, substantive, tangible.

concussione, *n. f.* (*leg.*) concussion, graft.

condanna, *n. f.* (*leg.*) condemnation, conviction, sentence. △ **Nessuno si attendeva la ~ dell'imputato** the conviction of the accused man was quite unexpected. // **~ a morte** (*leg.*) sentence of death; **~ a vita** (*leg.*) life sentence; **~ condizionale** (*leg.*) probation; **~ in contumacia** (*leg.*) condemnation by default; **~ sommaria** (*leg.*) summary conviction.

condannare, *v. t.* (*leg.*) to condemn, to convict, to sentence. △ **Nessuno s'aspettava che fosse condannato** nobody thought he would be condemned; **Fu condannato per furto con scasso** he was convicted of burglary; **È stato condannato a venti giorni di prigione** he's been sentenced to twenty days in jail. // **~ q. al pagamento delle spese (processuali)** (*leg.*) to order sb. to pay the costs; **~ alle spese (giudiziali)** (*leg.*) to condemn in costs; **~ in contumacia** (*leg.*) to condemn for default, to default; « **condannato alle spese** » (*leg.*) (*di chi perde una causa*) « with costs »; **essere condannato all'insuccesso** (*fig.*) to be doomed to failure.

condannato, *n. m.* (*leg.*) convict.

condensato, *a.* condensed. *n. m.* (*giorn.*) tabloid.

condirettore, *n. m.* ❶ (*amm.*) joint director, co-director, joint manager. ❷ (*giorn., pers.*) associate editor.

condirezione, *n. f.* (*amm.*) joint management.

condividere, *v. t.* to share, to participate in. △ **Tutti i membri sono tenuti a ~ le perdite** all members are supposed to participate in the losses.

condizionale, *a.* ❶ conditional. ❷ (*restrittivo*) qualified. ❸ (*leg.*) provisory. *n. f.* (*leg.*) probation.

condizionalmente, *avv.* conditionally.

condizionare, *v. t.* ❶ to condition. ❷ (*sottoporre a condizioni*) to qualify.

condizionato, *a.* ❶ conditional, qualified. ❷ (*leg.*) contingent. // **accettazione condizionata** (*d'una cambiale*) (*banca, cred.*) qualified acceptance.

condizione, *n. f.* ❶ condition. ❷ (*posizione, stato*) position, standing, state. ❸ (*banca, cred.*) qualification. ❹ (*leg.*) provision, proviso*. ❺ **condizioni**, *pl.* (*ambientali*) environment. ❻ **condizioni**, *pl.* (*fin., market.*) terms. △ ❶ **Le merci sono giunte a destinazione in buone condizioni** the goods have reached their destination in good condition; **La merce è apparentemente in buon ordine e in buone condizioni** the goods are in apparent good order and condition; **Dobbiamo attenerci rigorosamente a queste condizioni** we must stick to these conditions; **Queste sono le condizioni di trasporto stradale per conto terzi** these are the conditions for road haulage for hire or reward; ❷ **Purtroppo non siamo in ~ di praticarvi alcuno sconto** unfortunately we are not in a position to grant you any discount; **Il nostro cliente è di ~ piuttosto elevata** our client is of rather high standing; ❻ **Tutte le condizioni sono (da intendersi) soggette a variazioni senza preavviso (da parte nostra)** all terms are subject to alterations without notice; **Siamo disposti a concedere il mutuo alle solite condizioni** we are open to grant the loan on the usual terms; **Il beneficiario deve rispettare tutte le condizioni alle quali il credito è stato concesso** the beneficiary must observe all of the terms of the credit. // **condizioni accessorie** (*leg., USA*) strings; **condizioni atmosferiche** weather conditions; **le condizioni contrattuali** (*leg.*) the terms of a contract, the terms agreed upon; **la ~** (*lo stato*) **del mercato** the condition of the market: **Le condizioni del mercato sono favorevoli al vostro prodotto** the conditions of the market are favourable to your product; **Le condizioni del mercato non hanno favorito la formazione di scorte** the conditions of the market have not been conducive to building up stocks; **~ del recidivo** (*leg.*) recidivism; **condizioni d'acquisto a credito** (*market.*) open account terms; **condizioni di consegna** (*market.*) terms of delivery, delivery terms; **condizioni di consegna** (*della merce*) **che prevedono tutti i rischi a carico del venditore** (*market.*) rye terms; **le condizioni d'un contratto** (*leg.*) the conditions of a contract; **condizioni di lavoro** (*pers.*) working conditions; **di lavoro che viola un contratto collettivo** (*sind.*) grievance; **~ di membro** (*d'una società, ecc.*) membership; **condizioni di mercato** (*econ., market.*) market conditions; **condizioni di pagamento** (*market.*) terms of payment; **~ di proprietario** (*leg.*) proprietorship; **le condizioni di rimborso d'un prestito** (*cred.*) the terms of repayment of a loan; **~ di socio** (*fin.*) membership; **condizioni di vendita** (*market.*) conditions of sale, terms of sale; **condizioni di vendita e di consegna** (*market.*) purchasing conditions and terms of delivery; **condizioni di vendita rateale** (*market.*) hire-purchase terms; **condizioni di vendita sfavorevoli** (*market.*) disadvantageous terms of sale; **le condizioni di vita e di lavoro** (*econ.*) the living and working conditions; **~ esplicita** (*ass. mar.*) express warranty; **~ essenziale** (*leg.*) stipulation; **~ finanziaria** financial standing, circumstance: **È in buone condizioni finanziarie** he is in easy circumstances; **condizioni ideali** optimum; **~ implicita** (*leg.*)

implied condition, implied term; **condizioni meteorologiche** weather conditions; ~ **restrittiva** (*banca, cred.*) qualification; ~ **risolutiva** (*leg.*) resolutory condition, condition subsequent; ~ **sospensiva** (*leg.*) suspensive condition, condition precedent; **le condizioni tacite d'un accordo** (*leg.*) the unexpressed terms of an agreement; **a ~ che...** on condition that..., on the understanding that...; (*leg.*) under the stipulation that...; **a questa ~** on this understanding; **senza condizioni** without reservation, without reserve; unconditional (*a.*): **Il pagherò è una promessa di pagare, fatta per iscritto e senza condizioni** a promissory note is an unconditional promise to pay in writing.

condonare, *v. t.* ❶ to condone, to forgive*, to excuse. ❷ (*leg.*) to remit. △ ❶ **Non ci volle ~ il pagamento della tassa** he wouldn't excuse us the fee. // **~ un debito** (*cred.*) to forgive a debt; **~ una pena** (*leg.*) to remit a penalty.

condono, *n. m.* ❶ condonation. ❷ (*leg.*) remission, relief. // **~ fiscale** (*fin.*) conditional amnesty for tax-evaders.

condotta, *n. f.* ❶ (*comportamento*) conduct, character, behaviour. ❷ (*modo di condurre*) conduct, management. ❸ (*procedimento*) proceeding, course. △ ❶ **La sua ~ è sempre stata irreprensibile** his conduct has always been irreproachable; ❷ **È sempre stato assai avveduto nella ~ dei suoi affari** he has always been very shrewd in the conduct of his business affairs. // **~ coerente** consistent behaviour; **~ disonesta** (*leg.*) malfeasance; **~ errata nell'espletamento d'un pubblico ufficio** (*leg.*) misfeasance; **~ illecita** (*leg.*) malfeasance; **~ rispettabile** reputable conduct; **~ sleale** foul play.

conducente, *n. m. e f.* ❶ chauffeur (*m.*); chauffeuse (*f.*); driver. ❷ (*leg.*) V. **conduttore**.

condurre, *v. t.* ❶ (*guidare*) to lead*. ❷ (*un veicolo*) to drive*. ❸ (*accompagnare*) to accompany, to take*. ❹ (*gestire*) to conduct, to manage, to carry on, to govern. ❺ (*un'azienda e sim., anche*) to run*, to operate. ❻ (*affari, ecc., anche*) to negotiate. △ ❸ **Mi condusse dal direttore** he took me to the manager; ❹ **Dobbiamo ~ i nostri affari in conformità con le leggi del Paese** we must conduct our affairs in conformity with the laws of the Country; ❺ **Conduce la sua azienda con mano ferrea** he runs his business with an iron hand. // **~ a buon fine** (*un piano, ecc.*) to carry out; **~ un'azione legale** (*leg.*) to proceed; **~ un'azione legale separatamente** (*in una causa comune con altri*) (*leg.*) to sever; **~ (gli affari, ecc.) in modo disonesto** to mismanage; **~ male** to misconduct: **Ha sempre condotto male gli affari** he has always misconducted his business; **~ una nave in porto** (*trasp. mar.*) to bring a ship into a port.

conduttore, *n. m.* ❶ (*guidatore d'un veicolo*) driver. ❷ (*leg.*) lessee; (*d'un appartamento, d'un fondo*) tenant; occupier (*ingl.*). ❸ (*trasp. aut.*) (*di tram, d'autobus, ecc.*) driver. ❹ (*trasp. ferr.*) guard; conductor (*USA*). // **~ di furgone** (*pers.*) van driver.

conduzione, *n. f.* ❶ (*gestione*) management, operation, operating. ❷ (*leg.*) leasehold. △ ❶ **La sua ~ dell'azienda lascia molto a desiderare** his management of the firm is far from satisfactory; ❷ **Egli ha più di 100 ettari in ~ diretta** he is the leaseholder of over 100 hectares. // **locazione- ~** (*leg.*) « locatio conductio ».

confederazione, *n. f.* ❶ confederation, confederacy. ❷ (*di sindacati, ecc.*) union.

conferenza, *n. f.* ❶ conference. ❷ (*discorso*) lecture. // **~ ad alto livello** high-level conference; **~ al vertice summit conference**; **~ della Navigazione** (*trasp. mar., USA*) freight conference, freight bureau; «**Conferenze della Navigazione**» (*trasp. mar.*) Shipping Conferences; **la ~ delle Nazioni Unite per il Commercio e lo Sviluppo (UNCTAD)** the United Nations Conference on Trade and Development (*UNCTAD*); **~ informativa** (*org. az.*) briefing session; **~ stampa** (*giorn.*) press conference, news conference.

conferimento, *n. m.* ❶ conferment, award, grant, bestowal. ❷ (*fin.*) (*apporto di capitale*) contribution. // **il ~ d'un diritto** (*leg.*) the conferment of a right; **il ~ di merci all'ammasso** (*market.*) the conveyance of goods to a common pool; **il ~ d'un'ordinazione** (*market.*) the placing of an order; **il ~ d'un premio** the award of a prize.

conferire, *v. t.* ❶ to confer, to award, to bestow, to grant. ❷ (*dare, aggiungere*) to give*, to lend*. ❸ (*leg.*) (*diritti, onori, ecc.*) to vest. *v. i.* (*avere un colloquio*) to confer (with); to consult. △ *v. t.* ❶ **Vogliono ~ pieni poteri al presidente** they want to confer full powers to the chairman; **Gli fu conferita la medaglia d'oro** he was awarded the gold medal; ❷ **La bombetta conferisce un'aria di dignità all'uomo d'affari inglese** the bowler hat lends an air of dignity to the English businessman; ❸ **Gli hanno conferito i diritti sulla proprietà** they have vested him with the rights in the estate; *v. i.* **Voglio ~ col mio avvocato** I want to confer with (*o* to consult) my lawyer. // **~ un'ambientazione locale a** (*una notizia, un articolo, ecc.*) (*giorn.*) to localize; **~ diritti** (*leg.*) to confer title: **Tutti gli accordi per iscritto intesi a ~ diritti sono soggetti alla tassa sul bollo** all written agreements capable of conferring title are liable to stamp duty; **~ la laurea a q.** to confer (*o* to bestow) a degree on sb.; to graduate sb. (*soprattutto USA*); **~ merci all'ammasso** to convey goods to a common pool; **~ una ordinazione** (*market.*) to place (*o* to give) an order; **~ una somma di denaro a una società** (*fin.*) to contribute an amount of money to a partnership; **essere conferito** (*leg.*) (*di diritto, autorità, ecc.*) to vest: **Quali sono i poteri conferiti al Parlamento?** which are the powers that vest in Parliament?

conferma, *n. f.* ❶ confirmation. ❷ (*leg.*) confirmation, affirmation. △ ❶ **Restiamo in attesa d'una vostra ~ a questo riguardo** we shall be waiting for your confirmation on this point; **Non abbiamo ricevuto finora alcuna ~ del vostro ordine** we have received no confirmation of your order as yet. // **~ delle notizie** confirmation of the news; **la ~ d'un giudizio** (*leg.*) the affirmation of a decision; **la ~ d'una sentenza** (*leg.*) the confirmation of a judgment; **~ ottenuta mediante prova** (*leg.*) verification.

confermare, *v. t.* ❶ to confirm. ❷ (*provare*) to bear* out, to prove. ❸ (*leg.*) to confirm, to affirm. △ ❶ **Confermiamo le nostre istruzioni** we confirm our instructions; **Nessuna banca confermerà mai una lettera di credito revocabile** a revocable letter of credit will never be confirmed by any bank; ❷ **La loro dichiarazione conferma quel che ci disse la polizia** their statement bears out what the police told us. // **~ un dipendente per altri sei mesi** (*pers.*) to retain an employee for another six months; **~ un'ordinazione** (*market.*) to confirm an order; **~ per iscritto** to confirm in writing; **~ un telegramma** to confirm a telegram.

confermativo, *a.* confirmative.

confermato, *a.* confirmed. △ **La lettera di credito ~ è un titolo di credito assai importante nel commercio internazionale** the confirmed letter of credit is a very important instrument of credit in international trade. // **non** ~ unconfirmed.

confessione, *n.f.* ❶ confession. ❷ (*leg.*) confession. ❸ (*leg.*) (*in cause civili, salvo quelle di divorzio*) admission. // ~ **giudiziale** (*leg.*) judicial confession; judicial admission; **una ~ spontanea** (*leg.*) a voluntary confession; ~ **stragiudiziale** (*leg.*) extrajudicial confession.

confezionamento, *n. m.* ❶ making. ❷ (*fabbricazione*) manufacture, manufacturing. // **il ~ di cibi** (*in scatola, ecc.*) (*market.*) the packing of food.

confezionare, *v. t.* ❶ to make*. ❷ (*market.*) (*imballare: un prodotto, ecc.*) to package. ❸ (*org. az.*) (*capi d'abbigliamento, ecc.*) to manufacture. △ ❷ **Molti prodotti sono ora confezionati con il cellofan** lots of products are now packaged with cellophane. // ~ **camicie** (*org. az.*) to manufacture shirts.

confezionato, *a.* ❶ made. ❷ (*fabbricato*) manufactured. ❸ (*market.*) (*d'abito, ecc.*) ready-made, ready-for-wear, ready-to-wear; reach-me-down (*ingl.*).

confezione, *n.f.* ❶ making. ❷ (*fabbricazione*) manufacture, manufacturing. ❸ (*fattura*) workmanship. ❹ (*market.*) (*imballaggio: d'un prodotto, ecc.*) package, packaging. ❺ (*market.*) confection; ready-made suit (*o* dress). // **confezioni da donna** ready-made dresses; confections; **confezioni da uomo** ready-made suits.

confezionista, *n. m. e f.* (*market.*) haberdasher, outfitter; maker-up (*ingl.*).

confidare, *v. t. e i.* to confide (in); to rely (on); to trust. △ **Mi ha confidato un segreto** he has confided a secret to me; **Posso ~ nella sua onestà?** can I confide in his honesty?; **È pericoloso ~ in un aumento dei prezzi** it is dangerous to rely on a rise in prices.

confidente, *a.* confident, confiding. *n. m. e f.* confident.

confidenza, *n.f.* ❶ confidence. ❷ (*intimità*) intimacy, familiarity. // **in ~** confidentially.

confidenziale, *a.* confidential. // **in via strettamente ~** strictly in confidence.

confidenzialmente, *avv.* confidentially.

configurare, *v. t.* to configure.

configurazione, *n.f.* (*del suolo, ecc.*) configuration, lay, layout. △ **L'economia dipende dalla ~ del Paese** economy depends on the lay of the land. // **la ~ del terreno** (*econ.*) the layout of the land.

confinante, *a.* adjacent. *n. m. e f.* neighbour; neighbor (*USA*). // **essere ~** to be adjacent; **essere confinanti** (*di proprietà*) to touch: **Le nostre proprietà sono confinanti** our estates touch.

confinare, *v. t.* ❶ (*relegare*) to confine. ❷ (*leg.*) (*mandare al confino*) to intern. *v. i.* to border. △ *v. i.* **L'Italia confina a ovest con la Francia, a nord con la Svizzera e l'Austria, e a est con la Iugoslavia** Italy borders France to the west, Switzerland and Austria to the north, and Yugoslavia to the east.

confine, *n. m.* ❶ (*di Stato*) border, frontier. ❷ (*di proprietà*) boundary, mete. ❸ **confini**, *pl.* confines. // **confini e limiti** (*d'una proprietà*) (*leg.*) metes and bounds.

confino, *n. m.* (*leg.*) internment.

«**confirming**», *n. m.* (*comm. est., fin.*) confirming (*concessione d'un finanziamento a un operatore economico, sulla base degli ordini da lui ricevuti*).

confisca, *n.f.* (*leg.*) confiscation, forfeiture, impressment, seizure, sequestration. // ~ **di beni** (*leg.*) confiscation of property; ~ **di merci registrate in base a falsa dichiarazione** (*dog.*) confiscation of falsely entered goods.

confiscabile, *a.* (*leg.*) confiscable, forfeitable, seizable.

confiscare, *v. t.* (*leg.*) to confiscate, to forfeit, to impress, to seize, to sequestrate, to sequester. △ **La merce di contrabbando fu confiscata** the smuggled goods were confiscated; **Il loro Governo ha confiscato tutta l'industria petrolifera di proprietà straniera** their Government has seized the entire foreign-owned oil industry.

conflitto, *n. m.* ❶ conflict. ❷ (*d'interessi, ecc.*) collision, clash. // ~ **d'attribuzioni** (*leg.*) conflict of powers; ~ **di competenza** (*fra sindacati di tipo corporativo, circa il diritto di svolgere un tipo di lavoro specializzato*) (*sind.*) demarcation dispute; ~ **di giurisdizione** (*leg.*) conflict of jurisdiction; ~ **d'interessi** (*leg.*) conflict of interests, clash of interests; **interessi in ~** conflicting interests.

conflittualità, *n.f.* (*sind.*) conflict, strife. // ~ **nelle aziende** labour strife: **Nelle aziende la ~ è diminuita** labour strife is on the decline; ~ **permanente** permanent conflict, continual conflict, continual labour unrest; (*scioperi a catena*) strike epidemics.

confondere, *v. t.* (*leg.*) (*redditi, interessi, ecc.*) to merge.

confondersi, *v. rifl.* (*leg.*) (*di redditi, interessi, ecc.*) to merge.

conformare, *v. t.* to conform.

conformarsi, *v. rifl.* to conform, to comply (with); to follow, to meet*. △ **Ci si deve conformare alla legge** one must conform to the law; **Bisogna ~ a un certo numero di norme comuni di produzione e commercializzazione** we must comply with certain common rules as regards production and marketing; **Non sarà facile ~ alle nuove direttive** it won't be easy to follow the new directions; **È necessario ~ alle esigenze della clientela** we must meet our customers' requirements. // ~ **alla legge** (*leg., anche*) to comply with the law; ~ **alle condizioni previste dallo statuto sociale** to comply with the conditions required by the articles of association.

conforme, *a.* ❶ conformable, conforming, corresponding, agreeable. ❷ (*di copia e sim.*) true (to the original). △ ❶ **La tua teoria non è ~ ai concetti più recenti** your theory is not quite agreeable to the most recent conceptions; ❷ **Questa copia è ~ all'originale** this copy is true to the original. // **essere ~ a** (*market.*) (*di merce*) to be up to: **Rifiutammo le merci perché non erano conformi al campione** we rejected the goods because they were not up to sample; **essere ~ ai requisiti richiesti** to satisfy (*o* to meet) the requirements.

conformemente, *avv.* accordingly. // ~ **a** agreeably to, in conformity with; (*leg.*) in pursuance of: **Mi comporterò ~ al vostro consiglio** I will act in conformity with your suggestion.

conformità, *n.f.* conformity, compliance, accordance. // **in ~** accordingly: **Agiremo in ~** we will act accordingly; **in ~ a (di, con)** in conformity with, in compliance with; agreeably to (*avv.*); agreeable to (*a.*); (*leg.*) in pursuance of, pursuant to: **Dobbiamo agire in ~ alle disposizioni della legge italiana** we must act in compliance with the provisions of Italian law; **In ~ alle istruzioni ripetutamente impartite, abbiamo provveduto a ritirare la merce** agreeably to repeated instructions, we have taken up the goods; **Il provvedimento è in ~ con le leggi del Paese** the measure is agreeable to the laws of the Country.

confortare, *v. t.* ❶ to comfort. ❷ (*assistere*) to relieve.

confortevole, *a.* comfortable.

conforto, *n. m.* ❶ comfort. ❷ (*assistenza*) relief.

confrontare, *v. t.* to compare; (*collazionare*) to collate. △ **Abbiamo confrontato le spese di questo esercizio con quelle dell'esercizio passato** we have compared this year's expenses with last year's. // **~ copie con gli originali** to compare copies with the originals.

confronto, *n. m.* comparison, comparing; (*collazione*) collation. △ **Il risultato del ~ fra l'utile lordo e l'ammontare delle vendite fu sorprendente** the result of the comparison between the gross profit and the amount of the sales was astonishing. // **senza confronti** without comparison, beyond comparison, past comparison: **L'inflazione nella quale ci dibattiamo è decisamente senza confronti** the inflation we're in now is decidedly past comparison.

confusione, *n. f.* ❶ confusion. ❷ (*disordine*) disorder, muddle, jumble. ❸ (*leg.*) (*di redditi, interessi, ecc.*) merger. // **~ di beni** (*leg.*) confusion of goods; **~ di diritti** (*leg.*) confusion of rights.

confutare, *v. t.* (*leg.*) (*prove, ecc.*) to rebut. △ **Le prove sono state confutate** evidence has been rebutted. // **chi confuta** (*prove, ecc.*) (*leg.*) rebutter.

confutazione, *n. f.* (*leg.*) rebuttal.

congedare, *v. t.* ❶ (*amm., pers.*) (*licenziare*) to dismiss, to discharge. ❷ (*amm., pers.*) (*mandare in pensione*) to retire, to discharge, to separate; (*smobilitare*) to demobilize; to demob (*fam.*). △ ❷ **Fu congedato con il grado di maggiore** he was separated from the service with the rank of major.

congedarsi, *v. rifl.* (*amm., pers.*) to retire.

congedo, *n. m.* ❶ (*pers.*) leave of absence, leave; furlough (*USA*). ❷ (*pers.*) (*licenziamento*) dismissal, discharge. ❸ (*pers.*) (*pensionamento*) retirement, discharge, separation. △ ❶ **Dovetti chiedere un ~ per motivi di salute** I had to ask for sick-leave. // **~ per gravidanza e puerperio** (*pers.*) maternity leave; **~ per malattia** (*pers.*) sick-leave: **Ciascun impiegato ha diritto a 45 ore di ~ per malattia per ogni anno solare** every employee is entitled to 45 hours' sick-leave each calendar year; **~ per maternità** (*pers.*) maternity leave; **~ per matrimonio** (*pers.*) marriage leave; **~ retribuito** (*pers.*) leave with pay; **essere in ~** (*pers.*) to be on leave.

congelamento, *n. m.* freeze, freezing. △ **Ci sarà un ~ di due mesi di tutti i prezzi, i fitti, i salari e gli stipendi** there will be a 60-day freeze on all prices, rents, wages and salaries. // **~ dei prezzi** (*econ.*) price freeze; **~ salariale** (*sind.*) wage-freeze.

congelare, *v. t.* to freeze*. // **~ i crediti** (*fin.*) to freeze credit; **~ i prezzi** (*market.*) to freeze prices.

congelarsi, *v. rifl.* to freeze*.

congelato, *a.* (*econ., fin.*) frozen. △ **I prezzi e i salari erano congelati per la congiuntura** prices and wages were frozen for the emergency. // **conto ~** (*banca, cred.*) frozen account; **credito ~** (*banca, fin.*) frozen credit.

congestionare, *v. t.* to congest.

congestione, *n. f.* congestion. // **~ delle banchine** (*trasp. mar.*) congestion of the wharves.

congettura, *n. f.* conjecture, presumption.

congetturare, *v. t.* to conjecture, to presume.

congiungere, *v. t.* to connect, to unite.

congiungersi, *v. rifl.* to unite.

congiuntamente, *avv.* jointly, conjointly.

congiunto, *a.* ❶ connected, united. ❷ (*solidale*) joint. ❸ (*leg.*) incident. *n. m.* relative. △ *a.* ❷ **La loro responsabilità è congiunta e illimitata** their liability is joint and unlimited. // **~ e solidale** (*leg.*) joint and several.

congiuntura, *n. f.* ❶ (*situazione critica*) contingency, emergency. ❷ (*econ.*) (*situazione economica*) economic situation, current business situation, situation, (economic) background, economic activity. ❸ (*econ.*) (*ciclo*) business cycle. ❹ (*econ.*) (*tendenza*) economic trend; (*prospettiva*) economic outlook. ❺ (*econ.*) (*congiuntura sfavorevole*) slump; (*come tendenza*) downswing. △ ❷ **Si prevede una ~ mondiale abbastanza favorevole** there are prospects of a fairly favourable world situation; **In Francia e in Italia, le operazioni di bilancio s'inquadravano in una ~ differente da quella dei Paesi del Benelux e della Germania** in France and in Italy the background of budget operations was different from that in the Benelux Countries and Germany; ❹ **Va proprio così male la ~?** is the economic outlook really so bleak?; ❺ **Il Governo sta per adottare severi provvedimenti per contrastare la ~ attuale** the Government is going to take strict measures to combat the present downswing. // **~ alta** (*econ.*) boom; **una ~ avversa** (*econ.*) an unfavourable economic trend; **~ bassa** (*econ.*) slump; **~ caratterizzata dalla forte espansione di taluni settori e dal regresso d'altri** (*econ.*) rolling readjustment; **~ favorevole** (*econ.*) favourable trend; **~ molto favorevole** (*econ.*) boom; **~ negativa** (*econ.*) negative business cycle; recession: **L'economia del nostro Paese è caratterizzata da una ~ negativa** our Country's economy is being hit by recession; **una ~ sfavorevole** (*econ.*) an unfavourable economic trend.

congiunturale, *a.* ❶ (*econ.*) connected with the current economic (*o* business) situation. ❷ (*econ.*) (*ciclico*) cyclical. ❸ (*econ.*) (*a breve termine*) short-term (*attr.*). △ ❶ **I provvedimenti sono stati adottati per motivi congiunturali** the measures have been taken for reasons connected with the current business situation; ❷ **Questa è una crisi ~** this is a cyclical crisis; ❸ **Non si possono evitare le fluttuazioni congiunturali della domanda** one can't avoid short-term fluctuations of demand; **Durante il 1974, anche l'aumento ~ delle importazioni fu più lento** during the year 1974, the short-term growth of imports was also slower.

congiunzione, *n. f.* conjunction.

conglobamento, *n. m.* conglobation.

conglobare, *v. t.* to conglobate.

congratularsi, *v. rifl.* to congratulate. △ **Dobbiamo congratularci con voi per il vostro recente successo** we must congratulate you on your recent success.

congratulazione, *n. f.* congratulation. △ **Mi fece le congratulazioni per la mia promozione** he offered me his congratulations on my promotion.

congresso, *n. m.* ❶ congress; convention (*USA*). ❷ **il Congresso** (*degli U.S.A.*) the Congress.

congruo, *a.* adequate, consistent.

conguagliare, *v. t.* (*fin., rag.*) to balance, to adjust, to settle.

conguaglio, *n. m.* (*fin., rag.*) balance, adjustment, settlement. // **~ in contanti** (*rag.*) cash adjustment, cash distribution; **~ monetario** (*fin.*) currency adjustment.

coniare, *v. t.* ❶ (*anche fig.*) to coin. ❷ (*fin.*) (*monete*) to mint, to strike*. △ ❶ **La Zecca si accinge a ~ nuova moneta** the Italian Mint is going to coin more money; **Ogni giorno viene coniata una quantità di parole nuove** a lot of new words are being coined every day; ❷ **Stanno per ~ nuove monete da 500 lire** they are going to mint new 500-lire coins. // **~ di nuovo** (*monete*) (*fin.*) to remint.

coniatore, *n. m.* coiner.

coniatura, *n. f.* ❶ (*anche fig.*) coinage. ❷ (*fin.*) mintage.

coniazione, *n. f.* V. **coniatura.**
conio, *n. m.* ❶ (*punzone per coniare*) minting-die. ❷ (*impronta fatta col conio*) mint-mark; stamp (on a coin). ❸ (*fin.*) (*coniatura*) coinage, mintage. △ ❸ **Queste sono monete di nuovo ~** these are coins of new mintage (*o* newly-minted coins).
connessione, *n. f.* connection, connexion, link.
connesso, *a.* connected, affiliated (with); relative (to); attendant. △ **La domanda e l'offerta sono strettamente connesse** demand and supply are strictly related.
connettere, *v. t.* ❶ to connect, to link (up), to interlock. ❷ (*pensare*) to think* straight.
connivente, *a.* (*leg.*) conniving. *n. m. e f.* (*leg.*) conniver, accomplice. // **essere ~** (*leg.*) to connive.
connivenza, *n. f.* (*leg.*) connivance.
conoscente, *n. m. e f.* acquaintance.
conoscenza, *n. f.* ❶ (*il sapere*) knowledge. ❷ (*il conoscere q.*; *la persona conosciuta*) acquaintance. ❸ (*leg.*) cognizance. △ ❶ **Un uomo d'affari non può prescindere dalla ~ d'almeno una lingua straniera** a good knowledge of at least one foreign language is a must for a businessman. // **~ approfondita** (*di qc.*) mastery, possession; **essere a ~ di** to be acquainted with.
conoscere, *v. t.* ❶ (*sapere*) to know*, to be acquainted with. ❷ (*fare la conoscenza di*) to meet*. △ ❶ **Conosce alla perfezione gli ultimi ritrovati della tecnica** he is very well acquainted with the latest techniques; ❷ **Gradiremmo ~ il vostro nuovo rappresentante** we should be glad to meet your new agent. // **~ a fondo** to master: **Sarai anche migliore, come segretaria, se conoscerai a fondo un paio di lingue straniere** you will make an even better secretary if you master a couple of foreign languages; **~ profondamente** to possess: **Un buon corrispondente in lingue estere deve ~ bene almeno due lingue straniere oltre alla lingua materna** a good foreign correspondent must possess at least two foreign languages besides his native tongue.
conquistare, *v. t.* to conquer. // **~ un mercato** (*econ.*) to capture a market; **~ posizioni** (*econ., fig.*) to move ahead: **Ecco perché la nostra ditta conquista posizioni** that's why our company is moving ahead.
consanguineità, *n. f.* (*leg.*) consanguinity, proximity of blood.
consecutivo, *a.* consecutive, running.
consegna, *n. f.* ❶ delivery. ❷ (*anche la merce consegnata*) consignment. ❸ (*dog.*) (*di merci, ecc.*) deposit. ❹ (*leg.*) (*anche d'un atto, contratto o documento*) delivery, tradition. ❺ **consegne,** *pl.* (*ordini, istruzioni*) instructions, orders. △ ❶ **La ~ dovrebbe avvenire prima della fine del mese** delivery should take place before the end of the month; **L'importo sarà riscosso alla ~** the amount will be collected on delivery; ❷ **La ~ dei nostri prodotti ai grossisti procede troppo a rilento** the consignment of our products to the wholesalers takes too long; **La prima ~ di nuove macchine utensili arriverà domani** the first consignment of new machine tools will reach us tomorrow; ❹ **Le azioni al portatore si trasferiscono mediante semplice ~** bearer shares are transferred by mere delivery; « **In caso di mancata ~, pregasi restituire al mittente** » (*su di una lettera, su di un pacco, ecc.*) « if undelivered, please return to the sender ». // **~ a domicilio** (*market.*) delivery at the buyer's domicile, home delivery; (*d'un grossista a un dettagliante*) delivery at the trader's premises; **~ a termine** (*market.*) delivery on term, forward delivery; **~ al porto d'arrivo** (*market.*) delivery at the port of discharge; **~ all'arrivo** (*della nave*) (*trasp. mar.*) delivery to arrive; **~ dal magazzino** (*trasp. mar.*) delivery ex warehouse; **~ del carico a fianco della nave** (*su chiatte, barche, ecc.*; *non sul molo*) (*trasp. mar.*) overside delivery of cargo; **~ della merce in cattivo stato** bad delivery of the goods; **~ della nave** (*trasp. mar.*) delivery of the ship; **~ delle merci soggette a dazio** (*dog.*) deposit of dutiable goods; **~ d'un bene immobile** (*p. es., con un contratto d'affitto pluriennale*) (*leg.*) demise; **~ differita** (*Borsa*) deferred delivery; **~ errata** (*di corrispondenza, ecc.*) (*comun.*) misdelivery; **~ fatta a garanzia d'un debito** (*leg.*) delivery made in security of a debt; **~ franco rotaia** (*trasp. ferr.*) delivery free on rail; **~ franco vagone** (*trasp. ferr.*) delivery free on truck; **~ immediata** (*market.*) spot delivery, immediate delivery, prompt delivery; **~ in conto deposito** consignment; **~ per espresso** (*comun., market.*) express delivery; special delivery (*USA*); **~ simbolica** (*d'una proprietà, ecc.*) (*leg.*) symbolic delivery; « **~ sopra luogo** » (*market.*) « delivery spot »; **~ sotto paranco** (*trasp. mar.*) delivery under ship's tackle; **~ valida** (*di titoli*) (*Borsa*) good delivery; **alla ~** (*market.*) on delivery; (*di pagamento*) spot; **dare le consegne a q.** (*pers.*) to hand over to sb.: **Il vecchio direttore ha dato le consegne al successore questa mattina** the former manager has handed over to his successor this morning; **per ~ entro il mese** (*Borsa*) the current month; **per ~ immediata** (*market.*) (*di merce, articolo, ecc.*) spot; **salvo ~** (*Borsa*) against delivery.
consegnare, *v. t.* ❶ (*dare*) to give*, to hand, to present, to turn in, to turn over. ❷ (*affidare*) to consign, to commit, to trust. ❸ (*dog.*) (*merci, ecc.*) to deposit. ❹ (*market.*) (*merci*) to deliver; (*specialm. in deposito*) to consign. △ ❶ **Consegnai la lettera alla segretaria del direttore** I gave the letter to the manager's secretary; **Il Sig. Baldi ha consegnato la lettera di dimissioni** Sig. Baldi has handed in his resignation; **I fondi così raccolti saranno consegnati al tesoriere** the funds thus collected will be turned over to the treasurer; ❷ **L'orfano fu consegnato ai nonni** the orphan boy was consigned to his grandparents; **Consegnai i documenti a un mio amico** I committed the documents to a friend of mine; ❹ **Quando ci consegnerete la merce che vi abbiamo ordinato il mese scorso?** when will you deliver us the goods we ordered from you last month?; **~ all'ordine di Mr R. Taylor!** please deliver to the order of Mr R. Taylor! // **~ un conto spese** to turn in an expense account; **~ per errore una lettera all'indirizzo sbagliato** (*comun.*) to misdeliver a letter; **~ titoli** (*fin.*) to deliver stock.
consegnatario, *n. m.* ❶ (*leg.*) consignee. ❷ (*trasp.*) (*di merci per trasporto via terra*) carrier; freighter (*USA*). ❸ (*trasp. mar.*) (*del carico*) shipper; freighter (*USA*). △ ❶ **Gli agenti depositari sono spesso detti consegnatari perché le merci sono loro « consegnate » in deposito** factors are often called consegnees because goods are consigned on deposit to them. // **il ~ della nave** (*trasp. mar.*) the consignee of the ship; **il ~ d'un carico** (*trasp. mar., anche*) the consignee of a cargo.
consegnato, *a.* (*market.*) delivered. // **non ~** undelivered.
conseguenza, *n. f.* ❶ consequence. ❷ (*risultato*) result, outcome. △ ❶ **Bisogna accettare le conseguenze della nostra politica economica** we must be ready to take the consequences of our economic policy; ❷ **L'inflazione è la ~ diretta della guerra** inflation is the direct outcome of war. // **~ incidentale** incidental con-

sequence; ~ **inevitabile** (*leg.*) entailment; **di** ~ accordingly.

conseguibile, *a.* attainable, obtainable.

conseguimento, *n. m.* ❶ attainment, achievement. ❷ procurement. // **il ~ d'un prestito** (*cred.*) the procurement of a loan.

conseguire, *v. t.* ❶ to attain, to achieve, to obtain. ❷ (*fin.*) to chalk up. *v. i.* to ensue, to follow. △ *v. t.* ❷ **Le compagnie petrolifere conseguiranno profitti enormi quest'anno** oil companies will chalk up enormous profits this year. // **il diploma** to get one's diploma; to graduate (*USA*); ~ **la laurea** to graduate; to get one's degree.

consenso, *n. m.* ❶ consent, assent. ❷ (*permesso*) leave. △ ❶ **Il Sig. Merli firmò il documento col ~ del socio Sig. Merli** signed the document with his partner's consent. // ~ **delle parti** (*leg.*) consent of the parties; ~ **nel contratto** (*leg.*) consent to contract; ~ **per iscritto** consent in writing; ~ **scritto** consent in writing; ~ **unanime** unanimous consent; ~ **valido** (*leg.*) valid consent.

consensuale, *a.* (*leg.*) consensual; by mutual consent (*pred.*).

consentire, *v. t.* to consent (to); to allow, to permit. // ~ **l'accesso ai documenti** to permit access to the records; ~ **un maggior coordinamento** to allow closer co-ordination; ~ **un margine d'utile per qc.** (*fin.*) to make st. profitable.

consenziente, *a.* consenting (with), agreeable (to).

consequenziale, *a.* consequential.

conserva, *n. f.* (*market.*) preserve. // **in ~** (*market.*) preserved: **alimenti in ~** preserved foods.

conservanti, *n. pl.* (*market.*) preserving agents.

conservare, *v. t.* ❶ (*tenere*) to keep*; (*mantenere*) to maintain; (*mettere da parte*) to put* by; (*risparmiare*) to save. ❷ (*market.*) (*alimenti*) to preserve. // ~ **il proprio buon nome** to maintain one's reputation; ~ (*alimenti*) **mediante trattamento** (*org. az.*) to process; ~ **sotto sale** to salt, to corn.

conservarsi, *v. rifl.* (*market.*) (*di alimenti*) to keep*. △ **Questa carne si conserva a lungo** this meat keeps for a long time.

conservativo, *a.* (*anche leg.*) conservative.

conservato, *a.* (*market.*) preserved.

conservatore, *n. m.* (*econ.*) conservative. // **il ~ del Registro delle Società** (*fin., ingl.*) the Registrar of Companies; **il ~ delle Ipoteche** (*leg.*) the Registrar of Mortgages.

conservatoria delle ipoteche, *n. f.* (*leg.*) mortgage registry.

conservatorismo, *n. m.* (*econ.*) conservatism.

conservazione, *n. f.* ❶ conservation, maintenance. ❷ (*market.*) preservation. // **la ~ delle informazioni documentarie** (*amm.*) the storage of documentary information.

considerare, *v. t.* ❶ (*reputare, ritenere*) to consider, to repute, to regard, to deem, to account, to presume, to view. ❷ (*pensare, riflettere su, ponderare*) to consider, to think* over; to weigh (*fig.*). ❸ (*stimare*) to esteem. ❹ (*trattare*) to treat. △ ❶ **Si considera molto importante** he considers himself very important; **Avremmo dovuto ~ tutti i pro e i contro di questo affare** we should have considered all the pros and cons of this transaction; **È considerato un esperto di tecniche pubblicitarie** he is reputed an expert in advertising techniques; **Molti tendono a ~ l'atteggiamento del presidente una forte minaccia alla collaborazione internazionale nel campo dell'economia** many tend to regard the president's attitude as a major threat to international economic cooperation; **Considerano che la nave sia perduta** they deem the ship to be lost; **Secondo la legge inglese, si è considerati innocenti finché la colpevolezza non sia stata provata** in English law, a man is accounted innocent until he is proved guilty; **Fino a che una persona non è stata condannata, deve essere considerata innocente** until a man has been condemned, he must be presumed innocent; ❷ **Favorisca ~ la mia proposta** please consider my proposal; **Bisogna ~ le esigenze dei clienti** we must consider the requirements of our customers; **Considera bene la faccenda!** think the matter over; ❸ **Lo considero molto** I esteem him highly; ❹ **Mi chiese di ~ le notizie come strettamente riservate** he asked me to treat the news as strictly confidential. // ~ (*qc.*) **come perdita** (*rag.*) to charge; ~ **un'offerta** (*anche*) to entertain an offer; **considerando che ...** considering that ...; **considerato che** (*leg.*) (*forma introduttiva d'un contratto, e sim.*) whereas; **tutto considerato** all things considered; on balance (*fig.*).

considerazione, *n. f.* ❶ (*riflessione, pensiero*) consideration, considering, reflection, thought. ❷ (*stima*) consideration, esteem, regard, reputation, repute, respect. △ ❶ **La vostra idea è degna di ~** your idea is worth considering; ❷ **Sta crescendo nella ~ del suo principale** he's rising in his principal's esteem; **Il suo lavoro per la ditta è stato sempre tenuto in alta ~** his work for the firm has always been held in high repute. // **in ~ di** in view of, in consideration of, considering.

considerevole, *a.* ❶ considerable, remarkable, substantial. ❷ (*di somma di denaro, ecc., anche*) respectable, handsome. ❸ (*fin., market.*) (*di fluttuazione di prezzi, ecc.*) wide.

consigliabile, *a.* advisable.

consigliare, *v. t.* to advise, to counsel, to recommend, to suggest. △ **Questo articolo è stato scritto per dare informazioni, non per ~** this article was written to inform, not to advise.

consigliere, *n. m.* ❶ (*membro di consiglio*) councillor, councilman*. ❷ (*amm., org. az.*) adviser, advisor, counsellor. // ~ **comunale** town councillor; ~ **delegato** (*fin.*) managing director; ~ **d'amministrazione** (*fin.*) director; ~ **economico** (*econ.*) economic adviser; ~ **referendario** (*della Corte dei Conti*) (*leg.*) commissioner of audit; ~ **supplente** (*in una « limited company »*, *q.V.*) (*fin.*) alternate director.

consiglio, *n. m.* ❶ advice, counsel, recommendation, suggestion. ❷ (*adunanza di persone*) council. ❸ **consigli**, *pl.* instructions, suggestions; advice (*sing.*). △ ❶ **È stato un ~ assai utile** that was a very useful piece of advice; **Vi ringrazio per il ~ che ci avete dato di rivolgerci a un altro grossista** we thank you for the suggestion you made us to apply to another wholesaler; ❸ **Ascolta i miei consigli!** take my advice! // ~ **amministrativo di contea** (*amm.*) county council; ~ **comunale** (*amm.*) town council; ~ **degli avvocati** (*leg.*) counsel; **il ~ dei Ministri** (*amm.*) the Council of Ministers; the Cabinet (*in G.B.*); **il ~ dell'Ordine degli Avvocati** (*leg.*) the Council of the Bar; ~ **d'amministrazione** (*fin.*) board of directors, direction, directors; directorate, directory (*USA*): **Si dà grande importanza al mutamento nel ~ d'amministrazione della società ferroviaria Oregon** much significance is attached to the change in the directory of the Oregon Railroad Co.; ~ **di Cooperazione Doganale** (*comm. est.*) Customs Co-operation Council; **il ~ d'Europa** the Council of Europe; ~ **di gestione** (*org. az., sind.*) works council; ~ **d'in-**

chiesta (*leg.*) Court of inquiry; **il ~ di Stato** (*leg.*) the Council of State; **~ distrettuale** (*leg.*) district council; **~ Economico e Sociale (ECOSOC)** Economic and Social Council (*ECOSOC*); **~ giudiziario** (*leg.*) council of judges; **~ municipale** city council, corporation; **~ superiore** (*amm., org. az.*) board; **il ~ (d'amministrazione) uscente** (*fin.*) the retiring board.
consistente, *a.* consistent.
consistenza, *n. f.* consistency.
consistere, *v. i.* to consist. △ **La partita semplice consiste nella registrazione degli articoli senza alcuna contropartita** single entry consists in entering up items without any contra.
consociare, *v. t.* to consociate.
consociarsi, *v. recipr.* to consociate.
consociata, *n. f.* (*fin.*) subsidiary company, fellow subsidiary, subsidiary, subcompany. △ **Entro la fine dell'anno, la nostra società avrà due nuove consociate in Germania Occidentale** our company will have two new subsidiaries in West Germany by the end of the year.
consociato, *a.* consociate.
consociazione, *n. f.* consociation, copartnership.
consocio, *n. m.* consociate, copartner.
consolare, *a.* consular.
consolato, *n. m.* consulate.
console, *n. m.* consul. // **~ generale** consul general.
consolidamento, *n. m.* ❶ consolidation, stabilization. ❷ (*fin.*) (*d'un debito, anche*) funding. △ ❶ **Vi sono stati vari successivi consolidamenti del debito pubblico** there have been various successive consolidations of the national debt. // **~ del debito fluttuante** (*fin.*) consolidation of the floating debt.
consolidare, *v. t.* ❶ to consolidate, to firm, to stabilize, to strengthen, to steady. ❷ (*fin.*) (*un debito, anche*) to fund. △ ❶ **I provvedimenti governativi sono intesi a ~ il mercato interno** the Government provisions are meant to steady the domestic market.
consolidarsi, *v. rifl.* to consolidate, to firm, to firm up, to steady. △ **Il mercato si va lentamente consolidando** the market is slowly firming up.
consolidato, *a.* (*fin., rag.*) consolidated, funded. *n. m.* (*fin.*) consolidated annuities, consols (*pl.*). // **non ~** (*fin.*) (*di debito pubblico*) unfunded.
consolidazione, *n. f.* V. **consolidamento.**
consolle, *n. f.* (*elab. elettr.*) console.
consorziare, *v. t.* (*fin.*) (*fondi, risorse, ecc.*) to pool.
consorziarsi, *v. recipr.* (*fin.*) (*d'imprese, ecc.*) to pool.
consorzio, *n. m.* ❶ (*fin.*) (*d'imprese*) pool. ❷ (*fin.*) (*monopolistico*) trust, cartel. ❸ (*fin., market.*) consortium*. △ ❶ **Il ~ è stato creato in vista dell'eliminazione della concorrenza** the pool has been formed with a view to removing competition; ❷ **I consorzi bancari stanno diventando sempre più potenti** banking trusts are getting more and more powerful. // **~ agrario** farmers' union; **~ armatoriale** (*trasp. mar.*) shipowner's club; **~** (*pressoché monopolistico*) **di compagnie di navigazione** (*trasp. mar.*) shipping ring; **~ di risparmiatori** (*fin.*) thrift society; **consorzi di vendita** (*market.*) sales consortia.
constatare, *v. t.* to ascertain, to assess. △ **Bisogna ~ l'entità del danno** we must assess the extent of the damage.
constatazione, *n. f.* ascertainment, assessment.
consueto, *a.* customary, ordinary, usual. △ **Abbiamo scaricato con la rapidità consueta** we have discharged with customary dispatch. // **come di ~** as customary, as usual.

consuetudinario, *a.* ❶ customary, habitual. ❷ (*leg.*) consuetudinary.
consuetudine, *n. f.* ❶ custom, habit, usage, usance, use. ❷ routine. ❸ (*leg.*) custom. ❹ (*leg.*) (*praticamente con forza di legge*) law-way. // **~ locale** (*banca*) local usance; **consuetudini locali** (*leg.*) local customs; **secondo le consuetudini** according to usage, according to custom: **con la maggior celerità con cui il piroscafo può scaricare secondo le consuetudini del porto** (*trasp. mar.*) as fast as the steamer can deliver according to the custom of the port.
consulente, *n. m. e f.* ❶ consultant, counsellor. ❷ (*amm., org. az.*) adviser, advisor, consultant. △ ❷ **È il miglior ~ di sistemi di registrazione meccanografica** he's the best consultant on record-keeping systems. // **~ d'organizzazione aziendale** (*amm.*) management consultant; **~ esterno** (*amm., org. az.*) outside consultant; **~ in organizzazione** (*org. az.*) consulting management engineer; **~ legale** (*leg.*) legal adviser, legal assessor, counsel.
consulenza, *n. f.* consultation, counsel. // **~ legale** (*leg.*) case for counsel; **~ organizzativa** (*amm.*) management consulting.
consultare, *v. t.* to consult, to see*, to advise (with). △ **Dobbiamo ~ il nostro avvocato in merito a questa faccenda** we must see our lawyer on this matter. // **~ un avvocato** (*leg., anche*) to consult a lawyer, to take legal advice; **~ un dizionario (un diagramma, ecc.)** to refer to a dictionary (a graph, etc.); **~ un listino prezzi** to consult a price list; **~ un notaio** (*leg.*) to consult a notary.
consultarsi, *v. rifl.* to counsel, to take* counsel, to confer. △ **I capi dei reparti si consultarono con il direttore generale** the heads of department conferred with the general manager.
consultativo, *a.* V. **consultivo.**
consultazione, *n. f.* ❶ consultation, counsel. ❷ (*bibliografica*) reference. ❸ (*riunione*) conference, meeting. △ ❷ **Un buon dizionario è una preziosissima opera di ~** a good dictionary is an invaluable reference work; ❸ **Questa sarà la prima d'una lunga serie di consultazioni fra sindacati dei lavoratori e associazioni dei datori di lavoro** this is going to be the first of a long series of meetings between representatives of employees and employers. // **~ mista** (*pers., sind.*) joint consultation.
consultivo, *a.* consultative, advisory.
consulto, *n. m.* consultation.
consumabile, *a.* consumable.
consumare, *v. t.* ❶ to consume. ❷ (*esaurire*) to exhaust, to use up. ❸ (*logorare*) to wear*, to wear* out. △ ❶ **Il nostro Paese produce meno di quanto consumi** our Country produces less than it consumes; ❷ **Tutto il nostro combustibile fu consumato in un paio di mesi** all our fuel was used up in a couple of months. // **~ un delitto** (*leg.*) to commit a crime; **~ tempo ed energia** to spend time and energy.
consumarsi, *v. rifl.* ❶ (*di cosa*) to wear* (out). ❷ (*di persona*) to be consumed. △ ❶ **Questa stoffa si consuma presto** this material wears out easily; ❷ **Si consumava per l'invidia** he was consumed with envy.
consumatore, *n. m.* ❶ (*econ., market.*) consumer. ❷ (*econ., market.*) (*fruitore*) user. ❸ (*market.*) (*cliente di bar o ristorante*) customer, guest. △ ❶ **I consumatori dovrebbero acquistare direttamente dai produttori** consumers should buy directly from producers.
consumismo, *n. m.* (*market.*) consumerism.

consumo, *n. m.* ❶ consumption, wear. ❷ (*econ., market.*) consumption. △ ❷ Il ∼ quotidiano di latte è in aumento the daily consumption of milk is increasing. // ∼ di capitale (*econ.*) negative investment, disinvestment; (i) consumi improduttivi (*econ.*) unproductive consumption; ∼ interno (*econ.*) home consumption; consumi (*intesi come mezzo*) per ostentare una ricchezza inesistente (*econ.*) conspicuous consumption; ∼ privato (*econ., stat.*) private consumption, private consumer expenditure; ∼ «pro capite» (*econ.*) per capita consumption; consumi pubblici (*econ.*) state-controlled purchase; al ∼ (*market.*) retail; cooperativa di ∼ consumer cooperative; del ∼ (*econ.*) consumptive: Quella parte d'una derrata che eccede il fabbisogno dei ∼ dicesi surplus that part of a commodity which is in excess of consumptive requirements is called surplus; non di ∼ (*econ.*) (*di bene, ecc.*) inconsumable.

consuntivo, *a.* (*rag.*) ex post (*attr.*). *n. m.* (*rag.*) final balance, aggregate.

contabile, *a.* (*rag.*) accountable. *n. m. e f.* ❶ (*pers.*) bookkeeper, reckoner. ❷ (*pers.*) (*ragioniere*) accountant. △ *n.* ❶ I contabili accumulano le cifre, mentre i ragionieri le riassumono e le interpretano bookkeepers accumulate figures, while accountants summarize and interpret them. // un ∼ esperto (*pers.*) an experienced accountant; una macchina ∼ (*macch. uff.*) an accounting machine.

contabilità, *n. f. inv.* ❶ (*rag.*) bookkeeping. ❷ (*rag.*) (*ragioneria*) accounting, accountancy. ❸ (*rag.*) (*i conti*) accounts (*pl.*). ❹ (*rag.*) (*l'ufficio*) accounts department; counting-house; counting-room (*USA*). △ ❶ La ∼ è l'arte di registrare le operazioni commerciali in modo regolare e sistematico bookkeeping is the art of recording business dealings in a regular and systematic manner; ❸ La ∼ fu presentata dagli amministratori the accounts were presented by the directors; ❹ Devi rivolgerti alla ∼ you must apply to the accounts department. // a costi diretti (*rag.*) direct costing; ∼ a partita doppia (*rag.*) double-entry bookkeeping; ∼ a partita semplice (*rag.*) single-entry bookkeeping; ∼ agricola (*rag.*) farm accounts; ∼ chiara (*rag.*) clear system of accounts; ∼ commerciale (*rag.*) commercial bookkeeping; ∼ (*relativa ai*) costi di lavorazione (*rag.*) cost accounting; ∼ dei piani d'ammortamento e delle relative quote (*rag.*) depreciation accounting; ∼ di magazzino (*rag.*) stock accounting; ∼ direzionale (*amm., rag.*) management accountancy, management accounting; ∼ finanziaria (*rag.*) financial accounting; ∼ in contanti (*rag.*) cash bookkeeping, cash accounting; ∼ industriale (*rag.*) cost accounting; ∼ meccanizzata (*elab. elettr., rag.*) machine accounting; ∼ nazionale (*econ.*) national accounts: Questo è il miglior sistema di ∼ nazionale that's the best system of national accounts; ∼ pubblica (*fin., rag.*) national income accounting: La ∼ pubblica italiana distingue fra due grossi settori, quello privato e quello pubblico Italian national income accounting is broken down into two major sectors, the private and the public sector; ∼ sociale (*rag.*) company bookkeeping; reparto ∼ accounts department: Il reparto ∼ d'una ditta è diretto dal capo della contabilità the accounts department of a firm is headed by the accountant.

«**contact man**», *n. m.* (*pers., pubbl.*) (*pubblicitario addetto ai contatti con i clienti per impostare una campagna di propaganda*) contact man*.

«**container**», *n. m.* (*trasp.*) (*grande cassone metallico di misura standard, per il trasporto delle merci*) container.

contante, *n. m.* ❶ ready money, cash; till (*fig.*); dough (*slang USA*). ❷ contanti, *pl.* ready money, real money, cash. // contanti in conto (*rag.*) cash on account; ∼ netto (*rag.*) net cash; contanti per il saldo (*rag.*) cash to balance; a contanti (*market.*) V. in contanti; in contanti (*market.*) for prompt cash, for cash, in cash, cash, cash down, down, for money, in coin; on the nail (*fam.*): Vendiamo solo per contanti we only sell for cash; Non posso pagare più di 20 dollari in contanti I can't pay more than 20 dollars down; Quaranta dollari in contanti e il resto a rate forty dollars down and the remainder in instalments; Siamo abituati a pagare in contanti we are accustomed to paying on the nail; pagamento in (*o* per) contanti (*market.*) spot payment; per contanti (*market.*) V. in contanti; prezzo in (*o* per) contanti (*market.*) cash price.

contare, *v. t. e i.* ❶ to count, to count up, to reckon. ❷ (*denaro, anche*) to tell*. ❸ (*fare assegnamento*) to count, to depend, to rely. ❹ (*intendere, aspettarsi*) to intend, to propose, to expect; to reckon (*USA*). △ ❶ Contai da 1 a 10 I counted from 1 to 10; Contai fino a 100 I counted up to 100; Lo conto ancora fra i miei amici I still count (*o* reckon) him among my friends; Nei telegrammi i segni d'interpunzione contano come parole in telegrams, signs of punctuation count as words; Nella ditta Mario non conta nulla in the firm Mario doesn't count for anything; ❸ Per i fondi contiamo su di loro we depend on them for funds; Una nazione non può ∼ sempre sugli aiuti dall'estero a nation cannot always rely on foreign aids; ❹ Conto di esserci anch'io I expect I too will be there; Quando conti di partire? when do you intend leaving? // ∼ alla rovescia to count down; ∼ di nuovo to re-count, to count again; a ∼ da oggi reckoning from today; chi conta (*pers.*) counter, reckoner: Un cassiere non è solamente uno che conta denaro a cashier is not merely a counter of money.

contatore, *n. m.* ❶ (*l'apparecchio*) counter, meter. ❷ (*pers.*) (*chi conta*) counter. // ∼ del gas gas meter; ∼ Geiger Geiger counter.

contattare, *v. t.* to contact, to get* in touch with (sb.). △ Ricordati di ∼ il direttore del personale don't forget to contact the staff manager.

contatto, *n. m.* ❶ contact, touch. ❷ (*collegamento*) liaison. △ ❶ Strinse utili contatti sociali quando era negli Stati Uniti he made useful social contacts while he was in the U.S.A.; Non siamo più in ∼ con quel fabbricante we are no more in touch with that manufacturer; ❷ Fu arduo stabilire un ∼ con la loro delegazione it was hard to establish a liaison with their delegation. // «il ∼ personale che vuol dire tanto» (*market., pubbl.*) «the personal touch that means so much».

contea, *n. f.* (*amm.*) county (*in G.B.*).

conteggiabile, *a.* (*addebitabile*) chargeable.

conteggiare, *v. t. e i.* ❶ to count, to calculate. ❷ (*addebitare*) to charge. △ ❷ Mi hanno conteggiato tutte le spese they have charged me with all the expenses (*o* all the expenses to my account).

conteggio, *n. m.* ❶ count, counting, calculation. ❷ (*addebito*) charge, charging. // il ∼ delle parole in un telegramma (*comun.*) the counting of words in a telegram; ∼ d'avaria (*ass. mar.*) average bill; ∼ doppio (*market.*) double counting.

contemplare, *v. t.* ❶ to contemplate. ❷ (*leg.*) (*di contratto, legge, ecc.*) to provide for. △ ❷ Lo statuto non contempla variazioni di capitale alterations of capital are not provided for by the articles of association.

contendente, *a.* contending. *n. m.* e *f.* ❶ contender, contestant. ❷ *(leg.)* litigant.

contendere, *v. t.* e *i.* ❶ to contend, to contest. ❷ *(gareggiare)* to compete.

contenere, *v. t.* ❶ to contain, to comprise, to include, to hold*. ❷ *(frenare, reprimere)* to contain, to check, to control, to curb, to restrain. △ ❶ **La polizza di carico contiene i seguenti particolari** a bill of lading contains the following particulars; **Questa cambiale contiene firme di prim'ordine** this bill contains first class signatures; ❷ **Il Governo sta facendo ogni sforzo per ~ l'inflazione** the Government is striving hard to curb inflation; **Stiamo facendo del nostro meglio per ~ il lassismo di Mr Wilson nella conduzione degli affari** we are doing our best to restrain Mr Wilson's lax management. // **~ il disavanzo della bilancia dei pagamenti** *(econ., fin.)* to prevent the gap in the balance of payments from becoming much wider; **~ il disavanzo della bilancia dei pagamenti al di sotto dei 9.000 miliardi di lire** *(econ., fin.)* to keep the gap in the balance of payments under the 9,000-billion-lire level; **~ i prezzi entro un certo limite** *(econ., market.)* to hold the line *(fig.)*; **~ le spese** *(fin.)* to control expenditures; **~ le spinte inflazionistiche** *(econ.)* to curb inflationary pressures.

contenimento, *n. m.* containment, check, control, curb, restraint. △ **Il Governo ha adottato una politica di ~ della spesa pubblica** the Government has adopted a policy of restraint of public expenditure. // **il ~ del disavanzo della bilancia dei pagamenti entro certi limiti** *(econ., fin.)* keeping the gap in the balance of payments within certain limits; **il ~ dell'inflazione** *(econ., fin.)* a curb on inflation.

contenitore, *n. m.* container.

contentare, *v. t.* to please, to satisfy. △ **Alcuni nostri clienti non sono facili da ~** some customers of ours are not easy to please.

contentatura, *n. f.* satisfaction. △ **È un cliente di facile (di difficile) ~** that customer is easily satisfied (is hard to please).

contento, *a.* ❶ *(soddisfatto)* content, pleased, satisfied. ❷ *(allegro)* glad, contented, cheerful, merry. △ ❶ **Non sono ~ del mio stipendio attuale** I am not content with my present salary; ❷ **Sono molto ~ di vederLa** I am very glad to see you.

contenuto, *n. m.* ❶ contents *(pl.)*. ❷ *(argomento)* content, matter, subject-matter. ❸ *(sostanza, tenore)* content, substance, tenor. △ ❶ **Abbiamo esaminato il ~ del collo** we have inspected the contents of the package; ❸ **Non approvo il ~ del discorso del presidente** I don't approve of the content of the chairman's speech; **Non mi piace il ~ della sua lettera** I don't like the tenor of his letter. // «**~ ignoto**» *(trasp. mar.)* *(in una polizza di carico)* «contents unknown»; **~ patrimoniale d'una società** *(riferito a un titolo)* (Borsa, fin.) asset value.

contenzioso, *a.* ❶ *(leg.)* contentious. ❷ *(org. az.)* legal. *n. m.* ❶ *(leg.)* *(la giurisdizione)* contentious jurisdiction. ❷ *(leg.)* *(il procedimento)* contentious procedure. ❸ *(leg.)* *(il complesso delle cause)* (the) cases *(pl.)*. ❹ *(org. az.)* *(ufficio o reparto)* legal department; legal office. △ *a.* ❷ **Devi rivolgerti all'ufficio ~ della ditta** this must apply to the legal department *(o office)* of the firm. // **il ~ amministrativo** the administrative cases; **il ~ tributario** the fiscal cases.

contesa, *n. f.* contest, contestation, contention, dispute, litigation, quarrel. △ **Questo non è tempo di contese** this is not a time for contention.

contestabile, *a.* contestable, challengeable, disputable, questionable.

contestare, *v. t.* ❶ *(anche leg.)* to contest, to challenge, to dispute, to question. ❷ *(leg.)* to litigate, to traverse. △ ❶ **Gli contesto il diritto d'agire per mio conto** I contest him the right to act on my behalf; ❷ **Tutte le argomentazioni dell'accusa sono state contestate** all the prosecution's arguments have been traversed. // **~ un contratto** *(leg.)* to contest a contract; **~ un diritto** *(leg.)* to contest a claim, to dispute a claim; **~ un testamento** *(leg.)* to contest a will; **~ la validità d'uno statuto** to litigate the validity of a statute.

contestazione, *n. f.* ❶ *(anche leg.)* *(il contestare)* contestation. ❷ *(anche leg.)* *(contesa)* contest, contention, dispute, difference. ❸ *(anche leg.)* *(obiezione)* objection. ❹ *(leg.)* traverse. △ ❶ **In caso di ~, consultate il nostro avvocato a Londra** in case of contestation, please see our solicitor in London; ❸ **Quell'impiegato fa sempre delle contestazioni** that clerk always raises objections. // **che è in ~ davanti a un tribunale** *(leg.)* litigious.

contesto, *n. m.* ❶ context. ❷ *(fig.)* *(quadro generale)* framework. // **~ d'una lettera** body of a letter; **il ~ economico** *(econ.)* the economic framework.

continentale, *a.* continental.

continente, *n. m.* continent, mainland.

contingentamento, *n. m.* ❶ *(econ.)* *(il contingentare)* curtailing, curtailment. ❷ *(econ.)* *(il sistema)* quota system. ❸ *(econ.)* *(razionamento)* rationing. △ ❶ **Il Governo ha deliberato il ~ delle importazioni** the Government has decided on the curtailment of imports; ❷ **È stato adottato il ~ per molti prodotti d'importazione** the quota system has been adopted for many imported products; ❸ **Quasi tutti i Paesi europei hanno deciso il ~ della benzina** nearly all European Countries have decided on the rationing of petrol. // **il ~ della produzione** *(org. az.)* the curtailment of output.

contingentare, *v. t.* ❶ *(econ.)* to curtail, to fix a quota for (st.). ❷ *(econ.)* *(razionare)* to ration. △ ❶ **Se vogliamo risanare la bilancia dei pagamenti, dobbiamo ~ le importazioni della carne e del petrolio** if we want to narrow the gap in the balance of payments, we must curtail meat and oil imports. // **~ la produzione di metalli** *(econ.)* to curtail the output of metals.

contingente, *n. m.* ❶ contingent. ❷ *(econ.)* quota. △ ❷ **Questa è un'assegnazione fuori ~ di materie prime** this is an above-quota allocation of raw materials. // **contingenti d'importazione** *(comm. est.)* import quotas; **contingenti doganali** *(comm. est., econ.)* V. **contingenti tariffari**; **contingenti tariffari** *(comm. est., econ.)* tariff quotas; **contingenti tariffari nazionali** *(dog.)* national tariff quotas.

contingenza, *n. f.* ❶ contingency, contingence. ❷ *(pers.)* *(indennità di contingenza)* cost-of-living allowance *(o bonus)*. △ ❷ **Il 1° di gennaio la ~ è scattata di 5 punti** on January 1st the cost-of-living allowance went up by 5 points. // **indennità di ~** *(pers.)* V. **~**, *def. 2*.

continuare, *v. i.* to continue, to go* on. *v. t.* to continue, to carry on. △ *v. i.* **Continuai a lavorare fino alle otto di sera** I went on *(o continued)* working till 8 P.M.; *v. t.* **Il ministro del Tesoro continuò la politica del suo predecessore** the minister of the Treasury carried on *(o continued)* his predecessor's policy.

continuazione, *n. f.* continuation.
continuo, *a.* ❶ continual, perpetual. ❷ *(ininterrotto)* continuous, steady. // **di ~** continuously; **essere in continua ascesa** to be on the up-and-up.
contitolare, *n. m.* e *f.* (*fin.*, *leg.*) co-owner.
conto, *n. m.* ❶ *(conteggio, calcolo)* count, counting, reckoning, tally. ❷ *(da pagare)* reckoning, bill; check *(USA).* ❸ *(rag.)* account. △ ❶ **Dovemmo fare i conti tre volte prima d'esser sicuri del totale** three counts were necessary before we were certain of the total; **Mi sbaglio sempre nel fare i conti** I'm always out of my reckonings; ❷ **Mi faccia il ~, per favore** please make out my bill; **Lasciatemi pagare il ~** *(specialm. in albergo e sim.)* let me pay the reckoning; ❸ **Dobbiamo controllare i conti** we must go through the accounts; **I conti tornano** the accounts check; **I conti non tornano** accounts are wrong; **Il vostro ~ presenta uno scoperto di 200 sterline** your account has been overdrawn by £ 200. // **~ a debito** *(rag.)* debit account; **~ acquisti** *(rag.)* purchases account; *(a provvigione)* bought note; **~ alla rovescia** *(org. az.)* countdown; **~ anticipazioni** *(cred., fin.)* loan account; **~ aperto** *(presso un negozio, ecc.)* *(market.)* credit account, charge-account; **~ aperto** *(presso un negozio)* **di tipo estensibile** *(market.)* revolving charge account; **~ approvato** *(dal debitore)* *(cred.)* stated account, account stated; **conti arretrati** *(rag.)* outstanding accounts; **un ~ attivo** *(banca)* an active account; **conti attivi** *(rag.)* receivable accounts; **conti aziendali** *(rag.)* accounts of the business; **un ~ bancario attivo** *(banca)* an active bank account; **~ bloccato** *(banca)* blocked account; **~ capitale** *(rag.)* capital account; **~ cassa** *(rag.)* cash account; **~ che si chiude alla fine dell'esercizio** *(e che non viene riaperto all'inizio del nuovo)* *(rag.)* nominal account; **~ collettivo** *(rag.)* total account, balance account; **conti con l'estero** *(fin.)* balance of payments: **I conti dell'Italia con il resto del mondo proseguono attraverso oscillazioni mensili anche rilevanti** Italy's balance of payments continues to show wide monthly changes; **conti « congelati »** *(fin.)* frozen accounts; **~ consegna** consignment account; **~ corrente** *(banca, cred.)* current account, account current, drawing account; checking account *(USA)*; **~ corrente di corrispondenza** *(cred.)* running account; **~ corrente fruttifero** *(banca)* account current with interest; **~ corrente postale** *(cred.)* postal giro; **~** *(relativo al)* **costo di lavorazione** *(rag.)* cost account; **~ creditore** *(rag.)* credit account, creditor account; **~ debitore** *(rag.)* debit account, debtor account; **~ dei voti** *(nelle votazioni per alzata)* division; **~ della merce spedita in deposito** consignment account; **~ delle spese bancarie** *(su di una cambiale protestata)* banker's ticket; **~ d'acquisto** *(rag.)* account of goods purchased; *(a provvigione)* bought account *(o note)*; **~ d'un'agenzia** *(rag.)* agency account; **~ di** *(o in)* **banca** bank account, banking account; **~ di controllo** *(rag.)* controlling account; **~ di contropartita** *(rag.)* contra account; **~ di cubatura** *(trasp. mar.)* measurement account; **~ di deposito** *(banca)* deposit account; **~ di deposito a risparmio** *(banca)* thrift account; **~ di deposito fruttifero** *(banca)* savings account; **conti di gestione** *(rag.)* operating accounts; **~ di liquidazione** *(Borsa)* broker's account, brokers' account; **~ di mastro** *(rag.)* ledger account; **~ di netto ricavo** *(rag.)* statement of net proceeds; **~ d'ordine** *(rag.)* suspense account; **~ di ripartizione** *(rag.)* averaging account; **~ di volume** *(trasp. mar.)* measurement account; **conti distinti** *(rag.)* separate accounts: **Teniamo conti distinti agli acquisti e alle vendite** we keep separate accounts for purchases and sales; **~ economico** *(rag.)* profit and loss account, statement of accumulated profits; **~ effetti all'incasso** *(banca, rag.)* notes receivable (account); **~ effetti attivi** *(banca, rag.)* bills receivable account; **~ effetti da esigere** *(banca, rag.)* bills for collection account; **~ effetti passivi** *(banca, rag.)* bills payable account, notes payable (account); **~ estinto** *(banca, rag.)* dead account; **~ fittizio** *(banca, rag.)* dead account; **~ fruttifero** *(banca, rag.)* interest-bearing account; **~ generale** *(rag.)* adjustment account; **~ immobilizzazioni** *(rag.)* capital expenditure account; **~ in partecipazione** *(rag.)* joint account; **~ in valuta estera** *(banca, rag.)* foreign-currency account; **~ inattivo** *(banca)* dormant account; **conti inesatti** *(rag.)* inaccurate accounts; **~ insoluto** *(banca, cred.)* outstanding account; **~ interessi** *(rag.)* interest account; **conti intestati a ditte** *(rag.)* personal accounts; **conti intestati a persone fisiche** *(rag.)* personal accounts; **~ inventari** *(rag.)* stock-account; **~ liquidato** *(rag.)* stated account; **« ~ liquidato »** *(rag.)* « account stated »; **~ merci** *(rag.)* goods account; **« ~ merci »** *(rag.)* « goods »; **conti misti** *(rag.)* mixed accounts; **conti non fruttiferi** *(fin., rag.)* non-interest bearing accounts; **~ non intestato a persona fisica o a ditta** *(rag.)* impersonal account; **conti numerari** *(alle attività e passività)* *(rag.)* real accounts; **un ~ particolareggiato** *(rag.)* an itemized account; **~ perdite e profitti** *(rag.)* loss-and-gain account; **~ prelevamenti** *(pers., sind.)* drawing account; **« ~ presentato »** *(ma non ancora saldato)* « account rendered »; **~ presentato** *(al debitore)* **per l'approvazione** account rendered; **~ profitti e perdite** *(rag.)* profit and loss account, loss-and-gain account, profit and loss statement, income account, income statement, revenue account; **~ provvigioni** *(rag.)* commission account; **conti provvisori** *(rag.)* provisional accounts; **~ relativo al controllo dei costi di lavorazione** *(rag.)* cost control account; **~** *(di)* **riserva** *(rag.)* reserve account; **~ salari** *(econ., rag.)* wage bill; **un ~ salato** *(fam.)* a salt bill; **~ saldato** account settled; **un ~ scompensato** *(rag.)* an unbalanced account; **« ~ scoperto »** *(banca)* overdrawn account; *(banca, cred.)* outstanding account; **~ sintetico** *(rag.)* control account; **~ sociale** *(rag.)* joint account; **~ sospeso** *(rag.)* suspense account; **~ spese d'assicurazione** *(ass.)* insurance account; **~ spese di costituzione** *(rag.)* establishment account; **~ succursale** *(rag.)* branch account; **~ vendite** *(rag.)* sales account; *(a provvigione)* sold note; **~ vincolato** *(banca)* deposit account; **~ vincolato a scadenza determinata** *(banca)* fixed deposit account; **chi rivede conti** *(pers.)* controller; **estratto ~** *(banca, rag.)* statement of account; **in ~** *(rag.)* on account: **« Ricevute 100 sterline in ~ dei miei esborsi »** « received 100 pounds on account of my disbursements »; **in ~ deposito** *(market.)* *(di merce)* on consignment, on sale or return; **lavorare per ~ proprio** to be self-employed; **mettersi (in affari) per ~ proprio** to set up (in business) for oneself; **per proprio ~** for one's own account; in one's name: **In Italia, un agente di cambio non può fare operazioni per ~ proprio** in Italy, an « agente di cambio » (stockbroker) is not allowed to operate for his own account; **È sempre stato in affari per proprio ~** he's always carried on business in his name; **per ~ di** on behalf of: **L'avvocato agisce per ~ mio** the solicitor is acting on my behalf; **per ~ terzi** *(leg.)* on behalf of a third party; *(market.)* *(di merce venduta)* for hire or reward.

contrabbandare, *v. t.* *(leg.)* to smuggle. △ **Perfino la manodopera può essere contrabbandata** even labour can be smuggled.

contrabbandiere, *n. m.* (*leg.*) smuggler, contrabandist. // ~ **di liquori** bootlegger (*slang USA*).

contrabbando, *n. m.* (*leg.*) smuggling, contraband. // ~ **assoluto** (*leg.*) absolute contraband; ~ **di liquori** bootlegging (*slang USA*); **esportare (importare) qc. di** ~ to smuggle st. out (in).

contraccambiare, *v. t.* ❶ to reciprocate, to return, to render. ❷ (*leg.*) (*un'offesa, ecc.*) to retaliate. △ ❶ **Contraccambio i vostri auguri** I reciprocate your good wishes.

contraccolpo, *n. m.* repercussion.

contraccusa, *n. f.* (*leg.*) countercharge.

contraddire, *v. t.* to contradict.

contraddirsi, *v. rifl.* to contradict oneself. *v. recipr.* to contradict each other. △ *v. recipr.* **Le due relazioni si contraddicono** the two reports contradict each other.

contraddittore, *n. m.* contradictor.

contraddittorio, *a.* contradictory. *n. m.* ❶ debate. ❷ (*leg.*) (*di testimoni*) cross-examination. // **domanda in** ~ (*leg.*) cross-demand; **interrogatorio in** ~ (*leg.*) cross-examination.

contraddizione, *n. f.* contradiction.

contraente, *a.* (*leg.*) contracting. *n. m.* e *f.* (*leg.*) contractant, contractor; (contracting) party; party (to a contract). △ *n.* **L'altro** ~ **non ha ancora firmato il contratto** the other party has not yet signed the contract. // ~ **in solido** (*leg.*) cocontracting (*a.*); cocontractant (*n.*).

contraffare, *v. t.* ❶ (*leg.*) (*monete, scritti, firme, ecc.*) to counterfeit, to forge; (*documenti in genere*) to falsify. ❷ (*leg.*) (*sofisticare*) to adulterate. △ ❶ **Tentò di** ~ **la firma del suo principale** he tried to forge his employer's signature.

contraffatto, *a.* ❶ false; mock, bogus (*attr.*). ❷ (*leg.*) counterfeit. △ ❷ **Questo biglietto da 5 sterline è** ~ this 5-pound note is counterfeit.

contraffattore, *n. m.* ❶ (*leg.*) counterfeiter, forger, falsifier. ❷ (*leg.*) (*sofisticatore*) adulterer.

contraffazione, *n. f.* ❶ (*leg.*) counterfeit, counterfeiting, forgery, falsification. ❷ (*leg.*) (*sofisticazione*) adulteration. ❸ (*market.*) (*imitazione*) imitation. △ ❸ **Guardatevi dalle contraffazioni!** beware of imitations! // ~ **dei marchi di fabbrica** (*leg.*) infringement of the trade marks.

contraibile, *a.* (*leg.*) contractable.

contrappeso, *n. m.* ❶ counterweight. ❷ (*fig.*) offset, counterpoise.

contrariamente (a), *prep.* contrary to. // ~ **alle consuetudini** contrary to customs; ~ **alle nostre istruzioni** contrary to our instructions.

contrario, *a.* ❶ contrary, opposite; counter (*attr.*). ❷ (*inverso*) inverse. ❸ (*sfavorevole*) unfavourable, adverse. *n. m.* (*voto o votante contrario*) no. △ *a.* ❶ **Quel che hai fatto è** ~ **agli ordini del direttore** what you have done is contrary to the manager's orders; *n.* **Quanti furono i (votanti) contrari?** how many were the noes?; **Ci furono 75 voti favorevoli e 25 (voti) contrari** there were 75 yes and 25 noes. // **al** ~ on the contrary; **in** ~ to the contrary: **Imbarcheremo martedì a meno che non ci scriviate in** ~ we shall ship on Tuesday unless you write us to the contrary; **in caso** ~ (*altrimenti*) otherwise; **in senso** ~ (*fig.*) to the contrary; **salvo contrarie istruzioni** unless instructions to the contrary be given.

contrarre, *v. t.* (*leg.*) to contract. △ **I minori sono incapaci di** ~ minors are not capable of contracting; **Chi accetta una cambiale contrae l'obbligo di pagarla** the person who accepts a bill of exchange contracts the obligation to pay it; **L'assicurazione contratta dopo l'arrivo della nave è nulla** insurance contracted after arrival of the ship is null. // ~ **debiti** (*cred.*) to contract debts, to incur debts, to get into debt; ~ **un mutuo** (*cred.*) to contract a loan.

contrarsi, *v. rifl.* ❶ (*restringersi, diminuire*) to contract, to shrink*. ❷ (*econ.*) (*della domanda, ecc.*) to fall* off. ❸ (*econ., market.*) (*di prezzi, ecc.*) to fall*, to decline, to drop. △ ❶ **In Italia, la tendenza a** ~ **nel numero dei disoccupati si è rinsaldata nel corso dell'anno** in Italy the tendency for the number of unemployed to shrink was confirmed in the course of the year; ❷ **La domanda di beni di consumo si è fortemente contratta** the demand for consumer goods has fallen off considerably.

contrassegnare, *v. t.* ❶ to check, to earmark. ❷ (*market.*) (*con un marchio, una marca, ecc.*) to mark. // ~ **con un cartellino** (*market.*) (*un articolo*) to label; (*trasp.*) (*il bagaglio*) to label.

contrassegnato, *a.* (*market.*) marked. // **non** ~ unmarked.

contrassegno, *n. m.* ❶ countersign, countermark, check, token. ❷ (*market.*) (*del prezzo, ecc.*) mark. // ~ **di riconoscimento** (*pubbl.*) card; ~ **di riconoscimento per automobile** (*pubbl.*) car sticker.

contrastare, *v. i.* to contrast. *v. t.* ❶ to oppose, to withstand*. ❷ (*neutralizzare*) to counteract. △ *v. i.* **Le tue azioni contrastano con le tue promesse** your actions contrast with your promises; *v. t.* ❶ **La concorrenza accanita contrasta la nostra avanzata in quella zona** keen competitors oppose the inroad we are making in that area; ❷ **Questi provvedimenti intendono** ~ **gli effetti dell'inflazione** these measures are meant to counteract the effects of inflation.

contrasto, *n. m.* ❶ contrast. ❷ (*conflitto*) conflict. ❸ (*opposizione*) opposition. // ~ **di colori** (*pubbl.*) contrast of shade; ~ **d'interessi** conflict of interests; **essere in** ~ to clash: **I nostri interessi sono in** ~ **coi loro** our interests clash with theirs.

contrattare, *v. t.* e *i.* ❶ to negotiate; to bargain (over st.), to make* a deal (over st.). ❷ (*mercanteggiare*) to bargain; to haggle (*fam.*). △ ❶ **I due mercanti contrattavano una partita di lana** the two merchants were making a deal (*o* were bargaining) over a consignment of wool; ❷ **Accettai subito, senza stare a** ~ I accepted immediately, without any bargaining.

contrattazione, *n. f.* ❶ negotiation, bargaining, dealing. ❷ (*mercanteggiamento*) bargaining; haggling (*fam.*). // ~ **a termine** (*fin.*) forward marketing; ~ **collettiva** (*sind.*) collective bargaining; ~ « **dentro e fuori** » (*Borsa*) in-and-out trading; ~ **(per ottenere un aumento) salariale** (*sind.*) wage bargaining.

contratto, *n. m.* (*leg.*) ❶ contract, bargain, deed. ❷ (*leg.*) (*accordo*) agreement. ❸ (*leg.*) (*solenne*) covenant. △ ❶ **Il** ~ **scadrà la settimana prossima** the contract will expire next week; **Il nostro** ~ **è impegnativo fino alla fine dell'anno** our contract is binding till the end of the year. // ~ **a premio** (*Borsa, fin.*) option bargain; ~ **a pronti** (*market.*) spot contract; **un** ~ **a tempo** (*market.*) a forward contract; ~ **a termine** (*Borsa, fin.*) futures contract, bargain for the account, hedge contract; ~ **a titolo gratuito** (*leg.*) bare contract; ~ **a titolo oneroso** (*leg.*) onerous contract; ~ (*di lavoro*) **agganciato a una scala mobile** (*sind.*) escalator contract; ~ **aleatorio** (*leg.*) wagering contract; ~ **bilaterale** (*leg.*) bilateral contract, commutative contract, indenture; **contratti bilaterali di licenza** bilateral licensing agreements; **un** ~ **che non è in**

vigore (*leg.*) an inactive contract; ~ **collettivo di lavoro** (*sind.*) collective labour agreement, collective wage agreement; ~ **commutativo** (*leg.*) commutative contract; ~ **consensuale** (*leg.*) consensual contract; ~ **contenente la clausola secondo la quale il dipendente deve impegnarsi a non aderire ad alcun sindacato** (*sind.*) yellow-dog contract; ~ **del credere** (*leg.*) del credere agreement; ~ **d'acquisto** (*market.*) purchase contract; ~ **d'affitto** (*leg.*) lease, rent agreement: **Il nostro ~ d'affitto scade il 22 aprile** our lease will expire on April 22nd; ~ **d'affitto di fondo rustico** (*leg.*) farm lease; ~ **d'arruolamento** (*trasp. mar.*) ship's articles, articles; ~ **d'assicurazione marittima** (*ass. mar.*) contract of marine insurance; ~ **d'associazione** (*leg.*) deed of partnership; ~ **di cessione** (*Borsa*) transfer deed; ~ **di commissione** (*Borsa*) broker's contract; (*leg.*) commission contract; ~ **di comodato** (*leg.*) bare contract; ~ **di compravendita** (*leg.*) sale contract, contract of sale: **Un ~ di compravendita può stipularsi in forma scritta ovvero oralmente** a sale contract may be stipulated in writing or by word of mouth; ~ **di concessione esclusiva** (*market.*) exclusive agency agreement; ~ **d'imbarco** (*trasp. mar.*) shipping-articles; ~ **d'indennizzo** contract of indemnity; ~ **d'ingaggio di marittimi** (*trasp. mar.*) agreement with crew; ~ **d'ipoteca** (*leg.*) mortgage deed; ~ **di lavoro** (*pers.*) contract of employment; (*pers., sind.*) labour contract; **contratti di licenza per brevetti** (*leg.*) patent-licensing contracts; **contratti di licenza per brevetti e marchi di fabbrica** (*leg.*) patent and trade-mark licensing contracts; ~ **di navigazione** (*leg.*) maritime contract; ~ **di noleggio** (*trasp. mar.*) freight contract, charter party, charter; ~ **di noleggio a corpo** (*trasp. mar.*) lump charter; ~ **di noleggio della sola nave** (*trasp. mar.*) bareboat charter; ~ **di noleggio senza riserve** (*trasp. mar.*) clean charter; ~ **di nolo** (*trasp. mar.*) V. ~ **di noleggio**; ~ **di nolo a tempo** (*trasp. aer., trasp. mar.*) time charter party; ~ **di nolo a viaggio** (*trasp. aer., trasp. mar.*) voyage charter party; **contratti di prestito** (*cred.*) loan agreements; ~ **di prestito a cambio marittimo** (*leg.*) bottomry bond; ~ **di procura** (*leg.*) contract of trust; ~ **di rappresentanza** (*leg.*) agency contract, agency agreement; **contratti di rappresentanza commerciale** contracts concluded with commercial agents; ~ **di ricupero** (*trasp. mar.*) salvage agreement; ~ **di riporto** (*Borsa*) continuation contract, contango; ~ **di salvataggio** (*trasp. mar.*) salvage agreement; ~ **di società** (*di persone*) (*fin.*) partnership deed, deed of partnership; ~ **di trasporto** (*trasp.*) contract of carriage; ~ **di trasporto marittimo** (*delle merci*) (*trasp. mar.*) contract of affreightment; **contratti d'utilizzazione di « know-how »** (*comm.*) know-how contracts; ~ **di vendita** (*leg.*) contract of sale, sale contract, agreement for sale; **un ~ fermo** (*Borsa*) a firm bargain; ~ **formale** (*leg.*) formal contract, special contract, specialty contract; ~ **illegale** (*leg.*) illegal contract; ~ **implicito** (*leg.*) implied contract; ~ **mediante atto pubblico** (*leg.*) contract under seal; **un ~ non valido** (*per mancanza di qualche requisito essenziale*) (*leg.*) a naked contract; ~ **nullo** (*leg.*) contract void and null; **un ~ obbligatorio** (*leg.*) an obligative contract; ~ **obbligazionario** (*che illustra dettagliatamente le condizioni d'emissione d'un prestito obbligazionario*) (*Borsa*) indenture; **contratti per consegne a termine** (*Borsa*) futures; ~ **privo di tutela giuridica** (*leg.*) nude contract; **un ~ provvisorio** (*leg.*) a provisional contract; **un ~ provvisorio di vendita** (*leg.*) an agreement to sell; ~ **reale** (*leg.*) real contract; ~ **scritto** (*leg.*) agreement in writing; ~ **semplice** (*leg.*) simple contract; ~ **senza valore** (*leg.*) contract void and null; ~ **sinallagmatico** (*leg.*) synallagmatic contract, bilateral contract; ~ **solenne** (*leg.*) covenant, specialty contract; ~ **tipo** (*leg.*) model contract, specimen uniform agreement; **un ~ « ultra vires »** (*leg.*) an ultra vires contract; ~ **unilaterale** (*leg.*) unilateral contract; **un ~ valido** (*leg.*) a valid contract; **un ~ valido ma non tutelabile in giudizio** (*leg.*) an unenforceable contract; ~ **verbale** (*leg.*) verbal contract, oral contract, parol contract; **lavorare a ~** to work on contract; **rottura di ~** (*leg.*) breach of contract; **stabilire per ~ di fare qc.** to contract to do st.

contrattuale, *a.* (*leg.*) contractual, of (a) contract. △ **Ho tentato invano di metterli in rapporti contrattuali** I have tried in vain to bring them into contractual relationship; **Esaminate attentamente le condizioni contrattuali** examine the terms of contract carefully. // **inadempienza ~** (*leg.*) breach of contract; non-performance.

contrattualmente, *avv.* contractually.

contravvenire, *v. i.* to contravene, to infringe, to transgress, to violate. △ **È pericoloso ~ alle leggi del Paese** it is dangerous to contravene (*o* to infringe, to violate) the laws of the Country. // **~ a un contratto (a un trattato)** (*leg.*) to infringe a contract (a treaty); **~ a una costumanza** (*leg.*) to contravene a custom; **~ a un impegno (a un obbligo)** (*leg.*) to fail to meet an obligation; **~ al divieto d'accesso alla proprietà di q.** (*leg.*) to trespass on sb.'s property.

contravventore, *n. m.* ❶ (*leg.*) infringer, offender, transgressor, violator. ❷ (*leg.*) (*a un divieto d'accesso*) trespasser.

contravvenzione, *n. f.* ❶ (*leg.*) contravention, infringement, offence, transgression, violation. ❷ (*leg.*) (*multa*) fine. ❸ (*leg.*) (*a un divieto d'accesso, ecc.*) trespass. △ ❶ **Qualsiasi ~ sarà passibile d'una penalità di 50 dollari** any contravention shall be liable to a penalty of 50 dollars; ❷ **Ho dovuto pagare una ~ di 5.000 lire** I had to pay a 5,000-lire fine. // **essere dichiarato in ~** (*trasp. aut.*) to be fined; **fare la a ~ q.** (*trasp. aut.*) to fine sb.

contrazione, *n. f.* ❶ contraction. ❷ (*econ., market.*) shrinkage, decline, drop, falloff. △ ❷ **C'è stata una notevole ~ del commercio con l'estero** there has been a remarkable shrinkage of the export trade; **La ~ del bilancio pubblico avrà certo un effetto deprimente sulla congiuntura** a shrinkage in the public budget will certainly depress economic activity; **Per le qualità migliori di olio la ~ del prezzo è stata meno accentuata** for the better-quality oils the drop in price was less marked; **Dopo la ~ intervenuta nel 1974, gli scambi di prodotti energetici hanno segnato una netta ripresa nel 1975** after the falloff observed in 1974, trade in energy products recovered in 1975. // **una ~ dei prezzi** (*anche*) a shrinkage in prices; **una ~ delle esportazioni** (*comm. est.*) a falloff in exports; **una ~ delle vendite** (*market.*) a shrinkage in sales.

contribuente, *a.* contributing, contributory. *n. m. e f.* ❶ (*fin.*) (*per le imposte statali*) tax-payer, taxpayer. ❷ (*fin.*) (*per le imposte locali*) rate payer. // **un ~ moroso** (*fin.*) a taxpayer in arrears.

contribuibile, *a.* contributable.

contribuire, *v. i.* to contribute. △ **Contribuiremo alle spese** we will contribute to the expenses; **Ognuno dovrà ~ a far fronte alla perdita** everybody shall contribute to the loss; **I provvedimenti sociali contribuiscono a eliminare la povertà** social measures con-

contributario

tribute to eliminate poverty; **La cattiva condotta degli affari ha contribuito al suo insuccesso** mismanagement has contributed to his failure. // ~ **alle spese processuali** (*leg.*) to contribute towards the costs; ~ **per un terzo** to contribute one third; **che contribuisce** contributing, contributory; **che contribuisce a** conducive to: **Il duro lavoro contribuisce al successo** hard work is conducive to success.

contributario, *n. m.* (*leg.*) (*chi è tenuto a contribuire al pagamento dei debiti d'una società per azioni in liquidazione*) contributory.

contributivo, *a.* contributive, contributory. // **capacità contributiva** (*econ., fin.*) faculty (*o* ability) to pay taxes; **teoria della capacità contributiva** (*econ., fin.*) faculty theory.

contributo, *n. m.* ❶ contribution. ❷ (*aiuto, assistenza*) aid, assistance, subsidy. ❸ (*ass. mar.*) contribution. ❹ (*fin.*) (*imposta o tassa*) tax. ❺ (*pers.*) (*della Previdenza Sociale*) contribution. △ ❶ **Il nostro fondo è stato costituito per mezzo di contributi volontari** our fund was formed by voluntary contributions; ❷ **Il ~ sarà corrisposto secondo i criteri e le condizioni d'imputabilità fissati dal Consiglio** the aid will be paid out according to the criteria and conditions for eligibility laid down by the Council; ❺ **Il versamento dei contributi avviene mediante marchette assicurative applicate a un libretto che ogni prestatore d'opera e ogni datore di lavoro devono tenere** payment of contributions is made by means of insurance stamps affixed to a card which every employee and employer must possess. // **contributi al fondo pensioni** (*pers., rag.*) pension contributions; ~ **alle spese** (*leg.*) contribution to the expenses; **contributi basati sui libri paga** (*pers., rag.*) pay-roll tax; « ~ **concesso** » (*fin.*) « aid granted »; ~ **d'avaria generale** (*ass. mar.*) general average contribution; ~ **in avaria comune** (*ass. mar.*) contribution in general average; **un ~ obbligatorio** (*leg.*) an obligatory contribution; **contributi previdenziali** (*pers.*) contributions; **contributi sindacali** (*sind.*) dues; **contributi sociali** (*pers., rag.*) contributions, social-security taxes, pay-roll tax; ~ **statale** (*agli Enti pubblici*) (*fin.*) grant-in-aid; ~ **volontario** (*leg.*) voluntary contribution.

contribuzione, *n. f.* contribution.

contro, *prep.* ❶ against, counter to. ❷ (*comm.*) against; on. ❸ (*leg.*) versus (*abbr.* v.). *n. m.* (*nella locuz.* « **il pro e il contro** ») con. △ *prep.* ❶ **C'è in questo Paese una legge ~ le intercettazioni telefoniche?** is there in this Country a law against tapping the telephone wires?; **Non devi agire ~ i desideri del tuo capo** you must not act counter to your boss's wishes; ❷ **Vi spediremo la merce soltanto ~ pagamento della fattura simulata** we will send you the goods on payment of our pro-forma invoice; *n.* **Soppesiamo il pro e il ~ della situazione!** let's weigh the pros and cons of the situation. // ~ **accusa** (*leg.*) V. **contraccusa**; ~ **assegno** (*market.*) cash on delivery; « ~ **tutti i rischi** » (*ass.*) « against all risks » (*a.a.r.*); **Everett ~ Young** (*causa giudiziaria*) Everett versus Young; **pagamento ~ documenti** (*market.*) payment against documents.

controbattere, *v. t. e i.* ❶ (*replicare*) to counter, to answer back. ❷ (*opporsi a*) to counteract, to oppose. △ ❷ **Bisogna ~ gli effetti negativi della recessione sull'occupazione** we must counteract the negative effects of the recession on employment.

controbilanciare, *v. t.* to counterbalance, to countervail, to counterweigh, to set* off, to offset*. △ **Gli aumenti dei prezzi non sono stati controbilan**ciati dagli aumenti dei salari price increases have not been offset by wage increases.

controbilanciarsi, *v. recipr.* to counterbalance each other.

controcampione, *n. m.* (*market.*) counterpart sample.

controcredito, *n. m.* (*cred.*) countervailing credit.

controdichiarazione, *n. f.* (*leg.*) counter-declaration.

controfferta, *n. f.* counter-offer.

controfirma, *n. f.* ❶ countersignature. ❷ (*per autenticazione*) countersign.

controfirmare, *v. t.* to countersign. △ **Il duplicato dev'essere controfirmato come prova d'accettazione** the duplicate must be countersigned as evidence of acceptance.

controgaranzia, *n. f.* (*cred.*) counterbond, counter-security, counter-surety.

controistruzioni, *n. pl.* (*amm.*) counter-instructions.

controllabile, *a.* controllable.

controllare, *v. t.* ❶ to control, to check, to go* through, to verify. ❷ (*amm., fin.*) (*avere il controllo di*) to control, to syndicate. ❸ (*amm., org. az.*) (*reggere, dirigere*) to govern, to manage. ❹ (*amm., org. az., rag.*) (*i conti: ufficialmente*) to audit. ❺ (*org. az.*) to control, to inspect. ❻ (*trasp. mar.*) (*la merce ricevuta in consegna*) to tally. △ ❶ **Bisogna ~ le spese** we must control expenditure; **Il Governo ha deciso di ~ i prezzi dei generi di consumo** the Government has decided to control the prices of consumer goods; **Voglio ~ i conti** I want to control the accounts; **Dobbiamo ~ l'attendibilità degli intervistati** we must check the reliability of the interviewees; ❷ **La loro industria è controllata da un consorzio** their industry is controlled by a trust; **Il gruppo Merryweather controlla un notevole numero di giornali in tutto il Paese** the Merryweather group syndicates a large number of newspapers throughout the Country; ❸ **Fu istituita una commissione per ~ gli affari del sindacato** a committee was set up in order to govern the trade union's business affairs; ❺ **Quando controllerete le nuove macchine?** when will you inspect the new machines? // ~ **un carico** (*trasp. mar.*) to tally a load; ~ **un conto** (*rag.*) to check (*o* to control) an account; ~ **disonestamente il mercato** (*market.*) to rig the market; **chi controlla spese** (*pers.*) controller.

controllato, *a.* ❶ controlled. ❷ (*diretto*) governed, managed. // ~ **dallo Stato** (*econ.*) State-controlled; **economia controllata** (*econ.*) managed economy.

controllo, *n. m.* ❶ control, check, checking, verification. ❷ (*amm., fin.*) control. ❸ (*amm., org. az.*) (*direzione*) management. ❹ (*amm., org. az., rag.*) (*ufficiale: dei conti*) audit, auditing. ❺ (*elab. elettr.*) control. ❻ (*org. az.*) control, inspection. △ ❶ **La situazione interna deve essere tenuta sotto ~** the domestic situation must be kept under control; ❷ **I controlli governativi sono di recente aumentati a dismisura** Government controls have incresed enormously lately; **Il ~ del movimento della valuta estera si sta facendo sempre più severo** the control of foreign exchange is becoming more and more severe. // ~ **a bilancio** (*rag.*) budgetary control; ~ **a segnali campionati** (*elab. elettr.*) sampled-data control; ~ **alla consegna** check on delivery; ~ **budgetario** (*fin., rag.*) budgetary control, budgeting control; ~ **contabile interno** (*fin., rag.*) internal audit; ~ **dei biglietti** (*trasp.*) ticket inspection; ~ **dei cambi**

(*fin.*) exchange control; ~ **dei conti** (*amm., org. az., rag.*) audit; ~ **dei costi** (*org. az.*) cost control; ~ **dei costi per eccezioni** (*org. az.*) cost control by exception; ~ **dei materiali** (*org. az.*) materials control; ~ **dei prezzi** (*econ.*) price control; ~ **del magazzino** (*org. az.*) inventory control; ~ **del movimento della valuta estera** (*econ.*) foreign-exchange control; ~ **del traffico** (*trasp. aut.*) traffic control; ~ **della cassa** (*rag.*) control of the cash; ~ **della codificazione** (*elab. elettr.*) code checking; ~ **della diffusione** (*pubbl.*) circulation audit; ~ **dell'efficacia di testi pubblicitari** (*pubbl.*) copy testing; ~ **delle giacenze** (*org. az.*) inventory control; ~ **delle nascite** (*econ., stat.*) birth control, family planning, planned parenthood; ~ **delle referenze** (*pers.*) reference checking; ~ **delle registrazioni a mastro** (*rag.*) check on ledger postings; ~ (*del livello*) **delle retribuzioni** (*pers.*) wage and salary control; ~ **delle scorte** (*org. az.*) inventory control; ~ **di cassa** (*rag.*) cash control; ~ **di maggioranza** (*fin.*) majority control, direct control; ~ **di minoranza** (*fin.*) minority control; ~ **di parità** (*elab. elettr.*) odd-even check; ~ **di qualità** (*org. az.*) quality control; ~ **di sequenza** (*elab. elettr.*) sequence check; ~ **direzionale** (*fin.*) management control; ~ **disonesto** (*del mercato*) (*market.*) rig; ~ **doganale** (*dog.*) customs examination; ~ **esecutivo** (*org. az.*) executive control; ~ **fatturazione** (*rag.*) invoice control; ~ **finanziario** (*econ.*) financial control; ~ **gerarchico** (*org. az.*) hierarchical control; ~ **giornaliero** (*org. az.*) day control; ~ (*contabilistico*) **interno** (*rag.*) internal check; ~ **manageriale** (*fin.*) management control; **un** ~ **monetario selettivo** (*econ., fin.*) a selective monetary control; ~ **monopolistico** (*econ.*) monopoly control; ~ **numerico** (*org. az.*) tape control; ~ **particolare** (*org. az.*) test check; ~ **preventivo** (*leg.*) preventive auditing; ~ **programmato** (*elab. elettr.*) programmed check; ~ **sanitario** health inspection; ~ **sanitario dei passeggeri** (*leg., trasp.*) medical inspection of passengers; ~ **selettivo** (*org. az.*) selective control; ~ **sequenziale** (*elab. elettr.*) self-aligning control system; ~ **statistico di qualità** (*org. az., stat.*) statistical quality control; ~ **su campione** (*market., stat.*) sample check; **a** ~ **statale** (*econ.*) state-controlled; **di** ~ controlling; governing: **organismo di** ~ controlling (*o* governing) body.

controllore, *n. m.* ❶ (*pers.*) controller, comptroller, inspector, surveyor, verifier. ❷ (*trasp. aut.*) conductor. ❸ (*trasp. ferr.*) ticket-collector, guard; conductor (*USA*). ❹ (*trasp. mar.*) (*del carico*) tallyman*, tally clerk. // ~ **annonario** (*o* **degli approvvigionamenti**) (*amm.*) food controller; ~ **dei conti** (*amm., org. az., rag.*) auditor; **un** ~ **dei pesi e delle misure** (*leg.*) a surveyor of weights and measures; ~ **della circolazione** (*giorn.*) circulation controller; ~ **della Zecca** (*fin.*) controller of the Mint; ~ **delle ore di lavoro** (*pers.*) time clerk, timekeeper; ~ **dell'avanzamento** (*d'un processo produttivo*) (*org. az.*) progress clerk; ~ **ferroviario** (*pers.*) guard; conductor (*USA*); ~ **generale** (*pers.*) comptroller general, controller general.

contromandato, *n. m.* (*amm.*) counter-instructions (*pl.*).

contromarca, *n. f.* countermark, check, token.

contromisura, *n. f.* countermeasure. // **contromisure tariffarie** (*comm. est., econ.*) tariff countermeasures.

controparte, *n. f.* ❶ counterpart. ❷ (*leg.*) opposite party, (the) other party. ❸ (*leg.*) (*nell'« indenture »*, *q.V.*) counterpart.

contropartita, *n. f.* ❶ counterpart. ❷ (*rag.*) contra, set-off. △ ❶ **I controlli all'esportazione saranno mantenuti soltanto nei casi in cui siano necessari come** ~ **ai controlli della distribuzione all'interno** export controls will be retained only where needed as a counterpart of domestic distribution controls. // **in** ~ (*rag.*) per contra: **I conti sono stati accreditati in** ~ the accounts have been credited per contra; **fondi (franchi, lire, ecc.) in** ~ counterpart funds (francs, lire, etc.).

contropretesa, *n. f.* (*leg.*) counter-claim.
controproposta, *n. f.* counter-proposal, counter-proposition.
controprova, *n. f.* (*leg.*) contrary evidence, counter-proof.
controquerela, *n. f.* (*leg.*) cross complaint, counter-claim. △ **Dovremmo sporgere una** ~ **per danni** we should put in a counter-claim for damages.
contrordine, *n. m.* ❶ counter-order, countermand. ❷ (*giorn.*) cancel. // **salvo contrordini** unless we hear to the contrary.
controreplica, *n. f.* (*leg.*) rejoinder.
controreplicare, *v. t.* (*leg.*) to rejoin.
controrichiesta, *n. f.* (*leg.*) counter-claim.
controstallia, *n. f.* ❶ (*trasp. mar.*) demurrage. ❷ **controstallie**, *pl.* (*trasp. mar.*) demurrage days, demurrage. △ ❶ **La nave non è incorsa in** ~ the ship has not incurred demurrage.
controvalore, *n. m.* ❶ countervalue, equivalent. ❷ (*econ.*) exchange value, value in exchange. // ~ **dei titoli sottoscritti** (*banca*) countervalue of securities applied for; ~ **oggetto d'un prestito** (*banca*) call money.
controvento, *avv.* (*trasp. mar.*) on the wind, into the wind; windward. △ **La nave navigava** ~ the ship was sailing on the wind.
controversia, *n. f.* ❶ controversy, contention, contest, dispute, question. ❷ (*leg.*) litigation. ❸ (*sind.*) dispute. △ ❶ **Questo problema ha dato origine a molte controversie** this question has given rise to much controversy; **La** ~ **fu composta in via amichevole** the dispute was settled in a friendly way; ❸ **Fu arbitro nella** ~ **sindacale** he was the arbitrator in the labour dispute. // ~ **circa il diritto** (*da parte d'un sindacato*) **di rappresentare tutti i lavoratori d'un certo settore** (*nella definizione d'un contratto collettivo di lavoro*) (*sind., USA*) representation controversy; ~ **di lavoro** (*sind.*) V. ~ **sindacale**; ~ **sindacale** (*sind.*) labour dispute.
controverso, *a.* ❶ controversial, contentious. ❷ (*dibattuto, discusso*) debated. ❸ (*dubbio*) doubtful. △ ❶ **Il discorso del presidente fu assai** ~ the chairman's speech was very controversial; ❸ **Questo credito è** ~ this is a doubtful debt.
controvertibile, *a.* controvertible, controversial, debatable.
contumace, *a.* (*leg.*) contumacious. *n. m. e f.* (*leg.*) defaulter. // **essere** ~ (*leg.*) to default.
contumacia, *n. f.* (*leg.*) default, contumacy, non-attendance, non-appearance, failure to appear, absence to appear, absence. △ **Il convenuto non si è presentato ed è in** ~ the defendant has made no appearance and is in default. // **condannare q. in** ~ (*leg.*) to sentence sb. by default; **giudizio in** ~ (*leg.*) judgment by default.
contumaciale, *a.* (*leg.*) by default. // **giudizio** (*o* **sentenza**) ~ judgment by default.
conurbazione, *n. f.* conurbation.
convalida, *n. f.* ❶ confirmation. ❷ (*leg.*) validation, substantiation. ❸ (*leg.*) (*d'un diritto*) vindication. // ~ **d'un atto** (*leg.*) confirmation of an act; **la** ~ **d'un contratto** (*leg.*) the validation of a contract.

convalidare, *v. t.* ❶ to confirm. ❷ (*leg.*) to validate, to substantiate. ❸ (*leg.*) (*un diritto*) to vindicate. △ ❷ **I nostri documenti devono essere convalidati dalle autorità portuali** our papers must be validated by the port authorities. // ~ **un'accusa** (*leg.*) to support a charge; ~ **un diritto** (*leg.*) to substantiate a claim.

convalidazione, *n. f. V.* **convalida**.

convegno, *n. m.* ❶ meeting, conference; convention (*USA*). ❷ (*appuntamento*) appointment, rendez-vous.

convenevole, *a.* convenient, proper.

convenevoli, *n. pl.* conventional compliments; polite remarks.

conveniente, *a.* ❶ convenient, proper. ❷ (*market.*) (*di prezzo*) keen, low. ❸ (*market.*) (*d'un articolo*) cheap. △ ❷ **Grazie alla diminuzione del costo delle materie prime siamo in grado d'offrire i nostri articoli a prezzi assai convenienti** we can offer our articles at very keen prices thanks to the reduction in the cost of raw materials. // **abbastanza** ~ (*market.*) (*d'articolo, ecc.*) cheapish.

convenienza, *n. f.* ❶ convenience. ❷ (*market.*) (*di prezzo*) keenness. ❸ (*market.*) (*d'un articolo*) cheapness.

convenire, *v. i.* ❶ (*adunarsi*) to convene, to assemble, to gather. ❷ (*accordarsi, essere d'accordo*) to agree, to be agreed. ❸ (*essere appropriato*) to suit, to become*. ❹ (*tornare utile*) to be convenient, to be worth while; to suit. ❺ (*essere opportuno, necessario*) to be better, to be necessary. *v. t.* ❶ (*accordarsi su*) to agree on, to establish, to fix. ❷ (*consentire, ammettere*) to admit, to allow, to grant. ❸ (*leg.*) (*convocare*) to convene. ❹ (*leg.*) (*pattuire*) to stipulate, to covenant. △ *v. i.* ❶ **All'apertura del nuovo supermercato convenne una gran folla d'acquirenti** a big crowd of shoppers gathered at the opening of the new supermarket; ❷ **Si conviene da entrambe le parti che...** it is agreed by both parties that...; ❸ **Non (si) conviene che tu dia del tu al principale** using first names when talking to the boss doesn't suit you; ❹ **Non ti converrà partire domani?** won't it be convenient for you to leave tomorrow?; **Conviene fare la spesa al mercato** it is worth while doing one's shopping at the market; **Le condizioni di questo contratto non mi convengono affatto** the terms of this contract do not suit me at all; ❺ **Conviene lasciarlo fare a lui** it is better to let him do it; **Converrà avvertirlo** it will be necessary to warn him (*o* he must be warned); *v. t.* ❶ **Bisogna ~ un prezzo** we must agree on (*o* fix) a price; ❷ **Convengo d'aver avuto torto** I admit I was wrong; ❸ **Ho deciso di ~ in giudizio tutti i debitori morosi** I have decided on convening before a lawcourt all the tardy debtors; ❹ **Convennero che avrebbero venduto soltanto a certi acquirenti** they stipulated (*o* covenanted) to sell only to certain buyers. // **secondo quanto convenuto** as agreed upon.

convenuto, *n. m.* (*leg.*) defendant, respondent.

convenzionale, *a.* ❶ conventional. ❷ (*usuale*) customary, traditional. ❸ (*leg.*) (*stabilito per accordo*) agreed upon. // **l'anzianità ~ d'un prestatore d'opera** (*pers.*) the seniority of an employee as agreed upon by the employer; **una centrale ~** (*a carbone, a petrolio e sim.*) a conventional power plant.

convenzionalmente, *avv.* conventionally.

convenzionarsi, *v. rifl.* to stipulate a convention; to sign an agreement. △ **L'ospedale si è convenzionato con la mutua** the hospital has signed an agreement to operate within the national health service.

convenzionato, *a.* ❶ (*pers.*) (*di medico, d'ospedale, ecc.*) operating (*o* working) within the national health service. ❷ (*pers.*) (*di medico, anche*) on the panel. △ ❶ **Questa clinica è convenzionata** (*con la mutua*) this nursing-home operates within the national health service; **I medici convenzionati possono rifiutare d'accettare un paziente** doctors working within the national health service may refuse to accept a patient; **I medici convenzionati sono pagati in base al numero dei loro mutuati** doctors working within the national health service are paid on the basis of the number of patients on their lists; ❷ **Quel medico è ~** (*con la mutua*) that doctor (of medicine) is on the panel.

convenzione, *n. f.* ❶ (*leg.*) convention, covenant, compact. ❷ (*leg.*) (*patto, contratto*) agreement, contract. ❸ (*leg.*) (*clausola*) provision. ❹ **convenzioni**, *pl.* conventions. △ ❷ **L'ospedale ha firmato una ~ con la mutua** the hospital has signed an agreement with the national health service; ❹ **Non si deve essere schiavi delle convenzioni sociali** one need not be a slave to social conventions. // ~ **monetaria** (*fin.*) money convention; **salvo ~ contraria** (*leg.*) unless otherwise provided.

conversare, *v. i.* to talk, to converse.

conversazione, *n. f.* ❶ conversation, talk. ❷ (*market., pers.*) interview. // **una ~ non ufficiale** an informal conversation; **una ~ telefonica** (*comun.*) a telephone conversation.

conversione, *n. f.* ❶ conversion. ❷ (*elab. elettr.*) conversion. ❸ (*fin.*) conversion. △ ❶ **È allo studio un progetto di ~** a conversion plan is being studied. // ~ **del debito pubblico** (*fin.*) refunding; ~ **di beni** (*leg.*) conversion of goods; ~ **di titoli nominativi in titoli al portatore** (*fin.*) conversion of registered securities to bearer; ~ **d'una valuta aurea** (*fin.*) conversion of a gold currency; ~ **in contanti** (*econ., fin.*) realization; (*rag.*) encashment; ~ (*d'attività*) **in liquidità** (*rag.*) liquidation.

convertibile, *a.* (*fin.*) convertible. △ **I biglietti di banca dovrebbero essere convertibili in oro** banknotes should be convertible into gold. // ~ **in contanti** (*econ., fin.*) realizable; (*fin., leg.*) redeemable; (*rag.*) encashable; **non ~** (*fin.*) unconvertible.

convertibilità, *n. f.* (*fin.*) convertibility. △ **I nostri Paesi adotteranno la ~ bilaterale delle monete** our Countries are going to adopt a bilateral convertibility of currencies. // ~ **della valuta** (*fin.*) currency convertibility; ~ **esterna** (*fin.*) external convertibility; ~ **in contanti** (*fin., leg.*) redeemability.

convertire, *v. t.* ❶ to convert; to turn. ❷ (*fin.*) to convert. △ ❶ **Ha convertito in contante tutte le sue azioni e obbligazioni** he has turned all his stocks and bonds into cash; ❷ **Voglio ~ le mie lire in dollari** I want to convert my lire into dollars. // ~ **a «bit» in serie** (*elab. elettr.*) to serialize; ~ **in contanti** (*econ., fin.*) to realize; (*fin., leg.*) to redeem; (*rag.*) to encash: **Molti azionisti intendono ~ in contanti i loro titoli** a lot of stockholders want to redeem their stock; ~ (*un vaglia, ecc.*) **in denaro** to cash; ~ **in denaro contante** (*econ., fin.*) *V.* ~ **in contanti**; ~ (*attività di bilancio*) **in liquidità** (*rag.*) to liquidate.

convertitore, *n. m.* ❶ (*elab. elettr.*) converter. ❷ (*pers.*) converter. // ~ **binario-decimale** (*elab. elettr.*) binary-to-decimal converter; ~ **di codice** (*elab. elettr.*) code convertor; ~ **numerico** (*elab. elettr.*) digiverter.

convincente, *a.* ❶ convincing. ❷ (*soddisfacente*) satisfactory.

convincere, *v. t.* to convince, to persuade; to get* (*fam.*). △ **Non sono riuscito a convincerlo del suo errore** I couldn't convince him of his mistake; **Convincilo a venire con noi** get him to come with us.

convinzione, *n. f.* conviction, persuasion.
convocare, *v. t.* to convoke, to convene, to call, to summon. // ~ **un'assemblea** to convene an assembly, to convene a meeting; ~ **il Parlamento** (*leg.*) to convoke (*o* to summon) Parliament; **essere convocato** (*anche*) to meet: **Il consiglio d'amministrazione sarà convocato domani** the board of directors will meet tomorrow.
convocazione, *n. f.* convocation, convening, calling, calling together, summons. // ~ **degli azionisti** calling the shareholders together; ~ **d'una assemblea degli operai** (*org. az.*) call of meeting of the workers.
convogliamento, *n. m.* (*trasp.*) haulage, conveyance, carriage.
convogliare, *v. t.* (*trasp.*) to convey, to haul, to carry.
convoglio, *n. m.* ❶ (*trasp.*) convoy. ❷ (*trasp.*) (*l'azione, anche*) convoying. // ~ **di scorta** (*trasp. mar.*) convoy: **I mercantili navigavano con un** ~ **di scorta** the merchant ships were sailing under convoy.
cooperare, *v. i.* to co-operate, to collaborate. // ~ **a un'impresa** to co-operate in an enterprise.
cooperativa, *n. f.* (*econ.*) co-operative, co-op, coop. △ **Le cooperative sono imprese possedute e gestite da associazioni volontarie di persone o enti allo scopo di procurarsi lavoro e salario o di provvedere beni e servizi** co-operatives are business undertakings owned and operated by voluntary associations of persons or organizations in order to provide themselves with work and wages or with goods and services. // ~ **di consumo** (*market.*) consumers' co-operative, co-operative store; ~ **di produzione** (*econ.*) producer co-operative; ~ **di risparmiatori che concede prestiti ai soci** (*fin., USA*) savings and loan association.
cooperativo, *a.* (*econ.*) co-operative. // **società cooperativa** co-operative society; **spaccio** ~ co-operative store.
cooperatore, *n. m.* (*pers.*) co-operator, collaborator.
cooperazione, *n. f.* ❶ co-operation, collaboration. ❷ **la** ~ (*econ.*) the co-operative movement. △ ❷ **L'Inghilterra è stata la culla della** ~ **in Europa** England has been the cradle of the co-operative movement in Europe.
cooptare, *v. t.* to co-opt, to co-optate.
cooptazione, *n. f.* co-optation, co-option. // **la** ~ **d'un membro del consiglio d'amministrazione** the co-optation of a director.
coordinamento, *n. m.* ❶ co-ordination. ❷ (*org. az.*) co-ordination. // **il** ~ **delle politiche regionali dei singoli Paesi** the coordination of national regional policies; ~ **orizzontale** (*org. az.*) horizontal coordination.
coordinare, *v. t.* (*anche org. az.*) to co-ordinate.
coordinata, *n. f.* (*mat.*) co-ordinate. // ~ **delle x** (*mat.*) x-coordinate, x-axis; ~ **delle y** (*mat.*) y-coordinate, y-axis.
coordinazione, *n. f.* ❶ co-ordination. ❷ (*org. az.*) co-ordination.
coperta, *n. f.* ❶ blanket. ❷ (*trasp. mar.*) (*d'una nave*) deck. // **sotto** ~ (*trasp. mar.*) under hatches.
copertina, *n. f.* (*di libro*) cover. // ~ **mobile** jacket.
coperto, *a.* (*anche ass.*) covered. △ **Il lavoro dei domestici è** ~ **dall'assicurazione sociale in Italia** domestic service is a covered job under Italian social security law. // **al** ~ (*fin.*) with cover; **non** ~ (*ass.*) (*di rischio*) uncovered.
copertone, *n. m.* (*trasp. aut.*) tire, tyre.
copertura, *n. f.* ❶ (*anche ass.*) cover, coverage, covering. ❷ (*Borsa, fin.*) hedging. ❸ (*fin.*) (*d'una cambiale, ecc.*) consideration. ❹ (*fin.*) (*d'un'emissione di banconote*) backing. ❺ (*fin.*) (*dai rischi di perdite finanziarie*) hedge. ❻ (*pubbl.*) coverage. △ ❶ **Gli è stata rimessa una somma a titolo di** ~ an amount of money has been remitted him by way of cover; ❺ **Quelle azioni costituiscono una** ~ **migliore contro la svalutazione** those shares are a better hedge against devaluation. // ~ **a garanzia** (*di titoli, ecc.*) **presso un agente di cambio** (*Borsa, fin.*) margin; ~ **a termine** (*Borsa, fin.*) forward cover; ~ **aurea** (*econ., fin.*) gold cover; ~ **automatica** (*per la quale il capitale assicurato varia col variare del valore dei beni assicurati*) (*ass.*) automatic coverage; ~ **dei rischi terrestri** (*ass.*) covering of land risks; ~ **di credito documentato** (*banca, cred.*) cover for documentary credit; ~ **estesa** (*ass.*) extended coverage; ~ **geografica** (*giorn., pubbl.*) geographical coverage; ~ **in abbonamento** (*ass.*) open cover; ~ **per l'importo del credito** (*banca, cred.*) coverage for the amount of the credit; ~ **totale** (*ass.*) full coverage; **con** ~ (*fin.*) with cover; « **mancanza di** ~ » (*banca, cred.*) « no funds »; **senza** ~ (*fin.*) without cover.
copia, *n. f.* ❶ copy, duplicate, duplication; dupe (*slang USA*). ❷ (*mala copia, abbozzo*) rough copy, draft. ❸ (*esatta riproduzione*) counterpart. ❹ (*leg.*) (*a verbale di causa*) transcript, transcription, estreat. ❺ (*pubbl.*) (*fotografica*) print, positive. △ ❶ **Vi trasmettiamo qui unita** ~ **della lettera inviataci dal nostro cliente** we are sending you herewith copy of the letter we received from our customer; **La polizza di carico è redatta in tre o quattro copie** a bill of lading is drawn up in three or four copies; **Dovete fare sei copie del promemoria** you must make six duplicates of the memo. // ~ **arretrata** (*giorn.*) back copy; ~ **autentica** (*d'un documento*) (*leg.*) authenticated copy, certified copy, attested copy, true copy; (*d'un atto legale, ecc.*) office copy; ~ **autentica conforme all'originale** (*leg.*) certified true copy; ~ **autentica e conforme** (*d'un documento*) (*leg.*) exemplification; ~ **autenticata d'un atto** (*leg.*) certified copy of a deed; ~ **autenticata d'un testamento** (*leg.*) probate; ~ **carbone** carbon copy, carbon; dupe (*slang USA*); ~ **cianografica** (*giorn.*) blue print; ~ **commissioni** commission order form, commission order; ~ **conforme** (*leg.*) true copy, certified true copy; ~ **del capitano** (*d'una polizza di carico*) (*trasp. mar.*) captain's copy; **la** ~ **d'un atto** (*leg.*) the duplicate of a deed; ~ **di cambiale** (*cred.*) via; ~ **di cliché** (*pubbl.*) duplicate plate; ~ **esatta facsimile**; **la** ~ **fedele d'un documento** the faithful copy of a document; ~ **fotostatica** photostat; ~ **in omaggio** (*di un libro, ecc.*) (*giorn., pubbl.*) complimentary copy, presentation copy; ~ **in saggio** (*d'un libro, ecc.*) (*giorn., pubbl.*) specimen copy; ~ **legalizzata** (*leg.*) certified copy; ~ **leggibile** (*elab. elettr.*) hard copy; ~ **non negoziabile di polizza di carico** (*trasp. mar.*) non-negotiable bill of lading; ~ **notarile** (*leg.*) certificate of a notary public; **le copie** (*inviate in*) **omaggio** (*giorn.*) the unpaid distribution; ~ **su carta carbone** carbon copy; **copie supplementari** (*di pubblicazione, inserto speciale, ecc.*) (*giorn.*) overrun; ~ **telegrafica** (*di notizie*) (*giorn.*) wire copy; ~ **vidimata** attested copy; **essere la** ~ **esatta di** (*qc.*) to facsimile.
copialettere, *n. m. inv.* ❶ (*attr. uff.*) (*registro*) letter-book, copy holder. ❷ (*attr. uff.*) (*macchina*) letter-press, copying press.
copiare, *v. t.* to copy. // ~ **da un campione** to pattern; ~ **una lettera (un documento, ecc.)** to copy a letter (a document, etc.).
copiativo, *a.* copying.

copiatura, n. f. ❶ copying. ❷ (leg.) (d'un atto legale) engrossment.
copione, n. m. (pubbl.) (radiotelevisivo) script.
copista, n. m. e f. (pers.) copyist, copier, copying clerk.
coprenditore, n. m. (leg.) co-lessee.
coprire, v. t. (anche ass.) to cover. △ **La polizza copre tutto il periodo** the policy covers the whole period; **Questa polizza copre il rischio di perdita totale della nave** this policy covers the risk of total loss of the ship; **Copriamo rischi che sono lasciati scoperti dalle polizze ordinarie** we cover risks which ordinary policies leave uncovered; **Una sottoscrizione è coperta quando il numero delle azioni sottoscritte è uguale a quello delle azioni offerte** the application is covered when the number of shares applied for is equal to the number of shares offered. // ~ (titoli, ecc.) **con un deposito di garanzia presso un agente di cambio** (Borsa, fin.) to margin; ~ (un muro, ecc.) **di manifesti** (pubbl.) to post, to poster, to placard; ~ **il proprio fabbisogno** to cover one's requirements; ~ **la merce contro i rischi del mare** (ass. mar.) to cover goods against sea risks; ~ **uno scoperto** (Borsa) to cover a short account; ~ **le spese** to cover one's expenses; **che copre tutti o la maggior parte dei casi** (ass.) blanket.
coprirsi, v. rifl. ❶ (Borsa) to cover oneself. ❷ (fin.) (da rischi di perdite finanziarie) to hedge.
copywriter, n. m. (pubbl.) (chi redige un testo pubblicitario, chi inventa uno slogan, ecc.) copywriter.
« **corbeille** », n. f. (Borsa) floor; pit (USA). // ~ **inattiva** (Borsa) inactive post.
cordiale, a. cordial, hearty, kind. // « **cordiali saluti** » (comun.) (nelle lettere commerciali) « sincerely Yours ».
cordialmente, avv. cordially. // « **vostro** ~ » (in chiusura d'una lettera commerciale, soprattutto americana) « cordially Yours ».
cordone sanitario, n. m. sanitary cordon.
cornice, n. f. (anche fig.) frame.
corona, n. f. crown.
coronare, v. t. (anche fig.) to crown.
coronato, a. crowned. // ~ **da successo** successful: **La nostra campagna pubblicitaria è stata coronata da successo** our advertising campaign has been successful.
« **coroner** », n. m. (leg.) (magistrato inquirente nei casi di morte non naturale) coroner (in G.B.).
corpo, n. m. ❶ body. ❷ (giorn., pubbl.) (tipografico) type-size; point size (USA). // ~ **del reato** (leg.) « corpus delicti »; ~ **di leggi** (leg.) body of laws; ~ **e beni** (trasp. mar.) crew and cargo; ~ **insegnante** teaching staff; ~ **legislativo** (leg.) legislature; ~ **9** (giorn.) bourgeois; ~ **tipografico** (giorn., pubbl.) size of type, type-size; point size (USA); ~ **3 e mezzo** (giorn.) brilliant.
corporativismo, n. m. (econ.) corporativism, corporatism.
corporativistico, a. (econ.) corporatist. // **una dottrina corporativistica** á corporatist doctrine.
corporativo, a. (econ.) corporative.
corporazione, n. f. ❶ (storico) corporation. ❷ (fin.) guild.
corredo, n. m. equipment, outfit. // ~ **antinfortunistico** (org. az., pers.) safety equipment; ~ **attitudinale** (pers.) vocational interest; ~ **di bordo** (trasp. mar.) equipment.
correggere, v. t. ❶ to correct, to adjust, to alter, to rectify, to revise, to right, to straighten out. ❷ (elab. elettr.) (errori) to debug. △ ❶ **Non avete corretto tutti gli errori di calcolo nel nostro conto** you haven't rectified all the miscalculations in our account. // ~ **un errore** to right a mistake; ~ **un manoscritto** to revise a manuscript; ~ **squilibri fondamentali** (econ., fin.) to adjust fundamental imbalances.
correlare, v. t. ❶ to correlate. ❷ (elab. elettr.) to map.
correlazione, n. f. ❶ correlation. ❷ (elab. elettr.) mapping, map.
corrente, a. ❶ current, instant, running. ❷ (presente) present; todayish (fam.). ❸ (fin.) (di capitolo d'entrata o spesa di bilancio) above-the-line, above-line. ❹ (market.) (di qualità) going, standard. n. f. (anche fig.) stream, current. △ a. ❶ **Vi ringraziamo della vostra lettera del 21** ~ we thank you for your letter of the 21st instant. // ~ **alternata** alternating current; ~ **continua** direct current; ~ **di comando** (elab. elettr.) control current; ~ **di marea** (trasp. mar.) tidal stream; tidal current (USA); **le correnti di scambio** (comm. est.) the flow of trade; **la** ~ **di sinistra d'un partito** the left wing of a party; **la** ~ **di sinistra d'un sindacato** (sind.) the left wing of a union; **al** ~ (di persona e di cosa) up-to-date; (di persona) conversant (with st.); (anche leg.) cognizant: **Non è ancora al** ~ **dei nuovi regolamenti** he is not yet conversant with the new rules.
correntista, n. m. e f. (banca, cred.) holder of a current account; depositor. △ **Il Sig. Bianchi è un nostro** ~ Sig. Bianchi has a current account with us.
correo, n. m. (leg.) co-respondent.
correre, v. i. e t. to run*. // ~ **un rischio** to run a risk; to incur a risk; ~ **via** to run away; **che corre** running.
correttamente, avv. correctly.
correttezza, n. f. correctness. // ~ **commerciale** (market.) fair trade practices.
correttivo, a. corrective.
corretto, a. correct, right.
correttore, n. m. corrector. // ~ **di bozze** (giorn.) corrector of the press, press corrector, printer's reader, proof reader, reader.
correzione, n. f. correction, alteration, rectification, revision. △ **Non si accettano cambiali recanti correzioni** no corrected bills are accepted. // **la** ~ **degli errori di stampa** (giorn.) the detection and rectification of misprints; ~ **di bozze** (giorn.) proof-correcting, proof-reading.
corridoio, n. m. corridor, gangway.
corridore, n. m. runner.
corriera, n. f. (trasp.) coach.
corriere, n. m. (trasp.) carrier, common carrier. // ~ **speciale** (trasp.) express; **a volta di** ~ (comun.) by return of mail.
corrispettivo, n. m. (leg.) consideration. // ~ **inadeguato** (della prestazione) inadequate consideration; **per un** ~ **in denaro** (comm.) for a money consideration.
corrispondente, a. corresponding. n. m. e f. ❶ (market.) connection. ❷ (pers.) correspondent, correspondence clerk, corresponding clerk. △ n. ❶ **Abbiamo un** ~ **a Parigi** we have a connection in Paris; ❷ **Al giorno d'oggi c'è un gran bisogno di corrispondenti in lingue estere** foreign correspondents are badly needed nowadays; **I corrispondenti per l'inglese sono pagati bene** English correspondents are well paid. // ~ **all'estero** (comm. est.) foreign correspondent; ~ **estero** (pers.) foreign correspondent, foreign languages correspondent; ~ **in lingue estere** (pers.) foreign languages correspondent, foreign correspondent; ~ **pagato un tanto la riga** (giorn.) string correspondent; stringer, stringman (fam.).

corrispondenza, *n. f.* ❶ correspondence; (*relazione, rapporto*) connection, connexion. ❷ (*comun.*) (*posta*) correspondence, post, mail. △ ❷ **Manteniamo una vasta ~** we are carrying on an extensive correspondence; **Tutta la ~ deve essere archiviata** all correspondence must be filed; **Il capo sta esaminando la ~** the boss is going through his correspondence; **La ~ non è stata consegnata a causa dello sciopero postale** the mail has not been delivered because of the postal strike. // **~ commerciale** commercial correspondence, business correspondence; **~ in arretrato** arrears of correspondence; **~ in arrivo** (*comun.*) incoming letters, incoming mail; **~ in partenza** (*comun.*) outgoing letters, outgoing mail; **~ ordinaria** (*comun.*) routine mail; **~ per via aerea** (*comun.*) airmail correspondence.

corrispondere, *v. i.* ❶ to correspond, to agree, to tally. ❷ (*comun.*) to correspond. *v. t.* (*pagare*) to pay*, to pay* out; to give*. △ *v. i.* ❶ **I totali non corrispondevano** the totals did not correspond; **La somma espressa in parole non corrisponde a quella in cifre** the amount in words does not agree with the amount in figures; **La vostra merce non corrispondeva alla (merce indicata nella) fattura** your goods did not tally with the invoice; ❷ **Corrispondiamo con ditte di tutto il mondo** we correspond with firms all over the world; *v. t.* **Non mi è stato ancora corrisposto lo stipendio** I haven't been paid my salary yet; **Gli corrispondo un assegno mensile** I give him a monthly allowance. // **~ al campione** (*market.*) (*di merce*) to be up to sample; **~ alle aspettative di q.** to come up to sb.'s expectations; to answer: **Questo progetto non ha corrisposto alle (nostre) aspettative** this plan has not answered; **~ alle esigenze dei clienti** (*market.*) to meet the customers' requirements.

corroborare, *v. t.* to corroborate.

corrompere, *v. t.* ❶ to corrupt, to vitiate. ❷ (*leg.*) to bribe, to buy* off, to buy* over. ❸ (*leg.*) (*testimoni, ecc.*) to suborn. △ ❷ **Dicevano che avesse corrotto la giuria** he was said to have bribed the jury.

corruzione, *n. f.* ❶ corruption. ❷ (*leg.*) (*a mezzo di denaro, doni, ecc.*) bribery.

corsa, *n. f.* ❶ run. ❷ (*banca, fin., market.*) run. ❸ (*trasp. aut.*) (*d'un autobus, ecc.*) run. // **~ agli acquisti** (*di beni di consumo, conseguente a una riduzione delle imposte*) (*econ.*) spending spree; **una ~ ai titoli svizzeri** (*fin.*) a run on Swiss securities; **~ alle vendite** (*Borsa*) bear stampede; **in ~** running.

corsivo, *a.* (*giorn., pubbl.*). italic. *n. m.* (*giorn., pubbl.*) italics (*pl.*). // **in ~** (*giorn., pubbl.*) in italics.

corso, *n. m.* ❶ course. ❷ (*Borsa, fin.*) price. ❸ (*econ., market.*) price. ❹ (*fin.*) (*circolazione*) circulation. ❺ (*fin.*) (*tasso*) rate. △ ❶ **La legge deve seguire il suo ~** the law must take its course; ❸ **I corsi dei vini non sono stati omogenei in tutti gli Stati Membri produttori** prices for wine did not show the same trend in all producing Member Countries; ❹ **Quella banconota è fuori ~** that banknote is no longer in circulation (*o no longer current*). // **~ a vista** (*fin.*) demand rate; **~ acquisto** (*banca, fin.*) bought contract; **corsi commerciali** (*market.*) commodity prices; **~ dei cambi** (*fin.*) foreign-exchange rate; **un ~ dei cambi fluttuante** (*fin.*) a fluctuant exchange rate; **~ del cambio** (*fin.*) course of exchange, exchange rate; **~ del riporto** (*Borsa*) continuation rate; **corsi delle azioni** (*fin.*) share prices; **~ denaro** (*banca, fin.*) bought contract; **~ d'acqua navigabile** (*trasp.*) waterway; **~ d'acquisto** (*rag.*) cost price; **~ di chiusura** (*Borsa*) closing rate; **~ (d'istruzione) per corrispondenza** home study; **~ di studi** (*pers.*) curriculum; **~ fiduciario** (*di carta moneta*) (*fin.*) fiduciary circulation; **~ forzoso** (*fin.*) forced circulation, inconvertible circulation; **~ legale** (*fin.*) legal tender: **La sterlina ha ~ legale in tutto il Regno Unito** the pound sterling is legal tender all over the United Kingdom; **~ lettera** (*banca, fin.*) sold contract; **corsi oscillanti** (*Borsa*) fluctuating values; **corsi per operazioni a termine** (*fin.*) forward rates; **« corsi praticati »** (*Borsa*) **« business done »**, **« bargains done »**; **corsi sul mercato all'ingrosso** (*market.*) wholesale prices: **I corsi sul mercato all'ingrosso si sono stabilizzati a un livello vicino a quello del prezzo indicativo al lordo delle imposte** wholesale prices then steadied at a level close to the target price plus charges; **« tale quale »** (*fin.*) tel quel rate, tel quel quotation; **« tel quel »** (*fin.*) tel quel rate, tel quel quotation; **~ vendita** (*banca, fin.*) sold contract; **dar ~ a un'ordinazione** to carry out (*o* to execute, to fill) an order; **in ~** (*d'un lavoro, ecc.*) in progress, in hand: **La riunione è in ~** the meeting is in progress; **Il lavoro è ancora in ~** the work is still in hand; **in ~ di costruzione** under construction; **in ~ d'esecuzione** (*market.*) (*d'ordinazioni*) on hand; **in ~ di lavorazione** (*org. az.*) in process; in the works (*USA*); **in ~ di stampa** (*giorn., pubbl.*) on hand; forthcoming (*a.*); **nel ~ d'un anno o due** in the course of one or two years.

corte, *n. f.* (*leg.*) court. // **~ Costituzionale** (*leg.*) Constitutional Court (*in Italia*); **~ dei Conti** (*leg.*) State Audit Court (*in Italia*); **~ d'Appello** (*leg.*) Court of Appeal; Appellate Court, Court of Appeals (*USA*); **~ d'Assise** (*leg.*) Court of Assize; **~ di Cassazione** (*leg.*) Court of Cassation (*in Italia*); High Court of Justice (*in G.B.*); **~ di Giustizia** (*leg.*) Court of Justice, law-Court, Court, tribunal; **~ di Giustizia di primo grado** (*leg.*) magistrate's Court (*in G.B.*); **la ~ Suprema** (*leg., USA*) the Supreme Court: **La ~ Suprema è la ~ federale di grado più alto negli Stati Uniti** the Supreme Court is the highest Federal Court in the United States.

cortese, *a.* kind. △ **Vi ringraziamo della ~ offerta del 4 settembre** we thank you for your kind offer of the 4th of September. // **con ~ sollecitudine** at your earliest convenience; **con ~ urgenza** at your earliest convenience.

cortesia, *n. f.* kindness.

corto, *a.* short, brief. // **essere a ~ di** to be short of: **Siamo a ~ d'operai specializzati** we are short of skilled workers; **essere a ~ di quattrini** to be out of money, to be hard up; to be in low water(s) (*fig.*).

cortometraggio, *n. m.* (*pubbl.*) short film, short.

cosa, *n. f.* ❶ thing. ❷ (*faccenda*) matter. △ ❶ **Finalmente le cose vanno meglio** things are getting better at last; ❷ **La ~ deve restare fra di noi** the matter must remain between us. // **~ abbandonata** (*dal proprietario*) (*leg.*) derelict; **la ~ assicurata** (*ass.*) the thing insured, the insured property; **~ che fa risparmiare** saver; **~ che indica** pointer; **~ che non vale (più) nulla** (*fig., fam.*) write-off; **~ che produce** (*o che rende*) (*econ., fin.*) yielder; **una ~ che si deve fare** a must (*fam.*); **~ confiscata** (*leg.*) forfeit; **una ~ di cui non si può fare a meno** a must (*fam.*); **la ~ di domani** (*pubbl.*) (*il prodotto che si sta affermando*) the coming thing; **la ~ di moda** (*pubbl.*) the coming thing; **~ in vendita** buy (*fam.*); **la ~ migliore** (the) best thing, best; pick (*fam.*); **~ necessaria** necessity, necessary; **~ rivendicata** (*di cui si afferma il diritto di proprietà*) (*leg.*) claim; **~ utile** utility.

coscienziosamente, *avv.* conscientiously.

coscienzioso, *a.* conscientious.
coseno, *n. m.* (*mat.*) cosine.
cosmopolita, *a.* e *n. m.* e *f.* cosmopolitan.
cospicuo, *a.* appreciable, considerable, remarkable, substantial. // **un aumento** ~ an appreciable increase.
costa, *n. f.* coast. // **lungo la** ~ (*trasp. mar.*) coastwise, coastways.
costante, *a.* constant, steady, unaltered, consistent. *n. f.* (*mat.*) constant. △ *a.* C'è stato un ~ **aumento dei prezzi della lana** there's been a steady rise in wool prices.
costare, *v. i.* ❶ to cost* (*anche fig.*); to come* to, to sell* for; to be (*fam.*). ❷ (*valere*) to be worth. △ ❶ **Costa troppo** it costs too much; **La casa mi è costata 90 milioni di lire** the house cost me 90 million lire; **Il suo atteggiamento gli costerà la nomina** his attitude will cost him his appointment; **Gli ombrellini costano dieci dollari l'uno** umbrellas sell for ten dollars each; **Quanto costa?** how much is it?; **Questo libro costa dieci scellini** this book is ten shillings.
costeggiare, *v. i.* (*trasp. mar.*) to coast, to sail along the coast. *v. t.* (*trasp. mar.*) to coast along, to sail along. △ *v. t.* **La nostra nave costeggiò la penisola** our ship sailed along the peninsula.
costiero, *a.* (*trasp. mar.*) coasting. // **commercio** ~ coasting trade.
costituire, *v. t.* ❶ to constitute, to form, to make* up. ❷ (*fondare*) to found, to set* up. ❸ (*leg.*) to constitute. ❹ (*leg.*) (*una società di capitali*) to incorporate. △ ❶ **Dodici persone costituiscono una giuria** twelve people constitute a jury; **La regione italiana è costituita da varie province** an Italian region is made up of various provinces; ❷ **Con l'aiuto dei suoceri, ha costituito una piccola azienda** he has set up a small firm with the help of his wife's parents; ❹ **Quando un'impresa viene costituita in società, acquisisce lo stato giuridico di società per azioni** when an undertaking is incorporated into a corporate body, it acquires the legal status of a joint-stock company. // ~ **un comitato** to constitute a committee; ~ **in pegno** (*leg.*) to pledge; ~ **reato** (*leg.*) to amount to an offence (*o* to a crime); ~ **una rendita vitalizia** (*fin.*) to settle an annuity; ~ **riserve (scorte)** to build up reserves (stock); ~ **una società (di capitali)** (*fin.*) to form a company; ~ **una società (di persone)** (*fin.*) to form a partnership; **chi costituisce una società** (*leg.*) incorporator.
costituirsi, *v. rifl.* ❶ to constitute oneself. ❷ (*leg.*) to deliver (*o* to give*) oneself up. △ ❶ **Non ha il diritto di** ~ **giudice della mia condotta** he has no right to constitute himself a judge of my conduct; ❷ **Si è costituito ai carabinieri** he has given himself up to the police. // ~ **all'autorità giudiziaria** (*leg.*) to surrender oneself to justice; ~ **in giudizio** (*leg.*) to appear before the Court; ~ **in sindacato** (*fin.*) to syndicate; ~ **parte civile** (*leg.*) to prosecute, to sue (in a civil case).
costituito, *a.* (*fin.*) (*in corporazione, società o ente pubblico*) corporate.
costitutivo, *a.* ❶ constitutive. ❷ (*fin., leg.*) of association. △ ❷ **L'atto** ~ **d'una società per azioni è un documento debitamente bollato come atto legale e sottoscritto dai promotori** the memorandum of association of a limited company is a document duly stamped as a deed and signed by the promoters.
costituzionale, *a.* constitutional.
costituzione, *n. f.* ❶ constitution, formation. ❷ (*fondazione*) foundation, setting up. ❸ (*leg.*) constitution. ❹ (*leg.*) (*di società di capitali*) incorporation. // ~ **delle scorte** (*org. az.*) warehousing; **la** ~ **d'una rendita per q.** (*fin.*) the settlement of an annuity on sb.; **la** ~ **d'una società (di capitali)** (*fin.*) the foundation of a company, the incorporation of a company; **la** ~ **d'una società (di persone)** (*fin.*) the formation of a partnership; ~ **in giudizio** (*leg.*) appearance before the Court; **una** ~ **rigida** (*leg.*) a rigid constitution.
costo, *n. m.* ❶ cost; tab (*fam.*). ❷ (*spesa*) charge, expense. ❸ (*tariffa*) rate. ❹ (*rag.*) cost. △ ❶ **Tutti cercano di diminuire i costi** everyone is trying to lower costs; **Il** ~ **delle autostrade potrebbe arrivare fino a 1.000.000 al metro** the tab for motorways might run as high as 1,000,000 lire a metre. // ~ **alternativo** (*rag.*) alternative cost, opportunity cost; ~ **anticipato** (*rag.*) deferred charge, deferred asset; « ~, **assicurazione e nolo** » (*trasp. mar.*) « cost, freight, and insurance », « cost, insurance, freight » (*c.i.f.*); « ~, **assicurazione e nolo al porto d'arrivo** » (*trasp. mar.*) « cost, insurance and freight, port of discharge »; ~ **complessivo** (*econ., market.*) all-in cost; (*rag.*) total cost; **costi costanti** (*econ.*) constant costs; **costi crescenti** (*econ.*) increasing costs; **costi decrescenti** (*econ.*) decreasing costs; ~ **degli aumenti salariali** (*econ.*) wage bill; ~ **dei fattori di produzione** (*econ.*) factor cost (*secondo Keynes*); ~ **dei locali** (*d'un'azienda*) (*rag.*) cost of the premises; ~ **del conio d'una moneta** brassage; ~ **del lavoro** (*econ., rag.*) labour costs; (*rag.*) work cost; ~ **del trasporto** carriage; transportation (*USA*); ~ **della manodopera** (*rag.*) cost of labour; ~ **dell'opportunità** (*econ.*) opportunity cost; ~ **della vita** (*econ.*) cost of living; **costi d'amministrazione** (*rag.*) administrative cost; **costi di capitale** (*fin., rag.*) principal costs; ~ **di coniatura** (*fin.*) mintage; **costi di distribuzione** (*econ.*) distribution costs, marketing costs; (*market.*) delivery costs; **costi d'esercizio** (*rag.*) operating costs, operational costs; **costi di gestione** (*rag.*) operating costs; **costi d'immobilizzo** (*rag.*) carrying charges; ~ **di lavorazione** (*rag.*) manufacturing cost; **costi di magazzinaggio** (*rag.*) storage costs; **costi di manutenzione** (*rag.*) maintenance costs; ~ **di produzione** (*rag.*) production cost, process cost, factory cost, flat cost; ~ **d'un programma accelerato** (*amm., org. az.*) crash cost; **costi di reparto** (*rag.*) departmental costs; ~ **di sostituzione** (*d'un'attività fissa con un'altra altrettanto valida*) (*org. az.*) replacement cost; **costi di trasformazione** (*dalla materia prima al prodotto finito*) (*econ.*) conversion costs; ~ **diretto** (*rag.*) direct cost, direct charge, specific cost; « ~ **e nolo** » (*trasp. mar.*) cost and freight (*c. & f.*); **costi fissi** (*rag.*) fixed costs, indirect costs, capacity overhead costs; **costi flessibili** (*rag.*) discretionary expenses; ~ **indiretto** (*rag.*) indirect cost, indirect charge; ~ **industriale** (*rag.*) manufacturing cost; **costi infrastrutturali** (*econ.*) infrastructure costs; ~ **marginale** (*econ.*) marginal cost; ~ **marginale decrescente** (*econ.*) decreasing marginal cost; ~ **medio** (*econ.*) average cost; **costi moderati** (*econ.*) moderate costs; ~ **originario** (*rag.*) historical cost; **costi parzialmente variabili** (*rag.*) semi-variable costs; ~ **per miglio** (*trasp.*) milage; ~ **per mille** (*pubbl.*) (*costo d'ogni pagina pubblicitaria riferito a mille lettori primari d'una pubblicazione*) cost per page per thousand circulation; ~ **primo** (*rag.*) (*costo della materia prima più le spese dirette di lavorazione*) prime cost, first cost; ~ **reale** (*rag.*) real cost, historical cost; **costi salariali** (*econ.*) wage costs; ~ **sostenuto** (*per un'attività fissa*) **non soggetto a variazioni** (*al variare del numero d'unità prodotte*) (*rag.*) sunk cost; ~ **standard** (*org. az., rag.*) standard cost; ~ **standard per unità di prodotto** (*org. az., rag.*) standard cost per unit; ~

standard unitario (*org. az., rag.*) standard cost per unit; **costi stimati** (*rag.*) estimated costs; ~ **unitario** (*rag.*) unit cost; **costi variabili** (*rag.*) variable costs, running costs, direct costs; **al** ~ at cost: **Vendere al** ~ **è l'unica cosa che possiamo fare** the only thing we can do is to sell at cost; **del** ~ **di** (*del valore di*) worth: **Ho comprato un'auto usata del** ~ **di 900.000 lire** I've bought a second-hand car worth 900,000 lire; **sotto** ~ below cost.

costoso, *a.* ❶ costly, expensive, dear. ❷ (*market., anche*) high. // **poco** ~ cheap, inexpensive.

costringere, *v. t.* to compel, to force, to oblige. △ **La malattia lo costrinse a dimettersi** he was compelled by illness to resign; **Fummo costretti ad adire le vie legali** we were forced to resort to legal proceedings. // ~ (*q.*) **a consegnare qc.** (*leg.*) to requisition; ~ **all'atterraggio** (*trasp. aer.*) to ground.

costrizione, *n. f.* ❶ compulsion, pressure. ❷ (*leg.*) (*coercizione*) coercion.

costruire, *v. t.* to construct, to build*, to build* up, to make*. △ **Sono state costruite molte fabbriche nuove** a lot of new factories have been built. // ~ **in serie** (*econ.*) to mass-produce, to standardize; ~ **un modello matematico** (*ric. op.*) to construct a mathematical model.

costruito, *a.* constructed, built, made. // ~ **a richiesta** (*org. az.*) custom-built; ~ **in serie** (*org. az.*) mass-produced.

costruttivo, *a.* constructive.

costruttore, *n. m.* builder, constructor, maker. // ~ **d'automobili** (*trasp. aut.*) car-maker; ~ **navale** (*trasp. mar.*) shipbuilder.

costruzione, *n. f.* building, construction, making. // ~ **in serie** (*econ.*) mass-production, standardization; **costruzioni navali** (*trasp. mar.*) shipbuilding; **di** ~ constructional, constructive; **in** ~ (*org. az.*) under construction, in process of construction.

costumanza, *n. f.* custom, usage, usance.

costume, *n. m.* (*costumanza*) custom, usage.

cotangente, *n. f.* (*mat.*) cotangent; cot (*abbr., fam.*).

cotone, *n. m.* cotton. // ~ **a fibra corta (lunga)** short- (long-) staple cotton; ~ **greggio** raw cotton.

cottimista, *n. m. e f.* (*pers.*) piece-worker, jobber.

cottimo, *n. m.* ❶ (*org. az.*) piece-work. ❷ (*pers.*) (*il contratto*) jobbing contract. ❸ (*pers.*) (*la retribuzione*) incentive pay. // **a** ~ (*pers.*) by the piece; **dare lavoro a** ~ to job out work; **lavoro a** ~ work by the piece; piecework.

cover girl, *n. f.* (*pubbl.*) (*ragazza la cui foto appare sulle copertine dei periodici*) cover girl.

creare, *v. t.* ❶ to create, to make*. ❷ (*fondare*) to found, to set* up. ❸ (*causare, determinare*) to cause, to determine. △ ❶ **Abbiamo creato nuovi modelli per l'estate** we have created new summer models; ❷ **Il dottor A. Rossi ha creato una nuova azienda** doctor A. Rossi has set up a new firm; ❸ **È la domanda che crea l'offerta** it is demand that determines supply. // ~ **difficoltà** to make difficulties; ~ **una nuova serie di azioni** (*fin.*) to create a new series of shares.

creativo, *a.* creative. *n. m.* (*pubbl.*) copywriter.

creato, *a.* created, made. // ~ **dai giudici** (*leg.*) judge-made; ~ **dall'uomo** man-made.

creatore, *n. m.* creator, maker.

creazione, *n. f.* creation, making. // ~ **dei bisogni** (*nei consumatori*) (*econ., pubbl.*) want creation; **la** ~ **d'industrie nei Paesi sottosviluppati** the creation of industries in underdeveloped Countries.

credenziale, *n. f.* (*banca, cred.*) bank draft, banker's draft.

credenziali, *n. pl.* credentials; letter credential, letter of credence (*sing.*).

credere, *v. t. e i.* ❶ (*prestar fede*) to believe. ❷ (*reputare, ritenere*) to think*, to believe, to deem, to repute. △ ❶ **Credo in quel che dice** I believe what he says; ❷ **Credo che gli concederemo il mutuo** I think (*o* believe) we will grant him the loan. // ~ **a un testimone** to believe a witness; **non** ~ **a q.** (*anche*) to discredit sb.

credibile, *a.* ❶ believable, credible. ❷ (*di persona*) (*degno di fede*) reliable, trustworthy.

credibilità, *n. f.* ❶ believableness, credibility. ❷ (*di persona*) reliability, trustworthiness.

«**creditcarta**», *n. f.* (*banca*) credit card.

creditizio, *a.* credit (*attr.*). // **la stretta creditizia** (*econ., fin.*) the credit squeeze.

credito, *n. m.* ❶ credit; (*talora*) claim. ❷ (*fiducia, reputazione*) credit, credence, reputation. ❸ (*di cui gode una ditta*) credit standing, credit status. ❹ (*rag.*) (*d'un conto*) credit; (*lato dell'avere*) credit side. △ ❶ **Il commercio vive di** ~ trade lives on credit; **Ho ottenuto un mese di** ~ I've obtained a month's credit; **Oggigiorno trovar** ~ **è difficile** credit is closed nowadays; **In questo negozio non si fa** ~ no credit is given at this shop; **Il** ~ **è esaurito** the credit is exhausted; **Essendo trascorsa la validità del** ~, **favorite rinnovarlo** credit having run out, please renew same; **Gli si può far** ~ **fino a mille dollari** his credit is good for one thousand dollars; **Questo** ~ **non è esigibile** this claim is not enforceable; ❷ **Chi dice** ~, **dice fiducia** who says credit, says confidence; ❸ **Svolgeremo indagini sul** ~ **di cui gode** we'll make inquiries into his credit status. // **crediti a breve scadenza** (*rag.*) accounts receivable; ~ **a breve (termine)** (*cred.*) short-term credit; ~ **a lunga scadenza** (*cred.*) long credit; ~ **a lungo (termine)** (*cred.*) long-term credit; ~ **a medio (termine)** (*cred.*) medium-term credit; **crediti accoppiati** (*fin.*) credits combining public and private funds; ~ **agrario** agricultural credit; ~ **al consumatore** (*fin., market.*) consumer credit, retail credit; ~ **all'esportazione** (*banca*) confirmed banker's credit; **crediti all'esportazione** (*comm. est.*) export credits; **crediti all'importazione** (*comm. est.*) import credits; ~ **allo scoperto** (*banca, cred.*) blank credit, open credit; (*rag.*) cash credit; **i crediti ammessi al fallimento** (*leg.*) debts which have been proved and admitted; ~ **bancario** credit at the bank, credit with the bank, bank credit; ~ **bancario confermato** (*banca, cred.*) confirmed banker's credit; ~ **bancario confermato e irrevocabile** (*banca, cred.*) confirmed, irrevocable banker's credit; ~ **chirografario** (*leg.*) chirography credit (*o* debt); unsecured credit (*o* debt), book debt; **crediti commerciali** commercial credits, commodity credits; ~ **confermato** (*cred.*) confirmed credit; ~ «**congelato**» (*cred.*) frozen credit; ~ **contestato** (*leg.*) disputed credit; **crediti destinati a finanziare investimenti produttivi** (*cred.*) loans to finance productive investment; ~ **d'accettazione** (*banca, cred.*) acceptance credit; ~ **di cassa** (*rag.*) cash credit; **crediti di dubbia esigibilità** (*cred.*) doubtful debts; ~ **d'imposta** (*fin.*) tax credit; **crediti d'incerta esigibilità** (*cred.*) doubtful debts; **crediti di rifinanziamento** (*ottenibili da un compratore straniero, qualora l'esportatore non possa fornire credito e il compratore non desideri pagare in contanti*) (*cred., fin.*) re-finance credits; ~ **difficile** (*fin.*) tight credit; **un** ~ **difficile da recuperare** a bad debt: **Quello sarà un** ~ **difficile da recuperare!** that's going to be a bad debt!; ~ **documentario** (*comm. est.*) documentary credit, document credit;

~ **documentato** (*comm. est.*) V. ~ **documentario**; ~ **esaurito** (*banca*) credit abated; ~ **esigibile** (*cred.*) collectable credit, collectible credit; ~ **esigibile in qualsiasi momento** (*cred.*) call-money; ~ **facile** (*fin.*) cheap money; **crediti finanziari** (*cred.*) financial credits, ~ **fiscale** (*fin.*) revenue claim; ~ **garantito da ipoteca** (*leg.*) claim secured by mortgage; ~ **immobiliare** (*cred.*) land credit, credit on real property; ~ **in bianco** (*banca, cred.*) blank credit, open credit; ~ **in conto corrente** (*banca*) overdraft credit; **un ~ inesigibile** (*cred.*) an uncollectible credit, an uncollectible debt, an uncollectible, a bad debt; ~ **infruttifero** (*cred.*) passive debt; **un ~ irrecuperabile** (*cred.*) an irrecoverable credit (*o* debt), an unrecoverable credit (*o* debt); ~ **irrevocabile** (*banca, cred.*) irrevocable credit; ~ **irrevocabile e confermato** (*banca, cred.*) irrevocable and confirmed credit; ~ **libero** (*banca, cred.*) blank credit; ~ **mercantile** (*cred.*) mercantile credit; ~ **navale** (*cred.*) maritime credit; ~ **non confermato** (*cred.*) simple credit; **un ~ non contestato** (*cred.*) an undisputed credit; ~ **non documentario** (*banca, cred.*) clean credit, open credit; **un ~ non riscosso** (*cred.*) an uncollected debt; ~ **per elasticità di cassa** (*rag.*) clean credit; ~ **personale** (*cred., fin.*) personal credit, personal loan; ~ **prescritto** (*cred.*) barred credit; ~ **privilegiato** (*cred.*) preferential credit, secured credit, claim secured by bond, privileged debt, preferred debt; **crediti probabili** (*cred.*) dependencies; **un ~ revocabile** (*cred.*) a revocable credit; **crediti riconosciuti dalla legge** (*leg.*) lawful debts; ~ **rotativo** (*concesso alle condizioni che, una volta utilizzato, venga ripristinato per l'importo originario*) (*banca*) revolving credit; **crediti sicuri** (*cred.*) good debts; ~ **superiore a sei mesi** (*che, in via eccezionale, una banca concede a un esportatore*) (*banca*) extended credit; **un ~ trasferibile** (*cred.*) a transferable credit; ~ **verificato** (*e ammesso al passivo d'un fallimento*) (*leg.*) proved credit; **crediti verso (società) collegate** (*fin., rag.*) intercompany receivables; **a ~** on credit, upon credit, on a credit basis, on trust; (*rag.*) on the credit side; **credit** (*a. attr.*): **Abbiamo venduto loro molta merce a ~** we have sold them a lot of goods on credit (*o* on trust); **Nella contabilità a partita doppia, ogni operazione è registrata in due conti, e ogni registrazione a ~ d'un conto trova corrispondenza in una registrazione nel dare d'un altro conto** in double-entry bookkeeping, each transaction is entered in two accounts, each entry on the credit side of an account having a corresponding entry on the debit side of another account; **Questa ditta è specializzata in operazioni a ~** this firm specializes in credit transactions; **di ~** credit (*attr.*): **Le banche sono istituti di ~** banks are credit institutions; **titolo di ~** credit instrument.

creditore, *n. m.* ❶ creditor. ❷ (*leg., anche*) obligee. ❸ (*rag.*) creditor, credit, credit side. △ ❶ **Uno dei creditori ha presentato al tribunale istanza di fallimento** one of the creditors has presented a petition of bankruptcy to the Court; **Ha raggiunto un concordato con i suoi creditori** he has reached a composition with his creditors; **Anzitutto vengono liquidati i creditori privilegiati e quelli ipotecari** preferential and mortgage creditors are paid off first; **Sono ~ d'una risposta** (*da te*) (*fig.*) you owe me an answer. // **~ che fa eseguire il protesto** (*leg.*) protester, protestor; ~ **chirografario** (*leg.*) chirographary creditor, unsecured creditor; **creditori diversi** (*rag.*) sundry creditors; ~ **giudiziario** (*leg.*) judgement creditor; ~ **in solido** (*leg.*) co-creditor; **un ~ insistente** (*cred.*) an urgent creditor; a dun (*fam.*); ~ **ipotecario** (*cred., leg.*) mortgage creditor, mortgagee, loan holder; ~ **principale** (*cred.*) principal creditor, chief creditor; ~ **privilegiato** (*leg.*) preferential creditor, preferred creditor, lien creditor, secured creditor; ~ **su cambiale** (*leg.*) creditor on a bill of exchange; ~ **su ipoteca** (*leg.*) creditor on mortgage; ~ **su prestito marittimo** (*leg.*) creditor on bottomry; **assemblea dei creditori** (*leg.*) creditors' meeting.

crescente, *a.* growing, increasing, rising. // **sempre ~** ever increasing; up-and-up (*attr.*).

crescere, *v. t.* ❶ (*aumentare*) to increase, to augment, to raise, to advance, to put* up, to up. ❷ (*allevare, educare*) to bring* up, to rear. ❸ (*coltivare*) to grow*. ❹ (*econ., market.*) (*i prezzi, ecc., anche*) to lift, to stiffen. *v. i.* ❶ (*svilupparsi*) to grow*, to grow* up. ❷ (*aumentare*) to grow*, to increase, to augment, to advance, to rise*, to go* up, to step up. ❸ (*in fretta*) to swell, to upsurge. ❹ (*fin., market.*) (*di prezzi, ecc.*) to rise*, to go* up, to up. △ *v. t.* ❶ **Il Governo ha deciso di ~ le imposte dirette** the Government has decided on increasing direct taxation; **I negozianti presto cresceranno i prezzi** shopkeepers will soon raise (*o* advance) their prices; **Il principale ha deciso di crescermi lo stipendio** the boss has made up his mind on raising my salary; **Il padrone di casa vuole ~ l'affitto di dieci sterline al mese** the landlord wants to put up the rent by ten pounds a month; ❷ **L'ho cresciuto come un figlio** I brought him up as if he were my son; ❸ **Ho deciso di ~ granturco anziché grano** I've decided on growing maize instead of wheat; ❹ **Verrà cresciuto il prezzo di talune derrate** the prices of certain commodities will be lifted; **Vogliono ~ ancora i prezzi all'ingrosso** they want to stiffen wholesale prices again; *v. i.* ❶ **La vegetazione non cresce in queste terre aride** no vegetation grows on these barren lands; **Il ragazzo è cresciuto** the boy has grown up (*o* has grown taller); ❷ **Crescono le difficoltà dell'economia italiana** the difficulties of the Italian economy are growing (*o* increasing); **Il numero dei disoccupati cresce di continuo in Italia** the number of unemployed is steadily growing in Italy; **La popolazione è cresciuta del 5%** the population has increased by 5%; **I prodotti petroliferi sono cresciuti a dismisura** petroleum products have risen enormously; **L'anno scorso i prezzi del grano sono cresciuti del 18%** wheat prices advanced 18% last year; **È cresciuto nella stima del principale** he has risen in his boss's esteem; ❸ **Le possibilità di lavoro vanno crescendo rapidamente** job opportunities are swelling; ❹ **I prezzi continuano a ~** prices continue to rise (*o* to go up); **Tutto cresce eccetto i salari e le pensioni** everything is going up except salaries and pensions; **Le tariffe d'importazione sono cresciute da un giorno all'altro** import tariffs have upped overnight. // **~ come un fungo** to mushroom; **~ i dazi doganali** (*dog.*) to raise custom duties; **~ di prezzo** to advance (*o* to increase) in price, to appreciate; **~ di valore** (*fin., market.*) to appreciate, to go better; **~ improvvisamente** (*fin., market.*) (*di prezzi, ecc.*) to jump, to leap: **I costi sono cresciuti all'improvviso e a dismisura** costs have leapt out of proportion; **~ più di to outgrow**: **L'umanità cresce più delle risorse alimentari** mankind is outgrowing food supplies; **~ i prezzi** (*market., anche*) to raise prices, to enhance prices; **~ il prezzo della benzina** to advance the price of petrol; **~ vertiginosamente** (*econ.*) (*di prezzi, ecc.*) to spiral upward: **Il costo della vita sta crescendo vertiginosamente in Italia** Italy's cost of living is spiralling upward; **far ~ i prezzi** (*fin., market.*) to force up prices.

crescita, *n. f.* ❶ growth. ❷ (*aumento*) growth, increase, rise, advance. ❸ (*repentina*) upsurge, upswing, swell. ❹ (econ., market.) (di costi, prezzi, ecc.) lift, increase, rise. ❺ (pers.) (di salario) advance, increase, increment, rise; raise (USA). △ ❶ Questi alberi sono in piena ~ these trees are in full growth; ❷ La ~ continua della popolazione urbana è un fenomeno preoccupante per la società the steady growth of urban population is a real worry for society; ❸ C'è stata una ~ paurosa della popolazione dei Paesi in via di sviluppo there's been a real swell in the population of developing Countries; ❹ Ci aspettiamo una ~ del costo delle materie prime we are expecting an increase in the cost of basic materials; ❺ Con la ~ dei salari, crebbe anche il costo della vita as wages advanced, so did the cost of living. // la ~ dei prezzi (econ.) the price increase; the rise in prices; ~ del capitale (con il concorso dell'interesse capitalizzato) (fin.) accumulation; ~ di valore (fin., rag.) appreciation; ~ improvvisa (dei prezzi) (fin., market.) jump, leap, upswing (in prices); in ~ growing.

cricca, n. f. clique. // ~ di compratori (a una vendita all'asta) sale-ring; ~ di speculatori (Borsa, fin.) ring.

criminale, a. e n. m. e f. (leg.) criminal.
criminalista, n. m. e f. (leg.) criminalist.
criminalità, n. f. ❶ (leg.) criminality. ❷ (crimine) crime. △ ❷ La ~ è in aumento crime is increasing.
crimine, n. m. (leg.) crime. // ~ passibile di pena capitale (leg.) capital offence.
criminoso, a. (leg.) malicious, wrongful.
crisi, n. f. inv. ❶ crisis*. ❷ (econ.) crisis*, depression, slump; doldrums (pl.). △ ❶ Si è superata la ~ the crisis has been overcome; ❷ Siamo in piena ~ finanziaria we're right in the middle of a financial crisis; La loro è una ~ di sovrapproduzione their crisis is due to overproduction; C'è una grave ~ commerciale there is a serious depression in trade; Passammo attraverso la ~ economica degli ultimi anni sessanta we went through the economic doldrums of the late sixties. // ~ congiunturale (econ.) cyclical malaise; la ~ degli alloggi (econ.) the housing shortage, the housing problem; la ~ del 1929 (in U.S.A.) the Great Depression; ~ della Borsa (fin.) slump on the Stock Exchange, market crisis; ~ di fiducia (econ.) confidence crisis: Ci sono state ripetute crisi di fiducia nella sterlina there have been recurring sterling confidence crises; ~ economico-finanziaria (econ., fin.) economic-financial crisis; una ~ finanziaria (fin.) a financial crisis; ~ stagionale (econ.) seasonal down: Certe industrie sono particolarmente soggette a crisi stagionali certain industries are especially subject to seasonal downs; ~ strutturale (econ.) structural malaise.
criterio, n. m. ❶ criterion*, principle, rule. ❷ (ric. op.) criterion*. // col ~ della competenza (economica) (fin., rag.) on an accrual basis; col ~ per cassa (fin., rag.) on a cash basis.
critico, a. critical, crucial. n. m. critic; (correttore) corrector; (fig.) pundit. △ a. La situazione economica è critica the economic situation is a critical one; n. I critici hanno cominciato a parlare d'una nuova svalutazione the pundits have begun to speak of a new devaluation.
croce, n. f. cross. // farci una ~ sopra (fig.) to think no more about st.; to write st. off.
crocevia, n. m. inv. (trasp. aut.) road crossing; cross-roads (col verbo al sing.).
crocicchio, n. m. (trasp. aut.) road crossing; cross-roads (col verbo al sing.).
crociera, n. f. (trasp. mar., tur.) cruise. △ Giovanna è andata in ~ alle Canarie Giovanna has gone on a cruise to the Canary Islands.

crollare, v. i. ❶ to collapse, to fall* down, to crumble up, to tumble down. ❷ (fig.) (andare in rovina) to collapse, to crash, to fall* to pieces. ❸ (econ., fin., market.) (di prezzi, ecc.) to collapse, to crumble, to fall*, to sag, to slump. △ ❶ Il tetto crollò per il peso della neve the roof collapsed under the weight of the snow; Quel vecchio edificio sta crollando that old building is falling (o tumbling) down; Il ponte crollò sotto il peso del treno the bridge crumbled up under the weight of the train; ❷ Ho visto ~ il mio ambizioso progetto I've seen my ambitious plan collapse; Il suo grande piano finanziario è crollato miseramente his great financial scheme crashed miserably; ❸ Il prezzo del latte è crollato the price of milk collapsed; I prezzi dei televisori stanno per ~ the prices of TV sets are about to crumble; Le azioni della gomma stanno crollando rubber shares are falling; La produzione e i prezzi stanno crollando output and prices are sagging. // che può ~ collapsable, collapsible.

crollo, n. m. ❶ (anche fig.) collapse, crumbling, downfall, fall. ❷ (fisico e morale: d'una persona) break-down. ❸ (econ., fin., market.) collapse, crash, come-down, crumbling, fall, sag, slump, smash, tumble. △ ❶ Il ~ del tetto della galleria isolò trenta minatori the collapse of the gallery roof shut out thirty miners; Ho assistito al ~ dei suoi progetti (delle sue speranze) I have witnessed the collapse (o downfall) of his schemes (of his hopes); Il suo ~ fu dovuto al gioco d'azzardo his downfall was caused by gambling; ❷ Dopo anni di eccessivo lavoro, John ebbe un ~ pauroso after years of overwork, John suffered a tremendous break-down; ❸ Il ~ dei prezzi in Borsa del 1929 fu il primo sintomo della Grande Crisi americana the stock market crash of 1929 was the first sign of the Great Depression in the U.S.A.; Quando vi fu il ~ delle banche, migliaia di risparmiatori persero i risparmi d'un'intera vita when banks crashed, millions of investors lost their life savings; Il mondo finanziario è rimasto scioccato dal ~ della settimana scorsa the financial world has been shocked by last week's sag; Quando fallirono le banche, molte ditte andarono in rovina nel ~ che seguì when the banks failed, a lot of firms were ruined in the smash that followed; Il ~ dei corsi (della Borsa) fu dovuto al rialzo del tasso ufficiale di sconto the tumble in stock market prices was due to the increase of the bank rate. // ~ dei prezzi (econ., fin., market.) collapse of prices; sag (o slump) in prices; price fall; ~ dei prezzi dei titoli (Borsa, fin.) sell-off; ~ dei prezzi in Borsa stock market crash.

cronaca, n. f. (giorn.) reporting, reportage, report.
cronista, n. m. e f. (giorn.) reporter; newshound (fam.). n. m. pressman* (ingl.); newspaperman* (USA). n. f. presswoman* (ingl.); woman* journalist (USA). // ~ che lavora, a mezzo tempo, anche per un altro giornale (o per un'altra agenzia giornalistica) (giorn.) stringer.
cronometrista, n. m. e f. (pers.) timekeeper. // ~ analista (pers.) V. cronotecnico; ~ industriale (pers.) V. cronotecnico.
cronometro, n. m. ❶ (cronot.) stopwatch, watch. ❷ (trasp. mar.) chronometer. // ~ a lettura volante (cronot.) flyback stopwatch, continuous reading stopwatch.
cronotecnica, n. f. (cronot.) time study.
cronotecnico, n. m. (cronot., pers.) (tecnico che annota e studia i tempi di lavorazione in un'azienda) time-study engineer, time-study expert.

cruciale, *a.* crucial.
crumiro, *n. m.* (*sind.*) blackleg, scab, strike-breaker.
cubaggio, *n. m.* cubage. // ~ **della merce caricata a bordo** (*trasp. mar.*) intake measurement.
cubico, *a.* (*mat.*) cubic, solid. // **equazione cubica** cubic equation; **misure cubiche** cubic (*o* solid) measures.
cubo, *a.* (*mat.*) cubic. *n. m.* (*mat.*) cube. // **al** ~ (*mat.*) cubed; **metro** ~ (*mat.*) cubic metre.
cuccetta, *n. f.* ❶ (*trasp.*) sleeping berth. ❷ (*trasp. mar.*) berth.
cucina, *n. f.* kitchen. // ~ **di bordo** (*trasp. mar.*) caboose, galley.
cucire, *v. t.* to sew*. // ~ (*fogli di carta*) **con punti metallici** to staple.
cumulare, *v. t.* to cumulate, to accumulate, to heap up, to hoard. △ **Voglio** ~ **gli interessi di quella somma di denaro** I want to accumulate the interests of that sum of money. // ~ **diversi uffici** (*pers.*) to hold several offices; ~ **due stipendi** (*pers.*) to draw two salaries.
cumularsi, *v. rifl.* ❶ to cumulate, to accumulate. ❷ (*fin.*) (*d'interessi*) to accrue.
cumulativo, *a.* (*anche fig.*) cumulative, accumulative. // **non** ~ (*fin.*) non-cumulative.
cumulazione, *n. f.* (*pubbl.*) cumulation.
cumulo, *n. m.* heap; (*di denaro*) hoard. // ~ **d'incarichi** (*pers.*) plurality of offices; ~ **di pene** (*leg.*) accumulative judgment (*o* sentence).
cura, *n. f.* ❶ (*premura*) care. ❷ (*attenzione*) care, carefulness, accuracy, attention. ❸ (*medicamento*) care, treatment, remedy. ❹ (*responsabilità di q.*) charge. △ ❷ **Il vostro ordine sarà eseguito con la massima** ~ your order will be executed with the utmost care (*o* will have our best attention); ❹ **Lasciarono a me la** ~ **della nostra azienda** they left me in charge of our business; **Lasciate a me la** ~ **di questo affare!** leave this matter to me! // **avere** ~ **del patrimonio di q.** to have the management of sb.'s estate.
curare, *v. t.* ❶ (*prendersi cura di*) to take* care of, to attend to, to see* to. ❷ (*medicare*) to treat. ❸ (*guarire*) to cure. △ ❶ **Sarebbe ora che tu curassi i tuoi affari** it's high time you should take care of your business; **Curerò personalmente la spedizione della merce** I'll see to the forwarding of the goods myself; **Intendiamo** ~ **le vostre ordinazioni con la massima attenzione** we want to attend to your orders with the utmost care. // ~ **l'accettazione d'una cambiale** (*cred.*) to provide a bill with acceptance; ~ **l'assicurazione della merce** (*ass.*) to effect (the) insurance of the goods; ~ **l'edizione di** (*opere altrui*) to edit; ~ **l'incasso d'una cambiale** (*cred.*) to attend to the collection of a bill; ~ **il pagamento d'una cambiale** (*cred.*) to protect a bill.
curarsi, *v. rifl.* ❶ (*aver cura di sé*) to take* care of oneself. ❷ (*occuparsi di*) to take* care of, to attend to, to look after, to see* to, to mind. ❸ (*essere in cura*) to be under treatment. △ ❷ **Chi si curerà dell'azienda dopo la morte del titolare?** who's going to take care of the firm after the owner's death?; **Curati dei fatti tuoi!** mind your own business!
curatela, *n. f.* ❶ (*leg.*) trusteeship. ❷ (*leg.*) (*d'un minore, ecc.*) curatorship (*in Italia*); guardianship (*in G.B. e in U.S.A.*). ❸ (*leg.*) (*di minore, interdetto, ecc.*) receivership (*in G.B.*). ❹ (*leg.*) (*fallimentare*) receivership (*in G.B.*). △ ❶ **Non era in grado d'accettare la** ~ **dei beni del fratello** he was not in a position to accept the trusteeship of his brother's property. // ~ **d'un fallimento** (*leg., anche*) administration of a bankrupt's estate.

curatore, *n. m.* ❶ (*leg.*) trustee; administrator. ❷ (*leg.*) (*di minorenne, d'incapace, ecc.*) curator (*in Italia*); receiver (*in G.B.*). ❸ (*leg.*) (*fallimentare*) trustee in bankruptcy, trustee; receiver (*in G.B.*). △ ❸ **È compito del** ~ **di fare la verifica dei crediti nel fallimento e di realizzare l'attivo** it is the trustee's duty to examine the proofs of debt and to realize the bankrupt's estate. // ~ « **ad interim** » (*d'un fallimento*) (*leg.*) official receiver (*in G.B.*); ~ **d'un alienato** (*leg.*) administrator for an insane person; ~ **d'eredità giacente** (*leg.*) administrator for vacant succession; ~ **d'un fallimento** (*leg.*) assignee in bankruptcy; ~ **d'un interdetto** (*leg.*) administrator for a disabled person; ~ **fallimentare** (*leg.*) trustee in bankruptcy; receiver in bankruptcy (*in G.B.*); ~ **provvisorio (d'un fallimento)** (*leg.*) official receiver, interim receiver.
curiosità, *n. f. inv.* curiosity. // **le curiosità d'un luogo** (*tur.*) the sights.
curricolo, *n. m.* (*pers.*) « curriculum* vitae », record.
curriculum, *n. m.* (*pers.*) « curriculum* vitae », record. △ **Ha un brillante** ~ **come dirigente** he has got a brilliant record as an executive. // « ~ **vitae** » (*pers.*) « curriculum vitae ».
curva, *n. f.* ❶ bend, curve, turn. ❷ (*mat.*) curve. // ~ **a campana** (*econ., stat.*) bell-shaped curve, normal curve; ~ **caratteristica** (*mat.*) characteristic curve; ~ **combinata della domanda e dell'offerta** (*econ.*) combined demand and supply curve; ~ **dei costi** (*econ.*) cost curve; ~ **della distribuzione** (*stat.*) distribution curve; ~ **della distribuzione di frequenza** (*stat.*) frequency curve; ~ **della domanda** (*econ.*) demand curve; ~ **dell'offerta** (*econ.*) supply curve; ~ **dell'offerta di mercato** (*econ.*) market-supply curve; ~ **(dell'andamento) di lavorazione** (*cronot., org. az.*) work curve; ~ **d'indifferenza** (*econ.*) indifference curve; ~ **d'ineguaglianza assoluta** (*econ.*) curve of absolute inequality; ~ **di probabilità** (*stat.*) probability curve; ~ **di rendimento** (*elab. elettr.*) performance curve; ~ **di servizio** (*cronot.*) service curve; ~ **d'uguaglianza assoluta** (*econ.*) curve of absolute equality; ~ **esponenziale** (*mat.*) exponential curve; **una** ~ **in una strada** (*trasp. aut.*) a turn in a road; ~ **normale** (*stat.*) normal curve, probability curve; ~ **periodica** (*stat.*) periodic curve; ~ **regressiva dell'offerta** (*econ.*) (*quando l'offerta d'un bene aumenta mentre diminuisce il prezzo di mercato*) regressive supply curve.
cuscinetto, *n. m.* ❶ (*imbottitura, tampone*) pad. ❷ (*org. az.*) cushion. // ~ **a sfere** ball-bearing; ~ **per timbri** (*attr. uff.*) ink-pad.
custode, *n. m. e f.* ❶ (*pers.*) keeper, warden, caretaker, guard. ❷ (*pers.*) (*d'un edificio pubblico*) custodian. // ~ **di scalo** (*trasp. mar.*) wharfinger; ~ **giudiziario di beni** (*leg.*) receiver (*in G.B.*); ~ (*di minore*) **nominato per testamento** (*leg.*) testamentary guardian; ~ **notturno** (*pers.*) night watchman.
custodia, *n. f.* ❶ (*leg.*) custody, charge, safeguard. ❷ (*lavoro di custode*) keeping, guard, watch. ❸ (*banca*) safe-keeping, safe custody. ❹ (*fin.*) custody. ❺ (*leg.*) custody. ❻ (*leg.*) (*di minorenne e sim.*) ward, wardship. // ~ **di cassette di sicurezza** (*banca*) safe custody, safe-keeping; ~ **doganale temporanea** (*dog.*) temporary warehousing; ~ **legale** (*leg.*) custody of the law; **chi ha l'incarico della** ~ **di q. o qc.** (*leg.*) committee.
custodire, *v. t.* ❶ (*conservare, serbare*) to keep*, to guard, to safeguard. ❷ (*sorvegliare*) to watch. ❸ (*aver cura di*) to take* care of; to look after. ❹ (*leg.*) to hold* in custody, to ward. // ~ **un segreto** to keep a secret.

D

da, *prep.* ❶ (*agente*) by. ❷ (*derivazione, provenienza, separazione*) from. ❸ (*tempo continuato*) since; for. ❹ (*stato in luogo*) at. ❺ (*moto a luogo*) to. ❻ (*moto per luogo*) through. ❼ (*presso*) at. ❽ (*market.*) (*di merce*) ex. △ ❶ **La merce è stata ordinata dal nostro agente** the goods were ordered by our agent; ❷ **I clienti arriveranno domani ~ Londra** our customers will arrive from London tomorrow; **Non abbiamo ancora ricevuto alcuna istruzione da voi** we have not yet received any instructions from you; **A decorrere (*o* a partire) ~ domani i nostri prezzi aumenteranno del 10%** as from tomorrow our prices will go up by 10%; ❸ **Aspettiamo la merce dal 1° marzo (~ due settimane, ecc.)** we have been waiting for the consignment since March 1st (for two weeks, etc.); **~ quanto tempo aspetti?** how long have you been waiting?; ❹ **Ti attenderò dal droghiere** I'll be waiting for you at the grocer's; ❺ **Domani vado dall'avvocato** I'll go to my solicitor's tomorrow; ❻ **La delegazione commerciale andrà a Milano passando ~ Bologna** the commercial delegation will go to Milan through Bologna; ❼ **Ho comprato questi regali ~ Boni** I bought these presents at Boni's; ❽ **Quando la merce viene ritirata dal magazzino del venditore, si dice che il prezzo è « sopra luogo » o « franco al punto di partenza »** when the delivery of goods is « ex warehouse », the price is said to be « spot » or « loco ». // **~ ... a** (*estremi inclusi*) through: **Teniamo aperto tutti i giorni feriali dal lunedì al venerdì** (*compresi*) we are open on all weekdays Monday through Friday; **dal principio alla fine** from beginning to end; through: **Ho ascoltato la relazione dal principio alla fine, poi mi sono alzato e ho detto quello che pensavo** I heard the report through, then I stood up and said what I had in mind; **un accordo ~ galantuomini** a gentlemen's agreement; **un biglietto ~ 1.000 lire** a 1,000-lire note; **una casa ~ affittare** a house to let; **una casa ~ vendere** a house for sale; **un francobollo ~ 50 lire** a 50-lire stamp; **una macchina ~ scrivere** a typewriter.

danaro, *n. m.* V. **denaro.**

danaroso, *a.* wealthy, rich; well-to-do, moneyed (*attr.*). △ **È un industriale ~** he is a wealthy (*o* rich) industrialist.

danneggiabile, *a.* damageable.

danneggiamento, *n. m.* ❶ damage, injure. ❷ (*sciupio*) spoiling, waste. // **~ doloso** (*leg.*) wilful damage.

danneggiare, *v. t.* ❶ to damage, to injure. ❷ (*sciupare*) to spoil, to waste. ❸ (*svantaggiare*) to disadvantage, to affect. ❹ (*nuocere a*) to harm. △ ❶ **Parte del carico non rimase danneggiata dall'acqua di mare** part of the cargo was not damaged by sea water; **La nuova imposta danneggerà gli affari** the new tax will injure business; ❷ **Fummo gravemente danneggiati dal crollo generale dei prezzi delle materie prime** we were seriously disadvantaged by the general fall of raw material prices; ❸ **Quella diceria, benché infondata, danneggiò la sua reputazione** that rumour, though unfounded, harmed his reputation.

danneggiato, *a.* damaged, injured. *n. m.* (*leg.*) (the) injured party. // **~ dall'acqua di mare** (*trasp. mar.*) (*di carico*) sea-damaged; **i danneggiati dalla guerra** the victims of the war; **non ~** (*ass., trasp.*) undamaged: **Le merci non danneggiate sono già state inoltrate al destinatario** the undamaged goods have already been forwarded to the consignee; **la parte danneggiata** (*leg.*) the injured party.

danno, *n. m.* ❶ (*anche leg.*) damage. ❷ (*svantaggio*) disadvantage. ❸ (*nocumento*) harm, ill. ❹ (*ass.*) damage. ❺ (*leg.*) injury, wrong. ❻ **danni,** *pl.* (*ass., leg.*) damages, losses. △ ❶ **Il ~ è stato causato dalla pioggia** the damage was caused by rain; **Il ~ derivava da un ritardo nella consegna** the damage resulted from a late delivery; ❷ **Il ~ è stato accertato** the damage has been ascertained; **Cercano di sminuire il ~** they are trying to underrate the damage; **Il ~ fu valutato in 1.000.000 di lire** the damage was assessed at 1,000,000 lire; ❺ **In che consiste il ~ di cui vi lamentate?** what is the wrong you complain of?; ❻ **Non siamo responsabili dei danni** we are not liable for the damages; **Chiesero il risarcimento dei danni** they claimed damages; **Siete tenuti a risarcire i danni** you are supposed to pay damages; **Tutti i danni devono essere risarciti in contanti** all losses are to be paid in cash. // **~ accidentale** (*leg.*) accidental damage; **~ al carico aprendo falle nella nave** (*ass. mar.*) damage to cargo by scuttling the ship; **~ arrecato alla cosa locata** (*da parte del locatario*) (*leg.*) dilapidation; **~ arrecato senza cattiva intenzione** (*leg.*) « damnum absque injuria »; **~ avvenuto durante il trasporto** (*ass., trasp.*) damage in transit; **danni contingenti** (*ass.*) contingent damages; **danni d'avaria** (*ass. mar.*) average damage; **danni di guerra** (*econ.*) war-damages; **un ~ di lieve entità** (*ass.*) a minor damage; **~ dovuto a forza maggiore** (*leg., trasp. mar.*) damage by act of God; **~ dovuto a negligenza** (*leg.*) damage due to negligence; **~ dovuto a negligenza grave** (*leg.*) damage due to gross negligence; **danni dovuti alla caricazione** (*ass. mar.*) damage in loading; **danni dovuti allo scarico** (*ass. mar.*) damage in discharging; **~ e perdita (derivanti) da incendio** (*ass.*) damage and loss by fire; **~ emergente** (*leg.*) consequential damage; **un ~ evidente** an apparent damage; **un ~ grave** (*leg.*) a serious damage; **danni indiretti** (*ass.*) consequential damages, remote damages; **~ inevitabile** (*ass., leg.*) inevitable damage; **~ intenzionale** (*leg.*) intentional damage; **danni lievi** (*leg.*) slight damages; **danni liquidati** (*ass.*) stipulated damages; **~ personale** (*leg.*) personal injury; **danni prodotti volontariamente** (*p. es., da un inquilino*) (*leg.*) voluntary waste; **danni reali** (*ass.*) substantial damages; **danni remoti** (*leg.*) remote damages; **un ~ riparabile** a reparable damage; **danni triplici** (*leg.*) treble damages; **danni valutati in misura eccessiva** (*leg.*) exemplary damages.

dannoso, *a.* detrimental, harmful, hurtful, injurious,

ill. △ Questo provvedimento è ~ per i nostri interessi this measure is detrimental to our interests.

dare[1], *n. m.* ❶ (*cred.*) (*debito*) debt. ❷ (*rag.*) debit, debit side; debtor, debtor side. △ ❶ Qual è il mio ~? what is my debt? (*o* what do I owe you?); ❷ Devi portare questa somma al ~ del conto you must carry this amount to the debit side of the account. // il ~ d'un conto (*rag.*) the debit of an account; ~ e avere (*rag.*) debit and credit; la colonna del ~ (*rag.*) the debit column.

dare[2], *v. t.* ❶ to give*. ❷ (*porgere, consegnare*) to hand; (*rassegnare*) to hand in. ❸ (*concedere*) to allow, to award, to grant. ❹ (*econ., fin.*) to yield, to bear*. ❺ (*market.*) (*un'ordinazione*) to place. ❻ (*rag.*) (*di conto, ecc.: un certo saldo*) to turn in. △ ❶ Quanto mi dai della mia vecchia automobile? how much will you give me for my old car?; Vi ringrazio dei consigli che mi avete dato I thank you for the advice you gave me; Ciò darà loro diritto di lamentarsi del servizio that will give them a right to complain about the service; ❷ Mi diede la ricevuta he handed me the receipt; Ha dato le dimissioni he has handed in his resignation; ❸ Dà 20 sterline all'anno a suo figlio per comprare libri he allows his son 20 pounds a year for books; Gli fu dato il primo premio he was awarded the first prize; ❹ Questo investimento dà il 9% all'anno this investment yields 9% a year; Questi buoni del Tesoro danno il cinque per cento d'interesse these bonds bear a five per cent interest. // ~ a nolo (*leg.*) to hire, to hire out, to let; ~ a q. il nome di q. altro come referenza (*pers.*) to refer sb. to sb. else; ~ a prestito (*cred.*) to lend; ~ aiuto a q. to give assistance to sb.; ~ alla stampa (*una notizia*) (*giorn.*) to release; ~ alle stampe (*giorn.*) to print; (*opere altrui*) to edit; ~ un'altra contropartita (*Borsa*) to give up; ~ atto di qc. to acknowledge st.; ~ autorità a q. (*leg.*) to warrant sb., empower sb.; ~ avviso legale (*leg.*) to give legal notice; ~ il benvenuto a q. to welcome sb.; ~ il cambio a (*un collega*) (*pers.*) to relieve; ~ una caparra to give an earnest; ~ la colpa a q. to blame sb.; ~ (*denaro, ecc.*) come proprio contributo to subscribe; ~ come pegno (*leg.*) to pledge; ~ un contrordine to countermand; ~ corso a un'impresa to carry out an enterprise; ~ da dormire a (*un certo numero di persone*) (*tur.: d'albergo, ecc.*) to sleep; « ~ dentro » (*fam.*) to trade in: Abbiamo « dato dentro » la vecchia macchina per acquistarne una di modello più recente we have traded in our old car for a new model; ~ le dimissioni (*pers.*) to hand in one's resignation, to resign; ~ le dimissioni da (*una carica, e sim.*) (*pers.*) to vacate; ~ le dimissioni da direttore (*amm.*) to resign as manager; ~ una direttiva to issue a directive; ~ un diritto a (*q.*) (*leg.*) to entitle: Ciò le dà diritto alla pensione that entitles her to pension; ~ la disdetta (*leg.*) to give notice: L'inquilino ha dato la disdetta the tenant has given notice; ~ la disdetta a q. (*leg.*) to give notice to sb.; ~ disdetta di sfratto (*leg.*) to give notice to quit; ~ disposizioni to arrange: Ho dato disposizioni perché vi sia un'automobile ad attendervi alla stazione I have arranged for a car to meet you at the station; ~ disposizioni per qc. to make arrangements for st.; ~ un eccessivo valore nominale al capitale di (*una società*) (*fin.*) to over-capitalize; ~ un esame (*pers.*) to take an examination; ~ esecuzione a una sentenza (*leg.*) to enforce a judgment; ~ una ferma assicurazione a q. to give sb. a definite assurance; ~ (un) frutto (*fin., rag.*) to return a profit; ~ garanzie effettive to give effective guarantees; ~ il gettito di (*una certa somma*) (*fin.*) (*d'imposta, tassa, ecc.*) to yield: Quest'anno l'imposta sul carburante ha dato un gettito d'oltre 15 milioni di dollari petrol tax yielded over $ 15 million this year; ~ una giornata di vacanza ai propri dipendenti (*pers.*) to give the staff a day off; ~ in affitto (*leg.*) to lease, to let, to rent; ~ in appalto (*leg.*) to farm, to farm out, to job, to let, to hire out on tender; ~ in garanzia (*leg.*) to give as security, to gage, to pawn; ~ in pegno to put in pledge, to gage, to pawn; ~ informazioni to give information; ~ informazioni a q. to inform sb.; ~ informazioni sbagliate a q. to misinform sb.: Al nuovo socio erano state date informazioni sbagliate circa l'ammontare dei debiti dell'azienda the new partner had been misinformed as to the extent of the firm's liabilities; ~ inizio a (*una moda, ecc.*) (*pubbl.*) to introduce: Ciò darà certamente inizio a una nuova moda nel design automobilistico that will surely introduce a new fashion in car-design; ~ inizio a una nuova campagna pubblicitaria (*pubbl.*) to open a new advertising campaign; ~ inizio ai lavori (*d'un'assemblea, ecc.*) (*amm.*) to take the chair; ~ inizio alla sottoscrizione (*di nuovi titoli, ecc.*) (*fin.*) to open the books; ~ istruzioni a q. to instruct, to direct, to brief sb.: Favorite ~ istruzioni al vostro rappresentante affinché si metta al più presto in contatto con noi please instruct your agent to contact us as soon as possible; Le fu data istruzione di rispondere alla lettera she was directed to reply to the letter; ~ istruzioni alla giuria (*leg.*) to instruct the jury; ~ istruzioni erronee a q. to misdirect sb.; ~ istruzioni erronee alla giuria (*leg.*) to misdirect the jury; ~ lavoro a (*q.*) (*pers.*) to employ: A quante persone dà lavoro quella ditta? how many people does that firm employ?; ~ lavoro a domicilio (*org. az.*) to put work out; ~ licenza a q. (*leg.*) to license sb.; ~ luogo a to give rise to: Il livello dei prezzi di riferimento per le arance dolci non diede luogo all'instaurazione d'una tassa di compensazione the level of reference prices for sweet oranges did not give rise to the imposition of a countervailing charge; ~ mandato a q. (*leg.*) to warrant sb.; ~ motivo a to motivate; ~ nome a to call; ~ un nome a (*un prodotto*) (*leg.*) to trade-name; ~ un nome commerciale a (*una ditta*) (*leg.*) to trade-name; ~ notizie a q. to inform sb.; ~ un numero a to number; ~ una nuova forma a (*qc.*) to reshape: Il nuovo Governo sta cercando di ~ nuova forma alla politica estera del Paese the new Government is trying to reshape the nation's foreign policy; ~ origine a to originate; ~ un parere di esperto to expertize; ~ un parere professionale to expertize; ~ la propria parola to give one's word, to pass one's word; ~ (*denaro o altro*) per un fine comune to club; ~ qc. per letto (*in un'assemblea e sim.*) to take st. as read; ~ qc. per soprammercato to throw st. into the bargain; ~ il peso scarso (*market.*) to short-weight; ~ il preavviso to give notice; ~ il preavviso di licenziamento a q. (*pers.*) to give notice to sb.; ~ una promozione a un dipendente (*amm.*) to step up an employee; ~ pubblicità a qc. (*giorn., pubbl.*) to publicize st.; ~ un raccolto to yield a crop: Il vostro podere ha dato un raccolto migliore quest'anno? did your farm yield a better crop this year?; ~ ragione a (*q.*) (*leg.*) to sustain: Il tribunale dette ragione al convenuto the defendant was sustained by the Court; ~ respiro a q. (*fig.*) (*concedergli una dilazione*) to respite sb.; ~ il resto d'un dollaro to give change for a dollar; ~ ricevuta (*a*) receipt; ~ rifugio a q. to shelter sb.; ~ rilievo (*o risalto*) a (*giorn.*) to highlight, to feature: Stamani tutti

i giornali danno risalto a quel caso all the papers this morning feature the case; ~ **un rivestimento metallico al fondo d'una nave** (*trasp. mar.*) to metal a ship's bottom; ~ **il segnale di fine d'una conversazione telefonica** (*comun.*) to clear a connection; ~ **sollievo a** to relieve; ~ **terreni in affitto** (*leg.*) to let lands; ~ **titoli a cauzione** (*Borsa*) to hypothecate stocks; ~ **titoli a riporto** (*Borsa*) to give the rate on stock, to give on stock, to lend stock; ~ **il titolo di** to style; ~ **un utile di** (*fin.*) to net; ~ **via libera** (*trasp. ferr.*) to clear the line; ~ **via libera a una nave** (*trasp. mar.*) to clear a ship; ~ **volta a un cavo** (*trasp. mar.*) to make a rope fast; ~ **un voto** to cast a vote; ~ **il voto a** (*o* **per**) **q.** to vote for sb.; **darsi alla latitanza** (*leg.*) to abscond from justice, to abscond; **darsi alla professione forense** (*leg.*) to go to the bar; **non ~ alcun utile** (*fin.*) to yield no profit.

darsena, *n. f.* ❶ (*trasp. mar.*) wet basin, wet dock. ❷ (*trasp. mar.*) (*cantiere navale*) dockyard, shipyard.

data, *n. f.* date. △ **La ~ della riunione è stata fissata** the date for the meeting has been fixed; **A sessanta giorni ~ pagate a Mr R. Russell...** two months after (*o* from) date pay Mr R. Russell...; **La loro cambiale è pagabile a sei giorni ~** their bill is payable six days after (*o* from) date (*oppure* at six days' date). // ~ **del pensionamento** (*pers.*) retirement date; ~ **del timbro postale** (*comun.*) date as postmark; ~ **d'annullamento** cancellation date; ~ **d'attracco** (*trasp. mar.*) alongside-date; ~ (*di scadenza*) **d'una cambiale** (*cred.*) date of a bill; ~ **di « chiusura » del testo** (*pubbl.*) copy deadline; ~ **d'emissione** (*banca, fin.*) date of issue; ~ **d'immatricolazione** (*d'una nave*) (*trasp. mar.*) date of registry; ~ **d'inizio** (*banca*) (*nel calcolo degli interessi dei conti correnti fruttiferi*) base date; **la ~ di partenza** (*trasp. mar.*) the date of sailing; ~ **di pubblicazione** (*giorn.*) publication date; ~ **di registrazione** (*rag.*) accounting date; ~ **di scadenza** (*d'una cambiale*) (*cred.*) date of maturity; (*cred.*) (*d'un debito*) due date; (*rag.*) due date; ~ **di spedizione** (*trasp. mar.*) shipping date; ~ **media** (*nella quale pagamenti a scadenze diverse possono essere liquidati*) (*rag.*) average due date; ~ **posteriore** (*a quella reale*) post-date; ~ **prevista per il rimborso** (*d'un prestito*) (*cred.*) redemption date; **a ~ da determinarsi** (*o* **da fissare**) (*leg.*) sine die: **La riunione è stata rinviata a ~ da determinarsi** the meeting has been adjourned sine die; **a ~ fissa** (*banca, cred.*) at a fixed date; **a ~ futura** (**determinabile**) (*banca, cred.*) at a determinable future time; **a certo tempo ~** (*banca*) (*di cambiali*) after date; **della stessa ~** of even date; **in ~ d'oggi** under today's date; today; **in ~ posteriore** at a later date; **mettere la ~ a** (*un documento, ecc.*) to date; **senza ~** undated; (*leg.*) without day.

databile, *a.* databable, dateable.

datare, *v. t.* (*una lettera, un documento, ecc.*) to date. △ **Gli effetti vengono datati il giorno della loro emissione** bills are dated on the day they are made out. // **a ~ da** beginning from, starting from, counting from.

datario, *n. m.* (*attr. uff.*) dater.

datato, *a.* dated. △ **La lettera è datata Milano, 25 maggio 1974** the letter is dated from Milan, May 25th 1974. // **essere ~** (*anche*) to date: **La relazione è datata dalla sede centrale** the report dates from the headquarters; **non ~** undated.

dato, *a.* ❶ given; (*certo*) certain, particular. ❷ (*debito*) given. ❸ (*leg.*) given. *n. m.* ❶ datum*. ❷ (*elab. elettr.*) datum*. ❸ *dati, pl.* data. ❹ **dati,** *pl.* (*elab. elettr.*) data. ❺ **dati,** *pl.* (*stat., anche*) figures. △ *a.* ❶ **In date occasioni** (*o* **in dati casi**) **bisogna far buon viso a cattivo gioco** in given occasions (*o* in certain cases) one must put a bold face on the situation; ❷ **Quell'impiegato è ~ al gioco d'azzardo** that employee is given to gambling; ❸ « **~ di mia mano e sigillo oggidì 6 d'aprile 1896** » « given under my hand and seal on this 6th day of April, 1896 »; *n.* ❹ **Non si può azzardare alcuna valutazione fino a che non si saranno raccolti maggiori dati sull'andamento del mercato** no appraisal can be hazarded until more data on the market trend are available; ❺ **I nostri dati rappresentano valori globali** our figures are aggregates. // **dati bruti** (*stat.*) raw data; **dati campionari** (*stat.*) sample data; ~ (**che**) considering (that); (*poiché*) since: **Dati i modesti capitali a sua disposizione** considering the small amount of capital at his disposal; ~ **che non ho abbastanza denaro, devo vendere la casa** since I haven't enough money, I must sell the house; **dati contabili** (*rag.*) accounting data; **dati d'ingresso** (*non elaborati*) (*elab. elettr.*) input data; **dati di prova** (*elab. elettr.*) test data; **dati grezzi** (*stat.*) rough data; **data in sedicesimi** (*anziché in ottavi*) (*Borsa, fin.: di quotazione*) split; **dati non ancora elaborati** (*stat.*) raw data; **dati numerici** (*elab. elettr.*) numeric data; **dati oggettivi** objective data; **dati provvisori** (*stat.*) provisional data, provisional figures; **dati riservati** confidential data; **dati statistici** (*stat.*) statistical data.

datore, *n. m.* giver. // **~ di lavoro** (*econ.*) employer; (*org. az.*) principal; (*pers.*) master; boss (*fam.*).

datoriale, *a.* (*org. az., sind.*) (*relativo ai datori di lavoro*) concerning employers; employer (*attr.*).

dattilografa, *n. f.* (*pers.*) typist. // **una ~ perfetta** an accomplished typist.

dattilografare, *v. t.* to typewrite*, to type.

dattilografia, *n. f.* typewriting.

dattilografo, *n. m.* ❶ (*pers.*) typist. ❷ (*pers.*) (*che copia da manoscritti o da stampe, ma non da appunti stenografici*) copy typist.

dattiloscritto, *n. m.* typescript.

davanti, *avv.* before; in front. **davanti (a),** *prep.* before, in front of. **(il) davanti,** *n .m.* (the) front. △ *prep.* **La banca è ~ al municipio** the bank is in front of the town hall.

davvero, *avv.* truly, really, indeed. △ **Le siamo ~ grati per l'aiuto che Lei ci ha prestato in questa delicata faccenda** we are truly grateful for the help you gave us in this delicate matter.

daziabile, *a.* (*dog., fin.*) dutiable.

daziare, *v. t.* (*dog., fin.*) to subject to a duty; to lay* a duty on. △ **Anche questi articoli sono stati daziati** these articles have also been subjected to duty.

daziario, *a.* (*fin.*) excise, toll (*attr.*). // **casello ~** toll-gate; octroi; **cinta daziaria** toll-gates (*pl.*); city boundary; **guardia daziaria** excise officer, exciseman; **tariffa daziaria** municipal customs rate; **ufficio ~** municipal customs office.

daziere, *n. m.* (*fin.*) excise officer, exciseman*.

dazio, *n. m.* ❶ (*dog.*) customs duty; customs (*col verbo al sing.*). ❷ (*dog., fin.*) duty. ❸ (*fin.*) (*di consumo*) excise duty, excise, toll, tollage; municipal customs; tax. ❹ **il Dazio** (*fin.*) the Excise. ❺ (*fin.*) (*l'ufficio*) municipal customs office. ❻ **dazi,** *pl.* (*dog., anche*) dues. // **~ ad valorem** (*dog.*) ad valorem duty; **~ di base** basic duty; **~ di consumo** (*fin.*) excise duty, excise, internal revenue tax; **~ d'esportazione** (*dog.*) export duty, export tax; **~ d'importazione** (*dog.*) import duty, import tax, impost: **I dazi d'importazione sono dazi sulle merci importate** import duties are duties on imported goods; **~ discri-**

minatorio (*dog.*) discriminating duty; **dazi doganali** (*dog.*) customs duties, customs : **I dazi doganali verranno unificati** customs duties are going to be consolidated; ~ **doganale «anti-dumping»** (*dog.*) anti-dumping duty; ~ **doganale di transito** (*dog.*) transit duty; ~ **doganale differenziato** (*rispetto al Paese di provenienza della merce*) (*dog.*) differential duty; ~ **doganale protettivo** (*dog.*) countervailing duty; ~ **doganale rimborsato** (*quando la merce è riesportata*) (*dog.*) drawback; ~ **escluso** (*cioè da pagare*) (*dog., fin.*) duty unpaid; **dazi fiscali** (*dog.*) fiscal duties; ~ **interno** (*fin.*) inland duty; **dazi intracomunitari** (*comm. est.*) intra-Community duties; **dazi nulli** (*dog.*) nil duties; **dazi protettivi** (*dog.*) protective duties; **dazi specifici** (*dog.*) specific duties.

dazione, *n. f.* (*leg.*) dation. // ~ **di titoli a cauzione** (*Borsa*) hypothecation; ~ **in pagamento** (*leg.*) dation in payment.

debitamente, *avv.* duly.

debito[1], *n. m.* ❶ (*cred.*) debt. ❷ (*cred.*) (*indebitamento*) indebtedness. ❸ (*leg.*) debt, liability. ❹ (*rag.*) (*d'un conto*) debit; (*lato del dare*) debit side. △ ❶ **È immerso nei debiti** he is hopelessly in debt; **Mi sono accollato** (*o* **addossato**) **tutti i suoi debiti** I have taken upon myself all his debts; **Ho con lui un ~ di gratitudine** I owe him a debt of gratitude; ❷ **Un debitore che non sia in grado di pagare i suoi debiti è detto debitore insolvente** a debtor who is unable to pay his debts and meet his liabilities is called an insolvent debtor; ❹ **Dai libri di prima scritturazione i debiti e i crediti derivanti da operazioni commerciali sono riportati a mastro** from the books of original entry, the debits and credits resulting from business transactions are posted to ledger. // **debiti a breve scadenza** (*rag.*) accounts payable; **debiti a breve (termine)** (*fin., rag.*) short-term liabilities; **debiti a lunga scadenza** (*rag.*) funded debts, funded liabilities, fixed liabilities; **debiti a lungo (termine)** (*fin., rag.*) long-term liabilities; ~ **ammesso al passivo del fallimento** (*leg.*) debt proved in bankruptcy; ~ **attivo** (*leg., rag.*) book debt; **un ~ caduto in prescrizione** (*cred.*) a stale debt; ~ **chirografario** (*leg.*) chirographary debt, book debt; ~ **complessivo del fallito** (*leg.*) bankrupt's indebtedness; ~ **consolidato** (*fin.*) consolidated debt, funded debt, funded liability, unified debt; **debiti correnti** (*fin., rag.*) current liabilities; ~ **dello Stato** (*fin.*) national debt; ~ **Crown debt** (*ingl.*); ~ **di guerra** (*econ., fin.*) war debt; **un ~ di lieve entità** (*leg.*) a small debt; a small claim (*USA*); ~ **fluttuante** (*fin.*) floating debt, unfunded debt; **un ~ insoluto** (*cred.*) an undischarged debt, an outstanding debt; ~ **ipotecario** (*cred., leg.*) mortgage debt; ~ **nazionale** (*fin.*) national debt; **un ~ non ancora scaduto** (*cred.*) an undue debt; ~ **non garantito** (*fin.*) deadweight debt; ~ **obbligazionario** (*fin.*) debenture debt; ~ **passivo** (*cioè senza interessi*) (*cred.*) passive debt; ~ **portato in giudizio** (*leg.*) judgement debt; **un ~ prescritto** (*per legge*) (*leg.*) a statute-barred debt; (*per decorrenza del tempo*) a debt extinguished by lapse of time; **il ~ pubblico** (*fin.*) the public debt, the national debt; **a ~** (*market.*) on credit; (*rag.*) on the debit side; debit (*a. attr.*): **Ha comprato la merce a ~** he has bought the goods on credit; **Nella contabilità a partita doppia, ogni operazione è registrata in due conti, e a ogni registrazione nell'avere d'un conto corrisponde una registrazione a ~ d'un altro conto** in double-entry bookkeeping, each transaction is entered in two accounts, each entry on the credit side of an account having a corresponding entry on the debit side of another account; **Questa è una registrazione a ~** this is a debit entry; **essere in ~ (di)** to owe.

debito[2], *a.* due. // **a tempo ~** in due time; **con la debita cura** with due care; **nel modo ~** in the proper (*o* right) way.

debitore, *n. m.* ❶ (*cred.*) debtor. ❷ (*leg., anche*) obligor. ❸ (*rag.*) debtor, debit, debit side. △ ❶ **Il ~ ha fatto una proposta di concordato sulla base del 40 per cento a soddisfacimento dei suoi debiti** the debtor has made a proposal for a composition of 40 pence in the pound in satisfaction of his debts; **Gli siamo debitori della vita** (*fig.*) we are debtors for our lives to him. // ~ **delegato** (*leg.*) delegated debtor; **debitori diversi** (*rag.*) sundry debtors; ~ **giudiziario** (*leg.*) judgement debtor; **un ~ in grado di pagare** a debtor able to pay; ~ **in mora** debtor in arrears; ~ **in solido** (*leg.*) co-debtor; **un ~ insolvente** (*leg.*) an insolvent debtor; ~ **ipotecario** (*cred., leg.*) debtor on mortgage, mortgage debtor, mortgager, mortgagor; **un ~ moroso** (*cred.*) a tardy debtor, a defaulting debtor, a delinquent debtor; (*Borsa*) a duck (*slang*); ~ **principale** (*cred.*) principal debtor; ~ **solidale** (*leg.*) joint debtor; **un ~ solvibile** (*cred.*) a solvent debtor; **essere ~ di to owe**: **Mi sei ~ d'una spiegazione** (*fig.*) you owe me an explanation; **essere ~ verso q.** to be indebted to sb.: **È ~ verso la banca** he is indebted to the bank; **nazione debitrice** (*econ., fin.*) debtor nation.

debitorio, *a.* (*cred., leg.*) debt, debit (*attr.*). // **situazione debitoria** indebtedness: **C'è una situazione debitoria di lunga data** there is a long-standing indebtedness.

debole, *a.* ❶ weak, feeble. ❷ (*econ.*) (*della domanda, ecc.*) slack. ❸ (*econ., fin.*) (*di moneta, anche*) lame. △ ❶ **Il mercato è ~** the market is weak; **La tendenza del mercato è piuttosto ~ da alcuni giorni** the trend of the market has been rather weak in the last few days; ❷ **Una ~ domanda interna può portarci alla deflazione** a slack domestic demand may induce deflation. // **a ~ domanda** (*econ., market.*) weak: **Il frumento è un prodotto a domanda assai ~ in questo momento** wheat is very weak just now.

debolezza, *n. f.* ❶ weakness, feebleness. ❷ (*econ.*) (*della domanda, ecc.*) slackness. △ ❶ **La ~ del Fondo Monetario Internazionale è stata ampiamente provata** the weakness of the International Monetary Fund has been amply proven; ❷ **La ~ della domanda interna può portare la deflazione** the slackness of domestic demand may be conducive to deflation.

decadenza, *n. f.* ❶ decadence, decay, decline. ❷ (*leg.*) lapse. // **la ~ da un diritto** (*leg.*) the forfeiture of a right, the debarment from a right, the loss of a right; ~ **dalla cittadinanza** (*leg.*) loss of nationality.

decadere, *v. i.* ❶ to decline, to decay. ❷ (*leg.*) to lapse. // ~ **da un'azione** (*leg.*) to be debarred from an action; ~ **da un diritto** (*leg.*) to lose a right, to forfeit one's right.

decagrammo, *n. m.* decagram, decagramme, dekagram, dekagramme.

decalcomania, *n. f.* (*pubbl.*) decalcomania, decal.

decalitro, *n. m.* decalitre, dekalitre, decaliter, dekaliter (*USA*).

decametro, *n. m.* decametre, dekametre; decameter, dekameter (*USA*).

decantare, *v. t.* (*esaltare*) to praise, to cry up. △ **Decantano i loro articoli** they cry up their articles.

decedere, *v. i.* to decease.

deceduto, *a.* deceased.

decente, *a.* decent, proper.

decentralizzazione, *n. f.* (*org. az.*) decentralization.
decentramento, *n. m.* (*org. az.*) decentralization.
decentrare, *v. t.* (*org. az.*) to decentralize. △ **Cercano di ~ le attività commerciali del centro cittadino** they are trying to decentralize downtown business activities.
decesso, *n. m.* decease. // **che avviene dopo il ~** (*di q.*) (*leg.*) post-mortem (*attr.*).
decidere, *v. t.* ❶ to decide, to resolve, to settle. ❷ (*leg.*) to decide, to determine, to rule. ❸ (*leg.*) (*in qualità d'arbitro*) to umpire. △ ❶ **Non so ~ che cosa fare** I cannot decide what to do; **Hanno deciso di rinnovare l'attrezzatura del laboratorio** they have resolved to renew the laboratory equipment; ❷ **Il giudice deciderà la causa** the judge will decide the case; ❸ **Quelle controversie furono decise dal presidente** (*in qualità d'arbitro*) those differences were umpired by the president. // **~ una controversia** (*leg.*) to decide a controversy, to settle an argument; **~ una controversia in qualità d'arbitro** (*leg., sind.*) to umpire a controversy; **~ una lite mediante arbitrato** (*leg.*) to arbitrate a quarrel; **chi decide il prezzo** (*econ., market.*) price setter.
decidersi, *v. rifl.* to decide; to make* up one's mind.
decifrabile, *a.* decipherable.
decifrare, *v. t.* ❶ to decipher, to decode. ❷ (*elab. elettr.*) to decode. // **~ telegrammi** (*comun.*) to decode telegrams.
decifratore, *n. m.* (*elab. elettr.*) decoder.
decifrazione, *n. f.* deciphering, decoding.
decigrammo, *n. m.* decigram.
decilitro, *n. m.* decilitre; deciliter (*USA*).
decima, *n. f.* (*fin., leg.*) tithe.
decimale, *a.* e *n. m.* (*mat.*) decimal. // **~ periodico** (*mat.*) repeating decimal.
« **decimalizzare** », *v. t.* (*mat.*) to decimalize. // **~ la moneta** (*econ., fin.*) to decimalize the currency.
« **decimalizzazione** », *n. f.* (*mat.*) decimalization, metrication. △ **La ~ della sterlina risale al 15 febbraio 1971** the decimalization of the pound dates back to February 15, 1971.
decimare, *v. t.* to decimate.
decimetro, *n. m.* decimetre; decimeter (*USA*).
decimi, *n. pl.* (*fin.*) arrears (of subscribed capital) (*in Italia*). △ **Stanno per richiamare i ~** they are going to call up arrears.
decimo, *num. ord.* tenth. // **decima parte di dollaro** dime; dimmer, dimmo, deaner, deemer (*slang USA*).
decina, *n. f.* about ten. // **la colonna delle decine** (*mat.*) the column of tens.
decisionale, *a.* decisional.
decisione, *n. f.* ❶ decision, resolution. ❷ (*leg.*) decision, determination, judgement, rule. ❸ (*org. az.*) decision. △ ❶ **Qual è la tua ~?** what is your decision?; **Queste decisioni non si inseriscono nel quadro generale d'una politica della concorrenza solidamente fondata dal punto di vista economico** these decisions do not fit into the overall framework of an economically well-founded competition policy; **L'assemblea ha preso una ~ su questo problema** the assembly has passed a resolution on this problem. // **~ arbitrale** (*leg., sind.*) umpirage; (*lodo*) award; **~ elementare** (*org. az.*) elementary decision; **~ giudiziaria** (*leg.*) conclusion by judgement; **~ giurisdizionale che fa testo** (*leg.*) leading case; **una ~ inappellabile** (*leg.*) an unappealable decision; **~ lineare** (*ric. op.*) linear decision; **decisioni macroeconomiche** (*econ.*) macroeconomic decisions; **per ~ della Corte** (*leg.*) by decision of the Court.
decisivo, *a.* ❶ decisive, conclusive. ❷ (*definitivo*) definitive, final. ❸ (*cruciale*) crucial. △ ❶ **I nostri clienti si aspettano una risposta decisiva** our customers are expecting a decisive answer; **Queste sono prove decisive** that is conclusive evidence.
deciso, *a.* decided. // **una decisa ripresa del mercato** (*market.*) a decided recovery of the market.
declinare, *v. t.* ❶ to decline. ❷ (*leg.*) to decline. *v. i.* (*diminuire*) to decline, to fall* off, to wane. △ *v. t.* ❶ **Ci rincresce dover ~ la vostra offerta** we regret having to decline your offer; *v. i.* **La sua popolarità comincia a ~** his popularity begins to decline (*o* to wane, *o* is on the wane). // **~ un invito** to decline an invitation; **~ ogni responsabilità** (*leg.*) to decline any liability.
declinazione, *n. f.* ❶ (*grammatica*) declension. ❷ (*trasp. mar.*) declination. // **~ magnetica** (*trasp. mar.*) magnetic declination, magnetic deviation, magnetic variation.
declino, *n. m.* ❶ decline. ❷ (*econ., fin., market.*) (*di prezzi, ecc., anche*) falloff, sag, sagging, slackening. △ ❶ **C'è un notevole ~ della prosperità in tutta l'Europa occidentale** there is a considerable decline in prosperity all over Western Europe; ❷ **Il ~ della domanda interna è un fenomeno preoccupante** the falloff of internal demand is a troublesome phenomenon.
decodificare, *v. t.* (*elab. elettr.*) to decode.
decodificatore, *n. m.* (*elab. elettr.*) decoder. // **~ del codice d'operazione** (*elab. elettr.*) operation decoder, operational decoder.
decodificazione, *n. f.* (*elab. elettr.*) decoding.
decollare, *v. i.* (*trasp. aer.*) to take* off.
decollo, *n. m.* ❶ (*econ.*) take-off. ❷ (*trasp. aer.*) take-off. △ ❶ **Il ~ economico dei Paesi in via di sviluppo richiederà molto tempo** the economic take-off of developing Countries will take a long time.
decoratore, *n. m.* decorator. // **~ d'interni** (*pers.*) interior decorator, interior designer.
decorazione, *n. f.* decoration. // **~ d'interni** interior decoration, interior decorating, interior design.
decorrenza, *n. f.* ❶ (*cred., fin.*) currency; period (a bill has yet to run). ❷ (*leg.*) attachment. ❸ (*leg.*) (*di un termine*) running. // **~ della copertura del rischio** (*ass.*) attachment of the risk; **~ d'un'imposta** (*o* **d'una tassa**) (*fin.*) date on which a tax becomes applicable; **con ~ da** counting from, to count from: **con ~ dal primo del mese in corso** to count from the first of this month; **dalla ~ della cambiale** (*banca, cred.*) on the period the bill has yet to run.
decorrere, *v. i.* ❶ (*comm.*) to run*. ❷ (*fin.*) (*d'interessi, anche*) to accrue. ❸ (*leg.*) to attach, to have effect. △ ❶ **Il mio stipendio decorre da oggi** my salary runs from today; **Gli interessi decorrono dal 1° d'aprile** interests run from April 1st; ❷ **Gli interessi decorrono dal 1° settembre** interest accrues from the 1st September. // **~ da** (*giorn.*) (*d'un abbonamento*) to date from; **a ~ da** counting from.
decremento, *n. m.* ❶ decrease, diminution. ❷ (*mat.*) decrement. // **un ~ del reddito** a decrease in income.
decrescente, *a.* decreasing, declining.
decrescere, *v. i.* to decrease, to diminish. △ **I prezzi stanno finalmente decrescendo** prices are decreasing at last.
decretare, *v. t.* (*leg.*) to decree. △ **La moda soleva essere decretata da Parigi** (*fig.*) fashion used to be decreed by Paris.

decreto, *n. m.* ❶ (*leg.*) decree, order, warrant, writ. ❷ (*leg.*) (*dell'autorità politica*) fiat. // ~ **di citazione** (*in giudizio*) (*leg.*) summons; ~ **d'ingiunzione** (*leg.*) decree of injunction; ~ **di sfratto** (*leg.*) dispossessory warrant; ~ **interministeriale** (*leg.*) interdepartmental order; **un** ~ **irrevocabile** (*leg.*) a final decree; ~ **legge** (*leg.*) order of the executive; ~ **penale** (*leg.*) judgement; **per** ~ **reale** (*leg.*) by Royal Charter.

decurtare, *v. t.* to curtail, to cut*, to reduce, to retrench. △ **Presumo che le paghe degli scioperanti saranno decurtate** I expect that the strikers' pays will be retrenched. // ~ **un assegno in denaro** to curtail an allowance of money; ~ (**il salario (lo stipendio) di q.** to dock sb.'s wages (salary) (*anche*).

decurtazione, *n. f.* curtailing, cut, reduction. △ **Temo che ci sarà una** ~ **dello straordinario** I'm afraid there will be a cut in extra pay.

dedicare, *v. t.* to dedicate, to devote, to give*. △ **Dedica tutte le sue energie al lavoro** he devotes all his energy to work; **Dedica la vita alla ditta** he's giving his life for the firm.

dedicarsi, *v. rifl.* to devote oneself, to apply oneself. // ~ **agli affari** to apply oneself to business, to take to business; ~ **contemporaneamente a due professioni** to moonlight (*USA*).

dedotto, *a.* (*leg.*) inferred, constructive.

deducibile, *a.* ❶ deducible, derivable. ❷ (*leg.*) inferable. ❸ (*market.*) (*detraibile*) deductible, allowable. △ ❶ **Ciò non è** ~ **dai nostri dati** that is not derivable from our data. // **non** ~ (*market.*) non-deductible.

dedurre, *v. t.* ❶ to deduce, to derive, to gather. ❷ (*leg.*) to infer. ❸ (*market.*) (*detrarre*) to take* off, to deduct, to allow. △ ❶ **Dalle sue parole si può** ~ **tutta la complessità dell'attuale quadro economico** you can gather from his words all the complexity of the present economic situation; ❸ **Dedurremo la somma pagata in anticipo** we'll deduct the amount paid in advance. // ~ **l'imposta sul reddito** (*fin.*) to deduct the income tax.

deduzione, *n. f.* ❶ deduction. ❷ (*leg.*) inference. ❸ (*market.*) (*detrazione*) deduction, allowance, rebate. // ~ **per la differenza del « nuovo per vecchio »** (*ass. mar.*) deduction new for old; ~ **per spese sostenute** (*concessa dal fisco*) (*fin.*) relief for expenses; ~ **reciproca** (*d'imposte*) (*fin.*) cross credit relief.

defalcare, *v. t.* to deduct, to allow, to take* off, to knock off. △ **Mi defalcò 3.500 lire dal prezzo** he knocked off 3,500 lire from the price.

defalcazione, *n. f.* V. **defalco**.

defalco, *n. m.* deduction, deduct, allowance, rebate.

deferente, *a.* respectful, deferential.

deferimento, *n. m.* (*leg.*) referring, submitting. // ~ (*d'una lite*) **a un arbitro** (*leg.*) reference.

deferire, *v. t.* to refer, to report, to submit. △ **Non avete provato a** ~ **la questione ad arbitrato?** haven't you tried to refer the question to (*o* to submit the question for) arbitration? // ~ **q. alla giustizia** (*o* **in giudizio**) (*leg.*) to hand over sb. to justice; ~ **una causa al tribunale** to refer (*o* to submit) a case to a law-Court; ~ **un giuramento** (*leg.*) to administer an oath.

deficienza, *n. f.* ❶ deficiency, deficit, shortcoming. ❷ (*scarsità*) shortage. ❸ (*mancanza*) lack, want. △ ❶ **C'è** ~ **di cibo** there is a deficiency (*o* a shortage) of food; ❸ **Non posso farlo per** ~ **di denaro** I cannot do it for lack of money.

deficit, *n. m. inv.* ❶ (*fin., rag.*) deficit, shortage, shortfall. ❷ (*rag.*) (*perdita*) loss. △ ❶ **Il bilancio di questo esercizio si è chiuso in forte** ~ the balance of the current year showed a heavy deficit; **Pesanti deficit della bilancia dei pagamenti sono stati fronteggiati con manovre sulle valute** substantial shortfalls in the balance of payments have been tackled by currency transactions. // ~ **deflazionistico** (*econ.*) deflationary gap; ~ **della bilancia commerciale** (*econ.*) trade deficit; ~ **della bilancia dei pagamenti** (*econ.*) payments deficit; ~ **di bilancio** (*fin., rag.*) budget deficit; **Il** ~ **di bilancio accusa tendenze all'aumento** the budget deficit tends to expand; **essere in** ~ (*banca, cred., rag.*) to be in the red.

deficitario, *a.* ❶ (*insufficiente*) insufficient. ❷ (*fin., rag.*) deficit (*attr.*); showing a deficit (*o* a loss). // **un bilancio** ~ (*fin., rag.*) a budget showing a deficit (*o* a loss): **Quest'anno il bilancio pubblico è fortemente** ~ this year the budget shows a heavy deficit.

definire, *v. t.* ❶ to define. ❷ (*risolvere, sistemare*) to settle. △ ❷ **Prima di firmare il contratto devono essere definiti alcuni punti** a few points have to be settled before the contract can be signed.

definitivo, *a.* definitive, final, ultimate. △ **Vi saremmo grati d'una risposta definitiva** we would welcome a definitive answer. // **non** ~ (*leg.*) nisi: **Il decreto non è** ~ the decree is nisi.

definito, *a.* definite, decided.

definizione, *n. f.* ❶ definition. ❷ (*sistemazione*) settlement. △ ❶ **Un'icastica** ~ **dell'inflazione è questa: « troppi soldi alla caccia di pochi beni »** a realistic definition of inflation is this: « too much money chasing too few goods ». // **la** ~ **d'una lite** (**d'una vertenza**) (*leg.*) the settlement of a dispute.

deflatorio, *a.* (*econ.*) deflationary.

deflazionare, *v. t.* (*econ.*) to deflate.

deflazionario, *a.* (*econ.*) disinflationary.

deflazione, *n. f.* (*econ.*) deflation, disinflation. △ **La** ~ **è una contrazione del volume del denaro o del credito disponibili** deflation is a contraction in the volume of available money or credit. // ~ **creditizia** (*econ.*) deflation of credit; ~ **da profitti** (*econ.*) profit deflation; ~ **da redditi** (*econ.*) income deflation.

deflazionistico, *a.* (*econ.*) deflationary, disinflationary. △ **Il Governo ha adottato provvedimenti deflazionistici** the Government has taken deflationary measures.

defluire, *v. i.* to outflow.

deflusso, *n. m.* outflow.

deformare, *v. t.* ❶ to deform. ❷ (*alterare*) to distort.

defraudare, *v. t.* (*leg.*) to defraud, to cheat. // ~ **q. del denaro** to swindle money out of sb.

defunto, *a.* deceased.

degno, *a.* worthy, deserving. // ~ **di considerazione** (*di cosa*) considerable, noteworthy; (*di persona*) worthy, respectable; ~ **di fiducia** (*di cosa e di persona*) creditable; (*di persona*) trustworthy.

delatore, *n. m.* informer.

delazione, *n. f.* delation. // ~ **di giuramento** (*leg.*) administration of an oath.

del credere, *locuz. n.* (*fin., leg.*) del credere, guarantee commission.

delega, *n. f.* ❶ delegation. ❷ (*fin.*) (*concessa da un azionista a una terza persona perché voti in sua vece*) proxy. ❸ (*leg.*) delegation, proxy. ❹ (*org. az.*) delegation. △ ❸ **Ho dato** ~ **a mia moglie** I've made my wife my proxy; **Ricevetti la** ~ **dal direttore** I was appointed the manager's proxy. // **deleghe degli azionisti** (*fin.*) stockholders' proxies; ~ **d'autorità** (*org. az.*) delegation of authority; ~ **di potere** (*org. az.*) delegation of powers;

~ **di responsabilità** (*org. az.*) delegation of responsibility; **legge** ~ delegated law.

delegante, *n. m.* e *f.* (*leg.*) delegant, delegator.

delegare, *v. t.* ❶ to delegate (*anche leg.*); to devolve, to commission. ❷ (*org. az., sind.*) to delegate. △ ❶ **Dovrebbe** ~ **la sua autorità a un assistente che sappia il fatto suo** he should delegate his authority to a competent assistant; **Ho delegato alla banca il pagamento delle mie imposte** I have commissioned my bank to pay my taxes; ❷ **Il sindacato delegherà tre rappresentanti alla seduta** the union will delegate three representatives to the meeting.

delegatario, *n. m.* (*leg.*) delegatee.

delegato, *n. m.* e *a.* ❶ delegate. ❷ (*leg.*) deputy, proxy. ❸ (*pers.*) delegate, secondary. // **amministratore (o consigliere)** ~ (*fin.*) managing director.

delegazione, *n. f.* ❶ (*leg.*) delegation. ❷ (*org. az., sind.*) delegation. // ~ (*di sorveglianza*) **dei creditori** (*leg.*) committee of creditors; ~ **di sorveglianza** (*delle operazioni fallimentari*) (*leg.*) committee of inspection, commission of inspection.

delibera, *n. f.* deliberation, resolution. △ **Tutte le delibere sono state approvate dalla commissione** all the resolutions have been passed by the committee. // ~ **di spesa** (*rag.*) disbursement approval; **una** ~ **presa a maggioranza** (*amm.*) a majority resolution.

deliberare, *v. t.* ❶ to deliberate, to consult. ❷ (*decidere*) to resolve, to decide. ❸ (*leg.*) to decree. △ ❶ **Il consiglio di amministrazione sta ancora deliberando sulla questione** the directors are still deliberating on (*o* over) the question; **La giuria sta deliberando da 8 ore** the jury has been deliberating for 8 hours; ❷ **Il comitato ha deliberato di ridurre i prezzi** the committee has resolved on cutting prices (*o* has decided to cut prices). // **in camera di consiglio** (*leg.*) to decide in chambers; ~ **su** (*qc.*) to consider: **Dobbiamo** ~ **sul seguente ordine del giorno** we have to consider the following agenda.

deliberazione, *n. f.* ❶ deliberation. ❷ (*decisione*) resolution. ❸ (*leg.*) deliberation. ❹ (*leg.*) decree. // **le deliberazioni dei creditori** (*leg.*) the resolutions of the creditors.

delitto, *n. m.* ❶ (*leg.*) crime. ❷ (*leg.*) (*assai grave*) felony. ❸ (*leg.*) (*reato*) offence. ❹ (*leg.*) (*piuttosto lieve*) misdemeanour. // ~ **colposo** (*leg.*) offence committed without malice; ~ **doloso** (*leg.*) willful and malicious offence.

delucidare, *v. t.* to illustrate, to explain.

delucidazione, *n. f.* illustration, explanation.

deludere, *v. t.* to disappoint, to frustrate.

delusione, *n. f.* disappointment, frustration.

demandare, *v. t.* ❶ to remit, to refer. ❷ (*leg.*) to submit, to refer. △ ❶ **La questione è stata demandata alla commissione interna** the question has been remitted to the shop committee; ❷ **Il caso è stato demandato al tribunale** the question has been submitted to the Court.

demaniale, *a.* State-owned; State (*attr.*); Federal (*attr., USA*). // **beni demaniali** State property; Federal lands (*in U.S.A.*).

demanio, *n. m.* ❶ (*amm.*) State property (*in Italia, in G.B., e in un singolo Stato in U.S.A.*); Federal property (*in U.S.A.*). ❷ (*amm.*) (*l'ufficio*) State property office; Federal property office (*in U.S.A.*). // ~ **reale** (*in G.B.*) Royal Demesne.

demografia, *n. f.* (*stat.*) demography.

demografico, *a.* (*stat.*) demographic.

demografo, *n. m.* (*stat.*) demographer.

demolire, *v. t.* to demolish, to take* down, to scrap. // ~ **una nave** (*trasp. mar.*) to scrap a ship.

demolitore, *n. m.* demolisher. // ~ **navale** (*trasp. mar.*) ship-breaker.

demolizione, *n. f.* ❶ demolition. ❷ (*trasp. mar.*) (*di navi*) shipbreaking. // **la** ~ **d'una vecchia imbarcazione** the breaking-up of an old boat.

demonetizzare, *v. t.* (*econ.*) (*un metallo, ecc.*) to demonetize.

demonetizzazione, *n. f.* (*econ.*) demonetization. // **la** ~ **dell'argento** the demonetization of silver.

denaro, *n. m.* ❶ money. ❷ (*contante*) cash. ❸ (*econ., fin.*) (*a corso legale*) tender. ❹ **denari**, *pl.* (*monete metalliche*) coins, coinage. ❺ **denari**, *pl.* (*fin.*) (*mezzi finanziari*) means. △ ❶ **Quando potrai restituire il** ~ **che hai preso a prestito?** when can you pay back the money you borrowed?; **Una diminuzione del tasso di sconto significa** ~ **più a buon mercato** a fall in the discount rate means cheaper money; ❷ **Non ho** ~ **con me** I have no cash on me. // ~ **a breve** (*cred.*) short-term loans; ~ **a buon mercato** (*econ., fin.*) cheap money, low-cost money; ~ **a corso fiduciario** (*econ.*) fiduciary money; ~ (*rimborsabile*) **a vista** (*fin.*) money at call, money at short notice; ~ **caro** (*econ., fin.*) dear money; ~ **cartaceo** (*fin.*) paper money; green money, green (*fam., USA*); ~ **che si paga a testa** head money; ~ **contante** ready money, cash; till (*fig.*); ~ **disponibile** (*rag.*) spare cash; ~ **e lettera** (*fin.*) bid price and offer price; ~ **facile** (*econ., fin.*) easy money; ~ **guadagnato con grande fatica** hard-earned money; ~ **in banconote** (*fin.*) bank-notes; bills (*USA*); ~ **in cassa** cash in hand, till money; ~ **in contanti** hard cash; ~ **infruttifero** (*fin.*) dead money; ~ **investito a brevissima scadenza** (*per pochi giorni, specialm. in operazioni di Borsa*) (*fin.*) call-money; ~ **liquido** cash; (*rag.*) coins and currency; ~ **metallico** (*fin.*) coinage, coins; hard money (*USA*); ~ **per le piccole spese** pocket money; ~ **scarso** (*econ., fin.*) tight money; ~ **spedito** (*comm.*) remittance; **denari spiccioli** loose cash, loose change, change; ~ «**sporco**» (*fin.*) black money; **in** ~ (*fin.*) moneyed; **in** (*o* **per**) ~ **contante** for cash, cash down.

denazionalizzare, *v. t.* (*econ.*) to denationalize. △ **L'industria del carbone verrà denazionalizzata** the coal industry will be denationalized.

denazionalizzazione, *n. f.* (*econ.*) denationalization. △ **La** ~ **del carbone fa parte del programma del partito** it is part of the party programme to denationalize coal.

denigrare, *v. t.* to denigrate.

denigrazione, *n. f.* denigration.

denominare, *v. t.* to denominate, to name, to term.

denominatore, *n. m.* (*mat.*) (*d'una frazione*) denominator. // ~ **comune** common denominator.

denominazione, *n. f.* denomination.

denotare, *v. t.* ❶ to denote, to signify. ❷ (*implicare*) to imply. △ ❷ **Il loro atteggiamento denota tacito consenso** their attitude implies tacit consent.

densamente, *avv.* densely. △ **Le zone industriali sono quelle più** ~ **popolate** the industrial areas are the most densely populated.

densità, *n. f.* density. △ **C'è una** ~ **di popolazione di circa 120 persone per miglio quadrato** there is a density of population of about 120 per square mile. // ~ **del movimento merci** (*trasp.*) traffic density; ~ **del traffico merci** (*trasp.*) density of freight traffic; ~ **del traffico passeggeri** (*trasp.*) density of passenger traffic; ~ **della popolazione** (*econ., stat., anche*) man-land ratio.

denso, *a*. dense, thick.
dentellare, *v. t.* to indent.
dentellatura, *n. f.* indent.
dentro, *avv. e prep.* ❶ (*luogo*) inside, in, within. ❷ (*moto a luogo*) into. ❸ (*tempo*) by; within. △ ❶ È ~ he is inside (*o* within); È ~ **l'ufficio** he is in the office; ❷ **Sta andando ~ il negozio** he is going into the shop; ❸ **Ho bisogno d'una risposta ~ domani (~ il 1° marzo, ~ il mese)** I must have an answer by tomorrow (by March 1st, within the month). // « ~ **e fuori** » (*Borsa*) (*d'acquisto e vendita dello stesso titolo in un breve periodo*) in-and-out.
denuncia, *n. f.* ❶ (*anche leg.*) denunciation, notification, notice. ❷ (*dog.*) declaration. ❸ (*fin.*) (*dei redditi*) return (of income). ❹ (*leg.*) complaint, accusation. ❺ (*leg.*) (*per un reato grave*) impeachment. △ ❶ **Temo che si arrivi alla ~ dell'accordo** I am afraid we shall arrive at the denunciation of the agreement; ❸ **Hai fatto la ~ dei redditi?** have you made your return of income? // ~ **dei redditi** (*fin.*) return of income; ~ **delle imposte** (*o* **delle tasse**) (*fin.*) tax return; ~ **d'un contratto** (*leg.*) disclaimer of a contract.
denunciabile, *a.* (*leg.*) impeachable.
denunciare, *v. t.* ❶ (*anche leg.*) to denounce, to give* notice of, to report. ❷ (*dog.*) to declare. ❸ (*leg.*) to accuse, to impeach. △ ❶ **Il capo dell'opposizione ha denunciato i pericoli inflazionistici dell'attuale politica economica** the head of the opposition has denounced the danger of inflation in the present economic policy; ❸ **Fu denunciato per appropriazione indebita** he was accused of misappropriation. // ~ **l'avaria all'armatore** (*ass. mar.*) to give notice of damage to the shipowner; ~ **un decesso (una nascita, ecc.)** (*amm.*) to register a death (a birth, etc.); ~ **un incidente** to report an accident.
denunzia, *n. f. V.* denuncia.
denunziabile, *a. V.* denunciabile.
denunziare, *v. t. V.* denunciare.
deontologia, *n. f.* code of conduct, code of ethics. // ~ **legale** (*leg.*) legal ethics.
deperibile, *a.* (*market.*) (*di merce*) perishable. // **non ~** (*market.*) (*di merce*) unperishable.
deperimento accumulato, *n. m.* (*fin., rag.*) accumulated depreciation.
deperire, *v. i.* (*market.*) (*di merce*) to perish, to be perishable.
dépliant, *n. m.* (*pubbl.*) leaflet, folder.
deplorare, *v. t.* ❶ to deplore. ❷ (*rammaricarsi*) to regret.
deporre, *v. t.* ❶ (*posare*) to put* down, to lay* down, to throw* down. ❷ (*specialm. un sovrano*) to depose. ❸ (*licenziare*) to remove (*sb.*) from office, to dismiss, to displace. ❹ (*leg.*) (*testimoniare*) to depose, to depone, to testify, to bear* witness. △ ❷ **Il re fu deposto** the king was deposed; ❸ **Lo hanno deposto dalla carica di presidente** they have removed him from the chair; ❹ **Un vicino ha deposto contro l'accusato** a neighbour has testified against the accused. // ~ **a carico di q.** (*leg.*) to witness against sb.; ~ **a discarico di q.** (*leg.*) to witness for sb.; ~ **gli attrezzi** to throw down one's tools; ~ **come teste** (*leg.*) to witness; ~ **contro q.** (*leg.*) to witness against sb.; ~ **davanti a una commissione** (*leg.*) to testify before a committee; ~ **il falso** (*leg.*) to bear false witness; to give false testimony; ~ **in favore di q.** (*leg.*) to witness for sb.: **Siamo stati chiamati a ~ in suo favore** we have been called to witness for him.
deportare, *v. t.* (*leg.*) to transport.

deportazione, *n. f.* (*leg.*) transportation.
deporto, *n.* (*Borsa, fin.*) backwardation, backwardization. // **a ~** (*Borsa, fin.*) backwardized (*a.*).
depositante, *n. m. e f.* ❶ (*banca, leg.*) depositor. ❷ (*dog.*) (*di merci: nei magazzini doganali*) bonder. ❸ (*leg.*) (*di merci, a garanzia*) bailor, bailer.
depositare, *v. t.* ❶ to deposit; (*bagagli, ecc.*) to check (*USA*). ❷ (*banca*) to deposit. ❸ (*dog.*) (*merci, ecc.*) to deposit. ❹ (*fin.*) (*denaro, valori, ecc., anche*) to lodge. ❺ (*leg.*) (*a cauzione, in garanzia, a titolo di caparra*) to cover. ❻ (*leg.*) (*merci, a garanzia*) to bail. ❼ (*leg.*) (*un documento, ecc.*) to file. ❽ (*leg.*) (*un brevetto, un marchio di fabbrica*) to register. △ ❶ **Ci fu chiesto di ~ una caparra di 1.000 sterline per l'acquisto dei nuovi locali** we were requested to deposit 1,000 pounds on the new premises; **Avete depositato il vostro bagaglio?** have you checked your baggage?; ❷ **Quando un cliente vuole ~ una somma nel suo conto corrente, va alla sua banca, compila la distinta di versamento insieme alla matrice e va allo sportello di cassa** when a customer wants to deposit a sum of money into his current account, he goes to his bank, fills in the paying-in slip as well as the counterfoil, and goes to the cashier; ❸ **Le merci per uso non immediato sono solitamente depositate in un magazzino doganale** goods not meant for immediate use are generally deposited in a bonded warehouse; ❹ **Secondo le vostre istruzioni abbiamo depositato le azioni presso la Westminster Bank** in accordance with your instructions we have lodged the shares with the Westminster Bank; ❼ **Abbiamo già depositato il bilancio in tribunale** we have already filed our balance-sheet with the Court. // ~ **il bagaglio** (*trasp. ferr.*) to check the luggage; ~ **il bagaglio alla stazione** (*trasp. ferr.*) to check in; ~ **denaro in banca** (*banca*) to deposit money in the bank, to lodge money with a bank; ~ **documenti in tribunale** (*leg., anche*) to deposit documents with the Court; ~ (*denaro*) **in banca** to bank; ~ **in cauzione** (*leg.*) to deposit; ~ **qc. in garanzia** (*leg.*) to deposit st. as security; to escrow st.; ~ **in magazzino** (*merce, ecc.*) to store, to warehouse, to stock; ~ **il lodo** (*leg.*) to file the award; ~ **un marchio di fabbrica** (*leg.*) to register a trade-mark; ~ **il marchio di fabbrica di** (*un articolo, ecc.*) (*leg.*) to trade-mark, to trademark; ~ **titoli** (*fin.*) to lodge securities; ~ **titoli a garanzia** (*fin.*) to lodge stock as cover.
depositario, *a.* depositary. *n. m.* ❶ (*leg.*) depositary. ❷ (*leg.*) (*di merci, a garanzia*) bailee. ❸ (*market.*) consignee, factor, stockist; depositary (*agent*). △ *n.* ❶ **Un banchiere è il ~ dei capitali dei suoi clienti** a banker is the depositary of his customers' funds. // ~ **doganale** (*dog.*) customs agent; **agente ~** (*market.*) depositary agent.
depositato, *a.* (*leg.*) (*di brevetto, marchio di fabbrica, ecc.*) registered.
deposito, *n. m.* ❶ deposit. ❷ (*banca*) deposit. ❸ (*dog.*) (*di merci, ecc.*) deposit. ❹ (*dog.*) (*il depositare merci*) warehousing; (*nei magazzini doganali*) bonding. ❺ (*fin.*) (*di denaro, ecc.: anche*) lodgment. ❻ (*leg.*) (*di brevetti, marchi di fabbrica, ecc.*) registration. ❼ (*org. az.*) depot, store, warehouse. ❽ (*org. az.*) (*l'immagazzinaggio*) storage, warehousing. △ ❷ **I depositi costituiscono il grosso delle operazioni passive d'una banca** deposits form the bulk of the borrowing transactions of a bank; ❻ **Devi occuparti del ~ dei nostri brevetti** you must see to the registration of our patents; ❽ **Quest'area è usata come ~ per le materie prime** this area is being used as a storage for raw materials.// ~ **a garanzia** (*in*

genere) (*leg.*) bailment; (*effettuato da un terzo, che potrà consegnarlo alla controparte soltanto all'adempimento di certe formalità di competenza di quest'ultima*) escrow; ~ **a risparmio** (*banca*) savings deposit; ~ **a vista** (*banca*) demand deposit, deposit at call; ~ **bagagli** (*trasp. ferr.*) cloak room, left-luggage office (*ingl.*); check-room (*USA*); ~ **bancario** bank deposit; ~ **cauzionale** (*leg.*) deposit: **Tutti i sottoscrittori devono versare un ~ cauzionale** all subscribers must pay a deposit; ~ **cauzionale per licenza di commercio** (*market.*) licence bond; ~ (*rimborsabile*) **con preavviso** (*banca*) deposit at notice; **depositi con preavviso di 8 giorni** deposits subject to 8 days' notice; **depositi delle banche commerciali presso la Banca d'Inghilterra** (*pari al 50% circa delle loro riserve liquide*) (*fin.*) bankers' deposits; ~ **di numerario** (*banca*) deposit of cash; ~ **di titoli** (*banca, fin.*) deposit of stock; ~ **doganale** (*dog.*) bonded warehouse, entrepôt: **Sono quasi terminati i lavori preliminari per elaborare norme comuni in materia di depositi doganali** the preparatory studies to work out common rules on bonded warehouses are almost completed; ~ **franco** (*dog.*) bonded warehouse, warehouse; ~ **fruttifero** (*banca*) interest-bearing deposit; ~ **in cassette di sicurezza** (*banca*) safe deposit: **In Inghilterra, i depositi in cassette di sicurezza non sono soggetti a controllo da parte dello Stato** in England, safe deposits are not subject to Government control; ~ **in contanti** (*fin.*) bar depot; ~ **in conto corrente** (*banca*) deposit on current account, drawing account; ~ **in conto corrente di corrispondenza** (*fin.*) demand deposit; ~ (*di merci*) **in transito** (*trasp.*) storage in transit; **depositi interbancari** (*banca*) interbank deposits; **depositi interrati** (*org. az.*) underground premises; ~ **locomotive** (*trasp. ferr.*) engine-shed, round house; ~ **primario** (*banca*) primary deposit; **depositi rimborsabili** (*cred.*) returnable deposits; ~ **speciale** (*corrispondente ai « depositi vincolati » delle nostre banche presso la Banca d'Italia*) (*banca, fin.*) special deposit, strict deposit; ~ **traibile** (*banca*) drawing deposit; checkable deposit (*USA*); (*pers., sind.*) (*conto personale presso una ditta, sul quale possono essere effettuati prelevamenti in conto anticipo*) drawing account; ~ **vincolato** (*banca*) time deposit; savings account (*USA*); ~ **vincolato a scadenza determinata** (*banca*) fixed deposit; **in** ~ (*banca*) on deposit; (*market.*) on consignment, on sale or return: **denaro in** ~ money on deposit.

deposizione, *n. f.* ❶ deposition. ❷ (*da una carica*) removal (from office); displacement. ❸ (*leg.*) (*dichiarazione solenne*) deposition. ❹ (*leg.*) (*testimonianza*) testimony, evidence. △ ❶ **La ~ del re segnò l'inizio dei tumulti** the deposition of the king started the riots; ❹ **Uno dei testi fece una ~ falsa** one of the witnesses gave false testimony. // **una ~ accettabile** (*leg.*) a receivable testimony; ~ **giurata** (*leg.*) deposition under oath, affidavit; **una ~ pertinente** (*leg.*) a relevant testimony; **chi fa una ~** (*leg.*) deponent, deposer.

depressione, *n. f.* ❶ depression. ❷ (*econ.*) depression, slump. △ ❷ **La ~ è caratterizzata dalla deflazione, dal basso livello degli investimenti e da una massiccia disoccupazione** depression is characterized by deflation, a low level of investment and mass unemployment; **C'è uno stato di ~ nel mercato azionario** there is a state of depression in the stock market; **C'è una ~ di portata mondiale** there is a world-wide slump.

depresso, *a.* ❶ depressed. ❷ (*econ.*) underdeveloped. △ ❷ **La Comunità sta esaminando un programma d'assistenza tecnica alle zone depresse** the Community is examining a programme of technical assistance for underdeveloped areas.

deprezzamento, *n. m.* ❶ (*econ., fin.*) depreciation, undervaluation. ❷ (*econ., fin.*) (*di monete, ecc.: anche*) debasement. ❸ (*fin., rag.*) depreciation, write-off. ❹ (*market.*) (*di merci, ecc.*) depreciation. ❺ (*org. az.*) (*d'un macchinario, ecc.: per l'uso*) wear and tear, wear-out. △ ❶ **Il rapido ~ della nostra moneta è una grossa preoccupazione per tutti noi** the rapid depreciation of our currency is a real worry for all of us; ❸ **Ci dovrebbe essere un ~ per ammortamento** there should be a write-off for amortization; ❹ **Abbiamo valutato il ~ del macchinario dopo un anno d'impiego** we have estimated the depreciation of the machines after a year's use; ❺ **Questa macchina è soggetta a un rapido ~** (*per uso*) this piece of machinery has a rapid wear-out. // **~ accelerato** (*econ.*) accelerated depreciation.

deprezzare, *v. t.* ❶ (*econ., fin.*) to depreciate, to undervalue. ❷ (*econ., fin.*) (*monete, ecc., anche*) to debase; to decry (*anche fig.*). ❸ (*fin., rag.*) to depreciate, to write* off. ❹ (*market.*) (*merci, ecc.*) to depreciate, to cheapen. △ ❶ **Il dollaro è deprezzato in termini di monete estere** the dollar is undervalued in terms of foreign currencies; ❷ **L'unità monetaria è stata deprezzata** the monetary unit has been debased; ❸ **La voce « Avviamento », del valore originario di 60.000 sterline, è stata deprezzata a una sterlina sola** the £ 60,000 item of « Goodwill » has been written off to a nominal £ 1.

deprezzarsi, *v. rifl.* ❶ (*econ., fin.*) to depreciate, to go* worse. ❷ (*market.*) to depreciate. △ ❶ **La lira s'è notevolmente deprezzata dall'anno scorso** the Italian lira has depreciated considerably since last year; ❷ **Queste merci si deprezzano rapidamente** these goods depreciate quickly.

deprimente, *a.* depressing. △ **Ci sono notizie deprimenti dall'estero** there is depressing news from abroad.

deprimere, *v. t.* to depress. // **~ i consumi** (*econ.*) to hold down consumption.

deputare, *v. t.* to delegate.

deputazione, *n. f.* delegation.

deragliare, *v. i.* (*trasp. ferr.*) to go* off the rails, to run* off the rails, to leave* the rails.

deriva, *n. f.* ❶ (*trasp. aer., trasp. mar.*) leeway. ❷ (*trasp. mar.*) drift.

derivabile, *a.* derivable.

derivare, *v. i.* ❶ to derive, to arise*. ❷ (*conseguire*) to come*, to ensue. *v. t.* ❶ to derive. ❷ (*mat.*) to derive. △ *v. i.* ❶ **Metà dei nostri redditi deriva dal grano** half of our income derives from wheat; **Possono ~ obblighi pesanti dalla clausola che si vorrebbe introdurre** serious obligations may arise from the proposed clause. // **che deriva** (*da qc.*) consequential.

derivata, *n. f.* (*mat.*) derivative. // **la ~ d'una funzione** (*mat.*) the derivative of a function; **~ parziale** (*mat.*) partial derivative.

derivativo, *a.* derivative.

derivato, *a.* derivative.

deroga, *n. f.* derogation. // **~ a un contratto** (*leg.*) derogation of (*o* to) a contract; **~ a una legge** (*leg.*) derogation of (*o* to) a law; **~ alla legge** (*leg.*) departure from the law; **una ~ alla procedura ufficiale** a departure from official procedure; **deroghe quantitative** (*còmm. est.*) quantitative derogations.

derogare, *v. i.* to derogate. // **~ a una regola** to depart from a rule; **~ alle regole** to derogate from the rules.

derogatorio, *a.* (*leg.*) derogatory.

derrata, *n. f.* ❶ (*market.*) commodity. ❷ **derrate**, *pl.* (*market.*) merchandise. △ ❶ **I prodotti agricoli per lo più si chiamano derrate** most agricultural products are called commodities. // **derrate alimentari** foodstuffs, consumables; **derrate grezze** gross commodities.

derubare, *v. t.* to rob, to strip.

descrittivo, *a.* descriptive.

descrivere, *v. t.* to describe. // ~ **dettagliatamente** (*o* **minutamente**) to detail; ~ **dettagliatamente un nuovo farmaco** (*market.*) to detail a new drug; ~ **nei particolari** to specify; ~ **per sommi capi** to outline.

descrizione, *n. f.* description, account. △ Favorite inviarci una ~ particolareggiata delle merci please let us have a full description of the goods. // ~ **del lavoro** (*org. az.*) job description; ~ **dell'invenzione** (*in un brevetto*) (*leg.*) specification; ~ **della merce** description of the goods; ~**delle azioni** (*fin.*) description of the shares; ~ **minuziosa** detailed description, detail; ~ **particolareggiata** specification; ~ (*d'una scrittura a partita doppia*) **sul libro giornale** (*rag.*) narration; **su** ~ (*market.*) (*di merce venduta*) by description.

desiderare, *v. t.* to desire, to wish, to want, to like. △ Il direttore vi desidera subito nel suo ufficio the director wants you in his office at once; Il comportamento del vostro impiegato lascia molto a ~ your clerk's behaviour leaves much to be desired.

desiderio, *n. m.* desire, wish. △ Vorremmo poter esaudire il vostro ~ we wish we could grant your desire.

design, *n. m.* design. △ La loro ultima macchina ha un ottimo ~ their latest machine has an excellent design.

designare, *v. t.* to designate, to appoint, to nominate, to name. △ Chi sarà designato ad assumere la presidenza? who will be named for the chairmanship?

designazione, *n. f.* designation, appointment, nomination. // la ~ d'un erede (*leg.*) the appointment of an heir.

designer, *n. m.* (*pers.*) designer.

desistenza, *n. f.* ❶ desistance. ❷ (*leg.*) abandonment. // ~ **da un'azione** (*leg.*) abandonment of action; ~ **da una causa** (*leg.*) discontinuance from a suit.

desistere, *v. i.* to desist. // ~ **da** (*leg.*) to abandon: Ho deciso di ~ dall'azione I have decided to abandon prosecution.

destinare, *v. t.* to destine, to allocate, to appropriate, to assign, to earmark. △ A che cosa sono destinati questi fondi? what are these funds destined for?; Una parte del reddito fu destinata a finanziare il programma part of the income was earmarked for financing the programme. // ~ q. a un compito (a un lavoro) (*org. az.*) to assign sb. to a task; ~ (*un terreno, ecc.*) **a uso pubblico** (*leg.*) to dedicate: È stato obbligato a ~ a pubblico uso una strada che attraversava i suoi terreni he was obliged to dedicate a road crossing his land; ~ **fondi al riscatto di un'annualità** to appropriate funds for the redemption of an annuity; ~ **stanziamenti** to allocate sums (of money).

destinatario, *n. m.* ❶ receiver. ❷ (*d'una lettera e sim.*) addressee. ❸ (*di merci*) consignee. ❹ (*trasp. mar.*) (*del carico*) shipper. △ ❶ Il ~ sosterrà tutte le spese postali the receiver will pay all mailing charges. // ~ che si presenta alla stazione per rilevare la merce (*trasp. ferr.*) consignee who calls at the station to collect his goods; ~ **d'una rimessa** (*di denaro, ecc.*) (*comm.*) remittee.

destinazione, *n. f.* ❶ destination; (*assegnazione*) allocation, appropriation. ❷ (*leg.*) destination. ❸ (*org. az.*) (*a un compito*) assignment. △ ❶ Le merci sono giunte a destinazione the goods have reached their destination. // ~ **per un legato** (*leg.*) destination for a legacy; **con** ~ (*trasp. mar.*) bound for: **una nave con** ~ **Melbourne** a ship bound for Melbourne.

destituire, *v. t.* (*pers.*) to dismiss, to displace, to remove.

destituzione, *n. f.* (*pers.*) dismissal, displacement, removal. △ La ~ di Mr Sheridan fu un grave colpo per l'azienda the removal of Mr Sheridan was a heavy blow to the firm.

destrezza, *n. f.* dexterity, skill, facility.

destro, *a.* ❶ right. ❷ (*abile*) dexterous, skilful, skilled. // la Destra (*politica*) the Right: La Destra è sempre stata contro le nazionalizzazioni the Right has always been against nationalizations; (che sta) a destra right-hand; di destra right-hand; (*anche politicamente*) right; (*politicamente*) right-wing: L'annuncio pubblicitario sarà stampato sulla pagina di destra the advertisement will be printed on the right-hand page.

desueto, *a.* obsolete.

desuetudine, *n. f.* desuetude, obsolescence.

desumere, *v. t.* to deduce, to infer, to gather.

desumibile, *a.* deducible, inferable.

detective, *n. m.* detective. // ~ **privato** inquiry agent (*ingl.*).

detenere, *v. t.* ❶ to hold*. ❷ (*leg.*) to detain. // ~ **armi illegalmente** to hold arms illegally; ~ **troppa valuta d'una certa moneta** (*Borsa, fin.*) to go long in a given currency; **essere detenuto dalla polizia** (*leg.*) to be detained (in custody) by the police.

detentore, *n. m.* ❶ (*comm.*) holder. ❷ (*leg.*) detainer. // ~ **d'azioni privilegiate** (*fin.*) preference shareholder; ~ **di brevetto** (*leg.*) licensee; ~ **d'ipoteca su un bene altrui** (*leg.*) lienholder, lienor; ~ **d'obbligazioni** (*cred.*) loan holder; (*fin.*) debenture holder; ~ **di patente** (*leg.*) licensee; ~ **di pegno su un bene altrui** (*leg.*) lienholder, lienor; ~ **di permesso** (*leg.*) licensee; ~ **di privilegio su un bene altrui** (*leg.*) lienholder, lienor; ~ **in buona fede** (*leg.*) bona fide holder.

detenuto, *n. m.* ❶ (*leg.*) detainee. ❷ (*leg.*) (*carcerato*) convict, prisoner.

detenzione, *n. f.* ❶ (*anche leg.*) detention. ❷ (*leg.*) custody, detainer, imprisonment. // ~ **d'una nave** (*trasp. mar.*) detention of a ship; ~ **illegale** (*leg.*) (*di persona o cosa*) detainer; (*di cosa dovuta ad altri*) detinue; ~ **preventiva** (*leg.*) preventive detention, commitment for trial.

deteriorabile, *a.* (*market.*) (*di merce*) perishable.

deterioramento, *n. m.* ❶ deterioration. ❷ (*per l'uso*) wear and tear. △ ❶ Questa merce è soggetta a ~ these goods are liable to deterioration.

deteriorarsi, *v. rifl.* (*market.*) (*di merce*) to perish, to go* bad.

determinabile, *a.* ❶ determinable. ❷ (*fin.*) (*d'imponibile*) assessable.

determinare, *v. t.* ❶ to determine, to state. ❷ (*causare, anche*) to bring* about. ❸ (*fin.*) (*l'imponibile*) to assess. △ ❶ La domanda determina il prezzo demand determines price. // ~ **l'ammontare dei danni** (*ass.*) to assess the amount of damages; ~ **i costi** (*rag.*) to cost; ~ **l'importo parziale di** (*un numero di cifre*) (*mat.*) to subtotal; ~ **l'importo parziale d'una colonna** (*mat.*) to subtotal a column; ~ **il prezzo di** (*un prodotto*) **con provvedimenti protezionistici** (*econ.*) to valorize; **che determina** (*che causa*) conducive to.

determinato, *a.* ❶ determined, stated. ❷ (*ass., fin.*) (*di danno, ecc.*) assessed.

determinazione, *n. f.* ❶ determination. ❷ (*ass., fin.*) (*d'un danno, dell'imponibile*) assessment. // ~ **degli itinerari di vendita** (*market.*) routing; ~ **dei costi** (*rag.*) costing; ~ **dei costi standard** (*rag.*) standard costing; ~ **dei tempi di lavorazione** (*cronot.*) scheduling; ~ **dei tempi di lavorazione basata sull'efficienza delle prestazioni** (*cronot.*) levelling; leveling (*USA*); ~ **dei tempi di lavoro per mezzo del metodo del cammino critico** (*org. az.*) critical path scheduling; ~ **del prezzo** (*Borsa, fin.*) pricing; (*econ., market.*) pricing; ~ **del prezzo protezionistico** (*d'un prodotto*) (*econ.*) valorization: **La ~ d'un prezzo protezionistico per il caffè sarà inevitabile se permarrà la crisi in questo settore** the valorization of coffee will be inevitable if the crisis in this sector persists; ~ **del reddito** (*fin.*) income determination; ~ **del valore attuale** (*d'una polizza sulla vita*) (*ass.*) valuation.

determinismo, *n. m.* determinism. // ~ **economico** (*econ.*) economic determinism.

detraibile, *a.* deductible, allowable. △ **Certi regali sono detraibili dal reddito imponibile in America** certain gifts are deductible from the taxable income in the U.S.A.

detrarre, *v. t.* to deduct, to discount, to allow, to knock off, to take* off. △ **Posso ~ le spese di viaggio?** may I deduct travelling expenses?; **Faremmo meglio a ~ mille lire per rendere il prezzo più invitante** we'd better knock off one thousand lire to make the price more attractive. // ~ **il peso dell'imballaggio** (*market.*) to deduct the weight of packing.

detrazione, *n. f.* deduction, deduct, discount, allowance, rebate. // **detrazioni ammesse nella denuncia dei redditi** (*fin.*) allowable income-tax deductions; ~ **annuale** (*sul reddito agrario, per pagamento d'annualità, imposte, ecc.*) reprise; **una ~ dal proprio (reddito) imponibile** (*fin.*) a deduction from one's taxable income; ~ **fiscale** (*fin.*) tax allowance; **detrazioni fiscali** (*fin.*) fiscal deductions; ~ **per spese** allowance for expenses.

dettagliante, *n. m.* e *f.* (*market.*) retailer, retail merchant, retail trader, shopkeeper. △ **Il ~ è l'ultimo anello della catena fra il produttore e il consumatore** the retailer is the final link between the producer and the consumer.

dettagliare, *v. t.* e *i.* ❶ to detail, to go* into details. ❷ (*market.*) to retail, to sell* by retail.

dettaglio, *n. m.* ❶ detail, particular. ❷ (*market.*) retail. △ ❶ **Per ulteriori dettagli favorite mettervi in contatto col nostro agente di zona** for further details, please contact our agent in your area. // **dettagli d'una domanda giudiziale** (*leg.*) particulars; **dettagli procedurali** (*leg.*) procedural details; **al ~** (*market.*) by retail, retail, over the counter: **Le arance costano 15 centesimi di dollaro in più al ~** oranges cost 15 cents more a pound retail; **Esistono vari tipi d'organizzazioni (di vendita) al ~ nel campo della distribuzione** there are several types of retail organizations operating in the field of distribution.

dettare, *v. t.* to dictate. // ~ **una dichiarazione ai cronisti** (*giorn.*) to dictate a statement to the reporters; ~ **una lettera alla segretaria** to dictate a letter to the secretary; ~ **la moda** (*market., pubbl.*) to lead the fashion.

dettatura, *n. f.* dictation. △ **Ho scritto quattro lettere sotto ~** I've written four letters from dictation.

detto, *a.* ❶ said. ❷ (*suddetto*) above-mentioned; above-named; above. ❸ (*rag.*) ditto.

devalutazione, *n. f.* (*econ.*) devaluation, depreciation. // ~ **della moneta** (*fin.*) currency depreciation.

deviare, *v. i.* to deviate. *v. t.* (*trasp. ferr.*) (*un treno*) to shunt. // ~ **dalla norma** (*leg.*) to vary from the law; ~ **dalla rotta** (*trasp. mar.*) to sheer.

deviatore, *n. m.* (*trasp. ferr.*) shunter; switchman* (*USA*).

deviazione, *n. f.* ❶ deviation, departure, diversion. ❷ (*mat., rag.*) variance. ❸ (*trasp. ferr.*) (*d'un treno*) shunt. // ~ **dalla rotta** (*trasp. aer., trasp. mar.*) deviation: **La polizza non contempla deviazioni dalla rotta** no deviation is contemplated by the policy; **deviazioni del traffico** (*market.*) diversions of trade; ~ **d'introiti doganali** (*dog.*) deflection of customs revenue.

devoluzione, *n. f.* ❶ (*anche leg.*) devolution. ❷ (*assegnazione*) allocation, assignment.

devolvere, *v. t.* ❶ (*un diritto, ecc.*) to devolve. ❷ (*assegnare*) to assign, to allocate. // ~ **una somma di denaro in beneficienza** to allocate a sum of money for benefaction.

devolversi, *v. rifl.* to devolve. △ **Quando il presidente è assente, i suoi compiti si devolvono al vicepresidente** when the president is absent, his duties devolve on the vice-president.

devoto, *a.* (*affezionato*) devoted, faithful. // **Suo devotissimo** (*nelle lettere*) faithfully Yours, Yours faithfully.

devozione, *n. f.* devotion.

di, *prep.* ❶ (*specificazione, argomento, ecc.*) of. ❷ (*possesso*) 's, '. ❸ (*misura*) by. △ ❶ **Qual è stato il risultato del dibattito?** what was the result of the debate?; ~ **che cosa avete parlato?** what have you been talking of (*o* about)?; **È un uomo ~ grande abilità** he is a man of great ability; **Fu accusato ~ un grave delitto** he was accused of a serious crime; ❷ **Qual è stata la decisione del capo?** what was the boss's decision?; **Qual è il percorso dell'autobus (degli autobus)?** what is the bus's (the buses') route?; ❸ **Dev'essere più lungo ~ almeno due metri** it must be longer by two metres at least; **La popolazione è cresciuta del 5 per cento** the population has increased by 5 per cent. // ~ **giorno in giorno** from day to day; **d'inverno** in (the) winter; ~ **lunedì** on Monday, on Mondays; ~ **mattina** in the morning; **dire ~ sì** to say yes; (*accettare*) to accept; **parlare d'affari** to talk business.

diagramma, *n. m.* ❶ diagram, drawing. ❷ (*elab. elettr.*) graph chart, graph. ❸ (*mat., stat.*) graph. ❹ (*org. az.*) chart. ❺ (*stat.*) chart. // ~ **a barre** (*stat.*) bar chart; ~ **a blocchi** (*mat.*) block diagram; ~ **del ciclo di lavorazione** (*org. az.*) flow diagram, flow chart; ~ **del processo produttivo** (*org. az.*) process chart; ~ **del punto di rottura** (*econ.*) break-even chart; ~ **di carico** (*di macchina o altra unità produttiva*) (*org. az.*) load chart; ~ **di controllo giornaliero** (*org. az.*) day control chart; ~ **funzionale** (*elab. elettr.*) functional diagram.

diapositiva, *n. f.* (*pubbl.*) filmslide, slide. // ~ **a colori** (*pubbl.*) colour slide.

diaria, *n. f.* (*pers.*) expense account per diem; daily allowance (for expenses).

diario, *n. m.* (*attr. uff.*) diary, day-book.

dibattere, *v. t.* to debate, to discuss, to dispute, to pro-and-con. △ **È tutto il giorno che dibattiamo la questione** we have been debating (upon) the question all day; **La questione deve essere dibattuta al più presto** the matter must be pro-and-conned as soon as possible.

dibattimento, *n. m.* ❶ *V.* dibattito. ❷ (*leg.*) trial.

dibattito, *n. m.* debate, discussion, dispute, argument. △ **Stanno organizzando un ~ pubblico sui pro e i contro della svalutazione** they are planning a public debate about the pros and cons of devaluation. ∥ **un ~ aperto a tutti** a free-for-all discussion.

dicastero, *n. m.* (*amm.*) ministry; department (*USA*).

diceria, *n. f.* rumour, hearsay, talk.

dichiarabile, *a.* ❶ declarable. ❷ (*dog.*) declarable (*V.* **dichiarare**).

dichiarante, *n. m.* e *f.* (*dog.*, *leg.*) declarant.

dichiarare, *v. t.* e *i.* ❶ to declare, to state, to express, to report, to say*. ❷ (*a discolpa*) to allege. ❸ (*ass.*, *leg.*) to declare. ❹ (*dog.*) to declare. ❺ (*leg.*) to pronounce, to rule. ❻ (*leg.*) (*riconoscere*) to find*, to return. △ ❶ **Il presidente dichiarò i risultati dell'elezione** the chairman declared the results of the election; **Ha dichiarato il suo consenso** he has expressed his assent; **La società ha dichiarato un fatturato d'un milione di sterline** the company has reported a sales total of one million pounds; **Dichiarò che non sarebbe venuto alla riunione** he said he would not come to the meeting; ❸ **L'imputato dichiarò di non essere colpevole** the accused man declared that he was not guilty; ❹ **Ha niente da ~** (*alla dogana*)? (have you) anything to declare?; ❺ **Che cosa ha dichiarato il giudice in merito a quella questione?** what has the judge ruled about that matter?; ❻ **Fu dichiarata inabile al lavoro** she was returned unfit for work. ∥ **~ la propria buona fede** to allege one's good faith; **~ il carico** (*in dogana*) (*trasp. mar.*) to report the cargo; **~ q. colpevole (innocente)** (*leg.*) (*della giuria*) to find sb. guilty (not guilty); **~ un dividendo straordinario** (*fin.*) to declare an extra dividend; **~ (q.) eletto** (*leg.*) to validate; **~ (qc.) erroneamente** (*leg.*) to misrepresent; **~ q. fallito** (*leg.*) to adjudicate sb. bankrupt; **~ (qc.) falsamente** (*leg.*) to misrepresent; **~ falsamente i propri redditi** (*leg.*) to misrepresent one's income; **~ illegale** (*leg.*) to illegalize, to outlaw: **La nuova normativa ha dichiarato illegale l'intimidazione verbale da parte dei datori di lavoro** the new legislation has outlawed verbal intimidation on the part of employers; **~ illegittimo** (*leg.*) to illegitimate; **~ un imponibile inferiore a quello reale** (*fin.*) to understate one's taxable income; **~ incapace** (*leg.*) to incapacitate, to disqualify; **~ merci in transito** (*dog.*) to enter goods for transit; **~ una nave inservibile** (*trasp. mar.*) to condemn a ship; **~ il rinvio della seduta** (*leg.*) to pronounce the meeting adjourned; **~ sotto giuramento** (*leg.*) to state on oath, to depose, to depone; **~ tolta la seduta** to declare a meeting closed; **~ il valore all'ufficio doganale** (*dog.*) to declare the value at the custom-house; **non ~ un dividendo** (*fin.*) to pass a dividend; **chi dichiara sotto giuramento** (*leg.*) deponent, deposer.

dichiararsi, *v. rifl.* ❶ to declare oneself; to declare. ❷ (*leg.*) (*d'imputato*: *colpevole o innocente*) to plead. ∥ **~ colpevole** (*leg.*) to plead guilty; **~ contrario a q. (a qc.)** to declare against sb. (against st.); **~ favorevole a q. (a qc.)** to declare for sb. (for st.); **~ innocente** (*leg.*) to plead not guilty; **~ mallevadore per q.** (*leg.*) to vouch for sb.

dichiarativo, *a.* (*anche leg.*) declaratory.

dichiarato, *a.* declared, stated (*V.* **dichiarare**). ∥ **non ~** (*dog.*) (*d'un articolo, ecc.*) not entered.

dichiaratorio, *a.* (*anche leg.*) declaratory.

dichiarazione, *n. f.* ❶ declaration, statement. ❷ (*a discolpa*) allegation. ❸ (*ass.*, *leg.*) declaration. ❹ (*dog.*) declaration. ❺ (*leg.*) (*testimonianza*) testimony. △ ❶ **La ~ di guerra gettò il panico fra gli operatori di Borsa** the declaration of war threw the Stock Exchange operators into panic; **La ~ di Mr Dobb fu criticata dalla maggioranza** Mr Dobb's statement was criticized by the majority; ❷ **La sua ~ d'essere stato assente dall'ufficio per malattia non fu accettata dal capo** his allegation of illness for not going to the office was rejected by the boss. ∥ **~ a favore d'un prodotto** (*rilasciata da una nota personalità*) (*pubbl.*) testimonial; **~ autenticata da un notaio** (*leg.*) declaration attested by a notary; **~ congiunta** a joint declaration; **~ consolare** (*comm. est.*) consular declaration; **~ dei redditi** (*fin.*) return of income, income-tax return; **~ del capitano** (*della nave*) **per la dogana** (*trasp. mar.*) captain's entry; **~ del valore delle merci** (*ass.*) declaration of the value of the goods; **~ della difesa** (*leg.*) plea; **dichiarazioni dell'assicurato** (*alla compagnia d'assicurazioni: sul rischio da assicurare*) (*ass.*) representations; **~ dell'editore** (*relativa alla tiratura in un certo periodo*) (*giorn.*, *pubbl.*) publisher's statement; **~ dell'imputato** (*leg.*) plea; **~ d'abbandono** (*della nave e/o del carico*) (*ass. mar.*) notice of abandonment; **~ d'avvenuto pagamento del dazio** (*dog.*, *fin.*) duty-paid entry; **~ di bordo** (*trasp. mar.*) ship's report; **~ di cauzione** (*dog.*) bond; **~ di conformità con la legge sulle società commerciali** (*leg.*) declaration of compliance with the companies act; **la ~ d'un dividendo straordinario** (*fin.*) the declaration of an extra dividend; **~ d'entrata** (*dog.*) declaration inwards, clearance inwards, clearing inwards; **~ d'esportazione** (*dog.*) export specification; **~ di fallimento** (*leg.*) adjudication of (*o* in) bankruptcy; **~ di garanzia** (*leg.*) deed of guaranty; **~ d'una giuria** (*leg.*) presentment; **~ d'illegalità** (*leg.*) illegalization; **~ d'illegittimità** (*leg.*) illegitimation; **~ d'imbarco** (*dog.*) specification; **~ d'importazione** (*dog.*) import specification; **~ d'ipoteca** (*leg.*) declaration of mortgage; **~ di non luogo a procedere** (*leg.*) entering for non suit; **~ di solvibilità** (*d'una società commerciale*) (*leg.*) declaration of solvency; **~ di transito** (*dog.*) transit entry; **~ d'uscita** (*dog.*) declaration outwards; **~ doganale** (*dog.*) customs declaration, customs report, customs entry, customs bill of entry; **~ erronea** (*leg.*) misrepresentation; **~ falsa** (*leg.*) misrepresentation; **dichiarazioni false** (*leg.*) false pretences (*anche*); **la ~ generale** (*in dogana*) (*trasp. mar.*) the report of the whole cargo; **~ giudiziale di fallimento** (*leg.*) decree in bankruptcy; **~ giurata** (*leg.*) sworn statement, affidavit; (*ass. mar.*, *leg.*) declaration on oath; **una ~ non impegnativa** a non-committal statement; **~ orale** (*leg.*) parol; **~ per merce schiava di dazio** (*dog.*) entry for dutiable goods; **~ per merci esenti da dazio** (*dog.*) entry for free goods; **~ per merci soggette a diritti doganali** (*dog.*) entry for home use, home-use entry; **~ per il trasbordo** (*trasp. mar.*) transshipment entry; **~ relativa alla situazione finanziaria** (*d'un'impresa in via di fallimento*) (*leg.*) statement of affairs; **~ scritta con la quale il « convenuto » riconosce il buon diritto dell'« attore »** (*leg.*) cognovit; **~ solenne** (*fatta in luogo d'un « affidavit »*) **da persona incapace di giurare** (*leg.*) statutory declaration; **una ~ ufficiale** an official statement; **una ~ ufficiosa** a semi-official statement.

diciottesimo, *num. ord.* e *n. m.* (*pubbl.*) octodecimo. ∥ **in ~** (*pubbl.*) octodecimo.

dicitore, *n. m.* speaker.

dicitura, *n. f.* wording. ∥ **la ~ d'un timbro** the wording of a stamp.

didascalia, *n. f.* (*giorn.*, *pubbl.*) (*sotto un'illustrazione*) underlines (*pl.*); caption.

dieci, *num. card.* ten. ∥ ~ **dollari** ten dollars; dews (*slang USA*); ~ **dozzine** ten dozen; (*comm.*) small gross.

dietro, *avv. e prep.* ❶ after, behind. ❷ (*comm.*) against; on. ❸ (*trasp. mar.*) aft. ∥ ~ **pagamento d'una somma** against (*o* on) payment of a sum; ~ **ricevuta** against receipt; ~ **richiesta** on request; on application; **di** ~ behind; **in** ~ behind.

difendere, *v. t.* ❶ to defend, to protect, to safeguard, to shelter, to ward. ❷ (*leg.*) to defend. △ ❶ **Le leggi anti-trust devono continuamente ~ l'ideale della democrazia industriale** antitrust laws must constantly defend the ideal of industrial democracy; **Il Governo ha promesso di ~ i mercati nazionali** the Government has promised to shelter domestic markets; ❷ **Ci vorrà un avvocato che ti difenda** you will need a lawyer to defend you. ∥ ~ **una causa** (*leg.*) to defend a case, to plead a case; ~ **la propria reputazione** to safeguard one's reputation.

difendersi, *v. rifl.* ❶ to defend oneself; to be on the defensive. ❷ (*fam.*) (*andare avanti alla meglio*) to get* along; to keep* afloat; to manage somehow. △ ❷ **Gli affari non vanno bene, ma mi difendo** business is bad, but I get along (*o* I manage somehow). ∥ ~ **bene** (*Borsa, fin.*) (*d'un titolo*) to hold up; ~ **da un pericolo** to counter a danger; ~ **dall'inflazione** to counter inflation; **chi è chiamato a ~ contro un ricorso** (*leg.*) petitionee.

difensore, *n. m.* ❶ defender. ❷ (*sostenitore*) advocate, supporter. ❸ (*leg.*) (*avvocato difensore*) counsel for the defense; defense attorney (*USA*). △ ❷ **È un ~ del liberismo** he is an advocate of free trade. ∥ « ~ **civile** » (*leg.*) (*funzionario governativo che effettua inchieste in seguito alle lamentele dei cittadini sull'operato della pubblica amministrazione*) ombudsman; ~ **d'ufficio** (*leg.*) public defender; counsel (*o* counsellor) appointed by the Court.

difesa, *n. f.* ❶ defence; defense (*USA*); protection, safeguard, shelter. ❷ (*leg.*) defence. ❸ (*leg.*) (*perorazione*) plea, pleading. ❹ (*leg.*) (*avvocato difensore*) counsel for the defence; defense attorney (*USA*). △ ❷ **L'imputato non ha neanche accennato a una linea di ~** the accused man has made no defence at all; ❹ **Adesso parla la ~** counsel for the defence is now pleading the case; **La ~ si è rimessa alla clemenza della Corte** the defense attorney has put in a plea for mercy. ∥ ~ **commerciale** commercial defence; ~ **giudiziaria** (*leg.*) brief; **difese scritte delle parti in causa** (*leg.*) pleadings.

difettare, *v. i.* to be deficient; to be lacking (*o* wanting); to lack. △ **Quel giovane difetta di buona volontà** that young man is lacking in will.

difetto, *n. m.* ❶ (*mancanza*) deficiency, lack, want. ❷ (*imperfezione*) defect, fault, flaw, shortcoming. ❸ (*anche leg.*) vice, defect. ❹ (*elab. elettr.*) fault. △ ❶ **Fanno ~ le case per le famiglie operaie** there's a lack of houses for bluecollar families; ❷ **Sono i difetti organizzativi che portano agli insuccessi commerciali** it is management shortcomings that cause most business failures; **Tutti abbiamo i nostri difetti** each of us has his own faults; ❸ **Non fummo in grado di riscontrare alcun ~ nelle merci** we couldn't detect any vice in the goods; **C'è un ~ in questa macchina** there's something wrong with this machine. ∥ ~ **di costruzione** constructional defect; **un ~ evidente** an apparent defect; **difetti formali** (*leg.*) formal defects; **essere in ~** to default; **in ~ di** (*in mancanza di*) in default of.

difettoso, *a.* defective, faulty.

diffalcare, *v. t. V.* defalcare.

diffalco, *n. m. V.* defalco.

diffamare, *v. t.* (*leg.*) to defame, to slander.

diffamatore, *n. m.* (*leg.*) defamer, slanderer.

diffamatorio, *a.* (*leg.*) defamatory, slanderous.

diffamazione, *n. f.* (*leg.*) defamation, slander.

differente, *a.* different.

differenza, *n. f.* ❶ difference, gap; (*discrepanza*) discrepancy, variance. ❷ (*econ., rag.*) margin. ❸ (*fin., rag.*) (*in meno*) deficiency. ❹ (*mat.*) residual. △ ❶ **C'è una notevole ~ nella qualità delle merci** there is a remarkable difference in the quality of the goods; **Fu notata una ~ fra le due relazioni** a variance was noticed between the two reports; ❸ **C'era una ~ di 3.000 sterline** there was a deficiency of 3,000 pounds. ∥ ~ **a credito** (*rag.*) credit balance; ~ **a saldo** (*fin., rag.*) balance; ~ **di cambio** (*fin.*) difference of exchange; **la ~ di cambio a favore del debitore** (*fin.*) the difference in the exchange rate in the debtor's favour; ~ **di cassa** (*rag.*) difference in the cash, cash difference; ~ **di prezzo** (*market.*) difference in price; ~ **di salario** (*esistente fra due classi di lavoratori impiegati nello stesso processo produttivo*) (*sind.*) differential; ~ **fra il capitale assicurato e il valore di riserva** (*in una polizza d'assicurazione sulla vita*) (*ass.*) amount at risk; ~ **fra il costo di produzione e il prezzo di vendita** (*econ., market.*) spread; ~ **fra il dare e l'avere d'un conto** (*rag.*) difference between the debit and credit of an account; ~ **fra i prezzi di due articoli simili** (*market.*) spread; ~ **fra il prezzo d'acquisto e quello di vendita quotati da un « jobber »** (*Borsa, ingl.*) jobber's turn; ~ **fra il prezzo massimo e quello minimo** (*per un prodotto, in un dato periodo*) (*econ., market.*) spread; **differenze nei prezzi** (*market.*) price differences; ~ **tabellare** (*mat.*) tabular difference; ~ **tra il valore delle vendite e il costo marginale delle stesse** (*econ.*) contribution.

differenziale, *a.* differential, discriminating. *n. m.* (*mat.*) differential, differential coefficient. ∥ ~ **dei tassi d'interesse** (*fin.*) interest-rate differential.

differenziazione, *n. f.* (*market.*) diversification. ∥ ~ **del portafoglio** (*da parte d'un fondo d'investimento*) (*fin.*) gearing (of capital); leverage (*USA*).

differibile, *a.* deferrable, deferable, postponable, adjournable.

differimento, *n. m.* deferment, postponement, adjournment.

differire, *v. t.* ❶ to defer, to postpone, to put* off, to adjourn. ❷ (*cred.*) (*un pagamento*) to respite. ❸ (*leg.*) to stay. *v. i.* to differ, to vary, to be different (from). △ *v. t.* ❶ **Siamo costretti a ~ il pagamento di questo effetto** we are obliged to defer payment of this draft; **Il giorno fissato per la riunione è stato differito** the day appointed for the meeting has been postponed; *v. i.* **La legge d'uno Stato differisce da quella d'un altro** the law of one State differs from that of another; **Il nuovo prodotto non differisce da quello vecchio in modo sostanziale** the new product does not vary substantially from the old one. ∥ ~ **i pagamenti** (*cred.*) to put off payments, to defer payments; ~ **una riunione** to postpone (*o* to put off) a meeting; (*se già in corso*) to adjourn a meeting; ~ **la scadenza d'una cambiale** (*cred.*) to extend the maturity of a bill.

differito, *a.* (*cred., fin.*) deferred.

difficile, *a.* ❶ difficult. ❷ (*a ottenersi*) close. ❸ (*esigente*) exacting. ❹ (*fin.*) (*di mercato, ecc.: per mancanza di denaro*) stringent. △ ❶ **Si trova in una situazione ~** he is placed in difficult circumstances; **La comunicazione è ~ fra luoghi così distanti** communication is

difficoltà

difficult between such distant places; **Il direttore è un uomo ~** the manager is a difficult person. // **~ a collocarsi** (*market.*) hard to sell; **~ a vendersi** (*market.*) hard to sell; **~ da accontentare** hard to please; **~ da vendere** (*market.*) (*d'articolo, ecc.*) sticky: **Gli apparecchi radio stanno diventando sempre più difficili da vendere** radio sets are becoming increasingly sticky; **di ~ accesso** difficult of access; **di ~ realizzo** (*di credito*) sticky; **di assai ~ realizzo** (*fin.*) unrealizable.

difficoltà, *n. f. inv.* ❶ difficulty; (*situazione di disagio*) distress; (*male*) ill. ❷ (*fin.*) (*dovuta alla mancanza di denaro*) stringency. △ ❶ **Ho fatto il lavoro senza alcuna ~** I've done the work without any difficulty; **Ci sono difficoltà finanziarie** there are money difficulties; **È in difficoltà (finanziarie)** he is in difficulties. // **difficoltà contabili** (*rag.*) bookkeeping difficulties; **~ economica** (*econ.*) squeeze; **in ~** in deep water(s), distressed: **Le società in ~ devono ottenere consulenze tecniche e mutui che le aiutino a diversificare i prodotti e a trovare nuovi mercati** distressed companies must get technical advice and loans to help them diversify their products and find new markets; **in difficoltà finanziarie** (*fin.*) uptight: **Quest'imposta sarà un nuovo colpo per le industrie già in difficoltà finanziarie** this tax will be another blow to industries already uptight.

diffida, *n. f.* (*leg.*) warning, caveat.

diffidare, *v. t.* (*leg.*) to enjoin, to warn. *v. i.* to distrust; to mistrust; to have no faith (in st.). △ *v. t.* **Fummo diffidati dal vendere quella merce** we were enjoined from selling those goods; *v. i.* **Diffido di quell'uomo** I distrust that man; **Non devi ~ delle tue capacità** you must have faith in your capacities.

diffondere, *v. t.* ❶ to spread*, to diffuse, to send* round. ❷ (*notizie*) to circulate, to propagate. ❸ (*comun.*) (*una notizia, per radio*) to broadcast*; (*per televisione*) to telecast*. △ ❶ **Quelle previsioni allarmistiche non dovrebbero essere diffuse** those alarmist forecasts should not be spread.

diffondersi, *v. rifl.* to spread*. △ **L'assenteismo si va diffondendo rapidamente in tutti i settori dell'attività industriale** absenteeism is spreading rapidly in all sectors of industrial activity.

diffusione, *n. f.* ❶ diffusion, spread. ❷ (*di notizie, anche*) circulation, propagation. △ ❶ **Dobbiamo favorire la ~ delle cognizioni commerciali** we must foster the diffusion of commercial knowledge; **La ~ di tali notizie metterebbe il mercato in uno stato di panico** the spread of such news would panic the market. // **~ della pubblicità radio-televisiva** (*intesa come totalità delle persone raggiunte*) (*pubbl.*) coverage; **~ guidata** (*pubbl.*) controlled circulation.

diga, *n. f.* ❶ dam; dike, dyke. ❷ (*trasp.*) (*di fiume, canale, ecc.*) lock.

digesto, *n. m.* (*leg.*) digest.

digitale, *a.* (*elab. elettr.*) digital. // **calcolatore ~** digital computer.

dilapidare, *v. t.* ❶ to squander. ❷ (*fin.*) (*un patrimonio*) to sink*. △ ❶ **Tutte le sue fortune furono dilapidate dai suoi eredi** all his fortunes were squandered by his heirs; ❷ **Ha dilapidato gran parte del suo patrimonio cercando di rinnovare l'azienda** he has sunk a large part of his patrimony in trying to renew his firm.

dilapidazione, *n. f.* squandering.

dilatamento, *n. m.* V. dilatazione.

dilatare, *v. t.* ❶ to dilate; to swell* (*anche fig.*). ❷ (*espandere*) to expand. ❸ (*econ., fin.*) (*aumentare*) to increase. △ ❶ **La scarsità d'abitazioni nelle città ha dilatato la domanda** the dearth of town dwellings has swollen the demand; ❸ **Bisogna evitare di ~ la spesa pubblica** we must avoid increasing public expenditure.

dilatarsi, *v. rifl.* ❶ to dilate; to swell* (*anche fig.*). ❷ (*espandersi*) to expand. ❸ (*econ., fin.*) (*aumentare*) to increase. △ ❷ **I consumi privati tendono a ~ in modo abnorme** there is a tendency for private consumption to expand enormously; ❸ **La domanda di beni di consumo si dilata di giorno in giorno** the demand for consumer goods is increasing from day to day.

dilatazione, *n. f.* ❶ dilatation; swelling (*anche fig.*). ❷ (*espansione*) expansion. ❸ (*econ., fin.*) (*aumento*) increase. // **la ~ della domanda interna** (*econ.*) the expansion of home demand; **una cospicua ~ dei consumi** (*econ.*) a large increase in consumption.

dilatorio, *a.* (*anche leg.*) dilatory, delaying, suspensive. △ **L'avvocato sollevò un'eccezione dilatoria** the barrister raised a dilatory exception.

dilazionare, *v. t.* ❶ (*ritardare*) to delay. ❷ (*posporre*) to postpone, to put* off. ❸ (*cred.*) (*il pagamento d'un debito*) to extend.

dilazionato, *a.* (*cred.*) (*d'un pagamento*) extended.

dilazione, *n. f.* ❶ (*indugio*) delay. ❷ (*rinvio*) postponement. ❸ (*comm.*) (*ritardo*) delay. ❹ (*cred.*) (*d'un pagamento*) extension, respite. △ ❶ **Vi assicuriamo che eseguiremo il vostro ordine senza alcuna ~** we assure you that we shall execute your order without any delay; ❷ **Siete d'accordo sulla ~ della data di consegna?** do you agree on the postponement of the date of delivery?; ❸ **Sono sicuro che ci concederanno una ~ di pagamento** I am sure they will grant us a delay in payment; ❹ **Ci è stata concessa una ~ dai creditori** we were granted a respite by our creditors. // **~ di pagamento** (*cred.*) extension of payment; (*per una cambiale*) days of grace; **senza ulteriore ~** without further delay.

diligente, *a.* ❶ (*anche leg.*) diligent. ❷ (*accurato*) careful.

diligentemente, *avv.* ❶ diligently. ❷ (*accuratamente*) carefully.

diligenza, *n. f.* ❶ (*anche leg.*) diligence. ❷ (*accuratezza*) carefulness. // **~ del buon padre di famiglia** (*leg.*) ordinary diligence, reasonable diligence, ordinary care, ordinary prudence, prudent man rule; **~ ordinaria** (*leg.*) ordinary diligence, ordinary care, ordinary prudence, due care.

diluire, *v. t.* to dilute. // **~ i profitti** (*fin.*) to cut profits.

diluizione, *n. f.* dilution.

dimensione, *n. f.* ❶ dimension, size. ❷ **dimensioni**, *pl.* (*trasp. mar.*) (*delle parti strutturali d'una nave*) scantling. △ ❶ **Le dimensioni devono essere indicate su ogni cassa** dimensions are to be marked on all cases. // **~ dell'azienda** (*org. az.*) company size; corporate size (*USA*); **dimensioni d'impresa** (*org. az.*) size of business; **~ ottimale** (*econ.*) optimum size; **dimensioni ottimali** (*econ.*) optimal size; **di dimensioni nazionali** nationwide.

dimenticanza, *n. f.* ❶ forgetfulness. ❷ (*omissione*) omission. ❸ (*svista*) oversight.

dimenticare, *v. t.* ❶ to forget*. ❷ (*omettere*) to omit, to leave* out. △ ❶ **Ho dimenticato di rispondere alla loro lettera** I forgot to answer their letter; ❷ **Ho dimenticato una parola nella lettera che mi hai dettato** I've left out a word in the letter you dictated me. // **~ un'offesa** to forgive an offence.

dimettere, *v. t.* ❶ (*licenziare*) to dismiss; to remove (from office); to unseat. ❷ (*anche leg.*) to discharge. △ ❶ Fu dimesso (*dall'ufficio*) per essere stato dichiarato colpevole he was dismissed (*o* removed, *o* unseated) because he had been found guilty; ❷ L'imputato fu dimesso (*dal carcere*) per esser stato riconosciuto innocente the accused man was discharged because he had been found not guilty.

dimettersi, *v. rifl.* (*pers.*) to resign, to retire, to step down, to vacate. △ Non ho intenzione di dimettermi da un posto che occupo da tanto tempo! I am not going to resign from a position I have occupied for so long!; Ho intenzione di dimettermi da questo ufficio I am going to step down from this office. ∥ ~ da (*una carica, e sim.*) (*amm., fin.*) to vacate: Disse che si sarebbe dimesso dalla direzione se fosse stato eletto Mr Polluck alla presidenza he said he would vacate his directorship in case Mr Polluck were elected chairman; ~ da un lavoro (*pers.*) to throw up a job.

dimezzare, *v. t.* to halve. △ L'apertura del canale navigabile dimezzerà il tempo necessario per il viaggio the opening of the ship canal will halve the time needed for the voyage.

diminuire, *v. i.* ❶ to decrease, to diminish, to decline, to drop, to fall*, to lessen, to relax, to shrink*, to slacken. ❷ (*di prezzi, ecc., anche*) to come* down, to go* down, to fall* off, to sag. ❸ (*fin., market.*) (*di prezzi, quotazioni, vendite, ecc., anche*) to recede; (*di poco, e per breve tempo*) to dip; (*per gradi*) to slip. *v. t.* to decrease, to diminish, to curtail, to cut*, to cut* down, to lessen, to lower, to reduce. △ *v. i.* ❶ La popolazione del centro commerciale di Londra va diminuendo the population in the City is decreasing; La lira italiana è diminuita di valore the Italian lira has diminished in value; I corsi cominciano a ~ rates are beginning to decline; I prezzi diminuirono improvvisamente prices dropped suddenly; Le azioni Z diminuirono d'un punto Z shares dropped a point; Le azioni della società X diminuiscono the stocks of X company are falling (*o* lowering in value); Le nostre entrate diminuirono quando gli straordinari lasciarono il posto alle « settimane corte » our earnings shrank as overtime gave way to shorter work weeks; ❷ I prezzi delle materie prime non diminuiranno per molto tempo ancora the prices of raw materials will not come down for a long time; È diminuito il prezzo del burro the price of butter has gone down; Il nostro introito è notevolmente diminuito our takings have fallen off considerably; ❸ Con la diminuzione della domanda di prodotti petroliferi, i prezzi diminuirono as demand for oil products eased, prices receded; I prezzi diminuiranno ancora un poco prima che si abbia una ripresa prices will dip to a lower level before recovering; I corsi delle Borse merci stanno diminuendo ma con lievi perdite commodity markets are dipping but losses are not extensive; Poiché i costi e i prezzi aumentano, le vendite diminuiranno since costs and prices rise, sales will slip; *v. t.* Bisogna ~ la quantità di carbone usato it is necessary to decrease the amount of coal used; Mi hanno diminuito lo stipendio they have cut my salary; Dobbiamo ~ i prezzi we must cut down prices; Dobbiamo ~ le spese we must cut down (*o* lower, *o* reduce) expenses; Sarà possibile ~ l'affitto? will it be possible to lower the rent?; Il Governo ha deciso di ~ il tasso ufficiale di sconto the Government has decided on lowering the bank rate; Il tasso di sconto sarà diminuito dal 4 al 3,50% the bank rate will be reduced from 4 to 3.50%. ∥ ~ il carico d'imposta su (*qc.*) (*fin.*) to derate: Fu diminuito il carico d'imposta sui terreni e fabbricati agricoli per aiutare l'agricoltura a riprendersi dalla depressione agricultural land and buildings were derated in order to assist agriculture to recover from the depression; ~ di prezzo to cheapen: I generi alimentari sono diminuiti di prezzo foodstuffs have cheapened; ~ di valore (*fin., market., anche*) to go worse, to lower in value: I nostri titoli stanno diminuendo di valore our stocks are lowering in value; ~ fortemente to decimate: L'inflazione ha fortemente diminuito il potere d'acquisto inflation has decimated buying power; ~ leggermente (*market.*) (*di prezzi, ecc.*) to shade: Recentemente i prezzi sono diminuiti leggermente prices have shaded a bit lately; ~ il livello delle riserve minime (*fin.*) to reduce the level of minimum reserves; ~ il prezzo di (*qc.*) to cheapen; to cut: Il Governo adotterà provvedimenti per ~ i prezzi dei generi alimentari the Government will take measures to cheapen foodstuffs; I prezzi dei biglietti ferroviari sono stati aumentati anziché diminuiti railway fares have been put up, but they ought to have been cut; ~ il salario di q. to dock sb.'s wages (*fam.*).

diminuzione, *n. f.* ❶ decrease, diminution, decline, curtailing, curtailment, drop, fall, lessening, lowering, reduction, relaxation, shrinkage, slackening, stepdown. ❷ (*di prezzi, ecc., anche*) decline, break, cut, cutting, drop, falloff, sag. △ ❶ La ~ delle importazioni durante l'esercizio è stata del 15% the decrease in imports for the year was 15%; Speriamo ancora che ci sia una piccola ~ delle imposte we are still hoping for a small diminution in taxes; C'è stata una notevole ~ rispetto allo stesso periodo dello scorso anno there was a sharp decline vis-à-vis the same period last year; C'è stata una ~ della domanda globale interna there has been a drop in overall domestic demand; Ci sarà certamente una ~ della produzione there will certainly be a fall (*o* a step-down) in production; Gli importatori si attendono una ~ dei dazi nazionali importers are expecting a reduction in national duties; C'è una ~ dell'offerta interna there is a slackening in domestic supply; ❷ Non possiamo attenderci una ~ dei prezzi al minuto we cannot expect a decline in retail prices; Dobbiamo sforzarci d'ottenere una ~ del prezzo della benzina we must strive to obtain a cut in the price of petrol; C'è stata una ~ dei prezzi all'ingrosso there's been a drop in wholesale prices. ∥ ~ del numero delle azioni (*d'una società*) (*fin.*) split-down; una ~ della popolazione (*stat.*) a decline in population; una ~ delle entrate (*fin., rag.*) a decrease in receipts; una ~ delle esportazioni (*comm. est.*) a fall in exports; una ~ delle ore di lavoro (*sind.*) a reduction in working hours; una ~ di prezzi (*market.*) a cut in prices; ~ di prezzo (*market., anche*) markdown; una ~ moderata (*e spesso temporanea*) dei prezzi (*Borsa, fin., market.*) a dip in prices; ~ progressiva dell'aliquota d'imposta (*fin.*) degression; in ~ on the decrease: La popolazione del centro commerciale di Londra è in ~ the population of the City is on the decrease.

dimissionario, *a.* (*pers.*) resigning, outgoing. *n. m.* (*pers.*) resigner, resignee.

dimissioni, *n. pl.* (*pers.*) resignation, vacation (*sing.*). △ Il presidente ha presentato le ~ the chairman has handed in his resignation (*o* has resigned); Naturalmente le sue ~ non saranno accettate dal consiglio d'amministrazione of course his resignation won't be accepted by the board of directors.

dimora, *n. f.* abode, abiding, dwelling, home, residence.

dimorare, *v. i.* to abide*, to dwell, to live, to reside.

dimostrare, *v. t.* ❶ to demonstrate, to establish, to prove. ❷ *(anche leg.)* to witness. ❸ *(pubbl.) (un articolo o un prodotto a un cliente potenziale)* to demonstrate. *v. i.* (*sind.*) to demonstrate. △ *v. t.* ❸ **Il nostro venditore vi attenderà per ~ le nostre nuove macchine** our salesman will be waiting for you to demonstrate our new machines. // **~ l'autenticità di qc.** *(leg.)* to prove st.

dimostrarsi, *v. rifl.* to prove. △ **S'è dimostrato un impiegato fedelissimo** he proved (to be) a very loyal employee.

dimostratore, *n. m.* (*pers., pubbl.*) demonstrator. △ **Un ~ illustra un articolo o un prodotto a un probabile cliente** a demonstrator illustrates an article or a product to a prospective buyer.

dimostrazione, *n. f.* ❶ demonstration, proof. ❷ *(anche leg.)* witness. ❸ *(market.) (d'un metodo, d'una procedura, ecc.)* show-how. ❹ *(pubbl.) (d'un articolo o d'un prodotto a un cliente potenziale)* demonstration, show.

dinamica, *n. f.* ❶ dynamics *(pl., col verbo al sing.)*. ❷ *(econ.) (tendenza)* tendency, trend. ❸ *(econ.) (rialzo)* increase, rise. ❹ *(org. az.) (processo)* process. // **~ degli investimenti** *(fin.)* investment trends; **~ dei consumi** *(market.)* consumer trends; **la ~ dei prezzi** *(econ.)* the price increase; price rises *(pl.):* **La ~ dei prezzi può essere controllata più efficacemente con interventi diretti** price rises can be more effectively controlled through direct intervention; **~ del lavoro** *(org. az.)* flow process.

dinamico, *a.* ❶ *(anche di persona)* dynamic. ❷ *(econ.) (fiorente, attivo)* booming.

dinaro, *n. m.* dinar.

diniego, *n. m.* denial, refusal. // **~ implicito** *(leg.)* constructive denial.

diorama, *n. m.* *(pubbl.)* diorama.

dipartimentale, *a.* departmental.

dipartimento, *n. m.* department. // **il ~ di Stato** *(il Ministero degli Esteri in U.S.A.)* the State Department.

dipendente, *a.* ❶ dependent. ❷ *(leg.)* incident. *n. m. e f.* ❶ *(pers.)* employee, subordinate. ❷ *(pers.) (operaio)* workhand. ❸ **dipendenti,** *pl.* *(pers.)* personnel, staff *(collett.).* // **~ d'impresa industriale** *(pers.)* industrial.

dipendenza, *n. f.* dependence. △ **La ~ dei raccolti dalle condizioni meteorologiche è cosa indubbia** there is no doubt about the dependence of crops upon the weather. // **essere alle dipendenze di q.** *(pers.)* to be in the employ of sb., to be on sb.'s pay-roll.

dipendere, *v. i.* to depend, to be dependent (on). △ **I prezzi dipendono dalla domanda e dall'offerta** prices depend upon supply and demand; **L'Italia dipende dall'estero per quasi tutte le materie prime che le servono** Italy is dependent on foreign Countries for almost all the raw materials she needs; **La tua promozione dipenderà dai risultati che conseguirai** your promotion will be dependent on your future record of success. // **non ~ che da se stesso** *(pers.)* to be self-employed; to be one's own master.

dipingere, *v. t.* to paint. // **~ con l'aerografo** *(pubbl.)* to airbrush.

diploma, *n. m.* diploma, certificate.

diplomare, *v. t.* to grant (sb.) a diploma; to graduate *(USA).*

diplomarsi, *v. rifl.* to obtain a diploma; to graduate *(USA).*

diplomatico, *a.* diplomatic. *n. m.* diplomatist.

diplomato, *n. m.* holder of a diploma; graduate *(USA).*

dire, *v. t.* ❶ to say*. ❷ *(raccontare, riferire)* to tell*. ❸ *(di documento e sim.)* to read*. △ ❶ **Si dice che il grado di disoccupazione statunitense sia all'altezza di quello europeo** unemployment is said to be as high in the United States as in Europe; **È come ~ che...** it amounts to saying that...; ❷ **Dimmi quel che ha detto lui** tell me what he said; **Ditemi la vostra opinione in merito** tell me what you think about it; ❸ **Il loro telegramma dice come segue:...** their telegram reads as follows:... // **~ a q. di rivolgersi a q. altro** to refer sb. to sb. else; **~ di no** to say no; to refuse; **~ di sì** to say yes; to accept, to agree; **~ la verità** to tell (*o* to speak) the truth; **quel che si ha da ~** say.

direttamente, *avv.* ❶ directly, direct, straight, straightaway. ❷ *(trasp., anche)* through. △ ❶ **Questo treno va ~ a Manchester** this train goes direct to Manchester; **Questi articoli vengono ~ dai nostri stabilimenti in Olanda** these articles come straight from our Dutch plants; ❷ **Gli articoli saranno spediti ~ al Suo indirizzo** the articles will be sent through to your address.

direttissimo, *n. m.* *(trasp. ferr.)* express.

direttiva, *n. f.* ❶ directive, direction, instruction. ❷ *(linea di condotta)* course (of action). // **secondo le direttive ricevute** as directed.

direttivo, *a.* ❶ *(amm.)* managerial, managing, executive. ❷ *(org. az., anche)* supervisory. *n. m.* *(amm.)* managing committee.

diretto, *a.* ❶ direct, straight, straightaway, through. ❷ *(leg.)* lineal. ❸ *(trasp. aut.) (d'autobus)* non-stop. ❹ *(trasp. ferr.) (di treno)* non-stop. *n. m.* *(trasp. ferr.)* fast train, through train. // **~ a** *(trasp. mar.)* bound for: **Questa nave è diretta a Genova** this ship is bound for Genoa; **~ a un porto straniero** *(trasp. mar.) (di nave o passeggero)* outward-bound; **~ all'estero** *(trasp. mar.)* outbound; **~ in patria** *(trasp. mar.)* homeward-bound; **~ verso l'alto** upward; **~ verso l'esterno** outward; **~ verso l'interno** inward; **~ verso il mare** *(trasp. mar.)* seaward; **~ verso il nord** *(trasp.)* northbound; **essere ~ a** *(un porto, ecc.) (trasp. mar.)* to sail for; **treno ~** *(trasp. ferr.)* fast (o through, o non-stop) train; **treno direttissimo** *(trasp. ferr.)* express train.

direttore, *n. m.* ❶ *(amm.) (d'azienda)* manager, director. ❷ *(giorn.) (di giornale, rivista, ecc.)* editor; editor in chief *(USA).* ❸ *(org. az.)* principal, superintendent, supervisor. // **~ aggiunto** *(giorn.)* contributing editor; **~ alle vendite di zona** *(pers.)* area sales manager; **~ amministrativo** *(giorn.)* managing editor, secretary-treasurer; *(pers.)* administrative director, secretary; controller *(USA);* **~ anziano** *(giorn.)* senior editor; **~ artistico** *(d'un'agenzia pubblicitaria)* *(pers.)* art director; *(di teatro)* art director; *(di giornale)* art editor; **~ commerciale** *(pers.)* sales manager, business manager; **~ (dei) lavori** *(pers.)* works manager; **~ dei sistemi d'informazione** *(giorn.)* information-system director; **~ del marketing** *(pers.)* marketing director; **~ del personale** *(pers.)* personnel manager, staff manager; **~ del settore abbonamenti** *(giorn.)* subscription director; **~ del settore edicolanti** *(giorn.)* newsstand circulation director; **~ della circolazione** *(giorn.)* circulation director; **~ della diffusione** *(giorn.)* promotional director; publisher *(ingl.);* **~ della produzione** *(pers.)* production manager; **~ della pubblicità** *(giorn.)* advertising director; *(pers.)* advertising manager, chief of the advertising department;

~ **(delle) vendite** (*pers.*) sales manager; ~ **dello sviluppo** (*giorn.*) development director; ~ **dell'ufficio acquisti** (*pers.*) buyer; ~ **d'azienda** (*pers.*) director; ~ **di bacino** (*pers., trasp. mar.*) dockmaster; ~ **di banca** bank manager; ~ **di filiale** (*org. az., pers.*) branch manager; ~ **di marca** (*market., org. az.*) brand manager; ~ **di prodotto** (*market., org. az.*) product manager, brand manager; ~ **di produzione** (*giorn.*) production manager; ~ **di sede** (*pers.*) head-office manager; ~ **di stabilimento** (*pers.*) plant manager; ~ **di zona** (*pers.*) district manager; ~ **editoriale** (*amm., giorn.*) managing editor; ~ **generale** (*amm.*) (*specialm. in un ministero e sim.*) director general; (*giorn.*) general editor; (*pers.*) (*d'una società*) general manager, chief executive officer; president (*USA*): Il ~ **generale rappresenta l'esecutivo dell'azienda** the general manager represents the executive of the firm; ~ **generale alle vendite** (*pers.*) general sales manager; **del** ~ (*d'un giornale*) editorial; (*d'un'azienda*) managerial.

direttoriale, *a.* ❶ (*giorn.*) editorial. ❷ (*pers.*) managerial. // **ufficio** ~ manager's office.

direttrice, *n. f.* (*pers.*) (*d'azienda*) manageress.

direzionale, *a.* (*pers.*) managerial, executive, directorial. △ **Ricopre un incarico** ~ **presso una fabbrica d'automobili** he is employed in a directorial position at a large automobile plant.

direzione, *n. f.* ❶ direction, course, drift. ❷ (*guida*) guidance; steering (*fig.*). ❸ (*comando*) lead, leadership. ❹ (*amm.*) (*l'attività direttiva*) management, direction. ❺ (*amm.*) (*il corpo direttivo*) management. ❻ (*giorn.*) (*di giornale, rivista, ecc.*) editorship. ❼ (*org. az.*) supervision, superintendence, oversight. ❽ (*org. az.*) (*d'una fabbrica*) board of management. △ ❶ **Il commercio si sta allargando in tutte le direzioni** business is expanding in all directions; **Il commercio estero sta cambiando** ~ foreign trade is changing its course; ❸ **Ha assunto la** ~ **del sindacato** he has taken the leadership in the (trade) union; ❹ **Lavorano sotto la mia** ~ they work under my direction; ❺ **La** ~ **si rifiutò di collaborare** the management refused to play ball; ❼ **È responsabile della** ~ **dei lavori** he is in charge of the supervision of the works. // ~ **aziendale** (*amm.*) management; (*org. az.*) industrial management; ~ **(dei) bacini** (*trasp. mar.*) dock authorities; ~ **del personale** (*org. az.*) personnel administration, personnel management; ~ **generale** (*org. az.*) general management; ~ **generale delle dogane** (*dog.*) commissioners of customs; ~ **mista** (*con partecipazione dei dipendenti alle scelte decisionali*) (*amm., sind.*) multiple management; ~ **operativa** administration; **della** ~ (*d'affari*) (*amm.*) managerial; **in** ~ **del vento** (*trasp. mar.*) to windward: **Navigavamo in** ~ **del vento** we were sailing to windward; **in** ~ **di** (*trasp. mar.*) (*di nave*) bound for.

dirigente, *a.* (*amm.*) managing. *n. m. e f.* (*pers.*) executive, officer. *n. m.* (*pers.*) manager. *n. f.* (*pers.*) manageress. // ~ **commerciale** (*pers.*) business executive; ~ **del movimento** (*trasp. ferr.*) traffic manager; ~ **del servizio di pubblicità** (*pubbl.*) direct mail coordinator; **dirigenti socio-professionali** (*pers.*) social and professional leaders.

dirigenziale, *a.* (*amm.*) managerial, executive.

dirigere, *v. t.* ❶ to direct, to conduct, to govern. ❷ (*guidare*) to lead*. ❸ (*amm.*) to manage, to run*. ❹ (*giorn.*) (*giornali, riviste, ecc.*) to edit. ❺ (*org. az.*) to supervise, to superintend. ❻ (*trasp. mar.*) (*una nave*) to steer. △ ❶ **Chi dirige il lavoro?** who is directing the work?; **La nuova commissione dirigerà gli affari economici del sindacato** the new committee will govern the economic affairs of the union; ❸ **Non è** facile ~ **una grande società in periodi di crisi** it's not easy to manage a big company in times of crisis; **Chi dirige l'azienda?** who runs the business? // ~ **gli affari** (*amm.*) to manage; ~ **un'azienda** (*anche*) to conduct a business; ~ **i lavori** (*org. az.*) to supervise the works, to superintend the works; ~ **male** (*un'azienda, ecc.*) (*amm.*) to mismanage, to misconduct; ~ **un negozio** (*market., USA*) to storekeep; ~ **la rotta** (*trasp. aer., trasp. mar.*) to navigate; **che dirige** leading; **che si può** ~ (*trasp. aer., trasp. mar.*) (*d'aereo, nave, ecc.*) navigable; **chi dirige** leader; **chi dirige e chi è diretto** the bosses and the bossed (*fam.*).

dirigersi, *v. rifl.* ❶ to head (for). ❷ (*rivolgersi a*) to turn (to). ❸ (*trasp. mar.*) (*di nave, anche*) to stand* (for). △ ❸ **Quando avvenne l'incidente, la nave si stava dirigendo verso il porto** the ship was standing for the harbour when the accident took place.

dirigibile, *n. m.* (*trasp. aer.*) airship.

dirigismo, *n. m.* (*econ.*) dirigisme; command directing.

dirigista, *n. m. e f.* (*econ.*) advocate of dirigisme. *a.* (*econ.*) V. **dirigistico**.

dirigistico, *a.* (*econ.*) State-controlled, planned. // **un'economia dirigistica** a planned economy.

diritto[1], *a.* straight, upright, straightaway, straightforward.

diritto[2], *n. m.* ❶ right. ❷ (*giurisprudenza*) law. ❸ (*fin.*) fee, duty. ❹ (*leg.*) (*ciò che spetta*) right; (*su un bene immobile*) title. ❺ (*leg.*) (*ciò di cui si chiede il riconoscimento*) claim. ❻ (*leg.*) (*conferito da un'autorità*) franchise, warrant. ❼ **diritti**, *pl.* (*fin.*) dues, duties, charges. △ ❶ **Non hai il** ~ **di trattarmi come se fossi un bambino** you have no right to treat me as if I were a child; ❹ **Abbiamo deciso di difendere i nostri diritti in questa faccenda** we have decided to stand upon our rights in this matter; «**Tutti i diritti riservati**» «all rights reserved»; **Che** ~ **ha sulla tenuta?** what title has he to the estate?; ❺ **Farò valere i miei diritti** I will enforce my claims; ❻ **Non hanno alcun** ~ **di controllare la nostra attività** they have no warrant to control our activity. // ~ **accessorio** (*leg.*) incident; **un** ~ **acquisito** (*leg.*) a vested right; **il** ~ **al lavoro** (*leg., sind.*) the right to work; ~ **amministrativo** (*leg.*) administrative law; ~ **che può essere reso esecutivo dall'autorità giudiziaria** (*leg.*) equitable right; ~ **civile** (*leg.*) civil law; **i diritti civili** (*leg.*) civil rights; ~ **commerciale** (*leg.*) commercial law, mercantile law, merchant law; **law merchant** (*ingl.*); ~ **compensatore** (*econ.*) countervailing duty; ~ «**comune**» (*leg.*) common law (*in G.B.*); ~ **comunitario** (*leg.*) Community law; **diritti consolari** (*comm. est.*) consular charges, consulage; ~ **consuetudinario** (*leg.*) consuetudinary law; **il** ~ **consuetudinario** (*leg., anche*) the unwritten laws; **un** ~ **contestabile** (*leg.*) a disputable claim; ~ **costituzionale** (*leg.*) constitutional law; ~ **da far valere** (*leg.*) claim: **Non hanno alcun** ~ **da far valere sulla proprietà** they have no claim to the property; ~ **da pagarsi per la navigazione su canali** (*trasp.*) canal toll; **diritti dei singoli Stati** (*distinti da quelli del Governo Federale*) (*leg., USA*) State rights; ~ **del lavoro** (*leg.*) labour legislation; ~ **del venditore di raddoppiare** (*fin.*) seller's option to double; ~ **della concorrenza** (*comm., leg.*) competition law; ~ **dell'economia** (*leg.*) law relating to economic activities; ~ **della navigazione** (*leg.*) marine law, maritime law; Admiralty law (*in G.B.*); **il** ~ **delle genti** (*leg.*) the law of nations; ~ **delle società** (*leg.*) company law; corporate law (*USA*); ~ (*di proprietà*) **derivante dall'acquisizione del pos-**

diritto

sesso (*di qc. che non aveva proprietario*) (*leg.*) title by occupancy; ~ (*accordato a un azionista*) **d'acquistare nuove azioni** (*Borsa, fin.*) right; **diritti d'acquisto di titoli a un prezzo stabilito** (*emessi congiuntamente a nuove azioni od obbligazioni, per facilitarne il collocamento*) (*Borsa, fin.*) purchase warrants; ~ **d'affittanza** (*leg.*) tenant right; ~ **d'aggiunta** (*Borsa*) call of more; ~ **d'aggiunta doppia** (*Borsa*) call of twice more; ~ **d'aggiunta tripla** (*Borsa*) call of three times more; ~ **d'agire in giudizio** (*leg.*) right of action; ~ (*o* **diritti**) **d'ammaraggio** (*trasp. mar.*) V. ~ **d'ancoraggio**; ~ (*o* **diritti**) **d'ancoraggio** (*trasp. mar.*) anchorage, berthage, groundage, keelage, right of mooring; **diritti d'anzianità** (*pers.*) seniority rights; **diritti d'arbitrato** (*leg.*) arbitration fees; ~ **d'associazione** (*leg., sind.*) right of association; **diritti d'asta** (*destinati al banditore*) (*market.*) lot money; ~ **d'autore** (*leg.*) V. **diritti d'autore**; **diritti d'autore** (*leg.*) (*proprietà letteraria*) copyright; (*ciò che spetta all'autore*) royalties; (*su uno spettacolo; computati in percentuale del prezzo*) admission tax; **diritti di banchina** (*trasp. mar.*) pier dues, pierage, wharf dues, wharfage, quayage; ~ **di batter moneta** (*leg.*) right of coinage; **diritti d'un beneficiario** (*leg.*) beneficial interest; ~ **di blocco** (*trasp. mar.*) right of blockade; ~ **di bollo** (*fin.*) stamp duty: In Inghilterra tanto le cambiali quanto i pagherò e gli assegni sono soggetti ai diritti di ~ bills of exchange, as well as promissory notes and cheques, are subject to stamp duties in England; ~ **di brevetto** (*leg.*) patent; **diritti di brevetto** (*leg.*) (*le competenze*) royalties; **diritti di canale** (*trasp.*) canal service dues; ~ **di cappa** (*trasp. mar.*) hat money; **diritti di controstallia** (*trasp. mar.*) demurrage charges; ~ **di convertire obbligazioni in azioni** (*entro una certa data*) (*fin.*) conversion right; ~ **di costituzione** (*fin.*) capital duty; **diritti di custodia** (*fin.*) custody fees; **diritti di custodia per titoli** (*banca*) charges for custody of securities; ~ **di dogana** (*dog.*) customs duty; ~ **d'entrare in possesso** (*leg.*) right of entry; **diritti d'entrata in porto** (*trasp. mar.*) keelage; ~ **di fabbricazione in esclusiva** (*leg.*) proprietary right of manufacture; **diritti di fanalaggio** (*trasp. mar.*) light dues, light duties; ~ **di faro** (*trasp. mar.*) beaconage; **diritti di faro** (*trasp. mar.*) dues for lighthouse, light dues, light duties; ~ **di garanzia** (*leg.*) lien; **diritti di gavitello** (*trasp. mar.*) buoy dues; ~ **di gru** (*trasp.*) cranage; **diritti d'imbarco** (*trasp. mar.*) shipping charges, shipping expenses; **diritti d'ispezione** (*leg.*) inspection fee; **diritti di licenza** (*leg.*) royalties; **diritti di navigazione** (*trasp. mar.*) navigation dues; **diritti di navigazione fluviale** (*trasp.*) river dues; ~ **d'occupare suolo pubblico con bancarelle (chioschi, edicole, ecc.)** (*leg.*) stallage; ~ **d'opzione** (*fin.*) right of option, option, pre-emptive right, stock right; (*market.*) refusal; ~ (*o* **diritti**) **d'ormeggio** (*trasp. mar.*) keelage, moorage; ~ **di passaggio** (*leg.*) right-of-way; ~ **di passaggio perpetuo** (*leg.*) perpetual right-of-way; ~ **di pegno** (*leg.*) lien; ~ **di perquisizione** (*d'una nave: in alto mare*) (*leg., trasp. mar.*) right of search; **diritti di pilotaggio** (*trasp. mar.*) pilotage dues; ~ **di porto** (*trasp. mar.*) groundage; **diritti di porto** (*trasp. mar.*) port charges, port dues; ~ **di possesso** (*leg.*) tenure; ~ **di precedenza** (*trasp. aut.*) right-of-way; ~ **di prelazione** (*leg.*) pre-emption right, pre-emption; (*fin.*) (*d'azionisti: all'acquisto di nuove azioni*) pre-emptive right; ~ **di prelievo** (*fin.*) (*ammontare di valute pregiate che un Paese può acquistare dal Fondo Monetario Internazionale in cambio di propria valuta*) drawing right: Al fine di colmare il divario fra il volume del commercio mondiale e le scorte mondiali dell'oro, il Fondo Monetario Internazionale ha escogitato una nuova moneta internazionale chiamata « diritti speciali di prelievo » in order to overcome the gap between the volume of world trade and the global supply of gold, the International Monetary Fund divised a new international money called « special drawing rights »; **diritti di privativa industriale** (*leg.*) industrial property rights, patent rights; ~ **di proprietà** (*leg.*) property right, proprietorship; ~ **di proprietà assoluto** (*leg.*) absolute title; **diritti di proprietà riservata** (*leg.*) proprietary rights; **diritti di quarantena** (*trasp. mar.*) quarantine fees; ~ **di recesso** (*da una società, ecc.*) (*fin., leg.*) right to withdraw; ~ **di regresso** (*cred., leg.*) right of recourse; ~ **di replica** (*leg.*) repleader; ~ **di riaprire le contrattazioni salariali** (*sind.*) wage reopening; ~ **di riscatto** (*leg.*) right of redemption; (*d'ipoteca*) equity of redemption; ~ **di riservato dominio** (*leg.*) lien; ~ **di ritenzione (da parte) dell'armatore** (*trasp. mar.*) shipowner's lien; ~ **di riunione** (*leg., sind.*) right of assembly; **diritti di salvataggio** (*trasp. mar.*) salvage charges; **diritti di sbarco** (*trasp. mar.*) wharf dues; ~ **di scorta** (*trasp. mar.*) right of convoy; **diritti di sfruttamento** (*d'una miniera*) (*econ., leg.*) royalties; ~ **di sfruttamento gratuito** (*dell'invenzione che un dipendente ha prodotto durante il periodo d'impiego*) (*leg.*) shop right; ~ **di sosta** (*trasp.*) demurrage; ~ **di sottoscrizione** (*di titoli, ecc.*) (*fin.*) right of application, application right; **diritti di stazza** (*trasp. mar.*) tonnage dues; ~ **di successione** (*leg.*) succession: Le norme che regolano il ~ di successione devono subire una riforma radicale the rules regulating succession must be thoroughly revised; **diritti di tonnellaggio** (*trasp. mar.*) tonnage dues; ~ **di traghetto** (*leg.*) ferry; ~ **di transito** (*leg.*) right-of-way; **diritti di trapasso** (*di proprietà*) (*leg.*) conveyance duty; ~ **d'ulteriore acquisto allo stesso prezzo** (*Borsa*) call of more; ~ **d'uso** (*leg.*) user; easement in gross; ~ **di vendere il doppio** (*Borsa*) put of more; ~ **di vendere il quadruplo** (*Borsa*) put of three times more; ~ **di vendere il triplo** (*Borsa*) put of twice more; ~ **di voto** (*leg.*) right of voting, voting right, vote; **diritti doganali** (*dog.*) customs charges, customs; **diritti e doveri** (*leg.*) rights and duties; **diritti erariali** (*fin.*) revenue duties; ~ **esclusivo** (*leg.*) exclusive right, sole right, exclusive title; **diritti esclusivi di pubblicazione** (*leg.*) sole rights of publication; **diritti esclusivi di stampa** (*giorn., leg.*) serial rights; il ~ **europeo in materia d'intese** (*leg.*) the European law on restrictive agreements; ~ **fallimentare** (*leg.*) bankruptcy law, insolvency law; ~ **in materia di vendite** (*leg.*) law relating to sales; **un** ~ **inalienabile** (*leg.*) an untrasferable right; **diritti inalienabili** (*leg.*) inalienable rights, indefeasible rights; **un** ~ **incontestabile** (*leg.*) an absolute right; ~ **internazionale** (*leg.*) international law; ~ **interno** (*d'un singolo Paese*) (*leg.*) domestic law; ~ **marittimo** (*leg.*) maritime law, marine law, shipping law, sea law; ~ **materiale** (*leg.*) substantial right; ~ **penale** (*leg.*) penal law, criminal law; Crown law (*in G.B.*); ~ **penale dell'economia** (*leg.*) criminal law relating to economic transactions; ~ **personale** (*leg.*) personal right; **diritti politici** (*leg.*) political rights; ~ **portuale** (*trasp. mar.*) groundage; **diritti portuali** (*trasp. mar.*) harbour dues, harbour fees; ~ **positivo** (*leg.*) law proper; ~ **posto a fondamento della propria azione** (*leg.*) cause of action; ~ **privato** (*leg.*) private law, civil law; ~ **privato internazionale** (*leg.*) international private law; **diritti professionali** (*leg.*) professional rights; ~ **pubblico** (*leg.*) public law; **diritti reali** (*leg.*) real rights; ~ **reale subordinato a un preva-**

lente diritto altrui (*leg.*) remainder; **diritti riconosciuti dalla legge** (*leg.*) lawful debts; ~ **romano** (*leg.*) Roman law; **diritti sanzionati** (*leg.*) sanctioned rights; ~ **societario** (*leg.*) company law; corporate law (*USA*); ~ **soggettivo** (*leg.*) interest; ~ **sostanziale** (*leg., USA*) substantive law; **diritti speciali di prelievo** (*fin.*) special drawing rights; **diritti stabiliti dalla legge** (*leg.*) legal rights; ~ **statutario** (*leg.*) statute law; **diritti strettamente legali delle parti** (*leg.*) merits; ~ **sui brevetti** (*leg.*) patent law; ~ **territoriale** (*leg.*) territorial law; **un** ~ **trasmissibile** (*leg.*) a transferable right; ~ **tributario** (*leg.*) taxation law; **chi esercita un** ~ **di prelazione** (*leg.*) pre-emptioner, pre-emptor; **chi gode d'un** ~ **reversibile** (*leg.*) reversioner, reversionist; **col** ~ (*o coi diritti*) (*fin.*) (*d'un titolo*) cum rights, with rights; **di** ~ (*leg.*) by right, de jure; **ex-diritti** (*Borsa*) (*quotazione di titolo senza diritto d'opzione*) ex rights, ex new; **secondo il** ~ **civile** (*leg.*) civilly; **secondo il** ~ **penale** (*leg.*) penally, criminally; **senza** ~ **all'estrazione** (*Borsa*) (*di titoli*) ex drawing; **senza** ~ **di voto** non-voting (*a.*).

dirottamento, *n. m.* ❶ (*fig.*) diversion. ❷ (*leg., trasp. aer., trasp. mar.*) hijacking. ❸ (*trasp. mar.*) (*mutamento di rotta*) change of course. // **il** ~ **della domanda** (*su altri beni*) (*econ.*) the diversion of demand.

dirottare, *v. t.* ❶ (*fig.*) to divert. ❷ (*econ., fin.*) to reroute. ❸ (*leg., trasp. aer., trasp. mar.*) to hijack. *v. i.* (*trasp. mar.*) (*di nave*) to alter (*o* to change) one's course. △ *v. t.* ❶ **Occorre** ~ **la domanda interna dai beni di consumo ai beni strumentali** we need to divert domestic demand from consumer goods to capital goods; ❷ **Gli investimenti in fiorini saranno dirottati sul mercato dell'Eurofiorino** Florin investments will be rerouted to the Euroflorin market. // ~ **gli investimenti** (*econ., fin.*) to reroute investments.

dirottatore, *n. m.* (*leg., trasp. aer., trasp. mar.*) hijacker.

disaccordo, *n. m.* ❶ disagreement, discrepancy. ❷ (*attrito*) friction. ❸ (*urto*) clash. // **essere in** ~ to disagree, to differ: **Il vostro rapporto è in** ~ **con le informazioni in nostro possesso** your report and our information disagree; **trovarsi in** ~ (*d'un gruppo*) to divide: **Su questo problema il comitato si trovò in** ~ **on this issue the committee divided**.

disaffezione, *n. f.* ❶ disaffection, estrangement. ❷ (*pers.*) alienation.

disagio, *n. m.* ❶ discomfort. ❷ (*disturbo*) inconvenience. △ ❷ **L'impossibilità da parte vostra di procurarci gli articoli entro la scadenza convenuta ha arrecato un grave** ~ **ai nostri clienti** your being unable to supply the articles within the stated time caused great inconvenience to our customers. // **che reca** ~ inconvenient.

disancorare, *v. t.* (*trasp. mar.*) to unanchor.

disapprovare, *v. t.* ❶ to disapprove (of); to object (to); to negative. ❷ (*dissentire*) to dissent (from st.). △ ❶ **Non posso fare a meno di** ~ **una politica siffatta** I can't help objecting to such a policy; **Hanno disapprovato il nostro progetto** they've negatived our plan.

disapprovazione, *n. f.* disapproval, objection.

disappunto, *n. m.* disappointment. △ **Con nostro vivo** ~, **non abbiamo ancora ricevuto le merci ordinate il mese scorso** to our great disappointment, we have not yet received the goods we ordered last month.

disarmare, *v. t.* (*trasp. mar.*) (*una nave*) to lay* up, to strip.

disarmo, *n. m.* ❶ disarmament. ❷ (*dog., econ.*) removal. ❸ (*trasp. mar.*) (*d'una nave*) laying-up. // **il** ~ **dei dazi e dei contingenti** (*comm. est., dog.*) the removal of quotas and customs barriers; ~ **doganale** (*comm. est.*) customs disarmament; ~ **tariffario** (*comm. est., econ.*) tariff disarmament; **in** ~ (*trasp. mar.*) (*di nave*) out of commission: **Questa nave è in** ~ this ship is out of commission.

disastro, *n. m.* ❶ disaster; smash (*fig.*). ❷ (*grave incidente*) serious accident, casualty. ❸ (*trasp.*) wreck, wreckage. △ ❸ **Si ha notizia d'un** ~ **ferroviario nella tratta Londra-Brighton** a train wreck is reported in the stretch from London to Brighton. // ~ **aereo** (*trasp. aer.*) air-crash, crash.

disavanzo, *n. m.* ❶ (*fin., rag.*) deficit, deficiency, gap. ❷ (*rag.*) (*perdita*) loss. △ ❶ **La politica restrittiva è stata rafforzata in seguito alle contrazioni esercitate sulla liquidità interna dai disavanzi della bilancia dei pagamenti** a restrictive policy was backed by the effect on domestic liquidity of the deficits on the balance of payments. // ~ **complessivo** (*rag.*) aggregate deficit: **Quanto agli enti locali, il loro** ~ **complessivo passò dai 1.190 miliardi di lire del 1965 ai 1.312 miliardi nel 1966** the aggregate deficit of the local authorities rose from Lit. 1,190,000 million in 1965 to Lit. 1,312,000 million in 1966; ~ **della bilancia commerciale** (*econ.*) trade gap; ~ **di bilancio** (*fin., rag.*) budget deficit, budgetary deficit; ~ **di cassa** (*fin., rag.*) cash deficit: **Il** ~ **di cassa delle operazioni di bilancio dello Stato non ha quasi subito variazioni lo scorso anno** the cash deficit on Government budget transactions showed little change last year; **un** ~ **nella bilancia dei pagamenti** (*fin.*) a deficit in the balance of payments.

disbrigare, *v. t.* to dispatch, to work off.

disbrigo, *n. m.* ❶ dispatch. ❷ (*degli affari*) transaction, disposal. // **il** ~ **degli affari** the disposal of business.

discarica, *n. f.* (*trasp. mar.*) discharge, unloading.

discarico, *n. m.* ❶ (*trasp. mar.*) unloading, discharge. ❷ (*trasp. mar.*) (*di merce già stivata*) unstowing.

discendente, *n. m. e f.* ❶ (*leg.*) descendant. ❷ **discendenti**, *pl.* (*leg.*) descendants; succession (*sing.*). △ ❷ **Ha lasciato tutta la proprietà ai suoi** ~ he's left the whole property to his succession. // ~ **in linea retta** (*leg.*) lineal.

discendenza, *n. f.* ❶ (*leg.*) descent. ❷ (*leg.*) (*i discendenti*) issue. △ ❷ **È morto senza** ~ he died without issue.

discesa, *n. f.* ❶ descent. ❷ (*fin., market.*) (*di prezzi*) coming down, fall. ❸ (*trasp. ferr.*) down grade. △ ❷ **C'è stata una forte** ~ **dei prezzi** there has been a heavy fall in prices. // **in** ~ downward.

disciplina, *n. f.* ❶ discipline. ❷ (*org. az.*) discipline. // ~ **rigorosa** strict discipline.

disciplinare, *a.* disciplinary.

disco, *n. m.* ❶ disc, disk. ❷ (*trasp. ferr.*) target. // ~ **combinatore** (*del telefono*) (*comun.*) dial; ~ **di sovrapposizione** (*elab. elettr.*) disk file; ~ **fonografico** (*market.*) record; ~ **magnetico** (*elab. elettr.*) magnetic disk.

discolpa, *n. f.* (*leg.*) exoneration.

discolpare, *v. t.* (*leg.*) to exonerate.

discordanza, *n. f.* disagreement. △ **Abbiamo notato una** ~ **fra i due conti** we noticed a disagreement between the accounts.

discordare, *v. i.* to disagree.

discorrere, *v. i.* to talk, to speak*, to reason.

discorso, *n. m.* ❶ talk. ❷ (*di tono più elevato*) speech. // ~ **d'apertura** opening speech; ~ **di chiusura**

discostarsi

closing speech; ~ **ufficiale** address; **discorsino tenuto a un cliente potenziale** (*per indurlo all'acquisto*) (*market., pubbl.*) sales talk.

discostarsi, *v. rifl.* to depart (from). △ **Il vostro secondo conto si discosta sensibilmente dal primo** your second account markedly departs from the first.

discredito, *n. m.* discredit. △ **Se continui così, getterai il ~ su te stesso** if you go on like that, you'll bring discredit upon yourself. // **condotta che getta il ~** (*su qc.*) discreditable conduct.

discrepanza, *n. f.* discrepancy, variance. △ **Si sono scoperte certe discrepanze nei suoi resoconti finanziari** certain discrepancies in his financial reports have been discovered; **C'è un'importante ~ nella sua deposizione** there is an important variance in his testimony. // **~ contabile** (*rag.*) accounts variance.

discreto, *a.* ❶ (*che ha discrezione*) discreet. ❷ (*abbastanza buono*) fairly good. ❸ (*moderato*) moderate. ❹ (*adeguato*) adequate. ❺ (*mat., stat.*) discrete.

discrezionale, *a.* (*anche leg.*) discretionary, discretional.

discrezione, *n. f.* discretion. △ **Ogni decisione è a ~ del presidente** any decision is subject to the chairman's discretion. // **a ~** at discretion.

discriminare, *v. t.* to discriminate. // **~ in favore di certi Paesi** (*comm. est.*) to discriminate in favour of certain Countries; **che discrimina** discriminating.

discriminatorio, *a.* discriminatory, discriminating.

discriminazione, *n. f.* ❶ discrimination. ❷ (*misura discriminatoria*) discriminatory measure. △ ❷ **Ci saranno pesanti discriminazioni contro i beni d'investimento d'origine estera negli U.S.A.** there will be weighty discriminatory measures against foreign investment in the U.S.A. // **~ di bandiera** (*trasp. mar.*) flag discrimination; **~ d'ordine fiscale** (*fin.*) tax discrimination; **le discriminazioni in materia di prezzi e di condizioni di trasporto** discrimination in transport rates and conditions.

discussione, *n. f.* ❶ discussion, debate. ❷ (*deliberazione*) deliberation, conference. ❸ (*disputa*) dispute, argument. ❹ (*leg.*) discussion, debate. △ ❶ **La ~ fu rinviata** the discussion was postponed; ❸ **La faccenda è ancora in ~** the matter is still in dispute (*o* under discussion). // **una ~ amichevole** an amicable discussion; **~ aperta a tutti e priva di regole** free-for-all; **~ di casi** (*pers., sind.*) case discussion; **~ d'una causa** (*leg., anche*) pleading; **~ guidata** (*pers.*) conference; **~ libera** (*pers.*) conference; **~ per ottenere miglioramenti salariali** (*sind.*) wage talk; **fuori ~** (*indiscutibile*) beyond dispute; **in ~** under discussion; (*in contestazione*) in contestation: **La faccenda è ancora in ~** the matter is still under discussion.

discusso, *a.* (*discutibile*) debatable.

discutere, *v. t. e i.* ❶ to discuss, to debate, to argue, to dispute. ❷ (*deliberare*) to deliberate. ❸ (*ponderare*) to weigh, to pro-and-con. △ ❶ **Voglio ~ la questione con il direttore** I want to discuss the question with the manager; **Il comitato ha discusso il modo migliore per reperire fondi** the committee discussed the best way of raising funds; **Si sta ancora discutendo il loro ingresso nel Mercato Comune** their joining the Common Market is still being debated; **È probabile che discuta qualsiasi proposta che non sia di suo gradimento** he is likely to dispute any proposition not to his liking; ❷ **Il comitato ha discusso la questione** the committee has deliberated the matter. // **~ a fondo** to labour: **Il comitato dovrà ~ a fondo quest'argomento**

the committee will have to labour this point; **~ una causa** (*leg.*) to debate a suit; (*da parte del giudice*) to hear a case; **~ minutamente** to canvass.

discutibile, *a.* debatable, disputable, doubtful. △ **Se la vostra sia una relazione precisa è ~** whether your report is accurate is a debatable question.

disdetta, *n. f.* ❶ (*leg.*) notice. ❷ (*market.*) (*annullamento*) cancellation. △ ❶ **Il nostro inquilino non ha ancora dato la ~** our tenant has not yet given notice; ❷ **Temiamo che si arrivi alla ~ dell'ordinazione** we are afraid we shall have a cancellation of the order. // **~ d'un contratto di locazione** (*data dal padrone di casa*) (*leg.*) notice to quit.

disdire, *v. t.* ❶ (*annullare*) to cancel, to call off. ❷ (*ritrattare*) to retract. △ ❶ **La riunione fu disdetta** the meeting was cancelled; **L'assemblea fu disdetta** the meeting was called off.

diseconomia, *n. f.* (*econ.*) diseconomy.

disegnare, *v. t.* ❶ to draw*. ❷ (*progettare*) to plan, to draft, to scheme. ❸ (*market., pubbl.*) to design; to style (*USA*). // **~ al tratto** (*pubbl.*) to line; **~ un nuovo prodotto** (*pubbl.*) to style a new product.

disegnatore, *n. m.* ❶ (*pers.*) draftsman*. ❷ (*pubbl.*) (*progettista*) designer; stylist (*USA*). // **~ di carrozzerie** (*per automobili*) stylist; **~ industriale** (*pers., pubbl.*) industrial designer, designer; **~ pubblicitario** (*pubbl.*) commercial artist; **~ tecnico** (*pers.*) draftsman.

disegno, *n. m.* ❶ drawing. ❷ (*progetto*) plan, draft, scheme. ❸ (*market.*) (*di stoffa, ecc.*) pattern. ❹ (*market., pubbl.*) (*progettazione*) design. ❺ (*org. az.*) (*progettazione*) design. ❻ (*pubbl.*) drawing. // **~ al tratto** (*pubbl.*) line drawing; **disegni animati** (*pubbl.*) animated cartoons; **~ di legge** (*leg.*) bill; **disegni di legge per stanziamenti in bilancio** (*amm., fin.*) appropriation bills; **~ industriale** (*org. az., pubbl.*) industrial design, design; (*pubbl.*) mechanical drawing; **~ prospettico** (*pubbl.*) perspective drawing; **~ tecnico** (*pubbl.*) mechanical drawing.

diseredare, *v. t.* (*leg.*) to disinherit, to exheredate, to exheridate, to unson.

diseredazione, *n. f.* (*leg.*) disinheritance, exheredation.

disfare, *v. t.* ❶ to undo*, to unmake*. ❷ (*qc. che è imballato*) to unpack. // **le valigie** to unpack.

disfarsi, *v. rifl.* ❶ (*sciogliersi*) to melt. ❷ (*sbarazzarsi di qc.*) to part (with st.); to get* rid (of st.). △ ❷ **Dovremmo proprio disfarci di tutti i macchinari inutilizzati** we had better part with all the unused machinery. // **~ di** (*fondi di magazzino*) (*market.*) to remainder; **~ di** (*titoli, merci, ecc.*) (*fin., market.*) to unload.

disfatta, *n. f.* defeat.

disfattismo, *n. m.* defeatism. △ **I rappresentanti furono sopraffatti da un'ondata di ~** a mood of defeatism overwhelmed the agents.

disfattista, *n. m. e f.* defeatist.

disgelare, *v. t.* to unfreeze*.

disgelo, *n. m.* unfreezing.

disgiungere, *v. t.* to separate, to sever.

disgiunto, *a.* separate, several.

disgiunzione, *n. f.* separation.

disguido, *n. m.* (*comun.*) (*di corrispondenza*) miscarriage.

disimballare, *v. t.* to unpack. △ **Queste merci devono essere disimballate con la massima precauzione** these goods must be unpacked with the utmost care.

disimpegnare, *v. t.* ❶ to get* (st.) out of pawn, to take* (st.) out of pledge. ❷ (*liberare da un impiego*) to disengage, to free (sb.) from an engagement. ❸ (*adem-*

piere) to carry out, to fulfil, to perform. // ~ **un compito (un incarico)** to carry out a duty; to perform a task.

disimpegno, *n. m.* ❶ (*di cosa data in pegno*) redemption. ❷ (*da un impegno*) disengagement. ❸ (*adempimento*) fulfilment, performance. ❹ (*econ.*) (*d'uno Stato, nelle scelte politico-economiche*) non-alignment.

disincagliare, *v. t.* (*trasp. mar.*) to get* afloat.

disincagliarsi, *v. rifl.* (*trasp. mar.*) to get* afloat.

disincentivare, *v. t.* (*econ.*) to discourage.

disincentivo, *n. m.* (*econ.*) disincentive. △ **L'eccessiva pressione fiscale è uno dei più forti disincentivi allo sviluppo dell'industria** excessive taxation is a major disincentive to industrial expansion.

disinserire, *v. t.* (*elab. elettr.*) to disconnect, to switch off.

disinserito, *a.* (*elab. elettr.*) disconnected, switched off; off (*pred.*).

disinteressato, *a.* ❶ disinterested. ❷ (*econ.*) non-profit.

disinvestimento, *n. m.* (*econ.*) disinvestment, negative investment. △ **Si ha ~ in senso economico quando il reddito nazionale è superato dal consumo interno** disinvestment in the economic sense occurs when national consumption exceeds national income.

disinvestire, *v. t.* (*econ.*) to disinvest.

disistima, *n. f.* discredit, disesteem.

disistivaggio, *n. m.* (*trasp. mar.*) unstowing.

disistivare, *v. t.* (*trasp. mar.*) to unstow.

dislocamento, *n. m.* (*trasp. mar.*) displacement. // **~ a pieno carico** (*trasp. mar.*) load displacement; **~ (di nave) a vuoto** (*trasp. mar.*) light displacement; **~ d'una nave** (*trasp. mar.*) displacement of a ship.

dislocare, *v. t.* (*trasp. mar.*) to displace. △ **La nave disloca 20.000 tonnellate** the ship displaces 20,000 tons.

disoccupato, *a.* (*pers., sind.*) unemployed, jobless, workless; out of work; at liberty (*slang USA*). *n. m.* ❶ (*pers., sind.*) unemployed person; forgotten man* (*fam.*); gentleman* at large, inspector of pavements (*slang USA*). ❷ **i disoccupati,** *pl.* (*sind.*) the unemployed. △ *a.* **Migliaia di (operai) disoccupati dovettero espatriare per trovare lavoro** thousands of unemployed workers had to go abroad for a job. // **essere ~** to be out of work, to be out of job.

disoccupazione, *n. f.* (*econ., pers., sind.*) unemployment. △ **L'aumento della ~ è rimasto a un livello moderato nella maggior parte dei Paesi della Comunità Europea** the increase in unemployment remained moderate in most EEC Countries. // **~ ciclica** (*econ.*) cyclical unemployment; **~ cronica** (*econ., sind.*) chronic unemployment; **~ forzata** (*econ., sind.*) involuntary unemployment; **~ frizionale** (*econ., sind.*) frictional unemployment; **~ mascherata** (*econ., sind.*) disguised unemployment; **~ occulta** (*econ., sind.*) hidden unemployment; **~ stagionale** (*econ., sind.*) season unemployment, seasonal unemployment; **~ strutturale** (*econ., sind.*) structural unemployment; **~ tecnologica** (*econ., org. az.*) technological unemployment; **~ volontaria** (*econ.*) voluntary unemployment (*espressione coniata da J. M. Keynes*).

disonestà, *n. f.* dishonesty, crookedness.

disonesto, *a.* ❶ dishonest, crooked, unfair, shady, sharp. ❷ (*leg.*) (*di persona*) malfeasant. ❸ (*leg.*) (*di cosa*) wrong. △ ❸ **Fu ~ da parte loro comportarsi così in una simile circostanza** it was wrong of them to behave like that in such a circumstance.

disonorare, *v. t.* (*anche comm.*) to dishonour. △ **Quando una cambiale è stata debitamente presen-** tata per l'accettazione (o il pagamento), e questo è stato rifiutato, si dice che la cambiale è stata disonorata per mancata accettazione (o per mancato pagamento) when a bill of exchange has been duly presented for acceptance (or payment), and this has been refused, the bill is said to have been dishonoured for non-acceptance (or non-payment).

disonore, *n. m.* dishonour.

disordine, *n. m.* ❶ disorder. ❷ (*dissesto, malanno*) disturbance, trouble, ill. ❸ (*tumulto*) disorder, riot, uprising. △ ❷ **Ci sono disordini di mercato ai quali le imprese minori trovano difficile adattarsi** there are market disturbances to which the smaller enterprises find it difficult to adjust; **Spesso i disordini politici e quelli economici sono interdipendenti** political and economic ills are often interdependent.

disorganizzare, *v. t.* to disorganize.

disorganizzazione, *n. f.* disorganization. // **la ~ dei sindacati padronali** the disorganization of employers' associations.

disormeggiare, *v. t.* (*trasp. mar.*) to unmoor.

disormeggio, *n. m.* (*trasp. mar.*) unmooring.

« **dispac** », *n. m.* (*elab. elettr.*) (*contenitore d'uno o più dischi componenti la memoria d'un calcolatore*) dispac.

« **dispacciamento** », *n. m.* (*org. az.*) dispatching.

dispaccio, *n. m.* (*comun.*) dispatch, despatch, message. △ **I giornali ricevono dispacci da tutto il mondo** newspapers receive dispatches from all parts of the world.

dispari, *a.* (*mat.*) odd, uneven. // **un numero ~** an odd number.

disparità, *n. f.* disparity, inequality. // **~ di grado (di posizione, di trattamento, ecc.)** disparity of rank (of position, of treatment, etc.).

disparte, *n. f.* (*nella locuz.*) **in ~** apart, aside; on the shelf (*fig.*): **Quel vecchio battagliero del nostro presidente si rifiuta d'essere messo in ~** our old, pugneacious chairman refuses to be put on the shelf.

dispendioso, *a.* expensive, costly, dear. // **l'esser ~** dearness, expensiveness; **non ~** unexpensive, cheap.

dispensa, *n. f.* ❶ (*esenzione, esonero*) exemption, exoneration, dispensation. ❷ (*giorn.*) instalment. // **a dispense** (*giorn.*) in numbers.

dispensare, *v. t.* (*esimere, esonerare*) to dispense, to exempt, to exonerate, to excuse. // **~ q. da un obbligo** to dispense sb. from an obligation.

dispersione, *n. f.* ❶ dispersion. ❷ (*stat.*) spread. ❸ (*trasp. mar.*) leakage.

disperso, *a.* missing. *n. m.* missing person.

dispiacere[1], *n. m.* (*rammarico*) regret.

dispiacere[2], *v. i. impers.* to be sorry, to regret. △ **Mi dispiace disturbarLa** (I am) sorry to disturb you; **Ci dispiace di doverVi informare che non potremo assisterVi in questa faccenda** we regret having to inform you that we shall not be able to assist you in this matter.

disponibile, *a.* ❶ disposable, available, on hand. ❷ (*entro breve tempo*) forthcoming. ❸ (*di riserva, in serbo*) spare. ❹ (*disposto, pronto, aperto*) ready, open. ❺ (*fin., market.*) obtainable; (*d'un prodotto*) visible. ❻ (*pers.*) for (*o* on) hire. △ ❶ **Le risorse disponibili di materie prime non sono illimitate** available resources of raw materials are not unlimited; ❷ **Saranno disponibili nuovi aiuti finanziari dopo l'assemblea generale** new financial aids will be forthcoming after the general meeting; ❹ **Sono sempre ~ per una seria trattativa commerciale** I am always open to serious business dealings; ❺ **Gli articoli che vi interessano non sono**

disponibilità

disponibili nel nostro Paese the articles you're interested in are not obtainable in our Country; **L'ammontare totale del petrolio ~ non è sufficiente al fabbisogno del nostro Paese** the total amount of visible oil is not sufficient for our Country's needs. // **essere ~** (*anche*) to offer: **Qui non c'è lavoro ~** work is not offering here; **non ~** unavailable.

disponibilità, *n. f. inv.* ❶ availability. ❷ **disponibilità**, *pl.* (*rag.*) available assets, current assets, available funds, ready assets; funds. // **la ~ di capitali** (*fin.*) the availability of capital, the money supply; **disponibilità finanziarie** (*fin.*) (*d'una persona, anche*) bankroll; **~ in cassa** (*rag.*) cash in hand; **disponibilità liquide** (*rag.*) liquid assets; **disponibilità valutarie in eurodollari** (*fin.*) Euro-dollar accounts.

disporre, *v. t.* ❶ (*sistemare, collocare*) to arrange, to place, to dispose. ❷ (*preparare*) to prepare; to make* arrangements for. ❸ (*comandare, decidere, ordinare*) to command, to order, to decide. ❹ (*leg.*) to lay* down, to provide. ❺ (*market.*) (*mettere in mostra*) to display, to set* out for display. *v. i.* ❶ to dispose (of). ❷ (*avere a disposizione*) to have at one's disposal; to have. ❸ (*market.*) (*di merce*) to have in stock; to have. ❹ (*tur.*) (*d'un albergo*) to have. △ *v. t.* ❶ **Ho disposto i miei libri sullo scaffale** I have arranged my books on the shelf; **Ha disposto picchetti intorno alla fabbrica** he has placed pickets around the factory; ❷ **Hai disposto tutto per la riunione?** have you prepared everything for the meeting?; **Voglio ~ quanto occorre per la mia partenza** I want to make the necessary arrangements for my departure; ❸ **Il direttore generale ha disposto il trasferimento del Sig. Neri alla filiale di Genova** the general manager has decided to transfer Sig. Neri to the Genoa branch; **Lo ha disposto il presidente in persona** the chairman himself has taken this decision; ❹ **La legge dispone che tutti i dipendenti abbiano le assicurazioni sociali** the law provides (*o* lays down) that all employees shall be covered by social security; ❺ **Ricordati di ~ (in vetrina) gli ultimi articoli che sono arrivati** remember to set out the newly arrived articles for display; *v. i.* ❶ **Ha disposto dei suoi beni come voleva** he has disposed of his estate as he liked; ❷ **Dispone d'un cospicuo capitale d'avviamento** he has a large starting capital (at his disposal); ❸ **Disponiamo d'un ricco assortimento di giocattoli** we have a large range of toys; **Disponiamo di molti medicinali svizzeri** we have a lot of Swiss drugs in stock; ❹ **Questo albergo dispone di 300 letti** this hotel has 300 beds (*o* can accommodate 300 people). // **in tavole** to tabulate; **~ per testamento** (*leg.*) to dispose by will; **di cui si può ~ (liberamente)** disposable.

disporsi, *v. rifl.* ❶ (*porsi in un certo ordine*) to place oneself, to arrange oneself, to set* out. ❷ (*prepararsi*) to prepare, to get* ready.

dispositivo, *n. m.* device, mechanism. // **~ d'arresto** (*elab. elettr.*) shut-down device; **~ di lettura** (*elab. elettr.*) reading mechanism; **~ di lettura a schede perforate** (*elab. elettr.*) punched-card reader; **~ di messa a zero** (*elab. elettr.*) zero adjuster; **~ di sicurezza in caso di guasto** (*elab. elettr.*) fail-safe device.

disposizione, *n. f.* ❶ disposal. ❷ (*collocamento*) disposition, placing, arrangement. ❸ (*sistemazione*) lay, layout. ❹ (*ordine, istruzione*) direction, instruction, order, provision. ❺ (*inclinazione, tendenza*) disposition, bent, turn. ❻ (*leg.*) disposition, provision. ❼ **disposizioni**, *pl.* arrangements. △ ❶ **Il denaro è a tua ~** the money is at your disposal; **L'efficienza dell'organizzazione cen**trale dipende, in ultima analisi, dalla quantità di denaro che essa ha a sua **~** the effectiveness of the central organization depends in the last resort on the amount of money it has at its disposal; ❷ **Non mi piace la ~ dei mobili in questo ufficio** I don't like the disposition of the furniture in this office; ❸ **Non mi piace la ~ di questa pagina** I don't like the layout of this page; ❹ **Per ~ superiore è vietato fumare in ufficio** by order of the director (of the head of department, etc.) it is forbidden to smoke in the office; **Non venderemo più questo articolo fino a nuove disposizioni** we shall stop selling this article till further instructions; ❺ **Non ha ~ alle lingue straniere** he has no bent for foreign languages; ❼ **Darò disposizioni affinché ci sia qualcuno a ricevervi all'aeroporto** I will make arrangements for somebody to meet you at the airport. // **~ a indirizzo** (*elab. elettr.*) word-address format; **disposizioni consolari** consular regulations; **~ dei caratteri tipografici atta a far colpo** (*pubbl.*) display; **la ~ dei locali d'un ufficio moderno** the layout of a modern office; **~ di legge** (*leg.*) law provision; **~ in tavole** tabulation; **disposizioni integrative** (*leg.*) supplementary provisions; **disposizioni rigide** (*leg.*) stringent laws (*o* regulations); **~ testamentaria** (*leg.*) clause of a will; **~ testamentaria riguardante beni immobili** (*leg.*) devise; **le disposizioni vigenti** (*leg.*) the regulations in force; **a ~ di** at the disposal of; (*market.*) (*di merce*) on hand: **Potrete scegliere fra tutti i nuovi articoli che abbiamo** (*in bottega, in magazzino*) **a vostra ~** you'll be able to pick among all the new items we have on hand.

disposto, *a.* ❶ (*pronto*) prepared, ready, willing. ❷ (*incline*) inclined. *n. m.* (*leg.*) provision, provisions. △ *a.* ❶ **Siamo disposti a praticarvi uno sconto sulla fattura simulata** we are prepared to grant you a discount on the pro-forma invoice; **Siamo disposti a praticarvi uno sconto per grosse partite** we are willing to grant you a discount for large quantities. // **~ in tabelle** tabular; **essere ~ a prendere in considerazione un'offerta** to be open to an offer.

disprezzo, *n. m.* contempt. // «**~ della Corte**» (*leg.*) contempt of Court.

disputa, *n. f.* dispute, argument, contention, contest, contestation, haggle. △ **L'oggetto della ~ è la proprietà della ditta** the matter in dispute is the ownership of the firm.

disputabile, *a.* disputable.

disputare, *v. i.* to dispute, to argue, to haggle. *v. t.* to dispute, to contest. // **disputarsi un mercato** (*econ.*) to contend for a market.

dissenso, *n. m.* ❶ disagreement, discrepancy. ❷ (*anche leg.*) dissent. // **~ delle parti** dissent of the parties.

dissentire, *v. i.* to dissent (from); to disagree (with); to differ.

dissequestrare, *v. t.* (*leg.*) to release from seizure.

dissequestro, *n. m.* (*leg.*) release from seizure.

disservizio, *n. m.* (*org. az.*) disservice.

dissestare, *v. t.* (*econ., fin.*) to ruin; to bring* about the failure of. △ **Le sue speculazioni avventate hanno dissestato l'azienda** his rash speculations have ruined the business.

dissestato, *a.* ❶ (*econ., fin.*) ruined; full of debts. ❷ (*econ., fin.*) (*insolvente*) insolvent.

dissesto, *n. m.* ❶ (*econ., fin.*) failure, ruin. ❷ (*leg.*) (*fallimento*) bankruptcy.

dissezione, *n. f.* dissection.

dissigillare, *v. t.* to unseal. △ **La lettera fu dis-**

sigillata alla presenza d'un pubblico notaio the letter was unsealed in the presence of a notary public.

dissimulare, *v. t.* to dissimulate, to dissemble, to conceal.

dissimulazione, *n. f.* dissimulation, dissembling, concealment.

dissipare, *v. t.* (*scialacquare*) to dissipate, to squander.

dissoluzione, *n. f.* (*leg.*) dissolution. // **la ~ d'una società di persone** the dissolution of a partnership.

dissolvenza, *n. f.* (*pubbl.*) (*cinematografica*) dissolve. // **~ d'apertura** (*pubbl.*) fade-in; **~ di chiusura** (*pubbl.*) fade-out; **~ incrociata** (*pubbl.*) cross-fade.

dissolvere, *v. t.* (*anche leg.*) to dissolve. △ **Abbiamo deciso di ~ la nostra società** we have decided on dissolving our partnership.

dissuadere, *v. t.* to dissuade. // **~ q. dal fare qc.** to argue sb. out of doing st.; **cosa che vale a ~ disincentive**.

dissuasione, *n. f.* dissuasion.

distante, *a.* distant, remote.

distanza, *n. f.* distance. // **~** (*percorsa*) **in miglia** (*trasp.*) mileage, milage; **~ percorsa** (*da un carico*) (*trasp.*) haul; **~ percorsa a volo** fly.

distensione, *n. f.* ❶ distension. ❷ (*fig.*) relaxation. ❸ (*politica*) détente. ❹ (*sind.*) lessening of strain.

distinguere, *v. t.* ❶ to distinguish. ❷ (*discriminare*) to discriminate. ❸ (*separare*) to separate, to sever. △ ❷ **Non è facile ~ i buoni clienti da quelli cattivi** it's hard to discriminate good customers from bad ones. // **~ in gradi** to graduate.

distinta, *n. f.* ❶ list, note, schedule. ❷ (*banca*) slip. ❸ (*cred.*) note. △ ❷ **La ~ deve essere firmata dal cliente della banca** the slip must be signed by the bank's client. // **la ~ (degli) effetti all'incasso** (*banca*) the list of bills for collection; **la ~ (degli) effetti allo sconto** (*banca*) the list of bills for discount; **la ~ dei materiali** (*org. az.*) the specification of materials; **~ dei pesi** (*trasp. mar.*) weight note; **la ~ dei prezzi** (*market.*) the price-list; **~ della merce** (*trasp.*) packing list; **~ delle operazioni** (*org. az.*) operation list; **~ d'acquisto** (*Borsa*) bought contract; (*market.*) bought note; **~ di carico** (*trasp. ferr.*) consignment note; **~ di compravendita** (*market.*) contract note; **~ di senseria** broker's note; **~ di vendita** (*Borsa*) sale contract; (*market.*) sales note; **~ di versamento** (*banca*) credit slip; paying-in slip (*ingl.*); deposit slip (*USA*): **Quando un cliente vuole depositare una somma di denaro nel suo conto corrente, compila la ~ di versamento come pure la matrice e si reca dal cassiere** when a customer wants to deposit an amount of money into his current account, he fills in the paying-in slip as well as the counterfoil, and goes to the cashier; «**~ effetti all'incasso**» (*banca, rag.*) «notes receivable»; «**~ effetti passivi**» (*banca, rag.*) «notes payable».

distintamente, *avv.* ❶ distinctly. ❷ severally.

distinto, *a.* ❶ (*dignitoso, elegante*) distinguished. ❷ (*netto, separato*) distinct, separate, several. △ ❷ **L'incriminazione fu per due distinti capi d'accusa** the indictment was on two several charges. // **~ in gradi** graduated; **distinti saluti** (*nella corrispondenza commerciale*) Yours faithfully, Yours sincerely, Yours truly.

distinzione, *n. f.* ❶ distinction. ❷ (*discriminazione*) discrimination. ❸ (*separazione*) separation. // **senza ~** without any distinction; (*indiscriminatamente*) indiscriminately; (*equamente*) fairly, impartially.

distivare, *v. t.* (*trasp. mar.*) to unstow.

distorcere, *v. t.* to distort, to strain. // **~ la verità** (*leg.*) to strain the truth.

distorsione, *n. f.* distortion. // **distorsioni della concorrenza** (*market.*) distortions of competition.

distrarre, *v. t.* ❶ to distract. ❷ (*divertire*) to amuse, to entertain. ❸ (*leg.*) (*denaro altrui*) to misapply.

distrazione, *n. f.* ❶ absent-mindedness. ❷ (*divertimento*) distraction, amusement, entertainment. ❸ (*leg.*) (*di denaro altrui*) misapplication. // **~ dolosa** (*di fondi, ecc.*) (*leg.*) fraudulent conversion.

distretto, *n. m.* ❶ district, province. ❷ (*suddivisione di contea*) district (*in G.B.*). ❸ (*market.*) territory. // **~ d'esattore delle imposte** (*fin.*) collectorate, collectorship; **~ postale** (*comun.*) postal delivery zone, postal zone, postal area.

distribuibile, *a.* ❶ distributable. ❷ (*ripartibile*) apportionable.

distribuire, *v. t.* ❶ to distribute. ❷ (*diffondere*) to spread*. ❸ (*consegnare*) to deliver. ❹ (*dividere*) to divide. ❺ (*equamente*) to share (out), to apportion, to portion out. ❻ (*fin.*) (*assegnare*) to allot, to allocate. ❼ (*giorn.*) to issue, to see* to the circulation of (a newspaper). △ ❶ **Abbiamo intenzione di ~ un questionario di 10 pagine ai nostri clienti** we are going to distribute a 10-page questionnaire to our customers; ❷ **Non si è ancora risolto il problema di come ~ equamente il carico d'imposta fra i diversi gruppi economici** the problem of how to distribute taxes equitably among the various economic groups has not been solved yet; ❸ **Il postino non ha ancora distribuito la posta** the postman has not yet delivered the mail; ❹ **I profitti vennero distribuiti fra i diversi proprietari dell'azienda** profits were divided among the several owners of the business; ❺ **Ha distribuito 100.000 lire fra i poveri del quartiere** he has shared out 100,000 lire among the poor of the district; ❻ **Presto distribuiranno i profitti dell'azienda** they are going to allot the profits of the firm in a short time. // **~ la corrispondenza** (*comun.*) to deliver letters; **~ dividendi** (*fin.*) to distribute dividends; to divvy up (*slang USA*); **~ in turni gli orari d'ufficio** (*org. az.*) to stagger office hours; **~ nel tempo** to spread over a period of time; to stagger; **~ proporzionalmente** to prorate; **~ una somma di denaro a varie persone** to apportion a sum of money among several persons.

distribuito, *a.* ❶ distributed. ❷ (*nel tempo*) spread (*V. distribuire*). // **non ~** undistributed.

distributivo, *a.* distributive.

distributore, *n. m.* (*market.*) distributor. // **~ automatico** (*d'articoli*) (*market.*) vending machine, automatic vendor, vender, vender; **~ di benzina** (*trasp. aut.*) petrol pump; gas station, filling station (*USA*).

distribuzione, *n. f.* ❶ distribution. ❷ (*consegna*) delivery. ❸ (*ripartizione*) apportionment. ❹ (*assegnazione*) allotment, allocation. ❺ (*econ.*) (*del reddito, della ricchezza, ecc.*) distribution. ❻ (*giorn.*) issue, distribution, circulation. ❼ (*market.*) (*delle merci dal produttore al consumatore*) distribution, marketing. ❽ (*market.*) (*le attività terziarie*) the distributive trades (*pl.*). ❾ (*stat.*) (*d'una serie statistica*) distribution. △ ❶ **Non abbiamo problemi di ~ nei quartieri residenziali** we have no distribution problems in the residential districts; ❷ **La loro lettera è giunta con la seconda ~** (*della posta*) their letter came by the second delivery; ❸ **La produzione, la ~ e il consumo sono tre aspetti dell'attività commerciale** production, distribution and consumption are three aspects of commerce. // **~ allo sportello** (*org. az.*) delivery to callers; **~ campionaria** (*stat.*)

distruggere

sampling distribution; la ~ dei beni (*econ.*) the distribution of goods; ~ dei compiti (*org. az.*) task setting; ~ dei costi (*rag.*) cost allocation; la ~ dei dividendi (*fin.*) the apportionment of dividends; ~ del lavoro (*cronot.*) work distribution; ~ del reddito (*econ.*) distribution of income, income distribution; la ~ della popolazione (*stat.*) the distribution of population; ~ della posta (*comun., anche*) post: La ~ della posta del mattino è verso le 10.30 the morning post is at about 10:30; la ~ della ricchezza nazionale (*econ.*) the distribution of the nation's wealth; ~ delle risorse (*econ.*) resource allocation; la ~ delle terre ai coloni the apportionment of lands among settlers; ~ di dividendi in azioni (*della società stessa*) (*fin.*) stock dividend; ~ di frequenza (*stat.*) frequency distribution; ~ (*delle merci*) in grandissime quantità (*econ.*) mass distribution; ~ normale (*stat.*) normal distribution; ~ porta a porta (*market.*) door-to-door distribution; ~ statistica (*stat.*) statistical distribution.

distruggere, *v. t.* ❶ to destroy, to demolish, to smash up, to shatter. ❷ (*consumare*) to consume, to eat* up. △ ❶ Gran parte del carico è andata distrutta durante la traversata most of the cargo was destroyed during the crossing. // ~ un monopolio (*econ.*) to smash up a monopoly.

distruzione, *n. f.* destruction, demolition.

disturbare, *v. t.* to disturb, to inconvenience, to trouble. △ Vogliamo sperare di non avervi disturbato troppo con questa faccenda we do hope we didn't trouble you too much with this matter.

disturbo, *n. m.* ❶ disturbance, inconvenience, trouble. ❷ (*elab. elettr.*) noise. // ~ della quiete pubblica (*leg.*) public nuisance; che reca ~ inconvenient.

disuguaglianza, *n. f.* ❶ inequality. ❷ (*mat.*) inequality.

disuguale, *a.* ❶ unequal, uneven. ❷ (*irregolare*) irregular.

disuso, *n. m.* desuetude. △ Quella è un'antica consuetudine commerciale che è caduta in ~ that is an ancient commercial custom that has fallen into desuetude. // in ~ unused: « La pregiata Vostra » è un esempio tipico d'espressione in ~ nella corrispondenza commerciale « Your favour » is a typical example of an unused phrase in business correspondence.

disutile, *a.* ❶ useless. ❷ (*di persona*) unhelpful. *n. m.* e *f.* good-for-nothing.

disutilità, *n. f.* ❶ uselessness. ❷ (*econ.*) disutility. // ~ del lavoro (*econ.*) disutility of labour.

ditta, *n. f.* business, concern, firm, house, trade. △ La nostra ~ è assai nota all'estero our firm is well known abroad; Questi dati si riferiscono a cinquanta ditte all'ingrosso della nostra zona these data account for fifty wholesale trades in our area. // ~ aderente alla Borsa Valori di New York (*Borsa, USA*) member firm; ~ che commercia (*col sistema delle ordinazioni*) per corrispondenza (*market.*) mail-order business, mail-order firm, mail-order house; ~ che finanzia un programma radiofonico o televisivo (*comun.*) sponsor; ~ che ha cessato la sua attività discontinued business (*USA*); ~ di pubblicità (*pubbl.*) direct mail house; una ~ familiare a family business; ditte in concorrenza competitive firms, competing firms; ~ individuale (*org. az.*) one-man business; una ~ solida a solid firm, a substantial firm; ~ specializzata nell'imballaggio di prodotti per l'esportazione (*comm. est.*) export packer; Spett. ~ (*nella corrispondenza commerciale*) (*nell'indirizzo*) Messrs; (*nell'introduzione*) Dear Sirs.

dittafono, *n. m.* (*attr. uff.*) dictaphone, dictating equipment.

dittatura, *n. f.* dictatorship. // ~ del proletariato (*econ.*) proletarian dictatorship.

divario, *n. m.* difference, gap. △ Compensarono il ~ di prezzo esistente fra il carbone e il petrolio che avrebbe dovuto sostituirlo they made up the difference in price between coal and the oil which should have replaced it; Siamo tutti d'accordo sull'impellente necessità d'eliminare il ~ esistente fra il reddito degli agricoltori e quello d'altri operatori we all agree on the urgent necessity of eliminating the gap between incomes in farming and in other industries. // ~ deflazionistico (*econ.*) deflationary gap; ~ inflazionistico (*econ.*) inflationary gap; divari nei prezzi (*market.*) price differences; ~ tecnologico (*econ., org. az.*) technological gap.

divenire, *v. i.* V. diventare.

diventare, *v. i.* ❶ to become*, to get*. ❷ (*per gradi*) to grow*, to develop. ❸ (*all'improvviso*) to turn. // ~ antiquato (*market.*) to outmode; ~ avvocato (*leg.*) to go to the bar; ~ concreto to materialize; ~ disponibile to offer (*ingl.*); ~ fermo to steady (up); ~ fruttifero (*fin.*) to come into value; ~ insufficiente rispetto a (*qc.*) to fall short of (*st.*): Durante i primi mesi la produzione diventò insufficiente rispetto alla domanda production fell short of demand in the first months; ~ invalido to invalid; il ~ liberale (*la liberalizzazione*) (*econ.*) liberalization; ~ maggiorenne (*leg.*) to come of age; ~ migliore to better, to improve; ~ moroso (*cred.*) to get into arrears; ~ multinazionale (*fin.*) (*di società*) to go multinational; ~ obsoleto (*market.*) to outmode; ~ oggetto di scambio (*market.*) (*d'articolo*) to vend; ~ più caro (*market.*) to get dearer: Ogni giorno il denaro diventa più caro money is getting dearer and dearer every day; ~ più costoso (*market.*) to get dearer; ~ più grande di to outgrow: La nostra ditta è diventata più grande di tutte le concorrenti our firm has outgrown all competing firms; ~ pubblica (*fin.*) (*di società*) to go public.

divergenza, *n. f.* ❶ divergence, divergency. ❷ (*pers., sind.*) (*vertenza*) dispute. // ~ d'opinioni difference of opinion.

diversi, *a. pl.* sundry. *n. pl.* (*rag.*) sundries. // « creditori ~ » (*rag.*) « sundry creditors ».

diversificare, *v. t.* to diversify, to vary.

diversificarsi, *v. rifl.* to vary.

diversificazione, *n. f.* ❶ diversification. ❷ (*econ.*) diversification. // la ~ degli scambi commerciali (*comm. est.*) the diversification of trade; ~ dei prodotti (*org. az.*) diversification of products; ~ del lavoro (*org. az.*) job enlargement; ~ produttiva (*org. az.*) product diversification: La ~ produttiva è la chiave per invadere il mercato product diversification is the key to the invasion of the market.

diversione, *n. f.* diversion. // ~ dei traffici (*econ.*) deflection of trade.

diversità, *n. f.* difference, discrepancy.

diverso, *a.* different. △ L'articolo è ~ da quello che abbiamo ordinato the article is different from the one we ordered. // essere ~ (da) to differ (from); di diverse specie mixed.

divertimento, *n. m.* entertainment, recreation.

divertire, *v. t.* to entertain.

dividendo, *n. m.* ❶ (*fin., rag.*) dividend; divvy, div, cut (*slang USA*). ❷ (*mat.*) dividend. △ ❶ La nostra società ha dichiarato un ~ del 9% our company has declared a dividend of 9%. // dividendi accumulati (*fin.*) accrued dividends; ~ **capitale** (*in azioni*) (*fin.*) stock dividend; ~ **cumulativo** (*fin.*) cumulative dividend; ~ **d'avaria** (*ass. mar., trasp. mar.*) average payment; ~ **di liquidazione** (*fin.*) liquidating dividend; ~ **extra** (*agli azionisti*) (*fin.*) bonus; **dividendi fittizi** (*fin., rag.*) sham dividends; **dividendi in acconto** (*fin.*) interim dividends; ~ **in beni** (*fin.*) property dividend; ~ **non cumulativo** (*fin.*) non-cumulative dividend; **dividendi non distribuiti** (*fin.*) unappropriated profits; ~ **pagabile tramite pagherò cambiario** (*anziché in contanti*) (*fin.*) scrip dividend; ~ **pagato dopo la morte** (*d'un assicurato*) (*ass., fin.*) post-mortem dividend; **un** ~ **prescritto** (*fin.*) an unclaimed dividend; **dividendi provvisori** (*fin.*) interim dividends; **dividendi reinvestiti** (*fin.*) accumulative dividends; ~ **semestrale** (*fin.*) half-yearly (*o* half year's) dividend; **col** ~ (*Borsa, fin.*) (*di titolo*) with dividend, « cum » dividend, with coupon, « cum » coupon; **senza dividendi** (*Borsa, fin.*) (*di titolo*) ex dividend.

dividere, *v. t.* ❶ to divide, to part, to portion (out), to split*, to split* up, to split* off. ❷ (*in parti uguali*) to share. ❸ (*separare*) to separate, to sever. △ ❶ **Nessuna vertenza aveva mai diviso in tal modo gli operai** no controversy had ever so divided the workers; **L'eredità fu divisa in parti uguali** the inheritance was portioned into equal shares; **Decidemmo di dividerci la spesa** we decided to split the cost among us; ❷ **Divideremo le spese col nostro socio** we will share expenses with our partner. // ~ **il capitale d'una società per mezzo del frazionamento d'ogni azione** (*in due o più azioni*) (*fin.*) to split a company's capital; ~ **una comproprietà** (*leg.*) to divide a joint property; ~**12 per 4** (*mat.*) to divide 12 by 4; ~ **in commi** (*leg.*) to paragraph; ~ **in due** (*un documento in duplice copia*) **tracciando una linea dentellata** to indent; ~ (*terreni*) **in lotti** (*econ.*) to lot; ~ (*titoli*) **in pacchetti** (*fin.*) to lot; ~ **in paragrafi** to paragraph; ~ **in parti** to partition; ~ **in parti eque** to proportion; ~ (*merci*) **in partite** (*market.*) to lot; ~ **in segmenti** to segment, to segmentize; ~ **in sezioni** to section; ~ **in zone** to zone; ~ **una merce in partite** (*da vendere separatamente*) (*market.*) to break a set; ~ **merci in partite** (*market.*) to lot out goods in parcels; ~ **per metà** to halve; ~ **le spese** to go halves.

dividersi, *v. rifl.* ❶ to divide, to be divided. ❷ (*separarsi*) to part (from); to part company (with). △ ❶ **Il capitale d'una società per azioni si divide in un dato numero di parti uguali: ogni parte è un'azione** a joint-stock company's capital is divided into a given number of equal parts: each part is a share.

divieto, *n. m.* ❶ prohibition; embargo (*fig.*). ❷ (*leg.*) prohibition, interdiction, ban. △ ❶ **Il** ~ **di vendere ai Paesi terzi fu un grave colpo per la nostra industria** the prohibition to sell to non-member Countries was a heavy blow to our industry. // « ~ **d'accesso** » (*trasp. aut.*) « no entry »; « ~ **d'affissione** » « post no bills! », « stick no bills! »; **il** ~ **d'assumere manodopera** the embargo against employment of labour; ~ **d'importazione** (*econ.*) import prohibition; embargo; « ~ **di parcheggio** » (*trasp. aut.*) « no parking »; ~ **di pubblicità** (*leg.*) ban on prospecting for customers; **il** ~ **di sfruttamento abusivo d'una posizione dominante** (*leg.*) the prohibition of abuse of dominant positions; « ~ **di sosta** » (*trasp. aut.*) « no waiting »; « ~ **di transito** » (*trasp. aut.*) « no thoroughfare ».

divisa, *n. f.* (*fin.*) currency. // ~ **estera** (*fin.*) foreign currency.

divisibile, *a.* divisible, dividable.

divisibilità, *n. f.* divisibility.

divisione, *n. f.* ❶ division, split, partition. ❷ (*in parti uguali*) sharing-out. ❸ (*sezione*) section. ❹ (*separazione*) separation. ❺ (*amm.*) division (*in Italia e in U.S.A.*). ❻ (*leg.*) (*di beni, ecc.*) partition. ❼ (*mat.*) division. △ ❶ **Credi che questa sia una giusta** ~ **dei profitti?** do you think this is a fair division of profits?; **La mozione fu approvata senza dover ricorrere alla** ~ **per il conto dei voti** (*cioè, a grande maggioranza o all'unanimità*) the motion passed without a division; ❷ **La** ~ **del denaro fu causa di molti dissapori** the sharing-out of the money caused much ill-feeling. // **la** ~ **dei poteri** (*amm.*) the division of powers; (*leg.*) the separation of powers; **la** ~ **del capitale azionario** (*con l'emissione di due o più azioni nuove per ogni azione vecchia*) (*fin.*) the split of the stock capital; ~ **del fardello** (*econ.*) burden sharing; **la** ~ **del lavoro** (*org. az.*) the division of labour, the division of work; ~ **patrimoniale** (*leg.*) partition.

diviso, *a.* ❶ divided, split. ❷ (*separato*) separate, several. // ~ **in reparti (sezioni, uffici, ecc.)** departmental.

divisore, *n. m.* (*mat.*) divisor, denominator, measure. // **essere** ~ **di** (*mat.*) (*d'un numero*) to divide: **3 è un** ~ **di 21** 3 divides 21.

divorare, *v. t.* (*anche fig.*) to eat* up. △ **La loro eredità fu divorata dai debiti** their inheritance was eaten up by debt.

divulgare, *v. t.* to divulge, to spread*, to send* round. // ~ **clandestinamente** to leak.

divulgazione, *n. f.* divulgation, divulgence, spreading.

« **dock** », *n. m.* (*trasp. mar.*) dock.

documentare, *v. t.* ❶ to document. ❷ (*leg.*) to prove by documents. △ ❶ **Devi** ~ **la tua richiesta con la massima cura** you must document your claim very carefully. // ~ **una cambiale** (*cred.*) to document a bill of exchange.

documentario, *a.* documentary. *n. m.* ❶ (*film*) documentary. ❷ (*notiziario*) newsreel. // **credito** ~ (*cred.*) documentary credit.

documentarsi, *v. rifl.* to gather documents (on st.).

documentato, *a.* documentary.

documentazione, *n. f.* ❶ documentation. ❷ (*insieme di documenti*) record; documents (*pl.*). ❸ (*leg.*) documentary evidence.

documento, *n. m.* ❶ document, paper, record. ❷ **documenti**, *pl.* (*leg.*) papers, documents. △ ❷ **I documenti sono stati legalizzati** the documents have been legalized; **Tutti i documenti dovranno essere firmati dal presidente** all of the papers shall be signed by the chairman. // ~ **attestante l'avvenuta soddisfazione d'un debito** (*cred.*) satisfaction; **documenti che accompagnano la merce** (*trasp.*) documents which accompany goods; ~ **che descrive i dettagli d'una nuova emissione** (*di titoli*) (*fin.*) prospectus; registration statement (*USA*); **documenti che legalizzano l'assunzione d'un minore** (*leg., pers.*) working papers; ~ **comprovante un diritto di proprietà** (*leg.*) title-deed, document of title; **documenti contro accettazione** (*market.*) documents against acceptance; **documenti contro pagamento** (*market.*) documents against payment; ~ (*non doganale*) **da riempirsi da parte d'ogni capitano di nave che fa scalo in un porto** (*fornisce dettagli sul carico trasportato*) (*trasp. mar.*) dock landing account; **documenti di bordo** (*trasp. mar.*) ship's papers; ~ **di concessione** (*governativa o reale*) charter; **documenti di libera pratica** (*dog.*) clearance papers; **documenti di sdoganamento** (*dog.*) clearance papers; **documenti di spedizione** (*trasp. mar.*)

shipping documents, shipping papers, shipper's papers; **documenti di Stato** State papers; **documenti di valore** documents of value; ~ **doganale** (*dog.*) bill; ~ **doganale richiesto a fini statistici** (*dog.*) customs specification; ~ **esibito** (*leg.*) exhibit; ~ **falso** (*leg.*) forged document, forgery; ~ **formale** (*leg.*) instrument; ~ **giustificativo** (*leg.*, *pers.*) voucher; **documenti giustificativi** (*leg.*) supporting documents; ~ (*originariamente*) **in duplice copia** (*leg.*) indenture; ~ **indicante la costituzione d'un trust** (*fin.*) trust indenture; **un** ~ **negoziabile** (*cred.*) a negotiable document; **documenti notarili** (*leg.*) notarial documents; ~ **olografo** (*leg.*) holograph; ~ **originale** original document; (*elab. elettr.*) source document; (*leg.*) script; ~ **presentato al Parlamento** (*per ordine della Corona*) (*leg.*) command paper (*in G.B.*); ~ **prodotto** (*leg.*) exhibit; **documenti rappresentativi** (*delle merci*) (*leg.*) documents of title; **un** ~ **recante data e bollo a** dated and stamped document; ~ **scritto** written document; (*anche leg.*) writing; **con questo** ~ (*leg.*) by these presents; **con tutti i documenti allegati** with all documents appended.

dogana, *n.f.* ❶ (*dog.*) customs. ❷ (*dog.*) (*l'edificio*) custom-house. ❸ (*dog., fin.*) (*dazio doganale*) customs duty; customs, duty. △ ❶ **Ci volle molto tempo per passare la** ~ it took us a long time to get through the customs; ❸ **Per le vostre merci non dovete pagare** ~ you don't have to pay any customs for your goods.

doganale, *a.* (*dog.*) customs; custom (*attr.*). △ **Le formalità doganali sono molto semplici** customs formalities are very simple. // **unione** ~ (*comm. est.*) customs union.

doganiere, *n. m.* ❶ (*dog.*) customs officer; surveyor (*USA*). ❷ (*trasp. mar.*) (*che sale a bordo delle navi*) tidewaiter.

dolente, *a.* sorry. △ **Sono** ~ **d'apprendere che l'assortimento d'articoli speditovi non era conforme al campione** I am sorry to learn that the parcel of assorted articles we sent you did not correspond with the sample.

dolersi, *v. rifl.* ❶ (*esser dolente*) to be sorry, to regret. ❷ (*lagnarsi*) to complain. △ ❶ **Mi duole dovervi informare d'aver annullato l'ordine** I regret having to inform you that we have cancelled the order.

dollaro, *n. m.* ❶ dollar; berry, bob, boffo, bone, buck, case note, check, clacker, clam, dib (*slang USA*). ❷ **dollari**, *pl.* greenbacks (*fam., USA*). // ~ **contabile** (*Borsa, ingl.*) dollar of account; **dollari costanti** (*econ., fin.*) constant dollars; ~ **d'argento** silver dollar; iron man (*slang USA*); **un** ~ **esatto** an even dollar; ~ **-merce** (*econ.*) (*moneta neutra che si sgancerebbe dalle fluttuazioni nel livello generale dei prezzi*) commodity dollar.

dolo, *n. m.* ❶ (*leg.*) malice, wilfulness. ❷ (*leg.*) (*frode, inganno*) fraud, deceit.

dolosità, *n. f.* V. dolo, *def. 1*.

doloso, *a.* ❶ (*leg.*) malicious, wilful. ❷ (*leg.*) fraudolent, deceitful.

domanda, *n. f.* ❶ (*orale, o d'esame*) question. ❷ (*richiesta*) request; (*formale*) demand; (*di riconoscimento d'un diritto*) claim; (*burocratica*) requisition. ❸ (*scritta*) application. ❹ (*econ.*) demand. ❺ (*econ., market.*) market. ❻ (*leg.*) (*di riconoscimento d'un diritto*) claim. △ ❶ **L'esaminatore mi fece molte domande difficili** the examiner asked me several difficult questions; ❸ **Ci sono diverse domande di lavoro non soddisfatte** there are several unsatisfied applications for jobs; ❹ **La** ~ **supera l'offerta** demand exceeds supply; **Persino la** ~ **di beni strumentali ha dimostrato una tendenza alla diminuzione** even the demand for capital goods has tended to flag; **C'è una crescente** ~ **di manodopera** there is an increasing demand for manpower. // ~ **che mette in difficoltà** (*leg.*) cross-question; ~ **complementare** (*econ.*) complementary demand, joint demand; ~ **complessiva** (*econ.*) aggregate demand; ~ **composta** (*econ.*) (*quando un prodotto è richiesto per usi diversi*) composite demand; ~ **concorrenziale** (*econ.*) competitive demand; ~ **derivata** (*econ.*) derived demand; **una** ~ **d'assunzione** (*pers.*) an application for a situation; **domande di concorso (di contributo)** (*fin.*) applications for aid; ~ **di danni** (*leg.*) claim for damages; **una** ~ **d'impiego** (*pers.*) an application for a situation, an application for employment; «**domande d'impiego**» (*giorn., pubbl.*) «situations wanted»; ~ **d'indennizzo** claim for indemnity, claim; **domande di lavoro non soddisfatte** (*pers.*) unsatisfied applications for jobs; **una** ~ **di mutuo** (*cred.*) a request for a loan; **le domande di mutuo** (*collett.*) (*cred.*) the demand for loans; ~ **d'un nuovo prodotto** (*market.*) new-product demand; **domande di rimborso** applications for reimbursement; ~ **di sgravio** (*fin.*) claim for discharge, claim for relief; **una** ~ **di sgravio fiscale** (*fin.*) an application for tax discharge; ~ **ed offerta** (*econ.*) demand and supply: **Non si può non tener conto della legge della** ~ **e dell'offerta** one cannot ignore the law of supply and demand; ~ **effettiva** (*econ.*) effective demand; efficient demand (*termine usato da A. Marshall*); ~ **estera** (*econ.*) foreign demand; ~ **forte e insistente** (*da parte di risparmiatori, creditori, clienti*) (*banca, fin., market.*) run; ~ **globale** (*di capitali o beni di consumo, su un dato mercato*) (*econ.*) aggregate demand, overall demand; ~ **in contraddittorio** (*leg.*) cross-question; **una** ~ **insoddisfatta** (*econ.*) an unsatisfied demand; ~ **interna** (*econ.*) domestic demand: **La** ~ **interna è stata carente per un lungo periodo di tempo** domestic demand has been slack for a long time; ~ (*di questionario, ecc.*) **posta in modo da suggerire una certa risposta** (*market., pubbl.*) leading question; ~ **potenziale** (*econ.*) potential demand; ~ **pressante** (*econ.*) pressing demand; ~ **reciproca** (*di prodotti: fra due persone o due comunità*) (*econ.*) reciprocal demand; **domande relative alla rieducazione professionale** (*pers.*) retraining applications; ~ **riconvenzionale** (*leg.*) counter-claim, counterclaim, cross claim, cross action, counter-charge, set-off; ~ **tendenziosa** (*leg.*) leading question; **a** ~ (*market.*) on application, on request; **chi rivolge domande nel corso d'un'indagine** (*giorn., market.*) poller; **su** ~ (*market.*) V. **a** ~.

domandare, *v. t.* ❶ (*per sapere*) to ask; to inquire; (*più formale*) to demand. ❷ (*per ottenere*) to ask for. ❸ (*richiedere*) to request, to require. △ ❶ **Che cosa ti ha domandato?** what did he ask you?; **Ho domandato della merce spedita, ma non è ancora arrivata** I've inquired about the consignment, but it hasn't arrived yet; ❷ **Mi ha domandato consiglio** he has asked for my advice; **Domandavano 500.000 lire dell'auto usata** they asked 500,000 lire for the second-hand car; ❸ **Mi fu domandato di compilare il modulo** I was requested to fill in the form. // ~ **qc. a q.** to ask st. of sb.; ~ **il nome di q.** to inquire sb.'s name; ~ **notizie di q.** to ask (*o* to inquire) after sb.

domani, *avv.* tomorrow. // ~ **a otto** tomorrow week; ~ **l'altro** the day after tomorrow.

domenica, *n. f.* Sunday.

domestico, *a.* domestic; home (*attr.*).

domiciliare[1], *a.* domiciliary.

domiciliare[2], *v. t.* (*cred.*) to domicile. // ~ **una cambiale** (*cred.*) to domicile a bill.

domiciliarsi, *v. rifl.* to take* up one's domicile (*o* residence); to locate.

domicilio, *n. m.* ❶ domicile, residence. ❷ (*leg.*) domicile. △ ❶ **La consegna deve avvenire al ~ del compratore** delivery is to be made at the buyer's residence. // **~ del convenuto** (*leg.*) defendant's domicile; **~ dell'attore** (*leg.*) plaintiff's domicile; **~ d'elezione** (*leg.*) domicile of choice; **~ fiscale** (*leg.*) residence; **~ legale** (*leg.*) legal residence; (*d'una ditta*) registered office; **a ~** (*market.*) house-to-house: **servizio a ~** house-to-house service.

dominare, *v. t.* to dominate, to control, to master.

dominio, *n. m.* ❶ domination, control, mastery. ❷ (*leg.*) demesne. △ ❶ **Hanno perduto il ~ del mercato** they have lost control of the market.

donante, *n. m. e f.* (*leg.*) donor.

donare, *v. t.* ❶ to present, to give*. ❷ (*leg.*) to donate.

donatario, *n. m.* (*leg.*) donee, volunteer.

donatore, *n. m.* ❶ giver. ❷ (*leg.*) donor.

donazione, *n. f.* (*leg.*) donation, gift. // **~ fatta in punto di morte** (*leg.*) gift causa mortis; **~ testamentaria** (*leg.*) testamentary donation; **~ tra vivi** (*leg.*) gift inter vivos.

donna, *n. f.* woman*. // **~ d'affari** businesswoman; **una ~ d'affari che ha** (*o* **che ha avuto**) **successo** (*fin.*) a successful businesswoman.

dono, *n. m.* ❶ present, presentation, gift. ❷ (*mancia*) box. ❸ (*fig.*) asset, boon. ❹ (*leg.*) donation. ❺ (*leg.*) (*bustarella*) bribe. △ ❸ **La salute è un gran ~** health is a great asset.

dopo, *avv.* ❶ (*di tempo*) after, afterwards. ❷ (*più tardi*) later; (*in seguito*) later on. ❸ (*di luogo, o in ordine*) next. *prep.* ❶ (*di tempo e luogo*) after; following. ❷ (*di luogo*) behind. △ *prep.* ❶ **~ la riunione potemmo avere uno scambio d'opinioni** after (*o* following) the meeting we were able to exchange views.

dopoborsa, *n. m. inv.* (*Borsa*) after hours; street market. // **prezzo del ~** (*fin.*) price after hours.

dopoguerra, *n. m. inv.* period after the war. // **del ~** post-war (*attr.*).

doppiaggio, *n. m.* (*pubbl.*) dubbing.

doppiare, *v. t.* ❶ (*pubbl.*) to dub. ❷ (*trasp. mar.*) (*un promontorio e sim.*) to round. // **~ un'isola** (*trasp. mar.*) to round an island.

doppio, *a.* ❶ double, duplicate. ❷ (*in due stadi*) two-tier. *n. m.* double; twice as much (*sing.*); twice as many (*pl.*). △ *n.* **Ci è costato il ~ del suo valore** that cost us double its value. // **~ binario** (*trasp. ferr.*) double track; **doppie imposizioni su dividendi e interessi** (*fin.*) double taxation of dividends and interest; **~ mercato valutario** (*econ., fin.*) two-tier market; **~ nolo** (*trasp. mar.*) double freight; «**~ privilegio**» (*Borsa*) straddle; **un ~ regime dei cambi** (*econ., fin.*) a split exchange system, a two-tier exchange system; **doppia registrazione** (*rag.*) amount entered twice.

dorso, *n. m.* back. △ **La girata s'effettua sul ~ della cambiale** the endorsement is put on the back of the bill.

dosare, *v. t.* ❶ to dose. ❷ (*fig.*) to pace. ❸ (*econ.*) to dose. △ ❷ **Dovremmo ~ più attentamente la pubblicità durante la prossima stagione** we should pace advertising more carefully during the coming season.

dose, *n. f.* (*anche econ.*) dose.

«**dossier**», *n. m.* (*leg.*) dossier.

dotare, *v. t.* ❶ to endow. ❷ (*attrezzare*) to equip. // **~ di banchine** (*trasp. mar.*) to quay.

dotato, *a.* ❶ endowed. ❷ (*attrezzato*) equipped. // **~ dei requisiti richiesti** (*leg., pers.*) qualified.

dotazione, *n. f.* ❶ endowment. ❷ (*attrezzatura*) equipment. ❸ (*trasp. mar.*) equipment. // **~ d'armamento delle navi da carico** (*trasp. mar.*) equipment of cargo ships; **dotazioni di bordo** (*trasp. mar.*) stores; **~ di cassa** (*fin., rag.*) cash supply.

dote, *n. f.* ❶ endowment, accomplishment, asset. ❷ (*leg.*) dowry.

dottrina, *n. f.* doctrine, theory. // **~ del «laissez-faire»** (*econ.*) laissez-faireism.

dovere[1], *n. m.* ❶ duty. ❷ (*obbligo*) obligation. ❸ (*compito*) charge, task. ❹ (*pers.*) office. △ ❶ **Ritengo sia mio ~ mettervi in guardia** I feel it is my duty to warn you. // **doveri abituali** routine duties; **doveri del direttore** managerial (*o* manager's) duties; managership.

dovere[2], *v. t.* ❶ to have to, to be to; must (*al presente*); should, ought to (*al condizionale*). ❷ (*essere debitore*) to owe. △ ❶ **Dovremo rivolgerci a un altro grossista** we shall have to apply to another wholesaler; **A che ora devo esser là?** at what time am I to be there?; **Devo informarvi che...** I must (*o* I have to, I am to) inform you that...; **Devi spedire la lettera subito** you must send the letter immediately; **Dovresti lavorare di più** you should work harder. ❷ **Quanto Le devo?** how much do I owe you? // **~ arrivare** (*trasp.*) to be due: **Il treno doveva arrivare alle 8.35** the train was due at 8:35 A.M.; **~ pagare** to owe for: **Dovete ancora pagare gli articoli che vi inviammo il mese scorso** you still owe for the articles we sent you last month; **~ una somma di denaro a q.** to owe sb. a sum of money; to be into sb. for an amount of money (*slang USA*); **ciò che si deve fare e ciò che non si deve fare** the do's and don'ts; **una cosa che si deve conoscere** (*o* **fare**) a must (*fam.*).

dovuto, *a.* ❶ due. ❷ (*cred.*) owing, due. ❸ (*leg.*) due. *n. m.* (*cred.*) one's due; amount due. △ *a.* ❶ **L'incidente fu ~ alla nebbia** the accident was due to the fog; ❷ **Proponiamo di rimborsarci su di voi con tratta per il saldo da voi dovutoci** we propose drawing upon you for the balance due to us; *n.* **Pretendo il ~** I claim my due. // **~ alla marea** (*trasp. mar.*) tidal; **non ~** (*cred.*) undue; **più del ~** (*cred.*) more than the amount due, more than is (*o* was) due (*o* worth): **L'ho pagato più del ~** I paid it more than it was worth.

dozzina, *n. f.* dozen. // **a dozzine** by the dozen.

dozzinale, *a.* second-rate, cheap; ten-cent (*fam., USA*). // **alquanto ~** cheapish.

dramma, *n. f.* (*misura inglese di peso corrispondente a 1,7718 grammi*) dram.

dritto, *a. e avv.* right, upright, straight, straightaway, straightforward.

«**drive-in**», *n. m.* (*market.*) (*sistema di vendita che consente l'accesso diretto al negozio da parte di clienti in automobile, senza che le operazioni d'acquisto rendano necessario abbandonare il posto di guida*) drive-in.

drizzare, *v. t.* to straighten.

dubbio[1], *a.* doubtful, uncertain. △ **È un uomo di dubbia reputazione** he's a man of doubtful reputation.

dubbio[2], *n. m.* doubt, uncertainty. △ **Non nutriamo dubbi sulla sua onestà** we have no doubt about his honesty; **Concedeteci il beneficio del ~!** give us the benefit of the doubt! // **essere in ~** to doubt; **mettere in ~** to doubt: **Spero proprio che Lei non metta in ~ la mia parola!** I do hope you don't doubt my word!; **senza ~** no doubt.

dubbioso, *a.* doubtful.

dubitare, *v. t.* to doubt. △ **Non dubitiamo che sia in grado di pagare** we don't doubt that he will be able to pay. // ~ **di** (*q.*) to discredit: **Ciò si oppone al giuramento di testimoni di cui non abbiamo ragione di** ~ that contradicts the oath of witnesses whom we have no reason to discredit.

due, *num. card.* two. // **un** ~ **-alberi** (*trasp. mar.*) a two-master; ~ **volte** twice; ~ **volte tanto (tanti)** twice as much (as many); double; **a** ~ **a** ~ two by two, by twos.

« **dumping** », *n. m.* (*econ.*) (*pratica che consiste nel fissare prezzi d'esportazione inferiori a quelli praticati sul mercato interno*) dumping.

duopolio, *n. m.* (*econ.*) duopoly.

duopsonio, *n. m.* (*econ.*) duopsony.

duplex, *n. m.* (*comun.*) party-line, party-wire.

duplicare, *v. t.* to duplicate.

duplicato, *a.* duplicate. *n. m.* duplicate, duplication, counterpart; dupe (*slang USA*). △ *n.* **La ditta ha sempre emesso fatture in** ~, **una per i propri archivi e una per il cliente** the firm has always made out duplicate invoices, one for its own records and one for the customer. // ~ **d'un atto** (*leg.*) counterpart of a deed; ~ **di cambiale** (*cred.*) via; ~ **d'elenco** counter-list; ~ **di lettera** counter-letter; ~ **di modulo** counter-form; ~ **di polizza di carico** (*trasp. mar.*) memorandum.

duplicatore, *n. m.* (*macch. uff.*) duplicator, duplicating equipment, duplicating set.

duplicatrice, *n. f.* (*macch. uff.*) duplicating machine.

duplicazione, *n. f.* ❶ duplication. ❷ (*pubbl.*) duplication.

duplice, *a.* ❶ duplicate, twofold. ❷ (*doppio*) double. ❸ (*a due stadi*) two-tier. // **in** ~ **copia** in duplicate; duplicate (*attr.*): **I documenti dovrebbero essere fatti in** ~ **copia** documents should be made in duplicate.

durante, *prep.* during, in the course of, pending. // ~ **i nostri negoziati** pending our negotiations.

durare, *v. i.* ❶ to last, to go* on. ❷ (*leg.*) (*di contratto, legge, ecc.*) to run*. △ ❶ **Quanto durerà questa inflazione?** how long will this inflation last?; ❷ **Il nostro contratto dura 25 anni** our contract runs for 25 years.

durata, *n. f.* ❶ duration, continuance, standing, term, time. ❷ (*ass.*) term. ❸ (*leg.*) (*d'un possesso*) tenure. △ ❶ **Questo è un fenomeno di breve** ~ this is a phenomenon of short duration; **È una consuetudine di lunga** ~ **e non sarà facile estirparla** that's a custom of long standing and it won't be easy to eradicate it; **Qual è la** ~ **della carica?** what is the term of office?; ❷ **La** ~ **della mia polizza assicurativa è di cinque anni** the term of my insurance policy is five years. // ~ **del viaggio** (*trasp. mar.*) passage days; ~ **della corsa** (*trasp. ferr.*) running time; ~ **della locazione** (*leg.*) tenancy, tenantry; ~ **della vita residua** (*al momento in cui un atto giuridico ha effetto*) (*leg.*) life in being; ~ **dell'affitto** (*leg.*) tenancy, tenantry; ~ **d'esecuzione** (*d'un ciclo di lavorazione*) (*org. az.*) run duration; ~ **di vita utile** (*d'un macchinario, ecc.*) (*org. az.*) service life; ~ **in carica di giudice** (*leg.*) justiceship; ~ **in ufficio di direttore (amministratore, ecc.)** (*amm.*) directorship; ~ **in ufficio di magistrato** (*leg.*) magistrateship; ~ **media della vita residua** (*ass., stat.*) life expectancy; **di** ~ **indefinibile** secular; **di lunga** ~ *V.* **duraturo, durevole.**

duraturo, *a.* lasting, durable.

durevole, *a.* durable, lasting, permanent. // **articoli durevoli** (*econ., market.*) durables.

durezza, *n. f.* hardness, rigidity, stiffness.

duro, *a.* hard, rigid, stiff. // ~ **lavoro** hard work; sweat (*fam.*).

E

ebanisteria, *n. f.* furniture trade.
eccedente, *a.* exceeding; excess, surplus (*attr.*). *n. m.* excess, surplus. // **bagaglio ~ il peso** (*trasp.*) overweight luggage; **non ~** not exceeding.
eccedenza, *n. f.* ❶ excess, surplus. ❷ (*econ., fin.*) surplus, overbalance. ❸ (*rag.*) excess, surplus. △ ❷ Gli Stati Uniti, al pari di molte altre società consumistiche, hanno un'enorme ~ di derrate alimentari the U.S.A., like many other societies characterized by consumerism, has a huge surplus of foodstuffs; Il miglioramento fu dovuto principalmente a un forte aumento dell'~ della bilancia commerciale the improvement was mainly due to a sharp increase in the surplus on visible trade; C'è un'~ delle importazioni there's an overbalance of imports; ❸ Qual è l'~ di cassa? what is the cash surplus? // ~ attiva derivante da fonti diverse dall'utile (*p. es., dalla vendita di capitale azionario sopra la pari, da donazioni degli azionisti, e sim.*) (*fin.*) paid-in surplus; ~ **del potere d'acquisto d'una valuta aurea** (*su quello d'un'altra moneta dello stesso valore nominale*) (*econ., fin.*) gold premium; ~ **della bilancia dei pagamenti** (*econ.*) payments surplus; **un'~ delle attività sulle passività** (*rag.*) a surplus of assets over liabilities; **un'~ delle esportazioni sulle importazioni** (*econ.*) an excess of exports over imports; **l'~ dell'attivo sul passivo** (*rag.*) the excess of assets over liabilities; ~ **di carico** (*trasp. mar.*) overfreight; « ~ **di compratori o acquirenti** » (*Borsa*) « buyers over »; ~ **di nolo** (*trasp. mar.*) overfreight; ~ **di peso** (*market.*) overweight; ~ **di prezzo** overcharge: Abbiamo riscontrato un'~ (di prezzo) del 25% we have found a 25% overcharge; eccedenze globali (*econ., fin.*) overall surpluses; Anche le esportazioni nette di capitali contribuirono alla diminuzione delle eccedenze globali registrate nel 1973 net capital exports also helped to erode the overall surpluses of 1973; con ~ **di personale** (*org. az.*) (*d'azienda, ecc.*) over-staffed (*a.*); **in ~** excess (*attr.*).
eccedere, *v. t.* to exceed, to go* beyond, to overrun*. △ Fu multato per aver ecceduto il limite di velocità he was fined for exceeding the speed limit; Fu licenziato perché aveva ecceduto le istruzioni ricevute he was fired because he'd gone beyond his instructions. // ~ **nell'assegnazione di personale a una nave** (*trasp. mar.*) to overman a ship; ~ **i propri poteri** (*leg.*) to strain one's power.
eccellente, *a.* ❶ excellent, super. ❷ (*market.*) prime, first-class, top. △ ❷ Il nostro corrispondente da Ginevra ci ha inviato un servizio davvero ~ sugli avvenimenti our Geneva correspondent has sent in a really top coverage of the events.
eccepire, *v. t.* ❶ to except. ❷ (*obiettare*) to object. ❸ (*leg.*) (*addurre in contrario*) to plead, to demur.
eccessivamente, *avv.* exceedingly.
eccessivo, *a.* ❶ excessive, exceeding, rank. ❷ (*sovrabbondante*) superabundant. △ ❶ Mi hanno addebitato un tasso ~ d'interesse they have charged me with a rank rate of interest. // **l'eccessiva espansione congiunturale** (*econ.*) the overheating of the economy: Per evitare un'eccessiva espansione congiunturale si è fatto ricorso soprattutto alla politica monetaria monetary policy was the main weapon used to prevent overheating of the economy; **eccessiva tassazione** (*fin.*) overtaxation, overassessment.
eccesso, *n. m.* ❶ (*sovrabbondanza*) superabundance. ❷ (*anche econ., fin.*) excess, overplus, surplus. △ ❷ In Italia c'è ora un notevole ~ delle importazioni sulle esportazioni we have now in Italy a considerable excess of imports over exports; Manca la domanda e c'è un ~ d'articoli invenduti there's a lack of demand and an overplus of unsold articles. // ~ **di merce** (*in giacenza, in negozio, ecc.*) (*org. az.*) overstock; ~ **di pieno impiego** (*econ.*) overfull employment; ~ **di popolazione** (*econ., stat.*) overpopulation, surplus population; ~ **di potere** (*leg.*) misuse of power; action ultra vires; ~ **di produzione** (*econ.*) overproduction; ~ **di risparmio** (*econ.*) oversaving; ~ **di spesa** (*in rapporto alla produzione e al reddito nazionale*) (*econ.*) overspending; ~ **di valutazione** (*fin.*) overvaluation; ~ **di velocità** (*trasp. aut.*) speeding: Fu multato per ~ di velocità he was fined for speeding; **che ha un ~ di manodopera** (*econ., org. az.*) overmanned; **in ~ di potere** (*leg.*) ultra vires.
eccetto, *prep.* except, except for, bar, barring, save. △ Lavoriamo tutti i giorni feriali ~ il sabato we work all weekdays except Saturdays; C'erano tutti ~ il direttore they were all present except for the manager.
eccettuare, *v. t.* to except, to exclude, to bar.
eccettuato, *a.* except, save, exclusive of. △ Le nostre due società non hanno nulla in comune eccettuata l'ubicazione delle sedi centrali our two companies have nothing in common save the location of the head offices; La nostra nave ha un equipaggio di 80 uomini eccettuati gli ufficiali our ship has a crew of 80 exclusive of officers.
eccezionale, *a.* exceptional, extraordinary. // **in via ~** as an exception; by way of exception: Siamo disposti a praticarvi uno sconto in via del tutto ~ we're open to grant you a discount only by way of exception.
eccezionalmente, *avv.* exceptionally; (*seguito da un a.*) extra.
eccezione, *n. f.* ❶ exception. ❷ (*obiezione*) objection. ❸ (*leg.*) exception, challenge, claim, demur, demurrer, plea. ❹ (*leg.*) (*riserva*) saving clause, reservation. ❺ **eccezioni**, *pl.* (*dog., econ.*) (*prodotti esclusi dalle riduzioni o abolizioni delle tariffe doganali*) exceptions. △ ❶ Non posso fare eccezioni per nessuno I can make no exceptions for anybody; ❷ Quell'impiegato fa di continuo eccezioni that employee always raises objections. // ~ **declinatoria** (*di rinvio innanzi a un'altra giurisdizione*) (*leg.*) declinatory plea; ~ **d'annullamento** (*leg.*) plea in abatement; ~ **d'incompetenza** (*leg.*) V. ~ **declinatoria**; ~ **di preclusione a un'azione giudiziale** (*leg.*) plea in Bar; ~ **dilatoria** (*leg.*) dilatory plea; ~ **infondata** (*leg.*) groundless objection; ~ **perentoria** (*leg.*)

peremptory exception, plea in bar; ~ **principale** (*leg.*) chief exception; a ~ **di** except, less.

economato, *n. m.* ❶ (*la carica*) bursarship. ❷ (*l'ufficio*) bursar's office.

econometria, *n. f.* (*econ.*) econometrics.

econometrico, *a.* (*econ.*) econometric.

econometrista, *n. m.* e *f.* (*econ.*) econometrician.

economia, *n. f.* ❶ (*l'economizzare*) economy, economization, retrenchment; (*risparmio*) saving, thrift. ❷ (*econ.*) (*d'un Paese, ecc.*) economy. ❸ (*econ.*) (*la scienza*) economics. ❹ **economie**, *pl.* (*risparmi*) savings. △ ❶ **A lungo andare, comprare merce di buona qualità significa fare** ~ in the long run, it is an economy to buy quality goods; ❷ **L'~ italiana corre un grave rischio** the Italian economy is running a serious risk; **Ciò dimostra a qual punto l'~ dei singoli Paesi risenta delle fluttuazioni della congiuntura presso gli altri Paesi della CEE** this shows how sensitive the economy of each Country is to any increase or decrease of economic activity in the other Countries of the EEC; ❸ **L'~ è una scienza che studia la produzione, la distribuzione e il consumo dei beni** economics is a science which studies the production, distribution and consumption of goods; ❹ **Ho perso tutte le mie economie in una speculazione avventata** I've lost all my savings in a rash speculation. // ~ **applicata** applied economics; **economie arretrate** backward economies; ~ **aziendale** business economics, business management: **Questo è un buon metodo per valutare le ripercussioni delle concentrazioni sull'~ aziendale** this is a good method for evaluating the effects of amalgamations on business management; **un'~ che tende a produrre servizi** a services-oriented economy; **un'~ chiusa** a closed economy; ~ **classica** classical economics; **un'~ controllata** a managed economy, a governed economy; ~ **dei movimenti** (*cronot.*) motion economy; ~ **del benessere** welfare economics; ~ **di massa** economy of scale; ~ **di mercato** market economy, free economy; **economie di scala** large-scale economies; **un'~ di sussistenza** a subsistence economy; **un'~ di tipo misto** a mixed economy; ~ **dinamica** dynamic economics; **un'~ dirigista** a centrally-planned economy, a command-directed economy, a directed economy; ~ **dirigistica** V. ~ **dirigista**; **un'~ in via d'espansione** an expanding economy; ~ **Keynesiana** Keynesian economics; ~ **libera** free enterprise economy; **un'~ malata** a sick economy; ~ **neoclassica** neoclassical economics; ~ **pianificata** state-planned economy, planned economy; ~ **politica** political economy, economics; **un'~ sana** a healthy economy, a sound economy, a strong economy; ~ **socialista** socialist economy; **un'~ solida** a stable economy; **che concerne l'~** economic, economical.

economicamente, *avv.* economically; on the cheap (*fam.*).

economicità, *n. f.* inexpensiveness, cheapness.

economico, *a.* ❶ (*che costa poco*) economical, inexpensive, cheap. ❷ (*che fa economie*) economical, thrifty. ❸ (*econ.*) economic, economical. △ ❸ **Si deve studiare la situazione economica del Paese e la sua probabile evoluzione** one must study the Country's economic situation and its probable development. // **un bene** ~ (*econ.*) an economic good; **dal punto di vista** ~ **generale** (*econ.*) in overall economic terms; **non** ~ (*econ.*) diseconomic.

economista, *n. m.* e *f.* (*econ.*) economist. // ~ **aziendale** (*econ.*) company economist.

economizzare, *v. t.* ❶ (*risparmiare*) to economize, to save, to retrench. ❷ (*non usare*) to spare. △ ❶ **Da troppo tempo economizzano sulla manodopera!** they have been saving on labour for too long a time!

economizzatore, *n. m.* saver.

economo, *a.* economical, saving, thrifty. *n. m.* ❶ (*risparmiatore*) economist. ❷ (*pers.*) bursar, controller.

edicola, *n. f.* (*giorn., market.*) newsstand, stand, stall.

edicolante, *n. m.* e *f.* (*giorn., market.*) news dealer, news vendor.

edificio, *n. m.* building, house. // ~ **della dogana** (*dog.*) custom house.

edilizia, *n. f.* ❶ (*econ.*) building industry, building trade, building. ❷ (*econ., stat.*) (*termine usato nei grafici, ecc.*) housing. // ~ **popolare** (*econ.*) public housing; ~ **rurale** (*econ.*) rural housing.

editore, *n. m.* (*giorn., pubbl.*) publisher.

editoria, *n. f.* (*giorn., pubbl.*) publishing; book trade.

editoriale, *n. m.* (*giorn.*) editorial, leader.

edizione, *n. f.* ❶ (*giorn.*) edition. ❷ (*giorn.*) (*d'un giornale*) issue. // ~ **corrente** (*market.*) cabinet edition; ~ (*di giornale*) **da vendere nelle edicole** (*e non da inviare al domicilio dell'abbonato*) (*giorn.*) street edition; ~ **di lusso** (*d'un libro*) (*pubbl.*) large paper edition; ~ (*del mattino*) **di quotidiano destinata all'invio per corrispondenza** (*giorn.*) mail edition; ~ **domenicale d'un quotidiano** (*caratteristica per la grossa mole*) (*giorn.*) bulldog edition; **un'~ in brossura** (*pubbl.*) a paper edition; ~ **numerata** (*di pubblicazione*) (*giorn., pubbl.*) limited edition; ~ (*di giornale e sim.*) **recante una data posteriore** (*a quella effettiva d'uscita*) (*giorn.*) predate; ~ **regionale** (*giorn.*) regional edition; ~ **riservata agli abbonati** (*caratterizzata da speciale formato, rilegatura, ecc.*) (*giorn.*) subscription edition; ~ **straordinaria** (*d'un giornale*) (*giorn.*) special edition, special, extra; ~ **tascabile** (*pubbl.*) pocket edition; **chi cura l'~** (*d'opere altrui*) editor.

edonismo, *n. m.* ❶ hedonism. ❷ (*econ.*) self-interest.

edonistico, *a.* hedonistic.

effettivamente, *avv.* actually, really.

effettivo, *a.* ❶ actual, real. ❷ (*vero*) true, virtual. ❸ (*tangibile*) substantial, substantive. ❹ (*efficace*) effective, active. ❺ (*pers.*) regular, on the regular staff. △ ❶ **Il valore ~ d'un'azione può essere superiore al suo valore nominale, oppure uguale, o anche inferiore** the actual value of a share may be higher than, equal to, or lower than the nominal value; **Negli Stati Uniti, l'arma effettiva di politica congiunturale è la politica monetaria** the real weapon of short-term economic management in the United States is monetary policy. // **l'~ tasso d'interesse sui prestiti** (*cred.*) the real rate of interest on loans; **soci onorari e soci effettivi** honorary members and members.

effetto, *n. m.* ❶ effect, impact. ❷ (*banca, cred.*) paper; (*cambiale*) bill of exchange, bill; (*pagherò*) promissory note, note. ❸ **effetti**, *pl.* (*anche*) impact. △ ❶ **Gli effetti della concentrazione sull'economia e sulla concorrenza sono stati ampiamente dimostrati** the effects of industrial combination on the economy and on competition have been amply proved; ❷ **Favorite informarci al più presto se il nostro ~ ha avuto buon fine** please inform us as soon as possible about the fate of our bill; ❸ **Gli effetti della grave carenza di manodopera sono stati avvertiti distintamente soltanto verso la fine dell'anno** the impact of the acute labour shortage did not become obvious until late in the year. // ~ **a lunga scadenza** (*banca, cred.*) long-dated paper, long-dated bill, long bill; ~ **a termine** (*cred.*) time note; ~ **all'incasso** (*banca*) bill for collection; ~ **attivo** (*banca, rag.*) note receivable; **effetti attivi** (*rag.*) bills receivable; **effetti bancabili** (*cred.*) bankable bills; **effetti bancari** (*cred.*) bank bills; ~ **cambiario** (*banca, cred.*) bill of exchange; **effetti commerciali** (*banca, cred.*) mercantile paper; ~ **deflazionistico** (*fin.*) deflationary effect; ~ **di buona firma** (*cred.*) fine paper, sound paper, first class paper, fine trade bill; ~ **di comodo** (*cred.*) accommodation bill; windmill (*fam.*); ~ **di dipendenza** (*econ.*) dependence effect; **effetti di prim'ordine** (*banca*) choice paper; ~ **frenante** (*econ.*) braking effect: **Nel complesso, gli scambi intracomunitari hanno segnato un aumento meno rapido rispetto agli anni precedenti a motivo soprattutto dell'~ frenante dell'evoluzione congiunturale della Germania** all in all, intra-Community trade has expanded less than in previous years, notably because of the braking effect of the economic situation in Germany; **effetti in sofferenza** (*cred.*) outstanding bills; **un ~ negoziabile** (*cred.*) a negotiable paper; **effetti non bancabili** (*banca*) unbankable papers; **effetti non pagati** (*banca*) bills unpaid; (*anche*) cheques unpaid; ~ **passivo** (*banca, rag.*) note payable; **effetti passivi** (*rag.*) bills payable; **effetti personali** (*leg.*) personal effects, personal belongings; **effetti sicuri** (*cred.*) good paper, sound paper; **effetti sonori** (*pubbl.*) sound effects.

effettuabile, *a.* practicable.
effettuamento, *n. m. V.* effettuazione.
effettuare, *v. t.* ❶ to effect, to implement, to realize. ❷ (*eseguire*) to execute, to perform. △ ❶ **La consegna dovrà essere effettuata entro la fine di settembre** delivery shall be effected within the end of September; **Il pagamento è già stato effettuato** payment has already been effected (*o* made); **Abbiamo effettuato un buon investimento** we have realized a good investment; ❷ **La rimessa non è stata ancora effettuata** the money transfer has not yet been executed. // ~ **acquisti mediante mutui** (*cred.*) to buy through loans; ~ **corse** (*trasp.*) (*di treni, ecc.*) to run; ~ **corse di** (*treni, ecc.*) (*trasp.*) to run: **Dobbiamo ~ corse di treni straordinari durante le ore di punta** we must run extra trains during the peak hours; ~ **operazioni bancarie presso** (*un istituto*) (*cred.*) to bank at: **La nostra società effettua le sue operazioni presso la National Provincial Bank** our company banks at the National Provincial; ~ **operazioni di compensazione** (*fin.*) to clear; ~ **un pignoramento presso** (*un terzo*) (*leg.*) to garnish; ~ **una rimessa** (*anche*) to remit: **Favorite ~ una rimessa a giro di posta** kindly remit by return; **effettuato in volo** (*trasp. aer.*) in-flight.

effettuazione, *n. f.* ❶ realization, implementation. ❷ (*esecuzione*) execution, performance.
efficace, *a.* effective, constructive, operative.
efficacia, *n. f.* ❶ effectiveness. ❷ (*efficienza*) efficiency. // ~ **pubblicitaria** (*pubbl.*) efficiency; ~ **pubblicitaria riferita a dollaro di spesa** (*pubbl.*) dollar efficiency.
efficiente, *a.* efficient, effective.
efficienza, *n. f.* ❶ efficiency, effectiveness. ❷ (*cronot.*) efficiency. // ~ **marginale** (*econ., stat.*) marginal efficiency; l'~ **marginale del capitale** (*econ., stat.*) the marginal efficiency of capital; ~ **ottimale** (*org. az.*) optimum efficiency.
effluire, *v. i.* to outflow, to outgo*.
efflusso, *n. m.* outflow, outflux. △ **A causa dei massicci acquisti effettuati dai Paesi Arabi, s'è verificato un ~ dell'oro dai Paesi dell'Europa occidentale** owing to the large amounts of gold bought by the Arab Countries, there has been an outflow of the metal from the Countries of Western Europe.
egogramma, *n. m.* (*org. az.*) egogram.
egregio, *a.* ❶ eminent, distinguished. ❷ (*nell'introduzione a una lettera commerciale*) dear.
eguaglianza, *n. f.* equality. // **su un piede di ~** on an equal footing; on equal terms.
eguagliare, *v. t.* to equal.
eguale, *a.* equal.
elaborare, *v. t.* ❶ to draft, to frame, to prepare, to work out. ❷ (*in dettaglio*) to labour. △ ❶ **Bisogna ~ un piano per combattere l'inflazione** one has got to frame a plan to combat inflation; **Elaborammo un accordo di compromesso che mise fine alla lite** we worked out a compromise agreement that ended the controversy; ❷ **Non occorre ~ l'argomento nei dettagli** it is not necessary to labour the argument. // ~ **una nuova strategia per il lancio d'un prodotto** (*market., pubbl.*) to prepare a new strategy for the launching of a product; ~ **una serie di dati rispetto a una variabile** (*stat.*) to analyse a set of observations on the variable.
elaboratore, *n. m.* ❶ elaborator. ❷ (*elettronico*) computer. // ~ **della prima generazione** (*elab. elettr.*) first generation computer; ~ **elettronico** (*elab. elettr.*) electronic computer.
elaborazione, *n. f.* ❶ drafting, working-out. ❷ (*elab. elettr.*) processing. // ~ **a distanza** (*dei dati*) (*elab. elettr.*) teleprocessing; ~ **automatica dei dati** (*elab. elettr.*) automatic data processing; ~ **dei dati** (*elab. elettr.*) data processing; ~ **dell'informazione** (*elab. elettr.*) information processing; ~ **di massa** (*elab. elettr.*) batch processing; ~ **di piani di finanziamento per le imprese** (*fin., USA*) corporate financial planning; l'~ **d'un programma** (*org. az.*) the drafting of a program; ~ **elettronica dei dati** (*elab. elettr.*) electronic data processing; ~ **in serie** (*elab. elettr.*) serial processing; ~ **industriale dei dati** (*elab. elettr.*) industrial data processing.
elargizione, *n. f.* contribution. // ~ **di denaro** (*leg.*) donation.
elasticità, *n. f.* elasticity, buoyancy. // ~ **della domanda** (*econ.*) elasticity of demand; ~ **dell'offerta** (*econ.*) elasticity of supply.
elastico, *a.* elastic, flexible. △ **In Francia e in Italia, la politica attuale potrebbe continuare a restare relativamente elastica** the fairly flexible policy pursued in France and in Italy could be continued. // **non ~** inelastic.
elegante, *a.* ❶ elegant, smart. ❷ (*di articolo*) fancy.
eleggere, *v. t.* ❶ to elect, to name. ❷ (*un comitato e sim.*) to constitute. ❸ (*leg.*) (*con votazione*) to select. △ ❶ **Dobbiamo ~ un membro del consiglio d'amministrazione** we must elect a member of the board. // ~ **un candidato** (*leg.*) to vote a candidate in; ~ **per cooptazione** to co(-)opt: **È stato eletto amministratore per cooptazione** he has been co-opted to the board; ~ **q. presidente** to elect sb. president.
eleggibile, *a.* (*leg.*) eligible.
eleggibilità, *n. f.* (*leg.*) eligibility.
elementare, *a.* elementary.
elemento, *n. m.* ❶ element, factor. ❷ (*d'un tutto*) component part. ❸ (*cronot.*) element. // ~ **ad valorem** ad valorem element; ~ **calcolatore** (*elab. elettr.*) arithmetic element; ~ **di comando** (*elab. elettr.*) control

element; ~ **d'istruzione** (*elab. elettr.*) operand; ~ **di materiale pubblicitario inviato per posta** (*p. es., un catalogo, un dépliant, ecc.*) (*comun., pubbl.*) mailing piece; **elementi di richiamo per banco di vendita** (*pubbl.*) counter displays; ~ **mobile di richiamo** (*per la vetrina d'un negozio*) (*pubbl.*) animated display; ~ **unidirezionale** (*elab. elettr.*) one-way element.

elencare, *v. t.* to list, to schedule, to book, to enrol.
elencazione, *n. f.* listing, enrolment.
elenco, *n. m.* list, panel, roll, schedule. // ~ **degli abbonati** (*comun.*) telephone directory; telephone book (*USA*); (*giorn.*) subscribers' list; ~ **dei fari e fanali** (*trasp. mar.*) light list; ~ **dei morti e dei feriti** casualty list; l'~ **dei passeggeri** (*trasp. aer., trasp. mar.*) the list of passengers; ~ **dei sottoscrittori** (*fin.*) subscribers' list; l'~ **dei titoli per (ricoprire) una carica** (*pers.*) the list of qualifications for an office; ~ **delle cause a ruolo** (*leg.*) cause-list, charge-sheet; ~ **delle ordinazioni inevase** backlog of unfilled orders; ~ **dell'attivo e del passivo fallimentare** (*leg.*) schedule; ~ **di beni mobili e immobili soggetti a imposta** (*fin.*) list; ~ **d'indirizzi** (*per l'inoltro di materiale pubblicitario, ecc.*) (*comun.*) mailing list; ~ **nominativo** nominal list, nominal roll, directory: **I nomi delle famiglie tassabili furono ricavati dall'~ nominativo** taxable families were provided by the nominal roll; ~ **passeggeri** (*trasp. aer., trasp. mar.*) passenger list.
elettivo, *a.* elective.
elettore, *n. m.* voter. // ~ **selettivo** (*elab. elettr.*) offset process.
elettricità, *n. f.* electricity.
elettrico, *a.* electric, electrical.
elettronica, *n. f.* electronics.
elettronico, *a.* electronic.
elettrotipo, *n. m.* (*pubbl.*) electrotype, electro.
elevare, *v. t.* ❶ to raise. ❷ (*mat.*) to raise. // ~ **al quadrato** (*mat.*) to square: **9 (elevato) al quadrato fa 81** 9 squared is 81; ~ **i prezzi** (*market.*) to increase prices; ~ **il tenore di vita** (*econ.*) to raise the standard of living; ~ **un valore alla seconda (potenza)** (*mat.*) to raise a value to the second power.
elevato, *a.* high, tall. // **più** ~ upper; (*in grado*) chief (*attr.*).
elevatore, *n. m.* (*trasp.*) elevator.
elevazione, *n. f.* elevation; raise (*specialm. USA*).
elezione, *n. f.* ❶ election. ❷ (*d'un nuovo membro*) co(-)optation. // **un'~ generale** a general election; **elezioni regolari** (*market.*) regular elections; ~ **suppletiva** by-election.
elidere, *v. t.* (*mat.*) (*fattori comuni*) to cancel.
eliminare, *v. t.* ❶ to eliminate, to do* away with. ❷ (*tagliando*) to slice. ❸ (*cancellare*) to delete, to cross out. ❹ (*market.*) to freeze* (sb.) out. △ ❶ **Bisogna ~ le misure che tendono a falsare le condizioni di concorrenza** we must eliminate measures likely to distort conditions of competition. // ~ **un articolo dal catalogo** (*market.*) to delete an item from the catalogue; ~ **il carico d'imposta su qc.** (*fin.*) to derate st.: **Fu eliminato il carico d'imposta su terreni e fabbricati agricoli per aiutare l'agricoltura a riprendersi dalla depressione** agricultural land and buildings were derated in order to assist agriculture to recover from depression; ~ (*gli speculatori più deboli*) **dal mercato** (*Borsa*) to shake out.
eliminazione, *n. f.* ❶ elimination. ❷ (*cancellazione*) deletion, crossing out. ❸ (*market.*) (*d'un concorrente, ecc.*) freeze-out. △ ❶ **C'è la tendenza all'~ del dettagliante** there's a tendency towards the elimination of the retailer. // ~ **dal mercato** (*degli speculatori più deboli*) (*Borsa*) shake-out.
eliporto, *n. m.* (*trasp. aer.*) heliport.
elitismo, *n. m.* (*econ., neol.*) elitism.
eludere, *v. t.* to dodge, to elude, to evade. △ **Non eludiamo i nostri problemi!** let's not dodge our problems! // ~ **la legge** (*leg.*) to evade the law, to defeat the law.
elusione, *n. f.* elusion, evasion.
elzeviro, *n. m.* (*giorn.*) literary essay; middle article (*ingl.*).
emanare, *v. t.* ❶ to send* out. ❷ (*leg.*) to enact. △ ❶ **La decisione finale su tutte le domande d'impiego sarà emanata la prossima settimana** the final decision on all applications will be sent out next week. // ~ **regolamenti** (*leg., org. az.*) to enact regulations.
emancipare, *v. t.* (*leg.*) to emancipate.
emancipazione, *n. f.* (*leg.*) emancipation. // ~ **d'un minore** (*leg.*) emancipation of a minor.
embargo, *n. m.* ❶ (*comm. est.*) embargo. ❷ (*leg., trasp. mar.*) embargo. △ ❶ **Hanno messo l'~ sul commercio con il nostro Paese** they have laid an embargo on commerce with our Country; ❷ **Le nostre navi erano sottoposte a ~** our ships were under an embargo.
emendabile, *a.* amendable.
emendamento, *n. m.* amendment, reform.
emendare, *v. t.* to amend, to reform. // ~ **una risoluzione** to amend a resolution.
emendarsi, *v. rifl.* to amend one's ways.
emergenza, *n. f.* emergency. // **un fondo di ~** (*fin.*) an emergency fund.
emergere, *v. i.* ❶ to emerge. ❷ (*risultare*) to come* out; to develop (*USA*). ❸ (*distinguersi*) to stand* out. △ ❷ **È emerso oggi che la decisione del presidente era basata su una supposizione più che su informazioni** it developed today that the chairman's decision was based on an assumption rather than on information.
emesso, *a.* (*banca, cred.*) issued; drawn. // ~ **e pagabile** (*banca, cred.*) drawn and payable.
emettere, *v. t.* ❶ to issue. ❷ (*una cambiale*) to draw*; (*una cambiale di comodo*) to kite (*fam.*). ❸ (*ass.*) (*una polizza, specialm. d'assicurazione marittima*) to underwrite*. ❹ (*leg.*) (*una sentenza*) to pronounce. ❺ (*leg.*) (*un verdetto*) to find*. △ ❶ **La Banca Centrale ha il diritto esclusivo di ~ banconote** the Central Bank has the exclusive right of issuing notes; ❸ **La polizza fu emessa a New York** the policy was underwritten in New York. // ~ **assegni per una somma eccedente il proprio conto** (*banca*) to overdraw one's account; ~ **un assegno** (*cred.*) to issue a cheque; to check (*USA*); ~ **un assegno scoperto** (*cred.*) to fly a kite; ~ **azioni di** (*una società*) (*fin.*) to stock; ~ **banconote** (*fin.*) to issue bank-notes; ~ **una cambiale di rivalsa** (*cred., leg.*) to redraw; ~ **di nuovo** (*titoli*) (*fin.*) to reissue; ~ (*azioni, obbligazioni, ecc.*) **in eccesso** (*fin.*) to over-issue; ~ **obbligazioni** (*fin.*) to float bonds; ~ **una polizza** (*ass.*) to execute a policy; ~ **una polizza di carico** (*trasp. mar.*) to issue a bill of lading; ~ **la sentenza** (*leg.*) to sentence: **I giudici si riuniscono per ~ la sentenza** the judges assemble for sentencing; ~ **una sentenza contro q.** (*leg.*) to sentence sb.; ~ **un verdetto** (*leg.*) to find a verdict: **Hanno emesso un verdetto d'innocenza** they have found a verdict of not guilty.
emigrante, *a.* (*econ.*) migrant, migratory. *n. m. e f.* (*econ.*) emigrant, migrator. // ~ **interno** (*chi cambia residenza*

denza in cerca di lavoro, specialm. stagionale) (*econ.*) migrant, migrator.

emigrare, *v. i.* (*econ.*) to emigrate, to migrate.

emigrazione, *n. f.* (*econ.*) emigration, migration. △ **Dobbiamo affrontare il problema dell'~ dei nostri operai verso gli altri Paesi della CEE** we must face the problem of our workers' migration towards the other EEC Countries. // ~ **interna** (*econ.*) migration.

eminente, *a.* eminent, outstanding, leading.

emissione, *n. f.* ❶ issue. ❷ (*Borsa*) coming out. ❸ (*comun.*) (*via radio*) broadcasting. ❹ (*fin.*) issue; issuance (*USA*). △ ❶ **La Banca d'Inghilterra è la sola banca d'emissione in Inghilterra e nel Galles** the Bank of England is the only bank of issue in England and Wales; ❹ **Furono effettuate tre emissioni in Italia: dalla CECA e dalla Banca europea per gli investimenti, di 15 miliardi ciascuna, e da St. Gobain per 12 miliardi di lire** there were three issues in Italy, by the ECSC and the European Investment Bank, for Lit. 15,000 million each, and by the Compagnie de St. Gobain for a sum of Lit. 12,000 million. // ~ « **a rubinetto** » (*Borsa, fin.*) tap issue; ~ **allo scoperto** (*d'assegni*) bank overdraft; ~ **azionaria** (*fin.*) issue of shares, share issue, stock issue; ~ **d'assegni allo scoperto** kite flying (*fam.*); ~ **d'un'azione nuova ogni tre possedute** (*Borsa, fin.*) 1-for-3 rights issue: **Ci sarà l'~ di un'azione nuova per ogni tre possedute** there will be a 1-for-3 rights issue; ~ **d'azioni riservate ai vecchi azionisti** (*fin.*) issue to shareholders only; ~ **di cambiali di comodo** issue of accommodation bills; kite flying (*fam.*); **l'~ di nuove monete** the issue of new coinage; **l'~ d'un prestito** (*fin.*) the issue of a loan, the floating of a loan; **un'~ di titoli** (*fin.*) an issue of bonds; ~ **eccessiva** (*d'azioni, obbligazioni, ecc.*) (*fin.*) over-issue; ~ **fiduciaria** (*di cartamoneta*) (*econ.*) fiduciary issue; ~ **in dollari** (*fin.*) issue expressed in dollars; ~ **in una sola volta di 50.000 azioni d'una sterlina l'una** (*fin.*) issue in one amount of 50,000 shares of £ 1 each; **emissioni in unità di conto** (*fin.*) unit of account issues; ~ (*radiotelevisiva*) **locale** (*comun.*) spot broadcast; ~ **obbligazionaria** (*fin.*) bond issue; ~ **per una somma eccedente il proprio conto** (*banca*) overdraft; ~ **riservata gratuita** (*d'azioni*) (*fin.*) bonus issue; ~ **riservata sotto costo** (*Borsa, fin.*) rights issue; **stazione d'~** (*comun.*) broadcasting station.

emittente, *a.* ❶ (*banca, cred.*) issuing. ❷ (*comun.*) (*via radio*) broadcasting. *n. m. e f.* ❶ (*banca, cred.*) (*della lettera di credito*) issuer. ❷ (*comun.*) broadcasting station. ❸ (*cred.*) borrower. ❹ (*cred.*) (*d'una cambiale e sim.*) drawer. ❺ (*cred.*) (*d'un pagherò cambiario*) maker. ❻ (*fin.*) (*d'azioni, obbligazioni, ecc.*) issuer. △ *n.* ❸ **L'ammissione degli emittenti stranieri al mercato dei capitali degli Stati Membri ove esistano ancora restrizioni di cambio è stata concessa solo in misura assai limitata** few foreign borrowers were admitted to the capital markets of the Member States in which exchange restrictions still exist. // **l'~ d'un assegno bancario** (*cred.*) the drawer of a cheque.

emolumento, *n. m.* ❶ emolument, fee. ❷ (*leg.*) honorarium*.

empirico, *a.* ❶ empiric, empirical. ❷ (*sperimentale*) experimental.

emporio, *n. m.* ❶ (*market.*) emporium*, department store. ❷ (*market.*) (*magazzino*) warehouse, wareroom.

endogeno, *a.* endogenous.

energia, *n. f.* energy, strength, drive; go (*fam.*). //

~ **elettrica** electrical energy; (electric) power; ~ **nucleare** nuclear energy.

energicamente, *avv.* energetically, strongly; (*talora*) strong.

energico, *a.* energetical, strong, spirited. △ **Saranno prese misure energiche nei confronti di coloro che avranno aumentato (illecitamente) i prezzi** strong measures will be taken against price lifters. // **un rimedio ~** a drastic remedy.

enfasi, *n. f.* emphasis*, stress.

enfiteusi, *n. f.* (*leg.*) emphyteusis*.

enfiteuta, *n. m.* (*leg.*) emphyteuta*.

enfiteutico, *a.* (*leg.*) emphyteutic.

ente, *n. m.* (*amm., org. az.*) board, body; (*pubblico o parastatale*) authority; agency (*USA*). △ **Ognuno degli Stati** (*in U.S.A.*) **ha i suoi propri enti locali** each of the States has its own local authorities. // ~ **che tutela gli interessi degli armatori britannici** (*trasp. mar.*) Chamber of Shipping; **enti d'assistenza sociale** (*pers.*) social-security agencies; ~ **fiduciario** (*fin.*) trustee company; ~ **giuridico** (*leg.*) corporate body, corporation; ~ **governativo** Government office; agency (*USA*); **enti locali** local authorities: **Quanto al complesso degli enti locali, il loro disavanzo passò dai 1.190 miliardi di lire del 1972 ai 1.312 miliardi del 1973** the aggregate deficit of the local authorities rose from Lit. 1,190,000 million in 1972 to Lit. 1,312,000 million in 1973; ~ **morale** (*leg.*) body corporate, corporation, institution; ~ **morale che non può esercitare attività commerciali con fini di lucro** (*fin., USA*) non-profit corporation; ~ **morale costituito da una sola persona** (*fin., USA*) corporation sole, sole corporation; ~ **Nazionale Britannico per le Sovvenzioni all'Industria Cinematografica** (*fin.*) National Film Finance Corporation; **l'~ per l'Energia Atomica** (*Euratom*) the Atomic Energy Authority; **l'~ per la Vallata del Tennessee** the Tennessee Valley Authority; ~ **pubblico** (*leg.*) public body, corporation, Government office; State-owned agency, State agency (*USA*); ~ **Radiofonico Britannico** (*comun.*) British Broadcasting Corporation (*BBC*); **un ~ senza scopi di lucro** (*econ.*) a non-profit organization; **enti statali e parastatali** (*econ.*) State-run organizations.

entrambi, *a. e pron. pl.* both. // **entrambe le fasi** (*cioè, caricazione e discarica*) (*trasp. mar.*) both ends.

entrante, *a.* coming, incoming, next. △ **Verrò la settimana ~** I'll come next week.

entrare, *v. i.* to enter, to get* in, to get* into, to step in, to step into; (*andare dentro*) to go* in, to go* into; (*venir dentro*) to come* in, to come* into. △ **Entrate! come in!**; **Ricordati di bussare prima d'~** remember to knock before going in; **Entrai nell'ufficio del direttore, ma non c'era nessuno** I went into the manager's office, but there was nobody; **La nave sta per ~ nel porto** the ship is about to enter the port; **Stiamo entrando in affari** we are entering business. // ~ **abusivamente** (*leg.*) to trespass; ~ **in affari** (*anche*) to go into business; ~ **in applicazione** (*leg.*) to become applicable; ~ **in bacino** (*trasp. mar.*) to dock; ~ **in bacino di carenaggio** (*trasp. mar.*) to go into dry dock; ~ **in collisione** (*trasp. mar.*) to foul, to run foul: **Le due navi entrarono in collisione** the ships ran foul of each other; ~ **in collisione con un'altra nave** (*trasp. mar.*) to come into collision with another ship; ~ **in porto** (*trasp. mar.*) to put into port; (*dopo le formalità doganali*) to clear; ~ **in possesso di qc.** (*leg.*) to enter into possession of st.; ~ **in possesso d'un bene immobile** (*leg.*) to accede to an estate; ~ **in possesso d'un'eredità** (*leg.*)

to enter upon an inheritance; ~ **in possesso d'una vasta fortuna** to come by a large fortune; ~ **in una professione** to enter a profession; ~ **in relazione con q.** to get in touch with sb.; ~ **in relazioni** (*o* **rapporti**) **d'affari con q.** to enter into business relations with sb.; ~ **in stazione** (*trasp. ferr.*) (*di treno*) to pull in; ~ **in vigore** (*leg.*) to come into force, to enter into force, to inure: **Tutti i benefici** (*d'indennizzo*) **entrano in vigore dal primo giorno d'invalidità del dipendente** all benefits will inure from the first day of disability of the employee; **chi entra** entrant.

entrata, *n. f.* ❶ entrance; (*più elevato*) entry. ❷ (*accesso*) access, entry, way in. ❸ admission, admittance. ❹ (*atrio, ingresso*) hall. ❺ (*econ., fin., rag.*) (*provento*) revenue; (*incasso*) take; (*guadagno*) earning; (*reddito*) income; (*rendita*) unearned income. ❻ (*elab. elettr.*) input. ❼ (*rag.*) competence. ❽ **entrate,** *pl.* (*econ., fin., rag.*) receipts, takings; revenue, income, take (*sing.*). △ ❶ **I fattorini devono usare l'~ posteriore** delivery boys must use the back entrance; **L'~ in ruolo nei ministeri avviene solo per concorso** entrance into the civil service is only by competitive exams; **L'~ in guerra dell'America segnò la svolta del conflitto** the entry of the U.S.A. into the war marked the turning point of the conflict; ❷ **Ci sono due entrate al magazzino** there are two ways into the warehouse; ❸ **L'~ al museo è libera** admission to the museum is free; ❺ **Ha un'~ di 600.000 lire al mese** he has an income of 600,000 lire a month; **Vive d'~** he lives on unearned income; ❽ **Le entrate pubbliche sono diminuite di molto** public revenue has dropped sharply; **Quest'anno le entrate del turismo hanno superato ogni aspettativa** this year's take from tourism has exceeded every expectation. // ~ **di capitali** (*econ.*) inflow of capital; **un'~ di capitali a lungo termine** (*econ.*) an inflow of long-term capital; **l'~ d'un porto** (*trasp. mar.*) the mouth of a harbour; **entrate doganali** (*dog.*) customs receipts; **entrate e spese** (*rag.*) revenue and expenditures; **entrate e spese straordinarie** (*fin.*) (*voci del bilancio del Governo britannico*) below-the-line payments and receipts; ~ **e uscita** (*rag.*) debit and credit; **entrate e uscite di cassa** (*rag.*) cash receipts and payments; **entrate e uscite ordinarie** (*bilancio di previsione*) (*rag.*) current budget; **entrate erariali** (*fin.*) revenue receipts; **in carica** entrance upon (*o* into) office, accession to office; **l'~ in porto** (*trasp. mar.*) putting into port; ~ **in possesso** (*di un bene*) (*leg.*) assumption of ownership; entry; ~ **in possesso d'un bene immobile** (*leg.*) accession to an estate; ~ **in vigore** (*leg.*) entry into force; **entrate invisibili** (*comm. est., econ.*) invisible exports; ~ **libera** free admission (*o* admittance); ~ **lorda** (*rag.*) gross income; **entrate lorde** (*rag.*) gross earnings; **entrate pubbliche** (*fin.*) public revenue, Government revenue.

entro, *prep.* ❶ (*luogo*) inside, in. ❷ (*tempo*) by, not later than; within. △ ❶ **Se il documento non è sul tavolo, guarda ~ il cassetto** if the document is not on the table, look in the drawer; ❷ **La relazione sarà pronta ~ domani** the report will be ready by tomorrow; **La vostra ordinazione sarà eseguita ~ la settimana** your order will be executed within this week.

entroterra, *n. m. inv.* inland, hinterland. // **dell'~** inland; **verso l'~** inland.

enumerare, *v. t.* ❶ to enumerate. ❷ (*contare*) to count, to count up.

enumerazione, *n. f.* ❶ enumeration. ❷ (*conta*) count, counting. // ~ **dei fogli** (*d'un libro, ecc.*) foliation; ~ **progressiva dei fogli** (*d'una « comparsa », ecc.*) (*leg.*) foliation.

enunciazione, *n. f.* ❶ enunciation. ❷ (*dicitura*) wording.

epidemia, *n. f.* epidemic. // ~ **di scioperi** (*sind.*) strike epidemics.

epoca, *n. f.* ❶ epoch, age, era. ❷ (*periodo*) period. ❸ (*tempo*) time. △ ❸ **A quell'~ ero ancora un semplice impiegato della ditta** at that time I was still just an employee in the firm. // ~ **d'inizio** (*in un conto corrente fruttifero*) (*banca*) base date.

equamente, *avv.* equitably, fairly.

equazione, *n. f.* (*mat.*) equation. // **un'~ algebrica** an algebraic equation; ~ **biquadratica** biquadratic equation; ~ **caratteristica** characteristic equation; ~ **di secondo grado** equation of second degree, quadratic equation, quadratic; ~ **differenziale** differential equation; ~ **differenziale parziale** partial differential equation; ~ **esponenziale** exponential equation; ~ **lineare** linear equation, simple equation; ~ **normale** normal equation; ~ **quadratica** quadratic equation, quadratic: **Un'~ quadratica è un'equazione in cui la potenza più alta dell'incognita è un quadrato** a quadratic equation is one in which the highest power of the unknown quantity is a square.

equidistante, *a.* ❶ equidistant. ❷ (*dagli opposti estremismi*) middle-of-the-road.

equilibrare, *v. t.* ❶ to balance. ❷ (*fare da contrappeso a*) to counterbalance, to countervail. ❸ (*rag.*) to balance. // ~ **il bilancio ordinario** to balance the ordinary budget.

equilibrarsi, *v. rifl.* to balance, to level off. *v. recipr.* (*rag.*) (*di conti*) to balance each other.

equilibrato, *a.* balanced, well-balanced. △ **Al fine di promuovere un'equilibrata espansione economica delle regioni meno sviluppate, il Governo ha concentrato gli sforzi d'incentivazione su zone caratterizzate da un'infrastruttura insufficiente e da una eccedenza della popolazione agricola** in order to achieve a balanced economic development of the less developed regions, the Government has concentrated support on areas with inadequate infrastructure and redundant farmworkers.

equilibrio, *n. m.* ❶ (*anche econ.*) balance, equilibrium*. ❷ (*econ.*) (*stabilità*) stability. ❸ (*econ., mat.*) (*uguaglianza*) equation. △ ❷ **Come elemento di ~, per buona parte dell'anno il commercio fra i Paesi Membri ha favorito la stabilizzazione dei prezzi in Francia, in Italia e nei Paesi Bassi** as a factor of stability, trade between the Member Countries helped to keep prices steady in France, Italy and the Netherlands for a large part of the year; ❸ **Sarà molto difficile raggiungere l'~ della domanda e dell'offerta** it will be very difficult to reach the equation of demand and supply. // ~ **automatico** automatic balance; ~ **costi-ricavi** (*econ.*) cost-revenue balance; **l'~ delle forze (politiche)** the balance of powers; ~ **interno** (*econ.*) domestic equilibrium; ~ **multiplo** (*econ.*) multiple equilibrium; ~ **simultaneo di tutte le variabili economiche** (*econ.*) general equilibrium.

equipaggiamento, *n. m.* ❶ equipment. ❷ (*trasp. mar.*) (*d'una nave*) fitting-out, rigging, rig.

equipaggiare, *v. t.* ❶ to equip. ❷ (*trasp. mar.*) (*una nave*) to rig, to fit out.

equipaggio, *n. m.* ❶ (*trasp. aer.*) crew. ❷ (*trasp. mar.*) crew. ❸ (*trasp. mar.*) (*esclusi gli ufficiali*) ship's company, company; hands (*pl.*). // ~ **addetto ai ricuperi**

(*trasp. mar.*) wrecking crew; **un ~ insufficiente** (*trasp. mar.*) a weak crew; **~ ridotto al minimo** (*trasp. mar.*) skeleton crew; **con ~ incompleto** (*trasp. mar.*) (*di nave*) short-handed.

equiparare, *v. t.* ❶ (*pareggiare*) to equalize. ❷ (*confrontare*) to compare. ❸ (*mat.*) to equate. △ ❶ Vogliamo ~ il trattamento economico di tutti i nostri dipendenti we want to equalize the wages of all our employees.

equiparazione, *n. f.* ❶ (*pareggiamento*) equalization. ❷ (*confronto*) comparison. ❸ (*mat.*) equation.

equità, *n. f.* ❶ equity, fairness. ❷ (*leg.*) (*corpo di norme emanate dal Lord Chancellor a modifica e integrazione della « common law »*) equity (*in G.B.*).

equivalente, *a.* e *n. m.* equivalent. // **~ decimale** (*secondo il sistema metrico decimale*) metric equivalent.

equivalenza, *n. f.* equivalence.

equivoco, *a.* ❶ equivocal, ambiguous. ❷ (*dubbio, losco*) doubtful, shady. *n. m.* ❶ equivocation. ❷ (*malinteso*) misunderstanding.

equo, *a.* ❶ equitable, fair. ❷ (*uguale*) equal, even. ❸ (*leg.*) rightful. // **non ~** inequitable.

erariale, *a.* revenue (*attr.*); fiscal; of the treasury; of the exchequer. // **imposte erariali** (*fin.*) revenue taxes; **introiti erariali** (*fin.*) revenues.

erario, *n. m.* ❶ (*fin.*) national revenue, inland revenue, revenue, exchequer, fisc. ❷ **l'Erario** (*fin.*) the Treasury; the Exchequer (*in G.B.*). // **l'~ pubblico** V. **~, def. 1**; **un impiegato dell'~** a revenue officer.

erede, *n. m.* (*leg.*) heir. *n. f.* (*leg.*) heiress. **eredi,** *pl.* (*leg., anche*) succession (*collett.*). // **~ assente** (*leg.*) absent heir; **~ di ciò che rimane dopo il pagamento di debiti e legati** (*leg.*) residuary legatee, residuary; **~ d'una proprietà « nuda »** (*di cui q. altro ha l'usufrutto*) (*leg.*) remainder man; **un ~ diretto** (*leg.*) a lineal heir; **eredi e aventi diritto** (*leg.*) heirs and assignees; **~ fiduciario** (*leg.*) fiduciary heir; **un ~ illegittimo** (*leg.*) a wrongful heir; **~ legittimo** (*leg.*) legal heir, heir-at-law, rightful heir, true heir, heir apparent, heir general; **~ necessario** (*leg.*) forced heir; **~ presuntivo** (*leg.*) presumptive heir; **~ testamentario** (*leg.*) testamentary heir; **~ universale** (*leg.*) sole heir.

eredità, *n. f. inv.* (*leg.*) hereditament, heritage, inheritance. // **~ giacente** (*leg.*) vacant succession; **un'~ legittima** (*leg.*) a rightful inheritance; **accettazione di un'~ con beneficio d'inventario** (*leg.*) acceptance of an inheritance without liability for debts exceeding the assets (*non esiste nel diritto inglese*).

ereditabile, *a.* (*leg.*) hereditable, inheritable, heritable.

ereditare, *v. t.* (*leg.*) to inherit. *v. i.* to come* into an inheritance. // **~ un po' di denaro** to inherit some money; to come into some money (*fam.*).

ereditario, *a.* ❶ (*leg.*) hereditary. ❷ (*leg.*) (*ereditabile*) hereditable, inheritable, heritable. // **asse (o patrimonio) ~** (*leg.*) legal assets (*pl.*); patrimony of a deceased person; **diritti ereditari** (*leg.*) hereditary rights.

ereditiera, *n. f.* (*leg.*) heiress.

erezione, *n. f.* erection. // **~ in ente giuridico, morale o pubblico** (*leg.*) incorporation.

ergonomia, *n. f.* (*cronot.*) ergonomics.

erigere, *v. t.* ❶ (*costruire*) to erect, to build*. ❷ (*fondare*) to found, to set* up. // **~ in ente giuridico, morale o pubblico** (*leg.*) to incorporate; **chi erige** (*un istituto*) **in ente giuridico, morale o pubblico** (*leg.*) incorporator; **eretto in ente giuridico, morale o pubblico** (*leg.*) incorporate.

erodere, *v. t.* (*anche fig.*) to erode. △ **L'inflazione strisciante sta erodendo il potere d'acquisto dei salari e degli stipendi** creeping inflation is eroding the purchasing power of salaries and wages.

erogare, *v. t.* (*cred., fin.*) to disburse, to allocate. △ **Il Governo erogò 100 miliardi di lire per la costruzione di nuove strade** the Government disbursed 100,000 million lire for the construction of new roads.

erogazione, *n. f.* ❶ (*cred., fin.*) (*di denaro, ecc.*) disbursement, allocation. ❷ **erogazioni,** *pl.* (*fin.*) (*aiuti*) aids. △ ❶ **L'~ del prestito è stata completata** the disbursement of the loan has been completed.

erosione, *n. f.* (*anche fig.*) erosion. △ **I lavoratori si lamentano della continua ~ dei salari reali dovuta all'inflazione** workers are complaining of the steady erosion of real earnings by inflation.

errare, *v. i.* (*sbagliare*) to err, to be mistaken, to be wrong, to mistake*.

errato, *a.* mistaken, incorrect, false, wrong. △ **Questo calcolo è ~** this calculation is incorrect; **È ~ aspettarsi che l'inflazione svanisca dalla sera alla mattina** expecting inflation to fade overnight is wrong.

erroneo, *a.* erroneous, incorrect, improper, mistaken, wrong.

errore, *n. m.* ❶ error, mistake, blunder. ❷ (*pecca, manchevolezza*) fail, fault, flaw. ❸ (*svista*) oversight, slip. △ ❶ **Vogliate correggere l'~ appena possibile** please correct the error as soon as you can; **Vogliate accogliere le nostre scuse per l'~** please accept our apologies for this mistake; ❷ **Per quanto concerne il trattamento del personale la vostra teoria è piena d'errori** as far as the handling of personnel is concerned your theory is full of faults. // **~ campionario** (*stat.*) sampling error; **errori casuali** (*stat.*) random errors; **un ~ di calcolo** a mistake in calculation, a miscalculation; **~ di campionamento** (*market., stat.*) error of sampling; **~ di compensazione** (*rag.*) compensating error; **~ di copiatura** clerical error; **un ~ di diritto** (*leg.*) an error in (*o* of) law, a mistake of law; **un ~ di fatto** (*leg.*) an error in (*o* of) fact, a mistake of fact; **un ~ di giudizio** an error of judgment; **un ~ d'ortografia** a slip in spelling, a spelling mistake; **~ di stampa** (*giorn., pubbl.*) misprint, literal; **~ dovuto a uno scrivano** (*errore di copiatura, svista, ecc.*) clerical error; **~ giudiziario** (*leg.*) miscarriage of justice, miscarriage; **~ iniziale** (*elab. elettr.*) datum error; **~ medio** (*stat.*) average error; **~ residuo** (*stat.*) (*differenza fra un gruppo di valori osservati e la loro media aritmetica*) residual error; **~ sistematico** (*stat.*) systematic error; **essere in ~** to be wrong, to be mistaken; **per ~** by mistake: **Favorite inviarci le merci che vi spedimmo per ~** please let us have the goods we sent you by mistake; **salvo ~** if I am not mistaken; **salvo errori** errors excepted; **salvo errori e omissioni** errors and omissions excepted.

esagerare, *v. t.* e *i.* to exaggerate. // **~ nel prezzo** (*market.*) to ask too high a price; to lift prices; to lay it on (*fam.*).

esageratamente, *avv.* exaggeratedly. // **~ alto** (*nell'ammontare*) rank.

esagerato, *a.* ❶ exaggerated. ❷ (*market.*) (*di prezzo, ecc.*) tall.

esagerazione, *n. f.* exaggeration.

esame, *n. m.* ❶ examination, exam, test. ❷ (*controllo*) control, checking, check. ❸ (*indagine*) investigation. ❹ (*studio, rassegna*) study, survey, review. ❺ (*leg.*) inspection. △ ❶ **Devo fare (*o* sostenere) un ~** I must take (*o* sit for) an exam; **Occorre fare un accurato ~ dei conti aziendali** we must have an accurate examination

esaminare

of the business accounts; **Ho superato l'~ attitudinale** I've passed my test; ❷ **L'~ dei conti richiederà molto tempo** the checking of the accounts will take a long time; ❹ **Ho fatto un ~ delle condizioni del mercato** I've made a survey of market conditions. // **~ accurato** perusal; **un ~ accurato dei libri contabili** (*rag., anche*) a narrow inspection of the firm's books; **~ dei libri (contabili)** (*leg.*) inspection of books; **l'~ dei problemi della politica dei redditi** (*econ.*) the study of incomes policy matters; **un ~ delle fonti d'approvvigionamento** an exploration of supply resources; **l'~ d'un campione** (*market.*) the examination of a sample; **l'~ di documenti** (*leg.*) the inspection of documents; **esami di promozione** (*pers.*) promotion exams; **~ nozionistico** (*pers.*) achievement test; **~ particolareggiato** dissection; **~ preliminare** preliminary; **all'~ on examination: All'~ la firma risultò falsa** on examination, I found that the signature was counterfeited; **in ~** under discussion, under consideration; (*market.*) on approval: **La vostra proposta è ancora in ~** your proposal is still under consideration; **Abbiamo ricevuto la merce in ~** we have received the goods on approval.

esaminare, *v. t.* ❶ to examine, to consider, to see*, to see* into, to look into, to go* through, to explore, to survey, to view. ❷ (*controllare*) to control, to check. ❸ (*indagare*) to investigate, to inquire into. ❹ (*studiare*) to study. ❺ (*leg.*) to inspect. ❻ (*leg.*) (*testi, deposizioni*) to hear*. ❼ (*pers.*) (*candidati*) to examine, to test. △ ❶ **Abbiamo esaminato attentamente il testo della vostra lettera** we've thoroughly examined the text of your letter; **Dobbiamo ~ e, se del caso, approvare la deliberazione** we must consider and, if thought fit, pass the resolution; **Abbiamo esaminato i campioni e vi faremo sapere la nostra decisione al più presto** we have seen the samples and will let you know our decision as soon as possible; **La validità delle nostre pretese sarà esaminata dal legale della società** our claim is going to be seen into by the company's lawyer; **V'informeremo appena avremo esaminato la questione** we shall let you know as soon as we have looked into the matter; **Stiamo esaminando le possibilità di cooperare con voi** we are exploring the possibilities of cooperating with you; **Una commissione mista esaminerà la merce per determinare perdite e danni** a mixed commission will survey the goods in order to determine losses and damages; **La commissione esamina i libri (contabili) due volte l'anno** the commission views the books twice a year; ❷ **Bisogna ~ attentamente i conti aziendali** we must check the business accounts carefully; ❸ **Ho esaminato le condizioni del mercato** I have inquired into the market conditions; ❼ **Ognuno di noi ha dieci candidati da ~** each of us has ten candidates to test. // **~ a fondo** to canvass; **~ accuratamente** to peruse; **~ accuratamente i precedenti** (*leg.*) to peruse the precedents; **~ attentamente** to go through, to scrutinize: **I fabbricanti dovrebbero ~ attentamente tutte le possibilità di ridurre i costi di produzione** producers should scrutinize every possible way to lower production costs; **~ le condizioni di** (*una merce*) to condition; **~ un conto** (*rag.*) to check an account, to go into an account; **~ i libri (contabili)** (*leg.*) to inspect the books; **~ minutamente** to dissect; **~ una pratica** to go into a matter: **Vi saremmo oltremodo grati se voleste ~ attentamente la pratica** we should be most grateful if you would go into this matter carefully; **~ le prove** (*leg.*) to view the evidence; **~ una questione** to go into a matter; **~ la solidità di** (*parti d'una nave*) (*trasp. mar.*) to task.

esattamente, *avv.* ❶ exactly, correctly. ❷ (*accuratamente*) accurately. △ ❶ **Le lettere devono essere affrancate ~** letters must be correctly stamped.

esattezza, *n. f.* ❶ exactness, exactitude, correctness. ❷ (*accuratezza*) accuracy, precision. ❸ (*fedeltà*) fidelity.

esatto, *a.* ❶ exact, correct. ❷ (*accurato, preciso*) accurate, precise, specific. ❸ (*preciso, tondo*) even. △ ❶ **I dati esatti saranno disponibili la prossima settimana** the exact data will be available next week; ❷ **L'~ ammontare sarà indicato in fattura** the precise amount will be shown in the invoice.

esattore, *n. m.* ❶ (*fin.*) (*di dazi, imposte, ecc.*) toll collector, toller. ❷ (*pers.*) collector, bill collector, collecting clerk. // **~ comunale** (*pers.*) rate collector; **~ dei crediti** (*cred.*) debt collector; dun; **~ del dazio** (*fin.*) excise officer, exciseman; **~ delle dogane** (*dog.*) custom collector; **~ delle imposte** (*fin.*) collector of taxes, tax collector; **~ delle tasse** (*fin.*) *V.* **~ delle imposte.**

esattoria, *n. f.* collector's office. // **~ comunale** (*fin.*) municipal office of rates; **~ del dazio** (*trasp.*) toll-booth.

esauriente, *a.* exhaustive, extensive, comprehensive, satisfactory, thorough. △ **Gli fu dato il posto dopo esaurienti indagini** he was given the job after extensive inquiries; **La relazione sui risultati della nuova campagna è tutt'altro che ~** the report on the results of the new campaign is far from satisfactory; **Dopo un'~ indagine del mercato, abbiamo pensato che questa fosse, per il momento, la politica migliore** after a thorough investigation of the market, we have thought this to be the best policy for the time being.

esaurimento, *n. m.* ❶ exhaustion, drain. ❷ (*di una miniera, un pozzo petrolifero, ecc.*) depletion. // **l'~ dei fondi** (*rag.*) the exhaustion of funds; **~ delle scorte d'un articolo** (*a causa della domanda eccezionalmente alta*) (*market.*) sellout; **un ~ di dollari** (*fin.*) a drain of dollars.

esaurire, *v. t.* ❶ to exhaust, to drain, to use up, to wear* out. ❷ (*una miniera, un pozzo petrolifero, ecc.*) to deplete. ❸ (*nel senso di «utilizzare»: una polizza di carico, ecc.*) to accomplish. △ ❶ **Non ho ancora esaurito l'argomento** I have not yet exhausted the subject; **L'Europa sta esaurendo tutte le sue risorse naturali** Europe is wearing out all its natural resources. // **~ un conto in banca** (*banca*) to exhaust a bank account; **~ le risorse d'una nazione** (*econ.*) to drain the wealth of a nation.

esaurirsi, *v. rifl.* ❶ to become* exhausted; to exhaust oneself. ❷ to run* out, to wear* out. ❸ (*giorn.*) (*d'un libro*) to be out of print. ❹ (*market.*) (*di scorte*) to run* short. △ ❶ **Mi sono esaurito a forza di lavorare troppo** I have exhausted myself by hard work; ❷ **I nostri fondi si stanno esaurendo** our funds are running out; **Le risorse finanziarie della società vanno esaurendosi rapidamente** the company's financial resources are rapidly wearing out; ❸ **La prima edizione del libro si è già esaurita** the first edition of the book is already out of print; ❹ **Le nostre scorte di petrolio si esauriranno presto** our oil supplies will soon run short.

esaurito, *a.* ❶ exhausted, worn out. ❷ (*nel senso di «utilizzato»*) accomplished. ❸ (*giorn.*) (*di libro, ecc.*) out of print. ❹ (*market.*) (*d'articolo*) unavailable, sold out, out of stock. △ ❶ **È ~ per eccesso di lavoro** he is exhausted from overwork; ❸ **Ci dispiace doverVi informare che il nostro ultimo catalogo è ~** we are sorry having to inform you that our latest catalogue is out of print; ❹ **Quei prodotti sono esauriti da varie settimane** those products have been unavailable for several weeks; **Per il momento quelle merci sono esaurite** those goods are at present out of stock. // « **cinque polizze di carico originali, tutte dello stesso tenore e data, una delle quali esaurita, le altre resteranno nulle o di nessun valore** » (*trasp. mar.*) « five original bills of lading, each of this tenor and date, one of which being accomplished, the others to stand null and void »; **non** ~ unexhausted.

esazione, *n. f.* ❶ collection. ❷ (*fin.*) (*di tasse, tributi, ecc.*) levy, exaction. // ~ **alla fonte** (*fin.*) collection at the source, stoppage at the source; ~ **delle imposte** (*fin.*) collection of taxes; ~ **delle tasse** (*fin.*) V. ~ **delle imposte**; ~ **di crediti** collection of debts.

esborsare, *v. t.* (*denaro, ecc.*) to disburse.

esborso, *n. m.* ❶ (*di denaro, ecc.*) disbursement. ❷ (*rag.*) cash outlay.

escludere, *v. t.* ❶ to exclude, to bar, to foreclose. ❷ (*eccettuare*) to except. ❸ (*leg.*) (*da un diritto, ecc.*) to debar. ❹ (*market.*) to freeze* (sb.) out. △ ❶ **Fu escluso dal numero dei soci** he was excluded from membership; **Dovremo** ~ **la vostra richiesta da ogni ulteriore considerazione** we shall have to exclude your request from any further consideration; **Non mi possono** ~ **dall'esame di concorso** they cannot bar me from the competitive exam.

esclusione, *n. f.* ❶ exclusion. ❷ (*eccettuazione*) exception. ❸ (*leg.*) (*da un diritto, ecc.*) debarment, foreclosure. // **l'** ~ **d'un socio** the expulsion of a member; **a** ~ **di** to the exclusion of, exclusive of.

esclusiva, *n. f.* ❶ (*giorn.*) exclusive right, exclusive. ❷ (*leg.*) exclusive right, exclusive; (*brevetto*) patent. ❸ (*market.*) (*di vendita, ecc.*) sole agency, exclusive dealing; exclusive rights (*pl.*). △ ❸ **Ha l'**~ **per la vendita delle Fiat in Svizzera** he has the exclusive rights for the sale of Fiat cars in Switzerland. // ~ **di vendita** (*market.*) V. ~, *def. 3*; **diritto d'** ~ (*leg.*) exclusive right.

esclusivamente, *avv.* exclusively.

esclusivismo, *n. m.* (*anche econ.*) exclusivism.

esclusivista, *n. m.* e *f.* ❶ (*anche econ.*) exclusivist. ❷ (*leg., market.*) exclusive agent; sole agent.

esclusivo, *a.* ❶ (*giorn., leg.*) exclusive. ❷ (*leg., market.*) (*di agente, ecc.*) exclusive, sole. ❸ (*pubbl.*) different (*USA*). △ ❷ **È il nostro agente** ~ **per l'Inghilterra** he is our exclusive (*o* sole) agent in England.

escogitabile, *a.* devisable, contrivable.

escogitare, *v. t.* to devise, to contrive.

escomiare, *v. t.* (*leg.*) to evict. // **chi è escomiato** (*leg.*) evictee.

escomio, *n. m.* ❶ (*leg.*) eviction. ❷ (*leg.*) (*la notifica*) notice to quit. // **chi dà l'**~ (*leg.*) evictor.

escudo, *n. m.* (*econ.*) (*unità monetaria portoghese e cilena*) escudo.

escursione, *n. f.* (*tur.*) tour, trip.

escussione, *n. f.* (*leg.*) examination. // ~ **di testi a difesa** (*leg.*) examination of witnesses for the defence; ~ **di testi d'accusa** (*leg.*) examination of witnesses for the prosecution; ~ **testimoniale** (*leg.*) examination of witnesses.

escutere, *v. t.* (*leg.*) (*testimoni*) to examine. // ~ **un debitore moroso** (*leg.*) to levy an execution on a defaulting debtor.

esecutività, *n. f.* (*leg.*) enforceability.

esecutivo, *a.* ❶ executive, executory. ❷ (*leg.*) enforceable. ❸ (*org. az.*) operating. *n. m.* (*politica*) (the) executive. // **il potere** ~ the executive power.

esecutore, *n. m.* executor, maker. △ **Gli esecutori sono responsabili per negligenza** executors are liable for want of care. // ~ **testamentario** (*leg.*) executor of a will, executor, administrator.

esecutorietà, *n. f.* (*leg.*) enforceability. // **l'** ~ **d'un contratto** (*leg.*) the enforceability of a contract.

esecutorio, *a.* ❶ executory. ❷ (*leg.*) enforceable.

esecutrice, *n. f.* executrix*. // ~ **testamentaria** (*leg.*) executrix (of a will).

esecuzione, *n. f.* ❶ execution, carrying out, performance. ❷ (*attuazione, compimento*) implementation, fulfilment. ❸ (*fabbricazione*) making, working-out. ❹ (*lavorazione, fattura*) workmanship. ❺ (*leg.*) (*d'una legge*) enforcement. ❻ (*leg.*) (*d'una sentenza*) execution. ❼ (*leg.*) (*d'un'obbligazione*) satisfaction. ❽ (*market.*) (*d'una ordinazione, ecc.*) carrying out, execution, fulfilment, pursuance. △ ❶ **L'**~ **del progetto è stata affidata al nuovo direttore** the execution of the plan has been confided to the new manager; ❽ **L'**~ **delle vostre ordinazioni riceverà sempre la nostra migliore attenzione** the execution (*o* fulfilment, pursuance) of your orders will always have our best attention. // **l'** ~ **della legge** (*leg.*) the enforcement of the law; **l'** ~ **d'un contratto** (*leg.*) the fulfilment of a contract; **l'** ~ **d'un'ipoteca** (*leg.*) the satisfaction of a mortgage; **l'** ~ **d'una sentenza** (*leg.*) the execution of a judgment; **l'** ~ **d'un trattato** (*leg.*) the implementation of a treaty; ~ **forzata** (*leg.*) levy; **in** ~ **di** (*leg.*) in pursuance of; **in via d'**~ (*di lavoro*) in progress.

eseguire, *v. t.* ❶ to execute, to carry out, to perform. ❷ (*attuare, compiere*) to implement, to fulfil. ❸ (*fare*) to make*, to do*. ❹ (*leg.*) (*una sentenza*) to execute. ❺ (*leg.*) (*un'obbligazione*) to satisfy. ❻ (*market.*) to execute, to carry out, to fill, to button. △ ❶ **Devi** ~ **i miei ordini** you must execute my commands; **Il mio piano non è stato eseguito a dovere** my plan has not been executed as it should have been; **È un compito assai difficile da** ~ it is a very difficult task to perform; ❷ **Non vogliono** ~ **il trattato commerciale** they refuse to implement the trade treaty; ❸ **Devi** ~ **meglio questo lavoro** you must do this piece of work in a better way; ❻ **Intendiamo** ~ **le vostre ordinazioni con la solita cura** we intend to carry out (*o* to execute, to fill) your orders with our usual care. // ~ **a macchina** (*org. az.*) to machine; ~ **un contratto** (*leg.*) to perform a contract; ~ **un contratto in buona fede** (*leg.*) to carry out a contract in good faith; ~ **dei calcoli** to perform calculations; « ~ **del tutto o cancellare** » (*Borsa*) « fill or kill »; ~ **il lodo** (*leg.*) to enforce the award; ~ **un pagamento** (*cred.*) to effect (*o* to make) a payment; ~ **un pignoramento sui beni del debitore** (*leg.*) to make an attachment on the debtor's property.

eseguito, *a.* ❶ executed. ❷ (*fatto*) made. ❸ (*leg.*) (*d'obbligo, ecc.*) satisfied. // ~ **a regola d'arte** workmanlike.

esempio, *n. m.* ❶ example. ❷ (*modello*) model, pattern.

esemplare, *a.* exemplary. *n. m.* ❶ exemplar, specimen. ❷ (*d'un libro, anche*) copy. ❸ (*market.*) (*campione*) sample.

esemplificare, *v. t.* to exemplify.

esemplificazione, *n. f.* exemplification.

esentare, *v. t.* ❶ to exempt (from); to dispense (with); to excuse. ❷ (*fin., anche*) to frank. △ ❶ **Fui esentato dall'eseguire quel compito ingrato** I was exempted from performing that hideous task; ❷ **Una parte del loro reddito sarà esentata da tassazione grazie alle nuove disposizioni** part of their income will be franked from taxation thanks to the new provisions. // ~ (*q. o qc.*) **dalle imposte** (*fin., anche*) to untax; **essere**

esentato dal pagamento dell'IVA (*fin.*) (*di società*) to go vataway.

esentato, *a.* ❶ exempted. ❷ (*fin.*) franked.

esente, *a.* (*anche fin.*) exempt, free. // ~ **da azione legale per danni** (*arrecati da un affittuario ai fondi che egli ha in affitto*) (*leg.*) without impeachment of waste; ~ **da bollo** (*fin.*) exempt from stamp duty; ~ **da dazio** (*dog.*) free of duty, duty-free, uncustomed; ~ **da dogana** (*dog.*) uncustomed; ~ **da imposta** (*o* **da imposte**) (*fin.*) tax-exempt, tax-free, untaxed; ~ **da IVA** (*fin.*) VAT-free; ~ **da tasse** (*fin.*) V. ~ **da imposta**.

esenzione, *n. f.* ❶ (*anche fin.*) exemption. ❷ (*fin.*) (*da una tassa, ecc.*) relief. ❸ (*fin., leg.*) immunity. // ~ **da pignoramento** (*leg.*) immunity from distraint; ~ **dalla visita doganale** (*dog.*) exemption from customs examination; ~ **dalle imposte** (*fin.*) exemption from taxation, immunity from taxation; ~ **dalle tasse** (*fin.*) V. ~ **dalle imposte**; ~ **doganale parziale** (*dog.*) partial customs exemption; ~ **doganale totale** (*dog.*) total customs exemption; ~ **fiscale** (*fin.*) tax exemption; ~ **fiscale temporanea** (*fin.*) tax holiday; ~ **per categorie** (*fin.*) block exemption: **Se l'accordo contiene altri impegni di restrizione della concorrenza, non si può applicare al contratto l'~ per categorie** if the agreement contains additional undertakings in restraint of competition, it does not qualify for block exemption; ~ **retroattiva** (*fin.*) retrospective exemption; **in ~** (*dog.*) with nil duties: **La commissione ha stabilito contingenti tariffari a dazi più elevati, e non più in ~** the commission has linked tariff quotas with increased, and no longer with nil duties; **lettera d' ~ doganale** (*dog.*) bill of sufferance.

esercente, *n. m. e f.* ❶ (*market.*) tradesman* (*m.*); shopkeeper; storekeeper (*USA*). ❷ **gli esercenti**, *pl.* (*market.*) tradespeople; the trade (*collett.*). △ ❶ **Nel 1965 circa l'80 per cento dei negozi al dettaglio in Inghilterra apparteneva a piccoli esercenti indipendenti** in 1965 about 80 per cent of England's retail shops were owned by small independent shopkeepers.

esercire, *v. t.* ❶ (*un'azienda e sim.*) to run*, to operate. ❷ V. **esercitare**. // ~ **un negozio** (*market.*) to keep a shop.

esercitare, *v. t.* ❶ to exercise. ❷ (*un mestiere, un commercio*) to carry on, to ply. ❸ (*una professione*) to practise. ❹ (*pers.*) (*addestrare*) to train. △ ❶ **Il direttore esercita la sua autorità su tutti i dipendenti** the manager exercises his authority over all the employees; **Voglio ~ i miei diritti** I want to exercise my rights; ❸ **Esercita l'avvocatura in Milano** he practises law in Milan. // ~ **il commercio** to carry on trade; ~ **un commercio** to ply a trade; to merchandise, to merchandize; ~ **una funzione** to exercise a function; ~ **la propria influenza su q.** to exert one's influence on sb.; ~ **un'opzione** (*Borsa, fin.*) to exercise an option; ~ **una pressione su** (*econ., fin.*) to squeeze: **Il crescente costo del legname eserciterà una pressione sui profitti delle cartiere** the climbing cost of timber will squeeze paper-mill profits; ~ **una pressione sui prezzi** (*econ.*) to drive prices down; ~ **pressioni per ottenere leggi favorevoli ai datori di lavoro** to lobby on behalf of employers (*USA*).

esercitarsi, *v. rifl.* to exercise oneself, to practise. △ **Per non dimenticare una lingua straniera, bisogna ~ di continuo** if you don't want to forget a foreign language, you must practise it again and again.

esercizio, *n. m.* ❶ exercise. ❷ (*l'esercitarsi*) practice. ❸ (*fin., rag.*) financial year, business year, year. ❹ (*market.*) (*negozio, ecc.*) shop, business, firm, undertaking. ❺ (*rag.*) accounting period, account. ❻ **esercizi**, *pl.* (*alberghieri ed extra-alberghieri*) (*tur.*) accommodation facilities. △ ❶ **Devi fare più ~** (*fisico*) you must take more exercise; **Ho un ~ di composizione inglese da fare per domani** I have an exercise in English composition to do for tomorrow; ❷ **Sono fuori ~** I am out of practice; **Devi mantenerti in ~** you must keep in practice; ❸ **I dati relativi ai periodi dello scorso ~ sono stati messi a confronto con quelli corrispondenti dell'~ in corso** the results of the corresponding periods of the previous year have been compared with those of the present year; ❹ **Mi hanno chiuso l'~** they have closed down my shop; ❺ **L'anno finanziario della società comprende due esercizi semestrali** the company's year comprises two half-yearly accounting periods. // ~ **della professione** (*d'avvocato, commercialista, ecc.*) practice; **l'~ della professione legale** (*leg.*) the practice of law; **l'~ d'un diritto** (*leg.*) the exercise of a right, the assertion of a right; ~ **finanziario** (*fin.*) financial year, fiscal year, trading year, year; ~ **finanziario che ha fatto registrare un aumento generale d'attività** (*fin.*) up year; ~ **finanziario che ha fatto registrare una diminuzione generale d'attività** (*fin.*) down year; ~ **finanziario eccezionalmente prospero** (*fin.*) boom year; ~ **sociale** (*fin.*) company's fiscal year, year; **l'~ trascorso** (*fin., rag.*) the past year; **costi d'~** operational (*o* operation) costs.

esibire, *v. t.* ❶ to exhibit, to show*. ❷ (*leg.*) (*documenti, prove, ecc.*) to exhibit, to produce. ❸ (*market.*) (*merci*) to display. △ ❶ **Tutti i passeggeri sono tenuti a ~ i passaporti quando ne sia fatta loro richiesta** all passengers are to show their passports on request. // ~ **un documento** (*leg.*) to produce a document.

esibizione, *n. f.* ❶ exhibition, showing, show. ❷ (*leg.*) (*di documenti*) exhibition, production. ❸ (*market.*) (*di merce*) display. // **l'~ di documenti per l'accusa** (*leg.*) the production of documents for the prosecution.

esigente, *a.* ❶ exacting, exigent. ❷ (*market.*) (*di cliente*) selective; choosy (*fam.*). △ ❷ **I compratori stanno diventando sempre più esigenti** buyers are getting more and more selective.

esigenza, *n. f.* ❶ exigency. ❷ (*necessità, bisogno*) requirement, want. ❸ (*richiesta, pretesa*) demand, claim. △ ❷ **Dobbiamo adeguare le imprese alle esigenze d'un grande mercato molto aperto alla competizione internazionale** we must adapt firms to the requirements of a big market largely open to international competition. // **esigenze di gestione** (*amm., rag.*) working-capital requirements; **esigenze di mercato** (*econ., market.*) market requirements; **le esigenze socio-economiche dell'agricoltura europea** (*econ.*) the socio-economic requirements of European agriculture.

esigere, *v. t.* ❶ to exact, to demand, to require. ❷ (*cred., fin.*) (*riscuotere*) to collect, to cash. ❸ (*leg.*) (*il riconoscimento d'un diritto, la restituzione di qc., ecc.*) to claim. △ ❶ **Esigo obbedienza da tutti i dipendenti** I exact obedience from all the employees; **Esigono il pagamento immediato** they demand immediate payment. // ~ **come condizione essenziale** (*leg.*) to stipulate: **Il testamento esigeva come condizione essenziale che il figlio si sposasse entro l'anno** the will stipulated that his son should get married within the end of the year; ~ **un credito in sospeso** (*cred.*) to collect an outstanding credit; ~ **il pagamento d'un debito** (*cred.*) to exact payment of a debt, to require the payment of a debt; ~ **un tributo** (*fin.*) to exact a tax, to raise a tax; to toll.

esigibile, *a.* ❶ exactable, demandable. ❷ (*cred., fin.*) (*riscuotibile*) collectable, cashable, receivable. ❸ (*cred., fin.*) (*pagabile*) payable. ❹ (*cred., fin.*) (*in scadenza*) due. ❺ (*leg.*) claimable. △ ❸ **L'interesse è ~ in anticipo** interest is payable in advance; ❹ **L'ultima rata è ~ domani** the last instalment is due tomorrow. // **deposito ~ a vista** (*banca*) deposit payable on demand; **non ~** (*cred.*) uncollectible.

esiguo, *a.* ❶ small, limited, narrow, slight, fractional. ❷ (*fin.*) (*di guadagno, ecc.*) off (*attr.*). // **un'esigua maggioranza** a narrow majority.

esimere, *v. t.* ❶ to exempt (from), to dispense (with). ❷ (*cred., leg.*) (*da un pagamento, anche*) to frank.

esistente, *a.* ❶ existing. ❷ (*di cosa*) extant. ❸ (*market.*) (*di merce*) on hand; in stock. // **~ da molto tempo** long-standing.

esistenza, *n. f.* ❶ existence. ❷ (*vita*) life*. ❸ (*sussistenza*) subsistence. // **~ di cassa** (*rag.*) cash in (*o* on) hand.

esistere, *v. i.* to exist, to be, to subsist.

esitare, *v. i.* to hesitate, to demur. *v. t.* (*market.*) (*vendere*) to sell*.

esitarsi, *v. rifl.* (*market.*) to sell*, to be sold. △ **Questa merce non si esita bene** these goods do not sell well.

esitazione, *n. f.* hesitation, demur.

esito, *n. m.* ❶ outcome, result. ❷ (*market.*) sale. // **l'~ d'una cambiale** (*cred.*) the fate of a bill; **avere ~** (*market.*) (*di merce: vendersi*) to sell: **Questa merce ha poco ~** these goods do not sell well.

esogeno, *a.* exogenous.

esonerare, *v. t.* ❶ to exonerate, to exempt, to excuse. ❷ (*da vincoli, oneri, ecc.*) to free, to release, to relieve. △ ❶ **Mi hanno esonerato da ogni responsabilità** they have exonerated me from all responsibility; **Fu esonerato dal pagamento delle tasse** he was exempted from taxation; ❷ **Hanno intenzione d'esonerarlo dall'incarico** they're going to free him from his task; **È stato esonerato dall'ufficio (dall'impiego)** he has been relieved of his post. // **~ q. dai propri doveri** to exonerate sb. from his duties.

esonero, *n. m.* ❶ exoneration, exemption. ❷ (*da oneri, vincoli, ecc.*) release, relief. △ ❶ e ❷ **Ha ottenuto l'~ dalle tasse** he has been granted exemption from taxation (*o* tax-relief). // **~ fiscale** (*fin.*) exemption from taxation; tax relief.

esorbitante, *a.* exorbitant, excessive, fancy.

esortare, *v. t.* to exhort, to recommend, to urge. △ **Fummo esortati ad abbandonare le nostre pretese** we were urged to abandon our claims.

esortazione, *n. f.* exhortation, recommendation, urge.

espandere, *v. t.* to expand, to spread*. △ **Stiamo facendo ogni sforzo per ~ la nostra azienda** we are striving to expand our business.

espandersi, *v. rifl.* ❶ to expand, to spread*. ❷ (*econ., anche*) to boom. △ ❶ e ❷ **Il nostro commercio estero si sta espandendo** our foreign trade is expanding (*o* is booming).

espansione, *n. f.* ❶ expansion, spread. ❷ (*econ., anche*) upswing, upturn. △ ❶ **L'~ diretta dei consumi è della massima urgenza** direct expansion of consumption is of utmost urgency; ❷ **L'attività economica è ancora in ~** economic activity is still on the upswing; **Quello di cui il Paese ha bisogno è una generale ~ dell'attività economica** what the Country needs is a general upturn in the economy. // **~ economica** (*econ.*) economic expansion, growth: **Mentre in Italia l'~ economica continuò a un ritmo abbastanza rapido, nella Germania Federale si osservò invece un netto rallentamento** while growth remained fairly rapid in Italy, it distinctly slowed down in Germany; **~ equilibrata** balanced expansion; **l'~ globale del potere di acquisto** (*econ.*) the horizontal spread of buying power; **~ orizzontale** (*org. az.*) horizontal expansion; **~ verticale** (*org. az.*) vertical expansion; **in ~** expanding; **in via d'~** expanding.

espansionismo, *n. m.* (*econ.*) expansionism.

espansionista, *n. m.* e *f.* (*econ.*) expansionist.

espatriare, *v. i.* to expatriate.

espatriato, *n. m.* expatriate.

espatrio, *n. m.* expatriation.

espediente, *n. m.* ❶ contrivance, device. ❷ (*mezzo*) means, medium. // **espedienti dilatori** (*leg.*) delaying practices; **~ temporaneo** make-do, makeshift.

espellere, *v. t.* ❶ to expel, to eject. ❷ (*Borsa di Londra*) to hammer. ❸ (*leg.*) to evict. △ ❷ **Il Consiglio della Borsa Valori di Londra ha la facoltà d'~ qualsiasi membro per condotta contraria all'etica professionale o per non aver fatto fronte ai suoi impegni** the London Stock Exchange Council have the power to hammer any member for unprofessional conduct or for failing to meet his obligations. // **~ (un avvocato) dall'albo** (*leg.*) to disbar.

esperienza, *n. f.* experience. // **~ e abilità manifatturiere** (*econ.*) manufacturing know-how; **~ finanziaria** (*fin.*) financial know-how.

esperimento, *n. m.* ❶ experiment. ❷ (*prova, esame*) test, trial.

esperto, *a.* experienced, expert. *n. m.* expert, consultant. △ *a.* **Sono esperti in tecniche pubblicitarie** they are expert in advertising techniques. // **~ di diritto pubblico** (*o* **internazionale**) (*leg.*) publicist; **~ finanziario** (*fin.*) (*individuo o ditta che fornisce consigli sugli investimenti più raccomandabili*) investment adviser, investment counsellor; **~ in mezzi pubblicitari** (*pubbl.*) media man; **esperti in proiezioni economiche generali** (*econ.*) experts on general economic projections; **~ in pubbliche relazioni** (*pubbl.*) public-relations man; **~ in relazioni umane** (*pers.*) human relationist; **~ in tecniche organizzative a carattere strumentale** (*org. az., pers.*) systems engineer; **~ pubblicitario** (*pubbl.*) media man.

espiare, *v. t.* ❶ (*anche leg.*) to expiate. ❷ (*leg.*) (*una pena*) to serve.

espiazione, *n. f.* (*anche leg.*) expiation.

esplicito, *a.* explicit, express, formal.

esplorare, *v. t.* to explore.

esplorazione, *n. f.* exploration.

esplosione, *n. f.* explosion. // **~ demografica** (*stat.*) explosion of population, population explosion.

esponente, *n. m.* (*mat.*) exponent, index*.

esponenziale, *a.* (*mat.*) exponential.

esporre, *v. t.* ❶ to expose. ❷ (*esibire, mettere in mostra*) to exhibit. ❸ (*una teoria, le proprie idee, ecc.*) to expound; to state. ❹ (*market.*) to display, to expose, to set* out, to show*. △ ❶ **Questa regione è esposta a forti venti** this region is exposed to severe winds; ❷ **I suoi quadri sono esposti in quella galleria d'arte** his paintings are exhibited in that art gallery; ❸ **I fatti sono già stati esposti dai testimoni** the facts have already been stated by the witnesses; ❹ **I negozianti espongono la loro merce in vetrina** shopkeepers display their goods in the windows; **La merce dovrà pervenirci in tempo, dato che dobbiamo ~ i nuovi abiti primaverili** the goods should reach us in time, as we have to show the new spring suits. // ~ un avviso to stick up a notice; ~ una bandiera to put up a flag; ~ i fatti d'un processo (leg.) to state the facts of a case; ~ la vita to risk one's life.

esporsi, v. rifl. ❶ to expose oneself. ❷ (compromettersi) to commit oneself. ❸ (cred.) (finanziariamente) to incur debts; to take* out loans. △ ❶ Non devi esporti a rischi inutili you must not expose yourself to unnecessary risks. // ~ a un rischio (anche) to incur a risk.

esportabile, a. (comm. est.) exportable.

esportare, v. t. (comm. est.) to export. △ Il commercio è per noi una questione di vita o di morte e così dobbiamo ~ e importare su vasta scala trade is a question of life and death for us and so we must export and import on a vaste scale. // ~ (merce) di contrabbando (leg.) to smuggle, to smuggle out.

esportatore, n. m. (comm. est.) exporter. a. (comm. est.) exporting. △ a. Quali sono i Paesi esportatori di petrolio? what are the exporting Countries as far as oil is concerned? // ~ in proprio (comm. est.) export merchant; ~ su commissione (comm. est.) export agent, export commission agent.

esportazione, n. f. ❶ (comm. est.) exportation, export. ❷ (comm. est.) (merce esportata) export, exportation. △ ❶ L'~ dell'oro è proibita dalla legge italiana the exportation of gold is forbidden by Italian law; Le esportazioni sono in aumento exports are up; ❷ Le principali esportazioni della Gran Bretagna sono i manufatti Britain's chief exports are manufactured goods. // « a cavalluccio » (cioè, in collaborazione con un'azienda esportatrice di prodotti complementari, con la quale si dividono le spese) exporting by piggyback; ~ di beni e servizi (comm. est.) exports of goods and services; ~ di capitali (fin.) export of capitals; ~ indiretta (comm. est.) indirect exporting; **esportazioni invisibili** (comm. est., econ.) invisible exports; **merci d'~** exports.

espositore, n. m. (market.) exhibitor. △ La merce è in mostra in grandi sale e padiglioni dove gli espositori hanno i loro stand goods are displayed in huge halls and pavilions where exhibitors have their stands.

esposizione, n. f. ❶ (anche fotografica) exposure. ❷ (mostra) exhibition, exhibit. ❸ (di fatti, ecc.) statement, exposition. ❹ (market.) (il mettere in mostra) display, showing, set-out. ❺ (market.) (la mostra) exhibition, exposition, show. ❻ (rag.) (complesso dei crediti d'una azienda) receivables (pl.). △ ❹ L'~ (della merce) è il segreto delle vendite (col sistema) self-service display is the key to self-service sales; ❺ Ci si aspetta che l'~ richiami migliaia di visitatori dall'estero the show is expected to attract thousands of visitors from abroad; Hai visitato l'~ industriale di Torino? have you visited the Turin industrial exhibition (o exposition)? // ~ agricola agricultural show; ~ della situazione finanziaria (leg.) statement of affairs; ~ di bestiame cattle-show; ~ di dati (elab. elettr.) data presentation; ~ (di merce) in vetrina (market.) window display.

esposto, n. m. ❶ (leg.) account, statement. ❷ (leg.) (petizione) petition.

espressione, n. f. ❶ (anche mat.) expression. ❷ (dichiarazione) statement.

espresso, a. ❶ express. ❷ (esplicito) explicit. n. m. (comun.) express letter; special-delivery letter (USA). // non ~ unexpressed; per ~ express: Spediremo il pacco per ~ we'll send the parcel express.

esprimere, v. t. to express, to state, to word. △ Cercherò d'~ la mia opinione all'assemblea I'll try to express my opinion at the meeting. // ~ un conto in dollari (rag.) to state an account in dollars; ~ (qc.) in forma di rapporto (mat.) to ratio; ~ parere favorevole su to endorse: Il Parlamento europeo espresse parere favorevole su tutte le proposte trasmesse al Consiglio the European Parliament endorsed all the proposals submitted to the Council.

espropriare, v. t. ❶ (leg.) to expropriate, to dispossess. ❷ (leg.) (sfrattare) to eject, to evict, to oust. // ~ ingiustamente (leg.) to disseise, to disseize.

espropriazione, n. f. ❶ (sfratto) eviction, ejectment, ouster. ❷ (leg.) expropriation, dispossession. ❸ ~ illegale (leg.) disseisin, disseizin; ~ per pubblica utilità (econ.) compulsory purchase.

esproprio, n. m. V. espropriazione.

espulsione, n. f. ❶ expulsion. ❷ (leg.) eviction. ~ (d'un avvocato) dall'albo (leg.) disbarment.

espungere, v. t. to expunge.

essenziale, a. ❶ essential, fundamental, main, prerequisite, vital. ❷ (leg.) material. △ ❶ Le materie prime sono essenziali alla nostra economia nazionale raw materials are vital to our national economy.

essere, v. i. ❶ to be; (esistere) to exist. ❷ (ausiliare nella voce passiva) to be. ❸ (ausiliare nella voce attiva) to have. ❹ (andare) to be. ❺ (costare) to be. △ ❶ Questa è una ditta d'antiche tradizioni this is a long-established firm; Siamo in affari dal 1930 we have been doing business since 1930; ❷ La merce è già stata venduta the goods have already been sold; ❸ È appena arrivato he has just arrived; ❹ Sei mai stato a Parigi? have you ever been to Paris?; ❺ Quant'è (quanto costa)? how much is it? // per ~ un principiante, non c'è male (se la cava benino, not bad for a beginner! (per le locuzioni, vedasi sotto la prima parola significativa dopo « essere »).

est, n. m. east. // verso ~ eastward.

estate, n. f. summer.

estendere, v. t. ❶ to extend, to spread* out. ❷ (leg.) (un provvedimento, ecc.) to grant, to bestow, to give*. △ ❷ Il beneficio della pensione di vecchiaia è stato esteso a tutti i cittadini ultrasessantenni the benefit of old-age pension has been given to all citizens over 60 years of age. // ~ la propria clientela (market.) to increase the number of one's customers.

estendersi, v. rifl. ❶ to extend, to range. ❷ (propagarsi) to spread*.

estensione, n. f. ❶ extension; extent. ❷ (espansione, aumento) expansion, increase. △ ❶ Vogliamo l'~ del periodo di ferie retribuite we want an extension of our period of holidays with pay.

estensivo, a. extensive.

estensore, n. m. (leg.) writer (of a document); drafter. // ~ d'abbozzi (o bozze) di documenti (pers.) draftsman.

esteriore, a. external; outer, outside (attr.).

esterno, a. ❶ external; outer, outside, outward, out (attr.). ❷ (all'aperto) outdoor. n. m. (l')esterno (the) outside. // all'~ di outside.

estero, a. foreign, external; overseas (attr.). // all'~ abroad, overseas: La ditta è assai nota all'~ the firm is well known abroad; dall'~ from abroad; per l'~ overseas.

esteso, a. extended, extensive, long, wide. △ La nostra assicurazione ha una copertura assai estesa our insurance has a very wide coverage.

estimativo, a. (rag.) estimative.

estimo, n. m. ❶ (fin., leg.) estimate; valuation; rating. ❷ (fin., leg.) (a scopi fiscali) assessment.

estinguere, *v. t.* ❶ to extinguish. ❷ (*cred.*) (*un debito, ecc., anche*) to pay* off, to settle. ❸ (*cred., leg.*) (*un'obbligazione, ecc.*) to lift. ❹ (*fin., leg.*) (*un'ipoteca, ecc.*) to redeem. △ ❶ **Il pagamento dell'ultima rata estinguerà il debito** the payment of the last instalment will extinguish our debt; ❷ **Riuscì a ~ tutti i suoi debiti in brevissimo tempo** he succeeded in settling all his debts in a very short time. // **~ una cambiale** (*cred.*) to discharge a bill; **~ un'ipoteca** (*cred., anche*) to pay off a mortgage; **~ un prestito** (*cred.*) to pay off a loan.

estinto, *a.* ❶ dead. ❷ (*cred.*) (*di debito e sim.*) discharged, settled.

estinzione, *n. f.* ❶ extinction, extinguishment. ❷ (*cred.*) (*d'un debito, ecc.*) settlement, discharge, sinking, quietus. ❸ (*fin., leg.*) (*d'un'ipoteca, ecc.*) redemption. ❹ (*leg.*) (*d'un procedimento giudiziario*) discontinuance. // **~ d'una cambiale** (*cred.*) discharge of a bill; **~ d'un debito** (*cred.*) extinction of a debt, cancellation of a debt; **l'~ d'ipoteche** (*fin.*) the redemption of mortgages; **l'~ d'un pagherò (cambiario)** (*cred.*) the redemption of a promissory note.

estorcere, *v. t.* (*anche leg.*) to extort, to exact. △ **Gli hanno estorto molto denaro (una confessione, ecc.)** they have extorted a lot of money (a confession, etc.) from him.

estorsione, *n. f.* (*anche leg.*) extortion, exaction.
estradare, *v. t.* (*leg.*) to extradite.
estradizione, *n. f.* (*leg.*) extradition.
estragiudiziale, *a.* (*leg.*) extrajudicial.
estralegale, *a.* (*leg.*) extralegal.
estraneo, *a.* alien; outside (*attr.*). *n. m.* outsider.
estrapolare, *v. t.* (*mat.*) to extrapolate.
estrapolazione, *n. f.* (*mat.*) extrapolation.
estraprocessuale, *a.* V. **estragiudiziale**.
estrarre, *v. t.* ❶ to extract, to pull out, to draw* (out). ❷ (*minerali*) to excavate, to mine. ❸ (*fin.*) (*obbligazioni, ecc.*) to draw*. // **~ a sorte** to draw lots; «**vostri titoli estratti**» (*banca*) «your securities drawn».
estraterritoriale, *a.* extraterritorial.
estratto, *n. m.* ❶ (*di carne, ecc.*) extract. ❷ (*riassunto*) abstract, summary. ❸ (*fin.*) drawn ticket. ❹ (*giorn.*) (*d'articolo, di rivista, ecc.*) off-print, separate. ❺ (*leg.*) estreat. ❻ (*leg.*) (*memoriale*) memorial. △ ❹ **Estratti e ristampe di questo articolo saranno inviati a tutti gli abbonati** separates and reprints of the article will be sent to all subscribers. // **~ conto** (*banca*) abstract of account, bank statement; (*rag.*) statement of account; **~ conto settimanale della Banca d'Inghilterra** (*fin.*) Bank return; **~ d'atto di nascita** (*amm.*) birth certificate; **~ di certificato di proprietà** (*leg.*) abstract of title; **un ~ (di) conto mensile** (*rag.*) a monthly statement of account; **~ di documento** (*leg.*) abstract; **~ di sentenza** (*o d'altro provvedimento*) (*leg.*) docket; **~ di verbale** abstract of record; **~ periodico** (*banca*) periodical statement.

estrazione, *n. f.* ❶ extraction. ❷ (*di minerale*) excavating; mining. ❸ (*a sorte*) drawing. // **l'~ del carbone** coal-mining; **con ~ (o ~ compresa)** (*Borsa*) «cum» drawing.

estremamente, *avv.* extremely, exceedingly, highly. △ **Fummo ~ colpiti dalla loro competenza** we were exceedingly struck by their competence.

estremi, *n. pl.* ❶ (*leg.*) data; particulars; details. ❷ (*mat.*) extremes.

estremità, *n. f. inv.* ❶ extremity. ❷ (*parte estrema*) end, tail. ❸ (*punta*) point, tip.

estremo, *a.* ❶ extreme, exceeding. ❷ (*il più lontano*) furthermost, farthest. ❸ (*il più esterno*) outermost, terminal. // **l'~ disordine della situazione contabile** (*rag.*) the exceeding disorder of the accounts.

estrinseco, *a.* extrinsic.
estromettere, *v. t.* ❶ to expel; to oust. ❷ (*Borsa di Londra*) (*un agente di cambio o un «jobber»*) to hammer.
esule, *n. m.* exile, refugee.
età, *n. f. inv.* age. // **~ che dà diritto al voto** (*leg.*) voting age; **~ legale** (*per compiere taluni atti regolati dalla legge*) (*leg.*) lawful age; **~ maggiore** (*leg.*) full age; **~ media** (*stat.*) average age; **~ minore** (*leg.*) minority, nonage; **~ pensionabile** (*pers., rag.*) pensionable age.
eterogeneo, *a.* heterogeneous, miscellaneous.
eteroschedastico, *a.* (*stat.*) heteroscedastic.
etica legale, *n. f.* (*leg.*) legal ethics.
etichetta, *n. f.* ❶ (*cartellino*) ticket. ❷ (*market.*) label, tag, sticker. // **~ con indirizzo** address label; **~ da valigia** (*trasp.*) luggage label; **~ del prezzo** (*market.*) price tag.
etichettare, *v. t.* (*market.*) to label.
etichettatura, *n. f.* (*market.*) labelling, labeling.
ettaro, *n. m.* hectare.
ettogrammo, *n. m.* hectogramme, hectogram.
ettolitro, *n. m.* hectolitre; hectoliter (*USA*).
ettometro, *n. m.* hectometre; hectometer (*USA*).
euroassegno, *n. m.* V. «**eurocheque**».
euroazione, *n. f.* (*fin.*) euroequity.
«**eurocheque**», *n. m.* (*fin.*) eurocheque.
eurocompensazione, *n. f.* (*fin.*) Euro-clear. △ **L'~ è un sistema di compensazione di euro-obbligazioni con sede a Bruxelles** Euro-clear is a Brussels-based bond-clearing system.
eurocrate, *n. m.* e *f.* eurocrat.
eurodivisa, *n. f.* (*fin.*) eurocurrency. △ **Il mercato delle eurodivise per le operazioni a breve termine è alquanto fiacco** the eurocurrency market for short-term transactions is rather dull.
eurodollaro, *n. m.* (*fin.*) eurodollar.
euroemissione, *n. f.* (*fin.*) eurobond. △ **Il mercato delle euroemissioni per le operazioni a lungo termine è ancora abbastanza vivace** the eurobond market for long-term transactions is still rather lively.
eurofiorino, *n. m.* (*fin.*) euroflorin.
eurofusione, *n. f.* (*fin.*) euromerger.
euromercato, *n. m.* (*fin.*) euromarket.
euronorme, *n. pl.* euronorms.
euro-obbligazione, *n. f.* (*fin.*) euro-bond.
Europa, *n. f.* Europe. // **l'~ dei Dieci** the enlarged Common Market.
europeo, *a.* e *n. m.* European.
evadere, *v. i.* ❶ (*dal carcere*) to escape. ❷ (*fin.*) to evade (*o* to dodge) taxes. *v. t.* ❶ (*amm.*) (*eseguire, sbrigare*) to dispatch, to settle. ❷ (*comm.*) (*eseguire: un ordine*) to execute, to carry out, to fill. ❸ (*comun.*) (*la corrispondenza*) to clear. ❹ (*fin., leg.*) (*sottrarsi: al fisco*) to evade, to dodge. △ *v. t.* ❶ **Ho evaso un affare importante** I have dispatched an important business affair; **Ho ancora molte pratiche da ~** I still have a lot of questions to settle; ❷ **Ricordatevi di ~ la nostra ordinazione al più presto** don't forget to execute our order as soon as possible; ❸ **Hai evaso la corrispondenza dell'azienda?** have you cleared the correspondence of the firm?; ❹ **Ha evaso l'imposta sul reddito** he has evaded his income tax; **Si può facilmente riuscire a ~ il fisco mediante accordi di concentrazione di aziende** it is quite possible to dodge taxation by means of merger agreements.

evasione, n. f. ❶ (dal carcere) escape. ❷ (comm.) (d'un'ordinazione) execution, carrying-out, filling. ❸ (comun.) (della corrispondenza) clearing. ❹ (fin., leg.) evasion. // ~ **fiscale** (fin.) tax evasion, tax dodging: Questo è il sistema ideale per tenere a freno l'~ fiscale that's the ideal system for curbing tax evasion; dare ~ a un'ordinazione to carry out (o to execute, to fill) an order.

evasore, n. m. (fin., leg.) evader, dodger. // ~ **fiscale** (fin., leg.) tax evader, tax dodger: La nuova legge renderà la vita difficile agli evasori fiscali the new law will make life difficult for tax evaders; essere un ~ (fiscale) (fin., leg.) to evade taxes, to dodge taxes.

evenienza, n. f. circumstance, contingency, occurrence. △ Nell'attuale situazione internazionale si deve essere pronti per ogni ~ in the present international situation one must be ready for any contingency. // in ogni ~ in any case.

evento, n. m. event, happening. // ~ **critico** (ric. op.) critical event; ~ **fortuito** (leg.) fortuitous event.

eventuale, a. ❶ (possibile) possible; eventual (raro). ❷ (probabile) probable, prospective. ❸ (contingente) contingent. ❹ (accidentale) accidental, fortuitous. △ ❶ Lo consideriamo un nostro ~ cliente we consider him as a prospective customer of ours. // « **eventuali e varie** » (rag.) « any other business ».

eventualità, n. f. inv. ❶ eventuality, possibility. ❷ (probabilità) probability. ❸ (circostanza) circumstance, contingency. // in ogni ~ at all events.

eventualmente, avv. ❶ possibly. ❷ (occasionalmente) occasionally, contingently.

evidente, a. evident, apparent, clear, obvious.

evidenza, n. f. ❶ evidence, appearance, obviousness. ❷ (enfasi) emphasis*. ❸ (amm.) evidence, proof. // secondo ogni ~ by (o to) all appearance(s).

evidenziare, v. t. to emphasize, to underline. △ La debolezza dei Paesi europei fu evidenziata quando gli Stati produttori di petrolio minacciarono di bloccare le forniture Europe's weakness was underlined when the oil-producing Countries threatened to block their supplies.

evincere, v. t. (leg.) (una proprietà mediante un processo) to evict.

evitabile, a. avoidable.

evitare, v. t. ❶ to avoid. ❷ (prevenire) to prevent. ❸ (fin.) to avoid. △ ❶ La nave riuscì a ~ la collisione all'ultimo momento the ship succeeded in avoiding the collision at the last moment; ❷ È riuscito a ~ il pagamento delle tasse he has been able to avoid taxation. // l'~ avoidance; ~ **un creditore** to evade a creditor; ~ **di ricorrere alla Banca (d'Inghilterra) per prestiti** (banca, ingl.) (dicesi delle banche commerciali e degli istituti di sconto) to keep out of the Bank; ~ **un incidente** to avoid an accident; ~ **una punizione** to escape a punishment; ~ **le spese** (rag.) to save expenses.

evizione, n. f. (leg.) (d'una proprietà mediante un processo) eviction.

evoluzione, n. f. ❶ evolution, progress. ❷ (sviluppo) development. ❸ (tendenza) tendency, trend. △ ❶ L'~ delle forme capitalistiche d'organizzazione commerciale è stata assai lunga the evolution of the capitalist forms of business organization has been a long one; ❷ L'~ delle finanze dello Stato mostra un netto squilibrio there is a distinct lack of balance in the development of the national budget; Questo miglioramento fu dovuto in gran parte all'~ della bilancia delle operazioni correnti della Germania ovest, ove le importazioni e le esportazioni hanno accusato rispettivamente un forte rallentamento e un rapido sviluppo this improvement was mainly due to developments in the current account of the Federal Republic of Germany, where imports slowed down sharply while exports were expanding rapidly; ❸ È proseguita l'~ favorevole degli scambi nel settore dei prodotti lattiero-caseari the favourable trend of trade in the milk products sector was maintained; L'espansione abbastanza vivace è da attribuirsi in gran parte all'~ più dinamica della produzione nell'industria tessile, che ha segnato un aumento del 10% the fairly lively expansion was largely due to the more dynamic trend of production in the textile industry, which increased by some 10%. // l'~ **congiunturale** (econ.) the trend of activity; ~ **dei prezzi** (econ.) price trends; l'~ **dei prezzi al consumo** (econ., market.) retail-price trend; ~ **della congiuntura** (econ.) economic trends, business trends: Le nette differenze nei tassi d'incremento esistenti fra un Paese e l'altro sono dovute alla diversa ~ della congiuntura nei vari Paesi the appreciable divergencies in growth rates from Country to Country are attributable to the differing economic trends in the various Countries; L'anno scorso ci sono state nette divergenze da un Paese all'altro nell'~ della congiuntura, nonostante i sensibili progressi compiuti nell'interpenetrazione dei mercati degli Stati Membri business trends varied from Country to Country last year despite the appreciable progress made in the interpenetration of the Member Countries' markets; l'~ **dell'occupazione** (econ.) the employment trend; ~ **dell'offerta e della domanda** (econ.) supply and demand trends; l'~ **della posizione concorrenziale** (econ.) the trend of competitiveness.

ex, prep. ❶ ex, former, late. ❷ (se riferito a defunto) late. // ~ **cedola** (Borsa) (di titolo) ex coupon, ex dividend; l'~ **marito** (di divorziata) her former husband; (di vedova) her late husband; l'~ **presidente** (fin.) the ex president; l'~ **Primo Ministro** the former (o late) Prime Minister; il nostro ~ **socio** (fin.) our late partner.

extra, prep. extra, plus. a. extra. n. m. inv. ❶ extra, plus. ❷ (pers.) extra; additional worker. △ a. Il servizio qui è ~ **rapido** service is extra rapid here; n. ❶ In questo appartamento ammobiliato, il servizio è un ~ service is extra in this furnished flat; Come ~, si può avere la televisione in ogni camera dell'albergo television is available in each of the hotel rooms as an extra; Quel guadagno fu un ~ che non ci si aspettava that profit was an unexpected plus.

extraeuropeo, a. extra-European.

extragiudiziale, a. V. estragiudiziale.

F

fabbisogno, *n. m.* requirement, requisite, need (*tutti anche al pl.*). △ **La produzione non è sufficiente a soddisfare il ~ automobilistico** production is not sufficient to satisfy the requirement of automobiles.

fabbrica, *n. f.* factory, manufactory; (*stabilimento*) establishment; (*impianto*) plant; mill, works (*specialm. nei composti*). // **~ di mattoni** brick-works; **~ in cui il sindacato rappresenta gli interessi anche dei lavoratori non iscritti** (*dai quali percepisce l'equivalente dei contributi sindacali mediante trattenuta sul salario*) (*sind.*, *USA*) agency shop; **essere in ~** (*pers.*) to be at the works; **operaio di ~** factory worker, mill-hand.

fabbricante, *n. m. e f.* manufacturer, maker; (*costruttore*) builder; (*industriale*) industrialist. // **~ di birra** brewer; **~ di capi d'abbigliamento** (*market.*) maker-up; **~ di stoffe** clothier.

fabbricare, *v. t.* ❶ to manufacture, to make*. ❷ (*costruire*) to build*. ❸ (*la birra e altre bevande fermentate*) to brew. △ ❶ **Quella ditta fabbrica 5.000 auto al giorno** that firm manufactures 5,000 cars a day; **Fabbrichiamo calzature da più di cento anni** we have been making shoes for over a hundred years. // **chi fabbrica per conto altrui** commission manufacturer.

fabbricato[1], *a.* ❶ manufactured, made. ❷ (*costruito*) built. // **~ a macchina** (*market.*) machine-made; **~ a mano** (*market.*) handmade; **~ in Giappone** (*market.*) made in Japan; **~ su brevetto** (*leg.*) patent (*attr.*).

fabbricato[2], *n. m.* ❶ building. ❷ (*casa*) house. ❸ **fabbricati**, *pl.* (*anche*) premises. // **~ annesso** outbuilding.

fabbricazione, *n. f.* ❶ manufacture, manufacturing, making, make. ❷ (*costruzione*) building. △ ❶ **Questa azienda si occupa della ~ di materie plastiche** this business is engaged in the manufacture of plastic materials; **C'è stato un errore di ~ del prodotto** there has been an error in the making of the product; **Questo articolo è di ~ italiana** this article is of Italian make. // **~ all'ingrosso** (*org. az.*) wholesale manufacture; **~ del burro** butter-making; **~ in serie** (*org. az.*) mass-production.

faccenda, *n. f.* matter, thing. △ **Vi informeremo presto su tutta la ~** we shall soon let you know about the whole matter; **Ho molte faccende da sbrigare** I have a lot of things to do. // **~ arretrata, di poca importanza** loose end; **~ controversa** contentious matter.

facchinaggio, *n. m.* (*trasp.*) porterage.

facchino, *n. m.* ❶ (*trasp.*) porter. ❷ (*trasp.*) (*al mercato della carne di Londra*) bummaree (*slang*).

faccia, *n. f.* (*anche fig.*) face. // **di ~** in front of, opposite: **Sto nell'albergo di ~ alla stazione** I am staying at the hotel in front of the station.

facente, *part. pres.* (*nelle seguenti locuz.*) **~ funzione** (*n. m. e f.*) (*leg., org. az.*) locum tenens; (*pers.*) deputy; **~ funzione di** (*a.*) acting, pro-; **~ funzione di cassiere** pro-treasurer; **~ funzione di console** pro-consul; **~ funzione di direttore** (*pers.*) acting manager, alternate manager; **~ funzione di vice cancelliere** pro-vice-chancellor.

facile, *a.* easy; soft (*fam.*).

facilità, *n. f.* ❶ facility, easiness, ease. ❷ (*attitudine*) aptitude. △ ❶ **La ~ del credito tende a promuovere gli acquisti** credit ease tends to promote buying; ❷ **Ha ~ per le lingue straniere** he has an aptitude for foreign languages. // **la ~ del denaro** (*fin.*) the easiness of money.

facilitare, *v. t.* to facilitate, to make* easy (*o* easier); to expedite.

facilitazione, *n. f.* ❶ facilitation. ❷ (*agevolazione*) facility, accommodation, concession. // **facilitazioni alle associazioni d'esportatori** concessions to exporters' associations; **facilitazioni di credito** (*fin.*) credit accommodations, credit facilities; **facilitazioni di pagamento** (*cred.*) facilities of payment, accommodations for payment, payment accommodations; **facilitazioni fiscali e creditizie** (*fin.*) tax and credit inducements; **facilitazioni per gli abbonati** (*giorn.*) special terms for subscribers.

facoltà, *n. f. inv.* ❶ (*mentale, ecc.*) faculty. ❷ (*autorità, potere*) authority, power. ❸ (*capacità*) capability. ❹ (*di decidere, ecc.*) discretion. ❺ (*permesso*) leave. ❻ (*diritto*) right. △ ❷ **Soltanto il tesoriere ha la ~ di effettuare pagamenti** only the treasurer has authority to make payments; ❺ **Il capitano ha ~ d'entrare in porti diversi** the captain has leave to enter different ports; ❻ **Ho la ~ d'accettare o rifiutare l'offerta** I have the right to accept or refuse the offer. // **~ di scelta** option; **facoltà mentali** (*leg.*) mental powers; **~ universitaria** faculty; school, college (*USA*).

facoltativo, *a.* facultative, optional.

facsimile, *n. m.* facsimile, specimen. // **il ~ d'una firma** (*banca*) the specimen of a signature; **~ di firma** (*leg.*) facsimile signature.

«factoring», *n. m.* (*fin., USA*) factoring. △ **Il ~ è un moderno e razionale sistema d'intervento nelle vicende commerciali e finanziarie d'un'azienda** factoring is a modern and rational system for assisting a company's commercial and financial operations; **In pratica il ~ si attua con la cessione dei crediti commerciali alla compagnia di «factoring», la quale li contabilizza, li anticipa, li incassa, tenendo generalmente a proprio carico il rischio dell'insolvenza del debitore** factoring amounts to the turning of trade receivables over to the factoring company which in turn takes them over, advances against them and collects them, usually accepting the risk of a debtor's insolvency.

factotum, *n. m. inv.* (*pers.*) factotum, handyman*, man* Friday.

falla, *n. f.* (*trasp. mar.*) leak. △ **C'è una ~ nella chiglia** (*della nave*) there is a leak in the hull; **La nave aveva una brutta ~** the ship was leaking badly.

fallimento, *n. m.* ❶ failure; shipwreck (*fig.*). ❷ (*econ., fin.*) smash, crash. ❸ (*leg.*) bankruptcy; failure (*meno comune*). △ ❶ **Tutti i miei sforzi finirono in un ~** all my efforts ended in failure; **Il «vertice» fra i rappresentanti del sindacato degli operai e la dire-**

zione è stato un ~ the union-management summit ended in shipwreck; ❷ Il ~ di quella società li mandò in rovina the crash of that company ruined them; ❸ Il ~ è lo stato d'un debitore che è stato dichiarato, mediante procedimento giudiziario, incapace di far fronte ai suoi obblighi bankruptcy is the status of a debtor who has been declared by judicial process to be unable to pay his debts; In Italia, il ~ può essere dichiarato soltanto nei casi in cui ci sia insolvenza, ma è sufficiente un debito di qualsiasi entità in Italy, bankruptcy can be declared only where there is insolvency, but any amount of debt is sufficient; Il ~ della loro società fu un vero e proprio terremoto finanziario per tutta la regione the failure of their company was a real financial earthquake for the whole district. // ~ dichiarato su istanza dei creditori (leg.) involuntary bankruptcy; ~ su istanza del fallito (leg.) voluntary bankruptcy.

fallire, v. i. ❶ to fail. ❷ (econ., fin.) to smash, to smash up, to crash. ❸ (leg.) to become* bankrupt, to go* bankrupt, to be declared bankrupt; to fail, to break*. △ ❶ Tutti i miei progetti sono falliti all my plans have failed; ❷ Decine di ditte fallirono durante la depressione tens of firms smashed during the slump; ❸ Secondo la legge italiana, possono ~ anche le società, non solo le persone fisiche according to Italian law, not only individuals but also companies can be declared bankrupt; Quando la banca fallì, molti commercianti andarono in rovina when the bank failed (o broke), lots of merchants were ruined. // ~ il colpo (anche fig.) to miss the mark.

fallito, a. ❶ unsuccessful. ❷ (finanziariamente) broke, stony-broke. ❸ (leg.) bankrupt. n. m. ❶ unsuccessful man*; failure. ❷ (leg.) bankrupt. △ a. ❸ In Inghilterra, un debitore può essere insolvente senza per questo essere dichiarato ~ in England, a debtor may be insolvent without being a bankrupt; n. ❶ Come avvocato è un ~ as a lawyer he is a failure; ❷ Il ~ fu riabilitato dal tribunale the bankrupt was discharged by the Court. // ~ non riabilitato (leg.) undischarged bankrupt; ~ riabilitato (leg.) discharged bankrupt.

fallo, n. m. ❶ fail, fault. ❷ (errore) error, mistake. // senza ~ without fail.

falò, n. m. beacon fire.

falsare, v. t. ❶ to distort, to alter. ❷ (leg.) (falsificare) to falsify, to forge. △ ❶ Cercano di eliminare le disposizioni che falsano le condizioni di concorrenza they are trying to eliminate measures likely to distort conditions of competition. // ~ i conti d'un'impresa to salt the books of a business.

falsario, n. m. ❶ (di monete metalliche) coiner. ❷ (leg.) falsifier, counterfeiter, forger.

falsificare, v. t. ❶ to falsify, to feign; to tamper (with st.). ❷ (leg.) (banconote, firme, ecc.) to counterfeit, to forge. ❸ (leg.) (sofisticare) to sophisticate, to adulterate. // ~ una banconota (leg.) to forge a banknote; ~ documenti (leg.) to falsify documents, to tamper with documents; ~ un documento (leg., anche) to feign a document; ~ una firma (leg.) to counterfeit a signature, to falsify a signature; ~ la moneta (leg., anche) to adulterate the coinage; ~ i risultati (leg.) to falsify the results; ~ un testamento (leg.) to forge a will.

falsificato, a. ❶ false. ❷ (leg.) counterfeit. ❸ (leg.) (sofisticato) sophisticated, adulterated.

falsificatore, n. m. ❶ (leg.) falsifier, tamperer. ❷ (leg.) (di banconote, firme, ecc.) counterfeiter, forger.

falsificazione, n. f. ❶ falsification. ❷ (leg.) (di banconote, firme, ecc.) counterfeiting, counterfeit, forgery. ❸ (leg.) (sofisticazione) sophistication, adulteration. // ~ della moneta (leg., anche) adulteration of the coinage; ~ delle scritture contabili (leg.) falsification of accounts; ~ di sigilli (leg.) forgery of seals.

falso[1], a. ❶ false, untrue; bogus, dummy, dud (fam.). ❷ (fittizio) fictitious, flash. ❸ (market.) (d'imitazione) imitation, sham, mock (attr.). △ ❶ Non voglio dargli una falsa impressione I don't want to give him a false impression; Prestò una falsa testimonianza he gave a false witness; Il loro reclamo presentava una falsa dichiarazione their claim contained an untrue statement. // falsa dichiarazione (leg.) false statement; falsa dichiarazione giurata (leg.) perjury; ~ giuramento (leg.) false oath; falsa testimonianza (leg.) perjury.

falso[2], n. m. ❶ (falsità) falsehood. ❷ (leg.) forgery. ❸ (market.) imitation.

fama, n. f. ❶ fame, renown. ❷ (reputazione) reputation, repute, name.

fame, n. f. ❶ hunger. ❷ (inedia) starvation.

famiglia, n. f. family, household. // le famiglie degli impiegati (pers.) the white-collar families: L'indice dei prezzi al consumo per le famiglie degli impiegati e quelle degli operai una volta veniva chiamato l'indice del costo della vita the index of white- and blue-collar families' expenditures used to be called the cost of living index.

familiare, a. familiar; family, home (attr.). n. f. (trasp. aut.) station wagon, wagon.

familiarizzarsi, v. rifl. ❶ to become* familiar (with sb.). ❷ to acquaint oneself (with st.).

famoso, a. famous, renowned. △ Ha trovato lavoro presso una delle più famose ditte europee he has found a job with one of the most renowned firms in Europe.

fanale, n. m. ❶ lamp. ❷ (trasp. mar., anche) light. // ~ da segnali (trasp. mar.) signal lamp; ~ di coda (trasp.) tail-light; fanali di via (trasp. mar.) navigation lights.

fare, v. t. ❶ (agire, e in senso astratto) to do*. ❷ (costruire, fabbricare, confezionare, manipolare, ecc.) to make*. ❸ (agire) to act. ❹ (eseguire) to execute, to carry out, to perform. ❺ (nominare) to make*. ❻ (percorrere) (a piedi) to go*; (in auto) to drive*. ❼ (seguito da un infinito con valore causativo) (con senso attivo) to make* (in genere, o con costrizione); to get* (convincere); to let* (consentire, permettere); to cause (causare); (con senso passivo) to get*, to have. v. i. ❶ (essere) to be. ❷ (essere adatto) to suit. △ v. t. ❶ Che cosa fa per vivere? what does he do for a living?; Che mestiere fa? what does he do for a living?; Che cosa stai facendo? what are you doing?; Faremo del nostro meglio we shall do our best; Credo di ~ il mio dovere I believe I am doing my duty; ❷ Che cosa fanno in quello stabilimento? what do they make in that factory?; Ha fatto un mucchio di quattrini he has made a lot of money; Hai fatto un grave errore you've made a big mistake; Ha fatto una scoperta importante he has made an important discovery; ❸ Non so proprio perché faccia così I really don't know why he acts like that; ❹ Fa sempre i suoi doveri in modo inappuntabile he always performs his tasks to my full satisfaction; ❺ L'hanno fatto presidente (della società) they have made him chairman; ❻ Abbiamo fatto molta strada we have gone a long way; Avevamo fatto appena dieci chilometri quando la macchina si guastò we had only been driving for ten kilometres when the car broke down; ❼ Glielo farò

~ **a ogni costo** I'll make him do it at any cost; **Gliela farò pagare** I'll make him pay for it; **Fallo partecipare alla riunione** get him to come to the meeting; **Fallo entrare** let him come in; **Fatemi avere vostre notizie al più presto** let me hear from you as soon as possible; **È stata una bomba che ha fatto cadere il DC 10** it was a bomb that caused the DC 10 to crash; **Fallo riparare subito dal meccanico** get it repaired at once by the mechanic; **Devi ~ tradurre questa lettera** you must have this letter translated; **Lo feci ~ in oro** I had it made in gold; *v. i.* ❶ **Fa molto caldo oggi** it is very hot today; **Otto più otto fa sedici** eight and eight is sixteen; ❷ **Sarà forse un buon posto, ma non fa per lui** maybe it's a good job, but it doesn't suit him. // ~ **a macchina** to make by machine, to machine; ~ **a mano** to make by hand; ~ **a meno di qc.** to do without st., to dispense with st.; (*rinunciare a*) to waive st.: **Stiamo limitando la produzione delle merci di cui possiamo ~ a meno** we are limiting the production of goods that we could do without; **Stiamo compiendo un'analisi della produzione per vedere di quanti uomini e posti potremmo ~ a meno** we are making an analysis of production to see how many men and jobs could be dispensed with; ~ **a metà** (*comm.*) to split the difference, to go halves; ~ **a mezzo** (*comm.*) *V.* ~ **a metà**; ~ **a scaricabarile** (*fam.*) to shift the responsibility; to pass the buck (*fam.*); ~ **acqua** (*trasp. mar.*) (*di nave*) to leak; ~ **acquisti** (*market.*) to make purchases, to do one's shopping; to market, to trade: **Quando sono in città faccio i miei acquisti in questo negozio** I trade at this shop when I am in town; ~ **l'addetto stampa** (*giorn., pubbl.*) to press-agent; ~ **l'affare** to do the business; ~ **un affare** to make (*o* to strike) a bargain; ~ **affari** to do business, to transact business, to deal, to trade, to merchandise; ~ **affari con** (*q.*) to deal with, to trade with, to handle: **È difficile ~ affari con quel cliente** that's a difficult customer to deal with; **Faccio affari soltanto con persone che conosco da tempo** I only trade with people I have known for a long time; ~ **affari d'oro** to drive a roaring trade; ~ **affidamento su** to count upon, to rely on; ~ **l'agente pubblicitario** (*giorn., pubbl.*) to press-agent; ~ **aggio** (*Borsa*) to be above par; ~ **aggiunte a qc.** to supplement st.; ~ **l'agricoltore** to farm; ~ **ammenda di qc.** to make amends for st.; ~ **andare** (*un giornale*) **in macchina** (*giorn.*) to machine; ~ **una annotazione di** (*qc.*) (*org. az., fam.*) to memo; ~ **annotazioni in margine di** (*una pagina, ecc.*) to margin; ~ **apparire** (*qc.*) **più attraente** (*o* **più conveniente**) to window-dress (*fig.*): **Che cosa possiamo ~ per ~ apparire più attraente questa emissione obbligazionaria?** what can we do in order to window-dress this bond issue?; ~ **l'appello** (*pers.*) to call the roll; ~ **appello a** to make appeal to, to appeal to, to call on; (*leg.*) to appeal to: **Il Governo fece appello al credito pubblico** the Government appealed to public credit; ~ **appello a una garanzia** (*leg.*) to call on a guarantee; ~ **l'apprendistato presso q.** (*pers.*) to serve one's apprenticeship with sb.; ~ **approvare** (*una legge*) **con manovre di corridoio** to lobby (*USA*); ~ **arenare** (*trasp. mar.*) to beach, to ground: **Fecero arenare la nave per evitare la perdita totale** they beached the ship in order to avoid total loss; ~ **assegnamento su** to count on, to depend on, to trust; ~ **un'assicurazione** (*stipularla*) (*ass.*) to take out an insurance; ~ **un'assicurazione sulla vita** to assure one's life; ~ **attenzione** (*stare attento*) to pay attention; to be attentive; « ~ **attenzione** » (*scritto su una cassa, ecc.*) « handle with care », « with care »; ~ **attenzione a** (*badare*) to take care of, to note; ~ **aumentare** (*prezzi, quotazioni, ecc.*) (*fin., market.*) to force up, to send up, to up: **La crisi energetica ha fatto aumentare tutti i prezzi** the energy crisis has forced up all prices; ~ **aumentare** (*qc.*) **al massimo** to peak; ~ **avanzare** (*nella carriera*) (*pers.*) to promote, to advance; ~ **il bagarinaggio** to scalp (*USA*); ~ **bancarotta** (*econ., fin.*) to smash, to crash; (*leg.*) to go (*o* to become) bankrupt; ~ **la bella copia di** (*un documento*) to fair; ~ **benzina** (*trasp. aut.*) to put petrol into one's tank; to gas up (*USA*); ~ **il bilancio** (*rag.*) to strike a balance; ~ **il bilancio dei libri contabili per l'anno d'esercizio** (*rag.*) to balance the books for the year; ~ **una breve visita a q.** to call on sb.; ~ **un buon affare** to make a good bargain, to drive a good bargain, to pick up a bargain, to strike a bargain; ~ **una buona** (**una cattiva**) **impressione a q.** to impress sb. favourably (unfavourably); ~ **calare** (*prezzi, quotazioni, ecc.*) (*market.*) to force down, to bring down, to send down, to decrease: **L'abolizione dei dazi doganali fece calare il prezzo della gomma** the abolition of customs duties brought down the price of rubber; ~ **calcoli** (*mat.*) to calculate, to figure; ~ **cambiar rotta a una nave** (*trasp. mar.*) to haul a ship; ~ **il cambusiere** (*trasp. mar.*) to steward; ~ **carbone** (*trasp. mar.*) to coal, to take in coal; ~ **il carico** (*trasp. mar.*) to load; ~ **causa** (*leg.*) to complain, to take legal steps; ~ **causa a q.** (*leg.*) to bring an action against sb., to file a suit against sb., to prosecute sb.; ~ **un censimento** (*stat.*) to take a census; ~ **una cessione** (*leg.*) to make a transfer; ~ **cinque copie di** (*un documento*) to quintuplicate; ~ **circolare** to circulate; (*una notizia, ecc., anche*) to send round, to send out; ~ **circolare capitali** (*fin.*) to circulate capital; ~ **la coda** to queue, to queue up; ~ **un colpo in Borsa** (*Borsa*) to bring off a coup on the stock exchange; ~ **qc. come si deve** to do st. the proper way; ~ **commenti su qc.** to comment on st.: **Mr Brown farà anche i suoi commenti sulla situazione monetaria in Europa** Mr Brown will also comment on the monetary situation in Europe; ~ **il commercio costiero** (*trasp. mar.*) to coast; ~ **il commesso viaggiatore** (*pers.*) to travel; ~ **compere** (*market.*) *V.* ~ **acquisti**; ~ **un concordato** (*leg.*) to compound; ~ **concorrenza** to compete; ~ **concorrenza a** (*qc. o q.*) to compete with: **Si deve impedire che le merci estere facciano concorrenza ai prodotti nazionali** foreign goods should be prevented from competing with home products; ~ **la conoscenza di q.** to meet sb., to get acquainted with sb.; ~ **conoscere qc.** to make st. known, to introduce st.; ~ **una consegna** (*market.*) to make (*o* to effect) a delivery; ~ **conti** (*mat.*) to calculate, to count, to cast; ~ **il conto alla rovescia** (*org. az.*) to count down; ~ **il contrabbandiere** (*leg.*) to smuggle; ~ **il contrabbando** (*leg.*) to smuggle; ~ **la contravvenzione a q.** (*leg.*) to fine sb.; ~ **un controllo di cassa** (*rag.*) to audit the cash in hand; ~ **una copia autentica** (*o* **conforme**) **di** (*un documento*) (*leg.*) to exemplify; ~ **una copia di** (*un documento, ecc.*) to make a copy of; (*leg.*) to estreat; ~ **una copia di** (*un documento e sim.*) **mediante un processo meccanico** (*o* **fotomeccanico**) (*rag.*) to process; ~ **una copia fotostatica di** (*documenti, ecc.*) to photostat; ~ **una correzione** (*rag.*) to make an alteration; ~ **una cortesia a q.** to oblige sb.; ~ **credito** (*cred.*) to give credit, to trust; ~ **credito a q.** to trust sb.: **Ho bisogno d'un abito nuovo, ma non so se il sarto mi farà di nuovo credito** I need a new suit, but I don't know whether my tailor will trust me again; ~ **crescere** to grow; (*fin., market.*) (*far aumentare: prezzi, ecc.*) to force up, to bring up, to send up; ~ **una**

crociera (*trasp. mar.*) to cruise; ~ **crollare** (*prezzi, quotazioni e sim.*) (*fin., market.*) to pull down: **Il panico ha fatto crollare le quotazioni azionarie** the panic has pulled stock prices down; ~ **la cronaca completa di qc.** (*giorn.*) to cover st.: **Il cronista fece per esteso la cronaca dei disordini** the reporter covered the riots; ~ **la cronaca di qc.** to report st.; ~ **il cronista** (*giorn.*) to report: **Fa il cronista per « La Stampa » dalla fine della guerra** he has been reporting for « La Stampa » since the end of the war; ~ **il crumiro** (*sind.*) to scab; ~ **da arbitro** (*leg., sind.*) to arbitrate; to umpire: **Ho fatto da arbitro tra le parti in causa** I have arbitrated between the parties to the suit; **Mi fu chiesto di ~ da arbitro fra i datori di lavoro e i loro dipendenti** I was asked to arbitrate between the employers and their workers; **È stato nominato a ~ da arbitro nelle vertenze sindacali** he has been appointed to umpire in labour disputes; ~ **da arbitro in** (*una lite, ecc.*) (*leg.*) to judge; ~ **da intermediario** to mediate; ~ **da mallevadore a** (*q.*) (*cred., fin.*) to guarantee; (*leg.*) to sponsor; ~ **da mediatore** to mediate; ~ **da testimone** (*leg.*) to witness; ~ **debiti** to incur debts; ~ **decorrere le controstallie** (*trasp. mar.*) to attach demurrage; ~ **del proprio meglio** to do one's best, to do st. to the best of one's ability; ~ **dello strozzinaggio** (*cred.*) to loan-shark; ~ **denaro a palate** to coin money (*fig.*); ~ **la denuncia alle Autorità Portuali** (*trasp. mar.*) to report to the Port Authorities; ~ **una denuncia dettagliata dei (propri) redditi** (*fin.*) to return the details of one's income; ~ **deragliare** (*trasp. ferr.*) to derail; ~ **il designer** (*pers.*) to design; ~ **deviare** to deviate; (*stat.*) to skew; ~ **di conto** (*mat., rag.*) to reckon, to figure; ~ **la dichiarazione dei redditi** (*fin.*) to make a return of one's income; ~ **dichiarazione d'entrata** (*trasp. mar.*) to enter inwards; ~ **dichiarazione d'uscita** (*trasp. mar.*) to enter outwards; ~ **una dichiarazione erronea** (*o* **falsa**) (*leg.*) to misrepresent: **Egli fa una dichiarazione falsa quando dice che i libri contabili erano aggiornati** he misrepresents when he says that the firm's books were up-to-date; ~ **una dichiarazione giurata** (*leg.*) to swear an affidavit; ~ **una dichiarazione in dogana** (*dog.*) to pass a customs entry; ~ **difetto** to be lacking; ~ **differenza fra** to discriminate; ~ **una digressione** to make a digression, to deviate; ~ **dimettere** (*amm., pers.*) to retire, to dismiss; ~ **diminuire** (*i profitti di q. o qc.*) (*econ.*) to squeeze; (*market.*) (*prezzi, ecc.*) to drive down: **Il costo crescente dell'acciaio fa diminuire gli utili dei fabbricanti d'automobili** the climbing cost of steel squeezes the profits of car manufacturers; ~ **una distribuzione** (*d'azioni, ecc.*) (*fin., leg.*) to make an allotment; ~ **diverse copie** (*di una lettera, un documento, ecc.*) **col poligrafo** (*giorn., pubbl.*) to manifold; ~ **una domanda** (*orale*) to ask a question; (*scritta*) to make (*o* to submit) an application; ~ **domanda di rappresentanza** to apply for an agency; ~ **domanda per un impiego (per una borsa di studio, ecc.)** to apply for a job (for a scholarship, etc.); ~ **domande a q.** to ask sb. questions, to question sb.; ~ **il doppio gioco con q.** to double-cross sb.; ~ **il proprio dovere** to do one's duty; ~ **economia** (*o* **economie**) to save, to save up, to economize, to draw in, to retrench; to tighten one's belt (*fam.*): **Dovremo ~ economia per alcuni mesi** we shall have to draw in for a few months; ~ **emigrare** (*econ.*) to emigrate; ~ **entrare** (*una nave*) **in bacino** (*trasp. mar.*) to dock; ~ **l'entrata in dogana d'una nave** (*dog.*) to clear a ship inwards; ~ **l'esercente** (*market.*) to be a shopkeeper; to storekeep (*USA*); ~ **espandere** to expand, to boom;

~ **esperienza di qc.** to experience st.; ~ **un estratto di** (*un documento*) (*leg.*) to estreat; ~ **un facsimile di** (*qc.*) to facsimile; ~ **fallimento** (*leg.*) to go (*o* to become) bankrupt; to fail; to go broke (*slang*); ~ **fallire** (*leg.*) to bankrupt; (*detto del tribunale*) to declare (*sb.*) bankrupt; (*fig.*) to ruin, to shipwreck (*fig.*); ~ **fare una diversione a q.** to divert sb.; ~ **fare una visita a q.** to tour sb.: **Agli ospiti stranieri fu fatta fare una visita della fabbrica** the foreign visitors were toured through the factory; ~ **un favore** to do a favour, to render a service; ~ **un favore a q.** to do sb. a favour, to oblige sb.; ~ **fede** (*leg.*) to be evidence: **Il verbale fa fede fino a prova contraria** the minutes are evidence until the contrary is proved; ~ **la fila** to queue, to queue up; ~ **la firma** (*d'ingaggio*) (*pers.*) to sign on, to sign up: **Ho fatto la firma per altri cinque anni** I have signed on for another five years; ~ **fluttuare** (*econ., fin.*) to float: **Le autorità monetarie italiane decisero di ~ fluttuare la lira commerciale accanto alla lira finanziaria che era già fluttuante** Italian monetary authorities decided to float the commercial lira side by side with the already floating financial lira; ~ **fluttuare il tasso di cambio** (*econ., fin.*) to float the exchange rate; ~ **fortuna** to make one's fortune; to get on in the world; **farsi una fortuna** to make a fortune, to build up a fortune; ~ **una fotolitografia di** (*qc.*) (*giorn., pubbl.*) to photolithograph; ~ **fretta a q.** to rush: **Non mi piace che mi si faccia fretta mentre lavoro** I don't like being rushed while I am working; ~ **fronte a** to face, to meet; (*market.*) (*un'ordinazione, una richiesta, ecc.*) to fulfil: **Siamo in grado di ~ fronte a qualsiasi ordinativo** we can fulfil any order; ~ **fronte a una cambiale** (*cred.*) to protect a bill; ~ **fronte a un debito** (*cred.*) to meet a debt; ~ **fronte a una situazione difficile** to cope with a difficult situation; ~ **funzionare** to operate, to run, to work: **Ci vuole un esperto per ~ funzionare questa macchina** it takes an expert to work this machine; ~ **funzione di (direttore, ecc.)** to act as (manager, etc.); ~ **galleggiare** (*trasp. mar.*) to float, to set afloat; ~ **girare a wheel;** (*avvolgere*) to wind; ~ **un giro turistico** (*tur.*) to sightsee; ~ **una gita** (*tur.*) to tour; ~ **un giuramento** (*leg.*) to take an oath, to swear an oath; ~ **giurare** (*leg.*) to swear: **I testimoni non sono stati ancora fatti giurare** the witnesses have not yet been sworn; ~ **grandi spese** to incur great expense; ~ **il grossista** (*market.*) to wholesale, to job; ~ **guadagni esorbitanti** (*econ.*) to profiteer; ~ **un guadagno** (*fin.*) to make a profit; ~ **un guadagno netto di** (*una somma*) to clear: **Riuscirono a ~ un guadagno netto di cento sterline** they succeeded in clearing a hundred pounds; ~ **un guadagno onesto** to turn an honest penny; ~ **la guardia a** (*q. o qc.*) to guard, to watch; ~ **la hostess** (*trasp. aer.*) to be an air-hostess; to steward; ~ **immigrare** (*econ.*) to immigrate; ~ **qc. in fretta** to do st. in a hurry; to rush st.; ~ **in un giorno il lavoro di due** to work double tides; ~ **in media otto ore al giorno** (*di lavoro, di studio, ecc.*) to average eight hours a day; ~ **in media 300 miglia al giorno** to average 300 miles a day; ~ **incagliare** (*trasp. mar.*) to run aground, to run ashore: **Il capitano fece incagliare la nave su una scogliera** the captain ran the ship aground on a reef; ~ **incetta di** (*qc.*) to corner, to buy up, to take up, to hoard; ~ **un'inchiesta** (*market., stat.*) to take a poll; ~ **un'inchiesta su qc.** (*market., pubbl., stat.*) to survey st.; ~ **un'indagine su qc.** (*market., pubbl., stat.*) to survey st.: **Gli statistici e i demografi stanno facendo un'indagine sullo sviluppo della popolazione nelle zone urbane** statisticians and demographers are surveying population growth in the urban areas; ~ **indagini** to make inquiries, to research; ~ **indagini su q.** (*leg.*) to investigate sb.; ~ **indagini su qc.** to inquire into st.; ~ **indagini su ogni aspirante a un importante ufficio** (*pers.*) to investigate every applicant for an important job; ~ **inserzioni** (*su un giornale*) (*pubbl.*) to advertise; ~ **inserzioni per un posto d'impiegato** to advertise for a clerk; ~ **l'inventario** (*org. az.*) to take stock; ~ **l'inventario di** (*prodotti, articoli, ecc.*) (*rag.*) to inventory; ~ **l'inventario una volta ogni sei mesi** (*rag.*) to make up one's accounts once every six months; ~ **investimenti** (*fin.*) to invest; ~ **un investimento** (*fin.*) to make an investment; ~ **un'istanza** (*leg.*) to petition; ~ **istanza a q.** (*leg.*) to apply to sb.; ~ **istanza al tribunale** (*leg.*) to apply to the Court; ~ **lavoro straordinario** (*pers.*) to work overtime; ~ **leggi** (*leg.*) to make laws; ~ **litografie** (*pubbl.*) to lithograph; ~ **male i propri calcoli** to miscalculate; ~ **manovre di corridoio** to lobby (*USA*); ~ **una mappa di** (*una regione, ecc.*) to map; ~ **marcia indietro** (*fig.*) to go back; ~ **una media** (*mat., stat.*) to average, to average up: Vi sono persone che fanno una media dopo un forte rialzo o un grave ribasso del prezzo delle azioni there are people who average (*o* average up) after a sharp rise or a heavy fall in the price of shares; ~ **una media del prezzo degli acquisti** to average purchases; ~ **una media del prezzo delle vendite** to average sales; ~ **la media di** (*mat., stat.*) to average: Se fate la media di 4, 5 e 9, ottenete 6 if you average 4, 5 and 9, you get 6; ~ **la media fra il prezzo più alto e quello più basso** (*econ., market.*) to take the average between the highest and lowest price; ~ **il mediatore** to be a broker; to broke (*ingl.*); (*Borsa*) to do broking; ~ **meglio una cosa** (*già fatta*) to improve on st.; ~ **meglio** (*per un punto*) to go one better; ~ **un memorandum di** (*qc.*) to memorandum; to memo (*fam.*); ~ **menzione di qc.** to mention st.; ~ **migliorare** to better, to improve; ~ **migliorie a** (*un terreno, ecc.*) to improve; ~ **misurazioni** to measure; ~ **la moda** (*market.*) to set the fashion; ~ **il modellista** (*pers.*) to design: Fa il modellista per una casa automobilistica he designs for a car manufacturer; ~ **morir di fame** to starve; ~ **naufragare** (*anche fig.*) to wreck, to shipwreck: L'improvvisa tempesta fece naufragare la nave the sudden storm wrecked the vessel; ~ **naufragio** (*trasp. mar.*) (*di nave*) to wreck; (*di persone*) to be shipwrecked: La nave che aveva fatto naufragio non valeva più nulla the wrecked ship was a complete write-off; Facemmo naufragio al largo di Capo Teulada we were shipwrecked off Capo Teulada; ~ **notare** to point out; ~ **il numero** (*al telefono*) (*comun.*) to dial; ~ **nuove ordinazioni** (*market.*) to reorder; ~ **un'offerta** to make an offer; (*a un'asta*) to make a bid, to bid; (*per un appalto*) to make a tender, to tender; ~ **un'offerta all'asta** (*anche*) to enter a bid at an auction; ~ **un'offerta cauzionale per un'aggiudicazione** (*leg.*) to call for bids; ~ **un'offerta d'appalto** to bid (*USA*); ~ **un'offerta per un contratto** (*leg.*) to tender for a contract, to tender: Almeno 12 appaltatori hanno fatto un'offerta per questo contratto at least 12 contractors have tendered for this contract; ~ **un'offerta superiore** (*a un'asta*) to bid up; ~ **un'offerta superiore a** (*quella di q. altro*) to overbid; to overcall; ~ **offerte a una vendita all'asta** to bid at an auction-sale; ~ **omaggio a q. di qc.** to compliment sb. with st.; ~ **onore a** to honour: Abbiamo sempre fatto onore alla nostra firma we have always honoured our signature; ~ **onore ai propri impegni** (*cred.*) to meet one's obligations; ~ **opposizione a** (*leg.*) to challenge; ~ **un'ordinazione** (*market.*) to commission; ~ **un'ordinazione di merci** (*market.*) to give an order for goods; ~ **osservare** (*una legge, ecc.*) (*leg.*) to enforce; ~ **ostruzionismo** to obstruct, to filibuster; ~ **ostruzionismo sul lavoro** (*applicando rigidamente i regolamenti con conseguente rallentamento della produzione*) (*sind.*) to work to rule; ~ **un pacco** (*o un pacchetto*) (*market.*) to make up a parcel, to wrap up a parcel; ~ **un pagamento** to make (*o* to effect) a payment; to pay; ~ **pagare** to charge: Quanto fate pagare questo articolo? how much do you charge for this article?; ~ **pagare a q. meno del giusto** (*o del solito*) (*market.*) to undercharge sb.: Il nostro grossista ci ha fatto pagare meno del solito we have been undercharged by our wholesaler; ~ **pagare a q. una pigione modesta** to rent sb. low; ~ **pagare un affitto esorbitante a** (*un inquilino*) to rack-rent; ~ **pagare di più** (*market.*) to surcharge; ~ **pagare una multa** (*leg.*) to levy a fine; ~ **pagare un pedaggio** (*trasp.*) to toll; ~ **pagare spese** to charge expenses, to expense; ~ **pagare troppo caro** to overcharge; ~ **parte del consiglio d'amministrazione** (*amm.*) to sit on the board of directors; ~ **parte del personale** (*pers.*) to be on the staff; ~ **parte della giuria** (*leg.*) to be (*o* to sit) on the jury: È stato chiamato a ~ **parte della giuria** he has been called to sit on the jury; ~ **parte di** (*un organismo*) to be a member of; (*leg.*) to sit on: Ha fatto parte del comitato he was a member of the committee; ~ **parte d'una commissione** to be on a committee, to sit on a committee; ~ **un passaggio di proprietà** (*leg.*) to make a transfer (of property); ~ **passare** (*trasp.*) to transit; (*leg.*) (*una legge*) to carry: Il canale è in grado di ~ **passare 50 navi al giorno** the canal can transit a total of 50 ships daily; Riusciranno a ~ **passare il progetto di legge** they will succeed in carrying the bill; ~ **passare di moda** (*market.*) to outmode; ~ **passare un disegno di legge per mezzo di manovre di corridoio** to lobby a bill (*USA*); ~ **un passo** to take a step, to step; ~ **il pendolare** (*trasp. ferr.*) to commute; ~ **perdere** to lose: Ciò ti farà perdere il posto that will lose you your job; ~ **perdere l'equilibrio a q.** to unbalance, to overbalance sb.; ~ **la perizia di qc.** to survey st.; ~ **una petizione** (*leg.*) to petition; ~ **piacere a q.** to please sb.; ~ **piani** to make plans, to plan, to scheme; ~ **un piano** to make a plan, to map out; ~ **il piazzista** (*market.*) to canvass, to tout; ~ **il piccolo cabotaggio** (*trasp. mar.*) to coast; ~ **piccole operazioni di Borsa** to dabble on the Stock Exchange; ~ **il pieno** (*trasp. aut.*) to fill the tank (with petrol); to fill up: Mi faccia il pieno fill her up; ~ **la più vasta propaganda possibile a un prodotto** (*pubbl.*) to advertise a product as widely as possible; ~ **pratica** to practise; ~ **preparativi** to make preparations, to prepare; ~ **presente** to point out, to submit: Vi faccio presente che, dal punto di vista del consumatore, la vostra sarà una decisione assai impopolare I submit that, from the consumer's standpoint, yours is going to be a very unpopular decision; ~ **il press-agent** (*giorn., pubbl.*) to press-agent; ~ **il preventivo delle spese** (*rag.*) to estimate expenditures; ~ **un preventivo troppo basso per** (*un lavoro*) to underestimate; ~ **prezzi troppo alti** to overcharge; ~ **un prezzo** (*market.*) to make a price; ~ **il prezzo a** (*un articolo, ecc.*) (*market.*) to rate; ~ **il prezzo alla merce** (*market.*) to set a price on goods; ~ **il procuratore legale** (*leg.*) to solicit; ~ **progetti** to make plans; (*fare il progettista*) to design; ~ **il progettista** (*pers.*) to design; ~ **progredire** to advance, to promote; ~ **progressi** to make progress, to progress; ~ **una promessa** to make a promise, to promise; ~ **propaganda** (*market.*) to canvass; ~ **il propagandista** to tout; ~ **una**

fare

proposta a q. to make sb. a proposal, to propose sb., to proposition sb.; ~ **proseguire** (*lettere, merci, ecc.*) (*comun., trasp.*) to forward; ~ **prosperare** to boom: **La guerra ha fatto prosperare l'industria pesante** war boomed the heavy industry; ~ **protestare una cambiale** (*leg.*) to have a bill protested, to make protest of a bill; ~ **protestare una cambiale in via preliminare** (*banca, cred.*) to have a bill noted; ~ **un protesto** (*leg.*) to make a protest; ~ **la prova dei caratteri** (*di stampa*) (*giorn., pubbl.*) to prove types; ~ **la prova d'un calcolo** (*mat.*) to prove a calculation; ~ **provvista di** (*merce, ecc.*) (*org. az.*) to stock up, to store: **Dovremmo ~ provvista di materie prime per meglio far fronte a un improvviso « congelamento » delle importazioni** we should store basic materials in order to better face a sudden freeze on imports; ~ **pubblicare un annuncio pubblicitario** (*pubbl.*) to run an advertisement; ~ **pubblicità** (*pubbl.*) to advertise, to advertize; ~ **pubblicità a** (*giorn., pubbl.*) to publicize; to push, to boom (*fam.*); ~ **pubblicità alla radio** to advertise on the radio; ~ **pubblicità alla televisione** to advertise on television; ~ **la pubblicità su un giornale** to advertise in a newspaper; ~ **quadrare** to square; (*rag.*) (*conti, ecc.*) to reconcile; ~ **quadrare le cifre** to square figures; ~ **quadrare le cifre di** (*un conto: con quelle d'un altro*) (*rag.*) to reconcile: **Alla fine riuscii a ~ quadrare le cifre del libretto degli assegni con quelle dell'estratto conto della banca** finally I was able to reconcile my cheque book with my bank statement; ~ **quadrare i conti** (*rag.*) to make accounts agree, to reconcile the accounts; to strike a balance; ~ **quattrini** to make money; ~ **quattro copie di** (*un documento*) to quadruplicate; ~ **questioni** to raise objections; (*pubbl.*) **non si fa questione di** no object; (*negli annunzi per domande di lavoro*) **« Non si fa questione di stipendio »** « money no object »; ~ **rapporto alla direzione contro un dipendente** to report an employee to the management; ~ **rappresaglie** (*leg.*) to retaliate; ~ **il rappresentante** to act as an agent, to be an agent; ~ **il rappresentante per una ditta** (*market., pers.*) to represent a firm; ~ **registrare** (*rag.*) (*di conto, ecc.*) to turn in; ~ **registrare una ripresa** (*econ.*) to catch up; ~ **una registrazione** (*rag.*) to make an entry; ~ **un reinvestimento** (*fin.*) to reinvest; ~ **il riassunto di** to resume, to sum up; ~ **ricerche** to make researches, to research, to search, to inquire; ~ **ricerche minerarie in** (*una regione, ecc.*) (*econ.*) to prospect; ~ **richiesta di** (*qc.*) to move for; ~ **richiesta di qc. a q.** to make a request to sb. for st.; ~ **un ricorso** (*leg.*) to lodge an appeal, to petition; ~ **ricorso a** to resort to, to turn to, to place reliance on: **Dovremmo ~ ricorso alla giustizia** we shall have to resort to law; **Diversi datori di lavoro fecero ricorso a regioni nelle quali si poteva trovare manodopera a buon mercato** several employers turned to the regions where cheap labour was to be found; **Questa situazione spiega il motivo per cui, nel 1974, si fece ampio ricorso alla politica monetaria** this situation accounts for the fact that a great deal of reliance was placed on monetary action in 1974; ~ **ricorso alle riserve** (*fin., rag.*) to dip into reserves; ~ **ricorso alle risorse monetarie** (*fin.*) to make a call to short-end funds; ~ **rientrare** (*l'inizio d'una riga: dal margine della pagina*) to indent: **Devi ~ rientrare la prima parola del paragrafo** you must indent the first word of the paragraph; ~ **rientrare un testo** (*andando a capo*) to indent; ~ **riferimento a** to refer to: **Facciamo riferimento alla vostra del 19 febbraio** we refer to your letter of February 19th; ~ **il rilevamento di** (*un terreno*) to plot; ~ **rilevare** to point out: **Mr Roberts fu il solo a ~ rilevare la necessità d'un simile provvedimento** Mr Roberts was the only one to point out the necessity of such a step; ~ **un rimborso** to refund; ~ **una rimessa** (*comm.*) to remit; ~ **un rimpasto di** (*un Governo, ecc.*) to reshuffle; ~ **un riporto** (*Borsa*) to carry over, to contango, to continue; ~ **risparmiare** to save, to be a saver of: **Si discute ancora se le macchine facciano risparmiare il lavoro umano** it is still being debated whether machines are savers of labour; ~ **ristagnare** to stagnate; ~ **una ritrattazione** to retract, to recant, to withdraw; ~ **la rotazione di** (*raccolti*) (*econ.*) to rotate: ~ **la rotazione dei raccolti significa avvicendare diverse colture, sullo stesso terreno, in stagioni successive, per conservarne la fertilità** to rotate crops is to grow different crops on the same land on successive seasons in an order designed to maintain soil fertility; ~ **rotta** (*trasp. mar.*) to be under way; ~ **rotta per** (*un porto, ecc.*) (*trasp. mar.*) to head for, to sail for, to stand for; ~ **ruotare** to wheel, to rotate; ~ **salire** to send up; (*fin., market.*) (*prezzi, quotazioni, ecc.*) to force up, to up; (*trasp.*) (*passeggeri*) to take up, to pick up; ~ **salire le offerte** (*a un'asta*) to force the bidding; ~ **salire passeggeri** (*trasp.*) to take up passengers; ~ **salire i prezzi** (*fin., market.*) to force up (*o* to send up) prices; ~ **salire il prezzo** (*a un'asta*) to bid in; ~ **sapere a q.** (*comun.*) to let sb. know: **Vi preghiamo di farci sapere le vostre condizioni migliori** please let us know your best terms; ~ **il sarto** to be a tailor, to tailor; ~ **uno sbaglio** to make a mistake, to mistake; ~ **sbandare** (*una nave*) (*trasp. mar.*) to careen; ~ **scalo** (*trasp. mar.*) to make a call, to call; **il ~ scalo** (*trasp. mar.*) calling; ~ **scalo a** (*trasp. mar.*) to call at: **La nave fece scalo a Genova** the ship called at Genoa; ~ **scalo a un porto** (*trasp. mar.*) (*di nave, anche*) to touch at a port; ~ **scalo in porti intermedi** (*trasp. mar.*) to call at intermediate ports; ~ **scalo in un porto nominato** (*trasp. mar.*) to call at a named port; ~ **scalo per rifornirsi di vettovaglie** (*trasp. mar.*) to call to revictual; ~ **scendere** to send down; (*fin., market.*) (*prezzi e sim.*) *V.* ~ **diminuire**; (*trasp. aut.*) (*un passeggero*) to set down; ~ **uno schema di** (*qc.*) to draft; ~ **uno sciopero bianco** (*sind.*) to work to rule; ~ **una scommessa** to make (*o* to lay) a wager; to wager; ~ **scomparire prove** (*leg.*) to suppress evidence; ~ **le proprie scuse a q.** to make an apology to sb.; ~ **una seconda copia di** (*un documento, ecc.*) to duplicate; ~ **sedere** to seat; ~ **segnalazioni** to signal; ~ **segnali a** (*q.*) to signal; (*trasp. mar.*) to speak; ~ **segnali a una nave che si sta incrociando** (*trasp. mar.*) to speak a passing ship; ~ **sentire la propria autorità** to make one's authority felt; ~ **sentire l'effetto** (*o* gli effetti) **su** to affect: **Il rialzo dei prezzi fece sentire i suoi effetti su tutte le classi sociali** the rise in prices affected all classes of society; ~ **un sequestro** (*leg.*) to levy a distress; ~ **servizio** (*trasp.*) (*di veicolo, nave, ecc.*) to run; ~ **servizio regolare** (*trasp. mar.*) (*di nave, ecc.*) to ply: **I vaporetti fanno servizio (regolare) fra Venezia e il Lido ogni quarto d'ora** motor-boats ply between Venice and the Lido every fifteen minutes; ~ **sì che qc. valga la pena** to make st. worthwhile; ~ **silenzio** (*restare muto*) to be silent, to keep silent; (*ammutolire*) to stop talking; to shut up (*fam.*); ~ **una somma** (*mat.*) to do a sum, to sum; ~ **la somma (delle varie voci) d'un conto** to foot up an account; ~ **una sottrazione** (*mat.*) to do a subtraction, to subtract; ~ **lo speculatore « professionista »** (*alla Borsa Valori di Londra*) to job; ~ **speculazioni** (*fin.*) to speculate: **Ha perso tutti i suoi soldi facendo speculazioni in Borsa** he's lost all his money by speculating on the Stock Exchange; ~ **speculazioni illegali** (*fin.*, *leg.*) to wildcat (*V. anche* **wildcat**); ~ **la spesa** (*market.*) to do one's shopping; ~ **spese** (*market.*) to trade; ~ **lo spoglio dei risultati d'un'indagine** (*stat.*) to evaluate a survey; ~ **lo spoglio della corrispondenza** (*alla Posta*) (*comun.*) to sort the mail; ~ **lo spoglio della propria corrispondenza** to go through one's correspondence; ~ **la spola** to shuttle, to shunt; (*fare il pendolare*) to commute; (*trasp.*) (*di veicolo, nave, ecc.*) to run; (*trasp. mar.*) (*di nave, ecc.*) to ply: **Il nostro agente fa la spola fra la sede centrale e la nuova filiale** our agent shunts between the head office and the new branch; **La nave fa la spola fra i due porti** the ship runs between the two ports; ~ **una spunta a fianco di** (*una cifra, una voce, ecc.*) to tick (off); ~ **la spunta di** (*un carico: articolo per articolo*) (*trasp. mar.*) to tally; ~ **lo « stag »** (*q.V.*) (*Borsa*) to stag; ~ **stare q. al suo posto** (*fig.*) to keep sb. in his place; ~ **lo steward** (*trasp. aer.*, *trasp. mar.*) to steward; ~ **la stima dei danni** (*ass.*) to appraise damages; ~ **lo stivatore** (*trasp. mar.*) to stevedore; ~ **lo straordinario** (*pers.*) to work overtime, to be on overtime; ~ **uno strappo alla legge** (*leg.*) to strain the law, to stretch the law; ~ (*un abito*) **su misura** (*market.*) to tailor, to make to measure; ~ (*un articolo*) **su ordinazione** (*market.*) to tailor; ~ **sul serio** to be in earnest, to mean business; ~ **la tara a** (*merci, ecc.*) (*market.*) to tare; ~ **tardi** to be late; ~ **tardi a** (*una riunione, ecc.*) to miss; ~ **una telefonata a q.** (*comun.*) to telephone sb., to phone sb., to ring sb. up; ~ **testamento** (*leg.*) to make one's will; to settle one's affairs; ~ **torto a** (*leg.*) to wrong: **Gli hanno fatto il torto d'accusarlo falsamente** he's been wronged with a false accusation; ~ **un totale** (*rag.*) to take off a total; ~ **un trasbordo** (*trasp.*) to transfer; ~ **trasloco** to move (to new premises); ~ **una traversata** (*trasp. aer.*, *trasp. mar.*) to make a voyage, to voyage; ~ **l'ultimo versamento a liberazione d'azioni** (*fin.*) to pay up shares; ~ **uscire** (*una nave*) **dal bacino** (*trasp. mar.*) to undock; ~ **un uso errato di qc.** to misapply st., to misuse st.; ~ **vacanza** (*pers.*) to have a holiday; to take time off; to vacation (*USA*); ~ **valere** to enforce; ~ **valere i propri diritti** (*leg.*) to push one's claims; ~ **valere un diritto** (*leg.*) to enforce a right; ~ **valere un diritto per vie legali** (*leg.*) to prosecute a claim; ~ **varare** (**un disegno di legge, un provvedimento, ecc.**) (*leg.*) to get (a bill, a measure, etc.) through; ~ **variare** to cause to vary; ~ **le veci** (*org. az.*) to sub; ~ **le veci di q.** to act for sb., to sub for sb., to take sb.'s place; ~ **vela** (*verso una destinazione*) (*trasp. mar.*) to sail; ~ **vendere** (*market.*) to sell; ~ **una vendita** (*market.*) to make a sale; ~ **vendite** (*market.*) to market; ~ **il venditore ambulante** (*market.*) to peddle, to hawk; ~ **il viaggiatore di commercio** (*pers.*) to travel; ~ **un viaggio** (*per via di terra*) (*tur.*) to make (*o* to go on) a journey; to journey, to travel; (*per mare*) to make a voyage, to voyage; ~ **virare** (*una nave*) **di bordo** (*trasp. mar.*) to wear; ~ **visita** (*una persona o un luogo*) to visit; ~ **una visita a q.** to make a call on sb.; ~ **volare** to fly; ~ **una « volata »** to spurt; ~ **una zona** (*pers.*) (*di commesso viaggiatore*) to work a district; **farcela** (*fam.*) (*riuscire*) to make it, to succeed, to manage; (*tirar avanti*) to get along, to manage: **Se ce la metti tutta, ce la farai** if you try hard, you'll make it; **Anche se lavora moltissimo, ce la fa appena** though he works very hard, he just gets along; **farla da padrone in** (*una azienda, un lavoro, ecc.*) to boss (*slang*); **facendo riferimento a** (*comun.*) with respect to; **facendo seguito a** pursuant to, further to: **Facendo seguito alla nostra telefonata, vi confermiamo la nostra ordinazione** further to our telephone conversation, we confirm our order; **che fa risparmiare fatica** (*org. az.*) labour-saving; **chi fa** maker; **chi fa di conto** reckoner; **non ~ progressi** (*anche fig.*) to mark time; **per ~ un tentativo** in a tentative way.

farmacia, *n. f.* ❶ chemist's shop (*in G.B.*). ❷ (*dove sono venduti anche cosmetici, tabacco, gelati, libri, ecc.*) (*market., USA*) drugstore.

farmaco, *n. m.* drug, medicine.

faro, *n. m.* (*trasp. mar.*) lighthouse, beacon.

farsi, *v. rifl.* ❶ (*diventare*) to become★, to get★; (*per gradi*) to grow★. ❷ (*del tempo, ecc.*) to get★. ❸ (*rendersi*) to make★ oneself. ❹ (*far sì che*) to get★ oneself, to have oneself. △ ❶ **S'è fatto miliardario** he has become a multi-millionaire; **Il capoufficio s'è fatto esigentissimo** the chief clerk has got very exacting; **S'è fatto meno timido** he's grown less shy; ❷ **Si fa** (*o* **si sta facendo**) **tardi** it's getting late; ❸ **Devi farti rispettare dai dipendenti** you must make yourself respected by your employees; **Sai farti capire in inglese?** can you make yourself understood in English?; ❹ **Si fece invitare al pranzo sociale** he got himself invited to the firm's luncheon; **Se non puoi venire alla riunione, dovresti farti rappresentare da qualcuno** if you cannot come to the meeting, you ought to have yourself represented by someone; **È un uomo che s'è fatto da sé** he is a self-made man. // ~ **assumere** (*pers.*) to sign on; ~ **concorrenza** (*v. recipr.*) to compete with each other (*o* with one another); ~ **corrompere** (*leg.*) to take bribes: **Hanno intrapreso un'azione disciplinare contro un ispettore accusato d'essersi fatto corrompere** they took disciplinary action against an inspector charged with taking bribes; ~ **dare il conto** (**il listino dei prezzi, la ricevuta, ecc.**) to get one's bill (the price-list, the receipt, etc.); ~ **garante di qc.** to answer for st.: **Non posso farmi garante della sua onestà** I cannot answer for his honesty; ~ **garante per q.** (*leg.*) to go surety for sb., to stand surety for sb.; (*per ottenergli la libertà provvisoria*) to go bail for sb.: **Sono perfettamente disposto a farmi garante per lui** I am quite willing to go surety for him; **Non abbiamo intenzione di farci garanti per voi** we are not going to stand surety for you; ~ **licenziare** (*pers.*) to get the sack (*fam.*); to get the boot, to get the gate, to get the ax (*slang USA*); ~ **mallevadore di** (*q. o qc.*) (*cred., fin.*) to guarantee: **Speriamo che siano in grado di ~ mallevadori (del pagamento) dei nostri debiti** we hope they'll be in a position to guarantee our debts; ~ **prestare del denaro da q.** (*cred.*) to borrow some money from sb.; ~ **promotore di** (*qc.*) to promote: **S'è fatto promotore d'una nuova società** he has promoted a new company; ~ **restituire qc.** to get st. back; ~ **restituire il proprio denaro** to get one's money back; ~ **riportare** (*Borsa*) to give on, to give the rate; ~ **risarcire** (*un danno e sim.*) (*leg.*) to recoup: **Sono convinto che potremo farci risarcire le perdite** I trust we will be able to recoup the losses; ~ **scontare una cambiale** (*banca, cred.*) to get a bill discounted; ~ **strada** (*fig.*) to make one's way (in life); to do oneself well (*USA*); ~ **valere** to assert oneself.

fascetta, *n. f.* (*giorn.*) (*di giornale, rivista, ecc.*) wrapper. // ~ **sagomata** (*di carta*) **per avvolgere monete** (*banca*) coin wrapper.

fascia, *n. f.* ❶ band. ❷ (*giorn.*) (*di giornale, rivista, ecc.*) wrapper. // ~ **d'oscillazione** (*dei tassi di cambio, ecc.*) (*fin.*) band of fluctuation, parity band; ~ **di parità** (*fin.*) parity band; ~ **entro ~** (*fin.*) band within band; ~

fascicolo

esterna (*fin.*) outer band; ~ **interna** (*fin.*) inner band; ~ **mobile** (*fin.*) movable band; ~ **mobile allargata** (*fin.*) gliding widened band; **sotto** ~ (*comun.*) under separate cover.

fascicolo, *n. m.* ❶ (*ass.*) (*relativo a un cliente*) line card. ❷ (*attr. uff.*) file. ❸ (*giorn.*) (*d'una rivista, ecc.*) issue. ❹ (*giorn., pubbl.*) (*inserito in un giornale*) inset. ❺ (*pubbl.*) brochure. △ ❷ **Lo troverete nell'elenco allegato al** ~ you will find it in the list annexed to the file. // ~ **supplementare** (*inserito in un giornale*) (*giorn., pubbl.*) insert; **a fascicoli** (*giorn.*) in numbers.

fascio, *n. m.* ❶ bundle. ❷ (*banca*) (*di biglietti o buoni*) charge.

fase, *n. f.* phase, stage. △ **Ora sono entrato in una ~ nuova della mia carriera** I have now entered on a new phase of my career; **In una ~ primitiva della storia, le merci venivano scambiate mediante il baratto** at an early stage of history, goods were exchanged by barter. // ~ **critica** critical stage, crucial stage; ~ **cruciale** crucial stage; ~ **depressiva** (*econ.*) downward phase; ~ **d'espansione** (*econ.*) upward phase; ~ **di fabbricazione** (*org. az.*) production run: **Oltre che per i prodotti finiti, questa specializzazione si manifesta anche negli stadi iniziali della lavorazione, dove determina l'allungamento delle fasi di fabbricazione** apart from finished products, this specialization can also be found at earlier stages of manufacture where it results in longer production runs; ~ **di flessione** (*econ.*) downward phase, downswing, downtrend; ~ **di mercato** (*econ., market.*) market stage; ~ **di rialzo** (*Borsa, fin.*) upswing, uptrend; ~ **di stanchezza** (*econ.*) impasse; ~ **di sviluppo** (*econ.*) stage of development; ~ **negativa** (*econ.*) downward phase; ~ **positiva** (*econ.*) upward phase; **in ~ di completamento** (*org. az.*) in process of completion; **in ~ d'esecuzione** in course of execution: **Il nostro progetto è in ~ d'esecuzione** our plan is in course of execution.

« **FAS partenza** », *locuz. avv.* (*trasp. mar.*) « free alongside ship » (*FAS*); « free alongside vessel ».

fastidio, *n. m.* nuisance, trouble.

« **fathom** », *n. m.* (*misura di profondità marina equivalente a sei piedi, e cioè a m 1,83*) fathom.

fatica, *n. f.* fatigue, labour, toil.

faticare, *v. i.* to labour, to toil. // ~ **molto** to sweat (*fam.*).

faticoso, *a.* tiring, hard.

fattibile, *a.* feasible, practicable, workable. // **l'essere** ~ feasibility; **non** ~ unfeasible.

fatto[1], *a.* made. // ~ **a macchina** (*market.*) machine-made; ~ **a mano** (*market.*) handmade; ~ **con abilità tecnica** workmanlike; ~ **dall'uomo** man-made; **fatte le dovute ricerche** on inquiry; ~ **in buona fede** (*leg.*) bona fide (*attr.*); ~ **in mala fede** (*leg.*) mala fide (*attr.*); ~ **per iscritto** (*d'atto, accordo, e sim.*) in writing; **fatte salve le condizioni della presente polizza** (*ass.*) subject to the terms of this policy; ~ **secondo tavole** tabular; ~ **su misura** (*market.*) made-to-measure; (*market.*) (*d'abito, e fig.*) tailor-made, tailored; custom-made, custom: **I provvedimenti salariali del recente accordo sono fatti su misura per le condizioni del nostro Paese** the wage provisions of the recent agreement are tailor-made for our Country's circumstances; ~ **su ordinazione** (*market.*) made-to-order, tailor-made; tailored, custom-built, custom (*USA*).

fatto[2], *n. m.* ❶ fact. ❷ **i fatti**, *pl.* (*leg.*) the facts. // ~ **a sostegno d'un'azione civile** (*leg.*) count; **un ~ compiuto** an accomplished fact; **fatti importanti** (*leg.*) material facts; **fatti pertinenti** (*leg.*) pertinent facts; ~ **reale** fact; **che indaga sui fatti** fact-finding; **di ~ de facto**; **virtually** (*avv.*); virtual (*a.*): **Siccome Mr Robins è quasi sempre all'estero, il nostro direttore di ~ è Mr Clark** as Mr Robins is abroad most of the time, our virtual manager is Mr Clark; **sul ~** (*leg.*) in the act: **Fu colto sul ~** he was caught in the act.

fattore, *n. m.* ❶ factor. ❷ (*agricolo*) steward; land agent (*ingl.*); (*d'una grande tenuta*) bailiff. ❸ (*mat.*) factor. △ ❶ **Uno dei fattori principali nella valutazione della localizzazione industriale è la fonte di manodopera** one of the principal factors in appraising an industrial site is the source of labour. // ~ **agricolo** land steward; ~ **concomitante** concurrent; **i fattori della produzione** (*econ.*) the factors (*o* agents) of production; **fattori di conversione** (*econ., stat.*) conversion factors; ~ **d'espansione** (*econ.*) factor of expansion; **Come ~ d'espansione, il commercio fra i Paesi Membri ha esercitato notevoli effetti in particolare in Germania, dove ha costituito un importante elemento di sostegno della congiuntura** as a factor of expansion, trade between the Member Countries had in particular an important effect in Germany, where it gave considerable support to the economy; ~ **di riduzione delle imposte sui profitti correnti** (*p. es., un abbuono per svalutazione*) (*fin.*) tax shelter; **fattori motivazionali** (*market., pubbl.*) motivational factors; ~ **produttivo** (*p. es., il lavoro, le materie prime, ecc.*) (*econ.*) input; **i fattori produttivi primari** (*econ.*) the primary factors of production; ~ **tendente a stimolare l'aumento della popolazione** (*econ., stat.*) welfare factor; **di ~** (*mat., stat.*) factorial.

fattoria, *n. f.* ❶ farm. ❷ (*l'edificio*) farm-house, homestead. // ~ **che opera con sistemi organizzativi di tipo industriale e commerciale** commercial farm (*USA*); ~ **che produce ortofrutticoli per il mercato** truck farm (*USA*); ~ **collettiva** (*econ.*) collective farm; ~ **per l'allevamento del bestiame** stock-farm; ~ **sperimentale** experimental farm.

fattoriale, *a.* (*mat.*) factorial. *n. m.* (*mat.*) factorial. △ *n.* **Il ~ di 4 è 1 × 2 × 3 × 4, cioè 24** the factorial of 4 is 1 × 2 × 3 × 4, or 24.

fattorino, *n. m.* ❶ (*pers.*) (*in genere*) errand-boy, messenger-boy, messenger, footboy, foot page; commissionaire (*ingl.*). ❷ (*pers.*) (*d'un'azienda*) floor boy. ❸ (*pers.*) (*d'un'ufficio*) office-boy.

fattura, *n. f.* ❶ make, workmanship; (*il fabbricare*) making, manufacture. ❷ (*market.*) invoice; bill of sale, bill (*USA*). △ ❶ **Noi vendiamo soltanto oggetti di ~ eccellente** we only sell articles of excellent workmanship; ❷ **La ~ è una dichiarazione scritta inviata dal venditore al compratore e che espone tutte le condizioni alle quali avviene il trasferimento della merce** an invoice is a written statement, sent by the seller to the buyer, showing all the terms and conditions under which the transfer of the goods takes place; **Non hanno ancora pagato le nostre fatture del primo trimestre** they have not yet paid our first-quarter invoices. // ~ **consolare** (*comm. est.*) consular invoice; ~ **definitiva** (*market.*) final invoice; ~ **d'acquisto** (*market.*) purchase invoice; ~ **in una serie d'esemplari** (*market.*) bill in a set; **fatture insolute** (*market.*) unpaid invoices; ~ **originale** (*market.*) original invoice; ~ « **pro forma** » (*market.*) pro forma invoice; ~ **provvisoria** (*market.*) provisional invoice; **una ~ rettificata** an amended invoice; ~ **simulata** (*market.*) pro forma invoice: **La ~ simulata informava che le merci erano pronte per la spedizione** the pro forma invoice indicated that the goods were ready for shipment; **come da** ~ (*market.*) as per invoice; **come da vostra** ~ as per your invoice; **di** ~ **casalinga** (*market.*) homemade.

fatturare, *v. t.* ❶ (*leg.*) (*sofisticare*) to adulterate, to sophisticate. ❷ (*rag.*) to invoice; to bill (*USA*). △ ❷ **Gli acquisti di questo mese non sono ancora stati fatturati** this month's purchases have not yet been invoiced (*o* billed).

fatturato, *a.* (*rag.*) invoiced; billed (*USA*). *n. m.* (*market.*) proceeds of sales, sales (*pl.*); (*giro d'affari*) turnover; billing (*USA*). △ *n.* **Il nostro** ~ **annuo ha raggiunto cifre da primato** our yearly turnover (*o* billing) has hit a record high. // ~ **del commercio al minuto** (*econ., market.*) retail turnover.

fatturatrice, *n. f.* (*macch. uff.*) invoicing machine; billing machine (*USA*).

fatturazione, *n. f.* (*rag.*) invoicing; billing (*USA*).

fatturista, *n. m.* e *f.* (*pers.*) invoice clerk.

fautore, *n. m.* advocate, forwarder, promoter. // ~ **del bullionismo** (*econ., fin.*) bullionist; **un** ~ **del liberismo** an advocate of Free Trade; ~ **del mercantilismo** (*econ.*) mercantilist; ~ **dell'uguaglianza dei redditi** (*econ.*) egalitarian.

favore, *n. m.* favour. △ **Emetteremo un assegno a vostro** ~ we'll draw a cheque in your favour. // **a** ~ **di** on behalf of; **di** ~ (*in omaggio*) complimentary; (*di preferenza*) discriminating: **Mi hanno mandato un biglietto di** ~ they've sent me a complimentary ticket; **Queste sono tariffe di** ~ these are discriminating tariffs; **in** ~ **pro** (*avv.* e *a.*): **Molto s'è detto sull'argomento in** ~ **e contro** much has been said on the subject pro and con; **Dobbiamo prendere in considerazione tanto gli argomenti in** ~ **quanto quelli contrari** we must consider the pro and con arguments; **in** ~ **di pro**: **La commissione addusse argomenti sia in** ~ **della proposta del presidente sia contro di essa** the committee advanced arguments both pro and con the chairman's proposal.

favorevole, *a.* favourable; pro (*attr.*). // ~ **a pro-**; ~ **all'acquirente** (*market.*) (*di prezzo*) keen; **essere** ~ (*trasp. mar.*) (*di marea*) to serve: **La marea è** ~ the tide serves; **chi è** ~ **pro**.

favorire, *v. t.* ❶ to favour. ❷ (*concedendo qc.*) to accommodate. ❸ (*promuovere, incoraggiare*) to advance, to forward, to promote, to be conducive to. △ ❶ **Vorreste favorirci una risposta entro la fine del mese?** would you favour us with a reply within the end of the month?; ❷ **La banca mi ha favorito concedendomi un grosso mutuo** the bank has accommodated me with a large loan; ❸ **Le condizioni internazionali non favorirono la formazione di riserve** international conditions were not conducive to building up reserves. // ~ **la ripresa di** (*un mercato, ecc.*) (*fin., market.*) to rally: **Le notizie favorirono la ripresa del mercato, che da giorni era piuttosto debole** the news rallied the market, which had been rather unsteady for several days; ~ **lo sviluppo industriale** (*econ.*) to help industrial development.

favorito, *a.* favoured. *a.* e *n. m.* favourite. // **clausola di nazione più favorita** (*comm. est.*) most-favoured-nation clause.

fede, *n. f.* ❶ faith. ❷ (*fiducia, anche*) reliance, trust. ❸ (*parola, anche*) word. ❹ (*documento che fa fede*) warrant. △ ❶ **L'acquirente era in buona** ~ (**in mala** ~) the purchaser was in good faith (in bad faith); **Ho perso** ~ **in quell'impiegato** I've lost faith in that employee. // ~ **di deposito** (*dog.*) warehouse warrant, warrant: **La** ~ **di deposito è rilasciata dalla società proprietaria del magazzino in cui le merci sono state depositate** a warehouse warrant is issued by the company owning the warehouse in which the goods have been deposited; ~ **di deposito doganale** (*dog.*) dock-warrant; ~ **di deposito provvisoria** (*dog.*) prime warrant; ~ **di nascita** (*amm.*) birth certificate; **in** ~ **di che** (*leg.*) in witness thereof, in testimony whereof; **in** ~ **di ciò** (*leg.*) *V.* **in** ~ **di che**; **tener** ~ to keep faith; to keep one's word; **tener** ~ **a una promessa** to keep one's promise: **Bisogna tener** ~ **alle promesse** one must keep one's promises.

fedele, *a.* ❶ faithful, loyal. ❷ (*verace*) true; (*preciso*) accurate. △ ❶ **Sono sempre stati fedeli all'azienda** they've always been loyal to the firm; ❷ **Questo è un resoconto** ~ **degli avvenimenti** this is a true account of what happened; **Voglio una descrizione** ~ **delle merci speditemi** I want to have an accurate description of the goods sent to me. // **essere** ~ **a** (*anche*) to stick to: **La traduzione è strettamente** ~ **all'originale** the translation sticks closely to the original; **essere** ~ **alla parola data** to be faithful to one's word.

fedelmente, *avv.* ❶ faithfully, loyally. ❷ (*veracemente*) truly; (*accuratamente*) accurately.

fedeltà, *n. f.* ❶ faithfulness, fidelity, loyalty. ❷ (*accuratezza*) accuracy. // ~ **al negozio** (*market.*) store loyalty; ~ **all'azienda** (*pers.*) company loyalty; ~ **alla marca** (*market.*) brand loyalty.

fedina, *n. f.* (*leg.*) (*nella locuz.*) ~ **penale** (police) record. △ **Ha la** ~ **penale pulita** he has a clean record; **Ha la** ~ **penale sporca** he has a very bad record.

« **feedback** », *n. m.* (*elab. elettr.*) feedback.

felice, *a.* ❶ happy. ❷ (*lieto*) glad.

felicemente, *avv.* ❶ happily; gladly. ❷ (*senza incidenti*) safely. △ ❷ **La partita di merce è** ~ **arrivata a Genova** the consignment has safely arrived in Genoa. // ~ **in porto** (*trasp. mar.*) safely in (*o* into) harbour, safely in (*o* into) port: **La nave fu portata** ~ **in porto** the vessel was brought safely into port.

felicitarsi, *v. rifl.* to congratulate. △ **Posso felicitarmi con Lei per la Sua promozione?** may I congratulate you on your promotion?

felicitazioni, *n. pl.* congratulations.

femminile, *a.* female. △ **La manodopera** ~ **è mal retribuita** female labour is underpaid.

fenomeno, *n. m.* ❶ phenomenon*. ❷ (*caso*) case. // **fenomeni di « disaffezione » nel mondo imprenditoriale** cases of entrepreneurial alienation.

feriale, *a.* (*pers.*) week; (*di fabbrica, ecc.*) work, working; (*d'ufficio*) business (*tutti attr.*). △ **L'orario degli autobus è diverso nei giorni feriali** the bus time-table is different on week-days.

ferie, *n. pl.* (*pers.*) holidays; vacation (*sing.*); vacations (*USA*). △ **Quando vai in** ~? when are you going to take your holidays?; **I nostri dipendenti possono prendersi quattro settimane all'anno di** ~ **pagate** our employees are permitted to take four weeks of vacation with pay annually. // ~ **pagate** (*pers.*) paid holidays, holidays with pay; **in** ~ (*pers.*) on vacation, on leave: **Metà degli operai in ferie è già stata sostituita** one half of the workers on vacation have already been replaced.

fermacarte, *n. m. inv.* (*attr. uff.*) paper-weight.

fermalibri, *n. pl.* (*attr. uff.*) book-ends.

fermare, *v. t.* ❶ (*rendere fermo, assicurare*) to firm, to fasten, to tighten. ❷ (*arrestare*) to arrest, to halt, to stop. ❸ (*leg.*) to arrest. △ ❷ **Il treno fu fermato appena furono trasmesse le notizie dell'inondazione** the train was stopped as soon as the news of the flood was

fermarsi

broadcast. // ~ **un assegno** (*banca*) to stop a cheque, to stop the payment of a cheque.
fermarsi, *v. rifl.* ❶ to halt, to stop. ❷ (*trasp. aut.*) (*di automezzo*) to pull up. △ ❷ **L'automobile si fermò alla porta dell'ufficio** the car pulled up at the office door.
fermata, *n. f.* ❶ halt, stop, stand. ❷ (*arresto, interruzione*) stoppage, stopping, standstill. ❸ (*trasp.*) stop. ❹ (*trasp. ferr., anche*) halt, call. △ ❶ **Facemmo una ~ improvvisa** we suddenly came to a stand; ❸ **Ci sono solo due fermate fra Londra e Brighton** there are only two stops between London and Brighton. // **~ facoltativa** (*trasp.*) stop on request, request stop; **~ obbligatoria** (*trasp.*) regular stop; **senza fermate** (*intermedie*) (*trasp. aut., trasp. ferr.*) non-stop (*avv. e a.*).
fermezza, *n. f.* ❶ (*anche fig.*) firmness. ❷ (*stabilità*) stability, steadiness.
fermo[1], *a.* ❶ (*anche fig.*) firm; (*risoluto*) resolute, decided. ❷ (*solido, fissato fermamente*) fast, hard, set, settled. ❸ (*stabile*) stable, steady. ❹ (*stazionario*) stationary, stagnant. ❺ (*econ., market.*) (*di prezzo, ecc.*) sluggish. △ ❶ **Bisogna essere fermi con i dipendenti** one must be firm with one's employees; **Aspettiamo una offerta ferma** we are awaiting a firm offer; ❹ **Gli affari sono fermi** business is stagnant; ❺ **Questa settimana le quotazioni delle azioni si sono mantenute piuttosto ferme** stock prices have remained pretty sluggish this week. // **~ per sciopero** (*sind.*) (*di stabilimento, ecc.*) strikebound; « **~ posta** » (*comun.*) (*di lettera, ecc.*) « to be left till called for », « to await arrival », « poste restante »; « care of general delivery » (*USA*); « **~ stazione** » (*trasp. ferr.*) « to be called for at railway station ».
fermo[2], *n. m.* ❶ (*dog., leg.*) stoppage. ❷ (*leg.*) provisional arrest, detention. ❸ (*leg., trasp. mar.*) (*di nave mercantile*) embargo. // **~ di polizia** (*leg.*) V. **~**, def. 2; **~ durante il viaggio** (*leg.*) stoppage in transit; **mettere il ~ a un assegno** (*banca*) to stop a cheque.
ferramenta, *n. pl.* (*market.*) hardware.
ferreo, *a.* iron (*attr.*); hard-and-fast.
ferro, *n. m.* iron.
ferrovia, *n. f.* (*trasp. ferr.*) railway, rail; railroad, road (*USA*). △ **Le due città sono collegate da una ~** the two towns are linked by a railway. // **~ a binario unico** (*trasp. ferr.*) one-track railway; **~ a cremagliera** (*trasp. ferr.*) rack-railway, rackway; **una ~ a scartamento ridotto** (*trasp. ferr.*) a narrow-gauge railway, a light railway; a narrow-gage railway, a narrow-gaged railway (*USA*); **una ~ a un solo binario** (*trasp. ferr.*) a single-track railway; **~ elevata** (*trasp. ferr., USA*) elevated railroad; **~ in superficie** (*né sotterranea, né sopraelevata*) (*trasp. ferr.*) surface railway; **~ per il trasporto del carbone** (*trasp. ferr.*) coaler; **~ secondaria** (*per traffico leggero*) (*trasp. ferr.*) light railway; **~ sotterranea** (*trasp. ferr.*) underground railway, underground; **per ~** (*trasp. ferr.*) by rail, per rail; **Il documento che attesta il contratto di trasporto per ~ è la lettera di vettura** the document that evidences the contract of carriage by rail is the consignment note.
ferroviario, *a.* ❶ railway, rail; railroad (*USA*) (*tutti attr.*). ❷ (*trasp. ferr.*) by rail. △ ❶ **Ti verrò a prendere alla stazione ferroviaria** I'll meet you at the railway station; ❷ **Il trasporto ~ è più conveniente per le lunghe distanze** carriage by rail is more convenient for long distances.
festa, *n. f.* holiday. // **~ dei lavoratori** labour day; **~ del lavoro** labour day; **~ nazionale** (*leg.*) public holiday, national holiday, national day.
fetta, *n. f.* ❶ (*anche fig.*) slice. ❷ (*fig.*) section. // **una ~ dell'industria laniera** (*econ.*) a section of the wool industry; **una larga ~ degli utili** a large slice of the profits.
fettuccia, *n. f.* tape.
fiacca, *n. f.* ❶ (*stanchezza*) tiredness. ❷ (*pigrizia*) laziness; sluggishness (*anche fig.*). ❸ (*fig.*) dullness, dulness. △ ❸ **Le esportazioni hanno registrato una rapida ripresa dopo la ~ estiva** exports underwent a quick recovery after the seasonal dullness of the summer months.
fiacchezza, *n. f.* ❶ (*debolezza*) weakness. ❷ (*fig.*) dullness, slackness. ❷ **Quel periodo fu caratterizzato dalla ~ delle economie dei principali Paesi europei** that period was characterized by slackness in the economies of the principal European Countries.
fiacco, *a.* ❶ (*anche fig.*) weak. ❷ (*fig.*) dull, slack. ❸ (*econ.*) (*di mercato, ecc.*) slow, narrow. △ ❶ **Il mercato del cotone è piuttosto ~** the cotton market is rather weak; ❷ **Il mercato è ~ da diversi giorni** the market has been slack for several days; ❸ **Gli affari qui sono piuttosto fiacchi in autunno** business here is rather slow in autumn.
fiancata, *n. f.* (*trasp. mar.*) broadside.
fianco, *n. m.* side. // **~ sinistro** (*di nave*) (*trasp. mar.*) port; **a ~** (*rag.*) per contra, as per contra; **a ~ della nave** (*trasp. mar.*) overside; **a ~ di** alongside.
fiasco, *n. m.* ❶ flask. ❷ (*fig.*) failure, fiasco »; bloomer (*slang USA*).
fibra, *n. f.* fibre; fiber (*USA*). // **fibre sintetiche** (*market.*) man-made fibres.
fidarsi, *v. rifl.* to trust; to depend, to rely (on). △ **Non è il tipo d'individuo di cui ci si può fidare** that's not the kind of person you can trust; **Mi fido della tua parola** I depend (*o* rely) on your word.
fidatezza, *n. f.* ❶ trustworthiness, dependability, reliability. ❷ (*cred.*) (*di chi chiede credito*) responsibility. // **~ di chi cerca un mutuo** (*cred.*) the responsibility of one seeking a loan.
fidato, *a.* ❶ trustworthy, dependable, reliable. ❷ (*cred.*) responsible.
fidecommesso, *n. m.* (*leg.*) fidei-commissum; (deed of) trust.
fideiussione, *n. f.* (*leg.*) fidejussion, guaranty, surety, bail.
fideiussore, *n. m.* (*leg.*) fidejussor.
fido[1], *a.* V. **fidato**.
fido[2], *n. m.* ❶ (*banca, cred.*) credit. ❷ (*banca, cred.*) (*cifra di fido*) credit line, credit limit.
fiducia, *n. f.* confidence, credit, reliance, trust. △ **Conquistò la loro ~ e ottenne il posto** he won their confidence and got the job; **Non deluderanno la nostra ~** they will not deceive our confidence; **Occupava un posto di ~** he filled a position of confidence.
fiduciario, *a.* (*anche fin., leg.*) fiduciary. *n. m.* (*leg.*) trustee, fiduciary. △ *n.* **I direttori d'una banca possono essere fiduciari per i risparmiatori** the directors of a bank may be trustees for the depositors.
fiducioso, *a.* ❶ trustful, hopeful. ❷ (*anche fig., di cosa*) confident, confiding. △ ❷ **Il mercato non ha un tono ~** the market has not a confident tone.
fiera, *n. f.* (*market.*) fair, show. // **~ campionaria** (*market., pubbl.*) sample fair, trade fair; **~ commerciale** (*market., pubbl.*) trade fair; **~ del libro** (*market.*) book fair: **La ~ del Libro si terrà a Francoforte il prossimo ottobre** the Book Fair will be held in Frankfurt next October.

figlia, *n. f.* ❶ daughter. ❷ (*opposto a « madre »*, *matrice*) counterpart.

figlio, *n. m.* son. // ~ **adottivo** adopted son, adoptive son; ~ **illegittimo** (*leg.*) unlawful son; **un** ~ **naturale** (*leg.*) a natural child, an unlawful son.

figura, *n. f.* ❶ figure. ❷ (*illustrazione*) picture. ❸ (*giorn.*) graph.

figurare, *v. t.* ❶ to figure. ❷ (*rappresentare*) to represent. *v. i.* (*rag.*) to appear. △ *v. i.* **Questa voce figura al passivo in bilancio** this item appears among the liabilities on the balance sheet. // **non** ~ **in un elenco** to be unlisted: **Il suo numero telefonico non figurava nell'elenco** his telephone number was unlisted.

figurinista, *n. m.* e *f.* fashion designer, dress designer; stylist (*USA*).

fila, *n. f.* ❶ line, row, range. ❷ (*rango*) rank. ❸ (*di persone in attesa*) queue. // **le file dei disoccupati** (*sind.*) the ranks of the unemployed; **di** ~ (*di seguito*) at a stretch; running: **Non si può battere a macchina per otto ore di** ~ one can't type for eight hours at a stretch; **Ho aspettato per cinque giorni di** ~ I've been waiting for five days running.

filantropico, *a.* philanthropical, charitable.

filastrocca, *n. f.* jingle. // ~ **musicale** (*usata nella pubblicità radiotelevisiva*) (*pubbl.*) jingle.

« **file** », *n. f.* (*elab. elettr.*) file.

filetto, *n. m.* (*giorn., pubbl.*) rule, hairline.

filiale, *n. f.* (*org. az.*) branch, branch office. // ~ **di una banca** bank branch; ~ **di provincia** (*org. az.*) country branch.

film, *n. m.* (*pubbl.*) film. // ~ **a soggetto** feature film; ~ **muto** silent film; **film muti silents**; ~ **proiettato durante il volo** (*trasp. aer.*) in-flight movie; ~ **sonoro** sound-film, talking film, talking picture, talkie.

filmare, *v. t.* (*pubbl.*) to film.

filmina, *n. f.* (*pubbl.*) filmstrip.

filo¹, *n. m.* ❶ thread. ❷ (*metallico*) wire. // **il** ~ **del telefono (del telegrafo)** the telephone (telegraph) wire; **per** ~ **e per segno** in detail; **senza fili** (*comun.*) wireless.

filo-², *pref.* pro-. // **filoamericano** pro-American; **filosovietico** pro-Soviet.

filobus, *n. m. inv.* (*trasp. aut.*) trolley-bus.

filodiffusione, *n. f.* (*comun.*) wire radio, wired radio, wire broadcasting, wired wireless.

finale, *a.* ❶ final, definitive, ultimate. ❷ (*conclusivo*) conclusive. ❸ (*terminale*) terminal. △ ❶ **I risultati finali non ci sono ancora pervenuti** the ultimate results have not yet reached us.

finanza, *n. f.* ❶ (*fin.*) finance. ❷ **finanze**, *pl.* (*fin.*) finances, financial resources; (*d'un privato*) cash. △ ❷ **Dovettero chiudere per mancanza di finanze** they had to close for lack of finances. // ~ **locale** local finance; **finanze precarie** hand-to-mouth finances; ~ **pubblica** public finance, State finance; ~ **statale** State finance.

finanziamento, *n. m.* ❶ (*fin.*) financing, finance, underwriting. ❷ (*fin.*) (*prestito, mutuo*) loan. △ ❶ **Si dovrebbe disporre d'un maggiore** ~ **per incoraggiare l'espansione dei traffici** finance should be more available in order to encourage business expansion. // ~ **a breve (termine)** (*cred.*) short-term financing, lending short, short-term borrowing; **un** ~ **a medio termine** (*cred.*) a medium-term loan; **finanziamenti a tasso agevolato** (*fin.*) financing of investments assisted by Government incentives; ~ **alla piccola industria** (*fin.*) small-business financing; ~ **comune** (*fin.*) joint financing; ~ **comunitario** (*fin.*) community financing; ~ **d'attività del Governo Federale** (*in U.S:A.*), fatto senza passare attraverso la trafila delle autorizzazioni del Congresso (*fin.*) back-door financing; ~ **d'impresa** (*fin.*) financing of enterprises; **un** ~ **su titoli** (*cred.*) a loan on stock.

finanziare, *v. t.* ❶ (*in genere*) to finance. ❷ (*comun., pubbl.*) (*un programma radiotelevisivo*) to sponsor. ❸ (*cred., fin.*) (*un'impresa, anche*) to capitalize, to underwrite*; to ante (*slang USA*). ❹ (*fin.*) (*un privato*) to supply (sb.) with funds, to stake; to bankroll (*slang USA*). △ ❶ **Lo Stato dovrebbe** ~ **le imprese in grado d'aiutare la nazione a conseguire la sua ripresa economica** the State should finance those enterprises which can help the nation reach its economic recovery; ❸ **Quella società ha promesso di** ~ **una parte considerevole del nostro deficit** that company has promised to underwrite a sizable proportion of our deficit. // ~ **di nuovo** (*fin.*) to re-finance; ~ **un'impresa** (*fin., anche*) to take an interest in an enterprise.

finanziari, *n. pl.* (*Borsa*) holding company stocks.

finanziaria, *n. f.* (*fin.*) holding company.

finanziario, *a.* (*fin.*) financial, pecuniary, moneyed. △ **A causa della stretta creditizia, essi sono da mesi in difficoltà finanziarie** owing to the credit squeeze they've been in financial difficulties for several months now.

finanziatore, *n. m.* ❶ (*fin.*) financier, underwriter. ❷ (*fin.*) (*prestatore di denaro*) money lender; lombard (*storico*).

finanziere, *n. m.* ❶ (*dog.*) customs officer. ❷ (*dog.*) (*alla frontiera*) frontier guard. ❸ (*fin.*) financier. // **i finanzieri di New York** Wall Street (*fig., USA*).

finché, *cong.* ❶ (*fino a*) until, till. ❷ (*per tutto il tempo che*) as long as. △ ❶ **Continueremo a usare questo metodo** ~ **non sarà scoperto qualcosa di nuovo** we shall go on with this method until something new is discovered; ❷ **Puoi tenere la copia del documento** ~ **vuoi** you can keep the copy of the document as long as you like. // ~ **non** until.

fine¹, *a.* ❶ fine, delicate. ❷ (*sottile*) thin, slender. ❸ (*di persona*) fine, discriminating. △ ❶ **Questa distinzione è molto** ~ this is a very fine distinction; **È un'opera di** ~ **fattura** it is a piece of fine workmanship. // **finissimo** (*market.*) (*d'articolo, ecc.*) superfine.

fine², *n. f.* ❶ end, close, termination; tail (*fig.*). ❷ (*leg.*) (*d'una causa, anche*) determination. △ ❶ **Si spera che questi provvedimenti pongano** ~ **all'accaparramento dei generi alimentari** it is hoped that these measures will put an end to the cornering of foodstuffs; **La riunione del consiglio d'amministrazione sta giungendo alla** ~ the meeting of the board of directors is drawing to a close. // ~ **corrente (mese)** (*Borsa*) end current account, end this account, end this; **la** ~ **del rischio assicurato** (*ass.*) the termination of the insured risk; **la** ~ **dell'anno finanziario** (*fin.*) the end of the fiscal year; ~ **d'anno** year end; ~ **prossimo (mese)** (*Borsa*) end next account, end next; ~ **settimana** weekend; **di** ~ **d'anno** (*econ., fin., rag.*) year-end (*a. attr.*); **di** ~ **esercizio** (*econ., fin., rag.*) year-end (*a. attr.*); **verso la** ~ **di settembre** late in September.

fine³, *n. m.* ❶ (*scopo*) end, aim, goal, object, view. ❷ (*conclusione, risultato*) conclusion, result. ❸ (*confine, limite*) scope. △ ❶ **Mi chiedo quale sia il suo** ~ **ultimo** I wonder what his ultimate end (*o* aim) is; **Non abbiamo raggiunto i fini del nostro piano quinquennale** we haven't reached the goals of our five-year plan; **Non agisco per fini di lucro** I am not acting with a view to profit; ❷ **Confido di condurre a buon** ~ **l'impresa** I trust I shall bring the enterprise to a successful conclusion; ❸

Scendere a ulteriori particolari esulerebbe dai fini di questa conferenza stampa it would be outside the scope of this press conference to go into further details. // fini economici (*econ.*) economic ends; fini sociali social ends.

finestra, *n. f.* window.

finestrino, *n. m.* (*trasp. aut., trasp. ferr.*) window.

fingere, *v. t.* ❶ to feign, to pretend, to assume. ❷ (*leg.*) (*simulare*) to simulate. // ~ di non conoscere to ignore.

finire, *v. i.* ❶ to end, to end up, to come* to an end, to terminate; (*bene, male, ecc.*) to result. ❷ (*cessare, smettere*) to cease, to stop. ❸ (*market.*) (*di scorte*) to run* out. ❹ (*market.*) (*di merce*) to sell* out. ❺ (*org. az., pers.*) to stop work. *v. t.* ❶ to finish, to end, to bring* to an end, to close. ❷ (*completare*) to complete. ❸ (*concludere*) to conclude, to end by. ❹ (*fin., market.*) to run* out of, to run* short of. △ *v. i.* ❶ I nostri rapporti finiscono qui our relations end here; La sua politica economica finì in un disastro his economic policy ended (*o* resulted) in disaster; Tutti i miei sforzi finirono male all my efforts resulted badly. ❷ Ha appena finito di piovere it has just stopped raining; ❸ Le nostre provviste stanno finendo our stores are running out; ❹ La merce che avevamo in magazzino è finita our stock is sold out; ❺ A che ora finite alla fabbrica? at what time do you stop work at the factory?; *v. t.* ❶ Devo ~ questa relazione I must finish this report; Non so in che modo ~ questa relazione I don't know how to end this report; Non so come ~ questa lettera I don't know how to close this letter; ❷ Hai finito il tuo lavoro? have you completed (*o* finished) your work?; ❸ Finì dicendo che avrebbe dato le dimissioni he concluded by saying he would resign; Finì col promettere che sarebbe venuto he ended by promising he would come; ❹ Abbiamo finito i nostri fondi we have run out of funds; Ho finito i soldi I've run out of money; Abbiamo finito le scorte we have run out of stock; Stiamo finendo le materie prime we are running short of raw materials. // ~ di registrare (*rag.*) to enter up; essere finito (*di lavoro, ecc.*) to be over.

finito, *a.* ❶ finished. ❷ (*mat.*) finite, terminate. ❸ (*pers.*) (*esperto*) accomplished, skilful. // non ~ unfinished.

finitura, *n. f.* ❶ finish. ❷ (*tocco finale*) finishing touch. // finiture di precisione (*org. az.*) precision finish.

fino¹, *a. V.* fine¹.

fino² (a), *prep.* ❶ (*di tempo*) till, until, up to. ❷ (*di luogo*) as far as; to. ❸ (*di misura*) up to. △ ❶ Ti aspetterò ~ alle 20 I'll be waiting for you till 8 P.M.; Non ci saranno spedizioni ~ al prossimo mese no goods will be shipped up to next month; ❷ Siamo arrivati ~ a pagina 45 we have got as far as page 45; Mi accompagnò ~ alla stazione he took me to the station; ❸ Siamo disposti a concedervi ~ al 50% di sconto sul prezzo di listino we are open to grant you up to 50% off the list price. // ~ a quando until, till; (*interrogativo*) till when, how long?: Non posso fare altro ~ a quando la merce non mi sarà consegnata I can do nothing else until the goods are delivered to me; ~ a quando dovrò aspettare la consegna della merce? till when (*o* how long) shall I have to wait for the delivery of the goods?

finora, *avv.* till now, up to now, to date.

finto, *a.* ❶ false; mock, sham, dummy, bogus (*attr.*). ❷ (*market.*) imitation. // ~ cuoio (*market.*) imitation leather; finta pelle (*market.*) imitation leather.

finzione, *n. f.* ❶ falsehood; assumption, pretence. ❷ (*leg.*) simulation, sham.

fiorente, *a.* ❶ (*prospero*) flourishing, thriving. ❷ (*econ.*) booming. // un ~ centro turistico (*tur.*) a thriving tourist centre.

fiorino, *n. m.* (*olandese*) guilder.

fiorire, *v. i.* ❶ (*prosperare*) to flourish, to thrive*. ❷ (*econ.*) to boom.

firma, *n. f.* ❶ signature, subscription. ❷ (*leg.*) hand. △ ❶ Questa lettera aspetta la ~ di Mr Shamblin this letter is waiting for Mr Shamblin's signature; Non esiste una formula fissa per l'accettazione: è ritenuta sufficiente la ~ del trattario apposta trasversalmente sul recto della cambiale there is no prescribed formula of acceptance: the mere signature of the drawee across the face of the bill is considered sufficient; ❷ Ha già apposto la sua ~ al documento he's already set his hand to the document. // firme abbinate (*amm.*) joint signatures: Per questo tipo di contratto sono necessarie le firme abbinate joint signatures are necessary for this type of contract; una ~ autentica an authentic signature; ~ autografa (*specialm. di sovrano*) (*leg.*) sign manual; ~ d'autenticazione (*leg.*) countersignature, countersign; ~ di legalizzazione (*leg.*) countersignature, countersign; ~ disgiunta (*amm.*) disjoined signature; ~ falsa (*leg.*) forged signature, forgery; ~ in bianco blank signature; ~ per mezzo d'una croce (*leg.*) signature by mark; ~ singola (*amm.*) separate signature.

firmare, *v. t.* ❶ to sign, to subscribe. ❷ (*leg., anche*) to set* one's hand to (a document). △ ❶ Dovreste far loro ~ il documento al più presto you ought to get them to sign the document as soon as possible; Il contratto non è ancora stato firmato da entrambe le parti the contract has not been signed by both parties yet. // ~ a tergo (*cred.*) to endorse; ~ il contratto d'arruolamento (*trasp. mar.*) to sign the ship's articles; ~ la corrispondenza (*comun.*) to sign the mail; ~ di nuovo to re-sign; ~ documenti ufficiali (*leg.*) to subscribe official documents; ~ il documento di scarico di (*merci a un altro reparto, ecc.*) (*org. az.*) to sign out; ~ in calce (*un documento, una lettera, ecc.*) to undersign; ~ il registro delle presenze (*all'albergo, ecc.*) (*tur.*) to sign in; ~ la ricevuta di carico di (*merci da un altro reparto, ecc.*) (*org. az.*) to sign in; ~ un testamento (*leg.*) to sign a will; firmato undersigned.

firmatario, *n. m.* (*leg.*) signatory, signer, signee. *a.* (*leg.*) signatory. △ *a.* Le potenze firmatarie del trattato commerciale sono l'Italia e la Russia the signatory powers to the commercial treaty are Russia and Italy.

fiscale, *a.* (*fin.*) fiscal; tax, revenue (*attr.*). △ I dazi doganali possono essere protettivi o fiscali custom duties may be either protective or fiscal; La politica ~ del Governo è assai rigorosa the fiscal policy of the Government is very strict; Ci sono varie agevolazioni fiscali per il Mezzogiorno there are several tax facilities for the South of Italy; Gli Stati Uniti sono un Paese soggetto a forte pressione ~ the United States is a high-tax Country.

fiscalismo, *n. m.* (*fin.*) fiscality.

fiscalista, *n. m.* e *f.* (*fin.*) tax expert; taxation consultant.

fiscalità, *n. f.* ❶ (*fin.*) taxation, system of taxation. ❷ (*fin.*) (*fiscalismo*) fiscality. // ~ diretta (*fin.*) direct taxation; ~ indiretta (*fin.*) indirect taxation: L'applicazione più elastica della ~ diretta e indiretta incontra notevoli resistenze a more flexible handling of direct and indirect taxation meets with considerable resistance.

fisco, *n. m.* ❶ (*fin.*) (*erario*) national revenue, public revenue, inland revenue, revenue. ❷ (*fin.*) (*l'ufficio delle* *imposte*) (the) tax office; (*in G.B.*) (the) Commissioners of Inland Revenue. ❸ (*fin.*) (*chi ne cura le entrate*) (the) revenue authorities; (the) treasury officers. ❹ (*fin.*) (*storico*: *dei Romani*) fisc. // **agente del ~** tax officer, officer of inland revenue.

fisico, *a.* physical.

fisiocrate, *n. m.* (*econ.*) physiocrat.

fisiocratico, *a.* (*econ.*) physiocratic.

fisiocrazia, *n. f.* (*econ.*) physiocracy.

fissaggio, *n. m.* (*Borsa dei metalli*) fixing.

fissare, *v. t.* ❶ (*rendere fisso*) to fix, to set*. ❷ (*fermare*) to fasten. ❸ (*guardar fisso*) to fix one's eyes on (sb.); to stare at, to gaze at. ❹ (*stabilire*) to fix, to appoint, to arrange, to assign, to set* down, to settle, to state, to schedule. ❺ (*in un luogo*) to locate. ❻ (*nella memoria, ecc.*) to impress. ❼ (*fin.*) (*un'imposta, ecc.*) to assess. ❽ (*fin., market.*) (*prezzi, quotazioni, ecc.*) to peg. ❾ (*market.*) (*un prezzo, ecc., anche*) to name, to prescribe. ❿ (*tur.*) (*prenotare*) to book. △ ❶ **Bisogna ~ questi scaffali alla parete** we must fix these shelves to the wall; **Ho fissato la mia attenzione su quell'impiegato** I have fixed my attention on that clerk; ❹ **La segretaria ha fissato un appuntamento con Mr Brown** the secretary has fixed an appointment with Mr Brown; **Il prezzo dell'oro è stato fissato in 4.000 lire il grammo** the price of gold has been fixed at 4,000 lire a gram; **La riunione è stata fissata per domani** the meeting has been arranged for to-morrow; **L'ora fissata per la riunione è le 9 di mattina** the time appointed for the meeting is 9 A.M.; **È stato fissato il giorno della riunione?** has a day been assigned for the meeting?; **Non è ancora stata fissata la data della conferenza stampa** the day of the press conference has not been settled yet; **La commissione internazionale ha fissato le nuove norme in materia tariffaria** the international commission has set down the new rules about tariffs; **Tale procedura è fissata dalla legge** such procedure is stated by the law; **L'assemblea dei creditori è stata fissata per la prossima settimana** a meeting of the creditors has been scheduled for next week; ❽ **La lira è stata fissata a 850 rispetto al dollaro** the lira has been pegged at 850 to the dollar; ❾ **Il prezzo fu fissato dalla direzione** the price was prescribed by the management; ❿ **Ha fissato le camere in albergo?** have you booked the rooms at the hotel? // **~ a un paranco** (*trasp. mar.*) to tackle; **~ l'ammontare dei danni da pagare** (*ass.*) to fix the amount of damages to be allowed; **~ l'ammontare del premio per** (*un certo rischio*) (*ass.*) to rate; **~ il corso di** (*qc.*) (*Borsa, fin.*) to price; (*econ., market.*) to price; **~ una data** to fix a date; **~ una data somma come risarcimento di danni** (*leg.*) to lay damages at a certain sum; **~ di nuovo** (*un'imposta, un imponibile, ecc.*) (*fin.*) to re-assess; **~ il giorno del processo** (*leg.*) to assign a day for the trial; **~ i prezzi** (*market.*) to fix prices; **~ prezzi e condizioni** (*market.*) to name prices and terms; **~ un prezzo** (*da «spuntare» in una transazione, ecc.*) (*econ.*) to target a price; (*market.*) (*di venditore e acquirente*) to settle a price: **Il prezzo fissato originariamente non fu raggiunto a causa della sensibile diminuzione della domanda** the price originally targeted was not reached owing to the sharp decline in demand; **~ il prezzo di** (*qc.*) (*Borsa, fin.*) to price; (*econ., market.*) to price; (*market.*) to tag: **Abbiamo deciso di ~ il prezzo di questo articolo in 20 dollari** we've decided to tag this article at 20 dollars; **~ un prezzo proibitivo per qc.** (*col risultato di escludersi dal mercato*) (*market.*) to price st. out of the market; **~** (*d'autorità*) **le spese processuali** (*leg.*) to tax the costs of an action in Court; **~ le tariffe per il trasporto delle merci** (*trasp.*) to rate goods; **~ un'udienza** (*leg.*) to call a case.

fissato, *a.* ❶ fixed (*V.* **fissare**). ❷ (*dichiarato, dato*) stated, given. ❸ (*nella memoria, ecc.*) impressed. ❹ (*leg.*) vested. ❺ (*market.*) (*di prezzo, anche*) named, prescribed. // **~ bollato** (*Borsa, fin.*) contract note; (*d'acquisto*) bought note, purchase confirmation; (*di vendita*) sold note, sale confirmation; **~ dalla legge** (*leg.*) statutory.

fissazione, *n. f.* ❶ (*in genere*) fixing. ❷ (*ossessione*) fixed idea, obsession. ❸ (*market.*) (*di prezzi, anche*) prescription. // **la ~ dei prezzi** (*econ.*) the fixing of prices, price-fixing; **la ~ del valore in dogana** (*dog.*) the valuation for customs purposes; **la ~ delle nuove parità** (*fin.*) the fixing of the new parities; **~ dell'ammontare del premio** (*per un certo rischio*) (*ass.*) rating.

fisso, *a.* ❶ fixed, set. ❷ (*di prezzo, anche*) standing, flat. ❸ (*stabilito, fissato*) settled, stated. ❹ (*stazionario*) stationary, steady. △ ❶ **Vendiamo soltanto a prezzi fissi** we only sell at fixed prices; **Non esistono regole fisse per quanto riguarda le tecniche di vendita** there are no set rules as far as selling techniques are concerned. // **un impiegato ~** an employee on the regular staff.

fittaiolo, *n. m.* ❶ (*leg.*) tenant-farmer, tenant, renter. ❷ (i) **fittaioli**, *pl.* (*d'una proprietà*) (*leg.*) tenantry.

fittavolo, *n. m. V.* **fittaiolo**.

fittizio, *a.* fictitious, dummy, sham.

fitto[1], *a.* thick, dense, close.

fitto[2], *n. m. V.* **affitto**.

fiume, *n. m.* river. // **un ~ navigabile** (*trasp.*) a navigable river; **un ~ non navigabile** (*trasp.*) an unnavigable river.

flagrante, *a.* flagrant. // **in ~** (*leg.*) in the act.

flagranza, *n. f.* (*leg.*) flagrancy. // **in ~ di reato** (*leg.*) red-handed (*a. attr.*).

flessibile, *a.* (*anche fig.*) flexible.

flessibilità, *n. f.* (*anche fig.*) flexibility. // **~ automatica** (*dei tassi di cambio*) (*fin.*) built-in flexibility; **~ illimitata** (*fin.*) unlimited flexibility; **~ libera** (*fin.*) unmanaged flexibility: **La ~ illimitata o libera è quella nella quale si hanno libere fluttuazioni dei tassi di cambio senza che alcun intervento ufficiale possa interferire con il meccanismo della domanda e dell'offerta** unlimited or unmanaged flexibility is one in which there are freely fluctuating exchange rates and no intervention is allowed to interfere with the demand-supply mechanism; **~ limitata** (*fin.*) limited flexibility; **~ manovrata** (*fin.*) managed flexibility: **La ~ limitata o manovrata è quella in cui le autorità monetarie possono operare sul mercato dei cambi per impedire che i tassi raggiungano i punti estremi** (*della fascia d'oscillazione*) limited or managed flexibility is one in which the monetary authorities may operate in the exchange market to prevent the exchange rate from reaching the edges.

flessione, *n. f.* ❶ flection; flexion. ❷ (*econ., fin.*) decrease, decline, drop, downswing, downturn. ❸ (*econ., fin.*) (*p. es. della domanda*) cooling-off. ❹ (*market.*) (*di prezzi, ecc.*) falling-off, sag. △ ❷ **C'è stata soltanto una esigua ~ dei prezzi** there's been but a fractional decrease in prices; **A causa del relativo rallentamento della produzione siderurgica in tutta la Comunità, gli scambi di minerali di ferro hanno registrato una forte ~ rispetto all'anno precedente** because of the relatively weak state of iron and steel production throughout the Community, trade in iron ore showed a sharp decrease compared with the previous year; **La sfavorevole evoluzione della produzione carbonifera e la persistente tendenza alla riduzione del consumo di**

carbone hanno determinato un'ulteriore ~ nel commercio di prodotti carboniferi the unfavourable trend of coal production and the continuing tendency for consumption to fall were again reflected in a further decline of trade in coal products; **Vi sono state flessioni delle esportazioni italiane** there were drops in Italian exports; **Nel settore delle uova, la ~ degli scambi è continuata** trade in eggs continued to decline; ❹ **Nei Paesi Bassi ci fu una ~ temporanea del prezzo dei vitelli** in the Netherlands, there was a temporary falling-off in the prices for calves. // **una ~ del gettito fiscale** (*fin.*) a drop in state revenues; **una ~ nelle quotazioni** (*Borsa*) a slump in prices.

florido, *a.* flourishing, thriving.

flotta, *n. f.* (*trasp. mar.*) fleet, navy. // ~ **mercantile** (*trasp. mar.*) merchant fleet, merchant navy: **La loro ~ mercantile non ha praticamente concorrenti** their merchant navy has practically no competitors.

flottante, *n. m.* (*nelle locuz.* a largo ~, a scarso ~) V. *sotto* **titolo**.

fluidezza, *n. f.* V. **fluidità**.

fluidità, *n. f.* (*anche fig.*) fluidity.

fluido, *a.* (*anche fig.*) fluid.

fluire, *v. i.* to flow. // ~ **copiosamente** (*di liquido, e fig.*) to pour.

flusso, *n. m.* ❶ flow, stream. ❷ (*elab. elettr.*) flow. ❸ (*trasp. mar.*) (*di marea*) flow. // ~ **d'informazioni** (*org. az.*) information flow; ~ **di materiali** (*org. az.*) flow of materials; ~ **finanziario** (*econ.*) flow of funds.

flussoschema, *n. m.* (*org. az.*) flow chart, flow sheet.

fluttuante, *a.* ❶ fluctuant, fluctuating, floating. ❷ (*econ., fig.*) (*di moneta*) floating. ❸ (*fin.*) (*di debito pubblico*) unfunded.

fluttuare, *v. i.* ❶ to fluctuate, to float, to swing* (*anche fig.*). ❷ (*econ., fin.*) to float. △ ❷ **La sterlina e la lira fluttuano ora sotto il fondo del tunnel monetario** the pound and the lira are now floating below the floor of the tube. // **il ~ dei prezzi** (*market.*) the swing of prices.

fluttuazione, *n. f.* ❶ fluctuation, swing (*anche fig.*). ❷ (*econ., fig.*) (*di una moneta*) floating, float. △ ❶ **Si sono avute notevoli fluttuazioni nei prezzi dei generi alimentari** there have been remarkable fluctuations in food prices; **Si sono verificate ampie fluttuazioni di mercato nel corso della giornata** there have been wide intraday fluctuations in the market; **Tutte le nazioni industrializzate sono soggette a periodiche fluttuazioni di prosperità e di depressione** all industrialized nations are subject to periodic swings of prosperity and depression. // ~ **ciclica** (*econ.*) cyclical fluctuation; ~ **comune delle monete europee** (*econ., fin.*) joint floating of European currencies, joint European float; ~ **controllata** (*d'una moneta*) (*econ., fin.*) controlled floating, managed floating; **le fluttuazioni della congiuntura** (*econ.*) the increase and decrease of economic activity; **fluttuazioni delle monete** (*econ.*) currency fluctuations; **la ~ libera della sterlina al di sotto del tunnel monetario europeo** (*econ., fin.*) the « free and low » float of the pound; **fluttuazioni stagionali** (*econ.*) seasonal fluctuations; ~ **verso l'alto** (*d'una moneta*) (*econ., fin.*) floating up; ~ **verso il basso** (*d'una moneta*) (*econ., fin.*) floating down.

fluviale, *a.* (*trasp. mar.*) fluvial; river (*attr.*). // **navigazione ~** river navigation; **vie fluviali** inland waterways.

F.O.B. destino, *locuz. avv.* (*trasp. mar.*) ex ship, free overside, under ship's derrick, under ship's tackle.

F.O.B. partenza, *locuz. avv.* (*trasp. mar.*) free on board.

foglietto, *n. m.* slip (of paper); (*volantino*) leaflet. // ~ **di carta intestata** notehead, noteheading; ~ **pubblicitario** (*pubbl.*) handbill; throwaway, dodger (*USA*).

foglio, *n. m.* ❶ (*di carta, ecc.*) sheet. ❷ (*giorn.*) (*giornale*) newspaper, paper. ❸ (*giorn., pubbl.*) folio. ❹ (*giorn., pubbl.*) (*inserito in un giornale*) insert, inset. // ~ **con diagramma** chart; ~ **delle presenze** (*pers.*) attendance sheet; ~ **di carta carbone** (*attr. uff.*) carbon; ~ **di carta intestata** letterhead, letterheading; **il ~ d'entrata** (*in un* « *trittico* ») (*dog.*) the importation voucher (*of a pass sheet*); ~ **d'istruzioni** (*org. az.*) job sheet, instruction card; ~ **di liquidazione** (*Borsa*) clearing sheet; ~ **di marcia** (*cronot.*) work sheet; ~ **di presenza** (*pers.*) time-sheet; ~ **di programma** (*elab. elettr.*) programme sheet; ~ **di prolungamento** (*d'un documento*) allonge; ~ **di riscontro** (*market.*) tally sheet, tally card; ~ **di sottoscrizione e di ripartizione** (*d'azioni*) (*fin.*) application and allotment sheet; **il ~ d'uscita** (*in un* « *trittico* ») (*dog.*) the exportation voucher (*of a pass sheet*); **fogli esterni** (*d'una risma di carta*) (*pubbl.*) outside; ~ **illustrativo** (*del funzionamento d'una macchina e sim.*) (*org. az.*) work sheet; ~ **indipendente** (*giorn.*) independent paper; ~ **intero** (*di libro mastro*) (*rag.*) folio; **fogli mobili d'aggiornamento** amendment sheets; ~ **paga** (*pers.*) wage-sheet; ~ **per le risposte** (*in un questionario, ecc.*) (*market., pubbl.*) reply sheet; ~ **protocollo** (*per uso bollo*) (*leg.*) legal cap; ~ **volante** (*pubbl.*) fly sheet, handbill; **a fogli mobili** (*giorn., pubbl.*) loose-leaf; **a fogli staccati** (*giorn., pubbl.*) loose-leaf.

folio, *n. m.* (*nella locuz.*) **in ~** (*giorn., pubbl.*) folio (*a. attr.*).

folla, *n. f.* crowd.

fonda, *n. f.* (*trasp. mar.*) anchorage. // **essere alla ~** (*trasp. mar.*) to be (*o* to lie, *o* to ride) at anchor.

fondamentale, *a.* fundamental, essential, primary, prime, ultimate, vital.

fondamento, *n. m.* ❶ (*anche fig.*) foundation, basis*. ❷ (*pavimento*) floor. ❸ (*motivo*) ground. △ ❶ **Hai posto le fondamenta d'una brillante carriera** you have laid the foundations of a brilliant career. // **senza ~** (*d'un'accusa*) (*leg.*) groundless; unfounded.

fondare, *v. t.* ❶ (*porre le fondamenta di, basare*) to found, to base, to ground. ❷ (*costituire, formare*) to found, to constitute, to establish, to institute, to set* up, to start. △ ❶ **La mia relazione è fondata su fatti** my report is founded on facts; **Il vostro reclamo è fondato** (*si basa*) **su solide fondamenta** your claim is founded on a solid basis; ❷ **La nostra ditta fu fondata più di cento anni fa** our firm was founded over a hundred years ago; **Quella compagnia d'assicurazioni fu fondata nel 1874** that insurance company was established in 1874; **Il nostro giornale fu fondato nel 1916** our newspaper was started in 1916. // ~ **un comitato** to set up a committee; ~ **e avviare** to get afloat: **Oggigiorno è difficile ~ e avviare una società** it's hard to get (*o* to set) a company afloat nowadays.

fondarsi, *v. rifl.* ❶ to be founded. ❷ (*di persona*) to base oneself. ❸ (*anche leg.*) to rest. △ ❶ **I miei argomenti si fondano su fatti** my arguments are founded (*o* based) on facts; ❸ **Il verdetto si fonda su vari precedenti** the verdict rests on several precedents.

fondatezza, *n. f.* (*anche leg.*) validity. // **la ~ d'una pretesa** (*leg.*) the validity of a claim.

fondato, *a.* (*anche leg.*) valid. // **essere ~** to be founded; (*leg., anche*) to lie, to rest.

fondatore, *n. m.* ❶ founder. ❷ (*fin.*) (*d'una società*) promoter. // ~ **di società per azioni** (*fin.*) company promoter.

fondazione, *n. f.* ❶ foundation, constitution, establishment, set-up. ❷ (*fin.*) (*d'una società*) promotion. // la ~ **d'una società per azioni** (*fin.*) the promotion of a joint stock company.

fondere, *v. t.* ❶ (*metalli, ecc.*) to melt. ❷ (*mescolare*) to blend. ❸ (*econ., fin.*) to amalgamate, to combine, to consolidate, to incorporate, to merge. △ ❸ **Stanno progettando di ~ le due aziende** they are planning to merge the two concerns. // ~ **banche** (*fin.*) to consolidate banks.

fonderia, *n. f.* iron-foundry.

fondersi, *v. rifl.* ❶ (*di neve e sim.*) to melt. ❷ (*di colori, ecc.*) to dissolve. *v. recipr.* (*econ., fin.*) to amalgamate, to combine, to incorporate, to merge. △ *v. recipr.* **Alcune società di minore importanza si sono fuse per formare una nuova impresa** a number of smaller companies have amalgamated to form a new concern; **Secondo le ultime voci, le due banche si fonderanno nel prossimo futuro** according to the latest rumour, the two banks will combine in the near future; **Le due ditte si fonderanno non appena avranno maggiori fondi** the two firms will incorporate as soon as they have more funds; **Le due banche maggiori si fusero per schiacciare le concorrenti** the two major banks merged in order to dwarf competitors.

fondiario, *a.* (*econ.*) landed, land (*attr.*); agricultural. // **banca di credito ~** agricultural bank; **imposta fondiaria** (*fin.*) land tax; **proprietà fondiaria** landed property.

fondo, *n. m.* ❶ (*parte più bassa*) bottom. ❷ (*estremità*) end. ❸ (*parte posteriore*) back. ❹ (*proprietà*) estate, property. ❺ (*econ.*) (*d'una congiuntura*) trough. ❻ (*econ., fin.*) (*del tunnel monetario*) floor. ❼ (*fin., rag.*) fund. ❽ (*trasp. mar.*) (*del mare, ecc.*) ground, bottom. ❾ **fondi,** *pl.* (*fin., rag.*) funds; money, exchequer (*sing.*). △ ❶ **I prezzi hanno toccato il ~** prices have reached the bottom; ❺ **Temo che ormai si sia giunti al ~ della congiuntura** I am afraid we are right in the trough of the slump; ❻ **La sterlina aveva toccato il ~ del tunnel monetario** the pound had sunk to the floor of the (monetary) tube; ❼ **Siamo rimasti senza fondi** we have run out of funds; ❽ **La nave s'incagliò sul ~ dopo la tempesta** the ship took ground after the storm. // **~ a capitale fisso** (*fin.*) closed-end fund; **~ a capitale variabile** (*fin.*) open-end fund; **il ~ Agricolo Europeo d'Orientamento e Garanzia** (*econ.*) the European Agricultural Guidance and Guarantee Fund; **~ « aperto »** (*fin.*) open-end fund; **~ cassa per piccole spese** (*rag.*) imprest fund; **~ « chiuso »** (*fin.*) closed-end fund; **~ comune d'investimento** (*fin.*) investment fund, investment trust, unit trust; mutual fund (*USA*); **~ comune d'investimento di tipo « aperto »** (*fin.*) open-end trust; **~ comune d'investimento di tipo « chiuso »** (*fin.*) closed-end trust; **~ Comune Europeo** (*econ., fin.*) Common European Fund; **il ~ Comunitario** (*della CEE*) the Community Fund; **~** (*d'investimento*) **con basso indebitamento** (*fin.*) low-geared trust; low-leverage trust (*USA*); **fondi con « effetto leva »** (*Borsa, fin.*) leverage funds; **~** (*d'investimento*) **con forte indebitamento** (*fin.*) highly geared trust; high-leverage trust (*USA*); **~** (*d'investimento*) **con sole azioni ordinarie** (*fin.*) trust without any gearing; trust without any leverage (*USA*); **~ costituito col valore nominale delle azioni** (*fin.*) (*quando la società riscatta azioni privilegiate*) capital redemption reserve fund; **~ del mare** (*trasp. mar.*) sea floor; **~ del Tesoro** (*presso la Banca d'Inghilterra*) (*fin.*) Consolidated Fund; **~ della stiva** (*trasp. mar.*) dunnage; **~ d'ammortamento** (*fin., rag.*) sinking fund, depreciation fund, redemption fund; (*rag.*) allowance for depreciation, reserve for depreciation; **fondi d'assistenza** relief funds; **~ di cassa** (*rag.*) cash in hand; **~ di cassa per le piccole spese** (*rag.*) petty cash; **~ di cauzione** (*fin.*) guarantee fund; **fondi di copertura** (*Borsa, fin.*) hedge funds; **~ di deprezzamento** (*fin., rag.*) depreciation fund; **~ di dotazione** (*rag.*) endowment fund; **~ di garanzia** (*fin.*) guarantee fund; **~ d'investimento a capitale fisso** closed-end investment fund, fixed trust; **~ d'investimento a capitale variabile** (*fin.*) open-end investment fund; **~ d'investimento a portafoglio differenziato** (*fin.*) diversified investment fund; **~ d'investimento a portafoglio indifferenziato** (*fin.*) non-diversified investment fund; **~ d'investimento « aperto »** (*fin.*) open-end investment fund; **~ d'investimento « chiuso »** (*fin.*) closed-end investment fund; **~ d'investimento con portafoglio equamente costituito da azioni e obbligazioni** (*fin.*) balanced investment fund; **~ d'investimento operante all'estero** (*in origine, fuori degli U.S.A.*) (*fin.*) offshore fund: **I fondi d'investimento operanti in Europa sono più o meno un fenomeno dell'ultimo decennio** offshore funds are a phenomenon of the last decade or so; **~ d'investimento operante in patria** (*in origine, negli U.S.A.*) (*fin.*) onshore fund: **Nel 1966 l'I.O.S. mutò il suo stato giuridico da ~ d'investimento operante negli U.S.A. a ~ operante nei Paesi stranieri** in 1966 I.O.S. changed its status from onshore to offshore; **fondi di magazzino** (*market.*) remainders, rummage (*sing.*); **~ di previdenza** (*pers., rag.*) provident fund, contingency fund; **fondi di protezione** (*Borsa, fin.*) hedge funds; **~ di riserva** (*fin., rag.*) reserve fund, reserve, emergency fund, earned surplus; backlog (*slang USA*); **~ di riserva per far fronte al rimborso** (*di parte del premio*) **in caso di disdetta anticipata** (*della polizza*) (*ass.*) unearned premium reserve; **~ di riserva per i rimborsi di capitale** (*fin.*) capital redemption reserve fund; **~ di stabilizzazione** (*tenuto da un Governo per controllare le quotazioni estere della propria valuta*) (*econ.*) stabilization fund; **fondi disponibili** available funds; **~ imposte da liquidare** (*rag.*) provision account for income taxes, reserve account for income taxes; **« fondi insufficienti »** (*nel conto d'un cliente: per coprire un assegno*) (*banca*) « not sufficient funds »; **fondi investiti in azioni di società di recente formazione** (*fin.*) venture capital; **fondi liberi** (*fin., rag.*) loose funds; **~ marino** (*trasp. mar.*) sea bed; **~ monetario comune** (*fin.*) pool; **~ Monetario Internazionale (FMI)** International Monetary Fund (*IMF*); **fondi non completamente utilizzati** (*fin.*) unexhausted funds; **fondi non esauriti** (*fin.*) unexhausted funds; **~ pensioni** (*pers., rag.*) pension fund; **fondi privi di qualsiasi destinazione** (*fin., rag.*) loose funds; **fondi propri** (*fin.*) own funds; **fondi pubblici** (*fin.*) public funds; **« fondi rischi »** (*rag.*) provision accounts, reserve accounts, valuation accounts; **~ rotativo** (*cred., fin.*) revolving fund; **~ rustico** country estate, farm; **~ salari** (*econ.*) wages fund; **fondi sociali** (*fin.*) partnership funds; **il ~ Sociale Europeo** (*fin.*) the European Social Fund; **fondi su cui si ha dominio** (*non affittati*) (*leg.*) demesne; **~ svalutazione** (*merci, titoli, ecc.*) (*rag.*) provision account for depreciation, reserve account for depreciation; **~ svalutazione crediti** (*rag.*) allowance for bad debts, allowance for dubious accounts, provision account for bad debts, reserve account for bad debts; **« ~ tasse »** (*rag.*) « accrued taxes »; **~ urbano** building; (*casa*) house; (*negozio*) shop; **« ~ utili »** (*org. az.*) benefit fund; **articolo di ~** (*giorn.*) leader, editorial; **essere privo di fondi** to be out of funds; to boff out (*slang USA*); **« senza fondi »** (*banca*) (*di conto*) « no funds » (*N.F.*).

fonogramma, *n. m.* (*comun.*) written telephone message.

fonoriproduttore, *n. m.* (*macch. uff.*) transcribing machine.

fonte, *n. f.* ❶ source. ❷ (*giorn.*) source. △ ❷ **La notizia viene da fonti vicine alla presidenza** the news comes from sources close to the president. // **fonti d'approvvigionamento** (*org. az.*) supply sources; ~ **di grandi guadagni** source of big earnings; bonanza (*USA*); **una ~ d'informazioni** (*giorn.*) a source of information; ~ **di profitti illegali** source of illegal profits; gravy (*slang USA*); ~ **di reddito** (*econ., fin.*) source of income; **fonti di reddito** (*econ., fin.*) resources; **fonti di rifornimento** (*org. az.*) supply sources; **da ~ autorevole** from an authoritative source.

forare, *v. t.* ❶ to pierce; to bore. ❷ (*trapanare*) to drill. ❸ (*biglietti, ecc.*) to punch.

forcella, *n. f.* (*econ.*) bracket. // **la ~ dei prezzi indicativi dei due Stati Membri produttori** the target price bracket of the two producing Member States.

forense, *a.* (*leg.*) forensic.

forfait, *n. m.* lump sum. // **a ~** on a lump-sum basis; contractually (*avv.*); contract (*a. attr.*): **Purtroppo ho dovuto accettare il pagamento a ~** unfortunately I had to accept payment on a lump-sum basis.

forfettaggio, *n. m.* (*comm. est., fin.*) forfaitement (*francese*) (*tecnica di credito all'esportazione*).

forfettario, *a.* contract (*attr.*). // **pagamento ~** lump-sum payment; **prezzo ~** contract price.

forma, *n. f.* ❶ form, shape, frame. ❷ (*leg.*) form. ❸ (*pubbl.*) form. // **forme d'organizzazione commerciale** (*org. az.*) forms of business organization; ~ **di vendita diretta « porta a porta »** (*market.*) door-to-door sales approach; ~ **e sostanza** (*leg.*) form and substance; **una ~ fissa di richiesta d'informazioni** (*comun.*) a set form of enquiry; **« forma mentis »** cast of mind: **Ha una « forma mentis » commerciale** he has a mind of commercial cast.

formale, *a.* formal.

formalità, *n. f. inv.* formality. △ **Si tratterà d'una pura ~** it's going to be a mere formality; **L'importazione e l'esportazione non dovrebbero essere subordinate all'espletamento di formalità come licenze, visti e autorizzazioni** imports and exports should not be subject to such formalities as licenses, visas and authorizations. // **formalità di frontiera** (*comm. est.*) frontier formalities; **formalità doganali** (*dog.*) customs formalities; **senza ~** informally (*avv.*); informal (*a.*).

formare, *v. t.* ❶ to form, to constitute. ❷ (*modellare*) to shape, to frame. // **~ un « cartello »** (*econ.*) to cartelize; **~ un numero** (*telefonico*) (*comun.*) to dial a number; **~ riserve di** (*materie prime, merci, ecc.*) (*org. az.*) to stockpile; **~ una società** (*leg.*) (*di persone*) to form a partnership; **~** (*di capitali*) to constitute a company; **essere formato da** to consist of: **La nostra ordinazione precedente era formata dalle seguenti voci** our previous order consisted of the following articles.

formato, *n. m.* (*giorn., pubbl.*) (*d'un libro, ecc.*) format.

formatore d'opinione, *n. m.* (*market., pubbl.*) opinion leader, opinion maker.

formazione, *n. f.* ❶ formation, constitution. ❷ (*pers.*) (*addestramento*) coaching, training. // **~ dei dirigenti** (*org. az.*) executive coaching, manager development; **~ dei prezzi** (*econ.*) price formation; **~ d'un « cartello »** (*econ.*) cartelization; **~ professionale** (*pers.*) vocational training: **Quello della mancanza d'una vera ~ professionale è uno dei maggiori problemi che le industrie devono affrontare** the lack of a real vocational training is one of the biggest problems industries must face.

formula, *n. f.* ❶ (*mat.*) formula*. ❷ (*forma*) form. ❸ (*dicitura*) wording. // **~ di promulgazione d'una legge** (*leg.*) enacting clause; **~ iniziale** (*nelle lettere*: *p. es., Dear Sir*) (*comun.*) salutation.

formulare, *v. t.* ❶ to formulate. ❷ (*formare*) to form, to frame. ❸ (*esprimere*) to express, to word. // **~ degli obiettivi** (*org. az.*) to set objectives; **~ giudizi utili di politica economica** (*econ.*) to issue useful assessments of economic policy; **~ un piano** to form a plan, to draw a plan; **~** (*piani, ecc.*) **su scala ridotta** (*econ.*) to rescale; **formulato in un codice** (*leg.*) written.

formulazione, *n. f.* ❶ formulation, wording. ❷ (*formazione*) formation, framing. △ ❶ **Quando si scrive una domanda d'assunzione, è importantissimo usare una ~ precisa e accurata** careful and precise wording is very important in writing a letter of application.

fornire, *v. t.* ❶ to furnish, to provide; (*dare*) to give*, to contribute. ❷ (*eseguire*: *una prestazione*) to perform. ❸ (*market.*) to furnish, to supply. ❹ (*org. az.*) to stock. △ ❶ **Al nostro agente saranno fornite tutte le informazioni necessarie** our agent will be provided with all the necessary information; **Poterono ~ una grossa somma di denaro** they were able to contribute a large sum of money; ❷ **La nostra agenzia fornisce oltre venti prestazioni diverse** our agency performs more than twenty distinct services; ❸ **Temo di non potervi ~ gli articoli che vi occorrono** I am afraid I cannot supply you with the articles you need. // **~ qc. a q.** to furnish sb. with st.: **Il nostro agente di New York vi fornirà tutte le informazioni di cui avete bisogno** our agent in New York will furnish you with all the information you need; **~ cauzione** (*leg.*) to give security; **~ la copertura per** (*banca, cred.*) to cover: **È stata fornita la copertura per l'assegno** the cheque has been covered; **~ dati sulla manodopera occupata in agricoltura** (*stat.*) to furnish data on manpower in agriculture; **~** (*q.*) **di biglietto** (*trasp.*) to ticket: **I bambini al di sotto dei dodici anni non possono essere forniti di biglietto a meno che non siano accompagnati da un genitore o da chi ne fa le veci** children under twelve cannot be ticketed unless accompanied by parent or guardian; **~** (*articoli, ecc.*) **di cartellino segnaprezzo** (*market.*) to tag; **~ di codice d'avviamento postale** (*comun., USA*) to zip-code; **~** (*un libro*) **d'indice analitico** to index; **~ di macchinari** (*org. az.*) to mechanize; **~** (*un'azienda, ecc.*) **di nuovo personale** (*org. az., pers.*) to restaff; **~** (*q.*) **di referenze** (*pers.*) to reference; **~** (*un giornale, ecc.*) **d'un sottotitolo** (*giorn.*) to headline; **~** (*un giornale, ecc.*) **d'un titolo** (*giorn.*) to headline; **~** (*una nave*) **di tutti i documenti** (*trasp. mar.*) to document; **~ d'uomini** to man; **~ prove** (*leg.*) to bring evidence, to put in evidence; **~ le prove d'un sinistro** (*ass.*) to prove a loss; **essere fornito di** (*market.*) (*di negozio*) to carry: **Il nostro negozio sarà fornito di articoli di gomma** our shop will carry rubber goods.

fornitore, *n. m.* ❶ (*econ., market.*) supplier, furnisher, stockist. ❷ (*market.*) (*di viveri*) victualler. // **« ~** (**o fornitori**) **della Casa Reale »** « by appointment to H. M. the Queen (o H. M. the King) »; **~ di materiali** (*p. es., nell'edilizia*) (*econ.*) materialman; **~ navale** (*trasp. mar.*) ship-chandler.

fornitura, *n. f.* ❶ supply; (*il fornire, anche*) supplying. ❷ **forniture,** *pl.* supplies, stores; (*attrezzature*) furnishings, fittings. △ ❶ **Alcuni Paesi del Medio Oriente hanno minacciato di bloccare le forniture di petrolio** some Middle-Eastern Countries have threatened to stop

their supplies of oil. // **forniture di bordo** (*trasp. mar.*) ship's stores; **forniture effettuate** (*econ.*) supplies provided; **forniture navali** (*trasp. mar.*) ship's stores; (*l'azienda*) ship-chandlery; **forniture per ufficio** office furnishings.
foro¹, *n. m.* hole. // **fori d'alimentazione** (*elab. elettr.*) feed holes.
Foro², *n. m.* ❶ (*leg.*) (*tribunale*) Court of justice; law-Court. ❷ (*leg.*) (*l'avvocatura*) (the) Bar. △ ❶ **Per questa causa la competenza è del ~ di Milano** this case falls within the cognizance of the Milan law-Court; ❷ **È uno dei primi avvocati del ~ romano** he is one of the best lawyers of the Roman Bar.
forte, *a.* ❶ strong. ❷ (*duro*) hard. ❸ (*considerevole, grande*) big, high, remarkable, considerable, large; large-scale (*attr.*). ❹ (*della concorrenza*) keen. ❺ (*pubbl.*) (*detto di negativa*) dense. △ ❶ **Mr Campbell è l'uomo ~ della loro organizzazione** Mr Campbell is the strong man in their organization; ❸ **C'è stato un ~ aumento dei prezzi** there has been a big rise in prices; ❹ **C'è sempre stata una ~ concorrenza commerciale fra i due Paesi** there has always been a keen trade competition between the two Countries. // **~ crollo dei prezzi** (*dei titoli*) **su un grosso volume d'affari** (*seguito da una ripresa*) (*Borsa, fin.*) selling climax; **una ~ diminuzione** (*di prezzi*) (*market.*) a big fall; **un ~ disavanzo** (*fin., rag.*) a high deficit; **un ~ guadagno** a large gain; **un ~ incremento dei prezzi** (*market.*) a substantial rise in prices; **~ influsso** strong influence; impact; **una ~ perdita** a heavy loss; **forti spese** large expenditures, heavy expenses.
fortemente, *avv.* strongly.
fortificare, *v. t.* to strengthen.
« **fortran** », *n. m.* (*elab. elettr.*) (*linguaggio algebrico e logico per la programmazione d'un elaboratore elettronico*) fortran.
fortuito, *a.* fortuitous, accidental, contingent; chance, random (*attr.*).
fortuna, *n. f.* fortune, luck, chance; bonanza (*fam.*).
fortunato, *a.* ❶ fortunate, lucky. ❷ (*che ha successo*) successful.
forza, *n. f.* ❶ strength, force. ❷ (*potenza*) power. ❸ (*giorn., pubbl.*) (*d'un carattere tipografico*) weight. ❹ (*pubbl.*) (*del messaggio pubblicitario*) impact. △ ❶ **Ci sarà una prova di ~ fra il presidente e il consigliere delegato** there will be a trial of strength between the chairman and the managing director; **Dobbiamo unire le nostre forze** we must join our forces. // **forze del lavoro** (*econ., stat.*) labour force, work force, manpower; **la ~ della legge** (*leg.*) the power of the law; **~ d'attrazione** (*econ.*) pull force; **forze di lavoro** (*econ., stat.*) V. **forze del lavoro**; **~ d'urto** impact; **~ finanziaria stimata** (*fin.*) estimated financial strength; **~** (*di*) **lavoro** (*econ., org. az.*) work force, manpower; **~ maggiore** (*ass., leg.*) force majeure, act of God, cause beyond one's control; **~ motrice** (*org. az.*) power; **la ~ pubblica** the police; **~ respingente** (*econ.*) push force; **~ vapore** steam-power; **a tutta ~** (*trasp. mar.*) at full speed: **Avanti a tutta ~!** (*trasp. mar.*) full speed ahead!; **a** (**viva**) **~** forcibly.
forzare, *v. t.* ❶ (*costringere*) to force, to compel. ❷ (*sforzare*) to force, to strain. ❸ (*leg.*) (*aprire con la forza*) to force (st.) open; to break* (st.) open.
forzato, *a.* forced, compulsory, involuntary.
forziere, *n. m.* coffer, strong-box.
forzoso, *a.* forced, compulsory.
foto, *n. f. inv.* photo. // **~ d'archivio** (*giorn.*) stock photo; **~ di copertina** (*giorn.*) cover photo; **~ di repertorio** (*giorn.*) stock photo.
fotocolor, *n. m.* (*pubbl.*) colour transparency.

fotocopia, *n. f.* (*giorn., pubbl.*) photocopy.
fotocopiare, *v. t.* (*giorn., pubbl.*) to photocopy.
fotografare, *v. t.* (*giorn., pubbl.*) to photograph, to photo. // **~ su microfilm** (*pubbl.*) to microfilm.
fotografia, *n. f.* ❶ (*giorn., pubbl.*) (*il procedimento*) photography. ❷ (*giorn., pubbl.*) (*il risultato*) photo. // **~ nel corpo d'un servizio giornalistico** (*giorn.*) inset photo.
fotografico, *a.* (*giorn., pubbl.*) photographic, photographical.
fotografo, *n. m.* (*pers.*) photographer.
fotoincidere, *v. t.* (*giorn., pubbl.*) to photogravure.
fotoincisione, *n. f.* (*giorn., pubbl.*) (*il procedimento e il risultato*) photogravure, gravure.
fotolito, *n. f. inv.* (*giorn., pubbl.*) photolitho, offset.
fotolitografia, *n. f.* ❶ (*giorn., pubbl.*) (*il procedimento*) photolithography. ❷ (*giorn., pubbl.*) (*il risultato*) photolithograph, photolitho.
fotomontaggio, *n. m.* (*giorn., pubbl.*) (*il procedimento e il risultato*) photomontage, montage.
fotoreporter, *n. m.* (*giorn.*) press-photographer.
fotoriproduzione, *n. f.* dye transfer.
fra, *prep.* ❶ between (*di solito, due cose, persone o gruppi*); among (*più di due*). ❷ (*di tempo*) within, in. △ ❶ **La proprietà è divisa ~ noi due** the estate is divided between us (*o* the two of us); **La proprietà è divisa ~ noi quattro** the estate is divided among the four of us; ❷ **Vi daremo una risposta ~ una settimana** we shall give you an answer within a week.
fracassare, *v. t.* (*anche fig.*) to smash, to shatter.
fracassarsi, *v. rifl.* ❶ (*anche fig.*) to smash. ❷ (*trasp. aer.*) to crash.
fracasso, *n. m.* ❶ (*di cosa che si rompe*) crash. ❷ (*frastuono*) din, big noise.
fragile, *a.* fragile, breakable. // « **fragile** » (*su una cassa, ecc.*) « handle with care », « with care ».
fraintendere, *v. t.* to misunderstand*.
frammento, *n. m.* fragment, piece, scrap.
franchigia, *n. f.* ❶ (*ass.*) franchise. ❷ (*fin.*) exemption. ❸ (*leg.*) franchise. // **~ di peso** (*trasp.*) weight allowed free; **~ diplomatica** diplomatic immunity; **~ doganale** (*dog., fin.*) custom franchise; **~ fiscale** (*fin.*) tax exemption, franking; **~** (*di peso*) **per il bagaglio** (*trasp.*) free allowance; **bagaglio in ~** (*trasp.*) free luggage; **con ~ fiscale** (*fin.*) franked: **I redditi delle società possono essere con o senza ~ fiscale** a company's income may be either franked or unfranked; **in ~ doganale** (*dog., fin.*) duty-free; **in ~ postale** (*comun.*) post-free; **marinai in ~** (*trasp. mar.*) sailors on shore leave; **senza ~ fiscale** (*fin.*) unfranked (*a.*).
franco¹, *a.* ❶ frank, outspoken; (*leale*) loyal. ❷ (*libero, aperto*) free, open. ❸ (*market., trasp.*) free, ex. ❹ (*market., trasp.*) (*esente da ogni spesa*) « franco », « free of charge ». △ ❶ **Vi siamo grati per il vostro ~ avvertimento riguardante quel nostro cliente** we are grateful to you for your frank warning about that customer of ours; ❷ **Fiume** (**ora Rjeka**) **era un porto ~** Fiume (now Rjeka) was a free port; ❹ **Quando la clausola è ~** (*o* « **senza spese** »), **il prezzo della merce è comprensivo di ogni spesa fino al domicilio dell'acquirente** when the clause is « franco » (or « free of charge »), the price of the goods includes all charges up to the domicile of the buyer. // « **~ a bordo** » (*trasp. mar.*) « free on board » (FOB); « **~ a domicilio** » (*trasp.*) « free of charge », « franco »; « **~ banchina** » (*trasp. mar.*) « free on wharf » (FOW), « ex wharf »; « **~ d'avaria** » (*ass. mar.*) « free of average »; « **~ d'avaria generale** » (*ass. mar.*) « free of

franco

general average »; « ~ **d'avaria particolare** » (*ass. mar.*) « free of particular average » (*FPA*); « ~ **di dazio** » (*dog., fin.*) « duty-free »; « ~ **d'imballaggio** » (*market.*) « packing free »; « ~ **di perdita totale** » (*ass. mar.*) « free of total loss »; « ~ **di porto** » (*trasp.*) « carriage free », « carriage paid », « carriage prepaid »; « ~ **di posta** » (*comun.*) « post-free »; « ~ **di spese** » (*trasp.*) « free of charge », « cost free »; « ~ **di spese portuali** » (*trasp. mar.*) « free of port charges »; « ~ **di spese postali** » (*comun.*) V. « ~ **di posta** »; « ~ **docks** » (*trasp. mar.*) « free docks »; « ~ **fabbrica** » (*trasp.*) « ex factory »; « ~ **magazzino** » (*trasp.*) « ex store », « ex warehouse »; « ~ **molo** » (*trasp. mar.*) « ex pier »; « ~ **nave** » (*trasp. mar.*) « ex ship », « ex steamer »; « ~ **officina** » (*trasp.*) « ex works »; « ~ **provvigione** » (*market.*) « free of commission »; « ~ **raffineria** » (*trasp.*) « ex refinery »; « ~ **sotto bordo** » (*trasp. mar.*) « free alongside ship » (*FAS*), « free alongside vessel »: **La clausola** « ~ **sotto bordo** » **significa che il prezzo comprende tutte le spese finché la merce non sia consegnata lungo la fiancata della nave, alla portata dei paranchi, nel porto di partenza** the clause « free alongside ship » (FAS) means that the price includes all charges until the goods are delivered alongside the vessel within reach of its loading tackle at the port of shipment; « ~ **stabilimento** » (*trasp.*) « ex works »; « ~ **stazione d'arrivo** » (*trasp. ferr.*) « free to the receiving station »; « ~ **stazione (ferroviaria)** » (*trasp. ferr.*) « free on rail » (*FOR*); « ~ **vagone** » (*alla stazione di partenza*) (*trasp. ferr.*) « free on rail » (*FOR*), « free on truck » (*FOT*), « free on waggon »; **deposito** ~ (*o* **punto** ~) (*dog.*) bonded warehouse.

franco[2], *n. m.* (*fin.*) (*moneta francese, svizzera e belga*) franc. // **un** ~ **belga** (*fin.*) a Belgian franc; **franchi-oro** (*econ., fin.*) gold francs.

francobollo, *n. m.* (*comun.*) postage stamp, stamp. // ~ **adesivo** adhesive stamp; ~ (*celebrativo*) **in franchigia** franchise stamp; **senza** ~ (*comun.*) (*di lettera*) unstamped.

frangia, *n. f.* fringe.

fraudolento, *a.* (*leg.*) fraudulent.

fraudolenza, *n. f.* (*leg.*) fraudulence.

frazionamento, *n. m.* fractioning, splitting, split. // ~ **azionario** (*fin.*) stock split; **il** ~ **del rischio** (*ass.*) the spread of risk.

frazionare, *v. t.* to fraction, to split* up, to break* up.

frazionario, *a.* (*mat.*) fractional, divisional. △ **Le monete frazionarie americane comprendono il** « **dime** » **e il** « **nickel** » American divisional coins include the dime and the nickel.

frazionato, *a.* (*fin.*) (*di titolo azionario*) split.

frazione, *n. f.* ❶ fraction. ❷ (*mat.*) fraction. ❸ **frazioni**, *pl.* (*mat., anche*) broken numbers. // ~ **complessa** (*mat.*) complex fraction; ~ **composta** (*mat.*) compound fraction; ~ **impropria** (*mat.*) improper fraction; ~ **propria** (*mat.*) proper fraction, proper; ~ **semplice** (*mat.*) simple fraction; **per ogni** ~ **indivisibile di cento dollari** for every 100 dollars or fraction of 100 dollars.

frenare, *v. t.* ❶ to brake. ❷ (*fig.*) to check, to curb, to hold* down, to restrain, to temper. ❸ (*rallentare*) to slow, to slow down. △ ❷ **Il Governo ha preso severi provvedimenti per** ~ **l'inflazione** the Government has taken strict measures to curb inflation; ❸ **I risparmiatori stanno frenando il mercato** investors are slowing the market. // ~ **la concorrenza** (*market.*) to check competition; ~ **la spirale dei prezzi e dei salari** (*econ.*) to hold down the prices-wages spiral.

freno, *n. m.* ❶ (*anche fig.*) brake. ❷ (*fig.*) check, control, curb, restraint. ❸ (*disincentivo*) disincentive. △ ❶ **La Germania Occidentale dovette applicare un** ~ **all'economia** West Germany was obliged to apply a brake on the economy; ❷ **Bisogna stringere i freni imposti dalla legge all'esportazione di capitali** we must tighten statutory controls on the exportation of capitals; ❸ **Le imposte eccessive costituiscono un vero e proprio** ~ **allo sviluppo industriale** excessive taxes form a major disincentive to industrial expansion. // ~ **all'aumento dei redditi** (*econ.*) incomes restraint; **un** ~ **all'aumento dei salari** an income restraint; ~ **interno** (*a un processo inflazionistico dovuto alla presenza di gruppi* « *passivi* ») (*econ.*) leakage.

frequentare, *v. t.* to attend. △ **Dove hai frequentato la scuola secondaria?** where did you attend secondary school?

frequentatore, *n. m.* (*market.*) regular customer (*o* client).

frequenza, *n. f.* ❶ frequency. ❷ (*a scuola, ecc.*) attendance. // ~ **d'acquisto** (*market.*) frequency of purchase; ~ **scolastica** attendance at school; ~ **statistica** (*stat.*) statistical frequency.

fresco, *a.* (*anche fig.*) fresh. // ~ **di stampa** (*giorn.*) fresh off the press; **di** ~ newly.

fretta, *n. f.* haste, hurry, rush. △ **Non c'è** ~ there's no hurry; **Ho molta** ~ I'm in a haste (*o* in a hurry). // **in** ~ in a haste, in a hurry, hastily; express (*a. attr.*).

frigo, *n. m.* (*fam.*) V. **frigorifero**.

frigorifero, *n. m.* refrigerator, frigidaire; fridge, frig (*fam., ingl.*).

frizione, *n. f.* (*anche fig.*) friction. // **di** ~ frictional.

frodare, *v. t.* ❶ to deceive, to cheat, to swindle. ❷ (*leg.*) to defraud. *v. i.* (*leg.*) to commit a fraud. △ *v. t.* ❶ **È riuscito a** ~ **i doganieri** he has succeeded in cheating the customs officers; ❷ **Non si deve** ~ **il pubblico erario** one should not defraud the inland revenue.

frode, *n. f.* ❶ deceit, cheat, sham, swindle. ❷ (*fin., leg.*) bubble. ❸ (*leg.*) fraud. △ ❷ **La** ~ **dei Mari del Sud è una delle più famose** the South Seas Bubble is a very notorious one.

fronte[1], *n. f.* ❶ (*di persona*) forehead. ❷ (*d'edificio*) front. // ~ **opposite**; vis-à-vis; **di** ~ **a** in front of; (*anche fig.*) vis-à-vis; **trovarsi di** ~ **a** (*fig.*) to be confronted with: **Dopo l'ultima svalutazione ci trovammo di** ~ **a gravi problemi** after the latest devaluation we were confronted with great problems.

fronte[2], *n. m.* (*quasi in ogni senso*) front. // **il** ~ **dei prezzi** (*fin.*) the price front; ~ **del molo** (*trasp. mar.*) pier face, waterfront; **un** ~ **monetario europeo unico** (*econ.*) a single European monetary front.

fronteggiare, *v. t.* (*anche fig.*) to face; (*fig.*) to meet*, to tackle. △ **Ho dovuto** ~ **un grave pericolo** I've had to face a serious danger; **Dovremo** ~ **il grosso problema dell'assenteismo nella fabbrica** we shall have to tackle the big problem of absenteeism in the factory.

frontespizio, *n. m.* (*giorn., pubbl.*) frontispiece, title-page.

frontiera, *n. f.* frontier, border. // ~ **di Stato** (*amm.*) State border.

frugale, *a.* ❶ frugal. ❷ (*parsimonioso*) thrifty, saving.

frugalità, *n. f.* ❶ frugality. ❷ (*parsimonia*) thrift.

fruire, *v. i.* to use; to make* use (of st.). // ~ **d'un diritto** (*leg.*) to enjoy (*o* to have) a right.

fruitore, *n. m.* user.

frumento, *n. m.* (*market.*) wheat, corn.

frumentone, *n. m.* maize; Indian corn, corn (*USA*).

frustrare, *v. t.* to frustrate.
frustrazione, *n. f.* frustration.
frutta, *n. f.* (*market.*) fruit. // ~ **abbattuta dal vento** windfall; ~ **conservata** (*market.*) preserved fruit.
fruttare, *v. t.* (*econ., fin.*) to yield, to bear*, to bring* in, to pay*. *v. i.* (*fin., rag.*) to return a profit. △ *v. t.* **Quelle azioni fruttano il 7% annuo** those stocks yield (*o* bear, bring in) 7% per annum. // ~ **bene** (*fin.*) (*d'investimento, ecc.*) to give good returns; ~ **un reddito pari almeno ai costi d'esercizio** (*fin.*) (*d'investimento, ecc.*) to pay one's way.
fruttifero, *a.* ❶ (*econ., fin.*) paying. ❷ (*fin., rag.*) interest-bearing. △ ❷ **Voglio comprare dei buoni fruttiferi** I want to buy some interest-bearing securities. // **essere** ~ (*fin., rag., anche*) to carry interest; **non** ~ (*fin., rag.*) non-interest bearing.
frutto, *n. m.* ❶ fruit. ❷ (*econ., fin.*) yield; (*reddito*) income; (*rendita*) revenue. ❸ (*fin., rag.*) (*del denaro*) interest. △ ❷ **Il ~ delle mie azioni è aumentato quest'anno** the yields on my shares have increased this year; ❸ **Queste obbligazioni danno un ~ dell'8%** these debentures yield 8% interest. // ~ **del capitale** (*fin., rag.*) return on capital; interest; **frutti naturali** (*leg.*) emblements; **che è ~ d'osservazioni** observational.
fuga, *n. f.* ❶ flight. ❷ (*scampo*) escape. ❸ (*trasp. mar.*) leakage. △ ❶ **La ~ del dollaro è terminata** the flight of the dollar is over. // **la ~ dai campi** (*econ.*) the drift from the land; ~ **dei cervelli** (*econ.*) brain drain; ~ **di capitali** (*econ., fin.*) capital flight, outflow of capital: **I nuovi provvedimenti mirano a scoraggiare la ~ di capitali** the new measures are meant to discourage the outflow of capital; ~ **di capitali all'estero** (*fin.*) flight of capital; ~ **precipitosa** stampede: **C'è una ~ precipitosa dei giovani agricoltori dal lavoro dei campi verso la vita in città** there is a stampede of farm boys who escape farm work for city life.
fuggi fuggi, *n. m. inv.* stampede.
fuggire, *v. i.* ❶ to run* away. ❷ (*evadere, sottrarsi a*) to escape.
fuggitivo, *n. m.* fugitive, runaway.
full time, *locuz. n.* (*pers., sind.*) full time.
fumetto, *n. m.* ❶ (*pubbl.*) comic strip, cartoon. ❷ **fumetti**, *pl.* (*pubbl.*) comics.
fune, *n. f.* (*trasp. mar.*) cable, rope.
fungere, *v. i.* to act, to function. △ **Funge da segretario nelle riunioni del comitato** he acts as secretary at the committee's meetings.
fungibile, *a.* ❶ (*econ.*) replaceable, fungible. ❷ (*leg.*) fungible.
funzionale, *a.* functional.
funzionamento, *n. m.* ❶ functioning, operation, operating. ❷ (*d'una macchina, ecc., anche*) working. // **il ~ d'una macchina** (*org. az.*) the operation of a machine.
funzionante, *a.* (*d'una macchina, ecc.*) working.
funzionare, *v. i.* ❶ to function, to operate. ❷ (*di macchinario e sim.*) to work (*anche fig.*); to perform, to run*. △ ❷ **Il nuovo elaboratore funziona benissimo** the new computer works beautifully; **Finora il nuovo elaboratore ha funzionato a meraviglia** the new computer has performed beautifully so far; **Il nostro slogan pubblicitario non ha funzionato** our advertising slogan didn't work.
funzionario, *n. m.* ❶ (*pers.*) functionary, office-bearer, office-holder, officer, official, white-collar worker. ❷ **i funzionari**, *pl.* (*org. az.*) the staff (*collett.*). // ~ (**addetto**) **alle vendite** (*pers.*) sales officer; ~ (*assistente sociale e sim.*) **che vigila la condotta di chi si trova in libertà con la condizionale** (*leg.*) probation officer; ~ **del fisco** assessor; ~ **d'un'agenzia pubblicitaria** (*il quale mantiene i contatti con i clienti*) (*pubbl.*) account executive; **un ~ di banca** (*pers.*) an officer of a bank; **un ~ di dogana** (*dog.*) an officer of customs, a customs officer; ~ **di dogana in servizio costiero** coast-waiter; **un ~ di nuova nomina** a newly appointed official; **un ~ di prima nomina** (*pers.*) a newly appointed officer; **un ~ in prova** (*pers.*) an officer on probation; ~ **statale** (*pers.*) civil servant (*in G.B.*); functionary (*in Italia*).
funzione, *n. f.* ❶ function, business, duty. ❷ (*qualità, condizione*) capacity. ❸ (*mat.*) function. ❹ (*pers.*) (*ufficio*) office. ❺ (*pers.*) (*posto*) position, post. △ ❶ **Una delle funzioni del presidente è di presiedere le riunioni del consiglio d'amministrazione** one of the functions of a chairman is to preside over the meetings of the board of directors; **La ~ principale delle banche commerciali inglesi è di ricevere, trasferire e incassare depositi (sia i depositi in conto corrente sia quelli in conto vincolato)** the primary business of the English commercial banks is the receipt, transfer and encashment of deposits (both on current account and on deposit account); ❷ **Ho preso questa decisione nelle mie funzioni d'arbitro** I've taken this decision in my capacity as an umpire. // ~ **caratteristica** (*mat.*) characteristic function; ~ **crescente** (*mat.*) increasing function; ~ **decrescente** (*econ., mat.*) decreasing function; **la ~ dell'occupazione** (*econ.*) the employment function; ~ **della produzione** (*econ.*) (*relazione intercorrente fra il risultato produttivo e l'immissione dei fattori della produzione*) production function; ~ **derivata** (*mat.*) derived function; ~ **di domanda complessiva** (*econ.*) aggregate demand function; **la ~ d'una** ~ (*mat.*) the function of a function; ~ **di notaio** (*leg.*) notaryship; ~ **d'offerta complessiva** (*econ.*) aggregate supply function; **le funzioni di presidente** (*amm.*) the office of chairman; **funzioni direttive** (*amm.*) management functions; ~ **esponenziale** (*mat.*) exponential function, exponential; ~ « **gaussiana** » (*econ., stat.*) bell-shaped curve; ~ **inversa** (*mat.*) inverse function; ~ **lineare** (*mat.*) linear function; ~ **logaritmica** (*mat.*) logarithmic function; **funzioni manageriali** (*amm.*) management functions; ~ **omogenea** (*mat.*) homogeneous function; **funzioni ortogonali** (*mat.*) orthogonal functions; ~ **parametrica** (*mat.*) parametric function; ~ **sinusoidale** (*mat.*) sine function; **in ~** (*di macchina, ecc.*) in operation.
fuoco, *n. m.* fire.
fuori, *avv.* out, outside. *prep.* **fuori di** (*o* **da**) ❶ out of, outside, off. ❷ (*market.*) (*di merce*) ex. *n. m.* (**il**) **di fuori** (the) outside. △ *avv.* **È in ufficio o ~?** is he in or out?; **Aspettate ~!** wait outside! // ~ **bordo** (*avv.*) (*trasp. mar.*) overboard; ~ **della nave** (*market., trasp. mar.*) (*di merce*) ex ship; **essere ~ moda** to be out of fashion, to be out; **di ~** outside.
fuoribordo, *n. m. inv.* (*trasp. mar.*) outboard motor; outboard (*anche la barca*).
fuoriborsa, *n. m.* (*Borsa*) over-the-counter market, street market; coulisse (*a Parigi*).
fuorviare, *v. t.* ❶ to mislead*. ❷ (*con informazioni erronee*) to misinform.
furgoncino, *n. m.* (*trasp. aut.*) small van; delivery van.
furgone, *n. m.* (*trasp. aut.*) van, delivery van. // ~ **per traslochi** (*trasp. aut.*) removal van; ~ **postale** (*trasp. aut.*) mail-van.
furto, *n. m.* ❶ (*leg.*) theft, larceny. ❷ **furti**, *pl.* (*ass., leg.*) robbery. // ~ **con effrazione** (*leg.*) burglary; ~ **con**

fusione

scasso (*leg.*) burglary; ~ **di manodopera** (*econ., pers.*) (*il portar via dipendenti ad altra azienda allettandoli con la promessa di retribuzioni più alte*) labour piracy; ~ **di poca entità** petty larceny; pilfering; ~ **in un negozio** (*taccheggio*) (*leg.*) shop-lifting.

fusione, *n. f.* ❶ melting. ❷ (*di metalli*) smelting. ❸ (*econ., fin.*) combination, amalgamation, consolidation, incorporation, merger. ❹ (*econ., fin.*) (*rilevamento*) take-over. △ ❸ **Quelle voci d'una ~ sono prive di fondamento** those rumors of a merger have no foundation; **Assisteremo a sempre più frequenti fusioni di società** we shall witness more and more frequent mergers of companies. ∥ ~ **d'aziende** (*econ., fin.*) business combine; ~ **d'imprese** (*econ., fin.*) company merger; corporate merger (*USA*); **la ~ di società commerciali** (*econ., fin.*) the amalgamation of companies; ~ **di società di diversa nazionalità** (*fin.*) cross-frontier merger, transnational merger; **una ~ orizzontale** (*econ.*) a horizontal merger; **una ~ verticale** (*econ.*) a vertical merger.

fuso, *n. m.* spindle. ∥ ~ **orario** time zone.

fustella, *n. f.* (*pubbl.*) die.

fustellato, *a.* (*pubbl.*) die cut.

fusto, *n. m.* (*di legno*) cask.

futuro, *a.* ❶ future. ❷ (*prossimo*) forthcoming, coming. ❸ (*comm., anche*) forward. *n. m.* future. ∥ **futura consegna** (*market.*) future delivery, forward delivery.

G

gabbia, *n. f.* ❶ cage. ❷ (*trasp.*) (*di legno: per imballaggi*) crate.

gabinetto, *n. m.* ❶ office; chambers (*pl.*). ❷ (*di decenza*) toilet. ❸ (*amm.*) (*Ministero*) Cabinet. ❹ (*org. az.*) cabinet.

galla, *n. f.* (*nella locuz.*) **a ~** afloat; (*anche fig.*) above water.

galleggiabilità, *n. f.* (*anche fig.*) buoyancy.

galleggiamento, *n. m.* (*trasp. mar.*) floatation. // **linea di ~** (*trasp. mar.*) waterline.

galleggiante, *a.* (*trasp. mar.*) floating.

galleggiare, *v. i.* (*trasp. mar.*) to float.

gallone, *n. m.* ❶ (*misura di capacità per liquidi e aridi pari a l 4,545*) gallon. ❷ (*USA*) (*misura di capacità per liquidi pari a l 3,785*) gallon. // **~ imperiale** (*o britannico*) (*misura di capacità pari a l 4,545*) imperial gallon.

galoppante, *a.* galloping. // **inflazione ~** (*econ.*) galloping inflation.

galoppare, *v. i.* to gallop.

galvano, *n. f. inv.* (*pubbl.*) electrotype.

galvanotipia, *n. f.* ❶ (*pubbl.*) (*il procedimento*) electrotyping. ❷ (*pubbl.*) (*il risultato*) electrotype.

gamma, *n. f.* ❶ range, scale. ❷ (*market.*) (*di prodotti*) range, line, variety. △ ❷ **Potrete scegliere fra una vastissima ~ d'articoli** you'll be able to choose among a wide range of articles; **Stiamo preparando una nuova ~ d'accessori** we are preparing a new line of accessories.; **la ~ dei prezzi** (*market.*) the range of prices; **~ delle preferenze** (*econ.*) (*espressione quantitativa dei gusti del consumatore*) scale of preference; **una ~ d'imposte** (*fin.*) a scale of taxation; **~ di lunghezze d'onda** (*comun.*) wave-band; **~ di sintonia** (*comun.*) tuning band.

« **gap** », *n. m.* gap. // **~ inflazionistico** (*econ.*) inflationary gap; **~ tecnologico** technological gap.

gara, *n. f.* competition, contest. // **~ d'appalto** tender: **Il Comune ha indetto una ~ d'appalto per la costruzione di nuove scuole** the Municipality has called for tenders for building new schools.

garante, *n. m. e f.* ❶ (*leg.*) guarantor, sponsor, voucher; grantor, warrantor, warranter (*meno comuni*). ❷ (*leg.*) (*chi offre cauzione per q.*) bailsman*. ❸ (*leg.*) (*garanzia*) guarantee, guaranty, surety, security; bail. △ ❸ **Sono ~ per lui** I am surety for him; **Accettò di farsi ~ per l'imputato** he agreed to go bail for the accused man; **Me ne rendo ~ io** I'll go bail for that (*fam.*). // **~ in solido** (*leg.*) cosurety.

garantire, *v. t.* ❶ to guarantee, to warrant, to assure. ❷ (*assicurare*) to ensure. ❸ (*ass.*) (*contro perdite, danni, ecc.*) to indemnify. ❹ (*banca*) (*un assegno, ecc., da parte d'una banca*) to certify. ❺ (*cred., leg.*) to secure, to cover, to back. ❻ (*leg.*) to guarantee, to sponsor, to vouch, to warrant. *v. i.* (*leg.*) (*offrire cauzione per q.*) to go* bail (for sb.). △ *v. t.* ❶ **Tutti i nostri articoli sono garantiti per sei mesi** all our articles are guaranteed for six months; **Possiamo ~ che si tratta di pura lana vergine** we can warrant this to be pure new wool; ❷ **Dobbiamo ~ un reddito equo ai produttori** we must ensure that growers get a fair income; ❺ **Il mutuo è garantito da beni immobili** the loan is secured on landed property; ❻ **Puoi ~ la sua onestà?** can you vouch for his honesty?; *v. i.* **Garantisco io per lui** I'll go bail for him. // **~ una cambiale** to back a bill.

garantirsi, *v. rifl.* ❶ (*assicurarsi*) to secure oneself. ❷ (*ass.*) (*contro danni, rischi, ecc.*) to indemnify oneself.

garantito, *a.* ❶ guaranteed. ❷ (*cred., leg.*) secured, backed. ❸ (*leg.*) guaranteed. // **~ con ipoteca** (*leg.*) collateral; **~ da obbligazioni** (*fin.*) (*di debito*) bonded; **non ~** (*cred.*) unsecured.

garanzia, *n. f.* ❶ guarantee, warrant. ❷ (*ass.*) (*contro perdite, danni, ecc.*) indemnity. ❸ (*cred., leg.*) security, cover. ❹ (*leg.*) guarantee, surety, security, warranty. ❺ (*leg.*) (*scritta*) surety bond, warranty deed. ❻ (*leg.*) (*cauzione*) bond, caution money, caution, recognizance. ❼ (*leg.*) (*cauzione per un imputato*) bail, bailment. ❽ (*leg.*) (*pegno*) pledge, pawn, gage. ❾ (*leg., market.*) (*su merci*) lien. △ ❶ **Quale ~ potete offrire?** what guarantee can you offer?; **Il nostro comportamento dovrebbe essere ~ della nostra buona volontà** our behaviour should be a warrant of our good will; ❷ **Il suo progetto offre una ~ contro i rischi finanziari** his plan offers indemnity against financial risks; ❹ **Diamo un anno di ~ per tutte le nostre radio e tutti i nostri televisori** we give a one-year warranty on all our radio and TV sets; ❻ **Deve dare ~ per la sua comparizione in giudizio** he must give bond for his appearance before the Court. // **~ aggiuntiva** (*banca, cred.*) collateral security; **~ bancaria** (*rilasciata dalla banca d'un importatore, sulla solvibilità di quest'ultimo*) bank guarantee; **~ collaterale** (*banca, cred.*) collateral security; **una ~ contro il rischio economico** (*econ.*) a guarantee against rising prices; **~ dei corsi dei cambi** (*fin.*) exchange-rate guarantee; **~ d'attitudine alla navigazione** (*trasp. mar.*) warranty of seaworthiness; **~ di caricazione** (*trasp. mar.*) loading guarantee; **~ di navigabilità** (*trasp. mar.*) warranty of seaworthiness; **~ di pacifico godimento** (*leg.*) covenant of quiet enjoyment; **~ di pagamento** (*cred.*) guarantee of payment; **~ di qualità** (*market.*) guarantee of quality; **~ di rimborso** (*fin., market.*) money-back guarantee; **~ espressa** (*ass. mar.*) express warranty; **garanzie multilaterali** (*comm. est.*) multilateral guarantees; **~ per i crediti all'esportazione** (*comm. est.*) export credit guarantee; **~ per le spese giudiziarie** (*leg.*) security for costs; **~ per vizi occulti** (*leg.*) warranty for hidden defects; **~ reale** (*banca, cred.*) collateral security, collateral; **~ tacita** (*leg.*) implied warranty; **chi riceve una ~** (*leg.*) warrantee; **senza ~** (*cred.*) without security; unsecured (*a.*).

gareggiare, *v. i.* to compete, to contend.

gavitello, *n. m.* ❶ (*trasp. mar.*) buoy. ❷ (*trasp. mar.*) (*luminoso*) beacon.

gazzetta, *n. f.* (*giorn.*) gazette, newspaper. // **~ ufficiale** (*che pubblica anche il bollettino dei fallimenti e altri atti ufficiali*) (*giorn.*) gazette.

gelare, *v. t.* to freeze*.

gelarsi, *v. rifl.* to freeze*.

gelato, *a.* frozen.
gelo, *n. m.* freeze. △ **La maggior parte dei raccolti fu distrutta dal ~** most of the crops were destroyed by the freeze.
generale, *a.* ❶ general. ❷ (*comm.*) overhead. △ ❶ **Recentemente si è avuta una ~ debolezza dei mercati** there's been a general slackness of markets lately. // **spese generali** (*rag.*) overhead expenses.
generalizzare, *v. t.* to generalize.
generalizzato, *a.* generalized.
genere, *n. m.* ❶ kind, sort, nature. ❷ (*comm.*) (*d'affari*) line. // **generi alimentari** (*market.*) foodstuffs; food (*collett.*); **generi alimentari in scatola** (*market.*) tinned food; canned food (*USA*); **generi coloniali** (*market.*) colonial produce; groceries; **~ d'affari** line of business; **generi di prima necessità** (*econ.*) necessaries; commodities.
genitore, *n. m.* parent. // **dei genitori** parental.
genitrice, *n. f.* parent.
gente, *n. f.* people (*col v. al pl.*). // **~ di mare** (*trasp. mar.*) seamen.
gentile, *a.* ❶ kind. ❷ (*nell'introduzione a una lettera commerciale*) dear.
gentiluomo, *n. m.* gentleman*.
genuino, *a.* ❶ genuine, unsophisticated. ❷ (*puro*) sterling.
geografia, *n. f.* geography. // **~ economica** economic geography.
geografico, *a.* geographic, geographical.
geometria, *n. f.* geometry. // **~ analitica** (*mat.*) analytic geometry; **~ descrittiva** (*mat.*) descriptive geometry; **~ solida** (*mat.*) solid geometry.
geometrico, *a.* geometric, geometrical.
gerarchia, *n. f.* (*org. az.*) hierarchy. // **~ aziendale** (*pers.*) company hierarchy.
gerarchico, *a.* hierarchical, hierarchic.
gerente, *a.* (*amm.*) managing. *n. m.* ❶ (*amm.*) manager. ❷ (*fin.*) (*socio attivo*) active partner. *n. f.* (*amm.*) manageress. // **~ di posto telefonico pubblico** (*pers.*) call office attendant.
gergo, *n. m.* jargon. // **~ burocratico** officialese; **~ giornalistico** journalese.
Germania, *n. f.* Germany. // **la ~ Occidentale** West Germany; **la ~ Orientale** East Germany.
gestionale, *a.* (*amm.*) managerial, operational.
gestione, *n. f.* ❶ conduct, direction, administration. ❷ (*amm.*) management, operating, operation. ❸ (*org. az.*) government. △ ❷ **Il nostro Paese ha bisogno d'una ~ più flessibile delle finanze pubbliche** our Country needs a more flexible management of public finances. // **~ degli affari** conduct of business; **~ dei crediti** (*fin.*) credit management; **~ dei materiali** (*org. az.*) stock management, inventory management; **la ~ del bilancio dello Stato** (*fin.*) the execution of the national budget; **~ di portafogli azionari** (*fin.*) investment management: **L'Edilcentro s'occupa anche della ~ di portafogli azionari per clienti istituzionali, sulla base degli studi del mercato azionario condotti da analisti** Edilcentro is also engaged in investment management for institutional clients, based on equity market surveys conducted by market analysts; **~ fiduciaria** (*leg.*) trusteeship; **~ simulata** (*amm.*) executive game, business game; **di ~** (*amm.*) operational; operating, operation (*attr.*): **Quali sono i vostri costi di ~?** what are your operating (*o* operation) costs?
gestire, *v. t.* (*amm.*) to manage, to operate, to conduct, to run*. △ **La nostra società gestisce parecchie fabbriche** our corporation operates quite a few factories.
gestore, *n. m.* (*amm.*) manager, operator.
gettare, *v. t.* ❶ (*anche fig.*) to throw*, to cast*. ❷ (*trasp. mar.*) V. **~ a mare**. △ ❶ **Non devi ~ via tempo e denaro** you must not throw away time and money. // **~ a mare** (*il carico o parte di esso: per alleggerire la nave in pericolo*) (*trasp. mar.*) to jettison; **~ a terra** to knock down; **~ l'àncora** (*trasp. mar.*) to cast anchor; to drop anchor; **~ (qc.) nel cestino della carta straccia** to wastebasket; **~ qua e là** to throw about; **~ via** to throw away, to reject, to scrap; **che si può ~** (*di contenitore, ecc.*) disposable; **da ~ dopo l'uso** disposable.
gettata, *n. f.* (*trasp. mar.*) jetty, pier.
gettito, *n. m.* ❶ (*fin.*) (*d'imposte, tasse, ecc.*) yield, take; proceeds, takings (*pl.*). ❷ (*trasp. mar.*) jetsam; jettisoned cargo (*o* goods). △ ❶ **Il ~ delle imposte non fu reimpiegato opportunamente** the tax take was not properly reemployed. // **il ~ dei prestiti nel 1974** (*fin.*) the proceeds of loans in 1974; **il ~ delle imposte** (*fin.*) the yield of taxes; **il ~ d'imposta** (*fin.*) the yield of taxes; **~ di prelievi** (*fin., rag.*) levies; **~ fiscale** (*fin.*) tax revenue; **il ~ tributario** (*fin.*) the revenue from taxation, the tax revenue.
getto, *n. m.* ❶ throw, cast. ❷ (*trasp. mar.*) V. **~ del carico**. // **~ del carico** (*o di parte di esso: per alleggerire la nave in pericolo*) (*trasp. mar.*) jettison.
gettone, *n. m.* ❶ token. ❷ (*per giochi e sim.*) counter. // **~ di presenza** (*pers.*) attendance-check; (*il compenso*) attendance fee; **apparecchio (*o* macchina) a gettoni** slot-machine.
ghinea, *n. f.* (*ingl.*) (*moneta di conto pari a 21 scellini, non più in corso, ma usata per onorari, per certi articoli di lusso, ecc.*) guinea.
già, *avv.* ❶ already. ❷ (*un tempo*) formerly (*avv.*); former (*a.*); ex (*pref.*).
giacente, *a.* ❶ (*comun., market.*) undelivered. ❷ (*fin.*) (*non investito*) uninvested. ❸ (*leg.*) unclaimed. △ ❶ **Una parte delle merci giacenti è stata venduta all'incanto** some undelivered goods have been auctioned off. // **~ alla posta** (*comun.*) (*di lettera e sim.*) uncalled for; **merce ~ in stazione** (*trasp.*) goods lying at the railway station.
giacenza, *n. f.* ❶ (*fin., rag.*) cash in hand. ❷ (*market.*) remainder. ❸ (*org. az.*) stock, stock on hand. // **giacenze di magazzino** (*market.*) remainders; unsold goods; **~ di merce difficile a vendersi** (*market.*) dead stock; **~ di sicurezza** (*org. az.*) cushion; **giacenze disponibili** (*market.*) available stocks; **~ finale** (*org. az.*) closing stock; **~ iniziale** (*rag.*) opening stock; **~ media** (*org. az.*) average stock; **~ minima** (*org. az.*) minimum stock, safety allowance; **in ~** V. **giacente**.
giacere, *v. i.* to lie*. △ **Non vogliamo che i nostri fondi giacciano inutilizzati in banca** we don't want our funds to lie idle at the bank.
giacimento, *n. m.* deposit, bed, field. // **~ di carbone** coal-bed; **~ petrolifero** oil field; **giacimenti petroliferi** oil deposits.
giardinetta, *n. f.* (*trasp. aut.*) station wagon, waggon.
giardinetto, *n. m.* ❶ (*fin.*) spread investment. ❷ (*trasp. mar.*) quarter; buttock.
giardiniera, *n. f.* (*trasp. aut.*) station wagon, waggon, char-a-banc, charabanc.
gilda, *n. f.* (*fin., storico*) guild.
« gill », *n. m.* ❶ (*ingl.*) (*misura di capacità per liquidi e aridi pari a litri 0,142*) gill. ❷ (*USA*) (*misura di capacità per liquidi pari a litri 0,118*) gill.

giocare, v. t. e i. ❶ to play. ❷ (d'azzardo) to gamble. // ~ **al rialzo** (Borsa) to bull; ~ **al ribasso** (Borsa) to bear; ~ **d'azzardo** to gamble; ~ **in Borsa** (Borsa) to gamble on the Stock Exchange, to play on the Stock Exchange, to play the market; ~ **sulla bilancia dei pagamenti** (econ., fin.) to adjust the balance of payments.

giocatore, n. m. ❶ player. ❷ (d'azzardo, o in Borsa) gambler; (in piccolo) dabbler. △ ❷ **Non è che un piccolo ~ di Borsa** he's just a dabbler on the Stock Exchange. // ~ **al rialzo** (Borsa) bull; ~ **al ribasso** (Borsa) bear; ~ **d'azzardo** gambler; ~ **di Borsa** speculator.

gioco, n. m. play. // **giochi d'affari** (org. az.) business games; ~ **d'azzardo** gamble; ~ **di Borsa** gambling on the Stock Exchange; speculation; **in** ~ (fig.) at stake: **È in gioco il buon nome della nostra azienda** the respectability of our firm is at stake.

giornalaio, n. m. (giorn., market.) news dealer, news vendor.

giornale, n. m. ❶ (giorn.) newspaper, paper, sheet. ❷ (rag.) journal. ❸ **giornali**, pl. (giorn., anche) prints. // ~ **acquisti** (rag.) purchase journal; ~ **americano** (rag., USA) combined journal and ledger; ~ **ausiliario** (rag.) subsidiary journal; ~ **aziendale** (giorn.) house organ; ~ **degli effetti attivi** (rag.) bills receivable journal; ~ **degli effetti passivi** (rag.) bills payable journal; ~ **delle (merci) rese** (rag.) returns book; ~ **di bordo** (trasp. mar.) sea journal, journal; (trasp. mar.) logbook, log; ~ **di cassa** (rag.) cash journal; ~ **di partito** (giorn.) political newspaper; **un** ~ **di provincia** (giorn.) a provincial newspaper; **un** ~ **indipendente** (giorn.) an independent paper; **un** ~ **influente** (giorn.) an influential paper; **giornali metropolitani** (giorn.) metropolitan newspapers; ~ **murale** (giorn.) wall newspaper; ~ (a diffusione) **nazionale** (giorn.) a national newspaper; ~ **quotidiano** (giorn.) daily paper, daily; ~ **popolare** (con molte fotografie e poche notizie condensate) (giorn.) tabloid; **un** ~ **pubblicato in esclusiva** (giorn.) an exclusive paper; ~ **radio** (giorn.) news bulletin, news broadcast, newscast; **i giornali settimanali** (giorn.) the weekly newspapers, the weeklies; **di** ~ (giorn.) newspaporial.

giornaliero, a. daily. n. m. (pers.) day labourer, day man*, journeyman*.

giornalismo, n. m. ❶ (giorn.) journalism, reporting. ❷ (giorn.) (la stampa) press. // ~ **popolare** popular journalism; tabloid journalism (fam.); ~ **scandalistico** scandal journalism; tabloid journalism (fam.).

giornalista, n. m. e f. (giorn.) journalist, publicist. n. m. (giorn.) newspaperman*, pressman*, newsman* (USA). n. f. newspaperwoman*. // ~ **indipendente** (giorn., pubbl.) free lance; ~ **pagato un tanto la riga** (giorn.) liner; ~ **titolare di rubrica** (giorn.) columnist.

giornalistico, a. (giorn.) journalistic, newspaporial.

giornata, n. f. ❶ day. ❷ (pers.) (paga d'un giorno) day's wages. ❸ (trasp.) (di viaggio) day's journey. // **giornate d'informazione** (org. az.) fact-finding sessions; ~ **di lavoro d'un operaio** (cronot.) man-day; ~ **di manodopera** (cronot.) man-day; ~ **lavorativa** working day, workday, weekday; (cronot.) man-day: **Abbiamo una ~ lavorativa di sette ore e mezzo** we have a working day of seven hours and a half; ~ **lavorativa d'otto ore** (org. az.) eight-hour working day: **Abbiamo una ~ lavorativa d'otto ore** we have an eight-hour workday; ~ **libera** (pers.) day off; ~ **nazionale** (pers.) national day; **a** ~ (org. az.) by the day; **alla** ~ (fig.) hand-to-mouth: **Vivono alla** ~ they live hand-to-mouth.

giorno, n. m. day. // **giorni consecutivi** running days; ~ **dei riporti** (il primo giorno dei tre dedicati alle transazioni in Borsa) (Borsa) contango day, continuation day; ~ **del calendario** calendar day; ~ **della risposta premi** (Borsa, fin.) option declaration day, option day; **il** ~ **della scadenza** (di cambiale e sim.) (banca, cred.) on the day it falls due; ~ **della scadenza della pigione** (leg.) rent-day; **giorni d'acceleramento** (trasp. mar.) dispatch days; ~ **d'apertura d'una corte d'assise** (leg.) commission day; ~ **di Borsa** (Borsa) day; ~ **di caricamento** (trasp. mar.) loading day; ~ **di chiusura pomeridiana** (dei negozi) (market.) early-closing day; **giorni di controstallie** (trasp. mar.) demurrage days; **giorni di grazia** (cred.) days of grace: **Se una cambiale è pagabile a vista, non sono concessi i giorni di grazia** if a bill is payable on demand, no days of grace are allowed; ~ **di libertà** (pers.) day off; ~ **di liquidazione** (Borsa) account day, pay-day, settlement day, settling-day; **giorni di liquidazione** (Borsa) account days; ~ **di mercato** (market.) market day; **il** ~ **di Natale** on Christmas day; on Xmas day (fam.); ~ **di paga** (pers.) pay-day; eagle day (slang USA); ~ **di partenza** (trasp. mar.) sailing day; **giorni di ripartizione del dividendo** (fin.) dividend days; ~ **di riporto** (Borsa) contango day, continuation day; making-up day (ingl.); ~ **di riposo** (pers.) day of rest, rest day; ~ **di scadenza** (cred., leg.) term day; ~ **di scadenza d'un debito ipotecario** (leg.) law day; ~ **di scadenza d'un'obbligazione** (leg.) law day; ~ **di sconto** (banca) discount day; ~ **di spunta** (in cui gli agenti di cambio forniscono ai venditori i nominativi dei compratori) (Borsa, ingl.) name day; **giorni di tolleranza** (concessi consuetudinariamente in Inghilterra, in numero di tre, per far fronte al pagamento di una cambiale scaduta) (cred.) days of grace; ~ **d'udienza** (leg.) law-day, juridical day; **un ~ di vacanza** (pers.) an off day; ~ **di valuta** (banca, fin.) value date, value; **giorni effettivi** (in un contratto, ecc.: escluso il primo e l'ultimo) (leg.) clear days; ~ **feriale** weekday, work-day, workday, working day; ~ **festivo** holiday; ~ **festivo legale** bank holiday; (leg.) legal holiday, statutory holiday; ~ **in cui si saldano i conti** (comm.) prompt day; ~ **infrasettimanale** weekday: **Negli Stati Uniti d'America, ogni ~ infrasettimanale nel quale le banche siano chiuse viene chiamato « bank holiday »** in the U.S.A., any weekday on which banks are closed is called a « bank holiday »; ~ **lavorativo** work-day, working day; (per gli uffici) business day; **un ~ libero** (pers.) an off day; **giorni per il trasferimento d'azioni senza pagamento di tassa** (banca) transfer-days; ~ **precedente** day before; **a giorni alterni** on alternate days; **a trenta giorni (dalla) data** (banca) (di cambiali) at thirty days after date; **che avviene nello spazio d'un ~** intraday; **del ~** (fin., rag.) current: **Qual è il cambio del ~?** what is the current rate of exchange?; **del ~ d'oggi** today's; (moderno) up-to-date; todayish (fam.); **in giorni successivi** on consecutive days; **ultimi giorni prima del giorno di liquidazione** (Borsa) account days.

giovamento, n. m. ❶ benefit, advantage. ❷ (profitto) profit.

giovane, a. young. n. m. young man*; boy. n. f. young woman*; girl. // ~ **di negozio** (pers.) shop-boy; ~ **di studio** articled clerk.

giovare, v. i. to be useful; to be a help; to be of help. // ~ **a q.** (anche) to help sb.

girabile, a. (cred.) endorsable, indorsable.

girante, n. m. e f. (cred.) endorser, indorser. △ **Il ~ d'una cambiale può limitare la sua responsabilità facendo una girata condizionata** the endorser of a bill may limit his own liability by making a qualified endorse-

girare

ment. // ~ **di comodo** (*banca, cred.*) accommodation endorser.

girare, *v. t. e i.* ❶ to turn. ❷ (*avvolgere, avvolgersi*) to wind*. ❸ (*cred.*) to endorse, to indorse. ❹ (*trasp. mar.*) (*di marea*) to turn. △ ❸ Il beneficiario d'una cambiale può girarla apponendo la sua firma a tergo della stessa a payee can endorse a bill of exchange by putting his signature on the back of the bill. // ~ **un assegno** (*cred.*) to endorse a cheque; ~ **un film** (*pubbl.*) to shoot a film; to film; ~ **in bianco** (*cred.*) to endorse in blank; ~ **l'interruttore di** (*un circuito elettrico, ecc.*) to switch; ~ **una polizza di carico** (*trasp. mar.*) to endorse a bill of lading; ~ **un saldo a partita doppia** (*rag.*) to transfer a balance to profit and loss account; **non girato** (*cred.*) unendorsed, unindorsed.

girarsi, *v. rifl.* to turn.

girata, *n. f.* ❶ turn. ❷ (*passeggiata*) walk. ❸ (*cred.*) endorsement, indorsement. △ ❸ La ~ **consiste nella** (apposizione della) firma del beneficiario sul retro d'una cambiale endorsement consists of the payee's signature on the back of a bill of exchange; **Le girate possono essere in bianco, speciali, restrittive e condizionate** endorsements may be blank, special, restrictive and qualified. // ~ **completa** (*cred.*) full endorsement; ~ **condizionata** (*banca, cred.*) qualified endorsement; ~ **di comodo** (*o* **di favore**) (*cred.*) accommodation endorsement; ~ **facoltativa** (*cred.*) facultative endorsement; ~ **in bianco** (*cred.*) endorsement in blank, blank endorsement, general endorsement; ~ **in pieno** (*cred.*) full endorsement; **una ~ restrittiva** (*banca, cred.*) a restrictive endorsement; ~ «**senza rivalsa**» (*o* «**senza regresso**») (*cred.*) endorsement without recourse; ~ **speciale** (*cred.*) special endorsement; **senza ~** (*cred.*) unendorsed, unindorsed (*a.*).

giratario, *n. m.* (*cred.*) endorsee, indorsee. △ Il ~ è la persona alla quale viene trasferita una cambiale mediante girata the endorsee is the person to whom a bill of exchange is transferred by endorsement.

girevole, *a.* turning, revolving, rotary.

giro, *n. m.* ❶ turn. ❷ (*d'ispezione, ecc.*) round. ❸ (*market.*) (*di visite ai clienti*) round. ❹ (*tur.*) tour, trip. // **il ~ dei (propri) clienti** (*market.*) the round of one's customers; ~ **d'affari** (*fin.*) turnover: **Il nostro ~ d'affari medio è di 100 milioni di lire l'anno** our average turnover is of 100 million lire a year; ~ **di capitali** (*rag.*) circulation of funds; ~ **di partita** (*rag.*) clearing; ~ **di vite** turn of the screw; (*fig.*) squeeze: **Sarà dato un ~ di vite a tutta l'economia** there will be a general economic squeeze; ~ **turistico** (*tur.*) tour, sightseeing tour; ~ **turistico a piedi** (*tur.*) walking-tour; **a stretto ~ di posta** (*comun.*) by return of mail; **in ~** round: **Queste notizie non dovrebbero essere messe in ~: c'è pericolo di creare panico nel mercato** this news should not be carried round: there is danger of panicking the market.

giroconto, *n. m.* ❶ (*banca, fin.*) transfer, giro. ❷ (*rag.*) contra account, internal compensation. // ~ **postale** (*cred., ingl.*) giro.

gita, *n. f.* (*tur.*) tour, trip. // ~ **turistica** (*tur.*) sightseeing trip.

giù, *avv.* ❶ down. ❷ (*al piano di sotto*) downstairs. // **in ~** down, downwards.

giudicare, *v. t.* ❶ (*reputare*) to think*, to consider, to judge, to repute, to view. ❷ (*leg.*) to judge, to hear*. ❸ (*leg.*) (*colpevole, innocente*) to find*. ❹ (*leg.*) (*processare*) to try. △ ❶ La commissione ha giudicato opportuno rinviare l'assemblea the committee has judged it better to put off the meeting; **La nostra offerta è stata giudicata in modo sfavorevole** our offer has been viewed in an unfavourable manner; ❹ **Sarà giudicato per direttissima** he will be tried summarily. // ~ **una causa legale** (*leg.*) to judge a case, to hear a case; ~ **di nuovo** (*una causa*) (*leg.*) to rehear; ~ **un imputato** (*leg.*) to pass judgement on an accused man, to pass sentence on an accused man; **non ancora giudicato** (*leg.*) (*di causa, ecc.*) pendent.

giudice, *n. m.* ❶ (*leg.*) judge. ❷ (*leg., ingl.*) (*della Corte Suprema*) justice. // ~ «**a latere**» (*leg.*) associate judge; ~ **addetto all'autenticazione dei testamenti** (*leg.*) probate judge; ~ **che presiede una Corte d'Appello** (*leg., ingl.*) Master of the Rolls; ~ **che presiede una Corte Suprema** (*leg.*) chief justice; ~ **competente** (*leg.*) competent judge; ~ **conciliatore** (*leg.*) Justice of the Peace, magistrate; ~ **delegato** (*leg.*) judge delegate; ~ **di pace** (*leg.*) Justice of the Peace, magistrate; ~ **distrettuale** (*leg., USA*) district judge; **un ~ equanime** (*leg.*) a fair judge; ~ **fallimentare** (*leg.*) referee in bankruptcy, bankruptcy judge; ~ **istruttore** (*leg.*) investigating magistrate.

giudiziale, *a.* (*leg.*) judicial.

giudiziario, *a.* (*leg.*) judicial, judiciary. // **il potere ~** (*amm.*) the judiciary.

giudizio, *n. m.* ❶ judgement, judgment, discretion. ❷ (*stima di danni, ecc.*) assessment. ❸ (*leg.*) judgement, judgment, sentence. ❹ (*leg.*) (*processo*) trial. △ ❸ Il ~ gli fu favorevole (sfavorevole) the judgement was in his favour (was against him); ❹ **Fu rinviato a ~** he was committed for trial. // ~ **arbitrale** (*leg.*) award; ~ **contumaciale** (*leg.*) judgement by default; ~ **di primo grado** (*leg.*) judgement of first instance; ~ **d'ultima istanza** (*leg.*) judgement of last resort; ~ **esecutivo** (*leg.*) executory judgment; **un ~ ponderato** a deliberate judgement; ~ **sommario** (*leg.*) summary trial; **a mio ~** in my judgement; (*secondo me*) in my opinion.

giungere, *v. i.* to come*, to arrive. // ~ **a** to reach: **Spero ancora di poter ~ a un accomodamento** I still hope it will be possible to reach an agreement; ~ **a un accomodamento** (*cred., anche*) to settle: **Non ci sarà facile ~ a un accomodamento coi creditori** it will not be easy to settle with our creditors; ~ **a una conclusione** to arrive at a conclusion; ~ **a scadenza** (*cred.*) (*di cambiale, ecc.*) to fall due, to mature; ~ **a una transazione** (*leg.*) to effect a composition; ~ **in porto** (*trasp. mar.*) to reach harbour; ~ **in vista del porto** (*trasp. mar.*) to open port: **La nave giunse in vista del porto** the ship opened port; ~ **in vista di** to sight.

giunta[1], *n. f.* (*amm.*) junta.

giunta[2], *n. f.* (*nella locuz.*) **per ~** into the bargain, to boot.

giuoco, *n. m.* V. **gioco.**

giuramento, *n. m.* (*leg.*) oath. △ **Ha fatto** (*o prestato*) ~ he has made (*o* taken, *o* sworn) an oath. // ~ **solenne** (*di pubblico ufficiale, funzionario, ecc.*) (*leg., pers.*) official oath; ~ **suppletorio** (*leg.*) suppletory oath; **sotto ~** (*leg.*) on oath, upon oath.

giurare, *v. t.* (*leg.*) to swear*. *v. i.* (*leg.*) to take* an oath, to pass one's oath. △ *v. t.* **Ho giurato di dire la verità** I have sworn to speak the truth.

giurato, *n. m.* (*leg.*) juryman*, juror. // ~ **supplente** (*leg.*) talesman; **giurati supplenti** (*leg.*) tales.

giurì, *n. m. inv.* (*leg.*) jury.

giuria, *n. f.* (*leg.*) jury, panel. △ **La ~ si pronunciò a favore dell'imputato** the jury found for the defendant. // ~ **che assiste il «coroner»** (*e che decide se vi sia causa a procedere in giudizio*) (*leg.*) coroner's jury (*in G. B.*); ~ **dei consumatori** (*market.*) consumer jury; ~ **ordinaria** (*che* emette il verdetto alla fine d'un processo) (leg.) petty jury (cfr. **coroner's jury, grand jury**); ~ **speciale** (che decide se qualcuno debba essere rinviato a giudizio) (leg.) grand jury (in G.B.).

giuridico, a. (leg.) juridical, juristic, legal.

giurisdizionale, a. (leg.) jurisdictional.

giurisdizione, n. f. ❶ (leg.) jurisdiction, judicature. ❷ (leg.) (competenza) cognizance. // ~ **d'appello** (leg.) appellate jurisdiction; ~ **di prima istanza** (leg.) original jurisdiction; ~ **extraterritoriale** (leg.) extraterritorial jurisdiction; ~ **straniera** (leg.) foreign jurisdiction; ~ **territoriale** (leg.) territorial jurisdiction; ~ **volontaria** (leg.) voluntary jurisdiction.

giurisprudenza, n. f. ❶ (leg.) jurisprudence, law. ❷ (leg.) (diritto creato dai giudici stessi, basato sul « precedente » giudiziario) judge-made law, case-law (in G.B.). // **che concerne la** ~ (leg.) jurisprudential.

giurisprudenziale, a. (leg.) jurisprudential.

giurista, n. m. e f. (leg.) jurist, lawyer.

giuristico, a. (leg.) juristic.

giustificare, v. t. ❶ to justify, to excuse. ❷ (giorn., pubbl.) to justify. // ~ **un'assenza** to excuse an absence; ~ (una sentenza, ecc.) **con un precedente** (leg.) to precedent.

giustificativo, n. m. (comm.) voucher, receipt. // ~ **pubblicitario** (pubbl.) checking copy.

giustificato, a. justified, fair. △ **Se, come dite, il nostro reclamo è** ~, **pretendiamo la restituzione del denaro** if, as you say, our complaint is fair, we claim our money back. // ~ **a sinistra** (elab. elettr., pubbl.) (di cifra, carattere, ecc.) left justified; ~ **da un precedente** (leg.) precedented.

giustificazione, n. f. ❶ justification, excuse, plea. ❷ (giorn., pubbl.) justification.

giustizia, n. f. ❶ justice, equity, right. ❷ (leg.) justice. ❸ (leg.) (legge) law. △ ❶ **Tratta tutti i dipendenti con** ~ he treats all his employees with justice; ❷ **Il delinquente fu assicurato alla** ~ the criminal was brought to justice. // ~ **distributiva** (econ.) distributive justice; ~ **fiscale** (fin.) tax equity; ~ **sociale** (econ.) social justice; ~ **sommaria** (leg.) rough justice; **secondo** ~ (leg.) by right.

giusto, a. ❶ just, fair, equitable, equal, even, straight. ❷ (adatto) proper, right. ❸ (leg.) rightful, right. n. m. (il) **giusto** ❶ (ciò che è giusto) (the) right. ❷ (ciò che spetta a q.) sb.'s due. △ a. ❶ **È un uomo** ~ he is a just man; **Non è** ~ **dargli di meno** it isn't fair to give him less; ❷ **Mr Mc Kenna è l'uomo** ~ **al posto** ~ Mr Mc Kenna is the right man in the right place; n. ❷ **Bisogna dare a ognuno il** ~ we must give everybody his due. // ~ **mezzo** mean, golden mean; **una giusta rivendicazione** (leg.) a lawful claim.

globale, a. global, aggregate, comprehensive, overall, all-round; all-around (USA). △ **Le vendite globali sono aumentate del 7%** overall sales increased by 7%.

godere, v. i. to enjoy. △ **La segretaria gode della stima del principale** the secretary enjoys the esteem of her principal. // ~ **(di) un diritto** (leg.) to enjoy a right.

godimento, n. m. ❶ enjoyment. ❷ (leg.) use. △ ❷ **Il** ~ **della nostra proprietà è tutelato dalla legge** the use of our estate is protected by law. // **« godimento »** (fin.) « **dividend payable »**: « ~ **1° aprile 1° ottobre »** « dividend payable: 1st April and 1st October »; **il** ~ **dei diritti civili** (leg.) the enjoyment of civic rights; ~ **della cedola** (fin.) due date of coupon; ~ **in comune** (leg.) communal tenure; **clausola di pacifico** ~ (leg.) clause of quiet enjoyment.

gomena, n. f. (trasp. mar.) cable, hawser, line, rope.

gomitolo, n. m. ball. // **un** ~ **di cordone (di lana, ecc.)** a ball of string (of wool, etc.).

gomma, n. f. ❶ rubber. ❷ (attr. uff.) eraser. ❸ (trasp. aut.) tire. // ~ **da inchiostro** (attr. uff.) ink eraser.

gonfiamento, n. m. inflation.

gonfiare, v. t. ❶ to inflate. ❷ (un fiume) to swell*. ❸ (fig.) to boost. // ~ **artificiosamente** (il capitale nominale) (fin.) to water; ~ **il valore d'un'azione** (fin.) to boost the value of a share.

gonfiarsi, v. rifl. ❶ to inflate. ❷ (anche fig.) to swell*. ❸ (fin., market.) (di prezzi, ecc.) to rise*, to swell*.

gonfiatura, n. f. ❶ (montatura) swelling. ❷ (fin.) bubble. ❸ (trasp. aut.) (delle gomme) inflating.

governare, v. t. ❶ to govern. ❷ (amm.) to manage. ❸ (trasp. mar.) (una nave) to navigate, to steer. // ~ **una nave** (trasp. mar.) to steer; ~ **la rotta** (trasp. aer., trasp. mar.) to navigate.

governatore, n. m. governor. // **il** ~ **della Banca d'Inghilterra** (banca, ingl.) the Governor of the Bank of England; ~ **generale** governor-general.

governo, n. m. ❶ government. ❷ (trasp. mar.) (della nave) steering. // ~ **d'affari** Caretaker Cabinet; **un** ~ **vessatorio** a vexatious government; **in** ~ (trasp. mar.) (di nave) under control.

gradazione, n. f. ❶ gradation, scale. ❷ (di colore) shade. // ~ **alcoolica** (market.) alcoholic contents.

gradimento, n. m. ❶ liking, satisfaction. ❷ (accettazione) acceptance. △ ❶ **Speriamo che la merce speditavi sia di vostro** ~ we hope the goods we sent you will be to your satisfaction (o will meet your approval).

gradire, v. t. ❶ to like. ❷ (accettare) to accept. △ ❷ **Vogliate** ~ **i nostri migliori ringraziamenti** please accept our best thanks.

gradito, a. ❶ appreciated, welcome. ❷ (comun.) (di lettera) kind. △ ❶ **Ci farete cosa gradita se vorrete inviarci una sollecita risposta** an early reply would be greatly appreciated; ❷ **Ho ricevuto la Sua gradita lettera del 20 c.m.** I have received your kind letter of the 20th of this month. // **essere (o riuscire)** ~ (di persona) to please: **Benché il nuovo viaggiatore ce la metta tutta per riuscire** ~, **il suo fatturato è piuttosto scarso** though the new salesman is eager to please, his billing is rather poor.

grado, n. m. ❶ grade, degree, standard. ❷ (gerarchico) rank. ❸ (estensione, ampiezza) extent, scale. ❹ (condizione) standing. ❺ (mat.) degree. △ ❸ **Il loro Paese è caratterizzato da un alto** ~ **d'occupazione** their Country is characterized by high-scale employment. // ~ **di capitano** (trasp. mar.) captainship; ~ **d'intelligenza** (pers.) degree of intelligence; ~ **d'invalidità** (pers.) degree of inability; **il** ~ **d'un'ipoteca** (leg.) the rank of a mortgage; ~ **di latitudine** (trasp. mar.) degree of latitude; ~ **di parentela** (leg.) degree of kindred; **essere in** ~ **di** to be able to: **È in** ~ **di far fronte a tutti i suoi impegni** he is able to meet all his obligations; **essere in** ~ **di far fronte alla concorrenza in fatto di prezzi** (econ., market.) to be geared for price competition; **in** ~ **di funzionare** (di macchinario) in working order; **in sommo** ~ greatly, closely; **non essere in** ~ **di fare qc.** to be unable to do st.

graduale, a. gradual.

graduare, v. t. to grade, to graduate, to scale. // ~ **le imposte** (fin.) to graduate taxes.

graduatoria, n. f. (pers.) classification, list. △ **Fui il secondo della** ~ I came out second in the list (of candidates). // ~ **d'urgenza** (econ., org. az.) timing.

graduazione, n. f. graduation, scale.

graffa, *n. f. V.* graffetta.
graffare, *v. t.* to staple.
graffatrice, *n. f. (attr. uff.)* stapler.
graffetta, *n. f. (attr. uff.)* staple.
grafia, *n. f.* writing, handwriting. // ~ **illeggibile** illegible handwriting.
grafico, *a.* graphic, graphical. *n. m.* ❶ diagram. ❷ *(elab. elettr.)* graph chart, graph. ❸ *(mat., stat.)* graph. ❹ *(org. az.)* chart. ❺ *(pers.)* printing and engraving expert. ❻ *(pubbl.)* designer. ❼ *(stat.)* chart. // **un ~ che mostra l'aumento della popolazione mondiale** *(econ., stat.)* a graph that shows the increase of the world population; ~ **d'avanzamento** *(org. az.)* progress chart; ~ **per la rilevazione della dinamica del lavoro** *(cronot.)* flow process chart.
grafo, *n. m. (ric. op.)* graph.
grammo, *n. m.* gram, gramme.
granaglie, *n. pl. (market.)* cereals; corn, grain.
grande, *a.* great, grand, big, large; handsome *(fam.)*. // **le grandi compagnie produttrici d'acciaio** *(negli U.S.A.) (fin., USA)* big steel; ~ **complesso** *(industriale, commerciale, ecc.) (econ., fin.)* major; **il ~ crollo** *(econ.)* the big slump; ~ **emporio** *(market.)* department store, supermarket; ~ **finanziere** *(fin.)* tycoon *(USA)*; **le grandi imprese** *(fin.)* the large businesses, the large companies; **le grandi imprese industriali, commerciali o finanziarie** big business; **una ~ innovazione tecnologica** *(econ., org. az.)* a technological breakthrough; **un ~ magazzino** *(org. az.)* a large warehouse *(o* store); ~ « **magazzino** » *(market.)* multiple shop, supermarket; chain store *(USA)*; **grandi magazzini** *(market.)* department store; chain-store *(USA)*; department stores, stores; ~ **negozio** *(market.)* department store; warehouse *(ingl.)*; chain store *(USA)*; **i grandi operatori privati** *(fin.)* the private corporations; **una ~ quantità di** a large quantity of, a great deal of; a mass of, a bundle of *(fam.)*; **una ~ società** *(fin.)* a giant corporation, a large-scale corporation *(USA)*; ~ **tabellone pubblicitario** *(generalm. luminoso) (pubbl.)* spectacular; **a ~ velocità** *(trasp. ferr.)* by passenger train, per passenger train; **di gran moda** *(market.)* all the vogue: **Le minigonne furono di gran moda verso la fine degli anni sessanta** miniskirts used to be all the vogue in the late 1960's; **di ~ responsabilità** *(di carica, ufficio, ecc.)* responsible; **di ~ valore** *(anche fig.)* valuable; **in ~ large-scale** *(a.)*; **in ~ quantità** *(market.)* wholesale.
grandezza, *n. f.* ❶ greatness, bigness. ❷ *(dimensioni)* size. ❸ *(mat.)* magnitude. // **la ~ del campione** *(market., stat.)* the size of a sample; ~ **variabile** *(mat.)* variable; **di ~ media** middle-sized *(a.)*.
grandine, *n. f.* ❶ hail. ❷ *(ass.)* hail storms.
grandioso, *a.* grand.
grano, *n. m.* ❶ wheat, corn. ❷ *(misura di peso pari a 0,0648 grammi) (ingl.)* grain.
granoturco, *n. m.* maize; Indian corn, corn *(USA)*.
granturco, *n. m. V.* granoturco.
gratifica, *n. f. (pers.)* allowance, bonus, gratuity, premium. // ~ **di bilancio** *(pers.)* production bonus; ~ **discrezionale** *(pers.)* discretionary bonus; ~ **in azioni** *(concessa da una società ai suoi dipendenti) (fin.)* stock bonus; ~ **natalizia** *(pers.)* Christmas bonus.
gratificante, *a.* gratifying, rewarding. // **non ~ unrewarding: La frustrazione e l'assenteismo sono causati spesso da un lavoro non ~** frustration and absenteeism are often brought about by an unrewarding job.
gratificare, *v. t. (pers.)* to give* an allowance to (sb.); to give* (sb.) a bonus.

gratificazione, *n. f. V.* gratifica.
gratis, *avv.* gratis, freely, free gratis; free *(anche a.)*. // ~ **a richiesta** *(market.)* free on application.
gratitudine, *n. f.* gratefulness, thankfulness; indebtedness *(fig.)*. // **con ~** gratefully, thankfully.
grato, *a.* grateful, thankful; indebted *(fig.)*. △ **Vi saremmo grati se voleste favorirci altre informazioni sul vostro cliente** we should be grateful if you would let us have some more information regarding your client; **Vi siamo profondamente grati per la vostra gentilezza** we are greatly indebted to you for your kindness.
grattacapo, *n. m. (fam.)* headache. △ **Il nostro maggior ~ nei prossimi sei mesi sarà la svalutazione** devaluation is going to be our main headache for the next six months.
gratuitamente, *avv.* gratis, freely, free gratis, free.
gratuito, *a.* ❶ gratuitous, free gratis, gratis, eleemosynary. ❷ *(comm.)* free. ❸ *(leg.) (d'alloggio)* rent-free. △ ❶ **Tutti i dépliant sono gratuiti** all brochures are free gratis. // ~ **patrocinio** *(leg.)* forma pauperis.
gravame, *n. m.* ❶ *(fig.)* weight, burden. ❷ *(fin.) (imposta)* tax. ❸ *(leg.)* encumbrance, incumbrance, encumberment.
gravare, *v. t.* ❶ to weight, to burden, to bear* hard on; to saddle *(fig.)*. ❷ *(fin., leg.)* to encumber. △ ❶ **Siamo gravati di forti tasse** we are burdened with heavy taxes; **Questo tipo di tassazione grava sui non abbienti** this kind of taxation bears hard on the poor; **I contribuenti saranno gravati dei costi per gli aiuti all'estero** taxpayers will be saddled with the burden of the costs for foreign aids; ❷ **Sono gravati da debiti** they're encumbered with debts. // ~ (q.) **con soprattassa** *(fin.)* to surtax; ~ **d'imposta** *(fin.)* to excise; ~ **d'imposte** *(fin.)* to overtax; ~ (qc.) **d'ipoteca** *(leg.)* to mortgage.
gravato, *a.* ❶ weighted, burdened. ❷ *(fin., leg.)* encumbered. // **eccessivamente ~ da imposte** *(fin.)* overtaxed; **non ~ da ipoteca** *(leg.)* unmortgaged.
grave, *a.* ❶ *(pesante)* heavy. ❷ *(serio)* serious, bad, grave, gross, hard. △ ❷ **È un posto di ~ responsabilità** it is a position of grave responsibility; **Per questi prodotti, gli Stati Membri possono intervenire sui mercati sin dal momento in cui i prezzi scendono al di sotto del livello detto di « crisi ~ »** if prices fall below a « serious crisis » level, the Member States themselves may intervene on the market for these products. // **un ~ errore** a bad mistake; ~ **fatica** hard toil; sweat *(fam.)*; **una ~ restrizione del credito** *(fin.)* a money squeeze; **essere in gravi ristrettezze** to be in narrow circumstances.
gravità, *n. f.* gravity; seriousness *(fig.)*; *(importanza)* importance.
gravoso, *a.* heavy, hard, onerous. △ **Il lancio del nuovo prodotto sarà un compito ~ per i nostri agenti pubblicitari** launching the new product is going to be a hard task for our advertising agents.
grazia, *n. f.* ❶ grace. ❷ *(leg.)* mercy; pardon. ❸ **grazie,** *pl. (ringraziamenti)* thanks. △ ❷ **Ha presentato domanda di ~** he has submitted a petition for mercy. // **grazie!** thanks!; **grazie a** thanks to: **Centinaia d'aziende riuscirono a « rimettersi in piedi » grazie agli aiuti finanziari dall'estero** hundreds of firms succeeded in recovering thanks to the financial aids from abroad.
greggio, *a.* ❶ raw, crude, gross, rough. ❷ *(market.) (di prodotto)* unmanufactured. *n. m.* crude oil, raw petroleum.
greve, *a.* heavy.
grezzo, *a. V.* greggio.

gridare, *v. i.* to cry, to shout. *v. t.* (*un nome*) to call.
grido, *n. m.* ❶ cry, shout. ❷ (*market., pubbl.*) thing. △ ❷ Questo è l'ultimo ~ in fatto di televisori this is the latest thing in TV sets.
grigio, *a.* grey, gray.
grossa, *n. f.* (*dodici dozzine*) gross.
grossista, *n. m.* e *f.* (*market.*) wholesaler, wholesale-dealer, direct trader, factor, jobber, stockist; warehouseman* (*m.*). △ Il ~ acquista in grandi quantità e rivende, soltanto ai dettaglianti, in quantità assai minori the wholesaler buys wholesale and resells, to retailers only, in much smaller quantities. // ~ **in granaglie** corn-dealer.
grosso, *a.* big, large, great, gross. // **un ~ acquirente** (*market.*) a heavy buyer; **grossi affari** (*fin.*) big business; **grossa botte** (*di 600 litri circa*) butt; **un ~ errore** a bad blunder; **una grossa somma di denaro** a large sum of money; folding money (*USA*); **mare ~** (*trasp. mar.*) heavy sea.
grossolano, *a.* ❶ gross, rough. ❷ (*approssimativo*) rough and ready.
gru, *n. f. inv.* (*trasp.*) crane.
gruppo, *n. m.* ❶ group, batch. ❷ (*di persone*) party, section, set. ❸ (*org. az.*) (*d'autobus, autocarri, ecc., della stessa azienda*) fleet. ❹ (*pers.*) (*di lavoro*) team. ❺ (*stat.*) (*di persone o cose*) bracket. // ~ **cantieristico** (*trasp. mar.*) shipbuilding group; ~ **che mette in atto una reazione difensiva** (*contro un processo inflazionistico: conservando il proprio potere d'acquisto*) (*econ.*) defensive group; ~ **che offre una resistenza passiva** (*al processo inflazionistico: non aumentando il proprio potere d'acquisto*) (*econ.*) passive group; ~ **creativo** (*pubbl.*) creative group; ~ **di contribuenti** (*fin.*) tax-paying group; (*stat.*) (*divisi in base al reddito*) income bracket; ~ **di controllo** (*econ., fin.*) controlling group; **gruppi d'età** (*stat.*) age groups; ~ **di holding finanziarie a struttura piramidale** (*econ., fin.*) pyramid; ~ **di lavoro** (*pers.*) work group, team; ~ **di membri** (*della Borsa Valori*) **che s'incontrano per la compravendita di titoli** (*Borsa*) loan crowd; ~ **di minoranza** (*fin.*) minority group; ~ **di pressione** (*econ.*) pressure group; ~ **di pressione politica** (*dedito a manovre di corridoio*) lobby (*USA*); ~ **di produttori** (*ditte, ecc.*) **caratterizzato da una comune politica dei prezzi** (*econ.*) price-ring; **gruppi di reddito** (*fin., stat.*) income groups, income brackets; ~ **di sostenitori** (*d'un uomo politico*) constituency; ~ **di venti** score; ~ **economico verticale** (*econ., org. az.*) vertical combine; ~ **finanziario** (*costituito da una società controllante e da un certo numero di consociate*) (*fin.*) group; ~ **finanziario di controllo** (*fin.*) holding company; **un ~ finanziario estero** (*fin.*) a foreign finance group; **un ~ finanziario internazionale** (*fin.*) an international financial group; ~ **monopolistico** (*econ., fin.*) syndicate; ~ **motore** (*org. az.*) power-plant.
guadagnare, *v. t.* to gain, to earn, to get*; to take*, to net, to knock down (*fam.*); to sack (*fam., USA*). △ Quanto guadagni al mese? how much do you earn a month?; how much do you take a month? (*fam.*); Le azioni Alco hanno guadagnato tre punti Alco shares gained three points; Quanto hanno guadagnato dal negozio? how much did they net from the shop?; Guadagna circa 1.000 dollari al mese in quell'impiego he knocks down about $ 1,000 a month in that position; Spende tutto ciò che guadagna he spends all his earnings. // ~ **appena (tanto) da vivere** to earn a bare living; ~ **molto e in breve tempo** to clean up (*slang USA*); ~ **popolarità** to gain popularity; ~ **terreno** (*anche fig.*) to gain ground; ~ **tre punti** (*Borsa*) to chalk up a gain of three marks; **guadagnarci** (*una certa somma di denaro*) to walk off with: Nonostante gli alti costi della manodopera e delle materie prime, riuscirono a guadagnarci 100.000 sterline notwithstanding the high cost of labour and basic materials, they were able to walk off with £ 100,000; **guadagnarsi una buona reputazione sul mercato** to gain a good reputation on the market; **guadagnarsi da vivere** to gain one's living; **guadagnarsi il pane** to win one's bread; **guadagnarsi la vita** to earn one's living; **guadagnarsi la vita in modo onesto** to turn an honest penny (*fig.*); **non guadagnato** unearned.
guadagno, *n. m.* ❶ gain, take. ❷ (*lucro*) lucre. ❸ (*econ., fin., rag.*) profit, return. ❹ **guadagni**, *pl.* earnings, makings, takings. △ ❸ In pochi mesi fecero guadagni altissimi they sacked an enormous profit in a few months; ❹ I suoi guadagni ammontano a 10.000 dollari all'anno his earnings amount to 10,000 dollars a year. // ~ **accidentale** (*econ.*) windfall gain; **un ~ concreto** a tangible gain; **un ~ inatteso** an unexpected gain; a windfall (*fam.*); **guadagni inesistenti** (*rag.*) nil profits; **guadagni irregolari** (*rag.*) uneven earnings; ~ **netto** (*rag.*) net profit, net; **guadagni onesti** honest profits; ~ **ricavato da un'operazione in titoli** (*fin.*) turn.
guaio, *n. m.* trouble, ill. △ S'è messo nei guai he's got into trouble. // **essere nei guai** to be in trouble; to be in difficulties; to be in deep water(s) (*fig.*).
guardacoste, *n. pl.* (*nucleo di polizia addetto alla sorveglianza costiera*) coastguards.
guardare, *v. t.* e *i.* ❶ to look at. ❷ (*osservare*) to watch, to view. ❸ (*comun.*) (*una trasmissione televisiva*) to teleview. // ~ **avanti** to look forward; ~ **la corrispondenza** to look over the correspondence; ~ **su** to look up; ~ **la TV** to watch TV: Si calcola che a quest'ora non meno di 25 milioni di persone stiano guardando il nostro carosello in TV it is estimated that at this time not fewer than 25 million people are watching our TV commercial.
guardavia, *n. f. inv.* (*trasp. aut.*) safety rail.
guardia, *n. f. inv.* ❶ guard, watch. ❷ (*custodia*) keeping. ❸ (*pers.*) guardsman*, watchman*. ❹ (*pers.*) (*poliziotto*) constable, policeman*. // ~ **costiera di finanza** coastguard; ~ **di finanza portuale** (*trasp. mar.*) water guard; ~ **franca** (*trasp. mar.*) watch below; ~ **franca a terra** (*trasp. mar.*) watch ashore; ~ **giurata** (*pers.*) watchman; **chi è di ~** (*pers.*) watcher.
guardiano, *n. m.* (*pers.*) keeper, care-taker, guard, warden. // ~ **notturno** (*pers.*) night watchman, night man.
guardingo, *a.* cautious, wary, canny, discreet.
«**guardrail**», *n. m.* (*trasp. aut.*) guardrail, safety rail, traffic divider.
guasto, *n. m.* ❶ breakdown, break. ❷ (*più lieve*) flaw. ❸ (*elab. elettr.*) failure, fault.
guerra, *n. f.* (*anche fig.*) war. // ~ **commerciale** (*econ.*) trade war; ~ **dei prezzi** (*econ.*) (*periodo caratterizzato da spietata concorrenza*) price war; **la ~ del merluzzo** (*econ.*) the cod war; **la ~ e i rischi inerenti** (*ass.*) war and its attendant risks; ~ **tariffaria** (*comm. est., fig.*) rate war, tariff war.
guida, *n. f.* ❶ guide, guidance; lead, captainship. ❷ (*libro*) guide-book, manual. ❸ (*capo*) leader. ❹ (*ass.*) (*che descrive le condizioni assicurative*) line sheet. ❺ (*pers., tur.*) conductor, guide. ❻ (*trasp. aut.*) driving. △ ❶ Con la tua ~ spero d'imparare presto I hope I'll be able to learn in a short time under your guidance; Egli assunse la ~ dell'impresa he took the lead in (*o* assumed the

captainship of) the enterprise. // ~ **del telefono** (*attr. uff.*) directory; ~ **dell'attività corrente** (*org. az.*) direction.

guidare, *v. t.* ❶ to guide, to conduct, to lead*, to head. ❷ (*trasp. aut.*) to drive*. // ~ **q. in visita** (*a qc.*) to tour sb.; ~ **una nave** (*trasp. mar.*) to steer a ship; **che guida** leading.

guidatore, *n. m.* (*trasp. aut.*) driver.

gusto, *n. m.* ❶ taste. ❷ **gusti**, *pl.* (*anche*) likes and dislikes. △ ❶ **Speriamo che i nostri articoli incontrino i gusti della vostra clientela** we hope that our articles will meet the tastes of your customers; **È questione di gusti!** it's a matter of taste. // **i gusti del pubblico** (*market.*) the likes and dislikes of the public.

H

hangar, *n. m.* (*trasp. aer.*) hangar.
holding, *n. f.* (*fin.*) holding company. △ L'IFI è la ~ che ha il controllo della Fiat, della Sai, della Riv-Skf, della Unicem, dell'Ifi International, della Fabbri e d'una porzione rilevante della Rinascente IFI is the holding company which controls Fiat, Sai, Riv-Skf, Unicem, Ifi International, Fabbri and a sizable slice of La Rinascente. // ~ **finanziaria privata** (*fin.*) private finance holding company.
« **homo economicus** », *n. m.* (*econ.*) economic man*.

hostess, *n. f.* (*trasp. aer.*) air-hostess, stewardess.
« **hovercraft** », *n. m.* (*trasp. mar.*) hovercraft.
« **hundredweight** », *n. m.* ❶ (*ingl.*) (*misura di peso pari a 50,80 kg*) hundredweight (*cwt.*). ❷ (*USA*) (*misura di peso pari a 45,36 kg*) hundredweight (*cwt.*). // ~ **americano** (*misura di peso pari a 1/20 di « ton » o 45,36 kg*) short hundredweight; ~ **inglese** (*misura di peso pari a 50,80 kg*) long hundredweight.

I

iarda, n. f. (misura di lunghezza pari a m 0,914) yard. △ **In Gran Bretagna la stoffa si vende a iarde, non a metri** in Great Britain cloth is sold by the yard, not by the metre.

idea, n. f. ❶ idea. ❷ (opinione) opinion; mind. △ ❶ **Quel funzionario ha sempre idee nuove** that executive is always full of new ideas; **Ho ~ che non parteciperà alla riunione** I have an idea that he will not attend the meeting; ❷ **Non ho cambiato ~** I haven't changed my mind. // **idee avanzate** forward opinions; **un'~ geniale** a stroke of genius: **Quello slogan pubblicitario fu un'~ davvero geniale** that advertising slogan was a real stroke of genius.

ideare, v. t. to conceive, to devise. △ **Stiamo ideando un piano per il lancio del nuovo prodotto** we are devising a plan for the launching of the new article.

idem, pron. e avv. ❶ idem. ❷ (nelle fatture, negli inventari, ecc.) ditto.

identico, a. identical; (the) same.

identificare, v. t. to identify.

identificatore di parola, n. m. (elab. elettr.) word mark.

identificazione, n. f. identification. // **~ del problema** (ric. op.) problem identification.

identità, n. f. ❶ identity. ❷ (mat.) identity.

idoneità, n. f. fitness, capability, qualification.

idoneo, a. fit, capable, qualified. △ **Non ci sono molte persone che sarebbero idonee per quel posto** there are not many people who would be fit for that position. // **~ alla navigazione** (trasp. mar.) (di natante) seaworthy; **non ~ alla navigazione** (trasp. mar.) (di natante) unseaworthy.

idrocarburi, n. pl. oil and natural gas.

igiene, n. f. hygiene. // **~ e medicina del lavoro** (pers., sind.) industrial health and medicine.

igienico, a. hygienic, hygienical, sanitary. // **misure igieniche** sanitary measures.

ignoto, a. unknown. n. m. (leg.) unknown person. △ n. **Ha sporto querela contro ignoti** he has brought an action against persons unknown.

illazione, n. f. illation, inference.

illecito, a. ❶ (leg.) illicit, illegitimate, illegal, lawless, unlawful, wrongful. ❷ (leg.) (di sciopero) wildcat (attr.). // **~ civile** (leg.) tort; **~ d'agenzia** (leg.) (atto illecito commesso da un agente nell'esercizio delle sue funzioni) agent's tort; **~ penale** (leg.) offense, crime; **~ privato** (leg.) private wrong.

illegale, a. ❶ (leg.) illegal, lawless, illicit, unlawful, wrongful; outlaw (attr.). ❷ (leg.) (di sciopero) wildcat.

illegalità, n. f. (leg.) illegality, unlawfulness.

illegalmente, avv. (leg.) illegally.

illeggibile, a. illegible, unreadable.

illegittimità, n. f. (leg.) illegitimacy, unlawfulness.

illegittimo, a. (leg.) illegitimate, unlawful.

illiceità, n. f. (leg.) unlawfulness.

illimitato, a. unlimited.

illuminare, v. t. ❶ (anche fig.) to illuminate. ❷ (in senso concreto) to light* up.

illuminato, a. (anche fig.) illuminated.

illuminazione, n. f. ❶ (anche fig.) illumination. ❷ (in senso concreto) lighting.

illustrare, v. t. ❶ to illustrate. ❷ (giorn., pubbl.) to illustrate. // **~ libri di testo** to illustrate text-books.

illustrativo, a. illustrative.

illustrato, a. illustrated. △ **Accludiamo copia del nostro ultimo catalogo ~** we are enclosing a copy of our latest illustrated catalogue.

illustrazione, n. f. ❶ illustration. ❷ (giorn., pubbl.) illustration. // **~ a mezza tinta** (pubbl.) halftone; **~ in capo a un libro** (giorn., pubbl.) frontispiece.

imballaggio, n. m. ❶ (market.) (l'imballare) packaging, packing. ❷ (market.) (balla, pacco, ecc.) package, pack. ❸ (market.) (in balle) baling. ❹ (market.) (in casse) boxing. △ ❷ **L'~ sotto vuoto è ideale per taluni prodotti alimentari** vacuum pack is ideal for certain foodstuffs. // **~ a rendere** (market.) package to be returned; **l'~ delle derrate alimentari** (market.) the packaging of foodstuffs; **~ gratis** (market.) packing free; **~ vuoto** (market.) empty.

imballare, v. t. ❶ (market.) to package, to pack. ❷ (market.) (in balle) to pack in bales, to bale. △ ❷ **I tessuti vengono imballati** cloth is packed in bales. // **~ in casse** (market.) to pack in boxes, to box up; **~ in « gabbie »** (market.) to pack in crates, to crate.

imballatore, n. m. ❶ (pers.) packer. ❷ (pers.) (di merce in balle) baler.

imballatrice, n. f. ❶ (org. az.) packer. ❷ (org. az.) (di merce in balle) baler.

imballatura, n. f. V. imballaggio.

imballo, n. m. V. imballaggio.

imbarazzare, v. t. ❶ to embarass. ❷ (ingombrare, ostacolare) to encumber. ❸ (trasp. mar.) (il carico) to overstow.

imbarazzo, n. m. embarrassment. // **~ finanziario** financial difficulty.

imbarcadero, n. m. (trasp. mar.) landing place, landing stage.

imbarcare, v. t. ❶ (trasp. aer., trasp. mar.) to embark. ❷ (trasp. mar.) to take* aboard. ❸ (trasp. mar.) (spedire) to ship. △ ❶ **L'aereo imbarcherà i passeggeri e il carico** the airplane will embark passengers and cargo; ❷ **Imbarcammo altri tre passeggeri** we took aboard three more passengers; ❸ **Le merci sono state imbarcate in apparente buon ordine e condizione** the goods have been shipped in apparent good order and condition; **Le merci di cui alla vostra ordinazione n. 279 del 19 febbraio sono state imbarcate sulla M/N « Cockney » diretta al vostro porto** the goods referring to your order No. 279 of 19th February have been shipped on board the S/S « Cockney », bound for your port. // **~ acqua** (trasp. mar.) to ship water (o a heavy sea); to leak; **~ il carico** (trasp. mar.) to load the cargo; **~ q. clandestinamente** (trasp. mar.) to stow sb.

imbarcare

away; **imbarcato in meno** (*di quanto accordato*) (*trasp. mar.*) (*di merce, carico, ecc.*) short-shipped.

imbarcarsi, *v. rifl.* ❶ (*trasp. aer., trasp. mar. e fig.*) to embark. ❷ (*trasp. mar.*) to go* aboard, to board a ship. ❸ (*trasp. mar.*) (*partire*) to sail. ❹ (*trasp. mar.*) (*come marinaio*) to sign on. △ ❶ **Ci siamo imbarcati in un nuovo programma di sviluppo** we have embarked on a new programme of expansion; ❷**È ora d'~** it's time to go aboard; **M'imbarcai a Napoli** I boarded the ship (the liner, etc.) at Naples; ❸**Domani m'imbarcherò per l'Australia** tomorrow I'll be sailing for Australia; ❹ **S'è imbarcato come membro dell'equipaggio** he signed on as a member of the crew.

imbarcazione, *n. f.* (*trasp. mar.*) boat, craft*. // **~ con motore ausiliare** (*trasp. mar.*) auxiliary boat; **~ di salvataggio** (*trasp. mar.*) life-boat.

imbarco, *n. m.* ❶ (*trasp. aer., trasp. mar.*) embarcation, embarkation, embarkment. ❷ (*trasp. mar.*) shipping, shipment. ❸ (*trasp. mar.*) (*partenza*) sailing. △ ❷ **L'~ della merce dovrà essere effettuato dalle maestranze portuali** shipment of the goods shall be made by port labour; **Fateci sapere, a stretto giro di posta, il nome del porto d'~** let us know, by return, the name of the port of shipment.

imbasciata, *n. f.* errand.

imbastire, *v. t.* ❶ to tack. ❷ (*fig.*) to draft, to outline. △ **Ho imbastito un piano d'azione per la nostra campagna pubblicitaria** I have outlined a plan for our advertising campaign.

imbattibile, *a.* ❶ unbeatable. ❷ (*insuperabile*) unsurpassable, record-breaking.

imbiancare, *v. t.* ❶ to whitewash. ❷ (*candeggiare*) to bleach.

imboccare, *v. t.* (*anche fig.*) to spoon-feed*.

imboccatura del porto, *n. f.* (*trasp. mar.*) harbour entrance.

imboscamento, *n. m.* (*leg.*) (*di merci*) corner, cornering.

imboscare, *v. t.* (*leg.*) (*merci*) to corner.

imbottire, *v. t.* ❶ to pad; to wad. ❷ (*fig.*) (*d'idee, di pubblicità, ecc.*) to spoon-feed*, to stuff. △ ❷ **Il pubblico viene sempre più imbottito di propaganda** the public is being spoon-fed more and more propaganda.

imbrogliare, *v. t.* to cheat, to swindle.

imbroglio, *n. m.* cheat, swindle; bunco (*slang USA*).

imbroglione, *n. m.* cheat, swindler, deceiver, dodger, fraud.

imbucare, *v. t.* (*impostare*) to mail, to post.

imitare, *v. t.* ❶ to imitate; (*copiare*) to copy. ❷ (*market.*) to imitate.

imitato, *a.* ❶ imitation, mock (*attr.*). ❷ (*falso*) fake (*attr.*).

imitatore, *n. m.* ❶ imitator; (*copiatore*) copier. ❷ (*market.*) imitator. // **~ del prezzo** (*econ., market.*) price follower.

imitazione, *n. f.* ❶ imitation, copy, sham. ❷ (*market.*) imitation, sham. // **~ di marchio** (*leg.*) imitation of a trade-mark.

immagazzinaggio, *n. m.* V. **immagazzinamento,** *def. 1.*

immagazzinamento, *n. m.* ❶ (*dog., org. az.*) warehousing, storage. ❷ (*elab. elettr.*) storage. △ ❶ **I magazzini doganali sono magazzini autorizzati ad accettare, per ~, merci importate sulle quali non è stato ancora pagato il dazio doganale** bonded warehouses are warehouses that are licensed to accept, for storage, imported goods on which no customs duty has yet been paid. // **~ dei dati** (*elab. elettr.*) data storage.

immagazzinare, *v. t.* ❶ (*elab. elettr.*) to store. ❷ (*org. az.*) to stock up, to store, to warehouse. △ ❷ **La merce è stata immagazzinata in un magazzino doganale** the goods have been stored in a bonded warehouse.

immagazzinato, *a.* ❶ (*elab. elettr.*) stored. ❷ (*org. az.*) stored.

immaginare, *v. t.* ❶ to imagine. ❷ (*intendere*) to understand*. ❸ (*presumere*) to presume, to take*. △ ❷ **Immagino che la vostra offerta sia ancora valida** your offer is, I understand, still open; ❸ **Immagino che questa sia la vostra ultima offerta** I take this to be your final offer.

immaginario, *a.* ❶ imaginary. ❷ (*mat.*) imaginary.

immaginazione, *n. f.* imagination, fancy.

immagine, *n. f.* ❶ image. ❷ (*figura*) figure. // **l'~ aziendale** (*pubbl.*) the public image; the corporation image; the corporate image (*USA*); **~ del prodotto** (*pubbl.*) product image.

immateriale, *a.* ❶ immaterial. ❷ (*leg.*) incorporeal.

immatricolare, *v. t.* ❶ to matriculate. ❷ (*trasp.*) (*un aereo, una nave, un'automobile*) to register. ❸ (*trasp. mar.*) (*una nave, anche*) to document (*USA*). // **~ l'automobile** (*leg.*) to register one's car.

immatricolato, *a.* (*trasp.*) (*d'aereo, automobile, naviglio, ecc.*) registered.

immatricolazione, *n. f.* ❶ matriculation. ❷ (*trasp.*) (*d'aereo, di nave, d'automobile, ecc.*) registration.

immediatamente, *avv.* immediately, outright, straightaway; on the nail (*fam.*). △ **Acquistammo gli articoli ~, fin che ne avevamo la possibilità** we bought the articles outright, while we had the chance; **Nell'eventualità che la nostra richiesta non venga accolta, adiremo ~ le vie legali** in case our claim is rejected, we shall take legal steps straightaway.

immediato, *a.* ❶ immediate, instant, instantaneous, outright. ❷ (*comm.*) (*di consegna*) prompt.

immergere, *v. t.* to immerse, to dip, to plunge, to dabble. // **essere immerso nei debiti** to be deep in debt.

immergersi, *v. rifl.* ❶ to plunge, to dip. ❷ (*fig.*) to immerse oneself. ❸ (*d'un sommergibile*) to dive. △ ❷ **S'immerge sempre completamente nel suo lavoro** he always immerses himself completely in his work.

immersione, *n. f.* ❶ immersion, plunge. ❷ (*trasp. mar.*) (*pescaggio d'una nave*) draught.

immettere, *v. t.* to introduce, to put* (in, *o* on). // **~ merci in un mercato** (*market.*) to put goods on the market; **~** (*una nave*) **nel bacino di carenaggio** (*trasp. mar.*) to dry-dock.

immigrante, *n. m. e f.* (*econ.*) immigrant.

immigrare, *v. i.* (*econ.*) to immigrate.

immigrazione, *n. f.* (*econ.*) immigration.

imminente, *a.* imminent.

immischiarsi, *v. rifl.* to interfere; to meddle, to tamper (with st.).

immissione, *n. f.* introduction.

immobile, *a.* ❶ immobile; motionless; immovable. ❷ (*leg.*) (*di bene*) immovable, immoveable, real. *n. m.* ❶ (*leg.*) building; house. ❷ **immobili,** *pl.* (*leg.*) immovables; (*locali*) premises. ❸ **immobili,** *pl.* (*rag.*) fixed assets, real assets. // **~** (*di proprietà del datore di lavoro*) **affittato a un dipendente** (*pers.*) tied house; **~ censito (non censito) in catasto** (*fin., leg.*) real estate registered (not registered) in the land registry; **immobili e impianti** (*rag.*) fixtures and fittings, fixed assets; **un ~ non gra-**

immobiliare

vato da ipoteca (*leg.*) an unmortgaged estate; **immobili per destinazione** (*leg.*) immovables by destination.

immobiliare, *a.* (*fin., leg.*) real. // **credito ~** (*fin.*) credit guaranteed by mortgage; **proprietà ~** real estate.

immobilismo, *n. m.* immobilism; drift (*fig.*). △ **La politica del nostro Governo è quella dell'~** our Government's policy is one of drift.

immobilizzare, *v. t.* ❶ to immobilize. ❷ (*fin., rag.*) (*convertire capitali circolanti in capitali fissi*) to immobilize, to capitalize, to tie up, to lock up. // **~ capitale** (*fin.*) to lock up capital.

immobilizzazione, *n. f.* ❶ immobilization. ❷ (*fin., rag.*) immobilization, lockup. ❸ **immobilizzazioni**, *pl.* (*rag.*) capital expenditure. △ ❷ **Un'operazione del genere comporterebbe un'~ di capitale per un tempo notevole** an operation of this kind would entail a lockup of capital for a considerable time. // **immobilizzazioni tecniche** (*rag.*) fixed assets.

immobilizzo, *n. m.* ❶ (*fin., rag.*) immobilization, lockup. ❷ (*rag.*) carrying. ❸ **immobilizzi**, *pl.* (*rag.*) fixed assets.

immotivato, *a.* groundless.
immune, *a.* (*leg.*) immune.
immunità, *n. f.* (*leg.*) immunity.
immutato, *a.* unchanged, unaltered.
impaccaggio, *n. m.* (*market.*) packing, packaging; wrapping (up).

impaccare, *v. t.* ❶ to pack, to parcel. ❷ (*market.*) to package, to pack, to wrap, to wrap up. △ ❶ **La donna impaccò i suoi acquisti** the woman parcelled her purchases; ❷ **Gli oggetti di vetro si devono ~ con la paglia** glassware should be packed in straw.

impaccatore, *n. m.* (*pers.*) packer.
impaccatura, *n. f.* V. impaccaggio.
impacchettare, *v. t.* V. impaccare.
impacchettatore, *n. m.* V. impaccatore.
impacchettatrice, *n. f.* (*org. az.*) packer.
impadronirsi, *v. rifl.* ❶ to take* possession (of); to appropriate. ❷ (*con la forza*) to seize, to capture.

impaginare, *v. t.* (*giorn.*) to paginate, to page, to make* up.

impaginatore, *n. m.* (*giorn., pers.*) maker-up, make-up man*.

impaginatura, *n. f.* V. impaginazione.
impaginazione, *n. f.* (*giorn.*) pagination, paging, page make-up, make-up, layout.

imparare, *v. t.* to learn*. // **~ qc. a memoria** to learn st. by heart; to memorize st.

imparziale, *a.* impartial, unbiased, unbiassed.
imparzialità, *n. f.* impartiality.
impatto, *n. m.* (*anche fig.*) impact.
impaziente, *a.* impatient. // **essere ~ di** to look forward to: **Siamo impazienti di ricevere una vostra risposta** we are looking forward to hearing from you.

impedimento, *n. m.* ❶ impediment, obstruction, tie (*fig.*). ❷ (*freno*) check, curb, holdback. ❸ (*prevenzione*) prevention. ❹ (*leg.*) impediment, bar. // **~ procedurale** (*leg.*) bar to action.

impedire, *v. t.* ❶ to prevent. ❷ (*impacciare*) to impede, to obstruct. ❸ (*frenare*) to check, to curb. ❹ (*proibire*) to prohibit, to bar, to forbid*. △ ❶ **Che cosa ti ha impedito di partecipare alla riunione?** what prevented you from attending the meeting?

impegnare, *v. t.* ❶ (*vincolare*) to bind*, to tie. ❷ (*ingaggiare*) to engage. ❸ (*comm., fin.*) (*denaro, ecc.*) to tie up, to lock up. ❹ (*comm., leg.*) (*dare in pegno*) to pawn, to pledge, to gage. △ ❶ **Tanto il venditore quanto il compratore sono impegnati da un contratto confermato** both the seller and the buyer are bound by a firm bargain; ❷ **L'abbiamo impegnato come guida turistica** we have engaged him as a guide; ❸ **Hanno impegnato tutto il capitale in quell'impresa** they have tied up all their capital in that business; ❹ **Il poveretto dovette ~ l'orologio per comprare un po' di cibo** the poor man had to pawn his watch to buy some food. // **~ q. con un contratto** (*leg.*) to tie sb. down to a contract; (*specialm. come apprendista*) to article sb.; **chi impegna qc.** (*comm., leg.*) pawnee.

impegnarsi, *v. rifl.* to engage, to undertake*; (*con la parola*) to pledge one's word, to pass one's word; (*più solenne*) to bind* oneself. △ **S'impegnò a fornire i capitali** he engaged to provide the capital; **S'impegnò solennemente a pagare il debito per noi** he solemnly undertook to pay the debt for us. // **~ con giuramento** (*leg.*) to oblige oneself by oath, to pass one's oath.

impegnativo, *a.* binding. △ **Questa è un'offerta impegnativa** this is a binding offer. // **non ~** unbinding, non-committal: **L'accordo non era ~** the agreement was unbinding.

impegnato, *a.* ❶ bound. ❷ (*occupato*) busy, engaged. ❸ (*riservato*) reserved, taken. △ ❷ **Il direttore è molto ~** the manager is very busy; **Domani sono ~** I'm engaged tomorrow; ❸ **Questo posto è ~** this seat is taken.

impegno, *n. m.* ❶ engagement, undertaking. ❷ (*obbligo*) obligation, commitment, charge. ❸ (*cura, diligenza*) care, diligence. ❹ (*Borsa*) checking slip. ❺ **impegni**, *pl.* (*fin., rag.*) liabilities. △ ❶ **Mi duole non poter accettare, ma avevo già un ~** I am sorry, but I cannot accept owing to a previous engagement; **Avete abbastanza denaro per far fronte ai vostri impegni?** have you got enough money to meet your engagements?; **Ci ha rilasciato un ~ scritto** he has given us a written undertaking; ❷ **Non poté far fronte ai propri impegni** he was not able to meet his obligations; **Dobbiamo rispettare i nostri impegni con la CEE** we must stick to our commitments with EEC; ❸ **Ha fatto il lavoro con grande ~** he has done his work with great care; ❺ **Non fu in grado di far fronte ai suoi impegni** he was unable to meet his liabilities; **La nave è arrivata senza impegni** the ship has arrived free of consignment. // **impegni a breve (termine)** (*Borsa, fin.*) shorts; **~ assunto di fronte a un magistrato** (*leg.*) formal contract, recognizance; **~ di capitale** (*rag.*) capital appropriation; **~ di spesa** (*rag.*) appropriation; **~ reciproco** (*leg.*) mutual engagement; **~ scritto** (*affidato a terzi e inoperante fino all'adempimento di certe condizioni*) (*leg.*) escrow; **~ sottoscritto da più persone, ciascuna delle quali risponde dell'intera somma** (*leg.*) joint and several bond; **chi vien meno a un ~** defaulter; **senza ~** without engagement, non committally.

impennarsi, *v. rifl.* ❶ (*d'un cavallo*) to rear up. ❷ (*market.*) (*di prezzi*) to run* up, to zoom. ❸ (*trasp. aer.*) (*d'aereo*) to pitch.

impennata, *n. f.* ❶ (*di cavallo*) rearing. ❷ (*Borsa, market.*) (*delle quotazioni, dei prezzi, ecc.*) upsurge, upswing. ❸ (*market.*) (*dei prezzi*) run-up, zoom. △ ❸ **Si è avuta un'improvvisa ~ di prezzi** there has been a sudden run-up in prices. // **un'~ delle richieste salariali** (*sind.*) an upsurge of wage claims.

imperativo, *a.* (*leg.*) mandatory.
imperfetto, *a.* ❶ imperfect, defective. ❷ (*leg.*) imperfect.
imperfezione, *n. f.* imperfection, defect, shortcom-

ing. △ **Da tempo sono state puntualizzate le imperfezioni del Sistema Monetario Internazionale** the shortcomings of the International Monetary System have long been pointed out.

imperiale, *a.* imperial.

impermeabile, *a.* (*market.*) (*di stoffa*) waterproof. *n. m.* (*market.*) waterproof, raincoat. // **all'acqua** (*trasp.*) watertight; ~ **all'aria** (*trasp.*) airtight.

impermeabilizzare, *v. t.* to waterproof.

impero, *n. m.* empire. // **dell'**~ **britannico** imperial.

impersonale, *a.* impersonal.

impetrare, *v. t.* ❶ to impetrate. ❷ (*supplicare*) to beseech*, to implore. // ~ **il perdono giudiziale** (*leg.*) to sue out pardon.

impiantare, *v. t.* (*fondare, avviare*) to establish, to set* up, to start. △ **Vuole** ~ **una nuova azienda** he wants to set up (*o* to start) a new business.

impiantistica, *n. f.* (*org. az.*) plant engineering.

impianto, *n. m.* ❶ (*l'impiantare*) setting up, set-up; (*installazione*) installation. ❷ (*org. az.*) plant; works (*col verbo al sing.*). ❸ **impianti**, *pl.* (*org. az.*) facilities, fittings; equipment (*sing.*). // ~ **contabile** (*rag.*) set of books; ~ **di microfilm** (*attr. uff., pubbl.*) microfilm unit; **l'**~ **d'una nuova fabbrica** the setting up of a new factory; **impianti fissi** (*org. az.*) fixed plants; (*rag.*) fixtures and fittings; ~ **idrico** waterworks; ~ **per ogni necessità** (*org. az.*) general-purpose plant; ~ **pilota** (*org. az.*) pilot plant; ~ **produttore di semilavorati** (*che vengono poi assorbiti da una fabbrica dello stesso proprietario e quindi*) **immessi in un processo produttivo integrato** (*org. az.*) captive shop; ~ **radiotelegrafico** (*comun.*) wireless installation; ~ **sperimentale** (*org. az.*) pilot plant; ~ **fra impianti** (*org. az.*) (*di sistema di comunicazioni, ecc.*) interplant (*a. attr.*).

impiegare, *v. t.* ❶ (*usare*) to employ, to use. ❷ (*il tempo*) to spend*, to take*. ❸ (*fin.*) (*denaro*) to invest. ❹ (*pers.*) (*dar lavoro a*) to employ, to engage. ❺ (*pers.*) (*adibire*) to set* on. △ ❶ **Quello è il modo migliore d'**~ **capitali al giorno d'oggi** that's the best way to employ capital nowadays; **I fondi non sono stati impiegati saggiamente** the funds haven't been used wisely; ❷ **Come impieghi il tuo tempo libero?** how do you spend your spare time?; **Impiegò due settimane a preparare la relazione** he took a fortnight to prepare his report; ❹ **È impiegato in una ditta del luogo** he's employed in a local concern; ❺ **In questo lavoro dovrebbero essere impiegate altre due squadre** (*d'operai*) two more gangs should be set on to this job. // ~ **q. come dattilografo** (*pers.*) to place sb. as a typist; ~ **di nuovo** to re-employ; ~ **q. in un lavoro** (*pers., anche*) to place sb.; ~ **male il proprio denaro (il proprio tempo)** to waste one's money (one's time); ~ **troppo personale per le necessità di** (*un reparto, un'attività, ecc.*) (*org. az.*) to overman.

impiegarsi, *v. rifl.* to get* a job; to find* a job.

impiegata, *n. f.* (*pers.*) employee; girl (*fam.*).

impiegatizio, *a.* clerical; white-collar (*attr.*). // **la classe impiegatizia** white-collar workers; **lavoro** ~ clerical work.

impiegato, *n. m.* ❶ (*pers.*) (*in genere*) employee; employe (*USA*). ❷ (*pers.*) (*d'ufficio*) clerk; white-collar worker; black-coat worker; collar-and-tie worker (*slang USA*). ❸ (*pers.*) (*funzionario*) official. ❹ (*pers.*) (*assistente*) help. ❺ **impiegati**, *pl. collett.* (*pers.*) clerical staff, staff. // ~ **di ditta privata o ente pubblico**) **addetto alla corrispondenza** (*pers.*) mail clerk; ~ **addetto alla fatturazione** (*pers.*) bill-filing clerk, billing clerk, bill clerk, biller; ~ (**addetto alle operazioni**) **della stanza di compensazione** (*pers.*) clearing-house clerk; ~ **alla biglietteria** (*pers., trasp.*) booking clerk; ~ **autorizzato a entrare nei locali della Borsa** (*ma che non può trattare titoli nei recinti riservati agli agenti e ai «jobbers»*) (*Borsa*) authorized clerk; ~ **che registra le ordinazioni** (*pers.*) order-clerk; ~ **comunale** (*pers.*) city employee; **impiegati del turno di notte** (*pers.*) night shift; ~ **di banca** (*pers.*) bank clerk; ~ **di concetto** (*pers.*) staff employee; ~ **di grado inferiore** (*pers.*) junior; ~ **di pesa pubblica** weigher; ~ **di sportello** (*banca*) teller; ~ **d'ufficio** (*pers.*) clerk; desk jockey (*slang USA*); **impiegati e operai** (*pers.*) personnel, staff; **impiegati esterni** (*pers.*) field staff; **un** ~ **fidato** (*pers.*) a dependable employee; **impiegati in prova** (*pers.*) probationary employees; ~ **in sottordine** (*pers.*) underclerk; ~ **incaricato della pesatura** (*di merci*) weigher; **un** ~ **indolente** (*pers.*) a slack employee; ~ **non autorizzato a entrare nei locali della Borsa** (*Borsa, slang USA*) blue button; **impiegati non di ruolo** (*pers.*) temporary staff; ~ **postale** (*comun.*) postal clerk; ~ **preposto** (*da un'agenzia di pubblicità*) **all'acquisto di tempo** (**radiotelevisivo**) **per i clienti** (*comun., pubbl.*) time buyer; ~ **statale** (*pers.*) functionary; civil servant (*in G.B.*); ~ **tuttofare** (*pers.*) factotum, man Friday; **essere** ~ **in una grande società** (*anche*) to be in the hire of a big company.

impiego, *n. m.* ❶ (*uso*) employment, use. ❷ (*fin.*) (*di denaro*) investment. ❸ (*pers.*) (*occupazione*) employment, employ, occupation, appointment, hire, retainer. ❹ (*pers.*) (*posto di lavoro*) position, post, job, situation, place; berth (*fig.*). △ ❸ **Sono favorevole a una politica di pieno** ~ I am in favour of a policy of full employment; **Ha un** ~ **con la Ditta F.lli Mirri** he is in the employ of Mirri Bros.; **Passa di continuo da un** ~ **all'altro** he is always going from one occupation to another; ❹ **Ho fatto domanda d'**~ **presso una banca** I have sent an application for a post in a bank; **Ha un buon** ~ he has a good job; **Decine di persone hanno presentato domanda per questo** ~ tens of people have applied for this situation. // **un** ~ **a tempo pieno** (*pers., sind.*) a full-time job; **un** ~ **che non è rimunerativo** (*pers.*) an unremunerative occupation; ~ **delle risorse** (*econ.*) resource allocation; **l'**~ **di capitali nell'industria** (*econ.*) the employment of capital in industry; **impieghi direttamente produttivi** (*banca, fin.*) directly productive investments; **un** ~ **non retribuito** (*pers.*) an unpaid position; ~ **sbagliato** (*di qc.*) misapplication; ~ **senza sbocchi di carriera** (*pers.*) dead-end job; ~ **stagionale** (*pers.*) season employment, seasonal employment; ~ **vacante** (*pers.*) vacant post (*o* situation, *ecc.*); vacancy; **avere un** ~ **statale** (*pers.*) to be in the Civil Service; to be a civil servant.

implicare, *v. t.* ❶ (*racchiudere, sottintendere*) to imply, to involve. ❷ (*leg.*) to implicate. △ ❶ **A volte il silenzio implica accettazione** sometimes silence implies acceptance; ❷ **Quel funzionario fu implicato in uno scandalo di corruzione** that official was implicated in a bribery scandal.

implicazione, *n. f.* implication.

implicito, *a.* ❶ implicit, constructive, tacit. ❷ (*leg.*) implicit, implied.

imponibile, *a.* (*fin.*) assessable, taxable; ratable, chargeable, listable. *n. m.* (*fin.*) assessable income, taxable value; assessment. // ~ **accertato** (*fin.*) assessed taxes; ~ **fiscale** *V.* ~ *n.*; **non** ~ (*fin.*) non-assessable, non-taxable.

imporre, *v. t.* ❶ to impose. ❷ (*fin.*) (*tasse, tributi, ecc.*) to impose, to levy, to lay*. ❸ (*leg.*) to enjoin, to

imporsi

enforce. △ ❶ **Fra breve mi sarà imposto un nuovo compito** a new task will be imposed on me in a short time; ❷ **Saranno imposte nuove tasse sugli articoli di lusso** new duties will be imposed on luxury articles; **Si imporranno tributi sulle importazioni** foreign products will be laid taxes upon. ∥ ~ **nuovamente** (*un tributo*) (*fin.*) to reassess; ~ **il pagamento d'un'imposta di fabbricazione a** (*q.*) (*fin.*) to excise; ~ **il pagamento d'un'imposta indiretta a** (*q.*) (*fin.*) to excise; ~ **una requisizione a** (*q. o qc.*) (*leg.*) to requisition; ~ **il sequestro** (*leg.*) to levy the attachment; ~ **tributi a** (*q.*) (*fin.*) to tax; ~ **tributi su qc.** (*fin.*) to tax st.; ~ **un tributo speciale sugli articoli di lusso** (*fin., anche*) to put a special tax on luxuries.

imporsi, *v. rifl.* ❶ to impose oneself. ❷ (*farsi valere*) to assert oneself. ❸ (*fissarsi un compito*) to set* oneself a task. △ ❷ **Bisogna sapersi imporre ai dipendenti** one must know how to assert oneself with one's employees; ❸ **Mi sono imposto di finire la relazione per domani** I have set myself the task of finishing the report for tomorrow.

importabile, *a.* (*comm. est.*) importable.

importante, *a.* ❶ important, big, great, grand, relevant, significant; key (*attr.*). ❷ (*leg.*) material. △ ❶ **Il Dottor Bassi è un uomo assai ~** Dottor Bassi is a very important man; **Ci è sfuggito uno dei dettagli più importanti del contratto** we overlooked one of the most relevant details of the contract. ∥ ~ **passo avanti** (*scientifico, tecnologico, ecc.*) breakthrough; **il più ~** the chief, the main, the premier; (*econ.*) the staple: **Questi sono i prodotti più importanti del nostro Paese** these are the staple products of our Country; **poco ~** of little importance, minor.

importanza, *n. f.* importance, significance, amount, consideration; weight (*fig.*). △ **L'~ di queste proposte risiede nella loro portata economica** the importance of these proposals lies in their economic scope; **Non si potrà mai sopravvalutare l'~ economica del petrolio** the economic significance of oil can never be overestimated; **Quest'informazione ha poca ~** this information is of little amount; **Questa è una faccenda di grande ~** this is a matter of great consideration. ∥ **di grande ~** of great importance; (*d'incontro e sim.*) top-level (*attr.*); **di nessuna ~** of no importance; **di qualche ~** of some importance.

importare, *v. i.* ❶ (*avere importanza*) to matter (*impers.*); to care (*pers.*). ❷ (*essere necessario*) to be necessary, to need. *v. t.* ❶ (*implicare*) to imply, to involve. ❷ (*comm. est.*) to import. △ *v. i.* ❶ **Non importa** it doesn't matter; **Non m'importa (niente) di quello che fa** I don't care what he does; ❷ **Non importa che tu venga alla riunione** you needn't come to the meeting; *v. t.* ❶ **Questo lavoro importa forti spese** this work involves great expenses; ❷ **La Russia importa cereali dagli Stati Uniti e dal Canada** Russia imports cereals from the U.S.A. and Canada; **Quest'automobile è stata importata dalla Germania** this car is an importation from Germany. ∥ ~ (*merce*) **di contrabbando** (*leg.*) to smuggle, to smuggle in: **Siccome la macchina era stata importata di contrabbando, nessun esperto accettò di aggiustarla** as the machine had been smuggled in, no expert accepted to repair it; ~ **di nuovo** (*comm. est.*) to reimport.

importatore, *n. m.* (*comm. est.*) importer. *a.* (*comm. est.*) importing. △ *a.* **Quali sono i Paesi importatori di petrolio?** what are the oil-importing Countries? ∥ ~ **in proprio** (*comm. est.*) import merchant; ~ **su commissione** (*comm. est.*) import agent, import commission agent.

importazione, *n. f.* ❶ (*comm. est.*) importation, import. ❷ (*comm. est.*) (*merce importata*) import, importation. △ ❶ **L'~ dell'oro è proibita dalla legge italiana** the importation of gold is forbidden by Italian law; **Le importazioni sono in aumento** imports are up; ❷ **Le principali importazioni del nostro Paese sono le materie prime** our chief imports are raw materials. ∥ ~ **di capitali** (*fin.*) import of capitals; ~ **diretta** (*comm. est.*) direct importation; **importazioni esenti da dogana** (*comm. est.*) free imports; ~ **in franchigia doganale** (*dog., fin.*) duty-free entry: **La commissione ha inoltre intrapreso un'azione relativa alle franchigie doganali applicate all'~ di prodotti destinati alla costruzione e alla riparazione delle navi** the commission also took measures as regards duty-free entry of products for building and repairing ships; **importazioni libere** (*comm. est.*) free imports; **importazioni parallele** (*comm. est.*) parallel imports; ~ **temporanea** (*dog., fin.*) temporary admission; **merci d'~** imports.

importo, *n. m.* ❶ amount. ❷ (*somma di denaro*) sum (of money). △ ❷ **Ho investito un grosso ~ in titoli chimici** I have invested a large sum of money in chemicals. ∥ **importi compensativi** (*comm. est., econ.*) compensatory amounts; **l'~ d'una cambiale** the contents of a bill of exchange; ~ **d'una conversazione telefonica** (*comun.*) call charge; **l'~ d'una fattura** the amount of an invoice; **l'~ fatturato** the amount invoiced; **un ~ fisso** a flat rate: **Erano soliti pagare un ~ fisso per il gas e l'energia elettrica** they used to pay a flat rate for gas and electricity; ~ **lordo** (*market., rag.*) gross amount; ~ **netto** (*market., rag.*) net amount; ~ **pagato in anticipo** amount paid in advance; ~ **parziale** (*mat., rag.*) subtotal.

importunare, *v. t.* ❶ to importune. ❷ (*infastidire*) to annoy, to trouble. ❸ (*un debitore*) to dun. △ ❶ **M'importuna di continuo con richieste di denaro** he always importunes me with requests of money; ❸ **Abbiamo importunato quel cliente per posta e per telefono al fine d'ottenere il pagamento del conto** we dunned that customer by mail and by telephone for the payment of his bill.

importunità, *n. f.* importunity, urgency.

importuno, *a.* importune, urgent.

imposizione, *n. f.* ❶ imposition. ❷ (*fin.*) (*di tasse, tributi, ecc.*) levy, imposition. ❸ (*fin.*) (*tassazione*) taxation. ❹ (*fin.*) (*imposta, tassa, tributo*) tax, duty. ❺ (*leg.*) injunction, enforcement. △ ❷ **Erano molto adirati per l'~ di nuove tasse** they were very angry at the imposition of new taxes; ❸ **C'è stato un ulteriore passo dalla fiscalità indiretta verso l'~ diretta** there's been a further move from indirect to direct taxation; ❹ **Il Governo ha deciso di elevare nuove imposizioni sui cittadini** the Government has decided to levy new taxes on the citizens. ∥ ~ **addizionale** (*fin.*) additional assessment, additional taxation; **imposizioni all'importazione** (*fin.*) charges levied on imports; ~ **di fatto regressiva** (*fin.*) degressive taxation; **l'~ di nuovi balzelli** (*fin.*) the imposition of new taxes; ~ **diretta** (*fin.*) direct taxation; ~ **doppia** (*fin.*) double taxation: **È stato approvato un disegno di legge che prevede la doppia ~ su dividendi e interessi** a bill has been passed that provides double taxation of dividends and interests; ~ **indiretta** (*fin.*) indirect taxation; ~ **troppo gravosa** (*fin.*) overtaxation.

impossessarsi, *v. rifl. V.* **impadronirsi**.

impossibile, *a.* impossible. △ È ~ it is impossible; it cannot be; **È una persona ~!** he is an impossible person. // **far l'~** to do one's best (*o* utmost).

impossibilità, *n. f.* impossibility. △ Riconosciamo l'~ **di metterci d'accordo** we recognize the impossibility of reaching an agreement; (*più comune*) we recognize it is impossible to reach an agreement; (*anche: di due parti avverse*) we agree to differ. // ~ **d'esecuzione** (*d'un contratto*) impossibility of performance; frustration.

imposta, *n. f.* ❶ (*fin.*) tax; impost (*meno comune*); (*dazio, tributo*) duty, due, toll. ❷ (*fin.*) (*imposizione*) imposition, levy. ❸ (*fin.*) (*tassazione*) taxation, assessment. △ ❶ **La nuova ~ deve essere applicata a tutte le vendite al minuto** the new tax is to be assessed upon all retail sales; **Le imposte locali si chiamano « rates » in Gran Bretagna** local taxes are called rates in Great Britain; **La riforma fiscale italiana che entrò in vigore il 1° di gennaio 1973 introdusse tre nuove imposte dirette: l'~ sul reddito delle persone fisiche, l'~ sul reddito delle persone giuridiche e l'~ locale sui redditi patrimoniali** the Italian tax reform which came into force on January 1st 1973 introduced three new direct taxes: personal income tax, tax on the income of corporate bodies and local tax on income from all types of property. // **imposte a effetto discriminatorio** (*fin.*) punitive taxes; ~ **addizionale** (*fin.*) additional tax, surtax, supertax; ~ **alla fonte** (*fin.*) tax at source: **Sono in vigore trattati internazionali per evitare le doppie imposizioni i quali stabiliscono limitazioni al potere del Governo italiano d'applicare imposte alla fonte** double taxation avoidance agreements are in force which restrict the power of the Italian Government to apply taxes at source; ~ **calcolata a un tanto la sterlina** (*o* **la libbra**) (*fin., ingl.*) poundage; ~ **cedolare** (*fin.*) tax on dividend warrants, capital gains tax; ~ **che dà un certo gettito** (*fin.*) yielder: **Purtroppo in Italia le imposte dirette di solito danno uno scarso gettito** (*all'erario*) unfortunately direct taxes usually prove poor yielders in Italy; ~ **complementare (di rivalsa)** (*fin.*) complementary income tax, surtax; ~ **complementare sul reddito** (*fin.*) income surtax; ~ **comunale** (*fin.*) rate (*ingl.*); ~ **comunale sull'incremento di valore degli immobili (INVIM)** (*fin.*) communal tax on increases in real estate value: **L'INVIM ha sostituito la vecchia ~ sull'incremento di valore delle aree fabbricabili** INVIM has replaced the old tax on increases in the value of building plots; **imposte comunali e nazionali** (*fin.*) rates and taxes; ~ **cumulativa sulla cifra d'affari** (*fin.*) cumulative turnover tax; **imposte da pagare** (*la « cartella »*) (*fin.*) tax bill; ~ **di bollo** (*fin.*) stamp duty; ~ **di circolazione** (*fin., trasp. aut.*) road tax; ~ **di conguaglio per le importazioni** (*fin.*) adjustment tax on imports; ~ **di consumo** (*fin.*) excise duty, tax on consumer goods; ~ **di fabbricazione** (*fin.*) internal revenue tax, excise; ~ **di licenza** (*fin.*) licence tax; license tax (*USA*); ~ **di registro** (*fin.*) registration tax; ~ **di ricchezza mobile** (*fin.*) tax on movable wealth, income tax; ~ **di successione** (*leg.*) death duty, succession duty, inheritance tax, transfer duty, transfer tax; death tax, succession tax (*USA*); **imposte di successione proibitive** (*fin.*) prohibitive inheritance dues; ~ **di valore locativo** (*fin.*) property tax; ~ **diretta** (*fin.*) direct tax; **imposte e dazi interni** (*fin.*) inland revenue; **imposte esigue** (*fin.*) small taxes; ~ **fiscale** (*fin.*) revenue tax; ~ **fondiaria** (*fin.*) land tax, property tax, assessment on landed property; ~ **forfettaria** (*fin.*) composition tax; ~ **generale sull'entrata** (*IGE; ora sostituita dalla IVA*) (*fin.*) purchase tax (*ingl.*); sales tax (*USA*); (*specialm. se riferita a servizi, o nel comm. est.*) turnover tax; ~ **governativa sul conio d'una moneta** (*fin.*) brassage; ~ **in natura** (*fin.*) tax in kind; ~ **indiretta** (*fin.*) indirect tax, hidden tax, internal revenue tax, excise; ~ **integrativa comunale sui consumi** (*fin.*) communal excise duty; ~ **ipotecaria** (*fin.*) mortgage tax; **imposte locali** (*fin.*) local taxes, rates; ~ **locale sui redditi patrimoniali** (*fin.*) local tax on income from all types of property; ~ **patrimoniale** (*fin.*) capital levy, property tax; ~ **personale** (*fin.*) personal tax, capitation tax, head tax, head money; ~ **progressiva** (*fin.*) progressive tax, graduated tax; ~ **proporzionale** (*fin.*) proportional tax, proportionate tax; ~ **regressiva** (*fin.*) regressive tax; ~ **retroattiva** (*fin.*) retroactive tax; ~ **riscossa da un ente locale** local tax, rate; lay (*fam., ingl.*); **imposte severe** (*fin.*) punitive taxes; ~ **societaria** (*fin.*) company tax, company profits tax; corporation tax, corporate tax (*USA*); ~ **sugli affari** (*fin.*) turnover tax; ~ **sugli articoli di lusso** (*fin.*) luxury tax; ~ **sui consumi** (*fin.*) consumption tax; ~ **sui fabbricati** (*fin.*) house tax; ~ **sul patrimonio** (*fin.*) capital levy, property tax; ~ **sul reddito** (*fin.*) tax on income, income tax, assessment on income; ~ **sul reddito agrario** (*fin.*) tax on agricultural income; ~ **sul reddito dei fabbricati** (*fin.*) tax on revenue from buildings; ~ **sul reddito delle persone fisiche** (*fin.*) personal income tax; ~ **sul reddito delle persone giuridiche** (*fin.*) tax on the income of corporate bodies; ~ **sul reddito delle società per azioni** (*fin.*) company income tax; corporation net-income tax, corporate income tax (*USA*); ~ **sul reddito dominicale** (*dei terreni*) (*fin.*) tax on income from land; ~ **sul valore aggiunto (IVA)** (*fin.*) value-added tax (*VAT*): **L'IVA viene calcolata dai contribuenti stessi e regolata mediante versamenti trimestrali** VAT is self-assessed and settled quarterly; **In base al sistema dell'IVA, l'~ viene applicata ogni volta che un prodotto o una sua parte è venduto, ma soltanto sul valore aggiunto a ogni passaggio** under the VAT system, tax is levied each time a product or its component is sold, but only on the value added at each stage; ~ **sul valore locativo** (*fin.*) property tax; ~ **sulla cifra d'affari** (*fin.*) turnover tax; ~ **sull'entrata** (*fin.*) *V.* ~ **generale sull'entrata**; ~ **sulle donazioni** (*fin.*) gift tax; ~ **sulle obbligazioni** (*fin.*) tax on bonds; ~ **sulle plusvalenze** (*fin.*) capital gains tax; ~ **sulle società** company tax, company profits tax; corporate tax, corporation tax; ~ **sulle società che godono d'una concessione** (*comunale, governativa, ecc.*) (*fin.*) franchise tax; ~ **sull'incremento di valore dei beni immobili** (*fin.*) property-increment tax; ~ **sull'incremento di valore delle aree fabbricabili** (*fin.*) tax on increases in the value of building plots; ~ **unica** (*specialm. sulla rendita del terreno*) (*fin.*) single tax.

impostare[1], *v. t.* ❶ (*un problema, ecc.*) to state, to set* out. ❷ (*progettare, stabilire*) to draw*; to plan; to set* out. ❸ (*fondare, avviare: un'azienda*) to set* up; to establish, to start. ❹ (*rag.*) (*un conto*) to set* out, to open. ❺ (*trasp. mar.*) (*una nave*) to lay* down (on the stocks). △ ❶ **Devi ancora ~ il problema** you have not yet stated the problem; ❸ **Voglio ~ un'organizzazione di vendita a domicilio** I want to set up an organization for door-to-door sales. // ~ **un bilancio** (*econ., rag.*) to budget; (*detto di un processo produttivo*) **impostato secondo la successione delle operazioni indicate dal ciclo del prodotto** (*disponendo macchine e posti di lavoro secondo tale successione*) straight-line (*attr.*).

impostare[2], *v. t.* (*comun.*) (*imbucare*) to post, to mail. △ **Non dimenticare d'~ la corrispondenza della giornata** don't forget to mail today's letters.

impostazione[1], *n. f.* ❶ (*d'un problema*) stating, setting out. ❷ (*progettazione*) planning, setting out. ❸ (*fondazione, avviamento*: *d'un'azienda*) setting up, starting. ❹ (*rag.*) (*d'un conto*) opening (of an account). ❺ (*trasp. mar.*) (*d'una nave*) laying (on the stocks). // ~ **di un problema** (*anche*) approach to a problem.

impostazione[2], *n. f.* (*della corrispondenza*) (*comun.*) posting, mailing.

impreciso, *a.* inaccurate, vague.

imprenditore, *n. m.* ❶ (*econ.*) entrepreneur, undertaker. ❷ (*econ.*) (*appaltatore*) contractor. // ~ **agricolo** farmer; ~ **di trasporti** carrier; ~ **edile** building contractor; ~ **-manager** (*econ.*) entrepreneur-executive; ~ **-proprietario** (*econ.*) entrepreneur-owner.

imprenditoriale, *a.* (*econ.*) entrepreneurial.

impresa, *n. f.* ❶ enterprise, undertaking. ❷ (*azienda, ditta*) business, company, concern, firm. ❸ (*org. az.*) trade. △ ❶ **Si dovrebbe incoraggiare lo sviluppo delle piccole imprese** the growth of small enterprises should be encouraged; **Ovviamente le imprese di grandi dimensioni comportano grandi spese** large-scale undertakings obviously involve large expenditures of money; ❷ **Nell'ambito dei singoli Stati Membri le imprese sono libere di fondersi in base alle rispettive norme nazionali** within the several Member States companies are free to combine under the appropriate national rules. // ~ **all'estero** expatriate enterprise; ~ **commerciale** commercial concern, business enterprise; ~ **comunale** municipal enterprise; ~ **di costruzioni** *V.* ~ **edile**; ~ **edile** builders, contractors (*pl.*); **L'~ edile Fratelli Borghi è la migliore della città** Borghi Bros., Builders and Contractors, are the best in town; ~ **industriale** industrial concern, industrial; **un'~ multinazionale** a multinational organization; ~ **produttrice** (*econ.*) producer; **un'~ produttrice di «commodities»** (*econ.*) a producer of mere commodities; ~ **pubblica** (*fin.*) public corporation; **un'~ rischiosa** a speculative enterprise, a venture; **chi promuove imprese illegali** (*fin., leg.*) wildcatter (*V. anche* **wildcat**).

impresario, *n. m.* (*appaltatore*) contractor. // ~ **di pompe funebri** undertaker; ~ **di pubblicità** (*pubbl.*) advertising contractor.

imprescrittibile, *a.* (*leg.*) imprescriptible, indefeasible.

imprescrittibilità, *n. f.* (*leg.*) imprescriptibility, indefeasibility.

impressionare, *v. t.* to make* an impression on (sb.); to strike*; to shock. △ **La notizia dei disordini politici impressionò il mondo finanziario** the news of the political disorders shocked the financial world.

impressione, *n. f.* ❶ impression. ❷ (*forte e spiacevole*) shock. ❸ (*l'imprimere*) (*anche*) impress, imprint. △ ❶ **Il discorso del presidente fece una grande ~ in Borsa** the president's speech made a strong impression on the Stock Exchange.

impresso, *a.* impressed, imprinted.

imprestare, *v. t.* (*cred.*) to lend*; to loan (*USA*). // ~ **su garanzia** (*cred.*) to lend on collateral; **l'~** (*cred.*) lending.

imprestito, *n. m.* (*cred.*) loan.

imprevedibile, *a.* unforeseeable, unpredictable, uncertain. △ **Gli ulteriori sviluppi della situazione politica sono decisamente imprevedibili** the further developments of the political situation are decidedly uncertain.

imprevisto, *a.* unforseen, unexpected. ❶ *n. m.* unexpected event (*o* circumstance). ❷ **imprevisti**, *pl.* (*spese impreviste*) incidental expenses. // **salvo imprevisti** circumstances permitting.

imprimere, *v. t.* to impress, to imprint. // ~ **un sigillo sulla cera** to impress a seal on wax.

improduttività, *n. f.* (*econ.*) unproductiveness.

improduttivo, *a.* ❶ (*econ.*) unproductive, non-productive. ❷ (*econ.*) (*non economico*) uneconomic, uneconomical. △ ❶ **Il loro progetto mira all'eliminazione delle industrie improduttive** their project aims at the elimination of unproductive industries.

impronta, *n. f.* ❶ imprint, mark. ❷ (*traccia*) trace. ❸ (*orma*) track. // **impronte digitali** (*leg.*) fingerprints.

improprio, *a.* improper.

improvvisamente, *avv.* suddenly, unexpectedly; with a run.

improvvisato, *a.* improvised, make-do.

improvviso, *a.* sudden, unexpected. // ~ **aumento** (*dell'attività commerciale*) (*econ.*) spurt; **un ~ aumento delle vendite** (*market.*) a spurt in sales; ~ **e rapido aumento d'attività** (*econ.*) boom.

impugnabile, *a.* (*leg.*) impugnable.

impugnare, *v. t.* ❶ (*stringere in pugno*) to grasp, to grip, to seize. ❷ (*leg.*) to impugn, to impeach, to challenge, to contest. △ ❷ **Ha intenzione d'~ il testamento paterno** he is going to contest his father's will. // ~ **una clausola contrattuale** (*leg.*) to impugn the clause of a contract.

impugnatura, *n. f.* ❶ (*modo d'impugnare*) grasp, grip. ❷ (*d'arnese*) handgrip. ❸ (*manico*) handle.

impugnazione, *n. f.* (*leg.*) impugnment, contest.

impulso, *n. m.* impulse. △ **I nuovi provvedimenti daranno ~ al commercio** the new measures will give impulse to trade.

imputabile, *a.* ❶ (*leg.*) imputable, chargeable. ❷ (*rag.*) imputable, chargeable, eligible. △ ❷ **La perdita è ~ all'annata** that loss is chargeable against the year; **Tutte le spese imputabili alla Sezione saranno finanziate** all expenditure eligible under the Section will be financed.

imputabilità, *n. f.* ❶ (*leg.*) imputability. ❷ (*rag.*) imputability, eligibility.

imputare, *v. t.* ❶ (*leg.*) to impute, to charge, to accuse. ❷ (*rag.*) to impute, to charge, to apply, to classify. △ ❶ **Sono certo che è innocente del delitto che gli imputano** I feel sure he is innocent of the crime imputed to him; ❷ **Imputammo una parte della somma all'esercizio del mese precedente** we charged part of the amount to the previous month's trading; **Hanno imputato al costo la percentuale delle spese generali ad esso spettanti** they have charged against the cost the percentage of overhead expenses properly applicable thereto. // ~ **a una nota spese** (*rag.*) to expense; ~ **una somma a un conto** (*rag.*) to charge an account with a sum.

imputato, *n. m.* (*leg.*) accused person, defendant. // ~ **principale** (*leg.*) principal.

imputazione, *n. f.* ❶ (*leg.*) imputation, charging. ❷ (*leg.*) (*capo d'imputazione*) charge. ❸ (*rag.*) imputation, charging, charge, application, classification. △ ❸ **Dovreste correggere gli errori d'~ delle spese** you should rectify the errors in the charging of expenses; **Resta ancora da risolvere il problema dell'~ dei costi d'infrastruttura** the problem of how infrastructure costs should be imputed is still to be settled. // ~ **dei costi** (*rag., anche*) cost allocation.

in, *prep.* ❶ (*stato in luogo, e fig.*) in. ❷ (*moto a luogo, e fig.*) to. ❸ (*moto entro luogo, e fig.*) into. ❹ (*tempo*) in; (*talora*) at, on. ❺ (*trasformazione*) in, into. ❻ (*mezzo*) by. ❼ (*in corso di*) under. △ ❶ L'anno scorso ero ~ Inghilterra last year I was in England; Eravamo ~ gravi difficoltà finanziarie we were in straitened circumstances (*o* in financial straits); I suoi averi erano tutti ~ titoli di Stato his property was all in Government bonds; ❷ L'estate prossima andremo ~ Francia we shall go to France next summer; Stiamo andando di male ~ peggio we are going from bad to worse; ❸ Entrai nella libreria I went into the bookshop; Voglio entrare ~ rapporti d'affari con quella ditta svizzera I want to enter into business relations with that Swiss firm; ❹ Sono nato nel 1930 I was born in 1930; La tratta scade ~ aprile the bill will be due in April; Arrivai ~ tempo (*in tempo utile*) I arrived in time; (*in orario*) I arrived on time; Non si possono fare due cose nello stesso tempo one cannot do two things at a time (*o* at the same time); ❺ Favorisci tradurre questa lettera ~ inglese please translate this letter into English; Voglio cambiare 100.000 lire ~ dollari I want to change 100,000 lire into dollars; ❻ Andai ~ automobile (in treno, in aereo, ecc.) I went by car (by train, by plane, etc.); ❼ La linea ferroviaria è ~ riparazione da una settimana the railway line has been under repair for one week now.

inabile, *a.* ❶ (*incapace*) unable. ❷ (*invalido*) invalid. ❸ (*leg.*) disabled. *n. m. e f.* ❶ (*leg.*) disabled person. ❷ (*pers.*) (*al lavoro*) disabled person. // ~ a stipulare un contratto (*leg.*) disabled to contract; ~ al lavoro (*pers.*) unable to work; (*per raggiunti limiti d'età*) superannuated; l'esser reso ~ (*leg.*) incapacitation.

inabilità, *n. f. inv.* ❶ inability, incapacity. ❷ (*leg.*) disablement. // ~ al lavoro (*pers.*) inability to work, incapacity for work.

inabilitare, *v. t.* ❶ to invalid, to disqualify. ❷ (*leg.*) to incapacitate, to disqualify. △ ❶ Una grave malattia lo inabilita al lavoro a serious disease disqualifies him for work.

inabilitazione, *n. f.* (*leg.*) incapacitation, disqualification.

inaccurato, *a.* inaccurate.

inadatto, *a.* unfit, unsuitable, improper.

inadeguatezza, *n. f.* ❶ inadequacy. ❷ (*scarsità*) scarcity, scantiness.

inadeguato, *a.* ❶ inadequate. ❷ (*scarso*) scarce, scanty.

inadempiente, *a.* (*leg.*) defaulting. *n. m. e f.* (*leg.*) defaulter. // essere ~ (*a un obbligo*) (*leg.*) to default; la parte ~ (*leg.*) the defaulting party.

inadempienza, *n. f.* (*leg.*) default, failure, noncompliance, non-fulfilment, non-performance. △ Spesso i negozianti vendono più (*merce*) di quello che hanno in magazzino ponendo così le basi di future inadempienze salesmen often oversell thereby laying the ground for later defaults; La loro ~ a questa condizione comporterebbe la rottura del contratto their non-performance of this condition would lead to a breach of the contract. // ~ contrattuale (*leg.*) breach of contract; ~ delle condizioni d'un prestito (*leg.*) default of loan terms; ~ d'un obbligo (*leg.*) default.

inadempimento, *n. m. V.* inadempienza.

inaffondabile, *a.* (*trasp. mar.*) (*di nave*) unsinkable.

inalienabile, *a.* ❶ (*leg.*) inalienable, unalienable, indefeasible, untransferable. ❷ (*market.*) unsalable, unsaleable.

inalienabilità, *n. f.* (*leg.*) inalienability, indefeasibility.

inalterato, *a.* unaltered, unchanged. △ Le nostre quotazioni rimasero inalterate nonostante l'aumento del costo della manodopera our quotations remained unaltered in spite of the rise in labour costs.

inammissibile, *a.* (*anche leg.*) inadmissible.

inammissibilità, *n. f.* (*anche leg.*) inadmissibility.

inamovibile, *a.* ❶ immovable. ❷ (*pers.*) (*da un ufficio, ecc.*) irremovable.

inanimato, *a.* inanimate, dead.

inappellabile, *a.* (*leg.*) unappealable.

inapplicabile, *a.* inapplicable.

inapplicabilità, *n. f.* inapplicability.

inapprezzabile, *a.* ❶ (*inestimabile*) inestimable, invaluable. ❷ (*insignificante*) negligible. △ ❶ Vi sono assai grato del vostro aiuto I am very grateful to you for your invaluable help; ❷ Il danno è stato ~ the damage has been negligible.

inasprimento, *n. m.* tightening up.

inasprire, *v. t.* to make* harsher (*o* stricter); to tighten up. △ Può darsi che alcuni Governi inaspriscano le restrizioni all'espansione dei crediti bancari some Governments may thighten up restrictions on the expansion of bank credit.

inatteso, *a.* unexpected. // un ~ miglioramento an unexpected improvement; a snapback.

inattività, *n. f.* inactivity, inaction, stagnation.

inattivo, *a.* ❶ inactive, idle, stagnant. ❷ (*leg.*) (*di un socio*) dormant. ❸ (*market.*) (*di prezzo, mercato, anche*) flat. △ ❶ I commerci sono inattivi da varie settimane business activity has been stagnant for several weeks. // essere ~ (*anche*) to stagnate; capitale ~ (*fin.*) unemployed capital.

inazione, *n. f.* inaction, idleness, drift.

incagliare, *v. t.* (*trasp. mar.*) to ground, to strand.

incagliarsi, *v. rifl.* (*trasp. mar.*) (*di nave*) to strand, to ground, to run* aground, to run* ashore, to strike*.

incaglio, *n. m.* (*trasp. mar.*) stranding, running aground (*o* ashore).

incalzante, *a.* pressing, insistent.

incalzare, *v. t.* to press, to drive*.

incameramento, *n. m.* ❶ (*leg.*) appropriation. ❷ (*leg.*) (*confisca*) confiscation. ❸ (*leg.*) (*da parte dello Stato, d'una proprietà privata, per mancanza d'eredi e in assenza d'un testamento*) escheat.

incamerare, *v. t.* ❶ (*leg.*) to appropriate. ❷ (*leg.*) (*confiscare*) to confiscate. ❸ (*leg.*) (*una proprietà: per mancanza d'eredi*) to escheat.

incanto, *n. m.* (*market.*) auction sale, auction. △ La sua casa è stata venduta all'~ his house was sold by auction; I suoi quadri saranno messi all'~ his paintings will be put up for auction.

incapace, *a.* ❶ (*anche leg.*) unable, incapable. ❷ (*leg.*) incompetent, disabled, disqualified. // l'esser reso ~ (*leg.*) incapacitation.

incapacità, *n. f.* ❶ (*anche leg.*) inability, incapacity. ❷ (*leg.*) incompetence, disability, disqualification. // ~ di far fronte ai propri impegni (*leg.*) inability to meet one's debts; ~ d'intendere e di volere (*leg.*) mental incapacity, mental incompetence; ~ giuridica (*leg.*) legal incapacity; ~ legale (*leg.*) legal disability, disqualification.

incaricare, *v. t.* ❶ to assign, to charge, to commission, to entrust. ❷ (*dare istruzioni a*) to instruct. △ ❶ Sono stato incaricato di stendere il rapporto I have been charged with the drawing of the report; Sono stato incaricato d'acquistare merce per loro I have been commissioned to buy goods for them; **Lo incaricai della supervisione di tutti i lavori** I entrusted him with the supervision of all the work; ❷ **Abbiamo incaricato il nostro agente di mettersi in contatto con voi** we have instructed our agent to get in touch with you.

incaricarsi (di), *v. rifl.* to take* upon oneself; to take* care (of); to see* (to); to undertake*. △ **Me ne incarico io** I'll take it upon myself; **Si è incaricato di tutto lui** he has taken care of everything; **Vuoi incaricarti della spedizione della merce?** will you see to the shipment of the goods?

incaricato, *n. m.* ❶ appointee, delegate, deputy, representative. ❷ (*di qc. di preciso*) man* in charge. △ ❷ **Chi è l'~ della pubblicità dell'azienda?** who is in charge of the advertising department of the firm?; **Il Sig. Venni è l'~ di questo reparto** this department is in (*o* under) the charge of Sig. Venni; **Ero ~ di tenere la corrispondenza della ditta** it was my job to keep the correspondence of the firm. // **~ regolarmente autorizzato** (*pers.*) duly authorized representative.

incarico, *n. m.* ❶ assignment, appointment, charge, commission. ❷ (*compito*) task. ❸ (*commissione*) errand, commission. ❹ (*pers.*) (*ufficio, carica*) office. △ ❶ **Ha avuto un importante ~ in una ditta d'esportazioni** he has obtained an important appointment in an export firm; ❷ **Mi è stato dato un ~ di fiducia** I have been entrusted with a delicate task; ❸ **Se vai a Milano, ho qualche ~ da darti** if you are going to Milan, I have some commissions to give you. // **~ professionale** (*pers.*) engagement.

incartamento, *n. m.* ❶ file. ❷ (*leg.*) dossier; papers, documents (*pl.*). △ ❷ **Il vostro ~ è all'esame del nostro legale** your papers are being examined by our lawyer. // **incartamenti d'affari** business papers.

incartare, *v. t.* (*market.*) to wrap, to wrap up (in paper).

incartata, *n. f. V.* **incarto**, *def. 1*.

incarto, *n. m.* ❶ (*market.*) (*l'incartare*) wrapping, wrappage. ❷ (*market.*) (*l'involucro*) wrapper, package, pack. △ ❶ **Talvolta un articolo si vende meglio se l'~ è attraente** sometimes an article sells better if the wrapping is attractive; ❷ **Stiamo progettando un nuovo ~ che attirerà l'occhio del consumatore** we're designing a new package that's going to attract the eye of the customer.

incassabile, *a.* (*cred.*) cashable, encashable, collectable, collectible. // **non ~** (*cred.*) uncollectible.

incassare, *v. t.* ❶ (*mettere in casse*) to pack into a case (*o* into cases); to box. ❷ (*cred.*) to cash, to encash, to collect, to till. ❸ (*market.*) to take* in; to sack (*USA*). △ ❸ **Nonostante sia un esercizio piuttosto modesto, incassa ogni giorno un mucchio di soldi** though it's a rather small shop, it takes in a lot of money each day. // **~ un assegno** (*cred.*) to cash a cheque, to collect a cheque; **~ una tratta** (*cred.*) to cash a bill.

incassato, *a.* (*cred.*) cashed, collected. // **non ~** (*cred.*) uncollected.

incasso, *n. m.* ❶ (*cred.*) (*l'incassare*) collection, encashment. ❷ (*cred.*) (*la somma incassata*) take. ❸ **incassi**, *pl.* (*rag.*) proceeds, returns, takings. △ ❷ **Gli incassi mensili ammontano a 1.000 sterline circa** the monthly returns amount to around 1,000 pounds. // **~ del prestito** (*fin., rag.*) encashment of the loan; **~ di crediti** (*fin.*) credit collection; **~ di fatture** (*rag.*) bill collection; **~ lordo** (*rag.*) gross receipts; **~ netto** (*rag.*) net receipts.

incendiare, *v. t.* to fire, to set* fire to (st.).

incendio, *n. m.* fire. △ **Il ritardo nella consegna della merce è da imputarsi a un ~ che ha distrutto parte del nostro magazzino** the delay in delivering the goods was caused by a fire which destroyed part of our warehouse. // **~ doloso** (*ass., leg.*) arson.

incentivare, *v. t.* to stimulate, to enliven. △ **Fu la vertenza fra l'inventore e il fabbricante di quell'articolo a incentivarne la vendita** it was the controversy between the inventor and the producer that stimulated the sale of that article. // **~ la produzione** (*econ.*) to stimulate production; **~ le vendite** (*market., anche*) to push sales.

incentivazione, *n. f.* ❶ stimulation. ❷ (*incentivo*) incentive. △ ❶ **L'~ del commercio si otterrà riducendo le tariffe** the stimulation of trade will be obtained by reducing tariffs. // **incentivazioni che prevedono sgravi fiscali** (*fin.*) tax incentives; **~ delle vendite** (*market., org. az.*) sales promotion.

incentivo, *n. m.* incentive, stimulant, stimulus*. △ **Nella maggior parte dei lavori, il denaro è l'~ più forte** money is the strongest incentive in most occupations; **È ora di trovare nuovi incentivi all'investimento** it's time to find out new stimulants to investment. // **un ~ alla concorrenza** (*market.*) a stimulus to competition; **~ all'investimento** (*econ.*) inducement to invest; **incentivi di vendita** (*market.*) sales incentives; **~ diretto** (*pers.*) direct incentive, financial incentive; **~ indiretto** (*pers.*) indirect incentive; **~ monetario** (*pers.*) financial incentive.

incertezza, *n. f.* ❶ uncertainty. ❷ (*indecisione*) indecision, irresolution. ❸ (*instabilità*) unstableness. ❹ (*ric. op.*) chance. △ ❶ **C'è una nuova ~ per quanto riguarda le prospettive degli scambi** there's renewed uncertainty about the business outlook.

incerto, *a.* ❶ uncertain, doubtful, vague. ❷ (*indeciso*) undecided. ❸ (*fortuito*) casual. ❹ (*instabile*) unstable. *n. m.* ❶ (the) uncertain. ❷ (*fin.*) (*nelle locuzioni « quotare il certo per l'incerto »*, *ecc.*) variable exchange. ❸ **incerti**, *pl.* (*lavori occasionali*) odd jobs. ❹ **incerti**, *pl.* (*guadagni occasionali*) perquisites; perks (*fam.*). △ *a.* ❶ **Il momento esatto della partenza è ancora ~** the exact moment of departure is still uncertain; **Il futuro dell'economia appare assai ~** the future of economy looks quite doubtful; *n.* ❸ **Quell'uomo vive d'incerti** that man earns his living by doing odd jobs. // **gli incerti del mestiere** the risks inherent in one's job.

incessante, *a.* incessant, perpetual.

incetta, *n. f.* corner, cornering, engrossment, hoarding, take-up.

incettare, *v. t.* to corner, to buy* up, to engross, to hoard.

incettatore, *n. m.* cornerer, corner man*, buyer-up, engrosser, hoarder.

inchiesta, *n. f.* ❶ investigation, inquiry, enquiry. ❷ (*giorn.*) survey, coverage. ❸ (*giorn., market.*) (*d'opinione*) poll. ❹ (*leg.*) inquiry. ❺ (*market., pubbl., stat.*) survey. △ ❶ **Si farà un'~ ufficiale sulle accuse di pratiche restrittive della libertà nella concorrenza commerciale** an official inquiry will be held into alleged practices in restriction of trade; ❸ **Un'~ Gallup fornirebbe dati più rappresentativi** a Gallup poll would yield more representative data. // **~ congiunturale** (*econ., fin.*) business survey; **~ per corrispondenza** (*market.*) mail survey; **~ pilota** (*stat.*) pilot study: **C'è stata un'~ pilota sui guadagni degli operai nel settore agricolo** there has been a pilot study into the wages of farm labourers; **~ sui costi della manodopera** (*stat.*) manpower-cost enquiry; ~ **sulla struttura degli stipendi** (*econ., stat.*) salary-structure study.

inchiodare, *v. t.* (*anche fig.*) to nail.
inchiostrare, *v. t.* to ink.
inchiostrato, *a.* inked.
inchiostro, *n. m.* (*attr. uff.*) ink. // ~ **colorato** (*pubbl.*) coloured ink; ~ **copiativo** copying ink; ~ **da stampa** (*giorn.*) printing-ink, printer's ink; ~ **invisibile** invisible ink; ~ **simpatico** sympathetic ink, invisible ink.
incidentale, *a.* incidental, occasional.
incidente, *n. m.* ❶ (*ass.*) accident, casualty. ❷ (*pers.*) (*sul lavoro*) injury. // ~ **derivante da causa di forza maggiore** (*leg.*) inevitable accident; ~ **di mare** (*trasp. mar.*) sea accident; **un** ~ **di navigazione** (*trasp. mar.*) an accident of navigation; **un** ~ **ferroviario** (*trasp. ferr.*) a railway accident; **un** ~ **grave** a bad accident; ~ **inevitabile** (*ass.*) unavoidable accident, unavoidable casualty; **un** ~ **marittimo** (*trasp. mar.*) an accident at sea (*o* of the sea); ~ **sul lavoro** (*pers.*) industrial injury.
incidenza, *n. f.* incidence, impact, effect; effects(*pl.*). △ **I prezzi pagati dai consumatori dipendono anche dal costo della trasformazione e dalle spese di trasporto e commercializzazione, la cui ~ sui prezzi al consumo diventa sempre più rilevante** the prices paid by consumers also depend on processing, transport and marketing costs, the effects of which on consumer prices are becoming more and more significant. // **l'~ d'un'imposta sul consumatore** (*fin.*) the incidence of a tax on the consumer; ~ **fiscale** (*fin.*) tax incidence.
incidere[1], *v. t.* ❶ to carve. ❷ (*market., pubbl.*) (*su dischi, nastri magnetici, « cassette », ecc.*) to record. ❸ (*pubbl.*) to engrave, to etch.
incidere[2], *v. i.* to have an effect, to have repercussions, to bear* heavily (on st.). // ~ **su** to affect: **L'intensa concorrenza manifestatasi da qualche anno su tutti i mercati d'attrezzature domestiche ha continuato a ~ sui prezzi di detti prodotti** the intense competition of the last few years on the home markets of domestic appliances continues to affect the prices of these products.
incirca, *avv.* (*nella locuz.*) **all'~** about, approximately, roughly.
incisione, *n. f.* ❶ (*market., pubbl.*) (*di dischi, nastri, ecc.*) recording. ❷ (*pubbl.*) engraving, etching. // ~ **su rame** (*pubbl.*) copper plate printing.
incisore, *n. m.* (*pubbl.*) engraver, etcher.
incitamento, *n. m.* ❶ incitement, stimulation, motivation. ❷ (*incentivo, stimolo*) incentive, inducement, stimulus*, urge. // ~ **a delinquere** (*leg.*) instigation to commit a crime.
incitare, *v. t.* ❶ to incite, to stimulate, to urge. ❷ (*indurre, motivare*) to induce, to motivate.
inclinare, *v. t.* to incline, to tilt, to tip. *v. i.* to be inclined.
inclinarsi, *v. rifl.* (*trasp. mar.*) to list.
inclinazione, *n. f.* ❶ (*anche fig.*) inclination. ❷ (*fig.*) propensity, tendency, drift. ❸ (*trasp. mar.*) list.
includere, *v. t.* ❶ to include, to comprise, to contain. ❷ (*allegare*) to enclose. // ~ **in un elenco** (*o* **in una lista**) (*org. az.*) to calendar; **che include più cose** comprehensive; omnibus (*a. attr.*).
inclusivo, *a.* inclusive.
incluso, *a.* ❶ included. ❷ (*allegato*) enclosed. ❸ (*leg.*) (*accluso*) within. // ~ **il diritto d'opzione** (*fin.*) « cum » rights; ~ **in una lista** (**in un listino, ecc.**) listed; **prezzo tutto ~** (*market.*) all-round price, all-in price.
incognita, *n. f.* (*mat.*) unknown quantity, unknown value, unknown, x. △ **Il valore dell'~ nell'equazione** $3x + 12 = 33$ **è 7** the value of x in the equation $3x + 12 = 33$ is 7.
incognito, *a.* unknown.
incollare, *v. t.* to stick*, to glue, to paste. △ **Non hai incollato il francobollo sulla busta** you haven't stuck the stamp on the envelope.
incolpare, *v. t.* to blame (sb. for st.); to accuse (sb. of st.); to charge (sb. with st.).
incolume, *a.* safe, unhurt.
incolumità, *n. f.* safety.
incombenza, *n. f.* (*pers.*) office, duty, task.
incominciare, *v. t. e i.* to begin*, to commence, to start. // ~ **a lavorare** to start work; ~ **un lavoro nuovo** to begin (*o* to start on) a new job.
incomodare, *v. t.* to inconvenience, to bother, to disturb, to trouble. △ **Non incomodatevi a rispondere a questa lettera** don't trouble about a reply to this letter.
incomodo, *n. m.* inconvenience, bother, trouble.
incompatibile, *a.* (*leg.*) incompatible.
incompatibilità, *n. f.* (*leg.*) incompatibility.
incompetente, *a.* (*leg.*) incompetent. △ **Di solito la moglie è ~ a testimoniare contro il marito** a wife is generally incompetent to testify against her husband.
incompetenza, *n. f.* (*leg.*) incompetence, want of competence.
incompiuto, *a.* unfinished.
incompleto, *a.* incomplete, imperfect, unfinished, partial.
incomprensione, *n. f.* misunderstanding.
incondizionatamente, *avv.* unconditionally, without reservation, without reserve.
incondizionato, *a.* unconditional.
inconfutabile, *a.* (*leg.*) irrefutable, incontestable, incontrovertible.
inconfutabilità, *n. f.* irrefutability, incontestability, incontrovertibility.
inconsumabile, *a.* inconsumable.
incontestabile, *a.* ❶ unquestionable, unanswerable. ❷ (*leg.*) incontestable.
incontestabilità, *n. f.* (*leg.*) incontestability.
incontrare, *v. t.* ❶ to meet*. ❷ (*davanti a un nome astratto*) to meet* with; (*provare*) to experience. *v. i.* (*market.*) to be a success; to be successful; to be popular. △ *v. t.* ❶ **La segretaria ci disse che avremmo dovuto ~ Mr Hancock all'aeroporto** the secretary said we were to meet Mr Hancock at the airport; ❷ **Abbiamo incontrato grandi difficoltà nel lancio di quell'articolo** we met with (*o* experienced) great difficulty in launching that article; *v. i.* **È un articolo che incontra molto** it's a very popular article; **L'ultimo modello non ha incontrato** the latest model has not been successful (*o* has been a failure). // ~ **l'approvazione di q.** to meet with sb.'s approval; ~ **il favore di q.** to find favour with sb.: **Speriamo sinceramente che i nostri articoli incontrino il favore della vostra clientela** we sincerely hope that our articles will find favour with your customers; ~ **i gusti della clientela** (*market.*) to appeal to one's customers' tastes; ~ **q. su appuntamento** to meet sb. by appointment.
incontrarsi, *v. recipr.* to meet* (each other). // ~ **con q.** to meet with sb.
incontrastato, *a.* undisputed.
incontro, *n. m.* meeting. // ~ **al vertice** summit meeting.
incontrovertibile, *a.* (*leg.*) incontrovertible.
incontrovertibilità, *n. f.* (*leg.*) incontrovertibility.

inconveniente, *n. m.* ❶ inconvenience. ❷ (*difficoltà*) difficulty. ❸ (*ostacolo*) drawback, hindrance, obstacle, setback.

inconvertibile, *a.* (*econ., fin.*) inconvertible, unconvertible.

inconvertibilità, *n. f.* (*econ., fin.*) inconvertibility. // l'~ e la mini-convertibilità del dollaro dollar inconvertibility and mini-convertibility.

incoraggiamento, *n. m.* ❶ encouragement. ❷ (*fig.*) promotion, fostering, forwarding.

incoraggiare, *v. t.* ❶ to encourage. ❷ (*favorire, promuovere*) to promote, to foster, to forward, to buoy.

incorniciare, *v. t.* (*anche fig.*) to frame.

incorporare, *v. t.* ❶ (*rilevare*) to take* over. ❷ (*fin.*) to amalgamate, to combine, to merge. // **essere incorporato** (*fin.*) (*d'azienda, ente, ecc.*) to merge, to be taken over.

incorporarsi, *v. recipr.* (*fin.*) to amalgamate, to combine, to merge.

incorporazione, *n. f.* (*fin.*) (*d'aziende*) amalgamation, combination, combine, merger.

incorporeo, *a.* (*leg.*) incorporeal, intangible.

incorrere, *v. i.* to run*, to fall* (into); to incur (*v. t.*). △ **Sono incorso in un grave pericolo** I have run into a serious danger; **Incorreremo in spese enormi** we shall incur enormous expenses. // ~ **in passività a breve per acquistare attività a lungo termine** (*cred.*) borrowing short to lend long; ~ **in una punizione** to incur punishment; ~ **nelle controstallie** (*trasp. mar.*) to come on demurrage.

incostante, *a.* ❶ inconstant; volatile (*fig.*). ❷ (*instabile*) unstable, variable.

incostanza, *n. f.* ❶ inconstancy. ❷ (*instabilità*) unstableness.

incostituzionale, *a.* (*leg.*) unconstitutional.

incostituzionalità, *n. f.* (*leg.*) unconstitutionality.

« **incoterms** », *n. pl.* (*comm. est., comun.*) incoterms (*norme internazionali per l'interpretazione dei termini commerciali, edite a cura della Camera di Commercio Internazionale*).

incredibile, *a.* incredible, unbelievable.

incredibilità, *n. f.* ❶ incredibility. ❷ (*discredito*) discredit.

incrementale, *a.* (*elab. elettr.*) incremental.

incrementare, *v. t.* ❶ (*aumentare*) to increase, to augment. ❷ (*favorire, promuovere*) to promote, to foster, to forward. // ~ **la vendita d'un prodotto** (*market., pubbl.*) to push the sale of a product.

incrementivo, *a.* (*raro*) incremental.

incremento, *n. m.* ❶ increment. ❷ (*aumento*) increase, growth, upsurge. ❸ (*econ., fin.*) (*tasso di sviluppo*) growth rate. ❹ (*mat.*) increment. △ ❷ **L'~ della domanda proveniente dalla Francia e dall'Italia ha ampiamente contribuito a sostenere la congiuntura negli altri Paesi della Comunità** the upsurge of demand from France and Italy did much to sustain business activity in the other Community Countries; ❸ **L'~ del prodotto nazionale lordo è sceso dal 5,4% al 4,5% nei Paesi Bassi** the growth rate of the gross national product fell from 5.4% to 4.5% in the Netherlands. // ~ **demografico** (*o* **della popolazione**) (*stat.*) increase in population; **incrementi di capitale** (*fin.*) capital gains; ~ **elementare** (*mat.*) small increment; ~ **in valore** (*fin.*) growth in value: **Il commercio del rame ha continuato a registrare un vivace ~ in valore nonostante la tendenza alla stabilizzazione delle quotazioni di tale prodotto** trade in copper continued to show a lively growth in value despite a tendency towards stabilization in the price of this product; ~ **medio annuo** (*stat.*) average annual increase; ~ **produttivo** (*econ.*) growth of productivity; ~ **unitario** (*econ., mat.*) unit increment.

incriminabile, *a.* (*leg.*) accusable, chargeable, impeachable, indictable.

incriminare, *v. t.* (*leg.*) to incriminate, to accuse, to charge, to impeach, to indict. △ **Diversi pubblici ufficiali furono incriminati per essersi lasciati « comprare »** several public officials were charged for taking bribes. // **chi incrimina** (*leg.*) indictor; **chi è incriminato** (*leg.*) indictee.

incriminazione, *n. f.* (*leg.*) incrimination, accusation, charge, impeachment, indictment, true bill.

incrociare, *v. t.* to cross. *v. i.* (*trasp. mar.*) to cruise. △ *v. t.* **La nostra lettera precedente ha incrociato la vostra** our previous letter crossed yours.

incrociarsi, *v. recipr.* to cross. △ **Le nostre due lettere si sono incrociate** our two letters crossed in the post.

incrocio, *n. m.* ❶ (*di razze, ecc.*) cross. ❷ (*trasp.*) crossing; cross-roads (*col verbo al sing.*); junction. // ~ **pericoloso** (*trasp.*) dangerous crossing.

incurante, *a.* careless, indifferent, regardless.

indagare, *v. t. e i.* ❶ to inquire, to enquire, to search, to see*, to look (into st.). ❷ (*esaminare*) to examine, to explore, to survey, to study. ❸ (*leg.*) to investigate. *v. i.* to make* inquiries, to research.

indagine, *n. f.* ❶ inquiry, enquiry, survey, study. ❷ (*ricerca*) search, searching, research. ❸ (*esame*) examination, exploration. ❹ (*leg.*) investigation. ❺ (*market., pubbl., stat.*) survey. △ ❶ **La commissione sta preparando un'~ sul commercio internazionale** the committee is preparing a study of international trade; **Dovrebbero fare indagini sulla domanda interna** they should make inquires into domestic demand; ❺ **Un'accurata ~ sul comportamento dei consumatori mise in luce i difetti del sistema distributivo** an accurate survey of consumers' behaviour pointed out the defects of the distribution system. // ~ **campionaria** (*stat.*) sample survey; **indagini condotte d'ufficio** own-initiative investigations; ~ **congiunturale** (*econ., market.*) business survey; ~ **congiunturale presso i consumatori** (*market.*) consumers' survey; ~ **demoscopica** (*market.*) opinion poll, poll, opinion survey; ~ **di mercato** (*econ., market.*) market research, marketing research; ~ **d'opinione** (*market.*) opinion poll; **un'~ discreta su un probabile impiegato** (*pers.*) a discreet inquiry about a prospective employee; **un'~ esauriente** an exhaustive inquiry; ~ **motivazionale** (*market., pubbl.*) motivational research; ~ **pilota** (*stat.*) pilot survey; ~ **postale** (*market.*) mail survey; ~ **previsionale** (*market.*) anticipation survey; ~ **sociologica** (*econ., stat.*) social survey; **un'~ stragiudiziale** (*leg.*) an extrajudicial investigation; ~ **su campione** (*market.*) poll.

indebitamento, *n. m.* ❶ (*banca, fin.*) borrowings (*pl.*). ❷ (*cred., fin.*) indebtedness. △ ❷ **C'è stato un brusco aumento dell'~ a breve** there has been a sharp rise in short-term indebtedness. // ~ **a breve verso banche** (*fin.*) short-term bank debt; ~ **del Tesoro** (*fin.*) Treasury borrowings: **Nell'annata precedente, il Tesoro aveva aumentato il proprio ~ del 59%** Treasury borrowings in the previous year rose by 59%; ~ **obbligazionario netto** (*fin.*) net bonded debt.

indebitarsi, *v. rifl.* (*cred.*) to get* into debt, to run* into debt.

indebitato, *a.* (*cred.*) indebted. // **essere** ~ **to be in debt: Siamo indebitati fino agli occhi** (*o* **fino al collo, fin sopra i capelli**) we are deeply in debt.

indebito, *a.* ❶ undue. ❷ (*leg.*) unjust. // ~ **arricchimento** (*leg.*) unjust enrichment.

indebolimento, *n. m.* (*anche fig.*) weakening. △ **Stiamo assistendo a uno spiccato** ~ **della congiuntura** we are witnessing a pronounced weakening in the economic activity. // **un** ~ **congiunturale** (*econ.*) a decline of business activity, a tendency for business conditions to weaken: **Questo elemento ha influito sulla rapida lievitazione dei prezzi e dei costi riscontrata durante la prima metà dell'anno e sull'**~ **congiunturale manifestatosi in seguito** this factor contributed to the rapid increase in prices and costs in the first half of the year, and to the subsequent decline of business activity.

indebolire, *v. t.* (*anche fig.*) to weaken. △ **L'inflazione sta indebolendo il potere d'acquisto della lira** inflation is weakening the purchasing power of the lira.

indebolirsi, *v. rifl.* (*anche fig.*) to weaken. △ **Le (azioni) Dalton si sono indebolite sensibilmente negli ultimi quattro giorni** Daltons have weakened considerably in the last four days.

indecifrabile, *a.* ❶ undecipherable. ❷ (*fig.*) illegible, unreadable. △ ❷ **Spesso gli articoli scritti dai nostri uomini politici sono indecifrabili** the articles written by our politicians are often unreadable.

indeciso, *a.* ❶ undecided, uncertain, pending. ❷ (*irresoluto*) irresolute.

indefinito, *a.* ❶ indefinite. ❷ (*irrisolto*) undefined.

indemaniare, *v. t.* (*leg.*) to escheat. // **essere indemaniato** (*leg.*) to escheat.

indenne, *a.* (*ass., trasp.*) undamaged.

indennità, *n. f. inv.* ❶ indemnity, compensation, consideration, consideration money. ❷ (*ass.*) claim. ❸ (*leg.*) indemnity. ❹ (*pers.*) allowance, benefit, bonus. △ ❶ **Un'**~ **forfettaria del tre per cento è prevista da una clausola contrattuale** an agreed consideration of three per cent is fixed by a clause of the contract; ❷ **Fisseremo l'**~ **in una somma pari all'importo del danno** we will fix the claim at the amount of the damage. // ~ **destinata a far fronte alle spese d'un funerale** (*pers.*) death grant; ~ **d'anzianità** (*pers.*) longevity pay; ~ **di buonuscita** (*data a un amministratore che lascia una società*) (*pers.*) compensation for loss of office; ~ **di carovita** (*pers.*) cost-of-living allowance, cost-of-living bonus; ~ **di grande sede** (*pers.*) weighting allowance; ~ **di lavoro straordinario** (*pers.*) overtime pay; ~ **di licenziamento** (*pers.*) dismissal wage, compensation in case of dismissal, severance pay; ~ **di missione** (*amm., pers.*) travelling allowance; ~ **di rescissione** (*d'un contratto, ecc.*) (*leg.*) cancelling price; ~ **di rischio** (*pers.*) danger money; ~ **di salvataggio** (*trasp. mar.*) remuneration for salvage; ~ **di trasferta** (*pers.*) travelling allowance, subsistence allowance, subistence money; ~ **di viaggio** (*pers.*) travelling allowance; (*a un tanto al miglio*) milage; ~ **dovuta a chi muore sul lavoro** (*o per ragioni di lavoro*) (*pers.*) death benefit; ~ **giornaliera** (*pers.*) daily allowance; ~ **per cessazione d'attività** (*pers.*) compensation on retirement; ~ (*aggiunta al salario*) **per la differenza nel costo della vita** (*p. es., fra una piccola città e la capitale*) (*pers.*) weighting allowance, weighting; ~ **per infortuni sul lavoro e malattie professionali** (*ass.*) workmen's compensation; ~ **per prestazioni speciali** (*pers.*) task bond; ~ **per sinistro** (*ass.*) compensation for accident; ~ **per spese di rappresentanza** (*rag.*) entertainment allowance.

indennizzare, *v. t.* ❶ (*anche ass.*) to indemnify, to compensate, to make* good. ❷ (*leg.*) to indemnify, to recoup. △ ❶ **Indennizzarono il proprietario del terreno espropriato per pubblica utilità** they compensated the owner of the land taken for public use. // ~ **un danno** (**una perdita**) (*ass.*) to indemnify a damage (a loss); ~ **q. delle spese sostenute per q. altro** to indemnify sb. for the expenses incurred on sb.'s behalf; **chi indenizza** (*leg.*) indemnitor; **chi è** (*o* **ha diritto a essere**) **indennizzato** (*leg.*) indemnitee; **chi è tenuto a** ~ (*leg.*) indemnitor.

indennizzo, *n. m.* ❶ (*anche ass.*) indemnification, compensation. ❷ (*anche ass.*) (*il denaro*) indemnity, allowance. ❸ (*ass.*) (*domanda d'indennizzo*) claim. ❹ (*leg.*) indemnification, indemnity, recoupment. △ ❷ **Nel contratto d'assicurazione il principio d'**~ **è fondamentale** the principle of indemnity is a fundamental one in a contract of insurance; ❸ **La liquidazione degli indennizzi deve avvenire entro tre mesi dalla data del sinistro** settlement of the claim is to take place within three months of the accident. // ~ (*pagato da un datore di lavoro*) **a un dipendente infortunato** (*pers., sind.*) smart money; ~ **concordato in caso di ritardo** (*trasp.*) allowance agreed in case of delay; ~ **in caso di ritardo** (*trasp.*) compensation in case of delay.

indeterminato, *a.* indeterminate, indefinite, vague.

indicare, *v. t.* ❶ to indicate; (*mostrare*) to show*, to point out. ❷ (*menzionare, dichiarare*) to mention, to state. ❸ (*citare*) to quote. // ~ **l'ammontare di** (*rag.*) to extend: **Indicheremo nel conto l'ammontare del saldo a debito** we'll extend the debit balance on the accounts; ~ **nel capitolato** (*leg.*) to specify: **Questi materiali non sono stati indicati nel capitolato** these materials have not been specified; ~ **il prezzo corrente di** (*azioni, merci, ecc.*) (*fin., market.*) to quote; ~ **la strada** to show the way; ~ **la strada giusta** to indicate the right road.

indicativo, *a. e n. m.* indicative. // ~ **numerico d'autocontrollo** (*elab. elettr.*) self-checking number; ~ **interurbano** (*comun.*) code number.

indicatore, *n. m.* ❶ indicator. ❷ (*econ., fin.*) (*economico, ecc.*) pointer. // ~ **commerciale** commercial directory; **indicatori di direzione** (*econ.*) leading indicators; ~ **di marea** (*trasp. mar.*) tide indicator; ~ **economico** (*econ., anche*) economic indicator; ~ **economico che non varia** (*per un certo tempo*) **al mutare di tendenza della situazione economica** (*econ.*) laging indicator, lagger; ~ **economico che varia prima che si abbia una mutazione di tendenza nella situazione economica** (*econ.*) leading indicator; ~ **stradale** (*trasp.*) (*guida*) road directory; (*cartello indicatore*) guide-post, sign-post, road sign.

indicazione, *n. f.* ❶ indication, sign, pointer. ❷ (*menzione*) mention. ❸ (*istruzione*) direction. ❹ (*suggerimento*) suggestion. // ~ **di refuso** (*tipografico*) (*giorn., pubbl.*) wrong fount (*w. f.*); ~ **sbagliata** misdirection.

indice, *n. m.* ❶ (*il dito*) forefinger. ❷ (*indizio*) indication, sign. ❸ (*di libro*) table of contents. ❹ (*econ., fin.*) (*economico, ecc.*) pointer. ❺ (*econ., mat., stat.*) index*. ❻ (*econ., stat.*) indicator. // ~ **alfabetico** alphabetical index; ~ **analitico** (*d'un libro*) index; ~ **con andamento analogo a quello economico generale** (*econ.*) coincident indicator; ~ **dei noli** (*trasp. mar.*) freight index; ~ **dei prezzi** (*econ.*) price level; ~ **dei prezzi al dettaglio** (*o al minuto*) (*market.*) index of retail prices; ~ **dei prezzi all'ingrosso** (*market.*) index of wholesale prices; ~ **del costo della vita** (*econ.*) cost-of-living index, cost-of-living figure; ~ **dell'occupazione** (*econ.*) employment index; ~ **della produttività** (*econ.*) index of productivity; **indici della produzione** (*econ.*) production factors; ~ **della produzione industriale** (*econ.*) industrial production index; ~ **delle retribuzioni** (*stat.*) wage index; ~ **delle vendite** (*d'un prodotto*) (*market.*) performance: **Prima d'iniziare una nuova campagna pubblicitaria è necessario conoscere l'**~ **delle vendite degli articoli della concorrenza** before starting a new advertising campaign it's necessary to know the performance of competitive articles; ~ **d'ascolto** (*radiofonico o televisivo*) (*pubbl.*) rating: **Nel nostro Paese sembra che i caroselli televisivi abbiano l'**~ **d'ascolto più alto** TV commercials seem to have the highest rating in our Country; ~ **di benessere economico** index of economic well-being; ~ **di diffusione** (*fin.*) (*indice che descrive graficamente l'andamento proporzionale al rialzo o al ribasso d'una serie di titoli azionari, ecc.*) diffusion index; ~ **di disoccupazione** (*sind.*) unemployment rate; ~ **di malessere sociale** index (*o* sign) of social ill-being; ~ **di natalità** (*econ., stat.*) birth rate; ~ **di produttività semplificato** (*org. az.*) simplified index of productivity; ~ **di profitto** (*econ.*) profit index, profitability index; ~ **di rotazione delle giacenze** (*org. az.*) turnover rate; ~ **di rotazione delle scorte** (*org. az.*) index of stock rotation; (*in un dato periodo: generalm. un anno*) stock-turn; ~ **di utilizzazione della capacità** (*degli impianti*) (*org. az.*) capacity-utilization rate; ~ **Dow Jones** (*fin.*) Dow-Jones index; ~ **finanziario** (*fin., stat.*) share index: **Uno dei principali indici finanziari è il « Dow Jones »** one of the most important share indices is the Dow Jones Index; **indici finanziari** (*fin., anche*) financial ratios; ~ **generale dell'andamento dell'economia** (*media ponderata di differenti indici economici*) (*econ.*) business barometer; ~ **« guida »** (*econ.*) leading indicator, leader; ~ **mensile del costo della vita** (*compilato dall'« U.S. Bureau of Labor Statistics »*) (*econ., USA*) consumer price index.

indicizzato, *a.* (*fin.*) (*di titolo*) floating-rate (*attr.*).

indietro, *avv.* ❶ back, behind. ❷ (*moto, anche*) backwards. ❸ (*trasp. mar.*) astern. △ ❸ ~ **a tutta forza!** full speed astern! // **« ~ e/o avanti »** (*trasp. mar.*) (*clausola che consente alla nave di fare scalo in qualsiasi porto intermedio*) « backwards and/or forwards »; **all'**~ backwards.

indifeso, *a.* undefended, helpless; naked (*fig.*).

indifferente, *a.* ❶ indifferent. ❷ (*noncurante*) regardless. ❸ (*senza importanza*) immaterial.

indifferenza, *n. f.* indifference.

indigente, *a.* destitute, needy, poor.

indigenza, *n. f.* distress, need, poverty.

indipendente, *a.* ❶ independent; free-lance (*attr.*). ❷ (*org. az.*) self-employed.

indipendenza, *n. f.* independence.

indire, *v. t.* ❶ to announce, to proclaim. ❷ (*convocare*) to summon. ❸ (*una riunione, ecc.*) to call. // ~ **una gara d'appalto** (*leg.*) to call for tenders; to invite tenders.

indiretto, *a.* indirect, mediate, circuitous.

indirizzare, *v. t.* ❶ (*una lettera e sim.*) to address. ❷ (*mandare q. da q. altro*) to refer, to direct, to send*. △ ❶ **Dovete accludere una busta indirizzata e affrancata** you should enclose a stamped addressed envelope; ❷ **M'indirizzarono al direttore del personale** they referred (*o* directed, *o* sent) me to the staff manager. // ~ **erroneamente una lettera** (*comun.*) to misaddress a letter; ~ **una lettera a q.** to address a letter to sb.; ~ **per referenze** (*pers.*) to refer.

indirizzario, *n. m.* (*comun.*) mailing list, address book. △ **Saremo lieti d'inserire il vostro nome nel nostro** ~ we shall be glad to add your name to our mailing list.

indirizzarsi, *v. rifl.* ❶ (*rivolgere la parola a q.*) to address oneself (to sb.). ❷ (*rivolgersi*) to apply (to sb.). △ ❷ **A chi devo indirizzarmi per avere informazioni?** where shall I apply for information?

indirizzo, *n. m.* ❶ (*postale*) address; direction (*spesso al pl.*). ❷ (*direzione, tendenza, piega*) direction, trend, turn. ❸ (*linea di condotta, politica*) line (of conduct), course, policy. △ ❶ **La lettera è stata rispedita** (*al mittente*) **perché l'**~ **era incompleto** the letter has been returned because the directions were insufficient; **L'**~ **della lettera era sbagliato** the letter was wrongly addressed; ❷ **Speriamo che le cose prendano un** ~ **migliore!** let's hope things will take a turn for the better; ❸ **Credo che dovremo mutare** ~ **in fatto di politica monetaria** I think we'll have to follow a new course of monetary policy; **L'**~ **economico del nostro Governo è stato fatto oggetto di aspre critiche** the economic policy of our Government has been severely criticized. // ~ **cablografico** (*comun.*) cable address; ~ **convenuto** (*comun.*) code address; ~ **del mittente** (*comun.*) return address; ~ **d'ufficio** business address; ~ **diretto** (*elab. elettr.*) direct address; ~ **privato** private address; ~ **sbagliato** (*d'una lettera, ecc.*) (*comun.*) misdirection; ~ **telegrafico** (*comun.*) telegraphic address, abbreviated address; **a due indirizzi** (*elab. elettr.*) two-address; **a tre indirizzi** (*elab. elettr.*) three-address; **a (1 + 1) indirizzi** (*elab. elettr.*) one-plus-one address; **all'**~ **di** (*comun.*) to the consignation of; **chi scrive indirizzi** addresser; **senza** ~ (*comun.*) (*di lettera, ecc.*) unaddressed.

indiscriminato, *a.* indiscriminate.

indiscusso, *a.* undisputed. △ **È un uomo la cui competenza è indiscussa** he is a man of undisputed competence.

indiscutibile, *a.* unquestionable.

indiscutibilmente, *avv.* unquestionably, without dispute, beyond controversy.

indispensabile, *a.* indispensable, necessary, prerequisite, requisite, vital.

individuale, *a.* ❶ individual, personal. ❷ (*separato*) several, single.

individualmente, *avv.* ❶ individually. ❷ (*separatamente*) severally. △ ❷ **I soci sono responsabili** ~ **verso la società** partners are severally liable to the partnership.

individuo, *n. m.* individual, fellow, person. // **un** ~ **parsimonioso** an economical person.

indiviso, *a.* undivided. // **proprietà indivisa** (*leg.*) joint ownership.

indiziario, *a.* (*leg.*) constructive, circumstantial, presumptive. // **processo** ~ (*leg.*) trial based on circumstantial evidence; **prova indiziaria** (*leg.*) circumstantial evidence.

indizio, *n. m.* ❶ clue. ❷ (*econ., mat., stat.*) index*. ❸ (*leg.*) circumstantial evidence. △ ❶ **La vostra lettera non ci fornisce alcun** ~ **circa la consegna** your letter gives us no clue about delivery; ❸ **Mancano persino indizi per incriminarlo** there is not even circumstantial evidence to incriminate him. // **indizi di prova** (*leg.*) circumstantial evidence.

indoganare il carico, *locuz. verb.* (*trasp. mar.*) to report the cargo.

indoganato, *a.* (*dog., trasp.*) (*di merce*) lying in the customs.

indolente, *a.* indolent, lazy, sluggish, slack.

indolenza, *n. f.* indolence, laziness, sluggishness, slackness.

indorato, *a.* gilt.
indossare, *v. t.* to wear*, to put* on. △ **Le nostre commesse sono tenute a ~ un'uniforme** our saleswomen are expected to wear a uniform.
indossatrice, *n. f.* (*market.*, *pubbl.*) mannequin; model.
indotto, *a.* induced.
indovinare, *v. t. e i.* to guess; to hit* (the mark).
indubbio, *a.* undoubted, doubtless, certain.
indubitato, *a.* undisputed.
indugiare, *v. i.* to delay, to lag, to wait.
indugio, *n. m.* delay, lag, wait. △ **L'~ e l'insicurezza potrebbero paralizzare la nostra industria** delay and uncertainty could cripple our industry. // **senza ~** without delay.
indulgenza, *n. f.* indulgence, tolerance.
indulto, *n. m.* ❶ (*leg.*) pardon. ❷ (*leg.*) (*il provvedimento*) act of oblivion.
indurire, *v. t.* to harden, to stiffen.
indurirsi, *v. rifl.* to harden, to stiffen.
indurre, *v. t.* ❶ to induce. ❷ (*convincere*) to convince, to persuade. // **~ q. in errore** to lead sb. into error; to mislead sb.
industria, *n. f.* (*econ.*) industry, manufacture, trade. △ **Assistiamo a una concentrazione dell'~ laniera nel nord-ovest del Paese** we are witnessing a concentration of wool industry in the north-west of the Country; **L'~ dell'acciaio va a gonfie vele** steel manufacture is booming; **C'è stata depressione nell'~ cotoniera** there's been a slump in the cotton trade. // **industrie a tecnologia avanzata** (*econ.*) high-technology industries; **~ agricola** factory farm; **~ alimentare** (*econ.*) food industry; **industrie alimentari e per la fabbricazione delle bevande** (*econ.*) food and beverage industries; **industrie arretrate** (*econ.*) backward industries; **~ « bambina »** (*econ.*) infant industry; **~ casearia** dairy farming, dairying; **un'~ « chiave »** (*econ.*) a key industry; **l'~ cinematografica** (*econ.*) the film industry, the screen; **un'~ con eccessiva manodopera** (*econ.*, *org. az.*) an overmanned industry; **industrie concorrenti** competing industries; **~ conserviera** (*econ.*) canning industry; **~ del settore « terziario »** (*econ.*) service industry: **I trasporti e gli spettacoli sono industrie del settore « terziario »** transportation and entertainment are service industries; **~ delle costruzioni** (*econ.*) building trade; **~ dello spettacolo** (*pubbl.*) show-business; show-biz (*fam.*, *USA*); **~ di base** (*econ.*) staple industry, basic industry; **industrie di riproduzione** (*econ.*) reproductive industries; **~ di servizi** (*econ.*) service industry; **l'~ di trasformazione** (*econ.*) the processing industry, processing: **Siamo stati autorizzati a smerciare a condizioni particolari delle scorte pubbliche di burro, sia per il consumo diretto sia per l'~ di trasformazione** we have been authorized to sell public stocks of butter on special terms, for direct consumption or for processing; **~ edile** (*econ.*) constructive industry; **~ elettronica** (*elab. elettr.*) electrical engineering; **~ fondamentale** (*econ.*) staple industry; **industrie improduttive** (*econ.*) uneconomic industries; lame ducks (*fam.*): **Dovremmo smettere di sovvenzionare le industrie improduttive** we should stop subsidizing lame ducks; **industrie in espansione** expanding industries; **~ lattiero-casearia** (*econ.*) dairying industry; **l'~ leggera** (*econ.*) the light industry; **~ manifatturiera** (*econ.*) manufacturing industry; **industrie meccaniche** (*econ.*) mechanical engineering; **~ navale** (*trasp. mar.*) shipping industry; **~ pesante** (*econ.*) heavy industry; **~ siderurgica** (*econ.*) iron and steel industry; **~ stagionale** (*econ.*) seasonal industry: **Per la maggior parte delle località dell'Adriatico, il turismo è una tipica ~ stagionale** for most Adriatic resorts, tourism is a typical seasonal industry; **~ televisiva** (*comun.*) television; **industrie tradizionali** (*econ.*) long-established industries; **industrie trasformative** (*econ.*) processing industries.
industrial design, *n. m.* (*org. az.*, *pubbl.*) industrial design.
industrial designer, *n. m.* (*org. az.*, *pubbl.*) industrial designer.
industriale, *a.* industrial; manufacturing (*attr.*). *n. m. e f.* industrialist, manufacturer. // **~ che produce su commissione** commission manufacturer; **un ~ del cinema** a film tycoon; **un ~ del petrolio** an oil magnate.
industrialismo, *n. m.* (*econ.*) industrialism.
industrializzare, *v. t.* (*econ.*) to industrialize.
industrializzazione, *n. f.* (*econ.*) industrialization.
inedia, *n. f.* starvation.
inefficace, *a.* ❶ inefficacious, ineffective, ineffectual. ❷ (*inutile*) useless, unavailing, unavailable. ❸ (*leg.*) inoperative, void.
inefficacia, *n. f.* ❶ inefficacity, inefficaciousness, ineffectiveness, ineffectualness. ❷ (*leg.*) inoperativeness, voidness.
inefficiente, *a.* ❶ (*di persona*) inefficient, ineffective; ineffectual (*USA*). ❷ (*di cosa*) ineffectual.
inefficienza, *n. f.* ❶ inefficiency, ineffectiveness. ❷ (*difetto, manchevolezza*) shortcoming. // **inefficienze strutturali** (*econ.*) structural shortcomings.
ineguaglianza, *n. f.* inequality.
ineguale, *a.* unequal, uneven.
inelegante, *a.* inelegant, unfashionable.
inerente, *a.* ❶ inherent. ❷ (*leg.*) incident. // **~ a** attendant, concerning; incident, incidental, pertaining to: **I rischi inerenti al mestiere d'acrobata sono assai gravi** the risks incident to the profession of an acrobat are very serious; **Quali sono i doveri inerenti al mio ufficio?** what are the duties pertaining to my office?
inerte, *a.* ❶ inert; lifeless. ❷ (*anche econ., fin.*) dull, slack, sluggish.
inerzia, *n. f.* ❶ inertia; lifelessness. ❷ (*anche econ., fin.*) dullness, slackness, sluggishness.
inesatto[1], *a.* (*scorretto*) inexact, inaccurate, incorrect, wrong.
inesatto[2], *a.* (*cred.*) (*non riscosso*) uncollected.
inesausto, *a.* unexhausted.
inesecuzione, *n. f.* (*leg.*) non-fulfilment, non-performance.
inesigibile, *a.* (*cred.*) uncollectible.
inesistente, *a.* ❶ inexistent; non-existent. ❷ (*dog., fin.*) (*di dazio e sim.*) nil (*attr.*).
inesperto, *a.* ❶ (*che non ha esperienza*) inexperienced. ❷ (*in un lavoro*) inexpert, unskilled; green (*fam.*).
inespresso, *a.* unexpressed.
inevaso, *a.* (*comun.*) (*di lettera, ecc.*) unanswered.
inevitabile, *a.* inevitable, unavoidable.
infante, *n. m. e f.* infant.
infantile, *a.* infantile; infant (*attr.*).
infastidire, *v. t.* to trouble, to bother.
infecondo, *a.* barren, sterile, unproductive.
inferenza, *n. f.* ❶ inference, induction. ❷ (*stat.*) inference. // **~ statistica** (*stat.*) statistical inference.
inferiore, *a.* ❶ inferior; under (*attr.*). ❷ (*di seconda qualità*) second-class (*attr.*). △ ❶ **La merce che ci avete inviato è di qualità ~** the goods you sent us

are of inferior quality. // **a un prezzo** ~ (*market.*) at a lower (*o* cheaper) price.

inferire, *v. t.* e *i.* ❶ to infer. ❷ (*ragionare*) to reason. ❸ (*causare, infliggere*) to cause. △ ❸ **La parte avversa mi ha inferto un grave colpo** the other party has caused a serious damage to me.

infermità, *n. f. inv.* ❶ infirmity, disease, illness. ❷ (*pers.*) (*inabilità al lavoro*) disability. // ~ **mentale** (*leg.*) mental disease; ~ **totale** (*pers.*) total disability.

infermo, *a.* ❶ ill, sick, invalid. ❷ (*pers.*) (*inabile al lavoro*) disable.

infettare, *v. t.* to infect, to pollute.

infezione, *n. f.* infection, pollution.

infiacchire, *v. t.* to weaken.

infiacchirsi, *v. rifl.* to weaken.

infissi, *n. pl.* fittings, fixtures.

inflazionare, *v. t.* (*econ.*) to inflate. // ~ **una moneta** (*econ.*) to inflate a currency.

inflazione, *n. f.* (*econ.*) inflation. △ **L'~ è stata definita come un calo del valore della moneta dovuto all'aumento dei prezzi** inflation has been defined as a fall in the value of money due to rising prices; **L'~ è un movimento irreversibile e automatico al rialzo dei prezzi, dovuto all'eccesso di domanda rispetto alle possibilità d'offerta** inflation is a self-perpetuating and irreversible upward movement of prices, caused by an excess of demand over capacity to supply; **Si sta tentando di combattere l'~ smorzando i consumi interni** attempts are being made to combat inflation by means of damping down home consumption. // ~ **attenuata** (*econ.*) dampened inflation; ~ **che imperversa** (*econ.*) raging inflation; ~ **che procede a balzi** (*econ.*) leaping inflation; ~ **controllata** (*mediante il differimento delle spese per beni di consumo*) (*econ.*) suppressed inflation; ~ **controllata dal Governo** (*econ.*) Government inflation, repressed inflation; ~ **cronica** (*econ.*) chronic inflation; ~ **da capitali** (*econ.*) capital inflation; ~ **da** (*eccessivo aumento dei*) **costi** (*econ.*) cost inflation, cost-push inflation: **L'~ da costi è in larga misura determinata dal potere dei sindacati d'ottenere grossi aumenti salariali** cost-push inflation is largely a product of the wage-boosting power of trade unions; ~ **da costi, dovuta all'azione di monopoli e oligopoli** (*che aumentano i prezzi*) (*econ.*) administered-price inflation, administrative inflation, mark-up inflation; ~ **da** (*eccessiva espansione dei*) **crediti** (*econ.*) credit inflation; ~ **da** (*eccesso di*) **domanda** (*econ.*) demand inflation, demand-pull inflation, demand-push inflation: **Il boom conseguente allo scoppio della guerra in Corea fu un caso tipico di ~ da domanda** the Korean war boom was a clear case of demand-pull inflation; ~ **da** (*eccesso di produzione dell'*) **oro** (*econ.*) gold inflation; ~ **da** (*eccessivo aumento dei*) **prezzi** (*econ.*) price inflation; ~ **da profitti** (*econ.*) profit inflation, profit-push inflation; ~ **da redditi** (*econ.*) income inflation; ~ **da** (*eccessivo aumento delle*) **retribuzioni dei dipendenti statali** (*e degli Enti locali*) (*econ.*) public-sector wage inflation, publicly generated wage inflation; ~ **da** (*aumento eccessivo dei*) **salari** (*econ.*) wage inflation: **Un atteggiamento cinico nei confronti degli aumenti dei prezzi non può non determinare un'~ da salari** cynicism about rising prices makes for wage inflation; ~ **decrescente** (*econ.*) dampened inflation; ~ **del credito bancario** (*econ., fin.*) bank credit inflation; ~ **della cartamoneta** (*econ.*) paper money inflation; ~ **eccessiva** (*econ.*) hyperinflation; ~ **effettiva** (*econ.*) actual inflation; ~ **galoppante** (*econ.*) galloping inflation, runaway inflation, hyperinflation; ~ **graduale** (*econ.*) stepwise inflation; ~ **inarrestabile** (*fin.*) hyperinflation; ~ **incontrollabile** (*econ.*) runaway inflation; ~ **incontrollata** (*econ.*) open inflation; ~ **indotta da provvedimenti governativi** (*specialm. in tempo di guerra*) **ma controllata** (*dal Governo, soprattutto mediante calmieri dei prezzi*) (*econ.*) Government-induced repressed inflation; ~ **indotta dagli interessi** (*econ.*) interest-induced inflation; ~ **indotta dai costi** (*econ.*) cost-induced inflation; ~ **indotta dai profitti** (*econ.*) profit-induced inflation; ~ **indotta dalle esportazioni** (*econ.*) export-induced inflation; ~ **indotta dalle importazioni** (*econ.*) import-induced inflation; ~ **intermittente** (*econ.*) intermittent inflation; ~ **monetaria** (*fin.*) monetary inflation; ~ **occulta** (*econ.*) (*si ha quando, per lo scadimento della qualità d'un prodotto o d'un servizio, con la stessa quantità di denaro si ottiene, in valore, meno di quanto si otteneva prima dell'inflazione stessa*) hidden inflation; ~ « **organica** » (*econ.*) structural inflation; **l'~ postbellica** post-war inflation; ~ « **rampante** » (*econ.*) rampant inflation; ~ **strisciante** (*econ.*) creeping inflation; ~ « **strutturale** » (*econ.*) structural inflation; ~ « **traboccante** » (*econ.*) spillover inflation; ~ « **zero** » (*econ.*) zero inflation; **chi favorisce l'~ economica** (*econ.*) inflationist.

inflazionismo, *n. m.* (*econ., fin.*) inflationism.

inflazionista, *n. m.* e *f.* (*econ., fin.*) inflationist.

inflazionistico, *a.* (*econ.*) inflationary. △ **Generalmente la forte richiesta di merci d'importazione è causata da spinte inflazionistiche che possono essere frenate soltanto per mezzo d'un severo controllo monetario** the demand for high imports is usually caused by inflationary tendencies which can only be curbed by strict monetary control.

inflessibile, *a.* inflexible, inelastic, rigid.

inflessibilità, *n. f.* inflexibility, inelasticity, rigidity.

influente, *a.* influential.

influenza, *n. f.* (*influsso*) influence, bearing. △ **La nuova politica ha una forte ~ sul commercio** the new policy is having a strong bearing on trade.

influenzare, *v. t.* to influence, to affect. △ **I prezzi saranno certamente influenzati dalle notizie sulla situazione internazionale** prices will surely be influenced by the news about the international situation.

influire, *v. i.* to exert an influence (on st.). // ~ **su** (*anche*) to influence, to affect.

influsso, *n. m.* influence, leverage. // ~ **reciproco** interaction.

in folio, *locuz. a.* (*giorn., pubbl.*) folio (*attr.*). // **un volume ~** a folio volume.

infondato, *a.* unfounded, groundless.

informale, *a.* informal.

informare, *v. t.* to inform, to acquaint, to communicate, to let* (sb.) know, to notify, to give* notice. △ **Siamo lieti d'informarvi che una nuova succursale sarà aperta fra breve nella vostra zona** we are glad to inform you that a new branch will be opened shortly in your area; **Favorite informarci della data di spedizione della merce** please let us know when the goods will be forwarded (*o* shipped). // ~ (*q.*) **con un telegramma** (*comun.*) to cable; ~ **male** to misinform; ~ **la polizia** to notify the police.

informarsi, *v. rifl.* to inquire, to get* information, to check up. // ~ **sulla tendenza del mercato** (*market.*) to inquire about (*o* after) the market trend.

informativo, *a.* informative. // **un colloquio ~** an informative talk; **note informative** (*pers.*) report (on a clerk).

informazione, *n. f.* ❶ (*in genere*) information (*sing. collett.*). ❷ (*singola notizia*) piece of information. ❸ **informazioni**, *pl.* information, intelligence, news (*tutti sing. collett.*). ❹ **informazioni**, *pl.* (*istruzioni*) instructions. △ ❶ **Potete darci qualche ~ sulla Ditta G. Franchi e C.?** can you give us any information on Messrs G. Franchi & Co.?; **Questa sarà un'~ utilissima per il giornale** that's going to be a very useful piece of information for the paper; ❸ **Gli opuscoli illustrativi allegati vi daranno tutte le informazioni che desiderate su questi macchinari** the enclosed illustrative folders will give you all the information you require on these machines; **Dovremo assumere informazioni su quel nuovo aspirante (al posto)** we shall have to make inquiries about that new applicant. // **informazioni commerciali** commercial intelligence, business report; (*sulla solvibilità*) credit report, credit-status information; **informazioni confidenziali** confidential report, inside information; inside (*fam.*); inside stuff (*slang USA*): **Sarebbe interessante ottenere informazioni confidenziali su quanto è successo alla riunione** it would be interesting to get the inside of what happened at the meeting; **~ data da una banca sulla situazione del conto corrente d'un cliente** (*su richiesta d'un tribunale*) (*leg.*) bank disclosure; **informazioni di prima mano** (*giorn.*) immediate information; **~ d'uscita** (*elab. elettr.*) output; **informazioni economiche di fonte ministeriale** (*per lo più gratuite*) **ad uso degli esportatori** (*comm. est.*) advice on production for export; **informazioni finanziarie** (*fin.*) money-market intelligence; **informazioni previsionali** (*market.*) information on forecast; **informazioni recenti** (*giorn.*) fresh information; **informazioni retrospettive** (*market.*) information on past trends; **informazioni riservate** confidential information, confidential report, inside information; inside (*fam.*); inside stuff (*slang USA*); **informazioni sbagliate** misinformation.

infornata, *n.f.* ❶ baking. ❷ (*fig.*) batch. // **un'~ di nuovi assunti** a batch of new employees.

infortunio, *n. m.* ❶ (*ass.*) accident. ❷ (*pers.*) (*sul lavoro, anche*) injury. // **~ sul lavoro** (*pers.*) industrial accident, industrial injury: **Il Piano d'Assicurazione contro gli Infortuni sul Lavoro prevede la corresponsione di assegni in contanti ai lavoratori dipendenti che si siano infortunati o ammalati sul lavoro** the Industrial Injuries Insurance Scheme provides cash benefits to employees injured or who have contracted some illness in the course of their employment.

infortunistica, *n.f.* (*leg.*) study of industrial accidents.

infortunistico, *a.* (*leg.*) concerning industrial accident; injury (*attr.*). // **legislazione infortunistica** (*leg.*) industrial injury legislation.

infraindustriale, *a.* (*org. az.*) interindustrial.

infrangere, *v. t.* ❶ to break*, to shatter, to smash. ❷ (*leg.*) to infringe, to break*, to invade. △ ❷ **Stai attento di non ~ i diritti altrui (i brevetti, ecc.)** be careful not to infringe other people's rights (patents, etc.).

infrangibile, *a.* unbreakable, infrangible.

infrangibilità, *n. f.* (*specialm. fig.*) infrangibility.

infrastruttura, *n.f.* ❶ (*econ.*) infrastructure. ❷ **infrastrutture**, *pl.* (*econ.*) facilities. △ ❷ **Le infrastrutture di questo centro suburbano comprendono un ospedale con 300 letti, una stazione delle corriere, una palestra, una chiesa e due piscine di proprietà del comune** the facilities of this suburban community include a 300-bed hospital, a bus depot, a gymnasium, a church and two municipally-owned swimming pools. // **infrastrutture economiche** (*econ.*) economic infrastructures.

infrazione, *n.f.* ❶ (*leg.*) infringement, breach, contravention, trespass, violation. ❷ (*leg.*) (*reato lieve*) misdemeanour, nuisance, wrongdoing. // **~ ai regolamenti** (*leg.*) breach of regulations; **un'~ al proprio dovere** a departure from duty; **~ alle condizioni** (*leg.*) breach of the conditions; **~ alle disposizioni di legge** (*leg.*) breach of the provisions of the law; **~ passibile di pena** (*leg.*) indictable offence.

infruttifero, *a.* ❶ unfruitful, fruitless. ❷ (*fin., rag.*) non-interest bearing. // **essere ~** (*fin.*) to yield no profit (*o* no interest); **capitale ~** (*fin.*) capital lying idle.

infruttuoso, *a.* ❶ unprofitable, unremunerative. ❷ (*inutile, vano*) useless, unsuccessful, without result. △ ❷ **La ricerca è stata infruttuosa** the inquiry was without result.

ingaggiare, *v. t.* (*pers.*) to engage.

ingaggio, *n. m.* (*pers.*) engagement, retainer.

ingannare, *v. t.* to deceive, to cheat, to swindle; to double-cross (*fam.*). △ **Spesso gli annunci pubblicitari ingannano il pubblico** advertisements often deceive the public.

inganno, *n. m.* deceit, deception, cheat, dodge, sham, swindle.

ingegnere, *n. m.* (*pers.*) engineer. // **~ civile** (*pers.*) civil engineer; « **ingegneri finanziari** » (*elab. elettr.*) « financial engineers ».

ingegneria, *n. f.* engineering. // **~ meccanica** mechanical engineering; **~ navale** (*trasp. mar.*) shipbuilding; **~ umana** (*org. az.*) human engineering.

ingente, *a.* enormous, huge; large-scale (*attr.*). // **ingenti variazioni strutturali** (*org. az.*) large-scale structural changes.

ingerenza, *n. f.* (*anche leg.*) interference. // **~ illegale** (*leg.*) undue influence.

ingiungere, *v. t.* (*leg.*) to enjoin.

ingiuntivo, *a.* (*leg.*) injunctive.

ingiunzione, *n. f.* (*leg.*) injunction. // **~ di pagamento** (*d'un'imposta locale*) (*fin.*) precept (*ingl.*); **~ di riprendere il lavoro** (*sind.*) back-to-work injunction.

ingiuria, *n. f.* ❶ insult, affront. ❷ (*leg.*) (*torto*) wrong. ❸ (*leg.*) (*diffamazione*) slander.

ingiustificato, *a.* unjustified, groundless, unfounded, unexcused.

ingiustizia, *n. f.* ❶ injustice, unfairness, inequity. ❷ (*leg.*) (*torto*) wrong.

ingiusto, *a.* ❶ unjust, inequitable, unfair, partial. ❷ (*leg.*) wrongful, wrong.

inglese, *a.* English. *n. m.* ❶ (*la lingua*) English. ❷ (*uomo inglese*) Englishman*. *n. f.* Englishwoman*. // **l'~ basilare** basic English; **l'~ commerciale** business English.

ingolfarsi nei debiti, *locuz. verb.* to plunge into debt.

ingombrante, *a.* cumbersome, bulky.

ingombrare, *v. t.* ❶ to encumber. ❷ (*affollare*) to crowd.

ingombro, *n. m.* ❶ encumbrance. ❷ (*trasp. mar.*) (*di porto, banchina, ecc.*) crowded state.

ingorgo, *n. m.* (*trasp.*) block, tie-up. // **~ stradale** (*trasp. aut.*) traffic block, traffic jam.

ingranaggio, *n. m.* gear, cog.

ingranare, *v. i.* (*anche fig.*) to gear, to engage. *v. t.* to gear, to put* into gear. // **~ bene** (*anche fig.*) to gear:

L'industria dovrebbe ~ bene coi bisogni dei consumatori industry should gear with consumer needs.
ingrandimento, *n. m.* ❶ enlargement. ❷ *(aumento)* increase. ❸ *(pubbl.)* *(fotografico)* enlargement. // ~ **spinto al massimo** maximization, maximation; **ingrandimenti territoriali** *(leg.)* territorial acquisitions.
ingrandire, *v. t.* ❶ to enlarge. ❷ *(aumentare)* to increase. // ~ *(qc.)* **al massimo** to maximize.
ingresso, *n. m.* ❶ admission, admittance. ❷ *(il locale)* hall. ❸ *(elab. elettr.)* input. △ ❶ « **Vietato l'ingresso!** » « no admittance! ». // ~ **manuale** *(elab. elettr.)* manual input.
ingrosso, *n. m.* *(market.)* wholesale. // **all'**~ *(market.)* by wholesale, wholesale; at wholesale *(USA)*; in the lump, in job lots: **Ci spiace informarvi che noi vendiamo soltanto all'**~ we are sorry to inform you that we only sell wholesale; **fatto all'**~ rough: **Gli esperti ci sottoposero un preventivo fatto molto all'**~ the experts supplied us with a very rough estimate.
iniezione, *n. f.* injection. △ **Ciò di cui abbiamo bisogno è una salutare** ~ **di contante** what we need is a salutary injection of cash. // **un'**~ **di capitale** *(fin.)* a capital injection.
« **inintermediari** », *n. pl. (pubbl.)* *(in un annuncio)* « no agents ».
ininterrotto, *a.* ❶ uninterrupted, continuous. ❷ *(trasp.)* *(di viaggio)* non-stop.
iniquo, *a.* ❶ unjust, inequitable, unfair. ❷ *(leg.)* wrongful. // **un'iniqua distribuzione dei beni fra gli eredi** *(leg.)* an inequitable division of an estate among the heirs.
iniziale, *a.* initial. *n. f.* ❶ *(d'un capitolo, ecc.)* initial. ❷ **iniziali**, *pl.* *(d'un nome e d'un cognome)* initials.
« **inizializzare** », *v. t. (elab. elettr.)* *(la programmazione dei dati)* to initialize.
iniziare, *v. t.* ❶ to initiate, to begin*, to open, to start. ❷ *(elab. elettr.)* *(un programma)* to initiate, to trigger. △ ❶ **Stanno per** ~ **l'attuazione del progetto** they are about to initiate the plan. // ~ **un lavoro** *(org. az.)* to initiate a work; ~ **una nuova attività** *(market.)* to branch out; ~ **relazioni d'affari** to enter into business connections.
iniziativa, *n. f.* initiative, enterprise, drive. △ **Un buon dirigente deve avere molta** ~ a good executive has got to have lots of initiative; **Quel rappresentante è privo d'**~ that agent has no enterprise; **Gli uomini d'affari dovrebbero avere molta** ~ businessmen should have lots of drive. // ~ **diretta** *(leg.)* direct initiative; ~ **indiretta** *(leg.)* indirect initiative; **di propria** ~ own-initiative *(a. attr.)*.
iniziatore, *n. m.* ❶ initiator. ❷ *(promotore)* promoter.
inizio, *n. m.* beginning, commencement, opening, start, starting. // **l'**~ **del nuovo esercizio sociale** the beginning of the new fiscal year; ~ **della discarica** *(trasp. mar.)* break of bulk; ~ **della perorazione** *(leg.)* opening; ~ **di colonna** *(giorn.)* top of column; ~ **d'un fallimento** *(leg.)* commencement of bankruptcy; ~ **e fine d'un rischio** *(ass.)* commencement and end of a risk.
innalzamento, *n. m.* raising; raise *(specialm. USA)*.
innalzare, *v. t.* to raise *(anche fig.)*; to set* up. △ **Lo innalzarono a un rango più alto** they raised him to a higher rank.
innavigabile, *a.* *(trasp., trasp. mar.)* unnavigable, innavigable.
innegabile, *a.* indeniable, unanswerable.
innocente, *a.* ❶ innocent. ❷ *(leg.)* *(in talune formule)* not guilty. △ ❷ **Lei si dichiara colpevole o** ~? do you plead guilty or not guilty?
innocenza, *n. f.* innocence.
innovazione, *n. f.* innovation. // **innovazioni gestionali** *(amm.)* managerial innovations.
innumerevole, *a.* innumerable, countless.
inofficioso, *a.* *(leg.)* inofficious.
inoltrare, *v. t.* ❶ to forward, to send* on, to route, to turn over. ❷ *(presentare: documenti e sim.)* to submit, to file. △ ❶ **Favorite** ~ **le lettere al mio nuovo indirizzo** please forward the letters to my new address; **Abbiamo inoltrato la fattura all'ufficio contabilità** we have routed the invoice to the accounting department. // ~ **una domanda d'impiego** to submit an application; ~ **per posta** to mail; ~ **una petizione** to file a petition; ~ **un reclamo a q.** to lodge a complaint with sb.
inondare, *v. t.* to flood.
inondato, *a.* ❶ flooded. ❷ *(fig.)* overflooded. // ~ **di valuta** *(fin.)* overflooded with money.
inondazione, *n. f.* flood.
inoperante, *a. (leg.)* inoperative. △ **La legge è divenuta** ~ the law has become inoperative.
inoperoso, *a.* inactive.
inopportuno, *a.* ❶ inopportune. ❷ *(indebito)* undue.
inoppugnabile, *a.* ❶ incontrovertible. ❷ *(leg.)* indefeasible.
inoppugnabilità, *n. f.* ❶ incontrovertibility. ❷ *(leg.)* indefeasibility.
inosservanza, *n. f.* *(leg.)* inobservance, non-observance. // ~ **delle disposizioni dell'autorità giudiziaria** *(leg.)* contempt of Court.
« **input** », *n. m. (elab. elettr.)* input.
inquadratura, *n. f. (pubbl.)* composition.
inquietudine, *n. f.* ❶ restlessness, unrest. ❷ *(ansia)* anxiety. △ ❶ **Le agitazioni operaie non sono che uno degli aspetti della più generale** ~ **sociale** labour unrest is but one facet of the more general social unrest.
inquilino, *n. m.* ❶ *(leg.)* tenant, renter. ❷ **(gli) inquilini**, *pl.* *(leg.)* *(d'una casa)* tenantry *(sing. collett.)*.
inquinamento, *n. m.* pollution. △ **L'**~ **atmosferico è uno dei prezzi che una società altamente industrializzata è tenuta a pagare** air pollution is one of the prices a highly industrialized society must pay.
inquinare, *v. t.* to pollute, to foul. // ~ **le risorse idriche** to pollute water supply.
inquinato, *a.* foul, polluted.
inquirente, *a. (amm., leg.)* investigating. *n. m. e f.* *(amm., leg.)* fact finder.
inquisitorio, *a. (leg.)* inquisitorial.
insabbiamento, *n. m.* *(trasp. mar.)* sanding-up. // **l'**~ **d'una pratica** *(d'un disegno di legge, ecc.)* *(fig.)* the shelving of a matter (of a bill, etc.).
insabbiare, *v. t.* ❶ to sand, to cover with sand. ❷ *(fig.)* to shelve; to pigeon-hole. △ ❷ **Temo che il nostro progetto sarà insabbiato** I am afraid our plan will be shelved *(o pigeon-holed)*.
insabbiarsi, *v. rifl.* ❶ to be covered with sand; to become* sanded up. ❷ *(fig.: essere accantonato)* to be shelved; to be pigeon-holed.
insaccare, *v. t. (market.)* to sack.
insaputa, *n. f.* *(nella locuz.)* **a nostra** ~ without our knowledge.
inscatolamento, *n. m.* ❶ boxing. ❷ *(in scatole di latta)* tinning *(ingl.)*; canning *(USA)*.
inscatolare, *v. t.* ❶ to box, to pack in boxes. ❷

(*in scatole di latta*) to tin (*ingl.*); to can (*USA*); to pack in tins (*o* in cans). // **carne inscatolata** tinned (*o* canned) meat.

inscatolatrice, *n. f.* ❶ boxing machine. ❷ (*per scatole di latta*) canning machine.

inscrivere, *v. t.* ❶ *V.* **iscrivere**. ❷ (*mat.*) to inscribe.

inscrizione, *n. f.* ❶ *V.* **iscrizione**. ❷ (*mat.*) inscription.

insediamento, *n. m.* (*amm.*) installation, taking over.

insediare, *v. t.* (*amm.*) to install, to institute, to chair. // ~ **una giuria** (*leg.*) to swear in a jury; ~ **q. in carica** to institute sb. into office.

insediarsi, *v. rifl.* (*amm.*) to take* office, to take* over.

insegna, *n. f.* (*market.*) (*di negozio*) sign, sign-board; facia (*USA*). // ~ **di negozio** (*market.*) store sign; ~ **luminosa** (*pubbl.*) electric sign; illuminated sign (*ingl.*); ~ (*generalm. luminosa*) **su un edificio** (*pubbl.*) sky-sign.

inserimento, *n. m.* ❶ insertion, introduction. ❷ (*pubbl.*) (*di testo scritto: in un cliché a mezza tinta*) combination. // ~ (*d'un'illustrazione, ecc.*) **che interrompe la continuità d'una o più colonne** (*giorn.*) runover.

inserire, *v. t.* ❶ to insert, to introduce. ❷ (*testo, grafici, mappe, ecc.*) to inset*. // ~ **una clausola in un contratto** (*leg.*) to put a clause in a contract; ~ (*articoli, ecc.*) **in catalogo** (*market.*) to list; ~ (*titoli*) **in un listino ufficiale** (*Borsa, fin.*) to list; ~ **qc.** (*p. es., un'illustrazione*) **nel testo** (*giorn., anche*) to break st. in; ~ **una nuova disposizione nel testamento** (*leg.*) to insert a new provision in a will; **essere inserito in catalogo al prezzo di** (*market.*) to list at.

inserito, *a.* (*elab. elettr.*) switched on, on.

inseritrice, *n. f.* (*elab. elettr.*) collator.

inserto, *n. m.* (*giorn., pubbl.*) insert, inset. // ~ **ripiegato** (*di dimensioni maggiori di quelle d'una pagina*) (*giorn., pubbl.*) gatefold.

inserviente, *n. m. e f.* ❶ attendant. ❷ (*trasp. ferr.*) (*di vagone letto, ecc.*) porter.

inserzione, *n. f.* ❶ insertion, introduction. ❷ (*giorn., pubbl.*) insertion, advertisement; ad (*fam.*). // ~ **al vivo** (*giorn.*) bleed advertisement; ~ **fatta in una rubrica di giornale** (*giorn.*) classified advertisement; ~ (*d'un atto*) **in un pubblico registro** (*leg.*) entry.

inserzionista, *n. m. e f.* (*pubbl.*) advertiser.

insieme[1], *avv.* ❶ together; jointly. ❷ (*nello stesso tempo*) at the same time.

insieme[2], *n. m.* ❶ aggregate, set. ❷ set (*mat.*). // ~ **degli assegni, ecc. pagabili a una banca e presentati alla stanza di compensazione** (*banca, ingl.*) out-clearing; ~ **degli assegni, ecc. spiccati su una banca e da questa presentati alla stanza di compensazione** (*banca, ingl.*) in-claring; ~ **della manodopera** (*presente in una data zona*) (*pers.*) pool; l'~ **della produzione agricola, della fabbricazione e distribuzione degli attrezzi agricoli, nonché la commercializzazione di tutti i prodotti dell'agricoltura o ad essa collegati** (*macchine, fertilizzanti, carne in scatola, ecc.*) (*econ.*) agri-business; ~ **delle condizioni «chiave»** (*d'un accordo collettivo di lavoro, che costituiscono un precedente per altre aziende*) (*sind.*) key bargain; ~ **di titoli** (*o* **merci**) **venduti allo scoperto a una certa data** (*Borsa, fin.*) short interest, short position.

insignificante, *a.* insignificant, negligible, petty.

insinuare, *v. t.* to insinuate. // ~ **un credito in un fallimento** (*leg.*) to prove a debt in a bankruptcy; to strike a docket (*fam., ingl.*).

insistente, *a.* insistent, urgent. // ~ **richiesta di pagamento** dun.

insistenza, *n. f.* insistence, pressure, urgency.

insistere, *v. i.* to insist, to persist, to urge. △ **Il capo insiste sempre sull'importanza della puntualità** the boss always insists on the importance of being punctual.

insoddisfacente, *a.* unsatisfactory. △ **Il fatturato relativo al primo trimestre è del tutto ~** the proceeds of sales for the first quarter are wholly unsatisfactory.

insoddisfatto, *a.* unsatisfied, dissatisfied.

insoddisfazione, *n. f.* dissatisfaction. △ **Ha espresso ~ per il vostro lavoro** he expressed dissatisfaction with your work.

insolito, *a.* ❶ unusual, uncommon. ❷ (*diverso*) different. △ ❷ **La pubblicità si sforza continuamente di essere insolita** advertising strives continually to be different.

insoluto, *a.* (*cred.*) unpaid, unsettled, undischarged, outstanding. △ **Quei debiti sono ancora insoluti** those debts are still unpaid; **Sarà necessario ottenere un prestito per pagare tutti i debiti insoluti** it will be necessary to get a loan in order to pay off all unsettled debts.

insolvente, *a.* (*leg.*) insolvent. △ **In Inghilterra, non c'è una procedura speciale che riguardi una persona che sia soltanto ~** in England there is no special procedure relating to a person who is merely insolvent.

insolvenza, *n. f.* (*leg.*) insolvency. △ **L'~ è un termine col quale indichiamo l'incapacità di far fronte ai debiti a mano a mano che scadono** insolvency is a term by which we mean inability to meet debts as they mature.

insolvibile, *a.* ❶ (*fin.*) (*d'impresa, ecc.*) wildcat (*attr.*). ❷ (*leg.*) insolvent.

insommergibile, *a.* (*trasp. mar.*) (*di nave*) unsinkable.

instabile, *a.* unstable, unsteady. △ **La nostra economia è piuttosto ~ e l'opinione pubblica è a disagio** our economy is rather unstable and the public opinion is ill at ease.

instabilità, *n. f.* ❶ instability, unstableness, unsteadiness. ❷ (*econ.*) (*economica, finanziaria, ecc.*) disequilibrium. △ ❶ **Stanno studiando le gravi conseguenze dell'~ economica** they are studying the grave consequences of economic instability.

installare, *v. t.* ❶ (*insediare*) to install, to institute, to chair. ❷ (*org. az.*) to install, to instal, to seat, to set* up. // ~ **una macchina** (*org. az.*) to set up a machine, to seat a machine.

installazione, *n. f.* ❶ (*insediamento*) installation. ❷ (*org. az.*) installation, laying, setting up.

instaurare, *v. t.* to establish, to found, to set* up, to start.

instaurazione, *n. f.* establishment, foundation. // l'~ **del Mercato Comune** (*econ.*) the establishment of the Common Market.

instradamento, *n. m.* (*trasp. ferr.*) (*d'un treno*) shunt, shunting.

instradare, *v. t.* ❶ (*trasp.*) (*merci, ecc.*) to route. ❷ (*trasp. ferr.*) (*un treno*) to shunt, to switch. // ~ **di nuovo** to reroute.

insuccesso, *n. m.* failure, frustration; flop (*fam.*).

insufficiente, *a.* ❶ insufficient, not sufficient,

insufficienza

scanty, scarce, short. ❷ (*inadeguato*) inadequate. △ ❶ **La moneta è ~ e dovrà essere integrata da nuovi mezzi di pagamento** currency is too scanty and new means of payment will have to supplement it; ❷ **Dovremmo sorvegliare attentamente la formazione dei prezzi sui mercati in cui la concorrenza è ~** we should monitor carefully the formation of prices on markets where competition is inadequate. // **essere ~ rispetto a qc.** to fall short of st.

insufficienza, *n. f.* ❶ insufficiency, scantiness, shortage. ❷ (*inadeguatezza*) inadequacy. // **l'~ dei raccolti agricoli** (*econ.*) the failure of crops.

insuperabile, *a.* insuperable, unbeatable, record-breaking.

insurrezione, *n. f.* insurrection, revolt, civil commotion.

intangibile, *a.* intangible.

intatto, *a.* ❶ intact, untouched. ❷ (*indenne*) safe. △ ❷ **Le vostre merci sono arrivate intatte** your goods have come safe.

integrale, *a.* ❶ integral, complete, outright. ❷ (*radicale*) radical. ❸ (*giorn., pubbl.*) (*d'articolo, volume, ecc.*) unabridged. ❹ (*mat.*) integral. *n. m.* (*mat.*) integral. // **~ definito** (*mat.*) definite integral; **~ indefinito** (*mat.*) indefinite integral.

integralmente, *avv.* integrally, completely, outright.

integrare, *v. t.* ❶ to integrate, to make* up. ❷ (*lo stipendio, ecc.*) to supplement. ❸ (*mat.*) to integrate. △ ❶ **Mi mancano ancora 100 dollari per ~ la somma richiestami** I still lack 100 dollars to make up the sum I was asked for; ❷ **Devo trovarmi un secondo lavoro per ~ la mia paga insufficiente** I have got to find a second job to supplement my meagre pay.

integrativo, *a.* integrative, supplementary.

integrato, *a.* ❶ integrated. ❷ (*mat.*) integrated.

integrazione, *n. f.* ❶ integration. ❷ (*mat.*) integration. △ ❶ **L'~ (economica) si tradurrà in una riduzione delle spese** integration will result in cost reductions. // **~ circolare** (*d'aziende che operano nello stesso settore, pur non essendo in concorrenza fra loro*) (*org. az.*) circular integration; **l'~ economica dell'Europa** (*econ.*) the European economic integration; **~ orizzontale** (*econ., org. az.*) horizontal integration, horizontal combination; **~ verticale** (*econ., org. az.*) vertical integration, vertical combination.

integrità, *n. f.* ❶ integrity. ❷ (*onestà, anche*) honesty.

integro, *a.* ❶ (*intero*) entire, whole. ❷ (*onesto*) honest.

intelligente, *a.* intelligent.

intelligenza, *n. f.* intelligence.

intemperie, *n. pl.* bad weather, weather (*sing.*).

intendente, *n. m.* intendant, superintendent. // **~ di finanza** (*amm., fin.*) Chief Financial Officer (*in a province*).

intendere, *v. t.* ❶ (*capire*) to understand*; to take* it (*fam.*). ❷ (*udire*) to hear*. ❸ (*aver l'intenzione di voler dire*) to intend, to mean*. △ ❶ **Intendo che vuoi dimetterti dall'ufficio** I understand that you want to resign; ❷ **M'intendi?** can you hear me?; ❸ **Che cosa intendete fare?** what do you intend to do?; **Se intendete piazzare un ordine importante, siamo disposti a discutere i prezzi** if you mean to place a substantial order, we are ready to talk prices. // **s'intende che...** it is understood that...

intendersi, *v. rifl.* ❶ (*raggiungere un accordo*) to come* to (*o* to reach) an agreement. ❷ (*essere conoscitore*) to know* a lot (about st.); to understand* (how st. works). *v. recipr.* to understand* each other (*o* one another).

intenditore, *n. m.* expert; connoisseur.

intensamente, *avv.* intensely, hard.

intensificare, *v. t.* to intensify, to step up. △ **Dobbiamo ~ la lotta contro gli ostacoli alla concorrenza** we must step up the drive against obstacles to competition.

intensificarsi, *v. rifl.* to intensify, to step up. △ **Finalmente si va intensificando il commercio interno** domestic trade is stepping up at last.

intensificazione, *n. f.* intensification.

intensivo, *a.* intensive.

intenso, *a.* intense; (*forte*) strong; (*vivace*) brisk.

intentare, *v. t.* (*leg.*) to institute, to commence. // **~ un'azione contro un debitore** (*leg.*) to commence proceedings against a debtor; **~ un'azione legale contro q.** (*leg.*) to institute proceeding against sb.; **~ causa contro q.** (*leg.*) to bring an action against sb., to enter an action against sb., to sue sb.; **~ causa per diffamazione** (*leg.*) to sue for libel; **~ giudizio a q.** (*leg.*) to prosecute sb.

intento, *n. m.* ❶ (*intenzione*) intention. ❷ (*scopo*) aim, end, object, view. △ ❷ **Speriamo di riuscire nel nostro ~** we hope we may succeed in our object.

intenzionale, *a.* ❶ intentional, deliberate, voluntary. ❷ (*leg.*) wilful; willful (*USA*).

intenzionalità, *n. f.* ❶ intentionality. ❷ (*leg.*) wilfulness.

intenzionalmente, *avv.* ❶ intentionally. ❷ (*leg.*) wilfully, scienter.

intenzione, *n. f.* ❶ intention. ❷ (*leg.*) intent. // **~ criminosa** (*leg.*) malice; **~ di giocare la carta della ripresa** (*Borsa*) bullish inclination; **senza ~** unintentionally.

interagire, *v. i.* to interact.

interamente, *avv.* fully, full, entirely, wholly, outright. // **~ pagato** fully paid.

interaziendale, *a.* (*org. az.*) intercompany, interenterprise, interfirm (*tutti attr.*); intercorporate (*USA*).

interazione, *n. f.* (*stat.*) interaction.

interbancario, *a.* (*banca*) interbank (*attr.*).

intercalatrice, *n. f.* (*elab. elettr.*) collator.

intercambiabile, *a.* interchangeable.

intercambiabilità, *n. f.* interchangeability.

intercambio, *n. m.* (*raro*) interchange.

interdetto, *a.* (*leg.*) disabled. *n. m.* (*leg.*) disabled person.

interdire, *v. t.* ❶ (*leg.*) (*proibire*) to interdict, to forbid*. ❷ (*leg.*) (*bandire*) to ban, to disable, to disqualify. △ ❷ **Fu interdetto dai pubblici uffici** he was banned from holding public offices.

interdittorio, *a.* (*leg.*) interdictory.

interdizione, *n. f.* ❶ (*leg.*) (*proibizione*) interdiction. ❷ (*leg.*) (*bando*) disqualification. // **~ da un ufficio secondo la nuova legge** (*leg.*) disqualification from office under the new law.

interessamento, *n. m.* ❶ (*interesse*) interest. ❷ (*preoccupazione, premura*) concern, sympathy. ❸ (*impegno*) good offices (*pl.*); trouble. △ ❸ **La ringrazio sentitamente del Suo ~ per la mia domanda d'assunzione** I thank you very much for the trouble you've taken over my application.

interessante, *a.* interesting. // **essere ~ alla lettura** (*di libro, autore, ecc.*) to read well.

interessare, *v. t.* ❶ to interest. ❷ (*riguardare*) to concern. ❸ (*comm., fin.*) to give* an interest (*o* a share) to (*sb.*). *v. i.* (*importare*) to matter, to be important, to be of importance. △ *v. t.* ❶ **Il nostro mercato dovrebbe ~ qualsiasi commerciante** our market ought to interest any businessman; ❷ **La questione interessa la compagnia d'assicurazione** the matter concerns the insurance company; ❸ **Voglio ~ anche loro nell'impresa** I want to give them too an interest (*o* a share) in this enterprise; *v. i.* **Questo non m'interessa** it doesn't matter to me; **Non m'interessa affatto** it's quite unimportant for me. // **~ un banchiere a un mutuo** (*cred.*) to interest a banker in a loan.

interessarsi, *v. rifl.* ❶ to interest oneself; to take* an interest; to be interested. ❷ (*occuparsi di qc.*) to take* care of, to see* to, to look into. ❸ (*badare a*) to look after; to mind. △ ❶ **S'interessa di ortofrutticoltura** he's interested in truck farming; **Non s'interessa affatto del mio lavoro** he doesn't take an interest in my work; ❷ **M'interesso io della faccenda** I'll take care of this matter; **Se ne interesserà la polizia** the police are going to look into this matter; ❸ **Interessati degli affari tuoi!** mind your own business! // **~ di** (*o* **a**) **qc.** to interest oneself in st., to concern oneself with st.: **S'interessavano di licenze d'esportazione** they concerned themselves with export licences.

interessato, *a.* interested, concerned. *n. m.* ❶ (*leg.*) (the) party concerned. ❷ **(gli) interessati**, *pl.* (*leg.*) (the) party concerned. ❸ **essere ~ in un'azienda (una ditta, ecc.)** (*comun.*, *fin.*) to have an interest (*o* a share) in a concern (a firm, etc.); « **A tutti gli interessati** » (*in una circolare, una referenza, ecc.*) (*comun.*) « to whom it may concern ».

interesse, *n. m.* ❶ interest, concern. ❷ (*convenienza*) convenience. ❸ (*corrispettivo*) consideration. ❹ (*fin.*, *rag.*) interest. ❺ **interessi**, *pl.* (*affari*) affairs, business affairs; business (*sing.*). ❻ **interessi**, *pl.* (*fin.*, *rag.*) interest (*sing.*). △ ❶ **Faresti meglio ad assumere un avvocato che tuteli i tuoi interessi** you'd better engage a lawyer to look after your interests; ❹ **L'~ decorre dal 1º settembre** interest accrues from the 1st of September; ❺ **È un uomo che bada ai suoi interessi** he is a man who looks after his (business) affairs; (*che non s'occupa di quelli degli altri*) he is a man who minds his own business; ❻ **Gli interessi di queste rendite cadono in prescrizione dopo cinque anni** interest on these annuities is statute-barred after five years. // **interessi acquisiti** (*leg.*) vested interests; **gli interessi agrari** (*econ.*) the landed interest; **~ assicurabile** (*ass.*) insurable interest; **~ che s'accumula di giorno in giorno** (*rag.*) interest accruing day by day; **~ composto** (*mat.*, *rag.*) compound interest; **interessi correnti** (*rag.*) current interests; **interessi da maturare** accruing interest; **interessi debitori** (*banca*) debit interest; **~ decorrente da una certa data** (*rag.*) interest accruing from a certain date; **gli interessi del capitale** (*fin.*) interest on capital; **~ determinato secondo equità** (*leg.*) equitable interest; **interessi di mora** (*cred.*) overdue interests, interest in arrears; **~ di prestito** (*cred.*) loan interest; **~ di riporto** (*Borsa, fin.*) contango; **interessi e commissioni** (*banca*) interest and commission; **un ~ esente da imposta** (*fin.*) a tax-free interest; **interessi in corso** (*rag.*) current interests; **~ legale** (*fin., leg.*) legal interest, legal rate of interest; **interessi maturati** (*fin.*) accrued interest; **interessi neri** (*rag.*) black interest; **interessi passivi** (*rag.*) black interest; **~ possessorio** (*leg.*) possessory interest; **un ~ reversibile** (*leg.*) a reversionary interest; **~ semplice** (*mat., rag.*) simple interest; **interessi settoriali** (*econ.*) sectional interests; **~ su cambio marittimo** (*ass. mar.*) marine interest, maritime interest; **gli interessi su un prestito** (*cred.*) the interest on a loan; **interessi sui numeri neri** (*banca*) interest in black; **interessi sui numeri rossi** (*banca*) interest in red, red interest; **d'~ locale** (*giorn.*) local; **nell'~ di** on behalf of; **senza interessi** (*Borsa*) (*di titolo*) ex interest.

interessenza, *n. f.* ❶ (*econ., fin.*) profit-sharing. ❷ (*market.*) (*percentuale sulle vendite*) percentage on sales.

interferenza, *n. f.* interference.

interferire, *v. i.* to interfere, to meddle, to tamper.

interfonico, *n. m.* (*attr. uff.*) intercom.

intergovernativo, *a.* intergovernmental.

interinale, *a.* V. **interino**.

interinato, *n. m.* (*amm.*) pro tempore (*o* temporary) office.

interino, *a.* (*amm.*) pro tempore, temporary. *n. m.* (*amm.*) locum tenens*, deputy, substitute. △ **Presterai servizio come ~** you'll serve in an acting capacity.

interiore, *a.* interior, internal; inside (*attr.*).

interlinea, *n. f.* (*giorn., pubbl.*) lead.

interlineare, *v. t.* (*giorn., pubbl.*) to lead.

interlocutorio, *a.* (*leg.*) interlocutory.

intermediario, *a.* intermediary, intermediate. *n. m.* ❶ intermediary, interagent, contact man*. ❷ (*market.*) middleman*; (*sensale*) broker. △ *n.* ❷ **C'è una tendenza a eliminare gli intermediari in considerazione dei prezzi troppo alti delle merci al momento in cui queste arrivano al consumatore** there is a tendency to eliminate middlemen owing to the high prices of goods when they reach the consumer. // **gli intermediari del commercio** (*market.*) the intermediaries in trade; « **intermediari esclusi** » (*comm.*) « no agents ».

intermediazione, *n. f.* intermediation; interagency.

intermedio, *a.* intermediate, intermediary, mean, middle, medium.

interministeriale, *a.* interdepartmental.

intermittente, *a.* intermittent, periodic, periodical.

internamente, *avv.* internally.

internazionale, *a.* international. △ **La loro meta è quella di riavvicinare i punti di vista sui problemi dei pagamenti internazionali** their goal is to evolve a common approach to international payments problems.

interno, *a.* ❶ internal, inner, interior; inward, inside (*attr.*). ❷ (*comm., econ.*) internal, domestic; inland, home (*attr.*). ❸ (*org. az.*) in-house, in-plant (*attr.*). ❹ (*org. az.*) interoffice, interplant (*attr.*). *n. m.* ❶ inside, interior. ❷ (*comun.*) (*telefono*) extension. ❸ (*pers.*) (*medico interno*) intern. △ *a.* ❷ **C'è un ristagno nella domanda interna** internal demand is static. // **~ del Paese** inland; **d'interni** interior: **decoratore d'interni** interior decorator.

intero, *a.* ❶ entire, whole, undivided. ❷ (*pieno, completo*) full, thorough, total. △ ❷ **Ho dovuto pagare l'~ prezzo** I had to pay the full price.

interpellanza, *n. f.* (*politica*) (*in Italia*) interpellation.

interpellare, *v. t.* ❶ to consult, to contact. ❷ (*chiedere a*) to ask. ❸ (*politica*) (*in Italia*) to interpellate.

interpenetrarsi, *v. recipr.* to interpenetrate.

interpenetrazione, *n. f.* (*econ.*) (*dei mercati, ecc.*) interpenetration. △ **La sempre maggiore ~ delle economie degli Stati Membri è un fatto positivo** the growing interpenetration of the Member States' economies is a positive fact.

interpolare, *v. t.* (*mat.*) to interpolate.

interpolazione, *n. f.* (*mat.*) interpolation.

interporre appello, *locuz. verb.* (*leg.*) to lodge an appeal, to appeal.

interporsi, *v. rifl.* to intervene, to interpose.

interposizione, *n. f.* intervention.

interpretare, *v. t.* ❶ to interpret. ❷ (*leg., anche*) to construe. // ~ **un contratto** (*leg.*) to interpret a contract; ~ **i risultati in modo sbagliato** (*market.*) to distort the results.

interpretativo, *a.* interpretative.

interpretazione, *n. f.* ❶ interpretation. ❷ (*leg., anche*) construction. △ ❶ **Questa frase non comporta una simile** ~ this sentence does not bear such an interpretation; ❷ **Questo testo può avere due interpretazioni** this text admits of two constructions. // **l'**~ **dei mercati** (*market.*) the interpretation of markets; **l'**~ **d'una legge** (*leg.*) the interpretation of a law; **un'**~ **libera** (*d'una clausola, d'una norma, ecc.*) (*leg.*) a liberal interpretation, a liberal construction; **un'**~ **restrittiva** (*della legge*) (*leg.*) a strict construction.

interprete, *n. m. e f.* (*pers.*) interpreter, translator.

interrogare, *v. t.* ❶ to interrogate. ❷ (*chiedere a*) to ask. ❸ (*specialm. leg.*) to examine, to question. // ~ **a fondo** (*leg.*) to cross-question; ~ **in contraddittorio** (*leg.*) to cross-examine, to cross-question; ~ **un testimone in tribunale** (*leg.*) to examine a witness in a law-Court.

interrogatorio, *n. m.* (*leg.*) interrogatory, examination. // ~ **dei propri testimoni** (*leg.*) examination in chief; ~ **dell'imputato** (*leg.*) examination of the accused.

interrogazione, *n. f.* ❶ (*anche leg.*) interrogation. ❷ (*domanda*) question.

interrompere, *v. t.* ❶ to interrupt, to break* (off), to discontinue, to stop, to suspend. ❷ (*comun.*) (*una conversazione telefonica*) to cut* off. △ ❶ **Tutto il personale ha deciso d'** ~ **il lavoro e attendere le mosse della direzione** the whole staff has decided to stop work and wait for the management's moves. // ~ **la comunicazione durante una conversazione telefonica** (*comun.*) to cut off connection during a telephone conversation; ~ **il viaggio** (*trasp.*) to break one's journey.

interruttore, *n. m.* ❶ (*chi interrompe*) interrupter. ❷ (*il meccanismo*) switch. ❸ (*elab. elettr.*) cut-off switch. // ~ **di comando** (*elab. elettr.*) control cut-off switch.

interruzione, *n. f.* ❶ interruption, break, breakdown, discontinuance, lapse, stop, stoppage, suspension. ❷ (*d'un pubblico servizio, per un guasto*) breakdown. ❸ (*leg.*) discontinuance. △ ❶ **Il lavoro fu ripreso dopo un'**~ **di due settimane dovuta a controversie sindacali** work was resumed after a lapse of two weeks due to labour disputes. // **un'**~ **arbitraria del lavoro** (*senza il consenso dei sindacati*) (*pers.*) a wildcat work stoppage; **l'**~ **dei negoziati** the breakdown of negotiations; ~ **del lavoro** (*sind.*) work stoppage, stoppage, shut-down: **Gli operai minacciano un'**~ **generale del lavoro** workers are threatening a general shut-down; ~ **della vita d'una società** (*per ragioni legali, ecc.*) (*fin.*) split-up; **l'**~ **d'un viaggio** (*trasp.*) the breaking-up of a voyage, the break of a journey.

interscambio, *n. m.* (*comm. est., fin.*) import-export movements (*pl.*).

interstatale, *a.* (*USA*) interstate (*attr.*).

interurbana, *n. f.* (*comun.*) trunk call; long-distance call (*USA*).

interurbano, *a.* ❶ (*comun.*) trunk; long-distance (*USA*). ❷ (*trasp.*) interurban. // **telefonata interurbana** (*comun.*) *V.* **interurbana**; **trasporti interurbani** interurban transport.

intervallo, *n. m.* ❶ interval, break, lag, lapse, space. ❷ (*pers.*) rest period. // ~ **fra ordinazione e consegna** (*market., org. az.*) lead time; ~ **fra progettazione e produzione** (*d'un articolo, prodotto, ecc.*) (*org. az.*) lead time.

interveniente, *a.* (*leg.*) intervening. *n. m. e f.* (*leg.*) intervener, intervenor.

intervenire, *v. i.* to intervene, to step in. △ **Poiché le autorità locali non avevano assunto le loro responsabilità, intervenne il Governo centrale** as the local authorities hadn't met their responsibilities, the central Government stepped in. // ~ **a una riunione** to attend a meeting; ~ **in una disputa** to intervene in a dispute.

intervento, *n. m.* ❶ intervention. ❷ **interventi**, *pl.* (*econ.*) (*governativi, ecc.*) support measures. △ ❶ **Il problema d'interventi nel campo fiscale e degli oneri sociali è più delicato** the problem of intervention in the fiscal and social security fields is more delicate. // **interventi a breve (termine)** (*econ.*) short-term action; ~ **in causa** (*leg.*) intervention in a suit; ~ **sul mercato** (*econ., market.*) market support; « **per** ~ » (*leg.*) (*per una cambiale*) « supra protest », for honour supra protest.

intervista, *n. f.* (*market., pers.*) interview. // ~ **d'assunzione** (*pers.*) employment interview; ~ **di congedo** (*pers.*) exit interview; ~ **di gruppo** (*market., pubbl.*) group interview; ~ **d'uscita** (*pers.*) exit interview; ~ **di valutazione** (*pers.*) evaluation interview, appraisal interview; ~ **guidata** (*market.*) patterned interview; ~ **in profondità** (*pers.*) depth interview; **interviste per ricerche di mercato e d'opinione pubblica** (*market., pubbl.*) public-opinion and market research interviews; ~ **preliminare** (*pers.*) employment interview.

intervistare, *v. t.* ❶ (*giorn., market.*) to poll. ❷ (*market., pers.*) to interview. ❸ (*pubbl.*) to poll. △ ❶ **Il 32 per cento di quelli che furono intervistati ha risposto negativamente** 32 per cent of those who were polled answered in the negative. // ~ **gli aspiranti a un impiego** (*pers.*) to interview job applicants; ~ **le massaie sulle loro preferenze** (*market.*) to interview housewives about their preferences.

intervistato, *n. m.* ❶ (*giorn., market.*) pollee. ❷ (*market., pers.*) interviewee. △ ❶ **Il nostro articolo era stato scelto dal 75% degli intervistati** our article had been chosen by 75% of the pollees.

intervistatore, *n. m.* ❶ (*giorn., market.*) poller. ❷ (*market., pers.*) interviewer.

intesa, *n. f.* ❶ understanding, agreement. ❷ (*politica*) entente. // ~ **fraudolenta** (*leg.*) covin; **intese orizzontali** (*comm. est.*) horizontal agreements; **intese per il cumulo delle basi di sconto** agreements on aggregated rebates; **un'**~ **ristretta in materia di prezzi e di condizioni di vendita** (*market.*) a restrictive price and terms of sale agreement.

inteso, *a.* (*convenuto*) understood, agreed upon. △ **Resta** ~ **che le merci dovranno essere conformi al campione** it is understood that the goods must be up to sample.

intessere, *v. t.* to interweave*. // ~ **inganni** to weave a web of deceit.

intessuto, *a.* interwoven.

intestare, *v. t.* ❶ to head. ❷ (*cred., fin.*) to make* out. ❸ (*leg.*) to settle, to register. △ ❷ **L'assegno era intestato a mio fratello** the cheque was made out to my brother; ❸ **La proprietà fu intestata al loro figlio maggiore** the estate was settled on their eldest son. // ~ **azioni (titoli, ecc.) a q.** (*cred., fin.*) to register shares (bonds, etc.) in sb.'s name; ~ **un conto a q.** (*banca, cred.*) to open an account in sb.'s name.

intestatario, *n. m.* (*cred., fin.*) registered holder, holder.

intestato[1], *a.* ❶ headed. ❷ (*leg.*) registered.
intestato[2], *a.* e *n. m.* (*leg.*) intestate. // **chi muore ~** (*leg.*) intestate.
intestazione, *n. f.* ❶ heading. ❷ (*di lettera*) letterheading, letterhead. ❸ (*su un foglietto di carta da lettere*) noteheading, notehead. ❹ (*leg.*) registration (*in sb.'s name*). // **~ a grossi titoli, su due o più colonne** (*giorn.*) spread; **~ della colonna del « dare »** (*rag.*) debtor; **l'~ d'un conto** (*rag.*) the name of an account; **~ di fattura** (*rag.*) bill heading, bill head; **l'~ d'una lettera commerciale** the heading of a business letter; **~ di mastro** (*rag.*) ledger heading; **~ fittizia** (*di conto, ecc.*) fictitious concern.
intimare, *v. t.* ❶ (*comandare*) to command, to order. ❷ (*leg.*) to enjoin, to serve. // **~ un arresto** (*leg.*) to serve an attachment; **~ un mandato di comparizione a q.** (*leg.*) to serve a summons on sb., to serve sb. with a summons.
intimazione, *n. f.* (*leg.*) intimation, formal notice, precept, caveat.
intimidazione, *n. f.* (*specialm. leg.*) intimidation.
intimidire, *v. t.* (*specialm. leg.*) to intimidate, to concuss.
intimo, *a.* ❶ intimate. ❷ (*interno*) inner, inside (*attr.*).
intimorimento, *n. m.* intimidation.
intimorire, *v. t.* to intimidate.
intitolare, *v. t.* ❶ to entitle. ❷ (*rag.*) (*un conto, ecc.*) to head.
intitolazione, *n. f.* ❶ entitling. ❷ (*rag.*) (*d'un conto*) heading.
intorno, *avv.* round, around. // **~ a** round; **all'~** round.
intra-, *pref.* intra-.
intracomunitario, *a.* intra-Community. △ **Fra il 1960 e il 1964 gli scambi intracomunitari avevano presentato un aumento più rapido per le importazioni di prodotti industriali rispetto a quelle di prodotti alimentari, ma nel 1965, tale tendenza si invertì** between 1960 and 1964 intra-Community trade showed a more rapid increase in imports of manufactured goods than in imports of farm products, but in 1965, this trend was reversed.
intralciare, *v. t.* to hinder, to handicap.
intralcio, *n. m.* hindrance, handicap.
intraprendente, *a.* enterprising, resourceful. △ **A coprire questo posto vediamo una persona brillante e ~** what we have in mind for this position is a brilliant and resourceful person.
intraprendenza, *n. f.* enterprise, initiative.
intraprendere, *v. t.* ❶ to undertake*, to start. ❷ (*una professione e sim.*) to take* up, to go* in for. △ **Ha intrapreso una carriera commerciale** he has taken up a business career. // **~ un'attività commerciale** to start (*o* to open) a business; **~ un viaggio** (*trasp.*) to undertake a journey.
intrattenere, *v. t.* to entertain. // **~ una corrispondenza d'affari con q.** to carry on a business correspondence with sb.
intrecciare, *v. t.* to interweave*.
intrinseco, *a.* ❶ intrinsic. ❷ (*inerente*) inherent.
introdurre, *v. t.* ❶ to introduce, to initiate. ❷ (*giorn.*) (*un inserto*) to insert, to inset*. // **~ nuovi metodi di lavorazione** (*org. az.*) to introduce new manufacturing processes; **~ il principio dell'integrazione dei redditi** (*econ.*) to introduce arrangements for « upping » incomes.
introdursi, *v. rifl.* to get* in (*o* into). // **~ abusivamente in una proprietà privata** (*leg.*) to trespass on a private property.
introduttivo, *a.* introductive, introductory, preliminary.
introduzione, *n. f.* ❶ introduction. ❷ (*preliminare*) preliminary.
introitare, *v. t.* (*cred., fin., rag.*) to cash, to encash; to take* in; to collect.
introito, *n. m.* ❶ (*cred., fin., rag.*) take; (*profitto*) profit, yield. ❷ **introiti**, *pl.* (*cred., fin., rag.*) proceeds, returns, takings, receipts. // **introiti fiscali** (*fin.*) tax receipts.
intromettere, *v. t.* to interpose.
intromettersi, *v. rifl.* ❶ to intervene, to interpose, to step in. ❷ (*interferire*) to interfere.
intromissione, *n. f.* ❶ intervention. ❷ (*interferenza*) interference.
inutile, *a.* useless, unsuccessful, unavailable, unprofitable. △ **Tutti gli sforzi per convincere il cliente furono inutili** all our efforts to convince the customer were unavailable.
inutilità, *n. f.* uselessness.
inutilizzato, *a.* ❶ unused. ❷ (*econ.*) (*di denaro*) unemployed. △ ❶ **Gli accantonamenti inutilizzati sono stati stornati** unused funds have been carried over.
invalidabile, *a.* (*leg.*) voidable.
invalidare, *v. t.* (*leg.*) to invalidate, to nullify, to null, to quash, to vitiate, to void. // **~ un atto** (*leg.*) to void a deed; **~ un testamento** (*leg.*) to invalidate a will.
invalidazione, *n. f.* (*leg.*) invalidation.
invalidità, *n. f. inv.* ❶ invalidity. ❷ (*leg.*) invalidity. ❸ (*pers.*) inability, disability, disablement. // **~ che dà diritto a pensione** (*pers.*) pensionable disability; **~ parziale** (*pers.*) partial disability; **~ parziale temporanea** (*pers.*) temporary partial disability; **~ permanente** (*leg.*) permanent disablement; **~ totale temporanea** (*pers.*) temporary total disability.
invalido, *a.* ❶ invalid. ❷ (*leg.*) invalid. ❸ (*pers.*) (*al lavoro*) disabled. *n. m.* ❶ invalid. ❷ (*pers.*) (*al lavoro*) disabled person.
invecchiamento, *n. m.* ❶ aging, ageing. ❷ (*org. az.*) (*di macchine, ecc.*) obsolescence.
invecchiare, *v. i.* ❶ to grow* old, to age. ❷ (*org. az.*) (*di macchine, ecc.*) to obsolesce, to become* obsolete, to outmode. △ ❷ **I macchinari invecchiano velocemente in questa società tecnologica** machinery outmodes quickly in our technological society.
invendibile, *a.* ❶ unsalable, unsaleable. ❷ (*market.*) unmarketable, unmerchantable. △ ❶ **Fummo colpiti dalla lunga lista d'articoli invendibili compilata dalle nostre filiali** we were struck by the long list of unsalable articles made by our branches; ❷ **Non possiamo accettare la vostra proposta poiché l'articolo che ci offrite è praticamente ~ in questa zona** we can't accept your proposal as the article you offer us is practically unmarketable in this area.
invendibilità, *n. f.* unsal(e)ability.
invenduto, *a.* (*market.*) unsold. △ **Gli articoli (rimasti) invenduti saranno rispediti al grossista** unsold articles will be sent back to the wholesaler.
inventare, *v. t.* to invent.
inventariare, *v. t.* (*rag.*) to inventory, to make* an inventory of, to take* stock of.
inventario, *n. m.* ❶ (*rag.*) inventory, stock-taking; accounts (*pl.*). ❷ (*rag.*) (*bilancio, conto profitti e perdite, conto d'esercizio, ecc.*) balance-sheet and schedules. △ ❶ **Impieghiamo circa dieci giorni per (fare) l'~ an-**

nuale the annual inventory (*o* stock-taking) takes about ten days; **Facciamo l'~ una volta ogni tre mesi** we make up our accounts once every three months. // **~ del carico** (*trasp. mar.*) inventory of the cargo; **~ di fabbrica** (*org. az.*) plant inventory; **~ fisico** (*cioè, non contabile*) (*rag.*) physical inventory; **~ permanente** (*o* **perpetuo**) (*rag.*) perpetual inventory, running inventory; **~ perpetuo di magazzino** (*org. az.*) stores ledger; **~ quantitativo** (*org. az.*) inventory by quantity.

inventore, *n. m.* inventor.

invenzione, *n. f.* invention. // **~ brevettata** (*leg.*) patent; **invenzioni non brevettate** (*leg.*) unpatented inventions.

inversione, *n. f.* inversion, reversal. // **~ di rotta** (*trasp. mar.*) turnabout; **~ di tendenza** (*econ.*) reversal of trend, turn, turnabout, turnaround: **Questa ~ di tendenza può essere osservata in tutti i Paesi Membri salvo la Germania, dove le importazioni industriali e quelle agricole hanno registrato uno sviluppo analogo** this reversal of trend may be observed in all the Member Countries except Germany, where industrial and agricultural imports progressed at a similar rate; **C'è stata una repentina ~ di tendenza nei prezzi (dei prodotti) agricoli** there has been a sharp turnabout in farm prices; **Le vendite non sono mai state forti in questa stagione e non ci sono segni d'una ~ di tendenza** sales have never been high in this season and there are no signs of a turn.

inverso, *a.* ❶ (*anche mat.*) inverse. ❷ (*opposto*) opposite. *n. m.* (the) inverse, reverse, opposite. △ *a.* ❷ **Consideriamo ora il caso ~** let's consider now the opposite case.

invertibile, *a.* invertible, reversible.

invertibilità, *n. f.* reversibility.

invertire, *v. t.* to invert, to reverse. // **~ la rotta** (*trasp. mar.*) (*di nave*) to turn about; **~ la rotta d'una nave** (*trasp. mar.*) to bring about a ship.

investigare, *v. t.* ❶ to investigate, to inquire into, to explore, to research, to scrutinize. ❷ (*leg.*) to investigate. *v. i.* to make* inquiries. △ *v. t.* ❶ **Stanno investigando le cause del disastro aereo** they are investigating the causes of the air crash; ❷ **È compito della polizia ~ i crimini** it is up to the police to investigate crime; *v. i.* **La polizia sta investigando** the police are making inquiries.

investigativo, *a.* (*leg.*) investigative, investigatory, investigational.

investigatore, *n. m.* ❶ investigator. ❷ (*ricercatore*) researcher. ❸ (*leg.*) detective. // **~ privato** (*leg.*) private detective.

investigazione, *n. f.* ❶ investigation, exploration. ❷ (*leg.*) investigation. △ ❷ **La faccenda è sotto ~** the matter is under investigation.

investimento, *n. m.* ❶ (*fin.*) investment, placement, lockup. ❷ (*trasp. aut.*) collision, crash, road accident. △ ❶ **Una delle principali funzioni della City è quella di raccogliere i risparmi del Paese e di fornire i canali per il loro ~** one of the main functions of the City is to collect the savings of the Country and to provide channels for their investment; **La maggior parte dei risparmiatori preferisce gli investimenti a reddito fisso** most investors prefer fixed-return placements; ❷ **Fu ferito in un ~** he was injured in a road accident; **Subì un ~ automobilistico** he was run over by a car. // **un ~ accorto** (*fin.*) a smart investment; **~ autonomo** (*fin., rag.*) autonomous investment; **~ avventato** (*fin.*) plunge (*fam.*); **~ azionario** (*fin.*) share investment; **investimenti azionari** (*rag.*) quoted investments; **un ~ azzardoso** (*fin.*) a risky investment; **investimenti civili** (*fin.*) civilian spending; **~ di capitali** (*rag.*) capital expenditure; **~ di portafoglio** (*fin.*) portfolio investment; **investimenti diretti** (*econ.*) direct investments; **investimenti esteri** (*econ.*) foreign investments; **un ~ in azioni ordinarie** (*fin.*) an investment in common stocks; **investimenti in beni immobili** (*fin.*) investment in fixed assets; **investimenti in beni mobili** (*fin.*) investment in movable assets; **~ indotto** (*fin.*) induced investment; **investimenti intensivi** (*fin.*) intensive expenditures; **investimenti obbligazionari** (*rag.*) quoted investments; **un ~ privo di rischi** (*fin.*) a safe investment; **investimenti produttivi** (*fin.*) productive investments; **un ~ remunerativo** a lucrative investment; **un ~ sicuro** (*fin.*) a sound investment; **investimenti statali destinati a stimolare la ripresa economica** (*econ.*) pump priming.

investire, *v. t.* ❶ (*fin.*) to invest, to place, to lock up, to sink*; to vest (*raro*). ❷ (*trasp. aut.*) (*una persona*) to run* down, to run* over; (*un altro veicolo*) to run* into. ❸ (*trasp. mar.*) to foul, to fall* foul of. △ ❶ **Ho investito i miei risparmi in titoli pubblici** I have invested my savings in Government stock; **Abbiamo investito 2 milioni di lire in obbligazioni** we have placed 2 million lire in bonds; **La maggior parte del nostro capitale è investito in azioni** most of our capital is locked up in stocks; **Hanno investito più d'un milione di sterline in questo progetto** they have sunk over a million pounds into this project; ❷ **Investii un ciclista all'incrocio** I ran down a man on a bicycle at the cross-roads; **Fui investito sulle strisce pedonali** I was run over on the zebra crossing; **Il camion investì la mia macchina subito dopo la curva** the lorry ran into my car just after the bend. // **~ q. dell'autorità (della facoltà, ecc.) di fare qc.** (*leg.*) to vest sb. with the power to do st.; **~ denaro** (*fin.*) to employ (to lay out, to put) money; to invest; **~ il proprio denaro in un'impresa commerciale** (*fin.*) to invest one's money in a business enterprise; **~ il proprio denaro in terreni** (*fin.*) to put one's money into land; **~ q. di pieni poteri** (*leg.*) to invest sb. with full powers; **~ in azioni** (*fin.*) to invest in shares; **~ (denaro) in titoli di Stato** (*fin.*) to fund; **~ i propri risparmi in azioni** (*fin.*) to put one's savings into shares; **non investito** (*econ.*) (*di denaro*) unemployed.

investitore, *n. m.* (*fin.*) investor. // **~ diretto** (*fin.*) direct investor; **investitori istituzionali** (*fin.*) institutional investors: **I grandi investitori istituzionali sono: i fondi comuni d'investimento, le società assicuratrici, certe casse di risparmio, le cooperative, i fondi di pensioni, i sindacati dei lavoratori, e così via** the big institutional investors are investment trusts, insurance companies, specialized savings banks, cooperative societies, pension funds, trade unions, and so on.

investitura, *n. f.* investiture. // **~ di proprietà terriera** (*leg.*) feoffment.

«**investment bank**», *n. f.* (*fin.*) investment bank. △ **In Italia non vi sono banche d'affari, ma effettivamente esistono banchieri d'affari e «investment banks»** in Italy, there are no merchant banks, but merchant bankers and investment banks do exist.

«**investment banking**», *n. m.* (*fin.*) investment banking. △ **L'Edilcentro è considerata la più tipica fra le società finanziarie che svolgono l'attività di ~ in Italia** Edilcentro is considered the most typical case of an Italian financing company as far as an investment banking is concerned.

inviare, *v. t.* ❶ to forward, to dispatch, to send*, to send* away, to send* in, to send* round. ❷ *(cred.)* *(denaro)* to remit. ❸ *(trasp.)* to ship *(specialm. USA).* ❹ *(trasp. mar.)* to ship. △ ❶ **Invieremo gli articoli non appena avremo ricevuto il vostro assegno** we will forward the articles upon receipt of your cheque; **Ve lo faremo sapere non appena saremo in grado di** ~ **la merce** we will let you know as soon as we can dispatch the goods; **Inviate(ci) il buono oggi stesso!** send in the coupon today!; **È stata inviata una circolare a tutti i clienti** a circular has been sent round to all clients; ❷ **V'invieremo l'intera somma appena possibile** we'll remit you the whole amount as soon as possible; ❸ **Inviamo loro migliaia di carri di grano ogni anno** we ship them thousands of carloads of wheat every year; **La merce sarà inviata su un treno diretto** the goods will be shipped by express train; ❹ **La partita di lana è stata inviata da Melbourne a Biella via Genova** the parcel of wool has been shipped from Melbourne to Biella via Genoa. // ~ **una comunicazione** *(di servizio)* **a q.** *(org. az.)* to memo sb. *(fam.);* ~ **fatture a q.** *(market.)* to invoice sb.; to bill sb. *(USA):* **La ditta invia le fatture ai clienti una volta al trimestre** the firm bills its customers quarterly; ~ **merce in esame** *(o* **in visione)** *(market.)* to send goods on approval; ~ **una nota a** *(q.) (org. az.)* to memo *(fam.):* **Invieremo loro una nota domani** we'll memo them tomorrow; ~ **una rimessa** *(comun.)* to send a remittance; ~ **tramite un'agenzia di spedizioni per espresso** *(trasp.)* to express *(USA):* **Dissero che avrebbero inviato la merce per espresso entro la fine della settimana** they said they would express the goods within the end of the week.

inviato, *n. m. (giorn.)* correspondent. // ~ **speciale** *(giorn.)* special correspondent, foreign services editor.

invio, *n. m.* ❶ forwarding, dispatch, sending. ❷ *(di merce)* consignment. ❸ *(cred.) (di denaro, ecc.)* remittance. ❹ *(trasp.)* shipment *(specialm. USA).* ❺ *(trasp. mar.)* shipment. △ ❶ **Seguirà subito l'~ dei campioni** the sending of samples will follow immediately; ❷ **Non abbiamo ancora ricevuto il vostro** ~ we have not yet received your consignment. // **l'~ di telegrammi** *(comun.)* the dispatch of telegrams.

invisibile, *a.* invisible.

invitare, *v. t.* ❶ to invite, to ask, to desire. ❷ *(sollecitare)* to solicit. // ~ **q. a colazione (a pranzo, ecc.)** to ask sb. to lunch (to dinner, etc.); ~ **q. a entrare** to ask sb. in.

invito, *n. m.* ❶ invitation. ❷ *(biglietto)* card of admission, invitation card. △ ❶ **Ci sarà un ~ al pubblico per sottoscrivere l'emissione d'azioni** there will be an invitation to the public to subscribe to the issue of shares. // ~ **ai sottoscrittori** *(fin.)* calling upon the underwriters; ~ **ai sottoscrittori a ritirare le azioni** *(fin.)* calling on the underwriters to take up shares; **per ~ di Mr Brown** at the desire of Mr Brown; **su ~** at request, by request.

invocare, *v. t.* ❶ to invoke. ❷ *(fare appello a)* to call upon, to appeal to. ❸ *(a giustificazione, a discolpa)* to plead. △ ❶ **Invocò la mia testimonianza in suo favore** he called upon me to give evidence in his favour; ❸ **Il trasgressore invocò (a discolpa) la sua ignoranza della legge** the offender pleaded ignorance of the law. // ~ **un alibi** *(leg.)* to plead an alibi.

invocazione, *n. f.* invocation. // ~ **d'aiuto** call for help.

involontario, *a.* involuntary.

involtare, *v. t. (fam.)* to wrap up, to parcel.

involto, *n. m.* ❶ *(fagotto)* bundle. ❷ *(pacchetto)* packet, parcel. ❸ *(market.)* wrapper, wrapping.

involucro, *n. m.* ❶ *(di pacco)* cover. ❷ *(market.)* wrapper, wrapping.

involuzione, *n. f.* involution. // **l'~ dal libero scambio al protezionismo** *(econ.)* the involution from free trade to protectionism.

inzuccherare, *v. t. (anche fig.)* to sweeten.

iperbole, *n. f. (mat.)* hyperbola*.

iperinflazione, *n. f. (econ.)* hyperinflation. △ **L'~ è quello stadio dell'inflazione in cui il potere d'acquisto del denaro evapora così rapidamente che la gente tiene in mano, temporaneamente, soltanto quel minimo di liquido che può servire per le operazioni commerciali** hyperinflation is that stage of inflation at which purchasing power evaporates off money so quickly that only the minimum of money needed for transaction purposes is temporarily held by people.

ipermercato, *n. m. (econ., market.) (più grande e meglio attrezzato d'un supermercato)* big supermarket.

ipoteca, *n. f.* ❶ *(leg.)* mortgage, back-bond, lien. ❷ *(leg.) (nel diritto romano)* hypothec. ❸ *(leg.) (specialm. nel diritto della navigazione)* hypothecation. △ ❶ **Dovrò mettere (o accendere) un'~ sulla casa** I shall have to raise a mortgage on my house; **L'~ non è ancora stata estinta** the mortgage has not yet been paid off. // ~ **di primo grado** *(leg.)* first mortgage; ~ **di secondo grado** *(leg.)* second mortgage; ~ **di terzo grado** *(leg.)* third mortgage; ~ **generale** *(leg.)* general mortgage, blanket mortgage; **un'~ liberata** *(leg.)* a satisfied mortgage; ~ **non accesa** *(leg.)* unregistered mortgage; ~ **su beni mobili** *(leg.)* chattel mortgage; ~ **su d'una nave** *(contratta dal capitano per far fronte a spese impreviste)* *(leg.)* bottomry bond; ~ **sui beni reali di proprietà personale, con esclusione di case e terreni** *(leg.)* chattel mortgage; ~ **sul solo carico** *(contratta dal capitano per far fronte a spese impreviste) (trasp. mar.)* respondentia; **gravato da ipoteche** *(leg.)* heavily mortgaged.

ipotecabile, *a.* mortgageable.

ipotecare, *v. t.* ❶ *(leg.)* to mortgage, to bond. ❷ *(leg.) (specialm. nel diritto romano e della navigazione)* to hypothecate. △ ❶ **Ha ipotecato tutte le sue proprietà** he has mortgaged all his properties. // **non ipotecato** *(leg.)* unmortgaged.

ipotecario, *a. (leg.)* mortgage *(attr.);* hypothecary. // **creditore ~** *(leg.)* mortgagee; **debito ~** *(leg.)* mortgage debt; **debitore ~** mortgagor; **diritto ~** *(leg.)* hypothecary right.

ipotesi, *n. f.* hypothesis*. // ~ **statistica** *(stat.)* statistical hypothesis.

irrealizzabile, *a.* unrealizable.

irrecuperabile, *a.* irrecoverable, unrecoverable.

irredimibile, *a. (fin.)* irredeemable, unredeemable.

irrefutabile, *a.* irrefutable, unanswerable.

irregolare, *a.* ❶ irregular. ❷ *(del terreno, del tempo, ecc.)* uneven. ❸ *(instabile)* unsteady. △ ❶ **Ieri i contratti a termine sono stati irregolari** *(hanno avuto un andamento disuguale)* futures were irregular yesterday.

irregolarità, *n. f. inv.* ❶ irregularity, inequality. ❷ *(del terreno, ecc.)* unevenness. ❸ *(instabilità)* unsteadiness.

irremovibile, *a.* ❶ *(inamovibile)* irremovable, immovable. ❷ *(inflessibile)* stubborn, obstinate.

irremunerato, *a. (pers.)* unpaid.

irreparabile, *a.* irreparable, irrecoverable.

irresponsabile, *a.* ❶ irresponsible. ❷ *(leg.)* unanswerable.

irresponsabilità, *n. f.* ❶ irresponsibility. ❷ (*leg.*) unanswerability.
irrevocabile, *a.* irrevocable.
irrevocabilità, *n. f.* irrevocability.
irrigare, *v. t.* to water, to irrigate.
irrigazione, *n. f.* watering, irrigation.
irrigidimento, *n. m.* stiffening. // ~ **dei prezzi** (*econ.*) price freeze.
irrigidire, *v. t.* ❶ (*anche fig.*) to stiffen, to harden. ❷ (*econ.*) (*prezzi, ecc.*) to freeze*. △ ❷ **Temiamo che i prezzi di riferimento possano ~ troppo a lungo i redditi degli agricoltori** we fear that the proposed prices will freeze farm incomes for a long time. // ~ **il mercato** (*econ.*) to stiffen the market.
irrigidirsi, *v. rifl.* ❶ (*anche fig.*) to stiffen, to harden. ❷ (*econ.*) (*di prezzi, anche*) to freeze*. △ ❶ **I prezzi si sono irrigiditi all'improvviso** prices have suddenly hardened.
iscritto, *n. m.* ❶ member. ❷ (*abbonato*) subscriber. ❸ (*sind.*) member. // **un ~ a un sindacato** (*sind.*) a union member, a trade-unionist; a labour skate (*slang USA*); **gli iscritti a un sindacato** (*sind.*) the members of a union; **un ~ alla Borsa Valori di New York** (*Borsa, USA*) a member of the New York Stock Exchange; **un ~ all'ordine degli avvocati** (*leg.*) a member of the Bar association; **l'essere ~** membership; **non ~** (*leg.*) unregistered; **non ~ a un sindacato** (*pers., sind.*) (*d'operaio, ecc.*) non-union (*attr.*).
iscrivere, *v. t.* ❶ to inscribe. ❷ (*registrare*) to register, to enter. ❸ (*trasp. mar.*) (*una nave*) to register; to document (*USA*). // ~ **a ruolo una causa** (*leg.*) to enter an action (*o* a suit) in the cause list; ~ **q. all'albo degli avvocati** to call sb. to the Bar; ~ (*beni*) **nei ruoli d'imposta** (*fin.*) to list; ~ **un nome in un elenco** to enter a name on a list.
iscriversi, *v. rifl.* ❶ to enter one's name (for st.); to enroll oneself. ❷ (*registrarsi*) to register. // ~ **a un partito** (*politico*) to join a party.
iscrizione, *n. f.* ❶ inscription. ❷ (*registrazione*) registration, entry. // ~ **all'università** matriculation; ~ **d'una causa a ruolo** (*leg.*) entry of an action (*o* of a suit) in the list of cases; ~ **di titoli nei registri** (*fin.*) inscription; ~ **ipotecaria** (*leg.*) registration of a mortgage.
isolamento, *n. m.* (*anche fig.*) isolation, segregation. // **l'~ delle spese straordinarie nel preventivo** (*rag.*) the segregation of extraordinary expenses in the budget.
isolare, *v. t.* (*anche fig.*) to isolate, to segregate. △ **Nel progetto di legge sugli aiuti all'estero, furono isolati tutti i fondi destinati ai Paesi neutrali** all funds for neutrals were segregated in the foreign-aid bill.
ispettorato, *n. m.* ❶ inspectorate. ❷ (*durata in carica*) inspectorship. ❸ (*l'ufficio*) inspector's office.
ispettore, *n. m.* inspector, surveyor. // ~ **del carico e dello stivaggio** (*trasp. mar., ingl.*) port warden; ~ **delle finanze** (*fin.*) revenue inspector; ~ (**delle**) **vendite** (*pers.*) sales supervisor; ~ **di dogana** (*che esamina i documenti della nave e ispeziona il carico*) (*dog.*) jerquer, rummager, rummaging officer; ~ **di reparto** (*di grande magazzino, ecc.*) (*market., pers.*) section manager; shopwalker, floorwalker, floor-walker; ~ **di zona** (*market.*) field manager, field supervisor; **un ~ doganale** (*dog.*) a surveyor of customs, a custom surveyor; ~ **generale** (*amm.*) inspector general; (*pers.*) chief inspector.
ispezionare, *v. t.* ❶ to inspect, to survey, to view. ❷ (*dog.*) (*i documenti e il carico d'una nave*) to jerque. ❸ (*trasp. mar.*) (*una nave, anche*) to visit. △ ❶ **Il perito ha ispezionato la nave danneggiata** the surveyor has inspected the damaged ship. // ~ **il bagaglio** (*dog.*) to inspect the luggage; ~ **i locali** to view the premises; ~ **la nave e il carico** (*trasp. mar.*) to survey the ship and cargo.
ispezione, *n. f.* ❶ inspection, survey, view. ❷ (*dog.*) examination. ❸ (*trasp. mar., anche*) visit. // ~ **doganale del bagaglio** (*dog.*) customs examination of luggage; ~ **su campione** (*org. az.*) sampling inspection.
istantaneo, *a.* instantaneous, instant.
istante[1], *n. m.* instant, moment. // **all'~** on the instant; on the spot.
istante[2], *n. m.* e *f.* (*leg.*) petitioner.
istanza, *n. f.* ❶ (*domanda*) request, application. ❷ (*esigenza, aspirazione*) need, requirement; demand, request. ❸ (*leg.*) application, petition, motion, claim, plea, instance. △ ❷ **Bisogna andare incontro alle istanze dei lavoratori** we must meet the demands of the workers; ❸ **Faremo ~ al tribunale perché sia aperta un'inchiesta** we'll make an application to the Court for an inquiry; **Rigettarono l'~ per un nuovo processo** they denied the motion for a new trial; **L'~ potrebbe essere respinta** the instance might be rejected. // ~ **dei creditori** (*leg.*) petition of creditors; ~ **di fallimento** (*leg.*) petition in bankruptcy; bankruptcy petition: **Poiché la prova dell'insolvenza non è necessaria in Inghilterra sia quando è il debitore che presenta ~ di fallimento sia quando i creditori, nella loro ~, affermano che egli ha commesso certi « atti fallimentari », in ambo i casi un debitore può far fallimento senza essere insolvente** since proof of insolvency is not required in England either when a debtor files a voluntary petition in bankruptcy or when his creditors, in their bankruptcy petition, allege that he has committed certain acts of bankruptcy, so in either case a debtor may become a bankrupt without being insolvent; ~ **di gratuito patrocinio** (*leg.*) application for legal aid; ~ **fallimentare** (*leg.*) bankruptcy petition; **un'~ per determinazione di competenza di un tribunale** (*leg.*) an application to establish the jurisdiction of a Court; ~ **per intervento** (*leg.*) petition for intervention; ~ **perentoria** (*leg.*) peremptory plea; **chi è chiamato a rispondere a un'~** (*leg.*) petitionee; **su ~ di** (*leg.*) at the instance of, on motion of: **su ~ del legale dell'attore** on motion of the plaintiff's lawyer.
istigare, *v. t.* ❶ to instigate, to incite. ❷ (*leg., anche*) to induce. // ~ **gli operai ad abbandonare il lavoro** (*pers., sind.*) to instigate the workers to stop work.
istigazione, *n. f.* ❶ instigation, incitement. ❷ (*leg., anche*) inducement. // ~ **a delinquere** (*leg.*) instigation (*o* incitement) to commit a crime; ~ **alle liti** (*leg.*) barratry.
istituire, *v. t.* to institute, to establish, to set* up. △ **Saranno istituite due nuove filiali all'estero** two new branches will be set up abroad. // ~ **una commissione d'inchiesta** to institute a board of inquiry; ~ **q. erede** (*leg.*) to appoint sb. heir; ~ **nuovi treni** (*trasp. ferr.*) to schedule new trains; ~ **un procedimento legale** (*leg.*) to prosecute an action.
istituto, *n. m.* ❶ (*leg.*) institute. ❷ (*leg.*) (*pubblico, assistenziale, ecc.*) institution, body; agency (*USA*). △ ❷ **Le « acceptance houses » sono istituti specializzati nel finanziamento del commercio estero mediante la concessione del loro nome ai trattari nelle cambiali estere** acceptance houses are institutions specializing in financing foreign trade by allowing the use of their names as drawees in bills of exchange. // ~ **bancario** banking company, banking establishment, banking firm, banking house, bank; ~ **Centrale di Statistica (ISTAT)**

Central Statistics Office; ~ **d'accettazione bancaria** (*caratteristico del mercato monetario londinese*) (*fin.*) acceptance house, accepting house; ~ **di credito** (*banca*) credit institution, bank; ~**d'emissione** (*fin.*) note-issuing bank; **istituti di previdenza sociale** (*pers.*) social-security agencies; ~ **di sconto** (*fin.*) discounting house, discount house; ~ **di studi superiori** (*annesso a un'università*) college; **istituti finanziari** (*fin.*) financial establishments; ~ **per i Finanziamenti all'Industria** (*fin.*) Finance Corporation for Industry; ~ **per i Finanziamenti all'Industria e al Commercio** (*fin.*) Industrial and Commercial Finance Corporation; l'~ **per la Riorganizzazione Industriale (IRI)** the Industrial Reorganization Corporation (*IRC*).

istituzionale, *a.* institutional.

istituzione, *n. f.* ❶ institution, establishment, setting-up. ❷ (*leg.*) institution, institute. ∥ **istituzioni di diritto** (*leg.*) institutes in law; ~ **d'erede** (*leg.*) institution of heir; l'~ **di leggi e consuetudini** (*leg.*) the institution of laws and customs.

istogramma, *n. m.* (*stat.*) histogram.

istruire, *v. t.* ❶ to instruct. ❷ (*leg.*) to instruct. ❸ (*pers.*) (*addestrare*) to coach, to train. ∥ ~ **una causa** (*leg., anche*) to prosecute an action.

istruttore, *n. m.* (*pers.*) instructor, coach, trainer.

istruttoria, *n. f.* (*leg.*) judicial inquiry; preliminary investigation (*of a case*).

istruzione, *n. f.* ❶ instruction, education. ❷ (*addestramento*) training. ❸ (*elab. elettr.*) order word, order, instruction. ❹ **istruzioni**, *pl.* instructions, directions. △ ❹ **Seguiranno istruzioni** instructions will follow; **Fu licenziato poiché non aveva seguito le nostre istruzioni** he was fired for not following our instructions; **Le istruzioni si troveranno sull'etichetta** directions will be found on the label. ∥ ~ **a due indirizzi** (*elab. elettr.*) two-address instruction; ~ **a tre indirizzi** (*elab. elettr.*) three-address instruction; ~ **a (1 + 1) indirizzi** (*elab. elettr.*) one-plus-one address instruction; ~ **d'arresto** (*elab. elettr.*) halt instruction; ~ **di selezione** (*elab. elettr.*) selection instruction; ~ **erronea** misdirection; **istruzioni per l'imbarco** (*delle merci*) (*trasp. mar.*) shipping instructions; **istruzioni per l'incasso** (*fin.*) cash instructions; **istruzioni per lo svolgimento d'un'attività** (*date nel corso d'una riunione*) (*org. az.*) briefing; **istruzioni per l'uso** (*market., pubbl.*) instructions for use; **istruzioni precise** positive instructions: **Gradiremmo avere istruzioni precise riguardo alla qualità e alla quantità** we would welcome positive instructions as to quality and quantity; ~ **professionale** (*pers.*) vocational education, vocational training, professional training, industrial training; ~ **programmata** programmed instruction; **istruzioni successive** follow-up instructions; ~ **superiore** higher education; ~ **tecnica** technical education; **come da vostre istruzioni** according to your instructions, as per your instructions; **secondo le istruzioni** as instructed; **secondo le vostre istruzioni** according to your instructions.

italiano, *a.* e *n. m.* Italian. △ **Le Ferrovie Italiane dello Stato applicano una tariffa speciale ai trasporti di frutta e ortaggi in provenienza dal Mezzogiorno** the Italian State Railways apply a special tariff to the transport of fruit and vegetables from the South of Italy.

itinerario, *n. m.* (*trasp.*) itinerary, route. ∥ ~ **di vendita** (*market.*) route: **Il mio ~ di vendita mi permette di visitare un certo numero di buoni clienti** my route enables me to call on quite a few good customers; **un ~ diretto** (*trasp.*) a straight course.

iuniore, *a.* junior.

J

«**jobber**», *n. m.* (*Borsa, ingl.*) jobber. △ Un ~ non ha alcun contatto col pubblico: è indipendente nel suo agire, dato che acquista e vende per conto proprio a jobber has no contact with the public: he acts as a principal since he buys and sells for his own account. // essere un ~ (*Borsa, ingl.*) to job.

«**job-enrichment**», *n. m.* (*org. az.*) job-enrichment.

«**junior**», *a.* junior.

K

«**Kennedy round**», *n. m.* (*comm. est.*) (*appello, lanciato nel 1963 dal presidente J.F. Kennedy, per la riduzione globale dei dazi doganali*) Kennedy round.

Keynesiano, *a.* (*econ.*) Keynesian.

«**know-how**», *n. m.* know-how.

L

laboratorio, *n. m.* ❶ (*scientifico*) laboratory; lab (*fam.*). ❷ (*org. az.*) workshop, workroom.

lacuna, *n. f.* blank, gap.

ladro, *n. m.* ❶ thief*. ❷ (*scassinatore*) burglar. ❸ (*borsaiolo*) pickpocket. ❹ (*taccheggiatore*) shop-lifter. *a. attr.* thieving, dishonest. △ *a.* L'impiegato ~ è stato licenziato the thieving clerk has been dismissed.

ladrocinio, *n. m.* (*leg.*) theft.

lagnanza, *n. f.* ❶ complaint, grievance. ❷ (*sind.*) grievance. △ ❶ Varie lagnanze sono state manifestate dalla clientela several complaints have been expressed by the customers.

lagnarsi, *v. rifl.* (*protestare*) to complain. △ Alcuni clienti si lagnano del servizio nelle camere some guests are complaining about room service.

« **laissez-faire** », *locuz. verb.* (*econ.*) laissez-faire.

lamentarsi, *v. rifl.* (*protestare*) to complain. △ La nostra clientela si lamenta per la scadente qualità della merce our customers complain of the poor quality of the goods.

lampeggiatori, *n. pl.* ❶ (*econ.*) leading indicators. ❷ (*trasp. aut.*) trafficators.

lampo, *n. m.* flash, lightning. // **un ~ di genio** a stroke of genius.

lana, *n. f.* wool. // **~ greggia** raw wool.

lanciare, *v. t.* ❶ to throw (*anche fig.*); to shoot*; (*talora*) to cast*. ❷ (*un'impresa*) to set* afloat, to get* afloat, to float. ❸ (*fin., market.*) (*p. es., titoli sul mercato*) to bring* out. ❹ (*market., pubbl.*) to launch, to boost, to boom. △ ❶ Molti articoli simili vengono lanciati in questo momento sul mercato a lot of similar articles are being thrown on the market; ❷ Hanno lanciato una nuova impresa commerciale they have floated a new business company; ❹ Stiamo cercando di ~ un nuovo prodotto we are trying to launch (*o* to boom) a new product. // **~ un'azienda** (*market.*) to get a business afloat; **~ un'idea** to throw out an idea; **~ una moda** to launch a fashion; **~ un nuovo prodotto** (*market., pubbl.*) to launch a new product, to advertise a new product; **~ un prestito** (*cred.*) to float a loan; **~ una società** (*fin., anche*) to bring out a company; **lanciarsi in una nuova impresa** to launch out on a new enterprise.

lancio, *n. m.* ❶ throwing, casting; throw, cast. ❷ (*fig.*) (*d'un'impresa o società commerciale*) floatation. ❸ (*fin., market.*) (*p. es., di titoli sul mercato*) bringing out. ❹ (*market., pubbl.*) launching. // **~ della produzione** (*org. az.*) dispatching; **~ pubblicitario** (*market.*) boost, build-up.

larghezza, *n. f.* ❶ breadth, width. ❷ (*abbondanza*) largeness. // **~ di mente** broad-mindedness; **~ di mezzi** largeness of means.

largo, *a.* ❶ broad, wide. ❷ (*ampio*) ample, large. *n. m.* (*trasp. mar.*) offing. // **larga diffusione** (*d'una notizia, ecc.*) currency; **al ~** (*trasp. mar.*) in the offing, off shore: La nave è ancora al ~ the ship is still in the offing; **al ~ di** (*trasp. mar.*) out of, off: Al momento della collisione le navi erano al ~ di Hull the ships were out of Hull when the collision took place; **al ~ di Napoli** (*trasp. mar.*) off Naples; **un uomo di larghe idee** a broadminded man.

lasciapassare, *n. m. inv.* ❶ pass, permit. ❷ (*dog.*) cart note. ❸ (*dog., trasp. mar.*) clearance papers (*pl.*); clearance inwards. ❹ (*dog., trasp. mar.*) transire (*in G.B., per il piccolo cabotaggio*).

lasciare, *v. t.* ❶ to leave*, to depart (from); to quit; to relinquish (*raro*). ❷ (*per sempre*) to abandon, to desert. ❸ (*permettere*) to let*, to allow. ❹ (*leg.*) (*in eredità*) to leave*. △ ❶ Mi lasciarono al terminal dell'aeroporto they left me at the air terminal; Le navi lasciano il porto al ritmo d'una all'ora ships depart the port at the rate of one an hour; Quando la sirena suona, gli operai lasciano il lavoro when the siren sounds, the workers quit work; ❷ I marinai dovettero ~ la nave che affondava the sailors had to abandon the sinking ship; Lasciò moglie e figli e andò in Venezuela he deserted his wife and children and went to Venezuela; ❸ Lasciami vedere il documento, ti prego please let me see the document; Non vogliamo ~ andare in protesto la cambiale we do not want to allow the bill to be protested; ❹ Ha lasciato tutti i suoi beni all'ospedale he has left all his property to the hospital. // **~ a desiderare** to leave to be desired: La Sua traduzione lascia molto a desiderare your translation leaves much to be desired; **~ andare** to let go; **~ andare in protesto una cambiale** (*cred., leg.*) to dishonour a bill; **~ andare in rovina** (*un bene, un immobile, ecc.*) (*leg.*) to waste; **~ il banco dei testimoni** (*leg.*) to stand down; **~ cadere** (*un'incriminazione*) per mancanza di prove o per falsità (*leg.*) to ignore; **~ la carriera** (*pers.*) to break off one's career; **~ correre** (*fig.*) to let things go their own way; **~ detto a q.** to leave word with sb.: La prego di lasciarlo detto alla Sua segretaria please leave word with your secretary; **~ entrare q.** to let sb. in; **~ estinguere** (*un procedimento giudiziario*) (*leg.*) to discontinue; (*presentando un « nolle prosequi », q.V.*) to nol-pros; **~ il proprio impiego** (*pers.*) to leave one's job; **~ in eredità** (*leg.*) to bequeath, to leave; (*beni immobili*) to devise; (*con vincolo d'inalienabilità*) to entail; **~ in sospeso** Lasceremo in sospeso il lavoro per una quindicina di giorni we will leave the job over a fortnight; **~ insoluta una cambiale** to dishonour a bill; **~ libera la rotta a una nave** (*trasp. mar.*) to give way to a ship; **~ libera una stanza** (*in albergo*) (*tur.*) to check out; **~ libero** to set free; (*un posto e sim.*) to vacate; **~ un posto** (*pers.*) to resign a position; **~ la presidenza** (*amm.*) to leave the chair, to pass the chair, to resign the chairmanship: Mr Robinson ha lasciato la presidenza Mr Robinson has passed the chair; **~ la propria regione per motivi di lavoro** (*econ., stat.*) to out-migrate; **~ q. senza lavoro** (*pers.*) to throw sb. out of employment; **~ transitare** (*trasp.*) to transit; **~ uscire q.** to let sb. out; **~ vuoto** to vacate; **lasciarsi scappare un affare** to miss a bargain; **lasciarsi sfuggire qc.** (*trascurare, non*

lascito

vedere) to overlook st.; **lasciarsi trasportare dagli eventi** to drift; **non lasciarsi scappare un affare** to nail a bargain (*fam.*).

lascito, *n. m.* ❶ (*leg.*) legacy, bequest. ❷ (*leg.*) (*in proprietà fiduciaria*) trust. △ ❷ **Si dice abbia creato lasciti a beneficio dei suoi tre figli** he is said to have created trusts for his three sons. ∥ ~ **soggetto a vincoli d'inalienabilità** (*leg.*) entailment; ~ **testamentario** (*leg.*) bequest, legacy.

« **lasta** », *n. f.* ❶ (*misura di capacità per granaglie pari a 80 « bushels »*) last. ❷ (*misura di peso pari a circa 4.000 libbre*) last.

lastra, *n. f.* (*giorn., pubbl.*) plate. ∥ ~ **stereotipa** (*giorn., pubbl.*) stereotype.

latente, *a.* latent.

laterale, *a.* lateral; side (*attr.*). *n. f.* (*trasp. aut.*) side road.

latitante, *a.* (*leg.*) absconding, at large. *n. m.* e *f.* (*leg.*) absconder.

latitanza, *n. f.* (*leg.*) absence to avoid arrest.

lato, *n. m.* side. ∥ ~ **dell'indirizzo** (*in una busta*) address side; ~ **di bobina** (*elab. elettr.*) coil side; ~ **sinistro** left side, left; ~ **sopravvento** (*trasp. mar.*) windward side, weather side, weather board; ~ **sottovento** (*trasp. mar.*) lee side, lee, leeward; **il** ~ **sottovento d'una nave** (*trasp. mar.*) the lee side of a ship; **a** ~ **di** by the side of, beside, alongside.

latore, *n. m.* conveyer, conveyor; bearer. ∥ **il** ~ **di una lettera** the bearer of a letter.

latte, *n. m.* milk. ∥ ~ **intero** (*market.*) whole milk.

latticini, *n. pl.* (*market.*) dairy products.

laurea, *n. f.* degree.

laureare, *v. t.* ~ to confer a degree on (sb.); to graduate (*soprattutto USA*).

laurearsi, *v. rifl.* to get* (*o* to take*) one's degree; to graduate (*specialm. USA*).

laureato, *n. m.* (*pers.*) college graduate, graduate.

lavaggio, *n. m.* ❶ washing. ❷ (*trasp. aut.*) (*d'automobili, ecc.*) wash. ∥ ~ **del cervello** (*per mezzo della propaganda, ecc.*) (*market., pubbl.*) brainwashing.

lavare, *v. t.* to wash. ∥ « **lava e indossa** » (*che non necessita di stiratura*) (*market.*) (*di tessuto*) wash and wear.

lavarsi, *v. rifl.* to wash. ∥ ~ **le mani di qc.** to wash one's hands of st.: **Do le dimissioni e, di tutta la faccenda, me ne lavo le mani** I'm going to resign and wash my hands of the whole matter.

lavata, *n. f.* wash.

lavatrice, *n. f.* washing machine, washer.

lavatura, *n. f.* ❶ washing. ❷ (*lavata*) wash.

lavorante, *n. m.* e *f.* (*pers.*) labourer, worker, operative. *n. m.* (*pers.*) man*. *n. f.* (*pers.*) woman*.

lavorare, *v. t.* e *i.* ❶ to work, to labour. ❷ (*market.*) (*d'un'azienda*) to do* business. ❸ (*org. az.*) (*materie prime, ecc.*) to process, to manufacture. △ ❶ **Stiamo lavorando a un nuovo progetto** we're working at a new project; ❷ **La nostra ditta lavora molto** our firm is doing good business. ∥ ~ **a contratto** (*pers.*) to work on contract; ~ **a cottimo** (*pers.*) to job; ~ **a mezzo tempo** to work half-time, to work part-time: **A causa della crisi energetica, adesso lavoriamo a mezzo tempo** owing to the fuel crisis, we are working half-time now; **Nell'editoria troppe persone lavorano solo a mezzo tempo** in the publishing industry too many people work part-time only; ~ **a orario ridotto** to work half-time; ~ **a tempo pieno** to work full-time; ~ **a turno** (*pers.*) to work in shifts; to spell; ~ **al carico** (*o* **allo scarico**) **di** (*una nave*) (*trasp. mar.*) to stevedore; ~ **il ferro** (*forgiarlo*)

to work iron; ~ **in una zona** (*pers.*) (*di commesso viaggiatore*) to work a district, to work an area; ~ **su** (*una piazza*) (*pers.*) to travel; **che lavora** working; **chi lavora in ufficio** (*pers.*) white-collar worker; **lavorato a mano** (*market.*) handmade; **non lavorato** (*market.*) (*di prodotto*) unmanufactured.

lavorarsi, *v. rifl.* (*bene, male, ecc.*) (*di sostanza, ecc.*) to work. △ **Questo materiale si lavora bene** this material works easily.

lavorativo, *a.* ❶ working; work (*attr.*). ❷ (*di terreno*) arable. △ ❶ **Abbiamo una giornata lavorativa di otto ore** we have an eight-hour working day. ∥ **non** ~ non clear.

lavoratore, *n. m.* ❶ labourer; laborer (*USA*); worker, workman*. ❷ **lavoratori**, *pl.* (*econ., pers.*) labour (*collett.*). ❸ **lavoratori**, *pl.* (*pers., anche*) work-people. △ ❶ **Ci saranno aumenti salariali per tutti i lavoratori di questo settore** there will be wage increases for all the workers in this sector; **È un** ~ **assai veloce** he is a very quick workman. ∥ ~ **a cottimo** (*pers.*) jobber; ~ **a giornata** (*pers.*) day labourer, day man; ~ **avventizio** (*pers.*) casual worker; **i lavoratori collocati in cassa integrazione** (*econ., sind.*) the workers temporarily suspended; ~ **compartecipe degli utili aziendali** copartner; **i lavoratori comunitari** the Community workers; **lavoratori dell'edilizia** building workers; **i lavoratori dell'industria** (*pers.*) industrial workers; **lavoratori « d'assalto »** (*sind.*) shockworkers; **lavoratori indipendenti** (*econ.*) self-employed workers; **lavoratori manuali** (*pers.*) manual workers; **lavoratori migranti** (*econ.*) migrant workers, migratory workers; **un** ~ **pigro** (*pers.*) a sluggish worker; **i lavoratori portuali** (*trasp. mar.*) the port workers, the dock workers; **un** ~ **saltuario** (*pers.*) an irregular worker; **un on-and-offer** (*slang USA*).

lavorazione, *n. f.* ❶ working. ❷ (*esecuzione, fattura*) workmanship. ❸ (*org. az.*) (*della lana, dei metalli, ecc.*) manufacture, processing. △ ❷ **Questo è un vaso di squisita** ~ this is a vase of exquisite workmanship. ∥ ~ **a catena** (*org. az.*) continuous process, line production; ~ **a cottimo** (*org. az.*) jobbing; ~ **a macchina** (*org. az.*) machining; ~ **a mano** handwork; ~ **dei metalli** (*econ.*) metalworking; ~ **su commessa** (*org. az.*) jobbing; **in** ~ in work.

lavoro, *n. m.* ❶ work, labour; labor (*USA*). ❷ (*singolo lavoro*) piece of work; (*compito*) task. ❸ (*occupazione*) business, trade. ❹ (*econ.*) labour. ❺ (*pers.*) job, occupation. △ ❶ **Oggigiorno, le macchine fanno molto più** ~ **che non l'uomo** nowadays machines do much more work than man; **Nel mettersi insieme per formare una società, i soci convengono di fornire denaro, abilità e** ~ in joining to set up a partnership, partners agree to contribute money, skill and labour; ❷ **È un bel** ~ it is a fine piece of work; **È un** ~ **molto difficile** it is a very difficult task; ❸ **Qual è il suo** ~? what is his business?; **Come** ~, **fa il sarto** he is a tailor by trade; ❹ **Il** ~ **è uno dei fattori della produzione** labour is one of the factors of production; ❺ **Finalmente ho trovato un buon** ~ I've found a good job at last. ∥ ~ **a contratto** contract work; ~ **a cottimo** (*org. az.*) piece-work, job work, task-work; ~ **a domicilio** (*org. az.*) homework, outwork, home manufacturing; (*nelle campagne*) cottage industry; ~ **a giornata** (*org. az.*) work by the day, day labour, chore; ~ (*eseguito*) **a mano** (*market.*) handwork; (*pers.*) handwork, hand labour; ~ **a orario ridotto** (*org. az.*) part-time work; (*pers.*) (*l'occupazione*) part-time job; ~ (*retribuito*) **a ore** (*org. az.*) time-work; ~ **a tutta giornata** (*pers.*) whole-time job; ~ **autonomo** (*econ.*) self-employment; ~ **d'agente di cambio** (*Borsa* stock-broking, stockbroking; ~ **d'appalto** (*amm.*) contract work; ~ **di commesso** (*di negozio*) shop-assistant's job; clerkdom (*USA*); ~ **d'equipe** (*org. az.*) team-work, teamwork; ~ **di fattore** (*econ.*) land agency; ~ **d'una giornata** (*pers.*) daywork; ~ **di gruppo** (*org. az.*) teamwork, teamwork, group work; ~ **d'impiegato** clerkdom; ~ **di manutenzione** (*org. az.*) maintenance; ~ **di mediatore** broking; **lavori di restauro** restoration; ~ **di tavolino** (*pers.*) desk work; ~ **d'ufficio** (*org. az.*) office work, clerical work, desk work; **un ~ difficile** (*pers.*) an exacting job; **un ~ duro** (*pers.*) a hard job; **il ~ e il capitale** (*econ.*) Labour and Capital; ~ **editoriale** (*giorn.*) editorial work; ~ **effettuato da un solo uomo** (*pers.*) one-man job; **un ~ facile** (*pers.*) a soft job; ~ **fatto quando capita** chore; **un ~ fisso** (*pers.*) a regular job, a steady job; ~ **full-time** (*pers.*) full-time job, whole-time job; ~ **giornaliero** (*pers.*) day's work; **un ~ gravoso** (*pers.*) a heavy work; a hard job; ~ **in corso** (*org. az.*) work in hand, work in process, work in progress; « **lavori in corso** » (*segnale stradale*) (*trasp. aut.*) « works ahead », « men at work »; ~ **in economia** (*org. az.*) work by the day, time-work; ~ **in proprio** (*econ.*) self-employment; ~ **indipendente** (*econ.*) self-employment; ~ **manuale** (*econ.*) manual labour; (*pers.*) hand labour, handwork; ~ **notturno** (*pers.*) night work; **lavori occasionali** (*pers.*) odd jobs; ~ **pesante** (*pers.*) heavy work; ~ **produttivo** (*econ.*) productive labour; **lavori pubblici** (*amm., leg.*) public works; **lavori pubblici intrapresi per lenire la disoccupazione** (*econ., sind.*) relief works; **un ~ retribuito** (*pers.*) a gainful job; **lavori rimunerativi** (*pers.*) remunerative jobs; **lavori saltuari** (*pers.*) odd jobs; ~ **specializzato** (*pers.*) skilled work: **Il ~ specializzato è una delle caratteristiche d'una società realmente meccanizzata** skilled work is one of the characteristics of a truly mechanized society; **un ~ stabile** (*pers.*) a regular job; ~ **stagionale** (*pers.*) season work; **lavori stagionali** (*pers.*) seasonal occupations; ~ **straordinario** (*pers.*) extra work; overtime work, overtime; ~ **subordinato** (*econ.*) employment; ~ **svolto da un operaio in un minuto** (*cronot.*) man-minute, manit; ~ **temporaneo** (*pers.*) casual labour; ~ **utile** (*econ.*) output; **essere al ~** to be at work; **che fa risparmiare ~** (*org. az.*) labour-saving; **chi si dedica a lavori saltuari** (*pers.*) odd-jobber, odd-jobman; odd-man (*ingl.*); **condizioni di ~** (*pers.*) working conditions; **eccesso di ~** overwork; **senza ~** workless (*a.*).

leader, *n. m.* leader. // ~ **d'opinione** (*pubbl.*) opinion former.

leadership, *n. f.* leadership. // ~ **salariale** (*econ., sind.*) (*influsso esercitato sul livello generale delle retribuzioni da un accordo salariale raggiunto in un grande complesso industriale*) wage leadership.

leale, *a.* ❶ (*fedele*) loyal, faithful. ❷ (*che sta alle regole*) fair. ❸ (*onesto*) honest.

lealmente, *avv.* ❶ loyally, faithfully. ❷ (*onestamente*) honestly.

lealtà, *n. f.* ❶ (*fedeltà*) loyalty, faithfulness. ❷ (*equità*) fairness. ❸ (*onestà*) honesty.

« **leasing** », *n. m.* (*fin.*) (*tecnica di finanziamento con la quale si affitta un bene, una fabbrica, una petroliera, un elaboratore elettronico, ecc., con l'opzione d'acquistarlo dopo qualche anno*) leasing. △ **Il ~ sta affermandosi in Italia** leasing is getting a foothold in Italy. // **finanziario** financial leasing.

lecito, *a.* (*leg.*) lawful, legitimate.

ledere, *v. t.* ❶ to hurt*; to prejudice. ❷ (*leg.*) to injure. ❸ (*leg.*) (*il diritto di proprietà altrui*) to encroach.

// ~ **la reputazione di q.** (*leg.*) to injure sb.'s reputation.

lega, *n. f.* ❶ (*politica*) league. ❷ combination, combine, union. ❸ (*di metalli*) alloy. // ~ **operaia** (*sind.*) combination of workers.

legale, *a.* ❶ (*leg.*) legal. ❷ (*leg.*) (*legittimo*) lawful. ❸ (*leg.*) (*giuridico*) juridical, juristic. ❹ (*leg.*) (*statutario*) statutory. *n. m.* (*leg.*) lawyer. // **che prepara i documenti per un trasferimento di proprietà** (*leg.*) conveyancer.

legalità, *n. f.* ❶ (*leg.*) legality. ❷ (*leg.*) (*legittimità*) lawfulness.

legalizzare, *v. t.* ❶ (*leg.*) to legalize, to authenticate, to certify, to countersign. ❷ (*leg.*) (*di notaio*) to notarize. △ ❶ **Dovreste far ~ i vostri documenti al consolato** you should have your papers legalized at the consulate. // ~ **un atto** (*leg.*) to certify a deed; ~ **la copia d'un atto** (*leg.*) to certify a copy of a deed; ~ **una firma** to authenticate a signature.

legalizzazione, *n. f.* (*leg.*) legalization, authentication, certification, countersign. // **la ~ d'un documento** (*leg.*) the legalization of a document; ~ **notarile** (*leg.*) notarization.

legame, *n. m.* ❶ (*anche fig.*) bond, tie. ❷ (*sentimentale*) attachment. ❸ (*connessione*) connection, connexion, link. △ ❶ **Non esistono legami fra le due società** there are no ties between the two companies.

legare, *v. t.* ❶ (*anche fig.*) to bind*, to tie. ❷ (*leg.*) to bequeath. △ ❶ **È legato a quel lavoro dal contratto che ha firmato** he's tied to that job by the contract he's signed. // ~ **un pacco** (*market.*) to tie up a parcel; ~ **per testamento** (*leg.*) to leave by will, to bequeath; (*beni immobili*) to devise.

legatario, *n. m.* ❶ (*leg.*) legatee. ❷ (*leg.*) (*di beni immobili*) devisee. // ~ **di beni immobili** (*leg.*) devisee; ~ **universale** (*leg.*) sole legatee.

legato, *a.* bound, tied. *n. m.* ❶ (*leg.*) bequest. ❷ (*leg.*) (*di beni immobili*) devise. // ~ **da un contratto** covenanted; ~ **da una convenzione** covenanted; ~ **di beni immobili** (*leg.*) devise; ~ **di beni mobili** (*leg.*) legacy; ~ **generale** (*leg.*) general legacy; ~ **particolare** (*leg.*) specific legacy; ~ **universale** (*leg.*) universal legacy.

legge, *n. f.* ❶ (*leg.*) law. ❷ (*leg.*) (*regolamento*) rule. ❸ (*leg.*) (*del Parlamento*) act, statute. △ ❶ **La ~ parla chiaro** the law is explicit on this point; ❸ **La ~ inglese del 1948 sulle società commerciali prevede la « registrazione » delle società per azioni** the Companies Act of 1948 provides for the registration of limited companies. // **leggi a tutela di chi, mancando di esperienza, vuole investire in titoli** (*fin., leg.*) blue-sky laws (*slang USA*); **leggi antimonopolistiche** (*econ., leg.*) anti-trust laws; ~ **che punisce la sofisticazione dei prodotti alimentari** (*leg.*) pure-food law; ~ (**del 1934**) **che regola il funzionamento delle Borse** (*fin., USA*) Securities and Exchange Act; ~ **contro i monopoli** (*econ., leg.*) anti-trust act: **La ~ Sherman contro i monopoli proibì tutte le concentrazioni che potevano limitare i traffici fra gli Stati (dell'Unione)** the Sherman Anti-trust Act forbade all combinations in restraint of interstate trade; ~ **coordinata** (*del Parlamento britannico*) (*leg.*) consolidation act; ~ **dei grandi numeri** (*stat.*) law of large numbers; ~ **del Paese di bandiera** (*leg., trasp. mar.*) law of the flag; **la ~ della domanda decrescente** (*econ.*) the law of downsloping demand; **la ~ della domanda e dell'offerta** (*econ.*) the law of supply and demand; ~ **della produttività decrescente** (*econ.*) law of diminishing returns; ~ **di Parkinson** (*dal nome dello storico inglese C. N. Parkinson*) (*org. az.*) Parkinson's law; ~ **di Say** (*dal*

leggere

nome dell'economista francese Jean Baptiste Say) (*econ.*) Say's law; **leggi economiche** (*econ.*) economic laws; **leggi eque** (*leg.*) equal laws; **leggi fatte dall'uomo** (*leg.*) man-made laws; ~ **finanziaria** (*leg.*) money bill; ~ **fiscale** (*leg.*) revenue act; ~ **moratoria** (*leg.*) stay law; **la ~ non scritta** (*leg.*) the unwritten laws; common law (*in G.B.*); **una ~ normativa** (*leg.*) a normative law; ~ **parlamentare** (*leg.*) parliamentary law; statute law, act of Parliament; ~ **parlamentare sulla tassa di bollo** (*leg.*) stamp act; **leggi parlamentari nel testo integrale** (*leg.*) statutes at large; « ~-**ponte** » (*econ.*) « bridge law »; **leggi positive** (*leg.*) positive laws; ~ **quadro** (*leg.*) outline law; ~ **scritta** (*leg.*) written law; ~ **severa** (*leg.*) blue law; **leggi severe** (*leg.*) stringent laws; ~ **speciale** (*leg.*) special act; **leggi sui debitori insolventi** (*leg.*) insolvent laws; ~ **sul fallimento** (*leg.*) bankruptcy law; ~ **sulla prescrizione** (*leg.*) statute of limitations; ~ **sulla produzione degli alcoolici** (*leg.*) excise law; ~ **sulle società** (*leg.*) company law; ~ **sulle società per azioni** (*leg.*) companies act; **leggi terriere** (*leg.*) land laws; ~ **valutaria** (*fin.*) currency act; **per** ~ (*leg.*) by law; by Act of Parliament.

leggere, *v. t.* to read*. △ **Leggeremo attentamente tutte le clausole contrattuali prima di decidere** we shall read all the clauses of the contract carefully before making up our minds; **Il verbale è stato letto e approvato da tutti i soci** the minutes have been read and approved by all the partners. // ~ **attentamente** to peruse: **Dovremo** ~ **attentamente le clausole contrattuali** we shall have to peruse the terms of contract; ~ **da capo a fondo** to read through; **nell'attesa di leggervi** (*comm.*) awaiting to hear from you.

leggero, *a.* ❶ light. ❷ (*lieve*) slight; soft (*fam.*).

leggersi, *v. rifl.* to read*. // ~ **bene** to read well: **Questo libro si legge bene** this book reads well.

leggina, *n. f.* (*leg.*) by-law, bye-law.

legiferare, *v. i.* (*leg.*) to legislate, to make* laws.

legislativo, *a.* (*leg.*) legislative.

legislatore, *n. m.* (*leg.*) legislator, lawmaker, lawgiver.

legislazione, *n. f.* (*leg.*) legislation. // ~ **antimonopolistica** (*econ.*, *leg.*) anti-trust legislation, anti-trust laws; ~ **doganale** (*leg.*) customs legislation; ~ **in materia di lavoro** (*leg.*) labour legislation; ~ **in materia di marchi (di fabbrica)** (*leg.*) trade-mark laws; ~ **internazionale** (*leg.*) international legislation; **legislazioni nazionali** (*leg.*) national laws; ~ **sanitaria** (*leg.*) sanitary legislation; ~ **sociale** (*leg.*) social legislation; ~ **sui prodotti alimentari** (*leg.*) food legislation; ~ **sulle società** (*leg.*) company law.

legittima, *n. f.* (*leg.*) legitim (*in Italia, in Scozia*); « jus relictae » (*in Scozia*); reasonable part (*un tempo, in G.B.*).

legittimare, *v. t.* (*leg.*) to legitimate, to legitimize, to legalize.

legittimario, *n. m.* (*leg.*) forced heir.

legittimazione, *n. f.* (*leg.*) legitimation, legitimization, legalization.

legittimità, *n. f.* (*leg.*) legitimacy, legality.

legittimo, *a.* ❶ (*leg.*) legitimate, lawful, legal, rightful. ❷ (*leg.*) (*d'un interesse, anche*) vested. // **difesa legittima** (*leg.*) self-defence.

lentezza, *n. f.* slowness; (*anche fig.*) slackness. // ~ **nell'attività commerciale** (*econ.*) slackness in business.

lento, *a.* ❶ slow, tardy; (*anche fig.*) sluggish, slack. ❷ (*non stretto*) loose. △ ❶ **Da diversi anni lo sviluppo economico è piuttosto** ~ for several years economic development has been rather sluggish. // ~ **ma continuo**

secular: **In una società in via d'espansione è necessario un aumento** ~ **ma continuo del denaro** a secular increase in the quantity of money is required in a growing economy.

lesinare, *v. t.* to grudge. *v. i.* to be close-fisted, to spare. // ~ **il centesimo** (*o la lira*) to count the pennies.

lesione, *n. f.* ❶ lesion; wound. ❷ (*leg.*) injury. ❸ (*leg.*) (*del diritto di proprietà altrui*) encroachment. // ~ **personale** (*leg.*) personal injury.

leso, *a.* (*leg.*) injured, offended.

lessico, *n. m.* ❶ vocabulary. ❷ (*elab. elettr.*) lexicon*. // ~ **marinaresco** nautical terms.

lettera, *n. f.* ❶ (*comun.*) letter. ❷ (*pubbl.*) letter. ❸ **lettere**, *pl.* (*corrispondenza*) mail (*collett.*). △ ❶ **Abbiamo ricevuto la vostra gradita** ~ **in data di ieri** your kind letter in yesterday's date has reached us; **Favorite informarci per** ~ **dei vostri progetti** please inform us by letter of your plans. // **una** ~ **aperta** (*giorn.*) an open letter; ~ **che autorizza a vendere la merce al meglio** (*in caso di mancato pagamento o mancata accettazione della tratta documentaria alla quale è allegata la lettera stessa*) (*banca, cred.*) letter of hypothecation; ~ **circolare** (*comun.*) circular letter, circular, form letter, form; ~ **circolare di credito** (*simile al travellers' cheque*) (*banca*) circular note; ~ **contabile** accountable document; **la ~ della legge** (*leg.*) the letter of the law; ~ **della legge che prescinde dalla** « **equity** » (*q.V.*) (*leg.*) « strictum jus », strict law; ~ **d'accompagnamento** (*trasp.*) covering letter; ~ **d'affari** business letter; ~ **d'avviso** letter of advice; (*trasp. ferr.*) advice note; ~ **di cambio** (*comm.*) note of hand; ~ **di credito** (*banca, cred.*) letter of credit: **Le parti che intervengono in una** ~ **di credito sono: la persona che apre il credito, l'emittente e il beneficiario** the parties to a letter of credit are: the opener, the issuer, and the beneficiary; ~ **di credito circolare** (*banca, cred.*) circular letter of credit, traveller's letter of credit; ~ **di credito confermata** (*banca, cred.*) confirmed letter of credit: **Il pagamento sarà effettuato mediante** ~ **di credito confermata** payment will be effected by confirmed letter of credit; ~ **di credito irrevocabile** (*banca, cred.*) irrevocable letter of credit; ~ **di credito non confermata** (*banca, cred.*) unconfirmed letter of credit; ~ **di credito rotativo** (*banca, cred.*) letter of revolving credit, revolving letter of credit; ~ **di delega** (*leg.*) letter of delegation; ~ **di domanda d'assunzione** (*pers.*) letter of application; ~ **di domanda di pagamento di decimi** (*fin.*) call letter; ~ **d'esenzione dal dazio** (*dog.*) bill of sufferance; ~ **d'esenzione doganale** (*dog.*) bill of sufferance; ~ **di garanzia di commissione** commission note; ~ **di garanzia d'indennizzo** (*per eventuali danni alla merce*) (*comm. est.*) letter of indemnity; ~ **d'identificazione** (*banca, cred.*) letter of indication; ~ **d'intenti** (*per un prestito del FMI*) (*fin.*) letter of intention; ~ **d'istruzione dello speditore** (*trasp. aer.*) shipper's letter of instructions; ~ **di notifica dell'emissione d'una tratta** (*cred., USA*) letter of advice; ~ **di presentazione** (*pers.*) letter of introduction, letter of recommendation; testimonial: **Dopo la lettura delle lettere di presentazione, scelsi quello che sembrava l'elemento migliore per questa mansione** after reading the testimonials, I chose what seemed to be the best man for this position; ~ **di procura** (*leg.*) letter of attorney; ~ **di raccomandazione** (*pers.*) letter of recommendation, letter of introduction; reference, testimonial; ~ **di rammarico** (*fin.*) (*lettera inviata ai sottoscrittori di nuove azioni per informarli della mancata accettazione della loro richiesta*) letter of regret; ~ **di re-**

clamo complaint letter; ~ **di rinuncia** (*d'un azionista*) **ad avvalersi del diritto d'opzione** (*fin.*) letter of renunciation; ~ **di sollecitazione** (*comun.*) dunning letter, follow-up, reminder; ~ **di sollecito di pagamento** debit collection letter; ~ **di vendita** (*comun., market.*) sales letter; ~ **di vettura** (*trasp. ferr.*) consignment note, waybill; ~ **discendente** (*pubbl.*) descending letter, descender; ~ **espresso** (*comun.*) express letter; ~ **giacente** (*non ritirata o non consegnata, per irreperibilità del destinatario*) (*comun.*) dead letter; **una ~ inevasa** (*comun.*) an unanswered letter; ~ **iniziale** (*d'un capitolo, ecc.*) initial; **lettere iniziali** (*d'un nome e d'un cognome*) initials; **una ~ maiuscola** (*giorn., pubbl.*) a capital letter, an upper-case letter; ~ **microfilmata, spedita per aereo** (*comun.*) airgraph; **lettere minuscole** (*giorn., pubbl.*) small letters, lower-case letters; **una ~ non datata** (*comun.*) an undated letter; **lettere non raccomandate** (*comun.*) unregistered letters; ~ **per posta aerea** (*comun.*) airmail letter; ~ **raccomandata** (*comun.*) registered letter; ~ **senza data** dateless letter: **Le lettere senza data fanno imbestialire il capo** dateless letters drive the boss crazy; **alla ~** literally, word for word; literal (*a.*): **Non devi tradurre alla ~** you should not translate word by word; **in lettere in words: L'ammontare (della somma) da pagare dev'essere indicato tanto in lettere quanto in cifre** the amount to be paid must be expressed in words as well as in figures.

letterale, *a.* literal. △ **Una buona traduzione non può essere ~** a good translation cannot be a literal one.

letterario, *a.* literary.

letteratura, *n. f.* literature. ∥ **la ~ attinente** (*a un problema da risolvere, ecc.*) the relevant literature; ~ **turistica** (*tur.*) travel literature.

letto, *n. m.* ❶ bed. ❷ (*trasp. ferr.*) sleeping-berth. ❸ (*trasp. ferr.: vagone letto*) sleeper. △ ❸ **Ricordati di prenotare il ~** remember to book the sleeper. ∥ ~ **del mare** (*trasp. mar.*) sea floor.

lettore, *n. m.* ❶ reader. ❷ (*elab. elettr.*) reader. ❸ (*giorn.*) reader. △ ❸ **Al direttore è giunta una quantità di lettere dai lettori** the editor has received a lot of letters from the readers. ∥ ~ **automatico** (*elab. elettr.*) electronic-reading automaton; ~ **di caratteri scritti** (*elab. elettr.*) handwriting reader; ~ **-perforatore** (*elab. elettr.*) reader-punch.

lettura, *n. f.* reading. ∥ ~ **del cronometro** (*cronot.*) watch reading; ~ **immediata** (*elab. elettr.*) instantaneous reading; ~ **numerica** (*elab. elettr.*) digital read-out; ~ **per esplorazione** (*elab. elettr.*) sensing.

leva, *n. f.* (*anche fig.*) lever. ∥ **le leve del potere economico** the levers of economic power; ~ **d'interlinea** (**o di spaziatura**) (*d'attr. uff.*) carriage lever; ~ **finanziaria** (*Borsa, fin.*) (*forte effetto speculativo delle fluttuazioni finanziarie sui titoli ordinari d'una società*) leverage.

levare, *v. t.* ❶ (*togliere*) to take* away (*o* off); to remove. ❷ (*sollevare*) to lift (up), to raise. △ ❶ **Mi hanno levato il 5%** (*dal prezzo, ecc.*) they have taken off 5%. ∥ ~ **l'àncora** (*trasp. mar.*) to weigh anchor, to weigh, to unanchor, to cast off; ~ **una seduta** to close a sitting; to adjourn a meeting.

levata, *n. f.* ❶ (*l'alzarsi*) rising. ❷ (*delle lettere dalle cassette*) collection. ❸ (*market.*) (*acquisto di generi di monopolio*) purchase. △ ❷ **L'ultima ~ (della posta) è alle 12** the last collection is at 12 o'clock. ∥ **la ~ d'un sequestro** (*leg.*) the discharge of an attachment.

levetta, *n. f.* small lever. ∥ ~ **di scatto** (*d'un meccanismo*) trigger.

libbra, *n. f.* (*unità di peso pari a 453 grammi circa*) pound. ∥ « **troy** » (*unità di peso pari a grammi 373,24*) troy pound; **a libbre** (*market.*) by the pound.

liberale, *a.* liberal.

liberalizzare, *v. t.* ❶ (*comm. est., econ., fin.*) to liberalize, to free. ❷ (*econ., fin.*) to derestrict. ❸ (*econ., market.*) (*prezzi*) to unfreeze*. △ ❶ **Dovrebbero ~ tutti i prestiti e i crediti finanziari a medio e lungo termine non eccedenti una determinata cifra** they ought to liberalize all medium-and long-term loans and financial credits up to a certain figure; ❷ **È stato liberalizzato il commercio dei titoli in dollari canadesi** trading in Canadian dollar securities has been derestricted; ❸ **I prezzi in questo settore non sono ancora stati liberalizzati** prices in this sector haven't been unfrozen yet. ∥ ~ **il commercio estero** (*comm. est.*) to liberalize foreign trade; ~ **i movimenti di capitale nell'ambito della Comunità** (*econ.*) to free movements of capital within the Community.

liberalizzato, *a.* ❶ (*comm. est., econ.*) liberalized. ❷ (*comm. est., econ.*) (*senza tariffe*) tariffless.

liberalizzazione, *n. f.* ❶ (*comm. est., econ., fin.*) liberalization. ❷ (*econ., fin., market.*) (*dei prezzi*) unfreezing. ∥ **la ~ degli scambi** (*comm. est.*) the liberalization of trade; ~ **dei traffici** (*econ.*) trade liberalization; ~ **sregolata** free-for-all: **Il motivo della nostra opposizione a una sregolata ~ finanziaria è dovuto non già al troppo rapido aumento dei salari, ma al fatto che i prezzi aumenteranno sempre più in fretta dei salari** the reason we object to a financial free-for-all is not that wages go up too fast, but that prices will always go up faster.

liberamente, *avv.* ❶ freely. ❷ (*a proprio piacimento*) at discretion. △ ❷ **Permettono ai loro impiegati di andare e venire ~** they allow their employees to come and go at discretion.

liberare, *v. t.* ❶ to free, to set* free, to release. ❷ (*sgombrare*) to clear. ❸ (*fin., leg.*) to redeem. ❹ (*leg.*) to acquit, to absolve. ❺ (*leg.*) (*da un obbligo*) to release, to discharge. △ ❶ **Si rifiutò di liberarci dalla nostra promessa** he refused to release us from our promise; ❷ **Non fu facile ~ i binari dopo l'incidente** it wasn't an easy task to clear the track after the accident; ❺ **Hanno accettato di ~ tutti dai loro obblighi** they have accepted to discharge everyone from his obligations. ∥ ~ **alle stampe** (*giorn.*) to release for publication; ~ (*i prezzi*) **dai regolamenti (dai controlli, ecc.)** (*econ.*) to unfreeze; ~ **un posto** (*di lavoro*) (*pers.*) to vacate a position; **essere liberato da ogni responsabilità** (*cred., leg.*) to be discharged of one's liability.

liberarsi, *v. rifl.* ❶ to free oneself, to absolve oneself; to discharge. ❷ (*sbarazzarsi*) to get* rid (of). ❸ (*pers.*) (*di posto*) to become* vacant. △ ❶ **Si è liberato dei suoi impegni** he has freed himself of his commitments; **Si è liberato da ogni ulteriore responsabilità** he has absolved himself from further liability; **Si è liberato dei suoi impegni finanziari** he discharged his liabilities; ❸ **S'è liberato un posto nella contabilità della Ditta Fratelli Rossi** a position has become vacant in the accounting department of Rossi Bros. ∥ ~ **dai debiti** (*cred.*) to get out of debt; ~ **di** (*un'obbligazione, un debito, ecc.*) (*leg.*) to discharge; ~ **d'un debito** (*pagandolo*) (*cred.*) to clear a debt, to clear oneself from a debt.

liberazione, *n. f.* ❶ liberation, freeing, release. ❷ (*fin., leg.*) (*da un impegno finanziario*) redemption. ❸ (*leg.*) (*da un obbligo*) release, discharge. ❹ (*leg.*) (*assoluzione*) acquittal, discharge. △ ❸ **Abbiamo ottenuto la ~ dal nostro obbligo** we have obtained (a) release from

liberismo

our obligation. // **la ~ d'un'ipoteca** (*fin.*, *leg.*) the redemption of a mortgage, the satisfaction of a mortgage.

liberismo, *n. m.* (*econ.*) free trade, free market, free enterprise system, laissez-faire, laissez-faire economics, laissez-faireism.

liberista, *n. m.* e *f.* (*econ.*) free trader.

liberistico, *a.* (*econ.*) laissez-faire (*attr.*). △ È un acceso fautore d'una politica economica liberistica he is an out-and-out supporter of a laissez-faire economic policy.

libero, *a.* ❶ free. ❷ (*sgombro*) clear, open. ❸ (*indipendente*) independent; free-lance (*attr.*). ❹ (*pers.*) (*di posto*) vacant, unfilled. ❺ (*trasp.*) (*di posto a sedere*) free; available. △ ❶ Sei ~ di fare quel che vuoi you are free to do what you like; ❷ Ora il binario è ~ the track is clear at last; ❹ Ci sono molti posti liberi in quella ditta there's a lot of vacant positions in the firm; ❺ Quel posto è ~ that seat is free; Non c'erano più posti liberi sul treno there were no available seats on the train. // **libera circolazione dei prodotti principali** (*market.*) freedom of movement for the main products; **la libera circolazione della manodopera** (*pers.*, *sind.*) the free movement of workers; **la libera circolazione delle merci** (*market.*) the free movement of goods; **libera concorrenza** (*econ.*) free competition; **libera coniazione dell'oro** (*fin.*) free mintage of gold; ~ **da dazio** (*o da dogana*) (*dog.*) duty-free; ~ **da imposte** (*o da tasse*) (*fin.*) tax-free; ~ **da ipoteche** (*leg.*) free of mortgage; ~ **dai ghiacci** (*trasp. mar.*) clear of ice; **libera iniziativa** (*econ.*) free enterprise; (*il sistema*) profit system; ~ **per tutti** free-for-all; **libera pratica** (*trasp. mar.*) clearance, pratique; Nessuna nave può salpare senza libera pratica no vessel may leave port without clearance; **libera prestazione di servizi** (*leg.*) freedom to supply services; **libera professione** (*d'un medico, ecc.*) private practice; **le libere professioni** the professions; ~ **professionista** professional man; ~ **scambio** (*econ.*) free trade, free market; ~ **-scambista** (*econ.*) free trader; **un giorno** ~ (*pers.*) one day off, an off day; **(segnale di) via libera** (*trasp. ferr.*) go-ahead signal.

libertà, *n. f.* freedom, liberty. △ **La ~ dal bisogno è almeno altrettanto importante della ~ di parola** freedom from want is at least as important as freedom of speech; **Ci siamo presi la ~ di fornire a Mr Lemur il vostro nome e indirizzo** we took the liberty of supplying Mr Lemur with your name and address. // ~ **contrattuale** (*leg.*) freedom of contract, liberty of contract; ~ **dei traffici** (*econ.*) free trade; ~ **di conio** (*econ.*, *fin.*) free coinage; ~ **di fare scalo in qualsiasi porto** (*trasp. mar.*) liberty of calling at any port; ~ **di navigazione** (*leg.*) freedom of navigation; ~ **di scelta** freedom of choice; option; ~ **di scelta del consumatore** (*market.*) freedom of choice of the consumer; ~ **di stampa** (*giorn.*) liberty of the press; ~ **economica** (*econ.*) free enterprise; (*il sistema*) profit system; economic freedom (*termine usato soltanto da A. Marshall e dalla sua scuola*); ~ **provvisoria** (*leg.*) conditional discharge; ~ **vigilata** (*leg.*) probation: **È in ~ vigilata** he is on probation; **accordare a q. la ~ provvisoria** (*leg.*) to let sb. out on bail; **giorno di ~** (*pers.*) off day, day off: **Ieri era il mio giorno di ~** yesterday was my day off; **in ~ provvisoria** (*dopo aver pagato la cauzione*) (*leg.*) out on bail.

libreria, *n. f.* ❶ (*attr. uff.*) bookcase. ❷ (*market.*) bookshop. // ~ **self-service** (*market.*) booketeria.

libretto, *n. m.* ❶ booklet. ❷ (*banca, ecc.*) book. ❸ (*pers.*) (*di lavoro*) employment card. ❹ (*pers.*) (*di marchette assicurative*) card. △ ❹ **Ogni prestatore d'opera deve avere un ~ sul quale applicare le marchette assicurative** every employee must possess a card on which insurance stamps must be affixed. // ~ **del depositante** (*banca*) depositor's book; ~ **d'assegni** (*banca*) cheque-book; check-book (*USA*); ~ **di banca** bank book; ~ **di biglietti** (*trasp.*) book ticket; ~ **di biglietti per un viaggio circolare** (*trasp.*) circular tour ticket; ~ **di conto vincolato** (*banca*) deposit account pass-book; ~ **di deposito** (*banca*) pass-book, deposit book; ~ **di deposito vincolato** bank pass-book; ~ **di lavoro** (*pers.*) employment card; ~ **di risparmio** (*banca*) savings-bank depositor's book, bank pass-book; ~ **nominativo** (*banca*) depositor's book; ~ **per appunti** notebook; ~ **per i versamenti** (*banca*) paying-in book.

libro, *n. m.* ❶ book, volume. ❷ (*registro*) register. ❸ (*rag.*) book. // ~ **a madre e figlia** (*rag.*) counterfoil book; ~ (*degli*) **acquisti** (*rag.*) bought book, purchase book, invoice book; ~ **bianco** (*amm.*) white paper; ~ (*di*) **cassa** (*rag.*) cash book, cash journal; ~ **cassa a colonne** (*rag.*) columnar cash book; ~ **catastale** (*amm.*) real estate register; ~ **commissioni** (*org. az.*) order book; ~ **contabile** (*rag.*) account book, register; ~ **contabile dei profitti e delle perdite** (*rag.*) cost-book; **libri contabili** (*rag.*) account books, books of account, books; ~ **copialettere** (*attr. uff.*) copy letter book; ~ **dei bilanci di verifica** (*rag.*) balance book; ~ **dei compensi a terzi** (*fin.*) record of payments to third parties; ~ **dei contratti** (*Borsa*) bargain-book; ~ **dei fidi** (*banca, cred.*) register of credits; ~ **dei saldi** (*rag.*) balance book; ~ **dei soci** (*fin., rag.*) transfer book; stock ledger (*USA*); ~ **dei verbali** (*leg.*) minute book; ~ **delle adunanze e delle deliberazioni delle assemblee** (*fin.*) register of meetings and votes of assemblies; ~ **delle firme** (*dei clienti*) (*banca*) autograph book, signature book; ~ **delle obbligazioni** (*fin., rag.*) register of stocks and shares; ~ (*per l'annotazione giornaliera*) **delle operazioni a termine e di riporto** (*fin., rag.*) journal of forward transactions and transactions for the account; ~ **delle ordinazioni** (*org. az.*) order book; ~ **dell'inventario** (*rag.*) balance-sheet book; **libri di bordo** (*trasp. mar.*) ship's books; ~ **di (carico e scarico del) magazzino** (*org. az.*) warehouse book; ~ (**di**) **piccola cassa** (*rag.*) petty-cash book; ~ **fatture** (*rag.*) invoice book; ~ **giornale** (*rag.*) book of original entry, book of entries, journal; ~ **giornale delle autenticazioni delle girate su titoli azionari** (*fin., rag.*) journal of authentications of stock endorsements; ~ **in brossura** (*pubbl.*) paperback book, paperback, paperbook; **libri in corso di stampa** (*pubbl.*) forthcoming books; ~ **interessi** (*rag.*) interest book; ~ **inventari** (*rag.*) stock-book; ~ **magazzino** (*rag.*) stock-book; ~ **mastro** (*rag.*) ledger; ~ **mastro degli acquisti** (*rag.*) credit ledger; ~ **mastro dei clienti** (*rag.*) clients' ledger; ~ **mastro delle vendite** (*rag.*) debit ledger; ~ **mastro generale** (*rag.*) general ledger; **libri** (*contabili*) **obbligatori** (*leg., rag.*) statutory books; required books; **libri paga** (*rag.*) pay-rolls: **Ci sono oltre cento persone nei miei libri paga** there are over a hundred people on my pay-rolls; ~ **pocket** (*pubbl.*) pocket book; **un ~ rilegato** a bound book; **i libri sociali** (*fin., rag.*) the company's books; the corporate books (*USA*); ~ **tascabile** (*pubbl.*) pocket book, pocket edition; ~ (*delle*) **vendite** (*rag.*) sales book, sales day book, sales journal.

licenza, *n. f.* ❶ leave, permission, permit. ❷ (*comm. est.*) licence, permit. ❸ (*leg.*) licence; license (*USA*). ❹ (*pers.*) leave of absence, leave; furlough (*USA*).

△ ❷ **Ha chiesto una ~ d'importazione** he has applied for an import permit; ❸ **Non ho la ~ per la vendita degli alcoolici** I have no licence for the sale of alcoholic drinks; ❹ **Ha avuto cinque giorni di ~** he has gone on a five-day leave. // **~ di costruttore** (*leg.*) builder's certificate; **~ d'esportazione** (*comm. est.*) export licence; **~ di fabbricazione** (*leg.*) manufacturing licence; **~ d'importazione** (*comm. est.*) import licence; **~ di vendita** (*leg.*) selling licence; **essere in ~** (*pers.*) to be on leave.

licenziamento, *n. m.* ❶ (*pers.*) dismissal, discharge; boot, sack, kick, turnout, kickout (*fam.*); mittimus (*fam., ingl.*); ax (*slang USA*). ❷ (*pers.*) (*per mancanza d'attività dell'azienda*) layoff. △ ❶ **Hanno richiesto il ~ d'un impiegato per (la sua) incompetenza** they requested the dismissal of an employee for incompetence. // **~ dall'impiego** (*pers.*, *anche*) separation from employment; **il ~ d'un impiegato** (*pers.*) the discharge of a clerk; **~ discriminatorio** (*pers.*) discriminatory discharge; **~ immotivato** (*leg.*, *pers.*) V. **~ non per giusta causa;** **~ in tronco** (*pers.*) dismissal without notice; **~ non per giusta causa** (*leg.*, *pers.*) wrongful dismissal (*o* discharge); **~ per giusta causa** (*leg.*, *pers.*) dismissal (*o* discharge) for cause; **~ senza preavviso** (*pers.*) dismissal without notice.

licenziare, *v. t.* ❶ (*pers.*) to dismiss, to discharge, to separate, to give* notice to (sb.), to send* away; to turn off, to turn out, to fire, to sack, to kick out, to boot, to bounce, to brush off, to shelve, to give* (sb.) the sack, to give* (sb.) the boot (*fam.*); to give (sb.) the gate, to can (*slang USA*). ❷ (*pers.*) (*per mancanza d'attività della azienda*) to lay* off, to throw* (sb.) out of employment. △ ❶ **È stato licenziato per giusta causa** he was discharged (*o* dismissed) for cause; **Nel corso delle ultime sei settimane, più di 50 dipendenti sono stati licenziati dalla ditta** more than 50 employees have been separated from the firm in the past six weeks; **Fu licenziato per comportamento indegno** he was sent away for misconduct; **È stata licenziata con un mese di preavviso** she has been given a month's notice; **È stato licenziato senza preavviso** he has been fired without notice; **Dopo gli scioperi furono licenziate decine d'operai** after the strikes tens of workers were sacked; ❷ **Molti operai furono licenziati durante la depressione** many workers were laid off during the depression; **Centinaia di salariati furono licenziati** hundreds of wage-earners were thrown out of employment. // **~ le bozze per la stampa** (*giorn.*) to pass proofs; **~ tutto il personale** (*pers.*) to dismiss (*o* to discharge) the whole staff; **essere licenziato** (*pers.*) to be dismissed (*o* discharged); to get the boot, to get the kick, to get the sack (*fam.*); to get the gate, to get the air, to get the ax (*slang USA*).

licenziarsi, *v. rifl.* ❶ (*accomiatarsi*) to take* one's leave (from sb.). ❷ (*pers.*) (*dimettersi*) to give* notice (to one's employer); to hand in one's notice; to resign. △ ❷ **Mi licenzierò domani** I'll give my employer notice tomorrow; **Il maggiordomo se n'è andato senza ~** the butler has left without giving notice.

licenziatario, *n. m.* (*leg.*) licensee.

licenziato, *a.* dismissed, discharged; broke (*slang*) (*V.* licenziare).

licitare, *v. i.* (*leg.*) to bid* (at an auction).

licitazione, *n. f.* ❶ (*leg.*) (*offerta a un'asta*) bid. ❷ (*leg.*) (*offerta a una gara d'appalto*) tender. ❸ (*market.*) (*vendita all'asta*) auction sale, auction.

lieto, *a.* ❶ (*allegro*) cheerful, merry. ❷ (*contento*) glad, pleased. △ ❷ **Saremo lieti di fornirvi tutte le informazioni che desiderate** we shall be pleased to let you have all the information you require; **Saremo lieti di fornirvi maggiori particolari sulla nostra ditta** we shall be glad to give you further particulars about our firm.

lieve, *a.* light; (*tenue*) slight. △ **Riuscirono a farlo con ~ spesa** they managed to do it with light expense. // **~ diminuzione dell'attività commerciale** (*dopo un periodo inflazionistico, ecc.*) (*market.*) shake-out; **una ~ recessione** (*econ.*) a business dip.

lievitare, *v. t.* to leaven. *v. i.* ❶ to rise*. ❷ (*di prezzi, ecc.*) to rise*; to increase; to go* up; to swell*.

lievitazione, *n. f.* ❶ leavening; rise. ❷ (*dei prezzi, ecc.*) rise; increase. // **~ dei prezzi e dei costi** (*market.*) increase in prices and costs.

lievito, *n. m.* (*anche fig.*) leaven, yeast.

limitare, *v. t.* ❶ to limit, to confine, to abridge. ❷ (*ridurre*) to cut*, to curtail, to keep* (st.) down, to retrench. ❸ (*restringere*) to restrict, to restrain. ❹ (*leg.*) to qualify. △ ❶ **Devo ~ la spesa alle mie possibilità** I must limit the expense to what I can afford; ❷ **Dobbiamo ~ le spese** we must keep down (*o* cut) expenses. // **~ i diritti di q.** (*leg.*) to abridge sb.'s rights; **~ le spese in base alle entrate effettive** (*market., USA*) pay-as-you-go.

limitarsi, *v. rifl.* to limit oneself, to confine oneself. // **~ alle istruzioni ricevute da q.** to confine oneself to sb.'s instructions.

limitativo, *a.* restrictive, terminate.

limitato, *a.* ❶ limited. ❷ (*ristretto*) confined, narrow.

limitazione, *n. f.* ❶ limitation, confinement. ❷ (*limite*) limit. ❸ (*restrizione*) restriction, restraint. ❹ (*riduzione*) cut, cutting, curtailing. ❺ (*ass.*) (*di copertura*) limitation. ❻ (*leg.*) qualification. ❼ (*ric. op.*) constraint. // **~ al libero commercio** (*econ.*) restraint of trade; **~ contrattuale di responsabilità** (*leg.*) contract limitation of liability; **~ degli scambi** restrictions on trade; **~ del potere d'alienazione** (*leg.*) restraint on alienation; **~ delle importazioni siderurgiche provenienti dai Paesi o dai territori a commercio di Stato** (*comm. est.*) restriction of iron and steel imports from State-trading Countries.

limite, *n. m.* ❶ limit, limitation. ❷ (*estensione*) extent. ❸ (*confine*) boundary, border, mete; (*pietra di confine*) land-mark. ❹ (*ass.*) (*di copertura*) limitation. ❺ (*mat.*) limit. △ ❶ **Bisogna conoscere i propri limiti** one should know one's limitations; **Alla ditta in questione si può liberamente accordare credito entro il ~ di 5.000 sterline** credit may be readily granted to this firm within the limit of £. 5,000; ❷ **Gli si può far credito, ma solo fino a un certo ~** you may grant him credit, but only up to a certain extent. // **~ dell'alta marea** (*trasp. mar.*) high-water mark; **~ della bassa marea** (*trasp. mar.*) low-water mark; **~ di guardia** (*org. az.*) safety level, safety allowance; **~ di marea** (*trasp. mar.*) tide-mark; **il ~ d'una successione** (*mat.*) the limit of a sequence; **~ di tempo** (*per far valere un diritto*) (*leg.*) limitation; **~ (*massimo*) di velocità** (*trasp. aut.*) speed limit; **~ massimo** (*ass.*) line; **oltre il ~ massimo** (*previsto, consentito, ecc.*) overceiling (*attr.*): **Dovremo far fronte a pagamenti oltre il ~ massimo** we shall have to face overceiling payments; **senza limiti** without limit; limitless.

« **line** », *n. f.* (*misura lineare pari a mm 21,2*) line.

linea, *n. f.* ❶ line. ❷ (*rango*) rank. ❸ (*comun.*) line; (*del codice Morse*) dash. ❹ (*market.*) (*di prodotti*)

lineare

line. ❺ (*org. az.*) (*di produzione*) line. ❻ (*trasp.*) line, route. △ ❶ **I soldati rimasero in ~** the soldiers kept line; ❸ **La ~** (*telefonica*) **è occupata** the line is engaged (*o*, *USA*, busy); **Nell'alfabeto Morse le lettere, i numeri e gli altri simboli si rappresentano con punti e linee** in the Morse code, letters of the alphabet, numbers and other symbols are represented by dots and dashes; ❻ **È interrotta la ~** (*ferroviaria*) the line is up; **Viaggiai sulla ~ Milano-Basilea-Calais** I travelled by the Milan-Basel-Calais route. // **~ aerea** (*trasp. aer.*) airline, airway; **Linee Aeree Britanniche per l'Europa** British European Airways (*BEA*); **~ che porta la data d'un articolo** (*giorn.*) date-line; **~ collaterale** (*leg.*) collateral relation; **~ costiera** (*trasp. mar.*) coast line; **~ dei rialzi e dei ribassi** (*Borsa*) advance-decline line; **~ d'alimentazione** (*trasp.*) feeder line; **~ d'attesa** (*ric. op.*) waiting line; **~ di bandiera** (*trasp. aer.*, *trasp. mar.*) flag carrier; **~ di bordo libero** (*trasp. mar.*) load line, load waterline; **~ di carico** (*trasp. mar.*) load line; **~ di condotta** (*econ.*) policy: **La ~ di condotta del nostro Governo è stata spesso miope** our Government's policy has often been shortsighted; **~ di confine** border-line; **~ di frazione** (*mat.*) bar of division; **~ di galleggiamento** (*trasp. mar.*) line of flotation; **~ di galleggiamento a pieno carico** (*trasp. mar.*) Plimsoll mark, Plimsoll line; **~ d'immersione** (*trasp. mar.*) line of flotation; **~ di navigazione** (*trasp. mar.*) shipping line, line; **~ di navigazione a vapore** (*trasp. mar.*) steamship line; **~ di prodotti** (*d'un'azienda*) (*org. az.*) product line; **~ di prodotti secondaria** (*rispetto a quella che costituisce oggetto principale di vendita*) (*market.*) side-line; **~ di ritardo** (*elab. elettr.*) delay line; **~ di volo** (*trasp. aer.*) line of flight; **~** (*telefonica*) **diretta** (*comun.*) direct exchange line; **~ direttrice** guideline; **~ ferroviaria** (*trasp. ferr.*) railway line; **~** (*telefonica*) **interurbana** (*comun.*) trunk-line, toll-line; **~** (*d'autobus, ecc.*) **locale** (*trasp.*) local line; **~ perforata** dotted line; **~ principale** (*trasp. ferr.*) main line, main stem, trunk-line; **~ punteggiata** dotted line; **~ retta** straight line; **~ tangente** (*mat.*) tangent line; **~ telefonica** (*comun.*) telephone line, route; **~ telegrafica** (*comun.*) telegraph line; **essere in ~** (*al telefono*) to be through: **Lei è in ~** you are through; **in ~** (*elab. elettr.*) on line; **in ~ retta in a straight line, straight**; (*leg.*) (*di discendente*) lineal (*a.*); (*mat.*) straight-line (*attr.*).

lineare, *a.* linear, lineal. // **non ~** (*elab. elettr.*) non-linear.

lineetta, *n. f.* ❶ (*comun.*) (*dell'alfabeto Morse*) dash. ❷ (*giorn.*) (*lunga*) dash; (*trattino d'unione*) hyphen.

lingotto, *n. m.* ingot, bar. // **un ~ d'oro** a gold bar; **oro in lingotti** gold in bullion.

lingua, *n. f.* ❶ language. ❷ (*parte del corpo*) tongue. △ ❶ **Ha un dono naturale per le lingue** he has a natural bent for languages. // **~ inglese commerciale** business English; **~ inglese** (*artificiale*) **per elaboratori** (*elab. elettr.*) (*ogni parola ha un solo significato e ogni concetto ha una sola parola per esprimerlo*) ruly English.

linguaggio, *n. m.* ❶ language. ❷ (*elab. elettr.*) language. // **~ algoritmico** (*elab. elettr.*) ALGOL; **~ cifrato** cipher language, code language; **~ della burocrazia** officialese; **~ di macchina** (*elab. elettr.*) machine-coded language, machine language; **~ misto formato da parole comuni e/o cifrate** (*per telegrammi*) (*comun.*) combination in plain language, code and/or cipher; **~ originale** (*elab. elettr.*) source language; **~ semplificato** (*elab. elettr.*) common language; **~ simbolico** (*elab. elettr.*) symbolic language; **~ specialistico** technical language; **~ tecnico** technical language.

linguetta, *n. f.* (*di scarpa*) tongue. // **~ sporgente** (*di scheda di casellario, ecc.*) (*attr. uff.*) tab.

linotipista, *n. m.* (*giorn.*, *pers.*) linotyper, linotypist.

linotipo, *n. f. inv.* (*giorn.*) linotype.

« **linotype** », *n. f.* (*giorn.*) linotype.

liquidabile, *a.* ❶ (*ass.*, *cred.*, *fin.*, *leg.*) that can be liquidated. ❷ (*ass. mar.*) adjustable.

liquidare, *v. t.* ❶ (*ass.*, *leg.*) to liquidate. ❷ (*ass. mar.*) to adjust. ❸ (*cred.*) (*un debito, ecc.*) to liquidate, to wipe off; (*un creditore, ecc.*) to pay* off. ❹ (*cred.*, *fin.*) (*una società, i conti, ecc.*) to liquidate; (*una società*) to wind* up, to break* up. ❺ (*fin.*, *market.*) to sell* off, to sell* out. ❻ (*market.*) (*merce invenduta*) to remainder. △ ❶ **Dobbiamo ancora ~ i danni** we must liquidate the damages; ❸ **Per la fine del mese avremo liquidato tutti i debiti** we'll have wiped off all our debts by the end of the month; ❹ **Abbiamo deciso di ~ la società entro la fine dell'anno** we have decided to liquidate (*o* to wind up) the company by the end of the year; ❺ **Nessuna azienda cercherebbe di migliorare la propria situazione liquidando le sue attività migliori** no firm could seek to improve its position by selling off its soundest assets. // **~ i propri affari** (*fin.*) to wind up one's business affairs; **~ un conto** (*rag.*) to discharge an account; **~ i propri debiti nei confronti dell'estero** (*comm. est.*) to settle one's foreign debts; **~ il debito nazionale** (*fin.*) to liquidate the national debt; **~ e licenziare un impiegato** (*pers.*) to pay off an employee; **~ un'operazione** (*Borsa*) to close a transaction; **~ una partita di merci** to clear a parcel of goods; **~ le rimanenze** (*market.*) to remainder; **~ una società commerciale** (*fin.*) to wind up a business company; **~ una società per azioni** (*fin.*) to liquidate a corporation (*USA*); « **avaria generale da liquidarsi in base ai regolamenti di York e Anversa** » « general average adjustable according to York-Antwerp rules ».

liquidatore, *n. m.* ❶ (*ass.*, *fin.*, *leg.*) liquidator. ❷ (*ass. mar.*) adjuster, insurance adjuster. ❸ (*leg.*) (*di fallimento*) receiver, official receiver; liquidator (*USA*). // **~ d'avaria** (*ass. mar.*) average adjuster, average adjustor, average stater, average taker; **~ provvisorio** (*leg.*) provisional liquidator.

liquidazione, *n. f.* ❶ (*ass.*, *leg.*) (*di danni, ecc.*) liquidation. ❷ (*ass. mar.*) adjustment. ❸ (*Borsa*) account, settlement, closing. ❹ (*cred.*, *fin.*) liquidation, settling, settling-up, clearing. ❺ (*fin.*, *rag.*) (*d'una società, dei conti, ecc.*) wind-up, winding-up, liquidation. ❻ (*market.*) (*lo svendere*) selling-off. ❼ (*market.*) (*la svendita*) clearance sale, clearing-up sale, sale. ❽ (*pers.*) gratuity, severance pay; dismissal wage (*USA*). △ ❷ **La ~ dell'avaria generale è basata su un principio di giustizia secondo il quale qualsiasi sacrificio affrontato nell'interesse di tutti deve essere sostenuto da tutti coloro che ne hanno tratto vantaggio** the adjustment of general average is based on a principle of justice which requires that any sacrifice in the common interest should be supported by all those who have profited by this sacrifice; ❺ **La ~ d'una società può essere volontaria o disposta dall'autorità giudiziaria** the winding-up of a company may be voluntary or compulsory; ❽ **Non ho ancora ricevuto la ~** I'm still waiting for my severance pay. // **~** (*d'avaria*) **all'estero** (*ass. mar.*) foreign adjustment; **~ coattiva** (*leg.*) compulsory settlement; **~ corrente** (*Borsa*) current settlement; **la ~ dei conti** (*Borsa*) the settlement of accounts; **~ delle rimanenze** (*market.*) clearing-up sale; **~ d'avaria** (*ass. mar.*) adjustment of average, average adjustment, average statement; ~ **di spese** (*da parte dell'autorità giudiziaria*) (*leg.*) taxation of costs; ~ **disposta dall'autorità giudiziaria** (*leg.*) compulsory winding up; ~ **forzata** (*di merce*) compulsory sale; (*d'una società*) compulsory winding-up; ~ **periodica** (*Borsa*) term settlement, settlement; ~ **prossima** (*Borsa*) next account, next settlement; ~ **speciale** (*Borsa*) special settlement; **la ~ successiva** (*Borsa*) the ensuing account, the ensuing settlement, the following settlement; ~ **volontaria** (*d'una società*) (*amm.*) voluntary winding-up

liquidità, *n. f. inv.* (*econ., fin., rag.*) liquidity; liquid assets, cash holdings (*pl.*). △ **La nostra banca sta accrescendo la sua** ~ our bank is increasing its liquidity. // ~ **finanziaria** (*fin.*) monetary liquidity; ~ **interna** (*fin.*) domestic liquidity; ~ **internazionale** (*fin.*) international liquidity.

liquido, *a.* (*anche fin.*) liquid. *n. m.* liquid. // ~ **in banca** (*fin., rag.*) cash at the bank; ~ **in cassa** (*fin., rag.*) cash in hand; **attività liquide** (*fin.*) liquid assets; **denaro** ~ ready cash; **fondi liquidi** (*fin., rag.*) available funds.

liquore, *n. m.* liquor, liqueur. // **liquori alcoolici** (*market.*) spirits.

lira, *n. f.* (*unità monetaria italiana*) lira. // ~ **commerciale** (*econ., fin.*) commercial lira: **La ~ commerciale era il tasso di cambio per le operazioni commerciali** the commercial lira was the commercial exchange rate for trading transactions; ~ **finanziaria** (*econ., fin.*) financial lira: **La ~ finanziaria era il tasso di cambio per le operazioni finanziarie** the financial lira was the exchange rate for capital transactions; ~ **sterlina** pound sterling, pound.

lista, *n. f.* ❶ (*elenco*) list, panel, schedule. ❷ (*ruolo*) roll. ❸ (*org. az.*) calendar. △ ❶ **Ricordati di fare una ~ delle cose da fare** remember to make a list of the things you must do. // ~ (*compilata e pubblicata da un'organizzazione sindacale*) **dei datori di lavoro che hanno messo in opera pratiche discriminatorie** (*a danno degli aderenti a un sindacato*) (*sind., USA*) unfair list; ~ **dei disastri marittimi** (*trasp. mar.*) black list; ~ **dei fallimenti** (*cred., fin.*) black list; ~ **dei giurati** (*leg.*) panel; ~ **dei medici convenzionati con le mutue** (*ingl.*) panel; ~ **dei passeggeri** (*trasp.*) way-bill; ~ **dei poderi coi nomi degli affittuari** (*fin.*) rent-roll; ~ **delle cause da discutere** (*leg.*) docket; ~ **delle merci ammesse in esenzione doganale** (*dog.*) free list; ~ **delle persone o ditte insolvibili** (*o comunque non raccomandabili per rapporti commerciali*) (*cred., fin.*) black list; ~ **delle spese** (*sostenute per una causa legale*) (*leg.*) fee bill; ~ **d'articoli d'importazione libera** (*dog.*) free list; ~ **d'attesa** waiting list, wait list: **C'è una lunghissima ~ d'attesa per quanto riguarda i posti in classe economica** there's a very long, wait list for tourist-class accommodation; ~ **di controllo** (*org. az.*) check list; ~ **di spedizione** (*comun.*) mailing list; ~ **elettorale** (*amm.*) electoral register; register of voters; ~ **giornaliera degli affari conclusi** (*alla Borsa Valori di Londra*; *pubblicata dal «Times»*) (*Borsa*) bargains market; ~ **nera** black list.

listino, *n. m.* ❶ (*Borsa, fin.*) list. ❷ (*market.*) list. // ~ **dei prezzi correnti** (*market.*) current price list, prices current; ~ **dei prezzi di mercato** (*market.*) V. ~ **dei prezzi correnti**; ~ **di Borsa** (*fin.*) stock-list; ~ **di chiusura** (*Borsa*) official list; ~ (*dei*) **prezzi** (*d'una ditta*) (*market.*) price-list; ~ **ufficiale** (*Borsa*) official list; ~ «**valori**» (*Borsa*) share-list, stock-list.

lite, *n. f.* ❶ dispute, quarrel. ❷ (*leg.*) litigation. ❸ (*leg.*) (*causa*) lawsuit, suit. // **essere in ~** (*leg.*) to litigate; **intentare** (*o* **muovere**) **~ a q.** (*leg.*) to bring an action against sb.; to sue sb.

litigante, *a.* contending. *n. m. e f.* (*leg.*) litigant.

litigare, *v. i.* ❶ to contend, to quarrel. ❷ (*specialm. tirando sul prezzo*) to haggle. ❸ (*leg.*) to litigate.

litigio, *n. m.* ❶ dispute, quarrel. ❷ (*specialm. mercanteggiando*) haggle.

litigiosità, *n. f.* ❶ (*anche leg.*) litigiousness. ❷ (*leg.*) barratry.

litigioso, *a.* ❶ quarrelsome. ❷ (*leg.*) litigious.

litografare, *v. t.* (*pubbl.*) to lithograph.

litografia, *n. f.* ❶ (*pubbl.*) (*il procedimento*) lithography. ❷ (*pubbl.*) (*il risultato*) lithograph.

litografo, *n. m.* (*pers., pubbl.*) lithographer.

litorale, *n. m.* coast, shore, littoral.

litro, *n. m.* litre; liter (*USA*).

livellamento, *n. m.* ❶ levelling; leveling (*USA*); equalization, equation. ❷ (*mat.*) equation. ❸ (*trasp. mar.*) (*del carico*) trimming. // **il ~ della domanda e dell'offerta** (*econ.*) the equation of demand and supply; **il ~ delle differenze sociali** the levelling of social differences.

livellare, *v. t.* ❶ to level (down, up), to equalize. ❷ (*fin.*) to blanket. ❸ (*trasp. mar.*) (*il carico*) to trim. // ~ **il carico d'imposta** (*fin.*) to equalize the burden of taxation; ~ **i prezzi** (*econ., market.*) to level prices; (*fin., market.*) to bring the rates to the same level; ~ **i redditi** (*fin.*) to equalize incomes.

livellarsi, *v. rifl.* to level; to find* a common level; to even out.

livello, *n. m.* level; (*grado*) standard. △ **I vostri articoli non raggiungono il ~** (**di qualità**) **desiderato** your articles are not up to standard. // **un ~ comune dei prezzi** (*market.*) a common price level; **il ~ degli investimenti privati di capitale** (*econ., fin.*) the level of private capital investments; ~ **dei prezzi** (*econ.*) price level; ~ **del mare** (*trasp. mar.*) sea level, water level; ~ **di disoccupazione** (*sind.*) unemployment level; **un ~ d'indebitamento assai elevato** (*fin.*) a high debit level; ~ **di** (**alta o bassa**) **marea** (*trasp. mar.*) watermark; **livelli d'occupazione** (*econ., stat.*) occupational levels; ~ **di piena** (*trasp. mar.*) high-water mark; ~ **di sicurezza** (*org. az.*) safety level, safety allowance; ~ **massimo** (*di prezzi, salari, ecc.*) (*fin.*) ceiling; ~ **medio del mare** (*trasp. mar.*) mean sea level; ~ **minimo** (*di prezzi, quotazioni, ecc.*) (*fin., market.*) floor; ~ **minimo del tenore di vita** (*per le famiglie degli scioperanti*) (*sind.*) supplementary benefit level, welfare-state minimum; **il ~ minimo di sussistenza** the bare minimum of subsistence; **il ~ prebellico della produzione industriale** (*econ.*) the pre-war level of industrial production; ~ **salariale** (*econ.*) wage level; **a ~** at level: **La produzione e l'occupazione sono a livelli di primato** production and employment are at record levels; **oltre il ~ massimo** (*previsto, consentito, ecc.*) overceiling (*attr.*); **sopra il ~ dell'acqua** above water.

lizza, *n. f.* (*storico*) (*per le giostre cavalleresche*) lists (*pl.*). // **entrare** (*o* **scendere**) **in ~** to enter a contest; **essere in ~ per un premio** (*pers.*) to contend for a prize.

locale, *a.* ❶ local. ❷ (*settoriale*) sectional. *n. m.* ❶ room. ❷ (*trasp. ferr.*) local train; way train (*USA*). ❸ **locali**, *pl.* premises. ❹ **locali**, *pl.* (*comm.*) business premises.

località, *n. f. inv.* ❶ place, locality. ❷ (*tur.*) resort. // ~ **fissata** (**per un magazzino doganale**) approved place (for a bonded warehouse); **una ~ marittima** (*tur.*) a seaside resort.

localizzare, *v. t.* ❶ to localize. ❷ (*econ.*) to locate.

localizzatore

△ ❷ Bisogna ~ i nuovi stabilimenti nelle zone depresse del Mezzogiorno we must locate the new plants in the depressed areas of the South.

localizzatore, *n. m.* ❶ *(econ.)* locator. ❷ *(trasp. aer.)* localizer. // ~ **di guasti** *(elab. elettr.)* fault finder, fault tracer.

localizzazione, *n. f.* ❶ localization. ❷ *(econ.)* location. // ~ **degli impianti** *(org. az.)* plant location; ~ **dei guasti** *(elab. elettr.)* fault localizing, fault location, fault tracing; **la ~ d'un'industria** *(econ.)* the location of an industry.

locandina, *n. f. (pubbl.)* playbill, bill. // ~ **teatrale** *(pubbl.)* V. ~.

locare, *v. t. (leg.) (dare in affitto)* to rent; to let*. △ «**Si loca**» «(house) to let».

locatario, *n. m. (leg.)* lessee, leaseholder, occupant, occupier, renter, tenant.

locativo, *a. (leg.)* rental. △ **Qual è il valore ~ di questa casa?** what is the rental value of this house?

locatore, *n. m. (leg.)* lessor, landlord.

locazione, *n. f.* ❶ *(leg.)* lease, leasehold, location, tenancy. ❷ *(leg., org. az.) (di macchinari, ecc.)* leasing. △ ❶ **Il nostro contratto di ~ scade il mese prossimo** our contract of location expires next month. // ~ **determinabile soltanto dopo che è trascorso un certo numero d'anni interi** *(leg.)* tenancy from year to year; ~ **di macchinari ed attrezzature** leasing of industrial machinery and equipment; ~ **rinnovata tacitamente** *(leg.)* tenancy at sufferance.

locomotiva, *n. f. (trasp. ferr.)* locomotive, railway engine, engine. // ~ **a vapore** *(trasp. ferr.)* steam-engine; ~ **da manovra** *(trasp. ferr.)* shunting locomotive, yard-locomotive; ~ **di manovra** *(trasp. ferr.)* V. ~ **da manovra**; ~ «**tender**» *(trasp. ferr.)* tank engine, tank locomotive.

locomotore, *n. m. (trasp. ferr.)* locomotive, engine.

lodo, *n. m. (leg.)* arbitration award, award. // ~ **arbitrale** V. ~.

logaritmico, *a. (mat.)* logarithmic.

logaritmo, *n. m. (mat.)* logarithm, log. // ~ **decimale** *(mat.)* decimal logarithm; ~ **naturale** *(mat.)* natural logarithm; ~ **negativo** *(mat.)* negative logarithm; ~ **volgare** *(mat.)* common logarithm.

logica, *n. f.* logic. // ~ **simbolica** *(elab. elettr., mat.)* symbolic logic.

logicità, *n. f.* logicality.

logico, *a.* ❶ *(anche mat.)* logical. ❷ *(coerente)* consistent. △ ❷ **Siamo logici!** let's be consistent!; **È ~!** it's clear *(o* obvious).

logoramento, *n. m.* wear, wear and tear. △ **Questi mobili danno segni di ~** this furniture shows signs of wear.

logorare, *v. t.* to wear*, to wear* down, to wear* out. // ~ **la resistenza di q.** to wear down sb.'s resistance.

logorarsi, *v. rifl.* ❶ to wear*, to wear* out. ❷ *(di persona)* to wear* oneself out. △ ❶ **Questa stoffa si logora alla svelta** this material wears quickly; **Le scarpe di poco prezzo si logorano presto** cheap shoes wear out soon.

logorio, *n. m.* ❶ wear and tear. ❷ *(fig.)* strain. ❸ *(econ.) (di macchine, ecc.)* wear. // **il ~ della vita moderna** the strain of modern life.

logotipo, *n. m. (giorn., pubbl.)* logotype. // ~ **d'editore** *(pubbl.)* colophon.

Londra, *n. f.* London; the Metropolis *(ingl.)*.

longevità, *n. f.* longevity.

lontano, *a.* ❶ far-away, far-off, distant, remote. ❷ *(trasp.)* long-distance. *avv.* far *(anche fig.)*; far away, far off. △ *avv.* **Quell'uomo andrà ~** that man will go far; **Sono ~ dal crederci** I am far from believing it. // ~ **nel passato** far back in the past; **essere ~ dal vero** to be far from the truth.

lord, *n. m.* ❶ lord. ❷ **i Lord**, *pl. (amm.)* the Lords *(la Camera Alta inglese)*. // ~ **del Sigillo Privato** *(ingl.)* Lord Privy Seal; **lord (nominati) a vita** *(leg., ingl.)* law-lords.

lordo, *a. (comm.)* gross. △ **Il peso ~ comprende la tara** the gross weight is inclusive of tare. // «~ **per netto**» *(non si computa la tara) (market.)* «gross for net».

losco, *a. (di dubbia onestà)* disreputable, shady.

lotta, *n. f.* struggle, war *(anche fig.)*. △ **La ~ di classe è uno degli aspetti caratteristici d'una moderna società industriale** class war is one of the characteristic aspects of a modern industrial society. // ~ **di classe** *(sind., anche)* class struggle; ~ **oligopolistica** *(econ.)* competition among the majors.

lottare, *v. i.* to struggle, to fight*, to contend. // ~ **contro l'inflazione** *(econ.)* to combat inflation.

lotteria, *n. f.* lottery.

lottizzare, *v. t.* to lot, to lot out, to parcel, to apportion.

lottizzazione, *n. f.* lotting, parcellation, apportionment. // **la ~ di terreni** the apportionment of landed property.

lotto, *n. m.* ❶ batch, block. ❷ *(di terreno)* plot. ❸ *(comm.) (di merce: a un'asta)* lot. ❹ *(leg.) (di terreno)* parcel, lot. // **un ~ fabbricabile** a building lot.

luce, *n. f.* light. ❶ **Dovremo riprendere in considerazione tutta la faccenda dato che sono venuti alla ~ nuovi elementi** we shall have to reconsider the whole matter as new elements have come to light. // **luci da città** *(trasp. aut.)* town-lights; ~ **del giorno** daylight; ~ **di controllo** *(elab. elettr.)* control light; **luci di posizione** *(trasp. aut.)* town-lights; ~ **diurna** daylight.

lucente, *a.* bright, shining, glossy.

lucido, *a.* polished, glossy. *n. m.* ❶ *(per scarpe, ecc.)* polish. ❷ *(lucidezza)* gloss. ❸ *(ricalco d'un disegno)* tracing.

lucrare, *v. t.* to gain.

lucrativo, *a.* ❶ lucrative, gainful, remunerative, profit-making. ❷ *(econ., fin., rag.)* profitable, paying. // **l'esser ~** lucrativeness; **tutt'altro che ~** unremunerative.

lucro, *n. m.* ❶ lucre, gain. ❷ *(econ., fin., rag.)* profit. // **che non ha fini di ~** non-profit.

lucroso, *a.* ❶ lucrative. ❷ *(econ., fin., rag.)* profitable.

lumeggiare, *v. t. (pubbl.)* to highlight.

lunghezza, *n. f.* ❶ length. ❷ *(elab. elettr.) (dei «bit» o dei caratteri in una parola)* length. // ~ **d'una composizione tipografica** *(pubbl.)* depth of type matter; ~ **d'onda** *(comun.)* wave-length; ~ **in iarde** yardage; ~ **in «piedi»** footage.

lungo, *a.* ❶ long. ❷ *(a lunga portata)* long-range. *prep.* ❶ *(luogo)* along. ❷ *(tempo) (durante)* during. △ ❶ **Dopo una lunga attesa, finalmente si fece vivo** after a long wait, he turned up at last; ❷ **Gli esperti stanno preparando un ~ studio del mercato monetario internazionale** the experts are preparing a long-range study of the international money market; *prep.* ❶ **Navigammo ~ la costa** we sailed along the coast. // **lunga permanenza in carica** *(pers.)* longevity in office; **a ~** for a long time; long *(avv.)*; long-term *(a. attr.)*; **a ~ andare** in the long run: **A ~ andare l'automazione sarà d'aiuto alla nostra economia** in the long run

luogo¹, *n. m.* place, spot. △ **Il ~ della collisione è al largo della costa italiana** the spot where the collision happened is off the Italian coast. ∥ **~ d'approdo o d'ancoraggio** (*di una nave*) (*trasp. mar.*) berth; **~ di caricamento** (*trasp.*) loading place; **~ di consegna** (*market.*) place of delivery; **~ di destinazione** (*trasp. mar.*) place of destination; **~ di dimora** abiding place; **luoghi d'interesse turistico** (*tur.*) sights; **~ di lavoro** work-place; **~ di nascita** place of birth, birthplace; **~ di residenza** dwelling place; (*leg.*) place of residence; **~ ove avviene il fatto che determina la competenza territoriale** (*leg.*) venue; **del ~** local; **in ~ di** in place of: **Saremo costretti a rifiutare le merci che ci avete inviate in ~ di quelle che avevamo ordinato** we shall have to reject the goods you sent us in place of the ones we had ordered; « **non ~ a procedere** » (*leg.*) nonsuit: **Pronunziarono un « non ~ a procedere »** they entered a nonsuit.

automation will help our economy; **a lunga scadenza** long-term (*a. attr.*); **a ~ termine** (*econ., fin.*) in the long run; long-term, long-range, long-run (*a. attr.*): **Ciò di cui si ha bisogno in questo momento è un orientamento a ~ termine della produzione** what we need now is a long-term guidance of production; **alla lunga** in the long run; **di ~ cabotaggio** (*trasp. mar.*) sea-going; **di ~ corso** (*trasp. mar.*) (*di nave, ecc.*) ocean-going; **di lunga durata** secular; **nel ~ periodo** in the long term.

luogo², *pref.* locum-. ∥ **luogotenente** (*chi fa le veci di q.*) locum-tenens.

lusso, *n. m.* luxury. △ **Questo è un ~ che non posso permettermi** this is a luxury I cannot afford; **Sarà messa una tassa speciale sugli articoli di ~** a special tax will be levied on luxury articles.

lussuoso, *a.* luxurious.

lustro¹, *n. m.* lustre; luster (*USA*); gloss, polish, enamel.

lustro², *n. m.* (*periodo di 5 anni*) five-year-period; lustre (*raro*).

M

«macadamizzare», v. t. (trasp. aut.) to metal. // ~ **una strada** to metal a road.

macchina, n. f. ❶ machine. ❷ (trasp. aut.) car, motor car. ❸ (trasp. ferr.) (locomotiva) engine. ❹ (trasp. mar.) (di nave) engine. ❺ **macchine**, pl. (org. az.) machinery. // ~ **a vapore** steam-engine; ~ **affrancatrice** (macch. uff.) franking machine, postage meter, postal meter, meter; ~ **calcolatrice** (macch. uff.) calculating machine, calculator, comptometer; ~ **che sostituisce l'uomo** iron man (slang USA); ~ **cinematografica** camera; ~ **contabile** (macch. uff.) accounting machine, bookkeeping machine; ~ **contabile automatica** (macch. uff.) automatic bookkeeping machine; ~ **da ripresa televisiva** camera; ~ **da scrivere** (macch. uff.) typewriter; office piano (slang USA); ~ **da scrivere elettrica** (macch. uff.) electric typewriter; ~ **da stampa piana** (pubbl.) flatbed; **macchine e impianti** (org. az.) machinery and equipment; ~ **esecutrice** (elab. elettr.) object computer; ~ **fatturatrice** (macch. uff.) invoicing machine; ~ **fotografica** camera; **macchine inattive** (org. az.) idle machines; ~ **lavatrice** washing machine; ~ **linotipica** (giorn.) linotype; ~ **per alimentare il bestiame a dosi costanti** cattle-feeder; ~ **per effettuare la girata d'assegni bancari** (mediante matrici speciali, per prevenire le contraffazioni) (macch. uff.) cheque endorsing machine; ~ **per fatturazione** (macch. uff.) billing machine; ~ **per firmare assegni bancari** (mediante matrici speciali, per prevenire contraffazioni) (macch. uff.) cheque signer; ~ **per firmare assegni bancari e apporvi la firma di girata** (mediante matrici speciali, per prevenire contraffazioni) (macch. uff.) cheque signing and endorsing machine; ~ **per impaccare** (org. az.) packer; ~ **per sollevare il carbone** (dalla stiva d'un nave) (trasp. mar.) coal-whipper; ~ **per stampare le cifre d'un assegno bancario** (macch. uff.) check protector, checkwriter; ~ **per stenografare** (macch. uff.) stenograph; **macchine per ufficio** (macch. uff.) office machines; ~ **perforatrice** (elab. elettr.) key punch; ~ **tipografica** (giorn.) printing press; ~ **utensile** (org. az.) tool, machine-tool; ~ **verificatrice** (elab. elettr.) verifier.

macchinare, v. t. to scheme, to plot. △ **Vorrei proprio sapere che cosa sta macchinando** I wish I knew what he's plotting now.

macchinario, n. m. (org. az.) machinery. △ **Tutto il ~ obsoleto è stato eliminato** all obsolete machinery has been discarded. // ~ **inoperoso** (org. az.) inactive machinery.

macchinazione, n. f. scheme, plot.

macchinista, n. m. (trasp. ferr.) engine driver; engineer (USA).

macroeconomia, n. f. (econ.) macroeconomics.

macroeconomico, a. (econ.) macroeconomic.

madre, n. f. ❶ mother. ❷ (di registro, libretto d'assegni, ecc.) counterfoil; stub (USA). a. attr. (fin.) parent. △ a. **Devi rivolgerti alla casa ~, non a una delle filiali** you should apply to the parent house, not to one of its branches.

maestra, n. f. (pers.) (di lavoro) forewoman*.

maestranze, n. pl. ❶ (org. az.) (la « base ») (the) rank and file. ❷ (pers.) hands, workers. ❸ (pers.) (in genere) employees. // ~ **d'un cantiere navale** (pers.) dockyard hands; le ~ **portuali** (trasp. mar.) the port workers.

maestro, n. m. ❶ (istruttore) instructor. ❷ (pers.) master. a. attr. (elab. elettr.) master. // ~ **muratore** (pers.) master mason.

magazzinaggio, n. m. ❶ (dog., org. az.) warehousing. ❷ (dog., trasp.) (spese di magazzinaggio) warehouse dues. ❸ (org. az.) storage. ❹ (org. az.) (spese di magazzinaggio) storage (charges). △ ❶ **Il ~ è un'attività commerciale assai importante, per il fatto che la produzione delle merci avviene di solito con grande anticipo sul loro consumo** warehousing is a very important commercial activity, owing to the fact that production of goods is usually carried on much ahead of their consumption; ❹ **Ci fu fatto pagare il ~ insieme con altre spese** we were charged storage and other expenses.

magazziniere, n. m. ❶ (dog., org. az., pers.) warehouse-keeper, warehouseman*, warehouser. ❷ (org. az., pers.) storekeeper, storeman*, stock clerk.

magazzino, n. m. ❶ (dog., org. az.) warehouse. ❷ (elab. elettr.) (memoria) store; storage (USA); memory. ❸ (org. az.) store, store room, stock room. ❹ (org. az.) (di deposito) depot. △ ❶ **I magazzini nei quali si può depositare merce che è stata importata ma per la quale non è stato ancora pagato il dazio doganale si chiamano magazzini doganali** the warehouses in which it is possible to store goods that have been imported but on which no customs duty has yet been paid are called bonded warehouses. // ~ **a prezzo ridotto** (market.) discount house; ~ **doganale** (dog.) customs warehouse, customs store; (in regime di punto franco) bonded warehouse, bonded store, entrepôt: **Queste sono le condizioni per la sosta delle merci di Paesi terzi in magazzini doganali che non siano in depositi o nei porti franchi** these are the terms under which goods from non-member Countries may be stored in customs warehouses other than bonded warehouses or in free ports; ~ **frigorifero** (market.) refrigerator warehouse, cold store; ~ **generale** (dog.) general warehouse; **magazzini navali** (trasp. mar.) marine stores; ~ **nazionale** (dog.) national warehouse; **un ~ per la stagionatura dei formaggi** (org. az.) a store for cheese seasoning; ~ **pezzi finiti** (org. az.) finished goods storehouse; ~ **portuale per il deposito del carbone** (trasp. mar.) coal dock; ~ (**prodotti**) **semilavorati** (org. az.) goods in process storehouse; ~ **viveri** (trasp. mar.) victualling yard; **dal ~** (market.) (di merce) ex warehouse; **in ~** (org. az.) on hand, in stock: **Vi faremo sapere appena possibile se l'articolo da voi richiesto è in ~** we shall let you know as soon as possible whether the article you require is in stock; **in ~ doganale** (dog.) in bond.

maggioranza, n. f. majority. △ **Spera d'ottenere la ~** he hopes he will get the majority. // ~ **assoluta** (leg.)

absolute majority; ~ **relativa** (*leg.*) plurality; ~ **semplice** (*leg.*) simple majority; **la** «~ **silenziosa**» the «silent majority»: **Sarà eletto dalla cosiddetta** «~ **silenziosa**» he will be elected by the so-called «silent majority».

maggiorare, *v. t.* to increase, to raise. △ **Non sarà facile ~ gli stipendi allo stato attuale delle cose** it's not going to be easy to raise salaries under the present circumstances. // ~ **il prezzo di** (*qc.*) (*market.*) to surcharge; ~ **il prezzo d'acquisto per coprire le spese** to add st. to the purchase price to cover one's expenses.

maggiorazione, *n. f.* ❶ increase, raise. ❷ (*market.*) (*di prezzo*) surcharge. △ ❷ **Non si prevedono maggiorazioni** (*di prezzo*) **in questo settore** no surcharges are expected in this sector. // ~ **del valore in Borsa dei capitali investiti** (*econ.*, *fin.*) capital gains; ~ **di prezzo** (*che permette di ricuperare le spese e trarne un profitto*) (*fin.*, *market.*) load; ~ **per fatica** (*cronot.*) fatigue allowance.

maggiore, *a.* ❶ (*più grande, per lo più in senso morale*) *comparativo* greater; *superlativo relat.* (*fra due*) the greater, (*fra più di due*) the greatest; (*più importante*) major. ❷ (*più grande, in senso materiale*) *comparativo* bigger, larger; *superlativo relat.* (*fra due*) the bigger, the larger; (*fra più di due*) the biggest, the largest. ❸ (*d'età, grado, ecc.*) senior. △ ❶ **Avresti dovuto trattare la faccenda con ~ cautela** you should have tackled the matter with greater care; **La sottoccupazione è uno dei maggiori problemi della nostra società** underemployment is one of the major problems of our society; ❷ **Non possiamo permetterci una spesa ~** we can't afford a larger expenditure; **È una delle maggiori aziende del comprensorio** it is one of the bigger firms in the area. // ~ **età** (*leg.*) majority, seniority, full age, legal age, lawful age; **il ~ offerente** (*a un'asta, ecc.*) (*comm.*) the highest bidder, the outbidder; **la ~ parte** the majority; **di ~ importanza** first-line (*attr.*).

maggiorenne, *a.* (*leg.*) of age, of full age, full-aged. *n. m.* e *f.* (*leg.*) major. △ *a.* **Nessuno dei due eredi è ancora diventato ~** neither heir has come of age yet; *n.* **Soltanto i maggiorenni hanno diritto al voto** only majors are entitled to vote.

magistrato, *n. m.* ❶ (*leg.*) magistrate, judge. ❷ (*leg.*) recorder (*in certe città inglesi*).

magistratura, *n. f.* (*leg.*) magistrature, magistrateship, judicature, judiciary; Court, (the) Bench. △ **Hanno sottoposto il caso alla ~** they have taken the case to Court; **Entrò a far parte della ~** he was raised to the Bench. // **la ~ e il Foro** the Bench and the Bar.

«**Magna Carta**», *n. f.* (*leg.*) (*fondamento dei diritti costituzionali inglesi*) Magna Charta, Magna Carta.

magnate, *n. m.* (*fin.*) magnate, grandee; tycoon, baron (*USA*). △ **È un ~ dell'industria** he is a magnate in the world of industry. // **un ~ dell'acciaio** a steel magnate.

magnetico, *a.* magnetic.

magnetofono, *n. m.* (*macch. uff.*) tape recorder, recorder. // ~ **a filo** (*macch. uff.*) wire recorder.

magro, *a.* thin; (*scarso*) scanty, scarce, meagre, lean. // **un ~ raccolto** (*econ.*) a scanty crop, a lean harvest.

maiuscola, *n. f.* ❶ capital letter, capital. ❷ (*giorn., pubbl.*) upper case. ❸ **maiuscole**, *pl.* (*giorn., pubbl.*) caps (*abbr. di capitals*).

maiuscoletto, *n. m.* (*giorn., pubbl.*) small capitals (*pl.*).

maiuscolo, *a.* (*giorn., pubbl.*) capital. *n. m.* (*giorn., pubbl.*) capitals, caps (*pl.*).

malafede, *n. f.* (*leg.*) bad faith. △ **Pensi che abbiano agito in ~?** do you think they acted in bad faith?

malato, *a.* sick (*attr.*); ill (*generalm. pred.*). *n. m.* patient, sick person. △ *a.* **Troppi dipendenti si danno malati in questo reparto** too many employees report sick in this department.

malattia, *n. f.* sickness, illness, disease. // **malattie del lavoro** (*pers.*) occupational diseases; ~ **mentale** (*leg.*) mental disease; ~ **professionale** (*pers.*) industrial disease, occupational disease.

malcontento, *n. m.* dissatisfaction, discontent. △ **C'è un diffuso ~ fra gli operai** there is a general discontent among workers.

malcostume, *n. m.* ❶ immoral behaviour. ❷ (*leg.*) malpractice.

male[1], *avv.* ❶ (*in malo modo*) badly. ❷ (*erroneamente*) wrongly. △ ❶ **Si comportò ~ in quella circostanza** he behaved badly in that circumstance; ❷ **Fummo informati ~ dal nostro agente** we were wrongly informed by our agent.

male[2], *n. m.* evil, ill, wrong. △ **L'inquinamento atmosferico è uno dei mali dello sviluppo industriale** air pollution is one of the evils of industrial development.

malfattore, *n. m.* (*leg.*) malefactor, evil-doer, wrongdoer.

malgoverno, *n. m.* (*amm.*) misgovernment, mismanagement, misconduct.

malinteso, *n. m.* misunderstanding. △ **Vi consiglieremmo di mettervi in contatto col nostro agente per evitare ogni ~** we would advise that you contact our agent in order to avoid any misunderstanding.

mallevadore, *n. m.* (*leg.*) surety, sponsor, voucher, warrantor, guarantee. △ **Ha rifiutato d'offrirsi ~** he has refused to offer himself as surety.

mallevadoria, *n. f.* V. **malleveria**.

malleveria, *n. f.* (*leg.*) surety, security, guarantee. // **chi gode dell'altrui ~** (*leg.*) vouchee.

malo, *a.* bad, ill, evil. // **mala copia** foul copy, rough copy; **in mala fede** (*leg.*) mala fide.

malsicuro, *a.* unsafe; (*pericoloso*) dangerous, (*dubbio*) dubious. △ **Quest'automobile è malsicura a qualsiasi velocità** this car is unsafe at any speed; **La testimonianza che hanno raccolto è piuttosto malsicura** the evidence they have obtained is rather dubious.

maltempo, *n. m.* bad weather, weather. △ **Il nostro viaggio fu interrotto per il ~** our journey was stopped by the weather.

malversazione, *n. f.* (*leg.*) malversation, larceny, embezzlement.

manager, *n. m.* (*amm.*) manager.

manageriale, *a.* (*amm.*) managerial.

mancante, *a.* ❶ (*sprovvisto*) lacking (in), in need (of); (*a corto di*) short (of). (*che non si trova più*) missing; (*assente*) absent. ❷ **Una quantità di documenti ufficiali sono mancanti** a lot of official documents are missing; **Una dozzina d'operai sono ancora mancanti** a dozen workers are still absent. // ~ **d'elasticità** (*anche econ.*) (*della domanda, ecc.*) inelastic; ~ **di qualche requisito essenziale** (*leg.*) imperfect.

mancanza, *n. f.* ❶ (*scarsità*) lack, want. ❷ (*deficienza*) deficiency, shortage. ❸ (*assenza*) absence. ❹ (*omissione*) failure. △ ❶ **Molte modifiche non poterono essere apportate per ~ di tempo** many alterations were not made for lack of time; ❷ **Le tasche degli italiani traboccano di caramelle e francobolli a causa della ~ di spiccioli per il resto** the Italians' pockets are overflowing with candies and postage stamps, owing to the shortage of small change; ❸ **Per ~ d'un socio, la**

mancare

riunione dovette essere posposta owing to the absence of a partner, the meeting had to be postponed. // ~ **dei requisiti necessari** (*leg.*) disqualification; ~ **d'accettazione** (*cred.*) unacceptance; ~ **di competenza** want of competence; ~ **di consenso** (*leg.*) want of consent; ~ **di contropartita** (*Borsa*) lack of corresponding buyers; ~ **di copertura** (*banca, cred.*) absence of consideration; «~ **di copertura**» (*banca, cred.*) «no funds» (*N.F.*); ~ **di diligenza del buon padre di famiglia** (*leg.*) lack of ordinary diligence; ~ **di diligenza ordinaria** (*leg.*) lack of ordinary diligence; ~ **di discendenti** (*leg.*) failure of issue; ~ **di diversificazione** (*econ.*) lack of diversification; ~ **d'elasticità** (*anche econ.*) (*della domanda, ecc.*) inelasticity; ~ **d'equilibrio** lack of balance, unbalance; ~ **d'equità** inequity; ~ **d'eredi** (*leg.*) failure of issue; ~ **di fondi** (*fin.*) lack of funds: **Dovemmo rinunciare del tutto al progetto per ~ di fondi** we had to give up the whole project for lack of funds; ~ **di fondi per una cambiale** (*banca, cred.*) absence of consideration for a bill; ~ **di giurisdizione** (*leg.*) lack of jurisdiction, want of jurisdiction; ~ **di notizie d'una nave** (*trasp. mar.*) absence of news of a ship; ~ **di proporzione** disproportion: **C'è ~ di proporzione fra domanda e offerta** supply is in disproportion with demand; ~ **di prove** (*leg.*) failure of evidence, want of evidence, lack of evidence; ~ **di quotazione** (*Borsa*) non-quotation; ~ **di responsabilità** (*leg.*) non-liability; ~ **di testamento** (*leg.*) intestacy; ~ **di titolo** (*leg.*) lack of title; **in ~ di** failing, in default of: **In ~ di prove non c'è stato processo** in default of evidence there was no trial; **in ~ di accordo** in default of agreement; **in ~ d'istruzioni specifiche** failing specific instructions; **in ~ di prova contraria** (*leg.*) in the absence of contrary evidence; **in ~ d'ulteriori istruzioni** in the absence of further instructions; **per ~ di fondi** for want of funds.

mancare, *v. i.* ❶ (*non avere a sufficienza*) to lack, to be lacking. ❷ (*essere sprovvisto*) to be short (of), to need. ❸ (*non esserci*) to be absent; (*non essere reperibile*) to be missing. ❹ (*omettere, tralasciare*) to fail. *v. t.* (*fam.*) (*perdere*) to miss. △ *v. i.* ❶ **Un direttore che manca d'esperienza non possiamo permettercelo** we can't afford a manager who lacks experience; **Mancavano i capitali per il nostro progetto** capitals were lacking for our plan; ❷ **Facendo i conti, notai che mi mancavano 200 dollari** I noticed that I was 200 dollars short in my accounts; ❸ **Mancavano diversi impiegati dopo le feste** several employees were absent after the holidays; **Mancava una quantità di pagine dai libri contabili** lots of pages were missing from the books of account; ❹ **Non mancate d'informarci appena potete** don't fail to let us know as soon as you can; *v. t.* **Ho mancato l'autobus delle 11** I've missed the 11 bus. // ~ **a un appuntamento** to miss an appointment; ~ **alla parola data** to break one's word; ~ **di mezzi** (*fin.*) to be hard up.

mancato, *a.* ❶ (*fallito*) unsuccessful. ❷ (*che la pretende a*) would-be (*attr.*). △ ❶ **La loro fu un'impresa mancata** theirs was an unsuccessful enterprise; ❷ **È un banchiere ~** he is a would-be banker. // **mancata accettazione** (*d'una cambiale*) (*cred.*) non-acceptance; ~ **arrivo** (*trasp.*) non-arrival; **mancata comparizione** (*d'imputato o di teste*) (*leg.*) non-appearance, non-attendance; **mancata comparizione in giudizio** (*leg.*) non-appearance, absence to appear, failure to appear; **mancata consegna** (*market.*) non-delivery; **mancata consegna di titoli** (*entro un certo tempo dall'acquisto o dalla vendita*) (*Borsa*) fail; **mancata esecuzione** (*leg.*) failure to perform; ~ **imbarco** (*trasp.*) non-shipment; **mancata partenza** (*trasp.*) non-departure; **mancata quotazione** (*Borsa*) non-quotation.

«**manchettes**», *n. pl.* (*pubbl.*) ears.

manchevole, *a.* ❶ (*imperfetto*) defective, imperfect, faulty. ❷ (*che lascia a desiderare*) inadequate, unsatisfactory. △ ❷ **La relazione che ci hanno inviato è assai ~** the report they sent us is quite unsatisfactory.

manchevolezza, *n. f.* ❶ defectiveness, imperfection, fault. ❷ inadequacy, faultiness. △ ❷ **Penso che tutti abbiano notato la ~ della tua teoria** I think everybody noticed the faultiness of your theory.

mancia, *n. f.* tip, gratuity, box. △ **Sono proibite le mance** no tips (are) allowed. // ~ **competente** adequate reward.

mandante, *n. m. e f.* (*leg.*) mandant, mandator, assignor, principal.

mandare, *v. t.* ❶ to send*. ❷ (*spedire*) to forward, to dispatch; to ship (*USA*). ❸ (*spedire per via mare*) to ship. ❹ (*trasmettere*) to transmit, to remit. △ ❶ **Mr Catlow è stato mandato a Francoforte perché è il solo che parla tedesco** Mr Catlow's been sent to Frankfurt as he is the only person who can speak German; ❷ **Vi manderemo la merce appena avremo ricevuto il vostro ordine** the goods will be forwarded to you as soon as we receive your order; ❸ **Hanno mandato la merce via Amsterdam** they have shipped the goods via Amsterdam; ❹ **Le informazioni ci sono state mandate dal nostro corrispondente a Ginevra** the information was transmitted by our Geneva correspondent. // ~ **a chiamare q.** to send for sb.; ~ **a prendere** (*ordinare*) (*market.*) to send for; ~ **q. « a spasso »** (*licenziarlo*) (*pers., fam.*) to give sb. the sack, to sack sb.; ~ **avanti un'azienda** to carry on a business, to keep a business going: **Mandano avanti l'azienda paterna** they carry on their father's business; ~ **avanti la baracca** (*fam.*) to keep one's business going; ~ **un candidato in Parlamento** (*leg.*) to seat a candidate; ~ **circolari a q.** to circularize sb.; ~ **q. in pensione** (*pers.*) to pension sb. off, to retire sb.; ~ **in rovina** to shipwreck, to wreck (*fig.*): **Gli errori del cassiere per poco non mandarono la ditta in rovina** the treasurer's errors nearly wrecked the firm; ~ **per posta** (*comun.*) to mail; ~ **un telegramma** (*comun.*) to cable; ~ **un telegramma a q.** (*comun.*) to telegraph sb.; ~ **via** (*licenziare*) (*pers.*) to send away.

mandatario, *n. m.* ❶ (*leg.*) mandatary, mandatory, mandatee. ❷ (*leg.*) (*agente*) agent. ❸ (*leg.*) (*procuratore*) proxy, assignee, attorney. △ ❷ **Il ~ è una persona autorizzata ad agire per conto di un'altra persona, detta mandante** an agent is a person empowered to act on behalf of another person, called principal. // ~ **commerciale** (*al quale vengono affidate le merci di cui ha la piena disponibilità*) (*leg.*) factor.

mandato, *n. m.* ❶ (*incarico*) commission. ❷ (*leg.*) order, writ, warrant. ❸ (*leg.*) (*citazione*) summons, mandate, mandamus. △ ❶ **Il nostro ~ non è stato eseguito** our commission has not been carried out; ❷ **Il tribunale ha notificato un ~ a Mr Shelton** the Court has served a writ on Mr Shelton. // ~ **alle liti** (*leg.*) warrant of attorney; ~ **commerciale** agency; ~ **d'arresto** (*leg.*) warrant of arrest, mittimus; ~ **di cattura** (*leg.*) warrant of arrest, mittimus; ~ **di comparizione** (*leg.*) summons, writ of subpoena, subpoena, process; ~ **di convocazione dei giurati supplenti** (*leg.*) tales; ~ **di curatela** (*emesso nei confronti d'un debitore insolvente*) (*leg.*) receiving order; ~ **d'esecuzione** (*leg.*) writ of execution; ~ **di pagamento** (*banca, cred., rag.*) order for payment, order to pay, warrant for payment, card money order, money order; ~ **di perquisizione** (*leg.*) search-warrant; ~ **di rappresentanza** (*leg.*) agency: È stato revocato il ~ **di rappresentanza** the agency has been withdrawn; ~ **di riscossione** cash warrant; ~ **di scarico** (*trasp. mar.*) freight release; ~ **di sequestro** (*leg.*) distress warrant; ~ **generale** (*leg.*) general agency; ~ **perentorio** (*leg.*) peremptory mandamus; **chi ha ~ di vendere o stimare beni pignorati** (*leg.*) broker.

maneggiamento, *n. m.* ❶ handling. ❷ (*manipolazione, falsificazione*) manipulation. ❸ (*l'aver a che fare con, il trattare*) management. ❹ (*market.*) (*di prezzi, ecc.*) rig. // ~ **dei materiali** (*org. az.*) materials handling.

maneggiare, *v. t.* ❶ to handle. ❷ (*manipolare, falsificare*) to manipulate. ❸ (*aver a che fare con, trattare*) to manage. ❹ (*market.*) (*prezzi, ecc.*) to rig. △ ❶ « ~ **con cura!** » « handle with care! »; ❸ **Sa ~ abilmente i suoi affari** he knows how to manage his business. // ~ **(bene) una lingua** to master a language; ~ **grossolanamente** (*merce*) (*trasp.*) to bungle.

maneggio, *n. m. V.* **maneggiamento**.

mangiare, *v. t.* ❶ to eat*. ❷ (*consumare i pasti*) to take* one's meals. ❸ (*sperperare*) to waste, to squander. △ ❷ **Di solito mangio alla mensa della fabbrica** I usually take my meals at the factory's cafeteria; ❸ **S'è mangiato un patrimonio in pochi mesi** he has squandered a fortune in a few months. // ~ **alle spalle di q.** (*fig.*) to sponge on sb.; ~ **la foglia** (*fig.*) to smell a rat; **mangiarsi la parola** to break one's word, to go back on (*o* upon) one's word; **non ~** (« *tirare la cinghia* ») to tighten one's belt (*fam.*).

mania, *n. f.* mania, madness. // ~ **dello sviluppo economico** (*econ.*) growthmania.

maniera, *n. f.* ❶ manner, way. ❷ (*metodo*) method; (*sistema*) system; (*stile*) style. ❸ (*generalm. pl., modo di fare*) manners; manner (*sing.*). △ ❶ **A molti non piace la ~ di vivere degli americani** many people don't like the American way of life; ❷ **Ci sono fondamentalmente due maniere di tenere la contabilità** there are basically two systems of bookkeeping; ❸ **La persona allo sportello deve avere maniere gentili** the person at the counter must have kind manners.

manifattura, *n. f.* ❶ (*org. az.*) manufacture. ❷ (*org. az.*) (*fabbrica*) factory, manufactory, industry. ❸ (*org. az.*) (*manufatto*) manufactured article. △ ❷ **La nuova ~ darà lavoro a 2.000 operai** the new factory will employ 2,000 workers. // ~ **dei tabacchi** tobacco manufacture.

manifatturiere, *n. m.* ❶ (*proprietario d'una manifattura*) factory-owner. ❷ (*dirigente d'una manifattura*) factory manager. ❸ (*operaio*) factory operative, factory worker.

manifatturiero, *a.* (*org. az.*) manufacturing; factory (*attr.*). △ **Gli operai manifatturieri sono in sciopero** factory workers are on strike.

manifestare, *v. t.* ❶ to manifest. ❷ (*mostrare*) to show*. ❸ (*esprimere*) to express. *v. i.* (*fare una dimostrazione*) to demonstrate. △ *v. t.* ❷ **Il mercato manifesta un certo squilibrio in questo settore** the market shows a certain lack of balance in this sector; ❸ **Vorrei manifestarLe la mia gratitudine** I'd like to express my gratitude to you; *v. i.* **Gli scioperanti stanno manifestando davanti al Municipio** strikers are demonstrating outside the City Hall. // ~ **una tendenza** (*a poco a poco*) to develop a tendency.

manifestazione, *n. f.* ❶ manifestation. ❷ show. ❸ (*dimostrazione*) demonstration. // **una ~ pubblica** a public demonstration; **manifestazioni sindacali** (*sind.*) unions' actions.

manifestino, *n. m.* ❶ (*pubbl.*) leaflet. ❷ (*pubbl.*) (*distribuito a mano*) handbill; throwaway (*USA*).

manifesto[1], *a.* manifest, evident, express, tangible.

manifesto[2], *n. m.* ❶ (*avviso*) notice. ❷ (*letterario, politico, ecc.*) manifesto*. ❸ (*pubbl.*) (*murale*) poster, placard, bill. ❹ (*trasp. aer., trasp. mar.*) manifest. △ ❸ **Non siamo stati autorizzati ad attaccare quel ~** we've not been allowed to put up that placard. // **il ~ del Partito Progressista** the Manifesto of the Progressive Party; ~ **di bordo** (*trasp. mar.*) ship's manifest, cargo summary; ~ **di cabotaggio** (*trasp. mar.*) coasting manifest; ~ **di dogana** (*dog.*) customs manifest; ~ **di fabbrica** (*affisso, a cura d'un sindacato, in uno stabilimento, per mostrare che in questo il lavoro è svolto secondo le norme previste dal contratto*) (*sind.*) shop card; ~ **di transito** (*dog.*) transit manifest; ~ **d'uscita** (*trasp. mar.*) outward manifest; ~ **per tram (autobus, metropolitana, ecc.)** (*pubbl.*) car card (*USA*).

manipolare, *v. t.* ❶ to manipulate, to handle, to work (out). ❷ (*leg.*) to manipulate. ❸ (*leg.*) (*adulterare*) to adulterate. △ ❷ **Questi conti sono stati manipolati** these accounts have been manipulated.

manipolazione, *n. f.* ❶ manipulation, handling, working (out). ❷ (*leg.*) manipulation. ❸ (*leg.*) (*adulterazione*) adulteration. // **manipolazioni chimiche** (*market.*) chemical manipulations; **la ~ dei dati** (*stat.*) the manipulation of data; **la ~ delle merci** (*market.*) the manipulation of goods.

manna, *n. f.* ❶ manna. ❷ (*fam.*) boon. △ ❷ **La nostra nuova lavatrice è una vera ~ per le famiglie numerose** our new washing-machine is a real boon for large families.

mano, *n. f.* ❶ hand. ❷ (*potere, balia*) hand, power. ❸ (*di vernice, ecc.*) coat, coating. △ ❷ **Tutta l'azienda è praticamente nelle sue mani** the whole concern is practically in his hands. // ~ **d'opera** (*econ., pers.*) *V.* **manodopera**; ~ **morta** (*leg.*) dead hand, mortmain; **a ~** by hand: **Questi articoli sono fatti a ~ o a macchina?** are these goods made by hand or by machinery?; **contro ~** (*trasp.*) (*di veicoli, ecc.*) on the wrong side of the road; **per le mani in hand**: **Ho un grosso lavoro per le mani** I've got a big matter in hand; **per ~ di notaio** (*leg.*) under a notary's hand: « **Fatto per ~ di Mr Robinson, notaio** » « given under the hand of Mr Robison, notary public ».

manodopera, *n. f.* (*econ., pers.*) labour, manpower, work-people. △ **Il costo della ~ è in continuo aumento** the cost of labour is getting higher and higher; **Non si può negare che sappia trattare con la ~** he sure knows how to deal with work-people. // ~ **a giornata** (*pers.*) day labour; ~ **contrattuale** (*sind.*) contract labour; ~ **del settore cantieristico** (*trasp. mar.*) shipbuilding labour; ~ **diretta** (*pers.*) direct labour, productive labour; ~ **femminile** (*pers.*) female labour; ~ **indiretta** (*pers.*) indirect labour; ~ **non nazionale** (*pers.*) foreign manpower; ~ **non qualificata** (*pers.*) unskilled labour; ~ **non specializzata** (*pers.*) green labour (*fam.*); ~ **portuale** (*pers.*) dock labour; ~ **qualificata** (*pers.*) skilled labour; ~ **sfruttata** (*pers.*) sweated labour; ~ **specializzata** (*pers.*) skilled labour: **Ciò che al giorno d'oggi si stenta a reperire è la ~ specializzata** what's hard to find nowadays is skilled labour; ~ **straniera** (*pers.*) foreign manpower: **C'era una forte richiesta di ~ straniera in Germania** foreign manpower was in great demand in Germany; ~ **temporanea** (*pers.*) contract labour;

a corto di ~ (*org. az.*) (*di datore di lavoro*) short-handed; **con** ~ **insufficiente** (*org. az.*) (*di fabbrica*) underhanded, undermanned: **Quasi tutte le fabbriche con ~ insufficiente cominciarono ad assumere lavoratori migranti** nearly all underhanded factories began to employ migrant workers; **Questi provvedimenti dovrebbero richiamare operai verso le industrie con ~ insufficiente** these provisions should attract labour to undermanned industries.

manomettere, *v. t.* ❶ (*aprire indebitamente*) to open unduly. ❷ (*leg.*) to tamper (with). △ ❶ **Fu licenziato per aver manomesso lettere private** he was fired as he had unduly opened private letters. // **~ documenti** (*leg.*) to tamper with documents.

manomissione, *n. f.* ❶ unduly opening. ❷ (*leg.*) tampering (with).

manomorta, *n. f.* (*leg.*) dead hand, mortmain.

manopola, *n. f.* knob. // **~ di comando** (*elab. elettr.*) control knob.

manoscritto[1], *n. m.* ❶ manuscript, handwriting. ❷ (*giorn., pubbl.*) (*da stampare*) copy. △ ❶ **Il ~ dev'essere consegnato entro la fine del mese** the manuscript is to be delivered within the end of the month.

manoscritto[2], *a.* handwritten. △ **Accettiamo soltanto domande manoscritte** we only accept handwritten applications.

manovalanza, *n. f.* unskilled labour; hodmen (*pl.*).

manovale, *n. m.* (*pers.*) unskilled worker, labourer, hodman*; laborer (*USA*).

manovra, *n. f.* ❶ manoeuvre, maneuver. ❷ (*fig.*) (*manipolazione, raggiro*) manipulation, move. ❸ (*market.*) (*per far salire i prezzi*) rig. ❹ (*trasp. ferr.*) shunting. ❺ (*trasp. mar.*) handling. △ ❶ **Le sue manovre per arrivare al vertice lo hanno reso impopolare** his manoeuvres to get to the top have made him unpopular. // **~ al ribasso** (*Borsa*) bear raid; **~ del credito** (*fin.*) credit maneuver; **la ~ del tasso di sconto** (*fin.*) the manipulation of the bank rate; **manovre speculative** (*fin.*) speculative manoeuvres; **manovre sulle valute** (*fin.*) currency transactions.

manovrare, *v. t.* ❶ to manoeuvre, to maneuver. ❷ (*fig.*) (*manipolare, raggirare*) to manipulate. ❸ (*market.*) (*prezzi, ecc.*) to rig. ❹ (*trasp. ferr.*) to shunt. ❺ (*trasp. mar.*) to handle. // **~ una locomotiva** (*trasp. ferr.*) to work an engine; **~ il mercato dei titoli** (*fin.*) to rig the stock market; **~ una nave** (*trasp. mar.*) to handle a ship, to work a ship; **~ i prezzi** (*market.*) to rig prices, to manipulate prices; **~ il tasso di sconto** (*fin.*) to manipulate the Bank rate; **che si può ~** (*trasp. aer., trasp. mar.*) (*di aereo, nave, ecc.*) navigable.

manovratore, *n. m.* ❶ (*chi escogita espedienti*) manoeuverer. ❷ (*trasp. ferr.*) signal-man*, yard-man*, switchman*. // **~ di scambi** (*trasp. ferr.*) shunter.

mansione, *n. f.* ❶ (*incarico*) office; (*dovere*) duty; (*compito*) task. ❷ (*pers.*) function, job. △ ❶ **Ha sempre compiuto le sue mansioni con la massima diligenza** he's always performed his duties with the utmost care; ❷ **Qual è la sua ~ nell'azienda?** what's his job in the firm? // **una ~ «chiave»** (*pers.*) a key job; **mansioni d'impiegato** (*pers.*) clerical duties; **le mansioni d'un ragioniere** (*pers.*) the duties of a bookkeeper; **mansioni dirigenziali** (*amm.*) management functions.

mantello, *n. m.* ❶ cloak. ❷ (*fin.*) (*d'un foglio di cedole*) talon.

mantenere, *v. t.* ❶ to maintain, to keep*. ❷ (*continuare*) to keep* up. ❸ (*sostenere*) to sustain, to support. △ ❶ **Intendiamo ~ il nostro buon nome** we intend to maintain our reputation; ❷ **Non potemmo ~ la nostra corrispondenza con Mr Shamblin** we were unable to keep up our correspondence with Mr Shamblin; ❸ **La maggior parte dei nostri operai ha famiglie numerose da ~** most of our workers have large families to support. // **~ alto il prezzo di talune merci** (*market.*) to keep up the price of certain goods; **~ un appuntamento** to keep an appointment; **~ un certo tenore di vita** (*econ.*) to maintain a certain standard of living; **~ l'equilibrio** (*trasp. mar.*) (*di nave*) to trim; **~ q. in carica** to continue sb. in office; **~ un livello di tassi basso** (*fin.*) to hold rates down; **~ la parola** to stand by one's word; **~ la parola data** to stick to one's word; **~ una promessa** to keep a promise; **~ la rotta** (*trasp. mar.*) to stand on; **~ stabili i prezzi** (*econ., market.*) to keep prices steady; **non ~ un appuntamento** to break an appointment; **non ~ la parola** to go back on (*o* upon) one's word.

mantenersi, *v. rifl.* ❶ (*alimentarsi, sostentarsi*) to keep* oneself, to maintain oneself. ❷ (*market.*) (*di prezzi: rimanere a un certo livello*) to rule. △ ❶ **I prezzi si mantennero piuttosto bassi durante il secondo semestre** prices ruled fairly low in the second semester. // **~ col proprio lavoro** to earn one's keeping (*o* one's living).

mantenimento, *n. m.* ❶ maintenance, keeping. ❷ (*sostentamento*) support. ❸ (*manutenzione*) upkeep. // **~ (da parte del rivenditore) del prezzo di vendita fissato dal produttore** (*market.*) price maintenance; **il ~ d'una famiglia** the maintenance of a family; **il ~ d'una promessa** the keeping (*o* fulfilment) of a promise.

mantissa, *n. f.* (*mat.*) mantissa*.

manuale[1], *a.* manual. △ **Non sono tagliato per i lavori manuali** I'm not cut out for manual works.

manuale[2], *n. m.* ❶ manual, handbook, treatise. ❷ (*d'istruzioni, ecc.*) workbook. // **~ d'accoglimento** (*pers.*) employees' manual; **~ di manutenzione** (*org. az.*) maintenance handbook; **~ d'organizzazione** (*org. az.*) organization manual; **~ di vendita** (*org. az.*) sales manual; **~ per la conversione di misure, pesi e valute** (*di differenti Paesi*) (*fin., trasp.*) cambist.

manualità, *n. f.* (*pers.*) manual dexterity.

manufatto, *n. m.* ❶ (*market.*) manufactured article, manufacture, handwork. ❷ **manufatti**, *pl.* (*market., anche*) manufactured goods. △ ❶ **Importano gran parte dei manufatti dai Paesi della CEE** they import most manufactures from the EEC Countries.

manutenzione, *n. f.* ❶ (*market.*) service. ❷ (*org. az.*) maintenance, upkeep. △ ❷ **Mr Norris è responsabile della ~ dei locali** Mr Norris is in charge of the upkeep of the premises. // **~ correttiva** (*org. az.*) corrective maintenance; **manutenzioni e riparazioni** (*org. az., rag.*) repairs and upkeep; **~ ordinaria** (*org. az.*) routine maintenance.

mappa, *n. f.* map, plan. // **~ catastale** cadastral map.

marca, *n. f.* (*market.*) brand, brand name, mark, make. △ **Quella è la ~ migliore che si possa avere** that is the best brand you can get; **Siamo in grado di fornirvi articoli delle migliori marche** we can supply you with articles of the best makes. // **~ assicurativa** (*della mutua*) (*leg.*) insurance stamp, stamp; **~ da bollo** (*leg.*) revenue stamp, stamp; **~ da bollo per documenti** (*leg.*) documentary stamp; **~ di dischi** (*di registrazioni discografiche*) (*market.*) label: **Gli appassionati di musica hanno ora a disposizine più di 12.000 marche di dischi fra le quali scegliere** music fans have now more than 12,000 different labels among which to choose; **~ di fabbrica** (*market.*) trade-mark; **~ registrata** (*market.*)

registered trade-mark; **di (ottima)** ~ first-class, first-rate *(attr.)*.
marcare, *v. t.* ❶ to mark, to check. ❷ *(market.)* to brand, to hallmark. // «~ **l'ora**» *(all'arrivo sul posto di lavoro) (pers.)* to ring in.
marcato, *a. (sensibile, pronunciato)* sharp, considerable, remarkable. △ **C'è stato un** ~ **ribasso dei prezzi** there has been a sharp decline in prices.
«**marchetta**», *n. f. (leg.) (della mutua)* insurance stamp, stamp.
marchiare, *v. t.* V. marcare.
marchio, *n. m.* ❶ *(market.)* brand, brand-name, mark, make. ❷ *(market., pubbl.) (di garanzia, d'origine, ecc. su un prodotto)* hallmark. // ~ **commerciale** commercial mark; ~ **d'editore** *(pubbl.)* colophon; ~ **di fabbrica** *(leg., market.)* trade-mark, trademark, stamp: **Il** ~ **di fabbrica può essere ceduto soltanto insieme all'avviamento dell'azienda** a trade-mark can only be transferred in connection with the goodwill of the business; ~ **(di fabbrica) non registrato** *(leg.)* unregistered trade-mark; ~ **di garanzia** *(sull'oro e sull'argento) (market., pubbl.)* hallmark; ~ **d'origine** *(market.)* certification mark; ~ **d'una società** *(pubbl., USA)* corporate symbol; ~ **di zecca** *(su una moneta fresca di conio) (fin.)* mintmark; ~ **registrato** *(leg.)* registered trade-mark; **chi usa illegalmente l'altrui** ~ **di fabbrica** *(leg.)* infringer.
marciapiede, *n. m.* ❶ pavement; side-walk *(USA)*. ❷ *(trasp. ferr.)* platform. // ~ **delle partenze** *(trasp. ferr.)* departure platform; ~ **d'arrivo** *(trasp. ferr.)* arrival platform.
marco, *n. m. (unità monetaria tedesca)* mark.
mare, *n. m.* sea. △ **Non potemmo salpare a causa delle cattive condizioni del** ~ owing to the bad sea conditions we were unable to sail. // ~ **aperto** *(trasp. mar.)* high seas, offing; **un** ~ **di debiti** *(fig.)* a sea of debt; ~ **territoriale** *(leg., trasp. mar.)* territorial sea; **a** ~ *(trasp. mar.)* overboard: **Parte del carico dovette essere gettata a** ~ part of the cargo had to be thrown overboard; **che tiene bene il** ~ *(trasp. mar.) (di nave)* seakeeping; **in** ~ at sea, afloat: **Tutte le navi sono ancora in** ~ all the ships are still afloat; **in** ~ **aperto** *(trasp. mar.)* off shore; **via** ~ *(trasp. mar.)* by sea; by water.
marea, *n. f. (trasp. mar.)* tide, water. △ **L'alta** ~ **fu alle 7** the high water was at 7 o'clock. // ~ **avanzante sulla luna** *(trasp. mar.)* tide gaining on the moon; ~ **calante** *(trasp. mar.)* outgoing tide; ~ **di sottovento** *(trasp. mar.)* tide under the lee; ~ **ferma** *(trasp. mar.)* slack; **una** ~ **nella direzione del vento** *(trasp. mar.)* a lee tide; ~ **ritardante sulla luna** *(trasp. mar.)* tide lagging behind the moon; **di** ~ *(dovuto alla marea) (trasp. mar.)* tidal.
mareometro, *n. m. (trasp. mar.)* tide indicator.
marginale, *a. (anche econ.)* marginal. △ **L'utilità** ~ **è l'utilità minima attribuita a una dose qualsiasi di merce** marginal utility is the least utility attributed to any one item of a supply of goods.
marginatore, *n. m. (di macch. uff.)* margin stop, marginal stop.
margine, *n. m.* ❶ margin, edge. ❷ *(Borsa, fin.)* cover. ❸ *(econ., rag.)* margin, fringe. ❹ *(fin.)* margin, range, spread. △ ❷ **Il nostro agente di cambio esige un** ~ **del 20% in contanti** our stockbroker requires a cover of 20% in cash. // **margini degli utili** *(econ.)* profit margins; ~ **del giorno** *(Borsa, fin.)* day's spread; ~ **dell'operatore di Borsa** *(Borsa, fin.)* bid-and-ask spread; jobber's turn *(ingl.)*; dealer spread *(USA)*: **Il** ~ **dell'operatore di Borsa è la differenza fra il prezzo d'acquisto e quello di vendita che egli pratica per i titoli** the jobber's turn is the difference between the dealer's buying price and selling price; **margini di fluttuazione delle monete** *(fin.)* fluctuation bands of currencies; **il** ~ **d'una pagina** the margin of a page; ~ **di piede** *(della pagina) (giorn., pubbl.)* tail margin, tail; ~ **di profitto** *(aggiunto al costo per ottenere il prezzo di vendita) (market.)* mark-on, markup; ~ **di sicurezza** *(anche fig.)* leeway: **La ragione principale per la quale teniamo una riserva è quella di fornire un** ~ **di sicurezza finanziaria** the main reason why we maintain a reserve is to provide financial leeway; **un** ~ **di tempo** a margin of time; ~ **di tolleranza di peso** *(nel conio delle monete) (fin.)* remedy; ~ **lordo** gross margin, contribution margin, margin; **margini lordi d'utile commerciale** *(fin., rag.)* gross trading profits: **La differenza tra il volume degli affari e i costi va sotto il nome di margini lordi d'utile commerciale** the difference between turnover and costs is called gross trading profits; **di** ~ *(marginale)* marginal.
marina, *n. f. (trasp. mar.)* marine, navy. // ~ **mercantile** *(trasp. mar.)* mercantile marine, merchant marine, merchant navy, merchant service, commercial marine, shipping: **La loro** ~ **mercantile è una delle migliori del mondo** their merchant marine is one of the best in the world.
marinaio, *n. m. (trasp. mar.)* seaman*, sailor, man*, hand. // ~ **scelto** *(trasp. mar.)* able-bodied seaman; ~ **semplice** *(trasp. mar.)* ordinary seaman.
marinaresco, *a. (trasp. mar.)* seamanly, sailor-like, nautical.
marino, *a. (trasp. mar.)* marine, nautical; sea *(attr.)*.
marittimo[1], *a. (trasp. mar.)* maritime, marine, naval; sea *(attr.)*. △ **Il commercio** ~ **è di vitale importanza per un Paese** ~ **come l'Italia** sea trade is of vital importance for a maritime Country like Italy.
marittimo[2], *n. m. (trasp. mar.)* seaman*.
marketing, *n. m. (market.)* marketing. △ **In senso lato, il** ~ **consiste in tutte quelle attività mediante le quali i bisogni dell'uomo sono soddisfatti con il trasferimento di beni, di servizi e di diritti** in a broad sense, marketing consists of all those activities through which human wants are satisfied by the transfer of goods, services, and rights; **Di norma la parola** ~ **si applica soltanto ai beni reali mobili** normally the term marketing is limited to the so-called «tangible» commodities. // ~ **di prova** *(market., pubbl.)* test marketing.
martelletto, *n. m. (di macchina da scrivere)* type-bar.
massa, *n. f.* ❶ mass. ❷ *(volume)* bulk, volume. ❸ *(grande quantità)* large number, lot(s). // ~ **attiva** *(d'avaria generale) (ass. mar.)* values to be made good; ~ **creditizia** *(d'avaria generale) (ass. mar.)* values to be made good; ~ **debitrice** *(ass. mar.)* contributory mass, contributing values, contributing interests and values; ~ **dei creditori** *(leg.)* body of creditors; ~ **ereditaria** *(leg.)* legal assets, hereditament: **La somma è da imputarsi nella** ~ **ereditaria** the sum is to be charged on the legal assets; **la** ~ **fallimentare** *(leg.)* the bankrupt's estate; ~ **passiva** *(ass. mar.)* contributory mass, contributing values, contributing interests and values; **in** ~ in bulk, in the lump; *(market.)* wholesale; *(org. az.)* mass *(attr.)*: **Il grossista è un commerciante che acquista la merce in** ~ **a** wholesaler is a dealer who buys goods wholesale; **Ci stiamo specializzando nella produzione in** ~ **di articoli casalinghi** we are specializing in the mass production of household articles.

massaia, *n. f.* housewife*. △ **Le massaie sono le telespettatrici preferite dai pubblicitari** housewives are advertising people's favourite televiewers.

massicciare, *v. t.* (*trasp. aut.*) (*una strada*) to metal.

massicciata, *n. f.* (*trasp. aut.*) (*di strada*) hard core.

massiccio, *a.* ❶ massive, solid, compact. ❷ (*fig.*) large-scale. △ ❷ **Miriamo a una massiccia penetrazione nel mercato** we are aiming at a large-scale penetration into the market.

massima, *n. f.* ❶ maxim, precept. ❷ (*norma*) rule. ∥ **in linea di** ~ as a general rule: **In linea di** ~ **non cediamo sconti** as a general rule we grant no discounts.

massimale, *a.* maximal, maximum, highest. *n. m.* ❶ limit, ceiling. ❷ (*ass.*) maximum rate, line. ∥ **un** ~ **d'aiuti più basso** (*econ.*) a lower ceiling on aids.

massimizzare, *v. t.* (*mat., ric. op.*) (*una funzione, ecc.*) to maximize.

massimizzazione, *n. f.* (*mat., ric. op.*) maximization, maximation. ∥ ~ **dei profitti** (*econ.*) profit maximation.

massimo, *a.* ❶ maximum, greatest, largest, utmost. ❷ (*il più alto*) highest; top, peak (*attr.*). *n. m.* ❶ maximum*; peak (*fig.*). ❷ (*Borsa, fin.*) high. △ *a.* ❶ **Questa macchina non ha ancora raggiunto il suo** ~ **rendimento** this machine has not reached its maximum efficiency yet; **È un lavoro che richiede la massima diligenza** the utmost care is required for this job; ❷ **Il prezzo** ~ **non dovrà superare 10 sterline la libbra** the top price shall not exceed £ 10 a pound; **La produzione è al suo livello** ~ production has reached its peak level; *n.* ❶ **La produzione è giunta al suo** ~ production has reached its peak. ∥ **massima capacità produttiva** (*di uno stabilimento, ecc.*) (*org. az.*) capacity; **il** ~ **comun divisore** (*mat.*) the greatest common factor; **il** ~ **della produttività** (*econ.*) peak productivity: **La nostra fabbrica sta lavorando al** ~ **della sua produttività** our factory is now going at peak productivity; **massimi e minimi** (*Borsa, fin.*) highs and lows; ~ **scoperto** (*banca, cred.*) maximum overdraft.

mastro, *n. m.* (*rag.*) ledger. ∥ ~ **a fogli staccati** (*attr. uff.*) loose-leaf ledger; ~ **acquisti** (*rag.*) bought ledger; ~ **(dei) clienti** (*rag.*) customers' ledger; ~ **(delle) vendite** (*rag.*) debit ledger; ~ **sussidiario** (*rag.*) subsidiary ledger.

matematica, *n. f.* (*mat.*) mathematics; maths (*fam.*); math (*fam., USA*). ∥ ~ **applicata** (*mat.*) applied mathematics; ~ **superiore** (*mat.*) higher mathematics.

matematico, *a.* (*mat.*) mathematical, mathematic. *n. m.* (*mat.*) mathematician.

materia, *n. f.* ❶ matter. ❷ (*materiale*) material. ❸ (*argomento*) subject, topic, object. ❹ (*motivo*) ground, cause. △ ❷ **C'è stato un aumento nel prezzo delle materie grezze** there has been a rise in the price of raw materials; ❸ **Il comportamento del consumatore è sempre stato** ~ **di studio** the consumer's behaviour has always been an object of study; ❹ **Non credo ci sia** ~ **per intentare un'azione legale** there seems to be no ground for legal action. ∥ ~ **di diritto** (*leg.*) matter of law; ~ **di fatto** (*leg.*) matter of fact, matter in deed; ~ **di lettura** (*d'un giornale e sim.*) (*giorn.*) reading matter; **materie grasse** oils and fats; ~ **prima** (*econ.*) raw material, source material, commodity, staple; (*org. az.*) stock: **Il costo delle materie prime aumenta di giorno in giorno** the cost of raw materials is getting higher and higher every day; **Poiché la** ~ **prima per la fabbricazione della carta è sempre più cara, ci sarà un aumento del prezzo di giornali e riviste** as paper stock is more and more expensive, there will be a rise in the price of newspapers and magazines; **in** ~ **di legge** (*leg.*) in point of law.

materiale[1], *a.* material; (*fisico*) physical; (*manuale*) manual. △ **Spesso il lavoro** ~ **è più gratificante di quello intellettuale** manual work is often more gratifying than intellectual work.

materiale[2], *n. m.* material, stuff. ∥ **materiali aeronautici** (*trasp. aer.*) aeronautical equipment; ~ **da esposizione** (*market.*) exhibits (*pl.*); ~ **da imballaggio** (*o da imballo*) (*market.*) wrapping: **Ricorda di mettere del** ~ **da imballaggio intorno ai bicchieri quando li impaccherai** remember to put some wrapping round the glasses when you pack them; ~ **d'archivio** (*attr. uff.*) file material; ~ **d'armamento** (*trasp. mar.*) equipment; **materiali di ricupero** (*ass., org. az.*) salvaged materials, salvage; ~ **diretto** (*org. az.*) direct material; ~ **grezzo** (*econ.*) raw material, staple; (*org. az.*) stock; ~ **illustrativo** (*market., pubbl.*) illustrative material, literature; ~ **per imballaggio** (*market.*) pack; ~ **postale** (*comun.*) mailing; ~ **pubblicitario** (*per pubblicità diretta*) (*pubbl.*) envelope stuffer; ~ **ricuperato** (*da un naufragio, ecc.*) (*trasp. mar.*) salvage: **La vendita del** ~ **ricuperato avverrà non appena la (sua) valutazione sarà stata terminata** the sale of salvage will take place as soon as valuation has been completed; ~ **rotabile** (*trasp. ferr.*) rolling-stock, equipment.

matita, *n. f.* pencil. ∥ ~ **blu** (*attr. uff.*) blue pencil; ~ **copiativa** (*attr. uff.*) copying pencil; ~ **grassa** (*attr. uff.*) greasy crayon.

matrice, *n. f.* ❶ matrix*. ❷ (*attr. uff.*) (*per ciclostile*) stencil. ❸ (*mat.*) matrix*. ❹ (*rag.*) (*di registro, libretto, ecc.*) counterfoil, stump, butt; stub (*USA*). ∥ **la** ~ **d'un libretto d'assegni** (*banca*) the counterfoil of a cheque book; ~ **di ricevuta** counterfoil of receipt; ~ **quadrata** (*mat.*) square matrix.

matrimonio, *n. m.* marriage. ∥ ~ **per procura** (*leg.*) proxy marriage.

maturare, *v. i.* ❶ to mature. ❷ (*cred.*) to fall* due, to be due. ❸ (*fin.*) (*d'interessi*) to accrue. △ ❷ **Queste cedole maturano il 15 settembre** these coupons fall due on Sept. 15th; ❸ **Gli interessi maturano a partire dal 1° aprile** interest accrues starting April 1st.

maturazione, *n. f.* (*anche cred.*) maturity.

maturità, *n. f. inv.* maturity, matureness. ∥ ~ **di giudizio** maturity of judgment.

meccanico, *a.* mechanical, mechanic. *n. m.* (*pers.*) mechanic, mechanician; (*macchinista*) machinist. △ *a.* **Quello del dattilografo è un lavoro piuttosto** ~ typing is a rather mechanical work. ∥ ~ **d'automobili** automobile mechanic.

meccanismo, *n. m.* (*anche fig.*) mechanism. △ **Le banche forniscono il** ~ **che assicura la facile circolazione del credito a breve termine** banks supply the mechanism that assures the smooth circulation of short-term credit. ∥ **meccanismi contenziosi** (*leg.*) contentious proceedings; **il** ~ **dei prezzi** (*econ.*) the price mechanism; ~ **d'alimentazione** (*elab. elettr.*) feeding mechanism; ~ **di controllo** (*elab. elettr.*) control gear; **meccanismi d'intervento** (*governativo, ecc.*) (*econ.*) support arrangements; **meccanismi di mercato** (*econ., market.*) market mechanisms.

meccanizzare, *v. t.* to mechanize.

meccanizzazione, *n. f.* mechanization. ∥ ~ **del lavoro d'ufficio** (*org. az.*) office mechanization.

media, *n. f.* ❶ average. ❷ (*mat., stat.*) mean, average. ∥ ~ **aritmetica** (*stat.*) arithmetic mean; ~

armonica (stat.) harmonic mean; ~ **campionaria** (stat.) sample mean; ~ **di campione** (stat.) sample mean; ~ **fra il prezzo d'acquisto e quello di vendita** (rispettivamente sostenuto e praticato da un «jobber», q.V.) (fin.) turn, turn of the market; ~ **geometrica** (stat.) mean proportional, geometric mean; ~ **ponderata** (stat.) weighted average, weighted mean; ~ **quadratica** (stat.) quadratic mean, root-mean-square; **al disotto della** ~ below the average; **chi fa una** ~ (Borsa, market.) averager; **in** ~ on an average; **pari alla** ~ up to the average; **sopra la** ~ above the average; **sotto la** ~ below the average.

mediana, n. f. (mat., stat.) median.

mediante, prep. by means of, through, per, via. △ ~ **periodici meno costosi si potrebbe aumentare il numero degli abbonati** there would be an increase in subscribers via lower-priced periodicals. // **il pagamento d'una piccola somma** (leg.) in consideration of the payment of a small sum.

mediatore, n. m. ❶ (di liti, ecc.) mediator. ❷ (market.) middleman*, intermediary, broker; (al mercato del pesce di Londra) bummaree (slang). △ ❶ **Si è offerto come** ~ **nella controversia** he has offered himself as a mediator in the dispute; ❷ **Al** ~ **andò una provvigione del 12%** the middleman was paid a 12% commission. // ~ **di case** house-agent; ~ **di case e terreni** (fin.) estate agent, real agent; realtor (USA); ~ **di noleggi marittimi** (trasp. mar.) (che cerca carichi per le navi) ship-broker; (che cerca navi per il carico) chartering agent; ~ **di prodotti** produce-broker; ~ **di terreni** land agent; ~ **giurato** (fin., leg.) sworn broker.

mediazione, n. f. ❶ mediation, mediatorship. ❷ (market.) brokerage. ❸ (sind.) mediation. △ ❶ **La sua** ~ **fu di capitale importanza** his mediation was of paramount importance. // ~ **di vendita** (market.) selling brokerage; ~ **nella compravendita di titoli** (Borsa) stock-broking, stock-brokerage; ~ **pagata per aver ottenuto un prestito** (cred.) procuration fee, procuration money; ~ **per acquisti** (market.) buying brokerage.

medicina, n. f. medicine. // ~ **del lavoro** (org. az., pers.) industrial medicine; ~ **legale** (leg.) legal medicine, forensic medicine, medical jurisprudence; ~ **preventiva** preventive medicine.

medico, a. medical. n. m. doctor (of medicine), physician. // **un** ~ «**convenzionato**» (ingl.) a panel doctor; ~ **generico** general practitioner; ~ **legale** (ass., pers.) medical examiner.

medio, a. ❶ middle, medium, mid. ❷ (di grandezza media) middle-sized, medium-sized. ❸ (calcolato fra un massimo e un minimo) mean, average. // **le medie imprese** (fin.) the medium-sized companies, the medium-sized enterprises; **medie industrie** (econ.) middle-sized industries; ~ **termine prolungato** (cred.) extended medium term; **a** ~ (cred., fin.) medium-term (a. attr.); **a media scadenza** (cred., fin.) in the medium term; medium-term (a. attr.); (cred., fin.) (di profitti, perdite, operazioni, ecc.) medium-term; **di media qualità** (market.) middling; **nel** ~ **periodo** (cred., fin.) in the medium term; medium-term (a. attr.).

mediocre, a. ❶ ordinary, poor, second-class. ❷ (market.) middling.

mediocredito, n. m. (cred.) medium-term credit.

meglio, avv. ❶ (comparativo) better. ❷ (superlativo relat.) best. a. ❶ (comparativo) better. ❷ (superlativo relat.) (fra due) (the) better; (fra più di due) the best. n. m. inv. (la cosa migliore) best (thing). △ avv. ❶ **Faresti** ~ **a prendere in considerazione la loro proposta** you had better take their proposal into consideration; ❷ **Mr Robinson è il dipendente pagato** ~ **di tutta l'azienda** Mr Robinson is the best-paid employee in the whole firm; a. ❶ **Come interprete è sicuramente** ~ **di me** as an interpreter he is undoubtedly better than I am; n. **Siamo sicuri che farete del vostro** ~ **per aiutarci in questa faccenda** we trust you'll do your best to assist us in this matter. // **il** ~ **d'un raccolto** (econ.) the top of a crop; **al** ~ (Borsa) at the market; (market.) (detto di una vendita o di un acquisto) at best.

membro, n. m. member. △ **I membri del comitato dovranno essere convocati per posta** the members of the committee shall be summoned by mail. // ~ **aggiunto d'un comitato** assistant member of a committee; ~ **del consiglio d'amministrazione** (d'un ente pubblico, d'una scuola, di un ospedale, ecc.) (amm.) trustee: **I membri del consiglio d'amministrazione della nostra scuola si sono riuniti ieri** the trustees of our school held a meeting yesterday; ~ **del personale** (pers.) staffer; ~ **della commissione interna** (pers., sind.) shop-steward; ~ **dell'equipaggio** (trasp. mar.) hand; **i membri dell'equipaggio** (trasp. mar.) the members of the crew; ~ **dello staff** (pers.) staffer; ~ **dello staff redazionale** (giorn.) staffer; ~ **d'una commissione** (leg.) commissioner; ~ **di giuria** (leg.) juryman, juror; **i membri d'una professione** (collett.) the profession (sing.); ~ (d'una società) **in possesso del 10% o più delle azioni** (fin.) insider; **essere** ~ **dell'associazione della Borsa Valori di Londra** (Borsa, ingl.) to be on the Stock Exchange; **essere** ~ **di qc.** to be a member of st.; **essere** ~ **di un'assemblea** (leg.) to sit on an assembly.

memorandum, n. m. ❶ memorandum*. ❷ (attr. uff.) memorandum*, memorandum book, memory book, memo book; memo (fam.).

memoria, n. f. ❶ memory. ❷ (elab. elettr.) memory, store; storage (USA). // ~ **ad accesso rapido** (elab. elettr.) quick-access store; quick-access storage (USA); ~ **a disco magnetico** (elab. elettr.) magnetic disk store; magnetic disk storage (USA); ~ **a due nuclei per «bit»** (elab. elettr.) two-core-per-bit store; two-core-per-bit storage (USA); ~ **a linea di ritardo** (elab. elettr.) delay line store; delay line storage (USA); ~ **a nucleo magnetico** (elab. elettr.) magnetic core store; magnetic core storage (USA); ~ **a schede magnetiche** (elab. elettr.) magnetic card store; magnetic card storage (USA); ~ **a tamburo magnetico** (elab. elettr.) magnetic drum store; magnetic drum storage (USA); ~ **ausiliaria** (elab. elettr.) secondary store; secondary storage (USA); ~ **di lavoro** (elab. elettr.) working store; working storage (USA); ~ **di programma** (elab. elettr.) programme store; program storage (USA); ~ **di transito** (elab. elettr.) score store; score storage (USA); ~ **in linea** (elab. elettr.) on-line store; on-line storage (USA); ~ **in parallelo** (elab. elettr.) parallel store; parallel storage (USA); ~ **in serie** (elab. elettr.) serial store; serial storage (USA); ~ **intermedia** (elab. elettr.) bucking coil, buffer store; buffer storage (USA); ~ **magnetica** (elab. elettr.) magnetic store; magnetic storage (USA); ~ **non cancellabile** (elab. elettr.) non-erasable store; non-erasable storage (USA); ~ **non permanente** (elab. elettr.) volatile store; volatile storage (USA); ~ **numerica** (elab. elettr.) digital store; digital storage (USA); ~ **principale** (elab. elettr.) main store, primary store; main storage, primary storage (USA); ~ **virtuale** (elab. elettr.) virtual store; virtual storage (USA).

memoriale, n. m. (petizione) memorial, petition.
memorizzare, v. t. (elab. elettr.) to store.
menabò, n. m. inv. (giorn., pubbl.) dummy.

meno, avv. ❶ (comparativo) less; (mat.) minus, less. ❷ (superlativo relat.) (fra due) (the) less; (fra più di due) (the) least. a. ❶ (comparativo) (con nome sing.) less; (con nome pl.) fewer. ❷ (superlativo relat.) (con nome sing.) the least; (con nome pl.) the fewest. n. m. inv. ❶ (con valore comparativo) less; fewer (pl.). ❷ (con valore superlativo) (the) least; (the) fewest (pl.). ❸ (mat.) (segno di meno) minus, minus sign, subtraction sign. △ avv. ❶ Dovremmo cercare di spendere (di) ~ in pubblicità we should try to spend less on advertising; Il peso netto risulta dal peso lordo ~ la tara net weight is given by gross weight less tare; Questa è la nostra ultima offerta: non possiamo proprio accettare di ~ this is our final offer: we really cannot take less; ❷ È l'impiegato ~ diligente di tutti he is the least diligent clerk of them all; a. ❶ Ci accorgemmo d'avere ~ denaro di quanto credessimo we realized we had less money than we expected; Hanno ~ possibilità di noi su questo mercato they have got fewer chances than we have in this market; n. ❷ Questo è il ~ che si poteva fare per la ripresa dell'economia that's the least that could be done for economic recovery. // ~ di less than; below: Mi doveva cinquanta sterline, ma ne ricevetti ~ di trenta he owed me fifty pounds, but I got below thirty; ~ lo sconto (market.) less discount, minus discount; in ~ di (market.) off: Quegli articoli ci furono offerti al 10% in ~ del prezzo di listino we were offered those articles at 10% off the list price; per ~ di for less than, under: Pensate che questo lavoro possa essere eseguito per ~ di 1.000 dollari? do you think that this work could be done under 1,000 dollars?

mensa aziendale, n. f. (org. az.) cafeteria, canteen.

mensile, a. monthly. n. m. ❶ (giorn.) monthly magazine, monthly. ❷ (pers.) (retribuzione) monthly pay; (salario) monthly wages; (stipendio) monthly salary.

mensilità, n. f. inv. ❶ (market.) (rata, importo mensile) monthly instalment. ❷ (pers.) (retribuzione mensile) monthly pay; (stipendio mensile) monthly salary.

mensilmente, avv. monthly, every month, once a month. △ Le nostre rate sono pagate ~ our instalments are paid monthly.

mensola, n. f. (attr. uff.) shelf*.

mensualizzazione, n. f. (pers., sind.) (dei salari) mensualisation.

mentalità, n. f. inv. mentality. // ~ impiegatizia white-collar mentality.

menzionare, v. t. to mention.

menzione, n. f. mention. △ Non ne fece ~ he made no mention of that.

mercante, n. m. merchant, trader, dealer.

mercanteggiamento, n. m. ❶ (raro) merchantry, commercial dealings (pl.). ❷ (market.) (il tirare sul prezzo) haggle, haggling, bargaining, higgling, chaffer. // ~ sulle singole « voci » (sui singoli prodotti) (econ.) item-by-item haggling.

mercanteggiare, v. i. ❶ (raro) to deal* (in). ❷ (market.) to haggle, to higgle, to bargain, to chaffer, to negotiate. △ ❷ La maggior parte dei clienti dei negozi ama ~ in Italia in Italy most shoppers like haggling; Hanno mercanteggiato assai prima di giungere al prezzo definitivo they negotiated a lot before getting to the final price.

mercantile, a. mercantile, commercial; merchant, trading (attr.). n. m. (trasp. mar.) merchant ship, trading vessel, merchantman*.

mercantilismo, n. m. (econ.) mercantilism, mercantile system, commercialism.

mercantilista, a. (econ.) mercantilistic. n. m. e f. (econ.) mercantilist.

mercantilistico, a. (econ.) mercantilistic.

mercanzia, n. f. (market.) merchandise. △ La merce che un commerciante mette di norma in vendita costituisce la sua ~ the goods that a merchant normally offers for sale constitute his merchandise; **I libri sono la ~ del libraio** books are the bookseller's merchandise. // ~ **di scarto** goods of inferior quality; **un negozio con poca** ~ an understocked shop.

mercatino, n. m. (Borsa, fam.) (Borsa non ufficiale) street market (a Londra); coulisse (a Parigi).

mercato, n. m. market; (il luogo, anche) market-place. △ I mercati dei vari settori economici vengono tenuti sotto osservazione affinché sia praticata e garantita una concorrenza effettiva the markets served by the various industries are being observed with a view to securing and maintaining workable competition; A quanto pare, nella maggior parte degli Stati Membri il ~ non è in grado di assorbire la totalità della produzione di burro it seems that the markets of most Member Countries are unable to absorb all the butter produced; Il ~ è pesante the market is all givers. // ~ **a contanti** (fin.) cash market; (market.) spot market; ~ **a lunga** (Borsa) funded debt; ~ **a pronti** (fin.) spot market; ~ **a termine** (Borsa, fin.) time bargain, settlement bargain, forward market, futures market, option market; ~ **a termine delle valute** (fin.) forward exchange market; ~ **al rialzo** (econ.) sellers' market, rising market; ~ **al ribasso** (econ.) buyers' market; ~ **all'ingrosso** (market.) wholesale market; ~ **aperto** (fin.) open market; **un** ~ **attivo** (econ.) an active market; ~ **azionario** (fin.) stock market, share market; **il** ~ **azionario non ufficiale** (Borsa, fin.) the off-board market for securities; **il** ~ **Comune allargato** the enlarged Common Market; **il** ~ **Comune Europeo** the European Common Market; **il** ~ **cotoniero** (market.) the cotton market; ~ **creditizio interno** (fin.) domestic credit market; ~ **degli sconti** (fin.) discount market: Il ~ **degli sconti adempie, verso le banche, alle stesse funzioni che le medesime banche esplicano nei riguardi dei clienti, giacché esso mette a profitto fondi temporaneamente inutilizzati dalle banche stesse** the discount market performs the same function for the banks as the banks themselves perform for their customers, since it employs profitably funds which are temporarily unused by banks; ~ **dei capitali** (fin.) capital market; ~ **dei cereali** (market.) corn market; ~ **dei noli** (trasp. mar.) freight market, charter market, chartering market; **il** ~ **dei prodotti** (specialm. agricoli) (econ.) the produce market; ~ **dei prodotti di base** commodity market: Fu sollevato anche il problema della instabilità dei mercati dei prodotti di base the problem of the instability of commodity markets was also mentioned; ~ **dei titoli finanziari** (fin.) stock market; **il** ~ **dei trasporti** (econ.) the transport market; ~ **del bestiame** cattle market; **il** ~ **del cotone** (market.) the cotton market; ~ **del lavoro** (econ., sind.) labour market, job market: I mercati del lavoro sono ancora sotto tensione the labour markets are still under strain; ~ **del reddito fisso** (fin.) fixed-interest market; **il** ~ **dell'emissione di nuovo capitale** (fin.) the new issue market; ~ **della lira interbancaria** (fin.) interbank lira market: Il ~ **della lira interbancaria è un'iniziativa nuova per l'Italia, e che s'ispira a modelli anglosassoni: l'Edilcentro fa da intermediario fra gli istituti di credito per il collocamento d'eventuali eccedenze di liquidità interbank lira market is a new venture for Italy, based on British and American models: Edilcentro acts as an intermediary between the banks for the purpose of placing any surplus liquidity; ~ **della manodopera favorevole agli imprenditori** (*econ.*) buyers' labour market; **il ~ delle convertibili** (*fin.*) the convertible market; ~ **delle emissioni** (*fin.*) issue market; ~ **delle euro-obbligazioni** (*fin.*) Euro-bond market; ~ **delle materie prime** commodity market; ~ **delle valute** (*fin.*) foreign-exchange market; **il ~ dell'eurodollaro** (*fin.*) the eurodollar market; ~ **di libera concorrenza** (*econ.*) free market; **i mercati d'oltremare** (*comm. est.*) the overseas markets; ~ **di prova** (*market., stat.*) test market; ~ **disponibile** (*fin.*) spot market; **i mercati esteri** (*comm. est.*) the foreign markets, the overseas markets; ~ **euromonetario** (*fin.*) Eurocurrency market, new money market; **il ~ europeo dei capitali** (*fin.*) the European capital market; ~ **favorevole agli acquisti** (*econ.*) buyers' market; ~ **favorevole alle vendite** (*market.*) sellers' market; **un ~ fiacco** (*market.*) a dull market, a narrow market; ~ **finanziario** (*fin.*) financial market, capital market: **I mercati finanziari nazionali restano rigidamente separati** the barriers between national capital markets remain considerable; ~ **« grigio »** (*econ.*) (*situazione simile a quella del mercato nero, ma non altrettanto apertamente illegale*) grey market; **il ~ immobiliare** (*fin.*) the real-estate market; **un ~ inerte** (*econ.*) a sluggish market; ~ **interno** (*econ.*) home market; ~ **ipotecario** (*fin.*) mortgage market; ~ **libero** (*fin.*) open market; ~ **libero e aperto** (*fin.*) free and open market; ~ **marittimo** (*trasp. mar.*) shipping market; **il ~ mobiliare** (*fin.*) the securities market; ~ **monetario** (*Borsa, fin.*) money market: **Il ~ monetario londinese si occupa soprattutto d'operazioni di credito a breve termine** the London money market is mainly concerned with short-term credit; **Data l'inesistenza d'un ~ monetario in Italia, questa decisione era destinata a favorire un ribasso dei saggi a breve termine sul mercato interno** in view of the absence of a money market in Italy, this decision was calculated to encourage lower short-term interest rates at home; ~ **nazionale** (*econ.*) home market; ~ **nero** (*econ.*) black market; ~ **non ufficiale dei titoli quotati** (*fin., USA*) third market; **il ~ petrolifero** (*fin.*) the oil market; **il ~ potenziale** (*market.*) the potential market; ~ **« prigioniero »** (*fin.*) (*mercato in cui un fornitore di beni o servizi si trova in posizione monopolistica*) captive market; ~ **ristretto** (*fin., market.*) thin market, over-the-counter market; **un ~ soggetto a forti oscillazioni** (*dei prezzi*) (*econ.*) a volatile market; **un ~ sostenuto** (*fin.*) a firm market, a steady market; **un ~ stagnante** (*econ.*) a stagnant market; ~ **unico** (*econ.*) single market: **La possibilità per gli Stati Membri di concedere sovvenzioni al consumo per i cereali trasformati non è più prevista nella fase del ~ unico** at the single market stage, it will no longer be possible for the Member States to grant consumer subsidies for processed cereals; **un ~ unico per i prodotti agricoli** a single market for agricultural products; **chi compra al ~** (*market.*) marketer; **chi vende al ~** (*market.*) marketer, marketeer; **sui mercati stranieri** (*comm. est.*) abroad; **sul ~ interno** (*market.*) at home.

merce, *n. f.* goods (*pl.*); commodity, merchandise; ware (*collett., specialm. nei composti; o USA*). △ **La ~ fu rinviata al venditore** the goods were sent back to the seller; **Confidiamo che la ~ sia di vostro gradimento** we trust that the goods will meet with your approval; **Abbiamo venduto tutta la nostra ~** we have sold all our merchandise; **Quel grossista vende cereali e altra ~ del genere** that wholesaler sells dry goods and other like commodities; « **Wares** » « **merci** » è un equivalente americano dell'inglese « **goods** » « **merci** » « wares » is an American equivalent of the English « goods ». // ~ **a cubatura** (*trasp. mar.*) measurement goods, measurement cargo; measurement freight (*USA*); ~ **a domanda costante** (*indipendentemente dalle fluttuazioni economiche*) (*market.*) staple: **Benché il suo prezzo aumenti costantemente, il caffè rimarrà sempre una ~ a domanda costante** even though its price rises constantly, coffee will always be a staple; **merci avariate** damaged goods; ~ **che sembra in ordine e in buone condizioni** (*market.*) goods in apparent good order and condition; **merci che si acquistano per impulso** (*p. es., articoli a basso prezzo o articoli di lusso*) (*market.*) impulse goods; ~ **da carico** (*trasp. mar.*) shipper (*USA*); ~ **data in pegno** (*comm.*) goods lying in pledge; **merci deperibili** (*market.*) perishable goods, perishable products, perishables; **merci derivanti dalla trasformazione di prodotti agricoli** (*econ.*) processed agricultural products; ~ **di (buona) qualità** (*market.*) name merchandise; ~ **di cabotaggio** (*trasp. mar.*) coasting cargo; ~ **di contrabbando** contraband goods, smuggled goods; ~ **d'esportazione** (*comm. est.*) export goods, export, exportation; ~ **d'importazione** (*comm. est.*) import goods, import, importation; ~ **d'occasione** (*market.*) bargain lot; **merci di prima necessità** (*econ.*) staple commodities; ~ **di prima scelta** (*market.*) choice goods; ~ **di prim'ordine** (*market.*) high-class goods; ~ **di qualità inferiore** (*market.*) low-class goods; **merci di qualità inferiore a quella normale** (*generalm. vendute senza marca e con forti sconti*) (*market.*) irregulars; ~ **di scarto** (*market.*) rubbish; **merci di seconda qualità** (*market.*) middling goods, seconds; ~ **di transito** (*comm. est.*) transit goods, in-transit goods; **merci d'uso durevole** (*market.*) hard goods; **merci difettose** (*market.*) defective goods, irregulars; ~ **durevole** (*market.*) hard merchandise; **merci esenti da dogana** (*dog.*) free commodities; **merci esportate temporaneamente** (*comm. est.*) temporary exports; **merci flottanti** (*trasp.*) goods afloat; ~ **franca di dazio** (*dog., fin.*) duty-free goods, free goods; ~ **immagazzinata a terra** (*trasp. mar.*) goods stored ashore; ~ **in deposito** (*market.*) goods in consignment; ~ **in deposito nei magazzini doganali** (*dog.*) bonded goods; **merci in dogana** (*dog.*) goods lying in customs; ~ **in magazzino** (*org. az.*) goods in stock, goods on hand, stock-in-trade, stock, inventory; ~ **in transito** (*comm. est.*) goods for temporary admission; ~ **invendibile** (*market.*) unmerchantable goods; ~ **(inviata) in conto deposito** (*market.*) consignment; **merci liquide** wet goods; **merci non deperibili** (*market.*) non-perishable goods; **merci per consumo (o per uso) interno** (*dog.*) goods for home use; **merci pericolose** (*trasp.*) dangerous goods; **merci pesanti** (*market.*) heavy goods, weight goods; (*trasp. aer., trasp. mar.*) weight cargo; **merci povere** (*per le quali si verifica il fenomeno della diminuzione della domanda alla diminuzione del prezzo*) (*econ.*) inferior goods; giffen goods (*dal nome di Sir Robert Giffen*); **merci pregiate** (*market.*) V. **merci preziose**; **merci preziose** (*market.*) valuable goods, valued goods, value goods, valuable articles, valuables: **Tutte le merci preziose avrebbero dovuto essere assicurate** all valuable goods should have been insured; ~ **prodotta da operai sfruttati** (*org. az.*) sweated goods; ~ **pronta per consegna immediata** (*market.*) spot goods, prompt goods; ~

reimportata (*comm. est.*) reimportation, reimport; ~ ricevuta (*in conto deposito da un agente, perché ne curi la vendita*) (*market.*) inward consignment; ~ riesportata (*comm. est.*) re-exporation, re-export; ~ rispedita (*trasp., USA*) reshipment; merci-salario (*econ.*) wage goods (*secondo Keynes*); ~ sbarcata (*trasp. mar.*) unload; ~ scaricata (*trasp. mar.*) unload; ~ scelta (*market.*) choice goods; ~ schiava di dazio (*dog.*) goods in bond; ~ soggetta a dazio (*dog., fin.*) dutiable goods; merci solide dry goods; ~ spedita (*market.*) consignment, shipment; (*trasp. mar.*) shipper; merci trasportate (*trasp. ferr.*) train-load; merci trasportate via mare (*trasp. mar.*) sea-borne goods; ~ (venduta) a contanti (*market.*) spots; ~ (venduta) sottocosto (*market.*) distress goods; chi invia ~ in conto deposito (*market.*) consigner.

«**merchant banking**», *locuz. n.* (*fin., ingl.*) merchant banking. △ Negli Stati Uniti, quasi contemporaneamente all'emanazione della legge bancaria italiana del 1933, venne proibito alle banche commerciali di svolgere le attività di ~ almost at the same time as the 1933 Italian Banking Act, U.S. commercial banks were forbidden to engage in merchant banking; Una tipica operazione di ~, entrata ormai nella storia, è il finanziamento d'un miliardo concesso nell'immediato dopoguerra da Raffaele Mattioli a Enrico Mattei, e che rese possibile la nascita dell'ENI a typical merchant banking deal which has now gone down in history was the one milliard lire loan given by Raffaele Mattioli just after the war to Enrico Mattei, and which made the creation of ENI feasible.

mercuriale, *n. m.* (*econ.*) market-report, market-list, prices account.

meritare, *v. t.* ❶ to merit, to deserve. ❷ (*procurare*) to earn, to procure. △ ❷ La sua diligenza gli ha meritato la promozione his diligence earned him his promotion. // ~ biasimo to deserve blame; ~ lode to merit praise; ~ una ricompensa to merit a reward.

merito, *n. m.* ❶ merit, worth. ❷ (*leg.*) merits. // il ~ d'una causa (*leg.*) the merits of a case.

meritocrazia, *n. f.* (*amm., pers.*) meritocracy.

mesata, *n. f.* ❶ (*mese*) month. ❷ (*pers.*) (*paga d'un mese*) monthly allowance, monthly pay; (*salario*) monthly wages; (*stipendio*) monthly salary.

mescolare, *v. t.* ❶ to mix, to merge, to shake* up. ❷ (*market.*) to blend. △ ❷ Abbiamo mescolato tre varietà di tè we have blended three kinds of tea.

mescolatura, *n. f.* ❶ mixing, merging. ❷ (*market.*) blending.

mese, *n. m.* ❶ month. ❷ (*pers.*) (*mesata*) monthly allowance, monthly pay. △ ❶ Abbiamo bisogno della merce prima della fine del ~ we need the goods within the end of this month; ❷ Non ci hanno ancora pagato il ~ we haven't been paid our monthly allowance yet. // il ~ corrente the current month, the present month; un ~ «morto» (*in cui non si fanno affari*) (*market.*) a slow month; il ~ passato (*o scorso*) last month; il ~ prossimo (*o venturo*) next month; (*fin.*) next; ~ solare calendar month; a un ~ (*cred.*) (*di pagamento*) ecc. within a month; agli ultimi del ~ late in the month; ai primi del ~ early in the month; al ~ (*mensilmente*) monthly; del ~ scorso (*comm.*) ultimo (*abbr. ult.*); del ~ venturo (*comm.*) proximo (*abbr. prox.*): L'assemblea si terrà il 27 del ~ venturo the meeting will be held on the 27th prox.; di ~ in ~ month after month, month by month; ogni ~ monthly; ogni due mesi bimonthly.

messa, *n. f.* (*azione del mettere*) putting, laying. // ~ a bordo (*trasp. mar.*) loading aboard; ~ a zero (*elab. elettr.*) zero adjusting; ~ in cantiere (*d'una nave*) (*trasp. mar.*) laying-down; ~ in disarmo (*d'una nave*) (*trasp. mar.*) lay-up; ~ in liquidazione (*cred., fin.*) liquidation; ~ in macchina (*giorn., pubbl.*) imposing; ~ in opera (*d'un impianto*) (*org. az.*) installation; ~ in stato d'accusa (*leg.*) indictment, impeachment.

messaggeria, *n. f.* ❶ (*trasp.*) parcel post. ❷ messaggerie, *pl.* (*trasp.*) transport company.

messaggero, *n. m.* ❶ messenger. ❷ (*trasp.*) (*addetto al servizio di messaggeria*) carrier.

messaggio, *n. m.* ❶ (*comun.*) message, dispatch. ❷ (*elab. elettr.*) message. // ~ di soccorso via radio (*trasp. mar.*) radio distress message; ~ inviato per espresso (*comun.*) express; ~ pubblicitario (*pubbl.*) message; ~ trasmesso a mezzo telex (*comun.*) telex; messaggi urgenti (*comun.*) urgent messages.

messo, *n. m.* (*pers.*) messenger. // ~ di tribunale (*leg.*) usher.

mestiere, *n. m.* ❶ trade, handicraft, craft, vocation. ❷ (*professione*) profession. ❸ (*impiego*) job. ❹ (*lavoro*) work. △ ❶ Ha imparato il ~ dopo un apprendistato di quattro anni he has learned his trade after four years' service as an apprentice; Ha completamente sbagliato ~ he has completely mistaken his vocation; ❸ Non credo d'essere tagliato per questo ~ I don't think I'm cut out for this job. // «~ o professione: falegname» (*su un modulo*) «vocation: joiner»; mestieri pericolosi (*pers.*) dangerous trades, dangerous occupations; di ~ (*professionale*) professional, vocational.

meta, *n. f.* ❶ (*destinazione*) destination. ❷ (*traguardo*) goal, target (*anche fig.*). △ ❶ La ~ del nostro viaggio era Los Angeles our destination was Los Angeles; ❷ La sua ~ è la presidenza della società his goal is the chairmanship of the company.

metà, *n. f. inv.* ❶ half*. ❷ (*punto medio*) middle; mid (*attr.*). △ ❶ ~ dei profitti è già stata investita half of the profits have already been invested; ❷ Vi faremo sapere qualcosa verso la ~ del mese we shall let you know something by the middle of the month; Abbiamo ricevuto l'ordine d'acquistare 5.000 azioni per ~ settembre we received the order to buy 5,000 shares for mid-September. // ~ di sotto (*pubbl.*) below the center fold; a ~ prezzo (*market.*) half(-)price; fare a ~ di qc. con q. to go halves (*o* fifty-fifty) with sb. in st., to split the difference with sb.

metallico, *a.* metallic.

metallo, *n. m.* metal. // metalli preziosi noble metals; metalli vili base metals.

metallurgia, *n. f.* (*econ.*) metallurgy, metalworking.

metallurgico, *a.* (*econ.*) metallurgic, metallurgical. *n. m.* (*pers.*) metalworker.

metodicamente, *avv.* methodically, systematically.

metodico, *a.* methodic, methodical, systematic. // Per questo tipo di lavoro ci vuole una persona molto metodica for this kind of job a very methodical person is needed.

metodo, *n. m.* ❶ method; (*sistema*) system; (*tecnica*) technique. ❷ (*fin.*) (*specialm. di reperire fondi*) ways and means. ❸ (*org. az.*) (*di lavorazione*) process. △ ❶ Stanno studiando nuovi metodi d'elaborazione delle previsioni they are studying new methods for working out forecasts. // ~ A.B.C. (*per analizzare la distribuzione dei fenomeni quantitativi in funzione di un dato parametro*) (*econ.*) A.B.C. method; ~ amburghese (*per il calcolo degli interessi dei conti correnti fruttiferi*) (*rag.*) balance method; metodi assai cauti di condurre gli affari ca'canny business methods; ~ dei casi (*pers.*) case-study method; ~ (*di pagamento*) **dei cottimi basato sui tempi di lavorazione** (*cronot.*, *pers.*) differential piece-rate system; **il ~ dei minimi quadrati** (*mat.*, *stat.*) least-squares method, the method of least squares; **~ dei punti di decisione** (*ric. op.*) decision box planning and scheduling; **~ del calcolo della convenienza economica** (*econ.*) comparative cost method; **~ del diario d'acquisto** (*delle massaie*) (*market.*) diary method; **~ del raffronto dei fattori** (*pers.*) factor-comparison method; **~ del simplesso** (*mat.*, *ric. op.*) simplex method; **~ del sopralluogo** (*market.*) observational method; **~ della contingenza** (*stat.*) contingency method; **~ della partita doppia** (*rag.*) double-entry system; **~ della valutazione, in termini d'interessi, del reddito futuro scontato al valore attuale** (*per determinare la convenienza di un investimento*) (*fin.*, *rag.*) discounted-cash-flow method; **~ delle attitudini di base** (*pers.*) basic abilities method; **~ delle liste di controllo** (*pers.*) check-list method; **~ dell'esperimento** (*market.*) experimental method; **~ (d'ammortamento) a quote costanti** (*rag.*) straight-line method; **~ di classificazione del lavoro** (*org. az.*) job-classification method; **metodi di duplicazione e riproduzione** (*attr. uff.*) duplicating and copying methods; **~ d'imballaggio** (*market.*) method of packing, pack; **~ d'indagine telefonica per il calcolo degli indici di gradimento** (*dei programmi radiotelevisivi*) (*pubbl.*) coincidental telephone method; **metodi di lavorazione** (*org. az.*) processing techniques; **un ~ di produzione antieconomico** (*econ.*) an uneconomic method of production; **metodi di spinta** (*delle vendite*) (*market.*) forcing methods; **~ di valutazione dei danni** (*ass.*, *leg.*) measure of damage; **metodi disonesti** (*leg.*) unfair methods; **~ indiretto** (*usato per il calcolo degli interessi dei conti correnti fruttiferi*) (*rag.*) backward method; **~ per tentativi** (*mat.*) trial-and-error method; **~ P.E.R.T.** (*ric. op.*) programme evaluation and review technique (*P.E.R.T.*); **~ retrogrado** (*usato per il calcolo degli interessi dei conti correnti fruttiferi*) (*rag.*) backward method; **~ statistico** (*stat.*) statistical method.

metodologia, *n. f.* ❶ methodology. ❷ (*metodo*) method. // **metodologie manageriali** (*amm.*) managerial methods; **~ statistica** (*stat.*) statistical methodology.

metodologico, *a.* methodological.

metrico, *a.* metric, metrical.

metro, *n. m.* metre; meter (*USA*). // **~ cubo** cubic metre; **~ di valutazione** unit of value, yardstick (*fig.*); **~ lineare** running metre; **~ quadrato** square metre.

metropoli, *n. f. inv.* metropolis*.

metropolitana, *n. f.* (*trasp. ferr.*) underground railway, underground; subway (*USA*). △ **La ~ di Londra è la più vecchia del mondo** the London Underground is the oldest in the world. // **la ~ di Londra** (*trasp. ferr.*) the Tube (*fam.*); **chi si serve della ~** (*trasp. ferr.*) undergrounder.

metropolitano, *a.* metropolitan. *n. m.* (*guardia urbana*) policeman*.

mettere, *v. t.* ❶ to put*; (*porre*) to set*; (*in posizione orizzontale*) to lay*; (*in posizione verticale*) to stand*; (*collocare*) to place. ❷ (*impiegare*) to take*. △ ❶ **Metteremo la faccenda nelle mani del nostro avvocato** we will put the matter into our lawyer's hands; ❷ **Ci metto un paio d'ore ad andare in macchina dalla sede centrale alla filiale in cui lavoro** it takes a couple of hours to drive from the head office to the branch where I work. // **~ qc. a disposizione di q.** to make st. available to sb.; **~ a libro** (*rag.*) to book; **~ a nudo** to lay bare, to show up: **Riuscimmo a ~ a nudo la frode** we succeeded in showing up the fraud; **~ a registro** (*leg.*) to enrol; **~ a repentaglio** to jeopardize, to venture: **È la seconda volta che mette a repentaglio il suo capitale** it's the second time he has ventured his capital; **~ a riposo** (*amm.*, *pers.*) to retire: **L'amministrazione intende ~ a riposo diversi funzionari statali** the administration is going to retire several Government officials; **~ a ruolo una causa** (*leg.*) to enter a suit for trial; **~ a secco lo scafo d'una nave** (*trasp. mar.*) to dry-dock a ship; **~ a verbale** (*leg.*) to record: **Tutte le votazioni della commissione debbono essere messe a verbale e archiviate** all the committee's votes shall be recorded and filed; **~ q. al corrente di qc.** to acquaint sb. with st.; **~ al lavoro** (*pers.*) to set on; **~ al passivo** (*rag.*) to charge; **~ al posto di** to substitute: **Mr Kendall è stato messo al posto di Miss Ferguson** Mr Kendall was substituted for Miss Ferguson; **~ all'asta qc.** to put st. up for auction; **~ q. alla porta** to show sb. the door; (*pers.*) (*licenziarlo*) to turn sb. out; **~ alla prova** to test; **~ qc. all'incanto** to put st. up for auction; **~ (un argomento, ecc.) all'ordine del giorno** (*org. az.*) to table: **Molti argomenti d'importanza basilare sono stati messi all'ordine del giorno dalla commissione** a lot of basic topics have been tabled by the committee; **~ annunci su un giornale** (*pubbl.*) to put advertisements in a paper; **~ un annunzio nella rubrica degli oggetti smarriti** to advertise in the lost-and-found column; **~ capitali a riporto** (*Borsa*) to lend money on contango: **~ capitali a riporto significa effettuare un investimento temporaneo a quindici o trenta giorni, garantito dai titoli presi a riporto** to lend money on contango means making a temporary investment for a fortnight or a month, secured by the stock taken in; **~ il cartellino** (*del prezzo*) **a un articolo** (*market.*) to mark an article; **~ q. con le spalle al muro** (*fig.*) to drive sb. into a corner, to corner sb.: **I ribassisti sono stati messi con le spalle al muro** the bears have been cornered; **~ da parte** (*risparmiare*) to put aside, to put away; (*porre in disparte*) to lay aside, to lay by, to set aside, to hold over; (*per un particolare scopo*) to earmark; (*trascurare, rimandare*) to put by, to shelve: **Riusciamo a ~ da parte 1.000 sterline all'anno** we manage to put aside £ 1,000 a year; **È stata messa da parte una grossa cifra per la ricerca scientifica** a large sum has been earmarked for scientific research; **Per il momento questo problema è stato messo da parte** this problem has been put by for the moment; **~ da parte denaro** to lay aside money, to put by money; to salt down money, to salt away money (*fam.*); **~ l'embargo su** (*navi, merci*) (*leg.*, *trasp. mar.*) to embargo; **~ l'embargo su una nave** (*leg.*, *trasp. mar.*) to lay the embargo on a ship, to put an embargo on a ship; **~ un'etichetta a** (*market.*) to label; **~ il fermo su** (*beni, ecc.*) (*leg.*) to garnishee; **~ il fermo su un assegno** (*banca*) to stop a cheque; **~ in bacino una nave** (*trasp. mar.*) to dock a ship; **~ in banca** (*depositare*) to bank: **Non so proprio com'egli faccia a ~ in banca un quarto del suo stipendio ogni mese** I wonder how he manages to bank one fourth of his salary each month; **~ in bilancio** (*fin.*, *rag.*) to budget; **~ in cantiere** (*una nave*) (*trasp. mar.*) to lay down; **~ (denaro) in cassa** (*market.*) to till; **~ in casse** (*market.*) to pack; **~ in catalogo** (*market.*) to catalogue; **~ in cifra** (*un messaggio*) (*comun.*) to code; **~ in circolazione** (*giorn.*) to issue; **~ in colonna** (*giorn.*) to make up; **~ in comune** (*fondi, risorse, ecc.*) (*fin.*) to pool; **~ in comune i proventi doganali** (*comm. est.*) to pool the revenue from custom duties; **~ in comunicazione** (*al telefono*) (*co-

mettere

mun.) to connect, to put through: **Mi metta in comunicazione con Roma, prego** please, connect me with Rome; **Mi metta in comunicazione con Mr Crawford** put me through to Mr Crawford; ~ **q. in congedo** (*pers.*) to grant a leave (of absence) to sb.; ~ **in conserva frutta e verdure** (*market.*) to preserve fruit and vegetables; ~ **in contatto gli interessati** to bring the interested parties together; ~ **in conto** (*far pagare*) to charge; (*rag.*) to carry to account, to bring into account: **Metà delle spese sono state messe nel vostro conto** half of the expenses have been charged to your account; ~ **q. in difficoltà economiche** to squeeze sb. (*fig.*): **Gli agricoltori sono stati messi in difficoltà dalla diminuzione dei prezzi (dei prodotti) agricoli** farmers have been squeezed by lowered farm prices; ~ **in disarmo una nave** (*trasp. mar.*) to lay up a ship; ~ **in discussione** to dispute: **La validità d'una tale politica non può essere messa in discussione** the validity of such a policy can't be disputed; ~ **in esecuzione un disegno** to execute a plan; ~ **in esecuzione una legge** (*leg.*) to execute a law; ~ **in evidenza** to point out, to underline; (*giorn.*) (*una notizia, ecc.*) to feature, to highlight: **I giornali misero in evidenza i difetti del programma a lunga scadenza** the papers highlighted the deficiencies of the long-term project; ~ **in fuga** to put to flight, to stampede (*anche fig.*): **Migliaia di risparmiatori furono messi in fuga dall'introduzione della nuova imposta** thousands of savers were stampeded by the introduction of the new tax; ~ **in guardia** to warn: **Mi misero in guardia contro gli speculatori privi di scrupoli** they warned me against unscrupulous speculators; ~ **in linea** (*comun.*) to connect; ~ **in liquidazione** (*cred., fin.*) to liquidate; ~ **in liquidazione i beni di q.** (*che è fallito*) (*leg.*) to sell sb. up; ~ **in liquidazione una società** (*fin.*) to put a company into liquidation; ~ (*articoli, ecc.*) **in listino** (*market.*) to list; ~ **in macchina** (*giorn.*) to impose; ~ **in magazzino** (*org. az.*) to store; ~ (*merci*) **in magazzino doganale** (*dog.*) to warehouse; ~ **in mare una nave** (*trasp. mar.*) to launch a ship; ~ (*informazioni*) **in memoria** (*elab. elettr.*) to write; ~ **in mostra** (*merce e sim.*) to show, to set out; ~ **in ordine** to order: **Dovreste ~ in ordine tutte le carte e i documenti prima d'andare alla seduta** you should order all the papers and documents before going to the meeting; ~ **in ordine i propri affari** to set one's affairs in order; ~ **q. in pensione** (*pers.*) to retire sb., to cause sb. to retire, to superannuate sb.; ~ **in pericolo** to endanger, to jeopardize: **Negli ultimi anni la domanda interna di alcuni Stati Membri è stata contrassegnata da fluttuazioni tali da ~ in pericolo l'equilibrio interno** in certain Member States domestic demand has in recent years fluctuated so much that their internal equilibrium was jeopardized; ~ (*una notizia, ecc.*) **in prima pagina** (*giorn.*) to front-page; ~ **in programma** to programme; to program (*USA*); to schedule: **Abbiamo messo in programma alcune visite alle maggiori aziende del comprensorio** we have scheduled a few visits to the largest firms in the area; ~ **in rilievo** to stress: **I delegati misero in rilievo le difficoltà incontrate durante le loro visite nei Paesi della Comunità** the delegates stressed the difficulties encountered during their visits in EEC Countries; ~ **in sacchi** (*market.*) to sack: **Tutte le merci saranno messe in sacchi e spedite al ricevimento del vostro ordine** all goods will be sacked and shipped on receipt of your order; ~ **in scatola** (*market.*) to box, to pack; ~ (*generi alimentari*) **in scatola** (*di latta*) (*market.*) to tin; to can (*USA*); ~ **in stato d'accusa** (*leg.*) to indict, to impeach; ~ **in vendita** (*market.*) to put up for sale, to market; ~ **in vendita merce** (*o* **merci**) (*market.*) to offer goods on sale; ~ **in vigore** (*leg.*) to bring into force; ~ **la multa su** (*il parabrezza d'un'auto*) (*trasp. aut.*) to fine, to tag; to ticket (*USA*); ~ (*un passeggero*) **nella stessa cabina con un altro** (*trasp.*) to double; ~ **una nuova etichetta a qc.** (*market.*) to relabel st.; ~ **ordine nei propri affari** to put one's affairs in order; ~ **per iscritto** to commit to writing; ~ **segnali a** (*un incrocio, ecc.*) (*trasp.*) to sign; ~ **segnali lungo** (*una strada, ecc.*) (*trasp.*) to sign; ~ **sotto sequestro** (*leg.*) to sequestrate, to sequester, to seize: **La loro proprietà fu messa sotto sequestro** their property was seized; ~ **su le imposte** (*d'un negozio*) to put up the shutters; ~ **su un negozio** (*market.*) to set up a shop; ~ **il visto su** (*un passaporto e sim.*) (*tur.*) to visa; **esser messo in cassa integrazione** (*sind., ingl.*) (*di dipendente*) to be made redundant; **esser messo in liquidazione** (*fin.*) (*di società, di ente*) to wind up: **La nostra società fu messa in liquidazione l'anno scorso** our company wound up last year; **esser messo in stato d'arresto** (*leg.*) to be put (*o* placed) under arrest.

mettersi, *v. rifl.* ❶ to put* oneself, to set* oneself, to place oneself. ❷ (*cominciare*) to start, to begin*; to set* to (st.); to set* about (doing st.). △ ❶ **Le cose sono assai cambiate da quando s'è messo al posto di Mr McKenna** things have really changed since he put himself in Mr McKenna's place; ❷ **Dovremo metterci subito al lavoro per recuperare il tempo perduto** we shall have to set to work straight away to make up for the time lost. // ~ **al coperto tramite ricompera** (*Borsa*) to cover oneself by buying back; ~ **al riparo da** (*rischi di perdite finanziarie*) (*fin.*) to hedge: **Ci fu consigliato di metterci al riparo dall'inflazione strisciante comprando appartamenti** we were advised to hedge creeping inflation by buying flats; ~ **d'accordo** to come to an agreement, to come to terms, to close with an arrangement, to agree: **Confidiamo che i due periti si metteranno d'accordo** we hope that the two experts will agree; ~ **in affari** to go into business, to engage in business; ~ **in commercio** to go into business; ~ **in contatto con q.** to get in touch with sb., to contact sb., to liaise with sb.: **Vi consigliamo di mettervi in contatto con Mr Johnson, il nostro agente a Milano** we suggest you should contact Mr Johnson, our agent in Milan; ~ **in contatto con q. per telefono** (*comun.*) to reach sb. by phone; ~ **in liquidazione** (*fin.*) to go into liquidation; ~ **in orizzontale** (*per l'atterraggio*) (*trasp. aer.*) to level off; ~ **in relazione con q.** to enter into relation with sb.; ~ **in sciopero** (*sind.*) to go on strike, to go out (on strike); ~ **in società con q.** to go into partnership with sb.; ~ **in tasca** (*anche fig.*) to pocket; ~ **insieme** (*fin.*) (*d'imprese, ecc.*) to pool.

mezzadria, *n. f.* (*econ.*) métayage, métayer system; sharecropping (*USA*).

mezzadro, *n. m.* (*econ.*) métayer; sharecropper (*USA*).

mezzeria, *n. f.* (*trasp. aut.*) centre line, middle of the road.

mezzo[1], *a.* ❶ (*metà dell'intero*) half, semi-. ❷ (*medio*) middle, mean, mid. △ ❶ **Mr Sheridan sarà libero fra mezz'ora circa** Mr Sheridan will be free in about half an hour; **Da un mese si lavora a mezza giornata** we have been working half-time for a month; ❷ **Per quell'impiego cercano un uomo di mezza età** they want a middle-aged man for that job; **Gli articoli saranno disponibili a ~ settembre** the articles will be available in mid-September. // **mezza commissione**

(*compenso generalm. spettante al remissore*) (*Borsa*) half-commission; ~ **dollaro** half a dollar; half-dollar, half (*USA*); **mezz'e** ~ half-and-half; **mezza festa** (*pers., sind.*) half-holiday; **mezza libbra** half a pound; **mezza pagina** (*giorn., pubbl.*) half page; ~ **per cento** half per cent; **mezza provvigione** (*Borsa*) V. **mezza commissione**; ~ **punto** (*nella spaziatura*) (*pubbl.*) hair space; **mezza tinta** halftone; **a mezza paga** (*pers.*) on half pay.
mezzo², *n. m.* ❶ (*metà*) half*. ❷ (*espediente, strumento a un fine*) means (*sing. o pl.*); (*modo*) way; (*strumento*) instrument; lever (*fig.*). ❸ **mezzi**, *pl.* (*denaro*) means. △ ❶ **Due mezzi fanno un intero** two halves make a whole; ❷ **È sempre riuscito con mezzi onesti** he has always succeeded by fair means; **Non ci fu ~ di sapere le loro intenzioni** there was no way of knowing their intentions; **In U.S.A. le autorità cercarono, con mezzi essenzialmente di politica monetaria, di combattere le pressioni inflazionistiche che andavano profilandosi nell'economia americana** in the United States, the authorities used the instruments of monetary policy as the main weapons with which to combat the inflationary pressures that were making themselves felt in the American economy; **Non voglio usare l'intervista come un ~ per costringerlo a dare le dimissioni** I refuse to use the interview as a lever to force him to resign; ❸ **Non si può vivere al di sopra dei propri mezzi** one can't live beyond one's means; **Il progetto fu abbandonato per mancanza di mezzi** for lack of means the project was rejected. // **mezzi audiovisivi** (*pubbl.*) audio-visual means; **un ~ di comunicazione** (*comun.*) a medium of communication; **mezzi di comunicazione di massa** (*giorn., pubbl.*) mass communication media, mass media: **La psicologia sta esaminando i pericoli insiti nei mezzi di comunicazione di massa** psychology is studying the perils inherent in mass communication media; **~ di diffusione di massa** (*giorn., pubbl.*) mass medium; **mezzi d'informazione** (*giorn.*) information methods; **~ di prova** (*leg.*) piece of evidence, element of proof; **mezzi di salvataggio** (*trasp. mar.*) salvage gear (*sing.*); **un ~ di scambio** (*econ.*) a medium of exchange, a medium: **Il denaro è il ~ di scambio più comunemente accettato** money is the most commonly accepted medium of exchange; **~ di sostentamento** (*econ.*) dependence; **mezzi di sussistenza** (*econ.*) subsistence, living (*sing.*); bread and butter (*fig.*); **~ di trasporto** (*trasp.*) means of conveyance, means of transportation; vehicle: **Dopo le severe misure d'austerità, gli autobus e i treni diventarono i mezzi di trasporto più usati in molti Paesi** after the strict austerity measures, buses and trains became the most used vehicles in many Countries; **mezzi di trasporto** (*trasp.*) transportation facilities; transportation, conveyance (*sing.*): **Ci sono buoni mezzi di trasporto per i nostri pendolari** there are good transportation facilities for our commuters; **mezzi di trasporto per via d'acqua** (*trasp., trasp. mar.*) water carriage; **~ di tutela d'un diritto accordato dalla legge** (*leg.*) remedy; **mezzi finanziari** (*fin.*) financial resources; pocket (*fam.*); **mezzi propri** (*econ., fin.*) capital and reserves; **mezzi pubblicitari** (*pubbl.*) advertising media, media; **mezzi tecnici di informazione** (*pubbl.*) media; **a ~ ferrovia** (*trasp. ferr.*) by rail; **a ~ posta** by mail; **per ~ di** by means of, by, through: **Si parlarono per ~ d'un interprete** they spoke to each other through an interpreter; **per ~ di ciò** (*leg.*) hereby.
mezzogiorno, *n. m.* ❶ midday, noon. ❷ (*le dodici*) twelve o'clock, twelve o'clock noon. // **dopo ~** (*nel pomeriggio*) in the afternoon; (*nell'indicazione dell'ora*) post meridiem (*P. M.*); **prima di ~** (*nella mattinata*) in the morning; (*nell'indicazione dell'ora*) ante meridiem (*A. M.*).
microcircuito, *n. m.* (*elab. elettr.*) microcircuit, chip.
microeconomia, *n. f.* (*econ.*) microeconomics.
microfilm, *n. m.* (*pubbl.*) microfilm.
microfotografare, *v. t.* (*pubbl.*) to microphotograph.
microfotografia, *n. f.* ❶ (*pubbl.*) (*il procedimento*) microphotography. ❷ (*pubbl.*) (*il risultato*) microphotograph.
micromovimento, *n. m.* (*cronot.*) micromotion.
migliaio, *n. m.* about one thousand.
miglio, *n. m.* (*trasp.*) mile. // **~ geografico** geographical mile; **~ marino** (*o* **marittimo**, *o* **nautico**) (*unità di misura pari a 1.853 metri*) (*trasp. mar.*) nautical mile, sea mile; **~ terrestre** (*misura di lunghezza pari a 1.609 metri*) mile; **~ ufficiale** (*pari a 1.609 metri*) statute mile.
miglioramento, *n. m.* improvement, betterment, bettering. △ **Dal 1965 al 1966, la bilancia dei pagamenti correnti della Comunità registrò un ~ di circa 500 milioni d'unità di conto** between 1965 and 1966 the Community's current accounts showed an improvement of some 500 million units of account. // **~ contabile** (*rag.*) improvement in bookkeeping terms: **La bilancia dei pagamenti americana rivela dei miglioramenti contabili** the United States balance of payments shows improvements in bookkeeping terms; **un ~ del tenore di vita** (*econ.*) an upturn in the standard of living; **~ fondiario** (*econ.*) land improvement; **essere in via di ~** (*fin., market.*) to be on the up grade: **L'attività economica è in via di ~** the economic activity is on the up grade.
migliorare, *v. t.* to improve, to better; (*perfezionare*) to perfect. *v. i.* to improve, to make* improvements, to go* better, to get* better; to look up (*fig.*). △ *v. t.* **La tua idea migliorerebbe la nostra posizione finanziaria** your idea would better our financial situation; **Ci vuole una squadra d'esperti per ~ questo podere** it takes a team of experts to improve this farm; *v. i.* **Dopo il mio soggiorno londinese il mio inglese era assai migliorato** my English had considerably improved following to my stay in London; **Finalmente l'industria laniera va migliorando** wool industry is looking up at last. // **~ le condizioni d'un'emissione di titoli** (*per facilitarne il collocamento*) (*fin.*) to sweeten an issue of stock; **~ i prezzi offerti** (*market.*) to improve on the prices offered; **~ la qualità di** (*un prodotto*) (*market.*) to upgrade: **Cerchiamo di ~ la qualità della nostra produzione allo scopo di battere la concorrenza** we are trying to upgrade our production in order to beat competition.
migliore, *a.* ❶ (*comparativo*) better. ❷ (*superlativo relat.*) (the) best. △ ❶ **La merce speditavi è di qualità ~ di quella che avevate ordinato** the goods we sent you are of better quality than the ones you had ordered; ❷ **Questo non è il modo ~ d'affrontare il problema** this is not the best way to face the problem. // **al ~ offerente** to the highest bidder; **della ~ qualità** (*fin.*) (*di titoli, ecc.*) gilt-edged (*o* gilt-edge) (*fig.*).
miglioria, *n. f.* ❶ betterment, improvement. ❷ (*bonifica*) reclamation. // **una ~ necessaria** (*leg.*) a necessary improvement.
migrante, *a.* (*econ.*) migrant, migratory.
migratorio, *a.* (*econ.*) migrant, migratory.
migrazione, *n. f.* (*econ.*) migration. // **~ interna** (*econ., stat.*) (*di chi arriva in una regione per lavorarvi*) in-

migration; (*di chi lascia la propria regione per motivi di lavoro*) out-migration.

miliardario, *n. m.* multi-millionaire; billionaire (*USA*).

miliardo, *n. m.* milliard; billion (*USA*).

milione, *n. m.* million. // un ~ di dollari one (*o* a) million dollars; one (*o* a) megabuck (*slang USA*).

militante, *a.* militant, warring. *n. m.* e *f.* militant. // un ~ d'un sindacato (*sind.*) a trade-union militant.

militare, *v. i.* (*anche fig.*) to militate. △ Cresce di continuo il numero di coloro che militano nei sindacati there is an ever-increasing trade-union militancy. // il ~ in un sindacato (*sind.*) trade-union militancy, union militancy; chi milita nelle file d'un sindacato (*sind.*) union militant.

millantato credito, *n. m.* (*leg.*) false pretences.

mille, *num. card.* thousand. // ~ dollari one (*o* a) thousand dollars; grand, gee (*slang USA*); ~ sterline one (*o* a) thousand pounds; per ~ (º/ₒₒ) per thousand (º/ₒₒ).

millesimo, *num. ord.* thousandth. *n. m.* ❶ thousandth, millesimal. ❷ (*data*) date.△ *n.* ❷ Il frontespizio dovrà recare il ~ the title-page shall bear the date. // ~ di dollaro (*unità monetaria usata nei calcoli*) (*fin., USA*) mill.

milligrammo, *n. m.* milligramme, milligram.
millilitro, *n. m.* millilitre; milliliter (*USA*).
millimetraggio, *n. m.* (*giorn., pubbl.*) linage.
millimetro, *n. m.* millimetre; millimeter (*USA*). // ~ colonna (*pubbl.*) column inch.
millisecondo, *n. m.* (*cronot.*) millisecond.

minaccia, *n. f.* menace, threat, intimidation.

minacciare, *v. t.* to menace, to threaten, to intimidate. △ Tutto il nostro sistema economico è minacciato dall'inflazione strisciante our whole economic system is threatened by creeping inflation. // un ~ testimone (*leg.*) to intimidate a witness.

minatore, *n. m.* miner. // ~ di carbone coal-miner, pitman*, collier: Gli scioperi dei minatori di carbone hanno paralizzato l'industria coal-miners' strikes have paralyzed industry.

minerale, *a.* mineral. *n. m.* mineral; (*da cui può estrarsi un metallo*) ore. // ~ di ferro iron ore; ~ di rame copper ore.

mini(-), *pref.* mini(-). // ~-convertibilità (*fin.*) mini-convertibility.

« **minicomputer** », *n. m.* (*elab. elettr.*) mini-computer.

miniera, *n. f.* (*anche fig.*) mine. // ~ di carbone coalmine, coal-pit, colliery, pit; una ~ di notizie a mine of information; ~ produttrice di materie prime (*che vengono assorbite da una fabbrica dello stesso proprietario e quindi*) immesse in un processo produttivo integrato (*org. az.*) captive mine.

minimassimo, *n. m.* (*mat.*) (*minimo fra i valori massimi d'una frazione*) minimax.

« **minimax** », *n. m.* (*mat., ric. op.*) (*perdita minima in un insieme di perdite massime: nella teoria dei giochi*) minimax.

minimizzare, *v. t.* ❶ to understate. ❷ (*mat., ric. op.*) to minimize. △ ❷ Adesso siamo in grado di ~ i ritardi we are now in a position to minimize delays. // ~ i rischi (*ric. op.*) to minimize the risk.

minimizzazione, *n. f.* ❶ understatement. ❷ (*mat., ric. op.*) minimization. // la ~ d'una funzione (*mat.*) the minimization of a function.

minimo, *a. superlativo* ❶ (*più piccolo*) least, smallest, slightest. ❷ (*più basso*) lowest; minimum (*attr.*); (*di prezzo, anche*) knockdown (*attr.*). ❸ (*piccolissimo*) very small, very little. ❹ (*bassissimo*) very low. *n. m.* ❶ minimum*, (the) least. ❷ (*Borsa, fin.*) low. ❸ (*fin., market.*) floor. △ *a.* ❷ Questo è il prezzo ~ che possiamo praticarvi this is the lowest price we can make you; Con un prezzo ~ di 10 dollari sarà loro facile battere la concorrenza with a knockdown price of $ 10 it will be easy for them to beat competition; ❸ La differenza fra i due articoli è minima there's very little difference between the two articles; *n.* ❶ Siamo riusciti a ridurre al ~ gli sprechi we have succeeded in reducing waste to a minimum; ❷ Le quotazioni hanno raggiunto il ~ verso la fine della giornata prices dropped to their low towards the end of the day. // ~ comune denominatore (*mat.*) least common denominator, lowest common denominator; ~ comune multiplo (*mat.*) least common multiple, lowest common multiple; il ~ della paga (*pers.*) the minimum pay; il ~ della pena (*leg.*) the minimum penalty; minimi quadrati (*mat., stat.*) least squares; il ~ tasso di sconto (*fin.*) the finest rate of discount; ~ vitale (*econ., stat.*) bare subsistence level, subsistence.

minimomassimo, *n. m. V.* minimassimo.

ministeriale, *a.* ministerial.

ministero, *n. m.* ❶ (*funzione*) function(s). ❷ (*complesso di Ministri*) ministry; (*Gabinetto*) Cabinet; (*Governo*) Government. ❸ (*una delle amministrazioni centrali dello Stato*) ministry, board, office; department (*USA*). // ~ degli Affari Esteri Ministry of Foreign Affairs (*in Italia, ecc.*); Foreign Office (*in G.B.*); Department of State (*in U.S.A.*); ~ degli Esteri *V.* ~ degli Affari Esteri; ~ degli Interni Ministry of the Interior (*in Italia*); Home Office (*in G.B.*); Department of the Interior (*in U.S.A.*); ~ dei Lavori Pubblici Ministry of Public Works (*in Italia*); ~ dei Trasporti e dell'Aviazione Civile Ministry of Transport and Civil Aviation (*in Italia*); ~ del Bilancio Ministry of the Budget (*in Italia*); ~ del Bilancio e della Programmazione Ministry of Budget and Programming (*in Italia*); ~ del Commercio Ministry of Commerce (*in Italia*); Board of Trade (*in G.B.*); Department of Commerce (*in U.S.A.*); ~ del Commercio Estero Ministry of Foreign Trade; ~ del Lavoro e della Sicurezza Sociale Ministry of Labour and Social Security (*in Italia*); ~ del Tesoro Ministry of the Treasury (*in Italia*); Treasury (*in G.B.*); Department of the Treasury (*in U.S.A.*); ~ del Turismo Ministry of Tourism; ~ dell'Agricoltura e delle Foreste Ministry of Agriculture and Forestry; ~ della Difesa Ministry of Defence; ~ dell'Industria e del Commercio Ministry of Industry and Commerce; ~ della Marina Mercantile Ministry of Merchant Marine; ~ della Pubblica Istruzione Ministry of Public Instruction (*in Italia*); Ministry of Education (*in G.B.*); Department of Health, Education and Welfare (*anche Ministero della Sanità, in U.S.A.*); ~ delle Finanze Ministry of Finance (*in Italia*); ~ delle Partecipazioni Statali Ministry of State Participations in Industry (*in Italia*); ~ delle Poste e Telecomunicazioni Ministry of Post and Telecommunications (*in Italia*); Post Office (*in G.B.*); Post Office Department (*in U.S.A.*); ~ di Grazia e Giustizia Ministry of Justice (*in Italia*); Lord Chancellor's Department (*in G.B.*); Department of Justice (*in U.S.A.*); ~ per la Cassa del Mezzogiorno Ministry of Special Action in the Mezzogiorno and Central-North Depressed Areas (*in Italia*); ~ per le Regioni Ministry of Regional Matters (*in Italia*); ~ per le Relazioni con i Paesi del Commonwealth Commonwealth Office (*in*

G.B.); ~ **per la Ricerca Scientifica e Tecnologica** Ministry of Scientific Research and Technology.

ministro, *n. m.* minister; secretary (of State). // ~ **degli Esteri** Minister for Foreign Affairs (*in Italia, ecc.*); Foreign Secretary (*in G.B.*); Secretary of State (*in U.S.A.*); ~ **del Tesoro** Minister of the Treasury (*in Italia*); Chancellor of the Exchequer (*in G.B.*); Secretary of the Treasury (*in U.S.A.*); ~ **dell'Interno** Minister of the Interior (*in Italia*); Home Secretary (*in G.B.*); Secretary of State for the Interior (*in U.S.A.*); ~ **di Grazia e Giustizia** Minister of Justice (*in Italia*); Lord (High) Chancellor (*in G.B.*); Attorney General (*in U.S.A.*); ~ **senza Portafoglio** Minister without Portfolio (*in Italia*); **Primo** ~ Prime Minister; (*in G.B., anche*) Premier.

minoranza, *n. f.* minority.

minore, *a.* ❶ (*più piccolo*) (*comparativo*) smaller; less, lesser (*attr.*); (*superlativo relat.*) (*fra più di due*) the smallest; (*meno importante*) minor. ❷ (*più basso*) (*comparativo*) lower; (*superlativo relat.*) (*tra due*) the lower; (*fra più di due*) the lowest. *n. m.* ❶ (*d'età, grado, ecc.*) junior. ❷ (*leg.*) minor. △ *a.* ❶ **La nostra è una delle aziende minori del settore** ours is one of the smaller firms in this sector; ❷ **Non abbiamo potuto acquistare la partita a un prezzo** ~ we could not buy the consignment at a lower price; *n.* ❷ **I minori non hanno capacità giuridica** minors are not capable of contracting. // ~ **età** (*leg.*) minority; **al** ~ **prezzo** (*market.*) at the lowest (*o* cheapest) price.

minorenne, *a.* (*leg.*) under (full) age. *n. m. e f.* (*leg.*) minor, infant; pupil (*scozz.*). // **essere** ~ (*leg.*) to be under-age.

minorile, *a.* (*leg.*) juvenile.

minorità, *n. f. inv.* (*leg.*) minority, non-age.

minuscola, *n. f.* ❶ small letter. ❷ (*giorn., pubbl.*) lower-case.

minuscolo, *a.* ❶ small, tiny. ❷ (*giorn., pubbl.*) lower-case.

minuta, *n. f.* minute, draft; (*brutta copia*) foul copy, rough copy, rough draft. // **la** ~ **d'una lettera** the draft of a letter.

minuto, *a.* ❶ minute; (*molto piccolo*) (very) small, (very) little. ❷ (*particolareggiato*) minute, detailed. *n. m.* minute. △ *a.* ❷ **Ha fatto una descrizione minuta della situazione del mercato** he has made a detailed description of the market situation; *n.* **Il treno è in ritardo di 20 minuti** the train is 20 minutes late. // ~ **primo** minute; ~ **secondo** second; **al** ~ (*market.*) by retail, retail; **I prezzi al** ~ **stanno salendo vertiginosamente** retail prices are zooming up.

miracolo, *n. m.* miracle. // ~ **economico** (*econ.*) economic miracle.

miscela, *n. f.* mixture; (*di caffè, tabacco, ecc.*) blend, blending. // **una** ~ **dei migliori tabacchi** a blend of the best tobacco(e)s; ~ **di sottoprogrammi** (*elab. elettr.*) tailored software.

miscelare, *v. t.* to mix; (*caffè, tabacco, ecc.*) to blend.

miscellaneo, *a.* miscellaneous.

misfatto, *n. m.* (*leg.*) misdeed; (*delitto*) crime.

missione, *n. f.* ❶ mission. ❷ (*comm. est.*) mission. △ ❶ **Gli è stata affidata una** ~ **molto delicata** he's been entrusted with a very delicate mission; ❷ **La** ~ **giapponese visiterà i nostri impianti la prossima settimana** the Japanese mission will be visiting our plants next week. // ~ **commerciale** (*comm. est.*) trade mission; **essere in** ~ to be on a mission.

mistificatore, *n. m.* (*leg.*) mystifier, hoaxer.

mistificazione, *n. f.* (*leg.*) mystification, hoaxing, sham.

misto, *a.* ❶ mixed, mingled. ❷ (*market.*) miscellaneous. *n. m.* mixture, compound.

misura, *n. f.* ❶ measure, measurement; (*dimensione, taglia*) size. ❷ (*provvedimento*) measure, provision, step. △ ❶ **Che** ~ **desidera?** what size do you want?; ❷ **Le misure da adottare in applicazione della politica comune tengono sufficientemente conto degli interessi regionali** the measures implementing the common policies take regional interests sufficiently into account; **Queste misure furono prese per la salvezza della nave e del carico** these steps were taken for the safety of the ship and cargo. // **misure adatte ad aumentare l'offerta** (*econ.*) measures likely to increase supply; **misure anticongiunturali** (*econ.*) anti-recession measures; **misure correttive** corrective measures; ~ **cubica** (*mat.*) cubic measure; ~ **decimale** (*mat.*) decimal measure; **misure deflazionistiche** (*econ.*) deflationary measures; **le misure dei locali** the measurements of the premises; ~ **della produttività** (*org. az.*) productivity measurement; **misure di capacità** (*mat.*) measures of capacity; ~ **di contenimento** (*fin.*) restriction; **misure di contenimento nei confronti dei capitali esteri** (*fin.*) restrictions on foreign capital; **una** ~ **di lunghezza** (*mat.*) a measure of length; **misure di sostegno dei prezzi** (*econ.*) measures taken to support prices; **misure di superficie** (*mat.*) square measures; **misure illecite** (*leg.*) unlawful measures; ~ **lineare** (*mat.*) linear measure, lineal measure, long measure, measure of length; ~ **pari a una iarda** (*mat.*) yard-measure; ~ **per cereali** (*market.*) dry measure; ~ **per merci solide** (*market.*) dry measure; **misure precauzionali** precautionary measures; **le misure precise d'una cassa** the precise measurements of a case; ~ **preventiva** prevention; **misure protezionistiche** (*econ.*) protectionist measures; **misure punitive** (*leg.*) punitive measures: **La Svizzera ha preso misure punitive contro l'afflusso di capitali esteri** Switzerland has introduced punitive measures against the inflow of foreign capital; **misure quadrate** (*mat.*) square measures; **misure restrittive** restrictive measures; **misure sanitarie** (*org. az.*) sanitary measures; **di** ~ **media** medium-sized.

misurabile, *a.* measurable, mensurable. △ **Il valore di taluni fattori produttivi non è** ~ **con facilità** the value of certain factors of production is not easily measurable.

misurare, *v. t.* ❶ to measure, to measure out (*o* off); (*un terreno*) to survey. ❷ (*valutare*) to evaluate, to estimate; (*calcolare*) to calculate. ❸ (*limitare*) to limit, to ration. *v. i.* to measure. △ *v. t.* ❶ **Dobbiamo** ~ **i vani prima di deciderne l'impiego** we must measure the rooms before deciding what use to make of them; ❷ **Molti non sanno** ~ **le difficoltà d'un simile progetto** lots of people cannot evaluate the difficulties in such a project; ❸ **Dobbiamo cercare di** ~ **le spese** we must try to limit our expenses; *v. i.* **Il nuovo ufficio misura 15 piedi per 12** the new office measures 15 feet by 12. // ~ **l'indice d'ascolto** (*radiofonico o televisivo*) **di** (*q. o qc.*) (*pubbl.*) to rate; ~ **le proprie parole** (*fig.*) to weigh one's words.

misuratore, *n. m.* ❶ (*chi misura*) measurer; (*di terreni*) land surveyor. ❷ (*strumento*) meter. // ~ **d'uscita** (*elab. elettr.*) output meter.

misurazione, *n. f.* measurement, measuring; (*di terreni*) surveying. // ~ **dell'efficienza** (*cronot.*) efficiency comparison; ~ **in iarde** yardage.

mite, *a.* mild; (*moderato*) moderate. △ **Prezzi più miti avrebbero incoraggiato la clientela** more moderate prices would have encouraged the customers. // « **miti pretese** » (*pubbl.*) « money no object ».

mitigare, *v. t.* to mitigate; (*alleviare*) to relieve, to temper; to water down (*fig.*). △ **Il Governo si adopera strenuamente per** ~ **la penuria di generi alimentari** the Government is making strenuous efforts to relieve the food shortage. // ~ **una pena** (*leg.*) to mitigate a punishment.

mitigazione, *n. f.* mitigation; (*alleviamento*) relief; watering down (*fig.*).

mittente, *n. m.* e *f.* ❶ (*comun.*) sender. ❷ (*trasp.*) (*di merce*) consigner, consignor, forwarder. △ ❶ **Il** ~ **ha dimenticato di mettere il suo nome e indirizzo sulla busta** the sender forgot to write his name and address on the envelope; ❷ **Le spese di caricazione devono essere sostenute dal** ~ loading expenses shall be paid by the consigner.

mobile, *a.* (*che si può muovere*) movable, moveable; (*che si muove facilmente*) mobile, moving. *n. m.* ❶ piece of furniture. ❷ **mobili**, *pl.* furniture (*sing.*). ❸ **mobili**, *pl.* (*econ.*) movable goods, movables. // ~ **a scomparti per schedario** (*attr. uff.*) filing cabinet; **mobili e arredi** (*org. az.*) furniture and fittings, furnishings; **mobili per ufficio** (*attr. uff.*) office furniture.

mobilia, *n. f.* ❶ furniture. ❷ (*market.*) furnishings.
mobiliare, *a.* (*leg.*, *rag.*) movable, personal.
mobilio, *n. m.* V. **mobilia**.

mobilità, *n. f. inv.* mobility, movability, movableness. // **la** ~ **del lavoro** (*econ.*, *pers.*) the mobility of labour, the fluidity of labour; **la** ~ **della manodopera** (*econ.*, *pers.*) the mobility of labour, the labour turnover; ~ **geografica** (*econ.*) ability to change domicile; **la** ~ **professionale** (*econ.*, *pers.*) the mobility of workers, the ability to change occupation; ~ **sociale** (*econ.*) social mobility.

mobilitare, *v. t.* to mobilize. // ~ **il capitale** (*econ.*) to mobilize capital.

mobilizzare, *v. t.* (*fin.*) to mobilize. △ **Le ipoteche possono essere mobilizzate come tutti gli altri titoli di credito** mortgages can be mobilized like every other instrument of credit.

mobilizzazione, *n. f.* (*fin.*) mobilization. // **la** ~ **della ricchezza** (*fin.*) the mobilization of wealth.

moda, *n. f.* ❶ (*market.*) fashion, vogue; thing, go (*fam.*). ❷ (*mat.*, *stat.*) mode. △ ❶ **La** ~ **è cambiata moltissimo da due anni a questa parte** fashion has changed a lot these past two years; **Questa è l'ultima in fatto di cappelli** this is the latest thing in hats; ❷ **La** ~ **è quel valore che si presenta con maggior frequenza in una serie** the mode is that value in a series occuring most frequently. // **alla** ~ (*market.*) in fashion, in vogue (*avv.*); popular, up-to-date (*a.*); todayish (*fam.*): **Potete scegliere fra una vasta gamma d'articoli alla** ~ you can choose among a wide range of todayish articles; **all'ultima** ~ (*market.*) in the latest fashion (*o* style); **di** ~ (*market.*) in fashion, in vogue (*avv.*); popular, up-to-date (*a.*); new-day (*attr.*); **essere di** ~ (*market.*) to be « in », to be all the rage; **essere fuori** ~ (*market.*) to be out of fashion, to be unfashionable, to be « out ».

modalità, *n. f. inv.* ❶ formality. ❷ (*modo, maniera*) way, manner. ❸ **modalità**, *pl.* means. △ ❷ **Stiamo cercando di definire le modalità e gli strumenti atti a creare un clima generale favorevole alla ricerca e all'innovazione** we are seeking out ways and means of creating a general climate favourable to research and in-novation. // **modalità d'applicazione delle norme di un regolamento** (*leg.*) arrangements for implementing regulations.

modellare, *v. t.* ❶ to model, to fashion, to pattern. ❷ (*pubbl.*) to design; to style (*USA*).

modellista, *n. m.* e *f.* ❶ model-maker, pattern-maker. ❷ (*pubbl.*) designer; stylist (*USA*).

modellistica, *n. f.* modelling; modeling (*USA*). // ~ **finanziaria computerizzata** (*elab. elettr.*) computerized financial modelling.

modello, *n. m.* ❶ model, pattern. ❷ (*norma*) norm, standard. ❸ (*market.*) sample, pattern. ❹ (*pubbl.*) design; (*alla moda*) style. △ ❸ **I modelli che ci avete inviati non sono adatti alla nostra clientela** the samples you sent us don't suit our customers; ❹ **Abbiamo tutti gli ultimissimi modelli d'impermeabili** we have all the latest styles in raincoats. // **modelli autunnali** (*d'abiti per l'autunno*) (*market.*) fall fashions; **modelli computerizzati** (*elab. elettr.*) computerized models; ~ **depositato** (*leg.*) registered pattern; ~ **di comportamento** (*market.*, *ric. op.*) behavioural model; **il** ~ **di comportamento del consumatore** (*market.*) the model of consumer action; ~ **di pianificazione finanziaria** (*fin.*) finance planning model; ~ **di serie** (*market.*) current model, standard model; **il** ~ **di serie d'un veicolo** (*trasp.*) the standard model of a vehicle; ~ **econometrico** (*econ.*) econometric model; ~ **fuori serie** (*market.*) special model; ~ **matematico** (*mat.*, *ric. op.*) mathematical model; ~ **stocastico** (*ric. op.*) stochastic model.

moderare, *v. t.* ❶ to moderate, to regulate. ❷ (*porre un freno a*) to check, to curb, to control. ❸ (*ridurre*) to reduce, to limit, to cut* down, to temper. // ~ **le spese** to regulate expenses, to check expenditure, to cut down expenses; ~ **la velocità** (*trasp.*) to reduce speed.

moderato, *a.* ❶ moderate. ❷ (*market.*) (*di mercato*) easy.

modernizzare, *v. t.* to modernize, to make* (*o* to render) modern. // ~ **la legislazione sociale** (*leg.*) to modernize social legislation.

modernizzazione, *n. f.* modernization.

moderno, *a.* ❶ modern; (*aggiornato*) up-to-date; (*nuovo*) new. ❷ (*market.*, *pubbl.*) up-to-date, up-to-the minute; todayish (*fam.*); new-day (*attr.*). △ ❶ **Il dirigente** ~ **deve conoscere almeno una lingua straniera** the modern executive must know at least one foreign language. // **moderni mezzi di trasporto** (*trasp.*) new-day conveyances; **moderne tecniche pubblicitarie** (*pubbl.*) up-to-date advertising techniques.

modesto, *a.* ❶ modest. ❷ (*mediocre*) modest, moderate. ❸ (*temperato*) moderate, temperate. △ ❸ **Il nostro successo è in parte dovuto ai nostri prezzi piuttosto modesti** our success is partly due to our rather moderate prices. // **un** ~ **calo della produzione** (*econ.*) a production dip.

modicità, *n. f. inv.* ❶ moderateness. ❷ (*market.*) (*basso prezzo*) cheapness.

modico, *a.* moderate, reasonable. // **prezzi modici** (*market.*) moderate prices.

modifica, *n. f.* ❶ modification, alteration, variation, change. ❷ (*org. az.*) modification. // **una** ~ **allo statuto** (*di una società commerciale*) (*leg.*) an alteration in the articles of association; ~ **d'una parità di cambio** (*fin.*) change in currency exchange rates.

modificare, *v. t.* to modify, to alter, to vary, to change. △ **Dopo un simile precedente dobbiamo** ~ **la nostra condotta** we must vary our conduct after such a precedent. // ~ **le condizioni d'un contratto** (*leg.*)

to modify the terms of a contract; ~ **una legge** (*leg.*) to amend a law; ~ **la produzione secondo le esigenze della domanda** (*econ.*) to gear production to demand; ~ **i propri progetti** to alter one's plans; ~ **i rapporti di cambio** (*fin.*) to devalue (*o* revalue) a currency: **Dobbiamo eliminare il pericolo che si modifichino i rapporti di cambio fra le monete dei Paesi Membri** we must eliminate the danger that the currency of one Member State might be devalued or revalued in relation to the others; ~ **la ripartizione dei contingenti di base** (*comm. est.*) to modify the distribution of basic quotas.

modificatore, *n. m.* ❶ modifier. ❷ (*elab. elettr.*) index word.

modificazione, *n. f. V.* modifica.

modo, *n. m.* ❶ (*maniera*) way, manner; (*metodo*) method; (*sistema*) system; (*stile*) style. ❷ (*mezzo*) means (*sing.* e *pl.*); way. △ ❶ **Non siamo d'accordo sul ~ di raccogliere i fondi di cui abbiamo bisogno** we are not agreed on the way of raising the funds we need; ❷ **Non c'era ~ di sapere come stessero mettendosi le cose alla riunione** there was no means of knowing what was going on at the meeting. ∥ ~ **d'agire** way of acting, behaviour, dealing, proceeding; **il ~ di condurre gli affari** the conduct (*o* management) of business; ~ **di far leva** (*anche fig.*) leverage; ~ **d'impaginare** (*pubbl.*) layout; ~ **di pagamento** method of payment, method of paying; ~ **di rivolgersi a una persona** form of address; ~ **di trattare** handling; ~ **di vivere** way of life, way of living, tenor of life; **modi e mezzi** (*specialm. di reperire fondi*) (*fin.*) ways and means; **in ~ confacente** (*o* **conforme**) **a** in conformity with, agreeably to; **in ~ impegnativo** committally; **nello stesso ~** in the same way, alike; (*comm., rag.*) ditto, dicto: **Agiremo nello stesso ~** we shall act dicto.

modulare, *a.* (*org. az.*) modular.

modulo, *n. m.* ❶ (*attr. uff.*) form. ❷ (*cronot.*) mode. △ ❶ **Per ottenere quel permesso abbiamo dovuto riempire un'infinità di moduli** in order to get that permit we had to fill up a lot of forms. ∥ ~ **a stampa** printed form, imprinted form; **un ~ ciclostilato a mimeografo** mimeographed form; ~ **della dichiarazione delle imposte** (*o* **delle tasse**) (*fin.*) tax return form; ~ **d'assegno** (*banca*) cheque form; ~ **d'assunzione** (*pers.*) application form, application blank, labour engagement form; ~ **di contratto** (*market.*) contract note; ~ **di dichiarazione doganale** (*dog.*) customs entry form; ~ **di domanda** (**d'impiego**) (*pers.*) *V.* ~ **d'assunzione**; ~ **d'ordinazione** (*market.*) order form; ~ **di polizza di carico** (*trasp. mar.*) form of a bill of lading, bill of lading form; ~ **di ricevuta** receipt form; ~ **di sottoscrizione per azioni** (*fin.*) form of application for stocks, application form; ~ **di trasferimento** (*di titoli*) (*fin.*) form of transfer; ~ **di versamento** (*banca*) paying-in slip; deposit slip (*USA*); ~ **in bianco** blank form, blank; ~ **per un atto legale** (*leg.*) deed form; ~ **per cambiale** (*cred.*) bill form; ~ **per censimenti** (*market., stat.*) census paper; ~ (**compilato dal datore di lavoro**) **per le detrazioni delle imposte** (*da stipendi e salari*) (*amm., fin.*) tax-deduction card; ~ **per ricorsi** claim form; ~ **per telegramma** (*comun.*) telegram form; ~ **perforato** punched form; ~ **« Preti »** (*fin.*) tax return form (*from 1975 onwards*); ~ **stampato** printed form; ~ **telegrafico** (*comun.*) telegraph form; ~ **« Vanoni »** (*fin.*) tax return form (*up to 1974*).

molla, *n. f.* ❶ spring. ❷ (*fig.*) mainspring. △ **La ~ d'ogni attività è il (perseguimento d'un) profitto** the mainspring of all business activities is profit.

mollare, *v. t.* to slacken, to let* go. *v. i.* to give* in, to give* way; (*smettere*) to give* up. △ *v. i.* **I prezzi mollano** prices are giving way. ∥ ~ **gli ormeggi** (*trasp. mar.*) to let go moorings.

molo, *n. m.* (*trasp. mar.*) jetty, pier; (*banchina*) quay, dock, wharf*. ∥ ~ **per il caricamento (e lo scaricamento) del carbone** (*trasp. mar.*) coal wharf.

molteplice, *a.* ❶ manifold. ❷ (*numeroso*) numerous, various. △ ❷ **Hai fatto molteplici errori** you have made numerous mistakes.

moltiplicando, *n. m.* (*mat.*) multiplicand.

moltiplicare, *v. t.* ❶ to multiply, to increase, to augment, to redouble. ❷ (*mat.*) to multiply. △ ❶ **Dobbiamo ~ gli sforzi per far fronte alla concorrenza** we must redouble our efforts to face competition. ∥ ~ **per tre** to multiply by three; (*triplicare*) to triplicate; ~ **le spese** (*amm.*) to multiply expenses.

moltiplicatore, *n. m.* ❶ (*econ.*) multiplier. ❷ (*mat.*) multiplier, multiplicator. ∥ « **moltiplicatori** » **di informazione** (*giorn.*) information multipliers.

moltiplicazione, *n. f.* ❶ multiplication; (*aumento*) increase, augmentation. ❷ (*mat.*) multiplication.

molto, *a. indef.* much (*pl.* many); a large quantity of, plenty of, a great (*o* good) deal of, a lot of (*fam.*). *avv.* ❶ (*con a. e avv. di grado positivo e con part. pres.*) very. ❷ (*con a. e avv. di grado comparativo*) much, a great (*o* good) deal; a lot (*fam.*). ❸ (*con un part. pass. e retto da un verbo*) much, very much. △ *a.* **Abbiamo sprecato ~ denaro in spese inutili** we have wasted a lot of money in useless expenses; *avv.* ❶ **È stato ~ interessante conoscere il loro agente di vendita** it's been very interesting to meet their sales agent; ❷ **Avreste speso ~ meno se vi foste rivolti a noi** you would have paid much less if you had applied to us; ❸ **Vi ringraziamo ~ per averci assistito in questa faccenda** we thank you very much for helping us with this matter.

momento, *n. m.* ❶ moment. ❷ (*tempo*) time. △ ❷ **La copertura assicurativa inizia dal ~ in cui le merci lasciano il magazzino dello spedizioniere** the insured goods are covered from the time they leave the shipper's warehouse. ∥ ~ **critico** (*org. az.*) critical event; **al ~ dell'esazione** (*fin.*) upon collection; **al ~ della partenza** (*trasp.*) on departure; **al ~ dell'arrivo** (*trasp.*) on arrival; **fino al ~ di** until: **Le merci restano a nostra disposizione fino al ~ della caricazione** the goods are at our disposal until their loading; **per il ~** for the time being, for the present.

mondo, *n. m.* world. ∥ **il ~ degli affari** the world of business, the business world, the commercial world; **il ~ della finanza** (*fin.*) the financial world; Lombard Street (*in G.B.*); Wall Street (*in U.S.A.*); **il ~ finanziario** (*fin.*) the financial world; **il ~ occidentale** the western World, the West.

moneta, *n. f.* ❶ (*metallica*) coin, piece; smash (*USA*). ❷ (*collett.*) money; smash (*USA*). ❸ (*econ., fin.*) tender; (*econ., fin.*) currency. △ ❶ **Si stanno ritirando dalla circolazione le monete d'argento** silver coins are being called in; **Tutte le monete saranno ritirate dalla circolazione** all coins will be withdrawn from circulation; **Mi diede 18 dollari in banconote e il resto in smash**; ~ he gave me 18 dollars in bills and the rest in smash; ❷ **Si dice ~ tutto ciò che viene accettato in cambio d'altre cose** anything accepted in exchange for other things is called money; ❸ **Il nostro Paese ha bisogno di una ~ stabile** our Country needs a stable currency. ∥ ~ **a corso forzoso** (*econ., fin.*) fiat paper money, fiat money; ~ **a corso legale** (*econ., fin.*) legal tender cur-

monetabile

rency, legal tender; ~ **« calda »** (*fin.*) hot money: **La ~ « calda » ritrovò la strada del mercato dell'eurodollaro** hot money returned to the Eurodollar market; ~ **cartacea** (*econ., fin.*) paper money, bank paper, soft money; long green (*slang USA*); ~ **cartacea non convertibile** (*econ., fin.*) free currency; ~ **cartacea simbolica** (*fin.*) token paper money; ~ **che ha corso fiduciario** (*econ., fin.*) fiduciary currency; ~ **che scotta** (*fin.*) V. ~ **« calda »**; ~ **circolante** (*econ., fin.*) currency; **una ~ comune** (*econ., fin.*) a unified currency; **monete con valore intrinseco inferiore a quello nominale** (*econ., fin.*) token coins; ~ **convertibile** (*in oro*) (*econ., fin.*) sound money; ~ **corrente** (*econ., fin.*) current money, currency, real money, circulating medium; ~ **da cinque centesimi** (*di dollaro*) five-cent piece; nickel (*USA*); bull head, buffalo head, blip (*slang USA*); ~ **da dieci centesimi** (*di dollaro*) ten-cent piece; dime (*USA*); ~ **da mezzo dollaro** half-dollar piece; half dollar, half (*USA*); ~ **da 25 centesimi** (*di dollaro*) 25-cent piece; quarter dollar, quarter (*USA*); ~ **debole** (*fin.*) soft money; ~ **decimale** (*econ., fin.*) decimal currency; **una ~ d'argento** a silver coin; **una ~ di bronzo** (*un tempo, di rame*) a copper coin, a copper; ~ **di cambio** (*econ., fin.*) money of exchange; ~ **di conto** (*econ., fin.*) money of account; **una ~ di rame** a copper coin, a copper; **monete di valore simbolico** (*econ., fin.*) token coins; ~ **divisionale** (*econ., fin.*) fractional currency; **monete divisionarie** (*econ., fin.*) token coins; **una ~ falsa** a false coin, a counterfeit coin, a bad coin; a duffer (*fam.*); (*collett.*) flash money; smash (*USA*); ~ **forte** (*econ., fin.*) hard currency; overweight coin; **una ~ frazionaria divisionale** (*econ., fin.*) a subsidiary coin; **una ~ fuori corso** (*econ., fin.*) a coin no longer in circulation; ~ **garantita** (*econ., fin.*) backed currency; ~ **legale** (*econ., fin.*) legal tender, currency; (*leg.*) lawful money; ~ **metallica** (*econ., fin.*) specie, metallic currency; chip (*fam.*); **monete metalliche « tipo »** (*econ., fin.*) standard coins; ~ **nazionale** (*econ., fin.*) national currency, home currency; ~ **neutrale** (*econ., fin.*) neutral money; ~ **non convertibile** (*in oro*) (*econ., fin.*) soft currency; ~ **non metallica** (*econ., fin.*) soft money; ~ **non soggetta a svalutazioni** (*econ., fin.*) hard currency; ~ **oscillante** (*econ., fin.*) floating currency; **una ~ priva di valore** (*econ., fin.*) a worthless currency; **una ~ sana** (*econ., fin.*) a sound currency; ~ **simbolica** (*econ., fin.*) token money; **una ~ solida** (*econ., fin.*) a hard currency; ~ **spicciola** small change, change, small money; **una ~ stabile** (*econ., fin.*) a stable money, a sound money; **una ~ tosata** (*econ., fin.*) a clipped coin; **una ~ vile** (*econ., fin.*) a base coin.

monetabile, *a.* (*econ., fin.*) coinable.
monetaggio, *n. m.* (*econ., fin.*) mintage.
monetare, *v. t.* ❶ (*econ., fin.*) (*battere moneta*) to mint, to coin. ❷ (*econ., fin.*) (*monetizzare*) to monetize.
monetario, *a.* monetary, pecuniary. △ **La situazione monetaria non è ancora assestata** the monetary situation has still to settle down.
monetazione, *n. f.* ❶ (*econ., fin.*) (*il batter moneta*) minting, coining, mintage, coinage. ❷ (*econ., fin.*) (*monetizzazione*) monetization.
monetizzare, *v. t.* (*econ., fin.*) to monetize.
monetizzazione, *n. f.* (*econ., fin.*) monetization. // **la ~ del debito nazionale** (*econ., fin.*) the monetization of the national debt.
monogramma, *n. m.* monogram. // ~ (*d'una ditta*) **inciso** (*in un francobollo*) **mediante perforazione** (*comun.*) perforated initials.
monometallico, *a.* (*econ.*) monometallic.

monometallismo, *n. m.* (*econ.*) monometallism, single standard. // ~ **argenteo** full silver standard; ~ **aureo** full gold standard.
monomiale, *a.* (*mat.*) monomial.
monomio, *n. m.* (*mat.*) monomial.
monopolio, *n. m.* (*econ.*) monopoly. △ **In Italia è stato soppresso il ~ degli accendisigari** in Italy, the lighter monopoly has been abolished. // ~ **bilaterale** (*econ.*) bilateral monopoly; **monopoli di Stato** (*econ.*) Government monopolies; ~ **fiscale** (*fin.*) fiscal monopoly; **monopoli nazionali** (*a carattere commerciale*) (*econ.*) Government monopolies, State-trading monopolies; ~ **parziale** (*econ.*) partial monopoly; ~ **perfetto** (*econ.*) absolute monopoly; ~ **verticale** (*econ.*) vertical trust; **in regime di ~** (*econ.*) under a monopoly system.
monopolista, *n. m. e f.* (*econ.*) monopolist, monopolizer.
monopolistico, *a.* (*econ.*) monopolistic.
monopolizzare, *v. t.* (*econ.*) to monopolize.
monopolizzatore, *n. m.* (*econ.*) monopolizer.
monopolizzazione, *n. f.* (*econ.*) monopolization. // **la ~ del mercato** (*econ.*) the monopolization of the market.
monopsonio, *n. m.* (*econ.*) monopsony, buyer's monopoly.
monotipista, *n. m. e f.* (*giorn., pubbl.*) monotypist.
monotipo, *n. f. inv.* (*giorn., pubbl.*) monotype.
montaggio, *n. m.* ❶ (*org. az.*) assembly, assemblage, fitting up. ❷ (*pubbl.*) (*cinematografico*) montage, cutting. // ~ **in officina** (*org. az.*) shop-assembly.
montare, *v. t.* ❶ (*org. az.*) to assemble. ❷ (*pubbl.*) (*un film, ecc.*) to cut*. // ~ **una macchina** (*org. az.*) to assemble a machine.
montatura, *n. f.* ❶ (*fig.*) puff, puffing-up, exaggeration. ❷ (*fin.*) bubble. // **una ~ pubblicitaria** (*pubbl.*) a publicity stunt.
monte, *n. m.* ❶ mountain, mount. ❷ (*comm., leg.*) (*banca di prestito su pegno*) pawnshop. // ~ **dei Pegni** (*comm., leg.*) V. ~ **di Pegno** ~ **di Pegno** (*comm., leg.*) pawnshop, pawnbroker's shop, pawnbroker's; ~ **di Pietà** (*comm., leg.*) V. ~ **di Pegno**.
mora, *n. f.* (*leg.*) mora, delay; (*dilazione*) respite. // **essere in ~ (con i pagamenti)** (*market.*) to be in arrear(s) (with one's payments.
moralità, *n. f. inv.* morality; morals (*pl.*); character. △ **I titolari sono considerati gente di dubbia ~** the proprietors are considered people of a questionable character.
moratoria, *n. f.* (*comm., leg.*) moratorium*. △ **Chiesero una ~ di due anni per il pagamento delle ipoteche** they asked for a moratorium of two years on mortgage payments.
moratorio, *a.* (*comm., leg.*) moratory.
morire, *v. i.* to die, to expire, to perish. // ~ **di fame** to die of hunger; to starve (*anche fig.*); ~ **di morte naturale** to die a natural death; ~ **in miseria** to die in poverty; (il) ~ **intestato** (*leg.*) intestacy.
morosità, *n. f. inv.* (*leg.*) arrearage, laches.
moroso, *a.* (*cred., leg.*) tardy, delinquent; in arrear(s) (*pred.*). // **essere ~** (*cred., anche*) to be short in one's payments.
mortalità, *n. f. inv.* ❶ mortality. ❷ (*stat.*) mortality, death-rate. ❸ (*trasp.*) (*per incidenti stradali*) road toll, toll of the roads. // ~ **infantile** (*stat.*) infant mortality.
morte, *n. f.* death. // ~ **civile** (*leg.*) civil death; ~ **d'inedia** starvation; ~ **naturale** (*anche fig.*) natural

death: **La loro ditta morì di ~ naturale** their firm died a natural death; **~ presunta** (*leg.*) presumptive death.

morto, *a.* ❶ dead, deceased, departed. ❷ (*market.*) (*inattivo, di stasi*) dead, slack; off. △ ❶ **Mr Kendall è ~ da due mesi e non s'è ancora potuto trovargli un sostituto** Mr Kendall has been dead for two months and we have not yet been able to find a substitute for him; ❷ **Avremo tutto il tempo per fare le migliorie dei locali durante la stagione morta** we'll have plenty of time for redecorating the premises during the off season.

«**mosconata**», *n. f.* (*Borsa*) (*operazione speculativa di Borsa che si apre e chiude nello stesso giorno*) day trade.

mossa, *n. f.* movement; (*anche fig.*) move. △ **Aspettiamo di vedere quale sarà la loro prossima ~** let's wait and see what their next move will be. // **una ~ brillante** a coup; **una ~ indovinata** a lucky move; **una ~ sbagliata** a false move.

mostra, *n. f.* ❶ show, exhibition, display. ❷ (*di merci: nella vetrina di un negozio, ecc.*) display, set-out. ❸ (*market.*) exhibition, exhibit, show; (*fiera*) fair. ❹ (*market.*) (*la vetrina stessa*) show-window, shop-window. △ ❷ **Nel nuovo reparto potrete visitare una ~ completa delle nostre cristallerie** in the new department you'll be able to visit a complete set-out of our glassware. ❸ **Le mostre sono esposizioni selettive di merci, dedicate a un solo prodotto o a un gruppo particolare di prodotti** shows are selective displays of goods, devoted to a single product or to a special group of products. // **~ campionaria** (*market.*) sample fair, trade fair; **~ dell'agricoltura** agricultural show; **una ~ di bestiame** (*market.*) a cattle show; **~ itinerante** (*market., pubbl.*) travelling exhibit; **in ~** (*market.*) in view, on view: **I nostri ultimi articoli saranno in ~ a partire dal 4 ottobre** our latest articles will be in view starting October 4th; **Sono ora in ~ gli ultimi modelli di Parigi** the latest Paris models are now on view.

mostrare, *v. t.* ❶ to show*; (*indicare*) to point out. ❷ (*market.*) (*esporre*) to show*, to exhibit, to display. △ ❶ **I nostri conti hanno mostrato una perdita per la prima volta in questo decennio** our accounts showed a loss for the first time in these 10 years. // **~ il passaporto** (*tur.*) to show one's passport.

motel, *n. m.* (*trasp. aut.*) motel; tourist court, motor court (*USA*).

motivare, *v. t.* ❶ (*giustificare adducendo motivi*) to state reasons for, to justify, to ground. ❷ (*essere motivo di*) to motivate, to cause. △ ❶ **Non furono in grado di ~ il loro reclamo** they were not able to ground their claim; ❷ **La lite fu motivata da un nonnulla** the quarrel was caused by a matter of no importance. // **~ un dissenso** to cause a difference of opinion; **~ una richiesta** to justify a request; **~ una sentenza** (*leg.*) to state reasons for a judgment.

motivazionale, *a.* (*market., pubbl.*) motivational.

motivazione, *n. f.* ❶ motivation. ❷ (*motivo*) motive, reason. ❸ (*market., pubbl.*) motivation. △ ❶ **Non è facile capire la ~ profonda d'una politica siffatta** it isn't easy to understand the deep motivation of such a policy. // **la ~ d'una sentenza** (*leg.*) the grounds of a judgment.

motivo, *n. m.* ❶ motive, reason, ground; (*causa*) cause. ❷ (*motivazione*) motivation. ❸ (*leg.*) ground, reason. △ ❶ **Ciò fu dovuto a motivi indipendenti dalla nostra volontà** that was due to reasons beyond our control; **Quelle misure sono state prese per motivi congiunturali** those measures have been taken for reasons connected with the current business situation. // **~ d'appello** (*leg.*) ground of appeal; **~ di diritto** (*leg.*) matter of law; **il ~ d'un'eccezione** (*leg.*) the ground of an objection; **~ di fatto** (*leg.*) matter of fact, matter in deed; **un ~ di lagnanza** a matter of complaint; **un ~ di reclamo** a matter of complaint; **motivi procedurali** (*leg.*) reasons of procedure; **a ~ di** owing to, on account of, because of; **chi ha ~ di ricorrere in appello** (*leg.*) person aggrieved.

moto, *n. m.* ❶ motion. ❷ (*fam.*) (*motocicletta*) motor-bike (*fam.*).

motobarca, *n. f.* (*trasp.*) motor-boat, power-boat.

motocarro, *n. m.* (*trasp.*) motor-van.

motocarrozzetta, *n. f.* (*trasp.*) side-car.

motocarrozzino, *n. m.* (*trasp.*) side-car.

motocicletta, *n. f.* (*trasp.*) motor-bicycle, motor-cycle, motor-bike (*fam.*).

motofurgone, *n. m.* (*trasp.*) motor-van.

motonave, *n. f.* (*trasp. mar.*) motor-ship.

motopeschereccio, *n. m.* (*trasp. mar.*) motor-trawler.

motore, *n. m.* ❶ motor, engine. ❷ (*fam.*) (*motocicletta*) motor-bike (*fam.*). // **~ a benzina** (*trasp.*) petrol engine; gasoline engine, gas engine (*USA*); **~ a combustione interna** (*trasp.*) internal combustion engine; **~ a due (a quattro) tempi** (*trasp.*) two- (four-) stroke engine; **~ a scoppio** (*trasp.*) internal combustion engine.

motorista, *n. m.* (*pers.*) engineer.

motorizzare, *v. t.* (*trasp. aut.*) to motorize.

motorizzarsi, *v. rifl.* (*trasp. aut.*) to motorize.

motorizzazione, *n. f.* (*trasp. aut.*) motorization.

motovedetta, *n. f.* (*trasp.*) motor patrol vessel.

motoveicolo, *n. m.* (*trasp. aut.*) motor vehicle.

motrice, *n. f.* ❶ (*trasp. aut.*) motor-truck, motor. ❷ (*trasp. ferr.*) engine.

motto, *n. m.* motto*, maxim. // **~ pubblicitario** (*pubbl.*) slogan, catchword, catch-phrase, tag line.

movibile, *a.* movable, moveable; (*mobile*) mobile.

movimento, *n. m.* ❶ movement; (*moto*) motion; (*mossa*) move. ❷ (*flusso*) flow; (*traffico*) traffic. ❸ (*market.*) (*di prezzi, ecc.*) movement. ❹ (*org. az., pers.*) (*di funzionari*) shake-up. △ ❷ **Il ~ dei turisti ha raggiunto il massimo** the flow of tourists is at its highest point; ❸ **C'è stato un ~ d'ascesa nei prezzi delle materie prime** there's been an upward movement in the price of raw materials. // **movimenti ciclici** (*econ.*) cyclical movements; **~ (con tendenza) al rialzo** (*fin., market.*) upward movement; **~ (con tendenza) al ribasso** (*fin., market.*) downward movement; **il ~ cooperativo** (*econ.*) the co-operative movement; **il ~ della popolazione** (*stat.*) the movement of population; **~ d'accelerazione** (*nello sviluppo dell'economia*) (*econ.*) upward trend, upward tendency; **~ d'affari** (*fin., rag.*) turnover; **movimenti di capitali** (*fin., rag.*) movements of capital, capital movements, capital flows: **I movimenti di capitali con l'estero sono ora assai frequenti** capital movements to and from abroad are now very frequent; **Questa è la struttura dei movimenti tradizionali di capitali fra gli U.S.A. e l'Europa** this is the established pattern of capital flows between the U.S.A. and Europe; **~ di cassa** (*rag.*) cash flow; **movimenti di conto** (*fin., rag.*) movements of capital; **~ di flusso e riflusso** (*trasp. mar.*) fluctuation of the tide; **~ di prezzo** (*econ.*) price adjustment; **~ di rallentamento** (*nello sviluppo dell'economia*) (*econ.*) downward trend; **~ (di) viaggiatori** (*trasp.*) passenger traffic; **~ ferroviario** (*trasp. ferr.*) railway traffic; **~ (merci o passeggeri) locale** (*trasp. ferr.*) local traffic; way traffic (*USA*); **movimenti materiali di titoli** (*econ.*, *fin.*) physical transfers of securities; ~ **merci** (*trasp.*) goods traffic, merchandise traffic, movement of freight; **movimenti occulti di capitali** (*econ., fin.*) hidden capital movements; **un ~ politico** a political movement; ~ **popolare** (*sommossa*) civil commotion; ~ **sindacale** (*sind.*) labour movement; ~ **stradale** (*trasp. aut.*) road traffic; **movimenti tariffari** (*comm. est., econ.*) tariff adjustments; **il ~ turistico** (*tur.*) the flow of tourists.

mozione, *n. f.* (*leg.*) motion. △ **La ~ è stata respinta dai 2/3 dei votanti** the motion has been rejected by 2/3 of the voters. // **una ~ d'ordine** (*leg.*) a point of order.

mozzo, *n. m.* ❶ boy, lad. ❷ (*trasp. mar.*) ship-boy, cabin-boy, boy.

mucchio, *n. m.* ❶ heap, mass; (*fascio*) bundle; (*pila*) pile; batch, jumble. ❷ (*fam.*) (*gran quantità*) lot, lots, hoard. // **un ~ di denaro** a lot of money, a hoard of money; **un ~ di lettere inevase** a batch of letters to be answered.

mulino, *n. m.* mill. // **~ a vento** windmill.

multa, *n. f* ❶ (*leg.*) fine, mulct, penalty, forfeit. ❷ (*pers.*) docking. ❸ (*trasp. aut.*) fine, ticket; tag (*USA*). // **~ a carico dei ritardatari** (*leg.*) late penalty; **~ per ritardo** (*leg.*) late penalty.

multare, *v. t.* ❶ (*leg.*) to fine, to mulct. ❷ (*pers.*) to dock. ❸ (*trasp. aut.*) to fine, to ticket; to tag (*USA*). △ ❸ **La nostra auto fu multata poiché costituiva intralcio al traffico** our car was tagged for obstructing traffic.

multiforme, *a.* manifold, multiple, varied.

multilaterale, *a.* multilateral.

multinazionale, *a.* (*comm. est., org. az.*) multinational. *n. f.* (*comm. est., org. az.*) multinational company, multinational.

multiplo, *a.* multiple. *n. m.* (*mat.*) multiple.

municipale, *a.* municipal; town, city (*attr.*).

municipalizzare, *v. t.* (*econ.*) to municipalize.

municipalizzazione, *n. f.* (*econ.*) municipalization. // **la ~ della fornitura del gas** (*econ.*) the municipalization of gas supply.

municipio, *n. m.* ❶ (*comune*) municipality. ❷ (*gruppo di persone che reggono un Comune*) municipality, town council. ❸ (*sede dell'amministrazione comunale*) town hall.

munire, *v. t.* (*provvedere*) to provide; (*fornire*) to furnish, to supply. // **~ (una nave) d'alberi** (*trasp. mar.*) to mast; **~ d'un buono** (*o* **d'uno scontrino**) (*market.*) to voucher; **~ q. di denaro** to provide sb. with money; **~ (una cambiale, un assegno, ecc.) d'una dicitura a mano** (*o* **a stampa**) (*cred.*) to enface; **~ un documento della firma** to sign a document.

munirsi, *v. rifl.* (*provvedersi*) to provide oneself, to furnish oneself, to supply oneself. △ **Ci siamo già muniti di tutti i fondi necessari** we have already provided ourselves with all the funds we need.

munito, *a.* provided, furnished, supplied. // **~ dell'indirizzo del mittente** (*comun.*) (*di busta*) self-addressed: **Inviate oggi stesso una busta munita del vostro indirizzo!** send in today a self-addressed envelope!

muovere, *v. t.* to move. // **~ un'accusa a q.** (*leg.*) to make a complaint against sb., to bring a charge against sb.; **~ un'accusa formale contro q.** (*leg.*) to swear a charge against sb.; **~ causa a q.** (*leg.*) to sue sb.; **~ querela** (*leg.*) to complain.

muoversi, *v. rifl.* ❶ to move. ❷ (*market.*) (*di prezzi, ecc.*) to move, to budge. // **~ a spirale** (*market.*) (*di prezzi, ecc.*) to spiral.

muro, *n. m.* wall. // **~ di cinta** boundary wall, enclosure wall; **~ di confine** (*leg.*) party wall; **~ di fondazione** foundation wall; **~ divisorio fra due proprietà** (*leg.*) party wall; **~ maestro** main wall.

musica, *n. f.* music. // **~ riprodotta** (*market.*) canned music.

mutamento, *n. m.* change; (*variazione*) variation; (*trasformazione*) transformation; (*alterazione*) alteration. △ **Ci saranno mutamenti radicali nella struttura economica** there will be thorough changes in the economic structure. // **~ della composizione del portafoglio** (*fin.*) (*di fondo d'investimento*) change in gearing, shift in portfolio; **un ~ di programma** a change in the programme; **un ~ in meglio** a change for the better; **un ~ in peggio** a change for the worse.

mutare, *v. t.* to change; (*trasformare*) to transform; (*alterare*) to alter. *v. i.* to change; (*alterarsi*) to alter; (*variare*) to vary. △ *v. t.* **La nave mutò rotta** the ship altered course. // **~ le carte in tavola** (*fig.*) to change one's note, to change one's tune.

mutua, *n. f.* ❶ (*leg.*) (*società di mutuo soccorso*) mutual aid association. ❷ (*pers.*) (*per l'assistenza medica*) health insurance association; blue cross (*USA*). ❸ **le mutue**, *pl.* (*organizzate dallo Stato*) (*pers.*) the national health service. // **della ~** V. **mutualistico**; **essere in ~** (*pers.*) to be on sick-leave; to be treated by one's panel doctor; **mettersi in ~** (*pers.*) to ask for sick-leave; to ask for treatment by one's panel doctor.

mutualistico, *a.* ❶ health insurance, national insurance (*attr.*). ❷ (*pers.*) (*di medico, ecc.*) working within the national health service; panel (*attr.*). // **assistenza mutualistica** health insurance assistance; **cure mutualistiche** treatment within the national health service; **un medico ~** (*pers.*) a panel doctor (*in G.B.*).

mutuare, *v. t.* ❶ (*cred.*) (*prendere a mutuo*) to borrow. ❷ (*cred.*) (*dare a mutuo*) to lend*; to loan (*USA*).

mutuatario, *n. m.* (*cred.*) borrower.

mutuato, *a.* (*pers.*) (*di paziente*) on a (doctor's) panel. *n. m.* ❶ patient on a doctor's list (*o* panel). ❷ **i mutuati**, *pl.* the panel (*collett.*). △ ❶ **I medici della mutua sono retribuiti in base al numero dei mutuati (affidati alle loro cure)** doctors working within the national health service are paid on the basis of the number of patients on their lists.

mutuo[1], *a.* mutual; (*reciproco*) reciprocal. // **~ consenso** (*leg.*) mutual consent, mutual agreement, accord and satisfaction; **~ soccorso** mutual aid; **cassa mutua malattia** health insurance scheme; **società di ~ soccorso** (*leg.*) mutual aid association.

mutuo[2], *n. m.* (*cred.*) loan. // **mutui a breve scadenza** (*cred.*) short-term loans; **mutui a lunga scadenza** (*cred.*) long-term loans; **~** (*concesso da banche o compagnie d'assicurazione a società*) **con rimborso rateale previsto in un periodo dai 5 ai 15 anni** (*cred., USA*) term loan; **~ garantito** (*banca*) secured loan; **~ ipotecario** (*cred.*) mortgage loan.

N

narrare, *v. t.* to tell*, to narrate.
narrativa, *n. f.* ❶ narrative. ❷ *(giorn.)* fiction.
narrazione, *n. f.* ❶ telling, narrative. ❷ *(storia)* narration, tale, story.
nascente, *a.* ❶ dawning, rising. ❷ *(giovane)* young, infant. ❸ *(nuovo)* new. △ ❷ **La conferenza verterà sulla nostra ~ industria della gomma** the talk will be about our infant rubber industry.
nascere, *v. i.* ❶ to be born. ❷ *(trasp. ferr.) (di treno)* to originate. △ ❶ **Quando sei nato?** when were you born?; ❷ **Il treno nasce a Milano** the train originates in Milan.
nascita, *n. f.* birth. △ **Tanto per cominciare, procuratevi il vostro certificato di ~** to begin with, get your birth-certificate; **Stiamo assistendo alla ~ d'un nuovo tipo d'imprenditore** we are witnessing the birth of a new kind of manager. // **alla ~** at birth; **per (diritto di) ~** *(leg.)* by right of birth.
nascituro, *a.* about to be born. *n. m.* future baby, baby-to-be, baby.
nascondere, *v. t.* to hide*, to conceal. △ **Sono riusciti a ~ una grossa fetta dei loro profitti** they have managed to hide a huge part of their profits. // **~ qc. a' q.** to hide st. from sb.; **~ la propria identità** to keep one's identity secret.
nascosto, *a.* hidden; *(segreto)* secret, undisclosed.
nastro, *n. m.* ❶ ribbon. ❷ *(elab. elettr.)* tape. // **~ adesivo** adhesive tape; **~ azzurro** *(attr. uff.)* blue ribbon, blue riband; **~ copiativo** *(per macchine da scrivere)* *(attr. uff.)* copying ribbon; **~ dattilografico** *(attr. uff.)* typewriting ribbon, inked ribbon; **~ inchiostratore** *(attr. uff.)* ink roller; **~ magnetico** *(elab. elettr.)* magnetic tape, tape; **Il presidente non è disposto a rivelare ai soci il contenuto dei nastri** the chairman won't let the members know the contents of the tapes; **~ (che fa da) matrice** *(elab. elettr.)* master tape; **~ perforato** *(elab. elettr.)* punched tape.
natale, *a.* native; birth *(attr.)*. *n. m.* Christmas; Xmas *(abbr.)*. △ *a.* **La mia città ~ è Modillion** my native town is Modillion; *n.* **Le vetrine debbono essere pronte almeno 15 giorni prima di ~** the shop-windows must be ready at least 15 days before Christmas.
nato, *a.* born. △ **Mr Tickner è un commerciante ~** Mr Tickner is a born trader. // **~ morto** *(stat.)* stillborn; **~ vivo** *(stat.)* live-born.
natura, *n. f.* ❶ nature. ❷ *(qualità, tipo, anche)* sort, type, kind. △ ❷ **Il nostro giornale stampa racconti di varia ~** our magazine publishes short stories of different kinds. // **la ~ del contenuto** *(d'una valigia, d'un pacco, ecc.)* *(dog.)* the nature of contents; **in ~** *(leg.)* in kind: **I pagamenti in ~ non sono tanto comuni oggigiorno** payments in kind are not so common nowadays.
naturale, *a.* ❶ natural. ❷ *(market.)* *(opposto a « finto »)* real. ❸ *(come risposta: per « certo », « naturalmente »)* of course, naturally. △ ❶ **È morto di morte ~** he has died a natural death; ❷ **I fiori di carta non reggono al confronto con quelli naturali** paper flowers can't be compared with real flowers.
naturalizzare, *v. t.* *(leg.)* to naturalize.
naturalizzarsi, *v. rifl.* *(leg.)* to become* naturalized.
naturalizzato, *a.* *(leg.)* naturalized.
naturalizzazione, *n. f.* *(leg.)* naturalization.
naufragare, *v. i.* *(trasp. mar., anche fig.)* to be shipwrecked, to shipwreck, to wreck. △ **La nave naufragò al largo della costa francese** the ship wrecked off the French coast.
naufragio, *n. m.* *(trasp. mar., anche fig.)* shipwreck, wreck, wreckage. △ **Il capitano e il vettore non assumono responsabilità per perdite o danni derivanti da urto, incaglio, arenamento, ~ e ogni altro rischio** the master and the carrier do not undertake any responsibility for losses or damages caused by collision, grounding, stranding, shipwreck and any other risk; **La serie di naufragi è stata causata da una tempesta** the chain of wrecks has been caused by a storm.
naufrago, *n. m.* *(trasp. mar.)* shipwrecked person. // **un ~ sopravvissuto** *(trasp. mar.)* a survivor from a wreck.
nautica, *n. f.* *(trasp. mar.)* art of navigation, navigation, nautical science.
nautico, *a.* *(trasp. mar.)* nautical, naval, marine.
navale, *a.* *(trasp. mar.)* naval, nautical, maritime, marine.
nave, *n. f.* ❶ *(trasp. mar.)* ship, vessel; craft *(pl. inv.)*. ❷ *(trasp. mar.)* *(specialm. mercantile)* bottom. ❸ *(trasp. mar.)* boat *(fam.)*. △ ❶ **In Inghilterra, la proprietà d'una ~ è suddivisa in 64 carature** in England, the property in a ship is divided into 64 shares; **Una ~ può essere noleggiata per un dato viaggio o per un determinato periodo di tempo** a ship may be chartered for a given voyage or for a given period of time; **La ~ batte bandiera portoghese** the ship is flying the Portuguese flag; ❷ **Quelle merci furono importate su una ~ britannica** those goods were imported in a British bottom. // **~ a cuscino d'aria** *(trasp. mar.)* hovercraft; **~ a due ponti** *(trasp. mar.)* double-decker; **~ a un ponte** *(trasp. mar.)* single-decker; **~ a vapore** *(trasp. mar.)* steamship, steamer; **una ~ abbandonata** *(un relitto)* *(trasp. mar.)* a derelict ship; **una ~ abbandonata in mare** *(trasp. mar.)* a ship abandoned at sea; **~ all'àncora** *(trasp. mar.)* ship riding at anchor; **~ alla fonda** *(trasp. mar.)* ship riding at anchor; **~ arenata** *(trasp. mar.)* ship aground; **~ autostivante** *(trasp. mar.)* self-trimmer; **~ avviso** *(trasp. mar.)* advice boat; **~ carboniera** *(trasp. mar.)* coal ship, steam collier; **~ che effettua il viaggio di ritorno** *(trasp. mar.)* inward-bound vessel; **~ che entra** *(in porto)* **carica** *(trasp. mar.)* vessel entering laden; **~ che entra** *(in porto)* **in zavorra** *(trasp. mar.)* vessel entering in ballast; **~ che fa scalo** *(trasp. mar.)* calling ship; **~ che non può governare** *(per avaria e sim.)* *(trasp. mar.)* vessel not under command; **~ cisterna** *(trasp. mar.)* tankship, tank-steamer, tanker, water boat;

navigabile

~ **composita** (*di legno e ferro*) (*trasp. mar.*) composite vessel; ~ **contrabbandiera** (*trasp. mar.*) smuggler, free trader; ~ **costiera** (*trasp. mar.*) coaster; ~ **da carico** (*trasp. mar.*) cargo-ship, cargo boat, cargo steamer, cargo vessel, ocean tramp, freighter; ~ **da carico non di linea** (*trasp. mar.*) tramp, tramp ship, tramp steamer; ~ **del servizio meteorologico** (*trasp. mar.*) weather-ship; **la** ~ **designata** (*trasp. mar.*) the named ship; ~ **di cabotaggio** (*trasp. mar.*) coasting ship, coasting vessel, coaster; ~ **di linea** (*trasp. mar.*) liner; ~ **di linea per passeggeri** (*trasp. mar.*) passenger liner; ~ **di linea transoceanica** (*trasp. mar.*) ocean liner; **una** ~ **di lungo corso** (*trasp. mar.*) an ocean-going ship; ~ **di salvataggio** (*trasp. mar.*) salvage vessel; ~ **di soccorso** (*trasp. mar.*) wrecker; ~ **faro** (*trasp. mar.*) lightship; **navi gemelle** (*trasp. mar.*) sister ships; ~ **gettata sugli scogli** (*trasp. mar.*) ship cast on the rocks; ~ **guardacoste** (*trasp. mar.*) coast-defence ship; ~ **in armamento** (*trasp. mar.*) ship in commission; **una** ~ **in buone condizioni** (*trasp. mar.*) a sound ship; ~ **in cemento** (*trasp. mar.*) concrete ship; ~ **in commessa** (*trasp. mar.*) ship on order; **navi in convoglio** (*trasp. mar.*) ships under convoy; ~ **in discarica** (*trasp. mar.*) vessel discharging; ~ « **in entrata** » (*trasp. mar.*) inward-bound ship; ~ **in partenza** (*trasp. mar.*) outward bounder, outgoing ship; ~ **in pericolo** (*trasp. mar.*) ship in distress, distressed ship; ~ **in raddobbo** (*trasp. mar.*) ship under repair; ~ **in secco** (*trasp. mar.*) vessel aground; ~ **in servizio di linea** (*trasp. mar.*) liner; ~ **in stato d'avaria** (*trasp. mar.*) ship under average; ~ « **in uscita** » (*trasp. mar.*) outward-bound ship; ~ **in viaggio d'andata** (*trasp. mar.*) outward-bound ship, outward bounder; ~ **in zavorra** (*trasp. mar.*) ship in ballast, vessel in ballast; ~ **incagliata** (*trasp. mar.*) ship aground; ~ **indenne** (*trasp. mar.*) clean ship; ~ **investitrice** (*trasp. mar.*) colliding ship; ~ **mercantile** (*trasp. mar.*) merchant ship, trading vessel, cargo liner, merchantman, trader, cargo; ~ **naufragata** (*trasp. mar.*) wreck; ~ **noleggiata** (*trasp. mar.*) chartered vessel; ~ **officina** (*trasp. mar.*) repair ship; ~ **per ricuperi** (*trasp. mar.*) wrecker; **navi per il trasporto di cereali** (*trasp. mar.*) dry cargo ships; ~ **per il trasporto di merci e passeggeri** (*trasp. mar.*) cargo and passenger vessel; ~ **postale** (*trasp. mar.*) mail-steamer, packet-ship, packet-boat, packet; ~ **pronta a prendere il mare** (*trasp. mar.*) ship ready for sea; ~ **radiata** (*trasp. mar.*) ship stricken off the effective list; ~ (*di*) **rifornimento** (*trasp. mar.*) victualling ship, victualler; victualing ship, victualer (*USA*); ~ **rinfusiera** (*trasp. mar.*) ocean tramp, tramp; **navi scortate** (*trasp. mar.*) ships under convoy; ~ **sotto carico** (*trasp. mar.*) ship loading; ~ **sotto tutti i riguardi atta al viaggio** (*trasp. mar.*) ship in every way fitted to the voyage; ~-**traghetto** (*trasp. ferr.*) train-ferry, transfer; ~-**traghetto che fa servizio notturno** (*trasp. mar.*) night-boat; ~ « **verso casa** » (*in viaggio di ritorno*) (*trasp. mar.*) homeward-bound ship; **chi acquista navi per smantellarle** (*trasp. mar.*) ship-breaker.

navigabile, *a.* ❶ (*trasp.*) (*d'un fiume, ecc.*) navigable. ❷ (*trasp. aer.*) (*d'un aereo*) airworthy. ❸ (*trasp. aer., trasp. mar.*) (*d'aereo, nave, ecc.*) navigable. ❹ (*trasp. mar.*) (*d'un'imbarcazione*) seaworthy.

navigabilità, *n. f. inv.* ❶ (*trasp.*) (*d'un fiume, ecc.*) navigability. ❷ (*trasp. aer.*) (*d'un aereo*) airworthiness. ❸ (*trasp. aer., trasp. mar.*) (*d'aereo, nave, ecc.*) navigability. ❹ (*trasp. mar.*) (*d'imbarcazione*) seaworthiness.

navigante, *n. m.* (*trasp. mar.*) sailor, seaman*.

navigare, *v. i.* ❶ (*trasp., trasp. aer.*) to sail, to navigate. ❷ (*trasp. mar.*) to sail, to navigate, to voyage, to be at sea, to be under way. // ~ **con cautela** (*trasp. mar.*) to navigate with caution; ~ **contro vento** (*trasp. mar.*) to sail against the wind; ~ **i mari** (*trasp. mar.*) to sail the seas; ~ **in carico** (*trasp. mar.*) to sail laden; ~ **in cattive acque** (*fin., fam.*) to be in low water; ~ **in zavorra** (*trasp. mar.*) to sail in ballast.

navigatore, *n. m.* (*trasp. mar.*) sailor, seaman*.

navigazione, *n. f.* ❶ (*trasp., trasp. aer.*) navigation, sailing. ❷ (*trasp. mar.*) navigation, sailing, shipping. △ ❶ **Quel corso d'acqua non è ancora aperto alla** ~ that waterway is not yet open to navigation; ❷ **Spesso, in questi ultimi anni, gli scioperi hanno paralizzato i porti e la** ~ in recent years strikes have often paralyzed ports and shipping. // ~ **a vapore** (*trasp. mar.*) steam navigation; ~ **aerea** (*trasp. aer.*) air navigation, aerial navigation; ~ **costiera** (*trasp. mar.*) coasting navigation, coastwise navigation; ~ **di cabotaggio** (*trasp. mar.*) coastwise navigation; ~ **fluviale** (*trasp.*) inland navigation, internal navigation, inland water transport; ~ **in mare aperto** (*trasp. mar.*) off-shore navigation; ~ **interna** (*trasp.*) inland navigation, internal navigation, inland water transport; ~ **per idrovie** (*trasp.*) inland navigation; **atto alla** ~ (*trasp. aer.*) airworthy; (*trasp. mar.*) seaworthy.

naviglio, *n. m.* ❶ (*trasp.*) (*canale navigabile*) ship-canal, canal. ❷ (*trasp. mar.*) (*imbarcazione*) boat, ship, vessel. ❸ (*trasp. mar.*) (*collett.*) craft. ❹ (*trasp. mar.*) (*flotta*) shipping, fleet. // ~ **d'alto mare** (*trasp. mar.*) sea-going vessel, seacraft; ~ **mercantile** (*d'una nazione o d'un porto, nel complesso*) (*trasp. mar.*) tonnage: **Il** ~ **mercantile impiegato nel commercio coi Paesi orientali è piuttosto scarso** the tonnage devoted to trade with the Orient is rather small.

nazionale, *a.* ❶ national. ❷ (*interno ad una nazione*) home, domestic (*attr.*). ❸ (*di dimensioni nazionali*) nationwide. △ ❷ **Il Governo tende a incoraggiare l'acquisto di prodotti nazionali** the Government tends to encourage the purchase of domestic goods; ❸ **Oggi alle 9 ha inizio uno sciopero** ~ **di 24 ore** a 24-hour nationwide strike is starting at 9 o'clock today.

nazionalità, *n. f. inv.* nationality. // **la** ~ **d'una nave** (*trasp. mar.*) the nationality of a ship.

nazionalizzare, *v. t.* (*econ.*) to nationalize. △ **La Banca d'Inghilterra fu nazionalizzata nel 1946** the Bank of England was nationalized in 1946.

nazionalizzazione, *n. f.* (*econ.*) nationalization. △ **La** ~ **dell'energia elettrica fu patrocinata da una coalizione di centro-sinistra** the nationalization of electricity was sponsored by a center-left coalition.

nazione, *n. f.* nation; (*Stato*) state; (*Paese*) country. // ~ **autosufficiente** (*econ.*) self-sufficient nation; **una** ~ **commerciale** (*econ.*) a trading nation; ~ **creditrice** (*econ.*) creditor nation; ~ **debitrice** (*econ.*) debtor nation; **una** ~ **debole** (*econ.*) a weak nation; **la** ~ (**più**) **favorita** (*econ.*) the most favoured nation (*M.F.N.*); **la** ~ **preferita** (*econ.*) V. **la** ~ (**più**) **favorita**; **le Nazioni Unite** the United Nations.

necessario, *a.* necessary; (*che si richiede, che si esige*) requisite, required. *n. m.* necessary, necessity. △ *a.* **È proprio** ~ **ch'io ci vada in persona?** is it really necessary for me to go in person?; **Poiché il «quorum»** ~ **di 60 membri non è presente, dovremo aggiornare la seduta** as the requisite quorum of 60 members is not present, we shall have to adjourn the meeting; *n.* **Vi preghiamo di fare il** ~ **per ricuperare questo credito** please do the necessary to recover this debt.

necessità, *n. f. inv.* ❶ necessity. ❷ (*bisogno*) need;

(*esigenza*) requirement; (*mancanza*) want. △ ❷ **I vecchi locali non sono adeguati alle necessità della ditta** the old premises are not adequate to the firm's needs. // **necessità finanziarie** (*fin.*) pecuniary needs; ~ **operativa** (*ric. op.*) constraint; **a mano a mano che si presenterà la** ~ as and when required; **in caso di** ~ in case of need.

necessitare, *v. t.* (*rendere necessario*) to render necessary, to require. *v. i.* ❶ (*essere necessario*) to be necessary. ❷ (*aver bisogno di*) to need. △ *v. t.* **Questo compito necessita tutta la mia attenzione** this task renders all my attention necessary; *v. i.* ❷ **Necessitano di molto denaro per il loro progetto** they need a lot of money for their project.

negare, *v. t.* ❶ to deny. ❷ (*non concedere*) to deny, to refuse. ❸ (*leg.*) to traverse. △ ❷ **Non posso negargli questo permesso** I can't refuse to give him this permit. // ~ **un'accusa** (*leg.*) to deny a charge, to disclaim a charge: **Negò l'accusa d'aver ricevuto appoggi finanziari dall'estero** he disclaimed the charge that he had received financial backing from abroad; ~ **il proprio consenso** (*leg.*) to withhold one's consent; ~ **in parte** (*un diritto, ecc.*) (*leg.*) to derogate; ~ **il permesso** to withhold permission.

negativa, *n. f.* (*pubbl.*) negative.

negativamente, *avv.* negatively, in the negative. △ **Il nostro corrispondente risponderà di certo** ~ our correspondent will certainly reply in the negative.

negativo, *a.* negative. △ **Abbiamo ricevuto una risposta negativa dal nostro cliente** we've received a negative answer from our customer. // **non** ~ (*mat.*) non-negative.

negazione, *n. f.* ❶ negation. ❷ (*leg.*) traverse.

negligenza, *n. f.* ❶ negligence. ❷ (*leg.*) negligence, neglect. ❸ (*leg.*) (*morosità, ritardo*) laches. // ~ **grave** (*leg.*) gross negligence; ~ **lieve** (*leg.*) slight negligence; ~ **nell'esercizio professionale** (*leg.*) malpractice; ~ **nello stivaggio** (*trasp. mar.*) improper stowage.

negoziabile, *a.* (*cred.*) negotiable, dealable, marketable. // **non** ~ (*cred.*) (*di documento, titolo, ecc.*) non-negotiable, non-dealable, non-marketable.

negoziabilità, *n. f. inv.* (*cred.*) negotiability, marketability.

negoziante, *n. m. e f.* ❶ (*market.*) dealer, seller, tradesman*, trader. ❷ (*market.*) (*bottegaio*) shopkeeper; storekeeper, merchant (*USA*). △ ❷ **I negozianti furono fra i primi a subire il trauma della decimalizzazione** shopkeepers were among the first who suffered the metrication trauma. // **un** ~ **che s'è ritirato dagli affari** (*che « ha chiuso bottega »*) (*market.*) a retired shopkeeper; ~ **che vende a credito a breve scadenza** (*segnando i crediti su un libretto*) (*market.*) tallyman; ~ **che vende a rate** (*market.*) tallyman; ~ **di bestiame** (*market.*) cattle-dealer; ~ **in generi diversi** (*market.*) general dealer.

negoziare, *v. t.* ❶ to buy* and sell*. ❷ (*cred.*) to negotiate. *v. i.* to deal* (in), to trade (in), to treat. △ *v. t.* ❷ **Ci pregiamo informarvi che abbiamo oggi negoziato i vostri due effetti su Londra** we beg to advise you that we have this day negotiated your two bills on London; *v. i.* **Da diversi anni Mr Robinson negozia in articoli di cancelleria** Mr Robinson has been dealing in stationery for several years. // ~ **a termine** (*Borsa*) to deal for the account, to deal for the settlement; ~ **una cambiale** (*cred.*) to negotiate a bill; ~ **per contanti** (*Borsa*) to deal for cash, to deal for money; ~ **titoli** (*fin.*) to negotiate securities.

negoziato, *n. m.* negotiation; talk (*fam.*). △ **I negoziati relativi all'abolizione del consolidamento di quattro voci doganali del settore dei prodotti chimici stanno per avere esito positivo** negotiations to unbind four tariff headings in the chemistry sector are on the point of being satisfactorily concluded; **Sono in corso i negoziati di pace** the peace talks are in progress. // **negoziati commerciali** (*comm. est.*) trade talks; **negoziati per il Kennedy round** (*comm. est.*) Kennedy round negotiations; **negoziati settoriali** (*econ.*) sector-by-sector negotiations; **negoziati tariffari** (*comm. est.*) tariff negotiations; **negoziati tariffari multilaterali** (*comm. est.*) multilateral tariff negotiations; **negoziati tendenti alla riduzione delle tariffe** (*comm. est.*) tariff-cutting negotiations.

negoziatore, *n. m.* negotiator, transactor.

negoziazione, *n. f.* ❶ negotiation, transaction, deal. ❷ (*Borsa*) dealing. // ~ **a termine** (*Borsa*) dealing for the settlement, dealing for the account; **negoziazioni di divise estere** (*fin.*) negotiations of foreign currency; ~ **per contanti** (*Borsa*) dealing for cash, dealing for money.

negozio, *n. m.* ❶ (*market.*) shop, warehouse; wareroom, store, parlor (*USA*). ❷ (*market.*) (*affare, impresa commerciale*) bargain, business; dealings (*pl.*). △ ❶ **I grandi magazzini non sono che una concentrazione di negozi sotto lo stesso tetto** a department store is nothing but a collection of shops under the same roof; **Siamo lieti d'informarvi che stiamo per aprire un nuovo** ~ **nel centro di Los Angeles** we are glad to inform you that we are opening a new store in downtown Los Angeles; ❷ **Non credo d'aver fatto un buon** ~ I don't think I've made a good bargain. // ~ **al dettaglio** (*market.*) retail shop, outlet; ~ **appartenente a una « catena »** (*market.*) multiple shop, multiple store; **un** ~ **caro** (*market.*) an expensive shop, an exclusive shop; ~ **del centro** (*market.*) downtown store; ~ **d'abiti confezionati** (*market.*) ready-made shop; ~ **d'articoli usati** (*market.*) thrift shop; ~ (*per la vendita al dettaglio*) **di articoli vari** (*market.*) variety shop, variety store, variety (*USA*); ~ **di dolciumi** (*market.*) confectioner's (shop), confectionery; candy-store (*USA*); ~ **di generi vari** (*market.*) general store (*USA*); **un** ~ **di lusso** (*market.*) a luxury shop, a fancy shop; ~ **esente da dazio** (*dog., trasp. aer.*) duty-free shop; ~ **giuridico** (*leg.*) legal transaction; ~ **self-service** (*market.*) self-service store; **negozi specializzati** (*market.*) specialty shops.

neomercantilismo, *n. m.* (*econ.*) neo-mercantilism.

neretto, *n. m.* (*giorn., pubbl.*) boldface, black face, medium boldface, clarendon, half type.

nerissimo, *n. m.* (*giorn., pubbl.*) ultra boldface, extra boldface.

nero, *a.* black.

nessuno, *a. indef.* ❶ no, not... any. ❷ (*qualche*) any. *pron. indef.* ❶ (*rif. a pers.*) nobody, no one, not (*o altra neg.*)... anybody, not (*o altra neg.*)... anyone. ❷ (*rif. a cosa o a pers., ma accompagnato da un partitivo*) none, not... any. ❸ (*qualcuno, alcuno*) anyone, anybody; (*accompagnato da un partitivo*) any. △ *a.* ❶ **Non ci sarà nessuna difficoltà per quanto riguarda la commissione** there will be no difficulties as far as the commission is concerned; ❷ **Non crediamo ci sia nessun impiegato in grado di farlo** we don't think there is any employee capable of doing it; *pron.* ❶ ~ **ci fece una proposta più ragionevole** nobody made us a more reasonable offer; ❷ ~ **di noi è disponibile in questo momento** none of us is available at present; ❸ **Ha visto** ~ **il mio dizionario?** has anyone seen my dictionary? // ~ **eccettuato** bar none; **« nessuna operazione »** (*Borsa*)

« no dealings »; « **nessuna richiesta** » (*d'un certo titolo*) (*Borsa*) « no bid »; « **nessuna variazione** » (*nella quotazione d'un titolo*) (*Borsa*) « no changes ».

netto, *a.* ❶ (*pulito, anche fig.*) clean, clear. ❷ (*deciso*) decided, distinct, sharp. ❸ (*comm.*) net, nett. △ ❶ **Guadagnammo mille sterline nette** we earned a clear one thousand pounds; **Ci fu dato un preavviso di cinque giorni netti** we were given five clear days' notice; ❷ **C'è stato un ~ miglioramento nella situazione del mercato** there's been a distinct improvement in the market situation; **C'è stato un ~ rialzo delle azioni Westman** there's been a sharp advance of Westmans; ❸ **Contiamo su un profitto ~ di 2.000 sterline** we expect a net profit of £ 2,000. // **una netta differenza fra i due totali** (*rag.*) a decided difference between the two totals; **un ~ miglioramento** a distinct improvement; **una netta ripresa** (*econ.*) a clear-cut revival; **al ~ d'aumento o di distribuzione gratuita d'azioni** (*Borsa*) (*di titolo*) ex capitalization; **al ~ di tutte le detrazioni** (*fin.*) above all reprises.

neutrale, *a.* neutral.
neutralità, *n. f. inv.* neutrality.
neutralizzare, *v. t.* to neutralize, to counteract, to counterbalance. △ **Non sarà facile ~ la loro concorrenza su questo mercato** it won't be easy to counterbalance their competition in this market.
neutralizzazione, *n. f.* neutralization, counteraction.
nichel, *n. m.* nickel.
nichelio, *n. m.* V. nichel.
nickel, *n. m.* V. nichel.
niente, *pron. indef.* ❶ nothing, not (*o altra neg.*)... anything. ❷ (*qualcosa*) anything. *n. m.* nothing. △ *pron.* ❶ **Non possiamo fare ~ per frenare l'inflazione** there's nothing we can do to curb inflation; ❷ **Avete ~ da comunicare a Mr Redcliff?** have you anything to communicate to Mr Redcliff?; *n.* **Tutto il loro entusiasmo è finito in ~** all their enthusiasm has come to nothing. // **per ~** (*gratis*) free (*a.*); free gratis (*a.*) (*USA*); gratis, for nothing: **Per quanto riguarda quell'articolo, affrettatevi a spedirci l'ordinazione, dato che praticamente lo diamo via per ~** (*cioè, lo stiamo « regalando »*) as regards that article, rush in your order now, as we are giving it away practically free.

nodo, *n. m.* ❶ knot. ❷ (*trasp. mar.*) (*misura di velocità pari a un miglio marino, o 1.853 metri, all'ora*) knot. // **nodi congiunturali** (*econ.*) slump symptoms: **Bisogna cercare di sciogliere i nodi congiunturali** we must try to eliminate slump symptoms; **~ ferroviario** (*trasp. ferr.*) railway junction, junction; **~ stradale** (*trasp. aut.*) road junction, junction.

noleggiante, *n. m. e f.* ❶ (*leg.*) hirer. ❷ (*trasp. aer., trasp. mar.*) charterer. ❸ (*trasp. mar.*) affreighter.

noleggiare, *v. t.* ❶ (*leg.*) (*prendere a nolo*) to hire, to lease. ❷ (*leg.*) (*dare a nolo*) to hire (out), to lease, to let*. ❸ (*trasp. aer., trasp. mar.*) (*navi o aerei*) to charter. ❹ (*trasp. mar.*) (*una nave intera o parte di essa*) to affreight. △ ❶ **Cercheremo di ~ la s..la per domani sera** we'll try to hire the hall for tomorrow evening; ❷ **La « Rent-a-car » è una ditta che noleggia automobili a privati** Rent-a-car is a firm that hires out cars to private individuals. // **~ un taxi** to engage a taxi.

noleggiatore, *n. m.* ❶ (*leg.*) hirer. ❷ (*trasp. aer., trasp. mar.*) charterer. ❸ (*trasp. mar.*) affreighter, freighter.

noleggio, *n. m.* ❶ (*leg.*) hire, lease. ❷ (*trasp. aer., trasp. mar.*) chartering, charter party. ❸ (*trasp. mar.*) affreightment, freight, charter party. // **~ a tempo** (*trasp. mar.*) time charter; **~ a viaggio** (*trasp. mar.*) voyage charter; **~ al lordo** (*trasp. mar.*) dead-weight charter; **~ dell'intera nave** (*trasp. mar.*) affreightment by charter; **~ d'andata e ritorno** (*trasp. mar.*) round chartering; **~ d'automobili** (*trasp. aut.*) car hire, car rental; **~ di banchina** (*trasp. mar.*) quay rent; **~ di chiatte** (*trasp. mar.*) barge hire; **~ di scafo nudo** (*trasp. mar.*) demise charter; **~ parziale** (*trasp. mar.*) part cargo charter; **a ~** for hire.

nolo, *n. m.* ❶ (*leg.*) hire. ❷ (*org. az.*) (*affitto di macchinario, ecc.*) rent. ❸ (*trasp. aer., trasp. mar.*) charter, chartering, charterage, freight. △ ❸ **Quando il ~ è pagabile a destino, deve essere corrisposto nella valuta stipulata in polizza** when the freight is payable at destination it must be paid in the currency stipulated in the bill of lading; **Il ~ è in ragione di 10 dollari per tonnellata** freight is at the rate of 10 dollars per ton. // **~ « a corpo »** (*trasp. mar.*) lump freight; **~ a cuccetta** (*trasp. mar.*) berth freighting; **~ a forfait** (*trasp. mar.*) through freight; **~ « a massa »** (*trasp. mar.*) lump freight; **~ a peso** (*trasp. mar.*) freight by weight; **~ a tariffa ridotta** (*trasp. mar.*) contract freight; **~ a tempo** (*trasp. mar.*) time charter, time freight; **~ a tonnellate** (*trasp. mar.*) freight by measure; **~ a viaggio** (*trasp. mar.*) voyage charter, voyage freight; **~ anticipato** (*trasp. mar.*) freight in advance, advanced freight, advance freight; **~ contrattuale** (*trasp. mar.*) contract freight; **~ da pagarsi alla partenza** (*trasp. mar.*) freight payable on sailing; **~ d'andata** (*trasp. mar.*) outward freight; **~ d'andata e ritorno** (*trasp. mar.*) freight out and home; **~ di banchina** (*trasp. mar.*) quay rent; **~ d'entrata** (*trasp. mar.*) inward freight; **~** (*del viaggio*) **di ritorno** (*trasp. mar.*) return freight; **~ intero** (*trasp. mar.*) full freight; **~ lordo** (*trasp. mar.*) gross freight; **~ netto** (*trasp. mar.*) net freight; **~ non rimborsabile** (*trasp. mar.*) freight earned; **« ~ non rimborsabile »** (*trasp. mar.*) « freight not repayable »; **~ pagato a destinazione** (*trasp. mar.*) freight forward; **~ posticipato** (*trasp. mar.*) freight forward; **~ « pro rata »** (*cioè, in proporzione al tratto di viaggio percorso*) (*trasp. mar.*) freight pro rata, pro rata freight; **~ proporzionale alla distanza** (*trasp. mar.*) distance freight; **~ stabilito per contratto** (*trasp. mar.*) chartered freight; **~ supplementare** (*trasp. mar.*) extra freight; **~ « vuoto per pieno »** (*trasp. mar.*) dead freight; **a ~** for hire, on hire; for rent (*USA*).

nome, *n. m.* ❶ name. ❷ (*fig.*) reputation, repute. ❸ (*leg.*) (*ragione sociale*) style. ❹ (*market.*) (*d'una classe di cose*) denomination. △ ❶ **C'è un tale di ~ Roberts che desidera parlarLe** there's a man by the name of Roberts who wants to talk to you; ❷ **Si sono fatti un buon ~ nel settore laniero** they've made a good reputation in the wool sector. // **~ commerciale** (*d'una ditta*) (*leg.*) trade-name, style; **il ~ dell'azienda** (*leg.*) the business name; **~ depositato** (*d'un prodotto*) (*leg.*) trade-name; **~ di battesimo** first name, Christian name; given name (*USA*); **~ di comodo** (*leg.*) fictitious name, dummy name; **~ e cognome** name and surname, full name; **~ e indirizzo** name and address; **~ e indirizzo del venditore** (*comun.*) sender's name and address; **~ fittizio** (*leg.*) fictitious name, dummy name; **~ sociale** (*leg.*) corporate name (*USA*); **a ~ di** (*leg.*) on behalf of: **La lettera fu firmata dal direttore a ~ della ditta** the letter was signed by the manager on behalf of the firm; **a ~ e per conto di q.** for and on behalf of sb.; **in ~ della legge** (*leg.*) in the name of the law; **in ~ di** (*leg.*) on behalf of.

nomenclatura, *n. f.* nomenclature. // ~ **doganale** (*dog.*) customs nomenclature.

nomina, *n. f.* ❶ (*elezione*) nomination, appointment. ❷ (*assegnazione*) assignment, constitution. △ ❶ **Ricevette la ~ ad ambasciatore** he received the appointment of ambassador. // **la ~ a direttore** the appointment as manager; **~ del difensore d'ufficio per un imputato** (*leg.*) assignment of counsel to a defendant; **~ provvisoria** (*pers.*) provisional appointment; **~ soggetta a un periodo di prova** (*pers.*) probationary appointment.

nominale, *a.* nominal. △ **È soltanto il capo ~ dell'impresa** he is just the nominal head of the enterprise.

nominare, *v. t.* ❶ to name, to call. ❷ (*menzionare*) to mention. ❸ (*eleggere*) to nominate, to appoint; (*designare*) to assign, to constitute; (*insediare*) to institute, to establish. △ ❸ **Nominarono direttore Mr X. Y.** they appointed Mr X. Y. (to be) manager; **Lo nomineremo nostro portavoce** we will constitute him our spokesman; **Hanno nominato un nuovo presidente** they have established a new president. // **~ un arbitro (un liquidatore, ecc.)** (*leg.*) to appoint an arbitrator (a liquidator, etc.); **~ un candidato** (*con votazione*) (*leg.*) to vote a candidate in; **~ un comitato (il consiglio d'amministrazione d'una società, ecc.)** to appoint a committee (the directors of a company, etc.); **~ il difensore d'ufficio per un imputato** (*leg.*) to assign counsel to a defendant; **~ q. erede** (*leg.*) to designate sb. as heir; **~ q. procuratore** (*leg.*) to appoint sb. as proxy; **essere nominato « King's (o Queen's) Counsel »**, (*q.V.*) (*leg., ingl.*) to be called within the Bar.

nominativo, *a.* ❶ nominative, nominal. ❷ (*fin.*) (*di titolo*) registered. *n. m.* ❸ (*nome*) name. ❹ (*trasp. mar.*) call sign. // **non ~** (*fin.*) (*di titolo*) unregistered.

nominato, *a.* named. // **~ nel testamento** (*leg.*) (*di bene, ecc.*) testate.

non, *avv.* ❶ not. ❷ (*davanti a un sost. o a un a., come prefisso*) non. ❸ (*con un sost. si usa anche l'a.*) no (*nessuno*). △ **~ c'è mercato per quell'articolo** there is no market for that article. // **~ intervento** non-intervention; **~ luogo a procedere** (*leg.*) non-suit; **a meno che ~** (*leg.*) nisi; **se ~** (*leg.*) nisi.

nonostante, *prep.* notwithstanding, in spite of, regardless of. *cong.* though, although. △ *prep.* **~ tutti gli ostacoli siamo riusciti a lanciare il nostro prodotto** in spite of all difficulties we've succeeded in launching our article; *cong.* **~ sembrassero tutti d'accordo, non hanno ancora eletto il segretario** though they all seemed to be agreed, they've not yet elected the secretary.

norma, *n. f.* ❶ norm, standard. ❷ (*leg.*) (*regola*) rule, regulation; (*disposizione*) provision; (*principio*) principle; (*precetto*) precept. ❸ (*market.*) (*avvertenza*) instruction. △ ❶ **2.000 dollari di reddito** (*pro capite*) **costituiscono la ~ nel nostro Paese** a 2,000-dollar income is the norm in our Country; ❷ **Non siamo d'accordo su alcune delle norme del contratto** we don't agree upon some of the provisions in the contract; ❸ **Le norme per l'uso di questo prodotto vanno seguite scrupolosamente** the instructions for use of this product are to be followed rigorously. // **~ che esclude la presentazione di testimonianze fondate su dicerie** (*leg.*) hearsay rule; **norme conformi di qualità** (*market.*) quality standards; **le norme contrattuali** (*leg.*) the provisions of a contract; **~ dei tempi di lavoro** (*cronot.*) work standard; **~ di diritto pubblico** (*leg.*) public act, public statute; **norme di lavorazione** (*org. az.*) process rules, process standards; **una ~ di legge** (*leg.*) a rule of law; **norme di qualità** (*market.*) standards of quality; **norme di sicurezza** safety rules; **norme disciplinari** (*leg.*) disciplinary rules; **una ~ imperativa** (*leg.*) a mandatory provision; **norme per prevenire gli abbordi in mare** (*trasp. mar.*) regulations for preventing collisions at sea; **norme per l'uso** (*market.*) instructions for use; **norme permissive** (*leg.*) permissive legislation; **norme restrittive** (*leg.*) restrictive regulations; **norme retroattive** (*leg.*) retroactive laws, retrospective laws; **norme severe** (*leg.*) rigid regulations; **le norme statutarie** (*fin.*) the provisions of the articles of association; **a ~ dello statuto societario** (*fin.*) in accordance with (*o* under) the articles; **a ~ di legge** (*leg.*) according to the law; **di ~** as a rule.

normale, *a.* ❶ normal, ordinary, regular. ❷ (*che dà una regola*) standard (*attr.*). △ ❶ **L'orario ~ è dalle 8 alle 12 e dalle 15 alle 19** the regular working-hours are from 8 to 12 noon and from 3 to 7; ❷ **Il modello ~ di questa automobile costa 1.200 sterline** the standard model of this motor-car costs £ 1,200. // **~ diligenza** (*leg.*) due care; **un ~ tasso di mortalità infantile** (*stat.*) a normal infant mortality rate.

normalizzare, *v. t.* ❶ to bring* back to normal, to normalize. ❷ (*standardizzare*) to standardize. // **~ la produzione** (*org. az.*) to standardize production.

normalizzazione, *n. f.* ❶ normalization. ❷ (*standardizzazione*) standardization. // **la ~ dei rapporti internazionali** the normalization of international relations.

normativa, *n. f.* ❶ (*leg.*) (*insieme di norme*) set of rules. ❷ (*leg.*) (*legge normativa*) normative law. // **~ quadro** (*leg.*) outline regulation, outline provisions (*pl.*).

normativo, *a.* (*leg.*) prescribing rules, establishing a norm, normative.

nostrale, *a. V.* nostrano.

nostrano, *a.* (*market.*) home-grown, national; (*regionale*) regional; domestic (*USA*); home (*attr.*). △ **I teleutenti vengono spesso incoraggiati all'acquisto di prodotti nostrani** televiewers are often encouraged to buy national products.

nota, *n. f.* ❶ note. ❷ (*promemoria*) memorandum*, memorial; memo (*fam.*). ❸ (*minuta*) minute, account, record. ❹ (*lista*) list. △ ❶ **Il suo atteggiamento in questa faccenda è degno di ~** his behaviour in this matter is worthy of note; ❷ **La ~ di Miss Young ci è pervenuta con la posta ordinaria** Miss Young's memo has reached us via ordinary mail; ❸ **Una ~ completa dei reclami da parte dei clienti è sul vostro tavolo** on your desk you'll find a full record of our customers' complaints. // **~ a piè di pagina** footnote; **note caratteristiche** distinguishing marks; **~ della spesa** shopping list; **~ delle spese** (*rag.*) account of expenses; **~ d'accreditamento** (*rag.*) *V.* **~ d'accredito**; **~ d'accredito** (*rag.*) credit note, credit advice, credit memo; **~ d'addebitamento** (*rag.*) *V.* **~ d'addebito**; **~ d'addebito** (*rag.*) debit note, debit advice, debit memo; **~ di carico** (*trasp. aer., trasp. mar.*) manifest; **~ di compra** (*anche Borsa*) bought note; **~ di consegna** (*trasp. ferr.*) delivery note, consignment note; **~ di consegna a domicilio** (*trasp. aut.*) carman's delivery sheet; **~ di contratto** (*Borsa*) contract note; **~ di copertura** (*banca, cred.*) cover note, covering note; **~ d'imbarco** (*trasp. mar.*) shipping-advice notice; **~ di pegno** (*dog.*) warrant; **~ di spese giudiziarie** (*leg.*) bill of costs; **~ di trasbordo** (*trasp. mar.*) transshipment note; **~ diplomatica** diplomatic note, note diplomatique; **~ in calce** footnote; **~ interna** (*org. az.*) interoffice memo; **~ spese** (*rag.*) note of expenses, expense account.

nota bene, *locuz. verb.* nota bene.
notaio, *n. m.* (*leg.*) notary public, notary, scrivener.
notare, *v. t.* ❶ to note, to make* a note of, to write* down. ❷ (*registrare*) to record. ❸ (*osservare*) to notice. △ ❶ **Vogliate ~ che è stato allegato il pagamento** please note that payment has been enclosed; ❸ **Non abbiamo notato nulla d'errato nella fattura** we didn't notice anything wrong in the invoice. // ~ **le spese** (*rag.*) to write down expenses.
notarile, *a.* (*leg.*) notarial. △ **Il protesto è un certificato ~ che attesta la mancata accettazione o il mancato pagamento** a protest is a formal notarial certificate attesting dishonour.
notazione, *n. f.* ❶ notation. ❷ (*elab. elettr.*) notation, representation. // **la ~ delle pagine** the numbering of the pages; ~ **incrementale** (*elab. elettr.*) incremental representation.
notevole, *a.* ❶ notable, remarkable. ❷ (*considerevole*) considerable, substantial, significant, appreciable. ❸ (*fin., market.*) (*di fluttuazione di prezzi, ecc.*) wide. △ ❷ **Abbiamo tratto un ~ guadagno da quell'affare** we have made a substantial gain on that transaction; **C'è stata una ~ diminuzione della produzione annuale** there has been a significant decrease in the yearly output; ❸ **S'è avuto un ~ calo nei prezzi del nylon** there has been a wide drop in nylon prices. // **una ~ differenza di paga** (*pers.*) an appreciable difference in pay; **una ~ somma di denaro** a considerable sum of money.
notifica, *n. f.* ❶ notice, announcement. ❷ (*leg.*) notification, service, summons. // ~ **d'un decreto** (*leg.*) service of a decree; ~ **di licenziamento** (*pers.*) notice of dismissal; walking ticket, walking papers, walking orders (*fam.*); ~ **d'una sentenza** (*leg.*) service of a judgment; **la ~ d'una vendita** the announcement of a sale.
notificare, *v. t.* ❶ to give* notice of; (*annunciare*) to announce; (*informare*) to inform. ❷ (*leg.*) to notify, to serve. △ ❶ **Ci sono state notificate le loro intenzioni** we have been informed about their intentions. // ~ **un atto** (*leg.*) to serve a paper; ~ **un mandato di comparizione a q.** (*leg.*) to subpoena sb.; ~ **un sequestro** (*leg.*) to serve an attachment; ~ **una vendita all'asta** to announce an auction sale.
notificazione, *n. f. V.* notifica.
notizia, *n. f.* ❶ piece of news, bit of news; (*informazione*) piece of information, bit of information. ❷ (*giorn.*) piece of news, news-item. ❸ **notizie,** *pl.* news (*sing. collett.*); word (*sing.*); (*informazioni*) information, intelligence (*sing. collett.*). △ ❶ **Finalmente ecco una buona ~ per i risparmiatori italiani!** at last here's a good piece of news for Italian savers!; ❷ **C'è una ~ interessante in terza pagina** there is an interesting news-item on the third page; ❸ **Non abbiamo vostre notizie da molto tempo** we have had no news from you for a long time; **Non abbiamo avuto notizie dal nostro corrispondente a Parigi** we have had no word from our Paris correspondent. // **notizie ai naviganti** (*trasp. mar.*) notice to mariners; **notizia** (*strettamente*) **confidenziale** (*leg.*) privileged communication; **notizie dall'interno** (*giorn.*) domestic news; **la ~ del sinistro** (*ass.*) the news of the accident; **notizie dell'ultima ora** (*giorn.*) stop-press news, stop press, spot news; ~ **di cronaca cittadina** (*giorn.*) local news, locals; **notizie di grande importanza** (*giorn.*) top-level news; **notizie d'interesse locale** (*giorn.*) local news, locals; **notizie di** (*o* **da**) **prima pagina** (*giorn.*) front-page news; **notizie di seconda mano** (*giorn.*) second-hand news;

notizie «fresche» (*giorn.*) fresh news; ~**-lampo** (*trasmessa per radio o per telegrafo*) (*giorn.*) flash; **notizie recenti** (*giorn.*) fresh news; **notizie recentissime** (*giorn.*) stop-press news; stop news, spot news; **notizie trasmesse per telegrafo** (*comun., giorn.*) telegraphic news.
notiziario, *n. m.* ❶ (*comm.*) (*d'una ditta, ecc.*) newsletter. ❷ (*giorn.*) (*radiofonico*) news bulletin, newscast. // ~ **di Borsa** (*giorn.*) (*titolo di rubrica, colonna, ecc.*) market news, stock-exchange intelligence; ~ **giornaliero** daily report; ~ **mensile** monthly report; ~ **settimanale** weekly report.
noto, *a.* well-known, known. △ **Dai valori noti possiamo inferire un insieme di generalizzazioni su una data popolazione** from the known values we can infer a set of generalizations about a given population.
notorietà, *n. f. inv.* notoriety, renown.
notorio, *a.* well-known, notorius. △ **La sua fedeltà all'azienda è un fatto ~** his faithfulness to the firm is a well-known fact.
novazione, *n. f.* (*leg.*) novation.
nove, *num. card.* nine. // **i Nove** (*econ., fin.*) (*i Paesi della CEE allargata*) the Nine.
novità, *n. f. inv.* ❶ (*l'esser nuovo*) newness, novelty. ❷ (*innovazione, mutamento*) innovation, change. ❸ (*market.*) novelty. ❹ **novità,** *pl.* (*notizie*) news (*col verbo al sing.*). △ ❸ **Al reparto delle novità troverete tutti i modelli per la primavera-estate** in the novelty department you'll find all Spring and Summer models; **Che novità ci sono oggi?** what's the news today?
noviziato, *n. m.* (*pers.*) (*tirocinio*) apprenticeship.
nubilato, *n. m.* (*leg.*) spinsterhood.
nubile, *a.* unmarried. *n. f.* ❶ unmarried woman*. ❷ (*leg.*) spinster.
nucleo, *n. m.* nucleus*, core. // ~ **di memoria** (*elab. elettr.*) store core; **il ~ familiare** the family; ~ **magnetico** (*elab. elettr.*) magnetic core.
nudo, *a.* ❶ (*spoglio, scoperto*) bare. ❷ (*svestito*) naked. // **nuda proprietà** (*leg.*) residuary right of ownership; **la nuda verità** the naked truth.
nulla, *n. f.* ❶ *V.* niente. ❷ (*elab. elettr.*) null.
nullaosta, *n. m.* (*leg.*) permit.
nullità, *n. f. inv.* (*leg.*) nullity, voidness.
nullo, *a.* (*leg.*) null, void, null and void. △ **Questo contratto è ~** this contract is null and void.
numerabile, *a.* ❶ countable. ❷ (*mat.*) calculable.
numerale, *a. e n. m.* numeral.
numerare, *v. t.* ❶ (*segnare con numeri progressivi*) to number. ❷ (*contare*) to count. △ ❶ **Tutta la corrispondenza dev'essere numerata progressivamente** all letters must be numbered progressively. // ~ **i fogli di** (*un libro, ecc.*) to folio, to foliate; ~ **le pagine di** (*un libro, ecc.*) to page, to paginate; ~ **progressivamente i fogli d'una «comparsa»** (*leg.*) to folio a statement of case.
numerario, *n. m.* (*fin.*) ready cash, cash, specie.
numeratore, *n. m.* (*mat.*) numerator.
numeratrice, *n. f.* (*macch. uff.*) numbering machine.
numerazione, *n. f.* ❶ system of numbering, numbering. ❷ (*mat.*) numeration, notation. // ~ **binaria** (*mat.*) binary notation; ~ **decimale** (*mat.*) decimal notation.
numerico, *a.* ❶ numerical. ❷ (*elab. elettr.*) digital. ❸ (*mat.*) numerical, numeric.
numerizzare, *v. t.* (*elab. elettr.*) to digitize.
numerizzatore, *n. m.* (*elab. elettr.*) digitizer.
numero, *n. m.* ❶ number. ❷ (*elab. elettr.*) digit. ❸ (*giorn.*) (*d'un giornale*) issue. ❹ (*market.*) (*di scarpe, ecc.*) size, number. ❺ (*mat.*) number, figure, digit. △ ❸ **A partire da questo ~ pubblicheremo un nuovo ro-**

manzo a puntate starting with this issue we will publish a new serial; ❹ Che ~ desidera? what size do you want?; ❺ Tutti i numeri devono essere incolonnati all figures must be drawn up in columns. // numeri arabi (*mat.*) Arabic numerals, Arabic figures; ~ arretrato (*giorn.*) back number; ~ astratto (*mat.*) abstract number; ~ cardinale (*mat.*) cardinal number; ~ complesso (*mat.*) complex number; ~ composto (*mat.*) compound number; numeri creditori (*banca*) credit numbers; numeri debitori (*banca*) debit numbers; I numeri e gli interessi debitori sono contraddistinti dal segno — (meno) debit numbers and debit interest are shown by the sign — (minus); ~ decimale (*mat.*) decimal number; un ~ decimale finito (*mat.*) a terminate decimal, a terminating decimal; ~ decimale periodico (*mat.*) periodic decimal, recurring decimal, repeating decimal; il ~ degli addetti all'agricoltura (*econ.*) the active farming population; il ~ dei colli (*trasp.*) the number of packages; ~ dei passeggeri trasportati (*trasp.*) number of passengers, traffic; ~ del telefono (*comun.*) telephone number, call number; ~ delle « unità » (*d'una conversazione telefonica*) (*comun.*) time: Favorisca darmi il ~ delle unità e il costo della conversazione (*telefonica*) time and charges, please; ~ d'azioni (*d'una società*) in circolazione sul mercato (*fin.*) floating supply; ~ di codice (*comun.*) code number; ~ di codice postale (*comun.*) zip number; ~ di controllo (*org. az.*) control number, check number; ~ di copie stampate (*giorn.*) printing; ~ d'iscritti number of members; (*sind.*) membership: Il nostro sindacato ha un gran ~ d'iscritti our union has a large membership; ~ di lettori (*giorn.*) number of readers, readership; ~ di matricola (*di un volume, ecc.*) (*pubbl.*) accession number (*of a book, etc.*); (*trasp. mar.*) (*d'una nave*) number of register; ~ di pagina (*pubbl.*) page number, folio; ~ di riferimento reference number; ~ di righe (*di testo a stampa*) (*giorn., pubbl.*) linage; ~ di schedario (*rag.*) call number; ~ di serie (*di biglietti di banca, ecc.*) (*fin.*) serial number; ~ di soci (*fin.*) membership; ~ di targa (*trasp. aut.*) plate number, number; ~ di voti number of votes, vote; ~ dispari (*mat.*) odd number, uneven number; un ~ divisibile per dodici (*mat.*) a number divisible by twelve; un ~ finito (*mat.*) a terminate number; ~ fisso (*mat.*) fixed number; numeri fratti (*mat.*) broken numbers; ~ immaginario (*mat.*) imaginary number, imaginary; ~ indice (*stat.*) index number; ~ indice delle azioni (*fin., stat.*) share index; i numeri indici della produzione industriale (*econ., stat.*) the index numbers of industrial production; numeri indici ponderati (*stat.*) weighted numbers; numeri interi (*mat.*) whole numbers, integers; numeri interi positivi (*mat.*) positive integers; ~ legale (*leg.*) quorum; il ~ legale dei creditori (*leg.*) the quorum of creditors; ~ misto (*mat.*) mixed number; ~ naturale (*mat.*) natural number; un ~ negativo (*mat.*) a negative number; numeri neri (*banca, rag.*) black products; ~ ordinale (*mat.*) ordinal number; numeri pari (*mat.*) even numbers; ~ perfetto (*mat.*) perfect number; ~ periodico (*mat.*) periodic number, repeater, circulator; ~ primo (*mat.*) prime number, prime; ~ razionale (*mat.*) rational number; numeri reali (*mat.*) real numbers; numeri romani (*mat.*) Roman numerals, Roman figures; numeri rossi (*banca, rag.*) red products; ~ telefonico (*comun.*) telephone number, call number; ~ telefonico interno (*comun.*) extension; ~ totale delle persone che formano l'equipaggio d'una nave (*trasp. mar.*) complement; ~ unico (*di rivista, ecc.*) (*giorn.*) single number, single issue; ~ zero (*giorn.*) dry run.

nuncupativo, *a.* (*leg.*) nuncupative, oral.

nuncupazione, *n. f.* (*leg.*) nuncupation.

nuovo, *a.* ❶ new. ❷ (*altro, ulteriore*) other, further, new. △ ❶ Miss D. Trane è la nostra nuova segretaria Miss D. Trane is our new secretary; ❷ Restiamo in attesa di nuove ordinazioni we'll be awaiting further orders. // nuova chiamata (*leg.*) resummons; nuova citazione (*leg.*) resummons; un ~ computo a new reckoning, a new calculation, a re-count: Fu necessario un ~ computo dei voti dell'elezione a re-count of the election votes was necessary; nuova determinazione d'imposta (*fin.*) reassessment; ~ di zecca brand-new; la nuova edizione d'una rivista (*giorn.*) the new edition of a magazine; una nuova emissione azionaria (*fin.*) a new issue of stock, a reissue of stock; una nuova filosofia degli scambi (*comm. est.*) a new approach to foreign trade; un ~ indirizzo di politica industriale a new industrial approach; ~ interrogatorio (*leg.*) re-examination; le «nuove leve» (*di lavoratori*) (*pers.*) the new entrants; una nuova «linea» (*market., pubbl.*) a new look: Le auto di quest'anno hanno una nuova linea this year's cars have a new look; nuovi metodi di gestione (*amm.*) new management methods; la nuova moda (*market., pubbl.*) the new fashion, the new look; una nuova ordinazione (*market.*) a new order; (*delle stesse merci ordinate precedentemente*) a reorder; (*org. az.*) a fresh supply; nuova registrazione (*di scritture, ecc.*) (*rag.*) re-entry; un ~ rifornimento (*org. az.*) a fresh supply; nuova spedizione via mare (*trasp. mar.*) re-shipment; un ~ «stile» (*market., pubbl.*) a new look; nuova udienza (*leg.*) rehearing; nuova valutazione (*d'un danno, ecc.*) (*ass.*) reassessment; nuova vendita (*market.*) resale; col ~ (*cioè: compresa la nuova emissione*) (*Borsa*) «cum» new, with rights; fino a ~ avviso until further advice, till further notice: Attenetevi ai nostri ordini fino a ~ avviso stick to our orders till further notice.

O

obbligante, *a.* binding. *n. m.* (*leg.*) obliger, obligator.
obbligare, *v. t.* ❶ (*costringere*) to oblige, to compel, to constrain. ❷ (*forzare*) to force. ❸ (*leg.*) (*imporre un vincolo giuridico*) to bind*, to bind* over, to obligate. △ ❶ **Ognuno è obbligato dalla legge a pagare le imposte** everyone is obliged by law to pay his taxes; **Saremo obbligati ad annullare l'ordinazione** we shall be compelled to cancel the order; ❷ **Lo obbligarono a firmare il contratto** they forced him to sign the contract; ❸ **Siamo obbligati per contratto a pagar loro una tangente** we are bound by contract to pay them a share; **Fui obbligato a comparire in giudizio** I was bound over to appear. ∥ ~ **q. con giuramento** (*leg.*) to bind sb. by oath; **chi obbliga** obliger.
obbligarsi, *v. rifl.* ❶ (*impegnarsi, vincolarsi*) to bind* oneself, to undertake*, to engage (oneself). ❷ (*leg.*) (*farsi mallevadore*) to stand* surety. △ ❶ **S'è obbligato a reperire fondi per l'azienda** he has engaged to collect funds for the business; ❷ **Ho promesso d'obbligarmi per lui** I have promised to stand surety for him. ∥ ~ **in solido** (*fin.*) to bind oneself jointly and severally.
obbligatario, *n. m.* (*leg.*) obligee.
obbligato, *n. m.* (*leg.*) obligor, obligator.
obbligatorietà, *n. f. inv.* ❶ compulsoriness, obligatoriness. ❷ (*obbligo*) compulsion, obligation.
obbligatorio, *a.* ❶ compulsory, obligatory, obligative. ❷ (*leg.*) binding, mandatory. △ ❶ **A nessuno verrà imposto un contributo** ~ no compulsory contribution will be forced on anyone. ∥ **non** ~ unbinding.
obbligazionario, *a.* (*fin.*) debenture, bond (*attr.*).
obbligazione, *n. f.* ❶ (*fin.*) debenture, debenture bond, debenture stock, stock, security; bond (*USA*). ❷ (*leg.*) obligation, liability. △ ❶ **Quando una società prende a prestito denaro dal pubblico, lo fa emettendo obbligazioni** when a company borrows money from the public, it does so by issuing debentures; **Un'~ è un certificato, firmato da un pubblico funzionario, attestante il diritto a ottenere una somma di denaro** a debenture is a certificate signed by a public officer as evidence of a right to receive a sum of money; **Il finanziamento sarà ottenuto con (l'emissione di) obbligazioni al 6%** the financial backing will be obtained by means of 6% bonds; ❷ **Temo che non riuscirò a soddisfare le mie obbligazioni** I am afraid I won't be able to meet my obligations. ∥ ~ **a premio** (*fin.*) prize bond, lottery bond; ~ (*appartenente a una serie*) **a scadenza periodica** (*fin.*) serial bond; ~ **a termine** (*fin.*) terminable bond; ~ **al portatore** (*fin.*) bearer bond, bearer debenture, coupon bond, bond to bearer; ~ **alternativa** (*leg.*) alternative obligation; **obbligazioni appena collocate** (*fin.*) newly placed bonds; ~ **chirografaria** (*fin.*) chirographary debenture, simple debenture; ~ **con garanzie prive di valore** (*leg.*) straw bond; ~ **consolidata** (*fin.*) funded bond; **obbligazioni convertibili** (*in azioni*) (*fin.*) convertible loan stock, convertible debentures; ~ **del valore nominale di 10, 25 o 50 dollari** (*fin.*, *USA*) baby bond, small bond; ~ **del valore nominale di oltre 1.000 dollari** (*fin.*, *USA*) large bond; **obbligazioni dello Stato** (*fin.*) Government bonds; **obbligazioni di partecipazione** (*Borsa*, *fin.*) income bonds; ~ **esente da imposta** (*fin.*) tax-exempt bond, tax-exempt; ~ **estratta** (*fin.*) called bond; ~ **garantita** (*fin.*) guaranteed bond; ~ **garantita da ipoteca** (*fin.*) mortgage debenture; ~ **garantita da ipoteca su un immobile specifico** (*fin.*) fixed debenture; ~ **incondizionata** (*leg.*) simple obligation, simple bond; ~ **indicizzata** (*fin.*) floating-rate bond; ~ **ipotecaria** (*fin.*) mortgage debenture, mortgage bond, general mortgage bond; ~ **irredimibile** (*fin.*) irredeemable debenture, debenture stock; **(le) obbligazioni meno attive** (*e che formano la maggioranza del listino*) (*Borsa*, *USA*) cabinet bonds; ~ **nominativa** (*fin.*) registered bond; **obbligazioni non garantite da ipoteca** (*fin.*, *leg.*) naked debentures; ~ **pagabile al portatore** (*banca*, *cred.*) debenture payable to bearer; **obbligazioni pagabili in oro** (*econ.*, *fin.*) gold bonds; ~ **principale** (*leg.*) primary obligation; ~ **redimibile** (*fin.*) callable bond, redeemable bond; ~ **rimborsata** (*fin.*) called bond; **un'~ riscattabile** (*fin.*) a terminable bond; **un'~ senza causa** (*leg.*) an obligation without consideration; **un'~ senza controprestazione** (*leg.*) an obligation without consideration; **un'~ senza garanzia** (*cred.*) an unsecured bond; ~ **solidale** (*leg.*) joint obligation; ~ **tassabile** (*fin.*) taxable bond; **obbligazioni trattate più di frequente** (*Borsa*) free bonds; **obbligazioni usate come mezzo d'indennizzo per i possessori d'azioni di società nazionalizzate** (*in G.B.*) (*fin.*) compensation stock; **chi non adempie un'~** (*leg.*) defaulter.
obbligazionista, *n. m. e f.* (*fin.*) debenture holder, bondholder. △ **Gli obbligazionisti sono creditori ma non membri della società** debenture holders are creditors of the company, but not component members of the company.
obbligo, *n. m.* ❶ obligation, engagement, compulsion, bond. ❷ (*dovere*) duty. △ ❶ **Sono contento di non avere obblighi con nessuno** I'm glad I'm under no obligation to anyone; ❷ **Non è mai venuto meno ai suoi obblighi** he has never neglected his duties. ∥ ~ **contrattuale** (*leg.*) contractual obligation; **gli obblighi del proprio stato** the obligations of one's condition; ~ **della residenza** (*leg.*) residential requirement; ~ **morale** moral obligation; **obblighi morali** (*che non comportano sanzioni legali*) (*leg.*) imperfect obligations.
oberare, *v. t.* to overburden, to burden, to overload. △ **Siamo oberati di lavoro** we are overburdened with work.
obiettare, *v. t. e i.* ❶ to object, to except, to raise objections. ❷ (*leg.*) to demur. △ ❶ **Obiettarono che gli articoli non erano all'altezza delle loro richieste** they objected that the articles were not up to their requirements. ∥ ~ **su qc.** to object to (*o* against) st.
obiettivo, *a.* ❶ objective. ❷ (*imparziale*) impartial, unbiased, unprejudiced, fair. *n. m.* ❶ objective. ❷ (*fig.*) objective, object, target. ❸ (*org. az.*) objective, goal. △ *a.* ❶ **Mr Russel fu il solo esperto che fece un'ana-**

lisi obiettiva della situazione monetaria Mr Russel was the only expert who made an objective analysis of the monetary situation; ❷ Una stima obiettiva della variabile in questione non è ancora stata compiuta an unbiased estimate of the variable in question has not yet been made; n. ❷ L'~ che vogliamo raggiungere come volume delle esportazioni è di gran lunga superiore a questa cifra our export target is far beyond this figure. // ~ aziendale (org. az.) company goal; corporate goal (USA); ~ di bilancio (econ., rag.) budget target; obiettivi di produzione (econ.) production targets; obiettivi di sviluppo (econ.) growth targets; un ~ di sviluppo economico (econ.) a target of economic development; obiettivi minimi (org. az.) minimum goals; obiettivi prioritari priority objectives.

obiezione, n. f. ❶ objection, exception. ❷ (leg.) demur. △ ❶ Ci sono obiezioni? is there any objection?; Mossero varie obiezioni al nostro progetto they raised several objections to our plan. // contro cui si può sollevare un'~ (leg.) demurrable.

obliquità, n. f. inv. ❶ obliquity, obliqueness, inclination. ❷ (stat.) skewness.

obliquo, a. ❶ oblique. ❷ (stat.) skew.

obliterare, v. t. to obliterate, to efface, to erase. // ~ un francobollo (comun.) to obliterate a postage stamp.

obliterazione, n. f. obliteration, effacement, erasure.

obsolescente, a. obsolescent. △ Il trasporto animale è ormai ~ animal transport is by now obsolescent.

obsolescenza, n. f. ❶ obsolescence, obsoletion. ❷ (org. az.) obsolescence, depreciation, superannuation. // l'~ dei macchinari (org. az.) the obsolescence of machinery; ~ d'un impianto (rag.) depreciation of a plant; ~ programmata (org. az.) planned obsolescence.

obsoleto, a. ❶ obsolete, out of date; out-of-date (attr.). ❷ (org. az.) obsolete, superannuated. △ ❷ Tutta l'attrezzatura obsoleta deve essere sostituita all obsolete equipment must be replaced.

occasione, n. f. ❶ occasion, opportunity, chance. ❷ (circostanza) occasion. ❸ (market.) (buon affare) bargain. △ ❶ Coglieremo l'~ per mostrarLe i nostri stabilimenti we'll seize this opportunity to show you our plants; ❷ Ne parleremo a Mr Palmer in ~ della nostra visita a Manchester we'll talk about that with Mr Palmer on the occasion of our visit to Manchester; ❸ Devi comprare quella macchina perché è una vera ~ you should buy that car as it's a real bargain. // merce d'~ (market.) bargain lot; prezzi d'~ (market.) bargain prices.

occidentale, a. western; west (attr.). △ La California è situata sulla costa ~ degli Stati Uniti California is on the west coast of the U.S. // l'Europa ~ West Europe; la Germania ~ West Germany.

occidente, n. m. west. // l'Occidente the West, the Occident; (i Paesi occidentali) the Western Countries.

occorrendo, voce verb. (banca, cred.) in case of need.

occorrente, a. necessary, required, requisite. n. m. what is necessary, what is required, everything necessary, everything requisite. △ a. Credi d'avere le qualità occorrenti per occupare questo impiego? do you think you have the qualities required to fill this job? // l'~ per vivere the necessities of life.

occorrenza, n. f. ❶ (bisogno) necessity, need. ❷ (circostanza) circumstance, occasion, event. // all'~ in case of need, when required: All'~ non esitate a consultarci in case of need don't hesitate to apply to us.

occorrere, v. i. ❶ (impers.: essere necessario) must, to need, to have (to). ❷ (pers.: essere necessario) to be needed, to be necessary, to be required, to be wanted. ❸ (abbisognare) to need, to want. △ ❶ Occorre che tu parli subito con il loro rappresentante you must speak at once to their agent; ❷ Vuole sapere se occorrono altri impiegati he wants to know whether more clerks are needed; ❸ Ci occorrono almeno 3.000 sterline per «partire» we need at least £ 3,000 to get started.

occultamento, n. m. hiding, concealment. // ~ di utili (leg.) concealment of profits; ~ doloso (di fatti, ecc.) (leg.) fraudulent concealment.

occultare, v. t. to hide*, to conceal; (celare) to keep* secret. △ Dove fu occultata la refurtiva? where were the stolen goods hidden?

occultatore, n. m. hider, concealer.

occulto, a. hidden, concealed, secret, undisclosed. △ Le riserve occulte sono chiamate così perché non vengono mostrate al pubblico attraverso il bilancio secret reserves are so called because they are not disclosed to the public in the balance sheet.

occupante, n. m. e f. (leg.) occupant, occupier.

occupare, v. t. ❶ to occupy, to hold*, to fill. ❷ (di pers.: impiegare il tempo) to spend*. ❸ (pers.) (dar lavoro a) to employ, to give* employment to. △ ❶ Il posto vacante in quella ditta non è ancora stato occupato the vacancy in that firm has not yet been filled; ❷ Come occupi il tuo tempo libero? how do you spend your spare time?; ❸ Occupiamo meno persone di loro ma produciamo il doppio we employ fewer people than they do but produce twice as much. // ~ come inquilino (leg.) to tenant; ~ un impiego (pers.) to take a job; ~ un posto vacante (pers.) to fill a vacancy, to supply a vacancy.

occuparsi, v. rifl. ❶ to occupy oneself, to busy oneself, to be interested in; (trattare) to deal in, to deal with, to handle. ❷ (provvedere a) to see* (to), to see* (about), to take* care (of), to take* charge (of). ❸ (pers.) (trovar lavoro) to find* work, to find* a job. △ ❶ S'è sempre occupato di controllo budgetario he's always been interested in budgetary control; Mr Friedman s'occupa di cotone Mr Friedman deals in cotton; ❷ Spero di trovare un po' di tempo per occuparmi di quell'affare I hope I'll find some time to see about that matter; Chi s'occuperà del personale mentre sarai via? who's going to take charge of the staff while you're away?; ❸ Spera d'~ al più presto he hopes he'll find a job as soon as possible. // ~ dei propri affari to see to one's business; ~ della corrispondenza to attend to the correspondence; ~ di (un certo articolo, un ramo d'affari, ecc.) (market.) to merchandise, to merchant; ~ di qc. a tempo perso to dabble in (o at) st.: A tempo perso s'occupano di statistica they dabble in statistics; ~ di affari to conduct business; ~ d'una causa (leg.) to attend to a case; ~ solo d'affari to attend strictly to business.

occupato, a. ❶ (affaccendato) occupied, busy. ❷ (non libero) engaged, taken. △ ❶ Ero ~ a parlare e non ho notato il vostro ingresso I was busy talking and I didn't notice your coming in; ❷ Gli ritelefonerò più tardi dato che il suo numero è ~ I'll call him again later as his number is engaged. // non ~ (pers.) (di posto) vacant, unfilled; (di persona) unemployed; non ~ a tempo pieno (pers.) underemployed.

occupazionale, a. (pers.) occupational.

occupazione, n. f. ❶ (atto d'occupare) occupation. ❷ (econ.) employment. ❸ (leg.) occupancy, tenure. ❹ (pers.) (attività, impiego) occupation, employ, engagement;

(*lavoro, mestiere*) work, trade, business, job; lay (*fam.*). △ ❷ **Soltanto stimolando l'industria locale sarà possibile aumentare l'**∼ it will be possible to increase employment only by stimulating local industry; ❹ **È sempre passato da un'**∼ **all'altra senza impratichirsi in alcuna** he has always gone from one occupation to another without settling down to any; **Qual è stata la Sua** ∼ **negli ultimi tre anni?** what has your job been during the last three years? ‖ **l'**∼ **agricola** (*econ.*) employment in agriculture; **l'**∼ **femminile** (*econ.*) the employment of women; **l'**∼ **illegale d'una proprietà** (*leg.*) the wrongful occupation of a property; ∼ **pericolosa** (*pers.*) dangerous occupation, hazardous occupation; **un'**∼ **redditizia** (*pers.*) a lucrative job, a gainful job; a gravy job (*fam.*); a gravy train (*fam., USA*); **un'**∼ **stabile** (*pers.*) a steady job.

oceanico, *a.* ❶ (*dell'oceano*) oceanic. ❷ (*trasp. mar.*) (*di nave, ecc.*) ocean-going.

oceano, *n. m.* ocean.

odierno, *a.* ❶ (*del giorno d'oggi*) today's. ❷ (*attuale*) present. ❸ (*moderno*) modern; todayish (*fam.*). △ ❶ **In data odierna vi abbiamo spedito l'ultimo catalogo** under today's date we are sending you our latest catalogue; ❸ **La moda odierna è tutta incentrata sui giovani** modern fashion is all centered upon teen-agers.

offendere, *v. t.* ❶ to offend. ❷ (*leg.*) to wrong; (*danneggiare*) to harm, to damage; (*ferire*) to injure; (*insultare*) to insult, to outrage; (*calunniare*) to slander; (*con scritti*) to libel. ❸ (*leg.*) (*violare*) to break*, to infringe. △ ❶ **Non avevo intenzione d'offenderLa** I didn't mean to offend you; ❷ **È stato offeso nel patrimonio** his property has been damaged. ‖ ∼ **i diritti di q.** (*leg.*) to infringe sb.'s rights; ∼ **la legge** (*leg.*) to break the law.

offendersi, *v. rifl.* to take* offence, to be offended. △ **S'offesero per la nostra proposta** they were offended at our proposition.

offensivo, *a.* offensive, insulting.

offensore, *n. m.* offender.

offerente, *n. m. e f.* ❶ offerer. ❷ (*comm.*) tenderer; (*a un'asta, a una gara d'appalto*) bidder. ‖ **il miglior** ∼ the highest bidder.

offerta, *n. f.* ❶ offer, offering; (*proposta*) proposal. ❷ (*cred.*) (*di pagamento d'un debito, ecc.*) tender. ❸ (*econ.*) supply. ❹ (*fin.*) (*per appalti*) tender; (*all'asta*) bid, bidding. ❺ (*market.*) offer. △ ❶ **Vi siamo profondamente grati per la vostra** ∼ **d'aiuto** we are deeply grateful for your offer of help; ❸ **Nel corso dell'anno si è verificato un netto aumento dell'**∼**, a eccezione del mese di dicembre, caratterizzato da una certa scarsità di uova sul mercato** supplies increased perceptibly during the course of the year, except in December, when eggs were rather short; ❹ **La nostra** ∼ **non è stata ancora portata in consiglio d'amministrazione** our tender has not yet been submitted to the board of directors; **Le offerte sono vivaci** bidding is brisk; ❺ **Un'**∼ **definitiva non sarà mai ritirata da una ditta di buona rinomanza** a firm offer will never be withdrawn by a reputable firm; **Siamo pronti a prendere in considerazione un'**∼ we are open to an offer; **Le offerte d'impiego sono scarse al giorno d'oggi** job offers are scarse nowadays. ‖ ∼ **a premio** (*market.*) combination offer; ∼ **a premio abbinata** (*di due o più prodotti*) (*market.*) combination premium offer; **offerte all'asta** (*d'accordo col banditore*) **per raggiungere prezzi elevati** by-bidding; **un'**∼ **alternativa** an alternative offer; ∼ **competitiva** (*econ.*) competitive supply; ∼ **complessiva** (*econ.*) aggregate supply; ∼ **concorrenziale** (*econ.*) competitive supply; ∼ **consorziata** (*fin.*) syndicated bid; ∼ **d'appalto** (*fin.*) tender, bid; **un'**∼ **d'appalto sigillata** (*fin.*) a sealed tender, a sealed bid: **Tutte le offerte d'appalto sigillate dovranno essere consegnate al nostro avvocato, Mr R. Kaplan** all sealed tenders shall be handed to our lawyer, Mr R. Kaplan; «**offerte d'impiego**» (*giorn.*) «situations vacant»; ∼ **d'iscrizione a una società** (*leg.*) bid; ∼ **di lavoro** (*econ.*) call for manpower; «**offerte di lavoro**» (*giorn.*) help-wanted column; ∼ **di lavoro non soddisfatta** (*org. az.*) unfilled vacancy; ∼ **di mercato** (*econ.*) market supply; ∼ **eccessiva** (*comm.*) overbid, overcall; ∼ **globale** (*di capitali o beni di consumo, su un dato mercato*) (*econ.*) aggregate supply; ∼ **gratuita** (*d'un prodotto*) (*market.*) free offer; ∼ **in blocco** block offer; **un'**∼ (*di appalto, ecc.*) **in busta chiusa** (*comm.*) a sealed bid; **un'**∼ **minima** a minimum offer, a minimum tender, a knockdown offer; **un'**∼ **non vincolante** an unbinding offer; **offerte per un appalto pubblico** (*fin.*) calls for public tender; ∼ **premio** (*market.*) premium offer; ∼ **pubblica d'acquisto (O.P.A.)** (*Borsa, fin.*) public purchase offer, public acquisition offer, take-over bid; tender (*USA*); ∼ **pubblica d'acquisto in contanti** (*fin.*) cash bid; cash tender (*USA*); ∼ **pubblica di scambio** (*fin.*) exchange bid; exchange offer (*USA*); ∼ **reale** (*leg.*) tender; ∼ «**salvo venduto**» (*market.*) offer subject to goods being unsold; «∼ **speciale**» (*market.*) bargain; **un'**∼ **stabile** (*market.*) a firm offer; **un'**∼ **vincolante** a binding offer: **La nostra non è un'**∼ **vincolante** ours is not a binding offer.

offesa, *n. f.* ❶ offence; offense (*USA*). ❷ (*leg.*) offence; offense (*USA*); injury; (*torto*) wrong; (*danno*) harm, damage; (*insulto*) insult, outrage. △ ❷ **È inutile lamentarsi delle offese patite** it's useless to complain about the wrongs one has suffered.

officina, *n. f.* (*org. az.*) workshop, shop, works. △ **La nostra** ∼ **ha superato tutti i record produttivi** our works have beaten all production records. ‖ ∼ **di montaggio** (*org. az.*) assembly shop; ∼ **meccanica** (*org. az.*) machine shop; **dall'**∼ (*market.*) (*di merce*) ex works; **essere in** ∼ (*pers.*) to be at works.

«**offresi**», *locuz. verb.* (*giorn., pubbl.*) «situations wanted».

offrire, *v. t.* ❶ to offer. ❷ (*cred.*) (*il pagamento d'un debito, ecc.*) to tender. ❸ (*fin.*) to tender; (*all'asta*) to bid*. ❹ (*market.*) to offer; (*mettere in vendita*) to put* up (for sale). △ ❶ **Ci pregiamo offrirvi i nostri servigi** we beg to offer you our services; ❸ **Le azioni Shannon furono offerte a $ 12,50** Shannon shares were tendered at $ 12.50; ❹ **Ci furono offerte 1.000 sterline per il macchinario** we were offered 1,000 pounds for the machinery. ‖ ∼ **di più di** (*q.*) (*a un'asta, ecc.*) (*comm.*) to outbid, to overbid; ∼ **garanzia** (*leg.*) to tender bail; ∼ **meno di** (*un concorrente*) (*market.*) to underbid; ∼ **merce a un prezzo inferiore a quello di** (*un concorrente*) (*market.*) to underbid; ∼ **un prezzo più alto** (*market.*) to go one better; ∼ **un programma radiofonico** (*o televisivo*) (*pubbl.*) to sponsor a radio (*o* television) broadcast: **Questo programma vi è stato offerto dalla ITER, la casa che si prende cura degli automobilisti!** this broadcast was sponsored by ITER, the firm that cares for car-drivers!; **essere offerto** (*fin.*) (*di titoli*) to come on offer: **Le azioni Falcon furono offerte a 2 contro 2 ¼** Falcon shares came on offer at 2 against 2 ¼.

offset, *n. m.* (*giorn., pubbl.*) offset.

oggettivo, *a.* ❶ (*che concerne l'oggetto*) objective. ❷ (*obiettivo*) objective, impartial, unbiased. △ ❷ **Non**

è facile dare giudizi oggettivi it's not easy to give unbiased opinions.

oggetto, *n. m.* ❶ object, thing, article. ❷ *(argomento)* subject, subject-matter, matter. ❸ *(ass.)* subject-matter. ❹ **oggetti**, *pl. (market.)* articles; ware *(sing. collett.)*. △ ❷ **L'~ principale della nostra indagine è stato il consumo pro-capite** per-capita consumption has been the main subject of our investigation. // **l'~ assicurato** *(ass.)* the subject-matter insured: **Il valore dell'~ assicurato può risultare minore del valore assicurato** the value of the subject-matter insured may happen to be less than the value insured; ~ *(articolo, prodotto, ecc.)* **che attira la vista** *(pubbl.)* eye-catcher; **l'~ del rischio** *(ass.)* the subject-matter of the risk; **l'~ della causa** *(leg.)* the subject-matter of the action; **l'~ della controversia** *(leg.)* the matter of the dispute, the matter in controversy; **l'~ della lite** *(leg.)* the matter of the dispute, the matter in controversy; **~ di franchigia** *(breve periodo di tempo, piccolo ammontare di danni, ecc.) (ass.)* deductible; **~ di gran moda** *(market.)* big thing *(fam.)*: **La collana è l'~ di gran moda quest'anno** necklaces are the big thing this year; **~ d'imposta** *(fin.)* taxable basis; **l'~ d'una lettera commerciale** *(comun.)* the subject-matter of a business letter; **~ di scarto** *(market.)* reject; **oggetti di valore** valuable goods, valuables; **oggetti di vario genere** sundries; **~ in mostra** *(market.)* exhibit; **oggetti personali** *(leg.)* personal belongings; **oggetti scompagnati** oddments; **oggetti smarriti** *(leg.)* waifs and strays; **~ sociale** *(fin.)* corporate purpose *(USA)*.

oggi, *avv.* to-day, today, this day. △ **Le quotazioni di ~ sono superiori a quelle di venerdì scorso** today's quotations are higher than last Friday's; **Abbiamo ricevuto ~ stesso la vostra lettera** we have received your letter this very day. // **~ a un mese** this day month; **~ a otto** today week, this day week; **~ a quindici** a fortnight to-day; **a tutt'~** to date: **Ci faccia sapere gli interessi a tutt'~** let us know the interests to date; **d'~** today *(attr.)*; todayish *(fam.)*; **sino a ~** till today, up to now, to date.

oggigiorno, *avv.* nowadays, today. // **d'~** present-day *(attr.)*; todayish *(fam.)*.

ogni, *a. indef.* ❶ every, each; *(tutti, tutte)* all. ❷ *(distributivo)* every. ❸ *(qualsiasi)* any. △ ❶ **~ comunicazione va rivolta alla segretaria** all communications are to be addressed to the secretary; ❷ **Siete tenuti a inviarci un rapporto ~ due mesi** you are supposed to send in a report every second month; ❸ **È deciso a riuscire a ~ costo** he is determined to succeed at any cost. // **~ due (tre, ecc.) giorni** every two (three, etc.) days, every second (third, etc.) day; **~ giorno** every day; **~ tanto** every now and then, every now and again.

oleaceo, *a.* oleaginous, oily, oil-like.
oleaginoso, *a. V.* oleaceo.
oleario, *a.* oil *(attr.)*. △ **Il mercato ~ sta attraversando un momento difficile** the oil market is going through hard times.
oleodotto, *n. m.* oil-pipeline.
oleoso, *a.* ❶ *(che contiene o è coperto d'olio)* oily, oiled, oleaginous; *(grasso)* greasy. ❷ *(oleifero)* oleiferous, oil-yielding.
oligopolio, *n. m. (econ.)* oligopoly.
oligopsonio, *n. m. (econ.)* oligopsony.
olio, *n. m.* oil. // **~ combustibile** fuel oil.
olografo, *a. (leg.)* holograph, holographic, holographical. *n. m. (leg.)* holograph. // **un testamento ~** *(leg.)* a holographic testament, a holographic will.

oltraggio, *n. m.* outrage; *(ingiuria)* injury; *(offesa)* offense; *(insulto)* insult, abuse. // **~ al pudore** *(leg.)* indecent exposure; **~ alla giustizia** *(leg.)* contempt of Court; **~ alla magistratura** *(leg.)* contempt of Court.

oltre, *avv.* ❶ *(di luogo)* farther, further, far. ❷ *(di tempo)* longer, more. *prep.* ❶ *(di luogo)* beyond, over. ❷ *(più di)* more than, over, above. ❸ *(di tempo, anche)* beyond, later than. ❹ *(in aggiunta)* besides, in addition to. △ *avv.* ❷ **Avrei voluto trattenermi ~ ma ero atteso** I would have liked to stay longer but I was being waited for; *prep.* ❷ **Hanno guadagnato ~ 5.000 sterline** they have earned more than £ 5,000; ❹ **Ci sono altri due clienti ~ a Mr Cashton che L'aspettano** there are two more customers waiting for you besides Mr Cashton.

oltrecortina, *avv.* across the Iron Curtain.
oltremanica, *avv.* e *a.* across the (English) Channel.
oltremare, *avv.* ❶ beyond the sea, oversea(s). ❷ *(all'estero)* abroad. // **i Paesi d'~** the overseas Countries, the foreign Countries.
oltreoceano, *avv.* across the ocean, overseas.
oltrepassare, *v. t.* ❶ *(passare oltre)* to go* beyond, to surpass, to overstep, to overrun*. ❷ *(eccedere)* to exceed. ❸ *(superare)* to pass, to overtake*. △ ❷ **Questo limite di velocità non deve essere oltrepassato** this speed-limit must not be exceeded; ❸ **L'incidente avvenne quando cercammo di ~ l'altra macchina** the accident occurred when we tried to overtake the other car. // **~ un confine** *(leg.)* to trespass; **~ i propri diritti** *(leg.)* to strain one's rights; **~ i limiti dei propri poteri** *(leg.)* to exceed one's authority.

omaggio, *n. m.* ❶ homage. ❷ *(market.)* premium, giveaway; *(di poco prezzo, offerto da un piazzista)* door opener. ❸ **omaggi**, *pl.* compliments. ❹ « **omaggi** », *pl. (market., anche)* free goods. *a. attr. inv. (market.)* dividend *(n.)*. △ *n.* ❷ **Ho introdotto ogni sorta di omaggi per attirare clienti** I have introduced all types of giveaways in order to bring in customers; ❸ « **Con gli omaggi della ditta** » « with the compliments of the firm »; « **~ del direttore** » « compliments of the manager »; *a.* **Per ogni tre libri acquistati viene dato un libro ~** a book dividend is given with every three books bought. // **~** *(di scarso valore)* **in busta** *(pubbl.)* letter gadget; **in ~** as a compliment; complimentary *(a. attr.)*: **Una copia in ~ verrà spedita a tutti gli abbonati** a complimentary copy will be sent to all subscribers; **in ~ alla legge** *(leg.)* in observance of the law.

omettere, *v. t.* ❶ to omit, to leave*out; to skip *(fam.)*; *(sopprimere)* to suppress. ❷ *(giorn.) (parte d'un articolo, libro, ecc.)* to retrench. ❸ *(pubbl.)* to cancel. △ ❶ **Nella mia dichiarazione dei redditi non ho mai omesso nulla** I have never left out anything in my tax return; ❷ **Alcuni passi dell'articolo sono stati omessi** a few paragraphs have been retrenched in the article. // **~ la pubblicazione di notizie** *(giorn.)* to suppress news from publication.

omissione, *n. f.* ❶ omission; skip *(fam.)*; *(soppressione)* suppression; *(svista)* oversight. ❷ *(giorn.) (di parte d'un articolo, libro, ecc.)* retrenchment. ❸ *(leg.)* failure, non-feasance. ❹ *(pubbl.)* cancellation. △ ❶ **Vogliate perdonare questa ~** kindly excuse this omission; **I nostri lettori potrebbero essere tratti in inganno dall'~** *(della pubblicazione)* **di queste notizie** our readers might be misled by the suppression of this news. // **salvo errori e omissioni (S.E.O.)** errors and omissions excepted *(E. & O.E.)*.

omnibus, *n. m. (trasp. aut.)* omnibus; bus *(abbr.)*.

omogeneità, *n. f. inv.* homogeneity, homogeneousness.

omogeneo, *a.* homogeneous.

omologare, *v. t.* (*leg.*) to homologate, to confirm, to approve; (*ratificare*) to ratify, to validate. // ~ **un trattato** (*leg.*) to validate a treaty.

omologazione, *n. f.* (*leg.*) homologation, confirmation, approval, approbation; (*ratificazione*) ratification, validation. △ **C'è stata l'~ del concordato da parte del tribunale fallimentare** there has been approval of the composition by the Court of bankruptcy. // ~ **del tribunale** (*leg.*) approval of the Court, consent of the Court; ~ **d'un concordato fallimentare** (*leg.*) confirmation of a bankruptcy composition.

omoschedastico, *a.* (*stat.*) homoscedastic.

oncia, *n. f.* ounce. // ~ « **avoirdupois** » (*unità di peso pari a 28,35 grammi*) ounce avoirdupois; ~ « **troy** » (*unità di peso pari a 31,1 grammi*) ounce troy.

onda, *n. f.* (*anche fig.*) wave, tide. // ~ **di marea** (*trasp. mar.*) tidal wave; ~ **grossa** (*trasp. mar.*) billow; ~ **lunga** (*trasp. mar.*) roller.

ondata, *n. f.* (*anche fig.*) wave. // **un'~ di ribasso** (*econ.*) a wave of falling prices; **un'~ speculativa** (*econ.*) a wave of speculation; **a ondate** in waves.

ondeggiamento, *n. m.* ❶ (*anche fig.*) fluctuation. ❷ (*trasp. mar.*) rocking, rolling.

ondeggiante, *a.* ❶ (*anche fig.*) fluctuating, fluctuant. ❷ (*trasp. mar.*) rocking, rolling.

ondeggiare, *v. i.* ❶ (*anche fig.*) to fluctuate. ❷ (*trasp. mar.*) to rock, to roll.

onere, *n. m.* ❶ (*peso, carico*) burden, load, charge. ❷ (*responsabilità*) responsibility. ❸ (*leg.*) onus* (*solo sing.*); burden. △ ❷ **Non avresti dovuto addossarti un simile ~** you shouldn't have shouldered such a responsibility. // ~ **della prova** (*leg.*) onus of proof, onus probandi, burden of proof, burden of proving: **L'~ della prova spetta a voi** the onus of proof falls on you; ~ **d'attrito** (*econ., market.*) (*d'un prodotto*) markup; **oneri finanziari** (*rag.*) financial charges; **oneri fiscali** (*fin.*) fiscal charges, tax burdens; **oneri previdenziali** (*econ., sind.*) welfare contributions; **oneri salariali** (*econ., rag.*) labour costs; **oneri sociali** (*pers.*) social charges, social-security taxes; ~ **tributario** (*fin.*) fiscal drag, taxes paid: **L'~ tributario è nettamente diverso da un Paese all'altro** the taxes paid vary considerably from Country to Country.

oneroso, *a.* ❶ onerous, burdensome; (*pesante*) heavy, hard. ❷ (*leg.*) onerous. △ ❶ **Le loro condizioni sono piuttosto onerose** their conditions are rather heavy. // **un contratto ~** (*leg.*) an onerous contract.

onestà, *n. f. inv.* ❶ honesty, straightforwardness; (*equità*) fairness. ❷ (*leg.*) rightfulness.

onesto, *a.* ❶ honest, straightforward, straight; (*equo*) fair. ❷ (*leg.*) rightful. △ ❶ **La compagnia assicuratrice ci chiese di rilasciarle una relazione onesta sull'incidente** we were asked by the insurance company to hand them a straightforward account of the accident; **I nostri affari sono sempre stati del tutto onesti** our dealings have always been quite straight.

onorabile, *a.* honourable; (*rispettabile*) respectable.

onorabilità, *n. f. inv.* honourableness; (*rispettabilità*) respectability; (*buon nome*) reputation, repute. △ **Non abbiamo mai messo in dubbio la vostra ~** we have never called in question your reputation. // **l'~ della nostra ditta** (*comm.*) the respectability of our concern.

onorare, *v. t.* ❶ to honour; to honor (*USA*); (*rispettare*) to respect. ❷ (*cred.*) to honour, to meet*. △ ❶ **Siamo onorati della vostra fiducia** we are honoured with your trust; ❷ **Voglio sperare che la persona in questione onori l'effetto alla scadenza** I do hope that the person in question will meet the bill at maturity. // ~ **una cambiale** (*cred.*) to honour a bill of exchange, to meet a bill of exchange, to take up a bill.

onorario[1], *a.* honorary. △ **Il nostro presidente ~ è Mr O. N. Depot** our honorary president is Mr O. N. Depot.

onorario[2], *n. m.* fee, honorarium*. // ~ **versato in anticipo a un avvocato** (*leg.*) retaining fee, retainer.

onore, *n. m.* honour; honor (*USA*). △ **Hanno accettato la cambiale per (salvare) l'~ del traente** they've accepted the bill for the honour of the drawer.

onorevole, *a.* ❶ (*degno d'onore*) honourable, reputable. ❷ (*titolo di deputato*) Honourable. *n. m.* (*deputato*) Honourable Member, Member of Parliament (*M.P.*).

onorifico, *a.* honorific, honorary. △ **La mia non è che una carica onorifica** mine is but an honorary title.

opera, *n. f.* ❶ (*attività, lavoro*) work, action, deed. ❷ (*prodotto d'un'attività*) work, piece of work. ❸ (*istituto, ente*) organization, institution, institute, society. △ ❶ **Dobbiamo metterci all'~ subito se vogliamo evitare una crisi generale** we must get down to work immediately if we want to avoid a general recession; ❷ **In questa zona sono state fatte numerose opere di bonifica** a lot of land reclamation works have been made in this area. // **opere di beneficienza** charities; **opere fluviali** (*trasp.*) river works; ~ **pia** (*leg.*) charitable institution, charity; **opere portuali** (*o* **portuarie**) (*trasp. mar.*) harbour works; **opere pubbliche** (*amm., leg.*) public works.

operaia, *n. f.* (*pers.*) workwoman*, worker.

operaio, *n. m.* ❶ (*pers.*) workman*, worker, workingman*, workhand, labourer; laborer (*USA*); blue-collar worker, blue collar (man*); hand, help (*fam.*); stiff (*slang USA*). ❷ (*pers.*) (*artigiano*) craftsman*. ❸ (*pers.*) (*addetto a una macchina*) operator, operative. ❹ **operai**, *pl.* (*pers., anche*) work-people; (the) rank and file (*fig.*). *a.* ❶ (*che lavora*) working, worker. ❷ (*di, per operai*) working, workman's, workmen's. △ *n.* ❶ **Abbiamo bisogno di un maggior numero d'operai specializzati** we need more skilled workmen; **Abbiamo bisogno di nuovi operai per lo stabilimento** we need extra hands for the plant; ❸ **Gli operai dell'industria cotoniera sono in sciopero** cotton operatives are on strike; *a.* ❷ **Sono in costruzione 20 nuove case operaie** 20 new workmen's houses are being built. // ~ (*che lavora*) a **orario ridotto** (*pers.*) part-time worker; ~ (*retribuito*) **a ore** (*pers.*) time-worker; **un ~ addetto a una macchina** (*pers.*) a machine tender; ~ **addetto alla posa dei binari** (*pers., trasp. ferr.*) track-layer; ~ **che fa turni di notte** (*pers.*) night man; ~ **che lavora in uno « swing shift »** (*q.V.*) (*pers.*) swing shifter; ~ **che scopre e localizza i guasti** (*d'un macchinario, ecc.*) (*pers.*) troubleshooter; trouble man (*USA*); **operai del commercio** (*pers.*) office workers; **operai del turno di notte** (*pers.*) night shift; graveyard shift (*fam.*); **operai dell'industria** (*pers.*) industrial workers; ~ **di fabbrica** (*pers.*) factory worker, mill-hand; ~ **di grado inferiore** (*pers.*) junior; ~ **d'officina** (*pers.*) shopman; ~ **di riserva** (*adibito a lavori saltuari o alla sostituzione d'un operaio « regolare »*) (*pers.*) spare hand; ~ **giornaliero** (*pers.*) journeyman; **operai impiegati nell'intervallo fra il turno diurno e quello notturno** (*in uno stabilimento che funziona 24 ore al giorno*) (*pers.*) swing shift; **operai in forza** (*pers.*) employees on payroll; **operai invalidi** (*pers.*) invalid workmen; ~ **metallurgico**

(*pers.*) metalworker; **operai non iscritti ai sindacati** (*sind.*) free labour; ~ **non qualificato** (*pers.*) unskilled worker, labourer; ~ **non specializzato** (*adibito temporaneamente a mansioni specialistiche*) (*pers.*) dilutee; **operai qualificati** (*pers.*) skill (*inv.*): **L'immigrazione di operai qualificati è gradita a tutti i Paesi in via di sviluppo** the immigration of skill is welcomed in all developing Countries; **operai sfruttati** (*pers.*) sweated workers; **un ~ specializzato** (*pers.*) a skilled worker, a specialized worker.

operante, *a.* ❶ operant, operating, working. ❷ (*leg.*) operative. △ ❷ **Quando diverrà ~ la legge?** when will the law become operative? // **non ~** (*leg.*) inoperative.

operare, *v. i.* ❶ to operate, to work, to act. ❷ (*Borsa, fin.*) to operate, to deal*. *v. t.* to work, to do*, to carry out. △ *v. i.* ❶ **Molte cause hanno operato a determinare questa depressione** several causes have operated to bring about this slump; ❷ **È praticamente impossibile ~ sul nostro mercato** it's practically impossible to deal on our market; *v. t.* **Il Governo sta operando una riforma del sistema fiscale** the Government is carrying out a reform in the revenue system. // **~ al rialzo** (*Borsa*) to deal for a rise, to be on the long side of the market; **~ al ribasso** (*Borsa*) to deal for a fall; **~ una ripartizione** (*leg.*) to make an allotment; **~ su un mercato** (*fin.*) to operate on a market.

operativo, *a.* operative, operating, operational.

operatore, *n. m.* ❶ operator, worker, agent. ❷ (*Borsa, fin.*) operator, dealer. // **che effettua un riporto staccato** (*Borsa, fin.*) hedger; **~ di Borsa** (*Borsa*) dealer, stockbroker, dealer in stocks; **~ di telescrivente** (*pers.*) teletypist; **~ economico** (*econ.*) transactor; **~ estraneo alla Borsa Valori** (*fin.*) outside broker; **~ finanziario di Wall Street** (*fin.*, *USA*) Wall Streeter (*fam.*); **~ in arbitraggi** (*Borsa*) arbitrager, arbitrageur, arbitragist; **~ intermediario** (*fra una Borsa di provincia e la Borsa Valori di Londra*) (*Borsa, ingl.*) shunter; **l'~ pubblico** (*econ.*) the State: **Le spese sono stimolate dall'~ pubblico** expenditures are encouraged by the State.

operazione, *n. f.* ❶ operation, working. ❷ (*fin., market.*) transaction, dealing, deal, operation. ❸ (*mat.*) operation. ❹ **operazioni**, *pl.* (*Borsa, anche*) market. △ ❷ **Sta cercando di fare un'~ a contanti** he is trying to make a cash deal. // **un'~ a contanti** (*market.*) a transaction for cash, a cash deal, a spot transaction; **un'~ a credito** (*cred.*) a transaction on credit, a credit transaction; **operazioni a premio** (*Borsa, fin.*) option dealings, options; **~ a riporto** (*Borsa*) contango operation; **operazioni a termine** (*Borsa*) dealings for the account, transactions for the account, transactions for the settlement, futures; **~ a virgola fissa** (*elab. elettr.*) fixed-point computation; **~ al rialzo** (*Borsa*) bull transaction, bullish transaction, dealing for a rise; **~ al ribasso** (*Borsa*) bear transaction, bearish transaction, dealing for a fall; **~ allo scoperto** (*Borsa*) bear transaction; **operazioni attive** (*banca*) lending transactions: **Le principali operazioni attive d'una banca sono: gli anticipi in conto prestito, gli « scoperti » di conto assistiti da « fido », e lo sconto di cambiali** the chief lending transactions of a bank are: advances on loan account, fluctuating overdrafts, and discounting bills of exchange; **operazioni bancarie** (*banca*) banking operations, banking transactions; **un'~ commerciale** a trading transaction; **operazioni d'allibo** (*trasp. mar.*) lightening operations; **le operazioni d'una banca** (*banca*) the transactions of a bank; **un'~ di Borsa** (*Borsa*) a transaction on the Stock Exchange; **operazioni di cambio** (*fin.*) exchange transactions; **operazioni di cambio a termine** (*fin.*) exchange for forward delivery; **operazioni di cambio per contanti** (*fin.*) exchange for spot delivery; **operazioni di capitale** (*fin.*) capital operations, capital transactions; **operazioni di carico** (*trasp. mar.*) loading transactions; shipment (*sing.*); **operazioni di carico e scarico** (*trasp. mar.*) loading and unloading operations; **~ di compensazione** (*banca*) clearing; **~ di finanziamento in essere** (*banca, fin.*) loans outstanding; **un'~ di fusione** (*fin.*) a merger deal; **operazioni d'inventario** (*org. az.*) stock-taking; **operazioni di magazzinaggio** (*org. az.*) storage operations; **operazioni di magazzinaggio nel commercio all'ingrosso** (*market.*) wholesale warehousing; **operazioni di prestito** (*banca*) lending transactions; **operazioni di ricupero** (*trasp. mar.*) salvage: **Le operazioni di ricupero risultarono più difficoltose di quanto ci si aspettasse** salvage turned out to be more complicated than it was expected; **~ di rilevamento della posizione** (*della nave*) (*trasp. mar.*) observation; **~ di riporto** (*Borsa*) contango; **operazioni di salvataggio** (*trasp. mar.*) salvage operations, search and rescue; **operazioni di scarico** (*trasp. mar.*) unloading operations; **operazioni di sportello bancario compiute senza scendere dall'automobile** (*banca, trasp. aut.*) motor banking; **operazioni di « swap »** (*fin.*) swap operations (o transactions); **~ di vendita a contanti contro riacquisto a termine** (*Borsa, fin.*) budla operation, budlaing; **~ elementare** (*cronot.*) elementary operation; **~ in azioni ancora da emettere** (*Borsa*) dealing in shares for the coming out; **~ in bianco** (*banca, cred.*) blank deal, blank transaction; **~ (d'acquisto e vendita) in titoli** (*fin.*) turn; **~ passiva** (*banca*) borrowing transaction: **L'apertura di conti (di deposito) è la tipica ~ passiva d'una banca** the opening of accounts is the typical borrowing transaction of a bank; **operazioni sul mercato aperto** (*fin.*) open market operations; **operazioni tendenti a provocare variazioni nel corso dei titoli** (*Borsa*) matched orders, wash sales.

opificio, *n. m.* (*org. az.*) workshop, works, manufactory, factory, mill.

opinabile, *a.* opinable, disputable.

opinione, *n. f.* opinion; (*parere*) mind; view; (*idea*) idea; (*calcolo*) calculation; (*quel che si ha da dire*) say. △ **Quando si ha una responsabilità come la sua bisogna avere il coraggio delle proprie opinioni** when one has a responsibility like his, one must have the courage of one's opinions; **Quali sono le tue opinioni politiche?** what are your views on politics? // **l'~ pubblica** public opinion: **L'~ pubblica è colpita da questa serie interminabile di scioperi** public opinion is struck by this endless series of strikes; **Un cambiamento nell'~ pubblica potrebbe trasformare la nostra politica estera** a fluctuation in public opinion might transform our foreign policy.

opporre, *v. t.* ❶ (*contrapporre*) to oppose. ❷ (*obiettare*) to object. △ ❷ **Non abbiamo nulla da ~** we have nothing to object. // **~ un'eccezione** (*leg.*) to raise an objection; **~ un rifiuto** to give a refusal, to refuse.

opporsi, *v. rifl.* ❶ to oppose, to set* oneself (against); (*essere contrario*) to be opposed (to), to resist, to counter. ❷ (*far obiezione*) to object. △ ❶ **Non abbiamo potuto opporci al loro piano** we could not oppose their plan; ❷ **Nessuno si oppone?** does anyone object?

opportunismo, *n. m.* opportunism, time-serving.

opportunista, *n. m. e f.* opportunist, time-server.

opportunità, *n. f. inv.* ❶ (*l'essere opportuno*) op-

opportuno

portuneness, timeliness. ❷ (*circostanza opportuna*) opportunity; (*occasione*) occasion, chance. △ ❶ **Stavamo discutendo dell'~ del nostro intervento** we were discussing about the opportuneness of our intervention; ❷ **Mi pento di non aver colto quell'~** I regret not having seized that opportunity.

opportuno, *a.* opportune, well-timed, timely; (*adatto*) suitable; (*consigliabile*) advisable; (*conveniente*) convenient. △ **Non riteniamo che questo sia il momento più ~ per il lancio d'un nuovo prodotto** we don't think this is the most convenient time for launching a new article. // **a tempo ~** at the right time.

oppositore, *n. m.* opposer, opponent.

opposizione, *n. f.* ❶ (*l'opporre, l'opporsi*) opposition; (*resistenza*) resistance. ❷ (*contraddizione*) opposition, contradiction. ❸ (*obiezione*) objection. ❹ (*leg.*) challenge, opposition. △ ❶ **Siamo riusciti a vincere ogni ~ da parte del consiglio d'amministrazione** we've succeeded in overcoming all resistance by the board of directors. ❷ **C'è ~ fra le due dichiarazioni** there's a contradiction between the two statements. // **in ~ a** counter to: **Agì in ~ ai nostri desideri** he acted counter to our wishes.

opprimere, *v. t.* ❶ to oppress. ❷ (*gravare su*) to weigh on, to bear* hard on; (*schiacciare*) to weigh down. △ ❷ **Le piccole aziende sono oppresse da tasse troppo gravose** small firms are being weighed down by too heavy taxes.

optimum, *n. m.* optimum. // **~ produttivo** (*econ.*) production optimum.

opulento, *a.* ❶ opulent. ❷ (*econ.*) affluent.

opulenza, *n. f.* ❶ opulence. ❷ (*econ.*) affluence.

opuscolo, *n. m.* (*pubbl.*) booklet, brochure. // **opuscoli a stampa** (*market., pubbl.*) literature; **~ pieghevole** (*pubbl.*) folder; **opuscoli stampati** (*giorn.*) prints.

opzionale, *a.* optional.

opzione, *n. f.* ❶ option. ❷ (*Borsa, fin.*) option, stock option, straddle; spread (*USA*). ❸ (*comm.*) option, refusal. △ ❸ **Promettemmo loro la prima ~ sul nostro stabilimento** we promised to give them the first refusal of our plant. // **~ del doppio** (*Borsa*) buyer's option to double; **~ d'acquisto** (*Borsa*) call; **~ di vendita** (*Borsa*) put; **~ doppia** (*Borsa*) double option, put and call option, put and call, spread; **~ per il giorno successivo** (*Borsa*) day-to-day option; **~ quadrupla** (*Borsa*) buyer's option to quadruple; **~ tripla** (*Borsa*) buyer's option to treble.

ora[1], *n. f.* ❶ (*di 60 minuti*) hour. ❷ (*nel computo del tempo*) time. ❸ (*tempo*) time; (*momento*) moment; (*minuto*) minute. △ ❶ **Mi ci sono volute parecchie ore per correggere le bozze** it took me several hours to read the proofs; ❷ **A che ~ ha telefonato Mr Smith?** at what time did Mr Smith call?; **A una cert'~ non si riesce a trovare mai un taxi** at a certain time (of the day) one can't find a taxi. // **~ decimale** (*cronot.*) decimal hour; **~ dell'Europa centrale** Central European Time, Mid European Time (*M.E.T.*), Mid Europe Time; **~ dell'Europa occidentale** West European Time, Western European Time, West Europe Time; **~ dell'Europa orientale** Eastern European Time, East European Time; **~ d'apertura** (*market.*) opening time; **~ di chiusura** (*market.*) closing time; **~ (solare misurata sul meridiano) di Greenwich** Greenwich (mean) time, Greenwich civil time; **~ di lavoro d'un operaio** (*cronot.*) man-hour; **ore di lavoro diretto imputabili a ciascuna unità di prodotto** (*org. az.*) direct labor hours allowed per unit; **ore di lavoro fisse** (*org. az.*) set working hours; **ore (di) macchina** (*cronot.*) machine-hours; **~ di manodopera** (*cronot.*) man-hour; **le ore di punta** (*market., trasp.*) the rush hours, the peak hours; **~ di scadenza** deadline; **ore d'ufficio** (*org. az.*) office hours, business hours; **ore dirette lavorate** (*cronot.*) actual hours of direct labour; **~ (legale) estiva** summer time; daylight saving time; daylight saving, daylight time (*USA*); **~ in cui si deve lasciar libera una camera** (*in albergo, ecc.*) (*tur.*) check-out time: **Le stanze devono essere libere alle ore 12** check-out time is at 12 noon; **~ lavorativa** (*org. az.*) work hour; (*cronot.*) man-hour; **ore lavorative** (*org. az.*) working hours; **ore lavorative perdute** (*econ.*) working hours lost; **~ legale** *V.* **~ estiva**; **~ legale doppia** (*in anticipo di due ore su quella solare*) double summer time; double daylight saving time (*USA*); **~ locale** local time, zone time; **ore (di lavoro) perdute a causa di scioperi** (*econ.*) hours lost through strikes; **ore perdute per conflitti di lavoro** (*econ.*) man-hours lost due to strikes; **~ solare** standard time; **~ ufficiale** standard time; **~ « zero »** (*anche fig.*) zero hour; **a ore** (*org. az.*) by the hour: **Lavorano a ore** they work by the hour.

ora[2], *avv.* now, at present. // **~ come ~** just now, for the time being; **or sono** ago; **d'~ in avanti** (*o* **d'~ in poi**) from now, from now on, from now onwards; **per ~** for now, for the present, for the time being.

orale, *a.* ❶ oral, verbal, unwritten. ❷ (*leg.*) parol. // **prove orali** (*leg.*) parol evidence.

oralmente, *avv.* orally, by word of mouth.

orario, *a.* hourly, per hour. *n. m.* ❶ (*org. az.*) time; hours (*pl.*). ❷ (*trasp.*) (*tabella oraria*) time-table, time-table, time bill, time; schedule (*USA*). ❸ (*trasp.*) (*ora, momento*) time. △ *a.* **Non si deve oltrepassare il limite dei 100 chilometri orari** one must not exceed the speed-limit of 100 kilometres per hour; *n.* ❶ **Speriamo d'ottenere una riduzione dell'~** (*di lavoro*) we hope to get shorter hours; ❷ **Quali sono gli orari dei treni per Liverpool?** what are the times of the trains to Liverpool?; ❸ **Non siamo stati informati sull'~ della partenza** we have not been informed about the time of departure. // **~ di banca** banking hours; **orari di chiusura dei negozi** (*market.*) shops' closing-hours; **~ di lavoro** (*org. az.*) working hours, working time, hours; **~ d'ufficio** (*org. az.*) office hours: **L'~ d'ufficio è dalle 8 alle 16** office hours are 8 A.M. to 4 P.M.; **~ normale** (*di lavoro: con esclusione degli straordinari, ecc.*) (*org. az., pers.*) straight time: **L'~ normale non dovrebbe eccedere le 40 ore settimanali** straight time should not exceed 40 hours a week; **~ ridotto** (*org. az.*) short-time, part time; **orari settimanali** (*org. az.*) weekly time schedules; **chi lavora a ~ ridotto** (*pers.*) part-timer; **in ~** on time; (*org. az.*) on schedule.

ordinale, *a.* (*mat.*) ordinal.

ordinamento, *n. m.* (*leg.*) regulations, rules (*pl.*). // **~ giudiziario** (*leg.*) judicature, judiciary; **~ giuridico** (*leg.*) legal system; **~ giuridico comunitario** (*leg.*) Community law; **~ (di cifre, ecc.) in tabelle** (*mat.*) tabulation.

ordinanza, *n. f.* (*leg.*) ordinance, order, injunction; (*legge*) law, rule; (*mandato*) warrant, writ; (*del giudice a un pubblico ufficiale*) mandamus. // **~ di riabilitazione** (*d'un fallito*) (*leg.*) order of discharge; **~ di sequestro conservativo** (*leg.*) warrant for attachment; **~ di trapasso delle attività** (*del debitore al curatore fallimentare*) (*leg., ingl.*) receiving order: **Sebbene una società per azioni inglese sia considerata a taluni effetti una « persona giuridica », un'~ di trapasso delle attività** (*che può condurre a una sentenza dichia-*

rativa di fallimento) non può essere emessa contro un simile ente though a limited company is considered for some purposes to be a «person», a receiving order (which may lead to the adjudication of bankruptcy) cannot be made against any such body; ~ (preliminare) restrittiva (leg.) restraining order.

ordinare, v. t. ❶ (mettere in ordine) to put* (o to set*) in order, to tidy up, to straighten out, to straighten up; (classificare) to sort; (secondo certi criteri di priorità) to marshal. ❷ (leg.) (comandare) to order, to appoint; (decretare) to decree; (regolare) to regulate, to rule. ❸ (market.) (commissionare) to order, to commission, to send* for; (soprattutto all'estero) to indent. ❹ (org. az.) to calendar. △ ❶ Dovremmo ~ i nostri affari we should set our affairs in order; Non ha ordinato i conti prima di partire he didn't straighten out his accounts before leaving; ❷ Ordinò che fosse annullata l'ordinazione he appointed that the order should be cancelled; ❸ Siamo spiacenti di apprendere che l'assortimento d'articoli inviatovi non corrispondeva a ciò che ci avevate ordinato we regret to learn that the parcel of assorted articles we sent you did not correspond with what you ordered. // ~ un articolo a q. (market.) to order an article from (o of) sb.: Ordineremo questo articolo direttamente al produttore we are going to order this article directly from the producer; ~ le proprie attività patrimoniali (riguardo alla disponibilità per la soddisfazione d'obbligazioni) (leg.) to marshal one's assets; ~ i creditori (leg.) to marshal creditors; ~ (merci) di nuovo (market.) to reorder; ~ qc. in esame (market.) to send for st. on approval; ~ (cifre, ecc.) in tabelle (mat.) to tabulate; ~ uno sciopero (sind.) to call a strike.

ordinario, a. ❶ (consueto) ordinary, customary, usual; (comune) common. ❷ (Borsa) common. ❸ (fin.) (di capitolo d'entrata o spesa di bilancio) above-the-line. △ ❶ La seduta ordinaria del consiglio si terrà domani the ordinary meeting of the board will be held tomorrow. // **ordinaria amministrazione** (org. az.) routine.

ordinata, n. f. (mat.) ordinate, y-coordinate, y-axis, y.

ordinativo, n. m. order. // ~ d'imbarco (trasp. mar.) shipping order.

ordinazione, n. f. (market.) order; (di merci straniere) indent; (proveniente dall'estero) indent. △ Grazie dell'~, che è già stata passata allo stabilimento thank you for your order, which has already been transmitted to the factory; Abbiamo ricevuto un'~ di 150 sacchi di caffè da 2 libbre a 25 p la libbra we have received an order for 150 2-lb sacks of coffee at 25 p per lb; Saremo costretti ad annullare l'~ we shall be compelled to cancel the order. // ~ (di merce) a un commissionario estero (comm. est.) (senza precise istruzioni riguardo alle modalità d'acquisto e al fornitore) open indent; (con istruzioni dettagliate sulle modalità d'acquisto e sul fornitore) closed indent; **ordinazioni considerevoli** (market.) substantial orders; ~ di prova (market.) trial order; ~ di vendita (market.) selling order; ~ (di merci) fatta (ed eseguita) per corrispondenza (market.) mail order; una ~ fatta una volta per sempre (che s'intende rinnovata tacitamente) (market.) a standing order; ~ inevasa (market.) back order; **ordinazioni inevase** (market., anche) backlog (sing.); ~ rinnovata (market.) repeat order; un'~ su catalogo (market.) an order from catalogue; un'~ urgente (market.) a rush order; che lavora su ~ (market.) custom (attr., USA); conforme all'~ (market.) (di merce, ecc.) up to the order; fatto su ~ (market.) made to order, made on order; custom (attr., USA).

ordine, n. m. ❶ (disposizione) order, arrangement. ❷ (disciplina) order, orderliness. ❸ (comando) command, order. ❹ (leg.) order, injunction; (norma) rule; (decreto) decree; (mandato) warrant, writ. ❺ (market.) (ordinazione) order. △ ❶ I documenti che Le ho dato non sono in ~ the papers I gave you are not in order; ❷ Il presidente ha dovuto richiamare l'assemblea all'~ the chairman had to call the meeting to order; ❸ Non me la sento d'obbedire ai loro ordini I don't feel like obeying their orders; ❺ Abbiamo ricevuto un ~ di prova per 40 tonnellate di carbone we've received a trial order for 40 tons of coal. // ~ a esecuzione immediata (Borsa) immediate or cancel order; ~ (d'acquisto) al meglio (Borsa, fin.) market order; l'~ degli Avvocati (leg.) the Bar Association, the Bar; ~ del giorno order of the day, order of business, business, agenda; (org. az.) docket: Questo è l'~ del giorno della riunione this is the business of the meeting; ~ del giorno definitivo approved agenda; ~ delle ipoteche (leg.) rank of mortgages; ~ (a un agente di cambio) d'acquistare (o vendere) quando il prezzo d'un titolo aumenta (o diminuisce) fino a un dato limite (fin.) stop order, stop-loss order, stop; ~ d'acquisto (fin., market.) buying order, buy order, purchase order; ~ d'acquisto (di titoli) a un prezzo massimo (Borsa) limited order; ~ d'acquisto (di titoli) frazionato (circa il tempo dell'operazione e il prezzo) (Borsa) split order to buy; ~ di bonifico (banca) payment order; ~ di comparizione (leg.) summons, citation; ~ di confisca (leg.) extent; ~ di consegna (trasp.) delivery order; (dog.) dandy note; ~ di fabbricazione (org. az.) shop-order; ~ di fermo (su un assegno) (banca) stop payment; ~ di grandezza (mat.) order of magnitude; ~ d'imbarco (trasp. mar.) shipping note; ~ d'ispezione (dei bagagli) (dog.) inspection order; ~ di lavorazione (org. az.) job order; ~ di magazzino (org. az.) store order; ~ (dato da un armatore o da un sensale marittimo) di non permettere la consegna delle merci fino a che non sia stato pagato il nolo (trasp. mar.) «stop for freight»; un ~ di pagamento (rag.) an order to pay, an order for payment, a money order, a draft; «~ di pagamento revocato» (banca) «payment counterdemanded»; **ordini di partenza** (trasp. mar.) sailing orders; ~ di pignoramento presso terzi (leg.) garnishee order; ~ di prova (market.) trial order, sampling order; ~ di ricupero di cose immobili (illegalmente possedute) (leg.) writ of detinue; ~ di saggio (market.) sampling order; ~ di scarico della bolletta di cauzione (dog.) warehouse-keeper's order; ~ di sequestro (leg.) writ of attachment; (dei beni di un debitore) charging order; ~ di vendita (di titoli) a un prezzo minimo (Borsa) limited order; ~ di vendita frazionato (fin.) split order to sell; ~ (emesso dalla dogana inglese) per la spedizione o il ritiro da un magazzino doganale delle provviste di bordo (necessarie in viaggio all'equipaggio e ai passeggeri) (dog.) bill of victualling; ~ pubblico public order; ~ «stop» (Borsa) cutting limit order; ~ valido a revoca (Borsa) good till cancelled order; ~ vincolato (Borsa) contingent order; all'~ (cred.) (di titolo di credito) to order: Le cambiali possono essere pagate: al portatore, all'~, a richiesta, a data fissa e a data futura (determinabile) bills can be payable to bearer, to order, on demand, at a fixed date and at a determinable future time; fino a nuovo ~ until further orders; in ~ alfabetico in alphabetical order; in ~ cronologico in chronological order; in ~ d'età in order of age; per ~ del consiglio d'amministrazione (fin.) by order of the board.

organico, a. organic. n. m. ❶ roll. ❷ (pers.) (com-

plesso del personale) personnel, staff. // **essere in ~** (*pers.*) to be on the roll.

organigramma, *n. m.* ❶ (*elab. elettr.*) flow chart. ❷ (*org. az.*) organization chart. // **~ radiale** (*org. az.*) circular organization chart, concentric organization chart.

organismo, *n. m.* ❶ organism. ❷ (*fig.*) organized body, body, organization; agency (*USA*). △ ❸ **Gli organismi d'intervento sono molto utili** market-support agencies are very useful. // **~ che fissa livelli qualitativi per la pubblicità** (*pubbl.*) advertising standard authority; **~ consultivo** advisory body; **organismi d'intervento sul mercato** (*econ., market.*) market-support agencies; **~ membro della Borsa Valori di New York** (*Borsa, USA*) member organization.

organizzare, *v. t.* ❶ to organize, to arrange, to engineer. ❷ (*org. az.*) (*un'azienda*) to set* up. △ ❸ **Stiamo organizzando una campagna pubblicitaria per lanciare un nuovo prodotto** we're engineering an advertising campaign to launch a new product. // **~ razionalmente** (*il lavoro*) (*org. az.*) to rationalize; **~ uno sciopero** (*sind.*) to organize a strike.

organizzarsi, *v. rifl.* to organize, to get* organized. △ **I lavoratori hanno il diritto di ~** workers have a right to organize.

organizzativo, *a.* organizatory; organizing (*attr.*).

organizzatore, *n. m.* organizer. // **~ del lavoro d'officina** (*org. az.*) dispatcher.

organizzazione, *n. f.* ❶ organization, arrangement. ❷ (*org. az.*) organization, set-up. // **~ aziendale** (*org. az.*) (*la scienza*) business management; (*complesso di persone e beni*) business structure; corporate structure (*USA*); **un'~ commerciale verticale** (*econ., org. az.*) a vertical business organization; **organizzazioni dei consumatori** (*market.*) consumers' organizations; **le organizzazioni dei trasporti** (*trasp.*) transportational organizations; **~ del personale** (*org. az.*) personnel administration, personnel management; **~ della produzione** (*org. az.*) production management; **~ delle Nazioni Unite per l'Alimentazione e l'Agricoltura (FAO)** United Nations Food and Agriculture Organization (*FAO*); **~ delle Nazioni Unite per l'Educazione, la Scienza e la Cultura (UNESCO)** United Nations Educational, Scientific and Cultural Organization (*UNESCO*); **~ delle Nazioni Unite per lo Sviluppo Industriale (UNIDO)** United Nations Industrial Development Organization (*UNIDO*); **~ di fabbrica** (*org. az.*) shop-management; **~ di vendita** (*market.*) sales organization; **~ funzionale** (*org. az.*) task management; **~ Intergovernativa Consultiva per la Navigazione Marittima (IMCO)** Intergovernmental Maritime Consultative Organization (*IMCO*); **~ Internazionale del Lavoro (O.I.L.)** International Labour Organization (*I.L.O.*); **~ Mondiale della Sanità (O.M.S.)** World Health Organization (*W.H.O.*); **~ per la Cooperazione e lo Sviluppo Economico (O.C.S.E.)** Organization for Economic Co-operation and Development (*O.E.C.D.*); **~ per obiettivi** (*org. az.*) management by objectives; **~ razionale** (*del lavoro*) (*org. az.*) rationalization; **~ scientifica** (*org. az.*) scientific management; **~ sindacale** (*sind.*) labour organization; **~ specializzata nell'incasso di crediti** (*per conto di terzi*) (*fin., USA*) factor; **~ tradizionale** (*org. az.*) conventional management. •

organo, *n. m.* (*anche fig.*) organ. // **~ aziendale** (*giorn.*) house organ; **~ calcolatore** (*elab. elettr.*) arithmetic unit; **~ di partito** (*giorn.*) political newspaper.

orientale, *a.* eastern; east (*attr.*). // **la Germania ~** East Germany.

orientamento, *n. m.* ❶ orientation. ❷ (*fig.*) (*indirizzo, guida*) guidance, guideline, guide. ❸ (*fig.*) (*tendenza*) trend. △ ❹ **Gli esperti hanno discusso l'~ della produzione a lungo termine** the experts have been discussing the long-term guidance of production; **Fu necessario esaminare le politiche economiche in rapporto agli orientamenti del programma** it was necessary to scrutinize economic policies in the light of the guidelines of the programme; **Stiamo elaborando una relazione sugli orientamenti generali che appaiono auspicabili in questo campo** we are preparing a report on the general principles we feel should be followed in this field. // **~ professionale** (*pers.*) vocational guidance; **l'~ verso l'accorciamento dei turni lavorativi** (*econ., sind.*) the trend toward shorter work periods.

orientare, *v. t.* ❶ to orient. ❷ (*fig.*) (*indirizzare, guidare*) to guide, to give* principles (to).

oriente, *n. m.* east. // **l'Oriente** the East, the Orient; (*i Paesi orientali*) the Eastern Countries.

originale, *a.* ❶ original. ❷ (*che è proprio dell'autore*) original. ❸ (*nuovo*) original, first-hand, new, novel. *n. m.* original. △ *a.* ❶ **L'edizione ~ di questo libro è introvabile** the original edition of this book is unobtainable; ❷ **Il testo ~ è più interessante della traduzione** the original text is more interesting than the translation; ❸ **Ci vuole un'idea ~ per il lancio di questo articolo** we need a novel idea for the launching of this article; *n.* **Il vostro non è un ~; è soltanto una copia del contratto** yours is not the original; it's just a copy of the contract. // **~ televisivo** (*comun.*) teleplay.

origine, *n. f.* origin, beginning, starting point. △ **L'~ della lite furono le sue dichiarazioni** his statements were the origin of the quarrel. // **~ delle coordinate** (*mat.*) origin of coordinates.

orlo, *n. m.* border, edge, fringe, verge. // **l'~ dell'acqua** the water's edge; **essere sull'~ del fallimento** (*leg.*) to be on the verge of bankruptcy; to be on the rocks (*fam.*).

ormeggiare, *v. t.* (*trasp. mar.*) to moor, to berth. // **~ una nave** (*trasp. mar.*) to moor a ship; **~ una nave al molo** (*trasp. mar.*) to wharf a ship.

ormeggiarsi, *v. rifl.* (*trasp. mar.*) to moor, to make* fast.

ormeggio, *n. m.* ❶ (*trasp. mar.*) (*l'ormeggiare*) mooring, moorage. ❷ (*trasp. mar.*) (*attrezzo per assicurare una nave*) mooring (*generalm. al pl.*).

oro, *n. m.* gold. // **~ al titolo legale** (*econ., fin.*) standard gold; **~-carta** (*fin.*) paper gold; **I diritti speciali di prelievo sono spesso definiti « ~-carta » perché sono in grado di sostituirsi all'oro** SDR's are often defined as «paper gold» because they are capable of supplementing gold; **~ fino** fine gold; **~ greggio** unrefined gold; **~ in barre** (*econ., fin.*) gold bullion; **~ in verghe** (*econ., fin.*) gold bullion, bullion, bar gold; **~ massiccio** solid gold; **~ zecchino** fine gold; **corsa all'~** gold rush; **d'~** gold; (*fig.*) golden: **Ci siamo lasciati sfuggire un'occasione d'~** we have missed a golden opportunity; **d'~ puro** of sterling gold.

orologio, *n. m.* (*portatile*) watch; (*da muro*) clock; (*in genere*) time-piece. // **~ a cronometro** stop-watch, timer; **~ da muro** (*attr. uff.*) wall clock; **~ da polso** wrist-watch; **~ della spesa** (*giorn., market.*) shopping clock; **~ marcatempo** (*pers.*) time clock.

oroscopo, *n. m.* horoscope. // **~ finanziario** (*elab. elettr.*) financial horoscope: **Grazie al computer, un ~ finanziario costa ormai un'infinitesima parte di**

quanto rende thanks to computers, a financial horoscope now costs infinitely less than what it yields.

ortofrutticoltore, *n. m.* (*econ.*) market gardener; truck farmer, truck gardener, trucker (*USA*).

ortofrutticoltura, *n. f.* (*econ.*) market gardening; truck farming, truck gardening (*USA*).

ortogonale, *a.* (*mat.*) orthogonal, orthographical, orthographic. △ **Due variabili statistiche si dicono ortogonali quando hanno correlazione nulla** two statistical values are said to be orthogonal when they have zero correlation.

orzare, *v. i.* (*trasp. mar.*) to luff, to haul to the wind.

orzata, *n. f.* (*trasp. mar.*) luff.

oscillante, *a.* (*anche fig.*) oscillating, floating, fluctuating, fluctuant, swinging. △ **I prezzi non sono mai stati così oscillanti** prices have never been so fluctuating.

oscillare, *v. i.* (*anche fig.*) to oscillate, to float, to fluctuate, to swing*, to move. △ **Il tasso ufficiale di sconto ha oscillato fra il 3% e il 4,75%** the bank rate has oscillated between 3% and 4.75%; **I prezzi all'ingrosso hanno oscillato alquanto durante i giorni successivi all'entrata in vigore dell'organizzazione comune dei mercati** wholesale prices fluctuated somewhat in the days immediately following the entry into force of the common organization of the market; **La domanda di quegli articoli ha oscillato assai in questi ultimi 10 anni** the demand for those articles has been swinging a lot these past 10 years; **Le (azioni) McDonald hanno oscillato fra 68 ½ e 70 dollari** McDonald shares moved between $ 68 ½ and $ 70.

oscillazione, *n. f.* (*anche fig.*) oscillation, floating, fluctuation, fluctuating, swinging, swing, movement. △ **C'è stato un periodo prolungato d'~ delle monete** there's been a long period of floating in currencies. // **~ ciclica** (*econ.*) cyclical fluctuation; **oscillazioni cicliche dei prezzi** (*econ.*) cyclical fluctuations of prices; **oscillazioni di cambio** (*comm. est., fin.*) fluctuations in exchange rates, fluctuations of exchange.

ospitare, *v. t.* ❶ to give* hospitality to (sb.), to entertain. ❷ (*tur.*) to lodge, to put* up, to house, to accommodate. △ ❷ **Possiamo ~ l'intero gruppo** we can accommodate the whole party.

ospite, *n. m.* e *f.* ❶ (*chi ospita*) host. ❷ (*anche tur.*) (*persona ospitata*) guest, visitor.

ossequio, *n. m.* ❶ respect, regard, consideration. ❷ **ossequi**, *pl.* regards, respects. // **in ~ alla legge** (*leg.*) in obedience to the law, in observance of the law; **i miei migliori ossequi** my best regards.

osservanza, *n. f.* ❶ observance, compliance. ❷ (*ossequio*) regards, respects (*pl.*). ❸ (*leg.*) observance. // **l'~ delle norme sulla velocità** (*trasp. aut.*) the observance of the speed laws; **con ~** (*comun.*) respectfully Yours; **in ~ alla legge** (*leg.*) in compliance with the law; **in ~ dei vostri ordini** in compliance with your orders.

osservare, *v. t.* ❶ to observe, to watch; (*esaminare*) to examine. ❷ (*rilevare*) to observe, to remark; (*notare*) to notice, to note. ❸ (*leg.*) to observe, to keep*, to comply with, to stand* by. △ ❶ **La prego d'~ attentamente questo documento** examine this document carefully, please; ❷ **Osservò che era troppo tardi per adire le vie legali** he remarked that it was too late to take legal steps; ❸ **Abbiamo sempre osservato tutti i regolamenti** we have always complied with all the rules. // **~ un giuramento** to keep an oath; **~ le leggi** (*leg.*) to observe the laws, to keep the laws; **che osserva** (*leggi, prescrizioni, ecc.*) (*leg.*) observant (*a.*).

osservatore, *n. m.* observer. △ **Gli osservatori stranieri concordano nel condannare la politica del nostro Governo** foreign observers are agreed in condemning our Government's policy. // **~ esterno** outsider.

osservatorio, *n. m.* observatory. // **~ meteorologico** weather station.

osservazione, *n. f.* ❶ observation. ❷ (*nota, commento*) observation, note, remark, comment. △ ❷ **Non ho alcuna ~ da fare** I have no remarks to make. // **~ non omogenea** (*rispetto al resto del campione*) (*stat.*) outlier.

ostacolare, *v. t.* to hinder, to set* back, to handicap; (*ostruire*) to obstruct, to block; (*impedire*) to prevent, to bar; (*scoraggiare*) to discourage. △ **Siamo stati ostacolati da molte difficoltà** we have been hindered by a lot of difficulties; **L'aridità del suolo ostacola l'agricoltura** the aridity of the soil discourages agriculture. // **~ il traffico** (*trasp.*) to obstruct the traffic.

ostacolo, *n. m.* obstacle, hindrance, set-back, handicap; (*ostruzione*) obstruction; (*impedimento*) impediment, bar, prevention. △ **Abbiamo dovuto superare molti ostacoli per imporci ai nostri concorrenti** we had to overcome many obstacles to beat our competitors. // **~ alla stipulazione d'un contratto** (*per incapacità d'una delle parti*) (*leg.*) impediment.

ostruire, *v. t.* to obstruct; (*bloccare*) to block, to jam. // **~ una strada** (*trasp. aut.*) to obstruct a road; **~ il traffico** (*trasp.*) to obstruct the traffic.

ostruzione, *n. f.* obstruction, blocking up, jamming. // **un'~ del traffico** (*trasp.*) an obstruction of traffic, a traffic block.

ostruzionismo, *n. m.* obstructionism, policy of obstruction, obstruction. // **~ dei clienti** (*market.*) buyers' strike.

ostruzionista, *n. m.* e *f.* obstructionist.

ostruzionistico, *a.* obstructionistic; obstructionist (*attr.*).

ottavo, *num. ord.* eighth. *n. m.* ❶ (*ottava parte*) eighth part. ❷ (*pubbl.*) octavo. // **~ di « peck »** (*misura per cereali, pari a litri 1,14 circa*) quart; **in ~** (*pubbl.*) octavo.

ottenere, *v. t.* ❶ to obtain, to get*; (*trarre*) to draw*, to derive. ❷ (*fin.*) to chalk up. ❸ (*leg.*) (*qc., dal tribunale*) to recover. ❹ (*market.*) (*realizzare, guadagnare*) to realize, to earn. △ ❶ **Non sarà facile ~ quelle informazioni** it won't be easy to obtain that information; **Da quella proprietà ottenemmo molto più di quanto ci si aspettava** we got much more than we expected out of that property; **Otterremo informazioni dal nostro agente di Londra** we'll draw information from our man in London; ❷ **La loro società ha ottenuto un utile altissimo** their company has chalked up an enormous profit; ❸ **Finalmente abbiamo ottenuto una sentenza contro Mr Taylor** at last we have recovered judgment against Mr Taylor; ❹ **Otterranno un buon prezzo dalla vendita della (loro) fabbrica** they will realize a good price on the sale of their factory. // **~ un accomodamento esercitando la mediazione** to mediate a settlement; **~ un alto interesse** (*fin.*) to earn a high interest; **~ un anticipo di denaro** (*cred., market.*) to get an advance of money; **~ un buon impiego** (*pers.*) to get a good position; to step into a good job (*fam.*); **~ qc. con la propria mediazione** to mediate st.; **~ denaro per mezzo d'una cambiale di comodo** to kite (*fam.*); **~ dietro istanza** (*leg.*) to sue out; **~ una dilazione di pagamento** (*cred.*) to obtain an extension of time for payment, to get time; **~ giustizia** (*leg.*) to get legal redress; **~ una grande rinomanza sul mercato**

ottenibile (*market.*) to earn a great reputation on the market; ~ **un impiego** (*pers.*) to get a situation, to get a job, to get a position; ~ **un impiego per q.** (*pers.*) to get a situation for sb.; ~ **il patrocinio d'un avvocato per la propria causa** (*leg.*) to get a barrister to plead one's case; ~ **un premio** to obtain a prize, to win a prize: **Il nostro articolo ha ottenuto il primo premio per il design** our article has won the first prize for design; ~ **un prestito su una polizza d'assicurazione** (*cred.*) to raise a loan on an insurance policy; ~ **la rappresentanza d'una ditta** (*market.*) to obtain the agency of a firm; ~ **il ribasso d'un prezzo** (*market.*) to beat down a price; ~ **il risarcimento dei danni** (*leg.*) to recover damages; ~ **la scarcerazione di q. sotto cauzione** (*leg.*) to bail sb. out; ~ **una sentenza contro il convenuto** (*leg.*) to recover judgment against the defendant; ~ **un utile** (*rag.*) to realize a profit.

ottenibile, *a.* obtainable, gettable, derivable. △ **A quanto ammonta il reddito ~ da quel capitale?** how much is the income derivable from that capital? ∥ ~ **a buon mercato** (*fin.*, *market.*) low-cost (*attr.*).

ottenimento, *n. m.* ❶ obtainment. ❷ (*leg.*) (*di qc., dal tribunale*) recovery. ∥ **l'~ d'un utile** (*rag.*) the realization of a profit.

ottimale, *a.* optimal; optimum (*attr.*).
ottimalizzare, *v. t.* ❶ (*econ., elab. elettr.*) to optimalize. ❷ (*org. az.*) to optimize. ∥ ~ **la distribuzione delle materie prime** (*org. az.*) to optimize the distribution of raw materials.
ottimizzare, *v. t.* ❶ (*elab. elettr.*) to optimize. ❷ (*ric. op.*) to optimize.
ottimizzazione, *n. f.* ❶ (*elab. elettr.*) optimation, optimization. ❷ (*ric. op.*) optimization.
ottimo, *a. superlativo* very good; (*eccellente*) excellent, first-rate; (*ottimale*) optimal. ∥ **d'ottima qualità** (*market.*) first-rate, top-level, superior; prime (*attr.*): **Teniamo soltanto articoli d'ottima qualità** we have only top-level articles.
otto, *num. card.* eight. ∥ **(gli) «~ giorni»** (*pers.*) warning: **La nostra segretaria s'è presa gli ~ giorni** our secretary has given us warning.
ovest, *n. m.* west. △ **L'Arizona si trova a ~ del Nuovo Messico** Arizona lies to the west of New Mexico. ∥ **l'Ovest** (*il territorio a ovest del Mississippi*) (*USA*) the West; **a ~** (*avv.*) west: **L'industria giapponese sta guardando a ~** (*si prepara, cioè, a conquistare il mercato europeo*) Japanese industry is looking west.

P

pacchetto, *n. m.* ❶ packet, parcel. ❷ (*econ., fin.*) package deal, package. ❸ (*fin.*) (*di titoli*) lot. △ ❷ **La commissione mista ha elaborato un ~ che prevede ulteriori miglioramenti extra salariali** the union-management committee has worked out a package deal with increased fringe benefits. // **~ anticongiunturale** (*econ.*) booster measures (*pl.*); **~ azionario** (*fin.*) parcel of shares; block of stock (*USA*); **~ d'aiuti** (*econ.*) aid package; **~ di misure di politica dei redditi** (*fin.*) incomes package; **un ~ di sigarette** a packet of cigarettes; a pack of cigarettes (*USA*); **~ industriale** (*econ.*) industrial package.

pacco, *n. m.* ❶ parcel, package; (*involto*) pack. ❷ (*elab. elettr.*) (*di schede perforate*) pack; deck (*USA*). ❸ **pacchi**, *pl.* (*comun., anche*) mail. // **~ assicurato** (*comun.*) value parcel; **~ contro assegno** (*comun.*) cash on delivery parcel; **~** (*di schede*) **di prova** (*elab. elettr.*) test pack; test deck (*USA*); **~ di schede originali** (*elab. elettr.*) source pack; source deck (*USA*); **~ (di) valori** (*comun.*) value parcel; **~ giacente** (*comun.*) dead postal packet; **~ postale** (*comun.*) post parcel; **~ postale non consegnato** (*comun.*) undelivered post parcel; **pacchi raccomandati** (*comun.*) registered parcels; **~ spedito per via aerea** (*trasp. aer.*) air parcel; **per ~ postale** (*comun.*) by parcel post.

padre, *n. m.* father; (*genitore*) parent. △ **Chi fa le veci del ~ del ragazzo?** who acts as the boy's father? // **~ adottivo** (*leg.*) adoptive father, foster-father; **~ di famiglia** father of a family; (*leg.*) « pater familias ».

padrona, *n. f.* (*proprietaria*) owner, proprietress, proprietrix. // **~ di casa** housewife.

padronale, *a.* of a master, of an owner; master's (*attr.*). △ **Ci sarà sempre attrito fra la classe ~ e quella operaia** there will always be friction between the ruling class and the working class.

padronanza, *n. f.* ❶ mastery, command, control. ❷ (*fig.*) (*piena conoscenza*) mastery, command, thorough knowledge. △ ❶ **La ~ di sé è una delle doti principali di Mr Cooling** one of Mr Cooling's main gifts is self-control; ❷ **Una brava segretaria deve avere una buona ~ di almeno due lingue** a good secretary must have a good command of at least two languages; **Ha una eccezionale ~ delle tecniche manageriali** he has an extraordinary mastery of managerial techniques.

padrone, *n. m.* ❶ master; boss (*fam.*). ❷ (*leg.*) (*proprietario*) proprietor, owner. ❸ (*org. az.*) (*principale, datore di lavoro*) principal, employer; boss, boss man* (*fam.*). ❹ (*trasp. mar.*) ship's master. △ ❶ **È il miglior ~ che sia mai esistito** he is the best boss that ever was; ❷ **Avrei voluto comprare quella casa, ma il ~ non era disposto a venderla** I'd have liked to buy that house but the owner would not sell it; ❸ **Sono dieci anni che lavoro per lo stesso ~** I've been working for ten years for the same principal. // **~ di casa** householder, landlord.

padroneggiare, *v. t.* (*anche fig.*) to master; to boss (*fam.*). // **~ una lingua straniera** to master a foreign language.

paese, *n. m.* ❶ (*nazione*) country; (*terra*) land; (*luogo*) place. ❷ (*villaggio*) village, (little) town. // **paesi a circolazione** (*monetaria*) **argentea** (*econ.*) silver-standard countries; **paesi a commercio di Stato** (*econ.*) state-trading countries; **paesi acquirenti** (*econ.*) buyer countries; **paesi altamente industrializzati** (*econ.*) highly industrialized countries; **un ~ arretrato** (*econ.*) a backward country; **paesi beneficiari delle preferenze del Commonwealth** (*comm. est., ingl.*) Commonwealth preference countries; **i paesi candidati** (*alla Comunità Europea*) the acceding countries (*to the European Community*); **~ consumatore** (*econ.*) consumer country, consuming country; **i paesi dell'EFTA** (*European Free Trade Association*) the EFTA countries; (*rispetto alla CEE*) the Outer Seven; **i paesi dell'Est** (*europeo*) the Eastern bloc countries; **paesi d'oltremare** overseas countries; **~ d'origine** country of origin, one's native land; **paesi eccedentari** (*econ.*) countries with excess production; **~ esportatore** (*comm. est.*) exporting country, exporter; **~ fornitore** (*comm. est.*) supplier; **i paesi fuori dell'area del dollaro** (*econ.*) the non-dollar countries; **~ importatore** (*comm. est.*) importing country, importer; **paesi in via di sviluppo** (*econ.*) developing countries; **paesi industriali** (*econ.*) industrial countries; **paesi industrializzati** (*econ.*) developed countries; **~ produttore** (*econ.*) producer country, producer, supplier: **L'Italia è il principale ~ produttore e consumatore d'olio d'oliva nella Comunità** Italy is the Community's principal producer and consumer of olive oil; **I principali Paesi produttori di carni suine sono i Paesi nordici e i Paesi dell'Est (europeo)** the principal suppliers of pigmeat are the Countries of northern Europe and the East bloc; **~ socialista** (*econ.*) socialist country: **I Paesi socialisti dell'Europa orientale sono Paesi a commercio di Stato** the socialist Countries of eastern Europe are State-trading Countries; **~ soggetto a forte pressione fiscale** (*fin.*) high-tax country; **paesi sottosviluppati** (*econ.*) underdeveloped countries; **un ~ vicino alla frontiera** a village on the frontier.

paga, *n. f.* (*pers.*) pay, rate of pay; (*salario*) wage (*generalm. al pl.*); (*stipendio*) salary; packet, paycheck (*USA*). △ **A quanto ammonta la vostra ~ mensile?** how much is your monthly pay?; **La mia ~ iniziale era di 500 dollari al mese** my starting wage was $ 500 a month. // **~ base** (*pers.*) base pay, base rate, basic wage, standard rate, wage rate: **Grazie ai premi d'operosità e alle altre gratifiche, le sue entrate sono quasi il doppio della ~ base** his income is almost double the basic wage thanks to incentive pay and other premiums; **~ extra** (*data ai dipendenti quando sono richiamati al posto di lavoro per un'emergenza dopo la fine della giornata lavorativa*) (*pers.*) call-back pay; **~** (*minima*) **garantita** (*indipendentemente dalla quantità prodotta*) (*pers.*) guaranteed rate; **~ giornaliera** (*pers.*) daily wage, daily rate, day rate, day wages; **una ~ giusta** (*pers.*) a fair wage; **~ individuale** (*pers.*) individual rate; **paghe industriali** (*pers.*) industrial wages; **~ intera** (*senza detrazioni*) (*pers.*)

full pay; ~ **mensile** (*pers.*) monthly pay, month's pay, monthly wage; ~ **netta** (*pers.*) take-home pay, take-home pay-packet, take-home; ~ **oraria** (*pers.*) hourly rate; **una ~ settimanale** (*pers.*) a weekly pay.

pagabile, *a.* ❶ (*cred.*) payable. ❷ (*leg.*) due. △ ❷ **Quando è ~ il nostro stipendio?** when is our salary due? // **~ a rate mensili** (*market.*) payable in monthly instalments; **~ a richiesta** (*cred.*) payable on demand; on call; **~ a vista** (*cred.*) payable on demand; **~ al proprio nome** (*cred.*) drawn to self; **~ al portatore** (*cred.*) payable to bearer; **~ alla consegna** (*market.*) payable on delivery; «carriage forward»; **~ alla scadenza** (*cred.*) payable at maturity; **~ all'ordine** (*cred.*) payable to order; **~ come contributo** contributable; **~ contro fattura** (*market.*) payable against invoice; **~ in anticipo** payable in advance; **~ il 4 settembre** payable on September 4th; **essere (reso) pagabile** to be made payable: **Questi titoli sono pagabili in dollari** these securities are made payable in dollars.

pagamento, *n. m.* ❶ payment, paying; (*remunerazione*) remuneration; (*sborso*) disbursement. ❷ (*cred.*) (*saldo*) settlement, discharge. △ ❶ **Il ~ dei dividendi avverrà il 1° aprile e il 1° ottobre** the payment of dividends will take place on April 1st and October 1st; **Ci furono promesse facilitazioni di ~** we were promised easy terms of payment; **Siamo disposti a concedervi una dilazione di ~** we are open to grant you an extension of payment; ❷ **Il ~ degli arretrati d'imposta sarà un brutto colpo per un buon numero di società** the settlement of tax arrears will be a heavy blow to quite a few companies; **Il ~ del debito dovrà avvenire non oltre la fine del mese corrente** the discharge of the debt shall take place not later than the end of this month. // **~ a contanti** (*market.*) cash payment, down payment, spot cash, cash-and-carry; **~ a rate** (*market.*) payment by instalments; spaced payment, time payment; **~ a saldo** (*cred.*) payment in full, full payment; **~ «a tamburo battente»** (*market.*) spot cash, payment on the nail; **~ a un tanto la riga** (*giorn., pubbl.*) linage; **~ agli obbligazionisti d'una società** (*fin.*) floating charge; **~ al domicilio del debitore** (*cred.*) payment at the debtor's domicile; **~ al luogo convenuto** (*cred.*) payment on the place agreed; **~ alla consegna** (*market.*) payment on delivery, cash on delivery, collection on delivery; **~ all'ordinazione** (*market.*) cash with order; **~** (*di una somma di denaro*) **all'incaricato della riscossione** consignation; **~ anticipato** (*cred.*) payment in advance, payment before due date, prepayment; **il ~ anticipato del nolo** (*trasp. mar.*) the prepayment of freight; **~ arretrato** (*cred.*) payment overdue; **~ «col contagocce»** (*cred.*) payment in driblets; **~ contro assegno** (*cred.*) cash on delivery; **~ contro documenti** (*cred.*) payment against documents, cash against documents; **pagamenti della cassa integrazione** (*sind.*) redundancy payments; **~ della differenza** (*di prezzo: per i prodotti agricoli*) (*econ.*) deficiency payment; **~ d'alti dividendi sui fondi d'una società** (*per evitare una forte tassazione*) (*fin.*) bail-out; **~ di dazio** (*fin.*) tollage; **il ~ d'un debito** (*cred.*) the discharge of a debt; **~ di pedaggio** (*trasp.*) tollage; **~ dilazionato** (*cred.*) time payment; **pagamenti diversi** (*rag.*) sundry payments; **~ effettuato da un debitore** (*a uno qualsiasi dei creditori*) **nei tre mesi precedenti il fallimento** (*leg.*) fraudulent preference; **~ frazionato** (*market.*) spaced payment; **un ~ immediato** (*cred.*) an outright payment, a prompt payment; **~ in contanti** (*market.*) cash payment, down payment, spot cash, cash-and-carry; **~ in conto corrente** (*banca, cred.*) payment on current account;

~ in moneta metallica specie payment; **~ in natura** (*cred.*) payment in kind; **~ in piccole somme** (*cred.*) payment in driblets; **~ in soluzione unica** (*cred.*) single payment, lump-sum payment; **un ~ integrale** (*cred.*) an outright payment; **pagamenti irregolari** (*cred.*) irregular payments; **~ mediante assegno bancario** (*banca, cred.*) payment by cheque; **~ parziale** (*cred.*) part payment; **~ per intervento** (*banca, cred.*) payment per intervention, payment for honour, payment supra protest, suprapotest; **~ «per l'onore di firma»** (*banca, cred.*) payment for honour; **pagamenti periodici** (*rag.*) terminal payments; **~ «pro capite»** (*leg.*) capitation; **~ rateale** (*market.*) payment by instalments, spaced payment, time payment; **pagamenti rateali** (*market., anche*) divided payments; **~ ritardato** (*market.*) delayed payment; **~ simbolico** (*cred.*) token payment; **~ straordinario** (*pers., sind.*) bonus, premium; **~ totale** (*cred.*) full payment; **~ trimestrale** (*d'imposta, pensione, salario, ecc.*) (*fin., pers.*) quarterage; **pagamenti trimestrali** quarterly payments; **~ «una tantum»** single payment; **dietro ~ di** against payment of, for payment of; **fino a ~ totale** until fully paid; **mancato ~** (*cred.*) non-payment; (*cred., leg.*) (*d'una cambiale, ecc.*) dishonour, dishonour by non-payment.

pagare, *v. t.* ❶ to pay* (for), to give* (for); (*rimunerare*) to remunerate; **un professionista** to fee. ❷ (*cred.*) (*saldare*) to settle, to pay*, to discharge, to pay* out, to wipe out, to wipe off, to square, to lift. ❸ (*cred., leg.*) (*onorare*) to honour, to meet*. △ ❶ **I diritti portuali devono essere pagati dall'importatore** harbour dues are to be paid by the importer; **Tutta la merce è stata pagata** all goods have already been paid for; **Quanto dovrei ~ quell'articolo?** how much should I give for that article?; **Non abbiamo abbastanza denaro per ~ l'avvocato** we have not got enough money to fee our lawyer; ❷ **Non fu in grado di ~ i suoi creditori** he was not able to pay his creditors; **A novanta giorni vista pagate all'ordine del Credito Italiano cinquecento sterline** ninety days after sight pay to the order of Credito Italiano five hundred pounds sterling; **«Pagate a me medesimo»** (*o al mio ordine*) pay (to) self; **Non ci è stato facile ~ il debito** it's been pretty hard to wipe off our debt; ❸ **La cambiale non fu pagata alla scadenza** the bill of exchange was not honoured at maturity. // **~ a contanti** (*market.*) to pay cash, to pay down; **~ a rate** (*market.*) to pay by instalments; **~ a saldo** (*cred.*) to pay in full; **~ a tamburo battente** (*market.*) to pay on the nail, to pay spot cash; **~ a vista** (*cred.*) to pay on demand; **~ al portatore** (*cred.*) to pay to bearer; **~ alla consegna** (*market.*) to pay cash on delivery; **~ gli arretrati** (*cred.*) to pay up arrears: **Il nostro datore di lavoro non ha ancora pagato gli arretrati** our employer has not yet paid up arrears; **~ un avvocato** to fee a lawyer; **~ una cambiale alla scadenza** (*cred.*) to pay a bill at maturity, to meet a bill at maturity, to honour a bill at maturity; **~ carissimo** to pay through the nose (*fam.*); **~ la cauzione per q.** (*leg.*) to stand surety for sb., to go bail for sb.; **~ «col contagocce»** to pay in driblets; **~ come caparra** (*leg.*) to deposit; **~ con un assegno** (*cred.*) to pay by cheque; **~ il conto** to pay the bill, to foot the bill; **~ un conto** (*cred.*) to settle an account; **~ i creditori** (*cred.*) to pay (off) one's creditors; **~ un debito** (*cred.*) to discharge a debt, to satisfy a debt, to quit a debt; (*col ricavato del proprio lavoro*) to work off a debt; **~ un debito in anticipo** (*cred.*) to anticipate an obligation; **~ un dividendo** (*fin.*) to pay a dividend; **~ una fattura** (*cred.*) to settle a bill; **~ fino all'ultimo cen-**

tesimo (*cred.*) to pay to the last penny; ~ **in anticipo** to pay in advance, to prepay; ~ (*una somma di denaro*) **in anticipo** (*leg.*) to deposit; ~ **in anticipo gli interessi su un prestito** (*cred.*) to prepay the interest on a loan; ~ **in contanti** (*market.*) to pay cash, to pay down; ~ **in natura** (*cred.*) to pay in kind; ~ **in piccole somme** (*cred.*) to pay in driblets; ~ **la merce** (*market.*) to pay for the goods; ~ **un occhio della testa** (*fig.*) to pay through the nose; ~ **il pedaggio** (*trasp.*) to pay toll, to toll; ~ **poco** (*pers.*) to underpay: **La maggior parte dei nostri operai è pagata poco** most of our workers are underpaid; ~ **un premio « d'operosità » a** (*un direttore delle vendite, ecc.: per il fatturato promosso dai suoi dipendenti*) (*pers.*) to override; ~ (*un creditore, ecc.*) **prima d'ogni altro** (*cred.*) to prefer; ~ **la propria quota** (*fin.*) to ante up, to ante (*USA*); ~ **le spese al momento in cui insorgono** to pay one's way, to pay one's own way; ~ **totalmente** (*cred.*) to pay up; **ancora da** ~ owing: **Nell'esaminare i libri contabili ci accorgemmo che c'erano 200 dollari ancora da** ~ on examining our books we noticed that there were still 200 dollars owing; **chi è tenuto a** ~ (*cred.*) payer, payor; **non** ~ **una cambiale** (*cred.*) to dishonour a bill; **chi paga** (*cred.*) payer, payor; **non essere pagato dopo la scadenza** (*cred.*) (*di debito*) to lie over.

pagato, *a.* ❶ paid. ❷ (*cred.*) settled. // ~ **a saldo** (*cred.*) settled in full; ~ **in anticipo** (*cred.*) prepaid, paid in advance; **non** ~ unpaid; (*cred.*) unsettled, uncollected, outstanding.

pagatore, *n. m.* payer, payor. *a.* paying; pay (*attr.*). △ **n. Si dice spesso che lo Stato è un cattivo** ~ the State is often said to be a slow payer. // **un agente** ~ a pay-clerk.

pagherò, *n. m.* ❶ (*cred.*) I owe you (*abbr.* IOU). ❷ (*cred.*) (*cambiario*) promissory note, note of hand; marker (*USA*); dog, good-for (*slang USA*). // ~ **cambiario recante la sola firma dell'emittente** (*e nessuna girata*) (*cred.*) single-name paper.

pagina, *n. f.* page. △ **Le pagine sono divise in « Dare » e « Avere »** pages are divided into Dr. and Cr. // ~ **al vivo** (*giorn.*) bleed page; **le pagine della pubblicità** (*giorn.*) the advertising pages; ~ **di prova** (*tipografica*) (*giorn., pubbl.*) specimen page; ~ **intera** (*pubbl.*) full page; (*rag.*) (*di libro mastro*) folio; ~ (**di giornale**) **ripiegata e apribile** (*per mostrare un annuncio di grandi dimensioni*) (*pubbl.*) extension flap; **a** ~ **intera** (*pubbl.*) full-page (*a.*); **a piede** (*o* **piè**) **di** ~ at the foot of the page; **riguardante la prima** ~ (*d'un giornale*) (*giorn.*) front-page (*attr.*).

paginatura, *n. f.* pagination, paging, page-numbering.

paglia, *n. f.* (*anche fig.*) straw. // **un uomo di** ~ (*fig.*) a man of straw.

pagliolo, *n. m.* (*trasp. mar.*) dunnage.

palazzo, *n. m.* ❶ (*reggia*) palace. ❷ (*casa signorile*) mansion. ❸ (*edificio*) building. ❹ (*sede d'uffici pubblici*) hall. // **il** ~ **delle Nazioni Unite** the U.N.O. building; ~ **di Giustizia** (*leg.*) Hall of Justice, Law Courts, Court; **il** ~ **Municipale** the Town Hall, the City Hall.

palio, *n. m.* prize. // **essere in** ~ to be at stake.

palleggiamento, *n. m.* (*il giocare a palla*) ball-playing. // ~ **delle responsabilità** (*org. az., fig.*) buck-passing.

palleggiare, *v. i.* (*giocare a palla*) to play ball.

palleggiarsi, *v. recipr.* to shift (*st.*) on to each other (*o* one another). // ~ **la responsabilità** (*org. az., fig.*) to pass the buck.

pallettizzato, *a.* (*trasp.*) (*detto di contenitore: munito di piattaforma speciale per sistemarvi le merci da spedire*) palletized.

pallottoliere, *n. m.* abacus*.

pane, *n. m.* ❶ bread. ❷ (*fig.: sostentamento, impiego, ecc.*) bread, job, living, income. △ ❷ **Mi guadagno il** ~ **lavorando 10 ore al giorno** I earn my living by working 10 hours a day. // **chi guadagna il** ~ **per sé e la famiglia** bread-winner.

« **panel** » *n. m.* (*market.*) (*gruppo di persone selezionate allo scopo di registrarne le opinioni su uno o più prodotti*) panel. △ **Il** ~ **dei consumatori sarà intervistato stasera alla televisione** the consumer panel will be interviewed on television tonight.

panico, *n. m.* panic, alarm. △ **Quelle notizie ufficiose hanno creato del** ~ **inutilmente** that unofficial news has raised a false alarm. // ~ **dei ribassisti** (*Borsa*) bear panic.

paniere, *n. m.* ❶ basket. ❷ (*fin.*) (*monetario*) basket. // **il** ~ **dei consumi privati** (*econ.*) the housewife's shopping basket.

pannello, *n. m.* panel. // ~ **di collegamenti** (*elab. elettr.*) jack panel.

panorama, *n. m.* ❶ panorama; (*veduta*) view. ❷ (*fig.*) panorama, outline, summary, survey. △ ❷ **La sua conferenza iniziò con un breve** ~ **della situazione del mercato** his conference started with a brief survey of the market situation. // ~ **borsistico** (*giorn.*) stock market round-up.

paparazzo, *n. m.* (*giorn.*) free-lance photographer, paparazzo*.

parabola, *n. f.* (*mat.*) parabola.

parabolico, *a.* (*mat.*) parabolical, parabolic.

parabrezza, *n. m. inv.* (*trasp. aut.*) wind-screen; wind-shield (*USA*).

parafernale, *a.* (*leg.*) paraphernal. // **beni parafernali** (*leg.*) paraphernalia.

paragrafo, *n. m.* ❶ paragraph. ❷ (*giorn.*) section. ❸ (*leg.*) section. // **a paragrafi spaziati** (*ma senza rientri a capolinea*) (*di una lettera commerciale*) in block form.

paralisi, *n. f. inv.* (*anche fig.*) paralysis*. // **la** ~ **del mercato** (*fin., market.*) the paralysis of the market.

paralizzare, *v. t.* (*anche fig.*) to paralyse; to paralyze (*USA*). △ **Gli scioperi hanno paralizzato le industrie** strikes have paralysed industries. // ~ **il risparmio** (*fin.*) to curb the expansion of savings.

parallela, *n. f.* (*mat.*) parallel line, parallel.

parallelo, *a.* (*mat.*) parallel. *n. m.* (*confronto*) parallel, comparison.

parametrico, *a.* (*mat., stat.*) parametric, parametral.

parametro, *n. m.* (*mat., stat.*) parameter, indicator. △ **Bisogna sempre fare una netta distinzione fra parametri e stime** a clear distinction must always be drawn between parameters and estimates. // ~ **casuale** (*mat.*) casual parameter; **un** ~ **dei valori** (*fig.*) a yardstick of value; ~ **di prosperità** (*econ., stat.*) indicator of prosperity.

paranco, *n. m.* (*trasp. mar.*) tackle. // **sotto** ~ (*trasp. mar.*) under ship's tackle: **Le nostre merci devono essere consegnate sotto** ~ our goods are to be delivered under ship's tackle.

parastatale, *a.* (*amm.*) State-controlled, semi-official. *n. m. e f.* (*amm., pers.*) person who works in a State-controlled body (*o* agency). // **ente** ~ (*amm.*) State-controlled body (*o* agency).

parastato, *n. m.* (*amm., pers.*) people working in a State-controlled body (*o* agency).

paratia, *n. f.* (*trasp. mar.*) bulkhead. // **paratie stagne** (*trasp. mar.*) watertight compartments.

paratoia, *n. f.* (*trasp.*) sluice-gate.

parcella, *n. f.* honorarium*, fee. // ~ **condizionata** (*al buon esito della causa patrocinata*) (*leg.*) contingent fee; ~ **d'avvocato** (*leg.*) note of counsel's fees, counsel's fees, bill of costs; ~ **fondiaria** (*leg.*) parcel; ~ **supplementare** (*pagata a un avvocato in una causa lunga*) (*leg.*) refresher.

parcheggiare, *v. t.* (*trasp. aut.*) to park.

parcheggio, *n. m.* ❶ (*posteggio*) car park, parking area, parking lot, lot. ❷ (*trasp. aut.*) (*il parcheggiare*) parking.

parchimetro, *n. m.* (*trasp. aut.*) parking meter.

parcometro, *n. m.* V. parchimetro.

pareggiare, *v. t.* ❶ (*rendere pari*) to equalize, to make* equal. ❷ (*rag.*) to balance, to settle, to square. △ ❶ **Sono stati fatti molti tentativi per ~ i redditi** many attempts have been made in order to equalize incomes; ❷ **Desideriamo ~ i conti con voi** we should like to square accounts with you. // ~ **il bilancio** (*rag.*) to balance accounts; ~ **il bilancio pubblico** (*fin., rag.*) to balance the budget.

pareggio, *n. m.* ❶ (*il rendere pari*) equalization. ❷ (*fin., rag.*) (*saldo*) balance, settlement. △ ❷ **Finalmente siamo riusciti a chiudere (i conti) in ~!** we've managed to balance at last!

parente, *n. m.* e *f.* relative, relation. // ~ **prossimo** near relation; (*leg.*) next of kin.

parentela, *n. f.* ❶ (*vincolo fra parenti*) relationship; kindred, kinship. ❷ (*i parenti*) relatives, relations (*pl.*); kindred. △ ❶ **Mi risulta che voglia avanzare diritti di ~** I am told he intends to claim relationship; ❷ **Quell'operaio ha una numerosa ~ da mantenere** that worker must support numerous relations.

parentesi, *n. f. inv.* parenthesis*; bracket (*generalm. al pl.*). // ~ **quadra** square bracket; **parentesi tonde** round brackets.

parere[1], *n. m.* ❶ opinion, advice, counsel. ❷ (*leg.*) opinion. △ ❶ **A nostro ~ si dovrebbero incoraggiare gli investimenti** in our opinion one should encourage investments; ❷ **Dovresti sentire il ~ d'un avvocato** you ought to take counsel's opinion. // ~ **consultivo** advisory opinion; **il ~ dell'avvocato** (*leg.*) the advice of the counsel, the counsel's advice, the counsel's opinion; **il ~ d'un competente** an expert opinion; ~ **legale** (*leg.*) counsel's advice, counsel's opinion.

parere[2], *v. i.* ❶ (*sembrare*) to seem, to appear, to look. ❷ (*pensare*) to think* (*v. pers.*). △ ❶ **Pare che ora si trovi in condizioni finanziarie migliori** he appears to be better off now; **Pare che non sia più necessario il certificato di nascita** the birth certificate does not seem to be necessary any longer; ❷ **Che ve ne pare del nuovo slogan?** what do you think of the new slogan?

pari, *a. inv.* ❶ equal, same, like. ❷ (*all'altezza di*) equal (to). ❸ (*mat.*) (*divisibile per due*) even. *n. m.* ❶ (*chi è dello stesso grado, condizione, ecc.*) equal, peer. ❷ (*titolo nobiliare ingl.*) Peer, Lord. *n. f.* (*fin.*) par. △ *a.* ❶ **Siamo disposti a fornirvi il servizio a ~ condizioni** we are willing to offer you the service under the same conditions; ❷ **Non trovammo nessuno che fosse ~ alla situazione** we couldn't find anyone who was equal to the situation; ❸ **Le macchine possono parcheggiare su questo lato della strada soltanto nei giorni ~** cars are allowed to park on this side of the road on even days only; *n. m.* ❶ **Vuole essere giudicato da un suo ~** he wants to be judged by a peer of his; ❷ **La Camera dei ~ è la suprema Corte d'Appello del Regno Unito** the House of Lords is the highest Court of Appeal of the United Kingdom. // ~ **commerciale** (*fin.*) commercial par: **La ~ commerciale è il costo della moneta** (*il prezzo del metallo più le spese di coniazione*) the commercial par is the cost of the coin; ~ **di cambio politico** (*fin.*) arbitrated par of exchange; ~ **di cambio proporzionale** (*fin.*) arbitrated par of exchange; **essere ~ alla domanda** (*econ.*) to meet the demand; **alla ~** (*fin.*) at par, even: **Le azioni si dicono alla ~ quando le si può vendere per il loro valore nominale** shares are at par when they can be sold for their face values; **I riporti sono alla ~** contangoes are even; **in ~ data** of even date: **Tutto questo era nella nostra lettera in ~ data** all this was in our letter of even date; **sopra la ~** (*fin.*) above par, at a premium; **sotto la ~** (*fin.*) below par, at a discount: **Le azioni sono state vendute sotto la ~** the shares have been sold at a discount.

parificare, *v. t.* to equalize, to make* equal.

parificazione, *n. f.* equalization, equalizing. // ~ **dei sistemi di finanziamento** (*fin.*) equalization of financing methods.

parità, *n. f. inv.* ❶ parity; (*uguaglianza*) equality. ❷ (*fin.*) parity, par. ❸ (*fin.*) peg. // ~ **aurea** (*fin.*) gold standard; **parità cambiarie** (*fin.*) parities of exchange; ~ **concorrenziale** (*market.*) equal competitive footing, equal conditions of competition: **Le due ditte sono in condizioni di ~ in fatto di concorrenza** the two firms are on an equal competitive footing; ~ **del potere d'acquisto** (*di due monete*) (*econ.*) purchasing power parity; ~ **di cambio** (*fin.*) par of exchange, mint par of exchange, currency exchange rates: **La modifica d'una ~ di cambio è un importante strumento di politica monetaria** a change in currency exchange rates is a major instrument of monetary policy; ~ **di riferimento** (*fin.*) (*fra cambi*) central rate (of exchange); ~ **di voti** equality of votes; ~ **fissa** (*fin.*) fixed parity; **la ~ fra due tassi di cambio** (*fin.*) the parity between two rates of exchange; ~ **in dollari** (*fin.*) dollar parity; **parità indirette** (*fin.*) indirect parities, cross rates of exchange; ~ **mobile** (*fin.*) crawling peg, shiftable parity; ~ **monetaria** (*econ.*) currency parity; ~ **relativa** (*fin.*) (*dei cambi*) cross rate; ~ **rigida** (*fin.*) rigid parity; ~ **rispetto al dollaro** (*fin.*) dollar parity; ~ **salariale** (*sind.*) equal pay for equal work; **parità scivolanti** (*fin.*) gliding parities; **parità slittanti** (*fin.*) sliding parities; **parità striscianti** (*fin.*) crawling pegs: **Il Governatore della Banca d'Italia, G. Carli, era favorevole all'adozione del sistema della ~ strisciante in combinazione con un modesto allargamento dei margini entro i quali erano consentite fluttuazioni** the Governor of the Banca d'Italia, G. Carli, advocated the adoption of the crawling-peg system combined with a modest widening of the margins within which fluctuations were allowed; ~ (*di cambio*) **trottante** (*fin.*) trotting peg; ~ **valutaria** (*fin.*) currency exchange rates; ~ (*di cambio*) **variabile a salti** (*fin.*) jumping peg; **a ~ di condizioni** other things being equal; **a ~ di voti** at a parity of votes.

paritetico, *a.* joint. △ **La commissione paritetica si riunirà domani** the joint commission will meet tomorrow.

parlamentare, *a.* parliamentary, of the Parliament. *n. m.* e *f.* parliamentary, Member of Parliament (*abbr.* M.P.). △ *a.* **La discussione ~ è ancora in corso** the parliamentary debate is still in progress.

parlamento, *n. m.* Parliament.

parlare, *v. i.* ❶ to speak*, to talk. ❷ (*trattare parlando*) to speak*; (*trattare scrivendo*) to write*, to mention.

❸ (*discutere di*) to discuss, to talk. ❹ (*rivolgersi a*) to address. *v. t.* to speak★. △ *v. i.* ❶ C'è un cliente che vuole parlarLe, Mr Norris there is a customer who wants to talk to you, Mr Norris; ❷ Tutti i giornali parlano dei colloqui di pace all newspapers mention the peace talks; ❸ Ne parleremo domani se non vi spiace we'll discuss that tomorrow if you don't mind; ❹ Il presidente parlerà ai convenuti domani the chairman will address the meeting tomorrow; *v. t.* C'è nessuno che parla russo qui? does anyone speak Russian here? // ~ al telefono (*comun.*) to speak on the telephone; ~ d'affari to talk business: Non abbiamo fatto che ~ d'affari we've been talking business all the time.

parola, *n. f.* ❶ word. ❷ (*promessa, impegno*) word, promise. △ ❶ Non abbiamo parole per ringraziarLa we have no words to express our gratitude; ❷ Mi risulta che abbia dato la sua ~ (d'onore) I understand he has given his word; ~ (d'onore)! upon my word!; Le credo sulla ~ I take your word. // ~ chiave (*elab. elettr.*) key word; ~ cifrata (*comun.*) code word; ~ convenzionale di controllo (*nei telegrammi*) (*comun.*) check code word; ~ d'onore word of honour; ~ d'ordine password; ~ in codice (*comun.*) code word; ~ per ~ word for word: Ripeta il messaggio ~ per ~, prego repeat the message word for word, please; parole stampate (*come distinte dalle illustrazioni*) (*giorn., pubbl.*) letterpress; parole usate per reclamizzare un prodotto (*pubbl.*) message (*sing.*); in parole in words; l'ultima ~ the last word; (*market.*) the final offer.

« **parquet** », *n. m.* ❶ (*pavimento a listelli di legno*) parquet-flooring. ❷ (*Borsa*) floor; pit (*USA*).

parsimonia, *n. f.* parsimony, economy, frugality, thrift.

parsimonioso, *a.* parsimonious, economical, frugal, saving, thrifty. △ Un negoziante ~ non si sarebbe mai abbandonato a spese del genere a saving shopkeeper would never have indulged in such expenses.

parte, *n. f.* ❶ (*porzione*) part, share, portion; (*pezzo*) piece; (*frazione*) fraction; (*quota*) quota; (*sezione*) section; (*fetta, anche fig.*) slice. ❷ (*lato*) part, side, way. ❸ (*leg.*) party, side. △ ❶ Il capitale d'una società è diviso in un numero di parti uguali: ogni parte è un'azione the capital of a company is divided into a number of equal parts: each part is a share; La nave, agli effetti della proprietà, è divisa in un numero di parti uguali chiamate carature a ship, as far as ownership is concerned, is divided into a number of equal parts, called shares; Tutte le spese si divideranno in parti uguali all expenses shall be divided into equal parts; La ~ dei servizi compresa nei prezzi cresce costantemente the share of services in prices is constantly increasing; In quante parti è diviso l'argomento? into how many sections does the subject fall?; Una grossa ~ dei profitti sarà reinvestita a large slice of profits will be reinvested; ❷ Gli uffici amministrativi sono dall'altra ~ dell'edificio the administration is on the other side of the building; ❸ Il giudice ha già sentito entrambe le parti the judge has already listened to both parties; Le parti contendenti s'incontreranno domani the parties litigant will meet tomorrow. // la ~ acquirente (*leg.*) the purchasing party; ~ civile (*leg.*) plaintiff, complainant; le parti contraenti (*leg.*) the contracting parties, the parties: Il trattario è una delle tre parti contraenti in una cambiale; le altre due sono il traente e il beneficiario the drawee is one of the three parties to a bill of exchange; the other two are the drawer and the payee; ~ dei costi generali non imputata alla produzione (*quando questa non raggiunge il volume desiderato*) (*rag.*) unabsorbed cost; la ~ del « dare » (*rag.*) the liabilities side; la ~ dell'« avere » (*rag.*) the assets side; ~ di premio rimborsabile in caso di disdetta anticipata (*della polizza*) (*ass.*) unearned premium; ~ di ricambio (*org. az.*) spare part, spare; ~ « entrate » (*di un bilancio*) (*rag.*) income; ~ fabbisogni (*d'un bilancio*) (*rag.*) requirements; ~ in causa (*leg.*) litigant; contracting party, real party in interest, party; le parti in causa (*leg.*) the parties to the case; ~ in giudizio (*leg.*) suitor; la ~ inadempiente (*leg.*) the defaulting party; ~ iniziale (*d'un documento legale*) (*leg.*) caption; ~ integrante part and parcel: Questa clausola è ~ integrante del contratto this clause is part and parcel of the contract; le parti interessate (*leg.*) the interested parties, the parties concerned; ~ introduttiva (*di atto legale*) (*leg.*) inducement; la ~ lesa (*leg.*) the injured party, the offended party; parti litiganti (*in giudizio*) (*leg.*) contending parties; ~ lumeggiata (*d'una fotografia*) (*pubbl.*) highlight; ~ residua (*di eredità: dopo il pagamento di debiti e legati*) (*leg.*) residue; la ~ soccombente (*in giudizio*) (*leg.*) the unsuccessful party; da ~ di on the part of; (*per conto di*) on behalf of, from: Dev'esserci stato un errore da ~ del nostro ufficio contabilità there must have been a mistake on the part of our accounting department; Dite loro da ~ mia che saranno pagati tell them on my behalf that they will be paid; essere dalla ~ del torto to be in the wrong; in ~ partly, in part: La crisi generale è dovuta soltanto in ~ all'assenteismo dei lavoratori the general crisis is only partly due to the workers' absenteeism.

partecipante, *n. m.* e *f.* participant, partaker, sharer. // i partecipanti a una riunione the people attending a meeting; i partecipanti a una « tavola rotonda » (*fin., market.*) the round table.

partecipare, *v. i.* ❶ (*prendere parte*) to participate, to take★ part (in st.), to share (st., in st.), to partake★ (of st., in st.). ❷ (*essere presente*) to attend (st.), to be present (at st.). △ ❶ Ci hanno comunicato che non intendono ~ alle spese they have informed us that they won't share the expenses; ❷ Non mi è stato possibile ~ alla conferenza di Mr Blar I was not able to attend Mr Blar's conference. // ~ a un affare to take part in a business deal; ~ a un'impresa to take an interest in an enterprise; ~ agli utili (*fin.*) to share profits, to share in the profits, to take a share in the profits; ~ alla gestione d'una società (*amm.*) to share in the management of a partnership.

partecipazione, *n. f.* ❶ (*il partecipare*) participation, participating, sharing. ❷ (*presenza*) presence, attendance. ❸ (*fin.*) (*al capitale azionario*) share of stock, share. ❹ partecipazioni, *pl.* (*fin.*) holdings. △ ❷ Si raccomanda la ~ a questa riunione your presence at this meeting is strongly recommended; ❸ Avete ancora una ~ nell'azienda? do you still have a share in the concern? // ~ agli utili (*fin.*) sharing of profits, profit-sharing, participation, lay; ~ agli utili con distribuzione in contanti (*pers., sind.*) cash distribution plan; partecipazioni azionarie (*fin.*) equity participations, equity interests; ~ di maggioranza (*fin.*) controlling interest; ~ (*azionaria*) incrociata (*fin.*) cross participation; partecipazioni incrociate (*fin.*) interwoven holdings; a ~ statale (*econ.*) State-controlled (*a.*); avere una ~ agli utili (*fin.*) to have a share in the profits.

partecipe, *a.* participating, partaking, sharing. // essere ~ d'un'impresa (*fin.*) to share in an undertaking.

partenza, *n. f.* ❶ departure, leaving. ❷ (*trasp. mar.*)

particella

sailing. ❸ (*tur.*) (*in un albergo*) check-out. △ ❶ **Dovremo rimandare la ~** we shall have to postpone departure; **Favorite comunicarci il luogo e l'ora della ~** please let us know the place and time of departure; ❷ **Tutte le partenze (sono) soggette a cambiamento senza preavviso** all sailings (are) subject to change without notice; **Vi faremo pervenire una lista completa delle partenze da Genova** we shall let you have a complete list of sailings from Genoa; ❸ **Se domani ci saranno partenze, saremo in grado d'ospitarvi** if there are any check-outs tomorrow, we'll be able to put you up. // **in ~** (*trasp. mar.*) about to sail, outward-bound; outgoing, out (*attr.*).

particella, *n. f.* particle, minute part. // **~ catastale** (*leg.*) parcel.

particolare, *a.* particular, special. *n. m.* particular, detail. △ *a.* **Ci sono casi particolari di cui volete discutere?** is there any particular case which you want to discuss?; *n.* **A richiesta v'invieremo ampi particolari** we will send you full particulars on request; **Ci sono alcuni particolari di cui non sono stato informato** there are some details about which I have not been informed. // **i particolari d'una domanda giudiziale** (*leg.*) the particulars; **i particolari d'un progetto** the details of a plan; **nei particolari** in detail, into detail: **Non crediamo sia necessario entrare nei particolari** we don't think it's necessary to enter into detail.

particolareggiare, *v. t.* ❶ to give* particulars of, to give* (full) details of, to detail. ❷ (*rag.*) to itemize. // **~ un conto** (*rag.*) to itemize an account.

particolareggiato, *a.* ❶ detailed, particular; (*circostanziato*) circumstantial. ❷ (*rag.*) itemized. △ ❶ **Vi faremo ricevere un resoconto ~ della riunione** we will let you have a particular account of the meeting. // **un conto ~** (*rag.*) an itemized account.

partire, *v. i.* ❶ to leave*, to go* away, to depart. ❷ (*trasp. aer.*) (*decollare*) to take* off. ❸ (*trasp. mar.*) (*salpare*) to sail. △ ❶ **Non ci sarà possibile ~ prima delle 11** we won't be able to leave until 11; ❷ **A che ora parte il vostro aereo?** at what time does your plane take off? // **~ da zero** (*fig.*) to start from scratch; **a ~ da** beginning from, starting from, as from, to count from: **A ~ da domani gli stipendi saranno pagati con assegno** as from tomorrow, salaries will be paid by cheque; **a ~ da oggi** beginning today, reckoning from today.

partita, *n. f.* ❶ (*fin.*) (*di titoli*) lot. ❷ (*market.*) (*di merci*) lot, consignment, parcel, batch. ❸ (*rag.*) entry, item. // ❷ **V'invieremo una piccola ~ del nostro cotone in conto deposito** we shall send you a small consignment of our cotton; **Le partite di merce possono essere spedite salvo prova** consignments may be sent on approval; **La vostra ultima ~ di merce non era conforme al campione** your last consignment was not up to sample; **La ~ di scarpe da voi ordinata vi arriverà fra pochi giorni** the parcel of shoes you ordered will reach you in a few days; ❸ **È sicuro d'aver registrato quella ~?** are you sure you made that entry? // **~ a credito** (*rag.*) book credit, credit item; **~ a debito** (*rag.*) book debit, debit item; **partite correnti** (*fin.*) current items, current accounts; **una ~ di calzature** (*market.*) a lot of shoes; **partite di debito** (*rag.*) claims (against a business); **~ di giro** (*rag.*) clearing account, clearing transaction; **una ~ di merci** (*market.*) a parcel of goods; **~ di merci disparate** (*market.*) job lot; **una ~ di titoli** (*fin.*) a lot of shares, a block of shares; **~ doppia** (*rag.*) double entry; **partite invisibili** (*della bilancia dei pagamenti*) (*econ.*) invisible items, invisibles; **~ registrata due volte** (*rag.*) amount entered twice; **~ semplice** (*rag.*) single entry; **partite visibili** (*econ.*) visible items, visibles; **le partite visibili della bilancia dei pagamenti** (*econ.*) the visible items in the balance of payments; **partite visibili e invisibili** (*econ.*) visible and invisible items.

partitario, *n. m.* (*rag.*) ledger. // **~ a fogli mobili** (*rag.*) card-ledger; **~ clienti** (*rag.*) creditors ledger.

partito, *n. m.* ❶ (*politico*) party. ❷ (*situazione*) situation. ❸ (*vantaggio*) advantage, profit, benefit. △ ❶ **I partiti d'opposizione non sembrano disposti a cedere** the opposition parties don't seem to be willing to give in; ❷ **Diverse industrie sono ridotte a mal ~** several industries are in a bad situation; ❸ **Non credo che trarrei ~ da questo affare** I don't think I would derive any profit from this dealing. // **il ~ comunista** the Communist party; **il ~ conservatore** the Conservative party; **i partiti di centro** the Centre; **i partiti di centro-sinistra** the centre-left parties; the centre-left coalition (*sing.*); **i partiti di destra** the Right; **i partiti di sinistra** the Left; **il ~ laburista** the Labour party; **il ~ liberale** the Liberal party.

parziale, *a.* ❶ (*che è o avviene soltanto in parte*) partial. ❷ (*che favorisce una delle parti*) partial, prejudiced, biased. △ ❷ **Non è della giustizia l'essere ~** it is inconsistent with justice to be partial. // **~ infermità di mente** (*leg.*) partial insanity.

passaggio, *n. m.* ❶ passage, passing. ❷ (*elab. elettr.*) (*di schede perforate*) pass. ❸ (*leg.*) conveyance, transfer. ❹ (*trasp.*) transit, passage. ❺ (*trasp. aer., trasp. mar.*) passage, voyage. △ ❺ **I passaggi di proprietà sono in genere assai costosi** transfers of title are generally quite expensive; ❻ **Mi prenoti un ~ sul primo aereo per New York** book me a passage on the first flight to New York. // **~ a livello** (*trasp. ferr.*) level crossing; grade crossing (*USA*); **~ da un'occupazione all'altra** (*pers.*) job-hopping; **~ di proprietà** (*leg.*) conveyance of property, transfer of property, transfer of title, transfer; **un ~ di responsabilità** a shift of responsibility; **passaggi interni di materie** (*org. az.*) interplant transfers of materials; **~ marittimo** (*trasp. mar.*) sea passage, pass; **~ pedonale** pedestrian crossing; walking-way (*USA*); **di ~** (*trasp.*) in transit.

passaporto, *n. m.* (*tur.*) passport. △ **Da quando il Regno Unito è entrato a far parte del Mercato Comune, non è necessario il ~ per recarsi in Gran Bretagna** since the U.K. entered the Common Market one needn't have a passport if one wants to go to Great Britain.

passare, *v. i.* ❶ to pass, to pass by, to go* by. ❷ (*trascorrere*) to pass, to go* by, to elapse. ❸ (*cessare*) to pass, to cease. ❹ (*andare, venire*) to call on (sb.), to call at (a place), to drop in (on sb.). ❺ (*leg.*) (*di progetto di legge, ecc.*) to be passed, to pass. ❻ (*leg.*) (*di proprietà*) to pass, to lapse. *v. t.* ❶ (*oltrepassare*) to pass, to go* beyond; (*attraversare*) to go* through, to cross. ❷ (*trascorrere*) to pass, to spend*. ❸ (*dare*) to give*; (*trasmettere*) to hand, to hand over. ❹ (*leg.*) (*approvare*) to pass. ❺ (*market.*) (*un'ordinazione*) to pass, to place. △ *v. i.* ❷ **Sono passati diversi mesi da quando ci scrisse l'ultima volta** several months have passed since he last wrote to us; ❸ **Il pericolo dell'inflazione non è ancora passato** the danger of inflation has not passed yet; ❹ **Il nostro agente passerà da voi la settimana entrante** our agent will call on you next week; ❺ **Questo progetto di legge non passerà mai alla Camera dei Comuni!** this bill will never be passed in the House of

Commons!; ❻ **Tutte le proprietà passeranno al loro erede** all the estates will pass to their heir; **La sua proprietà passò al socio** his estate lapsed to his partner; *v. t.* ❶ **Avete avuto noie passando la dogana?** did you have any trouble going through the Customs?; ❷ **Mr Talbot passò diversi anni negli Stati Uniti a studiare le tecniche di marketing** Mr Talbot spent several years studying marketing techniques in the United States; ❸ **Quanto ti passano al mese?** how much do they give you a month?; **Hanno passato la pratica al loro legale** they have handed over the matter to their solicitor; ❹ **Il progetto di legge è stato passato a grande maggioranza** the bill has been passed by a large majority; ❺ **Vi ringraziamo per la ragguardevole ordinazione che ci avete passato** we thank you for the substantial order you have placed with us. ∥ è (*una partita*) **a mastro** (*rag.*) to post, to post up; **~ a portata di voce** (*trasp. mar.*) to pass within hail; **~ agli atti** (*leg.*) to file; **~ al vaglio** to screen: **Tutte le richieste sono state attentamente passate al vaglio** all requests have been throughly screened; **~ all'industria** (*econ.*) to go industrial; **Molte aree del Meridione sono passate all'industria** many southern regions have gone industrial; **~** (*un assegno, ecc.*) **alla stanza di compensazione** (*fin.*) to clear; **~** (*informazioni, ecc.*) **clandestinamente** (*giorn.*) to leak: **Queste notizie sono state passate clandestinamente al giornale locale** this news was leaked to the local newspaper; **~ da sottovento** (*trasp. mar.*) to pass to leeward; **~** (*bruscamente*) **dagli investimenti in titoli industriali a quelli in titoli del consolidato** (*fin.*) to leapfrog from industrials to consols; **~ di moda** (*market.*) to go out of fashion, to outmode; **~ in altre mani** (*fin.*) to change hands; **~ in armamento una nave** (*trasp. mar.*) to commission a ship; **~ in giudizio** (*leg.*) to become final, to become res judicata; **~ sotto silenzio** to be silent about (*o* on), to ignore; **~ le vacanze** to spend one's holidays; to vacation (*USA*); **passarsela bene** (*a quattrini*) to be well off; **passarsela male** (*a quattrini*) to be badly off.

passato, *a.* (*trascorso*) past; (*scorso*) last. *n. m.* past, past time. △ *a.* **La vostra lettera del mese ~ non faceva riferimento alla esatta quantità delle merci che desideravate** your letter of last (*o* of the past) month didn't mention the exact quantity of goods you wanted; *n.* **Non sappiamo nulla del ~ di Mr Johnson** we know nothing of Mr Johnson's past. ∥ **~ di moda** (*market.*) out-of-date, outdated, out: **Il loro articolo è decisamente ~ di moda** their article is definitely out.

passeggero, *a.* passing, transitory, temporary. *n. m.* (*trasp.*) passenger, traveller; traveler (*USA*); fare. △ *a.* **Quell'articolo ha avuto un successo ~** that article has had a temporary success; *n.* **Tutti i passeggeri debbono mostrare il passaporto alla frontiera** all passengers must show their passports when crossing the border; **Quanti passeggeri ha in media giornalmente un tassista a Roma?** how many fares has a Roman taxi-driver on an average daily? ∥ **~ che viaggia sopra coperta** (*trasp. mar.*) deck passenger; **~ di cabina** (*trasp. mar.*) cabin passenger; **passeggeri di terza classe** (*trasp. mar.*) steerage passengers; **passeggeri trasportati** (*trasp. ferr.*) train-load (*sing.*).

passerella, *n. f.* (*trasp. mar.*) gangway, gangplank. ∥ **~ da sbarco** (*trasp. mar.*) brow, gangplank.

passibile, *a.* (*leg.*) liable, amenable. ∥ **~ di pena** (*leg.*) indictable; **essere ~ di multa** (*leg.*) to be liable to a fine.

passività, *n. f. inv.* (*rag.*) liability; (*indebitamento*) indebtedness. △ **Il bilancio mostra le attività e le passività d'una società** a balance sheet shows a company's assets and liabilities. ∥ **passività a breve scadenza** (*rag.*) current liabilities; **passività a lungo termine** (*rag.*) long-term liabilities; **passività correnti** (*rag.*) current liabilities; **passività inesigibili** (*rag.*) non-current liabilities.

passivo, *a.* ❶ (*inerte*) passive, inactive, inert. ❷ (*rag.*) (*che non dà profitto*) passive, unprofitable. *n. m.* (*rag.*) deficit, indebtedness; liabilities (*pl.*). △ *a.* ❶ **Nonostante gli sforzi degli operatori di Borsa, questo settore è rimasto ~** in spite of the efforts of the Stock Exchange operators, this sector remained passive; ❷ **Il loro fallimento è dovuto a una serie d'investimenti passivi** their bankruptcy was due to a series of unprofitable investments; *n.* **Questa somma corrisponde al ~ prevedibile qualora non vengano adottate misure speciali** this sum is the deficit to be expected if no special measures are taken; **Il ~ supera l'attivo del 12%** liabilities outweigh assets by 12%. ∥ **~ fallimentare** (*leg.*) bankruptcy liabilities; **essere in ~** (*banca, cred.*) to be in the red (*fig.*); **in ~ di out** (*fam.*): **Siamo in ~ di mille dollari** we are out a thousand dollars.

passo, *n. m.* ❶ (*anche fig.*) step. ❷ (*andatura*) pace, step, rate. ❸ (*fig.*) (*iniziativa posta in essere per uno scopo determinato*) step. △ ❶ **L'industria laniera sta muovendo i primi passi dopo una lunga crisi** wool industry is taking its first steps after a long slump; ❷ **All'aumento della domanda la produzione tenne il ~** as demand grew production kept pace; ❸ **Mr Johnson farà i passi necessari** Mr Johnson is going to take the necessary steps. ∥ **~ carraio** (*trasp. aut.*) carriage-entrance, carriage way.

patentato, *a.* ❶ licensed, certificated. ❷ (*leg.*) (*brevettato*) proprietary.

patente, *n. f.* ❶ (*leg.*) (*licenza*) licence, license, permit. ❷ (*leg.*) (*brevetto d'invenzione*) patent. ❸ (*trasp. mar.*) bill. ∥ **~ di guida** (*trasp. aut.*) driving licence, driver's licence; **~ di sanità** (*trasp. mar.*) bill of health; **~ mercantile** (*trasp. mar.*) demand pass.

paternalismo, *n. m.* (*org. az., pers.*) paternalism.
paternalistico, *a.* (*org. az., pers.*) paternalistic.
paternità, *n. f. inv.* ❶ paternity, fatherhood. ❷ (*leg.*) (*nome del padre*) father's name. △ ❷ **I richiedenti devono indicare la ~ e la maternità** applicants are required to state their father's and mother's names. ∥ **~ legale** (*leg.*) adoptive fatherhood; **~ programmata** (*econ., stat.*) planned parenthood.

patire, *v. i.* ❶ to suffer. ❷ (*market.*) (*di merce: essere danneggiata*) to be damaged. *v. t.* to suffer, to undergo*. △ *v. i.* ❷ **Gran parte della merce ha patito durante il viaggio** most goods were damaged in transit. ∥ **~ un torto** (*leg.*) to suffer a wrong.

patologico, *a.* pathological, pathologic. △ **Gli « addetti ai lavori » sono concordi nel dire che la nostra economia è in uno stato ~** insiders are unanimous in saying that our economy is in a pathological state.

patrimoniale, *a.* (*leg.*) patrimonial, hereditary. ∥ **asse ~** estate and property; **stato ~** (*rag.*) statement of assets and liabilities.

patrimonio, *n. m.* ❶ (*leg.*) (*beni avuti in eredità*) patrimony, heritage, inheritance, estate. ❷ (*leg.*) (*beni personali*) estate, property, worth. △ ❶ **Ha ereditato un grosso ~ dal padre** he has inherited a large estate from his father; ❷ **Il suo ~ personale è valutato a**

1.000.000 di sterline his personal worth is estimated at £ 1,000,000. // ~ **bovino** (*econ.*) cattle stock; ~ **fisico** (*rag.*) tangible net worth; ~ **immobiliare** (*rag.*) real estate, real property; ~ **in possesso assoluto** (*leg.*) estate in fee; ~ **in possesso condizionato** (*leg.*) estate upon condition; ~ **in possesso limitato** (*leg.*) estate tail; ~ **mobiliare** (*rag.*) personal estate, personal property; ~ **netto** (*rag.*) net assets, net worth; ~ **personale** (*leg.*) personal estate, personal property; ~ **proveniente da eredità** (*leg.*) estate in inheritance.

patrio, *a.* ❶ (*di patria*) of one's (native) Country. ❷ (*leg.*) (*paterno*) paternal. // **patria potestà** (*leg.*) parental authority, parental power.

patrocinante, *a.* patronizing, sponsoring, supporting. *n. m.* (*leg.*) pleader. // **l'avvocato ~** (*leg.*) the counsel.

patrocinare, *v. t.* ❶ to patronize, to sponsor; (*sostenere*) to support, to back. ❷ (*leg.*) (*una causa*) to plead. △ ❶ **La sua candidatura fu patrocinata da Mr Crawford** his candidature was sponsored by Mr Crawford. // ~ **q.** (*leg.*) to hold a brief for sb.; ~ **una causa** (*leg.*) to plead.

patrocinatore, *n. m.* ❶ patronizer, sponsor; (*sostenitore*) supporter. ❷ (*leg.*) pleader, counsel.

patrocinio, *n. m.* ❶ support. ❷ (*leg.*) legal representation, patronage.

patrono, *n. m.* ❶ (*chi sostiene*) supporter. ❷ (*leg.*) counsel; counsellor, counsellor-at-law (*USA*).

patto, *n. m.* ❶ (*convenzione, accordo*) agreement, understanding; (*fra nazioni*) treaty. ❷ (*ciascuno dei punti convenuti*) term. ❸ (*leg.*) pact, compact, covenant, contract. △ ❶ **I nostri sforzi di venire a patti con Mr Lippman furono vani** our efforts to come to terms with Mr Lippman were unsuccessful. // ~ **arbitrale** (*leg.*) arbitration agreement, arbitration bond; ~ **di riservato dominio** (*leg.*) conditional sale agreement; **a ~ che** on condition that, on the understanding that, provided that: **Siamo disposti a concedervi lo sconto del 30% a ~ che ordiniate almeno 10 tonnellate** we are open to grant you a 30% discount provided that you order at least 10 tons; **a questi patti** on this understanding.

pattuire, *v. t.* (*anche leg.*) to stipulate, to negotiate, to covenant, to condition; (*fissare*) to fix, to settle. △ **La vendita della loro proprietà non è ancora stata pattuita** the sale of their estate has not yet been stipulated. // ~ **una garanzia** (*leg.*) to stipulate a guarantee.

pattuito, *a.* (*anche leg.*) stipulated, agreed upon, negotiated; (*fissato*) fixed, settled. *n. m.* agreement; terms (*pl.*). △ *a.* **Il prezzo ~ era di 5 sterline la cassetta** the price agreed upon was £ 5 a case; *n.* **Se non si atterranno al ~ annulleremo l'ordinazione** if they don't keep to terms we will cancel our order.

pausa, *n. f.* pause; (*interruzione*) stop, break; (*sosta*) stand, halt; (*cessazione*) cessation. △ **Faremo un'inchiesta sui regimi delle pause praticate nelle imprese scelte in questo ramo** we'll have a survey of the breaks allowed in selected firms in this branch. // ~ **di riposo** (*pers.*) rest pause.

peculato, *n. m.* (*leg.*) peculation, embezzlement, malversation, graft, conversion of public money to one's own use. // **chi commette ~** (*leg.*) peculator.

pecuniario, *a.* pecuniary, monetary; money (*attr.*). **non ~** (*leg.*) non-pecuniary; **una pena pecuniaria** (*leg.*) a pecuniary penalty, a fine.

pedaggio, *n. m.* (*trasp.*) toll, tollage. △ **Ci sarà un rimborso ai vettori tedeschi d'una parte dei pedaggi riscossi dalle autorità della Zona Sovietica per l'utilizzazione delle strade da e per Berlino Ovest** there will be a compensation for part of the tolls collected by the Soviet Zone authorities from German road hauliers routing their vehicles to and from West Berlin.

peggio, *avv.* ❶ (*comparativo*) worse. ❷ (*superlativo relat.*) worst. *a.* (*comparativo*) worse. *n. m. inv.* the worst; (*la cosa peggiore*) the worst thing. △ *avv.* ❶ **La situazione economica sta cambiando in ~** the economic situation is changing for the worse; *a.* **Questo materiale è scadente ma quello è ~** this material is poor but that one is worse; *n.* **Gli osservatori stranieri ritengono che il ~ sia passato** foreign observers believe that the worst is over.

peggioramento, *n. m.* worsening; (*aggravamento*) aggravation; (*deterioramento*) deterioration. △ **Quello che ci preoccupa è il ~ della congiuntura** what troubles us is the worsening of the economic situation.

peggiorare, *v. t.* to make* worse, to worsen; (*aggravare*) to aggravate. *v. i.* ❶ to become* worse, to get* worse, to go* worse, to worsen; (*deteriorarsi*) to deteriorate. ❷ (*market.*) (*di merce e sim.*) to go* off. △ *v. t.* **Un avvenimento del genere peggiorerebbe la sua situazione** such an event would make his situation worse; *v. i.* ❶ **Le relazioni internazionali sono peggiorate improvvisamente** international relations have suddenly worsened; ❷ **Siccome la loro merce è notevolmente peggiorata, non sono più in grado di far fronte alla concorrenza** as their goods have gone off considerably, they can no longer stand competition.

peggiore, *a.* ❶ (*comparativo*) worse. ❷ (*superlativo relat.*) (the) worst. △ ❶ **La merce speditaci è di qualità ~ di quella che avevamo ordinato** the goods you sent us are of worse quality than the ones we had ordered; ❷ **Questo è il modo ~ d'affrontare il problema** this is the worst way to face the problem.

pegno, *n. m.* (*leg.*) pawn, pledge, lien, gage, security. △ **Speriamo d'ottenere un prestito su ~** we hope to get a loan upon pledge; **Le merci del debitore che si trovino in possesso del creditore costituiscono un ~ valido** goods of the debtor in the creditor's possession are held as a valid pledge. // ~ **di buona condotta** (*leg.*) caution money; ~ **di merci** (*e/o denaro o altri valori*) (*leg.*) bailment; ~ **marittimo** (*leg.*) maritime lien; **chi costituisce un ~** (*leg.*) pawnee; **chi ha dato qc. in ~** (*leg.*) pledger; **chi ha ricevuto qc. in ~** (*leg.*) pawnee, pledgee.

pellicola, *n. f.* (*pubbl.*) film. // ~ **ininfiammabile** (*pubbl.*) safety film; ~ **pubblicitaria** (*pubbl.*) cine film.

pena, *n. f.* ❶ (*leg.*) (*punizione*) punishment, penalty; (*sanzione*) sanction. ❷ (*leg.*) (*sentenza*) sentence, term of imprisonment. △ ❶ **La nuova normativa stabilisce pene a chi viola la legislazione in materia di lavoro** the new law establishes sanctions against the violators of labour legislation; ❷ **Gli è stata inflitta una ~ piuttosto lieve** he has received a rather light sentence. // ~ **commutabile** (*leg.*) commutable punishment; ~ **pecuniaria** (*leg.*) pecuniary punishment, fine; **a mala ~** barely, hardly, scarcely: **Riusciamo a mala ~ a coprire le spese** we can hardly cover the costs; **sotto ~ di** under penalty of.

penale, *a.* (*leg.*) penal, criminal. *n. f.* ❶ (*leg.*) penalty, punishment, forfeiture. ❷ (*leg.*) (*in un contratto, ecc.*) penalty clause. △ *a.* **La causa ~ sarà giudicata la prossima settimana** the criminal case will be tried next week; *n.* ❶ **La ~ sarà resa esecutiva** the penalty will be enforced; **La ~ per la mancata esecuzione di**

questo contratto è assai grossa the penalty for non-performance of this contract is very heavy.

penalista, *n. m.* e *f.* ❶ (*leg.*) (*esperto del diritto penale*) penologist, criminologist. ❷ (*leg.*) (*avvocato in cause penali*) criminal lawyer.

penalità, *n. f. inv.* (*leg.*) penalty, forfeiture, forfeit. // ~ **per ritardo** (*leg.*) penalty for delay.

pendente, *a.* (*leg.*) (*di causa, ecc.*) pendent, pending. △ **La controversia è ancora ~?** is the suit still pending?

pendenza, *n. f.* ❶ (*cred.*) outstanding account, outstanding matter. ❷ (*leg.*) pending suit. ❸ (*trasp. aut.*) (*d'una strada*) road grade. ❹ (*trasp. ferr.*) gradient. △ ❶ **Prima di partire ho sistemato tutte le mie pendenze** I settled all my outstanding matters before leaving; **Avete una ~ di 5.000 dollari** you have an outstanding account of $ 5,000. // **in ~** (*cred.*) outstanding.

pendolare, *n. m.* e *f.* (*trasp. ferr.*) commuter. △ **Nelle ore di punta la metropolitana è zeppa di pendolari** at rush hours the underground railway is crammed with commuters.

penetrare, *v. i.* (*anche fig.*) to penetrate, to enter, to get* into.

penetrazione, *n. f.* ❶ (*anche fig.*) penetration. ❷ (*market.*) attack (*fig.*). △ ❷ **Nel settore dei frigoriferi e delle lavatrici c'è stata una forte ~ italiana sui mercati degli altri Paesi Membri** in refrigerators and washing-machines there has been a strong Italian attack on the markets of the other Member Countries.

penna, *n. f.* (*per scrivere*) pen. // ~ **a sfera** ball-point pen, ball-pen; ~ **stilografica** fountain-pen.

penny, *n. m.* (*ingl.*) (*moneta pari a 1 centesimo di sterlina*) penny*. △ **Può darmi dieci monetine da un ~ per questo pezzo da dieci?** can you give me ten pennies for this tenpenny piece?; **Quanto costa? Dieci ~** how much does it cost? Tenpence.

pensare, *v. t.* e *i.* to think*. △ *v. i.* **La maggior parte della gente è abituata a ~ in termini di possibilità d'evitare il pagamento d'imposte** most people are accustomed to thinking in terms of tax avoidance. // ~ **a un espediente** to devise an expedient; ~ **alla propria famiglia** (*prendersene cura*) to take care of one's family; ~ **alla presidenza** (*aspirarvi*) to aim at the presidency; ~ **bene di q.** to think well of sb.; ~ **male di q.** to have a bad opinion of sb.

pensilina, *n. f.* (*trasp. ferr.*) station-roof, platform-roofing. // ~ **delle partenze** (*trasp. ferr.*) departure platform.

pensionabile, *a.* (*pers., rag.*) pensionable.

pensionamento, *n. m.* (*pers.*) retirement. // ~ **anticipato** (*pers.*) beforehand retirement; ~ **posticipato** (*pers.*) delayed retirement.

pensionare, *v. t.* (*pers.*) (*collocare in pensione*) to pension, to retire, to superannuate.

pensionato, *n. m.* ❶ (*pers.*) pensioner, pensionary, superannuitant. ❷ **i pensionati**, *pl.* (*pers.*) the retired personnel (*sing.*). // **un ~ statale** (*amm., pers.*) a retired civil servant.

pensione[1], *n. f.* (*pers.*) pension, annuity, allowance, superannuation, retired pension, retired pay. // ~ **alimentare** (*pers.*) allowance for necessaries; ~ **d'invalidità** (*pers.*) disability pension; ~ **di reversibilità** (*pers.*) survivorship annuity, reversionary annuity; ~ **di vecchiaia** (*pers.*) old-age pension; **che dà diritto a ~** (*pers., rag.*) pensionable (*a.*); **che ha diritto a ~** (*pers., rag.*) pensionable (*a.*); **che va in ~** (*pers.*) retiring; **in ~** (*pensionato*) (*pers.*) retired (*a.*).

pensione[2], *n. f.* ❶ (*tur.*) (*il fornire o ricevere vitto e alloggio*) board and lodging, boarding. ❷ (*tur.*) (*luogo in cui si fa pensione*) boarding-house, pension.

penuria, *n. f.* scarcity, stringency, shortage, dearth. △ **Un numero sempre maggiore d'alberghi deve affrontare questa cronica ~ di personale** more and more hotels have got to face this chronic shortage of personnel. // ~ **di capitali** (*econ.*) dearth of capital.

per, *prep.* ❶ (*moto per luogo*) through, via. ❷ (*direzione*) for. ❸ (*per un certo periodo di tempo, o per una data, un'occasione, ecc.*) for; (*entro un termine*) by; (*per un intero periodo di tempo*) through, throughout. ❹ (*mezzo*) by. ❺ (*prezzo*) for. ❻ (*causa*) owing to, because of, on account of, due to. ❼ (*con valore distributivo*) by, for, per. ❽ (*mat.*) by. *cong.* ❶ (*finale*) so as, in order (*o anche semplicemente l'infinito del v. ingl.*). ❷ (*concessiva*) however (+ *a. o avv.*). △ *prep.* ❶ **Non potemmo passare ~ Londra l'ultima volta che andammo a Edimburgo** we couldn't pass through London the last time we went to Edinburgh; ❷ **Mi dispiace ma il presidente sta partendo ~ New York** I'm sorry but the chairman is leaving for New York; ❸ **Le merci devono essere pronte ~ la fine della settimana** the goods must be ready by the end of the week; **Non s'è visto un cliente ~ tutta la settimana!** we haven't seen one customer throughout the whole week!; ❹ **Pensate che sarà possibile raggiungerli ~ telefono?** do you think it will be possible to reach them by 'phone?; ❺ **Abbiamo venduto tutto ~ 100.000 sterline** we've sold the whole lot for £ 100,000; ❻ **Dobbiamo rinviare il viaggio ~ le condizioni atmosferiche** we must postpone our trip owing to weather conditions; ❼ **Uno sconto del venti ~ cento è abbastanza, non Le pare?** a twenty per cent discount is enough, isn't it?; ❽ **Moltiplicare un numero ~ 25 è come moltiplicarlo ~ 100 e dividere il risultato ~ 4** multiplying a number by 25 is like multiplying it by 100 and dividing the result by 4; *cong.* ❶ **~ risanare l'economia è necessaria una seria politica dei redditi** in order to have a sound economy, a good income policy is needed; ❷ **~ bravo che sia, non può raddoppiare il fatturato in un mese** however clever he may be, he cannot double the proceeds of sale in one month. // ~ **ferrovia** (*trasp. ferr.*) by rail; ~ **persona** (*a testa*) per person, per head, each, apiece: **L'ingresso costa 5 sterline ~ persona** admission fee is £ 5 per person; ~ **telegramma** (*comun.*) by telegram.

percentuale, *a.* per cent, percent; (*proporzionale*) proportional. *n. f.* percentage, centage; (*proporzione*) proportion; (*tasso*) rate. △ *a.* **Il tasso ~ è stato aumentato di $\frac{1}{4}$** the rate per cent has been increased by $\frac{1}{4}$; *n.* **Fu loro offerta una ~ sul fatturato** they were offered a percentage on the proceeds of sales; **Ai direttori spetta una ~ sugli utili** directors are entitled to a percentage of profits; **La ~ degli scambi attuati in regime di contingente tariffario è rimasta inferiore al 3%** the proportion of trade coming under the tariff quota system remained less than 3%; **Un'alta ~ di giovani lascia le campagne** a high proportion of young people are leaving the countryside. // ~ **calcolata a un tanto la sterlina** (*o* **la libbra**) poundage; **la ~ degli utili sociali** (*fin., rag.*) the rate of corporate profits; ~ **del valore attuale d'un mutuo** (*spesso aggiunta come compenso di collocazione*) (*cred.*) point; **la ~ delle nascite** (*stat.*) the percentage of births; ~ **di metallo puro** (*in una lega*) (*fin.*) fineness; ~ **pagata** (*da un fabbricante a un venditore*) **per l'incentivazione delle vendite d'un prodotto** (*market.*) push money; ~ **per un particolare servizio** (*reso alla clientela*) (*banca*) service charge; **una ~ sugli utili** (*fin.*) a percentage of the proceeds.

percepire, *v. t.* ❶ (*riscuotere*) to collect, to cash, to receive. ❷ (*pers.*) (*uno stipendio*) to draw*. // ~ **il sussidio di disoccupazione** (*sind.*) to be on relief.

perché, *cong.* ❶ (*interrogativa*) why; what... for. ❷ (*esplicativa*) because, for, since, as. ❸ (*finale*) so that, in order that, so as. *n. m.* reason, motive, why. △ *cong.* ❶ ~ **non avete cercato di mettervi in contatto con Mr Anderson?** why didn't you try to contact Mr Anderson?; **Mi piacerebbe sapere ~ non ci hanno ancora scritto** I wonder why they have not yet written to us; ❷ **Si rifiutano di pagare ~ pare che la merce non corrisponda al campione** they refuse to pay as the goods don't seem to be up to sample; ❸ **Scriva subito la lettera ~ possa pervenire loro entro venerdì** write the letter at once so that it can reach them within Friday; *n.* **Ci dica il ~ del Suo comportamento** give us the reasons for your behaviour.

percorrenza, *n. f.* (*trasp. mar.*) endurance.

percorrere, *v. t.* ❶ (*attraversare*) to run* through, to run* across. ❷ (*trasp.*) to travel, to cover. ❸ (*trasp., trasp. aer., trasp. mar.*) (*laghi, oceani, ecc.*) to voyage. ❹ (*trasp. mar.*) to sail. △ ❷ **Quando lavorava per quella società, percorse la Francia da cima a fondo** when he worked for that company, he travelled France from end to end; **Le distanze percorse sul mare si esprimono in miglia marine** the distances covered on the sea are expressed in nautical miles; ❸ **Questa nave ha percorso l'Atlantico innumerevoli volte** this ship has voyaged the Atlantic innumerable times.

percorso, *n. m.* ❶ (*tratto che si percorre*) route; (*cammino*) way. ❷ (*distanza percorsa*) distance covered. ❸ (*trasp.*) (*viaggio*) journey, trip. ❹ (*trasp. mar.*) (*d'una corrente*) drift. △ ❶ **Quale ~ avete fatto?** which route did you take?; ❸ **Durante il ~ non ci sono stati incidenti** there were no accidents during the journey. // ~ **a (vagone) carico** (*trasp. ferr.*) loaded journey, journey loaded; ~ **a (vagone) vuoto** (*trasp. ferr.*) empty journey, journey empty; ~ **d'atterraggio** (*trasp. aer.*) landing distance; ~ **di decollo** (*trasp. aer.*) take-off distance.

perdere, *v. t.* ❶ to lose*. ❷ (*mancare*) to miss. ❸ (*sprecare*) to waste; (*tempo, anche*) to lose*. ❹ (*fin.*) (*denaro: in investimenti azzardati, anche*) to sink*. *v. i.* ❶ to lose*. ❷ (*far acqua*) to leak. △ *v. t.* ❶ **Abbiamo perduto tutto il nostro denaro in quella speculazione** we have lost all our money in that speculation; **Abbiamo già perso un mese di lavoro** we have already lost a month's work; ❷ **Non possiamo permetterci di ~ questa occasione** we can't afford to miss this opportunity; ❸ **Non perda tempo, Miss Watson!** don't waste your time, Miss Watson!; *v. i.* ❶ **Se vendiamo per 10.000 dollari, ci perdiamo** if we sell for $10,000, we lose. // ~ **un appuntamento** to miss an appointment; ~ **una causa** (*leg.*) to lose a lawsuit; ~ **contatto con q.** to lose touch with sb.; ~ **di vista q.** to lose sight of sb.; ~ **un diritto** (*leg.*) to lose a right; ~ **la faccia** (*fig.*) to lose face; ~ **l'impiego** (*pers.*) to lose one's berth, to lose one's job; ~ **un'occasione** to miss an opportunity; to miss the bus (*fig.*); ~ (*un diritto*) **per confisca** (*leg.*) to forfeit; ~ (*un diritto*) **per inadempimento** (*leg.*) to forfeit; ~ (*un diritto*) **per violazione d'una norma** (*leg.*) to forfeit; ~ **tempo** to waste one's time; ~ **il treno** to miss the train; to miss the bus (*fig.*): **L'Italia sta perdendo il treno dell'Europa?** is Italy missing the European bus?; « **a ~** » (*market.*) not returnable, non-returnable

(*a.*): **Queste bottiglie sono « a ~ »** these bottles are non-returnable.

perdita, *n. f.* ❶ loss; (*danno*) damage. ❷ (*di tempo*) waste. ❸ (*di liquido, ecc.*) leak, leakage. ❹ (*ass., fin., rag.*) loss. △ ❶ **Dopo la ~ del padre s'è dedicato soltanto alla ditta** after the loss of his father, he has devoted himself only to the firm; ❷ **Non possiamo permetterci tali perdite di tempo** we can't afford such wastes of time; ❹ **Le perdite ammontarono a migliaia** (*di lire, sterline, ecc.*) losses summed into the thousands; **Abbiamo subito gravi perdite a causa dell'aumento dei costi** we have suffered heavy losses due to the rise in costs. // ~ **accidentale** (*ass. mar., trasp. mar.*) accidental loss; (*econ.*) windfall loss; ~ **al netto del valore della merce ricuperata** (*ass.*) salvage loss; ~ **con ricupero** (*ass.*) salvage loss; **la ~ dei propri averi** (*leg.*) the forfeiture of one's property; ~ **dei diritti civili** (*leg.*) deprivation of the exercise of civil rights, civil death; **la ~ della nave** (*ass. mar.*) the loss of the ship; ~ (*per oscillazioni*) **di cambio** (*fin.*) loss on exchange; ~ **di denaro** (*da ricuperare*) leeway (*fig.*); **la ~ d'un diritto** (*leg.*) the loss of a right; ~ **d'esercizio** (*rag.*) trading loss; ~ **di lavorazione** (*org. az.*) loss in process; ~ **di tempo** (*da ricuperare*) leeway (*fig.*); ~ **di vite** (*ass.*) loss of life; ~ **effettivamente subita** (*ass.*) actual loss; ~ **inutilizzata** (*di un esercizio passato*) **detraibile dall'imponibile** (*fin.*) carry-back (*USA*); **perdite irreparabili** irrecoverable losses; ~ **netta** (*rag.*) net loss, dead loss; **perdite non deducibili** (*agli effetti fiscali*) (*fin.*) non-deductible losses; ~ **parziale** (*ass.*) partial loss; ~ **per avaria generale** (*ass. mar.*) general average loss; ~ **per colaggio** (*ass. mar.*) loss by leakage; ~ (*d'un diritto*) **per confisca** (*leg.*) forfeiture; ~ (*d'un diritto*) **per inadempimento** (*leg.*) forfeiture; ~ (*d'un diritto*) **per violazione d'una norma** (*leg.*) forfeiture; ~ **secca** (*rag.*) dead loss; ~ **totale** (*ass. mar.*) total loss; ~ **totale con abbandono** (*della nave*) (*ass. mar.*) total loss with abandonment; ~ **totale effettiva** (*ass. mar.*) actual total loss; ~ **totale presunta** (*ass. mar.*) constructive total loss; ~ **totale relativa** (*ass. mar.*) constructive total loss; **in ~** (*comm.*) at a loss, at a sacrifice: **Non possiamo permetterci (il lusso) di vendere in ~** we can't afford to sell at a loss; **Un buon numero d'articoli dovrà essere venduto in ~** quite a few articles will have to be sold at a sacrifice.

perdonare, *v. t.* ❶ to forgive*, to pardon; (*scusare*) to excuse. ❷ (*leg.*) to remit.

perdono, *n. m.* ❶ forgiveness, pardon. ❷ (*leg.*) remission.

perento, *a.* (*leg.*) extinguished, annulled, quashed.

perentorio, *a.* (*leg.*) peremptory.

perenzione, *n. f.* (*leg.*) peremption, quashing.

perequare, *v. t.* to equalize, to make* equal. // ~ **i redditi** (*econ.*) to equalize incomes.

perequazione, *n. f.* equalization, equal distribution. // **la ~ delle imposte** (*fin.*) the equalization of taxes.

perfetto, *a.* perfect. // **perfetta sintonia** (*econ., fin.*) fine tuning.

perfezionamento, *n. m.* ❶ (*il perfezionare*) perfecting; (*miglioramento*) betterment, improvement; (*completamento*) completion. ❷ (*specializzazione*) specialization, specializing. ❸ (*leg.*) (*d'un contratto*) implementation, execution. △ ❶ **C'è stato un notevole ~ delle tecniche di vendita** there has been a considerable improvement in selling techniques; ❷ **Il Sig. S. Gobbi frequenta un corso di ~ a Londra** Sig. S. Gobbi is attending a specialization course in London; ❸ **Il ~**

del contratto non è ancora avvenuto the execution of the contract has not taken place yet.

perfezionare, *v. t.* ❶ to perfect, to make* perfect; (*migliorare*) to better, to improve; (*completare*) to complete. ❷ (*leg.*) (*un contratto*) to implement, to execute. // ~ **un contratto** (*leg.*) to execute a contract.

perfezionarsi, *v. rifl.* ❶ (*diventare perfetto*) to become* perfect; (*migliorare*) to improve. ❷ (*fare studi di perfezionamento*) to perfect oneself (in st.), to improve one's knowledge (of st.). △ ❶ **I metodi produttivi si sono molto perfezionati** methods of production have improved a lot; ❷ **Non diventerai certo un buon interprete se non passerai un po' di tempo all'estero a perfezionarti nella lingua che hai studiato** you'll make a very poor interpreter if you don't spend some time abroad perfecting yourself in the foreign language you have been studying.

perforare, *v. t.* ❶ to perforate, to bore. ❷ (*elab. elettr.*) to punch.

perforatore, *n. m.* ❶ (*attr. uff.*) perforator. ❷ (*elab. elettr.*) key-punch. ❸ (*pers.*) key-punch operator. // ~ **a mano** (*elab. elettr.*) hand punch.

perforatrice, *n. f.* ❶ (*attr. uff.*) perforator. ❷ (*elab. elettr.*) key punch. ❸ (*pers.*) key-punch operator. // ~ **per assegni** (*banca, USA*) check perforator; ~ **totalizzatrice** (*elab. elettr.*) summary punch.

perforazione, *n. f.* ❶ perforation. ❷ (*elab. elettr.*) punching. // ~ **addizionale** (*elab. elettr.*) overpunching; ~ **multipla** (*elab. elettr.*) multiple punching.

pericolo, *n. m.* ❶ danger, peril, hazard, risk, distress. ❷ (*trasp. mar.*) distress, peril, danger. △ ❶ **Se cercheremo di forzargli la mano lo faremo a nostro rischio e** ~ if we try to force his hand we'll do it at our own risk and peril; ❷ **La nave è in** ~ the ship is in distress; **Tanto la nave quanto il carico erano minacciati da un** ~ **imminente** both ship and cargo were threatened by imminent danger. // **i pericoli del mare** (*ass. mar.*) the perils of the sea; **i pericoli della strada** (*trasp. aut.*) the dangers of the road; ~ **imminente** (*trasp. mar.*) imminent peril.

pericoloso, *a.* dangerous, perilous, hazardous; (*malsicuro*) risky, unsafe. △ **Temo si siano imbarcati in un'impresa pericolosa** I'm afraid they have embarked on a risky enterprise. // **mari pericolosi** (*trasp. mar.*) perilous seas.

periodico, *a.* ❶ periodical, periodic, recurrent, recurring. ❷ (*giorn.*) (*di pubblicazione, opuscolo, ecc.*) serial. ❸ (*mat.*) recurring. *n. m.* (*giorn.*) periodical, journal, magazine, newspaper. △ *a.* ❶ **Questa non è che una delle nostre periodiche crisi ministeriali** this is but one of our recurring cabinet crises; *n.* **Il vostro abbonamento al nostro** ~ **è scaduto il 1° gennaio** your subscription to our magazine expired on January 1st. // **un** ~ **mensile** (*giorn.*) a monthly; **un** ~ **popolare** (*giorn.*) a popular magazine; **un** ~ **settimanale** (*giorn.*) a weekly; **un** ~ **sportivo** (*giorn.*) a sports magazine; **da** ~ (*giorn.*) (*di prosa, stile, ecc.*) magazinish (*a.*).

periodo, *n. m.* ❶ (*intervallo di tempo*) period, lapse; (*stadio*) stage. ❷ (*leg.*) (*di tempo*) term. ❸ (*mat.*) period, repetend. △ ❶ **Molte industrie hanno avuto un lungo** ~ **d'inattività** a lot of industries have had a long period of inactivity; ❷ **Il nostro contratto è stato rinnovato per un** ~ **di due anni** our contract has been renewed for a term of two years. // ~ (*passato*) **alle dipendenze** (*di q.*) (*pers.*) stretch of work, stretch: **Apprese molte cognizioni economiche quando fu alle dipendenze d'un quotidiano finanziario americano** he learned a lot of things economic during his stretch with an American financial newspaper; ~ **base** (*econ., stat.*) base period; ~ **breve** (*econ.*) short period, short range, short run; ~ **contingentale** (*econ.*) quota period; ~ **d'addestramento** (*pers.*) follow-up; ~ **d'approvvigionamenti** (*org. az.*) purchasing period; ~ **di conversione** (*elab. elettr.*) conversion period; ~ **di copertura** (*ass.*) policy period; ~ **di crisi** (*delle vendite, ecc.*) (*market.*) down; **un** ~ **di detenzione** (*leg.*) a term of imprisonment; ~ **d'imposta** (*fin.*) fiscal year; ~ **d'inattività** (*market.*) slack; (*org. az.*) (*di una macchina, d'una fabbrica o d'un reparto*) downtime, layoff; ~ **di permanenza in carica** (*leg.*) term of office; ~ **di prescrizione** (*leg.*) statutory period; **un** ~ **di prezzi crescenti** (*market.*) a period of rising prices; ~ **di prova** (*pers.*) probationary period, probation: **Il** ~ **di prova di quel dipendente è trascorso** that employee's probationary period is over; ~ **di quindici giorni** (*alla Borsa Valori di Londra*) (*Borsa*) account; **un** ~ **di restrizioni finanziarie** (*fin.*) a period of financial squeeze; ~ **di ristagno** (*market.*) slack; ~ **di ritardo** (*elab. elettr.*) delay time; ~ **di scarsa attività del mercato** (*market.*) narrow market; ~ **di tempo che deve trascorrere prima del pagamento d'un indennizzo** (*p. es., il periodo, dal momento dell'« apertura » della malattia, durante il quale non s'ha diritto ad alcun beneficio assicurativo*) (*ass.*) waiting period; ~ **di validità** (*fin.*) currency: **Sul valore d'una cambiale sull'estero influisce anche il suo** ~ **di validità** the price of a foreign bill of exchange is influenced by its currency; ~ **di vivaci scambi di titoli** (*Borsa*) broad market; ~ **in cui** (*per effetto di un'ingiunzione governativa prevista da una legge speciale*) **i lavoratori devono astenersi dallo sciopero e i datori di lavoro dalla serrata** (*sind., USA*) cooling-off period; ~ **utile** (*per far valere un diritto*) (*leg.*) limitation.

peritale, *a.* (*leg.*) of an expert; expert (*attr.*).

perito, *a.* expert, skilled, well-experienced. *n. m.* ❶ expert. ❷ (*ass.*) insurance adjuster, investigator, surveyor, valuer, valuator. ❸ (*leg.*) expert, assessor. ❹ (*pers.*) technician. △ *n. m.* ❶ **Favorite inviarci al più presto la relazione d'un** ~ let us have as soon as possible an expert's opinion; ❷ **Il** ~ **ha già valutato tutti i danni** the insurance adjuster has already assessed all damages. // ~ **commerciale** qualified accountant; ~ **d'avaria** (*ass. mar.*) average surveyor; ~ **industriale** (*pers.*) engineer; ~ **nominato dal tribunale** (*leg.*) expert appointed by the Court; ~ **ragioniere** chartered accountant; ~ **stimatore** appraiser.

perizia, *n. f.* ❶ (*l'essere esperto*) expertness, expertise, skill. ❷ (*stima di perito*) appraisement, appraisal, estimate, survey, valuation. ❸ (*relazione d'un perito*) expert's report, appraiser's report. ❹ (*trasp. mar.*) survey report. // ~ **dei danni** (*ass.*) damage survey; ~ **d'avaria** (*ass. mar.*) damage survey; ~ **di controllo** (*org. az.*) check survey; ~ **in contraddittorio** (*leg.*) control survey; **una** ~ **ufficiale** (*leg.*) an official appraisal.

periziare, *v. t.* to appraise, to estimate, to survey, to value. // ~ **i danni** (*ass.*) to estimate damages.

permanente, *a.* permanent, standing. △ **Un'esposizione** ~ **dei nostri articoli casalinghi sarà aperta il 16 aprile prossimo** a permanent exhibition of our household articles will be opened on April 16.

permanenza, *n. f.* ❶ permanence, stay. ❷ (*leg.*) (*in una carica*) tenure, continuance. ❸ (*trasp. mar.*) (*d'una nave in un porto*) visit. △ ❶ **Durante la nostra** ~ **a Roma potemmo incontrare diversi nostri clienti** during our stay in Rome we were able to meet several customers of ours; ❷ La ~ in carica del presidente è di tre anni the chairman's tenure of office is three years.

permesso, *n. m.* ❶ permission, leave. ❷ (*leg.*) (*licenza, autorizzazione*) licence, permit. ❸ (*pers.*) (*d'assentarsi*) leave of absence, leave; furlough (*USA*). △ ❶ Questa merce è stata acquistata senza il nostro ~ these goods have been bought without our permission; ❷ I permessi d'esportazione non sono ancora stati rilasciati export permits have not been issued yet; ❸ Miss Broome ha chiesto due giorni di ~ Miss Broome has asked for a two days' leave. // ~ amministrativo (*ottenuto mediante il pagamento d'una tassa*) (*leg.*) excise licence; ~ d'esportazione (*comm. est.*) export permit; ~ d'imbarco (*trasp. mar.*) backed-note; ~ d'importazione (*comm. est.*) import permit; ~ di lavoro (*pers.*) work permit; ~ di navigazione (*trasp. mar.*) navigation permit; (*rilasciato da un'autorità consolare, ecc. a navi non soggette a perquisizione da parte della Guardia di Finanza*) (*trasp. mar., ingl.*) navicert (*abbr. di* navigation certificate); ~ di passaggio (*leg.*) way-leave; ~ (*doganale*) di provvigione a bordo (*elenco delle provviste in esenzione doganale*) (*trasp. mar.*) victualling bill; ~ di pubblicazione (*d'una notizia*) (*giorn.*) release; ~ di sbarco (*trasp. mar.*) landing order, landing ticket; ~ di soggiorno (*tur.*) residence permit; ~ di trasbordo (*trasp. mar.*) transshipment permit; ~ di visita (*a un appartamento e sim.*) order to view: L'agenzia immobiliare ci diede un ~ di visita the estate-agents gave us an order to view; ~ doganale (*dog.*) customs permit; ~ retribuito (*pers.*) leave with pay; ~ temporaneo d'importazione (*d'un automezzo: in esenzione di dazio*) (*dog.*) carnet; essere in ~ (*pers.*) to be on leave.

permettere, *v. t.* ❶ to allow, to permit, to let*. ❷ (*leg.*) to license. △ ❶ Il direttore non ci permette d'uscire durante le ore d'ufficio the director does not let us go out during working hours. // ~ la fluttuazione dello yen (*econ.*) to float the yen; tempo permettendo weather permitting.

permettersi, *v. rifl.* ❶ to allow oneself. ❷ (*prendersi la libertà*) to take* the liberty. △ ❶ Non si permette mai un attimo di riposo he never allows himself a minute's rest; ❷ Ci permettiamo di raccomandarvi i nostri prodotti we take the liberty of recommending you our products. // ~ il lusso di to afford: Non possiamo permetterci il lusso di mandare all'estero tutti i nostri dipendenti! we can't afford sending all our employees abroad!

permissibile, *a.* permissible, admissible, allowable.
permissivo, *a.* permissive.
permuta, *n. f.* ❶ exchange; (*baratto*) barter, truck. ❷ (*leg.*) permutation, barter.
permutabile, *a.* permutable, exchangeable; (*intercambiabile*) interchangeable. △ Queste merci non sono permutabili these goods are not exchangeable.
permutazione, *n. f.* ❶ (*anche leg.*) (*scambio*) exchange, barter. ❷ (*mat.*) variation, permutation.
pernottamento, *n. m.* ❶ overnight stay. ❷ pernottamenti, *pl.* (*tur.*) nights spent.
perorare, *v. t.* ❶ to plead, to advocate, to defend, to speak* in favour of. ❷ (*leg.*) (*una causa*) to plead. *v. i.* ❶ to perorate. ❷ (*leg.*) to plead. △ *v. t.* ❶ Il loro movimento ha sempre perorato la causa dei lavoratori their movement has always pleaded the cause of the workers; ❷ In Inghilterra, i «solicitors» discutono con i clienti e preparano le cause; i «barristers» vanno in tribunale a ~ le cause davanti ai giudici in England, solicitors interview their clients and prepare the cases; barristers plead the cases before the judge in Courts. // ~ la causa di (*anche*) to advocate: La causa d'una riforma fiscale era perorata dalla maggioranza the majority advocated a fiscal reform.

perorazione, *n. f.* ❶ pleading, advocating. ❷ (*leg.*) pleading. // ~ d'una causa (*leg.*) pleading.
perpetrare, *v. t.* (*leg.*) to perpetrate, to commit. // ~ un delitto (*leg.*) to perpetrate a crime.
perpetrazione, *n. f.* (*leg.*) perpetration, committing, commission.
perpetuazione, *n. f.* perpetuation. // ~ a automatica (*econ.*) (*della spirale salari-prezzi*) self-perpetuating.
perpetuo, *a.* ❶ (*che non avrà fine*) perpetual, never-ending. ❷ (*che dura tutta la vita*) perpetual, permanent, for life. // una rendita ~ (*fin.*) a perpetual annuity, a life annuity.
perquisire, *v. t.* ❶ to search, to rummage. ❷ (*leg.*) to search. △ ❷ All'aeroporto tutte le persone sospette sono state accuratamente perquisite at the airport all suspects were thoroughly searched. // ~ una nave (*leg.*) to search a ship, to rummage a ship.
perquisizione, *n. f.* ❶ search, searching, rummage. ❷ (*leg.*) search, searching, rummaging. // ~ doganale (*trasp. mar.*) rummaging.
perseguibile, *a.* (*leg.*) prosecutable, actionable, indictable. // ~ per legge (*leg.*) legal: Il vostro è un reato ~ per legge yours is a legal offence.
perseguire, *v. t.* ❶ (*cercare di conseguire*) to pursue, to follow up. ❷ (*leg.*) (*a termini di legge*) to prosecute. △ ❷ I trasgressori saranno perseguiti (a termini di legge) trespassers shall be prosecuted. // ~ il proprio interesse to consult one's own interests; ~ un reato (*leg.*) to prosecute a crime.
perso, *a.* lost; (*sprecato*) wasted; (*mancante*) missing. △ La nostra industria sta cercando di riguadagnare il tempo ~ our industry is trying to make up for lost time.
persona, *n. f.* ❶ person. ❷ (*leg.*) person, body. △ ❶ Benché abbia un pessimo carattere, Mr Benson è una gran brava ~ though he has got a very bad character, Mr Benson is a really nice person. // ~ a carico (*sind.*) dependant, dependent, dependent person, encumbrance: La nostra società sta lanciando un programma speciale d'assistenza alle persone a carico our company is starting a special program of assistance for dependent persons; Si è tassati a seconda del numero delle persone che si hanno a carico one is taxed according to the number of dependants one has; ~ accreditata (*cred.*) accreditee; ~ alla quale è affidata la rappresentanza d'una ditta (*nei contatti ad alto livello*) (*pers.*) contact man; ~ che «apre» il credito (*cred.*) opener; ~ della quale q. altro risponde (*leg.*) voucher; ~ designata (*a un ufficio*) nominee; ~ disonesta (*leg.*) deceitful person, malfeasant; ~ disposta a compiere operazioni di riporto in sostituzione d'un rialzista (*che in un dato momento non vuole, o non può, pagare certi titoli*) (*Borsa*) taker-in; ~ esente (*specialm. da imposte*) (*fin.*) exempt; ~ fallita (*leg.*) bankrupt; brokee (*slang USA*); ~ fisica (*leg.*) individual, individual person, private individual, natural person; ~ giuridica (*leg.*) legal person, juridical person, juristic person, corporate body; body corporate; (*società di capitali*) company; corporation, corporation aggregate (*USA*); ~ nominata (*a occupare un ufficio*) nominee; ~ proposta (*ad assumere un ufficio*) nominee; ~ sospetta (*leg.*) suspect; ~ sottoposta ad addestramento (*pers.*) trainee; in (*o di*) ~ in person,

personally; **per ~** (*econ., stat.*) per capita, per head; per-capita (*a. attr.*): **Il reddito medio per ~ è di 1.000 sterline annue** the yearly per-capita income is £ 1,000; **per interposta ~** through a third party: **Non mi piace trattare per interposta ~** I don't like dealing through a third party.

personale, *a.* personal; (*privato*) private. *n. m.* (*pers.*) personnel, staff; (*impiegatizio*) clerical staff; (*operaio*) hands (*pl.*); (*di un negozio, ecc.*) attendants (*pl.*). △ *a.* **Le Sue opinioni personali non c'interessano** we are not interested in your personal opinions; *n.* **Da 12 anni faccio parte del ~ di questa ditta** I've been on the staff of this firm for 12 years. ∥ **~ ad alto livello** (*pers.*) high-level staff; **~ che lavora all'edizione del mattino** (*d'un quotidiano*) (*giorn.*) nightside; **~ di guardia** (*trasp. mar.*) watch; **~ di ruolo** (*pers.*) permanent staff; **~ di segreteria** (*pers.*) secretariat; **~ d'ufficio** (*pers.*) office personnel, office staff; **~ di vendita** (*pers.*) salespeople (*con v. al plurale*); **il ~ direttivo** (*pers.*) the management, the supervisory personnel, the line; the executives (*pl.*); **~ in servizio fra il passaggio alle stampe d'un'edizione e l'inizio dell'edizione successiva** (*giorn.*) lobster shift (*USA*); **~ per i servizi a terra** (*pers., trasp. aer.*) ground staff, ground crew; **~ pomeridiano** (*giorn., pers.*) dayside; **~ ridotto al minimo** (*org. az.*) skeleton staff; **~ stabile** (*org. az.*) stable personnel; **a corto di ~** (*org. az.*) (*d'azienda, ecc.*) short-staffed, under-staffed: **Penso che la tua domanda sarà presa in considerazione poiché la ditta è piuttosto a corto di ~ in questo momento** I think your application will be taken into consideration as the firm is rather short-staffed at present.

personalità, *n. f. inv.* ❶ personality. ❷ (*leg.*) legal status.

persuadere, *v. t.* to persuade, to convince, to induce. △ **Dovremmo ~ la clientela a provare il nuovo prodotto** we should induce our customers to try the new product. ∥ **~ un cliente ad acquistare un articolo di prezzo più alto** (*market.*) to trade up a customer.

persuasione, *n. f.* persuasion, inducement.

persuasore, *n. m.* persuader. ∥ **i persuasori occulti** (*pubbl.*) the hidden persuaders (*termine usato per la prima volta da Vance Packard nella sua opera omonima*).

pertica, *n. f.* (*misura di lunghezza, pari a 5 iarde e mezza, cioè a 5,02 metri*) rod, perch, pole.

pertinente, *a.* pertinent, pertaining, proper, relevant. △ **Queste non sono prove pertinenti** this evidence is not pertinent; **Tutto questo fa parte delle funzioni pertinenti alla mia carica** all this belongs to the duties pertaining to my office. ∥ **~ a bilancio** (*fin., rag.*) budgetary; **~ a prelazione** (*leg.*) pre-emptive; **~ a un ufficio** official; **~ a usufrutto** (*leg.*) usufructuary; **~ al budget** (*fin., rag.*) budgetary.

perturbare, *v. t.* to perturb, to perturbate, to disturb.

perturbazione, *n. f.* perturbation, disturbance. ∥ **perturbazioni dell'equilibrio economico** (*econ.*) disturbances of the economic balance.

pervenire, *v. i.* ❶ (*arrivare con sforzo*) to reach, to get* (to), to arrive (at), to achieve, to attain. ❷ (*giungere*) to reach. △ ❶ **Non è stato facile ~ al nostro scopo** it was not easy to achieve our purpose; ❷ **È necessario che la merce ci pervenga per la stagione invernale** it is necessary that the goods should reach us in time for the Winter season.

pesa, *n. f.* ❶ (*pesatura*) weighing. ❷ (*pesatrice*) weighing machine; (*a ponte*) weighbridge. ∥ **~ pubblica** (*trasp.*) weigh-house.

pesalettere, *n. m.* letter scale; letter scales (*pl.*).

pesante, *a.* ❶ heavy, weighty. ❷ (*fin.*) heavy. △ ❶ **Dovetti rinunciare a quel lavoro perché era troppo ~** I had to give up that job as it was too heavy; ❷ **Il mercato è ~** the market is heavy.

pesare, *v. t.* to weigh. *v. i.* ❶ (*avere un certo peso*) to weigh; (*essere pesante*) to be heavy. ❷ (*gravare, anche fig.*) to weigh heavily on (*o* over), to hang* over. △ *v. t.* **Abbiamo pesato le merci al loro arrivo per assicurarci che non ci fossero state perdite durante il trasporto** we weighed the goods on their arrival to make sure there had been no losses in transit; *v. i.* ❶ **Le due casse pesano di più di quanto ci aspettassimo** the two cases weigh more than we expected; ❷ **Una grave minaccia pesa sulla nostra economia** a serious threat hangs over our economy. ∥ **~ le proprie parole** to weigh one's words; **~ i pro e i contro** (*fig.*) to weigh the pros and cons.

pesata, *n. f.* weighing, weigh.

pesatore, *n. m.* weigher, weighman*. ∥ **~ pubblico** weighmaster, weigher.

pesatrice, *n. f.* (*macchina per pesare*) weighing machine. ∥ **~ a ponte** weighbridge.

pesatura, *n. f.* weighing, weigh. ∥ **~ di verifica** check weighing.

pésca, *n. f.* fishing, fishery. △ **L'industria della ~ è una delle più importanti del Regno Unito** the fishing industry is one of the most important in the United Kingdom. ∥ **~ d'alto mare** deep-sea fishing.

pescaggio, *n. m.* (*trasp. mar.*) draft, draught; sea-gauge. ∥ **~ a carico** (*trasp. mar.*) load draught; **~ a poppa** (*trasp. mar.*) aft draught; **~ a prora** (*trasp. mar.*) forward draught.

pescecane, *n. m.* ❶ shark, dogfish. ❷ (*econ., fig.*) profiteer.

peschereccio, *a.* (*trasp. mar.*) fishing. *n. m.* (*trasp. mar.*) fishing-boat, fishing-vessel, fisherman*.

peso, *n. m.* ❶ (*anche fig.*) weight. ❷ (*importanza*) weight, importance, significance. ❸ (*onere, aggravio*) weight, burden, burthen, load. △ ❶ **C'era troppo ~ sulla barca** there was too much weight on the boat; ❷ **Credo che non tutti abbiano capito il ~ delle sue parole** I don't think that everybody has understood the full importance of his words; ❸ **Mi son tolto un gran ~ dall'animo** that's a great weight off my mind. ∥ **~ a pieno carico** (*di un aereo*) (*trasp. aer.*) all-up weight; **~ a vuoto** (*d'un veicolo, d'un contenitore, ecc.*) (*market., trasp.*) tare weight; **~ « abbondante »** (*market.*) overweight, full weight; **~** (*del carico*) **all'imbarco** (*trasp. mar.*) shipping weight; **~** (*accettato*) **allo sbarco** (*trasp. mar.*) landing weight, landed weight, weight delivered; **~ dei passeggeri** (*trasp.*) live load; **~ del carico** (*trasp.*) live load; **~ della merce caricata a bordo** (*trasp. mar.*) intake measurement; **il ~ della prova legale** (*leg.*) the strength of legal evidence; **il ~ delle prove** (*leg.*) the weight of evidence; **il ~ delle tasse** (*fin.*) the burden of taxation; **pesi e misure** weights and measures; **pesi e misure tipo** standards of weight and measure; **~ giusto** (*market.*) honest weight, exact weight; **~ imbarcato** (*trasp. mar.*) shipped weight; **~ in franchigia** (*trasp.*) weight allowed free; **~ in libbre** poundage; **~ lordo** gross weight; **~ massimo** (*trasp.*) maximum load; **~ massimo per assale** (*trasp.*) maximum axle load; **~ netto** (*della merce, compreso il peso dell'involucro interno della medesima*) (*market.*) net weight, legal weight, net: **Il ~ netto di questo pacco è di 1 libbra** the net weight of this package is lb 1; **~ netto effettivo** (*della sola merce*)

petitorio

(*market.*) net net weight; ~ **netto reale** (*della sola merce*) (*market.*) net net weight; ~ **o volume** (*trasp. mar.*) weight or measurement; ~ **onesto** (*market.*) honest weight; ~ **sbarcato** (*trasp. mar.*) landing weight, landed weight; ~ **scarso** (*market.*) short weight; **a** ~ (*market.*) (*di sistema di vendita, valutazione, ecc.*) by weight: **Per le merci vendute a** ~ **si fa pagare in base al peso netto** goods sold by weight are charged for at net weight; **che eccede il** ~ **consentito** (*trasp.*) (*di bagaglio*) overweight (*a.*): **Siccome il nostro bagaglio eccede il** ~ **consentito, dovremo pagare un sovrapprezzo** as our luggage is overweight, we'll have to pay an extra charge.

petitorio, *a.* (*leg.*) petitory. // **azione petitoria** (*leg.*) petitory action.

petizione, *n. f.* ❶ (*leg.*) (*domanda fatta a un'autorità*) petition, formal application. ❷ (*leg.*) (*supplica, istanza*) request, instance. △ ❶ **La** ~ **fu stesa dal 51% dei presenti** the petition was drawn up by 51% of the people present. // **chi è citato in una** ~ (*leg.*) petitionee; **chi fa una** ~ (*leg.*) petitioner.

petrodollari, *n. pl.* (*econ., fin.*) petrodollars.

petroliera, *n. f.* (*trasp. mar.*) oil-tanker, oil-vessel, tanker. △ **Ci fu un gran parlare tempo addietro intorno ad alcune petroliere improvvisamente scomparse** there was a lot of talk some time ago about a certain number of oil-tankers which had suddenly disappeared.

petroliere, *n. m.* ❶ (*addetto alla lavorazione del petrolio*) oil worker. ❷ (*industriale petrolifero*) oil magnate, oil baron.

petrolifero, *a.* petroliferous; oil (*attr.*). // **giacimento** ~ oil-field; **pozzo** ~ oil-well.

petrolio, *n. m.* petroleum; oil (*più comune*). △ **Il prezzo del** ~ **diminuì in Francia ma mostrò tendenza ad aumentare in Italia** oil prices went down in France but tended rather to increase in Italy. // **greggio** (*o* **grezzo**) raw petroleum, crude oil.

pezza, *n. f.* (*market.*) (*di stoffa*) piece. // « **pezze di appoggio** » (*leg.*) supporting documents, documents in support, vouchers; ~ **giustificativa contabile** (*rag.*) bookkeeping voucher; ~ **giustificativa di perdita** (*subita*) (*ass.*) proof of loss; **a pezze** (*market.*) by the piece.

pezzo, *n. m.* ❶ piece, bit. ❷ (*giorn.*) newspaper article, article. ❸ (*org. az.*) (*da lavorare, ecc.*) workpiece, work, piece, part; (*staccato: di macchina, ecc.*) component part. △ ❶ **I vecchi impianti stanno cadendo a pezzi** the old plants are falling to pieces; ❷ **Il** ~ **deve pervenirci prima delle 5 pomeridiane** the article must reach us before 5 P.M.; ❸ **I pezzi lavorati vengono sempre controllati due volte** machined parts are always checked twice. // ~ **di cronaca** (*giorn.*) report; **pezzi di ricambio** (*org. az.*) spare parts, spares: **Non dimenticate d'acquistare soltanto pezzi di ricambio originali** don't forget to buy only original spare parts; **un** ~ **di sapone** (*market.*) a cake of soap; **un** ~ **di terra** a piece of land; **pezzi finiti** (*org. az.*) finished goods; **un** ~ **grosso** (*fig., fam.*) a big shot, a big cheese, a VIP; **un** ~ **importante** (*giorn.*) a feature; **pezzi spaiati** (*market.*) oddments; **al** ~ (*market.*) by the piece.

piacere[1], *n. m.* ❶ pleasure, delight, satisfaction. ❷ (*favore*) favour. △ ❶ **Abbiamo il** ~ **d'informarvi che abbiamo già provveduto alla spedizione delle merci** we have the pleasure of informing you that we have already sent the goods; ❷ **Mi rincresce di non poterLe fare questo** ~ I'm sorry I can't do you this favour. // **a** ~ at discretion, at will; **far** ~ **a q.** to please sb.

piacere[2], *v. i. impers.* to like, to care, to be fond of (*verbi pers.*). △ **Non è sempre facile capire che cosa piace alla clientela** it's not always easy to understand what customers like.

pianale, *n. m.* (*trasp. ferr.*) platform-carriage, truck; platform-car, flatcar, flat (*USA*).

pianificare, *v. t.* (*anche econ.*) to plan, to scheme; (*progettare*) to project; (*programmare*) to programme. △ **Una sana politica estera deve essere pianificata e non semplicemente improvvisata** a sound foreign policy must be planned and not merely improvised.

pianificatore, *n. m.* (*anche econ.*) planner, programmer.

pianificazione, *n. f.* (*anche econ.*) planning, programming. // ~ **coercitiva** (*econ.*) centralized planning; ~ **d'una campagna pubblicitaria** (*pubbl.*) campaign planning; ~ **produttiva** (*org. az.*) production control; ~ **scorrevole** (*org. az.*) flexible planning; ~ **urbana** town-planning.

piano[1], *a.* ❶ flat, level, even. ❷ (*mat.*) plane. *avv.* ❶ (*sommessamente*) softly, quietly. ❷ (*lentamente*) slowly, slow.

piano[2], *n. m.* ❶ (*d'un edificio*) floor, storey; story (*USA*). ❷ (*progetto, disegno, anche fig.*) plan, project, design, programme, scheme. ❸ (*trasp.*) (*di nave, autobus, ecc.*) deck. △ ❶ **Il nostro ufficio è all'ultimo** ~ **di questo palazzo** our office is on the top floor of this building; ❷ **La campagna pubblicitaria prosegue secondo i piani prestabiliti** the advertising campaign is proceeding according to plan; **È in discussione il nuovo** ~ **quinquennale** the new five-year plan is being discussed now; **Il** ~ **prevede una spesa di 200 milioni di dollari in vent'anni** the project provides for a twenty-year expenditure of $ 200 million. // **un** ~ **a lunga scadenza** a long-term project; ~ **caricatore** (*o di caricamento*) (*trasp. ferr.*) loading platform; ~ **dei conti** (*rag.*) chart of accounts; ~ **d'acqua** (*nei porti*) (*trasp. mar.*) water level; ~ **d'addestramento interno** (*org. az.*) in-plant training programme; ~ **d'ammortamento** (*rag.*) sinking plan; ~ **d'azione** (*econ.*) policy: **Non mi sento di condividere il loro** ~ **d'azione** I disagree with their policy; **un** ~ **di lavoro** (*org. az.*) a scheme of work; ~ **di pensionamento** (*pers.*) retirement plan, pension plan; ~ (*sind.*) (*creato da diverse industrie in una certa zona, per permettere ai dipendenti di passare da uno stabilimento all'altro senza correre il rischio di perdere i benefici accumulati prima di tale passaggio*) pension pool; **piani di pensionamento che prevedono contributi** (*da parte sia del datore di lavoro sia dei dipendenti*) (*sind.*) contributory pension plans; ~ **di risanamento** (*econ.*) recovery package; ~ **governativo** (*leg.*) scheme: **Il** ~ **governativo di pensionamento verrà in aiuto di migliaia di famiglie operaie** the pension scheme will help thousands of working-class families; **un** ~ **poliennale** (*econ.*) a medium-term plan; **il** ~ **preventivo per il nostro bilancio** (*rag.*) the ex-ante plan for our budget; ~ **quinquennale** (*econ.*) five-year plan; ~ **regolatore** urban development plan, urban development scheme, city-plan.

pianta, *n. f.* ❶ plant; (*albero*) tree. ❷ (*disegno di città, casa, ecc.*) plan; (*carta topografica*) map. ❸ (*pers.*) (« *organico* ») staff, roll(s). // **essere in** ~ **stabile** (*pers.*) to be on the permanent staff, to be on the regular staff.

piattaforma, *n. f.* ❶ platform. ❷ (*sind.*) (*rivendicativa, ecc.*) platform. // **una** ~ **comune di richieste** (*econ.*) a draft package of requests; ~ **di carico** (*trasp. ferr.*) loading-platform; (*alla fine d'un binario*) dock.

piazza, *n. f.* ❶ square. ❷ (*market.*) market. △ ❷ **Genova è la** ~ **migliore per questo articolo** Genoa is the best market for this article; **Questi sono i prezzi più bassi che possiate trovare sulla** ~ these are the lowest prices you can find on the market. // ~ **di pagamento** (*d'un effetto, ecc.*) (*banca, cred.*) place of payment; **fare la** ~ (*market.*) to canvass, to tout.

piazzale, *n. m.* ❶ square. ❷ (*trasp. ferr.*) (*di stazione*) railway-yard, yard. // ~ **di carico** (*trasp. mar.*) loading area; ~ **d'immagazzinaggio** (*org. az.*) storeyard; ~ **doganale** (*dog.*) customs square.

piazzamento, *n. m.* ❶ placing, positioning, location. ❷ (*market.*) (*d'un'ordinazione*) placement.

piazzare, *v. t.* ❶ to place, to position, to locate. ❷ (*market.*) (*un'ordinazione*) to place.

piazzista, *n. m.* (*pers.*) commercial traveller, canvasser, tout, touter, direct salesman*, salesman*, town-traveller, runner; bell-ringer (*slang USA*). // **fare il** ~ (*pers.*) to be a commercial traveller, to canvas, to tout.

picchettaggio, *n. m.* (*sind.*) picketing. // ~ **di massa** (*sind.*) mass picketing; ~ **massiccio** (*sind.*) mass picketing.

picchettare, *v. t.* (*sind.*) (*una fabbrica, ecc.*) to picket.

picchetto, *n. m.* (*sind.*) (*di scioperanti*) picket.

picco, *n. m.* ❶ peak, top, summit. ❷ (*econ.*) (*di una congiuntura*) crest.

piccolo, *a.* ❶ small; little (*solo attr.*); (*minuscolo*) tiny. ❷ (*giovane*) young. ❸ (*di poco conto*) petty, minor. ❹ (*econ.*) (*d'industria e sim.*) small-scale. △ ❶ **Diversi piccoli possidenti sono contrari a questa legge** several small landowners are against this law; ❷ **Quel nostro dipendente ha quattro figli, tutti piccoli** that employee of ours has got four children, all of them young; ❸ **Non divaghiamo discutendo di piccoli problemi** let's not digress discussing about minor problems. // ~ **affittuario** (*econ.*) small holder, crofter; **piccola azienda agricola** (*econ.*) small holding; **la piccola borghesia** the lower-middle class; **piccoli bottegai**(*market.*) petty shopkeepers; **piccola cassa** (*rag.*) petty cash; **un** ~ **commerciante** (*market.*) a small tradesman; **piccole entrate** (*rag.*) petty cash; ~ **fallimento** (*leg.*) small bankruptcy; **piccole imprese** (*econ.*) small companies; **piccola industria** (*econ.*) small industry, small-scale industry, small business; **piccoli negozianti** (*market.*) petty shopkeepers; ~ **periodico** (*giorn.*) magazinelet; **piccoli produttori** (*econ.*) petty producers; ~ **proprietario** (*econ.*) small holder, small farmer; **piccola pubblicità** (*giorn.*) classified advertisements; **piccola quantità di denaro** (*da usare, p. es., in una circostanza imprevista*) case-dough (*slang USA*); dibs (*pl.*); **piccola rivista** (*giorn.*) magazinelet; ~ **speculatore** (*fin.*) scalper (*USA*); **piccole spese** (*rag.*) petty cash; **piccole spese personali** pocket expenses; **piccola stazione isolata** (*trasp. ferr.*) halt; **a piccola velocità** (*trasp. ferr.*) by goods train, per goods train.

piede, *n. m.* ❶ foot*. ❷ (*parte inferiore*) foot*. ❸ (*misura di lunghezza pari a cm 30,48*) foot*. △ ❷ **Favorisca firmare a** ~ **di pagina** please sign at the foot of the page; ❸ **Quanto costa qui un** ~ **quadrato di terra?** how much does a square foot of ground cost here? // **a** ~ **di pagina** at the foot of the page, below; **in piedi** (*giorn., pubbl.*) (*di composizione tipografica*) standing, broken up.

piegare, *v. t.* to fold (up); (*flettere*) to bend*.

pieghevole[1], *a.* folding, flexible, bendable.

pieghevole[2], *n. m.* (*pubbl.*) folder, brochure, leaflet, broadside; (*distribuito a mano*) handbill; (*che può essere spedito senza bisogno di busta*) self-mailer.

piego, *n. m.* V. plico.

pieno[1], *a.* ❶ full (of), filled (with). ❷ (*incondizionato, senza riserve*) unconditional. △ ❶ **Il Sig. Bianchi ha dovuto chiuder bottega perché era** ~ **di debiti** Sig. Bianchi had to put up the shutters because he was full of debts; ❷ **Ci ha promesso il suo** ~ **appoggio in questa faccenda** he's promised us his unconditional support in this matter. // ~ **carico** (*trasp.*) full load; ~ **impiego** (*econ.*) full employment: **Alcuni pensano, in modo assai confuso, che l'inflazione sia una delle condizioni atte ad assicurare il** ~ **impiego nonché un mezzo indolore di accrescere il benessere dei lavoratori** there is a vague notion that inflation is a condition of full employment and a painless means of increasing working-class prosperity; **piena occupazione** (*econ.*) full employment; **pieni poteri** full powers.

pieno[2], *n. m.* ❶ (*mezzo*) middle; (*colmo*) height. ❷ (*trasp.*) (*carico completo*) full load, full cargo. △ ❶ **Siamo nel** ~ **della stagione** we are in the height of the season.

pigionante, *n. m. e f.* (*leg.*) tenant, lodger; roomer (*USA*).

pigione, *n. f.* (*leg.*) rent. △ **I primi quattro mesi di** ~ **devono essere pagati in anticipo** rent for the first four months is to be paid in advance.

pignorabile, *a.* ❶ (*leg.*) distrainable, attachable, seizable. ❷ (*leg.*) (*che si può dare in pegno*) pawnable.

pignoramento, *n. m.* ❶ (*leg.*) distraint, attachment, seizure, levy. ❷ (*leg.*) (*il dare in pegno*) pawning. △ ❶ **Questi beni mobili sono esenti da** ~ these personal chattels are exempt from seizure. // ~ **di rendite** (*leg.*) seizure of incomes; ~ **presso terzi** (*leg.*) garnishment.

pignorare, *v. t.* ❶ (*leg.*) to distrain (up)on, to attach, to seize. ❷ (*leg.*) (*dare in pegno*) to pawn. △ ❶ **Una parte del suo stipendio fu pignorata dai suoi creditori** part of his salary was attached by his creditors. // ~ **beni mobili** (*leg.*) to distrain personal chattels.

pilota, *n. m.* ❶ (*trasp. aer.*) pilot, airman*. ❷ (*trasp. mar.*) pilot, steersman*. // ~ **collaudatore** (*trasp. aer.*) test pilot; ~ **d'aereo** (*trasp. aer.*) air pilot; ~ **di linea** (*trasp. aer.*) air-line pilot; ~ **di porto** (*trasp. mar.*) dock pilot.

pilotaggio, *n. m.* ❶ (*trasp. aer., trasp. mar.*) (*il pilotare*) pilotage, piloting. ❷ (*trasp. mar.*) (*tassa dovuta al pilota*) pilotage (dues). // ~ **d'entrata** (*trasp. mar.*) pilotage inwards; ~ **d'uscita** (*trasp. mar.*) pilotage outwards; ~ **in rada** (*trasp. mar.*) pilotage in the roads.

pilotare, *v. t.* ❶ (*trasp. aer.*) to pilot, to fly*. ❷ (*trasp. aut.*) to drive*. ❸ (*trasp. mar.*) to pilot, to steer. // ~ **una nave** (*trasp. mar.*) to pilot a ship.

pinta, *n. f.* ❶ (*misura per liquidi, pari a litri 0,57*) pint. ❷ (*misura USA per liquidi, pari a litri 0,47, e, per aridi, pari a litri 0,55*) pint. // ~ **imperiale** (*o britannica*) (*ingl.*) imperial pint.

pinza, *n. f.* (*generalm. al plurale*) pliers (*pl.*). // ~ **per perforare gli assegni bancari** (*attr. uff.*) cheque perforator; check perforator (*USA*).

piombare, *v. t.* (*leg.*) (*apporre un sigillo di piombo*) to plomb, to seal with lead, to seal.

piombato, *a.* (*leg.*) sealed.

piombatura, *n. f.* (*leg.*) sealing.

pirata, *n. m.* pirate (*anche fig.*), sea-robber. // ~ **della strada** (*trasp. aut.*) hit-and-run driver, road-hog.

pirateria, *n. f.* (*anche fig.*) piracy.

piroscafo, *n. m.* (*trasp. mar.*) steamship, steamboat, steamer, ship. △ **V'invieremo le merci appena il** ~ **sarà pronto a lasciare il porto** we shall send you the goods as soon as the steamship is ready to leave the port. // ~ **a classe unica** (*trasp. mar.*) one-class liner; ~ **per il trasporto di merci e passeggeri** (*trasp. mar.*) cargo and passenger steamer.

pista, *n. f.* ❶ (*corsia*) lane, track. ❷ (*trasp. aer.*) runway, strip. ∥ ~ **d'atterraggio** (*trasp. aer.*) landing strip; ~ **di decollo** (*trasp. aer.*) take-off strip; ~ **d'emergenza** (*trasp. aer.*) emergency runway (*o* strip); ~ **di prova** (*trasp. aut.*) test track; ~ **magnetica** (*elab. elettr.*) magnetic track.

più, *avv.* ❶ (*comparativo*) more; ...er (*suff. aggiunto agli avv. e agli a. monosillabici e ad alcuni bisillabici*); (*mat.*) plus. ❷ (*superlativo relat.*) (*fra due*) (the) more; (the)... er (*suff.*; V. *sopra*); (*fra più di due*) (the) most; (the)... est (*suff.*; V. *sopra*). *a.* ❶ (*comparativo*) more. ❷ (*superlativo relat.*) most. *n. m.* ❶ (*la cosa più importante*) (the) most important (thing). ❸ **i più**, *pl.* the majority, most people. △ *avv.* ❶ **Il nuovo macchinario ci è costato ~ di 20 milioni di lire** the new machinery cost us more than 20 million lire; **Tutta la faccenda è ~ complicata di quanto pensassimo** the whole matter is more complicated than we thought; **Finalmente la materia prima è un po' ~ a buon mercato!** at last raw materials are a little cheaper!; **Dovremo pagare il debito ~ gli interessi** we shall have to pay the debt plus interest; ❷ **Dei due impiegati, il Sig. Costa è il ~ brillante** Sig. Costa is the smarter of the two clerks; **Di tutte le proposte, la tua ci sembra la ~ interessante** of all the proposals, yours seems to be the most interesting; *a.* ❶ **Il nostro concorrente ha ~ denaro che idee** our competitor has got more money than ideas; ❷ **Il Sig. Reggiani ha ~ inventiva di tutti** Sig. Reggiani has got (the) most inventiveness (of all); *n.* ❶ **Il ~ è ancora da fare** most of it has still be done; ❷ **Il ~ è trovare un buon appoggio finanziario** the most important thing is to find a good financial backing; ❸ **I ~ non erano d'accordo con la proposta del presidente** the majority didn't agree with the chairman's proposal. ∥ ~ **o meno** (*mat.*) plus or minus.

«**plafond**», *n. m.* (*banca, cred.*) line of credit, credit line.

plagiare, *v. t.* (*leg.*) to plagiarize, to commit plagiarism (*anche fig.*); to borrow. △ **Ha plagiato la mia idea** he has borrowed my idea.

plagio, *n. m.* ❶ (*leg.*) (*appropriazione del lavoro altrui*) plagiarism, plagiary, piracy. ❷ (*leg.*) (*opera spacciata per propria*) plagiarism.

plancia, *n. f.* ❶ (*trasp. aer., trasp. aut.*) dash-board. ❷ (*trasp. mar.*) pilot bridge, bridge.

plateatico, *n. m.* (*fin.*) stallage.

plenario, *a.* plenary.

plenum, *n. m.* (*leg.*) plenum*.

plico, *n. m.* ❶ cover, wrapper; (*busta*) envelope; (*involto*) parcel. ❷ (*banca*) charge. ∥ **in ~ a parte** (*comun.*) under separate cover: **Vi rimettiamo, in ~ a parte, il nostro ultimo catalogo a colori** we are sending you, under separate cover, our latest colour catalogue; **in ~ separato** (*comun.*) under separate cover.

pluriennale, *a.* plurianual, multiannual.

plusvalenza, *n. f.* (*econ.*) capital gain.

plusvalore, *n. m.* ❶ (*econ.*) surplus value, unearned increment, appreciated surplus. ❷ (*fin.*) (*azionario*) share premium. △ ❷ **I plusvalori (azionari) vanno a formare una riserva di capitale e non possono essere distribuiti fra gli azionisti** share premiums are put to a capital reserve and cannot be distributed to members. ∥ ~ **accumulato** (*econ.*) accumulated surplus value; ~ **dell'attivo** (*econ., rag.*) appreciation of assets.

pneumatico, *a.* pneumatic. *n. m.* (*trasp. aut.*) tyre; tire (*USA*).

poco, *a. indef.* ❶ little, not much. ❷ (*in espressioni temporali*) little, short; a short time, not long. ❸ **pochi**, *pl.* few, not many; (*alcuni*) a few. *pron. indef.* ❶ little, not much; (*un po'*) a little, some. ❷ **pochi**, *pl.* few, not many; (*alcuni*) a few. *n. m.* (a) little. *avv.* ❶ (*con a. e avv. di grado positivo, con part. pres. e part. pass. in funzione di a.*) not very. ❷ (*con a. e avv. di grado comparativo*) little, not much. ❸ (*con un part. pass.*) little, not... very much. ❹ (*con verbi*) little, not much. △ *a.* ❶ **Purtroppo abbiamo ~ denaro per iniziare una simile impresa** unfortunately we have little money to start such an enterprise; ❷ **Manca ~ alla stagione invernale** it's not long to the Winter season; ❸ **I nostri clienti sono pochi ma molto affezionati** we have few but devoted customers; *pron.* ❶ «**Quanto denaro ci vorrà?**» «**Beh, spero ~**» «how much money will be needed?» «well, little, I hope»; *n.* **Ho fatto quel ~ che potevo per aiutarlo** I did what little I could in order to help him; *avv.* ❶ **La sua conferenza è stata ~ interessante** his lecture was not very interesting; ❷ **Questi impianti hanno ~ più di trenta anni** these plants are little over thirty years old; ❸ **I nostri articoli sono ancora ~ conosciuti** our articles are still little known; ❹ **Abbiamo pagato ~, non Le pare?** we haven't paid much, have we? ∥ ~ **attivo** (*market.*) (*di mercato, ecc.*) narrow, easy; ~ **costoso** inexpensive; **a poca distanza da** (*trasp. mar.*) off: **La nave è a poca distanza dal porto** the ship is off the port; **con pochi operai** (*org. az.*) (*di fabbrica*) undermanned, underhanded.

podere, *n. m.* farm, holding, estate.

polinomiale, *a.* (*mat.*) polynomial.

polinomio, *n. m.* (*mat.*) polynomial.

polipolio, *n. m.* (*econ.*) polypoly.

politica, *n. f.* ❶ (*arte del governare uno Stato*) politics (*col v. al sing.*). ❷ (*modo d'agire di chi governa*) policy, management. ❸ (*vita politica*) politics, political life. ❹ (*linea di condotta*) policy. △ ❶ **Non mi sono mai interessato di ~ estera** I've never been interested in foreign politics; ❷ **Che ne pensate della ~ finanziaria del nostro Governo?** what do you think of our Government's financial policy?; ❹ **Non condivido la tua ~** I disagree with your policy. ∥ ~ **agraria** (*econ.*) agricultural policy; ~ **alterna** (*di freni e stimoli della produzione, ecc.*) (*econ.*) stop-and-go policy; ~ **antinflazionistica** (*econ.*) anti-inflationary policy; ~ **autarchica** (*econ.*) self-sufficiency policy; «go it alone» (*fam.*); ~ **aziendale** (*org. az.*) company policy; corporate policy (*USA*); **una ~ che provoca una stretta creditizia** (*econ., fin.*) a policy of tight credit (*o* money); ~ **commerciale** (*econ.*) commercial policy, trade policy; **politiche commerciali bilaterali** (*comm. est.*) bilateral trade policies; ~ **congiunturale** (*econ.*) economic policy, short-term economic policy: **Contrariamente alla prassi seguita nei due anni precedenti, il Consiglio non ha rivolto agli Stati Membri raccomandazioni sulle linee direttrici della ~ congiunturale** in contrast to what was done in the two preceding years, the Council made no recommendation to the Member States on the guidelines on economic policy; **Negli Stati Uniti, la sola arma efficace di ~ congiunturale è la politica monetaria** the real weapon of short-term economic policy in the United States is monetary policy; ~ **creditizia** (*fin.*) credit policy: **L'allentamento delle misure restrittive in materia di ~ creditizia potrebbe avvenire nell'ambito d'un programma d'insieme** credit policy could be relaxed in the framework of an overall program; ~ **deflazionistica** (*econ.*) deflationary policy; ~ **degli acquisti** (*org. az.*) buying policy; ~ **degli aiuti** (*econ.*) aid policy; ~ **degli investimenti** (*econ., fin.*) investment policy; ~ **dei prezzi**

(*econ.*) price policy, pricing policy; ~ **dei redditi** (*econ.*) income policy: **Questa ~ dei redditi mira a garantire contemporaneamente la stabilità dei costi unitari, l'espansione economica e la piena occupazione** this income policy aims at ensuring at one and the same time the stability of unit costs, economic expansion and full employment; **una ~ dei redditi perseguita con appropriati strumenti legislativi** (*econ.*) a statutory incomes policy; ~ **del compromesso** (*amm.*) half-and-half policy; **la ~ del pieno impiego** (*econ., sind.*) the policy of full employment; ~ « **del rischio calcolato** » brinkmanship; ~ **della concorrenza** (*econ.*) competition policy; ~ **dell'infiltrazione economica come mezzo di potere politico** (*econ.*) dollar diplomacy; ~ **della spesa pubblica** (*fin.*) public expenditure policy; ~ **delle mezze misure** (*amm.*) half-and-half policy; ~ **delle vendite** (*market.*) selling policy; ~ **di bilancio** (*econ., rag.*) budget policy: **Le linee direttrici della ~ di bilancio progettata dai Governi saranno discusse domani** the main lines of budget policy contemplated by the Governments will be discussed tomorrow; **La ~ di bilancio ha presentato una netta tendenza alla espansione persino nei Paesi ove si è verificato un forte rialzo dei costi e dei prezzi** budget policy remained very distinctly expansionary even in those Countries where costs and prices were rising sharply; ~ **d'espansione** (*org. az.*) expansionist policy; ~ **d'investimenti a medio termine** (*econ.*) medium-term investment policy; **una ~ di libertà dei traffici** (*comm. est.*) an open-door trade policy; ~ **di programmazione** (*econ.*) national planning; ~ **di protezione dell'ambiente** environmental policy; ~ **di ricerca e di sviluppo** (*econ.*) research and development policy; **politiche di settore** (*econ.*) sectorial policies; **una ~ di sviluppo del Mezzogiorno** (*econ.*) a policy to develop the South of Italy; ~ **di vendita** (*market.*) sales policy; ~ **economica** (*econ., org. az.*) economic policy; ~ **economica a medio termine** (*econ.*) medium-term economic policy; ~ **economica del** « **frena e accelera** » (*econ.*) stop-and-go economic policy; **una ~ economica di** « **centralità** » (*econ.*) a middle-of-the-road economic policy; ~ **economica di lievi e sporadici interventi statali** (*econ.*) even-handed economic policy; **una ~ filoamericana** a pro-American policy; ~ **fiscale** (*fin.*) fiscal policy, taxation policy; **una ~ globale di concorrenza** (*econ.*) a comprehensive competition policy; **una ~ improvvisata** (*amm.*) a make-do policy; ~ **in base alla quale** (*quando si deve ridurre la manodopera*) **si preferiscono tenere i dipendenti con maggiore anzianità** (*sind.*) backtracking, bumping; **una ~ in favore della classe lavoratrice** (*sind.*) a pro-labour policy; ~ **inflazionistica** (*econ.*) inflation policy; **una ~ liberistica** (*econ.*) a laissez-faire policy; ~ **monetaria** (*fin.*) monetary policy, monetary management; ~ **protezionistica** (*econ.*) protective policy; ~ **regionale** (*econ.*) regional policy; ~ **salariale** (*econ.*) wages policy; ~ **salariale che prevede l'aumento uniforme delle retribuzioni per tutti i dipendenti d'un'unità produttiva** (*econ.*) across-the-board policy; ~ **salariale di aumenti indiscriminati** (*econ.*) across-the-board wage policy; **una ~ settoriale** (*econ.*) a policy towards individual industries, a structural policy in specific industries; ~ **sindacale** (*sind.*) union policy; ~ **sociale** (*econ.*) social policy; ~ **sporca** double dealing; ~ **strutturale** (*econ.*) structural policy.

politico, *a.* political. △ **Le prossime elezioni politiche avranno luogo in maggio** the next political elections will be in May.

polizia, *n. f.* police (*collett.*); police force. // ~ **costiera** coast police; ~ **ferroviaria** railway police; ~ **stradale** traffic police.

polizza, *n. f.* ❶ (*ass.*) policy. ❷ (*trasp. mar.*) bill. △ ❶ **L'oggetto d'una ~ d'assicurazione marittima può essere: lo scafo, il carico e il nolo** the subject-matter of a marine insurance policy may be: the hull, the cargo, and the freight. // ~ **a tempo** (*ass. mar.*) time policy; ~ **a viaggio** (*ass. mar.*) voyage policy; ~ **al portatore** (*ass.*) policy to bearer; ~ **all'ordine** (*ass.*) policy to order; ~ **aperta** (*ass. mar.*) floating policy, open policy, declaration policy; ~ **aperta contro l'incendio** (*ass.*) declaration fire policy; ~ **assicurativa** (*su beni di proprietà*) **a tariffa ridotta** (*e per un periodo dai tre ai cinque anni*) (*ass., USA*) term policy; ~ **assicurativa tipo** (*ass.*) standard insurance policy; ~ **che copre beni per cui l'assicurato non è in grado di dimostrare un interesse assicurabile** (*ass. mar.*) wager policy; ~ **comprensiva di tutti i rischi** (*ass.*) all risks policy, unlimited policy; ~ **con limitazioni di copertura** (*ass.*) limited policy; ~ **con valore dichiarato** (*ass.*) valued policy; ~ **d'assicurazione** (*ass.*) insurance policy, assurance policy; cover (*slang USA*); ~ **d'assicurazione con capitalizzazione dei premi** (*ass.*) endowment policy; ~ **d'assicurazione contro gli incendi** (*ass.*) fire insurance policy, fire policy; ~ **d'assicurazione marittima** (*ass. mar.*) marine insurance policy; ~ **d'assicurazione sulla vita** (*ass.*) life-insurance policy, life policy; ~ **di carico** (*trasp. mar.*) bill of lading, invoice: **Ci è pervenuta la ~ di carico, ma non è regolare** bill of lading to hand, but not in order; ~ **di carico al portatore** (*trasp. mar.*) bill of lading to bearer; ~ **di carico all'ordine** (*trasp. mar.*) bill of lading to order, order bill of lading, calling for orders bill of lading; ~ **di carico annessa ai seguenti documenti...** (*trasp. mar.*) bill of lading attached to the following documents...; ~ **di carico** (*controfirmata dal capitano della nave o dal suo incaricato e*) **attestante che le merci sono state effettivamente caricate a bordo** (*trasp. mar.*) on board bill of lading; ~ **di carico collettiva** (*trasp. mar.*) general bill of lading; ~ **di carico** « **con riserva** » (*trasp. mar.*) unclean bill of lading, dirty bill of lading; ~ **di carico cumulativa** (*trasp. mar.*) through bill of lading; **una ~ di carico diretta** (*trasp. mar.*) a straight bill of lading, a through bill of lading; ~ **di carico emessa per certe merci che** (*per la loro infiammabilità, deperibilità o altro*) **debbono essere trasportate sul ponte della nave** (*anziché nella stiva*) (*trasp. mar.*) on deck bill of lading; ~ **di carico firmata dal capitano della nave come gli viene presentata senza pregiudizio per il contratto di noleggio** (*trasp. mar.*) bill of lading signed by captain as presented without prejudice to charter party; ~ **di carico per merce imbarcata** (*trasp. mar.*) shipped bill of lading; ~ **di carico per il viaggio d'andata** (*trasp. mar.*) outward bill of lading; ~ **di carico per il viaggio di ritorno** (*trasp. mar.*) homeward bill of lading; ~ **di carico più tratta e polizza d'assicurazione** (*trasp. mar.*) bill of lading accompanied by draft and insurance policy; ~ **di carico provvisoria** (*trasp. mar.*) custody bill of lading; ~ **di carico** « **pulita** » (*esente da eccezioni e/o riserve*) (*trasp. mar.*) clean bill of lading; ~ **di carico recante girate** (*trasp. mar.*) claused bill of lading; ~ **di carico** « **sporca** » (*emessa, cioè, con riserve o eccezioni alle clausole generali*) (*trasp. mar.*) foul bill of lading; ~ **di noleggio** (*trasp. mar.*) freight note; ~ **di pegno** (*comm., leg.*) pawn-ticket; ~ **di rimborso del dazio** (*dog.*) customs debenture, debenture: **Una ~ di rimborso del dazio dà diritto al rimborso, al-**

polizzetta

l'esportatore di merci importate, del dazio pagato per la loro importazione a debenture entitles an exporter of imported goods to a drawback of duties paid on their importation; ~ **distinta** (*ass.*) separate policy; ~ **flottante** (*ass. mar.*) floating policy, open policy, declaration policy; ~ **flottante contro l'incendio** (*ass.*) floating fire policy; ~ (*d'assicurazione*) **generale** (*ass.*) blanket insurance policy; ~ **individuale** (*ass.*) individual policy; ~ **marittima sulle merci** (*ass. mar.*) cargo policy; ~ **mista** (*ass.*) mixed policy, comprehensive policy; ~ **nominativa** (*ass.*) policy to a named person; ~ **priva dell'indicazione del valore assicurato** (*ass.*) unvalued policy; ~ **provvisoria** (*ass.*) covering note, cover note, binder; ~ **relativa a una nave designata** (*ass. mar.*) named policy; ~ «**ricevuto per l'imbarco**» (*trasp. mar.*) «received for shipment» bill of lading; ~ **sul carico** (*trasp. mar.*) policy on cargo; ~ **sul nolo** (*trasp. mar.*) policy on freight; ~ **tipo** (*ass.*) common policy; ~ **valida per nave non nominata** (*ma per rotta specificata*) (*ass. mar.*) floating policy; ~ **valutata** (*ass.*) valued policy.

polizzetta, *n. f.* (*trasp. mar.*) slip. // ~ **definitiva** (*ass. mar.*) definite slip, forward slip; ~ **provvisoria** (*ass. mar.*) original slip.

pollice, *n. m.* ❶ thumb. ❷ (*misura lineare pari a cm 2,54*) inch. // ~ **cubico** solid inch, cubic inch; ~ **quadrato** square inch.

«**pollster**», *n. m.* (*pubbl., stat.*) (*chi esegue sondaggi d'opinione pubblica*) pollster.

polo, *n. m.* (*anche fig.*) pole. // ~ **di sviluppo** (*econ.*) pole of development; ~ **di sviluppo industriale** (*econ.*) industrial development pole.

polverizzare, *v. t.* ❶ to pulverize. ❷ (*fig.*) to smash. △ ❷ **Abbiamo polverizzato tutti i record produttivi** we have smashed all production records.

pomeridiano, *a.* post meridiem (*abbr.* P.M.), postmeridian, in the afternoon; afternoon (*attr.*). △ **Il discorso del presidente è in programma per le 6 pomeridiane di domani** the chairman's speech is scheduled for 6 P.M. tomorrow.

pomeriggio, *n. m.* afternoon.

pompa, *n. f.* (*anche fig.*) pump.

pompare, *v. t.* (*anche fig.*) to pump. △ **I loro programmi d'aiuto all'estero hanno pompato dollari nei canali commerciali del mondo** their foreign aid programmes have pumped dollars into the world trade channels.

ponderare, *v. t.* ❶ to ponder, to think* over, to examine (carefully); to weigh (*fig.*). ❷ (*stat.*) to weight. △ ❶ **Stanno ponderando i pro e i contro della mia proposta** they are examining the pros and cons of my suggestion. // ~ **gli elementi d'una distribuzione di frequenza** (*stat.*) to weight the items of a frequency distribution.

ponderato, *a.* ❶ (*detto o fatto con ponderatezza*) well-pondered, well-considered. ❷ (*che agisce con ponderatezza*) circumspect, careful, cautious. ❸ (*stat.*) weighted.

ponderazione, *n. f.* ❶ careful consideration, reflection. ❷ (*stat.*) weighting.

ponte, *n. m.* ❶ bridge. ❷ (*trasp. mar.*) boat deck, deck. // ~ **a bilico** weighbridge; ~ **aereo** (*trasp. aer.*) air-lift; ~ **di comando** (*trasp. mar.*) fore bridge, pilot bridge, bridge; ~ **di coperta** (*trasp. mar.*) upper deck; (*di nave mercantile*) second deck; ~ **d'imbarco** (*trasp. mar.*) loading deck; ~ **di prima classe** (*trasp. mar.*) saloon deck; ~ **di stazza** (*trasp. mar.*) tonnage deck; ~ **di terza classe** (*trasp. mar.*) steerage; ~ **ferroviario** (*trasp. ferr.*) railway bridge; ~ **galleggiante** (*o* **incernierato**) **per l'attracco dei traghetti** (*trasp. mar.*) ferry bridge; ~ **inferiore** (*trasp. mar.*) lower deck, underdeck; (*d'una nave a tre ponti*) third deck; ~ **levatoio ribaltabile** bascule bridge; ~ **principale** (*trasp. mar.*) main deck; ~ **radio** (*comun.*) radio-bridge; ~ **scoperto** (*trasp. mar.*) weather deck; ~ **soggetto a pedaggio** (*trasp.*) toll-bridge; ~ **superiore** (*trasp. mar.*) upper deck; ~ **trasbordatore** (*trasp. mar.*) ferry bridge; **a due ponti** (*trasp. mar.*) (*di nave*) two-deck (*attr.*).

pontile, *n. m.* (*trasp. mar.*) wharf, gangway, gangplank, jetty, pier. // ~ **di carico** (*trasp. mar.*) loading wharf; ~ **di scarico** (*trasp. mar.*) unloading wharf.

pontone, *n. m.* ❶ (*trasp. mar.*) pontoon, hulk. ❷ (*trasp. mar.*) (*chiatta*) lighter.

«**pool**», *n. m.* (*fin.*) (*accordo fra imprese che operano nello stesso settore*) pool. // ~ **dell'oro** (*fin.*) gold pool; ~ «**swap**» (*fin.*) pool swap (*q.V.*).

popolare, *a.* ❶ popular. ❷ (*market.*) (*di prezzo*) popular. // **assai** ~ (*market.*) all the vogue (*pred.*).

popolazione, *n. f.* ❶ population. ❷ (*mat., stat.*) population, universe. // ~ **attiva** (*econ., stat.*) active population, working population, labour force; ~ **d'origine** (*stat.*) parent population; ~ **fluttuante** (*stat.*) floating population; ~ **ottimale** (*econ., stat.*) optimum population; **una** ~ **stabile** (*stat.*) a static population; **una** ~ **stazionaria** (*stat.*) a stationary population.

poppa, *n. f.* (*trasp. mar.*) poop, stern. // **a** ~ (*trasp. mar.*) astern, abaft.

porgere, *v. t.* ❶ to hand; (*passare*) to pass; (*dare*) to give*; (*consegnare*) to deliver. ❷ (*offrire*) to present, to offer. // ~ **le proprie scuse** to offer one's apologies, to present one's excuses.

porre, *v. t.* ❶ (*deporre, posare*) to lay* (down), to put* (down); (*mettere*) to put*; (*collocare*) to set*, to place. ❷ (*presentare*) to submit. △ ❶ **Il prezzo è stato posto a 20 sterline** the price was set at 20 pounds; ❷ **Non ho nessuna intenzione di** ~ **la mia candidatura** I do not intend to submit my candidature. // ~ **ai voti una questione** to put a question to the vote; ~ (*qc.*) **come obiettivo** (*o* **traguardo**) (*fig.*) to target: **L'anno scorso il traguardo produttivo per il carbone fu posto a 90 milioni di tonnellate** coal production was targeted for 90 million tons last year; ~ **un freno a** to restrain, to check, to curb: **Fu necessario** ~ **un freno a diverse banche che erano propense a concludere affari rischiosi** several banks which were inclined to do unsound business had to be restrained; **Non è possibile** ~ **un freno all'inflazione?** isn't it possible to curb inflation?; ~ **in commercio** (*market.*) to market; ~ (*merci*) **in magazzino doganale** (*trasp.*) to bond; ~ **q. in quiescenza** (*pers.*) to retire sb., to cause sb. to retire, to superannuate sb.; ~ **obiettivi** (*org. az.*) to establish objectives; ~ **un prezzo a** (*un articolo e sim.*) **inferiore a quello corrente** (*market.*) to underprice; ~ **termine a qc.** to terminate st., to put an end to st.

porta, *n. f.* door. △ **Il denaro apre molte porte** money opens a lot of doors. // ~ **di servizio** back door; ~ **posteriore** back door; ~ **principale** front door; **a porte aperte** (*leg.*) in open Court; **a porte chiuse** behind closed doors; (*leg.*) **in camera**: **Il processo sarà a porte chiuse** the trial will be held in camera.

portabagagli, *n. m. inv.* ❶ (*trasp.*) (*facchino*) (railway) porter. ❷ (*trasp.*) (*arnese per appoggiare valigie, ecc.*) luggage-rack; baggage-rack (*USA*).

portabile, *a.* portable.

portafogli, *n. m. inv.* pocket book, wallet, notecase.

portafoglio, *n. m.* ❶ (*portafogli*) pocket book, wallet, notecase. ❷ (*cartella*) portfolio. ❸ (*carica ministeriale*) portfolio, ministry. ❹ (*ass.*) portfolio. ❺ (*banca*) (*ufficio portafoglio*) bills department. ❻ (*banca, fin.*) (*complesso di cambiali, titoli, ecc.*) portfolio; paper securities, paper holdings, bills in hand, bills of exchange (*pl.*); holding, box. // ~ **effetti** (*banca, rag.*) bill case; bills of exchange (*pl.*); ~ **estero** (*banca*) foreign bills (*pl.*); ~ **interno** (*banca*) inland bills (*pl.*); ~ **titoli** (*banca*) security department; (*fin.*) investment portfolio.

portalettere, *n. m.* e *f. inv.* (*comun.*) post-man*, mailman* (*m.*); mail carrier (*m.* e *f.*); post-woman* (*f.*).

portamonete, *n. m. inv.* ❶ purse. ❷ (*attr. uff.*) coin holder.

portare, *v. t.* ❶ (*verso l'interlocutore*) to bring*. ❷ (*lontano dall'interlocutore*) to take*. ❸ (*sostenere, portare con sé; avere una portata di*) to carry. ❹ (*condurre, guidare*) to lead*. ❺ (*indossare*) to wear*. ❻ (*cagionare*) to cause, to bring* about. ❼ (*avere, recare*) to bear*. ❽ (*addurre*) to adduce, to bring* forward, to put* forward. ❾ (*mat.*) (*riportare*) to carry. △ ❶ **Il nostro rappresentante ci ha portato brutte notizie** our agent has brought us bad news; ❷ **Porta queste lettere alla posta!** take these letters to the post; **Porta di sopra le valigie!** take the suitcases upstairs; ❸ **I nostri autocarri portano più di 10 tonnellate** our lorries carry more than 10 tons; ❹ **Una nuova svalutazione porterebbe a una crisi internazionale** a new devaluation would lead to an international crisis; ❺ **La gente tende a ~ abiti fatti** people tend to wear ready-made clothes; ❻ **La nuova normativa ha già portato un cambiamento in meglio** the new regulations have already brought about a change for the better; ❼ **Questo documento non porta firma** this document bears no signature; ❽ **Non ci è stato possibile ~ prove** we were unable to bring forward proofs; ❾ **Scrivo 9 e porto 2** I write down 9 and carry 2. // ~ **a nuovo** (*rag.*) to carry over (*o* forward); ~ **a nuovo il saldo del conto profitti e perdite** (*rag.*) to carry forward the balance of the profit and loss account; ~ **a un raffreddamento del commercio mondiale** (*comm. est.*) to put the brake on world trade; ~ **a termine** to complete, to carry out: **Tutto il lavoro è stato portato a termine in due settimane** the whole work has been carried out in a fortnight; ~ **a termine un incarico** to bring a task off; ~ (*qc.*) **al massimo** to peak: **È troppo tardi ora per ~ al massimo le scorte** it's too late now to peak stocks; ~ **con sé una somma di denaro** to carry a sum of money about oneself; ~ (*q.*) **in automobile** to drive (*sb.*); ~ **in porto** (*fig.*) to carry out, to accomplish; (*trasp. mar.*) to bring in; ~ **i prezzi a un livello normale** (*market.*) to bring the rates to level time.

portarsi, *v. rifl.* (*andare*) to go*; (*venire*) to come*. △ **La commissione si portò sul luogo dell'incidente ferroviario** the commission went to the scene of the railway accident. // ~ **via** (*di ladro*) to walk off with: **Il ladro si portò via 20.000 dollari** the thief walked off with $ 20,000.

portaspiccioli, *n. m. inv.* (*attr. uff.*) coin holder.

portata, *n. f.* ❶ (*fig.*) (*importanza, significato*) importance, significance, bearing, scope. ❷ (*leg.*) (*d'una legge*) purview. ❸ (*trasp.*) (*di fiume*) flow. ❹ (*trasp. mar.*) carrying capacity, deadweight; (*stazza*) tonnage. △ ❶ **La vera ~ dei provvedimenti della « fase tre » non è stata afferrata da tutti i consumatori** the true significance of phase three provisions has not been grasped by all consumers; **L'importanza di queste proposte risiede nella loro ~ economica** the importance of these proposals lies in their economic scope. // ~ **lorda** (*trasp. mar.*) dead-weight capacity, dead-weight tonnage, dead weight; **essere « a ~ di borsa » per q.** (*fig.*) to meet sb.'s pocket book: **I nostri articoli sono « a ~ di borsa » per le famiglie operaie** our articles meet the pocket books of blue-collar families; **a ~ di mano** within reach; (*fig.*) round the corner; (*fam.*) on deck.

portatile, *a.* portable.

portatore, *n. m.* ❶ (*chi porta*) bearer. ❷ (*cred.*) bearer; (*detentore*) holder; (*d'un assegno e sim.*) payee. // **il ~ d'una cambiale** (*cred.*) the holder of a bill of exchange; **al ~** (*fin.*) (*di titolo*) unregistered (*a.*); **pagabile al ~** (*cred.*) payable to bearer.

portavoce, *n. m.* e *f. inv.* spokesman* (*m.*); spokeswoman* (*f.*). △ **Opera come ~ ufficiale dei salariati** he acts as the recognized spokesman for the wage-earners.

portello, *n. m.* (*trasp. mar.*) port, shutter, scuttle. // ~ **di boccaporto** (*trasp. mar.*) hatch, hatchway; ~ **di carico** (*trasp. mar.*) raft-port.

porto[1], *n. m.* (*trasp. mar.*) port, harbour; harbor (*USA*); (*rifugio, asilo*) haven. △ **Lasceremo il ~ appena avremo ottenuto i documenti necessari** we shall leave port as soon as we get the necessary documents. // ~ **accessibile soltanto con l'alta marea** (*trasp. mar.*) tidal harbour; ~ **alla foce d'un fiume** (*trasp. mar.*) outport; ~ **canale** (*trasp. mar.*) canal harbour; ~ **carbonifero** (*trasp. mar.*) coal port; ~ **costiero** (*trasp. mar.*) coast port; ~ **d'armamento** (*trasp. mar.*) home port, port of origin, port of departure; ~ **d'arrivo** (*trasp. mar.*) port of arrival; ~ **di cabotaggio** (*trasp. mar.*) coasting port; ~ **di caricazione** (*o* **caricamento**) (*trasp. mar.*) port of loading, loading port, lading port; ~ **di destinazione** (*o* **di destino**) (*trasp. mar.*) port of destination; ~ **d'entrata** (*trasp. mar.*) port of arrival; (*di merce importata*) port of entry; ~ **d'imbarco** (*trasp. mar.*) port of departure, port of loading, port of exit, loading port, shipping port; ~ **d'immatricolazione** (*trasp. mar.*) port of registry; ~ **d'indoganamento** (*trasp. mar.*) port of arrival; ~ **di mare** (*trasp. mar.*) seaport; ~ **d'origine** (*trasp. mar.*) port of origin, home port; ~ **di partenza** (*trasp. mar.*) port of departure; ~ **di perizia** (*d'una nave*) (*trasp. mar.*) port of survey; ~ **di provenienza** (*trasp. mar.*) port of origin; ~ **di registrazione** (*trasp. mar.*) home port; ~ **di rifugio** (*trasp. mar.*) harbour of refuge; ~ **di rilascio forzato** (*trasp. mar.*) harbour of refuge; ~ **di sbarco** (*trasp. mar.*) port of delivery; ~ **di scalo** (*trasp. mar.*) port of call; ~ **di scarico** (*trasp. mar.*) port of delivery, discharging port; ~ **di trasbordo** (*trasp. mar.*) transshipping port; ~ **fluviale** (*trasp.*) river port, close port; ~ **franco** (*dog., trasp.*) free port, treaty port, open port; ~ **fuori della giurisdizione di Londra** (*trasp. mar., ingl.*) outport; ~ **fuori della sede d'armamento** (*trasp. mar.*) outport; ~ **interno** (*trasp.*) inner port, close port; **un ~ libero dai ghiacci per tutto l'anno** (*trasp. mar.*) an open port; ~ **naturale** (*trasp. mar.*) natural harbour; ~ **per costruzioni navali** (*trasp. mar.*) building port; ~ **secondario** (*trasp. mar.*) outport; **un ~ sicuro** (*trasp. mar.*) a safe port; **un ~ sulla Manica** a Channel port; ~ **traghetti** (*trasp. mar.*) ferry port; **essere in ~** (*trasp. mar.*) to be in port; (*di nave: per riparazioni, ecc.*) to lie up.

porto[2], *n. m.* ❶ (*comun.*) (*francatura postale*) postage. ❷ (*leg.*) (*permesso, licenza*) certificate, licence. ❸ (*trasp.*) (*prezzo del trasporto*) carriage; freight (*USA*). ❹ (*trasp. mar.*) freight. // ~ **assegnato** (*trasp.*) carriage forward; freight forward (*USA*); ~ **d'armi** (*leg.*) gun licence; ~

franco (*trasp.*) carriage paid; ~ **pagato** (*comun.*) port paid; (*trasp.*) carriage paid.

portuale, *a.* (*trasp. mar.*) of the port, of the harbour; port, harbour (*attr.*). *n. m.* (*trasp. mar.*) docker, dock worker, port worker, harbour worker. △ *n.* **La consegna fu ritardata dal lungo sciopero dei portuali** delivery was delayed owing to the long strike of port workers. // ~ **addetto a una banchina** (*trasp. mar.*) wharfman*.

porzione, *n. f.* ❶ (*parte d'un tutto separata*) portion, part, share; (*frazione*) fraction; (*quota*) quota; («*fetta*») slice. ❷ (*quantità di vivanda d'un commensale*) portion, helping. △ ❶ **L'utile è stato diviso in quattro porzioni uguali** the profit was divided into four equal parts. // ~ **di patrimonio** (*spettante a un erede*) (*leg.*) portion.

posa, *n. f.* (*il posare in un luogo*) laying, setting. // **la ~ della prima pietra** the laying of the foundation stone; ~ **in opera** laying.

posare, *v. t.* (*deporre*) to put* down, to lay* (down); (*collocare*) to place, to set*. *v. i.* ❶ (*avere base*) to rest, to stand*. ❷ (*fig.*) (*essere fondato*) to be based. △ *v. t.* **Posa tutto e riposati un po'!** put down everything and have a little rest!; *v. i.* ❷ **La nostra tesi posa su fatti e cifre** our thesis is based upon facts and figures. // ~ **i binari su** (*una linea*) (*trasp. ferr.*) to track.

poscritto, *n. m.* (*comun.*) postscript, postscriptum* (*abbr.* P.S.). △ **Devo aggiungere un ~ alla mia lettera** I must add a postscript to my letter.

positiva, *a.* e *n. f.* (*pubbl.*) positive.

positivo, *a.* ❶ (*mat.*) positive; plus (*attr.*). *n. m.* (*pubbl.*) positive, print. △ *a.* ❶ **Per quanto riguarda la loro offerta, non c'è ancora nulla di ~** as far as their offer is concerned, there's nothing positive yet. // **un segno ~** (*mat.*) a plus sign.

posizionare, *v. t.* (*elab. elettr.*) to index.

posizione, *n. f.* ❶ (*anche fig.*) position; (*sito*) situation, location. ❷ (*fig.*) position; (*atteggiamento*) attitude. ❸ (*condizione, stato*) condition, standing, position, situation. ❹ (*grado, posto*) position; rank, capacity, place. ❺ (*Borsa*) book. ❻ **posizioni**, *pl.* (*banca*) positions. △ ❶ **Il nostro Paese è in ~ strategica** our Country is in a strategic position; ❷ **La mia ~ in questa faccenda è molto chiara** my attitude in this matter is very clear; ❸ **Mi trovai in una ~ piuttosto delicata** I found myself in a rather delicate situation; ❹ **Benché sia partito dal nulla, s'è fatto una ~** though he has come up from nothing, he has acquired a position. // ~ **al rialzo** (*Borsa*) bull account; **la ~ concorrenziale dei prodotti dell'azienda** (*market.*) the competitive position of the company products; ~ **contabile** (*rag.*) accounting position; **le posizioni dei conti dei clienti** (*banca*) the positions of the customers' accounts; ~ **di direttore** (*amm.*) managership; ~ **di lavoro** (*elab. elettr.*) on-position; ~ **di ribasso** (*Borsa*) bear position, bear account; ~ **di riferimento** (*elab. elettr.*) index point; **posizioni di valori minimi** (*elab. elettr.*) least significant positions; ~ **finanziaria** (*banca, cred.*) financial standing; ~ (*d'un aereo, d'una nave*) **in base ai calcoli** (*trasp. aer., trasp. mar.*) reckoning; **una ~ pressoché ufficiale** (*leg.*) a quasi-official position; ~ **sociale** (*econ.*) social status, status; **posizioni valutarie** (*fin.*) foreign exchange positions; **essere in ~ di testa su tutti i concorrenti** (*market.*) to have the lead over one's rivals.

posporre, *v. t.* (*posticipare*) to postpone, to defer, to delay; (*rimandare*) to put* off; (*aggiornare*) to adjourn. △ **È la seconda volta che la riunione viene posposta** it is the second time that the meeting has been postponed.

possedere, *v. t.* ❶ (*avere in possesso*) to possess, to own, to hold*, to be in possession of; (*avere*) to have. ❷ (*conoscere a fondo*) to master, to possess, to have a good knowledge of. △ ❶ **Possiedono una grande tenuta nel Mezzogiorno** they possess a vast estate in the South of Italy; **Da quanto tempo possedete quel pezzo di terreno?** how long have you owned that piece of land?; ❷ **La nostra segretaria possiede l'inglese e il tedesco** our secretary has a good knowledge of English and German. // ~ **azioni d'una società commerciale** (*fin.*) to hold shares in a business enterprise; ~ **terreni** to hold land; **chi possiede** possessor, owner, holder.

possedimento, *n. m.* ❶ (*il possedere*) possession. ❷ (*colonia, Paese posseduto*) colony, possession. ❸ (*proprietà, bene immobile*) property, estate. △ ❸ **Dovemmo vendere il nostro ~ vicino a Milano** we had to sell our estate near Milan.

possesso, *n. m.* ❶ possession, ownership, tenure. ❷ (*proprietà immobiliare*) property, estate. ❸ (*padronanza, conoscenza approfondita*) mastery, possession. ❹ (*leg.*) possession, tenure. △ ❶ **Siamo in ~ di documenti importantissimi riguardanti la loro attività commerciale** we are in possession of very important documents concerning their business activity; ❸ **Oggigiorno il ~ d'una lingua straniera è indispensabile** the mastery of a foreign language is indispensable nowadays; ❹ **Il ~ della terra non costituisce più, come una volta, un grosso problema politico** land tenure is not so much of a political issue as it used to be. // ~ **con limitazioni riguardo alla successione** (*leg.*) fee tail; ~ **d'una carica** tenure of office; ~ **effettivo** (*leg.*) actual possession; ~ **relativo** (*leg.*) constructive possession; **relativo al ~** (*leg.*) possessory.

possessore, *n. m.* ❶ possessor; (*proprietario*) proprietor, owner; (*detentore*) holder. ❷ (*leg.*) possessor. // ~ **di buona fede d'un titolo di credito** (*leg.*) holder in due course; ~ **di buoni del Tesoro** (*fin.*) bondholder; ~ **di titoli del debito pubblico** (*fin.*) fundholder; ~ **di titoli di Stato** (*fin.*) fundholder; **un ~ in mala fede** (*leg.*) a mala fide possessor.

possessorio, *a.* (*leg.*) possessory. // **azione possessoria** (*leg.*) possessory action.

possibile, *a.* possible, feasible. *n. m.* possible; (*possibilità*) possibility. △ *a.* **La commissione esaminerà i possibili aggiustamenti nella parità fra le diverse monete** the committee will take into consideration possible alterations in the parity between the various currencies; **Vi preghiamo di farci avere la merce al più presto ~** please let us have the goods as early as possible; *n.* **Faremo il ~ per assistervi in quella faccenda** we did our possible to assist you in that matter.

possibilità, *n. f. inv.* ❶ (*l'essere possibile*) possibility. ❷ (*opportunità*) opportunity, chance. △ ❷ **Quali sono le possibilità di reddito?** what are the opportunities as regards income? // ~ **d'assorbimento d'un mercato** (*econ.*) absorption potential of a market; ~ **di carriera** (*pers.*) career opportunity; **possibilità d'impiego** (*pers.*) job opportunities; **possibilità finanziarie** (*fin.*) availability of finance (*sing.*); **senza ~ di dubbio** beyond doubt.

possidente, *n. m.* e *f.* ❶ proprietor (*m.*); proprietress, proprietrix (*f.*). ❷ (*persona agiata*) well-to-do person. // ~ **terriero** landowner, landholder.

posta, *n. f.* ❶ post, mail. ❷ (*ufficio postale*) post-office. ❸ (*in un gioco d'azzardo e fig.*) stake. ❹ (*mat., rag.*) item. △ ❶ **Vi invieremo il nostro ultimo catalogo a giro di ~** we shall send you our latest catalogue by return of post; **È già arrivata la ~ del mattino?** has the morning mail come in yet?; ❷ **Questa è la stazione? No, è la ~** is this the station? No, it's the post-office. // **~ aerea** (*comun.*) airmail; **~ affrancata mediante una** (*macchina*) **affrancatrice** (*comun.*) metered mail; **~ centrale** General Post Office (*abbr.* G.P.O.); **le poste d'un bilancio** (*rag.*) the items of a balance sheet; **~ espresso** (*comun.*) express mail; **~ -giro** (*cred., ingl.*) giro; **~ in arrivo** (*comun.*) in-coming mail; **~ in partenza** (*comun.*) out-going mail; **poste nazionali** (*comun., USA*) domestic mails; domestic postage (*sing.*); **~ normale** (*che viaggia via terra o via mare, ma non per via aerea*) (*comun.*) surface mail; **~ pneumatica** (*comun.*) (*sistema di tubi ad aria compressa*) pneumatic dispatch; (*trasmissione della corrispondenza con un sistema di tubi ad aria compressa*) pneumatic post; **~ raccomandata** (*comun.*) registered mail; **~ ricevuta in seguito alla pubblicazione** (*o trasmissione radiotelevisiva*) **d'un annuncio pubblicitario** (*pubbl.*) returns (*pl.*); **a giro di ~** (*comun.*) by return of mail, by return of post; **a mezzo ~** (*comun.*) V. **per ~**; **per ~** (*comun.*) by post, per post, by mail; **per ~ aerea** (*comun.*) by airmail; **per ~ pneumatica** (*comun.*) by air dispatch.

postale, *a.* (*comun.*) postal; post, mail (*attr.*). *n. m.* ❶ (*trasp. ferr.*) mail-train. ❷ (*trasp. mar.*) packet-boat, packet-ship, post-boat, mail-steamer, packet.

postbellico, *a.* post-war.

postdatare, *v. t.* to post-date, to date forward. // **~ un assegno** (*cred.*) to post-date a cheque.

posteggiare, *v. t.* (*trasp. aut.*) to park.

posteggiatore, *n. m.* ❶ (*market.*)(*venditore con bancarella*) stall-holder. ❷ (*trasp. aut.*) car-park attendant.

posteggio, *n. m.* ❶ (*market.*) stand, stall. ❷ (*trasp. aut.*) parking-place, car-park. // **~ di tassì** cab-stand, taxi-rank.

postergare, *v. t.* (*fin., leg.*) to postpone, to defer. // **~ un'ipoteca** (*leg.*) to postpone a mortgage.

postergato, *a.* (*fin., leg.*) postponed, deferred. △ **Ai detentori d'azioni postergate sarà distribuito il dividendo soltanto se sarà rimasta una parte d'utile dopo che saranno stati pagati i detentori d'azioni privilegiate e ordinarie** holders of deferred shares will receive a dividend only if there is still some profit left after the preference shareholders and ordinary shareholders have received their proportion of profit.

posteriore, *a.* ❶ posterior, back, rear. ❷ (*che viene dopo*) posterior, later, subsequent. // **a posteriori** ex post.

posticipare, *v. t.* to put* off, to postpone, to defer, to lay* over, to delay. △ **La partenza del principale dovette essere posticipata** our principal's departure had to be put off.

posticipato, *a.* deferred, delayed. △ **Non accettiamo pagamenti posticipati** we won't accept deferred payments.

posticipazione, *n. f.* putting off, postponement, deferment, delaying.

postilla, *n. f.* ❶ marginal note, foot-note, side-note; (*chiosa*) gloss. ❷ (*leg.*) rider.

postino, *n. m.* V. **portalettere**.

posto[1], *a.* placed, situated, located. △ **Gli impianti sono posti vicino al porto** the plants are situated near the harbour.

posto[2], *n. m.* ❶ place. ❷ (*spazio*) room, space. ❸ (*sito, posizione*) spot, place, location. ❹ (*pers.*) (*impiego, lavoro*) position, job, post, situation, appointment, place. ❺ (*trasp.*) seat. △ ❶ **Se fossi al suo ~ non ne parlerei** if I were in his place, I would not speak about that; ❷ **Non c'è ~ per un altro ufficio** there's no room for another office; ❸ **Stiamo cercando un nuovo ~ per la fabbrica** we're looking for a new location for the factory; ❹ **Il ~ che offriamo richiede tanto la contabilità quanto la dattilografia** the position we offer involves bookkeeping as well as typing; **Ha un ~ di segretaria** she has a job as a secretary; **Ha un buon ~ in una grande azienda** he has a good appointment in a big concern; **Gli fu offerto un ~ alla « Washington Post »** he was offered a place on the « Washington Post »; ❺ **Dica alla mia segretaria di prenotarmi due posti sul volo delle 14.25** tell my secretary to book two seats on the 14:25 flight. // **un ~ chiave** (*pers.*) a key position; **~ d'ancoraggio** (*trasp. mar.*) berth; **~ di blocco stradale** (*trasp. aut.*) road block; **~ di caricazione** (*trasp. mar.*) loading place; **~ di confine** (*comm. est.*) frontier crossing; **~ di dogana** (*dog.*) customs station; **~ di frontiera** (*comm. est.*) frontier crossing: **Stiamo cercando d'aumentare i posti di frontiera aperti in permanenza agli autotrasporti effettuati in regime di TIR** we are trying to increase the number of frontier crossings open for transport covered by the TIR carnet; **~ di lavoro** (*pers., anche*) place of business; **~ di lavoro non occupato** (*org. az.*) unfilled vacancy; **~ d'ormeggio** (*trasp. mar.*) berth; **~ di polizia** police station; **~ di quarantena** (*trasp. mar.*) quarantine anchorage; **~ di ristoro** (*org. az.*) canteen, cafeteria; **un ~ di ruolo** (*pers.*) a permanent position; **~ di scarico** (*di una nave*) (*trasp. mar.*) discharging berth; **~ in piedi** (*su un autobus, ecc.*) (*trasp.*) standing-room; **un ~** (*a sedere*) **non occupato su un autobus** (*trasp. aut.*) a vacant seat in a bus; **un ~ stabile** (*pers.*) a permanent position; **un ~ stipendiato** (*pers.*) a salaried position; **~ vacante** (*pers.*) opening; vacancy; **Sono spiacente di doverLa informare che tutti i posti vacanti sono stati coperti** I am sorry to inform you that all vacancies have been filled up.

potenza, *n. f.* ❶ power, might; (*forza*) strength. ❷ (*Stato*) power. ❸ (*mat.*) power, degree. △ ❶ **La ~ della pubblicità è maggiore di quanto si possa credere** the power of advertising is greater than one might imagine; ❷ **Gli Stati Uniti sono una grande ~** the United States is a great power; ❸ **Nove è la seconda ~ di tre** nine is the second power of three. // **~ d'entrata** (*elab. elettr.*) input power; **~ d'uscita** (*elab. elettr.*) output power; **le potenze occidentali** the Western powers.

potenziale, *a.* potential. *n. m.* potential, potentiality. △ *n.* **Recentemente il nostro ~ economico è notevolmente diminuito** our economic potentiality has remarkably declined lately. // **~ d'acquisto** (*market.*) buying power; **~ di mercato** (*econ.*) market potential; **~ di vendita** (*market.*) selling power, sales potential; **~ economico** (*econ.*) economic potential; **~ umano** (*econ., stat.*) manpower.

potenzialità, *n. f. inv.* potentiality, potency, power, capacity. // **la ~ dell'economia statunitense** (*econ.*) the capacity of the U.S. economy.

potenziamento, *n. m.* potentiation, intensification. // **il ~ della ricerca** (*econ.*) the intensification of research.

potenziare, *v. t.* to potentiate, to strengthen.

potere[1], *n. m.* ❶ power. ❷ (*influsso*) influence. ❸ (*capacità*) capacity, power, leverage. ❹ (*autorità*) authority. ❺ **poteri**, *pl.* (*leg.*) powers; commission (*sing.*). △ ❶ **Faremo tutto quello che è in nostro ~** we shall do everything in our power; ❷ **Il Sig. Neri ha molto ~ sui suoi dipendenti** Sig. Neri has much influence over his employees; ❸ **Sembra che il nostro sindacato abbia scarso ~ contrattuale al momento** our union seems to have little bargaining leverage just now;

potere

❺ **Devo agire entro i limiti dei miei poteri** I must act within the limits of my commission. // ~ **assoluto** absolute power; ~ **contrattuale** (*sind.*) bargaining power, bargaining leverage; ~ **decisionale** (*org. az.*) decision-making power; ~ **d'acquisto** (*econ.*) purchasing power, buying power; value in exchange: **La lira ha subito una diminuzione del ~ d'acquisto** there's been a decline in the purchasing power of the lira; ~ **d'espropriazione per motivi d'interesse generale** (*leg.*) eminent domain; ~ (*dei sindacati*) **d'ottenere grossi aumenti salariali** (*econ., sind.*) wage-boosting power; **poteri discrezionali** (*leg.*) discretionary powers; ~ **esecutivo** (*leg.*) executive power; ~ **giudiziario** (*leg.*) judicial power, judiciary; **poteri impliciti** (*leg.*) implied powers; ~ **investigativo** (*leg.*) investigative power; ~ **legislativo** (*leg.*) legislative power; **i poteri pubblici** (*leg.*) the public authorities; **poteri straordinari** (*leg.*) extraordinary powers.

potere[2], *v. t.* ❶ (*avere la capacità, ecc. di fare qc.*) to be able to; can, could (*verbi modali*). ❷ (*avere la possibilità, il permesso di fare qc.*) to be allowed, to be permitted; may, might (*verbi modali*). ❸ (*essere probabile*) to be likely; may, might. △ ❶ **Non possiamo concedervi più del 20% di sconto** we cannot grant you a more than 20% discount; **Credi che possano farci avere gli articoli prima di sabato?** do you think they can let us have the articles before Saturday?; **Se potessimo ottenere quel mutuo saremmo a cavallo** if we could get that loan, we would be safe; **Fallì perché non poté pagare i creditori** he went bankrupt as he was not able to (*o* could not) pay his creditors; **Potrete ricevere il nostro rappresentante domani alle 17?** will you be able to receive our agent tomorrow at 5 P.M.?; ❷ **Posso parlare al Suo principale?** may I speak to your principal, please?; **Non potete entrare prima che la riunione sia terminata** you are not allowed to get in before the meeting is over; ❸ **Il Sig. Torelli potrebbe essere libero fra 10 minuti; non vuole aspettarlo?** Sig. Torelli might be free to receive you in 10 minutes; won't you wait for him? // ~ **ospitare** (*tur.*) (*d'albergo*) to sleep, to accommodate: **Il nostro albergo può ospitare 500 persone** our hotel sleeps 500 people; **ciò che non si può fare** don't (*pl.* don'ts); **ciò che si può fare** do (*pl.* dos *o* do's); **ciò che si può fare e ciò che non si può fare** the do's and don'ts.

potestà, *n. f. inv.* (*potere*) power; (*autorità*) authority. // ~ **di giudicare** (*leg.*) jurisdiction; **patria ~** (*leg.*) paternal authority, paternal power.

pozzo, *n. m.* ❶ (*anche fig.*) well. ❷ (*cava*) pit. // ~ **petrolifero** oil well.

prammatica, *n. f.* custom, usage. // **essere di ~** to be customary.

prassi, *n. f.* ❶ **praxis***, (accepted) practice, regular procedure, usual procedure, what is (*o* was) done. ❷ (*org. az.*) praxis*. // ~ **bancaria** (*banca*) banking customs; **la ~ commerciale** the ordinary course of business.

pratica, *n. f.* ❶ practice. ❷ (*esperienza, conoscenza*) experience, practice. ❸ (*addestramento*) training. ❹ (*usanza, consuetudine*) practice, custom, usage; (*prassi*) praxis*. ❺ (*affare, faccenda*) matter, affair. ❻ (*documento*) paper; (*caso*) case; (*incartamento*) file. ❼ (*trasp. mar.*) pratique. △ ❷ **Fu scelto grazie alla sua notevole ~ d'affari** he was chosen thanks to his remarkable business experience; ❸ **Prima di diventare un buon interprete ci vuole molta ~** one needs a lot of training before becoming a good interpreter; ❺ **Sono due mesi che studio questa ~** I have been studying this matter for two months; ❻ **Non siamo riusciti a rintracciare la vostra ~** we have not been able to find out your file. // **le pratiche brevettuali** (*leg.*) the necessary steps to obtain a patent; **pratiche che limitano la concorrenza** (*market.*) practices in restraint of competition; ~ **di concedere il trasporto gratuito agli impiegati d'una impresa di trasporti** (*sind., USA*) deadheading; ~ **di sdoganamento** (*di nave: per entrare in porto o salpare*) (*dog.*) clearance; ~ **discriminatoria nei confronti degli aderenti a un sindacato** (*operaio o padronale*) (*sind., USA*) unfair labour practice; **pratiche illecite** (*leg.*) unlawful conduct (*sing.*); **in ~** in practice, virtually.

praticabile, *a.* ❶ (*che si può mettere in pratica*) practicable, feasible. ❷ (*trasp.*) (*dove si può andare o passare*) practicable, passable. △ ❶ **La tua idea è interessante ma poco ~** your idea is interesting but not very practicable; ❷ **La strada per Verona non è più ~** the road to Verona is no longer practicable.

praticabilità, *n. f. inv.* practicability, feasibility, practicableness.

praticamente, *avv.* ❶ practically, in practice. ❷ (*con la pratica*) by practice, by experience. △ ❷ **Il lavoro d'ufficio s'apprende ~** office work is learned by practice.

praticante, *a.* practicing. *n. m.* e *f.* ❶ (*chi esercita un mestiere o una professione*) practiser. ❷ (*pers.*) (*chi fa pratica d'un mestiere*) apprentice. // ~ **d'ufficio** (*pers.*) articled clerk; (*chi accetta lavoro per acquisirne esperienza, pur non essendo retribuito*) improver.

praticare, *v. t.* ❶ (*mettere in pratica*) to practise, to put* into practice. ❷ (*esercitare una professione, ecc.*) to practise, to follow. △ ❷ **Il Sig. Mazzoni ha sempre praticato questo mestiere** Sig. Mazzoni has always followed this trade. // ~ **prezzi proibitivi** (*escludendosi, così, dal mercato*) (*market.*) to price oneself out of the market; ~ **un prezzo** (*market.*) to make a price; ~ **la professione dell'avvocato** to practise law, to practise as a lawyer; ~ **ribassi** (*market.*) to rebate; **essere praticato** (*market.*) (*di prezzo*) to rule: **I prezzi praticati per articoli simili sono altamente concorrenziali** the ruling prices for similar articles are highly competitive.

pratico, *a.* ❶ practical. ❷ (*comodo, funzionale*) practicable, serviceable, handy. ❸ (*esperto*) experienced, expert, skilled (in), familiar (with), conversant. △ ❶ **Il metodo che ci hanno mostrato non è molto ~** the method they have shown us is not very practical; ❷ **Il nuovo macchinario è molto più ~ di quello vecchio** the new machinery is much more practicable than the old one; ❸ **Cerchiamo qualcuno che sia ~ di contabilità** we are looking for someone who's familiar with accountancy.

preavvisare, *v. t.* to inform in advance, to give* notice to, to forewarn.

preavviso, *n. m.* ❶ notice, warning; forewarning. ❷ (*leg.*) (*di disdetta di contratto di locazione, ecc.*) warning. △ ❶ **Vi faremo sapere la nostra decisione con un ~ d'una settimana** we'll let you know our decision at a week's notice. // ~ **di fallimento** (*leg.*) bankruptcy notice: **In Inghilterra, un ~ di fallimento può esser persino basato sull'ingiunzione di pagamento della bolletta dell'acqua** in England, a bankruptcy notice may even be founded on an order to pay a water rate; **Il ~ di fallimento è una notifica, data da un creditore che ha ottenuto un'ingiunzione di pagamento per il suo debitore, mediante la quale quest'ultimo viene invitato a pagare o a concordare il debito o soddisfacimento del creditore o del tribunale** a bankruptcy notice is a notice, given by a creditor who has obtained an order for payment by his debtor, calling upon the latter to pay or compound for the debt to the satisfaction of the creditor or the Court; ~ **di licenziamento** (*pers.*) notice, warning: **Hai diritto a un ~ (di licenziamento) di almeno 15 giorni** you are entitled to a fifteen days' notice at least; **un ~ di prelevamento** (*di fondi*) (*banca*) a notice of withdrawal, a withdrawal notice; **con breve ~** at short notice; **dietro ~** upon notice; **per mancato ~** for want of notice; **senza ~** without notice: **Tutti i prezzi sono soggetti a variazioni senza ~** all prices are subject to change without notice.

prebellico, *a.* pre-war (*attr.*).

precauzionale, *a.* precautionary, precautional.

precauzione, *n. f.* ❶ precaution. ❷ (*cautela*) caution, care. △ ❶ **Abbiamo preso tutte le precauzioni contro eventuali incidenti durante il trasporto** we have taken all precautions against possible accidents in transit. // **precauzioni sanitarie** sanitary precautions.

precedente, *a.* ❶ preceding, previous. ❷ (*anteriore*) former. *n. m.* ❶ (*anche leg.*) precedent. ❷ **precedenti**, *pl.* (*condotta anteriore a un certo momento*) record (*sing.*). △ *a.* ❶ **Nella riunione ~ questo argomento non era stato discusso** this topic had not been discussed in the preceding meeting; **L'anno ~ fu caratterizzato da una generale diminuzione dei prezzi** the previous year was characterized by a general fall in prices; *n.* ❶ **La nostra condotta potrebbe creare un ~** our conduct might create a precedent; **Praticamente un avvocato ha vinto la causa quando ha trovato un ~** a lawyer has virtually won his case when he has found a precedent; ❷ **La Signorina Barbieri ha dei buoni precedenti** Signorina Barbieri has got a good record. // **i precedenti in una relazione d'affari** the background in a business report.

precedenza, *n. f.* ❶ precedence; (*priorità*) priority. ❷ (*trasp. aut.*) right of way. △ ❶ **La ~ spetta al Sig. Morini, che è il più anziano** Sig. Morini takes precedence as he is the oldest person; **La nostra mozione deve avere la ~ su tutte le altre** our motion must have precedence on all others; **Al suo caso verrà data la ~** your case will be given priority. // **~ assoluta** (*org. az.*) top priority; **in ~** (*leg.*) hereinabove, hereinbefore.

precedere, *v. t. e i.* ❶ to precede, to go* (*o* to come*) before. ❷ (*prevenire*) to forestall. // **~ un concorrente** (*market.*) to forestall a competitor.

precettare, *v. t.* (*leg.*) (*come testimone, ecc.*) to garnish.

precettivo, *a.* (*leg.*) preceptive.

precetto, *n. m.* ❶ (*norma, regola*) precept, rule. ❷ (*comando, ordine*) command, order. ❸ (*leg.*) request of payment after judgment.

precipuo, *a.* principal, main, chief, most important. △ **Il mio dovere ~ è di dirigere quest'azienda** my chief duty is to manage this firm.

precisare, *v. t.* to state precisely, to define precisely, to specify. △ **Il nostro cliente dimenticò di ~ come voleva che fossero imballati gli articoli** our customer forgot to specify how he wanted the articles to be packed. // **~ i dettagli** to give further details.

precisazione, *n. f.* precise statement, specification. △ **Crediamo che siano necessarie alcune precisazioni** we think that some specifications are needed.

precisione, *n. f.* precision, preciseness; (*esattezza*) exactness; (*fedeltà*) fidelity.

preciso, *a.* precise, exact; (*accurato*) thorough; (*minuzioso*) particular. △ **Non esistono regole precise in materia** there are no precise rules on this subject; **Fateci avere al più presto un resoconto ~ dei vostri movimenti** let us have a particular account of your movements as soon as possible.

precitato, *a.* above-mentioned, quoted above, mentioned above, aforesaid.

precludere, *v. t.* ❶ to bar, to preclude, to foreclose. ❷ (*leg.*) to estop.

preclusione, *n. f.* ❶ bar, foreclosure. ❷ (*leg.*) estoppel.

precondizionare, *v. t.* (*market., pubbl.*) to precondition. △ **Molti commercianti cercano sistemi per ~ il cliente all'acquisto dei loro prodotti** many merchandisers look for ways to precondition the customer to purchase their articles.

predetto, *a.* ❶ mentioned above, above-mentioned, aforesaid, said. ❷ (*market.*) (*nelle fatture, negli inventari, ecc.*) ditto.

predisporre, *v. t.* to predispose, to dispose beforehand, to arrange in advance, to prearrange. // **~ un incontro** to arrange a meeting.

preferenza, *n. f.* ❶ preference. ❷ (*gusto*) taste, like. ❸ (*parzialità*) partiality. △ ❷ **Sappiamo anche troppo bene quali sono le preferenze dei nostri clienti** we know only too well what our customers' tastes are. // **~ alla liquidità** (*fin., rag.*) liquidity preference; **preferenze contrattuali** (*comm. est.*) preference margins; **preferenze del consumatore** (*market.*) consumer preference (*sing.*); **preferenze tariffarie generalizzate** (*comm. est.*) generalized tariff preferences, generalized tariff quotas; **di ~** preferably; (*per lo più*) mostly.

preferenziale, *a.* preferential. △ **Non avete diritto ad alcun trattamento ~** you aren't entitled to any preferential treatment.

preferire, *v. t.* to prefer, to have a preference for, to like better (*o* best). △ **Se non Le spiace, preferirei pagare con un assegno** I'd prefer paying by cheque, if you don't mind.

prefisso, *n. m.* (*comun.*) (*telefonico*) code number.

pregare, *v. t.* (*domandare*) to ask, to beg; (*richiedere*) to request; (*invitare*) to desire. △ **I visitatori sono pregati di non fumare** visitors are requested not to smoke; **La pregano d'attendere** they desire you to wait.

preghiera, *n. f.* (*istanza*) request, entreaty; (*invito*) desire.

pregiare, *v. t.* to appreciate, to esteem, to value.

pregiarsi, *v. rifl.* (*onorarsi*) to have the honour, to be honoured, to beg. △ **Ci pregiamo d'informarLa che la Sua richiesta è stata accolta** we beg to inform you that your request has been accepted.

pregiato, *a.* ❶ esteemed, valued. ❷ (*market.*) name (*attr.*). △ ❷ **Forniamo soltanto marche pregiate** we only supply name brands.

pregio, *n. m.* ❶ (*considerazione, stima*) regard, esteem. ❷ (*ciò che rende q. o qc. degno di stima*) quality, merit. ❸ (*valore*) value, worth. △ ❶ **Il direttore tiene la Signorina Mediani in grande ~** the manager holds Signorina Mediani in high esteem; ❷ **Tutti conosciamo i pregi della nuova segretaria** all of us know the merits of the new secretary; ❸ **Queste virtù sembrano prive di qualsiasi ~ al giorno d'oggi** these virtues seem to have no value nowadays.

pregiudicare, *v. t.* ❶ (*compromettere*) to prejudice, to compromise, to be prejudicial to; (*mettere in pericolo*) to jeopardize. ❷ (*leg.*) to injure. △ ❶ **Le nuove norme pregiudicano il destino di molte aziende** the new rules jeopardize the future of a lot of industries; **Una tale politica pregiudica gli interessi della classe operaia** such a policy is prejudicial to the interests of the working class.

pregiudicato, *a.* ❶ (*pieno di pregiudizi*) prejudiced, full of prejudices. ❷ (*leg.*) injured. *n. m.* (*leg.*) previous offender.

pregiudiziale, *a.* (*che reca pregiudizio*) prejudicial, detrimental. *n. f.* (*leg.*) interlocutory question.

pregiudizio, *n. m.* ❶ (*opinione sbagliata*) prejudice, bias. ❷ (*danno*) prejudice, detriment, damage.

prelazione, *n. f.* (*leg.*) pre-emption. // di ~ (*leg.*) pre-emptive (*a.*); diritto di ~ (*leg.*) right of pre-emption.

prelevamento, *n. m.* ❶ (*banca*) (*il prelevare*) withdrawal, withdrawing, drawing. ❷ (*banca*) (*somma prelevata*) withdrawal, drawing. ❸ (*fin.*) charging, inroad, levy. ❹ (*fin., rag.*) appropriation. △ ❷ **Ha fatto grossi prelevamenti dalla banca nel corso di questo mese** he has made large withdrawals from the bank this month; ❸ **La tensione provocata sul mercato monetario da tale stato di cose diede luogo a un forte rialzo dei tassi d'interesse e a prelevamenti considerevoli di capitali sul mercato dell'euro-dollaro** the consequent strain on the money market led to a sharp increase in interest rates and to heavy inroads on the funds available to the Euro-dollar market; **L'ammontare del ~ è superiore in media ai dazi doganali precedentemente applicati** the levy is higher, on the average, than the customs duties previously charged. // **~ di campioni** (*market., stat.*) drawing of samples; **~ di cassa** (*rag.*) cash drawing; **il ~ di materiale d'archivio** (*org. az.*) the requisition of file material; **prelevamenti riscossi nei confronti dei Paesi terzi** (*econ., fin.*) levies charged on imports from non-member Countries; **~ su un conto corrente** (*banca*) drawing on a current account.

prelevare, *v. t.* ❶ (*banca*) to withdraw*, to draw*. ❷ (*fin., rag.*) to appropriate. △ ❶ **Non potemmo fare a meno di ~ 100.000 sterline** we couldn't help withdrawing £ 100,000; **Ha prelevato diverse centinaia di sterline dalla banca** he drew several hundred pounds from the bank. // **~ un tanto dai propri risparmi** to appropriate so much out of one's savings.

prelievo, *n. m.* V. **prelevamento**.

preliminare, *a.* preliminary, preparatory. *n. m.* preliminary. △ *a.* **Sono quasi terminati i lavori preliminari per elaborare norme comuni in materia di depositi doganali** the preparatory studies to work out common rules on bonded warehouses are almost completed. // **un ~ di vendita** (*market.*) a preliminary agreement to sell, a promise to sell.

premeditare, *v. t.* to premeditate, to plan (*o* to contrive) previously.

premeditato, *a.* ❶ premeditated, intentional. ❷ (*leg.*) wilful, prepense.

premeditazione, *n. f.* ❶ premeditation. ❷ (*leg.*) wilfulness, malice prepense, malice aforethought.

premere, *v. t.* to press. *v. i.* ❶ to press. ❷ (*stare a cuore*) to matter, to be important, to be of interest. ❸ (*fare pressione, tentare d'indurre*) to urge, to push. △ *v. i.* ❷ **I problemi dei datori di lavoro non ci premono minimamente** the employers' problems are of no interest to us; ❸ **I sindacati premono per (ottenere) salari più alti** the unions are pushing for higher wages.

premessa, *n. f.* ❶ premise. ❷ (*cosa detta precedentemente*) introductory (*o* previous) statement; (*preambolo*) preamble. ❸ **premesse**, *pl.* (*leg.*) premises. △ ❷ **Quando iniziò il suo discorso fece alcune premesse** when he began his speech he made some introductory statements; ❸ **Quella clausola fu già citata nelle premesse** that clause was already cited in the premises. // **le premesse e le conclusioni** (*leg.*) premises and conclusions; **senza tante premesse** without wasting words.

premesso, *a.* premised, stated beforehand, already stated; (*precedente*) preceding, previous. // **~ che** considering that, since; (*leg.*) (*forma introduttiva d'un contratto, e sim.*) whereas; **ciò ~** that being stated.

premettere, *v. t.* to premise, to state beforehand. △ **Sento di dover ~ alcuni particolari** I feel I must premise some details.

premiare, *v. t.* ❶ to give* a prize to, to award a prize to. ❷ (*ricompensare*) to reward, to repay*. △ ❶ **Il nostro stilista è stato premiato per il design della nuova auto** our stylist has been awarded a prize for the design of the new car; ❷ **La tua fedeltà alla ditta è stata premiata** your faithfulness to the business has been rewarded.

premio, *n. m.* ❶ prize, award. ❷ (*ass.*) premium. ❸ (*econ., market.*) bounty, rebate. ❹ (*pers., sind.*) bonus. △ ❶ **Le nostre piastrelle hanno ricevuto il primo ~ alla mostra** our tiles got the first prize at the show; ❷ **Generalmente il ~ è pagato in soluzione unica, ma nell'assicurazione sulla vita può essere anche pagato in rate a intervalli convenuti** the premium is usually paid in a lump sum, but in life insurance it may be paid also in parts at agreed intervals; **La maggior parte del primo ~ pagato va all'agente d'assicurazione come provvigione d'acquisto** most of the first premium goes to the insurance agent in commission; ❹ **Il Sig. Romiti riceverà domani un ~ d'anzianità** Sig. Romiti will be given a long-service bonus tomorrow. // **~ all'esportazione** (*fin.*) bounty on export, export bounty, export rebate, drawback; **~ annuale** (*ass.*) annual premium; **~ corrente** (*ass.*) current premium; **~ costante** (*ass.*) level premium; **~ del deporto** (*Borsa, fin.*) backwardation; **~ d'acceleramento** (*trasp. mar.*) dispatch money; **~ d'accelerazione** (*sind.*) accelerating premium; **~ d'assicurazione** (*ass.*) premium of insurance, insurance premium; **~ di buonuscita** (*pers.*) retiring allowance; **~ d'emissione azionaria** (*fin.*) premium of shares; **~ d'incoraggiamento** (*sind.*) bounty; **~ « d'operosità »** (*pers.*) override; **~ di partecipazione agli utili** (*ass.*) revisionary bonus; **~ di produttività** (*sind.*) acceleration premium; **~ di produzione** (*pers.*) production bonus; **~ di rinnovo** (*ass.*) renewal premium; **~ di riporto** (*Borsa*) carry-over rate, contango; **~ di salvataggio** (*trasp. mar.*) remuneration for salvage; **~ « di tariffario »** (*ass.*) office premium, gross premium; **~ di vitalizio** (*ass.*) annuity premium; **~ lordo** (*ass.*) gross premium, office premium; **~ netto** (*ass.*) net premium, pure premium, risk premium; **~ per il carico di coperta** (*trasp. mar.*) deck-cargo premium; **~ per il compratore** (*Borsa*) buyer's option; **~ per la produzione** (*sind.*) bounty on production; **~ per il venditore** (*Borsa*) seller's option; **~ supplementare** (*ass.*) extra premium; **~ unico** (*ass.*) single premium; **per un ~ da convenirsi** (*ass.*) at a premium to be arranged.

premista, *n. m.* e *f.* (*Borsa*) stag.

premunire, *v. t.* to forearm, to strengthen.

premunirsi, *v. rifl.* to take* precautions, to protect oneself, to secure oneself, to provide. △ **Ci dovremmo premunire contro una economia inflazionistica** we should provide against an inflationary economy. // **~ contro i danni** to take protective measures against damages; **~ contro fluttuazioni nei tassi di cambio** (*fin.*) to secure oneself against exchange rate fluctuations.

prendere, *v. t.* ❶ to take*. ❷ (*cogliere sopraggiungendo*) to catch*. ❸ (*assumere*) to take* over. ❹ (*guada-*

gnare, ottenere) to earn, to get★. ❺ (*market.*) (*far pagare*) to charge. ❻ (*pers.*) (*assumere*) to engage. *v. i.* (*girare, voltare*) to turn. △ *v. t.* ❶ **Quando faccio la spola fra Londra e Milano, di solito prendo l'aereo** when I commute between London and Milan, I usually take the airplane; **Non dimenticare di ~ (con te) il passaporto** don't forget to take your passport; **Abbiamo preso (in affitto) i locali per tre anni** we have taken the premises for 3 years; ❷ **La polizia l'ha preso sul fatto** the police have caught him red-handed; ❸ **Il Sig. Rossi ha preso la direzione della ditta** Sig. Rossi has taken over the management of the firm; ❹ **Quanto prendi al mese?** how much do you earn a month?; ❺ **Quanto mi prenderanno per riparare l'automobile?** how much will they charge me to repair my car?; ❻ **Dobbiamo ~ due nuovi commessi per questo reparto** we must engage two new shop assistants for this department; *v. i.* **Prenda a sinistra e si troverà proprio di fronte alla stazione** turn to your left and you'll find yourself just in front of the station. // **~ a nolo** (*leg.*) to hire; **~ a prestito** to borrow; to loan (*USA*); **~ a riporto** (*Borsa*) to borrow; **~ accordi per** (*una compravendita, ecc.*) (*comm.*) to negotiate: **Abbiamo preso accordi per la vendita** we have negotiated the sale; **~ un appuntamento con q.** to make an appointment with sb.; **~ un brevetto** (*leg.*) to take out a patent; **~ la cittadinanza** (*d'un Paese*) to be naturalized; **~ q. come socio in affari** to take sb. into partnership; **~ con le mani** (*cronot.*) to grasp; **~ contatto con q.** to get in touch with sb., to contact sb.; **~ una decisione** to adopt a resolution; **~ denaro a prestito con cambiali di comodo** (*cred.*) to fly a kite; **~ due piccioni con una fava** to kill two birds with one stone; **~ un impegno** (*leg.*) to take an engagement; **~ in affitto** (*leg.*) to rent, to hire, to lease; **~ in consegna qc.** (*org. az.*) to take charge of st.; **~ in considerazione** to take into consideration, to entertain, to view: **Quasi tutte le istanze sono state prese in considerazione** nearly all the applications have been viewed; **~ in considerazione una proposta** to entertain a proposal; **~ in custodia** (*leg.*) to take into custody; **~ in esame una proposta** to examine a proposal; **~ q. in parola** to take sb. at his word; **~** (*un locale, ecc.*) **in subaffitto** (*leg.*) to sublease; **~ indietro** to take back; **~ informazioni** to make inquiries; **~ il largo** (*fig.*) to take to one's heels; (*trasp. mar.*) to put to sea, to bear off; **~ merce a credito** (*market.*) to take goods on account; **~ nota di** to note, to register, to record, to write down, to take down: **Abbiamo preso buona nota delle vostre istruzioni** we have carefully noted your instructions; **~ parte a qc.** to participate in st.: **Queste azioni prendono parte alla distribuzione dei dividendi straordinari** these shares participate in additional dividends; **~ piede** to catch on, to become fashionable; **~ possesso di qc.** (*leg.*) to take possession of st.; **~ posto** (*fig.*) to rank: **L'Australia prenderà posto fra le grandi potenze economiche** Australia will rank among the great economic powers; **~ il posto di** to supersede, to displace: **Mr Johnson ha preso il posto di Mr Kendall alla presidenza** Mr Johnson has superseded Mr Kendall as chairman; **~ provvedimenti in vista di qc.** to provide against st.; **~ un** (*nuovo*) **socio nell'azienda** to take a partner into the business; **~ su** to take up, to pick up; (*trasp.*) to pick up: **Alla prossima stazione il treno prenderà su una quantità di pendolari** at the next stop the train will pick up a lot of commuters; **~ titoli a riporto** (*Borsa*) to carry stock.

prendersi, *v. rifl.* ❶ (*prendere per sé*) to take★. ❷ (*assumere*) to assume, to take★ (up). // **~ la libertà di fare qc.** to take the liberty of doing st.; **~ la responsabilità di qc.** to assume the responsibility for st.

prenditore, *n. m.* ❶ taker, receiver. ❷ (*cred.*) payee. // **~ in solido** (*leg.*) colessee.

prenome, *n. m.* (*nome di battesimo*) Christian name; given name (*USA*).

prenotare, *v. t.* ❶ to book, to reserve; to make★ a reservation for (*USA*). ❷ (*trasp., tur.*) to book, to reserve. △ ❷ **Mi prenoti una stanza allo Sheraton, per favore** please, book me a room at the Sheraton. // **~ un posto in treno** (*trasp. ferr.*) to book a seat on a train; **~ una stanza all'albergo** (*tur.*) to book a room in a hotel; **~ una telefonata** (*comun.*) to book a telephone call, to place a telephone call.

prenotarsi, *v. rifl.* ❶ to put★ one's name down (for st.). ❷ (*giorn.*) to subscribe.

prenotazione, *n. f.* ❶ booking, reservation. ❷ (*comun.*) (*d'una chiamata telefonica*) placement. ❸ (*trasp., tur.*) reservation, booking. △ ❸ **La ~ fu annullata prima della partenza** the booking was cancelled before departure. // **~ del nolo** (*trasp. mar.*) freight booking; **la ~ d'un posto su un aereo** (*trasp. aer.*) the reservation of a seat on a plane.

preoccupante, *a.* worrying, vexing; (*serio*) serious. // **un ~ squilibrio negli scambi internazionali** (*econ.*) a serious lack of balance in international trading.

preoccupare, *v. t.* ❶ (*tenere in apprensione*) to worry, to trouble, to vex. ❷ (*leg.*) (*occupare prima*) to occupy before, to take★ previous possession of.

preoccupazione, *n. f.* ❶ worry, anxiety, concern. ❷ (*leg.*) (*occupazione precedente*) previous occupation.

preparare, *v. t.* ❶ to prepare; (*apprestare*) to make★ ready; (*predisporre*) to arrange, to engineer. △ **Si sta preparando un nuovo articolo** a new article is being prepared. // **~ un contratto** (*leg.*) to prepare a contract; **~ i fondi per il pagamento di** (*una tratta, ecc.*) (*cred.*) to protect; **~ lo schema d'un contratto** (*leg.*) to draft a contract; **~ un trattato** to arrange a treaty.

prepararsi, *v. rifl.* to prepare, to get★ ready, to fit oneself. △ **Poiché hai ottenuto il posto, ti devi preparare alle tue nuove mansioni** as you have got the job, you must fit yourself for your new duties. // **~ a un rialzo** (*Borsa*) to provide against a rise; **~ a un ribasso** (*Borsa*) to provide against a fall; **~ per un viaggio** (*trasp.*) to prepare for a journey, to make preparations for a journey.

preparativo, *n. m.* preparation, preparative, arrangement. △ **Ho fatto i preparativi per il mio viaggio** I have made arrangements for my journey.

preparato, *a.* prepared; (*pronto*) ready. *n. m.* (*market.*) preparation, compound.

preparatorio, *a.* preparatory; (*preliminare*) preliminary, introductory.

preparazione, *n. f.* ❶ (*il preparare*) preparation, preparing, making ready, fitting. ❷ (*complesso di nozioni acquisite*) attainments (*pl.*). △ ❷ **È un uomo che ha una grande ~** he is a man of the highest attainments. // **~ del bilancio (di previsione)** (*econ., rag.*) budgeting; **in ~** in preparation; in the works (*USA*).

preponderante, *a.* predominant, predominating, prevalent, prevailing. △ **L'opinione ~ è che una nuova nazionalizzazione avrebbe un effetto disastroso** the prevailing opinion is that a new nationalization would have a disastrous effect.

preponderanza, *n. f.* predominance, predominancy, prevalence; overbalance; (*maggioranza*) majority; (*supe-*

riorità) superiority; (*supremazia*) supremacy. △ **S'è avuta una ~ dei voti laburisti** there has been a majority of Labour votes.

prerogativa, *n. f.* ❶ (*qualità speciale*) prerogative, gift. ❷ (*leg.*) (*diritto speciale concesso a q.*) prerogative, privilege. // **la ~ della Corona** the royal prerogative, the Privilege.

presa, *n. f.* ❶ (*atto del prendere*) taking (up), catching. ❷ (*elab. elettr.*) jack. // **~ a domicilio** (*trasp.*) collection at residence; **~ di possesso** (*leg.*) capture; **la ~ di possesso d'una carica** the taking up of an office.

prescindere, *v. i.* to prescind. // **~ da qc.** to prescind from st.; to leave st. out of consideration; **a ~ da ciò** apart from this.

prescrittibile, *a.* (*leg.*) that may be barred by limitation.

prescritto, *a.* ❶ (*stabilito*) prescribed; (*fissato*) fixed; (*obbligatorio*) obligatory. ❷ (*vieto*) obsolete, out-of-date. ❸ (*leg.*) statute-barred. △ ❶ **Questa non è che una delle tante formalità prescritte dalla legge** this is but one of the many formalities prescribed by the law. // **essere ~** (*leg.*) to be barred by the statute of limitations, to be barred by limitation.

prescrivere, *v. t.* ❶ to prescribe, to impose; (*fissare*) to fix, to establish. ❷ (*leg.*) to prescribe, to debar. △ ❷ **Tutto questo è prescritto dalla legge** all this is prescribed by the law.

prescriversi, *v. rifl.* (*leg.*) to be barred (by the statute of limitations). △ **Questo diritto si prescrive in 15 anni** this right is barred at the end of 15 years.

prescrizione, *n. f.* ❶ (*il prescrivere*) prescription, prescribing. ❷ (*leg.*) prescription, bar of the statute of limitations, barring by limitation, debarment, lapse. // **~ acquisitiva** (*leg.*) prescription; **~ contrattuale** (*leg.*) (*ha la durata di sei anni per i contratti semplici e di venti per quelli formali*) period of limitation; **in ~** (*leg.*) stale (*a.*).

presentare, *v. t.* ❶ (*mostrare*) to present, to show*; (*esibire, esporre*) to produce. ❷ (*proporre*) to propose; (*inoltrare*) to put* in, to send* in, to hand in, to submit. ❸ (*far fare la conoscenza di q.*) to introduce. ❹ (*leg.*) (*un mandato*) to serve; (*un'istanza*) to lodge; (*un documento, ecc.*) to file. ❺ (*market.*) (*un conto: a un cliente, ecc.*) to render. ❻ (*pubbl.*) (*un articolo, ecc.*) to introduce. ❼ (*pubbl.*) (*un programma radio-TV*) to announce; to emcee (*USA*); (*di ditta:* « *offrirlo* ») to sponsor. △ ❶ **Non siete tenuti a ~ il certificato di nascita** you need not produce your birth certificate; ❷ **Abbiamo già presentato una richiesta di risarcimento per danni** we've already put in a claim for damages; **Presentate la domanda in tempo!** send in your application in time!; ❸ **Mi presenteranno al loro nuovo agente per l'Italia** they'll introduce me to their new agent in Italy; ❹ **L'istanza è stata presentata troppo tardi** the request was lodged too late; ❺ **Generalmente presentiamo i conti una volta al mese** we usually render accounts once a month; ❻ **Presenteremo il nuovo prodotto in un carosello televisivo** we'll introduce the new product on a TV commercial; ❼ **Questo programma vi è stato presentato dalla ditta Apex** this programme was sponsored by Apex Inc. // **~ a una mostra** (*market., pubbl.*) to show; **~** (*titoli*) **all'incasso** (*banca, fin.*) to bank; **~ appello** (*leg.*) to lodge an appeal, to appeal; **~ un assegno** (*per l'incasso*) (*banca*) to present a cheque; **~ una cambiale all'accettazione** (*cred.*) to present a bill for acceptance; **~ una causa al tribunale** (*leg.*) to lay a case before the Court; **~ q. come candidato** to nominate sb.; **~ i conti** (*rag.*) to present the accounts; **~ un conto salato** (*comm., fam.*) to salt an account; **~ le dimissioni** (*pers.*) to send in one's resignation, to tender one's resignation, to send in one's papers; **~ una domanda pregiudiziale** (*leg.*) to demur; **~ una domanda riconvenzionale** (*leg.*) to counterclaim; **~ una gestione passiva** (*fin., rag.*) to run at a deficit: **La raccomandazione suggerisce un aumento delle tariffe dei servizi pubblici che presentano una gestione fortemente passiva** the recommendation favours charges based on real costs for public services which are being run at a heavy deficit; **~** (*un film*) **in seconda visione** (*pubbl.*) to rerun; **~ un'istanza a q.** (*leg.*) to petition sb.; **~ istanza di fallimento** (*leg.*) to file a bankruptcy petition; **~ un mandato di cattura** (*leg.*) to serve a warrant of arrest; **~** (*una cambiale*) **per il pagamento** (*cred.*) to sight; **~ una petizione a q.** (*leg.*) to petition sb.; **~ un progetto di legge** (*leg.*) to introduce a bill; **~ prove** (*leg.*) to produce evidence, to enter evidence; **~ un reclamo** (*leg.*) to present a complaint, to lodge a complaint, to raise a claim, to file a claim; **~ un ricorso a q.** (*leg.*) to petition sb.; **~ un saldo** (*rag.*) to show a balance: **Il nostro conto presenta un saldo a credito di 1.200 dollari** our account shows a balance of 1,200 dollars to the credit; **~ le proprie scuse** to present one's apologies.

presentarsi, *v. rifl.* ❶ to present oneself; (*a rapporto*) to report oneself, to report. ❷ (*farsi conoscere*) to introduce oneself. ❸ (*capitare*) to occur, to arise*. ❹ (*sembrare*) to seem, to appear. ❺ (*leg.*) to appear. △ ❶ **Dovete presentarvi subito al presidente** you are to report to the chairman immediately; ❷ **Permette che mi presenti?** may I introduce myself?; ❸ **Lo faremo appena si presenterà l'occasione** we'll do it as soon as the occasion arises; ❹ **La situazione economica non si presenta molto grave** the economic situation does not seem to be very serious; ❺ **I loro testimoni non si sono presentati** their witnesses have failed to appear. // **~ candidato a qc.** to run for st.

presentatore, *n. m.* ❶ (*cred., fin.*) bearer, presenter. ❷ (*pubbl.*) (*radiotelevisivo*) announcer; emcee (*USA*). // **il ~ d'una tratta** (*cred.*) the bearer of a draft.

presentazione, *n. f.* ❶ presentation, presentment; (*di documenti e sim.*) showing. ❷ (*inoltro*) sending in, putting in, submission. ❸ (*il far conoscere una persona a un'altra*) introduction. ❹ (*leg.*) lodgment. ❺ (*pubbl.*) (*d'un articolo, ecc.*) introduction. △ ❶ **Il pagamento sarà effettuato su ~ delle pezze d'appoggio** payment will be effected on presentation of vouchers; ❷ **Ho una lettera di ~ dell'ing. Ghiretti** I have a letter of introduction by ing. Ghiretti. // **~ d'un atto** (*o di un documento, ecc.*) **in tribunale** (*leg.*) profert; **la ~ d'una cambiale maturata** (*cred.*) the presentment of a matured bill of exchange; **la ~ d'una dichiarazione doganale** (*dog.*) the presentation of a customs entry; **la ~ di documenti importanti a un tribunale** (*leg.*) the submission of important papers to a Court; **~ di prove** (*leg.*) showing of evidence; **la ~ di reclami** (*leg.*) the lodgment of complaints; **~** (*d'uno stato patrimoniale, ecc.*) **in modo da fare una buona impressione** (*sul pubblico, ecc.*) window-dressing (*fig.*); **~ per l'accettazione** (*cred.*) presentation for acceptance; **contro ~** on presentation; **su ~** on presentation.

presente[1], *a.* ❶ present. ❷ (*attuale*) present, current. ❸ (*questo*) this. ❹ (*leg.*) present, this, within (*attr.*). *n. m.* ❶ present. ❷ (**i**) **presenti**, *pl.* those present. △ *a.* ❶ **Tutti i soci furono presenti all'assemblea** all members were present at the meeting; ❷ **La moda ~ non durerà a lungo** the current fashion won't last long;

n. m. ❷ **Tutti i presenti votarono contro di lui** all those present voted against him. // **la ~ incriminazione** (*leg.*) the within indictment; **la ~ (lettera)** this letter; **essere ~ a qc.** to witness st.: **All'incidente furono presenti parecchie persone** the accident has been witnessed by lots of people; **al ~** at present, now; **con il ~** (*atto, documento, ecc.*) (*leg.*) hereby; **con la ~** (*scrittura, dichiarazione, ecc.*) (*leg.*) hereby: **Con la ~ si autorizza lo stanziamento di 1.000 sterline** we hereby authorize the appropriation of the sum of £ 1,000; **nel ~ atto** (*leg.*) within.

presente[2], *n. m.* (*dono*) present, gift.

presenza, *n. f.* ❶ presence. ❷ (*il frequentare*) attendance. ❸ (*aspetto fisico*) appearance. ❹ (*pers.*) (*sul posto di lavoro, ecc.*) attendance. ❺ **presenze**, (*pl.*) (*in alberghi, ecc.*) (*tur.*) occupations. △ ❶ **Mi fu chiesto di giurare alla ~ di testimoni** I was asked to take an oath in the presence of witnesses; ❷ **La ~ alle lezioni serali è stata molto alta** the attendance at the evening classes was very high. // **in ~ del pubblico** (*leg.*) in open Court.

presenziare, *v. t.* e *i.* to be present (at), to attend, to take* part (in). △ **Non ho potuto ~ all'adunanza** I couldn't be present at the meeting. // **~ a una riunione del consiglio d'amministrazione** to attend a board meeting.

preservare, *v. t.* ❶ to preserve, to save. ❷ (*market.*) to preserve.

presidente, *n. m.* ❶ (*capo supremo d'una repubblica*) President. ❷ (*banca*) president (*USA*). ❸ (*org. az.*) (*d'una società, d'un'assemblea, ecc.*) chairman*; (the) chair (*slang USA*). // **il ~ degli Stati Uniti** (*USA*) the President of the United States; **~ del Consiglio dei Ministri** Prime Minister, Premier (*in G.B.*); **~ del consiglio di amministrazione** (*org. az.*) chairman of the board, chairman of directors, board-chairman; **il ~ della Camera dei Comuni** (*ingl.*) the Speaker; **il ~ della Camera dei Lord** (*ingl.*) the Lord Chancellor; **il ~ della Camera dei Rappresentanti** (*USA*) the Speaker; **~ della giuria** (*leg.*) jury foreman; **il ~ della Repubblica Italiana** the President of the Italian Republic; **~ onorario** honorary president; **non essere più ~** (*amm.*) to have passed the chair (*fam.*).

presidentessa, *n. f.* ❶ (*moglie del presidente*) President's wife*. ❷ (*org. az.*) (*donna che presiede*) chairwoman*, lady president.

presidenza, *n. f.* ❶ (*atto del presiedere*) presidency, chairmanship; (*seggio di presidente*) chair. ❷ (*ufficio di presidente*) presidency, presidentship, chairmanship. ❸ (*tempo durante il quale viene esercitata la presidenza*) presidency, presidentship. ❹ (*ingl.*) (*ufficio di Presidente del Consiglio dei Ministri*) Premiership. ❺ (*USA*) (*ufficio di Presidente della Confederazione*) Presidency.

presiedere, *v. i.* e *t.* ❶ to preside (over). ❷ (*org. az.*) to act as chairman*, to take the chair, to be in the chair. // **~ una seduta** to preside over a meeting; **~ una società** (*org. az.*) to be the chairman of a company.

press agent, *n. m.* (*giorn., pubbl.*) press-agent.

pressante, *a.* pressing, urgent.

pressappoco, press'a poco, *avv.* approximately, nearly, roughly, about. △ **Favorite acquistare cento azioni ~ a questo prezzo** please buy a hundred shares at about such a price.

pressione, *n. f.* ❶ pressure. ❷ (*econ.*) pressure. △ ❷ **Si avvertono forti pressioni della domanda** the pressure of demand is very heavy. // **~ demografica** (*stat.*) population pressure; **la ~ fiscale** (*fin.*) the pressure of taxation; **~ inflazionistica** (*econ.*) inflationary pressure; **pressioni protezionistiche** (*econ.*) protectionist pressures.

presso, *avv.* near, nearly. *prep.* ❶ (*vicino a*) near, not far from. ❷ (*accanto a*) beside, next to, by. ❸ (*nell'ufficio di, a casa di*) at; (*negli indirizzi*) care of (*abbr.* c/o). △ *prep.* ❷ **Il reparto vendite è ~ la direzione** the sales department is next to the management; ❸ **A Mr John Smith, ~ Charles Brown** Mr John Smith care of (*abbr.* c/o) Charles Brown.

prestabilire, *v. t.* to arrange beforehand, to fix beforehand, to prearrange.

prestanome, *n. m.* (*leg.*) figurehead, dummy, man* of straw, prêt-nom.

prestare, *v. t.* (*cred.*) to lend*; to loan (*USA*). △ **Le banche creano il credito prestando somme di denaro maggiori di quelle depositate presso di loro in denaro contante** banks create credit by lending sums of money larger than those which have been deposited in actual cash with them. // **~ aiuto a q.** to render assistance to sb.; **~ attenzione** to pay attention; **~ garanzia** (*leg.*) to give security; **~ giuramento** (*leg.*) to take an oath, to swear; **~ servizio come interino** (*leg.*) to serve in an acting capacity; **chi presta** (*cred.*) lender.

prestarsi, *v. rifl.* ❶ to lend* oneself. ❷ (*aiutare*) to help, to make* oneself useful. ❸ (*essere idoneo*) to be fit. △ ❶ **Le parole del Sig. Costa si prestano a diverse interpretazioni** Sig. Costa's words lend themselves to several interpretations; ❷ **S'è prestato molte volte a nostro favore** he has helped us many times; ❸ **Questa sala non si presta a una riunione sindacale** this hall is not fit for a union meeting.

prestatore, *n. m.* (*cred.*) lender, money-lender. // **~ di denaro** (*cred., fin.*) money lender; lombard (*fam.*); five-for-sixer (*slang USA*); **~ di lavoro** (*pers.*) workhand; **~ d'opera** (*pers.*) hired person, employee; **~ su pegno** (*comm., leg.*) pawnbroker; « **prestatrice d'ultimo appello** » (*fin.*) « lender of last resort ».

prestazione, *n. f.* ❶ (*professionale*) service. ❷ (*org. az.*) (*di macchina, ecc.*) performance. ❸ **prestazioni**, *pl.* services rendered, services. △ ❶ **Avremo bisogno delle prestazioni d'un esperto** we shall need an expert's services.

prestito, *n. m.* ❶ (*cred.*) loan, lending, advance. ❷ (*leg.*) (*dello Stato a un privato, per permettergli di far fronte ai suoi debiti*) imprest. △ ❶ **I prestiti approvati durante l'esercizio 1973 ammontarono a 132,3 milioni di U.C. (unità di conto)** the loans approved during 1973 totalled 132,300,000 u.a. (units of account). // **~ a cambio marittimo** (*trasp. mar.*) bottomry loan, bottomry; (*con garanzia sul carico*) respondentia; **~ a interesse** (*cred.*) loan at interest; **~ a saggio d'interesse fluttuante** (*cred.*) floating rate loan; **~ a termine** (*cred.*) time loan; **~ (rimborsabile) a vista** (*cred.*) demand loan; **~ allo scoperto** (*cred.*) loan on overdraft; **prestiti bancari** (*fin.*) bank loans; **~ bancario rimborsabile a vista** (*col preavviso di un giorno*) (*banca*) call-loan, callable bond; **~ (su titoli di Borsa) concesso da una banca centrale a banche commerciali** (*banca, fin., ingl.*) Lombard loan; **~ consolidato** (*fin.*) consolidated loan, funding loan, consol; consols (*pl.*); **~ di conversione** (*cred.*) conversion loan; **~ di guerra** (*econ., fin.*) war-loan; **prestiti di sostegno** (*fin.*) stand-by arrangements; **~ fiduciario** (*fin.*) fiduciary loan; **~ forzoso** (*fin.*) forced loan; **~ garantito** (*banca, cred.*) collateral loan; **~ giornaliero** (*cred.*) daily loan, daily money, day-to-day loan, day-to-day money; **prestiti in eurodollari** (*fin.*) Euro-dollar loans; ~ (*rimborsabile*) **in un'unica soluzione** (*fin.*) non-instalment credit; ~ **ipotecario** (*cred.*) loan on mortgage, mortgage loan; **un ~ irredimibile** (*fin.*) an unredeemable loan, a perpetual loan, a perpetual debt; **un ~ nazionale** (*cred.*) a domestic loan; ~ **non garantito** (*cred.*) unsecured loan; ~ **obbligazionario** (*fin.*) debenture loan; ~ **obbligazionario convertibile** (*in azioni*) (*fin.*) convertible stock loan; **prestiti per operazioni ordinarie** (*cred.*) ordinary loans; ~ **provvisorio per scarsità d'introiti** (*concesso dalla Banca d'Inghilterra al Governo britannico*) (*fin., ingl.*) deficiency bill; ~ **pubblico** (*econ.*) Government loan; ~ **rimborsabile a domanda** (*cred.*) call money; ~ **rimborsabile a rate** (*cred.*) instalment loan; ~ **rimborsabile su domanda** (*cred.*) day-to-day loan, day-to-day money, loan at call; ~ **senza garanzia** (*cred.*) signature loan; **prestiti stilati in eurodollari** (*fin.*) loans denominated in Euro-dollars; ~ **su polizza** (*ass.*) policy loan; **prestiti su titoli** (*banca*) advances on securities; **in ~** (*cred.*) on loan.

presto, *avv.* ❶ (*in breve tempo*) soon, before long, in a short time. ❷ (*di buon'ora*) early. ❸ (*prima del tempo stabilito o conveniente*) early. △ ❶ ~ **riceveremo notizie dal nostro rappresentante** we shall receive news from our agent before long; ❸ **Non credete che sia ancora ~ per giudicare il loro comportamento?** don't you think it's still early to judge their behaviour? // **il più ~ possibile** as soon as possible; (*nelle lettere commerciali*) at your earliest convenience: **Fateci avere quegli articoli il più ~ possibile** let us have those articles at your earliest convenience.

presumere, *v. t. e i.* to presume; to take* (st.) for granted; (*supporre*) to assume, to expect; (*pensare*) to think*. △ **Mr Johnson presume di sapere un sacco di cose** Mr Johnson presumes to know a lot of things; **Non posso ~ la sua innocenza prima d'aver udito le prove a suo carico** I cannot assume his innocence before hearing the evidence against him.

presuntivo, *a.* ❶ presumptive. ❷ (*leg.*) presumptive. *n. m.* (*fin., rag.*) (*spesa presunta*) estimated expenditure. // **erede ~** (*leg.*) heir presumptive, presumptive heir.

presunto, *a.* ❶ presumed, alleged; (*previsto*) anticipated; (*valutato*) estimated. ❷ (*leg.*) presumptive. △ ❶ **A quanto ammonta il valore ~ di questa proprietà?** how much is the estimated value of this estate? // ~ **erede** (*leg.*) presumptive heir, heir presumptive; **il ~ ladro** (*leg.*) the alleged thief.

presunzione, *n. f.* ❶ (*presuntuosità*) presumption, presumptuousness, self-conceit; cockiness (*fam.*). ❷ (*congettura*) presumption, assumption. ❸ (*leg.*) presumption. // ~ **di colpa** (*leg.*) presumption of guilt; ~ **di fatto** (*leg.*) presumption of fact; ~ **d'innocenza** (*leg.*) presumption of innocence; ~ **di morte** (*leg.*) presumption of death; ~ **legale** (*leg.*) legal presumption, presumption of law; ~ **legittima** (*leg.*) presumption of law; ~ **relativa** (*leg.*) rebuttable presumption.

presupposto, *n. m.* presupposition, premise, supposition.

pretendere, *v. t.* ❶ (*presumere, sostenere*) to claim, to pretend. ❷ (*esigere, richiedere*) to claim, to demand, to require. △ ❶ **Qui nessuno pretende d'essere infallibile** nobody claims to be infallible here; ❷ **Pretendo ciò che mi spetta** I claim my due; **Pretendo un indennizzo in caso di licenziamento** I claim a compensation in case of dismissal. // ~ **la restituzione di** (*qc.*) to claim back, to re-claim; ~ **la restituzione d'un documento importante** to claim back an important paper; ~ **il risarcimento dei danni** (*ass.*) to claim damages; **uno che pretende d'essere un banchiere a** would-be banker.

preterintenzionale, *a.* (*leg.*) unintentional; beyond the intention (*pred.*).

preterintenzionalità, *n. f.* (*leg.*) unintentionality.

pretesa, *n. f.* ❶ (*presunzione*) pretension, pretence, claim. ❷ (*richiesta, esigenza*) demand, claim. ❸ (*leg.*) claim, right. △ ❶ **Non ha la ~ di passare per un esperto** he lays no claim to being an expert; ❷ **La nostra è una ~ ragionevole** ours is a reasonable demand; **Le pretese di quel venditore sono esorbitanti** the claims of that seller are exorbitant; ❸ **Non abbiamo nessuna intenzione di recedere dalla nostra ~** we have no intention of withdrawing our claim. // **una ~ fondata** (*leg.*) a valid claim; **una ~ ingiustificata** (*leg.*) an unfounded claim; « **indicare le pretese** » (*pers.*) (*nelle offerte d'impiego*) « state salary required ».

preteso, *a.* (*supposto*) alleged, supposed; so-called. // **i pretesi errori** the alleged mistakes; **il ~ ladro** the alleged thief.

pretesto, *n. m.* ❶ (*ragione apparente*) pretext, pretence; (*giustificazione, scusa*) excuse, plea. ❷ (*occasione*) opportunity, occasion. ❸ (*leg.*) sham plea. △ ❶ **Quell'impiegato cerca tutti i pretesti per non far nulla** that clerk tries to find out all pretexts to do nothing; ❷ **Il capo ha colto quel ~ per farci un'altra ramanzina** the boss has seized that opportunity to give us another lecture.

pretore, *n. m.* (*leg.*) lower Court judge, (police) magistrate.

pretura, *n. f.* (*leg.*) magistrate's Court.

prevaricare, *v. i.* (*leg.*) to abuse one's office, to embezzle, to peculate, to prevaricate, to graft.

prevaricatore, *n. m.* (*leg.*) embezzler, peculator, grafter, prevaricator.

prevaricazione, *n. f.* (*leg.*) embezzlement, peculation, graft, prevarication.

prevedere, *v. t.* ❶ to foresee*, to anticipate; (*aspettarsi*) to expect; (*presagire*) to forecast*, to foretell*. ❷ (*leg.*) (*di contratto, legge, ecc.*) to provide, to project. △ ❶ **Prevedo che ci manderanno le merci troppo tardi per l'apertura della stagione** I expect them to send the goods too late for the opening of the season; ❷ **Il contratto prevede che i lavori siano completati per una certa data** the contract provides that the work be completed by a given date; **La proposta prevedeva nuove misure per liberalizzare il controllo dei cambi** the proposal projected new measures to liberalize exchange control. // ~ **le mosse del nemico** to anticipate the enemy's movements.

prevenire, *v. t.* ❶ (*precedere, arrivare prima*) to precede, to anticipate, to forestall. ❷ (*avvertire in tempo*) to warn, to forewarn. ❸ (*cercare d'evitare*) to prevent. △ ❶ **Abbiamo prevenuto tutti i nostri concorrenti** we have forestalled all our competitors; ❷ **Il nostro ufficio romano sarà prevenuto con telegramma** our Rome agency will be warned by telegram. // ~ **i bisogni di q.** to anticipate sb.'s needs.

preventivare, *v. t.* (*rag.*) to estimate, to make* an estimate of. // ~ **il costo di** (*una merce, un articolo, ecc.*) (*market.*) to cost.

preventivato, *a.* (*rag.*) estimated. △ **La spesa preventivata s'aggira sui 10 milioni** the estimated expenditure is around 10 millions.

preventivo, *a.* ❶ preventive; (*preliminare*) preliminary; ex-ante (*attr.*). ❷ (*rag.*) estimative. *n. m.* (*rag.*) estimate, estimation, budget. △ *a.* ❶ **Il Governo do-**

vrebbe prendere misure preventive contro l'inflazione the Government ought to take preventive measures against inflation; ❷ **Forniteci una cifra preventiva appena possibile** let us have an estimative figure as soon as possible; *n.* **Ci dissero che non avrebbero superato il ~** they told us they wouldn't exceed the estimate. // **~ dei costi** (*rag.*) estimate of costs; **~ delle spese** (*rag.*) cost estimating; **~ di cassa** (*rag.*) cash budget; **~ di costruzione** bill of quantities; **un ~ di massima** (*fin.*) an outside estimate: **Spendemmo quattro milioni in più di quel che avevamo previsto nel nostro ~ di massima** we spent four million lire more than we had foreseen in our outside estimate; **~ troppo basso** underestimate.

prevenzione, *n. f.* ❶ (*il prevenire*) prevention. ❷ (*preconcetto*) prejudice, bias. △ ❷ **Non ho alcuna ~ contro il Sig. Marelli** I have no prejudice against Sig. Marelli. // **la ~ delle malattie** the prevention of diseases.

previdente, *a.* provident; (*prudente*) prudent, forward-looking, far-sighted. △ **Nei momenti d'espansione si dovrebbe essere tanto previdenti da costituire delle riserve** in times of expansion one should be forward-looking enough to build up reserves.

previdenza, *n. f.* (*provvidenza*) providence. △ **Non si può dire che Mr Martin sia dotato di molta ~** one can't say that Mr Martin is endowed with much providence. // **~ sociale** (*pers.*) social security, social insurance.

previo, *a.* previous, preceding, prior. // **~ accordo** by previous agreement; **~ avviso** upon notice.

previsione, *n. f.* ❶ (*il prevedere*) prevision, foresight. ❷ (*cosa prevista*) prevision, expectation, calculation, anticipation, forecast, prospect. △ ❷ **Contrariamente alle previsioni, la clientela non ha mostrato di gradire il nuovo prodotto** contrary to our expectations, the customers didn't seem to appreciate the new product. // **~ a breve termine** (*econ.*) short-range forecast; **~ a lungo termine** (*econ.*) long-range forecast; **previsioni del tempo** weather forecast; **~ delle vendite** (*market.*) sales forecast, sales budget; **~ di bilancio** (*fin., rag.*) budget estimate; **~ di cassa** (*rag.*) cash forecast, cash requirement, cover for the day; **previsioni pluriennali** (*econ.*) pluriannual forecasts, forecasts covering several years; **al di là d'ogni ~** beyond expectation(s); **in ~ di** in expectation of, in anticipation of.

prezioso, *a.* precious, costly, valuable; (*di gran pregio*) of great value (*pred.*). *n. pl.* **preziosi** valuable goods, value goods, valuables. △ *a.* **Vi ringraziamo delle preziose informazioni sulle condizioni finanziarie del nostro cliente** we thank you for your valuable information about the financial status of our customer; *n.* **Abbiamo una polizza speciale per l'assicurazione dei preziosi** we have a special policy for the insurance of valuables.

prezzo, *n. m.* ❶ price; tab, lay. ❷ (*econ.*) (*costo*) cost; costs; (*valore*) value, worth. ❸ (*trasp. ferr.*) (*tariffa*) fare, rate. ❹ (*tur.*) (*fatto pagare in un albergo, ecc.*) tariff, rate. ❺ **prezzi**, *pl.* (*market.*) (*condizioni*) terms, charges. △ ❶ **I prezzi saranno corretti in base alle variazioni stagionali** prices will be on a seasonally adjusted basis; **I prezzi e i redditi sono in stretta correlazione** prices and incomes are closely linked; **Una politica dei prezzi e dei redditi potrebbe assicurare una distribuzione della ricchezza più equa che non l'attuale sistema di contrattazione salariale e di fissazione dei prezzi** a prices and incomes policy could provide a more equitable distribution of wealth than the present system of wage bargaining and price-fixing has done; **Questo ~ consentirà una retribuzione del capitale investito** this price will make capital investment worthwhile; **Temiamo che i prezzi proposti possano irrigidire troppo a lungo i redditi degli agricoltori** we fear that the proposed prices will freeze farm incomes for a long time; «**(il) ~ (è) da stabilirsi**» «price a matter for arrangement»; «**prezzi fissi**» «one price only»; ❷ **Il ~ della manodopera cresce continuamente** labour costs are getting higher and higher; **Il ~ di questo terreno fabbricabile va crescendo** the value of this building land is going up; ❸ **Il Governo ha deciso d'aumentare il ~ dei biglietti ferroviari** the Government has decided to raise railway fares; ❺ **Quella ditta fa dei prezzi troppo alti** that firm makes too high terms. // **~ a forfait** (*market.*) flat rate, price by the job; **~ agricolo** (*econ.*) farm price, agricultural price; **prezzi al consumo** (*econ.*) prices to the consumer, consumer prices, retail prices: **In Italia, la situazione fu più favorevole e, nonostante l'espansione dell'attività economica, i prezzi al consumo aumentarono soltanto del 3%** in Italy, the situation was more favourable and, despite the upsurge in economic activity, prices to the consumer increased in this Country by only 3%; **prezzi al dettaglio** (*market.*) retail prices; **prezzi al minuto** (*market.*) retail prices; **~ al netto di ogni tassa o dazio incluso nel prezzo di vendita** (*agli effetti contabili*) (*rag.*) factor cost; **~ al rivenditore** (*market.*) trade price; **prezzi all'importazione** (*comm. est.*) prices on importation; **~ all'origine** (*market.*) price at origin; **prezzi all'ingrosso** (*market.*) wholesale prices; **prezzi alti** high prices, strong prices, hard prices; handsome prices, smart prices (*fam.*); **un ~ arbitrario** (*market.*) an arbitrary price; **~ base** (*market.*) basis price, base price; **prezzi bassi** (*market.*) low prices; **~ come da listino** (*market.*) per list price; **~ concorrenziale** (*market.*) competitive price; **~ corrente** (*Borsa*) quotation; (*market.*) current price, going price; **~ corretto** (*Borsa*) adjusted price; **prezzi crescenti** (*market.*) rising prices; **prezzi dei prodotti alimentari** (*econ.*) food prices: **È innegabile che i prezzi dei prodotti alimentari abbiano notevoli ripercussioni sul costo della vita** there is no denying that food prices have a remarkable effect on the cost of living; **~ dei titoli americani e canadesi alla Borsa Valori di Londra** (*è un prezzo fittizio, poiché è calcolato al cambio £ 1 = $ 5*) (*Borsa*) English equivalent; **~ del biglietto** (*trasp.*) fare; **~ del contratto «dont»** (*Borsa*) call price; **il ~ del denaro** (*tasso d'interesse per denaro preso a prestito*) (*cred., fin.*) the price of money; **~ del dopoborsa** (*Borsa*) price after hours, street price; **~ del giorno** (*market.*) current price; **~ del magazzinaggio** (*org. az.*) storage; **~ del passaggio marittimo** (*trasp. mar.*) pass-money; **~ del riporto** (*Borsa*) continuation rate; **~ del trasporto** (*trasp. mar.*) haulage, transportation; **~ del viaggio** (*trasp. aer., trasp. mar.*) passage; **~ della corsa** (*trasp.*) fare; **~ della locazione** (*leg.*) rent; **~ dell'offerta** (*econ.*) supply price; **~ della traversata** (*trasp. aer., trasp. mar.*) passage money; **~ della vendita a premio** (*Borsa*) put price; **prezzi delle carni bovine** (*econ.*) cattle prices; **prezzi delle rimanenze** (*market.*) remainder prices; **~** (*d'un bene*) **determinato secondo la stima del valore di mercato** (*econ.*) valuation; **~ d'acquisto** (*Borsa, fin.*) bid; (*market.*) purchase price, cost price; (*specialm. d'immobili*) purchase money; **~ d'acquisto d'un titolo azionario** (*esclusa la tassa di bollo e la mediazione*) (*fin.*) consideration; **un ~ d'affezione** (*market.*) a fancy price; **~ d'affitto d'un deposito** yardage; **~ d'affitto d'un recinto** yardage; **~ d'apertura** (*Borsa*) opening price; (*comm.*)

prezzo

(*in una vendita all'asta*) upset price; ~ **di calmiere** (*econ.*) State-controlled price; ~ **di chiusura** (*Borsa*) closing price; ~ **di compensazione** (*Borsa, ingl.*) making-up price, make-up price, settlement price; ~ **di costo** (*rag.*) cost price; ~ **d'emissione** (*di nuove azioni*) (*fin.*) coming-out price, issue price, price of issue; ~ **d'entrata** (*econ.*) threshold price: **I prezzi d'entrata dei cereali formano oggetto d'aggiustamenti mensili e sono fissati senza tassa** threshold prices for cereals are fixed monthly and ex tax; ~ **d'equilibrio** (*econ.*) equilibrium price, normal price; ~ **di fabbrica** (*rag.*) factory price; ~ **di fattura** (*market.*) invoice price; ~ **di favore** (*market.*) special price; **prezzi d'intervento** (*econ.*) intervention prices; ~ **d'intervento di base** (*econ.*) basic intervention price; ~ **di liquidazione** (*market.*) bargain price; ~ **di listino** (*market.*) list price; ~ **di mercato** (*econ., market.*) market price, equilibrium price, market: **In Italia, i prezzi di mercato delle arance erano soddisfacenti all'inizio del 1973** in Italy, market prices for oranges were satisfactory at the beginning of 1973; ~ **di monopolio** (*econ.*) monopoly price, monopoly-determined price; (*secondo Keynes*) administered price; ~ **d'obiettivo** (*econ.*) norm price; **prezzi d'offerta** (*fin., market.*) offer prices; ~ **d'orientamento** (*market.*) guide price; ~ **di rescissione** (*Borsa*) default price; ~ **di riacquisto** (*market.*) buying-in price; ~ **di riferimento** (*fin., market.*) reference price; (*del petrolio, ecc.*) posted price; ~ **di rivendita** (*market.*) resale price; ~ **d'un trasferimento** (*di titoli*) (*fin.*) consideration money for a transfer; ~ **di vendita** (*Borsa, fin.*) ask; (*market.*) selling price, sale price, consideration for sale; « ~ **di vendita americano** » (*dog.*) (*clausola per cui, in U.S.A., i diritti doganali per certi prodotti sono applicati in base al valore di prodotti similari venduti sul mercato interno anziché in base al valore dichiarato in dogana*) American selling price; ~ **di vendita rettificato** (*market.*) adjusted selling price; **prezzi differenziali** (*market.*) graduated prices; **prezzi e condizioni di trasporto** (*trasp.*) transport rates and conditions; ~ **eccessivo** (*market.*) overcharge; **un** ~ **equo** (*market.*) a fair price, an equitable price; **prezzi fissi** (*market.*) fixed prices; (*imposti dal fabbricante*) settled prices; ~ **forfettario** contract price; **prezzi franchi** (*market.*) delivered prices; ~ « **franco al luogo di partenza** » (*market.*) spot price, loco price; **prezzi futuri** (*market.*) forward prices; ~ **globale** (*market.*) inclusive price, all-in price, overhead price, all-round price; **prezzi imbattibili** (*market.*) record prices; ~ **imposto** (*dal produttore al dettagliante*) (*market.*) resale price; **prezzi in rapido aumento** (*market.*) runaway prices; **prezzi in sterline** (*fin., market.*) sterling prices; **i prezzi in vigore nella Comunità** (*econ.*) the prices in force in the Community; ~ **indicativo** (*econ., market.*) target price: **Questa proposta porterà a un nuovo riavvicinamento dei prezzi indicativi nazionali in questo settore** this proposal will lead to a new approximation of national target prices in this sector; ~ **indicativo di mercato** (*econ.*) market target price; ~ **indice** (*econ., stat.*) price index; **prezzi instabili** (*market.*) unsteady prices; ~ **IVA inclusa** (*market.*) VAT-inclusive price; **prezzi limite** (*econ.*) sluice-gate prices; ~ **lordo** (*market.*) gross price; ~ **massimo** (*econ., fin.*) ceiling price, top price, high; **prezzi massimi e minimi** (*Borsa, fin.*) highs and lows; ~ **medio** (*econ.*) average price, middle price, mean price; ~ **minimo** (*econ., fin.*) floor price, bottom price, floor, low; (*a un'asta pubblica*) reserve price: **Si tende all'abolizione dei prezzi minimi per le esportazioni giapponesi** they are tending towards the abolition of floor prices for Japanese exports; ~ **minimo garantito al produttore** (*comm., econ.*) minimum price guaranteed to producer; **prezzi modici** (*market.*) moderate prices; **prezzi monopolistici** (*econ.*) monopoly-determined prices, monopoly prices; administered prices (*secondo Keynes*); ~ **netto** (*market.*) net price, net; **un** ~ **nominale** a nominal price; **prezzi non più validi** obsolete prices; **prezzi normali** (*market.*) standard prices; **prezzi oscillanti** (*market.*) fluctuating prices; ~ **pagato per ottenere un permesso di passaggio** (*leg.*) way-leave rent, way-leave; **il** ~ **pattuito** the agreed price; ~ **per una chiamata telefonica** (*comun.*) charge for call; ~ **per contanti** (*market.*) cash price, spot price; **il** ~ **per la corrente liquidazione** (*Borsa*) the price for current account; **prezzi per futura consegna** (*Borsa*) forward prices; ~ **praticato in condizioni di oligopolio** (*econ.*) administered price (*secondo Keynes*); **prezzi proibitivi** (*market.*) prohibitive prices; ~ **raccomandato** (*dal produttore al dettagliante*) (*market.*) resale price; **un** ~ **ragionevole** (*market.*) a reasonable price; **prezzi reali** (*econ.*) actual prices; **prezzi ridottissimi** (*market.*) rock-bottom prices, close-cut prices, close prices; **prezzi scaduti** obsolete prices; ~ « **sopra luogo** » (*market.*) loco price, spot price; **prezzi stabili** (*market.*) firm prices; **il** ~ **stipulato** (*market.*) the named price; **prezzi sufficientemente remunerativi** (*econ., market.*) economically viable prices; **prezzi tariffari** (*econ.*) scale charges, scale rates; **un** ~ **teorico** (*market.*) a nominal price; ~ « **tutto compreso** » (*market.*) inclusive price, all-in price; ~ **unico** (*market.*) single price; ~ **unitario** (*econ., market.*) unit price; **prezzi vischiosi** (*econ.*) sticky prices; **a** ~ **bassissimo** dirt cheap (*a. e avv., fam.*); **a un** ~ (*richiesto normalmente*) **da** (*un*) **dettagliante** (*market.*) at retail; **a** ~ **di costo** (*market.*) (at) cost price, at cost; **a prezzi popolari** (*market.*) at popular prices; **a prezzi ribassati** (*market.*) at reduced prices; **a un** ~ **stabilito** (*market.*) at an arranged price; **a** ~ **unico** (*market.*) one-price; **a metà** ~ (*market.*) at half price; **al** ~ **corrente di mercato** (*market.*) at value; **al** ~ **prevalente** (*Borsa*) at the market; **chi fa salire i prezzi** (*a un'asta*) **con offerte fittizie** (*comm.*) by-bidder; **di poco** ~ inexpensive, cheap; **per un** ~ **forfettario** at an agreed price (*o* sum); **sotto** ~ (*market.*) at a discount.

prigione, *n. f.* ❶ (*carcere*) prison, gaol, jail; can (*slang USA*). ❷ (*pena della prigione*) imprisonment, detention, incarceration.

prigionia, *n. f.* imprisonment, detention, incarceration.

prima, *avv.* ❶ before. ❷ (*più presto*) earlier, sooner. ❸ (*in anticipo*) beforehand, in advance. ❹ (*una volta, un tempo*) once, formerly. △ ❷ **Devo cominciare a lavorare** ~ **al mattino** I must start work earlier in the morning; ❸ **La prossima volta che Le farò visita, Le telefonerò** ~ next time I call on you, I'll call you in advance; ❹ ~ **si lavorava di più e si guadagnava di meno** formerly we used to work more and earn less. ∥ ~ **di** before: ~ **di uscire, non dimenticarti di parlare al Sig. Adani** before going out, don't forget to talk to Sig. Adani; **Non vado mai al lavoro prima delle 9** I never go to work before 9 A.M.; **quanto** ~ as soon as possible, very soon.

primario, *a.* primary; (*primo*) first; (*principale*) principal, main, leading. △ **È questa la ragione primaria per l'ideazione d'un nuovo sistema monetario internazionale** that's the main reason for devising a new international monetary system.

primato, *n. m.* ❶ (*supremazia*) supremacy, superiority, leadership, pre-eminence. ❷ (*massimo risultato ot-*

tenuto) record. △ ❶ **Stiamo assistendo alla perdita, da parte di quello Stato, del suo ~ politico** we are witnessing the loss of that nation's political supremacy; ❷ **Quest'anno la produzione ha battuto tutti i primati** this year production has beaten all records. // **da ~** record-breaking, record (*a.*).

primo, *num. ord.* first. *a.* ❶ (*passato, precedente*) former. ❷ (*prossimo*) next. ❸ (*più importante*) principal, chief; main; head, top (*attr.*). *n. m.* ❶ first; (*fra due*) former. ❷ (*il migliore, il più importante*) the best, the first, the top. △ *num. ord.* **Siccome non è la prima volta che facciamo affari con voi, speriamo proprio che tali equivoci non accadano di nuovo** as this is not the first time we've done business with you, we do hope such misunderstandings will not happen again; *a.* ❶ **Il mio ~ lavoro mi dava più soddisfazioni** I got greater satisfaction from my former job; ❷ **La prima fermata è Bologna** the next stop is Bologna; ❸ **La prima causa della nostra crisi economica fu l'aumento del costo delle materie grezze** the main cause of our economic crisis was the rise in the cost of raw materials; *n.* ❶ **Hanno promesso d'inviarci la merce entro il ~ settembre** they have promised to send us the goods within the first of September. // **prima adunanza dei creditori** (*leg.*) first meeting of creditors; **~ avvocato** (*leg.*) leader; **prima bozza** (*di stampa*) (*giorn.*) pull; **prima classe** (*trasp.*) first class; **prima copia di cambiale** (*fin.*) first of exchange; **prima di cambio** (*fin.*) first of exchange; **prima di copertina** (*giorn.*) front cover; **il ~ difensore** (*leg.*) the leader for the defence; **prima edizione del mattino** (*d'un quotidiano*) (*giorn.*) first morning edition; bulldog (*slang USA*); « **prima facie** » prima facie; **~ giorno** (*dei riporti*) (*Borsa*) carry-over day; **prima giurata** (*leg.*) forewoman; **~ giurato** (*leg.*) foreman; **prima lavorante** (*pers.*) forewoman; **~ Ministro** (*ingl.*) Prime Minister, Premier; **prima nota** (*rag.*) daybook, blotter; **prima operaia** (*pers.*) forewoman, forelady; **prima pagina** (*di giornale*) (*giorn.*) front page; **~ piano** (*pubbl.*) close-up; **~ richiamo** (*della somma parziale dovuta come versamento iniziale per l'assegnazione delle azioni*) (*fin.*) first call; **prima, seconda e terza di cambio** (*fin.*) set of exchange; **~ semestre** (*d'anno finanziario*) (*fin.*) first half; **~ trimestre** (*d'anno finanziario*) (*fin.*) first quarter: **I profitti del ~ trimestre sono stati maggiori di quelli del corrispondente periodo nell'esercizio precedente** the first-quarter earnings were higher than those of the same period last year; **di prima classe** (*market.*) first class (*V. anche* **di prima qualità**); **di ~ ordine** (*market.*) first-rate (*V. anche* **di prima qualità**); **di prima qualità** (*Borsa*) (*di titoli*) gilt-edged (*o* gilt-edge); (*market.*) first-class, high-class, first-line, first-rate, prime, superior, top; exclusive (*USA*): **La nostra clientela è abituata ad avere soltanto merce di prima qualità** our customers are accustomed to receiving only superior goods; **di prima scelta** (*market.*) top; exclusive (*USA*) (*V. anche* **di prima qualità**); **di primissima qualità** (*market.*) premium.

primogenito, *a e n.* first-born.
primogenitura, *n. f.* (*leg.*) primogeniture.
principale, *a.* ❶ principal, chief, leading, major, main; (*primario*) primary; (*primo*) first; top (*attr.*). ❷ (*elab. elettr.*) master. *n. m.* (*org. az.*) principal, employer, chief, head; boss (*fam.*). △ *a.* ❶ **I principali prodotti agricoli del Kent sono la frutta e il luppolo** the chief produce of Kent is fruit and hops; **La nostra è la ~ industria del settore** ours is the main industry in the sector; **Nella nostra città hanno sede due delle dodici principali banche del Paese** in our city are two of the nation's top twelve banks; *n.* **Il mio ~ è troppo esigente** my principal is too exacting.

principio, *n. m.* ❶ beginning, start, commencement; (*apertura*) opening. ❷ (*massima, norma fondamentale*) principle. ❸ **principi,** *pl.* (*rudimenti*) principles, rudiments. △ ❶ **Al ~ dell'anno sociale le prospettive non erano molto rosee** at the beginning of the fiscal year, prospects were not very rosy; ❷ **Non condivido i principi dai quali partite** I don't share the principles you start from; ❸ **I principi dell'economia non sono poi così difficili** the principles of economics are not that complicated after all. // **~ bancario** (*econ., fin.*) banking principle; **il ~ dei costi comparati** (*econ.*) the principle of comparative costs; **il ~ della buona fede** (*ass., leg.*) the principle of good faith; **i principi della matematica** (*mat.*) the principles of mathematics; **il ~ della parità delle retribuzioni** (*fra gli uomini e le donne*) (*sind.*) the equal pay principle; **il ~ dell'indennizzo** (*ass.*) the principle of indemnity; **il ~ dell'interesse assicurabile** (*ass.*) the principle of insurable interest; **il ~ d'accelerazione** (*econ.*) the acceleration principle; **principi di direzione** (*amm.*) principles of management, principles of administration; **i principi di valutazione dell'IVA** (*fin.*) the principles of assessment for VAT purposes; **~ edonistico** (*econ.*) hedonistic principle; **~ metallico** (*econ., fin.*) currency principle; **~ minimax** (*di scelta decisionale*) (*mat., ric. op.*) minimax principle; **~ secondo il quale le imposte devono essere commisurate alla capacità contributiva** (*e non ai benefici ricevuti dallo Stato*) (*fin.*) ability-to-pay principle of taxation.

priorità, *n. f. inv.* ❶ priority; (*precedenza*) precedence. ❷ (*leg.*) (*d'una terza ipoteca quando la seconda non è stata notificata*) tacking. △ ❶ **Le proposte della commissione non implicano che sia data alcuna ~ a un accordo sulle tariffe dei noli** the commission's proposals do not imply priority for agreement on freight rates. // **una ~ di diritto** (*leg.*) a priority of claim; **la ~ d'un'invenzione** (*leg.*) the priority of an invention.

privare, *v. t.* ❶ to deprive, to dispossess, to strip. ❷ (*leg.*) to debar. // **~ q. dei diritti civili** (*leg.*) to deprive sb. of the exercise of civil rights; **~ q. dei diritti garantiti dalla costituzione** (*leg.*) to deprive sb. of the rights guaranteed by the constitution; **~ (q.) del diritto di cancellare un'ipoteca** (*leg.*) to foreclose; **~ q. d'un diritto** (*leg.*) to debar sb. from a right.

privarsi, *v. rifl.* to deprive oneself. △ **Ho dovuto privarmi di tutto per aiutarli** I had to deprive myself of everything in order to help them.

privativa, *n. f.* ❶ (*spaccio di tabacchi*) tobacconist's (shop). ❷ (*leg.*) (*privilegio esclusivo*) exclusive privilege. ❸ (*leg.*) (*monopolio*) monopoly.

privatizzare, *v. t.* (*econ., fin.*) to denationalize.
privatizzazione, *n. f.* (*econ., fin.*) denationalization.
privato, *a.* ❶ private. ❷ (*personale, confidenziale*) private, personal, confidential. *n. m.* private citizen. △ *a.* ❷ **Gradirei avere un colloquio ~ col vostro principale** I should like to have a personal interview with your principal; **Tutta la corrispondenza privata del Sig. Rossi è già sul suo tavolo** all Sig. Rossi's confidential correspondence is already on his table.

privazione, *n. f.* ❶ (*il privare*) deprivation. ❷ (*l'essere privato*) privation, loss. ❸ (*leg.*) debarment. // **~ del diritto di cancellare un'ipoteca** (*leg.*) foreclosure; **~ del godimento** (*leg.*) deprivation of enjoyment.

privilegiare, *v. t.* (*anche leg.*) to privilege, to grant a privilege to, to invest (sb.) with a privilege.

privilegiato, *a.* ❶ privileged, preferential. ❷ (*fin.*, *leg.*) preferred; preference (*attr.*). ❸ (*leg.*) preferential, privileged, secured. *n. m.* privileged person. △ *a.* ❷ **Le azioni privilegiate hanno diritto prima delle altre al pagamento d'un dividendo fisso e al rimborso in caso di liquidazione** preference shares have a prior right to payment of a fixed dividend and to the repayment of capital in case of winding-up.

privilegio, *n. m.* ❶ (*anche leg.*) privilege. ❷ (*leg.*) (*su un bene*) charge, lien. ❸ (*leg.*) (*conferito da un'autorità*) franchise, charter. ❹ (*leg.*) incident. △ ❷ **Il proprietario del carico ha un ~ sulla nave per qualsiasi danno** the owner of the cargo has a lien on the ship for any damage. // **~ del venditore** (*di terreni*) (*leg.*) vendor's lien; **~ della bandiera** (*trasp. mar.*) flag discrimination; **~ dell'armatore** (*sul nolo e le altre spese attinenti al carico*) (*trasp. mar.*) shipowner's lien; **~ generale o speciale per gli agenti e i rappresentanti con deposito** (*in forza del quale essi possono far valere i loro crediti, per spese e provvigioni, sulle merci che hanno in deposito*) (*leg.*) agent's lien; **~ marittimo** (*leg.*) maritime lien; **un ~ revocabile** (*leg.*) a revocable privilege; **un ~ speciale** (*leg.*) a particular lien, a specific lien; (*su un bene*) (*leg.*) charge; **senza privilegi o riserve** (*Borsa*) (*di titolo*) ex-all (*attr.*).

privo, *a.* deprived (of), devoid (of), bare (of), destitute (of); (*mancante*) lacking (in), wanting (in); (*senza*) without; less (*suff.*). △ **Il mercato del granturco è ~ di scorte** the corn market is bare of stocks; **La vostra idea è del tutto priva d'utilità** your idea is completely useless. // **~ di data** dateless; **~ d'eredi** (*leg.*) heirless; **~ di fondi** out of funds, out of pocket; (*banca*) « no effects » (*scritto su un assegno emesso allo scoperto*); **~ d'indirizzo** (*comun.*) unaddressed; **~ di lega** (*leg.*) (*di metallo, ecc.*) unalloyed; **~ di scrupoli** unscrupulous, sharp; **~ di speciali privilegi** (*come concessioni esclusive, ecc.*) (*leg.*) unchartered; **~ di tariffe** (*comm. est., econ.*) tariffless; **~ di valore** worthless; **esser ~ di** (qc.) to lack (st.), to be lacking in (st.); **È ~ d'iniziativa** he is lacking in initiative.

pro[1], *n. m. inv.* use, good, advantage, profit, benefit. △ **Lavoro da un mese senza alcun ~** I have been working for a month without any advantage.

pro[2], *prep.* for, in favour of, for the benefit of, to the advantage of. *n. m. inv.* pro. △ *prep.* **Ci sono molte ragioni ~ e contro la vostra proposta** there are a lot of reasons for and against your proposal; *n.* **Dovresti valutare i pro e i contro della situazione** you should appraise the pros and cons of the situation. // « **~ capite** » (*econ., stat.*) per capita; **~ e contro** (*prep. e avv.*) pro and con; **i pro e i contro d'una certa politica di mercato** (*market.*) the pros and cons of a certain market policy; « **~ forma** » pro forma; « **~ rata** » pro rata.

probabile, *a.* (*facilmente possibile*) probable; (*possibile*) possible; (*verosimile*) likely; (*eventuale, sperato*) prospective. △ **È ~ che il Sig. Costa vada a Londra per il congresso** Sig. Costa is likely to go to London for the congress. // **un ~ cliente** (*market.*) a prospective customer; **~ sottoscrizione** (*di titoli, ecc.*) (*fin.*) prospect.

probabilistico, *a.* (*mat.*) probabilistic, probabilist.

probabilità, *n. f. inv.* ❶ probability, likelihood, chance. ❷ (*mat.*) probability. △ ❶ **Un articolo di questo genere ha una buona ~ di successo** an article of this kind has a good chance of success. // **~ di vita** (*mat. attuariale*) expectation of life.

probabilmente, *avv.* probably, likely; (*forse*) perhaps, maybe, possibly. △ **~ la vostra lettera non ci è pervenuta a causa dello sciopero postale** maybe your letter has not reached us owing to the postal strike.

probante, *a.* convincing.
probativo, *a. V.* probatorio.
probatorio, *a.* (*leg.*) probatory, evidentiary, evidential.
probità, *n. f. inv.* probity, honesty, uprightness, integrity.

problema, *n. m.* ❶ problem; (*faccenda*) matter, (*questione*) question. ❷ (*leg.*) issue. ❸ (*mat.*) problem, proposition. △ ❶ **L'ecologia è un ~ d'attualità** ecology is a problem of topical interest; **L'Italia ha problemi distributivi di difficilissima soluzione** Italy has the most intractable distribution problems. // **un ~ che ha precedenza assoluta** a matter of priority; **il ~ dei margini d'utilizzazione degli impianti** (*org. az.*) the problem of plant capacity utilization; **problemi della distribuzione** (*econ.*) distribution problems; **problemi della manodopera** (*pers., sind.*) manpower problems; **i problemi dell'occupazione** (*econ.*) the employment problems; **problemi d'adeguamento** (*org. az.*) problems of adjustment; **problemi di bilancio** (*fin., rag.*) budget matters; **problemi di contingentamento** (*econ.*) problems of quotas; **problemi di direzione** (*amm.*) managerial problems; **problemi d'ordine tecnico** (*org. az.*) problems of a technical nature; **problemi economici regionali** (*econ.*) regional economic problems.

probo, *a.* honest, upright.

procacciamento, *n. m.* ❶ (*il procacciare*) procurement, procuring, getting, obtaining. ❷ (*il procacciarsi*) getting, obtaining, earning. ❸ (*cred.*) (*di prestiti a favore di terzi*) procuration.

procacciare, *v. t.* to procure, to get*, to obtain; (*provvedere*) to provide. △ **Spero di procacciargli un lavoro al più presto** I hope I'll get him a job as soon as possible.

procacciarsi, *v. rifl.* to procure, to get*, to obtain, to earn. △ **Riesco a malapena a procacciarmi da vivere** I can hardly earn a living. // **~ un lavoro** to get a job.

procacciatore, *a.* busy; (*intrigante*) meddlesome. *n. m.* busybody, meddler. // **~ d'affari** (*market., USA*) solicitor.

procedere, *v. i.* ❶ to proceed, to go* on, to move ahead. ❷ (*cominciare*) to start, to proceed. ❸ (*comportarsi, agire*) to behave, to act. ❹ (*leg.*) to proceed, to start proceedings. △ ❶ **Come procede il vostro lavoro?** how is your work proceeding?; ❷ **Fra pochi minuti procederemo alla discussione di questa faccenda** in a few minutes we'll start discussing this matter; ❸ **Che ne dite del modo di ~ di Mr Landor?** what about Mr Landor's way of acting?; ❹ **Abbiamo deciso di ~ contro la ditta Valenti** we have decided to proceed against Messrs Valenti. // **~ a un'inchiesta** (*leg.*) to institute an inquiry; **~ a tutta velocità** (*trasp. mar.*) to forge; **~ con cautela** (*trasp. mar.*) to navigate with caution; **~ contro q.** (*leg.*) to proceed against sb., to process sb.; **per vie legali contro qc.** (*leg.*) to start (*o* to undertake) legal proceedings against sb.

procedimento, *n. m.* ❶ (*comportamento*) behaviour, conduct; course. ❷ (*leg.*) proceedings (*pl.*). ❸ (*org. az.*) process; (*procedura*) procedure. △ ❶ **Pensiamo che un ~ del genere deroghi dalle nostre consuetudini** we consider that course to be a departure from our usual practice; ❷ **Il ~ contro il Sig. Marini non è ancora stato iniziato** the proceedings against Sig. Marini have not been instituted yet; ❸ **Il nostro ~ di fabbricazione è brevettato** our manufacturing process is patented. // **~ brevettato** (*leg.*) patent; **un ~ computerizzato**

(*elab. elettr.*) a computerized process; ~ **contabile** (*per il calcolo dell'inventario*) **consistente nel considerare la prima merce entrata in magazzino come la prima uscitane** (*rag.*) first in, first out (*FIFO*); ~ **contabile** (*per il calcolo dell'inventario*) **consistente nel considerare l'ultima merce entrata in magazzino come la prima uscitane** (*rag.*) last in, first out (*LIFO*); ~ **d'ufficio** (*leg.*) ex officio proceedings; ~ **giudiziario** (*leg.*) prosecution; ~ **legale** (*leg.*) process; ~ (*produttivo*) **segreto** (*leg.*, *org. az.*) secret process; ~ **sommario** (*leg.*) summary proceedings; ~ **stocastico** (*ric. op.*) stochastic process.

procedura, *n. f.* ❶ procedure, practice. ❷ (*leg.*) procedure; proceedings (*pl.*). // ~ **arbitrale** (*leg.*) arbitration proceedings; ~ **burocratica che comporta perdita di tempo e di denaro** red tape (*fig.*); ~ **civile** (*leg.*) civil proceedings; ~ **delle trattative** (*sind.*) bargaining procedure; ~ **di gestione** (*org. az.*) administration procedure; **procedure di ridimensionamento aziendale** (*econ.*) layoffs; ~ **di votazione** voting arrangements; ~ **fallimentare** (*leg.*) proceedings in bankruptcy, bankruptcy proceedings; ~ **legale** (*leg.*) proceedings at law; ~ **penale** (*leg.*) criminal proceedings; ~ **sommaria** (*leg.*) summary procedure; **la** ~ **usuale** the regular procedure.

procedurale, *a.* (*leg.*) procedural, of procedure, relating to procedure.

processare, *v. t.* (*leg.*) to try. // ~ **q. per furto** (*leg.*) to try sb. for theft.

processo, *n. m.* ❶ (*leg.*) trial, lawsuit, suit; (legal) proceedings (*pl.*); cause, case, prosecution. ❷ (*org. az.*) (*produttivo*) process. △ ❶ **È la seconda volta che il ~ viene rinviato** it's the second time the trial has been adjourned. // ~ **decisorio** (*org. az.*) decision making; ~ **di concentrazione** (*econ.*) amalgamating; ~ **di fabbricazione** (*org. az.*) manufacturing process; ~ **di produzione a ciclo continuo** (*pers.*) continuous process; ~ **nullo per vizio di procedura** (*leg.*) mistrial; ~ **produttivo** (*org. az.*) manufacturing process; ~ **scalare** (*org. az.*) scalar process; ~ **verbale** (*leg.*) minutes (*pl.*).

processuale, *a.* (*leg.*) of a trial; trial (*attr.*). // **le spese processuali** (*leg.*) law expenses, costs.

proclamare, *v. t.* to proclaim, to call, to call out; to give* out; (*dichiarare*) to declare. // ~ **un dividendo** (*fin.*) to declare a dividend; ~ **la propria innocenza** (*leg.*) to proclaim one's innocence; ~ **una legge** to proclaim a law; ~ **uno sciopero** (*sind.*) to call out a strike, to call a strike.

proclamazione, *n. f.* proclamation; calling, calling out; (*dichiarazione*) declaration. // **la** ~ **d'un dividendo extra** (*fin.*) the declaration of an extra dividend; ~ **d'uno sciopero** (*sind.*) strike call.

procrastinare, *v. t.* to postpone, to delay, to defer, to put* off. *v. i.* to procrastinate, to delay. // ~ **un pagamento** (*cred.*) to put off a payment.

procura, *n. f.* ❶ (*leg.*) (*l'autorità conferita*) power of attorney, procuration, proxy. ❷ (*leg.*) (*documento di procura*) warrant of attorney, letter of attorney. ❸ (*leg.*) (*documento - più formale della lettera di procura - che ne conferisce l'autorità*) procuration, power of attorney. ❹ (*leg.*) (*ufficio del procuratore*) attorney's office. // ~ **generale** (*leg.*) general power of attorney, full power of attorney, general power, general proxy; ~ **legale** (*leg.*) legal power of attorney; ~ **speciale** (*leg.*) special power of attorney, special power; **per** ~ (*leg.*) by proxy, per procuration, « **per procurationem** », by deputy, per pro.

procurare, *v. t.* ❶ (*cercare d'ottenere, procacciare*) to procure, to get*, to obtain; (*provvedere*) to provide. ❷ (*causare*) to cause, to bring* about. ❸ (*trovare il modo di*) to manage. ❹ (*fare in modo che*) to see* (to it). △ ❶ **Non è stato facile ~ loro i fondi necessari** it was not easy to provide them with the necessary funds; ❷ **Questa faccenda ci ha già procurato molti fastidi** this matter has already caused us a lot of trouble; ❸ **Procureremo d'informarvi al più presto** we'll manage to inform you as soon as possible; ❹ **Procuri che queste lettere siano firmate subito** will you see (to it) that these letters are signed immediately? // ~ **un impiego a q.** (*pers.*) to get a situation for sb.

procurarsi, *v. rifl.* ❶ to procure, to obtain, to get*; (*assicurarsi*) to secure; (*vincere: un premio e sim.*) to win*. ❷ (*fin.*) (*fondi, ecc.*) to raise. △ ❶ **Dobbiamo procurarci il denaro prima che la stretta creditizia raggiunga il nostro Paese** we must get the money before the credit squeeze reaches our Country; ❷ **Non fummo in grado di procurarci una somma di denaro sufficiente** we were not able to raise a sufficient sum of money. // ~ **un impiego** (*pers.*) to get a job; ~ **noie** to get into trouble; ~ **ordinazioni** (*market.*) to get orders, to secure orders.

procuratore, *n. m.* ❶ (*leg.*) (*chi esercita un mandato di procura*) proxy. ❷ (*leg.*) attorney; procurator (*in Italia*). △ ❶ **Mr Strawman agirà come mio** ~ Mr Strawman will act as my proxy. // **il** ~ **del convenuto** (*leg.*) the solicitor of the defendant; **il** ~ **della Repubblica** the Procurator of the Republic (*in Italia*); ~ **distrettuale** (*leg.*, *USA*) district attorney; ~ **generale** (*leg.*) (*chi ha una procura*) general proxy; (*leg.*) (*magistrato*) Procurator General (*in Italia*); Attorney General (*in U.S.A.*) (*anche Ministro della Giustizia*); ~ **legale** (*leg.*) attorney-at-law, public attorney, law-agent, solicitor.

prodotto[1], *a.* ❶ produced, made. ❷ (*leg.*) (*addotto, allegato*) produced, exhibited. △ ❶ **Le automobili prodotte in Italia hanno un design assai raffinato** cars produced in Italy have a highly sophisticated design; ❷ **I documenti prodotti dalla ditta Giugni e Martini saranno esaminati oggi** the documents exhibited by Messrs Giugni and Martini will be examined today. // « ~ **in Cina** » (*market.*) « produce of China », « made in China ».

prodotto[2], *n. m.* ❶ product; (*resa, rendimento*) yield. ❷ (*econ., market.*) product; (*specialm. agricolo o minerario*) produce (*collett., col v. al sing.*). ❸ (*mat.*) product. ❹ **prodotti**, *pl.* (*econ., market.*) goods. △ ❷ **I nostri prodotti si vendono bene** our products sell well; ❹ **Si osservò una netta ripresa in Italia, dove nel 1965 le importazioni di prodotti per il consumo privato segnarono un aumento del 7%** a pronounced recovery was observed in Italy where imports of goods for private consumption increased by 7% in 1965. // **prodotti ad alto contenuto tecnologico** (*econ.*) growth products; **prodotti agricoli** (*econ.*) agricultural produce, produce (*col v. al sing.*); agricultural products, farm products; **prodotti alimentari** (*econ.*) food products, foodstuffs; **prodotti che richiedono un largo impiego di manodopera** (*org. az.*) labour-intensive products; **prodotti coloniali** (*market.*) colonial produce; **prodotti concorrenziali** (*market.*) competitive products; **prodotti della terra** (*leg.*) emblements; **prodotti dell'artigianato** (*econ.*) handicrafts; **prodotti destinati al consumo interno** (*econ.*) commodities intended for home consumption; **prodotti destinati al consumo privato** (*market.*) goods for private consumption; **prodotti destinati all'alimentazione umana** (*econ.*) food for human consumption; **prodotti di base** (*econ.*) primary products, basic materials,

produrre

commodities; **prodotti di comodo** (*market.*) convenience goods; **prodotti di concorrenza** (*market.*) competing goods; ~ **d'esportazione** (*comm. est.*) exportation, export; **prodotti di grande consumo** (*market.*) common consumer products; ~ **di grande successo** (*market.*) hit; ~ **d'importazione** (*comm. est.*) importation, import; **prodotti di primissima qualità** (*market.*) premium products; **prodotti di qualità inferiore** (*market.*) subquality products; ~ **di qualità superiore** (*market.*) super; **prodotti di scarto** (*market., org. az.*) waste products; ~ **eccellente** (*market.*) super; **prodotti fabbricati a mano** (*econ.*) handicrafts, handicraft products; ~ **finale** (*org. az.*) final product; ~ **finito** (*org. az.*) finished product, end product, end-item; **prodotti in corso di lavorazione** (*org. az.*) goods in process, partly-finished goods; **prodotti** (*offerti*) **in omaggio** (*market., pubbl.*) free goods; ~ **invendibile** (*market.*) unsalable product; drug in the market, drug on the market (*slang*); **prodotti lavorati** (*market.*) manufactured goods, manufactured products; ~ **lordo** (*fin., rag.*) gross product, gross output; ~ **manufatto** (*market.*) manufacture; ~ **marginale** (*econ.*) marginal product; **prodotti nazionali** (*comm. est., market.*) home-produced goods, national products, domestic products, domestic goods, home products; ~ **nazionale lordo (PNL)** (*econ.*) gross national product (*GNP*): **Si prevede che il ~ nazionale lordo ai prezzi correnti aumenti all'incirca del 5%** the gross national product at current prices is expected to increase by some 5%; **il ~ nazionale lordo in termini reali** (*econ.*) the real gross national product; ~ **nazionale netto (PNN)** (*econ.*) net national product (*NNP*); ~ **nazionale netto « pro capite »** (*econ.*) per capita net national product; ~ **netto sociale** (*econ.*) social net product; **prodotti non agricoli** (*econ.*) non-agricultural products: **I prodotti non agricoli hanno registrato rialzi nettamente inferiori** non-agricultural products rose by much less; **prodotti non alimentari** (*econ.*) non-food products; **prodotti non destinati all'esportazione** (*econ.*) produce not intended for export; **prodotti preparati** (*market.*) prepared commodities; ~ **principale** (*econ.*) (*agricolo*) main crop; (*d'un luogo*) staple product, staple: **Il caffè è il ~ principale del Brasile** coffee is the staple product of Brazil; **I veicoli commerciali sono uno dei prodotti principali dell'industria britannica** commercial vehicles are one of the staples of British industry; ~ **scalare** (*mat.*) scalar product; **prodotti semilavorati** (*org. az.*) semifinished products, unfinished products, semimanufactures, goods in process; ~ **speciale** (*market.*) specialty goods, specialty; **prodotti trasformati** (*org. az.*) processed commodities; ~ **usato per una dimostrazione** (*pubbl.*) demonstrator; **prodotti zootecnici** (*econ.*) livestock products.

produrre, *v. t.* ❶ (*causare, originare*) to cause, to produce, to give* rise to. ❷ (*econ.*) to produce, to bear*, to yield; (*coltivare*) to grow*. ❸ (*leg.*) (*documenti, prove*) to produce, to bring* (forward), to show*, to exhibit. ❹ (*org. az.*) to produce, to manufacture, to make*, to put* out, to turn out. △ ❶ **La riforma fiscale ha prodotto molte polemiche** the tax reform has given rise to much controversy; ❷ **Il nostro capitale produrrà interessi** our capital will bear interest; **Producono il migliore vino di tutta l'Europa occidentale** they grow the best wine in the whole of Western Europe; ❸ **La difesa non fu in grado di ~ testimoni** the defence was not in a position to bring forward witnesses; ❹ **Producono il miglior cotone di tutti gli Stati Uniti** they produce the best cotton in the whole of the U.S.A.; **La nostra fabbrica ora produce un gran numero d'automobili** our factory is now turning out a large number of cars; **La nostra fabbrica produce 500 tonnellate di merce al mese** our plants put out five hundred tons of goods monthly. // ~ **un alibi** (*leg.*) to produce an alibi; ~ **documenti in tribunale** (*leg.*) to exhibit documents in Court; ~ **in eccesso** (*econ.*) to over-produce; ~ (*merci, articoli*) **in massa** (*org. az.*) to mass-produce; ~ (*merci, articoli*) **in serie** (*org. az.*) to mass-produce; ~ **interesse** (*fin.*) to yield an interest, to earn; ~ **per l'esportazione** (*econ.*) to produce for export; ~ **testimoni** (*leg.*) to produce witnesses; **chi produce in serie** (*market.*) mass-producer.

produttività, *n. f. inv.* ❶ (*cronot.*) efficiency. ❷ (*econ.*) productivity. // ~ **crescente** (*econ.*) increasing returns (*pl.*); ~ **decrescente** (*econ.*) diminishing returns (*pl.*); ~ **marginale** (*econ.*) marginal productivity; ~ **massima** (*econ.*) peak productivity.

produttivo, *a.* ❶ (*econ.*) productive, yielding, bearing. ❷ (*org. az.*) operating. △ ❶ **Molte attività non sono più produttive a causa dell'assenteismo degli operai** lots of activities are no longer productive owing to the absenteeism of workers. // ~ **d'interesse** (*fin.*) interest-bearing; ~ **di reddito** (*fin.*) revenue-bearing.

produttore, *a.* (*econ.*) producing, manufacturing. *n. m.* (*econ.*) producer, manufacturer, maker; (*coltivatore*) grower. △ *a.* **Diverse industrie produttrici hanno dovuto chiudere i battenti** several manufacturing industries had to put up the shutters; *n.* **L'attuazione d'un libero mercato per il tabacco greggio assicurerà ai produttori il libero accesso alle fonti d'approvvigionamento** the achievement of a free market in unmanufactured tobacco will assure manufacturers free access to sources of supply. // ~ **d'assicurazioni** (*ass., pers.*) insurance agent; ~ **di pubblicità** (*pers., pubbl.*) advertisement canvasser; **produttori nazionali** (*comm. est., market.*) home producers: **La forte pressione delle importazioni ha spesso impedito ai produttori nazionali di trasferire l'aumento dei costi di produzione sui propri prezzi di vendita** the pressure of imports has often prevented home producers from passing on higher production costs in their selling prices; **dal ~ al consumatore** (*market.*) from the producer to the consumer.

produzione, *n. f.* ❶ (*econ.*) production; (*specialm. agricola o mineraria*) produce; (*coltivazione*) growing, growth. ❷ (*leg.*) (*di documenti, ecc.*) production, exhibition, show. ❸ (*org. az.*) production, manufacture, manufacturing, making. ❹ (*org. az.*) (*sotto l'aspetto quantitativo e temporale*) production, output, yield; turnout, throughput (*USA*). △ ❶ **La ~ è stata rallentata a causa dei recenti scioperi nazionali** production has been slowed down by the recent national strikes; **La ~ agricola è poco adatta a essere lavorata** agricultural produce is not well suited to processing techniques; **C'è una forte domanda di merci di ~ straniera** there is a strong demand for commodities of foreign growth; ❷ **La ~ di questi documenti non è più necessaria** the exhibition of these documents is no longer necessary; ❹ **La ~ della nostra fabbrica è stata superiore a quella dello scorso anno** our factory's output has been higher than last year's. // ~ **artigianale** (*econ.*) artisan production; ~ **complessiva** (*org. az.*) overall production, global output; **la ~ complessiva d'una fabbrica** (*org. az.*) the global output of a factory; **una ~ da record** (*econ.*) a record-breaking production; ~ **di documenti** (*leg.*) exhibition of documents, show of documents, exhibition; ~ **di massa** (*org. az.*) mass production, volume production;

la ~ d'un testimone (*leg.*) the production of a witness; ~ in grande quantità (*org. az.*) quantity production, volume production; ~ in lotti (*econ.*) batch production; ~ in serie (*org. az.*) serial production, mass production; ~ industriale (*econ.*) industrial production: **C'è una stasi della ~ industriale** industrial production stagnates; ~ insufficiente (*econ., org. az.*) underproduction; ~ oraria (*org. az.*) hourly output; ~ per il magazzino (*org. az.*) production for stock; la ~ per ora lavorativa (*org. az.*) the output per man-hour; ~ (*d'un articolo) secondo le particolari richieste del cliente* (*org. az.*) «one off» production; ~ sperimentale (*attuata allo scopo di verificare il funzionamento d'una catena di montaggio*) (*org. az.*) field test; ~ su commessa (*econ.*) job production; ~ su grande scala (*econ.*) large-scale production; ~ su ordine (*econ.*) job production; chi attua una ~ di massa (*market.*) mass-producer; mancata ~ di documenti (*leg.*) failure to produce documents.

professionale, *a.* ❶ professional, vocational. ❷ (*pers.*) occupational. △ ❷ **Le malattie professionali sono sempre più frequenti** occupational diseases are more and more frequent.

professione, *n. f.* ❶ profession, vocation. ❷ (*pers.*) occupation. △ ❶ **Di ~ fa il medico** he is a doctor by profession; **L'insegnamento non è soltanto una ~ ma anche una vocazione** teaching is a vocation as well as a profession. // **professioni ausiliarie** ancillary occupations; **la ~ bancaria** the banking profession; **la ~ d'avvocato** the profession of a lawyer; **la ~ forense** (*leg.*) the Bar; **chi esercita una ~** practitioner; **di ~** by profession.

professionista, *n. m. e f.* practitioner, professional, professional man* (*m.*); professional woman* (*f.*).

professionistico, *a.* professional.

proficuo, *a.* ❶ profitable; (*utile*) useful. ❷ (*fin.*) (*che dà profitto*) profit-making, lucrative.

profilo professionale, *n. m.* (*pers.*) career brief.

profittabilità, *n. f. inv.* profitability. // **~ delle imprese** (*econ.*) corporate profitability (*USA*).

profittare, *v. i.* ❶ (*trarre profitto*) to profit (from, *o* by), to take* advantage (of). ❷ (*in senso cattivo*) to take* (undue) advantage (of).

profittatore, *n. m.* (*econ.*) profiteer. // **essere un ~** (*econ.*) to profiteer.

profittevole, *a.* ❶ profitable. ❷ (*fin.*) gainful, lucrative.

profitto, *n. m.* ❶ profit, advantage. ❷ (*lucro*) lucre. ❸ (*econ., fin., rag.*) profit, gain, return, take; proceeds (*pl.*). ❹ (*econ., fin., rag.*) (*redditività*) profitability. ❺ **profitti**, *pl.* (*econ., fin., rag.*) profits, earnings, makings, receipts, takings. △ ❶ **Avete tratto ~ dalla vostra permanenza a Londra?** have you taken any advantage of your stay in London?; ❸ **I profitti che ricaviamo dalle azioni sono alti** our profits on shares are high; **Hai ricavato un buon ~ dal tuo investimento?** did you get a good return on your investment?; ❺ **Ho sempre dichiarato tutti i miei profitti** I've always declared all my profits. // **~ del «jobber»** (*q.V.*) (*Borsa, ingl.*) jobber's turn; **profitti eccezionali (e insperati)** (*econ.*) windfall profits (*fam.*); **profitti illegali** unlawful profits; **gravy** (*slang USA*); **profitti in via di maturazione** (*rag.*) incoming profits; **profitti ipotetici** (*rag.*) paper profits; **profitti occulti** (*rag.*) secret profits; **profitti rapidi** (*riguardo al realizzo*) (*fin.*) quick profits; **il ~ sul capitale** (*investito*) (*econ., fin.*) the return on capital; **chi trae ~** (*da qc.*) beneficiary: **Questi movimenti sono andati essenzialmente a ~ degli Stati Uniti** the main beneficiary of these movements was the United States; **essere di ~ a q.** to profit sb.: **Di che ~ può esserci?** what can it profit us?; **senza ~** unprofitable (*a.*); unprofitably (*avv.*).

profugo, *a.* fugitive. *n. m.* fugitive, refugee.

progettare, *v. t.* to project, to plan, to design, to programme, to scheme; (*avere intenzione*) to contemplate. △ **Al nostro ufficio pubblicità è stato chiesto di ~ una campagna televisiva nuova di zecca** our advertising department has been required to scheme a brand-new TV campaign; **Stiamo progettando il trasferimento degli uffici** we are contemplating the transferral of the offices. // **~ una macchina** to design a machine; **~ nuovi stabilimenti** (*org. az.*) to project new plants; **~ un palazzo di uffici** to plan an office building; **~ un viaggio** to plan (*o* to contemplate) a journey.

progettatore d'impianti, *n. m.* (*pers.*) engineer.

progettazione, *n. f.* projection, planning, design. // **~ d'impianti** (*org. az.*) design of manufacturing systems, equipment design, engineering; **~ modulare** (*org. az.*) modular design.

progettista, *n. m. e f.* planner, designer; draftsman* (*m.*).

progetto, *n. m.* ❶ project, plan, design, scheme; (*bozza*) draft; (*programma*) programme; (*divisamento*) device; (*impresa*) enterprise. ❷ (*org. az.*) design. △ ❶ **Il ~ deve essere presentato prima della fine del mese** the project is to be presented within the end of the month; **Che progetti hai per il futuro?** what are your plans for the future? // **~ che si risolve in nulla** (*fin.*) bubble (*fam.*); **un ~ d'accomodamento** (*in un fallimento*) (*leg.*) a scheme of arrangement; **~ d'assicurazioni sociali basato sul contributo degli assicurati** (*ass.*) contributory scheme of insurance; **~ di bilancio** (*fin.*) draft budget; **un ~ di case popolari** (*econ.*) a plan for public housing; **~ di gruppo** (*pers.*) group project; **~ di legge** (*leg.*) bill; **~ di legge finanziaria** (*fin., leg.*) financial bill, finance bill; **un ~ di riconversione** a conversion project; **~ di riduzione dell'imposta sul reddito** (*per gli scioperanti*) (*fin., sind.*) negative income tax scheme; **~ di statuto** (*amm.*) draft articles; **il ~ per un nuovo stabilimento** (*org. az.*) the design for a new plant.

programma, *n. m.* ❶ programme; program (*USA*); plan, schedule, scheme; (*progetto*) project. ❷ (*elab. elettr.*) programme. ❸ (*fin.*) (*d'una nuova società*) prospectus. ❹ (*org. az.*) (*di lavoro, delle consegne, ecc.*) schedule. ❺ (*pubbl.*) (*radiotelevisivo*) show, programme, broadcast. △ ❶ **Ha già presentato il ~ alla commissione** he's already presented his project to the commission; **Per domani ho un ~ piuttosto intenso** I have got a pretty busy schedule for tomorrow; ❹ **Il comitato ha elaborato un nuovo ~ operativo per la fabbrica** the committee has planned a new schedule of operations for the factory; ❺ **Finanziano un ~ televisivo che è seguito da milioni di persone** they sponsor a television show which is watched by millions of people. // **~ accelerato** (*amm.*) crash programme; **~ Alimentare Mondiale (PAM)** World Food Programme (*WFP*); **~ assoluto** (*elab. elettr.*) object programme; **~ campione** (*elab. elettr.*) standard programme; **un ~ che tende a incoraggiare il risparmio** (*econ.*) a plan to encourage thrift; **~ compilatore** (*elab. elettr.*) compiling routine; **~ d'addestramento** (*org. az.*) training programme; **~ d'assemblaggio** (*org. az.*) assembly program; **un ~ d'assunzione** (*pers.*) a recruitment plan; **~ d'austerità** (*econ.*) austerity programme; **un ~ d'austerità di bilancio** (*amm.*) a programme of budgetary austerity; **~ d'azione equidistante dagli estremismi** middle of the road (*fig.*);

di caricamento (*elab. elettr.*) load programme, loading diagram; **un ~ di formazione accelerata per adulti** (*pers.*) a programme of accelerated training for adults; **~ di lavoro su schede perforate** (*elab. elettr.*) object deck; **~ di prova** (*elab. elettr.*) test programme; **~ di ricerca** (*org. az.*) research programme; **~ di riforma agraria** (*econ.*) agrarian-reform programme; **~ di secondo passaggio** (*elab. elettr.*) rerun routine; **~ di spettacolo** (*pubbl.*) bill; **~ di sviluppo marittimo** (*trasp. mar.*) shipping-expansion programme; **~ generale** (*elab. elettr.*) general routine; **~ giornaliero** (*org. az.*) daily schedule; **~ governativo d'assistenza medica** (*specialm. agli anziani*) medicare (*USA*); **~ memorizzato** (*elab. elettr.*) stored programme, stored routine; **~ oggettivo** (*elab. elettr.*) object programme; **~ operativo ottimale** (*ric. op.*) optimal operating programme; **~ originale** (*elab. elettr.*) source programme; **un ~ pluriennale** (*econ.*) a multiannual programme; **~** (*radiotelevisivo*) **registrato** (*pubbl.*) transcription.

programmare, *v. t.* ❶ to programme; to program (*USA*); to plan, to project. ❷ (*econ.*) to plan. ❸ (*econ., rag.*) to budget. ❹ (*elab. elettr.*) to programme. △ ❶ **La nostra politica estera dovrebbe essere programmata anziché improvvisata** our foreign policy should be planned instead of improvised. // **~ un calcolatore** (*elab. elettr.*) to programme a computer; **~ in vista dell'ottenimento d'un deficit** (*del bilancio dello Stato*) (*econ.*) to budget for a deficit; **~ in vista dell'ottenimento d'un residuo attivo delle partite correnti** (*a fini antinflazionistici*) (*econ.*) to budget for an above-the-line surplus; **~ in vista dell'ottenimento d'un residuo attivo globale** (*econ.*) to budget for an overall surplus; **~ la produzione** (*org. az.*) to plan production.

programmatico, *a.* programmatic.

programmatore, *n. m.* ❶ programmer. ❷ (*elab. elettr.*) programmer. // **~ di lavori** (*elab. elettr.*) job scheduler.

programmazione, *n. f.* ❶ programming, planning. ❷ (*econ.*) planning. ❸ (*elab. elettr.*) programming. // **~ a breve termine** (*econ.*) short-run planning; **~ automatica** automatic programming; **~ dinamica** (*ric. op.*) dynamic programming; **~ economica** (*econ.*) economic planning; **~ lineare** (*ric. op.*) linear programming; **~ matematica** (*elab. elettr.*) mathematical programming; **~ non lineare** (*elab. elettr.*) non-linear programming; (*ric. op.*) quadratic programming; **la ~ produttiva** (*org. az.*) the planning of production.

progredire, *v. i.* to progress, to be in progress; (*crescere*) to grow*. △ **L'economia progredisce costantemente** economy is progressing steadily.

progressione, *n. f.* ❶ (*il progredire*) progression, progress. ❷ (*mat.*) progression. // **~ aritmetica** (*mat.*) arithmetical progression, arithmetic progression; **~ geometrica** (*mat.*) geometric progression.

progressivamente, *avv.* progressively, by progress, consecutively.

progressivo, *a.* progressive. // **una progressiva riduzione degli indebitamenti** (*cred.*) a scale-down of debts.

progresso, *n. m.* ❶ progress, progression; (*sviluppo*) development; (*incremento*) growth, advance. ❷ **progressi**, *pl.* progress. △ ❶ **Non si è avuto alcun ~ per quanto attiene alla produzione industriale** there has been no progress as far as industrial production is concerned; ❷ **Il settore laniero ha fatto progressi rapidissimi** the wool sector has made very rapid progress. // **i progressi della tecnologia** the progress of technology;

il ~ delle tecniche industriali (*econ., org. az.*) the advance of industrial techniques; **progressi tecnologici** (*econ., org. az.*) technological advances.

proibire, *v. t.* (*leg.*) to forbid*, to prohibit, to interdict. △ **La vendita di questi articoli non è più proibita dalla legge** the sale of these articles is no longer prohibited by the law.

proibitivo, *a.* prohibitive. △ **Il prezzo di certi generi alimentari sta diventando ~** the prices of certain foodstuffs are becoming prohibitive.

proibito, *a.* (*leg.*) forbidden, interdicted, prohibited. // **~ dalla legge** (*leg.*) forbidden by law; outlaw (*attr.*).

proibizione, *n. f.* (*leg.*) forbiddance, prohibition, interdiction; embargo (*fig.*).

proiettare, *v. t.* ❶ to project, to throw*. ❷ (*mat.*) to project. // **~** (*un film*) **su uno schermo** (*pubbl.*) to screeen.

proiezione, *n. f.* ❶ projection, projecting, throwing. ❷ (*mat.*) projection. ❸ (*pubbl.*) (*cinematografica*) projection, showing, show. △ ❷ **Le statistiche e le proiezioni sono importanti studi quantitativi** statistics and projections are important quantitative studies. // **~ ortogonale** (*mat., pubbl.*) orthogonal projection, orthographic projection.

prole, *n. f.* ❶ children (*pl.*); offspring. ❷ (*leg.*) issue. // **~ maschile** (*leg.*) male issue.

proletariato, *n. m.* ❶ (*econ.*) (*proletari nel complesso*) proletariat, proletarian class, working class. ❷ (*econ.*) (*condizione del proletario*) proletarianism.

proletario, *a.* e *n. m.* (*econ.*) proletarian.

prolungamento, *n. m.* ❶ (*allungamento*) prolongation, protraction, extension. ❷ (*proroga*) extension, delay. // **il ~ d'una ferrovia** (*trasp. ferr.*) the extension of a railway.

prolungare, *v. t.* ❶ (*rendere più lungo*) to prolong, to protract, to extend. ❷ (*prorogare*) to extend, to delay, to put* off. // **~ la scadenza d'un debito** (*cred.*) to extend the time of payment of a debt.

prolungato, *a.* prolonged; long-range (*attr.*); long. △ **Ci sarà un periodo ~ di oscillazione delle monete** there will be a long period of floating currencies. // **un ~ rastrellamento in Borsa** a prolonged shaking-down on the Stock Exchange.

promemoria, *n. m. inv.* ❶ memorandum*, note, minute, reminder. ❷ (*org. az.*) memorandum*; memo (*fam.*). // **~ di pagamento** (*rilasciato da un venditore al cliente, e contenente l'indicazione dell'ammontare del debito e la scadenza del medesimo*) (*market.*) prompt note; **~ di scadenza** (*cred.*) reminder of due date; **~ interno** (*org. az.*) interoffice memo; **come ~** as a memorandum, as a reminder.

promessa, *n. f.* promise; (*impegno*) undertaking. △ **Non avete mantenuto la vostra ~** you didn't keep your promise. // **una ~ di pagamento** (*cred.*) a promise to pay: **Un « IOU » non contiene una ~ di pagamento: esso è semplicemente un riconoscimento scritto di debito** an IOU does not contain a promise to pay: it is merely a written acknowledgement of a debt; **~ di vendita** (*leg.*) agreement to sell; **~ solenne** formal promise; **~ unilaterale** one-sided promise; **chi fa una ~** (*leg.*) promisor; **chi riceve una ~** (*leg.*) promisee.

promettere, *v. t.* to promise. *v. i.* to promise (well), to be promising. △ *v. t.* **Promise che avrebbe pagato la cambiale alla scadenza** he promised to pay (*o* he would pay) the bill at maturity; *v. i.* **Questi giovani promettono (bene)** these young men promise well.

promettersi, *v. rifl.* ❶ to promise oneself, to look forward to. ❷ (*impegnarsi*) to pledge oneself. △ ❷ **Si**

sono promessi di saldare tutti i debiti they've pledged themselves to settle all their debts.

promettitore, *n. m.* (*leg.*) promisor.
promissario, *n. m.* (*leg.*) promisee.
promissorio, *a.* (*leg.*) promissory.
« **promotion** », *n. f.* (*market.*, *pubbl.*) promotion, sales promotion. △ Il settore ~ è una delle attività commerciali più delicate dei nostri tempi the promotion sector is one of the most delicate among present-day commercial activities.
promotore, *n. m.* ❶ promoter, organizer, forwarder. ❷ (*fin.*) (*d'una società per azioni*) founder, floater.
promozionale, *a.* (*market.*, *pubbl.*) promotional.
promozione, *n. f.* ❶ promotion. ❷ (*market.*, *pubbl.*) promotion. ❸ (*pers.*) promotion, advancement, step. △ ❸ Mr Waiting è il primo ad aver diritto a una ~ Mr Waiting is next in line for a promotion; Spero d'ottenere una ~ alla fine dell'anno I hope to get a step at the end of the year. // ~ delle vendite (*pubbl.*) sales promotion; ~ per anzianità (*pers.*) promotion in order of age; di ~ (*pers.*) promotional (*a.*); relativo alla ~ delle vendite (*market.*, *pubbl.*) promotional.
promulgamento, *n. m.* V. promulgazione.
promulgare, *v. t.* (*leg.*) to promulgate, to enact, to put* into force. △ È stata promulgata una nuova legge a new law has been put into force. // ~ di nuovo (*una legge*) (*leg.*) to re-enact.
promulgazione, *n. f.* (*leg.*) promulgation, enaction, enactment. // la ~ d'una legge (*leg.*) the promulgation of a law; la ~ d'una legge in aiuto delle industrie private (*leg.*) the enactment of a bill to aid private industries.
promuovere, *v. t.* ❶ (*far progredire*) to promote, to further, to forward, to foster. ❷ (*fin.*) (*una società, ecc.*) to promote, to float. ❸ (*leg.*) (*una legge, ecc.*) to pass. ❹ (*pers.*) to promote, to advance, to upgrade, to step up, to up. △ ❶ La delegazione intende ~ gli scambi commerciali fra i due Paesi the delegation aims at fostering commercial exchanges between the two Countries; ❷ Speriamo che il progetto di legge finanziaria sia promosso entro la fine dell'anno let's hope the financial bill is promoted within the end of the year; ❹ Fu promosso alla qualifica di direttore generale he was advanced to the position of general manager; Finora nessuno dei miei colleghi è stato ~ none of my colleagues has been upgraded as yet; Mr Robinson è stato promosso direttore delle vendite Mr Robinson has been upped to sales manager. // ~ una nuova impresa (*econ.*) to further a new enterprise; ~ la vendita d'articoli più cari (*market.*) to trade up; ~ la vendita d'un articolo (*market.*, *pubbl.*) to promote an article, to sell an article, to merchandise an article: Tutti i nostri sforzi per ~ la vendita di quell'articolo furono vani all our efforts to merchandise that article were frustrated; ~ le vendite (*market.*, *pubbl.*) to promote sales; essere promosso (*pers.*) to step up: È stato promosso alla massima carica direttiva he has stepped up to the chief executive's chair.
pronosticare, *v. t.* to forecast*.
pronostico, *n. m.* forecast.
prontamente, *avv.* ❶ readily, quickly. ❷ (*senza indugio*) promptly, without delay; (*volentieri*) willingly. △ ❷ La vostra ordinazione è stata ~ eseguita your order has been executed without delay.
prontezza, *n. f.* readiness, quickness, promptitude, dispatch.
pronto, *a.* ❶ ready, prepared. ❷ (*rapido, lesto*) prompt, ready, quick. ❸ (*pers.*) on deck (*fam.*). △ ❶ Le merci saranno pronte fra un paio d'ore the goods will be ready in a couple of hours; La nave è pronta per il caricamento the ship is ready to load; ❷ Il capo è ~ all'ira, ma dopo tutto è un buon diavolo the boss is quick to anger but he's a good-natured chap after all; ❸ Ogni impiegato deve essere ~ alle otto every employee is supposed to be on deck at 8 o'clock. // ~ a prendere il mare (*trasp. mar.*) (*di nave, battello, ecc.*) ready for sea; pronta cassa (*market.*) ready cash, prompt cash, cash down; a pronta cassa (*market.*) for prompt cash; a pronti (*market.*) for cash; pagamento a pronti (*market.*) cash payment, cash down.
prontuario, *n. m.* (*manuale*) manual, handbook. // ~ degli interessi (*rag.*) interest table; ~ di calcoli (*attr. uff.*) ready reckoner, reckoner, calculator.
pronunciare, *v. t.* ❶ to pronounce. ❷ (*un discorso*) to deliver. ❸ (*leg.*) to pronounce. △ ❷ Il presidente sta per ~ il suo discorso the chairman is about to deliver his speech. // ~ lettera per lettera to spell; ~ una sentenza (*leg.*) to pronounce a sentence, to render a judgment.
propaganda, *n. f.* (*pubbl.*) propaganda, advertising, publicity. // ~ (*fatta in modo*) capillare (*pubbl.*) canvassing.
propagandabile, *a.* (*pubbl.*) advertisable.
propagandare, *v. t.* (*pubbl.*) to propagandize, to advertise; (*merce, anche*) to push. // ~ in modo capillare (*pubbl.*) to canvass.
propagandista, *n. m. e f.* (*pers.*) propagandist; salesman*, runner, tout (*m.*); saleswoman* (*f.*). // ~ « capillare » (*pers.*) canvasser.
propagare, *v. t.* (*diffondere, spargere*) to propagate, to spread*. // ~ notizie (*comun.*) to spread news; ~ notizie false to spread false rumours.
propagarsi, *v. rifl.* (*diffondersi*) to spread*. △ Le mode si propagano velocemente fashions spread quickly.
propagazione, *n. f.* (*il diffondersi*) propagation, spreading, spread.
propendere, *v. i.* to be inclined, to lean*, to tend, to have a tendency (*o a bias*). △ Propendiamo a credere che sia innocente we are inclined to believe he is innocent.
propensione, *n. f.* propensity, tendency. // ~ agli investimenti (*econ.*) propensity to invest; ~ al consumo (*econ.*) propensity to consume; ~ al risparmio (*econ.*) propensity to save; ~ marginale al consumo (*econ.*) marginal propensity to consume; ~ marginale al risparmio (*econ.*) marginal propensity to save.
propizio, *a.* (*opportuno, adatto*) propitious, favourable, suitable. △ È il momento più ~ per lanciare il nostro prodotto it's the most suitable time to launch our product. // non ~ unfavourable, unsuitable.
proponente, *a.* proponent. *n. m. e f.* ❶ proponent, proposer. ❷ (*leg.*) (*d'una mozione in un'assemblea*) mover.
proporre, *v. t.* ❶ to propose, to propound; (*suggerire*) to suggest; (*offrire*) to offer. ❷ (*indicare*) to set*, to put*, to put* in. △ ❶ Proponiamo Mr Richardson per la presidenza della nostra assemblea we propose Mr Richardson for the chairmanship of our assembly; La teoria che proponete non c'interessa we are not interested in the theory you propound; ❷ Il portavoce della minoranza ha proposto una questione molto delicata the minority spokesman has set a very delicate question. // ~ (*q.*) come candidato to nominate: Egli sarà proposto come candidato alla presidenza (*della società*) he is going to be nominated for the chairmanship;

~ condizioni favorevoli (*market.*) to propose favourable terms; ~ una domanda in giudizio (*leg.*) to start legal proceedings.

proporsi, *v. rifl.* to intend, to resolve, to mean*. △ Ci proponiamo di parlarne al Sig. Ballerini appena sarà tornato da Parigi we intend to talk about that with Sig. Ballerini on his coming back from Paris.

proporzionale, *a.* ❶ proportional, ratable. ❷ (*mat.*) proportional. // la distribuzione ~ dei profitti (*fin.*) the ratable distribution of profits.

proporzionalità, *n. f. inv.* proportionality.

proporzionalmente, *avv.* proportionally, ratably. △ Tutti gli utili netti dovranno essere distribuiti ~ fra gli azionisti all net proceeds shall be distributed among the shareholders ratably.

proporzionare, *v. t.* to proportion, to proportionate. // ~ le spese ai redditi (*econ.*) to proportion one's expenditure to one's income.

proporzionato, *a.* proportionate, proportional, commensurate.

proporzione, *n. f.* ❶ proportion; (*relazione*) relation. ❷ (*mat.*) proportion, ratio. △ ❶ Non hanno mai speso in ~ ai loro redditi they have never spent in proportion to their income. // ~ composta (*mat., rag.*) compound ratio; la ~ delle nascite rispetto alle morti (*stat.*) the proportion of births to deaths; in ~ in proportion, pro rata, ratably (*avv.*); proportional, proportionate (*a.*).

proposito, *n. m.* ❶ purpose; (*intenzione*) intention; (*disegno*) design, plan. ❷ (*scopo*) scope, aim, object, purpose. ❸ (*argomento*) subject. △ ❶ Credi che ci sarà possibile smuoverlo dal suo ~? do you think we'll be able to dissuade him from his purpose?; Dobbiamo impedirgli di mettere in atto il suo ~ we must forbid him to carry out his plan; ❷ Quale può essere il suo ~? what can his aim be?; ❸ Ho un paio di cosette da dire a questo ~ I've got one or two things to say on this subject. // a questo ~ in this regard, in this connection.

proposta, *n. f.* proposal, proposition; (*fatta a una assemblea*) motion; (*offerta*) offer, bid; (*suggerimento*) suggestion. △ La mia ~ non venne accettata dalla maggioranza della commissione my proposal was turned down by the majority of the commission; Il sindacato rifiuterà le proposte salariali della società the union will reject the company's wage proposals; La mia ~ è stata respinta per la seconda volta my motion has been rejected for the second time. // proposte concrete constructive suggestions; una ~ degna di considerazione a considerable proposal; una ~ d'assicurazione (*ass.*) a proposal of insurance; ~ di concordato (*che deve essere vagliata dai creditori*) (*leg.*) proposal of composition; proposte d'emendamento (*leg.*) proposals for amendments; ~ di legge (*leg.*) bill; ~ di regolamento (*org. az.*) draft regulation; una ~ di transazione (*leg.*) a proposal for a compromise; una ~ (*fatta*) in mala fede (*leg.*) a mala fide proposal; ~ unica di vendita (*pubbl.*) unique selling proposition; quanto alla vostra ~ as regards your proposal; secondo la vostra ~ as suggested by you.

proprietà, *n. f. inv.* ❶ (*diritto di disporre di qc.*) property, ownership, proprietorship. ❷ (*leg.*) (*ciò che si possiede*) property, estate; possessions, means (*pl.*); holding; (*d'immobili*) demesne. △ ❶ La ~ è il diritto esclusivo di possedere una cosa, averne il godimento e farne l'uso che si vuole property is the exclusive right to possess, enjoy and dispose of a thing; Mentre il possesso è uno stato di fatto, la ~ è materia di diritto, e consente a una persona di possedere una cosa e farne l'uso che vuole while possession is a matter of fact, ownership is a matter of law and entitles a person to possess a thing and use it as he wishes; ❷ Abbiamo venduto la nostra piccola ~ nella California meridionale we have sold our small property in Southern California; La ~ fu venduta per una somma che non è stata resa nota the estate was sold for an undisclosed sum. // ~ a titolo oneroso (*leg.*) onerous property; una ~ abbandonata (*leg.*) a vacant estate; ~ affittata (*leg.*) lease; ~ assoluta (*leg.*) fee simple; ~ assoluta d'un terreno (*leg.*) freehold; ~ collettiva (*econ.*) collective ownership; una ~ comune (*leg.*) a joint property; ~ con vincolo della prova (*leg.*) burdened estate; ~ data in affitto (*leg.*) rental, tenancy; ~ demaniale (*leg.*) public domain; ~ d'una corporazione (*d'un ente, ecc.*) (*fin.*) corporate property; la ~ d'un diritto d'autore (*leg.*) the proprietorship of a copyright; ~ d'un terreno (*basata su una copia di antichi documenti di concessione feudale*) (*leg.*) copyhold; ~ fondiaria (*econ.*) landed property, landed estate; ~ immobiliare (*fin.*, *leg.*) real property, real estate, realty; ~ individuale (*di beni non condivisi con altri*) (*leg.*) severalty; ~ industriale (*leg.*) patent rights; ~ letteraria (*leg.*) literary property; ~ letteraria riservata (*leg.*) copyright; ~ limitata a una persona (*e ai suoi eredi in linea diretta*) (*leg.*) tail; ~ mobiliare (*fin.*, *leg.*) personal property, personal estate; una ~ non soggetta a imposta (*fin.*) an untaxed property; ~ personale della moglie (*leg.*) separate estate; ~ presunta (*leg.*) reputed ownership; ~ privata (*leg.*) private property; «~ privata» (*scritto su un cartello, ecc.*) «no trespassing!»; ~ residua (*dopo il pagamento di debiti e legati*) (*leg.*) residuary estate; ~ reversibile (*leg.*) reversion; ~ soggetta a imposta (*fin.*) taxable (property); ~ soggetta a restrizioni (*leg.*) qualified property; ~ tenuta in amministrazione fiduciaria (*leg.*) trust property, trust estate; chi è investito d'una ~ terriera (*leg.*) feoffee; chi possiede terreni in ~ assoluta (*leg.*) freeholder; di ~ dello Stato (*econ.*) State-owned (*a.*); di ~ riservata (*leg.*) proprietary (*a.*).

proprietaria, *n. f.* (*leg.*) owner, proprietress.

proprietario, *n. m.* (*leg.*) owner, proprietor, proprietary. △ Si dovrà indennizzare il ~ del terreno espropriato per pubblica utilità the owner of the land taken for public use shall be compensated. // ~ confinante (*leg.*) adjacent owner; ~ d'un'agenzia di traslochi (*trasp.*) remover; ~ di banchina (*trasp. mar.*) wharfinger, wharfmaster; ~ di bene gravato da pegno (*leg.*) lienee; ~ di bene gravato da privilegio (*leg.*) lienee; ~ di bene ipotecato (*leg.*) lienee; ~ di casa landlord; (*abitata dal medesimo*) owner-occupier; ~ di fattoria homesteader; ~ di terreno per antica concessione feudale (*leg.*) copyholder; ~ legittimo (*leg.*) legal owner, lawful owner; ~ presunto (*leg.*) reputed owner; ~ terriero (*econ.*) landowner, landholder, landed proprietor; ~ terriero che non risiede nella sua tenuta e che la trascura (*econ.*) absentee landlord; essere ~ di qc. (*leg.*) to own st.; essere il ~ d'una casa (*leg.*) to occupy a house; senza ~ (*leg.*) (*di proprietà, di terreno*) vacant.

proprio, *a.* ❶ (*poss. e rafforzativo*) own, one's, one's own. ❷ (*caratteristico, particolare*) characteristic, peculiar, typical. ❸ (*mat.*) proper. *avv.* ❶ (*esattamente*) just, exactly. ❷ (*davvero*) really. △ *a.* ❶ Bisognerebbe badare sempre ai fatti propri one should always mind one's own business; ❷ Ha un modo tutto ~ d'affrontare i problemi he has a typical way of facing problems; *avv.* ❶ Ho fatto ~ quello che mi avevate detto I did exactly what you had told me (to do); ❷ La vostra proposta è ~ la migliore di tutte your proposal is really the best of all.

propugnare, *v. t.* to fight* for, to support, to defend, to advocate. △ Il partito laburista ha sempre propugnato la nazionalizzazione di certe industrie the Labour Party has always fought for the nationalization of certain industries.

propugnatore, *n. m.* advocate, defender.
propugnazione, *n. f.* advocacy, defence.
prora, *n. f. V.* prua.
proroga, *n. f.* ❶ (*cred.*) extension (of time), respite; (*dilazione*) delay; come again (*fam.*). ❷ (*leg.*) (*differimento*) deferment, postponement, continuance, continuation. △ ❶ Credete che ci concederanno una ~ del credito? do you think they will grant us an extension of credit?; ❷ Hanno chiesto una ~ di 60 giorni they have asked for a 60-day postponement. // ~ di pagamento (*leg.*) deferment of payment.

prorogabile, *a.* ❶ (*cred.*) extendible, extensible, delayable. ❷ (*leg.*) liable to deferment.

prorogare, *v. t.* ❶ (*cred.*) to extend, to respite, to delay. ❷ (*leg.*) (*differire*) to defer, to postpone, to continue; (*rinviare*) to put* off. △ ❶ La scadenza della cambiale è stata prorogata al 4 novembre the time of payment of the bill has been extended until the 4th of November; ❷ L'apertura della Fiera Campionaria sarà prorogata the opening of the Trade Fair will be postponed. // ~ la scadenza d'una cambiale (*cred.*) to prolong a bill, to extend the time of payment of a bill.

prorogato, *a.* (*cred.*) (*d'un pagamento*) extended.
prosciogliere, *v. t.* (*leg.*) to acquit, to release, to clear, to exonerate, to vindicate. △ L'imputato fu prosciolto da ogni colpa the accused was acquitted of all charges. // ~ q. da un'accusa (*leg.*) to exonerate sb. from a charge.

proscioglimento, *n. m.* (*leg.*) acquittal, releasement, exoneration, vindication. // il ~ d'un imputato (*leg.*) the acquittal of a defendant, the acquittal of an accused person.

prosciolto, *a.* (*leg.*) acquitted, released.
prosciugamento, *n. m.* ❶ drying up, draining, drainage; (*anche fig.*) drain. ❷ (*econ.*) (*il bonificare*) reclamation, reclaiming. // il ~ della liquidità (*fin.*) the drain on liquidity.

prosciugare, *v. t.* ❶ to dry up; (*anche fig.*) to drain, to mop up. ❷ (*econ.*) (*bonificare*) to reclaim. // ~ una palude (*econ.*) to reclaim a marsh.

prosecuzione, *n. f.* prosecution; (*continuazione*) continuation. // la ~ d'un'azione giudiziaria (*leg.*) the prosecution of a suit.

proseguimento, *n. m. V.* prosecuzione.
proseguire, *v. t.* to prosecute, to carry on; (*continuare*) to continue, to go* on with. *v. i.* to prosecute; (*continuare*) to continue, to go* on, to keep* up. △ *v. t.* La commissione ha deciso di ~ l'indagine the committee has decided to prosecute the inquiry; *v. i.* I negoziati di pace proseguono bene the peace talks are going on well. // « far ~ » (*comun.*) (*su una lettera*) « please forward », « to be forwarded ».

prosperare, *v. i.* to prosper, to flourish, to thrive*; to boom (*fam.*). △ La nostra economia sta prosperando our economy is thriving; Gli affari del Sig. Roberti prosperano Sig. Roberti's business is flourishing.

prosperità, *n. f.* prosperity, welfare, well-being; bonanza (*fam.*). △ La nazione stava attraversando un periodo di grande ~ the nation was going through a period of great prosperity.

prospero, *a.* ❶ (*in uno stato florido*) prosperous, flourishing, thriving. ❷ (*propizio*) prosperous, propitious; (*favorevole*) favourable. △ ❶ Le nazioni prospere dovrebbero aiutare quelle sottosviluppate prosperous nations should help underdeveloped ones; ❷ Gli esperti ritengono che questo sarà un anno ~ per l'industria turistica the experts believe that this will be a prosperous year for the tourist industry.

prospettare, *v. t.* ❶ (*indicare, mostrare*) to show*, to point out, to state. ❷ (*formulare*) to advance, to put* forward. △ ❶ Ci sono stati prospettati tutti i vantaggi e gli svantaggi del progetto we have been shown all the pros and cons of the project; ❷ L'ipotesi da voi prospettata è troppo ottimistica the hypothesis you advanced is too optimistic.

prospettico, *a.* (*pubbl.*) perspective.
prospettiva, *n. f.* ❶ perspective. ❷ (*fig.*) outlook, prospect; opening. ❸ prospettive, *pl.* (*fig.*) prospects; outlook (*sing.*). △ ❷ Il mio lavoro non mi offre alcuna ~ my job holds no prospects for me; Ci sono prospettive di rivalutazione del marco tedesco there are prospects of revaluing the German mark; ❸ Ci sono brutte prospettive per la domanda d'acciaio nel Regno Unito there's a bad outlook for steel demand in the U.K. // prospettive d'avanzamento (*pers.*) promotional possibilities; prospettive economiche a medio termine (*econ.*) medium-term economic outlook; prospettive finanziarie (*fin.*) prospects; prospettive per l'avvenire future prospects; in ~ (*pubbl.*) perspective (*a.*).

prospettivo, *a.* (*pubbl.*) perspective.
prospetto, *n. m.* ❶ (*tabella, specchietto*) table, list, schedule, statement. ❷ (*rag.*) return. // ~ dei cespiti ammortizzabili (*fin., rag.*) statement of redeemable income; un ~ delle spese (*rag.*) a return of expenses; ~ preliminare (*d'una nuova emissione*) a scopo informativo (*fin.*) red-herring (*così chiamato per il fatto che ogni pagina reca una chiara annotazione in rosso per indicare che tale prospetto non è definitivo*).

prossimo, *a.* ❶ near, close, at hand. ❷ (*che segue nel tempo o nello spazio*) next; early; (*imminente*) imminent; forthcoming, on-coming, proximate. △ ❶ Ha dichiarato di non avere parenti prossimi he has declared he has no close relatives; ❷ Ciò verrà discusso nella prossima riunione that will be discussed in the next meeting; Speriamo in un ~ miglioramento delle relazioni internazionali we hope for an early improvement in international relations. // prossima liquidazione (*Borsa*) new time; la prossima volta next time, next: Quando potremo vederci la prossima volta? when can we meet next?

protagonista, *n. m. e f.* ❶ protagonist, chief character. ❷ (*Borsa, fin.*) (*d'un'operazione finanziaria*) player.

proteggere, *v. t.* to protect, to shelter; (*salvaguardare*) to safeguard. △ Il nostro Governo dovrebbe adottare delle misure atte a ~ le industrie nazionali our Government should take measures in order to protect domestic industries; Quei provvedimenti furono presi per ~ la vita dei passeggeri e dell'equipaggio those measures were taken to safeguard the lives of the passengers and crew; La loro invenzione è protetta da un brevetto their invention is protected by a patent. // ~ gli scambi (*dalla concorrenza straniera, ecc.*) (*econ.*) to shelter trade.

proteggersi, *v. rifl.* ❶ to protect oneself. ❷ (*fin.*) to hedge. // ~ dalle perdite derivanti da oscillazioni

nei prezzi (*fin.*) to hedge against loss due to price fluctuations; ~ **finanziariamente** (*fin.*) to hedge.

protesta, *n. f.* protest, complaint, reclamation. △ È **stata presa in considerazione la ~ degli operai** the workers' complaint has been taken into consideration. // ~ **del capitano** (*della nave*) **per danni subiti dalla nave o dal carico** (*trasp. mar.*) captain's protest.

protestare, *v. t.* ❶ to protest, to declare, to assert. ❷ (*leg.*) (*una cambiale*) to protest. *v. i.* to protest, to make* a protest, to remonstrate, to reclaim. △ *v. t.* ❶ **Ha sempre protestato la propria innocenza** he has always protested his innocence; ❷ **La loro cambiale sarà protestata per mancato pagamento** their bill is going to be protested for non-payment; *v. i.* **Quando sentì la proposta di Mr Ravish, tutta l'assemblea protestò** on hearing Mr Ravish's proposal, the whole assembly protested.

protesto, *n. m.* (*leg.*) formal protest, protest. △ **Il ~ è un certificato notarile che attesta la mancata accettazione o il mancato pagamento** a protest is a formal notarial certificate attesting dishonour. // ~ **cambiario** (*leg.*) protest; ~ **marittimo** (*trasp. mar.*) (*dichiarazione giurata dal capitano e dall'equipaggio d'una nave danneggiata, riguardante i danni subiti, le loro cause, ecc.*) ship's protest; ~ **per mancata accettazione** (*leg.*) protest for non-acceptance; ~ **per mancato pagamento** (*leg.*) protest for non-payment; ~ **preliminare** (*leg.*) noting; **mancato ~ di cambiale** (*leg.*) failure to protest a bill.

protettivo, *a.* protective, protecting, defensive. // **una tariffa ~** (*comm. est.*) a protective tariff.

protezione, *n. f.* ❶ protection, defence; (*custodia*) custody; (*salvaguardia*) safeguard; (*rifugio*) shelter. ❷ (*fin.*) hedge. // **la ~ delle piccole imprese** (*fin.*) the safeguard of small industries; ~ **dell'ambiente** environmental protection, environmental conservation; ~ **sanitaria** (*pers., sind.*) health and safety.

protezionismo, *n. m.* (*econ.*) protectionism, protection.

protezionista, *a.* e *n. m.* e *f.* (*econ.*) protectionist.

protezionistico, *a.* (*econ.*) protectionist, protective.

proto, *n. m.* (*giorn., pubbl.*) foreman*, overseer.

protocollare¹, *a.* (*leg.*) protocolar, protocolary.

protocollare², *v. t.* ❶ to record, to file. ❷ (*leg.*) to record in protocol.

protocollo, *n. m.* ❶ (*attr. uff.*) register of documents, record, file. ❷ (*leg.*) protocol. // **carta (formato) ~** (*attr. uff.*) foolscap; **secondo il ~** (*leg.*) according to the protocol.

protrarre, *v. t.* to protract, to extend, to spread*. △ **Il lavoro dovette essere protratto per diversi mesi** the work had to be spread over several months. // **la discussione d'un disegno di legge fino a causarne il rinvio** (*leg.*) to talk a bill out.

prova, *n. f.* ❶ (*esperimento, esperienza*) trial, test, experiment, experience. ❷ (*dimostrazione*) proof. ❸ (*esame*) examination, exam, test. ❹ (*elab. elettr.*) test. ❺ (*leg.*) evidence (*solo sing.*); proof, substantiation, witness, testimony; (*d'un diritto*) vindication. ❻ (*mat.*) proof. ❼ (*pers.*) (*periodo di prova*) probation. △ ❶ **Le prime prove ebbero esito negativo** the first tests were unsuccessful; ❷ **Mr Norris ha dato spesso ~ d'abilità e coraggio** Mr Norris has often given proof of his ability and courage; ❸ **Tutti gli aspiranti stranieri dovranno essere sottoposti a una ~ in lingua inglese** all foreign applicants shall be administered a test in English; ❺ **Ci sono prove sufficienti contro di loro** there is enough evidence against them; **La ~ contraria è ammessa dalla legge** evidence to the contrary is admitted by the law; **Questo non fa ~ in giudizio** this proof will not stand up in Court; ❼ **Il mio periodo di ~ doveva durare sei mesi** my probation was to last six months. // ~ **a carico** (*leg.*) evidence for the prosecution; ~ **a discarico** (*leg.*) evidence for the accused; ~ **accessoria** (*leg.*) additional proof, secondary evidence; **prove aggiuntive** (*leg.*) collateral evidence; ~ **agli ormeggi** (*trasp. mar.*) quay trial; ~ **ammissibile** (*leg.*) receivable evidence; **prove ben fondate** (*leg.*) strong evidence; **una ~ certa** (*leg.*) a positive proof; ~ **conclusiva** (*leg.*) conclusive evidence; ~ **congetturale** (*fondata su indizi*) (*leg.*) presumptive evidence; ~ **contraria** (*leg.*) contrary evidence: **La ~ contraria è ammessa dalla legge** contrary evidence is admitted by law; ~ **convincente** (*leg.*) convincing evidence; ~ **decisiva** (*leg.*) conclusive evidence; ~ **del paraocchi** (*market., pubbl.*) blind test; ~ **di bacino** (*trasp. mar.*) basin trial; ~ **di collaudo** (*trasp. aut.*) reliability trial; ~ **di colpevolezza** (*leg.*) evidence of guilt; ~ **di fortuna** (*trasp. mar.*) captain's protest; ~ **di forza** (*fig.*) show-down: **Stiamo assistendo all'ennesima ~ di forza fra il Governo e gli edicolanti** we are witnessing the umpteenth show-down between the Government and news-vendors; ~ **d'intelligenza** (*pers.*) intelligence test; ~ **di memoria** (*elab. elettr.*) leapfrog test; ~ **di mercato** (*eseguita su un'area ristretta ma rappresentativa*) (*market.*) area test; ~ **di preferenza del consumatore** (*su due prodotti diversi ma presentati in confezioni identiche*) (*market.*) blind test; **prove di resistenza** (*trasp. aut.*) reliability trials; ~ **di stampa** (*giorn.*) proof; ~ **documentata** (*leg.*) documentary evidence; ~ **esibita** (*leg.*) exhibit; **una ~ essenziale** (*leg.*) a material piece of evidence; **prove esterne** (*leg.*) external evidence; ~ **falsa** (*leg.*) false evidence; **una ~ fondata** (*sui fatti*) (*leg.*) a positive proof; ~ **in contrario** (*leg.*) evidence to the contrary; ~ **inconfutabile** (*leg.*) incontestable evidence, incontrovertible evidence, unquestionable evidence, primafacie evidence, primary evidence; **prove indiziarie** (*leg.*) circumstantial evidence, presumptive evidence; ~ **negativa** (*leg.*) negative evidence; ~ **orale** (*leg.*) oral evidence, verbal evidence; ~ **perentoria** (*leg.*) conclusive evidence; ~ **preliminare** (*di danno subìto*) (*ass.*) preliminary proof; ~ **prodotta** (*leg.*) exhibit; ~ **psicotecnica** (*pers.*) attitude test; ~ **scritta** (*leg.*) written evidence, documentary evidence; **una ~ sicura** (*leg.*) a tangible proof; ~ **sostanziale** (*leg.*) substantial proof, substantial evidence; ~ **su strada** (*trasp. aut.*) road test; **prove sufficienti** (*ad avvalorare un sospetto*) (*leg.*) corroborating evidence; **prove sul prodotto** (*org. az.*) product tests; ~ **testimoniale** (*leg.*) testimonial evidence; ~ **testimoniale diretta** (*leg.*) direct evidence; **prove (testimoniali) verbali** (*leg.*) parol evidence; **esser ~** (*leg.*) to testify, to witness: **Le difficoltà economiche dell'Europa sono ~ della generale crisi monetaria internazionale** Europe's economic difficulties witness the overall international monetary crisis; **a ~ di furto** (*leg.*) theftproof; **di ~** (*pers.*) probationary; **in ~** (*market.*) on trial; (*pers.*) on probation; probationary (*a.*).

provare, *v. t.* ❶ (*sperimentare, tentare*) to try. ❷ (*dimostrare*) to prove, to show*, to demonstrate. ❸ (*elab. elettr.*) to test. ❹ (*leg.*) to evidence, to prove, to establish, to substantiate, to witness, to vouch; (*un diritto*) to vindicate. △ ❶ **Vorrei ~ a mettermi in contatto con Mr Radcliff** I'd like to try and contact Mr Radcliff; ❷ **Il fatto che abbia rifiutato la vostra offerta prova la sua intelligenza** his declining your offer shows his intelligence; ❹ L'assicurazione è nulla se viene provato che la notizia d'un incidente era nota the insurance is void if it is proved that the news of an accident was known; Provarono la sua innocenza they proved his innocence; L'autenticità del testamento è stata provata the will has been proved; Non riusciremo a ~ il nostro diritto alla proprietà we shall not be able to establish our claim to the property; La sua asserzione non è ancora stata provata his statement has not yet been vouched. // ~ un'accusa (*leg.*) to substantiate a charge; ~ il proprio diritto (*leg.*) to show cause; ~ per mezzo di testi (*leg.*) to prove by witnesses; ~ il valore della cosa assicurata (*ass.*) to prove the value of the thing insured.

provato, *a.* ❶ (*dimostrato*) demonstrated, proved. ❷ (*messo alla prova*) proved, tried, experienced, tested. ❸ (*leg.*) (*di fatto, atto, ecc.*) of record (*pred.*).

proveniente, *a.* ❶ (*derivante*) deriving (from); (*che ha origini*) originating (from), arising (from); (*causato*) caused (by). ❷ (*che viene*) coming (from). △ ❷ Le merci provenienti dall'estero sono soggette a dazio goods coming from abroad are liable to duty. // ~ dal mare (*trasp. mar.*) (*di vento*) seaward.

provenienza, *n. f.* ❶ (*luogo d'origine*) place of origin, provenience; (*origine*) origin. ❷ (*fonte*) source. △ ❶ Il luogo di ~ di quegli articoli non è stato dichiarato the place of origin of those articles has not been stated; ❷ La ~ delle notizie è attendibilissima the source of the news is quite reliable.

provenire, *v. i.* ❶ (*derivare*) to derive, to proceed, to originate, to arise*; (*essere causato*) to be caused. ❷ (*venire da un certo luogo*) to come*. △ ❶ Ecco da cosa provengono tutti i nostri problemi economici! here's what all our economic problems are caused by!; ❷ Le materie prime arrivate stamani provengono dalla Polonia the raw materials which arrived this morning come from Poland.

provento, *n. m.* (*rag.*) proceeds, receipts (*pl.*); gain, return. △ I proventi della vendita del macchinario saranno reinvestiti the proceeds from the sale of the machinery will be reinvested; Sul modulo per la denuncia dei redditi i proventi di capitale devono essere registrati a parte one is supposed to enter capital gains separately on one's income-tax form. // proventi delle esportazioni (*fin.*) export receipts; ~ incerto (*fin., rag.*) casual profit.

provincia, *n. f.* ❶ (*ente territoriale d'amministrazione statale*) province, district. ❷ (*in opposizione a « capitale »*) country; provinces (*pl.*). △ ❶ Il territorio italiano è diviso in province the Italian territory is divided into provinces. // di ~ provincial; country (*attr.*).

provinciale, *a.* ❶ (*della provincia*) provincial. ❷ (*di provincia*) provincial, countrified. *n. m. e f.* (*chi è nato e vive in provincia*) provincial, provincialist.

provocare, *v. t.* ❶ (*eccitare*) to provoke, to excite; (*suscitare*) to stir up, to arouse. ❷ (*cagionare, promuovere*) to cause, to induce, to bring* about. ❸ (*irritare*) to provoke, to irritate, to vex, to annoy. △ ❶ Le nuove disposizioni hanno provocato molti disordini the new provisions have provoked a lot of riots; ❷ La diminuzione dei prezzi fu provocata dalle decisioni tedesche the fall in prices was brought about by the German decisions; ❸ Faremmo meglio a non ~ gli scioperanti we had better not irritate the strikers. // ~ un rialzo (*Borsa*) to engineer a rise; ~ un ribasso (*Borsa*) to engineer a fall.

provocazione, *n. f.* ❶ provocation. ❷ (*sfida*) challenge.

provvedere, *v. t.* to provide, to furnish, to supply. *v. i.* ❶ to provide (for st.), to make* provision (for st.); (*prendersi cura di*) to take* care of; (*badare a*) to look after, to mind. ❷ (*prendere provvedimenti*) to take* steps, to act. ❸ (*procurare, disporre*) to see* (to o about st.), to arrange (for st.). △ *v. t.* Diverse miniere non sono più in grado di ~ il carbone alle industrie several mines are no longer in a position to supply industries with coal; *v. i.* ❶ Il Sig. Gualtieri provvederà loro durante la mia assenza Sig. Gualtieri will look after them while I am away; ❷ È stato un grosso errore non ~ subito it was a big mistake not to act at once; ❸ Non possiamo ~ a tutto we cannot arrange for everything. // ~ alle necessità dei clienti (*market.*) to attend to the wants of customers; ~ di documento giustificativo (*leg., pers.*) to voucher; ~ (*una macchina, ecc.*) d'ingranaggi to gear; ~ d'un margine (*fin.*) to margin; ~ (*una ditta, ecc.*) di personale (*org. az.*) to staff; ~ di pezza d'appoggio (*leg., pers.*) to voucher; ~ le materie prime per l'industria (*econ.*) to provide the basic materials for industry.

provvedersi, *v. rifl.* to provide oneself, to furnish oneself. △ Dobbiamo provvederci di nuove macchine we must provide ourselves with new machines.

provvedimento, *n. m.* ❶ (*rimedio, riparo*) measure, action, step. ❷ (*misura di previdenza*) provision, precaution. △ ❶ Una quantità di provvedimenti sono stati suggeriti per combattere la « stagflazione » lots of measures have been suggested to combat stagflation; ❷ Avete preso provvedimenti contro il furto? have you taken precautions against theft? // ~ adottato per rappresaglia (*econ.*) retaliatory measure; ~ amministrativo (*leg.*) decree; provvedimenti anticongiunturali (*econ.*) measures taken to stem the recession; provvedimenti antinflazionistici (*econ.*) anti-inflationary measures; ~ compensativo (*econ.*) compensatory measure; provvedimenti deflazionistici (*econ.*) deflationary measures; provvedimenti di rilancio economico (*econ.*) measures aimed at boosting the economy; provvedimenti di salvaguardia safeguard measures; ~ disciplinare (*pers.*) disciplinary action; provvedimenti efficaci constructive measures; provvedimenti efficaci per tenere a freno l'inflazione (*econ.*) effective measures to curb inflation; ~ giudiziario (*leg.*) decree; provvedimenti preliminari preparatory measures; provvedimenti presi per la salvezza della nave (*trasp. mar.*) measures taken for the safety of the ship; provvedimenti tariffari periferici per l'acciaio (*comm. est., dog.*) peripheral tariff arrangements for steel.

provvidenze sociali, *n. pl.* (*pers.*) social benefits.

provvigione, *n. f.* ❶ commission, consideration; (*mediazione, senseria*) brokerage. ❷ (*di commissionario*) factorage. △ ❶ Noi vendiamo a ~ we sell on commission. // ~ bancaria (*banca*) bank commission; ~ calcolata a un tanto la sterlina (*o* la libbra) (*pers.*) poundage; ~ « del credere » (*market.*) del credere commission; ~ d'incasso (*per effetti fuori piazza*) (*banca*) exchange charge; ~ di noleggio (*trasp. mar.*) freight brokerage; ~ per acquisti (*market.*) buying commission; ~ per l'incasso d'effetti (*banca*) commission for collection of bills; ~ sugli acquisti (*market.*) commission on purchases; ~ sui riporti (*Borsa*) commission on contangoes; ~ sulle vendite (*market.*) commission on sales.

provvisorio, *a.* ❶ provisional, provisionary, provisory, temporary; make-do (*fam.*); (*sperimentale*) tentative. ❷ (*comm.*) interim. ❸ (*leg.*) nisi. △ ❶ I dati provvisori non sono rappresentativi della popolazione complessiva the provisional data are not representative of the total population. // un decreto ~ (leg.) a decree nisi; in via provvisoria provisionally, temporarily; (sperimentalmente) in a tentative way.

provvista, n. f. ❶ (il provvedere) provision, supply. ❷ (cose provvedute) provision, supply; (scorta) store, stock. ❸ (org. az.) stock, supply. ❹ (rag.) fund. △ ❷ Queste provviste non saranno sufficienti per il viaggio these provisions will not be sufficient for the journey; ❸ Le nostre provviste vanno esaurendosi rapidamente our stocks are rapidly running short. // provviste di bordo (trasp. mar.) stores; la ~ di fondi (fin.) the provision of capital; ~ in valuta estera (banca, fin.) foreign borrowings.

provvisto, a. provided, furnished, equipped. // ~ d'aria condizionata air-conditioned; ~ di fondi (fin.) provided with funds; in pocket (fam.); essere ~ di (certa merce, ecc.) (org. az.) to stock: Dissero che non erano provvisti di questo articolo they said they didn't stock this article.

prua, n. f. (trasp. mar.) bow, head. // a ~ (trasp. mar.) at the bow.

prudente, a. ❶ (che usa prudenza) prudent, cautious, discreet, deliberate; (previdente) provident. ❷ (ispirato alla prudenza) safe. △ ❶ Fece un ~ intervento nella disputa he made a deliberate intervention in the dispute; ❷ Non credo che il tuo sia un investimento molto ~ I don't think yours is a quite safe investment.

prudenza, n. f. prudence, caution, discretion, deliberation.

prudenziale, a. prudential, conservative, safe. △ Ci è stato consigliato di prendere misure prudenziali we were advised to take prudential measures.

psicologia, n. f. psychology. // ~ applicata applied psychology; ~ industriale (org. az., pers.) industrial psychology.

pubblicare, v. t. (giorn., pubbl.) to publish, to print, to put* out, to give* out; (dell'editore) to issue. △ I giornali pubblicarono la notizia del suo ritiro dagli affari the papers gave out the news of his retirement from business. // ~ (un racconto, un servizio, ecc.) a puntate (giorn.) to serialize; ~ annunzi (sui giornali) (pubbl.) to advertise; ~ un catalogo nuovo ogni sei mesi (market., pubbl.) to put a new catalogue out every six months; ~ un foglio finanziario (giorn.) to issue a financial paper; ~ la ristampa di (un libro, ecc.) (giorn., pubbl.) to republish; ~ sulla gazzetta ufficiale (giorn.) to gazette; da non pubblicarsi (giorn.) (di dichiarazione, intervista, e sim.) off the record: Naturalmente le mie osservazioni non sono da pubblicarsi of course my remarks are off the record; essere pubblicato (giorn.) (di giornale) to issue.

pubblicato, a. (giorn., pubbl.) published, printed; out. △ Quando sarà ~ il nuovo manuale? when will the new manual be out? // ~ a puntate (giorn.) (di racconto, servizio, ecc.) serial.

pubblicazione, n. f. ❶ (il pubblicare) publication, publishing, printing, issue, issuing; issuance (USA). ❷ (giorn., pubbl.) (opera pubblicata) publication; (rivista) review; («foglio») sheet. ❸ pubblicazioni, pl. (giorn., pubbl., anche) prints. // ~ abusiva (leg.) piracy; ~ bimestrale (giorn.) bimonthly; ~ bisettimanale (giorn.) semi-weekly; ~ ciclostilata mimeograph, mimeo; ~ in brossura (pubbl.) paperback, paperbound, paper-cover; ~ mensile (giorn.) monthly; ~ periodica (giorn.) periodical; ~ quindicinale (giorn.) bi-weekly, fortnightly, semi-monthly; ~ settimanale (giorn.) weekly; ~ trimestrale (giorn.) quarterly; ~ ufficiale del Governo britannico (in genere, rapporto di una commissione d'inchiesta) (fin.) blue book; mediante ~ sul Giornale degli Annunzi Legali (leg.) by advertisement in the London Gazette (in G.B.).

pubblicista, n. m. e f. ❶ (giorn.) (collaboratore di riviste, giornali, e sim.) publicist; aide-de-press (slang USA). ❷ (leg.) (chi è esperto di diritto pubblico) publicist. // ~ pagato a un tanto la riga (giorn.) space writer, space man.

pubblicità, n. f. inv. ❶ publicity. ❷ (l'essere pubblico) publicity. ❸ (pubbl.) advertising, advertising, ballyhoo, bally (slang USA). △ ❶ Non hanno potuto evitare tutta quella ~ they were unable to avoid all that publicity; ❷ La ~ di quella dichiarazione ha danneggiato la sua reputazione the publicity of that announcement has harmed his reputation; ❸ La ~ è l'arte d'indurre la gente a desiderare d'acquistare beni o servizi advertising is the art of making people want to buy goods or services. // ~ a mezzo affissione (pubbl.) poster advertising; ~ a mezzo timbro postale (pubbl.) postmark advertising; ~ a nome del rivenditore (pubbl.) cooperative advertising, co-op advertising; ~ concorrenziale (pubbl.) competitive advertising; ~ di massa (pubbl.) mass advertising; ~ diretta (pubbl.) direct advertising, direct mail; ~ esterna (pubbl.) outdoor advertising; ~ finanziaria (pubbl.) financial advertising; ~ industriale (pubbl.) industrial advertising; ~ invisibile (pubbl.) subliminal advertising; ~ posta sulla confezione della merce venduta (pubbl.) package advertising; ~ radio-televisiva (pubbl.) radio and television advertising; ~ (sulla) stampa (giorn., pubbl.) magazine advertising, newspaper advertising; ~ su tutto il territorio nazionale (pubbl.) national advertising; cui si può fare la ~ (pubbl.) (di prodotto, ecc.) advertisable.

pubblicitario, a. advertising. n. m. (pubbl.) media man*, ad writer; booster (slang USA). △ a. Stiamo per lanciare una nuova campagna pubblicitaria we are about to start a new advertising campaign; n. I pubblicitari stanno diventando sempre più potenti media men are getting more and more powerful.

pubblicizzare, v. t. (giorn., pubbl.) to publicize, to advertise, to press-agent.

pubblico, a. public; (nazionale, statale) national, state, government (attr.). n. m. ❶ public. ❷ (uditorio) audience; (spettatori) spectators. ❸ (Borsa) investors (pl.). △ a. Il debito ~ ammonta a diversi milioni di sterline the national debt amounts to several million pounds; n. ❶ Il comportamento del ~ è del tutto imprevedibile the behaviour of the public is quite unpredictable; ❸ C'è un po' di serenità nel ~ investors are calming down. // pubblica accusa (leg.) public prosecution: In Inghilterra non vi è un sistema di pubblica accusa paragonabile a quello italiano there is no system of public prosecution in England comparable with the Italian system; pubblica amministrazione (amm., leg.) public administration; pubblici appalti (econ.) public-works contracts; ~ ministero (leg.) public prosecutor; prosecuting attorney (USA); ~ notaio (leg.) notary public; i pubblici poteri (amm., leg.) the (public) authorities; pubbliche relazioni (pubbl.) public relations: Le pubbliche relazioni servono a dare a un'azienda una buona reputazione presso il pubblico public relations are meant to give a business a good reputation with the public; un ~ ufficiale (amm., leg.) a public officer, a public official, an official, a functionary.

pullman, n. m. ❶ (trasp. aut.) coach. ❷ (trasp. ferr.) pullman. // ~ espresso (trasp.) express.

punire, *v. t.* ❶ to punish. ❷ (*leg.*, *anche*) to sanction.
punitivo, *a.* punitive, punitory.
punizione, *n. f.* ❶ punishment, punishing. ❷ (*leg.*, *anche*) sanction. // **la ~ d'un delitto** (*leg.*) the punishment of a crime.
punta, *n. f.* ❶ point. ❷ (*cima*, *anche fig.*) top, peak. ❸ (*stat.*) (*di diagramma statistico*) bulge. // **punte e avvallamenti** (*d'una curva*) (*mat.*, *stat.*) peaks and valleys: **Dobbiamo normalizzare l'occupazione e ridurre le punte e gli avvallamenti** we must try to regularize employment and reduce peaks and valleys; **le ore di ~** (*market.*, *trasp.*) the peak hours, the rush hours.
puntare, *v. t.* ❶ (*dirigere*, *volgere*) to point, to direct. ❷ (*scommettere*) to bet, to wager, to stake. *v. i.* ❶ (*dirigersi*) to head (for). ❷ (*mirare*, *anche fig.*) to aim (at). △ *v. t.* ❶ **Stiamo puntando tutti i nostri sforzi sulla qualità** we are directing all our efforts towards quality; *v. i.* ❶ **Quando avvenne l'incidente la nave stava puntando su San Diego** when the accident took place the ship was heading for San Diego; ❷ **Ha sempre puntato al successo** he has always aimed at success.
puntata, *n. f.* ❶ (*somma puntata al gioco*) stake. ❷ (*giorn.*) instalment. △ ❷ **Il romanzo sarà pubblicato a puntate** the novel will be published in instalments. // **a puntate** (*giorn.*) in instalments, in numbers.
puntina, *n. f.* (*attr. uff.*) (*da disegno*) drawing-pin; thumb-pin, thumb-tack (*USA*).
puntino, *n. m.* dot, point. // **~ che separa l'intero dalla parte decimale** (*mat.*) decimal point; **puntini di sospensione** (*pubbl.*) dots; break (*sing.*); **a ~** (*fig.*) properly, nicely; (*perfettamente*) perfectly; (*a pennello*) like a glove, like a dream; (*esattamente*) exactly: **La nuova segretaria fa tutte le cose proprio a ~** the new secretary does everything quite properly; **mettere i puntini sugli i** (*fig.*) to dot one's i's.
punto, *n. m.* ❶ point. ❷ (*argomento*, *questione*, *dettaglio*) point, detail. ❸ (*momento*) moment, point. ❹ (*posto*, *luogo*) point, place, spot; (*fase*, *stadio*) stage. ❺ (*Borsa*, *fin.*) (*unità di misura per la quotazione dei titoli*) point, mark. ❻ (*giorn.*) (*tipografico*) point. △ ❶ **La distanza più breve fra due punti qualsiasi è la (linea) retta** the shortest distance between any two points is a straight line; ❷ **C'è una quantità di punti sui quali non siamo d'accordo** there are a lot of points on which we don't agree; ❸ **A un certo ~ del discorso la sua terminologia divenne incomprensibile** at a certain point during his speech his terminology became incomprehensible; ❹ **La situazione economica si sta avvicinando a un ~ critico** the economic situation is reaching a critical stage; ❺ **Le (azioni) Rogers sono diminuite di 2 punti** Rogers (shares) have fallen 2 points. // **~ a favore dei rialzisti** (*Borsa*) bull point; **~ a sella** (*ric. op.*) saddle point; **~ aureo superiore** (*fin.*) export specie point, outgoing specie point; **~ culminante** (*fig.*) highlight; **~ dal quale non si torna indietro** (*econ.*) point of no return; **~ decisivo** crucial point; **i punti della bussola** (*trasp. mar.*) the points of the compass; **i punti della rosa dei venti** (*trasp. mar.*) the points of the compass; **punti dell'oro** (*econ.*, *fin.*) gold points, bullion points, specie points; **~ d'acquisto** (*market.*) point of purchase; **~ d'appoggio** (*anche fig.*) footing; **~ d'arresto** (*nella diminuzione di valore d'un titolo*) (*Borsa*) base; **il ~ d'arrivo** (*trasp.*) the point of destination; **il ~ di destinazione** (*trasp.*) the point of destination; **~ d'incontro** (*di linee*, *ecc.*) (*mat.*) contact; **~ d'incontro dei costi e dei ricavi marginali** (*econ.*) best profit equilibrium; **~ d'indifferenza** (*econ.*) point of indifference; **il ~ d'intersezione** (*di due rette*, *ecc.*) (*mat.*) the point of intersection; **~ d'intervento** (*fin.*) peg, intervention point; **~ d'intervento ufficiale** (*nei tassi di cambio*) (*fin.*) official intervention point, support limit, support point; **~ di pareggio** (*econ.*) break-even point; **il ~ di partenza** (*trasp.*) the point of departure; **~ di rottura** (*econ.*) break-even point; **~ di saturazione** (*anche fig.*) saturation point: **L'immigrazione è giunta al ~ di saturazione** immigration has reached a saturation point; **~ di servizio** (*ric. op.*) station; **~ di vendita** (*market.*) point of sale, sales point, sales office, sales outlet, outlet: **Dovunque vanno sorgendo punti di vendita d'articoli giapponesi** sales outlets for Japanese articles are cropping up everywhere; **~ di vendita al dettaglio** (*market.*) retail outlet; **~ di vista** point of view, viewpoint, point, view, approach, outlook: **Dovrebbero tenere in considerazione il ~ di vista del loro avvocato sulla faccenda** they ought to take into consideration their lawyer's views on the matter; **punti e linee** (*del telegrafo*) (*comun.*) dots and dashes; **~ estremo** (*di una fascia d'oscillazione dei tassi di cambio*) (*fin.*) edge; **~ franco** (*dog.*) bonded warehouse; (*per merci in transito*) entrepôt; foreign-trade zone (*USA*); **~ massimo** (*fig.*) peak; **il ~ massimo d'una curva** (*mat.*, *stat.*) the peak of a curve; **~ metallico** (*attr. uff.*) staple; **punti metallici** (*fin.*) gold points, specie points, bullion points; **~ morto** standstill, deadlock, impasse: **Per il momento i negoziati sono a un ~ morto** negotiations are at a standstill for the time being; **Da diversi giorni siamo a un ~ morto** we've been at a deadlock for several days now; «**~ nave**» (*trasp. mar.*) observation; **~** (*di un grafico*) **nel quale si ha l'incontro fra la funzione delle vendite e quella dei costi variabili** (*econ.*) break-even point; **~ più alto** (*di un ciclo economico*) crest; **~ più basso** (*di un ciclo economico*) trough; **punti principali** (*di un discorso*, *d'una relazione*, *ecc.*) outlines; **i punti principali d'un accordo salariale** (*sind.*) the outlines of a wage settlement; **punti «qualità»** (*market.*) premium stamps; **da un ~ di vista contabile** (*rag.*) from an accounting standpoint; **dal ~ di vista borsistico** (*Borsa*, *fin.*) marketwise; **mezzo ~** half point, half mark; (*fin.*) 0.50%: **Alla fine di marzo, la Banca Centrale elevò di mezzo ~ il tasso di sconto, portandolo così a 4,5%** at the end of March the Central Bank raised the discount rate by 0.50% bringing it up to 4.5%.
puntuale, *a.* ❶ (*che giunge a tempo giusto*) punctual; on time (*pred.*). ❷ (*preciso nei propri impegni*) punctual, exact. △ ❶ **Non arriva mai ~ al lavoro** he never arrives to work on time.
puntualità, *n. f. inv.* punctuality; (*precisione*) precision; (*esattezza*) exactness. △ **La sua ~ nei pagamenti è nota a tutti** his punctuality in payments is well-known to everybody.
puntualmente, *avv.* ❶ (*con puntualità*) punctually, on time. ❷ (*regolarmente*) regularly, duly; on the dot (*fam.*). △ ❷ **Tutte le rate furono ~ pagate al vostro rappresentante** all the instalments were duly paid to your agent; **Di solito pagano ~** they usually pay on the dot.
punzonare, *v. t.* ❶ to punch, to stamp. ❷ (*comun.*) (*indirizzi*) to emboss.
punzonatrice, *n. f.* ❶ punch, punching-machine, punch-press. ❷ (*attr. uff.*) (*per documenti*, *lettere*, *ecc.*) perforator.
punzonatura, *n. f.* ❶ punching. ❷ (*di documenti*, *lettere*, *ecc.*) perforation, perforating. ❸ (*comun.*) embossing.
punzone, *n. m.* (*attr. uff.*) embossing plate, perforator.

pupilla, *n. f.* (*leg.*) female ward, ward, pupil.
pupillo, *n. m.* (*leg.*) ward, pupil.
puro, *a.* ❶ pure, sterling. ❷ (*schietto, puro e semplice*) sheer, mere, simple, bare. ❸ (*leg.*) (*di metallo, ecc.*) unalloyed. △ ❶ **Queste monete sono d'oro** ∼ these coins are of sterling gold; ❷ **L'ho incontrato a Londra per** ∼ **caso** I met him in London by mere chance. ∥ ∼ **e semplice** (*fig.*) naked: **Voglia attenersi ai fatti puri e semplici** please stick to the naked facts; **il** ∼ **necessario (per vivere)** the bare necessities of life.

Q

quaderno, *n. m.* ❶ exercise-book, copy book; (*per appunti*) note-book. ❷ (*attr. uff.*) book. // ~ **di cassa** (*rag.*) cash-book.

quadrante, *n. m.* ❶ (*d'un orologio, d'una bilancia, ecc.*) dial. ❷ (*mat.*) quadrant.

quadrare, *v. t.* ❶ (*mat.*) (*calcolare l'area d'una figura bidimensionale*) to square. ❷ (*mat.*) (*elevare al quadrato*) to square. ❸ (*rag.*) (*verificare che si realizzino determinate uguaglianze nei conti*) to balance, to square. *v. i.* (*mat., rag.*) (*detto d'un conto: essere esatto*) to balance. △ *v. i.* **I miei conti quadrano** my accounts balance. // ~ **i conti** (*rag.*) to square accounts.

quadratico, *a.* (*mat.*) quadratic.

quadrato, *a.* ❶ (*che ha forma quadrata*) square; (*squadrato*) squared. ❷ (*mat.*) square. ❸ (*mat.*) (*quadratico*) quadratic. *n. m.* (*mat.*) square. △ *a.* ❷ **La radice quadrata di 9 è 3** the square root of 9 is 3; *n.* **49 è il** ~ **di 7** 49 is the square of 7.

quadricromia, *n. f.* (*pubbl.*) four-colour process.

quadricromo, *a.* (*pubbl.*) four-colour (*attr.*).

quadrilione, *n. m.* (*un 1 seguito da 15 zeri*) quadrillion (*USA*; non ha nome nel sistema inglese).

quadro¹, *a. V.* quadrato.

quadro², *n. m.* ❶ picture, painting. ❷ (*tabella*) table, chart. ❸ (*fig.*) framework, frame. ❹ **quadri**, *pl.* (*pers.*) cadres. △ ❸ **Tali misure devono essere viste nel** ~ **generale della politica economica a medio termine** these measures have to be seen within the framework of the medium-term economic policy. // **un** ~ **concorrenziale** (*market.*) a competitive framework; ~ **delle partenze** (*trasp. mar.*) sailings board; ~ **di controllo** (*elab. elettr.*) control panel; ~ **di dati** (*elab. elettr.*) data display panel; **quadri direttivi** (*pers.*) executive cadres; **quadri dirigenti** (*pers.*) executive cadres; **i quadri intermedi** (*pers.*) the intermediate cadres; ~ **numerico** (*elab. elettr.*) digital display unit; ~ **riassuntivo** summary; **fare il** ~ **della situazione** to give a summary of the situation.

quadruplicare, *v. t.* (*mat.*) to quadruplicate, to quadruple, to multiply by four.

quadruplo, *a.* (*mat.*) quadruple, quadruplicate. *n. m.* quadruple.

qualche, *a. indef.* ❶ (*in frasi affermative*) some; (*alcuni*) a few. ❷ (*in frasi negative, interrogative, dubitative*) any; (*alcuni*) a few. △ ❶ **Da** ~ **tempo non riceviamo loro notizie** we have not received any news from them for some time; ❷ **Avete** ~ **proposta in merito?** do you have any suggestions as to this matter?

qualcosa, *pron. indef.* ❶ (*in frasi affermative*) something. ❷ (*in frasi interrogative, dubitative e condizionali*) anything. △ ❶ **Venite a visitare il nostro supermercato: troverete certamente** ~ **d'interessante!** come to our supermarket: you'll certainly find something interesting!; ❷ **Vado in centro; hai bisogno di** ~**?** I'm going downtown; is there anything you need?

qualcuno, *pron. indef.* ❶ (*in frasi affermative*) somebody, someone; (*seguito da un complemento di specificazione*) some, (*uno*) one. ❷ (*in frasi interrogative, nega-* *tive, dubitative e condizionali*) anybody, anyone; (*seguito da un complemento di specificazione*) any, (*uno*) any(one). ❸ (*alcuni*) some, some people; (*uno*) one. △ ❶ ~ **dovrebbe prendersi questa responsabilità** someone ought to assume this responsibility; ~ **di noi deve essere presente alla riunione** some of us must attend the meeting; ❷ **Se dovesse telefonare** ~**, gli dica che non ci sono** if anyone should call, please tell him I'm not in; ❸ ~ **sostiene che si dovrebbero incoraggiare gli investimenti** some maintain that investments should be encouraged.

quale, *a.* ❶ (*interrogativo; fra due, o fra un numero limitato di persone o cose*) which. ❷ (*interrogativo; fra un numero indeterminato di persone o cose*) what. ❶ (*interrogativo; fra due, o fra un numero limitato di persone o cose*) which. ❷ (*interrogativo; fra un numero indeterminato di persone o cose*) what. *avv.* (*con ufficio di, in qualità di*) as. △ *a.* ❶ ~ **proposta è stata accettata dalla maggioranza?** which proposal was accepted by the majority?; ❷ **Quali articoli preferite?** what articles do you like best?; *pron.* ❶ ~ **di questi operai è il migliore?** which of these workers is the best?; ❷ **Vorrei proprio sapere quali sono le vostre intenzioni** I really wonder what your intentions are; *avv.* **È stato mandato a Francoforte** ~ **nostro rappresentante** he's been sent to Frankfurt as our representative.

qualifica, *n. f.* (*leg., pers.*) qualification; (*titolo*) title. // **qualifiche personali** (*pers.*) personal qualifications.

qualificare, *v. t.* to qualify. // ~ **con un titolo** to qualify with a title.

qualificato, *a.* ❶ (*fornito delle qualità necessarie*) qualified, competent. ❷ (*pers.*) (*d'operaio*) skilled, skilful. △ ❷ **Abbiamo un gran bisogno d'operai qualificati** we badly need skilled workers.

qualificazione, *n. f.* qualification.

qualità, *n. f. inv.* ❶ quality; (*natura*) nature. ❷ (*genere, tipo*) kind, sort. ❸ (*carica, grado, ufficio*) capacity. ❹ (*market.*) quality; (*categoria, varietà*) grade; (*grado, livello*) standard; (*marca, tipo*) brand. △ ❶ **La** ~ **è più importante della quantità** quality is more important than quantity; ❷ **Esistono oli di tutte le qualità** there are oils of all different kinds; ❸ **Agì in** ~ **di consigliere** he acted in the capacity of adviser; ❹ **L'ottima** ~ **dei nostri prodotti è famosa in tutto il mondo** the excellent quality of our products is well known all over the world; **Siamo dolenti di doverVi informare che le merci sono di** ~ **molto scadente** we regret having to inform you that the goods are of very poor quality; **Nel caso d'un contratto di vendita su campione si ha una condizione tacita secondo la quale le merci, quanto a** ~**, devono essere corrispondenti al campione** in the case of a contract of sale by sample there is an implied condition that the goods must correspond with the sample in quality; **La prestazione di quest'operaio è di** ~ **assai scadente** this worker's performance is of very low standard. // ~ **buona media** (*market.*) good average quality, fair average quality; ~ **corrente** (*market.*)

current quality, standard quality: **L'industria tessile italiana si è orientata soprattutto verso la produzione di maglierie e più specialmente di prodotti di ~ corrente** the Italian textile industry is geared more to the production of knitwear and especially standard-quality products; **~ «extrafina»** (*market.*) extra fine quality; **~ genuina** (*market.*) sterling quality; **~ inferiore** (*market.*) inferior quality, subquality; **~ media della produzione** (*org. az.*) process average quality; **qualità nautiche** (*d'una nave*) (*trasp. mar.*) seaworthiness; **~ richiesta** (*market.*) requirement, requisition; **~ selezionata** (*market.*) selected quality; **~ superiore** (*market.*) extra fine quality, super; **di ~ buona media** (*market.*) up to grade (*pred.*); **di ~ inferiore** (*market.*) low-class, low-grade, low-end, subquality, sub-standard (*a.*); **di ~ intermedia fra la seconda e la prima** (*market.*) beta plus; **di ~ migliore** better-quality (*attr.*); **di ~ scadente** (*market.*) second-class, third-class (*attr.*); **essere di ~ scadente** (*market., anche*) to be below the mark; **di ~ superiore** (*market.*) high-grade, superior; fancy (*USA*); **di (buona) ~** (*market.*) name (*attr.*); **in ~ di** (*leg.*) in quality of, in the quality of, as: **Mi permetto di consigliarla nella mia ~ d'avvocato** as a lawyer, I take the liberty of advising you.

qualitativo, *a.* qualitative.

qualsiasi, qualunque, *a. indef.* ❶ any. ❷ (*in frasi concessive*) whatever; (*rif. a due persone o cose o a un numero limitato di esse*) whichever. ❸ (*ogni*) each, every. ❹ (*ordinario, comune*) ordinary, common. △ ❶ **Dobbiamo riuscire a ~ costo** we must succeed at any cost; ❷ **~ proposta ci facciano, non l'accetteremo** whatever their proposal, we will not accept it; ❹ **E non dimenticate: gli articoli FAMA non sono articoli ~!** and don't forget: FAMA articles are no ordinary articles!

quando, *avv.* when. *cong.* ❶ when. ❷ (*con valore avversativo*) when. *n. m.* when. △ *avv.* **Non sappiamo ~ potremo pagare il nostro debito** we don't know when we will be able to pay our debt; *cong.* ❶ **Ne parleremo ~ incontreremo il loro rappresentante** we'll talk about that when we meet their agent; ❷ **Non capisco perché ti preoccupi tanto ~ potresti ottenere agevolmente il mutuo di cui hai bisogno** I can't understand why you worry so much when you could easily get the loan you need; *n.* **Non conosciamo né il dove né il ~ della riunione** we don't know either the where or when of the meeting.

quantificare, *v. t.* (*ric. op.*) to quantify.

quantificazione, *n. f.* (*ric. op.*) quantification.

quantità, *n. f. inv.* ❶ quantity. ❷ (*quantitativo*) quantity, amount; (*volume*) volume. ❸ (*un gran numero di; molto*) a lot (of), lots (of), many, a great (*o* good) deal (of). △ ❶ **Spesso la ~ va a scapito della qualità** quantity is often prejudicial to quality; ❷ **È dovere del venditore consegnare l'esatta ~ di merce stipulata in contratto** it is the duty of the seller to deliver the exact quantity of goods stipulated by contract; ❸ **Ci vuole una gran ~ di soldi per rinnovare gli stabilimenti** it takes a great deal of money to renew the plants. // **una ~ d'affari** a rush of business: **C'è stata una gran ~ d'affari alla Borsa** there has been a great rush of business on the Stock Exchange; **~ di lavoro** (*assegnata a un operaio*) (*pers.*) work load; **~ di materia prima messa in lavorazione** (*in una certa unità di tempo*) (*org. az.*) throughput: **La ~ giornaliera di 500 tonnellate di materia prima messa in lavorazione risultò insufficiente** the initial daily throughput of 500 tons turned out to be insufficient; **~ di merce esposta per la vendita** (*market., ingl.*) pitch; **~ di merce** (*carne, pesce, ecc.*) **messa in scatola in una stagione** (*market.*) pack; **~ di merce trasportata** (*trasp.*) haul; **~ d'oro che eccede il fabbisogno della riserva legale** (*econ.*) free gold; **~ eccessiva** glut: **C'è una ~ eccessiva di carne sul mercato** there is a glut of meat in the market; **~ effettiva** (*in barili, botti, ecc.*) (*dog.*) ullage; **~ incognita** (*mat.*) unknown quantity, x; **~ mancante** (*in barili, botti, ecc.*) (*market.*) ullage; **una ~ media** a mean quantity; **~ negativa** (*mat.*) minus quantity, negative (quantity), minus; **~ ottimale** (*org. az.*) best quantity, economic order quantity; **~ pari a dodici grosse** (*cioè, 1.728 unità*) great gross; **~ positiva** (*mat.*) plus quantity, positive quantity, plus; **quantità proporzionali** (*mat.*) proportional quantities; **quantità reciproche** (*il cui prodotto è uguale a 1*) (*mat.*) reciprocal quantities; **~ scalare** (*mat.*) scalar quantity; **~ sufficiente** sufficient quantity, sufficiency; **una ~ sufficiente di materie prime** (*org. az.*) a sufficiency of basic materials; **quantità uguali** (*mat.*) like quantities; **~ variabile** (*mat.*) variable.

quantitativo, *a.* quantitative. *n. m.* quantity, amount; (*numero*) number. △ *a.* **L'esportazione di grano non ha limitazioni quantitative** the export of wheat has no quantitative limitations; *n.* **Generalmente concediamo uno sconto per grossi quantitativi (ordinati)** we usually grant discount for large quantities. // **~** (*di denaro, d'oro, ecc.*) **affluito** (*econ.*) inflow: **Il totale dei quantitativi d'oro affluiti e delle variazioni nelle posizioni nette presso l'FMI è stato superiore al saldo globale da finanziare** the total of gold inflows and of changes in net positions with the IMF exceeded the overall balance to be financed; **~ di merce caricata a bordo** (*trasp. mar.*) intake; **~ minimo trattabile** (*di titoli*) (*Borsa, fin.*) round lot.

quanto, *a.* ❶ (*interrogativo*) how much (*pl.*: how many). ❷ (*in frasi temporali ellittiche*) how long. *pron.* (*ciò che, tutto quello che*) all (that), what. *avv.* ❶ (*con a. e avv.*) how. ❷ (*rif. a v.*) how much, what a lot. △ *a.* ❶ **Di ~ denaro avete bisogno?** how much money do you need?; ❷ **~ ti ci vorrà per redigere la relazione?** how long will it take you to write your report?; *pron.* **Ha fatto ~ poteva per darci una mano in questa faccenda** he has done what he could to give us a hand with this matter; *avv.* ❶ **~ è lunga la nuova autostrada?** how long is the new motor-way?; ❷ **~ avete lavorato oggi?** how much have you worked today? // **~ a** as regards, in relation to, with respect to: **Gradiremmo informazioni più dettagliate ~ a qualità e condizioni di consegna** we would welcome more detailed information as regards quality and terms of delivery.

quarantena, *n. f.* (*trasp. mar.*) quarantine. // **fuori ~** (*trasp. mar.*) out of quarantine; **in ~** (*trasp. mar.*) in quarantine, under quarantine.

quartiere, *n. m.* ❶ (*parte d'una città*) quarter, district, section. ❷ (*appartamento*) flat; apartment (*USA*). △ ❶ **Il ~ commerciale della città è di là dal fiume** the business section of the city is across the river. // **~ centro-occidentale** (*distretto postale di Londra*) (*comun., ingl.*) West Central (*W.C.*); **~ commerciale** (*anche*) business quarter; **quartieri di poppa** (*trasp. mar.*) steerage; **~ generale** (*org. az.*) home office; headquarters (*pl.*): **Il ~ generale della società è a Londra** the company's headquarters are in London; **~ in cui hanno sede uffici e pubbliche istituzioni** civic centre; **un ~ residenziale** a residential district.

quartile, *n. m.* (*stat.*) quartile.

quarto, *num. ord.* fourth. *n. m.* ❶ quarter; fourth.

❷ (*in senso temporale*) quarter. ❸ (*giorn., pubbl.*) quarto. △ *num. ord.* **Il reparto pubblicità è al ~ piano** the advertising department is on the fourth floor; *n.* ❶ **Le spese sono state ridotte d'un ~** expenses were reduced by a fourth; ❷ **Un ~ d'ora non è abbastanza per discuterne** a quarter of an hour is not enough for discussing about that. // **quarta di copertina** (*giorn.*) fourth cover; ~ **di dollaro** quarter (*USA*); ~ **di « gallone »** (*misura per liquidi pari a litri 1,14 circa*) quart; ~ **di « hundredweight »** (*misura di peso pari a kg 12,70 e a kg 11,34 in U.S.A.*) quarter; **un ~ di punto** (*Borsa, fin.*) 0.25%; **in ~** (*pubbl.*) quarto (*a.*); **tre quarti di punto** (*Borsa, fin.*) 0.75%.

quasi, *avv.* ❶ almost, nearly. ❷ (*con certi nomi composti*) quasi. // ~ **contratto** (*leg.*) quasi-contract; ~ **inflazione** (*econ.*) semi-inflation; ~ **rendita** (*econ.*) quasi income; ~ **ristagno** (*econ.*) near-stagnation; ~ **socio** (*fin.*) quasi partner, partner by estoppel; ~ **« stagnazione »** (*econ.*) near-stagnation; ~ **usufrutto** (*leg.*) quasi usufruct.

quattrini, *n. pl.* money; bark, beewy, bob, bread, cabbage, change, cheese, dib, dibs, dinero, dingbat, do-re-mi, dough, green, long green, smash, stiff (*slang USA*). // ~ **a palate** (*fam.*) moneybags; ~ **presi a prestito** borrowed money; breeze (*slang USA*); **essere a corto di ~** to be short of money; to be hard up (*fam.*); **essere giù a ~** to be badly off; **far ~** to make money.

quattro, *num. card.* four. // **in ~ copie** (*di documento*) quadruplicate (*a.*); **in ~ e quattr'otto** in a moment, in less than no time, in the twinkling of an eye.

quello, *a. dimostrativo* ❶ that*. ❷ (*come art. determ.*) the. *pron. dimostrativo* ❶ that* (one). ❷ (*in sostituzione di un sost.*) the one (*pl.*: the ones). ❸ (*seguito da genitivo possessivo: è idiomatico*). △ *a.* ❶ **Quell'articolo si vende male** that article doesn't sell well; ❷ **Dove sono quelle persone che volevano parlarmi?** where are the people who wanted to talk to me?; *pron.* ❶ ~ **non è certo l'argomento più convincente** that surely isn't the most convincing argument; ❷ **L'offerta francese è più vantaggiosa di quella belga** the French offer is more favourable than the Belgian one; ❸ ~ **del Sig. Costa è stato un discorso brillante** Sig. Costa's speech was a brilliant one. // ~ **che** (*ciò che*) what; (*ogni cosa che*) all (that), everything (that): ~ **che non capisco è il suo modo d'affrontare il problema** what I can't understand is his way of facing the problem.

querela, *n. f.* (*leg.*) complaint, (law) suit, action (at law). △ **Hanno ritirato la ~ contro di noi** they have withdrawn their action against us. // **una ~ per diffamazione** (*leg.*) an action for libel.

querelante, *n. m. e f.* (*leg.*) complainant, plaintiff, prosecutor.

querelare, *v. t.* (*leg.*) to sue (at law), to bring* a suit (*o* an action) against, to make* a complaint against, to prosecute. △ **Il nostro avvocato dice che dovremmo querelarli** our lawyer says we should sue them.

querelarsi, *v. rifl.* (*leg.*) to take* legal proceedings.
querelato, *n. m.* (*leg.*) accused, defendant.
querelatore, *n. m.* V. querelante.

quesito, *n. m.* ❶ (*domanda*) question, query. ❷ (*problema*) problem. △ ❶ **La prova presentava alcuni quesiti piuttosto difficili** the test contained some pretty complicated questions.

questionario, *n. m.* ❶ (*market.*) questionnaire, list of questions. ❷ (*stat.*) (*per indagini*) schedule.

questione, *n. f.* ❶ (*discussione, controversia*) question, controversy, issue. ❷ (*faccenda*) matter, question. ❸ (*leg.*) issue, point, question. △ ❶ **Speriamo che la ~ sia risolta presto** let's hope the question will be settled in a short time; ❷ **La vertenza derivò da questioni di denaro** the dispute arose from money matters. // **questioni** (*nell'ordine del giorno*) **il cui esame era stato rinviato in una riunione precedente** unfinished business; ~ **d'attualità** topic; ~ **di competenza** (*leg.*) question of competence; ~ **di diritto** (*leg.*) issue of law, question of law; ~ **di fatto** (*leg.*) issue of fact, question of fact; **una ~ di procedura** (*leg.*) a point of order; **questioni interessanti i consumatori** (*econ., market.*) matters of concern to consumers; ~ **marginale** side-issue: **La commissione ha deciso di non prendere in considerazione alcuna ~ marginale** the commission has decided to ignore all side-issues; **la ~ operaia** (*sind.*) the labour question; **una ~** (*legale*) **pendente** (*leg.*) a pending suit.

questo, *a. dimostrativo* this*. *pron. dimostrativo* ❶ this* (one). ❷ (*ciò*) this, that. △ *a.* ~ **articolo è il migliore che possiate trovare sul mercato** this article is the best you can find on the market; *pron.* ❶ **Questa non è la prima volta che dobbiamo lamentarci del vostro servizio** this is not the first time we have to complain about your service; ❷ **Non credo che ~ farà piacere al capo** I don't think the boss will like that. // **con ~** (*documento, ecc.*) herewith; **in ~** (*documento, paragrafo, ecc.*) (*leg.*) herein.

questore, *n. m.* (*pubblico funzionario alle dipendenze del prefetto*) police superintendent.

questura, *n. f.* police headquarters, police office.
questurino, *n. m.* (*fam.*) (*agente della questura*) policeman*; cop (*slang*).

qui, *avv.* ❶ here. ❷ (*in frasi temporali*) now. ❸ (*leg.*) herein, herewith, within. △ ❶ **Una volta ~ c'era l'ufficio del presidente** there used to be the chairman's office here; ❷ **Da ~ in avanti non concederemo più sconti** from now on we will grant no more discounts; ❸ **Troverete ~ (accluso) il nostro assegno** herewith you will find our cheque; **La persona ~ menzionata è tenuta a pagare la somma di 3.000 dollari** the person within named is to pay the sum of $ 3,000. // ~ **accluso** (*o* unito) herein enclosed, herewith enclosed; **di ~ a un mese** a month from now.

quiescenza, *n. f.* quiescence, quiescency. // **porre q. in ~** (*pers.*) to retire sb., to cause sb. to retire, to superannuate sb.; **trattamento di ~** (*pers.*) pension.

quietanza, *n. f.* (*comm.*) receipt, quittance, acquittance, voucher. // ~ **a saldo** (*market.*) receipt in full; ~ **per nolo** (*trasp. mar.*) freight release.

quietanzare, *v. t.* (*comm.*) to receipt. // ~ **una fattura** (*market.*) to receipt an invoice; ~ **una polizza di carico** (*trasp. mar.*) to receipt a bill of lading.

quindici, *num. card. e n. m.* fifteen. // ~ **giorni a fortnight; oggi a ~** a fortnight to-day; **ogni ~ giorni** fortnightly (*a. e avv.*).

quindicina, *n. f.* ❶ (*serie di quindici*) (set of) fifteen. ❷ (*circa quindici*) about fifteen. ❸ (*quindici giorni*) fortnight, two weeks. △ ❸ **Nella prima ~ di novembre ci sono state pochissime contrattazioni** during the first two weeks of November there was very little bargaining.

quindicinale, *a.* (*che avviene ogni quindici giorni*) fortnightly, semi-monthly, bi-monthly, bi-weekly. *n. m.* (*giorn.*) fortnightly (publication), semi-monthly (publication), bi-monthly (publication), bi-weekly (publication).

quintale, *n. m.* quintal, 100 kilograms.
quinterno, *n. m.* (*attr. uff.*) five sheets of paper.

quintilione, *n. m.* (*un 1 seguito da 18 zeri*) trillion (*secondo il sistema inglese*); quintillion (*USA*).

quintuplicare, *v. t.* to quintuple, to quintuplicate, to multiply by five.

quintuplice, *a.* quintuplicate, quintuple.

quintuplo, *a.* quintuple, fivefold, five times as much. *n. m.* quintuple.

quorum, *n. m.* (*leg.*) quorum.

quota, *n. f.* ❶ (*porzione*) quota, part, proportion, share, amount. ❷ (*fin.*) fee; (*apporto*) contribution. ❸ (*fin., rag.*) allocation. ❹ (*market.*) (*rata*) instalment. ❺ (*stat.*) breakdown. △ ❶ **La ~ di prodotto nazionale lordo che va ai salari e agli stipendi non è aumentata dal 1934** the share of GNP going to wages and salaries has not increased since 1934; **Una ~ dovrà essere prelevata dagli utili per costituire il fondo di riserva** an amount shall be appropriated out of profits to form the reserve fund; ❷ **Ho diritto alla restituzione della mia ~ di capitale** I have got a right to the reimbursement of my contribution to the capital; ❸ **La ~ (stanziata) per l'acquisto di nuovi locali è di 300 milioni di lire** the allocation for the purchase of new premises is 300 million lire; ❹ **Ci è stato concesso di pagare con quote mensili** we have been allowed to pay by monthly instalments; ❺ **La ~ delle imprese pubbliche rispetto al totale è trascurabile** the breakdown of State enterprise on total is negligible. // **quote** (*d'ammortamento*) **decrescenti** (*rag.*) decreasing charges; **quote d'abbonamento** (*giorn.*) subscription rates; **~ di dividendo pagato ai dipendenti** (*pers.*) wage dividend; **~ d'immigrazione** immigration quota, immigrant quota; **quote di partecipazione** (*fin.*) participating shares; sub-units; **~ individuale** (*fin.*) head money; **~ massima** (*econ., fin.*) ceiling: **La produzione che superi la ~ massima non può essere collocata sul mercato interno della Comunità e non beneficia di restituzioni** production in excess of the ceiling cannot be marketed within the Community and will not qualify for export refunds; **~ parte** (*fin.*) proportion, contribution; **~** (*di denaro, ecc.*) **versata** (*o da versare*) (*fin.*) subscription; **a quote costanti** (*rag.*) (*d'ammortamento*) straight-line (*attr.*).

quotabile, *a.* (*fin.*) quotable. // **essere ~ in Borsa** (*Borsa, anche*) to be a candidate for listing on the stock market: **Questa società è ~ sul mercato azionario italiano** this company is a candidate for listing on the Italian stock market.

quotare, *v. t.* (*fin., market.*) to quote, to rate, to state; (*valutare*) to evaluate. △ **Questi titoli non sono quotati alla Borsa Valori di New York** these securities are not quoted on the New York Stock Exchange. // **~ il « certo per l'incerto »** (*fin.*) to quote fixed exchange; **~ un corso** (*Borsa, fin.*) to mark a price; **~ l'« incerto per il certo »** (*fin.*) to quote movable exchange; **~ il nolo** (*trasp. mar.*) to quote the freight; **~ un prezzo** (*market.*) to mark a price, to quote a price: **Vi abbiamo quotato i nostri prezzi minimi** we have quoted our best prices.

quotato, *a.* (*fin., market.*) quoted, rated, stated; (*valutato*) evaluated. // **non ~** (*nel listino ufficiale di Borsa*) (*fin.*) unquoted.

quotazione, *n. f.* (*fin., market.*) quotation, rating; (*di titolo*) market. △ **Le nostre quotazioni sono di gran lunga le migliori sul mercato** our quotations are by far the best on the market. // **quotazioni a contanti** (*Borsa*) quotations for cash; **quotazioni a termine** (*Borsa*) quotations for the account; **~ basata sul prezzo di acquisto, più una percentuale** (*spesso determinata da regolamentazioni governative*) (*fin., rag.*) cost plus; **la ~ dei prezzi** (*fin., market.*) the quotation of prices; **~ d'acquisto** (*Borsa, fin.*) bid; **~ d'apertura** (*Borsa*) opening price; **~ di chiusura** (*Borsa, fin.*) day's close, closing quotation: **Per ~ di chiusura s'intendono i corsi d'acquisto e di vendita quotati alla chiusura delle contrattazioni del giorno precedente** day's close indicates the buying and selling rates quoted at the close of business on the previous day; **~ di comodo del dollaro alla Borsa Valori di Londra** (*fin.*) dummy dollar; **quotazioni di nolo** (*trasp. mar.*) quotations for freight; **~ di vendita** (*Borsa, fin.*) ask; **~ doppia** (*Borsa, fin.*) double-barrelled quotation: **Una ~ si dice doppia quando vengono dati tanto il prezzo d'acquisto quanto quello di vendita** a quotation is said to be double-barrelled when both the buying rate and the selling rate are given; **~ in Borsa** (*fin.*) quotation in the list; **~ massima** (*Borsa, fin.*) high; **quotazioni massime e minime** (*Borsa, fin.*) highs and lows; **~ minima** (*Borsa, fin.*) low, floor.

quotidiano, *a.* daily; everyday (*attr.*). *n. m.* (*giorn.*) daily paper, daily, journal. // **~ a diffusione territorialmente limitata** (*giorn.*) local newspaper; **un ~ del mattino** (*giorn.*) a morning paper; **un ~ della sera** (*giorn.*) an evening paper; **~ di partito** (*giorn.*) political newspaper; **un ~ di provincia** (*giorn.*) a provincial newspaper, a local newspaper; **un ~ illustrato** (*giorn.*) an illustrated daily, an illustrated; **~ indipendente** (*giorn.*) independent newspaper; **~ sportivo** (*giorn.*) sports newspaper.

quoziente, *n. m.* (*mat.*) quotient.

R

raccogliere, *v. t.* ❶ to pick up; *(cogliere)* to pick. ❷ *(mietere)* to crop, to harvest. ❸ *(mettere insieme, radunare)* to gather, to collect, to rally. ❹ *(fin.)* *(fondi, ecc.)* to raise, to collect. △ ❶ **Questo treno non raccoglie passeggeri nella nostra stazione** this train picks up no passengers at our station; ❷ **Quanti quintali di granoturco avete raccolto quest'anno?** how many quintals of maize have you harvested this year?; ❸ **Non siamo riusciti a ~ molte informazioni sul Sig. Vanni** we couldn't gather much information about Sig. Vanni; ❹ **È stato abbastanza facile ~ i fondi di cui avevamo bisogno** raising the funds we needed was pretty easy. // **~ notizie** to gather news; **~ sottoscrizioni** to take up contributions.

raccoglitore, *n. m.* *(attr. uff.)* file holder.

raccolta, *n. f.* ❶ *(il raccogliere)* *(cereali)* harvesting; *(cotone, frutta, ecc.)* picking. ❷ *(raccolto)* harvest, crop. ❸ *(epoca del raccolto)* harvest-time. ❹ *(attr. uff.)* file. △ ❷ **La pioggia ha distrutto gran parte della** ~ the rain has destroyed most of the crop. // **~ di dati** *(elab. elettr.)* data collection; *(market., org. az.)* information gathering; *(tramite interviste e sperimentazioni all'esterno dell'azienda)* fieldwork; **~ d'informazioni** gathering of intelligence; *(elab. elettr.)* data collection; **~ d'informazioni sulla concorrenza mediante clienti «spia»** *(market., org. az.)* service shopping; **~ di leggi** *(leg.)* body of laws, statute-roll, statute-book; **~ di notizie** *(sull'attività della concorrenza)* **attuata per mezzo di «falsi clienti»** *(market.)* service shopping; **~ ed elaborazione di dati statistici** *(stat.)* gathering and processing of statistical data.

raccolto, *n. m.* crop, harvest, yield. △ **Il nuovo ~ è scadente** the new crop is poor; **Questa volta il ~ è stato scarso** this time we've had a short crop; **Questo anno si prevede un ~ precoce** the crop is going to be early this year; **Stiamo cercando d'aumentare il ~ per acro** we are trying to increase the yield per acre. // **~ eccezionale** an exceptional crop; a bumper crop *(slang)*; **~ fondamentale** *(econ.)* basic crop; **~ ottenuto per rotazione** *(econ.)* shift; **un ~ record** *(abbondantissimo)* *(econ.)* a record crop; **un ~ scarso** *(econ.)* a poor harvest; **raccolti sovrabbondanti** *(econ.)* superabundant crops.

raccomandabile, *a.* ❶ *(consigliabile)* recommendable, advisable. ❷ *(di cui ci si può fidare)* reliable. // **una persona ~** a reliable person.

raccomandare, *v. t.* ❶ *(appoggiare)* to recommend. ❷ *(comun.)* *(una lettera)* to register. ❸ *(trasp. mar.)* *(una nave)* to address. △ ❶ **Quel giovanotto è stato raccomandato per il posto** that young man has been recommended for the job. // **~ un pacco** *(comun.)* to register a parcel; **~ il segreto** to enjoin secrecy.

raccomandata, *n. f.* *(comun.)* registered letter.

raccomandatario, *n. m.* *(trasp. mar.)* ship's husband, ship's agent.

raccomandato, *a.* ❶ *(affidato alla protezione di q.)* recommended; *(fornito di raccomandazioni)* supplied with recommendation. ❷ *(comun.)* *(di lettera, plico, ecc.)* registered. *n. m.* *(persona raccomandata)* person recommended.

raccomandazione, *n. f.* ❶ *(il raccomandare)* recommendation. ❷ *(esortazione)* recommendation, exhortation, warning. ❸ *(comun.)* *(di lettere)* registration. ❹ *(pers.)* reference, recommendation; plug *(slang USA)*. ❺ *(trasp. mar.)* *(in un contratto di noleggio)* address. △ ❶ **Mr Rome riceve una quantità di lettere di ~** Mr Rome gets a lot of letters of recommendation; ❷ **Non volle ascoltare le mie raccomandazioni** he would not listen to my warnings. // **~ della giuria** *(aggiunta alla sentenza)* *(leg., ingl.)* rider; **la ~ d'una lettera** *(comun.)* the registration of a letter; **raccomandazioni in materia di gestione di bilancio** *(fin.)* recommendations on budgetary matters; **lettera di ~** *(pers.)* letter of recommendation, reference: **Quattro lettere di ~ devono accompagnare ogni domanda d'assunzione** four references must accompany each application; **tassa di ~** *(comun.)* registration fee.

racconto, *n. m.* story, tale; *(narrazione)* narration. // **~ a puntate** *(giorn.)* serial.

raccordo, *n. m.* ❶ joint, connection. ❷ *(trasp. ferr.)* siding, feeder. // **~ anulare** *(trasp. aut.)* ring-road; **~ ferroviario** *(trasp. ferr., anche)* railway siding.

rada, *n. f.* *(trasp. mar.)* road; roads *(pl.)*; harbour; harbor *(USA)*; haven.

raddobbare, *v. t.* *(trasp. mar.)* to repair, to refit. // **~ una nave** *(trasp. mar.)* to repair a ship.

raddobbo, *n. m.* ❶ *(trasp. mar.)* repair, refit. ❷ **raddobbi,** *pl.* *(trasp. mar.)* ship repairs. △ ❶ **La nave è in ~** the ship is undergoing repairs.

raddoppiare, *v. t.* ❶ *(rendere doppio)* to double, to make* double; *(duplicare)* to duplicate. ❷ *(aumentare fortemente)* to double, to redouble, to increase. △ ❶ **Mi hanno raddoppiato lo stipendio** they have doubled my salary. // **~ le proprie entrate** to double one's income; **~ il prezzo** *(market.)* to double the price.

raddrizzare, *v. t.* *(anche fig.)* to right, to straighten. // **~ un torto** *(leg.)* to right a wrong.

radiare, *v. t.* ❶ to strike* off (*o* out), to cancel. ❷ *(trasp. mar.)* to condemn. // **~ un'ipoteca** *(leg.)* to extinguish a mortgage.

radicale, *a.* ❶ radical, thorough. ❷ *(mat.)* radical. *n. m.* *(mat.)* radical. △ *a.* ❶ **C'è stato un mutamento ~ nell'opinione pubblica** there has been a radical change in public opinion.

radice, *n. f.* *(anche mat.)* root. // **~ cubica** *(mat.)* cube root; **~ quadrata** *(mat.)* square root: **35 è la ~ quadrata di 1.225** 35 is the square root of 1,225; **di ~** *(mat.)* radical *(a.)*.

radio, *n. f.* ❶ *(radiofonia)* radio, wireless. ❷ *(apparecchio radio)* radio set, wireless set, radio. ❸ *(comun.)* *(stazione trasmittente)* broadcasting station. // **alla ~** *(comun.)* over the wireless, on the radio; **per ~** *(comun.)* over the wireless, on the radio.

radiodiffondere, *v. t.* *(comun.)* to broadcast*.

radiodiffusione, *n.f.* (*comun.*) (*il procedimento*) broadcasting; (*il risultato*) broadcast.
radiodiffuso, *a.* (*comun.*) broadcast.
radiofaro, *n. m.* (*trasp. mar.*) radio beacon.
radiofonia, *n.f. V.* radiotelefonia.
radiofonico, *a.* (*comun.*) broadcast; wireless (*attr.*).
radiogramma, *n. m.* ❶ (*comun.*) wireless message. ❷ (*trasp. mar.*) radio.
radiotelefonia, *n.f.* (*comun.*) radio-telephony, wireless telephony.
radiotelefono, *n. m.* (*comun.*) radio-telephone, radiophone. // ~ (*ricetrasmittente*) **portatile** (*comun.*) walkie-talkie, walky-talky.
radiotelegrafare, *v. t.* (*comun.*) to wireless. △ **Il faro non radiotelegrafò alcun avvertimento alla nostra nave** the lighthouse didn't wireless any warning to our vessel.
radiotelegrafia, *n.f.* (*comun.*) wireless telegraphy, wireless.
radiotelegramma, *n. m.* (*comun.*) wireless message, radio-telegram, radiogram.
radunare, *v. t.* to gather, to group, to rally. △ **I sindacati raduneranno gli operai e sarà inevitabile lo sciopero generale** the unions will rally the workers and a general strike will be inevitable.
radunarsi, *v. rifl.* to gather, to meet* (together). △ **Dovremo radunarci al più presto per prendere una decisione** we shall have to meet as soon as possible in order to take a decision.
raduno, *n. m.* ❶ (*il radunare*) gathering, meeting. ❷ (*riunione*) gathering, meeting, rally, convention. △ ❷ **Il ~ annuale dei delegati si terrà a Torino** the annual convention of the delegates will be held in Turin.
raffinamento, *n. m.* (*anche fig.*) refinement. // **il ~ dei metalli** the refinement of metals.
raffinare, *v. t.* (*anche fig.*) to refine. // ~ **lo zucchero** to refine sugar.
raffinatezza, *n.f.* refinement; (*sofisticazione*) sophistication.
raffinato, *a.* (*anche fig.*) refined; (*sofisticato*) sophisticated. △ **Sono noti per i loro raffinati criteri distributivi** they are known for their sophisticated distribution standards. // **non ~** (*anche fig.*) unrefined; crude; (*non sofisticato*) unsophisticated.
raffinazione, *n.f.* refining. // **la ~ dell'oro** the refining of gold.
raffineria, *n.f.* refinery.
rafforzamento, *n. m.* strengthening, enforcement, consolidation. // ~ **delle quotazioni** (*di titoli, ecc.*) **dopo un crollo** (*Borsa, fin.*) rally.
rafforzare, *v. t.* to strengthen, to enforce, to consolidate. △ **L'organizzazione sindacale è stata rafforzata in tutto il Paese** union organization has been strengthened all over the Country. // ~ **le quotazioni** (*di titoli, ecc.*) **dopo un crollo** (*Borsa, fin.*) to rally.
rafforzarsi, *v. rifl.* to strengthen, to gain strength, to consolidate, to harden. △ **Un buon numero di titoli italiani si è rafforzato la scorsa settimana** quite a few Italian securities strengthened last week; **Le azioni Alco si sono rafforzate in chiusura** Alco shares hardened at the close; **Il mercato si va rafforzando lentamente** the market is slowly gaining strength.
raffreddamento, *n. m.* (*anche fig.*) cooling.
raffreddare, *v. t.* (*anche fig.*) to cool; to refrigerate. △ **Queste notizie raffredderanno l'entusiasmo di molti clienti** this news will cool enthusiasm of a lot of customers.

raffrontare, *v. t.* to confront, to compare; (*collazionare*) to collate. // ~ **due documenti** to collate two documents.
raffronto, *n. m.* confrontation, comparing, comparison; (*collazione*) collation. // **il ~ dei bilanci economici** (*econ.*) the confrontation of economic budgets; ~ **per fattore** (*pers.*) factor comparison.
ragazzo, *n. m.* boy, young fellow; lad (*fam.*). // ~ **d'albergo** (*pers.*) bell-boy; ~ **di bottega** (*pers.*) shop-boy; ~ **d'ufficio** (*pers.*) office-boy.
raggio, *n. m.* ❶ ray, beam. ❷ (*fig.*) (*area, campo*) radius*, range, field. ❸ (*mat.*) radius*. △ ❷ **Il nostro ~ d'azione è troppo limitato** our range of action is too narrow. // ~ **vettore** radius vector.
raggirare, *v. t.* ❶ to deceive, to cheat, to swindle. ❷ (*leg.*) to manipulate. △ ❶ **Non è la prima volta che tentano di raggirarci** this is not the first time they've tried to cheat us.
raggiro, *n. m.* ❶ deception, deceit, cheat, swindle. ❷ (*leg.*) device, manipulation. ❸ **raggiri**, *pl.* (*leg., anche*) false pretences. △ ❸ **Fu truffato con raggiri** he was defrauded with false pretences.
raggiungere, *v. t.* ❶ to reach, to overtake*. ❷ (*ottenere, toccare*) to reach, to attain, to get*. ❸ (*market.*) (*un prezzo*) to fetch. △ ❶ **Il raccolto del granoturco ha raggiunto le 100.000 tonnellate** the corn crop has reached 100,000 tons; ❷ **Siamo riusciti a ~ il nostro scopo** we have succeeded in attaining our object. // ~ **un accomodamento con q.** to make an arrangement with sb.; ~ **un accordo** to come to an agreement; ~ **una decisione** to arrive at a decision; ~ **il (livello) minimo** (*fin.*) (*di prezzi, ecc.*) to touch bottom: **Sembra che i prezzi abbiano raggiunto il (livello) minimo e ci si aspetta un rialzo** prices seem to have touched bottom and a rise is expected; ~ **il numero di** to total: **Gli abbonati hanno raggiunto il numero di 5.000** subscribers total 5,000; ~ **gli obiettivi** to attain objectives; ~ **un punto massimo** to peak: **I nostri affari raggiungono il loro massimo fra novembre e marzo** our business peaks from November to March; ~ **il proprio scopo** (*o fine*) to attain one's object (*o end o purpose*).
raggiungimento, *n. m.* ❶ (*il raggiungere*) reaching. ❷ (*conseguimento*) attainment, achievement. // ~ **dell'età maggiore** (*leg.*) coming of age.
raggruppamento, *n. m.* ❶ (*il raggruppare*) grouping, batching. ❷ (*persone o cose raggruppate*) group. ❸ (*fin.*) (*d'aziende*) combine. △ ❸ **Nonostante le leggi antimonopolistiche, i raggruppamenti d'aziende ricomparvero tosto negli U.S.A. nelle vesti di holding finanziarie** in spite of the anti-trust laws, business combines soon reappeared in the U.S.A. in the form of holding companies.
raggruppare, *v. t.* to group, to batch. △ **Gli impiegati sono stati raggruppati a seconda delle mansioni** the clerks were grouped according to their tasks.
ragguagliare, *v. t.* ❶ (*informare*) to inform; to acquaint (sb. with st.). ❷ (*rag.*) to balance. △ ❶ **Vi ragguaglieremo al nostro ritorno da San Francisco** we shall inform you upon our return from San Francisco. // ~ **le partite** (*rag.*) to balance accounts.
ragguaglio, *n. m.* ❶ (*informazione*) piece of information; (*particolare*) particular; (*resoconto*) report. ❷ (*rag.*) balance. ❸ **ragguagli**, *pl.* information (*sing.*). △ ❸ **Vi saremmo grati se voleste farci avere ulteriori ragguagli** we should be grateful if you would let us have further information.
ragguardevole, *a.* considerable, substantial; (*di*

somma di denaro, ecc.) respectable. △ **Ci fu offerta una somma ~ per i nostri locali** we were offered a respectable sum for our premises.

ragione, *n. f.* ❶ reason. ❷ (*causa, motivo*) reason, motive, ground. ❸ (*diritto, giusto motivo*) right, reason. ❹ (*argomentazione*) reason, justification. ❺ (*mat., rag.*) (*razione, proporzione*) ratio, proportion; (*tasso*) rate. △ ❷ **Abbiamo le nostre buone ragioni per licenziarlo** we have got our good reasons for firing him; ❸ **La ~ è dalla vostra parte** right is on your side; ❹ **L'ignoranza di questa norma non è una ~** the ignorance of this law is no justification; ❺ **Saremo pagati in ~ di £ 250.000 a testa** we shall be paid at the rate of £ 250,000 per person. // **~ di scambio** (*comm. est.*) terms of trade; **la ~ e il torto** (*leg.*) right and wrong; **~ sociale** (*d'una ditta*) business name, firm name, style; (*d'una società di capitali*) company title; corporate name (*USA*): **La nuova ~ sociale dei nostri concorrenti è ora « Westway and Westway »** our competitors' new style is now « Westway and Westway »; **chi usa illegalmente l'altrui ~ sociale** (*leg.*) infringer; **in ~ inversa** (*mat.*) in inverse ratio; **per ragioni d'ordine interno** for internal convenience.

ragioneria, *n. f.* ❶ (*rag.*) (*la scienza*) accountancy. ❷ (*rag.*) (*ufficio di ragioniere*) counting-house; counting-room (*USA*). △ ❶ **L'arte della tenuta dei libri ha ormai ceduto il passo alla scienza della ~** the art of bookkeeping has by now made way for the science of accountancy.

ragionevole, *a.* ❶ (*che si lascia guidare dalla ragione*) reasonable, sensible. ❷ (*conforme al buon senso*) reasonable, moderate, equitable. △ ❶ **Il Sig. Bossi non è mai stato una persona molto ~** Sig. Bossi has never been a very sensible person; ❷ **I nostri sono i prezzi più ragionevoli** ours are the most moderate prices.

ragioniere, *n. m.* (*pers.*) accountant. △ **Il ~ ha il compito d'organizzare, consigliare e dirigere; mentre il contabile non è che un esecutore materiale delle sue istruzioni** the accountant organizes, advises, and directs, while the bookkeeper performs the work under the former's directions. // **~ capo** (*pers.*) chief accountant; (*dello Stato*) paymaster general; **~ Generale dello Stato** (*amm.*) Accountant and Comptroller General; **~ iscritto all'albo** chartered public accountant, chartered accountant; certified public accountant (*USA*); **~ professionista** chartered accountant, public accountant.

rallentamento, *n. m.* (*anche fig.*) slowing down, slowdown, decline. △ **C'è stato un ~ della produttività all'interno** there has been a slowdown in productivity within the Country; **Il ~ dell'espansione economica in alcuni Paesi Membri si è ripercosso sulla situazione generale del mercato del lavoro** the slowdown of economic growth in certain Member Countries affected the general situation on the labour market; **Ci fu un notevole ~ dell'attività economica** there was a rapid decline in the level of economic activity. // **un ~ congiunturale** (*econ.*) a slowdown in economic activity; **~ del lavoro** (*attuato per rivendicazioni sindacali*) (*sind.*) go-slow.

rallentare, *v. t.* to make* slower, to slow, to slow down. *v. i.* ❶ (*anche fig*) to slow down. ❷ (*econ.*) to flatten out, to flatten, to recede. ❸ (*trasp.*) to slow down, to slow. △ *v. i.* ❶ **La produzione di quei veicoli è un po' rallentata** the production of those vehicles has slowed a bit; ❷ **Il ritmo d'aumento del gettito fiscale è nettamente rallentato nel secondo semestre** the increase in tax revenue flattened out appreciably during the second half of the year; **La domanda rallentò e i prezzi diminuirono per gran parte delle merci** the

demand eased and prices receded for most of the goods.

rame, *n. m.* copper.

rammaricarsi, *v. rifl.* to regret, to feel* (*o* to be) very sorry. △ **Mi rammarico assai di non poter presenziare alla seduta** I deeply regret my inability to be present at the meeting.

rammarico, *n. m.* regret, sorrow.

ramo, *n. m.* (*comm.*) (*d'affari*) branch, line; lay (*fam.*). △ **Il nostro ~ d'affari è l'abbigliamento per uomo** our line is men's clothing. // **i rami dell'industria** (*econ.*) the branches of industry; **~ d'affari meno importante** (*market., org. az.*) side-line.

rango, *n. m.* ❶ (*ceto, grado*) rank, social class. ❷ (*trasp. mar.*) rating.

rapidità, *n. f. inv.* rapidity, quickness, velocity. △ **La ~ di vendita di questo articolo è molto considerevole** the sales velocity of this article is very high.

rapido, *a.* rapid, fast, quick, speedy. *n. m.* (*trasp. ferr.*) express (train). △ *a.* **Prevediamo una rapida ripresa del mercato** we forecast a speedy recovery of the market.

rapimento, *n. m.* ❶ (*leg.*) abduction, kidnapping. ❷ (*leg.*) (*furto*) stealing, theft.

rapina, *n. f.* (*ass., leg.*) robbery, plunder. // **~ a mano armata** (*leg.*) armed robbery.

rapinare, *v. t.* (*leg.*) to rob, to plunder.

rapinatore, *n. m.* (*leg.*) robber, plunderer.

rappezzare, *v. t.* (*anche fig.*) to patch, to patch up. △ **Non sembra facile ~ il sistema monetario internazionale** it doesn't seem to be easy to patch up the international monetary system.

rapporto, *n. m.* ❶ (*relazione orale o scritta*) report. ❷ (*correlazione, attinenza*) relation, relationship, connection, dealing, bearing. ❸ (*leg.*) return; (*dichiarazione*) statement. ❹ (*mat.*) ratio. △ ❶ **Dopo uno studio accurato, il comitato elaborò il suo ~ sulle cause dell'incidente** after exhaustive study the committee made its report on the causes of the accident; ❷ **Non abbiamo alcun ~ col Sig. Roberti** we have no connection with Sig. Roberti; **Di solito sono stati onesti nei loro rapporti con noi** they've usually been honest in their dealings with us; **La loro testimonianza non ha ~ alcuno con la causa** their evidence has no bearing on this case. // **~ causa-effetto** (*org. az.*) cause-effect relationship; **un ~ circostanziato** a circumstantial report; **rapporti col pubblico** (*pubbl.*) external relations; **rapporti commerciali** trade relations; **~ composto** (*mat., rag.*) compound ratio; **rapporti con la cittadinanza** (*pubbl.*) community relations; **~ consolare** (*comm. est.*) consular report; **~ del capitano** (*trasp. mar.*) captain's report; **rapporti d'affari** business connections, dealings; **rapporti di cambio** (*fin.*) exchange rates; **i rapporti di cambio fra la lira e le altre monete** (*fin.*) the exchange rates between the lira and other currencies; **~ di cassa** (*rag.*) (*rapporto fra disponibilità di cassa e crediti esigibili e passività correnti*) cash ratio; **~ di leva finanziaria** (*fin.*) leverage ratio: **Il ~ di leva finanziaria è il rapporto fra l'indebitamento e i mezzi propri** leverage ratio is the ratio of debt to proprietor's capital; **~ di « leverage »** (*fin.*) leverage ratio; **~ di surrogazione** (*leg.*) subrogation; **~ d'utilizzazione** (*fra il tempo d'impiego – d'un elaboratore – e il tempo utile*) (*elab. elettr.*) utilization ratio; **~ finale** (*org. az.*) final report; **~ finanziario** (*fin.*) financial report; **~ fra le attività a breve e le passività correnti** (*rag.*) quick assets ratio, quick ratio, acid-test ratio; **~ fra i diversi tipi di capitale nella stessa società** (*fin.*) capital gearing; **~ fra il numero delle nascite e delle morti** (*in una data popolazione*) (*stat.*) vital index; **~ fra**

rappresaglia

le passività totali d'una ditta e il suo valore patrimoniale (*rag.*) debt to net worth ratio; il ~ **fra il prezzo delle azioni e i dividendi** the ratio between stock prices and dividends; ~ **fra la quantità di merce prodotta e quella dei fattori produttivi impiegati** (*econ.*) returns to scale of plant; ~ **fra le riserve in contanti e le passività** (*banca*) reserve ratio; ~ **fra il totale del fondo ammortamento e il costo originario d'un immobilizzo** (*org. az.*) depreciation reserve ratio; ~ **fra gli utili** (*annuali*) **d'un'azione e la sua quotazione** (*in un dato momento*) (*fin.*) price-earnings ratio; ~ **fra gli utili d'una società e quelli distribuiti** (*fin.*) cover; ~ **fra il valore delle azioni ordinarie e quello di tutte le azioni emesse da una società** (*fin., USA*) common stock ratio; ~ **governativo** (*amm.*) white paper; ~ **inverso** (*mat.*) reciprocal ratio; il ~ **manager-imprenditore** (*org. az.*) the manager-owner relationship; ~ **mensile** (*amm., rag.*) monthly report; ~ **prezzo-utili** (*econ.*) price-earnings ratio; **rapporti sindacali** (*pers., sind.*) labour relations; ~ **tra attività e passività correnti** (*econ., rag.*) current ratio; ~ **tra il capitale investito negli impianti e il valore lordo della produzione** (*fin.*) capital-output ratio, capital coefficient; ~ **tra capitalizzazione e depositi** (*banca*) capitalization/deposit ratio; **rapporti tra la direzione e le maestranze** (*pers., sind.*) labour relations; ~ **tra indebitamento e mezzi propri** (*fin.*) leverage ratio; ~ **tra il reddito disponibile e quello risparmiato** (*econ., fin.*) savings ratio; ~ **tra il valore delle uscite per il pagamento dei dividendi e il valore dei profitti** (*d'una società*) (*fin.*) pay-out ratio; **a** ~ (*org. az., pers.*) on report; **essere in** ~ **con q.** to be in relation with sb., to be connected with sb.: **Sono in** ~ **coi più grossi importatori** they are connected with the biggest importers; **essere in rapporti d'amicizia con q.** to be on a friendly footing with sb.; **mettersi a** ~ to demand a hearing; **mettersi in** ~ **con q.** to get in touch with sb., to contact sb.

rappresaglia, *n. f.* (*leg.*) retaliation, reprisal. // **di** ~ (*leg.*) retaliatory (*a.*); **per** ~ by way of retaliation.

rappresentante, *a.* representative. *n. m.* ❶ (*chi rappresenta un altro*) representative, delegate, deputy; (*portavoce*) spokesman*. ❷ (*pers.*) agent, representative agent, sales representative, representative; man* (*fam.*); rep (*abbr. di* representative), bell-ringer (*slang USA*). △ *n.* ❶ **Il Governo ha preso un'importante iniziativa invitando tanto i rappresentanti dei sindacati operai quanto quelli dei padronali a partecipare a un'azione concertata in materia di politica salariale** the Government took an important step when it invited representatives of both unions and managements to take part in a concerted operation in the field of wages policy; **Il capitano è il** ~ **dell'armatore** the master is the owner's representative; ❷ **Il** ~ **è una persona autorizzata ad agire per conto d'un'altra persona, detta rappresentato** an agent is a person empowered to act on behalf of another person, called principal; **Reclameremo presso il loro** ~ **per la qualità scadente della merce che ci hanno inviata** we shall complain to their representative about the poor quality of the goods they've sent us. // **i rappresentanti della stampa** (*giorn.*) the representatives of the press; ~ **di commercio** (*market., pers.*) commercial traveller, business agent; ~ **d'interessi privati in Parlamento** (*leg., ingl.*) parliamentary agent; ~ **di prodotti farmaceutici** (*pers.*) detail man; ~ **di zona** (*pers.*) district representative; ~ **esclusivo** (*market.*) exclusive agent, sole agent; ~ **legale** (*leg.*) legal representative; ~ **sindacale** (*sind.*) bargaining agent; ~ **sinda-**

cale in un reparto dell'officina (*pers., sind.*) shopsteward; **fare il** ~ to be an agent, to act as an agent.

rappresentanza, *n. f.* ❶ (*il rappresentare*) representation, delegation, agency. ❷ (*gruppo di persone che rappresentano altri*) representative body, delegation, deputation. ❸ (*leg.*) representation, agency. △ ❶ **La** ~ **è un tipo d'impiego in cui una persona è impiegata allo scopo di mettere un'altra persona in rapporti contrattuali con terzi** agency is a type of employment in which a person is employed for the purpose of bringing another person into contractual relationship with third parties; ❷ **Una** ~ **delle due Camere, la Camera dei Comuni, è la più rappresentativa della volontà popolare** a representative body of the two Houses of Parliament, the House of Commons, is the more representative of the people's will; ❸ **Ci è stata offerta la** ~ **della loro ditta per questa zona** we have been offered the representation of their firm for this area. // ~ **di commercio** (*leg.*) mercantile agency; ~ **esclusiva** (*market.*) sole agency, exclusive agency: **Siamo pronti a offrirvi la** ~ **esclusiva di vendita dei nostri vini nel vostro Paese** we are prepared to offer you our sole agency for the sale in your Country of the wines of our production; ~ **legale** (*leg.*) legal representation.

rappresentare, *v. t.* ❶ to represent. ❷ (*leg.*) to represent, to act as an agent for, to be an agent for. △ ❶ **Le obbligazioni rappresentano un debito della società** debentures represent a debt of the company; **Generalmente x rappresenta la variabile indipendente** x usually represents the independent variable; ❷ **All'assemblea generale saremo rappresentati da Mr Johnson** we will be represented by Mr Johnson at the general meeting; **Questa ditta rappresenta primarie società straniere** this firm acts as an agent for leading foreign companies. // ~ **graficamente** (*una funzione*) **per mezzo d'una curva** (*mat.*) to plot; ~ **q. in giudizio** (*leg.*) to appear for sb.; ~ **le parti contendenti** (*davanti al tribunale*) (*leg.*) to represent the parties; ~ **per mezzo d'un diagramma** (*mat., stat.*) to graph; ~ **per mezzo d'un grafico** (*mat., stat.*) to graph.

rappresentativo, *a.* representative; (*di rappresentanza*) representational. // **non** ~ (*stat.*) non-representative; **non** ~ **della maggioranza** (*stat.*) non-representative of the majority.

rappresentato, *n. m.* (*leg.*) principal. △ **L'agente compie affari per conto del suo** ~ an agent transacts business on behalf of his principal.

rappresentazione, *n. f.* ❶ representation. ❷ (*leg.*) (*nel diritto di successione*) representation. // ~ **in virgola fissa** (*elab. elettr.*) fixed-point representation; ~ **in virgola mobile** (*elab. elettr.*) floating-point representation; **di** ~ representational (*a.*).

rassegna, *n. f.* review, report, survey. // ~ **di mercato** (*econ., market.*) market report; ~ **industriale** (*econ.*) industrial review.

rassegnare, *v. t.* to hand in, to give*. // ~ **le dimissioni** (*pers.*) to resign; to give (*o* to hand in) one's resignation; ~ **un reclamo** to resign a claim.

rassicurare, *v. t.* to assure. △ **Cercai di rassicurarlo che non c'era alcun pericolo** I tried to assure him that there was no danger.

rata, *n. f.* instalment; (*pagamento*) payment; (*quota*) quota. △ **A molta gente non va di pagare a rate** lots of people don't like paying by instalments. // ~ (*di nolo*) **a cubaggio** (*trasp. mar.*) measurement rate; ~ **di nolo** (*trasp. mar.*) freight rate, rate; ~ **mensile** (*market.*) monthly instalment; **pro** ~ pro rata, in proportion.

rateale, *a.* (*market.*) by instalments, on the instalment plan; instalment (*attr.*). △ **Abbiamo acquistato l'auto con pagamento** ~ we have bought our car by instalment payments.

rateare, *v. t.* (*market.*) to divide into instalments.

rateazione, *n. f.* (*market.*) division into instalments.

rateizzare, *v. t. V.* rateare.

rateo attivo, *n. m.* (*rag.*) accrued income.

rateo passivo, *n. m.* (*rag.*) accrued expense, accrued liability, anticipated liability.

ratifica, *n. f.* (*leg.*) ratification, approval, sanction, verification; (*conferma*) confirmation, affirmation. // **la ~ d'un trattato** (*leg.*) the ratification of a treaty.

ratificare, *v. t.* (*leg.*) to ratify, to approve, to sanction, to sign, to verify; (*confermare*) to confirm, to affirm. △ **La sua nomina è stata ratificata** his appointment has been confirmed; **La decisione dell'assemblea è stata ratificata** the resolution of the meeting has been confirmed. // ~ **un contratto** (*leg.*) to ratify a contract, to bind a contract; ~ **un trattato** (*leg.*) to sign a treaty, to ratify a treaty.

ratificazione, *n. f. V.* ratifica.

ratto, *n. m.* (*leg.*) (*rapimento*) abduction, kidnapping.

ravvicinamento, *n. m.* drawing nearer, approximation. // **il ~ dei prezzi** (*econ.*) the approximation of prices.

ravvicinare, *v. t.* to draw* nearer, to approximate. △ **Dobbiamo compiere uno sforzo per ~ i prezzi dei prodotti lattiero-caseari** we must make an effort to approximate the prices for milk products.

razionale, *a.* ❶ rational. ❷ (*mat.*) rational.

razionalizzare, *v. t.* ❶ to rationalize. ❷ (*mat.*) to rationalize. ❸ (*org. az.*) (*il lavoro*) to rationalize. // ~ **il processo produttivo** (*org. az.*) to rationalize the industrial process.

razionalizzazione, *n. f.* ❶ rationalization. ❷ (*mat.*) rationalization. ❸ (*org. az.*) rationalization.

razionamento, *n. m.* (*econ.*) rationing. // **il ~ della benzina** (*econ.*) the rationing of petrol; the rationing of gasoline (*USA*).

razionare, *v. t.* (*econ.*) to ration.

razione, *n. f.* ❶ (*econ.*) ration, fixed allowance. ❷ (*pers.*) (*alimentare*) allowance. △ ❷ **Fummo messi a razioni ridotte** we were put on a short allowance.

re, *n. m.* ❶ (*sovrano d'un regno*) king, sovereign. ❷ (*fig.*) (*d'un prodotto, ecc.*) baron, magnate. △ ❷ **È conosciuto in tutto il mondo come il ~ del carbone** he's known all over the world as the coal baron.

reagire, *v. i.* to react, to respond. △ **Le quotazioni azionarie hanno reagito vivacemente dopo la breve caduta** share prices reacted strongly after the short drop.

reale, *a.* ❶ (*effettivo, vero*) real, actual; (*vero*) true; (*sostanziale*) substantial, substantive. ❷ (*mat.*) real. △ ❶ **Dobbiamo stabilire il valore ~ della merce al momento della perdita** we must determine the actual value of the goods at the time of the loss. // **un numero ~** (*mat.*) a real number.

realizzabile, *a.* ❶ realizable. ❷ (*cred.*) (*riscuotibile*) realizable, encashable. ❸ (*fin.*) (*convertibile in contanti*) convertible into cash.

realizzare, *v. t.* ❶ (*mettere in atto*) to realize, to accomplish, to carry out. ❷ (*cred.*) (*riscuotere*) to realize, to encash. ❸ (*fin.*) (*convertire in contanti*) to convert into cash. △ ❶ **Non riuscii a ~ il mio progetto** I was not able to carry out my plan; ❷ **In pochi mesi hanno realizzato guadagni altissimi** in a few months they've realized very large profits. // ~ **un credito** (*cred.*) to realize a credit; ~ **il valore attuale di** (*un'annualità, una rendita, ecc.*) (*rag.*) to capitalize.

realizzazione, *n. f.* ❶ (*messa in atto*) realization, accomplishment, completion. ❷ (*Borsa*) closing. ❸ (*cred.*) (*riscossione*) realization, encashment. ❹ (*fin.*) (*conversione in contanti*) conversion into cash. △ ❶ **Il nuovo progetto è già in via di ~** the new scheme is already well on the road to completion; ❸ **La ~ di quei crediti non sarà facile come sembrava** the realization of those credits is not going to be so easy as it seemed. // ~ **di titoli in contante** conversion of securities into cash.

realizzo, *n. m.* (*cred.*) realization, encashment, conversion into cash; break-up (*fam.*). // **il ~ del contante** (*rag.*) the recovery of cash; **il ~ della proprietà d'un fallito** (*leg.*) the realization of a bankrupt's estate; **di facile ~** (*cred., fin.*) easily cashable, easily cashed: **L'investimento ideale dovrebbe essere sicuro, vantaggioso, e di facile e pronto ~: condizioni, queste, che sono insieme impossibili** the ideal investment should be safe, profitable and easily and quickly cashed, which is impossible.

reato, *n. m.* (*leg.*) offence, crime; (*civile*) tort; (*di minor gravità*) misdemeanour. // ~ **di complicità** (*leg.*) accessorial crime; ~ **di diffamazione** (*leg.*) slander; ~ **di falsificazione di moneta** (*leg.*) coinage offence; ~ **di stampa** (*leg.*) libel; ~ **minore** (*leg.*) petty offence; ~ **passibile di pena pecuniaria** (*leg.*) pecuniary offence; ~ **penale** (*leg.*) criminal offence; **reati perseguibili a termini di legge** (*leg.*) legal offences, penal offences.

reattivo, *n. m.* (*econ.*) reactor.

reazione, *n. f.* reaction, response. // ~ **a catena** (*anche fig.*) chain-reaction; ~ **difensiva** (*a un processo inflazionistico*) (*econ.*) defensive reaction; **una ~ nelle quotazioni** (*dei titoli*) (*Borsa*) a reaction in stock prices; ~ **passiva** (*a un processo inflazionistico*) (*econ.*) passive reaction.

recapitare, *v. t.* (*comun., trasp.*) to deliver. △ **La merce sarà recapitata giovedì prossimo** the goods will be delivered next Thursday. // **non recapitato** (*comun., trasp.*) undelivered.

recapito, *n. m.* ❶ (*comun.*) (*indirizzo*) business address, address; (*ufficio*) office. ❷ (*comun., trasp.*) (*consegna*) delivery.

recare, *v. t.* ❶ to bring*, to bear*. ❷ (*cagionare*) to cause, to bring*. △ ❷ **Il comportamento di quella commessa ci ha recato molti fastidi** that shop assistant's behaviour brought us a lot of trouble. // ~ **danno a** (*q. o qc.*) to damage; **recante la firma e il sigillo di chi lo redige** (*leg.*) (*d'atto*) under seal.

recedere, *v. i.* ❶ to recede, to withdraw*. ❷ (*rinunciare*) to abandon, to give* up. ❸ (*leg.*) to back down. △ ❸ **Ho receduto da tempo dall'idea di rinnovare i locali** I have long given up the idea of renewing the premises. // ~ **da un contratto** (*leg.*) to recede from a contract, to declare off a contract.

recensione, *n. f.* ❶ review. ❷ (*giorn.*) notice.

recensire, *v. t.* ❶ to review. ❷ (*giorn.*) to notice.

recente, *a.* recent; (*fresco*) fresh; (*nuovo*) new; (*aggiornato*) up-to-date; (*ultimo*) late. △ **Ecco le notizie più recenti da Chicago** here's the latest news from Chicago. // **di ~** recently, lately, newly, of late: **Di ~ ci hanno inviato una grossa ordinazione** they sent us a large order lately.

recentissime, *n. pl.* (*giorn.*) stop press (*sing.*); spot news (*sing. collett.*).

recessione, *n. f.* (*econ.*) recession, slump. △ **Perse**

tutto il suo denaro nella ~ he lost all his money in the slump. // ~ **improvvisa** (*econ.*) downswing.

reciclaggio, *n. m.* (*econ.*) recycling.
reciclare, *v. t.* (*econ.*) to recycle.
recidiva, *n. f.* (*leg.*) recidivism, recidive.
recidivo, *a.* (*leg.*) recidivist, habitual criminal.
recingere, *v. t.* to enclose, to shut* in. // ~ **terreni già appartenenti alla comunità** (*leg.*) to enclose common land.
recinto, *n. m.* enclosure; (*cortile*) yard. // ~ **alle grida** (*Borsa*) floor; pit (*USA*); (*di Borsa Merci*) ring; ~ **grida inattivo** (*Borsa*) inactive post.
recinzione, *n. f.* (*anche leg.*) enclosure.
recipiente, *n. m.* container; (*di latta*) tin; can (*USA*). // **recipienti a rendere** (*market.*) returnable containers; ~ **della capacità d'un « peck »** peck; ~ **vuoto** (*market.*) empty.
reciprocità, *n. f. inv.* ❶ reciprocity. ❷ (*comm. est.*) reciprocity. // ~ **di trattamento commerciale** (*comm. est.*) reciprocity in trade.
reciproco, *a.* ❶ reciprocal, mutual. ❷ (*mat.*) reciprocal. △ ❶ **I due Paesi si sono accordati sulla concessione di privilegi reciproci ai loro abitanti** the two nations have agreed to extend reciprocal privileges to each other's citizens.
reclamante, *n. m. e f.* complainant.
reclamare, *v. i.* ❶ to claim, to complain, to make* (*o* to lodge) a complaint; (*protestare*) to protest. ❷ (*leg.*) to claim. *v. t.* ❶ to claim, to ask for. ❷ (*esigere la restituzione di*) to reclaim, to claim back. △ *v. t.* ❷ **Reclamiamo la restituzione dell'intera somma pagata** we reclaim the whole amount paid. // ~ **i propri diritti** (*leg.*) to claim one's rights; ~ **presso q.** to make a complaint to sb.; **chi reclama** complainant; **non reclamato** unclaimed: **Domani si terrà una vendita all'asta delle merci non reclamate** an auction sale of unclaimed goods will be held tomorrow.
réclame, *n. f.* ❶ (*pubbl.*) (*pubblicità*) advertising, publicity. ❷ (*pubbl.*) (*avviso pubblicitario*) advertisement; ad (*abbr.*).
reclamista, *n. m. e f.* (*pubbl.*) self-advertiser.
reclamizzare, *v. t.* (*pubbl.*) to advertise, to merchandise.
reclamo, *n. m.* ❶ claim, complaint, contention, grievance; (*pretesa di restituzione*) claiming back, reclamation. ❷ (*sind.*) grievance. △ ❶ **Nessun ~ può essere fatto da parte degli assicuratori per il nolo** no claim to be made by the underwriters for freight; **Si addiverrà a una transazione per quanto riguarda il ~** the claim will be compromised; **Non ci furono reclami** no claim was incurred; **Dovete presentare un ~** you must send in a claim; **Avete inoltrato il vostro ~?** have you forwarded your claim?; **È un ~ senza importanza** it is a trivial complaint; **Hanno riconosciuto la fondatezza del nostro ~** they admitted the justice of our contention. // ~ **per addebito eccessivo** (*trasp. mar.*) overcharge claim; ~ **per danni** (*leg.*) claim for damages; ~ **per perdita o avaria** (*trasp. mar.*) claim for losses or damage.
reclusione, *n. f.* (*leg.*) imprisonment.
reclutamento, *n. m.* recruitment, recruiting. // **il ~ di personale** (*econ., pers.*) the recruiting of personnel.
reclutare, *v. t.* to recruit. // ~ **manodopera qualificata** (*econ., pers.*) to recruit skilled workers.
record, *n. m.* record. *a.* record (*attr.*); record-breaking. △ *n.* **La produzione ha battuto tutti i record** production has beaten all records; *a.* **L'incasso ~ è stato effettuato dal reparto (articoli) casalinghi** the record-breaking proceeds were made by the household department.
recto, *n. m.* face; (*di foglio*) recto. // **il ~ d'un certificato azionario** (*fin.*) the face of a stock certificate.
recuperare, *v. t. V.* **ricuperare**.
recupero, *n. m. V.* **ricupero**.
redattore, *n. m.* (*giorn.*) member of the editorial staff; staff editor, staffer, editor (*USA*); (*cronista*) reporter. // ~ **capo** (*giorn.*) executive editor, subeditor; ~ **d'articoli di fondo** (*giorn.*) leader-writer; editor, editorial writer (*USA*); ~ **di testi pubblicitari** (*pubbl.*) copy-writer; ~ **finanziario** (*di un quotidiano o di un settimanale*) (*giorn.*) City editor; financial editor (*USA*); ~ **incaricato di dare gli ultimi « ritocchi » all'edizione del mattino** (*d'un quotidiano*) (*giorn.*) night editor; ~ **sportivo** (*giorn.*) sports editor, sport editor, sporting editor.
redazionale, *a.* (*giorn.*) editorial.
redazione, *n. f.* ❶ (*il redigere*) drawing up, writing, wording. ❷ (*giorn.*) (*compilazione d'un giornale*) editing. ❸ (*giorn.*) (*insieme dei redattori*) editorial staff. ❹ (*giorn.*) (*ufficio di redazione*) editorial office. ❺ (*giorn., pubbl.*) (*di testi pubblicitari*) copy. ❻ (*leg.*) execution. // ~ **dei servizi di cronaca** (*giorn.*) (*la sede*) city desk: **Hanno telefonato alla ~ dei servizi di cronaca del giornale locale** they called the city desk of the local newspaper; ~ **in linguaggio cifrato** (*elab. elettr.*) coding.
redditività, *n. f. inv.* (*econ., fin., rag.*) profitability. △ **La nuova direzione ha intrapreso una politica che contribuirà alla ~ dell'impresa** the new management has started a policy that will contribute to the profitability of the company.
redditizio, *a.* ❶ (*econ., fin., rag.*) profitable, remunerative, paying, payable. ❷ (*pers.*) (*d'un lavoro, ecc.*) payable. △ ❶ **Un tale investimento non è più ~** such an investment is no longer payable; **Appare sempre più ~ investire in oro** investment in gold seems to be more and more profitable. // **non ~** unprofitable: **Diverse miniere furono abbandonate non essendo state considerate redditizie** several mines were abandoned as unprofitable.
reddito, *n. m.* ❶ (*econ., fin., rag.*) (*provento*) income, revenue. ❷ (*econ., fin., rag.*) (*frutto*) yield, profit, return; pocket book (*fam.*). △ ❶ **Il ~ prodotto e le importazioni costituiscono le risorse di cui il Paese dispone in un certo intervallo di tempo; da queste risorse traggono origine innanzi tutto i consumi** income produced and imports represent the resources which the Country uses in a given period of time: these resources are primarly absorbed by consumption; **I prezzi d'un certo numero di prodotti ittici influiscono in modo determinante sul ~ globale dei pescatori e sul livello generale dei prezzi** the prices of certain fish condition the overall income of fishermen and the general price level; ❷ **Un ~ del 4% rende antieconomico questo investimento** a 4% yield makes this investment uneconomical. // **redditi agricoli** (*econ.*) farm incomes; ~ **annuale** (*fin.*) yearly income, annual income: **Possiamo contare su un ~ annuale di $ 100.000** we can count on a yearly income of $ 100,000; **redditi ascrivibili ai fattori della produzione** (*econ.*) incomes accruing to the factors of production; ~ **commerciale (industriale) netto** (*fin.*) net commercial (industrial) income; ~ **complessivo** (*rag.*) gross income; **il ~ di capitale** (*econ., fin.*) the return on capital, the income from capital; ~ **di fabbricati** (*econ.*) rental; **redditi di lavoro** (*fin.*) earned income, income profits; ~ **di lavoro autonomo di persone fisiche** (*fin.*) income derived from the self-

employment of private individuals; ~ **di lavoro subordinato** (*fin.*) income from employment, income of employed persons; ~ **disponibile** (*fin.*) disposable income; ~ **dominicale** (*econ.*) rental; ~ **effettivo** (*fin.*) flat rate; ~ **esente da imposta** (*fin.*) tax-free income; ~ **familiare** (*econ.*) family income, family wage; ~ **fisso** (*rag.*) fixed income; (*fin.*) fixed interest; ~ **globale** (*fin.*) overall income; ~ **imponibile** (*fin.*) taxable income; ~ **in termini reali** (*econ.*) real income; ~ **lordo** (*fin., rag.*) gross product; ~ **marginale** (*econ.*) marginal profit; ~ **medio** (*econ.*) average income; ~ **minimo** (*econ., sind.*) basic income; ~ **misto** (*econ.*) mixed income; **un** ~ **modesto** (*econ.*) a moderate income; ~ **nazionale** (*econ.*) national income; ~ **nazionale in termini reali** (*econ.*) real national income; ~ **nazionale netto « pro capite »** (*econ.*) per capita net national income; ~ **netto** (*da imposta*) (*fin.*) disposable income; (*d'un'obbligazione*) yield to maturity; (*rag.*) (*d'esercizio*) net income; net earnings (*pl.*); ~ **non di lavoro** (*econ.*) unearned income; ~ **non tassabile** (*fin.*) non-taxable income; ~ **obbligazionario** (*fin.*) debenture yield; bond yield (*USA*); ~ **permanente** (*econ.*) permanent income; ~ **personale** (*econ.*) personal income; ~ **potenziale** (*econ.*) potential profit; ~ **« pro capite »** (*econ.*) per capita income; **redditi professionali** (*fin.*) professional earnings; **un** ~ **scarso** (*rag.*) a narrow income; **un** ~ **sicuro** an assured income; ~ **sopra la media** (*fin.*) above-the-average income; ~ **tassabile** (*fin.*) income liable to tax, taxable income; ~ **terriero** (*fin.*) income from farms; **un** ~ **variabile** (*fin.*) a variable yield; **a** ~ **variabile** (*fin.*) variable-yield (*attr.*).

redenzione, *n. f.* (*leg.*) redemption.
redibitorio, *a.* (*leg.*) redhibitory.
redibizione, *n. f.* (*leg.*) redhibition.
redigere, *v. t.* ❶ to write* out, to draw* up, to make* up (*o* out), to word; (*compilare*) to compile. ❷ (*leg.*) to execute, to engross, to draw*, to prepare. ❸ (*pubbl.*) (*testi pubblicitari*) to copy. △ ❶ **Nel** ~ **la relazione ci sforzammo di renderla il più possibile chiara** in wording the report we tried to make it as clear as possible; **Il comitato sta redigendo un documento** the committee are drawing up a document; ❷ **Il contratto sarà redatto al più presto** the contract will be prepared as soon as possible. // ~ **un atto legale** (*leg.*) to draw a deed, to draw up a deed; ~ **un bilancio** (*fin., rag.*) to draw up a balance sheet, to make up a balance sheet; ~ **la copia d'un contratto** (*leg.*) to write off the copy of a contract; ~ **un estratto-conto** (*banca*) to draw up a statement of account; ~ (*un documento*) **in duplice copia** to indent; ~ **l'originale e due copie di** (*un documento*) to triplicate; ~ **una polizza di carico** (*trasp. mar.*) to draw up a bill of lading.

redimere, *v. t.* (*anche fig.: riscattare*) to redeem.
redimibile, *a.* (*fin., leg.*) redeemable. // **un prestito** ~ (*cred.*) a redeemable loan.
redimibilità, *n. f. inv.* (*fin., leg.*) redeemability, redeemableness.
referendum, *n. m.* referendum.
referenza, *n. f.* (*pers.*) reference; (*benservito*) testimonial. △ **Quali sono le referenze di Mr Goodman?** what are Mr Goodman's references? // **referenze bancarie** (*banca*) banker's references; **chi è chiamato a dare referenze** (*su q.*) (*pers.*) reference, referee.
referenziare, *v. t.* (*pers.*) to provide (sb.) with references (*o* with testimonials).
reflazionare, *v. t.* (*econ.*) to reflate.
reflazione, *n. f.* (*econ.*) reflation. △ **Il termine** ~ **è usato talvolta per descrivere il tentativo di ribaltare gli effetti della deflazione** the term reflation is sometimes used to describe the attempt to reverse deflationary effects.

reflazionistico, *a.* (*econ.*) reflationary.
refrigerare, *v. t.* (*market.*) to refrigerate.
refrigeratore, *n. m.* (*market.*) refrigerator.
refrigerazione, *n. f.* (*market.*) refrigeration.
refuso, *n. m.* (*giorn., pubbl.*) literal, misprint.
regalare, *v. t.* ❶ to present, to give* (st.) as a present. ❷ (*market.*) (*vendere a basso prezzo*) to give* for a song, to give* for nothing, to give* away (*fam.*).
regalia, *n. f.* gratuity, box.
regalo, *n. m.* present, gift, presentation.
regia, *n. f.* ❶ (*econ.*) (*appalto, monopolio*) régie, Government monopoly. ❷ (*pubbl.*) (*cinematografica*) direction.
regime, *n. m.* (*governo*) régime, rule, system of Government. // **il** ~ **degli scambi** (*comm. est.*) the system of trade; **il** ~ **dei prelievi** (*econ., fin.*) the levy system; ~ **dei prezzi** (*econ.*) price system; ~ **d'aiuti** (*econ.*) aid system; ~ **di cambi fissi** (*fin.*) fixed exchange rate system; ~ **d'importazione** (*comm. est.*) arrangement for importing; ~ **d'incertezza** (*ric. op.*) chance constraint; ~ **fiscale** (*fin.*) tax treatment, taxation; tax regulations (*pl.*); **il** ~ **fiscale in agricoltura** (*fin.*) taxation in agriculture; **un** ~ **monopolistico** (*econ.*) a monopoly system; **il** ~ **per i titoli d'importazione e d'esportazione** (*comm. est.*) the system of import and export certificates; ~ **tributario** (*fin.*) tax regulations (*pl.*); taxation, tax treatment; ~ **vincolistico** (*econ.*) restriction scheme, control scheme.
regionale, *a.* regional; district (*attr.*).
regionalismo, *n. m.* regionalism.
regionalista, *n. m.* e *f.* regionalist.
regionalistico, *a.* regionalistic, regionalist.
regionalizzare, *v. t.* to regionalize.
regionalizzazione, *n. f.* regionalization. // ~ **dei prezzi** (*econ.*) price zoning.
regione, *n. f.* ❶ region, area, zone, district. ❷ (*suddivisione amministrativa*) region, department; (*provincia*) province. // ~ **agricola** (*econ.*) agricultural district; **le regioni d'Italia** the regions of Italy; ~ **periferica** (*econ.*) peripheral region: **Il Mezzogiorno, l'ovest e sud-ovest della Francia e Berlino sono regioni periferiche** (*rispetto alla CEE*) Mezzogiorno, west and southwest France and Berlin are peripheral regions.
regista, *n. m.* e *f.* (*pubbl.*) (*cinematografico*) director.
registrare, *v. t.* ❶ to register, to record. ❷ (*annotare*) to write* down, to take* down, to mark down. ❸ (*incidere*) to record; (*su nastro magnetico*) to tape, to tape-record. ❹ (*comun.*) (*un programma radiotelevisivo*) to transcribe. ❺ (*elab. elettr.*) to post. ❻ (*fin.*) (*il nome del detentore di titoli*) to inscribe. ❼ (*leg.*) to enrol, to record; (*ditte, ecc.*) to incorporate; (*una sentenza*) to docket. ❽ (*org. az.*) to calendar. ❾ (*rag.*) (*scritture contabili*) to record, to enter, to book; (*crediti, ecc.*) to tally; (*di conto, ecc.*) to turn in; (*protocollare*) to file. ❿ (*tur.*) to check in. △ ❷ **Tutte le lettere devono essere registrate al momento in cui si ricevono** all letters must be written down as soon as they're received; ❸ **Il suo discorso è stato registrato (su nastro) per essere poi pubblicato** his speech has been tape-recorded for subsequent publication; ❹ **Molti spettacoli televisivi vengono registrati prima d'essere trasmessi** a lot of TV shows are transcribed before being broadcast; ❼ **L'atto è stato registrato dal notaio** the deed has been recorded by the notary; ❾ **Ho registrato la somma nel mio libro dei conti** I entered the sum in my account-book; **Hanno registrato un deficit di 10.000 sterline** they have tallied

registrarsi

a deficit of £ 10,000; **La bilancia dei pagamenti italiana registrò un altro saldo attivo** the Italian balance of payments turned in another surplus. // ~ **a credito** (*rag.*) to enter on the credit side; ~ **a debito** (*rag.*) to enter on the debit side; ~ **a giornale** (*rag.*) to journalize; ~ **a mastro** (*rag.*) to post, to post up; ~ (*titoli*) **a nome del detentore** (*fin.*) to register; ~ **un atto** (*leg.*) to register a deed; ~ **completamente** (*rag.*) to enter up; ~ **una conferenza stampa** (*giorn.*) to tape a press conference; ~ **di nuovo** (*scritture, ecc.*) (*rag.*) to re-enter; ~ **firmando l'invio di** (*un articolo, ecc.*) (*comun.*) to sign out; ~ **firmando la ricezione di** (*un articolo, ecc.*) (*comun.*) to sign in; ~ (*dati*) **in una lettera di vettura** (*trasp. ferr.*) to waybill; ~ **una nave alla dogana** (*trasp. mar.*) to enter a ship; ~ (*fatti*) **nel giornale di bordo** (*trasp. mar.*) to log; ~ **nella colonna del « dare »** (*rag.*) to debit; ~ **nella colonna dell' « avere »** (*rag.*) to credit; ~ **un'operazione** (*rag.*) to book a transaction; ~ **un privilegio ipotecario** (*leg.*) to register a mortgage charge; ~ **un programma televisivo** (*comun.*) to tape a TV programme; ~ **uno « storno »** (*rag.*) to pass a transfer; ~ (*musica*) **su dischi** to record; to can (*USA*).

registrarsi, *v. rifl.* (*tur.*) (*all'arrivo, ecc.*) to sign in, to check in; (*alla partenza*) to sign out, to check out.

registrato, *a.* ❶ registered, recorded; (*di documento*) on file, on record. ❷ (*rag.*) on the books. // **non ~** unrecorded, unregistered.

registratore, *n. m.* ❶ (*chi registra*) recorder. ❷ (*market.*) (*a nastro magnetico o a « cassette »*) recorder. // ~ **a nastro** (*macch. uff.*) tape recorder; ~ **a nastro magnetico** (*macch. uff.*) magnetic tape recorder; ~ **di cassa** (*macch. uff.*) cash register, sales register, check-till, add-lister; ~ **di dati** (*elab. elettr.*) data recorder.

registrazione, *n. f.* ❶ registration, recording. ❷ (*annotazione*) writing down, taking down, marking down. ❸ (*su dischi, nastri magnetici, « cassette », ecc.*) recording, tape-recording. ❹ (*comun.*) (*di programma radiotelevisivo*) transcription. ❺ (*elab. elettr.*) posting. ❻ (*fin.*) (*del nome del detentore d'azioni*) inscription. ❼ (*leg.*) enrolment, record, registration, recordation; (*di ditte, ecc.*) incorporation. ❽ (*rag.*) (*contabile*) record, entry, booking; (*di crediti, ecc.*) tally. △ ❼ **Un grande numero di ditte che necessitano d'ingenti capitali sono di solito costituite mediante ~ ai sensi delle leggi sulle società, la prima delle quali fu approvata nel 1844** a great number of concerns requiring a large amount of capital are usually formed by registration under the Companies Acts, the first of which was passed in 1844; **Il certificato di ~ può considerarsi il « certificato di nascita » d'una nuova impresa** the certificate of incorporation may be called the « birth certificate » of a new concern. // ~ **a credito** (*rag.*) credit entry; ~ **a debito** (*rag.*) debit entry; ~ **a giornale** (*rag.*) journal entry; ~ **a mastro** (*rag.*) posting; ~ (*di titoli*) **a nome del detentore** (*fin.*) registration; ~ **ai sensi delle leggi sulle società** (*fin., ingl.*) registration under the Companies Acts; ~ **centralizzata** (*org. az.*) central recording; ~ **conforme** (*rag.*) conforming entry; **la ~ delle ditte** (*fin., leg.*) the registration of business names; **la ~ d'una proprietà acquisita** (*leg.*) the recordation of a property acquired; **la ~ d'una sentenza** (*leg.*) the enrolment of a decree; ~ **di verifica** (*rag.*) correcting entry; ~ (*contabile*) **doppia** (*rag.*) double application; ~ **e pubblicazione giornaliera dei prezzi quotati** (*Borsa*) marking; ~ **indiretta** (*elab. elettr.*) no-home record; ~ **magnetica** magnetic recording; ~ **mediante schede perforate** (*elab. elettr.*) punched-card recording; ~ **per storno** (*rag.*) contra entry; ~ **su filo** wire recording; ~ **unitaria** (*elab. elettr.*) unit card.

registro, *n. m.* ❶ register; (*ruolo*) roll. ❷ (*ufficio statale*) Registrar's office, Registry. ❸ (*attr. uff.*) calendar. ❹ (*rag.*) register, book. // ~ **a « madre » e « figlia »** (*attr. uff.*) counterfoil book; ~ **acquisti** (*rag.*) bought journal; ~ **ausiliario** (*rag.*) subsidiary ledger; ~ **contabile** (*rag.*) account book, book of accounts; **il ~ degli amministratori** (*fin., leg.*) the register of directors; ~ **degli attestati** (*leg.*) certificate book; **il ~ degli azionisti** (*fin.*) the register of shareholders, the share register, the share edger; ~ **degli effetti attivi** (*alla stanza di compensazione*) (*fin.*) clearing-in book, bills receivable book; ~ **degli effetti passivi** (*alla stanza di compensazione*) (*fin.*) clearing-out book, bills payable book; **il ~ degli obbligazionisti** (*fin.*) the register of debenture-holders; **il ~ dei brevetti** (*leg.*) the register of patents; ~ **dei carichi** (*org. az.*) cargo book; ~ **dei certificati** certificate book; ~ **dei nuovi documenti** (*org. az.*) creation register; ~ **dei reclami** claims book; **il ~ dei soci** (*fin.*) the register of members; ~ **dei verbali** (*leg.*) minute book; ~ **delle cessioni** (*d'azioni*) (*fin., leg.*) transfer-book; ~ **delle fatture** (*rag.*) bill book; **il ~ delle nascite** (*stat.*) the register of births; ~ **delle ordinazioni** (*org. az.*) order-book; ~ **delle ore di lavoro** (*pers.*) time-book; ~ **delle presenze** attendance book; ~ **delle ricevute** receipt book; ~ **delle sentenze** (*leg.*) judgement book; **il ~ delle Società** (*fin., leg.*) the Register of Companies; ~ **delle società che hanno cessato l'attività** dead book (*fam.*); **il ~ di classificazione** (*trasp. mar.*) the register of shipping, the classification register; (*del Lloyd*) Lloyd's register of shipping; ~ **d'entrata degli effetti** (*banca*) bills received register; ~ **di prenotazione dei noli** (*trasp. mar.*) freight-booking note; ~ **di presenza** (*pers.*) time-book; ~ **di sbarco** (*trasp. mar.*) landing book; ~ (*del Lloyd*) **di tutte le navi perdute** (*ass. mar., ingl.*) loss-book; ~ **giornaliero degli acquisti** (*rag.*) bought day book; **il ~ marittimo** (*o* **navale**) (*trasp. mar.*) the register of shipping.

regola, *n. f.* ❶ rule; (*modello, tipo*) standard. ❷ (*norma, principio*) norm, principle. ❸ (*leg.*) regulation. △ ❶ **Non abbiamo mai concesso sconti e non intendiamo derogare a questa** ~ we have never granted discounts and we're not going to depart from this rule; ❷ **In casi come questo la prudenza è la ~ migliore** in cases like this, prudence is the best principle. // ~ **catenaria** (*mat., rag.*) chain rule; ~ **congiunta** (*mat., rag.*) chain rule; **le regole della navigazione** (*trasp. mar.*) the rules of navigation; **regole di stazzatura** (*trasp. mar.*) tonnage rules; **regole di York-Anversa** (*per la liquidazione delle avarie*) (*comm. est., trasp. mar.*) York-Antwerp rules; **regole « manageriali »** (*amm.*) principles of management; **le regole per prevenire gli abbordi in mare** (*trasp. mar.*) the rules of the road; **di ~ as a rule**; **essere in ~ coi pagamenti** (*cred.*) to be up-to-date with one's payments.

regolamentare[1], *a.* ❶ regular, prescribed; regulation (*attr.*). ❷ (*leg.*) statutory.

regolamentare[2], *v. t.* (*leg.*) to regulate, to control by regulations. △ **L'attività economica dovrebbe essere regolamentata al più presto** economic activity should be regulated as soon as possible. // ~ **le tariffe di nolo** (*trasp. mar.*) to regulate freight rates.

regolamentazione, *n. f.* (*leg.*) regulation. △ **I traffici soffrono per una ~ eccessiva** business is suffering from undue regulation. // **la ~ degli affari** the regulation of affairs; ~ **dei cambi** (*fin.*) exchange regulations.

regolamentazione

regolamento, *n. m.* ❶ (*cred.*) (*di conti*) settlement. ❷ (*leg.*) rule, by-law; regulations (*pl.*). △ ❸ **Siamo in attesa dei nuovi regolamenti adottati o da adottare da parte della commissione** we are waiting for the new regulations enacted or pending enaction by the commission. // **~ a termine** (*market., rag.*) credit settlement; **regolamenti antinquinamento atmosferico** air-pollution regulations; **~ dei confini** (*leg.*) fixing of boundaries; **~ dei conti** (*fin.*) settling-up; **~ d'avaria generale** (*ass. mar.*) general average statement; **il ~ d'un sinistro** (*ass.*) the assessment of a loss; **regolamenti doganali** (*dog.*) customs regulations; **regolamenti esecutivi** (*leg.*) rules for the enforcement of a law; **regolamenti ferrei** hard-and-fast rules; **~ in contanti** (*cred.*) cash settlement; **~ interno d'una società** (*fin.*) articles of association; **regolamenti intesi a prevenire le collisioni** (*delle navi*) (*trasp. mar.*) collision regulations; **~ locale** (*leg.*) by-law; **regolamenti portuali** (*trasp. mar.*) port regulations; **regolamenti restrittivi** (*leg.*) restrictive regulations.

regolare¹, *a.* ❶ regular. ❷ (*costante, uniforme*) steady; (*sistematico*) systematic. △ ❶ **L'ultima riunione del consiglio è stata perfettamente ~** the last meeting of the board was perfectly regular; ❷ **C'è stato un aumento ~ dei prezzi** there has been a steady rise in prices. // **con ~ processo** (*leg.*) by due process of law.

regolare², *v. t.* ❶ to regulate. ❷ (*governare, guidare*) to guide, to rule, to lead*. ❸ (*controllare*) to control, to condition. ❹ (*cred.*) (*liquidare*) to settle, to square; (*pagare*) to pay* (up). △ ❺ **Le nostre entrate regolano le nostre spese** our income conditions our expenditure; ❻ **Abbiamo sempre regolato i conti semestralmente** we've always squared accounts bi-yearly; **Devo ~ i miei debiti prima di partire** I must settle my debts before leaving. // **~ l'andatura di** (*qc.*) (*anche fig.*) to pace; **~ i conti** (*comm.*) to rule off one's accounts, to square accounts; **~ le spese** to control expenses.

regolarità, *n. f. inv.* regularity. // **la ~ d'un atto** (*leg.*) the regularity of a deed.

regolarizzare, *v. t.* ❶ to regularize, to regulate. ❷ (*cred.*) (*regolare*) to settle. // **~ i conti** (*cred.*) to settle accounts; **~ i mercati** (*econ.*) to regulate markets.

regolarizzazione, *n. f.* ❶ regularization, regulation. ❷ (*cred.*) (*regolamento*) settlement.

regolarmente, *avv.* regularly; duly, in due course. △ **La vostra lettera ci è pervenuta ~** your letter has duly reached us.

regolarsi, *v. rifl.* (*agire*) to act; (*fare*) to do*. △ **Non so come regolarmi con quel nostro cliente** I don't know how to act with that customer of ours.

regolazione, *n. f.* regulation, regulating. // **~ di retroazione** (*elab. elettr.*) feedback control.

regolo, *n. m.* (*mat.*) (*riga*) rule. // **~ calcolatore** (*attr. uff.*) slide rule, sliding rule.

regredire, *v. i.* (*anche fig.*) to regress, to recede, to go* back, to slip back. △ **In Germania, l'incremento del prodotto nazionale lordo in volume è regredito dal 4,5% al 2,9% nello scorso anno** in Germany, the volume increase in gross national product slipped back from 4.5% to 2.9% last year.

regressivo, *a.* regressive, retrogressive, backward.

regresso, *n. m.* ❶ regress, regression. ❷ (*fig.*) decadence, decline, set-back. ❸ (*cred.*) (*cambiario*) recourse. ❹ (*trasp. ferr.*) switch-back, back-shunt. △ ❷ **In questo mese si è avuto un ~ nella produzione del ferro** there has been a set-back in iron production this month. // **un ~ delle esportazioni** (*comm. est.*) a drop in net exports; **azione di ~** (*cred.*) action for recovery; **essere in ~ d'un tanto per cento** (*market.*) to be a certain percent off; **senza ~** (*cred.*) without recourse.

reiezione, *n. f.* rejection, rejecting. // **la ~ d'una proposta** the rejection of a proposal.

reimbarcare, *v. t.* (*trasp. mar.*) to reship, to reembark.

reimbarco, *n. m.* (*trasp. mar.*) reshipment, reshipping, re-embarkation, re-embarking.

reimpiegare, *v. t.* ❶ to re-employ. ❷ (*fin.*) (*capitali*) to reinvest.

reimpiego, *n. m.* ❶ re-employment. ❷ (*fin.*) (*di capitali*) reinvestment. // **il ~ e il riadattamento dei lavoratori** (*sind.*) the re-employment and readaptation of workers.

reimportare, *v. t.* (*comm. est.*) to reimport.

reimportazione, *n. f.* (*comm. est.*) reimportation; (*merce reimportata*) reimport.

reindirizzare, *v. t.* (*comun.*) to redirect. △ **La loro lettera ci fu erroneamente reindirizzata** their letter was redirected to us by mistake.

reintegrare, *v. t.* ❶ (*rimettere nello stato originario*) to restore, to reinstate. ❷ (*leg.*) (*risarcire*) to refund, to repay*, to indemnify. △ ❶ **È stato reintegrato nella sua carica** he's been reinstated in his post; ❷ **Fummo reintegrati del danno subìto** we were indemnified for the damage. // **~ q. nei suoi diritti** (*leg.*) to rehabilitate sb., to restore sb. to his rights; **~ q. nel possesso di qc.** (*leg.*) to repossess sb.

reintegrazione, *n. f.* ❶ (*ripristino*) restoration, reinstatement. ❷ (*risarcimento*) refund, indemnification. // **~ (*sotto cauzione*) di beni mobili** (*leg.*) replevin; **~ (*d'una nave*) nella classe di registro** (*trasp. mar.*) restoration.

reinvestimento, *n. m.* (*fin.*) reinvestment. // **~ degli utili in nuovi titoli** (*Borsa, fin.*) pyramiding; **un ~ di capitali** (*fin.*) a reinvestment of capitals.

reinvestire, *v. t.* (*fin.*) to reinvest; to plough back (*fam.*). △ **Tutto l'utile sarà reinvestito in titoli** the whole of the profit is going to be reinvested in securities; **Dovremmo ~ i nostri guadagni in nuovi stabilimenti e macchinari** we ought to plough back our earnings into new plants and machinery.

reità, *n. f. inv.* (*leg.*) guilt, guiltiness.

relativo, *a.* ❶ (*che ha relazione ad altro*) relative, pertinent. ❷ (*non assoluto*) relative, comparative. △ ❷ **C'è una relativa debolezza degli scambi** there's a relative slackness of trade. // **~ a un altro Stato della Unione** (*USA*) foreign; **~ a una concessione** concessionary; **~ a un impiegato** (*o scrivano*) (*pers.*) clerical; **~ ai motivi** motivational; **~ alla spedizione per espresso** (*trasp., USA*) express (*attr.*); **~ alle cause** motivational.

relatore, *n. m.* reporter; (*portavoce*) spokesman*.

relazionare, *v. t.* to report to (sb.); to inform; to acquaint (sb. with st.).

relazione, *n. f.* ❶ report, account, return, statement. ❷ connection, relation, liaison. ❸ (*conoscenza*) acquaintance, connection. ❹ (*contatto*) touch, contact. △ ❶ **Questa ~ è stata elaborata dal gruppo di studio delle prospettive economiche a medio termine** this report was drafted by the group of experts on medium-term economic forecasts; **La sua ~ mensile non metteva in evidenza le fluttuazioni di mercato** his monthly statement failed to show market fluctuations; **Sarà pubblicata fra breve la ~ governativa sugli introiti e le spese** the return of Government revenue and expenditure will be published shortly; ❷ **Speriamo di stabilire relazioni d'affari con voi** we hope to enter into business connections with you; **Le relazioni commerciali migliorano continuamente** trade relations are constantly improving; ❸ **Una volta avevo molte relazioni al Ministero** once I had a lot of acquaintances at the Ministry; ❹ **Hanno promesso di mantenersi in ~ col nostro agente di Londra** they have promised to keep in touch with our agent in London. // ~ **annuale del bilancio** (*fin.*, *rag.*) annual report; **relazioni commerciali multilaterali** (*comm. est.*) multilateral commercial relations; ~ **dei revisori contabili** (*leg.*) auditors' report, report of the auditors; ~ **del consiglio d'amministrazione** (*amm.*) directors' report; **relazioni d'affari** business connections; ~ **di bilancio** (*rag.*) company report; ~ **di perizia** (*trasp. mar.*) survey report; **una ~ finanziaria « pro forma »** (*fin.*) a pro forma financial statement; **relazioni finanziarie** (*fin.*) financial relations; ~ **generale** (*rag.*) general report; **relazioni industriali** (*market.*, *pers.*) industrial relations; ~ **interinale** (*org. az.*) interim report; **relazioni internazionali** (*econ.*) foreign relations; ~ **mensile** (*amm.*, *rag.*) monthly report; **relazioni nell'ambito d'una società** (*org. az.*) intracompany relations; **una ~ particolareggiata sulle tendenze di mercato** (*market.*) a detailed report on market trends; **relazioni professionali** (*pers.*, *sind.*) industrial relations; ~ **provvisoria** (*org. az.*) interim report; **relazioni sui movimenti di cassa** (*rag.*) cash flow statement; ~ **sullo stato dell'economia** (*econ.*) economic survey; **relazioni umane** (*pers.*) human relations; **in ~ a** in reference to; **in ~ con** relative to: **L'offerta è in ~ con la domanda** supply is relative to demand; **pubbliche relazioni** public relations.

relegare, *v. t.* to relegate, to confine.

relegazione, *n. f.* relegation, confinement.

relitto, *n. m.* (*trasp. mar.*) wreck, wreckage, derelict. // **un ~ di mare** (*trasp. mar.*) a wreck of the sea; **relitti di mare** (*parte del carico gettata per alleggerire la nave in pericolo*) (*trasp. mar.*) jetsam (*sing.*).

remissione, *n. f.* (*leg.*) remission, remittal, withdrawal; (*d'un debito*) release. // **la ~ d'un'ammenda** (*leg.*) the relaxation of a fine; ~ **di causa** (*leg.*) desistance from a suit; **la ~ d'un debito** (*cred.*) the remission of a debt; **la ~ d'un delitto** (*leg.*) the remission of an offence; ~ **di parte lesa** (*leg.*) desistance of injured party; ~ **di querela** (*leg.*) « nolle prosequi », withdrawal of an action.

remissore, *n. m.* (*Borsa*) (*procacciatore d'ordini a un agente di cambio*) half-commission man*.

remora, *n. f.* obstacle, hindrance, draw-back, impediment, disincentive.

remunerare, *v. t.* e *derivati V.* **rimunerare** e *derivati*.

rendere, *v. t.* ❶ to give* back, to return, to surrender, to repay*. ❷ (*dare*, *fare*) to give*, to pay*, to render. ❸ (*econ.*, *fin.*) (*produrre*, *fruttare*) to yield, to earn, to bring* in, to pay*. ❹ (*pers.*) (*d'occupazione*) to pay*. △ ❶ **Non siamo tenuti a rendergli tutto il denaro** we are not supposed to give him back all the money; ❷ **Il Sig. Arezzo ci ha reso un grande servizio** Sig. Arezzo has rendered us a great service; ❸ **Queste azioni rendono il 9%** these stocks yield 9%; **Il denaro (investito) in obbligazioni rende forse di meno ma è più sicuro** money in bonds may earn less but it is more secure; **Il suo lavoro gli rende otto mila dollari l'anno** his work brings in eight thousand dollars a year; **L'investimento rese il 9%** the investment paid 9%; ❹ **Il mio lavoro non rende abbastanza** my job doesn't pay enough; **L'insegnamento non rende** teaching does not pay. // ~ **antiquato** (*market.*) to outmode, to superannuate: **Stiamo cercando uno slogan che renda antiquati tutti quelli precedenti** we're looking for a slogan that will outmode all previous ones; **La televisione a colori ha reso antiquati i ricevitori in bianco e nero** colour television has superannuated black-and-white sets; ~ (*una certa somma*) **come guadagno** to net: **Questa piccola fabbrica rende 10.000 sterline l'anno** this small factory nets £ 10,000 a year; ~ **commerciale** (*market.*) to commercialize; ~ **conto delle proprie azioni** to render an account of one's actions; ~ **conto di qc.** to give an account of st., to account for st.: **Renderai conto d'ogni soldo che spendi** you shall account for every penny you spend; ~ **q. edotto di qc.** to acquaint sb. with st.; ~ **esecutivo** (*leg.*) to enforce; ~ **esente** (*leg.*) to frank; ~ **fertile** (*un territorio*) (*econ.*) to reclaim: **Le zone più aride saranno rese fertili per mezzo dell'irrigazione** the most arid areas will be reclaimed by irrigation; ~ **illegale** (*leg.*) to outlaw; ~ **impermeabile** to waterproof; ~ **inabile** (*leg.*) to incapacitate, to disqualify, to invalid: **La salute cagionevole lo rende inabile al lavoro** his delicate health incapacitates him for work; ~ **inattivo** to stagnate, to idle: **I recenti sviluppi hanno reso inattivo il movimento operaio** the recent developments have stagnated the labour movement; **I « tagli » nelle ordinazioni del mese scorso renderanno inattivi centinaia d'operai** last month's cutbacks in orders will idle hundreds of workers; ~ **incapace** (*leg.*) to incapacitate, to disqualify; ~ **invalido** (*leg.*) to invalidate, to invalid; ~ **irreperibile** (*leg.*) to abscond; ~ **nullo** (*leg.*) to render void, to void; ~ **obsoleto** (*market.*) to outmode, to superannuate; ~ **un parere** to give an opinion; ~ **la pariglia** (*fam.*) to retaliate; ~ **proporzionale** (*mat.*) to ratio; ~ **pubblica** (*una notizia*) (*giorn.*) to release; ~ **qc. retributivo** (*econ.*, *fin.*) to make st. worthwhile: **Questo prezzo renderà retributivo l'investimento di capitale** this price will make capital investment worthwhile; ~ **saturo** (*anche fig.*) to saturate: **Credo proprio che 5.000 di queste macchine renderanno saturo il mercato** I believe that 5,000 of these machines will saturate the market; ~ **un servizio** to render a service; ~ **stabile** to stabilize; ~ **stabile una moneta** (*econ.*) to stabilize a currency; ~ **testimonianza** (*leg.*) to give evidence, to bear witness; ~ **uniforme** to unify; ~ **valido** (*leg.*) to validate; **« a ~ »** (*market.*) « to be rendered », « to be returned »; **non « a ~ »** disposable.

rendersi, *v. rifl.* to become*, to make* oneself. △ **Il presidente si sta rendendo sempre più impopolare** the chairman is making himself more and more unpopular. // ~ **colpevole di peculato** (*leg.*) to graft; ~ **conto di qc.** to realize st., to appreciate: **Confido vi renderete conto che non possiamo assolutamente accettare la merce** I hope you will appreciate that we cannot possibly accept the goods; ~ **garante per q.** (*leg.*) to become surety for sb.; ~ **irreperibile** (*leg.*) to abscond; ~ **latitante** (*leg.*) to abscond, to abscond from justice.

rendiconto, *n. m.* (*comm.*, *leg.*) statement, statement of account, accounts, return. // ~ **della situazione d'una banca** bank statement, bank return; **un ~ delle spese** (*rag.*) a statement of expenses; ~ **trimestrale** (*rag.*) terminal accounts.

rendimento, *n. m.* ❶ rendering. ❷ (*cronot.*) efficiency. ❸ (*econ.*) (*produzione*) yield, output. ❹ (*org. az.*) (*degli impianti*) capacity, performance; (*specialm. della manodopera*) effectiveness. △ ❸ **Il ~ per ettaro è ancora assai insoddisfacente** the yield per hectare is still quite unsatisfactory; ❹ Il ~ di questa macchina è stato piuttosto scadente negli ultimi tempi the performance of this machine has been rather poor lately. // ~ giornaliero (*econ.*) daily output; ~ massimo (*org. az.*) peak efficiency; ~ totale (*org. az.*) overall efficiency.

rendita, *n. f.* ❶ (*econ.*) unearned income, unearned revenue, income, revenue. ❷ (*fin.*) yield, rent. ❸ (*fin.*) (*annualità*) annuity. ❹ (*rag.*) competence. ❺ rendite, *pl.* (*fin.*) stock. △ ❶ Dalla proprietà, ci si aspetta una ~ annua di 5.000 sterline the property is expected to yield an annual revenue of 5,000 pounds. // rendite ammortizzabili (*fin.*) redeemable stock; ~ annua (*d'un terreno, d'un'impresa, ecc.*) (*econ., fin.*) year's purchase; ~ annua a termine fisso (*leg.*) terminable contracts (*pl.*); una ~ annuale (*fin.*) a yearly rent; ~ del consumatore (*econ.*) consumer's surplus; la ~ del monopolista (*econ.*) the monopolist's profit; ~ del produttore (*econ.*) producer's surplus; la ~ derivante da titoli azionari (*fin.*) the yield on shares; ~ (*espressa in percentuale*) d'un ipotetico investimento non rischioso basic yield; ~ differita (*fin.*) deferred annuity; ~ fissa (*econ.*) sleeping rent; ~ immediata (*fin.*) immediate annuity; ~ patologica (*econ.*) pathological income; ~ perpetua (*fin.*) perpetual annuity; ~ temporanea (*fin.*) temporary annuity; ~ vitalizia (*fin.*) life annuity, income for life; ~ vitalizia differita (*fin.*) deferred annuity.

reo, *a.* (*leg.*) guilty. *n. m.* (*leg.*) criminal, culprit, offender. // ~ confesso (*leg.*) accused confessed guilty.

reparto, *n. m.* ❶ department, division. ❷ (*market.*) (*di negozio, ecc.*) section, department. ❸ (*org. az.*) department, workshop, shop. // ~ al piano interrato (*di grande magazzino, ecc.*) per le « offerte speciali » (*market.*) bargain basement; ~ (articoli) casalinghi (*market.*) household department; domestics department (*USA*); ~ (articoli di) cancelleria (*market.*) stationery department; ~ collaudi (*org. az.*) testing department; ~ contabilità (*org. az.*) accounts department; ~ corrispondenza (*org. az.*) correspondence department; ~ creativo (*pubbl.*) creative department; ~ di vendita (*org. az.*) selling department; ~ fatturazione (*org. az.*) billing department, invoice department; ~ imballaggio e spedizioni (*org. az.*) packing and despatch department; ~ mezzi pubblicitari (*pubbl.*) media department; ~ montaggio (*org. az.*) fitting department; ~ non addetto alla vendita (*org. az.*) non-selling department; ~ per le ordinazioni per posta (*org. az.*) mail-order department; ~ statistico (*org. az.*) statistical department; ~ vendite al minuto (*market.*) retail department.

reperimento, *n. m.* ❶ finding. ❷ procurement. △ ❷ Il ~ del personale si va facendo sempre più arduo the procurement of personnel is getting harder and harder.

reperire, *v. t.* ❶ (*trovare*) to find*. ❷ (*procurare*) to procure. // ~ capitali (*cred., fin.*) to find money.

replica, *n. f.* ❶ (*il replicare, la cosa replicata*) repeat, repetition. ❷ (*risposta*) answer, reply, replication, rejoinder. ❸ (*obiezione*) objection, retort. ❹ (*leg.*) (*nella discussione d'una causa*) repleader. // ~ del convenuto (*leg.*) rejoinder; ~ della difesa (*leg.*) rebutter, rejoinder; ~ dell'attore (*leg.*) replication.

replicare, *v. t.* ❶ (*fare di nuovo*) to repeat, to do* (*o* make*) over again. ❷ (*dire di nuovo*) to repeat, to say* over again. ❸ (*controbattere*) to retort, to object. ❹ (*comun.*) (*rispondere a una lettera*) to reply, to answer.

reportage, *n. m.* (*giorn.*) reportage.

reporter, *n. m.* (*giorn.*) reporter.

reputare, *v. t.* to repute, to view, to consider, to deem. △ Lo reputano un commerciante onestissimo he is considered to be a very honest businessman.

reputazione, *n. f.* reputation, repute, standing, credit, name, character. △ Sta acquistando una buona ~ fra gli esperti del ramo he is gaining a good reputation among the experts in this field; Il vostro cliente è sicuramente persona di buona ~ your client is certainly a man of good repute; Godono di buona ~ sul mercato they have a good name on the market.

requisire, *v. t.* ❶ (*leg.*) to requisition, to confiscate; (*merci, per uso pubblico*) to impress. ❷ (*leg., trasp. mar.*) (*navi, merci*) to embargo. △ ❶ A causa della crisi degli alloggi, diversi alberghi sono stati requisiti several hotels were requisitioned owing to the shortage of houses.

requisito, *n. m.* ❶ requisite, requisition, requirement. ❷ (*leg., pers.*) qualification. △ ❶ Uno dei più importanti requisiti d'un vero arrampicatore sociale è l'ambizione one major requisite of a real social climber is ambition. // i requisiti d'ammissione (*pers.*) the requisitions for admission; ~ indispensabile (*anche leg.*) prerequisite: Un ~ indispensabile per (aver diritto a) votare all'assemblea è il pagamento della tassa payment of the fee is a prerequisite for voting at the assembly; che ha i requisiti necessari (*per qc.*) eligible.

requisizione, *n. f.* ❶ (*leg.*) requisition, confiscation; (*di merci, per uso pubblico*) impressment. ❷ (*leg., trasp. mar.*) (*di navi, merci*) embargo. // ~ ufficiale (*leg., ingl.*) indent.

resa, *n. f.* ❶ surrender. ❷ (*cred.*) (*restituzione*) return, repayment. ❸ (*econ.*) (*reddito, rendimento*) output, yield, take, profit. ❹ (*giorn.*) (*all'editore: di libri, periodici, ecc., invenduti*) returns. // rese al fornitore (*rag.*) returns outwards; una ~ (*da parte del Governo*) alle richieste inflazionistiche (*dei sindacati*) (*econ.*) an inflationary surrender; la ~ degli investimenti (*fin.*) the yield on investments; rese dei clienti (*rag.*) returns inwards.

rescindere, *v. t.* (*leg.*) to rescind, to cancel, to annul, to avoid, to terminate. △ Le parti decisero di ~ il contratto the parties decided to terminate the contract. // ~ un contratto (*leg.*) to rescind a contract, to avoid a contract; ~ il contratto d'impiego con q. (*pers.*) to terminate sb.'s employment.

rescindibile, *a.* (*leg.*) rescindable, cancellable, annullable, avoidable.

rescissione, *n. f.* ❶ (*leg.*) rescission, annulment, avoidance, termination. ❷ (*pers.*) (*d'un contratto d'impiego, ecc., anche*) severance. △ ❶ La ~ è soggetta al pagamento d'un'ammenda rescission is subject to the payment of a fine. // la ~ d'un contratto (*leg.*) the termination of a contract, the annulment of a contract; in caso di ~ (*leg.*) in case of rescission.

rescissorio, *a.* (*leg.*) rescissory.

residente, *a.* resident, residing. *n. m. e f.* resident, resider. // la popolazione ~ (*stat.*) the resident population.

residenza, *n. f.* residence, dwelling. △ La ~ è obbligatoria residence is required; Ho fissato la mia ~ a Bologna I've taken up my residence in Bologna. // ~ legale (*leg.*) legal residence; ~ stabile (*leg.*) domicile; che obbliga alla ~ (*leg.*) residential.

residenziale, *a.* residential.

residuale, *a.* V. residuo.

residuo, *a.* residual, residuary, remaining. *n. m.* ❶ remainder, residue, rest, carry over. ❷ (*mat.*) remainder. △ *a.* L'ammontare ~ ci sarà pagato il mese prossimo we shall be paid the residual amount next month. // ~ attivo (*econ.*) surplus; ~ attivo delle partite correnti (*fin.*) above-the-line surplus.

resistente, *a.* resistant, resisting; (*che regge a*) -proof. // ~ **al calore** (*market.*) heat-resisting, heat-proof; **colori resistenti** (*market.*) fast colours; **stoffa** ~ (*market.*) strong material.

resistenza, *n. f.* resistance. // ~ **al ribasso** (*econ.*) downward stickiness; ~ **all'autorità** (*leg.*) resistance to authority; ~ **all'acquisto** (*da parte della clientela*) (*pubbl.*) sales resistance.

resistere, *v. i.* to resist. △ **La nuova lega resiste bene agli acidi** the new alloy resists acids well. // ~ **all'arresto** (*leg.*) to resist arrest.

resoconto, *n. m.* ❶ account, record; (*rapporto*) report; (*relazione*) relation. ❷ (*rag.*) account of proceedings. △ ❶ **Favorite inviarmi un ~ dell'operazione** please send me an account of the transaction. // ~ **annuale** (*fin.*, *rag.*) annual report; **un ~ dei fatti** a statement of facts.

respingere, *v. t.* ❶ (*spingere indietro*) to repel, to rebut, to resist; (*un attacco, ecc., anche fig.*) to counter. ❷ (*non accettare*) to repel, to reject, to refuse, to disallow, to negative. ❸ (*comun.*) (*rimandare al mittente*) to return, to send* back. ❹ (*leg.*) to dismiss; (*un addebito, ecc.*) to rebut; (*una proposta di legge, ecc.*) to defeat, to throw* out. △ ❷ **Il giudice ha respinto la sua richiesta** the judge has disallowed his claim; ❸ **Pregasi ~ al mittente** please return to sender; ❹ **La proposta di legge è stata respinta al Senato** the bill has been defeated in the Senate; **Il disegno di legge è stato respinto per la seconda volta** the bill has been thrown out for the second time. // ~ **un'accusa** (*leg.*) to rebut a charge; ~ **una domanda** to reject a request; ~ **una lettera** (*comun.*) to return a letter; ~ **merci di qualità scadente** (*market.*) to return goods of poor quality; ~ **una mozione** (*votando contro*) (*leg.*) to vote down a motion; ~ **un'offerta** to reject an offer; ~ **le proposte di q.** to rebut sb.'s proposals; ~ **un reclamo** to reject a claim; **chi respinge** (*un addebito, ecc.*) rebutter.

respiro, *n. m.* ❶ (*il respirare*) breathing. ❷ (*un atto della respirazione*) breath. ❸ (*pausa, riposo*) respite, rest. ❹ (*cred., market.*) (*differimento nel pagamento, nella consegna, ecc.*) respite, delay. △ ❹ **Questo piano rateale non mi dà proprio ~** this instalment plan gives me no respite at all.

responsabile, *a.* ❶ responsible, answerable. ❷ (*leg.*) accountable, liable. *n. m. e f.* ❶ person in charge. ❷ (*capo*) head. ❸ (*direttore*) manager. △ *a.* ❶ **Mentre è reso ~ delle operazioni della banca, il presidente ha poteri che sono considerati in larga misura nominali** while held reponsible for the bank's operations, the president has powers considered largely nominal; **Il capitano è ~ della salvezza dei passeggeri e del carico** the captain is responsible for the safety of the passengers and cargo; ❷ **Sarai ritenuto ~ dell'intera somma di denaro** you will be held accountable for the whole sum of money; **Tutti i soci sono responsabili illimitatamente e solidalmente** all partners are unlimitedly and jointly liable. // ~ **civilmente** (*leg.*) civilly liable; ~ **degli acquisti** (*pers.*) purchasing agent, purchasing manager; **il ~ della pianificazione** (*pers.*) the head of planning; **i responsabili della politica finanziaria** (*fin.*) the financial policymakers; **il ~ della ricerca** (*pers.*) the head of research; ~ **di negligenza grave** (*leg.*) liable for gross negligence; ~ **di settore** (*pers.*) superintendent; ~ **in solido** (*leg.*) jointly liable; ~ **per danni** (*leg.*) liable for damages; ~ **per la diffusione** (*giorn.*) circulation manager; **essere ~ di qc.** to answer for st., to be responsible for st., to be in charge of st.: **Chi è il ~ di questo reparto?** who is in charge of this department?; **essere ~ di qc. verso q.** to be answerable to sb. for st.; **non ~** (*leg.*) unanswerable: **Non deve essere tenuto ~ del reato commesso** he must be considered unanswerable for the offence he committed.

responsabilità, *n. f. inv.* ❶ responsibility. ❷ (*fiducia*) trust. ❸ (*colpa*) blame. ❹ (*leg.*) liability. △ ❶ **Resta inteso che ci riteniamo sollevati da ogni ~ per le informazioni qui contenute** it is understood that no responsibility attaches to us for the information herein contained; **Il nostro lavoro comporta gravi responsabilità** our job carries great responsibilities; **La ~ dell'accusato fu ampiamente provata** the responsibility of the accused was amply proved; ❷ **Mr Miller occupa un posto di grande ~** Mr Miller is in a position of great trust; ❹ **L'accomandatario si assume ~ per tutte le obbligazioni sociali** the general partner takes upon himself the liability for all the obligations of the partnership. // **responsabilità chiare e definite** (*org. az.*) definite and clear-cut responsibilities; ~ **civile auto (R.C.A.)** (*ass., trasp. aut.*) third-party auto insurance; ~ **civile del datore di lavoro** (*ass.*) employer's liability; ~ **civile « diversi »** (**R.C. diversi**) (*ass.*) casualty; ~ **collegiale** (*fin.*, *leg.*) corporate responsibility, joint responsibility; ~ **collettiva** (*leg.*) joint responsibility; ~ **congiunta e solidale** (*leg.*) joint and several liability; **la ~ del datore di lavoro** (*leg.*, *pers.*) the liability for the employer; **la ~ del vettore** (*leg.*, *trasp.*) the liability of the carrier; ~ **illimitata** (*fin.*) unlimited liability; ~ **incondizionata** (*leg.*) absolute liability; ~ **individuale** (*leg.*) several liability, several responsibility; ~ **indivisa** (*leg.*) undivided responsibility; ~ **limitata** (*leg.*) limited liability; **responsabilità pertinenti a un ufficio** (*pers.*) official responsibilities; ~ **solidale** (*leg.*) joint liability; **non ~** (*leg.*) non-liability; **sotto la propria ~** (*leg.*) on one's own responsibility.

restante, *a.* remaining, left over. *n. m.* rest, remainder. △ *n.* **Il ~ dovrà essere pagato in quattro rate mensili** the remainder will have to be paid in four monthly instalments.

restare, *v. i.* ❶ to remain, to stay. ❷ (*durare, resistere*) to stay, to last. △ ❶ **Ho intenzione di ~ a Londra un paio di settimane** I'm going to stay in London for a couple of weeks; ❷ **Spera di ~ in carica per altri 3 anni** he hopes he'll stay in office for 3 more years. // ~ **al potere** (*amm.*) to hold office; ~ **al verde** to be left penniless; ~ **disoccupato** (*pers.*) to be thrown out of work; ~ **fedele a** (*q. o qc.*) to stick to (*sb. or st.*); ~ **fermo** (*anche fig.*) to mark time; ~ **in attesa** (*di qc.*) to wait (for st.): **Restiamo in attesa della vostra risposta** we will be waiting for your answer; ~ **in linea** (*comun.*) to hold the line; ~ **in vigore** (*leg.*) (*di contratto, patto, ecc.*) to remain in force: **Il contratto doveva ~ in vigore per dodici anni** the contract was to remain in force for twelve years.

restaurare, *v. t.* to restore, to repair; (*ripristinare*) to re-establish. // ~ **gli edifici** to restore the buildings.

restaurazione, *n. f.* restoration, restorement; (*ripristino*) re-establishment. // **la ~ d'una casa** the restoration of a house.

restauro, *n. m.* restoration, reparation, repair. △ **Ci saranno tre settimane di chiusura per restauri** there will be a three-weeks' shutdown for repairs; **Il negozio resterà chiuso quindici giorni per lavori di ~** the shop will remain closed for a fortnight during restorations.

restituibile, *a.* ❶ returnable. ❷ (*cred.*) (*rimborsabile*) repayable, reimbursable, refundable.

restituire, *v. t.* ❶ (*rendere*) to return, to give* back, to render. ❷ (*comun., trasp.*) (*rispedire*) to send* back. ❸ (*cred.*) (*rimborsare*) to repay*, to return, to refund, to pay* back. ❹ (*leg.*) (*un'offesa, ecc.*) to retaliate. △ ❶ **Gli articoli difettosi sono stati restituiti** defective articles have been returned; **Vogliono che restituiamo loro il denaro** they want us to give them back their money; ❸ **Abbiamo già restituito tutto il denaro prestatoci** we've already repaid all the money we borrowed; **Il nolo (pagato) in eccedenza non sarà restituito** the excess of freight shall not be returned; **Il prestito sarà restituito il mese prossimo** the loan will be returned next month. // ~ (*una proprietà*) **al possessore precedente** (*leg.*) to reconvey; ~ **denaro rubato** to replace stolen money; ~ **tasse all'esportazione** (*comm. est.*) to refund taxes on exports; ~ **un torto** (*leg.*) to retaliate a wrong; ~ **il valore monetario a** (*un metallo*) (*econ.*) to remonetize: **Hanno in progetto di** ~ **all'oro il suo valore monetario** they are planning to remonetize gold; **da** ~ (*market.*) (*d'articoli, merce, ecc.*) returnable; **da non** ~ (*cred.*) not repayable; (*market.*) non-returnable, not returnable; **non** ~ (*cred., market.*) to detain: **Non ha intenzione di** ~ **il denaro** he is going to detain the money; **non** ~ **l'ammontare d'un prestito** (*leg.*) to default a loan.

restituzione, *n. f.* ❶ (*il restituire*) restitution, return. ❷ (*cred.*) (*rimborso*) repayment, return, refund, paying back. ❸ (*leg.*) (*d'un'offesa, ecc.*) retaliation; (*d'una proprietà al possessore precedente*) reconveyance. △ ❶ **Dovrò chiedere la** ~ **del prestito** I'll have to ask for the return of the loan. // **restituzioni all'esportazione** (*fin.*) export refunds, refunds on exports: **Le restituzioni all'esportazione hanno lo scopo di rendere possibile l'offerta dei prodotti della Comunità sui mercati mondiali a prezzi competitivi, portando i prezzi al livello di quelli praticati su detti mercati** the purpose of refunds on exports is to enable Community products to compete on the world market by bringing their prices down to the level of the prices ruling on the world market; **restituzioni comunitarie** (*comm. est.*) Community refunds; **la** ~ **del premio** (*ass.*) the return of premium; ~ **del valore monetario** (*a un metallo*) (*econ.*) remonetization; ~ **dell'IVA all'esportazione** (*fin.*) repayment of VAT on exportation; ~ **di dazio** (*dog.*) drawback.

resto, *n. m.* ❶ rest, remainder, residue, remnant. ❷ (*differenza fra il denaro sborsato e quello dovuto*) change; odd change, odd money (*fam.*). ❸ (*cred.*) (*differenza a saldo*) balance. ❹ (*mat.*) remainder, residual. △ ❷ **Ecco il vostro** ~ here's your change; ❸ **Non so quando potremo pagare il** ~ I don't know when we will be able to pay the balance.

restringere, *v. t.* ❶ to tighten, to narrow. ❷ (*anche fig.*) (*ridurre*) to restrict, to limit, to cut* down. ❸ (*leg.*) to qualify. △ ❷ **Dobbiamo cercare di** ~ **le spese per la pubblicità** we must try to cut down advertising expenses. // ~ **i controlli economici** (*econ.*) to tighten economic controls; ~ **i prezzi** (*market.*) to reduce prices.

restringersi, *v. rifl.* ❶ to tighten, to narrow. ❷ (*contrarsi, anche fig.*) to tighten, to contract, to shrink*. △ ❷ **Il credito si va restringendo** credit is tightening.

restrittivo, *a.* restrictive. △ **Le nuove disposizioni sono troppo restrittive** the new measures are too restrictive.

restrizione, *n. f.* ❶ restriction, restraint; (*riserva*) reservation; (*limitazione*) limitation, confinement. ❷ (*fig.*) squeeze. ❸ (*leg.*) abridg(e)ment, qualification. △ ❶ **Il Ministero del Commercio porrà restrizioni al commercio con l'estero** the Board of Trade will place restrictions on foreign trade; **Nessuna** ~ **è imposta ai venditori e agli acquirenti nella libera scelta del loro contraente** no restrictions are imposed on buyers and sellers as regards their choice of dealers; **La produzione è ostacolata dalle restrizioni governative** production is hindered by governmental restraints; ❷ **La recente** ~ **creditizia ostacolerà la nostra ripresa economica** the recent credit squeeze will hinder our economic recovery. // **restrizioni alle esportazioni** (*comm. est.*) restrictions on exportation; **restrizioni alle esportazioni di capitali** (*fin.*) capital export restrictions; ~ **del credito** (*fin.*) credit rationing, credit squeeze; **restrizioni di cambio** (*fin.*) exchange restrictions: **Le nuove clausole prevedono che i Paesi che mantengono ancora in vigore delle restrizioni di cambio autorizzino l'emissione, sui loro mercati dei capitali, di titoli d'altri Paesi Membri** the new clauses provide that the Countries maintaining exchange restrictions shall authorize the issue on their capital markets of the securities of other Member Countries; ~ **di diritti** (*leg.*) abridgment of rights; **restrizioni quantitative all'importazione** (*comm. est.*) quantitative import restrictions; **restrizioni valutarie** (*fin.*) exchange restrictions; **con restrizioni** (*leg.*) qualified (*a.*).

rete, *n. f.* ❶ net. ❷ (*anche fig.*) (*complesso di linee incrociate*) network, grid, system. △ ❷ **C'è una fitta** ~ **di punti di vendita** there is an extensive network of sales outlets. // **delle vendite** (*market.*) dealer network; **una** ~ **di canali** (*artificiali*) (*trasp.*) a network of canals; ~ **di comunicazioni in affitto** (*elab. elettr.*) leased-line network; ~ **ferroviaria** (*trasp. ferr.*) railway network, railway system; **una** ~ **stradale** (*trasp. aut.*) a network of roads, a road network; **una** ~ **telefonica** (*comun.*) a telephone system (*o* network).

reticenza, *n. f.* reticence, reserve; (*occultamento*) concealment. △ **L'assicurazione non fu considerata valida per la** ~ **dell'assicurato su fatti concreti** the insurance was held to be null due to the concealment of material facts by the insured.

reticolo, *n. m.* (*ric. op.*) network.

retino, *n. m.* (*pubbl.*) (*fotografico*) screen; (*tipografico*) screen.

retribuire, *v. t.* to remunerate, to pay*, to repay*, to compensate. // ~ **inadeguatamente** (*pers.*) to underpay: **Sono convinto che tu sia retribuito inadeguatamente per quel che fai** I believe you are being underpaid for your job; **essere retribuito con** (*una certa somma di denaro*) (*pers.*) (*d'occupazione*) to pay: **Il suo lavoro viene retribuito con £ 10 al giorno** his job pays £ 10 a day.

retribuito, *a.* remunerated, paid, repaid, compensated. // ~ **a ore** (*pers.*) (*di lavoro*) hourly-rated; **non** ~ (*pers.*) unpaid.

retributivo, *a.* (*pers.*) remunerative, compensational.

retribuzione, *n. f.* ❶ remuneration, pay, compensation, consideration; (*salario*) wage, wages; (*stipendio*) salary. ❷ (*sind.*) emolument. ❸ **retribuzioni**, *pl.* (*pers.*) wages and salaries. △ ❶ **Ricevete una buona** ~ **per il vostro lavoro?** are you getting an adequate remuneration for your work? // ~ **a cottimo** (*org. az., sind.*) piecework rates, piece rates; ~ **a premio** (*pers.*) premium pay; ~ **a un tanto la riga** (*pers.*) linage; ~ **annuale garantita** (*pers.*) guaranteed annual wage; ~ **per il periodo di congedo per malattia** (*pers.*) sick pay.

retro, *n. m. inv.* ❶ back. ❷ (*di moneta, medaglia, ecc.*) verso, back, reverse. // **sul** ~ on the back; (*di una pagina*) overleaf.

retroattività, *n. f. inv.* (*leg.*) retroactivity.
retroattivo, *a.* (*leg.*) retroactive, retrospective. // **effetto ~** (*leg.*) retroactive effect.
retroazione, *n. f.* ❶ retroaction. ❷ (*elab. elettr.*) feedback. // **~ a compensazione** (*elab. elettr.*) compensating feedback; **~ negativa** (*elab. elettr.*) inverse feedback; **~ positiva** (*elab. elettr.*) positive feedback.
retrobottega, *n. m. inv.* (*market.*) back-shop.
retrodatare, *v. t.* to antedate, to date back, to backdate. △ **Hanno retrodatato il contratto** they have dated the contract back. // **~ un fallimento al primo atto d'insolvenza** (*leg.*) to antedate a bankruptcy at the earliest act of bankruptcy.
retrodatazione, *n. f.* antedating, dating back, backdating.
retrospettivo, *a.* retrospective.
retroterra, *n. m. inv.* inland, hinterland, back country.
retrovendita, *n. f.* (*market.*) sale and return, sale or return.
retta[1], *n. f.* (*mat.*) straight line, right line.
retta[2], *n. f.* (*attenzione, ascolto*) heed, attention. // **dar ~** to pay attention, to mind, to listen: **Avremmo dovuto dar ~ a Mr Robson** we should have listened to Mr Robson.
retta[3], *n. f.* (*pensione pagata da un convittore*) charge; terms (*pl.*).
rettangolo, *a.* (*mat.*) right-angled. *n. m.* (*mat.*) rectangle. // **rettangoli disponibili per la pubblicità** (*accanto alla testata d'un quotidiano*) (*pubbl.*) ears.
rettifica, *n. f.* (*correzione*) rectification, correction, amendment, adjustment. // **~ dei corsi** (*Borsa*) correction of prices; **~ dei valori iscritti a bilancio** (*rag.*) adjustment of balance statements; **~ del reddito accertato** (*fin.*) correction of assessed income; **~ d'un conto** (*rag.*) correction of an account; **~ di dichiarazione errata per difetto** (*dog.*) post entry; **~ di dichiarazione errata per eccesso** (*dog.*) over-entry certificate; **rettifiche di scritture contabili** (*rag.*) amendments to entries; « **~ di valuta** » (*banca*) « adjustment value date ».
rettificare, *v. t.* (*correggere*) to rectify, to right, to correct, to amend, to adjust, to straighten out. // **~ una cifra** (*rag.*) to rectify a figure; **~ un conto** (*rag.*) to amend an account; **~ una data** to correct a date; **~ un errore** to rectify a mistake.
rettificativo, *a.* correcting (*attr.*). // **scritture rettificative** (*rag.*) correcting entries.
rettificazione, *n. f.* V. **rettifica**.
rettitudine, *n. f.* rectitude, uprightness, righteousness, fair dealing. △ **Quel nostro cliente è noto per la sua ~** that customer of ours is known for his fair dealing.
retto, *a.* ❶ (*diritto*) straight, right. ❷ (*onesto*) honest, upright, straightforward, righteous. ❸ (*giusto, corretto*) right, correct, exact. *n. m.* (*pubbl.*) recto. △ ❶ **Il Sig. Giusti è l'uomo più ~ che io conosca** Sig. Giusti is the most righteous person I know; ❸ **Questa non è la retta interpretazione della legge** this is not the correct interpretation of the law. // **un ~ comportamento** a straightforward behaviour; **il ~ e il verso** (*pubbl.*) the recto and the verso.
reversale, *n. f.* (*rag.*) collection voucher, collection order.
reversibile, *a.* (*leg.*) reversible, reversionary, reversional.
reversibilità, *n. f. inv.* (*leg.*) reversibility. // **~ contingente** contingent reversibility.
reversione, *n. f.* (*leg.*) reversion, reverter.

revisionare, *v. t.* ❶ (*rivedere*) to revise, revision. ❷ (*controllare*) to check up, to audit. ❸ (*org. az.*) (*macchinari, ecc.*) to overhaul. // **~ un manoscritto** to revise a manuscript.
revisione, *n. f.* ❶ (*il rivedere*) revision, review, revisal. ❷ (*controllo*) check-up; (*specialm. contabile*) auditing, audit. ❸ (*leg.*) review, rehearing. ❹ (*org. az.*) (*dei macchinari, ecc.*) overhaul. △ ❶ **Tutte le clausole stanno subendo una profonda ~** all the clauses are undergoing a thorough revision; ❹ **Queste macchine hanno bisogno d'una ~ generale** these machines need a complete overhaul. // **~ contabile** (*amm., org. az., rag.*) audit; (*dei conti di un ente pubblico, di un ministero, ecc.*) auditing; (*dei conti di un'azienda: eseguita da professionisti specializzati che svolgono le funzioni attribuite in Italia al collegio dei sindaci*) auditing: **In Italia l'organismo incaricato, in ultima istanza, della ~ della contabilità pubblica si chiama Corte dei Conti** in Italy, the body charged with the final auditing of public accounts is called « Corte dei Conti »; **Negli Stati Uniti, la ~ dei conti del Governo federale è affidata all'ufficio del « Controllore Generale »** in the U.S.A., the auditing of the federal accounts is in the charge of the office of the Comptroller General; **~ contabile « esterna »** (*eseguita da professionisti specializzati che svolgono le funzioni attribuite in Italia al collegio dei sindaci*) (*org. az., rag.*) external auditing, independent audit; **~ contabile «interna»** (*org. az., rag.*) internal auditing; **la ~ delle procedure (produttive)** (*org. az.*) the review of procedures; **~ di bozze** (*di stampa*) (*giorn., pubbl.*) proof-reading; **la ~ d'una causa** (*leg.*) the review of a case; **la ~ d'un processo** (*leg.*) the rehearing of a trial; **la ~ d'un trattato** (*leg.*) the revision of a treaty; **di ~** revisional, revisionary (*a.*).
revisore, *n. m.* ❶ reviser, revisor. ❷ (*giorn., pubbl.*) (*di bozze*) proof-reader. ❸ (*pers.*) check clerk, auditor. // **~ contabile** (*pers.*) auditor; certified public accountant (*USA*); « **~ Generale dei Conti** » Auditor-General (*in G.B.*).
« **revival** », *n. m.* revival.
reviviscenza, *n. f.* (*anche fig.*) revival, reviviscence.
revoca, *n. f.* ❶ (*leg.*) revocation, repeal, retraction, annulment; (*d'una sentenza*) reversal; (*d'un ordine*) countermand. ❷ (*market.*) (*di un'ordinazione, ecc.*) cancellation. // **~ dell'ordine di pagamento** (*banca, cred.*) countermand of payment; **la ~ d'una disposizione** (*leg.*) the repeal of a provision, the revocation of a provision; **la ~ d'un testamento** (*leg.*) the revocation of a will.
revocabile, *a.* (*leg.*) revocable, revokeable, annullable, repealable, reversible.
revocabilità, *n. f. inv.* (*leg.*) reversibility, revocableness.
revocare, *v. t.* ❶ (*leg.*) to revoke, to repeal, to retract, to annul; (*una sentenza*) to reverse; (*un ordine*) to countermand. ❷ (*market.*) (*un'ordinazione, ecc.*) to cancel. △ ❶ **La sua procura non è mai stata revocata** his power of attorney has never been revoked. // **~ una concessione** (*leg.*) to revoke a grant; **~ una nomina** to annul an appointment; **~ un'offerta** to retract an offer; **~ un pegno** (*leg.*) to satisfy a lien: **La proprietà non è sufficiente a ~ il pegno** the property is not sufficient to satisfy the lien; **~ uno sciopero** (*sind.*) to call off a strike.
revocazione, *n. f.* V. **revoca**.
riabilitare, *v. t.* (*leg.*) to rehabilitate, to reinstate. △ **Fu riabilitato mediante il pagamento d'un'ammenda** he was rehabilitated by the payment of a fine. // **~ un fallito** (*leg.*) to discharge a bankrupt.
riabilitazione, *n. f.* (*leg.*) rehabilitation, reinstate-

ment. // **la ~ d'un debitore insolvente** (*leg.*) the rehabilitation of an insolvent debtor; **la ~ d'un fallito** (*leg.*) the discharge of a bankrupt.

riacquistabile, *a.* (*ricuperabile*) recoverable.

riacquistare, *v. t.* ❶ (*ricuperare*) to recover, to get* back, to regain. ❷ (*market.*) (*acquistare di nuovo*) to buy* again, to repurchase. ❸ (*market.*) (*acquistare ciò che si era venduto*) to repurchase, to buy* back. △ ❶ **Gli industriali vanno riacquistando fiducia** industrialists are regaining confidence; ❸ **Stiamo cercando di ~ i nostri vecchi locali** we are trying to repurchase our old premises. // **~ validità** (*leg.*) (*di leggi, ecc.*) to revive.

riacquisto, *n. m.* ❶ (*ricupero*) recovery. ❷ (*market.*) (*nuovo acquisto*) repurchase. ❸ (*market.*) (*acquisto di ciò che si era venduto*) repurchase, buying back. △ ❸ **Abbiamo ottenuto un'opzione di ~ dal nostro cliente** we have got an option of repurchase from our customer. // **~ di validità** (*leg.*) (*di leggi, ecc.*) revival.

riadattamento, *n. m.* readjustment.

riadattare, *v. t.* to readjust.

riadattarsi, *v. rifl.* to readjust.

riaddestramento, *n. m.* (*pers.*) retraining.

riaddestrare, *v. t.* (*pers.*) to retrain.

riaffittare, *v. t.* ❶ (*leg.*) (*dare in affitto di nuovo*) to let* again, to relet*, to re-lease. ❷ (*leg.*) (*prendere in affitto di nuovo*) to rent again, to re-lease.

riaggiudicamento, *n. m.* (*fin.*) (*dell'imponibile*) reassessment.

riaggiudicare, *v. t.* (*fin.*) (*l'imponibile*) to reassess.

riallineamento, *n. m.* ❶ (*anche fig.*) realignment. ❷ (*rivalutazione*) revaluation. △ ❷ **C'è stato un ~ selettivo della nostra parità monetaria col dollaro** there has been a selective revaluation of our monetary parity with the dollar.

riallineare, *v. t.* (*anche fig.*) to realign.

riallinearsi, *v. rifl.* (*anche fig.*) to realign.

rialzare, *v. t.* (*aumentare*) to increase, to raise. △ **Non abbiamo intenzione di ~ i prezzi dei nostri articoli** we are not going to raise the prices of our articles.

rialzarsi, *v. rifl.* (*aumentare, salire*) to rise*, to increase; to go* up (*fam.*). △ **Le quotazioni si stanno rialzando** quotations are going up.

rialzista, *n. m.* (*Borsa*) bull, long. *a. attr.* (*Borsa*) bull. △ *a.* **I fondi d'investimento passarono dagli U.S.A. in Europa soprattutto a causa d'un mercato finanziario ~** offshore funds were largely the result of a bull market in the U.S.A. // **di (o da) ~** (*Borsa*) bullish.

rialzo, *n. m.* ❶ (*aumento*) rise, increase, advance. ❷ (*Borsa*) (*tendenza al rialzo*) bullishness, bull run. ❸ (*fin., market.*) rise, upward movement, markup, improvement, lift. △ ❷ **Si sono avute undici sedute consecutive di ~** there were eleven consecutive days of bullishness; ❸ **Ieri si è avuto un piccolo ~ delle quotazioni** there was a small rise in quotations yesterday; **Le importazioni di capitali privati nella Comunità si ridussero fortemente in quell'anno a causa del ~ dei saggi d'interesse negli Stati Uniti e in altri Paesi** because of the upward movement in interest rates in the United States and other Countries, the Community's imports of private capital fell steeply in that year. // **~ dei prezzi** (*market.*) price rise, boom; **~ improvviso** (*delle quotazioni, dei prezzi, ecc.*) (*Borsa, market.*) upsurge; **~ massimo** (*di quotazioni, ecc.*) (*Borsa, fin.*) peak level, all-time high; **rialzi tariffari** (*comm. est., econ.*) tariff increases; **essere in ~** (*Borsa, fin.*) (*di titolo, ecc.*) to improve, to be on, to be on the up grade: **Le azioni Bronson sono in leggero ~** Bronson shares are improving slightly; **Le nostre azioni, a 2 dollari, sono in ~ di 10 cent** our shares are 10 cents on at 2 dollars; **orientato (o tendente) al ~** (*Borsa*) bullish.

rianimare, *v. t.* (*fig.: rallegrare, ravvivare*) to revive, to cheer up. // **~ il mercato** to revive the market.

rianimazione, *n. f.* (*fig.: ravvivamento*) revivification. // **con la ~ degli scambi** (*econ.*) with trading looking up.

riapertura, *n. f.* ❶ reopening. ❷ (*market.*) reopening. // **la ~ dei libri** (*contabili*) (*rag.*) the reopening of the books; **~ d'un processo** (*per scoperta d'un vizio*) (*leg.*) repleader.

riaprire, *v. t.* to reopen. *v. i.* (*market.*) (*di negozio, ecc.*) to reopen. △ *v. t.* **Le parti hanno deciso di ~ il contratto per discutere dei salari** the parties have decided to reopen the contract to discuss wages; *v. i.* **Siamo lieti d'informare la nostra clientela che il negozio riaprirà domani dopo la settimana di chiusura** we are glad to inform our customers that our shop will reopen tomorrow after the one-week shutdown. // **~ un conto** (*rag.*) to reopen an account; **~ i mercati dopo un periodo di congiuntura negativa** (*econ., fin.*) to reopen markets after a slump.

riarmare, *v. t.* (*trasp. mar.*) (*una nave, ecc.*) to recommission.

riassestamento, *n. m.* readjustment.

riassestare, *v. t.* to readjust.

riassestarsi, *v. rifl.* to readjust. △ **L'economia italiana va riassestandosi lentamente** the Italian economy is slowly readjusting.

riassetto, *n. m.* (*econ., fin.*) realignment, re-arrangement. △ **Non si può fare a meno d'un immediato ~ economico** immediate economic realignment is a must.

riassicurare, *v. t.* (*ass.*) to reinsure, to reassure, to insure again. △ **Una parte del rischio è stata riassicurata presso un'altra compagnia** part of the risk has been reinsured with another company.

riassicurato, *a. e n. m.* (*ass.*) reinsured.

riassicuratore, *n. m.* (*ass.*) reinsurer.

riassicurazione, *n. f.* (*ass.*) reinsurance, reassurance. // **~ in abbonamento** (*ass. mar.*) treaty reinsurance.

riassorbimento, *n. m.* (*anche fig.*) reabsorption.

riassorbire, *v. t.* (*anche fig.*) to reabsorb. // **~ un disavanzo** (*fin., rag.*) to reduce a deficit.

riassumere, *v. t.* ❶ (*assumere di nuovo*) to reassume, to resume, to assume again. ❷ (*ridurre in un minor numero di parole*) to sum up, to summarize, to abridge, to abstract. ❸ (*leg.*) to sum up, to resummon. ❹ (*pers.*) (*assumere di nuovo alle proprie dipendenze*) to re-employ. △ ❶ **Siete disposto a ~ quella carica?** are you willing to resume that office?; ❷ **Cercherò di ~ brevemente le nostre richieste** I'll try to sum up our requests; ❸ **Il giudice sta riassumendo le testimonianze presentate fino a questo momento** the judge is summing up the evidence presented so far; ❹ **Tutti gli scioperanti sono stati riassunti** all strikers have been re-employed. // **~ una causa** (*leg.*) to resume a suit; **~ l'ufficio** (*amm., pers.*) to resume one's office.

riassunto, *n. m.* summary, abridg(e)ment, abstract, brief. △ **L'articolo era preceduto da un breve ~ delle notizie più importanti** the article was preceded by a brief summary of the most important news.

riassunzione, *n. f.* ❶ (*nuova assunzione*) reassumption, resumption. ❷ (*leg.*) resummons. ❸ (*pers.*) (*nuova assunzione alle proprie dipendenze*) re-employment. // **la ~ dei propri doveri** (*leg.*) the resumption of one's duties.

riattivare, *v. t.* to reactivate, to bring* into use again, to put* back into service.

ribalta, *n. f.* (*trasp. aut.*) (*d'autocarro, ecc.*) tail-board.

ribaltabile, *a.* overturnable. // **autocarro** ~ (*trasp. aut.*) tipping lorry; dumper (*USA*).

ribaltamento, *n. m.* ❶ overturning, overturn. ❷ (*trasp. mar.*) capsizing, capsizal.

ribaltare, *v. t.* ❶ to turn over, to overturn. ❷ (*trasp. mar.*) to capsize.

ribaltarsi, *v. rifl.* ❶ to turn over. ❷ (*trasp. mar.*) to capsize.

ribassare, *v. t.* (*market.*) (*prezzi, ecc.*) to lower, to abate, to reduce, to cut*; (*merci*) to write* down. *v. i.* (*market.*) to lower, to decline, to go* down. △ *v. t.* **Tutti i prezzi saranno ribassati del 5%** all prices will be reduced by 5%; *v. i.* **Il prezzo delle materie prime non accenna a** ~ the prices of raw materials won't go down. // ~ **all'improvviso** (*econ., fin., market.*) (*di prezzi, ecc.*) to slump; ~ **i prezzi** (*market.*) to reduce prices, to abate prices, to cut in prices.

ribassista, *n. m.* (*Borsa*) bear, short. *a. attr.* (*Borsa*) **di** (o **da**) ~ (*Borsa*) bearish.

ribasso, *n. m.* ❶ (*Borsa*) (*tendenza al ribasso*) bearishness, bear run. ❷ (*fin., market.*) (*di prezzi, ecc.*) reduction, abatement, decrease, decline, fall, downswing, drop; (*che riporta i prezzi al livello precedente*) set-back. ❸ (*market.*) (*sconto*) discount, rebate, cutting, cut. △ ❷ **L'opinione pubblica spera in un generale** ~ **dei prezzi** a general reduction in prices is hoped for by the public opinion; ❸ **Speriamo proprio d'ottenere un** ~ **dal produttore** we do hope we'll get a cut from the producer. // **un** ~ **dei prezzi** (*market.*) an abatement of prices, a decrease in prices, a fall in prices, a cut in prices, a markdown: **C'è stato un** ~ **dei prezzi dei generi alimentari** there has been a cut in food prices; **un** ~ **del 15%** (*market.*) a 15% discount; ~ **improvviso** (*di prezzi, ecc.*) (*econ., fin., market.*) slump; ~ **massimo** (*econ., fin.*) all-time low; **un** ~ **nei titoli** (*Borsa*) a decline in stocks; **orientato** (o **tendente**) **al** ~ (*Borsa*) bearish.

ribattere, *v. t.* ❶ (*confutare*) to rebut, to refute. ❷ (*leg.*) (*un'accusa*) to retaliate.

ricadere, *v. i.* (*toccare, spettare*) to fall*, to devolve. △ **Quando il « capo » è assente, il lavoro ricade su di me** when the boss is absent, the work devolves on me.

ricambiare, *v. t.* (*contraccambiare*) to render, to return, to reciprocate. △ **Ci auguriamo di potervi** ~ **il favore** we look forward to returning you this favour.

ricambio, *n. m.* ❶ (*contraccambio*) return, reciprocation. ❷ (*org. az.*) turnover, turn-over, turn. ❸ (*org. az.*) (*pezzo di ricambio*) spare part, spare. // ~ **del magazzino** (*org. az.*) inventory turnover, stock turnover; ~ **del personale** (*org. az.*) staff turnover; ~ **della manodopera** (*org. az.*) labour turnover; **di** ~ spare (*attr.*): **una ruota di** ~ a spare wheel.

ricaricamento, *n. m.* (*trasp.*) reload.

ricaricare, *v. t.* (*trasp.*) to reload. △ **Tutti i colli dovettero essere ricaricati sul treno seguente** all packages had to be reloaded on the next train.

ricavare, *v. t.* (*fin.*) to obtain, to get*, to gain, to make*, to net; (*derivare*) to derive. △ **Quanto avete ricavato da quell'affare?** how much did you get out of that bargain? // ~ **un profitto da qc.** (*fin.*) to cash in on st.; ~ **un utile** (*rag.*) to turn a profit.

ricavato, *n. m.* (*rag.*) proceeds (*pl.*).

ricavo, *n. m.* ❶ (*rag.*) proceeds (*pl.*); revenue, return, receipt, take, making. △ **In questo settore, l'equilibrio fra costi e ricavi è difficile** the balance between costs and revenues is difficult in this sector; **Sono diminuiti i ricavi unitari per alcuni prodotti** receipts per unit sold decreased for some products. // « ~ **(dei) vostri effetti all'incasso** » (*banca*) « proceeds of bills collected for your account »; « ~ **della nostra rimessa (di) effetti all'incasso** » (*banca*) « proceeds of our remittance for collection ».

ricchezza, *n. f.* ❶ (*l'essere ricco*) richness. ❷ (*averi, sostanze, spesso al pl.*) riches (*pl.*); wealth, worth; money (*fam.*) // **la** ~ **del suolo** the richness of the soil; ~ **mobile** (*econ., fin.*) personal property; ~ **nazionale** (*econ.*) national wealth.

ricco, *a.* ❶ rich, wealthy, well-to-do, well-off, affluent; moneyed (*fam.*). ❷ (*abbondante*) rich (in), abounding (in, with). *n. m.* ❶ rich (o wealthy) man*. ❷ **i ricchi**, *pl.* the rich, the wealthy. △ *a.* ❶ **Mr Parr è uno degli uomini più ricchi del Paese** Mr Parr is one of the richest men in the whole Country; ❷ **Questo terreno è assai** ~ **di minerali** this soil is very rich in minerals. // **un nuovo** ~ a nouveau riche, a parvenu.

ricerca, *n. f.* ❶ search, searching. ❷ (*il perseguire*) pursuit, pursuance. ❸ (*scienza*) research. ❹ (*investigazione, indagine*) inquiry, investigation. △ ❶ **Il nostro quotidiano è alla** ~ **di collaboratori** our newspaper is in search of contributors; ❸ **Il lavoro di** ~ **non rende abbastanza** research work does not pay enough; ❹ **I demografi stanno compiendo una** ~ **sulla popolazione migrante** demographers are making an investigation of migrant population. // ~ **agronomica** (*econ.*) agricultural research; ~ **applicata** applied research; ~ **dei mezzi d'informazione** (*org. az., pubbl.*) media research; ~ **del comportamento del consumatore** (*market.*) consumer behaviour research; ~ **del profitto** (*econ.*) profit seeking, pursuit of profit; **la** ~ **della verità** (*leg.*) the pursuance of truth; ~ **di base** basic research, fundamental research; ~ **di marketing** (*econ., market.*) marketing research; ~ (*tendente a stabilire gli effetti di un'azione pubblicitaria sulle vendite*) activation research; ~ **di mercato** (*econ., market.*) market research; **la** ~ **di nuovi mercati** (*econ.*) the searching for new markets; ~ **e sviluppo** (*econ.*) research and development; ~ **esterna** (*market.*) field research, field investigation; ~ **fondamentale** (*org. az.*) fundamental research; ~ **motivazionale** (*market., pubbl.*) motivational research; ~ **operativa** (*ric. op.*) operational research; operations research (*USA*); **ricerche pubblicitarie** (*pubbl.*) advertising research; ~ **scientifica** (*econ.*) scientific research; **una** ~ **settoriale** a study by sector; ~ **sulle abitudini di lettura** (*giorn.*) readership research; ~ **tecnica** (*org. az.*) technical research.

ricercare, *v. t.* ❶ (*cercare di nuovo*) to look for (sb., st.) again. ❷ (*cercare con impegno*) to seek*, to seek* for, to search for. ❸ (*esaminare, investigare*) to investigate, to inquire into (st.). ❹ (*perseguire*) to pursue. △ ❷ **La polizia lo sta ricercando** the police are searching for him; ❸ **Si stanno ricercando le cause della collisione** the causes of the collision are being investigated.

ricercato, *a.* ❶ (*richiesto*) sought-after. ❷ (*leg.*) (*cercato*) wanted. △ ❶ **È lo stilista più** ~ **del momento** he is the most sought-after stylist at present; ❷ **È** ~ **per furto** he is wanted for theft.

ricercatore, *n. m.* researcher, research worker.

ricetta, *n. f.* ❶ (*medica*) prescription. ❷ (*prescrizione per la preparazione d'un composto*) recipe, receipt.

ricettare, *v. t.* (*leg.*) to receive; to reset (*scozz.*). // ~ **merci rubate** (*leg.*) to receive stolen goods.

ricettatore, *n. m.* (*leg.*) receiver of stolen goods,

dealer in stolen goods, receiver; resetter (scozz.); smasher (USA).

ricettazione, *n. f.* (*leg.*) receiving stolen goods; reset (*scozz.*).

ricettività, *n. f. inv.* ❶ receptivity. ❷ (*tur.*) accommodation. △ ❷ **Dobbiamo migliorare la ~ degli alberghi** we must improve hotel accommodation. // **~ stagionale** (*tur.*) in-season accommodation.

ricevente, *a.* receiving, recipient. *n. m. e f.* receiver, recipient.

ricevere, *v. t.* ❶ to receive. ❷ (*comun.*) (*una notizia*) to hear*, to receive. ❸ (*pers.*) (*un salario, uno stipendio, ecc.*) to receive, to take*, to get*, to draw*, to have. △ ❶ **Da quanto tempo ricevete questa rivista?** how long have you received this magazine?; ❷ **Non abbiamo ricevuto notizie dal nostro ufficio di Londra** we haven't received any news from our London office; ❸ **Riceve un buon stipendio tutti i mesi** he draws a good salary every month. // **~ una buona impressione** (*da q. o qc.*) to be favourably impressed: **Ricevemmo una buona impressione dalla loro offerta** we were favourably impressed by their offer; **~ denaro in deposito** (*fin.*) to receive money on deposit; **~ una dichiarazione giurata** (*leg.*) to take an affidavit; **~ in custodia** to accept in custody; **~ in eredità** (*leg.*) to inherit; **~ notizie** (*da q.*) (*comun.*) to hear: **Restiamo in attesa di ~ presto vostre notizie** we are looking forward to hearing from you soon; **~ un premio** to be awarded a prize; **~ una promozione** (*pers.*) to step up; **~ regolarmente** (*una pubblicazione, ecc.*) (*giorn.*) to take in; **~ una telefonata** (*comun.*) to receive a (telephone) call; **avere ricevuto** (*comun.*) to be in receipt of: **Abbiamo ricevuto la vostra lettera del 22 aprile** we are in receipt of your letter dated the 22nd of April; **chi riceve una retribuzione** (*pers.*) pay-roller.

ricevimento, *n. m.* (*il ricevere*) receiving, receipt, reception. △ **Al ~ della merce notammo che essa non era conforme al campione** upon receipt of the goods we noticed that they didn't correspond with the sample. // **al ~ della vostra lettera** (*comun.*) upon receipt of your letter.

ricevitore, *n. m.* ❶ (*comun.*) (*chi riceve*) receiver. ❷ (*comun.*) (*apparecchio*) receiver. ❸ (*pers.*) collector. ❹ (*trasp. mar.*) shipper. // **~ del premio** (*Borsa*) taker of the rate; **~ delle dogane** (*dog.*) collector of customs; **~ delle imposte** (*fin.*) tax-collector; **~ telefonico** (*comun.*) telephone receiver, headphone.

ricevuta, *n. f.* ❶ receipt; (*di una raccomandata, ecc.*) acknowledgement of delivery; (*quietanza*) quittance; (*di pagamento*) quietus. ❷ (*market.*) voucher. △ ❶ **Accusiamo ~ della vostra lettera** we acknowledge receipt of your letter; ❷ **La ~ costituisce prova del pagamento** (*effettuato*) the voucher offers proof of payment. // **una ~ a saldo** a receipt in full, a receipt for the balance; **~ attestante l'avvenuta consegna dei documenti** (*banca, cred.*) trust letter, trust receipt; **~ del custode del « dock »** (*trasp. mar.*) dock receipt; **~ del custode dello scalo** (*trasp. mar.*) wharfinger's receipt; **~ del magazziniere** (*dog.*) warehouse-keeper's receipt; **~ d'abbonamento** (*giorn.*) subscription warrant; **~ di consegna** (*dog.*) deposit receipt; **~ di deposito** (*Borsa, fin.*) deposit receipt; **una ~ di pagamento** a receipt for payment; **~ di pagamento dei diritti di faro** (*trasp. mar.*) light bill; **~ di ritorno** (*comun.*) return receipt; **~ d'una sottoscrizione** (*di azioni*) (*fin.*) application receipt, subscription warrant; **~ di versamento** (*d'un vaglia postale*) (*cred.*) certificate of issue; (*per una richiesta di fondi*) call receipt;

una ~ in conto a receipt on account; **~ provvisoria di imbarco** (*trasp. mar.*) mate's receipt; **~ ufficiale** accountable receipt.

ricezione, *n. f.* ❶ (*atto, effetto del ricevere*) reception, receiving. ❷ (*comun.*) receipt. △ ❷ **Accusiamo ~ della vostra lettera** we acknowledge receipt of your letter.

richiamare, *v. t.* ❶ (*chiamare di nuovo*) to call again. ❷ (*chiamare indietro, fare tornare*) to call back. ❸ (*attirare*) to attract, to draw*; (*rivolgere*) to direct. △ ❶ **Dato che non era in ufficio, lo richiamerò domattina** as he was not at the office, I will call him again tomorrow morning; ❷ **Tutti i rappresentanti sono stati richiamati in sede** all agents have been called back to the « headquarters »; ❸ **Vorremmo ~ la vostra attenzione sui seguenti punti...** we should like to draw your attention on the following points...; **Vorremmo ~ la vostra attenzione sulle seguenti pagine del nostro ultimo catalogo** we would like to direct your attention to the following pages of our latest catalogue. // **~ alla mente** to remind, to recall to mind; **~ q. all'ordine** to call sb. to order; **~ l'attenzione di q. su qc.** to call sb.'s attention to st.; **~ una cambiale** (*banca, cred.*) to retire a bill; **~ i decimi** (*fin.*) to call for subscribed capital.

richiamo, *n. m.* ❶ recall. ❷ (*pubbl.*) (*in un libro*) cross reference. ❸ (*pubbl.*) (*fascino, attrattiva*) pull, appeal. △ ❸ **Il nuovo slogan pubblicitario costituisce un formidabile ~** the new advertising slogan has a tremendous pull. // **~ dei decimi** (*sulle azioni sottoscritte*) (*fin.*) call; assessment (*USA*); **~ dell'ultimo versamento** (*fin.*) calling-up of the final instalment; **essere un ~** (*per q.*) to appeal (*to sb.*): **I colori vivaci sono un ~ per i nostri clienti** bright colours appeal to our customers.

richiedente, *a.* applying, petitioning. *n. m. e f.* ❶ applicant, petitioner. ❷ (*leg.*) demandant, plaintiff, petitioner.

richiedere, *v. t.* ❶ (*chiedere di nuovo*) to ask for (st.) again; (*chiedere in restituzione*) to ask for (st.) back. ❷ (*domandare*) to ask, to demand, to require, to request. ❸ (*esigere, volere*) to request, to demand. ❹ (*necessitare*) to need, to require, to call for, to demand, to exact. △ ❷ **Tutti i dipendenti hanno richiesto l'assistenza medica** all the employees have asked for medical assistance; ❸ **Fu richiesta l'opinione del consiglio d'amministrazione** the board of directors was requested for an opinion; **Il mio « capo » richiede troppo dai suoi impiegati** my boss demands too much of his clerks; ❹ **Questo lavoro richiede grande competenza** this job demands great expertise; **Il suo lavoro richiede una straordinaria pazienza** his job exacts a tremendous amount of patience. // **~ un certificato** to apply for a certificate; **~ il pagamento di** (*denaro, ecc.*) (*cred.*) to call in; **~ spese enormi** to involve great expenditure; **essere richiesto** (*market.*) to be in demand, to be in request: **Il nostro nuovo articolo è molto richiesto** our new article is in great request; **Questa merce non è più richiesta** these goods are no longer in demand.

richiesta, *n. f.* ❶ request, demand; (*generalm. scritta*) requisition. ❷ (*esigenza, necessità*) requirement; (*desiderio*) desire. ❸ (*econ.*) (*domanda*) demand; call; (*mercato*) market. ❹ (*leg.*) (*di riconoscimento d'un diritto*) claim. ❺ (*pers.*) (*d'impiego*) application. △ ❶ **V'inviamo il nostro ultimo catalogo su ~ del vostro agente** we are sending you our latest catalogue by your agent's request; **Non si possono accogliere tutte le richieste** one cannot satisfy all demands; **La sola cosa che potete fare è**

riciclabile

inoltrare una ~ all'ufficio acquisti the only thing you can do is to hand a requisition to the purchasing department; ❷ Ho sempre cercato di soddisfare le richieste della mia clientela I have always tried to comply with my customers' requirements; ❸ C'è una gran ~ di corrispondenti in lingue estere there is a great demand for foreign correspondents; La minor ~ di manodopera da parte delle imprese tedesche ha portato soprattutto alla diminuzione dell'immigrazione netta di lavoratori stranieri the main result of the reduced calls for manpower being made by German firms has been a decline in the net immigration of foreign workers; Oggigiorno non c'è ~ di quel prodotto there is no market for that product nowadays. // ~ a una banca (da parte di un funzionario governativo) di consegnare le scritture di bilancio (fin., USA) bank call; una ~ che si può accogliere an allowable claim; ~ degli atti d'un processo (fatta da una Corte di giustizia superiore a quella dinanzi alla quale il processo si è svolto) allo scopo di riesaminarli (leg.) certiorari; una ~ di accreditamento (banca, cred.) a request for credit; richieste d'aumenti salariali (sind.) wage claims; ~ di copertura (Borsa, fin.) margin call; ~ di fondi (fin.) call for funds; ~ d'informazioni inquiry: Stamani, nella posta, ci sono alcune richieste d'informazioni there are some inquiries in the mail this morning; ~ di informazioni sulla solvibilità (d'un cliente potenziale) (banca, cred.) status inquiry; ~ (a un datore di lavoro) di mantenere un tasso d'occupazione artificialmente alto (sind.) featherbedding; ~ di pagamento (cred., fin.) call; una ~ (scritta) di (assunzione di nuovo) personale (org. az.) a requisition of personnel; ~ di quotazione (di un prezzo di listino oppure in Borsa) (fin., market.) application for a quotation; richieste inoppugnabili (leg.) indefeasible claims; una ~ legittima a rightful claim; una ~ ragionevole a reasonable request; a (o su) ~ at request, by request, on request, upon request, on demand: A ~ sarà inviato gratuitamente materiale illustrativo free descriptive literature will be sent upon request; L'opuscolo è disponibile su ~ the pamphlet is available on request; come da ~ as requested.

riciclabile, a. (econ.) recyclable.
riciclaggio, n. m. (econ.) recycling.
riciclare, v. t. (econ.) to recycle.
riciclo, n. m. (econ.) recycling.
riclassificare, v. t. (trasp. mar.) (una nave) to reclassify.
riclassificazione, n. f. (trasp. mar.) (riassegnazione d'una nave alla propria o a un'altra classe in base alle risultanze d'una visita) reclassification.
ricollocabile, a. replaceable.
ricollocamento, n. m. replacement.
ricollocare, v. t. to replace.
ricompensa, n. f. recompense; (premio) prize, award, bounty, premium; (retribuzione) remuneration, repayment; compensation (USA). △ Non esiste una ~ adeguata per i vostri servigi there is no adequate recompense for your services.
ricompensare, v. t. to recompense; (premiare) to award a prize to; (retribuire) to remunerate, to repay*; to compensate (USA). △ Non abbiamo ancora ricompensato il Dott. Costa per i suoi servigi we have not yet remunerated (o repaid) Dr Costa for his services.
ricompera, n. f. (market.) repurchase, repurchasing, buying back.
ricomporre, v. t. ❶ (comporre di nuovo) to compose again; (riscrivere) to write* again, to rewrite*. ❷ (riordinare, ricostituire) to recompose, to reassemble. ❸ (giorn.) (una pagina a stampa) to make* over, to reset*. △ ❶ Dovetti ~ tutta la relazione I had to rewrite the whole report.
ricomposizione, n. f. ❶ (nuova composizione) recomposition. ❷ (riordinamento, ricostituzione) recomposition. ❸ (giorn.) (d'una pagina a stampa) resetting. // ~ fondiaria (econ.) consolidation of agricultural holdings.
ricomprare, v. t. ❶ (market.) (comprare di nuovo) to buy* again, to repurchase. ❷ (market.) (comprare ciò che s'era venduto) to buy* back, to repurchase.
riconciliare, v. t. to reconcile. // ~ due litiganti (leg.) to reconcile two litigants.
riconciliarsi, v. recipr. to become* reconciled, to make* friends again.
riconciliazione, n. f. reconciliation, conciliation, peacemaking.
riconduzione, n. f. (leg.) reconduction, renewal of lease, relocation.
riconferma, n. f. reconfirmation.
riconfermare, v. t. to reconfirm, to confirm (again). // ~ una notizia to confirm a piece of news.
riconoscente, a. grateful, thankful. // essere ~ di qc. to be thankful for st.
riconoscenza, n. f. gratefulness, thankfulness; (gratitudine) gratitude. △ Vogliamo esprimervi tutta la nostra ~ we want to show you all our gratitude. //con ~ gratefully (avv.).
riconoscere, v. t. ❶ to recognize. ❷ (ammettere ufficialmente) to acknowledge, to recognize. ❸ (ammettere) to admit, to acknowledge. ❹ (leg.) to rule. △ ❶ Li riconobbe come suoi eredi he recognized them as his heirs; ❷ Non intendo ~ questo debito I won't acknowledge this debt; ❸ Abbiamo riconosciuto come avaria generale il danno arrecato alla nave e al suo carico we have admitted as general average the damage done to the ship and her cargo; ❹ La validità dell'atto è stata riconosciuta dal tribunale the validity of the deed has been ruled by the Court; La nostra onestà è riconosciuta da tutti our honesty is well established. // ~ la giustizia di (qc.) to recognize; ~ la validità di (qc.) (leg.) to validate: La validità dell'elezione fu riconosciuta da tutti i votanti the election was validated by all the voters; ~ la validità d'un reclamo to acknowledge a claim; ~ il valore di (qc.) to appreciate; essere riconosciuto colpevole d'un reato (leg.) to stand convicted of an offence; non ~ to deny: Non riconosciamo la firma (come nostra) we deny the signature; non ~ (q.) come figlio (leg.) to unson.
riconoscersi, v. rifl. to recognize oneself, to acknowledge oneself. // ~ colpevole (leg.) to plead guilty; ~ innocente (leg.) to plead not guilty.
riconoscimento, n. m. ❶ (il riconoscere) recognition. ❷ (ammissione ufficiale) acknowledgment, acknowledgement, recognition; (del valore di qc. o q.) appreciation. △ ❶ Gli invieremo un dono in ~ dei servigi da lui prestati all'azienda we shall send him a gift in recognition of the services he's rendered to the firm. // ~ d'un debito (cred., leg.) acknowledgement of a debt, bill of debt; ~ scritto d'un debito (cred.) IOU (abbr. di I owe you); per ~ generale admittedly (avv.).
ricontare, v. t. to re-count, to renumber, to count again, to number again.
riconvenzione, n. f. (leg.) cross summons, cross-action, counter-claim.

riconversione, *n.f.* (*econ.*) (*d'industrie belliche in industrie di pace*) reconversion. // **la ~ dei lavoratori che abbandonano l'agricoltura** (*econ.*, *pers.*) the reabsorption of workers leaving the land; **~ industriale** (*econ.*) industrial reorganization.

riconvertire, *v. t.* (*econ.*) (*industrie*) to reconvert.

riconvertirsi, *v. rifl.* (*econ.*) (*d'industrie*) to reconvert.

ricopiare, *v. t.* ❶ (*copiare di nuovo*) to copy again, to recopy. ❷ (*copiare*) to copy, to make* a copy of. // **~ (un documento, ecc.) in bella (copia)** to fair.

ricoprire, *v. t.* (*coprire*) to cover; (*coprire di nuovo*) to cover again, to re-cover. // **~ una carica** to hold an office.

ricoprirsi, *v. rifl.* ❶ (*anche fig.*) to cover oneself. ❷ (*fin.*) to cover. △ ❸ **Speriamo di ricoprirci della spesa** let's hope we'll cover our expenses.

ricordare, *v. t.* ❶ to remember; (*richiamare alla mente*) to call to mind, to recall. ❷ (*richiamare alla mente altrui*) to remind, to recall. △ ❶ **Non ricordo d'aver parlato al vostro rappresentante** I don't remember talking to your agent; ❷ **Ci permettiamo di ricordarLe che il Suo abbonamento scade il mese prossimo** may we remind you that your subscription expires next month?

ricordarsi, *v. rifl.* to remember, to recall. △ **Non si ricordava d'averci promesso il prestito** he didn't remember he had promised us the loan.

ricorrente, *a.* recurrent, recurring. *n. m. e f.* (*leg.*) complainant, claimant, petitioner, plaintiff. △ *n.* **Le denunzie sono state archiviate perché i ricorrenti hanno rinunciato alla prosecuzione della procedura** no further action was taken on the complaints, the complainants having desisted.

ricorrere, *v. i.* ❶ (*rivolgersi a*) to apply, to resort, to have recourse; (*fare appello*) to appeal. ❷ (*leg.*) to appeal. △ ❶ **Nessuno di noi ha intenzione di ~ a mezzi illeciti** none of us is going to have recourse to illicit means; ❷ **Hanno deciso di ~ contro la sentenza** they have resolved to appeal against the sentence. // **~ al risparmio interno** (*econ.*) to call on domestic savings; **~ alla forza** to resort to force; **~ alla giustizia** (*leg.*) to go to Court; **~ all'inflazione** (*econ.*) to inflate; **~ alla legge** (*leg.*) to have recourse to the law; **~ alle vie legali** (*leg.*) to resort to legal proceedings.

ricorso, *n. m.* ❶ resort, recourse. ❷ (*leg.*) petition; (*appello*) appeal; (*reclamo*) claim. △ ❶ **Dovremmo riuscire senza far ~ al Fondo Monetario Internazionale** we ought to succeed without recourse to the International Monetary Fund; ❷ **Ci sarà un ~ per la riapertura del processo** there will be a petition for rehearing; **Ci assicurammo contro il ~ dei terzi** we insured against a third party claim. // **~ al prestito pubblico per finanziare spese statali** (*econ.*) deficit financing; **~ (della compagnia d'assicurazioni) contro il capitano (quando il danno è dovuto a negligenza di quest'ultimo)** (*ass. mar.*) restaur, restor; **~ fra assicuratori** (*ass.*) restaur; **~ in grazia** (*leg.*) appeal for mercy; **~ per adesione** petition of assent; **~ per rimborso di dazio** (*dog.*) claim for repayment of duties; **chi fa un ~** (*leg.*) petitioner, claimant; **far ~ a q.** to have resort to sb.: **L'unica persona alla quale possiamo far ~ per i nostri grattacapi finanziari è Mr Roberts** as regards our financial troubles, the only person we can have resort to is Mr Roberts; **senza ~** (*cred.*) « sans recours »; **senza far ~ alla forza** without resort to force.

ricostituire, *v. t.* to constitute again, to re-establish, to reconstitute. // **~ gli inventari** (*org. az.*) to rebuild inventories.

ricostituzione, *n. f.* re-establishment, reconstitution.

ricostruire, *v. t.* (*anche fig.*) to rebuild*, to reconstruct. // **~ i fatti** (*leg.*) to reconstruct the facts.

ricostruzione, *n. f.* (*anche fig.*) rebuilding, reconstruction.

ricreare, *v. t.* (*ristorare, divertire*) to recreate.

ricreativo, *a.* recreational, recreative. // **attività ricreative** recreational activities.

ricreazione, *n. f.* recreation.

ricuperabile, *a.* ❶ (*riacquistabile*) recoverable, reclaimable. ❷ (*cred., fin., leg.*) redeemable, collectable.

ricuperare, *v. t. e i.* ❶ (*riacquistare*) to recover, to reclaim; (*riguadagnare*) to regain, to make* up for. ❷ (*rimettersi*) to recoup. ❸ (*Borsa, fin.*) (*di titoli, ecc.*) to rally, to claw back. ❹ (*cred., fin., leg.*) to redeem, to collect, to recoup. ❺ (*trasp. mar.*) (*un carico, ecc.*) to salvage, to salve. △ ❶ **Adesso l'industria deve ~ il tempo perduto** industry must now make up for lost time; ❷ **Agli industriali italiani si deve dare il tempo di ~** Italian industrialists must be given time to recoup; ❸ **Le azioni Ferguson stanno ricuperando** Ferguson shares are clawing back; ❹ **Non sarà facile ~ i nostri diritti** (*cioè, esservi reintegrati*) it won't be easy to redeem our rights; ❺ **Lo scopo del salvataggio è di ~ la nave e il carico, o ciò che rimane dell'una o dell'altro** the purpose of salvage is to salve the ship along with the cargo, or whatever remains of either. // **~ crediti inesigibili** (*cred.*) to collect bad debts; **~ un credito mediante un'azione giudiziaria** (*leg.*) to recover a debt at law; **~ il proprio denaro** to get one's money back; **~ la libertà** to recover one's freedom; **~ (un oggetto venduto a rate, ma non pagato del tutto) senza adire le vie legali** (*market.*) to repossess; **~ (beni mobili) sotto cauzione** (*leg.*) to replevy, to replevin; **~ le spese** to recover expenses; **~ le spese d'una causa** (*leg.*) to recover costs.

ricuperatore, *n. m.* (*trasp. mar.*) salvager, salvor.

ricupero, *n. m.* ❶ (*riacquisto*) recovery, reclamation. ❷ (*il rimettersi in sesto, ecc.*) recoupment. ❸ (*Borsa, fin.*) (*di titoli, ecc.*) rally, pick-up, clawing back. ❹ (*cred., fin., leg.*) redemption, collection. ❺ (*trasp. mar.*) salvage. ❻ «**ricuperi**», *pl.* (*fin.*) inflows. △ ❸ **In settembre anche il ~ dei tessili è stato sensibile** also textiles showed a substantial pick-up in September; ❹ **Il ~ di quei crediti si fa sempre più complicato** the collection of those debts is getting more and more complicated. // **~ degli scarti** (*org. az.*) scrap recovery; **~ dei crediti** (*cred.*) debt recovery, debt collecting, debt collection; **~ di beni mobili** (*leg.*) trover; **~ di capitale** (*rag.*) capital recovery; **~ d'un relitto** (*trasp. mar.*) wreck raising; **~ pacifico** (*d'un oggetto venduto a rate, ma non pagato interamente*) (*market.*) repossession.

ricusa, *n. f.* ❶ refusal, rejection, denial, repudiation. ❷ (*leg.*) challenge.

ricusare, *v. t.* ❶ to refuse, to reject, to deny, to repudiate. ❷ (*leg.*) to challenge. // **~ un testamento** (*leg.*) to repudiate a will.

ricusazione, *n. f.* (*leg.*) challenge. // **~ d'un giurato** (*leg.*) challenge of a juror, principal challenge.

ridare, *v. t.* ❶ (*dare di nuovo*) to give* again. ❷ (*restituire*) to give* back, to return. // **~ validità a una legge** (*leg.*) to revive a law.

ridimensionamento, *n. m.* ❶ retrenchment. ❷ (*econ.*) (*delle spese, ecc.*) rescaling.

ridimensionare, *v. t.* ❶ to retrench. ❷ *(econ.) (le spese, ecc.)* to rescale. △ ❷ **Dobbiamo ~ il nostro tenore di vita in conformità al nuovo bilancio** we must rescale our standard of living to conform to the new budget.

ridistribuire, *v. t.* to redistribute.

ridistribuzione, *n. f.* redistribution. // **la ~ del reddito** *(econ.)* the redistribution of income.

ridondante, *a.* ❶ redundant. ❷ *(elab. elettr.)* redundant.

ridondanza, *n. f.* ❶ redundancy, redundance. ❷ *(elab. elettr.)* redundancy.

ridondare, *v. i.* to be redundant.

ridotto, *a.* ❶ reduced. ❷ *(econ., market.) (di volume d'affari, prezzo, ecc.)* depressed; *(di prezzo)* knockdown *(attr.)*. △ ❷ **Si può perdere l'impiego se l'attività commerciale è ridotta** one may lose his job if business is depressed. // **ridotte restrizioni all'importazione** *(comm. est.)* relaxed restrictions on imports.

ridurre, *v. t.* ❶ to reduce, to cut*, to cut* down, to curtail; *(restringere)* to narrow; *(attenuare)* to lower, to lessen; *(limitare)* to limit. ❷ *(econ., fin.) (le spese)* to retrench, to slash, to slice; to dock *(fam.)*. ❸ *(leg.) (restrizioni, ecc.)* to relax. ❹ *(market.) (il volume d'affari, i prezzi, ecc.)* to depress. ❺ *(market.) (ordinazioni)* to cut*. ❻ *(mat.) (una frazione: ai minimi termini)* to reduce. △ ❶ **La commissione ha deciso che dobbiamo ~ le spese** the committee decided that we should reduce expenses; **Abbiamo intenzione di ~ gli stipendi** we are going to cut salaries; **Dobbiamo cercare di ~ le spese** we must try to curtail our expenses; **Il Consiglio ha di nuovo ridotto la forcella entro cui gli Stati Membri fissavano i loro prezzi indicativi** the Council again narrowed the bracket within which the Member States fixed their target prices; **Cerchiamo di ~ il divario fra la produzione e la domanda** we are trying to lessen the gap between production and demand; ❷ **Tutte le spese sono state ridotte del 30 per cento circa** all expenses have been slashed by almost 30 per cent; **La produzione è stata ridotta d'oltre la metà** production has been sliced by more than half; ❺ **Le loro ordinazioni sono state ridotte del 20%** their orders have been cut by 20%. // **ridurre al minimo** to minimize; **~ al minimo le spese** *(amm.)* to minimize expenses; **~ al sistema decimale** *(mat.)* to decimalize; **~ all'osso** *(anche fig.)* to starve: **La società ha evitato il fallimento riducendo all'osso le riserve** the company has avoided bankruptcy by starving its reserves; **~ il costo del denaro** *(fin.)* to force down the cost of credit; **~ i dazi** *(dog., fin.)* to lower duties; **~ di metà** to halve: **Furono in grado di raddoppiare il guadagno riducendo di metà il costo delle materie prime** they were able to double the profit by halving the cost of raw materials; **~ un disavanzo** *(fin., rag.)* to reduce a deficit; **~ il disavanzo di cassa** *(fin., rag.)* to cut back the cash deficit; **~ i dividendi** *(fin.)* to reduce dividends; **~ drasticamente** *(fondi, spese, ecc.) (econ., fin.)* to slash; **~ una frazione ai minimi termini** *(mat.)* to reduce a fraction to its lowest terms; **~ frazioni allo stesso denominatore** *(mat.)* to reduce fractions to a common denominator; **~ (un debito) per compensazione** *(cred.)* to defalcate; **~ il personale** *(org. az.)* to reduce the staff; **~ i privilegi** *(leg.)* to retrench privileges; **~ la produzione** *(org. az.)* to cut down production; **~ (qc.) progressivamente** to scale down: **L'Italia ridurrà progressivamente la parte del disavanzo finanziata con mezzi monetari** for the financing of its deficit, Italy will scale down the proportion of short-term borrowing; **~ i salari** *(sind.)* to curtail wages; **~ le spese** to cut down expenses, to retrench expenses, to retrench; **~ sterline in lire** to turn pounds into lire; **~ lo stipendio d'un impiegato** *(sind.)* to dock an employee's salary; **~ il tasso di sconto** *(fin.)* to reduce (o to cut) the discount rate; **~ il valore nominale di** *(titoli) (fin., rag.)* to write down; **~ la velocità** *(di un veicolo) (trasp.)* to slow (down); **~ un venditore a più miti pretese** *(market.)* to beat down a seller; **essere ridotto** *(market.) (di prezzo, ecc.)* to go down, to drop: **Nel 1966 il prezzo della benzina fu notevolmente ridotto in Germania** petrol prices dropped considerably in 1966 in Germany.

ridursi, *v. rifl.* ❶ to reduce oneself. ❷ *(diminuire)* to lower, to lessen; *(restringersi)* to shrink*; *(scemare)* to slacken. △ ❷ **L'attività economica s'è ridotta sensibilmente** economic activity has slackened appreciably.

riduzione, *n. f.* ❶ reduction, cut, cutting, curtailing; *(attenuazione)* lowering, lessening. ❷ *(econ., fin.) (di fondi, spese, ecc.)* slash; docking *(fam.)*. ❸ *(fin.)* cut-back, rundown, step-down, shrinkage, slackening. ❹ *(market.) (del volume d'affari, dei prezzi, ecc.)* depression; *(delle ordinazioni)* cut, cutting. ❺ *(market.)* discount, rebate. ❻ *(mat.) (d'una frazione: ai minimi termini)* reduction. △ ❶ **Si sta discutendo sulla ~ delle spese statali** the reduction of Government spending is being debated; ❷ **La casa ha annunciato una ~ del 10% sul prezzo dei modelli vecchi** the firm has announced a 10% price slash in old models; ❸ **C'è stata un'ordinata e graduale ~ dei saldi in sterline** there has been an orderly and gradual rundown of sterling balances; **Una ~ nel bilancio statale scoraggerà l'attività economica** a shrinkage in the public budget will depress economic activity; ❹ **La nuova politica sta causando severe riduzioni nelle ordinazioni dall'estero** the new policy is causing severe cuts in the orders from abroad; ❺ **Non siamo abituati a concedere riduzioni** we are not in the habit of granting discounts. // **~ al sistema decimale** *(mat.)* decimalization, metrication; **~ degli sprechi** *(org. az.)* waste-control, saving; **~ degli utili** *(econ.)* profit squeeze; **~ dei costi** *(rag.)* cost reduction, cost cutting; **una ~ dei costi di distribuzione** *(econ.)* a drop in distribution costs; **una ~ dei prezzi** *(market., anche)* a rollback of prices; **la ~ del tasso di sconto** *(banca, cred.)* the reduction of the discount rate; **~ del testo** *(alle dimensioni disponibili in un annuncio pubblicitario) (pubbl.)* copy fitting; **~ dell'imposta sul reddito** *(per gli scioperanti) (fin., sind.)* rebate of income tax; **~ della produttività individuale** *(econ.)* job sharing; **~ delle giacenze** *(org. az.)* stock reduction; **una ~ delle imposte** *(fin.)* an abatement of taxes, a tax reduction; **una ~ delle limitazioni agli scambi commerciali** *(comm. est.)* a lowering of trade restrictions; **~ delle scorte** *(org. az.)* inventory reduction; **~ delle spese** *(rag.)* cost reduction, cost cutting, retrenchment; **~ delle tariffe** rate cutting; **~ dell'orario** *(dovuta a interruzioni) (org. az., sind.)* broken time; **una ~ di capitale** *(rag.)* a reduction of capital; **~ di dati** *(elab. elettr.)* data reduction; **~ di debito per compensazione** *(cred.)* defalcation; **~ di donazione** *(leg.)* abatement of gift; **~ di legato** *(leg.)* abatement of gift; **riduzioni di prezzo** *(market.)* price cuttings; **~ di stipendio** *(pers.)* salary cut; **~ di valore** *(d'un bene) (rag.)* depletion; **riduzioni generali delle tariffe doganali** *(applicate ai dazi su un insieme di molti prodotti) (dog.)* across-the-board tariff cuts; **~ nelle spese** *(rag.)* spending cut-back; **~ (dei prezzi, ecc.) ottenuta mediante interventi statali** *(econ., market.)* rollback; ~ **progressiva** scale-down; ~ **tariffaria** (*comm. est., econ.*) tariff cut, tariff reduction; **riduzioni tariffarie** (*previste negli accordi*) **del « Kennedy round »** (*comm. est.*) Kennedy round tariff cuts.

rieducare, *v. t.* (*pers.*) to retrain.

rieducazione, *n. f.* (*pers.*) retraining. // ~ **professionale** (*pers.*) retraining.

rieleggere, *v. t.* to re-elect.

rieleggibile, *a.* re-eligible.

rieleggibilità, *n. f. inv.* re-eligibility.

rielezione, *n. f.* re-election.

riempire, *v. t.* ❶ to fill, to fill up; (*all'eccesso*) to glut. ❷ (*inserire ciò che manca*) to fill in (*o* up *o* out). // ~ **un assegno** to fill out a cheque, to make out a cheque; ~ **un modulo** to fill in a form; ~ **un negozio di troppa merce** (*org. az.*) to overstock a shop; ~ **gli spazi bianchi in un questionario** to fill up the blanks in a questionnaire.

rientrare, *v. i.* ❶ (*entrare di nuovo*) to enter again, to re-enter; (*ritornare*) to return, to go* back, to come* back. ❷ (*essere compreso, essere contenuto*) to be included in, to fall* within, to come* within. ❸ (*cred., fin.*) (*di denaro*) to come* in. △ ❶ **Quando pensa di ~ in ufficio?** when do you think you will come back to the office?; ❷ **Non rientra nei nostri doveri** it doesn't come within our duties. ❸ **Finalmente un po' di soldi stanno rientrando!** some money is coming in at last! // ~ **in possesso di qc.** to re-enter into possession of st., to resume possession of st., to repossess st.; ~ **nei propri diritti** (*leg.*) to be reinstated in one's rights; ~ **nelle spese** to recover one's expenses; ~ **nell'ambito della giurisdizione di q.** (*leg.*) to come under sb.'s jurisdiction.

riepilogare, *v. t.* to recapitulate, to sum up.

riepilogo, *n. m.* ❶ recapitulation, summing up. ❷ (*banca, rag.*) (*di conti, ecc.*) summary sheet. // ~ **annuale** (*della situazione d'una società commerciale*) (*fin., rag.*) annual return; ~ **delle notizie trasmesse** (*comun.*) wrap-up (*USA*).

riesame, *n. m.* ❶ re-examination, review. ❷ (*leg.*) (*d'una causa*) rehearing, review.

riesaminare, *v. t.* ❶ to re-examine, to review. ❷ (*leg.*) (*una causa*) to rehear*, to review. △ ❷ **Un tribunale superiore può ~ le decisioni d'uno di grado inferiore** a higher Court can review the judgements of a lower one.

riesportare, *v. t.* (*comm. est.*) to re-export, to export again.

riesportatore, *n. m.* (*comm. est.*) re-exporter.

riesportazione, *n. f.* (*comm. est.*) re-exportation, re-export.

rifare, *v. t.* ❶ to make* again, to do* again, to re-make*. ❷ (*indennizzare*) to indemnify. ❸ (*rieleggere*) to re-elect. △ ❷ **Dovremo rifarlo delle spese sostenute** we shall have to indemnify him for the expenses he incurred; ❸ **È stato rifatto consigliere d'amministrazione** he has been re-elected member of the board of directors.

rifarsi, *v. rifl.* to make* up (for). △ **Siete riusciti a rifarvi di tutto il denaro perduto?** have you succeeded in making up for all the money lost? // ~ **delle spese** to clear expenses; ~ **d'una perdita** to recover a loss.

riferimento, *n. m.* reference. // **con ~ a** (*comun.*) with respect to, in reference to, with reference to, referring to, in point of; **con ~ alla vostra ultima lettera** (*comun.*) in reference to (referring to, with respect to) your last letter; **in ~ alla nostra conversazione telefonica** referring to our telephone conversation.

riferire, *v. t.* to report, to relate, to tell*. △ **Tutti i dettagli riguardanti la nuova emissione sono stati riferiti all'assemblea generale** all details concerning the new issue have been related at the general meeting. // ~ **per esteso** (*un avvenimento, ecc.*) (*giorn.*) to cover.

riferirsi, *v. rifl.* ❶ to refer, to make* reference. ❷ (*concernere*) to concern, to refer, to cover, to apply, to be related, to attach. △ ❶ **Quando parlo d'assenteismo, sappiamo tutti benissimo a chi mi riferisco** when I mention absenteeism, all of us know only too well who I am referring to; ❷ **Il talloncino incollato su una polizza di carico si riferisce a una clausola speciale** the attachment stuck on a bill of lading is related to a special clause; **La fattura si riferisce alla merce da voi ordinata** the invoice covers the goods you ordered.

rifinanziare, *v. t.* (*fin.*) to re-finance.

rifinire, *v. t.* (*dare gli ultimi tocchi*) to finish, to finish up.

rifinito, *a.* finished, finished up.

rifinitura, *n. f.* finish, finishing up.

rifiutare, *v. t.* ❶ (*non accettare*) to refuse; (*respingere*) to reject, to rebut; (*declinare*) to decline. ❷ (*negare*) to refuse, to deny, to withhold*. △ ❶ **Sarò costretto a ~ la merce se non mi perverrà in tempo** I shall be compelled to refuse the goods if they don't reach me in time; **Siamo costretti a ~ la merce poiché non corrisponde al campione** we are obliged to reject the goods as they are not up to sample; **Ha rifiutato l'offerta della presidenza** he declined the offer of the chairmanship; ❷ **Non potete rifiutarmi questo favore** you cannot deny me this favour. // ~ **di pagare** (*un assegno, ecc.*) (*cred., leg.*) to dishonour: **La banca ha rifiutato di pagare i suoi assegni** the bank has dishonoured his cheques; ~ **di riconoscere** to repudiate: **Dopo un'interminabile discussione ci rifiutammo di riconoscere il contratto** we repudiated the contract after an endless argument; ~ **di riconoscere un debito** (*cred.*) to repudiate a debt; ~ **un'offerta** to turn down an offer; to shut the door upon an offer (*fig.*).

rifiutarsi, *v. rifl.* to refuse, to decline. △ **Quel nostro cliente s'è rifiutato d'accettare la cambiale** that customer of ours has refused to accept the bill. // ~ **di giungere a un accordo** to stick out (*fam.*); ~ **di pagare** to withhold payment.

rifiuto, *n. m.* ❶ (*il non accettare*) refusal, rejection, rebuttal, declination, turndown. ❷ (*il negare*) refusal, denial. ❸ (*market.*) reject. ❹ **rifiuti**, *pl.* (*market., org. az.*) waste products; waste (*sing.*). △ ❶ **La nostra proposta ha ricevuto un ~** our proposal has met with a refusal; **La lettera contiene un ~ cortese ma fermo** the letter contains a respectful but firm declination; ❷ **Non si aspettavano il ~ della loro richiesta** they didn't expect the denial of their request. // ~ **d'obbedire** (*leg.*) non-compliance; ~ **d'un'offerta** the turndown of an offer; ~ **di pagare** (*cred.*) non-payment; ~ (*da parte del datore di lavoro*) **di prendere parte alla contrattazione collettiva** (*sind.*) failure to bargain collectively; **il ~ di riconoscere un debito** (*cred.*) the repudiation of a debt; **di ~** waste (*attr.*): **La merce di ~ è stata venduta sottocosto** waste goods were sold under cost.

riflessione, *n. f.* (*il pensare*) reflection; (*considerazione*) consideration, deliberation. △ **Dopo attenta ~ hanno deciso di licenziarlo** after careful deliberation they decided to fire him.

riflusso, *n. m.* ❶ (*il rifluire*) reflow, reflux. ❷ (*trasp. mar.*) ebb, reflux. // **il flusso e il ~ della marea** (*trasp. mar.*) the ebb and flow of the tide.

rifondere, *v. t.* (*rimborsare*) to refund, to reimburse, to pay* back. △ **Hanno promesso di ~ i danni** they have promised to refund damages.

riforma, *n. f.* ❶ (*il correggere, il migliorare*) reform, reformation, improvement, amendment. ❷ (*leg.*) (*d'una sentenza*) reversal, amendment. // **la ~ del sistema monetario internazionale** (*econ.*) the reform of the international monetary system; **la «~ della casa»** (*leg.*) housing legislation; **la ~ d'una sentenza** (*leg.*) the amendment of a judgment; **~ fiscale** (*fin.*) tax reform; **~ fondiaria** (*econ.*) land reform; **~ monetaria** (*econ.*) currency reform; **~** (*del diritto*) **penale** (*leg.*) penal reform; **una ~ sociale** a social reform; **~ tributaria** (*fin.*) fiscal reform.

riformare, *v. t.* ❶ (*correggere, migliorare*) to reform, to improve, to mend. ❷ (*leg.*) (*una sentenza*) to amend, to reverse. △ ❷ **La sentenza del tribunale di grado inferiore è stata riformata** the decision of the lower Court has been reversed.

rifornimento, *n. m.* ❶ furnishment, resupply, supply. ❷ (*elab. elettr.*) feed. ❸ (*org. az.*) (*del magazzino*) replenishment, restocking. ❹ (*trasp. mar.*) replenishment. ❺ **rifornimenti**, *pl.* (*cose rifornite*) supplies, provisions. // **rifornimenti di bordo** (*trasp. mar.*) stores; **~ di carbone** (*trasp. mar.*) coaling; **~ idrico** (*org. az.*) water supply; **un ~ in mare** (*trasp. mar.*) a replenishment at sea; **stazione di ~** (*trasp. aut.*) petrol station, filling-station; gas station (*USA*).

rifornire, *v. t.* ❶ to furnish (again), to resupply, to supply. ❷ (*elab. elettr.*) to feed*. ❸ (*org. az.*) (*il magazzino*) to replenish, to stock, to restock. ❹ (*trasp. mar.*) to replenish. △ ❸ **Dobbiamo ~ i nostri scaffali per la stagione invernale** we must stock our shelves in time for the winter season. // **~** (*una nave e sim.*) **di carbone** (*trasp. mar.*) to recoal, to coal; **~ q. di fondi** (*fin.*) to supply sb. with funds; **~ di viveri** (*trasp. mar.*) to victual; **~ una nave in mare** (*trasp. mar.*) to replenish a ship at sea; **~ un negozio di merci** (*org. az.*) to stock a shop with goods.

rifornirsi, *v. rifl.* ❶ to supply oneself (again). ❷ (*org. az.*) to restock. ❸ (*trasp. mar.*) to replenish. // **~ di carbone** (*trasp. mar.*) to coal, to recoal: **La nave ha viaggiato per diversi giorni senza ~ di carbone** the ship travelled for several days without recoaling; **~ di viveri** (*trasp. mar.*) to victual: **La nave si sta rifornendo di viveri nel nostro porto** the ship is victualling in our port.

rifugiarsi, *v. rifl.* to take* refuge, to take* shelter, to refuge. // **~ in un porto** (*trasp. mar.*) to take refuge in a haven, to haven; **~ in un porto di fortuna** (*trasp. mar.*) to take refuge in a port of necessity.

rifugiato, *n. m.* refugee.

rifugio, *n. m.* (*anche fig.*) refuge, haven; shelter. // **~ fiscale** (*fin.*) tax haven.

rifusione, *n. f.* (*rimborso*) reimbursement, refunding, refund; (*risarcimento*) compensation.

riga, *n. f.* ❶ line. ❷ (*attr. uff.*) (*regolo*) rule, ruler. ❸ (*giorn., pubbl.*) (*tipografica*) line. // **l'ultima ~ d'un paragrafo** (*giorn., pubbl.*) the break line, the break.

rigettare, *v. t.* ❶ (*respingere*) to push* back, to drive* back. ❷ (*non accogliere*) to reject, to turn* down. ❸ (*leg.*) to dismiss, to rebut. △ ❷ **La nostra offerta è stata rigettata** our offer has been rejected; ❸ **La causa fu rigettata dal tribunale** the cause was dismissed by the Court. // **~ un'istanza di fallimento** (*leg.*) to dismiss a bankruptcy petition.

rigetto, *n. m.* ❶ rejection, rejecting, turning down. ❷ (*leg.*) dismissal, rebuttal. // **~ d'un'istanza** (*leg.*) rejection of a petition, disallowance; **~ d'una richiesta** (*leg.*) disallowance: **Mi fu notificato il ~ della mia richiesta** I was notified of the disallowance of my claim.

rigidità, *n. f. inv.* ❶ rigidity, hardness, stiffness; (*mancanza d'elasticità*) inelasticity. ❷ (*fig.*: *durezza, severità*) rigidity, strictness. ❸ (*econ.*) (*di domanda, prezzo, ecc.*) stickiness, inelasticity. ❹ (*market.*) (*di prezzi, mercati, ecc.*) flatness. // **~ della domanda** (*econ.*) inelasticity of demand; **~ dell'offerta** (*econ.*) inelasticity of supply.

rigido, *a.* ❶ (*duro, inflessibile*) rigid, hard, stiff; (*inelastico*) inelastic. ❷ (*fig.*: *duro, severo*) rigid, severe, strict, stringent, hard-and-fast. ❸ (*econ.*) (*di domanda, prezzo, ecc.*) sticky, inelastic. ❹ (*market.*) (*di prezzi, mercati*) flat. △ ❷ **Le nuove norme sulla dichiarazione dei redditi sono piuttosto rigide** the new rules on income-tax returns are rather strict; **La politica monetaria è più rigida nel nostro Paese** money policy is more stringent in our Country; ❸ **Le abitudini del consumatore sembrano più rigide delle variazioni nel livello dei redditi** consumer habits seem to be more sticky than variations in the level of income; **L'offerta di manodopera è rigida** labour supply is sticky; ❹ **I prezzi sono rigidi da diversi giorni** prices have been flat for several days.

rigore, *n. m.* (*grande severità*) rigour, severity, strictness, stringency. // **a ~** strictly speaking; **a ~ di legge** (*leg.*) according to the law; **col massimo ~ della legge** (*leg.*) with the utmost rigour of the law.

rigoroso, *a.* rigorous, strict, rigid, severe, stringent. △ **Il mio caporeparto è l'uomo più ~ che conosca** my foreman is the most rigorous man I know.

riguadagnare, *v. t.* ❶ (*guadagnare di nuovo*) to earn again, to re-earn. ❷ (*ricuperare*) to regain, to recover, to get* back. △ ❷ **I nostri articoli stanno riguadagnando terreno** our articles are regaining ground; **Gli industriali italiani devono ~ il tempo perduto** Italian industrialists must recover the time they have lost.

riguardante, *a.* concerning, regarding.

riguardare, *v. t.* (*concernere*) to regard, to concern, to respect. △ **Quella faccenda non ci riguarda affatto** that matter does not concern us at all; **Il trattato riguarda il commercio italiano** the treaty respects Italian commerce. // **per quanto riguarda** as regards, as far as... is (*o* are) concerned: **Per quanto riguarda la nostra produzione, c'è un paio di cose che vorremmo considerate** as far as our production is concerned, there are a couple of things we would like you to consider.

riguardo, *n. m.* ❶ (*rispetto, considerazione*) regard, respect, consideration. ❷ (*rapporto, relazione*) respect, regard, connection. △ ❶ **Non ha molto ~ per i problemi dei suoi dipendenti** he hasn't got much consideration for his employees' problems. // **~ a** in regard to, with respect to, concerning, as regards, as far as... is (*o* are) concerned: **Non c'è nulla di nuovo ~ alla nostra politica interna** there's nothing new in regard to our domestic policy; **a questo ~** in this regard, in this connection; **senza ~ a** without respect to: **La nuova strategia monetaria fu intrapresa senza ~ alle implicazioni psicologiche** the new monetary policy was started without respect to the psychological implications; **sotto ogni ~** in every respect.

rilanciare, *v. t. e i.* ❶ (*fare un'offerta maggiore in un'asta*) to make* a higher bid. ❷ (*fare tornare attuale*) to reactivate.

rilancio, *n. m.* ❶ (*maggiore offerta in un'asta*) higher bid. ❷ (*il fare tornare attuale*) reactivation. // il ~ dell'unione economica e monetaria (*econ.*) the reactivation of the economic and monetary union.

rilasciare, *v. t.* ❶ (*consegnare*) to deliver, to consign. ❷ (*concedere*) to allow*, to grant, to issue. ❸ (*leg.*) (*un detenuto*) to release, to set* free. △ ❶ **La merce in oggetto fu rilasciata dal Sig. Fini** the goods in question were delivered by Sig. Fini; ❷ **Il permesso sarà rilasciato in un paio di giorni** the permit will be granted in a couple of days. // ~ **un diploma** to graduate (*USA*); ~ **un passaporto** to issue a passport; ~ **(una) ricevuta** to make out a receipt, to give (a) receipt: **Favorite curare che sia rilasciata (una) ricevuta** please see that a receipt is made out.

rilascio, *n. m.* ❶ (*consegna*) delivery, consignment. ❷ (*concessione*) grant, issue; issuance (*USA*). ❸ (*leg.*) (*d'un detenuto*) release, setting free. // « ~ **carico** » (*trasp. mar.*) « freight release »; il ~ **delle licenze d'importazione e d'esportazione** (*comm. est.*) the issue of import and export licences; il ~ **d'un brevetto** (*leg.*) the grant of a patent; ~ **di garanzie di pagamento per conto dei compratori** (*nei confronti dei venditori*) (*fin.*) issuance of payment guarantees on behalf of the buyer; ~ **sotto cauzione** (*leg.*) release on bail.

rilegare, *v. t.* (*un libro*) to bind*.

rilegato, *a.* (*di libro*) bound.

rilegatura, *n. f.* (*di libri*) binding. // ~ **a fogli mobili** (*giorn., pubbl.*) loose-leaf binding; ~ **in tela** (*giorn., pubbl.*) cloth-binding.

rilevamento, *n. m.* ❶ (*topografico*) survey. ❷ (*fin.*) (*d'un'azienda*) take-over. ❸ (*trasp. mar.*) bearing. // ~ **dei tempi (di lavoro)** (*org. az.*) timekeeping; ~ **della parte d'un socio** (*fin.*) buying out a partner; ~ **di pericolo** (*trasp. mar.*) danger bearing; ~ **magnetico** (*trasp. mar.*) magnetic bearing.

rilevante, *a.* ❶ (*considerevole*) relevant, considerable, remarkable. ❷ (*fin., rag.*) (*di perdite, ecc.*) heavy. △ ❷ **Abbiamo subìto perdite rilevanti** we suffered heavy losses.

rilevare, *v. t.* ❶ (*notare*) to notice; (*far notare*) to point out. ❷ (*un terreno*) to survey, to plot. ❸ (*fin.*) (*un'azienda*) to take* over, to buy* out. ❹ (*rag.*) (*i saldi contabili, ecc.*) to abstract. ❺ (*trasp. mar.*) to take* the bearing of. △ ❶ **Mi sforzai di ~ i pregi del loro progetto** I endeavoured to point out the merits of their project; ❸ **All'età di soli venticinque anni rilevò l'impresa paterna** he took the family business over when he was only twenty-five. // ~ **la parte d'un socio** (*fin.*) to buy out a partner; ~ **i risultati d'un conto** (*rag.*) to abstract the results of an account; **non ~** (*non notare*) to overlook; **non ~ un refuso** (*giorn.*) to overlook a misprint.

rilevazione, *n. f.* ❶ survey; (*osservazione*) observation; (*registrazione*) recording; (*valutazione*) evaluation. ❷ (*rag.*) entry. // ~ **degli atteggiamenti** (*dei dipendenti di un'azienda*) (*pers.*) attitude survey; **la ~ dei prezzi** (*market.*) the observation of price trends; ~ **dei tempi** (*cronot.*) time-taking, time recording; ~ **dello stato organizzativo** (*amm.*) management appraisal, management evaluation; ~ **d'apertura** (*rag.*) opening entry; ~ **e stima delle scorte** (*rag.*) inventory and valuation of stocks; ~ (*contabile*) **originaria** (*rag.*) original entry; **rilevazioni statistiche** (*fin.*) gathering of statistical data, statistical findings.

rilievo, *n. m.* ❶ relief. ❷ (*topografico*) survey, plotting. ❸ (*importanza*) importance, prominence, significance. ❹ (*osservazione*) remark; (*critica*) criticism. ❺ (*fin.*) (*d'un'azienda*) taking over. △ ❸ **Mr Miller occupa una posizione di grande ~** Mr Miller holds a position of great prominence; ❹ **Non mi fu fatto alcun ~ grave** no serious criticism was made against me. // ~ **catastale** cadastral survey; **di ~** relevant, significant (*a.*).

rimandare, *v. t.* ❶ (*restituire, mandare indietro*) to send* back, to return. ❷ (*rinviare*) to put* off, to leave* over, to lay* over, to defer, to delay, to postpone; (*aggiornare*) to adjourn; (*una discussione, ecc.*) to shelve. ❸ (*leg.*) (*prorogare*) to continue, to stay. △ ❶ **Ci hanno rimandato la merce perché non è conforme al campione** they have returned us the goods as they are not up to sample; ❷ **Siamo riusciti a ~ di sei mesi i nostri pagamenti** we succeeded in postponing our payments for six months; **A parte quella dei prezzi, altre questioni di rilievo furono rimandate** in addition to prices, other important matters were shelved. // ~ **il pagamento d'un conto** to delay meeting an account; ~ **una riunione** to put off a meeting; ~ (*una mozione, ecc.*) « **sine die** » (*leg.*) to table; **essere rimandato** to lie over, to be deferred.

rimando, *n. m.* ❶ (*il posporre*) putting off, leaving over, deferment, deferring, postponement; (*aggiornamento*) adjournment. ❷ (*richiamo per il lettore*) cross reference, reference.

rimaneggiare, *v. t.* ❶ (*adattare, rifare*) to adapt. ❷ (*giorn.*) (*una colonna, una riga, ecc.*) to overrun*.

rimanente, *a.* remaining, residuary, residual. *n. m.* remainder, remnant; (*resto*) rest; (*residuo*) residue. △ *n.* **Il ~ dovrà essere pagato all'arrivo della merce** the remainder is to be paid on arrival of the goods; **Metà dell'utile è stato distribuito ai soci, e il ~ sarà reinvestito** half of the profit has been distributed to the partners, and the rest will be reinvested. // **il ~ della merce** (*market.*) the remainder of the goods.

rimanenza, *n. f.* ❶ remainder, remnant, surplus. ❷ (*fin., rag.*) balance, surplus, overplus, carry over, excess. ❸ (*market.*) remainder, surplus stock; oddments (*pl.*). // ~ **di cassa** (*rag.*) cash balance; ~ **finale** (*rag.*) closing stock; ~ **iniziale** (*rag.*) opening stock.

rimanere, *v. i.* ❶ to remain, to stay. ❷ (*avanzare*) to remain, to be left. ❸ (*durare, persistere*) to last, to remain. △ ❶ **Quanto rimarrà a Roma?** how long will you be staying in Rome?; ❷ **Se paghiamo tutti i creditori, rimarrà ben poco!** if we pay all our creditors, very little will remain!; ❸ **Spera di ~ in carica per altri 5 anni** he hopes he will remain in office for 5 more years. // ~ **a corto di** to run short of: **Siamo rimasti a corto di denaro** we have run short of money; ~ **al verde** (*fig.*) to be left broke, to be left penniless; ~ **in carica** to remain in office; ~ **in porto** (*per riparazioni, ecc.*) (*trasp. mar.*) to lie up; ~ **indietro** (*anche fig.*) to remain behind, to fall behind, to lag behind: **In questo settore, le imprese comunitarie stanno rimanendo sempre più indietro rispetto alle imprese americane** Community firms are falling further and further behind American firms in this sector; **Gli stipendi e i salari rimasero molto indietro rispetto ai prezzi** salaries and wages lagged far behind prices; ~ **senza lavoro** (*pers.*) to be thrown out of work; ~ **sprovvisti (di merce)** (*market.*) to run out of stock.

rimangiarsi, *v. rifl.* (*fig.: disdire*) to retract, to take* back, to eat*.

rimbarcare, *v. t.* (*trasp. mar.*) to reship, to reembark.

rimbarco, *n. m.* (*trasp. mar.*) reshipment, reshipping, re-embarkation, re-embarking.

rimborsabile, *a.* reimbursable, repayable, returnable, redeemable. // ~ **a richiesta** repayable at call; **non** ~ not repayable, not returnable: **Il nolo si paga in anticipo e non è** ~ **in caso di sinistro** freight is to be paid in advance and is not returnable in case of loss.

rimborsabilità, *n.f. inv.* repayability, redeemability.

rimborsare, *v. t.* ❶ to reimburse, to refund, to repay*, to pay* back. ❷ (*cred., fin.*) (*parte degli interessi pagati per una somma prestata e che viene restituita in anticipo*) to rebate. ❸ (*fin.*) (*obbligazioni*) to redeem. ❹ (*leg.*) to recoup. △ ❶ **A tutti i dipendenti saranno rimborsate le spese di viaggio** all employees shall be reimbursed for travelling expenses; **Il prezzo degli articoli difettosi sarà rimborsato** the prices of all defective articles will be refunded; ❷ **Dovette** ~ **2.000 sterline d'interessi** he had to rebate 2,000 pounds in interest. // ~ **anticipatamente** to pay back in advance; ~ (*una emissione obbligazionaria*) **attraverso l'offerta, in cambio d'altre obbligazioni dello stesso tipo** (*fin.*) to roll over; ~ **i creditori** (*cred.*) to repay creditors; ~ **obbligazioni** (*fin.*) to call bonds; ~ **le spese** to refund expenses.

rimborso, *n. m.* ❶ reimbursement, refund, repayment, rebate. ❷ (*cred., fin.*) (*di parte degli interessi pagati per una somma prestata e restituita in anticipo*) rebate. ❸ (*fin.*) (*d'obbligazioni*) redemption. ❹ (*leg.*) recoupment. △ ❶ **I rimborsi saranno concessi dal Fondo Sociale Europeo** repayments will be made by the European Social Fund; **Nell'attuale delicata situazione non si può sperare nella concessione di rimborsi all'esportazione** reimbursements on exports are not to be hoped for in the present delicate situation; **Non potei effettuare il** ~ **del prestito alla data prescritta** I was not able to make repayment of the loan at the time specified; **Abbiamo diritto a un** ~ **dell'imposta sul reddito** we are entitled to a rebate of the income tax. // ~ **anticipato** (*fin.*) advance refunding; **rimborsi anticipati di debiti pubblici** (*fin.*) advance repayments of public debts; ~ **dei dazi** (*dog.*) drawback; **un** ~ **del nolo** (*trasp. mar.*) a rebate of freight; ~ **delle perdite** (*ass.*) payment of losses; **un** ~ (**delle**) **spese** a reimbursement of expenses; ~ **di diritti doganali** (*pagati per merce che viene riesportata*) (*dog.*) customs drawback; **il** ~ **d'imposte** (*pagate in più del dovuto*) (*fin.*) the return of taxes; **il** ~ **e il ricupero dei dazi doganali** (*comm. est.*) the refund and remission of custom duties; ~ (*di parte del premio*) **per nave in disarmo** (*e quindi non soggetta a rischi di mare*) (*ass. mar.*) lay-up refund; **rimborsi rapidi** (*cred.*) speedy reimbursements.

rimboscamento, *n. m.* (*econ.*) reforestation.

rimboscare, *v. t.* (*econ.*) to reforest.

rimboschimento, *n. m.* V. rimboscamento.

rimboschire, *v. t.* V. rimboscare.

rimediare, *v. i.* ❶ (*portare rimedio*) to remedy, to find* a remedy for, to put* right, to right, to make* up for. ❷ (*curare*) to cure, to heal; (*riparare*) to repair; (*annullare o mitigare gli effetti di*) to counteract. △ ❶ **Come intendete** ~ **al tempo e al denaro perduti?** how do you intend to make up for the time and money lost?; **Non si è fatto nulla per** ~ **alla loro inefficienza** nothing has been done to remedy their inefficiency; ❷ **Dobbiamo** ~ **agli effetti del ritardo verificatosi nella messa in atto dell'organizzazione comune dei mercati in taluni settori** we must counteract the effects of the delay in applying the common market organization in certain sectors.

rimedio, *n. m.* ❶ (*anche fig.*) remedy, cure; counteraction. ❷ (*espediente*) remedy, way out. △ ❶ **Tutti i rimedi proposti per la disoccupazione si sono dimostrati inutili** all the remedies they have proposed for unemployment have proved useless. // **un** ~ **discutibile** a doubtful remedy; ~ **provvisorio** make-do.

rimessa, *n. f.* ❶ (*il rimettere*) replacing, replacement. ❷ (*Borsa*) commission. ❸ (*comm.*) (*in denaro, ecc.*) remittance, transfer; (*di merci*) consignment. ❹ (*rag.*) (*perdita*) loss. ❺ (*trasp. aer.*) hangar. ❻ (*trasp. aut.*) garage. △ ❸ **Accusiamo ricevuta e vi ringraziamo della vostra** ~ we acknowledge receipt of your remittance for which we thank you; ❹ **Fummo costretti a vendere a** ~ we were forced to sell at a loss. // **una** ~ **a saldo** (*cred.*) a remittance in settlement; **rimesse degli emigranti** (*econ.*) immigrant remittances; ~ **d'assegni salvo buon fine** (*banca*) remittance of cheques subject to payment; ~ **in vigore** (*d'una legge*) (*leg.*) re-enactment; ~ **per via aerea** (*cred.*) airmail remittance; ~ **telegrafica** (*comun., cred.*) cable transfer, cable: **Ricevemmo il denaro tramite** ~ **telegrafica** we got the money by cable transfer; **Le rimesse telegrafiche su New York sono quotate a...** New York cables are dealt in at...; **chi effettua una** ~ (*comm.*) remitter; « **nostra** ~ **d'effetti** » (*banca*) « our remittance of bills ».

rimettere, *v. t.* ❶ to put* again, to put* back. ❷ (*mandare*) to remit, to send*; (*consegnare*) to hand; (*presentare*) to submit. ❸ (*perdere, scapitare*) to lose*, to be out (a sum of money); to be (a sum of money) to the bad (*fam.*). ❹ (*affidare*) to refer, to leave*, to entrust. ❺ (*leg.*) (*un debito*) to release, to remit. △ ❷ **Non abbiamo ancora avuto informazioni dalla banca a cui abbiamo rimesso il vostro effetto per l'incasso** we have not yet been informed by the bank to which we handed your draft for collection; ❸ **Ci abbiamo rimesso mille dollari** we are out a thousand dollars; **Nell'affare ci ho rimesso 200 sterline** as the result of the deal, I am 200 pounds to the bad; ❹ **Abbiamo rimesso la vostra lettera alla nostra sede londinese** we have referred your letter to our London agency. // ~ **a nuovo** to renew; ~ **a posto** to replace; ~ **un debito** (*cred.*) to remit a debt; ~ **denaro** (*comun.*) to send money; ~ **denaro in circolazione** (*fin.*) to set money free; ~ **in carica** (*leg.*) to rehabilitate; ~ **in funzione** to reactivate: **Lo stabilimento sarà rimesso in funzione non appena saranno terminati gli scioperi** the factory will be reactivated as soon as the strikes are over; ~ **in ordine** to reorder; ~ **in piedi una società** (**finanziariamente**) (*fin.*) to rehabilitate a company (financially); ~ **in vigore** (*una legge, ecc.*) (*leg.*) to revive, to re-enact; **chi rimette un debito** (*leg.*) releasor, relessor.

rimettersi, *v. rifl.* ❶ (*ristabilirsi*) to recover. ❷ (*affidarsi*) to submit (to sb.), to entrust oneself (to sb.), to rely (on sb.). △ ❷ **Data la delicatezza di questa faccenda, ci rimettiamo completamente a voi** as the matter is so delicate, we rely on you completely. // ~ **al lodo degli arbitri** to refer to the award of the arbitrators; ~ **in piedi** (*dopo una caduta; anche fig.*) to regain one's footing: **Il nostro Paese sta finalmente rimettendosi in piedi nell'arena economica internazionale** our Country is at last regaining its footing in the international economic arena; ~ **in sesto** (*anche fig.*) to get on one's feet again.

rimodernamento, *n. m.* modernization, modernizing, updating.

rimodernare, *v. t.* to modernize, to update. △ **Il proprietario si rifiuta di** ~ **gli edifici** the owner refuses to modernize the buildings.

rimontare, *v. t.* (*trasp. mar.*) to sail up. △ **La nave rimontò il fiume** the ship sailed up the river. // ~ **la corrente** (*trasp. mar.*) to go upstream; ~ **la costa** (*trasp. mar.*) to sail up the coast; ~ **il vento** (*trasp. mar.*) to go against the wind, to go upwind.

rimorchiare, *v. t.* ❶ (*trasp. aut., trasp. mar.*) to tow. ❷ (*trasp. mar.*) to tug, to haul. △ ❶ **La nave è stata rimorchiata nel bacino di carenaggio per** (*essere sottoposta a*) **riparazioni** the ship has been towed into dry dock for repairs. // ~ **al largo** (*trasp. mar.*) to tow off; ~ **in porto** (*trasp. mar.*) to tow into port, to tow in.

rimorchiatore, *n. m.* ❶ (*trasp. aut., trasp. mar.*) tower. ❷ (*trasp. mar.*) tow-boat, tugboat, tow, tug, haulier.

rimorchio, *n. m.* (*trasp. aut., trasp. mar.*) (*azione del rimorchiare*) towage, towing, tow; (*veicolo trainato*) tow. △ **La nave fu presa a** ~ the ship was taken in tow. // ~ **d'autocarro** (*trasp. aut.*) trailer; ~ **d'entrata** (*in porto*) (*trasp. mar.*) towing inwards; ~ **di fianco** (*trasp. mar.*) towing alongside; ~ **d'uscita** (*dal porto*) (*trasp. mar.*) towing outwards.

rimostranza, *n. f.* remonstration, protest, complaint.

rimozione, *n. f.* ❶ removal, removing, displacement; (*eliminazione*) elimination. ❷ (*leg.*) removal. ❸ (*pers.*) (*da un grado*) removal, dismissal. // **la ~ dei sigilli** (*leg.*) the removal of seals; **la ~ d'una legge ingiusta** (*leg.*) the displacement of an unjust law.

rimpastare, *v. t.* ❶ (*fig.*) (*ricomporre, rimaneggiare*) to recompose, to reshuffle. ❷ (*org. az., pers.*) (*il personale*) to shake* up. // ~ **il Governo** to reshuffle the Cabinet.

rimpasto, *n. m.* ❶ (*fig.*) (*il ricomporre, il rimaneggiare*) recomposition, reshuffling. ❷ (*fig.*) (*cosa rimpastata*) recomposition, reshuffle. ❸ (*org. az., pers.*) (*del personale*) shake-up. △ ❷ **C'è stato un ~ al vertice dell'azienda** there has been a reshuffle at the top of the firm.

rimpiazzare, *v. t.* to replace, to substitute, to take* (sb.'s) place. △ **Chi mi rimpiazzerà durante il mio soggiorno londinese?** who's going to take my place during my stay in London? // **farsi ~** to get a substitute.

rimpiazzo, *n. m.* ❶ (*il rimpiazzare*) replacement, replacing, substitution. ❷ (*sostituto*) substitute. △ ❷ **Non abbiamo ancora trovato un ~ per Mr Candle** we have found no substitute for Mr Candle yet.

rimpiegare, *v. t. V.* **reimpiegare**.

rimpiego, *n. m. V.* **reimpiego**.

rimproverare, *v. t.* ❶ to scold, to reproach, to rebuke; (*ufficialmente*) to reprimand. ❷ (*biasimare, criticare*) to blame, to criticize. △ ❶ **Non è la prima volta che dobbiamo ~ quell'impiegato** it's not the first time we've had to reprimand that clerk; ❷ **Non posso rimproverarLa per quanto è successo** I can't blame you for what happened.

rimproverarsi, *v. rifl.* to reproach oneself, to blame oneself. △ **Siete sicuri di non avere nulla da rimproverarvi?** are you sure you haven't got anything to reproach yourselves with?

rimprovero, *n. m.* ❶ reproach, rebuke; (*ufficiale*) reprimand. ❷ (*biasimo*) blame.

rimunerare, *v. t.* to remunerate, to recompense; (*un professionista*) to fee. // **un'azienda che non rimunera** a firm that yields no profit.

rimunerativo, *a.* ❶ remunerative, lucrative, gainful. ❷ (*econ., fin., rag.*) (*d'investimento e sim.*) profitable, remunerative, paying, payable. ❸ (*pers.*) (*di lavoro, ecc.*) paying. △ ❷ **In periodi d'inflazione strisciante gli investimenti rimunerativi non sono di facile reperimento** remunerative investments are not easy to find in times of creeping inflation. // **non ~** unremunerative.

rimunerazione, *n. f.* ❶ remuneration, consideration money, recompense; (*d'un professionista*) fee. ❷ (*fin., rag.*) return. △ ❶ **Questa somma è una congrua ~** this sum is a fair remuneration.

rimuovere, *v. t.* ❶ (*allontanare*) to remove, to displace; (*eliminare*) to eliminate. ❷ (*pers.*) (*q., da un grado*) to remove, to dismiss. △ ❷ **Hanno fatto del loro meglio per rimuoverlo dal suo ufficio** they did their best to dismiss him from his position. // ~ **q. dalla carica** (*pers.*) to remove sb. from office; ~ **le frontiere fiscali** (*fin.*) to eliminate fiscal frontiers; ~ **un procuratore legale dall'esercizio della professione** (*leg.*) to disentitle a solicitor.

rinascere, *v. i.* (*nascere di nuovo*) to be born again; (*rivivere*) to return to life; to revive (*anche fig.*). △ **Nei nostri economisti sta rinascendo l'entusiasmo** enthusiasm is reviving in our economists.

rinascita, *n. f.* re-birth; revival (*anche fig.*).

rincarare, *v. t.* (*market.*) (*aumentare il prezzo di*) to increase the price of, to raise the price of. *v. i.* (*market.*) to get* dearer, to rise* in price, to become* more expensive, to go* up (in price). △ *v. t.* **Abbiamo deciso di ~ il prezzo di alcuni articoli** we have resolved to raise the prices of some articles; *v. i.* **Le materie prime rincarano continuamente** raw materials are getting dearer and dearer.

rincaro, *n. m.* (*market.*) rise in prices, increase in prices, advance in prices, markup. △ **Ci sono stati notevoli rincari negli ultimi tempi** there have been extensive markups lately.

rincrescere, *v. i. impers.* (*sentire rincrescimento*) to be sorry, to regret. △ **Mi rincresce assai di non poter presenziare alla seduta** I deeply regret being unable to attend the meeting.

rincrescimento, *n. m.* regret. △ **Mr Teerdrop espresse ~ per l'impossibilità, da parte sua, d'inviarci le merci che avevamo richiesto** Mr Teerdrop expressed regret for his inability to send us the goods we had requested.

rinforzare, *v. t.* to strengthen, to make* stronger, to reinforce. △ **Il loro staff dovrebbe essere rinforzato con specialisti giovani e di larghe vedute** their staff should be strengthened with young and broadminded specialists.

rinfusa, *n. f.* (*nella locuz.*) **alla ~** (*market.*) in job lots; (*trasp. mar.*) in bulk.

ringraziamento, *n. m.* thanks (*pl.*). △ **Voglio esprimerLe il mio ~ per l'aiuto che mi ha prestato in questa faccenda** I want to express my thanks for the help you gave me in this matter.

ringraziare, *v. t.* to thank. △ **Vi ringraziamo della lettera da voi spedita in data 10 febbraio** we thank you for your letter of the 10th February. // ~ **q. di qc.** to thank sb. for st.; **ringraziandovi anticipatamente** thanking you in advance, thanking you beforehand.

rinnovamento, *n. m.* ❶ renewal; (*rimodernamento*) updating, modernization. ❷ (*sostituzione*) change, renewal.

rinnovare, *v. t.* ❶ to renew; (*rimodernare*) to update, to modernize. ❷ (*sostituire*) to change, to renew. ❸ (*ripetere*) to repeat. △ ❶ **Intendiamo ~ le attrezzature ogni cinque anni** we intend to renew our equipment every five years; ❸ **Molti negozianti hanno già rinnovato le richieste** lots of shopkeepers have already repeated their requests. // ~ **una cambiale** (*banca, cred.*) to renew a bill; ~ **un contratto** (*leg.*) to renew a contract;

~ **un'ordinazione** (*market.*) to repeat an order; ~ **il personale** (*org. az.*) to renew the staff; **non** ~ **un abbonamento** (*giorn.*) to discontinue a subscription.

rinnovo, *n. m.* ❶ renewal; (*rimodernamento*) updating, modernization. ❷ (*sostituzione*) change, renewal. ❸ (*market.*) repeat. △ ❶ **Negli Stati Uniti, molti contratti di lavoro attendono ora il** ~ in the U.S.A., several labour contracts are now due for renewal; ❸ **Il** ~ **della vostra ordinazione non ci è ancora pervenuto** the repeat of your order has not yet reached us. // ~ **del contratto d'affitto** (*leg.*) relocation, reconduction; **il** ~ **d'una cambiale** (*banca, cred.*) the renewal of a bill; **il** ~ **d'un contratto** (*leg.*) the renewal of a contract; **il** ~ **d'un diritto d'autore** (*leg.*) the renewal of a copyright.

rinomanza, *n. f.* renown; (*nome*) name; (*fama*) fame. // **la** ~ **dei nostri prodotti** the renown of our products.

rinomato, *a.* renowned, well-known, famous.

rintracciare, *v. t.* (*anche fig.*) to trace. △ **Non fummo in grado di** ~ **la vostra lettera in data 21 maggio** we were not able to trace your letter dated May 21st.

rinuncia, *n. f.* ❶ (*il rinunciare*) renunciation, renouncement, resignation, relinquishment; (*abbandono*) abandonment. ❷ (*leg.*) (*a un diritto*) waiver, renunciation, remise. ❸ (*pers.*) vacation. △ ❸ **La** ~ **al mio posto fu inevitabile** the vacation of my position was inevitable. // ~ **a un diritto** (*leg.*) quitclaim, disclaimer, remise of a right; **la** ~ **a far valere un diritto** (*leg.*) the remission of a claim; **la** ~ **a un'opzione** the abandonment of an option; **una** ~ **al privilegio dell'immunità** (*leg.*) a waiver of the privilege of immunity; **la** ~ **alla presidenza** the renunciation of one's chairmanship; ~ **del giudizio** (*leg.*) «nolle prosequi»; ~ **formale** (*leg.*) disclaimer; ~ **implicita** (*leg.*) implied waiver.

rinunciare, *v. i.* ❶ to renounce, to resign, to relinquish; (*abbandonare*) to abandon, to give* up; to step down (*fig.*). ❷ (*leg.*) to waive, to renounce, to remise, to recede, to resign, to abdicate. △ ❶ **Siamo stati costretti a** ~ **al progetto** we were forced to abandon our plan; ❷ **Abbiamo rinunciato al rendimento immediato più elevato in cambio della maggior protezione del capitale rappresentata dall'ancoraggio a un valore azionario** we waived short-term yields for the greater protection afforded by equity-linked capital; **Ha rinunciato a tutti i diritti sulla proprietà** he's resigned all his rights in the property. // ~ **a un diritto** (*leg.*) to waive a right, to renounce a right, to release a right, to abdicate a right, to disclaim, to quitclaim, to back down; ~ **a garanzie reali** (*cred., fin.*) to waive collateral; ~ **a un'opzione** to abandon an option; ~ **a un posto** (*pers.*) to step down from a position; ~ **a un privilegio** (*leg.*) to renounce a privilege; ~ **al proprio diritto a un'eredità** (*leg.*) to relinquish one's claim to an inheritance; ~ **all'esecuzione di talune clausole contrattuali** (*leg.*) to waive fulfilment of certain provisions of a contract; ~ **alla propria parte in un affare** to compromise one's share in a transaction; **chi rinuncia** (*a qc.*) resigner; **colui in favore del quale q. rinuncia** (*a qc.*) resignee.

rinunzia, *n. f. V.* **rinuncia**.

rinunziare, *v. i. V.* **rinunciare**.

rinviare, *v. t.* ❶ (*inviare di nuovo*) to send* again. ❷ (*inviare indietro*) to return, to send* back. ❸ (*differire*) to put* off, to postpone, to delay, to defer, to lay* over, to leave* over; (*aggiornare*) to adjourn. ❹ (*leg.*) (*una decisione e sim.*) to stay, to continue; (*una causa a un tribunale inferiore*) to remand; (*un imputato in carcere*) to remand. △ ❷ **Favorite rinviarci tutto il materiale illustrativo** please return us all descriptive literature; ❸ **Abbiamo deciso mediante votazione di** ~ **i provvedimenti alla prossima assemblea** we have voted to lay the provisions over until the next meeting; ❹ **La decisione è stata rinviata alla prossima settimana** the decision has been stayed till next week. // ~ (*una causa*) **a un altro tribunale** (*leg.*) to remit; ~ (*un progetto di legge*) **a una commissione parlamentare** (*leg.*) to commit; ~ **q. a giudizio** (*leg.*) to commit sb. for trial; ~ **una causa** (*leg.*) to adjourn a case; ~ (*un contratto a termine*) **da un mese al mese successivo** (*in una Borsa merci*) (*fin.*) to switch; ~ **un disegno di legge a una commissione parlamentare** (*per un esame ulteriore*) (*leg.*) to refer a bill to a parliamentary committee; ~ **l'esecuzione di** (*una sentenza*) (*leg.*) to reprieve; ~ **una faccenda** to leave over a matter; ~ **un pagamento** to delay a payment; ~ **una seduta** to defer a meeting; ~ **l'udienza** (*leg.*) to adjourn the hearing; **essere rinviato** to lie over.

rinvio, *n. m.* ❶ (*nuovo invio*) sending again. ❷ (*l'inviare indietro*) returning, sending back. ❸ (*differimento*) putting off, postponement, delay, deferment; (*aggiornamento*) adjournment. ❹ (*leg.*) continuation, continuance. △ ❸ **Il** ~ **della discussione ad altra data fu votato dalla maggioranza** the putting off of the discussion to a later date was voted by the majority. // ~ (*d'un progetto di legge*) **a una commissione parlamentare** (*leg.*) commitment; ~ **a un titolo d'acquisto** (*d'un diritto anteriore*) (*leg.*) remitter; **il** ~ **d'una causa** (*leg.*) the adjournment of a suit; (*a un altro tribunale*) the remission of a case, the removal of a cause, the change of venue; **il** ~ (*al fornitore*) **di merci avariate** (*market.*) the return of damaged merchandise; ~ **d'ufficio** (*leg.*) adjournment by the Court; ~ **in carcere** (*per un supplemento d'istruttoria*) (*leg.*) remand.

riordinamento, *n. m.* ❶ (*nuovo ordinamento, nuovo assetto*) reordering, readjustment. ❷ (*riforma*) reform. △ ❶ **Ci sarà un** ~ **dei conti** there will be a readjustment in the accounts. // **il** ~ **fondiario** (*econ.*) the redistribution of land holdings; ~ **in sequenza** (*elab. elettr.*) sequencing.

riordinare, *v. t.* ❶ to reorder, to readjust, to arrange. ❷ (*riformare*) to reform. // ~ **le proprie carte** to arrange one's papers; ~ **in sequenza** (*elab. elettr.*) to sequence.

riorganizzare, *v. t.* ❶ to reorganize, to organize again. ❷ (*org. az.*) to reorganize, to reorder; (*un'azienda*) to shake* up. △ ❷ **Abbiamo riorganizzato il reparto per aumentare l'efficienza** we have reorganized the department in order to increase efficiency; **Dovremmo cercare di** ~ **i nostri schemi produttivi** we should try to reorder our production patterns.

riorganizzarsi, *v. rifl.* ❶ to reorganize. ❷ (*org. az.*) to reorganize.

riorganizzazione, *n. f.* ❶ reorganization, reordering. ❷ (*org. az.*) reorganization, reordering; (*d'una azienda*) shake-up. // **la** ~ **del personale** (*org. az.*) the reorganization of the staff.

riottenere, *v. t.* to get* back, to recover. △ **Tutti i nostri sforzi per** ~ **il denaro furono vani** all attempts to get our money back were unsuccessful.

ripagare, *v. t.* ❶ (*pagare di nuovo*) to repay*, to pay* again. ❷ (*ricompensare*) to pay*, to recompense, to repay*. △ ❷ **Come potremo ripagarLa di quanto ha fatto per noi?** how can we repay you for what you did for us?

riparabile, *a.* reparable.

riparare, *v. t.* ❶ (*difendere*) to shelter, to shield, to protect. ❷ (*aggiustare*) to repair, to mend, to fix. ❸ (*elab. elettr.*) (*guasti*) to debug. ❹ (*leg.*) (*torti, ecc.*) to redress, to repair, to recompense, to make* amends for. *v. i.* (*mettere riparo, rimediare*) to remedy, to redress, to make* up for. △ *v. t.* ❷ Devo far ~ la mia macchina da scrivere I must have my typewriter repaired; *v. i.* Come posso ~ alla mia mancanza? how can I make up for my fault? // ~ un'ingiustizia (*leg.*) to right an injustice; ~ le strade (*trasp. aut.*) to repair roads; ~ un torto (*leg.*) to repair a wrong, to redress a wrong.

riparazione, *n. f.* ❶ (*accomodatura*) repair, repairing, fixing, reparation. ❷ (*elab. elettr.*) (*di guasti*) debugging. ❸ (*leg.*) (*di danni, torti, ecc.*) reparation, redress, recompense, satisfaction, amends. △ ❶ Il macchinario vecchio necessita di continue riparazioni old machines need constant reparations; ❸ Siamo disposti a offrire una ~ we are open to offer reparation. // riparazioni di guerra (*econ.*) war reparations, reparations; ~ di un'ingiustizia (*leg.*) amends for a tort; riparazioni e manutenzioni (*org. az., rag.*) repairs and maintenance; riparazioni in navigazione (*trasp., trasp. aer., trasp. mar.*) voyage repairs; ~ legale (*di torti, ecc.*) (*leg.*) legal redress; riparazioni navali (*trasp. mar.*) ship repairs; in ~ under repair; in ~ di (*leg.*) in satisfaction of.

riparo, *n. m.* ❶ shelter, cover. ❷ (*difesa, protezione*) protection. ❸ (*rimedio*) remedy. ❹ (*trasp. mar.*) (*dal vento*) lee. △ ❷ Questo investimento non offre alcun ~ this investment offers no protection.

ripartibile, *a.* divisible, distributable, apportionable, allottable.

ripartire, *v. t.* ❶ to divide, to distribute, to portion (out), to apportion, to partition, to share (out), to allot. ❷ (*ass. mar.*) (*perdite*) to assess. ❸ (*fin.*) (*azioni o obbligazioni*) to allot. ❹ (*mat.*) to allocate. △ ❶ Gli utili saranno ripartiti fra i 12 soci the profits will be allotted among the 12 partners; ❷ Le perdite sono state ripartite fra gli spedizionieri the losses were assessed among the shippers. // ~ le imposte dirette federali fra i vari Stati (*fin., USA*) to apportion direct Federal taxes among the various States; ~ una perdita in modo proporzionale (*ass. mar.*) to average a loss; ~ proporzionalmente (*fin., rag.*) to prorate, to average: È consueto ~ proporzionalmente le imposte fra venditore e compratore it is usual to prorate taxes between the seller and the buyer; ~ una somma di denaro fra varie persone to allocate a sum of money among several persons; ~ gli utili fra i soci (*anche*) to distribute profits among the members.

ripartizione, *n. f.* ❶ (*il ripartire*) division, distribution, portioning (out), apportionment, partition, sharing (out), allotment. ❷ (*ognuna delle parti*) division, portion, share. ❸ (*ass. mar.*) (*di perdite*) assessment, apportionment. ❹ (*fin.*) (*d'una sottoscrizione azionaria o obbligazionaria*) allotment. ❺ (*mat.*) allocation. ❻ (*rag.*) appropriation. △ ❸ Soltanto l'avaria generale dà luogo alla ~ dei danni fra le parti interessate only general average gives rise to the apportionment of losses among the parties interested. // ~ degli utili (*fin., rag.*) allocation of profits, division of profits, distribution of profits; ~ dei proventi doganali (*dog.*) distribution of customs receipts; ~ del lavoro (*org. az.*) division of work, division of labour; la ~ delle spese pubbliche fra i settori economici cui sono destinate the breakdown of public expenditure by economic sector; la ~ dell'utile netto (*fin.*) the appropriation of the net profit; la ~ d'una perdita (*ass. mar.*) the assessment of a loss; ~ proporzionale (*rag.*) averaging; senza ~ (*di nuove azioni*) (*Borsa*) (*di titolo*) ex allotment.

riparto, *n. m.* (*fin., rag.*) allocation. // senza riparti straordinari d'utili (*Borsa*) (*di titolo*) ex bonus.

ripassare, *v. t.* ❶ (*passare di nuovo*) to cross again, to go* through again. ❷ (*rivedere*) to revise, to go* through again; (*conti, ecc.*) to go* over, to review. ❸ (*org. az.*) (*macchinari, ecc.*) to overhaul. *v. i.* to pass again, to call (at a place) again, to call (on sb.) again. △ *v. t.* ❷ Vorrei ~ i conti prima di partire I'd like to go over the accounts before leaving; ❸ Dobbiamo far ~ il motore attentamente we must have the engine carefully overhauled; *v. i.* Il Sig. Andreis ha detto che ripasserà domani Sig. Andreis said he would call again tomorrow.

ripercussione, *n. f.* (*fig.*) repercussion, far-reaching effect. △ Si devono studiare con attenzione le ripercussioni dei risultati del Kennedy Round sull'agricoltura europea the repercussions on European agriculture of the outcome of the Kennedy Round must be carefully studied. // ripercussioni fiscali (*fin.*) tax consequences.

ripetere, *v. t.* ❶ (*rifare*) to repeat. ❷ (*ridire*) to repeat, to say* again, to tell* again. ❸ (*leg.*) (*chiedere a titolo di restituzione*) to claim back. △ ❷ Vorrebbe ~ generalità e indirizzo, per favore? would you please repeat your name and address?; ❸ Non avete il diritto di ~ quella somma di denaro you have no right to claim back that sum of money. // ~ le proprie lagnanze to renew one's complaints.

ripetitivo, *a.* repetitive. △ Un lavoro ~ non è ma gradito a repetitive work is never gratifying.

ripetitore, *n. m.* repeater. // ~ televisivo (*comun.*) television relay.

ripetizione, *n. f.* ❶ repetition, repeat. ❷ (*leg.*) claiming back. △ ❶ Talora il gergo dei leader sindacali non è che ~ di slogan e luoghi comuni union leaders' slang is sometimes but the repetition of slogans and clichés. // ~ (*d'un gruppo*) d'istruzioni (*in un programma*) (*elab. elettr.*) loop.

ripetutamente, *avv.* repeatedly, frequently, over and over again.

ripiego, *n. m.* expedient, resource, stopgap, device. △ L'esportazione di merci è soltanto un ~ d'emergenza nella situazione economica attuale the export of goods is just an emergency stopgap in the present economic situation.

riportabile, *a.* (*Borsa*) (*di titolo*) contangoable, continuable.

riportare, *v. t.* ❶ (*verso l'interlocutore: portare di nuovo*) to bring* again; (*portare indietro*) to bring* back; (*lontano dall'interlocutore: portare di nuovo*) to take* again; (*portare indietro*) to take* back. ❷ (*riferire*) to report, to relate. ❸ (*ottenere, ricevere*) to get*, to receive; (*subire*) to suffer. ❹ (*Borsa*) to contango, to continue, to carry over, to borrow. ❺ (*mat.*) (*una cifra*) to carry, to carry over. ❻ (*rag.*) (*una cifra ad altra colonna, pagina, libro*) to carry over, to carry forward, to bring* forward. △ ❶ Non si dimentichi di riportarci la ricevuta don't forget to bring us back the receipt; Riporti questi assegni al Sig. Ruini, per favore take these cheques back to Sig. Ruini, please; ❷ I giornali della sera non riportavano quella notizia the evening papers didn't relate (*o* carry) that news; ❸ La merce ha riportato molti danni? have the goods suffered much damage?; ❹ L'agente di cambio che riporta, impresta contro deposito di titoli the broker who contangoes lends on deposit of stock. // ~ a nuovo (*rag.*) to carry forward, to forward, to extend; ~ (*i*

riportatore

prezzi, ecc.) **ai livelli precedenti** (*mediante interventi statali*) (*econ., market.*) to roll back: **Si stanno prendendo misure per ~ i prezzi delle derrate ai livelli precedenti** they are taking measures to roll commodity prices back; **~ una posizione da una liquidazione alla successiva** (*Borsa*) to contango a book from one settlement to the next; **~ un saldo** (*rag.*) to forward a balance; **~ il saldo interessi nella colonna capitali** (*rag.*) to carry out the balance of interest in the principal column; **~ titoli** (*Borsa*) to carry stock, to take in stocks; **~ un totale** (*rag.*) to carry over a total; « **a ~** » (*rag.*) « carried forward »; **riportato a nuovo** (*rag.*) (*di cifra, di totale, ecc.*) extended.

riportatore, *n. m.* (*Borsa*) taker.

riporto, *n. m.* ❶ (*Borsa*) contango, contangoing, continuation account, continuation, carry-over of securities, carry-over. ❷ (*mat.*) carry, carry-over. ❸ (*rag.*) (*il procedimento*) bringing forward, carrying forward, carrying over; (*ammontare riportato*) amount brought forward (*o* down), amount carried forward (*o* down), balance brought forward (*o* down), balance carried forward (*o* down), carry-over. △ ❶ **Nel ~, il mutuante è garantito da un titolo** in contangoing the lender is secured by a stock; ❷ **Il ~ è di £ 80** the carry-over is £ 80; ❸ **Questi provvedimenti regolano le modalità di ~ delle scorte** these measures regulate the carry-over of stocks. // « **riporto** » (*rag.*) « brought forward »; **~ a nuovo** (*rag.*) extension; **il ~ delle perdite** (*rag.*) the carrying over of losses to subsequent years; **~ in cambi** (*fin.*) swap, swop; **~ staccato** (*Borsa, fin.*) hedging; **~ su divise** (*fin.*) continuation on foreign exchanges, swap; **~ valutario** (*fin.*) swap of currency, swap.

riposare, *v. t.* (*posare di nuovo*) to place back, to put* back, to lay* down again. *v. i.* (*riposarsi*) to rest.

riposo, *n. m.* rest. △ **Da quando ho avuto questo impiego non ho mai un minuto di ~** since I got this job I've never had a moment's rest. // **a ~** (*pers.*) retired; **on the shelf** (*pred.*); **collocare q. a ~** (*pers.*) (*per malattia*) to put sb. on the sick-list; (*per raggiunti limiti d'età*) to superannuate sb.

ripostiglio, *n. m.* store-room, lumber-room; closet (*USA*).

riprendere, *v. t.* ❶ (*prendere di nuovo*) to take* again, to retake*. ❷ (*prendere indietro*) to take* back, to get* back; (*ricuperare*) to recover. ❸ (*ricominciare*) to begin* again, to resume; (*una discussione, ecc.*) to reopen. *v. i.* (*econ.*) (*d'attività commerciale, ecc.*) to pick up, to catch* up. △ *v. t.* ❷ **È stato difficile ~ il denaro che avevamo prestato** it was hard to get back the money we had lent; ❸ **La produzione sarà ripresa al più presto** production will be resumed as soon as possible; *v. i.* **Finalmente l'attività economica sta riprendendo** economic activity is catching up at last. // **~ un articolo** (*restituendo al cliente il prezzo che aveva pagato*) (*market.*) to take back an article; **~ il lavoro** (*org. az.*) to resume work; **~ slancio** (*econ.*) to pick up: **Gli affari, di solito, riprendono slancio in dicembre** business usually picks up in December; **~ vigore** (*econ.*) to pick up; **riprendersi qc.** (*leg.*) to resume possession of st.

riprendersi, *v. rifl.* ❶ (*anche fig.*) to recover. ❷ (*Borsa, fin.*) (*di titoli, ecc.*) to rally. △ ❶ **L'industria laniera sta finalmente riprendendosi dopo la lunga depressione** the wool industry is at last recovering after the long slump; ❷ **I (titoli) nazionali dovrebbero ~ dopo il fine settimana** domestic shares should rally after the week-end.

ripresa, *n. f.* ❶ renewal, resumption, restarting; (*d'una discussione, ecc.*) reopening. ❷ (*da una malattia e sim.: anche fig.*) recovery. ❸ (*Borsa, fin., market.*) (*di titoli, ecc.*) rally, recovery, upswing, snapback. ❹ (*econ.*) recovery, catching-up, catch-up, pick-up, go. △ ❶ **La data della ~ del processo non è ancora stata fissata** the date of resumption of the trial has not yet been decided upon; ❸ **La ~ della Borsa italiana è proseguita ancora lungo tutto l'arco del mese di maggio** the recovery of the Italian stock market lasted throughout the whole month of May; **C'è stata una netta ~ nel settore dei semi di soia alla Borsa (merci) di Chicago** there's been a sharp rally in the soybean complex on the Chicago Exchange; **C'è una netta ~ nel mercato obbligazionario** there is a sharp recovery in the debenture market; **Nutriamo la speranza che si verifichi una ~ a Wall Street** we cherish the hope of a Wall Street on the upswing; **La maggior parte degli « addetti ai lavori » prevede una ~ del mercato** most insiders predict a snapback of the market; ❹ **Ci aspettiamo una generale ~ dopo la « magra » estiva** we are expecting a general pick-up after the Summer slump; **Finalmente l'economia si sta muovendo verso una fase di ~** economy is at last moving towards a go phase. // **~ a breve termine** (*econ.*) short-term recovery; **~** (*cinematografica o televisiva*) **dal vero** (*pubbl.*) live action; **la ~ del potere da parte dell'opposizione** the resumption of power by the opposition; **~ dell'attività commerciale** (*econ.*) business recovery; **la ~ di possesso** (*leg.*) the resumption of possession; **~ di possesso di beni sottratti illecitamente** (*leg.*) recaption; **~ diretta** (*radio, TV*) live action; **~ economica** (*econ.*) economic recovery, economic revival; **~ in campo medio** (*pubbl.*) middle distance shot; **una ~ produttiva** (*econ.*) a recovery in production, a production recovery; **~ strisciante** (*econ.*) creeping recovery; **essere in ~** (*Borsa, fin.*) (*di titoli, ecc.*) to recover; (*econ.*) (*di situazione economica*) to recover; (*di domanda, prezzo, ecc.*) to be up: **Le azioni Shannon sono in brillante ~** Shannon shares are recovering smartly; **La domanda estera è in ~** foreign demand is up; **in ~ diretta** (*pubbl.*) live (*a.*).

ripristinare, *v. t.* to restore, to reinstate.

ripristino, *n. m.* restoration, reinstatement.

riprodurre, *v. t.* ❶ (*produrre di nuovo*) to reproduce, to produce again. ❷ (*copiare*) to copy, to reproduce; (*documenti, ecc.*) to take* off. // **~** (*lettere, disegni, ecc.*) **con uno stampino** (*giorn., pubbl.*) to stencil; **~** (*un originale*) **due volte** to triplicate; **~ esattamente** (*qc.*) to facsimile; **essere riprodotto** (*bene, male, ecc.*) to reproduce: **L'originale sarà riprodotto chiaramente nella fotocopia** the original will reproduce clearly in the photocopy.

riprodursi, *v. rifl.* to reproduce, to be reproduced.

riproduttivo, *a.* reproductive.

riproduttore, *n. m.* reproducer. // **~ elettronico** (*macch. uff.*) electronic duplicator.

riproduzione, *n. f.* ❶ (*il riprodurre, il riprodursi*) reproduction. ❷ (*cosa riprodotta*) reproduction; (*copia*) copy. // **la ~ di capitale** (*fin.*) the reproduction of capital; **diritto di ~** (*leg.*) copyright.

riprova, *n. f.* ❶ (*nuova prova*) new proof, new evidence. ❷ (*riconferma*) reconfirmation, confirmation. // **a ~** as a proof.

ripubblicare, *v. t.* (*giorn., pubbl.*) to republish, to publish again, to reissue.

ripubblicazione, *n. f.* (*giorn., pubbl.*) republication, new publication, reissue.

ripudiare, *v. t.* ❶ to repudiate. ❷ (*leg.*) (*un'accusa*) to disclaim.

ripudio, *n. m.* ❶ repudiation. ❷ (*leg.*) (*d'un'accusa, ecc.*) disclaimer.

riputare, *v. t. V.* **reputare**.

riputazione, *n. f. V.* **reputazione**.

risalire, *v. t.* ❶ to go* up, to ascend. ❷ (*salire di nuovo*) to go* up again, to re-ascend. ❸ (*trasp. mar.*) to sail up. *v. i.* ❶ to go* up again, to re-ascend. ❷ (*rimontare a tempi passati*) to date back (to). △ *v. t.* ❸ **La nave risalì il fiume** the ship sailed up the river; *v. i.* ❷ **La prosperità dell'azienda risale al periodo postbellico** the prosperity of the business dates back to the post-war years. // ~ **la corrente** (*fig.*) to get on one's feet again; ~ **la costa** (*trasp. mar.*) to sail up the coast.

risanamento, *n. m.* (*econ.*) recovery; (*del terreno*) reclamation, reclaiming.

risanare, *v. t.* (*econ.*) to recover; (*terreni*) to reclaim. // ~ **il bilancio** (*fin., rag.*) to re-establish the budget on a sound footing; (*con l'eliminazione di crediti inesigibili, ecc.*) to clean up the balance sheet.

risarcibile, *a.* (*leg.*) recoupable, indemnifiable.

risarcimento, *n. m.* (*leg.*) recoupment, refund, redress, reimbursement, recompense, indemnification, indemnity, compensation. △ **Dovettero pagare un forte ~** they had to pay a large indemnity. // ~ **dei danni** (*ass.*) compensation for damages, damages; ~ **dei danni di guerra** (*econ.*) war-damage compensation; ~ **legale** (*leg.*) legal redress; ~ **per invalidità** (*ass.*) compensation for disability; ~ **simbolico** (*a chi non ha dimostrato d'aver diritto a un risarcimento proporzionato al danno*) (*leg.*) nominal damages; **a ~ di** (*leg.*) in satisfaction of.

risarcire, *v. t.* (*leg.*) to recoup, to refund, to redress, to reimburse, to recompense, to indemnify, to compensate, to make* good. △ **I danni saranno risarciti coi fondi societari** damages are to be reimbursed from the company's funds; **Il nostro vicino acconsentì a ~ tutti i danni** our neighbour agreed to recompense all damages; **Ci risarciranno per la perdita** they will compensate us for the loss. // ~ **un danno** (*leg.*) to redress a damage; ~ **q. d'una perdita subita** (*ass.*) to make good sb.'s loss; ~ **q. per danni** (*leg.*) to recoup sb. for damages; ~ **una perdita** (*leg.*) to repair a loss; **chi risarcisce** (*leg.*) indemnitor; **chi è risarcito** (*leg.*) indemnitee; **chi ha diritto a essere risarcito** (*leg.*) indemnitee; **chi è tenuto a ~** (*leg.*) indemnitor.

riscaldamento, *n. m.* heating, heat. △ **Il nostro canone d'affitto non comprende il ~** heat isn't included in our rent.

riscaldare, *v. t.* to heat, to warm.

riscattabile, *a.* (*fin., leg.*) redeemable. // **non ~** (*fin., leg.*) unredeemable.

riscattare, *v. t.* ❶ (*riacquistare*) to repurchase. ❷ (*ass.*) (*una polizza*) to surrender. ❸ (*fin., leg.*) to redeem, to buy* in, to buy* off. // ~ **un pegno** (*leg.*) to redeem a pledge; ~ **una polizza** (*ass.*) to surrender a policy; ~ **terreni ipotecati** (*leg.*) to redeem mortgaged land.

riscatto, *n. m.* ❶ (*riacquisto*) repurchase. ❷ (*ass.*) (*d'una polizza*) surrender. ❸ (*fin., leg.*) redemption. // ~ **di stallia** (*trasp. mar.*) (*abbuono sul nolo concesso al caricatore quando questi riesce a caricare e a scaricare prima del tempo assegnato per le stallie*) dispatch money; **diritto di ~** (*leg.*) right of redemption.

rischiare, *v. t.* to risk, to venture, to hazard; to stake. *v. i.* to run* the risk. // ~ **la propria fortuna in un'impresa** to risk one's fortune in an enterprise; **chi rischia denaro** (*fin.*) venturer.

rischio, *n. m.* ❶ risk, venture, hazard; gamble (*fig.*); (*pericolo*) danger. ❷ (*ass.*) risk. △ ❶ **La maggior parte degli azionisti nuovi dovrà correre questo ~** most of the new shareholders will have to take the gamble; ❷ **Il ~ decorre dal momento in cui la merce è caricata a bordo della nave** the risk attaches from the time of loading the goods aboard the ship; **Gli articoli sono stati assicurati contro tutti i rischi** the articles have been insured against all risks. // ~ **a carico del vettore** (*trasp.*) company's risk; **rischi attinenti alla navigazione** (*ass. mar.*) perils of the sea; **rischi contro terzi** (*ass.*) third-party risks; ~ **d'abbordaggio** (*trasp. mar.*) collision risk; ~ **d'alleggio** (*ass. mar.*) risk of craft, craft risk; ~ **di baratteria** (*ass. mar.*) barratry risk; ~ **di cambio** (*Borsa, fin.*) exchange risk; ~ **di carico** (*trasp. mar.*) loading risk; ~ **di chiatta** (*ass. mar.*) craft risk; ~ **di danno per esposizione alle intemperie** (*ass.*) risk of damage for exposure to weather; ~ **di deviazione** (*ass. mar.*) deviation risk; ~ **di furto** (*ass.*) theft risk; ~ **d'incendio** (*ass.*) risk of fire, fire risk; **rischi di mare** (*ass. mar., trasp. mar.*) marine risks, marine perils, maritime perils; ~ **di quarantena** (*trasp. mar.*) quarantine risk; ~ **di rottura** (*trasp.*) risk of breakage, breakage risk; ~ **di sbarco** (*trasp. mar.*) unloading risk; ~ **di terra** (*ass.*) non-marine risk; ~ **di trasbordo** (*ass. mar.*) transshipment risk; **rischi e pericoli della navigazione** (*ass. mar., trasp. mar.*) marine risks, marine perils, maritime perils; ~ **marittimo** (*ass. mar., trasp. mar., anche*) adventure; **rischi marittimi** (*ass. mar.*) sea risks, sea perils: **La nostra polizza non copriva questo particolare tipo di rischi marittimi** our policy didn't cover this particular type of sea perils; **rischi marittimi imprevisti** (*ass. mar.*) marine casualties; ~ **massimo** (*ass.*) maximum risk; ~ **negli scali** (*ass. mar.*) calls risk; ~ **per il carico di coperta** (*ass. mar.*) deck-cargo risk; ~ **terrestre** (*ass.*) non-marine risk; **a ~ dei proprietari della merce** (*market.*) at the risk of the owners of the goods; **a ~ del compratore** (*market.*) at (the) buyer's risk; with all faults; **a ~ del destinatario** (*trasp.*) at the consignee's risk; **a ~ dello spedizioniere** (*market.*) at the risk of the shippers; **a ~ e pericolo del committente** (*market.*) at owner's risk; **a ~ e pericolo del compratore** (*leg.*) at the buyer's risk; **a ~ e pericolo del destinatario** (*trasp.*) at owner's risk; **a proprio ~ e pericolo** at one's peril; **chi corre un ~** (*ass.*) risk bearer; **senza correre rischi** safely (*avv.*).

rischioso, *a.* risky, hazardous; (*pericoloso*) dangerous; (*d'affare*) speculative; (*malsicuro*) unsafe.

riscontare, *v. t.* (*banca, cred.*) (*titoli di credito*) to rediscount, to discount again.

risconto, *n. m.* (*banca, cred.*) rediscount, rediscount account. // **risconti attivi** (*rag.*) deferred charges, prepaid expenses; ~ **di portafoglio** (*banca*) rebate on bills not due; **risconti passivi** deferred incomes.

riscontrare, *v. t.* ❶ (*verificare*) to verify, to check. ❷ (*confrontare*) to compare, to collate. ❸ (*trovare*) to find* (out); (*notare*) to notice. △ ❶ **Il conto cassa è stato riscontrato dal Sig. Neri** the cash account was verified by Sig. Neri; ❸ **Non abbiamo riscontrato alcun errore nella vostra relazione** we didn't find out any mistakes in your report.

riscontro, *n. m.* ❶ (*verifica*) check, verification. ❷ (*confronto*) comparison, collation. ❸ (*comun.*) (*risposta*) reply, answer, receipt. △ ❸ **Favorite inviarci un cenno di ~** please acknowledge receipt. // **in ~ alla vostra lettera** (*comun.*) in reply to your letter.

riscossione, *n. f.* collection. // ~ **di dazio** (*fin.*)

tollage; ~ **di pedaggio** (*trasp.*) tollage; **alla ~** (*al momento della riscossione*) upon collection.

riscuotere, *v. t.* ❶ to collect, to draw*; (*incassare*) to cash. ❷ (*fin.*) (*tasse, tributi, ecc.*) to levy, to impose. △ ❶ **Dove posso ~ questo assegno?** where can I cash this cheque?; ❷ **L'Italia è stata autorizzata dal Consiglio a ~, sulle importazioni dai Paesi terzi, un prelievo supplementare** the Council authorized Italy to impose an additional levy on imports from non-member Countries. // **~ un credito** (*cred.*) to collect a debt; **~ un dividendo** (*fin.*) to collect a dividend; **~ le imposte** (*fin.*) to collect taxes, to gather taxes; **~ la paga** (*pers.*) to receive one's pay; **~ un tributo** (*fin.*) to levy a tax; **non riscosso** (*cred.*) uncollected.

riscuotibile, *a.* collectible, collectable, cashable. // **non ~** (*cred.*) uncollectible, uncashable.

riserva, *n.f.* ❶ reserve, store, stock, supply. ❷ (*restrizione*) reservation, reserve. ❸ (*banca, fin., rag.*) reserve; (*costituita dagli utili indivisi che restano dopo il pagamento dei dividendi*) rest. ❹ (*econ.*) (*di capitale*) surplus. ❺ (*org. az.*) supply; (*di materie prime, merci, ecc.*) stockpile. ❻ (*rag., anche*) fund. ❼ **riserve**, *pl.* (*fin.*) (*di valuta o di preziosi*) coffers. △ ❶ **La merce in ~ si va esaurendo** the goods in stock are running short; ❷ **Hanno firmato il contratto senza alcuna ~** they have signed the contract without reservation; ❸ **È stato deciso d'accendere un fondo di ~** they have decided to open a reserve account; **I saldi attivi che da tempo la loro bilancia dei pagamenti consegue si sono tradotti in un aumento delle riserve** the consistent surpluses in their balance of payments have resulted in an improvement of reserves. // **~ aurea** (*banca, econ., fin.*) gold reserve: **Le riserve auree si mantengono da tempo sui 1.800 miliardi di lire** gold reserves have been standing for some time at around 1,800 billion lire; **Le riserve auree stanno assottigliandosi sempre più** gold reserves are getting thinner and thinner; **~ bancaria** bank reserve; **riserve danni, tecniche e riporto premi** (*ass.*) risk, contingency and policy reserves; **~ di denaro** money reserve; (*rag.*) spare cash; **la ~ d'un diritto** (*leg.*) the reservation of a right; **~ di domanda** (*econ.*) backlog of demand; **una ~ di legge** (*leg.*) a saving clause; **~ di previdenza** (*rag.*) contingency reserve; **riserve disponibili** (*fin., rag.*) free reserves, revenue reserves; **riserve e accantonamenti esenti da imposta** (*fin.*) tax-exempt general and special reserves; **riserve in aumento** (*fin., rag.*) growing reserves; **~ iniziale** (*ass.*) initial reserve; **~ legale** (*ass., leg., rag.*) legal reserve; **~ matematica** (*ass.*) life annuity fund; **~ metallica** (*banca*) metallic reserve, bullion reserve; **riserve monetarie** (*fin.*) monetary reserves; (*d'una persona o d'un'associazione*) exchequer; **~ netta finale** (*alla chiusura dell'esercizio*) (*ass.*) terminal reserve; **~ obbligatoria** (*fin.*) compulsory reserve; **~ occulta** (*rag.*) secret reserve, hidden reserve, inner reserve; **~ per obsolescenza** (*d'attività fisse*) (*rag.*) reserve for obsolescence; **~ per sinistri** (*ass.*) loss reserve; **~ per sinistri da liquidare** (*ass.*) claims reserve; **~ primaria** (*banca*) primary reserve; **~ statutaria** (*rag.*) statutory reserve, capital reserve, general reserve; **~ straordinaria** (*rag.*) extraordinary reserve, surplus reserve; **~ straordinaria disponibile** (*econ., rag.*) free capital reserve; **~ tecnica** (*ass.*) actuarial reserve; **riserve ufficiali nette** (*fin.*) official net reserves; **con riserve** (*leg.*) with prejudice; (*d'accettazione cambiaria, ecc.*) qualified (*attr.*); « **con ~ di tutti i diritti** » (*leg.*) « all rights reserved »; **con tutte le (dovute) riserve** with all (due) reserves; **in ~** in hand; **senza alcuna ~** without reserve,

without reservation: **La nostra proposta fu accettata senza alcuna ~** our proposal was accepted without reserve; **senza riserve** (*leg.*) without prejudice; unconditional (*a.*).

riservare, *v. t.* ❶ to reserve, to keep*. ❷ (*prenotare*) to book. △ ❷ **Devo ~ un posto sul volo n. 427** I must book a seat on flight nº. 427.

riservarsi, *v. rifl.* to reserve (oneself). △ **Mi riservo di decidere** I reserve my decision; **Dovreste riservarvi il diritto d'esaminare la merce prima d'accettarla** you ought to reserve the right to inspect the goods before accepting them. // **~ il diritto di fare qc.** to reserve the right to do st.

riservato, *a.* ❶ (*pieno di riserbo*) reserved, restrained; (*discreto*) discreet. ❷ (*messo da parte*) reserved. ❸ (*segreto*) confidential, secret, private; inside (*attr.*). △ ❸ **Siamo tenuti a presentare loro un rapporto riservatissimo** we are supposed to hand them a strictly confidential report. // **in via riservatissima** strictly in confidence.

risiedere, *v. i.* to reside, to live, to dwell*. △ **Tutte le persone nate o naturalizzate negli Stati Uniti, e soggette alla giurisdizione di quel Paese, sono cittadini degli Stati Uniti e dello Stato in cui risiedono** (*dalla Costituzione degli U.S.A.*) all persons born or naturalized in the United States, and subject to the jurisdiction thereof, are citizens of the United States and of the State wherein they reside (*U.S. Constitution*).

risistemare, *v. t.* to rearrange, to readjust. // **~ il carico** (*trasp. mar.*) to rummage.

risma, *n.f.* (*giorn., pubbl.*) (*unità di misura di fogli di carta*) ream; (*di 516 fogli*) printer's ream; (*di 500 fogli*) long ream; (*di 480 fogli*) short ream.

risolubile, *a.* ❶ solvable, resolvable. ❷ (*leg.*) defeasible, imperfect.

risolubilità, *n. f. inv.* (*leg.*) defeasibility.
risolutivo, *a.* (*leg.*) resolutive, resolutory.
risolutorio, *a.* (*leg.*) resolutive, resolutory.
risoluzione, *n. f.* ❶ (*decisione*) resolution, decision. ❷ (*leg.*) (*di un contratto*) cancellation, dissolution, determination, resolution, defeasance, annulment. ❸ (*mat.*) resolution, solution, working-out. △ ❶ **La vostra ~ vi renderà assai impopolari** your decision will make you quite unpopular; ❷ **Per la mancanza d'uno dei requisiti, la ~ del contratto fu inevitabile** owing to the lack of one of the requisites, the cancellation of the contract was inevitable.

risolvere, *v. t.* ❶ to resolve, to solve; (*un problema, anche*) to work out, to figure out. ❷ (*decidere*) to decide, to resolve. ❸ (*comporre*) to settle, to decide, to define. ❹ (*leg.*) (*rescindere*) to cancel, to rescind, to dissolve, to determine, to annul. △ ❶ **Le nostre difficoltà finanziarie non sono ancora state risolte** our financial difficulties have not yet been resolved; **Stiamo cercando di ~ il problema** we're trying to figure out the problem; ❸ **Ciò risolve per sempre la faccenda** that settles the matter for good; **Siamo ansiosi di risolvere la vertenza** we are looking forward to deciding the dispute. // **~** (*una questione*) **con un compromesso** to compromise; **~ un contratto** (*leg.*) to annul a contract, to determine a contract, to rescind a contract; (*riducendone i termini*) to cut back a contract; **~ un'equazione per mezzo d'approssimazioni successive** (*mat.*) to solve an equation by successive approximations; **~ un problema** (*anche mat.*) to solve a problem; **~ un problema finanziario** to work out a financial problem.

risolversi, *v. rifl.* ❶ (*decidersi*) to decide, to make*

up one's mind. ❷ (*trasformarsi*) to change, to result. △ ❷ **Speriamo che l'impresa si risolva in un buon profitto** let's hope the undertaking will result in a good profit.

risolvibile, *a*. ❶ solvable, resolvable. ❷ (*leg.*) cancellable, annullable.

risorsa, *n. f.* ❶ resource; means (*pl.*). ❷ (*espediente*) resource, expedient, resort, device. ❸ **risorse**, *pl.* (*econ., fin.*) resources; (*forze*) strengths. △ ❸ **Gli Stati Uniti hanno sempre avuto una grande quantità di risorse naturali** the United States have always had plenty of natural resources; **La loro società ha esaurito ogni ~ finanziaria** their company has exhausted all pecuniary resources; **Poiché ci mancano dati attendibili, non siamo in grado di confrontare le risorse economiche e industriali dei blocchi comunista e anticomunista** as we lack reliable data, we can't make a comparison between the economic and industrial strengths of the Communist and anti-Communist blocs. // **risorse finanziarie** (*fin.*) financial resources, moneyed resources; pocket book, pocket (*fam.*); **risorse monetarie a breve** (*fin.*) short-term funds; **risorse naturali** (*econ.*) natural resources: **Molte nazioni dispongono di ricche risorse naturali che non sanno tuttavia sfruttare** lots of nations are rich in natural resources which they don't know how to exploit; **risorse potenziali** potential resources, potentials: potentiality, potential (*sing.*): **La localizzazione industriale deve utilizzare la manodopera e le altre risorse potenziali** industrial location must make use of labour and other potentials; **le risorse potenziali del nostro Paese** (*econ.*) the potential resources of our Country.

risparmiare, *v. t.* ❶ (*mettere in serbo*) to save, to save up, to lay* aside, to lay* by, to put* away, to put* by; to slice (*fam.*); (*economizzare*) to economize. ❷ (*non infliggere*) to spare. ❸ (*non distruggere, salvare*) to spare. △ ❶ **Bisognerebbe ~ un po' di denaro per la vecchiaia** one should save a little money for one's old age; **La nostra macchina vi farà ~ un sacco di tempo e di denaro** our machine will save you a lot of time and money; **Stiamo cercando di ~ almeno 10 milioni sul combustibile** (*d'eliminare 10 milioni dal conto del combustibile*) we are trying to slice at least 10 millions from our annual fuel bill; ❷ **Ci risparmiarono il disturbo di rispondere** they spared us the trouble of answering; ❸ **Molte navi furono affondate ma alcune vennero risparmiate** many vessels were sunk but a few were spared. // **che fa ~ economical;** saving (*nei composti*: labour-saving, *ecc.*); **che fa ~ tempo** time-saving: **Fra breve sarà installata una nuova attrezzatura che fa ~ tempo** a new time-saving appliance will be installed shortly.

risparmiatore, *n. m.* ❶ saver. ❷ (*banca, fin.*) saver, investor. △ ❶❷ **Si consiglia al piccolo ~ d'acquistare quote d'un fondo comune d'investimento e di lasciare agli amministratori la responsabilità d'occuparsi del portafoglio** for the small saver the advice is to buy unit-trust shares and leave the portfolio to the managers.

risparmio, *n. m.* ❶ (*il risparmiare*) saving, retrenchment; (*economia*) thrift, economization. ❷ (*denaro risparmiato*) savings, economies (*pl.*); ace in the hole (*slang USA*). △ ❶ **Il ~ è diventato per i più poco meno di una farsa in un'epoca in cui vi è un'inflazione sicuramente non inferiore al 20%** annuo saving has become farcical for most people in an age when inflation is at a guaranteed 20% a year; **Il ~ dovrebbe essere incoraggiato dal nuovo, più alto tasso d'interesse** thrift should be encouraged by the new, higher interest rate; ❷ **I nostri risparmi si vanno assottigliando** our savings are getting thinner. // **~ a breve termine** (*econ.*) short-term saving: **La nostra meta è l'unificazione dei tassi d'interesse creditori per le varie forme di ~ a breve termine** our aim is the standardization of credit interest rates for the various forms of short-term saving; **~ amorfo** (*econ., fin.*) idle money; **~ automatico** (*fatto da un percettore di alti redditi*) (*econ.*) automatic saving; **risparmi cautelativi** (*econ.*) savings motivated by caution; **~ di tempo** (*org. az.*) time saving; **~ familiare** (*econ.*) household saving: **Bisogna incoraggiare il ~ familiare** household saving should be stimulated; **~ forzato** (*econ.*) forced saving, involuntary saving; private savings; **~ negativo** (*econ., fin.*) dissaving.

rispedire, *v. t.* ❶ (*comun., trasp.*) (*spedire di nuovo*) to send* again, to forward again, to reforward, to ship again, to reship, to reconvey. ❷ (*comun., trasp.*) (*spedire indietro*) to send* back, to return. △ ❷ **Se gli articoli non saranno della medesima qualità, ci vedremo costretti a rispedirveli** if the articles are not the same quality, we shall be compelled to send them back to you. // **~** (*una lettera*) **a un nuovo indirizzo** (*comun.*) to redirect.

rispedizione, *n. f.* ❶ (*comun., trasp.*) (*nuova spedizione*) reforwarding, reshipment, reshipping, reconveyance. ❷ (*comun., trasp.*) (*spedizione indietro*) sending back, return.

rispettabile, *a*. respectable, reputable.

rispettabilità, *n. f. inv.* respectability; (*reputazione*) reputation, repute.

rispettare, *v. t.* ❶ to respect. ❷ (*osservare*) to observe, to respect, to comply with. △ ❷ **Questa parte dei regolamenti non è mai stata rispettata** this part of the regulations has never been observed. // **~ una clausola** (*leg.*) to observe a clause; **~ le clausole d'un contratto** (*leg.*) to comply with the clauses of an agreement; **~ la legge** (*leg.*) to respect the law, to keep the law; **~ le previsioni** to fulfil expectations; **non ~ un accordo** (*leg.*) to break an agreement.

rispetto, *n. m.* ❶ respect. ❷ (*paragone*) comparison. // **~ a** in comparison with, with respect to, in relation to, vis-à-vis, over: **La situazione del mercato è stata considerata migliore ~ allo stesso periodo dell'anno precedente** the market situation has been considered better vis-à-vis the same period last year; **Le cifre in nero esprimono le variazioni ~ al mese precedente** black figures represent variations over the preceding month.

rispettosamente, *avv.* respectfully.

rispettoso, *a*. ❶ respectful. ❷ (*leg.*) (*delle leggi, ecc.*) observant. // **essere ~ delle leggi** to be observant of the laws.

rispondere, *v. i.* ❶ to answer, to reply. ❷ (*corrispondere*) to answer; to correspond (to); (*soddisfare*) to satisfy. ❸ (*farsi garante*) to answer (for), to vouch (for). △ ❶ **Non abbiamo ancora risposto a quel cliente** we have not yet replied to that customer; ❷ **Questo strumento non risponde al mio scopo** this instrument does not answer my purpose; **La merce spedita non rispondeva a tutte le condizioni su cui c'eravamo accordati** the consignment did not satisfy all the conditions we had agreed upon; ❸ **Sento di poter ~ della (solvibilità della) mia cliente** I feel I can vouch for my customer. // **~ a un'accusa** (*leg.*) (*d'imputato*) to plead; **~ a una chiamata telefonica** (*comun.*) to answer a telephone call; **~ a una lettera** to answer a

risposta

letter; ~ **affermativamente** to answer in the affirmative; ~ **agli imperativi dell'integrazione economica** (*econ.*) to meet the requirements of economic integration; ~ **ai premi** (*Borsa*) to declare an option; ~ **di qc.** to answer for st.: **Ne rispondo io** I will answer for it; ~ **di qc. a q.** to answer to sb. for st., to be answerable to sb. for st.; ~ **per iscritto** (*comun.*) to reply in writing; **non ~ al timone** (*trasp. mar.*) not to answer the helm.

risposta, *n. f.* ❶ answer, reply, response; (*replica*) replication, rejoinder. ❷ (*Borsa*) (*ai premi*) declaration. △ ❶ **Non abbiamo ricevuto ~ alla nostra lettera** we have had no answer to our letter; **In ~ alla vostra lettera del 31 maggio, ci spiace dover dire che non siamo in grado d'esprimere pareri sulla posizione finanziaria delle persone in oggetto** in reply to your inquiry of the 31st May, we are sorry to say that we are unable to express any opinion as to the financial standing of the people in question; **La nostra lettera è rimasta senza ~** our letter has brought no response; **In ~ alla vostra richiesta d'informazioni, siamo lieti d'inviarvi il nostro ultimo catalogo** in reply to your inquiry, we have pleasure in sending you our latest catalogue. // **la ~ a una domanda d'assunzione** (*comun.*) a reply to a letter of application; **~ d'uscita** (*elab. elettr.*) output response; **~ dinamica** (*ric. op.*) dynamic response; **una ~ favorevole** a favourable answer; **una ~ negativa** a negative answer, an unfavourable answer; **an answer in the negative**: **Il nostro cliente ci diede una ~ negativa** our customer gave us an unfavourable answer; **~ pagata** (*comun.*) prepaid reply; **~ premi** (*Borsa*) declaration of option, options settlement; « **con ~ pagata** » (*comun.*) « answer prepaid »; **in ~ alla vostra lettera del 10 giugno** in answer to your letter of June 10th; **senza ~** unanswered (*a.*): **Alcune delle domande più delicate che gli furono rivolte dai giornalisti rimasero senza ~** some of the most delicate questions he was asked by the newspapermen remained unanswered.

ristabilimento, *n. m.* ❶ (*il ristabilire*) re-establishment. ❷ (*ricostituzione*) re-establishment, reconstitution, recovery. ❸ (*org. az.*) (*delle giacenze*) replenishment. // **il ~ di relazioni commerciali** the re-establishment of business connections.

ristabilire, *v. t.* ❶ (*stabilire di nuovo*) to re-establish, to establish again. ❷ (*ricostituire*) to re-establish, to constitute again. ❸ (*org. az.*) (*le giacenze*) to replenish. // **~ l'ordine** to restore order.

ristagnare, *v. i.* ❶ (*anche fig.*) to stagnate. ❷ (*fig.*) to slacken, to lag. △ ❶ **La produzione industriale ristagna** industrial production stagnates; ❷ **L'attività commerciale ristagna** business is lagging.

ristagno, *n. m.* ❶ (*anche fig.*) stagnation. ❷ (*fig.*) standstill, slackness. △ ❷ **Il commercio internazionale è in ~** international trade is at a standstill. // **in ~** (*anche fig.*) stagnant (*a.*).

ristampa, *n. f.* ❶ (*giorn., pubbl.*) (*il procedimento*) reprint, reprinting. ❷ (*giorn., pubbl.*) (*il risultato*) reprint, reissue. // **ristampe in brossura** (*pubbl.*) paperback reprints; **una ~ integrale** (*giorn., pubbl.*) an unabridged reprint; **essere in ~** (*giorn., pubbl.*) (*di libro, ecc.*) to be out of print; to be reprinting.

ristampare, *v. t.* (*giorn., pubbl.*) to reprint, to reissue.

ristivaggio, *n. m.* (*trasp. mar.*) restowal.

ristorno, *n. m.* ❶ rebound. ❷ (*fin.*) drawback. // **ristorni d'imposta** (*fin.*) tax drawbacks.

ristrettezza, *n. f.* ❶ (*insufficienza*) want, lack. ❷ **ristrettezze**, *pl.* (*disagiate condizioni economiche*) reduced (*o* narrow) circumstances; (*povertà*) poverty. △ ❷ **È in ristrettezze** he is in reduced circumstances.

ristretto, *a.* ❶ (*limitato*) narrow, limited. ❷ (*ridotto*) reduced. ❸ (*market.*) (*di mercato*) thin. ❹ (*org. az.*) in-house (*attr.*). △ ❶ **La gamma dei loro articoli è piuttosto ristretta** the range of their articles is rather limited; ❷ **I nostri prezzi sono già abbastanza ristretti, non Le pare?** our prices are pretty reduced already, don't you agree?; ❹ **Il comitato ~ ha eletto il Sig. Valenti** the in-house committee has elected Sig. Valenti.

risultanza, *n. f.* result.

risultare, *v. i.* ❶ to result, to turn out, to come* out, to ensue; (*apparire*) to appear. ❷ (*impers.: essere noto*) to hear*, to know*, to understand* (*verbi pers.*). △ ❶ **Due fornitori risultano creditori dai libri contabili** two suppliers appear as creditors in the books; ❷ **Ci risulta che non avete ancora ricevuto la merce** we understand you haven't yet received the goods.

risultato, *n. m.* ❶ result; (*prodotto*) product, outcome. ❷ (*elab. elettr.*) output. ❸ (*mat.*) result. △ ❶ **Abbiamo ottenuto buoni risultati dalla campagna pubblicitaria** we've obtained good results from the advertising campaign; **Ecco il ~ di vent'anni d'isolazionismo!** that's the outcome of twenty years' isolationism! // **risultati d'esercizio** (*rag.*) trading results; **~ economico di fine esercizio** (*rag.*) year-end profit and loss picture; **~ effettivo** (*econ.*) out-turn: **Il ~ effettivo ha confermato la stima preventiva** the out-turn confirmed the estimate; **risultati lordi di gestione** (*fin., rag.*) gross operating profits; **senza alcun ~** without result.

risvegliare, *v. t.* ❶ (*svegliare*) to awake*, to wake* up. ❷ (*svegliare di nuovo*) to reawake*, to wake* up again. ❸ (*fig.*) to (re)awaken, to rouse, to revive, to shake* up; (*stimolare*) to stimulate. △ ❸ **La nuova campagna pubblicitaria ha risvegliato l'interesse della clientela per i nostri articoli** the new advertising campaign has roused the customers' interest in our articles.

risveglio, *n. m.* ❶ (re)awakening, waking up. ❷ (*fig.*) revival. △ ❷ **Si spera moltissimo in un ~ del mercato** a revival of the market is highly hoped for. // **un ~ d'attività** (*econ.*) an upsurge of activity.

risvolto, *n. m.* (*di colletto*) lapel; (*di manica*) cuff; (*di calzoni*) turn-up. // **~ anteriore di sovraccoperta** (*di libro*) (*giorn., pubbl.*) front flap; **~ posteriore di sovraccoperta** (*di libro*) (*giorn., pubbl.*) back flap.

ritagliare, *v. t.* to cut* out.

ritaglio, *n. m.* ❶ cutting, cut-out. ❷ (*market.*) (*di stoffa*) remnant. // **ritagli di giornale** (*giorn.*) newspaper cuttings, cuttings, press-clippings, press-cuttings; **~ di stampa** (*giorn., pubbl.*) clipping.

ritardare, *v. t.* to delay, to set* back. *v. i.* ❶ (*indugiare ad arrivare*) to be delayed, to retard. ❷ (*essere in ritardo*) to be late. △ *v. t.* **Il Senato sta ritardando l'approvazione d'importanti disegni di legge** the Senate is delaying the passage of important bills; **Il raccolto fu ritardato dalle pessime condizioni atmosferiche** the harvest was set back by very bad weather; *v. i.* ❶ **Il servizio postale ritarda a causa degli scioperi** the mail service is delayed by the strikes; ❷ **Cercherò di non ~ la prossima volta** I'll try not to be late next time.

ritardatario, *n. m.* late-comer.

ritardo, *n. m.* ❶ delay, retardation. ❷ (*comm. est., fin.*) (*di pagamento*) lag. ❸ (*elab. elettr.*) delay, inverse time. ❹ (*leg.*) (*morosità*) laches. ❺ (*org. az.*) delay. ❻ (*trasp.*) (*di nave, carro merci, ecc.*) demurrage. ❼ (*trasp. mar.*) detention. △ ❶ **Il volo 912 ha un ~ di 2 ore** flight n°. 912

has a 2-hours' delay. ∥ ~ **di risposta** (*elab. elettr.*) lag; ~ **evitabile** (*org. az.*) avoidable delay; **il ~ nell'esecuzione d'un ordine** (*org. az.*) the delay in the execution of an order; **il ~ tecnologico dell'Europa** (*econ.*) Europe's technological lag; **essere in ~** to be late, to be behind time, to fall behind, to be tardy; (*cred.*) (*con un pagamento*) to get into arrears, to be behindhand; (*org. az.*) (*col lavoro, con le consegne, ecc.*) to be behind schedule; (*trasp.*) (*di treno, nave, ecc.*) to be overdue, to be past-due: **Siamo in ~ con le consegne** we are behind time with our deliveries; **Quell'impiegato è spesso in ~ d'un'ora quando viene in ufficio** that employee is often an hour tardy at the office; **Siamo in ~ coi pagamenti** we are behindhand with our payments; **senza ~** (*market., trasp.*) without delay.

ritenere, *v. t.* ❶ (*pensare, avere opinione*) to think*, to deem, to understand*, to view. ❷ (*leg.*) to retain. △ ❶ **Ritengo sia mio dovere informarvi sui recenti avvenimenti** I deem it my duty to inform you about the recent facts; **Quella persona è ritenuta solvibile** that person is deemed to be solvent; **Il nostro contratto è stato ritenuto nullo e di nessun effetto** our contract has been deemed null and void; **Non riteniamo che ai nostri clienti interesserebbe questo genere d'articoli** we don't think our customers would be interested in this kind of articles.

ritenuta, *n. f.* (*trattenuta*) deduction, stoppage. ∥ ~ **alla fonte** (*fin.*) (*il ritenere*) taxation at source, withholding; pay-as-you-earn (*P.A.Y.E.*) (*in G.B.*) (*l'ammontare ritenuto*) withholding tax: **È allo studio un sistema di ~ alla fonte sugli interessi provenienti da obbligazioni e sui dividendi** a withholding-tax system on interest on negotiable bonds and on dividends is being tested; ~ **d'acconto** (*fin.*) capital gains tax, withholding tax, deduction; ~ **sulla paga** (*sind.*) deferred pay.

ritenzione, *n. f.* ❶ (*il ritenere*) retention. ❷ (*somma trattenuta*) deduction, stoppage. ❸ (*leg.*) retainer.

ritirare, *v. t.* ❶ to withdraw*, to take* back, to draw* back; (*anche, ritrattare*) to retract. ❷ (*riscuotere*) to draw*; (*farsi consegnare*) to collect. ❸ (*banca*) (*denaro*) to withdraw*. ❹ (*fin.*) (*circolante e sim.*) to retire, to withdraw*. ❺ (*market.*) (*merce e sim.*) to retire, to collect. △ ❶ **Speriamo che non ritirino la loro offerta** let's hope they will not withdraw their offer; **Se non ritireranno la loro accusa, dovremo citarli (in giudizio)** if they don't retract their accusation, we shall be compelled to sue them; ❹ **Molte banconote saranno ritirate dalla circolazione** lots of banknotes will be retired from circulation; **Questa moneta è stata ritirata dalla circolazione** this coin has been withdrawn from circulation; ❺ **Le merci devono essere ritirate al nostro magazzino** the goods are to be collected at our warehouse. ∥ ~ **un'accusa** (*leg.*) to withdraw a charge; ~ **una cambiale** (*banca, cred.*) to take up a bill, to clear a bill; ~ (*moneta metallica*) **dalla circolazione** (*econ.*) to immobilize, to demonetize, to mop up: **Sarà necessario ~ dalla circolazione quella parte dei redditi che non può essere spesa a causa del razionamento** it will be necessary to mop up the part of disposable money income made available by the introduction of rationing; ~ **una denuncia** (*leg.*) to withdraw a complaint; ~ **merci dalla dogana** (*dog.*) to remove goods from the customs; ~ **oggetti dati in pegno** (*leg.*) to redeem pledged goods; ~ **la parola data** to retract a promise; ~ **titoli** (*fin.*) to retire stocks, to take delivery of securities.

ritirarsi, *v. rifl.* ❶ to retire, to recede, to withdraw*; (*da un impegno, ecc.*) to declare off. ❷ (*leg.*) (*di tribunale*) to adjourn. △ ❶ **Ho intenzione di ritirarmi dall'attività commerciale** I am going to withdraw from business; ❷ **La Corte si ritirerà fra pochi minuti** the Court will adjourn in a few minutes. ∥ ~ **da un affare** to back out of a bargain; ~ **dagli affari** to retire from business, to retire; to put up the shutters (*fam.*): **Quando Mr Jones si ritirò dagli affari, gli subentrò suo figlio** when Mr Jones retired from business, his son took over; ~ **dagli affari dopo avere realizzato i propri crediti** to cash in one's chips (*slang USA*); ~ **dall'impiego** (*amm., pers.*) to retire.

ritiro, *n. m.* withdrawal, withdrawing, retirement, retiring. ∥ ~ (*di monete*) **dalla circolazione** (*econ.*) demonetization, immobilization, mopping up; ~ (**di**) **effetti** (*banca*) payment of bills; **il ~ d'una licenza** (*leg.*) the revocation of a license; **il ~ d'una patente** (*leg.*) the cancellation of a licence; **il ~ d'un socio** (*da una società*) (*fin.*) the withdrawal of a partner; ~ **sotto cauzione** (*dog.*) removal under bond.

ritmo, *n. m.* ❶ rhythm. ❷ (*fig.*) pace. ∥ **il ~ di rialzo dei prezzi** (*econ.*) the rate of price increases: **C'è stato un netto rallentamento nel ~ di rialzo dei prezzi** the rate of price increases has been distinctly lower than before; ~ **di sviluppo** pace: **Il ~ di sviluppo dell'attività commerciale è particolarmente rapido** the pace of development in business is particularly swift.

ritoccare, *v. t.* ❶ (*fare correzioni*) to retouch, to touch up. ❷ (*fin., market., trasp.*) (*prezzi, tariffe, ecc.*) to readjust, to revise. △ ❷ **Le nostre tariffe non vengono ritoccate da 6 anni** our tariffs have not been revised for 6 years.

ritocco, *n. m.* ❶ retouch, retouching, touch-up. ❷ (*fin., market., trasp.*) (*di prezzi, tariffe, ecc.*) readjustment, revision. ∥ **ritocchi dell'ultimo minuto** (*giorn.*) stop-press corrections.

ritorcere, *v. t.* ❶ (*fig.*) to retort, to throw* back. ❷ (*leg.*) (*un'accusa*) to retaliate. ∥ ~ **un'imputazione su un accusatore** (*leg.*) to retaliate a charge upon an accuser.

ritornare, *v. i.* to return; (*andare indietro*) to go* back; (*venire indietro*) to come* back. *v. t.* (*restituire*) to return, to give* back. △ *v. i.* **Tutte le proprietà sono ritornate ai loro padroni originari** all the properties have returned to their original owners; *v. t.* **Vi ritorneremo presto la somma che ci avete prestato** we'll soon give you back the sum of money you lent us. ∥ «~ **al mittente**» (*comun.*) «return to sender»; ~ **di moda** to become fashionable again; ~ **sopra una decisione** to go back on a decision.

ritorno, *n. m.* ❶ return. ❷ (*econ., fam.*) pick-up. △ ❶ **Il comitato ne discuterà al ~ di Mr Clark** the committee will discuss about that on Mr Clark's return; ❷ **Ultimamente c'è stato un ~ delle importazioni** there has been a pick-up in imports lately. ∥ ~ **al (sistema di) pagamento in moneta metallica** (*econ., fin.*) resumption: **Il ~ ai pagamenti in moneta metallica è quanto mai improbabile allo stato attuale delle cose** resumption is most unlikely under present conditions; ~ **in auge** come-back; ~ **in vigore** (*leg.*) (*di leggi, ecc.*) revival; **di ~** (*trasp.*) inward (*attr.*); (*trasp. mar.*) homeward (*attr.*).

ritorsione, *n. f.* ❶ reprisal, retaliation. ❷ (*leg.*) retaliation; (*d'una accusa*) retort. ∥ ~ **doganale** (*dog.*) countervailing duty; **per ~** by way of retaliation.

ritrasmettere, *v. t.* (*comun.*) to rebroadcast*; (*un messaggio*) to translate.

ritrasmissione, *n. f.* (*comun.*) rebroadcast; (*d'un messaggio*) translation.

ritrattare, *v. t.* (*leg.*) to withdraw*, to retract, to

ritrattazione

disclaim, to take* back. // ~ **una dichiarazione** (*leg.*) to retract a statement, to withdraw a statement; ~ **pubblicamente** (*leg.*) to recant.

ritrattazione, *n. f.* (*leg.*) withdrawal, retractation, retraction, disclaimer. // **la ~ d'un'accusa** (*leg.*) the retraction of a charge; **la ~ d'un'affermazione** (*leg.*) the retractation of a statement; ~ **pubblica** (*leg.*) recantation.

ritratto, *n. m.* portrait. // ~ **del lettore** (*giorn., fig.*) readership study.

ritrovamento, *n. m.* ❶ (*il ritrovare*) finding, finding again. ❷ (*ricupero*) recovery.

ritrovare, *v. t.* ❶ to find* again, to refind*. ❷ (*ricuperare*) to recover.

ritrovato, *n. m.* (*invenzione*) invention; (*scoperta*) discovery.

riunione, *n. f.* ❶ (*adunanza*) assembly, meeting, gathering, rally. ❷ (*leg.*) session; (*di azioni giudiziarie*) consolidation. ❸ (*org. az.*) conference. △ ❶ **La ~ è stata rinviata a domani** the meeting has been postponed until tomorrow; **C'era molta gente alla ~** the meeting was well attended. // ~ **al vertice** (*amm.*) summit; ~ **costitutiva** (*fin., org. az.*) constituent meeting; ~ **del consiglio d'amministrazione** (*fin., org. az.*) meeting of the board (of directors), directors' meeting; **una ~ non ufficiale** (*org. az.*) an informal meeting; ~ **rinviata** adjourned meeting; **riunioni ristrette** (*org. az.*) in-house meetings; **essere in ~** (*org. az.*) to be in conference.

riunire, *v. t.* ❶ to put* together, to reunite, to unite; (*unificare*) to unify. ❷ (*adunare*) to get* together, to gather together (*o* up); to assemble, to rally. △ ❶ **Il comune proposito riunì le tre fazioni** the three factions were united by the common purpose; ❷ **Dobbiamo ~ tutti i rappresentanti prima dell'apertura della Fiera** we must rally all the agents before the opening of the Fair.

riunirsi, *v. rifl.* (*adunarsi*) to get* together, to gather, to meet*, to assemble. △ **I delegati si riuniranno due volte al giorno** the delegates will meet twice a day.

riuscire, *v. i.* ❶ to succeed (in st., in doing st.), to manage; (*essere capace*) to be able; can, could (*verbi modali*). ❷ (*avere esito, compimento*) to come* (out); (*avere successo*) to be successful, to succeed. △ ❶ **Non riusciamo a reperire i fondi di cui abbiamo bisogno** we can't manage to find the funds we need; ❷ **La campagna delle vendite è riuscita molto meglio di quanto ci si aspettasse** the sales campaign was much more successful than we expected. // ~ **a ottenere qc.** to secure st.; ~ **a ottenere un impiego** (*pers.*) to secure employment; ~ **a ottenere la rappresentanza d'una società** (*market.*) to secure the agency of a company; **non ~ a fare qc.** to fail to do (*o* in doing) st., to be unable to do st.; **Non riuscimmo a trovare gli articoli che ci interessavano** we were unable to find the articles we were interested in; **non ~ a virare di bordo** (*trasp. mar.*) to miss the stays.

riuscita, *n. f.* (*esito*) result, issue; (*successo*) success. △ **Dobbiamo la ~ dell'impresa al coraggio di Mr Taylor** we owe the success of the undertaking to Mr Taylor's courage. // **cattiva ~** lack of success, failure.

riva, *n. f.* (*trasp.*) (*di fiume, lago*) bank; (*di mare*) shore, seaside, strand; (*spiaggia*) beach. △ **C'è un gran numero di moli su entrambe le rive del fiume** there are a lot of wharves along either bank of the river. // ~ **del mare** (*anche*) seashore, sea bank; **a ~** (*trasp. mar.*) ashore.

rivalersi, *v. rifl.* ❶ (*rifarsi d'un danno o d'una perdita*) to make* up for (a damage, a loss); to recoup. ❷ (*leg.*) to retaliate. // ~ **su q.** (*spiccando una tratta*) (*cred.*)

to value on sb.; ~ **su un trasgressore** (*leg.*) to retaliate against a transgressor.

rivalsa, *n. f.* ❶ (*cred., leg.*) redraft. ❷ (*leg.*) retaliation. // **senza ~** (*cred.*) without recourse: **Si può condizionare una girata scrivendo, per esempio, prima della propria firma, « senza rivalsa »** one may qualify an endorsement by writing, for example, « without recourse » before the signature.

rivalutare, *v. t.* ❶ (*fin., rag.*) (*valutare di più*) to revalue, to write* up; (*una moneta, ecc.*) to revaluate, to revalorize. ❷ (*rag.*) to appreciate, to appraise again, to revalorize, to revalue, to re-estimate. △ ❶ **Gli Stati Uniti sono pronti a ~ il dollaro** the U.S.A. are prepared to revalue the dollar; ❷ **Si sta discutendo dell'opportunità di ~ il nostro macchinario** we are discussing about the timeliness of revaluing our machinery. // ~ **le attività di bilancio** (*rag.*) to revalorize the assets on a balance sheet; ~ **una moneta** (*fin.*) to revalorize a currency; ~ **gli stabili** (*rag.*) to revalue the premises.

rivalutazione, *n. f.* ❶ (*fin., rag.*) (*elevazione di valore*) revaluation, write-up, revalorization. ❷ (*rag.*) appreciation, reappraisal, revalorization, re-estimation. △ ❶ **Ci sarà una ~ del prezzo dell'oro espresso in dollari** there will be a revaluation of the price of gold expressed in dollars. // **la ~ del macchinario** (*rag.*) the write-up of machinery; **la ~ della lira sul dollaro** (*fin.*) the revaluation of the lira in terms of the dollar; **la ~ d'una proprietà** (*fin.*) the revaluation of a property; ~ **monetaria** (*econ.*) currency appreciation.

rivedere, *v. t.* ❶ (*vedere di nuovo*) to see* again. ❷ (*correggere*) to correct, to revise, to review; (*verificare*) to check. △ ❷ **Stiamo rivedendo il vostro preventivo** we are revising your estimate. // ~ **le bozze** (*giorn., pubbl.*) to revise proofs; ~ **i conti** (*rag.*) to check the accounts; ~ (*un manoscritto*) **per la stampa** (*giorn.*) to edit.

riveduto, *a.* revised, corrected. // **un'edizione riveduta e corretta** (*giorn., pubbl.*) a revised edition.

rivelare, *v. t.* ❶ (*rendere palese*) to disclose; (*render noto*) to make* known. ❷ (*mostrare*) to exhibit, to show*, to display. △ ❶ **La stampa rivelò che c'era stato uno scambio d'opinioni fra i due addetti commerciali** the press disclosed that an exchange of views had taken place between the two commercial attachés.

rivelarsi, *v. rifl.* to reveal oneself, to prove. △ **I fondi si sono rivelati insufficienti** the funds proved (to be) insufficient.

rivelazione, *n. f.* ❶ revelation, disclosure. ❷ (*manifestazione inattesa*) revelation. △ ❶ **Questa ~ ha prodotto uno scandalo e ha condotto all'arresto di vari funzionari** this disclosure produced a scandal and led to the arrest of several officials; ❷ **Questo articolo casalingo è stato una vera** ~ this household article has been a true revelation. // ~ **di documenti** discovery of documents.

rivendere, *v. t.* ❶ (*market.*) (*vendere di nuovo*) to resell*, to sell* again. ❷ (*market.*) (*vendere ciò che s'era acquistato*) to resell*. ❸ (*market.*) (*vendere al minuto*) to retail. △ ❷ **Il grossista compra merci dal fabbricante e le rivende al dettagliante** a wholesaler buys goods from a producer and resells them to a retailer.

rivendibile, *a.* (*market.*) resaleable, resalable.

rivendicabile, *a.* (*leg.*) claimable.

rivendicare, *v. t.* (*leg.*) to claim, to vindicate. // ~ **un diritto** (*leg.*) to claim a right, to lay a claim to a right, to vindicate a claim.

rivendicatore, *n. m.* (*leg.*) claimant, claimer, vindicator.

rivendicazione, *n.f.* (*leg.*) claim, claiming, vindication. // ~ **di scarso peso giuridico** (*cred.*, *leg.*) small debt; **rivendicazioni inflazionistiche** (*d'aumenti salariali*) (*econ.*, *sind.*) inflationary claims; ~ **salariali** (*sind.*) wage claims; demands of the trade unions.

rivendita, *n.f.* ❶ (*market.*) (*il rivendere*) resale, reselling. ❷ (*market.*) (*negozio in cui si rivende*) retail shop.

rivenditore, *n.m.* ❶ (*market.*) (*chi rivende*) reseller. ❷ (*market.*) (*venditore al minuto*) retailer. // ~ **specializzato** (*market.*) specialty dealer.

riversare, *v.t.* (*fig.*) to pour. △ **Si affrettarono a ~ denaro nella nuova impresa** they hastened to pour money into the new undertaking.

riversarsi, *v. rifl.* (*fig.*) to pour. △ **Un'immensa corrente di moneta « calda » si riversò tosto in Germania** an immense quantity of hot money immediately poured into Germany.

riversibile, *a. V.* **reversibile**.

riversione, *n.f. V.* **reversione**.

rivista, *n.f.* ❶ (*giorn.*) (*pubblicazione*) review, magazine, journal, periodical. ❷ **riviste**, *pl.* (*giorn.*, *anche*) prints. △ ❶ **La maggior parte delle riviste scientifiche sono adesso scritte o tradotte in inglese** most scientific reviews are now written in or translated into English. // ~ **a grande tiratura** (*giorn.*) mass magazine; ~ **aziendale** (*giorn.*) house journal, house organ; **riviste di categoria** (*giorn.*) trade journals, trade magazines; **una ~ finanziaria semestrale** (*giorn.*) a semi-yearly financial magazine; **una ~ illustrata** (*giorn.*, *pubbl.*) an illustrated magazine, an illustrated; **una ~ mensile** (*giorn.*) a monthly magazine; ~ **popolare** (*e, spesso, scandalistica*) (*giorn.*) pulp magazine; **una ~ quindicinale** (*giorn.*) a fortnightly magazine, a semi-monthly magazine; ~ **settimanale** (*giorn.*) weekly; (*specializzata*) newsweekly; ~ **specializzata** (*pubbl.*) class magazine; ~ **tecnica** (*giorn.*) technical magazine; **da ~** (*giorn.*) (*di prosa, stile, ecc.*) magazinish (*a.*).

rivolere, *v.t.* ❶ (*volere di nuovo*) to want again. ❷ (*volere indietro*) to want back. ❸ (*leg.*) to re-claim. △ ❸ **L'impiegato che era stato licenziato rivuole il suo posto in fabbrica** the employee who had been fired reclaims his job in the factory.

rivolgere, *v.t.* (*indirizzare*) to address. // ~ **la parola a q.** to address sb.: **Mi rivolse la parola in francese** he addressed me in French.

rivolgersi, *v. rifl.* ❶ (*volgersi a q. o qc.*) to turn; (*indirizzarsi*) to address (sb.). ❷ (*ricorrere*) to apply, to refer. △ ❶ **È improbabile che lo Stato si rivolga nuovamente al settore privato** the Government is unlikely to turn again to the private sector; ❷ **Vi preghiamo di rivolgervi al nostro ufficio del centro** (*della città*) please refer to our downtown office; **Mi fu detto di rivolgermi a voi per tutte le informazioni di cui potessi aver bisogno** I was referred to you for any information I might need; « ~ **qui!** » (*per informazioni, ecc.*) « apply within! ». // ~ **a** (*q.*) to address (sb.), to appeal to (sb.), to make an appeal to (sb.), to contact (sb.): **Per qualsiasi informazione, favorite rivolgervi al nostro rappresentante** for any information please apply to our agent; **I promotori d'una società commerciale si rivolgono direttamente al pubblico mediante un documento detto « prospetto », il quale invita il pubblico a sottoscrivere le azioni della società** the promoters of a company make a direct appeal to the public by means of a statement called prospectus, which invites the public to subscribe the company's shares; « ~ **al traente** » (*banca, cred.*) (*formula con la quale una banca rifiuta il pagamento d'un assegno scoperto*) « refer to drawer » (*R/D*).

rivoluzione, *n.f.* revolution. // **la ~ agricola** (*econ.*) the agricultural revolution; **la ~ dei manager** (*econ.*) the managerial revolution.

roba, *n.f.* stuff; things, goods (*pl.*). // ~ **a buon mercato** (*market.*) cheap stuff; ~ **da leggere** (*giorn.*) (*d'un giornale e sim.*) reading matter; ~ **di valore** valuable goods, valuables (*pl.*); ~ **usata** (*market.*) second-hand goods, used goods (*pl.*); rummage.

robaccia, *n.f.* (*market.*) rubbish.

robot, *n.m.* robot; iron man* (*slang USA*).

robotica, *n.f.* (*elab. elettr.*) robotics.

rodaggio, *n.m.* (*trasp. aut.*) breaking-in, running-in.

rodare, *v.t.* (*trasp. aut.*) to break* in, to run* in.

rogare, *v.t.* (*leg.*) (*di notaio*) to draw* up.

rogatoria, *n.f.* (*leg.*) rogatory letter; letters rogatory (*pl.*).

rogito, *n.m.* (*leg.*) (notarial) deed. // **un ~ notarile** (*leg.*) a deed attested by a notary.

rollare, *v.i.* (*trasp. aer.*, *trasp. mar.*) to roll. △ **La nostra nave rollava in modo impressionante** our ship was rolling heavily.

rollata, *n.f.* (*trasp. aer.*, *trasp. mar.*) rolling, roll.

rollio, *n.m.* (*trasp. aer.*, *trasp. mar.*) rolling, roll. △ **Il continuo ~ della nave mi fece venire la nausea** the steady roll of the ship made me sick.

romanzo, *n.m.* novel. // **un ~ in edizione integrale** an unabridged novel.

rompere, *v.t.* (*anche fig.*) to break*. // ~ **un contratto** (*leg.*) to break an agreement, to break a contract; ~ **una promessa** to break a promise.

rosso, *a. e n.m.* red. // **essere « in ~ »** (*banca, cred., fig.*) to be in the red.

rotabile, *a.* (*trasp. aut.*) carriageable. *n.f.* (*trasp. aut.*) road, route.

rotaia, *n.f.* ❶ (*trasp. ferr.*) rail. ❷ **rotaie**, *pl.* (*trasp. ferr.*) metals.

rotativa, *n.f.* (*giorn.*) rotary press, cylinder press.

rotazione, *n.f.* ❶ rotation, turn. ❷ (*pers.*) (*delle cariche*) rotation. △ ❷ **Lo statuto prevede la ~ della carica di presidente** the statute provides for rotation of the chairmanship. // ~ **agraria** (*econ.*) rotation; **la ~ dei raccolti** (*econ.*) the shift of crops; **la ~ delle colture** (*econ.*) the succession of crops; ~ **delle giacenze** (*org. az.*) turnover; ~ **delle mansioni** (*org. az.*) job rotation; ~ **delle scorte** (*org. az.*) stock turnover.

rotella, *n.f.* ❶ (*piccola ruota*) small wheel. ❷ (*fig.*) cog. △ ❷ **Tom è una ~ importante nell'ingranaggio della nostra azienda** Tom is an important cog in our business.

rotocalco, *n.m.* (*giorn.*, *pubbl.*) gravure. // ~ **piano** (*pubbl.*) flat gravure.

rotocalcografia, *n.f.* (*giorn.*, *pubbl.*) (*il procedimento*) offset process, rotogravure.

rotolo, *n.m.* roll; (*di carta*) bolt. // ~ **di banconote** roll; **andare a rotoli** (*fig.*) to go downhill, to go to the dogs.

rotta, *n.f.* (*trasp. aer.*, *trasp. mar.*) course, route. △ **La nave sta riprendendo la ~** the ship is resuming her course. // ~ **aerea** (*trasp. aer.*) skyway; ~ **atlantica** (*trasp. mar.*) ocean lane; ~ **commerciale** (*trasp. mar.*) trade route; ~ **navale** (*trasp. mar.*) sea road; ~ **oceanica** (*trasp. mar.*) seaway; ~ **ordinaria** (*trasp. mar.*) customary route; **fare ~ per** (*trasp. mar.*) to sail to, to make for, to head for; **in ~ per** (*trasp. mar.*) outbound for, sailing to, heading for.

rottame, *n.m.* ❶ scrap. ❷ (*trasp.*) (*d'un disastro*

aereo, stradale, ecc.) wreckage, wreck. // **rottami galleggianti** (*trasp. mar.*) flotsam.

rottura, *n. f.* ❶ breaking, breakage. ❷ (*fig.*) break, breaking off, breakdown. ❸ (*leg.*) breach. // ~ **delle relazioni diplomatiche** breaking-off of diplomatic relations; ~ **di contratto** (*leg.*) breach of contract; ~ **di promessa** (*leg.*) breach of promise.

roulotte, *n. f.* (*trasp.*) caravan.

routine, *n. f.* routine.

rovesciamento, *n. m.* (*anche fig.*) overturning, upsetting, upset, reversal. // **il** ~ **del ciclo congiunturale** (*econ.*) the reversal of the present economic trend.

rovesciare, *v. t.* (*anche fig.*) to upset*, to overturn, to reverse. // ~ **una politica finanziaria** (*fin.*) to reverse a financial policy.

rovescio, *n. m.* ❶ reverse, other side, back. ❷ (*grave danno*) reverse, set-back, down. // ~ **finanziario** come-down.

rovina, *n. f.* (*econ., fin.*) smash, come-down, ruin, downfall, crash; shipwreck (*fig.*). // **andare in** ~ to go to rack and ruin; **essere in** ~ to be done for (*fam.*): **L'economia è in** ~ economy is done for; **mandare q. in** ~ to ruin sb.

rovinare, *v. t.* to ruin; to do* sb. in (*fam.*). △ **Il crollo del mercato azionario lo ha rovinato** the stock-market crash did him in.

rovinato, *a.* ❶ ruined. ❷ (*fin., fam.*) stony broke, broke, stony; done for (*pred.*).

rovistare, *v. t.* to search; (*frugare*) to rummage. //
~ **il proprio archivio** to search one's records.

rubare, *v. t.* ❶ to steal*; to walk off (with st.); (*intascare*) to pocket. ❷ (*derubare*) to rob (sb. of st.). ❸ (*svaligiare*) to burgle. // ~ **sul peso** (*market.*) to give short measure, to short-weight.

ruberia, *n. f.* (*leg.*) theft, robbery, stealing.

rubrica, *n. f.* ❶ (*quaderno*) index-book; (*per indirizzi*) address-book. ❷ (*giorn.*) column, section. △ ❷ **Chi è il responsabile della** ~ **sportiva del giornale?** who's in charge of the sports section of the paper? // ~ **fissa** (*su un giornale o in un programma radio-televisivo*) (*giorn., pubbl.*) department; ~ **per la ricerca di dispersi** (*giorn.*) agony column (*slang USA*).

rullo, *n. m.* ❶ roller, roll. ❷ (*di attr. uff.*) (*di macchina da scrivere*) cylinder, platen.

ruolino di bordo, *n. m.* (*trasp. mar.*) muster roll.

ruolo, *n. m.* ❶ roll, list. ❷ (*leg.*) (*di cause, ecc.*) roll. ❸ (*trasp. mar.*) bill. // **un** ~ **calmieratore dei prezzi** (*market.*) a price-calming factor; ~ **dei censi** (*fin.*) rent-roll; ~ **dei contribuenti** (*fin.*) tax roll, tax book, tax list; ~ **delle cause da discutere** (*leg.*) trial list; ~ **delle imposte** (*fin.*) assessment book, tax roll; **il** ~ **dell'equipaggio** (*trasp. aer., trasp. mar.*) the muster roll, the list of the crew, the crew list; ~ **d'anzianità** (*amm., pers.*) seniority list; **essere di** ~ (*pers.*) to be on the permanent staff, to be on the regular staff, to be in the employee roll; **passare in** ~ (*pers.*) to be put on the employee roll.

ruota, *n. f.* ❶ wheel. ❷ (*fig.*) cog. // ~ **del timone** (*trasp. mar.*) steering-wheel, wheel.

S

sabotaggio, *n. m. (anche fig.)* sabotage.
sabotare, *v. t. (anche fig.)* to sabotage.
sabotatore, *n. m. (anche fig.)* saboteur.
sacchetto, *n. m. (market.)* (small) sack, (small) bag. // ~ **di carta** *(market.)* paper-bag, sack.
sacco, *n. m.* ❶ sack, bag. ❷ *(fam.: grande quantità)* sackful, lot, lots, heap. ❸ *(market.) (misura per aridi)* sack. △ ❶ **Una quantità di sacchi rimase danneggiata durante il trasporto** lots of sacks were damaged in transit; ❷ **Hanno un ~ di quattrini, ma non sanno come investirli** they have got a lot of money but they don't know how to invest it. // **un ~ di farina** a sack of flour; **un ~ di soldi** a pretty penny *(fam.)*; **sacchi di tela** *(market.)* cloth bags; **~ postale** *(comun.)* post-bag, mail-bag, mail; **mettere q. nel ~** *(imbrogliarlo)* to cheat sb., to swindle sb., to trick sb.
sacrificare, *v. t. (anche fig.)* to sacrifice. △ **Parte del carico dovette essere sacrificata per la salvezza della nave** in order to save the ship, part of the cargo had to be sacrificed.
sacrificio, *n. m. (anche fig.)* sacrifice. // **~ per avaria generale** *(ass. mar.)* general average sacrifice.
sacrifizio, *n. m.* V. **sacrificio**.
saggiare, *v. t.* to test, to try; *(metalli preziosi, ecc.)* to assay. △ **Furono saggiati molti campioni per mostrare il comportamento del prodotto** a lot of samples were tested to show how the product performed. // **la qualità di** *(merci, ecc.) (market.)* to sample.
saggiatore, *n. m.* tester, trier; *(di metalli preziosi, ecc.)* assayer.
saggiatura, *n. f.* test, testing, trial, trying; *(di metalli preziosi, ecc.)* assay, assaying.
saggio¹, *a.* wise, sage; *(prudente)* prudent. △ **Vi ringraziamo per i vostri saggi consigli** we thank you for your wise suggestions.
saggio², *n. m.* ❶ *(operazione sperimentale)* test, trial, assay. ❷ *(fin.) (tasso)* rate. ❸ *(market.) (esemplare, campione)* specimen, sample, assay. △ ❶ **Il ~ d'interesse è stato portato al 7%** the rate of interest has been raised to 7%; ❸ **Quando avrete ricevuto un ~ del nostro prodotto, cambierete idea** when you receive a sample of our product, you'll change your mind. // **il ~ di crescita del prodotto nazionale lordo** *(econ.)* the rate of increase in the gross national product; **saggi di riporto valutario** *(fin.)* swap rates; **il ~ di sconto** *(fin.)* the rate of discount; **il ~ di svalutazione** *(econ.)* the rate of depreciation, the devaluation rate; **in ~** *(market.)* by way of trial; specimen *(a. attr.)*: **Una copia in ~ è già stata inviata a tutti gli abbonati** a specimen copy has already been sent to all subscribers.
sala, *n. f.* ❶ hall, room. ❷ *(tur.) (d'albergo, ecc.)* saloon. // **~ (degli) attrezzi** *(org. az.)* tool-room; **~ (adibita alla mostra) dei campioni** *(market., pubbl.)* sample room; **~ del consiglio** council hall; **~ (delle) contrattazioni** *(Borsa)* floor; pit *(USA)*; **~ delle udienze** audience hall; **~ (delle) vendite** *(org. az.)* sale room; **~ delle vendite all'asta** auction room; **~ d'aspetto** *(anche trasp. ferr.)* waiting room; **~ d'attesa** *(anche trasp. ferr.)* waiting room; **~ d'esposizione** *(market., pubbl.)* show-room; **~ di montaggio** *(org. az.)* assembly hall; **~ di mostra** *(delle merci)* *(market.)* wareroom; **~ di prima classe** *(trasp. mar.)* saloon; **~ di riunione** assembly room, conference room; *(d'associazioni corporativistiche)* guild-hall; **~ macchine** *(trasp. mar.)* engine-room.
salare, *v. t.* ❶ *(per dare sapore a un cibo)* to salt. ❷ *(market.) (per conservare cibi)* to salt (down), to pickle, to corn.
salariale, *a. (pers.)* of wages; wage, pay *(attr.)*. △ **Da diversi anni non ci sono aumenti salariali** there have been no wage increases for several years.
salariare, *v. t. (pers.)* to pay* wages to, to put* upon wages; *(stipendiare)* to pay* a salary to.
salariato, *n. m.* ❶ *(pers.)* wage-earner, wage-worker. ❷ *(pers., collett.)* wage-earners.
salario, *n. m. (econ., pers.)* wage *(generalm. al pl.)*; packet, hire; earnings *(pl.)*; *(paga)* pay; paycheck *(USA)*. △ **Non si possono tener fermi i salari mentre i prezzi aumentano** wages cannot be pegged while prices rise. // **~ a cottimo** *(pers.)* piece wage, task-wage, incentive wage; **salari alti** *(pers.)* high wages; **~ annuo** *(pers.)* annual wage, yearly wage; **~ base** *(pers.)* basic rate; **salari bassi** *(pers.)* low wages; **~ corrisposto a personale con mansioni non continuative** *(sind.)* attendance money; **salari da fame** *(pers.)* starvation wages; **salari d'imposizione sindacale** *(sind.)* trade-union enforced wages; **salari e condizioni di lavoro** *(pers., sind.)* wages and terms of employment; **~ effettivo** *(considerando il potere d'acquisto della moneta)* *(pers.)* real wages; **salari elevati** *(pers.)* high wages; **salari fissi** *(pers.)* set wages; **~ in arretrato** *(pers.)* arrears of wages; **~ massimo** *(pers.)* maximum wage; **~ minimo** *(pers.)* minimum wage; **~ netto** *(pers.)* take-home wages, take-home pay; **salari reali** *(pers.)* real wages; **un ~ sufficiente per vivere** *(pers.)* a living wage; **~ teorico** *(pers.)* nominal wage: **I salari teorici non sono espressi in reale potere d'acquisto** nominal wages are not measured in actual purchasing power.
salassare, *v. t.* ❶ to bleed*. ❷ *(fig.)* to drain; to draw* money from.
salasso, *n. m.* ❶ bleeding. ❷ *(fig.)* drain. △ ❷ **L'assistenza medica e sociale agli anziani è un forte ~ delle risorse economiche della società** the medical and social care of old people constitutes a heavy drain on the economic resources of society. // **~ fiscale** *(fin.)* fiscal drag.
salato, *a.* ❶ salt, salty. ❷ *(market.) (conservato sotto sale)* salted, salt, pickled, corned. ❸ *(market., fig.) (caro di prezzo)* very dear, expensive, costly; stiff, tall. △ ❸ **I prezzi al dettaglio non sono mai stati così salati** retail prices have never been so stiff; **Riteniamo che 15.000 dollari sarebbero un prezzo piuttosto ~** we think $ 15,000 would be a rather tall price.
saldare, *v. t. (cred.) (un debito)* to settle, to balance,

saldato

to square, to sink*, to pay*, to pay* up, to lift; (*concordando un pagamento inferiore*) to compound; (*un creditore, ecc.*) to pay* off. △ **Salderò il mio debito non appena potrò** I will pay my debt as soon as I can; **Saldarono i loro debiti sulla base di 40 penny per sterlina** they compounded their debts for 40 p. in the pound. ∥ ~ **i conti con q.** (*anche fig.*) to square the accounts with sb.; to fix sb. (*USA*); ~ **un conto** (*cred.*) to settle an account, to balance an account; ~ **il conto** (*di un albergo*) e **andarsene** (*tur.*) to check out; ~ **un debito** (*cred.*) to settle a debt, to settle; ~ **la rimanenza** (*cred.*) to pay the balance.

saldato, *a.* (*cred.*) settled in full, settled, paid. ∥ **non** ~ (*cred.*) unsettled, undischarged, unpaid.

saldo, *n. m.* ❶ (*cred.*) settlement, balance, payment in full, full payment. ❷ (*market.*) (*liquidazione*) sale. △ ❶ **Il vostro conto presenta un** ~ **di 2.000 dollari in vostro favore** your account shows a balance of $ 2,000 to your credit; **Il** ~ **deve effettuarsi entro dieci giorni** the balance is to be paid within ten days; ❷ **Molti clienti aspettano i saldi invernali** lots of customers are waiting for Winter sales. ∥ ~ **a conto nuovo** (*cred.*) balance carried forward, balance (carried forward) to next account, « account rendered »; ~ **a credito** (*rag.*) credit balance; ~ **a debito** (*rag.*) debit balance; ~ **a riportarsi** (*rag.*) balance carried forward (o down), pick-up; ~ **attivo** (*rag.*) credit balance, surplus balance, surplus; **un** ~ **attivo della bilancia dei pagamenti correnti** (*econ.*) a surplus on current account: **In Italia e in Francia, la viva espansione economica ha dato luogo a una riduzione considerevole dei saldi attivi della bilancia dei pagamenti correnti** in Italy and France, lively economic expansion led to a considerable decline in the surpluses on current account; ~ **attivo fluttuante** (*fin.*) floating balance; ~ « **avere** » (*rag.*) credit balance; ~ **creditore** (*rag.*) credit balance; « ~ (**da effettuare**) **in seguito** » « balance can remain »; ~ **debitore** (*rag.*) debit balance, balance due; (*d'un conto corrente*) voucher payable; ~ **degli scambi** (*econ., fin.*) balance of trade: **Per tutto l'arco del 1966, il** ~ **degli scambi dell'Italia si mantenne fortemente eccedentario** for 1966 as a whole, the Italian balance of trade still showed a comfortable surplus; ~ **degli utili riportato a nuovo sull'esercizio seguente** (*rag.*) balance of profits carried forward to next account; ~ **dell'esercizio precedente** (*rag.*) balance (brought forward) from last account; ~ **di cassa** (*rag.*) cash balance, balance in (o on) hand; il ~ **d'un conto** (*rag.*) the balance of an account; **saldi di mastro** (*rag.*) ledger balances; ~ **in banca** bank balance, balance at (o in) bank; ~ **in contanti** (*rag.*) balance in cash; ~ **liquidazione titoli** (*banca*) balance on purchase or sale of securities at settlement date; ~ **passivo** (*rag.*) debit balance, deficit, shortfall, rest: **Nei Paesi Bassi il** ~ **passivo fu il più elevato registrato dal 1950 in avanti** in the Netherlands the deficit was the heaviest recorded since 1950; **il** ~ **precedente** (*rag.*) the previous balance; ~ **prestiti a medio termine** (*fin.*) balance medium-term loans; ~ **riportato** (*rag.*) balance brought forward (o down); ~ **riportato dall'esercizio precedente** (*rag.*) balance (brought forward) from last account; ~ **totale** (*rag.*) total balance; **a** ~ **completo** (*cred.*) in full settlement, in full balance.

sale, *n. m.* salt.

salire, *v. i.* ❶ to climb, to go* up; (*alzarsi, crescere*) to increase, to rise*; (*in quantità, ecc.*) to swell*. ❷ (*fin., market.*) (*di prezzi, ecc.*) to rise*, to go* up, to upsurge, to up, to run* high. △ ❶ **Il capitale della società è salito a 100.000 dollari** the company's capital swelled to 100,000 dollars; ❷ **I costi e i prezzi salgono** costs and prices are rising; **I prezzi salgono** prices are running high. ∥ ~ **a bordo** (*trasp. mar.*) to go aboard, to go on board; ~ **a bordo d'una nave** (*trasp. mar., anche*) to board a ship; ~ **alle stelle** (*market.*) (*di prezzi*) to rocket; ~ **di colpo** (*fin., market.*) (*di prezzi*) to shoot up: **Tutti i prezzi salirono di colpo lasciando a bocca aperta l'uomo della strada** all prices shot up leaving the man in the street wide agape; ~ **in candela** (*trasp. aer.*) (*di aereo*) to zoom; ~ **rapidamente** (*e repentinamente*) (*anche market.*) (*di prezzi, ecc.*) to zoom.

salita, *n. f.* ❶ climb, rise. ❷ (*aumento*) rise, increase. △ ❷ **S'è avuta un'inattesa** ~ **dei prezzi** there has been an unexpected rise in prices. ∥ ~ **in candela** (*trasp. aer.*) zoom; **essere in** ~ (*fin., market.*) (*di prezzi, ecc.*) to be on the climb, to be on the up grade: **Le quotazioni sono di nuovo in** ~ quotations are on the up grade again.

salone, *n. m.* ❶ saloon, hall. ❷ (*market.*) parlour; parlor (*USA*). ∥ ~ **da esposizione** (*market.*) exhibition hall.

salpare, *v. i.* (*trasp. mar.*) to weigh anchor, to weigh, to sail, to get* under way, to put* to sea, to cast* off, to clear. △ **La nave salpa il mese prossimo** the ship is sailing next month. ∥ ~ **un'àncora** (*trasp. mar.*) to pick up an anchor; ~ **da un porto** (*trasp. mar.*) to sail from a port; ~ **per un porto** (*trasp. mar.*) to sail for a port.

saltare, *v. i.* to jump, to leap*, to skip. *v. t.* ❶ to jump (over), to leap* (over). ❷ (*tralasciare*) to jump, to skip; (*omettere*) to omit, to leave* out. ❸ (*elab. elettr.*) (*una o più istruzioni in una sequenza*) to skip. △ *v. t.* ❷ **Il presidente non ha mai saltato la sua conferenza stampa mensile** the president has never skipped his monthly press conference.

salto, *n. m.* ❶ jump, leap, skip. ❷ (*elab. elettr.*) (*d'una o più istruzioni in una sequenza*) skip. ❸ (*market., fig.*) (*dei prezzi, ecc.*) jump, rise. △ ❸ **L'improvviso** ~ **nelle quotazioni ha sgomentato molti operatori** the sudden jump in the quotations dismayed a lot of operators. ∥ ~ **del programma** (*elab. elettr.*) branch; ~ **non programmato** (*elab. elettr.*) trap.

salute, *n. f.* ❶ (*del corpo*) health. ❷ (*benessere*) welfare. △ ❶ **La** ~ **è più importante della ricchezza** health is better than wealth. ∥ ~ **pubblica** public welfare.

salvacondotto, *n. m.* (*trasp.*) safe-conduct.

salvadanaio, *n. m.* money-box.

salvadanaro, *n. m.* V. **salvadanaio**.

salvagente, *n. m.* ❶ (*trasp. aut.*) safety-island, street-island. ❷ (*trasp. mar.*) life-buoy, life belt.

salvaguardare, *v. t.* to safeguard, to save, to guard; (*difendere*) to defend; (*proteggere*) to protect. △ **Tali misure furono prese per** ~ **la nostra reputazione sul mercato internazionale** such measures were taken in order to save our reputation on the international market. ∥ ~ **i propri interessi** (*leg.*) to safeguard one's interests.

salvaguardia, *n. f.* safeguard; (*difesa*) defence; (*protezione*) protection. △ **Facemmo tutto il possibile per la** ~ **dei passeggeri e del carico** we did all we could for the protection of the passengers and cargo.

salvare, *v. t.* ❶ to save. ❷ (*trasp. mar.*) (*da un naufragio, ecc.*) to salvage, to save. △ ❶ **Durante la crisi una quantità di dettaglianti fu salvata dai grossisti** lots of retailers were saved by wholesalers during the depression. ∥ ~ **le apparenze** to save appearances; ~ **la faccia** (*fig.*) to save one's face; ~ **la nave da un pericolo**

imminente (*trasp. mar.*) to save the ship from an imminent peril.

salvataggio, *n. m.* ❶ rescue. ❷ (*trasp. mar.*) (*della nave, del carico, ecc.*) salvage. // **compenso di** ~ (*trasp. mar.*) salvage money, salvage.

salvezza, *n. f.* salvation; (*scampo*) escape; (*sicurezza*) safety. // **àncora di** ~ (*trasp. mar.*) sheet-anchor (*anche fig.*); **per la** ~ **della nave e del carico** (*trasp. mar.*) for the necessity of the ship and cargo.

salvo, *a.* safe; (*sicuro*) secure. *prep.* except, excepted, with the exception of, subject to, save, barring. △ *a.* **I passeggeri sono arrivati a Londra sani e salvi** the passengers have reached London safe and sound; *prep.* **Arriverò alle 10** ~ **incidenti** I shall arrive at 10 o'clock barring accidents. // ~ **buon fine** (*cred.*) subject to collection, upon collection, if duly paid; ~ **contrordini** contrary orders excepted; ~ **errori e omissioni** errors and omissions excepted; ~ **imprevisti** barring accidents. ~ **incasso** (*cred.*) subject to collection, upon collection; « ~ **prova** » (*market.*) on approval; ~ **venduto** (*market.*) subject to sale, subject to goods being unsold; ~ **vista e verifica** (*market.*) on sale or return, on sale and return, on approval.

sanatoria, *n. f.* (*leg.*) deed of indemnity.

sancire, *v. t.* (*leg.*) to sanction; (*confermare*) to confirm; (*decretare*) to decree; (*ratificare*) to ratify. // ~ **un contratto** (*leg.*) to ratify a contract; ~ **una legge** (*leg.*) to sanction a law; ~ **una nomina** (*leg.*) to ratify a nomination.

sanità, *n. f. inv.* health. // ~ **di porto** (*trasp. mar.*) port sanitary authority; **ufficio di** ~ Health Office.

sanitario, *a.* sanitary, medical; health (*attr.*). *n. m.* doctor. // **misure sanitarie** sanitary precautions.

sano, *a.* ❶ (*che gode buona salute*) healthy. ❷ (*senza difetti*) sound. ❸ (*leg.*) (*di mente*) sane. // **sana costituzione** sound constitution; ~ **e salvo** safe and sound: **Tutti i passeggeri furono portati sani e salvi a destinazione** all passengers were carried safe and sound to their destination.

sanzionare, *v. t.* (*leg.*) (*sancire*) to sanction, to vindicate, to verify; (*ratificare*) to ratify, to pass; (*firmando*) to sign. △ **Quell'uso è sanzionato da una lunga tradizione** that custom is sanctioned by a long tradition; **Tali diritti furono sanzionati dalla Corte Suprema** such rights were vindicated by the Supreme Court.

sanzione, *n. f.* (*leg.*) sanction, vindication, verification; (*ratifica*) ratification. // **sanzioni economiche** (*econ.*) economic sanctions; ~ **penale** (*leg.*) penalty.

sapere, *v. t.* ❶ (*conoscere*) to know*; (*essere consapevole*) to be aware (of). ❷ (*potere*) to know* how; (*posso, possa*) can; (*potevo, potei, potessi, potrei*) could; (*essere in grado*) to be able. ❸ (*apprendere*) to get* to know, to know*, to learn*, to hear*. △ ❶ **Se avessimo saputo che v'interessavano i nostri articoli, vi avremmo inviato il nostro catalogo generale** if we had known that you were interested in our articles, we would have sent you our general catalogue; **Per lavorare in questo ufficio bisogna** ~ **almeno due lingue straniere** in order to work in this office one must know at least two foreign languages; ❷ **Mr Singh Tacks sa parlare inglese correntemente avendo passato la sua giovinezza in India** Mr Singh Tacks can speak English fluently as he spent his youth in India; **Il suo problema è che non sa trattare con la clientela** his problem is he doesn't know how to handle his customers; ❸ **Ho saputo che hanno intenzione di vendere la proprietà** I have learnt they intend to sell their estate. // ~ **qc. da buona fonte** to know st. on good authority, to know st. from a reliable source; ~ **il proprio mestiere** to know one's own business; ~ **stare al proprio posto** (*fig.*) to know one's place.

saturare, *v. t.* (*anche fig.*) to saturate, to glut. // ~ **il mercato** (*market.*) to saturate the market.

saturazione, *n. f.* (*anche fig.*) saturation, glut. △ **Le vendite di frigoriferi ebbero un crollo a causa della** ~ **del mercato** refrigerator sales fell off due to market saturation. // **una** ~ **del mercato della gomma** (*econ.*) a glut of rubber on the market; **la** ~ **del mercato interno** (*econ.*) the saturation of the domestic market.

sbagliare, *v. t.* to mistake*. *v. i.* to make* a mistake, to be wrong, to be mistaken, to err. △ *v. i.* **Posso** ~ **ma penso che questo articolo non avrà successo** I may be mistaken but I believe this article will be unsuccessful. // ~ **l'indirizzo di** (*una lettera, ecc.*) (*comun.*) to misdirect.

sbagliarsi, *v. rifl.* to make* a mistake, to be wrong, to be mistaken, to err. △ **Credo che Lei si sbagli: questo è l'ufficio di Mr Greer** you must be mistaken: this is Mr Greer's office.

sbagliato, *a.* mistaken, wrong; (*erroneo*) erroneous, incorrect; (*falso*) false. △ **Vi è stato dato un indirizzo** ~ you were given a wrong address.

sbaglio, *n. m.* mistake; (*errore*) error; (*colpa, fallo*) fault; (*svista*) oversight, slip. // ~ **compensativo** (*rag.*) compensating error; **per** ~ by mistake.

sballare, *v. t.* (*market., trasp.*) to unpack. △ **Le merci devono essere sballate e controllate entro la settimana** the goods are to be unpacked and checked within this week.

sballatura, *n. f.* (*market., trasp.*) unpacking.

sbandamento, *n. m.* ❶ (*trasp. aer.*) banking, bank. ❷ (*trasp. aut.*) skidding, skid. ❸ (*trasp. mar.*) careening, list.

sbandare, *v. i.* ❶ (*trasp. aer.*) to bank. ❷ (*trasp. aut.*) to skid. ❸ (*trasp. mar.*) to careen, to list.

sbandata, *n. f.* ❶ (*trasp. aer.*) bank. ❷ (*trasp. aut.*) skid, side-slip. ❸ (*trasp. mar.*) careen, list.

sbarazzare, *v. t.* to rid (of), to free (of), to clear; (*togliere*) to remove.

sbarazzarsi, *v. rifl.* ❶ to get* rid (of), to rid oneself (of). ❷ (*fin., market.*) to unload. △ ❷ **Quegli operatori fecero del loro meglio per** ~ **di quanti più titoli potevano** those investors did their best to unload as much stock as they could.

sbarcare, *v. t.* (*trasp. aer., trasp. mar.*) (*passeggeri, merci, ecc.*) to disembark, to land, to set* ashore; (*merci*) to unship, to unload, to deliver. *v. i.* (*trasp. aer., trasp. mar.*) to disembark, to land, to go* ashore. △ *v. t.* **La nave è pronta a** ~ **il carico** the ship is ready to deliver her cargo; **Il carico sarà sbarcato fra breve** the cargo will be unshipped shortly; *v. i.* **Fummo costretti a** ~ **a Genova** we were forced to land at Genoa. // ~ **il carico** (*trasp. aer., trasp. mar.*) to land the cargo; ~ **il lunario** to make both ends meet; ~ **merci** (*trasp. mar.*) to put goods ashore; ~ **passeggeri e scaricare merce** (*trasp. aer., trasp. mar.*) to land passengers and goods.

sbarco, *n. m.* (*trasp. aer., trasp. mar.*) (*di passeggeri, merci, ecc.*) disembarkation, disembarkment, disembarking, landing; (*di merci*) unloading. △ **Lo** ~ **dei passeggeri è avvenuto alle 17 precise** the landing of passengers took place at 5 P.M. sharp.

sbarra, *n. f.* ❶ bar. ❷ (*leg.*) bar. ❸ (*trasp. mar.*) (*barra del timone*) tiller. // ~ **a bilico** (*trasp. ferr.*) (*di passaggio a livello*) bascule barrier; ~ **spaziatrice** (*d'attr.*)

sbarrare

uff.) (*di macchina da scrivere*) space bar; **presentarsi alla ~** (*leg.*) to appear before the Court.

sbarrare, *v. t.* ❶ (*anche fig.*) to bar; (*ostruire*) to obstruct, to block. ❷ (*banca*) to cross. △ ❷ **La persona che emette un assegno può sbarrarlo** the person who issues a cheque can cross it; **Un assegno bancario viene sbarrato tracciando su di esso due righe parallele** you cross a cheque by drawing two parallel lines across its face. // **~ un assegno bancario** (*banca*) to cross a cheque; **~** (*un assegno*) **con sbarratura semplice** (*banca*) to cross generally; **~ una strada** to block a road.

sbarratura, *n. f.* (*banca*) crossing. △ **La ~ è semplice se non porta alcuna parola fra le due linee parallele** the crossing is general if it bears no words between the two parallel lines. // **~ generale** (*banca, cred.*) general crossing; **~ particolare** (*banca, cred.*) special crossing.

sbarretta, *n. f.* bar. // **sbarrette parallele (//)** (*pubbl.*) parallels.

sbilanciare, *v. t.* to unbalance, to overbalance. // **~ il (bilancio) preventivo** (*rag.*) to overbalance the cash budget.

sbilanciato, *a.* unbalanced.

sbilancio, *n. m.* ❶ unbalance, lack of balance. ❷ (*econ.*) imbalance. ❸ (*fin., rag.*) (*deficit*) deficit; (*eccesso*) excess; (*perdita*) loss; (*somma iscritta in bilancio per pareggiare il dare e l'avere*) balance. △ ❸ **Nel primo trimestre si ebbe un forte ~ delle spese di « promotion »** there was a heavy excess of promotion costs in the first quarter.

sbloccare, *v. t.* ❶ (*anche fig.*) to release. ❷ (*cred., fin.*) (*prezzi, fondi, ecc.*) to unfreeze*. ❸ (*elab. elettr.*) to uncage. △ ❷ **I prezzi delle materie prime devono essere sbloccati subito** the prices of raw materials must be unfrozen at once.

sblocco, *n. m.* ❶ (*anche fig.*) release. ❷ (*cred., fin.*) (*di prezzi, fondi, ecc.*) unfreezing.

sbocco, *n. m.* ❶ (*via d'uscita*) outlet, way out, exit. ❷ (*comm.*) opening, outlet. △ ❷ **Non sarà facile trovare uno ~ per i nostri prodotti ora che le marche straniere stanno invadendo il mercato** it won't be easy to find an opening for our products now that the market is being invaded by foreign makes; **I produttori possono scegliere fra diversi sbocchi per le loro merci** producers have a choice of several outlets for their goods. // **~ commerciale** (*econ.*) market: **Il compito principale della nostra delegazione è quello di trovare nuovi sbocchi commerciali** the main function of our delegation is that of finding new markets; **sbocchi di mercato** (*econ., market.*) market outlets; **~ di vendita** (*market.*) sales outlet.

sborsare, *v. t.* ❶ to disburse; (*pagare*) to pay* out; (*spendere*) to spend*. ❷ (*econ., rag.*) to outlay*. △ ❶ **Quanto avete sborsato per quell'appartamento?** how much did you pay out for that flat?

sborso, *n. m.* ❶ (*lo sborsare*) disbursement, paying out, expenditure. ❷ (*somma sborsata*) disbursement, money paid out. ❸ (*econ., rag.*) (*lo sborsare e la somma sborsata*) outlay.

sbrigare, *v. t.* ❶ (*terminare con sollecitudine*) to dispatch, to expedite, to work off. ❷ (*risolvere*) to settle, to transact, to arrange. ❸ (*market.*) (*ordinazioni, ecc.*) to rush. △ ❶ **Ho da ~ molta corrispondenza arretrata** I've got lots of arrears of correspondence to work off; ❷ **È già stata presa nota degli affari da ~ the business to be transacted has already been taken note of**; ❸ **Sbrigheremo tutte le ordinazioni entro la fine del mese** we'll rush all the orders within the end of the month.

// **~ un affare** to transact a bargain; **~ affari** to dispatch business; to knock off business (*fam.*); **~ la corrispondenza** to clear off the correspondence, to do the correspondence; **~ la corrispondenza d'una ditta** to conduct the correspondence of a firm.

sbrigarsi, *v. rifl.* (*affrettarsi*) to hurry up, to make* haste.

scacchiere, *n. m.* (*fin., ingl.*) exchequer. // **Cancelliere dello ~** (*fin., ingl.*) Chancellor of the Exchequer.

scacco, *n. m.* (*grave perdita*) heavy loss; (*insuccesso*) set-back; (*sconfitta*) defeat. △ **Le organizzazioni sindacali hanno subito uno ~** union organizations have received a set-back.

scadente, *a.* ❶ poor, of poor quality, second-rate. ❷ (*market.*) low-class, low-end, low-grade. △ ❶ **Come interprete, il Sig. Marelli è piuttosto ~** as an interpreter, Sig. Marelli is rather poor; ❷ **La merce ~ è stata venduta sottocosto** low-grade goods were sold under price.

scadenza, *n. f.* ❶ (*ultima data utile*) deadline. ❷ (*termine del tempo convenuto*) expiration, expiry. ❸ (*cred.*) maturity, time of payment, due date; (*tempo concesso per il pagamento di cambiali estere secondo le consuetudini locali*) usance. △ ❶ **Quand'è la ~ per la presentazione dei documenti?** when is the deadline for the presentation of the papers?; ❸ **Abbiamo regolarmente pagato la cambiale alla ~** we have duly paid the bill on maturity; **La ~ per le cambiali emesse in quel Paese è a cinque mesi** the usance on bills in that Country is five months. // **~ del termine utile per comparire davanti al tribunale** (*leg.*) expiration of the time limit for appearance before the Court; **~ d'un'opzione** (*Borsa*) expiration of an option; **alla ~** (*cred.*) at (*o* on) maturity; **il giorno precedente la ~** (*cred.*) the day prior to maturity; **in ~** (*cred.*) (*di cambiale, ecc.*) mature (*a.*); **in ordine di ~** (*cred.*) (*di cambiali*) as they fall due; **prima della ~** (*banca, cred.*) before the expiry, before maturity.

scadenzario, *n. m.* (*attr. uff.*) due register, bill-book, tickler. // **~ delle fatture** (*rag.*) bill diary.

scadere, *v. i.* ❶ (*peggiorare*) to fall* off, to worsen, to get* worse. ❷ (*finire: del tempo convenuto*) to expire. ❸ (*cred.*) to be due, to fall* due, to become* due, to mature. △ ❶ **La qualità di quell'articolo va scadendo sempre più** the quality of that article is getting worse and worse; ❷ **Il nostro contratto d'affitto scadrà il mese prossimo** our lease will expire next month; ❸ **La cambiale scade oggi** the bill is due (*o* falls due) today; **Questo effetto scadrà il mese prossimo** this bill will mature next month. // **lo ~ d'una permanenza in carica** (*amm.*) the expiration of a term of office; **~ di qualità** (*market.*) to go off; **~ di valore** to decrease in value.

scaduto, *a.* ❶ (*di ufficio, carica, ecc.*) expired. ❷ (*cred.*) due, past-due, overdue, mature, owing. ❸ (*leg.*) stale. △ ❷ **La vostra cambiale è scaduta da tempo** your bill of exchange is long overdue. // **non ancora ~** unexpired; (*cred.*) undue, not yet due.

scaffale, *n. m.* (*attr. uff.*) shelf*. // **~ a muro** (*attr. uff.*) shelf; **~ da archivio** (*attr. uff.*) filing cupboard.

scafo, *n. m.* (*trasp. mar.*) hull, body.

scala, *n. f.* ❶ (*fissa*) staircase, stairway, stair; stairs (*pl.*). ❷ (*attrezzo*) ladder. ❸ (*geografica, graduata*) scale. ❹ (*mat.*) scale. // **~ la ~ dei prezzi** (*market.*) the range of prices; **~ di colori** (*pubbl.*) colour scale; **~ di priorità** (*fig.*) scale of priority; **~ mobile** (*per trasportare persone*) moving staircase, escalator; (*econ.*) (*dei salari, ecc.*) sliding scale, escalator; (*che stabilisce un aggancio fra salari e* *costo della vita*) cost-of-living wage escalator; ~ **mobile dei salari** (*econ.*, *sind.*) sliding wage-scale.

scalare[1], *a.* (*mat.*) scalar.

scalare[2], *v. t.* ❶ (*abbassare di grado, ordine, ecc.*) to scale down. ❷ (*diffalcare*) to deduct. ❸ (*cred.*) to pay* off. // ~ **un debito** (*cred.*) to pay* off a debt.

scalo, *n. m.* ❶ (*trasp. aer.*) landing. ❷ (*trasp. mar.*) port of call, place of call, call; (*banchina*) wharf*. // ~ **aereo** (*trasp. aer.*) landing place, landing; ~ **d'alaggio** (*trasp. mar.*) slipway, slip; ~ **d'approdo** (*trasp. mar., USA*) dock; ~ **di costruzione** (*trasp. mar.*) slipway; ways (*pl.*); ~ (*fatto da una nave durante il viaggio*) **di ritorno** (*trasp. mar.*) backward call; ~ **diretto** (*trasp. mar.*) direct call, forward call; ~ **ferroviario** (*trasp. ferr.*) railway-yard, yard; ~ **intermedio** (*trasp. mar.*) indirect call, intermediate port; ~ **merci** (*trasp. ferr.*) goods station; freight depot, freight-yard (*USA*); ~ **per rifornimento di carbone** (*trasp. mar.*) coaling station; ~ **traghetti** (*trasp. mar.*) ferry port; **senza** ~ (*trasp. aer.*) non-stop (*a. e avv.*): **Il nostro agente volò senza** ~ **da Milano a Washington** our agent flew non-stop from Milan to Washington; «**senza scali intermedi**» (*trasp. mar.*) «no calls».

scambiare, *v. t.* ❶ to exchange, to change; (*barattare*) to barter. ❷ (*spicciolare*) to change. △ ❷ **Può scambiarmi questo biglietto da 10 dollari, per favore?** can you change this 10-dollar bill, please?

scambio, *n. m.* ❶ exchange, change; (*baratto*) barter, truck. ❷ (*trasp. ferr.*) shunt; points (*pl.*); switch (*USA*). ❸ **scambi**, *pl.* (*econ.*) trade, trading (*sing.*). △ ❸ **La percentuale degli scambi attuati in regime di contingente tariffario è rimasta inferiore al 3%** the proportion of trade coming under the tariff quota system remained less than 3%. // ~ **di corrispondenza** (*comun.*) exchange of correspondence; ~ **di merci** exchange of goods; ~ **d'opinioni** exchange of views; **lo** ~ **di valuta fra nazioni** (*econ.*) the interchange of currency between nations; **uno** ~ **equo** a fair exchange, an even exchange; **scambi esteri** (*comm. est.*) external trade; **libero** ~ (*econ.*) free trade.

scambista, *n. m.* ❶ (*Borsa*) stockbroker, stockbroker. ❷ (*econ.*) free-trader. ❸ (*trasp. ferr.*) pointsman*, shunter; switchman* (*USA*).

scampolo, *n. m.* ❶ (*market.*) remnant. ❷ **scampoli**, *pl.* (*market.*) oddments, surplus stock.

scappatoia, *n. f.* way out, loophole. // ~ **fiscale** (*fin.*) tax loophole.

scaricabarili, *n. m. solo sing.* (*org. az.*) buck-passing. // **fare a** ~ to pass the buck.

scaricamento, *n. m.* ❶ discharge, discharging. ❷ (*trasp. mar.*) discharge, unloading, breaking the stowage. // **lo** ~ **d'una nave** (*trasp. mar.*) the discharge of a ship.

scaricare, *v. t.* ❶ to discharge. ❷ (*trasp. aer., trasp. mar.*) to land. ❸ (*trasp. mar.*) to discharge, to unload, to unship; (*merce già stivata*) to unstow. *v. i.* (*trasp. mar.*) to unload. △ *v. t.* ❸ **Quelle merci devono essere scaricate per prime** those goods must be unloaded first; *v. i.* **Quando arrivammo la nave stava scaricando** when we arrived the ship was unloading. // ~ (*merce*) **a un molo** (*trasp. mar.*) to wharf; ~ **un carico** (*trasp. mar.*) to discharge a cargo; ~ **meno di quanto dichiarato nel manifesto** (*trasp. mar.*) to short-land; ~ **una nave** (*trasp. mar.*) to discharge a ship, to unstow a ship; ~ **l'onere della prova** (*leg.*) to shift the burden of proof; ~ **la responsabilità** to shift the responsibility; ~ **la zavorra** (*trasp. mar.*) to discharge ballast, to unballast; **non scaricato** undischarged: **Tutte le merci non ancora scaricate saranno esaminate dal nostro controllore** all undischarged goods shall be examined by our inspector.

scaricatore, *n. m.* (*pers.*) unloader. // ~ **di porto** (*pers.*) docker, dockhand, stevedore, lumper.

scarico, *a.* ❶ (*non carico*) unloaded. ❷ (*trasp. mar.*) unloaded; in ballast (*pred.*). *n. m.* ❶ (*lo scaricare*) discharge, discharging, unloading. ❷ (*leg.*) discharge. ❸ (*rag.*) discharge. △ *n.* ❶ **Lo** ~ **delle merci è avvenuto senza incidenti** the discharge of the goods took place without any accidents. // ~ **in mare** (*trasp. mar.*) jettison; ~ **senza interruzione** (*trasp. mar.*) continuous discharge.

scarroccio, *n. m.* (*trasp. aer., trasp. mar.*) leeway.

scarseggiare, *v. i.* ❶ (*essere scarso*) to be scarce. ❷ (*avere scarsezza di qc.*) to be short (of); to lack; to be lacking (in). △ ❶ **La buona volontà scarseggia in questo reparto** good will is scarce in this department.

scarsezza, *n. f.* V. **scarsità**.

scarsità, *n. f. inv.* scarceness, scarcity, dearth; (*insufficienza*) shortage, insufficiency, scantiness, stringency, deficiency; (*mancanza*) want, lack. △ **Non siamo in grado di soddisfare le vostre richieste a causa della** ~ **di materie prime** we can't satisfy your orders owing to the scarcity of raw materials; **La** ~ **delle finanze minaccia di distruggere definitivamente l'economia** financial stringency threatens to complete the ruin of the economy. // ~ **di dollari** (*fin.*) dollar shortage, dollar gap; ~ **di manodopera** (*econ.*) labour shortage; ~ **di mezzi** lack of means; ~ **di numerario** (*fin.*) dearth of coins.

scarso, *a.* ❶ scarce, scanty; (*manchevole*) short, lacking; (*povero*) poor; (*limitato*) limited; low, tight, narrow (*fig.*). ❷ (*fin.*) (*di guadagno, ecc.*) off. ❸ (*market.*) (*di merce*) in short supply. △ ❶ **Il denaro è a buon mercato quando è abbondante, ed è caro quando è** ~ money is cheap when it's plentiful, and dear when it's scarce; **I controlli toglieranno di mezzo le sofisticazioni e i pesi e le misure scarse** controls will eliminate adulteration and short weights and measures; **Il petrolio è** ~ **su tutti i mercati** oil is tight on all markets; **Oggigiorno il denaro è più** ~ **che mai** money is tighter than ever nowadays; **Le nostre scorte di materie prime sono assai scarse** our stock of raw materials is quite low; ❷ **I guadagni saranno scarsi questo semestre** profits are going to be off this semester. // **scarse esazioni di imposta** (*fin.*) lean tax collections; **scarse provviste** (*org. az.*) scanty supplies; **di** ~ **valore** (*market.*) third-rate.

scartamento, *n. m.* (*trasp. ferr.*) gauge. // ~ **normale** (*trasp. ferr.*) standard gauge; ~ **ridotto** (*trasp. ferr.*) narrow gauge.

scartare, *v. t.* ❶ (*una cosa incartata*) to unwrap. ❷ (*respingere*) to reject, to discard, to scrap; (*mettere da parte*) to put* aside, to lay* aside. ❸ (*org. az.*) (*macchine, impianti, ecc.*) to supersede. △ ❷ **La mia proposta è stata scartata subito** my proposal was rejected at once. // ~ **un esemplare difettoso** to reject a defective specimen; ~ (*un macchinario*) **perché antiquato** (*org. az.*) to superannuate.

scarto, *n. m.* ❶ (*atto d'escludere in una scelta*) discarding, discard. ❷ (*cosa scartata*) discarded thing, refuse, trash. ❸ (*econ., fin., rag.*) (*margine, differenza*) margin, deviation, range, spread. ❹ (*giorn., pubbl.*) (*carta sciupata nel processo di stampa*) spoilage. ❺ (*market.*) (*di merce ricevuta da un fornitore*) reject, rejected material. ❻ (*org. az.*) (*d'officina*) scrap, waste. △ ❸ **Esiste un notevole** ~ **fra i prezzi alla produzione e quelli al consumo** there is a wide margin between producers' prices and consumers' prices. // ~ **del giorno** (*Borsa, fin.*) day's spread; ~ **di garanzia** (*Borsa, fin.*) safety margin; **scarti di garanzia nelle operazioni a riporto** (*Borsa, fin.*) safety margins on contango operations; ~ **medio dei prezzi** (*market.*) mean price difference: **Lo ~ medio dei prezzi si ottiene calcolando per ogni articolo lo ~ esistente tra il prezzo più basso e quello più alto (in percentuale rispetto al prezzo più alto) e facendo la media aritmetica semplice di tali scarti** the mean price difference is obtained by calculating for each article the actual difference between the lowest and the highest prices (as a percentage of the lowest price) and by taking the simple arithmetical average of the difference; ~ **quadratico medio** (*mat., stat.*) root-mean-square deviation, mean square deviation, standard deviation, standard error; ~ **quadratico medio del campione** (*stat.*) sample standard deviation; **di ~** waste (*attr.*): **Talvolta i prodotti di ~ d'un'industria costituiscono la materia prima d'un'altra** the waste products of one industry are sometimes the raw materials of another.

scatola, *n. f.* ❶ box. ❷ (*di latta*) tin; can (*USA*). // ~ **di cartone** cardboard box, carton; ~ **metallica** (*per tè, caffè, tabacco, ecc.*) canister; **a lettere di ~** in block letters; **comprare qc. a ~ chiusa** to buy a pig in a poke; **in ~** (*market.*) preserved, tinned (*a.*); canned (*a., USA*); **vendere qc. a ~ chiusa** to sell a pig in a poke.

scatolame, *n. m.* ❶ (*market.*) tins (*pl.*); cans (*pl., USA*). ❷ (*market.*) (*commestibili in scatola*) tinned goods (*o* food); canned goods (*o* food) (*USA*).

scatoletta, *n. f.* (*market.*) tin; can (*USA*). // ~ **per cibi conservati** (*market.*) packers' can.

scatto, *n. m.* ❶ (*d'un meccanismo*) trigger. ❷ (*pers.*) (*di salario, ecc.*) increase. // ~ **di stipendio** (*pers.*) automatic pay increase; ~ **salariale per anzianità** (*pers.*) increase of wages according to age, length of service increase.

scegliere, *v. t.* ❶ to choose*, to pick up, to pick, to select. ❷ (*cronot.*) (*nello studio del movimento delle mani*) to select. △ ❶ **Affrettatevi a visitare il nostro nuovo reparto: potrete ~ gli articoli migliori!** hurry up and visit our new department: you'll be able to pick the best articles! // ~ **un campione** (*market., stat.*) to select a sample; ~ **un candidato** (*leg.*) to select a candidate; ~ **q. come presidente** (*org. az.*) to chair sb.; ~ (*una giuria, ecc.*) **favorevole e parziale** (*leg.*) to pack; ~ **mediante votazione** to ballot; ~ **il momento opportuno per** (*qc.*) to time; **Non è così facile ~ il momento opportuno per gli acquisti ora che i gusti cambiano con tanta rapidità** it's not so easy to time purchases now that tastes are changing so rapidly; **che sa ~** (*market.*) (*di cliente*) selective.

scellino, *n. m.* shilling; bob (*fam., inv.*); deaner (*slang ingl.*). △ **Costava dieci scellini** it cost ten bob.

scelta, *n. f.* ❶ choice, selection, pick. ❷ (*leg.*) (*opzione*) option. ❸ (*ric. op.*) choice. △ ❶ **Questa ~ sarebbe incompatibile con la nostra strategia** this choice would not be consistent with our strategy; **Nel nostro negozio avrete una ~ di diversi articoli di prima qualità** in our shop you will have the pick of several first-class articles. // ~ **alternativa** alternative choice; **scelte macroeconomiche** (*econ.*) macroeconomic decisions; **a ~** by choice; optional (*a.*); **a ~ del capitano** (*della nave*) (*trasp. mar.*) at the master's option.

scelto, *a.* selected, select; (*di prima qualità*) first-rate, choice (*attr.*). △ **Da anni forniamo soltanto merce scelta** we have been supplying only choice goods for years.

scendere, *v. i.* ❶ to get* down; (*andar giù*) to go* down; (*venire giù*) to come* down. ❷ (*smontare*) to get* down, to get* off. ❸ (*Borsa, market.*) (*di prezzi*) to fall*, to fall* off, to fall* down, to go* down, to ease, to dip. ❹ (*tur.*) (*prendere alloggio*) to put* up. △ ❷ **Dove devo ~ per recarmi alla Banca Popolare?** where must I get off in order to reach the Banca Popolare?; ❸ **La domanda di beni di consumo è scesa fortemente** the demand for consumer goods has fallen off considerably; **A quella notizia le azioni Scandia scesero a 4,12 dollari** at that news Scandia shares dipped to $ 4.12; **Le azioni De Vries sono scese a 54 dollari** De Vries shares eased to $ 54; ❹ **Quando vado a Londra per affari, scendo quasi sempre al Royal Scots** when I go to London on business, I quite often put up at the Royal Scots. // ~ **a terra** (*trasp. mar.*) to disembark; ~ **da un autobus** (*trasp. aut.*) to get off a bus.

sceneggiatore, *n. m.* (*pubbl.*) script-writer, screen-writer, scenarioist, scenarist.

sceneggiatura, *n. f.* (*pubbl.*) screenplay, script, scenario.

sceriffo, *n. m.* (*leg.*) (*primo magistrato della Contea, eletto dalla Corona in Inghilterra, e dal popolo negli Stati Uniti*) sheriff.

scheda, *n. f.* ❶ card; (*modulo*) form; (*per votazioni*) ballot-paper, ballot. ❷ (*attr. uff.*) file card, card, form. ❸ (*elab. elettr.*) card. ❹ (*stat.*) card. // ~ **con indirizzo** address card; ~ (**del**) **personale** (*pers.*) staff card, employee rating chart; ~ (**d'analisi**) **della distribuzione del lavoro** (*cronot.*) work-distribution chart; ~ **di ciclo di lavorazione** (*org. az.*) route card; ~ **di macchina** (*org. az.*) machine-load card; ~ **di magazzino** (*org. az.*) stock-card; ~ **di nome, indirizzo e domicilio** (*elab. elettr.*) name, address, and residence card; ~ **di posizione** (*pers.*) allocation card; ~ **di rilevazione dei tempi** (*cronot.*) time-study sheet; ~ **di votazione** (*leg.*) vote, ballot paper, ballot; ~ **maestra** (*elab. elettr.*) master card; ~ **multipla** (*elab. elettr.*) spread card; ~ **NID** (*elab. elettr.*) name, address, and residence card; ~ **perforata** (*elab. elettr.*) punched card, punch card; ~ **perforata per selezione manuale** (*elab. elettr.*) manual operated punched card; ~ **posizione** (*org. az.*) bin card; ~ **principale** (*elab. elettr.*) header card.

schedare, *v. t.* to file, to card-catalogue, to calendar.

schedario, *n. m.* (*attr. uff.*) file, card-file, card-holder, card index cabinet, card index. // ~ **Generale dei Titoli Azionari** (*fin., leg.*) General Registry of Stocks and Shares; ~ **rotante** (*attr. uff.*) rotary file; ~ **verticale** (*attr. uff.*) vertical file.

schedato, *a.* (*di documento, ecc.*) on file (*pred.*).

schedatore, *n. m.* (*pers.*) filing clerk, card-compiler.

schedatura, *n. f.* ❶ filing. ❷ (*stat.*) card indexing.

schema, *n. m.* ❶ scheme, outline; (*diagramma*) diagram; (*abbozzo*) draft. ❷ (*org. az.*) chart. // ~ **a blocchi** (*elab. elettr.*) flow chart; ~ **d'accordo** (*amm.*) draft agreement; ~ **di contratto** (*leg.*) draft contract; ~ **di flusso** (*org. az.*) flow chart; (*che evidenzia i difetti riscontrati nella successione delle operazioni*) flow chart; ~ **di fusione** (*fin.*) take-over scheme; ~ **di lavorazione** (*cronot.*) flow process chart; ~ **logico** (*org. az.*) flow chart.

schermo, *n. m.* (*pubbl.*) (*cinematografico*) screen. // ~ **luminoso** (*sul quale si possono leggere dati e informazioni*) (*elab. elettr.*) display.

schiarimento, *n. m.* (*spiegazione*) explanation; information (*solo al sing.*). △ **Saremo lieti di darvi tutti gli schiarimenti di cui avrete bisogno** we shall be glad to give you all the information you need.

schizzare, *v. t.* (*disegnare*) to sketch, to draft, to outline.

schizzo, *n. m.* (*disegno*) sketch, draft, outline. // lo ~ d'una macchina the draft for a machine.

scialacquare, *v. t.* to squander, to dissipate, to throw* about.

scialacquatore, *n. m.* squanderer, spendthrift.

scialacquio, *n. m.* squandering, dissipation, waste.

scialuppa, *n. f.* (*trasp. mar.*) shallop, sloop. // ~ di salvataggio (*trasp. mar.*) life-boat.

scientemente, *avv.* ❶ knowingly, consciously. ❷ (*leg.*) scienter.

scientificamente, *avv.* scientifically.

scientifico, *a.* scientific.

scienza, *n. f.* science. // **scienze attuariali** (*mat.*) actuarial science (*sing.*); ~ **delle maree** (*trasp. mar.*) tidology; **scienze esatte** exact sciences; **scienze politiche** (*econ.*) political science (*sing.*); **scienze pure** pure sciences.

scienziato, *n. m.* scientist, man* of science; (*studioso, ricercatore*) investigator.

scindere, *v. t.* (*anche fig.*) to split*, to split* off. △ Una parte dell'attivo fu scissa per formare una nuova società part of the assets were split off into a new corporation.

scioccare, *v. t.* V. shockare.

sciogliere, *v. t.* ❶ (*disfare un legame*; *anche fig.*) to loosen, to loose, to let* loose, to unbind*. ❷ (*porre fine a*) to dissolve, to break* up. ❸ (*adempiere*) to fulfil. ❹ (*leg.*) (*da un obbligo, ecc.*) to acquit. // ~ l'àncora (*trasp. mar.*) to weigh anchor; ~ **un'assemblea** (*org. az.*) to dismiss an assembly; ~ **un contratto** (*leg.*) to dissolve a contract; ~ q. da un obbligo to acquit sb. from an obligation; ~ un obbligo (*leg.*) to fulfil an obligation; ~ **una seduta** to close a meeting, to break up a meeting; ~ **una società** (*di persone*) (*fin.*) to dissolve a partnership; (*di capitali*) (*fin.*) to wind-up a joint-stock company.

scioglimento, *n. m.* ❶ (*il disfare un legame*; *anche fig.*) loosening. ❷ (*fine*) dissolution, dissolving, breaking up. ❸ (*adempimento*) fulfilment, fulfilling. ❹ (*leg.*) (*da un obbligo, ecc.*) acquittal. // lo ~ d'una società (*di persone*) (*fin.*) the dissolution of a partnership; (*fin.*) (*di capitali*) the winding-up of a joint-stock company.

sciolto, *a.* ❶ loose; (*slegato*) untied, unbound. ❷ (*libero*) free, released. ❸ (*market.*) (*di merce*) loose; by measure (*pred.*). △ ❷ Dobbiamo essere sciolti da ogni impegno prima di Natale we must be free from all engagements before Christmas; ❸ Questi articoli non possono essere venduti sciolti these goods can't be sold loose.

scioperante, *n. m. e f.* (*sind.*) striker, turnout. // chi è assunto per sostituire uno ~ (*org. az.*) strike-breaker.

scioperare, *v. i.* (*sind.*) to strike*, to strike* work, to stick* out; to walk out, to throw* down one's tools (*fam.*). △ I ferrovieri stanno scioperando per ottenere aumenti salariali railway workers are striking for higher wages; Gli iscritti a due sindacati solidali sciopereranno insieme a noi the members of two sympathetic unions will walk out with us.

sciopero, *n. m.* (*sind.*) strike, turnout, stick-out, stoppage; walk-out (*fam.*). △ A causa dei recenti scioperi non potremo rifornire regolarmente la nostra clientela due to the recent strikes, we shan't be able to supply our customers regularly; I sindacati minacciano uno ~ **nazionale** unions threaten a nationwide stoppage. // uno ~ a carattere nazionale (*sind.*) a nationwide strike;

~ «a gatto selvaggio» (*sind.*) V. ~ «selvaggio»; ~ a oltranza (*sind.*) strike to the last; ~ a singhiozzo (*sind.*) intermittent strike; ~ al momento del rinnovo di un contratto collettivo (*sind.*) end-of-contract strike; ~ bianco (*sind.*) (*applicazione rigida dei regolamenti, con conseguente rallentamento della produzione*) working to rule, slow-down, go-slow; ca'canny strike, stick-out (*USA*); (*con occupazione della fabbrica*) sit-down strike, sit-down, stay-in strike, stay-in, sit-in; ~ con occupazione (*della fabbrica, ecc.*) (*sind.*) stay-in strike, stay-in; ~ dei consumatori (*in attesa d'una diminuzione dei prezzi*) (*market.*) buyers' strike; ~ dei minatori di carbone (*sind.*) coal strike; ~ di solidarietà (*sind.*) sympathetic strike, secondary strike; ~ generale (*sind.*) general strike; uno ~ illegale (*sind.*) an outlaw strike, an illegal strike, a quickie strike; ~ non autorizzato (*sind., fam.*) walk-out; uno ~ paralizzante (*sind.*) a crippling strike; ~ «selvaggio» (*sind.*) wildcat strike, wildcat, unofficial strike, unofficial stoppage, illegal strike, quickie strike; ~ senza preavviso (*sind.*) lightning strike; essere in ~ (*sind.*) to be on strike.

scissione, *n. f.* (*anche fig.*) split, splitting.

sciupare, *v. t.* to waste; (*sperperare*) to squander. // ~ un'occasione d'oro to waste a golden opportunity; ~ un patrimonio to squander a fortune.

sciupio, *n. m.* waste, wasting; (*sperpero*) squandering. // ~ di denaro waste of money.

scivolamento, *n. m.* ❶ sliding, slipping. ❷ (*Borsa*) backsliding. ❸ (*trasp. aer., trasp. aut.*) skidding.

scivolare, *v. i.* ❶ to slide*, to slip. ❷ (*trasp. aer., trasp. aut.*) to skid.

scivolata, *n. f.* ❶ slide, sliding, slip, slipping. ❷ (*Borsa*) backsliding. ❸ (*trasp. aer., trasp. aut.*) skidding. // ~ d'ala (*trasp. aer.*) side-slip.

scivolo, *n. m.* (*trasp. aer., trasp. mar.*) runway, slipway. // ~ di carico (*per il bestiame*) (*trasp.*) loading chute.

scoglio, *n. m.* (*trasp. mar.*) rock, cliff. // ~ **sommerso** (*trasp. mar.*) ledge, scar.

scommessa, *n. f.* bet, wager; (*posta*) stake.

scommettere, *v. t.* to bet*, to wager, to stake. *v. i.* to make* a bet.

scommettitore, *n. m.* better, bettor, wagerer.

scomparire, *v. i.* (*sparire*) to disappear; (*svanire*) to vanish.

scomparsa, *n. f.* ❶ (*sparizione*) disappearance. ❷ (*morte*) death.

scompartimento, *n. m.* ❶ compartment, division. ❷ (*trasp. ferr.*) compartment. // ~ a due letti (*trasp. ferr.*) two-berths compartment; uno ~ di prima classe (*trasp. ferr.*) a first-class compartment.

scomparto, *n. m.* V. scompartimento.

scompensare, *v. t.* (*alterare un equilibrio*) to unbalance. // ~ un bilancio (*econ., rag.*) to unbalance a budget.

scompensato, *a.* unbalanced.

scompenso, *n. m.* unbalance.

scomporre, *v. t.* ❶ to decompose; (*disfare*) to undo*; (*dividere*) to divide, to split* up. ❷ (*giorn., pubbl.*) (*caratteri di stampa*) to distribute. // ~ in fattori (*mat.*) to factorize; ~ un treno (*trasp. ferr.*) to split up a train; non ~ (*materiale a stampa*) (*giorn., pubbl.*) to keep standing.

scompositore, *n. m.* (*giorn., pubbl.*) distributor.

scomposizione, *n. f.* ❶ decomposition; (*divisione*) division, splitting up. ❷ (*giorn., pubbl.*) distribution of type, distribution. // ~ del prezzo di costo nei suoi principali elementi (*market.*) analysis of the cost price into its chief components; ~ (*di grandi gruppi*) in sottoclassi (*più agevolmente trattabili*) (*org. az.*) break-down.

sconfessare, *v. t.* to recant, to retract, to disclaim; (*negare*) to deny.

sconfessione, *n. f.* recantation, retraction, disclaimer; (*negazione*) denial.

sconfiggere, *v. t.* (*anche fig.*) to defeat; (*battere*) to beat*; (*sopraffare*) to overcome*. △ **Abbiamo sconfitto tutti i nostri concorrenti sul vostro mercato** we have beaten all our competitors on your market.

sconfinamento, *n. m.* (*leg.*) trespass, trespassing.

sconfinare, *v. i.* (*leg.*) to trespass.

sconfitta, *n. f.* (*anche fig.*) defeat.

scontabile, *a.* (*banca, fin.*) discountable.

scontare, *v. t.* ❶ (*banca, fin.*) to discount. ❷ (*leg.*) (*una condanna*) to serve. ❸ (*market.*) (*detrarre da un conto*) to deduct, to take* off. △ ❶ **Le banche scontano i titoli negoziabili** banks discount negotiable paper; ❸ **Scontarono 50 dollari dal prezzo per il pagamento a contanti** they took 50 dollars off the price for cash payment. // ~ **una cambiale** (*banca*) to discount a bill (of exchange); ~ **di nuovo** (*titoli di credito*) (*banca, cred.*) to rediscount; ~ **un effetto** (*banca*) to discount a bill; **farsi** ~ **una cambiale** (*banca*) to have a bill discounted.

scontentare, *v. t.* (*non soddisfare*) to dissatisfy.

scontento, *a.* (*insoddisfatto*) dissatisfied. △ **La maggior parte degli impiegati è scontenta dello stipendio che riceve** most employees are dissatisfied with the salary they receive.

scontista, *n. m.* e *f.* (*fin.*) discount broker, discounter.

sconto, *n. m.* ❶ (*banca, fin.*) (*l'operazione*) discount, discounting; (*compenso spettante a chi anticipa denaro*) discount. ❷ (*market.*) (*detrazione*) discount, deduction; (*ribasso*) rebate, abatement; (*abbuono*) allowance. △ ❶ **Abbiamo appena presentato la cambiale allo ~** we have just offered the bill for discount; ❷ **Siamo disposti a concedere uno ~ del 3% per il pagamento in contanti** we are open to grant a 3% discount for cash. // ~ **bancario** (*banca*) bank discount, bankers' discount; ~ **commerciale** (*market.*) trade discount; ~ **del capitale** (*rag.*) direct discount; ~ **delle cambiali** (*banca*) discounting bills of exchange; ~ **di canoni provenienti da locazioni di beni strumentali** (*leg.*) discounting of rentals from the leasing of capital goods; ~ **di crediti derivanti da vendite d'immobili** (*cred.*) discounting of credits from the sale of real estate; ~ **di effetti bancari** (*banca*) discounting of notes; ~ **d'effetti sull'estero** (*banca*) discount of foreign bills; **sconti e anticipazioni** (*rag.*) discounts and advances; « ~ **effetti Italia** » (*banca*) « discount of bills on Italy »; ~ **per (pagamento in) contanti** discount for cash, cash discount; ~ **razionale** (*mat.*) arithmetical discount, true discount; ~ **sottobanco** (*market.*) kickback (*fam.*); ~ **sugli acquisti** (*market.*) discount on purchases; **uno ~ sul premio** (*ass.*) a rebate of premium; ~ **sulle vendite** (*market.*) discount on sales; ~ **supplementare per pagamento anticipato** (*market.*) anticipation rate.

scontornare, *v. t.* (*pubbl.*) to crop.

scontrarsi, *v. rifl.* (*trasp.*) (*urtarsi*) to collide, to crash, to clash, to wreck. *v. recipr.* (*trasp.*) to collide.

scontrino, *n. m.* ❶ ticket, check, coupon. ❷ (*market.*) voucher. // ~ **di bagaglio** (*trasp.*) luggage ticket; baggage-check (*USA*); ~ **di cassa** (*market.*) cash voucher; ~ **di deposito** (*trasp. ferr.*) cloak-room ticket; ~ **doganale** (*dog.*) docket.

scontro, *n. m.* (*trasp.*) collision, crash, clash, wreckage, wreck.

sconveniente, *a.* ❶ (*non conveniente*) not convenient, inconvenient. ❷ (*svantaggioso*) disadvantageous, unfavourable. △ ❷ **Praticano i prezzi più sconvenienti di tutta la città** they make the most unfavourable prices in the whole town.

sconvolgere, *v. t.* (*anche fig.*) to upset*; (*turbare*) to unsettle, to perturb. △ **Questa catena ininterrotta di scioperi minaccia di ~ l'economia** this uninterrupted chain of strikes threatens to unsettle the economy.

sconvolgimento, *n. m.* (*anche fig.*) upset; (*turbamento*) perturbation. △ **Lo ~ dei prezzi è dovuto all'inflazione** the upset in price levels is due to inflation.

sconvolto, *a.* (*anche fig.*) upset; (*turbato*) unsettled, perturbed. △ **Il mercato è ancora ~ a causa delle notizie allarmanti** the market is still unsettled due to the alarming news.

scoperta, *n. f.* discovery, finding (out); (*di cosa celata*) disclosure.

scoperto, *a.* ❶ discovered, found (out); (*detto di ciò che era celato*) disclosed. ❷ (*ass.*) (*di rischio*) uncovered. ❸ (*banca*) (*di conto*) overdrawn. ❹ (*cred.*) (*d'assegno*) uncovered. ❺ (*pers.*) (*di posto·di lavoro*) vacant. *n. m.* ❶ (*banca*) overdraft. ❷ (*Borsa*) bear account, bears. △ *a.* ❷ **Tutti questi rischi sono scoperti** all these risks are uncovered; ❺ **Nel nostro ufficio sono rimasti due posti scoperti** there are still two vacant posts in our office. // « **scoperto** » (*banca*) « not sufficient funds »; « ~ **con fido** » (*banca*) overdraft, bank overdraft, fluctuating overdraft, overdraft on current account: **Quando si sono presi accordi per uno** « ~ **con fido** », **il cliente può emettere assegni in eccesso alla somma in quel momento accreditatagli sul suo conto corrente, fino a un limite concordato** when an overdraft has been arranged, the customer can draw cheques over and above the amount standing to his credit at the moment in his current account up to a limit agreed upon; ~ **di conto** (*banca*) overdraft; (*cred., fin.*) loan account; **allo ~** (*cred.*) (*di credito*) unsecured, uncovered (*a.*); without security, without cover (*locuz. avv.*); (*di correntista*) overdrawn (*a.*): **Non accettiamo alcuna operazione allo ~** we don't accept any transaction without cover; **essere allo ~** (*banca*) to be overdrawn, to be in the red; (*Borsa*) to be caught short.

scopo, *n. m.* ❶ (*fine*) aim, end, object, scope, goal; target (*fig.*). ❷ (*org. az.*) (*obiettivo*) objective, goal. △ ❶ **Non riesco a immaginare gli scopi d'una tale politica** I cannot imagine the aims of such a policy. // ~ **della società** (*leg.*) corporate purpose (*USA*); **a ~ di lucro** with a view to profit; **che non ha scopi di lucro** (*econ.*) non-profit (*a.*).

scoppiare, *v. i.* ❶ (*esplodere*) to explode, to burst*, to blow* up. ❷ (*accadere in modo improvviso*) to break* out. △ ❷ **Quando scoppiò la guerra, erano già sei anni che lavoravo come interprete** when the war broke out, I had already been working as an interpreter for six years.

scoppio, *n. m.* ❶ (*esplosione*) explosion, burst. ❷ (*manifestarsi improvviso*) outbreak. // ~ **delle caldaie** (*trasp. mar.*) bursting of boilers; **lo ~ d'un incendio** the breaking-out of a fire.

scoprire, *v. t.* to discover, to find* (out), to detect; (*ciò che era celato*) to disclose; (*rintracciare*) to trace (back). // ~ **le proprie carte** (*fig.*) to come to a showdown; ~ **un difetto di funzionamento in una macchina calcolatrice** (*elab. elettr.*) to detect a fault in a calculator; ~ **e localizzare i guasti** (*d'un macchinario, ecc.*) to troubleshoot (*USA*); ~ **un errore** to find out a mistake; ~ **la verità** to find out the truth.

scoraggiare, *v. t.* ❶ to discourage. ❷ (*soffocare*,

reprimere) to stifle (*fig.*). △ ❶ **Le misure prese dal nostro Governo scoraggeranno gli investimenti dall'estero** our Government's measures will discourage foreign investments; ❷ **Le barriere politiche tendono a ~ i traffici** political barriers tend to stifle commerce.

scorrere, *v. i.* ❶ to run*; (*fluire*) to flow*. ❷ (*trasp. mar.*) (*del carico*) to shift.

scorrettezza, *n. f.* ❶ (*l'essere scorretto*) incorrectness. ❷ (*mancanza di conformità a certi principi*) impoliteness; (*slealtà*) unfairness.

scorretto, *a.* ❶ (*che contiene errori*) incorrect, mistaken, wrong. ❷ (*non conforme a certi principi*) incorrect, impolite; (*sleale*) unfair. △ ❷ **Il comportamento del nostro cliente è stato molto ~** our customer's behaviour was utterly unfair.

scorrimento, *n. m.* ❶ running, flowing. ❷ (*trasp. mar.*) (*del carico*) shifting.

scorso, *a.* ❶ last; (*passato*) past. ❷ (*comm.*) (*nelle lettere*) ultimo (*abbr.* ult.). △ ❶ **Non abbiamo ancora ricevuto l'ordinazione del mese ~** we have not yet received last month's order.

scorta, *n. f.* ❶ (*org. az.*) supply, store, stock on hand, stock, inventory. ❷ (*trasp.*) convoy, convoying, escort. △ ❶ **Le nostre scorte di carburante si vanno assottigliando** our supplies of fuel are running short. // **~ di contanti** cash supply; **scorte disponibili** (*econ., org. az.*) visible supply (*sing.*); **~ insufficiente** (*di merci, materie prime, ecc.*) (*market., org. az.*) understock; **scorte morte** (*econ.*) dead stock; **scorte vive** (*econ.*) live stock, stock; **di ~** (*di ricambio*) spare (*a. attr.*); **sotto ~** (*trasp.*) under convoy.

scortare, *v. t.* (*trasp.*) to convoy, to escort.

scostamento, *n. m.* (*mat., rag.*) variance. △ **La differenza fra (l'ammontare di) una spesa prevista e (l'ammontare di) quella sostenuta dicesi ~** the difference between a budgeted expense and the actual expense is called variance. // **~ dalle cifre di bilancio** (*fin., rag.*) budget variance; **~ dalle cifre iscritte nel budget per quanto riguarda la capacità produttiva** (*rag.*) capacity variance; **~ dovuto a incapacità organizzativa** (*rag.*) activity variance; **~ in meno riscontrato fra le cifre iscritte nel budget e quelle del consuntivo** (*rag.*) decrease; **~ medio** (*stat.*) mean deviation; **~ quadratico medio** (*stat.*) V. **~ medio**.

scostare, *v. t.* ❶ to remove, to push away. ❷ (*trasp. mar.*) to sheer off.

scostarsi, *v. rifl.* to remove, to move away (*o* off), to get* away (from). // **~ dalla media** (*mat., stat.*) to vary from the mean.

screditare, *v. t.* to discredit, to bring* into discredit, to decry.

screditarsi, *v. rifl.* to lose* one's reputation.

«**scripter**», *n. m.* (*pubbl.*) (*chi si occupa di sceneggiare un film pubblicitario*) scripter.

scritto, *a.* written. *n. m.* ❶ (*cosa scritta*) writing; (*lettera*) letter. ❷ (*lavoro, opera, saggio*) writing, work. ❸ **scritti**, *pl.* writings. // **in (*o* per) ~** in writing; written (*a.*): **Abbiamo ricevuto un ordine per ~** we have received an order in writing; **mettere per ~** to put down in writing; **non ~** unwritten.

scrittoio, *n. m.* ❶ (*stanza*) study. ❷ (*attr. uff.*) writing-desk, desk. // «**americano**» (*con serranda avvolgibile*) (*attr. uff.*) roll-top desk.

scrittore, *n. m.* writer; (*autore*) author. // **~ d'articoli sportivi** (*giorn.*) sportswriter; **~ di testi pubblicitari** (*pubbl.*) ad writer; adsmith (*slang USA*); **~ di trafiletti** (*giorn.*) paragrapher; **~ indipendente** (*giorn., pubbl.*) free lance, free-lancer.

scrittrice, *n. f.* woman* writer, lady writer.

scrittura, *n. f.* ❶ (*lo scrivere*) writing; (*stesura per iscritto*) writing. ❷ (*leg.*) (*contratto*) contract. ❸ (*leg.*) (*atto notarile*) deed. ❹ (*rag.*) (*contabile*) record; (*a partita doppia*) entry. △ ❹ **Per le scritture con valuta posteriore alla precedente chiusura, l'importo è compreso nel saldo precedente** for entries the value of which was subsequent to the date of the previous closing of accounts, the amount due is included in the previous balance. // **~ aerea** (*fatta da un aeroplano*) (*pubbl.*) skywriting; **la ~ aerea d'uno slogan** (*pubbl.*) the skywriting of a slogan; **~** (*pubblica o privata*) **che ha effetto legale** (*leg.*) deed; **scritture contabili** (*rag.*) book entries, accounts; **~ d'accreditamento** (*rag.*) crediting entry, credit entry; **scritture d'apertura** (*dell'esercizio*) (*rag.*) starting entries, opening entries; **scritture di chiusura** (*rag.*) year-end closing entries, closing entries; **scritture di fine esercizio** (*rag.*) year-end closing entries, closing entries; **~ d'ordine** (*rag.*) suspense entry; **le scritture** (*contabili*) **d'una società** (*rag.*) the records of a company; **~ di storno** (*rag.*) transfer entry; **scritture di verifica** (*rag.*) correcting entries, adjustments; **~ illeggibile** illegible handwriting; **~ inversa** (*rag.*) contra entry; **~ privata** (*leg.*) private act, private contract, deed under private seal; **~ rettificativa** (*rag.*) post entry; **una ~ sbagliata** (*a partita doppia*) (*rag.*) a wrong entry.

scritturale, *n. m.* (*pers.*) scrivener; (*copista*) copyist.

scrivania, *n. f.* (*attr. uff.*) writing-desk, writing-table, desk.

scrivano, *n. m.* (*pers.*) scrivener; (*copista*) copyist.

scrivente, *a.* writing. *n. m. e f.* (*comun.*) writer.

scrivere, *v. t.* ❶ to write*. ❷ (*rag.*) (*registrare*) to enter. △ ❶ **Vi scriveremo dettagliatamente tutte le informazioni che avremo potuto ottenere su quel vostro cliente** we shall write you in detail all the information we have been able to gather about that customer of yours; ❷ **Abbiamo scritto l'intera somma a vostro credito** we have entered the whole amount to your credit. // **~ a macchina** to typewrite, to type; **~ a mano** to handwrite, to write by hand; **~** (*qc.*) **dando i particolari** to itemize; **~ in maiuscolo** (*giorn.*) to capitalize; **~ in stampatello** to print: **Si prega di ~ chiaramente il proprio nome e indirizzo in stampatello** print your name and address clearly, please; **~** (*a macchina*) **lasciando uno spazio doppio** to double-space; **~ lettera per lettera** to spell; **~ una lettera sotto dettatura** to take a letter; **~ maiuscolo** (*giorn.*) to capitalize; **~ il proprio nome in un modulo** to fill in one's name; **~ un numero in lettere** to spell a number; **~ una partita** (*rag.*) to make an entry; **~ per esteso** to write out; **~** (*qc.*) **su una cambiale** (*un assegno, ecc.*) to enface; **~ trafiletti** (*per un giornale*) (*giorn.*) to paragraph.

scrupolo, *n. m.* ❶ scruple. ❷ (*misura di peso pari a 20 grani o 1,296 grammi*) scruple.

scrutatore, *n. m.* (*nelle votazioni*) poll-watcher, scrutineer.

scrutinio, *n. m.* (*votazione*) voting, ballot, balloting, poll. // **~ segreto** secret ballot, ballot.

scuola, *n. f.* school. // **la ~ bancaria** the banking school; **~ commerciale** business school, school of commerce; **~ interna** (*aziendale*) (*sind.*) company school; corporation school (*USA*); **~ monetaria** (*econ.*) currency school; **~ professionale** (*pers.*) vocational school; **una ~ pubblicitaria d'avanguardia** (*pubbl.*) a forward school of advertising; ~ **serale** (*org. az., pers.*) evening school; night school.

scuotere, *v. t.* ❶ to shake*. ❷ (*fig.*) to shake* up. △ ❷ **Si spera che le nuove disposizioni scuoteranno il mercato** hopefully the new provisions will shake up the market.

scuro, *a.* ❶ dark. ❷ (*pubbl.*) (*detto di negativa*) dense.

scusa, *n. f.* ❶ (*azione e parole dello scusare o scusarsi*) excuse, apology. ❷ (*argomento di giustificazione*) excuse, justification; (*pretesto*) pretence, pretext. △ ❶ **La prego d'accettare le mie scuse** please accept my apologies; ❷ **Dobbiamo trovare una ~ per allontanare Miss Braker** we must invent an excuse to put off Miss Braker. // **una ~ che non regge** a lame excuse; **cercare una ~** to fish for an excuse.

scusare, *v. t.* ❶ to excuse; (*perdonare*) to forgive*, to pardon. ❷ (*giustificare*) to justify, to excuse. △ ❶ **Spero vogliate scusarci il ritardo nel rispondervi** we hope you will excuse us for replying to you so late; ❷ **Nulla può ~ il vostro comportamento** nothing can justify your behaviour.

scusarsi, *v. rifl.* to apologize; (*giustificarsi*) to justify oneself. △ **Dobbiamo scusarci con voi per il ritardo nella consegna della merce** we must apologize to you for the delay in the delivery of the goods. // **~ d'aver fatto qc.** to apologize for doing st.

sdaziare, *v. t.* (*dog.*) to pay* the customs duties on, to clear.

sdaziato, *a.* (*dog.*) cleared, duty-paid. // **non ~** (*dog.*) uncustomed.

sdebitarsi, *v. rifl.* ❶ (*fig.*) (*disobbligarsi con q.*) to pay* (sb.) back. ❷ (*cred.*) (*pagare i debiti*) to pay* one's debts; to get* out of the red.

sdoganamento, *n. m.* (*dog.*) clearance through the customs, customs clearance, clearance, clearing.

sdoganare, *v. t.* (*dog.*) to clear through the customs, to clear. △ **Sdogareremo la merce non appena ci sarà possibile** we will clear the goods as soon as possible. // **~ merci** (*dog., anche*) to take goods out of bond; **da ~** (*dog.*) (*di merce*) in bond (*pred.*).

sdoganato, *a.* (*dog.*) cleared, duty-paid, ex bond. // **non ~** (*dog.*) uncleared, uncustomed: **Gli fu contestata la detenzione di merci non sdoganate** he was charged with being in possession of uncustomed goods.

se, *cong.* ❶ (*condizionale*) if. ❷ (*dubitativo*) whether, if. △ ❶ **~ avessimo saputo che sareste passato da Milano, avremmo cercato di metterci in contatto con voi** if we had known that you would call at Milan, we should have tried to contact you; ❷ **Non so ~ Mr Tickner sarà di ritorno per le 19** I don't know whether Mr Tickner will be back by 7 P.M.

secca, *n. f.* (*trasp. mar.*) shallow, shoal, bank; (*all'entrata d'un porto, ecc.*) sand-bar. // **in ~** (*trasp. mar.*) (*di nave*) in low water(s) (*locuz. avv.*); high and dry (*a. pred.*); **sulle secche** (*trasp. mar.*) ashore: **La nave fu spinta sulle secche** the ship was driven ashore.

seccatura, *n. f.* (*fastidio*) trouble, nuisance; headache (*fam.*). △ **Il ricupero di quei crediti non ci procurò alcuna ~** we experienced no trouble in recovering those credits.

secco, *a.* ❶ dry; (*arido*) arid. ❷ (*fig.*) blunt, curt; (*deciso*) flat. ❸ (*Borsa*) (*di titolo*) ex interest, ex coupon; dividend off (*USA*). // **un ~ rifiuto** a flat refusal; **una secca smentita** a direct denial, an outright denial; **in ~** (*trasp. mar.*) (*d'imbarcazione*) aground, ashore.

seconda, *n. f.* ❶ (*cred., fin.*) (*di cambio*) second of exchange. ❷ (*trasp. ferr.*) second class. ❸ (*trasp. mar.*) cabin class. // **~ di cambio** (*cred., fin.*) second of exchange; second via; **~ di copertina** (*giorn.*) second cover, inside-front cover; **a ~ di** according to, in conformity with.

secondario, *a.* secondary; (*minore*) minor; (*incidentale*) incidental. // **di secondaria importanza** of secondary (*o* minor) importance.

secondo[1], *num. ord.* ❶ second. ❷ (*per grandezza*) second largest; (*per importanza*) second most important; (*per qualità*) second best. △ ❷ **Birmingham è la seconda città della Gran Bretagna** (*per grandezza*) Birmingham is the second largest city in Great Britain. // **seconda classe** (*trasp.*) second class, tourist class; (*trasp. mar.*) cabin class; **seconda colazione** luncheon, lunch; **seconda copia** duplicate; **seconda derivata** (*mat.*) second derivative; **seconda incognita** (*mat.*) y: **Nell'equazione** $2x - 5 = 3y$, **se il valore della x è 7, il valore della seconda incognita sarà 3** in the equation $2x - 5 = 3y$, if the value of x is 7, the value of y will be 3; **seconda potenza di un milione** (*un 1 seguito da 12 zeri; corrisponde a un nostro trilione*) billion (*ingl.*); trillion (*USA*); **seconda quantità incognita** (*mat.*) V. **seconda incognita**; **~ semestre** (*fin.*) second half-year, second half; **seconda visione** (*di film*) (*pubbl.*) rerun; **di seconda categoria** second-class; **di seconda classe** (*trasp.*) second-class; **di ~ grado** (*mat.*) quadratic; **di seconda mano** (*market.*) second-hand; (*d'indumento*) hand-me-down; **di second'ordine** minor: **Abbiamo deciso di sorvolare sui problemi di second'ordine** we have decided to skip minor problems; **di seconda qualità** (*market.*) second-rate, second-class, middling.

secondo[2], *n. m.* ❶ second. ❷ (*trasp. mar.*) second-in-command, second; (*di nave mercantile*) mate. △ ❶ **Gli ci sono voluti 30 secondi per localizzare il guasto** it took him 30 seconds to find out the trouble. // **~ nato** (*leg.*) second child; **seconda nata** (*leg.*) second child.

secondo[3], *prep.* according to, in conformity with, in compliance with. *avv.* ❶ (*secondo i casi*) that depends. ❷ (*in secondo luogo*) secondly, second. △ *prep.* **Abbiamo cercato di fare tutto ~ le vostre richieste** we tried to do everything in conformity with your requests; *avv.* ❷ **Non siamo d'accordo con voi; primo, perché la vostra idea non è pratica, ~, perché i fondi non sono sufficienti** we don't agree with you; first because your idea is not practical, second(ly), because the funds are not sufficient. // **~ gli accordi precedenti** as previously agreed upon; **~ noi** in our opinion; **~ l'uso** according to custom.

secondogenita, *n. f.* (*leg.*) second-born daughter.
secondogenito, *a.* (*leg.*) second-born. *n. m.* (*leg.*) second-born son.

sede, *n. f.* ❶ seat; (*residenza*) residence; (*centro*) centre; center (*USA*). ❷ (*org. az.*) office, seat, home. △ ❷ **Vi consigliamo di mettervi in contatto con la nostra nuova ~ di Modena** we would advise you to get in touch with our new Modena office. // **~ centrale** (*org. az.*) head office; headquarters (*pl., ma spesso col v. al sing.*); **~ degli affari** (*org. az.*) seat; premises (*pl.*); **~ di lavoro** (*pers.*) work-place; **~ d'un processo** (*leg.*) venue; **la ~ d'una società** (*fin.*) the seat of a company; **~ legale** (*d'una società*) (*fin.*) registered office; **~ principale** (*org. az.*) head office, home office; headquarters (*pl., ma spesso col v. al sing.*); inhabitancy, home: **La ~ principale invierà istruzioni a tutti i direttori di filiale** the home office will send instructions to all branch managers; **essere in ~** (*leg.*) (*di funzionario*) to be in residence.

sedere, *v. i.* ❶ to sit*, to be seated; (*mettersi a sedere*) to sit* down, to take* a seat. ❷ (*leg.*) (*avere un* *seggio*) to sit*, to have a seat. // ~ **in Parlamento** to sit in Parliament; to be an M.P. (*in G.B.*).

sedicente, *a.* would-be. △ **C'è sovrabbondanza di sedicenti interpreti** would-be interpreters are at a discount.

seduta, *n. f.* ❶ sitting; (*riunione*) meeting. ❷ (*leg.*) meeting; (*del Parlamento, d'un tribunale, ecc.*) session; (*di corte giudiziaria*) law day. △ ❷ **Le sedute del comitato finanziario si terranno settimanalmente** Financial Board sessions will be held weekly. // **una ~ a porte chiuse** (*leg.*) a closed-door session; **una ~ della Camera dei Lord** (*leg., ingl.*) a sitting of the House of Lords; **~ di Borsa** (*Borsa*) exchange, 'change: **Ci sono state due operazioni durante la stessa ~ di Borsa** there were two transactions during the same 'change; **~ plenaria d'un'assemblea** (*che la effettua con i regolamenti delle sedute di commissione*) (*org. az.*) committee of the whole; **~ stante** (*fig.: subito*) immediately; (*leg.*) during the sitting; **essere in ~** (*leg.*) to sit, to be sitting, to be in session: **Il Parlamento è in ~** Parliament is sitting; **in ~ pubblica** in open assembly.

seggio, *n. m.* ❶ seat, chair. ❷ (*leg.*) (*in Parlamento*) seat. // **~ elettorale** polling-station.

segmentare, *v. t.* ❶ to segment, to segmentize. ❷ (*elab. elettr.*) to partition. △ ❶ **La produzione è stata segmentata in mansioni unitarie** production was segmentized into unit tasks.

segmento, *n. m.* (*anche mat.*) segment.

segnalare, *v. t.* ❶ to signal. ❷ (*additare, far distinguere*) to point out; (*raccomandare*) to mark out (for), to recommend. ❸ (*comun.*) to message. △ ❷ **È stato segnalato da alcuni « alti papaveri »** he was recommended by some VIP's.

segnalatore, *n. m.* ❶ signaller; signaler (*USA*). ❷ (*trasp. ferr.*) signal-man*.

segnalazione, *n. f.* ❶ signalling; signaling (*USA*); (*segnale*) signal. ❷ (*indicazione di q. o qc. che si reputa interessante*) pointing out; (*raccomandazione*) marking-out, recommendation. ❸ (*comun.*) message. // **degno di ~** noteworthy.

segnale, ❶ signal. ❷ (*trasp.*) marker, signal. △ ❷ **Il ~ è alzato** (*il segnale è rosso*) the signal is up. // **~ a distanza** (*trasp. ferr.*) distant block signal, distant signal; **~ acustico di « linea libera »** (*al telefono*) dial tone; **~ acustico di « linea occupata »** (*al telefono*) engaged tone; **segnali campionati** (*elab. elettr.*) sampled signal; **~ di azione** (*elab. elettr.*) action signal; **~ d'ingresso** (*elab. elettr.*) input signal; **~ di lettura** (*elab. elettr.*) sense signal; **~ di marea** (*trasp. mar.*) tide signal; **~ di pericolo** (*trasp.*) danger signal, distress signal, distress call; **~ di soccorso via radio** (*trasp. mar.*) radio distress signal; **~ di stop** (*trasp. aut.*) stop sign; **~ d'uscita** (*elab. elettr.*) output signal; **~ meteorologico** (*trasp. mar.*) weather signal; **~ orario** (*comun.*) time signal; **~ stradale** (*trasp. aut.*) road signal.

segnaprezzo, *n. m.* (*market.*) tag.

segnare, *v. t.* ❶ to mark. ❷ (*firmare*) to sign. ❸ (*notare*) to note (down), to write* down. △ ❶ **I negozianti sono tenuti a ~ i prezzi su tutti gli articoli** shopkeepers are obliged to mark prices on all articles; ❸ **Avete segnato tutte le spese sostenute?** did you note down all the expenses you met? // **~ l'ora d'entrata** (*pers.*) to ring in; **~ l'ora d'uscita** (*pers.*) to ring out; **~ il passo** (*anche fig.*) to mark time: **Di chi è la colpa se la nostra economia sta segnando il passo?** who's to blame if our economy is marking time?; **~ il prezzo su** (*articoli, ecc.*) (*market.*) to price-mark, to price; **~ una somma a credito (a debito) di q.** (*cred.*) to credit (to debit) sb. with an amount; **~ sul conto di q.** to charge to sb.'s account.

segnatario, *n. m.* (*leg.*) (*firmatario*) signatory.

segno, *n. m.* ❶ sign, mark. ❷ (*indizio*) indication, sign; (*prova*) evidence, token. ❸ (*econ., mat., stat.*) (*indice*) index*. ❹ (*mat.*) notation. △ ❷ **Tanto la nave che il carico portavano i segni della tempesta** both ship and cargo bore evidence of the storm. // **un ~ d'addizione** (*mat.*) a plus sign, an addition sign, an addition mark; **~ di disuguaglianza** (≠) (*mat.*) sign of inequality; **~ d'identificazione** (*apposto sulla merce*) **per indicare che essa è stata prodotta da operai aderenti a un sindacato** (*in una fabbrica che non ostacola l'azione sindacale*) (*sind., USA*) union label; **~ d'integrale** (*mat.*) integral sign; **~ d'omissione** (∧) (*giorn.*) caret; **~ di paragrafo** (§) (*giorn.*) section (*abbr.* sect.); **~** (*simile a un accento*) **di « primo »** (*nelle derivate, ecc.*) (*mat.*) prime; **~ di radice** (*mat.*) root-sign, radical sign, radical; **~ di ripetizione** (") ditto mark, ditto; **~ di sommatoria** (*mat.*) sign of summation; **un ~ di sottrazione** (*mat.*) a minus sign, a subtraction sign, a subtraction mark; **~ di « spunta »** check; **~ d'uguaglianza** (*mat.*) equality sign, equal-sign; **~ grafico distintivo** (*d'un'azienda, d'una società, ecc.*) (*market., pubbl.*) hallmark; **~ meno** (*mat.*) minus sign, negative sign; **~ negativo** (*mat.*) negative sign, minus sign; **~ più** (*mat.*) plus sign, positive sign; **~ positivo** (*mat.*) positive sign, plus sign; **~ stenografico** stenograph; **~ tipografico** (*pubbl.*) character; **~ tipografico &** (*giorn., pubbl.*) ampersand; **segni uguali** (*mat.*) like signs; **in ~ d'approvazione** in approval.

segretaria, *n. f.* (*pers.*) secretary; girl (*fam.*). // **~ di direzione** (*pers.*) executive secretary; **~ efficientissima** (*pers.*) girl friday (*fam.*); **~ tuttofare** (*pers.*) girl friday (*fam.*).

segretariato, *n. m.* ❶ (*carica o mansioni di segretario*) secretaryship. ❷ (*luogo di lavoro d'un segretario*) secretariat. ❸ (*insieme di persone e uffici facenti capo a un segretario*) secretariat.

segretario, *n. m.* (*pers.*) secretary; (*d'accoglimento dei visitatori: nelle mostre, fiere, ecc.*) receptionist. // **~ comunale** (*pers.*) city clerk, town clerk; **~ del consiglio d'amministrazione** (*org. az., USA*) corporate secretary; **~ d'azienda** (*org. az., USA*) corporate secretary; **~ di contea** (*pers.*) county clerk; **~ di direzione** (*pers.*) executive secretary; **~ di redazione** (*giorn.*) staff secretary; **~ di Stato** (*Ministro degli Esteri*) (*USA*) Secretary of State; **~ d'ufficio** (*pers., USA*) desk secretary; **un ~ efficiente** (*pers.*) an efficient secretary; **~ generale** secretary-general; **~ incaricato della corrispondenza** (*pers.*) corresponding secretary; **~ particolare** (*pers.*) private secretary, confidential clerk; **~ privato** (*pers.*) private secretary, confidential clerk.

segreteria, *n. f.* ❶ (*org. az.*) secretary's office, secretariat, secretariate. ❷ (*pers.*) (*mansioni di segretario*) secretariat, secretariate. // **~ d'accoglimento** (*dei visitatori: nelle mostre, fiere, e sim.*) (*market., pers.*) reception; **di ~** (*pers.*) secretarial (*a.*): **Il lavoro di ~ è pagato bene oggigiorno** secretarial work is well paid nowadays.

segreto, *a.* secret, undisclosed; (*confidenziale*) confidential; (*occulto*) hidden, occult. *n. m.* ❶ secret. ❷ (*segretezza*) secrecy. △ *a.* **Queste informazioni sono state fornite da fonte segreta** this information was supplied by an undisclosed source; *n.* ❷ **La violazione del ~ professionale è un reato passibile di pena** the breach of professional secrecy is an indictable offence

seguente

// il ~ del successo the secret of success; ~ di fabbricazione trade secret; segretissimo top-secret.

seguente, *a.* following, next. △ **Fateci avere i seguenti articoli al più presto** let us have the following articles as soon as possible.

seguire, *v. t. e i.* ❶ to follow; (*nell'ordine*) to follow up, to second. ❷ (*frequentare*) to attend. ❸ (*sorvegliare, badare a*) to supervise, to oversee*. △ ❶ **Se fossi in Lei, seguirei i consigli del Suo principale** if I were you, I would follow your principal's advice; **La pésca è l'industria principale, seguita dal commercio del legname** fishing is the first industry, seconded by lumbering; « **Segue lettera** » « letter following »; ❷ **Molti dei nostri operai seguono corsi serali** a lot of our workers attend evening classes; ❸ **Chi seguirà i lavori durante la mia assenza?** who will supervise the works while I'm away? // ~ **una determinata politica** to follow a certain policy; ~ **la moda** to follow the fashion; ~ **una rotta** (*trasp. mar.*) to lay a course, to follow a course; ~ **le tracce di q.** (*anche fig.*) to track sb.; ~ **la via gerarchica** to go through official channels; **come segue** as follows.

séguito, *n. m.* ❶ (*insieme di fautori, sostenitori, ecc.*) followers (*pl.*); (*favore, consenso*) following. ❷ (*serie, successione*) series, succession, sequence. ❸ (*continuazione*) continuation; (*d'un'azione, ecc.*) follow-up. △ ❶ **Sono sicuro che questa moda non avrà alcun ~** I am sure this fashion will have no followers; ❸ **I nostri lettori attendono con interesse il ~ dell'inchiesta** our readers are looking forward to the continuation of our inquiry. // « **il ~ al prossimo numero** » (*giorn.*) to be continued (in our next issue); **a ~ di** further to, following: **a ~ dell'accordo del 10 maggio 1974** further to the agreement of May 10th 1974; **fare ~ a qc.** to follow (up) st.: **La loro telefonata faceva ~ alla nostra lettera del 25 maggio** their telephone call followed up our letter of May 25th; **in ~** later on, next, afterwards; (*leg.*) hereinafter; **in ~ a** further to, following, in consequence of, as a result of; (*a causa di*) owing to: **In ~ agli scioperi delle ferrovie non ci è stato possibile spedire la merce** owing to the railway strikes we were not able to send the goods.

selettivo, *a.* selective. △ **Si sono avuti interventi tariffari selettivi nel settore dei trasporti** there have been selective interventions in the matter of freight rates.

selezionare, *v. t.* ❶ to select; (*vagliare*) to screen. ❷ (*elab. elettr.*) to sort. // ~ **per ago** (*elab. elettr.*) to needle.

selezione, *n. f.* ❶ selection. ❷ (*elab. elettr.*) selection. ❸ (*pers.*) selection. // ~ **cromatica** (*pubbl.*) colour separation; ~ **del personale** (*pers.*) personnel selection; ~ **preliminare** (*pers.*) screening.

self-service, *n. m.* ❶ (*market.*) (*tecnica di vendita*) self-service. ❷ (*market.*) (*negozio in cui ci si serve da sé*) self-service store, self-service shop. △ ❷ **Una volta sullo scaffale d'un ~, l'articolo deve vendersi senza bisogno d'aiuto** (*da parte di commessi, ecc.*) once it is on the shelf of a self-service store, the package must sell itself unaided.

semaforo, *n. m.* ❶ (*trasp. aut.*) traffic lights, traffic light; traffic control signal, traffic signal (*USA*). ❷ (*trasp. ferr.*) semaphore; target. ❸ (*trasp. mar.*) signal station.

semantica, *n. f.* (*elab. elettr.*) semantics.

sembrare, *v. i.* to seem; (*apparire*) to appear; (*avere aspetto*) to look, to look like. △ **Sembra scortese non accettare la loro proposta** it seems to be unkind not to accept their proposal; **Sembra ci sia stato un errore** there appears to have been a mistake; **L'ufficio sembrava essere stato abbandonato da tutti** the office appeared (to be) deserted.

seme, *n. m.* seed. // ~ **di lino** linseed, flax-seed; **semi oleosi** oleaginous seeds.

semestrale, *a.* semestral, semi-yearly, semi-annual, half-yearly, bi-yearly, six-monthly.

semestralmente, *avv.* semestrally, semi-yearly, semi-annually, half-yearly, bi-yearly, six-monthly.

semestre, *n. m.* semester, half-year.

semiaddizionatrice, *n. f.* (*elab. elettr.*) half-adder.

semilavorato, *a.* (*org. az.*) semifinished, semimanufactured, unfinished. *n. m.* ❶ (*org. az.*) semifinished product, semimanufactured product, unfinished product. ❷ **semilavorati**, *pl.* (*org. az.*) partly-finished goods, goods in process, semimanufactures.

semiufficiale, *a.* semi-official, half-official.

semplice, *a.* ❶ simple. ❷ (*non complicato*) simple; (*facile*) easy. ❸ (*null'altro che*) simple, mere, bare, plain, pure. ❹ (*mat.*) simple. △ ❷ **Il problema non è ~ come sembrava** the problem is not so simple as it seemed; ❸ **Vogliamo che Lei dica la ~ verità** we want you to speak the plain truth. // **un ~ cittadino** (*leg.*) a private citizen; **a ~ richiesta** at call; **una frazione ~** (*mat.*) a simple fraction.

semplificare, *v. t.* to simplify, to make* simple. // ~ **un processo di lavorazione** (*org. az.*) to simplify a manufacturing process.

semplificato, *a.* simplified.

semplificazione, *n. f.* simplification, simplifying. // ~ **del lavoro** (*cronot.*) work simplification; ~ **produttiva** (*org. az.*) product simplification.

sempre, *avv.* always. // ~ **che** provided (that): **Riceverete le nostre ordinazioni ~ che i vostri campioni soddisfino i gusti dei nostri clienti** you will receive our orders provided that your samples meet our customers' tastes; « ~ **in mare** » (*trasp. mar.*) (*riferito a nave, in un contratto di noleggio: la clausola esonera l'armatore dal toccare porti in cui la nave a pieno carico possa correre il rischio di arenarsi per insufficiente profondità dell'acqua*) « always afloat »; ~ **meglio** better and better; ~ **meno** less and less; ~ **peggio** worse and worse; ~ **più** more and more.

seno, *n. m.* (*mat.*) sine (*abbr.* sin.). // **il ~ d'un angolo** (*mat.*) the sine of an angle.

sensale, *n. m.* broker, agent. // ~ **autorizzato** certified broker; ~ **d'assicurazioni marittime** (*ass. mar.*) marine insurance broker; ~ **di carichi** (*trasp. mar.*) loading broker; ~ **di noli** (*trasp. mar.*) freight broker, charter broker; ~ **di passeggeri** (*trasp. mar.*) passage broker; ~ **marittimo** (*trasp. mar.*) ship-broker.

senseria, *n. f.* brokerage, agency.

sensibile, *a.* ❶ (*percepibile dai sensi*) sensible. ❷ (*che ha sensibilità*) sensitive. ❸ (*notevole, rilevante*) sensible, appreciable, considerable. △ ❸ **Si sono avute perdite sensibili durante il trasporto** there were considerable losses in transit. // **un ~ aumento di prezzo** (*fin., market.*) an appreciable rise in price.

sensibilità, *n. f. inv.* ❶ (*facoltà di percepire mediante i sensi*) sensibility. ❷ (*viva disposizione a sentire*) sensitivity, sensitiveness.

senso, *n. m.* ❶ (*facoltà di percepire sensazioni*) sense, sensibility. ❷ (*significato*) sense, meaning, significance. ❸ (*direzione*) direction, way. ❹ (*leg.*) (*interpretazione, spiegazione*) construction. △ ❷ **Non riesco ad afferrare il ~ d'un'operazione siffatta** I can't grasp the meaning of such a transaction. // **il ~ letterale** the literal meaning, the literal sense; « ~ **obbligatorio** » (*trasp. aut.*) « compulsory thoroughfare »; « ~ **rotatorio** » (*trasp. aut.*) « roundabout »; « ~ **unico** » (*trasp. aut.*) « one way »; « ~ **vietato** » (*trasp. aut.*) « no thoroughfare », « no entry »; **ai sensi della legge** (*leg.*) under the law, according to the law; **ai sensi di** according to, in conformity with; (*leg.*) pursuant to: **ai sensi della decisione del 20 maggio** pursuant to the decision of May 20.

sentenza, *n. f.* (*leg.*) sentence, judgement, judgment, decision, finding, decree. △ **La ~ che dichiara fallito un debitore lo priva del diritto d'amministrare i suoi affari** the judgement adjudicating a debtor bankrupt deprives him of the right to administer his affairs. // **una ~ definitiva** (*leg.*) a final judgment; **una ~ del tribunale** (*leg.*) a sentence of the Court; **~ d'un arbitro** (*leg.*) award; **~ di condanna** (*leg.*) condemnation; **~ d'esecuzione specifica** (*leg.*) decree for specific performance; **~ d'un giudice** (*leg.*) award; **~ d'interdizione** (*leg.*) interdictory decree; **~ di « non luogo a procedere »** (*leg.*) nonsuit judgment; **~ dichiarativa di fallimento** (*leg.*) adjudication of (*o* in) bankruptcy, adjudication order, bankruptcy adjudication; **~ esecutiva** (*leg.*) enforceable judgment; **~ in assenza della parte** (*leg.*) decision by default; **una ~ iniqua** (*leg.*) an unfair judgment; **~ interlocutoria** (*leg.*) interlocutory judgment; **~ irrevocabile** (*leg.*) irrevocable judgment; **~ normativa** (*leg.*) normative judgment; **una ~ sigillata** (*leg.*) a sealed verdict.

sentire, *v. t.* ❶ (*avere una sensazione*) to feel*. ❷ (*rif. al tatto*) to feel*; (*al gusto*) to taste; (*all'olfatto*) to smell*; (*all'udito: udire*) to hear*; (*all'udito: ascoltare*) to listen (to). ❸ (*capire*) to understand*; (*rendersi conto di*) to realize, to feel*. △ ❷ **Li ho sentiti dire che hanno intenzione di vendere tutto al miglior offerente** I heard them say that they are going to sell everything to the highest bidder; ❸ **Sentiamo che è nostro dovere informarLa della decisione che abbiamo preso** we feel it our duty to inform you about the decision we've taken. // **~ dire** (*apprendere*) to hear: **Abbiamo sentito dire che state per aprire una filiale in questa città** we have heard you are about to open a branch office in this town.

sentitamente, *avv.* (*sinceramente*) sincerely.
sentito, *a.* (*sincero*) sincere. // **per ~ dire** by hearsay.
senza, *prep.* e *cong.* ❶ without. ❷ (*Borsa*) (*di titoli*) ex. // « **~ spese** » (*cred.*) « sans frais »; (*trasp.*) « free of charge »; « franco »; **~ supplementi** (*market.*) no extra.

separare, *v. t.* ❶ to separate; (*dividere*) to sever, to part. ❷ (*fig.*) to split* off, to split*. △ ❶ **Dobbiamo cercare di ~ i crediti esigibili da quelli inesigibili** we must try to separate the recoverable credits from the irrecoverable ones.

separarsi, *v. rifl.* e *recipr.* to separate, to part. △ **I due soci hanno deciso di ~** the two partners have resolved to part.

separatamente, *avv.* ❶ separately. ❷ (*uno alla volta*) severally.

separato, *a.* ❶ separate, separated. ❷ (*distinto*) distinct. △ ❷ **Abbiamo deciso d'aprire due conti separati** we have decided to open two distinct accounts. // **in separata sede** (*in privato*) in private, in confidence.

separazione, *n. f.* ❶ separation; (*divisione*) division, parting, severance. ❷ (*fin.*) (*d'imprese commerciali temporaneamente fuse*) de-merger. // **~ dei beni** (*leg.*) separation of property.

sequenza, *n. f.* ❶ sequence. ❷ (*elab. elettr.*) sequence. // **~ economica** (*econ.*) economic sequence.

sequenziale, *a.* ❶ sequential. ❷ (*elab. elettr.*) sequential.

sequestrabile, *a.* (*leg.*) (*confiscabile*) confiscable, attachable, distrainable, seizable.

sequestrante, *n. m.* e *f.* (*leg.*) sequestrator, confiscator, garnisher.

sequestrare, *v. t.* ❶ (*leg.*) to sequestrate, to sequester; (*confiscare*) to confiscate, to attach, to distrain, to seize. ❷ (*leg.*) (*q. a scopo di ricatto*) to kidnap. ❸ (*trasp. mar.*) (*navi, merci*) to embargo. // **~ i beni q. per il mancato pagamento dell'affitto** (*leg.*) to distrain upon sb.'s goods for rent; **~ merce di contrabbando** (*leg.*) to seize contraband goods.

sequestratario, *n. m.* (*leg.*) sequestrator.
sequestratore, *n. m.* (*leg.*) V. sequestrante.
sequestro, *n. m.* ❶ (*leg.*) sequestration; (*confisca*) confiscation, attachment, distraint, distress, seizure. ❷ (*leg.*) (*di q. a scopo di ricatto*) kidnapping. ❸ (*trasp. mar.*) (*di navi, merci*) embargo. // **~ conservativo** (*leg.*) conservatory seizure, preventive attachment, attachment; **~ dei beni del fallito** (*leg.*) distress on the bankrupt's estate; **un ~ giudiziario** (*leg.*) a seizure by order of the Court, a judicial attachment; **~ immobiliare** (*leg.*) attachment of real property.

serbare, *v. t.* to keep*; (*riservare*) to reserve; (*mettere da parte*) to put* away, to put* by, to lay* aside; (*risparmiare*) to save. △ **Abbiamo sempre serbato un po' di denaro per le necessità impreviste** we have always reserved a little money for unforeseen contingencies; **Questi fondi vengono serbati per necessità future** these funds are being saved for future necessities.

serbatoio, *n. m.* ❶ tank. ❷ (*fig.*) reserve. // **un ~ di carburante** (*trasp. aut.*) a fuel tank; **un ~ di risorse non utilizzate** (*econ.*) a reserve of unemployed resources.

serbo, *n. m.* (*atto del serbare*) putting away, putting by; (*il risparmiare*) saving. // **in ~** in reserve, in store, in hand: **Faremmo meglio a tenere in ~ un po' di denaro** we'd better keep some money in hand; **Credevo avessi un po' di denaro in ~** I thought you had some money in reserve.

serie, *n. f. inv.* ❶ series*; (*gamma*) range; (*successione*) succession. ❷ (*fin.*) (*di monete, ecc.*) series*. ❸ (*market.*) (*di prodotti*) line. ❹ (*mat.*) series*. △ ❶ **In ottobre si terrà una ~ di conferenze sull'IVA** a series of lectures on VAT will be held in October; ❷ **Sarà emessa tra breve una ~ commemorativa dei colloqui di pace** a commemorative series of the peace talks will be issued shortly. // **~ armonica** (*mat.*) harmonic series; **~ completa di caratteri pubblicitari** (*pubbl.*) font; **~ di bacini, magazzini e uffici** (*trasp. mar.*) docks; **una ~ di francobolli** a series of stamps, a set; **~ di porti in cui s'applicano le stesse tariffe di nolo** (*trasp. mar.*) range; **~ esponenziale** (*mat.*) exponential series; **~ ininterrotta** sequence: **Recentemente s'è avuta una ~ ininterrotta di fluttuazioni di mercato** there has been a sequence of market fluctuations lately; **~ temporale** (*distribuzione di frequenza in cui il tempo è la variabile indipendente*) (*stat.*) time series; **di ~** (*market.*) (*di modello, ecc.*) current: **I prezzi dei modelli di ~ non saranno aumentati** the prices of current models will not be raised; **fuori ~** (*market.*) (*di modello, ecc.*) special, custom-built; **in ~** series; (*market.*) (*di produzione*) mass (*a. attr.*): **Quei titoli sono redimibili in ~** those securities are redeemable in series; **numero di ~** serial number.

serpente, *n. m.* snake. // **il « ~ nel tunnel »** (*econ., neol.*) the « snake in the tunnel »: **Il « ~ nel tunnel » è**

il nuovo termine per la fluttuazione comune delle monete europee the «snake-in-the-tunnel» is a new term for the joint float of European currencies.

serracarte, *n. m. inv.* (*attr. uff.*) paper-clip.

serranda, *n. f.* (*di negozio, ecc.*) rolling-shutter.

serrata, *n. f.* (*pers., sind.*) lockout.

serratura, *n. f.* lock. // ~ «**a combinazione**» dial lock; ~ **a prova di scasso** theftproof lock.

servigio, *n. m.* service. △ **Non si possono sottovalutare i servigi da lui resi all'azienda** his services to the firm can't be underestimated.

servire, *v. t.* ❶ (*prestare la propria opera*) to serve, to work for (sb.), to be in (sb.'s) service. ❷ (*rif. a persona di servizio*) to wait on (*o* upon). ❸ (*aiutare*) to serve, to help. ❹ (*market.*) (*i clienti*) to serve. *v. i.* ❶ (*prestare servizio*) to serve, to work. ❷ (*fare l'ufficio di*) to serve (as *o* for). ❸ (*giovare*) to serve, to be of use, to be of service. ❹ (*occorrere*) to need. △ *v. t.* ❺ **La nuova legge servirà a combattere l'inflazione** the new law will help to combat inflation; **In che posso servirLa?** may (*o* can) I help you?; ❻ **Il vostro nome ci è stato fornito dal Sig. G. Bianchi, che serviamo da anni** we were given your name by Sig. G. Bianchi, whom we have been serving for years; *v. i.* ❷ **Ciò che è successo servirà di norma per il futuro** what happened will serve as a rule for the future; ❸ **Un nuovo impiegato ci costerebbe troppo e non servirebbe a nulla** a new clerk would cost us too much and would be of no use; ❹ **Ci servono £ 10.000 per saldare i nostri debiti** we need £ 10,000 to settle our debts. // ~ **al banco** (*market.*) to serve behind the counter; ~ **i clienti** (*market.*) to serve customers, to wait on customers, to serve.

servirsi, *v. rifl.* ❶ (*usare*) to use, to make* use (of). ❷ (*market.*) (*fornirsi*) to buy*; (*presso un negozio*) to deal*. ❸ (*market.*) (*essere cliente*) to be a customer. △ ❷ **Cominciano a ~ nel nostro nuovo negozio** they are starting to deal at our new shop; ❸ **Ci serviamo da Schostal** we're customers of Schostal's. // ~ **d'una banca** (*banca*) to bank with sb.: **Di quale banca ti servi?** whom do you bank with?

servitù, *n. f. inv.* (*leg.*) easement, servitude, right of user, common. // ~ **fondiaria** (*leg.*) easement appurtenant; ~ **negativa** (*leg.*) negative easement, negative servitude; ~ **personale** (*leg.*) personal servitude; ~ **positiva** (*leg.*) positive easement, positive servitude.

servizio, *n. m.* ❶ (*atto del servire*) service. ❷ (*attività lavorativa prestata*) service, duty. ❸ (*prezzo del servizio*) service. ❹ (*econ.*) (*serie di prestazioni fornite dallo Stato, dagli enti pubblici, ecc.*) service. ❺ (*giorn.*) story, report, article. ❻ (*org. az.*) (*reparto*) department. ❼ **servizi**, *pl.* (*org. az.*) (*attrezzature*) facilities. △ ❷ **Non possiamo fumare durante le ore di ~** we are not allowed to smoke during service-hours; ❸ **I prezzi sono comprensivi del ~** prices include service; ❹ **Le compagnie ferroviarie e le società telefoniche prestano servizi benché non producano beni** railroads and telephone companies perform services, although they produce no goods; ❺ **Il ~ della settimana prossima tratterà della nuova legislazione tariffaria** next week's article will tell of the new tariff legislation; ❻ **Il Sig. Valdi è il responsabile del ~ vendite** Sig. Valdi is in charge of the sales department. // ~ **a bordo** (*trasp. mar.*) service at sea; ~ **a domicilio** (*market.*) door-to-door service; ~ **a navetta** (*trasp. ferr.*) shuttle service; **un ~** (*pubblicato*) **a puntate** (*giorn.*) a serial story, a serial; ~ **accessorio** (*fornito da un rivenditore ai suoi clienti*) (*market.*) customer assistance; ~ **acquisti** (*org. az.*) purchase department; ~ **aereo** air service; **servizi bancari** banking services; ~ **Borsa** (*banca*) investment management; ~ **celere** (*trasp.*) accelerated service; ~ (**del vettore**) **che consente al caricatore di scaricare parte della merce durante il viaggio e spedire il resto del carico a destinazione a tariffa forfettaria** (*trasp. mar.*) stopping in transit; **servizi con andata a (veicolo) carico e ritorno a (veicolo) vuoto** (*trasp.*) out-loaded return-empty services; **servizi con andata a (veicolo) vuoto e ritorno a (veicolo) carico** (*trasp.*) out-empty return-loaded services; ~ **dei pacchi postali** (*trasp.*) parcel post; **servizi d'assistenza sociale** (*econ.*) welfare works; ~ **di consegna per espresso** (*comun., USA*) special-delivery service; ~ (*telefonico*) **d'elaborazione elettronica delle informazioni** (*comun., elab. elettr.*) time-sharing; **il ~ d'igiene** (*le autorità sanitarie*) the health authorities; ~ **d'informazioni** (*giorn.*) reporting; ~ **di pacchi per via aerea** air parcel service; ~ **di porto** (*trasp. mar.*) harbour service; **il ~ d'un prestito** (*cred.*) the service of a loan; ~ **di ricupero** (*trasp. mar.*) wrecking; ~ **di rimorchio** (*trasp. aut., trasp. mar.*) towage service; ~ **di rispedizione** (*trasp. ferr.*) delivery outside prescribed boundaries; ~ **di salvataggio** (*trasp. mar.*) salvage service, wrecking; ~ **di spedizione** (*della posta ordinaria*) **per via aerea** (*comun.*) all-up service; ~ **di spedizioni per espresso** (*trasp.*) dispatch; express (*USA*); ~ **di trasporto a domicilio** (*trasp.*) cartage service; ~ **doganale** (*dog.*) customs service; ~ **fatto per sé dal cliente stesso** (*market.*) self-service; ~ **in esclusiva** (*giorn.*) exclusive; ~ **informazioni** (*telefoniche*) (*comun.*) directory enquiry; ~ **informazioni commerciali** credit reporting service, credit-status inquiry service; ~ **locale** (*fra due stazioni*) (*trasp. ferr.*) shuttle service; ~ **noleggio** (*trasp.*) charter service; **servizi non collegati con il processo di distribuzione delle merci** (*market.*) direct services; ~ **notturno** (*pers.*) night shift; ~ **portafoglio-effetti** (*banca*) bills department; ~ **portuale** (*trasp. mar.*) harbour service; **il ~ postale** (*comun.*) the mail service, the postal service; (*d'uno Stato*) the mails, the mail; ~ **pubblico** (*econ.*) public utility service; utility (*USA*); **servizi radio** (*comun.*) wireless service; **servizi resi** services rendered; **servizi resi in luogo del canone d'affitto** (*leg.*) rent-service; ~ (*di coda*) **secondo l'ordine di presentazione** (*ric. op.*) first come, first served; **servizi sociali** (*econ.*) welfare works; **servizi sociali e questioni familiari** (*sind.*) welfare and family matters; ~ **speciale** (*redatto, trasmesso, ecc., dal luogo stesso d'un avvenimento*) (*giorn.*) spot coverage; ~ **statistico nazionale** (*stat.*) national statistical department; ~ **su navi da carico** (*trasp. mar.*) cargo service; ~ **vendite** (*org. az.*) sales department; **essere al ~ di** (*q.*) to serve: **Mr Kendall è da 25 anni al ~ della ditta** Mr Kendall has served the firm for 25 years; **essere di ~** (*pers.*) to be on duty; «**escluso il ~**» «service not included»; **fare ~** (*org. az.*) (*rif. a reparto, ufficio, ecc.*) to be open; (*trasp.*) (*rif. a mezzi di trasporto*) to run: **Questo reparto fa servizio dalle 8 alle 12** this department is open from 8 A.M. to 12 noon; **fuori ~** (*org. az.*) (*di macchinario, ecc.*: *fuori uso*) out of order; (*pers.*) off duty; **in ~** (*pers.*) on duty; **non essere di ~** (*pers.*) to be off duty.

servocomando, *n. m.* (*elab. elettr.*) servo-control. // ~ **di ritorno** (*elab. elettr.*) feedback control.

servomotore, *n. m.* (*elab. elettr.*) servomotor. // ~ **di controllo** (*elab. elettr.*) control servomotor.

sessione, *n. f.* (*leg.*) (*del Parlamento, d'un tribunale, ecc.*) session. // **una ~** (*d'assise*) **senza cause da discutere** (*leg., ingl.*) a maiden assize; ~ **straordinaria** (*leg.*) extraordinary session; **sessioni trimestrali** (*leg., ingl.*) quarter sessions.

seta, *n. f.* silk. // ~ **artificiale** artificial silk.

settimana, *n. f.* ❶ week. ❷ (*pers.*) (*salario corrispondente a una settimana di lavoro*) week's pay; week's wages (*pl.*). // ~ « **corta** » (*pers., sind.*) five-day week; ~ (*lavorativa*) **di cinque giorni** (*pers., sind.*) five-day week; ~ **interrotta da una festa** broken week; ~ **lavorativa** (*pers.*) working week, work-week, workweek: **Ci stiamo battendo per ottenere una ~ lavorativa di cinque giorni** we are fighting for a 5-day working week; **I nostri dipendenti hanno una settimana lavorativa di 5 giorni** our employees have a 5-day workweek; **la ~ prossima** next week; **la ~ scorsa** last week, past week; **alla ~** (*pers.*) (*di retribuzione*) by the week, weekly: **Siamo pagati alla ~** we are paid by the week; **due settimane** fortnight; **due volte la ~** twice a week, semi-weekly: **La commissione deve riunirsi due volte la ~** the commission is to meet semi-weekly; **ogni ~** every week, weekly; **ogni due settimane** every two weeks, every other week, fortnightly.

settimanale, *a.* weekly; week (*attr.*). *n. m.* ❶ (*giorn.*) weekly newspaper, weekly periodical, newsweekly, weekly, newspaper. ❷ (*pers.*) (*paga d'una settimana*) week's pay; week's wages (*pl.*). △ *a.* **Il nostro prossimo rapporto ~ sarà dedicato alla Borsa Valori di New York** next time our weekly report will be devoted to the New York Stock Exchange; *n. m.* ❶ **Il vostro abbonamento al nostro ~ è scaduto in data 31 dicembre** your subscription to our weekly expired on December 31st.

settimanalmente, *avv.* ❶ weekly, every week, once a week. ❷ (*pers.*) (*di retribuzione*) by the week. △ ❶ **Il nostro rappresentante vi farà visita ~** our representative will visit you weekly; ❷ **Oggigiorno quasi nessuno è retribuito ~** hardly anyone is paid by the week nowadays.

settore, *n. m.* ❶ sector. ❷ (*econ.*) sector, segment; (*campo*) field; (*d'affari*) line. △ ❷ **Il mantenimento dell'ordine pubblico è di competenza del pubblico ~** maintenance of public order is the responsibility of the public sector; **Tutti i settori dell'economia hanno avuto lo stesso trattamento** all segments of the economy have received the same treatment; **Lavoravano nel ~ del cotone** they used to work in the cotton line. // **il ~ degli affari immobiliari** (*fin.*) the real-estate sector; **il ~ dei trasporti** (*econ.*) the transport industry, the transport sector; **il ~ della distribuzione** (*econ.*) the services sector; the distributors (*pl.*); **~ d'area urbana di 4.000 abitanti circa** (*market., USA*) census tract; **~ d'attività** (*econ.*) business field, line of business; **i settori di « punta »** (*econ., market.*) the leading sectors; **~ economico** (*econ.*) product sector; **il ~ edilizio** (*econ.*) the building sector; **il ~ monetario** (*fin.*) the monetary field; **il ~ privato** (*econ.*) the private sector; **~ produttivo** (*econ.*) productive sector; **~ pubblico** (*econ.*) public sector; public services (*pl.*): **Dovrebbe esserci un migliore equilibrio fra ~ pubblico e consumi privati** there should be a better balance between public services and private consumption; **~ rappresentativo** (*stat.*) cross-section; **~** (*d'una Borsa*) **riservato a una determinata merce** (*fin., USA*) pit: **Il ~ della lana fu piuttosto fiacco ieri** the wool pit was rather dull yesterday; **il ~ « terziario »** (*econ.*) the services sector; **settori utilizzatori** (*econ.*) client industries.

settoriale, *a.* sectorial, sectional.

severità, *n. f. inv.* severity, sternness; (*rigore*) rigour, strictness; (*rigidità*) rigidity; (*gravità*) gravity.

severo, *a.* severe, stern; (*rigoroso*) rigorous, exacting, strict; (*rigido*) rigid; (*grave*) grave. △ **I prossimi mesi saranno caratterizzati da severi controlli governativi** the next months will be characterized by strict Government controls. // **una severa condanna** (*leg.*) a severe punishment.

sezionare, *v. t.* to section, to sectionize, to divide into sections.

sezione, *n. f.* ❶ (*parte di qc.*) section, part, division; (*segmento*) segment. ❷ (*mat.*) section. ❸ (*org. az.*) (*ripartizione d'uffici, istituti, ecc.*) department, division. ❹ (*USA*) (*unità di misura di superficie pari a un miglio quadrato*) section. // **~ avarie** (*ass. mar.*) indemnity club; **~ civile** (*leg.*) civil division; **~ controstallie** (*trasp. mar.*) demurrage club; **~ di controllo** (*elab. elettr.*) control section; **~ doganale** (*dog.*) customs division; **~ locale di sindacato** (*sind.*) local union, local; **~ noli** (*per il rimborso dei noli perduti*) (*ass. mar.*) freight club; **la ~ Orientamento del Fondo Agricolo** the Guidance Section of the Agricultural Fund; **~ penale** (*leg.*) criminal division.

sfasamento, *n. m.* ❶ (*elettrico*) phase-displacement. ❷ (*econ.*) lag. △ ❷ **Gli sfasamenti delle normali sequenze economiche esercitano un forte influsso sul carattere dei processi inflazionistici** the lags in normal economic sequences strongly influence the character of inflationary processes.

sfavorevole, *a.* unfavourable, not favourable; (*svantaggioso*) disadvantageous; (*avverso*) adverse. △ **Abbiamo ricevuto un'impressione ~ dal nuovo impiegato** we were unfavourably impressed by the new clerk. // **~ andamento congiunturale** (*econ.*) downward trend: **In Francia e in Italia l'accelerata espansione degli investimenti in capitale fisso sembrava aver compensato gli effetti esercitati sugli scambi di beni strumentali dallo ~ andamento congiunturale degli investimenti nella Germania federale** the accelerated expansion of investment in plant and equipment by France and Italy appeared to have offset the effects of the downward trend in the investment situation in Germany on trade in capital goods.

sfera, *n. f.* ❶ sphere. ❷ (*fig.*) (*ambito, campo, settore*) sphere, field, province, scope. △ ❷ **Ciò che mi proponete non rientra nella mia ~ d'influenza** what you're suggesting me is not within my sphere of influence. // **~ d'azione** (*fig.*) sphere of action, province.

sfida, *n. f.* (*anche fig.*) challenge, defiance. // **una ~ economica** (*econ.*) an economic challenge.

sfidare, *v. t.* (*anche fig.*) to challenge, to defy.

sfiducia, *n. f.* ❶ (*mancanza di fiducia*) mistrust, lack of confidence. ❷ (*nei consessi politici, ecc.*) no-confidence. △ ❷ **Il Governo d'affari ha ricevuto un voto di ~** the caretaker Government got a vote of no-confidence.

sfittare, *v. t.* (*leg.*) (*rendere sfitto*) to vacate.

sfittato, *a. V.* sfitto.

sfitto, *a.* (*leg.*) (*d'appartamento e sim.*) vacant.

sforzare, *v. t.* (*scassinare*) to force open, to force.

sforzarsi, *v. rifl.* (*fare del proprio meglio*) to do* one's best, to try one's best, to endeavour, to labour.

sforzo, *n. m.* effort, endeavour. △ **Tutti gli sforzi sono stati compiuti per facilitare la stabilizzazione economica** all efforts were made to facilitate economic stabilization.

sfrattare, *v. t.* (*leg.*) to turn out, to evict, to eject, to dispossess.

sfrattato, *a.* (*leg.*) turned out, evicted, ejected, dispossessed. *n. m.* (*leg.*) evict, evictee.

sfratto, *n. m.* (*leg.*) turning out, eviction, ejectment, dispossession. // ~ **d'un inquilino** (*leg.*) eviction of a tenant; **chi dà lo** ~ (*leg.*) evictor, dispossessor; **dare l'ordine di** ~ (*leg.*) to give notice to quit; **ricevere l'ordine di** ~ (*leg.*) to receive notice to quit.

sfruttamento, *n. m.* (*anche fig.*) exploitation. // **lo** ~ **degli impianti** (*org. az.*) the utilization of plant facilities; ~ **delle classi lavoratrici** (*sind.*) exploitation of the working classes.

sfruttare, *v. t.* ❶ (*anche fig.*) to exploit; (*esaurire*) to exhaust. ❷ (*econ.*) (*una miniera e sim.*) to work. ❸ (*pers.*) (*dipendenti*) to exploit, to sweat. △ ❷ **Queste miniere d'oro non si possono più** ~ these gold-mines can no longer be worked; ❸ **Alcuni datori di lavoro sfruttano i loro dipendenti** some employers sweat their employees. // ~ **un brevetto** (*leg.*) to work a patent; ~ **i lavoratori** to sweat workers; ~ **le risorse naturali** (*econ.*) to exploit natural resources; **non** ~ **adeguatamente** (*econ.*) to underuse: **Gli impianti non vengono sfruttati adeguatamente** facilities are being underused.

sfruttatore, *n. m.* exploiter, profiteer.

sfuggire, *v. t. e i.* to escape, to avoid. // ~ **al controllo di q.** to be beyond sb.'s control: **Questi mezzi sfuggono spesso al controllo delle autorità monetarie della CEE** these means are often beyond the control of the EEC monetary authorities; ~ **alla legge** (*leg.*) to evade the law; ~ **all'arresto** (*leg.*) to avoid arrest.

sfuso, *a.* (*market.*) by measure (*pred.*).

sgobbare, *v. i.* (*fam.*) (*lavorare molto*) to work hard; to sweat (*fam.*).

sgomberare, *v. t. e i.* V. sgombrare.

sgombero, *a. e n. m.* V. sgombro.

sgombrare, *v. t.* (*lasciare libero*) to clear; (*evacuare*) to evacuate; (*un appartamento*) to vacate. *v. i.* (*cambiare alloggio*) to move out. △ *v. t.* **L'appartamento dovrà essere sgombrato il 31 dicembre** the flat shall be vacated on December 31st.

sgombro, *a.* clear. *n. m.* removal, move, vacation.

sgravare, *v. t.* ❶ (*alleggerire*) to lighten, to unload. ❷ (*fin.*) (*diminuire tributi*) to relieve (of), to exonerate. // ~ **qc. dei diritti doganali** (*dog.*) to cancel the customs duty on it; ~ **d'un'imposta** (*fin.*) to relieve of a tax.

sgravio, *n. m.* ❶ (*alleggerimento*) lightening, unloading. ❷ (*fin.*) relief, exoneration, allowance. ❸ (*leg.*) discharge. // ~ **fiscale** (*fin.*) tax relief, tax allowance, tax alleviation, tax cut: **Da tempo si promettono sgravi fiscali all'esportazione** tax reliefs on exports have been long promised; ~ (*fiscale*) **per sfitto** (*fin.*) relief for vacant property.

sgretolamento, *n. m.* crumbling. // **lo** ~ **dei prezzi** (*fin.*) the erosion of prices.

sgretolare, *v. t.* to crumble.

sgretolarsi, *v. rifl.* to crumble.

shock, *n. m.* shock. △ **I risultati delle elezioni furono un terribile** ~ **per il mercato azionario** the election results were a terrible shock for the stock market.

shockare, *v. t.* to shock.

sicurezza, *n. f.* ❶ (*l'esser sicuro*) security, safety, safeness. ❷ (*attendibilità*) reliability. ❸ (*fiducia*) confidence, assurance, trust. ❹ (*certezza*) certainty. △ ❶ **I Governi dovrebbero garantire la** ~ **agli anziani** Governments should guarantee for old age security; **Il capitano è responsabile della** ~ **dei passeggeri** the captain is responsible for the safety of the passengers; ❷ **Non esistono dubbi sulla** ~ **di quella fonte** there are no doubts about the reliability of that source; ❹ **Sento di poter affermare con** ~ **che Mr Todd è estraneo a tutta la faccenda** I feel I can affirm with certainty that Mr Todd has nothing to do with the whole matter. // **la** ~ **dei lavoratori** (*pers., sind.*) the security of workers; ~ **di modi** assurance of manner; ~ **di sé** self-confidence; ~ **pubblica** (*leg.*) public safety; ~ **sociale** (*econ.*) social security; ~ **sociale dei lavoratori migranti** (*pers.*) social security for migrant workers; ~ **sul lavoro** (*pers.*) safety at the workplace, industrial safety.

sicuro, *a.* ❶ secure, safe. ❷ (*attendibile*) reliable. ❸ (*fiducioso*) confident, assured. ❹ (*fidato*) safe, reliable, trustworthy. ❺ (*certo*) certain, sure; in the bag (*fam.*). ❻ (*saldo*) safe, steady, secure. *n. m.* safety; (*luogo sicuro*) safe place. △ *a.* ❷ **Le notizie sono di fonte sicura** the news comes from a reliable source; ❸ **Ci sentiamo sicuri dei risultati della votazione** we feel confident about the returns of the voting; ❺ **Siete** ~ **di non aver fatto un errore di calcolo?** are you sure you have not made a miscalculation?; **La sua nomina è sicura** his nomination is in the bag; ❻ **Questo ponte non è** ~ **per i veicoli pesanti** this bridge is not safe for heavy vehicles. // **essere assolutamente** ~ **dell'onestà di q.** to have full assurance of sb.'s honesty.

sicurtà, *n. f. inv.* ❶ (*leg.*) (*mallevadoria*) security, guarantee. ❷ (*leg.*) (*garanzia*) guaranty.

« **sidecar** », *n. m.* (*trasp.*) side-car.

siderurgia, *n. f.* (*econ.*) iron-metallurgy.

siderurgico, *a.* (*econ.*) iron and steel (*attr.*). *n. m.* (*pers.*) iron-worker.

sigillare, *v. t.* (*anche leg.*) to seal, to seal up. // ~ **con piombini** (*leg.*) to seal with lead; ~ **una lettera** to seal a letter.

sigillato, *a.* (*anche leg.*) sealed, sealed up.

sigillatura, *n. f.* (*anche leg.*) sealing, sealing up.

sigillo, *n. m.* (*anche leg.*) seal. △ **Alla proprietà non sono ancora stati apposti i sigilli** the seals have not yet been affixed to the property. // ~ **sociale** (*leg.*) corporate seal (*USA*).

sigla, *n. f.* ❶ (*iniziali*) initials (*pl.*). ❷ (*market.*) trade-mark name. // ~ **musicale** (*comun., pubbl.*) (*motivo musicale trasmesso all'inizio e/o alla fine d'una trasmissione radiotelevisiva*) signature tune, signature.

siglare, *v. t.* to initial; to put* one's initials to (*o* upon). // ~ **una correzione** to initial an alteration.

significare, *v. t.* to mean*, to signify; (*rappresentare*) to represent.

significativo, *a.* ❶ significative; (*significante*) significant. ❷ (*mat.*) significant.

significato, *n. m.* meaning; (*importanza*) significance, importance, import. △ **Il** ~ **delle misure protezionistiche è stato compreso da un'esigua minoranza** the importance of the protectionist measures has been understood by a scanty minority.

signora, *n. f.* (*titolo di rispetto*) lady; Mrs (*abbr. di* mistress, *usato coi nomi propri e/o coi nomi e cognomi*); Ms (*usato coi nomi propri quando non si conosca, o non si voglia mettere in evidenza, lo stato civile*); madam (*al vocativo, senza nome proprio*). // **Gentile** ~ (*introduzione a una lettera*) Dear Madam.

signore, *n. m.* (*titolo di rispetto*) gentleman*; Mr (*abbr. di* mister, *usato coi nomi propri e/o coi nomi e cognomi*); sir (*usato al vocativo, senza nome proprio*). // **Signor Presidente!** Mr President!; **Egregio** ~ (*introduzione a una lettera commerciale*) Dear Sir; **Egregi Signori** Dear Sirs, Sirs; **Gentlemen** (*USA*); **Signore e Signori!** Ladies and Gentlemen!

signorina, *n. f.* young lady; Miss (*usato coi nomi propri e/o coi nomi e cognomi*); Ms (*usato coi nomi propri* *quando non si conosca, o non si voglia mettere in evidenza, lo stato civile*); madam (*al vocativo, senza nome proprio*).

silenzio, *n. m.* silence. // ~ **radio** (*trasp. mar.*) radio silence; **passare qc. sotto** ~ to pass st. over in silence.

silo, *n. m.* (*org. az.*) silo, storage bin. // ~ **meccanizzato** (*org. az.*) mechanized silo.

silvicoltore, *n. m.* (*econ.*) sylviculturist, silviculturist.

silvicoltura, *n. f.* (*econ.*) sylviculture, silviculture, forestry.

simbolo, *n. m.* ❶ symbol. ❷ (*mat.*) notation. // ~ **di successo** (*econ., pubbl.*) status symbol.

similare, *a.* similar.

similarità, *n. f. inv.* similarity.

simile, *a.* ❶ (*che presenta parziale identità*) similar, like; alike (*pred.*). ❷ (*tale, di tale sorta*) such. *n. m.* ❶ (*persona o cosa simile*) like. ❷ (*il prossimo*) fellow creature.

simmetallismo, *n. m.* (*econ., fin.*) symmetallism.

simmetria, *n. f.* (*anche mat.*) symmetry.

simmetrico, *a.* (*anche mat.*) symmetrical.

simplesso, *n. m.* (*mat.*) simplex.

simulare, *v. t.* (*anche leg.*) to simulate, to pretend, to counterfeit, to sham.

simulato, *a.* (*anche leg.*) simulated, pretended, counterfeit; mock (*attr.*).

simulatore, *n. m.* (*anche leg.*) simulator, shammer.

simulazione, *n. f.* ❶ (*leg.*) simulation, pretence, sham. ❷ (*ric. op.*) simulation. // ~ **di reato** (*leg.*) simulation of offence; ~ **digitale** (*ric. op.*) digital simulation.

sinallagma, *n. m.* (*leg.*) mutual agreement.

sinallagmatico, *a.* (*leg.*) synallagmatic, sinalagmatic.

sinceramente, *avv.* sincerely, truly; (*onestamente*) honestly; (*fedelmente*) faithfully.

sincerarsi, *v. rifl.* to make* sure. // ~ **di qc.** to make sure of st.

sincerità, *n. f.* sincerity, sincereness, truth; (*onestà*) honesty; (*fedeltà*) faithfulness.

sincero, *a.* sincere, true; (*onesto*) honest; (*fedele*) faithful.

sindacabile, *a.* ❶ (*fig.*) (*censurabile*) censurable, criticizable. ❷ (*fin., leg.*) (*verificabile*) liable to audit, liable to inspection, controllable.

sindacale, *a.* ❶ (*di sindaco di città*) mayoral; syndical (*in Italia*). ❷ (*fin.*) (*di sindaco di società*) auditorial. ❸ (*sind.*) syndical; trade-union, union (*attr.*).

sindacalismo, *n. m.* (*sind.*) syndicalism, trade-unionism, trades-unionism, labour unionism, unionism. // ~ **combattivo** (*sind.*) militant trade-unionism; ~ « **sano** » (*tendente a migliorare le condizioni di lavoro degli iscritti, e che ripudia la «conflittualità permanente»*) (*sind.*) business unionism.

sindacalista, *n. m.* e *f.* (*sind.*) syndicalist, trade-unionist, union officer, union representative, labour leader, organizer. // ~ **viaggiante** (*che visita operai e stabilimenti per controllare l'applicazione delle norme previste dai contratti collettivi di lavoro*) (*sind.*) walking delegate.

sindacare, *v. t.* ❶ (*fig.*) (*censurare*) to censure, to criticize. ❷ (*fin., leg.*) (*rivedere i conti*) to audit, to inspect, to check, to control.

sindacato, *n. m.* ❶ (*fin.*) (*associazione*) syndicate, combine, trust, pool; (*di banchieri, finanzieri, ecc.*) syndicate. ❷ (*sind.*) trade-union, trades-union, trade guild, labour union, union. △ ❶ **I sindacati hanno vinto la battaglia per (ottenere) gli aumenti salariali** trade-unions have won their battle for higher wages. // ~ **aperto** (*a tutti, senza discriminazioni di razza, sesso, ecc.*) (*sind.*) open union; ~ **azionario** (*fin.*) voting trust; ~ **che deriva dalla fusione di vari sindacati minori** (*sind.*) amalgamated union; ~ **che richiede ai propri aderenti il possesso di determinati requisiti professionali** (*sind.*) closed union; ~ **d'arbitraggio** (*fin.*) arbitrage syndicate; ~ **di Borsa** (*Borsa*) market syndicate; ~ **di categoria** (*sind.*) craft union; ~ **di compratori** (*fin.*) buying syndicate; ~ **di controllo** (*econ., fin.*) controlling syndicate; ~ **d'operai appartenenti a un'intera industria** (*sind.*) vertical labour union; ~ **di speculatori disonesti** (*Borsa, fin.*) ring; ~ **dipendente dall'impresa** (*sind.*) company union; ~ **giallo** (*sind.*) company union; **sindacati liberi** (*sind.*) independent unions; ~ **locale** (*sind.*) local union; ~ **nazionale** (*sind.*) national union; **sindacati non confederali** (*sind.*) independent unions; ~ **padronale** (*sind.*) employers' association.

sindaco, *n. m.* ❶ (*di città*) mayor, town mayor; syndic (*in Italia*). ❷ (*fin.*) (*di società*) auditor.

sinecura, *n. f.* (*pers.*) sinecure. // **chi gode d'una** ~ (*pers.*) sinecurist.

« **sine die** », *locuz. avv.* (*leg.*) without date, sine die.

singolo, *a.* single; (*solo*) sole. △ **Quando fu trovata la lettera anonima, la grafia d'ogni ~ impiegato fu scrupolosamente confrontata con quella della lettera originale** when the anonymous letter was found, each single employee's handwriting was thoroughly compared with the original.

sinistra, *n. f.* ❶ left; (*lato sinistro*) left-hand side, left side, left. ❷ (*politica*) (the) Left. △ ❷ **La ~ ha sempre appoggiato le nazionalizzazioni** the Left has always supported nationalizations.

sinistro, *a.* ❶ left, left-hand. ❷ (*di cattivo auspicio*) sinister, ominous. *n. m.* (*ass.*) (*incidente*) accident, casualty; (*automobilistico e sim.*) wreckage, wreck. // ~ **marittimo** (*trasp. mar.*) sea accident: **Parte del carico andò distrutto a causa d'un ~ marittimo** part of the cargo was destroyed owing to a sea accident.

sintesi, *n. f. inv.* ❶ synthesis*. ❷ (*amm.*) combined report.

sintetico, *a.* ❶ synthetic, synthetical; (*sommario*) summary; (*condensato*) condensed. ❷ (*market.*) (*di tessuto, fibra*) synthetic, man-made. △ ❶ **La sua relazione, benché sintetica, riuscì a mettere in evidenza i problemi finanziari della società** his report, though summary, succeeded in highlighting the company's financial problems. // **gomma sintetica** (*market.*) synthetic rubber.

sistema, *n. m.* ❶ system. ❷ (*mat.*) system. ❸ (*org. az.*) system; (*di lavorazione*) process. △ ❶ **Nella Comunità fu istituito un ~ d'adeguamento dei contingenti collegato ai prezzi dei diversi tipi di caffè** a system of adjustment of quotas linked with the prices of various types of coffee was instituted in the Community. // **un ~ a parità adeguabili** (*fin.*) an adjustable peg system; ~ **a tassi di cambio fissi** (*fin.*) fixed exchange-rate system; ~ (*agricolo*) **a tre colture** (*alternate*) (*econ.*) three-field system, three-course system; ~ (*monometallico*) **aureo** (*econ., fin.*) gold standard; ~ **bancario** banking system; ~ **bancario caratterizzato dalla presenza di molte piccole banche locali** (*e non da poche grandi banche che operano attraverso filiali*) (*USA*) unit banking; ~ **bancario consistente in poche banche che operano attraverso filiali** (*come in Italia e in Inghilterra*) branch banking; **il ~ bancario privato** (*fin.*) the private banking system; ~ **binario** (*elab. elettr., mat.*) binary representation, binary notation, binary mode; ~ **capitalistico** (*econ.*) capitalistic system; ~ **concorrenziale** (*econ.*) competitive

sistema

system; ~ **creditizio** (*fin.*) credit system; ~ **decimale** (*mat.*) decimal system; **il ~ dei doppi cambi per la lira** (*econ.*) the double-tier system for the lira; ~ **dei prezzi** (*econ.*) price system; ~ **del contingentamento** (*econ.*) quota system; ~ **del corso dei cambi fisso** (*fin.*) fixed exchange-rate system; ~ **del minuto standard** (*org. az.*) standard-minute plan; ~ **del preallarme** (*Borsa, USA*) early-warning system; ~ **del punteggio** (*per la valutazione del lavoro*) (*pers.*) point system; ~ **del razionamento della domanda di mercato** (*econ., USA*) market demand prorationing system; ~ **dell'ora standard** (*org. az.*) standard-hour plan; ~ **della retribuzione a premio** (*pers.*) premium system; **il ~ delle partecipazioni statali** (*econ.*) the state participation system; **il ~ delle preferenze generalizzate** (*econ.*) the system of generalized preferences; ~ **delle tariffe differenziate** (*fra quelli che hanno un contratto con la « Conferenza » e quelli che non l'hanno*) (*trasp. mar.*) contract and non-contract rate system; ~ **delle valute multiple** (*fin.*) multiple currency system; ~ **delle vendite a rate** (*market.*) hire-purchase system; **sistemi di abbuoni sul salario** (*per rendimento, ecc.*) (*org. az., pers.*) bonus systems; ~ **d'aria condizionata** air-conditioning; ~ **di binari per deposito** (*smistamento, ecc.*) (*trasp. ferr.*) railway yard, yard; ~ **di contabilità** (*rag.*) accounting system; **sistemi di contabilità a fogli mobili** (*rag.*) loose-leaf bookkeeping systems; **un ~ di contabilità nazionale** (*rag.*) a system of national accounts; ~ **di controllo cinetico** (*elab. elettr.*) kinetic control system; ~ **di controllo** (*della produzione*) **per mezzo di calcolatori elettronici** (*elab. elettr.*) computing control, computer control; ~ **di distribuzione** (*econ.*) distribution system; ~ **d'elaborazione dei dati** (*elab. elettr.*) data processing system; **un ~ di Governo** a system of Government; ~ **d'incentivi sul lavoro** (*org. az.*) task-and-bonus system; ~ **d'informazione a richiesta** (*elab. elettr.*) on-request system, on-demand system; ~ **di lavorazione** (*org. az.*) processing; ~ **di misure lineari** linear measure, lineal measure; ~ **di misure per liquidi** liquid measure; ~ **di pagamento in natura** (*pers.*) truck system, truck; ~ **di pagamento per lavori a cottimo** (*sind.*) contract system of wage payment; ~ **di pesi e misure** metrology; ~ **di razionamento** (*econ.*) rationing system; ~ **di retroazione di informazione** (*elab. elettr.*) information feedback system; ~ **di ritenuta alla fonte** (*fin.*) withholding-tax system; ~ **di tariffe a forcelle** (*fin.*) rate-bracket system; ~ **di tassazione per mezzo di ritenute sul salario** (*fin.*) pay-as-you-earn (*P.A.Y.E.*); ~ **di tassazione sul reddito mediante trattenute al momento in cui esso è conseguito** (*fin., USA*) pay-as-you-go; ~ **di trasmissione a distanza di testi scritti** (*elab. elettr.*) facsimile device; ~ **distributivo** (*econ.*) distribution system; **un ~ distributivo poco efficiente** (*econ.*) a clumsy distribution system; ~ **economico** (*econ.*) economic system, economy; ~ **economico chiuso** (*econ.*) closed system; **un ~ economico instabile** (*econ.*) an unsteady economic system; **un ~ elettorale uninominale** a uninominal electoral system; **un ~ fiscale assistito da elaboratori elettronici** (*fin.*) a computer-backed tax system; **un ~ flessibile d'imposte sul reddito** (*fin.*) a flexible income-tax structure; ~ **industriale basato sul lavoro a domicilio** (*econ.*) domestic system; ~ **inglese per liquidi e aridi** English liquid and dry system; ~ **liberistico** (*econ.*) free enterprise system; ~ **localizzato** (*elab. elettr.*) in-house system, in-plant system; **il ~ metrico decimale** the metric system, the centimal system; ~ **monetario** (*fin.*) monetary system; ~ **monetario aureo** (*fin.*) gold standard; ~ **monetario basato su carta moneta non convertibile** (*econ., fin.*) paper standard; ~ **monetario basato sul dollaro** (*fin.*) dollar standard; ~ **monetario basato sulla libera convertibilità delle monete** (*rispetto a una moneta « base » a parità aurea*) (*econ., fin.*) gold-exchange standard; ~ **monetario decimale** (*econ.*) decimal currency, decimal coinage; ~ **monetario in corso** (*in un dato momento e in un certo Paese*) (*fin.*) coinage; ~ **monetario manovrato** (*econ., fin.*) managed standard; ~ **previdenziale** (*pers., sind.*) health and welfare plan, social-security plan, employee benefit plan; **un ~ proporzionale di contingenti d'immigrazione** (*econ.*) a proportional system of immigration quotas; ~ **protezionistico** (*econ.*) protective system; **un ~** (*di Governo*) **rappresentativo** a representative Government; **il ~ rotativo agrario** (*econ.*) the rotation of crops; ~ (*telefonico*) **simplex** (*comun.*) simplex system; **un ~ sociale vessatorio e oppressivo** (*econ., leg.*) a vexatious and oppressive social system; ~ **valutario** (*la cui unità è basata su uno standard metallico*) (*econ.*) normative currency.

sistemare, *v. t.* ❶ (*ordinare, mettere in assetto*) to arrange, to put* in order. ❷ (*definire, regolare*) to settle, to dispose of, to dispose of. ❸ (*fam.*) (*trovare lavoro a q.*) to fix (sb.) up with a job, to find* (sb.) a job. ❹ (*tur.*) (*ospiti in albergo, ecc.*) to accommodate. △ ❶ **Prima di partire, sistemò i suoi affari** before leaving, he arranged his business affairs; ❷ **La faccenda è stata sistemata** that matter has been disposed of. // ~ **i propri affari** (*anche*) to settle one's affairs.

sistemarsi, *v. rifl.* ❶ (*trovar lavoro*) to find* a job. ❷ (*trovare un alloggio*) to settle. △ ❶ **Ha fatto di tutto per ~ alla Fiat** he did his utmost to find a job at Fiat; ❷ **Dove stavate prima di sistemarvi a Milano?** where did you live before settling in Milan?

sistematico, *a.* systematic, systematical; (*metodico*) methodical. △ **Non sono tagliato per i lavori sistematici** I'm not cut out for methodical works.

sistemazione, *n. f.* ❶ (*ordinamento, assestamento*) arrangement, arranging. ❷ (*definizione, regolazione*) settling, settlement, disposal. ❸ (*fam.*) (*impiego, posto*) job, position, post. ❹ (*tur.*) accommodation. △ ❷ **La ~ della lite è avvenuta grazie all'arbitrato del Sig. Tanzi** the settlement of the dispute was made thanks to Sig. Tanzi's arbitration; ❹ **Questo transatlantico offre una magnifica ~ a 1.000 passeggeri** this liner has splendid accommodation for 1,000 passengers. // **la ~ d'un contratto** (*leg.*) the settlement of a contract; ~ **in cabina** (*trasp. mar.*) cabin accommodation.

situare, *v. t.* to locate, to place. △ **È il punto migliore in cui ~ gli stabilimenti** it is the best spot to locate the factories.

situazione, *n. f.* ❶ situation, position; (*condizione*) condition; (*stato*) state, status, standing. ❷ (*fin., anche*) showing. △ ❶ **La ~ politica internazionale avrà sicuramente un'influenza sul comportamento del consumatore** the international political situation will inevitably influence the consumer's behaviour; **La sua è stata un'analisi accurata della ~ economica del Paese** his was a thorough analysis of the economic position of the Country; **Cosa potete dirci sulla ~ finanziaria di Mr White?** what can you tell us about Mr White's financial standing?; **Stiamo preparando una relazione sulla ~ del mercato** we're preparing a report on the state of the market; **Il documento esamina la ~ dei negoziati in corso fra i rappresentanti della società e quelli dei sindacati** the paper examines the status of the negotiations between company and union representatives; ❷ **Hanno una pessima** ~ **finanziaria** they have a very poor financial showing. // **la** ~ **con cui s'è chiusa l'annata** (*rag.*) the year-end position; **una** ~ **concorrenziale** (*market.*) a competitive position; (*ric. op.*) a conflict situation; ~ **congiunturale** (*econ.*) business climate: **La** ~ **congiunturale in Italia è relativamente calma** the business climate in Italy is now relatively settled; **la «** ~ **contabile » dell'Italia nei confronti del resto del mondo** Italy's « accounts » with the rest of the world; **la** ~ **contabile d'un fallito** (*leg.*) the estate of a bankrupt; ~ **dei pagamenti** (*econ.*) payments situation: **La** ~ **dei pagamenti del nostro Paese non migliorò affatto nel 1974** the payments situation of our Country did not improve in 1974; ~ **del** (*mercato del*) **lavoro** (*pers.*) labour situation; **la** ~ **del mercato** (*fin., market.*) the position of the market; ~ **della domanda** (*econ.*) demand conditions (*pl.*); ~ **dell'offerta** (*econ.*) supply conditions (*pl.*); ~ **di cassa** (*rag.*) cash statement; ~ **economica** (*econ.*) economic situation; ~ **finanziaria** (*fin.*) financial status; ~ **senza via d'uscita** impasse; **una** ~ **speculativa in Borsa** (*fin.*) a speculative situation on the exchange.

slancio, *n. m.* ❶ (*fig.*) (*impeto, impulso*) outburst, fit. ❷ (*market.*) buoyancy.

sleale, *a.* ❶ (*che manca di lealtà*) disloyal, unfaithful; (*falso*) false. ❷ (*che è fatto in modo sleale*) unfair, foul. // **concorrenza** ~ (*market.*) unfair competition.

slealtà, *n. f.* disloyalty, unfaithfulness, falseness, unfairness.

slittamento, *n. m.* ❶ (*di veicoli*) skidding, skid. ❷ (*econ., fig.*) sliding. // ~ **salariale** (*econ.*) (*divario fra i livelli retributivi previsti dai contratti collettivi e quelli effettivi aziendali*) wage drift.

slittare, *v. i.* ❶ (*detto di veicolo*) to skid. ❷ (*econ., fig.*) to slide. △ ❷ **La lira continua a** ~ the lira keeps sliding.

slogan, *n. m.* (*pubbl.*) slogan, catch-phrase, catchword, tag line, message. // ~ **compreso nel timbro postale** (*sulla corrispondenza affrancata mediante affrancatrice*) (*comun., pubbl.*) meter slogan; **gli slogan dei caroselli televisivi** (*pubbl.*) the messages of TV commercials; **chi inventa slogan** (*pubbl.*) sloganeer (*USA*).

smantellamento, *n. m.* dismantlement. // ~ **dei monopoli** (*econ.*) trust-busting.

smantellare, *v. t.* to dismantle. // ~ **monopoli** (*econ.*) to bust monopolies (*USA*).

smantellatore, *n. m.* dismantler. // ~ **dei monopoli** (*econ.*) trustbuster: **Il Presidente Teodoro Roosevelt fu detto « lo** ~ **dei monopoli » perché riuscì a smantellare i monopoli negli Stati Uniti** President Theodore Roosevelt was called « the trustbuster » because he succeeded in busting monopolies in the U.S.A.

smarrimento, *n. m.* ❶ loss, losing. ❷ (*trasp.*) (*di merce, ecc.*) miscarriage.

smarrire, *v. t.* ❶ to lose*. ❷ (*trasp.*) (*merce, ecc.*) to miscarry.

smarrirsi, *v. rifl.* ❶ (*non trovare più la via*) to lose* one's way, to lose* oneself, to get* lost, to be lost. ❷ (*trasp.*) (*di corrispondenza, merce, ecc.*) to miscarry.

smentire, *v. t.* (*negare*) to deny; (*ritrattare*) to recant; (*sconfessare*) to disavow.

smentita, *n. f.* (*negazione*) denial; (*ritrattazione*) recantation; (*sconfessione*) disavowal. // **una** ~ **ufficiale** a formal denial: **Ci sarà una** ~ **ufficiale alle voci d'una serrata** there will be a formal denial to the rumours of a lock-out.

smerciabile, *a.* (*market.*) saleable, salable, marketable.

smerciare, *v. t.* (*market.*) to sell*, to sell* off, to market. △ **Questi vecchi articoli saranno difficili da** ~ these old articles will be hard to sell.

smercio, *n. m.* (*market.*) sale, marketing, market. △ **Trovano uno** ~ **più facile ai loro articoli** they have a better market for their articles.

smettere, *v. t.* to stop, to leave* off, to cease, to give* up, to discontinue. // ~ **di comprare un giornale** to stop (*o* to cease) buying a newspaper; to discontinue a newspaper; ~ **di lavorare** (*chiuder bottega*) to close down the business; (*andare in pensione*) to retire; (*pers.*) to stop work, to leave off work; ~ **di pubblicare una rivista** (*giorn.*) to discontinue a journal; ~ **d'essere pubblicato** (*detto di giornale, ecc.*) to discontinue.

smistamento, *n. m.* ❶ (*comun.*) (*postale*) sorting, sortation, separation, distribution. ❷ (*market.*) (*di merci*) sorting, sortation. ❸ (*trasp. ferr.*) shunting, shunt; switching (*USA*). // **lo** ~ **della corrispondenza** (*comun.*) the sortation of mail.

smistare, *v. t.* ❶ (*comun.*) (*la posta*) to sort, to separate, to distribute. ❷ (*market.*) (*merci*) to sort. ❸ (*trasp. ferr.*) (*un treno*) to shunt; to switch (*USA*). // ~ **la corrispondenza** (*comun.*) to sort the mail, to separate the mail; **essere smistato** (*trasp. ferr.*) (*di treno*) to shunt; to switch (*USA*).

smobilitare, *v. t.* to demobilize.

smobilitazione, *n. f.* demobilization. // ~ **tariffaria** (*comm. est., econ.*) tariff disarmament.

smobilizzare, *v. t.* (*econ.*) (*capitali*) to unfreeze*. △ **I grandi capitali mantenuti dal Fondo Monetario Internazionale presso diverse banche centrali dovrebbero essere smobilizzati** the vast resources kept by the International Monetary Fund in various central banks should be unfrozen.

smobilizzazione, *n. f. V.* **smobilizzo**.

smobilizzo, *n. m.* (*econ.*) (*di capitali*) unfreezing. // ~ **d'un investimento** (*econ.*) disinvestment; **smobilizzi e realizzi** (*rag.*) sales of assets.

smontaggio, *n. m.* (*org. az.*) (*di macchine, ecc.*) disassembly, take-down.

smontare, *v. i.* ❶ (*pers.*) (*cessare il lavoro*) to stop work, to go* off duty; to knock off (*fam.*). ❷ (*trasp.*) (*scendere*) to get* off (*o* down); (*da un'auto*) to get* out. *v. t.* ❶ (*cronot.*) to disassemble. ❷ (*org. az.*) (*un macchinario e sim.*) to disassemble, to dismantle, to take* down. △ *v. i.* ❶ **A che ora smontate il sabato?** at what time do you knock off on Saturdays?; ❷ **Noi smontiamo alla prossima (fermata), e Lei?** we're getting off at the next stop; how about you?; *v. t.* ❷ **Il motore dev'essere smontato al più presto** the engine has got to be dismantled as soon as possible. // ~ **una macchina** (*org. az.*) to take down a machine.

smorzare, *v. t.* (*diminuire l'intensità, anche fig.*) to damp, to dampen. △ **Quelle notizie smorzeranno certamente gli entusiasmi dei nostri consumatori** that news will inevitably damp our consumers' spirits.

snazionalizzare, *v. t.* (*econ.*) to denationalize.

snazionalizzazione, *n. f.* (*econ.*) denationalization.

soccida, *n. f.* (*leg.*) agistment.

soccorrere, *v. t.* to help, to assist, to aid, to relieve. // ~ **una nave in pericolo** (*trasp. mar.*) to assist a ship in distress.

soccorso, *n. m.* help, assistance, aid, relief. // ~ **a una nave in pericolo** (*trasp. mar.*) assistance to a ship in distress.

sociale, *a.* ❶ social. ❷ (*fin.*) (*di società di persone*)

socialismo

of a partnership; partnership (*attr.*). ❸ (*fin.*) (*di società di capitali*) of a company; company (*attr.*); of a corporation (*USA*); corporation, corporate (*attr., USA*). △ ❸ **L'azione ~ degli azionisti è piuttosto limitata** the corporate action of the shareholders is rather limited.

socialismo, *n. m.* (*econ.*) socialism.

socialista, *a.* (*econ.*) Socialist. *n. m.* e *f.* (*econ.*) Socialist. △ *n.* **La nazionalizzazione fu sostenuta dai socialisti** nationalization was sponsored by the Socialists.

società, *n. f. inv.* ❶ (*complesso d'individui uniti da vincoli*) society. ❷ (*associazione*) association, society; (*circolo*) club. ❸ (*fin.*) (*di persone*) partnership; (*di capitali*) company; corporation (*USA*). △ ❶ **Lo sfruttamento della manodopera è uno dei mali della ~ industriale** exploitation of manpower is one of the evils of industrial society; ❷ **Qualcuno qui dentro non ha ancora capito che la nostra non è una ~ di mutuo soccorso!** there is someone in here who has not yet realized that ours is no friendly society!; ❸ **L'associazione di due o più persone per lo svolgimento di un'attività commerciale a fini di lucro si dice ~** the combination of two or more persons for purposes of trade with a view to profit is called a partnership; **Saremmo lieti d'entrare in ~ con voi** we should be glad to enter into partnership with you; **Mentre in una ~ di persone l'individualità d'ogni membro non è mai del tutto perduta, in una ~ di capitali quella individualità si perde nella nuova entità stabilita dalla legge** whereas in a partnership the individuality of each member is never entirely lost, in a company, that same individuality is lost in the new entity established by law. // **~ a capitale variabile** (*fin.*) joint-stock company; **~ a carattere familiare** (*fin.*) family-run company, closed company; closed corporation (*USA*); **~ a economia controllata** (*dallo Stato*) (*econ.*) regulated company; **~ a responsabilità limitata dalle azioni** (*fin.*) company with liability limited by shares, joint-stock limited company, limited company; **~ addetta al servizio di rimorchio** (*trasp. mar.*) towage contractors; **~ aderente alla Borsa Valori di New York** (*Borsa, USA*) member corporation; **~ affiliata** (*fin.*) affiliated company, affiliated firm, affiliate; **~ ammessa alla compravendita d'azioni in proprio** (*fin., ingl.*) exempted dealer; **~ anonima** (*fin.*) joint-stock company; corporation (*USA*); **~ anonima a responsabilità limitata al capitale azionario** (*fin.*) joint-stock company limited by shares; **~ armatrice** (*trasp. mar.*) shipowners' company; **~ capogruppo** (*che possiede titoli d'un'altra, generalm. sotto forma di partecipazioni di controllo*) (*fin.*) holding company; **~ collegata** (*fin.*) associated company, subsidiary company, subsidiary; **~ commerciale che gode di speciali privilegi** (*conferiti dal sovrano o dal Parlamento*) (*fin., ingl.*) chartered company; **una ~ commerciale fittizia** a dummy company; a dummy corporation (*USA*); **~ commerciale istituita con statuto reale** (*fin., ingl.*) chartered company; **~ concessionaria** (*fin.*) concessionary company; **~ consociata** (*fin.*) fellow subsidiary; **~ controllante** (*fin.*) holding company, immediate holding company; proprietary company (*USA*); **una ~ controllata** (*fin.*) a subsidiary company, a subsidiary; (*da una «holding company», q.V.*) holding; **la ~ convenuta** (*leg.*) the defendant company; **~ cooperativa** (*fin.*) co(-)operative society, co(-)operative association; **Una ~ cooperativa è detta cooperativa di produzione quando i dipendenti ne sono proprietari** if the employees own a co-operative society, the latter is known as producers' co-operative; **una ~ costituita** (*fin., leg.*) a corporate body; **~ costituita con legge speciale** (*fin., ingl.*) statutory company; **~ costituita mediante registrazione** (*ai sensi delle leggi sulle società di capitali*) (*fin., ingl.*) registered company: **Le società costituite mediante registrazione possono avere: responsabilità illimitata, responsabilità limitata « da garanzia », e responsabilità limitata da azioni** registered companies may be formed with: unlimited liability; liability limited by guarantee; and liability limited by shares; **~ costituita per scopi illeciti** (*leg.*) illegal partnership; **~ creditrice** (*cred.*) creditor company; **~ da rilevare** (*fin.*) bid-for company, company bid for; **~ debitrice** (*cred.*) debtor company; **la « ~ del benessere »** the affluent society; **~ depositaria** (*fin.*) trustee company; **~ d'armamento** (*trasp. mar.*) shipping firm; **~ d'assicurazione** (*ass.*) insurance company; **~ d'assicurazione contro gli incendi** (*ass.*) fire insurance company; **~ di beneficenza** benevolent society, benefit club; eleemosynary corporation (*USA*); **~ di capitali** (*fin.*) company, joint-stock company; corporation (*USA*); **~ (specializzata nel servizio) di deposito in cassette di sicurezza** (*fin., ingl.*) safe-deposit company; **~ di « factoring »** (*fin.*) factoring firm; **~ di finanziamento** (*fin.*) finance company; **~ di finanziamento per l'acquisto o la costruzione di case** (*fin.*) building society; **~ di gestione** (*fin.*) management company; **~ di gestione del portafoglio** (*fin.*) trust company; **una ~ di grandi dimensioni** (*fin.*) a large company, a «technostructure»; **~ d'investimenti mobiliari** (*fin.*) investment company; **~ di « leasing »** (*fin.*) leasing company; **~ di mutuo soccorso** (*leg.*) mutual benefit society, benefit society, beneficial association, benificial association, mutual aid association, provident society, friendly society, loan society, dividing society; fraternal order (*USA*); **~ di navigazione** (*trasp. mar.*) shipping company; **~ di persone** (*leg.*) partnership; **~ di portafoglio** (*fin.*) holding company; **~ di ricerca** exploitation company; **~ di ricuperi marittimi** (*trasp. mar.*) salvage company; **~ di servizi pubblici** (*fin.*) corporation; utility company (*USA*); **~ di trasporti** (*trasp.*) transport company, carriage company; **~ dominante** (*fin.*) controlling company; controlling corporation (*USA*); **~ estera** (*fin.*) foreign company; foreign corporation (*USA*); **~ ferroviaria** (*fin.*) railway company; railroad company, railroad (*USA*); **~ fiduciaria** (*fin.*) trustee company; **~ finanziaria** (*fin.*) holding company; (*fin.*) (*specializzata nell'acquisto di contratti di vendita rateale, nello sconto di cambiali e nel ricupero di crediti*) commercial credit company; sales finance company (*USA*); **società finanziarie a controllo pubblico** (*econ.*) public-controlled financial institutes; **~ finanziaria che rilascia certificati pagabili a rate mensili o annuali, per dieci o vent'anni** (*allo scadere dei quali il sottoscrittore riceverà il capitale più gli interessi maturati*) (*fin.*) certificate company; **~ finanziaria specializzata in prestiti personali d'importo modesto** (*fin.*) consumer finance company; personal finance company (*USA*); **~ finanziaria specializzata nel finanziamento delle vendite rateali** (*fin., ingl.*) finance house; **~ gestrice di fondi (comuni) d'investimento** (*fin.*) underwriter; **~ holding** (*fin.*) holding company; **~ in accomandita semplice** (*fin.*) limited partnership, special partnership: **In una ~ in accomandita semplice ci sono due categorie di soci: gli accomandatari e gli accomandanti** in a limited partnership there are two kinds of partners: general partners and limited partners; **~ in nome collettivo** (*fin.*) general partnership, unlimited partnership, unlimited company, partnership: La ~ in nome collettivo è una società nella quale tutti i soci hanno responsabilità illimitata e solidale the general partnership is a partnership in which all partners are jointly, severally and unlimitedly liable; ~ in via di sviluppo (*fin.*) growth company; ~ legalmente costituita (*leg.*) company; corporation (*USA*); ~ liquidata (*fin.*) defunct company; ~ madre (*fin., org. az.*) parent company; parent corporation (*USA*); ~ mutua che accetta piccoli versamenti periodici da parte dei soci (*fin., ingl.*) deposit society; ~ mutualistica con organizzazione centralizzata (*fin.*) accumulating society; ~ mutuataria (*fin.*) borrowing company; una ~ nazionale (*fin.*) a national company; a domestic corporation (*USA*); ~ non obbligata alla presentazione annuale del bilancio (*fin., ingl.*) exempt private company; ~ offerente (*fin.*) take-over company, bidding company, take-over bidder; ~ per azioni (*fin.*) joint-stock company limited by shares, joint-stock limited company, joint-stock company, stock company, limited-liability company, limited company, company; stock corporation, corporation (*USA*): La ~ per azioni è una società in cui la responsabilità di ciascun azionista è limitata al valore nominale delle azioni che egli detiene a limited company is a company in which the liability of each shareholder is limited to the face value of his stock; La ~ per azioni può essere a costituzione simultanea o a costituzione continua a limited company may be either private or public; ~ per azioni a costituzione simultanea (*fin.*) private limited company, private company, proprietary company; private corporation, close corporation (*USA*); ~ per azioni costituita tramite pubblica sottoscrizione (*fin.*) public limited company; ~ per cablogrammi (*comun.*) cable company; ~ per investimenti finanziari (*fin.*) investment company; società petrolifere (*fin.*) oil companies; ~ planetaria (*fin.*) planetary venture (*o* company); planetary corporation (*USA*); ~ privata (*fin.*) private company; private corporation (*USA*); ~ promotrice (*fin.*) issuing house: Molte delle società promotrici si specializzano nelle azioni che sottoscrivono: alcune di loro si occupano dell'emissione di azioni inglesi o dei Paesi del Commonwealth, altre si limitano all'emissione d'azioni estere many of the issuing houses specialize in the issue they underwrite: some of them deal in domestic or Commonwealth issues; others deal only in foreign issues; ~ pubblica (*che esercita funzioni di interesse pubblico*) (*fin.*) corporation, public corporation; Government corporation (*USA*); ~ sciolta (*fin.*) defunct company; una ~ senza capitale azionario (*fin., USA*) a non-stock corporation; ~ soprannazionale (*fin.*) supranational company; ~ specializzata nel collocamento delle azioni d'un fondo comune d'investimento mobiliare (*fin.*) sponsor; ~ specializzata nel « venture capital » (*fin.*) venture-capital company: Le società specializzate nel « venture capital » si occupano del finanziamento d'idee e d'iniziative a elevato potenziale di reddito ma senza una vera e propria base finanziaria venture-capital companies are primarily concerned with the financing of ideas and ventures which are potentially very profitable but have no real financial base; ~ specializzata nella concessione di piccoli mutui a privati (*fin.*) finance company; ~ straniera (*che opera in un dato Paese*) (*fin.*) foreign company; alien corporation (*USA*); ~ sussidiaria (*fin.*) subsidiary company, subsidiary, subcompany.

societario, *a.* ❶ (*fin.*) (*di società di persone*) of a partnership; partnership (*attr.*). ❷ (*fin.*) (*di società di capitali*) of a company; company (*attr.*); of a corporation (*USA*); corporate, corporation (*attr., USA*).

socio, *n. m.* ❶ (*membro d'associazione*) member, affiliated member. ❷ (*fin.*) partner, affiliate, member; (*consocio*) copartner, consociate. △ ❷ Ciascun ~ è comproprietario dell'azienda each partner is a part owner of the concern; Tanto i soci attivi quanto quelli occulti sono responsabili illimitatamente e solidalmente both active partners and sleeping (or silent) partners are jointly and severally liable. // ~ accomandante (*fin.*) limited partner, silent partner, sleeping partner, dormant partner, special partner; ~ accomandatario (*fin.*) general partner, active partner, acting partner; ~ che manda avanti un'azienda (*dopo che gli altri si sono ritirati*) (*fin.*) continuing partner; ~ corrispondente corresponding member; il ~ di data più recente (*fin.*) the junior partner; il ~ di minore importanza (*fin.*) the junior partner; ~ effettivo (*fin.*) real partner, active partner; ~ fondatore (*fin.*) company promoter, incorporator; ~ gerente (*fin.*) managing partner; ~ nominale (*fin.*) nominal partner, quasi partner, partner by estoppel; ~ occulto (*fin.*) secret partner, silent partner; ~ onorario honorary member; il ~ più anziano (*fin.*) the senior partner; ~ promotore (*fin.*) company promoter; (*d'una società per azioni*) foundation member.

socio-dinamico, *a.* sociodynamic.
socio-economico, *a.* (*econ.*) socioeconomic.
soddisfacente, *a.* satisfactory, satisfying; (*adeguato*) adequate. △ Vogliamo sperare che la nostra offerta sarà ~ we do hope our offer will be satisfactory.

soddisfacimento, *n. m.* satisfaction, gratification.
soddisfare, *v. t.* ❶ (*appagare*) to satisfy, to fulfil, to gratify, to meet*. ❷ (*accontentare*) to satisfy, to please. ❸ (*leg.*) (*un debito, ecc.*) to satisfy, to pay* (*off*). △ ❶ I nostri articoli hanno sempre soddisfatto le esigenze della clientela our articles have always met our customers' requirements; Le richieste dai Paesi Membri non possono essere soddisfatte demands from the Member Countries cannot be met; ❷ È difficile ~ il nostro capufficio it's hard to satisfy our head-clerk; ❸ Fallirono perché non furono in grado di ~ i creditori they went bankrupt because they could not pay off their creditors. // ~ i propri bisogni (*econ.*) to satisfy one's needs; ~ i propri impegni (*leg.*) to meet one's engagements; ~ una richiesta to meet a demand, to meet a request; non ~ (*anche*) to dissatisfy.

soddisfatto, *a.* ❶ satisfied, gratified, pleased. ❷ (*adempiuto*) satisfied, fulfilled. ❸ (*leg.*) (*di debito, debitore, ecc.: pagato*) paid-off. △ ❶ Un cliente ~ è la miglior pubblicità per una ditta a satisfied customer is a firm's best publicity. // non ~ unsatisfied.

soddisfazione, *n. f.* ❶ (*il soddisfare*) satisfaction, gratification; (*adempimento*) fulfillment. ❷ (*compiacimento di chi è soddisfatto*) satisfaction, pleasure. ❸ (*leg.*) (*d'un debito*) paying off; (*d'un'offesa*) satisfaction. △ ❷ Con nostra grande ~ i vostri articoli furono graditi dalla nostra clientela much to our satisfaction your articles were welcomed by our customers; ❸ Ci troviamo costretti a chiedere ~ di quest'ingiuria we find ourselves compelled to demand satisfaction for this injury.

sofferenza, *n. f.* ❶ (*il soffrire*) suffering, pain. ❷ (*cred.*) (*ritardo nel pagamento d'un debito*) delay in paying a debt. // in ~ (*fin.*) (*d'assegno bancario, cambiale, ecc.*) outstanding, overdue; afloat (*pred.*).

soffiata, *n. f.* (Borsa, *fam.*) tip.
soffocare, *v. t.* ❶ to choke. ❷ (*anche fig.*) to stifle.

△ ❷ **I controlli economici hanno soffocato la nostra economia** economic controls have stifled our economy.

soffrire, *v. t.* ❶ (*patire*) to suffer. ❷ (*subire*) to undergo*, to suffer. △ ❷ **Questi articoli hanno sofferto danni durante l'immagazzinamento** these articles have suffered damage during storage.

sofisticare, *v. t.* (*leg.*) (*adulterare*) to sophisticate, to adulterate. // ~ **i vini** to sophisticate wines.

sofisticato, *a.* ❶ (*raffinato, ricercato*) sophisticated. ❷ (*leg.*) (*adulterato*) sophisticated, adulterated. // **non ~** unsophisticated: **Sta diventando sempre più difficile trovare prodotti non sofisticati** it's getting more and more difficult to find unsophisticated products.

sofisticatore, *n. m.* (*leg.*) sophisticator, adulterator.

sofisticazione, *n. f.* ❶ (*raffinatezza, ricercatezza*) sophistication. ❷ (*leg.*) sophistication, adulteration. △ ❶ **Le loro tecniche pubblicitarie sono caratterizzate da un grado di ~ maggiore** their advertising techniques are characterized by a higher degree of sophistication; ❷ **La ~ dei generi alimentari è punita severamente** the sophistication of foodstuffs is severely punished.

« **software** », *n. m.* (*elab. elettr.*) (*corredo di linguaggi e programmi*) software.

soggettista, *n. m. e f.* (*pubbl.*) script-writer, scripter.

soggettivo, *a.* subjective.

soggetto[1], *a.* ❶ (*sottoposto: a un'autorità, una condizione, e sim.*) subject. ❷ (*esposto a un'azione esterna*) subject, liable. △ ❶ **Ognuno è ~ alle leggi del proprio Paese** everyone is subject to the laws of his or her land; **Questo contratto è ~ a ratifica** this contract is subject to ratification; ❷ **Tutti i prezzi sono soggetti a variazioni** all prices (are) subject to alterations; **I dividendi son soggetti all'imposta sul reddito** dividends are liable to income tax. // ~ **a una clausola condizionale** (*leg.*) provisory; ~ **a condizione** (*leg.*) subject to a condition, contingent; ~ **a dazio** (*dog.*) chargeable with duty, customable, dutiable; ~ **a dazio di consumo** (*fin.*) excisable; ~ **a un eccessivo carico fiscale** (*fin.*) overtaxed; ~ **a imposta** (*fin.*) taxable, listable; ~ **a imposta di fabbricazione** (*fin.*) excisable; ~ **a repentini cambiamenti** (*generalm. in aumento*) (*market.*) (*di prezzo*) runaway; ~ **a tassazione** (*fin.*) taxable; ~ **a vincolo doganale** (*dog.*) in bond; ~ **alla giurisdizione d'un dato tribunale** (*leg.*) cognizable; ~ **alla marea** (*trasp. mar.*) tidal; **l'essere ~** (*a qc., a fare qc.*) (*leg.*) liability; **l'essere ~ al pagamento d'imposte** (*fin.*) the liability to pay taxes; **non ~ a tariffe** (*comm. est., econ.*) tariffless: **Il nostro principale obiettivo è (la creazione di) un unico mercato europeo non ~ a tariffe** our main goal is a single, tariffless European market.

soggetto[2], *n. m.* (*argomento, tema*) subject, subject-matter, matter, topic. // **un ~ tassabile** (*fin.*) a subject for taxation, a taxable person.

soggiornare, *v. i.* to stay, to remain. △ **Quest'anno parecchi milioni di turisti hanno soggiornato nel nostro Paese** several millions of tourists have stayed in our Country this year.

soggiorno, *n. m.* stay; (*residenza*) residence. △ **Durante il nostro ~ negli Stati Uniti potemmo visitare i loro stabilimenti e studiare i loro standard produttivi** during our stay in the United States we were able to visit their plants and study their production standards.

soglia, *n. f.* ❶ (*anche fig.*) threshold. ❷ (*elab. elettr.*) threshold, gate. // **soglie dimensionali** (*econ.*) size thresholds.

sola di cambio, *n. f.* (*cred.*) sola, sola of exchange.

soldo, *n. m.* ❶ (*un tempo, un ventesimo di lira*) soldo. ❷ (*fig.*) penny*, copper. ❸ **soldi,** *pl.* (*denaro in genere*) money (*V. anche* **quattrini**). // **soldi a palate** (*fig.*) bags of money; **essere in soldi** to have money to burn (*fam.*); to be in the bucks (*fam., USA*).

solenne, *a.* ❶ solemn; highly formal. ❷ (*leg.*) (*d'atto*) under seal (*pred.*).

solidale, *a.* ❶ (*concorde*) solid. ❷ (*leg.*) jointly responsible, jointly liable; (*di responsabilità*) several.

solidalmente, *avv.* ❶ (*con solidarietà*) with solidarity. ❷ (*leg.*) jointly and severally, jointly.

solidarietà, *n. f.* ❶ solidarity. ❷ (*leg.*) joint liability, joint responsibility. // ~ **passiva** (*leg.*) several covenant.

solidità, *n. f.* ❶ solidity, solidness; (*stabilità*) stability, steadiness; (*saldezza*) soundness; (*forza*) strength. ❷ (*fig.*) solidity. ❸ (*market.*) (*d'un colore*) fastness.

solido, *a.* ❶ solid; (*stabile*) stable, steady; (*saldo*) sound; (*forte*) strong. ❷ (*fig.*) solid. ❸ (*market.*) (*di colore*) fast. *n. m.* (*mat.*) solid, solid body. △ *a.* ❷ **La loro è la ditta più solida che io conosca** theirs is the most solid firm I know. // **una solida bilancia dei pagamenti** (*econ.*) a strong balance of payments; **in ~** (*leg.*) joint (*a.*); jointly and severally, jointly (*avv.*).

solito, *a.* usual, habitual, customary. // **essere ~** to be used to, to be accustomed to, to be in the habit of: **Non siamo soliti concedere sconti** we are not used to granting discounts; **come al ~** as usual; **di ~** usually, habitually, generally.

sollecitamente, *avv.* (*prontamente*) promptly, readily, quickly, rapidly, speedily.

sollecitare, *v. t.* ❶ (*affrettare*) to hasten, to quicken, to speed* up, to urge, to expedite. ❷ (*chiedere insistentemente*) to solicit, to urge, to press for. ❸ (*cred.*) (*il pagamento d'un debito*) to dun. ❹ (*market.*) (*ordinazioni commerciali, ecc.*) to canvass. △ ❶ **Fummo sollecitati a condurre a termine l'affare** we were urged to strike the bargain; ❷ **Sta sollecitando offerte da tutti i colleghi** he's soliciting all colleagues for contributions; ❸ **Abbiamo sollecitato quel cliente tutti i mesi per posta e per telefono** we have been dunning that customer monthly by mail and by phone. // ~ **offerte cauzionali per un'aggiudicazione** (*fin.*) to invite tenders; ~ **ordinazioni** (*market.*) to solicit orders, to tout; ~ **i pagamenti** (*cred.*) to urge payments; ~ **voti** (*in favore d'una legge*) to lobby (*USA*).

sollecitatore, *n. m.* (*pers.*) (*d'ordinazioni*) runner, tout.

sollecitatoria, *n. f.* (*cred.*) dunning letter, reminder, follow-up.

sollecitazione, *n. f.* (*insistente richiesta*) solicitation, request, entreaty. // ~ **delle consegne** (*org. az.*) expediting.

sollecito, *a.* (*pronto*) prompt, ready, speedy, quick. *n. m.* ❶ (*sollecitazione*) solicitation, request, entreaty. ❷ (*cred.*) (*sollecitatoria*) dunning letter, reminder, follow-up. △ *a.* **Gradiremmo una risposta sollecita** we would welcome a speedy reply; *n.* ❷ **Non abbiamo ancora ricevuto alcuna risposta al nostro ~** we have as yet received no answer to our reminder.

sollecitudine, *n. f.* (*prontezza*) promptness, readiness, speediness, quickness, dispatch, concern. △ **Lo faremo con la consueta ~** we will do it with customary dispatch.

sollevamento, *n. m.* raising, lifting, lift; (*l'issare*) hoisting. // **impianto di ~** lifting apparatus, hoisting apparatus.

sollevare, *v. t.* to raise, to lift; (*issare*) to hoist. // ~ **un'eccezione** (*leg.*) to demur, to except; ~ **una obiezione** to raise an objection; to demur, to except: **Solleveranno obiezioni alla mia proposta** they are going to except against my proposal; ~ **una questione** to raise a question, to bring up a matter: **La questione fu sollevata dal vicepresidente** the question was raised by the deputy chairman.

sollievo, *n. m.* relief, easement. // ~ (*portato da un Governo*) **alla disoccupazione** (*attuato intraprendendo lavori pubblici*) (*econ.*) work relief.

solo, *a.* ❶ (*senza compagnia*) alone (*pred.*); by oneself. ❷ (*unico*) only, single, unique, sole; (*esclusivo*) exclusive. *avv.* only; (*semplicemente*) just, merely. △ *a.* ❶ **La sola volta che parlai col loro agente fu alla Fiera di Milano** the only time I talked to their agent was at the Milan Fair; *avv.* ~ **due soci votarono contro la mia proposta** only two partners voted against my proposal. // « ~ **scafo** » (*ass. mar.*) « hull only »; **in una sola volta** (*di pagamento, ecc.*) in one amount.

soltanto, *avv.* only, alone, just. △ ~ **Mr Lorrimer potrebbe prestarci quella somma** only Mr Lorrimer could lend us that sum of money.

soluzione, *n. f.* ❶ solution. ❷ (*d'un problema*) resolution, solution, solving. △ ❶ **Se pensate ci sia una ~ migliore ai nostri problemi, ditelo chiaramente** if you think there's a better solution to our problems, speak up. // ~ **di continuità** solution of continuity, break of continuity; **la ~ d'un dubbio legale** (*leg.*) the resolution of a legal doubt; **la ~ d'un problema** (*anche mat.*) the solution of a problem; ~ **possibile** (*mat.*) feasible solution; **una ~ provvisoria** (*un ripiego*) a stopgap; **in ~ unica** in one amount: **Il pagamento può essere effettuato in un'unica ~ o a rate** payment can be made in one amount or by instalments.

solvibile, *a.* ❶ (*cred.*) solvent, sound. ❷ (*econ., fin.*) (*d'uno Stato*) viable.

solvibilità, *n. f.* ❶ (*cred.*) solvency. ❷ (*econ., fin.*) (*d'uno Stato*) viability. △ ❶ **La ~ del nostro cliente è stata ampiamente provata** our client's solvency has been amply proved.

somma, *n. f.* ❶ (*addizione*) sum, addition. ❷ (*risultato di un'addizione*) sum. ❸ (*complesso*) sum total, sum. ❹ (*quantità di denaro*) sum (of money), amount (of money). ❺ (*mat.*) sum, cast. △ ❷ **La ~ di 7 e 2 è 9** the sum of 7 and 2 is 9; ❹ **Gli viene pagata soltanto una ~ nominale per i suoi servigi** he is paid only a nominal sum for his services; **Ci fu richiesto d'inviare loro la ~ di 1.000 dollari** we were asked to remit them the sum of 1,000 dollars. // ~ **accantonata** (*fin., rag.*) allocation; ~ **complessiva** (*rag.*) grand total; **una ~ considerevole di denaro** a handsome sum of money; **la ~ convenuta** the agreed sum; ~ **degli utili lordi e degli ammortamenti** (*rag.*) gross cash flow; ~ **degli utili non distribuiti e degli ammortamenti effettuati** (*rag.*) net cash flow; ~ **depositata in garanzia** (*leg.*) cover; ~ **di denaro** (*per un certo scopo*) allowance; ~ **di denaro per corrompere** (*leg.*) bribe; ~ **di denaro trascurabile** negligible sum of money; chicken-feed (*slang USA*); ~ **incassata** (*per un assegno e sim.*) **al netto di sconti** (*o provvigioni, ecc.*) (*banca*) proceeds; ~ **necessaria a pagare i dipendenti** (*rag.*) pay-roll, pay-sheet; ~ **offerta** (*specialm. a un'asta*) (*leg.*) bid; ~ **pagata** payment; ~ **pagata tutta in una volta** lump sum; ~ **parziale** (*rag.*) short; ~ **registrata a credito** (*rag.*) credit; ~ **riportata** (*rag.*) amount carried forward (*o* down), amount brought forward (*o* down), extension; ~ **stanziata** (*fin., rag.*) allocation; **la ~ totale** the total, the sum total; ~ **tratta allo scoperto** (*banca*) overdraft; ~ **versata in conto** (*banca*) amount paid on account.

sommare, *v. t.* ❶ (*eseguire un'addizione*) to add. ❷ (*computare aggiungendo*) to sum, to sum up, to total. ❸ (*mat.*) to sum, to cast*. △ ❷ **Si è giunti a questa cifra sommando tutte le registrazioni** this figure was arrived at by totalling all entries.

sommario, *a.* summary, brief. *n. m.* ❶ (*compendio*) summary, synopsis*, abstract. ❷ (*indice*) table of contents, index*.

sommatoria, *n. f.* (*mat.*) summation.

sommergere, *v. t.* (*anche fig.*) to submerge; (*inondare*) to flood. △ **Stanno sommergendo il Paese di pubblicità** they are flooding the Country with ads.

sommergibile, *a.* (*trasp. mar.*) sinkable. *n. m.* submarine. // **non ~** (*trasp. mar.*) (*di nave*) unsinkable.

sonare, *v. t.* V. **suonare**.

sondaggio, *n. m.* ❶ (*nautico*) sounding. ❷ (*market., pubbl.*) (*indagine*) poll. // ~ **della pubblica opinione** (*market., pubbl.*) public-opinion poll, opinion poll; straw vote, straw ballot (*USA*); ~ **di morale aziendale** (*pers.*) attitude survey.

sondare, *v. t.* ❶ (*esaminare con la sonda*) to sound. ❷ (*market., pubbl.*) (*l'opinione pubblica, ecc.*) to poll.

sopperire, *v. i.* to make* up (for), to provide (for), to satisfy, to meet*. // ~ **a un bisogno** to satisfy a need; ~ **a una spesa** to meet an expenditure.

soppesare, *v. t.* (*anche fig.*) to weigh. △ **Dovreste ~ i vantaggi e gli svantaggi della loro proposta** you ought to weigh the advantages as well as the disadvantages of their proposal.

soppiantare, *v. t.* to supplant, to supersede, to supercede, to replace, to oust. △ **Esisteranno sempre dei compiti nella cui esecuzione gli elaboratori non potranno ~ l'uomo** there will always be some tasks in the performance of which computers won't be able to supersede man; **Da tempo il legno essiccato è stato soppiantato dal vetro e dal cemento** dried wood has long been replaced by glass and concrete; **Le radio a transistor hanno praticamente soppiantato gli apparecchi tradizionali** transistor radios have virtually ousted traditional radio sets.

sopportare, *v. t.* ❶ (*sostenere, reggere*) to bear*, to sustain, to support. ❷ (*soffrire, subire*) to suffer, to undergo*. ❸ (*tollerare*) to bear*, to tolerate, to cope with, to put* up with. △ ❸ **Queste misure ci consentiranno di ~ le riduzioni tariffarie che verranno decise** these measures will enable us to cope with the tariff reductions which will be made. // ~ **una perdita** (*fin., rag.*) to bear a loss.

soppressione, *n. f.* ❶ suppression, suppressing. ❷ (*abolizione*) abolition; (*distruzione*) destruction. ❸ (*leg.*) (*di prove, ecc.*) concealment; (*d'una legge*) abolition; (*rescissione*) rescission. // **la ~ dei dazi doganali** (*dog.*) the abolition of customs duties; ~ **di corrispondenza** (*leg.*) destruction of correspondence; **la ~ d'una pubblicazione** (*giorn.*) the suppression of a publication.

sopprimere, *v. t.* ❶ to suppress. ❷ (*abolire*) to abolish, to do* away with, to take* off. ❸ (*leg.*) (*prove, ecc.*) to conceal; (*una legge*) to abolish; (*rescindere*) to rescind. ❹ (*pubbl.*) to cancel. △ ❶ **Il periodico sarà soppresso a causa dei costi crescenti del lavoro e dei materiali** the magazine will be suppressed owing to the increasing costs of labour and materials; ❷ **La filiale è stata soppressa l'anno scorso** the branch was done away with last year; **Due treni del mattino sono stati**

soppressi two morning trains have been taken off; ❸ **Nessuna clausola sarà soppressa** no clause shall be rescinded. // ~ **un dazio doganale** (*fin.*) to abolish a customs duty; ~ **le distorsioni di concorrenza** (*market.*) to abolish distortions of competition; ~ **tutti gli ostacoli agli scambi** (*comm. est.*) to remove all barriers to trade.

sopra, *prep.* ❶ (*con contatto*) on, upon. ❷ (*senza contatto*) over. ❸ (*al di sopra di*) above. *avv.* ❶ (*di sopra*) above. ❷ (*al piano superiore*) upstairs. ❸ (*leg.*) hereinabove, hereinbefore. // ~ **coperta** (*trasp. mar.*) on deck; ~ **indicato** above-mentioned; ~ **il livello del mare** above sea-level; ~ **la pari** (*fin.*) above par; ~ **zero** above zero; **al di** ~ over: **I bambini al di** ~ **dei 7 anni pagano tariffa intera** children over 7 years of age are to pay full price; **come** ~ as above.

sopraccennato, *a.* above-mentioned.

sopraccitato, *a.* above-quoted, above-stated, above-cited, above-mentioned; (*sopraddetto*) above-said.

sopraccoperta[1], *n. f.* (*giorn., pubbl.*) (*di libro*) book-cover, book-jacket, cover, jacket, wrapper.

sopraccoperta[2], *avv.* (*trasp. mar.*) on deck.

sopraddetto, *a.* above-said, above-mentioned, aforesaid.

sopraffino, *a.* (*market.*) (*d'articolo, ecc.*) superfine, super, extra fine; (*eccellente*) excellent, first-class, first-grade, first-rate.

sopraggiunta, *n. f.* (*nuova aggiunta*) extra addition. // **per** ~ moreover, in addition, besides, into the bargain.

sopraindicato, *a.* above-mentioned, above-stated, aforesaid.

sopralluogo, *n. m.* investigation, inspection, view. △ **Un** ~ **più accurato dei locali si terrà domani** a closer view of the premises will take place tomorrow.

soprammenzionato, *a.* above-mentioned, aforesaid.

soprammercato, *n. m.* (*nella locuz. avv.*) **per** ~ in addition, on the top of it, into the bargain, to boot.

soprannazionale, *a.* supranational. *n. f.* (*fin.*) supranational company.

soprannolo, *n. m.* (*trasp. mar.*) extra freight, back freight; primage. △ **Le spese aggiuntive che s'incontrano quando il ricevitore non prende in consegna la merce al porto di destinazione vanno sotto il nome di** ~ the additional expenses incurred when the consignee fails to take delivery of the goods at the port of destination are known as « back freight »; **Il** ~ **è una percentuale del nolo pagata all'armatore dal proprietario del carico; talora, parte di esso viene assegnata come provvigione al mediatore di noli marittimi** primage is a percentage on the freight paid to the shipowner by the cargo-owner; sometimes, part of it is given to the shipping agent as a commission.

soprannumerario, *a.* ❶ supernumerary; extra (*attr.*). ❷ (*pers.*) (*di personale*) redundant.

soprannumero, *a.* e *n. m.* supernumerary. // **l'essere in** ~ (*di personale*) redundancy; **in** ~ supernumerary (*a.*); in excess (*pred.*); (*di personale*) redundant: **Una persona è in** ~ **quando il suo lavoro non è più necessario** a person is redundant when his work is no longer necessary.

soprappiù, *n. m.* surplus, overplus, extra.

soprapprezzo, *n. m.* (*market.*) surcharge, overprice, excess charge.

soprapproduzione, *n. f.* (*org. az.*) overproduction.

soprapprofitto, *n. m.* (*fin.*) excess profit; excess profits (*pl.*).

soprattassa, *n. f.* ❶ (*comun.*) (*su una lettera*) excess postage. ❷ (*fin.*) surtax, surcharge, extra tax, extra charge, additional tax, additional charge. △ ❷ **È stata abolita la** ~ **sulle importazioni U.S.A.** the U.S. import surcharge has been abolished. // ~ **di bandiera** (*trasp. mar.*) flag surtax; ~ **per posta aerea** (*comun.*) air fee, airmail fee; ~ **sulle importazioni** (*comm. est., fin.*) import surcharge.

soprattassare, *v. t.* (*fin.*) to surtax.

sopravvalutare, *v. t.* to overestimate, to overstate.

sopravvalutazione, *n. f.* overestimate.

sopravvenienza, *n. f.* (*ciò che sopravviene*) supervention, unexpected occurrence. // **sopravvenienze attive** (*rag.*) contingent assets; **sopravvenienze passive** (*rag.*) contingent liabilities.

sopravvento, *n. m.* (*trasp. mar.*) windward side. *avv.* (*trasp. mar.*) windward, to the windward. // **a** ~ (*trasp. mar.*) windward; **di** ~ (*trasp. mar.*) windward.

sopravvissuto, *a.* surviving. *n. m.* (*ass.*) survivor.

sopravvivenza, *n. f.* (*ass.*) survival, survivorship.

sopravvivere, *v. i.* (*ass.*) to survive.

soprintendente, *n. m.* e *f.* (*pers.*) superintendent, supervisor; (*d'azienda agricola*) estate agent; (*commissario*) commissioner. // ~ **ai lavori** (*pers.*) clerk of the works; **il** ~ **ai lavori pubblici** the superintendent of public works; ~ **alla zecca** (*fin.*) mintmaster; ~ **alle dogane** (*dog.*) commissioner of customs.

soprintendenza, *n. f.* superintendence, supervision.

soprintendere, *v. i.* to superintend, to supervise. △ **Chi è tenuto a** ~ **ai lavori?** who is supposed to superintend the works?

sorella, *n. f.* sister. // ~ **consanguinea** (*leg.*) half-sister by the father's side; **le « sette sorelle »** (*econ.*) the « seven sisters ».

sorellanza, *n. f.* (*leg.*) sistership, sisterhood.

sorellastra, *n. f.* (*leg.*) half-sister, stepsister.

sorgente, *n. f.* ❶ source, spring. ❷ (*fig.*) (*origine*) source, origin. // **la** ~ **d'un fiume** the source of a river; **una** ~ **di guadagni** a source of profits; ~ **di petrolio** (*econ.*) oil-well.

sorgere, *v. i.* ❶ (*levarsi*) to rise*. ❷ (*fig.*) (*nascere*) to rise*, to arise*. △ ❷ **È sorta una nuova difficoltà** a new difficulty has arisen.

sorpassare, *v. t.* ❶ to surpass, to pass; (*superare*) to excel, to outrun*, to outdo*; (*eccedere*) to exceed. ❷ (*trasp. aut.*) to overtake*. △ ❶ **Siamo riusciti a** ~ **tutti i nostri concorrenti su questa piazza** we've succeeded in outrunning all our competitors on this market. // ~ **il limite di velocità** to exceed the speed-limit.

sorpassato, *a.* (*non più attuale*) old-fashioned; out (*pred.*).

sorpasso, *n. m.* (*trasp. aut.*) overtaking. // **« divieto di** ~ **»** (*trasp. aut.*) « no overtaking ».

sorta, *n. f.* sort, kind, description; (*tipo*) type. △ **Abbiamo articoli d'ogni** ~ we have articles of every description.

sorteggiare, *v. t.* to draw*, to draw* lots for.

sorteggio, *n. m.* drawing of lots, draw.

sorvegliante, *n. m.* e *f.* (*pers.*) watchman* (*m.*); watchwoman* (*f.*); watcher, guard, caretaker, keeper; (*soprintendente*) superintendent, supervisor, overseer. // ~ **di banchina** (*trasp. mar.*) wharfman; ~ **doganale** (*dog.*) custom watcher; ~ **notturno** (*pers.*) night watchman.

sorveglianza, *n. f.* watch, guard, caretaking, keeping; (*soprintendenza*) superintendence, supervision, overseeing, oversight. // **di** ~ supervisory (*attr.*): **un comitato di** ~ a supervisory committee.

sorvegliare, *v. t.* to watch, to guard, to take* care

of; (*soprintendere*) to superintend, to supervise, to oversee*. △ **Ogni operaio sorveglia (il lavoro compiuto da) due macchine** each worker takes care of two machines.

sospendere, *v. t.* ❶ (*interrompere per un dato periodo di tempo*) to suspend, to interrupt, to cease, to stop, to stay, to discontinue; (*rinviare*) to postpone, to adjourn, to defer, to put* off. ❷ (*privare, per un certo tempo, d'una carica e sim.*) to suspend. ❸ (*leg.*) (*un'azione giudiziaria*) to bar; (*una condanna*) to respite. ❹ (*org. az.*) (*il lavoro*) to lay* off. ❺ (*pers.*) (*dal lavoro*) to lay* off, to suspend, to remove. △ ❶ **Siamo costretti a ~ i pagamenti** we are compelled to suspend payments; **L'editore ci sospese i pagamenti poiché avevamo ritardato le consegne** our publisher stopped payments as we had delayed consignments; **La banca ha sospeso i pagamenti** the bank has ceased payment; **In quattro casi gli accertamenti sono stati sospesi giacché il sospetto d'un'infrazione si è dimostrato infondato** in four cases the investigations were discontinued when the presumption of infringement proved groundless; **La commissione decise di ~ l'assemblea annuale** the commission decided to stay the annual meeting; ❸ **L'avvocato difensore oppone un'eccezione intesa a far ~ l'azione** the counsel for the defence introduced a plea to bar the action. // **~ un assegno** (*banca*) to stop a cheque; **~ dal lavoro** (*i lavoratori, per ottenerne concessioni*) (*pers., sind.*) to lock out; **~ q. dallo stipendio** (*pers.*) to stop sb.'s salary; **~ q. dall'ufficio** (*pers.*) to suspend sb. from office; **~ l'esecuzione di** (*una sentenza*) (*leg.*) to reprieve; **~ il giudizio** (*leg.*) to suspend judgement; **~ i lavori** to adjourn; **~ il lavoro** (*pers., sind.*) to leave off work, to stop working; **~ momentaneamente il lavoro** (*pers.*) to lie off; **~ ogni attività** (*fig.*) to shut up shop: **Il comitato finanziario ha deciso di ~ ogni attività in attesa d'ulteriori sviluppi** the financial committee has decided to shut up shop and wait for further developments; **~ i pagamenti** to stop payments; **~ la partenza** to put off one's departure; **~ il procedimento** (*leg.*) to stay proceedings; **~ la pubblicazione d'un periodico** (*giorn.*) to suspend the publication of a magazine, to suspend a magazine; **~ le relazioni** to break off connections; **~ una sentenza** (*leg.*) to remit a sentence, to stay judgement.

sospensione, *n. f.* ❶ (*interruzione per un dato periodo di tempo*) suspension, interruption, stoppage; (*il rinviare*) postponement, adjournment, deferment, putting off. ❷ (*il privare, per un certo tempo, d'una carica e sim.*) suspension. ❸ (*leg.*) (*d'un'azione giudiziaria*) bar, abatement; (*d'una sentenza*) respite. ❹ (*org. az.*) (*del lavoro*) layoff. ❺ (*pers.*) (*dal lavoro*) layoff, suspension, removal. // **~ condizionale** (*della pena*) (*leg.*) probation; **la ~ dei pagamenti** the suspension of payments; **~ del lavoro** (*sind.*) cessation from work; **una ~ dell'esecuzione** (*d'una sentenza*) (*leg.*) a reprieve, a stay of execution; **~ d'una causa** (*che può essere ripresa con un atto di riassunzione*) (*leg.*) abatement and revival; **~ disciplinare** (*pers.*) disciplinary layoff; **puntini di ~** dots.

sospensiva, *n. f.* ❶ postponement, adjournment, delay. ❷ (*leg.*) abeyance. // **in ~** (*leg.*) in abeyance: **Questa legge è in ~** this law is in abeyance.

sospensivo, *a.* suspensive. // **condizione sospensiva** (*leg.*) suspensive condition.

sospeso, *a.* ❶ (*interrotto*) suspended, interrupted; (*rinviato*) postponed, adjourned, put off. ❷ (*pers.*) (*dal lavoro*) suspended. // **in ~** (*in attesa·di una definizione*) in abeyance; (*cred.*) (*insoluto, non pagato*) outstanding, unpaid (*a.*); (*leg.*) (*di causa, ecc.*) pending, pendent; (*org.*

az.) (*di lavoro: arretrato*) outstanding: **La questione è in ~** the matter is in abeyance; **La segretaria ha una quantità di lavoro in ~** the secretary has a lot of work still outstanding.

sospettabile, *a.* suspectable.

sospettare, *v. t.* to suspect. *v. i.* (*diffidare*) to suspect, to be suspicious, to mistrust. △ *v. t.* **È sospettato di corruzione** he is suspected of bribery; *v. i.* **Credete che sospettino di noi?** do you think they are suspicious about us? // **~ q. di furto** (*leg.*) to suspect sb. of a theft; **che dà motivo di ~** suspect.

sospetto, *a.* ❶ (*che fa sospettare*) suspect, suspected. ❷ (*dubbio*) doubtful. ❸ (*leg.*) suspect. *n. m.* suspicion; (*dubbio*) doubt. △ *a.* ❶ **Le parole del sorvegliante sono piuttosto sospette** the watchman's words are rather suspect; ❷ **Le merci di provenienza sospetta sono state sequestrate** the goods of doubtful origin have been seized; ❸ **In certi Paesi, uno è ritenuto ~ fino al momento in cui ne sia provata l'innocenza** in some Countries one is held suspect until his innocence has been proved; *n.* **Siete al di sopra d'ogni ~** no suspicion attaches to you.

sosta, *n. f.* ❶ halt; (*fermata*) stop, stopping, stoppage; (*interruzione*) break. ❷ (*trasp.*) stopover, layover; (*di merce*) demurrage. △ ❶ **Che ne direste di fare una breve ~ prima di proseguire?** what about a short break before going on?; ❷ **Se le merci in ~ rischiano di deperire, saranno vendute** if goods on demurrage are liable to deteriorate, they will be sold. // **~ per il tè** (*org. az., pers.*) tea-break; «**~ permessa i giorni dispari**» (*trasp. aut.*) «on odd days only»; «**~ permessa i giorni pari**» (*trasp. aut.*) «on even days only»; «**~ vietata**» (*trasp. aut.*) «no parking», «no waiting».

sostanza, *n. f.* ❶ (*materia*) substance, material, matter, stuff. ❷ (*parte essenziale, fondamentale*) substance; (*essenza*) essence. ❸ (*patrimonio, beni, averi*) substance, wealth; riches (*pl.*); (*mezzi*) means (*pl.*). △ ❶ **Sono specializzati nella lavorazione delle sostanze alimentari** they specialize in the processing of foodstuffs; ❷ **Quale fu la ~ della relazione del comitato?** what was the substance of the committee's report?; ❸ **Hanno dilapidato in pochi mesi tutte le loro sostanze** they have squandered all their riches in a few months. // **~ medicinale** drug; **in ~** in substance; (*in breve*) in short.

sostanziale, *a.* substantial, substantive; (*essenziale*) essential.

sostegno, *n. m.* ❶ support, stand. ❷ (*fig.*) support, dependence, protection, prop. △ ❷ **Egli è l'unico ~ per la sua numerosa famiglia** he is the sole support of his large family; **Finalmente le piccole imprese hanno il ~ del Governo** at last small businesses are getting Government protection; **È il suo unico ~** he is her sole dependence. // **~ dei prezzi** (*econ.*) price support; **~ dei prezzi agricoli** (*econ.*) farm-price support.

sostenere, *v. t.* ❶ (*reggere*) to support, to sustain, to hold* up, to prop. ❷ (*sopportare*) to sustain, to bear*. ❸ (*difendere*) to support, to defend, to stand* up for, to side with, to defend. ❹ (*affermare, asserire*) to maintain, to claim, to assert. △ ❷ **Abbiamo sostenuto gravi perdite** we have sustained heavy losses; **Tutte le spese saranno sostenute dal compratore** all charges shall be borne by the buyer; ❸ **Tutti i sindacati hanno sostenuto i lavoratori** all the unions have sided with the workers; ❹ **Sostengono che il danno fu dovuto a cause indipendenti dalla loro volontà** they maintain that the damage was due to causes beyond their control.

// ~ l'accusa contro q. (*leg.*) to prosecute sb.; ~ un certo tenore di vita to keep up a certain standard of life; ~ la concorrenza (*market.*) to stand up to competition, to meet competition; ~ la concorrenza di q. (*market.*) to compete with sb.; ~ la difesa di q. (*leg.*) to defend sb.; ~ un diritto (*leg.*) to assert a claim; ~ un esame to take an exam, to sit for an exam; ~ finanziariamente (*fin.*) to stake, to back; (*un'impresa e sim.*) to underwrite: **Quell'acquisto non sarebbe stato possibile se non fossimo stati sostenuti finanziariamente da Mr Winston** that purchase wouldn't have been possible if we hadn't been staked by Mr Winston; ~ la propria innocenza to assert one's innocence; ~ insieme to share: **Tutte le perdite sono state sostenute insieme dai caricatori** all losses have been shared by the shippers; ~ il mare (*trasp. mar.*) (*detto di nave*) to ride well; ~ (*una linea di difesa, ecc.*) per mezzo d'un precedente (*leg.*) to precedent; ~ i prezzi (*econ.*) to keep up prices, to support prices; ~ i prezzi al dettaglio (*econ.*) to support retail prices; ~ un progetto to back a plan; ~ una spesa to meet an expense, to defray an expense: **Chi è disposto a ~ le spese di viaggio?** who's going to defray travelling expenses?

sostenersi, *v. rifl.* (*sostentarsi*) to support oneself, to sustain oneself, to subsist. △ **La città si sostiene per mezzo di quel po' di turismo che è rimasto** the town subsists on what tourist activity remains.

sostentamento, *n. m.* ❶ (*mantenimento*) sustenance, maintenance, support. ❷ (*econ.*) living. // **mezzo di ~** dependence: **Da secoli il loro principale mezzo di ~ è il riso** rice has been their chief dependence for ages.

sostentare, *v. t.* to support, to sustain, to maintain.

sostentarsi, *v. rifl.* to support oneself.

sostenuto, *a.* (*fin.*) (*di prezzo, ecc.*) stable, steady, strong, stiff; (*di mercato, per mancanza di denaro*) stringent. △ **Il mercato non è stato molto ~ in questi giorni** the market has not been particularly strong these days; **Le quotazioni correnti sono più sostenute** current quotations are steadier; **I tassi monetari sono abbastanza sostenuti questa settimana** money rates are rather stiff this week; **I prezzi del mercato mondiale dei cereali (c.i.f. Anversa-Rotterdam) hanno presentato in generale un carattere ~** prices for cereals on the world market (c.i.f. Antwerp-Rotterdam) were generally quite stable. // **una sostenuta campagna di promozione delle vendite** (*d'un articolo, ecc.*) (*pubbl.*) a push.

sostituibile, *a.* replaceable.

sostituire, *v. t.* ❶ (*mettere al posto d'un altro*) to replace. ❷ (*prendere il posto d'un altro*) to replace, to substitute, to displace. ❸ (*org. az.*) (*macchine, impianti, ecc.*) to supersede, to change, to replace. △ ❶ **Gli articoli pagati non si sostituiscono** no article shall be replaced after it has been paid for; ❷ **La ditta dovette ~ il macchinario vecchio con uno nuovo di zecca** the firm had to substitute a brand-new machinery for the old one; **Il lavoro dell'uomo fu sostituito dalla macchina** human labour was displaced by machinery. // ~ q. (*anche*) to take sb.'s place; to sub for sb. (*fam.*); ~ (*un prodotto di qualità inferiore*) **con un prodotto migliore** (*per ottenere un prezzo più alto*) (*market.*) to upgrade.

sostituto, *n. m.* ❶ (*leg., org. az.*) locum tenens. ❷ (*pers.*) substitute, deputy; sub (*fam.*); alternate (*USA*). △ **Potrete discutere tutti i dettagli col mio ~, Mr J. Kiddys** you can discuss all details with my substitute, Mr J. Kiddys; **Dovrà scegliersi un ~ che si occupi degli affari durante la sua assenza** he will have to pick up a deputy to take care of things in his absence. // ~ **Procuratore della Repubblica** (*in Italia*) Assistant Public Prosecutor; **un ~ temporaneo** (*pers.*) a stopgap: **Non è che il ~ temporaneo del nostro legale** he's simply acting as a stopgap for our lawyer.

sostituzione, *n. f.* replacement, substitution, displacement; (*cambiamento*) change. △ **La produzione complessiva aumenterebbe con la ~ di tutto il macchinario obsoleto** our total output would be increased by the replacement of all obsolete machinery. // ~ **d'impianti** (*org. az.*) plant replacement; ~ **di persona** (*leg.*) personation; **la ~ di tecniche distributive antiquate** (*market.*) the substitution of out-dated marketing techniques; **in ~ di** as a substitute for, in place of: **V'invieremo altri articoli in ~ di quelli che avete rifiutato** we shall send you other articles in place of the ones you rejected.

sotterfugio, *n. m.* subterfuge; (*espediente*) expedient, dodge; (*tranello*) trick. // **sotterfugi messi in opera per eludere l'imposizione fiscale** (*leg.*) dodges used to escape taxation.

sotterraneo, *a.* underground, subterranean. *n. m.* subterranean, dungeon, cellar; (*a volta*) vault. // **una ferrovia sotterranea** (*trasp. ferr.*) an underground railway; a subway (*USA*).

sottintendere, *v. t.* to understand*. △ **È sottinteso che la nomina dev'essere approvata dal consiglio d'amministrazione** it is understood that the appointment must be approved by the board of directors.

sottinteso, *a.* understood, implied, unexpressed; (*tacito*) tacit. *n. m.* allusion, implied reference. △ *a.* **Di solito tale clausola è sottintesa in questo tipo di contratto** such clause is usually understood in this type of contract.

sotto, *prep.* ❶ under. ❷ (*più in basso*) below; (*al di sotto*) beneath, underneath. *avv.* ❶ under, below, beneath, underneath. ❷ (*al piano inferiore*) downstairs. ❸ (*leg.*) hereunder, hereinbelow, hereinafter. △ *prep.* ❶ **Le riduzioni dei prezzi furono possibili ~ lo stimolo della concorrenza** the cuts in prices were possible under the pressure of competition; **I bambini (d'età) ~ i sette anni dovranno essere accompagnati da uno dei genitori** children under seven (years of age) must be accompanied by a parent; ❷ **Da due mesi la nostra produzione è ~ la media** our output has been below average for two months now; *avv.* ❶ « **Vedi ~** » « see below ». // ~ **contratto** (*leg.*) under contract; ~ **costo** (*market.*) below cost; ~ **falso nome** under an assumed name; ~ **giuramento** (*leg.*) under oath; ~ **il livello del mare** below sea-level; ~ **il nome di** under the name of; « ~ **paranco** » (*trasp. mar.*) « under ship's tackle », « under ship's derrick », « at ship's rail », « ex ship », « free overside »; ~ **la pari** (*fin.*) below par; ~ **sigillo privato** (*leg.*) under private seal; **essere ~** (*banca, cred., rag.*) to be in the red; (*fin.*) (*di titoli in Borsa*) to be off: **I titoli industriali erano ~ di 2 punti** industrial stocks were off 2 points.

sottobanco, *avv.* (*market.*) under the counter, under the table, underhand. △ **Alcuni articoli sono stati venduti ~** a few articles have been sold under the table.

sottocampionare, *v. t.* (*stat.*) to subsample.

sottocampione, *n. m.* (*stat.*) subsample.

sottoccupato, *a.* (*sind.*) underemployed.

sottoccupazione, *n. f.* (*econ., sind.*) underemployment.

sottoclasse, *n. f.* (*stat.*) bracket.

sottocomitato, *n. m.* (*leg., org. az.*) subcommittee.

sottocommissione, *n. f.* (*leg., org. az.*) subcommission, subcommittee.

sottoconto, *n. m.* (*rag.*) subaccount, subsidiary account.

sottocoperta, *n. f.* (*trasp. mar.*) underdeck, lower deck. *avv.* (*trasp. mar.*) below deck.

sottocosto, *locuz. avv.* (*market.*) under price. *a. attr.* (*market.*) (*detto di merce*) distress. △ *avv.* **Non possiamo permetterci di vendere ~** we can't afford to sell under price; *a.* **Più il mercato s'indebolisce, più merce ~ giunge sul mercato** the weaker the market becomes, the more distress merchandise comes on the market.

sottoesporre, *v. t.* (*pubbl.*) to underexpose.

sottoesposizione, *n. f.* (*pubbl.*) underexposure.

sottofascia, *locuz. avv.* under wrapper, under cover.

sottoindicato, *a.* undermentioned. △ **Per il momento, tutti gli articoli sottoindicati sono esauriti** all undermentioned items are temporarily out of stock.

sottolineare, *v. t.* ❶ to underline. ❷ (*fig.*) to underline, to emphasize, to stress. △ ❷ **Il Presidente ha sottolineato la delicatezza della situazione internazionale** the President emphasized the delicacy of the international situation.

sottolineatura, *n. f.* underlining, underlineation.

sottomarino, *n. m.* submarine.

sottomenzionato, *a.* undermentioned.

sottomettere, *v. t.* to subject, to subdue.

sottomettersi, *v. rifl.* to subject oneself, to submit. △ **Rifiuto di sottomettermi al giudizio di questa commissione** I refuse to subject myself to the judgment of this committee.

sottomultiplo, *a.* e *n. m.* (*mat.*) submultiple.

sottopassaggio, *n. m.* ❶ (*trasp.*) (*pedonale*) subway. ❷ (*trasp. aut.*) underpass.

sottoperforare, *v. t.* (*elab. elettr.*) to underpunch.

sottoperforazione, *n. f.* (*elab. elettr.*) underpunch.

sottoporre, *v. t.* ❶ (*far subire*) to subject, to expose. ❷ (*presentare*) to submit; (*un documento*) to render. △ ❶ **I testimoni furono sottoposti a un lungo interrogatorio** the witnesses were subjected to a long examination; ❷ **Il nostro rappresentante vi sottoporrà i nuovi campioni** our agent will submit you the new samples; **È tenuto a ~ una relazione annuale sulla sua amministrazione** he is to render an annual account of his administration. ǁ **~ ad arbitrato una vertenza sindacale** (*sind.*) to arbitrate a labour dispute; **~** (*qc.*) **a condizioni** to qualify; **~** (*q.*) **a giuramento** (*leg.*) to swear; **~** (*un teste*) **a nuovo interrogatorio** (*dopo il controinterrogatorio*) (*leg.*) to re-examine; **~** (*una materia prima, ecc.*) **a un processo** (*org. az.*) to process; **~** (*una causa, ecc.*) **a revisione** (*leg.*) to review; **~** (*q.*) **a stress (fisico)** to stress: **Gli operai sentivano d'essere sottoposti a uno stress eccessivo** the workers felt they were being too highly stressed; **~** (*merci, servizi, ecc.*) **a tariffa** (*comm. est., econ.*) to tariff; **~** (*una nave*) **a visita doganale** (*trasp. mar.*) to visit; **~ il proprio caso a una commissione** to lay one's case before a commission; **~ una questione ad arbitrato** (*leg.*) to submit a matter to arbitration, to arbitrate (upon) a matter: **La questione dei danni può essere sottoposta ad arbitrato** the damages can be arbitrated upon; **essere sottoposto a** (*prove e sim.*) to undergo: **Prima d'essere lanciato sul mercato, il nostro articolo è stato sottoposto a molte prove** before being launched on the market, our article underwent many tests.

sottoposto, *a.* submitted, subjected, subject. *n. m.* (*pers.*) subordinate.

sottoprezzo, *locuz. avv.* (*market.*) below price.

sottoprodotto, *n. m.* (*org. az.*) by-product, residual product.

sottoproduttivo, *a.* (*econ., org. az.*) underproductive.

sottoproduzione, *n. f.* (*econ., org. az.*) underproduction.

sottoprogramma, *n. m.* (*elab. elettr.*) subroutine.

sottoscritto, *a.* undersigned. *n. m.* undersigned. ǁ **il ~** the undersigned; Yours faithfully (*fam.*): **Il ~ dichiara che le merci non gli sono mai pervenute** the undersigned testifies that the goods have never reached him; **io ~** I the undersigned; **noi sottoscritti** we the undersigned.

sottoscrittore, *n. m.* ❶ subscriber. ❷ (*fin.*) (*di titoli*) underwriter, applicant. △ ❷ **A tutti i nuovi sottoscrittori è stata inviata una succinta relazione sull'attività sociale** all new underwriters have been sent a summary account of the company's activity.

sottoscrivere, *v. t.* ❶ to subscribe, to undersign. ❷ (*dare la propria adesione*) to subscribe, to underwrite*. ❸. (*fin.*) (*un'emissione di titoli*) to underwrite*. △ ❷ **Non sento di poter ~ la politica del nostro Governo** I don't feel I can underwrite our Government's policy. ǁ **~ un accordo** (*leg.*) to agree to an arrangement; **~ azioni** (*fin.*) to subscribe for shares, to apply for shares; **~ capitale azionario** (*fin.*) to underwrite stock; **~** (*un documento e sim.*) **come testimone** (*leg.*) to witness; **~ un mutuo** (*cred.*) to take up a loan; **~ una polizza di assicurazione** (*ass.*) to take out an insurance policy, to effect a policy; **~ un prestito** (*fin.*) to subscribe a loan; **~ un testamento come testimone** (*leg.*) to witness a will.

sottoscrizione, *n. f.* ❶ subscription, signing; (*firma*) signature. ❷ (*raccolta di aderenti, di firme, ecc.*) subscription. ❸ (*fin.*) (*di titoli*) underwriting, application. △ ❷ **La ~ superò le 2.000 sterline** the subscription amounted to over 2,000 pounds. ǁ **~ d'un'emissione** (*azionaria, ecc.*) (*fin.*) subscription to an issue; **aprire una ~** to open a subscription.

sottosegretariato, *n. m.* undersecretaryship.

sottosegretario, *n. m.* under-secretary, undersecretary.

sottosuolo, *n. m.* underground. ǁ **nel ~** underground: **L'acqua che scorre nel ~ non è mai stata sfruttata** the water flowing underground has never been exploited.

sottosviluppato, *a.* (*econ.*) underdeveloped. ǁ **i Paesi sottosviluppati** (*econ.*) the underdeveloped Countries.

sottosviluppo, *n. m.* (*econ.*) underdevelopment. ǁ **il ~ delle risorse industriali** (*econ.*) the underdevelopment of industrial resources.

sottotitolo, *n. m.* ❶ subtitle. ❷ (*giorn.*) headline, caption.

sottovalutare, *v. t.* (*anche fig.*) to undervalue, to underrate, to underestimate. △ **Alcune spese sono state sottovalutate** certain expenditure items were underestimated.

sottovalutazione, *n. f.* undervaluation, underrating, underestimation, underestimate.

sottovento, *n. m.* (*trasp. mar.*) leeward, leeside, lee. *avv.* leeward. ǁ **a ~** (*trasp. mar.*) on the leeward; **verso ~** (*trasp. mar.*) leeward.

sottovoce, *n. f.* subheading. ǁ **~ tariffaria** (*comm. est., econ.*) (*di bilancia commerciale, ecc.*) tariff subheading.

sottraendo, *n. m.* (*mat.*) subtrahend.

sottrarre, *v. t.* ❶ to make* away with; (*rubare*) to

steal*, to abstract; to pocket (*fam.*). ❷ (*detrarre*) to deduct. ❸ (*mat.*) to subtract. △ ❶ **Il cassiere disonesto sottrasse titoli dalla cassaforte** the dishonest cashier abstracted securities from the safe; ❷ **Le spese di viaggio sono già state sottratte** travelling expenses have already been deducted.

sottrarsi, *v. rifl.* to escape, to avoid, to evade. △ **È sempre riuscito a ~ alla legge** he's always been successful in evading the law. // **~ al fisco** (*fin.*) to dodge taxes; **~ all'imposta sui redditi** (*leg.*) to evade one's income tax.

sottrazione, *n. f.* ❶ (*il sottrarre, il rubare*) stealing, abstraction. ❷ (*deduzione*) deduction, deducting. ❸ (*mat.*) subtraction. // **~ dei libri contabili** (*leg.*) abstraction of books; **~ di attività** (*in un fallimento*) (*leg.*) concealment of assets; **la ~ di beni pignorati** (*leg.*) the removal of distrained chattels; **~ di documenti** (*leg.*) abstraction of documents, abstraction of papers; **~ indebita di beni del datore di lavoro** (*da parte d'un dipendente*) (*leg., pers.*) wrongful abstraction.

sovrabbondante, *a.* superabundant, redundant.

sovrabbondanza, *n. f.* superabundance, redundancy. △ **Gli agricoltori dovettero liberarsi d'una ~ di cereali** farmers had to get rid of a superabundance of grain.

sovraccaricare, *v. t.* ❶ to overload. ❷ (*elab. elettr.*) to overload. ❸ (*trasp.*) to surcharge. // **~ una nave** (*trasp. mar.*) to overload a ship.

sovraccarico, *a.* ❶ overloaded. ❷ (*elab. elettr.*) overloaded. ❸ (*trasp.*) surcharged. *n. m.* ❶ overload. ❷ (*elab. elettr.*) overload. ❸ (*trasp.*) surcharge.

sovraccoperta, *n. f.* V. **sopraccoperta**.
sovraesporre, *v. t.* (*pubbl.*) to overexpose.
sovraesposizione, *n. f.* (*pubbl.*) overexposure.
sovraimposta, *n. f.* (*fin.*) additional tax.
sovraoccupazione, *n. f.* (*econ.*) overemployment, overfull employment. △ **Il livello di disoccupazione precedentemente raggiunto corrispondeva in effetti a una situazione di ~** the level of unemployment previously recorded reflected what was in fact a state of overemployment.

sovrappeso, *n. m.* (*market.*) overweight.
sovrappopolazione, *n. f.* (*econ., stat.*) over-population.
sovrapporre, *v. t.* to overlap.
sovrapporsi, *v. rifl.* to overlap.
sovrapposizione, *n. f.* overlapping. △ **Dobbiamo evitare la ~ delle responsabilità** we must avoid the overlapping of responsibilities.
sovrapprezzo, *n. m.* V. **soprapprezzo**.
sovrapproduzione, *n. f.* (*econ.*) overproduction.
sovrapprofitto, *n. m.* V. **soprapprofitto**.
sovrimposta, *n. f.* (*fin.*) additional tax.
sovrintendente, *n. m.* e *f.* V. **soprintendente**.
sovrintendenza, *n. f.* V. **soprintendenza**.
sovventore, *n. m.* (*finanziatore*) financial backer.
sovvenzionare, *v. t.* to subsidize, to endow; (*finanziare*) to finance. △ **Le piccole imprese saranno sovvenzionate dallo Stato** small industries will be subsidized by the State.
sovvenzione, *n. f.* subsidy, endowment, cash grant, grant. △ **Sono state concesse sovvenzioni a tutte le zone sottosviluppate** all underdeveloped areas have been granted subsidies; **Questi progetti beneficiano d'un concorso pari a 17,1 milioni di U.C. (unità di conto) sotto forma di sovvenzioni per un massimo del 25% degli investimenti previsti** these projects receive assistance totalling 17.1 million u.a. in the form of grants amounting to 25% of the total investment envisaged. // **sovvenzioni al consumo** (*econ.*) consumer subsidies: **La possibilità per gli Stati Membri di concedere sovvenzioni al consumo per i cereali trasformati non è più prevista nella fase del mercato unico** at the single market stage, it will no longer be possible for the Member States to grant consumer subsidies for processed cereals; **sovvenzioni all'agricoltura** (*econ.*) aid to agriculture; **~ all'esportazione** (*comm. est.*) export bounty; **~** (*governativa*) **alla marina mercantile** (*trasp. mar.*) navigation bounty; **sovvenzioni alla produzione** (*econ.*) production subsidies: **I cosiddetti «deficiency payments» sono sovvenzioni accordate alla produzione agricola del Regno Unito** the so-called deficiency payments are production subsidies to agriculture in the United Kingdom.

spaccata, *n. f.* (*leg.*) (*furto con effrazione di vetrina*) smash-and-grab raid.

spaccato, *n. m.* ❶ (*architettonico*) vertical section, section. ❷ (*stat.*) cross-section.
spacchettare, *v. t.* to unpack, to unwrap.
spacciare, *v. t.* ❶ (*vendere*) to sell*. ❷ (*divulgare*) to spread*, to tell*, to give* out. // **~ monete false** to palm off dud coins; to smash (*USA*); **essere spacciato** (*fam.*) to be done for.
spacciatore, *n. m.* (*market.*) seller, vendor. // **~ clandestino di liquori** bootlegger (*slang USA*); **~ di monete false** smasher (*USA*).
spaccio, *n. m.* ❶ (*market.*) (*vendita*) sale. ❷ (*market.*) (*luogo di vendita*) shop, store. // **~ aziendale** (*org. az.*) factory shop, industrial store, commissary store; **~ clandestino di liquori** bootlegging (*slang USA*); **~ cooperativo** (*market.*) cooperative store.
spaiare, *v. t.* to uncouple, to separate.
spaiato, *a.* odd, unmatched, unpaired, uncoupled.
spartire, *v. t.* (*dividere in parti*) to divide, to share out, to portion out, to partition. △ **Tutte le spese sono state spartite in parti uguali** all expenses were divided equally.
spartitraffico, *n. m.* (*trasp. aut.*) traffic divider, traffic island.
spartizione, *n. f.* (*divisione in parti*) division (into parts), sharing out, partition. // **~ del mercato** (*market.*) carve-up.
spasso, *n. m.* ❶ (*passeggio*) walk, stroll. ❷ (*divertimento*) amusement, fun. // **essere a ~** (*pers., fam.*) to be out of work.
spaziare, *v. t.* (*giorn., pubbl.*) (*in tipografia*) to space, to letterspace.
spaziatura, *n. f.* (*giorn., pubbl.*) spacing, letterspacing. // **a ~ doppia** (*giorn., pubbl.*) double-leaded (*a.*).
spazio, *n. m.* ❶ space; (*posto*) room; (*distanza*) distance. ❷ (*di tempo*) space, period. ❸ (*giorn., pubbl.*) (*per la pubblicità sulla stampa*) space. △ ❶ **Non c'è abbastanza ~ per un altro ufficio** there isn't enough room for another office; ❷ **Saremo in grado di saldare il debito nello ~ d'un anno** we'll be able to settle our debt in the period of one year. // **~ aereo navigabile** (*trasp. aer.*) navigable airspace; **~ doppio** (*giorn., pubbl.*) double space; **~** (*compreso*) **fra più registrazioni** (*elab. elettr.*) gap; **~ in bianco** blank space, blank; (*fra caratteri tipografici*) pigeon-hole; **gli spazi in bianco** (*d'un modulo e sim.*) the unfilled spaces; **~ per bancarelle** (*chioschi, edicole, ecc.*) (*market.*) stallage; **nello ~ d'una settimana** in the space of a week.
specchietto, *n. m.* (*compendio, sunto*) synopsis*, summary, compendium*.

speciale, *a.* special; (*particolare*) particular, peculiar. △ **Non ci saranno più oneri speciali gravanti sui prodotti agricoli** there will be no more special charges burdening agricultural products.

specialista, *n. m.* e *f.* ❶ specialist. ❷ (*tecnico, esperto*) technician, expert. // ~ **del funzionamento dei sistemi** (*org. az., pers.*) systems analyst.

specialità, *n. f. inv.* ❶ (*ramo di studio, di professione, ecc.*) speciality, specialty. ❷ (*market.*) specialty. ❸ **specialità**, *pl.* (*market.*) specialty goods. // **la ~ della Casa** (*market., tur.*) the specialty of the house; **specialità farmaceutiche** (*market.*) branded pharmaceuticals, proprietary medicines, proprietaries.

specializzare, *v. t.* to specialize. // ~ **un'industria** (*org. az.*) to specialize an industry.

specializzarsi, *v. rifl.* (*org. az.*) to specialize. △ **La loro industria s'è specializzata in casalinghi** their industry has specialized in household articles.

specializzato, *a.* ❶ specialized. ❷ (*pers.*) (*d'operaio*) skilled. // **essere specializzati** (*org. az.*) to specialize: **La nostra Casa è specializzata in motori per automobili** our firm specializes in car engines; **non ~** (*pers.*) unskilled.

specializzazione, *n. f.* (*econ., org. az.*) specialization. △ **In alcuni settori economici vi è un eccesso di ~** there is too much specialization in some economic sectors. // ~ **dei compiti** (*org. az.*) division of work; **la ~ industriale** (*econ.*) the specialization of industry.

specie, *n. f. inv.* kind, sort; (*genere*) description; (*tipo*) type. △ **Nel nostro nuovo supermercato potrete scegliere fra merci d'ogni ~** in our new supermarket you will be able to choose among goods of all kinds.

specifica, *n. f.* (*fin., leg., market.*) bill, detailed list, list.

specificare, *v. t.* to specify, to specialize, to itemize. △ **Vi preghiamo di ~ con cura ogni articolo** please specialize each item carefully. // ~ **tutte le spese** (*rag.*) to itemize all expenses.

specificato, *a.* specified, itemized. // **come (è) ~ più avanti** (*leg.*) as hereinafter specified.

specificazione, *n. f.* ❶ specification. ❷ (*leg.*) specification.

specifico, *a.* specific; (*preciso*) precise; (*particolare*) particular, peculiar. // **peso ~** specific weight, specific gravity.

speculare, *v. i.* (*fin.*) to speculate, to gamble, to operate. // ~ **al rialzo** (*Borsa, fin.*) to operate for a rise, to go a bull, to bull; ~ **al ribasso** (*Borsa, fin.*) to operate for a fall, to go a bear, to bear; ~ **in Borsa** (*Borsa, fin.*) to gamble on the Stock Exchange, to play the market; ~ **senza scrupoli mediante la pressione di massicce vendite** (*o* **acquisti**) (*fin.*) to rig the market.

speculativo, *a.* (*fin.*) speculative.

speculatore, *n. m.* (*Borsa, fin.*) speculator, speculative trader, gambler, player, operator, venturer. // ~ **al rialzo** (*Borsa, fin.*) bull, long; ~ **al ribasso** (*Borsa, fin.*) bear, short; ~ **che compra nuovi titoli al prezzo d'apertura per rivenderli dopo breve tempo** (*Borsa, fin.*) stag; ~ **che reinveste i suoi utili in nuovi titoli** (*Borsa, fin.*) pyramider; ~ **che tratta in spezzature** (*Borsa, fin.*) odd-lot broker, odd-lotter; ~ **di beni immobili** (*Borsa, fin.*) land jobber; ~ **in grande stile** wheeler-dealer (*slang USA*); **uno ~ insolvente** (*Borsa, fin.*) a lame duck; ~ **« professionista »** (*Borsa, ingl.*) jobber, stockjobber; **uno ~ senza scrupoli** (*fin., leg.*) a wildcatter.

speculazione, *n. f.* (*fin.*) speculation, operation, adventure, venture; (*aggiotaggio*) agiotage. △ **La ~ incontrollata è una minaccia per l'economia nazionale** uncontrolled speculation is a threat to the national economy; **Nel 19º secolo la ~ agraria era tanto comune quanto la speculazione in titoli ai nostri giorni** land speculation in the 19th century was as common as stock speculation today; **Fece una ~ acquistando carbone, il che gli costò assai caro** he took a venture in coal, which cost him dear. // ~ **azzardata** (*fin.*) hazardous speculation; ~ **edilizia** (*caratterizzata dalla fretta e dall'impiego di materiali scadenti*) (*econ.*) jerry building; **una ~ illegale** (*fin., leg.*) a wildcat speculation; ~ **mista** (*Borsa*) cross book.

spedire, *v. t.* ❶ to send*, to send* away; (*merci, anche*) to consign, to forward; to ship, to invoice (*USA*). ❷ (*comun.*) (*per posta*) to mail, to post, to dispatch; (*rimettere*) to remit; (*documenti, ecc.*) to route. ❸ (*trasp. mar.*) to ship (*in U.S.A. anche via terra*). △ ❶ **Siamo molto dolenti d'apprendere che l'assortimento d'articoli che vi spedimmo il 1º settembre non era conforme a ciò che avevate ordinato** we regret very much to learn that the parcel of assorted articles we sent you on 1st September did not correspond with what you ordered; **Ho spedito la mia domanda d'assunzione con la posta del mattino** I sent my application away in the morning mail; **La merce sarà spedita per ferrovia** the goods will be consigned by rail; ❷ **Abbiamo già spedito la fattura al vostro reparto contabilità** we have already routed the invoice to your accounting department. // ~ (*bagaglio*) **assicurato** (*trasp.*) to register; ~ **come campione** (*comun.*) to send by sample-post; ~ (*merci*) **con accompagnamento della lettera di vettura** (*trasp. ferr.*) to waybill; ~ **contro assegno** (*comun.*) to send cash on delivery (*C.O.D.*); ~ **in conto deposito** (*trasp.*) to consign; ~ (*una nave*) **in dogana** (*dog., trasp. mar.*) to clear outwards, to clear out; ~ **una lettera in busta aperta** (*comun.*) to send a letter as printed matter, to send a letter by book-post; ~ **una lettera in franchigia** (*comun.*) to frank a letter; ~ **merce a un agente in conto deposito** (*perché ne curi la vendita*) (*trasp.*) to consign goods to an agent; ~ **merce per ferrovia** (*trasp. ferr.*) to send goods by rail; ~ **merci a grande velocità** (*trasp. ferr.*) to forward goods by passenger train, to forward goods by fast train; ~ **merci a piccola velocità** (*trasp. ferr.*) to forward goods by slow train; ~ **merci in grandi quantità** (*trasp.*) to forward goods in large amounts; ~ (*una lettera*) **per espresso** (*comun.*) to express; ~ **per ferrovia** (*trasp. ferr.*) to rail (*ingl.*); ~ **per posta** (*comun.*) to post, to mail; ~ **per posta aerea** (*comun.*) to send by air-mail, to airmail; ~ **sotto fascia** (*comun.*) to send under cover.

speditore, *n. m.* sender, consignor, forwarder.

spedizione, *n. f.* ❶ (*l'atto di spedire*) sending; (*merce, anche*) consignation, consignment, forwarding; invoicing, shipping, shipment (*USA*); (*di lettere e sim.*) dispatching. ❷ (*la merce spedita*) consignment; (*via mare*) shipment (*in U.S.A. anche via terra*). ❸ (*viaggio di più persone a scopo di ricerca, studio, ecc.*) expedition, adventure. ❹ (*trasp. mar.*) shipping, shipment (*in U.S.A. anche via terra*). △ ❶ **Non avete accennato al sistema di ~ di cui intendete servirvi** you didn't mention the mode of shipment that you have in mind; ❷ **Il collo fa parte della ~** the package forms part of the consignment; **La loro ultima ~ non ci è pervenuta in tempo utile per l'inizio della stagione** their last shipment has not reached us in time for the opening of the season. // **spedizioni a caricazione completa** (*di vagone*) (*trasp. ferr.*) truck-load consignments; ~ **assicurata** (*di bagaglio*)

spedizioniere

(*trasp.*) registration; ~ (*di merci*) **fatta dal produttore direttamente al dettagliante** (*e non dal grossista che ha effettuato la vendita*) (*market.*) drop shipment (*USA*); ~ **in dogana** (*dog.*) customs clearance; ~ **marittima** (*trasp. mar.*) (*viaggio di studio, ecc.*) marine adventure; (*invio di merce via mare*) shipping; ~ **per ferrovia** (*trasp. ferr.*) forwarding by rail; ~ **per via di terra** (*trasp.*) overland forwarding; overland shipment (*USA*); **mancata** ~ (*trasp.*) nonshipment.

spedizioniere, *n. m.* ❶ (*trasp.*) forwarding agent, forwarding merchant, transport agent, forwarder; (*vettore*) carrier, cartage contractor. ❷ (*trasp., trasp. mar.*) (*per spedizioni terrestri e marittime*) forwarding and shipping agent. ❸ (*trasp. mar.*) shipping agent, shipper (*in U.S.A. anche via terra*); freighter. // ~ **doganale** (*dog.*) customs agent; ~ **marittimo** (*trasp. mar.*) shipping agent, shipper, freighter.

spendere, *v. t.* to spend*, to expend, to lay* out, to outlay*. *v. i.* (*far spese*) to make* purchases; (*fare la spesa*) to go* shopping, to shop. △ *v. t.* **Ogni anno spendiamo migliaia di dollari per la pubblicità** every year we spend thousands of dollars on advertising. // ~ **il proprio denaro** to spend one's money; to part with one's money (*fam.*); ~ **in anticipo** to anticipate: **Non ~ in anticipo il tuo reddito (il tuo stipendio, ecc.)** don't anticipate your income (salary, etc.); **saper** ~ to know how to spend one's money: **Ci sono moltissime massaie che non sanno** ~ there are lots and lots of housewives who don't know how to spend their money.

spendibile, *a.* spendable.

speranza, *n. f.* hope. // ~ **di vita** (*mat. attuariale*) expectation of life.

sperare, *v. t.* to hope (for st.); (*confidare*) to trust. *v. i.* to hope (for st., *o* in sb., in st.). △ *v. t.* **Spero che prenderanno in seria considerazione il nostro suggerimento** I trust they will take our advice into serious consideration; *v. i.* **È inutile che gli industriali continuino a** ~ **in tempi migliori** it's useless for industrialists to keep hoping for better times.

sperequazione, *n. f.* inequality, disproportion. // ~ **dei redditi** (*econ.*) inequality of income.

spergiurare, *v. i.* (*leg.*) to perjure oneself. *v. t.* (*leg.*) to swear* falsely, to forswear*.

spergiuro, *a.* (*leg.*) perjured, forsworn. *n. m.* ❶ (*leg.*) perjurer. ❷ (*leg.*) (*giuramento falso*) perjury.

sperimentale, *a.* experimental, tentative. △ **Il nostro è soltanto un programma** ~ ours is only a tentative program.

sperimentare, *v. t.* to experiment with, to test, to try. // ~ **una macchina** to test a machine.

sperperare, *v. t.* to squander, to throw* away, to throw* about, to dissipate; (*sciupare*) to waste. △ **Ha sperperato tutto il suo denaro in questa impresa** he's thrown away all his money in this enterprise; **Ha sperperato tutte le sue fortune in una speculazione sbagliata** he's wasted his fortune in a very bad speculation. // ~ **il proprio denaro** to throw one's money about.

sperpero, *n. m.* squandering, squander, dissipation; (*sciupio*) waste. △ **C'è stato troppo** ~ **di tempo e denaro in questi ultimi tempi** there has been too much waste of time and money lately.

spesa, *n. f.* ❶ expense, charge. ❷ (*lo spendere*) expenditure, spending. ❸ (*costo*) cost. ❹ (*esborso*) disbursement. ❺ (*econ., rag., anche*) outlay, outgoing, outgo. ❻ (*market.*) (*compra*) buy (*fam.*). ❼ (*market.*) (*compere*) shopping. ❽ **spese**, *pl.* expenses, charges. ❾ **spese**, *pl.* (*lo spendere*) expenditure, spending. ❿ **spese**, *pl.* (*banca*) expenses, charges. △ ❶ **Non baderemo a spese** we won't spare any expense; ❷ **Le spese sono stimolate dall'operatore pubblico** expenditures are encouraged by the State; ❸ **Possiamo a mala pena coprire le spese** we can hardly cover the costs; **Le spese saranno compensate fra le parti** each side bears its own costs; ❺ **La ~ per i nuovi locali è stata più alta di quanto ci aspettassimo** the outlay for the new premises was higher than we expected; ❼ **Le massaie sanno benissimo cosa significa inflazione, dato che sono loro a fare la ~** housewives know only too well what inflation means, as they are the ones who do the shopping; ❾ **Le spese statali dovrebbero essere ridotte** Government spending should be reduced. // « **spese** (*di trasporto*) **a carico del destinatario** » (*trasp.*) « carriage forward »; « **spese** (*di trasporto*) **a carico del mittente** » (*trasp.*) « carriage paid »; **spese a carico della parte soccombente** (*leg.*) costs charged to the loser; **spese accessorie** (*rag.*) incidental expenses; **una ~ aggiuntiva** an extra charge, an extra; **spese amministrative** (*fin., rag.*) administrative expenses; « **spese assegnate** » « charges forward »; **spese bancarie** (*banca*) bank charges; **spese che prevedono un'immediata uscita di numerario** (*rag.*) out-of-pocket expenses; **spese correnti** (*rag.*) running expenses; current spending (*sing.*); ~ **dei risparmi accumulati** (*econ.*) dissaving; **spese d'amministrazione** (*rag.*) administration expenses, administrative expenses; **spese d'avaria** (*ass. mar., trasp. mar.*) average expenses; **spese di bacino** (*trasp. mar.*) dockage; **spese di bollo** (*fin.*) stamp dues, stamp charges; **spese di capitale** (*rag.*) capital charges; **spese di caricazione** (*trasp. mar.*) shipping expenses, loading charges; **spese di carico e scarico** (*trasp. mar.*) loading and unloading charges; **spese di causa non ripetibili** (*leg.*) not allowed costs; **spese di causa ripetibili** (*leg.*) allowed costs; **spese di consegna** (*rag.*) delivery charges; **spese di consumo** (*econ.*) consumer spending: **Anche l'incremento leggermente maggiore, nella media annua, delle spese di consumo nella maggior parte dei Paesi Membri si è tradotto in un'espansione lievemente più rapida del commercio dei prodotti finiti di consumo the rather better mean annual growth of consumer spending in most of the Member Countries was also reflected in a slightly accelerated development of trade in finished consumer products; **spese di costituzione** (*rag.*) establishment charges, formation expenses; **spese di « dock »** (*trasp. mar.*) dock dues; dockage (*sing.*); **spese di dogana** (*dog.*) customs expenses, customs charges; **spese di esercizio** (*rag.*) running expenses, operating expenses, working expenses, working costs; **spese di facchinaggio** (*trasp.*) porterage; **spese di gestione** (*rag.*) operating expenses, management expenses; **spese di giudizio** (*leg.*) legal expenses, legal fees; **spese di giudizio irripetibili** (*leg.*) solicitor and client costs; **spese d'imballaggio** (*market.*) packing charges, packing expenses; **spese di imbarco** (*trasp. mar.*) shipping expenses, shipping charges, loading charges; **spese d'imbarco e di spedizione** (*trasp. mar.*) shipping and forwarding charges; **spese d'immobilizzo** (*rag.*) carrying costs; **spese d'incasso** (*banca, rag.*) collection charges; **spese di magazzinaggio** (*rag.*) warehouse charges, warehousing charges, storing charges, storing expenses; **spese di magazzino** (*rag.*) inventory costs, housing costs; **spese di manutenzione** (*rag.*) maintenance charges, handling charges, upkeep expenses; upkeep: **Tutti i soci devono contribuire al pagamento delle spese di manutenzione del macchinario** all members shall contribute to the upkeep of machinery; **spese di manutenzione e riparazione** (*rag.*) cost of upkeep and repairs (*sing.*); **spese di nolo** (*trasp. mar.*) charges for freight, freight charges; **spese di nolo anticipate** (*trasp. mar.*) prepaid freight charges; **spese di nolo impreviste** (*trasp. mar.*) back freight; **spese di periodo** (*rag.*) period costs; **spese di porto** (*trasp.*) truckage; **spese di protesto** (*leg.*) protest charges; **spese di pubblicità** (*org. az., rag.*) advertising expenses; **spese di rappresentanza** (*rag.*) entertaining expenses; **spese di ricupero** (*trasp. mar.*) salvage charges; **spese di rimorchio** (*trasp. aut., trasp. mar.*) towage fees; towage, trackage (*sing.*); **spese di riparazione** (*rag.*) repair charges, cost of repairs; **spese di sbarco** (*trasp. mar.*) unloading charges, landing charges; **spese di sconto** (*banca*) discount charges; **spese di spedizione** (*trasp.*) forwarding charges; **spese di stivaggio** (*trasp. mar.*) trimming charges; stowage (*sing.*); **spese di trasbordo** (*trasp. mar.*) transshipment expenses; **spese di trasporto** (*trasp.*) charges for carriage, carriage charges; carriage, cartage (*sing.*); freight (*sing.*, *USA*); **spese di trasporto di pacchi per espresso** (*trasp.*) expressage; **spese di trasporto interno** (*org. az., rag.*) handling costs; **spese di trasporto per via d'acqua** (*trasp.*) waterage; **spese di trasporto su chiatte** (*trasp. mar.*) lighterage; **spese d'ufficio** (*rag.*) office expenses; **spese di vendita** (*rag.*) expenses of selling, selling expenses; **spese di viaggio** travelling expenses; **spese dirette** (*rag.*) direct expenses; **spese e competenze** (*di una causa*) (*leg.*) costs and fees; **spese fisse** (*rag.*) fixed charges; **spese generali** (*rag.*) general expenses, indirect expenses, standing expenses, standing charges, general charges, fixed costs, overhead expenses, overhead charges, overheads; oncost (*sing.*); (*voce di bilancio*) selling and administrative expenses; **spese generali di produzione** (*rag.*) manufacturing overhead cost (*sing.*); manufacturing overheads, factory indirect expenses; **spese giudiziarie** (*leg.*) law expenses, law costs; **una ~ imprevista** an unforeseen expense; **~ in eccesso del reddito** (*econ.*) dissaving; **spese indirette** (*rag.*) indirect expenses; oncost (*sing.*); **spese legali** (*leg.*) legal expenses, legal costs, legal fees; **spese minute** petty expenses; **spese non ricorrenti** (*rag.*) non-recurring expenses; **spese notarili** (*leg.*) notarial charges; **spese ordinarie** (*rag.*) ordinary charges; **spese per l'addestramento dei venditori** (*pers.*) outlay on salesmanship (*sing.*); **spese per comunicazioni telefoniche** (*comun.*) charges for telephone calls; **~ per miglio** (*trasp.*) milage, mileage (*sing.*); **spese per la ricerca** (*org. az., rag.*) research expenses; **spese per il turismo** (*partita* «*invariabile*» *della bilancia dei pagamenti*) (*fin.*) tourist expenditures; **spese portuali** (*trasp. mar.*) port charges; **spese postali** (*comun.*) postal charges; **le spese processuali** (*leg.*) the costs of the action, the costs: **Fu condannato a pagare le spese processuali** he was ordered to pay the costs of the action; **spese proporzionali** (*rag.*) direct expenses; **spese pubbliche** (*amm., fin.*) public expenditures; expenditure of the public authorities, Government expenditure (*sing.*): **La progressione delle spese pubbliche è stata considerevole anche nello scorso anno** the increase in the expenditure of the public authorities was again appreciable last year; **spese rimborsabili** reimbursable expenses; **spese** (*di causa*) **ripetibili** (*leg.*) repayable costs; **la ~ statale** (*fin.*) the expenditure of the State; **spese statali finanziate dal debito pubblico** (*e non da una nuova imposizione fiscale*) (*econ.*) deficit spending (*sing.*); **spese straordinarie** (*rag.*) extraordinary expenses; **~ supplementare** (*rag.*) extra charge, additional charge; **spese urgenti** (*rag.*) pressing expenses; **spese varie** sundry expenses; **spese vive** out-of-pocket expenses; bread and butter (*slang USA*); **spese voluttuarie** unnecessary expenses; **a spese altrui** at other people's expense; **a nostre spese** (*rag.*) at our expense; **a proprie spese** at one's expense, at one's own charge; **senza spese** (*banca, cred.*) without charges; (*cred., leg.*) (*su una cambiale*) «no noting», «free of charge».

spesare, *v. t.* to pay* (sb.'s) expenses. △ **La società ci ha spesati di tutto** the company paid all our expenses.

spesato, *a.* with all expenses paid.

spesso, *a.* ❶ (*che ha spessore*) thick. ❷ (*denso*) thick, dense. ❸ (*frequente*) frequent, repeated. *avv.* often. // **~ e volentieri** very often.

spessore, *n. m.* thickness.

spettabile, *a.* honourable, respectable. // **~ Ditta Benassati** (*in un indirizzo*) Messrs Benassati.

spettante, *a.* due.

spettanza, *n. f.* ❶ (*appartenenza, competenza*) concern, competence. ❷ (*ciò che compete di diritto per l'attività prestata*) what is owing (*o* due); (*remunerazione*) remuneration; (*onorario*) fee. △ ❶ **Questa decisione è di ~ di Mr Gray** this decision is Mr Gray's concern (*o* it's up to Mr Gray to decide). // «**a chi di ~**» «to whom it may concern».

spettare, *v. i.* ❶ (*concernere per diritto o per dovere*) to be the concern of, to be the duty of, to be up to. ❷ (*leg.*) (*appartenere di diritto*) to be due. △ ❶ **Non spetta a me fare questa dichiarazione** it's not up to me to make this statement; ❷ **Questo denaro non gli spetta** this money is not due to him (*o* he's not entitled to this money). // **~** (*a q.*) **per riversione** (*leg.*) (*di beni*) to revert, to result: **La proprietà spettò a noi per riversione** the estate resulted to us.

spezzare, *v. t.* ❶ to break*. ❷ (*interrompere*) to break*, to interrupt. ❸ (*spicciolare: una moneta*) to change. △ ❷ **Dovemmo ~ il viaggio diverse volte** we were compelled to break our journey several times. // **~ una moneta** to change a coin.

spezzati, *n. pl.* (*denari spiccioli*) small money, small change, change (*sing.*).

spezzato, *a.* broken.

spezzatura, *n. f.* ❶ (*lo spezzare*) breaking. ❷ (*Borsa*) (*numero d'azioni in quantità inferiore all'unità di contrattazione*) odd lot.

spiaggia, *n. f.* ❶ beach. ❷ (*trasp. mar.*) shore, strand. // **sulla ~** (*a riva*) (*trasp. mar.*) ashore.

spiantato, *a.* (*ridotto in miseria*) ruined; hard up (*fam.*); stony, broke, stony-broke (*pred., fam.*).

spiare, *v. t.* to spy on (*o* upon).

spiata, *n. f.* (*delazione*) delation, secret information.

spiccare, *v. t.* (*cred., leg.*) (*emettere*) to issue; (*un titolo di credito*) to draw*. *v. i.* (*risaltare*) to stand* out, to be conspicuous. △ *v. t.* **L'ordine contro il Sig. Salvetti non è ancora stato spiccato** the order against Sig. Salvetti has not been issued yet; *v. i.* **Quell'impiegato spicca per l'alto senso del dovere** that clerk is conspicuous for his high sense of duty. // **~** (*un assegno, ecc.*) **allo scoperto** (*cred.*) to kite (*fam.*); **~ una cambiale** (*cred.*) to draw a bill of exchange; **~ su q. un ordine di requisizione** (*leg.*) to indent upon sb. for st. (*ingl.*); **~ tratta** (*cred.*) to draw: **Spiccheremo tratta su di voi a 60 giorni** we shall draw on you at 60 days; **Potete ~ tratta su di noi per l'ammontare della fattura** you can draw on us for the amount of your invoice.

spicciolame, *n. m.* (*quantità di monete spicciole*) small change, small money, change.

spicciolare, *v. t.* (*cambiare in spiccioli*) to break*, to change. // ~ **un biglietto di banca** to change a bank-note, to convert a bank-note into cash.

spicciolo, *a.* small, loose; in coins (*pred.*). *n. m.* ❶ small coin. ❷ **spiccioli**, *n. pl.* small money, odd money, pocket money, broken money, small change, odd change, loose change, change, loose cash, coppers; chicken-feed (*slang USA*). △ *n.* ❷ **Non ho spiccioli** I haven't got any change.

spiegare, *v. t.* to explain; (*rendere conto di*) to account for; (*illustrare*) to illustrate; (*interpretare*) to interpret. △ **Questa situazione spiega il motivo per cui, nel 1966, si fece ampio ricorso alla politica monetaria** this situation accounts for the fact that a great deal of reliance was placed on monetary action in 1966.

spiegarsi, *v. rifl.* to explain oneself; (*farsi capire*) to make* oneself understood. △ **Mi spiego?** do I make myself understood (o do you see what I mean)?

spiegazione, *n. f.* ❶ explanation; (*illustrazione*) illustration; (*interpretazione*) interpretation. ❷ (*leg.*) construction. △ ❶ **Vi saremmo grati se ci voleste dare una ~ in proposito** we should be grateful if you would kindly furnish us with an explanation regarding this matter.

spigionarsi, *v. rifl.* (*leg.*) (*restare spigionato, sfitto*) to remain vacant; to be no longer let.

spigionato, *a.* (*leg.*) vacant, unlet.

spillare, *v. t.* ❶ (*far uscire vino dalla botte*) to tap. ❷ (*fig.*) (*riuscire a prendere usando furbizia o inganno*) to squeeze; to tap (*fam.*). *v. i.* (*trasp. mar.*) to leak. △ *v. t.* ❷ **Sono riusciti a spillarmi 20 dollari** they've succeeded in tapping me for 20 dollars.

spillatura, *n. f.* ❶ tapping. ❷ (*trasp. mar.*) leakage.

spina, *n. f.* ❶ thorn. ❷ (*dispositivo di contatto elettrico*) plug. // ~ **con interruttore** switch plug; ~ **di contatto** connecting plug.

spingere, *v. t.* ❶ (*anche fig.*) to push. ❷ (*fig.*) (*indurre*) to induce; (*stimolare*) to urge; (*motivare*) to motivate. △ ❷ **Esistono profondi fattori inconsci e subconsci che spingono il consumatore** there are deep unconscious and subconscious factors that motivate the consumer. // ~ **le vendite** (*market.*) to force sales.

spinta, *n. f.* ❶ (*anche fig.*) push. ❷ (*fig.*) (*sollecitazione, pressione*) stress; (*impulso*) impulse; (*motivazione*) motivation. ❸ (*econ.*) (*al rilancio*) boost. ❹ (*market.*) (*delle vendite*) forcing. ❺ (*pers.*) (*raccomandazione per far ottenere un impiego*) plug (*slang USA*). △ ❷ **Vendette tutte le sue proprietà sotto la ~ del bisogno** he sold all his properties under the stress of need; ❺ **Posso dire d'aver ottenuto questo posto senza spinte?** I can say I got this job without any plug! // **la ~ dei costi** (*econ.*) the cost push; **la ~ dei prezzi** (*econ.*) the cost push; **la ~ dei profitti** (*econ.*) the profit push; **la ~ della domanda** (*econ.*) the demand pull; ~ **dinamica** (*trasp. mar.*) (*di natante*) buoyancy; **la ~ impressa ai consumi** (*econ.*) the boost given to consumption; **spinte inflazionistiche** (*econ.*) inflationary tendencies.

spionaggio, *n. m.* espionage. // ~ **industriale** (*leg.*) industrial espionage.

spirale, *n. f.* (*anche fig.*) spiral. // ~ **(dei) costi (e dei) salari** (*econ.*) wage-cost spiral; **la ~ dei prezzi** (*econ.*) the spiral of prices, the price spiral; ~ **(dei) prezzi (e dei) salari** (*econ.*) wage-price spiral; ~ **inflazionistica** (*econ.*) inflationary spiral; **essere preso nella ~ inflazionistica** (*econ.*) to run away up the inflationary spiral.

spirito, *n. m.* ❶ spirit. ❷ (*atteggiamento spirituale*) attitude, spirit. ❸ (*essenza, significato sostanziale*) spirit, sense, inner meaning. ❹ (*alcool*) alcohol, spirit. // **lo ~ della legge** (*leg.*) the spirit of the law; ~ **di contraddi-** **zione** spirit of contradiction; ~ **di corpo** (*org. az.*) esprit de corps; ~ **di parte** party spirit; ~ **di sacrificio** spirit of sacrifice; **spiriti e vini** wines and spirits.

spodestamento, *n. m.* (*leg.*) (*esproprio*) ousting.

spodestare, *v. t.* (*leg.*) (*privare della proprietà*) to oust.

spogliare, *v. t.* ❶ to strip. ❷ (*fare lo spoglio di*) to go* through. ❸ (*leg.*) (*privare*) to deprive, to dispossess, to strip. △ ❷ **Ha già spogliato la corrispondenza, Miss Walters?** have you gone through the mail yet, Miss Walters?; ❸ **Fu spogliato d'ogni suo avere** he was stripped of all his possessions; **Dopo la depressione molti si ritrovarono spogliati d'ogni avere** after the depression, many people found themselves dispossessed. // ~ **un uomo dei suoi beni** (*leg.*) to dispossess a man of his goods.

spogliazione, *n. f. V.* **spoliazione**.

spoglio, *a.* (*nudo*) naked, bare. *n. m.* ❶ (*esame*) examination, scrutiny; (*computo*) counting. ❷ (*leg.*) (*spoliazione*) dispossession. △ *n.* ❶ **Dopo lo ~ dei voti ci furono alcune contestazioni** after the counting of the votes there was a certain amount of arguing.

spola, *n. f.* ❶ (*navetta tra i fili dell'ordito*) shuttle. ❷ (*bobina di filato*) cop. // **fare la ~** (*fig.*) to go to and fro; (*trasp.*) (*detto di mezzo*) to ply; (*detto di viaggiatore*) to commute: **Da alcuni anni faccio la ~ tra Modena e Bologna** I've been commuting between Modena and Bologna for a few years now.

spoliazione, *n. f.* (*leg.*) dispossession.

spontaneamente, *avv.* spontaneously, with spontaneity, willingly. △ **Ritirarono la querela ~** they willingly withdrew their accusation.

spontaneo, *a.* (*fatto per proprio libero impulso*) spontaneous, voluntary, willing. △ **Vi ringraziamo per il vostro aiuto ~ in questa faccenda** we thank you for your willing help in this matter.

sporgere, *v. t. e i.* ❶ to stretch out, to protrude. ❷ (*leg.*) (*una querela*) to prefer. △ ❷ **Sporgeremo querela contro di lui** we will prefer a charge against him. // ~ **denunce** (*leg.*) to lodge accusations.

sportellista, *n. m. e f.* ❶ (*banca*) teller. ❷ (*pers.*) windowman*.

sportello, *n. m.* ❶ (*banca, org. az.*) counter, window. ❷ (*trasp.*) (*di biglietteria*) ticket-window. △ ❶ **Potete cambiare le banconote a quello ~** you can exchange your notes over (*o* at) that counter. // ~ (*di banca*) **cui si accede in automobile** (*banca*) drive-in window; ~ **di cassa** (*org. az.*) cash desk; **chiudere gli sportelli** (*banca*) to stop payments.

spossessamento, *n. m.* (*leg.*) dispossession, ouster, disseisin, disseizin.

spossessare, *v. t.* (*leg.*) to dispossess, to oust, to disseise, to disseize. // ~ **q. dei suoi diritti** (*leg.*) to divest sb. of his rights.

spostamento, *n. m.* ❶ shift, shifting, drift; (*rimozione*) removal. ❷ (*trasp. mar.*) displacement; (*del carico*) shifting. // **lo ~ della popolazione dalla campagna alla città** (*stat.*) the drift of population from country to city; **spostamenti nei movimenti internazionali di capitali** (*fin.*) shifts in international capital movements.

spostare, *v. t.* to shift; to displace; (*rimuovere*) to remove.

spostarsi, *v. rifl.* ❶ to shift, to move. ❷ (*trasp. mar.*) (*del carico*) to shift. △ ❷ **Il carico (della nave) s'è spostato notevolmente** the cargo has shifted considerably.

sprecare, *v. t.* to squander, to waste, to throw*

away. △ **Abbiamo sprecato troppo tempo e denaro** we have wasted too much time and money.

spreco, *n. m.* waste. // **lo ~ del denaro del contribuente** the waste of the taxpayer's money.

spremere, *v. t.* to squeeze (*anche fig.*); to squash. △ **Cercare di ~ denaro da Mr Carlton è tempo perso** trying to squeeze money out of Mr Carlton is a waste of time.

sproporzionale, *a.* disproportional, disproportionate; out of proportion (*pred.*).

sproporzionato, *a.* disproportionate, unproportionate; out of proportion (*pred.*).

sproporzione, *n.f.* disproportion, lack of proportion. △ **C'è ~ fra costi e ricavi** there's a disproportion of costs to proceeds.

sprovvedere, *v. t.* to deprive.

sprovveduto, *a.* ❶ (*che non ha quanto gli è necessario*) unprovided, not supplied. ❷ (*impreparato*) unprepared, unready. // **essere ~ di** (*un articolo*) (*market.*) to be out of stock of: **Siamo spiacenti d'informarvi che siamo sprovveduti degli articoli che v'interessano** we are sorry to inform you that we are out of stock of the articles you're interested in (*o* that the articles you are interested in are sold out).

sprovvisto, *a.* V. sprovveduto.

spugna, *n. f.* ❶ sponge. ❷ (*attr. uff.*) (*per inumidire francobolli, ecc.*) damper.

spulciare, *v. t.* (*esaminare minuziosamente*) to scrutinize, to go* through. // **~ un conto** (*rag.*) to go through an account.

spunta, *n. f.* ❶ (*rag.*) (*operazione di revisione e controllo di cifre, voci, ecc.*) reconciliation, check. ❷ (*rag.*) (*segno usato per tale operazione*) tick, check. △❶ **Speriamo che la ~ ci aiuti a trovare quell'errore di calcolo** we hope the reconciliation will help us to detect that miscalculation.

spuntare, *v. t.* (*rag.*) (*cifre, voci d'un conto, ecc.*) to reconcile, to tick, to tick off, to check, to check off. *v. i.* (*cominciare a sorgere*) to rise*; (*apparire*) to appear; (*inaspettatamente*) to crop up (*anche fig.*). △ *v. t.* **Devo tutte queste ordinazioni per l'ufficio contabilità** I have got all these orders to check for the accounting department; *v. i.* **Le industrie ceramiche stanno spuntando un po' dappertutto** ceramic industries are cropping up all over the place. // **~ articoli** (*rag.*) to check off items; **~ le fatture** (*rag.*) to tick off invoices; **~ un prezzo** (*fin., market.*) to fetch a price: **Le (azioni) Coppermill hanno spuntato 11,62 dollari** Coppermills fetched $ 11.62; **~ le voci d'un catalogo** (*market.*) to tick off the items in a catalogue.

spuntatore, *n. m.* (*trasp. mar.*) tallyman*.

squadra, *n. f.* ❶ (*attr. uff.*) square. ❷ (*pers.*) (*di operai, ecc.*) team, gang, set; (*di turno*) shift. // **capo ~** (*pers.*) foreman, ganger.

squalifica, *n. f.* disqualification.

squalificare, *v. t.* to disqualify.

squilibrare, *v. t.* to unbalance.

squilibrato, *a.* unbalanced. *n. m.* lunatic.

squilibrio, *n. m.* ❶ unbalance, imbalance, inbalance, lack of balance, disequilibrium*; (*divario, lacuna*) gap. ❷ (*econ.*) imbalance, lack of balance. △ ❷ **Questo ~ è provocato da divergenze troppo pronunciate nelle (rispettive) politiche nazionali** this imbalance stems from unduly wide divergences between national policies; **C'è un grave ~ negli scambi internazionali** there is a serious lack of balance in international trading. // **~ economico** (*econ.*) economic imbalance; **~ fra l'offerta e la domanda** (*econ.*) imbalance between supply and demand; **~ sociali ed economici** (*econ.*) social and economic disequilibria.

squillare, *v. i.* (*di campanello*) to ring*, to ring* out.

squillo, *n. m.* (*di campanello, ecc.*) ring, ringing.

stabile, *a.* ❶ stable, steady, firm. ❷ (*permanente*) permanent, standing. *n. m.* (*edificio*) building; (*casa*) house. △ *a.* ❶ **I prezzi delle uova rimasero relativamente stabili fino a dicembre, mese in cui aumentarono, ma per scendere di nuovo all'inizio del 1975** egg prices were relatively stable until December, when they rose, only to fall again early in 1975; **Negli ultimi 8 mesi la nostra produzione s'è mantenuta ~** our output has been steady for the last 8 months; ❷ **Ci fecero un'offerta ~ di 20.000 dollari per i locali** they made us a standing offer of 20,000 dollars for the premises; **Sono alla ricerca d'un impiego ~** I'm looking for a permanent job. // **essere in pianta ~** (*pers.*) to be on the permanent staff.

stabilimento, *n. m.* ❶ (*edificio*) establishment. ❷ (*org. az.*) factory, plant, mill, workshop, shop; works (*sing.*). △ ❷ **Gli stabilimenti automobilistici cercano di liberarsi della catena di montaggio** automobile plants are trying to get rid of assembly lines; **Gli stabilimenti tessili stanno spuntando dappertutto** textile mills are cropping up everywhere; **Questo è il nostro ~ maggiore** this is our biggest works. // **~ che assume soltanto gli appartenenti a un certo sindacato** (*sind.*) closed shop; **~ che deve assumere una percentuale dei dipendenti fra gli appartenenti a un certo sindacato** (*in base ad accordi fra il sindacato stesso e il datore di lavoro*) (*sind.*) percentage shop; **~ che impone a tutti gli operai di aderire a un certo sindacato** (*sind., USA*) union shop; **~ che, nelle assunzioni, accorda la preferenza agli iscritti a un sindacato** (*sind.*) preferential shop; **~ che non assume operai iscritti a un sindacato** (*sind.*) non-union shop; **~ industriale trasferito dal proprietario in altro luogo** (*per sfuggire ai regolamenti sindacali, ecc.*) (*econ., org. az.*) runaway shop; **uno ~ non operante** (*che è, cioè, inutilizzato*) (*org. az.*) an inoperative plant; **~ per la preparazione di cibi in scatola** (*org. az.*) packing house, packing plant, pack house; cannery (*USA*); **~ tipografico** (*giorn.*) printing works.

stabilire, *v. t.* ❶ (*collocare, situare*) to establish, to locate. ❷ (*fissare*) to fix, to set*, to set* down, to lay* down, to state, to schedule. ❸ (*sistemare*) to settle, to arrange. ❹ (*convenire*) to agree to (*st.*). ❺ (*leg.*) (*di contratto, legge, ecc.*) to provide, to state. ❻ (*market.*) (*un prezzo, ecc.*) to name. △ ❶ **Abbiamo intenzione di ~ i nuovi uffici a Torino** we are going to locate our new offices in Turin; ❷ **La data della riunione sarà stabilita appena possibile** the date of the meeting will be set as soon as possible; **Per quando è stabilito il mio discorso?** when is my speech scheduled for?; ❸ **Sarebbe bene ~ questa faccenda prima del ritorno di Mr Brown da New York** we had better settle this matter before Mr Brown comes back from New York; ❺ **Il contratto stabilisce tutte le condizioni** the contract states all terms and conditions. // **~ un calendario rigoroso** (*org. az.*) to lay down an exacting time-table; **~ un contatto con q.** to contact sb., to liaise with sb.: **Il compito del nostro agente è quello di ~ un contatto con gli « alti papaveri » della nuova società** our agent is supposed to liaise with the top people of the new corporation; **~ il costo di** (*qc.*) (*market.*) to cost; **~ una data per una riunione** to appoint a day for a meeting; **~ l'imponibile di** (*un bene*) (*fin., ingl.*) to rate; **~ impo-**

stabilirsi

sizioni all'importazione (*fin.*) to levy taxes on imports; ~ un limite to assign a limit; ~ un nuovo prezzo per (*articoli, merci, ecc.*) (*market.*) to reprice; ~ obiettivi (*org. az.*) to establish objectives, to set objectives; ~ per legge (*leg.*) to enact; ~ quote (*di vendita*) (*market.*) to set quotas; ~ la propria residenza (*leg.*) to establish one's residence; ~ la residenza in (*q. in un posto*) (*leg.*) to domicile; ~ il valore imponibile di (*beni mobili o immobili*) (*fin.*) to assess; « resta stabilito e inteso che... » « it is understood and agreed that... ».

stabilirsi, *v. rifl.* to establish oneself, to settle, to locate. △ **La nuova società si stabilirà in centro** the new company will locate downtown.

stabilità, *n. f.* stability, steadiness, firmness. △ **La recessione denunciò la mancanza di ~ dell'economia** the recession showed the lack of stability in the economy. // ~ **dei prezzi** (*econ.*) price stability; flation; ~ **dei tassi di cambio** (*fin.*) exchange-rate stability; la ~ **del personale** (*nel posto di lavoro*) (*org. az.*) the stability of personnel tenure.

stabilito, *a.* established; (*fissato*) fixed, stated; (*convenuto*) agreed. △ **La cambiale sarà onorata al tempo ~** the bill will be honoured at the stated time.

stabilizzare, *v. t.* to stabilize, to steady, to make* stable, to give* stability to. △ **Si sono prese misure per ~ e, si spera, aumentare i redditi agrari** measures have been taken to stabilize and, hopefully, to enlarge farm income. // ~ **i mercati** (*econ.*) to stabilize markets; ~ **i prezzi** (*econ., market.*) to keep prices steady; ~ **il prezzo di** (*titoli, ecc.*) (*Borsa, fin.*) to peg.

stabilizzarsi, *v. rifl.* to stabilize, to steady, to settle, to level off. △ **Il tasso di disoccupazione va stabilizzandosi** the unemployment rate is levelling off; **I prezzi del petrolio si vanno rapidamente stabilizzando** oil prices are steadying quickly.

stabilizzatore, *n. m.* ❶ stabilizer. ❷ (*econ.*) stabilizer. // ~ **automatico** (*econ.*) automatic stabilizer, built-in stabilizer: **Dovrebbe essere permesso il gioco normale degli stabilizzatori automatici** built-in stabilizers should be allowed to play their normal part.

stabilizzazione, *n. f.* stabilization. // la ~ **dei salari** (*econ.*) the stabilization of wages.

stacanovista, *n. m. e f.* (*sind.*) stakhanovite, shock-worker.

staccare, *v. t.* to take* off, to detach, to cut* off. *v. i.* (*pers., fam.*) (*cessare il lavoro*) to knock off, to go* off duty, to stop work. // ~ **un assegno** (*cred.*) to draw a cheque; ~ **una cedola** (*fin.*) to detach a coupon.

stacco, *n. m.* ❶ detachment, separation. ❷ (*pubbl.*) (*radiotelevisivo*) commercial, cut, message.

stadera, *n. f.* steelyard.

stadio, *n. m.* ❶ (*sportivo*) stadium*. ❷ (*fig.*) (*fase, periodo*) stage, period, phase.

staff, *n. m.* (*org. az.*) staff, personnel. △ **Fa parte dello ~ redazionale del « Time »** he is in the editorial staff of Time magazine.

« **stagflazione** », *n. f.* (*econ.*) stagflation. △ **La ~ è il combinarsi della deflazione della domanda con l'inflazione dei costi** stagflation is a combination of deflation of demand and inflation of costs.

stagionale, *a.* seasonal; in-season (*attr.*). *n. m. e f.* (*pers.*) seasonal worker.

stagionare, *v. t. e i.* to season; (*far maturare*) to mature, to ripen.

stagionato, *a.* seasoned, weathered; (*fatto maturare*) ripe, full matured. // **vino ~** (*market.*) ripe wine.

stagionatore, *n. m.* seasoner.
stagionatura, *n. f.* seasoning; (*il far maturare*) maturing, ripening.
stagione, *n. f.* season. // la ~ **entrante** the coming season; la ~ **morta** (*giorn.*) (*quando i giornali, per mancanza di notizie, si trovano costretti a pubblicare racconti, servizi di scarso interesse, ecc.*) the silly season; (*market.*) the dead season, the dull season, the slack season, the off-season, the layoff: **In genere le vancaze sono seguite dalla ~ morta** holidays are usually followed by the dull season; **La ~ morta va da settembre a giugno** the off season goes from September to June; a ~ **inoltrata** (*market.*) late in the season: **La vostra offerta ci è pervenuta a ~ troppo inoltrata** your offer reached us too late in the season; di ~ in season; seasonal (*a.*); fuori ~ out of season.

stagnante, *a.* (*anche fig.*) stagnant.
stagnare, *v. i.* (*anche fig.*) to stagnate, to be stagnant, to become* stagnant.
stagnazione, *n. f.* (*econ.*) stagnation. △ **Dopo un lungo periodo di ~, il commercio estero si va lentamente riprendendo** after a long period of stagnation, foreign trade is slowly recovering.
staio, *n. m.* (*misura di capacità per aridi pari a litri 36,36*) bushel.
stallia, *n. f.* (*trasp. mar.*) lay day, ship's day.
stampa, *n. f.* ❶ (*il procedimento*) printing, impression; (*il risultato*) print, issue. ❷ (*giorn.*) (*i giornali e i giornalisti*) (the) press; printer's ink (*fig.*). ❸ (*pubbl.*) (*fotografica: il procedimento*) printing; (*il risultato*) print, positive. ❹ « **stampe** », *pl.* (*giorn.*) (*nella spedizione postale*) « printed matter ». △ ❷ **La ~, la radio e la televisione sono « moltiplicatori » dell'informazione** the press, radio and television are information multipliers. // ~ **a grande tiratura** (*giorn.*) mass-circulation press; ~ **continua** (*elab. elettr.*) on-the-fly printing; la ~ **estera** (*giorn.*) the foreign press; ~ **fotografica** (*giorn., pubbl.*) (*il procedimento*) photoprinting; (*il risultato*) photoprint; ~ **in rilievo** (*pubbl.*) engraved printing; la ~ **locale** (*giorn.*) the local press; ~ **offset** (*giorn., pubbl.*) (*il procedimento*) offset process, offset printing; (*il risultato*) offset print; la ~ **scandalistica** (*giorn.*) the yellow press; la ~ « **sensazionale** » (*giorn.*) the yellow press; a ~ printed (*a.*); fuori ~ out of print; in ~ in print.

stampaggio, *n. m.* (*stampa*) printing.
stampante, *a.* printing.
stampare, *v. t.* ❶ (*lasciare l'impronta*) to stamp, to imprint, to impress. ❷ (*giorn.*) to print, to publish, to machine, to run* off; (*tirare*) to pull. ❸ (*pubbl.*) (*copie fotografiche*) to print. △ ❷ **Il nostro libro verrà stampato a Verona** our book will be printed in Verona. // ~ **a grandi caratteri** (*pubbl.*) to display; ~ **a mano** to print by hand; ~ **banconote** (*fin.*) to print bank-notes; ~ (*qc.*) **con errori** (*giorn., pubbl.*) to misprint; ~ **copie supplementari di** (*una pubblicazione, un inserto speciale, ecc.*) (*giorn.*) to overrun; ~ **l'edizione d'un quotidiano** (*giorn.*) to print the edition of a newspaper; ~ **in fotolito** (*giorn., pubbl.*) to offset; ~ **in offset** (*giorn., pubbl.*) to offset; ~ (*qc.*) **male** (*giorn., pubbl.*) to misprint; ~ **monete** to strike coins; ~ (*qc.*) **su una cambiale** to enface.
stampatello, *n. m.* (*giorn.*) block letters writing, block letters.
stampato, *a.* ❶ (*impresso*) stamped, imprinted, impressed. ❷ (*giorn.*) printed; (*di libro e sim.*) in print (*pred.*). *n. m.* ❶ (*modulo*) printed form, form. ❷ (*giorn.*) (*foglio, opuscolo stampato*) printed publication, print. ❸ « **stampati** », *pl.* (*giorn.*) (*nella spedizione postale*) « printed matter ».

stampatore, *n. m. (giorn.)* printer, pressman*, typographer.

stampatrice, *n. f.* ❶ *(macchina per la stampa)* printing-machine, printing-press, printer. ❷ *(elab. elettr.)* printer. // ~ **continua** *(elab. elettr.)* on-the-fly printer; ~ **numerica** *(elab. elettr.)* digital printer.

stamperia, *n. f. (giorn.)* printing-office, printing works *(sing.)*.

stampiglia, *n. f. (attr. uff.)* stamp.

stampigliare, *v. t.* to stamp.

stampigliatrice, *n. f.* stamping machine. // ~ **per certificare la copertura d'un assegno bancario** *(che acquista così la validità d'un assegno circolare) (banca, macch. uff.)* check certifier *(USA)*.

stampinare, *v. t.* ❶ *(stampigliare)* to stamp. ❷ *(riprodurre con uno stampino)* to stencil.

stampinatura, *n. f.* ❶ *(lo stampigliare)* stamping. ❷ *(il riprodurre con uno stampino)* stencilling.

stampino, *n. m.* ❶ stamp. ❷ *(attr. uff.) (lastra con lettere – o disegno – a traforo)* stencil.

stampone, *n. m. (pubbl.)* final proof, proof-sheet.

stanca, *n. f. (trasp. mar.)* slack. // ~ **d'alta marea** *(trasp. mar.)* slack of high water; ~ **di bassa marea** *(trasp. mar.)* slack of low water; ~ **di marea** *(trasp. mar.)* slack.

stancare, *v. t.* to tire.

stanchezza, *n. f.* tiredness.

stanco, *a.* tired.

stand, *n. m. (market.)* stand. △ **Siete invitati a visitare il nostro ~ alla Fiera di Milano** you are invited to visit our stand at the Milan trade-fair.

standard, *n. m.* standard. *a.* standard. // ~ **argenteo** *(econ.)* silver standard; ~ **produttivo** *(org. az.)* production standard; **standard qualitativi** *(market.)* quality standards, standards of quality, grades; **prezzo ~** *(market.)* standard price.

standardizzare, *v. t.* to standardize; *(produrre in serie)* to mass-produce. △ **Tutti i processi (produttivi) dovrebbero essere standardizzati** all processes should be standardized.

standardizzato, *a.* standardized; *(prodotto in serie)* mass-produced.

standardizzazione, *n. f.* standardization; *(produzione in serie)* mass-production.

standista, *n. m. e f. (market.) (chi allestisce e/o lavora a uno «stand», q.V.)* standholder.

stanza, *n. f.* room. // ~ **di compensazione** *(banca, cred., fin.)* bankers' clearing house, clearing house, clearance house; **la ~ di Compensazione di Londra** *(banca, fin.)* the London Bankers' Clearing House; ~ **di compensazione per euro-obbligazioni** *(fin.)* Euroclear; ~ **di lavoro** workroom; ~ **in cui si vendono febbrilmente** *(per lo più per telefono)* **titoli di scarso o nessun valore** *(fin.)* boiler room *(slang USA)*.

stanziamento, *n. m.* ❶ *(fin., rag.) (lo stanziare)* appropriation, allocation. ❷ *(fin., rag.) (la somma stanziata)* appropriation, allocation, sum allocated; *(fondo)* fund. // **gli stanziamenti per le spese amministrative** *(amm.)* the sums allocated for administrative expenditure; ~ **pubblicitario** *(org. az.)* advertising budget, budget.

stanziare, *v. t. (fin., rag.)* to appropriate, to allocate, to set* apart. △ **Sono stati stanziati 90.000 dollari per il nuovo edificio scolastico** 90,000 dollars have been appropriated for the new school building. // ~ **una certa somma per un fondo speciale d'ammortamento** *(rag.)* to appropriate a certain amount to a special fund for depreciation; ~ **fondi per la pubblica istruzione** to allocate funds to education; ~ *(una somma)* **in bilancio** *(fin., rag.)* to budget; ~ **somme** *(fin., rag.)* to make appropriations: **Stanzieremo una somma da distribuire fra il personale dell'azienda** we'll make an appropriation for distribution among the staff of the firm; ~ **somme di denaro per la marina da guerra** to appropriate money for the Navy.

stanziato, *a. (fin., rag.) (di fondo)* appropriated. // **non ~** *(fin., rag.) (di fondo)* unappropriated.

stare, *v. i.* ❶ *(restare, rimanere)* to stay, to remain. ❷ *(essere)* to be. ❸ *(di salute)* to be. ❹ *(abitare)* to live, to reside. ❺ *(spettare)* to be up *(to sb.)*. ❻ *(mat.)* to be. △ ❶ **Per quanto tempo avete intenzione di ~ in Italia?** how long are you going to stay in Italy?; ❷ **Dato che le cose stanno così, non vale la pena discutere ancora** that being so, it is not worth discussing any longer; ❸ **Come state?** how are you?; ❹ **I Signori Rosenfelder non stanno più a Chicago** the Rosenfelders don't live in Chicago any longer; ❺ **Sta al presidente decidere quello che bisogna fare** it's up to the chairman to decide what's to be done; ❻ **Sei sta a diciotto come nove sta a ventisette** six is to eighteen as nine is to twenty-seven. // ~ **ai patti** to stand by the terms, to stand to the terms, to stand by an agreement, to keep a bargain; ~ **al gioco** *(fig.)* to take one's chance: **Devi ~ al gioco** you must take your chance; ~ **al largo** *(trasp. mar.)* to lie off; ~ **bene** *(di salute)* to be well; *(a quattrini)* to be well off; ~ **certo** to rest assured: **Potete ~ certi che gli articoli saranno spediti in tempo** you can rest assured that the articles will be sent in time; ~ **combinando** *(di persona)* to be up to: **Che cosa sta combinando?** *(cioè: tramando)* what is he up to?; **star del credere** *(comm., leg.)* del credere; ~ **male** *(di salute)* to be ill, not to be well; *(a quattrini)* to be badly off.

stasi, *n. f. inv. (fig.) (ristagno)* stagnation, standstill; slump *(fam.)*. // ~ **dell'attività economica** *(econ.)* bust.

statale, *a.* of the State; state, government *(attr.)*. *n. m. e f.* ❶ *(pers.)* civil servant. ❷ *(trasp. aut.) (strada statale)* highway, main road.

statalizzare, *v. t. V.* statizzare.

statalizzazione, *n. f. V.* statizzazione.

statico, *a.* statical, static. // **una popolazione statica** *(stat.)* a static(al) population.

statistica, *n. f.* ❶ *(stat.) (la scienza)* statistics *(col v. al sing.)*. ❷ *(stat.) (dato statistico)* statistic. ❸ **statistiche**, *pl. (stat.)* statistical data; return *(sing.)*. △ ❶ **La ~ è un ramo della matematica** statistics is a branch of mathematics; ❷ **Le statistiche e le proiezioni sono importanti studi quantitativi** statistics and projections are important quantitative studies; **La media campionaria è una ~** the sample mean is a statistic; ❸ **Quando saranno disponibili le statistiche del censimento?** when will the census return be available? // **statistiche armonizzate** *(stat.)* harmonized statistics; **statistiche congiunturali** *(stat.)* short-term statistics; ~ **della popolazione** *(stat.)* demographic statistics; **statistiche demografiche** *(stat.)* vital statistics; ~ **economica** *(econ., stat.)* economic statistics.

statistico, *a. (stat.)* statistical, statistic. *n. m. (stat.)* statistician.

statizzare, *v. t. (econ.)* to nationalize.

statizzazione, *n. f. (econ.)* nationalization.

stato, *n. m.* ❶ state, condition. ❷ *(in senso politico)* State; *(Paese)* Country; *(nazione)* nation. ❸ *(fin.) (degli affari, ecc.)* showing. ❹ *(leg.)* status. △ ❶ **C'è uno ~ di depressione nel mercato azionario** there is a state of depression in the stock market; ❸ **Quella ditta è**

statuire

finanziariamente in un pessimo ~ that firm has a very poor financial showing. // **lo ~ assistenziale** (*econ.*) the Welfare State; **~ corporativo** (*econ.*) corporative state; **~ del passivo** (*leg.*) statement of liabilities; **lo ~ dell'Unione** (*USA*) the State of the Union: Il Presidente ha pronunciato un discorso sullo ~ dell'Unione the President has delivered a speech on the State of the Union; **~ d'attesa** (*elab. elettr.*) waiting state, wait condition; **~ d'inattività** (*econ.*) stagnation; doldrums (*pl.*); **~ di previsione** (*rag.*) estimation, estimate; **lo ~ di servizio** (*pers.*) the record of service, the record; **lo ~ di servizio d'un aspirante** (*a un posto*) (*pers.*) the record of an applicant; **~ di stagnazione** (*econ.*) stagnation; doldrums (*pl.*); **~ giuridico** (*leg.*) status; **~ patrimoniale** (*rag.*) balance sheet, trading account; **~ patrimoniale di liquidazione** (*rag.*) realization and liquidation account; **lo ~ sociale** (*econ.*) the Welfare State; **gli Stati Uniti** the United States; the States (*fam.*); **chi è messo in ~ d'accusa** (*leg.*) indictee; **chi mette in ~ d'accusa** (*leg.*) indictor; **di ~** State-controlled; State (*attr.*): Diversi Paesi hanno ancora un ente radiofonico di ~ several Countries still have a State-controlled wireless; **essere in ~ d'arresto** (*leg.*) to be (*o* to be held) under arrest, to be in charge, to be in custody.

statuire, *v. t.* (*leg.*) to enact, to decree.
status, *n. m.* status. // **~ quo** status quo; «**~ symbol**» (*econ., pubbl.*) status symbol.
statutario, *a.* (*leg.*) statutory; statute (*attr.*).
statuto, *n. m.* ❶ (*leg.*) statute, charter; (*regolamento, leggina*) by-law. ❷ (*leg.*) (*d'una società*) charter; (*d'una società di persone*) articles of partnership; (*d'una società di capitali*) articles of association; articles of incorporation (*USA*). △ ❷ **I poteri del consiglio d'amministrazione sono definiti dallo ~ della società** the powers of the board are defined by the company's articles. // «**~ delle restrizioni**» (*leg.*) statute of limitations, statute of repose: **Lo «~ delle restrizioni» è uno statuto che fissa un certo limite di tempo trascorso il quale un diritto non può più essere fatto valere mediante azione legale** the statute of limitations is a statute assigning a certain time after which rights cannot be enforced by legal action.

stazionario, *a.* stationary, statical, static. △ **I prezzi del cotone sono rimasti stazionari per due settimane** cotton prices remained stationary for two weeks; **La situazione del mercato nazionale ed estero è stazionaria** the domestic and foreign market situation is static.

stazione, *n. f.* ❶ station. ❷ (*ric. op.*) station, channel, gate. ❸ (*tur.*) (*luogo di villeggiatura*) resort. △ ❶ **Se il prezzo è «franco ~ di partenza», esso comprenderà tutte le spese sostenute per il trasporto della merce fino alla ~ di partenza** if the price is «at station», it will include all the expenses met in order to carry the goods to the railway station of departure. // **~ aeroportuale** (*trasp. aer.*) air station; **~ balneare** (*tur.*) seaside resort; **~ della metropolitana** (*trasp. ferr.*) underground station; subway station (*USA*); **~ d'arrivo** (*trasp. ferr.*) station of arrival, arrival station; **~ di destinazione** (*trasp. ferr.*) station of destination, destination station; **~ di partenza** (*trasp. ferr.*) station of departure; (*della merce*) forwarding station; **~ di rifornimento** (*trasp. aut.*) petrol station; gas station (*USA*); (*trasp. mar.*) bunkering station; **~ di rifornimento nafta** (*trasp. mar.*) wharf for fuel-oil bunkering; **~ di servizio** (*trasp. aut.*) service station; **~ di smistamento** (*trasp. ferr.*) shunting station; **~ di testa** (*trasp. ferr.*) terminal station, terminal, terminus; **~ di trasbordo** (*trasp. ferr.*) transfer house; **~ di villeggiatura estiva** (*tur.*) summer resort; **~ emittente** (*comun.*) broadcasting station; **~ ferroviaria** (*trasp. ferr.*) railway station; railroad station, depot (*USA*); **~ intermedia** (*trasp. ferr.*) intermediate station; way station (*USA*); **~ principale** (*trasp. ferr.*) main station; **~ radiotrasmittente** (*comun.*) broadcasting station, station; **~ secondaria** (*trasp. ferr.*) local station; way station, way point (*USA*).

stazza, *n. f.* (*trasp. mar.*) tonnage, burden. // **~ lorda** (*trasp. mar.*) gross tonnage; **~ netta** (*trasp. mar.*) net tonnage; **~ netta registrata** (*trasp. mar.*) net registered tonnage: **La ~ netta registrata è alla base dei calcoli dei diritti da pagare per i servizi portuali, di canale, di pilotaggio, di faro e così via** net registered tonnage forms the basis for calculating the dues payable for port, canal, pilotage, lighthouse and other services; **~ sotto ponte** (*trasp. mar.*) underdeck tonnage.

stazzare, *v. t.* ❶ (*trasp. mar.*) (*misurare la stazza di*) to measure the tonnage of. ❷ (*trasp. mar.*) (*di nave: avere capacità*) to have a tonnage of.

stazzatore, *n. m.* (*trasp. mar.*) tonnage-measurer.
stazzatura, *n. f.* ❶ (*trasp. mar.*) (*misurazione della stazza*) tonnage admeasurement, measurement. ❷ (*trasp. mar.*) (*stazza*) tonnage, burden.

stecca, *n. f.* stick. // **~ d'una iarda** (*strumento per misurare*) yardstick.

«**stellage**», *n. m.* (*Borsa*) double option.
stellaggio, *n. m.* (*Borsa*) double option.
stellionato, *n. m.* (*leg.*) stellionate.
stelloncino, *n. m.* (*giorn.*) paragraph.
stendere, *v. t.* (*mettere per iscritto*) to draw* up, to draft. // **~ un'accusa** (*leg.*) to draw up an accusation; **~ un contratto** to draw up a contract, to draw a contract; **~ la minuta di** (*qc.*) to minute; **~ il verbale di** (*una riunione, ecc.*) (*leg.*) to minute.

stenodattilografa, *n. f.* (*pers.*) shorthand-typist, stenotypist.
stenodattilografia, *n. f.* shorthand typewriting.
stenodattilografo, *n. m.* (*pers.*) shorthand-typist, stenotypist.
stenografa, *n. f.* (*pers.*) shorthand-writer, stenographer.
stenografare, *v. t.* to write* in shorthand, to shorthand, to stenograph. // **~ un discorso** to take down a speech in shorthand.
stenografia, *n. f.* shorthand, stenography.
stenografico, *a.* stenographic, stenographical; shorthand (*attr.*).
stenografo, *n. m.* (*pers.*) shorthand-writer, stenographer.
stenogramma, *n. m.* stenograph.
stenotipia, *n. f.* stenotypy.
stereotipare, *v. t.* (*giorn., pubbl.*) to stereotype.
stereotipia, *n. f.* ❶ (*giorn., pubbl.*) (*il procedimento*) stereotypy. ❷ (*giorn., pubbl.*) (*il risultato*) stereotype.
stereotipista, *n. m. e f.* (*giorn., pubbl.*) stereotypist, stereotyper.

sterlina, *n. f.* (*ingl.*) pound sterling, pound. *a.* (*nella locuz.* **lira ~**) sterling. △ *n.* **Il 15 febbraio 1971 il sistema monetario inglese fu decimalizzato e ora ci vogliono cento penny (100 p.) per fare una ~** on February 15, 1971 the English monetary system was decimalized and there are now a hundred pennies (100 p.) in a pound. // **una ~ forte** (*fin.*) a firm pound sterling; **una lira sterlina** a pound sterling.

stero, *n. m.* (*misura di volume*) stero*, stere, cubic metre.

stesso, *a.* ❶ *(identico, uguale)* same. ❷ *(con valore di « proprio », « esattamente »)* very. *pron.* same. *n. m. (la stessa cosa)* (the) same. △ *a.* ❶ **Quando ricevemmo i vostri pacchi, notammo subito che non contenevano la stessa merce che avevamo visto nel vostro negozio** on receiving your parcels we noticed immediately that they didn't contain the same goods we had seen at your shop; ❷ **Abbiamo intenzione di metterci in contatto con loro oggi** ∼ we are going to contact them this very day; *pron.* **Per lavaggio della macchina, 90 pence, per lucidatura della stessa, 5 sterline** to washing car, 90 p.; to polishing same, £ 5; *n.* **Qualsiasi cosa si faccia, i nostri concorrenti cercano di fare lo** ∼ whatever we do, our competitors try to do the same.

stesura, *n. f.* writing out, drawing up, wording. // ∼ **d'un atto legale** *(leg.)* engrossment; **la** ∼ **d'un contratto** *(leg.)* the drawing up of a contract.

steward, *n. m. (trasp. aer., trasp. mar.)* steward.

stilare, *v. t.* to write* out, to draw* up, to word.

stile, *n. m.* ❶ style; *(maniera)* manner. ❷ *(org. az.)* design. // **in grande** ∼ in grand style, on a large scale.

stilista, *n. m. e f. (pers.)* stylist, designer.

stilizzare, *v. t.* to stylize.

stilizzato, *a.* stylized.

stima, *n. f.* ❶ *(buona opinione)* esteem; *(rispetto)* respect; *(riputazione)* reputation; *(credito)* credit. ❷ *(valutazione)* estimate, valuation, rating, appreciation, assessment, appraisement, appraisal; *(computo, calcolo)* computation. ❸ *(rag.)* estimate, estimation, valuation. ❹ *(stat.)* estimate. △ ❶ **Mr Earnest s'è guadagnato la** ∼ **di tutto il personale** Mr Earnest has won the respect of all the staff; ❷ **Fummo tutti d'accordo sulla** ∼ **del patrimonio** we were all agreed on the appraisal of the estate. // ∼ **catastale** *(leg.)* cadastral estimate, cadastral survey; **una** ∼ **dei danni** *(ass.)* an assessment of damages; ∼ **della domanda d'un nuovo prodotto** *(market.)* new-product demand estimate; **la** ∼ **d'una proprietà** *(rag.)* the valuation of a property; **una** ∼ **imparziale** *(stat.)* an unbiased estimate; ∼ **intervallare** *(stat.)* interval estimation; **una** ∼ **non ufficiale** an unofficial estimate; ∼ **puntuale** *(stat.)* point estimate.

stimabile, *a.* ❶ *(degno di stima)* estimable; *(rispettabile)* respectable, reputable. ❷ *(che si può stimare)* ratable, rateable, appreciable, assessable, appraisable.

stimare, *v. t.* ❶ *(avere buona opinione di)* to esteem; *(rispettare)* to respect; *(riputare)* to repute. ❷ *(valutare)* to estimate, to value, to rate, to appreciate, to assess, to appraise; *(computare, calcolare)* to compute. ❸ *(rag.)* to estimate, to value. △ ❶ **È l'uomo che stimo di più fra tutti i miei collaboratori** among all my collaborators he is the man I esteem most; ❷ **La sua proprietà è stata stimata £ 100.000** his property has been valued at £ 100,000; **Abbiamo fatto** ∼ **l'appartamento da Mr Crankshaw** we had our flat valued by Mr Crankshaw. // ∼ **i danni** *(ass.)* to assess damages; ∼ **una proprietà** *(rag.)* to value a property.

stimatissimo, *a. (nell'introduzione a una lettera commerciale)* Dear.

stimato, *a.* ❶ esteemed; *(rispettato)* respected; *(riputato)* reputed. ❷ *(valutato)* estimated, valued, rated, assessed, appraised. ❸ *(rag.)* estimated. △ ❶ **La vostra stimata lettera ci è pervenuta oggi stesso** your esteemed letter reached us this very day; ❷ **Qual è il valore** ∼ **del parametro in questione?** what's the estimated value of the parameter in question?

stimatore, *n. m.* ❶ estimator, appraiser, assessor, valuer, valuator. ❷ *(ass., leg.)* valuator.

stimolare, *v. t.* to stimulate; *(incitare)* to incite, to urge; *(promuovere)* to promote; *(motivare)* to motivate. // ∼ **la formazione d'un risparmio effettivo** *(econ.)* to stimulate the formation of real saving.

stimolazione, *n. f.* stimulation.

stimolo, *n. m.* stimulation, stimulus*; *(incitamento)* incitement, urge; *(incentivo)* incentive; *(motivazione)* motivation. △ **La collaborazione internazionale è uno** ∼ **per l'agricoltura, per l'industria e per il commercio** international cooperation is a stimulus to agriculture, industry and commerce.

stipendiare, *v. t. (pers.)* to pay* a salary to, to salary.

stipendiato, *a. (pers.)* salaried. *n. m. (pers.)* salaried person.

stipendio, *n. m. (pers.)* salary, pay; earnings *(pl.)*; packet *(fam.)*; paycheck *(fam., USA)*. // ∼ **base** *(pers.)* base salary; ∼ **del periodo di prova** *(pers.)* probationary salary; ∼ **iniziale** *(pers.)* commencing salary; ∼ **netto** *(pers.)* take-home pay; ∼ **pensionabile** *(pers., rag.)* pensionable salary; **uno** ∼ **rimunerativo** *(pers.)* a remunerative salary; **chi prepara gli stipendi** *(pers.)* paymaster.

stipo, *n. m. (attr. uff.)* cabinet.

stipula, *n. f.* V. stipulazione.

stipulante, *a. (leg.)* stipulating. *n. m. (leg.)* stipulator, obligor.

stipulare, *v. t.* ❶ *(leg.)* to stipulate; *(concordare)* to agree upon; *(stendere)* to draw* up; *(pattuire)* to condition; *(di contratto, legge, ecc.)* to provide. ❷ *(market.)* *(un prezzo, ecc.)* to name. // ∼ **un contratto** *(leg.)* to stipulate a contract, to draw up an agreement; ∼ **contratti d'assicurazione** *(ass., anche)* to sell insurance.

stipulato, *a.* ❶ *(leg.)* stipulated; *(concordato)* agreed upon. ❷ *(market.)* *(di prezzo, ecc.)* named.

stipulazione, *n. f. (leg.)* stipulation; *(stesura)* drawing up; *(contratto)* contract; *(accordo)* agreement; *(condizione)* provision, condition. △ **La** ∼ **avverrà alla presenza dei nostri legali** the stipulation will take place at the presence of our lawyers.

stiracchiamento, *n. m. (market.)* (il mercanteggiare) haggling, chaffering, bargaining.

stiracchiare, *v. t. e i. (market.)* (mercanteggiare) to haggle, to chaffer, to bargain. // ∼ **sul prezzo** *(market.)* to haggle.

stiva, *n. f. (trasp. mar.)* hold, bulk. // ∼ **di poppa** *(trasp. mar.)* after hold; ∼ **per il carbone** *(trasp. mar.)* bunker.

stivaggio, *n. m. (trasp. mar.)* stowage. △ **Lo spostamento del carico fu causato da cattivo** ∼ the cargo shift was caused by faulty stowage. // ∼ **alla rinfusa** *(trasp. mar.)* stowage in bulk; ∼ **difettoso** *(trasp. mar.)* faulty stowage, bad stowage; ∼ **e caricazione in sacchi** *(trasp. mar.)* trimming and bagging.

stivare, *v. t. (trasp. mar.)* to stow. *v. i.* to trim holds. △ *v. t.* **Alcuni colli non erano stati stivati correttamente; di conseguenza, subirono danni durante il trasporto** some packages hadn't been properly stowed; therefore they were damaged in transit. // ∼ **il carico** *(trasp. mar.)* to rummage; ∼ **di nuovo** *(il carico)* *(trasp. mar.)* to restow; ∼ **merci alla rinfusa** *(trasp. mar.)* to stow goods in bulk.

stivatore, *n. m. (trasp. mar.)* stevedore, stower, trimmer.

stocastico, *a. (stat.)* stochastic.

stock, *n. m. (org. az.)* stock, inventory. △ **Lo** ∼ **è esaurito** the stock is cleared. // ∼ **computato alla chiusura dell'esercizio** *(rag.)* closing stock; **uno** ∼ **di merci**

stoffa

(*org. az.*) a stock of goods; ~ **di riserva** (*fin.*) buffer; (*org. az.*) cushion; ~ **economico** (*org. az.*) economic stock; ~ **fisico** (*org. az.*) physical stock; ~ «**tampone**» (*econ.*) buffer stock.

stoffa, *n. f.* ❶ (*market.*) cloth, fabric, material. ❷ **stoffe,** *pl.* (*market., anche*) soft goods. // ~ **da giacche** (*market.*) coating; ~ **fantasia** (*market.*) fancy cloth; **stoffe fuori moda** (*market.*) unfashionable fabrics; **stoffe vendute a iarde** (*market.*) yard goods.

«**stone**», *n. m.* (*misura di peso pari a kg 6,350 circa*) stone.

stop, *n. m.* (*comun.*) (*nei telegrammi, ecc.*) stop.

storia, *n. f.* ❶ history. ❷ (*narrazione*) story, tale. // ~ **economica** (*econ.*) economic history; ~ **generale** general history; ~ **moderna** modern history.

storico, *a.* historical, historic. *n. m.* historian.

stornare, *v. t.* (*rag.*) to transfer, to divert, to contra; (*una scrittura a partita doppia*) to reverse. // ~ **un'ordinazione** (*market.*) to cancel (*o* to withdraw) an order; ~ **una registrazione** (*rag.*) to reverse an entry, to contra an entry; ~ **una scrittura** (*rag.*) to reverse an entry, to contra an entry.

storno, *n. m.* (*rag.*) transfer, diversion, clearing, contraing; (*di scritture a partita doppia*) reversal. // **storni dalla riserva speciale** (*fin., rag.*) withdrawls from the special reserve; ~ **di denaro pubblico** (*leg.*) diversion of public funds; **lo** ~ **d'un'ordinazione** the cancellation (*o* withdrawal) of an order; **uno** ~ **di scrittura** (*rag.*) a reversal of entry; **lo** ~ **d'una scrittura** (*rag.*) the transfer of an entry; **a** ~ (*rag.*) per contra, in reversal.

strada, *n. f.* ❶ road; (*di città*) street. ❷ (*via, cammino*) way (*anche fig.*). // **una** ~ **a due corsie** (*trasp. aut.*) a two-lane highway; **una** ~ **a due sensi** (*trasp. aut.*) a two-way street; ~ **a pedaggio** (*trasp. aut.*) turnpike-road, turnpike; **una** ~ **a senso unico** (*trasp. aut.*) a one-way street; **una** ~ **a tre corsie** (*trasp. aut.*) a three-lane highway; «~ **chiusa**» (*trasp. aut.*) «no thoroughfare»; ~ **ferrata** (*trasp. ferr.*) railway; railroad (*USA*); **una** ~ **laterale** (*trasp. aut.*) a side road; ~ **maestra** (*trasp. aut.*) main road, highway, trunk-road; ~ **principale** (*trasp. aut.*) V. ~ **maestra**; ~ **privata** (*trasp. aut.*) occupation road; **una** ~ **senza uscita** (*trasp. aut.*) a blind alley, a cul-de-sac; **una** ~ **tortuosa** (*trasp. aut.*) a winding road; **una** ~ **transitabile** (*trasp. aut.*) a negotiable road; **un pirata della** ~ (*trasp. aut.*) a road hog.

stradale, *a.* (*trasp. aut.*) of the road; road (*attr.*). // **un cartello** ~ (*trasp. aut.*) a road-sign.

strage, *n. f.* slaughter; (*massacro*) massacre, havoc. // **la** ~ **dovuta agli incidenti stradali** (*trasp. aut.*) the slaughter on the roads.

stragiudiziale, *a.* (*leg.*) extrajudicial; out of Court.

stragiudizialmente, *avv.* (*leg.*) extrajudicially.

stralciare, *v. t.* ❶ (*levare via*) to take* away, to take* off, to remove. ❷ (*fin.*) (*liquidare*) to liquidate, to wind* up. // ~ **un articolo da un catalogo** (*market.*) to remove an article from a catalogue; ~ **un'azienda** (*fin.*) to liquidate a firm.

stralcio, *n. m.* ❶ (*il levare via*) taking away, taking off, removal, removing. ❷ (*fin.*) (*liquidazione*) winding up, liquidation. // ~ **del budget** (*riferito a un particolare settore o ufficio della pubblica amministrazione, e che contempli previsioni di entrate per la vendita di beni o servizi*) (*fin., rag.*) appropriation-in-aid; **vendere a** ~ to sell at bargain prices.

straniero, *a.* foreign, alien. *n. m.* foreigner; (*sconosciuto*) stranger. △ *a.* **Si spera che i turisti stranieri siano numerosi quest'anno** we hope that foreign visitors will be numerous this year.

straordinario, *a.* ❶ extraordinary; (*insolito*) unusual; (*fuori del comune*) uncommon; (*speciale*) special; (*eccezionale*) exceptional; (*spettacoloso*) spectacular; (*eccessivo*) exceeding; extra, record, smash (*attr.*). ❷ (*econ.*) (*di capitolo d'entrata o spesa di bilancio*) below-the-line. *n. m.* ❶ (*pers., sind.*) (*lavoro straordinario*) overtime work, overtime. ❷ (*pers., sind.*) (*compenso per il lavoro straordinario*) overtime pay. △ *a.* ❶ **Quell'anno sarà sempre ricordato per il numero** ~ **di fallimenti nel settore laniero** that year will always be remembered for the extraordinary number of smashes in the wool industry; **Ci sarà uno** ~ **aumento dei prezzi** there will be a spectacular rise in prices; **La nuova automobile è un successo** ~ the new car is a smash hit; *n.* ❶ **La maggior parte dei nostri operai fa lo** ~ most of our workers are on overtime. ❷ **edizione straordinaria** (*giorn.*) special (edition): **Oggi l'edizione straordinaria del pomeriggio non è stata pubblicata** the afternoon special has not been published today.

strappare, *v. t.* ❶ (*togliere con forza*) to pull up, to pull out, to tear* up. ❷ (*stracciare*) to tear*. ❸ (*fig.*) (*riuscire a ottenere, carpire*) to wring*, to wrench. △ ❸ **Dopo molto mercanteggiare riuscimmo a strappargli cinque giorni di permesso** after much bargaining we succeeded in wringing a five-days' leave out of him. // ~ **a q. una riduzione del 4%** (*su un prezzo*) to knock sb. down 4% (*fam.*).

strappo, *n. m.* ❶ tear. ❷ (*strappata*) pull; (*strattone*) jerk. ❸ (*infrazione*) infraction, infringement, breach. // **fare uno** ~ **alla regola** to make an exception to the rules.

strascicare, *v. t.* to drag, to shuffle, to drawl.

strascico, *n. m.* ❶ (*lo strascicare*) dragging, drawling, shuffling. ❷ (*fig.*) (*serie di conseguenze generalm. negative*) aftermath; after-effects (*pl.*). // **gli strascichi d'una crisi economica** (*econ.*) the aftermaths of an economic crisis.

strategia, *n. f.* ❶ strategy. ❷ (*ric. op.*) strategy. // ~ **mista** (*ric. op.*) mixed strategy; ~ **pura** (*ric. op.*) pure strategy.

stratificare, *v. t.* to stratify.

stratificarsi, *v. rifl.* to stratify. △ **La società tende a** ~ **secondo la distribuzione della ricchezza** society tends to stratify in conformity with the distribution of wealth.

stratificazione, *n. f.* ❶ stratification. ❷ (*econ.*) (*sociale*) stratification. ❸ (*stat.*) stratification. // ~ **sociale** (*econ.*) social stratification.

strato, *n. m.* ❶ stratum*; (*di rivestimenti*) coating, coat. ❷ (*econ., stat.*) stratum*. △ ❷ **Riguardo alla densità della popolazione, le contee degli Stati Uniti potrebbero essere raggruppate in 30 strati** the counties of the United States might be grouped into 30 strata in terms of their population density.

strenna, *n. f.* (*market.*) present, gift. // **strenne natalizie** (*market.*) Christmas presents.

strepitoso, *a.* ❶ (*rumoroso*) strepitous, noisy, loud. ❷ (*fig.*) tremendous; smash (*attr.*). △ ❷ **Le nostre merci hanno un successo** ~ our goods are having a tremendous success.

stress, *n. m.* stress.

stretta, *n. f.* ❶ (*atto dello stringere*) grasp, grip, hold. ❷ (*cred.*) squeeze. // **una** ~ **creditizia** (*fin.*) a money squeeze, a credit squeeze: **Probabilmente la nuova** ~ **creditizia causerà una sfavorevole inversione di tendenza nell'economia** the new credit squeeze will probably cause an adverse turn in the economy; ~ **ribassista** (*Borsa*) bear squeeze.

strettamente, *avv.* tight, tightly, fast, closely. △ È ~ **legato al sindacato** he is closely connected with the union. // ~ **vietato** strictly forbidden.

strettezza, *n.f.* ❶ tightness, narrowness. ❷ **strettezze,** *pl.* straits, financial difficulties; poverty (*sing.*). // **essere in strettezze** to be in financial straits, to be hard up.

stretto, *a.* ❶ narrow. ❷ (*serrato*) tight, fast. ❸ (*rigoroso*) strict, close. ❹ (*intimo*) close. *n. m.* strait; straits (*pl.*). △ *a.* ❹ **Siamo in stretti rapporti con la Ditta F.lli Ferrari** we are in close relations with Messrs Ferrari Bros. // **lo ~ di Messina** the Straits of Messina; **stretta parentela** close relationship; **stretta sorveglianza** close watch.

stringere, *v. t.* ❶ (*serrare forte*) to clasp, to grip, to grasp. ❷ (*accostare, unire*) to tighten. ❸ (*restringere*) to tighten. ❹ (*concludere*) to make*. *v. i.* (*premere, urgere*) to press. △ *v. t.* ❹ **Diversi supermercati stanno stringendo un'alleanza per evitare la concorrenza** several supermarkets are making an alliance in order to avoid competition; *v. i.* **Il tempo stringe** time presses. // ~ **la mano a q.** to shake hands with sb.

striscia, *n. f.* ❶ stripe, strip; (*di carta*) slip. ❷ (*giorn.*) (*a « fumetti »*) strip, strip play. // **una ~ di carta** a strip of paper; **una ~ di terra** a strip of land; **~ (di carta) sulla quale sono indicati dettagliatamente i conteggi relativi al salario** (*o stipendio*) **netto** (*pers.*) pay slip.

strozzare, *v. t.* ❶ to strangle. ❷ (*fig.*) to rook. △ ❷ **Con un interesse così alto mi strozzano!** with such a high interest they're rooking me!

strozzatura, *n. f.* ❶ (*stradale*) bottleneck. ❷ (*org. az.*) bottleneck.

strozzinaggio, *n. m.* (*cred.*) usury, money-grubbing.

strozzino, *n. m.* (*cred.*) usurer, money-grubber, loan shark.

strumentale, *a.* ❶ instrumental; (*ausiliario*) auxiliary. ❷ (*econ.*) (*di beni, ecc.*) inconsumable.

strumento, *n. m.* ❶ (*anche fig.*) instrument, tool. ❷ (*fig.*) (*mezzo*) means, medium*; (*tramite, veicolo*) vehicle; (*leva*) lever. ❸ (*leg.*) instrument, deed, charter. ❹ (*org. az.*) implement, tool. ❺ **strumenti,** *pl.* (*org. az.*) tackle (*sing. collett.*). △ ❶ **La pubblicità è uno ~ indispensabile dell'attività commerciale** advertising is an indispensable tool of business; ❷ **Spesso i giornali sono usati come ~ di propaganda politica** newspapers are often used as vehicles of political propaganda; **Questo è un vero ~ di orientamento delle produzioni e della stabilità dei mercati** this is a real means of orienting production and ensuring market stability. // **lo ~ adatto per un lavoro** the proper tool for a job; **uno ~ d'accelerazione della spesa pubblica** a means of speeding up public spending; **strumenti di precisione** (*org. az.*) precision instruments; ~ **misuratore** measuring instrument, meter; **strumenti negoziabili** (*cred.*) negotiable instruments, bills and notes.

struttura, *n.f.* (*anche fig.*) structure, framework, frame. △ **La ~ economica della società è cambiata notevolmente dalla fine della seconda guerra mondiale** the economic structure of society has changed considerably since the end of World War II. // ~ **dei salari** (*econ., sind.*) wage structure; ~ **del capitale** (*tipo e numero delle azioni emesse o da emettere*) (*fin.*) capital structure; **strutture dell'approvvigionamento** (*econ.*) supply structures; ~ **direzionale** (*org. az.*) management structure; **la ~ distributiva** (*market.*) the frame of distribution; ~ **finanziaria** (*fin.*) capital structure; ~ **funzionale** (*org. az.*) functional structure, staff structure; ~ **gerarchica** (*org. az.*) hierarchical structure; ~ **organizzativa** (*org. az.*) organization structure; ~ **organizzativa orizzontale** (*org. az.*) horizontal organizational structure, flat organization structure; ~ **organizzativa verticale** (*org. az.*) vertical organizational structure, tall organization; ~ **per obiettivi** (*org. az.*) structure by objectives.

strutturale, *a.* structural. △ **Diverse ditte fallirono a causa della loro debolezza ~** several firms went bankrupt due to their structural weakness.

studiare, *v. t.* ❶ to study; (*una materia, all'università*) to read*. ❷ (*esaminare*) to examine, to study, to investigate; (*qc., scientificamente*) to research; (*ispezionare*) to survey. ❸ (*progettare*) to plan (out). △ ❶ **Tutti dovrebbero ~ e imparare almeno una lingua straniera** everybody should study and learn at least one foreign language; ❷ **La maggior parte dei Governi studia per cercar di risolvere questo problema economico** most Governments are studying and attempting to solve this economic problem; ❸ **Stiamo studiando una nuova campagna pubblicitaria** we are planning out a new advertising campaign. // ~ **legge** to read law; ~ **per diventare un avvocato patrocinante** (*un « barrister »*, *q.V.*) to read for the Bar.

studio, *n. m.* ❶ study. ❷ (*esame*) examination, study, investigation; (*scientifico*) research; (*ispezione, valutazione*) survey. ❸ (*progetto*) plan. ❹ (*stanza di studio*) study; (*di professionista*) office. △ ❷ **Stiamo facendo uno ~ sulle cause della crisi monetaria** we are carrying on a research into the causes of the monetary crisis. // ~ **comparativo** comparative study; **uno ~ comparativo dei mercati europei** (*market.*) a comparative study of the European markets; **studi comparativi di prodotti concorrenziali** (*market.*) comparative studies of competitive products; ~ **dei metodi** (*cronot.*) method study, method improvement; ~ **dei movimenti** (*cronot.*) motion study; ~ **dei movimenti e dei tempi** (*cronot.*) motion and time study, time and motion study, time-motion study; ~ **dei tempi** (*cronot.*) time study; ~ **dei tempi e dei movimenti** (*cronot.*) time and motion study, motion and time study, time-motion study; ~ **del lavoro** (*cronot.*) work study; ~ **della produzione** (*org. az.*) process analysis; ~ **delle contrattazioni** (*in titoli*) **in base ai dati forniti da una teleborsa** (*Borsa*) tape reading; ~ **d'avvocato** chambers of a barrister, chambers; ~ **di pubblicità** (*pubbl.*) advertising office; ~ **e analisi dei mercati** (*market.*) marketing; ~ **legale** solicitor's office, chambers (of a barrister); ~ **preliminare** (*market.*) preliminary investigation; ~ **pubblicitario** (*pubbl.*) personal agency; **essere allo ~** to be under consideration; to be in the works (*USA*).

studioso, *a.* studious; (*diligente*) diligent. *n. m.* (*erudito*) scholar, learned man*; (*ricercatore*) researcher, investigator. ❶ **uno ~ di statistica** (*stat.*) a statistician.

su, *prep.* ❶ (*con contatto*) on, upon; (*direzione*) on to, onto. ❷ (*senza contatto*) over. ❸ (*al di sopra di*) above. ❹ (*circa, intorno*) about; around (*USA*). ❺ (*complemento d'argomento*) about, on. *avv.* up; (*ai piani superiori*) upstairs. △ *prep.* ❶ **Devo ricordarmi di mettere la firma ~ tutte queste lettere** I must remember to put my signature on all these letters; ❸ **L'altitudine massima di Denver, Colorado, è di 5.470 piedi sul livello del mare** the highest altitude of Denver, Col., is 5,470 ft. above sea-level; ❹ **Penso di finire sulle 18,30** I think I will be finished about 6:30 P.M.; ❺ **Sui problemi del Mezzogiorno è stata scritta un'infinità di parole** lots of words have been written on the problems of the South of Italy; avv. **I prezzi vanno ~** prices are going up. // **~ due piedi** on the spot, there and then; **~ per giù** more or less, roughly, about; around (USA); **fatto ~ misura** (market.) (d'abito) made-to-measure; **in ~ upwards**: **I nostri prezzi sono da una sterlina in ~** our prices are from one pound upwards.

suaccennato, a. V. sopraccennato.
subaccollare, v. t. (leg.) to subcontract.
subaccollatario, n. m. (leg.) subcontractor.
subaccollo, n. m. (leg.) subcontract.
subaffittante, n. m. e f. (leg.) sublessor.
subaffittare, v. t. (leg.) to sublet*, to underlet*, to relet*, to sublease, to underlease.
subaffitto, n. m. (leg.) sublease, underlease, reletting, subtenancy.
subaffittuario, n. m. (leg.) sublessee, underlessee, subtenant.
subagente, n. m. (org. az.) subagent, under-agent.
subagenzia, n. f. (org. az.) subagency.
subalterno, a. subaltern; (subordinato) subordinate; (inferiore) inferior; (secondario) secondary. n. m. (pers.) subordinate, secondary, inferior, junior. △ n. **È stato sempre tenuto in alta considerazione dai suoi subalterni** he's always been highly esteemed by his subordinates.
subappaltare, v. t. (leg.) to subcontract, to sublet*, to job. △ **Subappaltarono la pavimentazione stradale al migliore offerente** they sublet the city paving to the lowest bidder.
subappaltatore, n. m. (leg.) subcontractor.
subappalto, n. m. (leg.) subcontract.
subasta, n. f. V. asta.
subconscio, a. (pubbl.) subconscious, subliminal. n. m. (pubbl.) (the) subconscious.
subcosciente, a. (pubbl.) subconscious, subliminal. n. m. (pubbl.) (the) subconscious.
subentrante, a. incoming.
subentrare, v. i. to take* the place (of), to take* over, to succeed, to replace. △ **Miss Vera Young ha assunto la carica d'amministratore delegato e subentra così a Mr John Carpenter** Miss Vera Young has become managing director, thus replacing Mr John Carpenter; **Chi subentrerà alla presidenza?** who will succeed to the chairmanship?
subentro, n. m. replacement.
subire, v. t. to undergo*, to go* through, to experience; (sostenere) to sustain; (soffrire) to suffer. △ **In questi ultimi tempi le nostre tecniche produttive hanno subito mutamenti radicali** our production techniques have undergone radical changes lately; **La società ha subito un calo delle vendite del 20%** the company suffered a 20% drop in sales. // **~ una battuta d'arresto** to be brought to a stand: **Tutto il progetto ha subito una battuta d'arresto** the whole project has been brought to a stand; **~ un calo nei prezzi di vendita** (fin., market.) to sell off: **Da mesi il mercato ha subito un calo nei prezzi di vendita** the market has been selling off for months; **~ una forte flessione** (econ., fin., market.) (di prezzi, ecc.) to slump, to sag; **~ un incidente** to suffer an accident; (trasp.) (d'auto, treni, ecc.) to wreck; **~ un interrogatorio** (leg.) to undergo an examination; **~ una perdita** (rag.) to suffer a loss, to experience a loss, to make a loss; **~ un processo** (leg.) to be on trial; **~ un tracollo** (econ., fin., fig.) to smash.
subito, avv. at once, immediately, directly, straight away.
subliminale, a. (pubbl.) subliminal. △ **Le tecniche subliminali della pubblicità televisiva sono molto criticate** the subliminal techniques in TV advertising are being severely criticized.
sublocare, v. t. (leg.) to sublease, to sublet*.
sublocatario, n. m. (leg.) sublessee.
sublocazione, n. f. (leg.) sub-lease, sublease.
subordinare, v. t. to subordinate, to render subordinate, to render dependent, to condition.
subordinatamente, avv. subordinately, dependently, conditionally. // **~ al fatto che la consegna sia eseguita prima della fine della stagione** conditionally to delivery being made within the end of the season.
subordinato, a. subordinate, secondary, dependent. n. m. (pers.) subordinate, secondary, inferior, under-clerk. △ a. **L'esecutivo è ~ al potere legislativo** the executive is subordinate to the legislative power. // **~ al deposito preliminare degli effetti** (cred.) conditional upon the deposit of the bills in advance.
subordinazione, n. f. (leg.) subordination.
subornare, v. t. (leg.) to suborn, to bribe, to tamper with (sb.).
subornatore, n. m. (leg.) suborner, briber, tamperer.
subornazione, n. f. (leg.) subornation, bribery.
succedaneo, a. acting as a substitute, substitute. n. m. (econ., market.) substitute. △ n. **Spesso il miele viene usato come ~ dello zucchero** honey is often employed as a substitute for sugar.
succedere, v. i. ❶ to succeed, to replace. ❷ (accadere) to happen, to occur. △ ❶ **Il figlio maggiore è succeduto al padre nella conduzione degli affari** the eldest son succeeded his father in the conduct of business; ❷ **A che ora è successo l'incidente?** at what time did the accident occur?
succedersi[1], v. rifl. to follow each other, to follow one another.
succedersi[2], n. m. succession, run; (sequela) sequence. // **un ~ d'insuccessi economici** (econ.) a sequence of economic failures.
successibile, a. (leg.) entitled to succeed. n. m. (leg.) person entitled to succeed.
successione, n. f. ❶ succession. ❷ (serie, sequela) series, sequence. ❸ (leg.) succession. ❹ (amm., pers.) replacement. // **~ ereditaria** (leg.) hereditary succession; **~ testamentaria** (leg.) testamentary succession; **~ universale** (leg.) universal succession; **~ vacante** (leg.) estate in abeyance; **tassa di ~** (fin.) death duty.
successivo, a. successive, next, later, following, ensuing, consecutive, follow-up (attr.).
successo, n. m. ❶ (anche market.) success. ❷ (market.) hit, run. △ ❶ **La nuova serie di prodotti ha avuto un immediato ~** the new line has been an immediate success; ❷ **Il nostro articolo si dimostrò un vero ~** our article turned out to be a real hit. // **un ~ strepitoso** a smash success, a smash hit; **che non ha (avuto) ~** unsuccessful; **senza ~** with no success; unsuccessfully (avv.); unsuccessful (a.).
successore, n. m. successor.
succursale, n. f. (org. az.) branch office, branch house, branch, office. △ **La nostra ~ milanese sarà aperta fra due settimane** our Milan office will be opened within two weeks. // **~ d'agenzia** (org. az.) agency branch; **~ d'ufficio postale** (comun.) branch post-office.
sucido, a. ❶ (sudicio) dirty. ❷ (market.) (di lana) greasy, grease (attr.). // **lana sucida** (market.) grease wool; grease (USA).
sud, n. m. south. // **del ~** southern (a.).
suddetto, a. ❶ above-said, aforesaid, above-named,

above-stated, said, above. ❷ *(rag.)* *(nelle fatture, negli inventari, ecc.)* ditto. △ ❶ **Ci dispiace comunicarvi che i suddetti articoli sono momentaneamente esauriti** we are sorry to inform you that said articles are temporarily out of stock; **Il ~ è il proprietario dell'autocarro** the above is the owner of the truck.

suddito, *a.* *(leg.)* subject. *n. m.* ❶ *(cittadino)* citizen. ❷ *(leg.)* subject.

suddividere, *v. t.* to subdivide, to divide, to split* up. △ **I capitoli sono stati suddivisi in paragrafi** the chapters have been split up into sections.

suddivisibile, *a.* subdivisible, divisible.

suddivisione, *n. f.* subdivision, division, subdividing, dividing, splitting up. ∥ ~ **amministrativa d'una contea** township *(USA)*; ~ **delle partite** *(operata da un grossista: per soddisfare le richieste dei dettaglianti)* *(market.)* breaking bulk; ~ **delle reciproche zone d'influenza** *(market.)* carve-up; ~ **d'un tributo fra i diversi livelli dell'amministrazione pubblica** *(Governo Federale, Stato, Contea, ecc.)* *(fin., USA)* tax sharing.

sufficiente, *a.* sufficient; enough *(avv.)*. *n. m.* enough. △ *a.* **Non abbiamo informazioni sufficienti per determinare il danno reale** we have not got sufficient information to state the exact damage.

sufficientemente, *avv.* sufficiently, enough. ∥ **non ~ produttivo** *(econ., org. az.)* underproductive.

sufficienza, *n. f.* sufficiency. ∥ **a ~** sufficiently, enough *(avv.)*.

suffragare, *v. t.* *(giovare a, favorire)* to support. ∥ ~ **un'affermazione con documenti** *(leg.)* to support a statement with documents; ~ **un'asserzione** *(con prove)* *(leg.)* to verify a statement.

suffragio, *n. m.* ❶ *(voto)* suffrage, vote. ❷ *(giovamento, favore)* support. ∥ ~ **universale** *(leg.)* universal suffrage.

suggerimento, *n. m.* ❶ *(il suggerire)* suggestion, suggesting; *(il proporre)* proposal, proposing; hinting; *(il consigliare)* advising. ❷ *(cosa suggerita)* suggestion; *(cosa proposta)* proposal, hint; *(consiglio)* piece of advice; *(indicazione)* pointer, cue. △ ❷ **Non gli fu dato alcun ~ sul modo di condurre gli affari** he was given no pointers on how to run his business; **La vostra lettera non ci dà alcun ~ per quanto riguarda la quantità** your letter gives us no cue as to the quantity.

suggerire, *v. t.* to suggest; *(proporre)* to propose; to hint; *(consigliare)* to advise. △ **Vorremmo suggerirvi di mettervi in contatto col nostro agente di Milano** we would suggest that you contact our Milan agent.

suindicato, *a.* V. **sopraindicato**.

summenzionato, *a.* above-mentioned, aforementioned, above-named, above-said, said *(attr.)*; mentioned above *(pred.)*.

sunnominato, *a.* V. **summenzionato**.

sunto, *n. m.* summary, abridgement.

suolo, *n. m.* *(terra, terreno)* ground, soil, land. ∥ ~ **pubblico** communal land.

suonare, *v. t.* ❶ *(far emettere un suono)* to sound; *(un campanello e sim.)* to ring*; *(un disco, uno strumento musicale)* to play. ❷ *(eseguire suonando)* to play. ❸ *(battere le ore)* to strike*. *v. i.* ❶ *(emettere un suono)* to sound; *(d'un campanello e sim.)* to ring*; *(d'un disco, d'uno strumento musicale)* to play. ❷ *(eseguire musica)* to play. ❸ *(delle ore: scoccare)* to strike*. ❹ *(delle parole: riferendosi al suono)* to sound; *(riferendosi alla lettura)* to read*. △ *v. t.* ❶ **Abbiamo suonato diverse volte ma non c'è stata risposta** we rang several times but there was no answer; *v. i.* ❸ **Erano appena suonate le cinque quando si sentì l'esplosione** five had just struck when we heard the explosion; ❹ **La loro risposta suona come una critica al nostro operato** their answer reads like a criticism of our actions.

suono, *n. m.* sound; *(di campanello e sim.)* ringing, ring.

superamento, *n. m.* ❶ overcoming. ❷ *(trasp. aut.)* overtaking.

superare, *v. t.* ❶ *(sorpassare)* to exceed, to be over *(st.)*, to overrun*, to overbalance, to outrun*, to top. ❷ *(sormontare, vincere)* to overcome*, to get* over. ❸ *(passare oltre)* to get* over; *(attraversare)* to cross. ❹ *(trasp. aut.)* *(oltrepassare con un veicolo)* to overtake*, to pass. △ ❶ **La domanda di questo mese ha superato le nostre aspettative** this month's demand exceeded our expectations; **Alla fine dell'anno l'offerta ha superato la domanda** at the end of the year supply exceeded demand; **La produzione di burro ha di nuovo superato il consumo** butter production again outran consumption; **I crediti superano i debiti** credits overbalance debts; **La produzione di grano ha superato quella del riso** wheat production has topped that of rice; ❷ **Supereremo ogni difficoltà per quanto riguarda i permessi e i visti** we shall overcome all difficulties as regards permits and visas; ❹ **L'incidente avvenne quando cercò di superarci** the accident occurred when he tried to overtake us. ∥ ~ **un esame** to pass an exam, to get through an exam; ~ **la giustezza** *(giorn.)* *(detto d'una riga)* to overrun into the margin; ~ **q. in qc.** to surpass sb. in st., to excel sb. in st.; ~ **in curva** *(trasp. aut.)* to overtake on a bend; ~ **in numero** to exceed in number, to outnumber; ~ **in valore** to overbalance; ~ **il limite di velocità** *(trasp. aut.)* to exceed the speed limit, to speed; ~ **nella corsa** to outrun; ~ **per un punto** to go one better; ~ **un pericolo** to overcome a danger; ~ **un primato** to break a record: **La produzione annuale sta superando tutti i primati europei** the yearly production is breaking all European records; ~ **uno squilibrio** *(econ.)* to bridge a gap: **Non sarà facile ~ lo squilibrio fra la domanda e l'offerta di questi prodotti** it won't be easy to bridge the gap between the supply and demand of these products.

superarsi, *v. rifl.* to surpass oneself. *v. recipr.* to surpass one another, to surpass each other, to leapfrog one another, to leapfrog each other. △ *v. recipr.* **Grazie alla vivace concorrenza da qualche tempo le due grandi aziende vanno superandosi a turno** thanks to their keen competition the two big firms have been leapfrogging each other lately.

superficiale, *a.* superficial; surface *(attr.)*.

superficie, *n. f.* surface; *(area)* area. ∥ ~ **di controllo** *(elab. elettr.)* control area; ~ *(di nave)* **esposta al vento** *(trasp. mar.)* windage.

superiore, *a.* ❶ *(comparativo)* superior. ❷ *(superlativo assoluto)* superior; top *(attr.)*. ❸ *(più elevato, più alto)* higher. ❹ *(sovrastante)* upper. ❺ *(di grado superiore)* senior. *n. m.* ❶ superior. ❷ **superiori**, *pl.* authorities. △ *a.* ❶ **I nostri articoli sono sempre stati superiori a quelli dei nostri concorrenti** our articles have always been superior to our competitors'; ❷ **La qualità ~ della nostra produzione è nota a tutta la nostra clientela** the top quality of our production is well-known to our customers; ❸ **Non possiamo permetterci sconti superiori** we can't afford higher discounts; *n.* ❶ **Gli fu consigliato di rivolgersi prima di tutto al suo ~ immediato** he was advised to go first to his immediate superior. ∥ **essere ~ a** to precede: **Diverse nazioni sono superiori alla nostra per quanto**

riguarda il reddito pro capite several Countries precede ours in per capita income; **non ~ a** not exceeding: **Per ordinazioni non superiori alle £ 1.000, possiamo praticarvi uno sconto del 2%** for orders not exceeding £ 1,000, we can grant you a 2% discount.

superiorità, *n. f.* superiority.

supermarket, *n. m.* (*market.*) supermarket.

supermercato, *n. m.* (*market.*) supermarket. △ **I supermercati coprono ora più dei tre quarti del commercio alimentare al dettaglio delle città americane** the supermarkets now cover over three quarters of the food retail trade in American cities. // **~ finanziario** (*fin., USA*) financial department store.

supernazionale, *a.* supranational.

supero, *n. m.* (*fin.*) (*soprappiù*) surplus, extra, excess.

superpetroliera, *n. f.* (*trasp. mar.*) supertanker.

superproduzione, *n. f.* (*econ.*) overproduction.

superstite, *a.* surviving. *n. m. e f.* (*ass.*) survivor.

superstrada, *n. f.* (*trasp. aut.*) speedway (*USA*).

supervalutare, *v. t.* V. **sopravvalutare**.

supervisione, *n. f.* (*org. az.*) supervision, oversight.

supervisore, *n. m.* (*pers.*) supervisor, superintendent.

supplementare, *a.* supplementary, supplemental; (*sussidiario*) subsidiary; (*addizionale*) additional; extra (*attr.*).

supplemento, *n. m.* ❶ supplement. ❷ (*giorn.*) supplement, insert, inset. ❸ (*market.*) (*sovrapprezzo*) extra charge, surcharge, extra. ❹ (*mat.*) supplement. ❺ (*pers.*) extra pay. ❻ (*trasp. ferr.*) extra charge. △ ❷ **Siamo orgogliosi d'informare i nostri lettori che, a partire dal 4 novembre, il nostro giornale avrà un ~ finanziario settimanale** we are proud to inform our readers that, starting November 4th, our paper will include a weekly financial supplement. // **~ di nolo** (*trasp. mar.*) additional freight; **~ di premio** (*ass.*) additional premium; **~ di prezzo** (*market.*) additional charge, extra charge; **~ di salario per spese di vitto non corrisposto** (*pers.*) board wages; **~ di tariffa** (*trasp. ferr.*) excess fare; **~ domenicale** (*giorn.*) Sunday supplement.

supplente, *a.* substitute, temporary. *n. m. e f.* ❶ (*leg., org. az.*) locum tenens. ❷ (*pers.*) substitute; sub (*fam.*).

supplenza, *n. f.* ❶ (*leg., org. az.*) locum-tenency. ❷ (*pers.*) temporary post, temporary substitution.

suppletivo, *a.* ❶ supplementary. ❷ (*leg.*) suppletory.

suppletorio, *a.* ❶ supplementary. ❷ (*leg.*) suppletory.

supplire, *v. i.* to supply; (*compensare*) to compensate for, to make* up for. *v. t.* to substitute for; to sub for (*fam.*). △ *v. i.* **Come pensate di ~ a questa perdita?** how do you think you'll make up for this loss?; *v. t.* **Mi è stato chiesto di ~ la loro segretaria** I have been asked to substitute for their secretary.

supporre, *v. t.* to suppose, to assume, to presume; (*immaginare*) to imagine; (*pensare*) to think*. △ **Supponendo che ciò sia vero, quale sarà la vostra linea di azione?** assuming this to be true, what will your line of action be?

supposizione, *n. f.* supposìtion, presumption, assumption. △ **La ~ di Mr Kute era del tutto infondata** Mr Kute's assumption was utterly groundless.

supremazia, *n. f.* supremacy, leadership. △ **Non avrebbe potuto mantenere la ~ senza la sua esperienza e la sua onestà** he could not have maintained the leadership without his experience and honesty.

supremo, *a.* ❶ supreme. ❷ (*massimo, sommo*) greatest, highest. ❸ (*principale*) chief, prime, paramount. // **di suprema importanza** of prime (*o* chief, *o* paramount) importance.

«**surplus**», *n. m.* (*econ.*) surplus. // **surplus agricoli** (*econ.*) farm surpluses; **~ di capitale** (*fin., USA*) capital surplus.

surrettiziamente, *avv.* (*leg.*) surreptitiously.

surrettizio, *a.* (*leg.*) surreptitious.

surriferito, *a.* above-mentioned, above-stated; aforesaid (*attr.*); referred to above (*pred.*).

surriscaldamento, *n. m.* (*anche fig.*) overheating.

surriscaldare, *v. t.* (*anche fig.*) to overheat.

surriscaldarsi, *v. rifl.* (*anche fig.*) to get* overheated, to overheat.

surroga, *n. f.* V. **surrogazione**.

surrogabile, *a.* (*sostituibile*) replaceable; (*supplementare*) supplementary, supplemental, additional; (*alternativo*) alternative.

surrogare, *v. t.* ❶ (*mettere in luogo d'un altro*) to subrogate, to substitute for. ❷ (*subentrare ad altri*) to take* the place of, to replace.

surrogato, *n. m.* (*econ., market.*) substitute. △ **In certi Paesi la margarina è usata come ~ del burro** in certain Countries margarine is used as a substitute for butter.

surrogazione, *n. f.* (*leg.*) subrogation, substitution.

suscettibile, *a.* ❶ (*capace di subire modificazioni*) susceptible, capable, liable. ❷ (*facile a risentirsi*) susceptible, sensitive, touchy. △ ❶ **Quelle azioni sono suscettibili di quotazione (in Borsa)** those shares are capable of being quoted. // **non ~ di tutela giudiziaria** (*leg.*) (*d'un diritto e sim.*) unenforceable.

suscettibilità, *n. f.* (*facilità a risentirsi*) susceptibility, sensitiveness, touchiness.

suspicione, *n. f.* (*leg.*) suspicion.

sussidiare, *v. t.* to subsidize; (*aiutare*) to help, to aid.

sussidiario, *a.* subsidiary, auxiliary, ancillary; (*supplementare*) supplementary.

sussidio, *n. m.* ❶ subsidy; (*aiuto*) help, aid; (*appoggio, sostegno*) support. ❷ (*pers., sind.*) benefit, allowance. // **~ agli scioperanti** (*pagato dai sindacati*) (*sind.*) strike pay, strike benefit: **Il ~ agli scioperanti dovrebbe essere almeno pari al costo minimo della vita** strike pay should cover at least the minimum cost of living; **sussidi all'agricoltura** (*econ.*) agricultural support subsidies, farm subsidies; **~ di disoccupazione** (*sind.*) unemployment benefit, unemployment compensation, dole: **Tutta la sua famiglia percepisce il ~ di disoccupazione** all his family is on the dole; **~ governativo agli Enti locali** (*econ., ingl.*) general grant; **~ (per) malattia** (*pers.*) sick-pay, sick-benefit.

sussistenza, *n. f.* (*il sussistere*) subsistence, existence. // **mezzi di ~** (*econ.*) means of subsistence.

sussistere, *v. i.* ❶ (*esistere*) to subsist, to exist; (*essere*) to be. ❷ (*essere fondato, avere peso*) to hold* good, to hold* water. △ ❷ **Le ragioni che avete addotto non sussistono** the reasons you have brought forward do not hold water.

svaligiare, *v. t.* (*leg.*) to ransack, to plunder, to pillage.

svalutare, *v. t.* ❶ (*econ.*) to devalue, to undervalue, to devaluate, to devalorize. ❷ (*fin.*) (*monete, ecc., alterandole*) to depreciate, to debase. ❸ (*rag.*) (*attività, titoli, ecc.*) to depreciate, to write* off, to write* down. △ ❶ **I ministri finanziari hanno deciso di ~ la lira** finance ministers have decided to devalue the lira; ❸ **L'unica cosa da fare è di ~ le azioni** the only thing to do is to depreciate the value of the shares. // ~ un'attività (*rag.*) to write down an asset; ~ ufficialmente una moneta (*econ.*) to decry a coin.

svalutarsi, *v. rifl.* (*econ.*) (*di monete, ecc.*) to depreciate. △ **La nostra moneta si va svalutando** our currency is depreciating.

svalutato, *a.* undervalued. △ **La sterlina era svalutata nei confronti delle monete straniere** the pound was undervalued in terms of foreign currencies.

svalutazione, *n. f.* ❶ (*econ.*) devaluation, undervaluation. ❷ (*fin.*) (*di monete, ecc., alterandole*) depreciation, debasement. ❸ (*rag.*) (*d'attività, titoli, ecc.*) depreciation, writing-off, writing-down, write-off, write-down. △ ❸ **È stato necessario far ricorso a frequenti svalutazioni di portafoglio** it was necessary to make frequent write-downs of portfolios. // **una ~ a fini di ammortamento** (*rag.*) a write-off for amortization; ~ **del capitale** (*rag.*) depletion of capital; ~ **della moneta** (*econ.*) debasement of the coinage; ~ **di titoli** (*fin.*) depreciation of securities; ~ **fluttuante** (*econ.*) floating devaluation; ~ **monetaria** (*fin.*) currency devaluation, currency depreciation.

svantaggio, *n. m.* disadvantage, drawback, disability, inconvenience, handicap. △ **Esamineranno i vantaggi e gli svantaggi dei controlli sui prezzi** they will examine the benefits and disabilities of price controls; **La perdita di quel reddito supplementare sarà un grosso ~** loosing that extra income is going to be a great inconvenience; **Le nuove misure economiche si tradussero in un grave ~ per molte industrie** the new economic measures turned out to be a serious handicap for lots of industries.

svantaggioso, *a.* disadvantageous, unfavourable, inconvenient.

svelare, *v. t.* (*palesare*) to disclose, to reveal, to lay* bare. // ~ **i segreti d'una società** to lay bare the secrets of a company.

sveltire, *v. t.* ❶ to quicken, to speed* up; to make* quicker. ❷ (*semplificare*) to simplify. △ ❶ **Questa macchina sveltisce l'intero processo (produttivo)** this machine makes the whole process quicker; ❷ **È allo studio un nuovo sistema per ~ la procedura** a new system is being studied that will simplify the procedure. // ~ **un servizio ferroviario** (*trasp. ferr.*) to speed up a train service; ~ **il traffico** (*trasp.*) to speed up traffic.

svelto, *a.* quick, speedy; (*pronto*) prompt, ready. // **alla svelta** quickly.

svendere, *v. t.* (*market.*) to undersell*, to sell* off, to sell* out, to work off; (*prodotti, specialm. all'estero*) to dump; (*rimanenze*) to remainder. △ **Prima di « chiuder bottega » dovremo ~ tutta la merce** before closing down our business we shall have to undersell all the goods. // ~ **merci** (*avendo previsto un crollo dei prezzi*) (*market.*) to unload; ~ **titoli** (*avendo previsto un crollo dei prezzi*) (*fin.*) to unload.

svendita, *n. f.* (*market.*) underselling, selling-off, selling-out; clearance sale, sale, break-up; (*di prodotti, specialm. all'estero*) dumping. // ~ **per cessazione di esercizio** clean-up (*slang USA*).

sventolare, *v. t.* ❶ to flap, to wave; (*agitare*) to shake*. ❷ (*trasp. mar.*) (*una bandiera*) to fly*. *v. i.* to flap, to wave. △ *v. t.* ❷ **La nave sventola la bandiera britannica** the ship flies the British flag.

svernare, *v. i.* (*tur.*) to winter.

svilimento, *n. m.* (*fin., market.*) (*svalutazione*) devaluation, depreciation. // **lo ~ delle quotazioni** (*fin.*) the fall in quotations.

svilire, *v. t.* (*fin., market.*) (*svalutare*) to devalue, to devaluate, to depreciate. // ~ **merci e titoli** (*fin., market.*) to depreciate goods and securities.

sviluppare, *v. t.* ❶ (*far crescere*) to develop, to expand. ❷ (*mat.*) (*un'equazione, ecc.*) to develop, to expand. ❸ (*pubbl.*) (*una pellicola*) to develop. △ ❶ **Tali misure sono state adottate per ~ le industrie nazionali** such measures have been taken in order to develop domestic industries. // ~ **la propria azienda** (*org. az.*) to develop one's business; ~ **la capacità concorrenziale delle imprese europee** (*econ.*) to develop the competitive capacity of European firms; ~ **un'equazione** (*mat.*) to develop an equation.

svilupparsi, *v. rifl.* ❶ to develop. ❷ (*crescere*) to grow*, to expand. △ ❷ **Malgrado un andamento congiunturale meno favorevole delle industrie di base in alcuni Paesi Membri, gli scambi di materie prime si sono sviluppati in maniera apprezzabile** despite a less favourable situation in the basic industries of some Member States, trade in raw materials expanded appreciably; **Il commercio dei prodotti tessili intermedi s'è sviluppato a un ritmo abbastanza rapido** trade in intermediate textile products expanded at a fairly rapid rate. // ~ **rapidamente** to mushroom: **La domanda si sta sviluppando rapidamente** demand is mushrooming.

sviluppo, *n. m.* ❶ development, expansion; (*crescita*) growth; (*evoluzione*) evolution. ❷ (*market.*) promotion. ❸ (*mat.*) (*d'un'equazione, ecc.*) development, expansion. ❹ (*pubbl.*) (*fotografico*) development. // ~ **aziendale** (*org. az.*) company growth; corporate growth (*USA*); ~ **coordinato** (*econ., org. az.*) balanced growth; **lo ~ del capitalismo** (*econ.*) the evolution of capitalism; ~ **del prodotto** (*market.*) product development; **lo ~ dell'attività commerciale** the evolution of trade; ~ **(delle) vendite** (*pubbl.*) sales promotion; ~ **e formazione manageriale** (*pers.*) management selection and training; ~ **e stampa** (*pubbl.*) developing and printing; ~ **economico** (*econ.*) economic development, economic growth; « ~ **economico zero** » (*econ.*) zero economic growth (ZEG); ~ **edilizio** (*econ.*) housing boom; **uno ~ equilibrato** (*econ., org. az.*) a balanced development, a balanced growth; **lo ~ industriale** (*econ.*) the development of industry; ~ **ottimale** (*econ.*) optimum growth; **in via di ~** (*di un Paese e sim.*) developing.

svincolare, *v. t.* ❶ (*dog.*) to clear. ❷ (*leg.*) to release, to redeem. // ~ **una proprietà** (*leg.*) to redeem an estate.

svincolarsi, *v. rifl.* to release oneself, to disengage oneself, to free oneself. // ~ **da un impegno** to contract (oneself) out of an engagement.

svincolo, *n. m.* ❶ (*dog.*) clearing, clearance. ❷ (*leg.*) release, redemption.

svisare, *v. t.* (*travisare*) to alter, to distort, to strain, to misinterpret, to twist. △ **L'interpretazione della legge è stata totalmente svisata** the interpretation of the law has been utterly strained. // ~ **i fatti** (*leg.*) to strain the truth; ~ **le parole di q.** to misinterpret sb.'s words.

svista, *n. f.* oversight, slip; (*errore*) mistake, error. // **per ~** by oversight; inadvertently (*avv.*).

svolgere, *v. t.* ❶ (*distendere, aprire ciò che è involto*) to unwind*; (*srotolare*) to unroll; (*un pacco*) to unwrap; (*spiegare*) to unfold. ❷ (*attuare azioni per raggiungere un fine*) to carry out, to carry on. △ ❷ **Svolgono un vasto commercio in vini** they carry on an extensive trade in wine. // ~ **un programma lavorativo** (*org. az.*) to carry on a programme of work; ~ **un « secondo » lavoro** (*specialm. nelle ore serali*) to moonlight (*USA*); **chi svolge**

svolgersi, *v. rifl.* ❶ to unwind*; *(spiegarsi)* to unfold; *(srotolarsi)* to unroll. ❷ *(succedere)* to happen, to occur, to take* place. ❸ *(svilupparsi)* to develop. △ ❷ **Quando si svolse l'incidente stradale?** when did the road accident take place?; ❸ **La campagna delle vendite s'è svolta molto regolarmente** the sales campaign developed quite regularly.

svolgimento, *n. m.* ❶ unwinding; *(spiegamento)* unfolding; *(srotolamento)* unrolling. ❷ *(insieme d'azioni per raggiungere un fine)* carrying out, carrying on. ❸ *(sviluppo)* development. △ ❷ **C'imbattemmo in molte difficoltà nello ~ del nostro progetto** we came across a lot of difficulties during the carrying out of our plan.

svolta, *n. f.* ❶ bend, turning, turn; *(curva)* curve. ❷ *(fig.)* turning point, turn. ❸ *(econ.)* *(di un ciclo economico)* turning point. △ ❷ **Sembra si sia a una ~ favorevole nella disputa fra operai e datori di lavoro** there seems to be a turn for the better in the labour-management feud. ∥ ~ **favorevole** *(econ.)* upturn; «**divieto di ~ a destra**» *(trasp. aut.)* «no right turn»; «**divieto di ~ a sinistra**» *(trasp. aut.)* «no left turn».

svoltare, *v. i.* *(trasp. aut.)* to turn.

svolto, *a.* *(eseguito)* carried out, carried on. ∥ ~ **fra porti vicini** *(trasp. mar.)* *(di traffico, movimento, ecc.)* short-sea *(attr.)*; ~ **nell'ambito d'uno stabilimento** *(org. az.)* in-plant *(attr.)*.

«**swap**», *n. m.* *(fin.)* swap, swapping. △ **Col termine ~ s'intende il legame principale fra il mercato creditizio interno e il mercato delle Eurodivise** swaps are the main link between the domestic credit market and the Eurocurrency market. ∥ ~ **bilaterale** *(fin.)* bilateral swapping.

T

tabacco, *n. m.* tobacco. // ~ **greggio** (*market.*) unmanufactured tobacco; **tabacchi lavorati** (*market.*) manufactured tobaccoes.

tabella, *n. f.* table; (*prospetto*) schedule; (*lista*) list; (*carta*) chart. // ~ **analitica** analytical table; ~ **comparativa** comparative table; **una** ~ **dei noli** (*trasp. mar.*) a schedule of freight rates; ~ **dei pesi e delle misure** table of weights and measures; ~ **dei prezzi** (*market.*) price-list; ~ (*base*) **dei salari** (*sind.*) wage scale; ~ **delle partenze** (*trasp. mar.*) sailings board; ~ **delle partenze dei treni** (*trasp. ferr.*) station-calendar; ~ **di marcia** (*anche fig.*) schedule; **tabelle di mortalità** (*stat.*) mortality tables; ~ **di previsione delle consegne** (*org. az.*) delivery schedule.

tabellare, *a.* tabular. △ **Tutti i dati sono riassunti in forma** ~ all data are summarized in tabular form.

tabellone, *n. m.* ❶ notice-board. ❷ (*per affissioni*) hoarding; bill-board (*USA*). // ~ **pubblicitario** (*sul quale si affiggono manifesti*) (*pubbl.*) poster panel, advertisement hoarding.

« **tabloid** », *n. m.* (*giorn.*) tabloid.

tabulare[1], *a.* ❶ tabular. ❷ (*mat., stat.*) tabular. // **differenza** ~ (*mat.*) tabular difference.

tabulare[2], *v. t.* (*mat., stat.*) to tabulate. △ **I risultati dell'inchiesta saranno pubblicati non appena saranno stati tabulati** the results of the survey will be published as soon as they have been tabulated. // ~ **dati statistici** (*stat.*) to tabulate statistics.

tabulato, *a.* (*mat., stat.*) tabulated. *n. m.* (*elab. elettr.*) tabulation.

tabulatore, *n. m.* (*di macchina da scrivere*) tabulator.

tabulatrice, *n. f.* (*elab. elettr.*) tabulating machine, tabulator.

tabulazione, *n. f.* (*elab. elettr., mat., stat.*) tabulation. // **la** ~ **dei dati** (*stat.*) the tabulation of data; **la** ~ **dei risultati** (*stat.*) the tabulation of results.

taccheggiamento, *n. m.* (*leg.*) shoplifting.

taccheggiare, *v. t. e i.* (*leg.*) to shoplift.

taccheggiatore, *n. m.* (*leg.*) shoplifter.

taccheggio, *n. m.* (*leg.*) shoplifting.

taccuino, *n. m.* ❶ notebook, pocket book. ❷ (*attr. uff.*) memorandum book, memory book, memo book.

tacere, *v. i.* ❶ to be silent. ❷ (*rimanere in silenzio*) to keep* silent. *v. t.* (*non dire*) to say* nothing about (st.); (*non menzionare*) not to mention. △ *v. t.* **Avrebbe dovuto** ~ **i nomi delle persone coinvolte nella faccenda** he should not have mentioned the names of the people involved in the affair.

tachimetro, *n. m.* (*trasp. aut.*) speedometer, tachymeter.

tacitare, *v. t.* ❶ (*mettere a tacere*) to silence, to hush up. ❷ (*cred.*) (*un creditore*) to satisfy, to pay* off. △ ❷ **Dovette vendere dei terreni per** ~ **i creditori** he had to sell land to satisfy his creditors. // ~ **uno scandalo** to hush up a scandal.

tacito, *a.* ❶ (*che tace*) silent, quiet. ❷ (*non espresso ma intuibile*) tacit, unexpressed, implied; (*sottinteso*) understood. // ~ **accordo** (*leg.*) tacit agreement; **un** ~ **avvertimento** a tacit warning; ~ **consenso** (*leg.*) tacit consent, sufferance.

taglia, *n. f.* ❶ (*leg.*) (*premio promesso a chi cattura malviventi*) reward, price. ❷ (*market.*) (*d'indumento*) size.

tagliacarte, *n. m. inv.* (*attr. uff.*) paper-knife*.

tagliando, *n. m.* coupon. △ **Quando chiesi il biglietto ferroviario, mi fu dato un libretto di tagliandi** when I asked for my railway ticket, I was given a small book of coupons. // ~ **che conferma l'avvenuta visita d'un piazzista a un cliente** (*market.*) call-slip; ~ **da incollare** (*market.*) sticker; ~ **di controllo** (*org. az.*) contents slip; ~ **di riscontro** (« *madre* » o « *figlia* ») (*market.*) tally.

tagliare, *v. t.* ❶ to cut*; (*staccare tagliando*) to cut* off; (*cimare, spuntare*) (*anche fig.*) to trim. ❷ (*attraversare*) to cut* across. ❸ (*giorn.*) (*parti d'un articolo, libro, ecc.*) to retrench, to cut*. *v. i.* ❶ to cut*; (*essere affilato*) to be sharp. ❷ (*seguire la via più breve*) to cut* across. △ *v. t.* ❶ **Ha minacciato il figlio di tagliargli i viveri** he has threatened to cut off his son's allowance; ❷ **Benson Street taglia Redcliff Avenue** Benson Street cuts across Redcliff Avenue. // ~ **a metà** (*la differenza fra il prezzo richiesto e quello offerto*) (*comm.*) to split the difference; ~ **fuori q.** (*market.*) to freeze sb. out: **La crisi pre-bellica tagliò fuori gran parte dei nostri concorrenti** the pre-war depression froze out most of our competitors; ~ **le spese** (*rag.*) to cut down expenses; ~ **la strada a q.** (*trasp. aut.*) to cut sb. in; ~ **la testa al toro** (*fig.*) to decide the issue.

tagliarsi, *v. rifl.* ❶ to cut* oneself, to cut*. ❷ (*lasciarsi tagliare*) to cut*. △ ❷ **Questa stoffa si taglia male** this material doesn't cut well.

taglio, *n. m.* ❶ cut. ❷ (*econ., fin.*) (*nelle spese previste in bilancio*) retrenchment, cut. ❸ (*fin.*) (*di biglietti di banca, ecc.*) denomination. ❹ (*giorn.*) (*in un articolo, libro, ecc.*) retrenchment, cut. ❺ (*market.*) (*foggia, linea, d'abiti, ecc.*) cut, make; (*stile*) style. ❻ (*market.*) (*lunghezza di stoffa*) length. △ ❷ **Il Governo ha promesso dei tagli tanto nelle spese pubbliche quanto negli impegni internazionali** the Government has promised retrenchments both in public expenditure and in international commitments; ❸ **C'è scarsità di monete di piccolo** ~ there's a shortage in money of small denominations. // **un** ~ **alle spese** (*rag.*) a cut in expenditure; **un** ~ **di stoffa** (*market.*) a length of material.

tale, *a.* ❶ such. ❷ (*certo*) certain, one. *pron. indef.* fellow, man*, chap (*m.*); girl, woman* (*f.*). △ *a.* ❶ **Non ci aspettavamo una** ~ **spesa** we didn't expect such an expenditure; ❷ **C'è un** ~ **Mr Hoosey che vuole parlarLe** there's a certain Mr Hoosey who wants to talk to you; *pron.* **Ha telefonato un** ~ **mentre Lei era fuori** a fellow called while you were out. // ~ **quale** (*fin.*) (*di corso*) tel quel, tale quale; flat (*a. attr.*).

talloncino, *n. m.* ❶ (*cedola*) talon. ❷ (*banca*) slip. ❸ (*trasp. mar.*) (*allegato a una polizza di carico*) attachment.

tamburo, *n. m.* ❶ drum. ❷ (*meccanico*) drum,

tampone

cylinder. // ~ **magnetico** (*elab. elettr.*) magnetic drum; **a ~ battente** immediately; on the nail (*fam.*).

tampone, *n. m.* tampon. // ~ **di carta assorbente** (*attr. uff.*) blotting pad, blotting dabber, blotting case; ~ **per timbri** (*attr. uff.*) ink-pad.

tangente, *a.* tangent. *n. f.* ❶ (*fin.*) (*quota, rata*) quota, share, portion. ❷ (*market.*) kickback. ❸ (*mat.*) tangent line, tangent.

tangenza, *n. f.* (*mat.*) tangency.

tangenziale, *a.* (*mat.*) tangential. *n. f.* (*trasp. aut.*) by-pass.

tangibile, *a.* tangible. // **un ~ guadagno** a tangible gain.

tanto, *a.* ❶ (*con valore intensivo*) so much (*pl.* so many). ❷ (*in correlazione con « quanto »*) as much (*pl.* as many); (*in frasi negative*) so much (*pl.* so many). ❸ (*in correlazione con « che » e « da »*) so much (*pl.* so many). *avv.* ❶ (*con a. e avv.*) so. ❷ (*con verbi*) so much. ❸ (*in correlazione con « quanto »: con a. e avv.*) as; (*in frasi negative*) so much. ❹ (*in correlazione con « quanto »: con verbi*) as much; (*in frasi neg.*) so much. ❺ (*in correlazione con « quanto »: con sost. e pron.*) both... and. ❻ (*soltanto*) just. *pron.* ❶ so much (*pl.* so many). ❷ (*molto*) much (*pl.* many). *n. m.* (*quantità indeterminata*) so much. △ *a.* ❶ **Non è molto brillante, ma ha tanta buona volontà** he is not very brilliant but he has so much good will; ❷ **Vorremmo avere tanti clienti quanti (ne hanno) loro** we should like to have as many customers as they (have); ❸ **Ha ~ denaro che non sa come spenderlo!** he has got so much money he doesn't even know how to spend it!; *avv.* ❶ **Non credevamo che la materia prima fosse ~ cara** we didn't expect the raw material to be so expensive; ❷ **Non insisterei ~ se fossi in voi** I would not insist so much if I were you; ❸ **Miss Young è ~ carina quanto brava** Miss Young is as pretty as she is clever; ❹ **Molti impiegati non lavorano ~ quanto dovrebbero** a lot of clerks are not working so much as they ought to; ❺ **Faremmo meglio a parlare ~ al nostro cliente quanto al suo avvocato** we had better talk both to our client and to his lawyer; ❻ **~ per cambiare, le maestranze si sono rimesse in sciopero** just for a change, the work-people have gone on strike again; *pron.* ❷ **Tanti son convinti che questa sarà una crisi breve** many believe that this time the crisis will be a short one; *n.* **Ci hanno promesso un ~ per cento sul fatturato** they promised us so much per cent on the proceeds of sales.

tappabuchi, *n. m.* e *f. inv.* (*fam.*) stopgap.

tappabuco, *n. m.* (*giorn.*) (*zeppa*) slug.

tara, *n. f.* (*market.*) tare. // ~ **convenuta** (*market.*) computed tare; ~ **convenzionale** (*market.*) customary tare; ~ **d'uso** (*market.*) customary tare, usual tare: **A quanto ammonta la ~ d'uso per questa merce?** how much is the customary tare for these goods?; ~ **media** (*market.*) average tare; ~ **percentuale** (*market.*) percentage tare; ~ **reale** (*market.*) actual tare, real tare: **La ~ reale viene calcolata pesando l'imballaggio d'una data partita di merce** actual tare is determined by weighing the packing materials of a given lot of goods.

tarare, *v. t.* ❶ (*regolare uno strumento, un apparecchio, e sim.*) to set*, to adjust. ❷ (*market.*) (*fare, detrarre la tara*) to tare.

taratura, *n. f.* (*di strumenti, apparecchi e sim.*) setting, adjustment.

tardare, *v. i.* (*far tardi*) to be late; (*indugiare*) to delay. *v. t.* (*ritardare, procrastinare*) to delay, to procrastinate. △ *v. i.* **Ho tardato troppo? am I too late?; Non tardiamo a metterci in contatto con Mr Wain** let's not delay in contacting Mr Wain; *v. t.* **Dovremmo ~ l'acquisto e sperare in un calo dei prezzi** we should delay our purchase and hope for a fall in prices.

tardi, *avv.* late. △ **È troppo ~ ormai per lanciare un nuovo prodotto** it's too late now for launching a new product. // **al più ~** at the latest; **più ~** later: **Vogliate consegnare le merci non più ~ del 4 novembre** please have the goods delivered not later than November 4th.

tardivo, *a.* tardy, late.

tardo, *a.* ❶ slow. ❷ (*che arriva tardi*) tardy; (*di tempo*) late. // **nella tarda estate** in the late Summer, late in Summer.

targa, *n. f.* ❶ (*lastra di metallo e sim.*) plate. ❷ (*trasp. aut.*) number-plate; licence plate (*USA*).

targhetta, *n. f.* (*attr. uff.*) (*per indirizzi*) embossed (metal) plate.

targhettare, *v. t.* (*indirizzi*) to emboss.

targhettatrice, *n. f.* (*attr. uff.*) (*per stampare indirizzi*) addressing machine, addressograph, addresser.

tariffa, *n. f.* ❶ tariff, price. ❷ (*comm. est., econ., market.*) tariff, rate. ❸ (*pers.*) tariff, scale; (*di professionista*) fee. ❹ (*trasp.*) tariff, fare. ❺ (*tur.*) (*alberghiera*) tariff, term, rate. △ ❷ **Le nuove tariffe protettive entreranno in vigore la settimana prossima** the new protective tariffs will come into force next week; ❸ **A tutti gli operai è stata pagata la ~ sindacale** all workmen have been paid the union scale; ❹ **Le tariffe ferroviarie subiranno lievi ritocchi** railway tariffs will be slightly raised; ❺ **Le tariffe del nostro albergo sono sempre state piuttosto modeste** the terms at our hotel have always been rather moderate; **Quest'anno le tariffe alberghiere dell'alto e medio Adriatico resteranno invariate** this year hotel rates will remain unchanged in the upper and central Adriatic. // ~ **a rischio del vettore** (*trasp. ferr.*) carrier's risk rate; **tariffe adottate per rappresaglia** (*da un Paese nei confronti d'un altro*) (*comm. est.*) retaliatory tariffs, retaliatory duties; ~ **base** (*market.*) basis rate; ~ **combinata** (*trasp.*) combined rate; ~ **comune nei confronti dei Paesi terzi** (*comm. est.*) common external tariff of the Community; ~ **concordata** agreed rate; **tariffe cumulative** (*su cui si accordano due o più vettori*) (*trasp.*) joint tariffs, through rates; ~ **dei premi** (*ass.*) premium rate: **Il computo delle tariffe di premio è fatto dagli attuari, che sono esperti in matematica attuariale** the calculation of premium rates is carried out by actuaries, who are experts in actuarial mathematics; **tariffe dei trasporti** (*trasp.*) transport rates; (*di merci*) carriage rates; freight rate (*USA*); **tariffe d'assicurazione** (*ass.*) insurance rates; ~ **di mediazione** (*comm.*) rate of commission, commission rate; ~ **di nolo** (*trasp. mar.*) freight rate; **tariffe di più difficile riduzione** (*o abolizione*) (*dog., econ.*) « hard core » tariffs; **tariffe di riferimento** reference tariffs; **tariffe di sostegno** (*econ.*) support tariffs; **tariffe differenziali** (*comm. est.*) differential tariffs, discriminating tariffs; ~ **dimezzata** (*trasp.*) half fare; ~ (*telefonica*) **diurna** (*comun.*) day charge; ~ **doganale** (*dog.*) customs tariff; ~ **doganale comune** (*dog.*) common customs tariff; **tariffe « dure »** (*dog., econ.*) « hard-core » tariffs; **tariffe ferroviarie** (*trasp. ferr.*) railway rates; railroad rates (*USA*); **tariffe ferroviarie differenziali** (*trasp. ferr.*) differential rates on a railway; ~ **fissa** (*cioè, indipendente dalla distanza percorsa*) (*trasp.*) flat rate, standard charge; ~ **flessibile** (*trasp.*) flexible tariff; ~ **forfettaria** standard charge; ~ **generale** (*trasp. ferr.*) carrier's risk rate; ~

intera *(comun.) (telegrafica, ecc.)* full rate; *(dog.)* full rate; *(trasp.)* full fare; **tariffe** *(per)* **interurbane notturne** *(comun.)* long-distance night rates; **tariffe invisibili** *(econ.)* invisible tariffs; **tariffe « irriducibili »** *(dog., econ.)* « hard-core » tariffs; ~ **ordinaria** *(comun., trasp.)* ordinary rate; ~ **per** *(la spedizione di)* **colli** *(trasp. ferr.)* parcels rate; ~ **per consegna a domicilio** *(trasp. ferr.)* charge for delivery; ~ **per il deposito dei bagagli** *(trasp. ferr.)* cloak-room fee; ~ *(ridotta)* **per famiglie** *(trasp.)* family fare; ~ **per la fornitura idrica** water rate, water rent; ~ *(postale)* **per giornali e periodici** *(giorn.)* newspaper rate; ~ *(postale)* **per lettere** *(comun.)* letter rate; ~ **per noli di transito** *(trasp.)* in-transit freight rate; ~ **per ritiro a domicilio** *(trasp. ferr.)* charge for collection; ~ *(postale)* **per la spedizione di campioni** *(comun.)* sample rate; **la ~ per** *(la spedizione degli)* **stampati** *(comun.)* the rate for printed matter; ~ **per telegrammi** *(comun.)* telegraph rate; ~ **per telegrammi urgenti** *(comun.)* urgent rate; **tariffe per trasporti in servizio cumulativo** *(trasp.)* through rates; **tariffe per il trasporto delle merci** *(trasp.)* goods rates; **la ~ per tre minuti di conversazione** *(comun.)* the charge for a three minutes' conversation; **tariffe per vagoni completi** *(trasp. ferr.)* truck load rates; **tariffe popolari** *(trasp.)* popular tariffs; ~ **postale** *(comun.)* postal tariff, postage, post; ~ **preferenziale per merce alla rinfusa** *(comm. est.)* bulk supply tariff; **tariffe preferenziali** *(comm. est.)* preferential tariffs; **tariffe proibitive** *(econ., market.)* prohibitive tariffs; **tariffe protezionistiche** *(econ.)* protective tariffs; ~ **pubblicitaria fissa** *(cioè, indipendente dallo spazio occupato)* *(pubbl.)* flat advertising rate; **tariffe pubblicitarie** *(pubbl.)* advertisement rates; **tariffe restrittive** *(econ.)* restrictive tariffs; ~ **ridotta** *(da applicarsi a una « term policy », q.V.)* *(ass., USA)* term rate; **tariffe ridotte** reduced rates; *(trasp.)* half fares; ~ **speciale** *(trasp. ferr.)* owner's risk rate; **tariffe stagionali** *(tur.)* seasonal rates; ~ **tabellare** *(ass.)* schedule rate, specific rate; **a ~ ridotta** *(trasp.)* reduced-rate *(a. attr.)*.

tariffare, *v. t. (comm. est., econ., trasp.)* to tariff. △ Tali servizi saranno tariffati diversamente in considerazione della domanda interna di ciascun Paese such services will be tariffed differently keeping in mind each Country's domestic demand.

tariffario, *a.* tariff, price, rate *(attr.)*. *n. m.* tariff; *(listino)* price-list. // ~ **degli onorari** *(degli avvocati, ecc.)* fee bill; **non ~** *(comm. est.)* non-tariff *(a. attr.)*.

tasca, *n. f.* pocket.

tascabile, *a.* pocket, pocket-size *(attr.)*.

tassa, *n. f. (fin.)* tax, duty, fee; *(come gettito)* levy. △ Di solito pago le tasse ogni due mesi I usually pay my taxes every two months. // « ~ **a carico del destinatario »** *(comun.)* « business reply service »; ~ **corrisposta agli autori dalle biblioteche circolanti per i libri dati in lettura** *(in sostituzione del mancato introito per diritti d'autore)* *(fin.)* author's lending right; ~ **d'acquisto** *(fin.)* purchase tax; ~ **di bollo** *(fin.)* stamp-duty, stamp-tax; *(pagata su ogni azione emessa da una società)* capital duty; ~ **di circolazione** *(fin., trasp. aut.)* motor-vehicle tax; ~ **di compensazione** *(fin.)* countervailing charge: Il livello dei prezzi di riferimento per le arance dolci non diede luogo all'instaurazione di una ~ di compensazione the level of reference prices for sweet oranges did not give rise to the imposition of a countervailing charge; ~ **di coniatura** *(fin.)* mint charge, mintage; ~ **di licenza** *(fin., USA)* license fee; ~ **di pesatura** *(di merci)* *(trasp., ingl.)* weighage; ~ **di registrazione** *(leg.)* booking fee; ~ **di rispedizione** *(postale)* *(comun.)* charge for redirection; ~ **di sdoganamento** *(dog.)* fee for clearance through customs; ~ **di successione** *(fin.)* estate duty, legacy duty, probate duty; death duty *(fam.)*; inheritance tax, estate tax, legacy tax *(USA)*; ~ **erariale sulle operazioni garantite** *(fin.)* Government tax on secured loans; ~ **ipotecaria** *(leg.)* mortgage duty; ~ **locale** *(fin.)* rate; ~ **pagata per acquisire il diritto d'occupare suolo pubblico con bancarelle** *(chioschi, edicole, ecc.)* *(fin.)* stallage; ~ **per** *(lettera)* **raccomandata** *(comun.)* fee for registration, registration fee; registry fee *(USA)*; ~ **per spedizione contro assegno** *(comun.)* cash on delivery fee; ~ **progressiva** *(fin.)* progressive tax; ~ **proporzionale a favore degli enti locali** *(che colpisce la ricchezza individuale sotto qualsiasi forma)* *(fin.)* general property tax *(USA)*; **una ~ restrittiva dei consumi** *(fin.)* a sumptuary tax; **una ~ sugli articoli di lusso** *(fin.)* a tax on luxury articles; ~ **sugli spettacoli** *(fin.)* entertainments duty; ~ **sui sovrapprofitti** *(fin.)* excess-profits duty *(o tax)*; ~ **sul biglietto d'ingresso** *(a uno spettacolo; computata in percentuale del prezzo)* *(fin.)* admission tax; ~ **sulla stazza** *(trasp. mar.)* tonnage tax; ~ **sulle concessioni governative** *(fin.)* Government concession tax; ~ **sulle donazioni** *(fin.)* gift tax; ~ **sull'uso** *(d'un certo articolo)* *(fin.)* use tax.

tassabile, *a. (fin.)* taxable, chargeable with duty, chargeable, assessable. // **non ~** *(fin.)* non-taxable, non-assessable.

tassare, *v. t. (fin.)* to tax, to assess, to charge, to excise. △ Dal 1° gennaio i prodotti d'importazione saranno pesantemente tassati imports will be heavily taxed to start from January 1st; Gli utili dell'azienda saranno tassati come redditi derivanti da attività commerciali the profits of the concern will be assessed under the schedule of income from trade; Ogni socio sarà tassato per 50 dollari each member will be assessed $ 50. // ~ **a un tanto per libbra** *(fin.)* to charge by the pound; ~ **gli articoli di lusso** *(fin.)* to tax luxury articles; ~ **di dazio doganale** *(dog.)* to charge with customs duty; ~ **eccessivamente** *(fin.)* to overtax.

tassativamente, *avv.* peremptorily.

tassativo, *a.* peremptory.

tassazione, *n. f. (fin.)* taxation, assessment, charging. // ~ **doppia** *(econ.)* double taxation; ~ **forfettaria** *(fin.)* standard tax; ~ **« forfettaria » delle importazioni** *(fin.)* flat-rate taxation of imports.

tassì, *n. m. inv. (trasp. aut.)* taxi, cab.

tasso, *n. m. (fin.)* rate. // ~ **a vista** *(fin.)* demand rate; ~ **attivo** *(fin.)* lending rate; ~ **del deporto** *(fin.)* backwardation rate, backwardation fee; ~ **del riporto** *(Borsa)* continuation rate, contango rate, carry over rate; ~ **d'ammortamento** *(rag.)* rate of depreciation; ~ **di cambio** *(fin.)* rate of exchange, exchange rate; il ~ **di conversione d'una valuta** *(econ.)* the rate of conversion of a currency; ~ **di copertura** *(fin.)* cover ratio; ~ **di disoccupazione** *(sind.)* unemployment rate, jobless rate; ~ **d'incremento** *(econ., fin.)* growth rate; ~ **d'interesse** *(fin.)* rate of interest, interest rate; **tassi d'interesse « creditori »** *(banca)* credit interest rates; **tassi d'interesse « debitori »** *(banca)* debit interest rates; ~ **d'interesse d'equilibrio** *(econ.)* *(si ha quando il risparmio naturale è uguagliato dagli investimenti)* equilibrium rate of interest; **un ~ d'interesse eccessivo** *(fin.)* a rank rate of interest; **il ~ d'interesse naturale** *(fin.)* *(quello per cui si ha uguaglianza fra domanda di fondi e offerta di risparmio)* the natural rate of interest; ~ **d'intervento** *(fin.)* peg; ~ **di liquidità** liquidity ratio, liquid ratio;

~ **di mortalità** (*stat.*) mortality rate; (*anche fig.*) death rate: **Sarebbe interessante compiere uno studio del ~ di mortalità delle piccole imprese** it would be interesting to make a study of the mortality rate of small businesses; ~ **di natalità** (*stat.*) birth rate; ~ **d'occupazione** (*econ.*) employment rate; **il ~ di remunerazione** (*rag.*) the rate of return; **il ~ di remunerazione degli investimenti** (*fin.*) the rate of return on capital investment; ~ **di riporto** (*Borsa*) continuation rate, contango rate, carry over rate: **Il tasso di riporto è alla pari** the contango rate is even; ~ **di riproduzione** (*stat.*) reproduction rate; ~ **di risconto** (*banca, cred.*) rediscount rate; ~ **di risconto privilegiato** (*banca, cred.*) preferential rediscount rate: **C'è un ~ di risconto privilegiato per gli effetti commerciali relativi a operazioni d'esportazione** there is a preferential rediscount rate for trade bills from export transactions; ~ **di rotazione del magazzino** (*org. az.*) turnover rate; ~ **di rotazione delle scorte** (*rag.*) rate of turnover; ~ **di sconto** (*fin.*) rate of discount, discount rate: **Il ~ di sconto è stato aumentato** the discount rate has been raised; ~ **di sconto del mercato libero** (*fin.*) discount rate of the open market; ~ **di sopravvivenza** (*ass.*) survival rate; ~ **di sviluppo** (*econ., stat.*) rate of growth, growth rate, pace; **il ~ di sviluppo dell'inflazione** (*econ.*) the inflation rate; ~ **di sviluppo nullo** (*econ.*) zero rate of growth; **il ~ inflazionistico** (*econ.*) the rate of inflation, the inflation rate; ~ **interbancario dell'eurodollaro** (*fin.*) Euro-dollar inter-bank rate; ~ **legale d'interesse** (*fin.*) official rate of interest; **un ~ minimo** (*fin.*) a minimum rate, a knockdown rate; **i tassi minimi debitori delle banche** (*fin.*) the minimum rates of interest paid on deposits by banks; **un ~ nominale** (*fin.*) a nominal rate; ~ **passivo** (*fin.*) borrowing rate; ~ **primario** (*fin., USA*) prime rate; ~ **ufficiale di sconto** (*fin.*) official rate of discount, bank rate of discount, bank rate: **In Inghilterra, il ~ ufficiale di sconto è il tasso di sconto minimo che la Banca d'Inghilterra applica per le operazioni di sconto delle cambiali approvate** in England, the bank rate is the official minimum rate of discount that the Bank of England charges for discounting approved bills of exchange; **Il ~ ufficiale di sconto è stato aumentato al 6,75 per cento** the official rate of discount has been raised to 6.75%; **a un certo ~** (*banca, cred.*) at a certain rate.

tastiera, *n. f.* ❶ (*elab. elettr.*) keyboard. ❷ (*di macch. uff.*) (*di macchina da scrivere*) keyboard. // ~ **decimale** (*elab. elettr.*) ten keyboard; ~ **distesa** (*elab. elettr.*) full keyboard; ~ **ridotta** (*elab. elettr.*) ten keyboard.

tasto, *n. m.* ❶ (*elab. elettr.*) key. ❷ (*di macch. uff.*) (*di macchina da scrivere*) key. // ~ **delle maiuscole** (*di macch. uff.*) shift-key; **i tasti d'una macchina da scrivere** (*macch. uff.*) the keys of a typewriter; ~ **di ritorno** (*di macch. uff.*) return key.

tattica, *n. f.* ❶ (*anche fig.*) tactics, procedure. ❷ (*econ.*) (*politica*) policy. // ~ **con la quale il venditore d'una casa innalza il prezzo proprio nel momento in cui l'affare sta per concludersi** (*market.*) gazumping; ~ **del tirar tardi** (*sind.*) ca'canny policy; **una ~ dilatoria** a delaying policy.

tavola, *n. f.* ❶ table. ❷ (*giorn.*) plate. ❸ (*mat.*) table. // ~ **calda** (*org. az.*) cafeteria; ~ **degli interessi** (*rag.*) interest table; ~ **dei logaritmi** (*mat.*) table of logarithms, logarithm table; **tavole di marea** (*trasp. mar.*) tide-tables; **tavole di mortalità** (*stat.*) mortality tables, life tables, actuaries' tables; **tavole di riduzione** (*mat.*) changing scales; ~ **fuori testo** (*giorn.*) plate; ~ **pitago-**

rica (*mat.*) multiplication tables (*pl.*); « ~ **rotonda** » (*fin., market.*) round-table conference, round table: **La « ~ rotonda » dei ministri europei delle finanze si svolgerà il mese entrante** the round table of the European finance ministers will take place next month; **mettere le carte in ~** to put one's cards on the table: **I rappresentanti sindacali metteranno le carte in ~** union representatives will put their cards on the table.

tavoletta, *n. f.* ❶ (*piccola tavola*) small table. ❷ (*piccolo pezzo di sostanze alimentari o medicinali*) tablet, cake, bar. // ~ **da rilevamento** (*cronot.*) watch holder; **una ~ di cioccolata** (*market.*) a cake of chocolate, a bar of chocolate.

tavolino, *n. m.* small table. // ~ **per macchina da scrivere** (*attr. uff.*) typewriter desk; **lavoro di ~** (*pers.*) writing work.

tavolo, *n. m.* table. // ~ **di comando** (*elab. elettr.*) control console, console; ~ **di lavoro** (*attr. uff.*) worktable.

taylorismo, *n. m.* (*econ.*) taylorism.

tè, *n. m.* tea. △ **La produttività è in costante pericolo in un Paese d'incessanti soste per il ~ com'è la Gran Bretagna** productivity is constantly endangered in a land of perpetual tea-breaks like Great Britain.

tecnica, *n. f.* technique. △ **È un vero specialista nelle tecniche della programmazione e della pianificazione** he's quite an expert in planning and programming techniques. // ~ **bancaria** (*banca*) banking technique; ~ **commerciale** commerce technique, commercial practice; ~ **della catena di montaggio** (*org. az.*) assembly-line technique; ~ **delle ricerche di mercato** (*market.*) marketing; **tecniche d'assicurazione all'esportazione** (*ass.*) export insurance techniques; **tecniche di costruzione navale** (*trasp. mar.*) shipbuilding techniques; **tecniche di direzione aziendale** (*amm.*) management techniques, management tools; **tecniche di simulazione** (*ric. op.*) simulation techniques; **tecniche di vendita antiquate** (*market.*) obsolete selling techniques; ~ **industriale** (*econ., org. az.*) industrial technique; ~ **investigativa** (*leg.*) investigative technique; ~ **mercantile** (*econ., market.*) commerce technique.

tecnico, *a.* technical. *n. m.* (*pers.*) technician, technicist, engineer. △ *a.* **Dovemmo affrontare alcuni ostacoli tecnici agli scambi** we had to face a few technical obstacles to trade; *n.* **Per mantenere quest'apparecchiatura in buone condizioni di funzionamento, abbiamo bisogno d'un certo numero di tecnici qualificati** to keep this equipment in good running condition, we need a certain number of skilled technicians. // ~ **specializzato** (*pers.*) engineer.

tecnocrate, *n. m.* e *f.* (*econ.*) technocrat.
tecnocrazia, *n. f.* (*econ.*) technocracy.
tecnologia, *n. f.* (*org. az.*) technology. // ~ **meccanica** (*org. az.*) mechanical technology.
tecnologico, *a.* (*org. az.*) technological, technologic.
tecnosofo, *n. m.* (*econ., neol.*) (*autorevole esperto in problemi tecnologici*) technosophe.

« **tecnostruttura** », *n. f.* (*econ., neol.*) technostructure.

tela, *n. f.* ❶ cloth. ❷ (*da tende, vele, ecc.*) canvas. // ~ **da sacchi** (*market.*) sackcloth, burlap; ~ **grezza** (*market.*) rough cloth; ~ **per imballaggio** (*market.*) packing-sheet, packing-cloth.

telaio, *n. m.* ❶ loom. ❷ (*armatura, struttura*) frame. ❸ (*trasp. aut.*) chassis*. // ~ **a mano** hand loom; ~ **tipografico** chase, chaser.

teleborsa, *n. f.* (*Borsa*) (*apparecchio elettronico che re-*

gistra e trasmette istantaneamente a tutto il mondo i prezzi e il volume delle contrattazioni in titoli) stock ticker, tape machine, ticker.

telecamera, *n. f.* (*comun.*) television camera, telecamera. // ~ **portatile** (*comun.*) portable television camera, walkie-lookie.

telecomandare, *v. t.* (*comun.*) to remote-control, to telecontrol.

telecomandato, *a.* (*comun.*) remote-controlled, telecontrolled.

telecomando, *n. m.* (*comun.*) remote control, telecontrol.

telecomunicazioni, *n. pl.* (*comun.*) telecommunications.

telecontrollo, *n. m.* (*comun.*) remote control, telecontrol.

telecronaca, *n. f.* (*comun.*) telecast.

telecronista, *n. m.* e *f.* (*comun.*) television commentator, telecaster.

telediffondere, *v. t.* (*comun.*) to telecast*.

telediffusione, *n. f.* (*comun.*) telecast.

telefilm, *n. m.* (*comun.*) telefilm.

telefonare, *v. t.* e *i.* (*comun.*) to telephone, to phone; to ring* up (*fam.*). △ **Dopo la pubblicazione di quella notizia, moltissime persone telefonarono al direttore (del giornale)** after the publication of that piece of news, lots of people telephoned the editor.

telefonata, *n. f.* (*comun.*) telephone call, call; ring (*fam.*). // ~ **interurbana** (*comun.*) long-distance call, trunk-call, toll-call.

telefonicamente, *avv.* (*comun.*) by telephone, by phone.

telefonico, *a.* (*comun.*) telephonic; telephone (*attr.*). // **una comunicazione telefonica** (*comun.*) a telephone call, a phone call; **una conversazione telefonica** (*comun.*) a telephone conversation.

telefonista, *n. m.* e *f.* ❶ (*comun.*) (*alla centrale*) telephone operator, operator; central (*USA*). ❷ (*negli uffici, ecc.*) telephonist, attendant of call office.

telefono, *n. m.* ❶ (*comun.*) telephone. ❷ (*comun.*) (*servizio pubblico*) telephone service. // ~ **a cuffia** (*attr. uff.*) earphone; ~ **in duplex** (*comun.*) party-line, party-wire; ~ **interno** (*attr. uff.*) interoffice telephone; ~ **pubblico** (*comun.*) public telephone, call office; **per** ~ by telephone: **La maggior parte dei dati relativi alle preferenze dei consumatori furono raccolti per** ~ most data on customers' tastes were gathered by telephone.

telegiornale, *n. m.* (*comun.*) television newsreel, news broadcast, newscast.

telegrafare, *v. t.* e *i.* (*comun.*) to telegraph, to wire, to telegram. △ **Le notizie sono state telegrafate dal nostro corrispondente a Parigi** the news has been telegraphed by our Paris correspondent; **Le notizie furono telegrafate dall'agenzia** the news were wired by the agency; **Ci fu telegrafato che le merci erano state spedite il giorno stesso** we were telegraphed that the goods had been shipped on that very day.

telegrafia, *n. f.* (*comun.*) telegraphy. // ~ **senza fili** (*comun.*) wireless telegraphy.

telegrafico, *a.* (*comun.*) telegraphic; telegraph (*attr.*).

telegrafista, *n. m.* e *f.* (*comun.*) telegraph operator, telegraphist.

telegrafo, *n. m.* ❶ (*comun.*) telegraph. ❷ (*comun.*) (*l'ufficio*) telegraph office. // **per** ~ (*comun.*) by wire: **Fummo informati per** ~ **sui prezzi e le quotazioni** we were informed by wire about prices and quotations.

telegramma, *n. m.* (*comun.*) telegram, wire; telegraph (*USA*). △ **Ci dispiace informarvi che il vostro** ~ **non ci è mai pervenuto** we are sorry to inform you that your telegram has never reached us; **Favorite inviarci un** ~ **appena le merci saranno pronte** please send us a wire as soon as the goods are ready. // ~ **cifrato** (*comun.*) code telegram; ~ **con risposta pagata** (*comun.*) reply-paid telegram; ~ **diurno** (*costa meno e viaggia più lento*) (*comun.*) day letter; ~ **in cifra** (*comun.*) code telegram; ~ **in codice** (*comun.*) telegram in code, code telegram; ~ **in linguaggio cifrato** (*comun.*) telegram in cipher; ~**-lettera** (*comun.*) day letter telegram, letter telegram; ~ **notturno** (*a tariffa ridotta*) (*comun.*) night lettergram, night letter; **un** ~ **via radio** (*comun.*) a telegram via wireless; **come da vostro** ~ (*comun.*) as per your telegram.

telescrivente, *n. f.* (*macch. uff.*) teletypewriter, teleprinter.

telescriventista, *n. m.* e *f.* (*pers.*) teletypist.

telespettatore, *n. m.* (*comun.*) television viewer, televiewer. △ **Il nostro comunicato commerciale raggiungerà milioni di telespettatori in tutto il Paese** our message will reach millions of televiewers throughout the Country.

teletrasmettere, *v. t.* (*comun.*) to telecast*, to televise. △ **Le notizie del vertice europeo furono teletrasmesse in tutto il continente** the news of the European summit was televised all over the Continent.

teletrasmissione, *n. f.* (*comun.*) telecast.

televisione, *n. f.* ❶ (*comun.*) television. ❷ (*comun.*) (*televisore*) television set, television.

televisivo, *a.* (*comun.*) television (*attr.*).

televisore, *n. m.* (*comun.*) television set, television. // **un** ~ **portatile** (*market.*) a portable television set.

telex, *n. m.* (*comun.*) telex.

tel quel, *locuz. a.* V. **tale quale**.

tèma[1], *n. m.* (*argomento*) subject, topic, theme.

tèma[2], *n. f.* (*timore, paura*) fear. // **per** ~ **di** (*cong.*) for fear that, lest.

temere, *v. t.* ❶ to fear. ❷ (*ritenere, pensare*) to be afraid. *v. i.* to fear, to be afraid. △ *v. t.* ❶ **Egli teme chiunque si trovi in una posizione d'autorità** he fears anyone in authority; ❷ **Temo che non riusciremo ad accontentarvi** I'm afraid we shall not be able to satisfy you; *v. i.* **Temo di no** I'm afraid not. // ~ **le responsabilità** to shrink from responsibility.

temperalapis, *n. m. inv.* (*attr. uff.*) pencil sharpener.

temperamatite, *n. m. inv.* V. **temperalapis**.

temperare, *v. t.* ❶ (*controllare, moderare, mitigare*) to control, to moderate, to temper. ❷ (*affilare*) to sharpen. // ~ **una matita** to sharpen a pencil; ~ **il proprio rigore** to moderate one's rigour.

tempesta, *n. f.* tempest, storm. // ~ **monetaria** (*fin.*) monetary tempest.

tempestivamente, *avv.* timely, opportunely.

tempestività, *n. f. inv.* ❶ timeliness, opportuneness. ❷ (*org. az.*) timing.

tempestivo, *a.* timely, opportune.

tempificare, *v. t.* (*cronot.*) to time, to schedule.

tempificazione, *n. f.* (*cronot.*) timing, scheduling.

tempista, *n. m.* e *f.* (*cronot.*) time recorder, time taker, timer.

tempo, *n. m.* ❶ time. ❷ (*atmosferico*) weather. ❸ (*fase*) phase; (*stadio*) stage. ❹ (*comun., pubbl.*) (*a disposizione di chi fa pubblicità radiotelevisiva*) space. △ ❶ **A quel** ~**, la domanda d'articoli di lusso non era ancora così pronunciata** at that time, demand for luxury articles was not so high yet; ❷ Se ci sarà un cambiamento del ~, la nave tenterà di salpare if there is a change in the weather, the ship will try to leave the port; ❸ Il processo produttivo è stato diviso in due tempi the process has been split up into two stages; ❹ Il ~ in TV è più prezioso dello spazio sulla stampa air space is more valuable than paper space. // ~ assegnato (a un operaio) per eseguire un certo lavoro (pers.) work load; ~ base (cronot.) base time; ~ cattivo bad weather; ~ complessivo di lavoro in ore (sind.) hourage; ~ concesso per il pagamento delle cambiali estere (secondo la consuetudine locale) (cred., leg.) usance; ~ (d'utilizzazione) del servizio (ric. op.) service time; ~ d'arresto (cronot.) down-time; ~ d'attesa (cronot.) wait time; ~ d'avviamento (elab. elettr.) response time; ~ di ciclo (cronot.) cycle-time, minimum unit time, lowest unit time; ~ di consegna (market., org. az.) lead time; ~ d'interdizione (elab. elettr.) off period; ~ di lavorazione (cronot.) processing time, throughput time; ~ di macchina (cronot.) machine time, machining time; ~ di messa a punto (d'una macchina) (elab. elettr.) installation time; ~ di riapprovvigionamento (org. az.) lead time; ~ di risposta (elab. elettr.) response time; ~ disponibile di macchina (cronot.) available machine time; ~ elementare (cronot.) basic element time, element time; ~ elementare standard (cronot.) selected basic element time; ~ fa a short time ago; ~ inattivo (cronot.) idle time; ~ libero free time, spare time; (pers.) off time, leisure time; ~ morto (cronot.) dead time; ~ permettendo weather permitting; ~ pieno (pers., sind.) full time; ~ reale (cronot.) real time; ~ standard (cronot.) standard time, selected basic time; tempi ufficiali (cronot.) allowed times; a ~ (fin., market.) (di prezzi) forward, forwards; (org. az.) (secondo i piani) on schedule; a ~ debito in due time, in due course, duly; a ~ indeterminato (leg.) sine die; (di contratto d'affitto, d'affittuario, ecc.) at will: Mr Winston è un affittuario a ~ indeterminato, perciò la sua posizione è piuttosto precaria Mr Winston is a tenant at will, therefore his position is rather precarious; a ~ perso in one's spare time; a ~ pieno full-time (a. e avv.); a certo ~ vista (cred.) day's sight; a suo ~ in due time, in due course, duly: Faremo onore a suo ~ alla vostra tratta we shall in due course meet your draft; col ~ in time; con l'andar del ~ in time; da ~ for some time; da poco ~ newly; in ~ di guerra in wartime; in ~ di pace in peacetime; in ~ utile within the time-limit, in time; nello stesso ~ at the same time; per ~ early; per del ~ for some time; per qualche ~ for some time.

temporale[1], a. (che ha durata limitata nel tempo) temporal.

temporale[2], n. m. thunder-storm, storm.

temporalesco, a. stormy.

temporaneamente, avv. ❶ temporarily. ❷ (leg.) (pro tempore) pro tempore.

temporaneità, n. f. inv. temporariness.

temporaneo, a. ❶ temporary; make-do (attr.); (transitorio) transitory. ❷ (leg.) interim, pro tempore. ❸ (pers.) temporary; (avventizio) casual. △ ❶ Ci fu una sospensione temporanea della convertibilità del dollaro in oro there was a temporary suspension of converting dollars into gold; Questa è soltanto una misura temporanea per la ripresa dell'economia this is but a transitory measure to boost economy.

temporeggiamento, n. m. temporarization.

temporeggiare, v. i. to temporize.

tendenza, n. f. ❶ (propensione) tendency, propensity; (attitudine) inclination, bent. ❷ (orientamento) trend, drift. ❸ (econ.) determination. ❹ (stat.) trend. △ ❶ Ci sembra di notare una ~ al ribasso nei prezzi di taluni articoli we seem to notice a tendency toward lower prices for certain articles; ❷ La commissione sta esaminando le tendenze da cui dipende la dinamica dei prezzi the committee is examining the trends which determine price increases; C'è una decisa ~ all'aumento del costo della vita there is a marked upward trend of the cost of living; Qual è la ~ generale degli affari internazionali? what's the general drift of international affairs?; ❸ Si sta esaminando la ~ del capitale verso gli investimenti nel settore dei trasporti the determination of capital towards investment in transport industries is being investigated. // ~ a lungo termine (econ.) long-run trend; ~ a ridurre la disuguaglianza dei redditi (econ.) egalitarianism; ~ a salire (fin., market.) upward trend, buoyancy: C'è una spiccata ~ del mercato a salire there's a good market buoyancy; ~ al rialzo (Borsa) bullish tendency, bullishness; (econ.) upward trend, rising trend, uptrend, upturn: Il mercato azionario ha reagito a queste notizie ricuperando in parte quella ~ al rialzo che aveva perso durante l'estate the stock market reacted to this news by recovering some of the bullishness it had lost in the summer; ~ al ribasso (Borsa) bearish tendency, bearishness; (econ.) downward trend, falling trend, downward sloping trend, downtrend, downturn, ease: C'è una continua ~ al ribasso nelle vendite there's a persistent downtrend in sales; Il mercato della gomma mostra una notevole ~ al ribasso the rubber market shows considerable ease; una ~ alla centralizzazione del potere a drift towards centralization of power; ~ all'espansione (econ.) upswing, upturn; ~ ascensoriale (econ.) progress: Nel nostro Paese, la ~ ascensoriale è stata nettamente inferiore a quella registrata nell'anno precedente in our Country, progress was appreciably slower than in the previous year; ~ dei prezzi al rialzo (econ.) strength: Il mercato denuncia una notevole ~ al rialzo dei prezzi the market displays a remarkable strength; ~ depressionaria (econ.) downswing, downturn; ~ di base (d'un mercato e sim.) (Borsa, fin.) undertone: Nonostante l'apertura debole, questi titoli rivelarono ieri una ~ di base abbastanza sostenuta despite a weak start, these securities displayed a rather strong undertone yesterday; ~ di mercato (econ., market.) market trend: Lo scopo della politica delle strutture è d'orientare la produzione in funzione delle tendenze del mercato e d'adattarla alle necessità effettive della domanda the aim of structure policy is to guide production in the light of market trends and adapt it to actual demand; tendenze inflazionistiche (econ.) inflationary tendencies, inflationary strains; tendenze protezionistiche (econ.) protectionist trends.

tendenzioso, a. tendentious.

« **tender** », n. m. (trasp. ferr.) tender.

tendere, v. t. ❶ to stretch (out), to hold* out. ❷ (mettere in tensione) to tighten, to stretch, to strain. v. i. ❶ to tend, to be inclined, to trend. ❷ (mirare, intendere) to aim, to intend. △ v. i. ❶ I turisti stranieri tendono a disertare questa regione foreign tourists tend to desert this region. // ~ ad aumentare (econ., fin., market.) (di prezzi, costi, ecc.) to trend upward: I costi di vendita hanno teso ad aumentare selling costs have trended upward; ~ a diminuire (econ., fin., market.) (di prezzi, costi, ecc.) to trend downward: Quest'anno le vendite d'automobili d'importazione tendono a diminuire sales of imported cars are trending downward this year; **tendente a una diminuzione di prezzo** (*fin., market.*) (*di merce, titolo, ecc.*) weak; **tendente al rialzo** (*fin., market.*) (*di mercato, prezzo, ecc.*) stiff.

tenere, *v. t.* ❶ to hold*. ❷ to keep*. ❸ (*prendere*) to take*. ❹ (*org. az.*) (*certa merce, ecc.*) to stock. *v. i.* (*Borsa, fin.*) (*di prezzo, titolo, ecc.: mantenersi sostenuto*) to hold*, to hold* up. △ *v. t.* ❶ **La riunione sarà tenuta** (*o si terrà*) **domani** the meeting will be held tomorrow; **Teniamo il bilancio a vostra disposizione** we are holding the balance sheet at your disposal; ❷ **Ha tenuto per sé tutto il ricavato** he has kept all the proceeds for himself; **Lei deve ~ aggiornati i libri della ditta** you are supposed to keep the firm's books up-to-date; **Teniamo pronto questo denaro per ogni evenienza** we are keeping this money for whatever may turn up; ❸ **Tenga questi soldi e se ne vada!** take this money and get out of here!; ❹ **Teniamo tutto, dagli spilli agli elefanti** we stock everything, from pins to elephants; *v. i.* **Per quanto « terranno » i prezzi?** how long will the prices hold?; **Le nostre azioni « tengono » bene** our shares are holding up quite well. ∥ **~ a bada** to stand sb. off; **~ a bada un creditore** (*cred.*) to stand off a creditor; **~ a freno l'inflazione** (*fin.*) to curb inflation; **~ a galla una nave** (*anche fig.*) to keep a ship afloat; **~ a terra** (*trasp. aer.*) to ground; **~ acceso un conto** (*rag.*) to keep an account alive; **~ aggiornati i conti** (*rag.*) to keep the books up to date; **~ q. al corrente di qc.** to keep sb. advised about st.; **« ~ al fresco »** (*market.*) (*scritto su scatole, ecc.*) « keep cool »; **« ~ all'asciutto »** (*market.*) (*su casse, scatole, ecc.*) « keep dry »; **~ q. assicurato** (*ass.*) to hold sb. covered; **~ bassi i prezzi** (*econ., market.*) to keep prices down; **~ una carica fino al termine** (*amm.*) to serve one's term of office; **~ la contabilità** (*rag.*) to keep accounts, to keep the books; **~ la contabilità a partita doppia** (*rag.*) to keep the books by double entry; **~ la contabilità d'un'azienda** (*rag.*) to keep a firm's accounts, to keep a firm's books; **~ i conti** (*rag.*) to keep accounts, to keep the books; **~ un conto aperto presso q.** (*rag.*) to keep an account with sb.; **~ conto delle oscillazioni di cambio** (*fin., rag.*) to make allowance for fluctuations in exchange; **~ conto di qc.** to make allowance for st., to allow for st.; **Dobbiamo ~ conto della sua mancanza d'esperienza** we must make allowance for his lack of experience; **Dovete ~ conto del ritardo dovuto agli scioperi** you must allow for the delay due to strikes; **~ q. coperto** (*ass.*) to hold sb. covered; **~ denaro in** (*una certa banca*) to bank with; **~ d'occhio** to watch: **Vi consigliamo di ~ d'occhio attentamente l'andamento del mercato nella vostra zona** we advise you carefully to watch the market trend in your area; **« ~ diritto »** (*market.*) (*su casse, ecc.*) « this side up »; **~ un discorso** to give a speech; **~ duro** to hold on, to hold out, to stick out: **Terremo duro per ottenere un prezzo più alto** we will hold out for a higher price; **~ fede a un impegno** to keep an engagement; **~ fede alla parola data** to be true to one's word; **~ in affitto** (*leg.*) to tenant; **~ in circolazione effetti** (*cred.*) to keep bills afloat; **~ in considerazione** to respect, to regard, to prize; **~ in custodia** (*leg.*) to hold in custody; **~ in piedi** (*giorn., pubbl.*) (*una composizione tipografica*) to keep standing; **~ in quarantena** (*trasp. mar.*) to quarantine; **~ in rotta** (*un aereo*) (*trasp. aer.*) to navigate; **~ in serbo** to save, to reserve, to hold (st.) over; **~ l'inflazione sotto controllo** (*econ., fin.*) to bring inflation under control; **~ i libri contabili** (*rag.*) to keep the books; **~ un**

(*libro*) **giornale** (*rag.*) to journalize; **~ il mare** (*trasp. mar.*) (*di nave*) to keep the sea; **~ memoria di qc.** to record st.; **~ presente qc.** to bear st. in mind; **~ una riunione** to hold a meeting; **~ una seduta** to hold a sitting; **~ sotto il proprio dominio** to control; **~ udienza** (*leg.*) to sit: **Il tribunale tiene udienza** the Court is now sitting; **~ il verbale d'un'assemblea** (*amm.*) to take the minutes of a meeting; **non ~ fede a un impegno** (*leg.*) to break an engagement; **non ~ fede a una promessa** to depart from one's promise; **non ~ fede alla parola** to deny one's word.

tenersi, *v. rifl.* ❶ to hold* (oneself). ❷ to keep* (oneself). ❸ (*attenersi*) to stick* (to st.); (*seguire*) to follow (st.). △ ❸ **Ho sempre cercato di tenermi alle regole** I've always tried to stick to the rules. ∥ **~ a galla** (*anche fig.*) to keep afloat; **~ in contatto con q.** to keep in touch with sb.; **~ in corrispondenza con q.** to entertain correspondence with sb.; **~ pronti a salpare** (*trasp. mar.*) to stand by the anchor.

tenitore, *n. m.* (*leg.*) holder.

tenore, *n. m.* ❶ (*modo, maniera*) way, tenor. ❷ (*forma, tono, contenuto*) tenor, content, contents. △ ❷ **Il ~ del suo discorso era chiaramente espresso nell'introduzione** the tenor of his speech was clearly expressed in the introduction; **Fummo in grado di capirlo dal ~ della loro lettera** we were able to understand it from the contents of their letter. ∥ **il ~ d'una lettera** (*comun., anche*) the tenor of a letter; **~ di vita** (*econ.*) tenor of life, standard of life, standard of living, level of living, living standard: **Hanno sempre mantenuto un ~ di vita che non potevano permettersi** they've always had a standard of living they couldn't afford; **~ generale di vita** (*econ., stat.*) general standard of life, general standard of living; **a ~ dell'articolo ...** (*leg.*) according to the article...

tensione, *n. f.* (*anche fig.*) tension, strain, stress; (*pressione*) pressure. △ **Quattro Paesi della Comunità dovettero reprimere alcune tensioni provocate dalla pressione della domanda** four Community Countries were faced with the need to combat strain due to the pressure of demand; **Anche in Francia, il rialzo è stato assai lento durante una parte dell'anno, ma da qualche tempo sono riapparse lievi tensioni sui prezzi** in France, the upward movement was also very slow for part of the year, but of late prices have come under some slight pressure; **C'è una ~ nel senso della rivalutazione della lira** there is pressure for a revaluation of the lira.

tentare, *v. t. e i.* ❶ to try, to attempt; (*sforzarsi*) to endeavour. ❷ (*indurre in tentazione*; *anche fig.*) to tempt. △ ❶ **~ di convincere quel cliente fu del tutto inutile** trying to convince that customer was quite useless; ❷ **Sono tentato dalla loro proposta** I'm tempted by their proposal. ∥ **~ di corrompere q.** (*leg.*) to tamper with sb.: **L'avvocato difensore aveva tentato di corrompere il teste** the defence attorney had tampered with the witness.

tentativo, *n. m.* attempt, tentative; (*prova, esperimento*) trial; (*sforzo*) endeavour. △ **Il nostro ~ ha avuto buon esito** our attempt was successful.

tenuta, *n. f.* ❶ (*possedimento agricolo*) estate, property, holding; (*fattoria*) farm. ❷ (*capacità, quantità che può essere contenuta*) capacity, holding. ❸ (*abiti, abbigliamento*) clothes (*pl.*); (*uniforme*) uniform. ❹ (*leg.*) (*occupazione, possesso*) tenure. ∥ **~ da lavoro** (*pers.*) working clothes; **~ dei libri** (*rag.*) bookkeeping; **~ dei libri a partita doppia** (*rag.*) double-entry bookkeeping; **~ del mare**

tenutario (*trasp. mar.*) (*d'imbarcazione*) sea-kindliness; ~ **stagna** (*trasp. mar.*) watertightness; **a ~ d'acqua** watertight, waterproof (*a.*); **a ~ d'aria** airtight (*a.*).

tenutario, *n. m.* (*leg.*) holder; (*proprietario*) owner, proprietor.

tenuto, *a.* ❶ (*obbligato*) obliged, forced, bound. ❷ (*econ.*) (*di terreno: coltivato*) planted (with); (*lasciato*) kept. △ ❶ È ~ **a pagare i debiti del socio** he is bound to pay his partner's debts. // ~ **a barbabietola da zucchero** (*di terreno*) planted with sugar-beet; ~ **a risarcire i danni** (*leg.*) liable for damages; **essere ~ a fare qc.** to be expected to do st.; to be supposed to do st.

teorema, *n. m.* ❶ theorem. ❷ (*teoria*) theory. ❸ (*mat.*) proposition, theorem. // ~ **minimax** (*mat., ric. op.*) (*nella teoria dei giochi*) minimax theory.

teoria, *n. f.* theory. // ~ **degli insiemi** (*mat.*) set theory; **la ~ dei costi comparati** (*econ.*) the theory of comparative costs; **la ~ dei giochi** (*ric. op.*) the theory of games; **la ~ dei monopoli** (*econ.*) the theory of monopolistic competition; **la ~ dei prezzi** (*econ.*) the theory of prices; ~ **dei salari** (*econ.*) wage-fund theory, wages-fund theory (*secondo J.S. Mill*); **le teorie dei salari** (*econ.*) the theories of wages; **le teorie del ciclo economico** (*econ.*) the theories of the trade cycle, the theories of the business cycle; **la ~ del plusvalore** (*econ.*) the theory of surplus value; **le teorie del valore** (*econ.*) the theories of value; ~ **della capacità contributiva** (*econ.*) ability theory, faculty theory; **la ~ della concorrenza monopolistica** (*econ.*) the theory of monopolistic competition; **la ~ dell'organizzazione** (*org. az.*) the organization theory; **la ~ della probabilità** (*mat., stat.*) the theory of probability; ~ (*Keynesiana*) **della produttività marginale decrescente del capitale** (*econ.*) declining marginal efficiency-of-capital theory; ~ **delle code** (*ric. op.*) waiting-line theory, queuing theory; **la ~ delle decisioni** (*ric. op.*) the theory of decisions, the decision theory; **la ~ delle imposte** (*econ., fin.*) the theory of taxation; ~ **delle informazioni** (*ric. op., stat.*) information theory, communication theory; ~ **dell'equilibrio (economico)** (*econ.*) equilibrium theory; ~ **mercantilistica** (*econ.*) mercantile theory; ~ **metallica (della valuta)** (*econ.*) currency principle; ~ **quantitativa della moneta** (*econ.*) quantity theory of money; ~ **secondo la quale l'interesse è un premio corrisposto al capitalista perché si astenga dal consumo** (*econ.*) abstinence theory of interest, agio theory of interest; **la ~ utilitaristica del valore** (*econ.*) the utility theory of value; **in ~** in theory, theoretically; **on paper** (*fig.*).

teoricamente, *avv.* theoretically.

teorico, *a.* theoretical, theoretic. *n. m.* theorist, theorician.

teorizzare, *v. t.* to theorize.

teorizzazione, *n. f.* theorization.

tergicristallo, *n. m.* (*trasp. aut.*) wind-screen wiper; wind-shield wiper (*USA*).

tergo, *n. m.* back. // **a ~** (*di un foglio*) overleaf, over: «**Vedasi a ~**» «please see overleaf», «please turn over».

terminal, *n. m.* (*trasp. aer.*) (*aerostazione urbana collegata all'aeroporto con mezzi di trasporto*) terminal. △ **Ci mettemmo due ore (ad andare) dall'aeroporto al ~** it took us two hours from the airport to the terminal. // «**~-container**» (*trasp.*) container terminal.

terminale, *a.* terminal. *n. m.* (*elab. elettr.*) terminal. // ~ **a bassa velocità** (*elab. elettr.*) low-speed terminal; ~ **di carico** (*trasp. mar.*) loading terminal; ~ **specializzato** (*elab. elettr.*) job-oriented terminal.

terminare, *v. t.* e *i.* (*finire*) to end, to finish, to terminate; (*cessare*) to cease; (*spirare, scadere*) to expire. △ *v. t.* **Devo ~ il mio lavoro al più presto** I must finish my work as soon as possible; *v. i.* **A che ora terminò l'assemblea?** at what time did the meeting finish?

termine, *n. m.* ❶ (*fine*) end; (*scadenza*) termination, expiration, expiry. ❷ (*limite*) limit; (*data*) date. ❸ (*tempo*) time. ❹ (*parola*) term, word. ❺ (*Borsa*) (*alla Borsa Valori*) account. ❻ (*cred.*) (*d'una cambiale*) tenor. ❼ (*leg.*) time limit. ❽ (*leg., market.*) (*condizione*) term, condition. ❾ (*mat.*) term. △ ❶ **Al ~ della riunione tutti furono d'accordo sulle grandi linee** at the end of the meeting all were in agreement on the main lines; ❷ **Non siamo stati in grado di fissare un ~** we were unable to fix a date; ❸ **Temo che gli articoli non saranno pronti entro il ~ prescritto** I'm afraid the articles will not be ready within the prescribed time; ❹ **La relazione era piena di termini tecnici** the report was full of technical terms; ❺ **Il ~ (di scadenza) della cambiale è a tre mesi vista** the tenor of the bill of exchange is three months after sight; ❽ **I termini del contratto sono abbastanza vantaggiosi** the terms of the contract are rather favourable; ❾ **Quell'espressione ha quattro termini** that expression has four terms. // ~ **del mandato** (*leg.*) completion of mandate; ~ **di comparizione** (*in giudizio*) (*leg.*) time limit for appearance; ~ **d'una diramazione di linea ferroviaria** (*trasp. ferr.*) dead end; **termini di legge** (*leg.*) law terms; ~ **di preavviso** (*leg.*) notice period; ~ **di prescrizione** (*leg.*) period of limitation; **i termini d'una progressione geometrica** (*mat.*) the terms of a geometrical progression; **il ~ di scadenza** (*cred.*) the time of payment: **Il ~ di scadenza della nostra cambiale è a 3 mesi vista** the time of payment of our bill is 3 months after sight; ~ **di tempo per il saldo** (*d'un pagamento*) (*cred.*) prompt; **termini nautici** nautical terms; ~ **perentorio** (*leg.*) peremptory term; ~ **ultimo** (*anche giorn., pubbl.*) deadline; (*leg.*) time limit: **il ~ ultimo per la presentazione di documenti** the deadline for sending in documents; **a ~** on credit, upon credit; credit (*attr.*); (*Borsa*) for the account; (*cred., market.*) on term, forward; (*leg.*) (*di contratto*) terminable; **a termini di legge** (*leg.*) according to the law; **a breve ~** in the short run, in the short term, at short range: **Attualmente le spese pubbliche denotano un'eccessiva mancanza d'elasticità a breve ~** at present public expenditure is proving very inelastic in the short term; **a lungo ~** in the long run, in the long term, at long range; **entro il ~ di due settimane** within two weeks; **in termini reali** (*econ.*) (*di valutazione*) real (*attr.*): **A quanto ammonta il reddito nazionale in termini reali?** how much is the real national income?

termosifone, *n. m.* ❶ central heating. ❷ (*un singolo radiatore*) radiator.

terra, *n. f.* ❶ earth. ❷ (*coltivabile*) land. ❸ (*terreno*) ground; (*suolo*) soil. // ~ **buona** good soil; **la ~ ferma** the mainland; **una ~ fertile** a fertile land; **a ~** (*trasp. mar.*) ashore; **per (via di) ~** (*trasp.*) by land.

terraferma, *n. f.* mainland.

terrazzamento, *n. m.* (*econ.*) (*di terreni*) strip-cropping, strip-farming.

terrazzare, *v. t.* (*econ.*) (*terreni*) to strip-crop.

terremoto, *n. m.* earthquake. // ~ **finanziario** (*fin.*) financial upheaval; moneyquake (*slang USA*); ~ **monetario** (*fin.*) monetary upheaval; moneyquake (*slang USA*).

terreno[1], *a.* ❶ ground (*attr.*). ❷ worldly, earthly.

terreno[2], *n. m.* ❶ ground. ❷ (*terra coltivabile, fab-*

bricabile, ecc.) land; (*proprietà terriera*) landed estate, property. ❸ (*suolo*) soil. ❹ **terreni**, *pl.* (*rag.*) (*voce di bilancio*) landed property, land. △ ❶ **Nelle grandi città il ~ costa sempre di più** ground is more and more expensive in large cities; ❷ **Come intendete utilizzare il ~ che avete comprato?** how are you going to employ the land you have bought? // **~ affittato** (*leg.*) lease, leasehold; **~ arato** ploughed land; plowed land (*USA*); plough (*specialm. ingl.*); **~ da costruzione** building land; **terreni da dare in concessione** concessible lands; **terreni demaniali** State lands; Crown lands (*in G.B.*); **~ di proprietà comune** common; **~ in enfiteusi** (*leg.*) fee farm; **~ non occupato** (*leg.*) vacant land; **~ non utilizzato** (*leg.*) vacant land; **~ posseduto per antica concessione feudale** (*leg.*) copyhold; **~ produttivo** (*econ.*) productive soil; **terreni tassabili** (*fin.*) chargeable lands; **terreni tenuti in affitto** (*leg.*) leasehold (*sing. collett.*); **~ tenuto in proprietà assoluta** (*leg.*) freehold.

terrestre, *a.* ❶ terrestrial. ❷ (*ass.*) non-marine.
terriero, *a.* (*econ.*) landed. // **proprietà terriera** (*econ.*) landed property; **proprietario ~** (*econ.*) landowner.
territoriale, *a.* territorial. // **acque territoriali** (*leg.*) territorial waters.
territorialità, *n. f.* (*leg.*) territoriality. // **~ dell'imposta** (*fin.*) territory to which the tax applies.
territorio, *n. m.* territory; possessions (*pl.*).
terza, *n. f.* ❶ (*cred., fin.*) (*di cambio*) third of exchange. ❷ (*trasp. ferr.*) third class; third (*fam.*). // **~ di cambio** (*cred.*) third of exchange; **~ di copertina** (*giorn.*) third cover, inside-back cover; **di ~ (classe)** (*trasp.*) third-class (*attr.*).
terzo, *num. ord.* third. *a.* (*di copia*) triplicate. *n. m.* ❶ (*terza parte*) third. ❷ (*leg.*) third party. ❸ (*mat.*) third. ❹ **i terzi**, *pl.* (*leg.*) the third party (*sing.*). △ *a.* **La terza copia è stata consegnata all'autorità doganale** the triplicate copy has been delivered to the customs authority; *n.* ❸ **Tre è un ~ di nove** three is one third of nine; ❹ **A quanto ammonta il premio per un'assicurazione contro i terzi?** how much is the premium for a third-party insurance? // **~ acquirente** (*leg.*) subsequent buyer; **~ arbitro** (*leg.*) umpire; **terzi azionisti** (*fin.*) outside shareholders; **~ copia** (*di documento*) triplicate: **La terza copia fu inoltrata alla compagnia d'assicurazioni** the triplicate was forwarded to the insurance company; **~ di buona fede** (*leg.*) bona fide holder; **terza incognita** (*mat.*) z; **il ~ mondo** the third world; **terza pagina** (*giorn.*) literary page; **una terza persona** (*leg.*) a third party; **~ pignorato** (*leg.*) garnishee; **terza quantità incognita** (*mat.*) z; **terza rotaia** (*trasp. ferr.*) guide rail.
tesaurizzare, *v. t.* (*econ.*) to hoard, to treasure. *v. i.* to accumulate treasures. // **~ oro** (*econ.*) to hoard gold; **~ oro e argento** (*econ.*) to treasure gold and silver.
tesaurizzazione, *n. f.* (*econ.*) hoarding.
tesi, *n. f. inv.* ❶ thesis*; (*teoria*) theory. ❷ (*leg.*) case. △ ❷ **La ~ del convenuto è debole** the case for the defendant is a weak one.
tesoreggiamento, *n. m. V.* **tesaurizzazione**.
tesoreggiare, *v. t. e i. V.* **tesaurizzare**.
tesoreria, *n. f.* (*fin.*) treasury. // **la ~ dello Stato** (*fin.*) the State Treasury.
tesoriere, *n. m.* (*fin.*) treasurer, receiver, bursar.
tesoro, *n. m.* ❶ treasure. ❷ (*fin., ingl.*) (the) Exchequer, (the) Treasury. **~ trovato** (*leg.*) treasure trove.
tessera, *n. f.* ❶ ticket, card. ❷ (*trasp.*) (*ferroviaria, ecc.*) season ticket. // **~ del sindacato** (*sind.*) union card;

~ di commerciante straniero (*comm. est.*) foreign trader's identity card; **~ di giornalista** (*giorn.*) press card; **~ d'iscrizione** membership card; **~ rilasciata da un'organizzazione** (*che seleziona i propri soci fra persone notoriamente solvibili*) **e che dà diritto ad acquistare a credito** (*market.*) credit card.
tesseramento, *n. m.* (*iscrizione*) registration.
tesserare, *v. t.* (*iscrivere*) to register.
tessere, *v. t.* to weave*.
tessile, *a.* textile. *n. m.* ❶ (*pers.*) (*operaio tessile*) textile worker. ❷ **tessili**, *n. pl.* (*econ.*) (*prodotti*) textiles.
tessuto, *n. m.* ❶ (*market.*) fabric, cloth, material. ❷ **tessuti**, *pl.* (*market.*) soft goods; dry goods (*USA*). // **~ impermeabile** (*market.*) waterproof cloth; **~ ingualcibile** (*market.*) crease-resisting fabric.
test, *n. m.* test. // **~ attitudinale** (*pers.*) aptitude test, capacity test, ability test; **~ caratterologico** (*pers.*) personality test; **~ d'assunzione** (*pers.*) entrance test; **~ d'attitudine al lavoro d'ufficio** (*pers.*) test of clerical aptitude; **~ d'attitudine meccanica** (*pers.*) mechanical aptitude test; **~ di capacità** (*pers.*) ability test; **~ di destrezza** (*pers.*) test of manual dexterity; **~ d'intelligenza** (*pers.*) intelligence test; **~ d'interesse** (*pers.*) vocational-interest test; **~ di personalità** (*pers.*) personality test; **~ di profitto** (*pers.*) achievement test; **~ di rendimento** (*pers.*) performance test, proficiency test; **~ proiettivo** (*pers.*) projective test; **~ sociometrico** (*pers.*) sociometric test; **~ standardizzato** (*pers.*) standardized test; **~ vocazionale** (*pers.*) vocational-interest test.
testa, *n. f.* (*anche fig.*) head. △ **È da vent'anni alla ~ dell'azienda** he's been at the head of his business for twenty years now. // **a ~** each, per person; (*econ., stat.*) per capita; **essere in ~ a** to lead: **Il nostro Paese è in ~ nella produzione mondiale di zolfo** our Country leads the world in the production of sulphur.
testamentario, *a.* (*leg.*) testamentary, testamental.
testamento, *n. m.* (*leg.*) will, testament, will and testament. △ **Il suo ~ è stato falsificato** his will has been forged. // **~ col quale vengono ingiustificatamente diseredati gli eredi legittimi** (*leg.*) inofficious will; **~ congiuntivo e reciproco** (*leg.*) double will; **~ fatto in punto di morte** (*leg.*) death-bed will; **un ~ nuncupativo** (*leg.*) a nuncupative will; **~ olografo** (*leg.*) holographic will, holograph; **un ~ pubblico** (*leg.*) a solemn will; **~ segreto** (*leg.*) sealed will, mystic testament; **che ha fatto ~** (*leg.*) (*di persona deceduta*) testate; **fare ~** (*leg.*) to make one's will; **per ~** (*leg.*) by will: **L'acquisto dell'immobile fu disposto per ~** the purchase of the estate was disposed by will; **senza aver fatto ~** (*leg.*) intestate (*pred.*).
testare, *v. i.* (*leg.*) to make* a will. *v. t.* ❶ (*market., pers., neol.*) (*sottoporre a un test*) to test. ❷ (*pubbl., neol.*) to test. // **capacità di ~** (*leg.*) testamentary capacity.
testata, *n. f.* ❶ (*parte estrema di qc.*) head. ❷ (*giorn.*) (*intestazione*) heading. // **la ~ d'una pagina** (*giorn.*) the heading of a page, the running head, the heading.
testatico, *n. m.* (*leg.*) head money, poll tax, capitation.
testatina, *n. f.* (*giorn.*) running head, running headline, running title.
testatore, *n. m.* (*leg.*) testator, testate, devisor, bequeather. // **~ di beni immobili** (*leg.*) devisor; **~ di beni mobili** (*leg.*) bequeather.
testatrice, *n. f.* (*leg.*) testatrix*.
teste, *n. m. e f.* (*leg.*) witness. // **~ a carico** (*leg.*) witness for the prosecution; **~ a difesa** (*leg.*) witness for the defence; **~ a discarico** (*leg.*) witness for the defence; **~ d'accusa** (*leg.*) witness for the prosecution.

testimone, *n. m.* e *f.* (*leg.*) witness; (*chi fa una deposizione*) deposer, deponent. △ **Non fummo in grado di produrre testimoni** we were not able to produce witnesses. // ~ **a carico** (*leg.*) witness for the prosecution; ~ **a difesa** (*leg.*) witness for the defence; ~ **a discarico** (*leg.*) witness for the defence; ~ **d'accusa** (*leg.*) witness for the prosecution; ~ **giurato** (*leg.*) sworn witness; ~ **oculare** (*leg.*) eye-witness: **Ci fu soltanto un ~ oculare** there was just one eye-witness.

testimoniale, *a.* (*leg.*) of a witness; witness (*attr.*). *n. m.* (*leg.*) evidence. // ~ **d'avaria** (*trasp. mar.*) captain's protest.

testimonianza, *n. f.* (*leg.*) evidence, testimony, witnessing, witness. △ **Renderò ~ a discarico dell'imputato al momento del processo** I will give witness on behalf of the accused person at his trial. // ~ **di perito** (*leg.*) expert evidence; ~ **fondata su dicerie** (*leg.*) hearsay evidence; ~ **orale** (*leg.*) verbal evidence; **una ~ per procura** (*leg.*) a mediate testimony; ~ **probatoria** (*leg.*) probatory evidence.

testimoniare, *v. t.* (*leg.*) to witness, to evidence; (*attestare*) to testify. *v. i.* (*leg.*) to bear* witness, to give* evidence, to witness; (*deporre*) to depose, to depone. // ~ **a favore di q.** (*leg.*) to witness for sb., to give evidence on behalf of sb.

testimonio, *n. m. V.* **testimone**.

testina, *n. f.* (*elab. elettr.*) head. // ~ **di lettura di zona** (*elab. elettr.*) tape reader; ~ **magnetica** (*elab. elettr.*) magnetic head; ~ **scrivente** (*elab. elettr.*) write head, writing head.

testista, *n. m.* e *f.* (*org. az., pers., neol.*) (*esperto di prove psicologiche per valutare le capacità dei candidati a un posto di lavoro*) test expert.

testo, *n. m.* ❶ text. ❷ (*giorn.*) editorial matter, copy; (*distinto dalle illustrazioni*) letterpress. ❸ (*leg.*) (*d'una legge*) purview. ❹ (*pubbl.*) (*radiotelevisivo*) script. // **il ~ della legge** (*leg.*) the letter of the law; **il ~ d'una polizza d'assicurazione** (*ass.*) the text of an insurance policy, the wording of an insurance policy; ~ **non interrotto** (*da rimandi a un'altra pagina*) (*giorn.*) running text; ~ **unico** (*leg.*) consolidation act.

testuale, *a.* ❶ (*che si riferisce a un testo*) textual. ❷ (*fedele, preciso*) exact, precise.

«**therblig**», *n. m.* (*cronot.*) therblig.

timbrare, *v. t.* ❶ to stamp. ❷ (*comun.*) (*una lettera*) to postmark. // ~ **il cartellino** (*pers.*) (*abbandonando il posto di lavoro*) to sign out, to clock out (*o* off), to punch out; (*arrivando sul posto di lavoro*) to sign in, to clock in (*o* on), to punch in.

timbro, *n. m.* ❶ (*bollo*) stamp. ❷ (*attr. uff.*) (*strumento per imprimere bolli*) stamp. // ~ **a secco** (*attr. uff.*) embossed stamp; ~ **d'annullamento** (*attr. uff.*) cancelling stamp; canceling stamp (*USA*); ~ **di gomma** (*attr. uff.*) rubber stamp; ~ **di ricevuta** (*attr. uff.*) received stamp; ~ **per data** (*attr. uff.*) date stamp, dater; ~ **postale** (*comun.*) postmark.

timone, *n. m.* ❶ (*trasp. aer., trasp. mar.*) rudder, helm. ❷ (*trasp. mar.*) steering-wheel, wheel. // ~ **di direzione** (*trasp. aer.*) rudder; ~ **di profondità** (*trasp. aer.*) elevator.

timoniere, *n. m.* (*trasp. mar.*) steersman*, helmsman*; (*di scialuppa, lancia, e sim.*) coxwain, cox.

timore, *n. m.* fear, dread. // ~ **di danno grave** (*leg.*) fear of personal injury.

tingere, *v. t.* to dye, to paint.

tinta, *n. f.* ❶ (*materia colorante*) paint, dye. ❷ (*colore*) colour; color (*USA*). // **una ~ solida** (*market.*) a fast colour; **a ~ unita** (*market.*) (*di stoffa*) whole-coloured, solid.

tintura, *n. f.* ❶ (*il tingere*) painting, dyeing. ❷ (*il colorante*) dye.

tipico, *a.* typical; (*esemplare*) exemplary.

tipificare, *v. t. V.* **tipizzare**.

tipificazione, *n. f. V.* **tipizzazione**.

tipizzare, *v. t.* ❶ to typify. ❷ (*standardizzare*) to standardize.

tipizzazione, *n. f.* ❶ typification. ❷ (*standardizzazione*) standardization.

tipo, *n. m.* ❶ type. ❷ (*genere*) type, kind, sort, quality; (*modello*) model; (*norma*) norm, standard. ❸ (*giorn., pubbl.*) (*carattere tipografico*) type. ❹ (*market.*) (*d'articolo, ecc.*) make, brand. △ ❷ **Al Salone Internazionale dell'Automobile sarà presentato un nuovo ~ d'auto** a new type of car will be presented at the International Motor Show; **La nostra clientela può scegliere fra articoli d'ogni ~** our customers can choose among articles of all sorts; **Ci sono diversi tipi d'azioni: azioni ordinarie, azioni privilegiate e azioni postergate** there are different kinds of shares: ordinary shares, preference shares, and deferred shares. // ~ **a cambio in verghe auree** (*fin.*) gold bullion standard; ~ **a corso forzoso** (*fin.*) fiat standard; ~ **aureo** (*fin.*) gold standard; ~ **di donazione in rate annuali** (*per almeno sette anni*) **a favore di enti senza scopo di lucro** (*ingl.*) covenanted subscription; ~ **di società che si scioglie prima della distribuzione degli utili** (*strumento di evasione fiscale*) (*USA*) collapsible corporation; ~ **dollaro** (*fin.*) dollar standard; **un ~ nuovo d'addizionatrice** (*macch. uff.*) a new type of adding machine.

tipografia, *n. f.* ❶ (*sistema di stampa*) typography. ❷ (*stabilimento*) printing-house, printing establishment.

tipografico, *a.* typographical, typographic.

tipografo, *n. m.* (*giorn.*) printer, typographer.

tipometro, *n. m.* (*giorn.*) type scale, type gauge.

tirabozze, *n. m. inv.* (*giorn.*) proof-press.

tiraggio, *n. m.* draught, draft. // ~ **reciproco** (*di tratte*) (*cred.*) cross firing.

tirare, *v. t.* ❶ to pull, to draw*. ❷ (*giorn., pubbl.*) (*stampare*) to print, to pull, to take* off, to run* off, to machine. *v. i.* ❶ to pull, to draw*. ❷ (*fam.*) (*andare bene, andare « forte »*) to be going strong, to go* strong. △ *v. t.* ❷ **Tireremo 2.000 copie del catalogo** we will run off 2,000 copies of the catalogue; *v. i.* ❷ **Nonostante la minaccia giapponese, Torino e Milano « tirano » ancora** Turin and Milan are still going strong despite the Japanese threat; **Sassuolo « tirava » nonostante la crisi** Sassuolo was going strong despite the crisis. // ~ **a secco** (*trasp. mar.*) to haul ashore, to haul; ~ **l'acqua al proprio mulino** (*fig.*) to bring grist to one's own mill; ~ **avanti** to get along, to go on; (*a fatica*) to struggle on: **Non possiamo ~ avanti senza aiuti finanziari** we can't get along without financial backing; ~ **una bozza di stampa** (*giorn.*) to pull a proof; ~ **la cinghia** (*fam.*) to tighten one's belt, to draw in; (*fare economia*) to save up; ~ **una conclusione** to draw a conclusion; ~ **una copia** (*giorn.*) to pull a copy; ~ **fuori** (*la merce*) (*market.*) (*spacchettarla, disimballarla*) to unpack: **Prima che Lei tiri fuori la Sua merce, mi permetta di dirLe che questa roba non m'interessa** before you unpack your ware, let me tell you I'm not interested in this stuff; ~ **in lungo un pagamento** (*cred.*) to delay meeting an account; ~ **la paga** (*pers.*) to draw one's wages, to draw one's salary; ~ **le somme** to total; (*fig.*) (*concludere*) to reach a conclusion; (*rag.*) to strike a balance; ~ **lo**

stipendio (*pers.*) to draw one's salary; ~ **sul prezzo** (*market.*) to bargain, to chaffer, to haggle, to higgle.

tirata, *n. f.* ❶ (*il tirare*) pull, tug. ❷ (*atto, lavoro compiuto senza interruzioni*) stretch. ❸ (*lungo discorso*) tirade. △ ❷ **Dopo una ~ del genere abbiamo tutti bisogno d'un po' di riposo** after such a long stretch we all need some rest. // ~ **d'orecchi** (*fig.*) scolding.

tiratura, *n. f.* ❶ (*giorn.*) (*lo stampare*) printing, impression. ❷ (*giorn.*) (*copie stampate*) number of copies, issue, run, circulation. △ ❷ **Il loro giornale ha una notevole ~** their newspaper is having a remarkable run; **Le tariffe degli annunci pubblicitari sui giornali dipendono dalla loro ~** advertisement rates of newspapers are proportional to their circulation. // ~ **delle bozze** (*giorn.*) proof-pulling; **una ~ di 15.000 copie** (*giorn., pubbl.*) an impression of 15,000 copies; a circulation of 15,000 copies; **una ~ eccedente** (*giorn.*) an overrun; **una ~ forte** (*giorn.*) a long run; **una ~ frazionata** (*giorn.*) a split run; **una ~ in supero** (*giorn.*) an overrun; **una ~ piccola** (*giorn.*) a short run.

tirocinante, *a.* (*pers.*) training. *n. m.* e *f.* (*pers.*) apprentice, trainee, trainer.

tirocinio, *n. m.* (*pers.*) apprenticeship, training, probation. // ~ **collettivo** (*pers.*) collective training; **fare il (proprio) ~** (*pers.*) to do one's training.

titolare, *a.* titular, regular. *n. m.* e *f.* ❶ holder. ❷ (*leg.*) (*proprietario*) owner, proprietor. ❸ (*pers.*) (*di posto, impiego, ecc.*) occupant. // **il ~ d'un'agenzia d'informazioni commerciali** (*market.*) a mercantile agent; **~ di agenzia di viaggio** (*tur.*) travel agent; **~ d'agenzia per la vendita di biglietti** (*tur.*) ticket-agent; **~ di brevetto** (*leg.*) patentee; **~ d'un conto** (*rag.*) holder of an account, account holder; **il ~ d'una ditta** the principal of a firm, the owner of a firm; **~ d'una polizza** (*ass.*) policy-holder, policy-owner.

titolo, *n. m.* ❶ (*di libro, ecc.*) title; (*intestazione*) heading. ❷ (*accademico, onorifico*) title. ❸ (*fin.*) certificate, document, security; (*azione*) share, stock; (*obbligazione*) debenture; bond (*USA*). ❹ (*fin.*) (*d'oro, d'argento*) percentage of precious metal; (*di monete*) fineness. ❺ (*giorn.*) (*d'un giornale, ecc.*) headline. ❻ (*leg.*) (*diritto*) right, title. ❼ (*leg., pers.*) (*qualifica*) qualification. ❽ **titoli**, *pl.* (*fin.*) (*azionari*) stock (*sing.*). ❾ **titoli**, *pl.* (*rag., anche*) holding (*sing.*). △ ❸ **Gli agenti dei compratori e dei venditori di titoli sono costantemente in contatto fra loro e con i loro clienti** the agents of buyers and sellers of securities are in constant touch with one another and with their clients; **Quei titoli non sono quotati alla Borsa Valori di New York** those securities are not listed on the New York Stock Exchange; ❺ **Abbiamo ~ a questa proprietà** we have title to this estate; ❼ **Non ha i titoli per (ricoprire) quella carica** he has not got the qualifications for that office; ❽ **Hanno investito tutto il loro denaro in titoli** they have invested all of their money in stock. // **titoli a deporto** backwardized stock (*o* shares); **titoli a dividendo cumulativo** (*fin.*) cumulative stock; **titoli a largo flottante** (*Borsa*) blue chips; **~ a mercato internazionale** (*Borsa, fin.*) international stock; **titoli a reddito fisso** (*fin.*) fixed-interest securities, fixed-income securities; **titoli a reddito variabile** (*fin.*) variable-yield securities; **titoli a scarso flottante** (*Borsa*) inactive stocks; **~ a tutta pagina** (*giorn.*) banner headline; **titoli « affascinanti »** (*Borsa*) glamour stocks; **~ al portatore** (*fin.*) stock to bearer, bearer stock, bearer bond, bearer certificate, bearer security, bearer scrip, bearer warrant; **titoli al 4% (d'interesse)** (*fin.*) fours; **~ apparentemente ignorato dagli speculatori** (*e che perciò ha una quotazione troppo bassa rispetto al resto del mercato*) (*Borsa, fin.*) sleeper; **~ azionario** (*fin.*) share; **titoli (azionari) assicurativi** (*fin.*) insurance shares; **« ~ -barometro »** (*Borsa, fin.*) (*titolo il cui prezzo di mercato indica l'andamento generale del mercato*) barometer stock; **titoli che hanno oscillazioni** (*di valore*) **molto ampie** (*fin.*) volatile stocks; **un ~ che invita alla speculazione** (*fin.*) a speculative stock; **~ che si sottrae alle fluttuazioni del mercato** (*per talune caratteristiche particolari*) (*fin.*) specialty; **~ « che va forte »** (*Borsa*) highflyer, highflier; **titoli consolidati** (*fin.*) consolidated annuities; consolidated stock (*sing. collett.*); consols; **titoli convertibili** (*fin.*) convertible securities; **~ il cui prezzo non ha subito variazioni** (*a differenza di quello d'altri titoli dello stesso tipo sul mercato*) (*Borsa, fin.*) laggard; **titoli del (prestito) consolidato** (*fin.*) consols; consolidated stock (*sing. collett.*); bank annuities; **titoli del debito pubblico** (*fin.*) consolidated annuities, debentures, bonds, funds: **I Governi emettono titoli del debito pubblico a prova del loro debito verso il pubblico** Governments issue debentures as evidence of their debt towards the public; **titoli del debito pubblico, emessi per sostituirne altri già giunti a scadenza** (*fin.*) conversion stock; **il ~ dell'oro** (*espresso in carati*) (*fin.*) the title of gold; **titoli dello Stato** (*fin.*) Government securities; **~ d'arbitraggio** (*fin.*) arbitrage share; **~ d'azienda in espansione** (*fin.*) growth stock; **titoli d'aziende di servizi pubblici** (*fin., USA*) utilities; **titoli di credito** (*cred.*) instruments of credit, documents of credit; bank money, paper (*sing.*); stiffs (*slang USA*); **~ di credito a breve termine** (*cred.*) short-term paper; **~ di credito agrario** (*fin.*) agricultural paper; **titoli di credito con buoni requisiti di bancabilità** (*cred.*) eligible paper; **~ di credito trasferibile firmato** (*o girato*) **da una sola persona** (*cred., fin.*) straight paper; **titoli di cui vi è richiesta** (*fin.*) stocks bid for; **titoli di prestito municipali** (*fin.*) corporation stocks; **titoli di prim'ordine** (*fin.*) gilt-edged (*o* gilt-edge) securities, high-grade securities: **I titoli di prim'ordine erano sostenuti, ma il volume degli affari era piuttosto esiguo** gilt-edged securities were firm, but the turnover was rather small; **titoli di priorità** (*d'una società*) (*fin.*) senior securities; (*voce di bilancio*) treasury stock, securities owned: **Le obbligazioni ipotecarie e le azioni privilegiate sono titoli di priorità rispetto alle obbligazioni e alle azioni ordinarie** mortgage bonds and preferred stocks are senior securities compared to debentures and common stocks; **~ di proprietà** (*leg.*) title-deed to property, document of title; **un ~ di proprietà viziato** (*leg.*) a defective title, a defect of title, a bad title; **titoli di second'ordine** (*fin.*) second-rate securities; cats and dogs (*slang USA*); **titoli di Stato** (*fin.*) Government securities, stocks, funds: **I titoli di Stato sono in continuo aumento** Government securities are advancing steadily; **titoli di studio** educational qualifications; **~ di sviluppo** (*fin.*) growth stock; **titoli emessi da una contea** (*fin., USA*) county stocks; **~ esecutivo** (*leg.*) writ of execution, deed directly enforceable; **~ (a interesse) esente da imposta** (*fin.*) tax-exempt security; **titoli esteri** (*fin.*) foreign securities, foreign stocks; **~ estratto** (*fin.*) drawn bond; **titoli ferroviari** (*Borsa*) railway shares; rails, railroads (*USA*); **titoli fiduciari** (*fin.*) paper securities, paper holdings; **un ~ girabile** (*cred.*) an endorsable instrument; **~ giustificativo di proprietà** (*leg.*) proof of ownership; **titoli immaginari** (*fin.*) shares in a bazaar, bazaar shares; **~ in corso di stampa** (*giorn., pubbl.*) in-print; **titoli inattivi** (*fin.*) (*per i quali non c'è richiesta*) idle stocks, inactive stocks; **~ incontestabile** (*leg.*) clear title; **titoli incon-**

vertibili (*fin.*) unconvertible securities; **titoli** (*d'imprese*) **industriali** (*fin.*) industrials; **titoli irredimibili da parte del detentore** (*e la cui redimibilità è lasciata alla discrezione dell'organismo emittente*) (*fin.*) one-way callable stock; **un ~ legittimo** (*leg.*) a valid title; **titoli nazionali** (*fin.*) home securities, home stocks; **titoli** (*di credito*) **negoziabili** (*cred.*) negotiable instruments, negotiable documents, negotiable securities, negotiable papers; **titoli nominativi** (*fin.*) registered stock, inscribed stock, registered securities; **titoli non negoziabili** (*fin.*) non-marketable securities; **~ non quotato** (*in Borsa*) (*fin.*) unlisted security; **~ obbligazionario** (*fin.*) debenture; bond (*USA*); **titoli offerti in garanzia** (*fin.*) securities in pledge; **titoli ordinari** (*fin.*) common stock; **titoli « pesanti »** (*fin.*) heavy stocks; **titoli primari** (*fin.*) gilt-edged securities, gilt-edge securities; **titoli privilegiati** (*fin.*) preference shares, preference stock; **titoli pubblici** (*fin.*) Government securities, Government stock; **~ quotato** (*Borsa*) listed security; **titoli redimibili** (*fin.*) redeemable stocks; **titoli riportabili** (*Borsa*) contangoable stocks, continuable stocks; **titoli riportati** (*Borsa*) stock borrowed; **~ secco** (*senza cedola*) (*fin.*) ex-coupon stock; **titoli sicurissimi** (*fin.*) gilt-edged securities, gilt-edge securities; **titoli trasferibili** (*fin.*) marketable securities; (*leg.*) marketable titles; **a ~ di favore** as a favour; **a ~ di premio** as a prize; **a ~ di prova** (*market.*) by way of trial; **a ~ gratuito** (*leg.*) free of charge, without consideration; **a ~ oneroso** (*leg.*) for a valuable consideration, for a money consideration; **a ~ personale** in a personal capacity; **a ~ privato** privately.

tizio, *n. m.* fellow, chap, man*; bloke (*fam.*). △ **Ha telefonato un ~ mentre eri fuori** a fellow called while you were out. // **~, Caio e Sempronio** Tom, Dick and Harry.

toccare, *v. t.* ❶ to touch. ❷ (*accennare, menzionare*) to touch on, to mention. ❸ (*interessare*) to affect; (*riguardare*) to concern. ❹ (*trasp.*) (*passare da un luogo*) to pass through. ❺ (*trasp. mar.*) (*un porto e sim.*) to call at, to touch at. *v. i. impers.* ❶ (*essere il turno di*) to be (sb.'s) turn. ❷ (*spettare*) to be up to (sb.), to be (sb.'s) duty. ❸ (*dovere*) to have (to), to be obliged (to); must (*modale*). ❹ (*avere diritto a*) to have a right (to), to be entitled (to). △ *v. t.* ❷ **Il problema dell'immigrazione non è ancora stato toccato** the immigration problem has not been mentioned yet; ❸ **I mutamenti in campo fiscale non li toccheranno personalmente** the changes in taxation will not affect them personally; *v. i.* ❶ **A chi tocca?** whose turn is it?; **Tocca a me** it is my turn; ❷ **Tocca a voi decidere** it's up to you to decide; ❸ **Mi toccò aspettare un anno per ottenere quella licenza** I had to wait one year for that permit; ❹ **Ci tocca un terzo dell'eredità** we are entitled to one third of the inheritance. // **~ il fondo** (*trasp. mar.*) (*di nave*) to touch bottom, to hit the bottom; (*fig.*) to bottom: **I prezzi del bestiame hanno toccato il fondo** livestock prices have bottomed; **~ il minimo** (*Borsa*) to drop to a low: **La Borsa di Milano ha toccato i nuovi minimi** the Milan Stock Exchange dropped to a new low; **~ un porto** (*trasp. mar.*) (*di nave*) to touch at a port; **~ terra** (*trasp. mar.*) to land; **non ~** (*un argomento*) to be silent about (*o* on): **La relazione non toccò quell'argomento, il che stupì i delegati stranieri** the report was silent on that matter, which astonished the foreign delegates.

toccarsi, *v. rifl.* to touch. *v. recipr.* to touch each other (*o* one another); (*incontrarsi*) to meet*. △ *v. recipr.* **Gli estremi si toccano** extremes meet.

tocco, *n. m.* ❶ touch. ❷ (*di campana, ecc.*) stroke. △ ❶ **Stiamo dando gli ultimi tocchi al nostro lavoro** we're adding the finishing touches to our work.

togliere, *v. t.* ❶ to take* away, to take* (from), to take* off, to take* out. ❷ (*impedire*) to prevent. △ ❶ **Se vogliamo rilanciare questo articolo, dobbiamo ~ almeno una sterlina dal prezzo** if we want to launch this article again, we must take at least one pound from the price; ❷ **Ciò non toglie che il progetto sia inattuabile** this doesn't prevent the project from being unpractical. // **~ il blocco** (*trasp. mar.*) to raise the blockade; **~ la comunicazione telefonica a q.** (*comun.*) to cut sb. off; **~ il contatto** (*anche fig.*) to break contact; **~** (*una nave*) **dal servizio** (*trasp. mar.*) to decommission; **~ l'embargo su una nave** (*trasp. mar.*) to take off the embargo on a ship; to lift the embargo on a ship; **~ una imposta** (*fin.*) to take off a tax; **~ un'ipoteca** (*cred., leg.*) to lift a mortgage; **~ gli ormeggi** (*trasp. mar.*) to unmoor; **~ restrizioni a qc.** (*econ., fin.*) to derestrict st.; **~ la seduta** to close the meeting, to leave the chair, to adjourn; **~ il sequestro** (*leg.*) to remove the attachment; **~ i sigilli a qc.** to unseal st.; **~ simmetria a** (*una distribuzione, alla sua rappresentazione grafica, ecc.*) (*stat.*) to skew; **~ un titolo a q.** (*leg.*) to disentitle sb.; **non ~ la comunicazione** (*telefonica*) (*comun.*) to hold the line; **essere tolto** (*di convegno, incontro, e sim.*) to adjourn: **La seduta fu tolta alle sei** the meeting adjourned at six o'clock.

tolda, *n. f.* (*trasp. mar.*) deck.

tolleranza, *n. f.* ❶ tolerance. ❷ (*anche fig.*) leeway. ❸ (*market.*) tolerance, allowance. △ ❸ **È ammessa una ~ del 2% sul peso di merci secche o liquide per perdita o calo durante il trasporto** an allowance of 2% of the weight is made, for wastage in transit, on the weight of wet or dry goods. // **~ di peso** (*market.*) tolerance of weight: **La ~ di peso per queste merci è dell'1,5%** the tolerance of weight for these goods is 1.5%; **~ per diminuzione di peso** (*market.*) tolerance for loss of weight; **~ percentuale di scarti per lotto** (*org. az.*) lot tolerance per cent defective.

tondo, *a.* round. *n. m.* ❶ round, circle. ❷ (*giorn., pubbl.*) (*tipografico*) Roman type.

tonneggiare, *v. t. e i.* (*trasp. mar.*) to warp.

tonneggio, *n. m.* (*trasp. mar.*) warp, tow-rope.

tonnellaggio, *n. m.* (*trasp. mar.*) tonnage, burden. // **~ a nave scarica** (*trasp. mar.*) light displacement tonnage; **~ a pieno carico normale** (*trasp. mar.*) full load displacement tonnage; **~ demolito** (*trasp. mar.*) tonnage broken up; **~ di registro** (*trasp. mar.*) register tonnage, registered tonnage, register; **~ di spedizione** (*trasp. mar.*) shipping tonnage; **~ di stazza** (*trasp. mar.*) register tonnage; **~ lordo** (*trasp. mar.*) gross tonnage; **~ netto** (*trasp. mar.*) net tonnage; **~ sotto il ponte** (*trasp. mar.*) tonnage under deck.

tonnellata, *n. f.* ❶ ton. ❷ (*metrica*) metric ton. // **~ americana** (*misura di peso pari a kg 907 circa*) short ton, ton; **~ di dislocamento** (*trasp. mar.*) displacement ton; **~ di noleggio** (*trasp. mar.*) freight ton; **~ di portata** (*unità di misura della portata d'una nave mercantile*) (*trasp. mar.*) ton burden; **~ di portata lorda** (*trasp. mar.*) shipping ton, ton dead weight; **~ di registro** (*trasp. mar.*) register ton; **~ di stazza** (*trasp. mar.*) register ton, ton capacity; **~ inglese** (*pari a kg 1.016 circa*) long ton; **~ metrica** metric ton, ton; **~ netta** net ton.

tono, *n. m.* (*anche fig.*) tone. △ **Ieri la Borsa Valori di Londra fu influenzata favorevolmente dal buon ~ di Wall Street** the London Stock Exchange was favourably influenced by the good tone of Wall Street yesterday. // ~ **brillante** (*pubbl.*) bright tone; **il ~ del mercato** (*fin.*) the tone of the market; **~ di colore** (*pubbl.*) colour tone; **rispondere a ~** (*a proposito*) to answer to the point; (*per le rime*) to give tit for tat (*fam.*).

tontina, *n. f.* (*fin.*) (*rendita vitalizia reversibile ai superstiti della società che la costituisce*) tontine.

top-secret, *locuz. a. inv.* top-secret.

torchiare, *v. t.* to press.

torchio, *n. m.* press. // **~ a mano** hand press; **~ calcografico** copperplate press; **~ per copialettere** (*attr. uff.*) copying press.

tornaconto, *n. m.* advantage, profit, account; (*interesse*) interest.

tornare, *v. i.* ❶ to return; (*andare di nuovo*) to go* back; (*venire di nuovo*) to come* back. ❷ (*ridiventare*) to become* again. ❸ (*mat., rag.*) (*d'un conto, d'una somma, ecc.*) to work out; (*essere giusto*) to be correct, to be right. △ ❶ **Il direttore generale non è ancora tornato da Milano** the general manager has not yet come back from Milan; **Le minigonne stanno tornando di moda** miniskirts are coming back into fashion; ❸ **Le mie somme non tornano** my sums won't work out. // **~ a disdoro di** q. to discredit sb.; **~ a galla** to come to the surface; (*fig.*) to come up again; (*banca, cred.*) to get out of the red; **~ alla carica** (*insistere*) to insist; (*ritentare*) to try again; **~ di moda** (*market.*) to come back into fashion; **~ in attivo** (*banca, cred.*) to get out of the red; **~ in possesso di qc.** (*leg.*) to regain possession of st.; **~ in vigore** (*leg.*) (*di leggi, ecc.*) to revive: **Gli « addetti ai lavori » sostengono che la legge prebellica tornerà in vigore** insiders maintain that the old pre-war law will revive.

torpedone, *n. m.* (*trasp. aut.*) motor-coach, coach, bus, char-a-banc, charabanc.

torto, *n. m.* ❶ wrong. ❷ (*leg.*) wrong, injury. ❸ (*leg.*) (*colpa*) fault, grievance. △ ❷ **Abbiamo subìto molti torti nel corso della passata amministrazione** we suffered many wrongs during the past administration. // **il ~ d'una pretesa** (*leg.*) the fault of a claim; **a ~** unjustly, wrongly; **avere ~** to be wrong; **essere dalla parte del ~** to be in the wrong; **riparare un ~** (*leg.*) to right a wrong.

tosa, *n. f.* V. **tosatura.**

tosare, *v. t.* to shear*, to clip, to crop. // **~ monete** (*leg., anche*) to sweat coins.

tosatura, *n. f.* shearing.

tot, *a. indef.* so many. *pron. indef.* (*un tanto, una certa quantità*) so much.

totale, *a.* total; (*intero*) whole, entire; (*complessivo, globale*) overall, aggregate; (*lordo*) gross. *n. m.* total, sum total, sum. △ *a.* **Puntiamo all'apertura ~ dei mercati** we are aiming at the total abolition of market frontiers; **Fateci avere l'importo ~ della fornitura** let us have the total amount of the consignment; *n.* **Sta cercando di valutare il ~ delle sue passività** he's trying to make out the sum total of his liabilities; **Il ~ delle spese previste in bilancio non dovrebbe superare 1.000.000 di sterline** the total of budgetary expenditure should not exceed 1,000,000 pounds; **I due totali non concordano** the two sums don't agree. // **~ a riportarsi** (*rag.*) pick-up; **~ complessivo** (*rag.*) grand total, aggregate amount; **~ del capitale sociale** (*iscritto al valore nominale*) più gli utili non distribuiti (*fin.*) stockholders' equity; **~ delle attività** (*rag.*) total assets; **il ~ d'un'addizione** the total of an addition, the footing-up, the footing; **~ generale** (*rag.*) grand total; **~ libertà dei traffici** (*econ.*) global free trade; **« ~ partite correnti »** (*fin., rag.*) total current accounts; **~ parziale** (*rag.*) short; **in ~** on the whole, in all, in the aggregate.

totalità, *n. f. inv.* totality, sum total.

totalizzare, *v. t.* ❶ to totalize. ❷ (*conseguire un certo totale*) to get* a total of, to total.

totalizzatore, *n. m.* (*di macch. uff.*) counter.

tra, *prep.* ❶ (*fra due*) between; (*fra più di due*) among. ❷ (*di tempo*) within, in. // **~ due settimane** within two weeks, in two weeks' time; **~ poco** in a little while, shortly.

traccia, *n. f.* ❶ track. ❷ (*fig.*) (*segno*) trace, sign, mark. ❸ (*fig.*) (*linee principali*) outline. // **~ di bozzetto** (*di dimensioni assai ridotte, avente il solo scopo di fermare un'idea sulla carta*) (*pubbl.*) esquisse; **~ di luce** (*cronot.*) light trace; **essere sulle tracce di** q. to be in search of sb., to be on sb.'s track, to track sb.: **La polizia è sulle tracce del ladro** the police are on the thief's track.

tracciare, *v. t.* ❶ to trace (out), to draw*, to lay* out; (*a grandi linee*) to outline. ❷ (*fig.*) to sketch, to plan. △ ❶ **La pianta del nuovo stabilimento è stata tracciata dal Sig. Colli** the plan for the new works was traced out by Sig. Colli. // **~** (*una riga*) **col regolo** (*mat.*) to rule; **~ un piano di lavoro** to map out one's working time; **~ la rotta d'un aereo in volo** (*trasp. aer.*) to plot the course of an airplane in flight; **~ la rotta d'una nave** (*trasp. mar.*) to plot a ship's course; **~ uno schema** to draw (out) a scheme.

tracciato, *n. m.* ❶ tracing, layout. ❷ (*mat., stat.*) graph. // **~ del « file »** (*elab. elettr.*) file layout; **~ scheda** (*elab. elettr.*) card-layout, card-format.

tracollo, *n. m.* ❶ collapse, breakdown. ❷ (*econ., fin.*) crash, smash, collapse, slide. △ ❷ **Il Governo sta agendo per frenare il ~ economico** the Government is taking action to halt the economic slide. // **un ~ del mercato** (*econ., fin.*) a market crash.

tradizionale, *a.* traditional. △ **Per quanto riguarda la distribuzione, ci siamo liberati di tutte le tecniche tradizionali** as far as distribution is concerned, we have got rid of all traditional techniques.

tradizione, *n. f.* ❶ tradition. ❷ (*leg.*) (*praticamente con forza di legge*) law-way. ❸ (*leg.*) (*consegna*) tradition, transfer, delivery. // **la ~ d'una proprietà** (*leg.*) the transfer of an estate; **~ manuale** (*leg.*) manual delivery.

tradurre, *v. t.* ❶ to translate; (*volgere*) to turn; (*rendere*) to render. ❷ (*condurre*) to take*. ❸ (*leg.*) (*un detenuto*) to transfer. △ ❶ **Ogni documento deve essere tradotto in diverse lingue** every document must be rendered into several languages; **Trovammo qualche difficoltà a ~ la polizza in italiano** we found some difficulties in translating the policy into Italian; **Ci sono alcuni documenti da ~ in italiano** there are some documents to turn into Italian. // **~ q. davanti al giudice** (*leg.*) to take sb. to Court; **~ q. in carcere** (*leg.*) to imprison sb.

traduttore, *n. m.* (*pers.*) translator; (*consecutivo o simultaneo*) interpreter. △ **Per questo compito delicato ci vuole un ~ professionista** it takes a professional translator to do this delicate job. // **~ di linguaggio** (*elab. elettr.*) language translator.

traduzione, *n. f.* ❶ translation. ❷ (*leg.*) (*di detenuto*) transfer. // **una ~ fedele** a faithful translation, a close translation; **una ~ letterale** a literal translation; **~ simultanea** simultaneous translation.

traente, *n. m.* (*cred.*) drawer. // **il ~ d'una cambiale** (*cred.*) the drawer of a bill of exchange.

trafficante, *n. m. e f.* trafficker, trader, dealer. // **~ in cambiali** (*fin.*) running broker.

trafficare, *v. i.* to trade, to deal*. *v. t.* (*vendere*) to sell*. ∥ ~ **in automobili usate** (*market.*) to deal in second-hand (*o* used) cars.

traffico, *n. m.* ❶ traffic. ❷ (*market.*) (*commercio*) trade. ❸ (*trasp.*) traffic. ❹ **traffici**, *pl.* (*market.*) trading; trade (*sing.*) △ ❺ **Le ferrovie hanno avuto a che fare con un ~ maggiore dell'anno scorso** railways have handled more traffic than last year; ❻ **I traffici furono più fiorenti l'anno scorso grazie alla tranquilla situazione politica internazionale** trade was better last year thanks to the quiet world's political situation. ∥ ~ **aereo** (*trasp. aer.*) air traffic; **traffici d'oltremare** (*comm. est.*) overseas trade; ~ **diretto all'estero** (*trasp. mar.*) outbound traffic; ~ **ferroviario** (*trasp. ferr.*) rail traffic; ~ **fluviale** (*trasp.*) river traffic; **un ~ intenso** a heavy traffic; ~ **locale** (*trasp. ferr.*) local traffic; way traffic (*USA*); ~ **marittimo** (*econ., market.*) sea-borne trade; (*trasp. mar.*) sea traffic, shipping, navigation: **Il ~ marittimo è soggetto a fluttuazioni e l'industria navale inglese è pronta a far fronte agli alti e bassi del commercio internazionale** shipping is subject to fluctuations and the British shipping industry is prepared to face the ups and downs of international trade; ~ **misto** (*trasp.*) mixed traffic; ~ **pesante** heavy traffic; ~ **stradale** (*trasp. aut.*) road traffic; ~ (*diretto*) **verso l'est** eastbound traffic; ~ (*diretto*) **verso il nord** northbound traffic; ~ (*diretto*) **verso l'ovest** westbound traffic; ~ (*diretto*) **verso il sud** southbound traffic.

trafiletto, *n. m.* (*giorn.*) paragraph, short article.

traghettare, *v. t.* (*trasp. mar.*) to ferry.

traghettatore, *n. m.* (*trasp. mar.*) ferryman*.

traghetto, *n. m.* ❶ (*trasp. mar.*) ferry, transfer. ❷ (*trasp. mar.*) (*nave traghetto*) ferryboat.

tragitto, *n. m.* ❶ (*trasp.*) journey, trip, passage. ❷ (*trasp. mar.*) crossing.

traguardo, *n. m.* ❶ (*in una competizione sportiva*) winning-post, finishing line. ❷ (*fig.*) goal, target. ∥ **i traguardi che si prefigge un'organizzazione sindacale** (*sind.*) the targets of a trade-union; **traguardi di sviluppo** (*econ.*) growth targets; ~ **produttivo** (*econ., org. az.*) production target.

trainare, *v. t.* ❶ to haul, to tow, to pull. ❷ (*trasp. aut., trasp. mar.*) to tow.

traino, *n. m.* ❶ (*il trainare*) hauling, towing, pulling. ❷ (*carico trainato*) load.

tralasciare, *v. t.* ❶ (*omettere*) to omit, to leave* out, to except, to overlook; (*saltare*) to skip. ❷ (*interrompere*) to interrupt, to stop. △ ❸ **Non si possono ~ i costi generali nella determinazione del prezzo** you can't except overhead costs in determining price. ∥ ~ **gli studi** to interrupt one's studies.

tram, *n. m. inv.* (*trasp.*) tram; street-car, trolley (car) (*USA*).

trama, *n. f.* ❶ (*di stoffa*) woof, weft, filling. ❷ (*leg.*) plot, scheme. ∥ **una ~ d'evasione fiscale** (*fin.*) a scheme to evade taxes.

tramandare, *v. t.* to hand down. ∥ **essere tramandato** to devolve: **La presidenza si tramanda in stretto ordine d'anzianità** the chairmanship devolves in strict order of seniority.

tramare, *v. t.* ❶ (*tessere*) to weave*. ❷ (*leg.*) to scheme, to plot.

tramite, *n. m.* (*via, mezzo*) way, means, medium. *prep.* through, by, via. ∥ ~ **telegramma** (*comun.*) by wire; **per il ~ di** through the agency of, through: **L'attività assicurativa si svolge in genere per il ~ d'agenti** insurance business is generally carried on through the agency of brokers; **Il nostro grossista ci scrisse che avrebbe gradito ricevere il denaro per il ~ della sua banca** our wholesaler wrote us that he would like to receive the money through his bank; **per il ~ di Mr Roberts** per Mr Roberts; **per ~ gerarchico** (*leg.*) through official channels.

tranne, *prep.* except, save, but.

transatlantico, *a.* transatlantic. *n. m.* (*trasp. mar.*) Atlantic liner, ocean liner, liner.

transatto, *a.* (*leg.*) settled, compounded.

transazione, *n. f.* ❶ (*leg.*) transaction, settlement, composition, compromise, agreement. ❷ (*market.*) transaction, dealing, deal. △ ❸ **Venne a una ~ coi suoi creditori** he came to a composition with his creditors. ∥ **una ~ amichevole** (*leg.*) a friendly composition; ~ **commerciale** business transaction, business deal; **transazioni in borsa** (*Borsa*) buying in, selling out, buying in and selling out; **transazioni intergovernative** (*dog., fin.*) intergovernmental transactions; **una ~ stragiudiziale** (*leg.*) an extrajudicial transaction, a settlement out of Court.

transigere, *v. i.* ❶ (*venire a patti*) to come* to an agreement, to come* to terms. ❷ (*leg.*) to settle. *v. t.* (*leg.*) (*una lite*) to compound. △ *v. i.* ❷ **Sarà meglio tu transiga con i creditori** you had better settle with your creditors.

transistor, *n. m.* transistor.

transistore, *n. m.* transistor.

transistorizzare, *v. t.* to transistorize.

transitabile, *a.* (*trasp. aut.*) passable, negotiable.

transitabilità, *n. f. inv.* (*trasp. aut.*) possibility of transit, negotiability.

transitare, *v. i.* (*trasp. aut.*) to pass, to transit, to run*.

transito, *n. m.* (*trasp.*) transit. ∥ **di ~** (*trasp.*) (*di merce*) transit (*attr.*); **in transit** (*pred.*); **in ~** (*trasp.*) (*di merce, ecc.*) on passage, in transit; **merce di ~** (*trasp.*) goods in transit.

transitorietà, *n. f. inv.* transitoriness, temporariness.

transitorio, *a.* transitory, transient, temporary. ∥ **disposizioni transitorie** (*leg.*) temporary laws.

transizione, *n. f.* transition.

transumante, *a.* (*econ.*) transhumant.

transumanza, *n. f.* (*econ.*) transhumance.

tranvai, *n. m. inv.* V. **tram**.

tranvia, *n. f.* (*trasp.*) tramway; street-car line (*USA*).

tranviario, *a.* (*trasp.*) tram (*attr.*).

tranviere, *n. m.* ❶ (*trasp.*) tram-driver; street-car operator (*USA*). ❷ (*trasp.*) (*bigliettario*) tram-conductor.

trapasso, *n. m.* (*leg.*) transfer, conveyance, conveying. ∥ ~ **d'ipoteca** (*leg.*) transfer of mortgage; **il ~ d'una proprietà** (*leg.*) the conveyance of a property.

trapelamento, *n. m.* (*fig.*) (*di notizie*) leakage.

trapelare, *v. i.* (*anche fig.*) to leak, to leak out. △ **Come sono potute ~ quelle notizie?** how could that news leak out?

trarre, *v. t.* ❶ (*tirare*) to pull, to draw*. ❷ (*prendere*) to take* (out). ❸ (*ricavare*) to obtain, to get*, to derive, to make*. ❹ (*banca*) (*denaro*) to draw*. ❺ (*cred.*) (*titoli di credito*) to draw*. △ ❻ **Ora siete in grado di ~ le vostre conclusioni da ciò che avete visto** now you can draw your own conclusions from what you have seen; ❼ **Traggono la maggior parte delle entrate dagli investimenti** they derive most of their income from investments. ∥ ~ **allo « scoperto »** (*banca*) to overdraw; ~ **una cambiale** (*cred.*) to issue a bill of exchange, to draw a bill of exchange; ~ **una cambiale su q.** (*cred.*)

to draw on sb.; ~ **campioni da** (*una popolazione*) (*stat.*) to sample; ~ **profitto** to draw a profit, to profit, to benefit: **Egli trasse gran profitto dal mio consiglio** he greatly profited by my advice; ~ **su un conto** (*banca*) to draw on an account; ~ **vantaggio da qc.** to get benefit from st., to capitalize on st.

trasandare, *v. t.* (*raro: trascurare*) to neglect.

trasandatezza, *n. f.* neglect, carelessness, slackness.

trasandato, *a.* neglectful, untidy, careless, slack. △ **Gran parte dei suoi guai finanziari derivano dalla sua trasandata contabilità** most of his financial troubles come out of his slack bookkeeping.

trasbordare, *v. t.* ❶ (*trasp. ferr.*) to transfer. ❷ (*trasp. mar.*) to transship, to tranship, to reship. *v. i.* ❶ (*trasp. ferr.*) to change (trains). ❷ (*trasp. mar.*) to transship, to tranship. △ *v. t.* ❷ **Parte del carico fu trasbordata su un'altra nave** part of the cargo was transshipped into another vessel; *v. i.* ❶ **Dovemmo ~ tre volte fra Milano e Calais** we had to change three times between Milan and Calais. // ~ **merce da sdoganare** (*trasp. mar.*) to reship bonded merchandise.

trasbordo, *n. m.* ❶ (*trasp. ferr.*) transfer. ❷ (*trasp. mar.*) transshipment, transhipment. // ~ (*di merci*) **da una nave all'altra** (*trasp. mar.*) reshipment.

trascorrere, *v. t.* to spend*, to pass. *v. i.* to pass, to elapse. // ~ **le vacanze** to spend one's holidays.

trascorso, *a.* past, last. *n. m.* error.

trascrittore, *n. m.* ❶ (*elab. elettr.*) transcriber. ❷ (*pers.*) transcriber, copyist.

trascrivere, *v. t.* ❶ to transcribe, to write* out, to take* down; (*copiare*) to copy. ❷ (*elab. elettr.*) to transcribe. ❸ (*leg.*) to register, to record. △ ❶ **Il mio lavoro consiste nello stenografare le lettere e trascriverle a macchina** my job is to take down letters in shorthand and transcribe them on the typewriter. // ~ **una legge** (*leg.*) to register a law.

trascrizione, *n. f.* ❶ (*l'azione*) transcription, copy, copying; (*il risultato*) transcript, copy. ❷ (*elab. elettr.*) transcription. ❸ (*leg.*) registration, recording. // ~ **di titoli** (*fin., ingl.*) inscription.

trascurare, *v. t.* ❶ to neglect; (*omettere*) to omit, to leave* out; (*ignorare*) to ignore; (*non tener conto di*) to disregard. ❷ (*leg.*) (*una proprietà e sim.*) to waste, to neglect. △ ❶ **Non dovreste ~ questa possibilità** you shouldn't leave out this possibility.

trascuratezza, *n. f.* ❶ negligence, carelessness, slackness. ❷ (*leg.*) negligence, waste.

trascurato, *a.* careless, negligent, slack.

trasduttore, *n. m.* (*elab. elettr.*) transducer. // ~ **a capacitanza** (*elab. elettr.*) capacitance transducer; ~ **analogico** (*elab. elettr.*) analogue (*o* analog) transducer; ~ **digitale** (*elab. elettr.*) digital transducer.

trasferibile, *a.* (*leg.*) transferable, assignable. △ **I biglietti personali, come dice il nome, non sono trasferibili** personal tickets, as the name implies, are not transferable; **La cambiale è per eccellenza un titolo di credito ~** the bill of exchange is par excellence an assignable instrument. // **«non ~»** (*banca*) «account payee only»; (*leg.*) (*di titolo*) untransferable, unassignable.

trasferimento, *n. m.* ❶ removal, move, transfer, displacement. ❷ (*leg.*) transfer, transferance, assignment, conveyance; (*di diritti*) demise; (*di beni, diritti, proprietà*) to grant. ❸ (*pers.*) transfer. // ~ **a titolo di garanzia** (*leg.*) blank transfer; ~ **bancario** (*banca*) bank transfer; **un ~ d'azioni** (*fin.*) a transfer of shares, an assignment of shares, a share transfer; ~ **di capitali** (*fin.*) transfer of funds, displacement of funds, capital transfer; ~ **di dati** (*elab.*

elettr.) data transfer; **trasferimenti d'oro e di valuta all'estero** (*per sanare il deficit della bilancia dei pagamenti*) (*fin.*) accommodating movements; ~ **di parte delle attività** (*d'una società*) **a un'altra società, contro pagamento in azioni** (*fin.*) split-off; ~ **di parte delle attività** (*d'una società*) **a un'altra società, e del rimanente a una terza, contro pagamento in azioni** (*fin.*) split-up; ~ **d'una somma ad altro conto** (*rag.*) cross entry; ~ **doloso** (*di beni, a danno dei creditori*) (*leg.*) fraudulent conveyance; ~ **finanziario** (*fin.*) capital transfer: **I trasferimenti finanziari fra imprese di Paesi terzi e le rispettive filiali nella Comunità possono venir effettuati mediante semplici artifizi contabili** capital transfers between the firms of non-member Countries and their subsidiaries in the Community may be made simply by book entries; ~ (*di beni*) **in garanzia** (*leg.*) trust deed; ~ **laterale** (*pers.*) lateral transfer; ~ **manuale** (*leg.*) manual delivery; ~ **telegrafico** (*comun.*) telegraphic transfer..

trasferire, *v. t.* ❶ to remove, to move, to transfer, to displace. ❷ (*leg.*) to transfer, to assign, to make* over, to convey; (*diritti*) to demise; (*beni, diritti, proprietà*) to grant. ❸ (*pers.*) to transfer. △ ❶ **Lo studio legale Thomson & Thomson ha trasferito la sua sede a Denver** Thomson & Thomson have transferred their law practice to Denver; **Il nostro ufficio di Guilford sarà trasferito a Londra il mese prossimo** our Guilford office will be removed to London next month; ❷ **Ha intenzione di ~ l'azienda ai figli** he's going to make over his business to his sons. // ~ (*cifre, totali, ecc.*) **da una colonna a un'altra** (*rag.*) to extend; ~ **per mezzo d'un atto legale** (*leg.*) to deed: **Ha trasferito tutte le sue proprietà a suo figlio** he has deeded all his estate to his son; ~ **un titolo mediante girata** (*cred., fin.*) to assign a bond by endorsement.

trasferirsi, *v. rifl.* to transfer, to move, to remove. △ **La nostra società si sta trasferendo in una sede più centrale** our company is transferring to a more central location; **Ci trasferiamo il mese prossimo** we are moving next month. // ~ (*per motivi di lavoro*) **all'interno d'uno Stato** (*econ., stat.*) to in-migrate, to out-migrate; **chi si trasferisce** (*per motivi di lavoro*) **all'interno d'uno Stato** (*econ., stat.*) in-migrant, out-migrant.

trasferta, *n. f.* ❶ (*pers.*) (*l'andare in servizio fuori della propria residenza*) transfer. ❷ (*pers.*) (*indennità di trasferta*) travelling indemnity, cost of living bonus; travelling expenses (*pl.*).

trasformare, *v. t.* ❶ to transform, to turn (into); (*cambiare*) to change; (*convertire*) to convert. ❷ (*org. az.*) to process. // ~ **una società in nome collettivo in una società anonima** (*fin.*) to turn a partnership into a limited company.

trasformazione, *n. f.* ❶ transformation; (*cambiamento*) change; (*conversione*) conversion. ❷ (*org. az.*) processing. // **la ~ d'un'azienda** (*fin.*) the conversion of a firm.

trasgredire, *v. t. e i.* (*leg.*) to transgress, to trespass, to infringe. // ~ **la** (*o* **alla**) **legge** (*leg.*) to transgress the law, to contravene the law, to vary from the law, to violate the law.

trasgressione, *n. f.* (*leg.*) transgression, trespass, infringement, violation, wrongdoing, misdemeanour, offence; offense (*USA*). // **una ~ alla legge** (*leg.*) an offence against the law.

trasgressore, *n. m.* (*leg.*) transgressor, trespasser, violator, wrongdoer, offender. △ **I trasgressori saranno puniti a termini di legge** trespassers will be prosecuted.

traslazione, *n. f.* ❶ translation. ❷ (*fin.*) (*d'imposta*) shifting. // ~ (*d'imposta*) **all'indietro** (*fin.*) backward shifting; ~ **dell'imposta a un fornitore** (*o a un dipendente*) (*fin.*) backward shifting of tax; ~ **d'imposta** (*fin.*) shifting of tax; ~ **di proprietà** (*leg.*) demise; ~ (*d'imposta*) **in avanti** (*cioè, sul consumatore*) (*fin.*) forward shifting.

traslocare, *v. t.* to move, to remove. *v. i.* to move.

trasloco, *n. m.* removal, move.

trasmettere, *v. t.* ❶ to transmit, to pass on, to hand on. ❷ (*spedire*) to send*. ❸ (*comun.*) (*comunicare*) to convey, to message, to transmit. ❹ (*comun.*) (*per radio, per televisione*) to transmit, to broadcast*; (*un programma radiotelevisivo registrato*) to transcribe. ❺ (*leg.*) to transfer, to convey, to assign. △ ❸ **La vostra ordinazione è stata trasmessa al nostro agente per l'Italia** your order has been transmitted to our Italian agent; ❹ **La conferenza stampa è stata trasmessa dal vivo da New York** the press conference was broadcast live from New York; ❺ **Tutta la proprietà sarà trasmessa al figlio** the whole property will be conveyed to his son. // ~ **a mezzo telex** (*comun.*) to telex; ~ **una cambiale per mezzo della girata** (*cred.*) to transfer a bill by endorsement; ~ **un messaggio** (*comun.*) to send a message; ~**un'ordinazione a q.** (*comun., market.*) to pass an order on sb.; ~ **per radio** (*comun.*) to wireless; ~ (*qc.*) **per telefono** (*comun.*) to telephone: **Le informazioni sull'andamento del mercato furono immediatamente trasmesse per telefono** information on market trends were telephoned immediately; ~ (*qc.*) **per telegrafo** (*comun.*) to wire, to telegraph, to cable; ~ **per televisione** (*comun.*) to televise, to telecast.

trasmettitore, *n. m.* transmitter. // ~ **di dati** (*elab. elettr.*) data transmitter.

trasmissibile, *a.* ❶ transmissible. ❷ (*leg.*) transferable, assignable. // ~ **in eredità** (*leg.*) devisable.

trasmissione, *n. f.* ❶ transmission. ❷ (*spedizione*) sending (off). ❸ (*comun.*) conveyance, transmission. ❹ (*comun.*) (*per radio, per televisione: il programma*) broadcast; (*programma radiotelevisivo registrato*) transcription; (*il trasmettere*) broadcasting, transmission. ❺ (*leg.*) transfer, transmission, conveyance, assignment, tradition. // ~ **locale** (*comun.*) spot broadcasting; ~ **nazionale** (*comun.*) national broadcast; network broadcast (*USA*); ~ **per successione** (*leg.*) transmission by descent; ~ **radiofonica** (*comun.*) radio broadcast, broadcast; (*il trasmettere*) radio broadcasting, broadcasting; ~ **televisiva** (*comun.*) telecast; (*il trasmettere*) telecasting.

trasmittente, *a.* (*comun.*) transmitting. *n. f.* (*comun.*) transmitting station, broadcasting station.

trasparente, *a.* transparent. *n. m.* (*pubbl.*) transparency, acetate proof.

trasportare, *v. t.* ❶ (*trasp.*) to transport, to convey, to carry. ❷ (*trasp. mar.*) to ship (*in U.S.A. con qualsiasi mezzo*). △ ❶ **Le merci si possono ~ su strada, per ferrovia, per via aerea, per mare e per via navigabile** goods may be transported by road, rail, air, sea and inland waterways. // ~ **con un carro** (*trasp.*) to cart, to waggon; ~ **con chiatte** (*trasp. mar.*) to lighter; ~ **con un furgone** (*trasp. aut.*) to van; ~ **indietro** (*trasp.*) to reconvey; ~ **la merce al luogo di destinazione** (*trasp.*) to convey the goods to the place of their destination, to carry the goods to the place of their destination; ~ **merci per ferrovia** (*trasp. ferr.*) to convey goods by rail; to railroad goods (*specialm. USA*); **trasportato per via d'acqua** (*trasp.*) water-borne.

trasportatore, *n. m.* ❶ (*org. az.*) (*macchina per il trasporto di materiali*) conveyer, conveyor. ❷ (*trasp.*) (*vettore*) transporter, carrier, haulage contractor, haulier; hauler (*USA*). // ~ **marittimo** (*di merci*) (*trasp. mar.*) affreighter; ~ (*di merci*) **su strada**(*trasp. aut.*) road haulier.

trasporto, *n. m.* ❶ (*trasp.*) transport, conveyance, carrying, carriage; (*solo di merce*) haulage, transportation; transportal (*USA*). ❷ (*trasp.*) (*prezzo del trasporto*) transport charges, carriage; (*per via mare*) freight charges, freightage, freight (*in USA anche per via di terra*). ❸ (*trasp. mar.*) freight (*in USA con qualsiasi mezzo*). ❹ **(i) trasporti**, *pl.* (*trasp.*) transport, transportation (*sing.*); (*in senso lato*) (the) distributive trades. △ ❶ **Si sostiene che il ~ in grandi serbatoi influisce (negativamente) sulla qualità dei vini** it is maintained that transport in large tanks affects the quality of wine; **Non ho ancora provveduto al ~ dei bagagli** I have not yet arranged for the transportation of my luggage; ❹ **L'economia dei trasporti ha imposto il tipo di veicoli da usare in questo specifico settore** the economics of transport has dictated the kind of vehicles to be used in this particular field. // « ~ **a carico del cliente** » (*trasp.*) « carriage forward »; « ~ **a carico del destinatario** » (*trasp.*) « carriage forward »; « ~ **a carico del mittente** » (*trasp.*) « carriage paid »; ~ **a mezzo di autocarri** (*trasp. aut.*) conveyance by motor lorries; ~ **aereo** (*trasp. aer.*) air transport; (*prezzo del trasporto*) freight; **trasporti aerei** (*trasp. aer.*) transportation by air, air transportation; ~ **automobilistico** (*trasp. aut.*) motor transport, road transport; ~ **cumulativo** (*trasp.*) through conveyance; ~ (*interno*) **dei materiali** (*org. az.*) materials handling; **il ~ di merci** (*trasp.*) goods transport, the haulage trade; ~ **di merce su strada** (*trasp. aut.*) road haulage; ~ **di pacchi per espresso** (*trasp.*) expressage; **trasporti ferroviari** (*trasp. ferr.*) rail transport, transport by rail; **i trasporti internazionali** (*trasp.*) the international haulage trade; **trasporti interni** (*org. az.*) materials handling, handling; ~ **marittimo** (*trasp. mar.*) carriage by sea, conveyance by sea; (*delle merci*) affreightment; (*prezzo del trasporto*) freight: **Quando un armatore si impegna a trasportare merci sulla sua nave, il contratto di ~ si chiama « contratto di ~ marittimo delle merci »** when a shipowner undertakes to carry goods in his ship for a money consideration, the contract of carriage is known as « contract of affreightment »; **Quando il contratto di ~ marittimo delle merci si riferisce a una data nave, esso va sotto il nome di « contratto di noleggio »** when the contract of affreightment refers to the hiring of a given ship, it is called « charter party »; **Il contratto di ~ marittimo di merci su d'una nave che porta un carico frazionato è comprovato da un documento detto « polizza di carico »** the contract of affreightment for goods on a ship carrying cargo for a number of persons is evidenced by a document called « bill of lading »; ~ **marittimo con nave noleggiata totalmente** (*o per gran parte di essa*) (*trasp. mar.*) affreightment by charter party; ~ **marittimo con polizza di carico** (*trasp. mar.*) affreightment by bill of lading; **trasporti** (*interni*) **meccanizzati** (*org. az.*) mechanical handling; ~ **mediante carro** (*o* **autocarro**) (*trasp.*) truckage, carting, cartage; ~ **misto** (*trasp., trasp. mar.*) sea and land carriage; ~ **motorizzato** (*trasp.*) mechanical transport; ~ **per ferrovia** (*trasp. ferr.*) carriage by rail; ~ **per via d'acqua** (*trasp.*) water carriage, waterage; **trasporti per via d'acqua** (*trasp.*) water transportation; ~ **per via di terra** (*trasp.*) overland transport, land carriage; ~ (*di*) **persone** (*trasp.*) passenger transport; ~ **stradale** (*trasp. aut.*) road haulage, road transport; ~ **su chiatte** (*trasp. mar.*)

lighterage; ~ **su strada** (*trasp. aut.*) road haulage, road transport; ~ **terrestre** (*trasp.*) carriage by land; **trasporti urbani** (*trasp.*) local transit.

trassato, *a*. (*cred.*) drawn upon. *n. m.* (*cred.*) drawee.

tratta, *n. f.* ❶ (*cred.*) bill of exchange, bill, draft. ❷ (*trasp. ferr.*) section, stretch. △ ❶ **La loro ~ scade il 31 gennaio** their draft will be due on January 31st; **Lo assegno bancario è una ~ su un banchiere** a cheque is a draft on a banker. // **~ a termine** (*cred.*) time draft; **~ a vista** (*cred.*) draft at sight, draft payable at sight, sight draft, demand draft, demand bill; **~ con annotazione per mancata accettazione** (*cred.*) bill noted for non-acceptance; **~ documentaria** (*cred.*) documentary bill, documentary draft, document bill; **~ documentaria contro accettazione** (*cred.*) acceptance bill; **~ documentata** (*cred.*) V. **~ documentaria**; **~ domiciliata** (*cred.*) domiciled bill; **~ libera** (*cred.*) clean bill; **~ non documentata** (*cred.*) clean bill; **~ su un banchiere** (*banca, cred.*) bank acceptance.

trattabile, *a*. ❶ (*di persona*) tractable, amenable. ❷ (*comm.*) (*d'articolo, merce, ecc.*) dealable.

trattamento, *n. m.* ❶ treatment; deal (*fam.*). ❷ (*elab. elettr.*) handling. ❸ (*org. az.*) processing. ❹ (*pers.*) (*salario*) wages; (*stipendio*) salary; (*paga*) pay. ❺ (*pubbl.*) (*d'una pellicola*) processing. ❻ (*tur.*) (*vitto*) food; (*vitto e alloggio*) board and lodging. △ ❶ **Ci fu fatto un ~ equo** we were given a square deal. // **~ dei dati** (*elab. elettr.*) data handling; **~ dell'informazione** (*elab. elettr.*) information processing; **~ di favore** special consideration, discriminating treatment; **~ di nazione preferita** (*comm. est.*) most-favoured-nation treatment; preferential treatment, preference; **~ di quiescenza** (*pers.*) retired pension, retired pay; **~ integrato dei dati** (*elab. elettr.*) integrated data processing; **~ tariffario di favore** (*accordato ai Paesi membri del Commonwealth britannico*) (*ingl.*) imperial preference.

trattare, *v. t.* ❶ to treat, to deal* with. ❷ (*maneggiare*) to handle. ❸ (*discutere*) to discuss, to treat. ❹ (*negoziare*) to treat, to transact, to negotiate. ❺ (*occuparsi di*) to take* care of, to look after. ❻ (*Borsa*) (*titoli, ecc.*) to deal* in. ❼ (*market.*) (*un articolo, ecc.*) to deal* in, to handle, to merchandise, to merchant, to carry. ❽ (*pubbl.*) (*una pellicola*) to process. *v. i.* ❶ to treat (with), to deal* with. ❷ (*d'un argomento*) to deal* with, to be (about). △ *v. t.* ❶ **Ci hanno trattati onestamente** they dealt fairly with us; ❷ **Quell'uomo sa come si tratta il personale** that man does know how to handle the staff; ❸ **Quali argomenti avete trattato nella riunione?** what subjects did you discuss at the meeting?; ❹ **Non fu possibile ~ il mutuo con la nostra banca** it was not possible to negotiate the loan with our bank; ❺ **Mr Wilberforce tratta gli interessi del padre** Mr Wilberforce takes care of his father's interests; ❻ **Alla Borsa si tratta ogni tipo di titolo** all kinds of stocks are dealt in at the Stock Exchange; ❼ **Non trattano questo articolo** they don't deal in this line; **Molti negozi si rifiutarono addirittura di ~ quell'articolo** many stores refused to handle the article at all; **Possiamo offrirvi qualcosa di superiore a ciò che gran parte dei negozianti tratta oggigiorno** we can offer you something superior to what most dealers merchant nowadays; *v. i.* ❶ **Siamo disposti a ~ con voi benché le vostre quotazioni appaiano piuttosto alte** we are willing to treat with you although your quotations seem to be rather high; ❷ **Di che cosa tratta la vostra relazione?** what is your report about? // **~ un affare** to conduct a business; **~ una causa** (*leg.*) to conduct a case, to plead a case; **~ con q.** (*anche*) to do with sb.: **Non si può ~ con un uomo del genere** you can't do with a man like that; **~** (*un argomento*) **in un trafiletto** (*giorn.*) to paragraph; **~ un ramo d'affari** (*market.*) to deal in a line; **non trattato in una Borsa ufficiale** (*fin.*) (*di titolo, ecc.*) over-the-counter (*a. attr.*).

trattario, *n. m.* (*cred.*) drawee.

trattativa, *n. f.* negotiation, dealing, deal; (*colloquio*) talk. △ **Gradiremmo entrare in ~ con voi** we should like to enter into negotiation with you; **Dovemmo entrare in trattative con loro** we had to enter into dealings with them. // **~ basata su un modello di contratto di lavoro ritenuto valido** (*sind.*) pattern bargaining; **trattative in corso** pending dealings, pending negotiations; **~ privata** private treaty; **~ sindacale** (*sind.*) labour negotiation, bargaining; **trattative sindacali collettive** (*sind.*) collective bargaining; **trattative « sotto banco »** indirect dealings.

trattato, *n. m.* ❶ (*esposizione d'una dottrina*) treatise; (*manuale*) manual. ❷ (*leg.*) (*accordo*) treaty, agreement; (*contratto*) contract. △ ❷ **Sarà firmato un ~ commerciale fra i due Paesi** a trade treaty will be signed by the two Countries. // **~ commerciale** (*comm. est.*) trade treaty, trade agreement, commercial treaty.

trattazione, *n. f.* (*il trattare un argomento*) treatment.

tratteggiare, *v. t.* ❶ to outline, to sketch. ❷ (*pubbl.*) to line.

trattenere, *v. t.* ❶ to hold*, to hold* back, to withhold*, to keep*, to keep* back. ❷ (*detrarre*) to deduct, to keep* back, to retain. ❸ (*far restare*) to detain, to delay. ❹ (*frenare*) to curb; (*controllare*) to check; (*reprimere*) to repress. ❺ (*leg.*) (*in stato di fermo*) to detain. ❻ (*leg.*) (*parte d'una somma dovuta*) to recoup. ❼ (*pers.*) (*parte dello stipendio; anche*) to stop. △ ❶ **Tratterremo una piccola somma per coprire le spese di manutenzione** we are going to hold a small sum back to cover service costs; **I documenti saranno trattenuti fino all'arrivo della merce** the papers will be withheld until the goods reach us; ❷ **Mi tratterranno una parte della paga** they will keep a portion of my pay back; **La direzione tratterà il 2% su tutte le paghe** the management will retain 2% out of all pays; ❸ **La nave è stata trattenuta a causa d'un incidente** the ship was detained by an accident; **Una bufera ha trattenuto per due giorni la nave** a storm has delayed the ship for two days; ❹ **Non è più possibile ~ l'inflazione** it is no longer possible to curb inflation; ❺ **Fu trattenuto dalla polizia per essere interrogato** he was detained by the police for questioning; ❼ **Ogni operaio è tenuto a pagare l'equivalente d'un dollaro la settimana, che viene trattenuto sulla paga dal datore di lavoro** each worker is to pay the equivalent of one dollar a week, which is stopped from his wages by the employer. // **~ a q. lo stipendio** (*pers.*) to stop sb.'s salary; **~ una polizza di carico** (*trasp. mar.*) to retain a bill of lading; **essere trattenuto in carcere** (*leg.*) (*d'imputato*) to be on remand; **trattenuto in porto dal maltempo** (*trasp. mar.*) (*di naviglio*) weather-bound; **trattenuto in porto dal vento contrario** (*trasp. mar.*) (*di naviglio*) wind-bound.

trattenuta, *n. f.* ❶ (*leg.*) (*di parte d'una somma dovuta*) recoupment. ❷ (*pers.*) deduction, deduct, check-off, holdback pay, holdback, stoppage. △ **C'è stato sdegno da parte dei salariati a causa delle trattenute** there was resentment of wage-earners against the deducts. // **~ automatica** (*dei contributi sindacali: sulla paga*) (*pers.*) automatic check-off; **~ d'acconto** (*fin.*) withholding tax;

una ~ sullo stipendio (pers.) a deduction from the salary; ~ volontaria (pers.) voluntary check-off.

tratto, n. m. ❶ (di penna, ecc.) stroke. ❷ (parte) part; (di spazio) distance; (di strada) stretch. ❸ (giorn., pubbl.) line. // un ~ di binario (trasp. ferr.) a track section; ~ lungo (giorn.) (equivale ai nostri puntini di sospensione) blank, dash; al ~ (pubbl.) (di disegno) line (attr.).

trattore, n. m. tractor. // ~ agricolo farm tractor, agrimotor.

« **traveller's cheque** », locuz. n. (cred.) traveller's cheque; travelers' check (USA).

traversare, v. t. to cross.

traversata, n. f. (trasp. aer., trasp. mar.) crossing, voyage, passage. // ~ su nave da carico (trasp. mar.) cargo passage.

traversina, n. f. (trasp. ferr.) (di binario) sleeper; tie (USA).

travisamento, n. m. distortion, alteration. // un ~ intenzionale dei fatti (leg.) a wilful distortion of the facts.

travisare, v. t. to distort, to alter. △ Hanno travisato le notizie per renderle sensazionali they distorted the news to make it sensational.

trazione, n. f. ❶ (trasp.) traction. ❷ (trasp. aut.) drive. // ~ anteriore (trasp. aut.) front-wheel drive; ~ meccanica (trasp.) mechanical traction.

tre, num. card. three. // in ~ copie (leg.) (di documento) tripartite; la regola del ~ composto (mat.) the compound rule of three; la regola del ~ semplice (mat.) the simple rule of three.

tredicesima, n. f. (pers.) year-end bonus.

tregua, n. f. ❶ truce. ❷ (pausa) pause, respite. // ~ salariale (econ., sind.) wage pause, pay pause; ~ sindacale (sind.) industrial peace.

« **trend** », n. m. (econ., stat.) trend. // ~ a lungo termine (econ., stat.) long-run trend.

treno, n. m. (trasp. ferr.) train. △ Dovemmo andarci in ~ a causa dello sciopero delle compagnie aeree we had to go there by train due to the airlines strike. // ~ accelerato (trasp. ferr.) slow train; accommodation train (USA); ~ azzurro (trasp. ferr.) blue train; un ~ che dalla città principale porta in provincia (trasp. ferr.) a down train; un ~ che fa la spola fra due stazioni (trasp. ferr.) a shuttle train; ~ della (ferrovia) elevata (trasp. ferr., USA) elevated train; un ~ di gomme (trasp. aut.) a set of tyres; ~ direttissimo (trasp. ferr.) express train; ~ diretto (trasp. ferr.) through train, non-stop; ~ diretto in città (specialm. a Londra) (fam., ingl.) up train; ~ diretto in provincia (specialm. in partenza da Londra) (fam., ingl.) down train; ~ diurno (trasp. ferr.) day train, daylight train; un ~ espresso (trasp. ferr.) an express train, an express; ~ festivo (trasp. ferr.) extra holiday train; il ~ in arrivo (trasp. ferr.) the in train; ~ in coincidenza con un battello (che attraversa la Manica) (trasp. ferr., ingl.) boat train; il ~ in partenza (trasp. ferr.) the out train; ~ locale (trasp. ferr.) local train, local; way train, accommodation train (USA); ~ merci (trasp. ferr.) goods train, merchandise train; freight train (USA); ~ merci locale (trasp. ferr., USA) local freight, way freight; ~ misto (per merci e passeggeri) (trasp. ferr.) passenger and goods train, composite train, mixed train; ~ notturno (trasp. ferr.) night train; un ~ « omnibus » (trasp. ferr.) an omnibus train; ~ postale (trasp. ferr.) mail-train; ~ rapido (trasp. ferr.) express train; (per merci deperibili, bestiame, ecc.) (trasp. ferr., USA) manifest; ~ straordinario (trasp. ferr.) special train, relief train, special; ~ supplementare

(trasp. ferr.) relief train; ~ viaggiatori (trasp. ferr.) passenger train.

trenta, num. card. thirty. △ Il mese commerciale è sempre di ~ giorni the commercial month has always thirty days.

triangolo, n. m. (mat.) triangle. // un ~ rettangolo (mat.) a right triangle.

tribunale, n. m. (leg.) law-court, court, tribunal; (talora) judicature. △ Questo ~ è competente a giudicare il reato this Court is cognizant of the offence. // ~ arbitrale (leg.) arbitration court; ~ civile (leg.) civil court, court of equity; ~ commerciale (leg.) commercial court; ~ competente (leg.) competent court; ~ di giurisdizione (leg.) court of records; ~ di prima istanza (leg.) trial court; district court (USA); ~ fallimentare (leg.) court of bankruptcy, bankruptcy court: **In Italia, soltanto i commercianti possono essere portati davanti al ~ fallimentare** in Italy, only traders can pass through the bankruptcy Court; un ~ (di grado) inferiore (leg.) an inferior court of law; un ~ internazionale (leg.) an international court; tribunali locali di contea (leg.) county courts; ~ per processi comuni (leg.) court of common pleas; ~ per le vertenze sindacali (leg., ingl.) (istituito in G.B. nel 1919) industrial court; (istituito in G.B. nel 1951) industrial disputes tribunal; ~ speciale (leg.) special court; (in cui vengono giudicate le controversie derivanti dagli « small debts », q.V.) (leg.) small-debts court; small-claims court (USA).

tributario, a. ❶ tributary. ❷ (fin.) (fiscale) fiscal; taxation, tax (attr.). // il sistema ~ (fin.) the taxation system.

tributo, n. m. ❶ tribute. ❷ (fin.) tax; (dazio sulle importazioni) impost. // ~ fiscale (fin.) revenue tax; un ~ inesatto (fin.) an uncollected tax; ~ ripartito (p. es., riscosso – in U.S.A. – da una contea e poi ripartito fra le altre contee dello Stato) (fin.) apportioned tax.

tricromia, n. f. (giorn., pubbl.) three-colour process, three-colour printing.

trigonometria, n. f. (mat.) trigonometry.

trigonometrico, a. (mat.) trigonometrical, trigonometric.

trimestrale, a. quarterly. n. m. (giorn.) (pubblicazione trimestrale) quarterly.

trimestralmente, avv. quarterly.

trimestre, n. m. ❶ (periodo di tre mesi) quarter. ❷ (somma da pagare, o da riscuotere, ogni tre mesi) three-monthly payment; (rata trimestrale) three-monthly instalment.

tripartire, v. t. to divide into three (parts).

tripartito, a. tripartite; divided into three (parts).

tripartizione, n. f. tripartition.

triplicare, v. t. to treble, to triplicate, to triple. △ Poco tempo dopo la sua nomina, riuscì a ~ il fatturato shortly after his appointment he was able to treble the proceeds of sales.

triplicarsi, v. rifl. to treble, to triplicate. △ I prezzi si sono triplicati in pochi mesi prices have trebled in a few months.

triplicato, a. triplicate, tripled.

triplice, a. treble, triplicate, triple. // ~ copia triplicate; in ~ copia (di documento) in triplicate: **Tutti i suddetti documenti dovranno essere redatti in ~ copia** all said documents shall be drawn up in triplicate.

triplo, a. triple, treble. n. m. triple, three times as much, three times as many. △ a. **Il nostro giornale ha una tiratura tripla rispetto a quella del suo con-**

corrente our newspaper has a circulation treble that of its competitor.

trittico, *n. m.* (*dog., trasp. aut.*) pass-sheet.

troncare, *v. t.* (*anche fig.*) to cut* off, to break* off. △ **Ci vediamo costretti a ~ ogni rapporto d'affari con voi** we find ourselves obliged to break off all business relations with you.

tronco[1], *a.* ❶ truncated. ❷ (*tagliato*) cut off. // in ~ (*pers.*) on the spot: **Sono stato licenziato in ~** I have been fired on the spot.

tronco[2], *n. m.* ❶ (*anche fig.*) trunk. ❷ (*trasp. ferr.*) section. △ ❶ **Il sistema d'un ~ comune è, in sostanza, un insieme di scritti su un determinato argomento comunitario, esaminato da differenti punti di vista** the system of a common « trunk » consists of a file on a Community subject looked at from various angles. // ~ **di ferrovia** (*trasp. ferr.*) railway section; ~ **di strada** (*trasp. aut.*) road section.

troppo, *avv.* ❶ (*con a. e avv.*) too. ❷ (*con verbi*) too much. ❸ (*di tempo*) too long. *a.* too much (*pl.* too many). *pron.* e *n. m.* too much (*pl.* too many); (*troppe persone*) too many people. △ *avv.* ❶ **È ancora ~ presto per valutare i risultati di questa nuova politica** it is still too early to appraise the results of this new policy; ❷ **Lavoro ~ per una paga così misera** I'm working too much for such a low pay; ❸ **È ~ che aspettiamo quella merce** we have been waiting too long for those goods; *a.* **Ci sono troppi sedicenti interpreti sulla piazza** there are too many would-be interpreters on the market; *n.* **La nostra economia sta andando a rotoli perché troppi fanno il passo più lungo della gamba** our economy is going to the dogs because too many people bite off more than they can chew.

trovare, *v. t.* ❶ to find*. ❷ (*scoprire*) to find* (out), to discover; (*rintracciare*) to trace (back). ❸ (*pensare*) to think*. ❹ (*visitare*) to see*. △ ❶ **Tentiamo di ~ facilitazioni di credito per i bisogni della nostra azienda** we are trying to find credit facilities for our business needs. // ~ **un editore per** (*un manoscritto, ecc.*) (*giorn., pubbl.*) to place; ~ **lavoro per q.** (*pers.*) to find a job for sb., to place sb.; ~ **smercio** (*market.*) (*di merce*) to sell; ~ **il proprio tornaconto in qc.** to find one's account in st.; ~ **il valore massimo di** (*una funzione, ecc.*) (*mat., ric. op.*) to maximize; ~ **il valore minimo di** (*una funzione, ecc.*) (*mat., ric. op.*) to minimize.

trovarsi, *v. rifl.* ❶ to find* oneself. ❷ (*essere*) to be; (*essere situato*) to be located, to be situated, to lie*; (*risiedere*) to reside. *v. recipr.* (*incontrarsi*) to meet*. △ *v. rifl.* ❷ **Dove si trovano i nuovi stabilimenti?** where are the new plants? // ~ **con una bilancia dei pagamenti favorevole** (*fin.*) to have a balance-of-payments surplus; ~ **d'accordo** to be agreed, to be in agreement; ~ **in buone condizioni finanziarie** to be well off; ~ **in cattive condizioni finanziarie** to be badly off.

truffa, *n. f.* (*leg.*) fraud, swindle, cheat; (*finanziaria*) bubble; (*inganno*) deceit; bunco, con (*slang USA*). // ~ **all'americana** (*leg.*) confidence game, confidence trick; con (*slang USA*).

truffaldino, *a.* (*leg.*) fraudulent, crooked. *n. m.* (*leg.*) cheat, fraud, swindler, crook; confidence man*, confidence crook, con artist (*slang USA*).

truffare, *v.t.* (*leg.*) to defraud, to cheat, to swindle; (*ingannare*) to deceive. △ **Sono stati truffati dei dividendi loro spettanti** they have been defrauded of their dividends. // ~ **con raggiri** (*leg.*) to cheat with false pretence, to defraud with false pretences.

truffatore, *n. m.* (*leg.*) cheat, fraud, swindler, crook;

confidence man*, confidence crook; con artist (*slang USA*).

truppa, *n. f.* ❶ troop. ❷ (*org. az., fig.*) (*gli operai, la « base »*) (the) rank and file.

trust, *n. m.* (*fin.*) trust, combine. △ **I trust nascono spontaneamente nel campo delle grandi imprese industriali tipiche d'un'economia in espansione** trusts grow spontaneously out of the soil of the large industrial enterprises in expanding economies. // ~ **dei cervelli** brain trust.

tunnel, *n. m. inv.* ❶ tunnel. ❷ (*econ., fin.*) (*monetario europeo*) tunnel, tube. // ~ **sotto la Manica** (*trasp.*) Channel tunnel; chunnel (*parola composta di « channel » e « tunnel »*).

turbamento, *n. m.* disturbance, perturbation, upset. // ~ **dell'ordine pubblico** (*leg.*) breach of the peace, violation of the peace.

turbare, *v. t.* to disturb, to unsettle, to upset*, to trouble. △ **I recenti avvenimenti politici tendono a ~ l'equilibrio finanziario del Paese** the recent political events tend to upset the nation's financial stability. // ~ **la quiete pubblica** (*leg.*) to disturb the peace.

turbativa, *n. f.* (*leg.*) disturbance, nuisance. // ~ **di possesso** (*leg.*) disturbance of possession.

turismo, *n. m.* ❶ (*tur.*) tourism, touring. ❷ (*tur.*) (*l'industria turistica*) (the) tourist industry. △ ❶ **Il ~ aereo sta diventando sempre più popolare** air touring is getting more and more popular every day.

turista, *n. m.* e *f.* (*tur.*) tourist, visitor. △ **L'estate scorsa il numero dei turisti stranieri nelle nostre località balneari ha battuto tutti i record** last Summer, the number of foreign visitors to our seaside resorts beat all records.

turistico, *a.* (*tur.*) tourist (*attr.*).

turnista, *n. m.* e *f.* (*pers.*) shift worker.

turno, *n. m.* ❶ turn. ❷ (*pers.*) (*di lavoro*) duty, turn, shift, spell. △ ❷ **La direzione costituirà un secondo ~ (di lavoro) dando lavoro ad altri 80 operai** the management will add a second turn employing another 80 workmen; **In un reparto con lavorazione a turni, il ~ del mattino ha inizio alle 6 antimeridiane** in a department working on shifts, the morning shift starts at 6 A.M.; **Siccome questo lavoro è molto pesante, i due impiegati se lo dividono in turni (della durata) di quattro ore** as this is very heavy work, it is shared between the two employees in spells lasting four hours. // ~ **a scacchi** (*pers.*) staggered shift; ~ **alternato** (*pers.*) alternate shift; ~ **(di lavoro) dalle ore 16 alle 24** (*pers.*) swing shift; ~ **di giorno** (*pers.*) day shift, first shift; **un ~ di lavoro** (*pers.*) a turn of work, a shift; ~ **di notte** (*pers.*) night shift, third shift; graveyard shift (*fam.*); (*nella redazione d'un giornale*) lobster shift; lobster trick (*fam., USA*); ~ **fisso** (*pers.*) fixed shift; ~ **pendolare** (*pers.*) swing shift; ~ **pomeridiano** (*pers.*) afternoon shift, second shift; **turni rotatori** (*pers.*) rotating shifts; **a ~** in turn; by turns, in rotation, by rotation.

tutela, *n. f.* ❶ (*protezione*) protection. ❷ (*leg.*) guardianship, tutorship, custody; (*di minorenne e sim.*) wardship, ward. // ~ **contro l'erogazione d'ammende** (*leg.*) immunity from fines; ~ **della maternità** (*leg., pers.*) maternal welfare; **essere sotto ~** (*leg.*) to be under wardship.

tutelare[1], *a.* (*leg.*) guardian (*attr.*).

tutelare[2], *v. t.* (*proteggere*) to protect. // ~ (*un libro, ecc.*) **in base alle leggi sui diritti d'autore** (*leg.*) to copyright; ~ **i propri interessi** to protect one's interest; **tutelato da diritto d'autore** (*leg.*) copyright (*attr.*).

tutore, *n. m.* (*leg.*) guardian, tutor, curator, conservator; (*di minore, ecc.*: *in una causa*) next friend.

tutorio, *a.* (*leg.*) tutelary.

tutto, *a.* ❶ all; (*intero*) whole. ❷ (*con valore di avv.*) (*completamente*) quite, completely, entirely. *pron.* all; (*ogni cosa*) everything; (*qualsiasi cosa*) anything. *n. m.* whole; (*ogni cosa*) everything. △ *a.* ❶ ~ **il processo produttivo fu turbato dagli scioperi** the whole production process was disturbed by the strikes; *pron.* ~ **cambia nel mondo della moda** everything changes in the world of fashion. ∥ ~ **compreso** all-in; (*tur.*) « inclusive terms »; ~ **il giorno** all day (long), round the day: **Lavora ~ il giorno ma, finora, non è riuscita a metter da parte un centesimo** she works round the day but hasn't succeeded in saving a penny as yet; **a tutt'oggi** up to date, up to and including today; **prima di** ~ first of all; (*soprattutto*) above all; (*in primo luogo*) in the first place.

U

ubbidiente, *a.* obedient.
ubbidienza, *n. f.* obedience. // **giurare** ~ to swear obedience.
ubbidire, *v. t. e i.* to obey. // ~ **alle leggi** (*leg.*) to obey the law; **farsi** ~ to exact obedience.
ubicare, *v. t.* to place, to locate, to situate.
ubicato, *a.* placed, located, situated.
ubicazione, *n. f.* location, situation; (*sito*) site. △ L'~ **dei nuovi stabilimenti deve essere decisa al più presto** the site of the new plants has to be decided in the shortest possible time.
udienza, *n. f.* ❶ audience, hearing; (*colloquio*) interview. ❷ (*leg.*) hearing, session, sitting. △ ❶ **Il « capo » si rifiutò di dargli** ~ the boss refused to give him a hearing; ❷ **Questa volta l'~ in tribunale sarà pubblica** this time the hearing in Court will be public. // ~ **a porte aperte** (*leg.*) hearing in open Court, open Court; ~ **a porte chiuse** (*leg.*) hearing in Chambers; (*penale*) trial « in camera »; ~ **aggiornata** (*che completa un'udienza non definitiva*) (*leg.*) further hearing, further proceedings; **un'**~ **del tribunale** (*leg.*) a sitting of the Court; ~ **plenaria** (*leg.*) trial at bar; ~ **pubblica** (*leg.*) public hearing, open audience; **udienze trimestrali** (*leg., ingl.*) quarter sessions; **in pubblica** ~ (*leg.*) in open Court; **rinviare l'**~ (*leg.*) to adjourn the sitting; **sospendere l'**~ (*leg.*) to adjourn the sitting; **togliere l'**~ (*leg.*) to close the sitting.
udire, *v. t.* ❶ to hear*. ❷ (*ascoltare*) to listen to. // ~ **entrambe le parti** (*in giudizio*) (*leg.*) to hear both sides; ~ **i testimoni** (*leg.*) to hear the witnesses.
uditore, *n. m.* ❶ hearer. ❷ (*ascoltatore*) listener. ❸ (*leg.*) auditor.
uditorio, *n. m.* audience; listeners (*pl.*). △ **Un programma pubblicitario radiofonico può avere un** ~ **di decine di milioni di persone** a radio advertisement may have an audience of tens of millions.
ufficiale[1], *a.* official; (*formale*) formal. △ **Il sottosegretario fece una dichiarazione** ~ **nel corso della conferenza stampa** the undersecretary made an official statement during his press-conference. // **un atto** ~ an official act; **non** ~ unofficial, inofficial; (*non formale*) informal; (*Borsa, fin.*) (*di Borsa Valori*) off-board; (*giorn.*) (*di dichiarazione, intervista, e sim.*) off the record (*pred.*); off-the-record (*attr.*); **una visita** ~ a formal call.
ufficiale[2], *n. m.* ❶ (*pers.*) (*funzionario*) official. ❷ (*trasp. mar., ecc.*) officer. // ~ **della marina mercantile** (*trasp. mar.*) officer of the merchant marine; ~ **della sanità di porto** (*trasp. mar.*) officer of the port sanitary authority; ~ **di guardia** (*trasp. mar.*) officer of the watch; ~ **di macchina** (*trasp. mar.*) engineer; ~ **di servizio** (*trasp. mar.*) officer on duty; ~ **di Stato Civile** (*amm.*) registrar; ~ **doganale** (*dog.*) landing officer, landing waiter, landwaiter, waiter; **gli ufficiali e l'equipaggio** (*trasp. mar.*) the officers and crew; ~ **giudiziario** (*leg.*) bailiff, sheriff; marshal (*USA*); (*cui compete la notifica di citazione al « convenuto »*) process-server; ~ **pagatore** (*delle Forze Armate*) paymaster general, paymaster; ~ **postale** (*comun.*) postmaster (*m.*); postmistress (*f.*); ~ **sanitario**

(*leg.*) officer of health, health-officer, medical officer; **pubblico** ~ public official.
ufficialità, *n. f. inv.* official character. // **l'**~ **d'una dichiarazione** the official character of a statement.
ufficialmente, *avv.* officially. // **non** ~ unofficially, inofficially, off the record; (*non formalmente*) informally.
ufficio, *n. m.* ❶ (*il luogo di lavoro*) office. ❷ (*carica*) office, appointment. ❸ (*dovere*) duty; (*funzione*) function; (*veste*) capacity. ❹ (*amm., org. az.*) (*organo*) board. ❺ (*leg.*) (*di un giudice*) camera. ❻ (*org. az.*) (*reparto*) department; (*agenzia, sezione*) bureau. ❼ (*pers.*) (*impiego, lavoro*) job, place, office. △ ❶ **L'**~ **di Mr Caldor è sulla Quinta Strada** Mr Caldor's office is on 5th Avenue; ❷ **Non se la sente di coprire un** ~ **così delicato** he doesn't feel like holding such a delicate office; ❻ **L'**~ **contabilità è al secondo piano** the accounting department is on the second floor; ❼ **L'**~ **di Miss Harvey è di mantenere i contatti coi nostri agenti all'estero** Miss Harvey's office is to keep in touch with our agents abroad. // ~ **acquisti** (*org. az.*) purchasing office, purchasing department, purchasing bureau; ~ **amministrativo** (*org. az.*) counting house; ~ **assistenza** (*org. az.*) service department; ~ **assunzioni** (*pers.*) recruiting office; **un** ~ **ben attrezzato** a well appointed office; ~ **brevetti** (*leg.*) patent office; ~ **cassa** (*org. az.*) cash department, cashier's office, cashier's desk; ~ **che fornisce ritagli di giornali** (*relativi a una persona, a un prodotto, ecc.*) (*giorn., pubbl.*) clipping bureau; ~ **che garantisce diversi rami assicurativi** (*ass.*) composite office; **uffici contabili** (*org. az.*) accounting offices; ~ **crediti** (*org. az.*) credit department; ~ **del bollo** (*fin.*) stamp office; ~ **del catasto** (*fin.*) land office; ~ **del contenzioso** (*leg.*) disputed claims office; ~ **del dazio** (*trasp.*) tollbooth; ~ **(del) personale** (*org. az.*) personnel department, personnel bureau; ~ **del registro per le società per azioni** (*fin.*) companies' register office; ~ **del telegrafo** (*comun.*) telegraph office; ~ **della dogana** (*dog.*) custom house; ~ **delle compensazioni** (*della Banca d'Inghilterra*) (*banca, fin.*) clearing department; ~ **delle fermo (in) posta** (*comun.*) poste restante; **l'**~ **(delle) imposte** (*fin.*) the tax office, the Excise; ~ **delle imposte dirette** (*fin.*) direct taxation office; ~ **dello Stato Civile** (*amm.*) register office, registry office; **uffici d'acquisto** (*comm. est.*) buying offices; ~ **di cambio** (*fin.*) exchange office; ~ **di cancelliere** (*di tribunale*) (*leg.*) (*la carica*) clerkship; ~ **di capitano** (*trasp. mar.*) (*la carica*) captainship; ~ **di cassiere** (*fin.*) (*la carica*) treasureship; ~ **di collocamento** (*pers., sind.*) labour exchange, employment bureau; public employment office, employment agency (*USA*); (*che inoltre offre assistenza per l'orientamento professionale*) vocational office, vocational bureau; ~ **di contabilità** (*rag.*) counting house; counting room (*USA*); ~ **d'esattore delle imposte** (*fin.*) (*la carica*) collectorate, collectorship; ~ **di facente funzioni** (*leg., org. az.*) (*la carica*) locum-tenency; ~ **di giudice** (*leg.*) (*la carica*) justiceship, judgeship, judicature; (*sede: presso il tribunale*) chamber; ~ **d'un giudice conciliatore** (*leg.*) Court

of conciliation; ~ **di notaio** (*leg.*) (*la carica*) notaryship; ~ **di Primo Ministro** (*ingl.*) (*la carica*) premiership; ~ **di revisore dei conti** (*amm., org. az., rag.*) (*la carica*) auditorship; ~ **di società d'assicurazione contro gli incendi** (*ass.*) fire office; ~ **di sostituto** (*leg., org. az.*) (*la carica*) locum-tenency; ~ **di supplente** (*leg., org. az.*) (*la carica*) locum-tenency; ~ **di tesoriere** (*fin.*) (*la carica*) treasureship; ~ **(distribuzione) pacchi** (*trasp.*) parcels office; ~ **doganale** (*dog.*) customs; ~ **esazioni** (*fin., rag.*) accounts receivable department; ~ **fidi** (*banca*) credit department; ~ **incassi** (*banca*) collecting department, collection department, accounts receivable department; ~ **incendi** (*in una compagnia d'assicurazioni*) (*ass.*) fire department; ~ **informazioni** (*org. az.*) inquiry office, information bureau; (*il banco*) information desk; ~ **informazioni commerciali** (*cred., fin.*) status inquiry agency; credit bureau (*USA*); ~ **Internazionale dei Pesi e delle Misure** International Bureau of Weights and Measures; ~ **legale** (*leg.*) law office; ~ **meteorologico** weather bureau; ~ **paga** (*org. az.*) pay-office; ~ **pagamenti** (*org. az.*) paying office; ~ **per la Riforma della Pubblica Amministrazione** Ministry of the Civil Service; ~ **per la tutela dei diritti d'autore** (*leg.*) copyright office; ~ **portafoglio** (*banca*) bills department; ~ **postale** (*comun.*) post office, post; ~ **prenotazioni** (*trasp.*) booking office; ~ **prestiti** (*cred.*) loan office; ~ **principale** (*org. az.*) head office; ~ **privato** (*org. az.*) private office, back office; ~ **privato del giudice** (*leg.*) chambers; ~ **redazionale** (*giorn., USA*) desk; ~ **spedizione pacchi** (*trasp.*) parcels office; ~ **spedizioni** (*org. az.*) forwarding department, shipping department; ~ **spedizioni postali** (*comun.*) dispatching office, mail room; ~ **statistico** (*org. az.*) statistical department; ~ **titoli** (*banca*) security department, stock department; ~ **turistico** (*tur.*) tourist office; ~ **vendite** (*org. az.*) sales department; **chi tiene un** ~ (*pers.*) office-bearer, office-holder; **d'**~ (*amm., leg.*) (*senza una previa istanza*) as a matter of course, on one's own initiative, ex officio: **In quei casi la commissione ha effettuato d'**~ **gli accertamenti** in those cases the commission carried out investigations on its own initiative; **in un** ~ **privato** (*Borsa, fin.*) over the counter: **Vendono titoli in un** ~ **privato** (*anziché alla Borsa*) they sell stock over the counter; **lavoro d'**~ (*org. az.*) office work; **nell'**~ **d'un giudice** (*leg.*) in camera; **orario d'**~ (*org. az.*) office hours.

ufficiosamente, *avv.* unofficially, officiously, informally, off the record.

ufficiosità, *n. f. inv.* unofficial character, semi-official character, officiousness, informality.

ufficioso, *a.* unofficial, inofficial, semi-official, officious, informal. △ **Il portavoce rilasciò una dichiarazione ufficiosa** the spokesman made an officious statement.

uguaglianza, *n. f.* equality; (*parità*) parity. // ~ **dei punti di partenza** (*econ.*) equality of starting points; ~ **di trattamento** equality of treatment.

uguagliare, *v. t.* to equalize, to make* (*st.*) equal, to equal; (*livellare*) to level. // ~ **le imposte** (*fin.*) to equalize taxes.

uguale, *a.* ❶ equal, like, the same; alike (*pred.*); (*identico*) identical. ❷ (*mat.*) equal. △ ❶ **La legge è** ~ **per tutti** the law is the same for everybody. // ~ **al campione** (*market.*) up to sample (*pred.*).

ugualmente, *avv.* ❶ equally, in the same way. ❷ (*lo stesso*) nevertheless, all the same. △ ❶ **Vi ringraziamo** ~ **per quello che avete fatto per noi** we thank you all the same for what you've done for us.

ulteriore, *a.* further. // **ulteriori informazioni** additional information, further information: **Avrete ulteriori informazioni appena ci saremo messi in contatto con Mr Johnson** you will get further information as soon as we can contact Mr Johnson.

ulteriormente, *avv.* further, further on.

ultimamente, *avv.* lately, recently, of late. △ ~ **non abbiamo avuto il piacere di leggervi** we have not had the pleasure of hearing from you lately.

ultimare, *v. t.* to complete, to finish. // ~ **un lavoro** to complete a work; ~ **la stampa** (*giorn., pubbl.*) to finish the printing.

ultimatum, *n. m.* ultimatum*.

ultimazione, *n. f.* completion.

ultimissime, *n. pl.* (*giorn.*) spot news, latest news.

ultimo, *a.* ❶ (*d'una serie*) last. ❷ (*il più recente*) latest. ❸ (*passato, scorso, trascorso*) past, last. ❹ (*finale*) final. △ ❶ **Queste sono le ultime notizie che abbiamo avuto dal nostro agente di Londra** that's the last news we got from our London agent; ❷ **Le ultime notizie non accennavano all'incidente di cui parlate** the latest news didn't mention the accident you are talking about; ❸ **Negli ultimi giorni non si è avuto alcuno sviluppo della situazione economica** there have been no developments of the economic situation for the past few days; ❹ **L'ultima parte della relazione è la più interessante** the final section of the report is the most interesting. // **ultime bozze di stampa** (*prima di andare in macchina*) (*giorn.*) press proofs; ~ **compratore** (*econ.*) ultimate purchaser, ultimate buyer; ~ **consumatore** (*econ.*) ultimate consumer; **l'ultima edizione** (*giorn.*) the latest edition, the final; **le ultime elezioni** the past elections; « **ultima fonte di credito** » (*fin.*) « lender of last resort »: **Il famoso economista Walter Bagehot definì la Banca d'Inghilterra** « **l'ultima fonte di credito** » the famous economist Walter Bagehot defined the Bank of England as « the lender of last resort »; **l'** ~ « **grido** » (*market., pubbl.*) the last thing, the last word, the latest, the « in » thing; **le** ~ **notizie** (*giorn.*) the latest news; **l'ultima novità** (*market., pubbl.*) the last thing, the last word, the latest, the « in » thing: **Le nostre lavatrici sono l'ultima novità in fatto d'efficienza e di stile** our washing machines are the last word in efficiency and design; **Il nostro articolo è l'ultima novità in fatto d'attrezzature per uffici** our article is the latest in office equipment; **l'ultima offerta** the definitive offer; **l'** ~ **prezzo** (*market.*) the lowest price, the closest price; **le ultime quotazioni** (*fin.*) the latest quotations; **ultima riga** (*pubbl.*) break; ~ **scorso** (*comun.*) ultimo (*abbr. ult.*): **La vostra lettera del 22 (ultimo) scorso è stata inoltrata alla nostra sede romana** your letter of the 22nd ult. has been forwarded to our Rome office; **ultime volontà** (*leg.*) last will and testament, last will, will and testament, will; **fino all'** ~ **centesimo** down to the last cent, down to the last penny; **ultimissima edizione** (*d'un giornale della sera*) (*giorn.*) extra-special; **ultimissime notizie** (*giorn.*) latest news, spot news; **le ultimissime novità** (*market.*) the very last thing (*sing.*): **Il nostro nuovo catalogo vi mostrerà le ultimissime novità in fatto di calzature** our new catalogue will show you the very last thing in shoes; **all'ultimissima moda** (*market.*) up to the minute.

ultimogenito, *a.* (*leg.*) youngest; last-born (*attr.*). *n. m.* (*leg.*) last born child, last born.

« **ultra vires** », *locuz. avv.* (*leg.*) ultra vires.

umidità, *n. f. inv.* humidity, damp, moisture.

umido, *a.* humid, damp, moist; (*bagnato*) wet.

umore, *n. m.* (*stato d'animo; anche fig.*) mood, humour. △ L'~ della Borsa è dovuto anche a una serie di profitti ottimi the mood of the Stock Exchange has also been helped by a series of very good company results.
unanime, *a.* unanimous.
unanimemente, *avv.* unanimously, with one consent, with one assent.
unanimità, *n.f. inv.* unanimity. // all'~ unanimously, with one assent, with one consent: **Era la prima volta che un provvedimento veniva approvato all'~** that was the first time a measure was carried unanimously.
« **underwriting** », *n. m.* (*ass., fin.*) underwriting. △ **Con la parola ~ s'intende la pratica d'indicare l'accettazione d'un rischio per mezzo dell'apposizione d'una firma in calce a una polizza** underwriting means the practice of indicating acceptance of the risk by a signature written at the bottom of the policy; **Le « investment bank » hanno funzioni di ~ per il finanziamento delle aziende** investment banks have an underwriting function in corporate finance.
unghia, *n. f.* nail. // **sull'~** (*fam.*) on the nail: **Sono abituato a pagare sull'~** I am accustomed to paying on the nail.
unico, *a.* ❶ only. ❷ (*esclusivo, solo*) exclusive, sole. ❸ (*senza pari*) unique. // ~ **agente** (*org. az.*) sole agent; ~ **erede** (*leg.*) sole heir; ~ **proprietario** (*leg.*) sole proprietor; **in un'unica somma** in one amount; **numero ~** (*giorn.*) special number.
unificare, *v. t.* ❶ to unify. ❷ (*standardizzare*) to standardize. ❸ (*econ., fin.*) (*fondere, combinare*) to consolidate. △ ❶ **Gli sforzi per ~ le diverse normative esistenti in materia furono coronati dal successo** the efforts to unify the various existing laws in this field were successful. // ~ **un debito pubblico** (*fin.*) to consolidate a debt.
unificato, *a.* ❶ unified. ❷ (*standardizzato*) standardized. ❸ (*econ., fin.*) (*combinato, fuso*) consolidated. // **codici unificati** (*leg.*) standardized legal systems.
unificazione, *n. f.* ❶ unification. ❷ (*standardizzazione*) standardization. ❸ (*econ., fin.*) (*fusione*) consolidation. // **l'~ della base imponibile dell'IVA** (*Imposta sul Valore Aggiunto*) (*fin.*) the standardization of the basis for assessment of VAT (*Value Added Tax*).
uniformare, *v. t.* to conform.
uniformarsi, *v. rifl.* to conform.
uniforme, *a.* uniform; (*regolare*) regular. *n.f.* uniform.
uniformità, *n. f. inv.* uniformity; (*regolarità*) regularity.
unigenito, *a.* (*leg.*) only-begotten. *n. m.* (*leg.*) only child*.
unilaterale, *a.* (*leg.*) unilateral, one-sided. △ **La denuncia ~ di tali trattati non è giustificata** a unilateral denunciation of such treaties is not justified.
unilateralità, *n. f. inv.* (*leg.*) unilaterality, one-sidedness.
uninominale, *a.* uninominal. // **collegio ~** (*leg.*) single-member constituency.
unione, *n. f.* ❶ union. ❷ (*associazione*) union, association, combine; (*lega*) league. // ~ **dei consumatori** (*market.*) consumers' union; **l'~ dell'Europa Occidentale (UEO)** the Western European Union (*WEU*); ~ **doganale** (*comm. est.*) customs union; ~ **economica** (*econ.*) economic union; ~ **Europea dei Pagamenti (UEP)** European Payments Union (*EPU*); ~ **industriale** (*sind.*) employers' association; ~ **monetaria** (*fin.*) monetary union; ~ **postale** (*fra Stati*) (*comun.*) postal union; ~ **tariffaria** (*comm. est.*) tariff union.

unire, *v. t.* ❶ to unite. ❷ (*aggiungere*) to add. ❸ (*congiungere*) to join. ❹ (*collegare*) to connect. ❺ (*accludere*) to enclose. △ ❸ **Dobbiamo ~ le nostre forze per fronteggiare la concorrenza** we must join our forces to face competition; ❹ **Milano e Venezia sono unite da un'autostrada** Milan and Venice are connected by a motorway; ❺ **Vi preghiamo d'~ i biglietti alla vostra lettera** please enclose the tickets in your letter.
unirsi, *v. rifl.* e *recipr.* to unite, to combine; (*mettersi insieme*) to get* together. △ **Tutte le parti si unirono per firmare la petizione** all parties united in signing the petition. // ~ **in società** (*di persone*) (*fin.*) to form a partnership.
unità, *n. f. inv.* ❶ unity. ❷ (*misura, valore*) unit. ❸ (*econ.*) (*dose: d'un bene*) dose. ❹ (*mat.*) unity, unit. // ~ **addizionatrice** (*elab. elettr.*) add-on unit; ~ **centrale d'elaborazione** (*elab. elettr.*) central processing unit; ~ **di campionamento** (*stat.*) sampling unit: **Le unità di campionamento sono le unità alla base del processo di campionamento** sampling units are the units that form the basis of the sampling process; ~ **di comando** (*org. az.*) unity of command; ~ **di conto (U.C.)** (*econ., fin.*) unit of account (*u.a.*): **I prestiti approvati durante l'esercizio 1973 ammontarono a 132 milioni di U. C. (~ di conto)** loans approved during 1973 totalled 132,000,000 u.a. (units of account); **L'~ di conto corrispondeva a 0,888671 grammi d'oro fino; era cioè pari a 1 dollaro U.S.A. al tasso di cambio ufficiale** one unit of account was equal to 0.888671 grams of fine gold, which was the value of $ 1 U.S. at the official rate of exchange; ~ **di conto per i pagamenti internazionali fra i « Nove »** (*cioè, fra i Paesi della CEE allargata*) (*econ., fin.*) Europa; ~ **di contrattazione** (*generalm. 100 azioni*) (*Borsa, fin.*) round lot; ~ **di controllo** (*org. az.*) unity of supervision; ~ **di costo** (*rag.*) cost unit; ~ **di direzione** (*org. az.*) unity of direction; ~ **di lavoro** (*econ.*) labour-unit; ~ **di lunghezza** unit of length; ~ **di misura** unit of measurement, denomination; (*fig.*) yardstick: **Il litro è un'~ di misura decimale** the litre is a metric denomination; ~ **di misura equivalente a 608 piedi** (*per misurare la profondità dei cavi sottomarini*) (*trasp. mar.*) cable; ~ **di misura pari a 36 secondi** (*è indicata con l'abbreviazione CH*) (*cronot.*) decimal-hour unit; ~ **di misura per cataste di legna** (*equivale a 144 pollici cubici*) board foot; ~ **di misura per liquidi** liquid measure; ~ **di misura temporale** (*cronot.*) time-measurement unit; ~ **di misura usata ai fini della determinazione dell'imponibile** (*fin., leg.*) unit of assessment, unit of value; ~ **di movimento** (*di merci o passeggeri*) (*trasp.*) traffic unit; ~ **di peso** unit of weight; ~ **di salario** (*econ.*) wage-unit; ~ **di tempo** (*cronot.*) time unit; ~ **di valore** unit of value; ~ **elementare minima d'informazione** (*elab. elettr.*) bit; ~ **familiare** (*sotto l'aspetto delle spese effettuate nell'ambito del bilancio familiare*) (*stat.*) spending unit; ~ **marginale** (*econ.*) marginal unity; ~ **minima d'informazione** (*elab. elettr.*) bit; ~ **monetaria** (*fin.*) monetary unit, pecuniary unit: **L'~ monetaria italiana è la lira** the Italian monetary unit is the lira; ~ **monetaria con cui gli stranieri possono acquistare titoli in Gran Bretagna** (*fin.*) blocked sterling; ~ **nastro** (*elab. elettr.*) tape deck, tape station, tape unit; ~ **normale di contrattazione** (*di titoli*) (*Borsa, fin.*) regular lot; ~ **numerica** (*elab. elettr.*) digital unit; ~ **operativa** (*org. az.*) operating unit; ~ **produttiva** (*org. az., stat.*) production unit, unit, establishment; ~ **stampante** (*elab. elettr.*) printing unit, printer; ~ **terminale** (*elab. elettr.*) terminal unit.

unitamente, *avv.* ❶ unitedly, jointly. ❷ *(uniformemente)* uniformly. // ~ a together with.

unitario, *a.* unitary. // **il prezzo** ~ *(econ., market.)* the average price.

unito, *a.* ❶ united; *(congiunto)* joint. ❷ *(aggiunto)* added. ❸ *(accluso)* enclosed, inclosed.

universale, *a.* universal. // **erede** ~ *(leg.)* universal heir; **suffragio** ~ *(leg.)* universal suffrage.

universo, *n. m.* ❶ universe. ❷ *(mat., stat.)* universe, population.

uno, *art. indeterminativo* a, an. *num. card. e n. m.* ❶ one. ❷ *(il numero uno)* number one. ❸ *(il primo giorno del mese)* (the) first. *pron. indef.* ❶ one. ❷ *(qualcuno)* somebody, someone; *(un tizio)* a fellow, a chap, a man*. ❸ *(ciascuno)* each. △ *pron.* ❹ **Questi articoli costano 10 dollari l'**~ these articles cost 10 dollars each. // **l'un l'altro** *(fra due)* each other; *(fra più di due)* one another; « ~, **due... aggiudicato** » *(nelle vendite all'asta)* « going! going! gone »; **l'~ e l'altro** both; **l'~ o l'altro** either; **(l')** ~ **per cento** one per cent; ~ **solo** only one, just one, one; **né l'~ né l'altro** neither.

uomo, *n. m.* ❶ man*. ❷ *(fam.) (operaio)* worker, man*. // **uomini addetti al salvataggio** *(per conto di società d'assicurazione)* **di beni minacciati dal fuoco** *(ass.)* salvage corps; **un** ~ « **arrivato** » *(fig.)* a made man; **un** ~ **che s'è fatto da sé** *(fig.)* a self-made man; **un** ~ **della destra (politica)** a right-winger; **l'**~ **della strada** *(fig.)* the man in the street, the man on the street; ~ **d'affari** business man, businessman; ~ **d'affari della City** *(del centro bancario e commerciale di Londra)* *(fin.)* City man; **l'**~ **di casa** the man of the house; ~ **di fatica** man employed for heavy work, blue collar; ~ **di fiducia** confidential man, confidential secretary, personal secretary; man Friday *(fam.)*; **un** ~ **di medie capacità** a man of average ability; ~ **di paglia** *(leg.)* man of straw, straw man, figurehead, dummy; **un** ~ **di parola** a man of honour; « **uomo-idea** » *(pers., fig.) (persona dotata d'una eccezionale capacità d'immaginare e formulare nuove tecniche, nuovi prodotti o soluzioni a problemi)* idea man; **l'**~ **medio** the common man, the mass man; **l'**~ **qualunque** the man in the street, the man on the street; **un** ~ **reputato solido** *(cred., leg.)* a solvent man, a good man; ~ **sandwich** *(stretto fra due cartelloni pubblicitari che porta in giro) (pubbl.)* sandwich man; **un** ~ **solvibile** *(cred., leg.)* a solvent man, a good man.

urbanista, *n. m. e f.* town-planner, city planner.

urbanistica, *n. f. (econ.)* town-planning, city-planning, urban planning.

urbanizzare, *v. t.* to urbanize.

urbanizzazione, *n. f.* urbanization.

urbano, *a.* urban; city, town *(attr.)*.

urgente, *a.* urgent; *(pressante)* pressing. // **gli urgenti problemi dell'economia italiana** *(econ.)* the pressing problems of Italian economy; **affari urgenti** urgent business.

urgenza, *n. f.* urgency, pressure.

urgere, *v. i.* to be urgent, to be necessary, to press.

urtare, *v. t. e i.* ❶ to bump into *(o* against), to strike* (against). ❷ *(trasp. mar.) (entrare in collisione con)* to collide with, to strike*, to foul. △ *v. t.* ❷ **La nave urtò uno scoglio** the ship struck a rock.

urtarsi, *v. rifl.* ❶ *(scontrarsi)* to collide. ❷ *(fig.: irritarsi)* to become* irritated, to get* angry. ❸ *(fig.: offendersi)* to be offended. *v. recipr.* ❶ to bump into each other, to run* into each other. ❷ *(fig.)* to come* into conflict, to clash. ❸ *(trasp. mar.) (entrare in collisione)* to collide, to foul.

urto, *n. m.* ❶ bump; *(impatto)* impact. ❷ *(trasp. mar.) (collisione)* collision, foul. // **un** ~ **d'interessi** a conflict of interests.

usanza, *n. f.* ❶ *(costume)* custom. ❷ *(uso)* usage. ❸ *(abitudine)* habit. ❹ *(leg.)* usance, custom.

usare, *v. t.* to use, to make* use of; *(impiegare)* to employ. *v. i.* ❶ *(essere comune)* to be customary, to be the custom. ❷ *(market., pubbl.)* to be fashionable, to be in fashion, to be the fashion. △ *v. t.* **La maggior parte dei nostri operai non saprebbe** ~ **questa macchina** the majority of our workers wouldn't know how to use this machine; *v. i.* ❷ **Questo articolo non usa più** this article is no longer in fashion. // ~ **abusivamente** *(denaro altrui) (leg.)* to misapply; ~ **attenzione** to be careful; ~ **la forza** to use force; ~ **parsimonia** to be thrifty; ~ **sotterfugi** to dodge.

usato, *a.* ❶ used. ❷ *(di seconda mano)* second-hand, used. // **non** ~ unused; **non ancora** ~ not yet used, unused.

uscente, *a.* ❶ *(di tempo)* expiring. ❷ *(amm., pers.) (di dipendente, d'organo, ecc.)* retiring. // **il personale** ~ *(pers.)* the retiring personnel.

usciere, *n. m.* ❶ *(pers.)* usher. ❷ *(pers.) (ufficiale giudiziario)* bailiff, distrainor.

uscire, *v. i.* ❶ *(andare fuori)* to go* out, to get* out. ❷ *(venire fuori)* to come* out, to get* out. ❸ *(giorn.) (di giornale)* to issue. // ~ **da** *(abbandonare, lasciare)* to leave: **Quando un prodotto esce dalla nostra fabbrica, ha subito diversi collaudi** when a product leaves our factory it has undergone several tests; ~ **dal bacino** *(trasp. mar.)* to undock: **Si prevede che usciremo dal bacino alle 12** we are supposed to undock at 12 noon; ~ **dal bacino di carenaggio** *(trasp. mar.)* to go out of dry dock; ~ **dal porto** *(trasp. mar.)* to leave port; ~ **dalle rotaie** *(trasp. ferr.)* to run off the rails; ~ **di minorità** *(leg.)* to come of age; ~ **di strada** *(trasp. aut.)* to run off the road, to leave the road; ~ **indenne da un'indagine** *(leg.)* to bear enquiry: **I loro affari non possono** ~ **indenni da un'indagine** their business won't bear enquiry.

uscita, *n. f.* ❶ exit; *(anche fig.)* way out. ❷ *(econ., rag.)* expenditure, expense, outlay, outgoing, outgo. ❸ *(elab. elettr.)* output. △ ❷ **Non c'è equilibrio tra l'afflusso e l'**~ **delle merci** there's no balance between the inflow and outgo of goods; **Il bilancio non è chiaro riguardo alle uscite** the budget is not clear as far as outgoes are concerned. // **uscite invisibili** *(econ.)* invisible imports.

uso, *n. m.* ❶ use. ❷ usage. ❸ *(costume)* custom. ❹ *(pratica)* practice. ❺ *(abitudine)* habit. ❻ *(leg.)* use; *(consuetudine)* custom. △ ❶ **L'**~ **delle calcolatrici da tavolo è sempre più diffuso** the use of desk calculating machines is more and more widespread; **Quegli articoli sono soltanto per** ~ **personale** those articles are for personal use only; ❷ **Tutte queste norme si sono sviluppate dal fertile terreno dell'**~ all these rules have grown out of the fertile soil of usage; ❸ **Così vuole l'**~ that's the custom. // ~ **abusivo** *(di denaro altrui) (leg.)* misapplication; **un** ~ **abusivo di marchio di fabbrica** *(leg.)* a misappropriation of trade marks; **un** ~ **arbitrario dei fondi governativi** *(econ.)* an unauthorized use of Government funds; ~ **commerciale** custom of trade, commercial usage; ~ **della suggestione (***o* **della persuasione) nelle tecniche di vendita** *(market., pubbl.)* soft sell; ~ **delle maiuscole** *(giorn.)* capitalization; ~ **d'un molo** *(per caricare e/o scaricare merce) (trasp. mar.)* wharfage; ~ **di piazza** *(banca)* local usance; ~ **d'un recinto** *(come deposito, ecc.)* yardage; ~ **e abuso** usage and abusage; ~ **e consumo** wear and tear; **usi e costumi** usages and customs; ~ **illecito dell'altrui marchio di fabbrica** (*leg.*) trade-mark infringement; ~ **illecito dell'altrui ragione sociale** (*leg.*) infringement; ~ **illecito d'un marchio di fabbrica** (*leg.*) trade-mark infringement; **usi in materia commerciale** trade practice; **usi locali** (*leg.*) local customs; **a proprio** ~ **e consumo** at one's own disposal; **d'**~ **corrente** current; **per** ~ **proprio personale** for one's own personal use; **secondo gli usi del porto di New York** (*trasp. mar.*) as customary at the port of New York.

usuale, *a.* usual, customary; (*ordinario*) ordinary; (*comune*) common.

usucapione, *n. f.* (*leg.*) usucaption, usucapion, prescription.

usucapire, *v. t.* (*leg.*) to prescribe, to acquire (st.) by prescription.

usufruire, *v. i.* ❶ (*valersi di qc.*) to take* advantage (of st.). ❷ (*leg.*) to enjoy (st.) in usufruct. △ ❶ **Abbiamo usufruito d'un notevole ribasso dei prezzi delle materie prime** we have taken advantage of a considerable cut in the prices of raw materials.

usufrutto, *n. m.* (*leg.*) usufruct. △ **Le due proprietà sono state date in** ~ the two estates have been given in usufruct. // ~ **a vita** (*leg.*) life tenancy; ~ **imperfetto** (*leg.*) quasi-usufruct; ~ **legale** (*leg.*) legal usufruct; ~ **perfetto** (*leg.*) perfect usufruct; ~ **perpetuo** (*leg.*) tenancy for life; **quasi** ~ (*leg.*) quasi-usufruct.

usufruttuario, *a.* e *n. m.* (*leg.*) usufructuary. // ~ **a termine** (*leg.*) termor; ~ **a vita** (*leg.*) life tenant, termor; ~ **vita natural durante** (*leg.*) life tenant.

usura[1], *n. f.* usury. // **prestare a** ~ to lend with usury.

usura[2], *n. f.* wear and tear, wear. △ **I tappeti del mio ufficio danno segni d'**~ the carpets in my office are showing wear.

usuraio, *n. m.* usurer.

usurpare, *v. t.* to usurp; to encroach on (*o* upon). // ~ **i diritti di q.** (*leg.*) to encroach on (*o* upon) sb.'s rights.

usurpatore, *n. m.* usurper, encroacher.

usurpazione, *n. f.* usurpation, encroachment.

utensile, *n. m.* tool, utensil, implement. // **macchina** ~ machine-tool, tool.

utente, *n. m.* e *f.* user; (*consumatore*) consumer. // ~ **della pubblicità** (*pubbl.*) advertiser.

utenza, *n. f.* use; (*consumo*) consumption.

utile[1], *a.* ❶ useful, helpful. ❷ (*che può servire*) usable; (*proficuo*) profitable; (*pratico*) serviceable. △ ❶ **Gli elettrodomestici sono molto utili** electric household appliances are very useful; ❷ **Nell'appartamento ci sono ancora tre vani utili** there are three more usable rooms in the flat.

utile[2], *n. m.* ❶ (*vantaggio, utilità*) advantage, benefit. ❷ (*econ., fin., rag.*) profit, income, gain; earnings, makings (*pl.*); (*interesse*) interest. ❸ (*market.*) (*differenza tra il costo d'acquisto e il prezzo di vendita*) markup. △ ❷ **Le azioni postergate rivendicano solo per ultime un diritto agli utili societari** deferred shares have only final claims on the profits of a company. // ~ **aleatorio** (*rag.*) contingent profit; ~ **aziendale addizionale** (*rag.*) excess corporate profit; **utili contabili** (*rag.*) book profits; ~ **da distribuire** (*rag.*) income available for distribution; ~ **derivante dalla vendita d'attività che non erano state acquistate per essere rivendute** (*fin.*) capital profit; **utili di capitale** (*rag.*) capital gains; ~ **d'esercizio** (*rag.*) income for the year, trading profit; ~ **d'impresa** (*fin.*) company profit; corporate profit (*USA*); **utili di impresa soggetti a imposta** (*fin.*) taxable company profits; **utili d'intermediazione** (*fin.*) jobbing profits; **utili diretti** (*derivanti, cioè, dall'attività volta a perseguire il fine principale dell'azienda*) (*rag.*) operating profit; **utili distribuiti** (*rag.*) distributed income; **utili figurativi** (*rag.*) paper profits; **utili indivisi** (*fin.*) undivided profits; ~ **inutilizzato** (*di un esercizio passato*) detraibile dall'imponibile (*fin., USA*) carryback; ~ **lordo** (*rag.*) gross profit; gross profits (*pl.*); ~ **lordo d'esercizio** (*rag.*) gross profit; ~ **lordo sulle vendite** (*rag.*) operating profit; ~ **marginale** (*econ.*) marginal profit; ~ **netto di esercizio** (*rag.*) net profit, net income, clear profit; net earnings (*pl.*); **utili non distribuiti** (*fin.*) undistributed profits, retained earnings; ~ **presunto** (*fin., rag.*) anticipated profit; ~ **realizzato** (*rag.*) realized profit; ~ **reinvestito** (*fin.*) accumulated profit; **utili ripartibili** (*rag.*) divisible profits; **l'**~ **sulle vendite** (*rag.*) the profit on sales.

utilità, *n. f. inv.* ❶ usefulness, utility; (*convenienza*) convenience; (*vantaggio*) advantage, benefit. ❷ (*econ.*) utility. △ ❶ **L'**~ **della loro proposta è stata messa in evidenza diverse volte nel corso del dibattito** the usefulness of their proposal has been pointed out several times during the debate; ❷ **L'**~ **è definita dagli economisti come rapporto fra un consumatore e un bene (economico)** economists describe utility as the relationship between a consumer and a commodity. // ~ **marginale** (*econ.*) marginal utility; final utility (*termine usato da Marshall e Jevons*): **L'**~ **marginale è l'**~ **minima attribuita a una dose qualsiasi d'un bene (economico)** marginal utility is the least utility attributed to any one item of a supply of goods; ~ **marginale comparata** (*econ.*) equal marginal utility; ~ **marginale decrescente** (*econ.*) diminishing marginal utility; ~ **soggettiva** (*d'un bene*) (*econ.*) subjective utility; ~ **totale** (*econ.*) total utility.

utilizzabile, *a.* ❶ utilizable; (*disponibile*) available. ❷ (*usabile*) usable, useable. △ ❶ **Questo credito è** ~ **fino al 30 giugno 1976** this credit is available up to June 30th 1976.

utilizzare, *v. t.* ❶ to utilize; (*sfruttare*) to exploit. ❷ (*usare*) to use.

utilizzatore, *n. m.* ❶ utilizer. ❷ (*econ., market.*) user. // ~ **finale** (*econ.*) ultimate user.

utilizzazione, *n. f.* ❶ utilization; (*sfruttamento*) exploitation. ❷ (*uso*) use. // ~ **delle perdite d'esercizio per ridurre il carico delle tasse arretrate** (*fin., USA*) tax-loss carryback; ~ **delle perdite d'esercizio per ridurre il carico fiscale negli anni futuri** (*fin., USA*) tax-loss carryforward.

utilizzo, *n. m.* ❶ utilization. ❷ (*uso*) use. ❸ (*cred.*) (*d'un credito*) availment. // ~ **parziale** (*cred.*) part availment; ~ **totale** (*cred.*) full availment.

V

vacante, a. ❶ vacant. ❷ (leg.) (di proprietà, di terreno) vacant. ❸ (org. az., pers.) (di posto) vacant, unfilled, open. △ ❸ C'è ancora un buon posto ∼ nella nostra ditta there is still a good job open in our firm. // eredità ∼ (leg.) vacant succession.

vacanza, n. f. ❶ holiday, vacation. ❷ (leg.) (d'eredità) vacancy, abeyance. ❸ (org. az., pers.) (di carica, posto di lavoro, ecc.) vacancy. // ∼ **accidentale** (pers.) casual vacancy; **vacanze retribuite** (pers.) holidays with pay; **in** ∼ on holiday, on vacation.

vademecum, n. m. vade-mecum.

vaglia, n. m. inv. (cred., fin.) money order. // ∼ **cambiario** (cred., fin.) promissory note; ∼ **internazionale** (cred.) international money order; ∼ **per l'estero** (cred.) foreign money order; ∼ **postale** (cred.) money order; (fino a un certo ammontare) postal money order, post-office order; (con un diverso limite della somma) postal order, postal note; ∼ **telegrafico** (comun., cred.) telegraphic money order.

vagliare, v. t. (fig.) (esaminare a fondo) to examine closely, to scrutinize, to screen. △ **Tutti gli aspiranti saranno accuratamente vagliati** all applicants will be thoroughly screened. // ∼ **le politiche economiche in rapporto agli orientamenti programmatici** (econ.) to scrutinize economic policies in the light of guidelines of the programme.

vago, a. vague; (indefinito) indefinite. △ **Circa la loro disponibilità a sostenerci finanziariamente, la risposta che ci diedero fu piuttosto vaga** as far as their willingness to help us financially was concerned, their answer was rather vague.

vagone, n. m. (trasp. ferr.) waggon; wagon (USA); car (USA); railway carriage, van, truck; (per passeggeri) coach. // ∼ **bestiame** (trasp.) cattle wagon, cattle truck; ∼ **chiuso** (trasp. ferr.) covered wagon, covered van, covered truck; ∼ **completo** (il contenuto) (trasp. ferr.) truck load; ∼ **coperto** (trasp. ferr.) covered wagon, covered van, covered truck; ∼ **del personale viaggiante** (in un treno merci) (trasp. ferr.) caboose (USA); ∼ **ferroviario** (trasp. ferr.) waggon; car (USA); ∼ **ferroviario per il trasporto d'autoveicoli** (trasp. ferr.) carriage truck; ∼ **frigorifero** (trasp. ferr.) refrigerator car; ∼ **letto** (trasp. ferr.) sleeping-car, sleeping-carriage, sleeper; ∼ **merci** (trasp. ferr.) goods wagon, goods truck; freighter (USA); (chiuso) box wagon; box car (USA); ∼ **per il trasporto del carbone** (trasp. ferr.) coal wagon, coal truck, coaler; ∼ **postale** (trasp. ferr.) postal car, post-office car, mail carriage, mail car; ∼ **ristorante** (trasp. ferr.) lunch wagon; ∼ **salotto** (trasp. ferr.) saloon-carriage, saloon-car.

valere, v. i. e t. ❶ to be worth. ❷ (avere molto merito) to be worth a great deal. ❸ (essere valido) to be valid; (essere in vigore) to be in force. △ ❶ **La casa vale $ 100.000** the house is worth $ 100,000; ❷ **Questa legge non vale più** this law is no longer in force. // ∼ **la pena** to be worth the trouble, to be worth while; **far** ∼ **le proprie ragioni** to have one's claims recognized; **farsi** ∼ to make oneself respected.

valersi, v. rifl. to take* advantage (of), to avail oneself (of), to make* use (of). // ∼ **d'un diritto** (leg.) to avail oneself of a right.

valevole, a. ❶ (utile) good. ❷ (valido) valid; (disponibile) available. ❸ (fin.) (di moneta, ecc.) current.

validità, n. f. inv. ❶ validity, availability. ❷ (fin.) (di moneta, ecc.) currency. ❸ (leg.) (d'un titolo; anche) soundness. △ ❷ **La ∼ di quelle monete era limitata al territorio della madrepatria** the currency of those coins was limited to the territory of the motherland. // **la ∼ dei biglietti d'andata e ritorno** (trasp.) the availability of return tickets; **la ∼ d'un'assicurazione** (ass.) the currency of an insurance; **la ∼ d'un atto** (leg.) the validity of a deed; **la ∼ d'un biglietto ferroviario** (trasp. ferr.) the validity of a railway ticket; **la ∼ d'un'ipotesi statistica** (stat.) the validity of a statistical hypothesis.

valido, a. ❶ (anche leg.) valid, available. ❷ (fin.) (di moneta, ecc.) current. ❸ (leg.) sound. △ ❶ **Questo biglietto è ∼ per una settimana** this ticket is available for a week; ❸ **Essi hanno un ∼ titolo a quei terreni** they have a sound title to that land. // **essere ∼** to hold good, to hold true, to stand: **L'ordinazione fattavi il mese scorso è ancora valida** the order we passed you last month still stands; **non ∼** (leg.) invalid, void; (nullo) null.

valore, n. m. ❶ value, worth. ❷ (di persona) value, worth; (merito) merit; weight (fig.). ❸ (validità) validity, value. ❹ (econ.) value. ❺ (fin.) (d'una moneta) denomination. ❻ (mat.) value. ❼ **valori,** pl. (oggetti preziosi) valuable goods, value goods, valuables. ❽ **valori,** pl. (banca) (assegni, cambiali, ecc.) papers. ❾ **valori,** pl. (Borsa, fin.) (titoli) stocks and shares, securities; stock (sing.). △ ❶ **Le nostre proprietà stanno aumentando di ∼** our properties are increasing in value; **Il ∼ nominale di queste azioni è di $ 10,50** the nominal value of these shares is $ 10.50; **Ha comprato terreni di scarso ∼** he has bought lands of little worth; ❷ **Le sue opinioni hanno per me un grande ∼** his opinions carry great weight with me; **Conosciamo tutti il ∼ di questo dipendente** we all know the value of this employee; ❸ **I vostri documenti non hanno più alcun ∼** your documents have no longer any value; ❺ **La moneta di minor ∼ in Gran Bretagna è il mezzo penny** the coin of lowest denomination in Britain is the halfpenny; ❻ **All'aumento del ∼ di x, si ha la diminuzione (del valore) di y** as the value of x increases, y decreases. // ∼ **aggiunto** (econ.) value added, added value: **Il sistema d'imposizione sul ∼ aggiunto fu introdotto per aderire alle direttive della CEE** value-added taxation was introduced in order to comply with EEC directives; ∼ (d'un mobile, d'un macchinario, ecc.) **al momento in cui è scartato** (rag.) scrap value; ∼ **approssimativo** (rag.) estimated value, approximate value; ∼ **assicurabile** (ass.) insurable value; ∼ **assicurato** (ass.) insured value; ∼ **assoluto** absolute value; **valori attivi** (rag.) amounts to be made good, assets; ∼ **attuale** (mat.) present value, actual value, present worth, present discounted value: **Al tasso d'in-**

teresse del 5%, il ~ attuale di 105 sterline esigibili fra un anno è di 100 sterline at 5% interest, the present value of £ 105 due one year hence is £ 100; ~ (*d'un bene*) **calcolato in base alle ore di lavoro impiegate (per produrlo)** (*econ.*) time value; ~ **capitalizzato** (*rag.*) capitalized value; ~ **centrale** (*cronot.*) median time; ~ **complessivo** total value; **il ~ concordato della cosa assicurata** (*ass.*) the agreed value of the subject matter of an insurance; ~ **contabile** (*rag.*) book value; ~ **corrente** (*market.*) going value; **valori creditizi** (*rag.*) amounts to be made good; **il ~ del gioco** (*ric. op.*) the value of the game; **valori del listino** (*Borsa*) listed shares; **il ~ delle banconote in circolazione** (*fin.*) the value of the notes in circulation; **il ~ delle merci da assicurare** (*ass.*) the value of goods for insurance; ~ **derivato** (*econ.*) derived value; ~ **d'acquisto** (*rag.*) cost price; ~ **d'affezione** sentimental value; ~ **di bilancio** (*fin., rag.*) balance-sheet value, book value; **valori di cambio** (*fin.*) exchange values; ~ **di carico** (*fin., rag.*) book value: **Abbiamo venduto i titoli a un prezzo più che doppio rispetto al ~ di carico** we sold the stock at more than double its book value; ~ (*massimo*) **di credito** (*che un assicurato sulla vita può ottenere, su garanzia del valore effettivo della polizza*) (*ass.*) loan value; ~ **d'inventario** (*fin., rag.*) book value; ~ **di mercato** (*econ., market.*) market value; **valori di portafoglio** (*fin.*) paper holdings, paper securities; ~ **d'una proprietà al netto d'ipoteche** (*leg.*) equity; ~ **di realizzo** (*market.*) break-up value; (*rag.*) (*d'un'immobilizzazione*) salvage value; ~ **di ricupero** (*d'un'immobilizzazione*) (*rag.*) salvage value; ~ **di riduzione** (*del capitale assicurato*) (*ass.*) paid-up policy value; ~ **di rimpiazzo** (*org. az., rag.*) replacement value; ~ **di riscatto** (*rag.*) convertible value; **il ~ di riscatto di una polizza** (*ass.*) the surrender value of a policy; ~ **di sostituzione** (*org. az., rag.*) replacement value; ~ **dichiarato** (*ass., dog.*) declared value, value declared; ~ (*d'un bene, ecc.*) **dopo il pagamento delle imposte** (*fin.*) after-tax value; **valori estremi** (*market., stat.*) extreme values, outliers, extremes; **il ~ estrinseco d'una moneta** (*fin.*) the extrinsic value of a coin; ~ **facciale** (*d'una moneta, banconota, ecc.*) (*fin.*) face value; ~ **imponibile** (*fin.*) taxable value, assessed value; **il ~ imponibile d'una proprietà** (*fin.*) the ratable value of a property; ~ **in capitale** (*rag.*) capital value; ~ **in dogana** (*dog.*) customs value; ~ (*di danni*) **in franchigia** (*ass.*) franchise; **i valori incogniti d'un parametro** (*stat.*) the unknown values of a parameter; **valori** (*d'imprese*) **industriali** (*fin.*) industrials; ~ **intrinseco** (*econ.*) intrinsic value; ~ **locativo** (*leg.*) rental value, letting value, rental; (*per il fisco*) rateable value; ~ **marginale** (*ric. op.*) marginal value, imputed value, dual variable, shadow price; ~ **massimo** maximum value; (*mat., ric. op.*) (*d'una funzione, ecc.*) maximum, peak; ~ **minimo** minimum value; (*mat., ric. op.*) (*d'una funzione, ecc.*) minimum, trough; **valori mobiliari** (*fin.*) stocks and shares, securities; ~ **monetario** (*fin.*) money value; ~ **nominale** (*fin.*) nominal value, par value; (*econ.*) (*di una moneta, banconota, titolo, ecc.*) denominational value, face value: **I termini di cambio (delle azioni) avverranno al ~ nominale** the share exchange will take place at par value; **Le loro obbligazioni sono del ~ nominale di 15 sterline e multipli** their bonds are of the face value of £ 15 and multiples; **il ~ nominale d'un'azione** (*fin.*) the face value of a share: **Il ~ nominale di quelle azioni è 2 sterline** the nominal value of those shares is £ 2; **valori passivi** (*rag.*) liabilities; ~ **patrimoniale** (*rag.*) tangible net worth; ~ **ponderato** (*stat.*) weighted value; ~ **presunto** (*rag.*) constructive value; ~ **presunto** (*della merce*) **nel Paese d'origine** (*comm. est.*) current domestic value; ~ **reale** true value; ~ **redimibile** (*ass.*) loan value; **valori tabellari** tabular values; ~ **tonale** (*pubbl.*) tonal value; ~ **venale** (*fin., rag.*) realizable value, selling price; **senza ~** worthless (*a.*); **senza ~ nominale** (*fin.*) no-par value, no-par (*a. attr.*).

valorizzare, *v. t.* ❶ to turn (st.) to account, to use (st.) to advantage; (*sfruttare*) to exploit. ❷ (*econ.*) (*un prodotto*) to valorize; (*un terreno, ecc.*) to improve. // ~ **le risorse del sottosuolo** (*econ.*) to exploit the resources of the underground.

valorizzazione, *n. f.* ❶ exploitation. ❷ (*econ.*) (*d'un prodotto*) valorization; (*d'un terreno, ecc.*) improvement.

valuta, *n. f.* ❶ (*fin.*) currency, money, coinage. ❷ (*rag.*) (*decorrenza degli interessi*) value date, value. △ ❶ **Le cambiali devono essere pagate nella ~ da esse indicata** bills of exchange must be paid in the currency they name; **Quella ~ era convertibile in oro** that currency was convertible into gold; ❷ **La ~ per questo versamento è al 9 febbraio** the value date for this deposit is February 9th. // « ~ al... » (*banca*) « value date... », « as at... »: **Abbiamo addebitato il vostro conto di 5.000 dollari, ~ 1° ottobre** we have debited your account with $ 5,000 as at October 1st; ~ **argentea** (*fin.*) silver currency; ~ **aurea** (*fin.*) gold currency, gold standard, gold money; ~ **cartacea** (*fin.*) paper currency, paper money; **una ~ controllata** (*nel suo potere d'acquisto: dalle autorità monetarie*) (*fin.*) a managed currency, managed money; ~ **debole** (*fin.*) soft currency, weak currency; ~ **di conto** (*rag.*) money of account; **valute di riferimento** (*fin.*) reference currencies; ~ **12 aprile** (*banca, anche*) interest to run from April 12th; ~ **estera** (*fin.*) foreign currency; ~ **forte** (*fin.*) hard currency, strong currency, firm currency: **Una ~ forte ha un maggior potere contrattuale negli scambi internazionali** a firm currency has greater bargaining power in international trade; « ~ **in contanti** » (*banca*) « cash value »; « ~ **in conto** » (*banca*) « value in account », « value on account »; ~ **in natura** (*fin.*) commodity-currency; ~ **legale** (*fin.*) legal tender, standard money: **La sterlina è la ~ legale nel Regno Unito** the pound sterling is the legal tender in the United Kingdom; ~ **metallica** (*fin.*) metallic currency; ~ **nazionale** (*fin.*) home currency; ~ **neutrale** (*fin.*) neutral money; ~ **non convertibile** (*fin.*) inconvertible currency; **valute ospiti** (*fin.*) guest currencies; ~ **pregiata** (*fin.*) hard currency; ~ **soggetta a certe limitazioni** (*fin.*) conditional currency; ~ **ufficiale** (*fin.*) standard money, legal tender; **in ~ aurea** (*fin.*) in gold; « **per ~ ricevuta** » (*banca*) « (for) value received ».

valutabile, *a.* ❶ valuable, appraisable, appreciable. ❷ (*determinabile*) assessable, ratable; (*misurabile*) measurable; (*calcolabile*) computable, reckonable.

valutare, *v. t.* ❶ to value, to evaluate, to estimate, to appraise, to appreciate. ❷ (*determinare*) to assess, to rate; (*misurare*) to measure; (*calcolare*) to calculate, to compute, to reckon. ❸ (*soppesare*) to weigh (*fig.*). ❹ (*rag.*) (*costi*) to cost*. △ ❶ **Di solito valutiamo gli inventari delle merci una volta l'anno** we usually value our merchandise inventories once a year; **Gli esperti hanno valutato il costo degli impianti a diecimila sterline** the experts estimated the cost of the plants at ten thousand pounds; ❷ **I danni furono valutati in 400 sterline** damages were assessed at £ 400; **Soltanto poche persone sono in grado di ~ la gravità della**

valutario

crisi, o sono disposte a farlo only a few people can, or are willing to, measure the gravity of the crisis; ❸ **Tutte le prove debbono essere valutate attentamente** all evidence must be weighed carefully. // ~ **al costo** (*rag.*) to value at cost; ~ **al prezzo di mercato** (*rag.*) to value at market price; ~ **le capacità dei propri impiegati** to appraise the ability of one's employees; ~ **il capitale complessivo** (*d'una società*) (*rag.*) to capitalize; ~ **di nuovo** (*un danno, ecc.*) (*ass.*) to reassess; (*fin., rag.*) (*rivalutare*) to revalue, to revaluate, to revalorize; ~ **poco** to underestimate, to underrate; ~ **i risultati** (*org. az.*) to evaluate results; ~ **troppo** to overestimate, to overrate.

valutario, *a.* (*fin.*) monetary; money, currency (*attr.*). // **norme valutarie** (*fin.*) monetary regulations, currency regulations.

valutatore, *n. m.* (*pers.*) evaluator, appraiser, assessor.

valutazione, *n. f.* ❶ valuation, evaluation, estimation, appraisal, appraisement, appreciation. ❷ (*determinazione*) assessment, rating; (*misurazione*) measurement; (*calcolo*) calculation, computation, reckoning. ❸ (*rag.*) (*dei costi*) costing. △ ❶ **La ~ delle scorte fu necessaria per ragioni contabili** the valuation of stock was necessary for accounting purposes. // ~ **a costi standard** (*rag.*) standard costing; ~ (*d'un bene*) **ai fini della determinazione dell'imponibile** (*fin.*) tax assessment; ~ **dei costi** (*rag.*) costing; ~ **dei creditori** (*fin.*) credit investigation; ~ **del credito** (*di cui gode un individuo o una ditta*) (*cred., fin.*) rating; ~ **del fido concedibile** (*banca*) composite credit appraisal; ~ **del lavoro** (*org. az.*) job evaluation, job rating; ~ **del merito** (*pers.*) merit rating, performance appraisal; ~ **del personale** (*pers.*) V. ~ **del merito**; ~ **del reddito** (*econ.*) income estimation; ~ **delle mansioni** (*org. az.*) V. ~ **del lavoro**; ~ **delle scorte** (*rag.*) inventory pricing; ~ **dell'attivo e del passivo** (*fin., rag.*) allocation of assets and liabilities; **la ~ d'un rischio** (*ass.*) the valuation of a risk; ~ **doganale** (*dog.*) customs valuation; ~ **in termini di risultati** (*org. az.*) merit rating in terms of activities; ~ **mediante punteggio** (*org. az.*) numerical rating; ~ **potenziale** (*org. az.*) potential analysis.

valvola, *n. f.* valve. // ~ **di sicurezza** (*anche fig.*) safety valve: **L'emigrazione può costituire una ~ di sicurezza per (la soluzione di) problemi temporanei di disoccupazione critica** emigration can serve as a safety valve for transitory problems of critical unemployment.

vano[1], *a.* vain; (*inutile*) useless, unsuccessful. △ **I miei sforzi per farmi restituire il denaro furono vani** my efforts to get my money back were unsuccessful.

vano[2], *n. m.* ❶ (*parte vuota*) hollow; (*apertura*) opening. ❷ (*stanza*) room.

vantaggio, *n. m.* ❶ advantage, account; (*interesse*) interest; (*beneficio*) benefit. ❷ (*in una gara*; *anche fig.*) lead. ❸ (*pubbl.*) (*tipografico*) galley. △ ❶ **Non abbiamo tratto ~ da quella circostanza** we didn't take advantage of that situation; ❷ **Godiamo d'un bel ~ su tutti i nostri concorrenti sul mercato** we have a good lead over all our competitors on the market. // ~ **assoluto** absolute advantage; **vantaggi comparati** (*econ.*) comparative advantage.

vantaggioso, *a.* advantageous, profitable, beneficial; (*favorevole*) favourable. △ **Queste sono le condizioni più vantaggiose che possiate trovare sul mercato** these are the most favourable terms that you can find on the market.

vantare, *v. t.* ❶ (*avere il pregio di*) to boast of. ❷ (*esaltare*) to boast of. △ ❷ **Hanno sempre vantato la loro superiorità in questo campo** they've always boasted of their superiority in this field. // ~ **il proprio diritto a qc.** (*leg.*) to lay a claim to st., to make a claim to st.

vantarsi, *v. rifl.* ❶ (*essere orgoglioso*) to be proud. ❷ (*millantare le proprie doti*) to boast (of).

vanto, *n. m.* (*virtù*) virtue; (*merito*) merit; (*gloria*) glory.

vapore, *n. m.* ❶ vapour, fume. ❷ (*acqueo*) steam. ❸ (*trasp. mar.*) (*nave a vapore*) steamship, steamboat, steamer. △ ❸ **Sarebbe stato più conveniente spedire merci così pesanti a mezzo ~** shipping such heavy goods by steamer would have been cheaper. // ~ **da carico** (*trasp. mar.*) cargo steamer; ~ **postale** (*trasp. mar.*) mail-steamer; **tramite ~ diretto** (*trasp. mar.*) by direct steamer.

vaporetto, *n. m.* ❶ (*trasp.*) steamship, steamer. ❷ (*trasp.*) (*in servizio di linea su un fiume, un lago, ecc.*) waterbus.

varare, *v. t.* (*trasp. mar.* e *fig.*) to launch, to set* afloat. // ~ **un'impresa** (*fin.*) to launch an enterprise; ~ **una legge** (*leg.*) to pass a law; ~ **una nave** (*trasp. mar.*) to launch a ship.

variabile, *a.* variable, varying; (*instabile*) unsteady; (*fluttuante, oscillante*) floating. *n. f.* (*mat., stat.*) variable. △ *n.* **Il valore della ~ x determina il valore della funzione f (x)** the value of the variable x determines the value of the function f (x). // ~ **autonoma** (*mat.*) autonomous variable; ~ **casuale** (*stat.*) random variable; ~ **di comodo** (*stat.*) dummy variable; ~ **dipendente** (*mat.*) dependent variable; ~ **endogena** (*ric. op.*) endogenous variable; ~ **esogena** (*ric. op.*) exogenous variable; ~ **indipendente** (*mat.*) independent variable; ~ **macroeconomica** (*econ., stat.*) macroeconomic variable; ~ **stocastica** (*ric. op.*) stochastic variable; ~ **vicaria** (*stat.*) proxy-variable.

variabilità, *n. f. inv.* variableness; (*instabilità*) unsteadiness.

variante, *a.* changing. *n. f.* variant; (*variazione*) variation.

varianza, *n. f.* (*stat.*) variance.

variare, *v. t.* (*cambiare*) to change, to vary. *v. i.* (*essere diverso*) to vary; (*cambiare*) to change, to vary. △ *v. i.* **Questa quantità varia inversamente rispetto all'altra** this quantity varies inversely with the other.

variazione, *n. f.* ❶ variation, change. ❷ (*rag.*) (*contabile, ecc.*) change. // ~ **attiva** (*rag.*) active change; **variazioni congiunturali** (*econ.*) short-term changes; ~ **degli stock** (*rag.*) inventory variations; **variazioni dei cambi** (*comm. est., fin.*) fluctuations in exchange rates; ~ **della riserva obbligatoria** (*banca, fin.*) variation of compulsory reserve; ~ **nella domanda e nell'offerta** (*econ.*) change in demand and supply; ~ **netta** (*nel prezzo d'un titolo*: *riscontrata al momento di chiusura in due giorni successivi*) (*Borsa*) net change; ~ **passiva** (*rag.*) passive change; **variazioni percentuali dei prezzi al consumo** (*market., stat.*) percent variations in retail prices; **variazioni percentuali del costo della vita** (*econ., stat.*) percent variations in cost of living; ~ **stagionale** (*market.*) calendar variation, seasonal variation.

varietà, *n. f. inv.* ❶ variety. ❷ (*genere, tipo*) variety, kind, type. ❸ (*market.*) variety, type, grade. // **una ~ di mele** (*market.*) a variety of apples.

vario, *a.* ❶ varied. ❷ (*diverso*) different, various. ❸ **vari**, *pl.* various; (*molti*) many; (*diversi, parecchi*) several. ❹ **varie**, *f. pl.* (*giorn.*) (*nei grafici*) miscellaneous. // « **varie ed eventuali** » (*ultima voce d'un ordine del giorno*) (*org. az.*) « general business »; « any other business » (*abbr.* AOB).

varo, *n. m.* (*trasp. mar.*) launch, launching.
vascello, *n. m.* (*trasp. mar.*) vessel; (*nave*) ship.
vastità, *n. f. inv.* vastness; (*estensione*) extent.
vasto, *a.* vast; (*esteso*) extensive; (*largo*) wide, broad; (*grande*) large; (*ricco*) rich. // **un ~ assortimento** (*market.*) a wide assortment; **su vasta scala** on a large scale; large-scale (*a. attr.*).
vecchiaia, *n. f.* old age. // **pensione di ~** old-age pension.
vecchio, *a.* ❶ old. ❷ (*usato*) old, used; (*di seconda mano*) second-hand. // **una vecchia azienda familiare** a long-standing family firm; **una vecchia ditta** an old-established firm; **di vecchia data** long-standing (*a. attr.*).
vece, *n. f.* place, stead. // **fare le veci di q.** to take sb.'s place; **in mia ~** in my place, in my stead; « **il padre o chi ne fa le veci** » (*leg.*) « the father or whoever takes his place ».
vedere, *v. t.* ❶ to see*. ❷ (*guardare*) to look at. ❸ (*incontrare*) to see*, to meet*. ❹ (*consultare*) to see*, to consult; to talk to (*fam.*). △ ❶ **Sono secoli che non vedo Mr Watson** I haven't seen Mr Watson for ages; « **Vedasi a tergo** » « see on the back »; « **Vedi il paragrafo seguente** » « see the next paragraph »; « **Vedi oltre** » « see below »; « **Vedi sotto** » « see below »; ❷ **Veda questi documenti, per favore** look at these documents, please; ❸ **Devo ~ subito il principale** I must see the principal at once; ❹ **Domani vedrò l'avvocato** I'll see my lawyer tomorrow. // **avere a che ~** to have to do: **Il Sig. Sandrelli non ha più nulla a che ~ con la nostra ditta** Sig. Sandrelli has nothing more to do with our firm; **far ~** to show: **Mi faccia ~ la patente, prego** show me your driving licence, please; **non ~** (*non rilevare, lasciarsi sfuggire*) to overlook; **non ~ l'ora di** to look forward to: **Non vedo l'ora d'andare in vacanza** I'm looking forward to going on holiday; **non ~ un refuso** to overlook a misprint.
vedova, *n. f.* (*leg.*) widow.
vedovanza, *n. f.* (*leg.*) widowhood.
vedovile, *a.* (*leg.*) widowed.
vedovo, *n. m.* (*leg.*) widower.
veduta, *n. f.* ❶ (*anche fig.*) view. ❷ (*fig.*) opinion. △ ❶ **Non sono d'accordo con le vedute di quell'autore in materia di riforma fiscale** I don't agree with that author's views as regards tax reform. // **un uomo di vedute ristrette** a narrow-minded man; **un uomo di larghe vedute** a broad-minded man.
veicolo, *n. m.* ❶ (*anche fig.*) vehicle. ❷ (*trasp.*) vehicle, conveyance. // **~ a cuscino d'aria** (*trasp., trasp. mar.*) hovercraft; **~ a motore** (*trasp.*) motor-vehicle.
vela, *n. f.* (*trasp. mar.*) sail. // **~ di maestra** (*trasp. mar.*) mainsail; **~ di mezzana** (*trasp. mar.*) jigger; **~ di trinchetto** (*trasp. mar.*) foresail; **~ quadra** (*trasp. mar.*) square sail; **alzare le vele** (*trasp. mar.*) to set sail; **serrare le vele** (*trasp. mar.*) to furl sail.
veleggiare, *v. i.* ❶ (*trasp. aer.*) to glide. ❷ (*trasp. mar.*) to sail.
veliero, *n. m.* (*trasp. mar.*) sailing ship, sailing vessel, sailer.
velina, *n. f.* ❶ (*attr. uff.*) (*carta velina*) tissue-paper, flimsy. ❷ (*attr. uff.*) (*copia di lettera*) carbon copy.
velivolo, *n. m.* (*trasp. aer.*) aircraft.
veloce, *a.* fast, quick, speedy.
velocità, *n. f. inv.* speed, velocity. // **~ d'accesso** (*elab. elettr.*) speed of access; **la ~ di circolazione della moneta** (*econ.*) the velocity of money, the velocity of circulation; **~ d'una corrente** (*trasp. mar.*) drift; **~ di manipolazione del carico** (*trasp. mar.*) port speed; **~ di memorizzazione** (*elab. elettr.*) storing velocity; **~ di trasmissione** (*elab. elettr.*) line speed; **~ economica** (*trasp. mar.*) economical speed; **~ effettiva** (*trasp. aer.*) true airspeed.
vendere, *v. t.* ❶ to sell*. ❷ (*leg.*) (*alienare*) to dispose of, to vend. ❸ (*market.*) to sell*. ❹ (*market.*) (*trattare: una merce, un articolo, ecc.*) to carry, to market. ❺ (*smerciare*) to work off; (*liquidare, svendere*) to sell* out. ❻ **vendersi** (*market.*) (*d'articolo: essere venduto*) to sell*, to go* off, to vend. ❼ **vendersi** (*market.*) (*d'articolo: costare*) to cost*. △ ❷ **Finché non sarà diventato maggiorenne, non potrà ~ le sue proprietà** he can't dispose of his properties until he has come of age; **Ha in animo di ~ le sue proprietà** he's planning to vend all his properties; ❸ **Speriamo di riuscire a ~ tutte le rimanenze prima della fine dell'esercizio** we hope we'll be able to sell all left-overs before the end of the year; ❹ **Non vendiamo quell'articolo ma abbiamo qualcosa del genere** we don't carry that article but we do carry something of that sort; ❺ **Quante copie ne avete vendute finora?** how many copies have you worked off so far?; ❻ **Le musicassette si vendono meglio dei nastri (registrati)** cassettes sell better than tapes; **Questi articoli dovrebbero vendersi bene nella nostra zona** these articles should vend well in our area; ❼ **A quanto si vende il (formaggio) parmigiano?** how much does Parmisan cheese cost? // **~ a buon mercato** (*market.*) to sell cheaply; to sell for a song (*slang USA*); **~ a contanti** (*market.*) to sell for cash; **~ a credito** (*market.*) to sell on credit, to deal on credit, to trust (sb. for st.); **~ a domicilio** (*market.*) to sell door-to-door, to sell house-to-house; **~ a lotti** (*market.*) to sell by lots; **~ a mercato nero** (*market.*) to sell on the black market; **~ a peso** (*market.*) to sell by weight; **~ a premio** (*Borsa, fin.*) to take for the call, to give for the put; **~ a premio con facoltà d'opzione** (*per il compratore*) (*Borsa, fin.*) to sell for the call; **~ a prezzi più bassi di** (*altri prodotti similari*) (*market.*) to undersell: **Siamo in grado di ~ a prezzi più bassi di quelli della maggior parte dei prodotti d'importazione** we can undersell almost every import; **~ a un prezzo inferiore a quello di** (*un concorrente*) (*market.*) to undersell, to undercut; **~ a rate** (*market.*) to sell on hire-purchase, to sell by instalments; **~ a termine** (*Borsa*) to sell for the account, to sell for the settlement; **~ al dettaglio** (*market.*) to sell by retail, to sell retail, to retail, to sell over the counter; **vendersi al dettaglio** (*market.*) (*di merce*) to retail; **~ al meglio** (*fin., market.*) to sell at best; **~ al metro** (*market.*) to sell by the metre; **~ al miglior offerente** (*market.*) to sell to the highest bidder; **~ al minuto** (*market.*) to sell by retail, to sell retail, to retail, to sell over the counter; **vendersi al minuto** (*market.*) (*di merce*) to retail: **Al minuto, questo articolo si vende a 10 sterline la dozzina** this article retails for £ 10 a dozen; **~ all'asta** to sell by auction, to auction off, to auction; to roup (*scozz.*); **~ all'incanto** V. **~ all'asta**; **~ all'ingrosso** (*market.*) to sell wholesale, to sell in bulk, to wholesale: **Questi articoli furono venduti all'ingrosso a $ 10 il centinaio** these articles were wholesaled at $ 10 a hundred; **vendersi all'ingrosso** (*market.*) (*d'articolo*) to wholesale: **Le nostre penne a sfera si vendono bene all'ingrosso al 25% del loro prezzo al dettaglio** our ball-point pens wholesale well at one-fourth of their retail price; **~ allo sbarco** (*trasp. mar.*) to sell ex-ship; **~ allo scoperto** (*Borsa*) to bear the market, to sell short; **~ all'ultimo offerente** (*in un'asta*) to sell by inch of candle; **~ con facoltà di doppia consegna** (*Borsa, fin.*) to give for a put of more; **~ con fa-**

vendibile

coltà d'opzione (*Borsa, fin.*) to give for the put; ~ **con patto di riscatto** (*leg.*) to sell with right of redemption, to sell with option to repurchase; ~ **contro assegno** (*market.*) to sell cash on delivery; ~ (*merce*) **di casa in casa** (*market.*) to sell house-to-house, to hawk; ~ **di seconda mano** (*market.*) to sell second-hand, to resell; ~ **forzatamente** (*i beni d'un debitore insolvente*) (*leg.*) to sell up; ~ **in perdita** (*market.*) to sell at a loss, to sell at a sacrifice, to sacrifice; (*titoli, azioni, ecc.*) to slaughter; ~ **merce salvo prova** (*market.*) to sell goods on approval: **Quando la merce è venduta salvo prova, la vendita si considera avvenuta nel momento in cui il compratore dichiara espressamente la sua approvazione della merce dopo averla ricevuta ed esaminata** when the goods are sold on approval, the sale is considered to have been accomplished when the buyer explicitly declares his approval after he has received and examined them; ~ **merce salvo vista e verifica** (*market.*) to sell goods on approval; ~ **per conto terzi** (*market.*) to sell on commission; ~ **per futura consegna** (*fin.*) to sell for forward delivery; ~ **per ~** (*market.*) to sell at any price; **più di** (*un collega, un concorrente, ecc.*) (*market.*) to outsell: **Vende più di tutti gli altri venditori della zona** he outsells all the other salesmen in the area; **vendersi più di** (*un altro articolo*) (*market.*) to outsell: **I nastri continuano a vendersi più dei dischi** tapes continue to outsell records; ~ **più** (*merce, ecc.*) **di quanta se ne abbia in magazzino** (*market.*) to oversell; ~ **praticando facilitazioni** (*di pagamento*) (*market.*) to sell on easy terms; ~ **sotto banco** (*market.*) to sell under the counter; ~ (*merce*) **sotto costo** (*market.*) to sell below cost price, to undersell, to discount, to sacrifice; (*specialm. all'estero*) to dump: **Tutti gli articoli passati di moda sono stati venduti sotto costo** all outmoded articles have been sacrificed; **I negozianti stanno vendendo sottocosto i modelli invenduti dello scorso anno** dealers are discounting last year's unsold models; ~ **titoli senza averne la disponibilità** (*Borsa*) (*di ribassista*) to sell short; ~ (*notizie*) **tramite un'agenzia di stampa** (*giorn.*) to syndicate; **da ~ o rimandare** (*market.*) on sale or return; **fare ~** (*market.*) to sell: **Negli Stati Uniti i fumetti fanno ~ i quotidiani** in the United States comics sell newspapers; **È la buona qualità che fa ~ la merce** it's good quality that sells goods; « **vendesi** » (*market.*) « for sale », « on sale »; **essere venduto** (*fin.*) to change hands: **Tutta la partita fu venduta a 20 pence la libbra** the whole lot changed hands at 20 p. per lb; **essere venduto a basso prezzo** (*market.*) (*di un articolo*) to go cheap.

vendibile, *a.* ❶ saleable, salable. ❷ (*leg.*) (*alienabile*) disposable. ❸ (*market.*) saleable, salable, marketable, merchantable.

vendita, *n. f.* ❶ (*il vendere*) selling. ❷ (*leg.*) disposal. ❸ (*market.*) sale. ❹ **vendite**, *pl.* (*rag.*) sales. △ ❶ **La ~ di questi articoli è sempre stata fortemente competitiva** the selling of these articles has always been highly competitive; ❸ **Le nostre vendite hanno subito una forte flessione** our sales have slumped badly; **Le vendite sono in regresso del 10% rispetto all'anno scorso** sales are off 10% this year; **Le vendite dei titoli del cotone sono in ripresa questa settimana** the sales of cotton shares are up this week; **Le vendite d'automobili d'importazione tendono ad aumentare** sales of imported cars are trending up; **Ci sono meno vendite e più investimenti** sales are down, investments are up. // **vendite a bordo d'aerei** (*dog., trasp. aer.*) sales on aircrafts; **vendite a bordo di navi** (*dog., trasp. mar.*) sales on board ships; **una ~ a buon mercato** (*market.*) a cheap sale; ~ **a contanti** (*market.*) cash sale, cash-down sale; ~ **a credito** (*market.*) credit sale; ~ **a credito a breve scadenza** (*fatta da un negoziante segnando i crediti su un libretto*) (*market.*) tally trade, tally system; ~ **a domicilio** (*market.*) door-to-door sale, house-to-house selling; ~ **a domicilio di quote di fondi d'investimento** (*fin.*) share pushing; ~ **a lotti** (*market.*) sale by lots; ~ **a premio** (*Borsa, fin.*) put, put option; (*market.*) premium sale; ~ **a rate** (*market.*) sale by instalments; (*il sistema*) hire purchase; (*il programma*) instalment plan: **Nel sistema di ~ a rate, il pagamento del prezzo è esteso per un certo periodo di tempo** in the system of sale by instalments, the payment of the price is spread out for a certain period of time; ~ **a rate con piccoli versamenti mensili** (*da parte di persone considerate quasi come soci di un circolo*) (*market.*) club trading; ~ (*con pagamento*) « **a respiro** » (*market.*) time sale; ~ **a termine** (*Borsa*) sale for the account, sale for the settlement, forward sale; ~ (*d'un articolo, effettuata soltanto se*) **abbinata** (*alla vendita d'un altro prodotto*) (*market.*) tie-in sale; ~ **al dettaglio** (*market.*) sale by retail, retail sale, over-the-counter sale; ~ (*in un momento di andamento svantaggioso dei prezzi*) **al fine di rendere minime le perdite** (*Borsa, market.*) averaging; ~ **al meglio** (*fin., market.*) sale at best; ~ **al miglior offerente** (*market.*) sale to the highest bidder; ~ **al minuto** (*market.*) sale by retail, retail sale, over-the-counter sale; ~ **all'asta** sale by auction, auction-sale; roup (*scozz.*): **In una ~ all'asta, l'articolo in vendita è aggiudicato al maggior offerente** in a sale by auction, the article to be sold is adjudicated to the highest bidder; **all'incanto** V. ~ **all'asta**; ~ **all'ingrosso** (*market.*) wholesale, bulk selling, direct sale; ~ **allo sbarco** (*trasp. mar.*) sale delivered ex-ship, sale on ex-ship terms, sale on landed terms; ~ **allo scoperto** (*Borsa*) time bargain, settlement bargain, bear sale, short selling, short sale; ~ **allo scoperto di titoli in possesso di chi opera** (*e che tuttavia non desidera impegnarli*) (*Borsa, fin.*) short sale against the box; **una ~ all'ultimo offerente** (*in un'asta*) a sale by inch of candle; ~ **coatta** (*leg.*) forced sale; **una ~ con patto di riscatto** (*leg.*) a sale with right of redemption, a sale with option to repurchase; ~ **concordata di titoli a fine anno** (*per la determinazione di perdite e profitti ai fini della dichiarazione dell'imposta sul reddito*) (*fin.*) tax selling; ~ **condizionata** (*market.*) conditional sale; ~ **contro assegno** (*market.*) cash on delivery sale; ~ **d'articoli di poco prezzo** (*market.*) jumble sale; ~ **d'articoli spaiati** (*market.*) jumble sale; ~ **d'auto di fabbricazione nazionale** (*market.*) domestic car sale; ~ **d'impianti a una società di « leasing »** (*che li affitta al venditore, con possibilità di riscatto*) leaseback; ~ **d'un investimento** (*econ.*) disinvestment; ~ **di liquidazione** (*market.*) clearance sale, sale; ~ **di liquidazione per cessazione di esercizio** (*market.*) close-out sale; ~ **di magazzino** (*market.*) rummage sale; rummage (*USA*); ~ **di merce flottante** (*trasp. mar.*) sale of goods afloat; ~ **di propaganda** (*market., pubbl.*) promotion sale; ~ **di realizzo** (*market.*) clearance sale; **una ~ di rimanenze** (*market.*) a bargain sale, an oddments sale; **una ~ di scampoli** (*market.*) a remnant sale; ~ **di seconda mano** (*market.*) second-hand sale, resale; ~ **diretta** (*market.*) direct selling, direct sale; ~ **effettuata non per ricavarne principalmente un profitto ma per proteggersi da un certo rischio** (*o da fluttuazioni di mercato*) (*fin.*) hedge; ~ **fittizia di titoli** (*allo scopo d'influenzare il mercato, ecc.*) (*fin.*) wash sale, washed sale, wash; ~ **forzosa** (*leg.*) compulsory sale; (*di beni d'un debitore insolvente*) selling-up; **vendite giornaliere** (*market.*) daily sales; ~ **giudiziale** (*leg.*) V.

~ **giudiziaria**; ~ **giudiziaria** (*leg.*) judicial sale, sale by order of the Court, foreclosure; **una ~ immobiliare** (*fin.*) a sale of real property; ~ **in commissione** (*market.*) consignment sale; ~ **in contanti** (*market.*) cash-down sale, cash sale; ~ **in esclusiva** (*market.*) exclusive agency selling; ~ **mediante distributori automatici** (*market.*) automatic selling; **vendite nette** (*market.*) net sales; ~ **per contanti** (*market.*) cash sale, cash-down sale; ~ **per futura consegna** (*fin.*) sale for future delivery, forward sale; ~ **privata** (*leg.*) sale by private treaty; ~ **rateale** (*market.*) sale by instalments, instalment selling; ~ **salvo arrivo (della merce)** (*market.*) sale to arrive; ~ **salvo prova** (*market.*) sale on approval; ~ **sotto condizione** (*market.*) conditional sale; ~ **sotto costo** (*market.*) underselling, distress sale; (*specialm. all'estero*) dumping; **una ~ speciale** (*market.*, *pubbl.*) a bargain sale; **una ~ straordinaria** (*market.*, *pubbl.*) a bumper sale; ~ **su campione** (*market.*) sale by sample; ~ **totale** (*delle rimanenze*) (*market.*) selling-off; ~ **volontaria** (*leg.*) voluntary sale; **essere in ~** (*market.*) (*d'articolo*) to be on sale, to be on offer, to be in the market, to be on the market; (*specialm.: essere messo all'asta*) to be on the block: **I nostri articoli sono in ~ in tutti i buoni negozi di cancelleria** our articles are on sale at all good stationary stores; «**in ~**» (*market.*) «on sale», «for sale»; **non adibito alla ~** (*org. az.*) (*di reparto, ecc.*) non-selling: **A pian terreno ce n'è soltanto uno di reparti non adibiti alla ~** there's only one non-selling department on the ground floor; **non in ~** (*market.*) (*di articolo, ecc.*) out of sale; (*non disponibile*) unavailable.

venditore, *n. m.* ❶ seller. ❷ (*fin.*, *market.*) giver, seller. ❸ (*market.*) seller, vendor, vender. ❹ (*pers.*) (*rappresentante*) representative agent, representative, agent, salesman*. ❺ **venditori**, *pl.* (*pers.*) salespeople. △ ❷ **Il mercato è tutto venditori** the market is all givers; **I venditori sono in numero superiore ai compratori** «sellers over»; ❸ **Quando una merce è scarsa, il ~ è avvantaggiato rispetto all'acquirente** when a commodity is scarce, the seller has an advantage over the buyer; ❹ **Il nostro ~ passerà da voi la settimana prossima** our agent will call on you next week. // ~ **a domicilio** (*market.*) door-to-door salesman; ~ **allo scoperto** (*Borsa*, *fin.*) short seller, bear seller; ~ **ambulante** hawker, pedlar, peddler, chapman; Cheap Jack (*fam.*); Arab (*slang USA*); **il ~ d'un (contratto) «dont»** (*Borsa*) the seller of a call option, the taker for a call; **il ~ d'un premio indiretto** (*Borsa*) the buyer of a put option.

venduto, *a.* sold. // ~ **a un prezzo inferiore a quello di listino** (*market.*) (*d'articolo, ecc.*) off-list; ~ **in esclusiva** (*leg.*) patent (*attr.*); ~ **sottocosto per necessità finanziarie** (*market.*) distress (*attr.*).

venerdì, *n. m.* Friday. // ~ **nero** (*fin.*, anche *fig.*: *panico finanziario*) Black Friday.

venire, *v. i.* ❶ to come*. ❷ (*ammontare a*) to come* to, to come* out at (*o* to). ❸ (*d'un conto, d'una somma, ecc.*) to work out, to come* out. ❹ (*costare*) to cost*, to come*. ❺ (*far visita*, «*passare*») to call. △ ❶ **Da dove vengono quelle notizie?** where does that news come from?; **Quanto viene il totale?** how much does the total come out to?; ❹ **Viene troppo caro per me** it comes too expensive for me; **Questa stoffa viene $ 20 la iarda** this material costs $ 20 a yard; ❺ **È venuto nessuno mentre ero fuori?** has anybody called while I was out? // ~ **a un accordo** to come to an arrangement, to come to terms: **Verremo a un accordo coi nostri creditori** we'll come to an arrangement with our creditors; ~ **a capo di qc.** to finish st., to conclude st., to complete st.: **È un gran lavoratore ma non è venuto a capo di nulla** he's a hard worker but has not concluded anything; ~ **a un compromesso** to compromise, to compound; ~ **a un compromesso con q.** to meet sb. halfway (*fig.*); ~ **a una conclusione** to come to a conclusion; ~ **a conoscenza** to come to one's knowledge, to get to know, to learn: **Siamo venuti a conoscenza che Mr Greer è stato licenziato** it has come to our knowledge that Mr Greer has been fired; **Come ne siete venuti a conoscenza?** how did you get to know it?; ~ **a costare** to come, to cost: **Viene a costare molto, non crede?** that comes high, don't you think so?; ~ **a parole (con q.)** to have words (with sb.); ~ **a patti** to come to terms; ~ **a sapere** to come to learn, to learn, to understand, to get to know; ~ **a una transazione** (*leg.*) to compound, to compromise: **Non sono disposti a ~ a una transazione** they are not willing to compromise; ~ **ai ferri corti** (*fig.*) to come to grips; ~ **al sodo** to come to the point; ~ **di moda** to come into fashion, to become fashionable; ~ **fuori** to come out; (*giorn.*, *pubbl.*) (*essere pubblicato*) to be published, to come out; ~ **in aiuto di q.** to come to sb.'s assistance; ~ **in collisione** (*trasp. mar.*) to collide; ~ **in collisione con un'altra nave** (*trasp. mar.*) to collide with another ship; ~ **incontro a** (*anche fig.*) to meet: **Siamo disposti a venirvi incontro in questa faccenda** we are prepared to meet you over this matter; ~ **meno a un impegno** to break an engagement, to default; ~ **meno a una promessa** to break one's promise; ~ **meno alla parola data** to fail to keep one's word.

ventina, *n. f.* about twenty, score.

vento, *n. m.* wind. // ~ **di coda** (*trasp. mar.*) tail wind; ~ **di poppa** (*trasp. mar.*) tail wind, wind astern; ~ **di prua** (*trasp. mar.*) head wind; ~ **di tramontana** (*trasp. mar.*) North wind; ~ **di traverso** (*trasp. mar.*) side wind; ~ **forza...** (*trasp. mar.*) wind of force...; ~ **longitudinale** (*trasp. aer.*, *trasp. mar.*) wind down; ~ **variabile** (*trasp. mar.*) variable wind, shifting wind, baffling wind; **col ~ in poppa** (*trasp. mar.*) before the wind; **col ~ in prua** (*trasp. mar.*) on the wind.

venturo, *a.* coming; (*prossimo*) next; (*futuro*) future. // **il mese ~** next month; **la settimana ventura** next week; **la stagione ventura** the coming season.

verace, *a.* ❶ (*vero*) true. ❷ (*sincero*) sincere, truthful. // **testimoni veraci** (*leg.*) truthful witnesses.

veracemente, *avv.* ❶ (*veramente*) truly. ❷ (*sinceramente*) sincerely, truthfully.

veracità, *n. f. inv.* truthfulness, veracity.

veramente, *avv.* ❶ truly, really. ❷ (*però*, *in realtà*) actually.

verbale, *a.* ❶ verbal. ❷ (*leg.*) parol. *n. m.* ❶ record, roll; minutes (*pl.*); (*d'un'assemblea, ecc.*) proceedings (*pl.*). ❷ (*leg.*) (*nei procedimenti giudiziari*) docket. ❸ (*leg.*) (*resoconto fatto per la polizia*) statement. △ *n.* ❶ **Il ~ della riunione non è stato ancora preparato** the minutes of the meeting have not yet been prepared; ❸ **Al posto di polizia ci fecero firmare un ~** they made us sign a statement at the police station. // **il ~ degli atti congressuali** (*leg.*) a report of the proceedings of the congress; **i verbali del tribunale** (*leg.*) the records of the Court of law; **il ~ dell'assemblea degli azionisti** (*fin.*) the minutes of the shareholders' meeting; ~ **d'adunanza** (*org. az.*) board minutes (*pl.*); ~ **d'un processo** (*leg.*) Court record; brief (*USA*); **chi mette a ~** recorder; **mettere a ~** (*leg.*) to take minutes, to record, to minute.

verbalizzare, *v. t.* (*leg.*) (*mettere a verbale*) to record, to minute. *v. i.* (*leg.*) (*redigere il verbale*) to take*

verbalmente, avv. verbally, orally, by word of mouth.

verde, a. e n. m. green. // essere al ~ (fig.) to be broke, to be on the rocks, to be hard up, to be cleared out, to be penniless, to be in low water(s).

verdetto, n. m. (leg.) verdict, finding. △ Il ~ della giuria fu unanime the verdict of the jury was unanimous. // un ~ d'assoluzione (leg.) a verdict of not guilty; un ~ di colpevolezza (leg.) a verdict of guilty, a verdict for the plaintiff; un ~ di condanna (leg.) a verdict of guilty, a verdict for the plaintiff; un ~ d'innocenza (leg.) a verdict of not guilty; un ~ emesso a maggioranza (dei giurati) (leg.) a majority verdict; un ~ errato (leg.) a false verdict; ~ parziale (leg.) partial verdict.

verga, n. f. bar, rod; (lingotto) ingot. // ~ d'una iarda (strumento per misurare) yardstick.

verifica, n. f. verification; (controllo) check, checking; (ispezione, perizia) survey, inspection; (esame) examination; (prova) proof. △ Questi articoli devono essere sottoposti a ~ da parte delle autorità doganali these articles must be submitted to the verification of the customs officials; La ~ del carico sarà effettuata dalle autorità portuali the survey of the cargo will be made by the port authorities. // ~ dei conti (rag.) examination of business accounts, audit, check-up; ~ dei crediti (nella procedura fallimentare) (leg.) proof of debts; ~ dei fatti (leg.) verification of facts; ~ dell'autenticità d'un testamento (leg.) probate; ~ di cassa (rag.) cash inspection; di ~ (rag.) correcting (a.attr.); essere in via di ~ to be being verified: I nostri conti sono in via di ~ per la seconda volta our accounts are being verified for the second time; scrittura di ~ (rag.) correcting entry.

verificabile, a. verifiable.

verificare, v. t. ❶ to verify; (controllare) to check; (ispezionare) to survey, to go* through, to inspect; (esaminare) to examine; (fare la prova di) to prove. ❷ (rag.) (i conti) to audit. △ ❶ Il carico sarà verificato dalle 9 alle 12 the cargo will be inspected between 9 o'clock and 12 noon; ❷ In Gran Bretagna, tutta la contabilità dei vari Dicasteri è controllata e verificata dal « Controllore e Revisore Generale dei Conti » in Britain, all the accounts prepared by the various Departments are audited by the Comptroller and Auditor-General. // ~ l'autenticità di (un testamento) (leg.) to probate; ~ la condizione della merce to verify the condition of the goods, to condition the goods; ~ il contenuto d'un pacco (dog.) to verify the contents of a packet; ~ i conti (rag.) to examine the accounts; to audit (the accounts); ~ un conto e certificarne l'esattezza (fin., leg.) to audit an account; ~ i fatti (leg.) to verify facts, to check facts.

verificarsi, v. rifl. ❶ (avverarsi) to come* true. ❷ (accadere) to happen, to take* place, to occur, to come* about. △ ❷ Finora non si è verificato nulla di nuovo nothing new has happened so far.

verificatore, n. m. ❶ (pers.) verifier; (controllore) checker; (ispettore) surveyor, inspector; (esaminatore) examiner. ❷ (rag.) (dei conti) auditor. // ~ del peso (delle merci) (pers.) weighmaster, check-weigher.

verificatrice, n. f. (elab. elettr.) verifier.

verificazione, n. f. V. verifica.

verità, n. f. inv. truth. // dire la ~, tutta la ~, niente altro che la ~ (leg.) to tell the truth, the whole truth and nothing but the truth.

veritiero, a. ❶ (vero) true. ❷ (che dice la verità) truthful, veracious.

vernice, n. f. ❶ paint; (trasparente) varnish; (colore) colour; (smalto) enamel. ❷ (d'una mostra, ecc.) varnishing-day. // « ~ fresca! » « wet paint! ».

verniciare, v. t. to paint; (con vernice trasparente) to varnish; (a smalto) to enamel; (colorare) to colour.

vero, a. ❶ true. ❷ (autentico, genuino) real, genuine. △ ❶ Quando gli operatori si accorsero che le notizie non erano vere, era troppo tardi when the transactors realized that the news wasn't true it was too late; Non può essere ~ it can't be true; ❷ Per il vostro bambino comprate scarpe di ~ cuoio: ha tanta strada da fare! buy your child real leather shoes: he's got a long way to go! // ripresa dal ~ (giorn., pubbl.) live action.

versamento, n. m. ❶ (pagamento) payment, paying; (deposito) deposit. ❷ (banca) deposit, paying-in, in-payment. ❸ (fin.) lodgment. ❹ (market.) (della prima rata) down-payment. △ ❶ Ammortizzeremo il nostro debito con versamenti mensili we are going to amortize our debt with monthly payments. // ~ (di decimi) a liberazione (fin.) final instalment, final payment; ~ alla massa sociale (fin.) capital contribution; ~ all'atto della sottoscrizione (fin.) application money; ~ di parte del salario d'un dipendente insolvente (effettuato dal datore di lavoro a un creditore) (leg., pers.) garnishment; ~ di ripartizione (di azioni o obbligazioni) (fin.) allotment money; un ~ in banca (banca) a payment into the bank; ~ in oro presso il Fondo Monetario Internazionale (effettuato da un Paese aderente, per la costituzione della riserva aurea presso il Fondo suddetto) (econ., fin.) gold tranche.

versare, v. t. ❶ (pagare) to pay*, to pay* out; (devolvere) to subscribe; (depositare) to deposit. ❷ (banca) to deposit, to pay* in, to pay* into. ❸ (fin.) to lodge. ❹ (market.) (la prima rata) to pay* down. v. i. (essere, trovarsi) to be, to live. △ v. t. ❶ Ogni dipendente è invitato a ~ 5 dollari per questa opera di beneficenza each employee is invited to subscribe 5 dollars to this charity; ❷ Verseremo tutto il denaro in banca we shall pay all the money into our bank; v. i. Versano in cattive condizioni finanziarie they are in a bad financial situation. // ~ denaro (a un cliente) (fin.) (di banca) to pay money out; ~ denaro in acconto (cred., rag.) to pay money on account; ~ il proprio denaro in banca (banca) to pay one's money into a bank, to bank one's money.

versato, a. ❶ (esperto) expert, versed, proficient; (abile) skilled. ❷ (pagato) paid; (depositato) deposited. // capitale ~ (fin.) paid-up capital.

versione, n. f. ❶ version. ❷ (traduzione) translation. // ~ dei fatti story: La sua ~ dei fatti è leggermente diversa dalla nostra his story is slightly different from ours.

verso[1], n. m. ❶ (direzione) direction, way; (lato) side. ❷ (maniera, mezzo) way, means. △ ❶ Siete certi d'aver esaminato la faccenda da tutti i versi? are you sure you considered the matter from all sides?; ❷ Non c'è ~ di mettersi in contatto con Mr Chapman there is no way of contacting Mr Chapman.

verso[2], n. m. (retro, rovescio) back; (d'una moneta, ecc.) reverse side, reverse; (d'una pagina) verso. // il ~ d'un assegno the back of a cheque; il ~ d'una busta the back of an envelope; il ~ d'una cambiale the back of a bill of exchange.

verso[3], prep. ❶ (direzione) towards, toward, in the direction of. ❷ (tempo) towards; (circa) about, around.

❸ *(contro)* against. △ ❷ **Vi faremo sapere qualcosa ~ la fine del mese** we shall let you know something towards the end of the month. // **~ casa** homeward, homewards; **~ est** eastward(s); **~ nord** northward(s); **~ ovest** westward(s); **~ sud** southward(s).

vertenza, *n. f.* *(leg.)* controversy, dispute, litigation, difference. △ **Stanno cercando di sanare la ~ they** are trying to settle the dispute. // **~ diplomatica** diplomatic controversy; **~ giudiziaria** *(leg.)* judicial controversy; **~ sindacale** *(sind.)* labour dispute, trade dispute.

vertenzialità, *n. f.* *(sind.)* labour unrest.

vertere, *v. i.* to be (about st.); to concern (st.). △ **Su che cosa verterà il dibattito?** what will the debate be about?

verticale, *a.* *(anche fig.)* vertical.

vertice, *n. m.* ❶ top. ❷ *(amm.)* *(incontro al vertice)* summit meeting, summit, high-level conference. △ ❷ **In giugno si terrà un ~ fra i maggiori Paesi industrializzati** a summit will be held in June among the most highly industrialized nations.

vessatorio, *a.* *(leg.)* vexatious, oppressive.

vessazione, *n. f.* *(leg.)* vexation, oppression.

veste, *n. f.* ❶ *(fig.)* *(capacità)* capacity; *(qualità)* quality. ❷ *(fig.)* *(autorità)* authority. // **in ~ di** *(leg.)* in the quality of, in quality of, in the capacity of; **in ~ ufficiale** *(leg.)* in an official capacity.

vestiario, *n. m.* ❶ clothing. ❷ *(market.)* wear. // **articoli di ~** *(market.)* clothing, wear: **Gli scambi di articoli di ~, che hanno beneficiato d'una congiuntura più favorevole nel settore tessile, e quelli delle calzature, hanno conosciuto nello scorso anno un vivace sviluppo** the clothing trade, which was favourably influenced by a better situation in the textile sector, and trade in footwear made good progress in the last year.

veto, *n. m.* *(leg.)* veto. // **diritto di ~** *(leg.)* right of veto; **porre il ~ a una proposta** *(leg.)* to put the veto on a proposal, to veto a proposal.

vetrina, *n. f.* *(market.)* shop-window, show-window, window. // **~ per esposizione** *(della merce)* *(market.)* display window.

vetrinista, *n. m. e f.* *(pers.)* window-dresser, display artist; displayman* *(m.)*.

vettore, *n. m.* ❶ *(mat.)* vector. ❷ *(trasp.)* common carrier, carrier. ❸ *(trasp. aut.)* road haulier. // **~ aereo** *(trasp. aer.)* air carrier; **~ ferroviario** *(trasp. ferr.)* rail carrier; **~ fluviale** *(trasp.)* water carrier; **~ intermedio** *(trasp.)* intermediate carrier; **~ marittimo** *(trasp. mar.)* water carrier; **~ privato** *(trasp.)* private carrier, special carrier.

vettovagliamento, *n. m.* victualling; victualing *(USA)*; provisioning.

vettovagliare, *v. t.* to victual, to provision.

vettovaglie, *n. pl.* victuals, provisions.

vettura, *n. f.* ❶ *(trasp.)* carriage, coach; *(veicolo)* vehicle. ❷ *(trasp. aut.)* *(automobile)* motor car, car. ❸ *(trasp. ferr.)* railway carriage, coach; car *(USA)*. // **~ di piazza** taxi; cab *(USA)*; **~ di prima classe** *(trasp. ferr.)* first-class carriage; **~ di seconda classe** *(trasp. ferr.)* second-class carriage; **una ~ diretta** *(trasp. ferr.)* a through carriage; **~ ristorante** *(trasp. ferr.)* dining-car, diner; **~ salone** *(trasp. ferr.)* saloon-carriage, saloon-car.

via[1], *n. f.* ❶ *(strada)* road, street; *(negli indirizzi italiani)* via. ❷ *(passaggio, percorso)* way. ❸ *(modo, maniera)* way. ❹ *(leg.)* measure, step. △ ❶ **I nostri nuovi uffici sono in ~ Matteotti** our new offices are in via Matteotti; ❷ **È questa la ~ più breve per arrivare al terminal aereo?** is this the shortest way to the air-terminal?; ❸ **In ~ del tutto eccezionale vi sarà concesso uno sconto del 3%** a 3% discount will be granted you only by way of exception; ❹ **Non possiamo permetterci di adire le vie legali** we cannot afford to take legal steps. // **~ aerea** *(trasp. aer.)* airway, air route; **~ d'acqua** *(trasp.)* *(canale navigabile)* waterway; *(trasp. mar.)* *(falla)* leak; **vie di fatto** *(leg.)* violence; assault and battery; **~ di mezzo** middle course; *(compromesso)* compromise: **Stiamo cercando d'adottare una ~ di mezzo** we are trying to adopt a middle course; **~ di navigazione** *(trasp.)* waterway: **In Gran Bretagna ci sono parecchie importanti vie di navigazione interna** in Great Britain there are several important inland waterways; **~ di terra** *(trasp.)* land route; **vie di trasporto** *(trasp.)* transportational routes; **vie legali** *(leg.)* legal steps, legal proceedings, judicial proceedings: **Non adiremo le vie legali contro di loro** we shall not take legal steps against them; **Dovettero ricorrere alle vie legali** they were forced to resort to legal proceedings; **Dovremo adire le vie legali contro il nostro concorrente** we shall have to take judicial proceedings against our competitor; **vie navigabili** *(trasp.)* inland waterways; **in ~ amichevole** in a friendly way, as a friend; *(leg.)* out of Court: **Comporremo la vertenza in ~ amichevole** we shall settle the dispute out of Court; **in ~ di diritto** *(leg.)* by right; **in ~ eccezionale** by way of exception; **in ~ provvisoria** provisionally; **per ~ aerea** *(comun.)* by air mail, by airmail; *(trasp. aer.)* by air; **per ~ d'acqua** *(trasp., trasp. mar.)* by water; **per ~ d'aria** *(trasp. aer.)* by air; **per ~ di terra** *(trasp.)* by land, overland; **per ~ fluviale** *(trasp.)* by water; **per ~ gerarchica** *(leg.)* through official channels; **per ~ lacustre** *(trasp.)* by water.

via[2], *prep.* *(trasp.)* *(passando per)* via, by way of. △ **Le merci sono state spedite a Hong Kong ~ (Canale di) Suez** the goods have been shipped to Hong Kong via the Suez Canal.

via[3], *avv.* ❶ away. ❷ off. △ ❶ **È venuto nessuno mentre ero ~?** did anybody come while I was away (*o* out)?

viabilità, *n. f. inv.* ❶ *(trasp. aut.)* *(condizioni della strada)* road conditions *(pl.)*. ❷ *(trasp. aut.)* *(possibilità di transitare)* use of the road. ❸ *(trasp. aut.)* *(rete stradale)* network of roads; roads *(pl.)*. // **la ~ ordinaria** *(trasp. aut.)* roads and highways *(excluding motorways)*.

viaggiare, *v. i.* ❶ *(pers.)* *(fare il rappresentante)* to travel. ❷ *(trasp.)* to travel, to journey. ❸ *(trasp.)* *(di merci: essere trasportate)* to travel. ❹ *(trasp. aer., trasp. mar.)* *(per via d'acqua o via aerea)* to voyage. *v. t.* ❶ *(trasp.)* to travel. ❷ *(tur.)* to tour. △ *v. i.* ❶ **il Sig. Antonelli viaggia per la ditta Martini & C.** Sig. Antonelli travels for Messrs Martini & Co.; ❸ **S'intende che le merci viaggiano a rischio dell'importatore** it is agreed that the goods travel at the importer's risk; ❹ **Erano settimane che viaggiavamo nei Mari del Sud quando giungemmo in vista di Sumatra** we had been voyaging for weeks through the South Seas when we came in sight of Sumatra; *v. t.* ❷ **L'anno scorso ho viaggiato tutta la Scandinavia** I toured the whole of Scandinavia last year. // **~ con un abbonamento ferroviario** *(trasp. ferr.)* to commute; **~ in** *(una zona)* *(pers.)* to travel: **Viaggiava in California per una ditta di biancheria intima femminile** he travelled California for a firm of ladies' undies; **~ in** *(un prodotto)* *(pers.)* to travel in: **Mr Walkers viaggia in elettrodomestici** Mr Walkers travels in electric household appliances.

viaggiatore, *n. m.* ❶ *(pers.)* *(di commercio)* traveller; traveler *(USA)*; travelling clerk. ❷ *(trasp.)* traveller; *(di*

viaggiatrice, *nave e sim.*) voyager; (*passeggero*) passenger. // ~-**chilometro** (*stat., trasp.*) passenger-kilometre; ~ **di commercio** (*pers.*) commercial traveller, travelling salesman, travelling man, itinerant salesman, salesman, traveller; traveler, drummer (*USA*); ~ **di prima classe** (*trasp. ferr.*) first-class passenger; (*trasp. mar.*) saloon-passenger; **viaggiatori di seconda classe** (*trasp.*) second-class passengers; **un ~ di (treno) diretto** (*trasp. ferr.*) a through passenger; «~**-miglio**» (*stat., trasp.*) passenger-mile.

viaggiatrice, *n. f.* (*trasp.*) traveller; traveler (*USA*). // ~ **di commercio** (*pers.*) saleswoman.

viaggio, *n. m.* ❶ (*specialm. per via di terra*) journey; (*per mare*) voyage. ❷ (*gita, viaggetto*) trip. ❸ (*trasp. aer., trasp. mar.*) (*traversata*) passage. ❹ (*tur.*) tour. △ ❶ Il ~ **(per mare) da Genova al Sud America è assai lungo** the voyage from Genoa to South America is a very long one; ❹ **La nostra società è in grado d'offrire i viaggi più economici nell'Europa continentale** our company can offer the most inexpensive tours of continental Europe. // ~ **aereo** (*trasp. aer.*) air journey, journey by plane; (*volo*) flight; ~ **circolare** (*trasp.*) circular tour; ~ **d'affari** business trip; ~ **d'andata** (*trasp. mar.*) outward voyage, outward journey, outward passage, outward-bound voyage, passage out; ~ **d'andata e ritorno** (*trasp.*) return trip; round trip (*USA*); ~ **di cabotaggio** (*trasp. mar.*) coasting voyage; ~ **d'istruzione** educational trip; ~ **di mare** (*trasp. mar.*) journey by sea, voyage; (*nella terminologia assicurativa*) marine adventure; ~ **di prova** (*trasp. mar.*) trial trip; ~ **di ritorno** (*trasp. mar.*) homeward journey, homeward voyage, homeward passage, inward-bound voyage, passage home; ~ **di terra** (*trasp.*) journey by land; ~ **in automobile** (*trasp. aut.*) drive; ~ **in zavorra** (*trasp. mar.*) ballast passage; **il ~ inaugurale** (*d'una nave*) (*trasp. mar.*) the maiden voyage; ~ «**tutto compreso**» (*tur.*) package tour; **durante il ~** (*trasp.*) in transit; **Alcune merci rimasero danneggiate durante il ~** some goods were damaged in transit; **in ~** (*trasp.*) (*di persona*) en route; (*di merce*) in transit, on passage; (*trasp. mar.*) (*di merce*) upon the water, on the water: **La vostra merce è ancora in ~** (*per mare*) your shipment is still on the water; **nel ~ d'andata** (*trasp. mar.*) on the voyage out; **nel ~ di ritorno** (*trasp. mar.*) on the voyage home.

vice-[1], *pref.* (*elemento che, in parole composte, significa «che fa le veci di», ecc.*) vice-, deputy, assistant, under-, sub-. // ~ **caposquadra** (*pers.*) straw boss; ~ **capostazione** (*pers., trasp. ferr.*) assistant station master; ~ **commissario** (*leg., org. az.*) subcommissioner; ~ **redattore capo** (*giorn., pers.*) assistant executive editor; ~ **segretario** under-secretary, undersecretary.

vice[2], *n. m. inv.* (*abbr. di* **vicedirettore** *e sim.*) vice, representative.

vicecancelliere, *n. m.* (*leg.*) vice-chancellor.

viceconsole, *n. m.* vice-consul.

vicedirettore, *n. m.* ❶ (*amm.*) assistant manager, deputy manager. ❷ (*giorn.*) subeditor, assistant editor; deputy editor (*USA*). // **il ~ delle vendite** (*amm.*) the vice-president in charge of sales; **essere il ~ di** (*un giornale*) (*giorn.*) to subedit.

vicedirettrice, *n. f.* (*amm.*) assistant manageress.

vicegovernatore, *n. m.* vice-governor, deputy governor. // **il ~ della Banca d'Inghilterra** (*banca*) the deputy governor of the Bank of England.

vicepresidente, *n. m.* (*amm.*) vice-chairman, deputy chairman. // ~ **anziano** (*amm.*) senior vice-president.

vicesegretaria, *n. f.* (*pers.*) assistant secretary.

vicesegretario, *n. m.* (*pers.*) assistant secretary.

vicetesoriere, *n. m.* (*pers.*) vice-treasurer.

vicino[1], *a.* ❶ nearby, close; near (*pred.*). ❷ (*di tempo*) close on, close upon, nearby; near (*pred.*). △ ❶ **Dov'è l'ufficio postale più ~?** where is the nearest post office?; ❷ **Natale è ~ e non abbiamo ancora allestito le vetrine** it is close Christmas and we have not yet dressed our windows. // **il ~ Oriente** the Near East.

vicino[2], *n. m.* ❶ neighbour; neighbor (*USA*). ❷ **i vicini**, *pl.* the people next door. △ ❶ **Vogliamo intentare causa contro il nostro ~** we are going to sue our neighbour.

vicino[3], *avv.* near, nearby, near at hand, close by; round the corner (*fam.*). △ **La nostra fabbrica è qui ~; vuole visitarla?** our factory is near here; won't you come and visit it? // ~ **a**, *prep.* near, next (to), close to; (*accanto a*) beside; (*presso a*) by: **Hanno una raffineria di petrolio ~ a Ravenna** they have got an oil-refinery near Ravenna; ~ **alla riva** (*trasp. mar.*) inshore; **da ~** closely.

vicolo, *n. m.* alley, lane. // **un ~ cieco** a blind alley; «~ **cieco**» (*trasp. aut.*) «no thoroughfare», «dead end».

videomaster, *n. m.* (*Borsa*) «videomaster».

vidimare, *v. t.* ❶ to voucher; (*firmare*) to sign. ❷ (*leg.*) (*certificare, attestare*) to certify, to attest; (*autenticare*) to authenticate. ❸ (*tur.*) (*detto d'un'autorità consolare, ecc.*) to visa. △ ❶ **Tutte le fatture pervenute debbono essere vidimate** all invoices received must be vouchered; ❷ **Dobbiamo far ~ questi documenti** we must have these documents authenticated; ❸ **Faremo ~ i nostri passaporti dalle autorità consolari** we shall have our passports visaed by the consular officers.

vidimazione, *n. f.* ❶ (*firma*) signature. ❷ (*leg.*) (*certificazione*) certification; (*autenticazione*) authentication. ❸ (*tur.*) (*visto*) visa.

vietare, *v. t.* ❶ to forbid*, to prohibit. ❷ (*leg.*) to forbid*, to prohibit, to interdict, to bar. △ ❷ **Lo statuto vieta l'assunzione di lavoratori al di sotto di 18 anni** the statute prohibits the employment of workers under 18 years.

vietato, *a.* ❶ forbidden, prohibited. ❷ (*leg.*) forbidden, prohibited. // «**vietata l'affissione**» «stick no bills»; «~ **entrare**» «no admittance»; «~ **fumare**» «no smoking»; **severamente ~** strictly forbidden, strictly prohibited.

vigente, *a.* (*leg.*) in force (*pred.*).

vigile, *a.* vigilant, watchful, alert. *n. m.* ❶ (*di polizia urbana*) policeman*; bobby (*fam., ingl.*); cop (*slang USA*). ❷ (*del fuoco*) fireman*.

vigilia, *n. f.* eve; (*giorno prima*) day before. // ~ **della liquidazione** (*Borsa*) day before the settlement, ticket-day.

vignetta, *n. f.* (*pubbl.*) cartoon, sketch.

vigore, *n. m.* ❶ vigour; vigor (*USA*); (*forza*) force, strength; (*energia*) energy. ❷ (*leg.*) force, effect. △ ❷ **Quella legge non è più in ~** that law is no longer in force; **Quella legge è ancora in ~** that law is still in effect. // **il ~ della domanda** (*econ.*) the strength of demand; **essere in ~** (*leg., anche*) to run; **in ~** (*leg.*) in force, in operation, in effect.

villeggiante, *n. m. e f.* (*tur.*) visitor, holiday-maker; vacationer, vacationist (*USA*).

villeggiare, *v. i.* (*tur.*) to spend* one's holiday, to holiday; to vacation (*USA*).

villeggiatura, *n. f.* (*tur.*) holiday, holidays; vacation (*USA*). // **in ~** (*tur.*) on holiday; on vacation (*USA*).

vincente, *a.* winning.

vincere, *v. t. e i.* ❶ to win*. ❷ (*sopraffare, superare*) to overcome*. ❸ (*battere*) to beat*; (*sconfiggere*) to defeat.

△ ❶ Chi ha vinto il primo premio alla mostra internazionale? who has won the first prize at the international show?; ❷ Dovemmo ~ molte difficoltà per ottenere il prestito we had to overcome a lot of difficulties in order to get the loan. // ~ una càusa (*leg.*) to gain a suit at law, to win a case; ~ la concorrenza (*market.*) to beat the competition, to win competition.

vincitore, *a.* winning. *n. m.* winner.

vincolante, *a.* (*anche leg.*) binding, mandatory, mandatary. // non ~ unbinding.

vincolare, *v. t.* ❶ (*anche leg.*) to bind*. ❷ (*fin.*) (*capitali, ecc.*) to tie up, to lock up. △ ❶ Siamo vincolati dalla nostra promessa we are bound by our promise; ❷ Non me la sento di ~ per tanto tempo il mio capitale I don't feel like locking up my capital for so long. // ~ q. col versamento d'una cauzione (*leg.*) to hold sb. to bail; ~ con contratto d'apprendistato (*pers.*) to bind out; ~ proprietà (*leg.*) to tie up properties.

vincolato, *a.* ❶ (*anche leg.*) bound. ❷ (*fin.*) (*di capitali, ecc.*) tied-up, locked-up. // in conto ~ (*banca*) on deposit.

vincolo, *n. m.* (*anche fig.*) bond, tie. // libero da ogni ~ (*leg.*) free from any encumbrance; essere sotto il ~ del giuramento (*leg.*) to be bound under oath.

violare, *v. t.* (*leg.*) to violate, to break*, to infringe, to invade, to transgress, to contravene. △ I nostri diritti sono stati violati our rights have been invaded. // ~ i diritti di q. (*leg., anche*) to trespass upon sb.'s rights; ~ il giuramento (*leg.*) to break one's oath; ~ la legge (*leg.*) to violate the law, to offend against the law, to strain the law; ~ la legge sul diritto d'autore (*leg.*) to infringe a copyright; ~ un patto (*leg.*) to break an agreement; ~ un trattato (*leg.*) to transgress a treaty.

violatore, *n. m.* (*leg.*) violator, breaker, infringer, transgressor. // ~ della legge (*leg.*) lawbreaker; ~ di confini (*leg.*) trespasser.

violazione, *n. f.* (*leg.*) violation, breach, infringement, invasion, transgression, contravention, trespass. // ~ del segreto professionale (*leg.*) break of professional secrecy; ~ della legge (*leg.*) infringement of the law, lawbreaking; ~ d'un diritto (*leg.*) infringement of a right; ~ di domicilio (*leg.*) housebreaking, burglary; ~ di garanzia (*leg.*) breach of warranty; ~ di giuramento (*leg.*) oath breaking; una ~ di legge (*leg.*) an offence; (*di minor gravità*) a misdemeanour; ~ di marchio di fabbrica (*leg.*) trade-mark infringement; la ~ d'una promessa the violation of a promise; ~ di proprietà (*leg.*) trespass; ~ di sigilli (*leg.*) breaking of seals.

violenza, *n. f.* violence. // ~ morale (*leg.*) undue influence.

virare, *v. i.* (*trasp. mar.*) to tack, to haul, to veer, to turn. // ~ di bordo (*trasp. mar.*) to veer round, to come about, to put about, to wear.

virata, *n. f.* (*trasp. mar.*) veer, tacking, turn.

virgola, *n. f.* ❶ comma. ❷ (*mat.*) point. // ~ binaria (*elab. elettr.*) binary point; ~ mobile (*elab. elettr.*) floating point, floating print.

virgolette, *n. pl.* inverted commas, quotation marks. // tra ~ in inverted commas.

virtù, *n. f. inv.* ❶ virtue. ❷ (*facoltà, proprietà*) virtue, power. // in ~ della legge (*leg.*) in virtue of the law; in ~ di by virtue of, in virtue of, under; in ~ di questo contratto (*leg.*) under this contract, hereunder.

virtuale, *a.* virtual.

virtualmente, *avv.* virtually.

vischiosità, *n. f. inv.* ❶ viscosity. ❷ (*fig.*) (*l'essere appiccicoso*) stickiness. ❸ (*econ.*) downward stickiness. // la ~ dei prezzi (*econ.*) the downward price stickiness, the price stickiness; la ~ dei salari (*econ.*) the downward stickiness of wages.

vischioso, *a.* ❶ viscous. ❷ (*fig.*) (*appiccicaticcio*) sticky.

visibile, *a.* visible. // partite visibili (*econ.*) visible items.

visione, *n. f.* ❶ vision. ❷ (*il vedere*) sight. // in ~ (*market.*) (*di merce*) on approval; prendere ~ d'un documento to take note of a document.

visita, *n. f.* ❶ visit. ❷ (*di professionista, rappresentante, ecc.*) visit, call. ❸ (*dog.*) examination, inspection, visit. ❹ (*trasp. mar.*) (*effettuata dagli istituti di classificazione, per l'assegnazione, conservazione o cambiamento di classe delle navi mercantili*) survey. △ ❷ Le visite alla nostra ditta da parte del vostro viaggiatore si sono fatte piuttosto rare your salesman's visits to our firm have become rather infrequent. // ~ alle curiosità d'un luogo (*tur.*) sightseeing; ~ di controllo (*trasp. mar.*) search; ~ doganale (*dog.*) examination of luggage, customs examination, customs inspection, search; ~ fiscale (*leg., pers.*) official medical examination; ~ sanitaria sanitary inspection.

visitare, *v. t.* ❶ (*far visita*) to visit, to call on (sb.), to see*. ❷ (*di rappresentante, ecc.*) to visit, to call on (sb.). ❸ (*di medico*) to examine. ❹ (*leg.*) (*ispezionare*) to inspect, to examine, to search. // ~ i bagagli (*dog.*) to inspect the luggage; ~ le curiosità d'un luogo (*tur.*) to sightsee; ~ (*un Paese*) da turista (*tur.*) to tour: Da turisti, potemmo ~ l'Italia con (la spesa di) 10 dollari al giorno we were able to tour Italy on 10 dollars a day.

visitatore, *n. m.* visitor, visiter, caller.

vista, *n. f.* ❶ (*facoltà visiva e atto di vedere*) sight. ❷ (*panorama*) view. ❸ (*cred.*) sight. △ A trenta giorni ~ pagate all'ordine della Banca Commerciale Italiana, Bologna, trecento sterline thirty days after sight pay to the order of Banca Commerciale Italiana, Bologna, three hundred pounds sterling. // a ~ (*cred.*) at sight, on demand; sight (*attr.*): Hanno tratto una cambiale a ~ they've drawn a sight draft; Il vostro assegno è pagabile a ~ your cheque is payable on demand; Questa tratta è pagabile a ~ this draft is payable at sight; Una tratta è detta a ~ quando è pagabile al momento della presentazione, a prescindere dal giorno in cui fu spiccata a draft is said to be at sight when it is payable when presented, irrespective of when it was drawn; a prima ~ at first sight; a sessanta giorni ~ (*cred.*) sixty days after sight; essere in ~ (*di persona*) to be in the public eye; (*di cosa*) to stand out; in ~ in view, in sight: Non abbiamo nulla in ~ per quanto concerne nuovi investimenti we have nothing in view as far as further investments are concerned; in ~ del porto (*trasp. mar.*) within sight of the port; in ~ di in view of, in consideration of: Quelle scelte furono operate in ~ dei proventi finanziari che la maggior parte di noi si aspettava those choices were made in view of the financial returns most of us expected; pagabile a ~ (*cred.*) payable at sight.

vistare, *v. t.* ❶ to visa, to endorse. ❷ (*banca*) (*titoli di credito, ecc.*) to mark. ❸ (*tur.*) (*detto d'un'autorità consolare, ecc.*) to visa. // ~ un certificato sanitario (*trasp. mar.*) to visa a bill of health.

visto, *a.* seen. *n. m.* ❶ visa, endorsement. ❷ (*banca*) mark. ❸ (*tur.*) (*di passaporto e sim.*) visa. // ~ d'ingresso (*comm. est., tur.*) entry visa; ~ d'uscita (*comm. est., tur.*) exit visa; « ~, si stampi » (*giorn., pubbl.*) « ready for press ».

vistoso, *a.* ❶ showy, flash, spectacular. ❷ (*pubbl.*) eye-catching. // un ~ **annuncio pubblicitario** (*pubbl.*) an eye-catching ad.

visualizzare, *v. t.* (*pubbl.*) to visualize.

visualizzatore, *n. m.* (*pubbl.*) visualizer.

visualizzazione, *n. f.* (*pubbl.*) visualization.

vita, *n. f.* ❶ life*. ❷ (*durata di tutta una vita*) lifetime. ❸ (*durata della vita*) life span, span of life. ❹ (*il necessario per vivere*) living; (*esistenza*) subsistence. ❺ (*costo della vita*) cost of living. △ ❶ **Troppe persone perdono la ~ in incidenti stradali** too many people lose their lives on the roads; ❹ **Si guadagna la ~ facendo il venditore d'automobili** he earns a living as a car salesman; ❺ **La ~ è molto cara negli Stati Uniti** the cost of living in the United States is very high. // **la ~ media** (*ass.*, *stat.*) the average life, the mean life; **~ presunta** (*mat. attuariale*) expectation of life; **~ utile** (*rag.*) (*d'una attività*, *d'un macchinario*, *ecc.*; *calcolata in vista della valutazione dell'obsolescenza*, *degli ammortamenti*, *ecc.*) useful life; **essere ancora in ~** (*ass.*) to survive.

vitale, *a.* ❶ vital; (*vivo*) live (*attr.*). ❷ (*stat.*) (*di neonato*) viable. // **vivo e ~** alive and viable.

vitalità, *n. f. inv.* ❶ vitality. ❷ (*stat.*) viability.

vitalizio, *a.* life (*attr.*). *n. m.* ❶ (*ass.*) straight life annuity, life annuity. ❷ (*fin.*) income for life. // **~ corrisposto al beneficiario** (*in caso di morte dell'assicurato*) (*ass.*) survivorship annuity; **chi gode d'un ~** (*ass.*) life annuitant.

vitto, *n. m.* food; provisions (*pl.*); (*vettovaglie*) victuals (*pl.*). // **~ e alloggio** (*tur.*) bed and board, board and lodging.

vivace, *a.* ❶ lively, brisk, spirited; (*attivo*) active. ❷ (*di colore*) bright. ❸ (*Borsa*, *market.*) (*dell'attività commerciale*, *ecc.*) brisk. △ ❶ **S'è avuta una ~ espansione degli acquisti** there has been a lively expansion of buying; **Dopo la conferenza stampa vi fu un ~ dibattito** after the press conference there was a spirited debate.

vivacità, *n. f. inv.* ❶ liveliness, briskness. ❷ (*di colore*) brightness. ❸ (*Borsa*, *market.*) (*degli scambi*) brightness.

vive, *locuz. verb.* (*giorn.*, *pubbl.*) stet.

vivente, *a.* living; alive (*pred.*); live (*attr.*).

vivere, *v. i.* ❶ (*essere in vita*) to live. ❷ (*abitare*) to live; (*risiedere*) to reside. ❸ (*trovare i mezzi di sussistenza*) to live. △ ❷ **La famiglia Franzini vive a Milano ma è di origini emiliane** the Franzinis live in Milan but they originally came from Emilia; ❸ **Vivo del mio stipendio** I live on my salary. // **~ di rendita** to live on one's private income.

viveri, *n. pl.* food (*sing.*); foodstuffs, victuals, provisions. // **~ di bordo** (*trasp. mar.*) ship's stores; **tagliare i ~** (*anche fig.*) to cut off supplies.

vivo, *a.* ❶ (*vivente*) living; alive (*pred.*); live (*attr.*). ❷ (*vivace*) lively. ❸ (*di colore*) bright. ❹ (*forte*) strong. ❺ (*profondo*) deep. △ ❷ **La discussione fu piuttosto viva, non è vero?** the discussion was pretty lively, wasn't it?; ❺ **Lasci che Le esprima la mia viva riconoscenza** let me show you my deep gratitude. // **al ~** (*giorn.*) bleed (*attr.*); **inserzione al ~** (*giorn.*) bleed advertisement; **pagina al ~** (*giorn.*) bleed page.

viziare, *v. t.* (*leg.*) to vitiate. △ **Un contratto può essere viziato dalla frode** a contract may be vitiated by fraud.

viziato, *a.* (*leg.*) vitiated.

vizio, *n. m.* (*leg.*) vice, defect, flaw. // **~ intrinseco** (*leg.*) inherent vice; **~ nella cosa venduta** (*leg.*) defect in property sold; **vizi occulti** (*leg.*) latent defects, hidden defects, latent faults; **~ redibitorio** (*leg.*) redhibitory vice, redhibitory defect.

vocabolario, *n. m.* ❶ (*patrimonio lessicale d'una lingua o d'una persona*) vocabulary. ❷ (*dizionario*) dictionary. ❸ (*elab. elettr.*) lexicon*.

vocabolo, *n. m.* (*parola*) word; (*termine*) term.

vocativo, *n. m.* ❶ vocative. ❷ (*comun.*) (*nelle lettere*) salutation.

vocazionale, *a.* vocational.

vocazione, *n. f.* vocation.

voce, *n. f.* ❶ voice. ❷ (*diceria*) rumour, talk, hearsay. ❸ (*intestatura*) heading. ❹ (*d'elenco, bilancio, e sim.*) item. ❺ (*rag.*) (*contabile*) entry. △ ❷ **Corre ~ che ci sarà un nuovo aumento del tasso di sconto** there is a talk of a new rise in the discount rate; ❸ **Quella merce deve essere compresa sotto la « ~ » « alcoolici »** those goods must come under the heading « spirits »; **le voci d'un catalogo** (*market.*) the items of a catalogue; **voci di corridoio** (*fig.*) grapevine (*sing.*); **~ in capitolo** say: **Mr Kendall non ha ~ in capitolo in questa faccenda** Mr Kendall has no say in this matter; **una ~ infondata** an unfounded rumour; **voci non confermate** unconfirmed rumours; **voci tariffarie** (*comm. est.*, *econ.*) (*di bilancia commerciale*, *ecc.*) tariff headings.

voga, *n. f.* fashion, vogue, run. △ **Le « decappottabili » sono in gran ~** there is quite a run of convertible cars. // **essere in (gran) ~** (*market.*) to be in fashion, to be in vogue, to be in, to be popular, to be all the go, to be all the rage: **Le automobili di piccole dimensioni sono in gran ~** small cars are all the go; **Questo genere d'articoli è molto in ~ oggigiorno** this kind of articles is very in nowadays.

volante[1], *a.* flying. *n. f.* (*polizia*) flying squad.

volante[2], *n. m.* (*trasp. aut.*) steering-wheel, wheel. // « **~ a destra** » (*trasp. aut.*) « right-hand drive »; « **~ a sinistra** » (*trasp. aut.*) « left-hand drive ».

volantino, *n. m.* (*pubbl.*) handbill, leaflet, fly sheet; throwaway (*USA*).

volare, *v. i.* (*trasp. aer.*) to fly*. // **~ a bassa quota** (*trasp. aer.*) to fly low; **~ a velocità di crociera** (*trasp. aer.*) to cruise; **~ alto** (*trasp. aer.*) to fly high.

volente, *a.* willing. // **~ o nolente** willy-nilly.

volentieri, *avv.* willingly, with pleasure.

volere[1], *v. t.* ❶ to want. ❷ (*desiderare*) to wish, to desire. ❸ will, would (*v. modali*). ❹ (*esigere*, *richiedere*) to require. ❺ (*quando si offre di fare qc.*) shall I...? shall we...? ❻ (*esigere in pagamento*) to want. ❼ (*avere intenzione*) to intend, to be going (to). ❽ **volerci, volercene** to take*, to require, to be required. △ ❶ **Voglio ringraziarvi dell'ospitalità (concessami)** I want to express my thanks for your hospitality; ❷ **Il presidente vuole che Lei vada nel suo ufficio** the chairman desires you in his office; ❺ **Vuole che chieda a Mr Johnson di telefonarLe stasera?** shall I ask Mr Johnson to call you tonight?; ❻ **Quanto hanno voluto dell'appartamento?** how much did they want for the flat?; ❽ **Ci vorrà tempo per cambiare le abitudini dei consumatori** changing the consumers' habits will take time; **Ci vuole una quantità di pazienza e di « motivazione » per lo studio delle lingue straniere** studying foreign languages requires a tremendous lot of patience and motivation. // **~ dire** to mean, to signify.

volere[2], *n. m.* (*volontà*) will. △ **Hanno venduto la proprietà contro il ~ dei genitori** they've sold the property against their parents' will.

volgere, *v. t.* to turn. // **~ a proprio profitto qc.**

to capitalize on st.; ~ **la propria attenzione** to turn one's attention: **I risparmiatori volgono ora la loro attenzione ai titoli di quella società** investors are now turning their attention to that company's stocks.

volo, *n. m.* ❶ flight. ❷ (*trasp. aer.*) flight, flying. // ~ **charter** (*trasp. aer.*) charter flight; ~ **di collaudo** (*trasp. aer.*) test flight; **un** ~ **diretto** (*trasp. aer.*) (*senza deviazioni di rotta*) a straightaway flight; (*senza scalo*) a non-stop flight; ~ **orizzontale** (*trasp. aer.*) level flight; **voli senza scalo** (*trasp. aer.*) non-stop flights; ~ **su richiesta di chi ha noleggiato l'apparecchio** (*trasp. aer.*) charter flight.

volontà, *n. f. inv.* ❶ will. ❷ (*forza di volontà*) will-power. // **di mia** ~ of my own will: **Ho firmato questo contratto di mia** ~ I signed this contract of my own will.

volontariamente, *avv.* voluntarily, of one's own free will.

volontario, *a.* ❶ voluntary, willing. ❷ (*leg.*) (*di reato e sim.*) wilful. *n. m.* volunteer.

volta, *n. f.* ❶ time. ❷ (*turno*) turn. △ ❶ **Quella è stata l'ultima** ~ **che l'abbiamo visto** that was the last time we saw him. // ~ **per** ~ each time: **Preferiremmo pagare** ~ **per** ~ **se non vi spiace** we would rather pay each time if you don't mind; **una** ~ once; **una** ~ **al mese** once a month, monthly; **una** ~ **l'anno** once a year, yearly; **una** ~ **la settimana** once a week, weekly; **uno alla** ~ one at a time; **due volte** twice; **due volte al mese** twice a month, semi-monthly: **Gli operai sono retribuiti due volte al mese: il 16 e l'ultimo giorno del mese** workers are paid semi-monthly, on the 16th and last day of the month; **due volte tanto** twice as much; **tre volte** three times; thrice (*raro*).

voltafaccia, *n. m. inv.* volte-face, about-face. △ **L'amministrazione si è vista obbligata a operare un altro** ~ **economico** the administration has been forced to make another economic about-face.

voltura, *n. f.* ❶ (*leg.*) registration of a transfer deed. ❷ (*rag.*) (*scrittura di storno*) reverse entry.

volume, *n. m.* ❶ volume. ❷ (*quantità*) amount, volume, size. ❸ (*libro*) volume. △ ❷ **Abbiamo raggiunto un** ~ **di vendite d'oltre $ 100.000** we reached a sales volume of over $ 100,000; **Il** ~ **dei lettori aumenta costantemente** the size of the reading public is increasing steadily. // **volumi contingentali** (*econ.*) quota volumes; **il** ~ **delle contrattazioni** (*Borsa*) the trading volume; ~ **delle giacenze** (*org. az.*) stock volume; **il** ~ **delle importazioni** (*comm. est.*) the volume of imports; ~ **delle merci trasportate** (*trasp.*) traffic; ~ **delle vendite** (*market.*) turnover; ~ **d'affari** (*fin.*) turnover; ~ **di carena** (*trasp. mar.*) volume of displacement; ~ **di clientela** (*che frequenta un negozio, ecc.*) (*market.*) traffic; ~ **di prodotti** (*fabbricati*) (*org. az.*) turnout; ~ « **in-folio** » (*giorn., pubbl.*) folio; ~ **in ottavo** (*giorn., pubbl.*) octavo; ~ **in quarto** (*giorn., pubbl.*) quarto; ~ **produttivo** (*org. az.*) production volume.

votante, *a.* voting. *n. m.* e *f.* voter.

votare[1], *v. i.* to vote. *v. t.* ❶ (*dare il voto a*) to vote in favour of, to give* one's vote to, to vote. ❷ (*approvare*) to pass. △ *v. i.* **Chi ha votato a favore della mia proposta?** who voted in favour of my proposal?; *v. t.* ❶ **Il provvedimento fu votato dalla maggioranza** the provision was voted by the majority; ❷ **Le Camere non hanno votato il disegno di legge** the Houses of Parliament have not passed the Bill. // ~ **a scrutinio segreto** (*leg.*) to vote by ballot, to ballot; ~ **contro** to vote against; to black-ball (*fam.*); ~ **per un candidato** to ballot for a candidate; ~ **la sospensione di** (*un dibattito*) to closure.

votare[2], *v. t. V.* **vuotare**.

votazione, *n. f.* ❶ (*il votare*) voting. ❷ (*il risultato del votare*) vote. // ~ **a scrutinio segreto** balloting, ballot; ~ **contraria** unfavourable vote; ~ **di prova** straw vote (*USA*); ~ **favorevole** favourable vote; **una** ~ **nulla** a void ballot; **una** ~ **per alzata di mano** a vote by show of hands; ~ **per appello nominale** open ballot; ~ **per procura** (*leg.*) proxy voting; ~ **segreta** (*leg.*) secret ballot.

voto, *n. m.* ❶ vote. ❷ **voti**, *pl.* (*complesso dei suffragi*) vote (*sing.*). △ ❶ **La mia proposta fu bocciata con 4 voti a favore, 8 contro e un'astensione** my proposal was rejected by 4 votes in favour, 8 against, with one abstention; **Metteremo la questione ai voti** we shall put the question to the vote; ❷ **I voti del partito repubblicano stanno aumentando** the Republican vote is increasing. // ~ **consultivo** advisory vote; ~ **contrario** unfavourable vote; (*no*) no; ~ **decisivo** (*in caso di parità, ecc.*) casting vote; ~ **deliberativo** effective vote; ~ **di fiducia** confidence vote; ~ **favorevole** favourable vote, pro; (*sì*) aye; ~ **palese** open vote; ~ **per alzata di mano** hand vote, vote by show of hand; ~ **per alzata e seduta** rising vote; ~ **per delega** card-vote; ~ **preponderante** casting vote; ~ **segreto** silent vote, secret vote; **un** ~ **unanime** a unanimous vote.

vuotare, *v. t.* to empty. △ **I clienti hanno letteralmente vuotato il negozio** the customers have literally emptied the shop.

vuoto, *a.* ❶ empty. ❷ (*vacante*) empty, vacant, unoccupied. *n. m.* ❶ (*spazio vuoto*) empty space; (*spazio in bianco*) blank. ❷ (*market.*) (*recipiente vuoto*) empty. △ *a.* ❶ **Non abbiamo avuto difficoltà a trovar posto poiché l'autobus era quasi** ~ we had no trouble in finding a seat because the bus was nearly empty; ❷ **Ci sono ancora due posti vuoti** there are still two unoccupied seats; *n.* ❶ **Colmate i vuoti con le risposte adatte** fill in the blanks with the appropriate answers; ❷ « **Vuoti a rendere** » « empties to be returned ». // ~ **d'aria** (*trasp. aer.*) air-pocket; ~ **inflazionistico** (*econ., fin.*) (*tipico dell'economia di guerra*) inflationary gap; ~ **per pieno** (*trasp.*) dead freight.

W

«**warrant**», *n. m.* (*dog.*) (*nota di pegno*) warrant.
«**wash-and-wear**», *locuz. a.* (*market., pubbl.*) (*di tessuto*) wash-and-wear, wash'n'wear.
«**waterproof**», *locuz. a.* (*market., pubbl.*) (*di tessuto: impermeabile*) waterproof.

watt, *n. m.* (*unità di misura della potenza elettrica*) watt.
wattora, *n. f.* watt-hour.
wattorametro, *n. m.* watt-hour meter.
week-end, *n. m.* week-end.
whisky, *n. m.* whisky; whiskey.

X

x, *n. m. o f.* ❶ x. ❷ (*mat.*) (*variabile indipendente*) x.
xerografia, *n. f.* (*giorn., pubbl.*) xerography.

xerografico, *a.* (*giorn., pubbl.*) xerographic.

Y

y, *n. m. o f.* ❶ y. ❷ (*mat.*) (*variabile dipendente*) y. △ ❷ Nell'equazione $y = 2 + \frac{1}{2} x$, per $x = -3$, $y = \frac{1}{2}$ in the equation $y = 2 + 0.5 x$, when $x = -3$, $y = 0.5$.

yard, *n. f.* (*misura di lunghezza pari a metri 0,914*) yard.
yen, *n. m.* (*unità monetaria giapponese*) yen.

Z

z, *n. m.* o *f.* ❶ z. ❷ (*mat.*) z.
zattera, *n. f.* (*trasp. mar.*) lighter, raft.
zatteraggio, *n. m.* (*trasp. mar.*) lighterage.
zavorra, *n. f.* (*trasp. mar.*) ballast. // ∼ **d'acqua** (*trasp. mar.*) water ballast; **gettare la** ∼ (*trasp. mar.*) to jettison ballast; **imbarcare** ∼ (*trasp. mar.*) to take in ballast.
zavorramento, *n. m.* (*trasp. mar.*) ballasting.
zavorrare, *v. t.* (*trasp. mar.*) to ballast. *v. i.* (*trasp. mar.*) to take* in ballast.
zecca, *n. f.* (*fin.*) mint. // **nuovo di** ∼ brand-new.
zegista, *n. m.* e *f.* (*econ., neol.*) (*fautore dello « sviluppo economico zero »*; *dalle iniziali di* Zero Economic Growth) zeggist.
zelante, *a.* zealous.
zelo, *n. m.* zeal; (*buona volontà*) goodwill.
zeppa, *n. f.* (*giorn., pubbl.*) slug.
zero, *n. m.* ❶ (*nelle scale graduate, ecc.*) zero. ❷ (*al telefono*) o (*con la pronuncia alfabetica della lettera* o). ❸ (*fig.*) (*nulla, niente*) zero, nil, null. ❹ (*elab. elettr., mat.*) nought. ❺ (*mat.*) nought, cipher, cypher, zero. △ ❷ **Il nostro nuovo numero telefonico è 22 04 95** our new telephone number is double two o four nine five; ❸ **Il tasso di mortalità fu ridotto a** ∼ the mortality rate was reduced to zero; **Quell'acquisto ha quasi ridotto a** ∼ **i nostri fondi** that purchase reduced our funds to almost nil; ❺ **Cinque diviso dieci è uguale a** ∼ **virgola cinque** five divided by ten equals (nought) point five. // **zeri a sinistra** (*elab. elettr.*) leading zeros; **zeri non significativi** (*elab. elettr.*) leading zeros; **sopra** ∼ (*di temperatura, ecc.*) above zero; **sotto** ∼ (*di temperatura, ecc.*) below zero.
zinco, *n. m.* ❶ zinc. ❷ (*giorn., pubbl.*) cut. △ ❷ **Questo** ∼ **è troppo piccolo per quella pagina** this cut is too small for that page.
zincografia, *n. f.* (*giorn., pubbl.*) zincography.
zincografico, *a.* (*giorn., pubbl.*) zincographic.
zincografo, *n. m.* (*giorn., pubbl.*) zincographer.
zincotipia, *n. f.* ❶ (*giorn., pubbl.*) zincotype. ❷ (*giorn., pubbl.*) (*cliché*) block.
zincotipista, *n. m.* e *f.* (*giorn., pubbl.*) zincotypist.
zoccolo, *n. m.* ❶ clog, sabot. ❷ (*architettonico*) base; (*piedistallo*) socle; (*di colonna*) plinth. ❸ (*di parete*) wainscot. ❹ (*giorn., pubbl.*) (*del cliché*) block.
zona, *n. f.* ❶ zone. ❷ (*area*) area; (*distretto*) district; (*regione*) region. ❸ (*econ.*) area; (*fascia*) belt. ❹ (*market.*) territory, area. △ ❹ **Il nostro rappresentante ha una** ∼ **molto vasta da coprire** our agent has a very large territory to travel over; **I prodotti oggetto del contratto non si trovano in concorrenza con prodotti consimili nella** ∼ **contrattuale** the products covered by the agreement are not in competition with like products in the area concerned. // ∼ **commerciale** (*market.*) trade area, trading area; ∼ (*di divieto di sosta*) **dalla quale le automobili vengono rimosse** (*con autogru, ecc.*) (*trasp. aut.*) towaway zone; **la** ∼ **del cotone** (*econ.*) the Cotton Belt (*negli USA*); **zone depresse** (*econ.*) depressed areas; ∼ **d'acqua libera** (*per manovrare*) (*trasp. mar.*) sea-room; ∼ **di carico** (*trasp. mar.*) loading area; ∼ **di distribuzione** (*della posta, ecc.*) (*comun.*) delivery area; **zone di sviluppo** (*econ.*) development areas; ∼ **di vendita** (*market.*) (*d'un viaggiatore, ecc.*) sales territory; ∼ **di vendita al dettaglio** (*market.*) retail trading zone; ∼ **franca** (*dog.*) free zone; ∼ **frontaliera** (*comm. est.*) frontier area; ∼ **industriale** (*econ.*) industrial area, industrial site, trading estate; ∼ **portuale** (*trasp. mar.*) port area; ∼ **sottoposta alla giurisdizione d'una « reserve bank »** (*q.V.*) (*banca, USA*) reserve district.
zonale, *a.* regional; area, district (*attr.*).
zuccherificio, *n. m.* sugar-refinery.
zucchero, *n. m.* sugar. // ∼ **di barbabietola** beet sugar; ∼ **di canna** cane sugar; ∼ **scuro** brown sugar.
zumare, *v. t.* e *i.* (*giorn., pubbl.*) (*variare il campo di immagine cinematografica con un obiettivo a lunghezza focale variabile*) to zoom.
zumata, *n. f.* (*giorn., pubbl.*) zoom.

Stampato dalla OFSA - Casarile, Milano
per conto di U. Mursia editore